9 78096

The Israelite Network Service Request Form

What price is your freedom worth?

Welcome to the Israelite Network. Thank you for joining with us. Fear and ignorance are the chains of slavery. Add more honors to your life by getting involved. It is time to stop living on your knees. We fight for your liberation and your support is no longer an option, it is a necessity. We are dedicated to revealing the truth according to the Biblical facts, and to provide you with community support.

You may use this form to make contributions and to order any of our products and services. You can also submit this form through the Internet at our web site, **http//www.israelite.net**. Feel free to call us at (212) 586-5969, or mail the form to: THE ISRAELITE NETWORK, P.O. BOX 1747, NYC, NY 10101.

Name: **Organization:**

Address: **City:** **State/Province:**

Zip/Postal: **Country:** **Tel:** **Fax:** **E-mail:**

Please make Your Selection (s) note any quantity numbers:

- ❑ Ordering book - **THE TRUTH: Identifying the descendents of the twelve tribes of Israel, the genealogy of the nations, and other secret bible mysteries... $24.95**
- ❑ Ordering book - **THE TORAH - In Ancient Hebrew: $45**
- ❑ Ordering book - **THE TANACH - In Ancient Hebrew Volume One: $45**
- ❑ Ordering book - **THE TANACH - In Ancient Hebrew Volume Two: $45**
- ❑ Ordering the **ANCIENT HEBREW STUDY BOOKLET: $10**
- ❑ Ordering pins and flags
- ❑ Annual Membership Donation
- ❑ Paying tithes, Making a freewill offering
- ❑ Donation to the missionary Program
- ❑ Offering / Requesting Goods and Services
- ❑ Volunteering
- ❑ Becoming a Distributor of the books
- ❑ Setting up an Israelite Network Sanctuary

Note Comments, instructions, and prayer requests here:

Enter your Classified Advertisement, with the location and details.
What positions are you trying to fill/find or goods/services you are offering? It will be published on http://iraelite.net:

I pledge a donation of $ and request: pins, flags, books, Holy Days Calendar.

We are fighting for your freedom and you need to take an active role now. The time is very short. Listen to your conscience. Put your money where you mind is. If you will benefit from our services and efforts you should contribute your share, so that we can continue to service a world in need of the truth, love and salvation. Thank you and welcome to the Israelite Network.

ᚽᚱ-x

THE TANACH

In Ancient Hebrew

Volume II

ISRAELITE NETWORK
P.O. Box 1747
NYC, NY 10101

Robert Yawanathan Denis
http://www.israelite.net
(212) 586-5969

ISBN 0-9669147-3-2

𐤀

CONTENTS

Psalms	𐤂	3	𐤕𐤄𐤉𐤋𐤉𐤌
Proverbs	𐤒	100	𐤌𐤔𐤋𐤉
Ecclesiastes	𐤒𐤋𐤀	131	𐤌𐤔𐤋𐤉
Song of Solomon	𐤒𐤌𐤂	143	𐤔𐤉𐤓 𐤄𐤔𐤉𐤓𐤉𐤌
Isaiah	𐤒𐤌𐤈	149	𐤉𐤔𐤏𐤉𐤄
Jeremiah	𐤓𐤊𐤂	223	𐤉𐤓𐤌𐤉𐤄
Lamentations	𐤔𐤉𐤂	313	𐤀𐤉𐤊𐤄
Ezekiel	𐤔𐤊	320	𐤉𐤇𐤆𐤒𐤀𐤋
Daniel	𐤔𐤑𐤈	399	𐤃𐤍𐤉𐤀𐤋
Hosea	𐤕𐤊𐤃	424	𐤄𐤅𐤔𐤏
Joel	𐤕𐤋𐤄	435	𐤉𐤅𐤀𐤋
Amos	𐤕𐤌	440	𐤏𐤌𐤅𐤎
Obadiah	𐤕𐤌𐤈	449	𐤏𐤅𐤁𐤃𐤉𐤄
Jonah	𐤕𐤍𐤀	451	𐤉𐤅𐤍𐤄
Micah	𐤕𐤍𐤃	454	𐤌𐤉𐤊𐤄
Nahum	𐤕𐤎𐤀	461	𐤍𐤇𐤅𐤌
Habakkuk	𐤕𐤎𐤃	464	𐤇𐤁𐤒𐤅𐤒
Zephaniah	𐤕𐤎𐤆	467	𐤑𐤐𐤍𐤉𐤄
Haggai	𐤕𐤏𐤀	471	𐤇𐤂𐤉
Zechariah	𐤕𐤏𐤃	474	𐤆𐤊𐤓𐤉𐤄
Malachi	𐤕𐤏𐤇	478	𐤌𐤋𐤀𐤊𐤉

𐤕𐤄𐤋𐤉𐤌

𐤐𐤓𐤒 𐤀

𐤀𐤔𐤓𐤉 𐤄𐤀𐤉𐤔 𐤀𐤔𐤓 𐤋𐤀 𐤄𐤋𐤊 𐤁𐤏𐤑𐤕 𐤓𐤔𐤏𐤉𐤌 𐤅𐤁𐤃𐤓𐤊 𐤇𐤈𐤀𐤉𐤌 𐤋𐤀 𐤏𐤌𐤃
𐤅𐤁𐤌𐤅𐤔𐤁 𐤋𐤑𐤉𐤌 𐤋𐤀 𐤉𐤔𐤁.
𐤊𐤉 𐤀𐤌 𐤁𐤕𐤅𐤓𐤕 𐤉𐤄𐤅𐤄 𐤇𐤐𐤑𐤅 𐤅𐤁𐤕𐤅𐤓𐤕𐤅 𐤉𐤄𐤂𐤄 𐤉𐤅𐤌𐤌 𐤅𐤋𐤉𐤋𐤄.
𐤅𐤄𐤉𐤄 𐤊𐤏𐤑 𐤔𐤕𐤅𐤋 𐤏𐤋 𐤐𐤋𐤂𐤉 𐤌𐤉𐤌 𐤀𐤔𐤓 𐤐𐤓𐤉𐤅 𐤉𐤕𐤍 𐤁𐤏𐤕𐤅 𐤅𐤏𐤋𐤄𐤅 𐤋𐤀
𐤉𐤁𐤅𐤋 𐤅𐤊𐤋 𐤀𐤔𐤓 𐤉𐤏𐤔𐤄 𐤉𐤑𐤋𐤉𐤇.
𐤋𐤀 𐤊𐤍 𐤄𐤓𐤔𐤏𐤉𐤌 𐤊𐤉 𐤀𐤌 𐤊𐤌𐤑 𐤀𐤔𐤓 𐤕𐤃𐤐𐤍𐤅 𐤓𐤅𐤇.
𐤏𐤋 𐤊𐤍 𐤋𐤀 𐤉𐤒𐤌𐤅 𐤓𐤔𐤏𐤉𐤌 𐤁𐤌𐤔𐤐𐤈 𐤅𐤇𐤈𐤀𐤉𐤌 𐤁𐤏𐤃𐤕 𐤑𐤃𐤉𐤒𐤉𐤌.
𐤊𐤉 𐤉𐤅𐤃𐤏 𐤉𐤄𐤅𐤄 𐤃𐤓𐤊 𐤑𐤃𐤉𐤒𐤉𐤌 𐤅𐤃𐤓𐤊 𐤓𐤔𐤏𐤉𐤌 𐤕𐤀𐤁𐤃.

𐤐𐤓𐤒 𐤁

𐤋𐤌𐤄 𐤓𐤂𐤔𐤅 𐤂𐤅𐤉𐤌 𐤅𐤋𐤀𐤌𐤉𐤌 𐤉𐤄𐤂𐤅 𐤓𐤉𐤒.
𐤉𐤕𐤉𐤑𐤁𐤅 𐤌𐤋𐤊𐤉 𐤀𐤓𐤑 𐤅𐤓𐤅𐤆𐤍𐤉𐤌 𐤍𐤅𐤎𐤃𐤅 𐤉𐤇𐤃 𐤏𐤋 𐤉𐤄𐤅𐤄 𐤅𐤏𐤋
𐤌𐤔𐤉𐤇𐤅.
𐤍𐤍𐤕𐤒𐤄 𐤀𐤕 𐤌𐤅𐤎𐤓𐤅𐤕𐤉𐤌𐤅 𐤅𐤍𐤔𐤋𐤉𐤊𐤄 𐤌𐤌𐤍𐤅 𐤏𐤁𐤕𐤉𐤌𐤅.
𐤉𐤅𐤔𐤁 𐤁𐤔𐤌𐤉𐤌 𐤉𐤔𐤇𐤒 𐤀𐤃𐤍𐤉 𐤉𐤋𐤏𐤂 𐤋𐤌𐤅.
𐤀𐤆 𐤉𐤃𐤁𐤓 𐤀𐤋𐤉𐤌𐤅 𐤁𐤀𐤐𐤅 𐤅𐤁𐤇𐤓𐤅𐤍𐤅 𐤉𐤁𐤄𐤋𐤌𐤅.
𐤅𐤀𐤍𐤉 𐤍𐤎𐤊𐤕𐤉 𐤌𐤋𐤊𐤉 𐤏𐤋 𐤑𐤉𐤅𐤍 𐤄𐤓 𐤒𐤃𐤔𐤉.
𐤀𐤎𐤐𐤓𐤄 𐤀𐤋 𐤇𐤒 𐤉𐤄𐤅𐤄 𐤀𐤌𐤓 𐤀𐤋𐤉 𐤁𐤍𐤉 𐤀𐤕𐤄 𐤀𐤍𐤉 𐤄𐤉𐤅𐤌 𐤉𐤋𐤃𐤕𐤉𐤊.
𐤔𐤀𐤋 𐤌𐤌𐤍𐤉 𐤅𐤀𐤕𐤍𐤄 𐤂𐤅𐤉𐤌 𐤍𐤇𐤋𐤕𐤊 𐤅𐤀𐤇𐤆𐤕𐤊 𐤀𐤐𐤎𐤉 𐤀𐤓𐤑.
𐤕𐤓𐤏𐤌 𐤁𐤔𐤁𐤈 𐤁𐤓𐤆𐤋 𐤊𐤊𐤋𐤉 𐤉𐤅𐤑𐤓 𐤕𐤍𐤐𐤑𐤌.
𐤅𐤏𐤕𐤄 𐤌𐤋𐤊𐤉𐤌 𐤄𐤔𐤊𐤉𐤋𐤅 𐤄𐤅𐤎𐤓𐤅 𐤔𐤐𐤈𐤉 𐤀𐤓𐤑.
𐤏𐤁𐤃𐤅 𐤀𐤕 𐤉𐤄𐤅𐤄 𐤁𐤉𐤓𐤀𐤄 𐤅𐤂𐤉𐤋𐤅 𐤁𐤓𐤏𐤃𐤄.
𐤍𐤔𐤒𐤅 𐤁𐤓 𐤐𐤍 𐤉𐤀𐤍𐤐 𐤅𐤕𐤀𐤁𐤃𐤅 𐤃𐤓𐤊 𐤊𐤉 𐤉𐤁𐤏𐤓 𐤊𐤌𐤏𐤈 𐤀𐤐𐤅 𐤀𐤔𐤓𐤉 𐤊𐤋
𐤇𐤅𐤎𐤉 𐤁𐤅.

𐤐𐤓𐤒 𐤂

𐤌𐤆𐤌𐤅𐤓 𐤋𐤃𐤅𐤃 𐤁𐤁𐤓𐤇𐤅 𐤌𐤐𐤍𐤉 𐤀𐤁𐤔𐤋𐤅𐤌 𐤁𐤍𐤅.
𐤉𐤄𐤅𐤄 𐤌𐤄 𐤓𐤁𐤅 𐤑𐤓𐤉 𐤓𐤁𐤉𐤌 𐤒𐤌𐤉𐤌 𐤏𐤋𐤉.
𐤓𐤁𐤉𐤌 𐤀𐤌𐤓𐤉𐤌 𐤋𐤍𐤐𐤔𐤉 𐤀𐤉𐤍 𐤉𐤔𐤅𐤏𐤕𐤄 𐤋𐤅 𐤁𐤀𐤋𐤄𐤉𐤌 𐤎𐤋𐤄.
𐤅𐤀𐤕𐤄 𐤉𐤄𐤅𐤄 𐤌𐤂𐤍 𐤁𐤏𐤃𐤉 𐤊𐤁𐤅𐤃𐤉 𐤅𐤌𐤓𐤉𐤌 𐤓𐤀𐤔𐤉.
𐤒𐤅𐤋𐤉 𐤀𐤋 𐤉𐤄𐤅𐤄 𐤀𐤒𐤓𐤀 𐤅𐤉𐤏𐤍𐤍𐤉 𐤌𐤄𐤓 𐤒𐤃𐤔𐤅 𐤎𐤋𐤄.
𐤀𐤍𐤉 𐤔𐤊𐤁𐤕𐤉 𐤅𐤀𐤉𐤔𐤍𐤄 𐤄𐤒𐤉𐤑𐤅𐤕𐤉 𐤊𐤉 𐤉𐤄𐤅𐤄 𐤉𐤎𐤌𐤊𐤍𐤉.

𐤕𐤄𐤉𐤋𐤉𐤌

𐤆 𐤋𐤀 𐤀𐤉𐤓𐤀 𐤌𐤓𐤁𐤁𐤅𐤕 𐤏𐤌 𐤀𐤔𐤓 𐤎𐤁𐤉𐤁 𐤔𐤕𐤅 𐤏𐤋𐤉•
𐤇 𐤒𐤅𐤌𐤄 𐤉𐤄𐤅𐤄 𐤄𐤅𐤔𐤉𐤏𐤍𐤉 𐤀𐤋𐤄𐤉 𐤊𐤉 𐤄𐤊𐤉𐤕 𐤀𐤕 𐤊𐤋 𐤀𐤉𐤁𐤉 𐤋𐤇𐤉
𐤔𐤍𐤉 𐤓𐤔𐤏𐤉𐤌 𐤔𐤁𐤓𐤕•
𐤈 𐤋𐤉𐤄𐤅𐤄 𐤄𐤉𐤔𐤅𐤏𐤄 𐤏𐤋 𐤏𐤌𐤊 𐤁𐤓𐤊𐤕𐤊 𐤎𐤋𐤄•

𐤐𐤓𐤒 𐤃

𐤀 𐤋𐤌𐤍𐤑𐤇 𐤁𐤍𐤂𐤉𐤍𐤅𐤕 𐤌𐤆𐤌𐤅𐤓 𐤋𐤃𐤅𐤃•
𐤁 𐤁𐤒𐤓𐤀𐤉 𐤏𐤍𐤍𐤉 𐤀𐤋𐤄𐤉 𐤑𐤃𐤒𐤉 𐤁𐤑𐤓 𐤄𐤓𐤇𐤁𐤕 𐤋𐤉 𐤇𐤍𐤍𐤉 𐤅𐤔𐤌𐤏 𐤕𐤐𐤋𐤕𐤉•
𐤂 𐤁𐤍𐤉 𐤀𐤉𐤔 𐤏𐤃 𐤌𐤄 𐤊𐤁𐤅𐤃𐤉 𐤋𐤊𐤋𐤌𐤄 𐤕𐤀𐤄𐤁𐤅𐤍 𐤓𐤉𐤒 𐤕𐤁𐤒𐤔𐤅 𐤊𐤆𐤁 𐤎𐤋𐤄•
𐤃 𐤅𐤃𐤏𐤅 𐤊𐤉 𐤄𐤐𐤋𐤄 𐤉𐤄𐤅𐤄 𐤇𐤎𐤉𐤃 𐤋𐤅 𐤉𐤄𐤅𐤄 𐤉𐤔𐤌𐤏 𐤁𐤒𐤓𐤀𐤉 𐤀𐤋𐤉𐤅•
𐤄 𐤓𐤂𐤆𐤅 𐤅𐤀𐤋 𐤕𐤇𐤈𐤀𐤅 𐤀𐤌𐤓𐤅 𐤁𐤋𐤁𐤁𐤊𐤌 𐤏𐤋 𐤌𐤔𐤊𐤁𐤊𐤌 𐤅𐤃𐤌𐤅 𐤎𐤋𐤄•
𐤅 𐤆𐤁𐤇𐤅 𐤆𐤁𐤇𐤉 𐤑𐤃𐤒 𐤅𐤁𐤈𐤇𐤅 𐤀𐤋 𐤉𐤄𐤅𐤄•
𐤆 𐤓𐤁𐤉𐤌 𐤀𐤌𐤓𐤉𐤌 𐤌𐤉 𐤉𐤓𐤀𐤍𐤅 𐤈𐤅𐤁 𐤍𐤎𐤄 𐤏𐤋𐤉𐤍𐤅 𐤀𐤅𐤓 𐤐𐤍𐤉𐤊 𐤉𐤄𐤅𐤄•
𐤇 𐤍𐤕𐤕𐤄 𐤔𐤌𐤇𐤄 𐤁𐤋𐤁𐤉 𐤌𐤏𐤕 𐤃𐤂𐤍𐤌 𐤅𐤕𐤉𐤓𐤅𐤔𐤌 𐤓𐤁𐤅•
𐤈 𐤁𐤔𐤋𐤅𐤌 𐤉𐤇𐤃𐤅 𐤀𐤔𐤊𐤁𐤄 𐤅𐤀𐤉𐤔𐤍 𐤊𐤉 𐤀𐤕𐤄 𐤉𐤄𐤅𐤄 𐤋𐤁𐤃𐤃 𐤋𐤁𐤈𐤇
𐤕𐤅𐤔𐤉𐤁𐤍𐤉•

𐤐𐤓𐤒 𐤄

𐤀 𐤋𐤌𐤍𐤑𐤇 𐤀𐤋 𐤄𐤍𐤇𐤉𐤋𐤅𐤕 𐤌𐤆𐤌𐤅𐤓 𐤋𐤃𐤅𐤃•
𐤁 𐤀𐤌𐤓𐤉 𐤄𐤀𐤆𐤉𐤍𐤄 𐤉𐤄𐤅𐤄 𐤁𐤉𐤍𐤄 𐤄𐤂𐤉𐤂𐤉•
𐤂 𐤄𐤒𐤔𐤉𐤁𐤄 𐤋𐤒𐤅𐤋 𐤔𐤅𐤏𐤉 𐤌𐤋𐤊𐤉 𐤅𐤀𐤋𐤄𐤉 𐤊𐤉 𐤀𐤋𐤉𐤊 𐤀𐤕𐤐𐤋𐤋•
𐤃 𐤉𐤄𐤅𐤄 𐤁𐤒𐤓 𐤕𐤔𐤌𐤏 𐤒𐤅𐤋𐤉 𐤁𐤒𐤓 𐤀𐤏𐤓𐤊 𐤋𐤊 𐤅𐤀𐤑𐤐𐤄•
𐤄 𐤊𐤉 𐤋𐤀 𐤀𐤋 𐤇𐤐𐤑 𐤓𐤔𐤏 𐤀𐤕𐤄 𐤋𐤀 𐤉𐤂𐤓𐤊 𐤓𐤏•
𐤅 𐤋𐤀 𐤉𐤕𐤉𐤑𐤁𐤅 𐤄𐤅𐤋𐤋𐤉𐤌 𐤋𐤍𐤂𐤃 𐤏𐤉𐤍𐤉𐤊 𐤔𐤍𐤀𐤕 𐤊𐤋 𐤐𐤏𐤋𐤉 𐤀𐤅𐤍•
𐤆 𐤕𐤀𐤁𐤃 𐤃𐤁𐤓𐤉 𐤊𐤆𐤁 𐤀𐤉𐤔 𐤃𐤌𐤉𐤌 𐤅𐤌𐤓𐤌𐤄 𐤉𐤕𐤏𐤁 𐤉𐤄𐤅𐤄•
𐤇 𐤅𐤀𐤍𐤉 𐤁𐤓𐤁 𐤇𐤎𐤃𐤊 𐤀𐤁𐤅𐤀 𐤁𐤉𐤕𐤊 𐤀𐤔𐤕𐤇𐤅𐤄 𐤀𐤋 𐤄𐤉𐤊𐤋 𐤒𐤃𐤔𐤊 𐤁𐤉𐤓𐤀𐤕𐤊•
𐤈 𐤉𐤄𐤅𐤄 𐤍𐤇𐤍𐤉 𐤁𐤑𐤃𐤒𐤕𐤊 𐤋𐤌𐤏𐤍 𐤔𐤅𐤓𐤓𐤉 𐤄𐤅𐤔𐤓 [𐤄𐤉𐤔𐤓] 𐤋𐤐𐤍𐤉 𐤃𐤓𐤊𐤊•
𐤉 𐤊𐤉 𐤀𐤉𐤍 𐤁𐤐𐤉𐤄𐤅 𐤍𐤊𐤅𐤍𐤄 𐤒𐤓𐤁𐤌 𐤄𐤅𐤅𐤕 𐤒𐤁𐤓 𐤐𐤕𐤅𐤇 𐤂𐤓𐤅𐤍𐤌 𐤋𐤔𐤅𐤍𐤌
𐤉𐤇𐤋𐤉𐤒𐤅𐤍•
𐤉𐤀 𐤄𐤀𐤔𐤉𐤌𐤌 𐤀𐤋𐤄𐤉𐤌 𐤉𐤐𐤋𐤅 𐤌𐤌𐤏𐤑𐤅𐤕𐤉𐤄𐤌 𐤁𐤓𐤁 𐤐𐤔𐤏𐤉𐤄𐤌 𐤄𐤃𐤉𐤇𐤌𐤅
𐤊𐤉 𐤌𐤓𐤅 𐤁𐤊•
𐤉𐤁 𐤅𐤉𐤔𐤌𐤇𐤅 𐤊𐤋 𐤇𐤅𐤎𐤉 𐤁𐤊 𐤋𐤏𐤅𐤋𐤌 𐤉𐤓𐤍𐤍𐤅 𐤅𐤕𐤎𐤊 𐤏𐤋𐤉𐤌𐤅 𐤅𐤉𐤏𐤋𐤑𐤅 𐤁𐤊
𐤀𐤄𐤁𐤉 𐤔𐤌𐤊•

𐤕𐤄𐤉𐤋𐤉𐤌

𐤉𐤂 𐤊𐤉 𐤀𐤕𐤄 𐤕𐤁𐤓𐤊 𐤑𐤃𐤉𐤒 𐤉𐤄𐤅𐤄 𐤊𐤑𐤍𐤄 𐤓𐤑𐤅𐤍 𐤕𐤏𐤈𐤓𐤍𐤅·

𐤐𐤓𐤒 𐤅

𐤀 𐤋𐤌𐤍𐤑𐤇 𐤁𐤍𐤂𐤉𐤍𐤅𐤕 𐤏𐤋 𐤄𐤔𐤌𐤉𐤍𐤉𐤕 𐤌𐤆𐤌𐤅𐤓 𐤋𐤃𐤅𐤃·
𐤁 𐤉𐤄𐤅𐤄 𐤀𐤋 𐤁𐤀𐤐𐤊 𐤕𐤅𐤊𐤉𐤇𐤍𐤉 𐤅𐤀𐤋 𐤁𐤇𐤌𐤕𐤊 𐤕𐤉𐤎𐤓𐤍𐤉·
𐤂 𐤇𐤍𐤍𐤉 𐤉𐤄𐤅𐤄 𐤊𐤉 𐤀𐤌𐤋𐤋 𐤀𐤍𐤉 𐤓𐤐𐤀𐤍𐤉 𐤉𐤄𐤅𐤄 𐤊𐤉 𐤍𐤁𐤄𐤋𐤅 𐤏𐤑𐤌𐤉·
𐤃 𐤅𐤍𐤐𐤔𐤉 𐤍𐤁𐤄𐤋𐤄 𐤌𐤀𐤃 𐤅𐤀𐤕 [𐤅𐤀𐤕𐤄] 𐤉𐤄𐤅𐤄 𐤏𐤃 𐤌𐤕𐤉·
𐤄 𐤔𐤅𐤁𐤄 𐤉𐤄𐤅𐤄 𐤇𐤋𐤑𐤄 𐤍𐤐𐤔𐤉 𐤄𐤅𐤔𐤉𐤏𐤍𐤉 𐤋𐤌𐤏𐤍 𐤇𐤎𐤃𐤊·
𐤅 𐤊𐤉 𐤀𐤉𐤍 𐤁𐤌𐤅𐤕 𐤆𐤊𐤓𐤊 𐤁𐤔𐤀𐤅𐤋 𐤌𐤉 𐤉𐤅𐤃𐤄 𐤋𐤊·
𐤆 𐤉𐤂𐤏𐤕𐤉 𐤁𐤀𐤍𐤇𐤕𐤉 𐤀𐤔𐤇𐤄 𐤁𐤊𐤋 𐤋𐤉𐤋𐤄 𐤌𐤈𐤕𐤉 𐤁𐤃𐤌𐤏𐤕𐤉 𐤏𐤓𐤔𐤉 𐤀𐤌𐤎𐤄·
𐤇 𐤏𐤔𐤔𐤄 𐤌𐤊𐤏𐤎 𐤏𐤉𐤍𐤉 𐤏𐤕𐤒𐤄 𐤁𐤊𐤋 𐤑𐤅𐤓𐤓𐤉·
𐤈 𐤎𐤅𐤓𐤅 𐤌𐤌𐤍𐤉 𐤊𐤋 𐤐𐤏𐤋𐤉 𐤀𐤅𐤍 𐤊𐤉 𐤔𐤌𐤏 𐤉𐤄𐤅𐤄 𐤒𐤅𐤋 𐤁𐤊𐤉𐤉·
𐤉 𐤔𐤌𐤏 𐤉𐤄𐤅𐤄 𐤕𐤇𐤍𐤕𐤉 𐤉𐤄𐤅𐤄 𐤕𐤐𐤋𐤕𐤉 𐤉𐤒𐤇·
𐤉𐤀 𐤉𐤁𐤔𐤅 𐤅𐤉𐤁𐤄𐤋𐤅 𐤌𐤀𐤃 𐤊𐤋 𐤀𐤉𐤁𐤉 𐤉𐤔𐤁𐤅 𐤉𐤁𐤔𐤅 𐤓𐤂𐤏·

𐤐𐤓𐤒 𐤆

𐤀 𐤔𐤂𐤉𐤅𐤍 𐤋𐤃𐤅𐤃 𐤀𐤔𐤓 𐤔𐤓 𐤋𐤉𐤄𐤅𐤄 𐤏𐤋 𐤃𐤁𐤓𐤉 𐤊𐤅𐤔 𐤁𐤍 𐤉𐤌𐤉𐤍𐤉·
𐤁 𐤉𐤄𐤅𐤄 𐤀𐤋𐤄𐤉 𐤁𐤊 𐤇𐤎𐤉𐤕𐤉 𐤄𐤅𐤔𐤉𐤏𐤍𐤉 𐤌𐤊𐤋 𐤓𐤃𐤐𐤉 𐤅𐤄𐤑𐤉𐤋𐤍𐤉·
𐤂 𐤐𐤍 𐤉𐤈𐤓𐤐 𐤊𐤀𐤓𐤉𐤄 𐤍𐤐𐤔𐤉 𐤐𐤓𐤒 𐤅𐤀𐤉𐤍 𐤌𐤑𐤉𐤋·
𐤃 𐤉𐤄𐤅𐤄 𐤀𐤋𐤄𐤉 𐤀𐤌 𐤏𐤔𐤉𐤕𐤉 𐤆𐤀𐤕 𐤀𐤌 𐤉𐤔 𐤏𐤅𐤋 𐤁𐤊𐤐𐤉·
𐤄 𐤀𐤌 𐤂𐤌𐤋𐤕𐤉 𐤔𐤅𐤋𐤌𐤉 𐤓𐤏 𐤅𐤀𐤇𐤋𐤑𐤄 𐤑𐤅𐤓𐤓𐤉 𐤓𐤉𐤒𐤌·
𐤅 𐤉𐤓𐤃𐤐 𐤀𐤅𐤉𐤁 𐤍𐤐𐤔𐤉 𐤅𐤉𐤔𐤂 𐤅𐤉𐤓𐤌𐤎 𐤋𐤀𐤓𐤑 𐤇𐤉𐤉 𐤅𐤊𐤁𐤅𐤃𐤉 𐤋𐤏𐤐𐤓
𐤉𐤔𐤊𐤍 𐤎𐤋𐤄·
𐤆 𐤒𐤅𐤌𐤄 𐤉𐤄𐤅𐤄 𐤁𐤀𐤐𐤊 𐤄𐤍𐤔𐤀 𐤁𐤏𐤁𐤓𐤅𐤕 𐤑𐤅𐤓𐤓𐤉 𐤅𐤏𐤅𐤓𐤄 𐤀𐤋𐤉 𐤌𐤔𐤐𐤈
𐤑𐤅𐤉𐤕·
𐤇 𐤅𐤏𐤃𐤕 𐤋𐤀𐤌𐤉𐤌 𐤕𐤎𐤅𐤁𐤁𐤊 𐤅𐤏𐤋𐤉𐤄 𐤋𐤌𐤓𐤅𐤌 𐤔𐤅𐤁𐤄·
𐤈 𐤉𐤄𐤅𐤄 𐤉𐤃𐤉𐤍 𐤏𐤌𐤉𐤌 𐤔𐤐𐤈𐤍𐤉 𐤉𐤄𐤅𐤄 𐤊𐤑𐤃𐤒𐤉 𐤅𐤊𐤕𐤌𐤉 𐤏𐤋𐤉·
𐤉 𐤉𐤂𐤌𐤓 𐤍𐤀 𐤓𐤏 𐤓𐤔𐤏𐤉𐤌 𐤅𐤕𐤊𐤅𐤍𐤍 𐤑𐤃𐤉𐤒 𐤅𐤁𐤇𐤍 𐤋𐤁𐤅𐤕 𐤅𐤊𐤋𐤉𐤅𐤕
𐤀𐤋𐤄𐤉𐤌 𐤑𐤃𐤉𐤒·
𐤉𐤀 𐤌𐤂𐤍𐤉 𐤏𐤋 𐤀𐤋𐤄𐤉𐤌 𐤌𐤅𐤔𐤉𐤏 𐤉𐤔𐤓𐤉 𐤋𐤁·
𐤉𐤁 𐤀𐤋𐤄𐤉𐤌 𐤔𐤅𐤐𐤈 𐤑𐤃𐤉𐤒 𐤅𐤀𐤋 𐤆𐤏𐤌 𐤁𐤊𐤋 𐤉𐤅𐤌·
𐤉𐤂 𐤀𐤌 𐤋𐤀 𐤉𐤔𐤅𐤁 𐤇𐤓𐤁𐤅 𐤉𐤋𐤈𐤅𐤔 𐤒𐤔𐤕𐤅 𐤃𐤓𐤊 𐤅𐤉𐤊𐤅𐤍𐤍𐤄·
𐤉𐤃 𐤅𐤋𐤅 𐤄𐤊𐤉𐤍 𐤊𐤋𐤉 𐤌𐤅𐤕 𐤇𐤑𐤉𐤅 𐤋𐤃𐤋𐤒𐤉𐤌 𐤉𐤐𐤏𐤋·

𐤕𐤄𐤉𐤋𐤉𐤌

𐤈𐤅 𐤄𐤍𐤄 𐤉𐤇𐤁𐤋 𐤀𐤅𐤍 𐤅𐤄𐤓𐤄 𐤏𐤌𐤋 𐤅𐤉𐤋𐤃 𐤔𐤒𐤓•

𐤈𐤆 𐤁𐤅𐤓 𐤊𐤓𐤄 𐤅𐤉𐤇𐤐𐤓𐤄𐤅 𐤅𐤉𐤐𐤋 𐤁𐤔𐤇𐤕 𐤉𐤐𐤏𐤋•

𐤉𐤆 𐤉𐤔𐤅𐤁 𐤏𐤌𐤋𐤅 𐤁𐤓𐤀𐤔𐤅 𐤅𐤏𐤋 𐤒𐤃𐤒𐤃𐤅 𐤇𐤌𐤎𐤅 𐤉𐤓𐤃•

𐤉𐤇 𐤀𐤅𐤃𐤄 𐤉𐤄𐤅𐤄 𐤊𐤑𐤃𐤒𐤅 𐤅𐤀𐤆𐤌𐤓𐤄 𐤔𐤌 𐤉𐤄𐤅𐤄 𐤏𐤋𐤉𐤅𐤍•

𐤐𐤓𐤒 𐤇

𐤀 𐤋𐤌𐤍𐤑𐤇 𐤏𐤋 𐤄𐤂𐤕𐤉𐤕 𐤌𐤆𐤌𐤅𐤓 𐤋𐤃𐤅𐤃•

𐤁 𐤉𐤄𐤅𐤄 𐤀𐤃𐤍𐤉𐤍𐤅 𐤌𐤄 𐤀𐤃𐤉𐤓 𐤔𐤌𐤊 𐤁𐤊𐤋 𐤄𐤀𐤓𐤑 𐤀𐤔𐤓 𐤕𐤍𐤄 𐤄𐤅𐤃𐤊 𐤏𐤋
𐤄𐤔𐤌𐤉𐤌•

𐤂 𐤌𐤐𐤉 𐤏𐤅𐤋𐤋𐤉𐤌 𐤅𐤉𐤍𐤒𐤉𐤌 𐤉𐤎𐤃𐤕 𐤏𐤆 𐤋𐤌𐤏𐤍 𐤑𐤅𐤓𐤓𐤉𐤊 𐤋𐤄𐤔𐤁𐤉𐤕 𐤀𐤅𐤉𐤁
𐤅𐤌𐤕𐤍𐤒𐤌•

𐤃 𐤊𐤉 𐤀𐤓𐤀𐤄 𐤔𐤌𐤉𐤊 𐤌𐤏𐤔𐤉 𐤀𐤑𐤁𐤏𐤕𐤉𐤊 𐤉𐤓𐤇 𐤅𐤊𐤅𐤊𐤁𐤉𐤌 𐤀𐤔𐤓 𐤊𐤅𐤍𐤍𐤕𐤄•

𐤄 𐤌𐤄 𐤀𐤍𐤅𐤔 𐤊𐤉 𐤕𐤆𐤊𐤓𐤍𐤅 𐤅𐤁𐤍 𐤀𐤃𐤌 𐤊𐤉 𐤕𐤐𐤒𐤃𐤍𐤅•

𐤅 𐤅𐤕𐤇𐤎𐤓𐤄𐤅 𐤌𐤏𐤈 𐤌𐤀𐤋𐤄𐤉𐤌 𐤅𐤊𐤁𐤅𐤃 𐤅𐤄𐤃𐤓 𐤕𐤏𐤈𐤓𐤄𐤅•

𐤆 𐤕𐤌𐤔𐤉𐤋𐤄𐤅 𐤁𐤌𐤏𐤔𐤉 𐤉𐤃𐤉𐤊 𐤊𐤋 𐤔𐤕𐤄 𐤕𐤇𐤕 𐤓𐤂𐤋𐤉𐤅•

𐤇 𐤑𐤍𐤄 𐤅𐤀𐤋𐤐𐤉𐤌 𐤊𐤋𐤌 𐤅𐤂𐤌 𐤁𐤄𐤌𐤅𐤕 𐤔𐤃𐤉•

𐤈 𐤑𐤐𐤅𐤓 𐤔𐤌𐤉𐤌 𐤅𐤃𐤂𐤉 𐤄𐤉𐤌 𐤏𐤁𐤓 𐤀𐤓𐤇𐤅𐤕 𐤉𐤌𐤉𐤌•

𐤉 𐤉𐤄𐤅𐤄 𐤀𐤃𐤍𐤉𐤍𐤅 𐤌𐤄 𐤀𐤃𐤉𐤓 𐤔𐤌𐤊 𐤁𐤊𐤋 𐤄𐤀𐤓𐤑•

𐤐𐤓𐤒 𐤈

𐤀 𐤋𐤌𐤍𐤑𐤇 𐤏𐤋𐤌𐤅𐤕 𐤋𐤁𐤍 𐤌𐤆𐤌𐤅𐤓 𐤋𐤃𐤅𐤃•

𐤁 𐤀𐤅𐤃𐤄 𐤉𐤄𐤅𐤄 𐤁𐤊𐤋 𐤋𐤁𐤉 𐤀𐤎𐤐𐤓𐤄 𐤊𐤋 𐤍𐤐𐤋𐤀𐤅𐤕𐤉𐤊•

𐤂 𐤀𐤔𐤌𐤇𐤄 𐤅𐤀𐤏𐤋𐤑𐤄 𐤁𐤊 𐤀𐤆𐤌𐤓𐤄 𐤔𐤌𐤊 𐤏𐤋𐤉𐤅𐤍•

𐤃 𐤁𐤔𐤅𐤁 𐤀𐤅𐤉𐤁𐤉 𐤀𐤇𐤅𐤓 𐤉𐤊𐤔𐤋𐤅 𐤅𐤉𐤀𐤁𐤃𐤅 𐤌𐤐𐤍𐤉𐤊•

𐤄 𐤊𐤉 𐤏𐤔𐤉𐤕 𐤌𐤔𐤐𐤈𐤉 𐤅𐤃𐤉𐤍𐤉 𐤉𐤔𐤁𐤕 𐤋𐤊𐤎𐤀 𐤔𐤅𐤐𐤈 𐤑𐤃𐤒•

𐤅 𐤂𐤏𐤓𐤕 𐤂𐤅𐤉𐤌 𐤀𐤁𐤃𐤕 𐤓𐤔𐤏 𐤔𐤌𐤌 𐤌𐤇𐤉𐤕 𐤋𐤏𐤅𐤋𐤌 𐤅𐤏𐤃•

𐤆 𐤄𐤀𐤅𐤉𐤁 𐤕𐤌𐤅 𐤇𐤓𐤁𐤅𐤕 𐤋𐤍𐤑𐤇 𐤅𐤏𐤓𐤉𐤌 𐤍𐤕𐤔𐤕 𐤀𐤁𐤃 𐤆𐤊𐤓𐤌 𐤄𐤌𐤄•

𐤇 𐤅𐤉𐤄𐤅𐤄 𐤋𐤏𐤅𐤋𐤌 𐤉𐤔𐤁 𐤊𐤅𐤍𐤍 𐤋𐤌𐤔𐤐𐤈 𐤊𐤎𐤀𐤅•

𐤈 𐤅𐤄𐤅𐤀 𐤉𐤔𐤐𐤈 𐤕𐤁𐤋 𐤁𐤑𐤃𐤒 𐤉𐤃𐤉𐤍 𐤋𐤀𐤌𐤉𐤌 𐤁𐤌𐤉𐤔𐤓𐤉𐤌•

𐤉 𐤅𐤉𐤄𐤉 𐤉𐤄𐤅𐤄 𐤌𐤔𐤂𐤁 𐤋𐤃𐤊 𐤌𐤔𐤂𐤁 𐤋𐤏𐤕𐤅𐤕 𐤁𐤑𐤓𐤄•

𐤉𐤀 𐤅𐤉𐤁𐤈𐤇𐤅 𐤁𐤊 𐤉𐤅𐤃𐤏𐤉 𐤔𐤌𐤊 𐤊𐤉 𐤋𐤀 𐤏𐤆𐤁𐤕 𐤃𐤓𐤔𐤉𐤊 𐤉𐤄𐤅𐤄•

𐤉𐤁 𐤆𐤌𐤓𐤅 𐤋𐤉𐤄𐤅𐤄 𐤉𐤔𐤁 𐤑𐤉𐤅𐤍 𐤄𐤂𐤉𐤃𐤅 𐤁𐤏𐤌𐤉𐤌 𐤏𐤋𐤉𐤋𐤅𐤕𐤉𐤅•

𐤉𐤂 𐤊𐤉 𐤃𐤓𐤔 𐤃𐤌𐤉𐤌 𐤀𐤅𐤕𐤌 𐤆𐤊𐤓 𐤋𐤀 𐤔𐤊𐤇 𐤑𐤏𐤒𐤕 𐤏𐤍𐤉𐤉𐤌 [𐤏𐤍𐤅𐤉𐤌]•

𐤉𐤃 𐤇𐤍𐤍𐤍𐤉 𐤉𐤄𐤅𐤄 𐤓𐤀𐤄 𐤏𐤍𐤉𐤉 𐤌𐤔𐤍𐤀𐤉 𐤌𐤓𐤅𐤌𐤌𐤉 𐤌𐤔𐤏𐤓𐤉 𐤌𐤅𐤕.

𐤈𐤅 𐤋𐤌𐤏𐤍 𐤀𐤎𐤐𐤓𐤄 𐤊𐤋 𐤕𐤄𐤋𐤕𐤉𐤊 𐤁𐤔𐤏𐤓𐤉 𐤁𐤕 𐤑𐤉𐤅𐤍 𐤀𐤂𐤉𐤋𐤄 𐤁𐤉𐤔𐤅𐤏𐤕𐤊.

𐤈𐤆 𐤈𐤁𐤏𐤅 𐤂𐤅𐤉𐤌 𐤁𐤔𐤇𐤕 𐤏𐤔𐤅 𐤁𐤓𐤔𐤕 𐤆𐤅 𐤈𐤌𐤍𐤅 𐤍𐤋𐤊𐤃𐤄 𐤓𐤂𐤋𐤌.

𐤉𐤆 𐤍𐤅𐤃𐤏 𐤉𐤄𐤅𐤄 𐤌𐤔𐤐𐤈 𐤏𐤔𐤄 𐤁𐤐𐤏𐤋 𐤊𐤐𐤉𐤅 𐤍𐤅𐤒𐤔 𐤓𐤔𐤏 𐤄𐤂𐤉𐤅𐤍 𐤎𐤋𐤄.

𐤉𐤇 𐤉𐤔𐤅𐤁𐤅 𐤓𐤔𐤏𐤉𐤌 𐤋𐤔𐤀𐤅𐤋𐤄 𐤊𐤋 𐤂𐤅𐤉𐤌 𐤔𐤊𐤇𐤉 𐤀𐤋𐤄𐤉𐤌.

𐤉𐤈 𐤊𐤉 𐤋𐤀 𐤋𐤍𐤑𐤇 𐤉𐤔𐤊𐤇 𐤀𐤁𐤉𐤅𐤍 𐤕𐤒𐤅𐤕 𐤏𐤍𐤅𐤉𐤌 [𐤏𐤍𐤉𐤉𐤌] 𐤕𐤀𐤁𐤃 𐤋𐤏𐤃.

𐤊 𐤒𐤅𐤌𐤄 𐤉𐤄𐤅𐤄 𐤀𐤋 𐤉𐤏𐤆 𐤀𐤍𐤅𐤔 𐤉𐤔𐤐𐤈𐤅 𐤂𐤅𐤉𐤌 𐤏𐤋 𐤐𐤍𐤉𐤊.

𐤊𐤀 𐤔𐤉𐤕𐤄 𐤉𐤄𐤅𐤄 𐤌𐤅𐤓𐤄 𐤋𐤄𐤌 𐤉𐤃𐤏𐤅 𐤂𐤅𐤉𐤌 𐤀𐤍𐤅𐤔 𐤄𐤌𐤄 𐤎𐤋𐤄.

𐤐𐤓𐤒 𐤉

𐤀 𐤋𐤌𐤄 𐤉𐤄𐤅𐤄 𐤕𐤏𐤌𐤃 𐤁𐤓𐤇𐤅𐤒 𐤕𐤏𐤋𐤉𐤌 𐤋𐤏𐤕𐤅𐤕 𐤁𐤑𐤓𐤄.

𐤁 𐤁𐤂𐤀𐤅𐤕 𐤓𐤔𐤏 𐤉𐤃𐤋𐤒 𐤏𐤍𐤉 𐤉𐤕𐤐𐤔𐤅 𐤁𐤌𐤆𐤌𐤅𐤕 𐤆𐤅 𐤇𐤔𐤁𐤅.

𐤂 𐤊𐤉 𐤄𐤋𐤋 𐤓𐤔𐤏 𐤏𐤋 𐤕𐤀𐤅𐤕 𐤍𐤐𐤔𐤅 𐤅𐤁𐤑𐤏 𐤁𐤓𐤊 𐤍𐤀𐤑 𐤉𐤄𐤅𐤄.

𐤃 𐤓𐤔𐤏 𐤊𐤂𐤁𐤄 𐤀𐤐𐤅 𐤁𐤋 𐤉𐤃𐤓𐤔 𐤀𐤉𐤍 𐤀𐤋𐤄𐤉𐤌 𐤊𐤋 𐤌𐤆𐤌𐤅𐤕𐤉𐤅.

𐤄 𐤉𐤇𐤉𐤋𐤅 𐤃𐤓𐤊𐤅 [𐤃𐤓𐤊𐤉𐤅] 𐤁𐤊𐤋 𐤏𐤕 𐤌𐤓𐤅𐤌 𐤌𐤔𐤐𐤈𐤉𐤊 𐤌𐤍𐤂𐤃𐤅 𐤊𐤋 𐤑𐤅𐤓𐤓𐤉𐤅
𐤉𐤐𐤉𐤇 𐤁𐤄𐤌.

𐤅 𐤀𐤌𐤓 𐤁𐤋𐤁𐤅 𐤁𐤋 𐤀𐤌𐤅𐤈 𐤋𐤃𐤓 𐤅𐤃𐤓 𐤀𐤔𐤓 𐤋𐤀 𐤁𐤓𐤏.

𐤆 𐤀𐤋𐤄 𐤐𐤉𐤄𐤅 𐤌𐤋𐤀 𐤅𐤌𐤓𐤌𐤅𐤕 𐤅𐤕𐤊 𐤕𐤇𐤕 𐤋𐤔𐤅𐤍𐤅 𐤏𐤌𐤋 𐤅𐤀𐤅𐤍.

𐤇 𐤉𐤔𐤁 𐤁𐤌𐤀𐤓𐤁 𐤇𐤑𐤓𐤉𐤌 𐤁𐤌𐤎𐤕𐤓𐤉𐤌 𐤉𐤄𐤓𐤂 𐤍𐤒𐤉 𐤏𐤉𐤍𐤉𐤅 𐤋𐤇𐤋𐤊𐤄
𐤉𐤑𐤐𐤍𐤅.

𐤈 𐤉𐤀𐤓𐤁 𐤁𐤌𐤎𐤕𐤓 𐤊𐤀𐤓𐤉𐤄 𐤁𐤎𐤊𐤄 𐤉𐤀𐤓𐤁 𐤋𐤇𐤈𐤅𐤐 𐤏𐤍𐤉 𐤉𐤇𐤈𐤐 𐤏𐤍𐤉 𐤁𐤌𐤔𐤊𐤅
𐤁𐤓𐤔𐤕𐤅.

𐤉 𐤅𐤃𐤊𐤄 [𐤉𐤃𐤊𐤄] 𐤉𐤔𐤇 𐤅𐤍𐤐𐤋 𐤁𐤏𐤑𐤅𐤌𐤉𐤅 𐤇𐤋𐤊𐤀𐤉𐤌 [𐤇𐤉𐤋 𐤊𐤀𐤉𐤌].

𐤉𐤀 𐤀𐤌𐤓 𐤁𐤋𐤁𐤅 𐤔𐤊𐤇 𐤀𐤋 𐤄𐤎𐤕𐤉𐤓 𐤐𐤍𐤉𐤅 𐤁𐤋 𐤓𐤀𐤄 𐤋𐤍𐤑𐤇.

𐤉𐤁 𐤒𐤅𐤌𐤄 𐤉𐤄𐤅𐤄 𐤀𐤋 𐤍𐤔𐤀 𐤉𐤃𐤊 𐤀𐤋 𐤕𐤔𐤊𐤇 𐤏𐤍𐤉𐤉𐤌 [𐤏𐤍𐤅𐤉𐤌].

𐤉𐤂 𐤏𐤋 𐤌𐤄 𐤍𐤀𐤑 𐤓𐤔𐤏 𐤀𐤋𐤄𐤉𐤌 𐤀𐤌𐤓 𐤁𐤋𐤁𐤅 𐤋𐤀 𐤕𐤃𐤓𐤔.

𐤉𐤃 𐤓𐤀𐤕𐤄 𐤊𐤉 𐤀𐤕𐤄 𐤏𐤌𐤋 𐤅𐤊𐤏𐤎 𐤕𐤁𐤉𐤈 𐤋𐤕𐤕 𐤁𐤉𐤃𐤊 𐤏𐤋𐤉𐤊 𐤉𐤏𐤆𐤁 𐤇𐤋𐤊𐤄
𐤉𐤕𐤅𐤌 𐤀𐤕𐤄 𐤄𐤉𐤉𐤕 𐤏𐤅𐤆𐤓.

𐤈𐤅 𐤔𐤁𐤓 𐤆𐤓𐤅𐤏 𐤓𐤔𐤏 𐤅𐤓𐤏 𐤕𐤃𐤓𐤅𐤔 𐤓𐤔𐤏𐤅 𐤁𐤋 𐤕𐤌𐤑𐤀.

𐤈𐤆 𐤉𐤄𐤅𐤄 𐤌𐤋𐤊 𐤏𐤅𐤋𐤌 𐤅𐤏𐤃 𐤀𐤁𐤃𐤅 𐤂𐤅𐤉𐤌 𐤌𐤀𐤓𐤑𐤅.

𐤉𐤆 𐤕𐤀𐤅𐤕 𐤏𐤍𐤅𐤉𐤌 𐤔𐤌𐤏𐤕 𐤉𐤄𐤅𐤄 𐤕𐤊𐤉𐤍 𐤋𐤁𐤌 𐤕𐤒𐤔𐤉𐤁 𐤀𐤆𐤍𐤊.

𐤉𐤇 𐤋𐤔𐤐𐤈 𐤉𐤕𐤅𐤌 𐤅𐤃𐤊 𐤁𐤋 𐤉𐤅𐤎𐤉𐤐 𐤏𐤅𐤃 𐤋𐤏𐤓𐤑 𐤀𐤍𐤅𐤔 𐤌𐤍 𐤄𐤀𐤓𐤑.

𐤐𐤓𐤒 𐤉𐤀

𐤀 𐤋𐤌𐤍𐤑𐤇 𐤋𐤃𐤅𐤃 𐤁𐤉𐤄𐤅𐤄 𐤇𐤎𐤉𐤕𐤉 𐤀𐤉𐤊 𐤕𐤀𐤌𐤓𐤅 𐤋𐤍𐤐𐤔𐤉 𐤍𐤅𐤃𐤅 [𐤍𐤅𐤃𐤉]
𐤄𐤓𐤊𐤌 𐤑𐤐𐤅𐤓.
𐤁 𐤊𐤉 𐤄𐤍𐤄 𐤄𐤓𐤔𐤏𐤉𐤌 𐤉𐤃𐤓𐤊𐤅𐤍 𐤒𐤔𐤕 𐤊𐤅𐤍𐤍𐤅 𐤇𐤑𐤌 𐤏𐤋 𐤉𐤕𐤓 𐤋𐤉𐤓𐤅𐤕 𐤁𐤌𐤅
𐤀𐤐𐤋 𐤋𐤉𐤔𐤓𐤉 𐤋𐤁.
𐤂 𐤊𐤉 𐤄𐤔𐤕𐤅𐤕 𐤉𐤄𐤓𐤎𐤅𐤍 𐤑𐤃𐤉𐤒 𐤌𐤄 𐤐𐤏𐤋.
𐤃 𐤉𐤄𐤅𐤄 𐤁𐤄𐤉𐤊𐤋 𐤒𐤃𐤔𐤅 𐤉𐤄𐤅𐤄 𐤁𐤔𐤌𐤉𐤌 𐤊𐤎𐤀𐤅 𐤏𐤉𐤍𐤉𐤅 𐤉𐤇𐤆𐤉𐤅 𐤏𐤐𐤏𐤐𐤉𐤅
𐤉𐤁𐤇𐤍𐤅 𐤁𐤍𐤉 𐤀𐤃𐤌.
𐤄 𐤉𐤄𐤅𐤄 𐤑𐤃𐤉𐤒 𐤉𐤁𐤇𐤍 𐤅𐤓𐤔𐤏 𐤅𐤀𐤄𐤁 𐤇𐤌𐤎 𐤔𐤍𐤀𐤄 𐤍𐤐𐤔𐤅.
𐤅 𐤉𐤌𐤈𐤓 𐤏𐤋 𐤓𐤔𐤏𐤉𐤌 𐤐𐤇𐤉𐤌 𐤀𐤔 𐤅𐤂𐤐𐤓𐤉𐤕 𐤅𐤓𐤅𐤇 𐤆𐤋𐤏𐤐𐤅𐤕 𐤌𐤍𐤕 𐤊𐤅𐤎𐤌.
𐤆 𐤊𐤉 𐤑𐤃𐤉𐤒 𐤉𐤄𐤅𐤄 𐤑𐤃𐤒𐤅𐤕 𐤀𐤄𐤁 𐤉𐤔𐤓 𐤉𐤇𐤆𐤅 𐤐𐤍𐤉𐤌𐤅.

𐤐𐤓𐤒 𐤉𐤁

𐤀 𐤋𐤌𐤍𐤑𐤇 𐤏𐤋 𐤄𐤔𐤌𐤉𐤍𐤉𐤕 𐤌𐤆𐤌𐤅𐤓 𐤋𐤃𐤅𐤃.
𐤁 𐤄𐤅𐤔𐤉𐤏𐤄 𐤉𐤄𐤅𐤄 𐤊𐤉 𐤂𐤌𐤓 𐤇𐤎𐤉𐤃 𐤊𐤉 𐤐𐤎𐤅 𐤀𐤌𐤅𐤍𐤉𐤌 𐤌𐤁𐤍𐤉 𐤀𐤃𐤌.
𐤂 𐤔𐤅𐤀 𐤉𐤃𐤁𐤓𐤅 𐤀𐤉𐤔 𐤀𐤕 𐤓𐤏𐤄𐤅 𐤔𐤐𐤕 𐤇𐤋𐤒𐤅𐤕 𐤁𐤋𐤁 𐤅𐤋𐤁 𐤉𐤃𐤁𐤓𐤅.
𐤃 𐤉𐤊𐤓𐤕 𐤉𐤄𐤅𐤄 𐤊𐤋 𐤔𐤐𐤕𐤉 𐤇𐤋𐤒𐤅𐤕 𐤋𐤔𐤅𐤍 𐤌𐤃𐤁𐤓𐤕 𐤂𐤃𐤋𐤅𐤕.
𐤄 𐤀𐤔𐤓 𐤀𐤌𐤓𐤅 𐤋𐤋𐤔𐤍𐤍𐤅 𐤍𐤂𐤁𐤉𐤓 𐤔𐤐𐤕𐤉𐤍𐤅 𐤀𐤕𐤍𐤅 𐤌𐤉 𐤀𐤃𐤅𐤍 𐤋𐤍𐤅.
𐤅 𐤌𐤔𐤃 𐤏𐤍𐤉𐤉𐤌 𐤌𐤀𐤍𐤒𐤕 𐤀𐤁𐤉𐤅𐤍𐤉𐤌 𐤏𐤕𐤄 𐤀𐤒𐤅𐤌 𐤉𐤀𐤌𐤓 𐤉𐤄𐤅𐤄 𐤀𐤔𐤉𐤕
𐤁𐤉𐤔𐤏 𐤉𐤐𐤉𐤇 𐤋𐤅.
𐤆 𐤀𐤌𐤓𐤅𐤕 𐤉𐤄𐤅𐤄 𐤀𐤌𐤓𐤅𐤕 𐤈𐤄𐤓𐤅𐤕 𐤊𐤎𐤐 𐤑𐤓𐤅𐤐 𐤁𐤏𐤋𐤉𐤋 𐤋𐤀𐤓𐤑 𐤌𐤆𐤒𐤒
𐤔𐤁𐤏𐤕𐤉𐤌.
𐤇 𐤀𐤕𐤄 𐤉𐤄𐤅𐤄 𐤕𐤔𐤌𐤓𐤌 𐤕𐤑𐤓𐤍𐤅 𐤌𐤍 𐤄𐤃𐤅𐤓 𐤆𐤅 𐤋𐤏𐤅𐤋𐤌.
𐤈 𐤎𐤁𐤉𐤁 𐤓𐤔𐤏𐤉𐤌 𐤉𐤕𐤄𐤋𐤊𐤅𐤍 𐤊𐤓𐤌 𐤆𐤋𐤕 𐤋𐤁𐤍𐤉 𐤀𐤃𐤌.

𐤐𐤓𐤒 𐤉𐤂

𐤀 𐤋𐤌𐤍𐤑𐤇 𐤌𐤆𐤌𐤅𐤓 𐤋𐤃𐤅𐤃.
𐤁 𐤏𐤃 𐤀𐤍𐤄 𐤉𐤄𐤅𐤄 𐤕𐤔𐤊𐤇𐤍𐤉 𐤍𐤑𐤇 𐤏𐤃 𐤀𐤍𐤄 𐤕𐤎𐤕𐤉𐤓 𐤀𐤕 𐤐𐤍𐤉𐤊 𐤌𐤌𐤍𐤉.
𐤂 𐤏𐤃 𐤀𐤍𐤄 𐤀𐤔𐤉𐤕 𐤏𐤑𐤅𐤕 𐤁𐤍𐤐𐤔𐤉 𐤉𐤂𐤅𐤍 𐤁𐤋𐤁𐤁𐤉 𐤉𐤅𐤌𐤌 𐤏𐤃 𐤀𐤍𐤄 𐤉𐤓𐤅𐤌
𐤀𐤉𐤁𐤉 𐤏𐤋𐤉.
𐤃 𐤄𐤁𐤉𐤈𐤄 𐤏𐤍𐤍𐤉 𐤉𐤄𐤅𐤄 𐤀𐤋𐤄𐤉 𐤄𐤀𐤉𐤓𐤄 𐤏𐤉𐤍𐤉 𐤐𐤍 𐤀𐤉𐤔𐤍 𐤄𐤌𐤅𐤕.
𐤄 𐤐𐤍 𐤉𐤀𐤌𐤓 𐤀𐤉𐤁𐤉 𐤉𐤊𐤋𐤕𐤉𐤅 𐤑𐤓𐤉 𐤉𐤂𐤉𐤋𐤅 𐤊𐤉 𐤀𐤌𐤅𐤈.
𐤅 𐤅𐤀𐤍𐤉 𐤁𐤇𐤎𐤃𐤊 𐤁𐤈𐤇𐤕𐤉 𐤉𐤂𐤋 𐤋𐤁𐤉 𐤁𐤉𐤔𐤅𐤏𐤕𐤊 𐤀𐤔𐤉𐤓𐤄 𐤋𐤉𐤄𐤅𐤄 𐤊𐤉

𐤕𐤄𐤉𐤋𐤉𐤌

𐤂𐤌𐤋 𐤏𐤋𐤉•

𐤐𐤓𐤒 𐤉𐤃

𐤀 𐤋𐤌𐤍𐤑𐤇 𐤋𐤃𐤅𐤃 𐤀𐤌𐤓 𐤍𐤁𐤋 𐤁𐤋𐤁𐤅 𐤀𐤉𐤍 𐤀𐤋𐤄𐤉𐤌 𐤄𐤔𐤇𐤉𐤕𐤅 𐤄𐤕𐤏𐤉𐤁𐤅
𐤏𐤋𐤉𐤋𐤄 𐤀𐤉𐤍 𐤏𐤔𐤄 𐤈𐤅𐤁•
𐤁 𐤉𐤄𐤅𐤄 𐤌𐤔𐤌𐤉𐤌 𐤄𐤔𐤒𐤉𐤐 𐤏𐤋 𐤁𐤍𐤉 𐤀𐤃𐤌 𐤋𐤓𐤀𐤅𐤕 𐤄𐤉𐤔 𐤌𐤔𐤊𐤉𐤋 𐤃𐤓𐤔
𐤀𐤕 𐤀𐤋𐤄𐤉𐤌•
𐤂 𐤄𐤊𐤋 𐤎𐤓 𐤉𐤇𐤃𐤅 𐤍𐤀𐤋𐤇𐤅 𐤀𐤉𐤍 𐤏𐤔𐤄 𐤈𐤅𐤁 𐤀𐤉𐤍 𐤂𐤌 𐤀𐤇𐤃•
𐤃 𐤄𐤋𐤀 𐤉𐤃𐤏𐤅 𐤊𐤋 𐤐𐤏𐤋𐤉 𐤀𐤅𐤍 𐤀𐤊𐤋𐤉 𐤏𐤌𐤉 𐤀𐤊𐤋𐤅 𐤋𐤇𐤌 𐤉𐤄𐤅𐤄 𐤋𐤀 𐤒𐤓𐤀𐤅•
𐤄 𐤔𐤌 𐤐𐤇𐤃𐤅 𐤐𐤇𐤃 𐤊𐤉 𐤀𐤋𐤄𐤉𐤌 𐤁𐤃𐤅𐤓 𐤑𐤃𐤉𐤒•
𐤅 𐤏𐤑𐤕 𐤏𐤍𐤉 𐤕𐤁𐤉𐤔𐤅 𐤊𐤉 𐤉𐤄𐤅𐤄 𐤌𐤇𐤎𐤄𐤅•
𐤆 𐤌𐤉 𐤉𐤕𐤍 𐤌𐤑𐤉𐤅𐤍 𐤉𐤔𐤅𐤏𐤕 𐤉𐤔𐤓𐤀𐤋 𐤁𐤔𐤅𐤁 𐤉𐤄𐤅𐤄 𐤔𐤁𐤅𐤕 𐤏𐤌𐤅 𐤉𐤂𐤋
𐤉𐤏𐤒𐤁 𐤉𐤔𐤌𐤇 𐤉𐤔𐤓𐤀𐤋•

𐤐𐤓𐤒 𐤈𐤅

𐤀 𐤌𐤆𐤌𐤅𐤓 𐤋𐤃𐤅𐤃 𐤉𐤄𐤅𐤄 𐤌𐤉 𐤉𐤂𐤅𐤓 𐤁𐤀𐤄𐤋𐤊 𐤌𐤉 𐤉𐤔𐤊𐤍 𐤁𐤄𐤓 𐤒𐤃𐤔𐤊•
𐤁 𐤄𐤅𐤋𐤊 𐤕𐤌𐤉𐤌 𐤅𐤐𐤏𐤋 𐤑𐤃𐤒 𐤅𐤃𐤁𐤓 𐤀𐤌𐤕 𐤁𐤋𐤁𐤁𐤅•
𐤂 𐤋𐤀 𐤓𐤂𐤋 𐤏𐤋 𐤋𐤔𐤍𐤅 𐤋𐤀 𐤏𐤔𐤄 𐤋𐤓𐤏𐤄𐤅 𐤓𐤏𐤄 𐤅𐤇𐤓𐤐𐤄 𐤋𐤀 𐤍𐤔𐤀 𐤏𐤋 𐤒𐤓𐤁𐤅•
𐤃 𐤍𐤁𐤆𐤄 𐤁𐤏𐤉𐤍𐤉𐤅 𐤍𐤌𐤀𐤎 𐤅𐤀𐤕 𐤉𐤓𐤀𐤉 𐤉𐤄𐤅𐤄 𐤉𐤊𐤁𐤃 𐤍𐤔𐤁𐤏 𐤋𐤄𐤓𐤏 𐤅𐤋𐤀
𐤉𐤌𐤓•
𐤄 𐤊𐤎𐤐𐤅 𐤋𐤀 𐤍𐤕𐤍 𐤁𐤍𐤔𐤊 𐤅𐤔𐤇𐤃 𐤏𐤋 𐤍𐤒𐤉 𐤋𐤀 𐤋𐤒𐤇 𐤏𐤔𐤄 𐤀𐤋𐤄 𐤋𐤀 𐤉𐤌𐤅𐤈
𐤋𐤏𐤅𐤋𐤌•

𐤐𐤓𐤒 𐤈𐤆

𐤀 𐤌𐤊𐤕𐤌 𐤋𐤃𐤅𐤃 𐤔𐤌𐤓𐤍𐤉 𐤀𐤋 𐤊𐤉 𐤇𐤎𐤉𐤕𐤉 𐤁𐤊•
𐤁 𐤀𐤌𐤓𐤕 𐤋𐤉𐤄𐤅𐤄 𐤀𐤃𐤍𐤉 𐤀𐤕𐤄 𐤈𐤅𐤁𐤕𐤉 𐤁𐤋 𐤏𐤋𐤉𐤊•
𐤂 𐤋𐤒𐤃𐤅𐤔𐤉𐤌 𐤀𐤔𐤓 𐤁𐤀𐤓𐤑 𐤄𐤌𐤄 𐤅𐤀𐤃𐤉𐤓𐤉 𐤊𐤋 𐤇𐤐𐤑𐤉 𐤁𐤌•
𐤃 𐤉𐤓𐤁𐤅 𐤏𐤑𐤁𐤅𐤕𐤌 𐤀𐤇𐤓 𐤌𐤄𐤓𐤅 𐤁𐤋 𐤀𐤎𐤉𐤊 𐤍𐤎𐤊𐤉𐤄𐤌 𐤌𐤃𐤌 𐤅𐤁𐤋 𐤀𐤔𐤀 𐤀𐤕
𐤔𐤌𐤅𐤕𐤌 𐤏𐤋 𐤔𐤐𐤕𐤉•
𐤄 𐤉𐤄𐤅𐤄 𐤌𐤍𐤕 𐤇𐤋𐤒𐤉 𐤅𐤊𐤅𐤎𐤉 𐤀𐤕𐤄 𐤕𐤅𐤌𐤉𐤊 𐤂𐤅𐤓𐤋𐤉•
𐤅 𐤇𐤁𐤋𐤉𐤌 𐤍𐤐𐤋𐤅 𐤋𐤉 𐤁𐤍𐤏𐤌𐤉𐤌 𐤀𐤐 𐤍𐤇𐤋𐤕 𐤔𐤐𐤓𐤄 𐤏𐤋𐤉•
𐤆 𐤀𐤁𐤓𐤊 𐤀𐤕 𐤉𐤄𐤅𐤄 𐤀𐤔𐤓 𐤉𐤏𐤑𐤍𐤉 𐤀𐤐 𐤋𐤉𐤋𐤅𐤕 𐤉𐤎𐤓𐤅𐤍𐤉 𐤊𐤋𐤉𐤅𐤕𐤉•
𐤇 𐤔𐤅𐤉𐤕𐤉 𐤉𐤄𐤅𐤄 𐤋𐤍𐤂𐤃𐤉 𐤕𐤌𐤉𐤃 𐤊𐤉 𐤌𐤉𐤌𐤉𐤍𐤉 𐤁𐤋 𐤀𐤌𐤅𐤈•

𐤕𐤄𐤋𐤉𐤌

𐤈 𐤋𐤊𐤍 𐤔𐤌𐤇 𐤋𐤁𐤉 𐤅𐤉𐤂𐤋 𐤊𐤁𐤅𐤃𐤉 𐤀𐤐 𐤁𐤔𐤓𐤉 𐤉𐤔𐤊𐤍 𐤋𐤁𐤈𐤇•
𐤉 𐤊𐤉 𐤋𐤀 𐤕𐤏𐤆𐤁 𐤍𐤐𐤔𐤉 𐤋𐤔𐤀𐤅𐤋 𐤋𐤀 𐤕𐤕𐤍 𐤇𐤎𐤉𐤃𐤊 𐤋𐤓𐤀𐤅𐤕 𐤔𐤇𐤕•
𐤉𐤀 𐤕𐤅𐤃𐤉𐤏𐤍𐤉 𐤀𐤓𐤇 𐤇𐤉𐤉𐤌 𐤔𐤁𐤏 𐤔𐤌𐤇𐤅𐤕 𐤀𐤕 𐤐𐤍𐤉𐤊 𐤍𐤏𐤌𐤅𐤕 𐤁𐤉𐤌𐤉𐤍𐤊
𐤍𐤑𐤇•

𐤐𐤓𐤒 𐤉𐤆

𐤀 𐤕𐤐𐤋𐤄 𐤋𐤃𐤅𐤃 𐤔𐤌𐤏𐤄 𐤉𐤄𐤅𐤄 𐤑𐤃𐤒 𐤄𐤒𐤔𐤉𐤁𐤄 𐤓𐤍𐤕𐤉 𐤄𐤀𐤆𐤉𐤍𐤄 𐤕𐤐𐤋𐤕𐤉
𐤁𐤋𐤀 𐤔𐤐𐤕𐤉 𐤌𐤓𐤌𐤄•
𐤁 𐤌𐤋𐤐𐤍𐤉𐤊 𐤌𐤔𐤐𐤈𐤉 𐤉𐤑𐤀 𐤏𐤉𐤍𐤉𐤊 𐤕𐤇𐤆𐤉𐤍𐤄 𐤌𐤉𐤔𐤓𐤉𐤌•
𐤂 𐤁𐤇𐤍𐤕 𐤋𐤁𐤉 𐤐𐤒𐤃𐤕 𐤋𐤉𐤋𐤄 𐤑𐤓𐤐𐤕𐤍𐤉 𐤁𐤋 𐤕𐤌𐤑𐤀 𐤆𐤌𐤕𐤉 𐤁𐤋 𐤉𐤏𐤁𐤓 𐤐𐤉•
𐤃 𐤋𐤐𐤏𐤋𐤅𐤕 𐤀𐤃𐤌 𐤁𐤃𐤁𐤓 𐤔𐤐𐤕𐤉𐤊 𐤀𐤍𐤉 𐤔𐤌𐤓𐤕𐤉 𐤀𐤓𐤇𐤅𐤕 𐤐𐤓𐤉𐤑•
𐤄 𐤕𐤌𐤊 𐤀𐤔𐤓𐤉 𐤁𐤌𐤏𐤂𐤋𐤅𐤕𐤉𐤊 𐤁𐤋 𐤍𐤌𐤅𐤈𐤅 𐤐𐤏𐤌𐤉•
𐤅 𐤀𐤍𐤉 𐤒𐤓𐤀𐤕𐤉𐤊 𐤊𐤉 𐤕𐤏𐤍𐤍𐤉 𐤀𐤋 𐤄𐤈 𐤀𐤆𐤍𐤊 𐤋𐤉 𐤔𐤌𐤏 𐤀𐤌𐤓𐤕𐤉•
𐤆 𐤄𐤐𐤋𐤄 𐤇𐤎𐤃𐤉𐤊 𐤌𐤅𐤔𐤉𐤏 𐤇𐤅𐤎𐤉𐤌 𐤌𐤌𐤕𐤒𐤅𐤌𐤌𐤉𐤌 𐤁𐤉𐤌𐤉𐤍𐤊•
𐤇 𐤔𐤌𐤓𐤍𐤉 𐤊𐤀𐤉𐤔𐤅𐤍 𐤁𐤕 𐤏𐤉𐤍 𐤁𐤑𐤋 𐤊𐤍𐤐𐤉𐤊 𐤕𐤎𐤕𐤉𐤓𐤍𐤉•
𐤈 𐤌𐤐𐤍𐤉 𐤓𐤔𐤏𐤉𐤌 𐤆𐤅 𐤔𐤃𐤅𐤍𐤉 𐤀𐤉𐤁𐤉 𐤁𐤍𐤐𐤔 𐤉𐤒𐤉𐤐𐤅 𐤏𐤋𐤉•
𐤉 𐤇𐤋𐤁𐤌𐤅 𐤎𐤂𐤓𐤅 𐤐𐤉𐤌𐤅 𐤃𐤁𐤓𐤅 𐤁𐤂𐤀𐤅𐤕•
𐤉𐤀 𐤀𐤔𐤓𐤉𐤍𐤅 𐤏𐤕𐤄 𐤎𐤁𐤁𐤅𐤍𐤉 [𐤎𐤁𐤁𐤅𐤍𐤅] 𐤏𐤉𐤍𐤉𐤄𐤌 𐤉𐤔𐤉𐤕𐤅 𐤋𐤍𐤈𐤅𐤕
𐤁𐤀𐤓𐤑•
𐤉𐤁 𐤃𐤌𐤉𐤍𐤅 𐤊𐤀𐤓𐤉𐤄 𐤉𐤊𐤎𐤅𐤐 𐤋𐤈𐤓𐤅𐤐 𐤅𐤊𐤊𐤐𐤉𐤓 𐤉𐤔𐤁 𐤁𐤌𐤎𐤕𐤓𐤉𐤌•
𐤉𐤂 𐤒𐤅𐤌𐤄 𐤉𐤄𐤅𐤄 𐤒𐤃𐤌𐤄 𐤐𐤍𐤉𐤅 𐤄𐤊𐤓𐤉𐤏𐤄𐤅 𐤐𐤋𐤈𐤄 𐤍𐤐𐤔𐤉 𐤌𐤓𐤔𐤏 𐤇𐤓𐤁𐤊•
𐤉𐤃 𐤌𐤌𐤕𐤉𐤌 𐤉𐤃𐤊 𐤉𐤄𐤅𐤄 𐤌𐤌𐤕𐤉𐤌 𐤌𐤇𐤋𐤃 𐤇𐤋𐤒𐤌 𐤁𐤇𐤉𐤉𐤌 𐤅𐤑𐤐𐤉𐤍𐤊
[𐤅𐤑𐤐𐤅𐤍𐤊] 𐤕𐤌𐤋𐤀 𐤁𐤈𐤍𐤌 𐤉𐤔𐤁𐤏𐤅 𐤁𐤍𐤉𐤌 𐤅𐤄𐤍𐤉𐤇𐤅 𐤉𐤕𐤓𐤌 𐤋𐤏𐤅𐤋𐤋𐤉𐤄𐤌•
𐤈𐤅 𐤀𐤍𐤉 𐤁𐤑𐤃𐤒 𐤀𐤇𐤆𐤄 𐤐𐤍𐤉𐤊 𐤀𐤔𐤁𐤏𐤄 𐤁𐤄𐤒𐤉𐤑 𐤕𐤌𐤅𐤍𐤕𐤊•

𐤐𐤓𐤒 𐤉𐤇

𐤀 𐤋𐤌𐤍𐤑𐤇 𐤋𐤏𐤁𐤃 𐤉𐤄𐤅𐤄 𐤋𐤃𐤅𐤃 𐤀𐤔𐤓 𐤃𐤁𐤓 𐤋𐤉𐤄𐤅𐤄 𐤀𐤕 𐤃𐤁𐤓𐤉 𐤄𐤔𐤉𐤓𐤄
𐤄𐤆𐤀𐤕 𐤁𐤉𐤅𐤌 𐤄𐤑𐤉𐤋 𐤉𐤄𐤅𐤄 𐤀𐤅𐤕𐤅 𐤌𐤊𐤐 𐤊𐤋 𐤀𐤉𐤁𐤉𐤅 𐤅𐤌𐤉𐤃 𐤔𐤀𐤅𐤋•
𐤁 𐤅𐤉𐤀𐤌𐤓 𐤀𐤓𐤇𐤌𐤊 𐤉𐤄𐤅𐤄 𐤇𐤆𐤒𐤉•
𐤂 𐤉𐤄𐤅𐤄 𐤎𐤋𐤏𐤉 𐤅𐤌𐤑𐤅𐤃𐤕𐤉 𐤅𐤌𐤐𐤋𐤈𐤉 𐤀𐤋𐤉 𐤑𐤅𐤓𐤉 𐤀𐤇𐤎𐤄 𐤁𐤅 𐤌𐤂𐤍𐤉
𐤅𐤒𐤓𐤍 𐤉𐤔𐤏𐤉 𐤌𐤔𐤂𐤁𐤉•
𐤃 𐤌𐤄𐤋𐤋 𐤀𐤒𐤓𐤀 𐤉𐤄𐤅𐤄 𐤅𐤌𐤍 𐤀𐤉𐤁𐤉 𐤀𐤅𐤔𐤏•
𐤄 𐤀𐤐𐤐𐤅𐤍𐤉 𐤇𐤁𐤋𐤉 𐤌𐤅𐤕 𐤅𐤍𐤇𐤋𐤉 𐤁𐤋𐤉𐤏𐤋 𐤉𐤁𐤏𐤕𐤅𐤍𐤉•

תהילים

וחבלי שאול סבבוני קדמוני מוקשי מות.
זבצר לי אקרא יהוה ואל אלהי אשוע ישמע מהיכלו קולי
ושועתי לפניו תבוא באזניו.
חותגעש ותרעש הארץ ומוסדי הרים ירגזו ויתגעשו כי חרה
לו.
טעלה עשן באפו ואש מפיו תאכל גחלים בערו ממנו.
יויט שמים וירד וערפל תחת רגליו.
יאוירכב על כרוב ויעף וידא על כנפי רוח.
יב ישת חשך סתרו סביבותיו סכתו חשכת מים עבי שחקים.
יג מנגה נגדו עביו עברו ברד וגחלי אש.
יד וירעם בשמים יהוה ועליון יתן קולו ברד וגחלי אש.
טווישלח חציו ויפיצם וברקים רב ויהמם.
טזויראו אפיקי מים ויגלו מוסדות תבל מגערתך יהוה
מנשמת רוח אפך.
יז ישלח ממרום יקחני ימשני ממים רבים.
יח יצילני מאיבי עז ומשנאי כי אמצו ממני.
יט יקדמוני ביום אידי ויהי יהוה למשען לי.
כ ויוציאני למרחב יחלצני כי חפץ בי.
כא יגמלני יהוה כצדקי כבר ידי ישיב לי.
כב כי שמרתי דרכי יהוה ולא רשעתי מאלהי.
כג כי כל משפטיו לנגדי וחקתיו לא אסיר מני.
כד ואהי תמים עמו ואשתמר מעוני.
כה וישב יהוה לי כצדקי כבר ידי לנגד עיניו.
כועם חסיד תתחסד עם גבר תמים תתמם.
כזעם נבר תתברר ועם עקש תתפתל.
כחכי אתה עם עני תושיע ועינים רמות תשפיל.
כטכי אתה תאיר נרי יהוה אלהי יגיה חשכי.
לכי בך ארץ גדוד ובאלהי אדלג שור.
לאהאל תמים דרכו אמרת יהוה צרופה מגן הוא לכל החוסים
בו.
לבכי מי אלוה מבלעדי יהוה ומי צור זולתי אלהינו.
לגהאל המאזרני חיל ויתן תמים דרכי.
לד משוה רגלי כאילות ועל במתי יעמידני.

𐤕𐤄𐤉𐤋𐤉𐤌

𐤋𐤄 𐤌𐤋𐤌𐤃 𐤉𐤃𐤉 𐤋𐤌𐤋𐤇𐤌𐤄 𐤅𐤍𐤇𐤕𐤄 𐤒𐤔𐤕 𐤍𐤇𐤅𐤔𐤄 𐤆𐤓𐤅𐤏𐤕𐤉•
𐤋𐤅 𐤅𐤕𐤕𐤍 𐤋𐤉 𐤌𐤂𐤍 𐤉𐤔𐤏𐤊 𐤅𐤉𐤌𐤉𐤍𐤊 𐤕𐤎𐤏𐤃𐤍𐤉 𐤅𐤏𐤍𐤅𐤕𐤊 𐤕𐤓𐤁𐤍𐤉•
𐤋𐤆 𐤕𐤓𐤇𐤉𐤁 𐤑𐤏𐤃𐤉 𐤕𐤇𐤕𐤉 𐤅𐤋𐤀 𐤌𐤏𐤃𐤅 𐤒𐤓𐤎𐤋𐤉•
𐤋𐤇 𐤀𐤓𐤃𐤅𐤐 𐤀𐤅𐤉𐤁𐤉 𐤅𐤀𐤔𐤉𐤂𐤌 𐤅𐤋𐤀 𐤀𐤔𐤅𐤁 𐤏𐤃 𐤊𐤋𐤅𐤕𐤌•
𐤋𐤈 𐤀𐤌𐤇𐤑𐤌 𐤅𐤋𐤀 𐤉𐤊𐤋𐤅 𐤒𐤅𐤌 𐤉𐤐𐤋𐤅 𐤕𐤇𐤕 𐤓𐤂𐤋𐤉•
𐤌 𐤅𐤕𐤀𐤆𐤓𐤍𐤉 𐤇𐤉𐤋 𐤋𐤌𐤋𐤇𐤌𐤄 𐤕𐤊𐤓𐤉𐤏 𐤒𐤌𐤉 𐤕𐤇𐤕𐤉•
𐤌𐤀 𐤅𐤀𐤉𐤁𐤉 𐤍𐤕𐤕𐤄 𐤋𐤉 𐤏𐤓𐤐 𐤅𐤌𐤔𐤍𐤀𐤉 𐤀𐤑𐤌𐤉𐤕𐤌•
𐤌𐤁 𐤉𐤔𐤅𐤏𐤅 𐤅𐤀𐤉𐤍 𐤌𐤅𐤔𐤉𐤏 𐤏𐤋 𐤉𐤄𐤅𐤄 𐤅𐤋𐤀 𐤏𐤍𐤌•
𐤌𐤂 𐤅𐤀𐤔𐤇𐤒𐤌 𐤊𐤏𐤐𐤓 𐤏𐤋 𐤐𐤍𐤉 𐤓𐤅𐤇 𐤊𐤈𐤉𐤈 𐤇𐤅𐤑𐤅𐤕 𐤀𐤓𐤉𐤒𐤌•
𐤌𐤃 𐤕𐤐𐤋𐤈𐤍𐤉 𐤌𐤓𐤉𐤁𐤉 𐤏𐤌 𐤕𐤔𐤉𐤌𐤍𐤉 𐤋𐤓𐤀𐤔 𐤂𐤅𐤉𐤌 𐤏𐤌 𐤋𐤀 𐤉𐤃𐤏𐤕𐤉
𐤉𐤏𐤁𐤃𐤅𐤍𐤉•
𐤌𐤄 𐤋𐤔𐤌𐤏 𐤀𐤆𐤍 𐤉𐤔𐤌𐤏𐤅 𐤋𐤉 𐤁𐤍𐤉 𐤍𐤊𐤓 𐤉𐤊𐤇𐤔𐤅 𐤋𐤉•
𐤌𐤅 𐤁𐤍𐤉 𐤍𐤊𐤓 𐤉𐤁𐤋𐤅 𐤅𐤉𐤇𐤓𐤂𐤅 𐤌𐤌𐤎𐤂𐤓𐤅𐤕𐤉𐤄𐤌•
𐤌𐤆 𐤇𐤉 𐤉𐤄𐤅𐤄 𐤅𐤁𐤓𐤅𐤊 𐤑𐤅𐤓𐤉 𐤅𐤉𐤓𐤅𐤌 𐤀𐤋𐤅𐤄𐤉 𐤉𐤔𐤏𐤉•
𐤌𐤇 𐤄𐤀𐤋 𐤄𐤍𐤅𐤕𐤍 𐤍𐤒𐤌𐤅𐤕 𐤋𐤉 𐤅𐤉𐤃𐤁𐤓 𐤏𐤌𐤉𐤌 𐤕𐤇𐤕𐤉•
𐤌𐤈 𐤌𐤐𐤋𐤈𐤉 𐤌𐤀𐤉𐤁𐤉 𐤀𐤐 𐤌𐤍 𐤒𐤌𐤉 𐤕𐤓𐤅𐤌𐤌𐤍𐤉 𐤌𐤀𐤉𐤔 𐤇𐤌𐤎 𐤕𐤑𐤉𐤋𐤍𐤉•
𐤍 𐤏𐤋 𐤊𐤍 𐤀𐤅𐤃𐤊 𐤁𐤂𐤅𐤉𐤌 𐤉𐤄𐤅𐤄 𐤅𐤋𐤔𐤌𐤊 𐤀𐤆𐤌𐤓𐤄•
𐤍𐤀 𐤌𐤂𐤃𐤋 [𐤌𐤂𐤃𐤉𐤋] 𐤉𐤔𐤅𐤏𐤅𐤕 𐤌𐤋𐤊𐤅 𐤅𐤏𐤔𐤄 𐤇𐤎𐤃 𐤋𐤌𐤔𐤉𐤇𐤅 𐤋𐤃𐤅𐤃
𐤅𐤋𐤆𐤓𐤏𐤅 𐤏𐤃 𐤏𐤅𐤋𐤌•

𐤐𐤓𐤒 𐤉𐤈

𐤀 𐤋𐤌𐤍𐤑𐤇 𐤌𐤆𐤌𐤅𐤓 𐤋𐤃𐤅𐤃•
𐤁 𐤄𐤔𐤌𐤉𐤌 𐤌𐤎𐤐𐤓𐤉𐤌 𐤊𐤁𐤅𐤃 𐤀𐤋 𐤅𐤌𐤏𐤔𐤄 𐤉𐤃𐤉𐤅 𐤌𐤂𐤉𐤃 𐤄𐤓𐤒𐤉𐤏•
𐤂 𐤉𐤅𐤌 𐤋𐤉𐤅𐤌 𐤉𐤁𐤉𐤏 𐤀𐤌𐤓 𐤅𐤋𐤉𐤋𐤄 𐤋𐤋𐤉𐤋𐤄 𐤉𐤇𐤅𐤄 𐤃𐤏𐤕•
𐤃 𐤀𐤉𐤍 𐤀𐤌𐤓 𐤅𐤀𐤉𐤍 𐤃𐤁𐤓𐤉𐤌 𐤁𐤋𐤉 𐤍𐤔𐤌𐤏 𐤒𐤅𐤋𐤌•
𐤄 𐤁𐤊𐤋 𐤄𐤀𐤓𐤑 𐤉𐤑𐤀 𐤒𐤅𐤌 𐤅𐤁𐤒𐤑𐤄 𐤕𐤁𐤋 𐤌𐤋𐤉𐤄𐤌 𐤋𐤔𐤌𐤔 𐤔𐤌 𐤀𐤄𐤋
𐤁𐤄𐤌•
𐤅 𐤅𐤄𐤅𐤀 𐤊𐤇𐤕𐤍 𐤉𐤑𐤀 𐤌𐤇𐤐𐤕𐤅 𐤉𐤔𐤉𐤔 𐤊𐤂𐤁𐤅𐤓 𐤋𐤓𐤅𐤑 𐤀𐤓𐤇•
𐤆 𐤌𐤒𐤑𐤄 𐤄𐤔𐤌𐤉𐤌 𐤌𐤅𐤑𐤀𐤅 𐤅𐤕𐤒𐤅𐤐𐤕𐤅 𐤏𐤋 𐤒𐤑𐤅𐤕𐤌 𐤅𐤀𐤉𐤍 𐤍𐤎𐤕𐤓
𐤌𐤇𐤌𐤕𐤅•
𐤇 𐤕𐤅𐤓𐤕 𐤉𐤄𐤅𐤄 𐤕𐤌𐤉𐤌𐤄 𐤌𐤔𐤉𐤁𐤕 𐤍𐤐𐤔 𐤏𐤃𐤅𐤕 𐤉𐤄𐤅𐤄 𐤍𐤀𐤌𐤍𐤄 𐤌𐤇𐤊𐤉𐤌𐤕
𐤐𐤕𐤉•
𐤈 𐤐𐤒𐤅𐤃𐤉 𐤉𐤄𐤅𐤄 𐤉𐤔𐤓𐤉𐤌 𐤌𐤔𐤌𐤇𐤉 𐤋𐤁 𐤌𐤑𐤅𐤕 𐤉𐤄𐤅𐤄 𐤁𐤓𐤄 𐤌𐤀𐤉𐤓𐤕

תהלים

עינים.
י יראת יהוה טהורה עומדת לעד משפטי יהוה אמת צדקו
יחדו.
יא הנחמדים מזהב ומפז רב ומתוקים מדבש ונפת צופים.
יב גם עבדך נזהר בהם בשמרם עקב רב.
יג שגיאות מי יבין מנסתרות נקני.
יד גם מזדים חשך עבדך אל ימשלו בי אז איתם ונקיתי
מפשע רב.
טו יהיו לרצון אמרי פי והגיון לבי לפניך יהוה צורי
וגאלי.

פרק כ
א למנצח מזמור לדוד.
ב יענך יהוה ביום צרה ישגבך שם אלהי יעקב.
ג ישלח עזרך מקדש ומציון יסעדך.
ד יזכר כל מנחתך ועולתך ידשנה סלה.
ה יתן לך כלבבך וכל עצתך ימלא.
ו נרננה בישועתך ובשם אלהינו נדגל ימלא יהוה כל
משאלותיך.
ז עתה ידעתי כי הושיע יהוה משיחו יענהו משמי קדשו
בגברות ישע ימינו.
ח אלה ברכב ואלה בסוסים ואנחנו בשם יהוה אלהינו נזכיר.
ט המה כרעו ונפלו ואנחנו קמנו ונתעודד.
י יהוה הושיעה המלך יעננו ביום קראנו.

פרק כא
א למנצח מזמור לדוד.
ב יהוה בעזך ישמח מלך ובישועתך מה יגיל [יגל] מאד.
ג תאות לבו נתתה לו וארשת שפתיו בל מנעת סלה.
ד כי תקדמנו ברכות טוב תשית לראשו עטרת פז.
ה חיים שאל ממך נתתה לו ארך ימים עולם ועד.
ו גדול כבודו בישועתך הוד והדר תשוה עליו.
ז כי תשיתהו ברכות לעד תחדהו בשמחה את פניך.

𐤇 𐤊𐤉 𐤄𐤌𐤋𐤊 𐤁𐤈𐤇 𐤁𐤉𐤄𐤅𐤄 𐤅𐤁𐤇𐤎𐤃 𐤏𐤋𐤉𐤅𐤍 𐤁𐤋 𐤉𐤌𐤅𐤈•
𐤈 𐤕𐤌𐤑𐤀 𐤉𐤃𐤊 𐤋𐤊𐤋 𐤀𐤉𐤁𐤉𐤊 𐤉𐤌𐤉𐤍𐤊 𐤕𐤌𐤑𐤀 𐤔𐤍𐤀𐤉𐤊•
𐤉 𐤕𐤔𐤉𐤕𐤌𐤅 𐤊𐤕𐤍𐤅𐤓 𐤀𐤔 𐤋𐤏𐤕 𐤐𐤍𐤉𐤊 𐤉𐤄𐤅𐤄 𐤁𐤀𐤐𐤅 𐤉𐤁𐤋𐤏𐤌 𐤅𐤕𐤀𐤊𐤋𐤌
𐤀𐤔•
𐤉𐤀 𐤐𐤓𐤉𐤌𐤅 𐤌𐤀𐤓𐤑 𐤕𐤀𐤁𐤃 𐤅𐤆𐤓𐤏𐤌 𐤌𐤁𐤍𐤉 𐤀𐤃𐤌•
𐤉𐤁 𐤊𐤉 𐤍𐤈𐤅 𐤏𐤋𐤉𐤊 𐤓𐤏𐤄 𐤇𐤔𐤁𐤅 𐤌𐤆𐤌𐤄 𐤁𐤋 𐤉𐤅𐤊𐤋𐤅•
𐤉𐤂 𐤊𐤉 𐤕𐤔𐤉𐤕𐤌𐤅 𐤔𐤊𐤌 𐤁𐤌𐤉𐤕𐤓𐤉𐤊 𐤕𐤊𐤅𐤍𐤍 𐤏𐤋 𐤐𐤍𐤉𐤄𐤌•
𐤉𐤃 𐤓𐤅𐤌𐤄 𐤉𐤄𐤅𐤄 𐤁𐤏𐤆𐤊 𐤍𐤔𐤉𐤓𐤄 𐤅𐤍𐤆𐤌𐤓𐤄 𐤂𐤁𐤅𐤓𐤕𐤊•

𐤐𐤓𐤒 𐤊𐤁

𐤀 𐤋𐤌𐤍𐤑𐤇 𐤏𐤋 𐤀𐤉𐤋𐤕 𐤄𐤔𐤇𐤓 𐤌𐤆𐤌𐤅𐤓 𐤋𐤃𐤅𐤃•
𐤁 𐤀𐤋𐤉 𐤀𐤋𐤉 𐤋𐤌𐤄 𐤏𐤆𐤁𐤕𐤍𐤉 𐤓𐤇𐤅𐤒 𐤌𐤉𐤔𐤅𐤏𐤕𐤉 𐤃𐤁𐤓𐤉 𐤔𐤀𐤂𐤕𐤉•
𐤂 𐤀𐤋𐤄𐤉 𐤀𐤒𐤓𐤀 𐤉𐤅𐤌𐤌 𐤅𐤋𐤀 𐤕𐤏𐤍𐤄 𐤅𐤋𐤉𐤋𐤄 𐤅𐤋𐤀 𐤃𐤅𐤌𐤉𐤄 𐤋𐤉•
𐤃 𐤅𐤀𐤕𐤄 𐤒𐤃𐤅𐤔 𐤉𐤅𐤔𐤁 𐤕𐤄𐤋𐤅𐤕 𐤉𐤔𐤓𐤀𐤋•
𐤄 𐤁𐤊 𐤁𐤈𐤇𐤅 𐤀𐤁𐤕𐤉𐤍𐤅 𐤁𐤈𐤇𐤅 𐤅𐤕𐤐𐤋𐤈𐤌𐤅•
𐤅 𐤀𐤋𐤉𐤊 𐤆𐤏𐤒𐤅 𐤅𐤍𐤌𐤋𐤈𐤅 𐤁𐤊 𐤁𐤈𐤇𐤅 𐤅𐤋𐤀 𐤁𐤅𐤔𐤅•
𐤆 𐤅𐤀𐤍𐤊𐤉 𐤕𐤅𐤋𐤏𐤕 𐤅𐤋𐤀 𐤀𐤉𐤔 𐤇𐤓𐤐𐤕 𐤀𐤃𐤌 𐤅𐤁𐤆𐤅𐤉 𐤏𐤌•
𐤇 𐤊𐤋 𐤓𐤀𐤉 𐤉𐤋𐤏𐤂𐤅 𐤋𐤉 𐤉𐤐𐤈𐤉𐤓𐤅 𐤁𐤔𐤐𐤄 𐤉𐤍𐤉𐤏𐤅 𐤓𐤀𐤔•
𐤈 𐤂𐤋 𐤀𐤋 𐤉𐤄𐤅𐤄 𐤉𐤐𐤋𐤈𐤄𐤅 𐤉𐤑𐤉𐤋𐤄𐤅 𐤊𐤉 𐤇𐤐𐤑 𐤁𐤅•
𐤉 𐤊𐤉 𐤀𐤕𐤄 𐤂𐤇𐤉 𐤌𐤁𐤈𐤍 𐤌𐤁𐤈𐤉𐤇𐤉 𐤏𐤋 𐤔𐤃𐤉 𐤀𐤌𐤉•
𐤉𐤀 𐤏𐤋𐤉𐤊 𐤄𐤔𐤋𐤊𐤕𐤉 𐤌𐤓𐤇𐤌 𐤌𐤁𐤈𐤍 𐤀𐤌𐤉 𐤀𐤋𐤉 𐤀𐤕𐤄•
𐤉𐤁 𐤀𐤋 𐤕𐤓𐤇𐤒 𐤌𐤌𐤍𐤉 𐤊𐤉 𐤑𐤓𐤄 𐤒𐤓𐤅𐤁𐤄 𐤊𐤉 𐤀𐤉𐤍 𐤏𐤅𐤆𐤓•
𐤉𐤂 𐤎𐤁𐤁𐤅𐤍𐤉 𐤐𐤓𐤉𐤌 𐤓𐤁𐤉𐤌 𐤀𐤁𐤉𐤓𐤉 𐤁𐤔𐤍 𐤊𐤕𐤓𐤅𐤍𐤉•
𐤉𐤃 𐤐𐤑𐤅 𐤏𐤋𐤉 𐤐𐤉𐤄𐤌 𐤀𐤓𐤉𐤄 𐤈𐤓𐤐 𐤅𐤔𐤀𐤂•
𐤈𐤅 𐤊𐤌𐤉𐤌 𐤍𐤔𐤐𐤊𐤕𐤉 𐤅𐤄𐤕𐤐𐤓𐤃𐤅 𐤊𐤋 𐤏𐤑𐤌𐤅𐤕𐤉 𐤄𐤉𐤄 𐤋𐤁𐤉 𐤊𐤃𐤅𐤍𐤂 𐤍𐤌𐤎
𐤁𐤕𐤅𐤊 𐤌𐤏𐤉•
𐤈𐤆 𐤉𐤁𐤔 𐤊𐤇𐤓𐤔 𐤊𐤇𐤉 𐤅𐤋𐤔𐤅𐤍𐤉 𐤌𐤃𐤁𐤒 𐤌𐤋𐤒𐤅𐤇𐤉 𐤅𐤋𐤏𐤐𐤓 𐤌𐤅𐤕 𐤕𐤔𐤐𐤕𐤍𐤉•
𐤉𐤆 𐤊𐤉 𐤎𐤁𐤁𐤅𐤍𐤉 𐤊𐤋𐤁𐤉𐤌 𐤏𐤃𐤕 𐤌𐤓𐤏𐤉𐤌 𐤄𐤒𐤉𐤐𐤅𐤍𐤉 𐤊𐤀𐤓𐤉 𐤉𐤃𐤉 𐤅𐤓𐤂𐤋𐤉•
𐤉𐤇 𐤀𐤎𐤐𐤓 𐤊𐤋 𐤏𐤑𐤌𐤅𐤕𐤉 𐤄𐤌𐤄 𐤉𐤁𐤉𐤈𐤅 𐤉𐤓𐤀𐤅 𐤁𐤉•
𐤉𐤈 𐤉𐤇𐤋𐤒𐤅 𐤁𐤂𐤃𐤉 𐤋𐤄𐤌 𐤅𐤏𐤋 𐤋𐤁𐤅𐤔𐤉 𐤉𐤐𐤉𐤋𐤅 𐤂𐤅𐤓𐤋•
𐤊 𐤅𐤀𐤕𐤄 𐤉𐤄𐤅𐤄 𐤀𐤋 𐤕𐤓𐤇𐤒 𐤀𐤉𐤋𐤅𐤕𐤉 𐤋𐤏𐤆𐤓𐤕𐤉 𐤇𐤅𐤔𐤄•
𐤊𐤀 𐤄𐤑𐤉𐤋𐤄 𐤌𐤇𐤓𐤁 𐤍𐤐𐤔𐤉 𐤌𐤉𐤃 𐤊𐤋𐤁 𐤉𐤇𐤉𐤃𐤕𐤉•
𐤊𐤁 𐤄𐤅𐤔𐤉𐤏𐤍𐤉 𐤌𐤐𐤉 𐤀𐤓𐤉𐤄 𐤅𐤌𐤒𐤓𐤍𐤉 𐤓𐤌𐤉𐤌 𐤏𐤍𐤉𐤕𐤍𐤉•

תהילים

כג אספרה שמך לאחי בתוך קהל אהללך.
כד יראי יהוה הללוהו כל זרע יעקב כבדוהו וגורו ממנו כל
זרע ישראל.
כה כי לא בזה ולא שקץ ענות עני ולא הסתיר פניו ממנו
ובשועו אליו שמע.
כו מאתך תהלתי בקהל רב נדרי אשלם נגד יראיו.
כז יאכלו ענוים וישבעו יהללו יהוה דרשיו יחי לבבכם
לעד.
כח יזכרו וישבו אל יהוה כל אפסי ארץ וישתחוו לפניך כל
משפחות גוים.
כט כי ליהוה המלוכה ומשל בגוים.
ל אכלו וישתחוו כל דשני ארץ לפניו יכרעו כל יורדי עפר
ונפשו לא חיה.
לא זרע יעבדנו יספר לאדני לדור.
לב יבאו ויגידו צדקתו לעם נולד כי עשה.

פרק כג

א מזמור לדוד יהוה רעי לא אחסר.
ב בנאות דשא ירביצני על מי מנחות ינהלני.
ג נפשי ישובב ינחני במעגלי צדק למען שמו.
ד גם כי אלך בגיא צלמות לא אירא רע כי אתה עמדי שבטך
ומשענתך המה ינחמני.
ה תערך לפני שלחן נגד צררי דשנת בשמן ראשי כוסי רויה.
ו אך טוב וחסד ירדפוני כל ימי חיי ושבתי בבית יהוה לארך
ימים.

פרק כד

א לדוד מזמור ליהוה הארץ ומלואה תבל וישבי בה.
ב כי הוא על ימים יסדה ועל נהרות יכוננה.
ג מי יעלה בהר יהוה ומי יקום במקום קדשו.
ד נקי כפים ובר לבב אשר לא נשא לשוא נפשי ולא נשבע
למרמה.
ה ישא ברכה מאת יהוה וצדקה מאלהי ישעו.

תהלים

ו זה דור דרשו [דרשיו] מבקשי פניך יעקב סלה.
ז שאו שערים ראשיכם והנשאו פתחי עולם ויבוא מלך
הכבוד.
ח מי זה מלך הכבוד יהוה עזוז וגבור יהוה גבור מלחמה.
ט שאו שערים ראשיכם ושאו פתחי עולם ויבא מלך הכבוד.
י מי הוא זה מלך הכבוד יהוה צבאות הוא מלך הכבוד סלה.

פרק כה

א לדוד אליך יהוה נפשי אשא.
ב אלהי בך בטחתי אל אבושה אל יעלצו איבי לי.
ג גם כל קויך לא יבשו יבשו הבוגדים ריקם.
ד דרכיך יהוה הודיעני ארחותיך למדני.
ה הדריכני באמתך ולמדני כי אתה אלהי ישעי אותך קויתי
כל היום.
ו זכר רחמיך יהוה וחסדיך כי מעולם המה.
ז חטאות נעורי ופשעי אל תזכר כחסדך זכר לי אתה למען
טובך יהוה.
ח טוב וישר יהוה על כן יורה חטאים בדרך.
ט ידרך ענוים במשפט וילמד ענוים דרכו.
י כל ארחות יהוה חסד ואמת לנצרי בריתו ועדתיו.
יא למען שמך יהוה וסלחת לעוני כי רב הוא.
יב מי זה האיש ירא יהוה יורנו בדרך יבחר.
יג נפשו בטוב תלין וזרעו יירש ארץ.
יד סוד יהוה ליראיו ובריתו להודיעם.
טו עיני תמיד אל יהוה כי הוא יוציא מרשת רגלי.
טז פנה אלי וחנני כי יחיד ועני אני.
יז צרות לבבי הרחיבו וממצוקותי הוציאני.
יח ראה עניי ועמלי ושא לכל חטאותי.
יט ראה אויבי כי רבו ושנאת חמס שנאוני.
כ שמרה נפשי והצילני אל אבוש כי חסיתי בך.
כא תם וישר יצרוני כי קויתיך.
כב פדה אלהים את ישראל מכל צרותיו.

𐤕𐤄𐤉𐤋𐤉𐤌

𐤐𐤓𐤒 𐤊𐤅

𐤀 𐤋𐤃𐤅𐤃 𐤔𐤐𐤈𐤍𐤉 𐤉𐤄𐤅𐤄 𐤊𐤉 𐤀𐤍𐤉 𐤁𐤕𐤌𐤉 𐤄𐤋𐤊𐤕𐤉 𐤅𐤁𐤉𐤄𐤅𐤄 𐤁𐤈𐤇𐤕𐤉 𐤋𐤀
𐤀𐤌𐤏𐤃•
𐤁 𐤁𐤇𐤍𐤍𐤉 𐤉𐤄𐤅𐤄 𐤅𐤍𐤎𐤍𐤉 𐤑𐤓𐤅𐤐𐤄 [𐤑𐤓𐤐𐤄] 𐤊𐤋𐤉𐤅𐤕𐤉 𐤅𐤋𐤁𐤉•
𐤂 𐤊𐤉 𐤇𐤎𐤃𐤊 𐤋𐤍𐤂𐤃 𐤏𐤉𐤍𐤉 𐤅𐤄𐤕𐤄𐤋𐤊𐤕𐤉 𐤁𐤀𐤌𐤕𐤊•
𐤃 𐤋𐤀 𐤉𐤔𐤁𐤕𐤉 𐤏𐤌 𐤌𐤕𐤉 𐤔𐤅𐤀 𐤅𐤏𐤌 𐤍𐤏𐤋𐤌𐤉𐤌 𐤋𐤀 𐤀𐤁𐤅𐤀•
𐤄 𐤔𐤍𐤀𐤕𐤉 𐤒𐤄𐤋 𐤌𐤓𐤏𐤉𐤌 𐤅𐤏𐤌 𐤓𐤔𐤏𐤉𐤌 𐤋𐤀 𐤀𐤔𐤁•
𐤅 𐤀𐤓𐤇𐤑 𐤁𐤍𐤒𐤉𐤅𐤍 𐤊𐤐𐤉 𐤅𐤀𐤎𐤁𐤁𐤄 𐤀𐤕 𐤌𐤆𐤁𐤇𐤊 𐤉𐤄𐤅𐤄•
𐤆 𐤋𐤔𐤌𐤏 𐤁𐤒𐤅𐤋 𐤕𐤅𐤃𐤄 𐤅𐤋𐤎𐤐𐤓 𐤊𐤋 𐤍𐤐𐤋𐤀𐤅𐤕𐤉𐤊•
𐤇 𐤉𐤄𐤅𐤄 𐤀𐤄𐤁𐤕𐤉 𐤌𐤏𐤅𐤍 𐤁𐤉𐤕𐤊 𐤅𐤌𐤒𐤅𐤌 𐤌𐤔𐤊𐤍 𐤊𐤁𐤅𐤃𐤊•
𐤈 𐤀𐤋 𐤕𐤀𐤎𐤐 𐤏𐤌 𐤇𐤈𐤀𐤉𐤌 𐤍𐤐𐤔𐤉 𐤅𐤏𐤌 𐤀𐤍𐤔𐤉 𐤃𐤌𐤉𐤌 𐤇𐤉𐤉•
𐤉 𐤀𐤔𐤓 𐤁𐤉𐤃𐤉𐤄𐤌 𐤆𐤌𐤄 𐤅𐤉𐤌𐤉𐤍𐤌 𐤌𐤋𐤀𐤄 𐤔𐤇𐤃•
𐤉𐤀 𐤅𐤀𐤍𐤉 𐤁𐤕𐤌𐤉 𐤀𐤋𐤊 𐤐𐤃𐤍𐤉 𐤅𐤇𐤍𐤍𐤉•
𐤉𐤁 𐤓𐤂𐤋𐤉 𐤏𐤌𐤃𐤄 𐤁𐤌𐤉𐤔𐤅𐤓 𐤁𐤌𐤒𐤄𐤋𐤉𐤌 𐤀𐤁𐤓𐤊 𐤉𐤄𐤅𐤄•

𐤐𐤓𐤒 𐤊𐤆

𐤀 𐤋𐤃𐤅𐤃 𐤉𐤄𐤅𐤄 𐤀𐤅𐤓𐤉 𐤅𐤉𐤔𐤏𐤉 𐤌𐤌𐤉 𐤀𐤉𐤓𐤀 𐤉𐤄𐤅𐤄 𐤌𐤏𐤅𐤆 𐤇𐤉𐤉 𐤌𐤌𐤉
𐤀𐤐𐤇𐤃•
𐤁 𐤁𐤒𐤓𐤁 𐤏𐤋𐤉 𐤌𐤓𐤏𐤉𐤌 𐤋𐤀𐤊𐤋 𐤀𐤕 𐤁𐤔𐤓𐤉 𐤑𐤓𐤉 𐤅𐤀𐤉𐤁𐤉 𐤋𐤉 𐤄𐤌𐤄 𐤊𐤔𐤋𐤅
𐤅𐤍𐤐𐤋𐤅•
𐤂 𐤀𐤌 𐤕𐤇𐤍𐤄 𐤏𐤋𐤉 𐤌𐤇𐤍𐤄 𐤋𐤀 𐤉𐤉𐤓𐤀 𐤋𐤁𐤉 𐤀𐤌 𐤕𐤒𐤅𐤌 𐤏𐤋𐤉 𐤌𐤋𐤇𐤌𐤄
𐤁𐤆𐤀𐤕 𐤀𐤍𐤉 𐤁𐤅𐤈𐤇•
𐤃 𐤀𐤇𐤕 𐤔𐤀𐤋𐤕𐤉 𐤌𐤀𐤕 𐤉𐤄𐤅𐤄 𐤀𐤅𐤕𐤄 𐤀𐤁𐤒𐤔 𐤔𐤁𐤕𐤉 𐤁𐤁𐤉𐤕 𐤉𐤄𐤅𐤄 𐤊𐤋
𐤉𐤌𐤉 𐤇𐤉𐤉 𐤋𐤇𐤆𐤅𐤕 𐤁𐤍𐤏𐤌 𐤉𐤄𐤅𐤄 𐤅𐤋𐤁𐤒𐤓 𐤁𐤄𐤉𐤊𐤋𐤅•
𐤄 𐤊𐤉 𐤉𐤑𐤐𐤍𐤍𐤉 𐤁𐤎𐤊𐤄 𐤁𐤉𐤅𐤌 𐤓𐤏𐤄 𐤉𐤎𐤕𐤉𐤓𐤍𐤉 𐤁𐤎𐤕𐤓 𐤀𐤄𐤋𐤅 𐤁𐤑𐤅𐤓
𐤉𐤓𐤅𐤌𐤌𐤍𐤉•
𐤅 𐤅𐤏𐤕𐤄 𐤉𐤓𐤅𐤌 𐤓𐤀𐤔𐤉 𐤏𐤋 𐤀𐤉𐤁𐤉 𐤎𐤁𐤉𐤁𐤅𐤕𐤉 𐤅𐤀𐤆𐤁𐤇𐤄 𐤁𐤀𐤄𐤋𐤅 𐤆𐤁𐤇𐤉
𐤕𐤓𐤅𐤏𐤄 𐤀𐤔𐤉𐤓𐤄 𐤅𐤀𐤆𐤌𐤓𐤄 𐤋𐤉𐤄𐤅𐤄•
𐤆 𐤔𐤌𐤏 𐤉𐤄𐤅𐤄 𐤒𐤅𐤋𐤉 𐤀𐤒𐤓𐤀 𐤅𐤇𐤍𐤍𐤉 𐤅𐤏𐤍𐤍𐤉•
𐤇 𐤋𐤊 𐤀𐤌𐤓 𐤋𐤁𐤉 𐤁𐤒𐤔𐤅 𐤐𐤍𐤉 𐤀𐤕 𐤐𐤍𐤉𐤊 𐤉𐤄𐤅𐤄 𐤀𐤁𐤒𐤔•
𐤈 𐤀𐤋 𐤕𐤎𐤕𐤓 𐤐𐤍𐤉𐤊 𐤌𐤌𐤍𐤉 𐤀𐤋 𐤕𐤈 𐤁𐤀𐤐 𐤏𐤁𐤃𐤊 𐤏𐤆𐤓𐤕𐤉 𐤄𐤉𐤉𐤕 𐤀𐤋
𐤕𐤈𐤔𐤍𐤉 𐤅𐤀𐤋 𐤕𐤏𐤆𐤁𐤍𐤉 𐤀𐤋𐤄𐤉 𐤉𐤔𐤏𐤉•
𐤉 𐤊𐤉 𐤀𐤁𐤉 𐤅𐤀𐤌𐤉 𐤏𐤆𐤁𐤅𐤍𐤉 𐤅𐤉𐤄𐤅𐤄 𐤉𐤀𐤎𐤐𐤍𐤉•

𐤕𐤄𐤉𐤋𐤉𐤌

𐤉𐤀 𐤄𐤅𐤓𐤍𐤉 𐤉𐤄𐤅𐤄 𐤃𐤓𐤊𐤊 𐤅𐤍𐤇𐤍𐤉 𐤁𐤀𐤓𐤇 𐤌𐤉𐤔𐤅𐤓 𐤋𐤌𐤏𐤍 𐤔𐤅𐤓𐤓𐤉•
𐤉𐤁 𐤀𐤋 𐤕𐤕𐤍𐤍𐤉 𐤁𐤍𐤐𐤔 𐤑𐤓𐤉 𐤊𐤉 𐤒𐤌𐤅 𐤁𐤉 𐤏𐤃𐤉 𐤔𐤒𐤓 𐤅𐤉𐤐𐤇 𐤇𐤌𐤎•
𐤉𐤂 𐤋𐤅𐤋𐤀 𐤄𐤀𐤌𐤍𐤕𐤉 𐤋𐤓𐤀𐤅𐤕 𐤁𐤈𐤅𐤁 𐤉𐤄𐤅𐤄 𐤁𐤀𐤓𐤑 𐤇𐤉𐤉𐤌•
𐤉𐤃 𐤒𐤅𐤄 𐤀𐤋 𐤉𐤄𐤅𐤄 𐤇𐤆𐤒 𐤅𐤉𐤀𐤌𐤑 𐤋𐤁𐤊 𐤅𐤒𐤅𐤄 𐤀𐤋 𐤉𐤄𐤅𐤄•

𐤐𐤓𐤒 𐤊𐤇

𐤀 𐤋𐤃𐤅𐤃 𐤀𐤋𐤉𐤊 𐤉𐤄𐤅𐤄 𐤀𐤒𐤓𐤀 𐤑𐤅𐤓𐤉 𐤀𐤋 𐤕𐤇𐤓𐤔 𐤌𐤌𐤍𐤉 𐤐𐤍 𐤕𐤇𐤔𐤄 𐤌𐤌𐤍𐤉
𐤅𐤍𐤌𐤔𐤋𐤕𐤉 𐤏𐤌 𐤉𐤅𐤓𐤃𐤉 𐤁𐤅𐤓•
𐤁 𐤔𐤌𐤏 𐤒𐤅𐤋 𐤕𐤇𐤍𐤅𐤍𐤉 𐤁𐤔𐤅𐤏𐤉 𐤀𐤋𐤉𐤊 𐤁𐤍𐤔𐤀𐤉 𐤉𐤃𐤉 𐤀𐤋 𐤃𐤁𐤉𐤓 𐤒𐤃𐤔𐤊•
𐤂 𐤀𐤋 𐤕𐤌𐤔𐤊𐤍𐤉 𐤏𐤌 𐤓𐤔𐤏𐤉𐤌 𐤅𐤏𐤌 𐤐𐤏𐤋𐤉 𐤀𐤅𐤍 𐤃𐤁𐤓𐤉 𐤔𐤋𐤅𐤌 𐤏𐤌 𐤓𐤏𐤉𐤄𐤌
𐤅𐤓𐤏𐤄 𐤁𐤋𐤁𐤁𐤌•
𐤃 𐤕𐤍 𐤋𐤄𐤌 𐤊𐤐𐤏𐤋𐤌 𐤅𐤊𐤓𐤏 𐤌𐤏𐤋𐤋𐤉𐤄𐤌 𐤊𐤌𐤏𐤔𐤄 𐤉𐤃𐤉𐤄𐤌 𐤕𐤍 𐤋𐤄𐤌 𐤄𐤔𐤁
𐤂𐤌𐤅𐤋𐤌 𐤋𐤄𐤌•
𐤄 𐤊𐤉 𐤋𐤀 𐤉𐤁𐤉𐤍𐤅 𐤀𐤋 𐤐𐤏𐤋𐤕 𐤉𐤄𐤅𐤄 𐤅𐤀𐤋 𐤌𐤏𐤔𐤄 𐤉𐤃𐤉𐤅 𐤉𐤄𐤓𐤎𐤌 𐤅𐤋𐤀
𐤉𐤁𐤍𐤌•
𐤅 𐤁𐤓𐤅𐤊 𐤉𐤄𐤅𐤄 𐤊𐤉 𐤔𐤌𐤏 𐤒𐤅𐤋 𐤕𐤇𐤍𐤅𐤍𐤉•
𐤆 𐤉𐤄𐤅𐤄 𐤏𐤆𐤉 𐤅𐤌𐤂𐤍𐤉 𐤁𐤅 𐤁𐤈𐤇 𐤋𐤁𐤉 𐤅𐤍𐤏𐤆𐤓𐤕𐤉 𐤅𐤉𐤏𐤋𐤆 𐤋𐤁𐤉 𐤅𐤌𐤔𐤉𐤓𐤉
𐤀𐤄𐤅𐤃𐤍𐤅•
𐤇 𐤉𐤄𐤅𐤄 𐤏𐤆 𐤋𐤌𐤅 𐤅𐤌𐤏𐤅𐤆 𐤉𐤔𐤅𐤏𐤅𐤕 𐤌𐤔𐤉𐤇𐤅 𐤄𐤅𐤀•
𐤈 𐤄𐤅𐤔𐤉𐤏𐤄 𐤀𐤕 𐤏𐤌𐤊 𐤅𐤁𐤓𐤊 𐤀𐤕 𐤍𐤇𐤋𐤕𐤊 𐤅𐤓𐤏𐤌 𐤅𐤍𐤔𐤀𐤌 𐤏𐤃 𐤄𐤏𐤅𐤋𐤌•

𐤐𐤓𐤒 𐤊𐤈

𐤀 𐤌𐤆𐤌𐤅𐤓 𐤋𐤃𐤅𐤃 𐤄𐤁𐤅 𐤋𐤉𐤄𐤅𐤄 𐤁𐤍𐤉 𐤀𐤋𐤉𐤌 𐤄𐤁𐤅 𐤋𐤉𐤄𐤅𐤄 𐤊𐤁𐤅𐤃 𐤅𐤏𐤆•
𐤁 𐤄𐤁𐤅 𐤋𐤉𐤄𐤅𐤄 𐤊𐤁𐤅𐤃 𐤔𐤌𐤅 𐤄𐤔𐤕𐤇𐤅𐤅 𐤋𐤉𐤄𐤅𐤄 𐤁𐤄𐤃𐤓𐤕 𐤒𐤃𐤔•
𐤂 𐤒𐤅𐤋 𐤉𐤄𐤅𐤄 𐤏𐤋 𐤄𐤌𐤉𐤌 𐤀𐤋 𐤄𐤊𐤁𐤅𐤃 𐤄𐤓𐤏𐤉𐤌 𐤉𐤄𐤅𐤄 𐤏𐤋 𐤌𐤉𐤌 𐤓𐤁𐤉𐤌•
𐤃 𐤒𐤅𐤋 𐤉𐤄𐤅𐤄 𐤁𐤊𐤇 𐤒𐤅𐤋 𐤉𐤄𐤅𐤄 𐤁𐤄𐤃𐤓•
𐤄 𐤒𐤅𐤋 𐤉𐤄𐤅𐤄 𐤔𐤁𐤓 𐤀𐤓𐤆𐤉𐤌 𐤅𐤉𐤔𐤁𐤓 𐤉𐤄𐤅𐤄 𐤀𐤕 𐤀𐤓𐤆𐤉 𐤄𐤋𐤁𐤍𐤅𐤍•
𐤅 𐤅𐤉𐤓𐤒𐤉𐤃𐤌 𐤊𐤌𐤅 𐤏𐤂𐤋 𐤋𐤁𐤍𐤅𐤍 𐤅𐤔𐤓𐤉𐤍 𐤊𐤌𐤅 𐤁𐤍 𐤓𐤀𐤌𐤉𐤌•
𐤆 𐤒𐤅𐤋 𐤉𐤄𐤅𐤄 𐤇𐤑𐤁 𐤋𐤄𐤁𐤅𐤕 𐤀𐤔•
𐤇 𐤒𐤅𐤋 𐤉𐤄𐤅𐤄 𐤉𐤇𐤉𐤋 𐤌𐤃𐤁𐤓 𐤉𐤇𐤉𐤋 𐤉𐤄𐤅𐤄 𐤌𐤃𐤁𐤓 𐤒𐤃𐤔•
𐤈 𐤒𐤅𐤋 𐤉𐤄𐤅𐤄 𐤉𐤇𐤅𐤋𐤋 𐤀𐤉𐤋𐤅𐤕 𐤅𐤉𐤇𐤔𐤐 𐤉𐤏𐤓𐤅𐤕 𐤅𐤁𐤄𐤉𐤊𐤋𐤅 𐤊𐤋𐤅 𐤀𐤌𐤓
𐤊𐤁𐤅𐤃•
𐤉 𐤉𐤄𐤅𐤄 𐤋𐤌𐤁𐤅𐤋 𐤉𐤔𐤁 𐤅𐤉𐤔𐤁 𐤉𐤄𐤅𐤄 𐤌𐤋𐤊 𐤋𐤏𐤅𐤋𐤌•

𐤉𐤀 𐤉𐤄𐤅𐤄 𐤏𐤆 𐤋𐤏𐤌𐤅 𐤉𐤕𐤍 𐤉𐤄𐤅𐤄 𐤉𐤁𐤓𐤊 𐤀𐤕 𐤏𐤌𐤅 𐤁𐤔𐤋𐤅𐤌.

𐤐𐤓𐤒 𐤋

𐤀 𐤌𐤆𐤌𐤅𐤓 𐤔𐤉𐤓 𐤇𐤍𐤊𐤕 𐤄𐤁𐤉𐤕 𐤋𐤃𐤅𐤃.
𐤁 𐤀𐤓𐤅𐤌𐤌𐤊 𐤉𐤄𐤅𐤄 𐤊𐤉 𐤃𐤋𐤉𐤕𐤍𐤉 𐤅𐤋𐤀 𐤔𐤌𐤇𐤕 𐤀𐤉𐤁𐤉 𐤋𐤉.
𐤂 𐤉𐤄𐤅𐤄 𐤀𐤋𐤄𐤉 𐤔𐤅𐤏𐤕𐤉 𐤀𐤋𐤉𐤊 𐤅𐤕𐤓𐤐𐤀𐤍𐤉.
𐤃 𐤉𐤄𐤅𐤄 𐤄𐤏𐤋𐤉𐤕 𐤌𐤍 𐤔𐤀𐤅𐤋 𐤍𐤐𐤔𐤉 𐤇𐤉𐤉𐤕𐤍𐤉 𐤌𐤉𐤅𐤓𐤃𐤉 [𐤌𐤉𐤓𐤃𐤉] 𐤁𐤅𐤓.
𐤄 𐤆𐤌𐤓𐤅 𐤋𐤉𐤄𐤅𐤄 𐤇𐤎𐤉𐤃𐤉𐤅 𐤅𐤄𐤅𐤃𐤅 𐤋𐤆𐤊𐤓 𐤒𐤃𐤔𐤅.
𐤅 𐤊𐤉 𐤓𐤂𐤏 𐤁𐤀𐤐𐤅 𐤇𐤉𐤉𐤌 𐤁𐤓𐤑𐤅𐤍𐤅 𐤁𐤏𐤓𐤁 𐤉𐤋𐤉𐤍 𐤁𐤊𐤉 𐤅𐤋𐤁𐤒𐤓 𐤓𐤍𐤄.
𐤆 𐤅𐤀𐤍𐤉 𐤀𐤌𐤓𐤕𐤉 𐤁𐤔𐤋𐤅𐤉 𐤁𐤋 𐤀𐤌𐤅𐤈 𐤋𐤏𐤅𐤋𐤌.
𐤇 𐤉𐤄𐤅𐤄 𐤁𐤓𐤑𐤅𐤍𐤊 𐤄𐤏𐤌𐤃𐤕𐤄 𐤋𐤄𐤓𐤓𐤉 𐤏𐤆 𐤄𐤎𐤕𐤓𐤕 𐤐𐤍𐤉𐤊 𐤄𐤉𐤉𐤕𐤉 𐤍𐤁𐤄𐤋.
𐤈 𐤀𐤋𐤉𐤊 𐤉𐤄𐤅𐤄 𐤀𐤒𐤓𐤀 𐤅𐤀𐤋 𐤀𐤃𐤍𐤉 𐤀𐤕𐤇𐤍𐤍.
𐤉 𐤌𐤄 𐤁𐤑𐤏 𐤁𐤃𐤌𐤉 𐤁𐤓𐤃𐤕𐤉 𐤀𐤋 𐤔𐤇𐤕 𐤄𐤉𐤅𐤃𐤊 𐤏𐤐𐤓 𐤄𐤉𐤂𐤉𐤃 𐤀𐤌𐤕𐤊.
𐤉𐤀 𐤔𐤌𐤏 𐤉𐤄𐤅𐤄 𐤅𐤇𐤍𐤍𐤉 𐤉𐤄𐤅𐤄 𐤄𐤉𐤄 𐤏𐤆𐤓 𐤋𐤉.
𐤉𐤁 𐤄𐤐𐤊𐤕 𐤌𐤎𐤐𐤃𐤉 𐤋𐤌𐤇𐤅𐤋 𐤋𐤉 𐤐𐤕𐤇𐤕 𐤔𐤒𐤉 𐤅𐤕𐤀𐤆𐤓𐤍𐤉 𐤔𐤌𐤇𐤄.
𐤉𐤂 𐤋𐤌𐤏𐤍 𐤉𐤆𐤌𐤓𐤊 𐤊𐤁𐤅𐤃 𐤅𐤋𐤀 𐤉𐤃𐤌 𐤉𐤄𐤅𐤄 𐤀𐤋𐤄𐤉 𐤋𐤏𐤅𐤋𐤌 𐤀𐤅𐤃𐤊.

𐤐𐤓𐤒 𐤋𐤀

𐤀 𐤋𐤌𐤍𐤑𐤇 𐤌𐤆𐤌𐤅𐤓 𐤋𐤃𐤅𐤃.
𐤁 𐤁𐤊 𐤉𐤄𐤅𐤄 𐤇𐤎𐤉𐤕𐤉 𐤀𐤋 𐤀𐤁𐤅𐤔𐤄 𐤋𐤏𐤅𐤋𐤌 𐤁𐤑𐤃𐤒𐤕𐤊 𐤐𐤋𐤈𐤍𐤉.
𐤂 𐤄𐤈𐤄 𐤀𐤋𐤉 𐤀𐤆𐤍𐤊 𐤌𐤄𐤓𐤄 𐤄𐤑𐤉𐤋𐤍𐤉 𐤄𐤉𐤄 𐤋𐤉 𐤋𐤑𐤅𐤓 𐤌𐤏𐤅𐤆 𐤋𐤁𐤉𐤕
𐤌𐤑𐤅𐤃𐤅𐤕 𐤋𐤄𐤅𐤔𐤉𐤏𐤍𐤉.
𐤃 𐤊𐤉 𐤎𐤋𐤏𐤉 𐤅𐤌𐤑𐤅𐤃𐤕𐤉 𐤀𐤕𐤄 𐤅𐤋𐤌𐤏𐤍 𐤔𐤌𐤊 𐤕𐤍𐤇𐤍𐤉 𐤅𐤕𐤍𐤄𐤋𐤍𐤉.
𐤄 𐤕𐤅𐤑𐤉𐤀𐤍𐤉 𐤌𐤓𐤔𐤕 𐤆𐤅 𐤈𐤌𐤍𐤅 𐤋𐤉 𐤊𐤉 𐤀𐤕𐤄 𐤌𐤏𐤅𐤆𐤉.
𐤅 𐤁𐤉𐤃𐤊 𐤀𐤐𐤒𐤉𐤃 𐤓𐤅𐤇𐤉 𐤐𐤃𐤉𐤕𐤄 𐤀𐤅𐤕𐤉 𐤉𐤄𐤅𐤄 𐤀𐤋 𐤀𐤌𐤕.
𐤆 𐤔𐤍𐤀𐤕𐤉 𐤄𐤔𐤌𐤓𐤉𐤌 𐤄𐤁𐤋𐤉 𐤔𐤅𐤀 𐤅𐤀𐤍𐤉 𐤀𐤋 𐤉𐤄𐤅𐤄 𐤁𐤈𐤇𐤕𐤉.
𐤇 𐤀𐤂𐤉𐤋𐤄 𐤅𐤀𐤔𐤌𐤇𐤄 𐤁𐤇𐤎𐤃𐤊 𐤀𐤔𐤓 𐤓𐤀𐤉𐤕 𐤀𐤕 𐤏𐤍𐤉𐤉 𐤉𐤃𐤏𐤕 𐤁𐤑𐤓𐤅𐤕
𐤍𐤐𐤔𐤉.
𐤈 𐤅𐤋𐤀 𐤄𐤎𐤂𐤓𐤕𐤍𐤉 𐤁𐤉𐤃 𐤀𐤅𐤉𐤁 𐤄𐤏𐤌𐤃𐤕 𐤁𐤌𐤓𐤇𐤁 𐤓𐤂𐤋𐤉.
𐤉 𐤇𐤍𐤍𐤉 𐤉𐤄𐤅𐤄 𐤊𐤉 𐤑𐤓 𐤋𐤉 𐤏𐤔𐤔𐤄 𐤁𐤊𐤏𐤎 𐤏𐤉𐤍𐤉 𐤍𐤐𐤔𐤉 𐤅𐤁𐤈𐤍𐤉.
𐤉𐤀 𐤊𐤉 𐤊𐤋𐤅 𐤁𐤉𐤂𐤅𐤍 𐤇𐤉𐤉 𐤅𐤔𐤍𐤅𐤕𐤉 𐤁𐤀𐤍𐤇𐤄 𐤊𐤔𐤋 𐤁𐤏𐤅𐤍𐤉 𐤊𐤇𐤉 𐤅𐤏𐤑𐤌𐤉
𐤏𐤔𐤔𐤅.
𐤉𐤁 𐤌𐤊𐤋 𐤑𐤓𐤓𐤉 𐤄𐤉𐤉𐤕𐤉 𐤇𐤓𐤐𐤄 𐤅𐤋𐤔𐤊𐤍𐤉 𐤌𐤀𐤃 𐤅𐤐𐤇𐤃 𐤋𐤌𐤉𐤃𐤏𐤉 𐤓𐤀𐤉

𐤕𐤄𐤉𐤋𐤉𐤌

𐤁𐤇𐤅𐤑 𐤍𐤃𐤃𐤅 𐤌𐤌𐤍𐤉•
𐤉𐤂 𐤍𐤔𐤊𐤇𐤕𐤉 𐤊𐤌𐤕 𐤌𐤋𐤁 𐤄𐤉𐤉𐤕𐤉 𐤊𐤊𐤋𐤉 𐤀𐤁𐤃•
𐤉𐤃 𐤊𐤉 𐤔𐤌𐤏𐤕𐤉 𐤃𐤁𐤕 𐤓𐤁𐤉𐤌 𐤌𐤂𐤅𐤓 𐤌𐤎𐤁𐤉𐤁 𐤁𐤄𐤅𐤎𐤃𐤌 𐤉𐤇𐤃 𐤏𐤋𐤉 𐤋𐤒𐤇𐤕
𐤍𐤐𐤔𐤉 𐤆𐤌𐤌𐤅•
𐤈𐤅 𐤅𐤀𐤍𐤉 𐤏𐤋𐤉𐤊 𐤁𐤈𐤇𐤕𐤉 𐤉𐤄𐤅𐤄 𐤀𐤌𐤓𐤕𐤉 𐤀𐤋𐤄𐤉 𐤀𐤕𐤄•
𐤈𐤆 𐤁𐤉𐤃𐤊 𐤏𐤕𐤕𐤉 𐤄𐤑𐤉𐤋𐤍𐤉 𐤌𐤉𐤃 𐤀𐤅𐤉𐤁𐤉 𐤅𐤌𐤓𐤃𐤐𐤉•
𐤉𐤆 𐤄𐤀𐤉𐤓𐤄 𐤐𐤍𐤉𐤊 𐤏𐤋 𐤏𐤁𐤃𐤊 𐤄𐤅𐤔𐤉𐤏𐤍𐤉 𐤁𐤇𐤎𐤃𐤊•
𐤉𐤇 𐤉𐤄𐤅𐤄 𐤀𐤋 𐤀𐤁𐤅𐤔𐤄 𐤊𐤉 𐤒𐤓𐤀𐤕𐤉𐤊 𐤉𐤁𐤔𐤅 𐤓𐤔𐤏𐤉𐤌 𐤉𐤃𐤌𐤅 𐤋𐤔𐤀𐤅𐤋•
𐤉𐤈 𐤕𐤀𐤋𐤌𐤍𐤄 𐤔𐤐𐤕𐤉 𐤔𐤒𐤓 𐤄𐤃𐤁𐤓𐤅𐤕 𐤏𐤋 𐤑𐤃𐤉𐤒 𐤏𐤕𐤒 𐤁𐤂𐤀𐤅𐤄 𐤅𐤁𐤅𐤆•
𐤊 𐤌𐤄 𐤓𐤁 𐤈𐤅𐤁𐤊 𐤀𐤔𐤓 𐤑𐤐𐤍𐤕 𐤋𐤉𐤓𐤀𐤉𐤊 𐤐𐤏𐤋𐤕 𐤋𐤇𐤅𐤎𐤉𐤌 𐤁𐤊 𐤍𐤂𐤃 𐤁𐤍𐤉
𐤀𐤃𐤌•
𐤊𐤀 𐤕𐤎𐤕𐤉𐤓𐤌 𐤁𐤎𐤕𐤓 𐤐𐤍𐤉𐤊 𐤌𐤓𐤊𐤎𐤉 𐤀𐤉𐤔 𐤕𐤑𐤐𐤍𐤌 𐤁𐤎𐤊𐤄 𐤌𐤓𐤉𐤁 𐤋𐤔𐤍𐤅𐤕•
𐤊𐤁 𐤁𐤓𐤅𐤊 𐤉𐤄𐤅𐤄 𐤊𐤉 𐤄𐤐𐤋𐤉𐤀 𐤇𐤎𐤃𐤅 𐤋𐤉 𐤁𐤏𐤉𐤓 𐤌𐤑𐤅𐤓•
𐤊𐤂 𐤅𐤀𐤍𐤉 𐤀𐤌𐤓𐤕𐤉 𐤁𐤇𐤐𐤆𐤉 𐤍𐤂𐤓𐤆𐤕𐤉 𐤌𐤍𐤂𐤃 𐤏𐤉𐤍𐤉𐤊 𐤀𐤊𐤍 𐤔𐤌𐤏𐤕 𐤒𐤅𐤋
𐤕𐤇𐤍𐤅𐤍𐤉 𐤁𐤔𐤅𐤏𐤉 𐤀𐤋𐤉𐤊•
𐤊𐤃 𐤀𐤄𐤁𐤅 𐤀𐤕 𐤉𐤄𐤅𐤄 𐤊𐤋 𐤇𐤎𐤉𐤃𐤉𐤅 𐤀𐤌𐤅𐤍𐤉𐤌 𐤍𐤑𐤓 𐤉𐤄𐤅𐤄 𐤅𐤌𐤔𐤋𐤌 𐤏𐤋
𐤉𐤕𐤓 𐤏𐤔𐤄 𐤂𐤀𐤅𐤄•
𐤊𐤄 𐤇𐤆𐤒𐤅 𐤅𐤉𐤀𐤌𐤑 𐤋𐤁𐤁𐤊𐤌 𐤊𐤋 𐤄𐤌𐤉𐤇𐤋𐤉𐤌 𐤋𐤉𐤄𐤅𐤄•

𐤐𐤓𐤒 𐤋𐤁

𐤀 𐤋𐤃𐤅𐤃 𐤌𐤔𐤊𐤉𐤋 𐤀𐤔𐤓𐤉 𐤍𐤔𐤅𐤉 𐤐𐤔𐤏 𐤊𐤎𐤅𐤉 𐤇𐤈𐤀𐤄•
𐤁 𐤀𐤔𐤓𐤉 𐤀𐤃𐤌 𐤋𐤀 𐤉𐤇𐤔𐤁 𐤉𐤄𐤅𐤄 𐤋𐤅 𐤏𐤅𐤍 𐤅𐤀𐤉𐤍 𐤁𐤓𐤅𐤇𐤅 𐤓𐤌𐤉𐤄•
𐤂 𐤊𐤉 𐤄𐤇𐤓𐤔𐤕𐤉 𐤁𐤋𐤅 𐤏𐤑𐤌𐤉 𐤁𐤔𐤀𐤂𐤕𐤉 𐤊𐤋 𐤄𐤉𐤅𐤌•
𐤃 𐤊𐤉 𐤉𐤅𐤌𐤌 𐤅𐤋𐤉𐤋𐤄 𐤕𐤊𐤁𐤃 𐤏𐤋𐤉 𐤉𐤃𐤊 𐤍𐤄𐤐𐤊 𐤋𐤔𐤃𐤉 𐤁𐤇𐤓𐤁𐤅𐤍𐤉 𐤒𐤉𐤑
𐤎𐤋𐤄•
𐤄 𐤇𐤈𐤀𐤕𐤉 𐤀𐤅𐤃𐤉𐤏𐤊 𐤅𐤏𐤅𐤍𐤉 𐤋𐤀 𐤊𐤎𐤉𐤕𐤉 𐤀𐤌𐤓𐤕𐤉 𐤀𐤅𐤃𐤄 𐤏𐤋𐤉 𐤐𐤔𐤏𐤉
𐤋𐤉𐤄𐤅𐤄 𐤅𐤀𐤕𐤄 𐤍𐤔𐤀𐤕 𐤏𐤅𐤍 𐤇𐤈𐤀𐤕𐤉 𐤎𐤋𐤄•
𐤅 𐤏𐤋 𐤆𐤀𐤕 𐤉𐤕𐤐𐤋𐤋 𐤊𐤋 𐤇𐤎𐤉𐤃 𐤀𐤋𐤉𐤊 𐤋𐤏𐤕 𐤌𐤑𐤀 𐤓𐤒 𐤋𐤔𐤈𐤐 𐤌𐤉𐤌 𐤓𐤁𐤉𐤌
𐤀𐤋𐤉𐤅 𐤋𐤀 𐤉𐤂𐤉𐤏𐤅•
𐤆 𐤀𐤕𐤄 𐤎𐤕𐤓 𐤋𐤉 𐤌𐤑𐤓 𐤕𐤑𐤓𐤍𐤉 𐤓𐤍𐤉 𐤐𐤋𐤈 𐤕𐤎𐤅𐤁𐤁𐤍𐤉 𐤎𐤋𐤄•
𐤇 𐤀𐤔𐤊𐤉𐤋𐤊 𐤅𐤀𐤅𐤓𐤊 𐤁𐤃𐤓𐤊 𐤆𐤅 𐤕𐤋𐤊 𐤀𐤉𐤏𐤑𐤄 𐤏𐤋𐤉𐤊 𐤏𐤉𐤍𐤉•
𐤈 𐤀𐤋 𐤕𐤄𐤉𐤅 𐤊𐤎𐤅𐤎 𐤊𐤐𐤓𐤃 𐤀𐤉𐤍 𐤄𐤁𐤉𐤍 𐤁𐤌𐤕𐤂 𐤅𐤓𐤎𐤍 𐤏𐤃𐤉𐤅 𐤋𐤁𐤋𐤅𐤌 𐤁𐤋
𐤒𐤓𐤁 𐤀𐤋𐤉𐤊•

תהלים

י רבים מכאובים לרשע והבוטח ביהוה חסד יסובבנו׃
יא שמחו ביהוה וגילו צדיקים והרנינו כל ישרי לב׃

פרק לג

א רננו צדיקים ביהוה לישרים נאוה תהלה׃
ב הודו ליהוה בכנור בנבל עשור זמרו לו׃
ג שירו לו שיר חדש היטיבו נגן בתרועה׃
ד כי ישר דבר יהוה וכל מעשהו באמונה׃
ה אהב צדקה ומשפט חסד יהוה מלאה הארץ׃
ו בדבר יהוה שמים נעשו וברוח פיו כל צבאם׃
ז כנס כנד מי הים נתן באצרות תהומות׃
ח ייראו מיהוה כל הארץ ממנו יגורו כל ישבי תבל׃
ט כי הוא אמר ויהי הוא צוה ויעמד׃
י יהוה הפיר עצת גוים הניא מחשבות עמים׃
יא עצת יהוה לעולם תעמד מחשבות לבו לדר ודר׃
יב אשרי הגוי אשר יהוה אלהיו העם בחר לנחלה לו׃
יג משמים הביט יהוה ראה את כל בני האדם׃
יד ממכון שבתו השגיח אל כל ישבי הארץ׃
טו היצר יחד לבם המבין אל כל מעשיהם׃
טז אין המלך נושע ברב חיל גבור לא ינצל ברב כח׃
יז שקר הסוס לתשועה וברב חילו לא ימלט׃
יח הנה עין יהוה אל יראיו למיחלים לחסדו׃
יט להציל ממות נפשם ולחיותם ברעב׃
כ נפשנו חכתה ליהוה עזרנו ומגננו הוא׃
כא כי בו ישמח לבנו כי בשם קדשו בטחנו׃
כב יהי חסדך יהוה עלינו כאשר יחלנו לך׃

פרק לד

א לדוד בשנותו את טעמו לפני אבימלך ויגרשהו וילך׃
ב אברכה את יהוה בכל עת תמיד תהלתו בפי׃
ג ביהוה תתהלל נפשי ישמעו ענוים וישמחו׃
ד גדלו ליהוה אתי ונרוממה שמו יחדו׃
ה דרשתי את יהוה וענני ומכל מגורותי הצילני׃

𐤅 𐤄𐤁𐤉𐤈𐤅 𐤀𐤋𐤉𐤅 𐤅𐤍𐤄𐤓𐤅 𐤅𐤐𐤍𐤉𐤄𐤌 𐤀𐤋 𐤉𐤇𐤐𐤓𐤅.
𐤆 𐤆𐤄 𐤏𐤍𐤉 𐤒𐤓𐤀 𐤅𐤉𐤄𐤅𐤄 𐤔𐤌𐤏 𐤅𐤌𐤊𐤋 𐤑𐤓𐤅𐤕𐤉𐤅 𐤄𐤅𐤔𐤉𐤏𐤅.
𐤇 𐤇𐤍𐤄 𐤌𐤋𐤀𐤊 𐤉𐤄𐤅𐤄 𐤎𐤁𐤉𐤁 𐤋𐤉𐤓𐤀𐤉𐤅 𐤅𐤉𐤇𐤋𐤑𐤌.
𐤈 𐤈𐤏𐤌𐤅 𐤅𐤓𐤀𐤅 𐤊𐤉 𐤈𐤅𐤁 𐤉𐤄𐤅𐤄 𐤀𐤔𐤓𐤉 𐤄𐤂𐤁𐤓 𐤉𐤇𐤎𐤄 𐤁𐤅.
𐤉 𐤉𐤓𐤀𐤅 𐤀𐤕 𐤉𐤄𐤅𐤄 𐤒𐤃𐤔𐤉𐤅 𐤊𐤉 𐤀𐤉𐤍 𐤌𐤇𐤎𐤅𐤓 𐤋𐤉𐤓𐤀𐤉𐤅.
𐤉𐤀 𐤊𐤐𐤉𐤓𐤉𐤌 𐤓𐤔𐤅 𐤅𐤓𐤏𐤁𐤅 𐤅𐤃𐤓𐤔𐤉 𐤉𐤄𐤅𐤄 𐤋𐤀 𐤉𐤇𐤎𐤓𐤅 𐤊𐤋 𐤈𐤅𐤁.
𐤉𐤁 𐤋𐤊𐤅 𐤁𐤍𐤉𐤌 𐤔𐤌𐤏𐤅 𐤋𐤉 𐤉𐤓𐤀𐤕 𐤉𐤄𐤅𐤄 𐤀𐤋𐤌𐤃𐤊𐤌.
𐤉𐤂 𐤌𐤉 𐤄𐤀𐤉𐤔 𐤄𐤇𐤐𐤑 𐤇𐤉𐤉𐤌 𐤀𐤄𐤁 𐤉𐤌𐤉𐤌 𐤋𐤓𐤀𐤅𐤕 𐤈𐤅𐤁.
𐤉𐤃 𐤍𐤑𐤓 𐤋𐤔𐤅𐤍𐤊 𐤌𐤓𐤏 𐤅𐤔𐤐𐤕𐤉𐤊 𐤌𐤃𐤁𐤓 𐤌𐤓𐤌𐤄.
𐤈𐤅 𐤎𐤅𐤓 𐤌𐤓𐤏 𐤅𐤏𐤔𐤄 𐤈𐤅𐤁 𐤁𐤒𐤔 𐤔𐤋𐤅𐤌 𐤅𐤓𐤃𐤐𐤄𐤅.
𐤈𐤆 𐤏𐤉𐤍𐤉 𐤉𐤄𐤅𐤄 𐤀𐤋 𐤑𐤃𐤉𐤒𐤉𐤌 𐤅𐤀𐤆𐤍𐤉𐤅 𐤀𐤋 𐤔𐤅𐤏𐤕𐤌.
𐤉𐤆 𐤐𐤍𐤉 𐤉𐤄𐤅𐤄 𐤁𐤏𐤔𐤉 𐤓𐤏 𐤋𐤄𐤊𐤓𐤉𐤕 𐤌𐤀𐤓𐤑 𐤆𐤊𐤓𐤌.
𐤉𐤇 𐤑𐤏𐤒𐤅 𐤅𐤉𐤄𐤅𐤄 𐤔𐤌𐤏 𐤅𐤌𐤊𐤋 𐤑𐤓𐤅𐤕𐤌 𐤄𐤑𐤉𐤋𐤌.
𐤉𐤈 𐤒𐤓𐤅𐤁 𐤉𐤄𐤅𐤄 𐤋𐤍𐤔𐤁𐤓𐤉 𐤋𐤁 𐤅𐤀𐤕 𐤃𐤊𐤀𐤉 𐤓𐤅𐤇 𐤉𐤅𐤔𐤉𐤏.
𐤊 𐤓𐤁𐤅𐤕 𐤓𐤏𐤅𐤕 𐤑𐤃𐤉𐤒 𐤅𐤌𐤊𐤋𐤌 𐤉𐤑𐤉𐤋𐤍𐤅 𐤉𐤄𐤅𐤄.
𐤊𐤀 𐤔𐤌𐤓 𐤊𐤋 𐤏𐤑𐤌𐤅𐤕𐤉𐤅 𐤀𐤇𐤕 𐤌𐤄𐤍𐤄 𐤋𐤀 𐤍𐤔𐤁𐤓𐤄.
𐤊𐤁 𐤕𐤌𐤅𐤕𐤕 𐤓𐤔𐤏 𐤓𐤏𐤄 𐤅𐤔𐤍𐤀𐤉 𐤑𐤃𐤉𐤒 𐤉𐤀𐤔𐤌𐤅.
𐤊𐤂 𐤐𐤅𐤃𐤄 𐤉𐤄𐤅𐤄 𐤍𐤐𐤔 𐤏𐤁𐤃𐤉𐤅 𐤅𐤋𐤀 𐤉𐤀𐤔𐤌𐤅 𐤊𐤋 𐤄𐤇𐤎𐤉𐤌 𐤁𐤅.

𐤐𐤓𐤒 𐤋𐤄

𐤀 𐤋𐤃𐤅𐤃 𐤓𐤉𐤁𐤄 𐤉𐤄𐤅𐤄 𐤀𐤕 𐤉𐤓𐤉𐤁𐤉 𐤋𐤇𐤌 𐤀𐤕 𐤋𐤇𐤌𐤉.
𐤁 𐤄𐤇𐤆𐤒 𐤌𐤂𐤍 𐤅𐤑𐤍𐤄 𐤅𐤒𐤅𐤌𐤄 𐤁𐤏𐤆𐤓𐤕𐤉.
𐤂 𐤅𐤄𐤓𐤒 𐤇𐤍𐤉𐤕 𐤅𐤎𐤂𐤓 𐤋𐤒𐤓𐤀𐤕 𐤓𐤃𐤐𐤉 𐤀𐤌𐤓 𐤋𐤍𐤐𐤔𐤉 𐤉𐤔𐤅𐤏𐤕𐤊 𐤀𐤍𐤉.
𐤃 𐤉𐤁𐤔𐤅 𐤅𐤉𐤊𐤋𐤌𐤅 𐤌𐤁𐤒𐤔𐤉 𐤍𐤐𐤔𐤉 𐤉𐤎𐤂𐤅 𐤀𐤇𐤅𐤓 𐤅𐤉𐤇𐤐𐤓𐤅 𐤇𐤔𐤁𐤉 𐤓𐤏𐤕𐤉.
𐤄 𐤉𐤄𐤉𐤅 𐤊𐤌𐤑 𐤋𐤐𐤍𐤉 𐤓𐤅𐤇 𐤅𐤌𐤋𐤀𐤊 𐤉𐤄𐤅𐤄 𐤃𐤅𐤇𐤄.
𐤅 𐤉𐤄𐤉 𐤃𐤓𐤊𐤌 𐤇𐤔𐤊 𐤅𐤇𐤋𐤒𐤋𐤒𐤅𐤕 𐤅𐤌𐤋𐤀𐤊 𐤉𐤄𐤅𐤄 𐤓𐤃𐤐𐤌.
𐤆 𐤊𐤉 𐤇𐤍𐤌 𐤈𐤌𐤍𐤅 𐤋𐤉 𐤔𐤇𐤕 𐤓𐤔𐤕𐤌 𐤇𐤍𐤌 𐤇𐤐𐤓𐤅 𐤋𐤍𐤐𐤔𐤉.
𐤇 𐤕𐤁𐤅𐤀𐤄𐤅 𐤔𐤅𐤀𐤄 𐤋𐤀 𐤉𐤃𐤏 𐤅𐤓𐤔𐤕𐤅 𐤀𐤔𐤓 𐤈𐤌𐤍 𐤕𐤋𐤊𐤃𐤅 𐤁𐤔𐤅𐤀𐤄 𐤉𐤐𐤋 𐤁𐤄.
𐤈 𐤅𐤍𐤐𐤔𐤉 𐤕𐤂𐤉𐤋 𐤁𐤉𐤄𐤅𐤄 𐤕𐤔𐤉𐤔 𐤁𐤉𐤔𐤅𐤏𐤕𐤅.
𐤉 𐤊𐤋 𐤏𐤑𐤌𐤕𐤉 𐤕𐤀𐤌𐤓𐤍𐤄 𐤉𐤄𐤅𐤄 𐤌𐤉 𐤊𐤌𐤅𐤊 𐤌𐤑𐤉𐤋 𐤏𐤍𐤉 𐤌𐤇𐤆𐤒 𐤌𐤌𐤍𐤅
𐤅𐤏𐤍𐤉 𐤅𐤀𐤁𐤉𐤅𐤍 𐤌𐤂𐤆𐤋𐤅.
𐤉𐤀 𐤉𐤒𐤅𐤌𐤅𐤍 𐤏𐤃𐤉 𐤇𐤌𐤎 𐤀𐤔𐤓 𐤋𐤀 𐤉𐤃𐤏𐤕𐤉 𐤉𐤔𐤀𐤋𐤅𐤍𐤉.
𐤉𐤁 𐤉𐤔𐤋𐤌𐤅𐤍𐤉 𐤓𐤏𐤄 𐤕𐤇𐤕 𐤈𐤅𐤁𐤄 𐤔𐤊𐤅𐤋 𐤋𐤍𐤐𐤔𐤉.

𐤕𐤄𐤉𐤋𐤉𐤌

𐤉𐤂 𐤅𐤀𐤍𐤉 𐤁𐤇𐤋𐤅𐤕𐤌 𐤋𐤁𐤅𐤔𐤉 𐤔𐤒 𐤏𐤍𐤉𐤕𐤉 𐤁𐤑𐤅𐤌 𐤍𐤐𐤔𐤉 𐤅𐤕𐤐𐤋𐤕𐤉 𐤏𐤋
𐤇𐤉𐤒𐤉 𐤕𐤔𐤅𐤁•
𐤉𐤃 𐤊𐤓𐤏 𐤊𐤀𐤇 𐤋𐤉 𐤄𐤕𐤄𐤋𐤊𐤕𐤉 𐤊𐤀𐤁𐤋 𐤀𐤌 𐤒𐤃𐤓 𐤔𐤇𐤅𐤕𐤉•
𐤈𐤅 𐤅𐤁𐤑𐤋𐤏𐤉 𐤔𐤌𐤇𐤅 𐤅𐤍𐤀𐤎𐤐𐤅 𐤍𐤀𐤎𐤐𐤅 𐤏𐤋𐤉 𐤍𐤊𐤉𐤌 𐤅𐤋𐤀 𐤉𐤃𐤏𐤕𐤉 𐤒𐤓𐤏𐤅
𐤅𐤋𐤀 𐤃𐤌𐤅•
𐤈𐤆 𐤁𐤇𐤍𐤐𐤉 𐤋𐤏𐤂𐤉 𐤌𐤏𐤅𐤂 𐤇𐤓𐤒 𐤏𐤋𐤉 𐤔𐤍𐤉𐤌𐤅•
𐤉𐤆 𐤀𐤃𐤍𐤉 𐤊𐤌𐤄 𐤕𐤓𐤀𐤄 𐤄𐤔𐤉𐤁𐤄 𐤍𐤐𐤔𐤉 𐤌𐤔𐤀𐤉𐤄𐤌 𐤌𐤊𐤐𐤉𐤓𐤉𐤌 𐤉𐤇𐤉𐤃𐤕𐤉•
𐤉𐤇 𐤀𐤅𐤃𐤊 𐤁𐤒𐤄𐤋 𐤓𐤁 𐤁𐤏𐤌 𐤏𐤑𐤅𐤌 𐤀𐤄𐤋𐤋𐤊•
𐤉𐤈 𐤀𐤋 𐤉𐤔𐤌𐤇𐤅 𐤋𐤉 𐤀𐤉𐤁𐤉 𐤔𐤒𐤓 𐤔𐤍𐤀𐤉 𐤇𐤍𐤌 𐤉𐤒𐤓𐤑𐤅 𐤏𐤉𐤍•
𐤊 𐤊𐤉 𐤋𐤀 𐤔𐤋𐤅𐤌 𐤉𐤃𐤁𐤓𐤅 𐤅𐤏𐤋 𐤓𐤂𐤏𐤉 𐤀𐤓𐤑 𐤃𐤁𐤓𐤉 𐤌𐤓𐤌𐤅𐤕 𐤉𐤇𐤔𐤁𐤅𐤍•
𐤊𐤀 𐤅𐤉𐤓𐤇𐤉𐤁𐤅 𐤏𐤋𐤉 𐤐𐤉𐤄𐤌 𐤀𐤌𐤓𐤅 𐤄𐤀𐤇 𐤄𐤀𐤇 𐤓𐤀𐤕𐤄 𐤏𐤉𐤍𐤉𐤍𐤅•
𐤊𐤁 𐤓𐤀𐤉𐤕𐤄 𐤉𐤄𐤅𐤄 𐤀𐤋 𐤕𐤇𐤓𐤔 𐤀𐤃𐤍𐤉 𐤀𐤋 𐤕𐤓𐤇𐤒 𐤌𐤌𐤍𐤉•
𐤊𐤂 𐤄𐤏𐤉𐤓𐤄 𐤅𐤄𐤒𐤉𐤑𐤄 𐤋𐤌𐤔𐤐𐤈𐤉 𐤀𐤋𐤄𐤉 𐤅𐤀𐤃𐤍𐤉 𐤋𐤓𐤉𐤁𐤉•
𐤊𐤃 𐤔𐤐𐤈𐤍𐤉 𐤊𐤑𐤃𐤒𐤊 𐤉𐤄𐤅𐤄 𐤀𐤋𐤄𐤉 𐤅𐤀𐤋 𐤉𐤔𐤌𐤇𐤅 𐤋𐤉•
𐤊𐤄 𐤀𐤋 𐤉𐤀𐤌𐤓𐤅 𐤁𐤋𐤁𐤌 𐤄𐤀𐤇 𐤍𐤐𐤔𐤍𐤅 𐤀𐤋 𐤉𐤀𐤌𐤓𐤅 𐤁𐤋𐤏𐤍𐤅𐤄𐤅•
𐤊𐤅 𐤉𐤁𐤔𐤅 𐤅𐤉𐤇𐤐𐤓𐤅 𐤉𐤇𐤃𐤅 𐤔𐤌𐤇𐤉 𐤓𐤏𐤕𐤉 𐤉𐤋𐤁𐤔𐤅 𐤁𐤔𐤕 𐤅𐤊𐤋𐤌𐤄
𐤄𐤌𐤂𐤃𐤉𐤋𐤉𐤌 𐤏𐤋𐤉•
𐤊𐤆 𐤉𐤓𐤍𐤅 𐤅𐤉𐤔𐤌𐤇𐤅 𐤇𐤐𐤑𐤉 𐤑𐤃𐤒𐤉 𐤅𐤉𐤀𐤌𐤓𐤅 𐤕𐤌𐤉𐤃 𐤉𐤂𐤃𐤋 𐤉𐤄𐤅𐤄 𐤄𐤇𐤐𐤑
𐤔𐤋𐤅𐤌 𐤏𐤁𐤃𐤅•
𐤊𐤇 𐤅𐤋𐤔𐤅𐤍𐤉 𐤕𐤄𐤂𐤄 𐤑𐤃𐤒𐤊 𐤊𐤋 𐤄𐤉𐤅𐤌 𐤕𐤄𐤋𐤕𐤊•

𐤐𐤓𐤒 𐤋𐤅
𐤀 𐤋𐤌𐤍𐤑𐤇 𐤋𐤏𐤁𐤃 𐤉𐤄𐤅𐤄 𐤋𐤃𐤅𐤃•
𐤁 𐤍𐤀𐤌 𐤐𐤔𐤏 𐤋𐤓𐤔𐤏 𐤁𐤒𐤓𐤁 𐤋𐤁𐤉 𐤀𐤉𐤍 𐤐𐤇𐤃 𐤀𐤋𐤄𐤉𐤌 𐤋𐤍𐤂𐤃 𐤏𐤉𐤍𐤉𐤅•
𐤂 𐤊𐤉 𐤄𐤇𐤋𐤉𐤒 𐤀𐤋𐤉𐤅 𐤁𐤏𐤉𐤍𐤉𐤅 𐤋𐤌𐤑𐤀 𐤏𐤅𐤍𐤅 𐤋𐤔𐤍𐤀•
𐤃 𐤃𐤁𐤓𐤉 𐤐𐤉𐤅 𐤀𐤅𐤍 𐤅𐤌𐤓𐤌𐤄 𐤇𐤃𐤋 𐤋𐤄𐤔𐤊𐤉𐤋 𐤋𐤄𐤉𐤈𐤉𐤁•
𐤄 𐤀𐤅𐤍 𐤉𐤇𐤔𐤁 𐤏𐤋 𐤌𐤔𐤊𐤁𐤅 𐤉𐤕𐤉𐤑𐤁 𐤏𐤋 𐤃𐤓𐤊 𐤋𐤀 𐤈𐤅𐤁 𐤓𐤏 𐤋𐤀 𐤉𐤌𐤀𐤎•
𐤅 𐤉𐤄𐤅𐤄 𐤁𐤄𐤔𐤌𐤉𐤌 𐤇𐤎𐤃𐤊 𐤀𐤌𐤅𐤍𐤕𐤊 𐤏𐤃 𐤔𐤇𐤒𐤉𐤌•
𐤆 𐤑𐤃𐤒𐤕𐤊 𐤊𐤄𐤓𐤓𐤉 𐤀𐤋 𐤌𐤔𐤐𐤈𐤊 𐤕𐤄𐤅𐤌 𐤓𐤁𐤄 𐤀𐤃𐤌 𐤅𐤁𐤄𐤌𐤄 𐤕𐤅𐤔𐤉𐤏
𐤉𐤄𐤅𐤄•
𐤇 𐤌𐤄 𐤉𐤒𐤓 𐤇𐤎𐤃𐤊 𐤀𐤋𐤄𐤉𐤌 𐤅𐤁𐤍𐤉 𐤀𐤃𐤌 𐤁𐤑𐤋 𐤊𐤍𐤐𐤉𐤊 𐤉𐤇𐤎𐤉𐤅𐤍•
𐤈 𐤉𐤓𐤅𐤉𐤍 𐤌𐤃𐤔𐤍 𐤁𐤉𐤕𐤊 𐤅𐤍𐤇𐤋 𐤏𐤃𐤍𐤉𐤊 𐤕𐤔𐤒𐤌•
𐤉 𐤊𐤉 𐤏𐤌𐤊 𐤌𐤒𐤅𐤓 𐤇𐤉𐤉𐤌 𐤁𐤀𐤅𐤓𐤊 𐤍𐤓𐤀𐤄 𐤀𐤅𐤓•

𐤕𐤄𐤉𐤋𐤉𐤌

𐤉𐤀 𐤌𐤔𐤊 𐤇𐤎𐤃𐤊 𐤋𐤉𐤃𐤏𐤉𐤊 𐤅𐤑𐤃𐤒𐤕𐤊 𐤋𐤉𐤔𐤓𐤉 𐤋𐤁•
𐤉𐤁 𐤀𐤋 𐤕𐤁𐤅𐤀𐤍𐤉 𐤓𐤂𐤋 𐤂𐤀𐤅𐤄 𐤅𐤉𐤃 𐤓𐤔𐤏𐤉𐤌 𐤀𐤋 𐤕𐤍𐤃𐤍𐤉•
𐤉𐤂 𐤔𐤌 𐤍𐤐𐤋𐤅 𐤐𐤏𐤋𐤉 𐤀𐤅𐤍 𐤃𐤇𐤅 𐤅𐤋𐤀 𐤉𐤊𐤋𐤅 𐤒𐤅𐤌•

𐤐𐤓𐤒 𐤋𐤆

𐤀 𐤋𐤃𐤅𐤃 𐤀𐤋 𐤕𐤕𐤇𐤓 𐤁𐤌𐤓𐤏𐤉𐤌 𐤀𐤋 𐤕𐤒𐤍𐤀 𐤁𐤏𐤔𐤉 𐤏𐤅𐤋𐤄•
𐤁 𐤊𐤉 𐤊𐤇𐤑𐤉𐤓 𐤌𐤄𐤓𐤄 𐤉𐤌𐤋𐤅 𐤅𐤊𐤉𐤓𐤒 𐤃𐤔𐤀 𐤉𐤁𐤅𐤋𐤅𐤍•
𐤂 𐤁𐤈𐤇 𐤁𐤉𐤄𐤅𐤄 𐤅𐤏𐤔𐤄 𐤈𐤅𐤁 𐤔𐤊𐤍 𐤀𐤓𐤑 𐤅𐤓𐤏𐤄 𐤀𐤌𐤅𐤍𐤄•
𐤃 𐤅𐤄𐤕𐤏𐤍𐤂 𐤏𐤋 𐤉𐤄𐤅𐤄 𐤅𐤉𐤕𐤍 𐤋𐤊 𐤌𐤔𐤀𐤋𐤕 𐤋𐤁𐤊•
𐤄 𐤂𐤅𐤋 𐤏𐤋 𐤉𐤄𐤅𐤄 𐤃𐤓𐤊𐤊 𐤅𐤁𐤈𐤇 𐤏𐤋𐤉𐤅 𐤅𐤄𐤅𐤀 𐤉𐤏𐤔𐤄•
𐤅 𐤅𐤄𐤅𐤑𐤉𐤀 𐤊𐤀𐤅𐤓 𐤑𐤃𐤒𐤊 𐤅𐤌𐤔𐤐𐤈𐤊 𐤊𐤑𐤄𐤓𐤉𐤌•
𐤆 𐤃𐤅𐤌 𐤋𐤉𐤄𐤅𐤄 𐤅𐤄𐤕𐤇𐤅𐤋𐤋 𐤋𐤅 𐤀𐤋 𐤕𐤕𐤇𐤓 𐤁𐤌𐤑𐤋𐤉𐤇 𐤃𐤓𐤊𐤅 𐤁𐤀𐤉𐤔 𐤏𐤔𐤄
𐤌𐤆𐤌𐤅𐤕•
𐤇 𐤄𐤓𐤐 𐤌𐤀𐤐 𐤅𐤏𐤆𐤁 𐤇𐤌𐤄 𐤀𐤋 𐤕𐤕𐤇𐤓 𐤀𐤊 𐤋𐤄𐤓𐤏•
𐤈 𐤊𐤉 𐤌𐤓𐤏𐤉𐤌 𐤉𐤊𐤓𐤕𐤅𐤍 𐤅𐤒𐤅𐤉 𐤉𐤄𐤅𐤄 𐤄𐤌𐤄 𐤉𐤉𐤓𐤔𐤅 𐤀𐤓𐤑•
𐤉 𐤅𐤏𐤅𐤃 𐤌𐤏𐤈 𐤅𐤀𐤉𐤍 𐤓𐤔𐤏 𐤅𐤄𐤕𐤁𐤅𐤍𐤍𐤕 𐤏𐤋 𐤌𐤒𐤅𐤌𐤅 𐤅𐤀𐤉𐤍𐤍𐤅•
𐤉𐤀 𐤅𐤏𐤍𐤅𐤉𐤌 𐤉𐤉𐤓𐤔𐤅 𐤀𐤓𐤑 𐤅𐤄𐤕𐤏𐤍𐤂𐤅 𐤏𐤋 𐤓𐤁 𐤔𐤋𐤅𐤌•
𐤉𐤁 𐤆𐤌𐤌 𐤓𐤔𐤏 𐤋𐤑𐤃𐤉𐤒 𐤅𐤇𐤓𐤒 𐤏𐤋𐤉𐤅 𐤔𐤍𐤉𐤅•
𐤉𐤂 𐤀𐤃𐤍𐤉 𐤉𐤔𐤇𐤒 𐤋𐤅 𐤊𐤉 𐤓𐤀𐤄 𐤊𐤉 𐤉𐤁𐤀 𐤉𐤅𐤌𐤅•
𐤉𐤃 𐤇𐤓𐤁 𐤐𐤕𐤇𐤅 𐤓𐤔𐤏𐤉𐤌 𐤅𐤃𐤓𐤊𐤅 𐤒𐤔𐤕𐤌 𐤋𐤄𐤐𐤉𐤋 𐤏𐤍𐤉 𐤅𐤀𐤁𐤉𐤅𐤍 𐤋𐤈𐤁𐤅𐤇
𐤉𐤔𐤓𐤉 𐤃𐤓𐤊•
𐤈𐤅 𐤇𐤓𐤁𐤌 𐤕𐤁𐤅𐤀 𐤁𐤋𐤁𐤌 𐤅𐤒𐤔𐤕𐤅𐤕𐤌 𐤕𐤔𐤁𐤓𐤍𐤄•
𐤈𐤆 𐤈𐤅𐤁 𐤌𐤏𐤈 𐤋𐤑𐤃𐤉𐤒 𐤌𐤄𐤌𐤅𐤍 𐤓𐤔𐤏𐤉𐤌 𐤓𐤁𐤉𐤌•
𐤉𐤆 𐤊𐤉 𐤆𐤓𐤅𐤏𐤅𐤕 𐤓𐤔𐤏𐤉𐤌 𐤕𐤔𐤁𐤓𐤍𐤄 𐤅𐤎𐤅𐤌𐤊 𐤑𐤃𐤉𐤒𐤉𐤌 𐤉𐤄𐤅𐤄•
𐤉𐤇 𐤉𐤅𐤃𐤏 𐤉𐤄𐤅𐤄 𐤉𐤌𐤉 𐤕𐤌𐤉𐤌𐤌 𐤅𐤍𐤇𐤋𐤕𐤌 𐤋𐤏𐤅𐤋𐤌 𐤕𐤄𐤉𐤄•
𐤉𐤈 𐤋𐤀 𐤉𐤁𐤔𐤅 𐤁𐤏𐤕 𐤓𐤏𐤄 𐤅𐤁𐤉𐤌𐤉 𐤓𐤏𐤁𐤅𐤍 𐤉𐤔𐤁𐤏𐤅•
𐤊 𐤊𐤉 𐤓𐤔𐤏𐤉𐤌 𐤉𐤀𐤁𐤃𐤅 𐤅𐤀𐤉𐤁𐤉 𐤉𐤄𐤅𐤄 𐤊𐤉𐤒𐤓 𐤊𐤓𐤉𐤌 𐤊𐤋𐤅 𐤁𐤏𐤔𐤍 𐤊𐤋𐤅•
𐤊𐤀 𐤋𐤅𐤄 𐤓𐤔𐤏 𐤅𐤋𐤀 𐤉𐤔𐤋𐤌 𐤅𐤑𐤃𐤉𐤒 𐤇𐤅𐤍𐤍 𐤅𐤍𐤅𐤕𐤍•
𐤊𐤁 𐤊𐤉 𐤌𐤁𐤓𐤊𐤉𐤅 𐤉𐤉𐤓𐤔𐤅 𐤀𐤓𐤑 𐤅𐤌𐤒𐤋𐤋𐤉𐤅 𐤉𐤊𐤓𐤕𐤅•
𐤊𐤂 𐤌𐤉𐤄𐤅𐤄 𐤌𐤑𐤏𐤃𐤉 𐤂𐤁𐤓 𐤊𐤅𐤍𐤍𐤅 𐤅𐤃𐤓𐤊𐤅 𐤉𐤇𐤐𐤑•
𐤊𐤃 𐤊𐤉 𐤉𐤐𐤋 𐤋𐤀 𐤉𐤅𐤈𐤋 𐤊𐤉 𐤉𐤄𐤅𐤄 𐤎𐤅𐤌𐤊 𐤉𐤃𐤅•
𐤊𐤄 𐤍𐤏𐤓 𐤄𐤉𐤉𐤕𐤉 𐤂𐤌 𐤆𐤒𐤍𐤕𐤉 𐤅𐤋𐤀 𐤓𐤀𐤉𐤕𐤉 𐤑𐤃𐤉𐤒 𐤍𐤏𐤆𐤁 𐤅𐤆𐤓𐤏𐤅
𐤌𐤁𐤒𐤔 𐤋𐤇𐤌•

𐤊𐤅 𐤊𐤋 𐤄𐤉𐤅𐤌 𐤇𐤅𐤍𐤍 𐤅𐤌𐤋𐤅𐤄 𐤅𐤆𐤓𐤏𐤅 𐤋𐤁𐤓𐤊𐤄•
𐤊𐤆 𐤎𐤅𐤓 𐤌𐤓𐤏 𐤅𐤏𐤔𐤄 𐤈𐤅𐤁 𐤅𐤔𐤊𐤍 𐤋𐤏𐤅𐤋𐤌•
𐤊𐤇 𐤊𐤉 𐤉𐤄𐤅𐤄 𐤀𐤄𐤁 𐤌𐤔𐤐𐤈 𐤅𐤋𐤀 𐤉𐤏𐤆𐤁 𐤀𐤕 𐤇𐤎𐤉𐤃𐤉𐤅 𐤋𐤏𐤅𐤋𐤌 𐤍𐤔𐤌𐤓𐤅
𐤅𐤆𐤓𐤏 𐤓𐤔𐤏𐤉𐤌 𐤍𐤊𐤓𐤕•
𐤊𐤈 𐤑𐤃𐤉𐤒𐤉𐤌 𐤉𐤉𐤓𐤔𐤅 𐤀𐤓𐤑 𐤅𐤉𐤔𐤊𐤍𐤅 𐤋𐤏𐤃 𐤏𐤋𐤉𐤄•
𐤋 𐤐𐤉 𐤑𐤃𐤉𐤒 𐤉𐤄𐤂𐤄 𐤇𐤊𐤌𐤄 𐤅𐤋𐤔𐤅𐤍𐤅 𐤕𐤃𐤁𐤓 𐤌𐤔𐤐𐤈•
𐤋𐤀 𐤕𐤅𐤓𐤕 𐤀𐤋𐤄𐤉𐤅 𐤁𐤋𐤁𐤅 𐤋𐤀 𐤕𐤌𐤏𐤃 𐤀𐤔𐤓𐤉𐤅•
𐤋𐤁 𐤑𐤅𐤐𐤄 𐤓𐤔𐤏 𐤋𐤑𐤃𐤉𐤒 𐤅𐤌𐤁𐤒𐤔 𐤋𐤄𐤌𐤉𐤕𐤅•
𐤋𐤂 𐤉𐤄𐤅𐤄 𐤋𐤀 𐤉𐤏𐤆𐤁𐤍𐤅 𐤁𐤉𐤃𐤅 𐤅𐤋𐤀 𐤉𐤓𐤔𐤉𐤏𐤍𐤅 𐤁𐤄𐤔𐤐𐤈𐤅•
𐤋𐤃 𐤒𐤅𐤄 𐤀𐤋 𐤉𐤄𐤅𐤄 𐤅𐤔𐤌𐤓 𐤃𐤓𐤊𐤅 𐤅𐤉𐤓𐤅𐤌𐤌𐤊 𐤋𐤓𐤔𐤕 𐤀𐤓𐤑 𐤁𐤄𐤊𐤓𐤕
𐤓𐤔𐤏𐤉𐤌 𐤕𐤓𐤀𐤄•
𐤋𐤄 𐤓𐤀𐤉𐤕𐤉 𐤓𐤔𐤏 𐤏𐤓𐤉𐤑 𐤅𐤌𐤕𐤏𐤓𐤄 𐤊𐤀𐤆𐤓𐤇 𐤓𐤏𐤍𐤍•
𐤋𐤅 𐤅𐤉𐤏𐤁𐤓 𐤅𐤄𐤍𐤄 𐤀𐤉𐤍𐤍𐤅 𐤅𐤀𐤁𐤒𐤔𐤄𐤅 𐤅𐤋𐤀 𐤍𐤌𐤑𐤀•
𐤋𐤆 𐤔𐤌𐤓 𐤕𐤌 𐤅𐤓𐤀𐤄 𐤉𐤔𐤓 𐤊𐤉 𐤀𐤇𐤓𐤉𐤕 𐤋𐤀𐤉𐤔 𐤔𐤋𐤅𐤌•
𐤋𐤇 𐤅𐤐𐤔𐤏𐤉𐤌 𐤍𐤔𐤌𐤃𐤅 𐤉𐤇𐤃𐤅 𐤀𐤇𐤓𐤉𐤕 𐤓𐤔𐤏𐤉𐤌 𐤍𐤊𐤓𐤕𐤄•
𐤋𐤈 𐤅𐤕𐤔𐤅𐤏𐤕 𐤑𐤃𐤉𐤒𐤉𐤌 𐤌𐤉𐤄𐤅𐤄 𐤌𐤏𐤅𐤆𐤌 𐤁𐤏𐤕 𐤑𐤓𐤄•
𐤌 𐤅𐤉𐤏𐤆𐤓𐤌 𐤉𐤄𐤅𐤄 𐤅𐤉𐤐𐤋𐤈𐤌 𐤉𐤐𐤋𐤈𐤌 𐤌𐤓𐤔𐤏𐤉𐤌 𐤅𐤉𐤅𐤔𐤉𐤏𐤌 𐤊𐤉 𐤇𐤎𐤅 𐤁𐤅•

𐤐𐤓𐤒 𐤋𐤇

𐤀 𐤌𐤆𐤌𐤅𐤓 𐤋𐤃𐤅𐤃 𐤋𐤄𐤆𐤊𐤉𐤓•
𐤁 𐤉𐤄𐤅𐤄 𐤀𐤋 𐤁𐤒𐤑𐤐𐤊 𐤕𐤅𐤊𐤉𐤇𐤍𐤉 𐤅𐤁𐤇𐤌𐤕𐤊 𐤕𐤉𐤎𐤓𐤍𐤉•
𐤂 𐤊𐤉 𐤇𐤑𐤉𐤊 𐤍𐤇𐤕𐤅 𐤁𐤉 𐤅𐤕𐤍𐤇𐤕 𐤏𐤋𐤉 𐤉𐤃𐤊•
𐤃 𐤀𐤉𐤍 𐤌𐤕𐤌 𐤁𐤁𐤔𐤓𐤉 𐤌𐤐𐤍𐤉 𐤆𐤏𐤌𐤊 𐤀𐤉𐤍 𐤔𐤋𐤅𐤌 𐤁𐤏𐤑𐤌𐤉 𐤌𐤐𐤍𐤉 𐤇𐤈𐤀𐤕𐤉•
𐤄 𐤊𐤉 𐤏𐤅𐤍𐤕𐤉 𐤏𐤁𐤓𐤅 𐤓𐤀𐤔𐤉 𐤊𐤌𐤔𐤀 𐤊𐤁𐤃 𐤉𐤊𐤁𐤃𐤅 𐤌𐤌𐤍𐤉•
𐤅 𐤄𐤁𐤀𐤉𐤔𐤅 𐤍𐤌𐤒𐤅 𐤇𐤁𐤅𐤓𐤕𐤉 𐤌𐤐𐤍𐤉 𐤀𐤅𐤋𐤕𐤉•
𐤆 𐤍𐤏𐤅𐤉𐤕𐤉 𐤔𐤇𐤕𐤉 𐤏𐤃 𐤌𐤀𐤃 𐤊𐤋 𐤄𐤉𐤅𐤌 𐤒𐤃𐤓 𐤄𐤋𐤊𐤕𐤉•
𐤇 𐤊𐤉 𐤊𐤎𐤋𐤉 𐤌𐤋𐤀𐤅 𐤍𐤒𐤋𐤄 𐤅𐤀𐤉𐤍 𐤌𐤕𐤌 𐤁𐤁𐤔𐤓𐤉•
𐤈 𐤍𐤐𐤅𐤂𐤕𐤉 𐤅𐤍𐤃𐤊𐤉𐤕𐤉 𐤏𐤃 𐤌𐤀𐤃 𐤔𐤀𐤂𐤕𐤉 𐤌𐤍𐤄𐤌𐤕 𐤋𐤁𐤉•
𐤉 𐤀𐤃𐤍𐤉 𐤍𐤂𐤃𐤊 𐤊𐤋 𐤕𐤀𐤅𐤕𐤉 𐤅𐤀𐤍𐤇𐤕𐤉 𐤌𐤌𐤊 𐤋𐤀 𐤍𐤎𐤕𐤓𐤄•
𐤉𐤀 𐤋𐤁𐤉 𐤎𐤇𐤓𐤇𐤓 𐤏𐤆𐤁𐤍𐤉 𐤊𐤇𐤉 𐤅𐤀𐤅𐤓 𐤏𐤉𐤍𐤉 𐤂𐤌 𐤄𐤌 𐤀𐤉𐤍 𐤀𐤕𐤉•
𐤉𐤁 𐤀𐤄𐤁𐤉 𐤅𐤓𐤏𐤉 𐤌𐤍𐤂𐤃 𐤍𐤂𐤏𐤉 𐤉𐤏𐤌𐤃𐤅 𐤅𐤒𐤓𐤅𐤁𐤉 𐤌𐤓𐤇𐤒 𐤏𐤌𐤃𐤅•
𐤉𐤂 𐤅𐤉𐤍𐤒𐤔𐤅 𐤌𐤁𐤒𐤔𐤉 𐤍𐤐𐤔𐤉 𐤅𐤃𐤓𐤔𐤉 𐤓𐤏𐤕𐤉 𐤃𐤁𐤓𐤅 𐤄𐤅𐤅𐤕 𐤅𐤌𐤓𐤌𐤅𐤕 𐤊𐤋
𐤄𐤉𐤅𐤌 𐤉𐤄𐤂𐤅•

יד ואני כחרש לא אשמע ואלם לא יפתח פיו׃
טו ואהי כאיש אשר לא שמע ואין בפיו תוכחות׃
טז כי לך יהוה הוחלתי אתה תענה אדני אלהי׃
יז כי אמרתי פן ישמחו לי במוט רגלי עלי הגדילו׃
יח כי אני לצלע נכון ומכאובי נגדי תמיד׃
יט כי עוני אגיד אדאג מחטאתי׃
כ ואיבי חיים עצמו ורבו שנאי שקר׃
כא ומשלמי רעה תחת טובה ישטנוני תחת רדופי [רדפי] טוב׃
כב אל תעזבני יהוה אלהי אל תרחק ממני׃
כג חושה לעזרתי אדני תשועתי׃

פרק לט

א למנצח לידיתון [לידותון] מזמור לדוד׃
ב אמרתי אשמרה דרכי מחטוא בלשוני אשמרה לפי מחסום בעד
רשע לנגדי׃
ג נאלמתי דומיה החשיתי מטוב וכאבי נעכר׃
ד חם לבי בקרבי בהגיגי תבער אש דברתי בלשוני׃
ה הודיעני יהוה קצי ומדת ימי מה היא אדעה מה חדל אני׃
ו הנה טפחות נתתה ימי וחלדי כאין נגדך אך כל הבל כל אדם
נצב סלה׃
ז אך בצלם יתהלך איש אך הבל יהמיון יצבר ולא ידע מי
אספם׃
ח ועתה מה קויתי אדני תוחלתי לך היא׃
ט מכל פשעי הצילני חרפת נבל אל תשימני׃
י נאלמתי לא אפתח פי כי אתה עשית׃
יא הסר מעלי נגעך מתגרת ידך אני כליתי׃
יב בתוכחות על עון יסרת איש ותמס כעש חמודו אך הבל כל
אדם סלה׃
יג שמעה תפלתי יהוה ושועתי האזינה אל דמעתי אל תחרש
כי גר אנכי עמך תושב ככל אבותי׃
יד השע ממני ואבליגה בטרם אלך ואינני׃

פרק מ

𐤕𐤄𐤉𐤋𐤉𐤌

𐤀 𐤋𐤌𐤍𐤑𐤇 𐤋𐤃𐤅𐤃 𐤌𐤆𐤌𐤅𐤓•
𐤁 𐤒𐤅𐤄 𐤒𐤅𐤉𐤕𐤉 𐤉𐤄𐤅𐤄 𐤅𐤉𐤈 𐤀𐤋𐤉 𐤅𐤉𐤔𐤌𐤏 𐤔𐤅𐤏𐤕𐤉•
𐤂 𐤅𐤉𐤏𐤋𐤍𐤉 𐤌𐤁𐤅𐤓 𐤔𐤀𐤅𐤍 𐤌𐤈𐤉𐤈 𐤄𐤉𐤅𐤍 𐤅𐤉𐤒𐤌 𐤏𐤋 𐤎𐤋𐤏 𐤓𐤂𐤋𐤉 𐤊𐤅𐤍𐤍
𐤀𐤔𐤓𐤉•
𐤃 𐤅𐤉𐤕𐤍 𐤁𐤐𐤉 𐤔𐤉𐤓 𐤇𐤃𐤔 𐤕𐤄𐤋𐤄 𐤋𐤀𐤋𐤄𐤉𐤍𐤅 𐤉𐤓𐤀𐤅 𐤓𐤁𐤉𐤌 𐤅𐤉𐤉𐤓𐤀𐤅
𐤅𐤉𐤁𐤈𐤇𐤅 𐤁𐤉𐤄𐤅𐤄•
𐤄 𐤀𐤔𐤓𐤉 𐤄𐤂𐤁𐤓 𐤀𐤔𐤓 𐤔𐤌 𐤉𐤄𐤅𐤄 𐤌𐤁𐤈𐤇𐤅 𐤅𐤋𐤀 𐤐𐤍𐤄 𐤀𐤋 𐤓𐤄𐤁𐤉𐤌 𐤅𐤔𐤈𐤉
𐤊𐤆𐤁•
𐤅 𐤓𐤁𐤅𐤕 𐤏𐤔𐤉𐤕 𐤀𐤕𐤄 𐤉𐤄𐤅𐤄 𐤀𐤋𐤄𐤉 𐤍𐤐𐤋𐤀𐤕𐤉𐤊 𐤅𐤌𐤇𐤔𐤁𐤕𐤉𐤊 𐤀𐤋𐤉𐤍𐤅
𐤀𐤉𐤍 𐤏𐤓𐤊 𐤀𐤋𐤉𐤊 𐤀𐤂𐤉𐤃𐤄 𐤅𐤀𐤃𐤁𐤓𐤄 𐤏𐤑𐤌𐤅 𐤌𐤎𐤐𐤓•
𐤆 𐤆𐤁𐤇 𐤅𐤌𐤍𐤇𐤄 𐤋𐤀 𐤇𐤐𐤑𐤕 𐤀𐤆𐤍𐤉𐤌 𐤊𐤓𐤉𐤕 𐤋𐤉 𐤏𐤅𐤋𐤄 𐤅𐤇𐤈𐤀𐤄 𐤋𐤀 𐤔𐤀𐤋𐤕•
𐤇 𐤀𐤆 𐤀𐤌𐤓𐤕𐤉 𐤄𐤍𐤄 𐤁𐤀𐤕𐤉 𐤁𐤌𐤂𐤋𐤕 𐤎𐤐𐤓 𐤊𐤕𐤅𐤁 𐤏𐤋𐤉•
𐤈 𐤋𐤏𐤔𐤅𐤕 𐤓𐤑𐤅𐤍𐤊 𐤀𐤋𐤄𐤉 𐤇𐤐𐤑𐤕𐤉 𐤅𐤕𐤅𐤓𐤕𐤊 𐤁𐤕𐤅𐤊 𐤌𐤏𐤉•
𐤉 𐤁𐤔𐤓𐤕𐤉 𐤑𐤃𐤒 𐤁𐤒𐤄𐤋 𐤓𐤁 𐤄𐤍𐤄 𐤔𐤐𐤕𐤉 𐤋𐤀 𐤀𐤊𐤋𐤀 𐤉𐤄𐤅𐤄 𐤀𐤕𐤄 𐤉𐤃𐤏𐤕•
𐤉𐤀 𐤑𐤃𐤒𐤕𐤊 𐤋𐤀 𐤊𐤎𐤉𐤕𐤉 𐤁𐤕𐤅𐤊 𐤋𐤁𐤉 𐤀𐤌𐤅𐤍𐤕𐤊 𐤅𐤕𐤔𐤅𐤏𐤕𐤊 𐤀𐤌𐤓𐤕𐤉 𐤋𐤀
𐤊𐤇𐤃𐤕𐤉 𐤇𐤎𐤃𐤊 𐤅𐤀𐤌𐤕𐤊 𐤋𐤒𐤄𐤋 𐤓𐤁•
𐤉𐤁 𐤀𐤕𐤄 𐤉𐤄𐤅𐤄 𐤋𐤀 𐤕𐤊𐤋𐤀 𐤓𐤇𐤌𐤉𐤊 𐤌𐤌𐤍𐤉 𐤇𐤎𐤃𐤊 𐤅𐤀𐤌𐤕𐤊 𐤕𐤌𐤉𐤃
𐤉𐤑𐤓𐤅𐤍𐤉•
𐤉𐤂 𐤊𐤉 𐤀𐤐𐤐𐤅 𐤏𐤋𐤉 𐤓𐤏𐤅𐤕 𐤏𐤃 𐤀𐤉𐤍 𐤌𐤎𐤐𐤓 𐤄𐤔𐤉𐤂𐤅𐤍𐤉 𐤏𐤅𐤍𐤕𐤉 𐤅𐤋𐤀
𐤉𐤊𐤋𐤕𐤉 𐤋𐤓𐤀𐤅𐤕 𐤏𐤑𐤌𐤅 𐤌𐤔𐤏𐤓𐤅𐤕 𐤓𐤀𐤔𐤉 𐤅𐤋𐤁𐤉 𐤏𐤆𐤁𐤍𐤉•
𐤉𐤃 𐤓𐤑𐤄 𐤉𐤄𐤅𐤄 𐤋𐤄𐤑𐤉𐤋𐤍𐤉 𐤉𐤄𐤅𐤄 𐤋𐤏𐤆𐤓𐤕𐤉 𐤇𐤅𐤔𐤄•
𐤈𐤅 𐤉𐤁𐤔𐤅 𐤅𐤉𐤇𐤐𐤓𐤅 𐤉𐤇𐤃 𐤌𐤁𐤒𐤔𐤉 𐤍𐤐𐤔𐤉 𐤋𐤎𐤐𐤅𐤕𐤄 𐤉𐤎𐤂𐤅 𐤀𐤇𐤅𐤓
𐤅𐤉𐤊𐤋𐤌𐤅 𐤇𐤐𐤑𐤉 𐤓𐤏𐤕𐤉•
𐤈𐤆 𐤉𐤔𐤌𐤅 𐤏𐤋 𐤏𐤒𐤁 𐤁𐤔𐤕𐤌 𐤄𐤀𐤌𐤓𐤉𐤌 𐤋𐤉 𐤄𐤀𐤇 𐤄𐤀𐤇•
𐤉𐤆 𐤉𐤔𐤉𐤔𐤅 𐤅𐤉𐤔𐤌𐤇𐤅 𐤁𐤊 𐤊𐤋 𐤌𐤁𐤒𐤔𐤉𐤊 𐤉𐤀𐤌𐤓𐤅 𐤕𐤌𐤉𐤃 𐤉𐤂𐤃𐤋 𐤉𐤄𐤅𐤄
𐤀𐤄𐤁𐤉 𐤕𐤔𐤅𐤏𐤕𐤊•
𐤉𐤇 𐤅𐤀𐤍𐤉 𐤏𐤍𐤉 𐤅𐤀𐤁𐤉𐤅𐤍 𐤀𐤃𐤍𐤉 𐤉𐤇𐤔𐤁 𐤋𐤉 𐤏𐤆𐤓𐤕𐤉 𐤅𐤌𐤐𐤋𐤈𐤉 𐤀𐤕𐤄
𐤀𐤋𐤄𐤉 𐤀𐤋 𐤕𐤀𐤇𐤓•

𐤐𐤓𐤒 𐤌𐤀

𐤀 𐤋𐤌𐤍𐤑𐤇 𐤌𐤆𐤌𐤅𐤓 𐤋𐤃𐤅𐤃•
𐤁 𐤀𐤔𐤓𐤉 𐤌𐤔𐤊𐤉𐤋 𐤀𐤋 𐤃𐤋 𐤁𐤉𐤅𐤌 𐤓𐤏𐤄 𐤉𐤌𐤋𐤈𐤄𐤅 𐤉𐤄𐤅𐤄•
𐤂 𐤉𐤄𐤅𐤄 𐤉𐤔𐤌𐤓𐤄𐤅 𐤅𐤉𐤇𐤉𐤄𐤅 𐤉𐤀𐤔𐤓 [𐤅𐤀𐤔𐤓] 𐤁𐤀𐤓𐤑 𐤅𐤀𐤋 𐤕𐤕𐤍𐤄𐤅 𐤁𐤍𐤐𐤔

תהילים

איביו.

ד יהוה יסעדנו על ערש דוי כל משכבו הפכת בחליו.
ה אני אמרתי יהוה חנני רפאה נפשי כי חטאתי לך.
ו אויבי יאמרו רע לי מתי ימות ואבד שמו.
ז ואם בא לראות שוא ידבר לבו יקבץ און לו יצא לחוץ ידבר.
ח יחד עלי יתלחשו כל שנאי עלי יחשבו רעה לי.
ט דבר בליעל יצוק בו ואשר שכב לא יוסיף לקום.
י גם איש שלומי אשר בטחתי בו אוכל לחמי הגדיל עלי עקב.
יא ואתה יהוה חנני והקימני ואשלמה להם.
יב בזאת ידעתי כי חפצת בי כי לא יריע איבי עלי.
יג ואני בתמי תמכת בי ותציבני לפניך לעולם.
יד ברוך יהוה אלהי ישראל מהעולם ועד העולם אמן ואמן.

פרק מב

א למנצח משכיל לבני קרח.
ב כאיל תערג על אפיקי מים כן נפשי תערג אליך אלהים.
ג צמאה נפשי לאלהים לאל חי מתי אבוא ואראה פני אלהים.
ד היתה לי דמעתי לחם יומם ולילה באמר אלי כל היום איה
אלהיך.
ה אלה אזכרה ואשפכה עלי נפשי כי אעבר בסך אדדם עד בית
אלהים בקול רנה ותודה המון חוגג.
ו מה תשתוחחי נפשי ותהמי עלי הוחילי לאלהים כי עוד
אודנו ישועות פניו.
ז אלהי עלי נפשי תשתוחח על כן אזכרך מארץ ירדן וחרמונים
מהר מצער.
ח תהום אל תהום קורא לקול צנוריך כל משבריך וגליך עלי
עברו.
ט יומם יצוה יהוה חסדו ובלילה שירה [שירו] עמי תפלה
לאל חיי.
י אומרה לאל סלעי למה שכחתני למה קדר אלך בלחץ אויב.
יא ברצח בעצמותי חרפוני צוררי באמרם אלי כל היום איה
אלהיך.
יב מה תשתוחחי נפשי ומה תהמי עלי הוחילי לאלהים כי

𐤕𐤄𐤉𐤋𐤉𐤌

𐤏𐤅𐤃 𐤀𐤅𐤃𐤍𐤅 𐤉𐤔𐤅𐤏𐤕 𐤐𐤍𐤉 𐤅𐤀𐤋𐤄𐤉.

𐤐𐤒 𐤌𐤂

𐤀𐤔𐤐𐤈𐤍𐤉 𐤀𐤋𐤄𐤉𐤌 𐤅𐤓𐤉𐤁𐤄 𐤓𐤉𐤁𐤉 𐤌𐤂𐤅𐤉 𐤋𐤀 𐤇𐤎𐤉𐤃 𐤌𐤀𐤉𐤔 𐤌𐤓𐤌𐤄
𐤅𐤏𐤅𐤋𐤄 𐤕𐤐𐤋𐤈𐤍𐤉.
𐤁𐤊𐤉 𐤀𐤕𐤄 𐤀𐤋𐤄𐤉 𐤌𐤏𐤅𐤆𐤉 𐤋𐤌𐤄 𐤆𐤍𐤇𐤕𐤍𐤉 𐤋𐤌𐤄 𐤒𐤃𐤓 𐤀𐤕𐤄𐤋𐤊 𐤁𐤋𐤇𐤑
𐤀𐤅𐤉𐤁.
𐤂𐤔𐤋𐤇 𐤀𐤅𐤓𐤊 𐤅𐤀𐤌𐤕𐤊 𐤄𐤌𐤄 𐤉𐤍𐤇𐤅𐤍𐤉 𐤉𐤁𐤉𐤀𐤅𐤍𐤉 𐤀𐤋 𐤄𐤓 𐤒𐤃𐤔𐤊 𐤅𐤀𐤋
𐤌𐤔𐤊𐤍𐤅𐤕𐤉𐤊.
𐤃𐤅𐤀𐤁𐤅𐤀𐤄 𐤀𐤋 𐤌𐤆𐤁𐤇 𐤀𐤋𐤄𐤉𐤌 𐤀𐤋 𐤀𐤋 𐤔𐤌𐤇𐤕 𐤂𐤉𐤋𐤉 𐤅𐤀𐤅𐤃𐤊 𐤁𐤊𐤍𐤅𐤓
𐤀𐤋𐤄𐤉𐤌 𐤀𐤋𐤄𐤉.
𐤄𐤌𐤄 𐤕𐤔𐤕𐤅𐤇𐤇𐤉 𐤍𐤐𐤔𐤉 𐤅𐤌𐤄 𐤕𐤄𐤌𐤉 𐤏𐤋𐤉 𐤄𐤅𐤇𐤉𐤋𐤉 𐤋𐤀𐤋𐤄𐤉𐤌 𐤊𐤉 𐤏𐤅𐤃
𐤀𐤅𐤃𐤍𐤅 𐤉𐤔𐤅𐤏𐤕 𐤐𐤍𐤉 𐤅𐤀𐤋𐤄𐤉.

𐤐𐤒 𐤌𐤃

𐤀𐤋𐤌𐤍𐤑𐤇 𐤋𐤁𐤍𐤉 𐤒𐤓𐤇 𐤌𐤔𐤊𐤉𐤋.
𐤁𐤀𐤋𐤄𐤉𐤌 𐤁𐤀𐤆𐤍𐤉𐤍𐤅 𐤔𐤌𐤏𐤍𐤅 𐤀𐤁𐤅𐤕𐤉𐤍𐤅 𐤎𐤐𐤓𐤅 𐤋𐤍𐤅 𐤐𐤏𐤋 𐤐𐤏𐤋𐤕
𐤁𐤉𐤌𐤉𐤄𐤌 𐤁𐤉𐤌𐤉 𐤒𐤃𐤌.
𐤂𐤀𐤕𐤄 𐤉𐤃𐤊 𐤂𐤅𐤉𐤌 𐤄𐤅𐤓𐤔𐤕 𐤅𐤕𐤈𐤏𐤌 𐤕𐤓𐤏 𐤋𐤀𐤌𐤉𐤌 𐤅𐤕𐤔𐤋𐤇𐤌.
𐤃𐤊𐤉 𐤋𐤀 𐤁𐤇𐤓𐤁𐤌 𐤉𐤓𐤔𐤅 𐤀𐤓𐤑 𐤅𐤆𐤓𐤅𐤏𐤌 𐤋𐤀 𐤄𐤅𐤔𐤉𐤏𐤄 𐤋𐤌𐤅 𐤊𐤉 𐤉𐤌𐤉𐤍𐤊
𐤅𐤆𐤓𐤅𐤏𐤊 𐤅𐤀𐤅𐤓 𐤐𐤍𐤉𐤊 𐤊𐤉 𐤓𐤑𐤉𐤕𐤌.
𐤄𐤀𐤕𐤄 𐤄𐤅𐤀 𐤌𐤋𐤊𐤉 𐤀𐤋𐤄𐤉𐤌 𐤑𐤅𐤄 𐤉𐤔𐤅𐤏𐤅𐤕 𐤉𐤏𐤒𐤁.
𐤅𐤁𐤊 𐤑𐤓𐤉𐤍𐤅 𐤍𐤍𐤂𐤇 𐤁𐤔𐤌𐤊 𐤍𐤁𐤅𐤎 𐤒𐤌𐤉𐤍𐤅.
𐤆𐤊𐤉 𐤋𐤀 𐤁𐤒𐤔𐤕𐤉 𐤀𐤁𐤈𐤇 𐤅𐤇𐤓𐤁𐤉 𐤋𐤀 𐤕𐤅𐤔𐤉𐤏𐤍𐤉.
𐤇𐤊𐤉 𐤄𐤅𐤔𐤏𐤕𐤍𐤅 𐤌𐤑𐤓𐤉𐤍𐤅 𐤅𐤌𐤔𐤍𐤀𐤉𐤍𐤅 𐤄𐤁𐤉𐤔𐤅𐤕.
𐤈𐤁𐤀𐤋𐤄𐤉𐤌 𐤄𐤋𐤋𐤍𐤅 𐤊𐤋 𐤄𐤉𐤅𐤌 𐤅𐤔𐤌𐤊 𐤋𐤏𐤅𐤋𐤌 𐤍𐤅𐤃𐤄 𐤎𐤋𐤄.
𐤉𐤀𐤐 𐤆𐤍𐤇𐤕 𐤅𐤕𐤊𐤋𐤉𐤌𐤍𐤅 𐤅𐤋𐤀 𐤕𐤑𐤀 𐤁𐤑𐤁𐤀𐤅𐤕𐤉𐤍𐤅.
𐤉𐤀𐤕𐤔𐤉𐤁𐤍𐤅 𐤀𐤇𐤅𐤓 𐤌𐤍𐤉 𐤑𐤓 𐤅𐤌𐤔𐤍𐤀𐤉𐤍𐤅 𐤔𐤎𐤅 𐤋𐤌𐤅.
𐤉𐤁𐤕𐤕𐤍𐤍𐤅 𐤊𐤑𐤀𐤍 𐤌𐤀𐤊𐤋 𐤅𐤁𐤂𐤅𐤉𐤌 𐤆𐤓𐤉𐤕𐤍𐤅.
𐤉𐤂𐤕𐤌𐤊𐤓 𐤏𐤌𐤊 𐤁𐤋𐤀 𐤄𐤅𐤍 𐤅𐤋𐤀 𐤓𐤁𐤉𐤕 𐤁𐤌𐤇𐤉𐤓𐤉𐤄𐤌.
𐤉𐤃𐤕𐤔𐤉𐤌𐤍𐤅 𐤇𐤓𐤐𐤄 𐤋𐤔𐤊𐤍𐤉𐤍𐤅 𐤋𐤏𐤂 𐤅𐤒𐤋𐤎 𐤋𐤎𐤁𐤉𐤁𐤅𐤕𐤉𐤍𐤅.
𐤈𐤅𐤕𐤔𐤉𐤌𐤍𐤅 𐤌𐤔𐤋 𐤁𐤂𐤅𐤉𐤌 𐤌𐤍𐤅𐤃 𐤓𐤀𐤔 𐤁𐤋𐤀𐤌𐤉𐤌.
𐤈𐤆𐤊𐤋 𐤄𐤉𐤅𐤌 𐤊𐤋𐤌𐤕𐤉 𐤍𐤂𐤃𐤉 𐤅𐤁𐤔𐤕 𐤐𐤍𐤉 𐤊𐤎𐤕𐤍𐤉.

𐤉𐤆 𐤌𐤒𐤅𐤋 𐤌𐤇𐤓𐤐 𐤅𐤌𐤂𐤃𐤐 𐤌𐤐𐤍𐤉 𐤀𐤅𐤉𐤁 𐤅𐤌𐤕𐤍𐤒𐤌•

𐤉𐤇 𐤊𐤋 𐤆𐤀𐤕 𐤁𐤀𐤕𐤍𐤅 𐤅𐤋𐤀 𐤔𐤊𐤇𐤍𐤅𐤊 𐤅𐤋𐤀 𐤔𐤒𐤓𐤍𐤅 𐤁𐤁𐤓𐤉𐤕𐤊•

𐤉𐤈 𐤋𐤀 𐤍𐤎𐤅𐤂 𐤀𐤇𐤅𐤓 𐤋𐤁𐤍𐤅 𐤅𐤕𐤈 𐤀𐤔𐤓𐤉𐤍𐤅 𐤌𐤍𐤉 𐤀𐤓𐤇𐤊•

𐤊 𐤊𐤉 𐤃𐤊𐤉𐤕𐤍𐤅 𐤁𐤌𐤒𐤅𐤌 𐤕𐤍𐤉𐤌 𐤅𐤕𐤊𐤎 𐤏𐤋𐤉𐤍𐤅 𐤁𐤑𐤋𐤌𐤅𐤕•

𐤊𐤀 𐤀𐤌 𐤔𐤊𐤇𐤍𐤅 𐤔𐤌 𐤀𐤋𐤄𐤉𐤍𐤅 𐤅𐤍𐤐𐤓𐤔 𐤊𐤐𐤉𐤍𐤅 𐤋𐤀𐤋 𐤆𐤓•

𐤊𐤁 𐤄𐤋𐤀 𐤀𐤋𐤄𐤉𐤌 𐤉𐤇𐤒𐤓 𐤆𐤀𐤕 𐤊𐤉 𐤄𐤅𐤀 𐤉𐤃𐤏 𐤕𐤏𐤋𐤌𐤅𐤕 𐤋𐤁•

𐤊𐤂 𐤊𐤉 𐤏𐤋𐤉𐤊 𐤄𐤓𐤂𐤍𐤅 𐤊𐤋 𐤄𐤉𐤅𐤌 𐤍𐤇𐤔𐤁𐤍𐤅 𐤊𐤑𐤀𐤍 𐤈𐤁𐤇𐤄•

𐤊𐤃 𐤏𐤅𐤓𐤄 𐤋𐤌𐤄 𐤕𐤉𐤔𐤍 𐤀𐤃𐤍𐤉 𐤄𐤒𐤉𐤑𐤄 𐤀𐤋 𐤕𐤆𐤍𐤇 𐤋𐤍𐤑𐤇•

𐤊𐤄 𐤋𐤌𐤄 𐤐𐤍𐤉𐤊 𐤕𐤎𐤕𐤉𐤓 𐤕𐤔𐤊𐤇 𐤏𐤍𐤉𐤍𐤅 𐤅𐤋𐤇𐤑𐤍𐤅•

𐤊𐤅 𐤊𐤉 𐤔𐤇𐤄 𐤋𐤏𐤐𐤓 𐤍𐤐𐤔𐤍𐤅 𐤃𐤁𐤒𐤄 𐤋𐤀𐤓𐤑 𐤁𐤈𐤍𐤍𐤅•

𐤊𐤆 𐤒𐤅𐤌𐤄 𐤏𐤆𐤓𐤕𐤄 𐤋𐤍𐤅 𐤅𐤐𐤃𐤍𐤅 𐤋𐤌𐤏𐤍 𐤇𐤎𐤃𐤊•

𐤐𐤓𐤒 𐤌𐤄

𐤀 𐤋𐤌𐤍𐤑𐤇 𐤏𐤋 𐤔𐤔𐤍𐤉𐤌 𐤋𐤁𐤍𐤉 𐤒𐤓𐤇 𐤌𐤔𐤊𐤉𐤋 𐤔𐤉𐤓 𐤉𐤃𐤉𐤃𐤕•

𐤁 𐤓𐤇𐤔 𐤋𐤁𐤉 𐤃𐤁𐤓 𐤈𐤅𐤁 𐤀𐤌𐤓 𐤀𐤍𐤉 𐤌𐤏𐤔𐤉 𐤋𐤌𐤋𐤊 𐤋𐤔𐤅𐤍𐤉 𐤏𐤈 𐤎𐤅𐤐𐤓 𐤌𐤄𐤉𐤓•

𐤂 𐤉𐤐𐤉𐤐𐤉𐤕 𐤌𐤁𐤍𐤉 𐤀𐤃𐤌 𐤄𐤅𐤑𐤒 𐤇𐤍 𐤁𐤔𐤐𐤕𐤅𐤕𐤉𐤊 𐤏𐤋 𐤊𐤍 𐤁𐤓𐤊𐤊 𐤀𐤋𐤄𐤉𐤌 𐤋𐤏𐤅𐤋𐤌•

𐤃 𐤇𐤂𐤅𐤓 𐤇𐤓𐤁𐤊 𐤏𐤋 𐤉𐤓𐤊 𐤂𐤁𐤅𐤓 𐤄𐤅𐤃𐤊 𐤅𐤄𐤃𐤓𐤊•

𐤄 𐤅𐤄𐤃𐤓𐤊 𐤑𐤋𐤇 𐤓𐤊𐤁 𐤏𐤋 𐤃𐤁𐤓 𐤀𐤌𐤕 𐤅𐤏𐤍𐤅𐤄 𐤑𐤃𐤒 𐤅𐤕𐤅𐤓𐤊 𐤍𐤅𐤓𐤀𐤅𐤕 𐤉𐤌𐤉𐤍𐤊•

𐤅 𐤇𐤑𐤉𐤊 𐤔𐤍𐤅𐤍𐤉𐤌 𐤏𐤌𐤉𐤌 𐤕𐤇𐤕𐤉𐤊 𐤉𐤐𐤋𐤅 𐤁𐤋𐤁 𐤀𐤅𐤉𐤁𐤉 𐤄𐤌𐤋𐤊•

𐤆 𐤊𐤎𐤀𐤊 𐤀𐤋𐤄𐤉𐤌 𐤏𐤅𐤋𐤌 𐤅𐤏𐤃 𐤔𐤁𐤈 𐤌𐤉𐤔𐤓 𐤔𐤁𐤈 𐤌𐤋𐤊𐤅𐤕𐤊•

𐤇 𐤀𐤄𐤁𐤕 𐤑𐤃𐤒 𐤅𐤕𐤔𐤍𐤀 𐤓𐤔𐤏 𐤏𐤋 𐤊𐤍 𐤌𐤔𐤇𐤊 𐤀𐤋𐤄𐤉𐤌 𐤀𐤋𐤄𐤉𐤊 𐤔𐤌𐤍 𐤔𐤔𐤅𐤍 𐤌𐤇𐤁𐤓𐤉𐤊•

𐤈 𐤌𐤓 𐤅𐤀𐤄𐤋𐤅𐤕 𐤒𐤑𐤉𐤏𐤅𐤕 𐤊𐤋 𐤁𐤂𐤃𐤕𐤉𐤊 𐤌𐤍 𐤄𐤉𐤊𐤋𐤉 𐤔𐤍 𐤌𐤍𐤉 𐤔𐤌𐤇𐤅𐤊•

𐤉 𐤁𐤍𐤅𐤕 𐤌𐤋𐤊𐤉𐤌 𐤁𐤉𐤒𐤓𐤅𐤕𐤉𐤊 𐤍𐤑𐤁𐤄 𐤔𐤂𐤋 𐤋𐤉𐤌𐤉𐤍𐤊 𐤁𐤊𐤕𐤌 𐤀𐤅𐤐𐤉𐤓•

𐤉𐤀 𐤔𐤌𐤏𐤉 𐤁𐤕 𐤅𐤓𐤀𐤉 𐤅𐤄𐤈𐤉 𐤀𐤆𐤍𐤊 𐤅𐤔𐤊𐤇𐤉 𐤏𐤌𐤊 𐤅𐤁𐤉𐤕 𐤀𐤁𐤉𐤊•

𐤉𐤁 𐤅𐤉𐤕𐤀𐤅 𐤄𐤌𐤋𐤊 𐤉𐤐𐤉𐤊 𐤊𐤉 𐤄𐤅𐤀 𐤀𐤃𐤍𐤉𐤊 𐤅𐤄𐤔𐤕𐤇𐤅𐤉 𐤋𐤅•

𐤉𐤂 𐤅𐤁𐤕 𐤑𐤓 𐤁𐤌𐤍𐤇𐤄 𐤐𐤍𐤉𐤊 𐤉𐤇𐤋𐤅 𐤏𐤔𐤉𐤓𐤉 𐤏𐤌•

𐤉𐤃 𐤊𐤋 𐤊𐤁𐤅𐤃𐤄 𐤁𐤕 𐤌𐤋𐤊 𐤐𐤍𐤉𐤌𐤄 𐤌𐤌𐤔𐤁𐤑𐤅𐤕 𐤆𐤄𐤁 𐤋𐤁𐤅𐤔𐤄•

𐤈𐤅 𐤋𐤓𐤒𐤌𐤅𐤕 𐤕𐤅𐤁𐤋 𐤋𐤌𐤋𐤊 𐤁𐤕𐤅𐤋𐤅𐤕 𐤀𐤇𐤓𐤉𐤄 𐤓𐤏𐤅𐤕𐤉𐤄 𐤌𐤅𐤁𐤀𐤅𐤕 𐤋𐤊•

𐤈𐤆 𐤕𐤅𐤁𐤋𐤍𐤄 𐤁𐤔𐤌𐤇𐤕 𐤅𐤂𐤉𐤋 𐤕𐤁𐤀𐤉𐤍𐤄 𐤁𐤄𐤉𐤊𐤋 𐤌𐤋𐤊•

תהילים

יז תחת אבתיך יהיו בניך תשיתמו לשרים בכל הארץ.
יח אזכירה שמך בכל דר ודר על כן עמים יהודך לעלם ועד.

פרק מו

א למנצח לבני קרח על עלמות שיר.
ב אלהים לנו מחסה ועז עזרה בצרות נמצא מאד.
ג על כן לא נירא בהמיר ארץ ובמוט הרים בלב ימים.
ד יהמו יחמרו מימיו ירעשו הרים בגאותו סלה.
ה נהר פלגיו ישמחו עיר אלהים קדש משכני עליון.
ו אלהים בקרבה בל תמוט יעזרה אלהים לפנות בקר.
ז המו גוים מטו ממלכות נתן בקולו תמוג ארץ.
ח יהוה צבאות עמנו משגב לנו אלהי יעקב סלה.
ט לכו חזו מפעלות יהוה אשר שם שמות בארץ.
י משבית מלחמות עד קצה הארץ קשת ישבר וקצץ חנית עגלות
ישרף באש.
יא הרפו ודעו כי אנכי אלהים ארום בגוים ארום בארץ.
יב יהוה צבאות עמנו משגב לנו אלהי יעקב סלה.

פרק מז

א למנצח לבני קרח מזמור.
ב כל העמים תקעו כף הריעו לאלהים בקול רנה.
ג כי יהוה עליון נורא מלך גדול על כל הארץ.
ד ידבר עמים תחתינו ולאמים תחת רגלינו.
ה יבחר לנו את נחלתנו את גאון יעקב אשר אהב סלה.
ו עלה אלהים בתרועה יהוה בקול שופר.
ז זמרו אלהים זמרו זמרו למלכנו זמרו.
ח כי מלך כל הארץ אלהים זמרו משכיל.
ט מלך אלהים על גוים אלהים ישב על כסא קדשו.
י נדיבי עמים נאספו עם אלהי אברהם כי לאלהים מגני ארץ
מאד נעלה.

פרק מח

א שיר מזמור לבני קרח.

ב גדול יהוה ומהלל מאד בעיר אלהינו הר קדשו.
ג יפה נוף משוש כל הארץ הר ציון ירכתי צפון קרית מלך רב.
ד אלהים בארמנותיה נודע למשגב.
ה כי הנה המלכים נועדו עברו יחדו.
ו המה ראו כן תמהו נבהלו נחפזו.
ז רעדה אחזתם שם חיל כיולדה.
ח ברוח קדים תשבר אניות תרשיש.
ט כאשר שמענו כן ראינו בעיר יהוה צבאות בעיר אלהינו
אלהים יכוננה עד עולם סלה.
י דמינו אלהים חסדך בקרב היכלך.
יא כשמך אלהים כן תהלתך על קצוי ארץ צדק מלאה ימינך.
יב ישמח הר ציון תגלנה בנות יהודה למען משפטיך.
יג סבו ציון והקיפוה ספרו מגדליה.
יד שיתו לבכם לחילה פסגו ארמנותיה למען תספרו לדור
אחרון.
טו כי זה אלהים אלהינו עולם ועד הוא ינהגנו על מות.

פרק מט

א למנצח לבני קרח מזמור.
ב שמעו זאת כל העמים האזינו כל ישבי חלד.
ג גם בני אדם גם בני איש יחד עשיר ואביון.
ד פי ידבר חכמות והגות לבי תבונות.
ה אטה למשל אזני אפתח בכנור חידתי.
ו למה אירא בימי רע עון עקבי יסובני.
ז הבטחים על חילם וברב עשרם יתהללו.
ח אח לא פדה יפדה איש לא יתן לאלהים כפרו.
ט ויקר פדיון נפשם וחדל לעולם.
י ויחי עוד לנצח לא יראה השחת.
יא כי יראה חכמים ימותו יחד כסיל ובער יאבדו ועזבו
לאחרים חילם.
יב קרבם בתימו לעולם משכנתם לדר ודר קראו בשמותם על
אדמות.
יג ואדם ביקר בל ילין נמשל כבהמות נדמו.

𐤕𐤄𐤉𐤋𐤉𐤌

𐤉𐤃 𐤆𐤄 𐤃𐤓𐤊𐤌 𐤊𐤎𐤋 𐤋𐤌𐤅 𐤅𐤀𐤇𐤓𐤉𐤄𐤌 𐤁𐤐𐤉𐤄𐤌 𐤉𐤓𐤑𐤅 𐤎𐤋𐤄•
𐤈𐤅 𐤊𐤑𐤀𐤍 𐤋𐤔𐤀𐤅𐤋 𐤔𐤕𐤅 𐤌𐤅𐤕 𐤉𐤓𐤏𐤌 𐤅𐤉𐤓𐤃𐤅 𐤁𐤌 𐤉𐤔𐤓𐤉𐤌 𐤋𐤁𐤒𐤓
𐤅𐤑𐤉𐤓𐤌 [𐤅𐤑𐤅𐤓𐤌] 𐤋𐤁𐤋𐤅𐤕 𐤔𐤀𐤅𐤋 𐤌𐤆𐤁𐤋 𐤋𐤅•
𐤈𐤆 𐤀𐤊 𐤀𐤋𐤄𐤉𐤌 𐤉𐤐𐤃𐤄 𐤍𐤐𐤔𐤉 𐤌𐤉𐤃 𐤔𐤀𐤅𐤋 𐤊𐤉 𐤉𐤒𐤇𐤍𐤉 𐤎𐤋𐤄•
𐤉𐤆 𐤀𐤋 𐤕𐤉𐤓𐤀 𐤊𐤉 𐤉𐤏𐤔𐤓 𐤀𐤉𐤔 𐤊𐤉 𐤉𐤓𐤁𐤄 𐤊𐤁𐤅𐤃 𐤁𐤉𐤕𐤅•
𐤉𐤇 𐤊𐤉 𐤋𐤀 𐤁𐤌𐤅𐤕𐤅 𐤉𐤒𐤇 𐤄𐤊𐤋 𐤋𐤀 𐤉𐤓𐤃 𐤀𐤇𐤓𐤉𐤅 𐤊𐤁𐤅𐤃𐤅•
𐤉𐤈 𐤊𐤉 𐤍𐤐𐤔𐤅 𐤁𐤇𐤉𐤉𐤅 𐤉𐤁𐤓𐤊 𐤅𐤉𐤅𐤃𐤊 𐤊𐤉 𐤕𐤉𐤈𐤉𐤁 𐤋𐤊•
𐤊 𐤕𐤁𐤅𐤀 𐤏𐤃 𐤃𐤅𐤓 𐤀𐤁𐤅𐤕𐤉𐤅 𐤏𐤃 𐤍𐤑𐤇 𐤋𐤀 𐤉𐤓𐤀𐤅 𐤀𐤅𐤓•
𐤊𐤀 𐤀𐤃𐤌 𐤁𐤉𐤒𐤓 𐤅𐤋𐤀 𐤉𐤁𐤉𐤍 𐤍𐤌𐤔𐤋 𐤊𐤁𐤄𐤌𐤅𐤕 𐤍𐤃𐤌𐤅•

𐤐𐤓𐤒 𐤍

𐤀 𐤌𐤆𐤌𐤅𐤓 𐤋𐤀𐤎𐤐 𐤀𐤋 𐤀𐤋𐤄𐤉𐤌 𐤉𐤄𐤅𐤄 𐤃𐤁𐤓 𐤅𐤉𐤒𐤓𐤀 𐤀𐤓𐤑 𐤌𐤌𐤆𐤓𐤇 𐤔𐤌𐤔
𐤏𐤃 𐤌𐤁𐤀𐤅•
𐤁 𐤌𐤑𐤉𐤅𐤍 𐤌𐤊𐤋𐤋 𐤉𐤐𐤉 𐤀𐤋𐤄𐤉𐤌 𐤄𐤅𐤐𐤉𐤏•
𐤂 𐤉𐤁𐤀 𐤀𐤋𐤄𐤉𐤍𐤅 𐤅𐤀𐤋 𐤉𐤇𐤓𐤔 𐤀𐤔 𐤋𐤐𐤍𐤉𐤅 𐤕𐤀𐤊𐤋 𐤅𐤎𐤁𐤉𐤁𐤉𐤅 𐤍𐤔𐤏𐤓𐤄
𐤌𐤀𐤃•
𐤃 𐤉𐤒𐤓𐤀 𐤀𐤋 𐤄𐤔𐤌𐤉𐤌 𐤌𐤏𐤋 𐤅𐤀𐤋 𐤄𐤀𐤓𐤑 𐤋𐤃𐤉𐤍 𐤏𐤌𐤅•
𐤄 𐤀𐤎𐤐𐤅 𐤋𐤉 𐤇𐤎𐤉𐤃𐤉 𐤊𐤓𐤕𐤉 𐤁𐤓𐤉𐤕𐤉 𐤏𐤋𐤉 𐤆𐤁𐤇•
𐤅 𐤅𐤉𐤂𐤉𐤃𐤅 𐤔𐤌𐤉𐤌 𐤑𐤃𐤒𐤅 𐤊𐤉 𐤀𐤋𐤄𐤉𐤌 𐤔𐤐𐤈 𐤄𐤅𐤀 𐤎𐤋𐤄•
𐤆 𐤔𐤌𐤏𐤄 𐤏𐤌𐤉 𐤅𐤀𐤃𐤁𐤓𐤄 𐤉𐤔𐤓𐤀𐤋 𐤅𐤀𐤏𐤉𐤃𐤄 𐤁𐤊 𐤀𐤋𐤄𐤉𐤌 𐤀𐤋𐤄𐤉𐤊
𐤀𐤍𐤊𐤉•
𐤇 𐤋𐤀 𐤏𐤋 𐤆𐤁𐤇𐤉𐤊 𐤀𐤅𐤊𐤉𐤇𐤊 𐤅𐤏𐤅𐤋𐤕𐤉𐤊 𐤋𐤍𐤂𐤃𐤉 𐤕𐤌𐤉𐤃•
𐤈 𐤋𐤀 𐤀𐤒𐤇 𐤌𐤁𐤉𐤕𐤊 𐤐𐤓 𐤌𐤌𐤊𐤋𐤀𐤕𐤉𐤊 𐤏𐤕𐤅𐤃𐤉𐤌•
𐤉 𐤊𐤉 𐤋𐤉 𐤊𐤋 𐤇𐤉𐤕𐤅 𐤉𐤏𐤓 𐤁𐤄𐤌𐤅𐤕 𐤁𐤄𐤓𐤓𐤉 𐤀𐤋𐤐•
𐤉𐤀 𐤉𐤃𐤏𐤕𐤉 𐤊𐤋 𐤏𐤅𐤐 𐤄𐤓𐤉𐤌 𐤅𐤆𐤉𐤆 𐤔𐤃𐤉 𐤏𐤌𐤃𐤉•
𐤉𐤁 𐤀𐤌 𐤀𐤓𐤏𐤁 𐤋𐤀 𐤀𐤌𐤓 𐤋𐤊 𐤊𐤉 𐤋𐤉 𐤕𐤁𐤋 𐤅𐤌𐤋𐤀𐤄•
𐤉𐤂 𐤄𐤀𐤅𐤊𐤋 𐤁𐤔𐤓 𐤀𐤁𐤉𐤓𐤉𐤌 𐤅𐤃𐤌 𐤏𐤕𐤅𐤃𐤉𐤌 𐤀𐤔𐤕𐤄•
𐤉𐤃 𐤆𐤁𐤇 𐤋𐤀𐤋𐤄𐤉𐤌 𐤕𐤅𐤃𐤄 𐤅𐤔𐤋𐤌 𐤋𐤏𐤋𐤉𐤅𐤍 𐤍𐤃𐤓𐤉𐤊•
𐤈𐤅 𐤅𐤒𐤓𐤀𐤍𐤉 𐤁𐤉𐤅𐤌 𐤑𐤓𐤄 𐤀𐤇𐤋𐤑𐤊 𐤅𐤕𐤊𐤁𐤃𐤍𐤉•
𐤈𐤆 𐤅𐤋𐤓𐤔𐤏 𐤀𐤌𐤓 𐤀𐤋𐤄𐤉𐤌 𐤌𐤄 𐤋𐤊 𐤋𐤎𐤐𐤓 𐤇𐤒𐤉 𐤅𐤕𐤔𐤀 𐤁𐤓𐤉𐤕𐤉 𐤏𐤋𐤉 𐤐𐤉𐤊•
𐤉𐤆 𐤅𐤀𐤕𐤄 𐤔𐤍𐤀𐤕 𐤌𐤅𐤎𐤓 𐤅𐤕𐤔𐤋𐤊 𐤃𐤁𐤓𐤉 𐤀𐤇𐤓𐤉𐤊•
𐤉𐤇 𐤀𐤌 𐤓𐤀𐤉𐤕 𐤂𐤍𐤁 𐤅𐤕𐤓𐤑 𐤏𐤌𐤅 𐤅𐤏𐤌 𐤌𐤍𐤀𐤐𐤉𐤌 𐤇𐤋𐤒𐤊•
𐤉𐤈 𐤐𐤉𐤊 𐤔𐤋𐤇𐤕 𐤁𐤓𐤏𐤄 𐤅𐤋𐤔𐤅𐤍𐤊 𐤕𐤑𐤌𐤉𐤃 𐤌𐤓𐤌𐤄•

𐤕𐤄𐤉𐤋𐤉𐤌

𐤊 𐤕𐤔𐤁 𐤁𐤀𐤇𐤉𐤊 𐤕𐤃𐤁𐤓 𐤁𐤁𐤍 𐤀𐤌𐤊 𐤕𐤕𐤍 𐤃𐤐𐤉.
𐤊𐤀 𐤀𐤋𐤄 𐤏𐤔𐤉𐤕 𐤅𐤄𐤇𐤓𐤔𐤕𐤉 𐤃𐤌𐤉𐤕 𐤄𐤉𐤅𐤕 𐤀𐤄𐤉𐤄 𐤊𐤌𐤅𐤊 𐤀𐤅𐤊𐤉𐤇𐤊
𐤅𐤀𐤏𐤓𐤊𐤄 𐤋𐤏𐤉𐤍𐤉𐤊.
𐤊𐤁 𐤁𐤉𐤍𐤅 𐤍𐤀 𐤆𐤀𐤕 𐤔𐤊𐤇𐤉 𐤀𐤋𐤅𐤄 𐤐𐤍 𐤀𐤈𐤓𐤐 𐤅𐤀𐤉𐤍 𐤌𐤑𐤉𐤋.
𐤊𐤂 𐤆𐤁𐤇 𐤕𐤅𐤃𐤄 𐤉𐤊𐤁𐤃𐤍𐤍𐤉 𐤅𐤔𐤌 𐤃𐤓𐤊 𐤀𐤓𐤀𐤍𐤅 𐤁𐤉𐤔𐤏 𐤀𐤋𐤄𐤉𐤌.

𐤐𐤓𐤒 𐤍𐤀

𐤀 𐤋𐤌𐤍𐤑𐤇 𐤌𐤆𐤌𐤅𐤓 𐤋𐤃𐤅𐤃.
𐤁 𐤁𐤁𐤅𐤀 𐤀𐤋𐤉𐤅 𐤍𐤕𐤍 𐤄𐤍𐤁𐤉𐤀 𐤊𐤀𐤔𐤓 𐤁𐤀 𐤀𐤋 𐤁𐤕 𐤔𐤁𐤏.
𐤂 𐤇𐤍𐤍𐤉 𐤀𐤋𐤄𐤉𐤌 𐤊𐤇𐤎𐤃𐤊 𐤊𐤓𐤁 𐤓𐤇𐤌𐤉𐤊 𐤌𐤇𐤄 𐤐𐤔𐤏𐤉.
𐤃 𐤄𐤓𐤁𐤄 [𐤄𐤓𐤁] 𐤊𐤁𐤎𐤍𐤉 𐤌𐤏𐤅𐤍𐤉 𐤅𐤌𐤇𐤈𐤀𐤕𐤉 𐤈𐤄𐤓𐤍𐤉.
𐤄 𐤊𐤉 𐤐𐤔𐤏𐤉 𐤀𐤍𐤉 𐤀𐤃𐤏 𐤅𐤇𐤈𐤀𐤕𐤉 𐤍𐤂𐤃𐤉 𐤕𐤌𐤉𐤃.
𐤅 𐤋𐤊 𐤋𐤁𐤃𐤊 𐤇𐤈𐤀𐤕𐤉 𐤅𐤄𐤓𐤏 𐤁𐤏𐤉𐤍𐤉𐤊 𐤏𐤔𐤉𐤕𐤉 𐤋𐤌𐤏𐤍 𐤕𐤑𐤃𐤒 𐤁𐤃𐤁𐤓𐤊
𐤕𐤆𐤊𐤄 𐤁𐤔𐤐𐤈𐤊.
𐤆 𐤄𐤍 𐤁𐤏𐤅𐤅𐤍 𐤇𐤅𐤋𐤋𐤕𐤉 𐤅𐤁𐤇𐤈𐤀 𐤉𐤇𐤌𐤕𐤍𐤉 𐤀𐤌𐤉.
𐤇 𐤄𐤍 𐤀𐤌𐤕 𐤇𐤐𐤑𐤕 𐤁𐤈𐤇𐤅𐤕 𐤅𐤁𐤎𐤕𐤌 𐤇𐤊𐤌𐤄 𐤕𐤅𐤃𐤉𐤏𐤍𐤉.
𐤈 𐤕𐤇𐤈𐤀𐤍𐤉 𐤁𐤀𐤆𐤅𐤁 𐤅𐤀𐤈𐤄𐤓 𐤕𐤊𐤁𐤎𐤍𐤉 𐤅𐤌𐤔𐤋𐤂 𐤀𐤋𐤁𐤉𐤍.
𐤉 𐤕𐤔𐤌𐤉𐤏𐤍𐤉 𐤔𐤔𐤅𐤍 𐤅𐤔𐤌𐤇𐤄 𐤕𐤂𐤋𐤍𐤄 𐤏𐤑𐤌𐤅𐤕 𐤃𐤊𐤉𐤕.
𐤉𐤀 𐤄𐤎𐤕𐤓 𐤐𐤍𐤉𐤊 𐤌𐤇𐤈𐤀𐤉 𐤅𐤊𐤋 𐤏𐤅𐤍𐤕𐤉 𐤌𐤇𐤄.
𐤉𐤁 𐤋𐤁 𐤈𐤄𐤅𐤓 𐤁𐤓𐤀 𐤋𐤉 𐤀𐤋𐤄𐤉𐤌 𐤅𐤓𐤅𐤇 𐤍𐤊𐤅𐤍 𐤇𐤃𐤔 𐤁𐤒𐤓𐤁𐤉.
𐤉𐤂 𐤀𐤋 𐤕𐤔𐤋𐤉𐤊𐤍𐤉 𐤌𐤋𐤐𐤍𐤉𐤊 𐤅𐤓𐤅𐤇 𐤒𐤃𐤔𐤊 𐤀𐤋 𐤕𐤒𐤇 𐤌𐤌𐤍𐤉.
𐤉𐤃 𐤄𐤔𐤉𐤁𐤄 𐤋𐤉 𐤔𐤔𐤅𐤍 𐤉𐤔𐤏𐤊 𐤅𐤓𐤅𐤇 𐤍𐤃𐤉𐤁𐤄 𐤕𐤎𐤌𐤊𐤍𐤉.
𐤈𐤅 𐤀𐤋𐤌𐤃𐤄 𐤐𐤔𐤏𐤉𐤌 𐤃𐤓𐤊𐤉𐤊 𐤅𐤇𐤈𐤀𐤉𐤌 𐤀𐤋𐤉𐤊 𐤉𐤔𐤅𐤁𐤅.
𐤈𐤆 𐤄𐤑𐤉𐤋𐤍𐤉 𐤌𐤃𐤌𐤉𐤌 𐤀𐤋𐤄𐤉𐤌 𐤀𐤋𐤄𐤉 𐤕𐤔𐤅𐤏𐤕𐤉 𐤕𐤓𐤍𐤍 𐤋𐤔𐤅𐤍𐤉
𐤑𐤃𐤒𐤕𐤊.
𐤉𐤆 𐤀𐤃𐤍𐤉 𐤔𐤐𐤕𐤉 𐤕𐤐𐤕𐤇 𐤅𐤐𐤉 𐤉𐤂𐤉𐤃 𐤕𐤄𐤋𐤕𐤊.
𐤉𐤇 𐤊𐤉 𐤋𐤀 𐤕𐤇𐤐𐤑 𐤆𐤁𐤇 𐤅𐤀𐤕𐤍𐤄 𐤏𐤅𐤋𐤄 𐤋𐤀 𐤕𐤓𐤑𐤄.
𐤉𐤈 𐤆𐤁𐤇𐤉 𐤀𐤋𐤄𐤉𐤌 𐤓𐤅𐤇 𐤍𐤔𐤁𐤓𐤄 𐤋𐤁 𐤍𐤔𐤁𐤓 𐤅𐤍𐤃𐤊𐤄 𐤀𐤋𐤄𐤉𐤌 𐤋𐤀 𐤕𐤁𐤆𐤄.
𐤊 𐤄𐤉𐤈𐤉𐤁𐤄 𐤁𐤓𐤑𐤅𐤍𐤊 𐤀𐤕 𐤑𐤉𐤅𐤍 𐤕𐤁𐤍𐤄 𐤇𐤅𐤌𐤅𐤕 𐤉𐤓𐤅𐤔𐤋𐤌.
𐤊𐤀 𐤀𐤆 𐤕𐤇𐤐𐤑 𐤆𐤁𐤇𐤉 𐤑𐤃𐤒 𐤏𐤅𐤋𐤄 𐤅𐤊𐤋𐤉𐤋 𐤀𐤆 𐤉𐤏𐤋𐤅 𐤏𐤋 𐤌𐤆𐤁𐤇𐤊 𐤐𐤓𐤉𐤌.

𐤐𐤓𐤒 𐤍𐤁

𐤀 𐤋𐤌𐤍𐤑𐤇 𐤌𐤔𐤊𐤉𐤋 𐤋𐤃𐤅𐤃.

𐤕𐤄𐤉𐤋𐤉𐤌

𐤁 𐤁𐤁𐤅𐤀 𐤃𐤅𐤀𐤂 𐤄𐤀𐤃𐤌𐤉 𐤅𐤉𐤂𐤃 𐤋𐤔𐤀𐤅𐤋 𐤅𐤉𐤀𐤌𐤓 𐤋𐤅 𐤁𐤀 𐤃𐤅𐤃 𐤀𐤋 𐤁𐤉𐤕
𐤀𐤇𐤉𐤌𐤋𐤊•
𐤂 𐤌𐤄 𐤕𐤕𐤄𐤋𐤋 𐤁𐤓𐤏𐤄 𐤄𐤂𐤁𐤅𐤓 𐤇𐤎𐤃 𐤀𐤋 𐤊𐤋 𐤄𐤉𐤅𐤌•
𐤃 𐤄𐤅𐤅𐤕 𐤕𐤇𐤔𐤁 𐤋𐤔𐤅𐤍𐤊 𐤊𐤕𐤏𐤓 𐤌𐤋𐤈𐤔 𐤏𐤔𐤄 𐤓𐤌𐤉𐤄•
𐤄 𐤀𐤄𐤁𐤕 𐤓𐤏 𐤌𐤈𐤅𐤁 𐤔𐤒𐤓 𐤌𐤃𐤁𐤓 𐤑𐤃𐤒 𐤎𐤋𐤄•
𐤅 𐤀𐤄𐤁𐤕 𐤊𐤋 𐤃𐤁𐤓𐤉 𐤁𐤋𐤏 𐤋𐤔𐤅𐤍 𐤌𐤓𐤌𐤄•
𐤆 𐤂𐤌 𐤀𐤋 𐤉𐤕𐤑𐤊 𐤋𐤍𐤑𐤇 𐤉𐤇𐤕𐤊 𐤅𐤉𐤎𐤇𐤊 𐤌𐤀𐤄𐤋 𐤅𐤔𐤓𐤔𐤊 𐤌𐤀𐤓𐤑 𐤇𐤉𐤉𐤌
𐤎𐤋𐤄•
𐤇 𐤅𐤉𐤓𐤀𐤅 𐤑𐤃𐤉𐤒𐤉𐤌 𐤅𐤉𐤉𐤓𐤀𐤅 𐤅𐤏𐤋𐤉𐤅 𐤉𐤔𐤇𐤒𐤅•
𐤈 𐤄𐤍𐤄 𐤄𐤂𐤁𐤓 𐤋𐤀 𐤉𐤔𐤉𐤌 𐤀𐤋𐤄𐤉𐤌 𐤌𐤏𐤅𐤆𐤅 𐤅𐤉𐤁𐤈𐤇 𐤁𐤓𐤁 𐤏𐤔𐤓𐤅 𐤉𐤏𐤆
𐤁𐤄𐤅𐤕𐤅•
𐤉 𐤅𐤀𐤍𐤉 𐤊𐤆𐤉𐤕 𐤓𐤏𐤍𐤍 𐤁𐤁𐤉𐤕 𐤀𐤋𐤄𐤉𐤌 𐤁𐤈𐤇𐤕𐤉 𐤁𐤇𐤎𐤃 𐤀𐤋𐤄𐤉𐤌 𐤏𐤅𐤋𐤌
𐤅𐤏𐤃•
𐤉𐤀 𐤀𐤅𐤃𐤊 𐤋𐤏𐤅𐤋𐤌 𐤊𐤉 𐤏𐤔𐤉𐤕 𐤅𐤀𐤒𐤅𐤄 𐤔𐤌𐤊 𐤊𐤉 𐤈𐤅𐤁 𐤍𐤂𐤃 𐤇𐤎𐤉𐤃𐤉𐤊•

𐤐𐤓𐤒 𐤍𐤂

𐤀 𐤋𐤌𐤍𐤑𐤇 𐤏𐤋 𐤌𐤇𐤋𐤕 𐤌𐤔𐤊𐤉𐤋 𐤋𐤃𐤅𐤃•
𐤁 𐤀𐤌𐤓 𐤍𐤁𐤋 𐤁𐤋𐤁𐤅 𐤀𐤉𐤍 𐤀𐤋𐤄𐤉𐤌 𐤄𐤔𐤇𐤉𐤕𐤅 𐤅𐤄𐤕𐤏𐤉𐤁𐤅 𐤏𐤅𐤋 𐤀𐤉𐤍 𐤏𐤔𐤄
𐤈𐤅𐤁•
𐤂 𐤀𐤋𐤄𐤉𐤌 𐤌𐤔𐤌𐤉𐤌 𐤄𐤔𐤒𐤉𐤐 𐤏𐤋 𐤁𐤍𐤉 𐤀𐤃𐤌 𐤋𐤓𐤀𐤅𐤕 𐤄𐤉𐤔 𐤌𐤔𐤊𐤉𐤋 𐤃𐤓𐤔
𐤀𐤕 𐤀𐤋𐤄𐤉𐤌•
𐤃 𐤊𐤋𐤅 𐤎𐤂 𐤉𐤇𐤃𐤅 𐤍𐤀𐤋𐤇𐤅 𐤀𐤉𐤍 𐤏𐤔𐤄 𐤈𐤅𐤁 𐤀𐤉𐤍 𐤂𐤌 𐤀𐤇𐤃•
𐤄 𐤄𐤋𐤀 𐤉𐤃𐤏𐤅 𐤐𐤏𐤋𐤉 𐤀𐤅𐤍 𐤀𐤊𐤋𐤉 𐤏𐤌𐤉 𐤀𐤊𐤋𐤅 𐤋𐤇𐤌 𐤀𐤋𐤄𐤉𐤌 𐤋𐤀 𐤒𐤓𐤀𐤅•
𐤅 𐤔𐤌 𐤐𐤇𐤃𐤅 𐤐𐤇𐤃 𐤋𐤀 𐤄𐤉𐤄 𐤐𐤇𐤃 𐤊𐤉 𐤀𐤋𐤄𐤉𐤌 𐤐𐤆𐤓 𐤏𐤑𐤌𐤅𐤕 𐤇𐤍𐤊 𐤄𐤁𐤔𐤕𐤄
𐤊𐤉 𐤀𐤋𐤄𐤉𐤌 𐤌𐤀𐤎𐤌•
𐤆 𐤌𐤉 𐤉𐤕𐤍 𐤌𐤑𐤉𐤅𐤍 𐤉𐤔𐤏𐤅𐤕 𐤉𐤔𐤓𐤀𐤋 𐤁𐤔𐤅𐤁 𐤀𐤋𐤄𐤉𐤌 𐤔𐤁𐤅𐤕 𐤏𐤌𐤅 𐤉𐤂𐤋
𐤉𐤏𐤒𐤁 𐤉𐤔𐤌𐤇 𐤉𐤔𐤓𐤀𐤋•

𐤐𐤓𐤒 𐤍𐤃

𐤀 𐤋𐤌𐤍𐤑𐤇 𐤁𐤍𐤂𐤉𐤍𐤕 𐤌𐤔𐤊𐤉𐤋 𐤋𐤃𐤅𐤃•
𐤁 𐤁𐤁𐤅𐤀 𐤄𐤆𐤉𐤐𐤉𐤌 𐤅𐤉𐤀𐤌𐤓𐤅 𐤋𐤔𐤀𐤅𐤋 𐤄𐤋𐤀 𐤃𐤅𐤃 𐤌𐤎𐤕𐤕𐤓 𐤏𐤌𐤍𐤅•
𐤂 𐤀𐤋𐤄𐤉𐤌 𐤁𐤔𐤌𐤊 𐤄𐤅𐤔𐤉𐤏𐤍𐤉 𐤅𐤁𐤂𐤁𐤅𐤓𐤕𐤊 𐤕𐤃𐤉𐤍𐤍𐤉•
𐤃 𐤀𐤋𐤄𐤉𐤌 𐤔𐤌𐤏 𐤕𐤐𐤋𐤕𐤉 𐤄𐤀𐤆𐤉𐤍𐤄 𐤋𐤀𐤌𐤓𐤉 𐤐𐤉•

𐤕𐤄𐤋𐤉𐤌

𐤄 𐤊𐤉 𐤆𐤓𐤉𐤌 𐤒𐤌𐤅 𐤏𐤋𐤉 𐤅𐤏𐤓𐤉𐤑𐤉𐤌 𐤁𐤒𐤔𐤅 𐤍𐤐𐤔𐤉 𐤋𐤀 𐤔𐤌𐤅 𐤀𐤋𐤄𐤉𐤌
𐤋𐤍𐤂𐤃𐤌 𐤎𐤋𐤄.
𐤅 𐤄𐤍𐤄 𐤀𐤋𐤄𐤉𐤌 𐤏𐤆𐤓 𐤋𐤉 𐤀𐤃𐤍𐤉 𐤁𐤎𐤌𐤊𐤉 𐤍𐤐𐤔𐤉.
𐤆 𐤉𐤔𐤅𐤁 [𐤉𐤔𐤉𐤁] 𐤄𐤓𐤏 𐤋𐤔𐤓𐤓𐤉 𐤁𐤀𐤌𐤕𐤊 𐤄𐤑𐤌𐤉𐤕𐤌.
𐤇 𐤁𐤍𐤃𐤁𐤄 𐤀𐤆𐤁𐤇𐤄 𐤋𐤊 𐤀𐤅𐤃𐤄 𐤔𐤌𐤊 𐤉𐤄𐤅𐤄 𐤊𐤉 𐤈𐤅𐤁.
𐤈 𐤊𐤉 𐤌𐤊𐤋 𐤑𐤓𐤄 𐤄𐤑𐤉𐤋𐤍𐤉 𐤅𐤁𐤀𐤉𐤁𐤉 𐤓𐤀𐤕𐤄 𐤏𐤉𐤍𐤉.

𐤐𐤓𐤒 𐤍𐤄

𐤀 𐤋𐤌𐤍𐤑𐤇 𐤁𐤍𐤂𐤉𐤍𐤕 𐤌𐤔𐤊𐤉𐤋 𐤋𐤃𐤅𐤃.
𐤁 𐤄𐤀𐤆𐤉𐤍𐤄 𐤀𐤋𐤄𐤉𐤌 𐤕𐤐𐤋𐤕𐤉 𐤅𐤀𐤋 𐤕𐤕𐤏𐤋𐤌 𐤌𐤕𐤇𐤍𐤕𐤉.
𐤂 𐤄𐤒𐤔𐤉𐤁𐤄 𐤋𐤉 𐤅𐤏𐤍𐤍𐤉 𐤀𐤓𐤉𐤃 𐤁𐤔𐤉𐤇𐤉 𐤅𐤀𐤄𐤉𐤌𐤄.
𐤃 𐤌𐤒𐤅𐤋 𐤀𐤅𐤉𐤁 𐤌𐤐𐤍𐤉 𐤏𐤒𐤕 𐤓𐤔𐤏 𐤊𐤉 𐤉𐤌𐤉𐤈𐤅 𐤏𐤋𐤉 𐤀𐤅𐤍 𐤅𐤁𐤀𐤐
𐤉𐤔𐤈𐤌𐤅𐤍𐤉.
𐤄 𐤋𐤁𐤉 𐤉𐤇𐤉𐤋 𐤁𐤒𐤓𐤁𐤉 𐤅𐤀𐤉𐤌𐤅𐤕 𐤌𐤅𐤕 𐤍𐤐𐤋𐤅 𐤏𐤋𐤉.
𐤅 𐤉𐤓𐤀𐤄 𐤅𐤓𐤏𐤃 𐤉𐤁𐤀 𐤁𐤉 𐤅𐤕𐤊𐤎𐤍𐤉 𐤐𐤋𐤑𐤅𐤕.
𐤆 𐤅𐤀𐤌𐤓 𐤌𐤉 𐤉𐤕𐤍 𐤋𐤉 𐤀𐤁𐤓 𐤊𐤉𐤅𐤍𐤄 𐤀𐤏𐤅𐤐𐤄 𐤅𐤀𐤔𐤊𐤍𐤄.
𐤇 𐤄𐤍𐤄 𐤀𐤓𐤇𐤉𐤒 𐤍𐤃𐤃 𐤀𐤋𐤉𐤍 𐤁𐤌𐤃𐤁𐤓 𐤎𐤋𐤄.
𐤈 𐤀𐤇𐤉𐤔𐤄 𐤌𐤐𐤋𐤈 𐤋𐤉 𐤌𐤓𐤅𐤇 𐤎𐤏𐤄 𐤌𐤎𐤏𐤓.
𐤉 𐤁𐤋𐤏 𐤀𐤃𐤍𐤉 𐤐𐤋𐤂 𐤋𐤔𐤅𐤍𐤌 𐤊𐤉 𐤓𐤀𐤉𐤕𐤉 𐤇𐤌𐤎 𐤅𐤓𐤉𐤁 𐤁𐤏𐤉𐤓.
𐤉𐤀 𐤉𐤅𐤌𐤌 𐤅𐤋𐤉𐤋𐤄 𐤉𐤎𐤅𐤁𐤁𐤄 𐤏𐤋 𐤇𐤅𐤌𐤕𐤉𐤄 𐤅𐤀𐤅𐤍 𐤅𐤏𐤌𐤋 𐤁𐤒𐤓𐤁𐤄.
𐤉𐤁 𐤄𐤅𐤅𐤕 𐤁𐤒𐤓𐤁𐤄 𐤅𐤋𐤀 𐤉𐤌𐤉𐤔 𐤌𐤓𐤇𐤁𐤄 𐤕𐤊 𐤅𐤌𐤓𐤌𐤄.
𐤉𐤂 𐤊𐤉 𐤋𐤀 𐤀𐤅𐤉𐤁 𐤉𐤇𐤓𐤐𐤍𐤉 𐤅𐤀𐤔𐤀 𐤋𐤀 𐤌𐤔𐤍𐤀𐤉 𐤏𐤋𐤉 𐤄𐤂𐤃𐤉𐤋 𐤅𐤀𐤎𐤕𐤓
𐤌𐤌𐤍𐤅.
𐤉𐤃 𐤅𐤀𐤕𐤄 𐤀𐤍𐤅𐤔 𐤊𐤏𐤓𐤊𐤉 𐤀𐤋𐤅𐤐𐤉 𐤅𐤌𐤉𐤃𐤏𐤉.
𐤈𐤅 𐤀𐤔𐤓 𐤉𐤇𐤃𐤅 𐤍𐤌𐤕𐤉𐤒 𐤎𐤅𐤃 𐤁𐤁𐤉𐤕 𐤀𐤋𐤄𐤉𐤌 𐤍𐤄𐤋𐤊 𐤁𐤓𐤂𐤔.
𐤈𐤆 𐤉𐤔𐤉𐤌𐤅𐤕 [𐤉𐤔𐤉𐤀 𐤌𐤅𐤕] 𐤏𐤋𐤉𐤌𐤅 𐤉𐤓𐤃𐤅 𐤔𐤀𐤅𐤋 𐤇𐤉𐤉𐤌 𐤊𐤉 𐤓𐤏𐤅𐤕
𐤁𐤌𐤂𐤅𐤓𐤌 𐤁𐤒𐤓𐤁𐤌.
𐤉𐤆 𐤀𐤍𐤉 𐤀𐤋 𐤀𐤋𐤄𐤉𐤌 𐤀𐤒𐤓𐤀 𐤅𐤉𐤄𐤅𐤄 𐤉𐤅𐤔𐤉𐤏𐤍𐤉.
𐤉𐤇 𐤏𐤓𐤁 𐤅𐤁𐤒𐤓 𐤅𐤑𐤄𐤓𐤉𐤌 𐤀𐤔𐤉𐤇𐤄 𐤅𐤀𐤄𐤌𐤄 𐤅𐤉𐤔𐤌𐤏 𐤒𐤅𐤋𐤉.
𐤉𐤈 𐤐𐤃𐤄 𐤁𐤔𐤋𐤅𐤌 𐤍𐤐𐤔𐤉 𐤌𐤒𐤓𐤁 𐤋𐤉 𐤊𐤉 𐤁𐤓𐤁𐤉𐤌 𐤄𐤉𐤅 𐤏𐤌𐤃𐤉.
𐤊 𐤉𐤔𐤌𐤏 𐤀𐤋 𐤅𐤉𐤏𐤍𐤌 𐤅𐤉𐤔𐤁 𐤒𐤃𐤌 𐤎𐤋𐤄 𐤀𐤔𐤓 𐤀𐤉𐤍 𐤇𐤋𐤉𐤐𐤅𐤕 𐤋𐤌𐤅 𐤅𐤋𐤀
𐤉𐤓𐤀𐤅 𐤀𐤋𐤄𐤉𐤌.
𐤊𐤀 𐤔𐤋𐤇 𐤉𐤃𐤉𐤅 𐤁𐤔𐤋𐤌𐤉𐤅 𐤇𐤋𐤋 𐤁𐤓𐤉𐤕𐤅.

כב חלקו מחמאת פיו וקרב לבו רכו דבריו משמן והמה פתחות.
כג השלך על יהוה יהבך והוא יכלכלך לא יתן לעולם מוט
לצדיק.
כד ואתה אלהים תורדם לבאר שחת אנשי דמים ומרמה לא
יחצו ימיהם ואני אבטח בך.

פרק נו

א למנצח על יונת אלם רחקים לדוד מכתם באחז אתו פלשתים
בגת.
ב חנני אלהים כי שאפני אנוש כל היום לחם ילחצני.
ג שאפו שוררי כל היום כי רבים לחמים לי מרום.
ד יום אירא אני אליך אבטח.
ה באלהים אהלל דברו באלהים בטחתי לא אירא מה יעשה בשר
לי.
ו כל היום דברי יעצבו עלי כל מחשבתם לרע.
ז יגורו יצפינו [יצפונו] המה עקבי ישמרו כאשר קוו נפשי.
ח על און פלט למו באף עמים הורד אלהים.
ט נדי ספרתה אתה שימה דמעתי בנאדך הלא בספרתך.
י אז ישובו אויבי אחור ביום אקרא זה ידעתי כי אלהים
לי.
יא באלהים אהלל דבר ביהוה אהלל דבר.
יב באלהים בטחתי לא אירא מה יעשה אדם לי.
יג עלי אלהים נדריך אשלם תודת לך.
יד כי הצלת נפשי ממות הלא רגלי מדחי להתהלך לפני
אלהים באור החיים.

פרק נז

א למנצח אל תשחת לדוד מכתם בברחו מפני שאול במערה.
ב חנני אלהים חנני כי בך חסיה נפשי ובצל כנפיך אחסה עד
יעבר הוות.
ג אקרא לאלהים עליון לאל גמר עלי.
ד ישלח משמים ויושיעני חרף שאפי סלה ישלח אלהים חסדו
ואמתו.

𐤕𐤄𐤉𐤋𐤉𐤌

𐤄𐤍𐤐𐤔𐤉 𐤁𐤕𐤅𐤊 𐤋𐤁𐤀𐤌 𐤀𐤔𐤊𐤁𐤄 𐤋𐤄𐤈𐤉𐤌 𐤁𐤍𐤉 𐤀𐤃𐤌 𐤔𐤍𐤉𐤄𐤌 𐤇𐤍𐤉𐤕
𐤅𐤇𐤑𐤉𐤌 𐤅𐤋𐤔𐤅𐤍𐤌 𐤇𐤓𐤁 𐤇𐤃𐤄•
𐤅𐤓𐤅𐤌𐤄 𐤏𐤋 𐤄𐤔𐤌𐤉𐤌 𐤀𐤋𐤄𐤉𐤌 𐤏𐤋 𐤊𐤋 𐤄𐤀𐤓𐤑 𐤊𐤁𐤅𐤃𐤊•
𐤆 𐤓𐤔𐤕 𐤄𐤊𐤉𐤍𐤅 𐤋𐤐𐤏𐤌𐤉 𐤊𐤐𐤐 𐤍𐤐𐤔𐤉 𐤊𐤓𐤅 𐤋𐤐𐤍𐤉 𐤔𐤉𐤇𐤄 𐤍𐤐𐤋𐤅 𐤁𐤕𐤅𐤊𐤄
𐤎𐤋𐤄•
𐤇𐤍𐤊𐤅𐤍 𐤋𐤁𐤉 𐤀𐤋𐤄𐤉𐤌 𐤍𐤊𐤅𐤍 𐤋𐤁𐤉 𐤀𐤔𐤉𐤓𐤄 𐤅𐤀𐤆𐤌𐤓𐤄•
𐤈𐤏𐤅𐤓𐤄 𐤊𐤁𐤅𐤃𐤉 𐤏𐤅𐤓𐤄 𐤄𐤍𐤁𐤋 𐤅𐤊𐤍𐤅𐤓 𐤀𐤏𐤉𐤓𐤄 𐤔𐤇𐤓•
𐤉𐤀𐤅𐤃𐤊 𐤁𐤏𐤌𐤉𐤌 𐤀𐤃𐤍𐤉 𐤀𐤆𐤌𐤓𐤊 𐤁𐤋 𐤀𐤌𐤉𐤌•
𐤉𐤀 𐤊𐤉 𐤂𐤃𐤋 𐤏𐤃 𐤔𐤌𐤉𐤌 𐤇𐤎𐤃𐤊 𐤅𐤏𐤃 𐤔𐤇𐤒𐤉𐤌 𐤀𐤌𐤕𐤊•
𐤉𐤁𐤓𐤅𐤌𐤄 𐤏𐤋 𐤔𐤌𐤉𐤌 𐤀𐤋𐤄𐤉𐤌 𐤏𐤋 𐤊𐤋 𐤄𐤀𐤓𐤑 𐤊𐤁𐤅𐤃𐤊•

𐤐𐤓𐤒 𐤍𐤇

𐤀𐤋𐤌𐤍𐤑𐤇 𐤀𐤋 𐤕𐤔𐤇𐤕 𐤋𐤃𐤅𐤃 𐤌𐤊𐤕𐤌•
𐤁𐤄𐤀𐤌𐤍𐤌 𐤀𐤋𐤌 𐤑𐤃𐤒 𐤕𐤃𐤁𐤓𐤅𐤍 𐤌𐤉𐤔𐤓𐤉𐤌 𐤕𐤔𐤐𐤈𐤅 𐤁𐤍𐤉 𐤀𐤃𐤌•
𐤂 𐤀𐤐 𐤁𐤋𐤁 𐤏𐤅𐤋𐤕 𐤕𐤐𐤏𐤋𐤅𐤍 𐤁𐤀𐤓𐤑 𐤇𐤌𐤎 𐤉𐤃𐤉𐤊𐤌 𐤕𐤐𐤋𐤎𐤅𐤍•
𐤃 𐤆𐤓𐤅 𐤓𐤔𐤏𐤉𐤌 𐤌𐤓𐤇𐤌 𐤕𐤏𐤅 𐤌𐤁𐤈𐤍 𐤃𐤁𐤓𐤉 𐤊𐤆𐤁•
𐤄𐤇𐤌𐤕 𐤋𐤌𐤅 𐤊𐤃𐤌𐤅𐤕 𐤇𐤌𐤕 𐤍𐤇𐤔 𐤊𐤌𐤅 𐤐𐤕𐤍 𐤇𐤓𐤔 𐤉𐤀𐤈𐤌 𐤀𐤆𐤍𐤅•
𐤅𐤀𐤔𐤓 𐤋𐤀 𐤉𐤔𐤌𐤏 𐤋𐤒𐤅𐤋 𐤌𐤋𐤇𐤔𐤉𐤌 𐤇𐤅𐤁𐤓 𐤇𐤁𐤓𐤉𐤌 𐤌𐤇𐤊𐤌•
𐤆𐤀𐤋𐤄𐤉𐤌 𐤄𐤓𐤎 𐤔𐤍𐤉𐤌𐤅 𐤁𐤐𐤉𐤌𐤅 𐤌𐤋𐤕𐤏𐤅𐤕 𐤊𐤐𐤉𐤓𐤉𐤌 𐤍𐤕𐤑 𐤉𐤄𐤅𐤄•
𐤇𐤉𐤌𐤀𐤎𐤅 𐤊𐤌𐤅 𐤌𐤉𐤌 𐤉𐤕𐤄𐤋𐤊𐤅 𐤋𐤌𐤅 𐤉𐤃𐤓𐤊 𐤇𐤑𐤅 [𐤇𐤑𐤉𐤅] 𐤊𐤌𐤅
𐤉𐤕𐤌𐤋𐤋𐤅•
𐤈𐤊𐤌𐤅 𐤔𐤁𐤋𐤅𐤋 𐤕𐤌𐤎 𐤉𐤄𐤋𐤊 𐤍𐤐𐤋 𐤀𐤔𐤕 𐤁𐤋 𐤇𐤆𐤅 𐤔𐤌𐤔•
𐤉𐤁𐤈𐤓𐤌 𐤉𐤁𐤉𐤍𐤅 𐤎𐤉𐤓𐤕𐤉𐤊𐤌 𐤀𐤈𐤃 𐤊𐤌𐤅 𐤇𐤉 𐤊𐤌𐤅 𐤇𐤓𐤅𐤍 𐤉𐤔𐤏𐤓𐤍𐤅•
𐤉𐤀 𐤉𐤔𐤌𐤇 𐤑𐤃𐤉𐤒 𐤊𐤉 𐤇𐤆𐤄 𐤍𐤒𐤌 𐤐𐤏𐤌𐤉𐤅 𐤉𐤓𐤇𐤑 𐤁𐤃𐤌 𐤄𐤓𐤔𐤏•
𐤉𐤁 𐤅𐤉𐤀𐤌𐤓 𐤀𐤃𐤌 𐤀𐤊 𐤐𐤓𐤉 𐤋𐤑𐤃𐤉𐤒 𐤀𐤊 𐤉𐤔 𐤀𐤋𐤄𐤉𐤌 𐤔𐤐𐤈𐤉𐤌 𐤁𐤀𐤓𐤑•

𐤐𐤓𐤒 𐤍𐤈

𐤀𐤋𐤌𐤍𐤑𐤇 𐤀𐤋 𐤕𐤔𐤇𐤕 𐤋𐤃𐤅𐤃 𐤌𐤊𐤕𐤌 𐤁𐤔𐤋𐤇 𐤔𐤀𐤅𐤋 𐤅𐤉𐤔𐤌𐤓𐤅 𐤀𐤕 𐤄𐤁𐤉𐤕
𐤋𐤄𐤌𐤉𐤕𐤅•
𐤁𐤄𐤑𐤉𐤋𐤍𐤉 𐤌𐤀𐤉𐤁𐤉 𐤀𐤋𐤄𐤉 𐤌𐤌𐤕𐤒𐤅𐤌𐤌𐤉 𐤕𐤔𐤂𐤁𐤍𐤉•
𐤂𐤄𐤑𐤉𐤋𐤍𐤉 𐤌𐤐𐤏𐤋𐤉 𐤀𐤅𐤍 𐤅𐤌𐤀𐤍𐤔𐤉 𐤃𐤌𐤉𐤌 𐤄𐤅𐤔𐤉𐤏𐤍𐤉•
𐤃 𐤊𐤉 𐤄𐤍𐤄 𐤀𐤓𐤁𐤅 𐤋𐤍𐤐𐤔𐤉 𐤉𐤂𐤅𐤓𐤅 𐤏𐤋𐤉 𐤏𐤆𐤉𐤌 𐤋𐤀 𐤐𐤔𐤏𐤉 𐤅𐤋𐤀 𐤇𐤈𐤀𐤕𐤉
𐤉𐤄𐤅𐤄•

𐤕𐤄𐤉𐤋𐤉𐤌

𐤄 𐤁𐤋𐤉 𐤏𐤅𐤍 𐤉𐤓𐤅𐤑𐤅𐤍 𐤅𐤉𐤊𐤅𐤍𐤍𐤅 𐤏𐤅𐤓𐤄 𐤋𐤒𐤓𐤀𐤕𐤉 𐤅𐤓𐤀𐤄•
𐤅 𐤅𐤀𐤕𐤄 𐤉𐤄𐤅𐤄 𐤀𐤋𐤄𐤉𐤌 𐤑𐤁𐤀𐤅𐤕 𐤀𐤋𐤄𐤉 𐤉𐤔𐤓𐤀𐤋 𐤄𐤒𐤉𐤑𐤄 𐤋𐤐𐤒𐤃 𐤊𐤋
𐤄𐤂𐤅𐤉𐤌 𐤀𐤋 𐤕𐤇𐤍 𐤊𐤋 𐤁𐤂𐤃𐤉 𐤀𐤅𐤍 𐤎𐤋𐤄•
𐤆 𐤉𐤔𐤅𐤁𐤅 𐤋𐤏𐤓𐤁 𐤉𐤄𐤌𐤅 𐤊𐤊𐤋𐤁 𐤅𐤉𐤎𐤅𐤁𐤁𐤅 𐤏𐤉𐤓•
𐤇 𐤄𐤍𐤄 𐤉𐤁𐤉𐤏𐤅𐤍 𐤁𐤐𐤉𐤄𐤌 𐤇𐤓𐤁𐤅𐤕 𐤁𐤔𐤐𐤕𐤅𐤕𐤉𐤄𐤌 𐤊𐤉 𐤌𐤉 𐤔𐤌𐤏•
𐤈 𐤅𐤀𐤕𐤄 𐤉𐤄𐤅𐤄 𐤕𐤔𐤇𐤒 𐤋𐤌𐤅 𐤕𐤋𐤏𐤂 𐤋𐤊𐤋 𐤂𐤅𐤉𐤌•
𐤉 𐤏𐤆𐤅 𐤀𐤋𐤉𐤊 𐤀𐤔𐤌𐤓𐤄 𐤊𐤉 𐤀𐤋𐤄𐤉𐤌 𐤌𐤔𐤂𐤁𐤉•
𐤉𐤀 𐤀𐤋𐤄𐤉 𐤇𐤎𐤃𐤅 [𐤇𐤎𐤃𐤉] 𐤉𐤒𐤃𐤌𐤍𐤉 𐤀𐤋𐤄𐤉𐤌 𐤉𐤓𐤀𐤍𐤉 𐤁𐤔𐤓𐤓𐤉•
𐤉𐤁 𐤀𐤋 𐤕𐤄𐤓𐤂𐤌 𐤐𐤍 𐤉𐤔𐤊𐤇𐤅 𐤏𐤌𐤉 𐤄𐤍𐤉𐤏𐤌𐤅 𐤁𐤇𐤉𐤋𐤊 𐤅𐤄𐤅𐤓𐤉𐤃𐤌𐤅 𐤌𐤂𐤍𐤍𐤅
𐤀𐤃𐤍𐤉•
𐤉𐤂 𐤇𐤈𐤀𐤕 𐤐𐤉𐤌𐤅 𐤃𐤁𐤓 𐤔𐤐𐤕𐤉𐤌𐤅 𐤅𐤉𐤋𐤊𐤃𐤅 𐤁𐤂𐤀𐤅𐤍𐤌 𐤅𐤌𐤀𐤋𐤄 𐤅𐤌𐤊𐤇𐤔
𐤉𐤎𐤐𐤓𐤅•
𐤉𐤃 𐤊𐤋𐤄 𐤁𐤇𐤌𐤄 𐤊𐤋𐤄 𐤅𐤀𐤉𐤍𐤌𐤅 𐤅𐤉𐤃𐤏𐤅 𐤊𐤉 𐤀𐤋𐤄𐤉𐤌 𐤌𐤔𐤋 𐤁𐤉𐤏𐤒𐤁
𐤋𐤀𐤐𐤎𐤉 𐤄𐤀𐤓𐤑 𐤎𐤋𐤄•
𐤈𐤅 𐤅𐤉𐤔𐤅𐤁𐤅 𐤋𐤏𐤓𐤁 𐤉𐤄𐤌𐤅 𐤊𐤊𐤋𐤁 𐤅𐤉𐤎𐤅𐤁𐤁𐤅 𐤏𐤉𐤓•
𐤈𐤆 𐤄𐤌𐤄 𐤉𐤍𐤅𐤏𐤅𐤍 [𐤉𐤍𐤉𐤏𐤅𐤍] 𐤋𐤀𐤊𐤋 𐤀𐤌 𐤋𐤀 𐤉𐤔𐤁𐤏𐤅 𐤅𐤉𐤋𐤉𐤍𐤅•
𐤉𐤆 𐤅𐤀𐤍𐤉 𐤀𐤔𐤉𐤓 𐤏𐤆𐤊 𐤅𐤀𐤓𐤍𐤍 𐤋𐤁𐤒𐤓 𐤇𐤎𐤃𐤊 𐤊𐤉 𐤄𐤉𐤉𐤕 𐤌𐤔𐤂𐤁 𐤋𐤉
𐤅𐤌𐤍𐤅𐤎 𐤁𐤉𐤅𐤌 𐤑𐤓 𐤋𐤉•
𐤉𐤇 𐤏𐤆𐤉 𐤀𐤋𐤉𐤊 𐤀𐤆𐤌𐤓𐤄 𐤊𐤉 𐤀𐤋𐤄𐤉𐤌 𐤌𐤔𐤂𐤁𐤉 𐤀𐤋𐤄𐤉 𐤇𐤎𐤃𐤉•

𐤐𐤓𐤒 𐤎

𐤀 𐤋𐤌𐤍𐤑𐤇 𐤏𐤋 𐤔𐤅𐤔𐤍 𐤏𐤃𐤅𐤕 𐤌𐤊𐤕𐤌 𐤋𐤃𐤅𐤃 𐤋𐤋𐤌𐤃•
𐤁 𐤁𐤄𐤑𐤅𐤕𐤅 𐤀𐤕 𐤀𐤓𐤌 𐤍𐤄𐤓𐤉𐤌 𐤅𐤀𐤕 𐤀𐤓𐤌 𐤑𐤅𐤁𐤄 𐤅𐤉𐤔𐤁 𐤉𐤅𐤀𐤁 𐤅𐤉𐤊 𐤀𐤕
𐤀𐤃𐤅𐤌 𐤁𐤂𐤉𐤀 𐤌𐤋𐤇 𐤔𐤍𐤉𐤌 𐤏𐤔𐤓 𐤀𐤋𐤐•
𐤂 𐤀𐤋𐤄𐤉𐤌 𐤆𐤍𐤇𐤕𐤍𐤅 𐤐𐤓𐤑𐤕𐤍𐤅 𐤀𐤍𐤐𐤕 𐤕𐤔𐤅𐤁𐤁 𐤋𐤍𐤅•
𐤃 𐤄𐤓𐤏𐤔𐤕𐤄 𐤀𐤓𐤑 𐤐𐤑𐤌𐤕𐤄 𐤓𐤐𐤄 𐤔𐤁𐤓𐤉𐤄 𐤊𐤉 𐤌𐤈𐤄•
𐤄 𐤄𐤓𐤀𐤉𐤕𐤄 𐤏𐤌𐤊 𐤒𐤔𐤄 𐤄𐤔𐤒𐤉𐤕𐤍𐤅 𐤉𐤉𐤍 𐤕𐤓𐤏𐤋𐤄•
𐤅 𐤍𐤕𐤕𐤄 𐤋𐤉𐤓𐤀𐤉𐤊 𐤍𐤎 𐤋𐤄𐤕𐤍𐤅𐤎𐤎 𐤌𐤐𐤍𐤉 𐤒𐤔𐤈 𐤎𐤋𐤄•
𐤆 𐤋𐤌𐤏𐤍 𐤉𐤇𐤋𐤑𐤅𐤍 𐤉𐤃𐤉𐤃𐤉𐤊 𐤄𐤅𐤔𐤉𐤏𐤄 𐤉𐤌𐤉𐤍𐤊 𐤅𐤏𐤍𐤍𐤅 [𐤅𐤏𐤍𐤍𐤉]•
𐤇 𐤀𐤋𐤄𐤉𐤌 𐤃𐤁𐤓 𐤁𐤒𐤃𐤔𐤅 𐤀𐤏𐤋𐤆𐤄 𐤀𐤇𐤋𐤒𐤄 𐤔𐤊𐤌 𐤅𐤏𐤌𐤒 𐤎𐤊𐤅𐤕 𐤀𐤌𐤃𐤃•
𐤈 𐤋𐤉 𐤂𐤋𐤏𐤃 𐤅𐤋𐤉 𐤌𐤍𐤔𐤄 𐤅𐤀𐤐𐤓𐤉𐤌 𐤌𐤏𐤅𐤆 𐤓𐤀𐤔𐤉 𐤉𐤄𐤅𐤃𐤄 𐤌𐤇𐤒𐤒𐤉•
𐤉 𐤌𐤅𐤀𐤁 𐤎𐤉𐤓 𐤓𐤇𐤑𐤉 𐤏𐤋 𐤀𐤃𐤅𐤌 𐤀𐤔𐤋𐤉𐤊 𐤍𐤏𐤋𐤉 𐤏𐤋𐤉 𐤐𐤋𐤔𐤕 𐤄𐤕𐤓𐤏𐤏𐤉•
𐤉𐤀 𐤌𐤉 𐤉𐤁𐤋𐤍𐤉 𐤏𐤉𐤓 𐤌𐤑𐤅𐤓 𐤌𐤉 𐤍𐤇𐤍𐤉 𐤏𐤃 𐤀𐤃𐤅𐤌•

𐤉𐤁 𐤄𐤋𐤀 𐤀𐤕𐤄 𐤀𐤋𐤄𐤉𐤌 𐤆𐤍𐤇𐤕𐤍𐤅 𐤅𐤋𐤀 𐤕𐤑𐤀 𐤀𐤋𐤄𐤉𐤌 𐤁𐤑𐤁𐤀𐤅𐤕𐤉𐤍𐤅.
𐤉𐤂 𐤄𐤁𐤄 𐤋𐤍𐤅 𐤏𐤆𐤓𐤕 𐤌𐤑𐤓 𐤅𐤔𐤅𐤀 𐤕𐤔𐤅𐤏𐤕 𐤀𐤃𐤌.
𐤉𐤃 𐤁𐤀𐤋𐤄𐤉𐤌 𐤍𐤏𐤔𐤄 𐤇𐤉𐤋 𐤅𐤄𐤅𐤀 𐤉𐤁𐤅𐤎 𐤑𐤓𐤉𐤍𐤅.

𐤐𐤓𐤒 𐤎𐤀

𐤀 𐤋𐤌𐤍𐤑𐤇 𐤏𐤋 𐤍𐤂𐤉𐤍𐤕 𐤋𐤃𐤅𐤃.
𐤁 𐤔𐤌𐤏𐤄 𐤀𐤋𐤄𐤉𐤌 𐤓𐤍𐤕𐤉 𐤄𐤒𐤔𐤉𐤁𐤄 𐤕𐤐𐤋𐤕𐤉.
𐤂 𐤌𐤒𐤑𐤄 𐤄𐤀𐤓𐤑 𐤀𐤋𐤉𐤊 𐤀𐤒𐤓𐤀 𐤁𐤏𐤈𐤐 𐤋𐤁𐤉 𐤁𐤑𐤅𐤓 𐤉𐤓𐤅𐤌 𐤌𐤌𐤍𐤉 𐤕𐤍𐤇𐤍𐤉.
𐤃 𐤊𐤉 𐤄𐤉𐤉𐤕 𐤌𐤇𐤎𐤄 𐤋𐤉 𐤌𐤂𐤃𐤋 𐤏𐤆 𐤌𐤐𐤍𐤉 𐤀𐤅𐤉𐤁.
𐤄 𐤀𐤂𐤅𐤓𐤄 𐤁𐤀𐤄𐤋𐤊 𐤏𐤅𐤋𐤌𐤉𐤌 𐤀𐤇𐤎𐤄 𐤁𐤎𐤕𐤓 𐤊𐤍𐤐𐤉𐤊 𐤎𐤋𐤄.
𐤅 𐤊𐤉 𐤀𐤕𐤄 𐤀𐤋𐤄𐤉𐤌 𐤔𐤌𐤏𐤕 𐤋𐤍𐤃𐤓𐤉 𐤍𐤕𐤕 𐤉𐤓𐤔𐤕 𐤉𐤓𐤀𐤉 𐤔𐤌𐤊.
𐤆 𐤉𐤌𐤉𐤌 𐤏𐤋 𐤉𐤌𐤉 𐤌𐤋𐤊 𐤕𐤅𐤎𐤉𐤐 𐤔𐤍𐤅𐤕𐤉𐤅 𐤊𐤌𐤅 𐤃𐤓 𐤅𐤃𐤓.
𐤇 𐤉𐤔𐤁 𐤏𐤅𐤋𐤌 𐤋𐤐𐤍𐤉 𐤀𐤋𐤄𐤉𐤌 𐤇𐤎𐤃 𐤅𐤀𐤌𐤕 𐤌𐤍 𐤉𐤍𐤑𐤓𐤄𐤅.
𐤈 𐤊𐤍 𐤀𐤆𐤌𐤓𐤄 𐤔𐤌𐤊 𐤋𐤏𐤃 𐤋𐤔𐤋𐤌𐤉 𐤍𐤃𐤓𐤉 𐤉𐤅𐤌 𐤉𐤅𐤌.

𐤐𐤓𐤒 𐤎𐤁

𐤀 𐤋𐤌𐤍𐤑𐤇 𐤏𐤋 𐤉𐤃𐤅𐤕𐤅𐤍 𐤌𐤆𐤌𐤅𐤓 𐤋𐤃𐤅𐤃.
𐤁 𐤀𐤊 𐤀𐤋 𐤀𐤋𐤄𐤉𐤌 𐤃𐤅𐤌𐤉𐤄 𐤍𐤐𐤔𐤉 𐤌𐤌𐤍𐤅 𐤉𐤔𐤅𐤏𐤕𐤉.
𐤂 𐤀𐤊 𐤄𐤅𐤀 𐤑𐤅𐤓𐤉 𐤅𐤉𐤔𐤅𐤏𐤕𐤉 𐤌𐤔𐤂𐤁𐤉 𐤋𐤀 𐤀𐤌𐤅𐤈 𐤓𐤁𐤄.
𐤃 𐤏𐤃 𐤀𐤍𐤄 𐤕𐤄𐤅𐤕𐤕𐤅 𐤏𐤋 𐤀𐤉𐤔 𐤕𐤓𐤑𐤇𐤅 𐤊𐤋𐤊𐤌 𐤊𐤒𐤉𐤓 𐤍𐤈𐤅𐤉 𐤂𐤃𐤓
𐤄𐤃𐤇𐤅𐤉𐤄.
𐤄 𐤀𐤊 𐤌𐤔𐤀𐤕𐤅 𐤉𐤏𐤑𐤅 𐤋𐤄𐤃𐤉𐤇 𐤉𐤓𐤑𐤅 𐤊𐤆𐤁 𐤁𐤐𐤉𐤅 𐤉𐤁𐤓𐤊𐤅 𐤅𐤁𐤒𐤓𐤁𐤌
𐤉𐤒𐤋𐤋𐤅 𐤎𐤋𐤄.
𐤅 𐤀𐤊 𐤋𐤀𐤋𐤄𐤉𐤌 𐤃𐤅𐤌𐤉 𐤍𐤐𐤔𐤉 𐤊𐤉 𐤌𐤌𐤍𐤅 𐤕𐤒𐤅𐤕𐤉.
𐤆 𐤀𐤊 𐤄𐤅𐤀 𐤑𐤅𐤓𐤉 𐤅𐤉𐤔𐤅𐤏𐤕𐤉 𐤌𐤔𐤂𐤁𐤉 𐤋𐤀 𐤀𐤌𐤅𐤈.
𐤇 𐤏𐤋 𐤀𐤋𐤄𐤉𐤌 𐤉𐤔𐤏𐤉 𐤅𐤊𐤁𐤅𐤃𐤉 𐤑𐤅𐤓 𐤏𐤆𐤉 𐤌𐤇𐤎𐤉 𐤁𐤀𐤋𐤄𐤉𐤌.
𐤈 𐤁𐤈𐤇𐤅 𐤁𐤅 𐤁𐤊𐤋 𐤏𐤕 𐤏𐤌 𐤔𐤐𐤊𐤅 𐤋𐤐𐤍𐤉𐤅 𐤋𐤁𐤁𐤊𐤌 𐤀𐤋𐤄𐤉𐤌 𐤌𐤇𐤎𐤄 𐤋𐤍𐤅
𐤎𐤋𐤄.
𐤉 𐤀𐤊 𐤄𐤁𐤋 𐤁𐤍𐤉 𐤀𐤃𐤌 𐤊𐤆𐤁 𐤁𐤍𐤉 𐤀𐤉𐤔 𐤁𐤌𐤀𐤆𐤍𐤉𐤌 𐤋𐤏𐤋𐤅𐤕 𐤄𐤌𐤄 𐤌𐤄𐤁𐤋
𐤉𐤇𐤃.
𐤉𐤀 𐤀𐤋 𐤕𐤁𐤈𐤇𐤅 𐤁𐤏𐤔𐤒 𐤅𐤁𐤂𐤆𐤋 𐤀𐤋 𐤕𐤄𐤁𐤋𐤅 𐤇𐤉𐤋 𐤊𐤉 𐤉𐤍𐤅𐤁 𐤀𐤋 𐤕𐤔𐤉𐤕𐤅
𐤋𐤁.
𐤉𐤁 𐤀𐤇𐤕 𐤃𐤁𐤓 𐤀𐤋𐤄𐤉𐤌 𐤔𐤕𐤉𐤌 𐤆𐤅 𐤔𐤌𐤏𐤕𐤉 𐤊𐤉 𐤏𐤆 𐤋𐤀𐤋𐤄𐤉𐤌.

תהילים

יג ולך אדני חסד כי אתה תשלם לאיש כמעשהו.

פרק סג

א מזמור לדוד בהיותו במדבר יהודה.
ב אלהים אלי אתה אשחרך צמאה לך נפשי כמה לך בשרי
בארץ ציה ועיף בלי מים.
ג כן בקדש חזיתיך לראות עזך וכבודך.
ד כי טוב חסדך מחיים שפתי ישבחונך.
ה כן אברכך בחיי בשמך אשא כפי.
ו כמו חלב ודשן תשבע נפשי ושפתי רננות יהלל פי.
ז אם זכרתיך על יצועי באשמרות אהגה בך.
ח כי היית עזרתה לי ובצל כנפיך ארנן.
ט דבקה נפשי אחריך בי תמכה ימינך.
י והמה לשואה יבקשו נפשי יבאו בתחתיות הארץ.
יא יגירהו על ידי חרב מנת שעלים יהיו.
יב והמלך ישמח באלהים יתהלל כל הנשבע בו כי יסכר פי
דוברי שקר.

פרק סד

א למנצח מזמור לדוד.
ב שמע אלהים קולי בשיחי מפחד אויב תצר חיי.
ג תסתירני מסוד מרעים מרגשת פעלי און.
ד אשר שננו כחרב לשונם דרכו חצם דבר מר.
ה לירות במסתרים תם פתאם ירהו ולא ייראו.
ו יחזקו למו דבר רע יספרו לטמון מוקשים אמרו מי יראה
למו.
ז יחפשו עולת תמנו חפש מחפש וקרב איש ולב עמק.
ח וירם אלהים חץ פתאום היו מכותם.
ט ויכשילוהו עלימו לשונם יתנדדו כל ראה בם.
י וייראו כל אדם ויגידו פעל אלהים ומעשהו השכילו.
יא ישמח צדיק ביהוה וחסה בו ויתהללו כל ישרי לב.

פרק סה

𐤕𐤄𐤉𐤋𐤉𐤌

𐤀 𐤋𐤌𐤍𐤑𐤇 𐤌𐤆𐤌𐤅𐤓 𐤋𐤃𐤅𐤃 𐤔𐤉𐤓•
𐤁 𐤋𐤊 𐤃𐤌𐤉𐤄 𐤕𐤄𐤋𐤄 𐤀𐤋𐤄𐤉𐤌 𐤁𐤑𐤉𐤅𐤍 𐤅𐤋𐤊 𐤉𐤔𐤋𐤌 𐤍𐤃𐤓•
𐤂 𐤔𐤌𐤏 𐤕𐤐𐤋𐤄 𐤏𐤃𐤉𐤊 𐤊𐤋 𐤁𐤔𐤓 𐤉𐤁𐤀𐤅•
𐤃 𐤃𐤁𐤓𐤉 𐤏𐤅𐤍𐤕 𐤂𐤁𐤓𐤅 𐤌𐤍𐤉 𐤐𐤔𐤏𐤉𐤍𐤅 𐤀𐤕𐤄 𐤕𐤊𐤐𐤓𐤌•
𐤄 𐤀𐤔𐤓𐤉 𐤕𐤁𐤇𐤓 𐤅𐤕𐤒𐤓𐤁 𐤉𐤔𐤊𐤍 𐤇𐤑𐤓𐤉𐤊 𐤍𐤔𐤁𐤏𐤄 𐤁𐤈𐤅𐤁 𐤁𐤉𐤕𐤊 𐤒𐤃𐤔
𐤄𐤉𐤊𐤋𐤊•
𐤅 𐤍𐤅𐤓𐤀𐤅𐤕 𐤁𐤑𐤃𐤒 𐤕𐤏𐤍𐤍𐤅 𐤀𐤋𐤄𐤉 𐤉𐤔𐤏𐤍𐤅 𐤌𐤁𐤈𐤇 𐤊𐤋 𐤒𐤑𐤅𐤉 𐤀𐤓𐤑 𐤅𐤉𐤌
𐤓𐤇𐤒𐤉𐤌•
𐤆 𐤌𐤊𐤉𐤍 𐤄𐤓𐤉𐤌 𐤁𐤊𐤇𐤅 𐤍𐤀𐤆𐤓 𐤁𐤂𐤁𐤅𐤓𐤄•
𐤇 𐤌𐤔𐤁𐤉𐤇 𐤔𐤀𐤅𐤍 𐤉𐤌𐤉𐤌 𐤔𐤀𐤅𐤍 𐤂𐤋𐤉𐤄𐤌 𐤅𐤄𐤌𐤅𐤍 𐤋𐤀𐤌𐤉𐤌•
𐤈 𐤅𐤉𐤉𐤓𐤀𐤅 𐤉𐤔𐤁𐤉 𐤒𐤑𐤅𐤕 𐤌𐤀𐤅𐤕𐤕𐤉𐤊 𐤌𐤅𐤑𐤀𐤉 𐤁𐤒𐤓 𐤅𐤏𐤓𐤁 𐤕𐤓𐤍𐤉𐤍•
𐤉 𐤐𐤒𐤃𐤕 𐤄𐤀𐤓𐤑 𐤅𐤕𐤔𐤒𐤒𐤄 𐤓𐤁𐤕 𐤕𐤏𐤔𐤓𐤍𐤄 𐤐𐤋𐤂 𐤀𐤋𐤄𐤉𐤌 𐤌𐤋𐤀 𐤌𐤉𐤌
𐤕𐤊𐤉𐤍 𐤃𐤂𐤍𐤌 𐤊𐤉 𐤊𐤍 𐤕𐤊𐤉𐤍𐤄•
𐤉𐤀 𐤕𐤋𐤌𐤉𐤄 𐤓𐤅𐤄 𐤍𐤇𐤕 𐤂𐤃𐤅𐤃𐤉𐤄 𐤁𐤓𐤁𐤉𐤁𐤉𐤌 𐤕𐤌𐤂𐤂𐤍𐤄 𐤑𐤌𐤇𐤄 𐤕𐤁𐤓𐤊•
𐤉𐤁 𐤏𐤈𐤓𐤕 𐤔𐤍𐤕 𐤈𐤅𐤁𐤕𐤊 𐤅𐤌𐤏𐤂𐤋𐤉𐤊 𐤉𐤓𐤏𐤐𐤅𐤍 𐤃𐤔𐤍•
𐤉𐤂 𐤉𐤓𐤏𐤐𐤅 𐤍𐤀𐤅𐤕 𐤌𐤃𐤁𐤓 𐤅𐤂𐤉𐤋 𐤂𐤁𐤏𐤅𐤕 𐤕𐤇𐤂𐤓𐤍𐤄•
𐤉𐤃 𐤋𐤁𐤔𐤅 𐤊𐤓𐤉𐤌 𐤄𐤑𐤀𐤍 𐤅𐤏𐤌𐤒𐤉𐤌 𐤉𐤏𐤈𐤐𐤅 𐤁𐤓 𐤉𐤕𐤓𐤅𐤏𐤏𐤅 𐤀𐤐 𐤉𐤔𐤉𐤓𐤅•

𐤐𐤓𐤒 𐤎𐤅

𐤀 𐤋𐤌𐤍𐤑𐤇 𐤔𐤉𐤓 𐤌𐤆𐤌𐤅𐤓 𐤄𐤓𐤉𐤏𐤅 𐤋𐤀𐤋𐤄𐤉𐤌 𐤊𐤋 𐤄𐤀𐤓𐤑•
𐤁 𐤆𐤌𐤓𐤅 𐤊𐤁𐤅𐤃 𐤔𐤌𐤅 𐤔𐤉𐤌𐤅 𐤊𐤁𐤅𐤃 𐤕𐤄𐤋𐤕𐤅•
𐤂 𐤀𐤌𐤓𐤅 𐤋𐤀𐤋𐤄𐤉𐤌 𐤌𐤄 𐤍𐤅𐤓𐤀 𐤌𐤏𐤔𐤉𐤊 𐤁𐤓𐤁 𐤏𐤆𐤊 𐤉𐤊𐤇𐤔𐤅 𐤋𐤊 𐤀𐤉𐤁𐤉𐤊•
𐤃 𐤊𐤋 𐤄𐤀𐤓𐤑 𐤉𐤔𐤕𐤇𐤅𐤅 𐤋𐤊 𐤅𐤉𐤆𐤌𐤓𐤅 𐤋𐤊 𐤉𐤆𐤌𐤓𐤅 𐤔𐤌𐤊 𐤎𐤋𐤄•
𐤄 𐤋𐤊𐤅 𐤅𐤓𐤀𐤅 𐤌𐤐𐤏𐤋𐤅𐤕 𐤀𐤋𐤄𐤉𐤌 𐤍𐤅𐤓𐤀 𐤏𐤋𐤉𐤋𐤄 𐤏𐤋 𐤁𐤍𐤉 𐤀𐤃𐤌•
𐤅 𐤄𐤐𐤊 𐤉𐤌 𐤋𐤉𐤁𐤔𐤄 𐤁𐤍𐤄𐤓 𐤉𐤏𐤁𐤓𐤅 𐤁𐤓𐤂𐤋 𐤔𐤌 𐤍𐤔𐤌𐤇𐤄 𐤁𐤅•
𐤆 𐤌𐤔𐤋 𐤁𐤂𐤁𐤅𐤓𐤕𐤅 𐤏𐤅𐤋𐤌 𐤏𐤉𐤍𐤉𐤅 𐤁𐤂𐤅𐤉𐤌 𐤕𐤑𐤐𐤉𐤍𐤄 𐤄𐤎𐤅𐤓𐤓𐤉𐤌 𐤀𐤋
𐤉𐤓𐤉𐤌𐤅 [𐤉𐤓𐤅𐤌𐤅] 𐤋𐤌𐤅 𐤎𐤋𐤄•
𐤇 𐤁𐤓𐤊𐤅 𐤏𐤌𐤉𐤌 𐤀𐤋𐤄𐤉𐤍𐤅 𐤅𐤄𐤔𐤌𐤉𐤏𐤅 𐤒𐤅𐤋 𐤕𐤄𐤋𐤕𐤅•
𐤈 𐤄𐤔𐤌 𐤍𐤐𐤔𐤍𐤅 𐤁𐤇𐤉𐤉𐤌 𐤅𐤋𐤀 𐤍𐤕𐤍 𐤋𐤌𐤅𐤈 𐤓𐤂𐤋𐤍𐤅•
𐤉 𐤊𐤉 𐤁𐤇𐤍𐤕𐤍𐤅 𐤀𐤋𐤄𐤉𐤌 𐤑𐤓𐤐𐤕𐤍𐤅 𐤊𐤑𐤓𐤐 𐤊𐤎𐤐•
𐤉𐤀 𐤄𐤁𐤀𐤕𐤍𐤅 𐤁𐤌𐤑𐤅𐤃𐤄 𐤔𐤌𐤕 𐤌𐤅𐤏𐤒𐤄 𐤁𐤌𐤕𐤍𐤉𐤍𐤅•
𐤉𐤁 𐤄𐤓𐤊𐤁𐤕 𐤀𐤍𐤅𐤔 𐤋𐤓𐤀𐤔𐤍𐤅 𐤁𐤀𐤍𐤅 𐤁𐤀𐤔 𐤅𐤁𐤌𐤉𐤌 𐤅𐤕𐤅𐤑𐤉𐤀𐤍𐤅 𐤋𐤓𐤅𐤉𐤄•
𐤉𐤂 𐤀𐤁𐤅𐤀 𐤁𐤉𐤕𐤊 𐤁𐤏𐤅𐤋𐤅𐤕 𐤀𐤔𐤋𐤌 𐤋𐤊 𐤍𐤃𐤓𐤉•

תהילים

יד אשר פצו שפתי ודבר פי בצר לי.
טו עלות מחים אעלה לך עם קטרת אילים אעשה בקר עם עתודים
סלה.
טז לכו שמעו ואספרה כל יראי אלהים אשר עשה לנפשי.
יז אליו פי קראתי ורומם תחת לשוני.
יח און אם ראיתי בלבי לא ישמע אדני.
יט אכן שמע אלהים הקשיב בקול תפלתי.
כ ברוך אלהים אשר לא הסיר תפלתי וחסדו מאתי.

פרק סז
א למנצח בנגינת מזמור שיר.
ב אלהים יחננו ויברכנו יאר פניו אתנו סלה.
ג לדעת בארץ דרכך בכל גוים ישועתך.
ד יודוך עמים אלהים יודוך עמים כלם.
ה ישמחו וירננו לאמים כי תשפט עמים מישור ולאמים
בארץ תנחם סלה.
ו יודוך עמים אלהים יודוך עמים כלם.
ז ארץ נתנה יבולה יברכנו אלהים אלהינו.
ח יברכנו אלהים וייראו אותו כל אפסי ארץ.

פרק סח
א למנצח לדוד מזמור שיר.
ב יקום אלהים יפוצו אויביו וינוסו משנאיו מפניו.
ג כהנדף עשן תנדף כהמס דונג מפני אש יאבדו רשעים מפני
אלהים.
ד וצדיקים ישמחו יעלצו לפני אלהים וישישו בשמחה.
ה שירו לאלהים זמרו שמו סלו לרכב בערבות ביה שמו ועלזו
לפניו.
ו אבי יתומים ודין אלמנות אלהים במעון קדשו.
ז אלהים מושיב יחידים ביתה מוציא אסירים בכושרות אך
סוררים שכנו צחיחה.
ח אלהים בצאתך לפני עמך בצעדך בישימון סלה.
ט ארץ רעשה אף שמים נטפו מפני אלהים זה סיני מפני אלהים

𐤕𐤄𐤉𐤋𐤉𐤌

𐤀𐤋𐤄𐤉𐤌 𐤀𐤋𐤄𐤉 𐤉𐤔𐤓𐤀𐤋.
𐤉 𐤂𐤔𐤌 𐤍𐤃𐤁𐤅𐤕 𐤕𐤍𐤉𐤐 𐤀𐤋𐤄𐤉𐤌 𐤍𐤇𐤋𐤕𐤊 𐤅𐤍𐤋𐤀𐤄 𐤀𐤕𐤄 𐤊𐤅𐤍𐤍𐤕𐤄.
𐤉𐤀 𐤇𐤉𐤕𐤊 𐤉𐤔𐤁𐤅 𐤁𐤄 𐤕𐤊𐤉𐤍 𐤁𐤈𐤅𐤁𐤕𐤊 𐤋𐤏𐤍𐤉 𐤀𐤋𐤄𐤉𐤌.
𐤉𐤁 𐤀𐤃𐤍𐤉 𐤉𐤕𐤍 𐤀𐤌𐤓 𐤄𐤌𐤁𐤔𐤓𐤅𐤕 𐤑𐤁𐤀 𐤓𐤁.
𐤉𐤂 𐤌𐤋𐤊𐤉 𐤑𐤁𐤀𐤅𐤕 𐤉𐤃𐤃𐤅𐤍 𐤉𐤃𐤃𐤅𐤍 𐤅𐤍𐤅𐤕 𐤁𐤉𐤕 𐤕𐤇𐤋𐤒 𐤔𐤋𐤋.
𐤉𐤃 𐤀𐤌 𐤕𐤔𐤊𐤁𐤅𐤍 𐤁𐤉𐤍 𐤔𐤐𐤕𐤉𐤌 𐤊𐤍𐤐𐤉 𐤉𐤅𐤍𐤄 𐤍𐤇𐤐𐤄 𐤁𐤊𐤎𐤐 𐤅𐤀𐤁𐤓𐤅𐤕𐤉𐤄
𐤁𐤉𐤓𐤒𐤓𐤒 𐤇𐤓𐤅𐤑.
𐤈𐤅 𐤁𐤐𐤓𐤔 𐤔𐤃𐤉 𐤌𐤋𐤊𐤉𐤌 𐤁𐤄 𐤕𐤔𐤋𐤂 𐤁𐤑𐤋𐤌𐤅𐤍.
𐤈𐤆 𐤄𐤓 𐤀𐤋𐤄𐤉𐤌 𐤄𐤓 𐤁𐤔𐤍 𐤄𐤓 𐤂𐤁𐤍𐤍𐤉𐤌 𐤄𐤓 𐤁𐤔𐤍.
𐤉𐤆 𐤋𐤌𐤄 𐤕𐤓𐤑𐤃𐤅𐤍 𐤄𐤓𐤉𐤌 𐤂𐤁𐤍𐤍𐤉𐤌 𐤄𐤄𐤓 𐤇𐤌𐤃 𐤀𐤋𐤄𐤉𐤌 𐤋𐤔𐤁𐤕𐤅 𐤀𐤐
𐤉𐤄𐤅𐤄 𐤉𐤔𐤊𐤍 𐤋𐤍𐤑𐤇.
𐤉𐤇 𐤓𐤊𐤁 𐤀𐤋𐤄𐤉𐤌 𐤓𐤁𐤕𐤉𐤌 𐤀𐤋𐤐𐤉 𐤔𐤍𐤀𐤍 𐤀𐤃𐤍𐤉 𐤁𐤌 𐤎𐤉𐤍𐤉 𐤁𐤒𐤃𐤔.
𐤉𐤈 𐤏𐤋𐤉𐤕 𐤋𐤌𐤓𐤅𐤌 𐤔𐤁𐤉𐤕 𐤔𐤁𐤉 𐤋𐤒𐤇𐤕 𐤌𐤕𐤍𐤅𐤕 𐤁𐤀𐤃𐤌 𐤅𐤀𐤐 𐤎𐤅𐤓𐤓𐤉𐤌
𐤋𐤔𐤊𐤍 𐤉𐤄 𐤀𐤋𐤄𐤉𐤌.
𐤊 𐤁𐤓𐤅𐤊 𐤀𐤃𐤍𐤉 𐤉𐤅𐤌 𐤉𐤅𐤌 𐤉𐤏𐤌𐤎 𐤋𐤍𐤅 𐤄𐤀𐤋 𐤉𐤔𐤅𐤏𐤕𐤍𐤅 𐤎𐤋𐤄.
𐤊𐤀 𐤄𐤀𐤋 𐤋𐤍𐤅 𐤀𐤋 𐤋𐤌𐤅𐤔𐤏𐤅𐤕 𐤅𐤋𐤉𐤄𐤅𐤄 𐤀𐤃𐤍𐤉 𐤋𐤌𐤅𐤕 𐤕𐤅𐤑𐤀𐤅𐤕.
𐤊𐤁 𐤀𐤊 𐤀𐤋𐤄𐤉𐤌 𐤉𐤌𐤇𐤑 𐤓𐤀𐤔 𐤀𐤉𐤁𐤉𐤅 𐤒𐤃𐤒𐤃 𐤔𐤏𐤓 𐤌𐤕𐤄𐤋𐤊 𐤁𐤀𐤔𐤌𐤉𐤅.
𐤊𐤂 𐤀𐤌𐤓 𐤀𐤃𐤍𐤉 𐤌𐤁𐤔𐤍 𐤀𐤔𐤉𐤁 𐤀𐤔𐤉𐤁 𐤌𐤌𐤑𐤋𐤅𐤕 𐤉𐤌.
𐤊𐤃 𐤋𐤌𐤏𐤍 𐤕𐤌𐤇𐤑 𐤓𐤂𐤋𐤊 𐤁𐤃𐤌 𐤋𐤔𐤅𐤍 𐤊𐤋𐤁𐤉𐤊 𐤌𐤀𐤅𐤉𐤁𐤉𐤌 𐤌𐤍𐤄𐤅.
𐤊𐤄 𐤓𐤀𐤅 𐤄𐤋𐤉𐤊𐤅𐤕𐤉𐤊 𐤀𐤋𐤄𐤉𐤌 𐤄𐤋𐤉𐤊𐤅𐤕 𐤀𐤋𐤉 𐤌𐤋𐤊𐤉 𐤁𐤒𐤃𐤔.
𐤊𐤅 𐤒𐤃𐤌𐤅 𐤔𐤓𐤉𐤌 𐤀𐤇𐤓 𐤍𐤂𐤍𐤉𐤌 𐤁𐤕𐤅𐤊 𐤏𐤋𐤌𐤅𐤕 𐤕𐤅𐤐𐤐𐤅𐤕.
𐤊𐤆 𐤁𐤌𐤒𐤄𐤋𐤅𐤕 𐤁𐤓𐤊𐤅 𐤀𐤋𐤄𐤉𐤌 𐤉𐤄𐤅𐤄 𐤌𐤌𐤒𐤅𐤓 𐤉𐤔𐤓𐤀𐤋.
𐤊𐤇 𐤔𐤌 𐤁𐤍𐤉𐤌𐤍 𐤑𐤏𐤉𐤓 𐤓𐤃𐤌 𐤔𐤓𐤉 𐤉𐤄𐤅𐤃𐤄 𐤓𐤂𐤌𐤕𐤌 𐤔𐤓𐤉 𐤆𐤁𐤋𐤅𐤍 𐤔𐤓𐤉
𐤍𐤐𐤕𐤋𐤉.
𐤊𐤈 𐤑𐤅𐤄 𐤀𐤋𐤄𐤉𐤊 𐤏𐤆𐤊 𐤏𐤅𐤆𐤄 𐤀𐤋𐤄𐤉𐤌 𐤆𐤅 𐤐𐤏𐤋𐤕 𐤋𐤍𐤅.
𐤋 𐤌𐤄𐤉𐤊𐤋𐤊 𐤏𐤋 𐤉𐤓𐤅𐤔𐤋𐤌 𐤋𐤊 𐤉𐤅𐤁𐤉𐤋𐤅 𐤌𐤋𐤊𐤉𐤌 𐤔𐤉.
𐤋𐤀 𐤂𐤏𐤓 𐤇𐤉𐤕 𐤒𐤍𐤄 𐤏𐤃𐤕 𐤀𐤁𐤉𐤓𐤉𐤌 𐤁𐤏𐤂𐤋𐤉 𐤏𐤌𐤉𐤌 𐤌𐤕𐤓𐤐𐤎 𐤁𐤓𐤑𐤉 𐤊𐤎𐤐
𐤁𐤆𐤓 𐤏𐤌𐤉𐤌 𐤒𐤓𐤁𐤅𐤕 𐤉𐤇𐤐𐤑𐤅.
𐤋𐤁 𐤉𐤀𐤕𐤉𐤅 𐤇𐤔𐤌𐤍𐤉𐤌 𐤌𐤍𐤉 𐤌𐤑𐤓𐤉𐤌 𐤊𐤅𐤔 𐤕𐤓𐤉𐤑 𐤉𐤃𐤉𐤅 𐤋𐤀𐤋𐤄𐤉𐤌.
𐤋𐤂 𐤌𐤌𐤋𐤊𐤅𐤕 𐤄𐤀𐤓𐤑 𐤔𐤉𐤓𐤅 𐤋𐤀𐤋𐤄𐤉𐤌 𐤆𐤌𐤓𐤅 𐤀𐤃𐤍𐤉 𐤎𐤋𐤄.
𐤋𐤃 𐤋𐤓𐤊𐤁 𐤁𐤔𐤌𐤉 𐤔𐤌𐤉 𐤒𐤃𐤌 𐤄𐤍 𐤉𐤕𐤍 𐤁𐤒𐤅𐤋𐤅 𐤒𐤅𐤋 𐤏𐤆.
𐤋𐤄 𐤕𐤍𐤅 𐤏𐤆 𐤋𐤀𐤋𐤄𐤉𐤌 𐤏𐤋 𐤉𐤔𐤓𐤀𐤋 𐤂𐤀𐤅𐤕𐤅 𐤅𐤏𐤆𐤅 𐤁𐤔𐤇𐤒𐤉𐤌.
𐤋𐤅 𐤍𐤅𐤓𐤀 𐤀𐤋𐤄𐤉𐤌 𐤌𐤌𐤒𐤃𐤔𐤉𐤊 𐤀𐤋 𐤉𐤔𐤓𐤀𐤋 𐤄𐤅𐤀 𐤍𐤕𐤍 𐤏𐤆 𐤅𐤕𐤏𐤑𐤌𐤅𐤕

𐤕𐤄𐤉𐤋𐤉𐤌

𐤋𐤏𐤌 𐤁𐤓𐤅𐤊 𐤀𐤋𐤄𐤉𐤌•

𐤐𐤓𐤒 𐤎𐤈

𐤀 𐤋𐤌𐤍𐤑𐤇 𐤏𐤋 𐤔𐤅𐤔𐤍𐤉𐤌 𐤋𐤃𐤅𐤃•
𐤁 𐤄𐤅𐤔𐤉𐤏𐤍𐤉 𐤀𐤋𐤄𐤉𐤌 𐤊𐤉 𐤁𐤀𐤅 𐤌𐤉𐤌 𐤏𐤃 𐤍𐤐𐤔•
𐤂 𐤈𐤁𐤏𐤕𐤉 𐤁𐤉𐤅𐤍 𐤌𐤑𐤅𐤋𐤄 𐤅𐤀𐤉𐤍 𐤌𐤏𐤌𐤃 𐤁𐤀𐤕𐤉 𐤁𐤌𐤏𐤌𐤒𐤉 𐤌𐤉𐤌 𐤅𐤔𐤁𐤋𐤕
𐤔𐤈𐤐𐤕𐤍𐤉•
𐤃 𐤉𐤂𐤏𐤕𐤉 𐤁𐤒𐤓𐤀𐤉 𐤍𐤇𐤓 𐤂𐤓𐤅𐤍𐤉 𐤊𐤋𐤅 𐤏𐤉𐤍𐤉 𐤌𐤉𐤇𐤋 𐤋𐤀𐤋𐤄𐤉•
𐤄 𐤓𐤁𐤅 𐤌𐤔𐤏𐤓𐤅𐤕 𐤓𐤀𐤔𐤉 𐤔𐤍𐤀𐤉 𐤇𐤍𐤌 𐤏𐤑𐤌𐤅 𐤌𐤑𐤌𐤉𐤕𐤉 𐤀𐤉𐤁𐤉 𐤔𐤒𐤓 𐤀𐤔𐤓
𐤋𐤀 𐤂𐤆𐤋𐤕𐤉 𐤀𐤆 𐤀𐤔𐤉𐤁•
𐤅 𐤀𐤋𐤄𐤉𐤌 𐤀𐤕𐤄 𐤉𐤃𐤏𐤕 𐤋𐤀𐤅𐤋𐤕𐤉 𐤅𐤀𐤔𐤌𐤅𐤕𐤉 𐤌𐤌𐤊 𐤋𐤀 𐤍𐤊𐤇𐤃𐤅•
𐤆 𐤀𐤋 𐤉𐤁𐤔𐤅 𐤁𐤉 𐤒𐤅𐤉𐤊 𐤀𐤃𐤍𐤉 𐤉𐤄𐤅𐤄 𐤑𐤁𐤀𐤅𐤕 𐤀𐤋 𐤉𐤊𐤋𐤌𐤅 𐤁𐤉
𐤌𐤁𐤒𐤔𐤉𐤊 𐤀𐤋𐤄𐤉 𐤉𐤔𐤓𐤀𐤋•
𐤇 𐤊𐤉 𐤏𐤋𐤉𐤊 𐤍𐤔𐤀𐤕𐤉 𐤇𐤓𐤐𐤄 𐤊𐤎𐤕𐤄 𐤊𐤋𐤌𐤄 𐤐𐤍𐤉•
𐤈 𐤌𐤅𐤆𐤓 𐤄𐤉𐤉𐤕𐤉 𐤋𐤀𐤇𐤉 𐤅𐤍𐤊𐤓𐤉 𐤋𐤁𐤍𐤉 𐤀𐤌𐤉•
𐤉 𐤊𐤉 𐤒𐤍𐤀𐤕 𐤁𐤉𐤕𐤊 𐤀𐤊𐤋𐤕𐤍𐤉 𐤅𐤇𐤓𐤐𐤅𐤕 𐤇𐤅𐤓𐤐𐤉𐤊 𐤍𐤐𐤋𐤅 𐤏𐤋𐤉•
𐤉𐤀 𐤅𐤀𐤁𐤊𐤄 𐤁𐤑𐤅𐤌 𐤍𐤐𐤔𐤉 𐤅𐤕𐤄𐤉 𐤋𐤇𐤓𐤐𐤅𐤕 𐤋𐤉•
𐤉𐤁 𐤅𐤀𐤕𐤍𐤄 𐤋𐤁𐤅𐤔𐤉 𐤔𐤒 𐤅𐤀𐤄𐤉 𐤋𐤄𐤌 𐤋𐤌𐤔𐤋•
𐤉𐤂 𐤉𐤔𐤉𐤇𐤅 𐤁𐤉 𐤉𐤔𐤁𐤉 𐤔𐤏𐤓 𐤅𐤍𐤂𐤉𐤍𐤅𐤕 𐤔𐤅𐤕𐤉 𐤔𐤊𐤓•
𐤉𐤃 𐤅𐤀𐤍𐤉 𐤕𐤐𐤋𐤕𐤉 𐤋𐤊 𐤉𐤄𐤅𐤄 𐤏𐤕 𐤓𐤑𐤅𐤍 𐤀𐤋𐤄𐤉𐤌 𐤁𐤓𐤁 𐤇𐤎𐤃𐤊 𐤏𐤍𐤍𐤉
𐤁𐤀𐤌𐤕 𐤉𐤔𐤏𐤊•
𐤈𐤅 𐤄𐤑𐤉𐤋𐤍𐤉 𐤌𐤈𐤉𐤈 𐤅𐤀𐤋 𐤀𐤈𐤁𐤏𐤄 𐤀𐤍𐤑𐤋𐤄 𐤌𐤔𐤍𐤀𐤉 𐤅𐤌𐤌𐤏𐤌𐤒𐤉 𐤌𐤉𐤌•
𐤈𐤆 𐤀𐤋 𐤕𐤔𐤈𐤐𐤍𐤉 𐤔𐤁𐤋𐤕 𐤌𐤉𐤌 𐤅𐤀𐤋 𐤕𐤁𐤋𐤏𐤍𐤉 𐤌𐤑𐤅𐤋𐤄 𐤅𐤀𐤋 𐤕𐤀𐤈𐤓 𐤏𐤋𐤉
𐤁𐤀𐤓 𐤐𐤉𐤄•
𐤉𐤆 𐤏𐤍𐤍𐤉 𐤉𐤄𐤅𐤄 𐤊𐤉 𐤈𐤅𐤁 𐤇𐤎𐤃𐤊 𐤊𐤓𐤁 𐤓𐤇𐤌𐤉𐤊 𐤐𐤍𐤄 𐤀𐤋𐤉•
𐤉𐤇 𐤅𐤀𐤋 𐤕𐤎𐤕𐤓 𐤐𐤍𐤉𐤊 𐤌𐤏𐤁𐤃𐤊 𐤊𐤉 𐤑𐤓 𐤋𐤉 𐤌𐤄𐤓 𐤏𐤍𐤍𐤉•
𐤉𐤈 𐤒𐤓𐤁𐤄 𐤀𐤋 𐤍𐤐𐤔𐤉 𐤂𐤀𐤋𐤄 𐤋𐤌𐤏𐤍 𐤀𐤉𐤁𐤉 𐤐𐤃𐤍𐤉•
𐤊 𐤀𐤕𐤄 𐤉𐤃𐤏𐤕 𐤇𐤓𐤐𐤕𐤉 𐤅𐤁𐤔𐤕𐤉 𐤅𐤊𐤋𐤌𐤕𐤉 𐤍𐤂𐤃𐤊 𐤊𐤋 𐤑𐤅𐤓𐤓𐤉•
𐤊𐤀 𐤇𐤓𐤐𐤄 𐤔𐤁𐤓𐤄 𐤋𐤁𐤉 𐤅𐤀𐤍𐤅𐤔𐤄 𐤅𐤀𐤒𐤅𐤄 𐤋𐤍𐤅𐤃 𐤅𐤀𐤉𐤍 𐤅𐤋𐤌𐤍𐤇𐤌𐤉𐤌 𐤅𐤋𐤀
𐤌𐤑𐤀𐤕𐤉•
𐤊𐤁 𐤅𐤉𐤕𐤍𐤅 𐤁𐤁𐤓𐤅𐤕𐤉 𐤓𐤀𐤔 𐤅𐤋𐤑𐤌𐤀𐤉 𐤉𐤔𐤒𐤅𐤍𐤉 𐤇𐤌𐤑•
𐤊𐤂 𐤉𐤄𐤉 𐤔𐤋𐤇𐤍𐤌 𐤋𐤐𐤍𐤉𐤄𐤌 𐤋𐤐𐤇 𐤅𐤋𐤔𐤋𐤅𐤌𐤉𐤌 𐤋𐤌𐤅𐤒𐤔•
𐤊𐤃 𐤕𐤇𐤔𐤊𐤍𐤄 𐤏𐤉𐤍𐤉𐤄𐤌 𐤌𐤓𐤀𐤅𐤕 𐤅𐤌𐤕𐤍𐤉𐤄𐤌 𐤕𐤌𐤉𐤃 𐤄𐤌𐤏𐤃•

תהילים

ז כמופת הייתי לרבים ואתה מחסי עז•
ח ימלא פי תהלתך כל היום תפארתך•
ט אל תשליכני לעת זקנה ככלות כחי אל תעזבני•
י כי אמרו אויבי לי ושמרי נפשי נועצו יחדו•
יא לאמר אלהים עזבו רדפו ותפשוהו כי אין מציל•
יב אלהים אל תרחק ממני אלהי לעזרתי חישה [חושה]•
יג יבשו יכלו שטני נפשי יעטו חרפה וכלמה מבקשי רעתי•
יד ואני תמיד איחל והוספתי על כל תהלתך•
טו פי יספר צדקתך כל היום תשועתך כי לא ידעתי ספרות•
טז אבוא בגברות אדני יהוה אזכיר צדקתך לבדך•
יז אלהים למדתני מנעורי ועד הנה אגיד נפלאותיך•
יח וגם עד זקנה ושיבה אלהים אל תעזבני עד אגיד זרועך
לדור לכל יבוא גבורתך•
יט וצדקתך אלהים עד מרום אשר עשית גדלות אלהים מי
כמוך•
כ אשר הראיתנו [הראיתני] צרות רבות ורעות תשוב תחיינו
[תחייני] ומתהמות הארץ תשוב תעלני•
כא תרב גדלתי ותסב תנחמני•
כב גם אני אודך בכלי נבל אמתך אלהי אזמרה לך בכנור
קדוש ישראל•
כג תרננה שפתי כי אזמרה לך ונפשי אשר פדית•
כד גם לשוני כל היום תהגה צדקתך כי בשו כי חפרו מבקשי
רעתי•

פרק עב
א לשלמה אלהים משפטיך למלך תן וצדקתך לבן מלך•
ב ידין עמך בצדק ועניייך במשפט•
ג ישאו הרים שלום לעם וגבעות בצדקה•
ד ישפט עניי עם יושיע לבני אביון וידכא עושק•
ה ייראוך עם שמש ולפני ירח דור דורים•
ו ירד כמטר על גז כרביבים זרזיף ארץ•
ז יפרח בימיו צדיק ורב שלום עד בלי ירח•
ח וירד מים עד ים ומנהר עד אפסי ארץ•

𐤈 𐤋𐤐𐤍𐤉𐤅 𐤉𐤊𐤓𐤏𐤅 𐤑𐤉𐤉𐤌 𐤅𐤀𐤉𐤁𐤉𐤅 𐤏𐤐𐤓 𐤉𐤋𐤇𐤊𐤅•

𐤉 𐤌𐤋𐤊𐤉 𐤕𐤓𐤔𐤉𐤔 𐤅𐤀𐤉𐤉𐤌 𐤌𐤍𐤇𐤄 𐤉𐤔𐤉𐤁𐤅 𐤌𐤋𐤊𐤉 𐤔𐤁𐤀 𐤅𐤎𐤁𐤀 𐤀𐤔𐤊𐤓 𐤉𐤒𐤓𐤉𐤁𐤅•

𐤉𐤀 𐤅𐤉𐤔𐤕𐤇𐤅𐤅 𐤋𐤅 𐤊𐤋 𐤌𐤋𐤊𐤉𐤌 𐤊𐤋 𐤂𐤅𐤉𐤌 𐤉𐤏𐤁𐤃𐤅𐤄𐤅•

𐤉𐤁 𐤊𐤉 𐤉𐤑𐤉𐤋 𐤀𐤁𐤉𐤅𐤍 𐤌𐤔𐤅𐤏 𐤅𐤏𐤍𐤉 𐤅𐤀𐤉𐤍 𐤏𐤆𐤓 𐤋𐤅•

𐤉𐤂 𐤉𐤇𐤎 𐤏𐤋 𐤃𐤋 𐤅𐤀𐤁𐤉𐤅𐤍 𐤅𐤍𐤐𐤔𐤅𐤕 𐤀𐤁𐤉𐤅𐤍𐤉𐤌 𐤉𐤅𐤔𐤉𐤏•

𐤉𐤃 𐤌𐤕𐤅𐤊 𐤅𐤌𐤇𐤌𐤎 𐤉𐤂𐤀𐤋 𐤍𐤐𐤔𐤌 𐤅𐤉𐤉𐤒𐤓 𐤃𐤌𐤌 𐤁𐤏𐤉𐤍𐤉𐤅•

𐤈𐤅 𐤅𐤉𐤇𐤉 𐤅𐤉𐤕𐤍 𐤋𐤅 𐤌𐤆𐤄𐤁 𐤔𐤁𐤀 𐤅𐤉𐤕𐤐𐤋𐤋 𐤁𐤏𐤃𐤅 𐤕𐤌𐤉𐤃 𐤊𐤋 𐤄𐤉𐤅𐤌 𐤉𐤁𐤓𐤊𐤍𐤄𐤅•

𐤈𐤆 𐤉𐤄𐤉 𐤐𐤎𐤕 𐤁𐤓 𐤁𐤀𐤓𐤑 𐤁𐤓𐤀𐤔 𐤄𐤓𐤉𐤌 𐤉𐤓𐤏𐤔 𐤊𐤋𐤁𐤍𐤅𐤍 𐤐𐤓𐤉𐤅 𐤅𐤉𐤑𐤉𐤑𐤅 𐤌𐤏𐤉𐤓 𐤊𐤏𐤔𐤁 𐤄𐤀𐤓𐤑•

𐤉𐤆 𐤉𐤄𐤉 𐤔𐤌𐤅 𐤋𐤏𐤅𐤋𐤌 𐤋𐤐𐤍𐤉 𐤔𐤌𐤔 𐤉𐤍𐤉𐤍 [𐤉𐤍𐤅𐤍] 𐤔𐤌𐤅 𐤅𐤉𐤕𐤁𐤓𐤊𐤅 𐤁𐤅 𐤊𐤋 𐤂𐤅𐤉𐤌 𐤉𐤀𐤔𐤓𐤅𐤄𐤅•

𐤉𐤇 𐤁𐤓𐤅𐤊 𐤉𐤄𐤅𐤄 𐤀𐤋𐤄𐤉𐤌 𐤀𐤋𐤄𐤉 𐤉𐤔𐤓𐤀𐤋 𐤏𐤔𐤄 𐤍𐤐𐤋𐤀𐤅𐤕 𐤋𐤁𐤃𐤅•

𐤉𐤈 𐤅𐤁𐤓𐤅𐤊 𐤔𐤌 𐤊𐤁𐤅𐤃𐤅 𐤋𐤏𐤅𐤋𐤌 𐤅𐤉𐤌𐤋𐤀 𐤊𐤁𐤅𐤃𐤅 𐤀𐤕 𐤊𐤋 𐤄𐤀𐤓𐤑 𐤀𐤌𐤍 𐤅𐤀𐤌𐤍•

𐤊 𐤊𐤋𐤅 𐤕𐤐𐤋𐤅𐤕 𐤃𐤅𐤃 𐤁𐤍 𐤉𐤔𐤉•

𐤐𐤓𐤒 𐤏𐤂

𐤀 𐤌𐤆𐤌𐤅𐤓 𐤋𐤀𐤎𐤐 𐤀𐤊 𐤈𐤅𐤁 𐤋𐤉𐤔𐤓𐤀𐤋 𐤀𐤋𐤄𐤉𐤌 𐤋𐤁𐤓𐤉 𐤋𐤁𐤁•

𐤁 𐤅𐤀𐤍𐤉 𐤊𐤌𐤏𐤈 𐤍𐤈𐤅𐤉 [𐤍𐤈𐤉𐤅] 𐤓𐤂𐤋𐤉 𐤊𐤀𐤉𐤍 𐤔𐤐𐤊𐤄 [𐤔𐤐𐤊𐤅] 𐤀𐤔𐤓𐤉•

𐤂 𐤊𐤉 𐤒𐤍𐤀𐤕𐤉 𐤁𐤄𐤅𐤋𐤋𐤉𐤌 𐤔𐤋𐤅𐤌 𐤓𐤔𐤏𐤉𐤌 𐤀𐤓𐤀𐤄•

𐤃 𐤊𐤉 𐤀𐤉𐤍 𐤇𐤓𐤑𐤁𐤅𐤕 𐤋𐤌𐤅𐤕𐤌 𐤅𐤁𐤓𐤉𐤀 𐤀𐤅𐤋𐤌•

𐤄 𐤁𐤏𐤌𐤋 𐤀𐤍𐤅𐤔 𐤀𐤉𐤍𐤌𐤅 𐤅𐤏𐤌 𐤀𐤃𐤌 𐤋𐤀 𐤉𐤍𐤂𐤏𐤅•

𐤅 𐤋𐤊𐤍 𐤏𐤍𐤒𐤕𐤌𐤅 𐤂𐤀𐤅𐤄 𐤉𐤏𐤈𐤐 𐤔𐤉𐤕 𐤇𐤌𐤎 𐤋𐤌𐤅•

𐤆 𐤉𐤑𐤀 𐤌𐤇𐤋𐤁 𐤏𐤉𐤍𐤌𐤅 𐤏𐤁𐤓𐤅 𐤌𐤔𐤊𐤉𐤅𐤕 𐤋𐤁𐤁•

𐤇 𐤉𐤌𐤉𐤒𐤅 𐤅𐤉𐤃𐤁𐤓𐤅 𐤁𐤓𐤏 𐤏𐤔𐤒 𐤌𐤌𐤓𐤅𐤌 𐤉𐤃𐤁𐤓𐤅•

𐤈 𐤔𐤕𐤅 𐤁𐤔𐤌𐤉𐤌 𐤐𐤉𐤄𐤌 𐤅𐤋𐤔𐤅𐤍𐤌 𐤕𐤄𐤋𐤊 𐤁𐤀𐤓𐤑•

𐤉 𐤋𐤊𐤍 𐤉𐤔𐤉𐤁 [𐤉𐤔𐤅𐤁] 𐤏𐤌𐤅 𐤄𐤋𐤌 𐤅𐤌𐤉 𐤌𐤋𐤀 𐤉𐤌𐤑𐤅 𐤋𐤌𐤅•

𐤉𐤀 𐤅𐤀𐤌𐤓𐤅 𐤀𐤉𐤊𐤄 𐤉𐤃𐤏 𐤀𐤋 𐤅𐤉𐤔 𐤃𐤏𐤄 𐤁𐤏𐤋𐤉𐤅𐤍•

𐤉𐤁 𐤄𐤍𐤄 𐤀𐤋𐤄 𐤓𐤔𐤏𐤉𐤌 𐤅𐤔𐤋𐤅𐤉 𐤏𐤅𐤋𐤌 𐤄𐤔𐤂𐤅 𐤇𐤉𐤋•

𐤉𐤂 𐤀𐤊 𐤓𐤉𐤒 𐤆𐤊𐤉𐤕𐤉 𐤋𐤁𐤁𐤉 𐤅𐤀𐤓𐤇𐤑 𐤁𐤍𐤒𐤉𐤅𐤍 𐤊𐤐𐤉•

𐤉𐤃 𐤅𐤀𐤄𐤉 𐤍𐤂𐤅𐤏 𐤊𐤋 𐤄𐤉𐤅𐤌 𐤅𐤕𐤅𐤊𐤇𐤕𐤉 𐤋𐤁𐤒𐤓𐤉𐤌•

טו אם אמרתי אספרה כמו הנה דור בניך בגדתי׃
טז ואחשבה לדעת זאת עמל היא [הוא] בעיני׃
יז עד אבוא אל מקדשי אל אבינה לאחריתם׃
יח אך בחלקות תשית למו הפלתם למשואות׃
יט איך היו לשמה כרגע ספו תמו מן בלהות׃
כ כחלום מהקיץ אדני בעיר צלמם תבזה׃
כא כי יתחמץ לבבי וכליותי אשתונן׃
כב ואני בער ולא אדע בהמות הייתי עמך׃
כג ואני תמיד עמך אחזת ביד ימיני׃
כד בעצתך תנחני ואחר כבוד תקחני׃
כה מי לי בשמים ועמך לא חפצתי בארץ׃
כו כלה שארי ולבבי צור לבבי וחלקי אלהים לעולם׃
כז כי הנה רחקיך יאבדו הצמתה כל זונה ממך׃
כח ואני קרבת אלהים לי טוב שתי באדני יהוה מחסי לספר
כל מלאכותיך׃

פרק עד

משכיל לאסף למה אלהים זנחת לנצח יעשן אפך בצאן
מרעיתך׃
ב זכר עדתך קנית קדם גאלת שבט נחלתך הר ציון זה שכנת
בו׃
ג הרימה פעמיך למשאות נצח כל הרע אויב בקדש׃
ד שאגו צרריך בקרב מועדך שמו אותתם אתות׃
ה יודע כמביא למעלה בסבך עץ קרדמות׃
ו ועת [ועתה] פתוחיה יחד בכשיל וכילפת יהלמון׃
ז שלחו באש מקדשך לארץ חללו משכן שמך׃
ח אמרו בלבם נינם יחד שרפו כל מועדי אל בארץ׃
ט אותתינו לא ראינו אין עוד נביא ולא אתנו ידע עד מה׃
י עד מתי אלהים יחרף צר ינאץ אויב שמך לנצח׃
יא למה תשיב ידך וימינך מקרב חוקך [חיקך] כלה׃
יב ואלהים מלכי מקדם פעל ישועות בקרב הארץ׃
יג אתה פוררת בעזך ים שברת ראשי תנינים על המים׃
יד אתה רצצת ראשי לויתן תתננו מאכל לעם לציים׃

𐤕𐤄𐤉𐤋𐤉𐤌

𐤈𐤅 𐤀𐤕𐤄 𐤁𐤒𐤏𐤕 𐤌𐤏𐤉𐤍 𐤅𐤍𐤇𐤋 𐤀𐤕𐤄 𐤄𐤅𐤁𐤔𐤕 𐤍𐤄𐤓𐤅𐤕 𐤀𐤉𐤕𐤍•
𐤈𐤆 𐤋𐤊 𐤉𐤅𐤌 𐤀𐤐 𐤋𐤊 𐤋𐤉𐤋𐤄 𐤀𐤕𐤄 𐤄𐤊𐤉𐤍𐤅𐤕 𐤌𐤀𐤅𐤓 𐤅𐤔𐤌𐤔•
𐤉𐤆 𐤀𐤕𐤄 𐤄𐤑𐤁𐤕 𐤊𐤋 𐤂𐤁𐤅𐤋𐤅𐤕 𐤀𐤓𐤑 𐤒𐤉𐤑 𐤅𐤇𐤓𐤐 𐤀𐤕𐤄 𐤉𐤑𐤓𐤕𐤌•
𐤉𐤇 𐤆𐤊𐤓 𐤆𐤀𐤕 𐤀𐤅𐤉𐤁 𐤇𐤓𐤐 𐤉𐤄𐤅𐤄 𐤅𐤏𐤌 𐤍𐤁𐤋 𐤍𐤀𐤑𐤅 𐤔𐤌𐤊•
𐤉𐤈 𐤀𐤋 𐤕𐤕𐤍 𐤋𐤇𐤉𐤕 𐤍𐤐𐤔 𐤕𐤅𐤓𐤊 𐤇𐤉𐤕 𐤏𐤍𐤉𐤉𐤊 𐤀𐤋 𐤕𐤔𐤊𐤇 𐤋𐤍𐤑𐤇•
𐤊 𐤄𐤁𐤈 𐤋𐤁𐤓𐤉𐤕 𐤊𐤉 𐤌𐤋𐤀𐤅 𐤌𐤇𐤔𐤊𐤉 𐤀𐤓𐤑 𐤍𐤀𐤅𐤕 𐤇𐤌𐤎•
𐤊𐤀 𐤀𐤋 𐤉𐤔𐤁 𐤃𐤊 𐤍𐤊𐤋𐤌 𐤏𐤍𐤉 𐤅𐤀𐤁𐤉𐤅𐤍 𐤉𐤄𐤋𐤋𐤅 𐤔𐤌𐤊•
𐤊𐤁 𐤒𐤅𐤌𐤄 𐤀𐤋𐤄𐤉𐤌 𐤓𐤉𐤁𐤄 𐤓𐤉𐤁𐤊 𐤆𐤊𐤓 𐤇𐤓𐤐𐤕𐤊 𐤌𐤍𐤉 𐤍𐤁𐤋 𐤊𐤋 𐤄𐤉𐤅𐤌•
𐤊𐤂 𐤀𐤋 𐤕𐤔𐤊𐤇 𐤒𐤅𐤋 𐤑𐤓𐤓𐤉𐤊 𐤔𐤀𐤅𐤍 𐤒𐤌𐤉𐤊 𐤏𐤋𐤄 𐤕𐤌𐤉𐤃•

𐤐𐤓𐤒 𐤏𐤄

𐤀 𐤋𐤌𐤍𐤑𐤇 𐤀𐤋 𐤕𐤔𐤇𐤕 𐤌𐤆𐤌𐤅𐤓 𐤋𐤀𐤎𐤐 𐤔𐤉𐤓•
𐤁 𐤄𐤅𐤃𐤉𐤍𐤅 𐤋𐤊 𐤀𐤋𐤄𐤉𐤌 𐤄𐤅𐤃𐤉𐤍𐤅 𐤅𐤒𐤓𐤅𐤁 𐤔𐤌𐤊 𐤎𐤐𐤓𐤅 𐤍𐤐𐤋𐤀𐤅𐤕𐤉𐤊•
𐤂 𐤊𐤉 𐤀𐤒𐤇 𐤌𐤅𐤏𐤃 𐤀𐤍𐤉 𐤌𐤉𐤔𐤓𐤉𐤌 𐤀𐤔𐤐𐤈•
𐤃 𐤍𐤌𐤅𐤂𐤉𐤌 𐤀𐤓𐤑 𐤅𐤊𐤋 𐤉𐤔𐤁𐤉𐤄 𐤀𐤍𐤊𐤉 𐤕𐤊𐤍𐤕𐤉 𐤏𐤌𐤅𐤃𐤉𐤄 𐤎𐤋𐤄•
𐤄 𐤀𐤌𐤓𐤕𐤉 𐤋𐤄𐤅𐤋𐤋𐤉𐤌 𐤀𐤋 𐤕𐤄𐤋𐤅 𐤅𐤋𐤓𐤔𐤏𐤉𐤌 𐤀𐤋 𐤕𐤓𐤉𐤌𐤅 𐤒𐤓𐤍•
𐤅 𐤀𐤋 𐤕𐤓𐤉𐤌𐤅 𐤋𐤌𐤓𐤅𐤌 𐤒𐤓𐤍𐤊𐤌 𐤕𐤃𐤁𐤓𐤅 𐤁𐤑𐤅𐤀𐤓 𐤏𐤕𐤒•
𐤆 𐤊𐤉 𐤋𐤀 𐤌𐤌𐤅𐤑𐤀 𐤅𐤌𐤌𐤏𐤓𐤁 𐤅𐤋𐤀 𐤌𐤌𐤃𐤁𐤓 𐤄𐤓𐤉𐤌•
𐤇 𐤊𐤉 𐤀𐤋𐤄𐤉𐤌 𐤔𐤐𐤈 𐤆𐤄 𐤉𐤔𐤐𐤉𐤋 𐤅𐤆𐤄 𐤉𐤓𐤉𐤌•
𐤈 𐤊𐤉 𐤊𐤅𐤎 𐤁𐤉𐤃 𐤉𐤄𐤅𐤄 𐤅𐤉𐤉𐤍 𐤇𐤌𐤓 𐤌𐤋𐤀 𐤌𐤎𐤊 𐤅𐤉𐤂𐤓 𐤌𐤆𐤄 𐤀𐤊 𐤔𐤌𐤓𐤉𐤄
𐤉𐤌𐤑𐤅 𐤉𐤔𐤕𐤅 𐤊𐤋 𐤓𐤔𐤏𐤉 𐤀𐤓𐤑•
𐤉 𐤅𐤀𐤍𐤉 𐤀𐤂𐤉𐤃 𐤋𐤏𐤋𐤌 𐤀𐤆𐤌𐤓𐤄 𐤋𐤀𐤋𐤄𐤉 𐤉𐤏𐤒𐤁•
𐤉𐤀 𐤅𐤊𐤋 𐤒𐤓𐤍𐤉 𐤓𐤔𐤏𐤉𐤌 𐤀𐤂𐤃𐤏 𐤕𐤓𐤅𐤌𐤌𐤍𐤄 𐤒𐤓𐤍𐤅𐤕 𐤑𐤃𐤉𐤒•

𐤐𐤓𐤒 𐤏𐤅

𐤀 𐤋𐤌𐤍𐤑𐤇 𐤁𐤍𐤂𐤉𐤍𐤕 𐤌𐤆𐤌𐤅𐤓 𐤋𐤀𐤎𐤐 𐤔𐤉𐤓•
𐤁 𐤍𐤅𐤃𐤏 𐤁𐤉𐤄𐤅𐤃𐤄 𐤀𐤋𐤄𐤉𐤌 𐤁𐤉𐤔𐤓𐤀𐤋 𐤂𐤃𐤅𐤋 𐤔𐤌𐤅•
𐤂 𐤅𐤉𐤄𐤉 𐤁𐤔𐤋𐤌 𐤎𐤊𐤅 𐤅𐤌𐤏𐤅𐤍𐤕𐤅 𐤁𐤑𐤉𐤅𐤍•
𐤃 𐤔𐤌𐤄 𐤔𐤁𐤓 𐤓𐤔𐤐𐤉 𐤒𐤔𐤕 𐤌𐤂𐤍 𐤅𐤇𐤓𐤁 𐤅𐤌𐤋𐤇𐤌𐤄 𐤎𐤋𐤄•
𐤄 𐤍𐤀𐤅𐤓 𐤀𐤕𐤄 𐤀𐤃𐤉𐤓 𐤌𐤄𐤓𐤓𐤉 𐤈𐤓𐤐•
𐤅 𐤀𐤔𐤕𐤅𐤋𐤋𐤅 𐤀𐤁𐤉𐤓𐤉 𐤋𐤁 𐤍𐤌𐤅 𐤔𐤍𐤕𐤌 𐤅𐤋𐤀 𐤌𐤑𐤀𐤅 𐤊𐤋 𐤀𐤍𐤔𐤉 𐤇𐤉𐤋
𐤉𐤃𐤉𐤄𐤌•
𐤆 𐤌𐤂𐤏𐤓𐤕𐤊 𐤀𐤋𐤄𐤉 𐤉𐤏𐤒𐤁 𐤍𐤓𐤃𐤌 𐤅𐤓𐤊𐤁 𐤅𐤎𐤅𐤎•

𐤕𐤄𐤉𐤋𐤉𐤌

𐤇𐤀𐤕𐤄 𐤍𐤅𐤓𐤀 𐤀𐤕𐤄 𐤅𐤌𐤉 𐤉𐤏𐤌𐤃 𐤋𐤐𐤍𐤉𐤊 𐤌𐤀𐤆 𐤀𐤐𐤊•
𐤈𐤌𐤔𐤌𐤉𐤌 𐤄𐤔𐤌𐤏𐤕 𐤃𐤉𐤍 𐤀𐤓𐤑 𐤉𐤓𐤀𐤄 𐤅𐤔𐤒𐤈𐤄•
𐤉𐤁𐤒𐤅𐤌 𐤋𐤌𐤔𐤐𐤈 𐤀𐤋𐤄𐤉𐤌 𐤋𐤄𐤅𐤔𐤉𐤏 𐤊𐤋 𐤏𐤍𐤅𐤉 𐤀𐤓𐤑 𐤎𐤋𐤄•
𐤉𐤀 𐤊𐤉 𐤇𐤌𐤕 𐤀𐤃𐤌 𐤕𐤅𐤃𐤊 𐤔𐤀𐤓𐤉𐤕 𐤇𐤌𐤕 𐤕𐤇𐤂𐤓•
𐤉𐤁 𐤍𐤃𐤓𐤅 𐤅𐤔𐤋𐤌𐤅 𐤋𐤉𐤄𐤅𐤄 𐤀𐤋𐤄𐤉𐤊𐤌 𐤊𐤋 𐤎𐤁𐤉𐤁𐤉𐤅 𐤉𐤅𐤁𐤉𐤋𐤅 𐤔𐤉 𐤋𐤌𐤅𐤓𐤀•
𐤉𐤂 𐤉𐤁𐤑𐤓 𐤓𐤅𐤇 𐤍𐤂𐤉𐤃𐤉𐤌 𐤍𐤅𐤓𐤀 𐤋𐤌𐤋𐤊𐤉 𐤀𐤓𐤑•

𐤐𐤓𐤒 𐤏𐤆

𐤀𐤋𐤌𐤍𐤑𐤇 𐤏𐤋 𐤉𐤃𐤉𐤕𐤅𐤍 [𐤉𐤃𐤅𐤕𐤅𐤍] 𐤋𐤀𐤎𐤐 𐤌𐤆𐤌𐤅𐤓•
𐤁𐤒𐤅𐤋𐤉 𐤀𐤋 𐤀𐤋𐤄𐤉𐤌 𐤅𐤀𐤑𐤏𐤒𐤄 𐤒𐤅𐤋𐤉 𐤀𐤋 𐤀𐤋𐤄𐤉𐤌 𐤅𐤄𐤀𐤆𐤉𐤍 𐤀𐤋𐤉•
𐤂𐤁𐤉𐤅𐤌 𐤑𐤓𐤕𐤉 𐤀𐤃𐤍𐤉 𐤃𐤓𐤔𐤕𐤉 𐤉𐤃𐤉 𐤋𐤉𐤋𐤄 𐤍𐤂𐤓𐤄 𐤅𐤋𐤀 𐤕𐤐𐤅𐤂 𐤌𐤀𐤍𐤄
𐤄𐤍𐤇𐤌 𐤍𐤐𐤔𐤉•
𐤃𐤀𐤆𐤊𐤓𐤄 𐤀𐤋𐤄𐤉𐤌 𐤅𐤀𐤄𐤌𐤉𐤄 𐤀𐤔𐤉𐤇𐤄 𐤅𐤕𐤕𐤏𐤈𐤐 𐤓𐤅𐤇𐤉 𐤎𐤋𐤄•
𐤄 𐤀𐤇𐤆𐤕 𐤔𐤌𐤓𐤅𐤕 𐤏𐤉𐤍𐤉 𐤍𐤐𐤏𐤌𐤕𐤉 𐤅𐤋𐤀 𐤀𐤃𐤁𐤓•
𐤅𐤇𐤔𐤁𐤕𐤉 𐤉𐤌𐤉𐤌 𐤌𐤒𐤃𐤌 𐤔𐤍𐤅𐤕 𐤏𐤅𐤋𐤌𐤉𐤌•
𐤆𐤀𐤆𐤊𐤓𐤄 𐤍𐤂𐤉𐤍𐤕𐤉 𐤁𐤋𐤉𐤋𐤄 𐤏𐤌 𐤋𐤁𐤁𐤉 𐤀𐤔𐤉𐤇𐤄 𐤅𐤉𐤇𐤐𐤔 𐤓𐤅𐤇𐤉•
𐤇 𐤄𐤋𐤏𐤅𐤋𐤌𐤉𐤌 𐤉𐤆𐤍𐤇 𐤀𐤃𐤍𐤉 𐤅𐤋𐤀 𐤉𐤎𐤉𐤐 𐤋𐤓𐤑𐤅𐤕 𐤏𐤅𐤃•
𐤈 𐤄𐤀𐤐𐤎 𐤋𐤍𐤑𐤇 𐤇𐤎𐤃𐤅 𐤂𐤌𐤓 𐤀𐤌𐤓 𐤋𐤃𐤓 𐤅𐤃𐤓•
𐤉𐤄𐤔𐤊𐤇 𐤇𐤍𐤅𐤕 𐤀𐤋 𐤀𐤌 𐤒𐤐𐤑 𐤁𐤀𐤐 𐤓𐤇𐤌𐤉𐤅 𐤎𐤋𐤄•
𐤉𐤀 𐤅𐤀𐤌𐤓 𐤇𐤋𐤅𐤕𐤉 𐤄𐤉𐤀 𐤔𐤍𐤅𐤕 𐤉𐤌𐤉𐤍 𐤏𐤋𐤉𐤅𐤍•
𐤉𐤁 𐤀𐤆𐤊𐤉𐤓 [𐤀𐤆𐤊𐤅𐤓] 𐤌𐤏𐤋𐤋𐤉 𐤉𐤄 𐤊𐤉 𐤀𐤆𐤊𐤓𐤄 𐤌𐤒𐤃𐤌 𐤐𐤋𐤀𐤊•
𐤉𐤂 𐤅𐤄𐤂𐤉𐤕𐤉 𐤁𐤊𐤋 𐤐𐤏𐤋𐤊 𐤅𐤁𐤏𐤋𐤉𐤋𐤅𐤕𐤉𐤊 𐤀𐤔𐤉𐤇𐤄•
𐤉𐤃 𐤀𐤋𐤄𐤉𐤌 𐤁𐤒𐤃𐤔 𐤃𐤓𐤊𐤊 𐤌𐤉 𐤀𐤋 𐤂𐤃𐤅𐤋 𐤊𐤀𐤋𐤄𐤉𐤌•
𐤈𐤅 𐤀𐤕𐤄 𐤄𐤀𐤋 𐤏𐤔𐤄 𐤐𐤋𐤀 𐤄𐤅𐤃𐤏𐤕 𐤁𐤏𐤌𐤉𐤌 𐤏𐤆𐤊•
𐤈𐤆 𐤂𐤀𐤋𐤕 𐤁𐤆𐤓𐤅𐤏 𐤏𐤌𐤊 𐤁𐤍𐤉 𐤉𐤏𐤒𐤁 𐤅𐤉𐤅𐤎𐤐 𐤎𐤋𐤄•
𐤉𐤆 𐤓𐤀𐤅𐤊 𐤌𐤉𐤌 𐤀𐤋𐤄𐤉𐤌 𐤓𐤀𐤅𐤊 𐤌𐤉𐤌 𐤉𐤇𐤉𐤋𐤅 𐤀𐤐 𐤉𐤓𐤂𐤆𐤅 𐤕𐤄𐤌𐤅𐤕•
𐤉𐤇 𐤆𐤓𐤌𐤅 𐤌𐤉𐤌 𐤏𐤁𐤅𐤕 𐤒𐤅𐤋 𐤍𐤕𐤍𐤅 𐤔𐤇𐤒𐤉𐤌 𐤀𐤐 𐤇𐤑𐤑𐤉𐤊 𐤉𐤕𐤄𐤋𐤊𐤅•
𐤉𐤈 𐤒𐤅𐤋 𐤓𐤏𐤌𐤊 𐤁𐤂𐤋𐤂𐤋 𐤄𐤀𐤉𐤓𐤅 𐤁𐤓𐤒𐤉𐤌 𐤕𐤁𐤋 𐤓𐤂𐤆𐤄 𐤅𐤕𐤓𐤏𐤔 𐤄𐤀𐤓𐤑•
𐤊 𐤁𐤉𐤌 𐤃𐤓𐤊𐤊 𐤅𐤔𐤁𐤉𐤋𐤉𐤊 [𐤅𐤔𐤁𐤉𐤋𐤊] 𐤁𐤌𐤉𐤌 𐤓𐤁𐤉𐤌 𐤅𐤏𐤒𐤁𐤅𐤕𐤉𐤊 𐤋𐤀
𐤍𐤅𐤃𐤏𐤅•
𐤊𐤀 𐤍𐤇𐤉𐤕 𐤊𐤑𐤀𐤍 𐤏𐤌𐤊 𐤁𐤉𐤃 𐤌𐤔𐤄 𐤅𐤀𐤄𐤓𐤍•

𐤐𐤓𐤒 𐤏𐤇

𐤕𐤄𐤉𐤋𐤉𐤌

𐤀 𐤌𐤔𐤊𐤉𐤋 𐤋𐤀𐤎𐤐 𐤄𐤀𐤆𐤉𐤍𐤄 𐤏𐤌𐤉 𐤕𐤅𐤓𐤕𐤉 𐤄𐤈𐤅 𐤀𐤆𐤍𐤊𐤌 𐤋𐤀𐤌𐤓𐤉 𐤐𐤉•

𐤁 𐤀𐤐𐤕𐤇𐤄 𐤁𐤌𐤔𐤋 𐤐𐤉 𐤀𐤁𐤉𐤏𐤄 𐤇𐤉𐤃𐤅𐤕 𐤌𐤍𐤉 𐤒𐤃𐤌•

𐤂 𐤀𐤔𐤓 𐤔𐤌𐤏𐤍𐤅 𐤅𐤍𐤃𐤏𐤌 𐤅𐤀𐤁𐤅𐤕𐤉𐤍𐤅 𐤎𐤐𐤓𐤅 𐤋𐤍𐤅•

𐤃 𐤋𐤀 𐤍𐤊𐤇𐤃 𐤌𐤁𐤍𐤉𐤄𐤌 𐤋𐤃𐤅𐤓 𐤀𐤇𐤓𐤅𐤍 𐤌𐤎𐤐𐤓𐤉𐤌 𐤕𐤄𐤋𐤅𐤕 𐤉𐤄𐤅𐤄 𐤅𐤏𐤆𐤅𐤆𐤅
𐤅𐤍𐤐𐤋𐤀𐤅𐤕𐤉𐤅 𐤀𐤔𐤓 𐤏𐤔𐤄•

𐤄 𐤅𐤉𐤒𐤌 𐤏𐤃𐤅𐤕 𐤁𐤉𐤏𐤒𐤁 𐤅𐤕𐤅𐤓𐤄 𐤔𐤌 𐤁𐤉𐤔𐤓𐤀𐤋 𐤀𐤔𐤓 𐤑𐤅𐤄 𐤀𐤕 𐤀𐤁𐤅𐤕𐤉𐤍𐤅
𐤋𐤄𐤅𐤃𐤉𐤏𐤌 𐤋𐤁𐤍𐤉𐤄𐤌•

𐤅 𐤋𐤌𐤏𐤍 𐤉𐤃𐤏𐤅 𐤃𐤅𐤓 𐤀𐤇𐤓𐤅𐤍 𐤁𐤍𐤉𐤌 𐤉𐤅𐤋𐤃𐤅 𐤉𐤒𐤌𐤅 𐤅𐤉𐤎𐤐𐤓𐤅 𐤋𐤁𐤍𐤉𐤄𐤌•

𐤆 𐤅𐤉𐤔𐤉𐤌𐤅 𐤁𐤀𐤋𐤄𐤉𐤌 𐤊𐤎𐤋𐤌 𐤅𐤋𐤀 𐤉𐤔𐤊𐤇𐤅 𐤌𐤏𐤋𐤋𐤉 𐤀𐤋 𐤅𐤌𐤑𐤅𐤕𐤉𐤅
𐤉𐤍𐤑𐤓𐤅•

𐤇 𐤅𐤋𐤀 𐤉𐤄𐤉𐤅 𐤊𐤀𐤁𐤅𐤕𐤌 𐤃𐤅𐤓 𐤎𐤅𐤓𐤓 𐤅𐤌𐤓𐤄 𐤃𐤅𐤓 𐤋𐤀 𐤄𐤊𐤉𐤍 𐤋𐤁𐤅 𐤅𐤋𐤀
𐤍𐤀𐤌𐤍𐤄 𐤀𐤕 𐤀𐤋 𐤓𐤅𐤇𐤅•

𐤈 𐤁𐤍𐤉 𐤀𐤐𐤓𐤉𐤌 𐤍𐤅𐤔𐤒𐤉 𐤓𐤅𐤌𐤉 𐤒𐤔𐤕 𐤄𐤐𐤊𐤅 𐤁𐤉𐤅𐤌 𐤒𐤓𐤁•

𐤉 𐤋𐤀 𐤔𐤌𐤓𐤅 𐤁𐤓𐤉𐤕 𐤀𐤋𐤄𐤉𐤌 𐤅𐤁𐤕𐤅𐤓𐤕𐤅 𐤌𐤀𐤍𐤅 𐤋𐤋𐤊𐤕•

𐤉𐤀 𐤅𐤉𐤔𐤊𐤇𐤅 𐤏𐤋𐤉𐤋𐤅𐤕𐤉𐤅 𐤅𐤍𐤐𐤋𐤀𐤅𐤕𐤉𐤅 𐤀𐤔𐤓 𐤄𐤓𐤀𐤌•

𐤉𐤁 𐤍𐤂𐤃 𐤀𐤁𐤅𐤕𐤌 𐤏𐤔𐤄 𐤐𐤋𐤀 𐤁𐤀𐤓𐤑 𐤌𐤑𐤓𐤉𐤌 𐤔𐤃𐤄 𐤑𐤏𐤍•

𐤉𐤂 𐤁𐤒𐤏 𐤉𐤌 𐤅𐤉𐤏𐤁𐤉𐤓𐤌 𐤅𐤉𐤑𐤁 𐤌𐤉𐤌 𐤊𐤌𐤅 𐤍𐤃•

𐤉𐤃 𐤅𐤉𐤍𐤇𐤌 𐤁𐤏𐤍𐤍 𐤉𐤅𐤌𐤌 𐤅𐤊𐤋 𐤄𐤋𐤉𐤋𐤄 𐤁𐤀𐤅𐤓 𐤀𐤔•

𐤈𐤅 𐤉𐤁𐤒𐤏 𐤑𐤓𐤉𐤌 𐤁𐤌𐤃𐤁𐤓 𐤅𐤉𐤔𐤒 𐤊𐤕𐤄𐤌𐤅𐤕 𐤓𐤁𐤄•

𐤈𐤆 𐤅𐤉𐤅𐤑𐤀 𐤍𐤅𐤆𐤋𐤉𐤌 𐤌𐤎𐤋𐤏 𐤅𐤉𐤅𐤓𐤃 𐤊𐤍𐤄𐤓𐤅𐤕 𐤌𐤉𐤌•

𐤉𐤆 𐤅𐤉𐤅𐤎𐤉𐤐𐤅 𐤏𐤅𐤃 𐤋𐤇𐤈𐤀 𐤋𐤅 𐤋𐤌𐤓𐤅𐤕 𐤏𐤋𐤉𐤅𐤍 𐤁𐤑𐤉𐤄•

𐤉𐤇 𐤅𐤉𐤍𐤎𐤅 𐤀𐤋 𐤁𐤋𐤁𐤁𐤌 𐤋𐤔𐤀𐤋 𐤀𐤊𐤋 𐤋𐤍𐤐𐤔𐤌•

𐤉𐤈 𐤅𐤉𐤃𐤁𐤓𐤅 𐤁𐤀𐤋𐤄𐤉𐤌 𐤀𐤌𐤓𐤅 𐤄𐤉𐤅𐤊𐤋 𐤀𐤋 𐤋𐤏𐤓𐤊 𐤔𐤋𐤇𐤍 𐤁𐤌𐤃𐤁𐤓•

𐤊 𐤄𐤍 𐤄𐤊𐤄 𐤑𐤅𐤓 𐤅𐤉𐤆𐤅𐤁𐤅 𐤌𐤉𐤌 𐤅𐤍𐤇𐤋𐤉𐤌 𐤉𐤔𐤈𐤐𐤅 𐤄𐤂𐤌 𐤋𐤇𐤌 𐤄𐤉𐤅𐤊𐤋 𐤕𐤕
𐤀𐤌 𐤉𐤊𐤉𐤍 𐤔𐤀𐤓 𐤋𐤏𐤌𐤅•

𐤊𐤀 𐤋𐤊𐤍 𐤔𐤌𐤏 𐤉𐤄𐤅𐤄 𐤅𐤉𐤕𐤏𐤁𐤓 𐤅𐤀𐤔 𐤍𐤔𐤒𐤄 𐤁𐤉𐤏𐤒𐤁 𐤅𐤂𐤌 𐤀𐤐 𐤏𐤋𐤄
𐤁𐤉𐤔𐤓𐤀𐤋•

𐤊𐤁 𐤊𐤉 𐤋𐤀 𐤄𐤀𐤌𐤉𐤍𐤅 𐤁𐤀𐤋𐤄𐤉𐤌 𐤅𐤋𐤀 𐤁𐤈𐤇𐤅 𐤁𐤉𐤔𐤅𐤏𐤕𐤅•

𐤊𐤂 𐤅𐤉𐤑𐤅 𐤔𐤇𐤒𐤉𐤌 𐤌𐤌𐤏𐤋 𐤅𐤃𐤋𐤕𐤉 𐤔𐤌𐤉𐤌 𐤐𐤕𐤇•

𐤊𐤃 𐤅𐤉𐤌𐤈𐤓 𐤏𐤋𐤉𐤄𐤌 𐤌𐤍 𐤋𐤀𐤊𐤋 𐤅𐤃𐤂𐤍 𐤔𐤌𐤉𐤌 𐤍𐤕𐤍 𐤋𐤌𐤅•

𐤊𐤄 𐤋𐤇𐤌 𐤀𐤁𐤉𐤓𐤉𐤌 𐤀𐤊𐤋 𐤀𐤉𐤔 𐤑𐤉𐤃𐤄 𐤔𐤋𐤇 𐤋𐤄𐤌 𐤋𐤔𐤁𐤏•

𐤊𐤅 𐤉𐤎𐤏 𐤒𐤃𐤉𐤌 𐤁𐤔𐤌𐤉𐤌 𐤅𐤉𐤍𐤄𐤂 𐤁𐤏𐤆𐤅 𐤕𐤉𐤌𐤍•

𐤊𐤆 𐤅𐤉𐤌𐤈𐤓 𐤏𐤋𐤉𐤄𐤌 𐤊𐤏𐤐𐤓 𐤔𐤀𐤓 𐤅𐤊𐤇𐤅𐤋 𐤉𐤌𐤉𐤌 𐤏𐤅𐤐 𐤊𐤍𐤐•

𐤊𐤇 𐤅𐤉𐤐𐤋 𐤁𐤒𐤓𐤁 𐤌𐤇𐤍𐤄𐤅 𐤎𐤁𐤉𐤁 𐤋𐤌𐤔𐤊𐤍𐤕𐤉𐤅•
𐤊𐤈 𐤅𐤉𐤀𐤊𐤋𐤅 𐤅𐤉𐤔𐤁𐤏𐤅 𐤌𐤀𐤃 𐤅𐤕𐤀𐤅𐤕𐤌 𐤉𐤁𐤀 𐤋𐤄𐤌•
𐤋 𐤋𐤀 𐤆𐤓𐤅 𐤌𐤕𐤀𐤅𐤕𐤌 𐤏𐤅𐤃 𐤀𐤊𐤋𐤌 𐤁𐤐𐤉𐤄𐤌•
𐤋𐤀 𐤅𐤀𐤐 𐤀𐤋𐤄𐤉𐤌 𐤏𐤋𐤄 𐤁𐤄𐤌 𐤅𐤉𐤄𐤓𐤂 𐤁𐤌𐤔𐤌𐤍𐤉𐤄𐤌 𐤅𐤁𐤇𐤅𐤓𐤉 𐤉𐤔𐤓𐤀𐤋
𐤄𐤊𐤓𐤉𐤏•
𐤋𐤁 𐤁𐤊𐤋 𐤆𐤀𐤕 𐤇𐤈𐤀𐤅 𐤏𐤅𐤃 𐤅𐤋𐤀 𐤄𐤀𐤌𐤉𐤍𐤅 𐤁𐤍𐤐𐤋𐤀𐤅𐤕𐤉𐤅•
𐤋𐤂 𐤅𐤉𐤊𐤋 𐤁𐤄𐤁𐤋 𐤉𐤌𐤉𐤄𐤌 𐤅𐤔𐤍𐤅𐤕𐤌 𐤁𐤁𐤄𐤋𐤄•
𐤋𐤃 𐤀𐤌 𐤄𐤓𐤂𐤌 𐤅𐤃𐤓𐤔𐤅𐤄𐤅 𐤅𐤔𐤁𐤅 𐤅𐤔𐤇𐤓𐤅 𐤀𐤋•
𐤋𐤄 𐤅𐤉𐤆𐤊𐤓𐤅 𐤊𐤉 𐤀𐤋𐤄𐤉𐤌 𐤑𐤅𐤓𐤌 𐤅𐤀𐤋 𐤏𐤋𐤉𐤅𐤍 𐤂𐤀𐤋𐤌•
𐤋𐤅 𐤅𐤉𐤐𐤕𐤅𐤄𐤅 𐤁𐤐𐤉𐤄𐤌 𐤅𐤁𐤋𐤔𐤅𐤍𐤌 𐤉𐤊𐤆𐤁𐤅 𐤋𐤅•
𐤋𐤆 𐤅𐤋𐤁𐤌 𐤋𐤀 𐤍𐤊𐤅𐤍 𐤏𐤌𐤅 𐤅𐤋𐤀 𐤍𐤀𐤌𐤍𐤅 𐤁𐤁𐤓𐤉𐤕𐤅•
𐤋𐤇 𐤅𐤄𐤅𐤀 𐤓𐤇𐤅𐤌 𐤉𐤊𐤐𐤓 𐤏𐤅𐤍 𐤅𐤋𐤀 𐤉𐤔𐤇𐤉𐤕 𐤅𐤄𐤓𐤁𐤄 𐤋𐤄𐤔𐤉𐤁 𐤀𐤐𐤅 𐤅𐤋𐤀
𐤉𐤏𐤉𐤓 𐤊𐤋 𐤇𐤌𐤕𐤅•
𐤋𐤈 𐤅𐤉𐤆𐤊𐤓 𐤊𐤉 𐤁𐤔𐤓 𐤄𐤌𐤄 𐤓𐤅𐤇 𐤄𐤅𐤋𐤊 𐤅𐤋𐤀 𐤉𐤔𐤅𐤁•
𐤌 𐤊𐤌𐤄 𐤉𐤌𐤓𐤅𐤄𐤅 𐤁𐤌𐤃𐤁𐤓 𐤉𐤏𐤑𐤉𐤁𐤅𐤄𐤅 𐤁𐤉𐤔𐤉𐤌𐤅𐤍•
𐤌𐤀 𐤅𐤉𐤔𐤅𐤁𐤅 𐤅𐤉𐤍𐤎𐤅 𐤀𐤋 𐤅𐤒𐤃𐤅𐤔 𐤉𐤔𐤓𐤀𐤋 𐤄𐤕𐤅𐤅•
𐤌𐤁 𐤋𐤀 𐤆𐤊𐤓𐤅 𐤀𐤕 𐤉𐤃𐤅 𐤉𐤅𐤌 𐤀𐤔𐤓 𐤐𐤃𐤌 𐤌𐤍𐤉 𐤑𐤓•
𐤌𐤂 𐤀𐤔𐤓 𐤔𐤌 𐤁𐤌𐤑𐤓𐤉𐤌 𐤀𐤕𐤅𐤕𐤉𐤅 𐤅𐤌𐤐𐤕𐤉𐤅 𐤁𐤔𐤃𐤄 𐤑𐤏𐤍•
𐤌𐤃 𐤅𐤉𐤄𐤐𐤊 𐤋𐤃𐤌 𐤉𐤀𐤓𐤉𐤄𐤌 𐤅𐤍𐤆𐤋𐤉𐤄𐤌 𐤁𐤋 𐤉𐤔𐤕𐤉𐤅𐤍•
𐤌𐤄 𐤉𐤔𐤋𐤇 𐤁𐤄𐤌 𐤏𐤓𐤁 𐤅𐤉𐤀𐤊𐤋𐤌 𐤅𐤑𐤐𐤓𐤃𐤏 𐤅𐤕𐤔𐤇𐤉𐤕𐤌•
𐤌𐤅 𐤅𐤉𐤕𐤍 𐤋𐤇𐤎𐤉𐤋 𐤉𐤁𐤅𐤋𐤌 𐤅𐤉𐤂𐤉𐤏𐤌 𐤋𐤀𐤓𐤁𐤄•
𐤌𐤆 𐤉𐤄𐤓𐤂 𐤁𐤁𐤓𐤃 𐤂𐤐𐤍𐤌 𐤅𐤔𐤒𐤌𐤅𐤕𐤌 𐤁𐤇𐤍𐤌𐤋•
𐤌𐤇 𐤅𐤉𐤎𐤂𐤓 𐤋𐤁𐤓𐤃 𐤁𐤏𐤉𐤓𐤌 𐤅𐤌𐤒𐤍𐤉𐤄𐤌 𐤋𐤓𐤔𐤐𐤉𐤌•
𐤌𐤈 𐤉𐤔𐤋𐤇 𐤁𐤌 𐤇𐤓𐤅𐤍 𐤀𐤐𐤅 𐤏𐤁𐤓𐤄 𐤅𐤆𐤏𐤌 𐤅𐤑𐤓𐤄 𐤌𐤔𐤋𐤇𐤕 𐤌𐤋𐤀𐤊𐤉 𐤓𐤏𐤉𐤌•
𐤍 𐤉𐤐𐤋𐤎 𐤍𐤕𐤉𐤁 𐤋𐤀𐤐𐤅 𐤋𐤀 𐤇𐤔𐤊 𐤌𐤌𐤅𐤕 𐤍𐤐𐤔𐤌 𐤅𐤇𐤉𐤕𐤌 𐤋𐤃𐤁𐤓 𐤄𐤎𐤂𐤉𐤓•
𐤍𐤀 𐤅𐤉𐤊 𐤊𐤋 𐤁𐤊𐤅𐤓 𐤁𐤌𐤑𐤓𐤉𐤌 𐤓𐤀𐤔𐤉𐤕 𐤀𐤅𐤍𐤉𐤌 𐤁𐤀𐤄𐤋𐤉 𐤇𐤌•
𐤍𐤁 𐤅𐤉𐤎𐤏 𐤊𐤑𐤀𐤍 𐤏𐤌𐤅 𐤅𐤉𐤍𐤄𐤂𐤌 𐤊𐤏𐤃𐤓 𐤁𐤌𐤃𐤁𐤓•
𐤍𐤂 𐤅𐤉𐤍𐤇𐤌 𐤋𐤁𐤈𐤇 𐤅𐤋𐤀 𐤐𐤇𐤃𐤅 𐤅𐤀𐤕 𐤀𐤅𐤉𐤁𐤉𐤄𐤌 𐤊𐤎𐤄 𐤄𐤉𐤌•
𐤍𐤃 𐤅𐤉𐤁𐤉𐤀𐤌 𐤀𐤋 𐤂𐤁𐤅𐤋 𐤒𐤃𐤔𐤅 𐤄𐤓 𐤆𐤄 𐤒𐤍𐤕𐤄 𐤉𐤌𐤉𐤍𐤅•
𐤍𐤄 𐤅𐤉𐤂𐤓𐤔 𐤌𐤐𐤍𐤉𐤄𐤌 𐤂𐤅𐤉𐤌 𐤅𐤉𐤐𐤉𐤋𐤌 𐤁𐤇𐤁𐤋 𐤍𐤇𐤋𐤄 𐤅𐤉𐤔𐤊𐤍
𐤁𐤀𐤄𐤋𐤉𐤄𐤌 𐤔𐤁𐤈𐤉 𐤉𐤔𐤓𐤀𐤋•
𐤍𐤅 𐤅𐤉𐤍𐤎𐤅 𐤅𐤉𐤌𐤓𐤅 𐤀𐤕 𐤀𐤋𐤄𐤉𐤌 𐤏𐤋𐤉𐤅𐤍 𐤅𐤏𐤃𐤅𐤕𐤉𐤅 𐤋𐤀 𐤔𐤌𐤓𐤅•
𐤍𐤆 𐤅𐤉𐤎𐤂𐤅 𐤅𐤉𐤁𐤂𐤃𐤅 𐤊𐤀𐤁𐤅𐤕𐤌 𐤍𐤄𐤐𐤊𐤅 𐤊𐤒𐤔𐤕 𐤓𐤌𐤉𐤄•

𐤕𐤄𐤉𐤋𐤉𐤌

𐤍𐤇 𐤅𐤉𐤊𐤏𐤉𐤎𐤅𐤄𐤅 𐤁𐤁𐤌𐤅𐤕𐤌 𐤅𐤁𐤐𐤎𐤉𐤋𐤉𐤄𐤌 𐤉𐤒𐤍𐤉𐤀𐤅𐤄𐤅•
𐤍𐤈 𐤔𐤌𐤏 𐤀𐤋𐤄𐤉𐤌 𐤅𐤉𐤕𐤏𐤁𐤓 𐤅𐤉𐤌𐤀𐤎 𐤌𐤀𐤃 𐤁𐤉𐤔𐤓𐤀𐤋•
𐤎 𐤅𐤉𐤈𐤔 𐤌𐤔𐤊𐤍 𐤔𐤋𐤅 𐤀𐤄𐤋 𐤔𐤊𐤍 𐤁𐤀𐤃𐤌•
𐤎𐤀 𐤅𐤉𐤕𐤍 𐤋𐤔𐤁𐤉 𐤏𐤆𐤅 𐤅𐤕𐤐𐤀𐤓𐤕𐤅 𐤁𐤉𐤃 𐤑𐤓•
𐤎𐤁 𐤅𐤉𐤎𐤂𐤓 𐤋𐤇𐤓𐤁 𐤏𐤌𐤅 𐤅𐤁𐤍𐤇𐤋𐤕𐤅 𐤄𐤕𐤏𐤁𐤓•
𐤎𐤂 𐤁𐤇𐤅𐤓𐤉𐤅 𐤀𐤊𐤋𐤄 𐤀𐤔 𐤅𐤁𐤕𐤅𐤋𐤕𐤉𐤅 𐤋𐤀 𐤄𐤅𐤋𐤋𐤅•
𐤎𐤃 𐤊𐤄𐤍𐤉𐤅 𐤁𐤇𐤓𐤁 𐤍𐤐𐤋𐤅 𐤅𐤀𐤋𐤌𐤍𐤕𐤉𐤅 𐤋𐤀 𐤕𐤁𐤊𐤉𐤍𐤄•
𐤎𐤄 𐤅𐤉𐤒𐤑 𐤊𐤉𐤔𐤍 𐤀𐤃𐤍𐤉 𐤊𐤂𐤁𐤅𐤓 𐤌𐤕𐤓𐤅𐤍𐤍 𐤌𐤉𐤉𐤍•
𐤎𐤅 𐤅𐤉𐤊 𐤑𐤓𐤉𐤅 𐤀𐤇𐤅𐤓 𐤇𐤓𐤐𐤕 𐤏𐤅𐤋𐤌 𐤍𐤕𐤍 𐤋𐤌𐤅•
𐤎𐤆 𐤅𐤉𐤌𐤀𐤎 𐤁𐤀𐤄𐤋 𐤉𐤅𐤎𐤐 𐤅𐤁𐤔𐤁𐤈 𐤀𐤐𐤓𐤉𐤌 𐤋𐤀 𐤁𐤇𐤓•
𐤎𐤇 𐤅𐤉𐤁𐤇𐤓 𐤀𐤕 𐤔𐤁𐤈 𐤉𐤄𐤅𐤃𐤄 𐤀𐤕 𐤄𐤓 𐤑𐤉𐤅𐤍 𐤀𐤔𐤓 𐤀𐤄𐤁•
𐤎𐤈 𐤅𐤉𐤁𐤍 𐤊𐤌𐤅 𐤓𐤌𐤉𐤌 𐤌𐤒𐤃𐤔𐤅 𐤊𐤀𐤓𐤑 𐤉𐤎𐤃𐤄 𐤋𐤏𐤅𐤋𐤌•
𐤏 𐤅𐤉𐤁𐤇𐤓 𐤁𐤃𐤅𐤃 𐤏𐤁𐤃𐤅 𐤅𐤉𐤒𐤇𐤄𐤅 𐤌𐤌𐤊𐤋𐤀𐤕 𐤑𐤀𐤍•
𐤏𐤀 𐤌𐤀𐤇𐤓 𐤏𐤋𐤅𐤕 𐤄𐤁𐤉𐤀𐤅 𐤋𐤓𐤏𐤅𐤕 𐤁𐤉𐤏𐤒𐤁 𐤏𐤌𐤅 𐤅𐤁𐤉𐤔𐤓𐤀𐤋 𐤍𐤇𐤋𐤕𐤅•
𐤏𐤁 𐤅𐤉𐤓𐤏𐤌 𐤊𐤕𐤌 𐤋𐤁𐤁𐤅 𐤅𐤁𐤕𐤁𐤅𐤍𐤅𐤕 𐤊𐤐𐤉𐤅 𐤉𐤍𐤇𐤌•

𐤐𐤓𐤒 𐤏𐤈

𐤀 𐤌𐤆𐤌𐤅𐤓 𐤋𐤀𐤎𐤐 𐤀𐤋𐤄𐤉𐤌 𐤁𐤀𐤅 𐤂𐤅𐤉𐤌 𐤁𐤍𐤇𐤋𐤕𐤊 𐤈𐤌𐤀𐤅 𐤀𐤕 𐤄𐤉𐤊𐤋 𐤒𐤃𐤔𐤊
𐤔𐤌𐤅 𐤀𐤕 𐤉𐤓𐤅𐤔𐤋𐤌 𐤋𐤏𐤉𐤉𐤌•
𐤁 𐤍𐤕𐤍𐤅 𐤀𐤕 𐤍𐤁𐤋𐤕 𐤏𐤁𐤃𐤉𐤊 𐤌𐤀𐤊𐤋 𐤋𐤏𐤅𐤐 𐤄𐤔𐤌𐤉𐤌 𐤁𐤔𐤓 𐤇𐤎𐤉𐤃𐤉𐤊 𐤋𐤇𐤉𐤕𐤅
𐤀𐤓𐤑•
𐤂 𐤔𐤐𐤊𐤅 𐤃𐤌𐤌 𐤊𐤌𐤉𐤌 𐤎𐤁𐤉𐤁𐤅𐤕 𐤉𐤓𐤅𐤔𐤋𐤌 𐤅𐤀𐤉𐤍 𐤒𐤅𐤁𐤓•
𐤃 𐤄𐤉𐤉𐤍𐤅 𐤇𐤓𐤐𐤄 𐤋𐤔𐤊𐤍𐤉𐤍𐤅 𐤋𐤏𐤂 𐤅𐤒𐤋𐤎 𐤋𐤎𐤁𐤉𐤁𐤅𐤕𐤉𐤍𐤅•
𐤄 𐤏𐤃 𐤌𐤄 𐤉𐤄𐤅𐤄 𐤕𐤀𐤍𐤐 𐤋𐤍𐤑𐤇 𐤕𐤁𐤏𐤓 𐤊𐤌𐤅 𐤀𐤔 𐤒𐤍𐤀𐤕𐤊•
𐤅 𐤔𐤐𐤊 𐤇𐤌𐤕𐤊 𐤀𐤋 𐤄𐤂𐤅𐤉𐤌 𐤀𐤔𐤓 𐤋𐤀 𐤉𐤃𐤏𐤅𐤊 𐤅𐤏𐤋 𐤌𐤌𐤋𐤊𐤅𐤕 𐤀𐤔𐤓 𐤁𐤔𐤌𐤊
𐤋𐤀 𐤒𐤓𐤀𐤅•
𐤆 𐤊𐤉 𐤀𐤊𐤋 𐤀𐤕 𐤉𐤏𐤒𐤁 𐤅𐤀𐤕 𐤍𐤅𐤄𐤅 𐤄𐤔𐤌𐤅•
𐤇 𐤀𐤋 𐤕𐤆𐤊𐤓 𐤋𐤍𐤅 𐤏𐤅𐤍𐤕 𐤓𐤀𐤔𐤍𐤉𐤌 𐤌𐤄𐤓 𐤉𐤒𐤃𐤌𐤅𐤍𐤅 𐤓𐤇𐤌𐤉𐤊 𐤊𐤉 𐤃𐤋𐤅𐤍𐤅
𐤌𐤀𐤃•
𐤈 𐤏𐤆𐤓𐤍𐤅 𐤀𐤋𐤄𐤉 𐤉𐤔𐤏𐤍𐤅 𐤏𐤋 𐤃𐤁𐤓 𐤊𐤁𐤅𐤃 𐤔𐤌𐤊 𐤅𐤄𐤑𐤉𐤋𐤍𐤅 𐤅𐤊𐤐𐤓 𐤏𐤋
𐤇𐤈𐤀𐤕𐤉𐤍𐤅 𐤋𐤌𐤏𐤍 𐤔𐤌𐤊•
𐤉 𐤋𐤌𐤄 𐤉𐤀𐤌𐤓𐤅 𐤄𐤂𐤅𐤉𐤌 𐤀𐤉𐤄 𐤀𐤋𐤄𐤉𐤄𐤌 𐤉𐤅𐤃𐤏 𐤁𐤂𐤉𐤉𐤌 [𐤁𐤂𐤅𐤉𐤌]
𐤋𐤏𐤉𐤍𐤉𐤍𐤅 𐤍𐤒𐤌𐤕 𐤃𐤌 𐤏𐤁𐤃𐤉𐤊 𐤄𐤔𐤐𐤅𐤊•

𐤉𐤀 𐤕𐤁𐤅𐤀 𐤋𐤐𐤍𐤉𐤊 𐤀𐤍𐤒𐤕 𐤀𐤎𐤉𐤓 𐤊𐤂𐤃𐤋 𐤆𐤓𐤅𐤏𐤊 𐤄𐤅𐤕𐤓 𐤁𐤍𐤉 𐤕𐤌𐤅𐤕𐤄•

𐤉𐤁 𐤅𐤄𐤔𐤁 𐤋𐤔𐤊𐤍𐤉𐤍𐤅 𐤔𐤁𐤏𐤕𐤉𐤌 𐤀𐤋 𐤇𐤉𐤒𐤌 𐤇𐤓𐤐𐤕𐤌 𐤀𐤔𐤓 𐤇𐤓𐤐𐤅𐤊 𐤀𐤃𐤍𐤉•

𐤉𐤂 𐤅𐤀𐤍𐤇𐤍𐤅 𐤏𐤌𐤊 𐤅𐤑𐤀𐤍 𐤌𐤓𐤏𐤉𐤕𐤊 𐤍𐤅𐤃𐤄 𐤋𐤊 𐤋𐤏𐤅𐤋𐤌 𐤋𐤃𐤓 𐤅𐤃𐤓 𐤍𐤎𐤐𐤓
𐤕𐤄𐤋𐤕𐤊•

𐤐𐤓𐤒 𐤐

𐤀 𐤋𐤌𐤍𐤑𐤇 𐤀𐤋 𐤔𐤔𐤍𐤉𐤌 𐤏𐤃𐤅𐤕 𐤋𐤀𐤎𐤐 𐤌𐤆𐤌𐤅𐤓•

𐤁 𐤓𐤏𐤄 𐤉𐤔𐤓𐤀𐤋 𐤄𐤀𐤆𐤉𐤍𐤄 𐤍𐤄𐤂 𐤊𐤑𐤀𐤍 𐤉𐤅𐤎𐤐 𐤉𐤔𐤁 𐤄𐤊𐤓𐤅𐤁𐤉𐤌
𐤄𐤅𐤐𐤉𐤏𐤄•

𐤂 𐤋𐤐𐤍𐤉 𐤀𐤐𐤓𐤉𐤌 𐤅𐤁𐤍𐤉𐤌𐤍 𐤅𐤌𐤍𐤔𐤄 𐤏𐤅𐤓𐤓𐤄 𐤀𐤕 𐤂𐤁𐤅𐤓𐤕𐤊 𐤅𐤋𐤊𐤄
𐤋𐤉𐤔𐤏𐤕𐤄 𐤋𐤍𐤅•

𐤃 𐤀𐤋𐤄𐤉𐤌 𐤄𐤔𐤉𐤁𐤍𐤅 𐤅𐤄𐤀𐤓 𐤐𐤍𐤉𐤊 𐤅𐤍𐤅𐤔𐤏𐤄•

𐤄 𐤉𐤄𐤅𐤄 𐤀𐤋𐤄𐤉𐤌 𐤑𐤁𐤀𐤅𐤕 𐤏𐤃 𐤌𐤕𐤉 𐤏𐤔𐤍𐤕 𐤁𐤕𐤐𐤋𐤕 𐤏𐤌𐤊•

𐤅 𐤄𐤀𐤊𐤋𐤕𐤌 𐤋𐤇𐤌 𐤃𐤌𐤏𐤄 𐤅𐤕𐤔𐤒𐤌𐤅 𐤁𐤃𐤌𐤏𐤅𐤕 𐤔𐤋𐤉𐤔•

𐤆 𐤕𐤔𐤉𐤌𐤍𐤅 𐤌𐤃𐤅𐤍 𐤋𐤔𐤊𐤍𐤉𐤍𐤅 𐤅𐤀𐤉𐤁𐤉𐤍𐤅 𐤉𐤋𐤏𐤂𐤅 𐤋𐤌𐤅•

𐤇 𐤀𐤋𐤄𐤉𐤌 𐤑𐤁𐤀𐤅𐤕 𐤄𐤔𐤉𐤁𐤍𐤅 𐤅𐤄𐤀𐤓 𐤐𐤍𐤉𐤊 𐤅𐤍𐤅𐤔𐤏𐤄•

𐤈 𐤂𐤐𐤍 𐤌𐤌𐤑𐤓𐤉𐤌 𐤕𐤎𐤉𐤏 𐤕𐤂𐤓𐤔 𐤂𐤅𐤉𐤌 𐤅𐤕𐤈𐤏𐤄•

𐤉 𐤐𐤍𐤉𐤕 𐤋𐤐𐤍𐤉𐤄 𐤅𐤕𐤔𐤓𐤔 𐤔𐤓𐤔𐤉𐤄 𐤅𐤕𐤌𐤋𐤀 𐤀𐤓𐤑•

𐤉𐤀 𐤊𐤎𐤅 𐤄𐤓𐤉𐤌 𐤑𐤋𐤄 𐤅𐤏𐤍𐤐𐤉𐤄 𐤀𐤓𐤆𐤉 𐤀𐤋•

𐤉𐤁 𐤕𐤔𐤋𐤇 𐤒𐤑𐤉𐤓𐤉𐤄 𐤏𐤃 𐤉𐤌 𐤅𐤀𐤋 𐤍𐤄𐤓 𐤉𐤅𐤍𐤒𐤅𐤕𐤉𐤄•

𐤉𐤂 𐤋𐤌𐤄 𐤐𐤓𐤑𐤕 𐤂𐤃𐤓𐤉𐤄 𐤅𐤀𐤓𐤅𐤄 𐤊𐤋 𐤏𐤁𐤓𐤉 𐤃𐤓𐤊•

𐤉𐤃 𐤉𐤊𐤓𐤎𐤌𐤍𐤄 𐤇𐤆𐤉𐤓 𐤌𐤉𐤏𐤓 𐤅𐤆𐤉𐤆 𐤔𐤃𐤉 𐤉𐤓𐤏𐤍𐤄•

𐤈𐤅 𐤀𐤋𐤄𐤉𐤌 𐤑𐤁𐤀𐤅𐤕 𐤔𐤅𐤁 𐤍𐤀 𐤄𐤁𐤈 𐤌𐤔𐤌𐤉𐤌 𐤅𐤓𐤀𐤄 𐤅𐤐𐤒𐤃 𐤂𐤐𐤍 𐤆𐤀𐤕•

𐤈𐤆 𐤅𐤊𐤍𐤄 𐤀𐤔𐤓 𐤍𐤈𐤏𐤄 𐤉𐤌𐤉𐤍𐤊 𐤅𐤏𐤋 𐤁𐤍 𐤀𐤌𐤑𐤕𐤄 𐤋𐤊•

𐤉𐤆 𐤔𐤓𐤐𐤄 𐤁𐤀𐤔 𐤊𐤎𐤅𐤇𐤄 𐤌𐤂𐤏𐤓𐤕 𐤐𐤍𐤉𐤊 𐤉𐤀𐤁𐤃𐤅•

𐤉𐤇 𐤕𐤄𐤉 𐤉𐤃𐤊 𐤏𐤋 𐤀𐤉𐤔 𐤉𐤌𐤉𐤍𐤊 𐤏𐤋 𐤁𐤍 𐤀𐤃𐤌 𐤀𐤌𐤑𐤕 𐤋𐤊•

𐤉𐤈 𐤅𐤋𐤀 𐤍𐤎𐤅𐤂 𐤌𐤌𐤊 𐤕𐤇𐤉𐤍𐤅 𐤅𐤁𐤔𐤌𐤊 𐤍𐤒𐤓𐤀•

𐤊 𐤉𐤄𐤅𐤄 𐤀𐤋𐤄𐤉𐤌 𐤑𐤁𐤀𐤅𐤕 𐤄𐤔𐤉𐤁𐤍𐤅 𐤄𐤀𐤓 𐤐𐤍𐤉𐤊 𐤅𐤍𐤅𐤔𐤏𐤄•

𐤐𐤓𐤒 𐤐𐤀

𐤀 𐤋𐤌𐤍𐤑𐤇 𐤏𐤋 𐤄𐤂𐤕𐤉𐤕 𐤋𐤀𐤎𐤐•

𐤁 𐤄𐤓𐤍𐤉𐤍𐤅 𐤋𐤀𐤋𐤄𐤉𐤌 𐤏𐤅𐤆𐤍𐤅 𐤄𐤓𐤉𐤏𐤅 𐤋𐤀𐤋𐤄𐤉 𐤉𐤏𐤒𐤁•

𐤂 𐤔𐤀𐤅 𐤆𐤌𐤓𐤄 𐤅𐤕𐤍𐤅 𐤕𐤐 𐤊𐤍𐤅𐤓 𐤍𐤏𐤉𐤌 𐤏𐤌 𐤍𐤁𐤋•

𐤕𐤄𐤉𐤋𐤉𐤌

𐤃 𐤕𐤒𐤏𐤅 𐤁𐤇𐤃𐤔 𐤔𐤅𐤐𐤓 𐤁𐤊𐤎𐤄 𐤋𐤉𐤅𐤌 𐤇𐤂𐤍𐤅•

𐤄 𐤊𐤉 𐤇𐤒 𐤋𐤉𐤔𐤓𐤀𐤋 𐤄𐤅𐤀 𐤌𐤔𐤐𐤈 𐤋𐤀𐤋𐤄𐤉 𐤉𐤏𐤒𐤁•

𐤅 𐤏𐤃𐤅𐤕 𐤁𐤉𐤄𐤅𐤎𐤐 𐤔𐤌𐤅 𐤁𐤑𐤀𐤕𐤅 𐤏𐤋 𐤀𐤓𐤑 𐤌𐤑𐤓𐤉𐤌 𐤔𐤐𐤕 𐤋𐤀 𐤉𐤃𐤏𐤕𐤉 𐤀𐤔𐤌𐤏•

𐤆 𐤄𐤎𐤉𐤓𐤅𐤕𐤉 𐤌𐤎𐤁𐤋 𐤔𐤊𐤌𐤅 𐤊𐤐𐤉𐤅 𐤌𐤃𐤅𐤃 𐤕𐤏𐤁𐤓𐤍𐤄•

𐤇 𐤁𐤑𐤓𐤄 𐤒𐤓𐤀𐤕 𐤅𐤀𐤇𐤋𐤑𐤊 𐤀𐤏𐤍𐤊 𐤁𐤎𐤕𐤓 𐤓𐤏𐤌 𐤀𐤁𐤇𐤍𐤊 𐤏𐤋 𐤌𐤉 𐤌𐤓𐤉𐤁𐤄 𐤎𐤋𐤄•

𐤈 𐤔𐤌𐤏 𐤏𐤌𐤉 𐤅𐤀𐤏𐤉𐤃𐤄 𐤁𐤊 𐤉𐤔𐤓𐤀𐤋 𐤀𐤌 𐤕𐤔𐤌𐤏 𐤋𐤉•

𐤉 𐤋𐤀 𐤉𐤄𐤉𐤄 𐤁𐤊 𐤀𐤋 𐤆𐤓 𐤅𐤋𐤀 𐤕𐤔𐤕𐤇𐤅𐤄 𐤋𐤀𐤋 𐤍𐤊𐤓•

𐤉𐤀 𐤀𐤍𐤊𐤉 𐤉𐤄𐤅𐤄 𐤀𐤋𐤄𐤉𐤊 𐤄𐤌𐤏𐤋𐤊 𐤌𐤀𐤓𐤑 𐤌𐤑𐤓𐤉𐤌 𐤄𐤓𐤇𐤁 𐤐𐤉𐤊 𐤅𐤀𐤌𐤋𐤀𐤄𐤅•

𐤉𐤁 𐤅𐤋𐤀 𐤔𐤌𐤏 𐤏𐤌𐤉 𐤋𐤒𐤅𐤋𐤉 𐤅𐤉𐤔𐤓𐤀𐤋 𐤋𐤀 𐤀𐤁𐤄 𐤋𐤉•

𐤉𐤂 𐤅𐤀𐤔𐤋𐤇𐤄𐤅 𐤁𐤔𐤓𐤉𐤓𐤅𐤕 𐤋𐤁𐤌 𐤉𐤋𐤊𐤅 𐤁𐤌𐤅𐤏𐤑𐤅𐤕𐤉𐤄𐤌•

𐤉𐤃 𐤋𐤅 𐤏𐤌𐤉 𐤔𐤌𐤏 𐤋𐤉 𐤉𐤔𐤓𐤀𐤋 𐤁𐤃𐤓𐤊𐤉 𐤉𐤄𐤋𐤊𐤅•

𐤈𐤅 𐤊𐤌𐤏𐤈 𐤀𐤅𐤉𐤁𐤉𐤄𐤌 𐤀𐤊𐤍𐤉𐤏 𐤅𐤏𐤋 𐤑𐤓𐤉𐤄𐤌 𐤀𐤔𐤉𐤁 𐤉𐤃𐤉•

𐤈𐤆 𐤌𐤔𐤍𐤀𐤉 𐤉𐤄𐤅𐤄 𐤉𐤊𐤇𐤔𐤅 𐤋𐤅 𐤅𐤉𐤄𐤉 𐤏𐤕𐤌 𐤋𐤏𐤅𐤋𐤌•

𐤉𐤆 𐤅𐤉𐤀𐤊𐤉𐤋𐤄𐤅 𐤌𐤇𐤋𐤁 𐤇𐤈𐤄 𐤅𐤌𐤑𐤅𐤓 𐤃𐤁𐤔 𐤀𐤔𐤁𐤉𐤏𐤊•

𐤐𐤓𐤒 𐤐𐤁

𐤀 𐤌𐤆𐤌𐤅𐤓 𐤋𐤀𐤎𐤐 𐤀𐤋𐤄𐤉𐤌 𐤍𐤑𐤁 𐤁𐤏𐤃𐤕 𐤀𐤋 𐤁𐤒𐤓𐤁 𐤀𐤋𐤄𐤉𐤌 𐤉𐤔𐤐𐤈•

𐤁 𐤏𐤃 𐤌𐤕𐤉 𐤕𐤔𐤐𐤈𐤅 𐤏𐤅𐤋 𐤅𐤐𐤍𐤉 𐤓𐤔𐤏𐤉𐤌 𐤕𐤔𐤀𐤅 𐤎𐤋𐤄•

𐤂 𐤔𐤐𐤈𐤅 𐤃𐤋 𐤅𐤉𐤕𐤅𐤌 𐤏𐤍𐤉 𐤅𐤓𐤔 𐤄𐤑𐤃𐤉𐤒𐤅•

𐤃 𐤐𐤋𐤈𐤅 𐤃𐤋 𐤅𐤀𐤁𐤉𐤅𐤍 𐤌𐤉𐤃 𐤓𐤔𐤏𐤉𐤌 𐤄𐤑𐤉𐤋𐤅•

𐤄 𐤋𐤀 𐤉𐤃𐤏𐤅 𐤅𐤋𐤀 𐤉𐤁𐤉𐤍𐤅 𐤁𐤇𐤔𐤊𐤄 𐤉𐤕𐤄𐤋𐤊𐤅 𐤉𐤌𐤅𐤈𐤅 𐤊𐤋 𐤌𐤅𐤎𐤃𐤉 𐤀𐤓𐤑•

𐤅 𐤀𐤍𐤉 𐤀𐤌𐤓𐤕𐤉 𐤀𐤋𐤄𐤉𐤌 𐤀𐤕𐤌 𐤅𐤁𐤍𐤉 𐤏𐤋𐤉𐤅𐤍 𐤊𐤋𐤊𐤌•

𐤆 𐤀𐤊𐤍 𐤊𐤀𐤃𐤌 𐤕𐤌𐤅𐤕𐤅𐤍 𐤅𐤊𐤀𐤇𐤃 𐤄𐤔𐤓𐤉𐤌 𐤕𐤐𐤋𐤅•

𐤇 𐤒𐤅𐤌𐤄 𐤀𐤋𐤄𐤉𐤌 𐤔𐤐𐤈𐤄 𐤄𐤀𐤓𐤑 𐤊𐤉 𐤀𐤕𐤄 𐤕𐤍𐤇𐤋 𐤁𐤊𐤋 𐤄𐤂𐤅𐤉𐤌•

𐤐𐤓𐤒 𐤐𐤂

𐤀 𐤔𐤉𐤓 𐤌𐤆𐤌𐤅𐤓 𐤋𐤀𐤎𐤐•

𐤁 𐤀𐤋𐤄𐤉𐤌 𐤀𐤋 𐤃𐤌𐤉 𐤋𐤊 𐤀𐤋 𐤕𐤇𐤓𐤔 𐤅𐤀𐤋 𐤕𐤔𐤒𐤈 𐤀𐤋•

𐤂 𐤊𐤉 𐤄𐤍𐤄 𐤀𐤅𐤉𐤁𐤉𐤊 𐤉𐤄𐤌𐤉𐤅𐤍 𐤅𐤌𐤔𐤍𐤀𐤉𐤊 𐤍𐤔𐤀𐤅 𐤓𐤀𐤔•

𐤃 𐤏𐤋 𐤏𐤌𐤊 𐤉𐤏𐤓𐤉𐤌𐤅 𐤎𐤅𐤃 𐤅𐤉𐤕𐤉𐤏𐤑𐤅 𐤏𐤋 𐤑𐤐𐤅𐤍𐤉𐤊•

𐤕𐤄𐤉𐤋𐤉𐤌

𐤄 𐤀𐤌𐤓𐤅 𐤋𐤊𐤅 𐤅𐤍𐤊𐤇𐤉𐤃𐤌 𐤌𐤂𐤅𐤉 𐤅𐤋𐤀 𐤉𐤆𐤊𐤓 𐤔𐤌 𐤉𐤔𐤓𐤀𐤋 𐤏𐤅𐤃•
𐤅 𐤊𐤉 𐤍𐤅𐤏𐤑𐤅 𐤋𐤁 𐤉𐤇𐤃𐤅 𐤏𐤋𐤉𐤊 𐤁𐤓𐤉𐤕 𐤉𐤊𐤓𐤕𐤅•
𐤆 𐤀𐤄𐤋𐤉 𐤀𐤃𐤅𐤌 𐤅𐤉𐤔𐤌𐤏𐤀𐤋𐤉𐤌 𐤌𐤅𐤀𐤁 𐤅𐤄𐤂𐤓𐤉𐤌•
𐤇 𐤂𐤁𐤋 𐤅𐤏𐤌𐤅𐤍 𐤅𐤏𐤌𐤋𐤒 𐤐𐤋𐤔𐤕 𐤏𐤌 𐤉𐤔𐤁𐤉 𐤑𐤅𐤓•
𐤈 𐤂𐤌 𐤀𐤔𐤅𐤓 𐤍𐤋𐤅𐤄 𐤏𐤌𐤌 𐤄𐤉𐤅 𐤆𐤓𐤅𐤏 𐤋𐤁𐤍𐤉 𐤋𐤅𐤈 𐤎𐤋𐤄•
𐤉 𐤏𐤔𐤄 𐤋𐤄𐤌 𐤊𐤌𐤃𐤉𐤍 𐤊𐤎𐤉𐤎𐤓𐤀 𐤊𐤉𐤁𐤉𐤍 𐤁𐤍𐤇𐤋 𐤒𐤉𐤔𐤅𐤍•
𐤉𐤀 𐤍𐤔𐤌𐤃𐤅 𐤁𐤏𐤉𐤍 𐤃𐤀𐤓 𐤄𐤉𐤅 𐤃𐤌𐤍 𐤋𐤀𐤃𐤌𐤄•
𐤉𐤁 𐤔𐤉𐤕𐤌𐤅 𐤍𐤃𐤉𐤁𐤌𐤅 𐤊𐤏𐤓𐤁 𐤅𐤊𐤆𐤀𐤁 𐤅𐤊𐤆𐤁𐤇 𐤅𐤊𐤑𐤋𐤌𐤍𐤏 𐤊𐤋 𐤍𐤎𐤉𐤊𐤌𐤅•
𐤉𐤂 𐤀𐤔𐤓 𐤀𐤌𐤓𐤅 𐤍𐤉𐤓𐤔𐤄 𐤋𐤍𐤅 𐤀𐤕 𐤍𐤀𐤅𐤕 𐤀𐤋𐤄𐤉𐤌•
𐤉𐤃 𐤀𐤋𐤄𐤉 𐤔𐤉𐤕𐤌𐤅 𐤊𐤂𐤋𐤂𐤋 𐤊𐤒𐤔 𐤋𐤐𐤍𐤉 𐤓𐤅𐤇•
𐤈𐤅 𐤊𐤀𐤔 𐤕𐤁𐤏𐤓 𐤉𐤏𐤓 𐤅𐤊𐤋𐤄𐤁𐤄 𐤕𐤋𐤄𐤈 𐤄𐤓𐤉𐤌•
𐤈𐤆 𐤊𐤍 𐤕𐤓𐤃𐤐𐤌 𐤁𐤎𐤏𐤓𐤊 𐤅𐤁𐤎𐤅𐤐𐤕𐤊 𐤕𐤁𐤄𐤋𐤌•
𐤉𐤆 𐤌𐤋𐤀 𐤐𐤍𐤉𐤄𐤌 𐤒𐤋𐤅𐤍 𐤅𐤉𐤁𐤒𐤔𐤅 𐤔𐤌𐤊 𐤉𐤄𐤅𐤄•
𐤉𐤇 𐤉𐤁𐤔𐤅 𐤅𐤉𐤁𐤄𐤋𐤅 𐤏𐤃𐤉 𐤏𐤃 𐤅𐤉𐤇𐤐𐤓𐤅 𐤅𐤉𐤀𐤁𐤃𐤅•
𐤉𐤈 𐤅𐤉𐤃𐤏𐤅 𐤊𐤉 𐤀𐤕𐤄 𐤔𐤌𐤊 𐤉𐤄𐤅𐤄 𐤋𐤁𐤃𐤊 𐤏𐤋𐤉𐤅𐤍 𐤏𐤋 𐤊𐤋 𐤄𐤀𐤓𐤑•

𐤐𐤓𐤒 𐤐𐤃

𐤀 𐤋𐤌𐤍𐤑𐤇 𐤏𐤋 𐤄𐤂𐤕𐤉𐤕 𐤋𐤁𐤍𐤉 𐤒𐤓𐤇 𐤌𐤆𐤌𐤅𐤓•
𐤁 𐤌𐤄 𐤉𐤃𐤉𐤃𐤅𐤕 𐤌𐤔𐤊𐤍𐤅𐤕𐤉𐤊 𐤉𐤄𐤅𐤄 𐤑𐤁𐤀𐤅𐤕•
𐤂 𐤍𐤊𐤎𐤐𐤄 𐤅𐤂𐤌 𐤊𐤋𐤕𐤄 𐤍𐤐𐤔𐤉 𐤋𐤇𐤑𐤓𐤅𐤕 𐤉𐤄𐤅𐤄 𐤋𐤁𐤉 𐤅𐤁𐤔𐤓𐤉 𐤉𐤓𐤍𐤍𐤅 𐤀𐤋
𐤀𐤋 𐤇𐤉•
𐤃 𐤂𐤌 𐤑𐤐𐤅𐤓 𐤌𐤑𐤀𐤄 𐤁𐤉𐤕 𐤅𐤃𐤓𐤅𐤓 𐤒𐤍 𐤋𐤄 𐤀𐤔𐤓 𐤔𐤕𐤄 𐤀𐤐𐤓𐤇𐤉𐤄 𐤀𐤕
𐤌𐤆𐤁𐤇𐤅𐤕𐤉𐤊 𐤉𐤄𐤅𐤄 𐤑𐤁𐤀𐤅𐤕 𐤌𐤋𐤊𐤉 𐤅𐤀𐤋𐤄𐤉•
𐤄 𐤀𐤔𐤓𐤉 𐤉𐤅𐤔𐤁𐤉 𐤁𐤉𐤕𐤊 𐤏𐤅𐤃 𐤉𐤄𐤋𐤋𐤅𐤊 𐤎𐤋𐤄•
𐤅 𐤀𐤔𐤓𐤉 𐤀𐤃𐤌 𐤏𐤅𐤆 𐤋𐤅 𐤁𐤊 𐤌𐤎𐤋𐤅𐤕 𐤁𐤋𐤁𐤁𐤌•
𐤆 𐤏𐤁𐤓𐤉 𐤁𐤏𐤌𐤒 𐤄𐤁𐤊𐤀 𐤌𐤏𐤉𐤍 𐤉𐤔𐤉𐤕𐤅𐤄𐤅 𐤂𐤌 𐤁𐤓𐤊𐤅𐤕 𐤉𐤏𐤈𐤄 𐤌𐤅𐤓𐤄•
𐤇 𐤉𐤋𐤊𐤅 𐤌𐤇𐤉𐤋 𐤀𐤋 𐤇𐤉𐤋 𐤉𐤓𐤀𐤄 𐤀𐤋 𐤀𐤋𐤄𐤉𐤌 𐤁𐤑𐤉𐤅𐤍•
𐤈 𐤉𐤄𐤅𐤄 𐤀𐤋𐤄𐤉𐤌 𐤑𐤁𐤀𐤅𐤕 𐤔𐤌𐤏𐤄 𐤕𐤐𐤋𐤕𐤉 𐤄𐤀𐤆𐤉𐤍𐤄 𐤀𐤋𐤄𐤉 𐤉𐤏𐤒𐤁
𐤎𐤋𐤄•
𐤉 𐤌𐤂𐤍𐤍𐤅 𐤓𐤀𐤄 𐤀𐤋𐤄𐤉𐤌 𐤅𐤄𐤁𐤈 𐤐𐤍𐤉 𐤌𐤔𐤉𐤇𐤊•
𐤉𐤀 𐤊𐤉 𐤈𐤅𐤁 𐤉𐤅𐤌 𐤁𐤇𐤑𐤓𐤉𐤊 𐤌𐤀𐤋𐤐 𐤁𐤇𐤓𐤕𐤉 𐤄𐤎𐤕𐤅𐤐𐤐 𐤁𐤁𐤉𐤕 𐤀𐤋𐤄𐤉 𐤌𐤃𐤅𐤓
𐤁𐤀𐤄𐤋𐤉 𐤓𐤔𐤏•
𐤉𐤁 𐤊𐤉 𐤔𐤌𐤔 𐤅𐤌𐤂𐤍 𐤉𐤄𐤅𐤄 𐤀𐤋𐤄𐤉𐤌 𐤇𐤍 𐤅𐤊𐤁𐤅𐤃 𐤉𐤕𐤍 𐤉𐤄𐤅𐤄 𐤋𐤀 𐤉𐤌𐤍𐤏

𐤕𐤄𐤉𐤋𐤉𐤌

𐤈𐤅𐤁 𐤋𐤄𐤋𐤊𐤉𐤌 𐤁𐤕𐤌𐤉𐤌.
𐤉𐤂 𐤉𐤄𐤅𐤄 𐤑𐤁𐤀𐤅𐤕 𐤀𐤔𐤓𐤉 𐤀𐤃𐤌 𐤁𐤈𐤇 𐤁𐤊.

𐤐𐤓𐤒 𐤐𐤄

𐤀 𐤋𐤌𐤍𐤑𐤇 𐤋𐤁𐤍𐤉 𐤒𐤓𐤇 𐤌𐤆𐤌𐤅𐤓.
𐤁 𐤓𐤑𐤉𐤕 𐤉𐤄𐤅𐤄 𐤀𐤓𐤑𐤊 𐤔𐤁𐤕 𐤔𐤁𐤅𐤕 [𐤔𐤁𐤉𐤕] 𐤉𐤏𐤒𐤁.
𐤂 𐤍𐤔𐤀𐤕 𐤏𐤅𐤍 𐤏𐤌𐤊 𐤊𐤎𐤉𐤕 𐤊𐤋 𐤇𐤈𐤀𐤕𐤌 𐤎𐤋𐤄.
𐤃 𐤀𐤎𐤐𐤕 𐤊𐤋 𐤏𐤁𐤓𐤕𐤊 𐤄𐤔𐤉𐤁𐤅𐤕 𐤌𐤇𐤓𐤅𐤍 𐤀𐤐𐤊.
𐤄 𐤔𐤅𐤁𐤍𐤅 𐤀𐤋𐤄𐤉 𐤉𐤔𐤏𐤍𐤅 𐤅𐤄𐤐𐤓 𐤊𐤏𐤎𐤊 𐤏𐤌𐤍𐤅.
𐤅 𐤄𐤋𐤏𐤅𐤋𐤌 𐤕𐤀𐤍𐤐 𐤁𐤍𐤅 𐤕𐤌𐤔𐤊 𐤀𐤐𐤊 𐤋𐤃𐤓 𐤅𐤃𐤓.
𐤆 𐤄𐤋𐤀 𐤀𐤕𐤄 𐤕𐤔𐤅𐤁 𐤕𐤇𐤉𐤍𐤅 𐤅𐤏𐤌𐤊 𐤉𐤔𐤌𐤇𐤅 𐤁𐤊.
𐤇 𐤄𐤓𐤀𐤍𐤅 𐤉𐤄𐤅𐤄 𐤇𐤎𐤃𐤊 𐤅𐤉𐤔𐤏𐤊 𐤕𐤕𐤍 𐤋𐤍𐤅.
𐤈 𐤀𐤔𐤌𐤏𐤄 𐤌𐤄 𐤉𐤃𐤁𐤓 𐤄𐤀𐤋 𐤉𐤄𐤅𐤄 𐤊𐤉 𐤉𐤃𐤁𐤓 𐤔𐤋𐤅𐤌 𐤀𐤋 𐤏𐤌𐤅 𐤅𐤀𐤋
𐤇𐤎𐤉𐤃𐤉𐤅 𐤅𐤀𐤋 𐤉𐤔𐤅𐤁𐤅 𐤋𐤊𐤎𐤋𐤄.
𐤉 𐤀𐤊 𐤒𐤓𐤅𐤁 𐤋𐤉𐤓𐤀𐤉𐤅 𐤉𐤔𐤏𐤅 𐤋𐤔𐤊𐤍 𐤊𐤁𐤅𐤃 𐤁𐤀𐤓𐤑𐤍𐤅.
𐤉𐤀 𐤇𐤎𐤃 𐤅𐤀𐤌𐤕 𐤍𐤐𐤂𐤔𐤅 𐤑𐤃𐤒 𐤅𐤔𐤋𐤅𐤌 𐤍𐤔𐤒𐤅.
𐤉𐤁 𐤀𐤌𐤕 𐤌𐤀𐤓𐤑 𐤕𐤑𐤌𐤇 𐤅𐤑𐤃𐤒 𐤌𐤔𐤌𐤉𐤌 𐤍𐤔𐤒𐤐.
𐤉𐤂 𐤂𐤌 𐤉𐤄𐤅𐤄 𐤉𐤕𐤍 𐤄𐤈𐤅𐤁 𐤅𐤀𐤓𐤑𐤍𐤅 𐤕𐤕𐤍 𐤉𐤁𐤅𐤋𐤄.
𐤉𐤃 𐤑𐤃𐤒 𐤋𐤐𐤍𐤉𐤅 𐤉𐤄𐤋𐤊 𐤅𐤉𐤔𐤌 𐤋𐤃𐤓𐤊 𐤐𐤏𐤌𐤉𐤅.

𐤐𐤓𐤒 𐤐𐤅

𐤀 𐤕𐤐𐤋𐤄 𐤋𐤃𐤅𐤃 𐤄𐤈𐤄 𐤉𐤄𐤅𐤄 𐤀𐤆𐤍𐤊 𐤏𐤍𐤍𐤉 𐤊𐤉 𐤏𐤍𐤉 𐤅𐤀𐤁𐤉𐤅𐤍 𐤀𐤍𐤉.
𐤁 𐤔𐤌𐤓𐤄 𐤍𐤐𐤔𐤉 𐤊𐤉 𐤇𐤎𐤉𐤃 𐤀𐤍𐤉 𐤄𐤅𐤔𐤏 𐤏𐤁𐤃𐤊 𐤀𐤕𐤄 𐤀𐤋𐤄𐤉 𐤄𐤁𐤅𐤈𐤇
𐤀𐤋𐤉𐤊.
𐤂 𐤇𐤍𐤍𐤉 𐤀𐤃𐤍𐤉 𐤊𐤉 𐤀𐤋𐤉𐤊 𐤀𐤒𐤓𐤀 𐤊𐤋 𐤄𐤉𐤅𐤌.
𐤃 𐤔𐤌𐤇 𐤍𐤐𐤔 𐤏𐤁𐤃𐤊 𐤊𐤉 𐤀𐤋𐤉𐤊 𐤀𐤃𐤍𐤉 𐤍𐤐𐤔𐤉 𐤀𐤔𐤀.
𐤄 𐤊𐤉 𐤀𐤕𐤄 𐤀𐤃𐤍𐤉 𐤈𐤅𐤁 𐤅𐤎𐤋𐤇 𐤅𐤓𐤁 𐤇𐤎𐤃 𐤋𐤊𐤋 𐤒𐤓𐤀𐤉𐤊.
𐤅 𐤄𐤀𐤆𐤉𐤍𐤄 𐤉𐤄𐤅𐤄 𐤕𐤐𐤋𐤕𐤉 𐤅𐤄𐤒𐤔𐤉𐤁𐤄 𐤁𐤒𐤅𐤋 𐤕𐤇𐤍𐤅𐤍𐤅𐤕𐤉.
𐤆 𐤁𐤉𐤅𐤌 𐤑𐤓𐤕𐤉 𐤀𐤒𐤓𐤀𐤊 𐤊𐤉 𐤕𐤏𐤍𐤍𐤉.
𐤇 𐤀𐤉𐤍 𐤊𐤌𐤅𐤊 𐤁𐤀𐤋𐤄𐤉𐤌 𐤀𐤃𐤍𐤉 𐤅𐤀𐤉𐤍 𐤊𐤌𐤏𐤔𐤉𐤊.
𐤈 𐤊𐤋 𐤂𐤅𐤉𐤌 𐤀𐤔𐤓 𐤏𐤔𐤉𐤕 𐤉𐤁𐤅𐤀𐤅 𐤅𐤉𐤔𐤕𐤇𐤅𐤅 𐤋𐤐𐤍𐤉𐤊 𐤀𐤃𐤍𐤉 𐤅𐤉𐤊𐤁𐤃𐤅
𐤋𐤔𐤌𐤊.
𐤉 𐤊𐤉 𐤂𐤃𐤅𐤋 𐤀𐤕𐤄 𐤅𐤏𐤔𐤄 𐤍𐤐𐤋𐤀𐤅𐤕 𐤀𐤕𐤄 𐤀𐤋𐤄𐤉𐤌 𐤋𐤁𐤃𐤊.

𐤕𐤄𐤉𐤋𐤉𐤌

𐤉𐤀 𐤄𐤅𐤓𐤍𐤉 𐤉𐤄𐤅𐤄 𐤃𐤓𐤊𐤊 𐤀𐤄𐤋𐤊 𐤁𐤀𐤌𐤕𐤊 𐤉𐤇𐤃 𐤋𐤁𐤁𐤉 𐤋𐤉𐤓𐤀𐤄 𐤔𐤌𐤊•
𐤉𐤁 𐤀𐤅𐤃𐤊 𐤀𐤃𐤍𐤉 𐤀𐤋𐤄𐤉 𐤁𐤊𐤋 𐤋𐤁𐤁𐤉 𐤅𐤀𐤊𐤁𐤃𐤄 𐤔𐤌𐤊 𐤋𐤏𐤅𐤋𐤌•
𐤉𐤂 𐤊𐤉 𐤇𐤎𐤃𐤊 𐤂𐤃𐤅𐤋 𐤏𐤋𐤉 𐤅𐤄𐤑𐤋𐤕 𐤍𐤐𐤔𐤉 𐤌𐤔𐤀𐤅𐤋 𐤕𐤇𐤕𐤉𐤄•
𐤉𐤃 𐤀𐤋𐤄𐤉𐤌 𐤆𐤃𐤉𐤌 𐤒𐤌𐤅 𐤏𐤋𐤉 𐤅𐤏𐤃𐤕 𐤏𐤓𐤉𐤑𐤉𐤌 𐤁𐤒𐤔𐤅 𐤍𐤐𐤔𐤉 𐤅𐤋𐤀
𐤔𐤌𐤅𐤊 𐤋𐤍𐤂𐤃𐤌•
𐤈𐤅 𐤅𐤀𐤕𐤄 𐤀𐤃𐤍𐤉 𐤀𐤋 𐤓𐤇𐤅𐤌 𐤅𐤇𐤍𐤅𐤍 𐤀𐤓𐤊 𐤀𐤐𐤉𐤌 𐤅𐤓𐤁 𐤇𐤎𐤃 𐤅𐤀𐤌𐤕•
𐤈𐤆 𐤐𐤍𐤄 𐤀𐤋𐤉 𐤅𐤇𐤍𐤍𐤉 𐤕𐤍𐤄 𐤏𐤆𐤊 𐤋𐤏𐤁𐤃𐤊 𐤅𐤄𐤅𐤔𐤉𐤏𐤄 𐤋𐤁𐤍 𐤀𐤌𐤕𐤊•
𐤉𐤆 𐤏𐤔𐤄 𐤏𐤌𐤉 𐤀𐤅𐤕 𐤋𐤈𐤅𐤁𐤄 𐤅𐤉𐤓𐤀𐤅 𐤔𐤍𐤀𐤉 𐤅𐤉𐤁𐤔𐤅 𐤊𐤉 𐤀𐤕𐤄 𐤉𐤄𐤅𐤄
𐤏𐤆𐤓𐤕𐤍𐤉 𐤅𐤍𐤇𐤌𐤕𐤍𐤉•

𐤐𐤓𐤒 𐤐𐤆

𐤀 𐤋𐤁𐤍𐤉 𐤒𐤓𐤇 𐤌𐤆𐤌𐤅𐤓 𐤔𐤉𐤓 𐤉𐤎𐤅𐤃𐤕𐤅 𐤁𐤄𐤓𐤓𐤉 𐤒𐤃𐤔•
𐤁 𐤀𐤄𐤁 𐤉𐤄𐤅𐤄 𐤔𐤏𐤓𐤉 𐤑𐤉𐤅𐤍 𐤌𐤊𐤋 𐤌𐤔𐤊𐤍𐤅𐤕 𐤉𐤏𐤒𐤁•
𐤂 𐤍𐤊𐤁𐤃𐤅𐤕 𐤌𐤃𐤁𐤓 𐤁𐤊 𐤏𐤉𐤓 𐤄𐤀𐤋𐤄𐤉𐤌 𐤎𐤋𐤄•
𐤃 𐤀𐤆𐤊𐤉𐤓 𐤓𐤄𐤁 𐤅𐤁𐤁𐤋 𐤋𐤉𐤃𐤏𐤉 𐤄𐤍𐤄 𐤐𐤋𐤔𐤕 𐤅𐤑𐤅𐤓 𐤏𐤌 𐤊𐤅𐤔 𐤆𐤄 𐤉𐤋𐤃
𐤔𐤌•
𐤄 𐤅𐤋𐤑𐤉𐤅𐤍 𐤉𐤀𐤌𐤓 𐤀𐤉𐤔 𐤅𐤀𐤉𐤔 𐤉𐤋𐤃 𐤁𐤄 𐤅𐤄𐤅𐤀 𐤉𐤊𐤅𐤍𐤍𐤄 𐤏𐤋𐤉𐤅𐤍•
𐤅 𐤉𐤄𐤅𐤄 𐤉𐤎𐤐𐤓 𐤁𐤊𐤕𐤅𐤁 𐤏𐤌𐤉𐤌 𐤆𐤄 𐤉𐤋𐤃 𐤔𐤌 𐤎𐤋𐤄•
𐤆 𐤅𐤔𐤓𐤉𐤌 𐤊𐤇𐤋𐤋𐤉𐤌 𐤊𐤋 𐤌𐤏𐤉𐤍𐤉 𐤁𐤊•

𐤐𐤓𐤒 𐤐𐤇

𐤀 𐤔𐤉𐤓 𐤌𐤆𐤌𐤅𐤓 𐤋𐤁𐤍𐤉 𐤒𐤓𐤇 𐤋𐤌𐤍𐤑𐤇 𐤏𐤋 𐤌𐤇𐤋𐤕 𐤋𐤏𐤍𐤅𐤕 𐤌𐤔𐤊𐤉𐤋 𐤋𐤄𐤉𐤌𐤍
𐤄𐤀𐤆𐤓𐤇𐤉•
𐤁 𐤉𐤄𐤅𐤄 𐤀𐤋𐤄𐤉 𐤉𐤔𐤅𐤏𐤕𐤉 𐤉𐤅𐤌 𐤑𐤏𐤒𐤕𐤉 𐤁𐤋𐤉𐤋𐤄 𐤍𐤂𐤃𐤊•
𐤂 𐤕𐤁𐤅𐤀 𐤋𐤐𐤍𐤉𐤊 𐤕𐤐𐤋𐤕𐤉 𐤄𐤈𐤄 𐤀𐤆𐤍𐤊 𐤋𐤓𐤍𐤕𐤉•
𐤃 𐤊𐤉 𐤔𐤁𐤏𐤄 𐤁𐤓𐤏𐤅𐤕 𐤍𐤐𐤔𐤉 𐤅𐤇𐤉𐤉 𐤋𐤔𐤀𐤅𐤋 𐤄𐤂𐤉𐤏𐤅•
𐤄 𐤍𐤇𐤔𐤁𐤕𐤉 𐤏𐤌 𐤉𐤅𐤓𐤃𐤉 𐤁𐤅𐤓 𐤄𐤉𐤉𐤕𐤉 𐤊𐤂𐤁𐤓 𐤀𐤉𐤍 𐤀𐤉𐤋•
𐤅 𐤁𐤌𐤕𐤉𐤌 𐤇𐤐𐤔𐤉 𐤊𐤌𐤅 𐤇𐤋𐤋𐤉𐤌 𐤔𐤊𐤁𐤉 𐤒𐤁𐤓 𐤀𐤔𐤓 𐤋𐤀 𐤆𐤊𐤓𐤕𐤌 𐤏𐤅𐤃
𐤅𐤄𐤌𐤄 𐤌𐤉𐤃𐤊 𐤍𐤂𐤆𐤓𐤅•
𐤆 𐤔𐤕𐤍𐤉 𐤁𐤁𐤅𐤓 𐤕𐤇𐤕𐤉𐤅𐤕 𐤁𐤌𐤇𐤔𐤊𐤉𐤌 𐤁𐤌𐤑𐤋𐤅𐤕•
𐤇 𐤏𐤋𐤉 𐤎𐤌𐤊𐤄 𐤇𐤌𐤕𐤊 𐤅𐤊𐤋 𐤌𐤔𐤁𐤓𐤉𐤊 𐤏𐤍𐤉𐤕𐤄 𐤎𐤋𐤄•
𐤈 𐤄𐤓𐤇𐤒𐤕 𐤌𐤉𐤅𐤃𐤏𐤉 𐤌𐤌𐤍𐤉 𐤔𐤕𐤍𐤉 𐤕𐤅𐤏𐤁𐤅𐤕 𐤋𐤌𐤅 𐤊𐤋𐤀 𐤅𐤋𐤀 𐤀𐤑𐤀•
𐤉 𐤏𐤉𐤍𐤉 𐤃𐤀𐤁𐤄 𐤌𐤍𐤉 𐤏𐤍𐤉 𐤒𐤓𐤀𐤕𐤉𐤊 𐤉𐤄𐤅𐤄 𐤁𐤊𐤋 𐤉𐤅𐤌 𐤔𐤈𐤇𐤕𐤉 𐤀𐤋𐤉𐤊

𐤊𐤐𐤉•
𐤉𐤀 𐤄𐤋𐤌𐤕𐤉𐤌 𐤕𐤏𐤔𐤄 𐤐𐤋𐤀 𐤀𐤌 𐤓𐤐𐤀𐤉𐤌 𐤉𐤒𐤅𐤌𐤅 𐤉𐤅𐤃𐤅𐤊 𐤎𐤋𐤄•
𐤉𐤁 𐤄𐤉𐤎𐤐𐤓 𐤁𐤒𐤁𐤓 𐤇𐤎𐤃𐤊 𐤀𐤌𐤅𐤍𐤕𐤊 𐤁𐤀𐤁𐤃𐤅𐤍•
𐤉𐤂 𐤄𐤉𐤅𐤃𐤏 𐤁𐤇𐤔𐤊 𐤐𐤋𐤀𐤊 𐤅𐤑𐤃𐤒𐤕𐤊 𐤁𐤀𐤓𐤑 𐤍𐤔𐤉𐤄•
𐤉𐤃 𐤅𐤀𐤍𐤉 𐤀𐤋𐤉𐤊 𐤉𐤄𐤅𐤄 𐤔𐤅𐤏𐤕𐤉 𐤅𐤁𐤁𐤒𐤓 𐤕𐤐𐤋𐤕𐤉 𐤕𐤒𐤃𐤌𐤊•
𐤈𐤅 𐤋𐤌𐤄 𐤉𐤄𐤅𐤄 𐤕𐤆𐤍𐤇 𐤍𐤐𐤔𐤉 𐤕𐤎𐤕𐤉𐤓 𐤐𐤍𐤉𐤊 𐤌𐤌𐤍𐤉•
𐤈𐤆 𐤏𐤍𐤉 𐤀𐤍𐤉 𐤅𐤂𐤅𐤏 𐤌𐤍𐤏𐤓 𐤍𐤔𐤀𐤕𐤉 𐤀𐤉𐤌𐤉𐤊 𐤀𐤐𐤅𐤍𐤄•
𐤉𐤆 𐤏𐤋𐤉 𐤏𐤁𐤓𐤅 𐤇𐤓𐤅𐤍𐤉𐤊 𐤁𐤏𐤅𐤕𐤉𐤊 𐤑𐤌𐤕𐤕𐤅𐤍𐤉•
𐤉𐤇 𐤎𐤁𐤅𐤍𐤉 𐤊𐤌𐤉𐤌 𐤊𐤋 𐤄𐤉𐤅𐤌 𐤄𐤒𐤉𐤐𐤅 𐤏𐤋𐤉 𐤉𐤇𐤃•
𐤉𐤈 𐤄𐤓𐤇𐤒𐤕 𐤌𐤌𐤍𐤉 𐤀𐤄𐤁 𐤅𐤓𐤏 𐤌𐤉𐤃𐤏𐤉 𐤌𐤇𐤔𐤊•

𐤐𐤓𐤒 𐤐𐤈

𐤀 𐤌𐤔𐤊𐤉𐤋 𐤋𐤀𐤉𐤕𐤍 𐤄𐤀𐤆𐤓𐤇𐤉•
𐤁 𐤇𐤎𐤃𐤉 𐤉𐤄𐤅𐤄 𐤏𐤅𐤋𐤌 𐤀𐤔𐤉𐤓𐤄 𐤋𐤃𐤓 𐤅𐤃𐤓 𐤀𐤅𐤃𐤉𐤏 𐤀𐤌𐤅𐤍𐤕𐤊 𐤁𐤐𐤉•
𐤂 𐤊𐤉 𐤀𐤌𐤓𐤕𐤉 𐤏𐤅𐤋𐤌 𐤇𐤎𐤃 𐤉𐤁𐤍𐤄 𐤔𐤌𐤉𐤌 𐤕𐤊𐤍 𐤀𐤌𐤅𐤍𐤕𐤊 𐤁𐤄𐤌•
𐤃 𐤊𐤓𐤕𐤉 𐤁𐤓𐤉𐤕 𐤋𐤁𐤇𐤉𐤓𐤉 𐤍𐤔𐤁𐤏𐤕𐤉 𐤋𐤃𐤅𐤃 𐤏𐤁𐤃𐤉•
𐤄 𐤏𐤃 𐤏𐤅𐤋𐤌 𐤀𐤊𐤉𐤍 𐤆𐤓𐤏𐤊 𐤅𐤁𐤍𐤉𐤕𐤉 𐤋𐤃𐤓 𐤅𐤃𐤅𐤓 𐤊𐤎𐤀𐤊 𐤎𐤋𐤄•
𐤅 𐤅𐤉𐤅𐤃𐤅 𐤔𐤌𐤉𐤌 𐤐𐤋𐤀𐤊 𐤉𐤄𐤅𐤄 𐤀𐤐 𐤀𐤌𐤅𐤍𐤕𐤊 𐤁𐤒𐤄𐤋 𐤒𐤃𐤔𐤉𐤌•
𐤆 𐤊𐤉 𐤌𐤉 𐤁𐤔𐤇𐤒 𐤉𐤏𐤓𐤊 𐤋𐤉𐤄𐤅𐤄 𐤉𐤃𐤌𐤄 𐤋𐤉𐤄𐤅𐤄 𐤁𐤁𐤍𐤉 𐤀𐤋𐤉𐤌•
𐤇 𐤀𐤋 𐤍𐤏𐤓𐤑 𐤁𐤎𐤅𐤃 𐤒𐤃𐤔𐤉𐤌 𐤓𐤁𐤄 𐤅𐤍𐤅𐤓𐤀 𐤏𐤋 𐤊𐤋 𐤎𐤁𐤉𐤁𐤉𐤅•
𐤈 𐤉𐤄𐤅𐤄 𐤀𐤋𐤄𐤉 𐤑𐤁𐤀𐤅𐤕 𐤌𐤉 𐤊𐤌𐤅𐤊 𐤇𐤎𐤉𐤍 𐤉𐤄 𐤅𐤀𐤌𐤅𐤍𐤕𐤊
𐤎𐤁𐤉𐤁𐤅𐤕𐤉𐤊•
𐤉 𐤀𐤕𐤄 𐤌𐤅𐤔𐤋 𐤁𐤂𐤀𐤅𐤕 𐤄𐤉𐤌 𐤁𐤔𐤅𐤀 𐤂𐤋𐤉𐤅 𐤀𐤕𐤄 𐤕𐤔𐤁𐤇𐤌•
𐤉𐤀 𐤀𐤕𐤄 𐤃𐤊𐤀𐤕 𐤊𐤇𐤋𐤋 𐤓𐤄𐤁 𐤁𐤆𐤓𐤅𐤏 𐤏𐤆𐤊 𐤐𐤆𐤓𐤕 𐤀𐤅𐤉𐤁𐤉𐤊•
𐤉𐤁 𐤋𐤊 𐤔𐤌𐤉𐤌 𐤀𐤐 𐤋𐤊 𐤀𐤓𐤑 𐤕𐤁𐤋 𐤅𐤌𐤋𐤀𐤄 𐤀𐤕𐤄 𐤉𐤎𐤃𐤕𐤌•
𐤉𐤂 𐤑𐤐𐤅𐤍 𐤅𐤉𐤌𐤉𐤍 𐤀𐤕𐤄 𐤁𐤓𐤀𐤕𐤌 𐤕𐤁𐤅𐤓 𐤅𐤇𐤓𐤌𐤅𐤍 𐤁𐤔𐤌𐤊 𐤉𐤓𐤍𐤍𐤅•
𐤉𐤃 𐤋𐤊 𐤆𐤓𐤅𐤏 𐤏𐤌 𐤂𐤁𐤅𐤓𐤄 𐤕𐤏𐤆 𐤉𐤃𐤊 𐤕𐤓𐤅𐤌 𐤉𐤌𐤉𐤍𐤊•
𐤈𐤅 𐤑𐤃𐤒 𐤅𐤌𐤔𐤐𐤈 𐤌𐤊𐤅𐤍 𐤊𐤎𐤀𐤊 𐤇𐤎𐤃 𐤅𐤀𐤌𐤕 𐤉𐤒𐤃𐤌𐤅 𐤐𐤍𐤉𐤊•
𐤈𐤆 𐤀𐤔𐤓𐤉 𐤄𐤏𐤌 𐤉𐤅𐤃𐤏𐤉 𐤕𐤓𐤅𐤏𐤄 𐤉𐤄𐤅𐤄 𐤁𐤀𐤅𐤓 𐤐𐤍𐤉𐤊 𐤉𐤄𐤋𐤊𐤅𐤍•
𐤉𐤆 𐤁𐤔𐤌𐤊 𐤉𐤂𐤉𐤋𐤅𐤍 𐤊𐤋 𐤄𐤉𐤅𐤌 𐤅𐤁𐤑𐤃𐤒𐤕𐤊 𐤉𐤓𐤅𐤌𐤅•
𐤉𐤇 𐤊𐤉 𐤕𐤐𐤀𐤓𐤕 𐤏𐤆𐤌𐤅 𐤀𐤕𐤄 𐤅𐤁𐤓𐤑𐤍𐤊 𐤕𐤓𐤉𐤌 [𐤕𐤓𐤅𐤌] 𐤒𐤓𐤍𐤍𐤅•
𐤉𐤈 𐤊𐤉 𐤋𐤉𐤄𐤅𐤄 𐤌𐤂𐤍𐤍𐤅 𐤅𐤋𐤒𐤃𐤅𐤔 𐤉𐤔𐤓𐤀𐤋 𐤌𐤋𐤊𐤍𐤅•
𐤊 𐤀𐤆 𐤃𐤁𐤓𐤕 𐤁𐤇𐤆𐤉𐤅𐤍 𐤋𐤇𐤎𐤉𐤃𐤉𐤊 𐤅𐤕𐤀𐤌𐤓 𐤔𐤅𐤉𐤕𐤉 𐤏𐤆𐤓 𐤏𐤋 𐤂𐤁𐤅𐤓

𐤄𐤓𐤉𐤌𐤅𐤕𐤉 𐤁𐤇𐤅𐤓 𐤌𐤏𐤌.

𐤊𐤀 𐤌𐤑𐤀𐤕𐤉 𐤃𐤅𐤃 𐤏𐤁𐤃𐤉 𐤁𐤔𐤌𐤍 𐤒𐤃𐤔𐤉 𐤌𐤔𐤇𐤕𐤉𐤅.

𐤊𐤁 𐤀𐤔𐤓 𐤉𐤃𐤉 𐤕𐤊𐤅𐤍 𐤏𐤌𐤅 𐤀𐤐 𐤆𐤓𐤅𐤏𐤉 𐤕𐤀𐤌𐤑𐤍𐤅.

𐤊𐤂 𐤋𐤀 𐤉𐤔𐤀 𐤀𐤅𐤉𐤁 𐤁𐤅 𐤅𐤁𐤍 𐤏𐤅𐤋𐤄 𐤋𐤀 𐤉𐤏𐤍𐤍𐤅.

𐤊𐤃 𐤅𐤊𐤕𐤅𐤕𐤉 𐤌𐤐𐤍𐤉𐤅 𐤑𐤓𐤉𐤅 𐤅𐤌𐤔𐤍𐤀𐤉𐤅 𐤀𐤂𐤅𐤐.

𐤊𐤄 𐤅𐤀𐤌𐤅𐤍𐤕𐤉 𐤅𐤇𐤎𐤃𐤉 𐤏𐤌𐤅 𐤅𐤁𐤔𐤌𐤉 𐤕𐤓𐤅𐤌 𐤒𐤓𐤍𐤅.

𐤊𐤅 𐤅𐤔𐤌𐤕𐤉 𐤁𐤉𐤌 𐤉𐤃𐤅 𐤅𐤁𐤍𐤄𐤓𐤅𐤕 𐤉𐤌𐤉𐤍𐤅.

𐤊𐤆 𐤄𐤅𐤀 𐤉𐤒𐤓𐤀𐤍𐤉 𐤀𐤁𐤉 𐤀𐤕𐤄 𐤀𐤋𐤉 𐤅𐤑𐤅𐤓 𐤉𐤔𐤅𐤏𐤕𐤉.

𐤊𐤇 𐤀𐤐 𐤀𐤍𐤉 𐤁𐤊𐤅𐤓 𐤀𐤕𐤍𐤄𐤅 𐤏𐤋𐤉𐤅𐤍 𐤋𐤌𐤋𐤊𐤉 𐤀𐤓𐤑.

𐤊𐤈 𐤋𐤏𐤅𐤋𐤌 𐤀𐤔𐤌𐤅𐤓 [𐤀𐤔𐤌𐤓] 𐤋𐤅 𐤇𐤎𐤃𐤉 𐤅𐤁𐤓𐤉𐤕𐤉 𐤍𐤀𐤌𐤍𐤕 𐤋𐤅.

𐤋 𐤅𐤔𐤌𐤕𐤉 𐤋𐤏𐤃 𐤆𐤓𐤏𐤅 𐤅𐤊𐤎𐤀𐤅 𐤊𐤉𐤌𐤉 𐤔𐤌𐤉𐤌.

𐤋𐤀 𐤀𐤌 𐤉𐤏𐤆𐤁𐤅 𐤁𐤍𐤉𐤅 𐤕𐤅𐤓𐤕𐤉 𐤅𐤁𐤌𐤔𐤐𐤈𐤉 𐤋𐤀 𐤉𐤋𐤊𐤅𐤍.

𐤋𐤁 𐤀𐤌 𐤇𐤒𐤕𐤉 𐤉𐤇𐤋𐤋𐤅 𐤅𐤌𐤑𐤅𐤕𐤉 𐤋𐤀 𐤉𐤔𐤌𐤓𐤅.

𐤋𐤂 𐤅𐤐𐤒𐤃𐤕𐤉 𐤁𐤔𐤁𐤈 𐤐𐤔𐤏𐤌 𐤅𐤁𐤍𐤂𐤏𐤉𐤌 𐤏𐤅𐤍𐤌.

𐤋𐤃 𐤅𐤇𐤎𐤃𐤉 𐤋𐤀 𐤀𐤐𐤉𐤓 𐤌𐤏𐤌𐤅 𐤅𐤋𐤀 𐤀𐤔𐤒𐤓 𐤁𐤀𐤌𐤅𐤍𐤕𐤉.

𐤋𐤄 𐤋𐤀 𐤀𐤇𐤋𐤋 𐤁𐤓𐤉𐤕𐤉 𐤅𐤌𐤅𐤑𐤀 𐤔𐤐𐤕𐤉 𐤋𐤀 𐤀𐤔𐤍𐤄.

𐤋𐤅 𐤀𐤇𐤕 𐤍𐤔𐤁𐤏𐤕𐤉 𐤁𐤒𐤃𐤔𐤉 𐤀𐤌 𐤋𐤃𐤅𐤃 𐤀𐤊𐤆𐤁.

𐤋𐤆 𐤆𐤓𐤏𐤅 𐤋𐤏𐤅𐤋𐤌 𐤉𐤄𐤉𐤄 𐤅𐤊𐤎𐤀𐤅 𐤊𐤔𐤌𐤔 𐤍𐤂𐤃𐤉.

𐤋𐤇 𐤊𐤉𐤓𐤇 𐤉𐤊𐤅𐤍 𐤏𐤅𐤋𐤌 𐤅𐤏𐤃 𐤁𐤔𐤇𐤒 𐤍𐤀𐤌𐤍 𐤎𐤋𐤄.

𐤋𐤈 𐤅𐤀𐤕𐤄 𐤆𐤍𐤇𐤕 𐤅𐤕𐤌𐤀𐤎 𐤄𐤕𐤏𐤁𐤓𐤕 𐤏𐤌 𐤌𐤔𐤉𐤇𐤊.

𐤌 𐤍𐤀𐤓𐤕𐤄 𐤁𐤓𐤉𐤕 𐤏𐤁𐤃𐤊 𐤇𐤋𐤋𐤕 𐤋𐤀𐤓𐤑 𐤍𐤆𐤓𐤅.

𐤌𐤀 𐤐𐤓𐤑𐤕 𐤊𐤋 𐤂𐤃𐤓𐤕𐤉𐤅 𐤔𐤌𐤕 𐤌𐤁𐤑𐤓𐤉𐤅 𐤌𐤇𐤕𐤄.

𐤌𐤁 𐤔𐤎𐤄𐤅 𐤊𐤋 𐤏𐤁𐤓𐤉 𐤃𐤓𐤊 𐤄𐤉𐤄 𐤇𐤓𐤐𐤄 𐤋𐤔𐤊𐤍𐤉𐤅.

𐤌𐤂 𐤄𐤓𐤉𐤌𐤅𐤕 𐤉𐤌𐤉𐤍 𐤑𐤓𐤉𐤅 𐤄𐤔𐤌𐤇𐤕 𐤊𐤋 𐤀𐤅𐤉𐤁𐤉𐤅.

𐤌𐤃 𐤀𐤐 𐤕𐤔𐤉𐤁 𐤑𐤅𐤓 𐤇𐤓𐤁𐤅 𐤅𐤋𐤀 𐤄𐤒𐤉𐤌𐤕𐤅 𐤁𐤌𐤋𐤇𐤌𐤄.

𐤌𐤄 𐤄𐤔𐤁𐤕 𐤌𐤈𐤄𐤓𐤅 𐤅𐤊𐤎𐤀𐤅 𐤋𐤀𐤓𐤑 𐤌𐤂𐤓𐤕𐤄.

𐤌𐤅 𐤄𐤒𐤑𐤓𐤕 𐤉𐤌𐤉 𐤏𐤋𐤅𐤌𐤉𐤅 𐤄𐤏𐤈𐤉𐤕 𐤏𐤋𐤉𐤅 𐤁𐤅𐤔𐤄 𐤎𐤋𐤄.

𐤌𐤆 𐤏𐤃 𐤌𐤄 𐤉𐤄𐤅𐤄 𐤕𐤎𐤕𐤓 𐤋𐤍𐤑𐤇 𐤕𐤁𐤏𐤓 𐤊𐤌𐤅 𐤀𐤔 𐤇𐤌𐤕𐤊.

𐤌𐤇 𐤆𐤊𐤓 𐤀𐤍𐤉 𐤌𐤄 𐤇𐤋𐤃 𐤏𐤋 𐤌𐤄 𐤔𐤅𐤀 𐤁𐤓𐤀𐤕 𐤊𐤋 𐤁𐤍𐤉 𐤀𐤃𐤌.

𐤌𐤈 𐤌𐤉 𐤂𐤁𐤓 𐤉𐤇𐤉𐤄 𐤅𐤋𐤀 𐤉𐤓𐤀𐤄 𐤌𐤅𐤕 𐤉𐤌𐤋𐤈 𐤍𐤐𐤔𐤅 𐤌𐤉𐤃 𐤔𐤀𐤅𐤋 𐤎𐤋𐤄.

𐤍 𐤀𐤉𐤄 𐤇𐤎𐤃𐤉𐤊 𐤄𐤓𐤀𐤔𐤍𐤉𐤌 𐤀𐤃𐤍𐤉 𐤍𐤔𐤁𐤏𐤕 𐤋𐤃𐤅𐤃 𐤁𐤀𐤌𐤅𐤍𐤕𐤊.

𐤍𐤀 𐤆𐤊𐤓 𐤀𐤃𐤍𐤉 𐤇𐤓𐤐𐤕 𐤏𐤁𐤃𐤉𐤊 𐤔𐤀𐤕𐤉 𐤁𐤇𐤉𐤒𐤉 𐤊𐤋 𐤓𐤁𐤉𐤌 𐤏𐤌𐤉𐤌.

𐤍𐤁 𐤀𐤔𐤓 𐤇𐤓𐤐𐤅 𐤀𐤅𐤉𐤁𐤉𐤊 𐤉𐤄𐤅𐤄 𐤀𐤔𐤓 𐤇𐤓𐤐𐤅 𐤏𐤒𐤁𐤅𐤕 𐤌𐤔𐤉𐤇𐤊.

𐤕𐤄𐤋𐤉𐤌

𐤍𐤂 𐤁𐤓𐤅𐤊 𐤉𐤄𐤅𐤄 𐤋𐤏𐤅𐤋𐤌 𐤀𐤌𐤍 𐤅𐤀𐤌𐤍.

𐤐𐤓𐤒 𐤑

𐤀 𐤕𐤐𐤋𐤄 𐤋𐤌𐤔𐤄 𐤀𐤉𐤔 𐤄𐤀𐤋𐤄𐤉𐤌 𐤀𐤃𐤍𐤉 𐤌𐤏𐤅𐤍 𐤀𐤕𐤄 𐤄𐤉𐤉𐤕 𐤋𐤍𐤅 𐤁𐤃𐤓
𐤅𐤃𐤓.
𐤁 𐤁𐤈𐤓𐤌 𐤄𐤓𐤉𐤌 𐤉𐤋𐤃𐤅 𐤅𐤕𐤇𐤅𐤋𐤋 𐤀𐤓𐤑 𐤅𐤕𐤁𐤋 𐤅𐤌𐤏𐤅𐤋𐤌 𐤏𐤃 𐤏𐤅𐤋𐤌 𐤀𐤕𐤄
𐤀𐤋.
𐤂 𐤕𐤔𐤁 𐤀𐤍𐤅𐤔 𐤏𐤃 𐤃𐤊𐤀 𐤅𐤕𐤀𐤌𐤓 𐤔𐤅𐤁𐤅 𐤁𐤍𐤉 𐤀𐤃𐤌.
𐤃 𐤊𐤉 𐤀𐤋𐤐 𐤔𐤍𐤉𐤌 𐤁𐤏𐤉𐤍𐤉𐤊 𐤊𐤉𐤅𐤌 𐤀𐤕𐤌𐤅𐤋 𐤊𐤉 𐤉𐤏𐤁𐤓 𐤅𐤀𐤔𐤌𐤅𐤓𐤄
𐤁𐤋𐤉𐤋𐤄.
𐤄 𐤆𐤓𐤌𐤕𐤌 𐤔𐤍𐤄 𐤉𐤄𐤉𐤅 𐤁𐤁𐤒𐤓 𐤊𐤇𐤑𐤉𐤓 𐤉𐤇𐤋𐤐.
𐤅 𐤁𐤁𐤒𐤓 𐤉𐤑𐤉𐤑 𐤅𐤇𐤋𐤐 𐤋𐤏𐤓𐤁 𐤉𐤌𐤅𐤋𐤋 𐤅𐤉𐤁𐤔.
𐤆 𐤊𐤉 𐤊𐤋𐤉𐤍𐤅 𐤁𐤀𐤐𐤊 𐤅𐤁𐤇𐤌𐤕𐤊 𐤍𐤁𐤄𐤋𐤍𐤅.
𐤇 𐤔𐤕 [𐤔𐤕𐤄] 𐤏𐤅𐤍𐤕𐤉𐤍𐤅 𐤋𐤍𐤂𐤃𐤊 𐤏𐤋𐤌𐤍𐤅 𐤋𐤌𐤀𐤅𐤓 𐤐𐤍𐤉𐤊.
𐤈 𐤊𐤉 𐤊𐤋 𐤉𐤌𐤉𐤍𐤅 𐤐𐤍𐤅 𐤁𐤏𐤁𐤓𐤕𐤊 𐤊𐤋𐤉𐤍𐤅 𐤔𐤍𐤉𐤍𐤅 𐤊𐤌𐤅 𐤄𐤂𐤄.
𐤉 𐤉𐤌𐤉 𐤔𐤍𐤅𐤕𐤉𐤍𐤅 𐤁𐤄𐤌 𐤔𐤁𐤏𐤉𐤌 𐤔𐤍𐤄 𐤅𐤀𐤌 𐤁𐤂𐤁𐤅𐤓𐤕 𐤔𐤌𐤅𐤍𐤉𐤌 𐤔𐤍𐤄
𐤅𐤓𐤄𐤁𐤌 𐤏𐤌𐤋 𐤅𐤀𐤅𐤍 𐤊𐤉 𐤂𐤆 𐤇𐤉𐤔 𐤅𐤍𐤏𐤐𐤄.
𐤉𐤀 𐤌𐤉 𐤉𐤅𐤃𐤏 𐤏𐤆 𐤀𐤐𐤊 𐤅𐤊𐤉𐤓𐤀𐤕𐤊 𐤏𐤁𐤓𐤕𐤊.
𐤉𐤁 𐤋𐤌𐤍𐤅𐤕 𐤉𐤌𐤉𐤍𐤅 𐤊𐤍 𐤄𐤅𐤃𐤏 𐤅𐤍𐤁𐤀 𐤋𐤁𐤁 𐤇𐤊𐤌𐤄.
𐤉𐤂 𐤔𐤅𐤁𐤄 𐤉𐤄𐤅𐤄 𐤏𐤃 𐤌𐤕𐤉 𐤅𐤄𐤍𐤇𐤌 𐤏𐤋 𐤏𐤁𐤃𐤉𐤊.
𐤉𐤃 𐤔𐤁𐤏𐤍𐤅 𐤁𐤁𐤒𐤓 𐤇𐤎𐤃𐤊 𐤅𐤍𐤓𐤍𐤍𐤄 𐤅𐤍𐤔𐤌𐤇𐤄 𐤁𐤊𐤋 𐤉𐤌𐤉𐤍𐤅.
𐤈𐤅 𐤔𐤌𐤇𐤍𐤅 𐤊𐤉𐤌𐤅𐤕 𐤏𐤍𐤉𐤕𐤍𐤅 𐤔𐤍𐤅𐤕 𐤓𐤀𐤉𐤍𐤅 𐤓𐤏𐤄.
𐤈𐤆 𐤉𐤓𐤀𐤄 𐤀𐤋 𐤏𐤁𐤃𐤉𐤊 𐤐𐤏𐤋𐤊 𐤅𐤄𐤃𐤓𐤊 𐤏𐤋 𐤁𐤍𐤉𐤄𐤌.
𐤉𐤆 𐤅𐤉𐤄𐤉 𐤍𐤏𐤌 𐤀𐤃𐤍𐤉 𐤀𐤋𐤄𐤉𐤍𐤅 𐤏𐤋𐤉𐤍𐤅 𐤅𐤌𐤏𐤔𐤄 𐤉𐤃𐤉𐤍𐤅 𐤊𐤅𐤍𐤍𐤄
𐤏𐤋𐤉𐤍𐤅 𐤅𐤌𐤏𐤔𐤄 𐤉𐤃𐤉𐤍𐤅 𐤊𐤅𐤍𐤍𐤄𐤅.

𐤐𐤓𐤒 𐤑𐤀

𐤀 𐤉𐤔𐤁 𐤁𐤎𐤕𐤓 𐤏𐤋𐤉𐤅𐤍 𐤁𐤑𐤋 𐤔𐤃𐤉 𐤉𐤕𐤋𐤅𐤍𐤍.
𐤁 𐤀𐤌𐤓 𐤋𐤉𐤄𐤅𐤄 𐤌𐤇𐤎𐤉 𐤅𐤌𐤑𐤅𐤃𐤕𐤉 𐤀𐤋𐤄𐤉 𐤀𐤁𐤈𐤇 𐤁𐤅.
𐤂 𐤊𐤉 𐤄𐤅𐤀 𐤉𐤑𐤉𐤋𐤊 𐤌𐤐𐤇 𐤉𐤒𐤅𐤔 𐤌𐤃𐤁𐤓 𐤄𐤅𐤅𐤕.
𐤃 𐤁𐤀𐤁𐤓𐤕𐤅 𐤉𐤎𐤊 𐤋𐤊 𐤅𐤕𐤇𐤕 𐤊𐤍𐤐𐤉𐤅 𐤕𐤇𐤎𐤄 𐤑𐤍𐤄 𐤅𐤎𐤇𐤓𐤄 𐤀𐤌𐤕𐤅.
𐤄 𐤋𐤀 𐤕𐤉𐤓𐤀 𐤌𐤐𐤇𐤃 𐤋𐤉𐤋𐤄 𐤌𐤇𐤑 𐤉𐤏𐤅𐤐 𐤉𐤅𐤌𐤌.
𐤅 𐤌𐤃𐤁𐤓 𐤁𐤀𐤐𐤋 𐤉𐤄𐤋𐤊 𐤌𐤒𐤈𐤁 𐤉𐤔𐤅𐤃 𐤑𐤄𐤓𐤉𐤌.

𐤆 𐤉𐤐𐤋 𐤌𐤑𐤃𐤊 𐤀𐤋𐤐 𐤅𐤓𐤁𐤁𐤄 𐤌𐤉𐤌𐤉𐤍𐤊 𐤀𐤋𐤉𐤊 𐤋𐤀 𐤉𐤂𐤔.
𐤇 𐤓𐤒 𐤁𐤏𐤉𐤍𐤉𐤊 𐤕𐤁𐤉𐤈 𐤅𐤔𐤋𐤌𐤕 𐤓𐤔𐤏𐤉𐤌 𐤕𐤓𐤀𐤄.
𐤈 𐤊𐤉 𐤀𐤕𐤄 𐤉𐤄𐤅𐤄 𐤌𐤇𐤎𐤉 𐤏𐤋𐤉𐤅𐤍 𐤔𐤌𐤕 𐤌𐤏𐤅𐤍𐤊.
𐤉 𐤋𐤀 𐤕𐤀𐤍𐤄 𐤀𐤋𐤉𐤊 𐤓𐤏𐤄 𐤅𐤍𐤂𐤏 𐤋𐤀 𐤉𐤒𐤓𐤁 𐤁𐤀𐤄𐤋𐤊.
𐤉𐤀 𐤊𐤉 𐤌𐤋𐤀𐤊𐤉𐤅 𐤉𐤑𐤅𐤄 𐤋𐤊 𐤋𐤔𐤌𐤓𐤊 𐤁𐤊𐤋 𐤃𐤓𐤊𐤉𐤊.
𐤉𐤁 𐤏𐤋 𐤊𐤐𐤉𐤌 𐤉𐤔𐤀𐤅𐤍𐤊 𐤐𐤍 𐤕𐤂𐤐 𐤁𐤀𐤁𐤍 𐤓𐤂𐤋𐤊.
𐤉𐤂 𐤏𐤋 𐤔𐤇𐤋 𐤅𐤐𐤕𐤍 𐤕𐤃𐤓𐤊 𐤕𐤓𐤌𐤎 𐤊𐤐𐤉𐤓 𐤅𐤕𐤍𐤉𐤍.
𐤉𐤃 𐤊𐤉 𐤁𐤉 𐤇𐤔𐤒 𐤅𐤀𐤐𐤋𐤈𐤄𐤅 𐤀𐤔𐤂𐤁𐤄𐤅 𐤊𐤉 𐤉𐤃𐤏 𐤔𐤌𐤉.
𐤈𐤅 𐤉𐤒𐤓𐤀𐤍𐤉 𐤅𐤀𐤏𐤍𐤄𐤅 𐤏𐤌𐤅 𐤀𐤍𐤊𐤉 𐤁𐤑𐤓𐤄 𐤀𐤇𐤋𐤑𐤄𐤅 𐤅𐤀𐤊𐤁𐤃𐤄𐤅.
𐤈𐤆 𐤀𐤓𐤊 𐤉𐤌𐤉𐤌 𐤀𐤔𐤁𐤉𐤏𐤄𐤅 𐤅𐤀𐤓𐤀𐤄𐤅 𐤁𐤉𐤔𐤅𐤏𐤕𐤉.

𐤐𐤓𐤒 𐤑𐤁

𐤀 𐤌𐤆𐤌𐤅𐤓 𐤔𐤉𐤓 𐤋𐤉𐤅𐤌 𐤄𐤔𐤁𐤕.
𐤁 𐤈𐤅𐤁 𐤋𐤄𐤃𐤅𐤕 𐤋𐤉𐤄𐤅𐤄 𐤅𐤋𐤆𐤌𐤓 𐤋𐤔𐤌𐤊 𐤏𐤋𐤉𐤅𐤍.
𐤂 𐤋𐤄𐤂𐤉𐤃 𐤁𐤁𐤒𐤓 𐤇𐤎𐤃𐤊 𐤅𐤀𐤌𐤅𐤍𐤕𐤊 𐤁𐤋𐤉𐤋𐤅𐤕.
𐤃 𐤏𐤋𐤉 𐤏𐤔𐤅𐤓 𐤅𐤏𐤋𐤉 𐤍𐤁𐤋 𐤏𐤋𐤉 𐤄𐤂𐤉𐤅𐤍 𐤁𐤊𐤍𐤅𐤓.
𐤄 𐤊𐤉 𐤔𐤌𐤇𐤕𐤍𐤉 𐤉𐤄𐤅𐤄 𐤁𐤐𐤏𐤋𐤊 𐤁𐤌𐤏𐤔𐤉 𐤉𐤃𐤉𐤊 𐤀𐤓𐤍𐤍.
𐤅 𐤌𐤄 𐤂𐤃𐤋𐤅 𐤌𐤏𐤔𐤉𐤊 𐤉𐤄𐤅𐤄 𐤌𐤀𐤃 𐤏𐤌𐤒𐤅 𐤌𐤇𐤔𐤁𐤕𐤉𐤊.
𐤆 𐤀𐤉𐤔 𐤁𐤏𐤓 𐤋𐤀 𐤉𐤃𐤏 𐤅𐤊𐤎𐤉𐤋 𐤋𐤀 𐤉𐤁𐤉𐤍 𐤀𐤕 𐤆𐤀𐤕.
𐤇 𐤁𐤐𐤓𐤇 𐤓𐤔𐤏𐤉𐤌 𐤊𐤌𐤅 𐤏𐤔𐤁 𐤅𐤉𐤑𐤉𐤑𐤅 𐤊𐤋 𐤐𐤏𐤋𐤉 𐤀𐤅𐤍 𐤋𐤄𐤔𐤌𐤃𐤌 𐤏𐤃𐤉 𐤏𐤃.
𐤈 𐤅𐤀𐤕𐤄 𐤌𐤓𐤅𐤌 𐤋𐤏𐤋𐤌 𐤉𐤄𐤅𐤄.
𐤉 𐤊𐤉 𐤄𐤍𐤄 𐤀𐤉𐤁𐤉𐤊 𐤉𐤄𐤅𐤄 𐤊𐤉 𐤄𐤍𐤄 𐤀𐤉𐤁𐤉𐤊 𐤉𐤀𐤁𐤃𐤅 𐤉𐤕𐤐𐤓𐤃𐤅 𐤊𐤋
𐤐𐤏𐤋𐤉 𐤀𐤅𐤍.
𐤉𐤀 𐤅𐤕𐤓𐤌 𐤊𐤓𐤀𐤉𐤌 𐤒𐤓𐤍𐤉 𐤁𐤋𐤕𐤉 𐤁𐤔𐤌𐤍 𐤓𐤏𐤍𐤍.
𐤉𐤁 𐤅𐤕𐤁𐤈 𐤏𐤉𐤍𐤉 𐤁𐤔𐤅𐤓𐤉 𐤁𐤒𐤌𐤉𐤌 𐤏𐤋𐤉 𐤌𐤓𐤏𐤉𐤌 𐤕𐤔𐤌𐤏𐤍𐤄 𐤀𐤆𐤍𐤉.
𐤉𐤂 𐤑𐤃𐤉𐤒 𐤊𐤕𐤌𐤓 𐤉𐤐𐤓𐤇 𐤊𐤀𐤓𐤆 𐤁𐤋𐤁𐤍𐤅𐤍 𐤉𐤔𐤂𐤄.
𐤉𐤃 𐤔𐤕𐤅𐤋𐤉𐤌 𐤁𐤁𐤉𐤕 𐤉𐤄𐤅𐤄 𐤁𐤇𐤑𐤓𐤅𐤕 𐤀𐤋𐤄𐤉𐤍𐤅 𐤉𐤐𐤓𐤉𐤇𐤅.
𐤈𐤅 𐤏𐤅𐤃 𐤉𐤍𐤅𐤁𐤅𐤍 𐤁𐤔𐤉𐤁𐤄 𐤃𐤔𐤍𐤉𐤌 𐤅𐤓𐤏𐤍𐤍𐤉𐤌 𐤉𐤄𐤉𐤅.
𐤈𐤆 𐤋𐤄𐤂𐤉𐤃 𐤊𐤉 𐤉𐤔𐤓 𐤉𐤄𐤅𐤄 𐤑𐤅𐤓𐤉 𐤅𐤋𐤀 𐤏𐤋𐤕𐤄 [𐤏𐤅𐤋𐤕𐤄] 𐤁𐤅.

𐤐𐤓𐤒 𐤑𐤂

𐤀 𐤉𐤄𐤅𐤄 𐤌𐤋𐤊 𐤂𐤀𐤅𐤕 𐤋𐤁𐤔 𐤋𐤁𐤔 𐤉𐤄𐤅𐤄 𐤏𐤆 𐤄𐤕𐤀𐤆𐤓 𐤀𐤐 𐤕𐤊𐤅𐤍 𐤕𐤁𐤋 𐤁𐤋
𐤕𐤌𐤅𐤈.

ב נכון כסאך מאז מעולם אתה.
ג נשאו נהרות יהוה נשאו נהרות קולם ישאו נהרות דכים.
ד מקלות מים רבים אדירים משברי ים אדיר במרום יהוה.
ה עדתיך נאמנו מאד לביתך נאוה קדש יהוה לארך ימים.

פרק צד

א אל נקמות יהוה אל נקמות הופיע.
ב הנשא שפט הארץ השב גמול על גאים.
ג עד מתי רשעים יהוה עד מתי רשעים יעלזו.
ד יביעו ידברו עתק יתאמרו כל פעלי און.
ה עמך יהוה ידכאו ונחלתך יענו.
ו אלמנה וגר יהרגו ויתומים ירצחו.
ז ויאמרו לא יראה יה ולא יבין אלהי יעקב.
ח בינו בערים בעם וכסילים מתי תשכילו.
ט הנטע אזן הלא ישמע אם יצר עין הלא יביט.
י היסר גוים הלא יוכיח המלמד אדם דעת.
יא יהוה ידע מחשבות אדם כי המה הבל.
יב אשרי הגבר אשר תיסרנו יה ומתורתך תלמדנו.
יג להשקיט לו מימי רע עד יכרה לרשע שחת.
יד כי לא יטש יהוה עמו ונחלתו לא יעזב.
טו כי עד צדק ישוב משפט ואחריו כל ישרי לב.
טז מי יקום לי עם מרעים מי יתיצב לי עם פעלי און.
יז לולי יהוה עזרתה לי כמעט שכנה דומה נפשי.
יח אם אמרתי מטה רגלי חסדך יהוה יסעדני.
יט ברב שרעפי בקרבי תנחומיך ישעשעו נפשי.
כ היחברך כסא הוות יצר עמל עלי חק.
כא יגודו על נפש צדיק ודם נקי ירשיעו.
כב ויהי יהוה לי למשגב ואלהי לצור מחסי.
כג וישב עליהם את אונם וברעתם יצמיתם יצמיתם יהוה
אלהינו.

פרק צה

א לכו נרננה ליהוה נריעה לצור ישענו.

𐤕𐤄𐤉𐤋𐤉𐤌

𐤁 𐤍𐤒𐤃𐤌𐤄 𐤐𐤍𐤉𐤅 𐤁𐤕𐤅𐤃𐤄 𐤁𐤆𐤌𐤓𐤅𐤕 𐤍𐤓𐤉𐤏 𐤋𐤅•
𐤂 𐤊𐤉 𐤀𐤋 𐤂𐤃𐤅𐤋 𐤉𐤄𐤅𐤄 𐤅𐤌𐤋𐤊 𐤂𐤃𐤅𐤋 𐤏𐤋 𐤊𐤋 𐤀𐤋𐤄𐤉𐤌•
𐤃 𐤀𐤔𐤓 𐤁𐤉𐤃𐤅 𐤌𐤇𐤒𐤓𐤉 𐤀𐤓𐤑 𐤅𐤕𐤅𐤏𐤐𐤅𐤕 𐤄𐤓𐤉𐤌 𐤋𐤅•
𐤄 𐤀𐤔𐤓 𐤋𐤅 𐤄𐤉𐤌 𐤅𐤄𐤅𐤀 𐤏𐤔𐤄𐤅 𐤅𐤉𐤁𐤔𐤕 𐤉𐤃𐤉𐤅 𐤉𐤑𐤓𐤅•
𐤅 𐤁𐤀𐤅 𐤍𐤔𐤕𐤇𐤅𐤄 𐤅𐤍𐤊𐤓𐤏𐤄 𐤍𐤁𐤓𐤊𐤄 𐤋𐤐𐤍𐤉 𐤉𐤄𐤅𐤄 𐤏𐤔𐤍𐤅•
𐤆 𐤊𐤉 𐤄𐤅𐤀 𐤀𐤋𐤄𐤉𐤍𐤅 𐤅𐤀𐤍𐤇𐤍𐤅 𐤏𐤌 𐤌𐤓𐤏𐤉𐤕𐤅 𐤅𐤑𐤀𐤍 𐤉𐤃𐤅 𐤄𐤉𐤅𐤌 𐤀𐤌
𐤁𐤒𐤋𐤅 𐤕𐤔𐤌𐤏𐤅•
𐤇 𐤀𐤋 𐤕𐤒𐤔𐤅 𐤋𐤁𐤁𐤊𐤌 𐤊𐤌𐤓𐤉𐤁𐤄 𐤊𐤉𐤅𐤌 𐤌𐤎𐤄 𐤁𐤌𐤃𐤁𐤓•
𐤈 𐤀𐤔𐤓 𐤍𐤎𐤅𐤍𐤉 𐤀𐤁𐤅𐤕𐤉𐤊𐤌 𐤁𐤇𐤍𐤅𐤍𐤉 𐤂𐤌 𐤓𐤀𐤅 𐤐𐤏𐤋𐤉•
𐤉 𐤀𐤓𐤁𐤏𐤉𐤌 𐤔𐤍𐤄 𐤀𐤒𐤅𐤈 𐤁𐤃𐤅𐤓 𐤅𐤀𐤌𐤓 𐤏𐤌 𐤕𐤏𐤉 𐤋𐤁𐤁 𐤄𐤌 𐤅𐤄𐤌 𐤋𐤀 𐤉𐤃𐤏𐤅
𐤃𐤓𐤊𐤉•
𐤉𐤀 𐤀𐤔𐤓 𐤍𐤔𐤁𐤏𐤕𐤉 𐤁𐤀𐤐𐤉 𐤀𐤌 𐤉𐤁𐤀𐤅𐤍 𐤀𐤋 𐤌𐤍𐤅𐤇𐤕𐤉•

𐤐𐤓𐤒 𐤑𐤅

𐤀 𐤔𐤉𐤓𐤅 𐤋𐤉𐤄𐤅𐤄 𐤔𐤉𐤓 𐤇𐤃𐤔 𐤔𐤉𐤓𐤅 𐤋𐤉𐤄𐤅𐤄 𐤊𐤋 𐤄𐤀𐤓𐤑•
𐤁 𐤔𐤉𐤓𐤅 𐤋𐤉𐤄𐤅𐤄 𐤁𐤓𐤊𐤅 𐤔𐤌𐤅 𐤁𐤔𐤓𐤅 𐤌𐤉𐤅𐤌 𐤋𐤉𐤅𐤌 𐤉𐤔𐤅𐤏𐤕𐤅•
𐤂 𐤎𐤐𐤓𐤅 𐤁𐤂𐤅𐤉𐤌 𐤊𐤁𐤅𐤃𐤅 𐤁𐤊𐤋 𐤄𐤏𐤌𐤉𐤌 𐤍𐤐𐤋𐤀𐤅𐤕𐤉𐤅•
𐤃 𐤊𐤉 𐤂𐤃𐤅𐤋 𐤉𐤄𐤅𐤄 𐤅𐤌𐤄𐤋𐤋 𐤌𐤀𐤃 𐤍𐤅𐤓𐤀 𐤄𐤅𐤀 𐤏𐤋 𐤊𐤋 𐤀𐤋𐤄𐤉𐤌•
𐤄 𐤊𐤉 𐤊𐤋 𐤀𐤋𐤄𐤉 𐤄𐤏𐤌𐤉𐤌 𐤀𐤋𐤉𐤋𐤉𐤌 𐤅𐤉𐤄𐤅𐤄 𐤔𐤌𐤉𐤌 𐤏𐤔𐤄•
𐤅 𐤄𐤅𐤃 𐤅𐤄𐤃𐤓 𐤋𐤐𐤍𐤉𐤅 𐤏𐤆 𐤅𐤕𐤐𐤀𐤓𐤕 𐤁𐤌𐤒𐤃𐤔𐤅•
𐤆 𐤄𐤁𐤅 𐤋𐤉𐤄𐤅𐤄 𐤌𐤔𐤐𐤇𐤅𐤕 𐤏𐤌𐤉𐤌 𐤄𐤁𐤅 𐤋𐤉𐤄𐤅𐤄 𐤊𐤁𐤅𐤃 𐤅𐤏𐤆•
𐤇 𐤄𐤁𐤅 𐤋𐤉𐤄𐤅𐤄 𐤊𐤁𐤅𐤃 𐤔𐤌𐤅 𐤔𐤀𐤅 𐤌𐤍𐤇𐤄 𐤅𐤁𐤀𐤅 𐤋𐤇𐤑𐤓𐤅𐤕𐤉𐤅•
𐤈 𐤄𐤔𐤕𐤇𐤅𐤅 𐤋𐤉𐤄𐤅𐤄 𐤁𐤄𐤃𐤓𐤕 𐤒𐤃𐤔 𐤇𐤉𐤋𐤅 𐤌𐤐𐤍𐤉𐤅 𐤊𐤋 𐤄𐤀𐤓𐤑•
𐤉 𐤀𐤌𐤓𐤅 𐤁𐤂𐤅𐤉𐤌 𐤉𐤄𐤅𐤄 𐤌𐤋𐤊 𐤀𐤐 𐤕𐤊𐤅𐤍 𐤕𐤁𐤋 𐤁𐤋 𐤕𐤌𐤅𐤈 𐤉𐤃𐤉𐤍 𐤏𐤌𐤉𐤌
𐤁𐤌𐤉𐤔𐤓𐤉𐤌•
𐤉𐤀 𐤉𐤔𐤌𐤇𐤅 𐤄𐤔𐤌𐤉𐤌 𐤅𐤕𐤂𐤋 𐤄𐤀𐤓𐤑 𐤉𐤓𐤏𐤌 𐤄𐤉𐤌 𐤅𐤌𐤋𐤀𐤅•
𐤉𐤁 𐤉𐤏𐤋𐤆 𐤔𐤃𐤉 𐤅𐤊𐤋 𐤀𐤔𐤓 𐤁𐤅 𐤀𐤆 𐤉𐤓𐤍𐤍𐤅 𐤊𐤋 𐤏𐤑𐤉 𐤉𐤏𐤓•
𐤉𐤂 𐤋𐤐𐤍𐤉 𐤉𐤄𐤅𐤄 𐤊𐤉 𐤁𐤀 𐤊𐤉 𐤁𐤀 𐤋𐤔𐤐𐤈 𐤄𐤀𐤓𐤑 𐤉𐤔𐤐𐤈 𐤕𐤁𐤋 𐤁𐤑𐤃𐤒
𐤅𐤏𐤌𐤉𐤌 𐤁𐤀𐤌𐤅𐤍𐤕𐤅•

𐤐𐤓𐤒 𐤑𐤆

𐤀 𐤉𐤄𐤅𐤄 𐤌𐤋𐤊 𐤕𐤂𐤋 𐤄𐤀𐤓𐤑 𐤉𐤔𐤌𐤇𐤅 𐤀𐤉𐤉𐤌 𐤓𐤁𐤉𐤌•
𐤁 𐤏𐤍𐤍 𐤅𐤏𐤓𐤐𐤋 𐤎𐤁𐤉𐤁𐤉𐤅 𐤑𐤃𐤒 𐤅𐤌𐤔𐤐𐤈 𐤌𐤊𐤅𐤍 𐤊𐤎𐤀𐤅•

𐤕𐤄𐤉𐤋𐤉𐤌

𐤂 𐤀𐤔 𐤋𐤐𐤍𐤉𐤅 𐤕𐤋𐤊 𐤅𐤕𐤋𐤄𐤈 𐤎𐤁𐤉𐤁 𐤑𐤓𐤉𐤅•
𐤃 𐤄𐤀𐤉𐤓𐤅 𐤁𐤓𐤒𐤉𐤅 𐤕𐤁𐤋 𐤓𐤀𐤕𐤄 𐤅𐤕𐤇𐤋 𐤄𐤀𐤓𐤑•
𐤄 𐤄𐤓𐤉𐤌 𐤊𐤃𐤅𐤍𐤂 𐤍𐤌𐤎𐤅 𐤌𐤋𐤐𐤍𐤉 𐤉𐤄𐤅𐤄 𐤌𐤋𐤐𐤍𐤉 𐤀𐤃𐤅𐤍 𐤊𐤋 𐤄𐤀𐤓𐤑•
𐤅 𐤄𐤂𐤉𐤃𐤅 𐤄𐤔𐤌𐤉𐤌 𐤑𐤃𐤒𐤅 𐤅𐤓𐤀𐤅 𐤊𐤋 𐤄𐤏𐤌𐤉𐤌 𐤊𐤁𐤅𐤃𐤅•
𐤆 𐤉𐤁𐤔𐤅 𐤊𐤋 𐤏𐤁𐤃𐤉 𐤐𐤎𐤋 𐤄𐤌𐤕𐤄𐤋𐤋𐤉𐤌 𐤁𐤀𐤋𐤉𐤋𐤉𐤌 𐤄𐤔𐤕𐤇𐤅𐤅 𐤋𐤅 𐤊𐤋
𐤀𐤋𐤄𐤉𐤌•
𐤇 𐤔𐤌𐤏𐤄 𐤅𐤕𐤔𐤌𐤇 𐤑𐤉𐤅𐤍 𐤅𐤕𐤂𐤋𐤍𐤄 𐤁𐤍𐤅𐤕 𐤉𐤄𐤅𐤃𐤄 𐤋𐤌𐤏𐤍 𐤌𐤔𐤐𐤈𐤉𐤊
𐤉𐤄𐤅𐤄•
𐤈 𐤊𐤉 𐤀𐤕𐤄 𐤉𐤄𐤅𐤄 𐤏𐤋𐤉𐤅𐤍 𐤏𐤋 𐤊𐤋 𐤄𐤀𐤓𐤑 𐤌𐤀𐤃 𐤍𐤏𐤋𐤉𐤕 𐤏𐤋 𐤊𐤋 𐤀𐤋𐤄𐤉𐤌•
𐤉 𐤀𐤄𐤁𐤉 𐤉𐤄𐤅𐤄 𐤔𐤍𐤀𐤅 𐤓𐤏 𐤔𐤌𐤓 𐤍𐤐𐤔𐤅𐤕 𐤇𐤎𐤉𐤃𐤉𐤅 𐤌𐤉𐤃 𐤓𐤔𐤏𐤉𐤌
𐤉𐤑𐤉𐤋𐤌•
𐤉𐤀 𐤀𐤅𐤓 𐤆𐤓𐤏 𐤋𐤑𐤃𐤉𐤒 𐤅𐤋𐤉𐤔𐤓𐤉 𐤋𐤁 𐤔𐤌𐤇𐤄•
𐤉𐤁 𐤔𐤌𐤇𐤅 𐤑𐤃𐤉𐤒𐤉𐤌 𐤁𐤉𐤄𐤅𐤄 𐤅𐤄𐤅𐤃𐤅 𐤋𐤆𐤊𐤓 𐤒𐤃𐤔𐤅•

𐤐𐤓𐤒 𐤑𐤇

𐤀 𐤌𐤆𐤌𐤅𐤓 𐤔𐤉𐤓𐤅 𐤋𐤉𐤄𐤅𐤄 𐤔𐤉𐤓 𐤇𐤃𐤔 𐤊𐤉 𐤍𐤐𐤋𐤀𐤅𐤕 𐤏𐤔𐤄 𐤄𐤅𐤔𐤉𐤏𐤄 𐤋𐤅
𐤉𐤌𐤉𐤍𐤅 𐤅𐤆𐤓𐤅𐤏 𐤒𐤃𐤔𐤅•
𐤁 𐤄𐤅𐤃𐤉𐤏 𐤉𐤄𐤅𐤄 𐤉𐤔𐤅𐤏𐤕𐤅 𐤋𐤏𐤉𐤍𐤉 𐤄𐤂𐤅𐤉𐤌 𐤂𐤋𐤄 𐤑𐤃𐤒𐤕𐤅•
𐤂 𐤆𐤊𐤓 𐤇𐤎𐤃𐤅 𐤅𐤀𐤌𐤅𐤍𐤕𐤅 𐤋𐤁𐤉𐤕 𐤉𐤔𐤓𐤀𐤋 𐤓𐤀𐤅 𐤊𐤋 𐤀𐤐𐤎𐤉 𐤀𐤓𐤑 𐤀𐤕
𐤉𐤔𐤅𐤏𐤕 𐤀𐤋𐤄𐤉𐤍𐤅•
𐤃 𐤄𐤓𐤉𐤏𐤅 𐤋𐤉𐤄𐤅𐤄 𐤊𐤋 𐤄𐤀𐤓𐤑 𐤐𐤑𐤇𐤅 𐤅𐤓𐤍𐤍𐤅 𐤅𐤆𐤌𐤓𐤅•
𐤄 𐤆𐤌𐤓𐤅 𐤋𐤉𐤄𐤅𐤄 𐤁𐤊𐤍𐤅𐤓 𐤁𐤊𐤍𐤅𐤓 𐤅𐤒𐤅𐤋 𐤆𐤌𐤓𐤄•
𐤅 𐤁𐤇𐤑𐤑𐤓𐤅𐤕 𐤅𐤒𐤅𐤋 𐤔𐤅𐤐𐤓 𐤄𐤓𐤉𐤏𐤅 𐤋𐤐𐤍𐤉 𐤄𐤌𐤋𐤊 𐤉𐤄𐤅𐤄•
𐤆 𐤉𐤓𐤏𐤌 𐤄𐤉𐤌 𐤅𐤌𐤋𐤀𐤅 𐤕𐤁𐤋 𐤅𐤉𐤔𐤁𐤉 𐤁𐤄•
𐤇 𐤍𐤄𐤓𐤅𐤕 𐤉𐤌𐤇𐤀𐤅 𐤊𐤐 𐤉𐤇𐤃 𐤄𐤓𐤉𐤌 𐤉𐤓𐤍𐤍𐤅•
𐤈 𐤋𐤐𐤍𐤉 𐤉𐤄𐤅𐤄 𐤊𐤉 𐤁𐤀 𐤋𐤔𐤐𐤈 𐤄𐤀𐤓𐤑 𐤉𐤔𐤐𐤈 𐤕𐤁𐤋 𐤁𐤑𐤃𐤒 𐤅𐤏𐤌𐤉𐤌
𐤁𐤌𐤉𐤔𐤓𐤉𐤌•

𐤐𐤓𐤒 𐤑𐤈

𐤀 𐤉𐤄𐤅𐤄 𐤌𐤋𐤊 𐤉𐤓𐤂𐤆𐤅 𐤏𐤌𐤉𐤌 𐤉𐤔𐤁 𐤊𐤓𐤅𐤁𐤉𐤌 𐤕𐤍𐤅𐤈 𐤄𐤀𐤓𐤑•
𐤁 𐤉𐤄𐤅𐤄 𐤁𐤑𐤉𐤅𐤍 𐤂𐤃𐤅𐤋 𐤅𐤓𐤌 𐤄𐤅𐤀 𐤏𐤋 𐤊𐤋 𐤄𐤏𐤌𐤉𐤌•
𐤂 𐤉𐤅𐤃𐤅 𐤔𐤌𐤊 𐤂𐤃𐤅𐤋 𐤅𐤍𐤅𐤓𐤀 𐤒𐤃𐤅𐤔 𐤄𐤅𐤀•
𐤃 𐤅𐤏𐤆 𐤌𐤋𐤊 𐤌𐤔𐤐𐤈 𐤀𐤄𐤁 𐤀𐤕𐤄 𐤊𐤅𐤍𐤍𐤕 𐤌𐤉𐤔𐤓𐤉𐤌 𐤌𐤔𐤐𐤈 𐤅𐤑𐤃𐤒𐤄 𐤁𐤉𐤏𐤒𐤁

𐤕𐤄𐤉𐤋𐤉𐤌

𐤀𐤕𐤄 𐤏𐤔𐤉𐤕.
𐤄𐤓𐤅𐤌𐤌𐤅 𐤉𐤄𐤅𐤄 𐤀𐤋𐤄𐤉𐤍𐤅 𐤅𐤄𐤔𐤕𐤇𐤅𐤅 𐤋𐤄𐤃𐤌 𐤓𐤂𐤋𐤉𐤅 𐤒𐤃𐤅𐤔 𐤄𐤅𐤀.
𐤅𐤌𐤔𐤄 𐤅𐤀𐤄𐤓𐤍 𐤁𐤊𐤄𐤍𐤉𐤅 𐤅𐤔𐤌𐤅𐤀𐤋 𐤁𐤒𐤓𐤀𐤉 𐤔𐤌𐤅 𐤒𐤓𐤀𐤉𐤌 𐤀𐤋 𐤉𐤄𐤅𐤄
𐤅𐤄𐤅𐤀 𐤉𐤏𐤍𐤌.
𐤆𐤁𐤏𐤌𐤅𐤃 𐤏𐤍𐤍 𐤉𐤃𐤁𐤓 𐤀𐤋𐤉𐤄𐤌 𐤔𐤌𐤓𐤅 𐤏𐤃𐤕𐤉𐤅 𐤅𐤇𐤒 𐤍𐤕𐤍 𐤋𐤌𐤅.
𐤇𐤉𐤄𐤅𐤄 𐤀𐤋𐤄𐤉𐤍𐤅 𐤀𐤕𐤄 𐤏𐤍𐤉𐤕𐤌 𐤀𐤋 𐤍𐤔𐤀 𐤄𐤉𐤉𐤕 𐤋𐤄𐤌 𐤅𐤍𐤒𐤌 𐤏𐤋
𐤏𐤋𐤉𐤋𐤅𐤕𐤌.
𐤈𐤓𐤅𐤌𐤌𐤅 𐤉𐤄𐤅𐤄 𐤀𐤋𐤄𐤉𐤍𐤅 𐤅𐤄𐤔𐤕𐤇𐤅𐤅 𐤋𐤄𐤓 𐤒𐤃𐤔𐤅 𐤊𐤉 𐤒𐤃𐤅𐤔 𐤉𐤄𐤅𐤄
𐤀𐤋𐤄𐤉𐤍𐤅.

𐤐𐤓𐤒 𐤒

𐤀𐤌𐤆𐤌𐤅𐤓 𐤋𐤕𐤅𐤃𐤄 𐤄𐤓𐤉𐤏𐤅 𐤋𐤉𐤄𐤅𐤄 𐤊𐤋 𐤄𐤀𐤓𐤑.
𐤁𐤏𐤁𐤃𐤅 𐤀𐤕 𐤉𐤄𐤅𐤄 𐤁𐤔𐤌𐤇𐤄 𐤁𐤀𐤅 𐤋𐤐𐤍𐤉𐤅 𐤁𐤓𐤍𐤍𐤄.
𐤂𐤃𐤏𐤅 𐤊𐤉 𐤉𐤄𐤅𐤄 𐤄𐤅𐤀 𐤀𐤋𐤄𐤉𐤌 𐤄𐤅𐤀 𐤏𐤔𐤍𐤅 𐤅𐤋𐤀 [𐤅𐤋𐤅] 𐤀𐤍𐤇𐤍𐤅 𐤏𐤌𐤅
𐤅𐤑𐤀𐤍 𐤌𐤓𐤏𐤉𐤕𐤅.
𐤃𐤁𐤀𐤅 𐤔𐤏𐤓𐤉𐤅 𐤁𐤕𐤅𐤃𐤄 𐤇𐤑𐤓𐤕𐤉𐤅 𐤁𐤕𐤄𐤋𐤄 𐤄𐤅𐤃𐤅 𐤋𐤅 𐤁𐤓𐤊𐤅 𐤔𐤌𐤅.
𐤄𐤊𐤉 𐤈𐤅𐤁 𐤉𐤄𐤅𐤄 𐤋𐤏𐤅𐤋𐤌 𐤇𐤎𐤃𐤅 𐤅𐤏𐤃 𐤃𐤓 𐤅𐤃𐤓 𐤀𐤌𐤅𐤍𐤕𐤅.

𐤐𐤓𐤒 𐤒𐤀

𐤀𐤋𐤃𐤅𐤃 𐤌𐤆𐤌𐤅𐤓 𐤇𐤎𐤃 𐤅𐤌𐤔𐤐𐤈 𐤀𐤔𐤉𐤓𐤄 𐤋𐤊 𐤉𐤄𐤅𐤄 𐤀𐤆𐤌𐤓𐤄.
𐤁𐤀𐤔𐤊𐤉𐤋𐤄 𐤁𐤃𐤓𐤊 𐤕𐤌𐤉𐤌 𐤌𐤕𐤉 𐤕𐤁𐤅𐤀 𐤀𐤋𐤉 𐤀𐤕𐤄𐤋𐤊 𐤁𐤕𐤌 𐤋𐤁𐤁𐤉 𐤁𐤒𐤓𐤁
𐤁𐤉𐤕𐤉.
𐤂𐤋𐤀 𐤀𐤔𐤉𐤕 𐤋𐤍𐤂𐤃 𐤏𐤉𐤍𐤉 𐤃𐤁𐤓 𐤁𐤋𐤉𐤏𐤋 𐤏𐤔𐤄 𐤎𐤈𐤉𐤌 𐤔𐤍𐤀𐤕𐤉 𐤋𐤀 𐤉𐤃𐤁𐤒
𐤁𐤉.
𐤃𐤋𐤁𐤁 𐤏𐤒𐤔 𐤉𐤎𐤅𐤓 𐤌𐤌𐤍𐤉 𐤓𐤏 𐤋𐤀 𐤀𐤃𐤏.
𐤄𐤌𐤋𐤅𐤔𐤍𐤉 [𐤌𐤋𐤔𐤍𐤉] 𐤁𐤎𐤕𐤓 𐤓𐤏𐤄𐤅 𐤀𐤅𐤕𐤅 𐤀𐤑𐤌𐤉𐤕 𐤂𐤁𐤄 𐤏𐤉𐤍𐤉𐤌 𐤅𐤓𐤇𐤁
𐤋𐤁𐤁 𐤀𐤕𐤅 𐤋𐤀 𐤀𐤅𐤊𐤋.
𐤅𐤏𐤉𐤍𐤉 𐤁𐤍𐤀𐤌𐤍𐤉 𐤀𐤓𐤑 𐤋𐤔𐤁𐤕 𐤏𐤌𐤃𐤉 𐤄𐤋𐤊 𐤁𐤃𐤓𐤊 𐤕𐤌𐤉𐤌 𐤄𐤅𐤀
𐤉𐤔𐤓𐤕𐤍𐤉.
𐤆𐤋𐤀 𐤉𐤔𐤁 𐤁𐤒𐤓𐤁 𐤁𐤉𐤕𐤉 𐤏𐤔𐤄 𐤓𐤌𐤉𐤄 𐤃𐤁𐤓 𐤔𐤒𐤓𐤉𐤌 𐤋𐤀 𐤉𐤊𐤅𐤍 𐤋𐤍𐤂𐤃
𐤏𐤉𐤍𐤉.
𐤇𐤋𐤁𐤒𐤓𐤉𐤌 𐤀𐤑𐤌𐤉𐤕 𐤊𐤋 𐤓𐤔𐤏𐤉 𐤀𐤓𐤑 𐤋𐤄𐤊𐤓𐤉𐤕 𐤌𐤏𐤉𐤓 𐤉𐤄𐤅𐤄 𐤊𐤋 𐤐𐤏𐤋𐤉
𐤀𐤅𐤍.

𐤕𐤄𐤉𐤋𐤉𐤌

𐤐𐤓𐤒 𐤒𐤁

𐤀 𐤕𐤐𐤋𐤄 𐤋𐤏𐤍𐤉 𐤊𐤉 𐤉𐤏𐤈𐤐 𐤅𐤋𐤐𐤍𐤉 𐤉𐤄𐤅𐤄 𐤉𐤔𐤐𐤊 𐤔𐤉𐤇𐤅•
𐤁 𐤉𐤄𐤅𐤄 𐤔𐤌𐤏𐤄 𐤕𐤐𐤋𐤕𐤉 𐤅𐤔𐤅𐤏𐤕𐤉 𐤀𐤋𐤉𐤊 𐤕𐤁𐤅𐤀•
𐤂 𐤀𐤋 𐤕𐤎𐤕𐤓 𐤐𐤍𐤉𐤊 𐤌𐤌𐤍𐤉 𐤁𐤉𐤅𐤌 𐤑𐤓 𐤋𐤉 𐤄𐤈𐤄 𐤀𐤋𐤉 𐤀𐤆𐤍𐤊 𐤁𐤉𐤅𐤌
𐤀𐤒𐤓𐤀 𐤌𐤄𐤓 𐤏𐤍𐤍𐤉•
𐤃 𐤊𐤉 𐤊𐤋𐤅 𐤁𐤏𐤔𐤍 𐤉𐤌𐤉 𐤅𐤏𐤑𐤌𐤅𐤕𐤉 𐤊𐤌𐤅𐤒𐤃 𐤍𐤇𐤓𐤅•
𐤄 𐤄𐤅𐤊𐤄 𐤊𐤏𐤔𐤁 𐤅𐤉𐤁𐤔 𐤋𐤁𐤉 𐤊𐤉 𐤔𐤊𐤇𐤕𐤉 𐤌𐤀𐤊𐤋 𐤋𐤇𐤌𐤉•
𐤅 𐤌𐤒𐤅𐤋 𐤀𐤍𐤇𐤕𐤉 𐤃𐤁𐤒𐤄 𐤏𐤑𐤌𐤉 𐤋𐤁𐤔𐤓𐤉•
𐤆 𐤃𐤌𐤉𐤕𐤉 𐤋𐤒𐤀𐤕 𐤌𐤃𐤁𐤓 𐤄𐤉𐤉𐤕𐤉 𐤊𐤊𐤅𐤎 𐤇𐤓𐤁𐤅𐤕•
𐤇 𐤔𐤒𐤃𐤕𐤉 𐤅𐤀𐤄𐤉𐤄 𐤊𐤑𐤐𐤅𐤓 𐤁𐤅𐤃𐤃 𐤏𐤋 𐤂𐤂•
𐤈 𐤊𐤋 𐤄𐤉𐤅𐤌 𐤇𐤓𐤐𐤅𐤍𐤉 𐤀𐤅𐤉𐤁𐤉 𐤌𐤄𐤅𐤋𐤋𐤉 𐤁𐤉 𐤍𐤔𐤁𐤏𐤅•
𐤉 𐤊𐤉 𐤀𐤐𐤓 𐤊𐤋𐤇𐤌 𐤀𐤊𐤋𐤕𐤉 𐤅𐤔𐤒𐤅𐤉 𐤁𐤁𐤊𐤉 𐤌𐤎𐤊𐤕𐤉•
𐤉𐤀 𐤌𐤐𐤍𐤉 𐤆𐤏𐤌𐤊 𐤅𐤒𐤑𐤐𐤊 𐤊𐤉 𐤍𐤔𐤀𐤕𐤍𐤉 𐤅𐤕𐤔𐤋𐤉𐤊𐤍𐤉•
𐤉𐤁 𐤉𐤌𐤉 𐤊𐤑𐤋 𐤍𐤈𐤅𐤉 𐤅𐤀𐤍𐤉 𐤊𐤏𐤔𐤁 𐤀𐤉𐤁𐤔•
𐤉𐤂 𐤅𐤀𐤕𐤄 𐤉𐤄𐤅𐤄 𐤋𐤏𐤅𐤋𐤌 𐤕𐤔𐤁 𐤅𐤆𐤊𐤓𐤊 𐤋𐤃𐤓 𐤅𐤃𐤓•
𐤉𐤃 𐤀𐤕𐤄 𐤕𐤒𐤅𐤌 𐤕𐤓𐤇𐤌 𐤑𐤉𐤅𐤍 𐤊𐤉 𐤏𐤕 𐤋𐤇𐤍𐤍𐤄 𐤊𐤉 𐤁𐤀 𐤌𐤅𐤏𐤃•
𐤈𐤅 𐤊𐤉 𐤓𐤑𐤅 𐤏𐤁𐤃𐤉𐤊 𐤀𐤕 𐤀𐤁𐤍𐤉𐤄 𐤅𐤀𐤕 𐤏𐤐𐤓𐤄 𐤉𐤇𐤍𐤍𐤅•
𐤈𐤆 𐤅𐤉𐤉𐤓𐤀𐤅 𐤂𐤅𐤉𐤌 𐤀𐤕 𐤔𐤌 𐤉𐤄𐤅𐤄 𐤅𐤊𐤋 𐤌𐤋𐤊𐤉 𐤄𐤀𐤓𐤑 𐤀𐤕 𐤊𐤁𐤅𐤃𐤊•
𐤉𐤆 𐤊𐤉 𐤁𐤍𐤄 𐤉𐤄𐤅𐤄 𐤑𐤉𐤅𐤍 𐤍𐤓𐤀𐤄 𐤁𐤊𐤁𐤅𐤃𐤅•
𐤉𐤇 𐤐𐤍𐤄 𐤀𐤋 𐤕𐤐𐤋𐤕 𐤄𐤏𐤓𐤏𐤓 𐤅𐤋𐤀 𐤁𐤆𐤄 𐤀𐤕 𐤕𐤐𐤋𐤕𐤌•
𐤉𐤈 𐤕𐤊𐤕𐤁 𐤆𐤀𐤕 𐤋𐤃𐤅𐤓 𐤀𐤇𐤓𐤅𐤍 𐤅𐤏𐤌 𐤍𐤁𐤓𐤀 𐤉𐤄𐤋𐤋 𐤉𐤄•
𐤊 𐤊𐤉 𐤄𐤔𐤒𐤉𐤐 𐤌𐤌𐤓𐤅𐤌 𐤒𐤃𐤔𐤅 𐤉𐤄𐤅𐤄 𐤌𐤔𐤌𐤉𐤌 𐤀𐤋 𐤀𐤓𐤑 𐤄𐤁𐤉𐤈•
𐤊𐤀 𐤋𐤔𐤌𐤏 𐤀𐤍𐤒𐤕 𐤀𐤎𐤉𐤓 𐤋𐤐𐤕𐤇 𐤁𐤍𐤉 𐤕𐤌𐤅𐤕𐤄•
𐤊𐤁 𐤋𐤎𐤐𐤓 𐤁𐤑𐤉𐤅𐤍 𐤔𐤌 𐤉𐤄𐤅𐤄 𐤅𐤕𐤄𐤋𐤕𐤅 𐤁𐤉𐤓𐤅𐤔𐤋𐤌•
𐤊𐤂 𐤁𐤄𐤒𐤁𐤑 𐤏𐤌𐤉𐤌 𐤉𐤇𐤃𐤅 𐤅𐤌𐤌𐤋𐤊𐤅𐤕 𐤋𐤏𐤁𐤃 𐤀𐤕 𐤉𐤄𐤅𐤄•
𐤊𐤃 𐤏𐤍𐤄 𐤁𐤃𐤓𐤊 𐤊𐤇𐤅 [𐤊𐤇𐤉] 𐤒𐤑𐤓 𐤉𐤌𐤉•
𐤊𐤄 𐤀𐤌𐤓 𐤀𐤋𐤉 𐤀𐤋 𐤕𐤏𐤋𐤍𐤉 𐤁𐤇𐤑𐤉 𐤉𐤌𐤉 𐤁𐤃𐤅𐤓 𐤃𐤅𐤓𐤉𐤌 𐤔𐤍𐤅𐤕𐤉𐤊•
𐤊𐤅 𐤋𐤐𐤍𐤉𐤌 𐤄𐤀𐤓𐤑 𐤉𐤎𐤃𐤕 𐤅𐤌𐤏𐤔𐤄 𐤉𐤃𐤉𐤊 𐤔𐤌𐤉𐤌•
𐤊𐤆 𐤄𐤌𐤄 𐤉𐤀𐤁𐤃𐤅 𐤅𐤀𐤕𐤄 𐤕𐤏𐤌𐤃 𐤅𐤊𐤋𐤌 𐤊𐤁𐤂𐤃 𐤉𐤁𐤋𐤅 𐤊𐤋𐤁𐤅𐤔 𐤕𐤇𐤋𐤉𐤐𐤌
𐤅𐤉𐤇𐤋𐤐𐤅•
𐤊𐤇 𐤅𐤀𐤕𐤄 𐤄𐤅𐤀 𐤅𐤔𐤍𐤅𐤕𐤉𐤊 𐤋𐤀 𐤉𐤕𐤌𐤅•
𐤊𐤈 𐤁𐤍𐤉 𐤏𐤁𐤃𐤉𐤊 𐤉𐤔𐤊𐤅𐤍𐤅 𐤅𐤆𐤓𐤏𐤌 𐤋𐤐𐤍𐤉𐤊 𐤉𐤊𐤅𐤍•

𐤕𐤄𐤉𐤋𐤉𐤌

𐤐𐤓𐤒 𐤒𐤂

𐤀 𐤋𐤃𐤅𐤃 𐤁𐤓𐤊𐤉 𐤍𐤐𐤔𐤉 𐤀𐤕 𐤉𐤄𐤅𐤄 𐤅𐤊𐤋 𐤒𐤓𐤁𐤉 𐤀𐤕 𐤔𐤌 𐤒𐤃𐤔𐤅•
𐤁 𐤁𐤓𐤊𐤉 𐤍𐤐𐤔𐤉 𐤀𐤕 𐤉𐤄𐤅𐤄 𐤅𐤀𐤋 𐤕𐤔𐤊𐤇𐤉 𐤊𐤋 𐤂𐤌𐤅𐤋𐤉𐤅•
𐤂 𐤄𐤎𐤋𐤇 𐤋𐤊𐤋 𐤏𐤅𐤍𐤊𐤉 𐤄𐤓𐤐𐤀 𐤋𐤊𐤋 𐤕𐤇𐤋𐤀𐤉𐤊𐤉•
𐤃 𐤄𐤂𐤅𐤀𐤋 𐤌𐤔𐤇𐤕 𐤇𐤉𐤉𐤊𐤉 𐤄𐤌𐤏𐤈𐤓𐤊𐤉 𐤇𐤎𐤃 𐤅𐤓𐤇𐤌𐤉𐤌•
𐤄 𐤄𐤌𐤔𐤁𐤉𐤏 𐤁𐤈𐤅𐤁 𐤏𐤃𐤉𐤊 𐤕𐤕𐤇𐤃𐤔 𐤊𐤍𐤔𐤓 𐤍𐤏𐤅𐤓𐤉𐤊𐤉•
𐤅 𐤏𐤔𐤄 𐤑𐤃𐤒𐤅𐤕 𐤉𐤄𐤅𐤄 𐤅𐤌𐤔𐤐𐤈𐤉𐤌 𐤋𐤊𐤋 𐤏𐤔𐤅𐤒𐤉𐤌•
𐤆 𐤉𐤅𐤃𐤉𐤏 𐤃𐤓𐤊𐤉𐤅 𐤋𐤌𐤔𐤄 𐤋𐤁𐤍𐤉 𐤉𐤔𐤓𐤀𐤋 𐤏𐤋𐤉𐤋𐤅𐤕𐤉𐤅•
𐤇 𐤓𐤇𐤅𐤌 𐤅𐤇𐤍𐤅𐤍 𐤉𐤄𐤅𐤄 𐤀𐤓𐤊 𐤀𐤐𐤉𐤌 𐤅𐤓𐤁 𐤇𐤎𐤃•
𐤈 𐤋𐤀 𐤋𐤍𐤑𐤇 𐤉𐤓𐤉𐤁 𐤅𐤋𐤀 𐤋𐤏𐤅𐤋𐤌 𐤉𐤈𐤅𐤓•
𐤉 𐤋𐤀 𐤊𐤇𐤈𐤀𐤉𐤍𐤅 𐤏𐤔𐤄 𐤋𐤍𐤅 𐤅𐤋𐤀 𐤊𐤏𐤅𐤍𐤕𐤉𐤍𐤅 𐤂𐤌𐤋 𐤏𐤋𐤉𐤍𐤅•
𐤉𐤀 𐤊𐤉 𐤊𐤂𐤁𐤄 𐤔𐤌𐤉𐤌 𐤏𐤋 𐤄𐤀𐤓𐤑 𐤂𐤁𐤓 𐤇𐤎𐤃𐤅 𐤏𐤋 𐤉𐤓𐤀𐤉𐤅•
𐤉𐤁 𐤊𐤓𐤇𐤒 𐤌𐤆𐤓𐤇 𐤌𐤌𐤏𐤓𐤁 𐤄𐤓𐤇𐤉𐤒 𐤌𐤌𐤍𐤅 𐤀𐤕 𐤐𐤔𐤏𐤉𐤍𐤅•
𐤉𐤂 𐤊𐤓𐤇𐤌 𐤀𐤁 𐤏𐤋 𐤁𐤍𐤉𐤌 𐤓𐤇𐤌 𐤉𐤄𐤅𐤄 𐤏𐤋 𐤉𐤓𐤀𐤉𐤅•
𐤉𐤃 𐤊𐤉 𐤄𐤅𐤀 𐤉𐤃𐤏 𐤉𐤑𐤓𐤍𐤅 𐤆𐤊𐤅𐤓 𐤊𐤉 𐤏𐤐𐤓 𐤀𐤍𐤇𐤍𐤅•
𐤈𐤅 𐤀𐤍𐤅𐤔 𐤊𐤇𐤑𐤉𐤓 𐤉𐤌𐤉𐤅 𐤊𐤑𐤉𐤑 𐤄𐤔𐤃𐤄 𐤊𐤍 𐤉𐤑𐤉𐤑•
𐤈𐤆 𐤊𐤉 𐤓𐤅𐤇 𐤏𐤁𐤓𐤄 𐤁𐤅 𐤅𐤀𐤉𐤍𐤍𐤅 𐤅𐤋𐤀 𐤉𐤊𐤉𐤓𐤍𐤅 𐤏𐤅𐤃 𐤌𐤒𐤅𐤌𐤅•
𐤉𐤆 𐤅𐤇𐤎𐤃 𐤉𐤄𐤅𐤄 𐤌𐤏𐤅𐤋𐤌 𐤅𐤏𐤃 𐤏𐤅𐤋𐤌 𐤏𐤋 𐤉𐤓𐤀𐤉𐤅 𐤅𐤑𐤃𐤒𐤕𐤅 𐤋𐤁𐤍𐤉
𐤁𐤍𐤉𐤌•
𐤉𐤇 𐤋𐤔𐤌𐤓𐤉 𐤁𐤓𐤉𐤕𐤅 𐤅𐤋𐤆𐤊𐤓𐤉 𐤐𐤒𐤃𐤉𐤅 𐤋𐤏𐤔𐤅𐤕𐤌•
𐤉𐤈 𐤉𐤄𐤅𐤄 𐤁𐤔𐤌𐤉𐤌 𐤄𐤊𐤉𐤍 𐤊𐤎𐤀𐤅 𐤅𐤌𐤋𐤊𐤅𐤕𐤅 𐤁𐤊𐤋 𐤌𐤔𐤋𐤄•
𐤊 𐤁𐤓𐤊𐤅 𐤉𐤄𐤅𐤄 𐤌𐤋𐤀𐤊𐤉𐤅 𐤂𐤁𐤓𐤉 𐤊𐤇 𐤏𐤔𐤉 𐤃𐤁𐤓𐤅 𐤋𐤔𐤌𐤏 𐤁𐤒𐤅𐤋 𐤃𐤁𐤓𐤅•
𐤊𐤀 𐤁𐤓𐤊𐤅 𐤉𐤄𐤅𐤄 𐤊𐤋 𐤑𐤁𐤀𐤉𐤅 𐤌𐤔𐤓𐤕𐤉𐤅 𐤏𐤔𐤉 𐤓𐤑𐤅𐤍𐤅•
𐤊𐤁 𐤁𐤓𐤊𐤅 𐤉𐤄𐤅𐤄 𐤊𐤋 𐤌𐤏𐤔𐤉𐤅 𐤁𐤊𐤋 𐤌𐤒𐤌𐤅𐤕 𐤌𐤌𐤔𐤋𐤕𐤅 𐤁𐤓𐤊𐤉 𐤍𐤐𐤔𐤉 𐤀𐤕
𐤉𐤄𐤅𐤄•

𐤐𐤓𐤒 𐤒𐤃

𐤀 𐤁𐤓𐤊𐤉 𐤍𐤐𐤔𐤉 𐤀𐤕 𐤉𐤄𐤅𐤄 𐤉𐤄𐤅𐤄 𐤀𐤋𐤄𐤉 𐤂𐤃𐤋𐤕 𐤌𐤀𐤃 𐤄𐤅𐤃 𐤅𐤄𐤃𐤓 𐤋𐤁𐤔𐤕•
𐤁 𐤏𐤈𐤄 𐤀𐤅𐤓 𐤊𐤔𐤋𐤌𐤄 𐤍𐤅𐤈𐤄 𐤔𐤌𐤉𐤌 𐤊𐤉𐤓𐤉𐤏𐤄•
𐤂 𐤄𐤌𐤒𐤓𐤄 𐤁𐤌𐤉𐤌 𐤏𐤋𐤉𐤅𐤕𐤉𐤅 𐤄𐤔𐤌 𐤏𐤁𐤉𐤌 𐤓𐤊𐤅𐤁𐤅 𐤄𐤌𐤄𐤋𐤊 𐤏𐤋 𐤊𐤍𐤐𐤉
𐤓𐤅𐤇•

𐤕𐤄𐤉𐤋𐤉𐤌

𐤃 𐤏𐤔𐤄 𐤌𐤋𐤀𐤊𐤉𐤅 𐤓𐤅𐤇𐤅𐤕 𐤌𐤔𐤓𐤕𐤉𐤅 𐤀𐤔 𐤋𐤄𐤈.

𐤄 𐤉𐤎𐤃 𐤀𐤓𐤑 𐤏𐤋 𐤌𐤊𐤅𐤍𐤉𐤄 𐤁𐤋 𐤕𐤌𐤅𐤈 𐤏𐤅𐤋𐤌 𐤅𐤏𐤃.

𐤅 𐤕𐤄𐤅𐤌 𐤊𐤋𐤁𐤅𐤔 𐤊𐤎𐤉𐤕𐤅 𐤏𐤋 𐤄𐤓𐤉𐤌 𐤉𐤏𐤌𐤃𐤅 𐤌𐤉𐤌.

𐤆 𐤌𐤍 𐤂𐤏𐤓𐤕𐤊 𐤉𐤍𐤅𐤎𐤅𐤍 𐤌𐤍 𐤒𐤅𐤋 𐤓𐤏𐤌𐤊 𐤉𐤇𐤐𐤆𐤅𐤍.

𐤇 𐤉𐤏𐤋𐤅 𐤄𐤓𐤉𐤌 𐤉𐤓𐤃𐤅 𐤁𐤒𐤏𐤅𐤕 𐤀𐤋 𐤌𐤒𐤅𐤌 𐤆𐤄 𐤉𐤎𐤃𐤕 𐤋𐤄𐤌.

𐤈 𐤂𐤁𐤅𐤋 𐤔𐤌𐤕 𐤁𐤋 𐤉𐤏𐤁𐤓𐤅𐤍 𐤁𐤋 𐤉𐤔𐤅𐤁𐤅𐤍 𐤋𐤊𐤎𐤅𐤕 𐤄𐤀𐤓𐤑.

𐤉 𐤄𐤌𐤔𐤋𐤇 𐤌𐤏𐤉𐤍𐤉𐤌 𐤁𐤍𐤇𐤋𐤉𐤌 𐤁𐤉𐤍 𐤄𐤓𐤉𐤌 𐤉𐤄𐤋𐤊𐤅𐤍.

𐤉𐤀 𐤉𐤔𐤒𐤅 𐤊𐤋 𐤇𐤉𐤕𐤅 𐤔𐤃𐤉 𐤉𐤔𐤁𐤓𐤅 𐤐𐤓𐤀𐤉𐤌 𐤑𐤌𐤀𐤌.

𐤉𐤁 𐤏𐤋𐤉𐤄𐤌 𐤏𐤅𐤐 𐤄𐤔𐤌𐤉𐤌 𐤉𐤔𐤊𐤅𐤍 𐤌𐤁𐤉𐤍 𐤏𐤐𐤀𐤉𐤌 𐤉𐤕𐤍𐤅 𐤒𐤅𐤋.

𐤉𐤂 𐤌𐤔𐤒𐤄 𐤄𐤓𐤉𐤌 𐤌𐤏𐤋𐤉𐤅𐤕𐤉𐤅 𐤌𐤐𐤓𐤉 𐤌𐤏𐤔𐤉𐤊 𐤕𐤔𐤁𐤏 𐤄𐤀𐤓𐤑.

𐤉𐤃 𐤌𐤑𐤌𐤉𐤇 𐤇𐤑𐤉𐤓 𐤋𐤁𐤄𐤌𐤄 𐤅𐤏𐤔𐤁 𐤋𐤏𐤁𐤃𐤕 𐤄𐤀𐤃𐤌 𐤋𐤄𐤅𐤑𐤉𐤀 𐤋𐤇𐤌 𐤌𐤍
𐤄𐤀𐤓𐤑.

𐤈𐤅 𐤅𐤉𐤉𐤍 𐤉𐤔𐤌𐤇 𐤋𐤁𐤁 𐤀𐤍𐤅𐤔 𐤋𐤄𐤑𐤄𐤉𐤋 𐤐𐤍𐤉𐤌 𐤌𐤔𐤌𐤍 𐤅𐤋𐤇𐤌𐤅 𐤋𐤁𐤁
𐤀𐤍𐤅𐤔 𐤉𐤎𐤏𐤃.

𐤈𐤆 𐤉𐤔𐤁𐤏𐤅 𐤏𐤑𐤉 𐤉𐤄𐤅𐤄 𐤀𐤓𐤆𐤉 𐤋𐤁𐤍𐤅𐤍 𐤀𐤔𐤓 𐤍𐤈𐤏.

𐤉𐤆 𐤀𐤔𐤓 𐤔𐤌 𐤑𐤐𐤓𐤉𐤌 𐤉𐤒𐤍𐤍𐤅 𐤇𐤎𐤉𐤃𐤄 𐤁𐤓𐤅𐤔𐤉𐤌 𐤁𐤉𐤕𐤄.

𐤉𐤇 𐤄𐤓𐤉𐤌 𐤄𐤂𐤁𐤄𐤉𐤌 𐤋𐤉𐤏𐤋𐤉𐤌 𐤎𐤋𐤏𐤉𐤌 𐤌𐤇𐤎𐤄 𐤋𐤔𐤐𐤍𐤉𐤌.

𐤉𐤈 𐤏𐤔𐤄 𐤉𐤓𐤇 𐤋𐤌𐤅𐤏𐤃𐤉𐤌 𐤔𐤌𐤔 𐤉𐤃𐤏 𐤌𐤁𐤅𐤀𐤅.

𐤊 𐤕𐤔𐤕 𐤇𐤔𐤊 𐤅𐤉𐤄𐤉 𐤋𐤉𐤋𐤄 𐤁𐤅 𐤕𐤓𐤌𐤔 𐤊𐤋 𐤇𐤉𐤕𐤅 𐤉𐤏𐤓.

𐤊𐤀 𐤄𐤊𐤐𐤉𐤓𐤉𐤌 𐤔𐤀𐤂𐤉𐤌 𐤋𐤈𐤓𐤐 𐤅𐤋𐤁𐤒𐤔 𐤌𐤀𐤋 𐤀𐤊𐤋𐤌.

𐤊𐤁 𐤕𐤆𐤓𐤇 𐤄𐤔𐤌𐤔 𐤉𐤀𐤎𐤐𐤅𐤍 𐤅𐤀𐤋 𐤌𐤏𐤅𐤍𐤕𐤌 𐤉𐤓𐤁𐤑𐤅𐤍.

𐤊𐤂 𐤉𐤑𐤀 𐤀𐤃𐤌 𐤋𐤐𐤏𐤋𐤅 𐤅𐤋𐤏𐤁𐤃𐤕𐤅 𐤏𐤃𐤉 𐤏𐤓𐤁.

𐤊𐤃 𐤌𐤄 𐤓𐤁𐤅 𐤌𐤏𐤔𐤉𐤊 𐤉𐤄𐤅𐤄 𐤊𐤋𐤌 𐤁𐤇𐤊𐤌𐤄 𐤏𐤔𐤉𐤕 𐤌𐤋𐤀𐤄 𐤄𐤀𐤓𐤑
𐤒𐤍𐤉𐤍𐤊.

𐤊𐤄 𐤆𐤄 𐤄𐤉𐤌 𐤂𐤃𐤅𐤋 𐤅𐤓𐤇𐤁 𐤉𐤃𐤉𐤌 𐤔𐤌 𐤓𐤌𐤔 𐤅𐤀𐤉𐤍 𐤌𐤎𐤐𐤓 𐤇𐤉𐤅𐤕 𐤒𐤈𐤍𐤅𐤕
𐤏𐤌 𐤂𐤃𐤋𐤅𐤕.

𐤊𐤅 𐤔𐤌 𐤀𐤍𐤉𐤅𐤕 𐤉𐤄𐤋𐤊𐤅𐤍 𐤋𐤅𐤉𐤕𐤍 𐤆𐤄 𐤉𐤑𐤓𐤕 𐤋𐤔𐤇𐤒 𐤁𐤅.

𐤊𐤆 𐤊𐤋𐤌 𐤀𐤋𐤉𐤊 𐤉𐤔𐤁𐤓𐤅𐤍 𐤋𐤕𐤕 𐤀𐤊𐤋𐤌 𐤁𐤏𐤕𐤅.

𐤊𐤇 𐤕𐤕𐤍 𐤋𐤄𐤌 𐤉𐤋𐤒𐤈𐤅𐤍 𐤕𐤐𐤕𐤇 𐤉𐤃𐤊 𐤉𐤔𐤁𐤏𐤅𐤍 𐤈𐤅𐤁.

𐤊𐤈 𐤕𐤎𐤕𐤉𐤓 𐤐𐤍𐤉𐤊 𐤉𐤁𐤄𐤋𐤅𐤍 𐤕𐤎𐤐 𐤓𐤅𐤇𐤌 𐤉𐤂𐤅𐤏𐤅𐤍 𐤅𐤀𐤋 𐤏𐤐𐤓𐤌 𐤉𐤔𐤅𐤁𐤅𐤍.

𐤋 𐤕𐤔𐤋𐤇 𐤓𐤅𐤇𐤊 𐤉𐤁𐤓𐤀𐤅𐤍 𐤅𐤕𐤇𐤃𐤔 𐤐𐤍𐤉 𐤀𐤃𐤌𐤄.

𐤋𐤀 𐤉𐤄𐤉 𐤊𐤁𐤅𐤃 𐤉𐤄𐤅𐤄 𐤋𐤏𐤅𐤋𐤌 𐤉𐤔𐤌𐤇 𐤉𐤄𐤅𐤄 𐤁𐤌𐤏𐤔𐤉𐤅.

𐤋𐤁 𐤄𐤌𐤁𐤉𐤈 𐤋𐤀𐤓𐤑 𐤅𐤕𐤓𐤏𐤃 𐤉𐤂𐤏 𐤁𐤄𐤓𐤉𐤌 𐤅𐤉𐤏𐤔𐤍𐤅.

𐤕𐤄𐤉𐤋𐤉𐤌

𐤋𐤂 𐤀𐤔𐤉𐤓𐤄 𐤋𐤉𐤄𐤅𐤄 𐤁𐤇𐤉𐤉 𐤀𐤆𐤌𐤓𐤄 𐤋𐤀𐤋𐤄𐤉 𐤁𐤏𐤅𐤃𐤉•
𐤋𐤃 𐤉𐤏𐤓𐤁 𐤏𐤋𐤉𐤅 𐤔𐤉𐤇𐤉 𐤀𐤍𐤊𐤉 𐤀𐤔𐤌𐤇 𐤁𐤉𐤄𐤅𐤄•
𐤋𐤄 𐤉𐤕𐤌𐤅 𐤇𐤈𐤀𐤉𐤌 𐤌𐤍 𐤄𐤀𐤓𐤑 𐤅𐤓𐤔𐤏𐤉𐤌 𐤏𐤅𐤃 𐤀𐤉𐤍𐤌 𐤁𐤓𐤊𐤉 𐤍𐤐𐤔𐤉 𐤀𐤕
𐤉𐤄𐤅𐤄 𐤄𐤋𐤋𐤅𐤉𐤄•

𐤐𐤓𐤒. 𐤒𐤄

𐤀 𐤄𐤅𐤃𐤅 𐤋𐤉𐤄𐤅𐤄 𐤒𐤓𐤀𐤅 𐤁𐤔𐤌𐤅 𐤄𐤅𐤃𐤉𐤏𐤅 𐤁𐤏𐤌𐤉𐤌 𐤏𐤋𐤉𐤋𐤅𐤕𐤉𐤅•
𐤁 𐤔𐤉𐤓𐤅 𐤋𐤅 𐤆𐤌𐤓𐤅 𐤋𐤅 𐤔𐤉𐤇𐤅 𐤁𐤊𐤋 𐤍𐤐𐤋𐤀𐤅𐤕𐤉𐤅•
𐤂 𐤄𐤕𐤄𐤋𐤋𐤅 𐤁𐤔𐤌 𐤒𐤃𐤔𐤅 𐤉𐤔𐤌𐤇 𐤋𐤁 𐤌𐤁𐤒𐤔𐤉 𐤉𐤄𐤅𐤄•
𐤃 𐤃𐤓𐤔𐤅 𐤉𐤄𐤅𐤄 𐤅𐤏𐤆𐤅 𐤁𐤒𐤔𐤅 𐤐𐤍𐤉𐤅 𐤕𐤌𐤉𐤃•
𐤄 𐤆𐤊𐤓𐤅 𐤍𐤐𐤋𐤀𐤅𐤕𐤉𐤅 𐤀𐤔𐤓 𐤏𐤔𐤄 𐤌𐤐𐤕𐤉𐤅 𐤅𐤌𐤔𐤐𐤈𐤉 𐤐𐤉𐤅•
𐤅 𐤆𐤓𐤏 𐤀𐤁𐤓𐤄𐤌 𐤏𐤁𐤃𐤅 𐤁𐤍𐤉 𐤉𐤏𐤒𐤁 𐤁𐤇𐤉𐤓𐤉𐤅•
𐤆 𐤄𐤅𐤀 𐤉𐤄𐤅𐤄 𐤀𐤋𐤄𐤉𐤍𐤅 𐤁𐤊𐤋 𐤄𐤀𐤓𐤑 𐤌𐤔𐤐𐤈𐤉𐤅•
𐤇 𐤆𐤊𐤓 𐤋𐤏𐤅𐤋𐤌 𐤁𐤓𐤉𐤕𐤅 𐤃𐤁𐤓 𐤑𐤅𐤄 𐤋𐤀𐤋𐤐 𐤃𐤅𐤓•
𐤈 𐤀𐤔𐤓 𐤊𐤓𐤕 𐤀𐤕 𐤀𐤁𐤓𐤄𐤌 𐤅𐤔𐤁𐤅𐤏𐤕𐤅 𐤋𐤉𐤔𐤇𐤒•
𐤉 𐤅𐤉𐤏𐤌𐤉𐤃𐤄 𐤋𐤉𐤏𐤒𐤁 𐤋𐤇𐤒 𐤋𐤉𐤔𐤓𐤀𐤋 𐤁𐤓𐤉𐤕 𐤏𐤅𐤋𐤌•
𐤉𐤀 𐤋𐤀𐤌𐤓 𐤋𐤊 𐤀𐤕𐤍 𐤀𐤕 𐤀𐤓𐤑 𐤊𐤍𐤏𐤍 𐤇𐤁𐤋 𐤍𐤇𐤋𐤕𐤊𐤌•
𐤉𐤁 𐤁𐤄𐤉𐤅𐤕𐤌 𐤌𐤕𐤉 𐤌𐤎𐤐𐤓 𐤊𐤌𐤏𐤈 𐤅𐤂𐤓𐤉𐤌 𐤁𐤄•
𐤉𐤂 𐤅𐤉𐤕𐤄𐤋𐤊𐤅 𐤌𐤂𐤅𐤉 𐤀𐤋 𐤂𐤅𐤉 𐤌𐤌𐤌𐤋𐤊𐤄 𐤀𐤋 𐤏𐤌 𐤀𐤇𐤓•
𐤉𐤃 𐤋𐤀 𐤄𐤍𐤉𐤇 𐤀𐤃𐤌 𐤋𐤏𐤔𐤒𐤌 𐤅𐤉𐤅𐤊𐤇 𐤏𐤋𐤉𐤄𐤌 𐤌𐤋𐤊𐤉𐤌•
𐤈𐤅 𐤀𐤋 𐤕𐤂𐤏𐤅 𐤁𐤌𐤔𐤉𐤇𐤉 𐤅𐤋𐤍𐤁𐤉𐤀𐤉 𐤀𐤋 𐤕𐤓𐤏𐤅•
𐤈𐤆 𐤅𐤉𐤒𐤓𐤀 𐤓𐤏𐤁 𐤏𐤋 𐤄𐤀𐤓𐤑 𐤊𐤋 𐤌𐤈𐤄 𐤋𐤇𐤌 𐤔𐤁𐤓•
𐤉𐤆 𐤔𐤋𐤇 𐤋𐤐𐤍𐤉𐤄𐤌 𐤀𐤉𐤔 𐤋𐤏𐤁𐤃 𐤍𐤌𐤊𐤓 𐤉𐤅𐤎𐤐•
𐤉𐤇 𐤏𐤍𐤅 𐤁𐤊𐤁𐤋 𐤓𐤂𐤋𐤉𐤅 [𐤓𐤂𐤋𐤅] 𐤁𐤓𐤆𐤋 𐤁𐤀𐤄 𐤍𐤐𐤔𐤅•
𐤉𐤈 𐤏𐤃 𐤏𐤕 𐤁𐤀 𐤃𐤁𐤓𐤅 𐤀𐤌𐤓𐤕 𐤉𐤄𐤅𐤄 𐤑𐤓𐤐𐤕𐤄𐤅•
𐤊 𐤔𐤋𐤇 𐤌𐤋𐤊 𐤅𐤉𐤕𐤉𐤓𐤄𐤅 𐤌𐤔𐤋 𐤏𐤌𐤉𐤌 𐤅𐤉𐤐𐤕𐤇𐤄𐤅•
𐤊𐤀 𐤔𐤌𐤅 𐤀𐤃𐤅𐤍 𐤋𐤁𐤉𐤕𐤅 𐤅𐤌𐤔𐤋 𐤁𐤊𐤋 𐤒𐤍𐤉𐤍𐤅•
𐤊𐤁 𐤋𐤀𐤎𐤓 𐤔𐤓𐤉𐤅 𐤁𐤍𐤐𐤔𐤅 𐤅𐤆𐤒𐤍𐤉𐤅 𐤉𐤇𐤊𐤌•
𐤊𐤂 𐤅𐤉𐤁𐤀 𐤉𐤔𐤓𐤀𐤋 𐤌𐤑𐤓𐤉𐤌 𐤅𐤉𐤏𐤒𐤁 𐤂𐤓 𐤁𐤀𐤓𐤑 𐤇𐤌•
𐤊𐤃 𐤅𐤉𐤐𐤓 𐤀𐤕 𐤏𐤌𐤅 𐤌𐤀𐤃 𐤅𐤉𐤏𐤑𐤌𐤄𐤅 𐤌𐤑𐤓𐤉𐤅•
𐤊𐤄 𐤄𐤐𐤊 𐤋𐤁𐤌 𐤋𐤔𐤍𐤀 𐤏𐤌𐤅 𐤋𐤄𐤕𐤍𐤊𐤋 𐤁𐤏𐤁𐤃𐤉𐤅•
𐤊𐤅 𐤔𐤋𐤇 𐤌𐤔𐤄 𐤏𐤁𐤃𐤅 𐤀𐤄𐤓𐤍 𐤀𐤔𐤓 𐤁𐤇𐤓 𐤁𐤅•
𐤊𐤆 𐤔𐤌𐤅 𐤁𐤌 𐤃𐤁𐤓𐤉 𐤀𐤕𐤅𐤕𐤉𐤅 𐤅𐤌𐤐𐤕𐤉𐤌 𐤁𐤀𐤓𐤑 𐤇𐤌•

תהילים

כח שלח חשך ויחשך ולא מרו את דבריו [דברו].
כט הפך את מימיהם לדם וימת את דגתם.
ל שרץ ארצם צפרדעים בחדרי מלכיהם.
לא אמר ויבא ערב כנים בכל גבולם.
לב נתן גשמיהם ברד אש להבות בארצם.
לג ויך גפנם ותאנתם וישבר עץ גבולם.
לד אמר ויבא ארבה וילק ואין מספר.
לה ויאכל כל עשב בארצם ויאכל פרי אדמתם.
לו ויך כל בכור בארצם ראשית לכל אונם.
לז ויוציאם בכסף וזהב ואין בשבטיו כושל.
לח שמח מצרים בצאתם כי נפל פחדם עליהם.
לט פרש ענן למסך ואש להאיר לילה.
מ שאל ויבא שלו ולחם שמים ישביעם.
מא פתח צור ויזובו מים הלכו בציות נהר.
מב כי זכר את דבר קדשו את אברהם עבדו.
מג ויוצא עמו בששון ברנה את בחיריו.
מד ויתן להם ארצות גוים ועמל לאמים יירשו.
מה בעבור ישמרו חקיו ותורתיו ינצרו הללויה.

פרק קו

א הללויה הודו ליהוה כי טוב כי לעולם חסדו.
ב מי ימלל גבורות יהוה ישמיע כל תהלתו.
ג אשרי שמרי משפט עשה צדקה בכל עת.
ד זכרני יהוה ברצון עמך פקדני בישועתך.
ה לראות בטובת בחיריך לשמח בשמחת גויך להתהלל עם
נחלתך.
ו חטאנו עם אבותינו העוינו הרשענו.
ז אבותינו במצרים לא השכילו נפלאותיך לא זכרו את רב
חסדיך וימרו על ים בים סוף.
ח ויושיעם למען שמו להודיע את גבורתו.
ט ויגער בים סוף ויחרב ויוליכם בתהמות כמדבר.
י ויושיעם מיד שונא ויגאלם מיד אויב.
יא ויכסו מים צריהם אחד מהם לא נותר.

𐤉𐤁 𐤅𐤉𐤀𐤌𐤉𐤍𐤅 𐤁𐤃𐤁𐤓𐤉𐤅 𐤉𐤔𐤉𐤓𐤅 𐤕𐤄𐤋𐤕𐤅𐤟
𐤉𐤂 𐤌𐤄𐤓𐤅 𐤔𐤊𐤇𐤅 𐤌𐤏𐤔𐤉𐤅 𐤋𐤀 𐤇𐤊𐤅 𐤋𐤏𐤑𐤕𐤅𐤟
𐤉𐤃 𐤅𐤉𐤕𐤀𐤅𐤅 𐤕𐤀𐤅𐤄 𐤁𐤌𐤃𐤁𐤓 𐤅𐤉𐤍𐤎𐤅 𐤀𐤋 𐤁𐤉𐤔𐤉𐤌𐤅𐤍𐤟
𐤈𐤅 𐤅𐤉𐤕𐤍 𐤋𐤄𐤌 𐤔𐤀𐤋𐤕𐤌 𐤅𐤉𐤔𐤋𐤇 𐤓𐤆𐤅𐤍 𐤁𐤍𐤐𐤔𐤌𐤟
𐤈𐤆 𐤅𐤉𐤒𐤍𐤀𐤅 𐤋𐤌𐤔𐤄 𐤁𐤌𐤇𐤍𐤄 𐤋𐤀𐤄𐤓𐤍 𐤒𐤃𐤅𐤔 𐤉𐤄𐤅𐤄𐤟
𐤉𐤆 𐤕𐤐𐤕𐤇 𐤀𐤓𐤑 𐤅𐤕𐤁𐤋𐤏 𐤃𐤕𐤍 𐤅𐤕𐤊𐤎 𐤏𐤋 𐤏𐤃𐤕 𐤀𐤁𐤉𐤓𐤌𐤟
𐤉𐤇 𐤅𐤕𐤁𐤏𐤓 𐤀𐤔 𐤁𐤏𐤃𐤕𐤌 𐤋𐤄𐤁𐤄 𐤕𐤋𐤄𐤈 𐤓𐤔𐤏𐤉𐤌𐤟
𐤉𐤈 𐤉𐤏𐤔𐤅 𐤏𐤂𐤋 𐤁𐤇𐤓𐤁 𐤅𐤉𐤔𐤕𐤇𐤅𐤅 𐤋𐤌𐤎𐤊𐤄𐤟
𐤊 𐤅𐤉𐤌𐤉𐤓𐤅 𐤀𐤕 𐤊𐤁𐤅𐤃𐤌 𐤁𐤕𐤁𐤍𐤉𐤕 𐤔𐤅𐤓 𐤀𐤊𐤋 𐤏𐤔𐤁𐤟
𐤊𐤀 𐤔𐤊𐤇𐤅 𐤀𐤋 𐤌𐤅𐤔𐤉𐤏𐤌 𐤏𐤔𐤄 𐤂𐤃𐤋𐤅𐤕 𐤁𐤌𐤑𐤓𐤉𐤌𐤟
𐤊𐤁 𐤍𐤐𐤋𐤀𐤅𐤕 𐤁𐤀𐤓𐤑 𐤇𐤌 𐤍𐤅𐤓𐤀𐤅𐤕 𐤏𐤋 𐤉𐤌 𐤎𐤅𐤐𐤟
𐤊𐤂 𐤅𐤉𐤀𐤌𐤓 𐤋𐤄𐤔𐤌𐤉𐤃𐤌 𐤋𐤅𐤋𐤉 𐤌𐤔𐤄 𐤁𐤇𐤉𐤓𐤅 𐤏𐤌𐤃 𐤁𐤐𐤓𐤑 𐤋𐤐𐤍𐤉𐤅 𐤋𐤄𐤔𐤉𐤁
𐤇𐤌𐤕𐤅 𐤌𐤄𐤔𐤇𐤉𐤕𐤟
𐤊𐤃 𐤅𐤉𐤌𐤀𐤎𐤅 𐤁𐤀𐤓𐤑 𐤇𐤌𐤃𐤄 𐤋𐤀 𐤄𐤀𐤌𐤉𐤍𐤅 𐤋𐤃𐤁𐤓𐤅𐤟
𐤊𐤄 𐤅𐤉𐤓𐤂𐤍𐤅 𐤁𐤀𐤄𐤋𐤉𐤄𐤌 𐤋𐤀 𐤔𐤌𐤏𐤅 𐤁𐤒𐤅𐤋 𐤉𐤄𐤅𐤄𐤟
𐤊𐤅 𐤅𐤉𐤔𐤀 𐤉𐤃𐤅 𐤋𐤄𐤌 𐤋𐤄𐤐𐤉𐤋 𐤀𐤅𐤕𐤌 𐤁𐤌𐤃𐤁𐤓𐤟
𐤊𐤆 𐤅𐤋𐤄𐤐𐤉𐤋 𐤆𐤓𐤏𐤌 𐤁𐤂𐤅𐤉𐤌 𐤅𐤋𐤆𐤓𐤅𐤕𐤌 𐤁𐤀𐤓𐤑𐤅𐤕𐤟
𐤊𐤇 𐤅𐤉𐤑𐤌𐤃𐤅 𐤋𐤁𐤏𐤋 𐤐𐤏𐤅𐤓 𐤅𐤉𐤀𐤊𐤋𐤅 𐤆𐤁𐤇𐤉 𐤌𐤕𐤉𐤌𐤟
𐤊𐤈 𐤅𐤉𐤊𐤏𐤉𐤎𐤅 𐤁𐤌𐤏𐤋𐤋𐤉𐤄𐤌 𐤅𐤕𐤐𐤓𐤑 𐤁𐤌 𐤌𐤂𐤐𐤄𐤟
𐤋 𐤅𐤉𐤏𐤌𐤃 𐤐𐤉𐤍𐤇𐤎 𐤅𐤉𐤐𐤋𐤋 𐤅𐤕𐤏𐤑𐤓 𐤄𐤌𐤂𐤐𐤄𐤟
𐤋𐤀 𐤅𐤕𐤇𐤔𐤁 𐤋𐤅 𐤋𐤑𐤃𐤒𐤄 𐤋𐤃𐤓 𐤅𐤃𐤓 𐤏𐤃 𐤏𐤅𐤋𐤌𐤟
𐤋𐤁 𐤅𐤉𐤒𐤑𐤉𐤐𐤅 𐤏𐤋 𐤌𐤉 𐤌𐤓𐤉𐤁𐤄 𐤅𐤉𐤓𐤏 𐤋𐤌𐤔𐤄 𐤁𐤏𐤁𐤅𐤓𐤌𐤟
𐤋𐤂 𐤊𐤉 𐤄𐤌𐤓𐤅 𐤀𐤕 𐤓𐤅𐤇𐤅 𐤅𐤉𐤁𐤈𐤀 𐤁𐤔𐤐𐤕𐤉𐤅𐤟
𐤋𐤃 𐤋𐤀 𐤄𐤔𐤌𐤉𐤃𐤅 𐤀𐤕 𐤄𐤏𐤌𐤉𐤌 𐤀𐤔𐤓 𐤀𐤌𐤓 𐤉𐤄𐤅𐤄 𐤋𐤄𐤌𐤟
𐤋𐤄 𐤅𐤉𐤕𐤏𐤓𐤁𐤅 𐤁𐤂𐤅𐤉𐤌 𐤅𐤉𐤋𐤌𐤃𐤅 𐤌𐤏𐤔𐤉𐤄𐤌𐤟
𐤋𐤅 𐤅𐤉𐤏𐤁𐤃𐤅 𐤀𐤕 𐤏𐤑𐤁𐤉𐤄𐤌 𐤅𐤉𐤄𐤉𐤅 𐤋𐤄𐤌 𐤋𐤌𐤅𐤒𐤔𐤟
𐤋𐤆 𐤅𐤉𐤆𐤁𐤇𐤅 𐤀𐤕 𐤁𐤍𐤉𐤄𐤌 𐤅𐤀𐤕 𐤁𐤍𐤅𐤕𐤉𐤄𐤌 𐤋𐤔𐤃𐤉𐤌𐤟
𐤋𐤇 𐤅𐤉𐤔𐤐𐤊𐤅 𐤃𐤌 𐤍𐤒𐤉 𐤃𐤌 𐤁𐤍𐤉𐤄𐤌 𐤅𐤁𐤍𐤅𐤕𐤉𐤄𐤌 𐤀𐤔𐤓 𐤆𐤁𐤇𐤅 𐤋𐤏𐤑𐤁𐤉
𐤊𐤍𐤏𐤍 𐤅𐤕𐤇𐤍𐤐 𐤄𐤀𐤓𐤑 𐤁𐤃𐤌𐤉𐤌𐤟
𐤋𐤈 𐤅𐤉𐤈𐤌𐤀𐤅 𐤁𐤌𐤏𐤔𐤉𐤄𐤌 𐤅𐤉𐤆𐤍𐤅 𐤁𐤌𐤏𐤋𐤋𐤉𐤄𐤌𐤟
𐤌 𐤅𐤉𐤇𐤓 𐤀𐤐 𐤉𐤄𐤅𐤄 𐤁𐤏𐤌𐤅 𐤅𐤉𐤕𐤏𐤁 𐤀𐤕 𐤍𐤇𐤋𐤕𐤅𐤟
𐤌𐤀 𐤅𐤉𐤕𐤍𐤌 𐤁𐤉𐤃 𐤂𐤅𐤉𐤌 𐤅𐤉𐤌𐤔𐤋𐤅 𐤁𐤄𐤌 𐤔𐤍𐤀𐤉𐤄𐤌𐤟
𐤌𐤁 𐤅𐤉𐤋𐤇𐤑𐤅𐤌 𐤀𐤅𐤉𐤁𐤉𐤄𐤌 𐤅𐤉𐤊𐤍𐤏𐤅 𐤕𐤇𐤕 𐤉𐤃𐤌𐤟

𐤕𐤄𐤋𐤉𐤌

𐤌𐤂 𐤐𐤏𐤌𐤉𐤌 𐤓𐤁𐤅𐤕 𐤉𐤑𐤉𐤋𐤌 𐤅𐤄𐤌𐤄 𐤉𐤌𐤓𐤅 𐤁𐤏𐤑𐤕𐤌 𐤅𐤉𐤌𐤊𐤅 𐤁𐤏𐤅𐤍𐤌•

𐤌𐤃 𐤅𐤉𐤓𐤀 𐤁𐤑𐤓 𐤋𐤄𐤌 𐤁𐤔𐤌𐤏𐤅 𐤀𐤕 𐤓𐤍𐤕𐤌•

𐤌𐤄 𐤅𐤉𐤆𐤊𐤓 𐤋𐤄𐤌 𐤁𐤓𐤉𐤕𐤅 𐤅𐤉𐤍𐤇𐤌 𐤊𐤓𐤁 𐤇𐤎𐤃𐤅 [𐤇𐤎𐤃𐤉𐤅]•

𐤌𐤅 𐤅𐤉𐤕𐤍 𐤀𐤅𐤕𐤌 𐤋𐤓𐤇𐤌𐤉𐤌 𐤋𐤐𐤍𐤉 𐤊𐤋 𐤔𐤅𐤁𐤉𐤄𐤌•

𐤌𐤆 𐤄𐤅𐤔𐤉𐤏𐤍𐤅 𐤉𐤄𐤅𐤄 𐤀𐤋𐤄𐤉𐤍𐤅 𐤅𐤒𐤁𐤑𐤍𐤅 𐤌𐤍 𐤄𐤂𐤅𐤉𐤌 𐤋𐤄𐤃𐤅𐤕 𐤋𐤔𐤌
𐤒𐤃𐤔𐤊 𐤋𐤄𐤔𐤕𐤁𐤇 𐤁𐤕𐤄𐤋𐤕𐤊•

𐤌𐤇 𐤁𐤓𐤅𐤊 𐤉𐤄𐤅𐤄 𐤀𐤋𐤄𐤉 𐤉𐤔𐤓𐤀𐤋 𐤌𐤍 𐤄𐤏𐤅𐤋𐤌 𐤅𐤏𐤃 𐤄𐤏𐤅𐤋𐤌 𐤅𐤀𐤌𐤓 𐤊𐤋
𐤄𐤏𐤌 𐤀𐤌𐤍 𐤄𐤋𐤋𐤅𐤉𐤄•

𐤐𐤓𐤒 𐤒𐤆

𐤀 𐤄𐤃𐤅 𐤋𐤉𐤄𐤅𐤄 𐤊𐤉 𐤈𐤅𐤁 𐤊𐤉 𐤋𐤏𐤅𐤋𐤌 𐤇𐤎𐤃𐤅•

𐤁 𐤉𐤀𐤌𐤓𐤅 𐤂𐤀𐤅𐤋𐤉 𐤉𐤄𐤅𐤄 𐤀𐤔𐤓 𐤂𐤀𐤋𐤌 𐤌𐤉𐤃 𐤑𐤓•

𐤂 𐤅𐤌𐤀𐤓𐤑𐤅𐤕 𐤒𐤁𐤑𐤌 𐤌𐤌𐤆𐤓𐤇 𐤅𐤌𐤌𐤏𐤓𐤁 𐤌𐤑𐤐𐤅𐤍 𐤅𐤌𐤉𐤌•

𐤃 𐤕𐤏𐤅 𐤁𐤌𐤃𐤁𐤓 𐤁𐤉𐤔𐤉𐤌𐤅𐤍 𐤃𐤓𐤊 𐤏𐤉𐤓 𐤌𐤅𐤔𐤁 𐤋𐤀 𐤌𐤑𐤀𐤅•

𐤄 𐤓𐤏𐤁𐤉𐤌 𐤂𐤌 𐤑𐤌𐤀𐤉𐤌 𐤍𐤐𐤔𐤌 𐤁𐤄𐤌 𐤕𐤕𐤏𐤈𐤐•

𐤅 𐤅𐤉𐤑𐤏𐤒𐤅 𐤀𐤋 𐤉𐤄𐤅𐤄 𐤁𐤑𐤓 𐤋𐤄𐤌 𐤌𐤌𐤑𐤅𐤒𐤅𐤕𐤉𐤄𐤌 𐤉𐤑𐤉𐤋𐤌•

𐤆 𐤅𐤉𐤃𐤓𐤉𐤊𐤌 𐤁𐤃𐤓𐤊 𐤉𐤔𐤓𐤄 𐤋𐤋𐤊𐤕 𐤀𐤋 𐤏𐤉𐤓 𐤌𐤅𐤔𐤁•

𐤇 𐤉𐤅𐤃𐤅 𐤋𐤉𐤄𐤅𐤄 𐤇𐤎𐤃𐤅 𐤅𐤍𐤐𐤋𐤀𐤅𐤕𐤉𐤅 𐤋𐤁𐤍𐤉 𐤀𐤃𐤌•

𐤈 𐤊𐤉 𐤄𐤔𐤁𐤉𐤏 𐤍𐤐𐤔 𐤔𐤒𐤒𐤄 𐤅𐤍𐤐𐤔 𐤓𐤏𐤁𐤄 𐤌𐤋𐤀 𐤈𐤅𐤁•

𐤉 𐤉𐤔𐤁𐤉 𐤇𐤔𐤊 𐤅𐤑𐤋𐤌𐤅𐤕 𐤀𐤎𐤉𐤓𐤉 𐤏𐤍𐤉 𐤅𐤁𐤓𐤆𐤋•

𐤉𐤀 𐤊𐤉 𐤄𐤌𐤓𐤅 𐤀𐤌𐤓𐤉 𐤀𐤋 𐤅𐤏𐤑𐤕 𐤏𐤋𐤉𐤅𐤍 𐤍𐤀𐤑𐤅•

𐤉𐤁 𐤅𐤉𐤊𐤍𐤏 𐤁𐤏𐤌𐤋 𐤋𐤁𐤌 𐤊𐤔𐤋𐤅 𐤅𐤀𐤉𐤍 𐤏𐤆𐤓•

𐤉𐤂 𐤅𐤉𐤆𐤏𐤒𐤅 𐤀𐤋 𐤉𐤄𐤅𐤄 𐤁𐤑𐤓 𐤋𐤄𐤌 𐤌𐤌𐤑𐤒𐤅𐤕𐤉𐤄𐤌 𐤉𐤅𐤔𐤉𐤏𐤌•

𐤉𐤃 𐤉𐤅𐤑𐤉𐤀𐤌 𐤌𐤇𐤔𐤊 𐤅𐤑𐤋𐤌𐤅𐤕 𐤅𐤌𐤅𐤎𐤓𐤅𐤕𐤉𐤄𐤌 𐤉𐤍𐤕𐤒•

𐤈𐤅 𐤉𐤅𐤃𐤅 𐤋𐤉𐤄𐤅𐤄 𐤇𐤎𐤃𐤅 𐤅𐤍𐤐𐤋𐤀𐤅𐤕𐤉𐤅 𐤋𐤁𐤍𐤉 𐤀𐤃𐤌•

𐤈𐤆 𐤊𐤉 𐤔𐤁𐤓 𐤃𐤋𐤕𐤅𐤕 𐤍𐤇𐤔𐤕 𐤅𐤁𐤓𐤉𐤇𐤉 𐤁𐤓𐤆𐤋 𐤂𐤃𐤏•

𐤉𐤆 𐤀𐤅𐤋𐤉𐤌 𐤌𐤃𐤓𐤊 𐤐𐤔𐤏𐤌 𐤅𐤌𐤏𐤅𐤍𐤕𐤉𐤄𐤌 𐤉𐤕𐤏𐤍𐤅•

𐤉𐤇 𐤊𐤋 𐤀𐤊𐤋 𐤕𐤕𐤏𐤁 𐤍𐤐𐤔𐤌 𐤅𐤉𐤂𐤉𐤏𐤅 𐤏𐤃 𐤔𐤏𐤓𐤉 𐤌𐤅𐤕•

𐤉𐤈 𐤅𐤉𐤆𐤏𐤒𐤅 𐤀𐤋 𐤉𐤄𐤅𐤄 𐤁𐤑𐤓 𐤋𐤄𐤌 𐤌𐤌𐤑𐤒𐤅𐤕𐤉𐤄𐤌 𐤉𐤅𐤔𐤉𐤏𐤌•

𐤊 𐤉𐤔𐤋𐤇 𐤃𐤁𐤓𐤅 𐤅𐤉𐤓𐤐𐤀𐤌 𐤅𐤉𐤌𐤋𐤈 𐤌𐤔𐤇𐤉𐤕𐤅𐤕𐤌•

𐤊𐤀 𐤉𐤅𐤃𐤅 𐤋𐤉𐤄𐤅𐤄 𐤇𐤎𐤃𐤅 𐤅𐤍𐤐𐤋𐤀𐤅𐤕𐤉𐤅 𐤋𐤁𐤍𐤉 𐤀𐤃𐤌•

𐤊𐤁 𐤅𐤉𐤆𐤁𐤇𐤅 𐤆𐤁𐤇𐤉 𐤕𐤅𐤃𐤄 𐤅𐤉𐤎𐤐𐤓𐤅 𐤌𐤏𐤔𐤉𐤅 𐤁𐤓𐤍𐤄•

𐤊𐤂 𐤉𐤅𐤓𐤃𐤉 𐤄𐤉𐤌 𐤁𐤀𐤍𐤉𐤅𐤕 𐤏𐤔𐤉 𐤌𐤋𐤀𐤊𐤄 𐤁𐤌𐤉𐤌 𐤓𐤁𐤉𐤌•

𐤊𐤃 𐤄𐤌𐤄 𐤓𐤀𐤅 𐤌𐤏𐤔𐤉 𐤉𐤄𐤅𐤄 𐤅𐤍𐤐𐤋𐤀𐤅𐤕𐤉𐤅 𐤁𐤌𐤑𐤅𐤋𐤄•

𐤊𐤄 𐤅𐤉𐤀𐤌𐤓 𐤅𐤉𐤏𐤌𐤃 𐤓𐤅𐤇 𐤎𐤏𐤓𐤄 𐤅𐤕𐤓𐤅𐤌𐤌 𐤂𐤋𐤉𐤅•

𐤊𐤅 𐤉𐤏𐤋𐤅 𐤔𐤌𐤉𐤌 𐤉𐤓𐤃𐤅 𐤕𐤄𐤅𐤌𐤅𐤕 𐤍𐤐𐤔𐤌 𐤁𐤓𐤏𐤄 𐤕𐤕𐤌𐤅𐤂𐤂•

𐤊𐤆 𐤉𐤇𐤅𐤂𐤅 𐤅𐤉𐤍𐤅𐤏𐤅 𐤊𐤔𐤊𐤅𐤓 𐤅𐤊𐤋 𐤇𐤊𐤌𐤕𐤌 𐤕𐤕𐤁𐤋𐤏•

𐤊𐤇 𐤅𐤉𐤑𐤏𐤒𐤅 𐤀𐤋 𐤉𐤄𐤅𐤄 𐤁𐤑𐤓 𐤋𐤄𐤌 𐤅𐤌𐤌𐤑𐤅𐤒𐤕𐤉𐤄𐤌 𐤉𐤅𐤑𐤉𐤀𐤌•

𐤊𐤈 𐤉𐤒𐤌 𐤎𐤏𐤓𐤄 𐤋𐤃𐤌𐤌𐤄 𐤅𐤉𐤇𐤔𐤅 𐤂𐤋𐤉𐤄𐤌•

𐤋 𐤅𐤉𐤔𐤌𐤇𐤅 𐤊𐤉 𐤉𐤔𐤕𐤒𐤅 𐤅𐤉𐤍𐤇𐤌 𐤀𐤋 𐤌𐤇𐤅𐤆 𐤇𐤐𐤑𐤌•

𐤋𐤀 𐤉𐤅𐤃𐤅 𐤋𐤉𐤄𐤅𐤄 𐤇𐤎𐤃𐤅 𐤅𐤍𐤐𐤋𐤀𐤅𐤕𐤉𐤅 𐤋𐤁𐤍𐤉 𐤀𐤃𐤌•

𐤋𐤁 𐤅𐤉𐤓𐤌𐤌𐤅𐤄𐤅 𐤁𐤒𐤄𐤋 𐤏𐤌 𐤅𐤁𐤌𐤅𐤔𐤁 𐤆𐤒𐤍𐤉𐤌 𐤉𐤄𐤋𐤋𐤅𐤄𐤅•

𐤋𐤂 𐤉𐤔𐤌 𐤍𐤄𐤓𐤅𐤕 𐤋𐤌𐤃𐤁𐤓 𐤅𐤌𐤑𐤀𐤉 𐤌𐤉𐤌 𐤋𐤑𐤌𐤀𐤅𐤍•

𐤋𐤃 𐤀𐤓𐤑 𐤐𐤓𐤉 𐤋𐤌𐤋𐤇𐤄 𐤌𐤓𐤏𐤕 𐤉𐤔𐤁𐤉 𐤁𐤄•

𐤋𐤄 𐤉𐤔𐤌 𐤌𐤃𐤁𐤓 𐤋𐤀𐤂𐤌 𐤌𐤉𐤌 𐤅𐤀𐤓𐤑 𐤑𐤉𐤄 𐤋𐤌𐤑𐤀𐤉 𐤌𐤉𐤌•

𐤋𐤅 𐤅𐤉𐤅𐤔𐤁 𐤔𐤌 𐤓𐤏𐤁𐤉𐤌 𐤅𐤉𐤊𐤅𐤍𐤍𐤅 𐤏𐤉𐤓 𐤌𐤅𐤔𐤁•

𐤋𐤆 𐤅𐤉𐤆𐤓𐤏𐤅 𐤔𐤃𐤅𐤕 𐤅𐤉𐤈𐤏𐤅 𐤊𐤓𐤌𐤉𐤌 𐤅𐤉𐤏𐤔𐤅 𐤐𐤓𐤉 𐤕𐤁𐤅𐤀𐤄•

𐤋𐤇 𐤅𐤉𐤁𐤓𐤊𐤌 𐤅𐤉𐤓𐤁𐤅 𐤌𐤀𐤃 𐤅𐤁𐤄𐤌𐤕𐤌 𐤋𐤀 𐤉𐤌𐤏𐤉𐤈•

𐤋𐤈 𐤅𐤉𐤌𐤏𐤈𐤅 𐤅𐤉𐤔𐤇𐤅 𐤌𐤏𐤑𐤓 𐤓𐤏𐤄 𐤅𐤉𐤂𐤅𐤍•

𐤌 𐤔𐤐𐤊 𐤁𐤅𐤆 𐤏𐤋 𐤍𐤃𐤉𐤁𐤉𐤌 𐤅𐤉𐤕𐤏𐤌 𐤁𐤕𐤄𐤅 𐤋𐤀 𐤃𐤓𐤊•

𐤌𐤀 𐤅𐤉𐤔𐤂𐤁 𐤀𐤁𐤉𐤅𐤍 𐤌𐤏𐤅𐤍𐤉 𐤅𐤉𐤔𐤌 𐤊𐤑𐤀𐤍 𐤌𐤔𐤐𐤇𐤅𐤕•

𐤌𐤁 𐤉𐤓𐤀𐤅 𐤉𐤔𐤓𐤉𐤌 𐤅𐤉𐤔𐤌𐤇𐤅 𐤅𐤊𐤋 𐤏𐤅𐤋𐤄 𐤒𐤐𐤑𐤄 𐤐𐤉𐤄•

𐤌𐤂 𐤌𐤉 𐤇𐤊𐤌 𐤅𐤉𐤔𐤌𐤓 𐤀𐤋𐤄 𐤅𐤉𐤕𐤁𐤅𐤍𐤍𐤅 𐤇𐤎𐤃𐤉 𐤉𐤄𐤅𐤄•

𐤐𐤓𐤒 𐤒𐤇

𐤀 𐤔𐤉𐤓 𐤌𐤆𐤌𐤅𐤓 𐤋𐤃𐤅𐤃•

𐤁 𐤍𐤊𐤅𐤍 𐤋𐤁𐤉 𐤀𐤋𐤄𐤉𐤌 𐤀𐤔𐤉𐤓𐤄 𐤅𐤀𐤆𐤌𐤓𐤄 𐤀𐤐 𐤊𐤁𐤅𐤃𐤉•

𐤂 𐤏𐤅𐤓𐤄 𐤄𐤍𐤁𐤋 𐤅𐤊𐤍𐤅𐤓 𐤀𐤏𐤉𐤓𐤄 𐤔𐤇𐤓•

𐤃 𐤀𐤅𐤃𐤊 𐤁𐤏𐤌𐤉𐤌 𐤉𐤄𐤅𐤄 𐤅𐤀𐤆𐤌𐤓𐤊 𐤁𐤋 𐤀𐤌𐤉𐤌•

𐤄 𐤊𐤉 𐤂𐤃𐤅𐤋 𐤌𐤏𐤋 𐤔𐤌𐤉𐤌 𐤇𐤎𐤃𐤊 𐤅𐤏𐤃 𐤔𐤇𐤒𐤉𐤌 𐤀𐤌𐤕𐤊•

𐤅 𐤓𐤅𐤌𐤄 𐤏𐤋 𐤔𐤌𐤉𐤌 𐤀𐤋𐤄𐤉𐤌 𐤅𐤏𐤋 𐤊𐤋 𐤄𐤀𐤓𐤑 𐤊𐤁𐤅𐤃𐤊•

𐤆 𐤋𐤌𐤏𐤍 𐤉𐤇𐤋𐤑𐤅𐤍 𐤉𐤃𐤉𐤃𐤉𐤊 𐤄𐤅𐤔𐤉𐤏𐤄 𐤉𐤌𐤉𐤍𐤊 𐤅𐤏𐤍𐤍𐤉•

𐤇 𐤀𐤋𐤄𐤉𐤌 𐤃𐤁𐤓 𐤁𐤒𐤃𐤔𐤅 𐤀𐤏𐤋𐤆𐤄 𐤀𐤇𐤋𐤒𐤄 𐤔𐤊𐤌 𐤅𐤏𐤌𐤒 𐤎𐤊𐤅𐤕 𐤀𐤌𐤃𐤃•

𐤈 𐤋𐤉 𐤂𐤋𐤏𐤃 𐤋𐤉 𐤌𐤍𐤔𐤄 𐤅𐤀𐤐𐤓𐤉𐤌 𐤌𐤏𐤅𐤆 𐤓𐤀𐤔𐤉 𐤉𐤄𐤅𐤃𐤄 𐤌𐤇𐤒𐤒𐤉•

𐤉 𐤌𐤅𐤀𐤁 𐤎𐤉𐤓 𐤓𐤇𐤑𐤉 𐤏𐤋 𐤀𐤃𐤅𐤌 𐤀𐤔𐤋𐤉𐤊 𐤍𐤏𐤋𐤉 𐤏𐤋𐤉 𐤐𐤋𐤔𐤕 𐤀𐤕𐤓𐤅𐤏𐤏•

𐤉𐤀 𐤌𐤉 𐤉𐤁𐤋𐤍𐤉 𐤏𐤉𐤓 𐤌𐤁𐤑𐤓 𐤌𐤉 𐤍𐤇𐤍𐤉 𐤏𐤃 𐤀𐤃𐤅𐤌•

𐤕𐤄𐤉𐤋𐤉𐤌

𐤉𐤁 𐤄𐤋𐤀 𐤀𐤋𐤄𐤉𐤌 𐤆𐤍𐤇𐤕𐤍𐤅 𐤅𐤋𐤀 𐤕𐤑𐤀 𐤀𐤋𐤄𐤉𐤌 𐤁𐤑𐤁𐤀𐤕𐤉𐤍𐤅•
𐤉𐤂 𐤄𐤁𐤄 𐤋𐤍𐤅 𐤏𐤆𐤓𐤕 𐤌𐤑𐤓 𐤅𐤔𐤅𐤀 𐤕𐤔𐤅𐤏𐤕 𐤀𐤃𐤌•
𐤉𐤃 𐤁𐤀𐤋𐤄𐤉𐤌 𐤍𐤏𐤔𐤄 𐤇𐤉𐤋 𐤅𐤄𐤅𐤀 𐤉𐤁𐤅𐤎 𐤑𐤓𐤉𐤍𐤅•

𐤐𐤓𐤒 𐤒𐤈

𐤀 𐤋𐤌𐤍𐤑𐤇 𐤋𐤃𐤅𐤃 𐤌𐤆𐤌𐤅𐤓 𐤀𐤋𐤄𐤉 𐤕𐤄𐤋𐤕𐤉 𐤀𐤋 𐤕𐤇𐤓𐤔•
𐤁 𐤊𐤉 𐤐𐤉 𐤓𐤔𐤏 𐤅𐤐𐤉 𐤌𐤓𐤌𐤄 𐤏𐤋𐤉 𐤐𐤕𐤇𐤅 𐤃𐤁𐤓𐤅 𐤀𐤕𐤉 𐤋𐤔𐤅𐤍 𐤔𐤒𐤓•
𐤂 𐤅𐤃𐤁𐤓𐤉 𐤔𐤍𐤀𐤄 𐤎𐤁𐤁𐤅𐤍𐤉 𐤅𐤉𐤋𐤇𐤌𐤅𐤍𐤉 𐤇𐤍𐤌•
𐤃 𐤕𐤇𐤕 𐤀𐤄𐤁𐤕𐤉 𐤉𐤔𐤈𐤍𐤅𐤍𐤉 𐤅𐤀𐤍𐤉 𐤕𐤐𐤋𐤄•
𐤄 𐤅𐤉𐤔𐤉𐤌𐤅 𐤏𐤋𐤉 𐤓𐤏𐤄 𐤕𐤇𐤕 𐤈𐤅𐤁𐤄 𐤅𐤔𐤍𐤀𐤄 𐤕𐤇𐤕 𐤀𐤄𐤁𐤕𐤉•
𐤅 𐤄𐤐𐤒𐤃 𐤏𐤋𐤉𐤅 𐤓𐤔𐤏 𐤅𐤔𐤈𐤍 𐤉𐤏𐤌𐤃 𐤏𐤋 𐤉𐤌𐤉𐤍𐤅•
𐤆 𐤁𐤄𐤔𐤐𐤈𐤅 𐤉𐤑𐤀 𐤓𐤔𐤏 𐤅𐤕𐤐𐤋𐤕𐤅 𐤕𐤄𐤉𐤄 𐤋𐤇𐤈𐤀𐤄•
𐤇 𐤉𐤄𐤉𐤅 𐤉𐤌𐤉𐤅 𐤌𐤏𐤈𐤉𐤌 𐤐𐤒𐤃𐤕𐤅 𐤉𐤒𐤇 𐤀𐤇𐤓•
𐤈 𐤉𐤄𐤉𐤅 𐤁𐤍𐤉𐤅 𐤉𐤕𐤅𐤌𐤉𐤌 𐤅𐤀𐤔𐤕𐤅 𐤀𐤋𐤌𐤍𐤄•
𐤉 𐤅𐤍𐤅𐤏 𐤉𐤍𐤅𐤏𐤅 𐤁𐤍𐤉𐤅 𐤅𐤔𐤀𐤋𐤅 𐤅𐤃𐤓𐤔𐤅 𐤌𐤇𐤓𐤁𐤅𐤕𐤉𐤄𐤌•
𐤉𐤀 𐤉𐤍𐤒𐤔 𐤍𐤅𐤔𐤄 𐤋𐤊𐤋 𐤀𐤔𐤓 𐤋𐤅 𐤅𐤉𐤁𐤆𐤅 𐤆𐤓𐤉𐤌 𐤉𐤂𐤉𐤏𐤅•
𐤉𐤁 𐤀𐤋 𐤉𐤄𐤉 𐤋𐤅 𐤌𐤔𐤊 𐤇𐤎𐤃 𐤅𐤀𐤋 𐤉𐤄𐤉 𐤇𐤅𐤍𐤍 𐤋𐤉𐤕𐤅𐤌𐤉𐤅•
𐤉𐤂 𐤉𐤄𐤉 𐤀𐤇𐤓𐤉𐤕𐤅 𐤋𐤄𐤊𐤓𐤉𐤕 𐤁𐤃𐤅𐤓 𐤀𐤇𐤓 𐤉𐤌𐤇 𐤔𐤌𐤌•
𐤉𐤃 𐤉𐤆𐤊𐤓 𐤏𐤅𐤍 𐤀𐤁𐤕𐤉𐤅 𐤀𐤋 𐤉𐤄𐤅𐤄 𐤅𐤇𐤈𐤀𐤕 𐤀𐤌𐤅 𐤀𐤋 𐤕𐤌𐤇•
𐤈𐤅 𐤉𐤄𐤉𐤅 𐤍𐤂𐤃 𐤉𐤄𐤅𐤄 𐤕𐤌𐤉𐤃 𐤅𐤉𐤊𐤓𐤕 𐤌𐤀𐤓𐤑 𐤆𐤊𐤓𐤌•
𐤈𐤆 𐤉𐤏𐤍 𐤀𐤔𐤓 𐤋𐤀 𐤆𐤊𐤓 𐤏𐤔𐤅𐤕 𐤇𐤎𐤃 𐤅𐤉𐤓𐤃𐤐 𐤀𐤉𐤔 𐤏𐤍𐤉 𐤅𐤀𐤁𐤉𐤅𐤍 𐤅𐤍𐤊𐤀𐤄
𐤋𐤁𐤁 𐤋𐤌𐤅𐤕𐤕•
𐤉𐤆 𐤅𐤉𐤀𐤄𐤁 𐤒𐤋𐤋𐤄 𐤅𐤕𐤁𐤅𐤀𐤄𐤅 𐤅𐤋𐤀 𐤇𐤐𐤑 𐤁𐤁𐤓𐤊𐤄 𐤅𐤕𐤓𐤇𐤒 𐤌𐤌𐤍𐤅•
𐤉𐤇 𐤅𐤉𐤋𐤁𐤔 𐤒𐤋𐤋𐤄 𐤊𐤌𐤃𐤅 𐤅𐤕𐤁𐤀 𐤊𐤌𐤉𐤌 𐤁𐤒𐤓𐤁𐤅 𐤅𐤊𐤔𐤌𐤍 𐤁𐤏𐤑𐤌𐤅𐤕𐤉𐤅•
𐤉𐤈 𐤕𐤄𐤉 𐤋𐤅 𐤊𐤁𐤂𐤃 𐤉𐤏𐤈𐤄 𐤅𐤋𐤌𐤆𐤇 𐤕𐤌𐤉𐤃 𐤉𐤇𐤂𐤓𐤄•
𐤊 𐤆𐤀𐤕 𐤐𐤏𐤋𐤕 𐤔𐤈𐤍𐤉 𐤌𐤀𐤕 𐤉𐤄𐤅𐤄 𐤅𐤄𐤃𐤁𐤓𐤉𐤌 𐤓𐤏 𐤏𐤋 𐤍𐤐𐤔𐤉•
𐤊𐤀 𐤅𐤀𐤕𐤄 𐤉𐤄𐤅𐤄 𐤀𐤃𐤍𐤉 𐤏𐤔𐤄 𐤀𐤕𐤉 𐤋𐤌𐤏𐤍 𐤔𐤌𐤊 𐤊𐤉 𐤈𐤅𐤁 𐤇𐤎𐤃𐤊
𐤄𐤑𐤉𐤋𐤍𐤉•
𐤊𐤁 𐤊𐤉 𐤏𐤍𐤉 𐤅𐤀𐤁𐤉𐤅𐤍 𐤀𐤍𐤊𐤉 𐤅𐤋𐤁𐤉 𐤇𐤋𐤋 𐤁𐤒𐤓𐤁𐤉•
𐤊𐤂 𐤊𐤑𐤋 𐤊𐤍𐤈𐤅𐤕𐤅 𐤍𐤄𐤋𐤊𐤕𐤉 𐤍𐤍𐤏𐤓𐤕𐤉 𐤊𐤀𐤓𐤁𐤄•
𐤊𐤃 𐤁𐤓𐤊𐤉 𐤊𐤔𐤋𐤅 𐤌𐤑𐤅𐤌 𐤅𐤁𐤔𐤓𐤉 𐤊𐤇𐤔 𐤌𐤔𐤌𐤍•
𐤊𐤄 𐤅𐤀𐤍𐤉 𐤄𐤉𐤉𐤕𐤉 𐤇𐤓𐤐𐤄 𐤋𐤄𐤌 𐤉𐤓𐤀𐤅𐤍𐤉 𐤉𐤍𐤉𐤏𐤅𐤍 𐤓𐤀𐤔𐤌•
𐤊𐤅 𐤏𐤆𐤓𐤍𐤉 𐤉𐤄𐤅𐤄 𐤀𐤋𐤄𐤉 𐤄𐤅𐤔𐤉𐤏𐤍𐤉 𐤊𐤇𐤎𐤃𐤊•

𐤊𐤆 𐤅𐤉𐤃𐤏𐤅 𐤊𐤉 𐤉𐤃𐤊 𐤆𐤀𐤕 𐤀𐤕𐤄 𐤉𐤄𐤅𐤄 𐤏𐤔𐤉𐤕𐤄•
𐤊𐤇 𐤉𐤒𐤋𐤋𐤅 𐤄𐤌𐤄 𐤅𐤀𐤕𐤄 𐤕𐤁𐤓𐤊 𐤒𐤌𐤅 𐤅𐤉𐤁𐤔𐤅 𐤅𐤏𐤁𐤃𐤊 𐤉𐤔𐤌𐤇•
𐤊𐤈 𐤉𐤋𐤁𐤔𐤅 𐤔𐤅𐤈𐤍𐤉 𐤊𐤋𐤌𐤄 𐤅𐤉𐤏𐤈𐤅 𐤊𐤌𐤏𐤉𐤋 𐤁𐤔𐤕𐤌•
𐤋 𐤀𐤅𐤃𐤄 𐤉𐤄𐤅𐤄 𐤌𐤀𐤃 𐤁𐤐𐤉 𐤅𐤁𐤕𐤅𐤊 𐤓𐤁𐤉𐤌 𐤀𐤄𐤋𐤋𐤍𐤅•
𐤋𐤀 𐤊𐤉 𐤉𐤏𐤌𐤃 𐤋𐤉𐤌𐤉𐤍 𐤀𐤁𐤉𐤅𐤍 𐤋𐤄𐤅𐤔𐤉𐤏 𐤌𐤔𐤐𐤈𐤉 𐤍𐤐𐤔𐤅•

𐤐𐤓𐤒 𐤒𐤉

𐤀 𐤋𐤃𐤅𐤃 𐤌𐤆𐤌𐤅𐤓 𐤍𐤀𐤌 𐤉𐤄𐤅𐤄 𐤋𐤀𐤃𐤍𐤉 𐤔𐤁 𐤋𐤉𐤌𐤉𐤍𐤉 𐤏𐤃 𐤀𐤔𐤉𐤕 𐤀𐤉𐤁𐤉𐤊
𐤄𐤃𐤌 𐤋𐤓𐤂𐤋𐤉𐤊•
𐤁 𐤌𐤈𐤄 𐤏𐤆𐤊 𐤉𐤔𐤋𐤇 𐤉𐤄𐤅𐤄 𐤌𐤑𐤉𐤅𐤍 𐤓𐤃𐤄 𐤁𐤒𐤓𐤁 𐤀𐤉𐤁𐤉𐤊•
𐤂 𐤏𐤌𐤊 𐤍𐤃𐤁𐤕 𐤁𐤉𐤅𐤌 𐤇𐤉𐤋𐤊 𐤁𐤄𐤃𐤓𐤉 𐤒𐤃𐤔 𐤌𐤓𐤇𐤌 𐤌𐤔𐤇𐤓 𐤋𐤊 𐤈𐤋 𐤉𐤋𐤃𐤕𐤉𐤊•
𐤃 𐤍𐤔𐤁𐤏 𐤉𐤄𐤅𐤄 𐤅𐤋𐤀 𐤉𐤍𐤇𐤌 𐤀𐤕𐤄 𐤊𐤄𐤍 𐤋𐤏𐤅𐤋𐤌 𐤏𐤋 𐤃𐤁𐤓𐤕𐤉 𐤌𐤋𐤊𐤉 𐤑𐤃𐤒•
𐤄 𐤀𐤃𐤍𐤉 𐤏𐤋 𐤉𐤌𐤉𐤍𐤊 𐤌𐤇𐤑 𐤁𐤉𐤅𐤌 𐤀𐤐𐤅 𐤌𐤋𐤊𐤉𐤌•
𐤅 𐤉𐤃𐤉𐤍 𐤁𐤂𐤅𐤉𐤌 𐤌𐤋𐤀 𐤂𐤅𐤉𐤅𐤕 𐤌𐤇𐤑 𐤓𐤀𐤔 𐤏𐤋 𐤀𐤓𐤑 𐤓𐤁𐤄•
𐤆 𐤌𐤍𐤇𐤋 𐤁𐤃𐤓𐤊 𐤉𐤔𐤕𐤄 𐤏𐤋 𐤊𐤍 𐤉𐤓𐤉𐤌 𐤓𐤀𐤔•

𐤐𐤓𐤒 𐤒𐤉𐤀

𐤀 𐤄𐤋𐤋𐤅𐤉𐤄 𐤀𐤅𐤃𐤄 𐤉𐤄𐤅𐤄 𐤁𐤊𐤋 𐤋𐤁𐤁 𐤁𐤎𐤅𐤃 𐤉𐤔𐤓𐤉𐤌 𐤅𐤏𐤃𐤄•
𐤁 𐤂𐤃𐤋𐤉𐤌 𐤌𐤏𐤔𐤉 𐤉𐤄𐤅𐤄 𐤃𐤓𐤅𐤔𐤉𐤌 𐤋𐤊𐤋 𐤇𐤐𐤑𐤉𐤄𐤌•
𐤂 𐤄𐤅𐤃 𐤅𐤄𐤃𐤓 𐤐𐤏𐤋𐤅 𐤅𐤑𐤃𐤒𐤕𐤅 𐤏𐤌𐤃𐤕 𐤋𐤏𐤃•
𐤃 𐤆𐤊𐤓 𐤏𐤔𐤄 𐤋𐤍𐤐𐤋𐤀𐤕𐤉𐤅 𐤇𐤍𐤅𐤍 𐤅𐤓𐤇𐤅𐤌 𐤉𐤄𐤅𐤄•
𐤄 𐤈𐤓𐤐 𐤍𐤕𐤍 𐤋𐤉𐤓𐤀𐤉𐤅 𐤉𐤆𐤊𐤓 𐤋𐤏𐤅𐤋𐤌 𐤁𐤓𐤉𐤕𐤅•
𐤅 𐤊𐤇 𐤌𐤏𐤔𐤉𐤅 𐤄𐤂𐤉𐤃 𐤋𐤏𐤌𐤅 𐤋𐤕𐤕 𐤋𐤄𐤌 𐤍𐤇𐤋𐤕 𐤂𐤅𐤉𐤌•
𐤆 𐤌𐤏𐤔𐤉 𐤉𐤃𐤉𐤅 𐤀𐤌𐤕 𐤅𐤌𐤔𐤐𐤈 𐤍𐤀𐤌𐤍𐤉𐤌 𐤊𐤋 𐤐𐤒𐤅𐤃𐤉𐤅•
𐤇 𐤎𐤌𐤅𐤊𐤉𐤌 𐤋𐤏𐤃 𐤋𐤏𐤅𐤋𐤌 𐤏𐤔𐤅𐤉𐤌 𐤁𐤀𐤌𐤕 𐤅𐤉𐤔𐤓•
𐤈 𐤐𐤃𐤅𐤕 𐤔𐤋𐤇 𐤋𐤏𐤌𐤅 𐤑𐤅𐤄 𐤋𐤏𐤅𐤋𐤌 𐤁𐤓𐤉𐤕𐤅 𐤒𐤃𐤅𐤔 𐤅𐤍𐤅𐤓𐤀 𐤔𐤌𐤅•
𐤉 𐤓𐤀𐤔𐤉𐤕 𐤇𐤊𐤌𐤄 𐤉𐤓𐤀𐤕 𐤉𐤄𐤅𐤄 𐤔𐤊𐤋 𐤈𐤅𐤁 𐤋𐤊𐤋 𐤏𐤔𐤉𐤄𐤌 𐤕𐤄𐤋𐤕𐤅 𐤏𐤌𐤃𐤕
𐤋𐤏𐤃•

𐤐𐤓𐤒 𐤒𐤉𐤁

𐤀 𐤄𐤋𐤋𐤅𐤉𐤄 𐤀𐤔𐤓𐤉 𐤀𐤉𐤔 𐤉𐤓𐤀 𐤀𐤕 𐤉𐤄𐤅𐤄 𐤁𐤌𐤑𐤅𐤕𐤉𐤅 𐤇𐤐𐤑 𐤌𐤀𐤃•
𐤁 𐤂𐤁𐤅𐤓 𐤁𐤀𐤓𐤑 𐤉𐤄𐤉𐤄 𐤆𐤓𐤏𐤅 𐤃𐤅𐤓 𐤉𐤔𐤓𐤉𐤌 𐤉𐤁𐤓𐤊•
𐤂 𐤄𐤅𐤍 𐤅𐤏𐤔𐤓 𐤁𐤁𐤉𐤕𐤅 𐤅𐤑𐤃𐤒𐤕𐤅 𐤏𐤌𐤃𐤕 𐤋𐤏𐤃•

𐤕𐤄𐤉𐤋𐤉𐤌

𐤃 𐤆𐤓𐤇 𐤁𐤇𐤔𐤊 𐤀𐤅𐤓 𐤋𐤉𐤔𐤓𐤉𐤌 𐤇𐤍𐤅𐤍 𐤅𐤓𐤇𐤅𐤌 𐤅𐤑𐤃𐤉𐤒•

𐤄 𐤈𐤅𐤁 𐤀𐤉𐤔 𐤇𐤅𐤍𐤍 𐤅𐤌𐤋𐤅𐤄 𐤉𐤊𐤋𐤊𐤋 𐤃𐤁𐤓𐤉𐤅 𐤁𐤌𐤔𐤐𐤈•

𐤅 𐤊𐤉 𐤋𐤏𐤅𐤋𐤌 𐤋𐤀 𐤉𐤌𐤅𐤈 𐤋𐤆𐤊𐤓 𐤏𐤅𐤋𐤌 𐤉𐤄𐤉𐤄 𐤑𐤃𐤉𐤒•

𐤆 𐤌𐤔𐤌𐤅𐤏𐤄 𐤓𐤏𐤄 𐤋𐤀 𐤉𐤉𐤓𐤀 𐤍𐤊𐤅𐤍 𐤋𐤁𐤅 𐤁𐤈𐤇 𐤁𐤉𐤄𐤅𐤄•

𐤇 𐤎𐤌𐤅𐤊 𐤋𐤁𐤅 𐤋𐤀 𐤉𐤉𐤓𐤀 𐤏𐤃 𐤀𐤔𐤓 𐤉𐤓𐤀𐤄 𐤁𐤑𐤓𐤉𐤅•

𐤈 𐤐𐤆𐤓 𐤍𐤕𐤍 𐤋𐤀𐤁𐤉𐤅𐤍𐤉𐤌 𐤑𐤃𐤒𐤕𐤅 𐤏𐤌𐤃𐤕 𐤋𐤏𐤃 𐤒𐤓𐤍𐤅 𐤕𐤓𐤅𐤌 𐤁𐤊𐤁𐤅𐤃•

𐤉 𐤓𐤔𐤏 𐤉𐤓𐤀𐤄 𐤅𐤊𐤏𐤎 𐤔𐤍𐤉𐤅 𐤉𐤇𐤓𐤒 𐤅𐤍𐤌𐤎 𐤕𐤀𐤅𐤕 𐤓𐤔𐤏𐤉𐤌 𐤕𐤀𐤁𐤃•

𐤐𐤓𐤒 𐤒𐤉𐤂

𐤀 𐤄𐤋𐤋𐤅𐤉𐤄 𐤄𐤋𐤋𐤅 𐤏𐤁𐤃𐤉 𐤉𐤄𐤅𐤄 𐤄𐤋𐤋𐤅 𐤀𐤕 𐤔𐤌 𐤉𐤄𐤅𐤄•

𐤁 𐤉𐤄𐤉 𐤔𐤌 𐤉𐤄𐤅𐤄 𐤌𐤁𐤓𐤊 𐤌𐤏𐤕𐤄 𐤅𐤏𐤃 𐤏𐤅𐤋𐤌•

𐤂 𐤌𐤌𐤆𐤓𐤇 𐤔𐤌𐤔 𐤏𐤃 𐤌𐤁𐤅𐤀𐤅 𐤌𐤄𐤋𐤋 𐤔𐤌 𐤉𐤄𐤅𐤄•

𐤃 𐤓𐤌 𐤏𐤋 𐤊𐤋 𐤂𐤅𐤉𐤌 𐤉𐤄𐤅𐤄 𐤏𐤋 𐤄𐤔𐤌𐤉𐤌 𐤊𐤁𐤅𐤃𐤅•

𐤄 𐤌𐤉 𐤊𐤉𐤄𐤅𐤄 𐤀𐤋𐤄𐤉𐤍𐤅 𐤄𐤌𐤂𐤁𐤉𐤄𐤉 𐤋𐤔𐤁𐤕•

𐤅 𐤄𐤌𐤔𐤐𐤉𐤋𐤉 𐤋𐤓𐤀𐤅𐤕 𐤁𐤔𐤌𐤉𐤌 𐤅𐤁𐤀𐤓𐤑•

𐤆 𐤌𐤒𐤉𐤌𐤉 𐤌𐤏𐤐𐤓 𐤃𐤋 𐤌𐤀𐤔𐤐𐤕 𐤉𐤓𐤉𐤌 𐤀𐤁𐤉𐤅𐤍•

𐤇 𐤋𐤄𐤅𐤔𐤉𐤁𐤉 𐤏𐤌 𐤍𐤃𐤉𐤁𐤉𐤌 𐤏𐤌 𐤍𐤃𐤉𐤁𐤉 𐤏𐤌𐤅•

𐤈 𐤌𐤅𐤔𐤉𐤁𐤉 𐤏𐤒𐤓𐤕 𐤄𐤁𐤉𐤕 𐤀𐤌 𐤄𐤁𐤍𐤉𐤌 𐤔𐤌𐤇𐤄 𐤄𐤋𐤋𐤅𐤉𐤄•

𐤐𐤓𐤒 𐤒𐤉𐤃

𐤀 𐤁𐤑𐤀𐤕 𐤉𐤔𐤓𐤀𐤋 𐤌𐤌𐤑𐤓𐤉𐤌 𐤁𐤉𐤕 𐤉𐤏𐤒𐤁 𐤌𐤏𐤌 𐤋𐤏𐤆•

𐤁 𐤄𐤉𐤕𐤄 𐤉𐤄𐤅𐤃𐤄 𐤋𐤒𐤃𐤔𐤅 𐤉𐤔𐤓𐤀𐤋 𐤌𐤌𐤔𐤋𐤅𐤕𐤉𐤅•

𐤂 𐤄𐤉𐤌 𐤓𐤀𐤄 𐤅𐤉𐤍𐤎 𐤄𐤉𐤓𐤃𐤍 𐤉𐤎𐤁 𐤋𐤀𐤇𐤅𐤓•

𐤃 𐤄𐤄𐤓𐤉𐤌 𐤓𐤒𐤃𐤅 𐤊𐤀𐤉𐤋𐤉𐤌 𐤂𐤁𐤏𐤅𐤕 𐤊𐤁𐤍𐤉 𐤑𐤀𐤍•

𐤄 𐤌𐤄 𐤋𐤊 𐤄𐤉𐤌 𐤊𐤉 𐤕𐤍𐤅𐤎 𐤄𐤉𐤓𐤃𐤍 𐤕𐤎𐤁 𐤋𐤀𐤇𐤅𐤓•

𐤅 𐤄𐤄𐤓𐤉𐤌 𐤕𐤓𐤒𐤃𐤅 𐤊𐤀𐤉𐤋𐤉𐤌 𐤂𐤁𐤏𐤅𐤕 𐤊𐤁𐤍𐤉 𐤑𐤀𐤍•

𐤆 𐤌𐤋𐤐𐤍𐤉 𐤀𐤃𐤅𐤍 𐤇𐤅𐤋𐤉 𐤀𐤓𐤑 𐤌𐤋𐤐𐤍𐤉 𐤀𐤋𐤅𐤄 𐤉𐤏𐤒𐤁•

𐤇 𐤄𐤄𐤐𐤊𐤉 𐤄𐤑𐤅𐤓 𐤀𐤂𐤌 𐤌𐤉𐤌 𐤇𐤋𐤌𐤉𐤔 𐤋𐤌𐤏𐤉𐤍𐤅 𐤌𐤉𐤌•

𐤐𐤓𐤒 𐤒𐤈𐤅

𐤀 𐤋𐤀 𐤋𐤍𐤅 𐤉𐤄𐤅𐤄 𐤋𐤀 𐤋𐤍𐤅 𐤊𐤉 𐤋𐤔𐤌𐤊 𐤕𐤍 𐤊𐤁𐤅𐤃 𐤏𐤋 𐤇𐤎𐤃𐤊 𐤏𐤋 𐤀𐤌𐤕𐤊•

𐤁 𐤋𐤌𐤄 𐤉𐤀𐤌𐤓𐤅 𐤄𐤂𐤅𐤉𐤌 𐤀𐤉𐤄 𐤍𐤀 𐤀𐤋𐤄𐤉𐤄𐤌•

𐤂 𐤅𐤀𐤋𐤄𐤉𐤍𐤅 𐤁𐤔𐤌𐤉𐤌 𐤊𐤋 𐤀𐤔𐤓 𐤇𐤐𐤑 𐤏𐤔𐤄•

𐤃𐤏𐤑𐤁𐤉𐤄𐤌 𐤊𐤎𐤐 𐤅𐤆𐤄𐤁 𐤌𐤏𐤔𐤄 𐤉𐤃𐤉 𐤀𐤃𐤌•

𐤄𐤐𐤄 𐤋𐤄𐤌 𐤅𐤋𐤀 𐤉𐤃𐤁𐤓𐤅 𐤏𐤉𐤍𐤉𐤌 𐤋𐤄𐤌 𐤅𐤋𐤀 𐤉𐤓𐤀𐤅•

𐤅𐤀𐤆𐤍𐤉𐤌 𐤋𐤄𐤌 𐤅𐤋𐤀 𐤉𐤔𐤌𐤏𐤅 𐤀𐤐 𐤋𐤄𐤌 𐤅𐤋𐤀 𐤉𐤓𐤉𐤇𐤅𐤍•

𐤆𐤉𐤃𐤉𐤄𐤌 𐤅𐤋𐤀 𐤉𐤌𐤉𐤔𐤅𐤍 𐤓𐤂𐤋𐤉𐤄𐤌 𐤅𐤋𐤀 𐤉𐤄𐤋𐤊𐤅 𐤋𐤀 𐤉𐤄𐤂𐤅 𐤁𐤂𐤓𐤅𐤍𐤌•

𐤇𐤊𐤌𐤅𐤄𐤌 𐤉𐤄𐤉𐤅 𐤏𐤔𐤉𐤄𐤌 𐤊𐤋 𐤀𐤔𐤓 𐤁𐤈𐤇 𐤁𐤄𐤌•

𐤈𐤉𐤔𐤓𐤀𐤋 𐤁𐤈𐤇 𐤁𐤉𐤄𐤅𐤄 𐤏𐤆𐤓𐤌 𐤅𐤌𐤂𐤍𐤌 𐤄𐤅𐤀•

𐤉𐤁𐤉𐤕 𐤀𐤄𐤓𐤍 𐤁𐤈𐤇𐤅 𐤁𐤉𐤄𐤅𐤄 𐤏𐤆𐤓𐤌 𐤅𐤌𐤂𐤍𐤌 𐤄𐤅𐤀•

𐤉𐤀𐤉𐤓𐤀𐤉 𐤉𐤄𐤅𐤄 𐤁𐤈𐤇𐤅 𐤁𐤉𐤄𐤅𐤄 𐤏𐤆𐤓𐤌 𐤅𐤌𐤂𐤍𐤌 𐤄𐤅𐤀•

𐤉𐤁𐤉𐤄𐤅𐤄 𐤆𐤊𐤓𐤍𐤅 𐤉𐤁𐤓𐤊 𐤉𐤁𐤓𐤊 𐤀𐤕 𐤁𐤉𐤕 𐤉𐤔𐤓𐤀𐤋 𐤉𐤁𐤓𐤊 𐤀𐤕 𐤁𐤉𐤕
𐤀𐤄𐤓𐤍•

𐤉𐤂𐤉𐤁𐤓𐤊 𐤉𐤓𐤀𐤉 𐤉𐤄𐤅𐤄 𐤄𐤒𐤈𐤍𐤉𐤌 𐤏𐤌 𐤄𐤂𐤃𐤋𐤉𐤌•

𐤉𐤃𐤉𐤎𐤐 𐤉𐤄𐤅𐤄 𐤏𐤋𐤉𐤊𐤌 𐤏𐤋𐤉𐤊𐤌 𐤅𐤏𐤋 𐤁𐤍𐤉𐤊𐤌•

𐤈𐤅𐤁𐤓𐤅𐤊𐤉𐤌 𐤀𐤕𐤌 𐤋𐤉𐤄𐤅𐤄 𐤏𐤔𐤄 𐤔𐤌𐤉𐤌 𐤅𐤀𐤓𐤑•

𐤈𐤆𐤄𐤔𐤌𐤉𐤌 𐤔𐤌𐤉𐤌 𐤋𐤉𐤄𐤅𐤄 𐤅𐤄𐤀𐤓𐤑 𐤍𐤕𐤍 𐤋𐤁𐤍𐤉 𐤀𐤃𐤌•

𐤉𐤆𐤋𐤀 𐤄𐤌𐤕𐤉𐤌 𐤉𐤄𐤋𐤋𐤅 𐤉𐤄 𐤅𐤋𐤀 𐤊𐤋 𐤉𐤓𐤃𐤉 𐤃𐤅𐤌𐤄•

𐤉𐤇𐤅𐤀𐤍𐤇𐤍𐤅 𐤍𐤁𐤓𐤊 𐤉𐤄 𐤌𐤏𐤕𐤄 𐤅𐤏𐤃 𐤏𐤅𐤋𐤌 𐤄𐤋𐤋𐤅𐤉𐤄•

𐤐𐤓𐤒 𐤒𐤈𐤆

𐤀 𐤀𐤄𐤁𐤕𐤉 𐤊𐤉 𐤉𐤔𐤌𐤏 𐤉𐤄𐤅𐤄 𐤀𐤕 𐤒𐤅𐤋𐤉 𐤕𐤇𐤍𐤅𐤍𐤉•

𐤁𐤊𐤉 𐤄𐤈𐤄 𐤀𐤆𐤍𐤅 𐤋𐤉 𐤅𐤁𐤉𐤌𐤉 𐤀𐤒𐤓𐤀•

𐤂𐤀𐤐𐤐𐤅𐤍𐤉 𐤇𐤁𐤋𐤉 𐤌𐤅𐤕 𐤅𐤌𐤑𐤓𐤉 𐤔𐤀𐤅𐤋 𐤌𐤑𐤀𐤅𐤍𐤉 𐤑𐤓𐤄 𐤅𐤉𐤂𐤅𐤍 𐤀𐤌𐤑𐤀•

𐤃𐤅𐤁𐤔𐤌 𐤉𐤄𐤅𐤄 𐤀𐤒𐤓𐤀 𐤀𐤍𐤄 𐤉𐤄𐤅𐤄 𐤌𐤋𐤈𐤄 𐤍𐤐𐤔𐤉•

𐤄𐤇𐤍𐤅𐤍 𐤉𐤄𐤅𐤄 𐤅𐤑𐤃𐤉𐤒 𐤅𐤀𐤋𐤄𐤉𐤍𐤅 𐤌𐤓𐤇𐤌•

𐤅𐤔𐤌𐤓 𐤐𐤕𐤀𐤉𐤌 𐤉𐤄𐤅𐤄 𐤃𐤋𐤅𐤕𐤉 𐤅𐤋𐤉 𐤉𐤄𐤅𐤔𐤉𐤏•

𐤆𐤔𐤅𐤁𐤉 𐤍𐤐𐤔𐤉 𐤋𐤌𐤍𐤅𐤇𐤉𐤊𐤉 𐤊𐤉 𐤉𐤄𐤅𐤄 𐤂𐤌𐤋 𐤏𐤋𐤉𐤊𐤉•

𐤇𐤊𐤉 𐤇𐤋𐤑𐤕 𐤍𐤐𐤔𐤉 𐤌𐤌𐤅𐤕 𐤀𐤕 𐤏𐤉𐤍𐤉 𐤌𐤍 𐤃𐤌𐤏𐤄 𐤀𐤕 𐤓𐤂𐤋𐤉 𐤌𐤃𐤇𐤉•

𐤈𐤀𐤕𐤄𐤋𐤊 𐤋𐤐𐤍𐤉 𐤉𐤄𐤅𐤄 𐤁𐤀𐤓𐤑𐤅𐤕 𐤄𐤇𐤉𐤉𐤌•

𐤉𐤄𐤀𐤌𐤍𐤕𐤉 𐤊𐤉 𐤀𐤃𐤁𐤓 𐤀𐤍𐤉 𐤏𐤍𐤉𐤕𐤉 𐤌𐤀𐤃•

𐤉𐤀𐤀𐤍𐤉 𐤀𐤌𐤓𐤕𐤉 𐤁𐤇𐤐𐤆𐤉 𐤊𐤋 𐤄𐤀𐤃𐤌 𐤊𐤆𐤁•

𐤉𐤁𐤌𐤄 𐤀𐤔𐤉𐤁 𐤋𐤉𐤄𐤅𐤄 𐤊𐤋 𐤕𐤂𐤌𐤅𐤋𐤅𐤄𐤉 𐤏𐤋𐤉•

𐤉𐤂𐤊𐤅𐤎 𐤉𐤔𐤅𐤏𐤅𐤕 𐤀𐤔𐤀 𐤅𐤁𐤔𐤌 𐤉𐤄𐤅𐤄 𐤀𐤒𐤓𐤀•

𐤉𐤃𐤍𐤃𐤓𐤉 𐤋𐤉𐤄𐤅𐤄 𐤀𐤔𐤋𐤌 𐤍𐤂𐤃𐤄 𐤍𐤀 𐤋𐤊𐤋 𐤏𐤌𐤅•

𐤈𐤅𐤉𐤒𐤓 𐤁𐤏𐤉𐤍𐤉 𐤉𐤄𐤅𐤄 𐤄𐤌𐤅𐤕𐤄 𐤋𐤇𐤎𐤉𐤃𐤉𐤅•

𐤕𐤄𐤉𐤋𐤉𐤌

𐤈𐤆 𐤀𐤍𐤄 𐤉𐤄𐤅𐤄 𐤊𐤉 𐤀𐤍𐤉 𐤏𐤁𐤃𐤊 𐤀𐤍𐤉 𐤏𐤁𐤃𐤊 𐤁𐤍 𐤀𐤌𐤕𐤊 𐤐𐤕𐤇𐤕 𐤋𐤌𐤅𐤎𐤓𐤉•
𐤉𐤆 𐤋𐤊 𐤀𐤆𐤁𐤇 𐤆𐤁𐤇 𐤕𐤅𐤃𐤄 𐤅𐤁𐤔𐤌 𐤉𐤄𐤅𐤄 𐤀𐤒𐤓𐤀•
𐤉𐤇 𐤍𐤃𐤓𐤉 𐤋𐤉𐤄𐤅𐤄 𐤀𐤔𐤋𐤌 𐤍𐤂𐤃𐤄 𐤍𐤀 𐤋𐤊𐤋 𐤏𐤌𐤅•
𐤉𐤈𐤁𐤇𐤑𐤓𐤅𐤕 𐤁𐤉𐤕 𐤉𐤄𐤅𐤄 𐤁𐤕𐤅𐤊𐤊𐤉 𐤉𐤓𐤅𐤔𐤋𐤌 𐤄𐤋𐤋𐤅𐤉𐤄•

𐤐𐤓𐤒 𐤒𐤉𐤆

𐤀𐤄𐤋𐤋𐤅 𐤀𐤕 𐤉𐤄𐤅𐤄 𐤊𐤋 𐤂𐤅𐤉𐤌 𐤔𐤁𐤇𐤅𐤄𐤅 𐤊𐤋 𐤄𐤀𐤌𐤉𐤌•
𐤁𐤊𐤉 𐤂𐤁𐤓 𐤏𐤋𐤉𐤍𐤅 𐤇𐤎𐤃𐤅 𐤅𐤀𐤌𐤕 𐤉𐤄𐤅𐤄 𐤋𐤏𐤅𐤋𐤌 𐤄𐤋𐤋𐤅𐤉𐤄•

𐤐𐤓𐤒 𐤒𐤉𐤇

𐤀𐤄𐤅𐤃𐤅 𐤋𐤉𐤄𐤅𐤄 𐤊𐤉 𐤈𐤅𐤁 𐤊𐤉 𐤋𐤏𐤅𐤋𐤌 𐤇𐤎𐤃𐤅•
𐤁𐤉𐤀𐤌𐤓 𐤍𐤀 𐤉𐤔𐤓𐤀𐤋 𐤊𐤉 𐤋𐤏𐤅𐤋𐤌 𐤇𐤎𐤃𐤅•
𐤂𐤉𐤀𐤌𐤓𐤅 𐤍𐤀 𐤁𐤉𐤕 𐤀𐤄𐤓𐤍 𐤊𐤉 𐤋𐤏𐤅𐤋𐤌 𐤇𐤎𐤃𐤅•
𐤃𐤉𐤀𐤌𐤓𐤅 𐤍𐤀 𐤉𐤓𐤀𐤉 𐤉𐤄𐤅𐤄 𐤊𐤉 𐤋𐤏𐤅𐤋𐤌 𐤇𐤎𐤃𐤅•
𐤄 𐤌𐤍 𐤄𐤌𐤑𐤓 𐤒𐤓𐤀𐤕𐤉 𐤉𐤄 𐤏𐤍𐤍𐤉 𐤁𐤌𐤓𐤇𐤁 𐤉𐤄•
𐤅𐤉𐤄𐤅𐤄 𐤋𐤉 𐤋𐤀 𐤀𐤉𐤓𐤀 𐤌𐤄 𐤉𐤏𐤔𐤄 𐤋𐤉 𐤀𐤃𐤌•
𐤆𐤉𐤄𐤅𐤄 𐤋𐤉 𐤁𐤏𐤆𐤓𐤉 𐤅𐤀𐤍𐤉 𐤀𐤓𐤀𐤄 𐤁𐤔𐤍𐤀𐤉•
𐤇 𐤈𐤅𐤁 𐤋𐤇𐤎𐤅𐤕 𐤁𐤉𐤄𐤅𐤄 𐤌𐤁𐤈𐤇 𐤁𐤀𐤃𐤌•
𐤈 𐤈𐤅𐤁 𐤋𐤇𐤎𐤅𐤕 𐤁𐤉𐤄𐤅𐤄 𐤌𐤁𐤈𐤇 𐤁𐤍𐤃𐤉𐤁𐤉𐤌•
𐤉𐤊𐤋 𐤂𐤅𐤉𐤌 𐤎𐤁𐤁𐤅𐤍𐤉 𐤁𐤔𐤌 𐤉𐤄𐤅𐤄 𐤊𐤉 𐤀𐤌𐤉𐤋𐤌•
𐤉𐤀 𐤎𐤁𐤅𐤍𐤉 𐤂𐤌 𐤎𐤁𐤁𐤅𐤍𐤉 𐤁𐤔𐤌 𐤉𐤄𐤅𐤄 𐤊𐤉 𐤀𐤌𐤉𐤋𐤌•
𐤉𐤁 𐤎𐤁𐤅𐤍𐤉 𐤊𐤃𐤁𐤓𐤉𐤌 𐤃𐤏𐤊𐤅 𐤊𐤀𐤔 𐤒𐤅𐤑𐤉𐤌 𐤁𐤔𐤌 𐤉𐤄𐤅𐤄 𐤊𐤉 𐤀𐤌𐤉𐤋𐤌•
𐤉𐤂 𐤃𐤇𐤄 𐤃𐤇𐤉𐤕𐤍𐤉 𐤋𐤍𐤐𐤋 𐤅𐤉𐤄𐤅𐤄 𐤏𐤆𐤓𐤍𐤉•
𐤉𐤃 𐤏𐤆𐤉 𐤅𐤆𐤌𐤓𐤕 𐤉𐤄 𐤅𐤉𐤄𐤉 𐤋𐤉 𐤋𐤉𐤔𐤅𐤏𐤄•
𐤈𐤅 𐤒𐤅𐤋 𐤓𐤍𐤄 𐤅𐤉𐤔𐤅𐤏𐤄 𐤁𐤀𐤄𐤋𐤉 𐤑𐤃𐤉𐤒𐤉𐤌 𐤉𐤌𐤉𐤍 𐤉𐤄𐤅𐤄 𐤏𐤔𐤄 𐤇𐤉𐤋•
𐤈𐤆 𐤉𐤌𐤉𐤍 𐤉𐤄𐤅𐤄 𐤓𐤅𐤌𐤌𐤄 𐤉𐤌𐤉𐤍 𐤉𐤄𐤅𐤄 𐤏𐤔𐤄 𐤇𐤉𐤋•
𐤉𐤆 𐤋𐤀 𐤀𐤌𐤅𐤕 𐤊𐤉 𐤀𐤇𐤉𐤄 𐤅𐤀𐤎𐤐𐤓 𐤌𐤏𐤔𐤉 𐤉𐤄•
𐤉𐤇 𐤉𐤎𐤓 𐤉𐤎𐤓𐤍𐤉 𐤉𐤄 𐤅𐤋𐤌𐤅𐤕 𐤋𐤀 𐤍𐤕𐤍𐤍𐤉•
𐤉𐤈 𐤐𐤕𐤇𐤅 𐤋𐤉 𐤔𐤏𐤓𐤉 𐤑𐤃𐤒 𐤀𐤁𐤅𐤀 𐤁𐤌 𐤀𐤅𐤃𐤄 𐤉𐤄•
𐤊 𐤆𐤄 𐤄𐤔𐤏𐤓 𐤋𐤉𐤄𐤅𐤄 𐤑𐤃𐤉𐤒𐤉𐤌 𐤉𐤁𐤀𐤅 𐤁𐤅•
𐤊𐤀 𐤀𐤅𐤃𐤊 𐤊𐤉 𐤏𐤍𐤉𐤕𐤍𐤉 𐤅𐤕𐤄𐤉 𐤋𐤉 𐤋𐤉𐤔𐤅𐤏𐤄•
𐤊𐤁 𐤀𐤁𐤍 𐤌𐤀𐤎𐤅 𐤄𐤁𐤅𐤍𐤉𐤌 𐤄𐤉𐤕𐤄 𐤋𐤓𐤀𐤔 𐤐𐤍𐤄•
𐤊𐤂 𐤌𐤀𐤕 𐤉𐤄𐤅𐤄 𐤄𐤉𐤕𐤄 𐤆𐤀𐤕 𐤄𐤉𐤀 𐤍𐤐𐤋𐤀𐤕 𐤁𐤏𐤉𐤍𐤉𐤍𐤅•

𐤊𐤃 𐤆𐤄 𐤄𐤉𐤅𐤌 𐤏𐤔𐤄 𐤉𐤄𐤅𐤄 𐤍𐤂𐤉𐤋𐤄 𐤅𐤍𐤔𐤌𐤇𐤄 𐤁𐤅•
𐤊𐤄 𐤀𐤍𐤀 𐤉𐤄𐤅𐤄 𐤄𐤅𐤔𐤉𐤏𐤄 𐤍𐤀 𐤀𐤍𐤀 𐤉𐤄𐤅𐤄 𐤄𐤑𐤋𐤉𐤇𐤄 𐤍𐤀•
𐤊𐤅 𐤁𐤓𐤅𐤊 𐤄𐤁𐤀 𐤁𐤔𐤌 𐤉𐤄𐤅𐤄 𐤁𐤓𐤊𐤍𐤅𐤊𐤌 𐤌𐤁𐤉𐤕 𐤉𐤄𐤅𐤄•
𐤊𐤆 𐤀𐤋 𐤉𐤄𐤅𐤄 𐤅𐤉𐤀𐤓 𐤋𐤍𐤅 𐤀𐤎𐤓𐤅 𐤇𐤂 𐤁𐤏𐤁𐤕𐤉𐤌 𐤏𐤃 𐤒𐤓𐤍𐤅𐤕 𐤄𐤌𐤆𐤁𐤇•
𐤊𐤇 𐤀𐤋𐤉 𐤀𐤕𐤄 𐤅𐤀𐤅𐤃𐤊 𐤀𐤋𐤄𐤉 𐤀𐤓𐤅𐤌𐤌𐤊•
𐤊𐤈 𐤄𐤅𐤃𐤅 𐤋𐤉𐤄𐤅𐤄 𐤊𐤉 𐤈𐤅𐤁 𐤊𐤉 𐤋𐤏𐤅𐤋𐤌 𐤇𐤎𐤃𐤅•

𐤐𐤓𐤒 𐤒𐤉𐤈

𐤀 𐤀𐤔𐤓𐤉 𐤕𐤌𐤉𐤌𐤉 𐤃𐤓𐤊 𐤄𐤄𐤋𐤊𐤉𐤌 𐤁𐤕𐤅𐤓𐤕 𐤉𐤄𐤅𐤄•
𐤁 𐤀𐤔𐤓𐤉 𐤍𐤑𐤓𐤉 𐤏𐤃𐤕𐤉𐤅 𐤁𐤊𐤋 𐤋𐤁 𐤉𐤃𐤓𐤔𐤅𐤄𐤅•
𐤂 𐤀𐤐 𐤋𐤀 𐤐𐤏𐤋𐤅 𐤏𐤅𐤋𐤄 𐤁𐤃𐤓𐤊𐤉𐤅 𐤄𐤋𐤊𐤅•
𐤃 𐤀𐤕𐤄 𐤑𐤅𐤉𐤕𐤄 𐤐𐤒𐤃𐤉𐤊 𐤋𐤔𐤌𐤓 𐤌𐤀𐤃•
𐤄 𐤀𐤇𐤋𐤉 𐤉𐤊𐤍𐤅 𐤃𐤓𐤊𐤉 𐤋𐤔𐤌𐤓 𐤇𐤒𐤉𐤊•
𐤅 𐤀𐤆 𐤋𐤀 𐤀𐤁𐤅𐤔 𐤁𐤄𐤁𐤉𐤈𐤉 𐤀𐤋 𐤊𐤋 𐤌𐤑𐤅𐤕𐤉𐤊•
𐤆 𐤀𐤅𐤃𐤊 𐤁𐤉𐤔𐤓 𐤋𐤁𐤁 𐤁𐤋𐤌𐤃𐤉 𐤌𐤔𐤐𐤈𐤉 𐤑𐤃𐤒𐤊•
𐤇 𐤀𐤕 𐤇𐤒𐤉𐤊 𐤀𐤔𐤌𐤓 𐤀𐤋 𐤕𐤏𐤆𐤁𐤍𐤉 𐤏𐤃 𐤌𐤀𐤃•
𐤈 𐤁𐤌𐤄 𐤉𐤆𐤊𐤄 𐤍𐤏𐤓 𐤀𐤕 𐤀𐤓𐤇𐤅 𐤋𐤔𐤌𐤓 𐤊𐤃𐤁𐤓𐤊•
𐤉 𐤁𐤊𐤋 𐤋𐤁𐤉 𐤃𐤓𐤔𐤕𐤉𐤊 𐤀𐤋 𐤕𐤔𐤂𐤍𐤉 𐤌𐤌𐤑𐤅𐤕𐤉𐤊•
𐤉𐤀 𐤁𐤋𐤁𐤉 𐤑𐤐𐤍𐤕𐤉 𐤀𐤌𐤓𐤕𐤊 𐤋𐤌𐤏𐤍 𐤋𐤀 𐤀𐤇𐤈𐤀 𐤋𐤊•
𐤉𐤁 𐤁𐤓𐤅𐤊 𐤀𐤕𐤄 𐤉𐤄𐤅𐤄 𐤋𐤌𐤃𐤍𐤉 𐤇𐤒𐤉𐤊•
𐤉𐤂 𐤁𐤔𐤐𐤕𐤉 𐤎𐤐𐤓𐤕𐤉 𐤊𐤋 𐤌𐤔𐤐𐤈𐤉 𐤐𐤉𐤊•
𐤉𐤃 𐤁𐤃𐤓𐤊 𐤏𐤃𐤅𐤕𐤉𐤊 𐤔𐤔𐤕𐤉 𐤊𐤏𐤋 𐤊𐤋 𐤄𐤅𐤍•
𐤈𐤅 𐤁𐤐𐤒𐤃𐤉𐤊 𐤀𐤔𐤉𐤇𐤄 𐤅𐤀𐤁𐤉𐤈𐤄 𐤀𐤓𐤇𐤕𐤉𐤊•
𐤈𐤆 𐤁𐤇𐤒𐤕𐤉𐤊 𐤀𐤔𐤕𐤏𐤔𐤏 𐤋𐤀 𐤀𐤔𐤊𐤇 𐤃𐤁𐤓𐤊•
𐤉𐤆 𐤂𐤌𐤋 𐤏𐤋 𐤏𐤁𐤃𐤊 𐤀𐤇𐤉𐤄 𐤅𐤀𐤔𐤌𐤓𐤄 𐤃𐤁𐤓𐤊•
𐤉𐤇 𐤂𐤋 𐤏𐤉𐤍𐤉 𐤅𐤀𐤁𐤉𐤈𐤄 𐤍𐤐𐤋𐤀𐤅𐤕 𐤌𐤕𐤅𐤓𐤕𐤊•
𐤉𐤈 𐤂𐤓 𐤀𐤍𐤊𐤉 𐤁𐤀𐤓𐤑 𐤀𐤋 𐤕𐤎𐤕𐤓 𐤌𐤌𐤍𐤉 𐤌𐤑𐤅𐤕𐤉𐤊•
𐤊 𐤂𐤓𐤎𐤄 𐤍𐤐𐤔𐤉 𐤋𐤕𐤀𐤁𐤄 𐤀𐤋 𐤌𐤔𐤐𐤈𐤉𐤊 𐤁𐤊𐤋 𐤏𐤕•
𐤊𐤀 𐤂𐤏𐤓𐤕 𐤆𐤃𐤉𐤌 𐤀𐤓𐤅𐤓𐤉𐤌 𐤄𐤔𐤂𐤉𐤌 𐤌𐤌𐤑𐤅𐤕𐤉𐤊•
𐤊𐤁 𐤂𐤋 𐤌𐤏𐤋𐤉 𐤇𐤓𐤐𐤄 𐤅𐤁𐤅𐤆 𐤊𐤉 𐤏𐤃𐤕𐤉𐤊 𐤍𐤑𐤓𐤕𐤉•
𐤊𐤂 𐤂𐤌 𐤉𐤔𐤁𐤅 𐤔𐤓𐤉𐤌 𐤁𐤉 𐤍𐤃𐤁𐤓𐤅 𐤏𐤁𐤃𐤊 𐤉𐤔𐤉𐤇 𐤁𐤇𐤒𐤉𐤊•
𐤊𐤃 𐤂𐤌 𐤏𐤃𐤕𐤉𐤊 𐤔𐤏𐤔𐤏𐤉 𐤀𐤍𐤔𐤉 𐤏𐤑𐤕𐤉•
𐤊𐤄 𐤃𐤁𐤒𐤄 𐤋𐤏𐤐𐤓 𐤍𐤐𐤔𐤉 𐤇𐤉𐤍𐤉 𐤊𐤃𐤁𐤓𐤊•

𐤕𐤄𐤉𐤋𐤉𐤌

𐤊𐤅 𐤃𐤓𐤊𐤉 𐤎𐤐𐤓𐤕𐤉 𐤅𐤕𐤏𐤍𐤍𐤉 𐤋𐤌𐤃𐤍𐤉 𐤇𐤒𐤉𐤊•
𐤊𐤆 𐤃𐤓𐤊 𐤐𐤒𐤅𐤃𐤉𐤊 𐤄𐤁𐤉𐤍𐤍𐤉 𐤅𐤀𐤔𐤉𐤇𐤄 𐤁𐤍𐤐𐤋𐤀𐤅𐤕𐤉𐤊•
𐤊𐤇 𐤃𐤋𐤐𐤄 𐤍𐤐𐤔𐤉 𐤌𐤕𐤅𐤂𐤄 𐤒𐤉𐤌𐤍𐤉 𐤊𐤃𐤁𐤓𐤊•
𐤊𐤈 𐤃𐤓𐤊 𐤔𐤒𐤓 𐤄𐤎𐤓 𐤌𐤌𐤍𐤉 𐤅𐤕𐤅𐤓𐤕𐤊 𐤇𐤍𐤍𐤉•
𐤋 𐤃𐤓𐤊 𐤀𐤌𐤅𐤍𐤄 𐤁𐤇𐤓𐤕𐤉 𐤌𐤔𐤐𐤈𐤉𐤊 𐤔𐤅𐤉𐤕𐤉•
𐤋𐤀 𐤃𐤁𐤒𐤕𐤉 𐤁𐤏𐤃𐤅𐤕𐤉𐤊 𐤉𐤄𐤅𐤄 𐤀𐤋 𐤕𐤁𐤉𐤔𐤍𐤉•
𐤋𐤁 𐤃𐤓𐤊 𐤌𐤑𐤅𐤕𐤉𐤊 𐤀𐤓𐤅𐤑 𐤊𐤉 𐤕𐤓𐤇𐤉𐤁 𐤋𐤁𐤉•
𐤋𐤂 𐤄𐤅𐤓𐤍𐤉 𐤉𐤄𐤅𐤄 𐤃𐤓𐤊 𐤇𐤒𐤉𐤊 𐤅𐤀𐤑𐤓𐤍𐤄 𐤏𐤒𐤁•
𐤋𐤃 𐤄𐤁𐤉𐤍𐤍𐤉 𐤅𐤀𐤑𐤓𐤄 𐤕𐤅𐤓𐤕𐤊 𐤅𐤀𐤔𐤌𐤓𐤍𐤄 𐤁𐤊𐤋 𐤋𐤁•
𐤋𐤄 𐤄𐤃𐤓𐤉𐤊𐤍𐤉 𐤁𐤍𐤕𐤉𐤁 𐤌𐤑𐤅𐤕𐤉𐤊 𐤊𐤉 𐤁𐤅 𐤇𐤐𐤑𐤕𐤉•
𐤋𐤅 𐤄𐤈 𐤋𐤁𐤉 𐤀𐤋 𐤏𐤃𐤅𐤕𐤉𐤊 𐤅𐤀𐤋 𐤀𐤋 𐤁𐤑𐤏•
𐤋𐤆 𐤄𐤏𐤁𐤓 𐤏𐤉𐤍𐤉 𐤌𐤓𐤀𐤅𐤕 𐤔𐤅𐤀 𐤁𐤃𐤓𐤊𐤊 𐤇𐤉𐤍𐤉•
𐤋𐤇 𐤄𐤒𐤌 𐤋𐤏𐤁𐤃𐤊 𐤀𐤌𐤓𐤕𐤊 𐤀𐤔𐤓 𐤋𐤉𐤓𐤀𐤕𐤊•
𐤋𐤈 𐤄𐤏𐤁𐤓 𐤇𐤓𐤐𐤕𐤉 𐤀𐤔𐤓 𐤉𐤂𐤓𐤕𐤉 𐤊𐤉 𐤌𐤔𐤐𐤈𐤉𐤊 𐤈𐤅𐤁𐤉𐤌•
𐤌 𐤄𐤍𐤄 𐤕𐤀𐤁𐤕𐤉 𐤋𐤐𐤒𐤃𐤉𐤊 𐤁𐤑𐤃𐤒𐤕𐤊 𐤇𐤉𐤍𐤉•
𐤌𐤀 𐤅𐤉𐤁𐤀𐤍𐤉 𐤇𐤎𐤃𐤊 𐤉𐤄𐤅𐤄 𐤕𐤔𐤅𐤏𐤕𐤊 𐤊𐤀𐤌𐤓𐤕𐤊•
𐤌𐤁 𐤅𐤀𐤏𐤍𐤄 𐤇𐤓𐤐𐤉 𐤃𐤁𐤓 𐤊𐤉 𐤁𐤈𐤇𐤕𐤉 𐤁𐤃𐤁𐤓𐤊•
𐤌𐤂 𐤅𐤀𐤋 𐤕𐤑𐤋 𐤌𐤐𐤉 𐤃𐤁𐤓 𐤀𐤌𐤕 𐤏𐤃 𐤌𐤀𐤃 𐤊𐤉 𐤋𐤌𐤔𐤐𐤈𐤊 𐤉𐤇𐤋𐤕𐤉•
𐤌𐤃 𐤅𐤀𐤔𐤌𐤓𐤄 𐤕𐤅𐤓𐤕𐤊 𐤕𐤌𐤉𐤃 𐤋𐤏𐤅𐤋𐤌 𐤅𐤏𐤃•
𐤌𐤄 𐤅𐤀𐤕𐤄𐤋𐤊𐤄 𐤁𐤓𐤇𐤁𐤄 𐤊𐤉 𐤐𐤒𐤃𐤉𐤊 𐤃𐤓𐤔𐤕𐤉•
𐤌𐤅 𐤅𐤀𐤃𐤁𐤓𐤄 𐤁𐤏𐤃𐤕𐤉𐤊 𐤍𐤂𐤃 𐤌𐤋𐤊𐤉𐤌 𐤅𐤋𐤀 𐤀𐤁𐤅𐤔•
𐤌𐤆 𐤅𐤀𐤔𐤕𐤏𐤔𐤏 𐤁𐤌𐤑𐤅𐤕𐤉𐤊 𐤀𐤔𐤓 𐤀𐤄𐤁𐤕𐤉•
𐤌𐤇 𐤅𐤀𐤔𐤀 𐤊𐤐𐤉 𐤀𐤋 𐤌𐤑𐤅𐤕𐤉𐤊 𐤀𐤔𐤓 𐤀𐤄𐤁𐤕𐤉 𐤅𐤀𐤔𐤉𐤇𐤄 𐤁𐤇𐤒𐤉𐤊•
𐤌𐤈 𐤆𐤊𐤓 𐤃𐤁𐤓 𐤋𐤏𐤁𐤃𐤊 𐤏𐤋 𐤀𐤔𐤓 𐤉𐤇𐤋𐤕𐤍𐤉•
𐤍 𐤆𐤀𐤕 𐤍𐤇𐤌𐤕𐤉 𐤁𐤏𐤍𐤉𐤉 𐤊𐤉 𐤀𐤌𐤓𐤕𐤊 𐤇𐤉𐤕𐤍𐤉•
𐤍𐤀 𐤆𐤃𐤉𐤌 𐤄𐤋𐤉𐤑𐤍𐤉 𐤏𐤃 𐤌𐤀𐤃 𐤌𐤕𐤅𐤓𐤕𐤊 𐤋𐤀 𐤍𐤈𐤉𐤕𐤉•
𐤍𐤁 𐤆𐤊𐤓𐤕𐤉 𐤌𐤔𐤐𐤈𐤉𐤊 𐤌𐤏𐤅𐤋𐤌 𐤉𐤄𐤅𐤄 𐤅𐤀𐤕𐤍𐤇𐤌•
𐤍𐤂 𐤆𐤋𐤏𐤐𐤄 𐤀𐤇𐤆𐤕𐤍𐤉 𐤌𐤓𐤔𐤏𐤉𐤌 𐤏𐤆𐤁𐤉 𐤕𐤅𐤓𐤕𐤊•
𐤍𐤃 𐤆𐤌𐤓𐤅𐤕 𐤄𐤉𐤅 𐤋𐤉 𐤇𐤒𐤉𐤊 𐤁𐤁𐤉𐤕 𐤌𐤂𐤅𐤓𐤉•
𐤍𐤄 𐤆𐤊𐤓𐤕𐤉 𐤁𐤋𐤉𐤋𐤄 𐤔𐤌𐤊 𐤉𐤄𐤅𐤄 𐤅𐤀𐤔𐤌𐤓𐤄 𐤕𐤅𐤓𐤕𐤊•
𐤍𐤅 𐤆𐤀𐤕 𐤄𐤉𐤕𐤄 𐤋𐤉 𐤊𐤉 𐤐𐤒𐤃𐤉𐤊 𐤍𐤑𐤓𐤕𐤉•
𐤍𐤆 𐤇𐤋𐤒𐤉 𐤉𐤄𐤅𐤄 𐤀𐤌𐤓𐤕𐤉 𐤋𐤔𐤌𐤓 𐤃𐤁𐤓𐤉𐤊•
𐤍𐤇 𐤇𐤋𐤉𐤕𐤉 𐤐𐤍𐤉𐤊 𐤁𐤊𐤋 𐤋𐤁 𐤇𐤍𐤍𐤉 𐤊𐤀𐤌𐤓𐤕𐤊•

𐤕𐤄𐤋𐤉𐤌

𐤍𐤈 𐤇𐤔𐤁𐤕𐤉 𐤃𐤓𐤊𐤉 𐤅𐤀𐤔𐤉𐤁𐤄 𐤓𐤂𐤋𐤉 𐤀𐤋 𐤏𐤃𐤕𐤉𐤊•
𐤎 𐤇𐤔𐤕𐤉 𐤅𐤋𐤀 𐤄𐤕𐤌𐤄𐤌𐤄𐤕𐤉 𐤋𐤔𐤌𐤓 𐤌𐤑𐤅𐤕𐤉𐤊•
𐤎𐤀 𐤇𐤁𐤋𐤉 𐤓𐤔𐤏𐤉𐤌 𐤏𐤅𐤃𐤍𐤉 𐤕𐤅𐤓𐤕𐤊 𐤋𐤀 𐤔𐤊𐤇𐤕𐤉•
𐤎𐤁 𐤇𐤑𐤅𐤕 𐤋𐤉𐤋𐤄 𐤀𐤒𐤅𐤌 𐤋𐤄𐤅𐤃𐤅𐤕 𐤋𐤊 𐤏𐤋 𐤌𐤔𐤐𐤈𐤉 𐤑𐤃𐤒𐤊•
𐤎𐤂 𐤇𐤁𐤓 𐤀𐤍𐤉 𐤋𐤊𐤋 𐤀𐤔𐤓 𐤉𐤓𐤀𐤅𐤊 𐤅𐤋𐤔𐤌𐤓𐤉 𐤐𐤒𐤅𐤃𐤉𐤊•
𐤎𐤃 𐤇𐤎𐤃𐤊 𐤉𐤄𐤅𐤄 𐤌𐤋𐤀𐤄 𐤄𐤀𐤓𐤑 𐤇𐤒𐤉𐤊 𐤋𐤌𐤃𐤍𐤉•
𐤎𐤄 𐤈𐤅𐤁 𐤏𐤔𐤉𐤕 𐤏𐤌 𐤏𐤁𐤃𐤊 𐤉𐤄𐤅𐤄 𐤊𐤃𐤁𐤓𐤊•
𐤎𐤅 𐤈𐤅𐤁 𐤈𐤏𐤌 𐤅𐤃𐤏𐤕 𐤋𐤌𐤃𐤍𐤉 𐤊𐤉 𐤁𐤌𐤑𐤅𐤕𐤉𐤊 𐤄𐤀𐤌𐤍𐤕𐤉•
𐤎𐤆 𐤈𐤓𐤌 𐤀𐤏𐤍𐤄 𐤀𐤍𐤉 𐤔𐤂𐤂 𐤅𐤏𐤕𐤄 𐤀𐤌𐤓𐤕𐤊 𐤔𐤌𐤓𐤕𐤉•
𐤎𐤇 𐤈𐤅𐤁 𐤀𐤕𐤄 𐤅𐤌𐤈𐤉𐤁 𐤋𐤌𐤃𐤍𐤉 𐤇𐤒𐤉𐤊•
𐤎𐤈 𐤈𐤐𐤋𐤅 𐤏𐤋𐤉 𐤔𐤒𐤓 𐤆𐤃𐤉𐤌 𐤀𐤍𐤉 𐤁𐤊𐤋 𐤋𐤁 𐤀𐤑𐤓 𐤐𐤒𐤅𐤃𐤉𐤊•
𐤏 𐤈𐤐𐤔 𐤊𐤇𐤋𐤁 𐤋𐤁𐤌 𐤀𐤍𐤉 𐤕𐤅𐤓𐤕𐤊 𐤔𐤏𐤔𐤏𐤕𐤉•
𐤏𐤀 𐤈𐤅𐤁 𐤋𐤉 𐤊𐤉 𐤏𐤍𐤉𐤕𐤉 𐤋𐤌𐤏𐤍 𐤀𐤋𐤌𐤃 𐤇𐤒𐤉𐤊•
𐤏𐤁 𐤈𐤅𐤁 𐤋𐤉 𐤕𐤅𐤓𐤕 𐤐𐤉𐤊 𐤌𐤀𐤋𐤐𐤉 𐤆𐤄𐤁 𐤅𐤊𐤎𐤐•
𐤏𐤂 𐤉𐤃𐤉𐤊 𐤏𐤔𐤅𐤍𐤉 𐤅𐤉𐤊𐤅𐤍𐤍𐤅𐤍𐤉 𐤄𐤁𐤉𐤍𐤍𐤉 𐤅𐤀𐤋𐤌𐤃𐤄 𐤌𐤑𐤅𐤕𐤉𐤊•
𐤏𐤃 𐤉𐤓𐤀𐤉𐤊 𐤉𐤓𐤀𐤅𐤍𐤉 𐤅𐤉𐤔𐤌𐤇𐤅 𐤊𐤉 𐤋𐤃𐤁𐤓𐤊 𐤉𐤇𐤋𐤕𐤉•
𐤏𐤄 𐤉𐤃𐤏𐤕𐤉 𐤉𐤄𐤅𐤄 𐤊𐤉 𐤑𐤃𐤒 𐤌𐤔𐤐𐤈𐤉𐤊 𐤅𐤀𐤌𐤅𐤍𐤄 𐤏𐤍𐤉𐤕𐤍𐤉•
𐤏𐤅 𐤉𐤄𐤉 𐤍𐤀 𐤇𐤎𐤃𐤊 𐤋𐤍𐤇𐤌𐤍𐤉 𐤊𐤀𐤌𐤓𐤕𐤊 𐤋𐤏𐤁𐤃𐤊•
𐤏𐤆 𐤉𐤁𐤀𐤅𐤍𐤉 𐤓𐤇𐤌𐤉𐤊 𐤅𐤀𐤇𐤉𐤄 𐤊𐤉 𐤕𐤅𐤓𐤕𐤊 𐤔𐤏𐤔𐤏𐤉•
𐤏𐤇 𐤉𐤁𐤔𐤅 𐤆𐤃𐤉𐤌 𐤊𐤉 𐤔𐤒𐤓 𐤏𐤅𐤕𐤅𐤍𐤉 𐤀𐤍𐤉 𐤀𐤔𐤉𐤇 𐤁𐤐𐤒𐤅𐤃𐤉𐤊•
𐤏𐤈 𐤉𐤔𐤅𐤁𐤅 𐤋𐤉 𐤉𐤓𐤀𐤉𐤊 𐤅𐤉𐤃𐤏𐤅 [𐤅𐤉𐤃𐤏𐤉] 𐤏𐤃𐤕𐤉𐤊•
𐤐 𐤉𐤄𐤉 𐤋𐤁𐤉 𐤕𐤌𐤉𐤌 𐤁𐤇𐤒𐤉𐤊 𐤋𐤌𐤏𐤍 𐤋𐤀 𐤀𐤁𐤅𐤔•
𐤐𐤀 𐤊𐤋𐤕𐤄 𐤋𐤕𐤔𐤅𐤏𐤕𐤊 𐤍𐤐𐤔𐤉 𐤋𐤃𐤁𐤓𐤊 𐤉𐤇𐤋𐤕𐤉•
𐤐𐤁 𐤊𐤋𐤅 𐤏𐤉𐤍𐤉 𐤋𐤀𐤌𐤓𐤕𐤊 𐤋𐤀𐤌𐤓 𐤌𐤕𐤉 𐤕𐤍𐤇𐤌𐤍𐤉•
𐤐𐤂 𐤊𐤉 𐤄𐤉𐤉𐤕𐤉 𐤊𐤍𐤀𐤃 𐤁𐤒𐤉𐤈𐤅𐤓 𐤇𐤒𐤉𐤊 𐤋𐤀 𐤔𐤊𐤇𐤕𐤉•
𐤐𐤃 𐤊𐤌𐤄 𐤉𐤌𐤉 𐤏𐤁𐤃𐤊 𐤌𐤕𐤉 𐤕𐤏𐤔𐤄 𐤁𐤓𐤃𐤐𐤉 𐤌𐤔𐤐𐤈•
𐤐𐤄 𐤊𐤓𐤅 𐤋𐤉 𐤆𐤃𐤉𐤌 𐤔𐤉𐤇𐤅𐤕 𐤀𐤔𐤓 𐤋𐤀 𐤊𐤕𐤅𐤓𐤕𐤊•
𐤐𐤅 𐤊𐤋 𐤌𐤑𐤅𐤕𐤉𐤊 𐤀𐤌𐤅𐤍𐤄 𐤔𐤒𐤓 𐤓𐤃𐤐𐤅𐤍𐤉 𐤏𐤆𐤓𐤍𐤉•
𐤐𐤆 𐤊𐤌𐤏𐤈 𐤊𐤋𐤅𐤍𐤉 𐤁𐤀𐤓𐤑 𐤅𐤀𐤍𐤉 𐤋𐤀 𐤏𐤆𐤁𐤕𐤉 𐤐𐤒𐤅𐤃𐤉𐤊•
𐤐𐤇 𐤊𐤇𐤎𐤃𐤊 𐤇𐤉𐤍𐤉 𐤅𐤀𐤔𐤌𐤓𐤄 𐤏𐤃𐤅𐤕 𐤐𐤉𐤊•
𐤐𐤈 𐤋𐤏𐤅𐤋𐤌 𐤉𐤄𐤅𐤄 𐤃𐤁𐤓𐤊 𐤍𐤑𐤁 𐤁𐤔𐤌𐤉𐤌•
𐤑 𐤋𐤃𐤓 𐤅𐤃𐤓 𐤀𐤌𐤅𐤍𐤕𐤊 𐤊𐤅𐤍𐤍𐤕 𐤀𐤓𐤑 𐤅𐤕𐤏𐤌𐤃•
𐤑𐤀 𐤋𐤌𐤔𐤐𐤈𐤉𐤊 𐤏𐤌𐤃𐤅 𐤄𐤉𐤅𐤌 𐤊𐤉 𐤄𐤊𐤋 𐤏𐤁𐤃𐤉𐤊•

𐤕𐤄𐤉𐤋𐤉𐤌

𐤑𐤁 𐤋𐤅𐤋𐤉 𐤕𐤅𐤓𐤕𐤊 𐤔𐤏𐤔𐤏𐤉 𐤀𐤆 𐤀𐤁𐤃𐤕𐤉 𐤁𐤏𐤍𐤉𐤉•
𐤑𐤂 𐤋𐤏𐤅𐤋𐤌 𐤋𐤀 𐤀𐤔𐤊𐤇 𐤐𐤒𐤅𐤃𐤉𐤊 𐤊𐤉 𐤁𐤌 𐤇𐤉𐤉𐤕𐤍𐤉•
𐤑𐤃 𐤋𐤊 𐤀𐤍𐤉 𐤄𐤅𐤔𐤉𐤏𐤍𐤉 𐤊𐤉 𐤐𐤒𐤅𐤃𐤉𐤊 𐤃𐤓𐤔𐤕𐤉•
𐤑𐤄 𐤋𐤉 𐤒𐤅𐤅 𐤓𐤔𐤏𐤉𐤌 𐤋𐤀𐤁𐤃𐤍𐤉 𐤏𐤃𐤕𐤉𐤊 𐤀𐤕𐤁𐤅𐤍𐤍•
𐤑𐤅 𐤋𐤊𐤋 𐤕𐤊𐤋𐤄 𐤓𐤀𐤉𐤕𐤉 𐤒𐤑 𐤓𐤇𐤁𐤄 𐤌𐤑𐤅𐤕𐤊 𐤌𐤀𐤃•
𐤑𐤆 𐤌𐤄 𐤀𐤄𐤁𐤕𐤉 𐤕𐤅𐤓𐤕𐤊 𐤊𐤋 𐤄𐤉𐤅𐤌 𐤄𐤉𐤀 𐤔𐤉𐤇𐤕𐤉•
𐤑𐤇 𐤌𐤀𐤉𐤁𐤉 𐤕𐤇𐤊𐤌𐤍𐤉 𐤌𐤑𐤅𐤕𐤊 𐤊𐤉 𐤋𐤏𐤅𐤋𐤌 𐤄𐤉𐤀 𐤋𐤉•
𐤑𐤈 𐤌𐤊𐤋 𐤌𐤋𐤌𐤃𐤉 𐤄𐤔𐤊𐤋𐤕𐤉 𐤊𐤉 𐤏𐤃𐤅𐤕𐤉𐤊 𐤔𐤉𐤇𐤄 𐤋𐤉•
𐤒 𐤌𐤆𐤒𐤍𐤉𐤌 𐤀𐤕𐤁𐤅𐤍𐤍 𐤊𐤉 𐤐𐤒𐤅𐤃𐤉𐤊 𐤍𐤑𐤓𐤕𐤉•
𐤒𐤀 𐤌𐤊𐤋 𐤀𐤓𐤇 𐤓𐤏 𐤊𐤋𐤀𐤕𐤉 𐤓𐤂𐤋𐤉 𐤋𐤌𐤏𐤍 𐤀𐤔𐤌𐤓 𐤃𐤁𐤓𐤊•
𐤒𐤁 𐤌𐤌𐤔𐤐𐤈𐤉𐤊 𐤋𐤀 𐤎𐤓𐤕𐤉 𐤊𐤉 𐤀𐤕𐤄 𐤄𐤅𐤓𐤕𐤍𐤉•
𐤒𐤂 𐤌𐤄 𐤍𐤌𐤋𐤑𐤅 𐤋𐤇𐤊𐤉 𐤀𐤌𐤓𐤕𐤊 𐤌𐤃𐤁𐤔 𐤋𐤐𐤉•
𐤒𐤃 𐤌𐤐𐤒𐤅𐤃𐤉𐤊 𐤀𐤕𐤁𐤅𐤍𐤍 𐤏𐤋 𐤊𐤍 𐤔𐤍𐤀𐤕𐤉 𐤊𐤋 𐤀𐤓𐤇 𐤔𐤒𐤓•
𐤒𐤄 𐤍𐤓 𐤋𐤓𐤂𐤋𐤉 𐤃𐤁𐤓𐤊 𐤅𐤀𐤅𐤓 𐤋𐤍𐤕𐤉𐤁𐤕𐤉•
𐤒𐤅 𐤍𐤔𐤁𐤏𐤕𐤉 𐤅𐤀𐤒𐤉𐤌𐤄 𐤋𐤔𐤌𐤓 𐤌𐤔𐤐𐤈𐤉 𐤑𐤃𐤒𐤊•
𐤒𐤆 𐤍𐤏𐤍𐤉𐤕𐤉 𐤏𐤃 𐤌𐤀𐤃 𐤉𐤄𐤅𐤄 𐤇𐤉𐤍𐤉 𐤊𐤃𐤁𐤓𐤊•
𐤒𐤇 𐤍𐤃𐤁𐤅𐤕 𐤐𐤉 𐤓𐤑𐤄 𐤍𐤀 𐤉𐤄𐤅𐤄 𐤅𐤌𐤔𐤐𐤈𐤉𐤊 𐤋𐤌𐤃𐤍𐤉•
𐤒𐤈 𐤍𐤐𐤔𐤉 𐤁𐤊𐤐𐤉 𐤕𐤌𐤉𐤃 𐤅𐤕𐤅𐤓𐤕𐤊 𐤋𐤀 𐤔𐤊𐤇𐤕𐤉•
𐤒𐤉 𐤍𐤕𐤍𐤅 𐤓𐤔𐤏𐤉𐤌 𐤐𐤇 𐤋𐤉 𐤅𐤌𐤐𐤒𐤅𐤃𐤉𐤊 𐤋𐤀 𐤕𐤏𐤉𐤕𐤉•
𐤒𐤉𐤀 𐤍𐤇𐤋𐤕𐤉 𐤏𐤃𐤅𐤕𐤉𐤊 𐤋𐤏𐤅𐤋𐤌 𐤊𐤉 𐤔𐤔𐤅𐤍 𐤋𐤁𐤉 𐤄𐤌𐤄•
𐤒𐤉𐤁 𐤍𐤈𐤉𐤕𐤉 𐤋𐤁𐤉 𐤋𐤏𐤔𐤅𐤕 𐤇𐤒𐤉𐤊 𐤋𐤏𐤅𐤋𐤌 𐤏𐤒𐤁•
𐤒𐤉𐤂 𐤎𐤏𐤐𐤉𐤌 𐤔𐤍𐤀𐤕𐤉 𐤅𐤕𐤅𐤓𐤕𐤊 𐤀𐤄𐤁𐤕𐤉•
𐤒𐤉𐤃 𐤎𐤕𐤓𐤉 𐤅𐤌𐤂𐤍𐤉 𐤀𐤕𐤄 𐤋𐤃𐤁𐤓𐤊 𐤉𐤇𐤋𐤕𐤉•
𐤒𐤈𐤅 𐤎𐤅𐤓𐤅 𐤌𐤌𐤍𐤉 𐤌𐤓𐤏𐤉𐤌 𐤅𐤀𐤑𐤓𐤄 𐤌𐤑𐤅𐤕 𐤀𐤋𐤄𐤉•
𐤒𐤈𐤆 𐤎𐤌𐤊𐤍𐤉 𐤊𐤀𐤌𐤓𐤕𐤊 𐤅𐤀𐤇𐤉𐤄 𐤅𐤀𐤋 𐤕𐤁𐤉𐤔𐤍𐤉 𐤌𐤔𐤁𐤓𐤉•
𐤒𐤉𐤆 𐤎𐤏𐤃𐤍𐤉 𐤅𐤀𐤅𐤔𐤏𐤄 𐤅𐤀𐤔𐤏𐤄 𐤁𐤇𐤒𐤉𐤊 𐤕𐤌𐤉𐤃•
𐤒𐤉𐤇 𐤎𐤋𐤉𐤕 𐤊𐤋 𐤔𐤅𐤂𐤉𐤌 𐤌𐤇𐤒𐤉𐤊 𐤊𐤉 𐤔𐤒𐤓 𐤕𐤓𐤌𐤉𐤕𐤌•
𐤒𐤉𐤈 𐤎𐤂𐤉𐤌 𐤄𐤔𐤁𐤕 𐤊𐤋 𐤓𐤔𐤏𐤉 𐤀𐤓𐤑 𐤋𐤊𐤍 𐤀𐤄𐤁𐤕𐤉 𐤏𐤃𐤕𐤉𐤊•
𐤒𐤊 𐤎𐤌𐤓 𐤌𐤐𐤇𐤃𐤊 𐤁𐤔𐤓𐤉 𐤅𐤌𐤌𐤔𐤐𐤈𐤉𐤊 𐤉𐤓𐤀𐤕𐤉•
𐤒𐤊𐤀 𐤏𐤔𐤉𐤕𐤉 𐤌𐤔𐤐𐤈 𐤅𐤑𐤃𐤒 𐤁𐤋 𐤕𐤍𐤉𐤇𐤍𐤉 𐤋𐤏𐤔𐤒𐤉•
𐤒𐤊𐤁 𐤏𐤓𐤁 𐤏𐤁𐤃𐤊 𐤋𐤈𐤅𐤁 𐤀𐤋 𐤉𐤏𐤔𐤒𐤍𐤉 𐤆𐤃𐤉𐤌•
𐤒𐤊𐤂 𐤏𐤉𐤍𐤉 𐤊𐤋𐤅 𐤋𐤉𐤔𐤅𐤏𐤕𐤊 𐤅𐤋𐤀𐤌𐤓𐤕 𐤑𐤃𐤒𐤊•
𐤒𐤊𐤃 𐤏𐤔𐤄 𐤏𐤌 𐤏𐤁𐤃𐤊 𐤊𐤇𐤎𐤃𐤊 𐤅𐤇𐤒𐤉𐤊 𐤋𐤌𐤃𐤍𐤉•

תהילים

קכה עבדך אני הבינני ואדעה עדתיך׃
קכו עת לעשות ליהוה הפרו תורתך׃
קכז על כן אהבתי מצותיך מזהב ומפז׃
קכח על כן כל פקודי כל ישרתי כל ארח שקר שנאתי׃
קכט פלאות עדותיך על כן נצרתם נפשי׃
קל פתח דבריך יאיר מבין פתיים׃
קלא פי פערתי ואשאפה כי למצותיך יאבתי׃
קלב פנה אלי וחנני כמשפט לאהבי שמך׃
קלג פעמי הכן באמרתך ואל תשלט בי כל און׃
קלד פדני מעשק אדם ואשמרה פקודיך׃
קלה פניך האר בעבדך ולמדני את חקיך׃
קלו פלגי מים ירדו עיני על לא שמרו תורתך׃
קלז צדיק אתה יהוה וישר משפטיך׃
קלח צוית צדק עדתיך ואמונה מאד׃
קלט צמתתני קנאתי כי שכחו דבריך צרי׃
קמ צרופה אמרתך מאד ועבדך אהבה׃
קמא צעיר אנכי ונבזה פקודיך לא שכחתי׃
קמב צדקתך צדק לעולם ותורתך אמת׃
קמג צר ומצוק מצאוני מצותיך שעשעי׃
קמד צדק עדותיך לעולם הבינני ואחיה׃
קמה קראתי בכל לב ענני יהוה חקיך אצרה׃
קמו קראתיך הושיעני ואשמרה עדתיך׃
קמז קדמתי בנשף ואשועה לדבריך [לדברך] יחלתי׃
קמח קדמו עיני אשמרות לשיח באמרתך׃
קמט קולי שמעה כחסדך יהוה כמשפטך חיני׃
קנ קרבו רדפי זמה מתורתך רחקו׃
קנא קרוב אתה יהוה וכל מצותיך אמת׃
קנב קדם ידעתי מעדתיך כי לעולם יסדתם׃
קנג ראה עניי וחלצני כי תורתך לא שכחתי׃
קנד ריבה ריבי וגאלני לאמרתך חיני׃
קנה רחוק מרשעים ישועה כי חקיך לא דרשו׃
קנו רחמיך רבים יהוה כמשפטיך חיני׃
קנז רבים רדפי וצרי מעדותיך לא נטיתי׃

קנח ראיתי בגדים ואתקוטטה אשר אמרתך לא שמרו.
קנט ראה כי פקודיך אהבתי יהוה כחסדך חיני.
קס ראש דברך אמת ולעולם כל משפט צדקך.
קסא שרים רדפוני חנם ומדבריך [ומדברך] פחד לבי.
קסב שש אנכי על אמרתך כמוצא שלל רב.
קסג שקר שנאתי ואתעבה תורתך אהבתי.
קסד שבע ביום הללתיך על משפטי צדקך.
קסה שלום רב לאהבי תורתך ואין למו מכשול.
קסו שברתי לישועתך יהוה ומצותיך עשיתי.
קסז שמרה נפשי עדתיך ואהבם מאד.
קסח שמרתי פקודיך ועדתיך כי כל דרכי נגדך.
קסט תקרב רנתי לפניך יהוה כדברך הבינני.
קע תבוא תחנתי לפניך כאמרתך הצילני.
קעא תבענה שפתי תהלה כי תלמדני חקיך.
קעב תען לשוני אמרתך כי כל מצותיך צדק.
קעג תהי ידך לעזרני כי פקודיך בחרתי.
קעד תאבתי לישועתך יהוה ותורתך שעשעי.
קעה תחי נפשי ותהללך ומשפטיך יעזרני.
קעו תעיתי כשה אבד בקש עבדך כי מצותיך לא שכחתי.

פרק קכ

א שיר המעלות אל יהוה בצרתה לי קראתי ויענני.
ב יהוה הצילה נפשי משפת שקר מלשון רמיה.
ג מה יתן לך ומה יסיף לך לשון רמיה.
ד חצי גבור שנונים עם גחלי רתמים.
ה אויה לי כי גרתי משך שכנתי עם אהלי קדר.
ו רבת שכנה לה נפשי עם שונא שלום.
ז אני שלום וכי אדבר המה למלחמה.

פרק קכא

א שיר למעלות אשא עיני אל ההרים מאין יבא עזרי.
ב עזרי מעם יהוה עשה שמים וארץ.
ג אל יתן למוט רגלך אל ינום שמרך.

תהילים

ד הנה לא ינום ולא יישן שומר ישראל•
ה יהוה שמרך יהוה צלך על יד ימינך•
ו יומם השמש לא יככה וירח בלילה•
ז יהוה ישמרך מכל רע ישמר את נפשך•
ח יהוה ישמר צאתך ובואך מעתה ועד עולם•

פרק קכב
א שיר המעלות לדוד שמחתי באמרים לי בית יהוה נלך•
ב עמדות היו רגלינו בשעריך ירושלם•
ג ירושלם הבנויה כעיר שחברה לה יחדו•
ד ששם עלו שבטים שבטי יה עדות לישראל להדות לשם יהוה•
ה כי שמה ישבו כסאות למשפט כסאות לבית דויד•
ו שאלו שלום ירושלם ישליו אהביך•
ז יהי שלום בחילך שלוה בארמנותיך•
ח למען אחי ורעי אדברה נא שלום בך•
ט למען בית יהוה אלהינו אבקשה טוב לך•

פרק קכג
א שיר המעלות אליך נשאתי את עיני הישבי בשמים•
ב הנה כעיני עבדים אל יד אדוניהם כעיני שפחה אל יד
גברתה כן עינינו אל יהוה אלהינו עד שיחננו•
ג חננו יהוה חננו כי רב שבענו בוז•
ד רבת שבעה לה נפשנו הלעג השאננים הבוז לגאיונים•

פרק קכד
א שיר המעלות לדוד לולי יהוה שהיה לנו יאמר נא ישראל•
ב לולי יהוה שהיה לנו בקום עלינו אדם•
ג אזי חיים בלעונו בחרות אפם בנו•
ד אזי המים שטפונו נחלה עבר על נפשנו•
ה אזי עבר על נפשנו המים הזידונים•
ו ברוך יהוה שלא נתננו טרף לשניהם•
ז נפשנו כצפור נמלטה מפח יוקשים הפח נשבר ואנחנו
נמלטנו•

𐤕𐤄𐤋𐤉𐤌

𐤇 𐤏𐤆𐤓𐤍𐤅 𐤁𐤔𐤌 𐤉𐤄𐤅𐤄 𐤏𐤔𐤄 𐤔𐤌𐤉𐤌 𐤅𐤀𐤓𐤑•

𐤐𐤓𐤒 𐤒𐤊𐤄

𐤀 𐤔𐤉𐤓 𐤄𐤌𐤏𐤋𐤅𐤕 𐤄𐤁𐤈𐤇𐤉𐤌 𐤁𐤉𐤄𐤅𐤄 𐤊𐤄𐤓 𐤑𐤉𐤅𐤍 𐤋𐤀 𐤉𐤌𐤅𐤈 𐤋𐤏𐤅𐤋𐤌 𐤉𐤔𐤁•
𐤁 𐤉𐤓𐤅𐤔𐤋𐤌 𐤄𐤓𐤉𐤌 𐤎𐤁𐤉𐤁 𐤋𐤄 𐤅𐤉𐤄𐤅𐤄 𐤎𐤁𐤉𐤁 𐤋𐤏𐤌𐤅 𐤌𐤏𐤕𐤄 𐤅𐤏𐤃 𐤏𐤅𐤋𐤌•
𐤂 𐤊𐤉 𐤋𐤀 𐤉𐤍𐤅𐤇 𐤔𐤁𐤈 𐤄𐤓𐤔𐤏 𐤏𐤋 𐤂𐤅𐤓𐤋 𐤄𐤑𐤃𐤉𐤒𐤉𐤌 𐤋𐤌𐤏𐤍 𐤋𐤀 𐤉𐤔𐤋𐤇𐤅
𐤄𐤑𐤃𐤉𐤒𐤉𐤌 𐤁𐤏𐤅𐤋𐤕𐤄 𐤉𐤃𐤉𐤄𐤌•
𐤃 𐤄𐤉𐤈𐤉𐤁𐤄 𐤉𐤄𐤅𐤄 𐤋𐤈𐤅𐤁𐤉𐤌 𐤅𐤋𐤉𐤔𐤓𐤉𐤌 𐤁𐤋𐤁𐤅𐤕𐤌•
𐤄 𐤅𐤄𐤌𐤈𐤉𐤌 𐤏𐤒𐤋𐤒𐤋𐤅𐤕𐤌 𐤉𐤅𐤋𐤉𐤊𐤌 𐤉𐤄𐤅𐤄 𐤀𐤕 𐤐𐤏𐤋𐤉 𐤄𐤀𐤅𐤍 𐤔𐤋𐤅𐤌 𐤏𐤋
𐤉𐤔𐤓𐤀𐤋•

𐤐𐤓𐤒 𐤒𐤊𐤅

𐤀 𐤔𐤉𐤓 𐤄𐤌𐤏𐤋𐤅𐤕 𐤁𐤔𐤅𐤁 𐤉𐤄𐤅𐤄 𐤀𐤕 𐤔𐤉𐤁𐤕 𐤑𐤉𐤅𐤍 𐤄𐤉𐤉𐤍𐤅 𐤊𐤇𐤋𐤌𐤉𐤌•
𐤁 𐤀𐤆 𐤉𐤌𐤋𐤀 𐤔𐤇𐤅𐤒 𐤐𐤉𐤍𐤅 𐤅𐤋𐤔𐤅𐤍𐤍𐤅 𐤓𐤍𐤄 𐤀𐤆 𐤉𐤀𐤌𐤓𐤅 𐤁𐤂𐤅𐤉𐤌 𐤄𐤂𐤃𐤉𐤋
𐤉𐤄𐤅𐤄 𐤋𐤏𐤔𐤅𐤕 𐤏𐤌 𐤀𐤋𐤄•
𐤂 𐤄𐤂𐤃𐤉𐤋 𐤉𐤄𐤅𐤄 𐤋𐤏𐤔𐤅𐤕 𐤏𐤌𐤍𐤅 𐤄𐤉𐤉𐤍𐤅 𐤔𐤌𐤇𐤉𐤌•
𐤃 𐤔𐤅𐤁𐤄 𐤉𐤄𐤅𐤄 𐤀𐤕 𐤔𐤁𐤅𐤕𐤍𐤅 [𐤔𐤁𐤉𐤕𐤍𐤅] 𐤊𐤀𐤐𐤉𐤒𐤉𐤌 𐤁𐤍𐤂𐤁•
𐤄 𐤄𐤆𐤓𐤏𐤉𐤌 𐤁𐤃𐤌𐤏𐤄 𐤁𐤓𐤍𐤄 𐤉𐤒𐤑𐤓𐤅•
𐤅 𐤄𐤋𐤅𐤊 𐤉𐤋𐤊 𐤅𐤁𐤊𐤄 𐤍𐤔𐤀 𐤌𐤔𐤊 𐤄𐤆𐤓𐤏 𐤁𐤀 𐤉𐤁𐤅𐤀 𐤁𐤓𐤍𐤄 𐤍𐤔𐤀
𐤀𐤋𐤌𐤕𐤉𐤅•

𐤐𐤓𐤒 𐤒𐤊𐤆

𐤀 𐤔𐤉𐤓 𐤄𐤌𐤏𐤋𐤅𐤕 𐤋𐤔𐤋𐤌𐤄 𐤀𐤌 𐤉𐤄𐤅𐤄 𐤋𐤀 𐤉𐤁𐤍𐤄 𐤁𐤉𐤕 𐤔𐤅𐤀 𐤏𐤌𐤋𐤅
𐤁𐤅𐤍𐤉𐤅 𐤁𐤅 𐤀𐤌 𐤉𐤄𐤅𐤄 𐤋𐤀 𐤉𐤔𐤌𐤓 𐤏𐤉𐤓 𐤔𐤅𐤀 𐤔𐤒𐤃 𐤔𐤅𐤌𐤓•
𐤁 𐤔𐤅𐤀 𐤋𐤊𐤌 𐤌𐤔𐤊𐤉𐤌𐤉 𐤒𐤅𐤌 𐤌𐤀𐤇𐤓𐤉 𐤔𐤁𐤕 𐤀𐤊𐤋𐤉 𐤋𐤇𐤌 𐤄𐤏𐤑𐤁𐤉𐤌 𐤊𐤍
𐤉𐤕𐤍 𐤋𐤉𐤃𐤉𐤃𐤅 𐤔𐤍𐤀•
𐤂 𐤄𐤍𐤄 𐤍𐤇𐤋𐤕 𐤉𐤄𐤅𐤄 𐤁𐤍𐤉𐤌 𐤔𐤊𐤓 𐤐𐤓𐤉 𐤄𐤁𐤈𐤍•
𐤃 𐤊𐤇𐤑𐤉𐤌 𐤁𐤉𐤃 𐤂𐤁𐤅𐤓 𐤊𐤍 𐤁𐤍𐤉 𐤄𐤍𐤏𐤅𐤓𐤉𐤌•
𐤄 𐤀𐤔𐤓𐤉 𐤄𐤂𐤁𐤓 𐤀𐤔𐤓 𐤌𐤋𐤀 𐤀𐤕 𐤀𐤔𐤐𐤕𐤅 𐤌𐤄𐤌 𐤋𐤀 𐤉𐤁𐤔𐤅 𐤊𐤉 𐤉𐤃𐤁𐤓𐤅 𐤀𐤕
𐤀𐤅𐤉𐤁𐤉𐤌 𐤁𐤔𐤏𐤓•

𐤐𐤓𐤒 𐤒𐤊𐤇

𐤀 𐤔𐤉𐤓 𐤄𐤌𐤏𐤋𐤅𐤕 𐤀𐤔𐤓𐤉 𐤊𐤋 𐤉𐤓𐤀 𐤉𐤄𐤅𐤄 𐤄𐤄𐤋𐤊 𐤁𐤃𐤓𐤊𐤉𐤅•

𐤕𐤄𐤉𐤋𐤉𐤌

𐤁 𐤉𐤂𐤉𐤏 𐤊𐤐𐤉𐤊 𐤊𐤉 𐤕𐤀𐤊𐤋 𐤀𐤔𐤓𐤉𐤊 𐤅𐤈𐤅𐤁 𐤋𐤊•

𐤂 𐤀𐤔𐤕𐤊 𐤊𐤂𐤐𐤍 𐤐𐤓𐤉𐤄 𐤁𐤉𐤓𐤊𐤕𐤉 𐤁𐤉𐤕𐤊 𐤁𐤍𐤉𐤊 𐤊𐤔𐤕𐤋𐤉 𐤆𐤉𐤕𐤉𐤌 𐤎𐤁𐤉𐤁 𐤋𐤔𐤋𐤇𐤍𐤊•

𐤃 𐤄𐤍𐤄 𐤊𐤉 𐤊𐤍 𐤉𐤁𐤓𐤊 𐤂𐤁𐤓 𐤉𐤓𐤀 𐤉𐤄𐤅𐤄•

𐤄 𐤉𐤁𐤓𐤊𐤊 𐤉𐤄𐤅𐤄 𐤌𐤑𐤉𐤅𐤍 𐤅𐤓𐤀𐤄 𐤁𐤈𐤅𐤁 𐤉𐤓𐤅𐤔𐤋𐤌 𐤊𐤋 𐤉𐤌𐤉 𐤇𐤉𐤉𐤊•

𐤅 𐤅𐤓𐤀𐤄 𐤁𐤍𐤉𐤌 𐤋𐤁𐤍𐤉𐤊 𐤔𐤋𐤅𐤌 𐤏𐤋 𐤉𐤔𐤓𐤀𐤋•

𐤐𐤓𐤒 𐤒𐤊𐤈

𐤀 𐤔𐤉𐤓 𐤄𐤌𐤏𐤋𐤅𐤕 𐤓𐤁𐤕 𐤑𐤓𐤓𐤅𐤍𐤉 𐤌𐤍𐤏𐤅𐤓𐤉 𐤉𐤀𐤌𐤓 𐤍𐤀 𐤉𐤔𐤓𐤀𐤋•

𐤁 𐤓𐤁𐤕 𐤑𐤓𐤓𐤅𐤍𐤉 𐤌𐤍𐤏𐤅𐤓𐤉 𐤂𐤌 𐤋𐤀 𐤉𐤊𐤋𐤅 𐤋𐤉•

𐤂 𐤏𐤋 𐤂𐤁𐤉 𐤇𐤓𐤔𐤅 𐤇𐤓𐤔𐤉𐤌 𐤄𐤀𐤓𐤉𐤊𐤅 𐤋𐤌𐤏𐤍𐤅𐤕𐤌 [𐤋𐤌𐤏𐤍𐤉𐤕𐤌]•

𐤃 𐤉𐤄𐤅𐤄 𐤑𐤃𐤉𐤒 𐤒𐤑𐤑 𐤏𐤁𐤅𐤕 𐤓𐤔𐤏𐤉𐤌•

𐤄 𐤉𐤁𐤔𐤅 𐤅𐤉𐤎𐤂𐤅 𐤀𐤇𐤅𐤓 𐤊𐤋 𐤔𐤍𐤀𐤉 𐤑𐤉𐤅𐤍•

𐤅 𐤉𐤄𐤉𐤅 𐤊𐤇𐤑𐤉𐤓 𐤂𐤂𐤅𐤕 𐤔𐤒𐤃𐤌𐤕 𐤔𐤋𐤐 𐤉𐤁𐤔•

𐤆 𐤔𐤋𐤀 𐤌𐤋𐤀 𐤊𐤐𐤅 𐤒𐤅𐤑𐤓 𐤅𐤇𐤑𐤍𐤅 𐤌𐤏𐤌𐤓•

𐤇 𐤅𐤋𐤀 𐤀𐤌𐤓𐤅 𐤄𐤏𐤁𐤓𐤉𐤌 𐤁𐤓𐤊𐤕 𐤉𐤄𐤅𐤄 𐤀𐤋𐤉𐤊𐤌 𐤁𐤓𐤊𐤍𐤅 𐤀𐤕𐤊𐤌 𐤁𐤔𐤌 𐤉𐤄𐤅𐤄•

𐤐𐤓𐤒 𐤒𐤋

𐤀 𐤔𐤉𐤓 𐤄𐤌𐤏𐤋𐤅𐤕 𐤌𐤌𐤏𐤌𐤒𐤉𐤌 𐤒𐤓𐤀𐤕𐤉𐤊 𐤉𐤄𐤅𐤄•

𐤁 𐤀𐤃𐤍𐤉 𐤔𐤌𐤏𐤄 𐤁𐤒𐤅𐤋𐤉 𐤕𐤄𐤉𐤉𐤍𐤄 𐤀𐤆𐤍𐤉𐤊 𐤒𐤔𐤁𐤅𐤕 𐤋𐤒𐤅𐤋 𐤕𐤇𐤍𐤅𐤍𐤉•

𐤂 𐤀𐤌 𐤏𐤅𐤍𐤅𐤕 𐤕𐤔𐤌𐤓 𐤉𐤄 𐤀𐤃𐤍𐤉 𐤌𐤉 𐤉𐤏𐤌𐤃•

𐤃 𐤊𐤉 𐤏𐤌𐤊 𐤄𐤎𐤋𐤉𐤇𐤄 𐤋𐤌𐤏𐤍 𐤕𐤅𐤓𐤀•

𐤄 𐤒𐤅𐤉𐤕𐤉 𐤉𐤄𐤅𐤄 𐤒𐤅𐤕𐤄 𐤍𐤐𐤔𐤉 𐤅𐤋𐤃𐤁𐤓𐤅 𐤄𐤅𐤇𐤋𐤕𐤉•

𐤅 𐤍𐤐𐤔𐤉 𐤋𐤀𐤃𐤍𐤉 𐤌𐤔𐤌𐤓𐤉𐤌 𐤋𐤁𐤒𐤓 𐤔𐤌𐤓𐤉𐤌 𐤋𐤁𐤒𐤓•

𐤆 𐤉𐤇𐤋 𐤉𐤔𐤓𐤀𐤋 𐤀𐤋 𐤉𐤄𐤅𐤄 𐤊𐤉 𐤏𐤌 𐤉𐤄𐤅𐤄 𐤄𐤇𐤎𐤃 𐤅𐤄𐤓𐤁𐤄 𐤏𐤌𐤅 𐤐𐤃𐤅𐤕•

𐤇 𐤅𐤄𐤅𐤀 𐤉𐤐𐤃𐤄 𐤀𐤕 𐤉𐤔𐤓𐤀𐤋 𐤌𐤊𐤋 𐤏𐤅𐤍𐤅𐤕𐤉𐤅•

𐤐𐤓𐤒 𐤒𐤋𐤀

𐤀 𐤔𐤉𐤓 𐤄𐤌𐤏𐤋𐤅𐤕 𐤋𐤃𐤅𐤃 𐤉𐤄𐤅𐤄 𐤋𐤀 𐤂𐤁𐤄 𐤋𐤁𐤉 𐤅𐤋𐤀 𐤓𐤌𐤅 𐤏𐤉𐤍𐤉 𐤅𐤋𐤀 𐤄𐤋𐤊𐤕𐤉 𐤁𐤂𐤃𐤋𐤅𐤕 𐤅𐤁𐤍𐤐𐤋𐤀𐤅𐤕 𐤌𐤌𐤍𐤉•

𐤁 𐤀𐤌 𐤋𐤀 𐤔𐤅𐤉𐤕𐤉 𐤅𐤃𐤅𐤌𐤌𐤕𐤉 𐤍𐤐𐤔𐤉 𐤊𐤂𐤌𐤋 𐤏𐤋𐤉 𐤀𐤌𐤅 𐤊𐤂𐤌𐤋 𐤏𐤋𐤉 𐤍𐤐𐤔𐤉•

𐤕𐤄𐤉𐤋𐤉𐤌

𐤂 𐤉𐤇𐤋 𐤉𐤔𐤓𐤀𐤋 𐤀𐤋 𐤉𐤄𐤅𐤄 𐤌𐤏𐤕𐤄 𐤅𐤏𐤃 𐤏𐤅𐤋𐤌•

𐤐𐤓𐤒 𐤒𐤋𐤁

𐤀 𐤔𐤉𐤓 𐤄𐤌𐤏𐤋𐤅𐤕 𐤆𐤊𐤅𐤓 𐤉𐤄𐤅𐤄 𐤋𐤃𐤅𐤃 𐤀𐤕 𐤊𐤋 𐤏𐤍𐤅𐤕𐤅•
𐤁 𐤀𐤔𐤓 𐤍𐤔𐤁𐤏 𐤋𐤉𐤄𐤅𐤄 𐤍𐤃𐤓 𐤋𐤀𐤁𐤉𐤓 𐤉𐤏𐤒𐤁•
𐤂 𐤀𐤌 𐤀𐤁𐤀 𐤁𐤀𐤄𐤋 𐤁𐤉𐤕𐤉 𐤀𐤌 𐤀𐤏𐤋𐤄 𐤏𐤋 𐤏𐤓𐤔 𐤉𐤑𐤅𐤏𐤉•
𐤃 𐤀𐤌 𐤀𐤕𐤍 𐤔𐤍𐤕 𐤋𐤏𐤉𐤍𐤉 𐤋𐤏𐤐𐤏𐤐𐤉 𐤕𐤍𐤅𐤌𐤄•
𐤄 𐤏𐤃 𐤀𐤌𐤑𐤀 𐤌𐤒𐤅𐤌 𐤋𐤉𐤄𐤅𐤄 𐤌𐤔𐤊𐤍𐤅𐤕 𐤋𐤀𐤁𐤉𐤓 𐤉𐤏𐤒𐤁•
𐤅 𐤄𐤍𐤄 𐤔𐤌𐤏𐤍𐤅𐤄 𐤁𐤀𐤐𐤓𐤕𐤄 𐤌𐤑𐤀𐤍𐤅𐤄 𐤁𐤔𐤃𐤉 𐤉𐤏𐤓•
𐤆 𐤍𐤁𐤅𐤀𐤄 𐤋𐤌𐤔𐤊𐤍𐤅𐤕𐤉𐤅 𐤍𐤔𐤕𐤇𐤅𐤄 𐤋𐤄𐤃𐤌 𐤓𐤂𐤋𐤉𐤅•
𐤇 𐤒𐤅𐤌𐤄 𐤉𐤄𐤅𐤄 𐤋𐤌𐤍𐤅𐤇𐤕𐤊 𐤀𐤕𐤄 𐤅𐤀𐤓𐤅𐤍 𐤏𐤆𐤊•
𐤈 𐤊𐤄𐤍𐤉𐤊 𐤉𐤋𐤁𐤔𐤅 𐤑𐤃𐤒 𐤅𐤇𐤎𐤉𐤃𐤉𐤊 𐤉𐤓𐤍𐤍𐤅•
𐤉 𐤁𐤏𐤁𐤅𐤓 𐤃𐤅𐤃 𐤏𐤁𐤃𐤊 𐤀𐤋 𐤕𐤔𐤁 𐤐𐤍𐤉 𐤌𐤔𐤉𐤇𐤊•
𐤉𐤀 𐤍𐤔𐤁𐤏 𐤉𐤄𐤅𐤄 𐤋𐤃𐤅𐤃 𐤀𐤌𐤕 𐤋𐤀 𐤉𐤔𐤅𐤁 𐤌𐤌𐤍𐤄 𐤌𐤐𐤓𐤉 𐤁𐤈𐤍𐤊 𐤀𐤔𐤉𐤕
𐤋𐤊𐤎𐤀 𐤋𐤊•
𐤉𐤁 𐤀𐤌 𐤉𐤔𐤌𐤓𐤅 𐤁𐤍𐤉𐤊 𐤁𐤓𐤉𐤕𐤉 𐤅𐤏𐤃𐤕𐤉 𐤆𐤅 𐤀𐤋𐤌𐤃𐤌 𐤂𐤌 𐤁𐤍𐤉𐤄𐤌 𐤏𐤃𐤉
𐤏𐤃 𐤉𐤔𐤁𐤅 𐤋𐤊𐤎𐤀 𐤋𐤊•
𐤉𐤂 𐤊𐤉 𐤁𐤇𐤓 𐤉𐤄𐤅𐤄 𐤁𐤑𐤉𐤅𐤍 𐤀𐤅𐤄 𐤋𐤌𐤅𐤔𐤁 𐤋𐤅•
𐤉𐤃 𐤆𐤀𐤕 𐤌𐤍𐤅𐤇𐤕𐤉 𐤏𐤃𐤉 𐤏𐤃 𐤐𐤄 𐤀𐤔𐤁 𐤊𐤉 𐤀𐤅𐤕𐤉𐤄•
𐤈𐤅 𐤑𐤉𐤃𐤄 𐤁𐤓𐤊 𐤀𐤁𐤓𐤊 𐤀𐤁𐤉𐤅𐤍𐤉𐤄 𐤀𐤔𐤁𐤉𐤏 𐤋𐤇𐤌•
𐤈𐤆 𐤅𐤊𐤄𐤍𐤉𐤄 𐤀𐤋𐤁𐤉𐤔 𐤉𐤔𐤏 𐤅𐤇𐤎𐤉𐤃𐤉𐤄 𐤓𐤍𐤍 𐤉𐤓𐤍𐤍𐤅•
𐤉𐤆 𐤔𐤌 𐤀𐤑𐤌𐤉𐤇 𐤒𐤓𐤍 𐤋𐤃𐤅𐤃 𐤏𐤓𐤊𐤕𐤉 𐤍𐤓 𐤋𐤌𐤔𐤉𐤇𐤉•
𐤉𐤇 𐤀𐤅𐤉𐤁𐤉𐤅 𐤀𐤋𐤁𐤉𐤔 𐤁𐤔𐤕 𐤅𐤏𐤋𐤉𐤅 𐤉𐤑𐤉𐤑 𐤍𐤆𐤓𐤅•

𐤐𐤓𐤒 𐤒𐤋𐤂

𐤀 𐤔𐤉𐤓 𐤄𐤌𐤏𐤋𐤅𐤕 𐤋𐤃𐤅𐤃 𐤄𐤍𐤄 𐤌𐤄 𐤈𐤅𐤁 𐤅𐤌𐤄 𐤍𐤏𐤉𐤌 𐤔𐤁𐤕 𐤀𐤇𐤉𐤌 𐤂𐤌 𐤉𐤇𐤃•
𐤁 𐤊𐤔𐤌𐤍 𐤄𐤈𐤅𐤁 𐤏𐤋 𐤄𐤓𐤀𐤔 𐤉𐤓𐤃 𐤏𐤋 𐤄𐤆𐤒𐤍 𐤆𐤒𐤍 𐤀𐤄𐤓𐤍 𐤔𐤉𐤓𐤃 𐤏𐤋 𐤐𐤉
𐤌𐤃𐤅𐤕𐤉𐤅•
𐤂 𐤊𐤈𐤋 𐤇𐤓𐤌𐤅𐤍 𐤔𐤉𐤓𐤃 𐤏𐤋 𐤄𐤓𐤓𐤉 𐤑𐤉𐤅𐤍 𐤊𐤉 𐤔𐤌 𐤑𐤅𐤄 𐤉𐤄𐤅𐤄 𐤀𐤕 𐤄𐤁𐤓𐤊𐤄
𐤇𐤉𐤉𐤌 𐤏𐤃 𐤄𐤏𐤅𐤋𐤌•

𐤐𐤓𐤒 𐤒𐤋𐤃

𐤀 𐤔𐤉𐤓 𐤄𐤌𐤏𐤋𐤅𐤕 𐤄𐤍𐤄 𐤁𐤓𐤊𐤅 𐤀𐤕 𐤉𐤄𐤅𐤄 𐤊𐤋 𐤏𐤁𐤃𐤉 𐤉𐤄𐤅𐤄 𐤄𐤏𐤌𐤃𐤉𐤌

𐤕𐤄𐤉𐤋𐤉𐤌

𐤁𐤁𐤉𐤕 𐤉𐤄𐤅𐤄 𐤁𐤋𐤉𐤋𐤅𐤕.

𐤁 𐤔𐤀𐤅 𐤉𐤃𐤊𐤌 𐤒𐤃𐤔 𐤅𐤁𐤓𐤊𐤅 𐤀𐤕 𐤉𐤄𐤅𐤄.

𐤂 𐤉𐤁𐤓𐤊𐤊 𐤉𐤄𐤅𐤄 𐤌𐤑𐤉𐤅𐤍 𐤏𐤔𐤄 𐤔𐤌𐤉𐤌 𐤅𐤀𐤓𐤑.

𐤐𐤓𐤒 𐤒𐤋𐤄

𐤀 𐤄𐤋𐤋𐤅𐤉𐤄 𐤄𐤋𐤋𐤅 𐤀𐤕 𐤔𐤌 𐤉𐤄𐤅𐤄 𐤄𐤋𐤋𐤅 𐤏𐤁𐤃𐤉 𐤉𐤄𐤅𐤄.

𐤁 𐤔𐤏𐤌𐤃𐤉𐤌 𐤁𐤁𐤉𐤕 𐤉𐤄𐤅𐤄 𐤁𐤇𐤑𐤓𐤅𐤕 𐤁𐤉𐤕 𐤀𐤋𐤄𐤉𐤍𐤅.

𐤂 𐤄𐤋𐤋𐤅𐤉𐤄 𐤊𐤉 𐤈𐤅𐤁 𐤉𐤄𐤅𐤄 𐤆𐤌𐤓𐤅 𐤋𐤔𐤌𐤅 𐤊𐤉 𐤍𐤏𐤉𐤌.

𐤃 𐤊𐤉 𐤉𐤏𐤒𐤁 𐤁𐤇𐤓 𐤋𐤅 𐤉𐤄 𐤉𐤔𐤓𐤀𐤋 𐤋𐤎𐤂𐤋𐤕𐤅.

𐤄 𐤊𐤉 𐤀𐤍𐤉 𐤉𐤃𐤏𐤕𐤉 𐤊𐤉 𐤂𐤃𐤅𐤋 𐤉𐤄𐤅𐤄 𐤅𐤀𐤃𐤍𐤉𐤍𐤅 𐤌𐤊𐤋 𐤀𐤋𐤄𐤉𐤌.

𐤅 𐤊𐤋 𐤀𐤔𐤓 𐤇𐤐𐤑 𐤉𐤄𐤅𐤄 𐤏𐤔𐤄 𐤁𐤔𐤌𐤉𐤌 𐤅𐤁𐤀𐤓𐤑 𐤁𐤉𐤌𐤉𐤌 𐤅𐤊𐤋 𐤕𐤄𐤅𐤌𐤅𐤕.

𐤆 𐤌𐤏𐤋𐤄 𐤍𐤔𐤀𐤉𐤌 𐤌𐤒𐤑𐤄 𐤄𐤀𐤓𐤑 𐤁𐤓𐤒𐤉𐤌 𐤋𐤌𐤈𐤓 𐤏𐤔𐤄 𐤌𐤅𐤑𐤀 𐤓𐤅𐤇
𐤌𐤀𐤅𐤑𐤓𐤅𐤕𐤉𐤅.

𐤇 𐤔𐤄𐤊𐤄 𐤁𐤊𐤅𐤓𐤉 𐤌𐤑𐤓𐤉𐤌 𐤌𐤀𐤃𐤌 𐤏𐤃 𐤁𐤄𐤌𐤄.

𐤈 𐤔𐤋𐤇 𐤀𐤕𐤅𐤕 𐤅𐤌𐤐𐤕𐤉𐤌 𐤁𐤕𐤅𐤊𐤊𐤉 𐤌𐤑𐤓𐤉𐤌 𐤁𐤐𐤓𐤏𐤄 𐤅𐤁𐤊𐤋 𐤏𐤁𐤃𐤉𐤅.

𐤉 𐤔𐤄𐤊𐤄 𐤂𐤅𐤉𐤌 𐤓𐤁𐤉𐤌 𐤅𐤄𐤓𐤂 𐤌𐤋𐤊𐤉𐤌 𐤏𐤑𐤅𐤌𐤉𐤌.

𐤉𐤀 𐤋𐤎𐤉𐤇𐤅𐤍 𐤌𐤋𐤊 𐤄𐤀𐤌𐤓𐤉 𐤅𐤋𐤏𐤅𐤂 𐤌𐤋𐤊 𐤄𐤁𐤔𐤍 𐤅𐤋𐤊𐤋 𐤌𐤌𐤋𐤊𐤅𐤕 𐤊𐤍𐤏𐤍.

𐤉𐤁 𐤅𐤍𐤕𐤍 𐤀𐤓𐤑𐤌 𐤍𐤇𐤋𐤄 𐤍𐤇𐤋𐤄 𐤋𐤉𐤔𐤓𐤀𐤋 𐤏𐤌𐤅.

𐤉𐤂 𐤉𐤄𐤅𐤄 𐤔𐤌𐤊 𐤋𐤏𐤅𐤋𐤌 𐤉𐤄𐤅𐤄 𐤆𐤊𐤓𐤊 𐤋𐤃𐤓 𐤅𐤃𐤓.

𐤉𐤃 𐤊𐤉 𐤉𐤃𐤉𐤍 𐤉𐤄𐤅𐤄 𐤏𐤌𐤅 𐤅𐤏𐤋 𐤏𐤁𐤃𐤉𐤅 𐤉𐤕𐤍𐤇𐤌.

𐤈𐤅 𐤏𐤑𐤁𐤉 𐤄𐤂𐤅𐤉𐤌 𐤊𐤎𐤐 𐤅𐤆𐤄𐤁 𐤌𐤏𐤔𐤄 𐤉𐤃𐤉 𐤀𐤃𐤌.

𐤈𐤆 𐤐𐤄 𐤋𐤄𐤌 𐤅𐤋𐤀 𐤉𐤃𐤁𐤓𐤅 𐤏𐤉𐤍𐤉𐤌 𐤋𐤄𐤌 𐤅𐤋𐤀 𐤉𐤓𐤀𐤅.

𐤉𐤆 𐤀𐤆𐤍𐤉𐤌 𐤋𐤄𐤌 𐤅𐤋𐤀 𐤉𐤀𐤆𐤉𐤍𐤅 𐤀𐤐 𐤀𐤉𐤍 𐤉𐤔 𐤓𐤅𐤇 𐤁𐤐𐤉𐤄𐤌.

𐤉𐤇 𐤊𐤌𐤅𐤄𐤌 𐤉𐤄𐤉𐤅 𐤏𐤔𐤉𐤄𐤌 𐤊𐤋 𐤀𐤔𐤓 𐤁𐤈𐤇 𐤁𐤄𐤌.

𐤉𐤈 𐤁𐤉𐤕 𐤉𐤔𐤓𐤀𐤋 𐤁𐤓𐤊𐤅 𐤀𐤕 𐤉𐤄𐤅𐤄 𐤁𐤉𐤕 𐤀𐤄𐤓𐤍 𐤁𐤓𐤊𐤅 𐤀𐤕 𐤉𐤄𐤅𐤄.

𐤊 𐤁𐤉𐤕 𐤄𐤋𐤅𐤉 𐤁𐤓𐤊𐤅 𐤀𐤕 𐤉𐤄𐤅𐤄 𐤉𐤓𐤀𐤉 𐤉𐤄𐤅𐤄 𐤁𐤓𐤊𐤅 𐤀𐤕 𐤉𐤄𐤅𐤄.

𐤊𐤀 𐤁𐤓𐤅𐤊 𐤉𐤄𐤅𐤄 𐤌𐤑𐤉𐤅𐤍 𐤔𐤊𐤍 𐤉𐤓𐤅𐤔𐤋𐤌 𐤄𐤋𐤋𐤅𐤉𐤄.

𐤐𐤓𐤒 𐤒𐤋𐤅

𐤀 𐤄𐤅𐤃𐤅 𐤋𐤉𐤄𐤅𐤄 𐤊𐤉 𐤈𐤅𐤁 𐤊𐤉 𐤋𐤏𐤅𐤋𐤌 𐤇𐤎𐤃𐤅.

𐤁 𐤄𐤅𐤃𐤅 𐤋𐤀𐤋𐤄𐤉 𐤄𐤀𐤋𐤄𐤉𐤌 𐤊𐤉 𐤋𐤏𐤅𐤋𐤌 𐤇𐤎𐤃𐤅.

𐤂 𐤄𐤅𐤃𐤅 𐤋𐤀𐤃𐤍𐤉 𐤄𐤀𐤃𐤍𐤉𐤌 𐤊𐤉 𐤋𐤏𐤅𐤋𐤌 𐤇𐤎𐤃𐤅.

𐤃 𐤋𐤏𐤔𐤄 𐤍𐤐𐤋𐤀𐤅𐤕 𐤂𐤃𐤋𐤅𐤕 𐤋𐤁𐤃𐤅 𐤊𐤉 𐤋𐤏𐤅𐤋𐤌 𐤇𐤎𐤃𐤅.

𐤕𐤄𐤉𐤋𐤉𐤌

𐤄 𐤋𐤏𐤔𐤄 𐤄𐤔𐤌𐤉𐤌 𐤁𐤕𐤁𐤅𐤍𐤄 𐤊𐤉 𐤋𐤏𐤅𐤋𐤌 𐤇𐤎𐤃𐤅.

𐤅 𐤋𐤓𐤒𐤏 𐤄𐤀𐤓𐤑 𐤏𐤋 𐤄𐤌𐤉𐤌 𐤊𐤉 𐤋𐤏𐤅𐤋𐤌 𐤇𐤎𐤃𐤅.

𐤆 𐤋𐤏𐤔𐤄 𐤀𐤅𐤓𐤉𐤌 𐤂𐤃𐤋𐤉𐤌 𐤊𐤉 𐤋𐤏𐤅𐤋𐤌 𐤇𐤎𐤃𐤅.

𐤇 𐤀𐤕 𐤄𐤔𐤌𐤔 𐤋𐤌𐤌𐤔𐤋𐤕 𐤁𐤉𐤅𐤌 𐤊𐤉 𐤋𐤏𐤅𐤋𐤌 𐤇𐤎𐤃𐤅.

𐤈 𐤀𐤕 𐤄𐤉𐤓𐤇 𐤅𐤊𐤅𐤊𐤁𐤉𐤌 𐤋𐤌𐤌𐤔𐤋𐤅𐤕 𐤁𐤋𐤉𐤋𐤄 𐤊𐤉 𐤋𐤏𐤅𐤋𐤌 𐤇𐤎𐤃𐤅.

𐤉 𐤋𐤌𐤊𐤄 𐤌𐤑𐤓𐤉𐤌 𐤁𐤁𐤊𐤅𐤓𐤉𐤄𐤌 𐤊𐤉 𐤋𐤏𐤅𐤋𐤌 𐤇𐤎𐤃𐤅.

𐤉𐤀 𐤅𐤉𐤅𐤑𐤀 𐤉𐤔𐤓𐤀𐤋 𐤌𐤕𐤅𐤊𐤌 𐤊𐤉 𐤋𐤏𐤅𐤋𐤌 𐤇𐤎𐤃𐤅.

𐤉𐤁 𐤁𐤉𐤃 𐤇𐤆𐤒𐤄 𐤅𐤁𐤆𐤓𐤅𐤏 𐤍𐤈𐤅𐤉𐤄 𐤊𐤉 𐤋𐤏𐤅𐤋𐤌 𐤇𐤎𐤃𐤅.

𐤉𐤂 𐤋𐤂𐤆𐤓 𐤉𐤌 𐤎𐤅𐤐 𐤋𐤂𐤆𐤓𐤉𐤌 𐤊𐤉 𐤋𐤏𐤅𐤋𐤌 𐤇𐤎𐤃𐤅.

𐤉𐤃 𐤅𐤄𐤏𐤁𐤉𐤓 𐤉𐤔𐤓𐤀𐤋 𐤁𐤕𐤅𐤊𐤅 𐤊𐤉 𐤋𐤏𐤅𐤋𐤌 𐤇𐤎𐤃𐤅.

𐤈𐤅 𐤅𐤍𐤏𐤓 𐤐𐤓𐤏𐤄 𐤅𐤇𐤉𐤋𐤅 𐤁𐤉𐤌 𐤎𐤅𐤐 𐤊𐤉 𐤋𐤏𐤅𐤋𐤌 𐤇𐤎𐤃𐤅.

𐤈𐤆 𐤋𐤌𐤅𐤋𐤉𐤊 𐤏𐤌𐤅 𐤁𐤌𐤃𐤁𐤓 𐤊𐤉 𐤋𐤏𐤅𐤋𐤌 𐤇𐤎𐤃𐤅.

𐤉𐤆 𐤋𐤌𐤊𐤄 𐤌𐤋𐤊𐤉𐤌 𐤂𐤃𐤋𐤉𐤌 𐤊𐤉 𐤋𐤏𐤅𐤋𐤌 𐤇𐤎𐤃𐤅.

𐤉𐤇 𐤅𐤉𐤄𐤓𐤂 𐤌𐤋𐤊𐤉𐤌 𐤀𐤃𐤉𐤓𐤉𐤌 𐤊𐤉 𐤋𐤏𐤅𐤋𐤌 𐤇𐤎𐤃𐤅.

𐤉𐤈 𐤋𐤎𐤉𐤇𐤅𐤍 𐤌𐤋𐤊 𐤄𐤀𐤌𐤓𐤉 𐤊𐤉 𐤋𐤏𐤅𐤋𐤌 𐤇𐤎𐤃𐤅.

𐤊 𐤅𐤋𐤏𐤅𐤂 𐤌𐤋𐤊 𐤄𐤁𐤔𐤍 𐤊𐤉 𐤋𐤏𐤅𐤋𐤌 𐤇𐤎𐤃𐤅.

𐤊𐤀 𐤅𐤍𐤕𐤍 𐤀𐤓𐤑𐤌 𐤋𐤍𐤇𐤋𐤄 𐤊𐤉 𐤋𐤏𐤅𐤋𐤌 𐤇𐤎𐤃𐤅.

𐤊𐤁 𐤍𐤇𐤋𐤄 𐤋𐤉𐤔𐤓𐤀𐤋 𐤏𐤁𐤃𐤅 𐤊𐤉 𐤋𐤏𐤅𐤋𐤌 𐤇𐤎𐤃𐤅.

𐤊𐤂 𐤔𐤁𐤔𐤐𐤋𐤍𐤅 𐤆𐤊𐤓 𐤋𐤍𐤅 𐤊𐤉 𐤋𐤏𐤅𐤋𐤌 𐤇𐤎𐤃𐤅.

𐤊𐤃 𐤅𐤉𐤐𐤓𐤒𐤍𐤅 𐤌𐤑𐤓𐤉𐤍𐤅 𐤊𐤉 𐤋𐤏𐤅𐤋𐤌 𐤇𐤎𐤃𐤅.

𐤊𐤄 𐤍𐤕𐤍 𐤋𐤇𐤌 𐤋𐤊𐤋 𐤁𐤔𐤓 𐤊𐤉 𐤋𐤏𐤅𐤋𐤌 𐤇𐤎𐤃𐤅.

𐤊𐤅 𐤄𐤅𐤃𐤅 𐤋𐤀𐤋 𐤄𐤔𐤌𐤉𐤌 𐤊𐤉 𐤋𐤏𐤅𐤋𐤌 𐤇𐤎𐤃𐤅.

𐤐𐤓𐤒 𐤒𐤋𐤆

𐤀 𐤏𐤋 𐤍𐤄𐤓𐤅𐤕 𐤁𐤁𐤋 𐤔𐤌 𐤉𐤔𐤁𐤍𐤅 𐤂𐤌 𐤁𐤊𐤉𐤍𐤅 𐤁𐤆𐤊𐤓𐤍𐤅 𐤀𐤕 𐤑𐤉𐤅𐤍.

𐤁 𐤏𐤋 𐤏𐤓𐤁𐤉𐤌 𐤁𐤕𐤅𐤊𐤄 𐤕𐤋𐤉𐤍𐤅 𐤊𐤍𐤓𐤅𐤕𐤉𐤍𐤅.

𐤂 𐤊𐤉 𐤔𐤌 𐤔𐤀𐤋𐤅𐤍𐤅 𐤔𐤅𐤁𐤉𐤍𐤅 𐤃𐤁𐤓𐤉 𐤔𐤉𐤓 𐤅𐤕𐤅𐤋𐤋𐤉𐤍𐤅 𐤔𐤌𐤇𐤄 𐤔𐤉𐤓𐤅 𐤋𐤍𐤅 𐤌𐤔𐤉𐤓 𐤑𐤉𐤅𐤍.

𐤃 𐤀𐤉𐤊 𐤍𐤔𐤉𐤓 𐤀𐤕 𐤔𐤉𐤓 𐤉𐤄𐤅𐤄 𐤏𐤋 𐤀𐤃𐤌𐤕 𐤍𐤊𐤓.

𐤄 𐤀𐤌 𐤀𐤔𐤊𐤇𐤊 𐤉𐤓𐤅𐤔𐤋𐤌 𐤕𐤔𐤊𐤇 𐤉𐤌𐤉𐤍𐤉.

𐤅 𐤕𐤃𐤁𐤒 𐤋𐤔𐤅𐤍𐤉 𐤋𐤇𐤊𐤉 𐤀𐤌 𐤋𐤀 𐤀𐤆𐤊𐤓𐤊𐤉 𐤀𐤌 𐤋𐤀 𐤀𐤏𐤋𐤄 𐤀𐤕 𐤉𐤓𐤅𐤔𐤋𐤌 𐤏𐤋 𐤓𐤀𐤔 𐤔𐤌𐤇𐤕𐤉.

𐤆 𐤆𐤊𐤓 𐤉𐤄𐤅𐤄 𐤋𐤁𐤍𐤉 𐤀𐤃𐤅𐤌 𐤀𐤕 𐤉𐤅𐤌 𐤉𐤓𐤅𐤔𐤋𐤌 𐤄𐤀𐤌𐤓𐤉𐤌 𐤏𐤓𐤅 𐤏𐤓𐤅 𐤏𐤃

𐤕𐤄𐤉𐤋𐤉𐤌

𐤄𐤉𐤎𐤅𐤃 𐤁𐤄•
𐤇 𐤁𐤕 𐤁𐤁𐤋 𐤄𐤔𐤃𐤅𐤃𐤄 𐤀𐤔𐤓𐤉 𐤔𐤉𐤔𐤋𐤌 𐤋𐤊 𐤀𐤕 𐤂𐤌𐤅𐤋𐤊 𐤔𐤂𐤌𐤋𐤕 𐤋𐤍𐤅•
𐤈 𐤀𐤔𐤓𐤉 𐤔𐤉𐤀𐤇𐤆 𐤅𐤍𐤐𐤑 𐤀𐤕 𐤏𐤋𐤋𐤉𐤊 𐤀𐤋 𐤄𐤎𐤋𐤏•

𐤒𐤋𐤇

𐤀 𐤋𐤃𐤅𐤃 𐤀𐤅𐤃𐤊 𐤁𐤊𐤋 𐤋𐤁𐤉 𐤍𐤂𐤃 𐤀𐤋𐤄𐤉𐤌 𐤀𐤆𐤌𐤓𐤊•
𐤁 𐤀𐤔𐤕𐤇𐤅𐤄 𐤀𐤋 𐤄𐤉𐤊𐤋 𐤒𐤃𐤔𐤊 𐤅𐤀𐤅𐤃𐤄 𐤀𐤕 𐤔𐤌𐤊 𐤏𐤋 𐤇𐤎𐤃𐤊 𐤅𐤏𐤋 𐤀𐤌𐤕𐤊
𐤊𐤉 𐤄𐤂𐤃𐤋𐤕 𐤏𐤋 𐤊𐤋 𐤔𐤌𐤊 𐤀𐤌𐤓𐤕𐤊•
𐤂 𐤁𐤉𐤅𐤌 𐤒𐤓𐤀𐤕𐤉 𐤅𐤕𐤏𐤍𐤍𐤉 𐤕𐤓𐤄𐤁𐤍𐤉 𐤁𐤍𐤐𐤔𐤉 𐤏𐤆•
𐤃 𐤉𐤅𐤃𐤅𐤊 𐤉𐤄𐤅𐤄 𐤊𐤋 𐤌𐤋𐤊𐤉 𐤀𐤓𐤑 𐤊𐤉 𐤔𐤌𐤏𐤅 𐤀𐤌𐤓𐤉 𐤐𐤉𐤊•
𐤄 𐤅𐤉𐤔𐤉𐤓𐤅 𐤁𐤃𐤓𐤊𐤉 𐤉𐤄𐤅𐤄 𐤊𐤉 𐤂𐤃𐤅𐤋 𐤊𐤁𐤅𐤃 𐤉𐤄𐤅𐤄•
𐤅 𐤊𐤉 𐤓𐤌 𐤉𐤄𐤅𐤄 𐤅𐤔𐤐𐤋 𐤉𐤓𐤀𐤄 𐤅𐤂𐤁𐤄 𐤌𐤌𐤓𐤇𐤒 𐤉𐤃𐤏•
𐤆 𐤀𐤌 𐤀𐤋𐤊 𐤁𐤒𐤓𐤁 𐤑𐤓𐤄 𐤕𐤇𐤉𐤍𐤉 𐤏𐤋 𐤀𐤐 𐤀𐤉𐤁𐤉 𐤕𐤔𐤋𐤇 𐤉𐤃𐤊 𐤅𐤕𐤅𐤔𐤉𐤏𐤍𐤉
𐤉𐤌𐤉𐤍𐤊•
𐤇 𐤉𐤄𐤅𐤄 𐤉𐤂𐤌𐤓 𐤁𐤏𐤃𐤉 𐤉𐤄𐤅𐤄 𐤇𐤎𐤃𐤊 𐤋𐤏𐤅𐤋𐤌 𐤌𐤏𐤔𐤉 𐤉𐤃𐤉𐤊 𐤀𐤋 𐤕𐤓𐤐•

𐤒𐤋𐤈

𐤀 𐤋𐤌𐤍𐤑𐤇 𐤋𐤃𐤅𐤃 𐤌𐤆𐤌𐤅𐤓 𐤉𐤄𐤅𐤄 𐤇𐤒𐤓𐤕𐤍𐤉 𐤅𐤕𐤃𐤏•
𐤁 𐤀𐤕𐤄 𐤉𐤃𐤏𐤕 𐤔𐤁𐤕𐤉 𐤅𐤒𐤅𐤌𐤉 𐤁𐤍𐤕𐤄 𐤋𐤓𐤏𐤉 𐤌𐤓𐤇𐤅𐤒•
𐤂 𐤀𐤓𐤇𐤉 𐤅𐤓𐤁𐤏𐤉 𐤆𐤓𐤉𐤕 𐤅𐤊𐤋 𐤃𐤓𐤊𐤉 𐤄𐤎𐤊𐤍𐤕𐤄•
𐤃 𐤊𐤉 𐤀𐤉𐤍 𐤌𐤋𐤄 𐤁𐤋𐤔𐤅𐤍𐤉 𐤄𐤍 𐤉𐤄𐤅𐤄 𐤉𐤃𐤏𐤕 𐤊𐤋𐤄•
𐤄 𐤀𐤇𐤅𐤓 𐤅𐤒𐤃𐤌 𐤑𐤓𐤕𐤍𐤉 𐤅𐤕𐤔𐤕 𐤏𐤋𐤉 𐤊𐤐𐤊𐤄•
𐤅 𐤐𐤋𐤀𐤉𐤄 [𐤐𐤋𐤉𐤀𐤄] 𐤃𐤏𐤕 𐤌𐤌𐤍𐤉 𐤍𐤔𐤂𐤁𐤄 𐤋𐤀 𐤀𐤅𐤊𐤋 𐤋𐤄•
𐤆 𐤀𐤍𐤄 𐤀𐤋𐤊 𐤌𐤓𐤅𐤇𐤊 𐤅𐤀𐤍𐤄 𐤌𐤐𐤍𐤉𐤊 𐤀𐤁𐤓𐤇•
𐤇 𐤀𐤌 𐤀𐤎𐤒 𐤔𐤌𐤉𐤌 𐤔𐤌 𐤀𐤕𐤄 𐤅𐤀𐤑𐤉𐤏𐤄 𐤔𐤀𐤅𐤋 𐤄𐤍𐤊•
𐤈 𐤀𐤔𐤀 𐤊𐤍𐤐𐤉 𐤔𐤇𐤓 𐤀𐤔𐤊𐤍𐤄 𐤁𐤀𐤇𐤓𐤉𐤕 𐤉𐤌•
𐤉 𐤂𐤌 𐤔𐤌 𐤉𐤃𐤊 𐤕𐤍𐤇𐤍𐤉 𐤅𐤕𐤀𐤇𐤆𐤍𐤉 𐤉𐤌𐤉𐤍𐤊•
𐤉𐤀 𐤅𐤀𐤌𐤓 𐤀𐤊 𐤇𐤔𐤊 𐤉𐤔𐤅𐤐𐤍𐤉 𐤅𐤋𐤉𐤋𐤄 𐤀𐤅𐤓 𐤁𐤏𐤃𐤍𐤉•
𐤉𐤁 𐤂𐤌 𐤇𐤔𐤊 𐤋𐤀 𐤉𐤇𐤔𐤉𐤊 𐤌𐤌𐤊 𐤅𐤋𐤉𐤋𐤄 𐤊𐤉𐤅𐤌 𐤉𐤀𐤉𐤓 𐤊𐤇𐤔𐤉𐤊𐤄
𐤊𐤀𐤅𐤓𐤄•
𐤉𐤂 𐤊𐤉 𐤀𐤕𐤄 𐤒𐤍𐤉𐤕 𐤊𐤋𐤉𐤕𐤉 𐤕𐤎𐤊𐤍𐤉 𐤁𐤁𐤈𐤍 𐤀𐤌𐤉•
𐤉𐤃 𐤀𐤅𐤃𐤊 𐤏𐤋 𐤊𐤉 𐤍𐤅𐤓𐤀𐤅𐤕 𐤍𐤐𐤋𐤉𐤕𐤉 𐤍𐤐𐤋𐤀𐤉𐤌 𐤌𐤏𐤔𐤉𐤊 𐤅𐤍𐤐𐤔𐤉 𐤉𐤃𐤏𐤕
𐤌𐤀𐤃•

תהלים

טו לא נכחד עצמי ממך אשר עשיתי בסתר רקמתי בתחתיות ארץ.

טז גלמי ראו עיניך ועל ספרך כלם יכתבו ימים יצרו ולא [ולו] אחד בהם.

יז ולי מה יקרו רעיך אל מה עצמו ראשיהם.

יח אספרם מחול ירבון הקיצתי ועודי עמך.

יט אם תקטל אלוה רשע ואנשי דמים סורו מני.

כ אשר יאמרך למזמה נשא לשוא עריך.

כא הלוא משנאיך יהוה אשנא ובתקוממיך אתקוטט.

כב תכלית שנאה שנאתים לאויבים היו לי.

כג חקרני אל ודע לבבי בחנני ודע שרעפי.

כד וראה אם דרך עצב בי ונחני בדרך עולם.

פרק קמ

א למנצח מזמור לדוד.

ב חלצני יהוה מאדם רע מאיש חמסים תנצרני.

ג אשר חשבו רעות בלב כל יום יגורו מלחמות.

ד שננו לשונם כמו נחש חמת עכשוב תחת שפתימו סלה.

ה שמרני יהוה מידי רשע מאיש חמסים תנצרני אשר חשבו לדחות פעמי.

ו טמנו גאים פח לי וחבלים פרשו רשת ליד מעגל מקשים שתו לי סלה.

ז אמרתי ליהוה אלי אתה האזינה יהוה קול תחנוני.

ח יהוה אדני עז ישועתי סכתה לראשי ביום נשק.

ט אל תתן יהוה מאויי רשע זממו אל תפק ירומו סלה.

י ראש מסבי עמל שפתימו יכסומו [יכסמו].

יא ימיטו [ימוטו] עליהם גחלים באש יפלם במהמרות בל יקומו.

יב איש לשון בל יכון בארץ איש חמס רע יצודנו למדחפת.

יג ידעת [ידעתי] כי יעשה יהוה דין עני משפט אבינים.

יד אך צדיקים יודו לשמך ישבו ישרים את פניך.

פרק קמא

א מזמור לדוד יהוה קראתיך חושה לי האזינה קולי בקראי

𐤋𐤊•
𐤁 𐤕𐤊𐤅𐤍 𐤕𐤐𐤋𐤕𐤉 𐤒𐤈𐤓𐤕 𐤋𐤐𐤍𐤉𐤊 𐤌𐤔𐤀𐤕 𐤊𐤐𐤉 𐤌𐤍𐤇𐤕 𐤏𐤓𐤁•
𐤂 𐤔𐤉𐤕𐤄 𐤉𐤄𐤅𐤄 𐤔𐤌𐤓𐤄 𐤋𐤐𐤉 𐤍𐤑𐤓𐤄 𐤏𐤋 𐤃𐤋 𐤔𐤐𐤕𐤉•
𐤃 𐤀𐤋 𐤕𐤈 𐤋𐤁𐤉 𐤋𐤃𐤁𐤓 𐤓𐤏 𐤋𐤄𐤕𐤏𐤅𐤋𐤋 𐤏𐤋𐤋𐤅𐤕 𐤁𐤓𐤔𐤏 𐤀𐤕 𐤀𐤉𐤔𐤉𐤌 𐤐𐤏𐤋𐤉
𐤀𐤅𐤍 𐤅𐤁𐤋 𐤀𐤋𐤇𐤌 𐤁𐤌𐤍𐤏𐤌𐤉𐤄𐤌•
𐤄 𐤉𐤄𐤋𐤌𐤍𐤉 𐤑𐤃𐤉𐤒 𐤇𐤎𐤃 𐤅𐤉𐤅𐤊𐤉𐤇𐤍𐤉 𐤔𐤌𐤍 𐤓𐤀𐤔 𐤀𐤋 𐤉𐤍𐤉 𐤓𐤀𐤔𐤉 𐤊𐤉
𐤏𐤅𐤃 𐤅𐤕𐤐𐤋𐤕𐤉 𐤁𐤓𐤏𐤅𐤕𐤉𐤄𐤌•
𐤅 𐤍𐤔𐤌𐤈𐤅 𐤁𐤉𐤃𐤉 𐤎𐤋𐤏 𐤔𐤐𐤈𐤉𐤄𐤌 𐤅𐤔𐤌𐤏𐤅 𐤀𐤌𐤓𐤉 𐤊𐤉 𐤍𐤏𐤌𐤅•
𐤆 𐤊𐤌𐤅 𐤐𐤋𐤇 𐤅𐤁𐤒𐤏 𐤁𐤀𐤓𐤑 𐤍𐤐𐤆𐤓𐤅 𐤏𐤑𐤌𐤉𐤍𐤅 𐤋𐤐𐤉 𐤔𐤀𐤅𐤋•
𐤇 𐤊𐤉 𐤀𐤋𐤉𐤊 𐤉𐤄𐤅𐤄 𐤀𐤃𐤍𐤉 𐤏𐤉𐤍𐤉 𐤁𐤊𐤄 𐤇𐤎𐤉𐤕𐤉 𐤀𐤋 𐤕𐤏𐤓 𐤍𐤐𐤔𐤉•
𐤈 𐤔𐤌𐤓𐤍𐤉 𐤌𐤉𐤃𐤉 𐤐𐤇 𐤉𐤒𐤔𐤅 𐤋𐤉 𐤅𐤌𐤒𐤔𐤅𐤕 𐤐𐤏𐤋𐤉 𐤀𐤅𐤍•
𐤉 𐤉𐤐𐤋𐤅 𐤁𐤌𐤊𐤌𐤓𐤉𐤅 𐤓𐤔𐤏𐤉𐤌 𐤉𐤇𐤃 𐤀𐤍𐤊𐤉 𐤏𐤃 𐤀𐤏𐤁𐤅𐤓•

𐤐𐤓𐤒 𐤒𐤌𐤁
𐤀 𐤌𐤔𐤊𐤉𐤋 𐤋𐤃𐤅𐤃 𐤁𐤄𐤉𐤅𐤕𐤅 𐤁𐤌𐤏𐤓𐤄 𐤕𐤐𐤋𐤄•
𐤁 𐤒𐤅𐤋𐤉 𐤀𐤋 𐤉𐤄𐤅𐤄 𐤀𐤆𐤏𐤒 𐤒𐤅𐤋𐤉 𐤀𐤋 𐤉𐤄𐤅𐤄 𐤀𐤕𐤇𐤍𐤍•
𐤂 𐤀𐤔𐤐𐤊 𐤋𐤐𐤍𐤉𐤅 𐤔𐤉𐤇𐤉 𐤑𐤓𐤕𐤉 𐤋𐤐𐤍𐤉𐤅 𐤀𐤂𐤉𐤃•
𐤃 𐤁𐤄𐤕𐤏𐤈𐤐 𐤏𐤋𐤉 𐤓𐤅𐤇𐤉 𐤅𐤀𐤕𐤄 𐤉𐤃𐤏𐤕 𐤍𐤕𐤉𐤁𐤕𐤉 𐤁𐤀𐤓𐤇 𐤆𐤅 𐤀𐤄𐤋𐤊 𐤈𐤌𐤍𐤅
𐤐𐤇 𐤋𐤉•
𐤄 𐤄𐤁𐤉𐤈 𐤉𐤌𐤉𐤍 𐤅𐤓𐤀𐤄 𐤅𐤀𐤉𐤍 𐤋𐤉 𐤌𐤊𐤉𐤓 𐤀𐤁𐤃 𐤌𐤍𐤅𐤎 𐤌𐤌𐤍𐤉 𐤀𐤉𐤍
𐤃𐤅𐤓𐤔 𐤋𐤍𐤐𐤔𐤉•
𐤅 𐤆𐤏𐤒𐤕𐤉 𐤀𐤋𐤉𐤊 𐤉𐤄𐤅𐤄 𐤀𐤌𐤓𐤕𐤉 𐤀𐤕𐤄 𐤌𐤇𐤎𐤉 𐤇𐤋𐤒𐤉 𐤁𐤀𐤓𐤑 𐤄𐤇𐤉𐤉𐤌•
𐤆 𐤄𐤒𐤔𐤉𐤁𐤄 𐤀𐤋 𐤓𐤍𐤕𐤉 𐤊𐤉 𐤃𐤋𐤅𐤕𐤉 𐤌𐤀𐤃 𐤄𐤑𐤉𐤋𐤍𐤉 𐤌𐤓𐤃𐤐𐤉 𐤊𐤉 𐤀𐤌𐤑𐤅
𐤌𐤌𐤍𐤉•
𐤇 𐤄𐤅𐤑𐤉𐤀𐤄 𐤌𐤌𐤎𐤂𐤓 𐤍𐤐𐤔𐤉 𐤋𐤄𐤅𐤃𐤅𐤕 𐤀𐤕 𐤔𐤌𐤊 𐤁𐤉 𐤉𐤊𐤕𐤓𐤅 𐤑𐤃𐤉𐤒𐤉𐤌
𐤊𐤉 𐤕𐤂𐤌𐤋 𐤏𐤋𐤉•

𐤐𐤓𐤒 𐤒𐤌𐤂
𐤀 𐤌𐤆𐤌𐤅𐤓 𐤋𐤃𐤅𐤃 𐤉𐤄𐤅𐤄 𐤔𐤌𐤏 𐤕𐤐𐤋𐤕𐤉 𐤄𐤀𐤆𐤉𐤍𐤄 𐤀𐤋 𐤕𐤇𐤍𐤅𐤍𐤉 𐤁𐤀𐤌𐤍𐤕𐤊
𐤏𐤍𐤍𐤉 𐤁𐤑𐤃𐤒𐤕𐤊•
𐤁 𐤅𐤀𐤋 𐤕𐤁𐤅𐤀 𐤁𐤌𐤔𐤐𐤈 𐤀𐤕 𐤏𐤁𐤃𐤊 𐤊𐤉 𐤋𐤀 𐤉𐤑𐤃𐤒 𐤋𐤐𐤍𐤉𐤊 𐤊𐤋 𐤇𐤉•
𐤂 𐤊𐤉 𐤓𐤃𐤐 𐤀𐤅𐤉𐤁 𐤍𐤐𐤔𐤉 𐤃𐤊𐤀 𐤋𐤀𐤓𐤑 𐤇𐤉𐤕𐤉 𐤄𐤅𐤔𐤉𐤁𐤍𐤉 𐤁𐤌𐤇𐤔𐤊𐤉𐤌
𐤊𐤌𐤕𐤉 𐤏𐤅𐤋𐤌•

𐤃 𐤅𐤕𐤕𐤏𐤈𐤐 𐤏𐤋𐤉 𐤓𐤅𐤇𐤉 𐤁𐤕𐤅𐤊𐤉 𐤉𐤔𐤕𐤅𐤌𐤌 𐤋𐤁𐤉•

𐤄 𐤆𐤊𐤓𐤕𐤉 𐤉𐤌𐤉𐤌 𐤌𐤒𐤃𐤌 𐤄𐤂𐤉𐤕𐤉 𐤁𐤊𐤋 𐤐𐤏𐤋𐤊 𐤁𐤌𐤏𐤔𐤄 𐤉𐤃𐤉𐤊 𐤀𐤔𐤅𐤇𐤇•

𐤅 𐤐𐤓𐤔𐤕𐤉 𐤉𐤃𐤉 𐤀𐤋𐤉𐤊 𐤍𐤐𐤔𐤉 𐤊𐤀𐤓𐤑 𐤏𐤉𐤐𐤄 𐤋𐤊 𐤎𐤋𐤄•

𐤆 𐤌𐤄𐤓 𐤏𐤍𐤍𐤉 𐤉𐤄𐤅𐤄 𐤊𐤋𐤕𐤄 𐤓𐤅𐤇𐤉 𐤀𐤋 𐤕𐤎𐤕𐤓 𐤐𐤍𐤉𐤊 𐤌𐤌𐤍𐤉 𐤅𐤍𐤌𐤔𐤋𐤕𐤉 𐤏𐤌 𐤉𐤓𐤃𐤉 𐤁𐤅𐤓•

𐤇 𐤄𐤔𐤌𐤉𐤏𐤍𐤉 𐤁𐤁𐤒𐤓 𐤇𐤎𐤃𐤊 𐤊𐤉 𐤁𐤊 𐤁𐤈𐤇𐤕𐤉 𐤄𐤅𐤃𐤉𐤏𐤍𐤉 𐤃𐤓𐤊 𐤆𐤅 𐤀𐤋𐤊 𐤊𐤉 𐤀𐤋𐤉𐤊 𐤍𐤔𐤀𐤕𐤉 𐤍𐤐𐤔𐤉•

𐤈 𐤄𐤑𐤉𐤋𐤍𐤉 𐤌𐤀𐤉𐤁𐤉 𐤉𐤄𐤅𐤄 𐤀𐤋𐤉𐤊 𐤊𐤎𐤕𐤉•

𐤉 𐤋𐤌𐤃𐤍𐤉 𐤋𐤏𐤔𐤅𐤕 𐤓𐤑𐤅𐤍𐤊 𐤊𐤉 𐤀𐤕𐤄 𐤀𐤋𐤅𐤄𐤉 𐤓𐤅𐤇𐤊 𐤈𐤅𐤁𐤄 𐤕𐤍𐤇𐤍𐤉 𐤁𐤀𐤓𐤑 𐤌𐤉𐤔𐤅𐤓•

𐤉𐤀 𐤋𐤌𐤏𐤍 𐤔𐤌𐤊 𐤉𐤄𐤅𐤄 𐤕𐤇𐤉𐤍𐤉 𐤁𐤑𐤃𐤒𐤕𐤊 𐤕𐤅𐤑𐤉𐤀 𐤌𐤑𐤓𐤄 𐤍𐤐𐤔𐤉•

𐤉𐤁 𐤅𐤁𐤇𐤎𐤃𐤊 𐤕𐤑𐤌𐤉𐤕 𐤀𐤉𐤁𐤉 𐤅𐤄𐤀𐤁𐤃𐤕 𐤊𐤋 𐤑𐤓𐤓𐤉 𐤍𐤐𐤔𐤉 𐤊𐤉 𐤀𐤍𐤉 𐤏𐤁𐤃𐤊•

𐤐𐤓𐤒 𐤒𐤌𐤃

𐤀 𐤋𐤃𐤅𐤃 𐤁𐤓𐤅𐤊 𐤉𐤄𐤅𐤄 𐤑𐤅𐤓𐤉 𐤄𐤌𐤋𐤌𐤃 𐤉𐤃𐤉 𐤋𐤒𐤓𐤁 𐤀𐤑𐤁𐤏𐤅𐤕𐤉 𐤋𐤌𐤋𐤇𐤌𐤄•

𐤁 𐤇𐤎𐤃𐤉 𐤅𐤌𐤑𐤅𐤃𐤕𐤉 𐤌𐤔𐤂𐤁𐤉 𐤅𐤌𐤐𐤋𐤈𐤉 𐤋𐤉 𐤌𐤂𐤍𐤉 𐤅𐤁𐤅 𐤇𐤎𐤉𐤕𐤉 𐤄𐤓𐤅𐤃𐤃 𐤏𐤌𐤉 𐤕𐤇𐤕𐤉•

𐤂 𐤉𐤄𐤅𐤄 𐤌𐤄 𐤀𐤃𐤌 𐤅𐤕𐤃𐤏𐤄𐤅 𐤁𐤍 𐤀𐤍𐤅𐤔 𐤅𐤕𐤇𐤔𐤁𐤄𐤅•

𐤃 𐤀𐤃𐤌 𐤋𐤄𐤁𐤋 𐤃𐤌𐤄 𐤉𐤌𐤉𐤅 𐤊𐤑𐤋 𐤏𐤅𐤁𐤓•

𐤄 𐤉𐤄𐤅𐤄 𐤄𐤈 𐤔𐤌𐤉𐤊 𐤅𐤕𐤓𐤃 𐤂𐤏 𐤁𐤄𐤓𐤉𐤌 𐤅𐤉𐤏𐤔𐤍𐤅•

𐤅 𐤁𐤓𐤅𐤒 𐤁𐤓𐤒 𐤅𐤕𐤐𐤉𐤑𐤌 𐤔𐤋𐤇 𐤇𐤑𐤉𐤊 𐤅𐤕𐤄𐤌𐤌•

𐤆 𐤔𐤋𐤇 𐤉𐤃𐤉𐤊 𐤌𐤌𐤓𐤅𐤌 𐤐𐤑𐤍𐤉 𐤅𐤄𐤑𐤉𐤋𐤍𐤉 𐤌𐤌𐤉𐤌 𐤓𐤁𐤉𐤌 𐤌𐤉𐤃 𐤁𐤍𐤉 𐤍𐤊𐤓•

𐤇 𐤀𐤔𐤓 𐤐𐤉𐤄𐤌 𐤃𐤁𐤓 𐤔𐤅𐤀 𐤅𐤉𐤌𐤉𐤍𐤌 𐤉𐤌𐤉𐤍 𐤔𐤒𐤓•

𐤈 𐤀𐤋𐤄𐤉𐤌 𐤔𐤉𐤓 𐤇𐤃𐤔 𐤀𐤔𐤉𐤓𐤄 𐤋𐤊 𐤁𐤍𐤁𐤋 𐤏𐤔𐤅𐤓 𐤀𐤆𐤌𐤓𐤄 𐤋𐤊•

𐤉 𐤄𐤍𐤅𐤕𐤍 𐤕𐤔𐤅𐤏𐤄 𐤋𐤌𐤋𐤊𐤉𐤌 𐤄𐤐𐤅𐤑𐤄 𐤀𐤕 𐤃𐤅𐤃 𐤏𐤁𐤃𐤅 𐤌𐤇𐤓𐤁 𐤓𐤏𐤄•

𐤉𐤀 𐤐𐤑𐤍𐤉 𐤅𐤄𐤑𐤉𐤋𐤍𐤉 𐤌𐤉𐤃 𐤁𐤍𐤉 𐤍𐤊𐤓 𐤀𐤔𐤓 𐤐𐤉𐤄𐤌 𐤃𐤁𐤓 𐤔𐤅𐤀 𐤅𐤉𐤌𐤉𐤍𐤌 𐤉𐤌𐤉𐤍 𐤔𐤒𐤓•

𐤉𐤁 𐤀𐤔𐤓 𐤁𐤍𐤉𐤍𐤅 𐤊𐤍𐤈𐤏𐤉𐤌 𐤌𐤂𐤃𐤋𐤉𐤌 𐤁𐤍𐤏𐤅𐤓𐤉𐤄𐤌 𐤁𐤍𐤅𐤕𐤉𐤍𐤅 𐤊𐤆𐤅𐤉𐤕 𐤌𐤇𐤈𐤁𐤅𐤕 𐤕𐤁𐤍𐤉𐤕 𐤄𐤉𐤊𐤋•

𐤉𐤂 𐤌𐤆𐤅𐤉𐤍𐤅 𐤌𐤋𐤀𐤉𐤌 𐤌𐤐𐤉𐤒𐤉𐤌 𐤌𐤆𐤍 𐤀𐤋 𐤆𐤍 𐤑𐤀𐤅𐤍𐤍𐤅 𐤌𐤀𐤋𐤉𐤐𐤅𐤕 𐤌𐤓𐤁𐤁𐤅𐤕 𐤁𐤇𐤅𐤑𐤅𐤕𐤉𐤍𐤅•

𐤉𐤃 𐤀𐤋𐤅𐤐𐤉𐤍𐤅 𐤌𐤎𐤁𐤋𐤉𐤌 𐤀𐤉𐤍 𐤐𐤓𐤑 𐤅𐤀𐤉𐤍 𐤉𐤅𐤑𐤀𐤕 𐤅𐤀𐤉𐤍 𐤑𐤅𐤇𐤄 𐤁𐤓𐤇𐤁𐤕𐤉𐤍𐤅•

𐤕𐤄𐤉𐤋𐤉𐤌

𐤈𐤅 𐤀𐤔𐤓𐤉 𐤄𐤏𐤌 𐤔𐤊𐤊𐤄 𐤋𐤅 𐤀𐤔𐤓𐤉 𐤄𐤏𐤌 𐤔𐤉𐤄𐤅𐤄 𐤀𐤋𐤄𐤉𐤅•

𐤐𐤓𐤒 𐤒𐤌𐤄

𐤀𐤕𐤄𐤋𐤄 𐤋𐤃𐤅𐤃 𐤀𐤓𐤅𐤌𐤌𐤊 𐤀𐤋𐤅𐤄𐤉 𐤄𐤌𐤋𐤊 𐤅𐤀𐤁𐤓𐤊𐤄 𐤔𐤌𐤊 𐤋𐤏𐤅𐤋𐤌 𐤅𐤏𐤃•
𐤁𐤁𐤊𐤋 𐤉𐤅𐤌 𐤀𐤁𐤓𐤊𐤊 𐤅𐤀𐤄𐤋𐤋𐤄 𐤔𐤌𐤊 𐤋𐤏𐤅𐤋𐤌 𐤅𐤏𐤃•
𐤂𐤂𐤃𐤅𐤋 𐤉𐤄𐤅𐤄 𐤅𐤌𐤄𐤋𐤋 𐤌𐤀𐤃 𐤅𐤋𐤂𐤃𐤋𐤕𐤅 𐤀𐤉𐤍 𐤇𐤒𐤓•
𐤃𐤃𐤅𐤓 𐤋𐤃𐤅𐤓 𐤉𐤔𐤁𐤇 𐤌𐤏𐤔𐤉𐤊 𐤅𐤂𐤁𐤅𐤓𐤕𐤉𐤊 𐤉𐤂𐤉𐤃𐤅•
𐤄 𐤄𐤃𐤓 𐤊𐤁𐤅𐤃 𐤄𐤅𐤃𐤊 𐤅𐤃𐤁𐤓𐤉 𐤍𐤐𐤋𐤀𐤅𐤕𐤉𐤊 𐤀𐤔𐤉𐤇𐤄•
𐤅𐤅𐤏𐤆𐤅𐤆 𐤍𐤅𐤓𐤀𐤕𐤉𐤊 𐤉𐤀𐤌𐤓𐤅 𐤅𐤂𐤃𐤅𐤋𐤕𐤉𐤊 [𐤅𐤂𐤃𐤅𐤋𐤕𐤊] 𐤀𐤎𐤐𐤓𐤍𐤄•
𐤆𐤆𐤊𐤓 𐤓𐤁 𐤈𐤅𐤁𐤊 𐤉𐤁𐤉𐤏𐤅 𐤅𐤑𐤃𐤒𐤕𐤊 𐤉𐤓𐤍𐤍𐤅•
𐤇𐤇𐤍𐤅𐤍 𐤅𐤓𐤇𐤅𐤌 𐤉𐤄𐤅𐤄 𐤀𐤓𐤊 𐤀𐤐𐤉𐤌 𐤅𐤂𐤃𐤋 𐤇𐤎𐤃•
𐤈𐤈𐤅𐤁 𐤉𐤄𐤅𐤄 𐤋𐤊𐤋 𐤅𐤓𐤇𐤌𐤉𐤅 𐤏𐤋 𐤊𐤋 𐤌𐤏𐤔𐤉𐤅•
𐤉𐤉𐤅𐤃𐤅𐤊 𐤉𐤄𐤅𐤄 𐤊𐤋 𐤌𐤏𐤔𐤉𐤊 𐤅𐤇𐤎𐤉𐤃𐤉𐤊 𐤉𐤁𐤓𐤊𐤅𐤊𐤄•
𐤉𐤀 𐤊𐤁𐤅𐤃 𐤌𐤋𐤊𐤅𐤕𐤊 𐤉𐤀𐤌𐤓𐤅 𐤅𐤂𐤁𐤅𐤓𐤕𐤊 𐤉𐤃𐤁𐤓𐤅•
𐤉𐤁 𐤋𐤄𐤅𐤃𐤉𐤏 𐤋𐤁𐤍𐤉 𐤄𐤀𐤃𐤌 𐤂𐤁𐤅𐤓𐤕𐤉𐤅 𐤅𐤊𐤁𐤅𐤃 𐤄𐤃𐤓 𐤌𐤋𐤊𐤅𐤕𐤅•
𐤉𐤂 𐤌𐤋𐤊𐤅𐤕𐤊 𐤌𐤋𐤊𐤅𐤕 𐤊𐤋 𐤏𐤋𐤌𐤉𐤌 𐤅𐤌𐤌𐤔𐤋𐤕𐤊 𐤁𐤊𐤋 𐤃𐤅𐤓 𐤅𐤃𐤅𐤓•
𐤉𐤃 𐤎𐤅𐤌𐤊 𐤉𐤄𐤅𐤄 𐤋𐤊𐤋 𐤄𐤍𐤐𐤋𐤉𐤌 𐤅𐤆𐤅𐤒𐤐 𐤋𐤊𐤋 𐤄𐤊𐤐𐤅𐤐𐤉𐤌•
𐤈𐤅 𐤏𐤉𐤍𐤉 𐤊𐤋 𐤀𐤋𐤉𐤊 𐤉𐤔𐤁𐤓𐤅 𐤅𐤀𐤕𐤄 𐤍𐤅𐤕𐤍 𐤋𐤄𐤌 𐤀𐤕 𐤀𐤊𐤋𐤌 𐤁𐤏𐤕𐤅•
𐤈𐤆 𐤐𐤅𐤕𐤇 𐤀𐤕 𐤉𐤃𐤊 𐤅𐤌𐤔𐤁𐤉𐤏 𐤋𐤊𐤋 𐤇𐤉 𐤓𐤑𐤅𐤍•
𐤉𐤆 𐤑𐤃𐤉𐤒 𐤉𐤄𐤅𐤄 𐤁𐤊𐤋 𐤃𐤓𐤊𐤉𐤅 𐤅𐤇𐤎𐤉𐤃 𐤁𐤊𐤋 𐤌𐤏𐤔𐤉𐤅•
𐤉𐤇 𐤒𐤓𐤅𐤁 𐤉𐤄𐤅𐤄 𐤋𐤊𐤋 𐤒𐤓𐤀𐤉𐤅 𐤋𐤊𐤋 𐤀𐤔𐤓 𐤉𐤒𐤓𐤀𐤄𐤅 𐤁𐤀𐤌𐤕•
𐤉𐤈 𐤓𐤑𐤅𐤍 𐤉𐤓𐤀𐤉𐤅 𐤉𐤏𐤔𐤄 𐤅𐤀𐤕 𐤔𐤅𐤏𐤕𐤌 𐤉𐤔𐤌𐤏 𐤅𐤉𐤅𐤔𐤉𐤏𐤌•
𐤊𐤔𐤅𐤌𐤓 𐤉𐤄𐤅𐤄 𐤀𐤕 𐤊𐤋 𐤀𐤄𐤁𐤉𐤅 𐤅𐤀𐤕 𐤊𐤋 𐤄𐤓𐤔𐤏𐤉𐤌 𐤉𐤔𐤌𐤉𐤃•
𐤊𐤀𐤕𐤄𐤋𐤕 𐤉𐤄𐤅𐤄 𐤉𐤃𐤁𐤓 𐤐𐤉 𐤅𐤉𐤁𐤓𐤊 𐤊𐤋 𐤁𐤔𐤓 𐤔𐤌 𐤒𐤃𐤔𐤅 𐤋𐤏𐤅𐤋𐤌 𐤅𐤏𐤃•

𐤐𐤓𐤒 𐤒𐤌𐤅

𐤀𐤄𐤋𐤋𐤅𐤉𐤄 𐤄𐤋𐤋𐤉 𐤍𐤐𐤔𐤉 𐤀𐤕 𐤉𐤄𐤅𐤄•
𐤁𐤀𐤄𐤋𐤋𐤄 𐤉𐤄𐤅𐤄 𐤁𐤇𐤉𐤉 𐤀𐤆𐤌𐤓𐤄 𐤋𐤀𐤋𐤄𐤉 𐤁𐤏𐤅𐤃𐤉•
𐤂𐤀𐤋 𐤕𐤁𐤈𐤇𐤅 𐤁𐤍𐤃𐤉𐤁𐤉𐤌 𐤁𐤁𐤍 𐤀𐤃𐤌 𐤔𐤀𐤉𐤍 𐤋𐤅 𐤕𐤔𐤅𐤏𐤄•
𐤃𐤕𐤑𐤀 𐤓𐤅𐤇𐤅 𐤉𐤔𐤁 𐤋𐤀𐤃𐤌𐤕𐤅 𐤁𐤉𐤅𐤌 𐤄𐤄𐤅𐤀 𐤀𐤁𐤃𐤅 𐤏𐤔𐤕𐤍𐤕𐤉𐤅•
𐤄𐤀𐤔𐤓𐤉 𐤔𐤀𐤋 𐤉𐤏𐤒𐤁 𐤁𐤏𐤆𐤓𐤅 𐤔𐤁𐤓𐤅 𐤏𐤋 𐤉𐤄𐤅𐤄 𐤀𐤋𐤄𐤉𐤅•
𐤅𐤏𐤔𐤄 𐤔𐤌𐤉𐤌 𐤅𐤀𐤓𐤑 𐤀𐤕 𐤄𐤉𐤌 𐤅𐤀𐤕 𐤊𐤋 𐤀𐤔𐤓 𐤁𐤌 𐤄𐤔𐤌𐤓 𐤀𐤌𐤕 𐤋𐤏𐤅𐤋𐤌•
𐤆𐤏𐤔𐤄 𐤌𐤔𐤐𐤈 𐤋𐤏𐤔𐤅𐤒𐤉𐤌 𐤍𐤕𐤍 𐤋𐤇𐤌 𐤋𐤓𐤏𐤁𐤉𐤌 𐤉𐤄𐤅𐤄 𐤌𐤕𐤉𐤓 𐤀𐤎𐤅𐤓𐤉𐤌•

ח יהוה פקח עורים יהוה זקף כפופים יהוה אהב צדיקים•
ט יהוה שמר את גרים יתום ואלמנה יעודד ודרך רשעים יעות•
י ימלך יהוה לעולם אלהיך ציון לדר ודר הללויה•

פרק קמז

א הללויה כי טוב זמרה אלהינו כי נעים נאוה תהלה•
ב בונה ירושלם יהוה נדחי ישראל יכנס•
ג הרפא לשבורי לב ומחבש לעצבותם•
ד מונה מספר לכוכבים לכלם שמות יקרא•
ה גדול אדונינו ורב כח לתבונתו אין מספר•
ו מעודד ענוים יהוה משפיל רשעים עדי ארץ•
ז ענו ליהוה בתודה זמרו לאלהינו בכנור•
ח המכסה שמים בעבים המכין לארץ מטר המצמיח הרים
חציר•
ט נותן לבהמה לחמה לבני ערב אשר יקראו•
י לא בגבורת הסוס יחפץ לא בשוקי האיש ירצה•
יא רוצה יהוה את יראיו את המיחלים לחסדו•
יב שבחי ירושלם את יהוה הללי אלהיך ציון•
יג כי חזק בריחי שעריך ברך בניך בקרבך•
יד השם גבולך שלום חלב חטים ישביעך•
טו השלח אמרתו ארץ עד מהרה ירוץ דברו•
טז הנתן שלג כצמר כפור כאפר יפזר•
יז משליך קרחו כפתים לפני קרתו מי יעמד•
יח ישלח דברו וימסם ישב רוחו יזלו מים•
יט מגיד דברו [דבריו] ליעקב חקיו ומשפטיו לישראל•
כ לא עשה כן לכל גוי ומשפטים בל ידעום הללויה•

פרק קמח

א הללויה הללו את יהוה מן השמים הללוהו במרומים•
ב הללוהו כל מלאכיו הללוהו כל צבאו [צבאיו]•
ג הללוהו שמש וירח הללוהו כל כוכבי אור•
ד הללוהו שמי השמים והמים אשר מעל השמים•
ה יהללו את שם יהוה כי הוא צוה ונבראו•

ו ויעמידם לעד לעולם חק נתן ולא יעבור.
ז הללו את יהוה מן הארץ תנינים וכל תהמות.
ח אש וברד שלג וקיטור רוח סערה עשה דברו.
ט ההרים וכל גבעות עץ פרי וכל ארזים.
י החיה וכל בהמה רמש וצפור כנף.
יא מלכי ארץ וכל לאמים שרים וכל שפטי ארץ.
יב בחורים וגם בתולות זקנים עם נערים.
יג יהללו את שם יהוה כי נשגב שמו לבדו הודו על ארץ
ושמים.
יד וירם קרן לעמו תהלה לכל חסידיו לבני ישראל עם קרבו
הללויה.

פרק קמט
א הללויה שירו ליהוה שיר חדש תהלתו בקהל חסידים.
ב ישמח ישראל בעשיו בני ציון יגילו במלכם.
ג יהללו שמו במחול בתף וכנור יזמרו לו.
ד כי רוצה יהוה בעמו יפאר ענוים בישועה.
ה יעלזו חסידים בכבוד ירננו על משכבותם.
ו רוממות אל בגרונם וחרב פיפיות בידם.
ז לעשות נקמה בגוים תוכחת בל אמים.
ח לאסר מלכיהם בזקים ונכבדיהם בכבלי ברזל.
ט לעשות בהם משפט כתוב הדר הוא לכל חסידיו הללויה.

פרק קנ
א הללויה הללו אל בקדשו הללוהו ברקיע עזו.
ב הללוהו בגבורתיו הללוהו כרב גדלו.
ג הללוהו בתקע שופר הללוהו בנבל וכנור.
ד הללוהו בתף ומחול הללוהו במנים ועגב.
ה הללוהו בצלצלי שמע הללוהו בצלצלי תרועה.
ו כל הנשמה תהלל יה הללויה.

𐤌𐤔𐤋𐤉

𐤐𐤓𐤒 𐤀

𐤀 𐤌𐤔𐤋𐤉 𐤔𐤋𐤌𐤄 𐤁𐤍 𐤃𐤅𐤃 𐤌𐤋𐤊 𐤉𐤔𐤓𐤀𐤋.
𐤁 𐤋𐤃𐤏𐤕 𐤇𐤊𐤌𐤄 𐤅𐤌𐤅𐤎𐤓 𐤋𐤄𐤁𐤉𐤍 𐤀𐤌𐤓𐤉 𐤁𐤉𐤍𐤄.
𐤂 𐤋𐤒𐤇𐤕 𐤌𐤅𐤎𐤓 𐤄𐤔𐤊𐤋 𐤑𐤃𐤒 𐤅𐤌𐤔𐤐𐤈 𐤅𐤌𐤔𐤓𐤉𐤌.
𐤃 𐤋𐤕𐤕 𐤋𐤐𐤕𐤀𐤉𐤌 𐤏𐤓𐤌𐤄 𐤋𐤍𐤏𐤓 𐤃𐤏𐤕 𐤅𐤌𐤆𐤌𐤄.
𐤄 𐤉𐤔𐤌𐤏 𐤇𐤊𐤌 𐤅𐤉𐤅𐤎𐤐 𐤋𐤒𐤇 𐤅𐤍𐤁𐤅𐤍 𐤕𐤇𐤁𐤋𐤅𐤕 𐤉𐤒𐤍𐤄.
𐤅 𐤋𐤄𐤁𐤉𐤍 𐤌𐤔𐤋 𐤅𐤌𐤋𐤉𐤑𐤄 𐤃𐤁𐤓𐤉 𐤇𐤊𐤌𐤉𐤌 𐤅𐤇𐤉𐤃𐤕𐤌.
𐤆 𐤉𐤓𐤀𐤕 𐤉𐤄𐤅𐤄 𐤓𐤀𐤔𐤉𐤕 𐤃𐤏𐤕 𐤇𐤊𐤌𐤄 𐤅𐤌𐤅𐤎𐤓 𐤀𐤅𐤉𐤋𐤉𐤌 𐤁𐤆𐤅.
𐤇 𐤔𐤌𐤏 𐤁𐤍𐤉 𐤌𐤅𐤎𐤓 𐤀𐤁𐤉𐤊 𐤅𐤀𐤋 𐤕𐤈𐤔 𐤕𐤅𐤓𐤕 𐤀𐤌𐤊.
𐤈 𐤊𐤉 𐤋𐤅𐤉𐤕 𐤇𐤍 𐤄𐤌 𐤋𐤓𐤀𐤔𐤊 𐤅𐤏𐤍𐤒𐤉𐤌 𐤋𐤂𐤓𐤂𐤓𐤕𐤊.
𐤉 𐤁𐤍𐤉 𐤀𐤌 𐤉𐤐𐤕𐤅𐤊 𐤇𐤈𐤀𐤉𐤌 𐤀𐤋 𐤕𐤁𐤀.
𐤉𐤀 𐤀𐤌 𐤉𐤀𐤌𐤓𐤅 𐤋𐤊𐤄 𐤀𐤕𐤍𐤅 𐤍𐤀𐤓𐤁𐤄 𐤋𐤃𐤌 𐤍𐤑𐤐𐤍𐤄 𐤋𐤍𐤒𐤉 𐤇𐤍𐤌.
𐤉𐤁 𐤍𐤁𐤋𐤏𐤌 𐤊𐤔𐤀𐤅𐤋 𐤇𐤉𐤉𐤌 𐤅𐤕𐤌𐤉𐤌𐤉𐤌 𐤊𐤉𐤅𐤓𐤃𐤉 𐤁𐤅𐤓.
𐤉𐤂 𐤊𐤋 𐤄𐤅𐤍 𐤉𐤒𐤓 𐤍𐤌𐤑𐤀 𐤍𐤌𐤋𐤀 𐤁𐤕𐤉𐤍𐤅 𐤔𐤋𐤋.
𐤉𐤃 𐤂𐤅𐤓𐤋𐤊 𐤕𐤐𐤉𐤋 𐤁𐤕𐤅𐤊𐤍𐤅 𐤊𐤉𐤎 𐤀𐤇𐤃 𐤉𐤄𐤉𐤄 𐤋𐤊𐤋𐤍𐤅.
𐤈𐤅 𐤁𐤍𐤉 𐤀𐤋 𐤕𐤋𐤊 𐤁𐤃𐤓𐤊 𐤀𐤕𐤌 𐤌𐤍𐤏 𐤓𐤂𐤋𐤊 𐤌𐤍𐤕𐤉𐤁𐤕𐤌.
𐤈𐤆 𐤊𐤉 𐤓𐤂𐤋𐤉𐤄𐤌 𐤋𐤓𐤏 𐤉𐤓𐤅𐤑𐤅 𐤅𐤉𐤌𐤄𐤓𐤅 𐤋𐤔𐤐𐤊 𐤃𐤌.
𐤉𐤆 𐤊𐤉 𐤇𐤍𐤌 𐤌𐤆𐤓𐤄 𐤄𐤓𐤔𐤕 𐤁𐤏𐤉𐤍𐤉 𐤊𐤋 𐤁𐤏𐤋 𐤊𐤍𐤐.
𐤉𐤇 𐤅𐤄𐤌 𐤋𐤃𐤌𐤌 𐤉𐤀𐤓𐤁𐤅 𐤉𐤑𐤐𐤍𐤅 𐤋𐤍𐤐𐤔𐤕𐤌.
𐤉𐤈 𐤊𐤍 𐤀𐤓𐤇𐤅𐤕 𐤊𐤋 𐤁𐤑𐤏 𐤁𐤑𐤏 𐤀𐤕 𐤍𐤐𐤔 𐤁𐤏𐤋𐤉𐤅 𐤉𐤒𐤇.
𐤊 𐤇𐤊𐤌𐤅𐤕 𐤁𐤇𐤅𐤑 𐤕𐤓𐤍𐤄 𐤁𐤓𐤇𐤁𐤅𐤕 𐤕𐤕𐤍 𐤒𐤅𐤋𐤄.
𐤊𐤀 𐤁𐤓𐤀𐤔 𐤄𐤌𐤉𐤅𐤕 𐤕𐤒𐤓𐤀 𐤁𐤐𐤕𐤇𐤉 𐤔𐤏𐤓𐤉𐤌 𐤁𐤏𐤉𐤓 𐤀𐤌𐤓𐤉𐤄 𐤕𐤀𐤌𐤓.
𐤊𐤁 𐤏𐤃 𐤌𐤕𐤉 𐤐𐤕𐤉𐤌 𐤕𐤀𐤄𐤁𐤅 𐤐𐤕𐤉 𐤅𐤋𐤑𐤉𐤌 𐤋𐤑𐤅𐤍 𐤇𐤌𐤃𐤅 𐤋𐤄𐤌 𐤅𐤊𐤎𐤉𐤋𐤉𐤌
𐤉𐤔𐤍𐤀𐤅 𐤃𐤏𐤕.
𐤊𐤂 𐤕𐤔𐤅𐤁𐤅 𐤋𐤕𐤅𐤊𐤇𐤕𐤉 𐤄𐤍𐤄 𐤀𐤁𐤉𐤏𐤄 𐤋𐤊𐤌 𐤓𐤅𐤇𐤉 𐤀𐤅𐤃𐤉𐤏𐤄 𐤃𐤁𐤓𐤉 𐤀𐤕𐤊𐤌.
𐤊𐤃 𐤉𐤏𐤍 𐤒𐤓𐤀𐤕𐤉 𐤅𐤕𐤌𐤀𐤍𐤅 𐤍𐤈𐤉𐤕𐤉 𐤉𐤃𐤉 𐤅𐤀𐤉𐤍 𐤌𐤒𐤔𐤉𐤁.
𐤊𐤄 𐤅𐤕𐤐𐤓𐤏𐤅 𐤊𐤋 𐤏𐤑𐤕𐤉 𐤅𐤕𐤅𐤊𐤇𐤕𐤉 𐤋𐤀 𐤀𐤁𐤉𐤕𐤌.
𐤊𐤅 𐤂𐤌 𐤀𐤍𐤉 𐤁𐤀𐤉𐤃𐤊𐤌 𐤀𐤔𐤇𐤒 𐤀𐤋𐤏𐤂 𐤁𐤁𐤀 𐤐𐤇𐤃𐤊𐤌.
𐤊𐤆 𐤁𐤁𐤀 𐤊𐤔𐤀𐤅𐤄 [𐤊𐤔𐤅𐤀𐤄] 𐤐𐤇𐤃𐤊𐤌 𐤅𐤀𐤉𐤃𐤊𐤌 𐤊𐤎𐤅𐤐𐤄 𐤉𐤀𐤕𐤄 𐤁𐤁𐤀
𐤏𐤋𐤉𐤊𐤌 𐤑𐤓𐤄 𐤅𐤑𐤅𐤒𐤄.
𐤊𐤇 𐤀𐤆 𐤉𐤒𐤓𐤀𐤍𐤍𐤉 𐤅𐤋𐤀 𐤀𐤏𐤍𐤄 𐤉𐤔𐤇𐤓𐤍𐤍𐤉 𐤅𐤋𐤀 𐤉𐤌𐤑𐤀𐤍𐤍𐤉.
𐤊𐤈 𐤕𐤇𐤕 𐤊𐤉 𐤔𐤍𐤀𐤅 𐤃𐤏𐤕 𐤅𐤉𐤓𐤀𐤕 𐤉𐤄𐤅𐤄 𐤋𐤀 𐤁𐤇𐤓𐤅.
𐤋 𐤋𐤀 𐤀𐤁𐤅 𐤋𐤏𐤑𐤕𐤉 𐤍𐤀𐤑𐤅 𐤊𐤋 𐤕𐤅𐤊𐤇𐤕𐤉.

𐤒

𐤌𐤔𐤋𐤉

𐤋𐤀 𐤅𐤉𐤀𐤊𐤋𐤅 𐤌𐤐𐤓𐤉 𐤃𐤓𐤊𐤌 𐤅𐤌𐤌𐤏𐤑𐤕𐤉𐤄𐤌 𐤉𐤔𐤁𐤏𐤅•
𐤋𐤁 𐤊𐤉 𐤌𐤔𐤅𐤁𐤕 𐤐𐤕𐤉𐤌 𐤕𐤄𐤓𐤂𐤌 𐤅𐤔𐤋𐤅𐤕 𐤊𐤎𐤉𐤋𐤉𐤌 𐤕𐤀𐤁𐤃𐤌•
𐤋𐤂 𐤅𐤔𐤌𐤏 𐤋𐤉 𐤉𐤔𐤊𐤍 𐤁𐤈𐤇 𐤅𐤔𐤀𐤍𐤍 𐤌𐤐𐤇𐤃 𐤓𐤏𐤄•

𐤐𐤓𐤒 𐤁

𐤀 𐤁𐤍𐤉 𐤀𐤌 𐤕𐤒𐤇 𐤀𐤌𐤓𐤉 𐤅𐤌𐤑𐤅𐤕𐤉 𐤕𐤑𐤐𐤍 𐤀𐤕𐤊•
𐤁 𐤋𐤄𐤒𐤔𐤉𐤁 𐤋𐤇𐤊𐤌𐤄 𐤀𐤆𐤍𐤊 𐤕𐤈𐤄 𐤋𐤁𐤊 𐤋𐤕𐤁𐤅𐤍𐤄•
𐤂 𐤊𐤉 𐤀𐤌 𐤋𐤁𐤉𐤍𐤄 𐤕𐤒𐤓𐤀 𐤋𐤕𐤁𐤅𐤍𐤄 𐤕𐤕𐤍 𐤒𐤅𐤋𐤊•
𐤃 𐤀𐤌 𐤕𐤁𐤒𐤔𐤍𐤄 𐤊𐤊𐤎𐤐 𐤅𐤊𐤌𐤈𐤌𐤅𐤍𐤉𐤌 𐤕𐤇𐤐𐤔𐤍𐤄•
𐤄 𐤀𐤆 𐤕𐤁𐤉𐤍 𐤉𐤓𐤀𐤕 𐤉𐤄𐤅𐤄 𐤅𐤃𐤏𐤕 𐤀𐤋𐤄𐤉𐤌 𐤕𐤌𐤑𐤀•
𐤅 𐤊𐤉 𐤉𐤄𐤅𐤄 𐤉𐤕𐤍 𐤇𐤊𐤌𐤄 𐤌𐤐𐤉𐤅 𐤃𐤏𐤕 𐤅𐤕𐤁𐤅𐤍𐤄•
𐤆 𐤅𐤑𐤐𐤍 [𐤉𐤑𐤐𐤍] 𐤋𐤉𐤔𐤓𐤉𐤌 𐤕𐤅𐤔𐤉𐤄 𐤌𐤂𐤍 𐤋𐤄𐤋𐤊𐤉 𐤕𐤌•
𐤇 𐤋𐤍𐤑𐤓 𐤀𐤓𐤇𐤅𐤕 𐤌𐤔𐤐𐤈 𐤅𐤃𐤓𐤊 𐤇𐤎𐤉𐤃𐤅 [𐤇𐤎𐤉𐤃𐤉𐤅] 𐤉𐤔𐤌𐤓•
𐤈 𐤀𐤆 𐤕𐤁𐤉𐤍 𐤑𐤃𐤒 𐤅𐤌𐤔𐤐𐤈 𐤅𐤌𐤉𐤔𐤓𐤉𐤌 𐤊𐤋 𐤌𐤏𐤂𐤋 𐤈𐤅𐤁•
𐤉 𐤊𐤉 𐤕𐤁𐤅𐤀 𐤇𐤊𐤌𐤄 𐤁𐤋𐤁𐤊 𐤅𐤃𐤏𐤕 𐤋𐤍𐤐𐤔𐤊 𐤉𐤍𐤏𐤌•
𐤉𐤀 𐤌𐤆𐤌𐤄 𐤕𐤔𐤌𐤓 𐤏𐤋𐤉𐤊 𐤕𐤁𐤅𐤍𐤄 𐤕𐤍𐤑𐤓𐤊𐤄•
𐤉𐤁 𐤋𐤄𐤑𐤉𐤋𐤊 𐤌𐤃𐤓𐤊 𐤓𐤏 𐤌𐤀𐤉𐤔 𐤌𐤃𐤁𐤓 𐤕𐤄𐤐𐤊𐤅𐤕•
𐤉𐤂 𐤄𐤏𐤆𐤁𐤉𐤌 𐤀𐤓𐤇𐤅𐤕 𐤉𐤔𐤓 𐤋𐤋𐤊𐤕 𐤁𐤃𐤓𐤊𐤉 𐤇𐤔𐤊•
𐤉𐤃 𐤄𐤔𐤌𐤇𐤉𐤌 𐤋𐤏𐤔𐤅𐤕 𐤓𐤏 𐤉𐤂𐤉𐤋𐤅 𐤁𐤕𐤄𐤐𐤊𐤅𐤕 𐤓𐤏•
𐤈𐤅 𐤀𐤔𐤓 𐤀𐤓𐤇𐤕𐤉𐤄𐤌 𐤏𐤒𐤔𐤉𐤌 𐤅𐤍𐤋𐤅𐤆𐤉𐤌 𐤁𐤌𐤏𐤂𐤋𐤅𐤕𐤌•
𐤈𐤆 𐤋𐤄𐤑𐤉𐤋𐤊 𐤌𐤀𐤔𐤄 𐤆𐤓𐤄 𐤌𐤍𐤊𐤓𐤉𐤄 𐤀𐤌𐤓𐤉𐤄 𐤄𐤇𐤋𐤉𐤒𐤄•
𐤉𐤆 𐤄𐤏𐤆𐤁𐤕 𐤀𐤋𐤅𐤐 𐤍𐤏𐤅𐤓𐤉𐤄 𐤅𐤀𐤕 𐤁𐤓𐤉𐤕 𐤀𐤋𐤄𐤉𐤄 𐤔𐤊𐤇𐤄•
𐤉𐤇 𐤊𐤉 𐤔𐤇𐤄 𐤀𐤋 𐤌𐤅𐤕 𐤁𐤉𐤕𐤄 𐤅𐤀𐤋 𐤓𐤐𐤀𐤉𐤌 𐤌𐤏𐤂𐤋𐤕𐤉𐤄•
𐤉𐤈 𐤊𐤋 𐤁𐤀𐤉𐤄 𐤋𐤀 𐤉𐤔𐤅𐤁𐤅𐤍 𐤅𐤋𐤀 𐤉𐤔𐤉𐤂𐤅 𐤀𐤓𐤇𐤅𐤕 𐤇𐤉𐤉𐤌•
𐤊 𐤋𐤌𐤏𐤍 𐤕𐤋𐤊 𐤁𐤃𐤓𐤊 𐤈𐤅𐤁𐤉𐤌 𐤅𐤀𐤓𐤇𐤅𐤕 𐤑𐤃𐤉𐤒𐤉𐤌 𐤕𐤔𐤌𐤓•
𐤊𐤀 𐤊𐤉 𐤉𐤔𐤓𐤉𐤌 𐤉𐤔𐤊𐤍𐤅 𐤀𐤓𐤑 𐤅𐤕𐤌𐤉𐤌𐤉𐤌 𐤉𐤅𐤕𐤓𐤅 𐤁𐤄•
𐤊𐤁 𐤅𐤓𐤔𐤏𐤉𐤌 𐤌𐤀𐤓𐤑 𐤉𐤊𐤓𐤕𐤅 𐤅𐤁𐤅𐤂𐤃𐤉𐤌 𐤉𐤎𐤇𐤅 𐤌𐤌𐤍𐤄•

𐤐𐤓𐤒 𐤂

𐤀 𐤁𐤍𐤉 𐤕𐤅𐤓𐤕𐤉 𐤀𐤋 𐤕𐤔𐤊𐤇 𐤅𐤌𐤑𐤅𐤕𐤉 𐤉𐤑𐤓 𐤋𐤁𐤊•
𐤁 𐤊𐤉 𐤀𐤓𐤊 𐤉𐤌𐤉𐤌 𐤅𐤔𐤍𐤅𐤕 𐤇𐤉𐤉𐤌 𐤅𐤔𐤋𐤅𐤌 𐤉𐤅𐤎𐤉𐤐𐤅 𐤋𐤊•
𐤂 𐤇𐤎𐤃 𐤅𐤀𐤌𐤕 𐤀𐤋 𐤉𐤏𐤆𐤁𐤊 𐤒𐤔𐤓𐤌 𐤏𐤋 𐤂𐤓𐤂𐤓𐤅𐤕𐤉𐤊 𐤊𐤕𐤁𐤌 𐤏𐤋 𐤋𐤅𐤇 𐤋𐤁𐤊•
𐤃 𐤅𐤌𐤑𐤀 𐤇𐤍 𐤅𐤔𐤊𐤋 𐤈𐤅𐤁 𐤁𐤏𐤉𐤍𐤉 𐤀𐤋𐤄𐤉𐤌 𐤅𐤀𐤃𐤌•

𐤌𐤔𐤋𐤉

𐤄 𐤁𐤈𐤇 𐤀𐤋 𐤉𐤄𐤅𐤄 𐤁𐤊𐤋 𐤋𐤁𐤊 𐤅𐤀𐤋 𐤁𐤉𐤍𐤕𐤊 𐤀𐤋 𐤕𐤔𐤏𐤍•
𐤅 𐤁𐤊𐤋 𐤃𐤓𐤊𐤉𐤊 𐤃𐤏𐤄𐤅 𐤅𐤄𐤅𐤀 𐤉𐤉𐤔𐤓 𐤀𐤓𐤇𐤕𐤉𐤊•
𐤆 𐤀𐤋 𐤕𐤄𐤉 𐤇𐤊𐤌 𐤁𐤏𐤉𐤍𐤉𐤊 𐤉𐤓𐤀 𐤀𐤕 𐤉𐤄𐤅𐤄 𐤅𐤎𐤅𐤓 𐤌𐤓𐤏•
𐤇 𐤓𐤐𐤀𐤅𐤕 𐤕𐤄𐤉 𐤋𐤔𐤓𐤊 𐤅𐤔𐤒𐤅𐤉 𐤋𐤏𐤑𐤌𐤅𐤕𐤉𐤊•
𐤈 𐤊𐤁𐤃 𐤀𐤕 𐤉𐤄𐤅𐤄 𐤌𐤄𐤅𐤍𐤊 𐤅𐤌𐤓𐤀𐤔𐤉𐤕 𐤊𐤋 𐤕𐤁𐤅𐤀𐤕𐤊•
𐤉 𐤅𐤉𐤌𐤋𐤀𐤅 𐤀𐤎𐤌𐤉𐤊 𐤔𐤁𐤏 𐤅𐤕𐤉𐤓𐤅𐤔 𐤉𐤒𐤁𐤉𐤊 𐤉𐤐𐤓𐤑𐤅•
𐤉𐤀 𐤌𐤅𐤎𐤓 𐤉𐤄𐤅𐤄 𐤁𐤍𐤉 𐤀𐤋 𐤕𐤌𐤀𐤎 𐤅𐤀𐤋 𐤕𐤒𐤑 𐤁𐤕𐤅𐤊𐤇𐤕𐤅•
𐤉𐤁 𐤊𐤉 𐤀𐤕 𐤀𐤔𐤓 𐤉𐤀𐤄𐤁 𐤉𐤄𐤅𐤄 𐤉𐤅𐤊𐤉𐤇 𐤅𐤊𐤀𐤁 𐤀𐤕 𐤁𐤍 𐤉𐤓𐤑𐤄•
𐤉𐤂 𐤀𐤔𐤓𐤉 𐤀𐤃𐤌 𐤌𐤑𐤀 𐤇𐤊𐤌𐤄 𐤅𐤀𐤃𐤌 𐤉𐤐𐤉𐤒 𐤕𐤁𐤅𐤍𐤄•
𐤉𐤃 𐤊𐤉 𐤈𐤅𐤁 𐤎𐤇𐤓𐤄 𐤌𐤎𐤇𐤓 𐤊𐤎𐤐 𐤅𐤌𐤇𐤓𐤅𐤑 𐤕𐤁𐤅𐤀𐤕𐤄•
𐤈𐤅 𐤉𐤒𐤓𐤄 𐤄𐤉𐤀 𐤌𐤐𐤍𐤉𐤉𐤌 [𐤌𐤐𐤍𐤉𐤍𐤉𐤌] 𐤅𐤊𐤋 𐤇𐤐𐤑𐤉𐤊 𐤋𐤀 𐤉𐤔𐤅𐤅 𐤁𐤄•
𐤈𐤆 𐤀𐤓𐤊 𐤉𐤌𐤉𐤌 𐤁𐤉𐤌𐤉𐤍𐤄 𐤁𐤔𐤌𐤀𐤅𐤋𐤄 𐤏𐤔𐤓 𐤅𐤊𐤁𐤅𐤃•
𐤉𐤆 𐤃𐤓𐤊𐤉𐤄 𐤃𐤓𐤊𐤉 𐤍𐤏𐤌 𐤅𐤊𐤋 𐤍𐤕𐤉𐤁𐤅𐤕𐤉𐤄 𐤔𐤋𐤅𐤌•
𐤉𐤇 𐤏𐤑 𐤇𐤉𐤉𐤌 𐤄𐤉𐤀 𐤋𐤌𐤇𐤆𐤉𐤒𐤉𐤌 𐤁𐤄 𐤅𐤕𐤌𐤊𐤉𐤄 𐤌𐤀𐤔𐤓•
𐤉𐤈 𐤉𐤄𐤅𐤄 𐤁𐤇𐤊𐤌𐤄 𐤉𐤎𐤃 𐤀𐤓𐤑 𐤊𐤅𐤍𐤍 𐤔𐤌𐤉𐤌 𐤁𐤕𐤁𐤅𐤍𐤄•
𐤊 𐤁𐤃𐤏𐤕𐤅 𐤕𐤄𐤅𐤌𐤅𐤕 𐤍𐤁𐤒𐤏𐤅 𐤅𐤔𐤇𐤒𐤉𐤌 𐤉𐤓𐤏𐤐𐤅 𐤈𐤋•
𐤊𐤀 𐤁𐤍𐤉 𐤀𐤋 𐤉𐤋𐤆𐤅 𐤌𐤏𐤉𐤍𐤉𐤊 𐤍𐤑𐤓 𐤕𐤔𐤉𐤄 𐤅𐤌𐤆𐤌𐤄•
𐤊𐤁 𐤅𐤉𐤄𐤉𐤅 𐤇𐤉𐤉𐤌 𐤋𐤍𐤐𐤔𐤊 𐤅𐤇𐤍 𐤋𐤂𐤓𐤂𐤓𐤕𐤉𐤊•
𐤊𐤂 𐤀𐤆 𐤕𐤋𐤊 𐤋𐤁𐤈𐤇 𐤃𐤓𐤊𐤊 𐤅𐤓𐤂𐤋𐤊 𐤋𐤀 𐤕𐤂𐤅𐤐•
𐤊𐤃 𐤀𐤌 𐤕𐤔𐤊𐤁 𐤋𐤀 𐤕𐤐𐤇𐤃 𐤅𐤔𐤊𐤁𐤕 𐤅𐤏𐤓𐤁𐤄 𐤔𐤍𐤕𐤊•
𐤊𐤄 𐤀𐤋 𐤕𐤉𐤓𐤀 𐤌𐤐𐤇𐤃 𐤐𐤕𐤀𐤌 𐤅𐤌𐤔𐤀𐤕 𐤓𐤔𐤏𐤉𐤌 𐤊𐤉 𐤕𐤁𐤀•
𐤊𐤅 𐤊𐤉 𐤉𐤄𐤅𐤄 𐤉𐤄𐤉𐤄 𐤁𐤊𐤎𐤋𐤊 𐤅𐤔𐤌𐤓 𐤓𐤂𐤋𐤊 𐤌𐤋𐤊𐤃•
𐤊𐤆 𐤀𐤋 𐤕𐤌𐤍𐤏 𐤈𐤅𐤁 𐤌𐤁𐤏𐤋𐤉𐤅 𐤁𐤄𐤉𐤅𐤕 𐤋𐤀𐤋 𐤉𐤃𐤉𐤊 [𐤉𐤃𐤊] 𐤋𐤏𐤔𐤅𐤕•
𐤊𐤇 𐤀𐤋 𐤕𐤀𐤌𐤓 𐤋𐤓𐤏𐤉𐤊 [𐤋𐤓𐤏𐤊] 𐤋𐤊 𐤅𐤔𐤅𐤁 𐤅𐤌𐤇𐤓 𐤀𐤕𐤍 𐤅𐤉𐤔 𐤀𐤕𐤊•
𐤊𐤈 𐤀𐤋 𐤕𐤇𐤓𐤔 𐤏𐤋 𐤓𐤏𐤊 𐤓𐤏𐤄 𐤅𐤄𐤅𐤀 𐤉𐤅𐤔𐤁 𐤋𐤁𐤈𐤇 𐤀𐤕𐤊•
𐤋 𐤀𐤋 𐤕𐤓𐤅𐤁 [𐤕𐤓𐤉𐤁] 𐤏𐤌 𐤀𐤃𐤌 𐤇𐤍𐤌 𐤀𐤌 𐤋𐤀 𐤂𐤌𐤋𐤊 𐤓𐤏𐤄•
𐤋𐤀 𐤀𐤋 𐤕𐤒𐤍𐤀 𐤁𐤀𐤉𐤔 𐤇𐤌𐤎 𐤅𐤀𐤋 𐤕𐤁𐤇𐤓 𐤁𐤊𐤋 𐤃𐤓𐤊𐤉𐤅•
𐤋𐤁 𐤊𐤉 𐤕𐤅𐤏𐤁𐤕 𐤉𐤄𐤅𐤄 𐤍𐤋𐤅𐤆 𐤅𐤀𐤕 𐤉𐤔𐤓𐤉𐤌 𐤎𐤅𐤃𐤅•
𐤋𐤂 𐤌𐤀𐤓𐤕 𐤉𐤄𐤅𐤄 𐤁𐤁𐤉𐤕 𐤓𐤔𐤏 𐤅𐤍𐤅𐤄 𐤑𐤃𐤉𐤒𐤉𐤌 𐤉𐤁𐤓𐤊•
𐤋𐤃 𐤀𐤌 𐤋𐤋𐤑𐤉𐤌 𐤄𐤅𐤀 𐤉𐤋𐤉𐤑 𐤅𐤋𐤏𐤍𐤉𐤉𐤌 [𐤅𐤋𐤏𐤍𐤅𐤉𐤌] 𐤉𐤕𐤍 𐤇𐤍•
𐤋𐤄 𐤊𐤁𐤅𐤃 𐤇𐤊𐤌𐤉𐤌 𐤉𐤍𐤇𐤋𐤅 𐤅𐤊𐤎𐤉𐤋𐤉𐤌 𐤌𐤓𐤉𐤌 𐤒𐤋𐤅𐤍•

𐤐𐤓𐤒 𐤃

משלי

א שמעו בנים מוסר אב והקשיבו לדעת בינה׃
ב כי לקח טוב נתתי לכם תורתי אל תעזבו׃
ג כי בן הייתי לאבי רך ויחיד לפני אמי׃
ד ויורני ויאמר לי יתמך דברי לבך שמר מצותי וחיה׃
ה קנה חכמה קנה בינה אל תשכח ואל תט מאמרי פי׃
ו אל תעזבה ותשמרך אהבה ותצרך׃
ז ראשית חכמה קנה חכמה ובכל קנינך קנה בינה׃
ח סלסלה ותרוממך תכבדך כי תחבקנה׃
ט תתן לראשך לוית חן עטרת תפארת תמגנך׃
י שמע בני וקח אמרי וירבו לך שנות חיים׃
יא בדרך חכמה הריתיך הדרכתיך במעגלי ישר׃
יב בלכתך לא יצר צעדך ואם תרוץ לא תכשל׃
יג החזק במוסר אל תרף נצרה כי היא חייך׃
יד בארח רשעים אל תבא ואל תאשר בדרך רעים׃
טו פרעהו אל תעבר בו שטה מעליו ועבור׃
טז כי לא ישנו אם לא ירעו ונגזלה שנתם אם לא יכשולו [יכשילו]׃
יז כי לחמו לחם רשע ויין חמסים ישתו׃
יח וארח צדיקים כאור נגה הולך ואור עד נכון היום׃
יט דרך רשעים כאפלה לא ידעו במה יכשלו׃
כ בני לדברי הקשיבה לאמרי הט אזנך׃
כא אל יליזו מעיניך שמרם בתוך לבבך׃
כב כי חיים הם למצאיהם ולכל בשרו מרפא׃
כג מכל משמר נצר לבך כי ממנו תוצאות חיים׃
כד הסר ממך עקשות פה ולזות שפתים הרחק ממך׃
כה עיניך לנכח יביטו ועפעפיך יישרו נגדך׃
כו פלס מעגל רגלך וכל דרכיך יכנו׃
כז אל תט ימין ושמאול הסר רגלך מרע׃

פרק ה

א בני לחכמתי הקשיבה לתבונתי הט אזנך׃
ב לשמר מזמות ודעת שפתיך ינצרו׃
ג כי נפת תטפנה שפתי זרה וחלק משמן חכה׃

𐤃 𐤅𐤀𐤇𐤓𐤉𐤕𐤄 𐤌𐤓𐤄 𐤊𐤋𐤏𐤍𐤄 𐤇𐤃𐤄 𐤊𐤇𐤓𐤁 𐤐𐤉𐤅𐤕•
𐤄 𐤓𐤂𐤋𐤉𐤄 𐤉𐤓𐤃𐤅𐤕 𐤌𐤅𐤕 𐤔𐤀𐤅𐤋 𐤑𐤏𐤃𐤉𐤄 𐤉𐤕𐤌𐤊𐤅•
𐤅 𐤀𐤓𐤇 𐤇𐤉𐤉𐤌 𐤐𐤍 𐤕𐤐𐤋𐤎 𐤍𐤏𐤅 𐤌𐤏𐤂𐤋𐤕𐤉𐤄 𐤋𐤀 𐤕𐤃𐤏•
𐤆 𐤅𐤏𐤕𐤄 𐤁𐤍𐤉𐤌 𐤔𐤌𐤏𐤅 𐤋𐤉 𐤅𐤀𐤋 𐤕𐤎𐤅𐤓𐤅 𐤌𐤀𐤌𐤓𐤉 𐤐𐤉•
𐤇 𐤄𐤓𐤇𐤒 𐤌𐤏𐤋𐤉𐤄 𐤃𐤓𐤊𐤊 𐤅𐤀𐤋 𐤕𐤒𐤓𐤁 𐤀𐤋 𐤐𐤕𐤇 𐤁𐤉𐤕𐤄•
𐤈 𐤐𐤍 𐤕𐤕𐤍 𐤋𐤀𐤇𐤓𐤉𐤌 𐤄𐤅𐤃𐤊 𐤅𐤔𐤍𐤕𐤉𐤊 𐤋𐤀𐤊𐤆𐤓𐤉•
𐤉 𐤐𐤍 𐤉𐤔𐤁𐤏𐤅 𐤆𐤓𐤉𐤌 𐤊𐤇𐤊 𐤅𐤏𐤑𐤁𐤉𐤊 𐤁𐤁𐤉𐤕 𐤍𐤊𐤓𐤉•
𐤉𐤀 𐤅𐤍𐤄𐤌𐤕 𐤁𐤀𐤇𐤓𐤉𐤕𐤊 𐤁𐤊𐤋𐤅𐤕 𐤁𐤔𐤓𐤊 𐤅𐤔𐤀𐤓𐤊•
𐤉𐤁 𐤅𐤀𐤌𐤓𐤕 𐤀𐤉𐤊 𐤔𐤍𐤀𐤕𐤉 𐤌𐤅𐤎𐤓 𐤅𐤕𐤅𐤊𐤇𐤕 𐤍𐤀𐤑 𐤋𐤁𐤉•
𐤉𐤂 𐤅𐤋𐤀 𐤔𐤌𐤏𐤕𐤉 𐤁𐤒𐤅𐤋 𐤌𐤅𐤓𐤉 𐤅𐤋𐤌𐤋𐤌𐤃𐤉 𐤋𐤀 𐤄𐤈𐤉𐤕𐤉 𐤀𐤆𐤍𐤉•
𐤉𐤃 𐤊𐤌𐤏𐤈 𐤄𐤉𐤉𐤕𐤉 𐤁𐤊𐤋 𐤓𐤏 𐤁𐤕𐤅𐤊 𐤒𐤄𐤋 𐤅𐤏𐤃𐤄•
𐤈𐤅 𐤔𐤕𐤄 𐤌𐤉𐤌 𐤌𐤁𐤅𐤓𐤊 𐤅𐤍𐤆𐤋𐤉𐤌 𐤌𐤕𐤅𐤊 𐤁𐤀𐤓𐤊•
𐤈𐤆 𐤉𐤐𐤅𐤑𐤅 𐤌𐤏𐤉𐤍𐤕𐤉𐤊 𐤇𐤅𐤑𐤄 𐤁𐤓𐤇𐤁𐤅𐤕 𐤐𐤋𐤂𐤉 𐤌𐤉𐤌•
𐤉𐤆 𐤉𐤄𐤉𐤅 𐤋𐤊 𐤋𐤁𐤃𐤊 𐤅𐤀𐤉𐤍 𐤋𐤆𐤓𐤉𐤌 𐤀𐤕𐤊•
𐤉𐤇 𐤉𐤄𐤉 𐤌𐤒𐤅𐤓𐤊 𐤁𐤓𐤅𐤊 𐤅𐤔𐤌𐤇 𐤌𐤀𐤔𐤕 𐤍𐤏𐤅𐤓𐤊•
𐤉𐤈 𐤀𐤉𐤋𐤕 𐤀𐤄𐤁𐤉𐤌 𐤅𐤉𐤏𐤋𐤕 𐤇𐤍 𐤃𐤃𐤉𐤄 𐤉𐤓𐤅𐤊 𐤁𐤊𐤋 𐤏𐤕 𐤁𐤀𐤄𐤁𐤕𐤄 𐤕𐤔𐤂𐤄
𐤕𐤌𐤉𐤃•
𐤊 𐤅𐤋𐤌𐤄 𐤕𐤔𐤂𐤄 𐤁𐤍𐤉 𐤁𐤆𐤓𐤄 𐤅𐤕𐤇𐤁𐤒 𐤇𐤒 𐤍𐤊𐤓𐤉𐤄•
𐤊𐤀 𐤊𐤉 𐤍𐤊𐤇 𐤏𐤉𐤍𐤉 𐤉𐤄𐤅𐤄 𐤃𐤓𐤊𐤉 𐤀𐤉𐤔 𐤅𐤊𐤋 𐤌𐤏𐤂𐤋𐤕𐤉𐤅 𐤌𐤐𐤋𐤎•
𐤊𐤁 𐤏𐤅𐤅𐤍𐤕𐤉𐤅 𐤉𐤋𐤊𐤃𐤍𐤅 𐤀𐤕 𐤄𐤓𐤔𐤏 𐤅𐤁𐤇𐤁𐤋𐤉 𐤇𐤈𐤀𐤕𐤅 𐤉𐤕𐤌𐤊•
𐤊𐤂 𐤄𐤅𐤀 𐤉𐤌𐤅𐤕 𐤁𐤀𐤉𐤍 𐤌𐤅𐤎𐤓 𐤅𐤁𐤓𐤁 𐤀𐤅𐤋𐤕𐤅 𐤉𐤔𐤂𐤄•

𐤐𐤓𐤒 𐤅

𐤀 𐤁𐤍𐤉 𐤀𐤌 𐤏𐤓𐤁𐤕 𐤋𐤓𐤏𐤊 𐤕𐤒𐤏𐤕 𐤋𐤆𐤓 𐤊𐤐𐤉𐤊•
𐤁 𐤍𐤅𐤒𐤔𐤕 𐤁𐤀𐤌𐤓𐤉 𐤐𐤉𐤊 𐤍𐤋𐤊𐤃𐤕 𐤁𐤀𐤌𐤓𐤉 𐤐𐤉𐤊•
𐤂 𐤏𐤔𐤄 𐤆𐤀𐤕 𐤀𐤐𐤅𐤀 𐤁𐤍𐤉 𐤅𐤄𐤍𐤑𐤋 𐤊𐤉 𐤁𐤀𐤕 𐤁𐤊𐤐 𐤓𐤏𐤊 𐤋𐤊 𐤄𐤕𐤓𐤐𐤎 𐤅𐤓𐤄𐤁
𐤓𐤏𐤉𐤊•
𐤃 𐤀𐤋 𐤕𐤕𐤍 𐤔𐤍𐤄 𐤋𐤏𐤉𐤍𐤉𐤊 𐤅𐤕𐤍𐤅𐤌𐤄 𐤋𐤏𐤐𐤏𐤐𐤉𐤊•
𐤄 𐤄𐤍𐤑𐤋 𐤊𐤑𐤁𐤉 𐤌𐤉𐤃 𐤅𐤊𐤑𐤐𐤅𐤓 𐤌𐤉𐤃 𐤉𐤒𐤅𐤔•
𐤅 𐤋𐤊 𐤀𐤋 𐤍𐤌𐤋𐤄 𐤏𐤑𐤋 𐤓𐤀𐤄 𐤃𐤓𐤊𐤉𐤄 𐤅𐤇𐤊𐤌•
𐤆 𐤀𐤔𐤓 𐤀𐤉𐤍 𐤋𐤄 𐤒𐤑𐤉𐤍 𐤔𐤈𐤓 𐤅𐤌𐤔𐤋•
𐤇 𐤕𐤊𐤉𐤍 𐤁𐤒𐤉𐤑 𐤋𐤇𐤌𐤄 𐤀𐤂𐤓𐤄 𐤁𐤒𐤑𐤉𐤓 𐤌𐤀𐤊𐤋𐤄•
𐤈 𐤏𐤃 𐤌𐤕𐤉 𐤏𐤑𐤋 𐤕𐤔𐤊𐤁 𐤌𐤕𐤉 𐤕𐤒𐤅𐤌 𐤌𐤔𐤍𐤕𐤊•

י מעט שנות מעט תנומות מעט חבק ידים לשכב•
יא ובא כמהלך ראשך ומחסרך כאיש מגן•
יב אדם בליעל איש און הולך עקשות פה•
יג קרץ בעינו מלל ברגלו מרה באצבעתיו•
יד תהפכות בלבו חרש רע בכל עת מדנים [מדינים] ישלח•
טו על כן פתאם יבוא אידו פתע ישבר ואין מרפא•
טז שש הנה שנא יהוה ושבע תועבות [תועבת] נפשו•
יז עינים רמות לשון שקר וידים שפכות דם נקי•
יח לב חרש מחשבות און רגלים ממהרות לרוץ לרעה•
יט יפיח כזבים עד שקר ומשלח מדנים בין אחים•
כ נצר בני מצות אביך ואל תטש תורת אמך•
כא קשרם על לבך תמיד ענדם על גרגרתך•
כב בהתהלכך תנחה אתך בשכבך תשמר עליך והקיצות היא
תשיחך•
כג כי נר מצוה ותורה אור ודרך חיים תוכחות מוסר•
כד לשמרך מאשת רע מחלקת לשון נכריה•
כה אל תחמד יפיה בלבבך ואל תקחך בעפעפיה•
כו כי בעד אשה זונה עד ככר לחם ואשת איש נפש יקרה תצוד•
כז היחתה איש אש בחיקו ובגדיו לא תשרפנה•
כח אם יהלך איש על הגחלים ורגליו לא תכוינה•
כט כן הבא אל אשת רעהו לא ינקה כל הנגע בה•
ל לא יבוזו לגנב כי יגנוב למלא נפשו כי ירעב•
לא ונמצא ישלם שבעתים את כל הון ביתו יתן•
לב נאף אשה חסר לב משחית נפשו הוא יעשנה•
לג נגע וקלון ימצא וחרפתו לא תמחה•
לד כי קנאה חמת גבר ולא יחמול ביום נקם•
לה לא ישא פני כל כפר ולא יאבה כי תרבה שחד•

פרק ז

א בני שמר אמרי ומצותי תצפן אתך•
ב שמר מצותי וחיה ותורתי כאישון עיניך•
ג קשרם על אצבעתיך כתבם על לוח לבך•
ד אמר לחכמה אחתי את ובינה למדע תקרא•

𐤌𐤔𐤋𐤉

𐤄 𐤋𐤔𐤌𐤓𐤊 𐤌𐤀𐤔𐤄 𐤆𐤓𐤄 𐤌𐤍𐤊𐤓𐤉𐤄 𐤀𐤌𐤓𐤉𐤄 𐤄𐤇𐤋𐤉𐤒𐤄•

𐤅 𐤊𐤉 𐤁𐤇𐤋𐤅𐤍 𐤁𐤉𐤕𐤉 𐤁𐤏𐤃 𐤀𐤔𐤍𐤁𐤉 𐤍𐤔𐤒𐤐𐤕𐤉•

𐤆 𐤅𐤀𐤓𐤀 𐤁𐤐𐤕𐤀𐤉𐤌 𐤀𐤁𐤉𐤍𐤄 𐤁𐤁𐤍𐤉𐤌 𐤍𐤏𐤓 𐤇𐤎𐤓 𐤋𐤁•

𐤇 𐤏𐤁𐤓 𐤁𐤔𐤅𐤒 𐤀𐤑𐤋 𐤐𐤍𐤄 𐤅𐤃𐤓𐤊 𐤁𐤉𐤕𐤄 𐤉𐤑𐤏𐤃•

𐤈 𐤁𐤍𐤔𐤐 𐤁𐤏𐤓𐤁 𐤉𐤅𐤌 𐤁𐤀𐤉𐤔𐤅𐤍 𐤋𐤉𐤋𐤄 𐤅𐤀𐤐𐤋𐤄•

𐤉 𐤅𐤄𐤍𐤄 𐤀𐤔𐤄 𐤋𐤒𐤓𐤀𐤕𐤅 𐤔𐤉𐤕 𐤆𐤅𐤍𐤄 𐤅𐤍𐤑𐤓𐤕 𐤋𐤁•

𐤉𐤀 𐤄𐤌𐤉𐤄 𐤄𐤉𐤀 𐤅𐤎𐤓𐤓𐤕 𐤁𐤁𐤉𐤕𐤄 𐤋𐤀 𐤉𐤔𐤊𐤍𐤅 𐤓𐤂𐤋𐤉𐤄•

𐤉𐤁 𐤐𐤏𐤌 𐤁𐤇𐤅𐤑 𐤐𐤏𐤌 𐤁𐤓𐤇𐤁𐤅𐤕 𐤅𐤀𐤑𐤋 𐤊𐤋 𐤐𐤍𐤄 𐤕𐤀𐤓𐤁•

𐤉𐤂 𐤅𐤄𐤇𐤆𐤉𐤒𐤄 𐤁𐤅 𐤅𐤍𐤔𐤒𐤄 𐤋𐤅 𐤄𐤏𐤆𐤄 𐤐𐤍𐤉𐤄 𐤅𐤕𐤀𐤌𐤓 𐤋𐤅•

𐤉𐤃 𐤆𐤁𐤇𐤉 𐤔𐤋𐤌𐤉𐤌 𐤏𐤋𐤉 𐤄𐤉𐤅𐤌 𐤔𐤋𐤌𐤕𐤉 𐤍𐤃𐤓𐤉•

𐤈𐤅 𐤏𐤋 𐤊𐤍 𐤉𐤑𐤀𐤕𐤉 𐤋𐤒𐤓𐤀𐤕𐤊 𐤋𐤔𐤇𐤓 𐤐𐤍𐤉𐤊 𐤅𐤀𐤌𐤑𐤀𐤊•

𐤈𐤆 𐤌𐤓𐤁𐤃𐤉𐤌 𐤓𐤁𐤃𐤕𐤉 𐤏𐤓𐤔𐤉 𐤇𐤈𐤁𐤅𐤕 𐤀𐤈𐤅𐤍 𐤌𐤑𐤓𐤉𐤌•

𐤉𐤆 𐤍𐤐𐤕𐤉 𐤌𐤔𐤊𐤁𐤉 𐤌𐤓 𐤀𐤄𐤋𐤉𐤌 𐤅𐤒𐤍𐤌𐤅𐤍•

𐤉𐤇 𐤋𐤊𐤄 𐤍𐤓𐤅𐤄 𐤃𐤃𐤉𐤌 𐤏𐤃 𐤄𐤁𐤒𐤓 𐤍𐤕𐤏𐤋𐤎𐤄 𐤁𐤀𐤄𐤁𐤉𐤌•

𐤉𐤈 𐤊𐤉 𐤀𐤉𐤍 𐤄𐤀𐤉𐤔 𐤁𐤁𐤉𐤕𐤅 𐤄𐤋𐤊 𐤁𐤃𐤓𐤊 𐤌𐤓𐤇𐤅𐤒•

𐤊 𐤑𐤓𐤅𐤓 𐤄𐤊𐤎𐤐 𐤋𐤒𐤇 𐤁𐤉𐤃𐤅 𐤋𐤉𐤅𐤌 𐤄𐤊𐤎𐤀 𐤉𐤁𐤀 𐤁𐤉𐤕𐤅•

𐤊𐤀 𐤄𐤈𐤕𐤅 𐤁𐤓𐤁 𐤋𐤒𐤇𐤄 𐤁𐤇𐤋𐤒 𐤔𐤐𐤕𐤉𐤄 𐤕𐤃𐤉𐤇𐤍𐤅•

𐤊𐤁 𐤄𐤅𐤋𐤊 𐤀𐤇𐤓𐤉𐤄 𐤐𐤕𐤀𐤌 𐤊𐤔𐤅𐤓 𐤀𐤋 𐤈𐤁𐤇 𐤉𐤁𐤅𐤀 𐤅𐤊𐤏𐤊𐤎 𐤀𐤋 𐤌𐤅𐤎𐤓
𐤀𐤅𐤉𐤋•

𐤊𐤂 𐤏𐤃 𐤉𐤐𐤋𐤇 𐤇𐤑 𐤊𐤁𐤃𐤅 𐤊𐤌𐤄𐤓 𐤑𐤐𐤅𐤓 𐤀𐤋 𐤐𐤇 𐤅𐤋𐤀 𐤉𐤃𐤏 𐤊𐤉 𐤁𐤍𐤐𐤔𐤅 𐤄𐤅𐤀•

𐤊𐤃 𐤅𐤏𐤕𐤄 𐤁𐤍𐤉𐤌 𐤔𐤌𐤏𐤅 𐤋𐤉 𐤅𐤄𐤒𐤔𐤉𐤁𐤅 𐤋𐤀𐤌𐤓𐤉 𐤐𐤉•

𐤊𐤄 𐤀𐤋 𐤉𐤔𐤈 𐤀𐤋 𐤃𐤓𐤊𐤉𐤄 𐤋𐤁𐤊 𐤀𐤋 𐤕𐤕𐤏 𐤁𐤍𐤕𐤉𐤁𐤅𐤕𐤉𐤄•

𐤊𐤅 𐤊𐤉 𐤓𐤁𐤉𐤌 𐤇𐤋𐤋𐤉𐤌 𐤄𐤐𐤉𐤋𐤄 𐤅𐤏𐤑𐤌𐤉𐤌 𐤊𐤋 𐤄𐤓𐤂𐤉𐤄•

𐤊𐤆 𐤃𐤓𐤊𐤉 𐤔𐤀𐤅𐤋 𐤁𐤉𐤕𐤄 𐤉𐤓𐤃𐤅𐤕 𐤀𐤋 𐤇𐤃𐤓𐤉 𐤌𐤅𐤕•

𐤐𐤓𐤒 𐤇

𐤀 𐤄𐤋𐤀 𐤇𐤊𐤌𐤄 𐤕𐤒𐤓𐤀 𐤅𐤕𐤁𐤅𐤍𐤄 𐤕𐤕𐤍 𐤒𐤅𐤋𐤄•

𐤁 𐤁𐤓𐤀𐤔 𐤌𐤓𐤌𐤉𐤌 𐤏𐤋𐤉 𐤃𐤓𐤊 𐤁𐤉𐤕 𐤍𐤕𐤉𐤁𐤅𐤕 𐤍𐤑𐤁𐤄•

𐤂 𐤋𐤉𐤃 𐤔𐤏𐤓𐤉𐤌 𐤋𐤐𐤉 𐤒𐤓𐤕 𐤌𐤁𐤅𐤀 𐤐𐤕𐤇𐤉𐤌 𐤕𐤓𐤍𐤄•

𐤃 𐤀𐤋𐤉𐤊𐤌 𐤀𐤉𐤔𐤉𐤌 𐤀𐤒𐤓𐤀 𐤅𐤒𐤅𐤋𐤉 𐤀𐤋 𐤁𐤍𐤉 𐤀𐤃𐤌•

𐤄 𐤄𐤁𐤉𐤍𐤅 𐤐𐤕𐤀𐤉𐤌 𐤏𐤓𐤌𐤄 𐤅𐤊𐤎𐤉𐤋𐤉𐤌 𐤄𐤁𐤉𐤍𐤅 𐤋𐤁•

𐤅 𐤔𐤌𐤏𐤅 𐤊𐤉 𐤍𐤂𐤉𐤃𐤉𐤌 𐤀𐤃𐤁𐤓 𐤅𐤌𐤐𐤕𐤇 𐤔𐤐𐤕𐤉 𐤌𐤉𐤔𐤓𐤉𐤌•

𐤆 𐤊𐤉 𐤀𐤌𐤕 𐤉𐤄𐤂𐤄 𐤇𐤊𐤉 𐤅𐤕𐤏𐤅𐤁𐤕 𐤔𐤐𐤕𐤉 𐤓𐤔𐤏•

𐤌𐤔𐤋𐤉

𐤇 𐤁𐤑𐤃𐤒 𐤊𐤋 𐤀𐤌𐤓𐤉 𐤐𐤉 𐤀𐤉𐤍 𐤁𐤄𐤌 𐤍𐤐𐤕𐤋 𐤅𐤏𐤒𐤔•
𐤈 𐤊𐤋𐤌 𐤍𐤊𐤇𐤉𐤌 𐤋𐤌𐤁𐤉𐤍 𐤅𐤉𐤔𐤓𐤉𐤌 𐤋𐤌𐤑𐤀𐤉 𐤃𐤏𐤕•
𐤉 𐤒𐤇𐤅 𐤌𐤅𐤎𐤓𐤉 𐤅𐤀𐤋 𐤊𐤎𐤐 𐤅𐤃𐤏𐤕 𐤌𐤇𐤓𐤅𐤑 𐤍𐤁𐤇𐤓•
𐤉𐤀 𐤊𐤉 𐤈𐤅𐤁𐤄 𐤇𐤊𐤌𐤄 𐤌𐤐𐤍𐤉𐤍𐤉𐤌 𐤅𐤊𐤋 𐤇𐤐𐤑𐤉𐤌 𐤋𐤀 𐤉𐤔𐤅𐤅 𐤁𐤄•
𐤉𐤁 𐤀𐤍𐤉 𐤇𐤊𐤌𐤄 𐤔𐤊𐤍𐤕𐤉 𐤏𐤓𐤌𐤄 𐤅𐤃𐤏𐤕 𐤌𐤆𐤌𐤅𐤕 𐤀𐤌𐤑𐤀•
𐤉𐤂 𐤉𐤓𐤀𐤕 𐤉𐤄𐤅𐤄 𐤔𐤍𐤀𐤕 𐤓𐤏 𐤂𐤀𐤄 𐤅𐤂𐤀𐤅𐤍 𐤅𐤃𐤓𐤊 𐤓𐤏 𐤅𐤐𐤉 𐤕𐤄𐤐𐤊𐤅𐤕
𐤔𐤍𐤀𐤕𐤉•
𐤉𐤃 𐤋𐤉 𐤏𐤑𐤄 𐤅𐤕𐤅𐤔𐤉𐤄 𐤀𐤍𐤉 𐤁𐤉𐤍𐤄 𐤋𐤉 𐤂𐤁𐤅𐤓𐤄•
𐤈𐤅 𐤁𐤉 𐤌𐤋𐤊𐤉𐤌 𐤉𐤌𐤋𐤊𐤅 𐤅𐤓𐤆𐤍𐤉𐤌 𐤉𐤇𐤒𐤒𐤅 𐤑𐤃𐤒•
𐤈𐤆 𐤁𐤉 𐤔𐤓𐤉𐤌 𐤉𐤔𐤓𐤅 𐤅𐤍𐤃𐤉𐤁𐤉𐤌 𐤊𐤋 𐤔𐤐𐤈𐤉 𐤑𐤃𐤒•
𐤉𐤆 𐤀𐤍𐤉 𐤀𐤄𐤁𐤉𐤄 [𐤀𐤄𐤁𐤉] 𐤀𐤄𐤁 𐤅𐤌𐤔𐤇𐤓𐤉 𐤉𐤌𐤑𐤀𐤍𐤍𐤉•
𐤉𐤇 𐤏𐤔𐤓 𐤅𐤊𐤁𐤅𐤃 𐤀𐤕𐤉 𐤄𐤅𐤍 𐤏𐤕𐤒 𐤅𐤑𐤃𐤒𐤄•
𐤉𐤈 𐤈𐤅𐤁 𐤐𐤓𐤉𐤉 𐤌𐤇𐤓𐤅𐤑 𐤅𐤌𐤐𐤆 𐤅𐤕𐤁𐤅𐤀𐤕𐤉 𐤌𐤊𐤎𐤐 𐤍𐤁𐤇𐤓•
𐤊 𐤁𐤀𐤓𐤇 𐤑𐤃𐤒𐤄 𐤀𐤄𐤋𐤊 𐤁𐤕𐤅𐤊 𐤍𐤕𐤉𐤁𐤅𐤕 𐤌𐤔𐤐𐤈•
𐤊𐤀 𐤋𐤄𐤍𐤇𐤉𐤋 𐤀𐤄𐤁𐤉 𐤉𐤔 𐤅𐤀𐤑𐤓𐤕𐤉𐤄𐤌 𐤀𐤌𐤋𐤀•
𐤊𐤁 𐤉𐤄𐤅𐤄 𐤒𐤍𐤍𐤉 𐤓𐤀𐤔𐤉𐤕 𐤃𐤓𐤊𐤅 𐤒𐤃𐤌 𐤌𐤐𐤏𐤋𐤉𐤅 𐤌𐤀𐤆•
𐤊𐤂 𐤌𐤏𐤅𐤋𐤌 𐤍𐤎𐤊𐤕𐤉 𐤌𐤓𐤀𐤔 𐤌𐤒𐤃𐤌𐤉 𐤀𐤓𐤑•
𐤊𐤃 𐤁𐤀𐤉𐤍 𐤕𐤄𐤌𐤅𐤕 𐤇𐤅𐤋𐤋𐤕𐤉 𐤁𐤀𐤉𐤍 𐤌𐤏𐤉𐤍𐤅𐤕 𐤍𐤊𐤁𐤃𐤉 𐤌𐤉𐤌•
𐤊𐤄 𐤁𐤈𐤓𐤌 𐤄𐤓𐤉𐤌 𐤄𐤈𐤁𐤏𐤅 𐤋𐤐𐤍𐤉 𐤂𐤁𐤏𐤅𐤕 𐤇𐤅𐤋𐤋𐤕𐤉•
𐤊𐤅 𐤏𐤃 𐤋𐤀 𐤏𐤔𐤄 𐤀𐤓𐤑 𐤅𐤇𐤅𐤑𐤅𐤕 𐤅𐤓𐤀𐤔 𐤏𐤐𐤓𐤅𐤕 𐤕𐤁𐤋•
𐤊𐤆 𐤁𐤄𐤊𐤉𐤍𐤅 𐤔𐤌𐤉𐤌 𐤔𐤌 𐤀𐤍𐤉 𐤁𐤇𐤅𐤒𐤅 𐤇𐤅𐤂 𐤏𐤋 𐤐𐤍𐤉 𐤕𐤄𐤅𐤌•
𐤊𐤇 𐤁𐤀𐤌𐤑𐤅 𐤔𐤇𐤒𐤉𐤌 𐤌𐤌𐤏𐤋 𐤁𐤏𐤆𐤅𐤆 𐤏𐤉𐤍𐤅𐤕 𐤕𐤄𐤅𐤌•
𐤊𐤈 𐤁𐤔𐤅𐤌𐤅 𐤋𐤉𐤌 𐤇𐤒𐤅 𐤅𐤌𐤉𐤌 𐤋𐤀 𐤉𐤏𐤁𐤓𐤅 𐤐𐤉𐤅 𐤁𐤇𐤅𐤒𐤅 𐤌𐤅𐤎𐤃𐤉 𐤀𐤓𐤑•
𐤋 𐤅𐤀𐤄𐤉𐤄 𐤀𐤑𐤋𐤅 𐤀𐤌𐤅𐤍 𐤅𐤀𐤄𐤉𐤄 𐤔𐤏𐤔𐤏𐤉𐤌 𐤉𐤅𐤌 𐤉𐤅𐤌 𐤌𐤔𐤇𐤒𐤕 𐤋𐤐𐤍𐤉𐤅
𐤁𐤊𐤋 𐤏𐤕•
𐤋𐤀 𐤌𐤔𐤇𐤒𐤕 𐤁𐤕𐤁𐤋 𐤀𐤓𐤑𐤅 𐤅𐤔𐤏𐤔𐤏𐤉 𐤀𐤕 𐤁𐤍𐤉 𐤀𐤃𐤌•
𐤋𐤁 𐤅𐤏𐤕𐤄 𐤁𐤍𐤉𐤌 𐤔𐤌𐤏𐤅 𐤋𐤉 𐤅𐤀𐤔𐤓𐤉 𐤃𐤓𐤊𐤉 𐤉𐤔𐤌𐤓𐤅•
𐤋𐤂 𐤔𐤌𐤏𐤅 𐤌𐤅𐤎𐤓 𐤅𐤇𐤊𐤌𐤅 𐤅𐤀𐤋 𐤕𐤐𐤓𐤏𐤅•
𐤋𐤃 𐤀𐤔𐤓𐤉 𐤀𐤃𐤌 𐤔𐤌𐤏 𐤋𐤉 𐤋𐤔𐤒𐤃 𐤏𐤋 𐤃𐤋𐤕𐤕𐤉 𐤉𐤅𐤌 𐤉𐤅𐤌 𐤋𐤔𐤌𐤓 𐤌𐤆𐤅𐤆𐤕
𐤐𐤕𐤇𐤉•
𐤋𐤄 𐤊𐤉 𐤌𐤑𐤀𐤉 𐤌𐤑𐤀𐤉 [𐤌𐤑𐤀] 𐤇𐤉𐤉𐤌 𐤅𐤉𐤐𐤒 𐤓𐤑𐤅𐤍 𐤌𐤉𐤄𐤅𐤄•
𐤋𐤅 𐤅𐤇𐤈𐤀𐤉 𐤇𐤌𐤎 𐤍𐤐𐤔𐤅 𐤊𐤋 𐤌𐤔𐤍𐤀𐤉 𐤀𐤄𐤁𐤅 𐤌𐤅𐤕•

פרק ט

א חכמות בנתה ביתה חצבה עמודיה שבעה.
ב טבחה טבחה מסכה יינה אף ערכה שלחנה.
ג שלחה נערתיה תקרא על גפי מרמי קרת.
ד מי פתי יסר הנה חסר לב אמרה לו.
ה לכו לחמו בלחמי ושתו ביין מסכתי.
ו עזבו פתאים וחיו ואשרו בדרך בינה.
ז יסר לץ לקח לו קלון ומוכיח לרשע מומו.
ח אל תוכח לץ פן ישנאך הוכח לחכם ויאהבך.
ט תן לחכם ויחכם עוד הודע לצדיק ויוסף לקח.
י תחלת חכמה יראת יהוה ודעת קדשים בינה.
יא כי בי ירבו ימיך ויוסיפו לך שנות חיים.
יב אם חכמת חכמת לך ולצת לבדך תשא.
יג אשת כסילות המיה פתיות ובל ידעה מה.
יד וישבה לפתח ביתה על כסא מרמי קרת.
טו לקרא לעברי דרך המישרים ארחותם.
טז מי פתי יסר הנה וחסר לב ואמרה לו.
יז מים גנובים ימתקו ולחם סתרים ינעם.
יח ולא ידע כי רפאים שם בעמקי שאול קראיה.

פרק י

א משלי שלמה בן חכם ישמח אב ובן כסיל תוגת אמו.
ב לא יועילו אוצרות רשע וצדקה תציל ממות.
ג לא ירעיב יהוה נפש צדיק והות רשעים יהדף.
ד ראש עשה כף רמיה ויד חרוצים תעשיר.
ה אגר בקיץ בן משכיל נרדם בקציר בן מביש.
ו ברכות לראש צדיק ופי רשעים יכסה חמס.
ז זכר צדיק לברכה ושם רשעים ירקב.
ח חכם לב יקח מצות ואויל שפתים ילבט.
ט הולך בתם ילך בטח ומעקש דרכיו יודע.
י קרץ עין יתן עצבת ואויל שפתים ילבט.
יא מקור חיים פי צדיק ופי רשעים יכסה חמס.
יב שנאה תעורר מדנים ועל כל פשעים תכסה אהבה.

𐤌𐤔𐤋𐤉

𐤉𐤂 𐤁𐤔𐤐𐤕𐤉 𐤍𐤁𐤅𐤍 𐤕𐤌𐤑𐤀 𐤇𐤊𐤌𐤄 𐤅𐤔𐤁𐤈 𐤋𐤂𐤅 𐤇𐤎𐤓 𐤋𐤁•
𐤉𐤃 𐤇𐤊𐤌𐤉𐤌 𐤉𐤑𐤐𐤍𐤅 𐤃𐤏𐤕 𐤅𐤐𐤉 𐤀𐤅𐤉𐤋 𐤌𐤇𐤕𐤄 𐤒𐤓𐤁𐤄•
𐤈𐤅 𐤄𐤅𐤍 𐤏𐤔𐤉𐤓 𐤒𐤓𐤉𐤕 𐤏𐤆𐤅 𐤌𐤇𐤕𐤕 𐤃𐤋𐤉𐤌 𐤓𐤉𐤔𐤌•
𐤈𐤆 𐤐𐤏𐤋𐤕 𐤑𐤃𐤉𐤒 𐤋𐤇𐤉𐤉𐤌 𐤕𐤁𐤅𐤀𐤕 𐤓𐤔𐤏 𐤋𐤇𐤈𐤀𐤕•
𐤉𐤆 𐤀𐤓𐤇 𐤋𐤇𐤉𐤉𐤌 𐤔𐤅𐤌𐤓 𐤌𐤅𐤎𐤓 𐤅𐤏𐤅𐤆𐤁 𐤕𐤅𐤊𐤇𐤕 𐤌𐤕𐤏𐤄•
𐤉𐤇 𐤌𐤊𐤎𐤄 𐤔𐤍𐤀𐤄 𐤔𐤐𐤕𐤉 𐤔𐤒𐤓 𐤅𐤌𐤅𐤑𐤀 𐤃𐤁𐤄 𐤄𐤅𐤀 𐤊𐤎𐤉𐤋•
𐤉𐤈 𐤁𐤓𐤁 𐤃𐤁𐤓𐤉𐤌 𐤋𐤀 𐤉𐤇𐤃𐤋 𐤐𐤔𐤏 𐤅𐤇𐤅𐤔𐤊 𐤔𐤐𐤕𐤉𐤅 𐤌𐤔𐤊𐤉𐤋•
𐤊 𐤊𐤎𐤐 𐤍𐤁𐤇𐤓 𐤋𐤔𐤅𐤍 𐤑𐤃𐤉𐤒 𐤋𐤁 𐤓𐤔𐤏𐤉𐤌 𐤊𐤌𐤏𐤈•
𐤊𐤀 𐤔𐤐𐤕𐤉 𐤑𐤃𐤉𐤒 𐤉𐤓𐤏𐤅 𐤓𐤁𐤉𐤌 𐤅𐤀𐤅𐤉𐤋𐤉𐤌 𐤁𐤇𐤎𐤓 𐤋𐤁 𐤉𐤌𐤅𐤕𐤅•
𐤊𐤁 𐤁𐤓𐤊𐤕 𐤉𐤄𐤅𐤄 𐤄𐤉𐤀 𐤕𐤏𐤔𐤉𐤓 𐤅𐤋𐤀 𐤉𐤅𐤎𐤐 𐤏𐤑𐤁 𐤏𐤌𐤄•
𐤊𐤂 𐤊𐤔𐤇𐤅𐤒 𐤋𐤊𐤎𐤉𐤋 𐤏𐤔𐤅𐤕 𐤆𐤌𐤄 𐤅𐤇𐤊𐤌𐤄 𐤋𐤀𐤉𐤔 𐤕𐤁𐤅𐤍𐤄•
𐤊𐤃 𐤌𐤂𐤅𐤓𐤕 𐤓𐤔𐤏 𐤄𐤉𐤀 𐤕𐤁𐤅𐤀𐤍𐤅 𐤅𐤕𐤀𐤅𐤕 𐤑𐤃𐤉𐤒𐤉𐤌 𐤉𐤕𐤍•
𐤊𐤄 𐤊𐤏𐤁𐤅𐤓 𐤎𐤅𐤐𐤄 𐤅𐤀𐤉𐤍 𐤓𐤔𐤏 𐤅𐤑𐤃𐤉𐤒 𐤉𐤎𐤅𐤃 𐤏𐤅𐤋𐤌•
𐤊𐤅 𐤊𐤇𐤌𐤑 𐤋𐤔𐤍𐤉𐤌 𐤅𐤊𐤏𐤔𐤍 𐤋𐤏𐤉𐤍𐤉𐤌 𐤊𐤍 𐤄𐤏𐤑𐤋 𐤋𐤔𐤋𐤇𐤉𐤅•
𐤊𐤆 𐤉𐤓𐤀𐤕 𐤉𐤄𐤅𐤄 𐤕𐤅𐤎𐤉𐤐 𐤉𐤌𐤉𐤌 𐤅𐤔𐤍𐤅𐤕 𐤓𐤔𐤏𐤉𐤌 𐤕𐤒𐤑𐤓𐤍𐤄•
𐤊𐤇 𐤕𐤅𐤇𐤋𐤕 𐤑𐤃𐤉𐤒𐤉𐤌 𐤔𐤌𐤇𐤄 𐤅𐤕𐤒𐤅𐤕 𐤓𐤔𐤏𐤉𐤌 𐤕𐤀𐤁𐤃•
𐤊𐤈 𐤌𐤏𐤅𐤆 𐤋𐤕𐤌 𐤃𐤓𐤊 𐤉𐤄𐤅𐤄 𐤅𐤌𐤇𐤕𐤄 𐤋𐤐𐤏𐤋𐤉 𐤀𐤅𐤍•
𐤋 𐤑𐤃𐤉𐤒 𐤋𐤏𐤅𐤋𐤌 𐤁𐤋 𐤉𐤌𐤅𐤈 𐤅𐤓𐤔𐤏𐤉𐤌 𐤋𐤀 𐤉𐤔𐤊𐤍𐤅 𐤀𐤓𐤑•
𐤋𐤀 𐤐𐤉 𐤑𐤃𐤉𐤒 𐤉𐤍𐤅𐤁 𐤇𐤊𐤌𐤄 𐤅𐤋𐤔𐤅𐤍 𐤕𐤄𐤐𐤊𐤅𐤕 𐤕𐤊𐤓𐤕•
𐤋𐤁 𐤔𐤐𐤕𐤉 𐤑𐤃𐤉𐤒 𐤉𐤃𐤏𐤅𐤍 𐤓𐤑𐤅𐤍 𐤅𐤐𐤉 𐤓𐤔𐤏𐤉𐤌 𐤕𐤄𐤐𐤊𐤅𐤕•

𐤐𐤓𐤒 𐤉𐤀

𐤀 𐤌𐤀𐤆𐤍𐤉 𐤌𐤓𐤌𐤄 𐤕𐤅𐤏𐤁𐤕 𐤉𐤄𐤅𐤄 𐤅𐤀𐤁𐤍 𐤔𐤋𐤌𐤄 𐤓𐤑𐤅𐤍𐤅•
𐤁 𐤁𐤀 𐤆𐤃𐤅𐤍 𐤅𐤉𐤁𐤀 𐤒𐤋𐤅𐤍 𐤅𐤀𐤕 𐤑𐤍𐤅𐤏𐤉𐤌 𐤇𐤊𐤌𐤄•
𐤂 𐤕𐤌𐤕 𐤉𐤔𐤓𐤉𐤌 𐤕𐤍𐤇𐤌 𐤅𐤎𐤋𐤐 𐤁𐤂𐤃𐤉𐤌 𐤅𐤔𐤃𐤌 [𐤉𐤔𐤃𐤌]•
𐤃 𐤋𐤀 𐤉𐤅𐤏𐤉𐤋 𐤄𐤅𐤍 𐤁𐤉𐤅𐤌 𐤏𐤁𐤓𐤄 𐤅𐤑𐤃𐤒𐤄 𐤕𐤑𐤉𐤋 𐤌𐤌𐤅𐤕•
𐤄 𐤑𐤃𐤒𐤕 𐤕𐤌𐤉𐤌 𐤕𐤉𐤔𐤓 𐤃𐤓𐤊𐤅 𐤅𐤁𐤓𐤔𐤏𐤕𐤅 𐤉𐤐𐤋 𐤓𐤔𐤏•
𐤅 𐤑𐤃𐤒𐤕 𐤉𐤔𐤓𐤉𐤌 𐤕𐤑𐤉𐤋𐤌 𐤅𐤁𐤄𐤅𐤕 𐤁𐤂𐤃𐤉𐤌 𐤉𐤋𐤊𐤃𐤅•
𐤆 𐤁𐤌𐤅𐤕 𐤀𐤃𐤌 𐤓𐤔𐤏 𐤕𐤀𐤁𐤃 𐤕𐤒𐤅𐤄 𐤅𐤕𐤅𐤇𐤋𐤕 𐤀𐤅𐤍𐤉𐤌 𐤀𐤁𐤃𐤄•
𐤇 𐤑𐤃𐤉𐤒 𐤌𐤑𐤓𐤄 𐤍𐤇𐤋𐤑 𐤅𐤉𐤁𐤀 𐤓𐤔𐤏 𐤕𐤇𐤕𐤉𐤅•
𐤈 𐤁𐤐𐤄 𐤇𐤍𐤐 𐤉𐤔𐤇𐤕 𐤓𐤏𐤄𐤅 𐤅𐤁𐤃𐤏𐤕 𐤑𐤃𐤉𐤒𐤉𐤌 𐤉𐤇𐤋𐤑𐤅•
𐤉 𐤁𐤈𐤅𐤁 𐤑𐤃𐤉𐤒𐤉𐤌 𐤕𐤏𐤋𐤑 𐤒𐤓𐤉𐤄 𐤅𐤁𐤀𐤁𐤃 𐤓𐤔𐤏𐤉𐤌 𐤓𐤍𐤄•
𐤉𐤀 𐤁𐤁𐤓𐤊𐤕 𐤉𐤔𐤓𐤉𐤌 𐤕𐤓𐤅𐤌 𐤒𐤓𐤕 𐤅𐤁𐤐𐤉 𐤓𐤔𐤏𐤉𐤌 𐤕𐤄𐤓𐤎•

משלי

יב בז לרעהו חסר לב ואיש תבונות יחריש•
יג הולך רכיל מגלה סוד ונאמן רוח מכסה דבר•
יד באין תחבלות יפל עם ותשועה ברב יועץ•
טו רע ירוע כי ערב זר ושנא תקעים בוטח•
טז אשת חן תתמך כבוד ועריצים יתמכו עשר•
יז גמל נפשו איש חסד ועכר שארו אכזרי•
יח רשע עשה פעלת שקר וזרע צדקה שכר אמת•
יט כן צדקה לחיים ומרדף רעה למותו•
כ תועבת יהוה עקשי לב ורצונו תמימי דרך•
כא יד ליד לא ינקה וזרע צדיקים נמלט•
כב נזם זהב באף חזיר אשה יפה וסרת טעם•
כג תאות צדיקים אך טוב תקות רשעים עברה•
כד יש מפזר ונוסף עוד וחשך מישר אך למחסור•
כה נפש ברכה תדשן ומרוה גם הוא יורא•
כו מנע בר יקבהו לאום וברכה לראש משביר•
כז שחר טוב יבקש רצון ודרש רעה תבואנו•
כח בוטח בעשרו הוא יפל וכעלה צדיקים יפרחו•
כט עכר ביתו ינחל רוח ועבד אויל לחכם לב•
ל פרי צדיק עץ חיים ולקח נפשות חכם•
לא הן צדיק בארץ ישלם אף כי רשע וחוטא•

פרק יב

א אהב מוסר אהב דעת ושונא תוכחת בער•
ב טוב יפיק רצון מיהוה ואיש מזמות ירשיע•
ג לא יכון אדם ברשע ושרש צדיקים בל ימוט•
ד אשת חיל עטרת בעלה וכרקב בעצמותיו מבישה•
ה מחשבות צדיקים משפט תחבלות רשעים מרמה•
ו דברי רשעים ארב דם ופי ישרים יצילם•
ז הפוך רשעים ואינם ובית צדיקים יעמד•
ח לפי שכלו יהלל איש ונעוה לב יהיה לבוז•
ט טוב נקלה ועבד לו ממתכבד וחסר לחם•
י יודע צדיק נפש בהמתו ורחמי רשעים אכזרי•
יא עבד אדמתו ישבע לחם ומרדף ריקים חסר לב•

𐤌𐤔𐤋𐤉

𐤉𐤁 𐤇𐤌𐤃 𐤓𐤔𐤏 𐤌𐤑𐤅𐤃 𐤓𐤏𐤉𐤌 𐤅𐤔𐤓𐤔 𐤑𐤃𐤉𐤒𐤉𐤌 𐤉𐤕𐤍•
𐤉𐤂 𐤁𐤐𐤔𐤏 𐤔𐤐𐤕𐤉𐤌 𐤌𐤅𐤒𐤔 𐤓𐤏 𐤅𐤉𐤑𐤀 𐤌𐤑𐤓𐤄 𐤑𐤃𐤉𐤒•
𐤉𐤃 𐤌𐤐𐤓𐤉 𐤐𐤉 𐤀𐤉𐤔 𐤉𐤔𐤁𐤏 𐤈𐤅𐤁 𐤅𐤂𐤌𐤅𐤋 𐤉𐤃𐤉 𐤀𐤃𐤌 𐤉𐤔𐤅𐤁 [𐤉𐤔𐤉𐤁] 𐤋𐤅•
𐤈𐤅 𐤃𐤓𐤊 𐤀𐤅𐤉𐤋 𐤉𐤔𐤓 𐤁𐤏𐤉𐤍𐤉𐤅 𐤅𐤔𐤌𐤏 𐤋𐤏𐤑𐤄 𐤇𐤊𐤌•
𐤈𐤆 𐤀𐤅𐤉𐤋 𐤁𐤉𐤅𐤌 𐤉𐤅𐤃𐤏 𐤊𐤏𐤎𐤅 𐤅𐤊𐤎𐤄 𐤒𐤋𐤅𐤍 𐤏𐤓𐤅𐤌•
𐤉𐤆 𐤉𐤐𐤉𐤇 𐤀𐤌𐤅𐤍𐤄 𐤉𐤂𐤉𐤃 𐤑𐤃𐤒 𐤅𐤏𐤃 𐤔𐤒𐤓𐤉𐤌 𐤌𐤓𐤌𐤄•
𐤉𐤇 𐤉𐤔 𐤁𐤅𐤈𐤄 𐤊𐤌𐤃𐤒𐤓𐤅𐤕 𐤇𐤓𐤁 𐤅𐤋𐤔𐤅𐤍 𐤇𐤊𐤌𐤉𐤌 𐤌𐤓𐤐𐤀•
𐤉𐤈 𐤔𐤐𐤕 𐤀𐤌𐤕 𐤕𐤊𐤅𐤍 𐤋𐤏𐤃 𐤅𐤏𐤃 𐤀𐤓𐤂𐤉𐤏𐤄 𐤋𐤔𐤅𐤍 𐤔𐤒𐤓•
𐤊 𐤌𐤓𐤌𐤄 𐤁𐤋𐤁 𐤇𐤓𐤔𐤉 𐤓𐤏 𐤅𐤋𐤉𐤏𐤑𐤉 𐤔𐤋𐤅𐤌 𐤔𐤌𐤇𐤄•
𐤊𐤀 𐤋𐤀 𐤉𐤀𐤍𐤄 𐤋𐤑𐤃𐤉𐤒 𐤊𐤋 𐤀𐤅𐤍 𐤅𐤓𐤔𐤏𐤉𐤌 𐤌𐤋𐤀𐤅 𐤓𐤏•
𐤊𐤁 𐤕𐤅𐤏𐤁𐤕 𐤉𐤄𐤅𐤄 𐤔𐤐𐤕𐤉 𐤔𐤒𐤓 𐤅𐤏𐤔𐤉 𐤀𐤌𐤅𐤍𐤄 𐤓𐤑𐤅𐤍𐤅•
𐤊𐤂 𐤀𐤃𐤌 𐤏𐤓𐤅𐤌 𐤊𐤎𐤄 𐤃𐤏𐤕 𐤅𐤋𐤁 𐤊𐤎𐤉𐤋𐤉𐤌 𐤉𐤒𐤓𐤀 𐤀𐤅𐤋𐤕•
𐤊𐤃 𐤉𐤃 𐤇𐤓𐤅𐤑𐤉𐤌 𐤕𐤌𐤔𐤅𐤋 𐤅𐤓𐤌𐤉𐤄 𐤕𐤄𐤉𐤄 𐤋𐤌𐤎•
𐤊𐤄 𐤃𐤀𐤂𐤄 𐤁𐤋𐤁 𐤀𐤉𐤔 𐤉𐤔𐤇𐤍𐤄 𐤅𐤃𐤁𐤓 𐤈𐤅𐤁 𐤉𐤔𐤌𐤇𐤍𐤄•
𐤊𐤅 𐤉𐤕𐤓 𐤌𐤓𐤏𐤄𐤅 𐤑𐤃𐤉𐤒 𐤅𐤃𐤓𐤊 𐤓𐤔𐤏𐤉𐤌 𐤕𐤕𐤏𐤌•
𐤊𐤆 𐤋𐤀 𐤉𐤇𐤓𐤊 𐤓𐤌𐤉𐤄 𐤑𐤉𐤃𐤅 𐤅𐤄𐤅𐤍 𐤀𐤃𐤌 𐤉𐤒𐤓 𐤇𐤓𐤅𐤑•
𐤊𐤇 𐤁𐤀𐤓𐤇 𐤑𐤃𐤒𐤄 𐤇𐤉𐤉𐤌 𐤅𐤃𐤓𐤊 𐤍𐤕𐤉𐤁𐤄 𐤀𐤋 𐤌𐤅𐤕•

𐤐𐤓𐤒 𐤉𐤂

𐤀 𐤁𐤍 𐤇𐤊𐤌 𐤌𐤅𐤎𐤓 𐤀𐤁 𐤅𐤋𐤑 𐤋𐤀 𐤔𐤌𐤏 𐤂𐤏𐤓𐤄•
𐤁 𐤌𐤐𐤓𐤉 𐤐𐤉 𐤀𐤉𐤔 𐤉𐤀𐤊𐤋 𐤈𐤅𐤁 𐤅𐤍𐤐𐤔 𐤁𐤂𐤃𐤉𐤌 𐤇𐤌𐤎•
𐤂 𐤍𐤑𐤓 𐤐𐤉𐤅 𐤔𐤌𐤓 𐤍𐤐𐤔𐤅 𐤐𐤔𐤒 𐤔𐤐𐤕𐤉𐤅 𐤌𐤇𐤕𐤄 𐤋𐤅•
𐤃 𐤌𐤕𐤀𐤅𐤄 𐤅𐤀𐤉𐤍 𐤍𐤐𐤔𐤅 𐤏𐤑𐤋 𐤅𐤍𐤐𐤔 𐤇𐤓𐤑𐤉𐤌 𐤕𐤃𐤔𐤍•
𐤄 𐤃𐤁𐤓 𐤔𐤒𐤓 𐤉𐤔𐤍𐤀 𐤑𐤃𐤉𐤒 𐤅𐤓𐤔𐤏 𐤉𐤁𐤀𐤉𐤔 𐤅𐤉𐤇𐤐𐤉𐤓•
𐤅 𐤑𐤃𐤒𐤄 𐤕𐤑𐤓 𐤕𐤌 𐤃𐤓𐤊 𐤅𐤓𐤔𐤏𐤄 𐤕𐤎𐤋𐤐 𐤇𐤈𐤀𐤕•
𐤆 𐤉𐤔 𐤌𐤕𐤏𐤔𐤓 𐤅𐤀𐤉𐤍 𐤊𐤋 𐤌𐤕𐤓𐤅𐤔𐤔 𐤅𐤄𐤅𐤍 𐤓𐤁•
𐤇 𐤊𐤐𐤓 𐤍𐤐𐤔 𐤀𐤉𐤔 𐤏𐤔𐤓𐤅 𐤅𐤓𐤔 𐤋𐤀 𐤔𐤌𐤏 𐤂𐤏𐤓𐤄•
𐤈 𐤀𐤅𐤓 𐤑𐤃𐤉𐤒𐤉𐤌 𐤉𐤔𐤌𐤇 𐤅𐤍𐤓 𐤓𐤔𐤏𐤉𐤌 𐤉𐤃𐤏𐤊•
𐤉 𐤓𐤒 𐤁𐤆𐤃𐤅𐤍 𐤉𐤕𐤍 𐤌𐤑𐤄 𐤅𐤀𐤕 𐤍𐤅𐤏𐤑𐤉𐤌 𐤇𐤊𐤌𐤄•
𐤉𐤀 𐤄𐤅𐤍 𐤌𐤄𐤁𐤋 𐤉𐤌𐤏𐤈 𐤅𐤒𐤁𐤑 𐤏𐤋 𐤉𐤃 𐤉𐤓𐤁𐤄•
𐤉𐤁 𐤕𐤅𐤇𐤋𐤕 𐤌𐤌𐤔𐤊𐤄 𐤌𐤇𐤋𐤄 𐤋𐤁 𐤅𐤏𐤑 𐤇𐤉𐤉𐤌 𐤕𐤀𐤅𐤄 𐤁𐤀𐤄•
𐤉𐤂 𐤁𐤆 𐤋𐤃𐤁𐤓 𐤉𐤇𐤁𐤋 𐤋𐤅 𐤅𐤉𐤓𐤀 𐤌𐤑𐤅𐤄 𐤄𐤅𐤀 𐤉𐤔𐤋𐤌•
𐤉𐤃 𐤕𐤅𐤓𐤕 𐤇𐤊𐤌 𐤌𐤒𐤅𐤓 𐤇𐤉𐤉𐤌 𐤋𐤎𐤅𐤓 𐤌𐤌𐤒𐤔𐤉 𐤌𐤅𐤕•

𐤌𐤔𐤋𐤉

𐤈𐤅 𐤔𐤊𐤋 𐤈𐤅𐤁 𐤉𐤕𐤍 𐤇𐤍 𐤅𐤃𐤓𐤊 𐤁𐤂𐤃𐤉𐤌 𐤀𐤉𐤕𐤍.
𐤈𐤆 𐤊𐤋 𐤏𐤓𐤅𐤌 𐤉𐤏𐤔𐤄 𐤁𐤃𐤏𐤕 𐤅𐤊𐤎𐤉𐤋 𐤉𐤐𐤓𐤔 𐤀𐤅𐤋𐤕.
𐤉𐤆 𐤌𐤋𐤀𐤊 𐤓𐤔𐤏 𐤉𐤐𐤋 𐤁𐤓𐤏 𐤅𐤑𐤉𐤓 𐤀𐤌𐤅𐤍𐤉𐤌 𐤌𐤓𐤐𐤀.
𐤉𐤇 𐤓𐤉𐤔 𐤅𐤒𐤋𐤅𐤍 𐤐𐤅𐤓𐤏 𐤌𐤅𐤎𐤓 𐤅𐤔𐤅𐤌𐤓 𐤕𐤅𐤊𐤇𐤕 𐤉𐤊𐤁𐤃.
𐤉𐤈 𐤕𐤀𐤅𐤄 𐤍𐤄𐤉𐤄 𐤕𐤏𐤓𐤁 𐤋𐤍𐤐𐤔 𐤅𐤕𐤅𐤏𐤁𐤕 𐤊𐤎𐤉𐤋𐤉𐤌 𐤎𐤅𐤓 𐤌𐤓𐤏.
𐤊 𐤄𐤋𐤅𐤊 [𐤄𐤅𐤋𐤊] 𐤀𐤕 𐤇𐤊𐤌𐤉𐤌 𐤅𐤇𐤊𐤌 [𐤉𐤇𐤊𐤌] 𐤅𐤓𐤏𐤄 𐤊𐤎𐤉𐤋𐤉𐤌 𐤉𐤓𐤅𐤏.
𐤊𐤀 𐤇𐤈𐤀𐤉𐤌 𐤕𐤓𐤃𐤐 𐤓𐤏𐤄 𐤅𐤀𐤕 𐤑𐤃𐤉𐤒𐤉𐤌 𐤉𐤔𐤋𐤌 𐤈𐤅𐤁.
𐤊𐤁 𐤈𐤅𐤁 𐤉𐤍𐤇𐤉𐤋 𐤁𐤍𐤉 𐤁𐤍𐤉𐤌 𐤅𐤑𐤐𐤅𐤍 𐤋𐤇𐤅𐤈𐤀 𐤇𐤉𐤋 𐤑𐤃𐤉𐤒.
𐤊𐤂 𐤓𐤁 𐤀𐤊𐤋 𐤍𐤉𐤓 𐤓𐤀𐤔𐤉𐤌 𐤅𐤉𐤔 𐤍𐤎𐤐𐤄 𐤁𐤋𐤀 𐤌𐤔𐤐𐤈.
𐤊𐤃 𐤇𐤅𐤔𐤊 𐤔𐤁𐤈𐤅 𐤔𐤅𐤍𐤀 𐤁𐤍𐤅 𐤅𐤀𐤄𐤁𐤅 𐤔𐤇𐤓𐤅 𐤌𐤅𐤎𐤓.
𐤊𐤄 𐤑𐤃𐤉𐤒 𐤀𐤊𐤋 𐤋𐤔𐤁𐤏 𐤍𐤐𐤔𐤅 𐤅𐤁𐤈𐤍 𐤓𐤔𐤏𐤉𐤌 𐤕𐤇𐤎𐤓.

𐤐𐤓𐤒 𐤉𐤃

𐤀 𐤇𐤊𐤌𐤅𐤕 𐤍𐤔𐤉𐤌 𐤁𐤍𐤕𐤄 𐤁𐤉𐤕𐤄 𐤅𐤀𐤅𐤋𐤕 𐤁𐤉𐤃𐤉𐤄 𐤕𐤄𐤓𐤎𐤍𐤅.
𐤁 𐤄𐤅𐤋𐤊 𐤁𐤉𐤔𐤓𐤅 𐤉𐤓𐤀 𐤉𐤄𐤅𐤄 𐤅𐤍𐤋𐤅𐤆 𐤃𐤓𐤊𐤉𐤅 𐤁𐤅𐤆𐤄𐤅.
𐤂 𐤁𐤐𐤉 𐤀𐤅𐤉𐤋 𐤇𐤈𐤓 𐤂𐤀𐤅𐤄 𐤅𐤔𐤐𐤕𐤉 𐤇𐤊𐤌𐤉𐤌 𐤕𐤔𐤌𐤅𐤓𐤌.
𐤃 𐤁𐤀𐤉𐤍 𐤀𐤋𐤐𐤉𐤌 𐤀𐤁𐤅𐤎 𐤁𐤓 𐤅𐤓𐤁 𐤕𐤁𐤅𐤀𐤅𐤕 𐤁𐤊𐤇 𐤔𐤅𐤓.
𐤄 𐤏𐤃 𐤀𐤌𐤅𐤍𐤉𐤌 𐤋𐤀 𐤉𐤊𐤆𐤁 𐤅𐤉𐤐𐤉𐤇 𐤊𐤆𐤁𐤉𐤌 𐤏𐤃 𐤔𐤒𐤓.
𐤅 𐤁𐤒𐤔 𐤋𐤑 𐤇𐤊𐤌𐤄 𐤅𐤀𐤉𐤍 𐤅𐤃𐤏𐤕 𐤋𐤍𐤁𐤅𐤍 𐤍𐤒𐤋.
𐤆 𐤋𐤊 𐤌𐤍𐤂𐤃 𐤋𐤀𐤉𐤔 𐤊𐤎𐤉𐤋 𐤅𐤁𐤋 𐤉𐤃𐤏𐤕 𐤔𐤐𐤕𐤉 𐤃𐤏𐤕.
𐤇 𐤇𐤊𐤌𐤕 𐤏𐤓𐤅𐤌 𐤄𐤁𐤉𐤍 𐤃𐤓𐤊𐤅 𐤅𐤀𐤅𐤋𐤕 𐤊𐤎𐤉𐤋𐤉𐤌 𐤌𐤓𐤌𐤄.
𐤈 𐤀𐤅𐤋𐤉𐤌 𐤉𐤋𐤉𐤑 𐤀𐤔𐤌 𐤅𐤁𐤉𐤍 𐤉𐤔𐤓𐤉𐤌 𐤓𐤑𐤅𐤍.
𐤉 𐤋𐤁 𐤉𐤅𐤃𐤏 𐤌𐤓𐤕 𐤍𐤐𐤔𐤅 𐤅𐤁𐤔𐤌𐤇𐤕𐤅 𐤋𐤀 𐤉𐤕𐤏𐤓𐤁 𐤆𐤓.
𐤉𐤀 𐤁𐤉𐤕 𐤓𐤔𐤏𐤉𐤌 𐤉𐤔𐤌𐤃 𐤅𐤀𐤄𐤋 𐤉𐤔𐤓𐤉𐤌 𐤉𐤐𐤓𐤉𐤇.
𐤉𐤁 𐤉𐤔 𐤃𐤓𐤊 𐤉𐤔𐤓 𐤋𐤐𐤍𐤉 𐤀𐤉𐤔 𐤅𐤀𐤇𐤓𐤉𐤕𐤄 𐤃𐤓𐤊𐤉 𐤌𐤅𐤕.
𐤉𐤂 𐤂𐤌 𐤁𐤔𐤇𐤒 𐤉𐤊𐤀𐤁 𐤋𐤁 𐤅𐤀𐤇𐤓𐤉𐤕𐤄 𐤔𐤌𐤇𐤄 𐤕𐤅𐤂𐤄.
𐤉𐤃 𐤌𐤃𐤓𐤊𐤉𐤅 𐤉𐤔𐤁𐤏 𐤎𐤅𐤂 𐤋𐤁 𐤅𐤌𐤏𐤋𐤉𐤅 𐤀𐤉𐤔 𐤈𐤅𐤁.
𐤈𐤅 𐤐𐤕𐤉 𐤉𐤀𐤌𐤉𐤍 𐤋𐤊𐤋 𐤃𐤁𐤓 𐤅𐤏𐤓𐤅𐤌 𐤉𐤁𐤉𐤍 𐤋𐤀𐤔𐤓𐤅.
𐤈𐤆 𐤇𐤊𐤌 𐤉𐤓𐤀 𐤅𐤎𐤓 𐤌𐤓𐤏 𐤅𐤊𐤎𐤉𐤋 𐤌𐤕𐤏𐤁𐤓 𐤅𐤁𐤅𐤈𐤇.
𐤉𐤆 𐤒𐤑𐤓 𐤀𐤐𐤉𐤌 𐤉𐤏𐤔𐤄 𐤀𐤅𐤋𐤕 𐤅𐤀𐤉𐤔 𐤌𐤆𐤌𐤅𐤕 𐤉𐤔𐤍𐤀.
𐤉𐤇 𐤍𐤇𐤋𐤅 𐤐𐤕𐤀𐤉𐤌 𐤀𐤅𐤋𐤕 𐤅𐤏𐤓𐤅𐤌𐤉𐤌 𐤉𐤊𐤕𐤓𐤅 𐤃𐤏𐤕.
𐤉𐤈 𐤔𐤇𐤅 𐤓𐤏𐤉𐤌 𐤋𐤐𐤍𐤉 𐤈𐤅𐤁𐤉𐤌 𐤅𐤓𐤔𐤏𐤉𐤌 𐤏𐤋 𐤔𐤏𐤓𐤉 𐤑𐤃𐤉𐤒.
𐤊 𐤂𐤌 𐤋𐤓𐤏𐤄𐤅 𐤉𐤔𐤍𐤀 𐤓𐤔 𐤅𐤀𐤄𐤁𐤉 𐤏𐤔𐤉𐤓 𐤓𐤁𐤉𐤌.

𐤊𐤀 𐤁𐤆 𐤋𐤓𐤏𐤄𐤅 𐤇𐤅𐤈𐤀 𐤅𐤌𐤇𐤅𐤍𐤍 𐤏𐤍𐤉𐤉𐤌 [𐤏𐤍𐤅𐤉𐤌] 𐤀𐤔𐤓𐤉𐤅•
𐤊𐤁 𐤄𐤋𐤅𐤀 𐤉𐤕𐤏𐤅 𐤇𐤓𐤔𐤉 𐤓𐤏 𐤅𐤇𐤎𐤃 𐤅𐤀𐤌𐤕 𐤇𐤓𐤔𐤉 𐤈𐤅𐤁•
𐤊𐤂 𐤁𐤊𐤋 𐤏𐤑𐤁 𐤉𐤄𐤉𐤄 𐤌𐤅𐤕𐤓 𐤅𐤃𐤁𐤓 𐤔𐤐𐤕𐤉𐤌 𐤀𐤊 𐤋𐤌𐤇𐤎𐤅𐤓•
𐤊𐤃 𐤏𐤈𐤓𐤕 𐤇𐤊𐤌𐤉𐤌 𐤏𐤔𐤓𐤌 𐤀𐤅𐤋𐤕 𐤊𐤎𐤉𐤋𐤉𐤌 𐤀𐤅𐤋𐤕•
𐤊𐤄 𐤌𐤑𐤉𐤋 𐤍𐤐𐤔𐤅𐤕 𐤏𐤃 𐤀𐤌𐤕 𐤅𐤉𐤐𐤇 𐤊𐤆𐤁𐤉𐤌 𐤌𐤓𐤌𐤄•
𐤊𐤅 𐤁𐤉𐤓𐤀𐤕 𐤉𐤄𐤅𐤄 𐤌𐤁𐤈𐤇 𐤏𐤆 𐤅𐤋𐤁𐤍𐤉𐤅 𐤉𐤄𐤉𐤄 𐤌𐤇𐤎𐤄•
𐤊𐤆 𐤉𐤓𐤀𐤕 𐤉𐤄𐤅𐤄 𐤌𐤒𐤅𐤓 𐤇𐤉𐤉𐤌 𐤋𐤎𐤅𐤓 𐤌𐤌𐤒𐤔𐤉 𐤌𐤅𐤕•
𐤊𐤇 𐤁𐤓𐤁 𐤏𐤌 𐤄𐤃𐤓𐤕 𐤌𐤋𐤊 𐤅𐤁𐤀𐤐𐤎 𐤋𐤀𐤌 𐤌𐤇𐤕𐤕 𐤓𐤆𐤅𐤍•
𐤊𐤈 𐤀𐤓𐤊 𐤀𐤐𐤉𐤌 𐤓𐤁 𐤕𐤁𐤅𐤍𐤄 𐤅𐤒𐤑𐤓 𐤓𐤅𐤇 𐤌𐤓𐤉𐤌 𐤀𐤅𐤋𐤕•
𐤋 𐤇𐤉𐤉 𐤁𐤔𐤓𐤉𐤌 𐤋𐤁 𐤌𐤓𐤐𐤀 𐤅𐤓𐤒𐤁 𐤏𐤑𐤌𐤅𐤕 𐤒𐤍𐤀𐤄•
𐤋𐤀 𐤏𐤔𐤒 𐤃𐤋 𐤇𐤓𐤐 𐤏𐤔𐤄𐤅 𐤅𐤌𐤊𐤁𐤃𐤅 𐤇𐤍𐤍 𐤀𐤁𐤉𐤅𐤍•
𐤋𐤁 𐤁𐤓𐤏𐤕𐤅 𐤉𐤃𐤇𐤄 𐤓𐤔𐤏 𐤅𐤇𐤎𐤄 𐤁𐤌𐤅𐤕𐤅 𐤑𐤃𐤉𐤒•
𐤋𐤂 𐤁𐤋𐤁 𐤍𐤁𐤅𐤍 𐤕𐤍𐤅𐤇 𐤇𐤊𐤌𐤄 𐤅𐤁𐤒𐤓𐤁 𐤊𐤎𐤉𐤋𐤉𐤌 𐤕𐤅𐤃𐤏•
𐤋𐤃 𐤑𐤃𐤒𐤄 𐤕𐤓𐤅𐤌𐤌 𐤂𐤅𐤉 𐤅𐤇𐤎𐤃 𐤋𐤀𐤌𐤉𐤌 𐤇𐤈𐤀𐤕•
𐤋𐤄 𐤓𐤑𐤅𐤍 𐤌𐤋𐤊 𐤋𐤏𐤁𐤃 𐤌𐤔𐤊𐤉𐤋 𐤅𐤏𐤁𐤓𐤕𐤅 𐤕𐤄𐤉𐤄 𐤌𐤁𐤉𐤔•

𐤐𐤓𐤒 𐤈𐤅

𐤀 𐤌𐤏𐤍𐤄 𐤓𐤊 𐤉𐤔𐤉𐤁 𐤇𐤌𐤄 𐤅𐤃𐤁𐤓 𐤏𐤑𐤁 𐤉𐤏𐤋𐤄 𐤀𐤐•
𐤁 𐤋𐤔𐤅𐤍 𐤇𐤊𐤌𐤉𐤌 𐤕𐤉𐤈𐤉𐤁 𐤃𐤏𐤕 𐤅𐤐𐤉 𐤊𐤎𐤉𐤋𐤉𐤌 𐤉𐤁𐤉𐤏 𐤀𐤅𐤋𐤕•
𐤂 𐤁𐤊𐤋 𐤌𐤒𐤅𐤌 𐤏𐤉𐤍𐤉 𐤉𐤄𐤅𐤄 𐤑𐤐𐤅𐤕 𐤓𐤏𐤉𐤌 𐤅𐤈𐤅𐤁𐤉𐤌•
𐤃 𐤌𐤓𐤐𐤀 𐤋𐤔𐤅𐤍 𐤏𐤑 𐤇𐤉𐤉𐤌 𐤅𐤎𐤋𐤐 𐤁𐤄 𐤔𐤁𐤓 𐤁𐤓𐤅𐤇•
𐤄 𐤀𐤅𐤉𐤋 𐤉𐤍𐤀𐤑 𐤌𐤅𐤎𐤓 𐤀𐤁𐤉𐤅 𐤅𐤔𐤌𐤓 𐤕𐤅𐤊𐤇𐤕 𐤉𐤏𐤓𐤌•
𐤅 𐤁𐤉𐤕 𐤑𐤃𐤉𐤒 𐤇𐤎𐤍 𐤓𐤁 𐤅𐤕𐤁𐤅𐤀𐤕 𐤓𐤔𐤏 𐤍𐤏𐤊𐤓𐤕•
𐤆 𐤔𐤐𐤕𐤉 𐤇𐤊𐤌𐤉𐤌 𐤉𐤆𐤓𐤅 𐤃𐤏𐤕 𐤅𐤋𐤁 𐤊𐤎𐤉𐤋𐤉𐤌 𐤋𐤀 𐤊𐤍•
𐤇 𐤆𐤁𐤇 𐤓𐤔𐤏𐤉𐤌 𐤕𐤅𐤏𐤁𐤕 𐤉𐤄𐤅𐤄 𐤅𐤕𐤐𐤋𐤕 𐤉𐤔𐤓𐤉𐤌 𐤓𐤑𐤅𐤍𐤅•
𐤈 𐤕𐤅𐤏𐤁𐤕 𐤉𐤄𐤅𐤄 𐤃𐤓𐤊 𐤓𐤔𐤏 𐤅𐤌𐤓𐤃𐤐 𐤑𐤃𐤒𐤄 𐤉𐤀𐤄𐤁•
𐤉 𐤌𐤅𐤎𐤓 𐤓𐤏 𐤋𐤏𐤆𐤁 𐤀𐤓𐤇 𐤔𐤅𐤍𐤀 𐤕𐤅𐤊𐤇𐤕 𐤉𐤌𐤅𐤕•
𐤉𐤀 𐤔𐤀𐤅𐤋 𐤅𐤀𐤁𐤃𐤅𐤍 𐤍𐤂𐤃 𐤉𐤄𐤅𐤄 𐤀𐤐 𐤊𐤉 𐤋𐤁𐤅𐤕 𐤁𐤍𐤉 𐤀𐤃𐤌•
𐤉𐤁 𐤋𐤀 𐤉𐤀𐤄𐤁 𐤋𐤑 𐤄𐤅𐤊𐤇 𐤋𐤅 𐤀𐤋 𐤇𐤊𐤌𐤉𐤌 𐤋𐤀 𐤉𐤋𐤊•
𐤉𐤂 𐤋𐤁 𐤔𐤌𐤇 𐤉𐤉𐤈𐤁 𐤐𐤍𐤉𐤌 𐤅𐤁𐤏𐤑𐤁𐤕 𐤋𐤁 𐤓𐤅𐤇 𐤍𐤊𐤀𐤄•
𐤉𐤃 𐤋𐤁 𐤍𐤁𐤅𐤍 𐤉𐤁𐤒𐤔 𐤃𐤏𐤕 𐤅𐤐𐤍𐤉 [𐤅𐤐𐤉] 𐤊𐤎𐤉𐤋𐤉𐤌 𐤉𐤓𐤏𐤄 𐤀𐤅𐤋𐤕•
𐤈𐤅 𐤊𐤋 𐤉𐤌𐤉 𐤏𐤍𐤉 𐤓𐤏𐤉𐤌 𐤅𐤈𐤅𐤁 𐤋𐤁 𐤌𐤔𐤕𐤄 𐤕𐤌𐤉𐤃•
𐤈𐤆 𐤈𐤅𐤁 𐤌𐤏𐤈 𐤁𐤉𐤓𐤀𐤕 𐤉𐤄𐤅𐤄 𐤌𐤀𐤅𐤑𐤓 𐤓𐤁 𐤅𐤌𐤄𐤅𐤌𐤄 𐤁𐤅•

𐤉𐤆 𐤈𐤅𐤁 𐤀𐤓𐤇𐤕 𐤉𐤓𐤒 𐤅𐤀𐤄𐤁𐤄 𐤔𐤌 𐤌𐤔𐤅𐤓 𐤀𐤁𐤅𐤎 𐤅𐤔𐤍𐤀𐤄 𐤁𐤅•
𐤉𐤇 𐤀𐤉𐤔 𐤇𐤌𐤄 𐤉𐤂𐤓𐤄 𐤌𐤃𐤅𐤍 𐤅𐤀𐤓𐤊 𐤀𐤐𐤉𐤌 𐤉𐤔𐤒𐤉𐤈 𐤓𐤉𐤁•
𐤉𐤈 𐤃𐤓𐤊 𐤏𐤑𐤋 𐤊𐤌𐤔𐤊𐤕 𐤇𐤃𐤒 𐤅𐤀𐤓𐤇 𐤉𐤔𐤓𐤉𐤌 𐤎𐤋𐤋𐤄•
𐤊 𐤁𐤍 𐤇𐤊𐤌 𐤉𐤔𐤌𐤇 𐤀𐤁 𐤅𐤊𐤎𐤉𐤋 𐤀𐤃𐤌 𐤁𐤅𐤆𐤄 𐤀𐤌𐤅•
𐤊𐤀 𐤀𐤅𐤋𐤕 𐤔𐤌𐤇𐤄 𐤋𐤇𐤎𐤓 𐤋𐤁 𐤅𐤀𐤉𐤔 𐤕𐤁𐤅𐤍𐤄 𐤉𐤉𐤔𐤓 𐤋𐤊𐤕•
𐤊𐤁 𐤄𐤐𐤓 𐤌𐤇𐤔𐤁𐤅𐤕 𐤁𐤀𐤉𐤍 𐤎𐤅𐤃 𐤅𐤁𐤓𐤁 𐤉𐤅𐤏𐤑𐤉𐤌 𐤕𐤒𐤅𐤌•
𐤊𐤂 𐤔𐤌𐤇𐤄 𐤋𐤀𐤉𐤔 𐤁𐤌𐤏𐤍𐤄 𐤐𐤉𐤅 𐤅𐤃𐤁𐤓 𐤁𐤏𐤕𐤅 𐤌𐤄 𐤈𐤅𐤁•
𐤊𐤃 𐤀𐤓𐤇 𐤇𐤉𐤉𐤌 𐤋𐤌𐤏𐤋𐤄 𐤋𐤌𐤔𐤊𐤉𐤋 𐤋𐤌𐤏𐤍 𐤎𐤅𐤓 𐤌𐤔𐤀𐤅𐤋 𐤌𐤈𐤄•
𐤊𐤄 𐤁𐤉𐤕 𐤂𐤀𐤉𐤌 𐤉𐤎𐤇 𐤉𐤄𐤅𐤄 𐤅𐤉𐤑𐤁 𐤂𐤁𐤅𐤋 𐤀𐤋𐤌𐤍𐤄•
𐤊𐤅 𐤕𐤅𐤏𐤁𐤕 𐤉𐤄𐤅𐤄 𐤌𐤇𐤔𐤁𐤅𐤕 𐤓𐤏 𐤅𐤈𐤄𐤓𐤉𐤌 𐤀𐤌𐤓𐤉 𐤍𐤏𐤌•
𐤊𐤆 𐤏𐤊𐤓 𐤁𐤉𐤕𐤅 𐤁𐤅𐤑𐤏 𐤁𐤑𐤏 𐤅𐤔𐤅𐤍𐤀 𐤌𐤕𐤍𐤕 𐤉𐤇𐤉𐤄•
𐤊𐤇 𐤋𐤁 𐤑𐤃𐤉𐤒 𐤉𐤄𐤂𐤄 𐤋𐤏𐤍𐤅𐤕 𐤅𐤐𐤉 𐤓𐤔𐤏𐤉𐤌 𐤉𐤁𐤉𐤏 𐤓𐤏𐤅𐤕•
𐤊𐤈 𐤓𐤇𐤅𐤒 𐤉𐤄𐤅𐤄 𐤌𐤓𐤔𐤏𐤉𐤌 𐤅𐤕𐤐𐤋𐤕 𐤑𐤃𐤉𐤒𐤉𐤌 𐤉𐤔𐤌𐤏•
𐤋 𐤌𐤀𐤅𐤓 𐤏𐤉𐤍𐤉𐤌 𐤉𐤔𐤌𐤇 𐤋𐤁 𐤔𐤌𐤅𐤏𐤄 𐤈𐤅𐤁𐤄 𐤕𐤃𐤔𐤍 𐤏𐤑𐤌•
𐤋𐤀 𐤀𐤆𐤍 𐤔𐤌𐤏𐤕 𐤕𐤅𐤊𐤇𐤕 𐤇𐤉𐤉𐤌 𐤁𐤒𐤓𐤁 𐤇𐤊𐤌𐤉𐤌 𐤕𐤋𐤉𐤍•
𐤋𐤁 𐤐𐤅𐤓𐤏 𐤌𐤅𐤎𐤓 𐤌𐤅𐤀𐤎 𐤍𐤐𐤔𐤅 𐤅𐤔𐤅𐤌𐤏 𐤕𐤅𐤊𐤇𐤕 𐤒𐤅𐤍𐤄 𐤋𐤁•
𐤋𐤂 𐤉𐤓𐤀𐤕 𐤉𐤄𐤅𐤄 𐤌𐤅𐤎𐤓 𐤇𐤊𐤌𐤄 𐤅𐤋𐤐𐤍𐤉 𐤊𐤁𐤅𐤃 𐤏𐤍𐤅𐤄•

𐤐𐤓𐤒 𐤈𐤆

𐤀 𐤋𐤀𐤃𐤌 𐤌𐤏𐤓𐤊𐤉 𐤋𐤁 𐤅𐤌𐤉𐤄𐤅𐤄 𐤌𐤏𐤍𐤄 𐤋𐤔𐤅𐤍•
𐤁 𐤊𐤋 𐤃𐤓𐤊𐤉 𐤀𐤉𐤔 𐤆𐤊 𐤁𐤏𐤉𐤍𐤉𐤅 𐤅𐤕𐤊𐤍 𐤓𐤅𐤇𐤅𐤕 𐤉𐤄𐤅𐤄•
𐤂 𐤂𐤋 𐤀𐤋 𐤉𐤄𐤅𐤄 𐤌𐤏𐤔𐤉𐤊 𐤅𐤉𐤊𐤍𐤅 𐤌𐤇𐤔𐤁𐤕𐤉𐤊•
𐤃 𐤊𐤋 𐤐𐤏𐤋 𐤉𐤄𐤅𐤄 𐤋𐤌𐤏𐤍𐤄𐤅 𐤅𐤂𐤌 𐤓𐤔𐤏 𐤋𐤉𐤅𐤌 𐤓𐤏𐤄•
𐤄 𐤕𐤅𐤏𐤁𐤕 𐤉𐤄𐤅𐤄 𐤊𐤋 𐤂𐤁𐤄 𐤋𐤁 𐤉𐤃 𐤋𐤉𐤃 𐤋𐤀 𐤉𐤍𐤒𐤄•
𐤅 𐤁𐤇𐤎𐤃 𐤅𐤀𐤌𐤕 𐤉𐤊𐤐𐤓 𐤏𐤅𐤍 𐤅𐤁𐤉𐤓𐤀𐤕 𐤉𐤄𐤅𐤄 𐤎𐤅𐤓 𐤌𐤓𐤏•
𐤆 𐤁𐤓𐤑𐤅𐤕 𐤉𐤄𐤅𐤄 𐤃𐤓𐤊𐤉 𐤀𐤉𐤔 𐤂𐤌 𐤀𐤅𐤉𐤁𐤉𐤅 𐤉𐤔𐤋𐤌 𐤀𐤕𐤅•
𐤇 𐤈𐤅𐤁 𐤌𐤏𐤈 𐤁𐤑𐤃𐤒𐤄 𐤌𐤓𐤁 𐤕𐤁𐤅𐤀𐤅𐤕 𐤁𐤋𐤀 𐤌𐤔𐤐𐤈•
𐤈 𐤋𐤁 𐤀𐤃𐤌 𐤉𐤇𐤔𐤁 𐤃𐤓𐤊𐤅 𐤅𐤉𐤄𐤅𐤄 𐤉𐤊𐤉𐤍 𐤑𐤏𐤃𐤅•
𐤉 𐤒𐤎𐤌 𐤏𐤋 𐤔𐤐𐤕𐤉 𐤌𐤋𐤊 𐤁𐤌𐤔𐤐𐤈 𐤋𐤀 𐤉𐤌𐤏𐤋 𐤐𐤉𐤅•
𐤉𐤀 𐤐𐤋𐤎 𐤅𐤌𐤀𐤆𐤍𐤉 𐤌𐤔𐤐𐤈 𐤋𐤉𐤄𐤅𐤄 𐤌𐤏𐤔𐤄𐤅 𐤊𐤋 𐤀𐤁𐤍𐤉 𐤊𐤉𐤎•
𐤉𐤁 𐤕𐤅𐤏𐤁𐤕 𐤌𐤋𐤊𐤉𐤌 𐤏𐤔𐤅𐤕 𐤓𐤔𐤏 𐤊𐤉 𐤁𐤑𐤃𐤒𐤄 𐤉𐤊𐤅𐤍 𐤊𐤎𐤀•
𐤉𐤂 𐤓𐤑𐤅𐤍 𐤌𐤋𐤊𐤉𐤌 𐤔𐤐𐤕𐤉 𐤑𐤃𐤒 𐤅𐤃𐤁𐤓 𐤉𐤔𐤓𐤉𐤌 𐤉𐤀𐤄𐤁•
𐤉𐤃 𐤇𐤌𐤕 𐤌𐤋𐤊 𐤌𐤋𐤀𐤊𐤉 𐤌𐤅𐤕 𐤅𐤀𐤉𐤔 𐤇𐤊𐤌 𐤉𐤊𐤐𐤓𐤍𐤄•

𐤌𐤔𐤋𐤉

𐤈𐤅 𐤁𐤀𐤅𐤓 𐤐𐤍𐤉 𐤌𐤋𐤊 𐤇𐤉𐤉𐤌 𐤅𐤓𐤑𐤅𐤍𐤅 𐤊𐤏𐤁 𐤌𐤋𐤒𐤅𐤔•
𐤈𐤆 𐤒𐤍𐤄 𐤇𐤊𐤌𐤄 𐤌𐤄 𐤈𐤅𐤁 𐤌𐤇𐤓𐤅𐤑 𐤅𐤒𐤍𐤅𐤕 𐤁𐤉𐤍𐤄 𐤍𐤁𐤇𐤓 𐤌𐤊𐤎𐤐•
𐤉𐤆 𐤌𐤎𐤋𐤕 𐤉𐤔𐤓𐤉𐤌 𐤎𐤅𐤓 𐤌𐤓𐤏 𐤔𐤌𐤓 𐤍𐤐𐤔𐤅 𐤍𐤑𐤓 𐤃𐤓𐤊𐤅•
𐤉𐤇 𐤋𐤐𐤍𐤉 𐤔𐤁𐤓 𐤂𐤀𐤅𐤍 𐤅𐤋𐤐𐤍𐤉 𐤊𐤔𐤋𐤅𐤍 𐤂𐤁𐤄 𐤓𐤅𐤇•
𐤉𐤈 𐤈𐤅𐤁 𐤔𐤐𐤋 𐤓𐤅𐤇 𐤀𐤕 𐤏𐤍𐤉𐤉𐤌 [𐤏𐤍𐤅𐤉𐤌] 𐤌𐤇𐤋𐤒 𐤔𐤋𐤋 𐤀𐤕 𐤂𐤀𐤉𐤌•
𐤊 𐤌𐤔𐤊𐤉𐤋 𐤏𐤋 𐤃𐤁𐤓 𐤉𐤌𐤑𐤀 𐤈𐤅𐤁 𐤅𐤁𐤅𐤈𐤇 𐤁𐤉𐤄𐤅𐤄 𐤀𐤔𐤓𐤉𐤅•
𐤊𐤀 𐤋𐤇𐤊𐤌 𐤋𐤁 𐤉𐤒𐤓𐤀 𐤍𐤁𐤅𐤍 𐤅𐤌𐤕𐤒 𐤔𐤐𐤕𐤉𐤌 𐤉𐤎𐤉𐤐 𐤋𐤒𐤇•
𐤊𐤁 𐤌𐤒𐤅𐤓 𐤇𐤉𐤉𐤌 𐤔𐤊𐤋 𐤁𐤏𐤋𐤉𐤅 𐤅𐤌𐤅𐤎𐤓 𐤀𐤅𐤋𐤉𐤌 𐤀𐤅𐤋𐤕•
𐤊𐤂 𐤋𐤁 𐤇𐤊𐤌 𐤉𐤔𐤊𐤉𐤋 𐤐𐤉𐤄𐤅 𐤅𐤏𐤋 𐤔𐤐𐤕𐤉𐤅 𐤉𐤎𐤉𐤐 𐤋𐤒𐤇•
𐤊𐤃 𐤑𐤅𐤐 𐤃𐤁𐤔 𐤀𐤌𐤓𐤉 𐤍𐤏𐤌 𐤌𐤕𐤅𐤒 𐤋𐤍𐤐𐤔 𐤅𐤌𐤓𐤐𐤀 𐤋𐤏𐤑𐤌•
𐤊𐤄 𐤉𐤔 𐤃𐤓𐤊 𐤉𐤔𐤓 𐤋𐤐𐤍𐤉 𐤀𐤉𐤔 𐤅𐤀𐤇𐤓𐤉𐤕𐤄 𐤃𐤓𐤊𐤉 𐤌𐤅𐤕•
𐤊𐤅 𐤍𐤐𐤔 𐤏𐤌𐤋 𐤏𐤌𐤋𐤄 𐤋𐤅 𐤊𐤉 𐤀𐤊𐤐 𐤏𐤋𐤉𐤅 𐤐𐤉𐤄𐤅•
𐤊𐤆 𐤀𐤉𐤔 𐤁𐤋𐤉𐤏𐤋 𐤊𐤓𐤄 𐤓𐤏𐤄 𐤅𐤏𐤋 𐤔𐤐𐤕𐤉𐤅 [𐤔𐤐𐤕𐤅] 𐤊𐤀𐤔 𐤑𐤓𐤁𐤕•
𐤊𐤇 𐤀𐤉𐤔 𐤕𐤄𐤐𐤊𐤅𐤕 𐤉𐤔𐤋𐤇 𐤌𐤃𐤅𐤍 𐤅𐤍𐤓𐤂𐤍 𐤌𐤐𐤓𐤉𐤃 𐤀𐤋𐤅𐤐•
𐤊𐤈 𐤀𐤉𐤔 𐤇𐤌𐤎 𐤉𐤐𐤕𐤄 𐤓𐤏𐤄𐤅 𐤅𐤄𐤅𐤋𐤉𐤊𐤅 𐤁𐤃𐤓𐤊 𐤋𐤀 𐤈𐤅𐤁•
𐤋 𐤏𐤑𐤄 𐤏𐤉𐤍𐤉𐤅 𐤋𐤇𐤔𐤁 𐤕𐤄𐤐𐤊𐤅𐤕 𐤒𐤓𐤑 𐤔𐤐𐤕𐤉𐤅 𐤊𐤋𐤄 𐤓𐤏𐤄•
𐤋𐤀 𐤏𐤈𐤓𐤕 𐤕𐤐𐤀𐤓𐤕 𐤔𐤉𐤁𐤄 𐤁𐤃𐤓𐤊 𐤑𐤃𐤒𐤄 𐤕𐤌𐤑𐤀•
𐤋𐤁 𐤈𐤅𐤁 𐤀𐤓𐤊 𐤀𐤐𐤉𐤌 𐤌𐤂𐤁𐤅𐤓 𐤅𐤌𐤔𐤋 𐤁𐤓𐤅𐤇𐤅 𐤌𐤋𐤊𐤃 𐤏𐤉𐤓•
𐤋𐤂 𐤁𐤇𐤉𐤒 𐤉𐤅𐤈𐤋 𐤀𐤕 𐤄𐤂𐤅𐤓𐤋 𐤅𐤌𐤉𐤄𐤅𐤄 𐤊𐤋 𐤌𐤔𐤐𐤈𐤅•

𐤐𐤓𐤒 𐤉𐤆

𐤀 𐤈𐤅𐤁 𐤐𐤕 𐤇𐤓𐤁𐤄 𐤅𐤔𐤋𐤅𐤄 𐤁𐤄 𐤌𐤁𐤉𐤕 𐤌𐤋𐤀 𐤆𐤁𐤇𐤉 𐤓𐤉𐤁•
𐤁 𐤏𐤁𐤃 𐤌𐤔𐤊𐤉𐤋 𐤉𐤌𐤔𐤋 𐤁𐤁𐤍 𐤌𐤁𐤉𐤔 𐤅𐤁𐤕𐤅𐤊 𐤀𐤇𐤉𐤌 𐤉𐤇𐤋𐤒 𐤍𐤇𐤋𐤄•
𐤂 𐤌𐤑𐤓𐤐 𐤋𐤊𐤎𐤐 𐤅𐤊𐤅𐤓 𐤋𐤆𐤄𐤁 𐤅𐤁𐤇𐤍 𐤋𐤁𐤅𐤕 𐤉𐤄𐤅𐤄•
𐤃 𐤌𐤓𐤏 𐤌𐤒𐤔𐤉𐤁 𐤏𐤋 𐤔𐤐𐤕 𐤀𐤅𐤍 𐤔𐤒𐤓 𐤌𐤆𐤉𐤍 𐤏𐤋 𐤋𐤔𐤅𐤍 𐤄𐤅𐤕•
𐤄 𐤋𐤏𐤂 𐤋𐤓𐤔 𐤇𐤓𐤐 𐤏𐤔𐤄𐤅 𐤔𐤌𐤇 𐤋𐤀𐤉𐤃 𐤋𐤀 𐤉𐤍𐤒𐤄•
𐤅 𐤏𐤈𐤓𐤕 𐤆𐤒𐤍𐤉𐤌 𐤁𐤍𐤉 𐤁𐤍𐤉𐤌 𐤅𐤕𐤐𐤀𐤓𐤕 𐤁𐤍𐤉𐤌 𐤀𐤁𐤅𐤕𐤌•
𐤆 𐤋𐤀 𐤍𐤀𐤅𐤄 𐤋𐤍𐤁𐤋 𐤔𐤐𐤕 𐤉𐤕𐤓 𐤀𐤐 𐤊𐤉 𐤋𐤍𐤃𐤉𐤁 𐤔𐤐𐤕 𐤔𐤒𐤓•
𐤇 𐤀𐤁𐤍 𐤇𐤍 𐤄𐤔𐤇𐤃 𐤁𐤏𐤉𐤍𐤉 𐤁𐤏𐤋𐤉𐤅 𐤀𐤋 𐤊𐤋 𐤀𐤔𐤓 𐤉𐤐𐤍𐤄 𐤉𐤔𐤊𐤉𐤋•
𐤈 𐤌𐤊𐤎𐤄 𐤐𐤔𐤏 𐤌𐤁𐤒𐤔 𐤀𐤄𐤁𐤄 𐤅𐤔𐤍𐤄 𐤁𐤃𐤁𐤓 𐤌𐤐𐤓𐤉𐤃 𐤀𐤋𐤅𐤐•
𐤉 𐤕𐤇𐤕 𐤂𐤏𐤓𐤄 𐤁𐤌𐤁𐤉𐤍 𐤌𐤄𐤊𐤅𐤕 𐤊𐤎𐤉𐤋 𐤌𐤀𐤄•
𐤉𐤀 𐤀𐤊 𐤌𐤓𐤉 𐤉𐤁𐤒𐤔 𐤓𐤏 𐤅𐤌𐤋𐤀𐤊 𐤀𐤊𐤆𐤓𐤉 𐤉𐤔𐤋𐤇 𐤁𐤅•
𐤉𐤁 𐤐𐤂𐤅𐤔 𐤃𐤁 𐤔𐤊𐤅𐤋 𐤁𐤀𐤉𐤔 𐤅𐤀𐤋 𐤊𐤎𐤉𐤋 𐤁𐤀𐤅𐤋𐤕𐤅•

𐤉𐤂 𐤌𐤔𐤉𐤁 𐤓𐤏𐤄 𐤕𐤇𐤕 𐤈𐤅𐤁𐤄 𐤋𐤀 𐤕𐤌𐤉𐤔 [𐤕𐤌𐤅𐤔] 𐤓𐤏𐤄 𐤌𐤁𐤉𐤕𐤅.

𐤉𐤃 𐤐𐤅𐤈𐤓 𐤌𐤉𐤌 𐤓𐤀𐤔𐤉𐤕 𐤌𐤃𐤅𐤍 𐤅𐤋𐤐𐤍𐤉 𐤄𐤕𐤂𐤋𐤏 𐤄𐤓𐤉𐤁 𐤍𐤈𐤅𐤔.

𐤈𐤅 𐤌𐤑𐤃𐤉𐤒 𐤓𐤔𐤏 𐤅𐤌𐤓𐤔𐤉𐤏 𐤑𐤃𐤉𐤒 𐤕𐤅𐤏𐤁𐤕 𐤉𐤄𐤅𐤄 𐤂𐤌 𐤔𐤍𐤉𐤄𐤌.

𐤈𐤆 𐤋𐤌𐤄 𐤆𐤄 𐤌𐤇𐤉𐤓 𐤁𐤉𐤃 𐤊𐤎𐤉𐤋 𐤋𐤒𐤍𐤅𐤕 𐤇𐤊𐤌𐤄 𐤅𐤋𐤁 𐤀𐤉𐤍.

𐤉𐤆 𐤁𐤊𐤋 𐤏𐤕 𐤀𐤄𐤁 𐤄𐤓𐤏 𐤅𐤀𐤇 𐤋𐤑𐤓𐤄 𐤉𐤅𐤋𐤃.

𐤉𐤇 𐤀𐤃𐤌 𐤇𐤎𐤓 𐤋𐤁 𐤕𐤒𐤏 𐤊𐤐 𐤏𐤓𐤁 𐤏𐤓𐤁𐤄 𐤋𐤐𐤍𐤉 𐤓𐤏𐤄𐤅.

𐤉𐤈 𐤀𐤄𐤁 𐤐𐤔𐤏 𐤀𐤄𐤁 𐤌𐤑𐤄 𐤌𐤂𐤁𐤉𐤄 𐤐𐤕𐤇𐤅 𐤌𐤁𐤒𐤔 𐤔𐤁𐤓.

𐤊 𐤏𐤒𐤔 𐤋𐤁 𐤋𐤀 𐤉𐤌𐤑𐤀 𐤈𐤅𐤁 𐤅𐤍𐤄𐤐𐤊 𐤁𐤋𐤔𐤅𐤍𐤅 𐤉𐤐𐤅𐤋 𐤁𐤓𐤏𐤄.

𐤊𐤀 𐤉𐤋𐤃 𐤊𐤎𐤉𐤋 𐤋𐤕𐤅𐤂𐤄 𐤋𐤅 𐤅𐤋𐤀 𐤉𐤔𐤌𐤇 𐤀𐤁𐤉 𐤍𐤁𐤋.

𐤊𐤁 𐤋𐤁 𐤔𐤌𐤇 𐤉𐤉𐤈𐤁 𐤂𐤄𐤄 𐤅𐤓𐤅𐤇 𐤍𐤊𐤀𐤄 𐤕𐤉𐤁𐤔 𐤂𐤓𐤌.

𐤊𐤂 𐤔𐤇𐤃 𐤌𐤇𐤉𐤒 𐤓𐤔𐤏 𐤉𐤒𐤇 𐤋𐤄𐤈𐤅𐤕 𐤀𐤓𐤇𐤅𐤕 𐤌𐤔𐤐𐤈.

𐤊𐤃 𐤀𐤕 𐤐𐤍𐤉 𐤌𐤁𐤉𐤍 𐤇𐤊𐤌𐤄 𐤅𐤏𐤉𐤍𐤉 𐤊𐤎𐤉𐤋 𐤁𐤒𐤑𐤄 𐤀𐤓𐤑.

𐤊𐤄 𐤊𐤏𐤎 𐤋𐤀𐤁𐤉𐤅 𐤁𐤍 𐤊𐤎𐤉𐤋 𐤅𐤌𐤌𐤓 𐤋𐤉𐤅𐤋𐤃𐤕𐤅.

𐤊𐤅 𐤂𐤌 𐤏𐤍𐤅𐤔 𐤋𐤑𐤃𐤉𐤒 𐤋𐤀 𐤈𐤅𐤁 𐤋𐤄𐤊𐤅𐤕 𐤍𐤃𐤉𐤁𐤉𐤌 𐤏𐤋 𐤉𐤔𐤓.

𐤊𐤆 𐤇𐤅𐤔𐤊 𐤀𐤌𐤓𐤉𐤅 𐤉𐤅𐤃𐤏 𐤃𐤏𐤕 𐤅𐤒𐤓 [𐤉𐤒𐤓] 𐤓𐤅𐤇 𐤀𐤉𐤔 𐤕𐤁𐤅𐤍𐤄.

𐤊𐤇 𐤂𐤌 𐤀𐤅𐤉𐤋 𐤌𐤇𐤓𐤉𐤔 𐤇𐤊𐤌 𐤉𐤇𐤔𐤁 𐤀𐤈𐤌 𐤔𐤐𐤕𐤉𐤅 𐤍𐤁𐤅𐤍.

𐤐𐤓𐤒 𐤉𐤇

𐤀 𐤋𐤕𐤀𐤅𐤄 𐤉𐤁𐤒𐤔 𐤍𐤐𐤓𐤃 𐤁𐤊𐤋 𐤕𐤅𐤔𐤉𐤄 𐤉𐤕𐤂𐤋𐤏.

𐤁 𐤋𐤀 𐤉𐤇𐤐𐤑 𐤊𐤎𐤉𐤋 𐤁𐤕𐤁𐤅𐤍𐤄 𐤊𐤉 𐤀𐤌 𐤁𐤄𐤕𐤂𐤋𐤅𐤕 𐤋𐤁𐤅.

𐤂 𐤁𐤁𐤅𐤀 𐤓𐤔𐤏 𐤁𐤀 𐤂𐤌 𐤁𐤅𐤆 𐤅𐤏𐤌 𐤒𐤋𐤅𐤍 𐤇𐤓𐤐𐤄.

𐤃 𐤌𐤉𐤌 𐤏𐤌𐤒𐤉𐤌 𐤃𐤁𐤓𐤉 𐤐𐤉 𐤀𐤉𐤔 𐤍𐤇𐤋 𐤍𐤁𐤏 𐤌𐤒𐤅𐤓 𐤇𐤊𐤌𐤄.

𐤄 𐤔𐤀𐤕 𐤐𐤍𐤉 𐤓𐤔𐤏 𐤋𐤀 𐤈𐤅𐤁 𐤋𐤄𐤈𐤅𐤕 𐤑𐤃𐤉𐤒 𐤁𐤌𐤔𐤐𐤈.

𐤅 𐤔𐤐𐤕𐤉 𐤊𐤎𐤉𐤋 𐤉𐤁𐤀𐤅 𐤁𐤓𐤉𐤁 𐤅𐤐𐤉𐤅 𐤋𐤌𐤄𐤋𐤌𐤅𐤕 𐤉𐤒𐤓𐤀.

𐤆 𐤐𐤉 𐤊𐤎𐤉𐤋 𐤌𐤇𐤕𐤄 𐤋𐤅 𐤅𐤔𐤐𐤕𐤉𐤅 𐤌𐤅𐤒𐤔 𐤍𐤐𐤔𐤅.

𐤇 𐤃𐤁𐤓𐤉 𐤍𐤓𐤂𐤍 𐤊𐤌𐤕𐤋𐤄𐤌𐤉𐤌 𐤅𐤄𐤌 𐤉𐤓𐤃𐤅 𐤇𐤃𐤓𐤉 𐤁𐤈𐤍.

𐤈 𐤂𐤌 𐤌𐤕𐤓𐤐𐤄 𐤁𐤌𐤋𐤀𐤊𐤕𐤅 𐤀𐤇 𐤄𐤅𐤀 𐤋𐤁𐤏𐤋 𐤌𐤔𐤇𐤉𐤕.

𐤉 𐤌𐤂𐤃𐤋 𐤏𐤆 𐤔𐤌 𐤉𐤄𐤅𐤄 𐤁𐤅 𐤉𐤓𐤅𐤑 𐤑𐤃𐤉𐤒 𐤅𐤍𐤔𐤂𐤁.

𐤉𐤀 𐤄𐤅𐤍 𐤏𐤔𐤉𐤓 𐤒𐤓𐤉𐤕 𐤏𐤆𐤅 𐤅𐤊𐤇𐤅𐤌𐤄 𐤍𐤔𐤂𐤁𐤄 𐤁𐤌𐤔𐤊𐤉𐤕𐤅.

𐤉𐤁 𐤋𐤐𐤍𐤉 𐤔𐤁𐤓 𐤉𐤂𐤁𐤄 𐤋𐤁 𐤀𐤉𐤔 𐤅𐤋𐤐𐤍𐤉 𐤊𐤁𐤅𐤃 𐤏𐤍𐤅𐤄.

𐤉𐤂 𐤌𐤔𐤉𐤁 𐤃𐤁𐤓 𐤁𐤈𐤓𐤌 𐤉𐤔𐤌𐤏 𐤀𐤅𐤋𐤕 𐤄𐤉𐤀 𐤋𐤅 𐤅𐤊𐤋𐤌𐤄.

𐤉𐤃 𐤓𐤅𐤇 𐤀𐤉𐤔 𐤉𐤊𐤋𐤊𐤋 𐤌𐤇𐤋𐤄𐤅 𐤅𐤓𐤅𐤇 𐤍𐤊𐤀𐤄 𐤌𐤉 𐤉𐤔𐤀𐤍𐤄.

𐤈𐤅 𐤋𐤁 𐤍𐤁𐤅𐤍 𐤉𐤒𐤍𐤄 𐤃𐤏𐤕 𐤅𐤀𐤆𐤍 𐤇𐤊𐤌𐤉𐤌 𐤕𐤁𐤒𐤔 𐤃𐤏𐤕.

𐤌𐤔𐤋𐤉

𐤈𐤆 𐤌𐤕𐤍 𐤀𐤃𐤌 𐤉𐤓𐤇𐤉𐤁 𐤋𐤅 𐤅𐤋𐤐𐤍𐤉 𐤂𐤃𐤋𐤉𐤌 𐤉𐤍𐤇𐤍𐤅•
𐤉𐤆 𐤑𐤃𐤉𐤒 𐤄𐤓𐤀𐤔𐤅𐤍 𐤁𐤓𐤉𐤁𐤅 𐤉𐤁𐤀 [𐤅𐤁𐤀] 𐤓𐤏𐤄𐤅 𐤅𐤇𐤒𐤓𐤅•
𐤉𐤇 𐤌𐤃𐤉𐤍𐤉𐤌 𐤉𐤔𐤁𐤉𐤕 𐤄𐤂𐤅𐤓𐤋 𐤅𐤁𐤉𐤍 𐤏𐤑𐤅𐤌𐤉𐤌 𐤉𐤐𐤓𐤉𐤃•
𐤉𐤈 𐤀𐤇 𐤍𐤐𐤔𐤏 𐤌𐤒𐤓𐤉𐤕 𐤏𐤆 𐤅𐤌𐤃𐤅𐤍𐤉𐤌 [𐤅𐤌𐤃𐤉𐤍𐤉𐤌] 𐤊𐤁𐤓𐤉𐤇 𐤀𐤓𐤌𐤅𐤍•
𐤊 𐤌𐤐𐤓𐤉 𐤐𐤉 𐤀𐤉𐤔 𐤕𐤔𐤁𐤏 𐤁𐤈𐤍𐤅 𐤕𐤁𐤅𐤀𐤕 𐤔𐤐𐤕𐤉𐤅 𐤉𐤔𐤁𐤏•
𐤊𐤀 𐤌𐤅𐤕 𐤅𐤇𐤉𐤉𐤌 𐤁𐤉𐤃 𐤋𐤔𐤅𐤍 𐤅𐤀𐤄𐤁𐤉𐤄 𐤉𐤀𐤊𐤋 𐤐𐤓𐤉𐤄•
𐤊𐤁 𐤌𐤑𐤀 𐤀𐤔𐤄 𐤌𐤑𐤀 𐤈𐤅𐤁 𐤅𐤉𐤐𐤒 𐤓𐤑𐤅𐤍 𐤌𐤉𐤄𐤅𐤄•
𐤊𐤂 𐤕𐤇𐤍𐤅𐤍𐤉𐤌 𐤉𐤃𐤁𐤓 𐤓𐤔 𐤅𐤏𐤔𐤉𐤓 𐤉𐤏𐤍𐤄 𐤏𐤆𐤅𐤕•
𐤊𐤃 𐤀𐤉𐤔 𐤓𐤏𐤉𐤌 𐤋𐤄𐤕𐤓𐤏𐤏 𐤅𐤉𐤔 𐤀𐤄𐤁 𐤃𐤁𐤒 𐤌𐤀𐤇•

𐤐𐤓𐤒 𐤉𐤈

𐤀 𐤈𐤅𐤁 𐤓𐤔 𐤄𐤅𐤋𐤊 𐤁𐤕𐤌𐤅 𐤌𐤏𐤒𐤔 𐤔𐤐𐤕𐤉𐤅 𐤅𐤄𐤅𐤀 𐤊𐤎𐤉𐤋•
𐤁 𐤂𐤌 𐤁𐤋𐤀 𐤃𐤏𐤕 𐤍𐤐𐤔 𐤋𐤀 𐤈𐤅𐤁 𐤅𐤀𐤑 𐤁𐤓𐤂𐤋𐤉𐤌 𐤇𐤅𐤈𐤀•
𐤂 𐤀𐤅𐤋𐤕 𐤀𐤃𐤌 𐤕𐤎𐤋𐤐 𐤃𐤓𐤊𐤅 𐤅𐤏𐤋 𐤉𐤄𐤅𐤄 𐤉𐤆𐤏𐤐 𐤋𐤁𐤅•
𐤃 𐤄𐤅𐤍 𐤉𐤎𐤉𐤐 𐤓𐤏𐤉𐤌 𐤓𐤁𐤉𐤌 𐤅𐤃𐤋 𐤌𐤓𐤏𐤄𐤅 𐤉𐤐𐤓𐤃•
𐤄 𐤏𐤃 𐤔𐤒𐤓𐤉𐤌 𐤋𐤀 𐤉𐤍𐤒𐤄 𐤅𐤉𐤐𐤉𐤇 𐤊𐤆𐤁𐤉𐤌 𐤋𐤀 𐤉𐤌𐤋𐤈•
𐤅 𐤓𐤁𐤉𐤌 𐤉𐤇𐤋𐤅 𐤐𐤍𐤉 𐤍𐤃𐤉𐤁 𐤅𐤊𐤋 𐤄𐤓𐤏 𐤋𐤀𐤉𐤔 𐤌𐤕𐤍•
𐤆 𐤊𐤋 𐤀𐤇𐤉 𐤓𐤔 𐤔𐤍𐤀𐤄𐤅 𐤀𐤐 𐤊𐤉 𐤌𐤓𐤏𐤄𐤅 𐤓𐤇𐤒𐤅 𐤌𐤌𐤍𐤅 𐤌𐤓𐤃𐤐 𐤀𐤌𐤓𐤉𐤌 𐤋𐤀
[𐤋𐤅] 𐤄𐤌𐤄•
𐤇 𐤒𐤍𐤄 𐤋𐤁 𐤀𐤄𐤁 𐤍𐤐𐤔𐤅 𐤔𐤌𐤓 𐤕𐤁𐤅𐤍𐤄 𐤋𐤌𐤑𐤀 𐤈𐤅𐤁•
𐤈 𐤏𐤃 𐤔𐤒𐤓𐤉𐤌 𐤋𐤀 𐤉𐤍𐤒𐤄 𐤅𐤉𐤐𐤉𐤇 𐤊𐤆𐤁𐤉𐤌 𐤉𐤀𐤁𐤃•
𐤉 𐤋𐤀 𐤍𐤀𐤅𐤄 𐤋𐤊𐤎𐤉𐤋 𐤕𐤏𐤍𐤅𐤂 𐤀𐤐 𐤊𐤉 𐤋𐤏𐤁𐤃 𐤌𐤔𐤋 𐤁𐤔𐤓𐤉𐤌•
𐤉𐤀 𐤔𐤊𐤋 𐤀𐤃𐤌 𐤄𐤀𐤓𐤉𐤊 𐤀𐤐𐤅 𐤅𐤕𐤐𐤀𐤓𐤕𐤅 𐤏𐤁𐤓 𐤏𐤋 𐤐𐤔𐤏•
𐤉𐤁 𐤍𐤄𐤌 𐤊𐤊𐤐𐤉𐤓 𐤆𐤏𐤐 𐤌𐤋𐤊 𐤅𐤊𐤈𐤋 𐤏𐤋 𐤏𐤔𐤁 𐤓𐤑𐤅𐤍𐤅•
𐤉𐤂 𐤄𐤅𐤕 𐤋𐤀𐤁𐤉𐤅 𐤁𐤍 𐤊𐤎𐤉𐤋 𐤅𐤃𐤋𐤐 𐤈𐤓𐤃 𐤌𐤃𐤉𐤍𐤉 𐤀𐤔𐤄•
𐤉𐤃 𐤁𐤉𐤕 𐤅𐤄𐤅𐤍 𐤍𐤇𐤋𐤕 𐤀𐤁𐤅𐤕 𐤅𐤌𐤉𐤄𐤅𐤄 𐤀𐤔𐤄 𐤌𐤔𐤊𐤋𐤕•
𐤈𐤅 𐤏𐤑𐤋𐤄 𐤕𐤐𐤉𐤋 𐤕𐤓𐤃𐤌𐤄 𐤅𐤍𐤐𐤔 𐤓𐤌𐤉𐤄 𐤕𐤓𐤏𐤁•
𐤈𐤆 𐤔𐤌𐤓 𐤌𐤑𐤅𐤄 𐤔𐤌𐤓 𐤍𐤐𐤔𐤅 𐤁𐤅𐤆𐤄 𐤃𐤓𐤊𐤉𐤅 𐤉𐤅𐤌𐤕 [𐤉𐤌𐤅𐤕]•
𐤉𐤆 𐤌𐤋𐤅𐤄 𐤉𐤄𐤅𐤄 𐤇𐤅𐤍𐤍 𐤃𐤋 𐤅𐤂𐤌𐤋𐤅 𐤉𐤔𐤋𐤌 𐤋𐤅•
𐤉𐤇 𐤉𐤎𐤓 𐤁𐤍𐤊 𐤊𐤉 𐤉𐤔 𐤕𐤒𐤅𐤄 𐤅𐤀𐤋 𐤄𐤌𐤉𐤕𐤅 𐤀𐤋 𐤕𐤔𐤀 𐤍𐤐𐤔𐤊•
𐤉𐤈 𐤂𐤓𐤋 [𐤂𐤃𐤋] 𐤇𐤌𐤄 𐤍𐤔𐤀 𐤏𐤍𐤔 𐤊𐤉 𐤀𐤌 𐤕𐤑𐤉𐤋 𐤅𐤏𐤅𐤃 𐤕𐤅𐤎𐤐•
𐤊 𐤔𐤌𐤏 𐤏𐤑𐤄 𐤅𐤒𐤁𐤋 𐤌𐤅𐤎𐤓 𐤋𐤌𐤏𐤍 𐤕𐤇𐤊𐤌 𐤁𐤀𐤇𐤓𐤉𐤕𐤊•
𐤊𐤀 𐤓𐤁𐤅𐤕 𐤌𐤇𐤔𐤁𐤅𐤕 𐤁𐤋𐤁 𐤀𐤉𐤔 𐤅𐤏𐤑𐤕 𐤉𐤄𐤅𐤄 𐤄𐤉𐤀 𐤕𐤒𐤅𐤌•

𐤌𐤔𐤋𐤉

𐤊𐤁 𐤕𐤀𐤅𐤕 𐤀𐤃𐤌 𐤇𐤎𐤃𐤅 𐤅𐤈𐤅𐤁 𐤓𐤔 𐤌𐤀𐤉𐤔 𐤊𐤆𐤁•
𐤊𐤂 𐤉𐤓𐤀𐤕 𐤉𐤄𐤅𐤄 𐤋𐤇𐤉𐤉𐤌 𐤅𐤔𐤁𐤏 𐤉𐤋𐤉𐤍 𐤁𐤋 𐤉𐤐𐤒𐤃 𐤓𐤏•
𐤊𐤃 𐤈𐤌𐤍 𐤏𐤑𐤋 𐤉𐤃𐤅 𐤁𐤑𐤋𐤇𐤕 𐤂𐤌 𐤀𐤋 𐤐𐤉𐤄𐤅 𐤋𐤀 𐤉𐤔𐤉𐤁𐤍𐤄•
𐤊𐤄 𐤋𐤑 𐤕𐤊𐤄 𐤅𐤐𐤕𐤉 𐤉𐤏𐤓𐤌 𐤅𐤄𐤅𐤊𐤉𐤇 𐤋𐤍𐤁𐤅𐤍 𐤉𐤁𐤉𐤍 𐤃𐤏𐤕•
𐤊𐤅 𐤌𐤔𐤃𐤃 𐤀𐤁 𐤉𐤁𐤓𐤉𐤇 𐤀𐤌 𐤁𐤍 𐤌𐤁𐤉𐤔 𐤅𐤌𐤇𐤐𐤉𐤓•
𐤊𐤆 𐤇𐤃𐤋 𐤁𐤍𐤉 𐤋𐤔𐤌𐤏 𐤌𐤅𐤎𐤓 𐤋𐤔𐤂𐤅𐤕 𐤌𐤀𐤌𐤓𐤉 𐤃𐤏𐤕•
𐤊𐤇 𐤏𐤃 𐤁𐤋𐤉𐤏𐤋 𐤉𐤋𐤉𐤑 𐤌𐤔𐤐𐤈 𐤅𐤐𐤉 𐤓𐤔𐤏𐤉𐤌 𐤉𐤁𐤋𐤏 𐤀𐤅𐤍•
𐤊𐤈 𐤍𐤊𐤅𐤍𐤅 𐤋𐤋𐤑𐤉𐤌 𐤔𐤐𐤈𐤉𐤌 𐤅𐤌𐤄𐤋𐤌𐤅𐤕 𐤋𐤂𐤅 𐤊𐤎𐤉𐤋𐤉𐤌•

𐤐𐤓𐤒 𐤊

𐤀 𐤋𐤑 𐤄𐤉𐤉𐤍 𐤄𐤌𐤄 𐤔𐤊𐤓 𐤅𐤊𐤋 𐤔𐤂𐤄 𐤁𐤅 𐤋𐤀 𐤉𐤇𐤊𐤌•
𐤁 𐤍𐤄𐤌 𐤊𐤊𐤐𐤉𐤓 𐤀𐤉𐤌𐤕 𐤌𐤋𐤊 𐤌𐤕𐤏𐤁𐤓𐤅 𐤇𐤅𐤈𐤀 𐤍𐤐𐤔𐤅•
𐤂 𐤊𐤁𐤅𐤃 𐤋𐤀𐤉𐤔 𐤔𐤁𐤕 𐤌𐤓𐤉𐤁 𐤅𐤊𐤋 𐤀𐤅𐤉𐤋 𐤉𐤕𐤂𐤋𐤏•
𐤃 𐤌𐤇𐤓𐤐 𐤏𐤑𐤋 𐤋𐤀 𐤉𐤇𐤓𐤔 𐤉𐤔𐤀𐤋 [𐤅𐤔𐤀𐤋] 𐤁𐤒𐤑𐤉𐤓 𐤅𐤀𐤉𐤍•
𐤄 𐤌𐤉𐤌 𐤏𐤌𐤒𐤉𐤌 𐤏𐤑𐤄 𐤁𐤋𐤁 𐤀𐤉𐤔 𐤅𐤀𐤉𐤔 𐤕𐤁𐤅𐤍𐤄 𐤉𐤃𐤋𐤍𐤄•
𐤅 𐤓𐤁 𐤀𐤃𐤌 𐤉𐤒𐤓𐤀 𐤀𐤉𐤔 𐤇𐤎𐤃𐤅 𐤅𐤀𐤉𐤔 𐤀𐤌𐤅𐤍𐤉𐤌 𐤌𐤉 𐤉𐤌𐤑𐤀•
𐤆 𐤌𐤕𐤄𐤋𐤊 𐤁𐤕𐤌𐤅 𐤑𐤃𐤉𐤒 𐤀𐤔𐤓𐤉 𐤁𐤍𐤉𐤅 𐤀𐤇𐤓𐤉𐤅•
𐤇 𐤌𐤋𐤊 𐤉𐤅𐤔𐤁 𐤏𐤋 𐤊𐤎𐤀 𐤃𐤉𐤍 𐤌𐤆𐤓𐤄 𐤁𐤏𐤉𐤍𐤉𐤅 𐤊𐤋 𐤓𐤏•
𐤈 𐤌𐤉 𐤉𐤀𐤌𐤓 𐤆𐤊𐤉𐤕𐤉 𐤋𐤁𐤉 𐤈𐤄𐤓𐤕𐤉 𐤌𐤇𐤈𐤀𐤕𐤉•
𐤉 𐤀𐤁𐤍 𐤅𐤀𐤁𐤍 𐤀𐤉𐤐𐤄 𐤅𐤀𐤉𐤐𐤄 𐤕𐤅𐤏𐤁𐤕 𐤉𐤄𐤅𐤄 𐤂𐤌 𐤔𐤍𐤉𐤄𐤌•
𐤉𐤀 𐤂𐤌 𐤁𐤌𐤏𐤋𐤋𐤉𐤅 𐤉𐤕𐤍𐤊𐤓 𐤍𐤏𐤓 𐤀𐤌 𐤆𐤊 𐤅𐤀𐤌 𐤉𐤔𐤓 𐤐𐤏𐤋𐤅•
𐤉𐤁 𐤀𐤆𐤍 𐤔𐤌𐤏𐤕 𐤅𐤏𐤉𐤍 𐤓𐤀𐤄 𐤉𐤄𐤅𐤄 𐤏𐤔𐤄 𐤂𐤌 𐤔𐤍𐤉𐤄𐤌•
𐤉𐤂 𐤀𐤋 𐤕𐤀𐤄𐤁 𐤔𐤍𐤄 𐤐𐤍 𐤕𐤅𐤓𐤔 𐤐𐤒𐤇 𐤏𐤉𐤍𐤉𐤊 𐤔𐤁𐤏 𐤋𐤇𐤌•
𐤉𐤃 𐤓𐤏 𐤓𐤏 𐤉𐤀𐤌𐤓 𐤄𐤒𐤅𐤍𐤄 𐤅𐤀𐤆𐤋 𐤋𐤅 𐤀𐤆 𐤉𐤕𐤄𐤋𐤋•
𐤈𐤅 𐤉𐤔 𐤆𐤄𐤁 𐤅𐤓𐤁 𐤐𐤍𐤉𐤍𐤉𐤌 𐤅𐤊𐤋𐤉 𐤉𐤒𐤓 𐤔𐤐𐤕𐤉 𐤃𐤏𐤕•
𐤈𐤆 𐤋𐤒𐤇 𐤁𐤂𐤃𐤅 𐤊𐤉 𐤏𐤓𐤁 𐤆𐤓 𐤅𐤁𐤏𐤃 𐤍𐤊𐤓𐤉𐤌 [𐤍𐤊𐤓𐤉𐤄] 𐤇𐤁𐤋𐤄𐤅•
𐤉𐤆 𐤏𐤓𐤁 𐤋𐤀𐤉𐤔 𐤋𐤇𐤌 𐤔𐤒𐤓 𐤅𐤀𐤇𐤓 𐤉𐤌𐤋𐤀 𐤐𐤉𐤄𐤅 𐤇𐤑𐤑•
𐤉𐤇 𐤌𐤇𐤔𐤁𐤅𐤕 𐤁𐤏𐤑𐤄 𐤕𐤊𐤅𐤍 𐤅𐤁𐤕𐤇𐤁𐤋𐤅𐤕 𐤏𐤔𐤄 𐤌𐤋𐤇𐤌𐤄•
𐤉𐤈 𐤂𐤅𐤋𐤄 𐤎𐤅𐤃 𐤄𐤅𐤋𐤊 𐤓𐤊𐤉𐤋 𐤅𐤋𐤐𐤕𐤄 𐤔𐤐𐤕𐤉𐤅 𐤋𐤀 𐤕𐤕𐤏𐤓𐤁•
𐤊 𐤌𐤒𐤋𐤋 𐤀𐤁𐤉𐤅 𐤅𐤀𐤌𐤅 𐤉𐤃𐤏𐤊 𐤍𐤓𐤅 𐤁𐤀𐤉𐤔𐤅𐤍 [𐤁𐤀𐤔𐤅𐤍] 𐤇𐤔𐤊•
𐤊𐤀 𐤍𐤇𐤋𐤄 𐤌𐤁𐤇𐤋𐤕 [𐤌𐤁𐤄𐤋𐤕] 𐤁𐤓𐤀𐤔𐤍𐤄 𐤅𐤀𐤇𐤓𐤉𐤕𐤄 𐤋𐤀 𐤕𐤁𐤓𐤊•
𐤊𐤁 𐤀𐤋 𐤕𐤀𐤌𐤓 𐤀𐤔𐤋𐤌𐤄 𐤓𐤏 𐤒𐤅𐤄 𐤋𐤉𐤄𐤅𐤄 𐤅𐤉𐤔𐤏 𐤋𐤊•
𐤊𐤂 𐤕𐤅𐤏𐤁𐤕 𐤉𐤄𐤅𐤄 𐤀𐤁𐤍 𐤅𐤀𐤁𐤍 𐤅𐤌𐤀𐤆𐤍𐤉 𐤌𐤓𐤌𐤄 𐤋𐤀 𐤈𐤅𐤁•

𐤊𐤃 𐤌𐤉𐤄𐤅𐤄 𐤌𐤑𐤏𐤃𐤉 𐤂𐤁𐤓 𐤅𐤀𐤃𐤌 𐤌𐤄 𐤉𐤁𐤉𐤍 𐤃𐤓𐤊𐤅•
𐤊𐤄 𐤌𐤅𐤒𐤔 𐤀𐤃𐤌 𐤉𐤋𐤏 𐤒𐤃𐤔 𐤅𐤀𐤇𐤓 𐤍𐤃𐤓𐤉𐤌 𐤋𐤁𐤒𐤓•
𐤊𐤅 𐤌𐤆𐤓𐤄 𐤓𐤔𐤏𐤉𐤌 𐤌𐤋𐤊 𐤇𐤊𐤌 𐤅𐤉𐤔𐤁 𐤏𐤋𐤉𐤄𐤌 𐤀𐤅𐤐𐤍•
𐤊𐤆 𐤍𐤓 𐤉𐤄𐤅𐤄 𐤍𐤔𐤌𐤕 𐤀𐤃𐤌 𐤇𐤐𐤔 𐤊𐤋 𐤇𐤃𐤓𐤉 𐤁𐤈𐤍•
𐤊𐤇 𐤇𐤎𐤃 𐤅𐤀𐤌𐤕 𐤉𐤑𐤓𐤅 𐤌𐤋𐤊 𐤅𐤎𐤏𐤃 𐤁𐤇𐤎𐤃 𐤊𐤎𐤀𐤅•
𐤊𐤈 𐤕𐤐𐤀𐤓𐤕 𐤁𐤇𐤅𐤓𐤉𐤌 𐤊𐤇𐤌 𐤅𐤄𐤃𐤓 𐤆𐤒𐤍𐤉𐤌 𐤔𐤉𐤁𐤄•
𐤋 𐤇𐤁𐤓𐤅𐤕 𐤐𐤑𐤏 𐤕𐤌𐤓𐤉𐤒 [𐤕𐤌𐤓𐤅𐤒] 𐤁𐤓𐤏 𐤅𐤌𐤊𐤅𐤕 𐤇𐤃𐤓𐤉 𐤁𐤈𐤍•

𐤐𐤓𐤒 𐤊𐤀

𐤀 𐤐𐤋𐤂𐤉 𐤌𐤉𐤌 𐤋𐤁 𐤌𐤋𐤊 𐤁𐤉𐤃 𐤉𐤄𐤅𐤄 𐤏𐤋 𐤊𐤋 𐤀𐤔𐤓 𐤉𐤇𐤐𐤑 𐤉𐤈𐤍𐤅•
𐤁 𐤊𐤋 𐤃𐤓𐤊 𐤀𐤉𐤔 𐤉𐤔𐤓 𐤁𐤏𐤉𐤍𐤉𐤅 𐤅𐤕𐤊𐤍 𐤋𐤁𐤅𐤕 𐤉𐤄𐤅𐤄•
𐤂 𐤏𐤔𐤄 𐤑𐤃𐤒𐤄 𐤅𐤌𐤔𐤐𐤈 𐤍𐤁𐤇𐤓 𐤋𐤉𐤄𐤅𐤄 𐤌𐤆𐤁𐤇•
𐤃 𐤓𐤅𐤌 𐤏𐤉𐤍𐤉𐤌 𐤅𐤓𐤇𐤁 𐤋𐤁 𐤍𐤓 𐤓𐤔𐤏𐤉𐤌 𐤇𐤈𐤀𐤕•
𐤄 𐤌𐤇𐤔𐤁𐤅𐤕 𐤇𐤓𐤅𐤑 𐤀𐤊 𐤋𐤌𐤅𐤕𐤓 𐤅𐤊𐤋 𐤀𐤑 𐤀𐤊 𐤋𐤌𐤇𐤎𐤅𐤓•
𐤅 𐤐𐤏𐤋 𐤀𐤑𐤓𐤅𐤕 𐤁𐤋𐤔𐤅𐤍 𐤔𐤒𐤓 𐤄𐤁𐤋 𐤍𐤃𐤐 𐤌𐤁𐤒𐤔𐤉 𐤌𐤅𐤕•
𐤆 𐤔𐤃 𐤓𐤔𐤏𐤉𐤌 𐤉𐤂𐤅𐤓𐤌 𐤊𐤉 𐤌𐤀𐤍𐤅 𐤋𐤏𐤔𐤅𐤕 𐤌𐤔𐤐𐤈•
𐤇 𐤄𐤐𐤊𐤐𐤊 𐤃𐤓𐤊 𐤀𐤉𐤔 𐤅𐤆𐤓 𐤅𐤆𐤊 𐤉𐤔𐤓 𐤐𐤏𐤋𐤅•
𐤈 𐤈𐤅𐤁 𐤋𐤔𐤁𐤕 𐤏𐤋 𐤐𐤍𐤕 𐤂𐤂 𐤌𐤀𐤔𐤕 𐤌𐤃𐤅𐤍𐤉𐤌 [𐤌𐤃𐤉𐤍𐤉𐤌] 𐤅𐤁𐤉𐤕 𐤇𐤁𐤓•
𐤉 𐤍𐤐𐤔 𐤓𐤔𐤏 𐤀𐤅𐤕𐤄 𐤓𐤏 𐤋𐤀 𐤉𐤇𐤍 𐤁𐤏𐤉𐤍𐤉𐤅 𐤓𐤏𐤄𐤅•
𐤉𐤀 𐤁𐤏𐤍𐤔 𐤋𐤑 𐤉𐤇𐤊𐤌 𐤐𐤕𐤉 𐤅𐤁𐤄𐤔𐤊𐤉𐤋 𐤋𐤇𐤊𐤌 𐤉𐤒𐤇 𐤃𐤏𐤕•
𐤉𐤁 𐤌𐤔𐤊𐤉𐤋 𐤑𐤃𐤉𐤒 𐤋𐤁𐤉𐤕 𐤓𐤔𐤏 𐤌𐤎𐤋𐤐 𐤓𐤔𐤏𐤉𐤌 𐤋𐤓𐤏•
𐤉𐤂 𐤀𐤈𐤌 𐤀𐤆𐤍𐤅 𐤌𐤆𐤏𐤒𐤕 𐤃𐤋 𐤂𐤌 𐤄𐤅𐤀 𐤉𐤒𐤓𐤀 𐤅𐤋𐤀 𐤉𐤏𐤍𐤄•
𐤉𐤃 𐤌𐤕𐤍 𐤁𐤎𐤕𐤓 𐤉𐤊𐤐𐤄 𐤀𐤐 𐤅𐤔𐤇𐤃 𐤁𐤇𐤒 𐤇𐤌𐤄 𐤏𐤆𐤄•
𐤈𐤅 𐤔𐤌𐤇𐤄 𐤋𐤑𐤃𐤉𐤒 𐤏𐤔𐤅𐤕 𐤌𐤔𐤐𐤈 𐤅𐤌𐤇𐤕𐤄 𐤋𐤐𐤏𐤋𐤉 𐤀𐤅𐤍•
𐤈𐤆 𐤀𐤃𐤌 𐤕𐤅𐤏𐤄 𐤌𐤃𐤓𐤊 𐤄𐤔𐤊𐤋 𐤁𐤒𐤄𐤋 𐤓𐤐𐤀𐤉𐤌 𐤉𐤍𐤅𐤇•
𐤉𐤆 𐤀𐤉𐤔 𐤌𐤇𐤎𐤅𐤓 𐤀𐤄𐤁 𐤔𐤌𐤇𐤄 𐤀𐤄𐤁 𐤉𐤉𐤍 𐤅𐤔𐤌𐤍 𐤋𐤀 𐤉𐤏𐤔𐤉𐤓•
𐤉𐤇 𐤊𐤐𐤓 𐤋𐤑𐤃𐤉𐤒 𐤓𐤔𐤏 𐤅𐤕𐤇𐤕 𐤉𐤔𐤓𐤉𐤌 𐤁𐤅𐤂𐤃•
𐤉𐤈 𐤈𐤅𐤁 𐤔𐤁𐤕 𐤁𐤀𐤓𐤑 𐤌𐤃𐤁𐤓 𐤌𐤀𐤔𐤕 𐤌𐤃𐤅𐤍𐤉𐤌 [𐤌𐤃𐤉𐤍𐤉𐤌] 𐤅𐤊𐤏𐤎•
𐤊 𐤀𐤅𐤑𐤓 𐤍𐤇𐤌𐤃 𐤅𐤔𐤌𐤍 𐤁𐤍𐤅𐤄 𐤇𐤊𐤌 𐤅𐤊𐤎𐤉𐤋 𐤀𐤃𐤌 𐤉𐤁𐤋𐤏𐤍𐤅•
𐤊𐤀 𐤓𐤃𐤐 𐤑𐤃𐤒𐤄 𐤅𐤇𐤎𐤃 𐤉𐤌𐤑𐤀 𐤇𐤉𐤉𐤌 𐤑𐤃𐤒𐤄 𐤅𐤊𐤁𐤅𐤃•
𐤊𐤁 𐤏𐤉𐤓 𐤂𐤁𐤓𐤉𐤌 𐤏𐤋𐤄 𐤇𐤊𐤌 𐤅𐤉𐤓𐤃 𐤏𐤆 𐤌𐤁𐤈𐤇𐤄•
𐤊𐤂 𐤔𐤌𐤓 𐤐𐤉𐤅 𐤅𐤋𐤔𐤅𐤍𐤅 𐤔𐤌𐤓 𐤌𐤑𐤓𐤅𐤕 𐤍𐤐𐤔𐤅•
𐤊𐤃 𐤆𐤃 𐤉𐤄𐤉𐤓 𐤋𐤑 𐤔𐤌𐤅 𐤏𐤅𐤔𐤄 𐤁𐤏𐤁𐤓𐤕 𐤆𐤃𐤅𐤍•

𐤊𐤄 𐤕𐤀𐤅𐤕 𐤏𐤑𐤋 𐤕𐤌𐤉𐤕𐤍𐤅 𐤊𐤉 𐤌𐤀𐤍𐤅 𐤉𐤃𐤉𐤅 𐤋𐤏𐤔𐤅𐤕•
𐤊𐤅 𐤊𐤋 𐤄𐤉𐤅𐤌 𐤄𐤕𐤀𐤅𐤄 𐤕𐤀𐤅𐤄 𐤅𐤑𐤃𐤉𐤒 𐤉𐤕𐤍 𐤅𐤋𐤀 𐤉𐤇𐤔𐤊•
𐤊𐤆 𐤆𐤁𐤇 𐤓𐤔𐤏𐤉𐤌 𐤕𐤅𐤏𐤁𐤄 𐤀𐤐 𐤊𐤉 𐤁𐤆𐤌𐤄 𐤉𐤁𐤉𐤀𐤍𐤅•
𐤊𐤇 𐤏𐤃 𐤊𐤆𐤁𐤉𐤌 𐤉𐤀𐤁𐤃 𐤅𐤀𐤉𐤔 𐤔𐤅𐤌𐤏 𐤋𐤍𐤑𐤇 𐤉𐤃𐤁𐤓•
𐤊𐤈 𐤄𐤏𐤆 𐤀𐤉𐤔 𐤓𐤔𐤏 𐤁𐤐𐤍𐤉𐤅 𐤅𐤉𐤔𐤓 𐤄𐤅𐤀 𐤉𐤊𐤉𐤍 [𐤉𐤁𐤉𐤍] 𐤃𐤓𐤊𐤉𐤅 [𐤃𐤓𐤊𐤅]•
𐤋 𐤀𐤉𐤍 𐤇𐤊𐤌𐤄 𐤅𐤀𐤉𐤍 𐤕𐤁𐤅𐤍𐤄 𐤅𐤀𐤉𐤍 𐤏𐤑𐤄 𐤋𐤍𐤂𐤃 𐤉𐤄𐤅𐤄•
𐤋𐤀 𐤎𐤅𐤎 𐤌𐤅𐤊𐤍 𐤋𐤉𐤅𐤌 𐤌𐤋𐤇𐤌𐤄 𐤅𐤋𐤉𐤄𐤅𐤄 𐤄𐤕𐤔𐤅𐤏𐤄•

𐤐𐤓𐤒 𐤊𐤁

𐤀 𐤍𐤁𐤇𐤓 𐤔𐤌 𐤌𐤏𐤔𐤓 𐤓𐤁 𐤌𐤊𐤎𐤐 𐤅𐤌𐤆𐤄𐤁 𐤇𐤍 𐤈𐤅𐤁•
𐤁 𐤏𐤔𐤉𐤓 𐤅𐤓𐤔 𐤍𐤐𐤂𐤔𐤅 𐤏𐤔𐤄 𐤊𐤋𐤌 𐤉𐤄𐤅𐤄•
𐤂 𐤏𐤓𐤅𐤌 𐤓𐤀𐤄 𐤓𐤏𐤄 𐤅𐤉𐤎𐤕𐤓 [𐤅𐤍𐤎𐤕𐤓] 𐤅𐤐𐤕𐤉𐤉𐤌 𐤏𐤁𐤓𐤅 𐤅𐤍𐤏𐤍𐤔𐤅•
𐤃 𐤏𐤒𐤁 𐤏𐤍𐤅𐤄 𐤉𐤓𐤀𐤕 𐤉𐤄𐤅𐤄 𐤏𐤔𐤓 𐤅𐤊𐤁𐤅𐤃 𐤅𐤇𐤉𐤉𐤌•
𐤄 𐤑𐤍𐤉𐤌 𐤐𐤇𐤉𐤌 𐤁𐤃𐤓𐤊 𐤏𐤒𐤔 𐤔𐤅𐤌𐤓 𐤍𐤐𐤔𐤅 𐤉𐤓𐤇𐤒 𐤌𐤄𐤌•
𐤅 𐤇𐤍𐤊 𐤋𐤍𐤏𐤓 𐤏𐤋 𐤐𐤉 𐤃𐤓𐤊𐤅 𐤂𐤌 𐤊𐤉 𐤉𐤆𐤒𐤉𐤍 𐤋𐤀 𐤉𐤎𐤅𐤓 𐤌𐤌𐤍𐤄•
𐤆 𐤏𐤔𐤉𐤓 𐤁𐤓𐤔𐤉𐤌 𐤉𐤌𐤔𐤅𐤋 𐤅𐤏𐤁𐤃 𐤋𐤅𐤄 𐤋𐤀𐤉𐤔 𐤌𐤋𐤅𐤄•
𐤇 𐤆𐤅𐤓𐤏 𐤏𐤅𐤋𐤄 𐤉𐤒𐤑𐤅𐤓 [𐤉𐤒𐤑𐤓] 𐤀𐤅𐤍 𐤅𐤔𐤁𐤈 𐤏𐤁𐤓𐤕𐤅 𐤉𐤊𐤋𐤄•
𐤈 𐤈𐤅𐤁 𐤏𐤉𐤍 𐤄𐤅𐤀 𐤉𐤁𐤓𐤊 𐤊𐤉 𐤍𐤕𐤍 𐤌𐤋𐤇𐤌𐤅 𐤋𐤃𐤋•
𐤉 𐤂𐤓𐤔 𐤋𐤑 𐤅𐤉𐤑𐤀 𐤌𐤃𐤅𐤍 𐤅𐤉𐤔𐤁𐤕 𐤃𐤉𐤍 𐤅𐤒𐤋𐤅𐤍•
𐤉𐤀 𐤀𐤄𐤁 𐤈𐤄𐤅𐤓 [𐤈𐤄𐤓] 𐤋𐤁 𐤇𐤍 𐤔𐤐𐤕𐤉𐤅 𐤓𐤏𐤄𐤅 𐤌𐤋𐤊•
𐤉𐤁 𐤏𐤉𐤍𐤉 𐤉𐤄𐤅𐤄 𐤍𐤑𐤓𐤅 𐤃𐤏𐤕 𐤅𐤉𐤎𐤋𐤐 𐤃𐤁𐤓𐤉 𐤁𐤂𐤃•
𐤉𐤂 𐤀𐤌𐤓 𐤏𐤑𐤋 𐤀𐤓𐤉 𐤁𐤇𐤅𐤑 𐤁𐤕𐤅𐤊 𐤓𐤇𐤁𐤅𐤕 𐤀𐤓𐤑𐤇•
𐤉𐤃 𐤔𐤅𐤇𐤄 𐤏𐤌𐤒𐤄 𐤐𐤉 𐤆𐤓𐤅𐤕 𐤆𐤏𐤅𐤌 𐤉𐤄𐤅𐤄 𐤉𐤐𐤅𐤋 [𐤉𐤐𐤋] 𐤔𐤌•
𐤈𐤅 𐤀𐤅𐤋𐤕 𐤒𐤔𐤅𐤓𐤄 𐤁𐤋𐤁 𐤍𐤏𐤓 𐤔𐤁𐤈 𐤌𐤅𐤎𐤓 𐤉𐤓𐤇𐤉𐤒𐤍𐤄 𐤌𐤌𐤍𐤅•
𐤈𐤆 𐤏𐤔𐤒 𐤃𐤋 𐤋𐤄𐤓𐤁𐤅𐤕 𐤋𐤅 𐤍𐤕𐤍 𐤋𐤏𐤔𐤉𐤓 𐤀𐤊 𐤋𐤌𐤇𐤎𐤅𐤓•
𐤉𐤆 𐤄𐤈 𐤀𐤆𐤍𐤊 𐤅𐤔𐤌𐤏 𐤃𐤁𐤓𐤉 𐤇𐤊𐤌𐤉𐤌 𐤅𐤋𐤁𐤊 𐤕𐤔𐤉𐤕 𐤋𐤃𐤏𐤕𐤉•
𐤉𐤇 𐤊𐤉 𐤍𐤏𐤉𐤌 𐤊𐤉 𐤕𐤔𐤌𐤓𐤌 𐤁𐤁𐤈𐤍𐤊 𐤉𐤊𐤍𐤅 𐤉𐤇𐤃𐤅 𐤏𐤋 𐤔𐤐𐤕𐤉𐤊•
𐤉𐤈 𐤋𐤄𐤉𐤅𐤕 𐤁𐤉𐤄𐤅𐤄 𐤌𐤁𐤈𐤇𐤊 𐤄𐤅𐤃𐤏𐤕𐤉𐤊 𐤄𐤉𐤅𐤌 𐤀𐤐 𐤀𐤕𐤄•
𐤊 𐤄𐤋𐤀 𐤊𐤕𐤁𐤕𐤉 𐤋𐤊 𐤔𐤋𐤔𐤅𐤌 [𐤔𐤋𐤉𐤔𐤉𐤌] 𐤁𐤌𐤅𐤏𐤑𐤕 𐤅𐤃𐤏𐤕•
𐤊𐤀 𐤋𐤄𐤅𐤃𐤉𐤏𐤊 𐤒𐤔𐤈 𐤀𐤌𐤓𐤉 𐤀𐤌𐤕 𐤋𐤄𐤔𐤉𐤁 𐤀𐤌𐤓𐤉𐤌 𐤀𐤌𐤕 𐤋𐤔𐤋𐤇𐤉𐤊•
𐤊𐤁 𐤀𐤋 𐤕𐤂𐤆𐤋 𐤃𐤋 𐤊𐤉 𐤃𐤋 𐤄𐤅𐤀 𐤅𐤀𐤋 𐤕𐤃𐤊𐤀 𐤏𐤍𐤉 𐤁𐤔𐤏𐤓•
𐤊𐤂 𐤊𐤉 𐤉𐤄𐤅𐤄 𐤉𐤓𐤉𐤁 𐤓𐤉𐤁𐤌 𐤅𐤒𐤁𐤏 𐤀𐤕 𐤒𐤁𐤏𐤉𐤄𐤌 𐤍𐤐𐤔•
𐤊𐤃 𐤀𐤋 𐤕𐤕𐤓𐤏 𐤀𐤕 𐤁𐤏𐤋 𐤀𐤐 𐤅𐤀𐤕 𐤀𐤉𐤔 𐤇𐤌𐤅𐤕 𐤋𐤀 𐤕𐤁𐤅𐤀•

𐤊𐤄 𐤐𐤍 𐤕𐤀𐤋𐤐 𐤀𐤓𐤇𐤕𐤅 [𐤀𐤓𐤇𐤕𐤉𐤅] 𐤅𐤋𐤒𐤇𐤕 𐤌𐤅𐤒𐤔 𐤋𐤍𐤐𐤔𐤊•
𐤊𐤅 𐤀𐤋 𐤕𐤄𐤉 𐤁𐤕𐤒𐤏𐤉 𐤊𐤐 𐤁𐤏𐤓𐤁𐤉𐤌 𐤌𐤔𐤀𐤅𐤕•
𐤊𐤆 𐤀𐤌 𐤀𐤉𐤍 𐤋𐤊 𐤋𐤔𐤋𐤌 𐤋𐤌𐤄 𐤉𐤒𐤇 𐤌𐤔𐤊𐤁𐤊 𐤌𐤕𐤇𐤕𐤉𐤊•
𐤊𐤇 𐤀𐤋 𐤕𐤎𐤂 𐤂𐤁𐤅𐤋 𐤏𐤅𐤋𐤌 𐤀𐤔𐤓 𐤏𐤔𐤅 𐤀𐤁𐤅𐤕𐤉𐤊•
𐤊𐤈 𐤇𐤆𐤉𐤕 𐤀𐤉𐤔 𐤌𐤄𐤉𐤓 𐤁𐤌𐤋𐤀𐤊𐤕𐤅 𐤋𐤐𐤍𐤉 𐤌𐤋𐤊𐤉𐤌 𐤉𐤕𐤉𐤑𐤁 𐤁𐤋 𐤉𐤕𐤉𐤑𐤁
𐤋𐤐𐤍𐤉 𐤇𐤔𐤊𐤉𐤌•

𐤐𐤓𐤒 𐤊𐤂

𐤀 𐤊𐤉 𐤕𐤔𐤁 𐤋𐤋𐤇𐤅𐤌 𐤀𐤕 𐤌𐤅𐤔𐤋 𐤁𐤉𐤍 𐤕𐤁𐤉𐤍 𐤀𐤕 𐤀𐤔𐤓 𐤋𐤐𐤍𐤉𐤊•
𐤁 𐤅𐤔𐤌𐤕 𐤔𐤊𐤉𐤍 𐤁𐤋𐤏𐤊 𐤀𐤌 𐤁𐤏𐤋 𐤍𐤐𐤔 𐤀𐤕𐤄•
𐤂 𐤀𐤋 𐤕𐤕𐤀𐤅 𐤋𐤌𐤈𐤏𐤌𐤅𐤕𐤉𐤅 𐤅𐤄𐤅𐤀 𐤋𐤇𐤌 𐤊𐤆𐤁𐤉𐤌•
𐤃 𐤀𐤋 𐤕𐤉𐤂𐤏 𐤋𐤄𐤏𐤔𐤉𐤓 𐤌𐤁𐤉𐤍𐤕𐤊 𐤇𐤃𐤋•
𐤄 𐤄𐤕𐤏𐤅𐤐 [𐤄𐤕𐤏𐤉𐤐] 𐤏𐤉𐤍𐤉𐤊 𐤁𐤅 𐤅𐤀𐤉𐤍𐤍𐤅 𐤊𐤉 𐤏𐤔𐤄 𐤉𐤏𐤔𐤄 𐤋𐤅 𐤊𐤍𐤐𐤉𐤌
𐤊𐤍𐤔𐤓 𐤅𐤏𐤉𐤐 [𐤉𐤏𐤅𐤐] 𐤄𐤔𐤌𐤉𐤌•
𐤅 𐤀𐤋 𐤕𐤋𐤇𐤌 𐤀𐤕 𐤋𐤇𐤌 𐤓𐤏 𐤏𐤉𐤍 𐤅𐤀𐤋 𐤕𐤕𐤀𐤅 [𐤕𐤕𐤀𐤉𐤅] 𐤋𐤌𐤈𐤏𐤌𐤕𐤉𐤅•
𐤆 𐤊𐤉 𐤊𐤌𐤅 𐤔𐤏𐤓 𐤁𐤍𐤐𐤔𐤅 𐤊𐤍 𐤄𐤅𐤀 𐤀𐤊𐤋 𐤅𐤔𐤕𐤄 𐤉𐤀𐤌𐤓 𐤋𐤊 𐤅𐤋𐤁𐤅 𐤁𐤋
𐤏𐤌𐤊•
𐤇 𐤐𐤕𐤊 𐤀𐤊𐤋𐤕 𐤕𐤒𐤉𐤀𐤍𐤄 𐤅𐤔𐤇𐤕 𐤃𐤁𐤓𐤉𐤊 𐤄𐤍𐤏𐤉𐤌𐤉𐤌•
𐤈 𐤁𐤀𐤆𐤍𐤉 𐤊𐤎𐤉𐤋 𐤀𐤋 𐤕𐤃𐤁𐤓 𐤊𐤉 𐤉𐤁𐤅𐤆 𐤋𐤔𐤊𐤋 𐤌𐤋𐤉𐤊•
𐤉 𐤀𐤋 𐤕𐤎𐤂 𐤂𐤁𐤅𐤋 𐤏𐤅𐤋𐤌 𐤅𐤁𐤔𐤃𐤉 𐤉𐤕𐤅𐤌𐤉𐤌 𐤀𐤋 𐤕𐤁𐤀•
𐤉𐤀 𐤊𐤉 𐤂𐤀𐤋𐤌 𐤇𐤆𐤒 𐤄𐤅𐤀 𐤉𐤓𐤉𐤁 𐤀𐤕 𐤓𐤉𐤁𐤌 𐤀𐤕𐤊•
𐤉𐤁 𐤄𐤁𐤉𐤀𐤄 𐤋𐤌𐤅𐤎𐤓 𐤋𐤁𐤊 𐤅𐤀𐤆𐤍𐤊 𐤋𐤀𐤌𐤓𐤉 𐤃𐤏𐤕•
𐤉𐤂 𐤀𐤋 𐤕𐤌𐤍𐤏 𐤌𐤍𐤏𐤓 𐤌𐤅𐤎𐤓 𐤊𐤉 𐤕𐤊𐤍𐤅 𐤁𐤔𐤁𐤈 𐤋𐤀 𐤉𐤌𐤅𐤕•
𐤉𐤃 𐤀𐤕𐤄 𐤁𐤔𐤁𐤈 𐤕𐤊𐤍𐤅 𐤅𐤍𐤐𐤔𐤅 𐤌𐤔𐤀𐤅𐤋 𐤕𐤑𐤉𐤋•
𐤈𐤅 𐤁𐤍𐤉 𐤀𐤌 𐤇𐤊𐤌 𐤋𐤁𐤊 𐤉𐤔𐤌𐤇 𐤋𐤁𐤉 𐤂𐤌 𐤀𐤍𐤉•
𐤈𐤆 𐤅𐤕𐤏𐤋𐤆𐤍𐤄 𐤊𐤋𐤉𐤅𐤕𐤉 𐤁𐤃𐤁𐤓 𐤔𐤐𐤕𐤉𐤊 𐤌𐤉𐤔𐤓𐤉𐤌•
𐤉𐤆 𐤀𐤋 𐤉𐤒𐤍𐤀 𐤋𐤁𐤊 𐤁𐤇𐤈𐤀𐤉𐤌 𐤊𐤉 𐤀𐤌 𐤁𐤉𐤓𐤀𐤕 𐤉𐤄𐤅𐤄 𐤊𐤋 𐤄𐤉𐤅𐤌•
𐤉𐤇 𐤊𐤉 𐤀𐤌 𐤉𐤔 𐤀𐤇𐤓𐤉𐤕 𐤅𐤕𐤒𐤅𐤕𐤊 𐤋𐤀 𐤕𐤊𐤓𐤕•
𐤉𐤈 𐤔𐤌𐤏 𐤀𐤕𐤄 𐤁𐤍𐤉 𐤅𐤇𐤊𐤌 𐤅𐤀𐤔𐤓 𐤁𐤃𐤓𐤊 𐤋𐤁𐤊•
𐤊 𐤀𐤋 𐤕𐤄𐤉 𐤁𐤎𐤁𐤀𐤉 𐤉𐤉𐤍 𐤁𐤆𐤋𐤋𐤉 𐤁𐤔𐤓 𐤋𐤌𐤅•
𐤊𐤀 𐤊𐤉 𐤎𐤁𐤀 𐤅𐤆𐤅𐤋𐤋 𐤉𐤅𐤓𐤔 𐤅𐤒𐤓𐤏𐤉𐤌 𐤕𐤋𐤁𐤉𐤔 𐤍𐤅𐤌𐤄•
𐤊𐤁 𐤔𐤌𐤏 𐤋𐤀𐤁𐤉𐤊 𐤆𐤄 𐤉𐤋𐤃𐤊 𐤅𐤀𐤋 𐤕𐤁𐤅𐤆 𐤊𐤉 𐤆𐤒𐤍𐤄 𐤀𐤌𐤊•
𐤊𐤂 𐤀𐤌𐤕 𐤒𐤍𐤄 𐤅𐤀𐤋 𐤕𐤌𐤊𐤓 𐤇𐤊𐤌𐤄 𐤅𐤌𐤅𐤎𐤓 𐤅𐤁𐤉𐤍𐤄•

𐤌𐤔𐤋𐤉

𐤊𐤃 𐤂𐤅𐤋 [𐤂𐤉𐤋] 𐤉𐤂𐤅𐤋 [𐤉𐤂𐤉𐤋] 𐤀𐤁𐤉 𐤑𐤃𐤉𐤒 𐤉𐤅𐤋𐤃 [𐤅𐤉𐤅𐤋𐤃] 𐤇𐤊𐤌
𐤅𐤉𐤔𐤌𐤇 [𐤉𐤔𐤌𐤇] 𐤁𐤅.
𐤊𐤄 𐤉𐤔𐤌𐤇 𐤀𐤁𐤉𐤊 𐤅𐤀𐤌𐤊 𐤅𐤕𐤂𐤋 𐤉𐤅𐤋𐤃𐤕𐤊.
𐤊𐤅 𐤕𐤍𐤄 𐤁𐤍𐤉 𐤋𐤁𐤊 𐤋𐤉 𐤅𐤏𐤉𐤍𐤉𐤊 𐤃𐤓𐤊𐤉 𐤕𐤓𐤑𐤍𐤄 [𐤕𐤑𐤓𐤍𐤄].
𐤊𐤆 𐤊𐤉 𐤔𐤅𐤇𐤄 𐤏𐤌𐤒𐤄 𐤆𐤅𐤍𐤄 𐤅𐤁𐤀𐤓 𐤑𐤓𐤄 𐤍𐤊𐤓𐤉𐤄.
𐤊𐤇 𐤀𐤐 𐤄𐤉𐤀 𐤊𐤇𐤕𐤐 𐤕𐤀𐤓𐤁 𐤅𐤁𐤅𐤂𐤃𐤉𐤌 𐤁𐤀𐤃𐤌 𐤕𐤅𐤎𐤐.
𐤊𐤈 𐤋𐤌𐤉 𐤀𐤅𐤉 𐤋𐤌𐤉 𐤀𐤁𐤅𐤉 𐤋𐤌𐤉 𐤌𐤃𐤅𐤍𐤉𐤌 [𐤌𐤃𐤉𐤍𐤉𐤌] 𐤋𐤌𐤉 𐤔𐤉𐤇 𐤋𐤌𐤉
𐤐𐤑𐤏𐤉𐤌 𐤇𐤍𐤌 𐤋𐤌𐤉 𐤇𐤊𐤋𐤋𐤅𐤕 𐤏𐤉𐤍𐤉𐤌.
𐤋 𐤋𐤌𐤀𐤇𐤓𐤉𐤌 𐤏𐤋 𐤄𐤉𐤉𐤍 𐤋𐤁𐤀𐤉𐤌 𐤋𐤇𐤒𐤓 𐤌𐤌𐤎𐤊.
𐤋𐤀 𐤀𐤋 𐤕𐤓𐤀 𐤉𐤉𐤍 𐤊𐤉 𐤉𐤕𐤀𐤃𐤌 𐤊𐤉 𐤉𐤕𐤍 𐤁𐤊𐤉𐤎 [𐤁𐤊𐤅𐤎] 𐤏𐤉𐤍𐤅 𐤉𐤕𐤄𐤋𐤊
𐤁𐤌𐤉𐤔𐤓𐤉𐤌.
𐤋𐤁 𐤀𐤇𐤓𐤉𐤕𐤅 𐤊𐤍𐤇𐤔 𐤉𐤔𐤊 𐤅𐤊𐤑𐤐𐤏𐤍𐤉 𐤉𐤐𐤓𐤔.
𐤋𐤂 𐤏𐤉𐤍𐤉𐤊 𐤉𐤓𐤀𐤅 𐤆𐤓𐤅𐤕 𐤅𐤋𐤁𐤊 𐤉𐤃𐤁𐤓 𐤕𐤄𐤐𐤊𐤅𐤕.
𐤋𐤃 𐤅𐤄𐤉𐤉𐤕 𐤊𐤔𐤊𐤁 𐤁𐤋𐤁 𐤉𐤌 𐤅𐤊𐤔𐤊𐤁 𐤁𐤓𐤀𐤔 𐤇𐤁𐤋.
𐤋𐤄 𐤄𐤊𐤅𐤍𐤉 𐤁𐤋 𐤇𐤋𐤉𐤕𐤉 𐤄𐤋𐤌𐤅𐤍𐤉 𐤁𐤋 𐤉𐤃𐤏𐤕𐤉 𐤌𐤕𐤉 𐤀𐤒𐤉𐤑 𐤀𐤅𐤎𐤉𐤐
𐤀𐤁𐤒𐤔𐤍𐤅 𐤏𐤅𐤃.

𐤐𐤓𐤒 𐤊𐤃

𐤀 𐤀𐤋 𐤕𐤒𐤍𐤀 𐤁𐤀𐤍𐤔𐤉 𐤓𐤏𐤄 𐤅𐤀𐤋 𐤕𐤕𐤀𐤅 [𐤕𐤕𐤀𐤉𐤅] 𐤋𐤄𐤉𐤅𐤕 𐤀𐤕𐤌.
𐤁 𐤊𐤉 𐤔𐤃 𐤉𐤄𐤂𐤄 𐤋𐤁𐤌 𐤅𐤏𐤌𐤋 𐤔𐤐𐤕𐤉𐤄𐤌 𐤕𐤃𐤁𐤓𐤍𐤄.
𐤂 𐤁𐤇𐤊𐤌𐤄 𐤉𐤁𐤍𐤄 𐤁𐤉𐤕 𐤅𐤁𐤕𐤁𐤅𐤍𐤄 𐤉𐤕𐤊𐤅𐤍𐤍.
𐤃 𐤅𐤁𐤃𐤏𐤕 𐤇𐤃𐤓𐤉𐤌 𐤉𐤌𐤋𐤀𐤅 𐤊𐤋 𐤄𐤅𐤍 𐤉𐤒𐤓 𐤅𐤍𐤏𐤉𐤌.
𐤄 𐤂𐤁𐤓 𐤇𐤊𐤌 𐤁𐤏𐤅𐤆 𐤅𐤀𐤉𐤔 𐤃𐤏𐤕 𐤌𐤀𐤌𐤑 𐤊𐤇.
𐤅 𐤊𐤉 𐤁𐤕𐤇𐤁𐤋𐤅𐤕 𐤕𐤏𐤔𐤄 𐤋𐤊 𐤌𐤋𐤇𐤌𐤄 𐤅𐤕𐤔𐤅𐤏𐤄 𐤁𐤓𐤁 𐤉𐤅𐤏𐤑.
𐤆 𐤓𐤀𐤌𐤅𐤕 𐤋𐤀𐤅𐤉𐤋 𐤇𐤊𐤌𐤅𐤕 𐤁𐤔𐤏𐤓 𐤋𐤀 𐤉𐤐𐤕𐤇 𐤐𐤉𐤄𐤅.
𐤇 𐤌𐤇𐤔𐤁 𐤋𐤄𐤓𐤏 𐤋𐤅 𐤁𐤏𐤋 𐤌𐤆𐤌𐤅𐤕 𐤉𐤒𐤓𐤀𐤅.
𐤈 𐤆𐤌𐤕 𐤀𐤅𐤋𐤕 𐤇𐤈𐤀𐤕 𐤅𐤕𐤅𐤏𐤁𐤕 𐤋𐤀𐤃𐤌 𐤋𐤑.
𐤉 𐤄𐤕𐤓𐤐𐤉𐤕 𐤁𐤉𐤅𐤌 𐤑𐤓𐤄 𐤑𐤓 𐤊𐤇𐤊𐤄.
𐤉𐤀 𐤄𐤑𐤋 𐤋𐤒𐤇𐤉𐤌 𐤋𐤌𐤅𐤕 𐤅𐤌𐤈𐤉𐤌 𐤋𐤄𐤓𐤂 𐤀𐤌 𐤕𐤇𐤔𐤅𐤊.
𐤉𐤁 𐤊𐤉 𐤕𐤀𐤌𐤓 𐤄𐤍 𐤋𐤀 𐤉𐤃𐤏𐤍𐤅 𐤆𐤄 𐤄𐤋𐤀 𐤕𐤊𐤍 𐤋𐤁𐤅𐤕 𐤄𐤅𐤀 𐤉𐤁𐤉𐤍 𐤅𐤍𐤑𐤓
𐤍𐤐𐤔𐤊 𐤄𐤅𐤀 𐤉𐤃𐤏 𐤅𐤄𐤔𐤉𐤁 𐤋𐤀𐤃𐤌 𐤊𐤐𐤏𐤋𐤅.
𐤉𐤂 𐤀𐤊𐤋 𐤁𐤍𐤉 𐤃𐤁𐤔 𐤊𐤉 𐤈𐤅𐤁 𐤅𐤍𐤐𐤕 𐤌𐤕𐤅𐤒 𐤏𐤋 𐤇𐤊𐤊.
𐤉𐤃 𐤊𐤍 𐤃𐤏𐤄 𐤇𐤊𐤌𐤄 𐤋𐤍𐤐𐤔𐤊 𐤀𐤌 𐤌𐤑𐤀𐤕 𐤅𐤉𐤔 𐤀𐤇𐤓𐤉𐤕 𐤅𐤕𐤒𐤅𐤕𐤊 𐤋𐤀

𐤇 𐤀𐤋 𐤕𐤑𐤀 𐤋𐤓𐤁 𐤌𐤄𐤓 𐤐𐤍 𐤌𐤄 𐤕𐤏𐤔𐤄 𐤁𐤀𐤇𐤓𐤉𐤕𐤄 𐤁𐤄𐤊𐤋𐤉𐤌 𐤀𐤕𐤊 𐤓𐤏𐤊•

𐤈 𐤓𐤉𐤁𐤊 𐤓𐤉𐤁 𐤀𐤕 𐤓𐤏𐤊 𐤅𐤎𐤅𐤃 𐤀𐤇𐤓 𐤀𐤋 𐤕𐤂𐤋•

𐤉 𐤐𐤍 𐤉𐤇𐤎𐤃𐤊 𐤔𐤌𐤏 𐤅𐤃𐤁𐤕𐤊 𐤋𐤀 𐤕𐤔𐤅𐤁•

𐤉𐤀 𐤕𐤐𐤅𐤇𐤉 𐤆𐤄𐤁 𐤁𐤌𐤔𐤊𐤉𐤅𐤕 𐤊𐤎𐤐 𐤃𐤁𐤓 𐤃𐤁𐤓 𐤏𐤋 𐤀𐤐𐤍𐤉𐤅•

𐤉𐤁 𐤍𐤆𐤌 𐤆𐤄𐤁 𐤅𐤇𐤋𐤉 𐤊𐤕𐤌 𐤌𐤅𐤊𐤉𐤇 𐤇𐤊𐤌 𐤏𐤋 𐤀𐤆𐤍 𐤔𐤌𐤏𐤕•

𐤉𐤂 𐤊𐤑𐤍𐤕 𐤔𐤋𐤂 𐤁𐤉𐤅𐤌 𐤒𐤑𐤉𐤓 𐤑𐤉𐤓 𐤍𐤀𐤌𐤍 𐤋𐤔𐤋𐤇𐤉𐤅 𐤅𐤍𐤐𐤔 𐤀𐤃𐤍𐤉𐤅
𐤉𐤔𐤉𐤁•

𐤉𐤃 𐤍𐤔𐤉𐤀𐤉𐤌 𐤅𐤓𐤅𐤇 𐤅𐤂𐤔𐤌 𐤀𐤉𐤍 𐤀𐤉𐤔 𐤌𐤕𐤄𐤋𐤋 𐤁𐤌𐤕𐤕 𐤔𐤒𐤓•

𐤈𐤅 𐤁𐤀𐤓𐤊 𐤀𐤐𐤉𐤌 𐤉𐤐𐤕𐤄 𐤒𐤑𐤉𐤍 𐤅𐤋𐤔𐤅𐤍 𐤓𐤊𐤄 𐤕𐤔𐤁𐤓 𐤂𐤓𐤌•

𐤈𐤆 𐤃𐤁𐤔 𐤌𐤑𐤀𐤕 𐤀𐤊𐤋 𐤃𐤉𐤊 𐤐𐤍 𐤕𐤔𐤁𐤏𐤍𐤅 𐤅𐤄𐤒𐤀𐤕𐤅•

𐤉𐤆 𐤄𐤒𐤓 𐤓𐤂𐤋𐤊 𐤌𐤁𐤉𐤕 𐤓𐤏𐤊 𐤐𐤍 𐤉𐤔𐤁𐤏𐤊 𐤅𐤔𐤍𐤀𐤊•

𐤉𐤇 𐤌𐤐𐤉𐤑 𐤅𐤇𐤓𐤁 𐤅𐤇𐤑 𐤔𐤍𐤅𐤍 𐤀𐤉𐤔 𐤏𐤍𐤄 𐤁𐤓𐤏𐤄𐤅 𐤏𐤃 𐤔𐤒𐤓•

𐤉𐤈 𐤔𐤍 𐤓𐤏𐤄 𐤅𐤓𐤂𐤋 𐤌𐤅𐤏𐤃𐤕 𐤌𐤁𐤈𐤇 𐤁𐤅𐤂𐤃 𐤁𐤉𐤅𐤌 𐤑𐤓𐤄•

𐤊 𐤌𐤏𐤃𐤄 𐤁𐤂𐤃 𐤁𐤉𐤅𐤌 𐤒𐤓𐤄 𐤇𐤌𐤑 𐤏𐤋 𐤍𐤕𐤓 𐤅𐤔𐤓 𐤁𐤔𐤓𐤉𐤌 𐤏𐤋 𐤋𐤁 𐤓𐤏•

𐤊𐤀 𐤀𐤌 𐤓𐤏𐤁 𐤔𐤍𐤀𐤊 𐤄𐤀𐤊𐤋𐤄𐤅 𐤋𐤇𐤌 𐤅𐤀𐤌 𐤑𐤌𐤀 𐤄𐤔𐤒𐤄𐤅 𐤌𐤉𐤌•

𐤊𐤁 𐤊𐤉 𐤂𐤇𐤋𐤉𐤌 𐤀𐤕𐤄 𐤇𐤕𐤄 𐤏𐤋 𐤓𐤀𐤔𐤅 𐤅𐤉𐤄𐤅𐤄 𐤉𐤔𐤋𐤌 𐤋𐤊•

𐤊𐤂 𐤓𐤅𐤇 𐤑𐤐𐤅𐤍 𐤕𐤇𐤅𐤋𐤋 𐤂𐤔𐤌 𐤅𐤐𐤍𐤉𐤌 𐤍𐤆𐤏𐤌𐤉𐤌 𐤋𐤔𐤅𐤍 𐤎𐤕𐤓•

𐤊𐤃 𐤈𐤅𐤁 𐤔𐤁𐤕 𐤏𐤋 𐤐𐤍𐤕 𐤂𐤂 𐤌𐤀𐤔𐤕 𐤌𐤃𐤅𐤍𐤉𐤌 [𐤌𐤃𐤉𐤍𐤉𐤌] 𐤅𐤁𐤉𐤕 𐤇𐤁𐤓•

𐤊𐤄 𐤌𐤉𐤌 𐤒𐤓𐤉𐤌 𐤏𐤋 𐤍𐤐𐤔 𐤏𐤉𐤐𐤄 𐤅𐤔𐤌𐤅𐤏𐤄 𐤈𐤅𐤁𐤄 𐤌𐤀𐤓𐤑 𐤌𐤓𐤇𐤒•

𐤊𐤅 𐤌𐤏𐤉𐤍 𐤍𐤓𐤐𐤔 𐤅𐤌𐤒𐤅𐤓 𐤌𐤔𐤇𐤕 𐤑𐤃𐤉𐤒 𐤌𐤈 𐤋𐤐𐤍𐤉 𐤓𐤔𐤏•

𐤊𐤆 𐤀𐤊𐤋 𐤃𐤁𐤔 𐤄𐤓𐤁𐤅𐤕 𐤋𐤀 𐤈𐤅𐤁 𐤅𐤇𐤒𐤓 𐤊𐤁𐤃𐤌 𐤊𐤁𐤅𐤃•

𐤊𐤇 𐤏𐤉𐤓 𐤐𐤓𐤅𐤑𐤄 𐤀𐤉𐤍 𐤇𐤅𐤌𐤄 𐤀𐤉𐤔 𐤀𐤔𐤓 𐤀𐤉𐤍 𐤌𐤏𐤑𐤓 𐤋𐤓𐤅𐤇𐤅•

𐤐𐤓𐤒 𐤊𐤅

𐤀 𐤊𐤔𐤋𐤂 𐤁𐤒𐤉𐤑 𐤅𐤊𐤌𐤈𐤓 𐤁𐤒𐤑𐤉𐤓 𐤊𐤍 𐤋𐤀 𐤍𐤀𐤅𐤄 𐤋𐤊𐤎𐤉𐤋 𐤊𐤁𐤅𐤃•

𐤁 𐤊𐤑𐤐𐤅𐤓 𐤋𐤍𐤅𐤃 𐤊𐤃𐤓𐤅𐤓 𐤋𐤏𐤅𐤐 𐤊𐤍 𐤒𐤋𐤋𐤕 𐤇𐤍𐤌 𐤋𐤀 [𐤋𐤅] 𐤕𐤁𐤀•

𐤂 𐤔𐤅𐤈 𐤋𐤎𐤅𐤎 𐤌𐤕𐤂 𐤋𐤇𐤌𐤅𐤓 𐤅𐤔𐤁𐤈 𐤋𐤂𐤅 𐤊𐤎𐤉𐤋𐤉𐤌•

𐤃 𐤀𐤋 𐤕𐤏𐤍 𐤊𐤎𐤉𐤋 𐤊𐤀𐤅𐤋𐤕𐤅 𐤐𐤍 𐤕𐤔𐤅𐤄 𐤋𐤅 𐤂𐤌 𐤀𐤕𐤄•

𐤄 𐤏𐤍𐤄 𐤊𐤎𐤉𐤋 𐤊𐤀𐤅𐤋𐤕𐤅 𐤐𐤍 𐤉𐤄𐤉𐤄 𐤇𐤊𐤌 𐤁𐤏𐤉𐤍𐤉𐤅•

𐤅 𐤌𐤒𐤑𐤄 𐤓𐤂𐤋𐤉𐤌 𐤇𐤌𐤎 𐤔𐤕𐤄 𐤔𐤋𐤇 𐤃𐤁𐤓𐤉𐤌 𐤁𐤉𐤃 𐤊𐤎𐤉𐤋•

𐤆 𐤃𐤋𐤉𐤅 𐤔𐤒𐤉𐤌 𐤌𐤐𐤎𐤇 𐤅𐤌𐤔𐤋 𐤁𐤐𐤉 𐤊𐤎𐤉𐤋𐤉𐤌•

𐤇 𐤊𐤑𐤓𐤅𐤓 𐤀𐤁𐤍 𐤁𐤌𐤓𐤂𐤌𐤄 𐤊𐤍 𐤍𐤅𐤕𐤍 𐤋𐤊𐤎𐤉𐤋 𐤊𐤁𐤅𐤃•

𐤈 𐤇𐤅𐤇 𐤏𐤋𐤄 𐤁𐤉𐤃 𐤔𐤊𐤅𐤓 𐤅𐤌𐤔𐤋 𐤁𐤐𐤉 𐤊𐤎𐤉𐤋𐤉𐤌•

י רב מחולל כל ושכר כסיל ושכר עברים•
יא ככלב שב על קאו כסיל שונה באולתו•
יב ראית איש חכם בעיניו תקוה לכסיל ממנו•
יג אמר עצל שחל בדרך ארי בין הרחבות•
יד הדלת תסוב על צירה ועצל על מטתו•
טו טמן עצל ידו בצלחת נלאה להשיבה אל פיו•
טז חכם עצל בעיניו משבעה משיבי טעם•
יז מחזיק באזני כלב עבר מתעבר על ריב לא לו•
יח כמתלהלה הירה זקים חצים ומות•
יט כן איש רמה את רעהו ואמר הלא משחק אני•
כ באפס עצים תכבה אש ובאין נרגן ישתק מדון•
כא פחם לגחלים ועצים לאש ואיש מדונים [מדינים] לחרחר
ריב•
כב דברי נרגן כמתלהמים והם ירדו חדרי בטן•
כג כסף סיגים מצפה על חרש שפתים דלקים ולב רע•
כד בשפתו [בשפתיו] ינכר שונא ובקרבו ישית מרמה•
כה כי יחנן קולו אל תאמן בו כי שבע תועבות בלבו•
כו תכסה במשאון תגלה רעתו בקהל•
כז כרה שחת בה יפל וגלל אבן אליו תשוב•
כח לשון שקר ישנא דכיו ופה חלק יעשה מדחה•

פרק כז

א אל תתהלל ביום מחר כי לא תדע מה ילד יום•
ב יהללך זר ולא פיך נכרי ואל שפתיך•
ג כבד אבן ונטל החול וכעס אויל כבד משניהם•
ד אכזריות חמה ושטף אף ומי יעמד לפני קנאה•
ה טובה תוכחת מגלה מאהבה מסתרת•
ו נאמנים פצעי אוהב ונעתרות נשיקות שונא•
ז נפש שבעה תבוס נפת ונפש רעבה כל מר מתוק•
ח כצפור נודדת מן קנה כן איש נודד ממקומו•
ט שמן וקטרת ישמח לב ומתק רעהו מעצת נפש•
י רעך ורעה [ורע] אביך אל תעזב ובית אחיך אל תבוא ביום
אידך טוב שכן קרוב מאח רחוק•

𐤉𐤀 𐤇𐤊𐤌 𐤁𐤍𐤉 𐤅𐤔𐤌𐤇 𐤋𐤁𐤉 𐤅𐤀𐤔𐤉𐤁𐤄 𐤇𐤓𐤐𐤉 𐤃𐤁𐤓•

𐤉𐤁 𐤏𐤓𐤅𐤌 𐤓𐤀𐤄 𐤓𐤏𐤄 𐤍𐤎𐤕𐤓 𐤐𐤕𐤀𐤉𐤌 𐤏𐤁𐤓𐤅 𐤍𐤏𐤍𐤔𐤅•

𐤉𐤂 𐤒𐤇 𐤁𐤂𐤃𐤅 𐤊𐤉 𐤏𐤓𐤁 𐤆𐤓 𐤅𐤁𐤏𐤃 𐤍𐤊𐤓𐤉𐤄 𐤇𐤁𐤋𐤄𐤅•

𐤉𐤃 𐤌𐤁𐤓𐤊 𐤓𐤏𐤄𐤅 𐤁𐤒𐤅𐤋 𐤂𐤃𐤅𐤋 𐤁𐤁𐤒𐤓 𐤄𐤔𐤊𐤉𐤌 𐤒𐤋𐤋𐤄 𐤕𐤇𐤔𐤁 𐤋𐤅•

𐤈𐤅 𐤃𐤋𐤐 𐤈𐤅𐤓𐤃 𐤁𐤉𐤅𐤌 𐤎𐤂𐤓𐤉𐤓 𐤅𐤀𐤔𐤕 𐤌𐤃𐤅𐤍𐤉𐤌 [𐤌𐤃𐤉𐤍𐤉𐤌] 𐤍𐤔𐤕𐤅𐤄•

𐤈𐤆 𐤑𐤐𐤍𐤉𐤄 𐤑𐤐𐤍 𐤓𐤅𐤇 𐤅𐤔𐤌𐤍 𐤉𐤌𐤉𐤍𐤅 𐤉𐤒𐤓𐤀•

𐤉𐤆 𐤁𐤓𐤆𐤋 𐤁𐤁𐤓𐤆𐤋 𐤉𐤇𐤃 𐤅𐤀𐤉𐤔 𐤉𐤇𐤃 𐤐𐤍𐤉 𐤓𐤏𐤄𐤅•

𐤉𐤇 𐤍𐤑𐤓 𐤕𐤀𐤍𐤄 𐤉𐤀𐤊𐤋 𐤐𐤓𐤉𐤄 𐤅𐤔𐤌𐤓 𐤀𐤃𐤍𐤉𐤅 𐤉𐤊𐤁𐤃•

𐤉𐤈 𐤊𐤌𐤉𐤌 𐤄𐤐𐤍𐤉𐤌 𐤋𐤐𐤍𐤉𐤌 𐤊𐤍 𐤋𐤁 𐤄𐤀𐤃𐤌 𐤋𐤀𐤃𐤌•

𐤊 𐤔𐤀𐤅𐤋 𐤅𐤀𐤁𐤃𐤄 [𐤅𐤀𐤁𐤃𐤅] 𐤋𐤀 𐤕𐤔𐤁𐤏𐤍𐤄 𐤅𐤏𐤉𐤍𐤉 𐤄𐤀𐤃𐤌 𐤋𐤀 𐤕𐤔𐤁𐤏𐤍𐤄•

𐤊𐤀 𐤌𐤑𐤓𐤐 𐤋𐤊𐤎𐤐 𐤅𐤊𐤅𐤓 𐤋𐤆𐤄𐤁 𐤅𐤀𐤉𐤔 𐤋𐤐𐤉 𐤌𐤄𐤋𐤋𐤅•

𐤊𐤁 𐤀𐤌 𐤕𐤊𐤕𐤅𐤔 𐤀𐤕 𐤄𐤀𐤅𐤉𐤋 𐤁𐤌𐤊𐤕𐤔 𐤁𐤕𐤅𐤊 𐤄𐤓𐤉𐤐𐤅𐤕 𐤁𐤏𐤋𐤉 𐤋𐤀 𐤕𐤎𐤅𐤓
𐤌𐤏𐤋𐤉𐤅 𐤀𐤅𐤋𐤕𐤅•

𐤊𐤂 𐤉𐤃𐤏 𐤕𐤃𐤏 𐤐𐤍𐤉 𐤑𐤀𐤍𐤊 𐤔𐤉𐤕 𐤋𐤁𐤊 𐤋𐤏𐤃𐤓𐤉𐤌•

𐤊𐤃 𐤊𐤉 𐤋𐤀 𐤋𐤏𐤅𐤋𐤌 𐤇𐤎𐤍 𐤅𐤀𐤌 𐤍𐤆𐤓 𐤋𐤃𐤅𐤓 𐤃𐤅𐤓 [𐤅𐤃𐤅𐤓]•

𐤊𐤄 𐤂𐤋𐤄 𐤇𐤑𐤉𐤓 𐤅𐤍𐤓𐤀𐤄 𐤃𐤔𐤀 𐤅𐤍𐤀𐤎𐤐𐤅 𐤏𐤔𐤁𐤅𐤕 𐤄𐤓𐤉𐤌•

𐤊𐤅 𐤊𐤁𐤔𐤉𐤌 𐤋𐤋𐤁𐤅𐤔𐤊 𐤅𐤌𐤇𐤉𐤓 𐤔𐤃𐤄 𐤏𐤕𐤅𐤃𐤉𐤌•

𐤊𐤆 𐤅𐤃𐤉 𐤇𐤋𐤁 𐤏𐤆𐤉𐤌 𐤋𐤋𐤇𐤌𐤊 𐤋𐤋𐤇𐤌 𐤁𐤉𐤕𐤊 𐤅𐤇𐤉𐤉𐤌 𐤋𐤍𐤏𐤓𐤅𐤕𐤉𐤊•

𐤐𐤓𐤒 𐤊𐤇

𐤀 𐤍𐤎𐤅 𐤅𐤀𐤉𐤍 𐤓𐤃𐤐 𐤓𐤔𐤏 𐤅𐤑𐤃𐤉𐤒𐤉𐤌 𐤊𐤊𐤐𐤉𐤓 𐤉𐤁𐤈𐤇•

𐤁 𐤁𐤐𐤔𐤏 𐤀𐤓𐤑 𐤓𐤁𐤉𐤌 𐤔𐤓𐤉𐤄 𐤅𐤁𐤀𐤃𐤌 𐤌𐤁𐤉𐤍 𐤉𐤃𐤏 𐤊𐤍 𐤉𐤀𐤓𐤉𐤊•

𐤂 𐤂𐤁𐤓 𐤓𐤔 𐤅𐤏𐤔𐤒 𐤃𐤋𐤉𐤌 𐤌𐤈𐤓 𐤎𐤇𐤐 𐤅𐤀𐤉𐤍 𐤋𐤇𐤌•

𐤃 𐤏𐤆𐤁𐤉 𐤕𐤅𐤓𐤄 𐤉𐤄𐤋𐤋𐤅 𐤓𐤔𐤏 𐤅𐤔𐤌𐤓𐤉 𐤕𐤅𐤓𐤄 𐤉𐤕𐤂𐤓𐤅 𐤁𐤌•

𐤄 𐤀𐤍𐤔𐤉 𐤓𐤏 𐤋𐤀 𐤉𐤁𐤉𐤍𐤅 𐤌𐤔𐤐𐤈 𐤅𐤌𐤁𐤒𐤔𐤉 𐤉𐤄𐤅𐤄 𐤉𐤁𐤉𐤍𐤅 𐤊𐤋•

𐤅 𐤈𐤅𐤁 𐤓𐤔 𐤄𐤅𐤋𐤊 𐤁𐤕𐤌𐤅 𐤌𐤏𐤒𐤔 𐤃𐤓𐤊𐤉𐤌 𐤅𐤄𐤅𐤀 𐤏𐤔𐤉𐤓•

𐤆 𐤍𐤅𐤑𐤓 𐤕𐤅𐤓𐤄 𐤁𐤍 𐤌𐤁𐤉𐤍 𐤅𐤓𐤏𐤄 𐤆𐤅𐤋𐤋𐤉𐤌 𐤉𐤊𐤋𐤉𐤌 𐤀𐤁𐤉𐤅•

𐤇 𐤌𐤓𐤁𐤄 𐤄𐤅𐤍𐤅 𐤁𐤍𐤔𐤊 𐤅𐤁𐤕𐤓𐤁𐤉𐤕 [𐤅𐤕𐤓𐤁𐤉𐤕] 𐤋𐤇𐤅𐤍𐤍 𐤃𐤋𐤉𐤌 𐤉𐤒𐤁𐤑𐤍𐤅•

𐤈 𐤌𐤎𐤉𐤓 𐤀𐤆𐤍𐤅 𐤌𐤔𐤌𐤏 𐤕𐤅𐤓𐤄 𐤂𐤌 𐤕𐤐𐤋𐤕𐤅 𐤕𐤅𐤏𐤁𐤄•

𐤉 𐤌𐤔𐤂𐤄 𐤉𐤔𐤓𐤉𐤌 𐤁𐤃𐤓𐤊 𐤓𐤏 𐤁𐤔𐤇𐤅𐤕𐤅 𐤄𐤅𐤀 𐤉𐤐𐤅𐤋 𐤅𐤕𐤌𐤉𐤌𐤉𐤌 𐤉𐤍𐤇𐤋𐤅
𐤈𐤅𐤁•

𐤉𐤀 𐤇𐤊𐤌 𐤁𐤏𐤉𐤍𐤉𐤅 𐤀𐤉𐤔 𐤏𐤔𐤉𐤓 𐤅𐤃𐤋 𐤌𐤁𐤉𐤍 𐤉𐤇𐤒𐤓𐤍𐤅•

𐤉𐤁 𐤁𐤏𐤋𐤑 𐤑𐤃𐤉𐤒𐤉𐤌 𐤓𐤁𐤄 𐤕𐤐𐤀𐤓𐤕 𐤅𐤁𐤒𐤅𐤌 𐤓𐤔𐤏𐤉𐤌 𐤉𐤇𐤐𐤔 𐤀𐤃𐤌•

𐤌𐤔𐤋𐤉

𐤉𐤂 𐤌𐤊𐤎𐤄 𐤐𐤔𐤏𐤉𐤅 𐤋𐤀 𐤉𐤑𐤋𐤉𐤇 𐤅𐤌𐤅𐤃𐤄 𐤅𐤏𐤆𐤁 𐤉𐤓𐤇𐤌•
𐤉𐤃 𐤀𐤔𐤓𐤉 𐤀𐤃𐤌 𐤌𐤐𐤇𐤃 𐤕𐤌𐤉𐤃 𐤅𐤌𐤒𐤔𐤄 𐤋𐤁𐤅 𐤉𐤐𐤅𐤋 𐤁𐤓𐤏𐤄•
𐤈𐤅 𐤀𐤓𐤉 𐤍𐤄𐤌 𐤅𐤃𐤁 𐤔𐤅𐤒𐤒 𐤌𐤅𐤔𐤋 𐤓𐤔𐤏 𐤏𐤋 𐤏𐤌 𐤃𐤋•
𐤈𐤆 𐤍𐤂𐤉𐤃 𐤇𐤎𐤓 𐤕𐤁𐤅𐤍𐤅𐤕 𐤅𐤓𐤁 𐤌𐤏𐤔𐤒𐤅𐤕 𐤔𐤍𐤀𐤉 [𐤔𐤍𐤀] 𐤁𐤑𐤏 𐤉𐤀𐤓𐤉𐤊
𐤉𐤌𐤉𐤌•
𐤉𐤆 𐤀𐤃𐤌 𐤏𐤔𐤒 𐤁𐤃𐤌 𐤍𐤐𐤔 𐤏𐤃 𐤁𐤅𐤓 𐤉𐤍𐤅𐤎 𐤀𐤋 𐤉𐤕𐤌𐤊𐤅 𐤁𐤅•
𐤉𐤇 𐤄𐤅𐤋𐤊 𐤕𐤌𐤉𐤌 𐤉𐤅𐤔𐤏 𐤅𐤍𐤏𐤒𐤔 𐤃𐤓𐤊𐤉𐤌 𐤉𐤐𐤋 𐤁𐤀𐤇𐤕•
𐤉𐤈 𐤏𐤁𐤃 𐤀𐤃𐤌𐤕𐤅 𐤉𐤔𐤁𐤏 𐤋𐤇𐤌 𐤅𐤌𐤓𐤃𐤐 𐤓𐤒𐤉𐤌 𐤉𐤔𐤁𐤏 𐤓𐤉𐤔•
𐤊 𐤀𐤉𐤔 𐤀𐤌𐤅𐤍𐤅𐤕 𐤓𐤁 𐤁𐤓𐤊𐤅𐤕 𐤅𐤀𐤑 𐤋𐤄𐤏𐤔𐤉𐤓 𐤋𐤀 𐤉𐤍𐤒𐤄•
𐤊𐤀 𐤄𐤊𐤓 𐤐𐤍𐤉𐤌 𐤋𐤀 𐤈𐤅𐤁 𐤅𐤏𐤋 𐤐𐤕 𐤋𐤇𐤌 𐤉𐤐𐤔𐤏 𐤂𐤁𐤓•
𐤊𐤁 𐤍𐤁𐤄𐤋 𐤋𐤄𐤅𐤍 𐤀𐤉𐤔 𐤓𐤏 𐤏𐤉𐤍 𐤅𐤋𐤀 𐤉𐤃𐤏 𐤊𐤉 𐤇𐤎𐤓 𐤉𐤁𐤀𐤍𐤅•
𐤊𐤂 𐤌𐤅𐤊𐤉𐤇 𐤀𐤃𐤌 𐤀𐤇𐤓𐤉 𐤇𐤍 𐤉𐤌𐤑𐤀 𐤌𐤇𐤋𐤉𐤒 𐤋𐤔𐤅𐤍•
𐤊𐤃 𐤂𐤅𐤆𐤋 𐤀𐤁𐤉𐤅 𐤅𐤀𐤌𐤅 𐤅𐤀𐤌𐤓 𐤀𐤉𐤍 𐤐𐤔𐤏 𐤇𐤁𐤓 𐤄𐤅𐤀 𐤋𐤀𐤉𐤔 𐤌𐤔𐤇𐤉𐤕•
𐤊𐤄 𐤓𐤇𐤁 𐤍𐤐𐤔 𐤉𐤂𐤓𐤄 𐤌𐤃𐤅𐤍 𐤅𐤁𐤅𐤈𐤇 𐤏𐤋 𐤉𐤄𐤅𐤄 𐤉𐤃𐤔𐤍•
𐤊𐤅 𐤁𐤅𐤈𐤇 𐤁𐤋𐤁𐤅 𐤄𐤅𐤀 𐤊𐤎𐤉𐤋 𐤅𐤄𐤅𐤋𐤊 𐤁𐤇𐤊𐤌𐤄 𐤄𐤅𐤀 𐤉𐤌𐤋𐤈•
𐤊𐤆 𐤍𐤅𐤕𐤍 𐤋𐤓𐤔 𐤀𐤉𐤍 𐤌𐤇𐤎𐤅𐤓 𐤅𐤌𐤏𐤋𐤉𐤌 𐤏𐤉𐤍𐤉𐤅 𐤓𐤁 𐤌𐤀𐤓𐤅𐤕•
𐤊𐤇 𐤁𐤒𐤅𐤌 𐤓𐤔𐤏𐤉𐤌 𐤉𐤎𐤕𐤓 𐤀𐤃𐤌 𐤅𐤁𐤀𐤁𐤃𐤌 𐤉𐤓𐤁𐤅 𐤑𐤃𐤉𐤒𐤉𐤌•

𐤐𐤓𐤒 𐤊𐤈

𐤀 𐤀𐤉𐤔 𐤕𐤅𐤊𐤇𐤅𐤕 𐤌𐤒𐤔𐤄 𐤏𐤓𐤐 𐤐𐤕𐤏 𐤉𐤔𐤁𐤓 𐤅𐤀𐤉𐤍 𐤌𐤓𐤐𐤀•
𐤁 𐤁𐤓𐤁𐤅𐤕 𐤑𐤃𐤉𐤒𐤉𐤌 𐤉𐤔𐤌𐤇 𐤄𐤏𐤌 𐤅𐤁𐤌𐤔𐤋 𐤓𐤔𐤏 𐤉𐤀𐤍𐤇 𐤏𐤌•
𐤂 𐤀𐤉𐤔 𐤀𐤄𐤁 𐤇𐤊𐤌𐤄 𐤉𐤔𐤌𐤇 𐤀𐤁𐤉𐤅 𐤅𐤓𐤏𐤄 𐤆𐤅𐤍𐤅𐤕 𐤉𐤀𐤁𐤃 𐤄𐤅𐤍•
𐤃 𐤌𐤋𐤊 𐤁𐤌𐤔𐤐𐤈 𐤉𐤏𐤌𐤉𐤃 𐤀𐤓𐤑 𐤅𐤀𐤉𐤔 𐤕𐤓𐤅𐤌𐤅𐤕 𐤉𐤄𐤓𐤎𐤍𐤄•
𐤄 𐤂𐤁𐤓 𐤌𐤇𐤋𐤉𐤒 𐤏𐤋 𐤓𐤏𐤄𐤅 𐤓𐤔𐤕 𐤐𐤅𐤓𐤔 𐤏𐤋 𐤐𐤏𐤌𐤉𐤅•
𐤅 𐤁𐤐𐤔𐤏 𐤀𐤉𐤔 𐤓𐤏 𐤌𐤅𐤒𐤔 𐤅𐤑𐤃𐤉𐤒 𐤉𐤓𐤅𐤍 𐤅𐤔𐤌𐤇
𐤆 𐤉𐤃𐤏 𐤑𐤃𐤉𐤒 𐤃𐤉𐤍 𐤃𐤋𐤉𐤌 𐤓𐤔𐤏 𐤋𐤀 𐤉𐤁𐤉𐤍 𐤃𐤏𐤕•
𐤇 𐤀𐤍𐤔𐤉 𐤋𐤑𐤅𐤍 𐤉𐤐𐤉𐤇𐤅 𐤒𐤓𐤉𐤄 𐤅𐤇𐤊𐤌𐤉𐤌 𐤉𐤔𐤉𐤁𐤅 𐤀𐤐•
𐤈 𐤀𐤉𐤔 𐤇𐤊𐤌 𐤍𐤔𐤐𐤈 𐤀𐤕 𐤀𐤉𐤔 𐤀𐤅𐤉𐤋 𐤅𐤓𐤂𐤆 𐤅𐤔𐤇𐤒 𐤅𐤀𐤉𐤍 𐤍𐤇𐤕•
𐤉 𐤀𐤍𐤔𐤉 𐤃𐤌𐤉𐤌 𐤉𐤔𐤍𐤀𐤅 𐤕𐤌 𐤅𐤉𐤔𐤓𐤉𐤌 𐤉𐤁𐤒𐤔𐤅 𐤍𐤐𐤔𐤅•
𐤉𐤀 𐤊𐤋 𐤓𐤅𐤇𐤅 𐤉𐤅𐤑𐤉𐤀 𐤊𐤎𐤉𐤋 𐤅𐤇𐤊𐤌 𐤁𐤀𐤇𐤅𐤓 𐤉𐤔𐤁𐤇𐤍𐤄•
𐤉𐤁 𐤌𐤔𐤋 𐤌𐤒𐤔𐤉𐤁 𐤏𐤋 𐤃𐤁𐤓 𐤔𐤒𐤓 𐤊𐤋 𐤌𐤔𐤓𐤕𐤉𐤅 𐤓𐤔𐤏𐤉𐤌•
𐤉𐤂 𐤓𐤔 𐤅𐤀𐤉𐤔 𐤕𐤊𐤊𐤉𐤌 𐤍𐤐𐤂𐤔𐤅 𐤌𐤀𐤉𐤓 𐤏𐤉𐤍𐤉 𐤔𐤍𐤉𐤄𐤌 𐤉𐤄𐤅𐤄•
𐤉𐤃 𐤌𐤋𐤊 𐤔𐤅𐤐𐤈 𐤁𐤀𐤌𐤕 𐤃𐤋𐤉𐤌 𐤊𐤎𐤀𐤅 𐤋𐤏𐤃 𐤉𐤊𐤅𐤍•

משלי

טו שבט ותוכחת יתן חכמה ונער משלח מביש אמו•
טז ברבות רשעים ירבה פשע וצדיקים במפלתם יראו•
יז יסר בנך ויניחך ויתן מעדנים לנפשך•
יח באין חזון יפרע עם ושמר תורה אשרהו•
יט בדברים לא יוסר עבד כי יבין ואין מענה•
כ חזית איש אץ בדבריו תקוה לכסיל ממנו•
כא מפנק מנער עבדו ואחריתו יהיה מנון•
כב איש אף יגרה מדון ובעל חמה רב פשע•
כג גאות אדם תשפילנו ושפל רוח יתמך כבוד•
כד חולק עם גנב שונא נפשו אלה ישמע ולא יגיד•
כה חרדת אדם יתן מוקש ובוטח ביהוה ישגב•
כו רבים מבקשים פני מושל ומיהוה משפט איש•
כז תועבת צדיקים איש עול ותועבת ישר דרך•

פרק ל
א דברי אגור בן יקה המשא נאם הגבר לאיתיאל לאיתיאל
ואכל•
ב כי בער אנכי מאיש ולא בינת אדם לי•
ג ולא למדתי חכמה ודעת קדשים אדע•
ד מי עלה שמים וירד מי אסף רוח בחפניו מי צרר מים
בשמלה מי הקים כל אפסי ארץ מה שמו ומה שם בנו כי תדע•
ה כל אמרת אלוה צרופה מגן הוא לחסים בו•
ו אל תוסף על דבריו פן יוכיח בך ונכזבת•
ז שתים שאלתי מאתך אל תמנע ממני בטרם אמות•
ח שוא ודבר כזב הרחק ממני ראש ועשר אל תתן לי הטריפני
לחם חקי•
ט פן אשבע וכחשתי ואמרתי מי יהוה ופן אורש וגנבתי
ותפשתי שם אלהי•
י אל תלשן עבד אל אדנו [אדניו] פן יקללך ואשמת•
יא דור אביו יקלל ואת אמו לא יברך•
יב דור טהור בעיניו ומצאתו לא רחץ•
יג דור מה רמו עיניו ועפעפיו ינשאו•
יד דור חרבות שניו ומאכלות מתלעתיו לאכל עניים מארץ ומאביונים מאדם

𐤌𐤔𐤋𐤉

𐤅𐤀𐤁𐤉𐤅𐤍𐤉𐤌 𐤌𐤀𐤃𐤌.
𐤈𐤅 𐤋𐤏𐤋𐤅𐤒𐤄 𐤔𐤕𐤉 𐤁𐤍𐤅𐤕 𐤄𐤁 𐤄𐤁 𐤔𐤋𐤅𐤔 𐤄𐤍𐤄 𐤋𐤀 𐤕𐤔𐤁𐤏𐤍𐤄 𐤀𐤓𐤁𐤏 𐤋𐤀
𐤀𐤌𐤓𐤅 𐤄𐤅𐤍.
𐤈𐤆 𐤔𐤀𐤅𐤋 𐤅𐤏𐤑𐤓 𐤓𐤇𐤌 𐤀𐤓𐤑 𐤋𐤀 𐤔𐤁𐤏𐤄 𐤌𐤉𐤌 𐤅𐤀𐤔 𐤋𐤀 𐤀𐤌𐤓𐤄 𐤄𐤅𐤍.
𐤉𐤆 𐤏𐤉𐤍 𐤕𐤋𐤏𐤂 𐤋𐤀𐤁 𐤅𐤕𐤁𐤅𐤆 𐤋𐤉𐤒𐤄𐤕 𐤀𐤌 𐤉𐤒𐤓𐤅𐤄 𐤏𐤓𐤁𐤉 𐤍𐤇𐤋
𐤅𐤉𐤀𐤊𐤋𐤅𐤄 𐤁𐤍𐤉 𐤍𐤔𐤓.
𐤉𐤇 𐤔𐤋𐤔𐤄 𐤄𐤌𐤄 𐤍𐤐𐤋𐤀𐤅 𐤌𐤌𐤍𐤉 𐤅𐤀𐤓𐤁𐤏 [𐤅𐤀𐤓𐤁𐤏𐤄] 𐤋𐤀 𐤉𐤃𐤏𐤕𐤉𐤌.
𐤉𐤈 𐤃𐤓𐤊 𐤄𐤍𐤔𐤓 𐤁𐤔𐤌𐤉𐤌 𐤃𐤓𐤊 𐤍𐤇𐤔 𐤏𐤋𐤉 𐤑𐤅𐤓 𐤃𐤓𐤊 𐤀𐤍𐤉𐤄 𐤁𐤋𐤁 𐤉𐤌
𐤅𐤃𐤓𐤊 𐤂𐤁𐤓 𐤁𐤏𐤋𐤌𐤄.
𐤊 𐤊𐤍 𐤃𐤓𐤊 𐤀𐤔𐤄 𐤌𐤍𐤀𐤐𐤕 𐤀𐤊𐤋𐤄 𐤅𐤌𐤇𐤕𐤄 𐤐𐤉𐤄 𐤅𐤀𐤌𐤓𐤄 𐤋𐤀 𐤐𐤏𐤋𐤕𐤉 𐤀𐤅𐤍.
𐤊𐤀 𐤕𐤇𐤕 𐤔𐤋𐤅𐤔 𐤓𐤂𐤆𐤄 𐤀𐤓𐤑 𐤅𐤕𐤇𐤕 𐤀𐤓𐤁𐤏 𐤋𐤀 𐤕𐤅𐤊𐤋 𐤔𐤀𐤕.
𐤊𐤁 𐤕𐤇𐤕 𐤏𐤁𐤃 𐤊𐤉 𐤉𐤌𐤋𐤅𐤊 𐤅𐤍𐤁𐤋 𐤊𐤉 𐤉𐤔𐤁𐤏 𐤋𐤇𐤌.
𐤊𐤂 𐤕𐤇𐤕 𐤔𐤍𐤅𐤀𐤄 𐤊𐤉 𐤕𐤁𐤏𐤋 𐤅𐤔𐤐𐤇𐤄 𐤊𐤉 𐤕𐤉𐤓𐤔 𐤂𐤁𐤓𐤕𐤄.
𐤊𐤃 𐤀𐤓𐤁𐤏𐤄 𐤄𐤌 𐤒𐤈𐤍𐤉 𐤀𐤓𐤑 𐤅𐤄𐤌𐤄 𐤇𐤊𐤌𐤉𐤌 𐤌𐤇𐤊𐤌𐤉𐤌.
𐤊𐤄 𐤄𐤍𐤌𐤋𐤉𐤌 𐤏𐤌 𐤋𐤀 𐤏𐤆 𐤅𐤉𐤊𐤉𐤍𐤅 𐤁𐤒𐤉𐤑 𐤋𐤇𐤌𐤌.
𐤊𐤅 𐤔𐤐𐤍𐤉𐤌 𐤏𐤌 𐤋𐤀 𐤏𐤑𐤅𐤌 𐤅𐤉𐤔𐤉𐤌𐤅 𐤁𐤎𐤋𐤏 𐤁𐤉𐤕𐤌.
𐤊𐤆 𐤌𐤋𐤊 𐤀𐤉𐤍 𐤋𐤀𐤓𐤁𐤄 𐤅𐤉𐤑𐤀 𐤇𐤑𐤑 𐤊𐤋𐤅.
𐤊𐤇 𐤔𐤌𐤌𐤉𐤕 𐤁𐤉𐤃𐤉𐤌 𐤕𐤕𐤐𐤔 𐤅𐤄𐤉𐤀 𐤁𐤄𐤉𐤊𐤋𐤉 𐤌𐤋𐤊.
𐤊𐤈 𐤔𐤋𐤔𐤄 𐤄𐤌𐤄 𐤌𐤉𐤈𐤉𐤁𐤉 𐤑𐤏𐤃 𐤅𐤀𐤓𐤁𐤏𐤄 𐤌𐤉𐤈𐤁𐤉 𐤋𐤊𐤕.
𐤋 𐤋𐤉𐤔 𐤂𐤁𐤅𐤓 𐤁𐤁𐤄𐤌𐤄 𐤅𐤋𐤀 𐤉𐤔𐤅𐤁 𐤌𐤐𐤍𐤉 𐤊𐤋.
𐤋𐤀 𐤆𐤓𐤆𐤉𐤓 𐤌𐤕𐤍𐤉𐤌 𐤀𐤅 𐤕𐤉𐤔 𐤅𐤌𐤋𐤊 𐤀𐤋𐤒𐤅𐤌 𐤏𐤌𐤅.
𐤋𐤁 𐤀𐤌 𐤍𐤁𐤋𐤕 𐤁𐤄𐤕𐤍𐤔𐤀 𐤅𐤀𐤌 𐤆𐤌𐤅𐤕 𐤉𐤃 𐤋𐤐𐤄.
𐤋𐤂 𐤊𐤉 𐤌𐤉𐤑 𐤇𐤋𐤁 𐤉𐤅𐤑𐤉𐤀 𐤇𐤌𐤀𐤄 𐤅𐤌𐤉𐤑 𐤀𐤐 𐤉𐤅𐤑𐤉𐤀 𐤃𐤌 𐤅𐤌𐤉𐤑 𐤀𐤐𐤉𐤌
𐤉𐤅𐤑𐤉𐤀 𐤓𐤉𐤁.

𐤐𐤓𐤒 𐤋𐤀
𐤀 𐤃𐤁𐤓𐤉 𐤋𐤌𐤅𐤀𐤋 𐤌𐤋𐤊 𐤌𐤔𐤀 𐤀𐤔𐤓 𐤉𐤎𐤓𐤕𐤅 𐤀𐤌𐤅.
𐤁 𐤌𐤄 𐤁𐤓𐤉 𐤅𐤌𐤄 𐤁𐤓 𐤁𐤈𐤍𐤉 𐤅𐤌𐤄 𐤁𐤓 𐤍𐤃𐤓𐤉.
𐤂 𐤀𐤋 𐤕𐤕𐤍 𐤋𐤍𐤔𐤉𐤌 𐤇𐤉𐤋𐤊 𐤅𐤃𐤓𐤊𐤉𐤊 𐤋𐤌𐤇𐤅𐤕 𐤌𐤋𐤊𐤉𐤍.
𐤃 𐤀𐤋 𐤋𐤌𐤋𐤊𐤉𐤌 𐤋𐤌𐤅𐤀𐤋 𐤀𐤋 𐤋𐤌𐤋𐤊𐤉𐤌 𐤔𐤕𐤅 𐤉𐤉𐤍 𐤅𐤋𐤓𐤅𐤆𐤍𐤉𐤌 𐤀𐤅
[𐤀𐤉] 𐤔𐤊𐤓.
𐤄 𐤐𐤍 𐤉𐤔𐤕𐤄 𐤅𐤉𐤔𐤊𐤇 𐤌𐤇𐤒𐤒 𐤅𐤉𐤔𐤍𐤄 𐤃𐤉𐤍 𐤊𐤋 𐤁𐤍𐤉 𐤏𐤍𐤉.
𐤅 𐤕𐤍𐤅 𐤔𐤊𐤓 𐤋𐤀𐤅𐤁𐤃 𐤅𐤉𐤉𐤍 𐤋𐤌𐤓𐤉 𐤍𐤐𐤔.

פרק א

א דברי קהלת בן דוד מלך בירושלם.
ב הבל הבלים אמר קהלת הבל הבלים הכל הבל.
ג מה יתרון לאדם בכל עמלו שיעמל תחת השמש.
ד דור הלך ודור בא והארץ לעולם עמדת.
ה וזרח השמש ובא השמש ואל מקומו שואף זורח הוא שם.
ו הולך אל דרום וסובב אל צפון סובב סבב הולך הרוח ועל
סביבתיו שב הרוח.
ז כל הנחלים הלכים אל הים והים איננו מלא אל מקום
שהנחלים הלכים שם הם שבים ללכת.
ח כל הדברים יגעים לא יוכל איש לדבר לא תשבע עין לראות
ולא תמלא אזן משמע.
ט מה שהיה הוא שיהיה ומה שנעשה הוא שיעשה ואין כל
חדש תחת השמש.
י יש דבר שיאמר ראה זה חדש הוא כבר היה לעלמים אשר היה
מלפנינו.
יא אין זכרון לראשנים וגם לאחרנים שיהיו לא יהיה להם
זכרון עם שיהיו לאחרנה.
יב אני קהלת הייתי מלך על ישראל בירושלם.
יג ונתתי את לבי לדרוש ולתור בחכמה על כל אשר נעשה תחת
השמים הוא ענין רע נתן אלהים לבני האדם לענות בו.
יד ראיתי את כל המעשים שנעשו תחת השמש והנה הכל הבל
ורעות רוח.
טו מעות לא יוכל לתקן וחסרון לא יוכל להמנות.
טז דברתי אני עם לבי לאמר אני הנה הגדלתי והוספתי חכמה
על כל אשר היה לפני על ירושלם ולבי ראה הרבה חכמה ודעת.
יז ואתנה לבי לדעת חכמה ודעת הוללות ושכלות ידעתי שגם
זה הוא רעיון רוח.
יח כי ברב חכמה רב כעס ויוסיף דעת יוסיף מכאוב.

פרק ב

א אמרתי אני בלבי לכה נא אנסכה בשמחה וראה בטוב והנה גם
הוא הבל.

ב לשחוק אמרתי מהולל ולשמחה מה זה עשה.
ג תרתי בלבי למשוך ביין את בשרי ולבי נהג בחכמה ולאחז
בסכלות עד אשר אראה אי זה טוב לבני האדם אשר יעשו תחת
השמים מספר ימי חייהם.
ד הגדלתי מעשי בניתי לי בתים נטעתי לי כרמים.
ה עשיתי לי גנות ופרדסים ונטעתי בהם עץ כל פרי.
ו עשיתי לי ברכות מים להשקות מהם יער צומח עצים.
ז קניתי עבדים ושפחות ובני בית היה לי גם מקנה בקר וצאן
הרבה היה לי מכל שהיו לפני בירושלם.
ח כנסתי לי גם כסף וזהב וסגלת מלכים והמדינות עשיתי לי
שרים ושרות ותענגות בני האדם שדה ושדות.
ט וגדלתי והוספתי מכל שהיה לפני בירושלם אף חכמתי עמדה
לי.
י וכל אשר שאלו עיני לא אצלתי מהם לא מנעתי את לבי מכל
שמחה כי לבי שמח מכל עמלי וזה היה חלקי מכל עמלי.
יא ופניתי אני בכל מעשי שעשו ידי ובעמל שעמלתי לעשות
והנה הכל הבל ורעות רוח ואין יתרון תחת השמש.
יב ופניתי אני לראות חכמה והוללות וסכלות כי מה האדם
שיבוא אחרי המלך את אשר כבר עשוהו.
יג וראיתי אני שיש יתרון לחכמה מן הסכלות כיתרון האור
מן החשך.
יד החכם עיניו בראשו והכסיל בחשך הולך וידעתי גם אני
שמקרה אחד יקרה את כלם.
טו ואמרתי אני בלבי כמקרה הכסיל גם אני יקרני ולמה
חכמתי אני אז יתר ודברתי בלבי שגם זה הבל.
טז כי אין זכרון לחכם עם הכסיל לעולם בשכבר הימים
הבאים הכל נשכח ואיך ימות החכם עם הכסיל.
יז ושנאתי את החיים כי רע עלי המעשה שנעשה תחת השמש
כי הכל הבל ורעות רוח.
יח ושנאתי אני את כל עמלי שאני עמל תחת השמש שאניחנו
לאדם שיהיה אחרי.
יט ומי יודע החכם יהיה או סכל וישלט בכל עמלי שעמלתי
ושחכמתי תחת השמש גם זה הבל.

𐤒𐤄𐤋𐤕

𐤈𐤅 𐤌𐤄 𐤔𐤄𐤉𐤄 𐤊𐤁𐤓 𐤄𐤅𐤀 𐤅𐤀𐤔𐤓 𐤋𐤄𐤉𐤅𐤕 𐤊𐤁𐤓 𐤄𐤉𐤄 𐤅𐤄𐤀𐤋𐤄𐤉𐤌 𐤉𐤁𐤒𐤔
𐤀𐤕 𐤍𐤓𐤃𐤐.
𐤈𐤆 𐤅𐤏𐤅𐤃 𐤓𐤀𐤉𐤕𐤉 𐤕𐤇𐤕 𐤄𐤔𐤌𐤔 𐤌𐤒𐤅𐤌 𐤄𐤌𐤔𐤐𐤈 𐤔𐤌𐤄 𐤄𐤓𐤔𐤏 𐤅𐤌𐤒𐤅𐤌
𐤄𐤑𐤃𐤒 𐤔𐤌𐤄 𐤄𐤓𐤔𐤏.
𐤉𐤆 𐤀𐤌𐤓𐤕𐤉 𐤀𐤍𐤉 𐤁𐤋𐤁𐤉 𐤀𐤕 𐤄𐤑𐤃𐤉𐤒 𐤅𐤀𐤕 𐤄𐤓𐤔𐤏 𐤉𐤔𐤐𐤈 𐤄𐤀𐤋𐤄𐤉𐤌 𐤊𐤉
𐤏𐤕 𐤋𐤊𐤋 𐤇𐤐𐤑 𐤅𐤏𐤋 𐤊𐤋 𐤄𐤌𐤏𐤔𐤄 𐤔𐤌.
𐤉𐤇 𐤀𐤌𐤓𐤕𐤉 𐤀𐤍𐤉 𐤁𐤋𐤁𐤉 𐤏𐤋 𐤃𐤁𐤓𐤕 𐤁𐤍𐤉 𐤄𐤀𐤃𐤌 𐤋𐤁𐤓𐤌 𐤄𐤀𐤋𐤄𐤉𐤌 𐤅𐤋𐤓𐤀𐤅𐤕
𐤔𐤄𐤌 𐤁𐤄𐤌𐤄 𐤄𐤌𐤄 𐤋𐤄𐤌.
𐤉𐤈 𐤊𐤉 𐤌𐤒𐤓𐤄 𐤁𐤍𐤉 𐤄𐤀𐤃𐤌 𐤅𐤌𐤒𐤓𐤄 𐤄𐤁𐤄𐤌𐤄 𐤅𐤌𐤒𐤓𐤄 𐤀𐤇𐤃 𐤋𐤄𐤌 𐤊𐤌𐤅𐤕
𐤆𐤄 𐤊𐤍 𐤌𐤅𐤕 𐤆𐤄 𐤅𐤓𐤅𐤇 𐤀𐤇𐤃 𐤋𐤊𐤋 𐤅𐤌𐤅𐤕𐤓 𐤄𐤀𐤃𐤌 𐤌𐤍 𐤄𐤁𐤄𐤌𐤄 𐤀𐤉𐤍 𐤊𐤉
𐤄𐤊𐤋 𐤄𐤁𐤋.
𐤊 𐤄𐤊𐤋 𐤄𐤅𐤋𐤊 𐤀𐤋 𐤌𐤒𐤅𐤌 𐤀𐤇𐤃 𐤄𐤊𐤋 𐤄𐤉𐤄 𐤌𐤍 𐤄𐤏𐤐𐤓 𐤅𐤄𐤊𐤋 𐤔𐤁 𐤀𐤋
𐤄𐤏𐤐𐤓.
𐤊𐤀 𐤌𐤉 𐤉𐤅𐤃𐤏 𐤓𐤅𐤇 𐤁𐤍𐤉 𐤄𐤀𐤃𐤌 𐤄𐤏𐤋𐤄 𐤄𐤉𐤀 𐤋𐤌𐤏𐤋𐤄 𐤅𐤓𐤅𐤇 𐤄𐤁𐤄𐤌𐤄
𐤄𐤉𐤓𐤃𐤕 𐤄𐤉𐤀 𐤋𐤌𐤈𐤄 𐤋𐤀𐤓𐤑.
𐤊𐤁 𐤅𐤓𐤀𐤉𐤕𐤉 𐤊𐤉 𐤀𐤉𐤍 𐤈𐤅𐤁 𐤌𐤀𐤔𐤓 𐤉𐤔𐤌𐤇 𐤄𐤀𐤃𐤌 𐤁𐤌𐤏𐤔𐤉𐤅 𐤊𐤉 𐤄𐤅𐤀
𐤇𐤋𐤒𐤅 𐤊𐤉 𐤌𐤉 𐤉𐤁𐤉𐤀𐤍𐤅 𐤋𐤓𐤀𐤅𐤕 𐤁𐤌𐤄 𐤔𐤉𐤄𐤉𐤄 𐤀𐤇𐤓𐤉𐤅.

𐤐𐤓𐤒 𐤃

𐤀 𐤅𐤔𐤁𐤕𐤉 𐤀𐤍𐤉 𐤅𐤀𐤓𐤀𐤄 𐤀𐤕 𐤊𐤋 𐤄𐤏𐤔𐤒𐤉𐤌 𐤀𐤔𐤓 𐤍𐤏𐤔𐤉𐤌 𐤕𐤇𐤕 𐤄𐤔𐤌𐤔
𐤅𐤄𐤍𐤄 𐤃𐤌𐤏𐤕 𐤄𐤏𐤔𐤒𐤉𐤌 𐤅𐤀𐤉𐤍 𐤋𐤄𐤌 𐤌𐤍𐤇𐤌 𐤅𐤌𐤉𐤃 𐤏𐤔𐤒𐤉𐤄𐤌 𐤊𐤇 𐤅𐤀𐤉𐤍
𐤋𐤄𐤌 𐤌𐤍𐤇𐤌.
𐤁 𐤅𐤔𐤁𐤇 𐤀𐤍𐤉 𐤀𐤕 𐤄𐤌𐤕𐤉𐤌 𐤔𐤊𐤁𐤓 𐤌𐤕𐤅 𐤌𐤍 𐤄𐤇𐤉𐤉𐤌 𐤀𐤔𐤓 𐤄𐤌𐤄 𐤇𐤉𐤉𐤌
𐤏𐤃𐤍𐤄.
𐤂 𐤅𐤈𐤅𐤁 𐤌𐤔𐤍𐤉𐤄𐤌 𐤀𐤕 𐤀𐤔𐤓 𐤏𐤃𐤍 𐤋𐤀 𐤄𐤉𐤄 𐤀𐤔𐤓 𐤋𐤀 𐤓𐤀𐤄 𐤀𐤕 𐤄𐤌𐤏𐤔𐤄
𐤄𐤓𐤏 𐤀𐤔𐤓 𐤍𐤏𐤔𐤄 𐤕𐤇𐤕 𐤄𐤔𐤌𐤔.
𐤃 𐤅𐤓𐤀𐤉𐤕𐤉 𐤀𐤍𐤉 𐤀𐤕 𐤊𐤋 𐤏𐤌𐤋 𐤅𐤀𐤕 𐤊𐤋 𐤊𐤔𐤓𐤅𐤍 𐤄𐤌𐤏𐤔𐤄 𐤊𐤉 𐤄𐤉𐤀
𐤒𐤍𐤀𐤕 𐤀𐤉𐤔 𐤌𐤓𐤏𐤄𐤅 𐤂𐤌 𐤆𐤄 𐤄𐤁𐤋 𐤅𐤓𐤏𐤅𐤕 𐤓𐤅𐤇.
𐤄 𐤄𐤊𐤎𐤉𐤋 𐤇𐤁𐤒 𐤀𐤕 𐤉𐤃𐤉𐤅 𐤅𐤀𐤊𐤋 𐤀𐤕 𐤁𐤔𐤓𐤅.
𐤅 𐤈𐤅𐤁 𐤌𐤋𐤀 𐤊𐤐 𐤍𐤇𐤕 𐤌𐤌𐤋𐤀 𐤇𐤐𐤍𐤉𐤌 𐤏𐤌𐤋 𐤅𐤓𐤏𐤅𐤕 𐤓𐤅𐤇.
𐤆 𐤅𐤔𐤁𐤕𐤉 𐤀𐤍𐤉 𐤅𐤀𐤓𐤀𐤄 𐤄𐤁𐤋 𐤕𐤇𐤕 𐤄𐤔𐤌𐤔.
𐤇 𐤉𐤔 𐤀𐤇𐤃 𐤅𐤀𐤉𐤍 𐤔𐤍𐤉 𐤂𐤌 𐤁𐤍 𐤅𐤀𐤇 𐤀𐤉𐤍 𐤋𐤅 𐤅𐤀𐤉𐤍 𐤒𐤑 𐤋𐤊𐤋 𐤏𐤌𐤋𐤅 𐤂𐤌
𐤏𐤉𐤍𐤉𐤅 [𐤏𐤉𐤍𐤅] 𐤋𐤀 𐤕𐤔𐤁𐤏 𐤏𐤔𐤓 𐤅𐤋𐤌𐤉 𐤀𐤍𐤉 𐤏𐤌𐤋 𐤅𐤌𐤇𐤎𐤓 𐤀𐤕 𐤍𐤐𐤔𐤉

𐤌𐤈𐤅𐤁𐤄 𐤂𐤌 𐤆𐤄 𐤄𐤁𐤋 𐤅𐤏𐤍𐤉𐤍 𐤓𐤏 𐤄𐤅𐤀•
𐤈 𐤈𐤅𐤁𐤉𐤌 𐤄𐤔𐤍𐤉𐤌 𐤌𐤍 𐤄𐤀𐤇𐤃 𐤀𐤔𐤓 𐤉𐤔 𐤋𐤄𐤌 𐤔𐤊𐤓 𐤈𐤅𐤁 𐤁𐤏𐤌𐤋𐤌•
𐤉 𐤊𐤉 𐤀𐤌 𐤉𐤐𐤋𐤅 𐤄𐤀𐤇𐤃 𐤉𐤒𐤉𐤌 𐤀𐤕 𐤇𐤁𐤓𐤅 𐤅𐤀𐤉𐤋𐤅 𐤄𐤀𐤇𐤃 𐤔𐤉𐤐𐤅𐤋 𐤅𐤀𐤉𐤍
𐤔𐤍𐤉 𐤋𐤄𐤒𐤉𐤌𐤅•
𐤉𐤀 𐤂𐤌 𐤀𐤌 𐤉𐤔𐤊𐤁𐤅 𐤔𐤍𐤉𐤌 𐤅𐤇𐤌 𐤋𐤄𐤌 𐤅𐤋𐤀𐤇𐤃 𐤀𐤉𐤊 𐤉𐤇𐤌•
𐤉𐤁 𐤅𐤀𐤌 𐤉𐤕𐤒𐤐𐤅 𐤄𐤀𐤇𐤃 𐤄𐤔𐤍𐤉𐤌 𐤉𐤏𐤌𐤃𐤅 𐤍𐤂𐤃𐤅 𐤅𐤄𐤇𐤅𐤈 𐤄𐤌𐤔𐤋𐤔 𐤋𐤀
𐤁𐤌𐤄𐤓𐤄 𐤉𐤍𐤕𐤒•
𐤉𐤂 𐤈𐤅𐤁 𐤉𐤋𐤃 𐤌𐤎𐤊𐤍 𐤅𐤇𐤊𐤌 𐤌𐤌𐤋𐤊 𐤆𐤒𐤍 𐤅𐤊𐤎𐤉𐤋 𐤀𐤔𐤓 𐤋𐤀 𐤉𐤃𐤏 𐤋𐤄𐤆𐤄𐤓
𐤏𐤅𐤃•
𐤉𐤃 𐤊𐤉 𐤌𐤁𐤉𐤕 𐤄𐤎𐤅𐤓𐤉𐤌 𐤉𐤑𐤀 𐤋𐤌𐤋𐤊 𐤊𐤉 𐤂𐤌 𐤁𐤌𐤋𐤊𐤅𐤕𐤅 𐤍𐤅𐤋𐤃 𐤓𐤔•
𐤈𐤅 𐤓𐤀𐤉𐤕𐤉 𐤀𐤕 𐤊𐤋 𐤄𐤇𐤉𐤉𐤌 𐤄𐤌𐤄𐤋𐤊𐤉𐤌 𐤕𐤇𐤕 𐤄𐤔𐤌𐤔 𐤏𐤌 𐤄𐤉𐤋𐤃 𐤄𐤔𐤍𐤉
𐤀𐤔𐤓 𐤉𐤏𐤌𐤃 𐤕𐤇𐤕𐤉𐤅•
𐤈𐤆 𐤀𐤉𐤍 𐤒𐤑 𐤋𐤊𐤋 𐤄𐤏𐤌 𐤋𐤊𐤋 𐤀𐤔𐤓 𐤄𐤉𐤄 𐤋𐤐𐤍𐤉𐤄𐤌 𐤂𐤌 𐤄𐤀𐤇𐤓𐤅𐤍𐤉𐤌 𐤋𐤀
𐤉𐤔𐤌𐤇𐤅 𐤁𐤅 𐤊𐤉 𐤂𐤌 𐤆𐤄 𐤄𐤁𐤋 𐤅𐤓𐤏𐤉𐤅𐤍 𐤓𐤅𐤇•
𐤉𐤆 𐤔𐤌𐤓 𐤓𐤂𐤋𐤉𐤊 [𐤓𐤂𐤋𐤊] 𐤊𐤀𐤔𐤓 𐤕𐤋𐤊 𐤀𐤋 𐤁𐤉𐤕 𐤄𐤀𐤋𐤄𐤉𐤌 𐤅𐤒𐤓𐤅𐤁 𐤋𐤔𐤌𐤏
𐤌𐤕𐤕 𐤄𐤊𐤎𐤉𐤋𐤉𐤌 𐤆𐤁𐤇 𐤊𐤉 𐤀𐤉𐤍𐤌 𐤉𐤅𐤃𐤏𐤉𐤌 𐤋𐤏𐤔𐤅𐤕 𐤓𐤏•

𐤐𐤓𐤒 𐤄

𐤀 𐤀𐤋 𐤕𐤁𐤄𐤋 𐤏𐤋 𐤐𐤉𐤊 𐤅𐤋𐤁𐤊 𐤀𐤋 𐤉𐤌𐤄𐤓 𐤋𐤄𐤅𐤑𐤉𐤀 𐤃𐤁𐤓 𐤋𐤐𐤍𐤉 𐤄𐤀𐤋𐤄𐤉𐤌
𐤊𐤉 𐤄𐤀𐤋𐤄𐤉𐤌 𐤁𐤔𐤌𐤉𐤌 𐤅𐤀𐤕𐤄 𐤏𐤋 𐤄𐤀𐤓𐤑 𐤏𐤋 𐤊𐤍 𐤉𐤄𐤉𐤅 𐤃𐤁𐤓𐤉𐤊 𐤌𐤏𐤈𐤉𐤌•
𐤁 𐤊𐤉 𐤁𐤀 𐤄𐤇𐤋𐤅𐤌 𐤁𐤓𐤁 𐤏𐤍𐤉𐤍 𐤅𐤒𐤅𐤋 𐤊𐤎𐤉𐤋 𐤁𐤓𐤁 𐤃𐤁𐤓𐤉𐤌•
𐤂 𐤊𐤀𐤔𐤓 𐤕𐤃𐤓 𐤍𐤃𐤓 𐤋𐤀𐤋𐤄𐤉𐤌 𐤀𐤋 𐤕𐤀𐤇𐤓 𐤋𐤔𐤋𐤌𐤅 𐤊𐤉 𐤀𐤉𐤍 𐤇𐤐𐤑
𐤁𐤊𐤎𐤉𐤋𐤉𐤌 𐤀𐤕 𐤀𐤔𐤓 𐤕𐤃𐤓 𐤔𐤋𐤌•
𐤃 𐤈𐤅𐤁 𐤀𐤔𐤓 𐤋𐤀 𐤕𐤃𐤓 𐤌𐤔𐤕𐤃𐤅𐤓 𐤅𐤋𐤀 𐤕𐤔𐤋𐤌•
𐤄 𐤀𐤋 𐤕𐤕𐤍 𐤀𐤕 𐤐𐤉𐤊 𐤋𐤇𐤈𐤉𐤀 𐤀𐤕 𐤁𐤔𐤓𐤊 𐤅𐤀𐤋 𐤕𐤀𐤌𐤓 𐤋𐤐𐤍𐤉 𐤄𐤌𐤋𐤀𐤊 𐤊𐤉
𐤔𐤂𐤂𐤄 𐤄𐤉𐤀 𐤋𐤌𐤄 𐤉𐤒𐤑𐤐 𐤄𐤀𐤋𐤄𐤉𐤌 𐤏𐤋 𐤒𐤅𐤋𐤊 𐤅𐤇𐤁𐤋 𐤀𐤕 𐤌𐤏𐤔𐤄 𐤉𐤃𐤉𐤊•
𐤅 𐤊𐤉 𐤁𐤓𐤁 𐤇𐤋𐤌𐤅𐤕 𐤅𐤄𐤁𐤋𐤉𐤌 𐤅𐤃𐤁𐤓𐤉𐤌 𐤄𐤓𐤁𐤄 𐤊𐤉 𐤀𐤕 𐤄𐤀𐤋𐤄𐤉𐤌 𐤉𐤓𐤀•
𐤆 𐤀𐤌 𐤏𐤔𐤒 𐤓𐤔 𐤅𐤂𐤆𐤋 𐤌𐤔𐤐𐤈 𐤅𐤑𐤃𐤒 𐤕𐤓𐤀𐤄 𐤁𐤌𐤃𐤉𐤍𐤄 𐤀𐤋 𐤕𐤕𐤌𐤄 𐤏𐤋
𐤄𐤇𐤐𐤑 𐤊𐤉 𐤂𐤁𐤄 𐤌𐤏𐤋 𐤂𐤁𐤄 𐤔𐤌𐤓 𐤅𐤂𐤁𐤄𐤉𐤌 𐤏𐤋𐤉𐤄𐤌•
𐤇 𐤅𐤉𐤕𐤓𐤅𐤍 𐤀𐤓𐤑 𐤁𐤊𐤋 𐤄𐤉𐤀 [𐤄𐤅𐤀] 𐤌𐤋𐤊 𐤋𐤔𐤃𐤄 𐤍𐤏𐤁𐤃•
𐤈 𐤀𐤄𐤁 𐤊𐤎𐤐 𐤋𐤀 𐤉𐤔𐤁𐤏 𐤊𐤎𐤐 𐤅𐤌𐤉 𐤀𐤄𐤁 𐤁𐤄𐤌𐤅𐤍 𐤋𐤀 𐤕𐤁𐤅𐤀𐤄 𐤂𐤌 𐤆𐤄
𐤄𐤁𐤋•
𐤉 𐤁𐤓𐤁𐤅𐤕 𐤄𐤈𐤅𐤁𐤄 𐤓𐤁𐤅 𐤀𐤅𐤊𐤋𐤉𐤄 𐤅𐤌𐤄 𐤊𐤔𐤓𐤅𐤍 𐤋𐤁𐤏𐤋𐤉𐤄 𐤊𐤉 𐤀𐤌 𐤓𐤀𐤉𐤕

[𐤓𐤀𐤅𐤕] 𐤏𐤉𐤍𐤉𐤅·
𐤉𐤀 𐤌𐤕𐤅𐤒𐤄 𐤔𐤍𐤕 𐤄𐤏𐤁𐤃 𐤀𐤌 𐤌𐤏𐤈 𐤅𐤀𐤌 𐤄𐤓𐤁𐤄 𐤉𐤀𐤊𐤋 𐤅𐤄𐤔𐤁𐤏 𐤋𐤏𐤔𐤉𐤓
𐤀𐤉𐤍𐤍𐤅 𐤌𐤍𐤉𐤇 𐤋𐤅 𐤋𐤉𐤔𐤅𐤍·
𐤉𐤁 𐤉𐤔 𐤓𐤏𐤄 𐤇𐤅𐤋𐤄 𐤓𐤀𐤉𐤕𐤉 𐤕𐤇𐤕 𐤄𐤔𐤌𐤔 𐤏𐤔𐤓 𐤔𐤌𐤅𐤓 𐤋𐤁𐤏𐤋𐤉𐤅 𐤋𐤓𐤏𐤕𐤅·
𐤉𐤂 𐤅𐤀𐤁𐤃 𐤄𐤏𐤔𐤓 𐤄𐤄𐤅𐤀 𐤁𐤏𐤍𐤉𐤍 𐤓𐤏 𐤅𐤄𐤅𐤋𐤉𐤃 𐤁𐤍 𐤅𐤀𐤉𐤍 𐤁𐤉𐤃𐤅 𐤌𐤀𐤅𐤌𐤄·
𐤉𐤃 𐤊𐤀𐤔𐤓 𐤉𐤑𐤀 𐤌𐤁𐤈𐤍 𐤀𐤌𐤅 𐤏𐤓𐤅𐤌 𐤉𐤔𐤅𐤁 𐤋𐤋𐤊𐤕 𐤊𐤔𐤁𐤀 𐤅𐤌𐤀𐤅𐤌𐤄 𐤋𐤀
𐤉𐤔𐤀 𐤁𐤏𐤌𐤋𐤅 𐤔𐤉𐤋𐤊 𐤁𐤉𐤃𐤅·
𐤈𐤅 𐤅𐤂𐤌 𐤆𐤄 𐤓𐤏𐤄 𐤇𐤅𐤋𐤄 𐤊𐤋 𐤏𐤌𐤕 𐤔𐤁𐤀 𐤊𐤍 𐤉𐤋𐤊 𐤅𐤌𐤄 𐤉𐤕𐤓𐤅𐤍 𐤋𐤅
𐤔𐤉𐤏𐤌𐤋 𐤋𐤓𐤅𐤇·
𐤈𐤆 𐤂𐤌 𐤊𐤋 𐤉𐤌𐤉𐤅 𐤁𐤇𐤔𐤊 𐤉𐤀𐤊𐤋 𐤅𐤊𐤏𐤎 𐤄𐤓𐤁𐤄 𐤅𐤇𐤋𐤉𐤅 𐤅𐤒𐤑𐤐·
𐤉𐤆 𐤄𐤍𐤄 𐤀𐤔𐤓 𐤓𐤀𐤉𐤕𐤉 𐤀𐤍𐤉 𐤈𐤅𐤁 𐤀𐤔𐤓 𐤉𐤐𐤄 𐤋𐤀𐤊𐤅𐤋 𐤅𐤋𐤔𐤕𐤅𐤕 𐤅𐤋𐤓𐤀𐤅𐤕
𐤈𐤅𐤁𐤄 𐤁𐤊𐤋 𐤏𐤌𐤋𐤅 𐤔𐤉𐤏𐤌𐤋 𐤕𐤇𐤕 𐤄𐤔𐤌𐤔 𐤌𐤎𐤐𐤓 𐤉𐤌𐤉 𐤇𐤉𐤅 [𐤇𐤉𐤉𐤅] 𐤀𐤔𐤓
𐤍𐤕𐤍 𐤋𐤅 𐤄𐤀𐤋𐤄𐤉𐤌 𐤊𐤉 𐤄𐤅𐤀 𐤇𐤋𐤒𐤅·
𐤉𐤇 𐤂𐤌 𐤊𐤋 𐤄𐤀𐤃𐤌 𐤀𐤔𐤓 𐤍𐤕𐤍 𐤋𐤅 𐤄𐤀𐤋𐤄𐤉𐤌 𐤏𐤔𐤓 𐤅𐤍𐤊𐤎𐤉𐤌 𐤅𐤄𐤔𐤋𐤉𐤈𐤅
𐤋𐤀𐤊𐤋 𐤌𐤌𐤍𐤅 𐤅𐤋𐤔𐤀𐤕 𐤀𐤕 𐤇𐤋𐤒𐤅 𐤅𐤋𐤔𐤌𐤇 𐤁𐤏𐤌𐤋𐤅 𐤆𐤄 𐤌𐤕𐤕 𐤀𐤋𐤄𐤉𐤌
𐤄𐤉𐤀·
𐤉𐤈 𐤊𐤉 𐤋𐤀 𐤄𐤓𐤁𐤄 𐤉𐤆𐤊𐤓 𐤀𐤕 𐤉𐤌𐤉 𐤇𐤉𐤉𐤅 𐤊𐤉 𐤄𐤀𐤋𐤄𐤉𐤌 𐤌𐤏𐤍𐤄 𐤁𐤔𐤌𐤇𐤕
𐤋𐤁𐤅·

𐤐𐤓𐤒 𐤅

𐤀 𐤉𐤔 𐤓𐤏𐤄 𐤀𐤔𐤓 𐤓𐤀𐤉𐤕𐤉 𐤕𐤇𐤕 𐤄𐤔𐤌𐤔 𐤅𐤓𐤁𐤄 𐤄𐤉𐤀 𐤏𐤋 𐤄𐤀𐤃𐤌·
𐤁 𐤀𐤉𐤔 𐤀𐤔𐤓 𐤉𐤕𐤍 𐤋𐤅 𐤄𐤀𐤋𐤄𐤉𐤌 𐤏𐤔𐤓 𐤅𐤍𐤊𐤎𐤉𐤌 𐤅𐤊𐤁𐤅𐤃 𐤅𐤀𐤉𐤍𐤍𐤅 𐤇𐤎𐤓
𐤋𐤍𐤐𐤔𐤅 𐤌𐤊𐤋 𐤀𐤔𐤓 𐤉𐤕𐤀𐤅𐤄 𐤅𐤋𐤀 𐤉𐤔𐤋𐤉𐤈𐤍𐤅 𐤄𐤀𐤋𐤄𐤉𐤌 𐤋𐤀𐤊𐤋 𐤌𐤌𐤍𐤅
𐤊𐤉 𐤀𐤉𐤔 𐤍𐤊𐤓𐤉 𐤉𐤀𐤊𐤋𐤍𐤅 𐤆𐤄 𐤄𐤁𐤋 𐤅𐤇𐤋𐤉 𐤓𐤏 𐤄𐤅𐤀·
𐤂 𐤀𐤌 𐤉𐤅𐤋𐤉𐤃 𐤀𐤉𐤔 𐤌𐤀𐤄 𐤅𐤔𐤍𐤉𐤌 𐤓𐤁𐤅𐤕 𐤉𐤇𐤉𐤄 𐤅𐤓𐤁 𐤔𐤉𐤄𐤉𐤅 𐤉𐤌𐤉
𐤔𐤍𐤉𐤅 𐤅𐤍𐤐𐤔𐤅 𐤋𐤀 𐤕𐤔𐤁𐤏 𐤌𐤍 𐤄𐤈𐤅𐤁𐤄 𐤅𐤂𐤌 𐤒𐤁𐤅𐤓𐤄 𐤋𐤀 𐤄𐤉𐤕𐤄 𐤋𐤅
𐤀𐤌𐤓𐤕𐤉 𐤈𐤅𐤁 𐤌𐤌𐤍𐤅 𐤄𐤍𐤐𐤋·
𐤃 𐤊𐤉 𐤁𐤄𐤁𐤋 𐤁𐤀 𐤅𐤁𐤇𐤔𐤊 𐤉𐤋𐤊 𐤅𐤁𐤇𐤔𐤊 𐤔𐤌𐤅 𐤉𐤊𐤎𐤄·
𐤄 𐤂𐤌 𐤔𐤌𐤔 𐤋𐤀 𐤓𐤀𐤄 𐤅𐤋𐤀 𐤉𐤃𐤏 𐤍𐤇𐤕 𐤋𐤆𐤄 𐤌𐤆𐤄·
𐤅 𐤅𐤀𐤋𐤅 𐤇𐤉𐤄 𐤀𐤋𐤐 𐤔𐤍𐤉𐤌 𐤐𐤏𐤌𐤉𐤌 𐤅𐤈𐤅𐤁𐤄 𐤋𐤀 𐤓𐤀𐤄 𐤄𐤋𐤀 𐤀𐤋 𐤌𐤒𐤅𐤌
𐤀𐤇𐤃 𐤄𐤊𐤋 𐤄𐤅𐤋𐤊·
𐤆 𐤊𐤋 𐤏𐤌𐤋 𐤄𐤀𐤃𐤌 𐤋𐤐𐤉𐤄𐤅 𐤅𐤂𐤌 𐤄𐤍𐤐𐤔 𐤋𐤀 𐤕𐤌𐤋𐤀·
𐤇 𐤊𐤉 𐤌𐤄 𐤉𐤅𐤕𐤓 𐤋𐤇𐤊𐤌 𐤌𐤍 𐤄𐤊𐤎𐤉𐤋 𐤌𐤄 𐤋𐤏𐤍𐤉 𐤉𐤅𐤃𐤏 𐤋𐤄𐤋𐤊 𐤍𐤂𐤃

𐤄𐤇𐤉𐤉𐤌•
𐤈 𐤈𐤅𐤁 𐤌𐤓𐤀𐤄 𐤏𐤉𐤍𐤉𐤌 𐤌𐤄𐤋𐤊 𐤍𐤐𐤔 𐤂𐤌 𐤆𐤄 𐤄𐤁𐤋 𐤅𐤓𐤏𐤅𐤕 𐤓𐤅𐤇•
𐤉 𐤌𐤄 𐤔𐤄𐤉𐤄 𐤊𐤁𐤓 𐤍𐤒𐤓𐤀 𐤔𐤌𐤅 𐤅𐤍𐤅𐤃𐤏 𐤀𐤔𐤓 𐤄𐤅𐤀 𐤀𐤃𐤌 𐤅𐤋𐤀 𐤉𐤅𐤊𐤋
𐤋𐤃𐤉𐤍 𐤏𐤌 𐤔𐤄𐤕𐤒𐤉𐤐 [𐤔𐤕𐤒𐤉𐤐] 𐤌𐤌𐤍𐤅•
𐤉𐤀 𐤊𐤉 𐤉𐤔 𐤃𐤁𐤓𐤉𐤌 𐤄𐤓𐤁𐤄 𐤌𐤓𐤁𐤉𐤌 𐤄𐤁𐤋 𐤌𐤄 𐤉𐤕𐤓 𐤋𐤀𐤃𐤌•
𐤉𐤁 𐤊𐤉 𐤌𐤉 𐤉𐤅𐤃𐤏 𐤌𐤄 𐤈𐤅𐤁 𐤋𐤀𐤃𐤌 𐤁𐤇𐤉𐤉𐤌 𐤌𐤎𐤐𐤓 𐤉𐤌𐤉 𐤇𐤉𐤉 𐤄𐤁𐤋𐤅
𐤅𐤉𐤏𐤔𐤌 𐤊𐤑𐤋 𐤀𐤔𐤓 𐤌𐤉 𐤉𐤂𐤉𐤃 𐤋𐤀𐤃𐤌 𐤌𐤄 𐤉𐤄𐤉𐤄 𐤀𐤇𐤓𐤉𐤅 𐤕𐤇𐤕 𐤄𐤔𐤌𐤔•

𐤐𐤓𐤒 𐤆

𐤀 𐤈𐤅𐤁 𐤔𐤌 𐤌𐤔𐤌𐤍 𐤈𐤅𐤁 𐤅𐤉𐤅𐤌 𐤄𐤌𐤅𐤕 𐤌𐤉𐤅𐤌 𐤄𐤅𐤋𐤃𐤅•
𐤁 𐤈𐤅𐤁 𐤋𐤋𐤊𐤕 𐤀𐤋 𐤁𐤉𐤕 𐤀𐤁𐤋 𐤌𐤋𐤊𐤕 𐤀𐤋 𐤁𐤉𐤕 𐤌𐤔𐤕𐤄 𐤁𐤀𐤔𐤓 𐤄𐤅𐤀 𐤎𐤅𐤐 𐤊𐤋
𐤄𐤀𐤃𐤌 𐤅𐤄𐤇𐤉 𐤉𐤕𐤍 𐤀𐤋 𐤋𐤁𐤅•
𐤂 𐤈𐤅𐤁 𐤊𐤏𐤎 𐤌𐤔𐤇𐤅𐤒 𐤊𐤉 𐤁𐤓𐤏 𐤐𐤍𐤉𐤌 𐤉𐤉𐤈𐤁 𐤋𐤁•
𐤃 𐤋𐤁 𐤇𐤊𐤌𐤉𐤌 𐤁𐤁𐤉𐤕 𐤀𐤁𐤋 𐤅𐤋𐤁 𐤊𐤎𐤉𐤋𐤉𐤌 𐤁𐤁𐤉𐤕 𐤔𐤌𐤇𐤄•
𐤄 𐤈𐤅𐤁 𐤋𐤔𐤌𐤏 𐤂𐤏𐤓𐤕 𐤇𐤊𐤌 𐤌𐤀𐤉𐤔 𐤔𐤌𐤏 𐤔𐤉𐤓 𐤊𐤎𐤉𐤋𐤉𐤌•
𐤅 𐤊𐤉 𐤊𐤒𐤅𐤋 𐤄𐤎𐤉𐤓𐤉𐤌 𐤕𐤇𐤕 𐤄𐤎𐤉𐤓 𐤊𐤍 𐤔𐤇𐤒 𐤄𐤊𐤎𐤉𐤋 𐤅𐤂𐤌 𐤆𐤄 𐤄𐤁𐤋•
𐤆 𐤊𐤉 𐤄𐤏𐤔𐤒 𐤉𐤄𐤅𐤋𐤋 𐤇𐤊𐤌 𐤅𐤉𐤀𐤁𐤃 𐤀𐤕 𐤋𐤁 𐤌𐤕𐤍𐤄•
𐤇 𐤈𐤅𐤁 𐤀𐤇𐤓𐤉𐤕 𐤃𐤁𐤓 𐤌𐤓𐤀𐤔𐤉𐤕𐤅 𐤈𐤅𐤁 𐤀𐤓𐤊 𐤓𐤅𐤇 𐤌𐤂𐤁𐤄 𐤓𐤅𐤇•
𐤈 𐤀𐤋 𐤕𐤁𐤄𐤋 𐤁𐤓𐤅𐤇𐤊 𐤋𐤊𐤏𐤅𐤎 𐤊𐤉 𐤊𐤏𐤎 𐤁𐤇𐤉𐤒 𐤊𐤎𐤉𐤋𐤉𐤌 𐤉𐤍𐤅𐤇•
𐤉 𐤀𐤋 𐤕𐤀𐤌𐤓 𐤌𐤄 𐤄𐤉𐤄 𐤔𐤄𐤉𐤌𐤉𐤌 𐤄𐤓𐤀𐤔𐤍𐤉𐤌 𐤄𐤉𐤅 𐤈𐤅𐤁𐤉𐤌 𐤌𐤀𐤋𐤄 𐤊𐤉
𐤋𐤀 𐤌𐤇𐤊𐤌𐤄 𐤔𐤀𐤋𐤕 𐤏𐤋 𐤆𐤄•
𐤉𐤀 𐤈𐤅𐤁𐤄 𐤇𐤊𐤌𐤄 𐤏𐤌 𐤍𐤇𐤋𐤄 𐤅𐤉𐤕𐤓 𐤋𐤓𐤀𐤉 𐤄𐤔𐤌𐤔•
𐤉𐤁 𐤊𐤉 𐤁𐤑𐤋 𐤄𐤇𐤊𐤌𐤄 𐤁𐤑𐤋 𐤄𐤊𐤎𐤐 𐤅𐤉𐤕𐤓𐤅𐤍 𐤃𐤏𐤕 𐤄𐤇𐤊𐤌𐤄 𐤕𐤇𐤉𐤄 𐤁𐤏𐤋𐤉𐤄•
𐤉𐤂 𐤓𐤀𐤄 𐤀𐤕 𐤌𐤏𐤔𐤄 𐤄𐤀𐤋𐤄𐤉𐤌 𐤊𐤉 𐤌𐤉 𐤉𐤅𐤊𐤋 𐤋𐤕𐤒𐤍 𐤀𐤕 𐤀𐤔𐤓 𐤏𐤅𐤕𐤅•
𐤉𐤃 𐤁𐤉𐤅𐤌 𐤈𐤅𐤁𐤄 𐤄𐤉𐤄 𐤁𐤈𐤅𐤁 𐤅𐤁𐤉𐤅𐤌 𐤓𐤏𐤄 𐤓𐤀𐤄 𐤂𐤌 𐤀𐤕 𐤆𐤄 𐤋𐤏𐤌𐤕 𐤆𐤄
𐤏𐤔𐤄 𐤄𐤀𐤋𐤄𐤉𐤌 𐤏𐤋 𐤃𐤁𐤓𐤕 𐤔𐤋𐤀 𐤉𐤌𐤑𐤀 𐤄𐤀𐤃𐤌 𐤀𐤇𐤓𐤉𐤅 𐤌𐤀𐤅𐤌𐤄•
𐤈𐤅 𐤀𐤕 𐤄𐤊𐤋 𐤓𐤀𐤉𐤕𐤉 𐤁𐤉𐤌𐤉 𐤄𐤁𐤋𐤉 𐤉𐤔 𐤑𐤃𐤉𐤒 𐤀𐤁𐤃 𐤁𐤑𐤃𐤒𐤅 𐤅𐤉𐤔 𐤓𐤔𐤏
𐤌𐤀𐤓𐤉𐤊 𐤁𐤓𐤏𐤕𐤅•
𐤈𐤆 𐤀𐤋 𐤕𐤄𐤉 𐤑𐤃𐤉𐤒 𐤄𐤓𐤁𐤄 𐤅𐤀𐤋 𐤕𐤕𐤇𐤊𐤌 𐤉𐤅𐤕𐤓 𐤋𐤌𐤄 𐤕𐤔𐤅𐤌𐤌•
𐤉𐤆 𐤀𐤋 𐤕𐤓𐤔𐤏 𐤄𐤓𐤁𐤄 𐤅𐤀𐤋 𐤕𐤄𐤉 𐤎𐤊𐤋 𐤋𐤌𐤄 𐤕𐤌𐤅𐤕 𐤁𐤋𐤀 𐤏𐤕𐤊•
𐤉𐤇 𐤈𐤅𐤁 𐤀𐤔𐤓 𐤕𐤀𐤇𐤆 𐤁𐤆𐤄 𐤅𐤂𐤌 𐤌𐤆𐤄 𐤀𐤋 𐤕𐤍𐤇 𐤀𐤕 𐤉𐤃𐤊 𐤊𐤉 𐤉𐤓𐤀
𐤀𐤋𐤄𐤉𐤌 𐤉𐤑𐤀 𐤀𐤕 𐤊𐤋𐤌•
𐤉𐤈 𐤄𐤇𐤊𐤌𐤄 𐤕𐤏𐤆 𐤋𐤇𐤊𐤌 𐤌𐤏𐤔𐤓𐤄 𐤔𐤋𐤉𐤈𐤉𐤌 𐤀𐤔𐤓 𐤄𐤉𐤅 𐤁𐤏𐤉𐤓•

𐤊 𐤊𐤉 𐤀𐤃𐤌 𐤀𐤉𐤍 𐤑𐤃𐤉𐤒 𐤁𐤀𐤓𐤑 𐤀𐤔𐤓 𐤉𐤏𐤔𐤄 𐤈𐤅𐤁 𐤅𐤋𐤀 𐤉𐤇𐤈𐤀•
𐤊𐤀 𐤂𐤌 𐤋𐤊𐤋 𐤄𐤃𐤁𐤓𐤉𐤌 𐤀𐤔𐤓 𐤉𐤃𐤁𐤓𐤅 𐤀𐤋 𐤕𐤕𐤍 𐤋𐤁𐤊 𐤀𐤔𐤓 𐤋𐤀 𐤕𐤔𐤌𐤏 𐤀𐤕
𐤏𐤁𐤃𐤊 𐤌𐤒𐤋𐤋𐤊•
𐤊𐤁 𐤊𐤉 𐤂𐤌 𐤐𐤏𐤌𐤉𐤌 𐤓𐤁𐤅𐤕 𐤉𐤃𐤏 𐤋𐤁𐤊 𐤀𐤔𐤓 𐤂𐤌 𐤀𐤕 [𐤀𐤕𐤄] 𐤒𐤋𐤋𐤕 𐤀𐤇𐤓𐤉𐤌•
𐤊𐤂 𐤊𐤋 𐤆𐤄 𐤍𐤎𐤉𐤕𐤉 𐤁𐤇𐤊𐤌𐤄 𐤀𐤌𐤓𐤕𐤉 𐤀𐤇𐤊𐤌𐤄 𐤅𐤄𐤉𐤀 𐤓𐤇𐤅𐤒𐤄 𐤌𐤌𐤍𐤉•
𐤊𐤃 𐤓𐤇𐤅𐤒 𐤌𐤄 𐤔𐤄𐤉𐤄 𐤅𐤏𐤌𐤒 𐤏𐤌𐤒 𐤌𐤉 𐤉𐤌𐤑𐤀𐤍𐤅•
𐤊𐤄 𐤎𐤁𐤅𐤕𐤉 𐤀𐤍𐤉 𐤅𐤋𐤁𐤉 𐤋𐤃𐤏𐤕 𐤅𐤋𐤕𐤅𐤓 𐤅𐤁𐤒𐤔 𐤇𐤊𐤌𐤄 𐤅𐤇𐤔𐤁𐤅𐤍 𐤅𐤋𐤃𐤏𐤕
𐤓𐤔𐤏 𐤊𐤎𐤋 𐤅𐤄𐤎𐤊𐤋𐤅𐤕 𐤄𐤅𐤋𐤋𐤅𐤕•
𐤊𐤅 𐤅𐤌𐤅𐤑𐤀 𐤀𐤍𐤉 𐤌𐤓 𐤌𐤌𐤅𐤕 𐤀𐤕 𐤄𐤀𐤔𐤄 𐤀𐤔𐤓 𐤄𐤉𐤀 𐤌𐤑𐤅𐤃𐤉𐤌 𐤅𐤇𐤓𐤌𐤉𐤌
𐤋𐤁𐤄 𐤀𐤎𐤅𐤓𐤉𐤌 𐤉𐤃𐤉𐤄 𐤈𐤅𐤁 𐤋𐤐𐤍𐤉 𐤄𐤀𐤋𐤄𐤉𐤌 𐤉𐤌𐤋𐤈 𐤌𐤌𐤍𐤄 𐤅𐤇𐤅𐤈𐤀
𐤉𐤋𐤊𐤃 𐤁𐤄•
𐤊𐤆 𐤓𐤀𐤄 𐤆𐤄 𐤌𐤑𐤀𐤕𐤉 𐤀𐤌𐤓𐤄 𐤒𐤄𐤋𐤕 𐤀𐤇𐤕 𐤋𐤀𐤇𐤕 𐤋𐤌𐤑𐤀 𐤇𐤔𐤁𐤅𐤍•
𐤊𐤇 𐤀𐤔𐤓 𐤏𐤅𐤃 𐤁𐤒𐤔𐤄 𐤍𐤐𐤔𐤉 𐤅𐤋𐤀 𐤌𐤑𐤀𐤕𐤉 𐤀𐤃𐤌 𐤀𐤇𐤃 𐤌𐤀𐤋𐤐 𐤌𐤑𐤀𐤕𐤉
𐤅𐤀𐤔𐤄 𐤁𐤊𐤋 𐤀𐤋𐤄 𐤋𐤀 𐤌𐤑𐤀𐤕𐤉•
𐤊𐤈 𐤋𐤁𐤃 𐤓𐤀𐤄 𐤆𐤄 𐤌𐤑𐤀𐤕𐤉 𐤀𐤔𐤓 𐤏𐤔𐤄 𐤄𐤀𐤋𐤄𐤉𐤌 𐤀𐤕 𐤄𐤀𐤃𐤌 𐤉𐤔𐤓 𐤅𐤄𐤌𐤄
𐤁𐤒𐤔𐤅 𐤇𐤔𐤁𐤍𐤅𐤕 𐤓𐤁𐤉𐤌•

𐤐𐤓𐤒 𐤇

𐤀 𐤌𐤉 𐤊𐤄𐤇𐤊𐤌 𐤅𐤌𐤉 𐤉𐤅𐤃𐤏 𐤐𐤔𐤓 𐤃𐤁𐤓 𐤇𐤊𐤌𐤕 𐤀𐤃𐤌 𐤕𐤀𐤉𐤓 𐤐𐤍𐤉𐤅 𐤅𐤏𐤆 𐤐𐤍𐤉𐤅
𐤉𐤔𐤍𐤀•
𐤁 𐤀𐤍𐤉 𐤐𐤉 𐤌𐤋𐤊 𐤔𐤌𐤅𐤓 𐤅𐤏𐤋 𐤃𐤁𐤓𐤕 𐤔𐤁𐤅𐤏𐤕 𐤀𐤋𐤄𐤉𐤌•
𐤂 𐤀𐤋 𐤕𐤁𐤄𐤋 𐤌𐤐𐤍𐤉𐤅 𐤕𐤋𐤊 𐤀𐤋 𐤕𐤏𐤌𐤃 𐤁𐤃𐤁𐤓 𐤓𐤏 𐤊𐤉 𐤊𐤋 𐤀𐤔𐤓 𐤉𐤇𐤐𐤑
𐤉𐤏𐤔𐤄•
𐤃 𐤁𐤀𐤔𐤓 𐤃𐤁𐤓 𐤌𐤋𐤊 𐤔𐤋𐤈𐤅𐤍 𐤅𐤌𐤉 𐤉𐤀𐤌𐤓 𐤋𐤅 𐤌𐤄 𐤕𐤏𐤔𐤄•
𐤄 𐤔𐤅𐤌𐤓 𐤌𐤑𐤅𐤄 𐤋𐤀 𐤉𐤃𐤏 𐤃𐤁𐤓 𐤓𐤏 𐤅𐤏𐤕 𐤅𐤌𐤔𐤐𐤈 𐤉𐤃𐤏 𐤋𐤁 𐤇𐤊𐤌•
𐤅 𐤊𐤉 𐤋𐤊𐤋 𐤇𐤐𐤑 𐤉𐤔 𐤏𐤕 𐤅𐤌𐤔𐤐𐤈 𐤊𐤉 𐤓𐤏𐤕 𐤄𐤀𐤃𐤌 𐤓𐤁𐤄 𐤏𐤋𐤉𐤅•
𐤆 𐤊𐤉 𐤀𐤉𐤍𐤍𐤅 𐤉𐤃𐤏 𐤌𐤄 𐤔𐤉𐤄𐤉𐤄 𐤊𐤉 𐤊𐤀𐤔𐤓 𐤉𐤄𐤉𐤄 𐤌𐤉 𐤉𐤂𐤉𐤃 𐤋𐤅•
𐤇 𐤀𐤉𐤍 𐤀𐤃𐤌 𐤔𐤋𐤉𐤈 𐤁𐤓𐤅𐤇 𐤋𐤊𐤋𐤅𐤀 𐤀𐤕 𐤄𐤓𐤅𐤇 𐤅𐤀𐤉𐤍 𐤔𐤋𐤈𐤅𐤍 𐤁𐤉𐤅𐤌
𐤄𐤌𐤅𐤕 𐤅𐤀𐤉𐤍 𐤌𐤔𐤋𐤇𐤕 𐤁𐤌𐤋𐤇𐤌𐤄 𐤅𐤋𐤀 𐤉𐤌𐤋𐤈 𐤓𐤔𐤏 𐤀𐤕 𐤁𐤏𐤋𐤉𐤅•
𐤈 𐤀𐤕 𐤊𐤋 𐤆𐤄 𐤓𐤀𐤉𐤕𐤉 𐤅𐤍𐤕𐤅𐤍 𐤀𐤕 𐤋𐤁𐤉 𐤋𐤊𐤋 𐤌𐤏𐤔𐤄 𐤀𐤔𐤓 𐤍𐤏𐤔𐤄 𐤕𐤇𐤕
𐤄𐤔𐤌𐤔 𐤏𐤕 𐤀𐤔𐤓 𐤔𐤋𐤈 𐤄𐤀𐤃𐤌 𐤁𐤀𐤃𐤌 𐤋𐤓𐤏 𐤋𐤅•
𐤉 𐤅𐤁𐤊𐤍 𐤓𐤀𐤉𐤕𐤉 𐤓𐤔𐤏𐤉𐤌 𐤒𐤁𐤓𐤉𐤌 𐤅𐤁𐤀𐤅 𐤅𐤌𐤌𐤒𐤅𐤌 𐤒𐤃𐤅𐤔 𐤉𐤄𐤋𐤊𐤅
𐤅𐤉𐤔𐤕𐤊𐤇𐤅 𐤁𐤏𐤉𐤓 𐤀𐤔𐤓 𐤊𐤍 𐤏𐤔𐤅 𐤂𐤌 𐤆𐤄 𐤄𐤁𐤋•

𐤉𐤀 𐤀𐤔𐤓 𐤀𐤉𐤍 𐤍𐤏𐤔𐤄 𐤐𐤕𐤂𐤌 𐤌𐤏𐤔𐤄 𐤄𐤓𐤏𐤄 𐤌𐤄𐤓𐤄 𐤏𐤋 𐤊𐤍 𐤌𐤋𐤀 𐤋𐤁 𐤁𐤍𐤉
𐤄𐤀𐤃𐤌 𐤁𐤄𐤌 𐤋𐤏𐤔𐤅𐤕 𐤓𐤏•
𐤉𐤁 𐤀𐤔𐤓 𐤇𐤈𐤀 𐤏𐤔𐤄 𐤓𐤏 𐤌𐤀𐤕 𐤅𐤌𐤀𐤓𐤉𐤊 𐤋𐤅 𐤊𐤉 𐤂𐤌 𐤉𐤅𐤃𐤏 𐤀𐤍𐤉 𐤀𐤔𐤓
𐤉𐤄𐤉𐤄 𐤈𐤅𐤁 𐤋𐤉𐤓𐤀𐤉 𐤄𐤀𐤋𐤄𐤉𐤌 𐤀𐤔𐤓 𐤉𐤉𐤓𐤀𐤅 𐤌𐤋𐤐𐤍𐤉𐤅•
𐤉𐤂 𐤅𐤈𐤅𐤁 𐤋𐤀 𐤉𐤄𐤉𐤄 𐤋𐤓𐤔𐤏 𐤅𐤋𐤀 𐤉𐤀𐤓𐤉𐤊 𐤉𐤌𐤉𐤌 𐤊𐤑𐤋 𐤀𐤔𐤓 𐤀𐤉𐤍𐤍𐤅
𐤉𐤓𐤀 𐤌𐤋𐤐𐤍𐤉 𐤄𐤀𐤋𐤄𐤉𐤌•
𐤉𐤃 𐤉𐤔 𐤄𐤁𐤋 𐤀𐤔𐤓 𐤍𐤏𐤔𐤄 𐤏𐤋 𐤄𐤀𐤓𐤑 𐤀𐤔𐤓 𐤉𐤔 𐤑𐤃𐤉𐤒𐤉𐤌 𐤀𐤔𐤓 𐤌𐤂𐤉𐤏
𐤀𐤋𐤄𐤌 𐤊𐤌𐤏𐤔𐤄 𐤄𐤓𐤔𐤏𐤉𐤌 𐤅𐤉𐤔 𐤓𐤔𐤏𐤉𐤌 𐤔𐤌𐤂𐤉𐤏 𐤀𐤋𐤄𐤌 𐤊𐤌𐤏𐤔𐤄
𐤄𐤑𐤃𐤉𐤒𐤉𐤌 𐤀𐤌𐤓𐤕𐤉 𐤔𐤂𐤌 𐤆𐤄 𐤄𐤁𐤋•
𐤈𐤅 𐤅𐤔𐤁𐤇𐤕𐤉 𐤀𐤍𐤉 𐤀𐤕 𐤄𐤔𐤌𐤇𐤄 𐤀𐤔𐤓 𐤀𐤉𐤍 𐤈𐤅𐤁 𐤋𐤀𐤃𐤌 𐤕𐤇𐤕 𐤄𐤔𐤌𐤔 𐤊𐤉
𐤀𐤌 𐤋𐤀𐤊𐤋 𐤅𐤋𐤔𐤕𐤅𐤕 𐤅𐤋𐤔𐤌𐤅𐤇 𐤅𐤄𐤅𐤀 𐤉𐤋𐤅𐤍𐤅 𐤁𐤏𐤌𐤋𐤅 𐤉𐤌𐤉 𐤇𐤉𐤉𐤅 𐤀𐤔𐤓
𐤍𐤕𐤍 𐤋𐤅 𐤄𐤀𐤋𐤄𐤉𐤌 𐤕𐤇𐤕 𐤄𐤔𐤌𐤔•
𐤈𐤆 𐤊𐤀𐤔𐤓 𐤍𐤕𐤕𐤉 𐤀𐤕 𐤋𐤁𐤉 𐤋𐤃𐤏𐤕 𐤇𐤊𐤌𐤄 𐤅𐤋𐤓𐤀𐤅𐤕 𐤀𐤕 𐤄𐤏𐤍𐤉𐤍 𐤀𐤔𐤓
𐤍𐤏𐤔𐤄 𐤏𐤋 𐤄𐤀𐤓𐤑 𐤊𐤉 𐤂𐤌 𐤁𐤉𐤅𐤌 𐤅𐤁𐤋𐤉𐤋𐤄 𐤔𐤍𐤄 𐤁𐤏𐤉𐤍𐤉𐤅 𐤀𐤉𐤍𐤍𐤅 𐤓𐤀𐤄•
𐤉𐤆 𐤅𐤓𐤀𐤉𐤕𐤉 𐤀𐤕 𐤊𐤋 𐤌𐤏𐤔𐤄 𐤄𐤀𐤋𐤄𐤉𐤌 𐤊𐤉 𐤋𐤀 𐤉𐤅𐤊𐤋 𐤄𐤀𐤃𐤌 𐤋𐤌𐤑𐤅𐤀
𐤀𐤕 𐤄𐤌𐤏𐤔𐤄 𐤀𐤔𐤓 𐤍𐤏𐤔𐤄 𐤕𐤇𐤕 𐤄𐤔𐤌𐤔 𐤁𐤔𐤋 𐤀𐤔𐤓 𐤉𐤏𐤌𐤋 𐤄𐤀𐤃𐤌 𐤋𐤁𐤒𐤔
𐤅𐤋𐤀 𐤉𐤌𐤑𐤀 𐤅𐤂𐤌 𐤀𐤌 𐤉𐤀𐤌𐤓 𐤄𐤇𐤊𐤌 𐤋𐤃𐤏𐤕 𐤋𐤀 𐤉𐤅𐤊𐤋 𐤋𐤌𐤑𐤀•

𐤐𐤓𐤒 𐤈

𐤀 𐤊𐤉 𐤀𐤕 𐤊𐤋 𐤆𐤄 𐤍𐤕𐤕𐤉 𐤀𐤋 𐤋𐤁𐤉 𐤅𐤋𐤁𐤅𐤓 𐤀𐤕 𐤊𐤋 𐤆𐤄 𐤀𐤔𐤓 𐤄𐤑𐤃𐤉𐤒𐤉𐤌
𐤅𐤄𐤇𐤊𐤌𐤉𐤌 𐤅𐤏𐤁𐤃𐤉𐤄𐤌 𐤁𐤉𐤃 𐤄𐤀𐤋𐤄𐤉𐤌 𐤂𐤌 𐤀𐤄𐤁𐤄 𐤂𐤌 𐤔𐤍𐤀𐤄 𐤀𐤉𐤍 𐤉𐤅𐤃𐤏
𐤄𐤀𐤃𐤌 𐤄𐤊𐤋 𐤋𐤐𐤍𐤉𐤄𐤌•
𐤁 𐤄𐤊𐤋 𐤊𐤀𐤔𐤓 𐤋𐤊𐤋 𐤌𐤒𐤓𐤄 𐤀𐤇𐤃 𐤋𐤑𐤃𐤉𐤒 𐤅𐤋𐤓𐤔𐤏 𐤋𐤈𐤅𐤁 𐤅𐤋𐤈𐤄𐤅𐤓 𐤅𐤋𐤈𐤌𐤀
𐤅𐤋𐤆𐤁𐤇 𐤅𐤋𐤀𐤔𐤓 𐤀𐤉𐤍𐤍𐤅 𐤆𐤁𐤇 𐤊𐤈𐤅𐤁 𐤊𐤇𐤈𐤀 𐤄𐤍𐤔𐤁𐤏 𐤊𐤀𐤔𐤓 𐤔𐤁𐤅𐤏𐤄 𐤉𐤓𐤀•
𐤂 𐤆𐤄 𐤓𐤏 𐤁𐤊𐤋 𐤀𐤔𐤓 𐤍𐤏𐤔𐤄 𐤕𐤇𐤕 𐤄𐤔𐤌𐤔 𐤊𐤉 𐤌𐤒𐤓𐤄 𐤀𐤇𐤃 𐤋𐤊𐤋 𐤅𐤂𐤌 𐤋𐤁
𐤁𐤍𐤉 𐤄𐤀𐤃𐤌 𐤌𐤋𐤀 𐤓𐤏 𐤅𐤄𐤅𐤋𐤋𐤅𐤕 𐤁𐤋𐤁𐤁𐤌 𐤁𐤇𐤉𐤉𐤄𐤌 𐤅𐤀𐤇𐤓𐤉𐤅 𐤀𐤋 𐤄𐤌𐤕𐤉𐤌•
𐤃 𐤊𐤉 𐤌𐤉 𐤀𐤔𐤓 𐤉𐤁𐤇𐤓 [𐤉𐤇𐤁𐤓] 𐤀𐤋 𐤊𐤋 𐤄𐤇𐤉𐤉𐤌 𐤉𐤔 𐤁𐤈𐤇𐤅𐤍 𐤊𐤉 𐤋𐤊𐤋𐤁 𐤇𐤉
𐤄𐤅𐤀 𐤈𐤅𐤁 𐤌𐤍 𐤄𐤀𐤓𐤉𐤄 𐤄𐤌𐤕•
𐤄 𐤊𐤉 𐤄𐤇𐤉𐤉𐤌 𐤉𐤅𐤃𐤏𐤉𐤌 𐤔𐤉𐤌𐤕𐤅 𐤅𐤄𐤌𐤕𐤉𐤌 𐤀𐤉𐤍𐤌 𐤉𐤅𐤃𐤏𐤉𐤌 𐤌𐤀𐤅𐤌𐤄
𐤅𐤀𐤉𐤍 𐤏𐤅𐤃 𐤋𐤄𐤌 𐤔𐤊𐤓 𐤊𐤉 𐤍𐤔𐤊𐤇 𐤆𐤊𐤓𐤌•
𐤅 𐤂𐤌 𐤀𐤄𐤁𐤕𐤌 𐤂𐤌 𐤔𐤍𐤀𐤕𐤌 𐤂𐤌 𐤒𐤍𐤀𐤕𐤌 𐤊𐤁𐤓 𐤀𐤁𐤃𐤄 𐤅𐤇𐤋𐤒 𐤀𐤉𐤍 𐤋𐤄𐤌
𐤏𐤅𐤃 𐤋𐤏𐤅𐤋𐤌 𐤁𐤊𐤋 𐤀𐤔𐤓 𐤍𐤏𐤔𐤄 𐤕𐤇𐤕 𐤄𐤔𐤌𐤔•
𐤆 𐤋𐤊 𐤀𐤊𐤋 𐤁𐤔𐤌𐤇𐤄 𐤋𐤇𐤌𐤊 𐤅𐤔𐤕𐤄 𐤁𐤋𐤁 𐤈𐤅𐤁 𐤉𐤉𐤍𐤊 𐤊𐤉 𐤊𐤁𐤓 𐤓𐤑𐤄

𐤄𐤀𐤋𐤄𐤉𐤌 𐤀𐤕 𐤌𐤏𐤔𐤉𐤊•
𐤇𐤁𐤊𐤋 𐤏𐤕 𐤉𐤄𐤉𐤅 𐤁𐤂𐤃𐤉𐤊 𐤋𐤁𐤍𐤉𐤌 𐤅𐤔𐤌𐤍 𐤏𐤋 𐤓𐤀𐤔𐤊 𐤀𐤋 𐤉𐤇𐤎𐤓•
𐤈𐤓𐤀𐤄 𐤇𐤉𐤉𐤌 𐤏𐤌 𐤀𐤔𐤄 𐤀𐤔𐤓 𐤀𐤄𐤁𐤕 𐤊𐤋 𐤉𐤌𐤉 𐤇𐤉𐤉 𐤄𐤁𐤋𐤊 𐤀𐤔𐤓 𐤍𐤕𐤍
𐤋𐤊 𐤕𐤇𐤕 𐤄𐤔𐤌𐤔 𐤊𐤋 𐤉𐤌𐤉 𐤄𐤁𐤋𐤊 𐤊𐤉 𐤄𐤅𐤀 𐤇𐤋𐤒𐤊 𐤁𐤇𐤉𐤉𐤌 𐤅𐤁𐤏𐤌𐤋𐤊 𐤀𐤔𐤓
𐤀𐤕𐤄 𐤏𐤌𐤋 𐤕𐤇𐤕 𐤄𐤔𐤌𐤔•
𐤉𐤊𐤋 𐤀𐤔𐤓 𐤕𐤌𐤑𐤀 𐤉𐤃𐤊 𐤋𐤏𐤔𐤅𐤕 𐤁𐤊𐤇𐤊 𐤏𐤔𐤄 𐤊𐤉 𐤀𐤉𐤍 𐤌𐤏𐤔𐤄 𐤅𐤇𐤔𐤁𐤅𐤍
𐤅𐤃𐤏𐤕 𐤅𐤇𐤊𐤌𐤄 𐤁𐤔𐤀𐤅𐤋 𐤀𐤔𐤓 𐤀𐤕𐤄 𐤄𐤋𐤊 𐤔𐤌𐤄•
𐤉𐤀 𐤔𐤁𐤕𐤉 𐤅𐤓𐤀𐤄 𐤕𐤇𐤕 𐤄𐤔𐤌𐤔 𐤊𐤉 𐤋𐤀 𐤋𐤒𐤋𐤉𐤌 𐤄𐤌𐤓𐤅𐤑 𐤅𐤋𐤀 𐤋𐤂𐤁𐤅𐤓𐤉𐤌
𐤄𐤌𐤋𐤇𐤌𐤄 𐤅𐤂𐤌 𐤋𐤀 𐤋𐤇𐤊𐤌𐤉𐤌 𐤋𐤇𐤌 𐤅𐤂𐤌 𐤋𐤀 𐤋𐤍𐤁𐤍𐤉𐤌 𐤏𐤔𐤓 𐤅𐤂𐤌 𐤋𐤀
𐤋𐤉𐤃𐤏𐤉𐤌 𐤇𐤍 𐤊𐤉 𐤏𐤕 𐤅𐤐𐤂𐤏 𐤉𐤒𐤓𐤄 𐤀𐤕 𐤊𐤋𐤌•
𐤉𐤁 𐤊𐤉 𐤂𐤌 𐤋𐤀 𐤉𐤃𐤏 𐤄𐤀𐤃𐤌 𐤀𐤕 𐤏𐤕𐤅 𐤊𐤃𐤂𐤉𐤌 𐤔𐤍𐤀𐤇𐤆𐤉𐤌 𐤁𐤌𐤑𐤅𐤃𐤄 𐤓𐤏𐤄
𐤅𐤊𐤑𐤐𐤓𐤉𐤌 𐤄𐤀𐤇𐤆𐤅𐤕 𐤁𐤐𐤇 𐤊𐤄𐤌 𐤉𐤅𐤒𐤔𐤉𐤌 𐤁𐤍𐤉 𐤄𐤀𐤃𐤌 𐤋𐤏𐤕 𐤓𐤏𐤄 𐤊𐤔𐤕𐤐𐤅𐤋
𐤏𐤋𐤉𐤄𐤌 𐤐𐤕𐤀𐤌•
𐤉𐤂 𐤂𐤌 𐤆𐤄 𐤓𐤀𐤉𐤕𐤉 𐤇𐤊𐤌𐤄 𐤕𐤇𐤕 𐤄𐤔𐤌𐤔 𐤅𐤂𐤃𐤅𐤋𐤄 𐤄𐤉𐤀 𐤀𐤋𐤉•
𐤉𐤃 𐤏𐤉𐤓 𐤒𐤈𐤍𐤄 𐤅𐤀𐤍𐤔𐤉𐤌 𐤁𐤄 𐤌𐤏𐤈 𐤅𐤁𐤀 𐤀𐤋𐤉𐤄 𐤌𐤋𐤊 𐤂𐤃𐤅𐤋 𐤅𐤎𐤁𐤁 𐤀𐤕𐤄
𐤅𐤁𐤍𐤄 𐤏𐤋𐤉𐤄 𐤌𐤑𐤅𐤃𐤉𐤌 𐤂𐤃𐤋𐤉𐤌•
𐤈𐤅𐤅𐤌𐤑𐤀 𐤁𐤄 𐤀𐤉𐤔 𐤌𐤎𐤊𐤍 𐤇𐤊𐤌 𐤅𐤌𐤋𐤈 𐤄𐤅𐤀 𐤀𐤕 𐤄𐤏𐤉𐤓 𐤁𐤇𐤊𐤌𐤕𐤅 𐤅𐤀𐤃𐤌
𐤋𐤀 𐤆𐤊𐤓 𐤀𐤕 𐤄𐤀𐤉𐤔 𐤄𐤌𐤎𐤊𐤍 𐤄𐤄𐤅𐤀•
𐤈𐤆𐤅𐤀𐤌𐤓𐤕𐤉 𐤀𐤍𐤉 𐤈𐤅𐤁𐤄 𐤇𐤊𐤌𐤄 𐤌𐤂𐤁𐤅𐤓𐤄 𐤅𐤇𐤊𐤌𐤕 𐤄𐤌𐤎𐤊𐤍 𐤁𐤆𐤅𐤉𐤄
𐤅𐤃𐤁𐤓𐤉𐤅 𐤀𐤉𐤍𐤌 𐤍𐤔𐤌𐤏𐤉𐤌•
𐤉𐤆𐤃𐤁𐤓𐤉 𐤇𐤊𐤌𐤉𐤌 𐤁𐤍𐤇𐤕 𐤍𐤔𐤌𐤏𐤉𐤌 𐤌𐤆𐤏𐤒𐤕 𐤌𐤅𐤔𐤋 𐤁𐤊𐤎𐤉𐤋𐤉𐤌•
𐤉𐤇𐤈𐤅𐤁𐤄 𐤇𐤊𐤌𐤄 𐤌𐤊𐤋𐤉 𐤒𐤓𐤁 𐤅𐤇𐤅𐤈𐤀 𐤀𐤇𐤃 𐤉𐤀𐤁𐤃 𐤈𐤅𐤁𐤄 𐤄𐤓𐤁𐤄•

𐤐𐤓𐤒 𐤉

𐤀𐤆𐤁𐤅𐤁𐤉 𐤌𐤅𐤕 𐤉𐤁𐤀𐤉𐤔 𐤉𐤁𐤉𐤏 𐤔𐤌𐤍 𐤓𐤅𐤒𐤇 𐤉𐤒𐤓 𐤌𐤇𐤊𐤌𐤄 𐤌𐤊𐤁𐤅𐤃
𐤎𐤊𐤋𐤅𐤕 𐤌𐤏𐤈•
𐤁𐤋𐤁 𐤇𐤊𐤌 𐤋𐤉𐤌𐤉𐤍𐤅 𐤅𐤋𐤁 𐤊𐤎𐤉𐤋 𐤋𐤔𐤌𐤀𐤋𐤅•
𐤂𐤅𐤂𐤌 𐤁𐤃𐤓𐤊 𐤊𐤔𐤄𐤎𐤊𐤋 [𐤊𐤔𐤎𐤊𐤋] 𐤄𐤋𐤊 𐤋𐤁𐤅 𐤇𐤎𐤓 𐤅𐤀𐤌𐤓 𐤋𐤊𐤋 𐤎𐤊𐤋 𐤄𐤅𐤀•
𐤃𐤀𐤌 𐤓𐤅𐤇 𐤄𐤌𐤅𐤔𐤋 𐤕𐤏𐤋𐤄 𐤏𐤋𐤉𐤊 𐤌𐤒𐤅𐤌𐤊 𐤀𐤋 𐤕𐤍𐤇 𐤊𐤉 𐤌𐤓𐤐𐤀 𐤉𐤍𐤉𐤇
𐤇𐤈𐤀𐤉𐤌 𐤂𐤃𐤅𐤋𐤉𐤌•
𐤄 𐤉𐤔 𐤓𐤏𐤄 𐤓𐤀𐤉𐤕𐤉 𐤕𐤇𐤕 𐤄𐤔𐤌𐤔 𐤊𐤔𐤂𐤂𐤄 𐤔𐤉𐤑𐤀 𐤌𐤋𐤐𐤍𐤉 𐤄𐤔𐤋𐤉𐤈•
𐤅𐤍𐤕𐤍 𐤄𐤎𐤊𐤋 𐤁𐤌𐤓𐤅𐤌𐤉𐤌 𐤓𐤁𐤉𐤌 𐤅𐤏𐤔𐤉𐤓𐤉𐤌 𐤁𐤔𐤐𐤋 𐤉𐤔𐤁𐤅•
𐤆𐤓𐤀𐤉𐤕𐤉 𐤏𐤁𐤃𐤉𐤌 𐤏𐤋 𐤎𐤅𐤎𐤉𐤌 𐤅𐤔𐤓𐤉𐤌 𐤄𐤋𐤊𐤉𐤌 𐤊𐤏𐤁𐤃𐤉𐤌 𐤏𐤋 𐤄𐤀𐤓𐤑•

𐤇 𐤇𐤐𐤓 𐤂𐤅𐤌𐤑 𐤁𐤅 𐤉𐤐𐤅𐤋 𐤅𐤐𐤓𐤑 𐤂𐤃𐤓 𐤉𐤔𐤊𐤍𐤅 𐤍𐤇𐤔•
𐤈 𐤌𐤎𐤉𐤏 𐤀𐤁𐤍𐤉𐤌 𐤉𐤏𐤑𐤁 𐤁𐤄𐤌 𐤁𐤅𐤒𐤏 𐤏𐤑𐤉𐤌 𐤉𐤎𐤊𐤍 𐤁𐤌•
𐤉 𐤀𐤌 𐤒𐤄𐤄 𐤄𐤁𐤓𐤆𐤋 𐤅𐤄𐤅𐤀 𐤋𐤀 𐤐𐤍𐤉𐤌 𐤒𐤋𐤒𐤋 𐤅𐤇𐤉𐤋𐤉𐤌 𐤉𐤂𐤁𐤓 𐤅𐤉𐤕𐤓𐤅𐤍
𐤄𐤊𐤔𐤉𐤓 𐤇𐤊𐤌𐤄•
𐤉𐤀 𐤀𐤌 𐤉𐤔𐤊 𐤄𐤍𐤇𐤔 𐤁𐤋𐤅𐤀 𐤋𐤇𐤔 𐤅𐤀𐤉𐤍 𐤉𐤕𐤓𐤅𐤍 𐤋𐤁𐤏𐤋 𐤄𐤋𐤔𐤅𐤍•
𐤉𐤁 𐤃𐤁𐤓𐤉 𐤐𐤉 𐤇𐤊𐤌 𐤇𐤍 𐤅𐤔𐤐𐤕𐤅𐤕 𐤊𐤎𐤉𐤋 𐤕𐤁𐤋𐤏𐤍𐤅•
𐤉𐤂 𐤕𐤇𐤋𐤕 𐤃𐤁𐤓𐤉 𐤐𐤉𐤄𐤅 𐤎𐤊𐤋𐤅𐤕 𐤅𐤀𐤇𐤓𐤉𐤕 𐤐𐤉𐤄𐤅 𐤄𐤅𐤋𐤋𐤅𐤕 𐤓𐤏𐤄•
𐤉𐤃 𐤅𐤄𐤎𐤊𐤋 𐤉𐤓𐤁𐤄 𐤃𐤁𐤓𐤉𐤌 𐤋𐤀 𐤉𐤃𐤏 𐤄𐤀𐤃𐤌 𐤌𐤄 𐤔𐤉𐤄𐤉𐤄 𐤅𐤀𐤔𐤓 𐤉𐤄𐤉𐤄
𐤌𐤀𐤇𐤓𐤉𐤅 𐤌𐤉 𐤉𐤂𐤉𐤃 𐤋𐤅•
𐤈𐤅 𐤏𐤌𐤋 𐤄𐤊𐤎𐤉𐤋𐤉𐤌 𐤕𐤉𐤂𐤏𐤍𐤅 𐤀𐤔𐤓 𐤋𐤀 𐤉𐤃𐤏 𐤋𐤋𐤊𐤕 𐤀𐤋 𐤏𐤉𐤓•
𐤈𐤆 𐤀𐤉 𐤋𐤊 𐤀𐤓𐤑 𐤔𐤌𐤋𐤊𐤊 𐤍𐤏𐤓 𐤅𐤔𐤓𐤉𐤊 𐤁𐤁𐤒𐤓 𐤉𐤀𐤊𐤋𐤅•
𐤉𐤆 𐤀𐤔𐤓𐤉𐤊 𐤀𐤓𐤑 𐤔𐤌𐤋𐤊𐤊 𐤁𐤍 𐤇𐤅𐤓𐤉𐤌 𐤅𐤔𐤓𐤉𐤊 𐤁𐤏𐤕 𐤉𐤀𐤊𐤋𐤅 𐤁𐤂𐤁𐤅𐤓𐤄
𐤅𐤋𐤀 𐤁𐤔𐤕𐤉•
𐤉𐤇 𐤁𐤏𐤑𐤋𐤕𐤉𐤌 𐤉𐤌𐤊 𐤄𐤌𐤒𐤓𐤄 𐤅𐤁𐤔𐤐𐤋𐤅𐤕 𐤉𐤃𐤉𐤌 𐤉𐤃𐤋𐤐 𐤄𐤁𐤉𐤕•
𐤉𐤈 𐤋𐤔𐤇𐤅𐤒 𐤏𐤔𐤉𐤌 𐤋𐤇𐤌 𐤅𐤉𐤉𐤍 𐤉𐤔𐤌𐤇 𐤇𐤉𐤉𐤌 𐤅𐤄𐤊𐤎𐤐 𐤉𐤏𐤍𐤄 𐤀𐤕 𐤄𐤊𐤋•
𐤊 𐤂𐤌 𐤁𐤌𐤃𐤏𐤊 𐤌𐤋𐤊 𐤀𐤋 𐤕𐤒𐤋𐤋 𐤅𐤁𐤇𐤃𐤓𐤉 𐤌𐤔𐤊𐤁𐤊 𐤀𐤋 𐤕𐤒𐤋𐤋 𐤏𐤔𐤉𐤓 𐤊𐤉
𐤏𐤅𐤐 𐤄𐤔𐤌𐤉𐤌 𐤉𐤅𐤋𐤉𐤊 𐤀𐤕 𐤄𐤒𐤅𐤋 𐤅𐤁𐤏𐤋 𐤄𐤊𐤍𐤐𐤉𐤌 [𐤊𐤍𐤐𐤉𐤌] 𐤉𐤂𐤉𐤃 𐤃𐤁𐤓•

𐤐𐤓𐤒 𐤉𐤀

𐤀 𐤔𐤋𐤇 𐤋𐤇𐤌𐤊 𐤏𐤋 𐤐𐤍𐤉 𐤄𐤌𐤉𐤌 𐤊𐤉 𐤁𐤓𐤁 𐤄𐤉𐤌𐤉𐤌 𐤕𐤌𐤑𐤀𐤍𐤅•
𐤁 𐤕𐤍 𐤇𐤋𐤒 𐤋𐤔𐤁𐤏𐤄 𐤅𐤂𐤌 𐤋𐤔𐤌𐤅𐤍𐤄 𐤊𐤉 𐤋𐤀 𐤕𐤃𐤏 𐤌𐤄 𐤉𐤄𐤉𐤄 𐤓𐤏𐤄 𐤏𐤋
𐤄𐤀𐤓𐤑•
𐤂 𐤀𐤌 𐤉𐤌𐤋𐤀𐤅 𐤄𐤏𐤁𐤉𐤌 𐤂𐤔𐤌 𐤏𐤋 𐤄𐤀𐤓𐤑 𐤉𐤓𐤉𐤒𐤅 𐤅𐤀𐤌 𐤉𐤐𐤅𐤋 𐤏𐤑 𐤁𐤃𐤓𐤅𐤌
𐤅𐤀𐤌 𐤁𐤑𐤐𐤅𐤍 𐤌𐤒𐤅𐤌 𐤔𐤉𐤐𐤅𐤋 𐤄𐤏𐤑 𐤔𐤌 𐤉𐤄𐤅𐤀•
𐤃 𐤔𐤌𐤓 𐤓𐤅𐤇 𐤋𐤀 𐤉𐤆𐤓𐤏 𐤅𐤓𐤀𐤄 𐤁𐤏𐤁𐤉𐤌 𐤋𐤀 𐤉𐤒𐤑𐤅𐤓•
𐤄 𐤊𐤀𐤔𐤓 𐤀𐤉𐤍𐤊 𐤉𐤅𐤃𐤏 𐤌𐤄 𐤃𐤓𐤊 𐤄𐤓𐤅𐤇 𐤊𐤏𐤑𐤌𐤉𐤌 𐤁𐤁𐤈𐤍 𐤄𐤌𐤋𐤀𐤄 𐤊𐤊𐤄
𐤋𐤀 𐤕𐤃𐤏 𐤀𐤕 𐤌𐤏𐤔𐤄 𐤄𐤀𐤋𐤄𐤉𐤌 𐤀𐤔𐤓 𐤉𐤏𐤔𐤄 𐤀𐤕 𐤄𐤊𐤋•
𐤅 𐤁𐤁𐤒𐤓 𐤆𐤓𐤏 𐤀𐤕 𐤆𐤓𐤏𐤊 𐤅𐤋𐤏𐤓𐤁 𐤀𐤋 𐤕𐤍𐤇 𐤉𐤃𐤊 𐤊𐤉 𐤀𐤉𐤍𐤊 𐤉𐤅𐤃𐤏 𐤀𐤉 𐤆𐤄
𐤉𐤊𐤔𐤓 𐤄𐤆𐤄 𐤀𐤅 𐤆𐤄 𐤅𐤀𐤌 𐤔𐤍𐤉𐤄𐤌 𐤊𐤀𐤇𐤃 𐤈𐤅𐤁𐤉𐤌•
𐤆 𐤅𐤌𐤕𐤅𐤒 𐤄𐤀𐤅𐤓 𐤅𐤈𐤅𐤁 𐤋𐤏𐤉𐤍𐤉𐤌 𐤋𐤓𐤀𐤅𐤕 𐤀𐤕 𐤄𐤔𐤌𐤔•
𐤇 𐤊𐤉 𐤀𐤌 𐤔𐤍𐤉𐤌 𐤄𐤓𐤁𐤄 𐤉𐤇𐤉𐤄 𐤄𐤀𐤃𐤌 𐤁𐤊𐤋𐤌 𐤉𐤔𐤌𐤇 𐤅𐤉𐤆𐤊𐤓 𐤀𐤕 𐤉𐤌𐤉
𐤄𐤇𐤔𐤊 𐤊𐤉 𐤄𐤓𐤁𐤄 𐤉𐤄𐤉𐤅 𐤊𐤋 𐤔𐤁𐤀 𐤄𐤁𐤋•
𐤈 𐤔𐤌𐤇 𐤁𐤇𐤅𐤓 𐤁𐤉𐤋𐤃𐤅𐤕𐤉𐤊 𐤅𐤉𐤈𐤉𐤁𐤊 𐤋𐤁𐤊 𐤁𐤉𐤌𐤉 𐤁𐤇𐤅𐤓𐤅𐤕𐤊 𐤅𐤄𐤋𐤊

בדרכי לבך ובמראי עיניך ודע כי על כל אלה יביאך האלהים
במשפט.
יוהסר כעס מלבך והעבר רעה מבשרך כי הילדות והשחרות הבל.

פרק יב

אוזכר את בוראיך בימי בחורתיך עד אשר לא יבאו ימי הרעה
והגיעו שנים אשר תאמר אין לי בהם חפץ.
בעד אשר לא תחשך השמש והאור והירח והכוכבים ושבו
העבים אחר הגשם.
גביום שיזעו שמרי הבית והתעותו אנשי החיל ובטלו
הטחנות כי מעטו וחשכו הראות בארבות.
דוסגרו דלתים בשוק בשפל קול הטחנה ויקום לקול הצפור
וישחו כל בנות השיר.
הגם מגבה יראו וחתחתים בדרך וינאץ השקד ויסתבל החגב
ותפר האביונה כי הלך האדם אל בית עולמו וסבבו בשוק
הסופדים.
ועד אשר לא ירחק [ירתק] חבל הכסף ותרץ גלת הזהב ותשבר כד
על המבוע ונרץ הגלגל אל הבור.
זוישב העפר על הארץ כשהיה והרוח תשוב אל האלהים אשר
נתנה.
חהבל הבלים אמר הקוהלת הכל הבל.
טויתר שהיה קהלת חכם עוד למד דעת את העם ואזן וחקר תקן
משלים הרבה.
יבקש קהלת למצא דברי חפץ וכתוב ישר דברי אמת.
יאדברי חכמים כדרבנות וכמשמרות נטועים בעלי אספות
נתנו מרעה אחד.
יבויתר מהמה בני הזהר עשות ספרים הרבה אין קץ ולהג
הרבה יגעת בשר.
יגסוף דבר הכל נשמע את האלהים ירא ואת מצותיו שמור כי
זה כל האדם.
ידכי את כל מעשה האלהים יבא במשפט על כל נעלם אם טוב
ואם רע.

𐤔𐤉𐤓 𐤄𐤔𐤉𐤓𐤉𐤌

𐤐𐤓𐤒 𐤀

𐤀 𐤔𐤉𐤓 𐤄𐤔𐤉𐤓𐤉𐤌 𐤀𐤔𐤓 𐤋𐤔𐤋𐤌𐤄•
𐤁 𐤉𐤔𐤒𐤍𐤉 𐤌𐤍𐤔𐤉𐤒𐤅𐤕 𐤐𐤉𐤄𐤅 𐤊𐤉 𐤈𐤅𐤁𐤉𐤌 𐤃𐤃𐤉𐤊 𐤌𐤉𐤉𐤍•
𐤂 𐤋𐤓𐤉𐤇 𐤔𐤌𐤍𐤉𐤊 𐤈𐤅𐤁𐤉𐤌 𐤔𐤌𐤍 𐤕𐤅𐤓𐤒 𐤔𐤌𐤊 𐤏𐤋 𐤊𐤍 𐤏𐤋𐤌𐤅𐤕 𐤀𐤄𐤁𐤅𐤊•
𐤃 𐤌𐤔𐤊𐤍𐤉 𐤀𐤇𐤓𐤉𐤊 𐤍𐤓𐤅𐤑𐤄 𐤄𐤁𐤉𐤀𐤍𐤉 𐤄𐤌𐤋𐤊 𐤇𐤃𐤓𐤉𐤅 𐤍𐤂𐤉𐤋𐤄 𐤅𐤍𐤔𐤌𐤇𐤄
𐤁𐤊 𐤍𐤆𐤊𐤉𐤓𐤄 𐤃𐤃𐤉𐤊 𐤌𐤉𐤉𐤍 𐤌𐤉𐤔𐤓𐤉𐤌 𐤀𐤄𐤁𐤅𐤊•
𐤄 𐤔𐤇𐤅𐤓𐤄 𐤀𐤍𐤉 𐤅𐤍𐤀𐤅𐤄 𐤁𐤍𐤅𐤕 𐤉𐤓𐤅𐤔𐤋𐤌 𐤊𐤀𐤄𐤋𐤉 𐤒𐤃𐤓 𐤊𐤉𐤓𐤉𐤏𐤅𐤕
𐤔𐤋𐤌𐤄•
𐤅 𐤀𐤋 𐤕𐤓𐤀𐤅𐤍𐤉 𐤔𐤀𐤍𐤉 𐤔𐤇𐤓𐤇𐤓𐤕 𐤔𐤔𐤆𐤐𐤕𐤍𐤉 𐤄𐤔𐤌𐤔 𐤁𐤍𐤉 𐤀𐤌𐤉 𐤍𐤇𐤓𐤅 𐤁𐤉
𐤔𐤌𐤍𐤉 𐤍𐤈𐤓𐤄 𐤀𐤕 𐤄𐤊𐤓𐤌𐤉𐤌 𐤊𐤓𐤌𐤉 𐤔𐤋𐤉 𐤋𐤀 𐤍𐤈𐤓𐤕𐤉•
𐤆 𐤄𐤂𐤉𐤃𐤄 𐤋𐤉 𐤔𐤀𐤄𐤁𐤄 𐤍𐤐𐤔𐤉 𐤀𐤉𐤊𐤄 𐤕𐤓𐤏𐤄 𐤀𐤉𐤊𐤄 𐤕𐤓𐤁𐤉𐤑 𐤁𐤑𐤄𐤓𐤉𐤌
𐤔𐤋𐤌𐤄 𐤀𐤄𐤉𐤄 𐤊𐤏𐤈𐤉𐤄 𐤏𐤋 𐤏𐤃𐤓𐤉 𐤇𐤁𐤓𐤉𐤊•
𐤇 𐤀𐤌 𐤋𐤀 𐤕𐤃𐤏𐤉 𐤋𐤊 𐤄𐤉𐤐𐤄 𐤁𐤍𐤔𐤉𐤌 𐤑𐤀𐤉 𐤋𐤊 𐤁𐤏𐤒𐤁𐤉 𐤄𐤑𐤀𐤍 𐤅𐤓𐤏𐤉 𐤀𐤕
𐤂𐤃𐤉𐤕𐤉𐤊 𐤏𐤋 𐤌𐤔𐤊𐤍𐤅𐤕 𐤄𐤓𐤏𐤉𐤌•
𐤈 𐤋𐤎𐤎𐤕𐤉 𐤁𐤓𐤊𐤁𐤉 𐤐𐤓𐤏𐤄 𐤃𐤌𐤉𐤕𐤉𐤊 𐤓𐤏𐤉𐤕𐤉•
𐤉 𐤍𐤀𐤅𐤅 𐤋𐤇𐤉𐤉𐤊 𐤁𐤕𐤓𐤉𐤌 𐤑𐤅𐤀𐤓𐤊 𐤁𐤇𐤓𐤅𐤆𐤉𐤌•
𐤉𐤀 𐤕𐤅𐤓𐤉 𐤆𐤄𐤁 𐤍𐤏𐤔𐤄 𐤋𐤊 𐤏𐤌 𐤍𐤒𐤃𐤅𐤕 𐤄𐤊𐤎𐤐•
𐤉𐤁 𐤏𐤃 𐤔𐤄𐤌𐤋𐤊 𐤁𐤌𐤎𐤁𐤅 𐤍𐤓𐤃𐤉 𐤍𐤕𐤍 𐤓𐤉𐤇𐤅•
𐤉𐤂 𐤑𐤓𐤅𐤓 𐤄𐤌𐤓 𐤃𐤅𐤃𐤉 𐤋𐤉 𐤁𐤉𐤍 𐤔𐤃𐤉 𐤉𐤋𐤉𐤍•
𐤉𐤃 𐤀𐤔𐤊𐤋 𐤄𐤊𐤐𐤓 𐤃𐤅𐤃𐤉 𐤋𐤉 𐤁𐤊𐤓𐤌𐤉 𐤏𐤉𐤍 𐤂𐤃𐤉•
𐤈𐤅 𐤄𐤍𐤊 𐤉𐤐𐤄 𐤓𐤏𐤉𐤕𐤉 𐤄𐤍𐤊 𐤉𐤐𐤄 𐤏𐤉𐤍𐤉𐤊 𐤉𐤅𐤍𐤉𐤌•
𐤈𐤆 𐤄𐤍𐤊 𐤉𐤐𐤄 𐤃𐤅𐤃𐤉 𐤀𐤐 𐤍𐤏𐤉𐤌 𐤀𐤐 𐤏𐤓𐤔𐤍𐤅 𐤓𐤏𐤍𐤍𐤄•
𐤉𐤆 𐤒𐤓𐤅𐤕 𐤁𐤕𐤉𐤍𐤅 𐤀𐤓𐤆𐤉𐤌 𐤓𐤇𐤉𐤈𐤍𐤅 [𐤓𐤄𐤉𐤈𐤍𐤅] 𐤁𐤓𐤅𐤕𐤉𐤌•

𐤐𐤓𐤒 𐤁

𐤀 𐤀𐤍𐤉 𐤇𐤁𐤑𐤋𐤕 𐤄𐤔𐤓𐤅𐤍 𐤔𐤅𐤔𐤍𐤕 𐤄𐤏𐤌𐤒𐤉𐤌•
𐤁 𐤊𐤔𐤅𐤔𐤍𐤄 𐤁𐤉𐤍 𐤄𐤇𐤅𐤇𐤉𐤌 𐤊𐤍 𐤓𐤏𐤉𐤕𐤉 𐤁𐤉𐤍 𐤄𐤁𐤍𐤅𐤕•
𐤂 𐤊𐤕𐤐𐤅𐤇 𐤁𐤏𐤑𐤉 𐤄𐤉𐤏𐤓 𐤊𐤍 𐤃𐤅𐤃𐤉 𐤁𐤉𐤍 𐤄𐤁𐤍𐤉𐤌 𐤁𐤑𐤋𐤅 𐤇𐤌𐤃𐤕𐤉 𐤅𐤉𐤔𐤁𐤕𐤉
𐤅𐤐𐤓𐤉𐤅 𐤌𐤕𐤅𐤒 𐤋𐤇𐤊𐤉•
𐤃 𐤄𐤁𐤉𐤀𐤍𐤉 𐤀𐤋 𐤁𐤉𐤕 𐤄𐤉𐤉𐤍 𐤅𐤃𐤂𐤋𐤅 𐤏𐤋𐤉 𐤀𐤄𐤁𐤄•
𐤄 𐤎𐤌𐤊𐤅𐤍𐤉 𐤁𐤀𐤔𐤉𐤔𐤅𐤕 𐤓𐤐𐤃𐤅𐤍𐤉 𐤁𐤕𐤐𐤅𐤇𐤉𐤌 𐤊𐤉 𐤇𐤅𐤋𐤕 𐤀𐤄𐤁𐤄 𐤀𐤍𐤉•
𐤅 𐤔𐤌𐤀𐤋𐤅 𐤕𐤇𐤕 𐤋𐤓𐤀𐤔𐤉 𐤅𐤉𐤌𐤉𐤍𐤅 𐤕𐤇𐤁𐤒𐤍𐤉•
𐤆 𐤄𐤔𐤁𐤏𐤕𐤉 𐤀𐤕𐤊𐤌 𐤁𐤍𐤅𐤕 𐤉𐤓𐤅𐤔𐤋𐤌 𐤁𐤑𐤁𐤀𐤅𐤕 𐤀𐤅 𐤁𐤀𐤉𐤋𐤅𐤕 𐤄𐤔𐤃𐤄 𐤀𐤌

תעירו ואם תעוררו את האהבה עד שתחפץ.
ח קול דודי הנה זה בא מדלג על ההרים מקפץ על הגבעות.
ט דומה דודי לצבי או לעפר האילים הנה זה עומד אחר כתלנו
משגיח מן החלנות מציץ מן החרכים.
י ענה דודי ואמר לי קומי לך רעיתי יפתי ולכי לך.
יא כי הנה הסתו [הסתיו] עבר הגשם חלף הלך לו.
יב הנצנים נראו בארץ עת הזמיר הגיע וקול התור נשמע
בארצנו.
יג התאנה חנטה פגיה והגפנים סמדר נתנו ריח קומי לכי
[לך] רעיתי יפתי ולכי לך.
יד יונתי בחגוי הסלע בסתר המדרגה הראיני את מראיך
השמיעיני את קולך כי קולך ערב ומראיך נאוה.
טו אחזו לנו שועלים שועלים קטנים מחבלים כרמים
וכרמינו סמדר.
טז דודי לי ואני לו הרעה בשושנים.
יז עד שיפוח היום ונסו הצללים סב דמה לך דודי לצבי או
לעפר האילים על הרי בתר.

פרק ג
א על משכבי בלילות בקשתי את שאהבה נפשי בקשתיו ולא
מצאתיו.
ב אקומה נא ואסובבה בעיר בשוקים וברחבות אבקשה את
שאהבה נפשי בקשתיו ולא מצאתיו.
ג מצאוני השמרים הסבבים בעיר את שאהבה נפשי ראיתם.
ד כמעט שעברתי מהם עד שמצאתי את שאהבה נפשי אחזתיו
ולא ארפנו עד שהביאתיו אל בית אמי ואל חדר הורתי.
ה השבעתי אתכם בנות ירושלם בצבאות או באילות השדה אם
תעירו ואם תעוררו את האהבה עד שתחפץ.
ו מי זאת עלה מן המדבר כתימרות עשן מקטרת מור ולבונה
מכל אבקת רוכל.
ז הנה מטתו שלשלמה ששים גברים סביב לה מגברי ישראל.
ח כלם אחזי חרב מלמדי מלחמה איש חרבו על ירכו מפחד
בלילות.

𐤔𐤉𐤓 𐤄𐤔𐤉𐤓𐤉𐤌

𐤈 𐤀𐤐𐤓𐤉𐤅𐤍 𐤏𐤔𐤄 𐤋𐤅 𐤄𐤌𐤋𐤊 𐤔𐤋𐤌𐤄 𐤌𐤏𐤑𐤉 𐤄𐤋𐤁𐤍𐤅𐤍.
𐤉 𐤏𐤌𐤅𐤃𐤉𐤅 𐤏𐤔𐤄 𐤊𐤎𐤐 𐤓𐤐𐤉𐤃𐤕𐤅 𐤆𐤄𐤁 𐤌𐤓𐤊𐤁𐤅 𐤀𐤓𐤂𐤌𐤍 𐤕𐤅𐤊𐤅 𐤓𐤑𐤅𐤐 𐤀𐤄𐤁𐤄
𐤌𐤁𐤍𐤅𐤕 𐤉𐤓𐤅𐤔𐤋𐤌.
𐤉𐤀 𐤑𐤀𐤉𐤍𐤄 𐤅𐤓𐤀𐤉𐤍𐤄 𐤁𐤍𐤅𐤕 𐤑𐤉𐤅𐤍 𐤁𐤌𐤋𐤊 𐤔𐤋𐤌𐤄 𐤁𐤏𐤈𐤓𐤄 𐤔𐤏𐤈𐤓𐤄 𐤋𐤅
𐤀𐤌𐤅 𐤁𐤉𐤅𐤌 𐤇𐤕𐤍𐤕𐤅 𐤅𐤁𐤉𐤅𐤌 𐤔𐤌𐤇𐤕 𐤋𐤁𐤅.

𐤐𐤓𐤒 𐤃

𐤀 𐤄𐤍𐤊 𐤉𐤐𐤄 𐤓𐤏𐤉𐤕𐤉 𐤄𐤍𐤊 𐤉𐤐𐤄 𐤏𐤉𐤍𐤉𐤊 𐤉𐤅𐤍𐤉𐤌 𐤌𐤁𐤏𐤃 𐤋𐤑𐤌𐤕𐤊 𐤔𐤏𐤓𐤊
𐤊𐤏𐤃𐤓 𐤄𐤏𐤆𐤉𐤌 𐤔𐤂𐤋𐤔𐤅 𐤌𐤄𐤓 𐤂𐤋𐤏𐤃.
𐤁 𐤔𐤍𐤉𐤊 𐤊𐤏𐤃𐤓 𐤄𐤒𐤑𐤅𐤁𐤅𐤕 𐤔𐤏𐤋𐤅 𐤌𐤍 𐤄𐤓𐤇𐤑𐤄 𐤔𐤊𐤋𐤌 𐤌𐤕𐤀𐤉𐤌𐤅𐤕
𐤅𐤔𐤊𐤋𐤄 𐤀𐤉𐤍 𐤁𐤄𐤌.
𐤂 𐤊𐤇𐤅𐤈 𐤄𐤔𐤍𐤉 𐤔𐤐𐤕𐤕𐤉𐤊 𐤅𐤌𐤃𐤁𐤓𐤉𐤊 𐤍𐤀𐤅𐤄 𐤊𐤐𐤋𐤇 𐤄𐤓𐤌𐤅𐤍 𐤓𐤒𐤕𐤊 𐤌𐤁𐤏𐤃
𐤋𐤑𐤌𐤕𐤊.
𐤃 𐤊𐤌𐤂𐤃𐤋 𐤃𐤅𐤉𐤃 𐤑𐤅𐤀𐤓𐤊 𐤁𐤍𐤅𐤉 𐤋𐤕𐤋𐤐𐤉𐤅𐤕 𐤀𐤋𐤐 𐤄𐤌𐤂𐤍 𐤕𐤋𐤅𐤉 𐤏𐤋𐤉𐤅 𐤊𐤋
𐤔𐤋𐤈𐤉 𐤄𐤂𐤁𐤅𐤓𐤉𐤌.
𐤄 𐤔𐤍𐤉 𐤔𐤃𐤉𐤊 𐤊𐤔𐤍𐤉 𐤏𐤐𐤓𐤉𐤌 𐤕𐤀𐤅𐤌𐤉 𐤑𐤁𐤉𐤄 𐤄𐤓𐤅𐤏𐤉𐤌 𐤁𐤔𐤅𐤔𐤍𐤉𐤌.
𐤅 𐤏𐤃 𐤔𐤉𐤐𐤅𐤇 𐤄𐤉𐤅𐤌 𐤅𐤍𐤎𐤅 𐤄𐤑𐤋𐤋𐤉𐤌 𐤀𐤋𐤊 𐤋𐤉 𐤀𐤋 𐤄𐤓 𐤄𐤌𐤅𐤓 𐤅𐤀𐤋 𐤂𐤁𐤏𐤕
𐤄𐤋𐤁𐤅𐤍𐤄.
𐤆 𐤊𐤋𐤊 𐤉𐤐𐤄 𐤓𐤏𐤉𐤕𐤉 𐤅𐤌𐤅𐤌 𐤀𐤉𐤍 𐤁𐤊.
𐤇 𐤀𐤕𐤉 𐤌𐤋𐤁𐤍𐤅𐤍 𐤊𐤋𐤄 𐤀𐤕𐤉 𐤌𐤋𐤁𐤍𐤅𐤍 𐤕𐤁𐤅𐤀𐤉 𐤕𐤔𐤅𐤓𐤉 𐤌𐤓𐤀𐤔 𐤀𐤌𐤍𐤄
𐤌𐤓𐤀𐤔 𐤔𐤍𐤉𐤓 𐤅𐤇𐤓𐤌𐤅𐤍 𐤌𐤌𐤏𐤅𐤍𐤅𐤕 𐤀𐤓𐤉𐤅𐤕 𐤌𐤄𐤓𐤓𐤉 𐤍𐤌𐤓𐤉𐤌.
𐤈 𐤋𐤁𐤁𐤕𐤍𐤉 𐤀𐤇𐤕𐤉 𐤊𐤋𐤄 𐤋𐤁𐤁𐤕𐤉𐤍𐤉 𐤁𐤀𐤇𐤃 [𐤁𐤀𐤇𐤕] 𐤌𐤏𐤉𐤍𐤉𐤊 𐤁𐤀𐤇𐤃 𐤏𐤍𐤒
𐤌𐤑𐤅𐤓𐤍𐤉𐤊.
𐤉 𐤌𐤄 𐤉𐤐𐤅 𐤃𐤃𐤉𐤊 𐤀𐤇𐤕𐤉 𐤊𐤋𐤄 𐤌𐤄 𐤈𐤁𐤅 𐤃𐤃𐤉𐤊 𐤌𐤉𐤉𐤍 𐤅𐤓𐤉𐤇 𐤔𐤌𐤍𐤉𐤊
𐤌𐤊𐤋 𐤁𐤔𐤌𐤉𐤌.
𐤉𐤀 𐤍𐤐𐤕 𐤕𐤈𐤐𐤍𐤄 𐤔𐤐𐤕𐤅𐤕𐤉𐤊 𐤊𐤋𐤄 𐤃𐤁𐤔 𐤅𐤇𐤋𐤁 𐤕𐤇𐤕 𐤋𐤔𐤅𐤍𐤊 𐤅𐤓𐤉𐤇
𐤔𐤋𐤌𐤕𐤉𐤊 𐤊𐤓𐤉𐤇 𐤋𐤁𐤍𐤅𐤍.
𐤉𐤁 𐤂𐤍 𐤍𐤏𐤅𐤋 𐤀𐤇𐤕𐤉 𐤊𐤋𐤄 𐤂𐤋 𐤍𐤏𐤅𐤋 𐤌𐤏𐤉𐤍 𐤇𐤕𐤅𐤌.
𐤉𐤂 𐤔𐤋𐤇𐤉𐤊 𐤐𐤓𐤃𐤎 𐤓𐤌𐤅𐤍𐤉𐤌 𐤏𐤌 𐤐𐤓𐤉 𐤌𐤂𐤃𐤉𐤌 𐤊𐤐𐤓𐤉𐤌 𐤏𐤌 𐤍𐤓𐤃𐤉𐤌.
𐤉𐤃 𐤍𐤓𐤃 𐤅𐤊𐤓𐤊𐤌 𐤒𐤍𐤄 𐤅𐤒𐤍𐤌𐤅𐤍 𐤏𐤌 𐤊𐤋 𐤏𐤑𐤉 𐤋𐤁𐤅𐤍𐤄 𐤌𐤓 𐤅𐤀𐤄𐤋𐤅𐤕 𐤏𐤌
𐤊𐤋 𐤓𐤀𐤔𐤉 𐤁𐤔𐤌𐤉𐤌.
𐤈𐤅 𐤌𐤏𐤉𐤍 𐤂𐤍𐤉𐤌 𐤁𐤀𐤓 𐤌𐤉𐤌 𐤇𐤉𐤉𐤌 𐤅𐤍𐤆𐤋𐤉𐤌 𐤌𐤍 𐤋𐤁𐤍𐤅𐤍.
𐤈𐤆 𐤏𐤅𐤓𐤉 𐤑𐤐𐤅𐤍 𐤅𐤁𐤅𐤀𐤉 𐤕𐤉𐤌𐤍 𐤄𐤐𐤉𐤇𐤉 𐤂𐤍𐤉 𐤉𐤆𐤋𐤅 𐤁𐤔𐤌𐤉𐤅 𐤉𐤁𐤀 𐤃𐤅𐤃𐤉

𐤔𐤉𐤓 𐤄𐤔𐤉𐤓𐤉𐤌

𐤋𐤂𐤍𐤅 𐤅𐤉𐤀𐤊𐤋 𐤐𐤓𐤉 𐤌𐤂𐤃𐤉𐤅.

𐤐𐤓𐤒 𐤄

𐤀𐤁𐤀𐤕𐤉 𐤋𐤂𐤍𐤉 𐤀𐤇𐤕𐤉 𐤊𐤋𐤄 𐤀𐤓𐤉𐤕𐤉 𐤌𐤅𐤓𐤉 𐤏𐤌 𐤁𐤔𐤌𐤉 𐤀𐤊𐤋𐤕𐤉 𐤉𐤏𐤓𐤉 𐤏𐤌
𐤃𐤁𐤔𐤉 𐤔𐤕𐤉𐤕𐤉 𐤉𐤉𐤍𐤉 𐤏𐤌 𐤇𐤋𐤁𐤉 𐤀𐤊𐤋𐤅 𐤓𐤏𐤉𐤌 𐤔𐤕𐤅 𐤅𐤔𐤊𐤓𐤅 𐤃𐤅𐤃𐤉𐤌.
𐤁 𐤀𐤍𐤉 𐤉𐤔𐤍𐤄 𐤅𐤋𐤁𐤉 𐤏𐤓 𐤒𐤅𐤋 𐤃𐤅𐤃𐤉 𐤃𐤅𐤐𐤒 𐤐𐤕𐤇𐤉 𐤋𐤉 𐤀𐤇𐤕𐤉 𐤓𐤏𐤉𐤕𐤉
𐤉𐤅𐤍𐤕𐤉 𐤕𐤌𐤕𐤉 𐤔𐤓𐤀𐤔𐤉 𐤍𐤌𐤋𐤀 𐤈𐤋 𐤒𐤅𐤑𐤅𐤕𐤉 𐤓𐤎𐤉𐤎𐤉 𐤋𐤉𐤋𐤄.
𐤂𐤐𐤔𐤈𐤕𐤉 𐤀𐤕 𐤊𐤕𐤍𐤕𐤉 𐤀𐤉𐤊𐤊𐤄 𐤀𐤋𐤁𐤔𐤍𐤄 𐤓𐤇𐤑𐤕𐤉 𐤀𐤕 𐤓𐤂𐤋𐤉 𐤀𐤉𐤊𐤊𐤄
𐤀𐤈𐤍𐤐𐤌.
𐤃𐤃𐤅𐤃𐤉 𐤔𐤋𐤇 𐤉𐤃𐤅 𐤌𐤍 𐤄𐤇𐤓 𐤅𐤌𐤏𐤉 𐤄𐤌𐤅 𐤏𐤋𐤉𐤅.
𐤄𐤒𐤌𐤕𐤉 𐤀𐤍𐤉 𐤋𐤐𐤕𐤇 𐤋𐤃𐤅𐤃𐤉 𐤅𐤉𐤃𐤉 𐤍𐤈𐤐𐤅 𐤌𐤅𐤓 𐤅𐤀𐤑𐤁𐤏𐤕𐤉 𐤌𐤅𐤓 𐤏𐤁𐤓 𐤏𐤋
𐤊𐤐𐤅𐤕 𐤄𐤌𐤍𐤏𐤅𐤋.
𐤅𐤐𐤕𐤇𐤕𐤉 𐤀𐤍𐤉 𐤋𐤃𐤅𐤃𐤉 𐤅𐤃𐤅𐤃𐤉 𐤇𐤌𐤒 𐤏𐤁𐤓 𐤍𐤐𐤔𐤉 𐤉𐤑𐤀𐤄 𐤁𐤃𐤁𐤓𐤅
𐤁𐤒𐤔𐤕𐤉𐤄𐤅 𐤅𐤋𐤀 𐤌𐤑𐤀𐤕𐤉𐤄𐤅 𐤒𐤓𐤀𐤕𐤉𐤅 𐤅𐤋𐤀 𐤏𐤍𐤍𐤉.
𐤆𐤌𐤑𐤀𐤍𐤉 𐤄𐤔𐤌𐤓𐤉𐤌 𐤄𐤎𐤁𐤁𐤉𐤌 𐤁𐤏𐤉𐤓 𐤄𐤊𐤅𐤍𐤉 𐤐𐤑𐤏𐤅𐤍𐤉 𐤍𐤔𐤀𐤅 𐤀𐤕
𐤓𐤃𐤉𐤃𐤉 𐤌𐤏𐤋𐤉 𐤔𐤌𐤓𐤉 𐤄𐤇𐤌𐤅𐤕.
𐤇𐤄𐤔𐤁𐤏𐤕𐤉 𐤀𐤕𐤊𐤌 𐤁𐤍𐤅𐤕 𐤉𐤓𐤅𐤔𐤋𐤌 𐤀𐤌 𐤕𐤌𐤑𐤀𐤅 𐤀𐤕 𐤃𐤅𐤃𐤉 𐤌𐤄 𐤕𐤂𐤉𐤃𐤅
𐤋𐤅 𐤔𐤇𐤅𐤋𐤕 𐤀𐤄𐤁𐤄 𐤀𐤍𐤉.
𐤈𐤌𐤄 𐤃𐤅𐤃𐤊 𐤌𐤃𐤅𐤃 𐤄𐤉𐤐𐤄 𐤁𐤍𐤔𐤉𐤌 𐤌𐤄 𐤃𐤅𐤃𐤊 𐤌𐤃𐤅𐤃 𐤔𐤊𐤊𐤄 𐤄𐤔𐤁𐤏𐤕𐤍𐤅.
𐤉𐤃𐤅𐤃𐤉 𐤑𐤇 𐤅𐤀𐤃𐤅𐤌 𐤃𐤂𐤅𐤋 𐤌𐤓𐤁𐤁𐤄.
𐤉𐤀𐤓𐤀𐤔𐤅 𐤊𐤕𐤌 𐤐𐤆 𐤒𐤅𐤑𐤅𐤕𐤉𐤅 𐤕𐤋𐤕𐤋𐤉𐤌 𐤔𐤇𐤓𐤅𐤕 𐤊𐤏𐤅𐤓𐤁.
𐤉𐤁𐤏𐤉𐤍𐤉𐤅 𐤊𐤉𐤅𐤍𐤉𐤌 𐤏𐤋 𐤀𐤐𐤉𐤒𐤉 𐤌𐤉𐤌 𐤓𐤇𐤑𐤅𐤕 𐤁𐤇𐤋𐤁 𐤉𐤔𐤁𐤅𐤕 𐤏𐤋
𐤌𐤋𐤀𐤕.
𐤉𐤂𐤋𐤇𐤉𐤅 𐤊𐤏𐤓𐤅𐤂𐤕 𐤄𐤁𐤔𐤌 𐤌𐤂𐤃𐤋𐤅𐤕 𐤌𐤓𐤒𐤇𐤉𐤌 𐤔𐤐𐤕𐤅𐤕𐤉𐤅 𐤔𐤅𐤔𐤍𐤉𐤌
𐤍𐤈𐤐𐤅𐤕 𐤌𐤅𐤓 𐤏𐤁𐤓.
𐤉𐤃 𐤉𐤃𐤉𐤅 𐤂𐤋𐤉𐤋𐤉 𐤆𐤄𐤁 𐤌𐤌𐤋𐤀𐤉𐤌 𐤁𐤕𐤓𐤔𐤉𐤔 𐤌𐤏𐤉𐤅 𐤏𐤔𐤕 𐤔𐤍 𐤌𐤏𐤋𐤐𐤕
𐤎𐤐𐤉𐤓𐤉𐤌.
𐤈𐤅𐤔𐤅𐤒𐤉𐤅 𐤏𐤌𐤅𐤃𐤉 𐤔𐤔 𐤌𐤉𐤎𐤃𐤉𐤌 𐤏𐤋 𐤀𐤃𐤍𐤉 𐤐𐤆 𐤌𐤓𐤀𐤄𐤅 𐤊𐤋𐤁𐤍𐤅𐤍 𐤁𐤇𐤅𐤓
𐤊𐤀𐤓𐤆𐤉𐤌.
𐤈𐤆𐤇𐤊𐤅 𐤌𐤌𐤕𐤒𐤉𐤌 𐤅𐤊𐤋𐤅 𐤌𐤇𐤌𐤃𐤉𐤌 𐤆𐤄 𐤃𐤅𐤃𐤉 𐤅𐤆𐤄 𐤓𐤏𐤉 𐤁𐤍𐤅𐤕
𐤉𐤓𐤅𐤔𐤋𐤌.

𐤐𐤓𐤒 𐤅

𐤔𐤉𐤓 𐤄𐤔𐤉𐤓𐤉𐤌

𐤀 𐤀𐤍𐤄 𐤄𐤋𐤊 𐤃𐤅𐤃𐤊 𐤄𐤉𐤐𐤄 𐤁𐤍𐤔𐤉𐤌 𐤀𐤍𐤄 𐤐𐤍𐤄 𐤃𐤅𐤃𐤊 𐤅𐤍𐤁𐤒𐤔𐤍𐤅 𐤏𐤌𐤊•

𐤁 𐤃𐤅𐤃𐤉 𐤉𐤓𐤃 𐤋𐤂𐤍𐤅 𐤋𐤏𐤓𐤅𐤂𐤅𐤕 𐤄𐤁𐤔𐤌 𐤋𐤓𐤏𐤅𐤕 𐤁𐤂𐤍𐤉𐤌 𐤅𐤋𐤋𐤒𐤈 𐤔𐤅𐤔𐤍𐤉𐤌•

𐤂 𐤀𐤍𐤉 𐤋𐤃𐤅𐤃𐤉 𐤅𐤃𐤅𐤃𐤉 𐤋𐤉 𐤄𐤓𐤏𐤄 𐤁𐤔𐤅𐤔𐤍𐤉𐤌•

𐤃 𐤉𐤐𐤄 𐤀𐤕 𐤓𐤏𐤉𐤕𐤉 𐤊𐤕𐤓𐤑𐤄 𐤍𐤀𐤅𐤄 𐤊𐤉𐤓𐤅𐤔𐤋𐤌 𐤀𐤉𐤌𐤄 𐤊𐤍𐤃𐤂𐤋𐤅𐤕•

𐤄 𐤄𐤎𐤁𐤉 𐤏𐤉𐤍𐤉𐤊 𐤌𐤍𐤂𐤃𐤉 𐤔𐤄𐤌 𐤄𐤓𐤄𐤉𐤁𐤍𐤉 𐤔𐤏𐤓𐤊 𐤊𐤏𐤃𐤓 𐤄𐤏𐤆𐤉𐤌
𐤔𐤂𐤋𐤔𐤅 𐤌𐤍 𐤄𐤂𐤋𐤏𐤃•

𐤅 𐤔𐤍𐤉𐤊 𐤊𐤏𐤃𐤓 𐤄𐤓𐤇𐤋𐤉𐤌 𐤔𐤏𐤋𐤅 𐤌𐤍 𐤄𐤓𐤇𐤑𐤄 𐤔𐤊𐤋𐤌 𐤌𐤕𐤀𐤉𐤌𐤅𐤕 𐤅𐤔𐤊𐤋𐤄
𐤀𐤉𐤍 𐤁𐤄𐤌•

𐤆 𐤊𐤐𐤋𐤇 𐤄𐤓𐤌𐤅𐤍 𐤓𐤒𐤕𐤊 𐤌𐤁𐤏𐤃 𐤋𐤑𐤌𐤕𐤊•

𐤇 𐤔𐤔𐤉𐤌 𐤄𐤌𐤄 𐤌𐤋𐤊𐤅𐤕 𐤅𐤔𐤌𐤍𐤉𐤌 𐤐𐤉𐤋𐤂𐤔𐤉𐤌 𐤅𐤏𐤋𐤌𐤅𐤕 𐤀𐤉𐤍 𐤌𐤎𐤐𐤓•

𐤈 𐤀𐤇𐤕 𐤄𐤉𐤀 𐤉𐤅𐤍𐤕𐤉 𐤕𐤌𐤕𐤉 𐤀𐤇𐤕 𐤄𐤉𐤀 𐤋𐤀𐤌𐤄 𐤁𐤓𐤄 𐤄𐤉𐤀 𐤋𐤉𐤅𐤋𐤃𐤕𐤄
𐤓𐤀𐤅𐤄 𐤁𐤍𐤅𐤕 𐤅𐤉𐤀𐤔𐤓𐤅𐤄 𐤌𐤋𐤊𐤅𐤕 𐤅𐤐𐤉𐤋𐤂𐤔𐤉𐤌 𐤅𐤉𐤄𐤋𐤋𐤅𐤄•

𐤉 𐤌𐤉 𐤆𐤀𐤕 𐤄𐤍𐤔𐤒𐤐𐤄 𐤊𐤌𐤅 𐤔𐤇𐤓 𐤉𐤐𐤄 𐤊𐤋𐤁𐤍𐤄 𐤁𐤓𐤄 𐤊𐤇𐤌𐤄 𐤀𐤉𐤌𐤄
𐤊𐤍𐤃𐤂𐤋𐤅𐤕•

𐤉𐤀 𐤀𐤋 𐤂𐤍𐤕 𐤀𐤂𐤅𐤆 𐤉𐤓𐤃𐤕𐤉 𐤋𐤓𐤀𐤅𐤕 𐤁𐤀𐤁𐤉 𐤄𐤍𐤇𐤋 𐤋𐤓𐤀𐤅𐤕 𐤄𐤐𐤓𐤇𐤄 𐤄𐤂𐤐𐤍
𐤄𐤍𐤑𐤅 𐤄𐤓𐤌𐤍𐤉𐤌•

𐤉𐤁 𐤋𐤀 𐤉𐤃𐤏𐤕𐤉 𐤍𐤐𐤔𐤉 𐤔𐤌𐤕𐤍𐤉 𐤌𐤓𐤊𐤁𐤅𐤕 𐤏𐤌𐤉 𐤍𐤃𐤉𐤁•

𐤐𐤓𐤒 𐤆

𐤀 𐤔𐤅𐤁𐤉 𐤔𐤅𐤁𐤉 𐤄𐤔𐤅𐤋𐤌𐤉𐤕 𐤔𐤅𐤁𐤉 𐤔𐤅𐤁𐤉 𐤅𐤍𐤇𐤆𐤄 𐤁𐤊 𐤌𐤄 𐤕𐤇𐤆𐤅
𐤁𐤔𐤅𐤋𐤌𐤉𐤕 𐤊𐤌𐤇𐤋𐤕 𐤄𐤌𐤇𐤍𐤉𐤌•

𐤁 𐤌𐤄 𐤉𐤐𐤅 𐤐𐤏𐤌𐤉𐤊 𐤁𐤍𐤏𐤋𐤉𐤌 𐤁𐤕 𐤍𐤃𐤉𐤁 𐤇𐤌𐤅𐤒𐤉 𐤉𐤓𐤊𐤉𐤊 𐤊𐤌𐤅 𐤇𐤋𐤀𐤉𐤌
𐤌𐤏𐤔𐤄 𐤉𐤃𐤉 𐤀𐤌𐤍•

𐤂 𐤔𐤓𐤓𐤊 𐤀𐤂𐤍 𐤄𐤎𐤄𐤓 𐤀𐤋 𐤉𐤇𐤎𐤓 𐤄𐤌𐤆𐤂 𐤁𐤈𐤍𐤊 𐤏𐤓𐤌𐤕 𐤇𐤈𐤉𐤌 𐤎𐤅𐤂𐤄
𐤁𐤔𐤅𐤔𐤍𐤉𐤌•

𐤃 𐤔𐤍𐤉 𐤔𐤃𐤉𐤊 𐤊𐤔𐤍𐤉 𐤏𐤐𐤓𐤉𐤌 𐤕𐤀𐤌𐤉 𐤑𐤁𐤉𐤄•

𐤄 𐤑𐤅𐤀𐤓𐤊 𐤊𐤌𐤂𐤃𐤋 𐤄𐤔𐤍 𐤏𐤉𐤍𐤉𐤊 𐤁𐤓𐤊𐤅𐤕 𐤁𐤇𐤔𐤁𐤅𐤍 𐤏𐤋 𐤔𐤏𐤓 𐤁𐤕 𐤓𐤁𐤉𐤌
𐤀𐤐𐤊 𐤊𐤌𐤂𐤃𐤋 𐤄𐤋𐤁𐤍𐤅𐤍 𐤑𐤅𐤐𐤄 𐤐𐤍𐤉 𐤃𐤌𐤔𐤒•

𐤅 𐤓𐤀𐤔𐤊 𐤏𐤋𐤉𐤊 𐤊𐤊𐤓𐤌𐤋 𐤅𐤃𐤋𐤕 𐤓𐤀𐤔𐤊 𐤊𐤀𐤓𐤂𐤌𐤍 𐤌𐤋𐤊 𐤀𐤎𐤅𐤓 𐤁𐤓𐤄𐤈𐤉𐤌•

𐤆 𐤌𐤄 𐤉𐤐𐤉𐤕 𐤅𐤌𐤄 𐤍𐤏𐤌𐤕 𐤀𐤄𐤁𐤄 𐤁𐤕𐤏𐤍𐤅𐤂𐤉𐤌•

𐤇 𐤆𐤀𐤕 𐤒𐤅𐤌𐤕𐤊 𐤃𐤌𐤕𐤄 𐤋𐤕𐤌𐤓 𐤅𐤔𐤃𐤉𐤊 𐤋𐤀𐤔𐤊𐤋𐤅𐤕•

𐤈 𐤀𐤌𐤓𐤕𐤉 𐤀𐤏𐤋𐤄 𐤁𐤕𐤌𐤓 𐤀𐤇𐤆𐤄 𐤁𐤎𐤍𐤎𐤍𐤉𐤅 𐤅𐤉𐤄𐤉𐤅 𐤍𐤀 𐤔𐤃𐤉𐤊
𐤊𐤀𐤔𐤊𐤋𐤅𐤕 𐤄𐤂𐤐𐤍 𐤅𐤓𐤉𐤇 𐤀𐤐𐤊 𐤊𐤕𐤐𐤅𐤇𐤉𐤌•

𐤔𐤉𐤓 𐤄𐤔𐤉𐤓𐤉𐤌

𐤉 𐤅𐤇𐤊𐤊 𐤊𐤉𐤉𐤍 𐤄𐤈𐤅𐤁 𐤄𐤅𐤋𐤊 𐤋𐤃𐤅𐤃𐤉 𐤋𐤌𐤉𐤔𐤓𐤉𐤌 𐤃𐤅𐤁𐤁 𐤔𐤐𐤕𐤉 𐤉𐤔𐤍𐤉𐤌.

𐤉𐤀 𐤀𐤍𐤉 𐤋𐤃𐤅𐤃𐤉 𐤅𐤏𐤋𐤉 𐤕𐤔𐤅𐤒𐤕𐤅.

𐤉𐤁 𐤋𐤊𐤄 𐤃𐤅𐤃𐤉 𐤍𐤑𐤀 𐤄𐤔𐤃𐤄 𐤍𐤋𐤉𐤍𐤄 𐤁𐤊𐤐𐤓𐤉𐤌.

𐤉𐤂 𐤍𐤔𐤊𐤉𐤌𐤄 𐤋𐤊𐤓𐤌𐤉𐤌 𐤍𐤓𐤀𐤄 𐤀𐤌 𐤐𐤓𐤇𐤄 𐤄𐤂𐤐𐤍 𐤐𐤕𐤇 𐤄𐤎𐤌𐤃𐤓 𐤄𐤍𐤑𐤅
𐤄𐤓𐤌𐤅𐤍𐤉𐤌 𐤔𐤌 𐤀𐤕𐤍 𐤀𐤕 𐤃𐤃𐤉 𐤋𐤊.

𐤉𐤃 𐤄𐤃𐤅𐤃𐤀𐤉𐤌 𐤍𐤕𐤍𐤅 𐤓𐤉𐤇 𐤅𐤏𐤋 𐤐𐤕𐤇𐤉𐤍𐤅 𐤊𐤋 𐤌𐤂𐤃𐤉𐤌 𐤇𐤃𐤔𐤉𐤌 𐤂𐤌
𐤉𐤔𐤍𐤉𐤌 𐤃𐤅𐤃𐤉 𐤑𐤐𐤍𐤕𐤉 𐤋𐤊.

𐤐𐤓𐤒 𐤇

𐤀 𐤌𐤉 𐤉𐤕𐤍𐤊 𐤊𐤀𐤇 𐤋𐤉 𐤉𐤅𐤍𐤒 𐤔𐤃𐤉 𐤀𐤌𐤉 𐤀𐤌𐤑𐤀𐤊 𐤁𐤇𐤅𐤑 𐤀𐤔𐤒𐤊 𐤂𐤌 𐤋𐤀
𐤉𐤁𐤅𐤆𐤅 𐤋𐤉.

𐤁 𐤀𐤍𐤄𐤂𐤊 𐤀𐤁𐤉𐤀𐤊 𐤀𐤋 𐤁𐤉𐤕 𐤀𐤌𐤉 𐤕𐤋𐤌𐤃𐤍𐤉 𐤀𐤔𐤒𐤊 𐤌𐤉𐤉𐤍 𐤄𐤓𐤒𐤇
𐤌𐤏𐤎𐤉𐤎 𐤓𐤌𐤍𐤉.

𐤂 𐤔𐤌𐤀𐤋𐤅 𐤕𐤇𐤕 𐤓𐤀𐤔𐤉 𐤅𐤉𐤌𐤉𐤍𐤅 𐤕𐤇𐤁𐤒𐤍𐤉.

𐤃 𐤄𐤔𐤁𐤏𐤕𐤉 𐤀𐤕𐤊𐤌 𐤁𐤍𐤅𐤕 𐤉𐤓𐤅𐤔𐤋𐤌 𐤌𐤄 𐤕𐤏𐤉𐤓𐤅 𐤅𐤌𐤄 𐤕𐤏𐤓𐤓𐤅 𐤀𐤕
𐤄𐤀𐤄𐤁𐤄 𐤏𐤃 𐤔𐤕𐤇𐤐𐤑.

𐤄 𐤌𐤉 𐤆𐤀𐤕 𐤏𐤋𐤄 𐤌𐤍 𐤄𐤌𐤃𐤁𐤓 𐤌𐤕𐤓𐤐𐤒𐤕 𐤏𐤋 𐤃𐤅𐤃𐤄 𐤕𐤇𐤕 𐤄𐤕𐤐𐤅𐤇 𐤏𐤅𐤓𐤓𐤕𐤉𐤊
𐤔𐤌𐤄 𐤇𐤁𐤋𐤕𐤊 𐤀𐤌𐤊 𐤔𐤌𐤄 𐤇𐤁𐤋𐤄 𐤉𐤋𐤃𐤕𐤊.

𐤅 𐤔𐤉𐤌𐤍𐤉 𐤊𐤇𐤅𐤕𐤌 𐤏𐤋 𐤋𐤁𐤊 𐤊𐤇𐤅𐤕𐤌 𐤏𐤋 𐤆𐤓𐤅𐤏𐤊 𐤊𐤉 𐤏𐤆𐤄 𐤊𐤌𐤅𐤕 𐤀𐤄𐤁𐤄
𐤒𐤔𐤄 𐤊𐤔𐤀𐤅𐤋 𐤒𐤍𐤀𐤄 𐤓𐤔𐤐𐤉𐤄 𐤓𐤔𐤐𐤉 𐤀𐤔 𐤔𐤋𐤄𐤁𐤕𐤉𐤄.

𐤆 𐤌𐤉𐤌 𐤓𐤁𐤉𐤌 𐤋𐤀 𐤉𐤅𐤊𐤋𐤅 𐤋𐤊𐤁𐤅𐤕 𐤀𐤕 𐤄𐤀𐤄𐤁𐤄 𐤅𐤍𐤄𐤓𐤅𐤕 𐤋𐤀 𐤉𐤔𐤈𐤐𐤅𐤄
𐤀𐤌 𐤉𐤕𐤍 𐤀𐤉𐤔 𐤀𐤕 𐤊𐤋 𐤄𐤅𐤍 𐤁𐤉𐤕𐤅 𐤁𐤀𐤄𐤁𐤄 𐤁𐤅𐤆 𐤉𐤁𐤅𐤆𐤅 𐤋𐤅.

𐤇 𐤀𐤇𐤅𐤕 𐤋𐤍𐤅 𐤒𐤈𐤍𐤄 𐤅𐤔𐤃𐤉𐤌 𐤀𐤉𐤍 𐤋𐤄 𐤌𐤄 𐤍𐤏𐤔𐤄 𐤋𐤀𐤇𐤕𐤍𐤅 𐤁𐤉𐤅𐤌
𐤔𐤉𐤃𐤁𐤓 𐤁𐤄.

𐤈 𐤀𐤌 𐤇𐤅𐤌𐤄 𐤄𐤉𐤀 𐤍𐤁𐤍𐤄 𐤏𐤋𐤉𐤄 𐤈𐤉𐤓𐤕 𐤊𐤎𐤐 𐤅𐤀𐤌 𐤃𐤋𐤕 𐤄𐤉𐤀 𐤍𐤑𐤅𐤓
𐤏𐤋𐤉𐤄 𐤋𐤅𐤇 𐤀𐤓𐤆.

𐤉 𐤀𐤍𐤉 𐤇𐤅𐤌𐤄 𐤅𐤔𐤃𐤉 𐤊𐤌𐤂𐤃𐤋𐤅𐤕 𐤀𐤆 𐤄𐤉𐤉𐤕𐤉 𐤁𐤏𐤉𐤍𐤉𐤅 𐤊𐤌𐤅𐤑𐤀𐤕
𐤔𐤋𐤅𐤌.

𐤉𐤀 𐤊𐤓𐤌 𐤄𐤉𐤄 𐤋𐤔𐤋𐤌𐤄 𐤁𐤁𐤏𐤋 𐤄𐤌𐤅𐤍 𐤍𐤕𐤍 𐤀𐤕 𐤄𐤊𐤓𐤌 𐤋𐤍𐤈𐤓𐤉𐤌 𐤀𐤉𐤔
𐤉𐤁𐤀 𐤁𐤐𐤓𐤉𐤅 𐤀𐤋𐤐 𐤊𐤎𐤐.

𐤉𐤁 𐤊𐤓𐤌𐤉 𐤔𐤋𐤉 𐤋𐤐𐤍𐤉 𐤄𐤀𐤋𐤐 𐤋𐤊 𐤔𐤋𐤌𐤄 𐤅𐤌𐤀𐤕𐤉𐤌 𐤋𐤍𐤈𐤓𐤉𐤌 𐤀𐤕 𐤐𐤓𐤉𐤅.

𐤉𐤂 𐤄𐤉𐤅𐤔𐤁𐤕 𐤁𐤂𐤍𐤉𐤌 𐤇𐤁𐤓𐤉𐤌 𐤌𐤒𐤔𐤉𐤁𐤉𐤌 𐤋𐤒𐤅𐤋𐤊 𐤄𐤔𐤌𐤉𐤏𐤍𐤉.

𐤉𐤃 𐤁𐤓𐤇 𐤃𐤅𐤃𐤉 𐤅𐤃𐤌𐤄 𐤋𐤊 𐤋𐤑𐤁𐤉 𐤀𐤅 𐤋𐤏𐤐𐤓 𐤄𐤀𐤉𐤋𐤉𐤌 𐤏𐤋 𐤄𐤓𐤉 𐤁𐤔𐤌𐤉𐤌.

𐤒𐤌𐤇

𐤉𐤔𐤏𐤉𐤄

𐤐𐤓𐤒 𐤀

𐤀 𐤇𐤆𐤅𐤍 𐤉𐤔𐤏𐤉𐤄𐤅 𐤁𐤍 𐤀𐤌𐤅𐤑 𐤀𐤔𐤓 𐤇𐤆𐤄 𐤏𐤋 𐤉𐤄𐤅𐤃𐤄 𐤅𐤉𐤓𐤅𐤔𐤋𐤌 𐤁𐤉𐤌𐤉
𐤏𐤆𐤉𐤄𐤅 𐤉𐤅𐤕𐤌 𐤀𐤇𐤆 𐤉𐤇𐤆𐤒𐤉𐤄𐤅 𐤌𐤋𐤊𐤉 𐤉𐤄𐤅𐤃𐤄.
𐤁 𐤔𐤌𐤏𐤅 𐤔𐤌𐤉𐤌 𐤅𐤄𐤀𐤆𐤉𐤍𐤉 𐤀𐤓𐤑 𐤊𐤉 𐤉𐤄𐤅𐤄 𐤃𐤁𐤓 𐤁𐤍𐤉𐤌 𐤂𐤃𐤋𐤕𐤉
𐤅𐤓𐤅𐤌𐤌𐤕𐤉 𐤅𐤄𐤌 𐤐𐤔𐤏𐤅 𐤁𐤉.
𐤂 𐤉𐤃𐤏 𐤔𐤅𐤓 𐤒𐤍𐤄𐤅 𐤅𐤇𐤌𐤅𐤓 𐤀𐤁𐤅𐤎 𐤁𐤏𐤋𐤉𐤅 𐤉𐤔𐤓𐤀𐤋 𐤋𐤀 𐤉𐤃𐤏 𐤏𐤌𐤉 𐤋𐤀
𐤄𐤕𐤁𐤅𐤍𐤍.
𐤃 𐤄𐤅𐤉 𐤂𐤅𐤉 𐤇𐤈𐤀 𐤏𐤌 𐤊𐤁𐤃 𐤏𐤅𐤍 𐤆𐤓𐤏 𐤌𐤓𐤏𐤉𐤌 𐤁𐤍𐤉𐤌 𐤌𐤔𐤇𐤉𐤕𐤉𐤌 𐤏𐤆𐤁𐤅
𐤀𐤕 𐤉𐤄𐤅𐤄 𐤍𐤀𐤑𐤅 𐤀𐤕 𐤒𐤃𐤅𐤔 𐤉𐤔𐤓𐤀𐤋 𐤍𐤆𐤓𐤅 𐤀𐤇𐤅𐤓.
𐤄 𐤏𐤋 𐤌𐤄 𐤕𐤊𐤅 𐤏𐤅𐤃 𐤕𐤅𐤎𐤉𐤐𐤅 𐤎𐤓𐤄 𐤊𐤋 𐤓𐤀𐤔 𐤋𐤇𐤋𐤉 𐤅𐤊𐤋 𐤋𐤁𐤁 𐤃𐤅𐤉.
𐤅 𐤌𐤊𐤐 𐤓𐤂𐤋 𐤅𐤏𐤃 𐤓𐤀𐤔 𐤀𐤉𐤍 𐤁𐤅 𐤌𐤕𐤌 𐤐𐤑𐤏 𐤅𐤇𐤁𐤅𐤓𐤄 𐤅𐤌𐤊𐤄 𐤈𐤓𐤉𐤄 𐤋𐤀 𐤆𐤓𐤅
𐤅𐤋𐤀 𐤇𐤁𐤔𐤅 𐤅𐤋𐤀 𐤓𐤊𐤊𐤄 𐤁𐤔𐤌𐤍.
𐤆 𐤀𐤓𐤑𐤊𐤌 𐤔𐤌𐤌𐤄 𐤏𐤓𐤉𐤊𐤌 𐤔𐤓𐤐𐤅𐤕 𐤀𐤔 𐤀𐤃𐤌𐤕𐤊𐤌 𐤋𐤍𐤂𐤃𐤊𐤌 𐤆𐤓𐤉𐤌
𐤀𐤊𐤋𐤉𐤌 𐤀𐤕𐤄 𐤅𐤔𐤌𐤌𐤄 𐤊𐤌𐤄𐤐𐤊𐤕 𐤆𐤓𐤉𐤌.
𐤇 𐤅𐤍𐤅𐤕𐤓𐤄 𐤁𐤕 𐤑𐤉𐤅𐤍 𐤊𐤎𐤊𐤄 𐤁𐤊𐤓𐤌 𐤊𐤌𐤋𐤅𐤍𐤄 𐤁𐤌𐤒𐤔𐤄 𐤊𐤏𐤉𐤓 𐤍𐤑𐤅𐤓𐤄.
𐤈 𐤋𐤅𐤋𐤉 𐤉𐤄𐤅𐤄 𐤑𐤁𐤀𐤅𐤕 𐤄𐤅𐤕𐤉𐤓 𐤋𐤍𐤅 𐤔𐤓𐤉𐤃 𐤊𐤌𐤏𐤈 𐤊𐤎𐤃𐤌 𐤄𐤉𐤉𐤍𐤅
𐤋𐤏𐤌𐤓𐤄 𐤃𐤌𐤉𐤍𐤅.
𐤉 𐤔𐤌𐤏𐤅 𐤃𐤁𐤓 𐤉𐤄𐤅𐤄 𐤒𐤑𐤉𐤍𐤉 𐤎𐤃𐤌 𐤄𐤀𐤆𐤉𐤍𐤅 𐤕𐤅𐤓𐤕 𐤀𐤋𐤄𐤉𐤍𐤅 𐤏𐤌
𐤏𐤌𐤓𐤄.
𐤉𐤀 𐤋𐤌𐤄 𐤋𐤉 𐤓𐤁 𐤆𐤁𐤇𐤉𐤊𐤌 𐤉𐤀𐤌𐤓 𐤉𐤄𐤅𐤄 𐤔𐤁𐤏𐤕𐤉 𐤏𐤋𐤅𐤕 𐤀𐤉𐤋𐤉𐤌 𐤅𐤇𐤋𐤁
𐤌𐤓𐤉𐤀𐤉𐤌 𐤅𐤃𐤌 𐤐𐤓𐤉𐤌 𐤅𐤊𐤁𐤔𐤉𐤌 𐤅𐤏𐤕𐤅𐤃𐤉𐤌 𐤋𐤀 𐤇𐤐𐤑𐤕𐤉.
𐤉𐤁 𐤊𐤉 𐤕𐤁𐤀𐤅 𐤋𐤓𐤀𐤅𐤕 𐤐𐤍𐤉 𐤌𐤉 𐤁𐤒𐤔 𐤆𐤀𐤕 𐤌𐤉𐤃𐤊𐤌 𐤓𐤌𐤎 𐤇𐤑𐤓𐤉.
𐤉𐤂 𐤋𐤀 𐤕𐤅𐤎𐤉𐤐𐤅 𐤄𐤁𐤉𐤀 𐤌𐤍𐤇𐤕 𐤔𐤅𐤀 𐤒𐤈𐤓𐤕 𐤕𐤅𐤏𐤁𐤄 𐤄𐤉𐤀 𐤋𐤉 𐤇𐤃𐤔 𐤅𐤔𐤁𐤕
𐤒𐤓𐤀 𐤌𐤒𐤓𐤀 𐤋𐤀 𐤀𐤅𐤊𐤋 𐤀𐤅𐤍 𐤅𐤏𐤑𐤓𐤄.
𐤉𐤃 𐤇𐤃𐤔𐤉𐤊𐤌 𐤅𐤌𐤅𐤏𐤃𐤉𐤊𐤌 𐤔𐤍𐤀𐤄 𐤍𐤐𐤔𐤉 𐤄𐤉𐤅 𐤏𐤋𐤉 𐤋𐤈𐤓𐤇 𐤍𐤋𐤀𐤉𐤕𐤉
𐤍𐤔𐤀.
𐤈𐤅 𐤅𐤁𐤐𐤓𐤔𐤊𐤌 𐤊𐤐𐤉𐤊𐤌 𐤀𐤏𐤋𐤉𐤌 𐤏𐤉𐤍𐤉 𐤌𐤊𐤌 𐤂𐤌 𐤊𐤉 𐤕𐤓𐤁𐤅 𐤕𐤐𐤋𐤄
𐤀𐤉𐤍𐤍𐤉 𐤔𐤌𐤏 𐤉𐤃𐤉𐤊𐤌 𐤃𐤌𐤉𐤌 𐤌𐤋𐤀𐤅.
𐤈𐤆 𐤓𐤇𐤑𐤅 𐤄𐤆𐤊𐤅 𐤄𐤎𐤉𐤓𐤅 𐤓𐤏 𐤌𐤏𐤋𐤋𐤉𐤊𐤌 𐤌𐤍𐤂𐤃 𐤏𐤉𐤍𐤉 𐤇𐤃𐤋𐤅 𐤄𐤓𐤏.
𐤉𐤆 𐤋𐤌𐤃𐤅 𐤄𐤉𐤈𐤁 𐤃𐤓𐤔𐤅 𐤌𐤔𐤐𐤈 𐤀𐤔𐤓𐤅 𐤇𐤌𐤅𐤑 𐤔𐤐𐤈𐤅 𐤉𐤕𐤅𐤌 𐤓𐤉𐤁𐤅
𐤀𐤋𐤌𐤍𐤄.
𐤉𐤇 𐤋𐤊𐤅 𐤍𐤀 𐤅𐤍𐤅𐤊𐤇𐤄 𐤉𐤀𐤌𐤓 𐤉𐤄𐤅𐤄 𐤀𐤌 𐤉𐤄𐤉𐤅 𐤇𐤈𐤀𐤉𐤊𐤌 𐤊𐤔𐤍𐤉𐤌
𐤊𐤔𐤋𐤂 𐤉𐤋𐤁𐤉𐤍𐤅 𐤀𐤌 𐤉𐤀𐤃𐤉𐤌𐤅 𐤊𐤕𐤅𐤋𐤏 𐤊𐤑𐤌𐤓 𐤉𐤄𐤉𐤅.

𐤉𐤈 𐤀𐤌 𐤕𐤀𐤁𐤅 𐤅𐤔𐤌𐤏𐤕𐤌 𐤈𐤅𐤁 𐤄𐤀𐤓𐤑 𐤕𐤀𐤊𐤋𐤅·
𐤊 𐤅𐤀𐤌 𐤕𐤌𐤀𐤍𐤅 𐤅𐤌𐤓𐤉𐤕𐤌 𐤇𐤓𐤁 𐤕𐤀𐤊𐤋𐤅 𐤊𐤉 𐤐𐤉 𐤉𐤄𐤅𐤄 𐤃𐤁𐤓·
𐤊𐤀 𐤀𐤉𐤊𐤄 𐤄𐤉𐤕𐤄 𐤋𐤆𐤅𐤍𐤄 𐤒𐤓𐤉𐤄 𐤍𐤀𐤌𐤍𐤄 𐤌𐤋𐤀𐤕𐤉 𐤌𐤔𐤐𐤈 𐤑𐤃𐤒 𐤉𐤋𐤉𐤍
𐤁𐤄 𐤅𐤏𐤕𐤄 𐤌𐤓𐤑𐤇𐤉𐤌·
𐤊𐤁 𐤊𐤎𐤐𐤊 𐤄𐤉𐤄 𐤋𐤎𐤉𐤂𐤉𐤌 𐤎𐤁𐤀𐤊 𐤌𐤄𐤅𐤋 𐤁𐤌𐤉𐤌·
𐤊𐤂 𐤔𐤓𐤉𐤊 𐤎𐤅𐤓𐤓𐤉𐤌 𐤅𐤇𐤁𐤓𐤉 𐤂𐤍𐤁𐤉𐤌 𐤊𐤋𐤅 𐤀𐤄𐤁 𐤔𐤇𐤃 𐤅𐤓𐤃𐤐 𐤔𐤋𐤌𐤍𐤉𐤌
𐤉𐤕𐤅𐤌 𐤋𐤀 𐤉𐤔𐤐𐤈𐤅 𐤅𐤓𐤉𐤁 𐤀𐤋𐤌𐤍𐤄 𐤋𐤀 𐤉𐤁𐤅𐤀 𐤀𐤋𐤉𐤄𐤌·
𐤊𐤃 𐤋𐤊𐤍 𐤍𐤀𐤌 𐤄𐤀𐤃𐤅𐤍 𐤉𐤄𐤅𐤄 𐤑𐤁𐤀𐤅𐤕 𐤀𐤁𐤉𐤓 𐤉𐤔𐤓𐤀𐤋 𐤄𐤅𐤉 𐤀𐤍𐤇𐤌 𐤌𐤑𐤓𐤉
𐤅𐤀𐤍𐤒𐤌𐤄 𐤌𐤀𐤅𐤉𐤁𐤉·
𐤊𐤄 𐤅𐤀𐤔𐤉𐤁𐤄 𐤉𐤃𐤉 𐤏𐤋𐤉𐤊 𐤅𐤀𐤑𐤓𐤐 𐤊𐤁𐤓 𐤎𐤉𐤂𐤉𐤊 𐤅𐤀𐤎𐤉𐤓𐤄 𐤊𐤋 𐤁𐤃𐤉𐤋𐤉𐤊·
𐤊𐤅 𐤅𐤀𐤔𐤉𐤁𐤄 𐤔𐤐𐤈𐤉𐤊 𐤊𐤁𐤓𐤀𐤔𐤍𐤄 𐤅𐤉𐤏𐤑𐤉𐤊 𐤊𐤁𐤕𐤇𐤋𐤄 𐤀𐤇𐤓𐤉 𐤊𐤍 𐤉𐤒𐤓𐤀
𐤋𐤊 𐤏𐤉𐤓 𐤄𐤑𐤃𐤒 𐤒𐤓𐤉𐤄 𐤍𐤀𐤌𐤍𐤄·
𐤊𐤆 𐤑𐤉𐤅𐤍 𐤁𐤌𐤔𐤐𐤈 𐤕𐤐𐤃𐤄 𐤅𐤔𐤁𐤉𐤄 𐤁𐤑𐤃𐤒𐤄·
𐤊𐤇 𐤅𐤔𐤁𐤓 𐤐𐤔𐤏𐤉𐤌 𐤅𐤇𐤈𐤀𐤉𐤌 𐤉𐤇𐤃𐤅 𐤅𐤏𐤆𐤁𐤉 𐤉𐤄𐤅𐤄 𐤉𐤊𐤋𐤅·
𐤊𐤈 𐤊𐤉 𐤉𐤁𐤔𐤅 𐤌𐤀𐤉𐤋𐤉𐤌 𐤀𐤔𐤓 𐤇𐤌𐤃𐤕𐤌 𐤅𐤕𐤇𐤐𐤓𐤅 𐤌𐤄𐤂𐤍𐤅𐤕 𐤀𐤔𐤓 𐤁𐤇𐤓𐤕𐤌·
𐤋 𐤊𐤉 𐤕𐤄𐤉𐤅 𐤊𐤀𐤋𐤄 𐤍𐤁𐤋𐤕 𐤏𐤋𐤄 𐤅𐤊𐤂𐤍𐤄 𐤀𐤔𐤓 𐤌𐤉𐤌 𐤀𐤉𐤍 𐤋𐤄·
𐤋𐤀 𐤅𐤄𐤉𐤄 𐤄𐤇𐤎𐤍 𐤋𐤍𐤏𐤓𐤕 𐤅𐤐𐤏𐤋𐤅 𐤋𐤍𐤉𐤑𐤅𐤑 𐤅𐤁𐤏𐤓𐤅 𐤔𐤍𐤉𐤄𐤌 𐤉𐤇𐤃𐤅 𐤅𐤀𐤉𐤍
𐤌𐤊𐤁𐤄·

𐤐𐤓𐤒 𐤁

𐤀 𐤄𐤃𐤁𐤓 𐤀𐤔𐤓 𐤇𐤆𐤄 𐤉𐤔𐤏𐤉𐤄𐤅 𐤁𐤍 𐤀𐤌𐤅𐤑 𐤏𐤋 𐤉𐤄𐤅𐤃𐤄 𐤅𐤉𐤓𐤅𐤔𐤋𐤌·
𐤁 𐤅𐤄𐤉𐤄 𐤁𐤀𐤇𐤓𐤉𐤕 𐤄𐤉𐤌𐤉𐤌 𐤍𐤊𐤅𐤍 𐤉𐤄𐤉𐤄 𐤄𐤓 𐤁𐤉𐤕 𐤉𐤄𐤅𐤄 𐤁𐤓𐤀𐤔
𐤄𐤄𐤓𐤉𐤌 𐤅𐤍𐤔𐤀 𐤌𐤂𐤁𐤏𐤅𐤕 𐤅𐤍𐤄𐤓𐤅 𐤀𐤋𐤉𐤅 𐤊𐤋 𐤄𐤂𐤅𐤉𐤌·
𐤂 𐤅𐤄𐤋𐤊𐤅 𐤏𐤌𐤉𐤌 𐤓𐤁𐤉𐤌 𐤅𐤀𐤌𐤓𐤅 𐤋𐤊𐤅 𐤅𐤍𐤏𐤋𐤄 𐤀𐤋 𐤄𐤓 𐤉𐤄𐤅𐤄 𐤀𐤋 𐤁𐤉𐤕
𐤀𐤋𐤄𐤉 𐤉𐤏𐤒𐤁 𐤅𐤉𐤓𐤍𐤅 𐤌𐤃𐤓𐤊𐤉𐤅 𐤅𐤍𐤋𐤊𐤄 𐤁𐤀𐤓𐤇𐤕𐤉𐤅 𐤊𐤉 𐤌𐤑𐤉𐤅𐤍 𐤕𐤑𐤀
𐤕𐤅𐤓𐤄 𐤅𐤃𐤁𐤓 𐤉𐤄𐤅𐤄 𐤌𐤉𐤓𐤅𐤔𐤋𐤌·
𐤃 𐤅𐤔𐤐𐤈 𐤁𐤉𐤍 𐤄𐤂𐤅𐤉𐤌 𐤅𐤄𐤅𐤊𐤉𐤇 𐤋𐤏𐤌𐤉𐤌 𐤓𐤁𐤉𐤌 𐤅𐤊𐤕𐤕𐤅 𐤇𐤓𐤁𐤅𐤕𐤌
𐤋𐤀𐤕𐤉𐤌 𐤅𐤇𐤍𐤉𐤕𐤅𐤕𐤉𐤄𐤌 𐤋𐤌𐤆𐤌𐤓𐤅𐤕 𐤋𐤀 𐤉𐤔𐤀 𐤂𐤅𐤉 𐤀𐤋 𐤂𐤅𐤉 𐤇𐤓𐤁 𐤅𐤋𐤀
𐤉𐤋𐤌𐤃𐤅 𐤏𐤅𐤃 𐤌𐤋𐤇𐤌𐤄·
𐤄 𐤁𐤉𐤕 𐤉𐤏𐤒𐤁 𐤋𐤊𐤅 𐤅𐤍𐤋𐤊𐤄 𐤁𐤀𐤅𐤓 𐤉𐤄𐤅𐤄·
𐤅 𐤊𐤉 𐤍𐤈𐤔𐤕𐤄 𐤏𐤌𐤊 𐤁𐤉𐤕 𐤉𐤏𐤒𐤁 𐤊𐤉 𐤌𐤋𐤀𐤅 𐤌𐤒𐤃𐤌 𐤅𐤏𐤍𐤍𐤉𐤌 𐤊𐤐𐤋𐤔𐤕𐤉𐤌
𐤅𐤁𐤉𐤋𐤃𐤉 𐤍𐤊𐤓𐤉𐤌 𐤉𐤔𐤐𐤉𐤒𐤅·
𐤆 𐤅𐤕𐤌𐤋𐤀 𐤀𐤓𐤑𐤅 𐤊𐤎𐤐 𐤅𐤆𐤄𐤁 𐤅𐤀𐤉𐤍 𐤒𐤑𐤄 𐤋𐤀𐤑𐤓𐤕𐤉𐤅 𐤅𐤕𐤌𐤋𐤀 𐤀𐤓𐤑𐤅

ישעיה

סוסים ואין קצה למרכבתיו.
ח ותמלא ארצו אלילים למעשה ידיו ישתחוו לאשר עשו
אצבעתיו.
ט וישח אדם וישפל איש ואל תשא להם.
י בוא בצור והטמן בעפר מפני פחד יהוה ומהדר גאונו.
יא עיני גבהות אדם שפל ושח רום אנשים ונשגב יהוה לבדו
ביום ההוא.
יב כי יום ליהוה צבאות על כל גאה ורם ועל כל נשא ושפל.
יג ועל כל ארזי הלבנון הרמים והנשאים ועל כל אלוני
הבשן.
יד ועל כל ההרים הרמים ועל כל הגבעות הנשאות.
טו ועל כל מגדל גבה ועל כל חומה בצורה.
טז ועל כל אניות תרשיש ועל כל שכיות החמדה.
יז ושח גבהות האדם ושפל רום אנשים ונשגב יהוה לבדו
ביום ההוא.
יח והאלילים כליל יחלף.
יט ובאו במערות צרים ובמחלות עפר מפני פחד יהוה ומהדר
גאונו בקומו לערץ הארץ.
כ ביום ההוא ישליך האדם את אלילי כספו ואת אלילי זהבו
אשר עשו לו להשתחות לחפר פרות ולעטלפים.
כא לבוא בנקרות הצרים ובסעפי הסלעים מפני פחד יהוה
ומהדר גאונו בקומו לערץ הארץ.
כב חדלו לכם מן האדם אשר נשמה באפו כי במה נחשב הוא.

פרק ג

א כי הנה האדון יהוה צבאות מסיר מירושלים ומיהודה משען
ומשענה כל משען לחם וכל משען מים.
ב גבור ואיש מלחמה שופט ונביא וקסם וזקן.
ג שר חמשים ונשוא פנים ויועץ וחכם חרשים ונבון לחש.
ד ונתתי נערים שריהם ותעלולים ימשלו בם.
ה ונגש העם איש באיש ואיש ברעהו ירהבו הנער בזקן
והנקלה בנכבד.
ו כי יתפש איש באחיו בית אביו שמלה לכה קצין תהיה לנו

𐤉𐤔𐤏𐤉𐤄

𐤅𐤄𐤌𐤊𐤔𐤋𐤄 𐤄𐤆𐤀𐤕 𐤕𐤇𐤕 𐤉𐤃𐤊•
𐤆 𐤉𐤔𐤀 𐤁𐤉𐤅𐤌 𐤄𐤄𐤅𐤀 𐤋𐤀𐤌𐤓 𐤋𐤀 𐤀𐤄𐤉𐤄 𐤇𐤁𐤔 𐤅𐤁𐤁𐤉𐤕𐤉 𐤀𐤉𐤍 𐤋𐤇𐤌
𐤅𐤀𐤉𐤍 𐤔𐤌𐤋𐤄 𐤋𐤀 𐤕𐤔𐤉𐤌𐤍𐤉 𐤒𐤑𐤉𐤍 𐤏𐤌•
𐤇 𐤊𐤉 𐤊𐤔𐤋𐤄 𐤉𐤓𐤅𐤔𐤋𐤌 𐤅𐤉𐤄𐤅𐤃𐤄 𐤍𐤐𐤋 𐤊𐤉 𐤋𐤔𐤅𐤍𐤌 𐤅𐤌𐤏𐤋𐤋𐤉𐤄𐤌 𐤀𐤋
𐤉𐤄𐤅𐤄 𐤋𐤌𐤓𐤅𐤕 𐤏𐤍𐤉 𐤊𐤁𐤅𐤃𐤅•
𐤈 𐤄𐤊𐤓𐤕 𐤐𐤍𐤉𐤄𐤌 𐤏𐤍𐤕𐤄 𐤁𐤌 𐤅𐤇𐤈𐤀𐤕𐤌 𐤊𐤎𐤃𐤌 𐤄𐤂𐤉𐤃𐤅 𐤋𐤀 𐤊𐤇𐤃𐤅 𐤀𐤅𐤉
𐤋𐤍𐤐𐤔𐤌 𐤊𐤉 𐤂𐤌𐤋𐤅 𐤋𐤄𐤌 𐤓𐤏𐤄•
𐤉 𐤀𐤌𐤓𐤅 𐤑𐤃𐤉𐤒 𐤊𐤉 𐤈𐤅𐤁 𐤊𐤉 𐤐𐤓𐤉 𐤌𐤏𐤋𐤋𐤉𐤄𐤌 𐤉𐤀𐤊𐤋𐤅•
𐤉𐤀 𐤀𐤅𐤉 𐤋𐤓𐤔𐤏 𐤓𐤏 𐤊𐤉 𐤂𐤌𐤅𐤋 𐤉𐤃𐤉𐤅 𐤉𐤏𐤔𐤄 𐤋𐤅•
𐤉𐤁 𐤏𐤌𐤉 𐤍𐤂𐤔𐤉𐤅 𐤌𐤏𐤅𐤋𐤋 𐤅𐤍𐤔𐤉𐤌 𐤌𐤔𐤋𐤅 𐤁𐤅 𐤏𐤌𐤉 𐤌𐤀𐤔𐤓𐤉𐤊 𐤌𐤕𐤏𐤉𐤌
𐤅𐤃𐤓𐤊 𐤀𐤓𐤇𐤕𐤉𐤊 𐤁𐤋𐤏𐤅•
𐤉𐤂 𐤍𐤑𐤁 𐤋𐤓𐤉𐤁 𐤉𐤄𐤅𐤄 𐤅𐤏𐤌𐤃 𐤋𐤃𐤉𐤍 𐤏𐤌𐤉𐤌•
𐤉𐤃 𐤉𐤄𐤅𐤄 𐤁𐤌𐤔𐤐𐤈 𐤉𐤁𐤅𐤀 𐤏𐤌 𐤆𐤒𐤍𐤉 𐤏𐤌𐤅 𐤅𐤔𐤓𐤉𐤅 𐤅𐤀𐤕𐤌 𐤁𐤏𐤓𐤕𐤌 𐤄𐤊𐤓𐤌
𐤂𐤆𐤋𐤕 𐤄𐤏𐤍𐤉 𐤁𐤁𐤕𐤉𐤊𐤌•
𐤈𐤅 𐤌𐤋𐤊𐤌 [𐤌𐤄 𐤋𐤊𐤌] 𐤕𐤃𐤊𐤀𐤅 𐤏𐤌𐤉 𐤅𐤐𐤍𐤉 𐤏𐤍𐤉𐤉𐤌 𐤕𐤈𐤇𐤍𐤅 𐤍𐤀𐤌 𐤀𐤃𐤍𐤉
𐤉𐤄𐤅𐤄 𐤑𐤁𐤀𐤅𐤕•
𐤈𐤆 𐤅𐤉𐤀𐤌𐤓 𐤉𐤄𐤅𐤄 𐤉𐤏𐤍 𐤊𐤉 𐤂𐤁𐤄𐤅 𐤁𐤍𐤅𐤕 𐤑𐤉𐤅𐤍 𐤅𐤕𐤋𐤊𐤍𐤄 𐤍𐤈𐤅𐤅𐤕
[𐤍𐤈𐤅𐤉𐤅𐤕] 𐤂𐤓𐤅𐤍 𐤅𐤌𐤔𐤒𐤓𐤅𐤕 𐤏𐤉𐤍𐤉𐤌 𐤄𐤋𐤅𐤊 𐤅𐤈𐤐𐤅𐤐 𐤕𐤋𐤊𐤍𐤄 𐤅𐤁𐤓𐤂𐤋𐤉𐤄𐤌
𐤕𐤏𐤊𐤎𐤍𐤄•
𐤉𐤆 𐤅𐤔𐤐𐤇 𐤀𐤃𐤍𐤉 𐤒𐤃𐤒𐤃 𐤁𐤍𐤅𐤕 𐤑𐤉𐤅𐤍 𐤅𐤉𐤄𐤅𐤄 𐤐𐤕𐤄𐤍 𐤉𐤏𐤓𐤄•
𐤉𐤇 𐤁𐤉𐤅𐤌 𐤄𐤄𐤅𐤀 𐤉𐤎𐤉𐤓 𐤀𐤃𐤍𐤉 𐤀𐤕 𐤕𐤐𐤀𐤓𐤕 𐤄𐤏𐤊𐤎𐤉𐤌 𐤅𐤄𐤔𐤁𐤉𐤎𐤉𐤌
𐤅𐤄𐤔𐤄𐤓𐤍𐤉𐤌•
𐤉𐤈 𐤄𐤍𐤈𐤉𐤐𐤅𐤕 𐤅𐤄𐤔𐤉𐤓𐤅𐤕 𐤅𐤄𐤓𐤏𐤋𐤅𐤕•
𐤊 𐤄𐤐𐤀𐤓𐤉𐤌 𐤅𐤄𐤑𐤏𐤃𐤅𐤕 𐤅𐤄𐤒𐤔𐤓𐤉𐤌 𐤅𐤁𐤕𐤉 𐤄𐤍𐤐𐤔 𐤅𐤄𐤋𐤇𐤔𐤉𐤌•
𐤊𐤀 𐤄𐤈𐤁𐤏𐤅𐤕 𐤅𐤍𐤆𐤌𐤉 𐤄𐤀𐤐•
𐤊𐤁 𐤄𐤌𐤇𐤋𐤑𐤅𐤕 𐤅𐤄𐤌𐤏𐤈𐤐𐤅𐤕 𐤅𐤄𐤌𐤈𐤐𐤇𐤅𐤕 𐤅𐤄𐤇𐤓𐤉𐤈𐤉𐤌•
𐤊𐤂 𐤅𐤄𐤂𐤋𐤉𐤍𐤉𐤌 𐤅𐤄𐤎𐤃𐤉𐤍𐤉𐤌 𐤅𐤄𐤑𐤍𐤉𐤐𐤅𐤕 𐤅𐤄𐤓𐤃𐤉𐤃𐤉𐤌•
𐤊𐤃 𐤅𐤄𐤉𐤄 𐤕𐤇𐤕 𐤁𐤔𐤌 𐤌𐤒 𐤉𐤄𐤉𐤄 𐤅𐤕𐤇𐤕 𐤇𐤂𐤅𐤓𐤄 𐤍𐤒𐤐𐤄 𐤅𐤕𐤇𐤕 𐤌𐤏𐤔𐤄
𐤌𐤒𐤔𐤄 𐤒𐤓𐤇𐤄 𐤅𐤕𐤇𐤕 𐤐𐤕𐤉𐤂𐤉𐤋 𐤌𐤇𐤂𐤓𐤕 𐤔𐤒 𐤊𐤉 𐤕𐤇𐤕 𐤉𐤐𐤉•
𐤊𐤄 𐤌𐤕𐤉𐤊 𐤁𐤇𐤓𐤁 𐤉𐤐𐤋𐤅 𐤅𐤂𐤁𐤅𐤓𐤕𐤊 𐤁𐤌𐤋𐤇𐤌𐤄•
𐤊𐤅 𐤅𐤀𐤍𐤅 𐤅𐤀𐤁𐤋𐤅 𐤐𐤕𐤇𐤉𐤄 𐤅𐤍𐤒𐤕𐤄 𐤋𐤀𐤓𐤑 𐤕𐤔𐤁•

𐤐𐤓𐤒 𐤃

א והחזיקו שבע נשים באיש אחד ביום ההוא לאמר לחמנו
נאכל ושמלתנו נלבש רק יקרא שמך עלינו אסף חרפתנו.
ב ביום ההוא יהיה צמח יהוה לצבי ולכבוד ופרי הארץ
לגאון ולתפארת לפליטת ישראל.
ג והיה הנשאר בציון והנותר בירושלים קדוש יאמר לו כל
הכתוב לחיים בירושלים.
ד אם רחץ אדני את צאת בנות ציון ואת דמי ירושלים ידיח
מקרבה ברוח משפט וברוח בער.
ה וברא יהוה על כל מכון הר ציון ועל מקראה ענן יומם
ועשן ונגה אש להבה לילה כי על כל כבוד חפה.
ו וסכה תהיה לצל יומם מחרב ולמחסה ולמסתור מזרם וממטר.

פרק ה
א אשירה נא לידידי שירת דודי לכרמו כרם היה לידידי
בקרן בן שמן.
ב ויעזקהו ויסקלהו ויטעהו שרק ויבן מגדל בתוכו וגם יקב
חצב בו ויקו לעשות ענבים ויעש באשים.
ג ועתה יושב ירושלם ואיש יהודה שפטו נא ביני ובין
כרמי.
ד מה לעשות עוד לכרמי ולא עשיתי בו מדוע קויתי לעשות
ענבים ויעש באשים.
ה ועתה אודיעה נא אתכם את אשר אני עשה לכרמי הסר
משוכתו והיה לבער פרץ גדרו והיה למרמס.
ו ואשיתהו בתה לא יזמר ולא יעדר ועלה שמיר ושית ועל
העבים אצוה מהמטיר עליו מטר.
ז כי כרם יהוה צבאות בית ישראל ואיש יהודה נטע
שעשועיו ויקו למשפט והנה משפח לצדקה והנה צעקה.
ח הוי מגיעי בית בבית שדה בשדה יקריבו עד אפס מקום
והושבתם לבדכם בקרב הארץ.
ט באזני יהוה צבאות אם לא בתים רבים לשמה יהיו גדלים
וטובים מאין יושב.
י כי עשרת צמדי כרם יעשו בת אחת וזרע חמר יעשה איפה.
יא הוי משכימי בבקר שכר ירדפו מאחרי בנשף יין ידליקם.

𐤉𐤁 𐤅𐤄𐤉𐤄 𐤊𐤍𐤅𐤓 𐤅𐤍𐤁𐤋 𐤕𐤐 𐤅𐤇𐤋𐤉𐤋 𐤅𐤉𐤉𐤍 𐤌𐤔𐤕𐤉𐤄𐤌 𐤅𐤀𐤕 𐤐𐤏𐤋 𐤉𐤄𐤅𐤄
𐤋𐤀 𐤉𐤁𐤉𐤈𐤅 𐤅𐤌𐤏𐤔𐤄 𐤉𐤃𐤉𐤅 𐤋𐤀 𐤓𐤀𐤅.

𐤉𐤂 𐤋𐤊𐤍 𐤂𐤋𐤄 𐤏𐤌𐤉 𐤌𐤁𐤋𐤉 𐤃𐤏𐤕 𐤅𐤊𐤁𐤅𐤃𐤅 𐤌𐤕𐤉 𐤓𐤏𐤁 𐤅𐤄𐤌𐤅𐤍𐤅 𐤑𐤇𐤄 𐤑𐤌𐤀.

𐤉𐤃 𐤋𐤊𐤍 𐤄𐤓𐤇𐤉𐤁𐤄 𐤔𐤀𐤅𐤋 𐤍𐤐𐤔𐤄 𐤅𐤐𐤏𐤓𐤄 𐤐𐤉𐤄 𐤋𐤁𐤋𐤉 𐤇𐤒 𐤅𐤉𐤓𐤃 𐤄𐤃𐤓𐤄
𐤅𐤄𐤌𐤅𐤍𐤄 𐤅𐤔𐤀𐤅𐤍𐤄 𐤅𐤏𐤋𐤆 𐤁𐤄.

𐤈𐤅 𐤅𐤉𐤔𐤇 𐤀𐤃𐤌 𐤅𐤉𐤔𐤐𐤋 𐤀𐤉𐤔 𐤅𐤏𐤉𐤍𐤉 𐤂𐤁𐤄𐤉𐤌 𐤕𐤔𐤐𐤋𐤍𐤄.

𐤈𐤆 𐤅𐤉𐤂𐤁𐤄 𐤉𐤄𐤅𐤄 𐤑𐤁𐤀𐤅𐤕 𐤁𐤌𐤔𐤐𐤈 𐤅𐤄𐤀𐤋 𐤄𐤒𐤃𐤅𐤔 𐤍𐤒𐤃𐤔 𐤁𐤑𐤃𐤒𐤄.

𐤉𐤆 𐤅𐤓𐤏𐤅 𐤊𐤁𐤔𐤉𐤌 𐤊𐤃𐤁𐤓𐤌 𐤅𐤇𐤓𐤁𐤅𐤕 𐤌𐤇𐤉𐤌 𐤂𐤓𐤉𐤌 𐤉𐤀𐤊𐤋𐤅.

𐤉𐤇 𐤄𐤅𐤉 𐤌𐤔𐤊𐤉 𐤄𐤏𐤅𐤍 𐤁𐤇𐤁𐤋𐤉 𐤄𐤔𐤅𐤀 𐤅𐤊𐤏𐤁𐤅𐤕 𐤄𐤏𐤂𐤋𐤄 𐤇𐤈𐤀𐤄.

𐤉𐤈 𐤄𐤀𐤌𐤓𐤉𐤌 𐤉𐤌𐤄𐤓 𐤉𐤇𐤉𐤔𐤄 𐤌𐤏𐤔𐤄𐤅 𐤋𐤌𐤏𐤍 𐤍𐤓𐤀𐤄 𐤅𐤕𐤒𐤓𐤁 𐤅𐤕𐤁𐤅𐤀𐤄
𐤏𐤑𐤕 𐤒𐤃𐤅𐤔 𐤉𐤔𐤓𐤀𐤋 𐤅𐤍𐤃𐤏𐤄.

𐤊 𐤄𐤅𐤉 𐤄𐤀𐤌𐤓𐤉𐤌 𐤋𐤓𐤏 𐤈𐤅𐤁 𐤅𐤋𐤈𐤅𐤁 𐤓𐤏 𐤔𐤌𐤉𐤌 𐤇𐤔𐤊 𐤋𐤀𐤅𐤓 𐤅𐤀𐤅𐤓 𐤋𐤇𐤔𐤊
𐤔𐤌𐤉𐤌 𐤌𐤓 𐤋𐤌𐤕𐤅𐤒 𐤅𐤌𐤕𐤅𐤒 𐤋𐤌𐤓.

𐤊𐤀 𐤄𐤅𐤉 𐤇𐤊𐤌𐤉𐤌 𐤁𐤏𐤉𐤍𐤉𐤄𐤌 𐤅𐤍𐤂𐤃 𐤐𐤍𐤉𐤄𐤌 𐤍𐤁𐤍𐤉𐤌.

𐤊𐤁 𐤄𐤅𐤉 𐤂𐤁𐤅𐤓𐤉𐤌 𐤋𐤔𐤕𐤅𐤕 𐤉𐤉𐤍 𐤅𐤀𐤍𐤔𐤉 𐤇𐤉𐤋 𐤋𐤌𐤎𐤊 𐤔𐤊𐤓.

𐤊𐤂 𐤌𐤑𐤃𐤉𐤒𐤉 𐤓𐤔𐤏 𐤏𐤒𐤁 𐤔𐤇𐤃 𐤅𐤑𐤃𐤒𐤕 𐤑𐤃𐤉𐤒𐤉𐤌 𐤉𐤎𐤉𐤓𐤅 𐤌𐤌𐤍𐤅.

𐤊𐤃 𐤋𐤊𐤍 𐤊𐤀𐤊𐤋 𐤒𐤔 𐤋𐤔𐤅𐤍 𐤀𐤔 𐤅𐤇𐤔𐤔 𐤋𐤄𐤁𐤄 𐤉𐤓𐤐𐤄 𐤔𐤓𐤔𐤌 𐤊𐤌𐤒 𐤉𐤄𐤉𐤄
𐤅𐤐𐤓𐤇𐤌 𐤊𐤀𐤁𐤒 𐤉𐤏𐤋𐤄 𐤊𐤉 𐤌𐤀𐤎𐤅 𐤀𐤕 𐤕𐤅𐤓𐤕 𐤉𐤄𐤅𐤄 𐤑𐤁𐤀𐤅𐤕 𐤅𐤀𐤕 𐤀𐤌𐤓𐤕
𐤒𐤃𐤅𐤔 𐤉𐤔𐤓𐤀𐤋 𐤍𐤀𐤑𐤅.

𐤊𐤄 𐤏𐤋 𐤊𐤍 𐤇𐤓𐤄 𐤀𐤐 𐤉𐤄𐤅𐤄 𐤁𐤏𐤌𐤅 𐤅𐤉𐤈 𐤉𐤃𐤅 𐤏𐤋𐤉𐤅 𐤅𐤉𐤊𐤄𐤅 𐤅𐤉𐤓𐤂𐤆𐤅
𐤄𐤄𐤓𐤉𐤌 𐤅𐤕𐤄𐤉 𐤍𐤁𐤋𐤕𐤌 𐤊𐤎𐤅𐤇𐤄 𐤁𐤒𐤓𐤁 𐤇𐤅𐤑𐤅𐤕 𐤁𐤊𐤋 𐤆𐤀𐤕 𐤋𐤀 𐤔𐤁 𐤀𐤐𐤅
𐤅𐤏𐤅𐤃 𐤉𐤃𐤅 𐤍𐤈𐤅𐤉𐤄.

𐤊𐤅 𐤅𐤍𐤔𐤀 𐤍𐤎 𐤋𐤂𐤅𐤉𐤌 𐤌𐤓𐤇𐤅𐤒 𐤅𐤔𐤓𐤒 𐤋𐤅 𐤌𐤒𐤑𐤄 𐤄𐤀𐤓𐤑 𐤅𐤄𐤍𐤄 𐤌𐤄𐤓𐤄
𐤒𐤋 𐤉𐤁𐤅𐤀.

𐤊𐤆 𐤀𐤉𐤍 𐤏𐤉𐤐 𐤅𐤀𐤉𐤍 𐤊𐤅𐤔𐤋 𐤁𐤅 𐤋𐤀 𐤉𐤍𐤅𐤌 𐤅𐤋𐤀 𐤉𐤉𐤔𐤍 𐤅𐤋𐤀 𐤍𐤐𐤕𐤇
𐤀𐤆𐤅𐤓 𐤇𐤋𐤑𐤉𐤅 𐤅𐤋𐤀 𐤍𐤕𐤒 𐤔𐤓𐤅𐤊 𐤍𐤏𐤋𐤉𐤅.

𐤊𐤇 𐤀𐤔𐤓 𐤇𐤑𐤉𐤅 𐤔𐤍𐤅𐤍𐤉𐤌 𐤅𐤊𐤋 𐤒𐤔𐤕𐤕𐤉𐤅 𐤃𐤓𐤊𐤅𐤕 𐤐𐤓𐤎𐤅𐤕 𐤎𐤅𐤎𐤉𐤅 𐤊𐤑𐤓
𐤍𐤇𐤔𐤁𐤅 𐤅𐤂𐤋𐤂𐤋𐤉𐤅 𐤊𐤎𐤅𐤐𐤄.

𐤊𐤈 𐤔𐤀𐤂𐤄 𐤋𐤅 𐤊𐤋𐤁𐤉𐤀 𐤅𐤔𐤀𐤂 [𐤉𐤔𐤀𐤂] 𐤊𐤊𐤐𐤉𐤓𐤉𐤌 𐤅𐤉𐤍𐤄𐤌 𐤅𐤉𐤀𐤇𐤆 𐤈𐤓𐤐
𐤅𐤉𐤐𐤋𐤉𐤈 𐤅𐤀𐤉𐤍 𐤌𐤑𐤉𐤋.

𐤋 𐤅𐤉𐤍𐤄𐤌 𐤏𐤋𐤉𐤅 𐤁𐤉𐤅𐤌 𐤄𐤄𐤅𐤀 𐤊𐤍𐤄𐤌𐤕 𐤉𐤌 𐤅𐤍𐤁𐤈 𐤋𐤀𐤓𐤑 𐤅𐤄𐤍𐤄 𐤇𐤔𐤊
𐤑𐤓 𐤅𐤀𐤅𐤓 𐤇𐤔𐤊 𐤁𐤏𐤓𐤉𐤐𐤉𐤄.

𐤉𐤔𐤏𐤉𐤄

𐤐𐤓𐤒 𐤅

𐤀 𐤁𐤔𐤍𐤕 𐤌𐤅𐤕 𐤄𐤌𐤋𐤊 𐤏𐤆𐤉𐤄𐤅 𐤅𐤀𐤓𐤀𐤄 𐤀𐤕 𐤀𐤃𐤍𐤉 𐤉𐤔𐤁 𐤏𐤋 𐤊𐤎𐤀 𐤓𐤌
𐤅𐤍𐤔𐤀 𐤅𐤔𐤅𐤋𐤉𐤅 𐤌𐤋𐤀𐤉𐤌 𐤀𐤕 𐤄𐤄𐤉𐤊𐤋•
𐤁 𐤔𐤓𐤐𐤉𐤌 𐤏𐤌𐤃𐤉𐤌 𐤌𐤌𐤏𐤋 𐤋𐤅 𐤔𐤔 𐤊𐤍𐤐𐤉𐤌 𐤔𐤔 𐤊𐤍𐤐𐤉𐤌 𐤋𐤀𐤇𐤃 𐤁𐤔𐤕𐤉𐤌
𐤉𐤊𐤎𐤄 𐤐𐤍𐤉𐤅 𐤅𐤁𐤔𐤕𐤉𐤌 𐤉𐤊𐤎𐤄 𐤓𐤂𐤋𐤉𐤅 𐤅𐤁𐤔𐤕𐤉𐤌 𐤉𐤏𐤅𐤐𐤐•
𐤂 𐤅𐤒𐤓𐤀 𐤆𐤄 𐤀𐤋 𐤆𐤄 𐤅𐤀𐤌𐤓 𐤒𐤃𐤅𐤔 𐤒𐤃𐤅𐤔 𐤒𐤃𐤅𐤔 𐤉𐤄𐤅𐤄 𐤑𐤁𐤀𐤅𐤕 𐤌𐤋𐤀
𐤊𐤋 𐤄𐤀𐤓𐤑 𐤊𐤁𐤅𐤃𐤅•
𐤃 𐤅𐤉𐤍𐤏𐤅 𐤀𐤌𐤅𐤕 𐤄𐤎𐤐𐤉𐤌 𐤌𐤒𐤅𐤋 𐤄𐤒𐤅𐤓𐤀 𐤅𐤄𐤁𐤉𐤕 𐤉𐤌𐤋𐤀 𐤏𐤔𐤍•
𐤄 𐤅𐤀𐤌𐤓 𐤀𐤅𐤉 𐤋𐤉 𐤊𐤉 𐤍𐤃𐤌𐤉𐤕𐤉 𐤊𐤉 𐤀𐤉𐤔 𐤈𐤌𐤀 𐤔𐤐𐤕𐤉𐤌 𐤀𐤍𐤊𐤉 𐤅𐤁𐤕𐤅𐤊
𐤏𐤌 𐤈𐤌𐤀 𐤔𐤐𐤕𐤉𐤌 𐤀𐤍𐤊𐤉 𐤉𐤔𐤁 𐤊𐤉 𐤀𐤕 𐤄𐤌𐤋𐤊 𐤉𐤄𐤅𐤄 𐤑𐤁𐤀𐤅𐤕 𐤓𐤀𐤅
𐤏𐤉𐤍𐤉•
𐤅 𐤅𐤉𐤏𐤐 𐤀𐤋𐤉 𐤀𐤇𐤃 𐤌𐤍 𐤄𐤔𐤓𐤐𐤉𐤌 𐤅𐤁𐤉𐤃𐤅 𐤓𐤑𐤐𐤄 𐤁𐤌𐤋𐤒𐤇𐤉𐤌 𐤋𐤒𐤇 𐤌𐤏𐤋
𐤄𐤌𐤆𐤁𐤇•
𐤆 𐤅𐤉𐤂𐤏 𐤏𐤋 𐤐𐤉 𐤅𐤉𐤀𐤌𐤓 𐤄𐤍𐤄 𐤍𐤂𐤏 𐤆𐤄 𐤏𐤋 𐤔𐤐𐤕𐤉𐤊 𐤅𐤎𐤓 𐤏𐤅𐤍𐤊 𐤅𐤇𐤈𐤀𐤕𐤊
𐤕𐤊𐤐𐤓•
𐤇 𐤅𐤀𐤔𐤌𐤏 𐤀𐤕 𐤒𐤅𐤋 𐤀𐤃𐤍𐤉 𐤀𐤌𐤓 𐤀𐤕 𐤌𐤉 𐤀𐤔𐤋𐤇 𐤅𐤌𐤉 𐤉𐤋𐤊 𐤋𐤍𐤅 𐤅𐤀𐤌𐤓
𐤄𐤍𐤍𐤉 𐤔𐤋𐤇𐤍𐤉•
𐤈 𐤅𐤉𐤀𐤌𐤓 𐤋𐤊 𐤅𐤀𐤌𐤓𐤕 𐤋𐤏𐤌 𐤄𐤆𐤄 𐤔𐤌𐤏𐤅 𐤔𐤌𐤅𐤏 𐤅𐤀𐤋 𐤕𐤁𐤉𐤍𐤅 𐤅𐤓𐤀𐤅 𐤓𐤀𐤅
𐤅𐤀𐤋 𐤕𐤃𐤏𐤅•
𐤉 𐤄𐤔𐤌𐤍 𐤋𐤁 𐤄𐤏𐤌 𐤄𐤆𐤄 𐤅𐤀𐤆𐤍𐤉𐤅 𐤄𐤊𐤁𐤃 𐤅𐤏𐤉𐤍𐤉𐤅 𐤄𐤔𐤏 𐤐𐤍 𐤉𐤓𐤀𐤄
𐤁𐤏𐤉𐤍𐤉𐤅 𐤅𐤁𐤀𐤆𐤍𐤉𐤅 𐤉𐤔𐤌𐤏 𐤅𐤋𐤁𐤁𐤅 𐤉𐤁𐤉𐤍 𐤅𐤔𐤁 𐤅𐤓𐤐𐤀 𐤋𐤅•
𐤉𐤀 𐤅𐤀𐤌𐤓 𐤏𐤃 𐤌𐤕𐤉 𐤀𐤃𐤍𐤉 𐤅𐤉𐤀𐤌𐤓 𐤏𐤃 𐤀𐤔𐤓 𐤀𐤌 𐤔𐤀𐤅 𐤏𐤓𐤉𐤌 𐤌𐤀𐤉𐤍
𐤉𐤅𐤔𐤁 𐤅𐤁𐤕𐤉𐤌 𐤌𐤀𐤉𐤍 𐤀𐤃𐤌 𐤅𐤄𐤀𐤃𐤌𐤄 𐤕𐤔𐤀𐤄 𐤔𐤌𐤌𐤄•
𐤉𐤁 𐤅𐤓𐤇𐤒 𐤉𐤄𐤅𐤄 𐤀𐤕 𐤄𐤀𐤃𐤌 𐤅𐤓𐤁𐤄 𐤄𐤏𐤆𐤅𐤁𐤄 𐤁𐤒𐤓𐤁 𐤄𐤀𐤓𐤑•
𐤉𐤂 𐤅𐤏𐤅𐤃 𐤁𐤄 𐤏𐤔𐤓𐤉𐤄 𐤅𐤔𐤁𐤄 𐤅𐤄𐤉𐤕𐤄 𐤋𐤁𐤏𐤓 𐤊𐤀𐤋𐤄 𐤅𐤊𐤀𐤋𐤅𐤍 𐤀𐤔𐤓
𐤁𐤔𐤋𐤊𐤕 𐤌𐤑𐤁𐤕 𐤁𐤌 𐤆𐤓𐤏 𐤒𐤃𐤔 𐤌𐤑𐤁𐤕𐤄•

𐤐𐤓𐤒 𐤆

𐤀 𐤅𐤉𐤄𐤉 𐤁𐤉𐤌𐤉 𐤀𐤇𐤆 𐤁𐤍 𐤉𐤅𐤕𐤌 𐤁𐤍 𐤏𐤆𐤉𐤄𐤅 𐤌𐤋𐤊 𐤉𐤄𐤅𐤃𐤄 𐤏𐤋𐤄 𐤓𐤑𐤉𐤍
𐤌𐤋𐤊 𐤀𐤓𐤌 𐤅𐤐𐤒𐤇 𐤁𐤍 𐤓𐤌𐤋𐤉𐤄𐤅 𐤌𐤋𐤊 𐤉𐤔𐤓𐤀𐤋 𐤉𐤓𐤅𐤔𐤋𐤌 𐤋𐤌𐤋𐤇𐤌𐤄 𐤏𐤋𐤉𐤄
𐤅𐤋𐤀 𐤉𐤊𐤋 𐤋𐤄𐤋𐤇𐤌 𐤏𐤋𐤉𐤄•
𐤁 𐤅𐤉𐤂𐤃 𐤋𐤁𐤉𐤕 𐤃𐤅𐤃 𐤋𐤀𐤌𐤓 𐤍𐤇𐤄 𐤀𐤓𐤌 𐤏𐤋 𐤀𐤐𐤓𐤉𐤌 𐤅𐤉𐤍𐤏 𐤋𐤁𐤁𐤅 𐤅𐤋𐤁𐤁 𐤏𐤌𐤅
𐤊𐤍𐤅𐤏 𐤏𐤑𐤉 𐤉𐤏𐤓 𐤌𐤐𐤍𐤉 𐤓𐤅𐤇•

𐤂 𐤅𐤉𐤀𐤌𐤓 𐤉𐤄𐤅𐤄 𐤀𐤋 𐤉𐤔𐤏𐤉𐤄𐤅 𐤑𐤀 𐤍𐤀 𐤋𐤒𐤓𐤀𐤕 𐤀𐤇𐤆 𐤀𐤕𐤄 𐤅𐤔𐤀𐤓 𐤉𐤔𐤅𐤁
𐤁𐤍𐤊 𐤀𐤋 𐤒𐤑𐤄 𐤕𐤏𐤋𐤕 𐤄𐤁𐤓𐤊𐤄 𐤄𐤏𐤋𐤉𐤅𐤍𐤄 𐤀𐤋 𐤌𐤎𐤋𐤕 𐤔𐤃𐤄 𐤊𐤅𐤁𐤎.

𐤃 𐤅𐤀𐤌𐤓𐤕 𐤀𐤋𐤉𐤅 𐤄𐤔𐤌𐤓 𐤅𐤄𐤔𐤒𐤈 𐤀𐤋 𐤕𐤉𐤓𐤀 𐤅𐤋𐤁𐤁𐤊 𐤀𐤋 𐤉𐤓𐤊 𐤌𐤔𐤍𐤉
𐤆𐤍𐤁𐤅𐤕 𐤄𐤀𐤅𐤃𐤉𐤌 𐤄𐤏𐤔𐤍𐤉𐤌 𐤄𐤀𐤋𐤄 𐤁𐤇𐤓𐤉 𐤀𐤐 𐤓𐤑𐤉𐤍 𐤅𐤀𐤓𐤌 𐤅𐤁𐤍
𐤓𐤌𐤋𐤉𐤄𐤅.

𐤄 𐤉𐤏𐤍 𐤊𐤉 𐤉𐤏𐤑 𐤏𐤋𐤉𐤊 𐤀𐤓𐤌 𐤓𐤏𐤄 𐤀𐤐𐤓𐤉𐤌 𐤅𐤁𐤍 𐤓𐤌𐤋𐤉𐤄𐤅 𐤋𐤀𐤌𐤓.

𐤅 𐤍𐤏𐤋𐤄 𐤁𐤉𐤄𐤅𐤃𐤄 𐤅𐤍𐤒𐤉𐤑𐤍𐤄 𐤅𐤍𐤁𐤒𐤏𐤍𐤄 𐤀𐤋𐤉𐤍𐤅 𐤅𐤍𐤌𐤋𐤉𐤊 𐤌𐤋𐤊
𐤁𐤕𐤅𐤊𐤄 𐤀𐤕 𐤁𐤍 𐤈𐤁𐤀𐤋.

𐤆 𐤊𐤄 𐤀𐤌𐤓 𐤀𐤃𐤍𐤉 𐤉𐤄𐤅𐤄 𐤋𐤀 𐤕𐤒𐤅𐤌 𐤅𐤋𐤀 𐤕𐤄𐤉𐤄.

𐤇 𐤊𐤉 𐤓𐤀𐤔 𐤀𐤓𐤌 𐤃𐤌𐤔𐤒 𐤅𐤓𐤀𐤔 𐤃𐤌𐤔𐤒 𐤓𐤑𐤉𐤍 𐤅𐤁𐤏𐤅𐤃 𐤔𐤔𐤉𐤌 𐤅𐤇𐤌𐤔 𐤔𐤍𐤄
𐤉𐤇𐤕 𐤀𐤐𐤓𐤉𐤌 𐤌𐤏𐤌.

𐤈 𐤅𐤓𐤀𐤔 𐤀𐤐𐤓𐤉𐤌 𐤔𐤌𐤓𐤅𐤍 𐤅𐤓𐤀𐤔 𐤔𐤌𐤓𐤅𐤍 𐤁𐤍 𐤓𐤌𐤋𐤉𐤄𐤅 𐤀𐤌 𐤋𐤀 𐤕𐤀𐤌𐤉𐤍𐤅
𐤊𐤉 𐤋𐤀 𐤕𐤀𐤌𐤍𐤅.

𐤉 𐤅𐤉𐤅𐤎𐤐 𐤉𐤄𐤅𐤄 𐤃𐤁𐤓 𐤀𐤋 𐤀𐤇𐤆 𐤋𐤀𐤌𐤓.

𐤉𐤀 𐤔𐤀𐤋 𐤋𐤊 𐤀𐤅𐤕 𐤌𐤏𐤌 𐤉𐤄𐤅𐤄 𐤀𐤋𐤄𐤉𐤊 𐤄𐤏𐤌𐤒 𐤔𐤀𐤋𐤄 𐤀𐤅 𐤄𐤂𐤁𐤄
𐤋𐤌𐤏𐤋𐤄.

𐤉𐤁 𐤅𐤉𐤀𐤌𐤓 𐤀𐤇𐤆 𐤋𐤀 𐤀𐤔𐤀𐤋 𐤅𐤋𐤀 𐤀𐤍𐤎𐤄 𐤀𐤕 𐤉𐤄𐤅𐤄.

𐤉𐤂 𐤅𐤉𐤀𐤌𐤓 𐤔𐤌𐤏𐤅 𐤍𐤀 𐤁𐤉𐤕 𐤃𐤅𐤃 𐤄𐤌𐤏𐤈 𐤌𐤊𐤌 𐤄𐤋𐤀𐤅𐤕 𐤀𐤍𐤔𐤉𐤌 𐤊𐤉
𐤕𐤋𐤀𐤅 𐤂𐤌 𐤀𐤕 𐤀𐤋𐤄𐤉.

𐤉𐤃 𐤋𐤊𐤍 𐤉𐤕𐤍 𐤀𐤃𐤍𐤉 𐤄𐤅𐤀 𐤋𐤊𐤌 𐤀𐤅𐤕 𐤄𐤍𐤄 𐤄𐤏𐤋𐤌𐤄 𐤄𐤓𐤄 𐤅𐤉𐤋𐤃𐤕 𐤁𐤍
𐤅𐤒𐤓𐤀𐤕 𐤔𐤌𐤅 𐤏𐤌𐤍𐤅 𐤀𐤋.

𐤈𐤅 𐤇𐤌𐤀𐤄 𐤅𐤃𐤁𐤔 𐤉𐤀𐤊𐤋 𐤋𐤃𐤏𐤕𐤅 𐤌𐤀𐤅𐤎 𐤁𐤓𐤏 𐤅𐤁𐤇𐤅𐤓 𐤁𐤈𐤅𐤁.

𐤈𐤆 𐤊𐤉 𐤁𐤈𐤓𐤌 𐤉𐤃𐤏 𐤄𐤍𐤏𐤓 𐤌𐤀𐤎 𐤁𐤓𐤏 𐤅𐤁𐤇𐤅𐤓 𐤁𐤈𐤅𐤁 𐤕𐤏𐤆𐤁 𐤄𐤀𐤃𐤌𐤄 𐤀𐤔𐤓
𐤀𐤕𐤄 𐤒𐤑 𐤌𐤐𐤍𐤉 𐤔𐤍𐤉 𐤌𐤋𐤊𐤉𐤄.

𐤉𐤆 𐤉𐤁𐤉𐤀 𐤉𐤄𐤅𐤄 𐤏𐤋𐤉𐤊 𐤅𐤏𐤋 𐤏𐤌𐤊 𐤅𐤏𐤋 𐤁𐤉𐤕 𐤀𐤁𐤉𐤊 𐤉𐤌𐤉𐤌 𐤀𐤔𐤓 𐤋𐤀
𐤁𐤀𐤅 𐤋𐤌𐤉𐤅𐤌 𐤎𐤅𐤓 𐤀𐤐𐤓𐤉𐤌 𐤌𐤏𐤋 𐤉𐤄𐤅𐤃𐤄 𐤀𐤕 𐤌𐤋𐤊 𐤀𐤔𐤅𐤓.

𐤉𐤇 𐤅𐤄𐤉𐤄 𐤁𐤉𐤅𐤌 𐤄𐤄𐤅𐤀 𐤉𐤔𐤓𐤒 𐤉𐤄𐤅𐤄 𐤋𐤆𐤁𐤅𐤁 𐤀𐤔𐤓 𐤁𐤒𐤑𐤄 𐤉𐤀𐤓𐤉 𐤌𐤑𐤓𐤉𐤌
𐤅𐤋𐤃𐤁𐤅𐤓𐤄 𐤀𐤔𐤓 𐤁𐤀𐤓𐤑 𐤀𐤔𐤅𐤓.

𐤉𐤈 𐤅𐤁𐤀𐤅 𐤅𐤍𐤇𐤅 𐤊𐤋𐤌 𐤁𐤍𐤇𐤋𐤉 𐤄𐤁𐤕𐤅𐤕 𐤅𐤁𐤍𐤒𐤉𐤒𐤉 𐤄𐤎𐤋𐤏𐤉𐤌 𐤅𐤁𐤊𐤋
𐤄𐤍𐤏𐤑𐤅𐤑𐤉𐤌 𐤅𐤁𐤊𐤋 𐤄𐤍𐤄𐤋𐤋𐤉𐤌.

𐤊 𐤁𐤉𐤅𐤌 𐤄𐤄𐤅𐤀 𐤉𐤂𐤋𐤇 𐤀𐤃𐤍𐤉 𐤁𐤕𐤏𐤓 𐤄𐤔𐤊𐤉𐤓𐤄 𐤁𐤏𐤁𐤓𐤉 𐤍𐤄𐤓 𐤁𐤌𐤋𐤊 𐤀𐤔𐤅𐤓
𐤀𐤕 𐤄𐤓𐤀𐤔 𐤅𐤔𐤏𐤓 𐤄𐤓𐤂𐤋𐤉𐤌 𐤅𐤂𐤌 𐤀𐤕 𐤄𐤆𐤒𐤍 𐤕𐤎𐤐𐤄.

𐤊𐤀 𐤅𐤄𐤉𐤄 𐤁𐤉𐤅𐤌 𐤄𐤄𐤅𐤀 𐤉𐤇𐤉𐤄 𐤀𐤉𐤔 𐤏𐤂𐤋𐤕 𐤁𐤒𐤓 𐤅𐤔𐤕𐤉 𐤑𐤀𐤍.

𐤉𐤔𐤏𐤉𐤄

𐤊𐤁 𐤅𐤄𐤉𐤄 𐤌𐤓𐤁 𐤏𐤔𐤅𐤕 𐤇𐤋𐤁 𐤉𐤀𐤊𐤋 𐤇𐤌𐤀𐤄 𐤊𐤉 𐤇𐤌𐤀𐤄 𐤅𐤃𐤁𐤔 𐤉𐤀𐤊𐤋 𐤊𐤋
𐤄𐤍𐤅𐤕𐤓 𐤁𐤒𐤓𐤁 𐤄𐤀𐤓𐤑𐤟

𐤊𐤂 𐤅𐤄𐤉𐤄 𐤁𐤉𐤅𐤌 𐤄𐤄𐤅𐤀 𐤉𐤄𐤉𐤄 𐤊𐤋 𐤌𐤒𐤅𐤌 𐤀𐤔𐤓 𐤉𐤄𐤉𐤄 𐤔𐤌 𐤀𐤋𐤐 𐤂𐤐𐤍
𐤁𐤀𐤋𐤐 𐤊𐤎𐤐 𐤋𐤔𐤌𐤉𐤓 𐤅𐤋𐤔𐤉𐤕 𐤉𐤄𐤉𐤄𐤟

𐤊𐤃 𐤁𐤇𐤑𐤉𐤌 𐤅𐤁𐤒𐤔𐤕 𐤉𐤁𐤅𐤀 𐤔𐤌𐤄 𐤊𐤉 𐤔𐤌𐤉𐤓 𐤅𐤔𐤉𐤕 𐤕𐤄𐤉𐤄 𐤊𐤋 𐤄𐤀𐤓𐤑𐤟

𐤊𐤄 𐤅𐤊𐤋 𐤄𐤄𐤓𐤉𐤌 𐤀𐤔𐤓 𐤁𐤌𐤏𐤃𐤓 𐤉𐤏𐤃𐤓𐤅𐤍 𐤋𐤀 𐤕𐤁𐤅𐤀 𐤔𐤌𐤄 𐤉𐤓𐤀𐤕 𐤔𐤌𐤉𐤓
𐤅𐤔𐤉𐤕 𐤅𐤄𐤉𐤄 𐤋𐤌𐤔𐤋𐤇 𐤔𐤅𐤓 𐤅𐤋𐤌𐤓𐤌𐤎 𐤔𐤄𐤟

𐤐𐤒 𐤇

𐤀 𐤅𐤉𐤀𐤌𐤓 𐤉𐤄𐤅𐤄 𐤀𐤋𐤉 𐤒𐤇 𐤋𐤊 𐤂𐤋𐤉𐤅𐤍 𐤂𐤃𐤅𐤋 𐤅𐤊𐤕𐤁 𐤏𐤋𐤉𐤅 𐤁𐤇𐤓𐤈 𐤀𐤍𐤅𐤔
𐤋𐤌𐤄𐤓 𐤔𐤋𐤋 𐤇𐤔 𐤁𐤆𐤟

𐤁 𐤅𐤀𐤏𐤉𐤃𐤄 𐤋𐤉 𐤏𐤃𐤉𐤌 𐤍𐤀𐤌𐤍𐤉𐤌 𐤀𐤕 𐤀𐤅𐤓𐤉𐤄 𐤄𐤊𐤄𐤍 𐤅𐤀𐤕 𐤆𐤊𐤓𐤉𐤄𐤅 𐤁𐤍
𐤉𐤁𐤓𐤊𐤉𐤄𐤅𐤟

𐤂 𐤅𐤀𐤒𐤓𐤁 𐤀𐤋 𐤄𐤍𐤁𐤉𐤀𐤄 𐤅𐤕𐤄𐤓 𐤅𐤕𐤋𐤃 𐤁𐤍 𐤅𐤉𐤀𐤌𐤓 𐤉𐤄𐤅𐤄 𐤀𐤋𐤉 𐤒𐤓𐤀 𐤔𐤌𐤅
𐤌𐤄𐤓 𐤔𐤋𐤋 𐤇𐤔 𐤁𐤆𐤟

𐤃 𐤊𐤉 𐤁𐤈𐤓𐤌 𐤉𐤃𐤏 𐤄𐤍𐤏𐤓 𐤒𐤓𐤀 𐤀𐤁𐤉 𐤅𐤀𐤌𐤉 𐤉𐤔𐤀 𐤀𐤕 𐤇𐤉𐤋 𐤃𐤌𐤔𐤒 𐤅𐤀𐤕
𐤔𐤋𐤋 𐤔𐤌𐤓𐤅𐤍 𐤋𐤐𐤍𐤉 𐤌𐤋𐤊 𐤀𐤔𐤅𐤓𐤟

𐤄 𐤅𐤉𐤎𐤐 𐤉𐤄𐤅𐤄 𐤃𐤁𐤓 𐤀𐤋𐤉 𐤏𐤅𐤃 𐤋𐤀𐤌𐤓𐤟

𐤅 𐤉𐤏𐤍 𐤊𐤉 𐤌𐤀𐤎 𐤄𐤏𐤌 𐤄𐤆𐤄 𐤀𐤕 𐤌𐤉 𐤄𐤔𐤋𐤇 𐤄𐤄𐤋𐤊𐤉𐤌 𐤋𐤀𐤈 𐤅𐤌𐤔𐤅𐤔 𐤀𐤕
𐤓𐤑𐤉𐤍 𐤅𐤁𐤍 𐤓𐤌𐤋𐤉𐤄𐤅𐤟

𐤆 𐤅𐤋𐤊𐤍 𐤄𐤍𐤄 𐤀𐤃𐤍𐤉 𐤌𐤏𐤋𐤄 𐤏𐤋𐤉𐤄𐤌 𐤀𐤕 𐤌𐤉 𐤄𐤍𐤄𐤓 𐤄𐤏𐤑𐤅𐤌𐤉𐤌
𐤅𐤄𐤓𐤁𐤉𐤌 𐤀𐤕 𐤌𐤋𐤊 𐤀𐤔𐤅𐤓 𐤅𐤀𐤕 𐤊𐤋 𐤊𐤁𐤅𐤃𐤅 𐤅𐤏𐤋𐤄 𐤏𐤋 𐤊𐤋 𐤀𐤐𐤉𐤒𐤉𐤅 𐤅𐤄𐤋𐤊
𐤏𐤋 𐤊𐤋 𐤂𐤃𐤅𐤕𐤉𐤅𐤟

𐤇 𐤅𐤇𐤋𐤐 𐤁𐤉𐤄𐤅𐤃𐤄 𐤔𐤈𐤐 𐤅𐤏𐤁𐤓 𐤏𐤃 𐤑𐤅𐤀𐤓 𐤉𐤂𐤉𐤏 𐤅𐤄𐤉𐤄 𐤌𐤈𐤅𐤕 𐤊𐤍𐤐𐤉𐤅 𐤌𐤋𐤀
𐤓𐤇𐤁 𐤀𐤓𐤑𐤊 𐤏𐤌𐤍𐤅𐤀𐤋𐤟

𐤈 𐤓𐤏𐤅 𐤏𐤌𐤉𐤌 𐤅𐤇𐤕𐤅 𐤅𐤄𐤀𐤆𐤉𐤍𐤅 𐤊𐤋 𐤌𐤓𐤇𐤒𐤉 𐤀𐤓𐤑 𐤄𐤕𐤀𐤆𐤓𐤅 𐤅𐤇𐤕𐤅
𐤄𐤕𐤀𐤆𐤓𐤅 𐤅𐤇𐤕𐤅𐤟

𐤉 𐤏𐤑𐤅 𐤏𐤑𐤄 𐤅𐤕𐤐𐤓 𐤃𐤁𐤓𐤅 𐤃𐤁𐤓 𐤅𐤋𐤀 𐤉𐤒𐤅𐤌 𐤊𐤉 𐤏𐤌𐤍𐤅 𐤀𐤋𐤟

𐤉𐤀 𐤊𐤉 𐤊𐤄 𐤀𐤌𐤓 𐤉𐤄𐤅𐤄 𐤀𐤋𐤉 𐤁𐤇𐤆𐤒𐤕 𐤄𐤉𐤃 𐤅𐤉𐤎𐤓𐤍𐤉 𐤌𐤋𐤊𐤕 𐤁𐤃𐤓𐤊 𐤄𐤏𐤌
𐤄𐤆𐤄 𐤋𐤀𐤌𐤓𐤟

𐤉𐤁 𐤋𐤀 𐤕𐤀𐤌𐤓𐤅𐤍 𐤒𐤔𐤓 𐤋𐤊𐤋 𐤀𐤔𐤓 𐤉𐤀𐤌𐤓 𐤄𐤏𐤌 𐤄𐤆𐤄 𐤒𐤔𐤓 𐤅𐤀𐤕 𐤌𐤅𐤓𐤀𐤅
𐤋𐤀 𐤕𐤉𐤓𐤀𐤅 𐤅𐤋𐤀 𐤕𐤏𐤓𐤉𐤑𐤅𐤟

𐤉𐤂 𐤀𐤕 𐤉𐤄𐤅𐤄 𐤑𐤁𐤀𐤅𐤕 𐤀𐤕𐤅 𐤕𐤒𐤃𐤉𐤔𐤅 𐤅𐤄𐤅𐤀 𐤌𐤅𐤓𐤀𐤊𐤌 𐤅𐤄𐤅𐤀 𐤌𐤏𐤓𐤑𐤊𐤌𐤟

𐤉𐤔𐤏𐤉𐤄

𐤉𐤃 𐤅𐤄𐤉𐤄 𐤋𐤌𐤒𐤃𐤔 𐤅𐤋𐤀𐤁𐤍 𐤍𐤂𐤐 𐤅𐤋𐤑𐤅𐤓 𐤌𐤊𐤔𐤅𐤋 𐤋𐤔𐤍𐤉 𐤁𐤕𐤉 𐤉𐤔𐤓𐤀𐤋
𐤋𐤐𐤇 𐤅𐤋𐤌𐤅𐤒𐤔 𐤋𐤉𐤅𐤔𐤁 𐤉𐤓𐤅𐤔𐤋𐤌•
𐤈𐤅𐤅𐤊𐤔𐤋𐤅 𐤁𐤌 𐤓𐤁𐤉𐤌 𐤅𐤍𐤐𐤋𐤅 𐤅𐤍𐤔𐤁𐤓𐤅 𐤅𐤍𐤅𐤒𐤔𐤅 𐤅𐤍𐤋𐤊𐤃𐤅•
𐤈𐤆 𐤑𐤅𐤓 𐤕𐤏𐤅𐤃𐤄 𐤇𐤕𐤅𐤌 𐤕𐤅𐤓𐤄 𐤁𐤋𐤌𐤃𐤉•
𐤉𐤆 𐤅𐤇𐤊𐤉𐤕𐤉 𐤋𐤉𐤄𐤅𐤄 𐤄𐤌𐤎𐤕𐤉𐤓 𐤐𐤍𐤉𐤅 𐤌𐤁𐤉𐤕 𐤉𐤏𐤒𐤁 𐤅𐤒𐤅𐤉𐤕𐤉 𐤋𐤅•
𐤉𐤇 𐤄𐤍𐤄 𐤀𐤍𐤊𐤉 𐤅𐤄𐤉𐤋𐤃𐤉𐤌 𐤀𐤔𐤓 𐤍𐤕𐤍 𐤋𐤉 𐤉𐤄𐤅𐤄 𐤋𐤀𐤕𐤅𐤕 𐤅𐤋𐤌𐤅𐤐𐤕𐤉𐤌
𐤁𐤉𐤔𐤓𐤀𐤋 𐤌𐤏𐤌 𐤉𐤄𐤅𐤄 𐤑𐤁𐤀𐤅𐤕 𐤄𐤔𐤊𐤍 𐤁𐤄𐤓 𐤑𐤉𐤅𐤍•
𐤉𐤈𐤅𐤊𐤉 𐤉𐤀𐤌𐤓𐤅 𐤀𐤋𐤉𐤊𐤌 𐤃𐤓𐤔𐤅 𐤀𐤋 𐤄𐤀𐤁𐤅𐤕 𐤅𐤀𐤋 𐤄𐤉𐤃𐤏𐤍𐤉𐤌
𐤄𐤌𐤑𐤐𐤑𐤐𐤉𐤌 𐤅𐤄𐤌𐤄𐤂𐤉𐤌 𐤄𐤋𐤅𐤀 𐤏𐤌 𐤀𐤋 𐤀𐤋𐤄𐤉𐤅 𐤉𐤃𐤓𐤔 𐤁𐤏𐤃 𐤄𐤇𐤉𐤉𐤌 𐤀𐤋
𐤄𐤌𐤕𐤉𐤌•
𐤊 𐤋𐤕𐤅𐤓𐤄 𐤅𐤋𐤕𐤏𐤅𐤃𐤄 𐤀𐤌 𐤋𐤀 𐤉𐤀𐤌𐤓𐤅 𐤊𐤃𐤁𐤓 𐤄𐤆𐤄 𐤀𐤔𐤓 𐤀𐤉𐤍 𐤋𐤅 𐤔𐤇𐤓•
𐤊𐤀 𐤅𐤏𐤁𐤓 𐤁𐤄 𐤍𐤒𐤔𐤄 𐤅𐤓𐤏𐤁 𐤅𐤄𐤉𐤄 𐤊𐤉 𐤉𐤓𐤏𐤁 𐤅𐤄𐤕𐤒𐤑𐤐 𐤅𐤒𐤋𐤋 𐤁𐤌𐤋𐤊𐤅
𐤅𐤁𐤀𐤋𐤄𐤉𐤅 𐤅𐤐𐤍𐤄 𐤋𐤌𐤏𐤋𐤄•
𐤊𐤁𐤅𐤀𐤋 𐤀𐤓𐤑 𐤉𐤁𐤉𐤈 𐤅𐤄𐤍𐤄 𐤑𐤓𐤄 𐤅𐤇𐤔𐤊𐤄 𐤌𐤏𐤅𐤐 𐤑𐤅𐤒𐤄 𐤅𐤀𐤐𐤋𐤄 𐤌𐤍𐤃𐤇•
𐤊𐤂 𐤊𐤉 𐤋𐤀 𐤌𐤅𐤏𐤐 𐤋𐤀𐤔𐤓 𐤌𐤅𐤑𐤒 𐤋𐤄 𐤊𐤏𐤕 𐤄𐤓𐤀𐤔𐤅𐤍 𐤄𐤒𐤋 𐤀𐤓𐤑𐤄 𐤆𐤁𐤋𐤅𐤍
𐤅𐤀𐤓𐤑𐤄 𐤍𐤐𐤕𐤋𐤉 𐤅𐤄𐤀𐤇𐤓𐤅𐤍 𐤄𐤊𐤁𐤉𐤃 𐤃𐤓𐤊 𐤄𐤉𐤌 𐤏𐤁𐤓 𐤄𐤉𐤓𐤃𐤍 𐤂𐤋𐤉𐤋
𐤄𐤂𐤅𐤉𐤌•

𐤐𐤓𐤒 𐤈

𐤀𐤄𐤏𐤌 𐤄𐤄𐤋𐤊𐤉𐤌 𐤁𐤇𐤔𐤊 𐤓𐤀𐤅 𐤀𐤅𐤓 𐤂𐤃𐤅𐤋 𐤉𐤔𐤁𐤉 𐤁𐤀𐤓𐤑 𐤑𐤋𐤌𐤅𐤕 𐤀𐤅𐤓
𐤍𐤂𐤄 𐤏𐤋𐤉𐤄𐤌•
𐤁𐤄𐤓𐤁𐤉𐤕 𐤄𐤂𐤅𐤉 [𐤋𐤅] 𐤋𐤀 𐤄𐤂𐤃𐤋𐤕 𐤄𐤔𐤌𐤇𐤄 𐤔𐤌𐤇𐤅 𐤋𐤐𐤍𐤉𐤊 𐤊𐤔𐤌𐤇𐤕
𐤁𐤒𐤑𐤉𐤓 𐤊𐤀𐤔𐤓 𐤉𐤂𐤉𐤋𐤅 𐤁𐤇𐤋𐤒𐤌 𐤔𐤋𐤋•
𐤂𐤊𐤉 𐤀𐤕 𐤏𐤋 𐤎𐤁𐤋𐤅 𐤅𐤀𐤕 𐤌𐤈𐤄 𐤔𐤊𐤌𐤅 𐤔𐤁𐤈 𐤄𐤍𐤂𐤔 𐤁𐤅 𐤄𐤇𐤕𐤕 𐤊𐤉𐤅𐤌
𐤌𐤃𐤉𐤍•
𐤃𐤊𐤉 𐤊𐤋 𐤎𐤀𐤅𐤍 𐤎𐤀𐤍 𐤁𐤓𐤏𐤔 𐤅𐤔𐤌𐤋𐤄 𐤌𐤂𐤅𐤋𐤋𐤄 𐤁𐤃𐤌𐤉𐤌 𐤅𐤄𐤉𐤕𐤄 𐤋𐤔𐤓𐤐𐤄
𐤌𐤀𐤊𐤋𐤕 𐤀𐤔•
𐤄𐤊𐤉 𐤉𐤋𐤃 𐤉𐤋𐤃 𐤋𐤍𐤅 𐤁𐤍 𐤍𐤕𐤍 𐤋𐤍𐤅 𐤅𐤕𐤄𐤉 𐤄𐤌𐤔𐤓𐤄 𐤏𐤋 𐤔𐤊𐤌𐤅 𐤅𐤉𐤒𐤓𐤀
𐤔𐤌𐤅 𐤐𐤋𐤀 𐤉𐤅𐤏𐤑 𐤀𐤋 𐤂𐤁𐤅𐤓 𐤀𐤁𐤉 𐤏𐤃 𐤔𐤓 𐤔𐤋𐤅𐤌•
𐤅 𐤋𐤌𐤓𐤁𐤄 [𐤋𐤌𐤓𐤁𐤄] 𐤄𐤌𐤔𐤓𐤄 𐤅𐤋𐤔𐤋𐤅𐤌 𐤀𐤉𐤍 𐤒𐤑 𐤏𐤋 𐤊𐤎𐤀 𐤃𐤅𐤃 𐤅𐤏𐤋
𐤌𐤌𐤋𐤊𐤕𐤅 𐤋𐤄𐤊𐤉𐤍 𐤀𐤕𐤄 𐤅𐤋𐤎𐤏𐤃𐤄 𐤁𐤌𐤔𐤐𐤈 𐤅𐤁𐤑𐤃𐤒𐤄 𐤌𐤏𐤕𐤄 𐤅𐤏𐤃 𐤏𐤅𐤋𐤌
𐤒𐤍𐤀𐤕 𐤉𐤄𐤅𐤄 𐤑𐤁𐤀𐤅𐤕 𐤕𐤏𐤔𐤄 𐤆𐤀𐤕•
𐤆𐤃𐤁𐤓 𐤔𐤋𐤇 𐤀𐤃𐤍𐤉 𐤁𐤉𐤏𐤒𐤁 𐤅𐤍𐤐𐤋 𐤁𐤉𐤔𐤓𐤀𐤋•

𐤉𐤔𐤏𐤉𐤄

𐤇𐤅𐤉𐤃𐤏𐤅 𐤄𐤏𐤌 𐤊𐤋𐤅 𐤀𐤐𐤓𐤉𐤌 𐤅𐤉𐤅𐤔𐤁 𐤔𐤌𐤓𐤅𐤍 𐤁𐤂𐤀𐤅𐤄 𐤅𐤁𐤂𐤃𐤋 𐤋𐤁𐤁 𐤋𐤀𐤌𐤓•
𐤈𐤋𐤁𐤍𐤉𐤌 𐤍𐤐𐤋𐤅 𐤅𐤂𐤆𐤉𐤕 𐤍𐤁𐤍𐤄 𐤔𐤒𐤌𐤉𐤌 𐤂𐤃𐤏𐤅 𐤅𐤀𐤓𐤆𐤉𐤌 𐤍𐤇𐤋𐤉𐤐•
𐤉𐤅𐤉𐤔𐤂𐤁 𐤉𐤄𐤅𐤄 𐤀𐤕 𐤑𐤓𐤉 𐤓𐤑𐤉𐤍 𐤏𐤋𐤉𐤅 𐤅𐤀𐤕 𐤀𐤉𐤁𐤉𐤅 𐤉𐤎𐤊𐤎𐤊•
𐤉𐤀 𐤀𐤓𐤌 𐤌𐤒𐤃𐤌 𐤅𐤐𐤋𐤔𐤕𐤉𐤌 𐤌𐤀𐤇𐤅𐤓 𐤅𐤉𐤀𐤊𐤋𐤅 𐤀𐤕 𐤉𐤔𐤓𐤀𐤋 𐤁𐤊𐤋 𐤐𐤄 𐤁𐤊𐤋
𐤆𐤀𐤕 𐤋𐤀 𐤔𐤁 𐤀𐤐𐤅 𐤅𐤏𐤅𐤃 𐤉𐤃𐤅 𐤍𐤈𐤅𐤉𐤄•
𐤉𐤁 𐤅𐤄𐤏𐤌 𐤋𐤀 𐤔𐤁 𐤏𐤃 𐤄𐤌𐤊𐤄𐤅 𐤅𐤀𐤕 𐤉𐤄𐤅𐤄 𐤑𐤁𐤀𐤅𐤕 𐤋𐤀 𐤃𐤓𐤔𐤅•
𐤉𐤂 𐤅𐤉𐤊𐤓𐤕 𐤉𐤄𐤅𐤄 𐤌𐤉𐤔𐤓𐤀𐤋 𐤓𐤀𐤔 𐤅𐤆𐤍𐤁 𐤊𐤐𐤄 𐤅𐤀𐤂𐤌𐤅𐤍 𐤉𐤅𐤌 𐤀𐤇𐤃•
𐤉𐤃 𐤆𐤒𐤍 𐤅𐤍𐤔𐤅𐤀 𐤐𐤍𐤉𐤌 𐤄𐤅𐤀 𐤄𐤓𐤀𐤔 𐤅𐤍𐤁𐤉𐤀 𐤌𐤅𐤓𐤄 𐤔𐤒𐤓 𐤄𐤅𐤀 𐤄𐤆𐤍𐤁•
𐤈𐤅𐤅𐤉𐤄𐤉𐤅 𐤌𐤀𐤔𐤓𐤉 𐤄𐤏𐤌 𐤄𐤆𐤄 𐤌𐤕𐤏𐤉𐤌 𐤅𐤌𐤀𐤔𐤓𐤉𐤅 𐤌𐤁𐤋𐤏𐤉𐤌•
𐤈𐤆𐤏𐤋 𐤊𐤍 𐤏𐤋 𐤁𐤇𐤅𐤓𐤉𐤅 𐤋𐤀 𐤉𐤔𐤌𐤇 𐤀𐤃𐤍𐤉 𐤅𐤀𐤕 𐤉𐤕𐤌𐤉𐤅 𐤅𐤀𐤕
𐤀𐤋𐤌𐤍𐤕𐤉𐤅 𐤋𐤀 𐤉𐤓𐤇𐤌 𐤊𐤉 𐤊𐤋𐤅 𐤇𐤍𐤐 𐤅𐤌𐤓𐤏 𐤅𐤊𐤋 𐤐𐤄 𐤃𐤁𐤓 𐤍𐤁𐤋𐤄 𐤁𐤊𐤋 𐤆𐤀𐤕
𐤋𐤀 𐤔𐤁 𐤀𐤐𐤅 𐤅𐤏𐤅𐤃 𐤉𐤃𐤅 𐤍𐤈𐤅𐤉𐤄•
𐤉𐤆𐤊𐤉 𐤁𐤏𐤓𐤄 𐤊𐤀𐤔 𐤓𐤔𐤏𐤄 𐤔𐤌𐤉𐤓 𐤅𐤔𐤉𐤕 𐤕𐤀𐤊𐤋 𐤅𐤕𐤑𐤕 𐤁𐤎𐤁𐤊𐤉 𐤄𐤉𐤏𐤓
𐤅𐤉𐤕𐤀𐤁𐤊𐤅 𐤂𐤀𐤅𐤕 𐤏𐤔𐤍•
𐤉𐤇𐤁𐤏𐤁𐤓𐤕 𐤉𐤄𐤅𐤄 𐤑𐤁𐤀𐤅𐤕 𐤍𐤏𐤕𐤌 𐤀𐤓𐤑 𐤅𐤉𐤄𐤉 𐤄𐤏𐤌 𐤊𐤌𐤀𐤊𐤋𐤕 𐤀𐤔 𐤀𐤉𐤔
𐤀𐤋 𐤀𐤇𐤉𐤅 𐤋𐤀 𐤉𐤇𐤌𐤋𐤅•
𐤉𐤈𐤅𐤉𐤂𐤆𐤓 𐤏𐤋 𐤉𐤌𐤉𐤍 𐤅𐤓𐤏𐤁 𐤅𐤉𐤀𐤊𐤋 𐤏𐤋 𐤔𐤌𐤀𐤅𐤋 𐤅𐤋𐤀 𐤔𐤁𐤏𐤅 𐤀𐤉𐤔 𐤁𐤔𐤓
𐤆𐤓𐤏𐤅 𐤉𐤀𐤊𐤋𐤅•
𐤊 𐤌𐤍𐤔𐤄 𐤀𐤕 𐤀𐤐𐤓𐤉𐤌 𐤅𐤀𐤐𐤓𐤉𐤌 𐤀𐤕 𐤌𐤍𐤔𐤄 𐤉𐤇𐤃𐤅 𐤄𐤌𐤄 𐤏𐤋 𐤉𐤄𐤅𐤃𐤄 𐤁𐤊𐤋
𐤆𐤀𐤕 𐤋𐤀 𐤔𐤁 𐤀𐤐𐤅 𐤅𐤏𐤅𐤃 𐤉𐤃𐤅 𐤍𐤈𐤅𐤉𐤄•

𐤐𐤓𐤒 𐤉

𐤀𐤄𐤅𐤉 𐤄𐤇𐤒𐤒𐤉𐤌 𐤇𐤒𐤒𐤉 𐤀𐤅𐤍 𐤅𐤌𐤊𐤕𐤁𐤉𐤌 𐤏𐤌𐤋 𐤊𐤕𐤁𐤅•
𐤁𐤋𐤄𐤈𐤅𐤕 𐤌𐤃𐤉𐤍 𐤃𐤋𐤉𐤌 𐤅𐤋𐤂𐤆𐤋 𐤌𐤔𐤐𐤈 𐤏𐤍𐤉𐤉 𐤏𐤌𐤉 𐤋𐤄𐤉𐤅𐤕 𐤀𐤋𐤌𐤍𐤅𐤕
𐤔𐤋𐤋𐤌 𐤅𐤀𐤕 𐤉𐤕𐤅𐤌𐤉𐤌 𐤉𐤁𐤆𐤅•
𐤂𐤅𐤌𐤄 𐤕𐤏𐤔𐤅 𐤋𐤉𐤅𐤌 𐤐𐤒𐤃𐤄 𐤅𐤋𐤔𐤅𐤀𐤄 𐤌𐤌𐤓𐤇𐤒 𐤕𐤁𐤅𐤀 𐤏𐤋 𐤌𐤉 𐤕𐤍𐤅𐤎𐤅
𐤋𐤏𐤆𐤓𐤄 𐤅𐤀𐤍𐤄 𐤕𐤏𐤆𐤁𐤅 𐤊𐤁𐤅𐤃𐤊𐤌•
𐤃𐤁𐤋𐤕𐤉 𐤊𐤓𐤏 𐤕𐤇𐤕 𐤀𐤎𐤉𐤓 𐤅𐤕𐤇𐤕 𐤄𐤓𐤅𐤂𐤉𐤌 𐤉𐤐𐤋𐤅 𐤁𐤊𐤋 𐤆𐤀𐤕 𐤋𐤀 𐤔𐤁 𐤀𐤐𐤅
𐤅𐤏𐤅𐤃 𐤉𐤃𐤅 𐤍𐤈𐤅𐤉𐤄•
𐤄 𐤄𐤅𐤉 𐤀𐤔𐤅𐤓 𐤔𐤁𐤈 𐤀𐤐𐤉 𐤅𐤌𐤈𐤄 𐤄𐤅𐤀 𐤁𐤉𐤃𐤌 𐤆𐤏𐤌𐤉•
𐤅𐤁𐤂𐤅𐤉 𐤇𐤍𐤐 𐤀𐤔𐤋𐤇𐤍𐤅 𐤅𐤏𐤋 𐤏𐤌 𐤏𐤁𐤓𐤕𐤉 𐤀𐤑𐤅𐤍𐤅 𐤋𐤔𐤋𐤋 𐤔𐤋𐤋 𐤅𐤋𐤁𐤆 𐤁𐤆
𐤅𐤋𐤔𐤉𐤌𐤅 [𐤅𐤋𐤔𐤅𐤌𐤅] 𐤌𐤓𐤌𐤎 𐤊𐤇𐤌𐤓 𐤇𐤅𐤑𐤅𐤕•
𐤆𐤅𐤄𐤅𐤀 𐤋𐤀 𐤊𐤍 𐤉𐤃𐤌𐤄 𐤅𐤋𐤁𐤁𐤅 𐤋𐤀 𐤊𐤍 𐤉𐤇𐤔𐤁 𐤊𐤉 𐤋𐤄𐤔𐤌𐤉𐤃 𐤁𐤋𐤁𐤁𐤅

𐤅𐤋𐤄𐤊𐤓𐤉𐤕 𐤂𐤅𐤉𐤌 𐤋𐤀 𐤌𐤏𐤈•
𐤇 𐤊𐤉 𐤉𐤀𐤌𐤓 𐤄𐤋𐤀 𐤔𐤓𐤉 𐤉𐤇𐤃𐤅 𐤌𐤋𐤊𐤉𐤌•
𐤈 𐤄𐤋𐤀 𐤊𐤊𐤓𐤊𐤌𐤉𐤔 𐤊𐤋𐤍𐤅 𐤀𐤌 𐤋𐤀 𐤊𐤀𐤓𐤐𐤃 𐤇𐤌𐤕 𐤀𐤌 𐤋𐤀 𐤊𐤃𐤌𐤔𐤒 𐤔𐤌𐤓𐤅𐤍•
𐤉 𐤊𐤀𐤔𐤓 𐤌𐤑𐤀𐤄 𐤉𐤃𐤉 𐤋𐤌𐤌𐤋𐤊𐤕 𐤄𐤀𐤋𐤉𐤋 𐤅𐤐𐤎𐤉𐤋𐤉𐤄𐤌 𐤌𐤉𐤓𐤅𐤔𐤋𐤌
𐤅𐤌𐤔𐤌𐤓𐤅𐤍•
𐤉𐤀 𐤄𐤋𐤀 𐤊𐤀𐤔𐤓 𐤏𐤔𐤉𐤕𐤉 𐤋𐤔𐤌𐤓𐤅𐤍 𐤅𐤋𐤀𐤋𐤉𐤋𐤉𐤄 𐤊𐤍 𐤀𐤏𐤔𐤄 𐤋𐤉𐤓𐤅𐤔𐤋𐤌
𐤅𐤋𐤏𐤑𐤁𐤉𐤄•
𐤉𐤁 𐤅𐤄𐤉𐤄 𐤊𐤉 𐤉𐤁𐤑𐤏 𐤀𐤃𐤍𐤉 𐤀𐤕 𐤊𐤋 𐤌𐤏𐤔𐤄𐤅 𐤁𐤄𐤓 𐤑𐤉𐤅𐤍 𐤅𐤁𐤉𐤓𐤅𐤔𐤋𐤌
𐤀𐤐𐤒𐤃 𐤏𐤋 𐤐𐤓𐤉 𐤂𐤃𐤋 𐤋𐤁𐤁 𐤌𐤋𐤊 𐤀𐤔𐤅𐤓 𐤅𐤏𐤋 𐤕𐤐𐤀𐤓𐤕 𐤓𐤅𐤌 𐤏𐤉𐤍𐤉𐤅•
𐤉𐤂 𐤊𐤉 𐤀𐤌𐤓 𐤁𐤊𐤇 𐤉𐤃𐤉 𐤏𐤔𐤉𐤕𐤉 𐤅𐤁𐤇𐤊𐤌𐤕𐤉 𐤊𐤉 𐤍𐤁𐤍𐤅𐤕𐤉 𐤅𐤀𐤎𐤉𐤓
𐤂𐤁𐤅𐤋𐤕 𐤏𐤌𐤉𐤌 𐤅𐤏𐤕𐤉𐤃𐤕𐤉𐤄𐤌 [𐤅𐤏𐤕𐤅𐤃𐤅𐤕𐤉𐤄𐤌] 𐤔𐤅𐤔𐤕𐤉 𐤅𐤀𐤅𐤓𐤉𐤃 𐤊𐤀𐤁𐤉𐤓
[𐤊𐤁𐤉𐤓] 𐤉𐤅𐤔𐤁𐤉𐤌•
𐤉𐤃 𐤅𐤕𐤌𐤑𐤀 𐤊𐤒𐤍 𐤉𐤃𐤉 𐤋𐤇𐤉𐤋 𐤄𐤏𐤌𐤉𐤌 𐤅𐤊𐤀𐤎𐤐 𐤁𐤉𐤑𐤉𐤌 𐤏𐤆𐤁𐤅𐤕 𐤊𐤋
𐤄𐤀𐤓𐤑 𐤀𐤍𐤉 𐤀𐤎𐤐𐤕𐤉 𐤅𐤋𐤀 𐤄𐤉𐤄 𐤍𐤃𐤃 𐤊𐤍𐤐 𐤅𐤐𐤑𐤄 𐤐𐤄 𐤅𐤌𐤑𐤐𐤑𐤐•
𐤈𐤅 𐤄𐤉𐤕𐤐𐤀𐤓 𐤄𐤂𐤓𐤆𐤍 𐤏𐤋 𐤄𐤇𐤑𐤁 𐤁𐤅 𐤀𐤌 𐤉𐤕𐤂𐤃𐤋 𐤄𐤌𐤔𐤅𐤓 𐤏𐤋 𐤌𐤍𐤉𐤐𐤅
𐤊𐤄𐤍𐤉𐤐 𐤔𐤁𐤈 𐤅𐤀𐤕 𐤌𐤓𐤉𐤌𐤉𐤅 𐤊𐤄𐤓𐤉𐤌 𐤌𐤈𐤄 𐤋𐤀 𐤏𐤑•
𐤈𐤆 𐤋𐤊𐤍 𐤉𐤔𐤋𐤇 𐤄𐤀𐤃𐤅𐤍 𐤀𐤃𐤍𐤉 𐤑𐤁𐤀𐤅𐤕 𐤁𐤌𐤔𐤌𐤍𐤉𐤅 𐤓𐤆𐤅𐤍 𐤅𐤕𐤇𐤕 𐤊𐤁𐤃𐤅
𐤉𐤒𐤃 𐤉𐤒𐤃 𐤊𐤉𐤒𐤅𐤃 𐤀𐤔•
𐤉𐤆 𐤅𐤄𐤉𐤄 𐤀𐤅𐤓 𐤉𐤔𐤓𐤀𐤋 𐤋𐤀𐤔 𐤅𐤒𐤃𐤅𐤔𐤅 𐤋𐤋𐤄𐤁𐤄 𐤅𐤁𐤏𐤓𐤄 𐤅𐤀𐤊𐤋𐤄 𐤔𐤉𐤕𐤅
𐤅𐤔𐤌𐤉𐤓𐤅 𐤁𐤉𐤅𐤌 𐤀𐤇𐤃•
𐤉𐤇 𐤅𐤊𐤁𐤅𐤃 𐤉𐤏𐤓𐤅 𐤅𐤊𐤓𐤌𐤋𐤅 𐤌𐤍𐤐𐤔 𐤅𐤏𐤃 𐤁𐤔𐤓 𐤉𐤊𐤋𐤄 𐤅𐤄𐤉𐤄 𐤊𐤌𐤎𐤎 𐤍𐤎𐤎•
𐤉𐤈 𐤅𐤔𐤀𐤓 𐤏𐤑 𐤉𐤏𐤓𐤅 𐤌𐤎𐤐𐤓 𐤉𐤄𐤉𐤅 𐤅𐤍𐤏𐤓 𐤉𐤊𐤕𐤁𐤌•
𐤊 𐤅𐤄𐤉𐤄 𐤁𐤉𐤅𐤌 𐤄𐤄𐤅𐤀 𐤋𐤀 𐤉𐤅𐤎𐤉𐤐 𐤏𐤅𐤃 𐤔𐤀𐤓 𐤉𐤔𐤓𐤀𐤋 𐤅𐤐𐤋𐤉𐤈𐤕 𐤁𐤉𐤕
𐤉𐤏𐤒𐤁 𐤋𐤄𐤔𐤏𐤍 𐤏𐤋 𐤌𐤊𐤄𐤅 𐤅𐤍𐤔𐤏𐤍 𐤏𐤋 𐤉𐤄𐤅𐤄 𐤒𐤃𐤅𐤔 𐤉𐤔𐤓𐤀𐤋 𐤁𐤀𐤌𐤕•
𐤊𐤀 𐤔𐤀𐤓 𐤉𐤔𐤅𐤁 𐤔𐤀𐤓 𐤉𐤏𐤒𐤁 𐤀𐤋 𐤀𐤋 𐤂𐤁𐤅𐤓•
𐤊𐤁 𐤊𐤉 𐤀𐤌 𐤉𐤄𐤉𐤄 𐤏𐤌𐤊 𐤉𐤔𐤓𐤀𐤋 𐤊𐤇𐤅𐤋 𐤄𐤉𐤌 𐤔𐤀𐤓 𐤉𐤔𐤅𐤁 𐤁𐤅 𐤊𐤋𐤉𐤅𐤍
𐤇𐤓𐤅𐤑 𐤔𐤅𐤈𐤐 𐤑𐤃𐤒𐤄•
𐤊𐤂 𐤊𐤉 𐤊𐤋𐤄 𐤅𐤍𐤇𐤓𐤑𐤄 𐤀𐤃𐤍𐤉 𐤉𐤄𐤅𐤄 𐤑𐤁𐤀𐤅𐤕 𐤏𐤔𐤄 𐤁𐤒𐤓𐤁 𐤊𐤋 𐤄𐤀𐤓𐤑•
𐤊𐤃 𐤋𐤊𐤍 𐤊𐤄 𐤀𐤌𐤓 𐤀𐤃𐤍𐤉 𐤉𐤄𐤅𐤄 𐤑𐤁𐤀𐤅𐤕 𐤀𐤋 𐤕𐤉𐤓𐤀 𐤏𐤌𐤉 𐤉𐤔𐤁 𐤑𐤉𐤅𐤍
𐤌𐤀𐤔𐤅𐤓 𐤁𐤔𐤁𐤈 𐤉𐤊𐤊𐤄 𐤅𐤌𐤈𐤄𐤅 𐤉𐤔𐤀 𐤏𐤋𐤉𐤊 𐤁𐤃𐤓𐤊 𐤌𐤑𐤓𐤉𐤌•
𐤊𐤄 𐤊𐤉 𐤏𐤅𐤃 𐤌𐤏𐤈 𐤌𐤆𐤏𐤓 𐤅𐤊𐤋𐤄 𐤆𐤏𐤌 𐤅𐤀𐤐𐤉 𐤏𐤋 𐤕𐤁𐤋𐤉𐤕𐤌•
𐤊𐤅 𐤅𐤏𐤅𐤓𐤓 𐤏𐤋𐤉𐤅 𐤉𐤄𐤅𐤄 𐤑𐤁𐤀𐤅𐤕 𐤔𐤅𐤈 𐤊𐤌𐤊𐤕 𐤌𐤃𐤉𐤍 𐤁𐤑𐤅𐤓 𐤏𐤅𐤓𐤁 𐤅𐤌𐤈𐤄𐤅
𐤏𐤋 𐤄𐤉𐤌 𐤅𐤍𐤔𐤀𐤅 𐤁𐤃𐤓𐤊 𐤌𐤑𐤓𐤉𐤌•

𐤊𐤆 𐤅𐤄𐤉𐤄 𐤁𐤉𐤅𐤌 𐤄𐤄𐤅𐤀 𐤉𐤎𐤅𐤓 𐤎𐤁𐤋𐤅 𐤌𐤏𐤋 𐤔𐤊𐤌𐤊 𐤅𐤏𐤋𐤅 𐤌𐤏𐤋 𐤑𐤅𐤀𐤓𐤊 𐤅𐤇𐤁𐤋 𐤏𐤋 𐤌𐤐𐤍𐤉 𐤔𐤌𐤍.

𐤊𐤇 𐤁𐤀 𐤏𐤋 𐤏𐤉𐤕 𐤏𐤁𐤓 𐤁𐤌𐤂𐤓𐤅𐤍 𐤋𐤌𐤊𐤌𐤔 𐤉𐤐𐤒𐤉𐤃 𐤊𐤋𐤉𐤅.

𐤊𐤈 𐤏𐤁𐤓𐤅 𐤌𐤏𐤁𐤓𐤄 𐤂𐤁𐤏 𐤌𐤋𐤅𐤍 𐤋𐤍𐤅 𐤇𐤓𐤃𐤄 𐤄𐤓𐤌𐤄 𐤂𐤁𐤏𐤕 𐤔𐤀𐤅𐤋 𐤍𐤎𐤄.

𐤋 𐤑𐤄𐤋𐤉 𐤒𐤅𐤋𐤊 𐤁𐤕 𐤂𐤋𐤉𐤌 𐤄𐤒𐤔𐤉𐤁𐤄 𐤋𐤉𐤔𐤄 𐤏𐤍𐤉𐤄 𐤏𐤍𐤕𐤅𐤕.

𐤋𐤀 𐤍𐤃𐤃𐤄 𐤌𐤃𐤌𐤍𐤄 𐤉𐤔𐤁𐤉 𐤄𐤂𐤁𐤉𐤌 𐤄𐤏𐤉𐤆𐤅.

𐤋𐤁 𐤏𐤅𐤃 𐤄𐤉𐤅𐤌 𐤁𐤍𐤁 𐤋𐤏𐤌𐤃 𐤉𐤍𐤐𐤐 𐤉𐤃𐤅 𐤄𐤓 𐤁𐤉𐤕 [𐤁𐤕] 𐤑𐤉𐤅𐤍 𐤂𐤁𐤏𐤕 𐤉𐤓𐤅𐤔𐤋𐤌.

𐤋𐤂 𐤄𐤍𐤄 𐤄𐤀𐤃𐤅𐤍 𐤉𐤄𐤅𐤄 𐤑𐤁𐤀𐤅𐤕 𐤌𐤎𐤏𐤐 𐤐𐤀𐤓𐤄 𐤁𐤌𐤏𐤓𐤑𐤄 𐤅𐤓𐤌𐤉 𐤄𐤒𐤅𐤌𐤄 𐤂𐤃𐤅𐤏𐤉𐤌 𐤅𐤄𐤂𐤁𐤄𐤉𐤌 𐤉𐤔𐤐𐤋𐤅.

𐤋𐤃 𐤅𐤍𐤒𐤐 𐤎𐤁𐤊𐤉 𐤄𐤉𐤏𐤓 𐤁𐤁𐤓𐤆𐤋 𐤅𐤄𐤋𐤁𐤍𐤅𐤍 𐤁𐤀𐤃𐤉𐤓 𐤉𐤐𐤅𐤋.

𐤐𐤓𐤒 𐤉𐤀

𐤀 𐤅𐤉𐤑𐤀 𐤇𐤈𐤓 𐤌𐤂𐤆𐤏 𐤉𐤔𐤉 𐤅𐤍𐤑𐤓 𐤌𐤔𐤓𐤔𐤉𐤅 𐤉𐤐𐤓𐤄.

𐤁 𐤅𐤍𐤇𐤄 𐤏𐤋𐤉𐤅 𐤓𐤅𐤇 𐤉𐤄𐤅𐤄 𐤓𐤅𐤇 𐤇𐤊𐤌𐤄 𐤅𐤁𐤉𐤍𐤄 𐤓𐤅𐤇 𐤏𐤑𐤄 𐤅𐤂𐤁𐤅𐤓𐤄 𐤓𐤅𐤇 𐤃𐤏𐤕 𐤅𐤉𐤓𐤀𐤕 𐤉𐤄𐤅𐤄.

𐤂 𐤅𐤄𐤓𐤉𐤇𐤅 𐤁𐤉𐤓𐤀𐤕 𐤉𐤄𐤅𐤄 𐤅𐤋𐤀 𐤋𐤌𐤓𐤀𐤄 𐤏𐤉𐤍𐤉𐤅 𐤉𐤔𐤐𐤅𐤈 𐤅𐤋𐤀 𐤋𐤌𐤔𐤌𐤏 𐤀𐤆𐤍𐤉𐤅 𐤉𐤅𐤊𐤉𐤇.

𐤃 𐤅𐤔𐤐𐤈 𐤁𐤑𐤃𐤒 𐤃𐤋𐤉𐤌 𐤅𐤄𐤅𐤊𐤉𐤇 𐤁𐤌𐤉𐤔𐤅𐤓 𐤋𐤏𐤍𐤅𐤉 𐤀𐤓𐤑 𐤅𐤄𐤊𐤄 𐤀𐤓𐤑 𐤁𐤔𐤁𐤈 𐤐𐤉𐤅 𐤅𐤁𐤓𐤅𐤇 𐤔𐤐𐤕𐤉𐤅 𐤉𐤌𐤉𐤕 𐤓𐤔𐤏.

𐤄 𐤅𐤄𐤉𐤄 𐤑𐤃𐤒 𐤀𐤆𐤅𐤓 𐤌𐤕𐤍𐤉𐤅 𐤅𐤄𐤀𐤌𐤅𐤍𐤄 𐤀𐤆𐤅𐤓 𐤇𐤋𐤑𐤉𐤅.

𐤅 𐤅𐤂𐤓 𐤆𐤀𐤁 𐤏𐤌 𐤊𐤁𐤔 𐤅𐤍𐤌𐤓 𐤏𐤌 𐤂𐤃𐤉 𐤉𐤓𐤁𐤑 𐤅𐤏𐤂𐤋 𐤅𐤊𐤐𐤉𐤓 𐤅𐤌𐤓𐤉𐤀 𐤉𐤇𐤃𐤅 𐤅𐤍𐤏𐤓 𐤒𐤈𐤍 𐤍𐤄𐤂 𐤁𐤌.

𐤆 𐤅𐤐𐤓𐤄 𐤅𐤃𐤁 𐤕𐤓𐤏𐤉𐤍𐤄 𐤉𐤇𐤃𐤅 𐤉𐤓𐤁𐤑𐤅 𐤉𐤋𐤃𐤉𐤄𐤍 𐤅𐤀𐤓𐤉𐤄 𐤊𐤁𐤒𐤓 𐤉𐤀𐤊𐤋 𐤕𐤁𐤍.

𐤇 𐤅𐤔𐤏𐤔𐤏 𐤉𐤅𐤍𐤒 𐤏𐤋 𐤇𐤓 𐤐𐤕𐤍 𐤅𐤏𐤋 𐤌𐤀𐤅𐤓𐤕 𐤑𐤐𐤏𐤅𐤍𐤉 𐤂𐤌𐤅𐤋 𐤉𐤃𐤅 𐤄𐤃𐤄.

𐤈 𐤋𐤀 𐤉𐤓𐤏𐤅 𐤅𐤋𐤀 𐤉𐤔𐤇𐤉𐤕𐤅 𐤁𐤊𐤋 𐤄𐤓 𐤒𐤃𐤔𐤉 𐤊𐤉 𐤌𐤋𐤀𐤄 𐤄𐤀𐤓𐤑 𐤃𐤏𐤄 𐤀𐤕 𐤉𐤄𐤅𐤄 𐤊𐤌𐤉𐤌 𐤋𐤉𐤌 𐤌𐤊𐤎𐤉𐤌.

𐤉 𐤅𐤄𐤉𐤄 𐤁𐤉𐤅𐤌 𐤄𐤄𐤅𐤀 𐤔𐤓𐤔 𐤉𐤔𐤉 𐤀𐤔𐤓 𐤏𐤌𐤃 𐤋𐤍𐤎 𐤏𐤌𐤉𐤌 𐤀𐤋𐤉𐤅 𐤂𐤅𐤉𐤌 𐤉𐤃𐤓𐤔𐤅 𐤅𐤄𐤉𐤕𐤄 𐤌𐤍𐤇𐤕𐤅 𐤊𐤁𐤅𐤃.

𐤉𐤀 𐤅𐤄𐤉𐤄 𐤁𐤉𐤅𐤌 𐤄𐤄𐤅𐤀 𐤉𐤅𐤎𐤉𐤐 𐤀𐤃𐤍𐤉 𐤔𐤍𐤉𐤕 𐤉𐤃𐤅 𐤋𐤒𐤍𐤅𐤕 𐤀𐤕 𐤔𐤀𐤓 𐤏𐤌𐤅 𐤀𐤔𐤓 𐤉𐤔𐤀𐤓 𐤌𐤀𐤔𐤅𐤓 𐤅𐤌𐤌𐤑𐤓𐤉𐤌 𐤅𐤌𐤐𐤕𐤓𐤅𐤎 𐤅𐤌𐤊𐤅𐤔 𐤅𐤌𐤏𐤉𐤋𐤌 𐤅𐤌𐤔𐤍𐤏𐤓 𐤅𐤌𐤇𐤌𐤕 𐤅𐤌𐤀𐤉𐤉 𐤄𐤉𐤌.

𐤉𐤁 𐤅𐤍𐤔𐤀 𐤍𐤎 𐤋𐤂𐤅𐤉𐤌 𐤅𐤀𐤎𐤐 𐤍𐤃𐤇𐤉 𐤉𐤔𐤓𐤀𐤋 𐤅𐤍𐤐𐤑𐤅𐤕 𐤉𐤄𐤅𐤃𐤄 𐤉𐤒𐤁𐤑 𐤌𐤀𐤓𐤁𐤏 𐤊𐤍𐤐𐤅𐤕 𐤄𐤀𐤓𐤑•

𐤉𐤂 𐤅𐤎𐤓𐤄 𐤒𐤍𐤀𐤕 𐤀𐤐𐤓𐤉𐤌 𐤅𐤑𐤓𐤓𐤉 𐤉𐤄𐤅𐤃𐤄 𐤉𐤊𐤓𐤕𐤅 𐤀𐤐𐤓𐤉𐤌 𐤋𐤀 𐤉𐤒𐤍𐤀 𐤀𐤕 𐤉𐤄𐤅𐤃𐤄 𐤅𐤉𐤄𐤅𐤃𐤄 𐤋𐤀 𐤉𐤑𐤓 𐤀𐤕 𐤀𐤐𐤓𐤉𐤌•

𐤉𐤃 𐤅𐤏𐤐𐤅 𐤁𐤊𐤕𐤐 𐤐𐤋𐤔𐤕𐤉𐤌 𐤉𐤌𐤄 𐤉𐤇𐤃𐤅 𐤉𐤁𐤆𐤅 𐤀𐤕 𐤁𐤍𐤉 𐤒𐤃𐤌 𐤀𐤃𐤅𐤌 𐤅𐤌𐤅𐤀𐤁 𐤌𐤔𐤋𐤅𐤇 𐤉𐤃𐤌 𐤅𐤁𐤍𐤉 𐤏𐤌𐤅𐤍 𐤌𐤔𐤌𐤏𐤕𐤌•

𐤈𐤅 𐤅𐤄𐤇𐤓𐤉𐤌 𐤉𐤄𐤅𐤄 𐤀𐤕 𐤋𐤔𐤅𐤍 𐤉𐤌 𐤌𐤑𐤓𐤉𐤌 𐤅𐤄𐤍𐤉𐤐 𐤉𐤃𐤅 𐤏𐤋 𐤄𐤍𐤄𐤓 𐤁𐤏𐤉𐤌 𐤓𐤅𐤇𐤅 𐤅𐤄𐤊𐤄𐤅 𐤋𐤔𐤁𐤏𐤄 𐤍𐤇𐤋𐤉𐤌 𐤅𐤄𐤃𐤓𐤉𐤊 𐤁𐤍𐤏𐤋𐤉𐤌•

𐤈𐤆 𐤅𐤄𐤉𐤕𐤄 𐤌𐤎𐤋𐤄 𐤋𐤔𐤀𐤓 𐤏𐤌𐤅 𐤀𐤔𐤓 𐤉𐤔𐤀𐤓 𐤌𐤀𐤔𐤅𐤓 𐤊𐤀𐤔𐤓 𐤄𐤉𐤕𐤄 𐤋𐤉𐤔𐤓𐤀𐤋 𐤁𐤉𐤅𐤌 𐤏𐤋𐤕𐤅 𐤌𐤀𐤓𐤑 𐤌𐤑𐤓𐤉𐤌•

𐤐𐤓𐤒 𐤉𐤁

𐤀 𐤅𐤀𐤌𐤓𐤕 𐤁𐤉𐤅𐤌 𐤄𐤄𐤅𐤀 𐤀𐤅𐤃𐤊 𐤉𐤄𐤅𐤄 𐤊𐤉 𐤀𐤍𐤐𐤕 𐤁𐤉 𐤉𐤔𐤁 𐤀𐤐𐤊 𐤅𐤕𐤍𐤇𐤌𐤍𐤉•

𐤁 𐤄𐤍𐤄 𐤀𐤋 𐤉𐤔𐤅𐤏𐤕𐤉 𐤀𐤁𐤈𐤇 𐤅𐤋𐤀 𐤀𐤐𐤇𐤃 𐤊𐤉 𐤏𐤆𐤉 𐤅𐤆𐤌𐤓𐤕 𐤉𐤄 𐤉𐤄𐤅𐤄 𐤅𐤉𐤄𐤉 𐤋𐤉 𐤋𐤉𐤔𐤅𐤏𐤄•

𐤂 𐤅𐤔𐤀𐤁𐤕𐤌 𐤌𐤉𐤌 𐤁𐤔𐤔𐤅𐤍 𐤌𐤌𐤏𐤉𐤍𐤉 𐤄𐤉𐤔𐤅𐤏𐤄•

𐤃 𐤅𐤀𐤌𐤓𐤕𐤌 𐤁𐤉𐤅𐤌 𐤄𐤄𐤅𐤀 𐤄𐤅𐤃𐤅 𐤋𐤉𐤄𐤅𐤄 𐤒𐤓𐤀𐤅 𐤁𐤔𐤌𐤅 𐤄𐤅𐤃𐤉𐤏𐤅 𐤁𐤏𐤌𐤉𐤌 𐤏𐤋𐤉𐤋𐤕𐤉𐤅 𐤄𐤆𐤊𐤉𐤓𐤅 𐤊𐤉 𐤍𐤔𐤂𐤁 𐤔𐤌𐤅•

𐤄 𐤆𐤌𐤓𐤅 𐤉𐤄𐤅𐤄 𐤊𐤉 𐤂𐤀𐤅𐤕 𐤏𐤔𐤄 𐤌𐤉𐤃𐤏𐤕 [𐤌𐤅𐤃𐤏𐤕] 𐤆𐤀𐤕 𐤁𐤊𐤋 𐤄𐤀𐤓𐤑•

𐤅 𐤑𐤄𐤋𐤉 𐤅𐤓𐤍𐤉 𐤉𐤅𐤔𐤁𐤕 𐤑𐤉𐤅𐤍 𐤊𐤉 𐤂𐤃𐤅𐤋 𐤁𐤒𐤓𐤁𐤊 𐤒𐤃𐤅𐤔 𐤉𐤔𐤓𐤀𐤋•

𐤐𐤓𐤒 𐤉𐤂

𐤀 𐤌𐤔𐤀 𐤁𐤁𐤋 𐤀𐤔𐤓 𐤇𐤆𐤄 𐤉𐤔𐤏𐤉𐤄𐤅 𐤁𐤍 𐤀𐤌𐤅𐤑•

𐤁 𐤏𐤋 𐤄𐤓 𐤍𐤔𐤐𐤄 𐤔𐤀𐤅 𐤍𐤎 𐤄𐤓𐤉𐤌𐤅 𐤒𐤅𐤋 𐤋𐤄𐤌 𐤄𐤍𐤉𐤐𐤅 𐤉𐤃 𐤅𐤉𐤁𐤀𐤅 𐤐𐤕𐤇𐤉 𐤍𐤃𐤉𐤁𐤉𐤌•

𐤂 𐤀𐤍𐤉 𐤑𐤅𐤉𐤕𐤉 𐤋𐤌𐤒𐤃𐤔𐤉 𐤂𐤌 𐤒𐤓𐤀𐤕𐤉 𐤂𐤁𐤅𐤓𐤉 𐤋𐤀𐤐𐤉 𐤏𐤋𐤉𐤆𐤉 𐤂𐤀𐤅𐤕𐤉•

𐤃 𐤒𐤅𐤋 𐤄𐤌𐤅𐤍 𐤁𐤄𐤓𐤉𐤌 𐤃𐤌𐤅𐤕 𐤏𐤌 𐤓𐤁 𐤒𐤅𐤋 𐤔𐤀𐤅𐤍 𐤌𐤌𐤋𐤊𐤅𐤕 𐤂𐤅𐤉𐤌 𐤍𐤀𐤎𐤐𐤉𐤌 𐤉𐤄𐤅𐤄 𐤑𐤁𐤀𐤅𐤕 𐤌𐤐𐤒𐤃 𐤑𐤁𐤀 𐤌𐤋𐤇𐤌𐤄•

𐤄 𐤁𐤀𐤉𐤌 𐤌𐤀𐤓𐤑 𐤌𐤓𐤇𐤒 𐤌𐤒𐤑𐤄 𐤄𐤔𐤌𐤉𐤌 𐤉𐤄𐤅𐤄 𐤅𐤊𐤋𐤉 𐤆𐤏𐤌𐤅 𐤋𐤇𐤁𐤋 𐤊𐤋 𐤄𐤀𐤓𐤑•

𐤅 𐤄𐤉𐤋𐤉𐤋𐤅 𐤊𐤉 𐤒𐤓𐤅𐤁 𐤉𐤅𐤌 𐤉𐤄𐤅𐤄 𐤊𐤔𐤃 𐤌𐤔𐤃𐤉 𐤉𐤁𐤅𐤀•

𐤆 𐤏𐤋 𐤊𐤍 𐤊𐤋 𐤉𐤃𐤉𐤌 𐤕𐤓𐤐𐤉𐤍𐤄 𐤅𐤊𐤋 𐤋𐤁𐤁 𐤀𐤍𐤅𐤔 𐤉𐤌𐤎•

ח ונבהלו צירים וחבלים יאחזון כיולדה יחילון איש אל
רעהו יתמהו פני להבים פניהם•
ט הנה יום יהוה בא אכזרי ועברה וחרון אף לשום הארץ לשמה
וחטאיה ישמיד ממנה•
י כי כוכבי השמים וכסיליהם לא יהלו אורם חשך השמש
בצאתו וירח לא יגיה אורו•
יא ופקדתי על תבל רעה ועל רשעים עונם והשבתי גאון זדים
וגאות עריצים אשפיל•
יב אוקיר אנוש מפז ואדם מכתם אופיר•
יג על כן שמים ארגיז ותרעש הארץ ממקומה בעברת יהוה
צבאות וביום חרון אפו•
יד והיה כצבי מדח וכצאן ואין מקבץ איש אל עמו יפנו
ואיש אל ארצו ינוסו•
טו כל הנמצא ידקר וכל הנספה יפול בחרב•
טז ועלליהם ירטשו לעיניהם ישסו בתיהם ונשיהם תשגלנה
[תשכבנה]•
יז הנני מעיר עליהם את מדי אשר כסף לא יחשבו וזהב לא
יחפצו בו•
יח וקשתות נערים תרטשנה ופרי בטן לא ירחמו על בנים
לא תחוס עינם•
יט והיתה בבל צבי ממלכות תפארת גאון כשדים כמהפכת
אלהים את סדם ואת עמרה•
כ לא תשב לנצח ולא תשכן עד דור ודור ולא יהל שם
ערבי ורעים לא ירבצו שם•
כא ורבצו שם ציים ומלאו בתיהם אחים ושכנו שם בנות
יענה ושעירים ירקדו שם•
כב וענה איים באלמנותיו ותנים בהיכלי ענג וקרוב לבוא
עתה וימיה לא ימשכו•

פרק יד

א כי ירחם יהוה את יעקב ובחר עוד בישראל והניחם על אדמתם
ונלוה הגר עליהם ונספחו על בית יעקב•
ב ולקחום עמים והביאום אל מקומם והתנחלום בית ישראל על

𐤉𐤔𐤏𐤉𐤄

𐤀𐤃𐤌𐤕 𐤉𐤄𐤅𐤄 𐤋𐤏𐤁𐤃𐤉𐤌 𐤅𐤋𐤔𐤐𐤇𐤅𐤕 𐤅𐤄𐤉𐤅 𐤔𐤁𐤉𐤌 𐤋𐤔𐤁𐤉𐤄𐤌 𐤅𐤓𐤃𐤅
𐤁𐤍𐤂𐤔𐤉𐤄𐤌.

𐤂 𐤅𐤄𐤉𐤄 𐤁𐤉𐤅𐤌 𐤄𐤍𐤉𐤇 𐤉𐤄𐤅𐤄 𐤋𐤊 𐤌𐤏𐤑𐤁𐤊 𐤅𐤌𐤓𐤂𐤆𐤊 𐤅𐤌𐤍 𐤄𐤏𐤁𐤃𐤄 𐤄𐤒𐤔𐤄
𐤀𐤔𐤓 𐤏𐤁𐤃 𐤁𐤊.

𐤃 𐤅𐤍𐤔𐤀𐤕 𐤄𐤌𐤔𐤋 𐤄𐤆𐤄 𐤏𐤋 𐤌𐤋𐤊 𐤁𐤁𐤋 𐤅𐤀𐤌𐤓𐤕 𐤀𐤉𐤊 𐤔𐤁𐤕 𐤍𐤂𐤔 𐤔𐤁𐤕𐤄
𐤌𐤃𐤄𐤁𐤄.

𐤄 𐤔𐤁𐤓 𐤉𐤄𐤅𐤄 𐤌𐤈𐤄 𐤓𐤔𐤏𐤉𐤌 𐤔𐤁𐤈 𐤌𐤔𐤋𐤉𐤌.

𐤅 𐤌𐤊𐤄 𐤏𐤌𐤉𐤌 𐤁𐤏𐤁𐤓𐤄 𐤌𐤊𐤕 𐤁𐤋𐤕𐤉 𐤎𐤓𐤄 𐤓𐤃𐤄 𐤁𐤀𐤐 𐤂𐤅𐤉𐤌 𐤌𐤓𐤃𐤐 𐤁𐤋𐤉
𐤇𐤔𐤊.

𐤆 𐤍𐤇𐤄 𐤔𐤒𐤈𐤄 𐤊𐤋 𐤄𐤀𐤓𐤑 𐤐𐤑𐤇𐤅 𐤓𐤍𐤄.

𐤇 𐤂𐤌 𐤁𐤓𐤅𐤔𐤉𐤌 𐤔𐤌𐤇𐤅 𐤋𐤊 𐤀𐤓𐤆𐤉 𐤋𐤁𐤍𐤅𐤍 𐤌𐤀𐤆 𐤔𐤊𐤁𐤕 𐤋𐤀 𐤉𐤏𐤋𐤄 𐤄𐤊𐤓𐤕
𐤏𐤋𐤉𐤍𐤅.

𐤈 𐤔𐤀𐤅𐤋 𐤌𐤕𐤇𐤕 𐤓𐤂𐤆𐤄 𐤋𐤊 𐤋𐤒𐤓𐤀𐤕 𐤁𐤅𐤀𐤊 𐤏𐤅𐤓𐤓 𐤋𐤊 𐤓𐤐𐤀𐤉𐤌 𐤊𐤋 𐤏𐤕𐤅𐤃𐤉
𐤀𐤓𐤑 𐤄𐤒𐤉𐤌 𐤌𐤊𐤎𐤀𐤅𐤕𐤌 𐤊𐤋 𐤌𐤋𐤊𐤉 𐤂𐤅𐤉𐤌.

𐤉 𐤊𐤋𐤌 𐤉𐤏𐤍𐤅 𐤅𐤉𐤀𐤌𐤓𐤅 𐤀𐤋𐤉𐤊 𐤂𐤌 𐤀𐤕𐤄 𐤇𐤋𐤉𐤕 𐤊𐤌𐤅𐤍𐤅 𐤀𐤋𐤉𐤍𐤅
𐤍𐤌𐤔𐤋𐤕.

𐤉𐤀 𐤄𐤅𐤓𐤃 𐤔𐤀𐤅𐤋 𐤂𐤀𐤅𐤍𐤊 𐤄𐤌𐤉𐤕 𐤍𐤁𐤋𐤉𐤊 𐤕𐤇𐤕𐤉𐤊 𐤉𐤑𐤏 𐤓𐤌𐤄 𐤅𐤌𐤊𐤎𐤉𐤊
𐤕𐤅𐤋𐤏𐤄.

𐤉𐤁 𐤀𐤉𐤊 𐤍𐤐𐤋𐤕 𐤌𐤔𐤌𐤉𐤌 𐤄𐤉𐤋𐤋 𐤁𐤍 𐤔𐤇𐤓 𐤍𐤂𐤃𐤏𐤕 𐤋𐤀𐤓𐤑 𐤇𐤅𐤋𐤔 𐤏𐤋
𐤂𐤅𐤉𐤌.

𐤉𐤂 𐤅𐤀𐤕𐤄 𐤀𐤌𐤓𐤕 𐤁𐤋𐤁𐤁𐤊 𐤄𐤔𐤌𐤉𐤌 𐤀𐤏𐤋𐤄 𐤌𐤌𐤏𐤋 𐤋𐤊𐤅𐤊𐤁𐤉 𐤀𐤋 𐤀𐤓𐤉𐤌
𐤊𐤎𐤀𐤉 𐤅𐤀𐤔𐤁 𐤁𐤄𐤓 𐤌𐤅𐤏𐤃 𐤁𐤉𐤓𐤊𐤕𐤉 𐤑𐤐𐤅𐤍.

𐤉𐤃 𐤀𐤏𐤋𐤄 𐤏𐤋 𐤁𐤌𐤕𐤉 𐤏𐤁 𐤀𐤃𐤌𐤄 𐤋𐤏𐤋𐤉𐤅𐤍.

𐤈𐤅 𐤀𐤊 𐤀𐤋 𐤔𐤀𐤅𐤋 𐤕𐤅𐤓𐤃 𐤀𐤋 𐤉𐤓𐤊𐤕𐤉 𐤁𐤅𐤓.

𐤈𐤆 𐤓𐤀𐤉𐤊 𐤀𐤋𐤉𐤊 𐤉𐤔𐤂𐤉𐤇𐤅 𐤀𐤋𐤉𐤊 𐤉𐤕𐤁𐤅𐤍𐤍𐤅 𐤄𐤆𐤄 𐤄𐤀𐤉𐤔 𐤌𐤓𐤂𐤉𐤆
𐤄𐤀𐤓𐤑 𐤌𐤓𐤏𐤉𐤔 𐤌𐤌𐤋𐤊𐤅𐤕.

𐤉𐤆 𐤔𐤌 𐤕𐤁𐤋 𐤊𐤌𐤃𐤁𐤓 𐤅𐤏𐤓𐤉𐤅 𐤄𐤓𐤎 𐤀𐤎𐤉𐤓𐤉𐤅 𐤋𐤀 𐤐𐤕𐤇 𐤁𐤉𐤕𐤄.

𐤉𐤇 𐤊𐤋 𐤌𐤋𐤊𐤉 𐤂𐤅𐤉𐤌 𐤊𐤋𐤌 𐤔𐤊𐤁𐤅 𐤁𐤊𐤁𐤅𐤃 𐤀𐤉𐤔 𐤁𐤁𐤉𐤕𐤅.

𐤉𐤈 𐤅𐤀𐤕𐤄 𐤄𐤔𐤋𐤊𐤕 𐤌𐤒𐤁𐤓𐤊 𐤊𐤍𐤑𐤓 𐤍𐤕𐤏𐤁 𐤋𐤁𐤅𐤔 𐤄𐤓𐤂𐤉𐤌 𐤌𐤈𐤏𐤍𐤉 𐤇𐤓𐤁
𐤉𐤅𐤓𐤃𐤉 𐤀𐤋 𐤀𐤁𐤍𐤉 𐤁𐤅𐤓 𐤊𐤐𐤂𐤓 𐤌𐤅𐤁𐤎.

𐤊 𐤋𐤀 𐤕𐤇𐤃 𐤀𐤕𐤌 𐤁𐤒𐤁𐤅𐤓𐤄 𐤊𐤉 𐤀𐤓𐤑𐤊 𐤔𐤇𐤕 𐤏𐤌𐤊 𐤄𐤓𐤂𐤕 𐤋𐤀 𐤉𐤒𐤓𐤀 𐤋𐤏𐤅𐤋𐤌
𐤆𐤓𐤏 𐤌𐤓𐤏𐤉𐤌.

𐤊𐤀 𐤄𐤊𐤉𐤍𐤅 𐤋𐤁𐤍𐤉𐤅 𐤌𐤈𐤁𐤇 𐤁𐤏𐤅𐤍 𐤀𐤁𐤅𐤕𐤌 𐤁𐤋 𐤉𐤒𐤌𐤅 𐤅𐤉𐤓𐤔𐤅 𐤀𐤓𐤑

𐤉𐤔𐤏𐤉𐤄

𐤉𐤂 𐤍𐤅𐤀𐤋𐤅 𐤔𐤓𐤉 𐤑𐤏𐤍 𐤍𐤔𐤀𐤅 𐤔𐤓𐤉 𐤍𐤐 𐤄𐤕𐤏𐤅 𐤀𐤕 𐤌𐤑𐤓𐤉𐤌 𐤐𐤍𐤕 𐤔𐤁𐤈𐤉𐤄𐤟
𐤉𐤃 𐤉𐤄𐤅𐤄 𐤌𐤎𐤊 𐤁𐤒𐤓𐤁𐤄 𐤓𐤅𐤇 𐤏𐤅𐤏𐤉𐤌 𐤅𐤄𐤕𐤏𐤅 𐤀𐤕 𐤌𐤑𐤓𐤉𐤌 𐤁𐤊𐤋 𐤌𐤏𐤔𐤄𐤅
𐤊𐤄𐤕𐤏𐤅𐤕 𐤔𐤊𐤅𐤓 𐤁𐤒𐤉𐤀𐤅𐤟
𐤈𐤅 𐤅𐤋𐤀 𐤉𐤄𐤉𐤄 𐤋𐤌𐤑𐤓𐤉𐤌 𐤌𐤏𐤔𐤄 𐤀𐤔𐤓 𐤉𐤏𐤔𐤄 𐤓𐤀𐤔 𐤅𐤆𐤍𐤁 𐤊𐤐𐤄
𐤅𐤀𐤂𐤌𐤅𐤍𐤟
𐤈𐤆 𐤁𐤉𐤅𐤌 𐤄𐤄𐤅𐤀 𐤉𐤄𐤉𐤄 𐤌𐤑𐤓𐤉𐤌 𐤊𐤍𐤔𐤉𐤌 𐤅𐤇𐤓𐤃 𐤅𐤐𐤇𐤃 𐤌𐤐𐤍𐤉 𐤕𐤍𐤅𐤐𐤕
𐤉𐤃 𐤉𐤄𐤅𐤄 𐤑𐤁𐤀𐤅𐤕 𐤀𐤔𐤓 𐤄𐤅𐤀 𐤌𐤍𐤉𐤐 𐤏𐤋𐤉𐤅𐤟
𐤉𐤆 𐤅𐤄𐤉𐤕𐤄 𐤀𐤃𐤌𐤕 𐤉𐤄𐤅𐤃𐤄 𐤋𐤌𐤑𐤓𐤉𐤌 𐤋𐤇𐤂𐤀 𐤊𐤋 𐤀𐤔𐤓 𐤉𐤆𐤊𐤉𐤓 𐤀𐤕𐤄
𐤀𐤋𐤉𐤅 𐤉𐤐𐤇𐤃 𐤌𐤐𐤍𐤉 𐤏𐤑𐤕 𐤉𐤄𐤅𐤄 𐤑𐤁𐤀𐤅𐤕 𐤀𐤔𐤓 𐤄𐤅𐤀 𐤉𐤅𐤏𐤑 𐤏𐤋𐤉𐤅𐤟
𐤉𐤇 𐤁𐤉𐤅𐤌 𐤄𐤄𐤅𐤀 𐤉𐤄𐤉𐤅 𐤇𐤌𐤔 𐤏𐤓𐤉𐤌 𐤁𐤀𐤓𐤑 𐤌𐤑𐤓𐤉𐤌 𐤌𐤃𐤁𐤓𐤅𐤕 𐤔𐤐𐤕
𐤊𐤍𐤏𐤍 𐤅𐤍𐤔𐤁𐤏𐤅𐤕 𐤋𐤉𐤄𐤅𐤄 𐤑𐤁𐤀𐤅𐤕 𐤏𐤉𐤓 𐤄𐤄𐤓𐤎 𐤉𐤀𐤌𐤓 𐤋𐤀𐤇𐤕𐤟
𐤉𐤈 𐤁𐤉𐤅𐤌 𐤄𐤄𐤅𐤀 𐤉𐤄𐤉𐤄 𐤌𐤆𐤁𐤇 𐤋𐤉𐤄𐤅𐤄 𐤁𐤕𐤅𐤊 𐤀𐤓𐤑 𐤌𐤑𐤓𐤉𐤌 𐤅𐤌𐤑𐤁𐤄 𐤀𐤑𐤋
𐤂𐤁𐤅𐤋𐤄 𐤋𐤉𐤄𐤅𐤄𐤟
𐤊 𐤅𐤄𐤉𐤄 𐤋𐤀𐤅𐤕 𐤅𐤋𐤏𐤃 𐤋𐤉𐤄𐤅𐤄 𐤑𐤁𐤀𐤅𐤕 𐤁𐤀𐤓𐤑 𐤌𐤑𐤓𐤉𐤌 𐤊𐤉 𐤉𐤑𐤏𐤒𐤅 𐤀𐤋
𐤉𐤄𐤅𐤄 𐤌𐤐𐤍𐤉 𐤋𐤇𐤑𐤉𐤌 𐤅𐤉𐤔𐤋𐤇 𐤋𐤄𐤌 𐤌𐤅𐤔𐤉𐤏 𐤅𐤓𐤁 𐤅𐤄𐤑𐤉𐤋𐤌𐤟
𐤊𐤀 𐤅𐤍𐤅𐤃𐤏 𐤉𐤄𐤅𐤄 𐤋𐤌𐤑𐤓𐤉𐤌 𐤅𐤉𐤃𐤏𐤅 𐤌𐤑𐤓𐤉𐤌 𐤀𐤕 𐤉𐤄𐤅𐤄 𐤁𐤉𐤅𐤌
𐤄𐤄𐤅𐤀 𐤅𐤏𐤁𐤃𐤅 𐤆𐤁𐤇 𐤅𐤌𐤍𐤇𐤄 𐤅𐤍𐤃𐤓𐤅 𐤍𐤃𐤓 𐤋𐤉𐤄𐤅𐤄 𐤅𐤔𐤋𐤌𐤅𐤟
𐤊𐤁 𐤅𐤍𐤂𐤐 𐤉𐤄𐤅𐤄 𐤀𐤕 𐤌𐤑𐤓𐤉𐤌 𐤍𐤂𐤐 𐤅𐤓𐤐𐤅𐤀 𐤅𐤔𐤁𐤅 𐤏𐤃 𐤉𐤄𐤅𐤄 𐤅𐤍𐤏𐤕𐤓
𐤋𐤄𐤌 𐤅𐤓𐤐𐤀𐤌𐤟
𐤊𐤂 𐤁𐤉𐤅𐤌 𐤄𐤄𐤅𐤀 𐤕𐤄𐤉𐤄 𐤌𐤎𐤋𐤄 𐤌𐤌𐤑𐤓𐤉𐤌 𐤀𐤔𐤅𐤓𐤄 𐤅𐤁𐤀 𐤀𐤔𐤅𐤓
𐤁𐤌𐤑𐤓𐤉𐤌 𐤅𐤌𐤑𐤓𐤉𐤌 𐤁𐤀𐤔𐤅𐤓 𐤅𐤏𐤁𐤃𐤅 𐤌𐤑𐤓𐤉𐤌 𐤀𐤕 𐤀𐤔𐤅𐤓𐤟
𐤊𐤃 𐤁𐤉𐤅𐤌 𐤄𐤄𐤅𐤀 𐤉𐤄𐤉𐤄 𐤉𐤔𐤓𐤀𐤋 𐤔𐤋𐤉𐤔𐤉𐤄 𐤋𐤌𐤑𐤓𐤉𐤌 𐤅𐤋𐤀𐤔𐤅𐤓 𐤁𐤓𐤊𐤄
𐤁𐤒𐤓𐤁 𐤄𐤀𐤓𐤑𐤟
𐤊𐤄 𐤀𐤔𐤓 𐤁𐤓𐤊𐤅 𐤉𐤄𐤅𐤄 𐤑𐤁𐤀𐤅𐤕 𐤋𐤀𐤌𐤓 𐤁𐤓𐤅𐤊 𐤏𐤌𐤉 𐤌𐤑𐤓𐤉𐤌 𐤅𐤌𐤏𐤔𐤄 𐤉𐤃𐤉
𐤀𐤔𐤅𐤓 𐤅𐤍𐤇𐤋𐤕𐤉 𐤉𐤔𐤓𐤀𐤋𐤟

𐤐𐤓𐤒 𐤊

𐤀 𐤁𐤔𐤍𐤕 𐤁𐤀 𐤕𐤓𐤕𐤍 𐤀𐤔𐤃𐤅𐤃𐤄 𐤁𐤔𐤋𐤇 𐤀𐤕𐤅 𐤎𐤓𐤂𐤅𐤍 𐤌𐤋𐤊 𐤀𐤔𐤅𐤓 𐤅𐤉𐤋𐤇𐤌
𐤁𐤀𐤔𐤃𐤅𐤃 𐤅𐤉𐤋𐤊𐤃𐤄𐤟
𐤁 𐤁𐤏𐤕 𐤄𐤄𐤉𐤀 𐤃𐤁𐤓 𐤉𐤄𐤅𐤄 𐤁𐤉𐤃 𐤉𐤔𐤏𐤉𐤄𐤅 𐤁𐤍 𐤀𐤌𐤅𐤑 𐤋𐤀𐤌𐤓 𐤋𐤊 𐤅𐤐𐤕𐤇𐤕
𐤄𐤔𐤒 𐤌𐤏𐤋 𐤌𐤕𐤍𐤉𐤊 𐤅𐤍𐤏𐤋𐤊 𐤕𐤇𐤋𐤑 𐤌𐤏𐤋 𐤓𐤂𐤋𐤉𐤊 𐤅𐤉𐤏𐤔 𐤊𐤍 𐤄𐤋𐤊 𐤏𐤓𐤅𐤌
𐤅𐤉𐤇𐤐𐤟
𐤂 𐤅𐤉𐤀𐤌𐤓 𐤉𐤄𐤅𐤄 𐤊𐤀𐤔𐤓 𐤄𐤋𐤊 𐤏𐤁𐤃𐤉 𐤉𐤔𐤏𐤉𐤄𐤅 𐤏𐤓𐤅𐤌 𐤅𐤉𐤇𐤐 𐤔𐤋𐤔 𐤔𐤍𐤉𐤌

𐤀𐤅𐤕 𐤅𐤌𐤅𐤐𐤕 𐤏𐤋 𐤌𐤑𐤓𐤉𐤌 𐤅𐤏𐤋 𐤊𐤅𐤔•
𐤃 𐤊𐤍 𐤉𐤍𐤄𐤂 𐤌𐤋𐤊 𐤀𐤔𐤅𐤓 𐤀𐤕 𐤔𐤁𐤉 𐤌𐤑𐤓𐤉𐤌 𐤅𐤀𐤕 𐤂𐤋𐤅𐤕 𐤊𐤅𐤔 𐤍𐤏𐤓𐤉𐤌
𐤅𐤆𐤒𐤍𐤉𐤌 𐤏𐤓𐤅𐤌 𐤅𐤉𐤇𐤐 𐤅𐤇𐤔𐤅𐤐𐤉 𐤔𐤕 𐤏𐤓𐤅𐤕 𐤌𐤑𐤓𐤉𐤌•
𐤄 𐤅𐤇𐤕𐤅 𐤅𐤁𐤔𐤅 𐤌𐤊𐤅𐤔 𐤌𐤁𐤈𐤌 𐤅𐤌𐤍 𐤌𐤑𐤓𐤉𐤌 𐤕𐤐𐤀𐤓𐤕𐤌•
𐤅 𐤅𐤀𐤌𐤓 𐤉𐤔𐤁 𐤄𐤀𐤉 𐤄𐤆𐤄 𐤁𐤉𐤅𐤌 𐤄𐤄𐤅𐤀 𐤄𐤍𐤄 𐤊𐤄 𐤌𐤁𐤈𐤍𐤅 𐤀𐤔𐤓 𐤍𐤎𐤍𐤅
𐤔𐤌 𐤋𐤏𐤆𐤓𐤄 𐤋𐤄𐤍𐤑𐤋 𐤌𐤐𐤍𐤉 𐤌𐤋𐤊 𐤀𐤔𐤅𐤓 𐤅𐤀𐤉𐤊 𐤍𐤌𐤋𐤈 𐤀𐤍𐤇𐤍𐤅•

𐤐𐤓𐤒 𐤊𐤀

𐤀 𐤌𐤔𐤀 𐤌𐤃𐤁𐤓 𐤉𐤌 𐤊𐤎𐤅𐤐𐤅𐤕 𐤁𐤍𐤂𐤁 𐤋𐤇𐤋𐤐 𐤌𐤌𐤃𐤁𐤓 𐤁𐤀 𐤌𐤀𐤓𐤑 𐤍𐤅𐤓𐤀𐤄•
𐤁 𐤇𐤆𐤅𐤕 𐤒𐤔𐤄 𐤄𐤂𐤃 𐤋𐤉 𐤄𐤁𐤅𐤂𐤃 𐤁𐤅𐤂𐤃 𐤅𐤄𐤔𐤅𐤃𐤃 𐤔𐤅𐤃𐤃 𐤏𐤋𐤉 𐤏𐤉𐤋𐤌
𐤑𐤅𐤓𐤉 𐤌𐤃𐤉 𐤊𐤋 𐤀𐤍𐤇𐤕𐤄 𐤄𐤔𐤁𐤕𐤉•
𐤂 𐤏𐤋 𐤊𐤍 𐤌𐤋𐤀𐤅 𐤌𐤕𐤍𐤉 𐤇𐤋𐤇𐤋𐤄 𐤑𐤉𐤓𐤉𐤌 𐤀𐤇𐤆𐤅𐤍𐤉 𐤊𐤑𐤉𐤓𐤉 𐤉𐤅𐤋𐤃𐤄
𐤍𐤏𐤅𐤉𐤕𐤉 𐤌𐤔𐤌𐤏 𐤍𐤁𐤄𐤋𐤕𐤉 𐤌𐤓𐤀𐤅𐤕•
𐤃 𐤕𐤏𐤄 𐤋𐤁𐤁𐤉 𐤐𐤋𐤑𐤅𐤕 𐤁𐤏𐤕𐤕𐤍𐤉 𐤀𐤕 𐤍𐤔𐤐 𐤇𐤔𐤒𐤉 𐤔𐤌 𐤋𐤉 𐤋𐤇𐤓𐤃𐤄•
𐤄 𐤏𐤓𐤊 𐤄𐤔𐤋𐤇𐤍 𐤑𐤐𐤄 𐤄𐤑𐤐𐤉𐤕 𐤀𐤊𐤅𐤋 𐤔𐤕𐤄 𐤒𐤅𐤌𐤅 𐤄𐤔𐤓𐤉𐤌 𐤌𐤔𐤇𐤅 𐤌𐤂𐤍•
𐤅 𐤊𐤉 𐤊𐤄 𐤀𐤌𐤓 𐤀𐤋𐤉 𐤀𐤃𐤍𐤉 𐤋𐤊 𐤄𐤏𐤌𐤃 𐤄𐤌𐤑𐤐𐤄 𐤀𐤔𐤓 𐤉𐤓𐤀𐤄 𐤉𐤂𐤉𐤃•
𐤆 𐤅𐤓𐤀𐤄 𐤓𐤊𐤁 𐤑𐤌𐤃 𐤐𐤓𐤔𐤉𐤌 𐤓𐤊𐤁 𐤇𐤌𐤅𐤓 𐤓𐤊𐤁 𐤂𐤌𐤋 𐤅𐤄𐤒𐤔𐤉𐤁 𐤒𐤔𐤁 𐤓𐤁
𐤒𐤔𐤁•
𐤇 𐤅𐤉𐤒𐤓𐤀 𐤀𐤓𐤉𐤄 𐤏𐤋 𐤌𐤑𐤐𐤄 𐤀𐤃𐤍𐤉 𐤀𐤍𐤊𐤉 𐤏𐤌𐤃 𐤕𐤌𐤉𐤃 𐤉𐤅𐤌𐤌 𐤅𐤏𐤋
𐤌𐤔𐤌𐤓𐤕𐤉 𐤀𐤍𐤊𐤉 𐤍𐤑𐤁 𐤊𐤋 𐤄𐤋𐤉𐤋𐤅𐤕•
𐤈 𐤅𐤄𐤍𐤄 𐤆𐤄 𐤁𐤀 𐤓𐤊𐤁 𐤀𐤉𐤔 𐤑𐤌𐤃 𐤐𐤓𐤔𐤉𐤌 𐤅𐤉𐤏𐤍 𐤅𐤉𐤀𐤌𐤓 𐤍𐤐𐤋𐤄 𐤍𐤐𐤋𐤄
𐤁𐤁𐤋 𐤅𐤊𐤋 𐤐𐤎𐤉𐤋𐤉 𐤀𐤋𐤄𐤉𐤄 𐤔𐤁𐤓 𐤋𐤀𐤓𐤑•
𐤉 𐤌𐤃𐤔𐤕𐤉 𐤅𐤁𐤍 𐤂𐤓𐤍𐤉 𐤀𐤔𐤓 𐤔𐤌𐤏𐤕𐤉 𐤌𐤀𐤕 𐤉𐤄𐤅𐤄 𐤑𐤁𐤀𐤅𐤕 𐤀𐤋𐤄𐤉
𐤉𐤔𐤓𐤀𐤋 𐤄𐤂𐤃𐤕𐤉 𐤋𐤊𐤌•
𐤉𐤀 𐤌𐤔𐤀 𐤃𐤅𐤌𐤄 𐤀𐤋𐤉 𐤒𐤓𐤀 𐤌𐤔𐤏𐤉𐤓 𐤔𐤌𐤓 𐤌𐤄 𐤌𐤋𐤉𐤋𐤄 𐤔𐤌𐤓 𐤌𐤄 𐤌𐤋𐤉𐤋•
𐤉𐤁 𐤀𐤌𐤓 𐤔𐤌𐤓 𐤀𐤕𐤀 𐤁𐤒𐤓 𐤅𐤂𐤌 𐤋𐤉𐤋𐤄 𐤀𐤌 𐤕𐤁𐤏𐤉𐤅𐤍 𐤁𐤏𐤉𐤅 𐤔𐤁𐤅 𐤀𐤕𐤉𐤅•
𐤉𐤂 𐤌𐤔𐤀 𐤁𐤏𐤓𐤁 𐤁𐤉𐤏𐤓 𐤁𐤏𐤓𐤁 𐤕𐤋𐤉𐤍𐤅 𐤀𐤓𐤇𐤅𐤕 𐤃𐤃𐤍𐤉𐤌•
𐤉𐤃 𐤋𐤒𐤓𐤀𐤕 𐤑𐤌𐤀 𐤄𐤕𐤉𐤅 𐤌𐤉𐤌 𐤉𐤔𐤁𐤉 𐤀𐤓𐤑 𐤕𐤉𐤌𐤀 𐤁𐤋𐤇𐤌𐤅 𐤒𐤃𐤌𐤅 𐤍𐤃𐤃•
𐤈𐤅 𐤊𐤉 𐤌𐤐𐤍𐤉 𐤇𐤓𐤁𐤅𐤕 𐤍𐤃𐤃𐤅 𐤌𐤐𐤍𐤉 𐤇𐤓𐤁 𐤍𐤈𐤅𐤔𐤄 𐤅𐤌𐤐𐤍𐤉 𐤒𐤔𐤕 𐤃𐤓𐤅𐤊𐤄
𐤅𐤌𐤐𐤍𐤉 𐤊𐤁𐤃 𐤌𐤋𐤇𐤌𐤄•
𐤈𐤆 𐤊𐤉 𐤊𐤄 𐤀𐤌𐤓 𐤀𐤃𐤍𐤉 𐤀𐤋𐤉 𐤁𐤏𐤅𐤃 𐤔𐤍𐤄 𐤊𐤔𐤍𐤉 𐤔𐤊𐤉𐤓 𐤅𐤊𐤋𐤄 𐤊𐤋
𐤊𐤁𐤅𐤃 𐤒𐤃𐤓•
𐤉𐤆 𐤅𐤔𐤀𐤓 𐤌𐤎𐤐𐤓 𐤒𐤔𐤕 𐤂𐤁𐤅𐤓𐤉 𐤁𐤍𐤉 𐤒𐤃𐤓 𐤉𐤌𐤏𐤈𐤅 𐤊𐤉 𐤉𐤄𐤅𐤄 𐤀𐤋𐤄𐤉

𐤉𐤔𐤏𐤉𐤄

𐤉𐤔𐤓𐤀𐤋 𐤃𐤁𐤓·

𐤐𐤓𐤒 𐤊𐤁

𐤀 𐤌𐤔𐤀 𐤂𐤉𐤀 𐤇𐤆𐤉𐤅𐤍 𐤌𐤄 𐤋𐤊 𐤀𐤐𐤅𐤀 𐤊𐤉 𐤏𐤋𐤉𐤕 𐤊𐤋𐤊 𐤋𐤂𐤂𐤅𐤕·
𐤁 𐤕𐤔𐤀𐤅𐤕 𐤌𐤋𐤀𐤄 𐤏𐤉𐤓 𐤄𐤅𐤌𐤉𐤄 𐤒𐤓𐤉𐤄 𐤏𐤋𐤉𐤆𐤄 𐤇𐤋𐤋𐤉𐤊 𐤋𐤀 𐤇𐤋𐤋𐤉 𐤇𐤓𐤁
𐤅𐤋𐤀 𐤌𐤕𐤉 𐤌𐤋𐤇𐤌𐤄·
𐤂 𐤊𐤋 𐤒𐤑𐤉𐤍𐤉𐤊 𐤍𐤃𐤃𐤅 𐤉𐤇𐤃 𐤌𐤒𐤔𐤕 𐤀𐤎𐤓𐤅 𐤊𐤋 𐤍𐤌𐤑𐤀𐤉𐤊 𐤀𐤎𐤓𐤅 𐤉𐤇𐤃𐤅
𐤌𐤓𐤇𐤅𐤒 𐤁𐤓𐤇𐤅·
𐤃 𐤏𐤋 𐤊𐤍 𐤀𐤌𐤓𐤕𐤉 𐤔𐤏𐤅 𐤌𐤍𐤉 𐤀𐤌𐤓𐤓 𐤁𐤁𐤊𐤉 𐤀𐤋 𐤕𐤀𐤉𐤑𐤅 𐤋𐤍𐤇𐤌𐤍𐤉 𐤏𐤋 𐤔𐤃
𐤁𐤕 𐤏𐤌𐤉·
𐤄 𐤊𐤉 𐤉𐤅𐤌 𐤌𐤄𐤅𐤌𐤄 𐤅𐤌𐤁𐤅𐤎𐤄 𐤅𐤌𐤁𐤅𐤊𐤄 𐤋𐤀𐤃𐤍𐤉 𐤉𐤄𐤅𐤄 𐤑𐤁𐤀𐤅𐤕 𐤁𐤂𐤉𐤀
𐤇𐤆𐤉𐤅𐤍 𐤌𐤒𐤓𐤒𐤓 𐤒𐤓 𐤅𐤔𐤅𐤏 𐤀𐤋 𐤄𐤄𐤓·
𐤅 𐤅𐤏𐤉𐤋𐤌 𐤍𐤔𐤀 𐤀𐤔𐤐𐤄 𐤁𐤓𐤊𐤁 𐤀𐤃𐤌 𐤐𐤓𐤔𐤉𐤌 𐤅𐤒𐤉𐤓 𐤏𐤓𐤄 𐤌𐤂𐤍·
𐤆 𐤅𐤉𐤄𐤉 𐤌𐤁𐤇𐤓 𐤏𐤌𐤒𐤉𐤊 𐤌𐤋𐤀𐤅 𐤓𐤊𐤁 𐤅𐤄𐤐𐤓𐤔𐤉𐤌 𐤔𐤕 𐤔𐤕𐤅 𐤄𐤔𐤏𐤓𐤄·
𐤇 𐤅𐤉𐤂𐤋 𐤀𐤕 𐤌𐤎𐤊 𐤉𐤄𐤅𐤃𐤄 𐤅𐤕𐤁𐤈 𐤁𐤉𐤅𐤌 𐤄𐤄𐤅𐤀 𐤀𐤋 𐤍𐤔𐤒 𐤁𐤉𐤕 𐤄𐤉𐤏𐤓·
𐤈 𐤅𐤀𐤕 𐤁𐤒𐤉𐤏𐤉 𐤏𐤉𐤓 𐤃𐤅𐤃 𐤓𐤀𐤉𐤕𐤌 𐤊𐤉 𐤓𐤁𐤅 𐤅𐤕𐤒𐤁𐤑𐤅 𐤀𐤕 𐤌𐤉 𐤄𐤁𐤓𐤊𐤄
𐤄𐤕𐤇𐤕𐤅𐤍𐤄·
𐤉 𐤅𐤀𐤕 𐤁𐤕𐤉 𐤉𐤓𐤅𐤔𐤋𐤌 𐤎𐤐𐤓𐤕𐤌 𐤅𐤕𐤕𐤑𐤅 𐤄𐤁𐤕𐤉𐤌 𐤋𐤁𐤑𐤓 𐤄𐤇𐤅𐤌𐤄·
𐤉𐤀 𐤅𐤌𐤒𐤅𐤄 𐤏𐤔𐤉𐤕𐤌 𐤁𐤉𐤍 𐤄𐤇𐤌𐤕𐤉𐤌 𐤋𐤌𐤉 𐤄𐤁𐤓𐤊𐤄 𐤄𐤉𐤔𐤍𐤄 𐤅𐤋𐤀
𐤄𐤁𐤈𐤕𐤌 𐤀𐤋 𐤏𐤔𐤉𐤄 𐤅𐤉𐤑𐤓𐤄 𐤌𐤓𐤇𐤅𐤒 𐤋𐤀 𐤓𐤀𐤉𐤕𐤌·
𐤉𐤁 𐤅𐤉𐤒𐤓𐤀 𐤀𐤃𐤍𐤉 𐤉𐤄𐤅𐤄 𐤑𐤁𐤀𐤅𐤕 𐤁𐤉𐤅𐤌 𐤄𐤄𐤅𐤀 𐤋𐤁𐤊𐤉 𐤅𐤋𐤌𐤎𐤐𐤃
𐤅𐤋𐤒𐤓𐤇𐤄 𐤅𐤋𐤇𐤂𐤓 𐤔𐤒·
𐤉𐤂 𐤅𐤄𐤍𐤄 𐤔𐤔𐤅𐤍 𐤅𐤔𐤌𐤇𐤄 𐤄𐤓𐤂 𐤁𐤒𐤓 𐤅𐤔𐤇𐤈 𐤑𐤀𐤍 𐤀𐤊𐤋 𐤁𐤔𐤓 𐤅𐤔𐤕𐤅𐤕
𐤉𐤉𐤍 𐤀𐤊𐤅𐤋 𐤅𐤔𐤕𐤅 𐤊𐤉 𐤌𐤇𐤓 𐤍𐤌𐤅𐤕·
𐤉𐤃 𐤅𐤍𐤂𐤋𐤄 𐤁𐤀𐤆𐤍𐤉 𐤉𐤄𐤅𐤄 𐤑𐤁𐤀𐤅𐤕 𐤀𐤌 𐤉𐤊𐤐𐤓 𐤄𐤏𐤅𐤍 𐤄𐤆𐤄 𐤋𐤊𐤌 𐤏𐤃
𐤕𐤌𐤕𐤅𐤍 𐤀𐤌𐤓 𐤀𐤃𐤍𐤉 𐤉𐤄𐤅𐤄 𐤑𐤁𐤀𐤅𐤕·
𐤈𐤅 𐤊𐤄 𐤀𐤌𐤓 𐤀𐤃𐤍𐤉 𐤉𐤄𐤅𐤄 𐤑𐤁𐤀𐤅𐤕 𐤋𐤊 𐤁𐤀 𐤀𐤋 𐤄𐤎𐤊𐤍 𐤄𐤆𐤄 𐤏𐤋 𐤔𐤁𐤍𐤀
𐤀𐤔𐤓 𐤏𐤋 𐤄𐤁𐤉𐤕·
𐤈𐤆 𐤌𐤄 𐤋𐤊 𐤐𐤄 𐤅𐤌𐤉 𐤋𐤊 𐤐𐤄 𐤊𐤉 𐤇𐤑𐤁𐤕 𐤋𐤊 𐤐𐤄 𐤒𐤁𐤓 𐤇𐤑𐤁𐤉 𐤌𐤓𐤅𐤌 𐤒𐤁𐤓𐤅
𐤇𐤒𐤒𐤉 𐤁𐤎𐤋𐤏 𐤌𐤔𐤊𐤍 𐤋𐤅·
𐤉𐤆 𐤄𐤍𐤄 𐤉𐤄𐤅𐤄 𐤌𐤈𐤋𐤈𐤋𐤊 𐤈𐤋𐤈𐤋𐤄 𐤂𐤁𐤓 𐤅𐤏𐤈𐤊 𐤏𐤈𐤄·
𐤉𐤇 𐤑𐤍𐤅𐤐 𐤉𐤑𐤍𐤐𐤊 𐤑𐤍𐤐𐤄 𐤊𐤃𐤅𐤓 𐤀𐤋 𐤀𐤓𐤑 𐤓𐤇𐤁𐤕 𐤉𐤃𐤉𐤌 𐤔𐤌𐤄 𐤕𐤌𐤅𐤕
𐤅𐤔𐤌𐤄 𐤌𐤓𐤊𐤁𐤅𐤕 𐤊𐤁𐤅𐤃𐤊 𐤒𐤋𐤅𐤍 𐤁𐤉𐤕 𐤀𐤃𐤍𐤉𐤊·

𐤉𐤈𐤅𐤄𐤃𐤐𐤕𐤉𐤊 𐤌𐤌𐤑𐤁𐤊 𐤅𐤌𐤌𐤏𐤌𐤃𐤊 𐤉𐤄𐤓𐤎𐤊•
𐤊 𐤅𐤄𐤉𐤄 𐤁𐤉𐤅𐤌 𐤄𐤄𐤅𐤀 𐤅𐤒𐤓𐤀𐤕𐤉 𐤋𐤏𐤁𐤃𐤉 𐤋𐤀𐤋𐤉𐤒𐤉𐤌 𐤁𐤍 𐤇𐤋𐤒𐤉𐤄𐤅•
𐤊𐤀 𐤅𐤄𐤋𐤁𐤔𐤕𐤉𐤅 𐤊𐤕𐤍𐤕𐤊 𐤅𐤀𐤁𐤍𐤈𐤊 𐤀𐤇𐤆𐤒𐤍𐤅 𐤅𐤌𐤌𐤔𐤋𐤕𐤊 𐤀𐤕𐤍 𐤁𐤉𐤃𐤅
𐤅𐤄𐤉𐤄 𐤋𐤀𐤁 𐤋𐤉𐤅𐤔𐤁 𐤉𐤓𐤅𐤔𐤋𐤌 𐤅𐤋𐤁𐤉𐤕 𐤉𐤄𐤅𐤃𐤄•
𐤊𐤁 𐤅𐤍𐤕𐤕𐤉 𐤌𐤐𐤕𐤇 𐤁𐤉𐤕 𐤃𐤅𐤃 𐤏𐤋 𐤔𐤊𐤌𐤅 𐤅𐤐𐤕𐤇 𐤅𐤀𐤉𐤍 𐤎𐤂𐤓 𐤅𐤎𐤂𐤓 𐤅𐤀𐤉𐤍
𐤐𐤕𐤇•
𐤊𐤂 𐤅𐤕𐤒𐤏𐤕𐤉𐤅 𐤉𐤕𐤃 𐤁𐤌𐤒𐤅𐤌 𐤍𐤀𐤌𐤍 𐤅𐤄𐤉𐤄 𐤋𐤊𐤎𐤀 𐤊𐤁𐤅𐤃 𐤋𐤁𐤉𐤕 𐤀𐤁𐤉𐤅•
𐤊𐤃 𐤅𐤕𐤋𐤅 𐤏𐤋𐤉𐤅 𐤊𐤋 𐤊𐤁𐤅𐤃 𐤁𐤉𐤕 𐤀𐤁𐤉𐤅 𐤄𐤑𐤀𐤑𐤀𐤉𐤌 𐤅𐤄𐤑𐤐𐤏𐤅𐤕 𐤊𐤋 𐤊𐤋𐤉
𐤄𐤒𐤈𐤍 𐤌𐤊𐤋𐤉 𐤄𐤀𐤂𐤍𐤅𐤕 𐤅𐤏𐤃 𐤊𐤋 𐤊𐤋𐤉 𐤄𐤍𐤁𐤋𐤉𐤌•
𐤊𐤄𐤁𐤉𐤅𐤌 𐤄𐤄𐤅𐤀 𐤍𐤀𐤌 𐤉𐤄𐤅𐤄 𐤑𐤁𐤀𐤅𐤕 𐤕𐤌𐤅𐤔 𐤄𐤉𐤕𐤃 𐤄𐤕𐤒𐤅𐤏𐤄 𐤁𐤌𐤒𐤅𐤌
𐤍𐤀𐤌𐤍 𐤅𐤍𐤂𐤃𐤏𐤄 𐤅𐤍𐤐𐤋𐤄 𐤅𐤍𐤊𐤓𐤕 𐤄𐤌𐤔𐤀 𐤀𐤔𐤓 𐤏𐤋𐤉𐤄 𐤊𐤉 𐤉𐤄𐤅𐤄 𐤃𐤁𐤓•

𐤐𐤓𐤒 𐤊𐤂

𐤀𐤌𐤔𐤀 𐤑𐤓 𐤄𐤉𐤋𐤉𐤋𐤅 𐤀𐤍𐤉𐤅𐤕 𐤕𐤓𐤔𐤉𐤔 𐤊𐤉 𐤔𐤃𐤃 𐤌𐤁𐤉𐤕 𐤌𐤁𐤅𐤀 𐤌𐤀𐤓𐤑
𐤊𐤕𐤉𐤌 𐤍𐤂𐤋𐤄 𐤋𐤌𐤅•
𐤁𐤃𐤌𐤅 𐤉𐤔𐤁𐤉 𐤀𐤉 𐤎𐤇𐤓 𐤑𐤉𐤃𐤅𐤍 𐤏𐤁𐤓 𐤉𐤌 𐤌𐤋𐤀𐤅𐤊•
𐤂𐤅𐤁𐤌𐤉𐤌 𐤓𐤁𐤉𐤌 𐤆𐤓𐤏 𐤔𐤇𐤓 𐤒𐤑𐤉𐤓 𐤉𐤀𐤅𐤓 𐤕𐤁𐤅𐤀𐤕𐤄 𐤅𐤕𐤄𐤉 𐤎𐤇𐤓 𐤂𐤅𐤉𐤌•
𐤃𐤁𐤅𐤔𐤉 𐤑𐤉𐤃𐤅𐤍 𐤊𐤉 𐤀𐤌𐤓 𐤉𐤌 𐤌𐤏𐤅𐤆 𐤄𐤉𐤌 𐤋𐤀𐤌𐤓 𐤋𐤀 𐤇𐤋𐤕𐤉 𐤅𐤋𐤀
𐤉𐤋𐤃𐤕𐤉 𐤅𐤋𐤀 𐤂𐤃𐤋𐤕𐤉 𐤁𐤇𐤅𐤓𐤉𐤌 𐤓𐤅𐤌𐤌𐤕𐤉 𐤁𐤕𐤅𐤋𐤅𐤕•
𐤄𐤊𐤀𐤔𐤓 𐤔𐤌𐤏 𐤋𐤌𐤑𐤓𐤉𐤌 𐤉𐤇𐤉𐤋𐤅 𐤊𐤔𐤌𐤏 𐤑𐤓•
𐤅𐤏𐤁𐤓𐤅 𐤕𐤓𐤔𐤉𐤔𐤄 𐤄𐤉𐤋𐤉𐤋𐤅 𐤉𐤔𐤁𐤉 𐤀𐤉•
𐤆𐤄𐤆𐤀𐤕 𐤋𐤊𐤌 𐤏𐤋𐤉𐤆𐤄 𐤌𐤉𐤌𐤉 𐤒𐤃𐤌 𐤒𐤃𐤌𐤕𐤄 𐤉𐤁𐤋𐤅𐤄 𐤓𐤂𐤋𐤉𐤄 𐤌𐤓𐤇𐤅𐤒
𐤋𐤂𐤅𐤓•
𐤇𐤌𐤉 𐤉𐤏𐤑 𐤆𐤀𐤕 𐤏𐤋 𐤑𐤓 𐤄𐤌𐤏𐤈𐤉𐤓𐤄 𐤀𐤔𐤓 𐤎𐤇𐤓𐤉𐤄 𐤔𐤓𐤉𐤌 𐤊𐤍𐤏𐤍𐤉𐤄
𐤍𐤊𐤁𐤃𐤉 𐤀𐤓𐤑•
𐤈𐤉𐤄𐤅𐤄 𐤑𐤁𐤀𐤅𐤕 𐤉𐤏𐤑𐤄 𐤋𐤇𐤋𐤋 𐤂𐤀𐤅𐤍 𐤊𐤋 𐤑𐤁𐤉 𐤋𐤄𐤒𐤋 𐤊𐤋 𐤍𐤊𐤁𐤃𐤉 𐤀𐤓𐤑•
𐤉𐤏𐤁𐤓𐤉 𐤀𐤓𐤑𐤊 𐤊𐤉𐤀𐤓 𐤁𐤕 𐤕𐤓𐤔𐤉𐤔 𐤀𐤉𐤍 𐤌𐤆𐤇 𐤏𐤅𐤃•
𐤉𐤀 𐤉𐤃𐤅 𐤍𐤈𐤄 𐤏𐤋 𐤄𐤉𐤌 𐤄𐤓𐤂𐤉𐤆 𐤌𐤌𐤋𐤊𐤅𐤕 𐤉𐤄𐤅𐤄 𐤑𐤅𐤄 𐤀𐤋 𐤊𐤍𐤏𐤍 𐤋𐤄𐤔𐤌𐤃
𐤌𐤏𐤆𐤍𐤉𐤄•
𐤉𐤁 𐤅𐤉𐤀𐤌𐤓 𐤋𐤀 𐤕𐤅𐤎𐤉𐤐𐤉 𐤏𐤅𐤃 𐤋𐤏𐤋𐤅𐤆 𐤄𐤌𐤏𐤔𐤒𐤄 𐤁𐤕𐤅𐤋𐤕 𐤁𐤕 𐤑𐤉𐤃𐤅𐤍
𐤊𐤕𐤉𐤉𐤌 [𐤊𐤕𐤉𐤌] 𐤒𐤅𐤌𐤉 𐤏𐤁𐤓𐤉 𐤂𐤌 𐤔𐤌 𐤋𐤀 𐤉𐤍𐤅𐤇 𐤋𐤊•
𐤉𐤂 𐤄𐤍 𐤀𐤓𐤑 𐤊𐤔𐤃𐤉𐤌 𐤆𐤄 𐤄𐤏𐤌 𐤋𐤀 𐤄𐤉𐤄 𐤀𐤔𐤅𐤓 𐤉𐤎𐤃𐤄 𐤋𐤑𐤉𐤉𐤌
𐤄𐤒𐤉𐤌𐤅 𐤁𐤇𐤉𐤍𐤉𐤅 [𐤁𐤇𐤅𐤍𐤉𐤅] 𐤏𐤅𐤓𐤓𐤅 𐤀𐤓𐤌𐤍𐤅𐤕𐤉𐤄 𐤔𐤌𐤄 𐤋𐤌𐤐𐤋𐤄•

יד הילילו אניות תרשיש כי שדד מעזכן.
טו והיה ביום ההוא ונשכחת צר שבעים שנה כימי מלך אחד
מקץ שבעים שנה יהיה לצר כשירת הזונה.
טז קחי כנור סבי עיר זונה נשכחה היטיבי נגן הרבי שיר
למען תזכרי.
יז והיה מקץ שבעים שנה יפקד יהוה את צר ושבה לאתננה
וזנתה את כל ממלכות הארץ על פני האדמה.
יח והיה סחרה ואתננה קדש ליהוה לא יאצר ולא יחסן כי
לישבים לפני יהוה יהיה סחרה לאכל לשבעה ולמכסה עתיק.

פרק כד

א הנה יהוה בוקק הארץ ובולקה ועוה פניה והפיץ ישביה.
ב והיה כעם ככהן כעבד כאדניו כשפחה כגברתה כקונה כמוכר
כמלוה כלוה כנשה כאשר נשא בו.
ג הבוק תבוק הארץ והבוז תבוז כי יהוה דבר את הדבר הזה.
ד אבלה נבלה הארץ אמללה נבלה תבל אמללו מרום עם הארץ.
ה והארץ חנפה תחת ישביה כי עברו תורת חלפו חק הפרו ברית
עולם.
ו על כן אלה אכלה ארץ ויאשמו ישבי בה על כן חרו ישבי
ארץ ונשאר אנוש מזער.
ז אבל תירוש אמללה גפן נאנחו כל שמחי לב.
ח שבת משוש תפים חדל שאון עליזים שבת משוש כנור.
ט בשיר לא ישתו יין ימר שכר לשתיו.
י נשברה קרית תהו סגר כל בית מבוא.
יא צוחה על היין בחוצות ערבה כל שמחה גלה משוש הארץ.
יב נשאר בעיר שמה ושאיה יכת שער.
יג כי כה יהיה בקרב הארץ בתוך העמים כנקף זית כעוללת
אם כלה בציר.
יד המה ישאו קולם ירנו בגאון יהוה צהלו מים.
טו על כן בארים כבדו יהוה באיי הים שם יהוה אלהי
ישראל.
טז מכנף הארץ זמרת שמענו צבי לצדיק ואמר רזי לי רזי לי
אוי לי בגדים בגדו ובגד בוגדים בגדו.

𐤉𐤆 𐤐𐤇𐤃 𐤅𐤐𐤇𐤕 𐤅𐤐𐤇 𐤏𐤋𐤉𐤊 𐤉𐤅𐤔𐤁 𐤄𐤀𐤓𐤑·
𐤉𐤇 𐤅𐤄𐤉𐤄 𐤄𐤍𐤎 𐤌𐤒𐤅𐤋 𐤄𐤐𐤇𐤃 𐤉𐤐𐤋 𐤀𐤋 𐤄𐤐𐤇𐤕 𐤅𐤄𐤏𐤅𐤋𐤄 𐤌𐤕𐤅𐤊 𐤄𐤐𐤇𐤕
𐤉𐤋𐤊𐤃 𐤁𐤐𐤇 𐤊𐤉 𐤀𐤓𐤁𐤅𐤕 𐤌𐤌𐤓𐤅𐤌 𐤍𐤐𐤕𐤇𐤅 𐤅𐤉𐤓𐤏𐤔𐤅 𐤌𐤅𐤎𐤃𐤉 𐤀𐤓𐤑·
𐤉𐤈 𐤓𐤏𐤄 𐤄𐤕𐤓𐤏𐤏𐤄 𐤄𐤀𐤓𐤑 𐤐𐤅𐤓 𐤄𐤕𐤐𐤅𐤓𐤓𐤄 𐤀𐤓𐤑 𐤌𐤅𐤈 𐤄𐤕𐤌𐤅𐤈𐤈𐤄 𐤀𐤓𐤑·
𐤊 𐤍𐤅𐤏 𐤕𐤍𐤅𐤏 𐤀𐤓𐤑 𐤊𐤔𐤊𐤅𐤓 𐤅𐤄𐤕𐤍𐤅𐤃𐤃𐤄 𐤊𐤌𐤋𐤅𐤍𐤄 𐤅𐤊𐤁𐤃 𐤏𐤋𐤉𐤄 𐤐𐤔𐤏𐤄
𐤅𐤍𐤐𐤋𐤄 𐤅𐤋𐤀 𐤕𐤎𐤉𐤐 𐤒𐤅𐤌·
𐤊𐤀 𐤅𐤄𐤉𐤄 𐤁𐤉𐤅𐤌 𐤄𐤄𐤅𐤀 𐤉𐤐𐤒𐤃 𐤉𐤄𐤅𐤄 𐤏𐤋 𐤑𐤁𐤀 𐤄𐤌𐤓𐤅𐤌 𐤁𐤌𐤓𐤅𐤌 𐤅𐤏𐤋
𐤌𐤋𐤊𐤉 𐤄𐤀𐤃𐤌𐤄 𐤏𐤋 𐤄𐤀𐤃𐤌𐤄·
𐤊𐤁 𐤅𐤀𐤎𐤐𐤅 𐤀𐤎𐤐𐤄 𐤀𐤎𐤉𐤓 𐤏𐤋 𐤁𐤅𐤓 𐤅𐤎𐤂𐤓𐤅 𐤏𐤋 𐤌𐤎𐤂𐤓 𐤅𐤌𐤓𐤁 𐤉𐤌𐤉𐤌
𐤉𐤐𐤒𐤃𐤅·
𐤊𐤂 𐤅𐤇𐤐𐤓𐤄 𐤄𐤋𐤁𐤍𐤄 𐤅𐤁𐤅𐤔𐤄 𐤄𐤇𐤌𐤄 𐤊𐤉 𐤌𐤋𐤊 𐤉𐤄𐤅𐤄 𐤑𐤁𐤀𐤅𐤕 𐤁𐤄𐤓 𐤑𐤉𐤅𐤍
𐤅𐤁𐤉𐤓𐤅𐤔𐤋𐤌 𐤅𐤍𐤂𐤃 𐤆𐤒𐤍𐤉𐤅 𐤊𐤁𐤅𐤃·

𐤐𐤓𐤒 𐤊𐤄

𐤀 𐤉𐤄𐤅𐤄 𐤀𐤋𐤄𐤉 𐤀𐤕𐤄 𐤀𐤓𐤅𐤌𐤌𐤊 𐤀𐤅𐤃𐤄 𐤔𐤌𐤊 𐤊𐤉 𐤏𐤔𐤉𐤕 𐤐𐤋𐤀 𐤏𐤑𐤅𐤕
𐤌𐤓𐤇𐤅𐤒 𐤀𐤌𐤅𐤍𐤄 𐤀𐤌𐤍·
𐤁 𐤊𐤉 𐤔𐤌𐤕 𐤌𐤏𐤉𐤓 𐤋𐤂𐤋 𐤒𐤓𐤉𐤄 𐤁𐤑𐤅𐤓𐤄 𐤋𐤌𐤐𐤋𐤄 𐤀𐤓𐤌𐤅𐤍 𐤆𐤓𐤉𐤌 𐤌𐤏𐤉𐤓
𐤋𐤏𐤅𐤋𐤌 𐤋𐤀 𐤉𐤁𐤍𐤄·
𐤂 𐤏𐤋 𐤊𐤍 𐤉𐤊𐤁𐤃𐤅𐤊 𐤏𐤌 𐤏𐤆 𐤒𐤓𐤉𐤕 𐤂𐤅𐤉𐤌 𐤏𐤓𐤉𐤑𐤉𐤌 𐤉𐤉𐤓𐤀𐤅𐤊·
𐤃 𐤊𐤉 𐤄𐤉𐤉𐤕 𐤌𐤏𐤅𐤆 𐤋𐤃𐤋 𐤌𐤏𐤅𐤆 𐤋𐤀𐤁𐤉𐤅𐤍 𐤁𐤑𐤓 𐤋𐤅 𐤌𐤇𐤎𐤄 𐤌𐤆𐤓𐤌 𐤑𐤋
𐤌𐤇𐤓𐤁 𐤊𐤉 𐤓𐤅𐤇 𐤏𐤓𐤉𐤑𐤉𐤌 𐤊𐤆𐤓𐤌 𐤒𐤉𐤓·
𐤄 𐤊𐤇𐤓𐤁 𐤁𐤑𐤉𐤅𐤍 𐤔𐤀𐤅𐤍 𐤆𐤓𐤉𐤌 𐤕𐤊𐤍𐤉𐤏 𐤇𐤓𐤁 𐤁𐤑𐤋 𐤏𐤁 𐤆𐤌𐤉𐤓 𐤏𐤓𐤉𐤑𐤉𐤌
𐤉𐤏𐤍𐤄·
𐤅 𐤅𐤏𐤔𐤄 𐤉𐤄𐤅𐤄 𐤑𐤁𐤀𐤅𐤕 𐤋𐤊𐤋 𐤄𐤏𐤌𐤉𐤌 𐤁𐤄𐤓 𐤄𐤆𐤄 𐤌𐤔𐤕𐤄 𐤔𐤌𐤍𐤉𐤌
𐤌𐤔𐤕𐤄 𐤔𐤌𐤓𐤉𐤌 𐤔𐤌𐤍𐤉𐤌 𐤌𐤌𐤇𐤉𐤌 𐤔𐤌𐤓𐤉𐤌 𐤌𐤆𐤒𐤒𐤉𐤌·
𐤆 𐤅𐤁𐤋𐤏 𐤁𐤄𐤓 𐤄𐤆𐤄 𐤐𐤍𐤉 𐤄𐤋𐤅𐤈 𐤄𐤋𐤅𐤈 𐤏𐤋 𐤊𐤋 𐤄𐤏𐤌𐤉𐤌 𐤅𐤄𐤌𐤎𐤊𐤄
𐤄𐤍𐤎𐤅𐤊𐤄 𐤏𐤋 𐤊𐤋 𐤄𐤂𐤅𐤉𐤌·
𐤇 𐤁𐤋𐤏 𐤄𐤌𐤅𐤕 𐤋𐤍𐤑𐤇 𐤅𐤌𐤇𐤄 𐤀𐤃𐤍𐤉 𐤉𐤄𐤅𐤄 𐤃𐤌𐤏𐤄 𐤌𐤏𐤋 𐤊𐤋 𐤐𐤍𐤉𐤌 𐤅𐤇𐤓𐤐𐤕
𐤏𐤌𐤅 𐤉𐤎𐤉𐤓 𐤌𐤏𐤋 𐤊𐤋 𐤄𐤀𐤓𐤑 𐤊𐤉 𐤉𐤄𐤅𐤄 𐤃𐤁𐤓·
𐤈 𐤅𐤀𐤌𐤓 𐤁𐤉𐤅𐤌 𐤄𐤄𐤅𐤀 𐤄𐤍𐤄 𐤀𐤋𐤄𐤉𐤍𐤅 𐤆𐤄 𐤒𐤅𐤉𐤍𐤅 𐤋𐤅 𐤅𐤉𐤅𐤔𐤉𐤏𐤍𐤅 𐤆𐤄
𐤉𐤄𐤅𐤄 𐤒𐤅𐤉𐤍𐤅 𐤋𐤅 𐤍𐤂𐤉𐤋𐤄 𐤅𐤍𐤔𐤌𐤇𐤄 𐤁𐤉𐤔𐤅𐤏𐤕𐤅·
𐤉 𐤊𐤉 𐤕𐤍𐤅𐤇 𐤉𐤃 𐤉𐤄𐤅𐤄 𐤁𐤄𐤓 𐤄𐤆𐤄 𐤅𐤍𐤃𐤅𐤔 𐤌𐤅𐤀𐤁 𐤕𐤇𐤕𐤉𐤅 𐤊𐤄𐤃𐤅𐤔 𐤌𐤕𐤁𐤍
𐤁𐤌𐤉 [𐤁𐤌𐤅] 𐤌𐤃𐤌𐤍𐤄·

𐤉𐤔𐤏𐤉𐤄

𐤉𐤀 𐤅𐤐𐤓𐤔 𐤉𐤃𐤉𐤅 𐤁𐤒𐤓𐤁𐤅 𐤊𐤀𐤔𐤓 𐤉𐤐𐤓𐤔 𐤄𐤔𐤇𐤄 𐤋𐤔𐤇𐤅𐤕 𐤅𐤄𐤔𐤐𐤉𐤋 𐤂𐤀𐤅𐤕𐤅
𐤏𐤌 𐤀𐤓𐤁𐤅𐤕 𐤉𐤃𐤉𐤅•
𐤉𐤁 𐤅𐤌𐤁𐤑𐤓 𐤌𐤔𐤂𐤁 𐤇𐤅𐤌𐤕𐤉𐤊 𐤄𐤔𐤇 𐤄𐤔𐤐𐤉𐤋 𐤄𐤂𐤉𐤏 𐤋𐤀𐤓𐤑 𐤏𐤃 𐤏𐤐𐤓•

𐤐𐤓𐤒 𐤊𐤅

𐤀 𐤁𐤉𐤅𐤌 𐤄𐤄𐤅𐤀 𐤉𐤅𐤔𐤓 𐤄𐤔𐤉𐤓 𐤄𐤆𐤄 𐤁𐤀𐤓𐤑 𐤉𐤄𐤅𐤃𐤄 𐤏𐤉𐤓 𐤏𐤆 𐤋𐤍𐤅 𐤉𐤔𐤅𐤏𐤄
𐤉𐤔𐤉𐤕 𐤇𐤅𐤌𐤅𐤕 𐤅𐤇𐤋•
𐤁 𐤐𐤕𐤇𐤅 𐤔𐤏𐤓𐤉𐤌 𐤅𐤉𐤁𐤀 𐤂𐤅𐤉 𐤑𐤃𐤉𐤒 𐤔𐤌𐤓 𐤀𐤌𐤍𐤉𐤌•
𐤂 𐤉𐤑𐤓 𐤎𐤌𐤅𐤊 𐤕𐤑𐤓 𐤔𐤋𐤅𐤌 𐤔𐤋𐤅𐤌 𐤊𐤉 𐤁𐤊 𐤁𐤈𐤅𐤇•
𐤃 𐤁𐤈𐤇𐤅 𐤁𐤉𐤄𐤅𐤄 𐤏𐤃𐤉 𐤏𐤃 𐤊𐤉 𐤁𐤉𐤄 𐤉𐤄𐤅𐤄 𐤑𐤅𐤓 𐤏𐤅𐤋𐤌𐤉𐤌•
𐤄 𐤊𐤉 𐤄𐤔𐤇 𐤉𐤔𐤁𐤉 𐤌𐤓𐤅𐤌 𐤒𐤓𐤉𐤄 𐤍𐤔𐤂𐤁𐤄 𐤉𐤔𐤐𐤉𐤋𐤍𐤄 𐤉𐤔𐤐𐤉𐤋𐤄 𐤏𐤃 𐤀𐤓𐤑
𐤉𐤂𐤉𐤏𐤍𐤄 𐤏𐤃 𐤏𐤐𐤓•
𐤅 𐤕𐤓𐤌𐤎𐤍𐤄 𐤓𐤂𐤋 𐤓𐤂𐤋𐤉 𐤏𐤍𐤉 𐤐𐤏𐤌𐤉 𐤃𐤋𐤉𐤌•
𐤆 𐤀𐤓𐤇 𐤋𐤑𐤃𐤉𐤒 𐤌𐤉𐤔𐤓𐤉𐤌 𐤉𐤔𐤓 𐤌𐤏𐤂𐤋 𐤑𐤃𐤉𐤒 𐤕𐤐𐤋𐤎•
𐤇 𐤀𐤐 𐤀𐤓𐤇 𐤌𐤔𐤐𐤈𐤉𐤊 𐤉𐤄𐤅𐤄 𐤒𐤅𐤉𐤍𐤅𐤊 𐤋𐤔𐤌𐤊 𐤅𐤋𐤆𐤊𐤓𐤊 𐤕𐤀𐤅𐤕 𐤍𐤐𐤔•
𐤈 𐤍𐤐𐤔𐤉 𐤀𐤅𐤉𐤕𐤉𐤊 𐤁𐤋𐤉𐤋𐤄 𐤀𐤐 𐤓𐤅𐤇𐤉 𐤁𐤒𐤓𐤁𐤉 𐤀𐤔𐤇𐤓𐤊 𐤊𐤉 𐤊𐤀𐤔𐤓
𐤌𐤔𐤐𐤈𐤉𐤊 𐤋𐤀𐤓𐤑 𐤑𐤃𐤒 𐤋𐤌𐤃𐤅 𐤉𐤔𐤁𐤉 𐤕𐤁𐤋•
𐤉 𐤉𐤇𐤍 𐤓𐤔𐤏 𐤁𐤋 𐤋𐤌𐤃 𐤑𐤃𐤒 𐤁𐤀𐤓𐤑 𐤍𐤊𐤇𐤅𐤕 𐤉𐤏𐤅𐤋 𐤅𐤁𐤋 𐤉𐤓𐤀𐤄 𐤂𐤀𐤅𐤕
𐤉𐤄𐤅𐤄•
𐤉𐤀 𐤉𐤄𐤅𐤄 𐤓𐤌𐤄 𐤉𐤃𐤊 𐤁𐤋 𐤉𐤇𐤆𐤉𐤅𐤍 𐤉𐤇𐤆𐤉𐤅 𐤅𐤉𐤁𐤔𐤅 𐤒𐤍𐤀𐤕 𐤏𐤌 𐤀𐤐 𐤀𐤔
𐤑𐤓𐤉𐤊 𐤕𐤀𐤊𐤋𐤌•
𐤉𐤁 𐤉𐤄𐤅𐤄 𐤕𐤔𐤐𐤕 𐤔𐤋𐤅𐤌 𐤋𐤍𐤅 𐤊𐤉 𐤂𐤌 𐤊𐤋 𐤌𐤏𐤔𐤉𐤍𐤅 𐤐𐤏𐤋𐤕 𐤋𐤍𐤅•
𐤉𐤂 𐤉𐤄𐤅𐤄 𐤀𐤋𐤄𐤉𐤍𐤅 𐤁𐤏𐤋𐤅𐤍𐤅 𐤀𐤃𐤍𐤉𐤌 𐤆𐤅𐤋𐤕𐤊 𐤋𐤁𐤃 𐤁𐤊 𐤍𐤆𐤊𐤉𐤓 𐤔𐤌𐤊•
𐤉𐤃 𐤌𐤕𐤉𐤌 𐤁𐤋 𐤉𐤇𐤉𐤅 𐤓𐤐𐤀𐤉𐤌 𐤁𐤋 𐤉𐤒𐤅𐤌𐤅 𐤋𐤊𐤍 𐤐𐤒𐤃𐤕 𐤅𐤕𐤔𐤌𐤉𐤃𐤌 𐤅𐤕𐤀𐤁𐤃
𐤊𐤋 𐤆𐤊𐤓 𐤋𐤌𐤅•
𐤈𐤅 𐤉𐤎𐤐𐤕 𐤋𐤂𐤅𐤉 𐤉𐤄𐤅𐤄 𐤉𐤎𐤐𐤕 𐤋𐤂𐤅𐤉 𐤍𐤊𐤁𐤃𐤕 𐤓𐤇𐤒𐤕 𐤊𐤋 𐤒𐤑𐤅𐤉 𐤀𐤓𐤑•
𐤈𐤆 𐤉𐤄𐤅𐤄 𐤁𐤑𐤓 𐤐𐤒𐤃𐤅𐤊 𐤑𐤒𐤅𐤍 𐤋𐤇𐤔 𐤌𐤅𐤎𐤓𐤊 𐤋𐤌𐤅•
𐤉𐤆 𐤊𐤌𐤅 𐤄𐤓𐤄 𐤕𐤒𐤓𐤉𐤁 𐤋𐤋𐤃𐤕 𐤕𐤇𐤉𐤋 𐤕𐤆𐤏𐤒 𐤁𐤇𐤁𐤋𐤉𐤄 𐤊𐤍 𐤄𐤉𐤉𐤍𐤅
𐤌𐤐𐤍𐤉𐤊 𐤉𐤄𐤅𐤄•
𐤉𐤇 𐤄𐤓𐤉𐤍𐤅 𐤇𐤋𐤍𐤅 𐤊𐤌𐤅 𐤉𐤋𐤃𐤍𐤅 𐤓𐤅𐤇 𐤉𐤔𐤅𐤏𐤕 𐤁𐤋 𐤍𐤏𐤔𐤄 𐤀𐤓𐤑 𐤅𐤁𐤋 𐤉𐤐𐤋𐤅
𐤉𐤔𐤁𐤉 𐤕𐤁𐤋•
𐤉𐤈 𐤉𐤇𐤉𐤅 𐤌𐤕𐤉𐤊 𐤍𐤁𐤋𐤕𐤉 𐤉𐤒𐤅𐤌𐤅𐤍 𐤄𐤒𐤉𐤑𐤅 𐤅𐤓𐤍𐤍𐤅 𐤔𐤊𐤍𐤉 𐤏𐤐𐤓 𐤊𐤉 𐤈𐤋
𐤀𐤅𐤓𐤕 𐤈𐤋𐤊 𐤅𐤀𐤓𐤑 𐤓𐤐𐤀𐤉𐤌 𐤕𐤐𐤉𐤋•

𐤉𐤔𐤏𐤉𐤄

𐤊 𐤋𐤊 𐤏𐤌𐤉 𐤁𐤀 𐤁𐤇𐤃𐤓𐤉𐤊 𐤅𐤎𐤂𐤓 𐤃𐤋𐤕𐤉𐤊 [𐤃𐤋𐤕𐤊] 𐤁𐤏𐤃𐤊 𐤇𐤁𐤉 𐤊𐤌𐤏𐤈 𐤓𐤂𐤏 𐤏𐤃
𐤉𐤏𐤁𐤅𐤓 [𐤉𐤏𐤁𐤓] 𐤆𐤏𐤌•
𐤊𐤀 𐤊𐤉 𐤄𐤍𐤄 𐤉𐤄𐤅𐤄 𐤉𐤑𐤀 𐤌𐤌𐤒𐤅𐤌𐤅 𐤋𐤐𐤒𐤃 𐤏𐤅𐤍 𐤉𐤔𐤁 𐤄𐤀𐤓𐤑 𐤏𐤋𐤉𐤅
𐤅𐤂𐤋𐤕𐤄 𐤄𐤀𐤓𐤑 𐤀𐤕 𐤃𐤌𐤉𐤄 𐤅𐤋𐤀 𐤕𐤊𐤎𐤄 𐤏𐤅𐤃 𐤏𐤋 𐤄𐤓𐤅𐤂𐤉𐤄•

𐤐𐤓𐤒 𐤊𐤆

𐤀 𐤁𐤉𐤅𐤌 𐤄𐤄𐤅𐤀 𐤉𐤐𐤒𐤃 𐤉𐤄𐤅𐤄 𐤁𐤇𐤓𐤁𐤅 𐤄𐤒𐤔𐤄 𐤅𐤄𐤂𐤃𐤅𐤋𐤄 𐤅𐤄𐤇𐤆𐤒𐤄 𐤏𐤋
𐤋𐤅𐤉𐤕𐤍 𐤍𐤇𐤔 𐤁𐤓𐤇 𐤅𐤏𐤋 𐤋𐤅𐤉𐤕𐤍 𐤍𐤇𐤔 𐤏𐤒𐤋𐤕𐤅𐤍 𐤅𐤄𐤓𐤂 𐤀𐤕 𐤄𐤕𐤍𐤉𐤍 𐤀𐤔𐤓
𐤁𐤉𐤌•
𐤁 𐤁𐤉𐤅𐤌 𐤄𐤄𐤅𐤀 𐤊𐤓𐤌 𐤇𐤌𐤃 𐤏𐤍𐤅 𐤋𐤄•
𐤂 𐤀𐤍𐤉 𐤉𐤄𐤅𐤄 𐤍𐤑𐤓𐤄 𐤋𐤓𐤂𐤏𐤉𐤌 𐤀𐤔𐤒𐤍𐤄 𐤐𐤍 𐤉𐤐𐤒𐤃 𐤏𐤋𐤉𐤄 𐤋𐤉𐤋𐤄 𐤅𐤉𐤅𐤌
𐤀𐤑𐤓𐤍𐤄•
𐤃 𐤇𐤌𐤄 𐤀𐤉𐤍 𐤋𐤉 𐤌𐤉 𐤉𐤕𐤍𐤍𐤉 𐤔𐤌𐤉𐤓 𐤔𐤉𐤕 𐤁𐤌𐤋𐤇𐤌𐤄 𐤀𐤐𐤔𐤏𐤄 𐤁𐤄
𐤀𐤑𐤉𐤕𐤍𐤄 𐤉𐤇𐤃•
𐤄 𐤀𐤅 𐤉𐤇𐤆𐤒 𐤁𐤌𐤏𐤅𐤆𐤉 𐤉𐤏𐤔𐤄 𐤔𐤋𐤅𐤌 𐤋𐤉 𐤔𐤋𐤅𐤌 𐤉𐤏𐤔𐤄 𐤋𐤉•
𐤅 𐤄𐤁𐤀𐤉𐤌 𐤉𐤔𐤓𐤔 𐤉𐤏𐤒𐤁 𐤉𐤑𐤉𐤑 𐤅𐤐𐤓𐤇 𐤉𐤔𐤓𐤀𐤋 𐤅𐤌𐤋𐤀𐤅 𐤐𐤍𐤉 𐤕𐤁𐤋
𐤕𐤍𐤅𐤁𐤄•
𐤆 𐤄𐤊𐤌𐤊𐤕 𐤌𐤊𐤄𐤅 𐤄𐤊𐤄𐤅 𐤀𐤌 𐤊𐤄𐤓𐤂 𐤄𐤓𐤂𐤉𐤅 𐤄𐤓𐤂•
𐤇 𐤁𐤎𐤀𐤎𐤀𐤄 𐤁𐤔𐤋𐤇𐤄 𐤕𐤓𐤉𐤁𐤍𐤄 𐤄𐤂𐤄 𐤁𐤓𐤅𐤇𐤅 𐤄𐤒𐤔𐤄 𐤁𐤉𐤅𐤌 𐤒𐤃𐤉𐤌•
𐤈 𐤋𐤊𐤍 𐤁𐤆𐤀𐤕 𐤉𐤊𐤐𐤓 𐤏𐤅𐤍 𐤉𐤏𐤒𐤁 𐤅𐤆𐤄 𐤊𐤋 𐤐𐤓𐤉 𐤄𐤎𐤓 𐤇𐤈𐤀𐤕𐤅 𐤁𐤔𐤅𐤌𐤅 𐤊𐤋
𐤀𐤁𐤍𐤉 𐤌𐤆𐤁𐤇 𐤊𐤀𐤁𐤍𐤉 𐤂𐤓 𐤌𐤍𐤐𐤑𐤅𐤕 𐤋𐤀 𐤉𐤒𐤌𐤅 𐤀𐤔𐤓𐤉𐤌 𐤅𐤇𐤌𐤍𐤉𐤌•
𐤉 𐤊𐤉 𐤏𐤉𐤓 𐤁𐤑𐤅𐤓𐤄 𐤁𐤃𐤃 𐤍𐤅𐤄 𐤌𐤔𐤋𐤇 𐤅𐤍𐤏𐤆𐤁 𐤊𐤌𐤃𐤁𐤓 𐤔𐤌 𐤉𐤓𐤏𐤄 𐤏𐤂𐤋
𐤅𐤔𐤌 𐤉𐤓𐤁𐤑 𐤅𐤊𐤋𐤄 𐤎𐤏𐤐𐤉𐤄•
𐤉𐤀 𐤁𐤉𐤁𐤔 𐤒𐤑𐤉𐤓𐤄 𐤕𐤔𐤁𐤓𐤍𐤄 𐤍𐤔𐤉𐤌 𐤁𐤀𐤅𐤕 𐤌𐤀𐤉𐤓𐤅𐤕 𐤀𐤅𐤕𐤄 𐤊𐤉 𐤋𐤀 𐤏𐤌
𐤁𐤉𐤍𐤅𐤕 𐤄𐤅𐤀 𐤏𐤋 𐤊𐤍 𐤋𐤀 𐤉𐤓𐤇𐤌𐤍𐤅 𐤏𐤔𐤄𐤅 𐤅𐤉𐤑𐤓𐤅 𐤋𐤀 𐤉𐤇𐤍𐤍𐤅•
𐤉𐤁 𐤅𐤄𐤉𐤄 𐤁𐤉𐤅𐤌 𐤄𐤄𐤅𐤀 𐤉𐤇𐤁𐤈 𐤉𐤄𐤅𐤄 𐤌𐤔𐤁𐤋𐤕 𐤄𐤍𐤄𐤓 𐤏𐤃 𐤍𐤇𐤋 𐤌𐤑𐤓𐤉𐤌
𐤅𐤀𐤕𐤌 𐤕𐤋𐤒𐤈𐤅 𐤋𐤀𐤇𐤃 𐤀𐤇𐤃 𐤁𐤍𐤉 𐤉𐤔𐤓𐤀𐤋•
𐤉𐤂 𐤅𐤄𐤉𐤄 𐤁𐤉𐤅𐤌 𐤄𐤄𐤅𐤀 𐤉𐤕𐤒𐤏 𐤁𐤔𐤅𐤐𐤓 𐤂𐤃𐤅𐤋 𐤅𐤁𐤀𐤅 𐤄𐤀𐤁𐤃𐤉𐤌 𐤁𐤀𐤓𐤑
𐤀𐤔𐤅𐤓 𐤅𐤄𐤍𐤃𐤇𐤉𐤌 𐤁𐤀𐤓𐤑 𐤌𐤑𐤓𐤉𐤌 𐤅𐤄𐤔𐤕𐤇𐤅𐤅 𐤋𐤉𐤄𐤅𐤄 𐤁𐤄𐤓 𐤄𐤒𐤃𐤔
𐤁𐤉𐤓𐤅𐤔𐤋𐤌•

𐤐𐤓𐤒 𐤊𐤇

𐤀 𐤄𐤅𐤉 𐤏𐤈𐤓𐤕 𐤂𐤀𐤅𐤕 𐤔𐤊𐤓𐤉 𐤀𐤐𐤓𐤉𐤌 𐤅𐤑𐤉𐤑 𐤍𐤁𐤋 𐤑𐤁𐤉 𐤕𐤐𐤀𐤓𐤕𐤅 𐤀𐤔𐤓 𐤏𐤋

𐤓𐤀𐤔 𐤂𐤉𐤀 𐤔𐤌𐤍𐤉𐤌 𐤄𐤋𐤅𐤌𐤉 𐤉𐤉𐤍•

𐤁 𐤄𐤍𐤄 𐤇𐤆𐤒 𐤅𐤀𐤌𐤑 𐤋𐤀𐤃𐤍𐤉 𐤊𐤆𐤓𐤌 𐤁𐤓𐤃 𐤔𐤏𐤓 𐤒𐤈𐤁 𐤊𐤆𐤓𐤌 𐤌𐤉𐤌 𐤊𐤁𐤉𐤓𐤉𐤌
𐤔𐤈𐤐𐤉𐤌 𐤄𐤍𐤉𐤇 𐤋𐤀𐤓𐤑 𐤁𐤉𐤃•

𐤂 𐤁𐤓𐤂𐤋𐤉𐤌 𐤕𐤓𐤌𐤎𐤍𐤄 𐤏𐤈𐤓𐤕 𐤂𐤀𐤅𐤕 𐤔𐤊𐤅𐤓𐤉 𐤀𐤐𐤓𐤉𐤌•

𐤃 𐤅𐤄𐤉𐤕𐤄 𐤑𐤉𐤑𐤕 𐤍𐤁𐤋 𐤑𐤁𐤉 𐤕𐤐𐤀𐤓𐤕𐤅 𐤀𐤔𐤓 𐤏𐤋 𐤓𐤀𐤔 𐤂𐤉𐤀 𐤔𐤌𐤍𐤉𐤌
𐤊𐤁𐤊𐤅𐤓𐤄 𐤁𐤈𐤓𐤌 𐤒𐤉𐤑 𐤀𐤔𐤓 𐤉𐤓𐤀𐤄 𐤄𐤓𐤀𐤄 𐤀𐤅𐤕𐤄 𐤁𐤏𐤅𐤃𐤄 𐤁𐤊𐤐𐤅 𐤉𐤁𐤋𐤏𐤍𐤄•

𐤄 𐤁𐤉𐤅𐤌 𐤄𐤄𐤅𐤀 𐤉𐤄𐤉𐤄 𐤉𐤄𐤅𐤄 𐤑𐤁𐤀𐤅𐤕 𐤋𐤏𐤈𐤓𐤕 𐤑𐤁𐤉 𐤅𐤋𐤑𐤐𐤉𐤓𐤕 𐤕𐤐𐤀𐤓𐤄
𐤋𐤔𐤀𐤓 𐤏𐤌𐤅•

𐤅 𐤅𐤋𐤓𐤅𐤇 𐤌𐤔𐤐𐤈 𐤋𐤉𐤅𐤔𐤁 𐤏𐤋 𐤄𐤌𐤔𐤐𐤈 𐤅𐤋𐤂𐤁𐤅𐤓𐤄 𐤌𐤔𐤉𐤁𐤉 𐤌𐤋𐤇𐤌𐤄 𐤔𐤏𐤓𐤄•

𐤆 𐤅𐤂𐤌 𐤀𐤋𐤄 𐤁𐤉𐤉𐤍 𐤔𐤂𐤅 𐤅𐤁𐤔𐤊𐤓 𐤕𐤏𐤅 𐤊𐤄𐤍 𐤅𐤍𐤁𐤉𐤀 𐤔𐤂𐤅 𐤁𐤔𐤊𐤓 𐤍𐤁𐤋𐤏𐤅
𐤌𐤍 𐤄𐤉𐤉𐤍 𐤕𐤏𐤅 𐤌𐤍 𐤄𐤔𐤊𐤓 𐤔𐤂𐤅 𐤁𐤓𐤀𐤄 𐤐𐤒𐤅 𐤐𐤋𐤉𐤋𐤉𐤄•

𐤇 𐤊𐤉 𐤊𐤋 𐤔𐤋𐤇𐤍𐤅𐤕 𐤌𐤋𐤀𐤅 𐤒𐤉𐤀 𐤑𐤀𐤄 𐤁𐤋𐤉 𐤌𐤒𐤅𐤌•

𐤈 𐤀𐤕 𐤌𐤉 𐤉𐤅𐤓𐤄 𐤃𐤏𐤄 𐤅𐤀𐤕 𐤌𐤉 𐤉𐤁𐤉𐤍 𐤔𐤌𐤅𐤏𐤄 𐤂𐤌𐤅𐤋𐤉 𐤌𐤇𐤋𐤁 𐤏𐤕𐤉𐤒𐤉
𐤌𐤔𐤃𐤉𐤌•

𐤉 𐤊𐤉 𐤑𐤅 𐤋𐤑𐤅 𐤑𐤅 𐤋𐤑𐤅 𐤒𐤅 𐤋𐤒𐤅 𐤒𐤅 𐤋𐤒𐤅 𐤆𐤏𐤉𐤓 𐤔𐤌 𐤆𐤏𐤉𐤓 𐤔𐤌•

𐤉𐤀 𐤊𐤉 𐤁𐤋𐤏𐤂𐤉 𐤔𐤐𐤄 𐤅𐤁𐤋𐤔𐤅𐤍 𐤀𐤇𐤓𐤕 𐤉𐤃𐤁𐤓 𐤀𐤋 𐤄𐤏𐤌 𐤄𐤆𐤄•

𐤉𐤁 𐤀𐤔𐤓 𐤀𐤌𐤓 𐤀𐤋𐤉𐤄𐤌 𐤆𐤀𐤕 𐤄𐤌𐤍𐤅𐤇𐤄 𐤄𐤍𐤉𐤇𐤅 𐤋𐤏𐤉𐤐 𐤅𐤆𐤀𐤕 𐤄𐤌𐤓𐤂𐤏𐤄
𐤅𐤋𐤀 𐤀𐤁𐤅𐤀 𐤔𐤌𐤅𐤏•

𐤉𐤂 𐤅𐤄𐤉𐤄 𐤋𐤄𐤌 𐤃𐤁𐤓 𐤉𐤄𐤅𐤄 𐤑𐤅 𐤋𐤑𐤅 𐤑𐤅 𐤋𐤑𐤅 𐤒𐤅 𐤋𐤒𐤅 𐤒𐤅 𐤋𐤒𐤅 𐤆𐤏𐤉𐤓
𐤔𐤌 𐤆𐤏𐤉𐤓 𐤔𐤌 𐤋𐤌𐤏𐤍 𐤉𐤋𐤊𐤅 𐤅𐤊𐤔𐤋𐤅 𐤀𐤇𐤅𐤓 𐤅𐤍𐤔𐤁𐤓𐤅 𐤅𐤍𐤅𐤒𐤔𐤅 𐤅𐤍𐤋𐤊𐤃𐤅•

𐤉𐤃 𐤋𐤊𐤍 𐤔𐤌𐤏𐤅 𐤃𐤁𐤓 𐤉𐤄𐤅𐤄 𐤀𐤍𐤔𐤉 𐤋𐤑𐤅𐤍 𐤌𐤔𐤋𐤉 𐤄𐤏𐤌 𐤄𐤆𐤄 𐤀𐤔𐤓
𐤁𐤉𐤓𐤅𐤔𐤋𐤌•

𐤈𐤅 𐤊𐤉 𐤀𐤌𐤓𐤕𐤌 𐤊𐤓𐤕𐤍𐤅 𐤁𐤓𐤉𐤕 𐤀𐤕 𐤌𐤅𐤕 𐤅𐤏𐤌 𐤔𐤀𐤅𐤋 𐤏𐤔𐤉𐤍𐤅 𐤇𐤆𐤄 𐤔𐤉𐤈
[𐤔𐤅𐤈] 𐤔𐤅𐤈𐤐 𐤊𐤉 𐤏𐤁𐤓 [𐤉𐤏𐤁𐤓] 𐤋𐤀 𐤉𐤁𐤅𐤀𐤍𐤅 𐤊𐤉 𐤔𐤌𐤍𐤅 𐤊𐤆𐤁 𐤌𐤇𐤎𐤍𐤅
𐤅𐤁𐤔𐤒𐤓 𐤍𐤎𐤕𐤓𐤍𐤅•

𐤈𐤆 𐤋𐤊𐤍 𐤊𐤄 𐤀𐤌𐤓 𐤀𐤃𐤍𐤉 𐤉𐤄𐤅𐤄 𐤄𐤍𐤍𐤉 𐤉𐤎𐤃 𐤁𐤑𐤉𐤅𐤍 𐤀𐤁𐤍 𐤀𐤁𐤍 𐤁𐤇𐤍
𐤐𐤍𐤕 𐤉𐤒𐤓𐤕 𐤌𐤅𐤎𐤃 𐤌𐤅𐤎𐤃 𐤄𐤌𐤀𐤌𐤉𐤍 𐤋𐤀 𐤉𐤇𐤉𐤔•

𐤉𐤆 𐤅𐤔𐤌𐤕𐤉 𐤌𐤔𐤐𐤈 𐤋𐤒𐤅 𐤅𐤑𐤃𐤒𐤄 𐤋𐤌𐤔𐤒𐤋𐤕 𐤅𐤉𐤏𐤄 𐤁𐤓𐤃 𐤌𐤇𐤎𐤄 𐤊𐤆𐤁
𐤅𐤎𐤕𐤓 𐤌𐤉𐤌 𐤉𐤔𐤈𐤐𐤅•

𐤉𐤇 𐤅𐤊𐤐𐤓 𐤁𐤓𐤉𐤕𐤊𐤌 𐤀𐤕 𐤌𐤅𐤕 𐤅𐤇𐤆𐤅𐤕𐤊𐤌 𐤀𐤕 𐤔𐤀𐤅𐤋 𐤋𐤀 𐤕𐤒𐤅𐤌 𐤔𐤅𐤈
𐤔𐤅𐤈𐤐 𐤊𐤉 𐤉𐤏𐤁𐤓 𐤅𐤄𐤉𐤉𐤕𐤌 𐤋𐤅 𐤋𐤌𐤓𐤌𐤎•

𐤉𐤈 𐤌𐤃𐤉 𐤏𐤁𐤓𐤅 𐤉𐤒𐤇 𐤀𐤕𐤊𐤌 𐤊𐤉 𐤁𐤁𐤒𐤓 𐤁𐤁𐤒𐤓 𐤉𐤏𐤁𐤓 𐤁𐤉𐤅𐤌 𐤅𐤁𐤋𐤉𐤋𐤄
𐤅𐤄𐤉𐤄 𐤓𐤒 𐤆𐤅𐤏𐤄 𐤄𐤁𐤉𐤍 𐤔𐤌𐤅𐤏𐤄•

כ כי קצר המצע מהשתרע והמסכה צרה כהתכנס׃
כא כי כהר פרצים יקום יהוה כעמק בגבעון ירגז לעשות
מעשהו זר מעשהו ולעבד עבדתו נכריה עבדתו׃
כב ועתה אל תתלוצצו פן יחזקו מוסריכם כי כלה ונחרצה
שמעתי מאת אדני יהוה צבאות על כל הארץ׃
כג האזינו ושמעו קולי הקשיבו ושמעו אמרתי׃
כד הכל היום יחרש החרש לזרע יפתח וישדד אדמתו׃
כה הלוא אם שוה פניה והפיץ קצח וכמן יזרק ושם חטה שורה
ושערה נסמן וכסמת גבלתו׃
כו ויסרו למשפט אלהיו יורנו׃
כז כי לא בחרוץ יודש קצח ואופן עגלה על כמן יוסב כי במטה
יחבט קצח וכמן בשבט׃
כח לחם יודק כי לא לנצח אדוש ידושנו והמם גלגל עגלתו
ופרשיו לא ידקנו׃
כט גם זאת מעם יהוה צבאות יצאה הפליא עצה הגדיל
תושיה׃

פרק כט
א הוי אריאל אריאל קרית חנה דוד ספו שנה על שנה חגים
ינקפו׃
ב והציקותי לאריאל והיתה תאניה ואניה והיתה לי
כאריאל׃
ג וחניתי כדור עליך וצרתי עליך מצב והקימתי עליך מצרת׃
ד ושפלת מארץ תדברי ומעפר תשח אמרתך והיה כאוב מארץ
קולך ומעפר אמרתך תצפצף׃
ה והיה כאבק דק המון זריך וכמץ עבר המון עריצים
והיה לפתע פתאם׃
ו מעם יהוה צבאות תפקד ברעם וברעש וקול גדול סופה וסערה
ולהב אש אוכלה׃
ז והיה כחלום חזון לילה המון כל הגוים הצבאים על
אריאל וכל צביה ומצדתה והמציקים להם׃
ח והיה כאשר יחלם הרעב והנה אוכל והקיץ וריקה נפשו
וכאשר יחלם הצמא והנה שתה והנה עיף ונפשו שוקקה

𐤊𐤍 𐤉𐤄𐤉𐤄 𐤄𐤌𐤅𐤍 𐤊𐤋 𐤄𐤂𐤅𐤉𐤌 𐤄𐤑𐤁𐤀𐤉𐤌 𐤏𐤋 𐤄𐤓 𐤑𐤉𐤅𐤍•
𐤈 𐤄𐤕𐤌𐤄𐤌𐤄𐤅 𐤅𐤕𐤌𐤄𐤅 𐤄𐤔𐤕𐤏𐤔𐤏𐤅 𐤅𐤔𐤏𐤅 𐤔𐤊𐤓𐤅 𐤅𐤋𐤀 𐤉𐤉𐤍 𐤍𐤏𐤅 𐤅𐤋𐤀
𐤔𐤊𐤓•
𐤉 𐤊𐤉 𐤍𐤎𐤊 𐤏𐤋𐤉𐤊𐤌 𐤉𐤄𐤅𐤄 𐤓𐤅𐤇 𐤕𐤓𐤃𐤌𐤄 𐤅𐤉𐤏𐤑𐤌 𐤀𐤕 𐤏𐤉𐤍𐤉𐤊𐤌 𐤀𐤕
𐤄𐤍𐤁𐤉𐤀𐤉𐤌 𐤅𐤀𐤕 𐤓𐤀𐤔𐤉𐤊𐤌 𐤄𐤇𐤆𐤉𐤌 𐤊𐤎𐤄•
𐤉𐤀 𐤅𐤕𐤄𐤉 𐤋𐤊𐤌 𐤇𐤆𐤅𐤕 𐤄𐤊𐤋 𐤊𐤃𐤁𐤓𐤉 𐤄𐤎𐤐𐤓 𐤄𐤇𐤕𐤅𐤌 𐤀𐤔𐤓 𐤉𐤕𐤍𐤅 𐤀𐤕𐤅 𐤀𐤋
𐤉𐤅𐤃𐤏 𐤄𐤎𐤐𐤓 [𐤎𐤐𐤓] 𐤋𐤀𐤌𐤓 𐤒𐤓𐤀 𐤍𐤀 𐤆𐤄 𐤅𐤀𐤌𐤓 𐤋𐤀 𐤀𐤅𐤊𐤋 𐤊𐤉 𐤇𐤕𐤅𐤌 𐤄𐤅𐤀•
𐤉𐤁 𐤅𐤍𐤕𐤍 𐤄𐤎𐤐𐤓 𐤏𐤋 𐤀𐤔𐤓 𐤋𐤀 𐤉𐤃𐤏 𐤎𐤐𐤓 𐤋𐤀𐤌𐤓 𐤒𐤓𐤀 𐤍𐤀 𐤆𐤄 𐤅𐤀𐤌𐤓 𐤋𐤀
𐤉𐤃𐤏𐤕𐤉 𐤎𐤐𐤓•
𐤉𐤂 𐤅𐤉𐤀𐤌𐤓 𐤀𐤃𐤍𐤉 𐤉𐤏𐤍 𐤊𐤉 𐤍𐤂𐤔 𐤄𐤏𐤌 𐤄𐤆𐤄 𐤁𐤐𐤉𐤅 𐤅𐤁𐤔𐤐𐤕𐤉𐤅 𐤊𐤁𐤃𐤅𐤍𐤉
𐤅𐤋𐤁𐤅 𐤓𐤇𐤒 𐤌𐤌𐤍𐤉 𐤅𐤕𐤄𐤉 𐤉𐤓𐤀𐤕𐤌 𐤀𐤕𐤉 𐤌𐤑𐤅𐤕 𐤀𐤍𐤔𐤉𐤌 𐤌𐤋𐤌𐤃𐤄•
𐤉𐤃 𐤋𐤊𐤍 𐤄𐤍𐤍𐤉 𐤉𐤅𐤎𐤐 𐤋𐤄𐤐𐤋𐤉𐤀 𐤀𐤕 𐤄𐤏𐤌 𐤄𐤆𐤄 𐤄𐤐𐤋𐤀 𐤅𐤐𐤋𐤀 𐤅𐤀𐤁𐤃𐤄
𐤇𐤊𐤌𐤕 𐤇𐤊𐤌𐤉𐤅 𐤅𐤁𐤉𐤍𐤕 𐤍𐤁𐤍𐤉𐤅 𐤕𐤎𐤕𐤕𐤓•
𐤈𐤅 𐤄𐤅𐤉 𐤄𐤌𐤏𐤌𐤉𐤒𐤉𐤌 𐤌𐤉𐤄𐤅𐤄 𐤋𐤎𐤕𐤓 𐤏𐤑𐤄 𐤅𐤄𐤉𐤄 𐤁𐤌𐤇𐤔𐤊 𐤌𐤏𐤔𐤉𐤄𐤌
𐤅𐤉𐤀𐤌𐤓𐤅 𐤌𐤉 𐤓𐤀𐤍𐤅 𐤅𐤌𐤉 𐤉𐤅𐤃𐤏𐤍𐤅•
𐤈𐤆 𐤄𐤐𐤊𐤊𐤌 𐤀𐤌 𐤊𐤇𐤌𐤓 𐤄𐤉𐤑𐤓 𐤉𐤇𐤔𐤁 𐤊𐤉 𐤉𐤀𐤌𐤓 𐤌𐤏𐤔𐤄 𐤋𐤏𐤔𐤄𐤅 𐤋𐤀
𐤏𐤔𐤍𐤉 𐤅𐤉𐤑𐤓 𐤀𐤌𐤓 𐤋𐤉𐤑𐤓𐤅 𐤋𐤀 𐤄𐤁𐤉𐤍•
𐤉𐤆 𐤄𐤋𐤀 𐤏𐤅𐤃 𐤌𐤏𐤈 𐤌𐤆𐤏𐤓 𐤅𐤔𐤁 𐤋𐤁𐤍𐤅𐤍 𐤋𐤊𐤓𐤌𐤋 𐤅𐤄𐤊𐤓𐤌𐤋 𐤋𐤉𐤏𐤓 𐤉𐤇𐤔𐤁•
𐤉𐤇 𐤅𐤔𐤌𐤏𐤅 𐤁𐤉𐤅𐤌 𐤄𐤄𐤅𐤀 𐤄𐤇𐤓𐤔𐤉𐤌 𐤃𐤁𐤓𐤉 𐤎𐤐𐤓 𐤅𐤌𐤀𐤐𐤋 𐤅𐤌𐤇𐤔𐤊 𐤏𐤉𐤍𐤉
𐤏𐤅𐤓𐤉𐤌 𐤕𐤓𐤀𐤉𐤍𐤄•
𐤉𐤈 𐤅𐤉𐤎𐤐𐤅 𐤏𐤍𐤅𐤉𐤌 𐤁𐤉𐤄𐤅𐤄 𐤔𐤌𐤇𐤄 𐤅𐤀𐤁𐤉𐤅𐤍𐤉 𐤀𐤃𐤌 𐤁𐤒𐤃𐤅𐤔 𐤉𐤔𐤓𐤀𐤋
𐤉𐤂𐤉𐤋𐤅•
𐤊 𐤊𐤉 𐤀𐤐𐤎 𐤏𐤓𐤉𐤑 𐤅𐤊𐤋𐤄 𐤋𐤑 𐤅𐤍𐤊𐤓𐤕𐤅 𐤊𐤋 𐤔𐤒𐤃𐤉 𐤀𐤅𐤍•
𐤊𐤀 𐤌𐤇𐤈𐤉𐤀𐤉 𐤀𐤃𐤌 𐤁𐤃𐤁𐤓 𐤅𐤋𐤌𐤅𐤊𐤉𐤇 𐤁𐤔𐤏𐤓 𐤉𐤒𐤔𐤅𐤍 𐤅𐤉𐤈𐤅 𐤁𐤕𐤄𐤅 𐤑𐤃𐤉𐤒•
𐤊𐤁 𐤋𐤊𐤍 𐤊𐤄 𐤀𐤌𐤓 𐤉𐤄𐤅𐤄 𐤀𐤋 𐤁𐤉𐤕 𐤉𐤏𐤒𐤁 𐤀𐤔𐤓 𐤐𐤃𐤄 𐤀𐤕 𐤀𐤁𐤓𐤄𐤌 𐤋𐤀 𐤏𐤕𐤄
𐤉𐤁𐤅𐤔 𐤉𐤏𐤒𐤁 𐤅𐤋𐤀 𐤏𐤕𐤄 𐤐𐤍𐤉𐤅 𐤉𐤇𐤅𐤓𐤅•
𐤊𐤂 𐤊𐤉 𐤁𐤓𐤀𐤕𐤅 𐤉𐤋𐤃𐤉𐤅 𐤌𐤏𐤔𐤄 𐤉𐤃𐤉 𐤁𐤒𐤓𐤁𐤅 𐤉𐤒𐤃𐤉𐤔𐤅 𐤔𐤌𐤉 𐤅𐤄𐤒𐤃𐤉𐤔𐤅
𐤀𐤕 𐤒𐤃𐤅𐤔 𐤉𐤏𐤒𐤁 𐤅𐤀𐤕 𐤀𐤋𐤄𐤉 𐤉𐤔𐤓𐤀𐤋 𐤉𐤏𐤓𐤉𐤑𐤅•
𐤊𐤃 𐤅𐤉𐤃𐤏𐤅 𐤕𐤏𐤉 𐤓𐤅𐤇 𐤁𐤉𐤍𐤄 𐤅𐤓𐤅𐤂𐤍𐤉𐤌 𐤉𐤋𐤌𐤃𐤅 𐤋𐤒𐤇•

𐤐𐤓𐤒 𐤋

𐤀 𐤄𐤅𐤉 𐤁𐤍𐤉𐤌 𐤎𐤅𐤓𐤓𐤉𐤌 𐤍𐤀𐤌 𐤉𐤄𐤅𐤄 𐤋𐤏𐤔𐤅𐤕 𐤏𐤑𐤄 𐤅𐤋𐤀 𐤌𐤍𐤉 𐤅𐤋𐤍𐤎𐤊
𐤌𐤎𐤊𐤄 𐤅𐤋𐤀 𐤓𐤅𐤇𐤉 𐤋𐤌𐤏𐤍 𐤎𐤐𐤅𐤕 𐤇𐤈𐤀𐤕 𐤏𐤋 𐤇𐤈𐤀𐤕•

𐤁 𐤄𐤄𐤋𐤊𐤉𐤌 𐤋𐤓𐤃𐤕 𐤌𐤑𐤓𐤉𐤌 𐤅𐤐𐤉 𐤋𐤀 𐤔𐤀𐤋𐤅 𐤋𐤏𐤅𐤆 𐤁𐤌𐤏𐤅𐤆 𐤐𐤓𐤏𐤄
𐤅𐤋𐤇𐤎𐤅𐤕 𐤁𐤑𐤋 𐤌𐤑𐤓𐤉𐤌•
𐤂 𐤅𐤄𐤉𐤄 𐤋𐤊𐤌 𐤌𐤏𐤅𐤆 𐤐𐤓𐤏𐤄 𐤋𐤁𐤔𐤕 𐤅𐤄𐤇𐤎𐤅𐤕 𐤁𐤑𐤋 𐤌𐤑𐤓𐤉𐤌 𐤋𐤊𐤋𐤌𐤄•
𐤃 𐤊𐤉 𐤄𐤉𐤅 𐤁𐤑𐤏𐤍 𐤔𐤓𐤉𐤅 𐤅𐤌𐤋𐤀𐤊𐤉𐤅 𐤇𐤍𐤎 𐤉𐤂𐤉𐤏𐤅•
𐤄 𐤊𐤋 𐤄𐤁𐤀𐤉𐤔 𐤏𐤋 𐤏𐤌 𐤋𐤀 𐤉𐤅𐤏𐤉𐤋𐤅 𐤋𐤌𐤅 𐤋𐤀 𐤋𐤏𐤆𐤓 𐤅𐤋𐤀 𐤋𐤄𐤅𐤏𐤉𐤋 𐤊𐤉
𐤋𐤁𐤔𐤕 𐤅𐤂𐤌 𐤋𐤇𐤓𐤐𐤄•
𐤅 𐤌𐤔𐤀 𐤁𐤄𐤌𐤅𐤕 𐤍𐤂𐤁 𐤁𐤀𐤓𐤑 𐤑𐤓𐤄 𐤅𐤑𐤅𐤒𐤄 𐤋𐤁𐤉𐤀 𐤅𐤋𐤉𐤔 𐤌𐤄𐤌 𐤀𐤐𐤏𐤄
𐤅𐤔𐤓𐤐 𐤌𐤏𐤅𐤐𐤐 𐤉𐤔𐤀𐤅 𐤏𐤋 𐤊𐤕𐤐 𐤏𐤅𐤓𐤉𐤌 [𐤏𐤉𐤓𐤉𐤌] 𐤇𐤉𐤋𐤄𐤌 𐤅𐤏𐤋 𐤃𐤁𐤔𐤕
𐤂𐤌𐤋𐤉𐤌 𐤀𐤅𐤑𐤓𐤕𐤌 𐤏𐤋 𐤏𐤌 𐤋𐤀 𐤉𐤅𐤏𐤉𐤋𐤅•
𐤆 𐤅𐤌𐤑𐤓𐤉𐤌 𐤄𐤁𐤋 𐤅𐤓𐤉𐤒 𐤉𐤏𐤆𐤓𐤅 𐤋𐤊𐤍 𐤒𐤓𐤀𐤕𐤉 𐤋𐤆𐤀𐤕 𐤓𐤄𐤁 𐤄𐤌 𐤔𐤁𐤕•
𐤇 𐤏𐤕𐤄 𐤁𐤅𐤀 𐤊𐤕𐤁𐤄 𐤏𐤋 𐤋𐤅𐤇 𐤀𐤕𐤌 𐤅𐤏𐤋 𐤎𐤐𐤓 𐤇𐤒𐤄 𐤅𐤕𐤄𐤉 𐤋𐤉𐤅𐤌 𐤀𐤇𐤓𐤅𐤍
𐤋𐤏𐤃 𐤏𐤃 𐤏𐤅𐤋𐤌•
𐤈 𐤊𐤉 𐤏𐤌 𐤌𐤓𐤉 𐤄𐤅𐤀 𐤁𐤍𐤉𐤌 𐤊𐤇𐤔𐤉𐤌 𐤁𐤍𐤉𐤌 𐤋𐤀 𐤀𐤁𐤅 𐤔𐤌𐤅𐤏 𐤕𐤅𐤓𐤕
𐤉𐤄𐤅𐤄•
𐤉 𐤀𐤔𐤓 𐤀𐤌𐤓𐤅 𐤋𐤓𐤀𐤉𐤌 𐤋𐤀 𐤕𐤓𐤀𐤅 𐤅𐤋𐤇𐤆𐤉𐤌 𐤋𐤀 𐤕𐤇𐤆𐤅 𐤋𐤍𐤅 𐤍𐤊𐤇𐤅𐤕 𐤃𐤁𐤓𐤅
𐤋𐤍𐤅 𐤇𐤋𐤒𐤅𐤕 𐤇𐤆𐤅 𐤌𐤄𐤕𐤋𐤅𐤕•
𐤉𐤀 𐤎𐤅𐤓𐤅 𐤌𐤍𐤉 𐤃𐤓𐤊 𐤄𐤈𐤅 𐤌𐤍𐤉 𐤀𐤓𐤇 𐤄𐤔𐤁𐤉𐤕𐤅 𐤌𐤐𐤍𐤉𐤍𐤅 𐤀𐤕 𐤒𐤃𐤅𐤔
𐤉𐤔𐤓𐤀𐤋•
𐤉𐤁 𐤋𐤊𐤍 𐤊𐤄 𐤀𐤌𐤓 𐤒𐤃𐤅𐤔 𐤉𐤔𐤓𐤀𐤋 𐤉𐤏𐤍 𐤌𐤀𐤎𐤊𐤌 𐤁𐤃𐤁𐤓 𐤄𐤆𐤄 𐤅𐤕𐤁𐤈𐤇𐤅
𐤁𐤏𐤔𐤒 𐤅𐤍𐤋𐤅𐤆 𐤅𐤕𐤔𐤏𐤍𐤅 𐤏𐤋𐤉𐤅•
𐤉𐤂 𐤋𐤊𐤍 𐤉𐤄𐤉𐤄 𐤋𐤊𐤌 𐤄𐤏𐤅𐤍 𐤄𐤆𐤄 𐤊𐤐𐤓𐤑 𐤍𐤐𐤋 𐤍𐤁𐤏𐤄 𐤁𐤇𐤅𐤌𐤄 𐤍𐤔𐤂𐤁𐤄
𐤀𐤔𐤓 𐤐𐤕𐤀𐤌 𐤋𐤐𐤕𐤏 𐤉𐤁𐤅𐤀 𐤔𐤁𐤓𐤄•
𐤉𐤃 𐤅𐤔𐤁𐤓𐤄 𐤊𐤔𐤁𐤓 𐤍𐤁𐤋 𐤉𐤅𐤑𐤓𐤉𐤌 𐤊𐤕𐤅𐤕 𐤋𐤀 𐤉𐤇𐤌𐤋 𐤅𐤋𐤀 𐤉𐤌𐤑𐤀
𐤁𐤌𐤊𐤕𐤕𐤅 𐤇𐤓𐤔 𐤋𐤇𐤕𐤅𐤕 𐤀𐤔 𐤌𐤉𐤒𐤅𐤃 𐤅𐤋𐤇𐤔𐤐 𐤌𐤉𐤌 𐤌𐤂𐤁𐤀•
𐤈𐤅 𐤊𐤉 𐤊𐤄 𐤀𐤌𐤓 𐤀𐤃𐤍𐤉 𐤉𐤄𐤅𐤄 𐤒𐤃𐤅𐤔 𐤉𐤔𐤓𐤀𐤋 𐤁𐤔𐤅𐤁𐤄 𐤅𐤍𐤇𐤕 𐤕𐤅𐤔𐤏𐤅𐤍
𐤁𐤄𐤔𐤒𐤈 𐤅𐤁𐤁𐤈𐤇𐤄 𐤕𐤄𐤉𐤄 𐤂𐤁𐤅𐤓𐤕𐤊𐤌 𐤅𐤋𐤀 𐤀𐤁𐤉𐤕𐤌•
𐤈𐤆 𐤅𐤕𐤀𐤌𐤓𐤅 𐤋𐤀 𐤊𐤉 𐤏𐤋 𐤎𐤅𐤎 𐤍𐤍𐤅𐤎 𐤏𐤋 𐤊𐤍 𐤕𐤍𐤅𐤎𐤅𐤍 𐤅𐤏𐤋 𐤒𐤋 𐤍𐤓𐤊𐤁
𐤏𐤋 𐤊𐤍 𐤉𐤒𐤋𐤅 𐤓𐤃𐤐𐤉𐤊𐤌•
𐤉𐤆 𐤀𐤋𐤐 𐤀𐤇𐤃 𐤌𐤐𐤍𐤉 𐤂𐤏𐤓𐤕 𐤀𐤇𐤃 𐤌𐤐𐤍𐤉 𐤂𐤏𐤓𐤕 𐤇𐤌𐤔𐤄 𐤕𐤍𐤎𐤅 𐤏𐤃 𐤀𐤌
𐤍𐤅𐤕𐤓𐤕𐤌 𐤊𐤕𐤓𐤍 𐤏𐤋 𐤓𐤀𐤔 𐤄𐤄𐤓 𐤅𐤊𐤍𐤎 𐤏𐤋 𐤄𐤂𐤁𐤏𐤄•
𐤉𐤇 𐤅𐤋𐤊𐤍 𐤉𐤇𐤊𐤄 𐤉𐤄𐤅𐤄 𐤋𐤇𐤍𐤍𐤊𐤌 𐤅𐤋𐤊𐤍 𐤉𐤓𐤅𐤌 𐤋𐤓𐤇𐤌𐤊𐤌 𐤊𐤉 𐤀𐤋𐤄𐤉
𐤌𐤔𐤐𐤈 𐤉𐤄𐤅𐤄 𐤀𐤔𐤓𐤉 𐤊𐤋 𐤇𐤅𐤊𐤉 𐤋𐤅•
𐤉𐤈 𐤊𐤉 𐤏𐤌 𐤁𐤑𐤉𐤅𐤍 𐤉𐤔𐤁 𐤁𐤉𐤓𐤅𐤔𐤋𐤌 𐤁𐤊𐤅 𐤋𐤀 𐤕𐤁𐤊𐤄 𐤇𐤍𐤅𐤍 𐤉𐤇𐤍𐤊 𐤋𐤒𐤅𐤋

𐤆𐤏𐤒𐤊 𐤊𐤔𐤌𐤏𐤕𐤅 𐤏𐤍𐤊•
𐤊 𐤅𐤍𐤕𐤍 𐤋𐤊𐤌 𐤀𐤃𐤍𐤉 𐤋𐤇𐤌 𐤑𐤓 𐤅𐤌𐤉𐤌 𐤋𐤇𐤑 𐤅𐤋𐤀 𐤉𐤊𐤍𐤐 𐤏𐤅𐤃 𐤌𐤅𐤓𐤉𐤊
𐤅𐤄𐤉𐤅 𐤏𐤉𐤍𐤉𐤊 𐤓𐤀𐤅𐤕 𐤀𐤕 𐤌𐤅𐤓𐤉𐤊•
𐤊𐤀 𐤅𐤀𐤆𐤍𐤉𐤊 𐤕𐤔𐤌𐤏𐤍𐤄 𐤃𐤁𐤓 𐤌𐤀𐤇𐤓𐤉𐤊 𐤋𐤀𐤌𐤓 𐤆𐤄 𐤄𐤃𐤓𐤊 𐤋𐤊𐤅 𐤁𐤅 𐤊𐤉
𐤕𐤀𐤌𐤉𐤍𐤅 𐤅𐤊𐤉 𐤕𐤔𐤌𐤀𐤉𐤋𐤅•
𐤊𐤁 𐤅𐤈𐤌𐤀𐤕𐤌 𐤀𐤕 𐤑𐤐𐤅𐤉 𐤐𐤎𐤉𐤋𐤉 𐤊𐤎𐤐𐤊 𐤅𐤀𐤕 𐤀𐤐𐤃𐤕 𐤌𐤎𐤊𐤕 𐤆𐤄𐤁𐤊 𐤕𐤆𐤓𐤌
𐤊𐤌𐤅 𐤃𐤅𐤄 𐤑𐤀 𐤕𐤀𐤌𐤓 𐤋𐤅•
𐤊𐤂 𐤅𐤍𐤕𐤍 𐤌𐤈𐤓 𐤆𐤓𐤏𐤊 𐤀𐤔𐤓 𐤕𐤆𐤓𐤏 𐤀𐤕 𐤄𐤀𐤃𐤌𐤄 𐤅𐤋𐤇𐤌 𐤕𐤁𐤅𐤀𐤕 𐤄𐤀𐤃𐤌𐤄
𐤅𐤄𐤉𐤄 𐤃𐤔𐤍 𐤅𐤔𐤌𐤍 𐤉𐤓𐤏𐤄 𐤌𐤒𐤍𐤉𐤊 𐤁𐤉𐤅𐤌 𐤄𐤄𐤅𐤀 𐤊𐤓 𐤍𐤓𐤇𐤁•
𐤊𐤃 𐤅𐤄𐤀𐤋𐤐𐤉𐤌 𐤅𐤄𐤏𐤉𐤓𐤉𐤌 𐤏𐤁𐤃𐤉 𐤄𐤀𐤃𐤌𐤄 𐤁𐤋𐤉𐤋 𐤇𐤌𐤉𐤑 𐤉𐤀𐤊𐤋𐤅 𐤀𐤔𐤓
𐤆𐤓𐤄 𐤁𐤓𐤇𐤕 𐤅𐤁𐤌𐤆𐤓𐤄•
𐤊𐤄 𐤅𐤄𐤉𐤄 𐤏𐤋 𐤊𐤋 𐤄𐤓 𐤂𐤁𐤄 𐤅𐤏𐤋 𐤊𐤋 𐤂𐤁𐤏𐤄 𐤍𐤔𐤀𐤄 𐤐𐤋𐤂𐤉𐤌 𐤉𐤁𐤋𐤉 𐤌𐤉𐤌
𐤁𐤉𐤅𐤌 𐤄𐤓𐤂 𐤓𐤁 𐤁𐤍𐤐𐤋 𐤌𐤂𐤃𐤋𐤉𐤌•
𐤊𐤅 𐤅𐤄𐤉𐤄 𐤀𐤅𐤓 𐤄𐤋𐤁𐤍𐤄 𐤊𐤀𐤅𐤓 𐤄𐤇𐤌𐤄 𐤅𐤀𐤅𐤓 𐤄𐤇𐤌𐤄 𐤉𐤄𐤉𐤄 𐤔𐤁𐤏𐤕𐤉𐤌
𐤊𐤀𐤅𐤓 𐤔𐤁𐤏𐤕 𐤄𐤉𐤌𐤉𐤌 𐤁𐤉𐤅𐤌 𐤇𐤁𐤔 𐤉𐤄𐤅𐤄 𐤀𐤕 𐤔𐤁𐤓 𐤏𐤌𐤅 𐤅𐤌𐤇𐤑 𐤌𐤊𐤕𐤅
𐤉𐤓𐤐𐤀•
𐤊𐤆 𐤄𐤍𐤄 𐤔𐤌 𐤉𐤄𐤅𐤄 𐤁𐤀 𐤌𐤌𐤓𐤇𐤒 𐤁𐤏𐤓 𐤀𐤐𐤅 𐤅𐤊𐤁𐤃 𐤌𐤔𐤀𐤄 𐤔𐤐𐤕𐤉𐤅 𐤌𐤋𐤀𐤅
𐤆𐤏𐤌 𐤅𐤋𐤔𐤅𐤍𐤅 𐤊𐤀𐤔 𐤀𐤊𐤋𐤕•
𐤊𐤇 𐤅𐤓𐤅𐤇𐤅 𐤊𐤍𐤇𐤋 𐤔𐤅𐤈𐤐 𐤏𐤃 𐤑𐤅𐤀𐤓 𐤉𐤇𐤑𐤄 𐤋𐤄𐤍𐤐𐤄 𐤂𐤅𐤉𐤌 𐤁𐤍𐤐𐤕 𐤔𐤅𐤀
𐤅𐤓𐤎𐤍 𐤌𐤕𐤏𐤄 𐤏𐤋 𐤋𐤇𐤉𐤉 𐤏𐤌𐤉𐤌•
𐤊𐤈 𐤄𐤔𐤉𐤓 𐤉𐤄𐤉𐤄 𐤋𐤊𐤌 𐤊𐤋𐤉𐤋 𐤄𐤕𐤒𐤃𐤔 𐤇𐤂 𐤅𐤔𐤌𐤇𐤕 𐤋𐤁𐤁 𐤊𐤄𐤅𐤋𐤊
𐤁𐤇𐤋𐤉𐤋 𐤋𐤁𐤅𐤀 𐤁𐤄𐤓 𐤉𐤄𐤅𐤄 𐤀𐤋 𐤑𐤅𐤓 𐤉𐤔𐤓𐤀𐤋•
𐤋 𐤅𐤄𐤔𐤌𐤉𐤏 𐤉𐤄𐤅𐤄 𐤀𐤕 𐤄𐤅𐤃 𐤒𐤅𐤋𐤅 𐤅𐤍𐤇𐤕 𐤆𐤓𐤅𐤏𐤅 𐤁𐤆𐤏𐤐 𐤀𐤐 𐤅𐤋𐤄𐤁
𐤀𐤔 𐤀𐤅𐤊𐤋𐤄 𐤍𐤐𐤑 𐤅𐤆𐤓𐤌 𐤅𐤀𐤁𐤍 𐤁𐤓𐤃•
𐤋𐤀 𐤊𐤉 𐤌𐤒𐤅𐤋 𐤉𐤄𐤅𐤄 𐤉𐤇𐤕 𐤀𐤔𐤅𐤓 𐤁𐤔𐤁𐤈 𐤉𐤊𐤄•
𐤋𐤁 𐤅𐤄𐤉𐤄 𐤊𐤋 𐤌𐤏𐤁𐤓 𐤌𐤈𐤄 𐤌𐤅𐤎𐤃𐤄 𐤀𐤔𐤓 𐤉𐤍𐤉𐤇 𐤉𐤄𐤅𐤄 𐤏𐤋𐤉𐤅 𐤁𐤕𐤐𐤉𐤌
𐤅𐤁𐤊𐤍𐤓𐤅𐤕 𐤅𐤁𐤌𐤋𐤇𐤌𐤅𐤕 𐤕𐤍𐤅𐤐𐤄 𐤍𐤋𐤇𐤌 𐤁𐤄 [𐤁𐤌]•
𐤋𐤂 𐤊𐤉 𐤏𐤓𐤅𐤊 𐤌𐤀𐤕𐤌𐤅𐤋 𐤕𐤐𐤕𐤄 𐤂𐤌 𐤄𐤅𐤀 [𐤄𐤉𐤀] 𐤋𐤌𐤋𐤊 𐤄𐤅𐤊𐤍 𐤄𐤏𐤌𐤉𐤒
𐤄𐤓𐤇𐤁 𐤌𐤃𐤓𐤕𐤄 𐤀𐤔 𐤅𐤏𐤑𐤉𐤌 𐤄𐤓𐤁𐤄 𐤍𐤔𐤌𐤕 𐤉𐤄𐤅𐤄 𐤊𐤍𐤇𐤋 𐤂𐤐𐤓𐤉𐤕 𐤁𐤏𐤓𐤄 𐤁𐤄•

𐤐𐤓𐤒 𐤋𐤀
𐤀 𐤄𐤅𐤉 𐤄𐤉𐤓𐤃𐤉𐤌 𐤌𐤑𐤓𐤉𐤌 𐤋𐤏𐤆𐤓𐤄 𐤏𐤋 𐤎𐤅𐤎𐤉𐤌 𐤉𐤔𐤏𐤍𐤅 𐤅𐤉𐤁𐤈𐤇𐤅 𐤏𐤋 𐤓𐤊𐤁
𐤊𐤉 𐤓𐤁 𐤅𐤏𐤋 𐤐𐤓𐤔𐤉𐤌 𐤊𐤉 𐤏𐤑𐤌𐤅 𐤌𐤀𐤃 𐤅𐤋𐤀 𐤔𐤏𐤅 𐤏𐤋 𐤒𐤃𐤅𐤔 𐤉𐤔𐤓𐤀𐤋 𐤅𐤀𐤕

𐤉𐤔𐤏𐤉𐤄

𐤉𐤄𐤅𐤄 𐤋𐤀 𐤃𐤓𐤔𐤅.
𐤁 𐤅𐤂𐤌 𐤄𐤅𐤀 𐤇𐤊𐤌 𐤅𐤉𐤁𐤀 𐤓𐤏 𐤅𐤀𐤕 𐤃𐤁𐤓𐤉𐤅 𐤋𐤀 𐤄𐤎𐤉𐤓 𐤅𐤒𐤌 𐤏𐤋 𐤁𐤉𐤕
𐤌𐤓𐤏𐤉𐤌 𐤅𐤏𐤋 𐤏𐤆𐤓𐤕 𐤐𐤏𐤋𐤉 𐤀𐤅𐤍.
𐤂 𐤅𐤌𐤑𐤓𐤉𐤌 𐤀𐤃𐤌 𐤅𐤋𐤀 𐤀𐤋 𐤅𐤎𐤅𐤎𐤉𐤄𐤌 𐤁𐤔𐤓 𐤅𐤋𐤀 𐤓𐤅𐤇 𐤅𐤉𐤄𐤅𐤄 𐤉𐤈𐤄 𐤉𐤃𐤅
𐤅𐤊𐤔𐤋 𐤏𐤅𐤆𐤓 𐤅𐤍𐤐𐤋 𐤏𐤆𐤓 𐤅𐤉𐤇𐤃𐤅 𐤊𐤋𐤌 𐤉𐤊𐤋𐤉𐤅𐤍.
𐤃 𐤊𐤉 𐤊𐤄 𐤀𐤌𐤓 𐤉𐤄𐤅𐤄 𐤀𐤋𐤉 𐤊𐤀𐤔𐤓 𐤉𐤄𐤂𐤄 𐤄𐤀𐤓𐤉𐤄 𐤅𐤄𐤊𐤐𐤉𐤓 𐤏𐤋 𐤈𐤓𐤐𐤅
𐤀𐤔𐤓 𐤉𐤒𐤓𐤀 𐤏𐤋𐤉𐤅 𐤌𐤋𐤀 𐤓𐤏𐤉𐤌 𐤌𐤒𐤅𐤋𐤌 𐤋𐤀 𐤉𐤇𐤕 𐤅𐤌𐤄𐤌𐤅𐤍𐤌 𐤋𐤀 𐤉𐤏𐤍𐤄
𐤊𐤍 𐤉𐤓𐤃 𐤉𐤄𐤅𐤄 𐤑𐤁𐤀𐤅𐤕 𐤋𐤑𐤁𐤀 𐤏𐤋 𐤄𐤓 𐤑𐤉𐤅𐤍 𐤅𐤏𐤋 𐤂𐤁𐤏𐤕𐤄.
𐤄 𐤊𐤑𐤐𐤓𐤉𐤌 𐤏𐤐𐤅𐤕 𐤊𐤍 𐤉𐤂𐤍 𐤉𐤄𐤅𐤄 𐤑𐤁𐤀𐤅𐤕 𐤏𐤋 𐤉𐤓𐤅𐤔𐤋𐤌 𐤂𐤍𐤅𐤍 𐤅𐤄𐤑𐤉𐤋
𐤐𐤎𐤇 𐤅𐤄𐤌𐤋𐤉𐤈.
𐤅 𐤔𐤅𐤁𐤅 𐤋𐤀𐤔𐤓 𐤄𐤏𐤌𐤉𐤒𐤅 𐤎𐤓𐤄 𐤁𐤍𐤉 𐤉𐤔𐤓𐤀𐤋.
𐤆 𐤊𐤉 𐤁𐤉𐤅𐤌 𐤄𐤄𐤅𐤀 𐤉𐤌𐤀𐤎𐤅𐤍 𐤀𐤉𐤔 𐤀𐤋𐤉𐤋𐤉 𐤊𐤎𐤐𐤅 𐤅𐤀𐤋𐤉𐤋𐤉 𐤆𐤄𐤁𐤅
𐤀𐤔𐤓 𐤏𐤔𐤅 𐤋𐤊𐤌 𐤉𐤃𐤉𐤊𐤌 𐤇𐤈𐤀.
𐤇 𐤅𐤍𐤐𐤋 𐤀𐤔𐤅𐤓 𐤁𐤇𐤓𐤁 𐤋𐤀 𐤀𐤉𐤔 𐤅𐤇𐤓𐤁 𐤋𐤀 𐤀𐤃𐤌 𐤕𐤀𐤊𐤋𐤍𐤅 𐤅𐤍𐤎 𐤋𐤅 𐤌𐤐𐤍𐤉
𐤇𐤓𐤁 𐤅𐤁𐤇𐤅𐤓𐤉𐤅 𐤋𐤌𐤎 𐤉𐤄𐤉𐤅.
𐤈 𐤅𐤎𐤋𐤏𐤅 𐤌𐤌𐤂𐤅𐤓 𐤉𐤏𐤁𐤅𐤓 𐤅𐤇𐤕𐤅 𐤌𐤍𐤎 𐤔𐤓𐤉𐤅 𐤍𐤀𐤌 𐤉𐤄𐤅𐤄 𐤀𐤔𐤓 𐤀𐤅𐤓 𐤋𐤅
𐤁𐤑𐤉𐤅𐤍 𐤅𐤕𐤍𐤅𐤓 𐤋𐤅 𐤁𐤉𐤓𐤅𐤔𐤋𐤌.

𐤐𐤓𐤒 𐤋𐤁

𐤀 𐤄𐤍 𐤋𐤑𐤃𐤒 𐤉𐤌𐤋𐤊 𐤌𐤋𐤊 𐤅𐤋𐤔𐤓𐤉𐤌 𐤋𐤌𐤔𐤐𐤈 𐤉𐤔𐤓𐤅.
𐤁 𐤅𐤄𐤉𐤄 𐤀𐤉𐤔 𐤊𐤌𐤇𐤁𐤀 𐤓𐤅𐤇 𐤅𐤎𐤕𐤓 𐤆𐤓𐤌 𐤊𐤐𐤋𐤂𐤉 𐤌𐤉𐤌 𐤁𐤑𐤉𐤅𐤍 𐤊𐤑𐤋 𐤎𐤋𐤏
𐤊𐤁𐤃 𐤁𐤀𐤓𐤑 𐤏𐤉𐤐𐤄.
𐤂 𐤅𐤋𐤀 𐤕𐤔𐤏𐤉𐤍𐤄 𐤏𐤉𐤍𐤉 𐤓𐤀𐤉𐤌 𐤅𐤀𐤆𐤍𐤉 𐤔𐤌𐤏𐤉𐤌 𐤕𐤒𐤔𐤁𐤍𐤄.
𐤃 𐤅𐤋𐤁𐤁 𐤍𐤌𐤄𐤓𐤉𐤌 𐤉𐤁𐤉𐤍 𐤋𐤃𐤏𐤕 𐤅𐤋𐤔𐤅𐤍 𐤏𐤋𐤂𐤉𐤌 𐤕𐤌𐤄𐤓 𐤋𐤃𐤁𐤓 𐤑𐤇𐤅𐤕.
𐤄 𐤋𐤀 𐤉𐤒𐤓𐤀 𐤏𐤅𐤃 𐤋𐤍𐤁𐤋 𐤍𐤃𐤉𐤁 𐤅𐤋𐤊𐤉𐤋𐤉 𐤋𐤀 𐤉𐤀𐤌𐤓 𐤔𐤅𐤏.
𐤅 𐤊𐤉 𐤍𐤁𐤋 𐤍𐤁𐤋𐤄 𐤉𐤃𐤁𐤓 𐤅𐤋𐤁𐤅 𐤉𐤏𐤔𐤄 𐤀𐤅𐤍 𐤋𐤏𐤔𐤅𐤕 𐤇𐤍𐤐 𐤅𐤋𐤃𐤁𐤓 𐤀𐤋
𐤉𐤄𐤅𐤄 𐤕𐤅𐤏𐤄 𐤋𐤄𐤓𐤉𐤒 𐤍𐤐𐤔 𐤓𐤏𐤁 𐤅𐤌𐤔𐤒𐤄 𐤑𐤌𐤀 𐤉𐤇𐤎𐤉𐤓.
𐤆 𐤅𐤊𐤋𐤉 𐤊𐤋𐤉𐤅 𐤓𐤏𐤉𐤌 𐤄𐤅𐤀 𐤆𐤌𐤅𐤕 𐤉𐤏𐤑 𐤋𐤇𐤁𐤋 𐤏𐤍𐤅𐤉𐤌 [𐤏𐤍𐤉𐤉𐤌]
𐤁𐤀𐤌𐤓𐤉 𐤔𐤒𐤓 𐤅𐤁𐤃𐤁𐤓 𐤀𐤁𐤉𐤅𐤍 𐤌𐤔𐤐𐤈.
𐤇 𐤅𐤍𐤃𐤉𐤁 𐤍𐤃𐤉𐤁𐤅𐤕 𐤉𐤏𐤑 𐤅𐤄𐤅𐤀 𐤏𐤋 𐤍𐤃𐤉𐤁𐤅𐤕 𐤉𐤒𐤅𐤌.
𐤈 𐤍𐤔𐤉𐤌 𐤔𐤀𐤍𐤍𐤅𐤕 𐤒𐤌𐤍𐤄 𐤔𐤌𐤏𐤍𐤄 𐤒𐤅𐤋𐤉 𐤁𐤍𐤅𐤕 𐤁𐤈𐤇𐤅𐤕 𐤄𐤀𐤆𐤍𐤄
𐤀𐤌𐤓𐤕𐤉.
𐤉 𐤉𐤌𐤉𐤌 𐤏𐤋 𐤔𐤍𐤄 𐤕𐤓𐤂𐤆𐤍𐤄 𐤁𐤈𐤇𐤅𐤕 𐤊𐤉 𐤊𐤋𐤄 𐤁𐤑𐤉𐤓 𐤀𐤎𐤐 𐤁𐤋𐤉 𐤉𐤁𐤅𐤀.

𐤉𐤀 𐤇𐤓𐤃𐤅 𐤔𐤀𐤍𐤍𐤅𐤕 𐤓𐤂𐤆𐤄 𐤁𐤈𐤇𐤅𐤕 𐤐𐤔𐤈𐤄 𐤅𐤏𐤓𐤄 𐤅𐤇𐤂𐤅𐤓𐤄 𐤏𐤋 𐤇𐤋𐤑𐤉𐤌•
𐤉𐤁 𐤏𐤋 𐤔𐤃𐤉𐤌 𐤎𐤐𐤃𐤉𐤌 𐤏𐤋 𐤔𐤃𐤉 𐤇𐤌𐤃 𐤏𐤋 𐤂𐤐𐤍 𐤐𐤓𐤉𐤄•
𐤉𐤂 𐤏𐤋 𐤀𐤃𐤌𐤕 𐤏𐤌𐤉 𐤒𐤅𐤑 𐤔𐤌𐤉𐤓 𐤕𐤏𐤋𐤄 𐤊𐤉 𐤏𐤋 𐤊𐤋 𐤁𐤕𐤉 𐤌𐤔𐤅𐤔 𐤒𐤓𐤉𐤄
𐤏𐤋𐤉𐤆𐤄•
𐤉𐤃 𐤊𐤉 𐤀𐤓𐤌𐤅𐤍 𐤍𐤈𐤔 𐤄𐤌𐤅𐤍 𐤏𐤉𐤓 𐤏𐤆𐤁 𐤏𐤐𐤋 𐤅𐤁𐤇𐤍 𐤄𐤉𐤄 𐤁𐤏𐤃 𐤌𐤏𐤓𐤅𐤕 𐤏𐤃
𐤏𐤅𐤋𐤌 𐤌𐤔𐤅𐤔 𐤐𐤓𐤀𐤉𐤌 𐤌𐤓𐤏𐤄 𐤏𐤃𐤓𐤉𐤌•
𐤈𐤅 𐤏𐤃 𐤉𐤏𐤓𐤄 𐤏𐤋𐤉𐤍𐤅 𐤓𐤅𐤇 𐤌𐤌𐤓𐤅𐤌 𐤅𐤄𐤉𐤄 𐤌𐤃𐤁𐤓 𐤋𐤊𐤓𐤌𐤋 𐤅𐤊𐤓𐤌𐤋
[𐤅𐤄𐤊𐤓𐤌𐤋] 𐤋𐤉𐤏𐤓 𐤉𐤇𐤔𐤁•
𐤈𐤆 𐤅𐤔𐤊𐤍 𐤁𐤌𐤃𐤁𐤓 𐤌𐤔𐤐𐤈 𐤅𐤑𐤃𐤒𐤄 𐤁𐤊𐤓𐤌𐤋 𐤕𐤔𐤁•
𐤉𐤆 𐤅𐤄𐤉𐤄 𐤌𐤏𐤔𐤄 𐤄𐤑𐤃𐤒𐤄 𐤔𐤋𐤅𐤌 𐤅𐤏𐤁𐤃𐤕 𐤄𐤑𐤃𐤒𐤄 𐤄𐤔𐤒𐤈 𐤅𐤁𐤈𐤇 𐤏𐤃
𐤏𐤅𐤋𐤌•
𐤉𐤇 𐤅𐤉𐤔𐤁 𐤏𐤌𐤉 𐤁𐤍𐤅𐤄 𐤔𐤋𐤅𐤌 𐤅𐤁𐤌𐤔𐤊𐤍𐤅𐤕 𐤌𐤁𐤈𐤇𐤉𐤌 𐤅𐤁𐤌𐤍𐤅𐤇𐤕
𐤔𐤀𐤍𐤍𐤅𐤕•
𐤉𐤈 𐤅𐤁𐤓𐤃 𐤁𐤓𐤃𐤕 𐤄𐤉𐤏𐤓 𐤅𐤁𐤔𐤐𐤋𐤄 𐤕𐤔𐤐𐤋 𐤄𐤏𐤉𐤓•
𐤊 𐤀𐤔𐤓𐤉𐤊𐤌 𐤆𐤓𐤏𐤉 𐤏𐤋 𐤊𐤋 𐤌𐤉𐤌 𐤌𐤔𐤋𐤇𐤉 𐤓𐤂𐤋 𐤄𐤔𐤅𐤓 𐤅𐤄𐤇𐤌𐤅𐤓•

𐤐𐤓𐤒 𐤋𐤂

𐤀 𐤄𐤅𐤉 𐤔𐤅𐤃𐤃 𐤅𐤀𐤕𐤄 𐤋𐤀 𐤔𐤃𐤅𐤃 𐤅𐤁𐤅𐤂𐤃 𐤅𐤋𐤀 𐤁𐤂𐤃𐤅 𐤁𐤅 𐤊𐤄𐤕𐤌𐤊 𐤔𐤅𐤃𐤃
𐤕𐤅𐤔𐤃 𐤊𐤍𐤋𐤕𐤊 𐤋𐤁𐤂𐤃 𐤉𐤁𐤂𐤃𐤅 𐤁𐤊•
𐤁 𐤉𐤄𐤅𐤄 𐤇𐤍𐤍𐤅 𐤋𐤊 𐤒𐤅𐤉𐤍𐤅 𐤄𐤉𐤄 𐤆𐤓𐤏𐤌 𐤋𐤁𐤒𐤓𐤉𐤌 𐤀𐤐 𐤉𐤔𐤅𐤏𐤕𐤍𐤅 𐤁𐤏𐤕
𐤑𐤓𐤄•
𐤂 𐤌𐤒𐤅𐤋 𐤄𐤌𐤅𐤍 𐤍𐤃𐤃𐤅 𐤏𐤌𐤉𐤌 𐤌𐤓𐤅𐤌𐤌𐤕𐤊 𐤍𐤐𐤑𐤅 𐤂𐤅𐤉𐤌•
𐤃 𐤅𐤀𐤎𐤐 𐤔𐤋𐤋𐤊𐤌 𐤀𐤎𐤐 𐤄𐤇𐤎𐤉𐤋 𐤊𐤌𐤔𐤒 𐤂𐤁𐤉𐤌 𐤔𐤒𐤒 𐤁𐤅•
𐤄 𐤍𐤔𐤂𐤁 𐤉𐤄𐤅𐤄 𐤊𐤉 𐤔𐤊𐤍 𐤌𐤓𐤅𐤌 𐤌𐤋𐤀 𐤑𐤉𐤅𐤍 𐤌𐤔𐤐𐤈 𐤅𐤑𐤃𐤒𐤄•
𐤅 𐤅𐤄𐤉𐤄 𐤀𐤌𐤅𐤍𐤕 𐤏𐤕𐤉𐤊 𐤇𐤎𐤍 𐤉𐤔𐤅𐤏𐤕 𐤇𐤊𐤌𐤕 𐤅𐤃𐤏𐤕 𐤉𐤓𐤀𐤕 𐤉𐤄𐤅𐤄 𐤄𐤉𐤀
𐤀𐤅𐤑𐤓𐤅•
𐤆 𐤄𐤍 𐤀𐤓𐤀𐤋𐤌 𐤑𐤏𐤒𐤅 𐤇𐤑𐤄 𐤌𐤋𐤀𐤊𐤉 𐤔𐤋𐤅𐤌 𐤌𐤓 𐤉𐤁𐤊𐤉𐤅𐤍•
𐤇 𐤍𐤔𐤌𐤅 𐤌𐤎𐤋𐤅𐤕 𐤔𐤁𐤕 𐤏𐤁𐤓 𐤀𐤓𐤇 𐤄𐤐𐤓 𐤁𐤓𐤉𐤕 𐤌𐤀𐤎 𐤏𐤓𐤉𐤌 𐤋𐤀 𐤇𐤔𐤁 𐤀𐤍𐤅𐤔•
𐤈 𐤀𐤁𐤋 𐤀𐤌𐤋𐤋𐤄 𐤀𐤓𐤑 𐤄𐤇𐤐𐤉𐤓 𐤋𐤁𐤍𐤅𐤍 𐤒𐤌𐤋 𐤄𐤉𐤄 𐤄𐤔𐤓𐤅𐤍 𐤊𐤏𐤓𐤁𐤄 𐤅𐤍𐤏𐤓
𐤁𐤔𐤍 𐤅𐤊𐤓𐤌𐤋•
𐤉 𐤏𐤕𐤄 𐤀𐤒𐤅𐤌 𐤉𐤀𐤌𐤓 𐤉𐤄𐤅𐤄 𐤏𐤕𐤄 𐤀𐤓𐤅𐤌𐤌 𐤏𐤕𐤄 𐤀𐤍𐤔𐤀•
𐤉𐤀 𐤕𐤄𐤓𐤅 𐤇𐤔𐤔 𐤕𐤋𐤃𐤅 𐤒𐤔 𐤓𐤅𐤇𐤊𐤌 𐤀𐤔 𐤕𐤀𐤊𐤋𐤊𐤌•
𐤉𐤁 𐤅𐤄𐤉𐤅 𐤏𐤌𐤉𐤌 𐤌𐤔𐤓𐤐𐤅𐤕 𐤔𐤉𐤃 𐤒𐤅𐤑𐤉𐤌 𐤊𐤎𐤅𐤇𐤉𐤌 𐤁𐤀𐤔 𐤉𐤑𐤕𐤅•

𐤉𐤂 𐤔𐤌𐤏𐤅 𐤓𐤇𐤅𐤒𐤉𐤌 𐤀𐤔𐤓 𐤏𐤔𐤉𐤕𐤉 𐤅𐤃𐤏𐤅 𐤒𐤓𐤅𐤁𐤉𐤌 𐤂𐤁𐤓𐤕𐤉•
𐤉𐤃 𐤐𐤇𐤃𐤅 𐤁𐤑𐤉𐤅𐤍 𐤇𐤈𐤀𐤉𐤌 𐤀𐤇𐤆𐤄 𐤓𐤏𐤃𐤄 𐤇𐤍𐤐𐤉𐤌 𐤌𐤉 𐤉𐤂𐤅𐤓 𐤋𐤍𐤅 𐤀𐤔
𐤀𐤅𐤊𐤋𐤄 𐤌𐤉 𐤉𐤂𐤅𐤓 𐤋𐤍𐤅 𐤌𐤅𐤒𐤃𐤉 𐤏𐤅𐤋𐤌•
𐤈𐤅 𐤄𐤋𐤊 𐤑𐤃𐤒𐤅𐤕 𐤅𐤃𐤁𐤓 𐤌𐤉𐤔𐤓𐤉𐤌 𐤌𐤀𐤎 𐤁𐤁𐤑𐤏 𐤌𐤏𐤔𐤒𐤅𐤕 𐤍𐤏𐤓 𐤊𐤐𐤉𐤅
𐤌𐤕𐤌𐤊 𐤁𐤔𐤇𐤃 𐤀𐤈𐤌 𐤀𐤆𐤍𐤅 𐤌𐤔𐤌𐤏 𐤃𐤌𐤉𐤌 𐤅𐤏𐤑𐤌 𐤏𐤉𐤍𐤉𐤅 𐤌𐤓𐤀𐤅𐤕 𐤁𐤓𐤏•
𐤈𐤆 𐤄𐤅𐤀 𐤌𐤓𐤅𐤌𐤉𐤌 𐤉𐤔𐤊𐤍 𐤌𐤑𐤃𐤅𐤕 𐤎𐤋𐤏𐤉𐤌 𐤌𐤔𐤂𐤁𐤅 𐤋𐤇𐤌𐤅 𐤍𐤕𐤍 𐤌𐤉𐤌𐤉𐤅
𐤍𐤀𐤌𐤍𐤉𐤌•
𐤉𐤆 𐤌𐤋𐤊 𐤁𐤉𐤐𐤉𐤅 𐤕𐤇𐤆𐤉𐤍𐤄 𐤏𐤉𐤍𐤉𐤊 𐤕𐤓𐤀𐤉𐤍𐤄 𐤀𐤓𐤑 𐤌𐤓𐤇𐤒𐤉𐤌•
𐤉𐤇 𐤋𐤁𐤊 𐤉𐤄𐤂𐤄 𐤀𐤉𐤌𐤄 𐤀𐤉𐤄 𐤎𐤐𐤓 𐤀𐤉𐤄 𐤔𐤒𐤋 𐤀𐤉𐤄 𐤎𐤐𐤓 𐤀𐤕 𐤄𐤌𐤂𐤃𐤋𐤉𐤌•
𐤉𐤈 𐤀𐤕 𐤏𐤌 𐤍𐤅𐤏𐤆 𐤋𐤀 𐤕𐤓𐤀𐤄 𐤏𐤌 𐤏𐤌𐤒𐤉 𐤔𐤐𐤄 𐤌𐤔𐤌𐤅𐤏 𐤍𐤋𐤏𐤂 𐤋𐤔𐤅𐤍 𐤀𐤉𐤍
𐤁𐤉𐤍𐤄•
𐤊 𐤇𐤆𐤄 𐤑𐤉𐤅𐤍 𐤒𐤓𐤉𐤕 𐤌𐤅𐤏𐤃𐤍𐤅 𐤏𐤉𐤍𐤉𐤊 𐤕𐤓𐤀𐤉𐤍𐤄 𐤉𐤓𐤅𐤔𐤋𐤌 𐤍𐤅𐤄 𐤔𐤀𐤍𐤍
𐤀𐤄𐤋 𐤁𐤋 𐤉𐤑𐤏𐤍 𐤁𐤋 𐤉𐤎𐤏 𐤉𐤕𐤃𐤕𐤉𐤅 𐤋𐤍𐤑𐤇 𐤅𐤊𐤋 𐤇𐤁𐤋𐤉𐤅 𐤁𐤋 𐤉𐤍𐤕𐤒𐤅•
𐤊𐤀 𐤊𐤉 𐤀𐤌 𐤔𐤌 𐤀𐤃𐤉𐤓 𐤉𐤄𐤅𐤄 𐤋𐤍𐤅 𐤌𐤒𐤅𐤌 𐤍𐤄𐤓𐤉𐤌 𐤉𐤀𐤓𐤉𐤌 𐤓𐤇𐤁𐤉 𐤉𐤃𐤉𐤌
𐤁𐤋 𐤕𐤋𐤊 𐤁𐤅 𐤀𐤍𐤉 𐤔𐤉𐤈 𐤅𐤑𐤉 𐤀𐤃𐤉𐤓 𐤋𐤀 𐤉𐤏𐤁𐤓𐤍𐤅•
𐤊𐤁 𐤊𐤉 𐤉𐤄𐤅𐤄 𐤔𐤐𐤈𐤍𐤅 𐤉𐤄𐤅𐤄 𐤌𐤇𐤒𐤒𐤍𐤅 𐤉𐤄𐤅𐤄 𐤌𐤋𐤊𐤍𐤅 𐤄𐤅𐤀
𐤉𐤅𐤔𐤉𐤏𐤍𐤅•
𐤊𐤂 𐤍𐤈𐤔𐤅 𐤇𐤁𐤋𐤉𐤊 𐤁𐤋 𐤉𐤇𐤆𐤒𐤅 𐤊𐤍 𐤕𐤓𐤍𐤌 𐤁𐤋 𐤐𐤓𐤔𐤅 𐤍𐤎 𐤀𐤆 𐤇𐤋𐤒 𐤏𐤃 𐤔𐤋𐤋
𐤌𐤓𐤁𐤄 𐤐𐤎𐤇𐤉𐤌 𐤁𐤆𐤆𐤅 𐤁𐤆•
𐤊𐤃 𐤅𐤁𐤋 𐤉𐤀𐤌𐤓 𐤔𐤊𐤍 𐤇𐤋𐤉𐤕𐤉 𐤄𐤏𐤌 𐤄𐤉𐤔𐤁 𐤁𐤄 𐤍𐤔𐤀 𐤏𐤅𐤍•

𐤐𐤓𐤒 𐤋𐤃

𐤀 𐤒𐤓𐤁𐤅 𐤂𐤅𐤉𐤌 𐤋𐤔𐤌𐤏 𐤅𐤋𐤀𐤌𐤉𐤌 𐤄𐤒𐤔𐤉𐤁𐤅 𐤕𐤔𐤌𐤏 𐤄𐤀𐤓𐤑 𐤅𐤌𐤋𐤀𐤄 𐤕𐤁𐤋
𐤅𐤊𐤋 𐤑𐤀𐤑𐤀𐤉𐤄•
𐤁 𐤊𐤉 𐤒𐤑𐤐 𐤋𐤉𐤄𐤅𐤄 𐤏𐤋 𐤊𐤋 𐤄𐤂𐤅𐤉𐤌 𐤅𐤇𐤌𐤄 𐤏𐤋 𐤊𐤋 𐤑𐤁𐤀𐤌 𐤄𐤇𐤓𐤉𐤌𐤌
𐤍𐤕𐤍𐤌 𐤋𐤈𐤁𐤇•
𐤂 𐤅𐤇𐤋𐤋𐤉𐤄𐤌 𐤉𐤔𐤋𐤊𐤅 𐤅𐤐𐤂𐤓𐤉𐤄𐤌 𐤉𐤏𐤋𐤄 𐤁𐤀𐤔𐤌 𐤅𐤍𐤌𐤎𐤅 𐤄𐤓𐤉𐤌 𐤌𐤃𐤌𐤌•
𐤃 𐤅𐤍𐤌𐤒𐤅 𐤊𐤋 𐤑𐤁𐤀 𐤄𐤔𐤌𐤉𐤌 𐤅𐤍𐤂𐤋𐤅 𐤊𐤎𐤐𐤓 𐤄𐤔𐤌𐤉𐤌 𐤅𐤊𐤋 𐤑𐤁𐤀𐤌 𐤉𐤁𐤅𐤋
𐤊𐤍𐤁𐤋 𐤏𐤋𐤄 𐤌𐤂𐤐𐤍 𐤅𐤊𐤍𐤁𐤋𐤕 𐤌𐤕𐤀𐤍𐤄•
𐤄 𐤊𐤉 𐤓𐤅𐤕𐤄 𐤁𐤔𐤌𐤉𐤌 𐤇𐤓𐤁𐤉 𐤄𐤍𐤄 𐤏𐤋 𐤀𐤃𐤅𐤌 𐤕𐤓𐤃 𐤅𐤏𐤋 𐤏𐤌 𐤇𐤓𐤌𐤉 𐤋𐤌𐤔𐤐𐤈•
𐤅 𐤇𐤓𐤁 𐤋𐤉𐤄𐤅𐤄 𐤌𐤋𐤀𐤄 𐤃𐤌 𐤄𐤃𐤔𐤍𐤄 𐤌𐤇𐤋𐤁 𐤌𐤃𐤌 𐤊𐤓𐤉𐤌 𐤅𐤏𐤕𐤅𐤃𐤉𐤌 𐤌𐤇𐤋𐤁
𐤊𐤋𐤉𐤅𐤕 𐤀𐤉𐤋𐤉𐤌 𐤊𐤉 𐤆𐤁𐤇 𐤋𐤉𐤄𐤅𐤄 𐤁𐤁𐤑𐤓𐤄 𐤅𐤈𐤁𐤇 𐤂𐤃𐤅𐤋 𐤁𐤀𐤓𐤑 𐤀𐤃𐤅𐤌•
𐤆 𐤅𐤉𐤓𐤃𐤅 𐤓𐤀𐤌𐤉𐤌 𐤏𐤌𐤌 𐤅𐤐𐤓𐤉𐤌 𐤏𐤌 𐤀𐤁𐤉𐤓𐤉𐤌 𐤅𐤓𐤅𐤕𐤄 𐤀𐤓𐤑𐤌 𐤌𐤃𐤌 𐤅𐤏𐤐𐤓𐤌

ישעיה

מחלב ידשן•
ח כי יום נקם ליהוה שנת שלומים לריב ציון•
ט ונהפכו נחליה לזפת ועפרה לגפרית והיתה ארצה לזפת בערה•
י לילה ויומם לא תכבה לעולם יעלה עשנה מדור לדור תחרב
לנצח נצחים אין עבר בה•
יא וירשוה קאת וקפוד וינשף וערב ישכנו בה ונטה עליה קו
תהו ואבני בהו•
יב חריה ואין שם מלוכה יקראו וכל שריה יהיו אפס•
יג ועלתה ארמנתיה סירים קמוש וחוח במבצריה והיתה נוה
תנים חציר לבנות יענה•
יד ופגשו ציים את איים ושעיר על רעהו יקרא אך שם הרגיעה
לילית ומצאה לה מנוח•
טו שמה קננה קפוז ותמלט ובקעה ודגרה בצלה אך שם נקבצו
דיות אשה רעותה•
טז דרשו מעל ספר יהוה וקראו אחת מהנה לא נעדרה אשה רעותה
לא פקדו כי פי הוא צוה ורוחו הוא קבצן•
יז והוא הפיל להן גורל וידו חלקתה להם בקו עד עולם
יירשוה לדור ודור ישכנו בה•

פרק לה

א ישושום מדבר וציה ותגל ערבה ותפרח כחבצלת•
ב פרח תפרח ותגל אף גילת ורנן כבוד הלבנון נתן לה הדר
הכרמל והשרון המה יראו כבוד יהוה הדר אלהינו•
ג חזקו ידים רפות וברכים כשלות אמצו•
ד אמרו לנמהרי לב חזקו אל תיראו הנה אלהיכם נקם יבוא
גמול אלהים הוא יבוא וישעכם•
ה אז תפקחנה עיני עורים ואזני חרשים תפתחנה•
ו אז ידלג כאיל פסח ותרן לשון אלם כי נבקעו במדבר מים
ונחלים בערבה•
ז והיה השרב לאגם וצמאון למבועי מים בנוה תנים רבצה
חציר לקנה וגמא•
ח והיה שם מסלול ודרך ודרך הקדש יקרא לה לא יעברנו טמא
והוא למו הלך דרך ואוילים לא יתעו•

𐤈 𐤋𐤀 𐤉𐤄𐤉𐤄 𐤔𐤌 𐤀𐤓𐤉𐤄 𐤅𐤐𐤓𐤉𐤑 𐤇𐤉𐤅𐤕 𐤁𐤋 𐤉𐤏𐤋𐤍𐤄 𐤋𐤀 𐤕𐤌𐤑𐤀 𐤔𐤌
𐤅𐤄𐤋𐤊𐤅 𐤂𐤀𐤅𐤋𐤉𐤌•
𐤉 𐤅𐤐𐤃𐤅𐤉𐤉 𐤉𐤄𐤅𐤄 𐤉𐤔𐤁𐤅𐤍 𐤅𐤁𐤀𐤅 𐤑𐤉𐤅𐤍 𐤁𐤓𐤍𐤄 𐤅𐤔𐤌𐤇𐤕 𐤏𐤅𐤋𐤌 𐤏𐤋 𐤓𐤀𐤔𐤌
𐤔𐤔𐤅𐤍 𐤅𐤔𐤌𐤇𐤄 𐤉𐤔𐤉𐤂𐤅 𐤅𐤍𐤎𐤅 𐤉𐤂𐤅𐤍 𐤅𐤀𐤍𐤇𐤄•

𐤐𐤓𐤒 𐤋𐤅

𐤀𐤅𐤉𐤄𐤉 𐤁𐤀𐤓𐤁𐤏 𐤏𐤔𐤓𐤄 𐤔𐤍𐤄 𐤋𐤌𐤋𐤊 𐤇𐤆𐤒𐤉𐤄𐤅 𐤏𐤋𐤄 𐤎𐤍𐤇𐤓𐤉𐤁 𐤌𐤋𐤊 𐤀𐤔𐤅𐤓
𐤏𐤋 𐤊𐤋 𐤏𐤓𐤉 𐤉𐤄𐤅𐤃𐤄 𐤄𐤁𐤑𐤓𐤅𐤕 𐤅𐤉𐤕𐤐𐤔𐤌•
𐤁𐤅𐤉𐤔𐤋𐤇 𐤌𐤋𐤊 𐤀𐤔𐤅𐤓 𐤀𐤕 𐤓𐤁𐤔𐤒𐤄 𐤌𐤋𐤊𐤉𐤔 𐤉𐤓𐤅𐤔𐤋𐤌𐤄 𐤀𐤋 𐤄𐤌𐤋𐤊
𐤇𐤆𐤒𐤉𐤄𐤅 𐤁𐤇𐤉𐤋 𐤊𐤁𐤃 𐤅𐤉𐤏𐤌𐤃 𐤁𐤕𐤏𐤋𐤕 𐤄𐤁𐤓𐤊𐤄 𐤄𐤏𐤋𐤉𐤅𐤍𐤄 𐤁𐤌𐤎𐤋𐤕 𐤔𐤃𐤄
𐤊𐤅𐤁𐤎•
𐤂𐤅𐤉𐤑𐤀 𐤀𐤋𐤉𐤅 𐤀𐤋𐤉𐤒𐤉𐤌 𐤁𐤍 𐤇𐤋𐤒𐤉𐤄𐤅 𐤀𐤔𐤓 𐤏𐤋 𐤄𐤁𐤉𐤕 𐤅𐤔𐤁𐤍𐤀 𐤄𐤎𐤐𐤓
𐤅𐤉𐤅𐤀𐤇 𐤁𐤍 𐤀𐤎𐤐 𐤄𐤌𐤆𐤊𐤉𐤓•
𐤃𐤅𐤉𐤀𐤌𐤓 𐤀𐤋𐤉𐤄𐤌 𐤓𐤁𐤔𐤒𐤄 𐤀𐤌𐤓𐤅 𐤍𐤀 𐤀𐤋 𐤇𐤆𐤒𐤉𐤄𐤅 𐤊𐤄 𐤀𐤌𐤓 𐤄𐤌𐤋𐤊
𐤄𐤂𐤃𐤅𐤋 𐤌𐤋𐤊 𐤀𐤔𐤅𐤓 𐤌𐤄 𐤄𐤁𐤈𐤇𐤅𐤍 𐤄𐤆𐤄 𐤀𐤔𐤓 𐤁𐤈𐤇𐤕•
𐤄 𐤀𐤌𐤓𐤕𐤉 𐤀𐤊 𐤃𐤁𐤓 𐤔𐤐𐤕𐤉𐤌 𐤏𐤑𐤄 𐤅𐤂𐤁𐤅𐤓𐤄 𐤋𐤌𐤋𐤇𐤌𐤄 𐤏𐤕𐤄 𐤏𐤋 𐤌𐤉 𐤁𐤈𐤇𐤕
𐤊𐤉 𐤌𐤓𐤃𐤕 𐤁𐤉•
𐤅𐤄𐤍𐤄 𐤁𐤈𐤇𐤕 𐤏𐤋 𐤌𐤔𐤏𐤍𐤕 𐤄𐤒𐤍𐤄 𐤄𐤓𐤑𐤅𐤑 𐤄𐤆𐤄 𐤏𐤋 𐤌𐤑𐤓𐤉𐤌 𐤀𐤔𐤓 𐤉𐤎𐤌𐤊
𐤀𐤉𐤔 𐤏𐤋𐤉𐤅 𐤅𐤁𐤀 𐤁𐤊𐤐𐤅 𐤅𐤍𐤒𐤁𐤄 𐤊𐤍 𐤐𐤓𐤏𐤄 𐤌𐤋𐤊 𐤌𐤑𐤓𐤉𐤌 𐤋𐤊𐤋 𐤄𐤁𐤈𐤇𐤉𐤌
𐤏𐤋𐤉𐤅•
𐤆𐤅𐤊𐤉 𐤕𐤀𐤌𐤓 𐤀𐤋𐤉 𐤀𐤋 𐤉𐤄𐤅𐤄 𐤀𐤋𐤄𐤉𐤍𐤅 𐤁𐤈𐤇𐤍𐤅 𐤄𐤋𐤅𐤀 𐤄𐤅𐤀 𐤀𐤔𐤓
𐤄𐤎𐤉𐤓 𐤇𐤆𐤒𐤉𐤄𐤅 𐤀𐤕 𐤁𐤌𐤕𐤉𐤅 𐤅𐤀𐤕 𐤌𐤆𐤁𐤇𐤕𐤉𐤅 𐤅𐤉𐤀𐤌𐤓 𐤋𐤉𐤄𐤅𐤃𐤄
𐤅𐤋𐤉𐤓𐤅𐤔𐤋𐤌 𐤋𐤐𐤍𐤉 𐤄𐤌𐤆𐤁𐤇 𐤄𐤆𐤄 𐤕𐤔𐤕𐤇𐤅𐤅•
𐤇𐤅𐤏𐤕𐤄 𐤄𐤕𐤏𐤓𐤁 𐤍𐤀 𐤀𐤕 𐤀𐤃𐤍𐤉 𐤄𐤌𐤋𐤊 𐤀𐤔𐤅𐤓 𐤅𐤀𐤕𐤍𐤄 𐤋𐤊 𐤀𐤋𐤐𐤉𐤌
𐤎𐤅𐤎𐤉𐤌 𐤀𐤌 𐤕𐤅𐤊𐤋 𐤋𐤕𐤕 𐤋𐤊 𐤓𐤊𐤁𐤉𐤌 𐤏𐤋𐤉𐤄𐤌•
𐤈𐤅𐤀𐤉𐤊 𐤕𐤔𐤉𐤁 𐤀𐤕 𐤐𐤍𐤉 𐤐𐤇𐤕 𐤀𐤇𐤃 𐤏𐤁𐤃𐤉 𐤀𐤃𐤍𐤉 𐤄𐤒𐤈𐤍𐤉𐤌 𐤅𐤕𐤁𐤈𐤇 𐤋𐤊
𐤏𐤋 𐤌𐤑𐤓𐤉𐤌 𐤋𐤓𐤊𐤁 𐤅𐤋𐤐𐤓𐤔𐤉𐤌•
𐤉𐤅𐤏𐤕𐤄 𐤄𐤌𐤁𐤋𐤏𐤃𐤉 𐤉𐤄𐤅𐤄 𐤏𐤋𐤉𐤕𐤉 𐤏𐤋 𐤄𐤀𐤓𐤑 𐤄𐤆𐤀𐤕 𐤋𐤄𐤔𐤇𐤉𐤕𐤄 𐤉𐤄𐤅𐤄
𐤀𐤌𐤓 𐤀𐤋𐤉 𐤏𐤋𐤄 𐤀𐤋 𐤄𐤀𐤓𐤑 𐤄𐤆𐤀𐤕 𐤅𐤄𐤔𐤇𐤉𐤕𐤄•
𐤉𐤀𐤅𐤉𐤀𐤌𐤓 𐤀𐤋𐤉𐤒𐤉𐤌 𐤅𐤔𐤁𐤍𐤀 𐤅𐤉𐤅𐤀𐤇 𐤀𐤋 𐤓𐤁𐤔𐤒𐤄 𐤃𐤁𐤓 𐤍𐤀 𐤀𐤋 𐤏𐤁𐤃𐤉𐤊
𐤀𐤓𐤌𐤉𐤕 𐤊𐤉 𐤔𐤌𐤏𐤉𐤌 𐤀𐤍𐤇𐤍𐤅 𐤅𐤀𐤋 𐤕𐤃𐤁𐤓 𐤀𐤋𐤉𐤍𐤅 𐤉𐤄𐤅𐤃𐤉𐤕 𐤁𐤀𐤆𐤍𐤉 𐤄𐤏𐤌
𐤀𐤔𐤓 𐤏𐤋 𐤄𐤇𐤅𐤌𐤄•
𐤉𐤁𐤅𐤉𐤀𐤌𐤓 𐤓𐤁𐤔𐤒𐤄 𐤄𐤀𐤋 𐤀𐤃𐤍𐤉𐤊 𐤅𐤀𐤋𐤉𐤊 𐤔𐤋𐤇𐤍𐤉 𐤀𐤃𐤍𐤉 𐤋𐤃𐤁𐤓 𐤀𐤕

𐤄𐤃𐤁𐤓𐤉𐤌 𐤄𐤀𐤋𐤄 𐤄𐤋𐤀 𐤏𐤋 𐤄𐤀𐤍𐤔𐤉𐤌 𐤄𐤉𐤔𐤁𐤉𐤌 𐤏𐤋 𐤄𐤇𐤅𐤌𐤄 𐤋𐤀𐤊𐤋 𐤀𐤕
𐤇𐤓𐤀𐤉𐤄𐤌 [𐤑𐤅𐤀𐤕𐤌] 𐤅𐤋𐤔𐤕𐤅𐤕 𐤀𐤕 𐤔𐤉𐤍𐤉𐤄𐤌 [𐤌𐤉𐤌𐤉 𐤓𐤂𐤋𐤉𐤄𐤌] 𐤏𐤌𐤊𐤌•
𐤉𐤂 𐤅𐤉𐤏𐤌𐤃 𐤓𐤁𐤔𐤒𐤄 𐤅𐤉𐤒𐤓𐤀 𐤁𐤒𐤅𐤋 𐤂𐤃𐤅𐤋 𐤉𐤄𐤅𐤃𐤉𐤕 𐤅𐤉𐤀𐤌𐤓 𐤔𐤌𐤏𐤅 𐤀𐤕
𐤃𐤁𐤓𐤉 𐤄𐤌𐤋𐤊 𐤄𐤂𐤃𐤅𐤋 𐤌𐤋𐤊 𐤀𐤔𐤅𐤓•
𐤉𐤃 𐤊𐤄 𐤀𐤌𐤓 𐤄𐤌𐤋𐤊 𐤀𐤋 𐤉𐤔𐤀 𐤋𐤊𐤌 𐤇𐤆𐤒𐤉𐤄𐤅 𐤊𐤉 𐤋𐤀 𐤉𐤅𐤊𐤋 𐤋𐤄𐤑𐤉𐤋
𐤀𐤕𐤊𐤌•
𐤈𐤅 𐤅𐤀𐤋 𐤉𐤁𐤈𐤇 𐤀𐤕𐤊𐤌 𐤇𐤆𐤒𐤉𐤄𐤅 𐤀𐤋 𐤉𐤄𐤅𐤄 𐤋𐤀𐤌𐤓 𐤄𐤑𐤋 𐤉𐤑𐤉𐤋𐤍𐤅
𐤉𐤄𐤅𐤄 𐤋𐤀 𐤕𐤍𐤕𐤍 𐤄𐤏𐤉𐤓 𐤄𐤆𐤀𐤕 𐤁𐤉𐤃 𐤌𐤋𐤊 𐤀𐤔𐤅𐤓•
𐤈𐤆 𐤀𐤋 𐤕𐤔𐤌𐤏𐤅 𐤀𐤋 𐤇𐤆𐤒𐤉𐤄𐤅 𐤊𐤉 𐤊𐤄 𐤀𐤌𐤓 𐤄𐤌𐤋𐤊 𐤀𐤔𐤅𐤓 𐤏𐤔𐤅 𐤀𐤕𐤉
𐤁𐤓𐤊𐤄 𐤅𐤑𐤀𐤅 𐤀𐤋𐤉 𐤅𐤀𐤊𐤋𐤅 𐤀𐤉𐤔 𐤂𐤐𐤍𐤅 𐤅𐤀𐤉𐤔 𐤕𐤀𐤍𐤕𐤅 𐤅𐤔𐤕𐤅 𐤀𐤉𐤔 𐤌𐤉
𐤁𐤅𐤓𐤅•
𐤉𐤆 𐤏𐤃 𐤁𐤀𐤉 𐤅𐤋𐤒𐤇𐤕𐤉 𐤀𐤕𐤊𐤌 𐤀𐤋 𐤀𐤓𐤑 𐤊𐤀𐤓𐤑𐤊𐤌 𐤀𐤓𐤑 𐤃𐤂𐤍 𐤅𐤕𐤉𐤓𐤅𐤔
𐤀𐤓𐤑 𐤋𐤇𐤌 𐤅𐤊𐤓𐤌𐤉𐤌•
𐤉𐤇 𐤐𐤍 𐤉𐤎𐤉𐤕 𐤀𐤕𐤊𐤌 𐤇𐤆𐤒𐤉𐤄𐤅 𐤋𐤀𐤌𐤓 𐤉𐤄𐤅𐤄 𐤉𐤑𐤉𐤋𐤍𐤅 𐤄𐤄𐤑𐤉𐤋𐤅
𐤀𐤋𐤄𐤉 𐤄𐤂𐤅𐤉𐤌 𐤀𐤉𐤔 𐤀𐤕 𐤀𐤓𐤑𐤅 𐤌𐤉𐤃 𐤌𐤋𐤊 𐤀𐤔𐤅𐤓•
𐤉𐤈 𐤀𐤉𐤄 𐤀𐤋𐤄𐤉 𐤇𐤌𐤕 𐤅𐤀𐤓𐤐𐤃 𐤀𐤉𐤄 𐤀𐤋𐤄𐤉 𐤎𐤐𐤓𐤅𐤉𐤌 𐤅𐤊𐤉 𐤄𐤑𐤉𐤋𐤅 𐤀𐤕
𐤔𐤌𐤓𐤅𐤍 𐤌𐤉𐤃𐤉•
𐤊 𐤌𐤉 𐤁𐤊𐤋 𐤀𐤋𐤄𐤉 𐤄𐤀𐤓𐤑𐤅𐤕 𐤄𐤀𐤋𐤄 𐤀𐤔𐤓 𐤄𐤑𐤉𐤋𐤅 𐤀𐤕 𐤀𐤓𐤑𐤌 𐤌𐤉𐤃𐤉 𐤊𐤉
𐤉𐤑𐤉𐤋 𐤉𐤄𐤅𐤄 𐤀𐤕 𐤉𐤓𐤅𐤔𐤋𐤌 𐤌𐤉𐤃𐤉•
𐤊𐤀 𐤅𐤉𐤇𐤓𐤉𐤔𐤅 𐤅𐤋𐤀 𐤏𐤍𐤅 𐤀𐤕𐤅 𐤃𐤁𐤓 𐤊𐤉 𐤌𐤑𐤅𐤕 𐤄𐤌𐤋𐤊 𐤄𐤉𐤀 𐤋𐤀𐤌𐤓 𐤋𐤀
𐤕𐤏𐤍𐤄𐤅•
𐤊𐤁 𐤅𐤉𐤁𐤀 𐤀𐤋𐤉𐤒𐤉𐤌 𐤁𐤍 𐤇𐤋𐤒𐤉𐤄𐤅 𐤀𐤔𐤓 𐤏𐤋 𐤄𐤁𐤉𐤕 𐤅𐤔𐤁𐤍𐤀 𐤄𐤎𐤐𐤓
𐤅𐤉𐤅𐤀𐤇 𐤁𐤍 𐤀𐤎𐤐 𐤄𐤌𐤆𐤊𐤉𐤓 𐤀𐤋 𐤇𐤆𐤒𐤉𐤄𐤅 𐤒𐤓𐤅𐤏𐤉 𐤁𐤂𐤃𐤉𐤌 𐤅𐤉𐤂𐤉𐤃𐤅 𐤋𐤅
𐤀𐤕 𐤃𐤁𐤓𐤉 𐤓𐤁𐤔𐤒𐤄•

𐤐𐤓𐤒 𐤋𐤆
𐤀 𐤅𐤉𐤄𐤉 𐤊𐤔𐤌𐤏 𐤄𐤌𐤋𐤊 𐤇𐤆𐤒𐤉𐤄𐤅 𐤅𐤉𐤒𐤓𐤏 𐤀𐤕 𐤁𐤂𐤃𐤉𐤅 𐤅𐤉𐤕𐤊𐤎 𐤁𐤔𐤒
𐤅𐤉𐤁𐤀 𐤁𐤉𐤕 𐤉𐤄𐤅𐤄•
𐤁 𐤅𐤉𐤔𐤋𐤇 𐤀𐤕 𐤀𐤋𐤉𐤒𐤉𐤌 𐤀𐤔𐤓 𐤏𐤋 𐤄𐤁𐤉𐤕 𐤅𐤀𐤕 𐤔𐤁𐤍𐤀 𐤄𐤎𐤐𐤓 𐤅𐤀𐤕
𐤆𐤒𐤍𐤉 𐤄𐤊𐤄𐤍𐤉𐤌 𐤌𐤕𐤊𐤎𐤉𐤌 𐤁𐤔𐤒𐤉𐤌 𐤀𐤋 𐤉𐤔𐤏𐤉𐤄𐤅 𐤁𐤍 𐤀𐤌𐤅𐤑 𐤄𐤍𐤁𐤉𐤀•
𐤂 𐤅𐤉𐤀𐤌𐤓𐤅 𐤀𐤋𐤉𐤅 𐤊𐤄 𐤀𐤌𐤓 𐤇𐤆𐤒𐤉𐤄𐤅 𐤉𐤅𐤌 𐤑𐤓𐤄 𐤅𐤕𐤅𐤊𐤇𐤄 𐤅𐤍𐤀𐤑𐤄
𐤄𐤉𐤅𐤌 𐤄𐤆𐤄 𐤊𐤉 𐤁𐤀𐤅 𐤁𐤍𐤉𐤌 𐤏𐤃 𐤌𐤔𐤁𐤓 𐤅𐤊𐤇 𐤀𐤉𐤍 𐤋𐤋𐤃𐤄•
𐤃 𐤀𐤅𐤋𐤉 𐤉𐤔𐤌𐤏 𐤉𐤄𐤅𐤄 𐤀𐤋𐤄𐤉𐤊 𐤀𐤕 𐤃𐤁𐤓𐤉 𐤓𐤁𐤔𐤒𐤄 𐤀𐤔𐤓 𐤔𐤋𐤇𐤅 𐤌𐤋𐤊

כב זה הדבר אשר דבר יהוה עליו בזה לך לעגה לך בתולת בת
ציון אחריך ראש הניעה בת ירושלם•
כג את מי חרפת וגדפת ועל מי הרימותה קול ותשא מרום עיניך
אל קדוש ישראל•
כד ביד עבדיך חרפת אדני ותאמר ברב רכבי אני עליתי מרום
הרים ירכתי לבנון ואכרת קומת ארזיו מבחר ברושיו ואבוא
מרום קצו יער כרמלו•
כה אני קרתי ושתיתי מים ואחרב בכף פעמי כל יארי מצור•
כו הלוא שמעת למרחוק אותה עשיתי מימי קדם ויצרתיה עתה
הבאתיה ותהי להשאות גלים נצים ערים בצורות•
כז ויושביהן קצרי יד חתו ובשו היו עשב שדה וירק דשא
חציר גגות ושדמה לפני קמה•
כח ושבתך וצאתך ובואך ידעתי ואת התרגזך אלי•
כט יען התרגזך אלי ושאננך עלה באזני ושמתי חחי באפך
ומתגי בשפתיך והשיבתיך בדרך אשר באת בה•
ל וזה לך האות אכול השנה ספיח ובשנה השנית שחיס ובשנה
השלישית זרעו וקצרו ונטעו כרמים ואכול [ואכלו] פרים•
לא ויספה פליטת בית יהודה הנשארה שרש למטה ועשה פרי
למעלה•
לב כי מירושלם תצא שארית ופליטה מהר ציון קנאת יהוה
צבאות תעשה זאת•
לג לכן כה אמר יהוה אל מלך אשור לא יבוא אל העיר הזאת
ולא יורה שם חץ ולא יקדמנה מגן ולא ישפך עליה סללה•
לד בדרך אשר בא בה ישוב ואל העיר הזאת לא יבוא נאם יהוה•
לה וגנותי על העיר הזאת להושיעה למעני ולמען דוד עבדי•
לו ויצא מלאך יהוה ויכה במחנה אשור מאה ושמנים וחמשה
אלף וישכימו בבקר והנה כלם פגרים מתים•
לז ויסע וילך וישב סנחריב מלך אשור וישב בנינוה•
לח ויהי הוא משתחוה בית נסרך אלהיו ואדרמלך ושראצר
בניו הכהו בחרב והמה נמלטו ארץ אררט וימלך אסר חדן בנו
תחתיו•

פרק לח

𐤉𐤔𐤏𐤉𐤄

𐤀 𐤁𐤉𐤌𐤉𐤌 𐤄𐤄𐤌 𐤇𐤋𐤄 𐤇𐤆𐤒𐤉𐤄𐤅 𐤋𐤌𐤅𐤕 𐤅𐤉𐤁𐤅𐤀 𐤀𐤋𐤉𐤅 𐤉𐤔𐤏𐤉𐤄𐤅 𐤁𐤍
𐤀𐤌𐤅𐤑 𐤄𐤍𐤁𐤉𐤀 𐤅𐤉𐤀𐤌𐤓 𐤀𐤋𐤉𐤅 𐤊𐤄 𐤀𐤌𐤓 𐤉𐤄𐤅𐤄 𐤑𐤅 𐤋𐤁𐤉𐤕𐤊 𐤊𐤉 𐤌𐤕 𐤀𐤕𐤄
𐤅𐤋𐤀 𐤕𐤇𐤉𐤄•
𐤁 𐤅𐤉𐤎𐤁 𐤇𐤆𐤒𐤉𐤄𐤅 𐤐𐤍𐤉𐤅 𐤀𐤋 𐤄𐤒𐤉𐤓 𐤅𐤉𐤕𐤐𐤋𐤋 𐤀𐤋 𐤉𐤄𐤅𐤄•
𐤂 𐤅𐤉𐤀𐤌𐤓 𐤀𐤍𐤄 𐤉𐤄𐤅𐤄 𐤆𐤊𐤓 𐤍𐤀 𐤀𐤕 𐤀𐤔𐤓 𐤄𐤕𐤄𐤋𐤊𐤕𐤉 𐤋𐤐𐤍𐤉𐤊 𐤁𐤀𐤌𐤕
𐤅𐤁𐤋𐤁 𐤔𐤋𐤌 𐤅𐤄𐤈𐤅𐤁 𐤁𐤏𐤉𐤍𐤉𐤊 𐤏𐤔𐤉𐤕𐤉 𐤅𐤉𐤁𐤊 𐤇𐤆𐤒𐤉𐤄𐤅 𐤁𐤊𐤉 𐤂𐤃𐤅𐤋•
𐤃 𐤅𐤉𐤄𐤉 𐤃𐤁𐤓 𐤉𐤄𐤅𐤄 𐤀𐤋 𐤉𐤔𐤏𐤉𐤄𐤅 𐤋𐤀𐤌𐤓•
𐤄 𐤄𐤋𐤅𐤊 𐤅𐤀𐤌𐤓𐤕 𐤀𐤋 𐤇𐤆𐤒𐤉𐤄𐤅 𐤊𐤄 𐤀𐤌𐤓 𐤉𐤄𐤅𐤄 𐤀𐤋𐤄𐤉 𐤃𐤅𐤃 𐤀𐤁𐤉𐤊
𐤔𐤌𐤏𐤕𐤉 𐤀𐤕 𐤕𐤐𐤋𐤕𐤊 𐤓𐤀𐤉𐤕𐤉 𐤀𐤕 𐤃𐤌𐤏𐤕𐤊 𐤄𐤍𐤍𐤉 𐤉𐤅𐤎𐤐 𐤏𐤋 𐤉𐤌𐤉𐤊 𐤇𐤌𐤔
𐤏𐤔𐤓𐤄 𐤔𐤍𐤄•
𐤅 𐤅𐤌𐤊𐤐 𐤌𐤋𐤊 𐤀𐤔𐤅𐤓 𐤀𐤑𐤉𐤋𐤊 𐤅𐤀𐤕 𐤄𐤏𐤉𐤓 𐤄𐤆𐤀𐤕 𐤅𐤂𐤍𐤅𐤕𐤉 𐤏𐤋 𐤄𐤏𐤉𐤓
𐤄𐤆𐤀𐤕•
𐤆 𐤅𐤆𐤄 𐤋𐤊 𐤄𐤀𐤅𐤕 𐤌𐤀𐤕 𐤉𐤄𐤅𐤄 𐤀𐤔𐤓 𐤉𐤏𐤔𐤄 𐤉𐤄𐤅𐤄 𐤀𐤕 𐤄𐤃𐤁𐤓 𐤄𐤆𐤄 𐤀𐤔𐤓
𐤃𐤁𐤓•
𐤇 𐤄𐤍𐤍𐤉 𐤌𐤔𐤉𐤁 𐤀𐤕 𐤑𐤋 𐤄𐤌𐤏𐤋𐤅𐤕 𐤀𐤔𐤓 𐤉𐤓𐤃𐤄 𐤁𐤌𐤏𐤋𐤅𐤕 𐤀𐤇𐤆 𐤁𐤔𐤌𐤔
𐤀𐤇𐤓𐤍𐤉𐤕 𐤏𐤔𐤓 𐤌𐤏𐤋𐤅𐤕 𐤅𐤕𐤔𐤁 𐤄𐤔𐤌𐤔 𐤏𐤔𐤓 𐤌𐤏𐤋𐤅𐤕 𐤁𐤌𐤏𐤋𐤅𐤕 𐤀𐤔𐤓 𐤉𐤓𐤃𐤄•
𐤈 𐤌𐤊𐤕𐤁 𐤋𐤇𐤆𐤒𐤉𐤄𐤅 𐤌𐤋𐤊 𐤉𐤄𐤅𐤃𐤄 𐤁𐤇𐤋𐤕𐤅 𐤅𐤉𐤇𐤉 𐤌𐤇𐤋𐤉𐤅•
𐤉 𐤀𐤍𐤉 𐤀𐤌𐤓𐤕𐤉 𐤁𐤃𐤌𐤉 𐤉𐤌𐤉 𐤀𐤋𐤊𐤄 𐤁𐤔𐤏𐤓𐤉 𐤔𐤀𐤅𐤋 𐤐𐤒𐤃𐤕𐤉 𐤉𐤕𐤓
𐤔𐤍𐤅𐤕𐤉•
𐤉𐤀 𐤀𐤌𐤓𐤕𐤉 𐤋𐤀 𐤀𐤓𐤀𐤄 𐤉𐤄 𐤉𐤄 𐤁𐤀𐤓𐤑 𐤄𐤇𐤉𐤉𐤌 𐤋𐤀 𐤀𐤁𐤉𐤈 𐤀𐤃𐤌 𐤏𐤅𐤃 𐤏𐤌
𐤉𐤅𐤔𐤁𐤉 𐤇𐤃𐤋•
𐤉𐤁 𐤃𐤅𐤓𐤉 𐤍𐤎𐤏 𐤅𐤍𐤂𐤋𐤄 𐤌𐤍𐤉 𐤊𐤀𐤄𐤋 𐤓𐤏𐤉 𐤒𐤐𐤃𐤕𐤉 𐤊𐤀𐤓𐤂 𐤇𐤉𐤉 𐤌𐤃𐤋𐤄
𐤉𐤁𐤑𐤏𐤍𐤉 𐤌𐤉𐤅𐤌 𐤏𐤃 𐤋𐤉𐤋𐤄 𐤕𐤔𐤋𐤉𐤌𐤍𐤉•
𐤉𐤂 𐤔𐤅𐤉𐤕𐤉 𐤏𐤃 𐤁𐤒𐤓 𐤊𐤀𐤓𐤉 𐤊𐤍 𐤉𐤔𐤁𐤓 𐤊𐤋 𐤏𐤑𐤌𐤅𐤕𐤉 𐤌𐤉𐤅𐤌 𐤏𐤃 𐤋𐤉𐤋𐤄
𐤕𐤔𐤋𐤉𐤌𐤍𐤉•
𐤉𐤃 𐤊𐤎𐤅𐤎 𐤏𐤂𐤅𐤓 𐤊𐤍 𐤀𐤑𐤐𐤑𐤐 𐤀𐤄𐤂𐤄 𐤊𐤉𐤅𐤍𐤄 𐤃𐤋𐤅 𐤏𐤉𐤍𐤉 𐤋𐤌𐤓𐤅𐤌 𐤀𐤃𐤍𐤉
𐤏𐤔𐤒𐤄 𐤋𐤉 𐤏𐤓𐤁𐤍𐤉•
𐤈𐤅 𐤌𐤄 𐤀𐤃𐤁𐤓 𐤅𐤀𐤌𐤓 𐤋𐤉 𐤅𐤄𐤅𐤀 𐤏𐤔𐤄 𐤀𐤃𐤃𐤄 𐤊𐤋 𐤔𐤍𐤅𐤕𐤉 𐤏𐤋 𐤌𐤓 𐤍𐤐𐤔𐤉•
𐤈𐤆 𐤀𐤃𐤍𐤉 𐤏𐤋𐤉𐤄𐤌 𐤉𐤇𐤉𐤅 𐤅𐤋𐤊𐤋 𐤁𐤄𐤍 𐤇𐤉𐤉 𐤓𐤅𐤇𐤉 𐤅𐤕𐤇𐤋𐤉𐤌𐤍𐤉
𐤅𐤄𐤇𐤉𐤍𐤉•
𐤉𐤆 𐤄𐤍𐤄 𐤋𐤔𐤋𐤅𐤌 𐤌𐤓 𐤋𐤉 𐤌𐤓 𐤅𐤀𐤕𐤄 𐤇𐤔𐤒𐤕 𐤍𐤐𐤔𐤉 𐤌𐤔𐤇𐤕 𐤁𐤋𐤉 𐤊𐤉
𐤄𐤔𐤋𐤊𐤕 𐤀𐤇𐤓𐤉 𐤂𐤅𐤊 𐤊𐤋 𐤇𐤈𐤀𐤉•
𐤉𐤇 𐤊𐤉 𐤋𐤀 𐤔𐤀𐤅𐤋 𐤕𐤅𐤃𐤊 𐤌𐤅𐤕 𐤉𐤄𐤋𐤋𐤊 𐤋𐤀 𐤉𐤔𐤁𐤓𐤅 𐤉𐤅𐤓𐤃𐤉 𐤁𐤅𐤓 𐤀𐤋

𐤀𐤌𐤕𐤊•
𐤉𐤈𐤇𐤉 𐤇𐤉 𐤄𐤅𐤀 𐤉𐤅𐤃𐤊 𐤊𐤌𐤅𐤍𐤉 𐤄𐤉𐤅𐤌 𐤀𐤁 𐤋𐤁𐤍𐤉𐤌 𐤉𐤅𐤃𐤉𐤏 𐤀𐤋 𐤀𐤌𐤕𐤊•
𐤊 𐤉𐤄𐤅𐤄 𐤋𐤄𐤅𐤔𐤉𐤏𐤍𐤉 𐤅𐤍𐤂𐤉𐤍𐤅𐤕𐤉 𐤍𐤍𐤂𐤍 𐤊𐤋 𐤉𐤌𐤉 𐤇𐤉𐤉𐤍𐤅 𐤏𐤋 𐤁𐤉𐤕
𐤉𐤄𐤅𐤄•
𐤊𐤀𐤅𐤉𐤀𐤌𐤓 𐤉𐤔𐤏𐤉𐤄𐤅 𐤉𐤔𐤀𐤅 𐤃𐤁𐤋𐤕 𐤕𐤀𐤍𐤉𐤌 𐤅𐤉𐤌𐤓𐤇𐤅 𐤏𐤋 𐤄𐤔𐤇𐤉𐤍
𐤅𐤉𐤇𐤉•
𐤊𐤁𐤅𐤉𐤀𐤌𐤓 𐤇𐤆𐤒𐤉𐤄𐤅 𐤌𐤄 𐤀𐤅𐤕 𐤊𐤉 𐤀𐤏𐤋𐤄 𐤁𐤉𐤕 𐤉𐤄𐤅𐤄•

𐤐𐤒 𐤋𐤈

𐤀𐤁𐤏𐤕 𐤄𐤄𐤅𐤀 𐤔𐤋𐤇 𐤌𐤓𐤃𐤊 𐤁𐤋𐤀𐤃𐤍 𐤁𐤍 𐤁𐤋𐤀𐤃𐤍 𐤌𐤋𐤊 𐤁𐤁𐤋 𐤎𐤐𐤓𐤉𐤌 𐤅𐤌𐤍𐤇𐤄
𐤀𐤋 𐤇𐤆𐤒𐤉𐤄𐤅 𐤅𐤉𐤔𐤌𐤏 𐤊𐤉 𐤇𐤋𐤄 𐤅𐤉𐤇𐤆𐤒•
𐤁𐤅𐤉𐤔𐤌𐤇 𐤏𐤋𐤉𐤄𐤌 𐤇𐤆𐤒𐤉𐤄𐤅 𐤅𐤉𐤓𐤀𐤌 𐤀𐤕 𐤁𐤉𐤕 𐤍𐤊𐤕𐤄 [𐤍𐤊𐤕𐤅] 𐤀𐤕 𐤄𐤊𐤎𐤐
𐤅𐤀𐤕 𐤄𐤆𐤄𐤁 𐤅𐤀𐤕 𐤄𐤁𐤔𐤌𐤉𐤌 𐤅𐤀𐤕 𐤄𐤔𐤌𐤍 𐤄𐤈𐤅𐤁 𐤅𐤀𐤕 𐤊𐤋 𐤁𐤉𐤕 𐤊𐤋𐤉𐤅
𐤅𐤀𐤕 𐤊𐤋 𐤀𐤔𐤓 𐤍𐤌𐤑𐤀 𐤁𐤀𐤅𐤑𐤓𐤕𐤉𐤅 𐤋𐤀 𐤄𐤉𐤄 𐤃𐤁𐤓 𐤀𐤔𐤓 𐤋𐤀 𐤄𐤓𐤀𐤌
𐤇𐤆𐤒𐤉𐤄𐤅 𐤁𐤁𐤉𐤕𐤅 𐤅𐤁𐤊𐤋 𐤌𐤌𐤔𐤋𐤕𐤅•
𐤂𐤅𐤉𐤁𐤀 𐤉𐤔𐤏𐤉𐤄𐤅 𐤄𐤍𐤁𐤉𐤀 𐤀𐤋 𐤄𐤌𐤋𐤊 𐤇𐤆𐤒𐤉𐤄𐤅 𐤅𐤉𐤀𐤌𐤓 𐤀𐤋𐤉𐤅 𐤌𐤄
𐤀𐤌𐤓𐤅 𐤄𐤀𐤍𐤔𐤉𐤌 𐤄𐤀𐤋𐤄 𐤅𐤌𐤀𐤉𐤍 𐤉𐤁𐤀𐤅 𐤀𐤋𐤉𐤊 𐤅𐤉𐤀𐤌𐤓 𐤇𐤆𐤒𐤉𐤄𐤅 𐤌𐤀𐤓𐤑
𐤓𐤇𐤒𐤄 𐤁𐤀𐤅 𐤀𐤋𐤉 𐤌𐤁𐤁𐤋•
𐤃𐤅𐤉𐤀𐤌𐤓 𐤌𐤄 𐤓𐤀𐤅 𐤁𐤁𐤉𐤕𐤊 𐤅𐤉𐤀𐤌𐤓 𐤇𐤆𐤒𐤉𐤄𐤅 𐤀𐤕 𐤊𐤋 𐤀𐤔𐤓 𐤁𐤁𐤉𐤕𐤉 𐤓𐤀𐤅
𐤋𐤀 𐤄𐤉𐤄 𐤃𐤁𐤓 𐤀𐤔𐤓 𐤋𐤀 𐤄𐤓𐤀𐤉𐤕𐤉𐤌 𐤁𐤀𐤅𐤑𐤓𐤕𐤉•
𐤄𐤅𐤉𐤀𐤌𐤓 𐤉𐤔𐤏𐤉𐤄𐤅 𐤀𐤋 𐤇𐤆𐤒𐤉𐤄𐤅 𐤔𐤌𐤏 𐤃𐤁𐤓 𐤉𐤄𐤅𐤄 𐤑𐤁𐤀𐤅𐤕•
𐤅𐤄𐤍𐤄 𐤉𐤌𐤉𐤌 𐤁𐤀𐤉𐤌 𐤅𐤍𐤔𐤀 𐤊𐤋 𐤀𐤔𐤓 𐤁𐤁𐤉𐤕𐤊 𐤅𐤀𐤔𐤓 𐤀𐤑𐤓𐤅 𐤀𐤁𐤕𐤉𐤊 𐤏𐤃
𐤄𐤉𐤅𐤌 𐤄𐤆𐤄 𐤁𐤁𐤋 𐤋𐤀 𐤉𐤅𐤕𐤓 𐤃𐤁𐤓 𐤀𐤌𐤓 𐤉𐤄𐤅𐤄•
𐤆 𐤅𐤌𐤁𐤍𐤉𐤊 𐤀𐤔𐤓 𐤉𐤑𐤀𐤅 𐤌𐤌𐤊 𐤀𐤔𐤓 𐤕𐤅𐤋𐤉𐤃 𐤉𐤒𐤇𐤅 𐤅𐤄𐤉𐤅 𐤎𐤓𐤉𐤎𐤉𐤌
𐤁𐤄𐤉𐤊𐤋 𐤌𐤋𐤊 𐤁𐤁𐤋•
𐤇𐤅𐤉𐤀𐤌𐤓 𐤇𐤆𐤒𐤉𐤄𐤅 𐤀𐤋 𐤉𐤔𐤏𐤉𐤄𐤅 𐤈𐤅𐤁 𐤃𐤁𐤓 𐤉𐤄𐤅𐤄 𐤀𐤔𐤓 𐤃𐤁𐤓𐤕 𐤅𐤉𐤀𐤌𐤓
𐤊𐤉 𐤉𐤄𐤉𐤄 𐤔𐤋𐤅𐤌 𐤅𐤀𐤌𐤕 𐤁𐤉𐤌𐤉•

𐤐𐤒 𐤌

𐤀𐤍𐤇𐤌𐤅 𐤍𐤇𐤌𐤅 𐤏𐤌𐤉 𐤉𐤀𐤌𐤓 𐤀𐤋𐤄𐤉𐤊𐤌•
𐤁𐤃𐤁𐤓𐤅 𐤏𐤋 𐤋𐤁 𐤉𐤓𐤅𐤔𐤋𐤌 𐤅𐤒𐤓𐤀𐤅 𐤀𐤋𐤉𐤄 𐤊𐤉 𐤌𐤋𐤀𐤄 𐤑𐤁𐤀𐤄 𐤊𐤉 𐤍𐤓𐤑𐤄
𐤏𐤅𐤍𐤄 𐤊𐤉 𐤋𐤒𐤇𐤄 𐤌𐤉𐤃 𐤉𐤄𐤅𐤄 𐤊𐤐𐤋𐤉𐤌 𐤁𐤊𐤋 𐤇𐤈𐤀𐤕𐤉𐤄•
𐤂 𐤒𐤅𐤋 𐤒𐤅𐤓𐤀 𐤁𐤌𐤃𐤁𐤓 𐤐𐤍𐤅 𐤃𐤓𐤊 𐤉𐤄𐤅𐤄 𐤉𐤔𐤓𐤅 𐤁𐤏𐤓𐤁𐤄 𐤌𐤎𐤋𐤄 𐤋𐤀𐤋𐤄𐤉𐤍𐤅•

𐤉𐤔𐤏𐤉𐤄

𐤃 𐤊𐤋 𐤂𐤉𐤀 𐤉𐤍𐤔𐤀 𐤅𐤊𐤋 𐤄𐤓 𐤅𐤂𐤁𐤏𐤄 𐤉𐤔𐤐𐤋𐤅 𐤅𐤄𐤉𐤄 𐤄𐤏𐤒𐤁 𐤋𐤌𐤉𐤔𐤅𐤓
𐤅𐤄𐤓𐤊𐤎𐤉𐤌 𐤋𐤁𐤒𐤏𐤄•
𐤄 𐤅𐤍𐤂𐤋𐤄 𐤊𐤁𐤅𐤃 𐤉𐤄𐤅𐤄 𐤅𐤓𐤀𐤅 𐤊𐤋 𐤁𐤔𐤓 𐤉𐤇𐤃𐤅 𐤊𐤉 𐤐𐤉 𐤉𐤄𐤅𐤄 𐤃𐤁𐤓•
𐤅 𐤒𐤅𐤋 𐤀𐤌𐤓 𐤒𐤓𐤀 𐤅𐤀𐤌𐤓 𐤌𐤄 𐤀𐤒𐤓𐤀 𐤊𐤋 𐤄𐤁𐤔𐤓 𐤇𐤑𐤉𐤓 𐤅𐤊𐤋 𐤇𐤎𐤃𐤅 𐤊𐤑𐤉𐤑
𐤄𐤔𐤃𐤄•
𐤆 𐤉𐤁𐤔 𐤇𐤑𐤉𐤓 𐤍𐤁𐤋 𐤑𐤉𐤑 𐤊𐤉 𐤓𐤅𐤇 𐤉𐤄𐤅𐤄 𐤍𐤔𐤁𐤄 𐤁𐤅 𐤀𐤊𐤍 𐤇𐤑𐤉𐤓 𐤄𐤏𐤌•
𐤇 𐤉𐤁𐤔 𐤇𐤑𐤉𐤓 𐤍𐤁𐤋 𐤑𐤉𐤑 𐤅𐤃𐤁𐤓 𐤀𐤋𐤄𐤉𐤍𐤅 𐤉𐤒𐤅𐤌 𐤋𐤏𐤅𐤋𐤌•
𐤈 𐤏𐤋 𐤄𐤓 𐤂𐤁𐤄 𐤏𐤋𐤉 𐤋𐤊 𐤌𐤁𐤔𐤓𐤕 𐤑𐤉𐤅𐤍 𐤄𐤓𐤉𐤌𐤉 𐤁𐤊𐤇 𐤒𐤅𐤋𐤊 𐤌𐤁𐤔𐤓𐤕
𐤉𐤓𐤅𐤔𐤋𐤌 𐤄𐤓𐤉𐤌𐤉 𐤀𐤋 𐤕𐤉𐤓𐤀𐤉 𐤀𐤌𐤓𐤉 𐤋𐤏𐤓𐤉 𐤉𐤄𐤅𐤃𐤄 𐤄𐤍𐤄 𐤀𐤋𐤄𐤉𐤊𐤌•
𐤉 𐤄𐤍𐤄 𐤀𐤃𐤍𐤉 𐤉𐤄𐤅𐤄 𐤁𐤇𐤆𐤒 𐤉𐤁𐤅𐤀 𐤅𐤆𐤓𐤏𐤅 𐤌𐤔𐤋𐤄 𐤋𐤅 𐤄𐤍𐤄 𐤔𐤊𐤓𐤅 𐤀𐤕𐤅
𐤅𐤐𐤏𐤋𐤕𐤅 𐤋𐤐𐤍𐤉𐤅•
𐤉𐤀 𐤊𐤓𐤏𐤄 𐤏𐤃𐤓𐤅 𐤉𐤓𐤏𐤄 𐤁𐤆𐤓𐤏𐤅 𐤉𐤒𐤁𐤑 𐤈𐤋𐤀𐤉𐤌 𐤅𐤁𐤇𐤉𐤒𐤅 𐤉𐤔𐤀 𐤏𐤋𐤅𐤕
𐤉𐤍𐤄𐤋•
𐤉𐤁 𐤌𐤉 𐤌𐤃𐤃 𐤁𐤔𐤏𐤋𐤅 𐤌𐤉𐤌 𐤅𐤔𐤌𐤉𐤌 𐤁𐤆𐤓𐤕 𐤕𐤊𐤍 𐤅𐤊𐤋 𐤁𐤔𐤋𐤔 𐤏𐤐𐤓 𐤄𐤀𐤓𐤑
𐤅𐤔𐤒𐤋 𐤁𐤐𐤋𐤎 𐤄𐤓𐤉𐤌 𐤅𐤂𐤁𐤏𐤅𐤕 𐤁𐤌𐤀𐤆𐤍𐤉𐤌•
𐤉𐤂 𐤌𐤉 𐤕𐤊𐤍 𐤀𐤕 𐤓𐤅𐤇 𐤉𐤄𐤅𐤄 𐤅𐤀𐤉𐤔 𐤏𐤑𐤕𐤅 𐤉𐤅𐤃𐤉𐤏𐤍𐤅•
𐤉𐤃 𐤀𐤕 𐤌𐤉 𐤍𐤅𐤏𐤑 𐤅𐤉𐤁𐤉𐤍𐤄𐤅 𐤅𐤉𐤋𐤌𐤃𐤄𐤅 𐤁𐤀𐤓𐤇 𐤌𐤔𐤐𐤈 𐤅𐤉𐤋𐤌𐤃𐤄𐤅 𐤃𐤏𐤕
𐤅𐤃𐤓𐤊 𐤕𐤁𐤅𐤍𐤅𐤕 𐤉𐤅𐤃𐤉𐤏𐤍𐤅•
𐤈𐤅 𐤄𐤍 𐤂𐤅𐤉𐤌 𐤊𐤌𐤓 𐤌𐤃𐤋𐤉 𐤅𐤊𐤔𐤇𐤒 𐤌𐤀𐤆𐤍𐤉𐤌 𐤍𐤇𐤔𐤁𐤅 𐤄𐤍 𐤀𐤉𐤉𐤌 𐤊𐤃𐤒
𐤉𐤈𐤅𐤋•
𐤈𐤆 𐤅𐤋𐤁𐤍𐤅𐤍 𐤀𐤉𐤍 𐤃𐤉 𐤁𐤏𐤓 𐤅𐤇𐤉𐤕𐤅 𐤀𐤉𐤍 𐤃𐤉 𐤏𐤅𐤋𐤄•
𐤉𐤆 𐤊𐤋 𐤄𐤂𐤅𐤉𐤌 𐤊𐤀𐤉𐤍 𐤍𐤂𐤃𐤅 𐤌𐤀𐤐𐤎 𐤅𐤕𐤄𐤅 𐤍𐤇𐤔𐤁𐤅 𐤋𐤅•
𐤉𐤇 𐤅𐤀𐤋 𐤌𐤉 𐤕𐤃𐤌𐤉𐤅𐤍 𐤀𐤋 𐤅𐤌𐤄 𐤃𐤌𐤅𐤕 𐤕𐤏𐤓𐤊𐤅 𐤋𐤅•
𐤉𐤈 𐤄𐤐𐤎𐤋 𐤍𐤎𐤊 𐤇𐤓𐤔 𐤅𐤑𐤓𐤐 𐤁𐤆𐤄𐤁 𐤉𐤓𐤒𐤏𐤍𐤅 𐤅𐤓𐤕𐤒𐤅𐤕 𐤊𐤎𐤐 𐤑𐤅𐤓𐤐•
𐤊 𐤄𐤌𐤎𐤊𐤍 𐤕𐤓𐤅𐤌𐤄 𐤏𐤑 𐤋𐤀 𐤉𐤓𐤒𐤁 𐤉𐤁𐤇𐤓 𐤇𐤓𐤔 𐤇𐤊𐤌 𐤉𐤁𐤒𐤔 𐤋𐤅 𐤋𐤄𐤊𐤉𐤍
𐤐𐤎𐤋 𐤋𐤀 𐤉𐤌𐤅𐤈•
𐤊𐤀 𐤄𐤋𐤅𐤀 𐤕𐤃𐤏𐤅 𐤄𐤋𐤅𐤀 𐤕𐤔𐤌𐤏𐤅 𐤄𐤋𐤅𐤀 𐤄𐤂𐤃 𐤌𐤓𐤀𐤔 𐤋𐤊𐤌 𐤄𐤋𐤅𐤀
𐤄𐤁𐤉𐤍𐤕𐤌 𐤌𐤅𐤎𐤃𐤅𐤕 𐤄𐤀𐤓𐤑•
𐤊𐤁 𐤄𐤉𐤔𐤁 𐤏𐤋 𐤇𐤅𐤂 𐤄𐤀𐤓𐤑 𐤅𐤉𐤔𐤁𐤉𐤄 𐤊𐤇𐤂𐤁𐤉𐤌 𐤄𐤍𐤅𐤈𐤄 𐤊𐤃𐤒 𐤔𐤌𐤉𐤌
𐤅𐤉𐤌𐤕𐤇𐤌 𐤊𐤀𐤄𐤋 𐤋𐤔𐤁𐤕•
𐤊𐤂 𐤄𐤍𐤅𐤕𐤍 𐤓𐤅𐤆𐤍𐤉𐤌 𐤋𐤀𐤉𐤍 𐤔𐤐𐤈𐤉 𐤀𐤓𐤑 𐤊𐤕𐤄𐤅 𐤏𐤔𐤄•
𐤊𐤃 𐤀𐤐 𐤁𐤋 𐤍𐤈𐤏𐤅 𐤀𐤐 𐤁𐤋 𐤆𐤓𐤏𐤅 𐤀𐤐 𐤁𐤋 𐤔𐤓𐤔 𐤁𐤀𐤓𐤑 𐤂𐤆𐤏𐤌 𐤅𐤂𐤌 𐤍𐤔𐤐 𐤁𐤄𐤌
𐤅𐤉𐤁𐤔𐤅 𐤅𐤎𐤏𐤓𐤄 𐤊𐤒𐤔 𐤕𐤔𐤀𐤌•

𐤊𐤄 𐤅𐤀𐤋 𐤌𐤉 𐤕𐤃𐤌𐤉𐤅𐤍𐤉 𐤅𐤀𐤔𐤅𐤄 𐤉𐤀𐤌𐤓 𐤒𐤃𐤅𐤔.
𐤊𐤅 𐤔𐤀𐤅 𐤌𐤓𐤅𐤌 𐤏𐤉𐤍𐤉𐤊𐤌 𐤅𐤓𐤀𐤅 𐤌𐤉 𐤁𐤓𐤀 𐤀𐤋𐤄 𐤄𐤌𐤅𐤑𐤉𐤀 𐤁𐤌𐤎𐤐𐤓 𐤑𐤁𐤀𐤌
𐤋𐤊𐤋𐤌 𐤁𐤔𐤌 𐤉𐤒𐤓𐤀 𐤌𐤓𐤁 𐤀𐤅𐤍𐤉𐤌 𐤅𐤀𐤌𐤉𐤑 𐤊𐤇 𐤀𐤉𐤔 𐤋𐤀 𐤍𐤏𐤃𐤓.
𐤊𐤆 𐤋𐤌𐤄 𐤕𐤀𐤌𐤓 𐤉𐤏𐤒𐤁 𐤅𐤕𐤃𐤁𐤓 𐤉𐤔𐤓𐤀𐤋 𐤍𐤎𐤕𐤓𐤄 𐤃𐤓𐤊𐤉 𐤌𐤉𐤄𐤅𐤄 𐤅𐤌𐤀𐤋𐤄𐤉
𐤌𐤔𐤐𐤈𐤉 𐤉𐤏𐤁𐤅𐤓.
𐤊𐤇 𐤄𐤋𐤅𐤀 𐤉𐤃𐤏𐤕 𐤀𐤌 𐤋𐤀 𐤔𐤌𐤏𐤕 𐤀𐤋𐤄𐤉 𐤏𐤅𐤋𐤌 𐤉𐤄𐤅𐤄 𐤁𐤅𐤓𐤀 𐤒𐤑𐤅𐤕
𐤄𐤀𐤓𐤑 𐤋𐤀 𐤉𐤉𐤏𐤐 𐤅𐤋𐤀 𐤉𐤉𐤂𐤏 𐤀𐤉𐤍 𐤇𐤒𐤓 𐤋𐤕𐤁𐤅𐤍𐤕𐤅.
𐤊𐤈 𐤍𐤕𐤍 𐤋𐤉𐤏𐤐 𐤊𐤇 𐤅𐤋𐤀𐤉𐤍 𐤀𐤅𐤍𐤉𐤌 𐤏𐤑𐤌𐤄 𐤉𐤓𐤁𐤄.
𐤋 𐤅𐤉𐤏𐤐𐤅 𐤍𐤏𐤓𐤉𐤌 𐤅𐤉𐤂𐤏𐤅 𐤅𐤁𐤇𐤅𐤓𐤉𐤌 𐤊𐤔𐤅𐤋 𐤉𐤊𐤔𐤋𐤅.
𐤋𐤀 𐤅𐤒𐤅𐤉 𐤉𐤄𐤅𐤄 𐤉𐤇𐤋𐤉𐤐𐤅 𐤊𐤇 𐤉𐤏𐤋𐤅 𐤀𐤁𐤓 𐤊𐤍𐤔𐤓𐤉𐤌 𐤉𐤓𐤅𐤑𐤅 𐤅𐤋𐤀
𐤉𐤉𐤂𐤏𐤅 𐤉𐤋𐤊𐤅 𐤅𐤋𐤀 𐤉𐤉𐤏𐤐𐤅.

𐤐𐤓𐤒 𐤌𐤀

𐤀 𐤄𐤇𐤓𐤉𐤔𐤅 𐤀𐤋𐤉 𐤀𐤉𐤉𐤌 𐤅𐤋𐤀𐤌𐤉𐤌 𐤉𐤇𐤋𐤉𐤐𐤅 𐤊𐤇 𐤉𐤂𐤔𐤅 𐤀𐤆 𐤉𐤃𐤁𐤓𐤅 𐤉𐤇𐤃𐤅
𐤋𐤌𐤔𐤐𐤈 𐤍𐤒𐤓𐤁𐤄.
𐤁 𐤌𐤉 𐤄𐤏𐤉𐤓 𐤌𐤌𐤆𐤓𐤇 𐤑𐤃𐤒 𐤉𐤒𐤓𐤀𐤄𐤅 𐤋𐤓𐤂𐤋𐤅 𐤉𐤕𐤍 𐤋𐤐𐤍𐤉𐤅 𐤂𐤅𐤉𐤌
𐤅𐤌𐤋𐤊𐤉𐤌 𐤉𐤓𐤃 𐤉𐤕𐤍 𐤊𐤏𐤐𐤓 𐤇𐤓𐤁𐤅 𐤊𐤒𐤔 𐤍𐤃𐤐 𐤒𐤔𐤕𐤅.
𐤂 𐤉𐤓𐤃𐤐𐤌 𐤉𐤏𐤁𐤅𐤓 𐤔𐤋𐤅𐤌 𐤀𐤓𐤇 𐤁𐤓𐤂𐤋𐤉𐤅 𐤋𐤀 𐤉𐤁𐤅𐤀.
𐤃 𐤌𐤉 𐤐𐤏𐤋 𐤅𐤏𐤔𐤄 𐤒𐤓𐤀 𐤄𐤃𐤓𐤅𐤕 𐤌𐤓𐤀𐤔 𐤀𐤍𐤉 𐤉𐤄𐤅𐤄 𐤓𐤀𐤔𐤅𐤍 𐤅𐤀𐤕
𐤀𐤇𐤓𐤍𐤉𐤌 𐤀𐤍𐤉 𐤄𐤅𐤀.
𐤄 𐤓𐤀𐤅 𐤀𐤉𐤉𐤌 𐤅𐤉𐤉𐤓𐤀𐤅 𐤒𐤑𐤅𐤕 𐤄𐤀𐤓𐤑 𐤉𐤇𐤓𐤃𐤅 𐤒𐤓𐤁𐤅 𐤅𐤉𐤀𐤕𐤉𐤅𐤍.
𐤅 𐤀𐤉𐤔 𐤀𐤕 𐤓𐤏𐤄𐤅 𐤉𐤏𐤆𐤓𐤅 𐤅𐤋𐤀𐤇𐤉𐤅 𐤉𐤀𐤌𐤓 𐤇𐤆𐤒.
𐤆 𐤅𐤉𐤇𐤆𐤒 𐤇𐤓𐤔 𐤀𐤕 𐤑𐤓𐤐 𐤌𐤇𐤋𐤉𐤒 𐤐𐤈𐤉𐤔 𐤀𐤕 𐤄𐤅𐤋𐤌 𐤐𐤏𐤌 𐤀𐤌𐤓 𐤋𐤃𐤁𐤒 𐤈𐤅𐤁
𐤄𐤅𐤀 𐤅𐤉𐤇𐤆𐤒𐤄𐤅 𐤁𐤌𐤎𐤌𐤓𐤉𐤌 𐤋𐤀 𐤉𐤌𐤅𐤈.
𐤇 𐤅𐤀𐤕𐤄 𐤉𐤔𐤓𐤀𐤋 𐤏𐤁𐤃𐤉 𐤉𐤏𐤒𐤁 𐤀𐤔𐤓 𐤁𐤇𐤓𐤕𐤉𐤊 𐤆𐤓𐤏 𐤀𐤁𐤓𐤄𐤌 𐤀𐤄𐤁𐤉.
𐤈 𐤀𐤔𐤓 𐤄𐤇𐤆𐤒𐤕𐤉𐤊 𐤌𐤒𐤑𐤅𐤕 𐤄𐤀𐤓𐤑 𐤅𐤌𐤀𐤑𐤉𐤋𐤉𐤄 𐤒𐤓𐤀𐤕𐤉𐤊 𐤅𐤀𐤌𐤓 𐤋𐤊
𐤏𐤁𐤃𐤉 𐤀𐤕𐤄 𐤁𐤇𐤓𐤕𐤉𐤊 𐤅𐤋𐤀 𐤌𐤀𐤎𐤕𐤉𐤊.
𐤉 𐤀𐤋 𐤕𐤉𐤓𐤀 𐤊𐤉 𐤏𐤌𐤊 𐤀𐤍𐤉 𐤀𐤋 𐤕𐤔𐤕𐤏 𐤊𐤉 𐤀𐤍𐤉 𐤀𐤋𐤄𐤉𐤊 𐤀𐤌𐤑𐤕𐤉𐤊 𐤀𐤐
𐤏𐤆𐤓𐤕𐤉𐤊 𐤀𐤐 𐤕𐤌𐤊𐤕𐤉𐤊 𐤁𐤉𐤌𐤉𐤍 𐤑𐤃𐤒𐤉.
𐤉𐤀 𐤄𐤍 𐤉𐤁𐤔𐤅 𐤅𐤉𐤊𐤋𐤌𐤅 𐤊𐤋 𐤄𐤍𐤇𐤓𐤉𐤌 𐤁𐤊 𐤉𐤄𐤉𐤅 𐤊𐤀𐤉𐤍 𐤅𐤉𐤀𐤁𐤃𐤅
𐤀𐤍𐤔𐤉 𐤓𐤉𐤁𐤊.
𐤉𐤁 𐤕𐤁𐤒𐤔𐤌 𐤅𐤋𐤀 𐤕𐤌𐤑𐤀𐤌 𐤀𐤍𐤔𐤉 𐤌𐤑𐤕𐤊 𐤉𐤄𐤉𐤅 𐤊𐤀𐤉𐤍 𐤅𐤊𐤀𐤐𐤎 𐤀𐤍𐤔𐤉
𐤌𐤋𐤇𐤌𐤕𐤊.

𐤉𐤔𐤏𐤉𐤄

𐤉𐤂 𐤊𐤉 𐤀𐤍𐤉 𐤉𐤄𐤅𐤄 𐤀𐤋𐤄𐤉𐤊 𐤌𐤇𐤆𐤉𐤒 𐤉𐤌𐤉𐤍𐤊 𐤄𐤀𐤌𐤓 𐤋𐤊 𐤀𐤋 𐤕𐤉𐤓𐤀
𐤀𐤍𐤉 𐤏𐤆𐤓𐤕𐤉𐤊•

𐤉𐤃 𐤀𐤋 𐤕𐤉𐤓𐤀𐤉 𐤕𐤅𐤋𐤏𐤕 𐤉𐤏𐤒𐤁 𐤌𐤕𐤉 𐤉𐤔𐤓𐤀𐤋 𐤀𐤍𐤉 𐤏𐤆𐤓𐤕𐤉𐤊 𐤍𐤀𐤌 𐤉𐤄𐤅𐤄
𐤅𐤂𐤀𐤋𐤊 𐤒𐤃𐤅𐤔 𐤉𐤔𐤓𐤀𐤋•

𐤈𐤅 𐤄𐤍𐤄 𐤔𐤌𐤕𐤉𐤊 𐤋𐤌𐤅𐤓𐤂 𐤇𐤓𐤅𐤑 𐤇𐤃𐤔 𐤁𐤏𐤋 𐤐𐤉𐤐𐤉𐤅𐤕 𐤕𐤃𐤅𐤔 𐤄𐤓𐤉𐤌 𐤅𐤕𐤃𐤒
𐤅𐤂𐤁𐤏𐤅𐤕 𐤊𐤌𐤑 𐤕𐤔𐤉𐤌•

𐤈𐤆 𐤕𐤆𐤓𐤌 𐤅𐤓𐤅𐤇 𐤕𐤔𐤀𐤌 𐤅𐤎𐤏𐤓𐤄 𐤕𐤐𐤉𐤑 𐤀𐤅𐤕𐤌 𐤅𐤀𐤕𐤄 𐤕𐤂𐤉𐤋 𐤁𐤉𐤄𐤅𐤄
𐤁𐤒𐤃𐤅𐤔 𐤉𐤔𐤓𐤀𐤋 𐤕𐤕𐤄𐤋𐤋•

𐤉𐤆 𐤄𐤏𐤍𐤉𐤉𐤌 𐤅𐤄𐤀𐤁𐤉𐤅𐤍𐤉𐤌 𐤌𐤁𐤒𐤔𐤉𐤌 𐤌𐤉𐤌 𐤅𐤀𐤉𐤍 𐤋𐤔𐤅𐤍𐤌 𐤁𐤑𐤌𐤀
𐤍𐤔𐤕𐤄 𐤀𐤍𐤉 𐤉𐤄𐤅𐤄 𐤀𐤏𐤍𐤌 𐤀𐤋𐤄𐤉 𐤉𐤔𐤓𐤀𐤋 𐤋𐤀 𐤀𐤏𐤆𐤁𐤌•

𐤉𐤇 𐤀𐤐𐤕𐤇 𐤏𐤋 𐤔𐤐𐤉𐤉𐤌 𐤍𐤄𐤓𐤅𐤕 𐤅𐤁𐤕𐤅𐤊 𐤁𐤒𐤏𐤅𐤕 𐤌𐤏𐤉𐤍𐤅𐤕 𐤀𐤔𐤉𐤌 𐤌𐤃𐤁𐤓
𐤋𐤀𐤂𐤌 𐤌𐤉𐤌 𐤅𐤀𐤓𐤑 𐤑𐤉𐤄 𐤋𐤌𐤅𐤑𐤀𐤉 𐤌𐤉𐤌•

𐤉𐤈 𐤀𐤕𐤍 𐤁𐤌𐤃𐤁𐤓 𐤀𐤓𐤆 𐤔𐤈𐤄 𐤅𐤄𐤃𐤎 𐤅𐤏𐤑 𐤔𐤌𐤍 𐤀𐤔𐤉𐤌 𐤁𐤏𐤓𐤁𐤄 𐤁𐤓𐤅𐤔
𐤕𐤃𐤄𐤓 𐤅𐤕𐤀𐤔𐤅𐤓 𐤉𐤇𐤃𐤅•

𐤊 𐤋𐤌𐤏𐤍 𐤉𐤓𐤀𐤅 𐤅𐤉𐤃𐤏𐤅 𐤅𐤉𐤔𐤉𐤌𐤅 𐤅𐤉𐤔𐤊𐤉𐤋𐤅 𐤉𐤇𐤃𐤅 𐤊𐤉 𐤉𐤃 𐤉𐤄𐤅𐤄
𐤏𐤔𐤕𐤄 𐤆𐤀𐤕 𐤅𐤒𐤃𐤅𐤔 𐤉𐤔𐤓𐤀𐤋 𐤁𐤓𐤀𐤄•

𐤊𐤀 𐤒𐤓𐤁𐤅 𐤓𐤉𐤁𐤊𐤌 𐤉𐤀𐤌𐤓 𐤉𐤄𐤅𐤄 𐤄𐤂𐤉𐤔𐤅 𐤏𐤑𐤌𐤅𐤕𐤉𐤊𐤌 𐤉𐤀𐤌𐤓 𐤌𐤋𐤊
𐤉𐤏𐤒𐤁•

𐤊𐤁 𐤉𐤂𐤉𐤔𐤅 𐤅𐤉𐤂𐤉𐤃𐤅 𐤋𐤍𐤅 𐤀𐤕 𐤀𐤔𐤓 𐤕𐤒𐤓𐤉𐤍𐤄 𐤄𐤓𐤀𐤔𐤅𐤍𐤅𐤕 𐤌𐤄 𐤄𐤍𐤄
𐤄𐤂𐤉𐤃𐤅 𐤅𐤍𐤔𐤉𐤌𐤄 𐤋𐤁𐤍𐤅 𐤅𐤍𐤃𐤏𐤄 𐤀𐤇𐤓𐤉𐤕𐤍 𐤀𐤅 𐤄𐤁𐤀𐤅𐤕 𐤄𐤔𐤌𐤉𐤏𐤅𐤍𐤅•

𐤊𐤂 𐤄𐤂𐤉𐤃𐤅 𐤄𐤀𐤕𐤉𐤅𐤕 𐤋𐤀𐤇𐤅𐤓 𐤅𐤍𐤃𐤏𐤄 𐤊𐤉 𐤀𐤋𐤄𐤉𐤌 𐤀𐤕𐤌 𐤀𐤐 𐤕𐤉𐤈𐤉𐤁𐤅
𐤅𐤕𐤓𐤏𐤅 𐤅𐤍𐤔𐤕𐤏𐤄 𐤅𐤍𐤓𐤀 [𐤅𐤍𐤓𐤀𐤄] 𐤉𐤇𐤃𐤅•

𐤊𐤃 𐤄𐤍 𐤀𐤕𐤌 𐤌𐤀𐤉𐤍 𐤅𐤐𐤏𐤋𐤊𐤌 𐤌𐤀𐤐𐤏 𐤕𐤅𐤏𐤁𐤄 𐤉𐤁𐤇𐤓 𐤁𐤊𐤌•

𐤊𐤄 𐤄𐤏𐤉𐤓𐤅𐤕𐤉 𐤌𐤑𐤐𐤅𐤍 𐤅𐤉𐤀𐤕 𐤌𐤌𐤆𐤓𐤇 𐤔𐤌𐤔 𐤉𐤒𐤓𐤀 𐤁𐤔𐤌𐤉 𐤅𐤉𐤁𐤀
𐤎𐤂𐤍𐤉𐤌 𐤊𐤌𐤅 𐤇𐤌𐤓 𐤅𐤊𐤌𐤅 𐤉𐤅𐤑𐤓 𐤉𐤓𐤌𐤎 𐤈𐤉𐤈•

𐤊𐤅 𐤌𐤉 𐤄𐤂𐤉𐤃 𐤌𐤓𐤀𐤔 𐤅𐤍𐤃𐤏𐤄 𐤅𐤌𐤋𐤐𐤍𐤉𐤌 𐤅𐤍𐤀𐤌𐤓 𐤑𐤃𐤉𐤒 𐤀𐤐 𐤀𐤉𐤍 𐤌𐤂𐤉𐤃
𐤀𐤐 𐤀𐤉𐤍 𐤌𐤔𐤌𐤉𐤏 𐤀𐤐 𐤀𐤉𐤍 𐤔𐤌𐤏 𐤀𐤌𐤓𐤉𐤊𐤌•

𐤊𐤆 𐤓𐤀𐤔𐤅𐤍 𐤋𐤑𐤉𐤅𐤍 𐤄𐤍𐤄 𐤄𐤍𐤌 𐤅𐤋𐤉𐤓𐤅𐤔𐤋𐤌 𐤌𐤁𐤔𐤓 𐤀𐤕𐤍•

𐤊𐤇 𐤅𐤀𐤓𐤀 𐤅𐤀𐤉𐤍 𐤀𐤉𐤔 𐤅𐤌𐤀𐤋𐤄 𐤅𐤀𐤉𐤍 𐤉𐤅𐤏𐤑 𐤅𐤀𐤔𐤀𐤋𐤌 𐤅𐤉𐤔𐤉𐤁𐤅 𐤃𐤁𐤓•

𐤊𐤈 𐤄𐤍 𐤊𐤋𐤌 𐤀𐤅𐤍 𐤀𐤐𐤎 𐤌𐤏𐤔𐤉𐤄𐤌 𐤓𐤅𐤇 𐤅𐤕𐤄𐤅 𐤍𐤎𐤊𐤉𐤄𐤌•

𐤐𐤓𐤒 𐤌𐤁

𐤀 𐤄𐤍 𐤏𐤁𐤃𐤉 𐤀𐤕𐤌𐤊 𐤁𐤅 𐤁𐤇𐤉𐤓𐤉 𐤓𐤑𐤕𐤄 𐤍𐤐𐤔𐤉 𐤍𐤕𐤕𐤉 𐤓𐤅𐤇𐤉 𐤏𐤋𐤉𐤅 𐤌𐤔𐤐𐤈

𐤉𐤔𐤏𐤉𐤄

𐤋𐤂𐤅𐤉𐤌 𐤉𐤅𐤑𐤉𐤀•
𐤁 𐤋𐤀 𐤉𐤑𐤏𐤒 𐤅𐤋𐤀 𐤉𐤔𐤀 𐤅𐤋𐤀 𐤉𐤔𐤌𐤉𐤏 𐤁𐤇𐤅𐤑 𐤒𐤅𐤋𐤅•
𐤂 𐤒𐤍𐤄 𐤓𐤑𐤅𐤑 𐤋𐤀 𐤉𐤔𐤁𐤅𐤓 𐤅𐤐𐤔𐤕𐤄 𐤊𐤄𐤄 𐤋𐤀 𐤉𐤊𐤁𐤍𐤄 𐤋𐤀𐤌𐤕 𐤉𐤅𐤑𐤉𐤀
𐤌𐤔𐤐𐤈•
𐤃 𐤋𐤀 𐤉𐤊𐤄𐤄 𐤅𐤋𐤀 𐤉𐤓𐤅𐤑 𐤏𐤃 𐤉𐤔𐤉𐤌 𐤁𐤀𐤓𐤑 𐤌𐤔𐤐𐤈 𐤅𐤋𐤕𐤅𐤓𐤕𐤅 𐤀𐤉𐤉𐤌
𐤉𐤉𐤇𐤉𐤋𐤅•
𐤄 𐤊𐤄 𐤀𐤌𐤓 𐤄𐤀𐤋 𐤉𐤄𐤅𐤄 𐤁𐤅𐤓𐤀 𐤄𐤔𐤌𐤉𐤌 𐤅𐤍𐤅𐤈𐤉𐤄𐤌 𐤓𐤒𐤏 𐤄𐤀𐤓𐤑
𐤅𐤑𐤀𐤑𐤀𐤉𐤄 𐤍𐤕𐤍 𐤍𐤔𐤌𐤄 𐤋𐤏𐤌 𐤏𐤋𐤉𐤄 𐤅𐤓𐤅𐤇 𐤋𐤄𐤋𐤊𐤉𐤌 𐤁𐤄•
𐤅 𐤀𐤍𐤉 𐤉𐤄𐤅𐤄 𐤒𐤓𐤀𐤕𐤉𐤊 𐤁𐤑𐤃𐤒 𐤅𐤀𐤇𐤆𐤒 𐤁𐤉𐤃𐤊 𐤅𐤀𐤑𐤓𐤊 𐤅𐤀𐤕𐤍𐤊 𐤋𐤁𐤓𐤉𐤕
𐤏𐤌 𐤋𐤀𐤅𐤓 𐤂𐤅𐤉𐤌•
𐤆 𐤋𐤐𐤒𐤇 𐤏𐤉𐤍𐤉𐤌 𐤏𐤅𐤓𐤅𐤕 𐤋𐤄𐤅𐤑𐤉𐤀 𐤌𐤌𐤎𐤂𐤓 𐤀𐤎𐤉𐤓 𐤌𐤁𐤉𐤕 𐤊𐤋𐤀 𐤉𐤔𐤁𐤉
𐤇𐤔𐤊•
𐤇 𐤀𐤍𐤉 𐤉𐤄𐤅𐤄 𐤄𐤅𐤀 𐤔𐤌𐤉 𐤅𐤊𐤁𐤅𐤃𐤉 𐤋𐤀𐤇𐤓 𐤋𐤀 𐤀𐤕𐤍 𐤅𐤕𐤄𐤋𐤕𐤉
𐤋𐤐𐤎𐤉𐤋𐤉𐤌•
𐤈 𐤄𐤓𐤀𐤔𐤍𐤅𐤕 𐤄𐤍𐤄 𐤁𐤀𐤅 𐤅𐤇𐤃𐤔𐤅𐤕 𐤀𐤍𐤉 𐤌𐤂𐤉𐤃 𐤁𐤈𐤓𐤌 𐤕𐤑𐤌𐤇𐤍𐤄 𐤀𐤔𐤌𐤉𐤏
𐤀𐤕𐤊𐤌•
𐤉 𐤔𐤉𐤓𐤅 𐤋𐤉𐤄𐤅𐤄 𐤔𐤉𐤓 𐤇𐤃𐤔 𐤕𐤄𐤋𐤕𐤅 𐤌𐤒𐤑𐤄 𐤄𐤀𐤓𐤑 𐤉𐤅𐤓𐤃𐤉 𐤄𐤉𐤌
𐤅𐤌𐤋𐤀𐤅 𐤀𐤉𐤉𐤌 𐤅𐤉𐤔𐤁𐤉𐤄𐤌•
𐤉𐤀 𐤉𐤔𐤀𐤅 𐤌𐤃𐤁𐤓 𐤅𐤏𐤓𐤉𐤅 𐤇𐤑𐤓𐤉𐤌 𐤕𐤔𐤁 𐤒𐤃𐤓 𐤉𐤓𐤍𐤅 𐤉𐤔𐤁𐤉 𐤎𐤋𐤏 𐤌𐤓𐤀𐤔
𐤄𐤓𐤉𐤌 𐤉𐤑𐤅𐤇𐤅•
𐤉𐤁 𐤉𐤔𐤉𐤌𐤅 𐤋𐤉𐤄𐤅𐤄 𐤊𐤁𐤅𐤃 𐤅𐤕𐤄𐤋𐤕𐤅 𐤁𐤀𐤉𐤉𐤌 𐤉𐤂𐤉𐤃𐤅•
𐤉𐤂 𐤉𐤄𐤅𐤄 𐤊𐤂𐤁𐤅𐤓 𐤉𐤑𐤀 𐤊𐤀𐤉𐤔 𐤌𐤋𐤇𐤌𐤅𐤕 𐤉𐤏𐤉𐤓 𐤒𐤍𐤀𐤄 𐤉𐤓𐤉𐤏 𐤀𐤐
𐤉𐤑𐤓𐤉𐤇 𐤏𐤋 𐤀𐤉𐤁𐤉𐤅 𐤉𐤕𐤂𐤁𐤓•
𐤉𐤃 𐤄𐤇𐤔𐤉𐤕𐤉 𐤌𐤏𐤅𐤋𐤌 𐤀𐤇𐤓𐤉𐤔 𐤀𐤕𐤀𐤐𐤒 𐤊𐤉𐤅𐤋𐤃𐤄 𐤀𐤐𐤏𐤄 𐤀𐤔𐤌 𐤅𐤀𐤔𐤀𐤐
𐤉𐤇𐤃•
𐤈𐤅 𐤀𐤇𐤓𐤉𐤁 𐤄𐤓𐤉𐤌 𐤅𐤂𐤁𐤏𐤅𐤕 𐤅𐤊𐤋 𐤏𐤔𐤁𐤌 𐤀𐤅𐤁𐤉𐤔 𐤅𐤔𐤌𐤕𐤉 𐤍𐤄𐤓𐤅𐤕
𐤋𐤀𐤉𐤉𐤌 𐤅𐤀𐤂𐤌𐤉𐤌 𐤀𐤅𐤁𐤉𐤔•
𐤈𐤆 𐤅𐤄𐤅𐤋𐤊𐤕𐤉 𐤏𐤅𐤓𐤉𐤌 𐤁𐤃𐤓𐤊 𐤋𐤀 𐤉𐤃𐤏𐤅 𐤁𐤍𐤕𐤉𐤁𐤅𐤕 𐤋𐤀 𐤉𐤃𐤏𐤅 𐤀𐤃𐤓𐤉𐤊𐤌
𐤀𐤔𐤉𐤌 𐤌𐤇𐤔𐤊 𐤋𐤐𐤍𐤉𐤄𐤌 𐤋𐤀𐤅𐤓 𐤅𐤌𐤏𐤒𐤔𐤉𐤌 𐤋𐤌𐤉𐤔𐤅𐤓 𐤀𐤋𐤄 𐤄𐤃𐤁𐤓𐤉𐤌
𐤏𐤔𐤉𐤕𐤌 𐤅𐤋𐤀 𐤏𐤆𐤁𐤕𐤉𐤌•
𐤉𐤆 𐤍𐤎𐤂𐤅 𐤀𐤇𐤅𐤓 𐤉𐤁𐤔𐤅 𐤁𐤔𐤕 𐤄𐤁𐤈𐤇𐤉𐤌 𐤁𐤐𐤎𐤋 𐤄𐤀𐤌𐤓𐤉𐤌 𐤋𐤌𐤎𐤊𐤄 𐤀𐤕𐤌
𐤀𐤋𐤄𐤉𐤍𐤅•
𐤉𐤇 𐤄𐤇𐤓𐤔𐤉𐤌 𐤔𐤌𐤏𐤅 𐤅𐤄𐤏𐤅𐤓𐤉𐤌 𐤄𐤁𐤉𐤈𐤅 𐤋𐤓𐤀𐤅𐤕•

𐤉𐤔𐤏𐤉𐤄

𐤉𐤈 𐤌𐤉 𐤏𐤅𐤓 𐤊𐤉 𐤀𐤌 𐤏𐤁𐤃𐤉 𐤅𐤇𐤓𐤔 𐤊𐤌𐤋𐤀𐤊𐤉 𐤀𐤔𐤋𐤇 𐤌𐤉 𐤏𐤅𐤓 𐤊𐤌𐤔𐤋𐤌
𐤅𐤏𐤅𐤓 𐤊𐤏𐤁𐤃 𐤉𐤄𐤅𐤄•
𐤊 𐤓𐤀𐤉𐤕 [𐤓𐤀𐤅𐤕] 𐤓𐤁𐤅𐤕 𐤅𐤋𐤀 𐤕𐤔𐤌𐤓 𐤐𐤒𐤅𐤇 𐤀𐤆𐤍𐤉𐤌 𐤅𐤋𐤀 𐤉𐤔𐤌𐤏•
𐤊𐤀 𐤉𐤄𐤅𐤄 𐤇𐤐𐤑 𐤋𐤌𐤏𐤍 𐤑𐤃𐤒𐤅 𐤉𐤂𐤃𐤉𐤋 𐤕𐤅𐤓𐤄 𐤅𐤉𐤀𐤃𐤉𐤓•
𐤊𐤁 𐤅𐤄𐤅𐤀 𐤏𐤌 𐤁𐤆𐤅𐤆 𐤅𐤔𐤎𐤅𐤉 𐤄𐤐𐤇 𐤁𐤇𐤅𐤓𐤉𐤌 𐤊𐤋𐤌 𐤅𐤁𐤁𐤕𐤉 𐤊𐤋𐤀𐤉𐤌
𐤄𐤇𐤁𐤀𐤅 𐤄𐤉𐤅 𐤋𐤁𐤆 𐤅𐤀𐤉𐤍 𐤌𐤑𐤉𐤋 𐤌𐤔𐤎𐤄 𐤅𐤀𐤉𐤍 𐤀𐤌𐤓 𐤄𐤔𐤁•
𐤊𐤂 𐤌𐤉 𐤁𐤊𐤌 𐤉𐤀𐤆𐤉𐤍 𐤆𐤀𐤕 𐤉𐤒𐤔𐤁 𐤅𐤉𐤔𐤌𐤏 𐤋𐤀𐤇𐤅𐤓•
𐤊𐤃 𐤌𐤉 𐤍𐤕𐤍 𐤋𐤌𐤔𐤅𐤎𐤄 [𐤋𐤌𐤔𐤎𐤄] 𐤉𐤏𐤒𐤁 𐤅𐤉𐤔𐤓𐤀𐤋 𐤋𐤁𐤆𐤆𐤉𐤌 𐤄𐤋𐤅𐤀
𐤉𐤄𐤅𐤄 𐤆𐤅 𐤇𐤈𐤀𐤍𐤅 𐤋𐤅 𐤅𐤋𐤀 𐤀𐤁𐤅 𐤁𐤃𐤓𐤊𐤉𐤅 𐤄𐤋𐤅𐤊 𐤅𐤋𐤀 𐤔𐤌𐤏𐤅 𐤁𐤕𐤅𐤓𐤕𐤅•
𐤊𐤄 𐤅𐤉𐤔𐤐𐤊 𐤏𐤋𐤉𐤅 𐤇𐤌𐤄 𐤀𐤐𐤅 𐤅𐤏𐤆𐤅𐤆 𐤌𐤋𐤇𐤌𐤄 𐤅𐤕𐤋𐤄𐤈𐤄𐤅 𐤌𐤎𐤁𐤉𐤁 𐤅𐤋𐤀
𐤉𐤃𐤏 𐤅𐤕𐤁𐤏𐤓 𐤁𐤅 𐤅𐤋𐤀 𐤉𐤔𐤉𐤌 𐤏𐤋 𐤋𐤁•

𐤐𐤓𐤒 𐤌𐤂

𐤀 𐤅𐤏𐤕𐤄 𐤊𐤄 𐤀𐤌𐤓 𐤉𐤄𐤅𐤄 𐤁𐤓𐤀𐤊 𐤉𐤏𐤒𐤁 𐤅𐤉𐤑𐤓𐤊 𐤉𐤔𐤓𐤀𐤋 𐤀𐤋 𐤕𐤉𐤓𐤀 𐤊𐤉
𐤂𐤀𐤋𐤕𐤉𐤊 𐤒𐤓𐤀𐤕𐤉 𐤁𐤔𐤌𐤊 𐤋𐤉 𐤀𐤕𐤄•
𐤁 𐤊𐤉 𐤕𐤏𐤁𐤓 𐤁𐤌𐤉𐤌 𐤀𐤕𐤊 𐤀𐤍𐤉 𐤅𐤁𐤍𐤄𐤓𐤅𐤕 𐤋𐤀 𐤉𐤔𐤈𐤐𐤅𐤊 𐤊𐤉 𐤕𐤋𐤊 𐤁𐤌𐤅
𐤀𐤔 𐤋𐤀 𐤕𐤊𐤅𐤄 𐤅𐤋𐤄𐤁𐤄 𐤋𐤀 𐤕𐤁𐤏𐤓 𐤁𐤊•
𐤂 𐤊𐤉 𐤀𐤍𐤉 𐤉𐤄𐤅𐤄 𐤀𐤋𐤄𐤉𐤊 𐤒𐤃𐤅𐤔 𐤉𐤔𐤓𐤀𐤋 𐤌𐤅𐤔𐤉𐤏𐤊 𐤍𐤕𐤕𐤉 𐤊𐤐𐤓𐤊
𐤌𐤑𐤓𐤉𐤌 𐤊𐤅𐤔 𐤅𐤎𐤁𐤀 𐤕𐤇𐤕𐤉𐤊•
𐤃 𐤌𐤀𐤔𐤓 𐤉𐤒𐤓𐤕 𐤁𐤏𐤉𐤍𐤉 𐤍𐤊𐤁𐤃𐤕 𐤅𐤀𐤍𐤉 𐤀𐤄𐤁𐤕𐤉𐤊 𐤅𐤀𐤕𐤍 𐤀𐤃𐤌 𐤕𐤇𐤕𐤉𐤊
𐤅𐤋𐤀𐤌𐤉𐤌 𐤕𐤇𐤕 𐤍𐤐𐤔𐤊•
𐤄 𐤀𐤋 𐤕𐤉𐤓𐤀 𐤊𐤉 𐤀𐤕𐤊 𐤀𐤍𐤉 𐤌𐤌𐤆𐤓𐤇 𐤀𐤁𐤉𐤀 𐤆𐤓𐤏𐤊 𐤅𐤌𐤌𐤏𐤓𐤁 𐤀𐤒𐤁𐤑𐤊•
𐤅 𐤀𐤌𐤓 𐤋𐤑𐤐𐤅𐤍 𐤕𐤍𐤉 𐤅𐤋𐤕𐤉𐤌𐤍 𐤀𐤋 𐤕𐤊𐤋𐤀𐤉 𐤄𐤁𐤉𐤀𐤉 𐤁𐤍𐤉 𐤌𐤓𐤇𐤅𐤒
𐤅𐤁𐤍𐤅𐤕𐤉 𐤌𐤒𐤑𐤄 𐤄𐤀𐤓𐤑•
𐤆 𐤊𐤋 𐤄𐤍𐤒𐤓𐤀 𐤁𐤔𐤌𐤉 𐤅𐤋𐤊𐤁𐤅𐤃𐤉 𐤁𐤓𐤀𐤕𐤉𐤅 𐤉𐤑𐤓𐤕𐤉𐤅 𐤀𐤐 𐤏𐤔𐤉𐤕𐤉𐤅•
𐤇 𐤄𐤅𐤑𐤉𐤀 𐤏𐤌 𐤏𐤅𐤓 𐤅𐤏𐤉𐤍𐤉𐤌 𐤉𐤔 𐤅𐤇𐤓𐤔𐤉𐤌 𐤅𐤀𐤆𐤍𐤉𐤌 𐤋𐤌𐤅•
𐤈 𐤊𐤋 𐤄𐤂𐤅𐤉𐤌 𐤍𐤒𐤁𐤑𐤅 𐤉𐤇𐤃𐤅 𐤅𐤉𐤀𐤎𐤐𐤅 𐤋𐤀𐤌𐤉𐤌 𐤌𐤉 𐤁𐤄𐤌 𐤉𐤂𐤉𐤃 𐤆𐤀𐤕
𐤅𐤓𐤀𐤔𐤍𐤅𐤕 𐤉𐤔𐤌𐤉𐤏𐤍𐤅 𐤉𐤕𐤍𐤅 𐤏𐤃𐤉𐤄𐤌 𐤅𐤉𐤑𐤃𐤒𐤅 𐤅𐤉𐤔𐤌𐤏𐤅 𐤅𐤉𐤀𐤌𐤓𐤅
𐤀𐤌𐤕•
𐤉 𐤀𐤕𐤌 𐤏𐤃𐤉 𐤍𐤀𐤌 𐤉𐤄𐤅𐤄 𐤅𐤏𐤁𐤃𐤉 𐤀𐤔𐤓 𐤁𐤇𐤓𐤕𐤉 𐤋𐤌𐤏𐤍 𐤕𐤃𐤏𐤅 𐤅𐤕𐤀𐤌𐤉𐤍𐤅
𐤋𐤉 𐤅𐤕𐤁𐤉𐤍𐤅 𐤊𐤉 𐤀𐤍𐤉 𐤄𐤅𐤀 𐤋𐤐𐤍𐤉 𐤋𐤀 𐤍𐤅𐤑𐤓 𐤀𐤋 𐤅𐤀𐤇𐤓𐤉 𐤋𐤀 𐤉𐤄𐤉𐤄•
𐤉𐤀 𐤀𐤍𐤊𐤉 𐤀𐤍𐤊𐤉 𐤉𐤄𐤅𐤄 𐤅𐤀𐤉𐤍 𐤌𐤁𐤋𐤏𐤃𐤉 𐤌𐤅𐤔𐤉𐤏•
𐤉𐤁 𐤀𐤍𐤊𐤉 𐤄𐤂𐤃𐤕𐤉 𐤅𐤄𐤅𐤔𐤏𐤕𐤉 𐤅𐤄𐤔𐤌𐤏𐤕𐤉 𐤅𐤀𐤉𐤍 𐤁𐤊𐤌 𐤆𐤓 𐤅𐤀𐤕𐤌 𐤏𐤃𐤉

𐤍𐤀𐤌 𐤉𐤄𐤅𐤄 𐤅𐤀𐤍𐤉 𐤀𐤋•
𐤉𐤂 𐤂𐤌 𐤌𐤉𐤅𐤌 𐤀𐤍𐤉 𐤄𐤅𐤀 𐤅𐤀𐤉𐤍 𐤌𐤉𐤃𐤉 𐤌𐤑𐤉𐤋 𐤀𐤐𐤏𐤋 𐤅𐤌𐤉 𐤉𐤔𐤉𐤁𐤍𐤄•
𐤉𐤃 𐤊𐤄 𐤀𐤌𐤓 𐤉𐤄𐤅𐤄 𐤂𐤀𐤋𐤊𐤌 𐤒𐤃𐤅𐤔 𐤉𐤔𐤓𐤀𐤋 𐤋𐤌𐤏𐤍𐤊𐤌 𐤔𐤋𐤇𐤕𐤉 𐤁𐤁𐤋𐤄
𐤅𐤄𐤅𐤓𐤃𐤕𐤉 𐤁𐤓𐤉𐤇𐤉𐤌 𐤊𐤋𐤌 𐤅𐤊𐤔𐤃𐤉𐤌 𐤁𐤀𐤍𐤉𐤅𐤕 𐤓𐤍𐤕𐤌•
𐤈𐤅 𐤀𐤍𐤉 𐤉𐤄𐤅𐤄 𐤒𐤃𐤅𐤔𐤊𐤌 𐤁𐤅𐤓𐤀 𐤉𐤔𐤓𐤀𐤋 𐤌𐤋𐤊𐤊𐤌•
𐤈𐤆 𐤊𐤄 𐤀𐤌𐤓 𐤉𐤄𐤅𐤄 𐤄𐤍𐤅𐤕𐤍 𐤁𐤉𐤌 𐤃𐤓𐤊 𐤅𐤁𐤌𐤉𐤌 𐤏𐤆𐤉𐤌 𐤍𐤕𐤉𐤁𐤄•
𐤉𐤆 𐤄𐤌𐤅𐤑𐤉𐤀 𐤓𐤊𐤁 𐤅𐤎𐤅𐤎 𐤇𐤉𐤋 𐤅𐤏𐤆𐤅𐤆 𐤉𐤇𐤃𐤅 𐤉𐤔𐤊𐤁𐤅 𐤁𐤋 𐤉𐤒𐤅𐤌𐤅 𐤃𐤏𐤊𐤅
𐤊𐤐𐤔𐤕𐤄 𐤊𐤁𐤅•
𐤉𐤇 𐤀𐤋 𐤕𐤆𐤊𐤓𐤅 𐤓𐤀𐤔𐤍𐤅𐤕 𐤅𐤒𐤃𐤌𐤍𐤉𐤅𐤕 𐤀𐤋 𐤕𐤕𐤁𐤍𐤍𐤅•
𐤉𐤈 𐤄𐤍𐤍𐤉 𐤏𐤔𐤄 𐤇𐤃𐤔𐤄 𐤏𐤕𐤄 𐤕𐤑𐤌𐤇 𐤄𐤋𐤅𐤀 𐤕𐤃𐤏𐤅𐤄 𐤀𐤐 𐤀𐤔𐤉𐤌 𐤁𐤌𐤃𐤁𐤓
𐤃𐤓𐤊 𐤁𐤉𐤔𐤉𐤌𐤅𐤍 𐤍𐤄𐤓𐤅𐤕•
𐤊 𐤕𐤊𐤁𐤃𐤍𐤉 𐤇𐤉𐤕 𐤄𐤔𐤃𐤄 𐤕𐤍𐤉𐤌 𐤅𐤁𐤍𐤅𐤕 𐤉𐤏𐤍𐤄 𐤊𐤉 𐤍𐤕𐤕𐤉 𐤁𐤌𐤃𐤁𐤓 𐤌𐤉𐤌
𐤍𐤄𐤓𐤅𐤕 𐤁𐤉𐤔𐤉𐤌𐤅𐤍 𐤋𐤄𐤔𐤒𐤅𐤕 𐤏𐤌𐤉 𐤁𐤇𐤉𐤓𐤉•
𐤊𐤀 𐤏𐤌 𐤆𐤅 𐤉𐤑𐤓𐤕𐤉 𐤋𐤉 𐤕𐤄𐤋𐤕𐤉 𐤉𐤎𐤐𐤓𐤅•
𐤊𐤁 𐤅𐤋𐤀 𐤀𐤕𐤉 𐤒𐤓𐤀𐤕 𐤉𐤏𐤒𐤁 𐤊𐤉 𐤉𐤂𐤏𐤕 𐤁𐤉 𐤉𐤔𐤓𐤀𐤋•
𐤊𐤂 𐤋𐤀 𐤄𐤁𐤀𐤕 𐤋𐤉 𐤔𐤄 𐤏𐤋𐤅𐤕𐤉𐤊 𐤅𐤁𐤆𐤁𐤇𐤉𐤊 𐤋𐤀 𐤊𐤁𐤃𐤕𐤍𐤉 𐤋𐤀 𐤄𐤏𐤁𐤃𐤕𐤉𐤊
𐤁𐤌𐤍𐤇𐤄 𐤅𐤋𐤀 𐤄𐤅𐤂𐤏𐤕𐤉𐤊 𐤁𐤋𐤁𐤅𐤍𐤄•
𐤊𐤃 𐤋𐤀 𐤒𐤍𐤉𐤕 𐤋𐤉 𐤁𐤊𐤎𐤐 𐤒𐤍𐤄 𐤅𐤇𐤋𐤁𐤉 𐤆𐤁𐤇𐤉𐤊 𐤋𐤀 𐤄𐤓𐤅𐤉𐤕𐤍𐤉 𐤀𐤊
𐤄𐤏𐤁𐤃𐤕𐤍𐤉 𐤁𐤇𐤈𐤀𐤅𐤕𐤉𐤊 𐤄𐤅𐤂𐤏𐤕𐤍𐤉 𐤁𐤏𐤅𐤍𐤅𐤕𐤉𐤊•
𐤊𐤄 𐤀𐤍𐤊𐤉 𐤀𐤍𐤊𐤉 𐤄𐤅𐤀 𐤌𐤇𐤄 𐤐𐤔𐤏𐤉𐤊 𐤋𐤌𐤏𐤍𐤉 𐤅𐤇𐤈𐤀𐤅𐤕𐤉𐤊 𐤋𐤀 𐤀𐤆𐤊𐤓•
𐤊𐤅 𐤄𐤆𐤊𐤉𐤓𐤍𐤉 𐤍𐤔𐤐𐤈𐤄 𐤉𐤇𐤃 𐤎𐤐𐤓 𐤀𐤕𐤄 𐤋𐤌𐤏𐤍 𐤕𐤑𐤃𐤒•
𐤊𐤆 𐤀𐤁𐤉𐤊 𐤄𐤓𐤀𐤔𐤅𐤍 𐤇𐤈𐤀 𐤅𐤌𐤋𐤉𐤑𐤉𐤊 𐤐𐤔𐤏𐤅 𐤁𐤉•
𐤊𐤇 𐤅𐤀𐤇𐤋𐤋 𐤔𐤓𐤉 𐤒𐤃𐤔 𐤅𐤀𐤕𐤍𐤄 𐤋𐤇𐤓𐤌 𐤉𐤏𐤒𐤁 𐤅𐤉𐤔𐤓𐤀𐤋 𐤋𐤂𐤃𐤅𐤐𐤉𐤌•

𐤐𐤓𐤒 𐤌𐤃

𐤀 𐤅𐤏𐤕𐤄 𐤔𐤌𐤏 𐤉𐤏𐤒𐤁 𐤏𐤁𐤃𐤉 𐤅𐤉𐤔𐤓𐤀𐤋 𐤁𐤇𐤓𐤕𐤉 𐤁𐤅•
𐤁 𐤊𐤄 𐤀𐤌𐤓 𐤉𐤄𐤅𐤄 𐤏𐤔𐤊 𐤅𐤉𐤑𐤓𐤊 𐤌𐤁𐤈𐤍 𐤉𐤏𐤆𐤓𐤊 𐤀𐤋 𐤕𐤉𐤓𐤀 𐤏𐤁𐤃𐤉 𐤉𐤏𐤒𐤁
𐤅𐤉𐤔𐤓𐤅𐤍 𐤁𐤇𐤓𐤕𐤉 𐤁𐤅•
𐤂 𐤊𐤉 𐤀𐤑𐤒 𐤌𐤉𐤌 𐤏𐤋 𐤑𐤌𐤀 𐤅𐤍𐤆𐤋𐤉𐤌 𐤏𐤋 𐤉𐤁𐤔𐤄 𐤀𐤑𐤒 𐤓𐤅𐤇𐤉 𐤏𐤋 𐤆𐤓𐤏𐤊
𐤅𐤁𐤓𐤊𐤕𐤉 𐤏𐤋 𐤑𐤀𐤑𐤀𐤉𐤊•
𐤃 𐤅𐤑𐤌𐤇𐤅 𐤁𐤁𐤉𐤍 𐤇𐤑𐤉𐤓 𐤊𐤏𐤓𐤁𐤉𐤌 𐤏𐤋 𐤉𐤁𐤋𐤉 𐤌𐤉𐤌•
𐤄 𐤆𐤄 𐤉𐤀𐤌𐤓 𐤋𐤉𐤄𐤅𐤄 𐤀𐤍𐤉 𐤅𐤆𐤄 𐤉𐤒𐤓𐤀 𐤁𐤔𐤌 𐤉𐤏𐤒𐤁 𐤅𐤆𐤄 𐤉𐤊𐤕𐤁 𐤉𐤃𐤅
𐤋𐤉𐤄𐤅𐤄 𐤅𐤁𐤔𐤌 𐤉𐤔𐤓𐤀𐤋 𐤉𐤊𐤍𐤄•

ו כה אמר יהוה מלך ישראל וגאלו יהוה צבאות אני ראשון
ואני אחרון ומבלעדי אין אלהים.
ז ומי כמוני יקרא ויגידה ויערכה לי משומי עם עולם
ואתיות ואשר תבאנה יגידו למו.
ח אל תפחדו ואל תרהו הלא מאז השמעתיך והגדתי ואתם עדי
היש אלוה מבלעדי ואין צור בל ידעתי.
ט יצרי פסל כלם תהו וחמודיהם בל יועילו ועדיהם המה בל
יראו ובל ידעו למען יבשו.
י מי יצר אל ופסל נסך לבלתי הועיל.
יא הן כל חבריו יבשו וחרשים המה מאדם יתקבצו כלם יעמדו
יפחדו יבשו יחד.
יב חרש ברזל מעצד ופעל בפחם ובמקבות יצרהו ויפעלהו בזרוע
כחו גם רעב ואין כח לא שתה מים וייעף.
יג חרש עצים נטה קו יתארהו בשרד יעשהו במקצעות ובמחוגה
יתארהו ויעשהו כתבנית איש כתפארת אדם לשבת בית.
יד לכרת לו ארזים ויקח תרזה ואלון ויאמץ לו בעצי יער נטע
ארן וגשם יגדל.
טו והיה לאדם לבער ויקח מהם ויחם אף ישיק ואפה לחם אף
יפעל אל וישתחו עשהו פסל ויסגד למו.
טז חציו שרף במו אש על חציו בשר יאכל יצלה צלי וישבע אף
יחם ויאמר האח חמותי ראיתי אור.
יז ושאריתו לאל עשה לפסלו יסגוד [יסגד] לו וישתחו
ויתפלל אליו ויאמר הצילני כי אלי אתה.
יח לא ידעו ולא יבינו כי טח מראות עיניהם מהשכיל לבתם.
יט ולא ישיב אל לבו ולא דעת ולא תבונה לאמר חציו שרפתי
במו אש ואף אפיתי על גחליו לחם אצלה בשר ואכל ויתרו
לתועבה אעשה לבול עץ אסגוד.
כ רעה אפר לב הותל הטהו ולא יציל את נפשו ולא יאמר הלוא
שקר בימיני.
כא זכר אלה יעקב וישראל כי עבדי אתה יצרתיך עבד לי אתה
ישראל לא תנשני.
כב מחיתי כעב פשעיך וכענן חטאותיך שובה אלי כי גאלתיך.
כג רנו שמים כי עשה יהוה הריעו תחתיות ארץ פצחו הרים

𐤉𐤔𐤏𐤉𐤄

𐤓𐤍𐤄 𐤉𐤏𐤓 𐤅𐤊𐤋 𐤏𐤑 𐤁𐤅 𐤊𐤉 𐤂𐤀𐤋 𐤉𐤄𐤅𐤄 𐤉𐤏𐤒𐤁 𐤅𐤁𐤉𐤔𐤓𐤀𐤋 𐤉𐤕𐤐𐤀𐤓•
𐤊𐤃 𐤊𐤄 𐤀𐤌𐤓 𐤉𐤄𐤅𐤄 𐤂𐤀𐤋𐤊 𐤅𐤉𐤑𐤓𐤊 𐤌𐤁𐤈𐤍 𐤀𐤍𐤊𐤉 𐤉𐤄𐤅𐤄 𐤏𐤔𐤄 𐤊𐤋 𐤍𐤈𐤄
𐤔𐤌𐤉𐤌 𐤋𐤁𐤃𐤉 𐤓𐤒𐤏 𐤄𐤀𐤓𐤑 𐤌𐤉 𐤀𐤕𐤉 [𐤌𐤀𐤕𐤉]•
𐤊𐤄 𐤌𐤐𐤓 𐤀𐤕𐤅𐤕 𐤁𐤃𐤉𐤌 𐤅𐤒𐤎𐤌𐤉𐤌 𐤉𐤄𐤅𐤋𐤋 𐤌𐤔𐤉𐤁 𐤇𐤊𐤌𐤉𐤌 𐤀𐤇𐤅𐤓 𐤅𐤃𐤏𐤕𐤌
𐤉𐤎𐤊𐤋•
𐤊𐤅 𐤌𐤒𐤉𐤌 𐤃𐤁𐤓 𐤏𐤁𐤃𐤅 𐤅𐤏𐤑𐤕 𐤌𐤋𐤀𐤊𐤉𐤅 𐤉𐤔𐤋𐤉𐤌 𐤄𐤀𐤌𐤓 𐤋𐤉𐤓𐤅𐤔𐤋𐤌 𐤕𐤅𐤔𐤁
𐤅𐤋𐤏𐤓𐤉 𐤉𐤄𐤅𐤃𐤄 𐤕𐤁𐤍𐤉𐤍𐤄 𐤅𐤇𐤓𐤁𐤅𐤕𐤉𐤄 𐤀𐤒𐤅𐤌𐤌•
𐤊𐤆 𐤄𐤀𐤌𐤓 𐤋𐤑𐤅𐤋𐤄 𐤇𐤓𐤁𐤉 𐤅𐤍𐤄𐤓𐤕𐤉𐤊 𐤀𐤅𐤁𐤉𐤔•
𐤊𐤇 𐤄𐤀𐤌𐤓 𐤋𐤊𐤅𐤓𐤔 𐤓𐤏𐤉 𐤅𐤊𐤋 𐤇𐤐𐤑𐤉 𐤉𐤔𐤋𐤌 𐤅𐤋𐤀𐤌𐤓 𐤋𐤉𐤓𐤅𐤔𐤋𐤌 𐤕𐤁𐤍𐤄
𐤅𐤄𐤉𐤊𐤋 𐤕𐤅𐤎𐤃•

𐤐𐤓𐤒 𐤌𐤄

𐤀 𐤊𐤄 𐤀𐤌𐤓 𐤉𐤄𐤅𐤄 𐤋𐤌𐤔𐤉𐤇𐤅 𐤋𐤊𐤅𐤓𐤔 𐤀𐤔𐤓 𐤄𐤇𐤆𐤒𐤕𐤉 𐤁𐤉𐤌𐤉𐤍𐤅 𐤋𐤓𐤃
𐤋𐤐𐤍𐤉𐤅 𐤂𐤅𐤉𐤌 𐤅𐤌𐤕𐤍𐤉 𐤌𐤋𐤊𐤉𐤌 𐤀𐤐𐤕𐤇 𐤋𐤐𐤕𐤇 𐤋𐤐𐤍𐤉𐤅 𐤃𐤋𐤕𐤉𐤌 𐤅𐤔𐤏𐤓𐤉𐤌
𐤋𐤀 𐤉𐤎𐤂𐤓𐤅•
𐤁 𐤀𐤍𐤉 𐤋𐤐𐤍𐤉𐤊 𐤀𐤋𐤊 𐤅𐤄𐤃𐤅𐤓𐤉𐤌 𐤀𐤅𐤔𐤓 [𐤀𐤉𐤔𐤓] 𐤃𐤋𐤕𐤅𐤕 𐤍𐤇𐤅𐤔𐤄 𐤀𐤔𐤁𐤓
𐤅𐤁𐤓𐤉𐤇𐤉 𐤁𐤓𐤆𐤋 𐤀𐤂𐤃𐤏•
𐤂 𐤅𐤍𐤕𐤕𐤉 𐤋𐤊 𐤀𐤅𐤑𐤓𐤅𐤕 𐤇𐤔𐤊 𐤅𐤌𐤈𐤌𐤍𐤉 𐤌𐤎𐤕𐤓𐤉𐤌 𐤋𐤌𐤏𐤍 𐤕𐤃𐤏 𐤊𐤉 𐤀𐤍𐤉
𐤉𐤄𐤅𐤄 𐤄𐤒𐤅𐤓𐤀 𐤁𐤔𐤌𐤊 𐤀𐤋𐤄𐤉 𐤉𐤔𐤓𐤀𐤋•
𐤃 𐤋𐤌𐤏𐤍 𐤏𐤁𐤃𐤉 𐤉𐤏𐤒𐤁 𐤅𐤉𐤔𐤓𐤀𐤋 𐤁𐤇𐤉𐤓𐤉 𐤅𐤀𐤒𐤓𐤀 𐤋𐤊 𐤁𐤔𐤌𐤊 𐤀𐤊𐤍𐤊 𐤅𐤋𐤀
𐤉𐤃𐤏𐤕𐤍𐤉•
𐤄 𐤀𐤍𐤉 𐤉𐤄𐤅𐤄 𐤅𐤀𐤉𐤍 𐤏𐤅𐤃 𐤆𐤅𐤋𐤕𐤉 𐤀𐤉𐤍 𐤀𐤋𐤄𐤉𐤌 𐤀𐤀𐤆𐤓𐤊 𐤅𐤋𐤀
𐤉𐤃𐤏𐤕𐤍𐤉•
𐤅 𐤋𐤌𐤏𐤍 𐤉𐤃𐤏𐤅 𐤌𐤌𐤆𐤓𐤇 𐤔𐤌𐤔 𐤅𐤌𐤌𐤏𐤓𐤁𐤄 𐤊𐤉 𐤀𐤐𐤎 𐤁𐤋𐤏𐤃𐤉 𐤀𐤍𐤉 𐤉𐤄𐤅𐤄
𐤅𐤀𐤉𐤍 𐤏𐤅𐤃•
𐤆 𐤉𐤅𐤑𐤓 𐤀𐤅𐤓 𐤅𐤁𐤅𐤓𐤀 𐤇𐤔𐤊 𐤏𐤔𐤄 𐤔𐤋𐤅𐤌 𐤅𐤁𐤅𐤓𐤀 𐤓𐤏 𐤀𐤍𐤉 𐤉𐤄𐤅𐤄 𐤏𐤔𐤄 𐤊𐤋
𐤀𐤋𐤄•
𐤇 𐤄𐤓𐤏𐤉𐤐𐤅 𐤔𐤌𐤉𐤌 𐤌𐤌𐤏𐤋 𐤅𐤔𐤇𐤒𐤉𐤌 𐤉𐤆𐤋𐤅 𐤑𐤃𐤒 𐤕𐤐𐤕𐤇 𐤀𐤓𐤑 𐤅𐤉𐤐𐤓𐤅 𐤉𐤔𐤏
𐤅𐤑𐤃𐤒𐤄 𐤕𐤑𐤌𐤉𐤇 𐤉𐤇𐤃 𐤀𐤍𐤉 𐤉𐤄𐤅𐤄 𐤁𐤓𐤀𐤕𐤉𐤅•
𐤈 𐤄𐤅𐤉 𐤓𐤁 𐤀𐤕 𐤉𐤑𐤓𐤅 𐤇𐤓𐤔 𐤀𐤕 𐤇𐤓𐤔𐤉 𐤀𐤃𐤌𐤄 𐤄𐤉𐤀𐤌𐤓 𐤇𐤌𐤓 𐤋𐤉𐤑𐤓𐤅 𐤌𐤄
𐤕𐤏𐤔𐤄 𐤅𐤐𐤏𐤋𐤊 𐤀𐤉𐤍 𐤉𐤃𐤉𐤌 𐤋𐤅•
𐤉 𐤄𐤅𐤉 𐤀𐤌𐤓 𐤋𐤀𐤁 𐤌𐤄 𐤕𐤅𐤋𐤉𐤃 𐤅𐤋𐤀𐤔𐤄 𐤌𐤄 𐤕𐤇𐤉𐤋𐤉𐤍•
𐤉𐤀 𐤊𐤄 𐤀𐤌𐤓 𐤉𐤄𐤅𐤄 𐤒𐤃𐤅𐤔 𐤉𐤔𐤓𐤀𐤋 𐤅𐤉𐤑𐤓𐤅 𐤄𐤀𐤕𐤉𐤅𐤕 𐤔𐤀𐤋𐤅𐤍𐤉 𐤏𐤋

𐤁𐤍𐤉 𐤅𐤏𐤋 𐤐𐤏𐤋 𐤉𐤃𐤉 𐤕𐤑𐤅𐤍𐤉.
𐤉𐤁 𐤀𐤍𐤊𐤉 𐤏𐤔𐤉𐤕𐤉 𐤀𐤓𐤑 𐤅𐤀𐤃𐤌 𐤏𐤋𐤉𐤄 𐤁𐤓𐤀𐤕𐤉 𐤀𐤍𐤉 𐤉𐤃𐤉 𐤍𐤈𐤅 𐤔𐤌𐤉𐤌
𐤅𐤊𐤋 𐤑𐤁𐤀𐤌 𐤑𐤅𐤉𐤕𐤉.
𐤉𐤂 𐤀𐤍𐤊𐤉 𐤄𐤏𐤉𐤓𐤕𐤄𐤅 𐤁𐤑𐤃𐤒 𐤅𐤊𐤋 𐤃𐤓𐤊𐤉𐤅 𐤀𐤉𐤔𐤓 𐤄𐤅𐤀 𐤉𐤁𐤍𐤄 𐤏𐤉𐤓𐤉
𐤅𐤂𐤋𐤅𐤕𐤉 𐤉𐤔𐤋𐤇 𐤋𐤀 𐤁𐤌𐤇𐤉𐤓 𐤅𐤋𐤀 𐤁𐤔𐤇𐤃 𐤀𐤌𐤓 𐤉𐤄𐤅𐤄 𐤑𐤁𐤀𐤅𐤕.
𐤉𐤃 𐤊𐤄 𐤀𐤌𐤓 𐤉𐤄𐤅𐤄 𐤉𐤂𐤉𐤏 𐤌𐤑𐤓𐤉𐤌 𐤅𐤎𐤇𐤓 𐤊𐤅𐤔 𐤅𐤎𐤁𐤀𐤉𐤌 𐤀𐤍𐤔𐤉 𐤌𐤃𐤄
𐤏𐤋𐤉𐤊 𐤉𐤏𐤁𐤓𐤅 𐤅𐤋𐤊 𐤉𐤄𐤉𐤅 𐤀𐤇𐤓𐤉𐤊 𐤉𐤋𐤊𐤅 𐤁𐤆𐤒𐤉𐤌 𐤉𐤏𐤁𐤓𐤅 𐤅𐤀𐤋𐤉𐤊
𐤉𐤔𐤕𐤇𐤅𐤅 𐤀𐤋𐤉𐤊 𐤉𐤕𐤐𐤋𐤋𐤅 𐤀𐤊 𐤁𐤊 𐤀𐤋 𐤅𐤀𐤉𐤍 𐤏𐤅𐤃 𐤀𐤐𐤎 𐤀𐤋𐤄𐤉𐤌.
𐤈𐤅 𐤀𐤊𐤍 𐤀𐤕𐤄 𐤀𐤋 𐤌𐤎𐤕𐤕𐤓 𐤀𐤋𐤄𐤉 𐤉𐤔𐤓𐤀𐤋 𐤌𐤅𐤔𐤉𐤏.
𐤈𐤆 𐤁𐤅𐤔𐤅 𐤅𐤂𐤌 𐤍𐤊𐤋𐤌𐤅 𐤊𐤋𐤌 𐤉𐤇𐤃𐤅 𐤄𐤋𐤊𐤅 𐤁𐤊𐤋𐤌𐤄 𐤇𐤓𐤔𐤉 𐤑𐤉𐤓𐤉𐤌.
𐤉𐤆 𐤉𐤔𐤓𐤀𐤋 𐤍𐤅𐤔𐤏 𐤁𐤉𐤄𐤅𐤄 𐤕𐤔𐤅𐤏𐤕 𐤏𐤅𐤋𐤌𐤉𐤌 𐤋𐤀 𐤕𐤁𐤔𐤅 𐤅𐤋𐤀 𐤕𐤊𐤋𐤌𐤅
𐤏𐤃 𐤏𐤅𐤋𐤌𐤉 𐤏𐤃.
𐤉𐤇 𐤊𐤉 𐤊𐤄 𐤀𐤌𐤓 𐤉𐤄𐤅𐤄 𐤁𐤅𐤓𐤀 𐤄𐤔𐤌𐤉𐤌 𐤄𐤅𐤀 𐤄𐤀𐤋𐤄𐤉𐤌 𐤉𐤑𐤓 𐤄𐤀𐤓𐤑
𐤅𐤏𐤔𐤄 𐤄𐤅𐤀 𐤊𐤅𐤍𐤍𐤄 𐤋𐤀 𐤕𐤄𐤅 𐤁𐤓𐤀𐤄 𐤋𐤔𐤁𐤕 𐤉𐤑𐤓𐤄 𐤀𐤍𐤉 𐤉𐤄𐤅𐤄 𐤅𐤀𐤉𐤍
𐤏𐤅𐤃.
𐤉𐤈 𐤋𐤀 𐤁𐤎𐤕𐤓 𐤃𐤁𐤓𐤕𐤉 𐤁𐤌𐤒𐤅𐤌 𐤀𐤓𐤑 𐤇𐤔𐤊 𐤋𐤀 𐤀𐤌𐤓𐤕𐤉 𐤋𐤆𐤓𐤏 𐤉𐤏𐤒𐤁 𐤕𐤄𐤅
𐤁𐤒𐤔𐤅𐤍𐤉 𐤀𐤍𐤉 𐤉𐤄𐤅𐤄 𐤃𐤁𐤓 𐤑𐤃𐤒 𐤌𐤂𐤉𐤃 𐤌𐤉𐤔𐤓𐤉𐤌.
𐤊 𐤄𐤒𐤁𐤑𐤅 𐤅𐤁𐤀𐤅 𐤄𐤕𐤍𐤂𐤔𐤅 𐤉𐤇𐤃𐤅 𐤐𐤋𐤉𐤈𐤉 𐤄𐤂𐤅𐤉𐤌 𐤋𐤀 𐤉𐤃𐤏𐤅 𐤄𐤍𐤔𐤀𐤉𐤌
𐤀𐤕 𐤏𐤑 𐤐𐤎𐤋𐤌 𐤅𐤌𐤕𐤐𐤋𐤋𐤉𐤌 𐤀𐤋 𐤀𐤋 𐤋𐤀 𐤉𐤅𐤔𐤉𐤏.
𐤊𐤀 𐤄𐤂𐤉𐤃𐤅 𐤅𐤄𐤂𐤉𐤔𐤅 𐤀𐤐 𐤉𐤅𐤏𐤑𐤅 𐤉𐤇𐤃𐤅 𐤌𐤉 𐤄𐤔𐤌𐤉𐤏 𐤆𐤀𐤕 𐤌𐤒𐤃𐤌 𐤌𐤀𐤆
𐤄𐤂𐤉𐤃𐤄 𐤄𐤋𐤅𐤀 𐤀𐤍𐤉 𐤉𐤄𐤅𐤄 𐤅𐤀𐤉𐤍 𐤏𐤅𐤃 𐤀𐤋𐤄𐤉𐤌 𐤌𐤁𐤋𐤏𐤃𐤉 𐤀𐤋 𐤑𐤃𐤉𐤒
𐤅𐤌𐤅𐤔𐤉𐤏 𐤀𐤉𐤍 𐤆𐤅𐤋𐤕𐤉.
𐤊𐤁 𐤐𐤍𐤅 𐤀𐤋𐤉 𐤅𐤄𐤅𐤔𐤏𐤅 𐤊𐤋 𐤀𐤐𐤎𐤉 𐤀𐤓𐤑 𐤊𐤉 𐤀𐤍𐤉 𐤀𐤋 𐤅𐤀𐤉𐤍 𐤏𐤅𐤃.
𐤊𐤂 𐤁𐤉 𐤍𐤔𐤁𐤏𐤕𐤉 𐤉𐤑𐤀 𐤌𐤐𐤉 𐤑𐤃𐤒𐤄 𐤃𐤁𐤓 𐤅𐤋𐤀 𐤉𐤔𐤅𐤁 𐤊𐤉 𐤋𐤉 𐤕𐤊𐤓𐤏 𐤊𐤋
𐤁𐤓𐤊 𐤕𐤔𐤁𐤏 𐤊𐤋 𐤋𐤔𐤅𐤍.
𐤊𐤃 𐤀𐤊 𐤁𐤉𐤄𐤅𐤄 𐤋𐤉 𐤀𐤌𐤓 𐤑𐤃𐤒𐤅𐤕 𐤅𐤏𐤆 𐤏𐤃𐤉𐤅 𐤉𐤁𐤅𐤀 𐤅𐤉𐤁𐤔𐤅 𐤊𐤋
𐤄𐤍𐤇𐤓𐤉𐤌 𐤁𐤅.
𐤊𐤄 𐤁𐤉𐤄𐤅𐤄 𐤉𐤑𐤃𐤒𐤅 𐤅𐤉𐤕𐤄𐤋𐤋𐤅 𐤊𐤋 𐤆𐤓𐤏 𐤉𐤔𐤓𐤀𐤋.

𐤐𐤓𐤒 𐤌𐤅
𐤀 𐤊𐤓𐤏 𐤁𐤋 𐤒𐤓𐤎 𐤍𐤁𐤅 𐤄𐤉𐤅 𐤏𐤑𐤁𐤉𐤄𐤌 𐤋𐤇𐤉𐤄 𐤅𐤋𐤁𐤄𐤌𐤄 𐤍𐤔𐤀𐤕𐤉𐤊𐤌
𐤏𐤌𐤅𐤎𐤅𐤕 𐤌𐤔𐤀 𐤋𐤏𐤉𐤐𐤄.
𐤁 𐤒𐤓𐤎𐤅 𐤊𐤓𐤏𐤅 𐤉𐤇𐤃𐤅 𐤋𐤀 𐤉𐤊𐤋𐤅 𐤌𐤋𐤈 𐤌𐤔𐤀 𐤅𐤍𐤐𐤔𐤌 𐤁𐤔𐤁𐤉 𐤄𐤋𐤊𐤄.

𐤉𐤔𐤏𐤉𐤄

𐤂 𐤔𐤌𐤏𐤅 𐤀𐤋𐤉 𐤁𐤉𐤕 𐤉𐤏𐤒𐤁 𐤅𐤊𐤋 𐤔𐤀𐤓𐤉𐤕 𐤁𐤉𐤕 𐤉𐤔𐤓𐤀𐤋 𐤄𐤏𐤌𐤎𐤉𐤌 𐤌𐤍𐤉
𐤁𐤈𐤍 𐤄𐤍𐤔𐤀𐤉𐤌 𐤌𐤍𐤉 𐤓𐤇𐤌.
𐤃 𐤅𐤏𐤃 𐤆𐤒𐤍𐤄 𐤀𐤍𐤉 𐤄𐤅𐤀 𐤅𐤏𐤃 𐤔𐤉𐤁𐤄 𐤀𐤍𐤉 𐤀𐤎𐤁𐤋 𐤀𐤍𐤉 𐤏𐤔𐤉𐤕𐤉 𐤅𐤀𐤍𐤉
𐤀𐤔𐤀 𐤅𐤀𐤍𐤉 𐤀𐤎𐤁𐤋 𐤅𐤀𐤌𐤋𐤈.
𐤄 𐤋𐤌𐤉 𐤕𐤃𐤌𐤉𐤅𐤍𐤉 𐤅𐤕𐤔𐤅𐤅 𐤅𐤕𐤌𐤔𐤋𐤅𐤍𐤉 𐤅𐤍𐤃𐤌𐤄.
𐤅 𐤄𐤆𐤋𐤉𐤌 𐤆𐤄𐤁 𐤌𐤊𐤉𐤎 𐤅𐤊𐤎𐤐 𐤁𐤒𐤍𐤄 𐤉𐤔𐤒𐤋𐤅 𐤉𐤔𐤊𐤓𐤅 𐤑𐤅𐤓𐤐 𐤅𐤉𐤏𐤔𐤄𐤅
𐤀𐤋 𐤉𐤎𐤂𐤃𐤅 𐤀𐤐 𐤉𐤔𐤕𐤇𐤅𐤅.
𐤆 𐤉𐤔𐤀𐤄𐤅 𐤏𐤋 𐤊𐤕𐤐 𐤉𐤎𐤁𐤋𐤄𐤅 𐤅𐤉𐤍𐤉𐤇𐤄𐤅 𐤕𐤇𐤕𐤉𐤅 𐤅𐤉𐤏𐤌𐤃 𐤌𐤌𐤒𐤅𐤌𐤅 𐤋𐤀
𐤉𐤌𐤉𐤔 𐤀𐤐 𐤉𐤑𐤏𐤒 𐤀𐤋𐤉𐤅 𐤅𐤋𐤀 𐤉𐤏𐤍𐤄 𐤌𐤑𐤓𐤕𐤅 𐤋𐤀 𐤉𐤅𐤔𐤉𐤏𐤍𐤅.
𐤇 𐤆𐤊𐤓𐤅 𐤆𐤀𐤕 𐤅𐤄𐤕𐤀𐤔𐤔𐤅 𐤄𐤔𐤉𐤁𐤅 𐤐𐤔𐤏𐤉𐤌 𐤏𐤋 𐤋𐤁.
𐤈 𐤆𐤊𐤓𐤅 𐤓𐤀𐤔𐤍𐤅𐤕 𐤌𐤏𐤅𐤋𐤌 𐤊𐤉 𐤀𐤍𐤊𐤉 𐤀𐤋 𐤅𐤀𐤉𐤍 𐤏𐤅𐤃 𐤀𐤋𐤄𐤉𐤌 𐤅𐤀𐤐𐤎
𐤊𐤌𐤅𐤍𐤉.
𐤉 𐤌𐤂𐤉𐤃 𐤌𐤓𐤀𐤔𐤉𐤕 𐤀𐤇𐤓𐤉𐤕 𐤅𐤌𐤒𐤃𐤌 𐤀𐤔𐤓 𐤋𐤀 𐤍𐤏𐤔𐤅 𐤀𐤌𐤓 𐤏𐤑𐤕𐤉 𐤕𐤒𐤅𐤌
𐤅𐤊𐤋 𐤇𐤐𐤑𐤉 𐤀𐤏𐤔𐤄.
𐤉𐤀 𐤒𐤓𐤀 𐤌𐤌𐤆𐤓𐤇 𐤏𐤉𐤈 𐤌𐤀𐤓𐤑 𐤌𐤓𐤇𐤒 𐤀𐤉𐤔 𐤏𐤑𐤕𐤅 [𐤏𐤑𐤕𐤉] 𐤀𐤐 𐤃𐤁𐤓𐤕𐤉 𐤀𐤐
𐤀𐤁𐤉𐤀𐤍𐤄 𐤉𐤑𐤓𐤕𐤉 𐤀𐤐 𐤀𐤏𐤔𐤍𐤄.
𐤉𐤁 𐤔𐤌𐤏𐤅 𐤀𐤋𐤉 𐤀𐤁𐤉𐤓𐤉 𐤋𐤁 𐤄𐤓𐤇𐤅𐤒𐤉𐤌 𐤌𐤑𐤃𐤒𐤄.
𐤉𐤂 𐤒𐤓𐤁𐤕𐤉 𐤑𐤃𐤒𐤕𐤉 𐤋𐤀 𐤕𐤓𐤇𐤒 𐤅𐤕𐤔𐤅𐤏𐤕𐤉 𐤋𐤀 𐤕𐤀𐤇𐤓 𐤅𐤍𐤕𐤕𐤉 𐤁𐤑𐤉𐤅𐤍
𐤕𐤔𐤅𐤏𐤄 𐤋𐤉𐤔𐤓𐤀𐤋 𐤕𐤐𐤀𐤓𐤕𐤉.

𐤐𐤓𐤒 𐤌𐤆

𐤀 𐤓𐤃𐤉 𐤅𐤔𐤁𐤉 𐤏𐤋 𐤏𐤐𐤓 𐤁𐤕𐤅𐤋𐤕 𐤁𐤕 𐤁𐤁𐤋 𐤔𐤁𐤉 𐤋𐤀𐤓𐤑 𐤀𐤉𐤍 𐤊𐤎𐤀 𐤁𐤕
𐤊𐤔𐤃𐤉𐤌 𐤊𐤉 𐤋𐤀 𐤕𐤅𐤎𐤉𐤐𐤉 𐤉𐤒𐤓𐤀𐤅 𐤋𐤊 𐤓𐤊𐤄 𐤅𐤏𐤍𐤂𐤄.
𐤁 𐤒𐤇𐤉 𐤓𐤇𐤉𐤌 𐤅𐤈𐤇𐤍𐤉 𐤒𐤌𐤇 𐤂𐤋𐤉 𐤑𐤌𐤕𐤊 𐤇𐤔𐤐𐤉 𐤔𐤁𐤋 𐤂𐤋𐤉 𐤔𐤅𐤒 𐤏𐤁𐤓𐤉
𐤍𐤄𐤓𐤅𐤕.
𐤂 𐤕𐤂𐤋 𐤏𐤓𐤅𐤕𐤊 𐤂𐤌 𐤕𐤓𐤀𐤄 𐤇𐤓𐤐𐤕𐤊 𐤍𐤒𐤌 𐤀𐤒𐤇 𐤅𐤋𐤀 𐤀𐤐𐤂𐤏 𐤀𐤃𐤌.
𐤃 𐤂𐤀𐤋𐤍𐤅 𐤉𐤄𐤅𐤄 𐤑𐤁𐤀𐤅𐤕 𐤔𐤌𐤅 𐤒𐤃𐤅𐤔 𐤉𐤔𐤓𐤀𐤋.
𐤄 𐤔𐤁𐤉 𐤃𐤅𐤌𐤌 𐤅𐤁𐤀𐤉 𐤁𐤇𐤔𐤊 𐤁𐤕 𐤊𐤔𐤃𐤉𐤌 𐤊𐤉 𐤋𐤀 𐤉𐤒𐤓𐤀𐤅 𐤋𐤊
𐤂𐤁𐤓𐤕 𐤌𐤌𐤋𐤊𐤅𐤕.
𐤅 𐤒𐤑𐤐𐤕𐤉 𐤏𐤋 𐤏𐤌𐤉 𐤇𐤋𐤋𐤕𐤉 𐤍𐤇𐤋𐤕𐤉 𐤅𐤀𐤕𐤍𐤌 𐤁𐤉𐤃𐤊 𐤋𐤀 𐤔𐤌𐤕 𐤋𐤄𐤌
𐤓𐤇𐤌𐤉𐤌 𐤏𐤋 𐤆𐤒𐤍 𐤄𐤊𐤁𐤃𐤕 𐤏𐤋𐤊 𐤌𐤀𐤃.
𐤆 𐤅𐤕𐤀𐤌𐤓𐤉 𐤋𐤏𐤅𐤋𐤌 𐤀𐤄𐤉𐤄 𐤂𐤁𐤓𐤕 𐤏𐤃 𐤋𐤀 𐤔𐤌𐤕 𐤀𐤋𐤄 𐤏𐤋 𐤋𐤁𐤊 𐤋𐤀 𐤆𐤊𐤓𐤕
𐤀𐤇𐤓𐤉𐤕𐤄.

𐤇𐤅𐤏𐤕𐤄 𐤔𐤌𐤏𐤉 𐤆𐤀𐤕 𐤏𐤃𐤉𐤍𐤄 𐤄𐤉𐤅𐤔𐤁𐤕 𐤋𐤁𐤈𐤇 𐤄𐤀𐤌𐤓𐤄 𐤁𐤋𐤁𐤁𐤄 𐤀𐤍𐤉
𐤅𐤀𐤐𐤎𐤉 𐤏𐤅𐤃 𐤋𐤀 𐤀𐤔𐤁 𐤀𐤋𐤌𐤍𐤄 𐤅𐤋𐤀 𐤀𐤃𐤏 𐤔𐤊𐤅𐤋•
𐤈𐤅𐤕𐤁𐤀𐤍𐤄 𐤋𐤊 𐤔𐤕𐤉 𐤀𐤋𐤄 𐤓𐤂𐤏 𐤁𐤉𐤅𐤌 𐤀𐤇𐤃 𐤔𐤊𐤅𐤋 𐤅𐤀𐤋𐤌𐤍 𐤊𐤕𐤌𐤌 𐤁𐤀𐤅
𐤏𐤋𐤉𐤊 𐤁𐤓𐤁 𐤊𐤔𐤐𐤉𐤊 𐤁𐤏𐤑𐤌𐤕 𐤇𐤁𐤓𐤉𐤊 𐤌𐤀𐤃•
𐤉𐤅𐤕𐤁𐤈𐤇𐤉 𐤁𐤓𐤏𐤕𐤊 𐤀𐤌𐤓𐤕 𐤀𐤉𐤍 𐤓𐤀𐤍𐤉 𐤇𐤊𐤌𐤕𐤊 𐤅𐤃𐤏𐤕𐤊 𐤄𐤉𐤀 𐤔𐤅𐤁𐤁𐤕𐤊
𐤅𐤕𐤀𐤌𐤓𐤉 𐤁𐤋𐤁𐤊 𐤀𐤍𐤉 𐤅𐤀𐤐𐤎𐤉 𐤏𐤅𐤃•
𐤉𐤀𐤅𐤁𐤀 𐤏𐤋𐤉𐤊 𐤓𐤏𐤄 𐤋𐤀 𐤕𐤃𐤏𐤉 𐤔𐤇𐤓𐤄 𐤅𐤕𐤐𐤋 𐤏𐤋𐤉𐤊 𐤄𐤅𐤄 𐤋𐤀 𐤕𐤅𐤊𐤋𐤉
𐤊𐤐𐤓𐤄 𐤅𐤕𐤁𐤀 𐤏𐤋𐤉𐤊 𐤐𐤕𐤀𐤌 𐤔𐤅𐤀𐤄 𐤋𐤀 𐤕𐤃𐤏𐤉•
𐤉𐤁𐤏𐤌𐤃𐤉 𐤍𐤀 𐤁𐤇𐤁𐤓𐤉𐤊 𐤅𐤁𐤓𐤁 𐤊𐤔𐤐𐤉𐤊 𐤁𐤀𐤔𐤓 𐤉𐤂𐤏𐤕 𐤌𐤍𐤏𐤅𐤓𐤉𐤊 𐤀𐤅𐤋𐤉
𐤕𐤅𐤊𐤋𐤉 𐤄𐤅𐤏𐤉𐤋 𐤀𐤅𐤋𐤉 𐤕𐤏𐤓𐤅𐤑𐤉•
𐤉𐤂𐤍𐤋𐤀𐤉𐤕 𐤁𐤓𐤁 𐤏𐤑𐤕𐤉𐤊 𐤉𐤏𐤌𐤃𐤅 𐤍𐤀 𐤅𐤉𐤅𐤔𐤉𐤏𐤊 𐤄𐤁𐤓𐤅 [𐤄𐤁𐤓𐤉] 𐤔𐤌𐤉𐤌
𐤄𐤇𐤆𐤉𐤌 𐤁𐤊𐤅𐤊𐤁𐤉𐤌 𐤌𐤅𐤃𐤉𐤏𐤌 𐤋𐤇𐤃𐤔𐤉𐤌 𐤌𐤀𐤔𐤓 𐤉𐤁𐤀𐤅 𐤏𐤋𐤉𐤊•
𐤉𐤃𐤄𐤍𐤄 𐤄𐤉𐤅 𐤊𐤒𐤔 𐤀𐤔 𐤔𐤓𐤐𐤕𐤌 𐤋𐤀 𐤉𐤑𐤉𐤋𐤅 𐤀𐤕 𐤍𐤐𐤔𐤌 𐤌𐤉𐤃 𐤋𐤄𐤁𐤄
𐤀𐤉𐤍 𐤂𐤇𐤋𐤕 𐤋𐤇𐤌𐤌 𐤀𐤅𐤓 𐤋𐤔𐤁𐤕 𐤍𐤂𐤃𐤅•
𐤈𐤅𐤊𐤍 𐤄𐤉𐤅 𐤋𐤊 𐤀𐤔𐤓 𐤉𐤂𐤏𐤕 𐤎𐤇𐤓𐤉𐤊 𐤌𐤍𐤏𐤅𐤓𐤉𐤊 𐤀𐤉𐤔 𐤋𐤏𐤁𐤓𐤅 𐤕𐤏𐤅 𐤀𐤉𐤍
𐤌𐤅𐤔𐤉𐤏𐤊•

𐤐𐤓𐤒 𐤌𐤇

𐤀𐤔𐤌𐤏𐤅 𐤆𐤀𐤕 𐤁𐤉𐤕 𐤉𐤏𐤒𐤁 𐤄𐤍𐤒𐤓𐤀𐤉𐤌 𐤁𐤔𐤌 𐤉𐤔𐤓𐤀𐤋 𐤅𐤌𐤌𐤉 𐤉𐤄𐤅𐤃𐤄
𐤉𐤑𐤀𐤅 𐤄𐤍𐤔𐤁𐤏𐤉𐤌 𐤁𐤔𐤌 𐤉𐤄𐤅𐤄 𐤅𐤁𐤀𐤋𐤄𐤉 𐤉𐤔𐤓𐤀𐤋 𐤉𐤆𐤊𐤉𐤓𐤅 𐤋𐤀 𐤁𐤀𐤌𐤕
𐤅𐤋𐤀 𐤁𐤑𐤃𐤒𐤄•
𐤁𐤊𐤉 𐤌𐤏𐤉𐤓 𐤄𐤒𐤃𐤔 𐤍𐤒𐤓𐤀𐤅 𐤅𐤏𐤋 𐤀𐤋𐤄𐤉 𐤉𐤔𐤓𐤀𐤋 𐤍𐤎𐤌𐤊𐤅 𐤉𐤄𐤅𐤄 𐤑𐤁𐤀𐤅𐤕
𐤔𐤌𐤅•
𐤂𐤄𐤓𐤀𐤔𐤍𐤅𐤕 𐤌𐤀𐤆 𐤄𐤂𐤃𐤕𐤉 𐤅𐤌𐤐𐤉 𐤉𐤑𐤀𐤅 𐤅𐤀𐤔𐤌𐤉𐤏𐤌 𐤐𐤕𐤀𐤌 𐤏𐤔𐤉𐤕𐤉
𐤅𐤕𐤁𐤀𐤍𐤄•
𐤃𐤌𐤃𐤏𐤕𐤉 𐤊𐤉 𐤒𐤔𐤄 𐤀𐤕𐤄 𐤅𐤂𐤉𐤃 𐤁𐤓𐤆𐤋 𐤏𐤓𐤐𐤊 𐤅𐤌𐤑𐤇𐤊 𐤍𐤇𐤅𐤔𐤄•
𐤄𐤅𐤀𐤂𐤉𐤃 𐤋𐤊 𐤌𐤀𐤆 𐤁𐤈𐤓𐤌 𐤕𐤁𐤅𐤀 𐤄𐤔𐤌𐤏𐤕𐤉𐤊 𐤐𐤍 𐤕𐤀𐤌𐤓 𐤏𐤑𐤁𐤉 𐤏𐤔𐤌
𐤅𐤐𐤎𐤋𐤉 𐤅𐤍𐤎𐤊𐤉 𐤑𐤅𐤌•
𐤅𐤔𐤌𐤏𐤕 𐤇𐤆𐤄 𐤊𐤋𐤄 𐤅𐤀𐤕𐤌 𐤄𐤋𐤅𐤀 𐤕𐤂𐤉𐤃𐤅 𐤄𐤔𐤌𐤏𐤕𐤉𐤊 𐤇𐤃𐤔𐤅𐤕 𐤌𐤏𐤕𐤄
𐤅𐤍𐤑𐤓𐤅𐤕 𐤅𐤋𐤀 𐤉𐤃𐤏𐤕𐤌•
𐤆𐤏𐤕𐤄 𐤍𐤁𐤓𐤀𐤅 𐤅𐤋𐤀 𐤌𐤀𐤆 𐤅𐤋𐤐𐤍𐤉 𐤉𐤅𐤌 𐤅𐤋𐤀 𐤔𐤌𐤏𐤕𐤌 𐤐𐤍 𐤕𐤀𐤌𐤓 𐤄𐤍𐤄
𐤉𐤃𐤏𐤕𐤉𐤍•
𐤇𐤂𐤌 𐤋𐤀 𐤔𐤌𐤏𐤕 𐤂𐤌 𐤋𐤀 𐤉𐤃𐤏𐤕 𐤂𐤌 𐤌𐤀𐤆 𐤋𐤀 𐤐𐤕𐤇𐤄 𐤀𐤆𐤍𐤊 𐤊𐤉 𐤉𐤃𐤏𐤕𐤉

𐤉𐤔𐤏𐤉𐤄

𐤁𐤂𐤅𐤃 𐤕𐤁𐤂𐤅𐤃 𐤅𐤐𐤔𐤏 𐤌𐤁𐤈𐤍 𐤒𐤓𐤀 𐤋𐤊•

𐤈 𐤋𐤌𐤏𐤍 𐤔𐤌𐤉 𐤀𐤀𐤓𐤉𐤊 𐤀𐤐𐤉 𐤅𐤕𐤄𐤋𐤕𐤉 𐤀𐤇𐤈𐤌 𐤋𐤊 𐤋𐤁𐤋𐤕𐤉 𐤄𐤊𐤓𐤉𐤕𐤊•

𐤉 𐤄𐤍𐤄 𐤑𐤓𐤐𐤕𐤉𐤊 𐤅𐤋𐤀 𐤁𐤊𐤎𐤐 𐤁𐤇𐤓𐤕𐤉𐤊 𐤁𐤊𐤅𐤓 𐤏𐤍𐤉•

𐤉𐤀 𐤋𐤌𐤏𐤍𐤉 𐤋𐤌𐤏𐤍𐤉 𐤀𐤏𐤔𐤄 𐤊𐤉 𐤀𐤉𐤊 𐤉𐤇𐤋 𐤅𐤊𐤁𐤅𐤃𐤉 𐤋𐤀𐤇𐤓 𐤋𐤀 𐤀𐤕𐤍•

𐤉𐤁 𐤔𐤌𐤏 𐤀𐤋𐤉 𐤉𐤏𐤒𐤁 𐤅𐤉𐤔𐤓𐤀𐤋 𐤌𐤒𐤓𐤀𐤉 𐤀𐤍𐤉 𐤄𐤅𐤀 𐤀𐤍𐤉 𐤓𐤀𐤔𐤅𐤍 𐤀𐤐
𐤀𐤍𐤉 𐤀𐤇𐤓𐤅𐤍•

𐤉𐤂 𐤀𐤐 𐤉𐤃𐤉 𐤉𐤎𐤃𐤄 𐤀𐤓𐤑 𐤅𐤉𐤌𐤉𐤍𐤉 𐤈𐤐𐤇𐤄 𐤔𐤌𐤉𐤌 𐤒𐤓𐤀 𐤀𐤍𐤉 𐤀𐤋𐤉𐤄𐤌
𐤉𐤏𐤌𐤃𐤅 𐤉𐤇𐤃𐤅•

𐤉𐤃 𐤄𐤒𐤁𐤑𐤅 𐤊𐤋𐤊𐤌 𐤅𐤔𐤌𐤏𐤅 𐤌𐤉 𐤁𐤄𐤌 𐤄𐤂𐤉𐤃 𐤀𐤕 𐤀𐤋𐤄 𐤉𐤄𐤅𐤄 𐤀𐤄𐤁𐤅
𐤉𐤏𐤔𐤄 𐤇𐤐𐤑𐤅 𐤁𐤁𐤁𐤋 𐤅𐤆𐤓𐤏𐤅 𐤊𐤔𐤃𐤉𐤌•

𐤈𐤅 𐤀𐤍𐤉 𐤀𐤍𐤉 𐤃𐤁𐤓𐤕𐤉 𐤀𐤐 𐤒𐤓𐤀𐤕𐤉𐤅 𐤄𐤁𐤉𐤀𐤕𐤉𐤅 𐤅𐤄𐤑𐤋𐤉𐤇 𐤃𐤓𐤊𐤅•

𐤈𐤆 𐤒𐤓𐤁𐤅 𐤀𐤋𐤉 𐤔𐤌𐤏𐤅 𐤆𐤀𐤕 𐤋𐤀 𐤌𐤓𐤀𐤔 𐤁𐤎𐤕𐤓 𐤃𐤁𐤓𐤕𐤉 𐤌𐤏𐤕 𐤄𐤉𐤅𐤕𐤄 𐤔𐤌
𐤀𐤍𐤉 𐤅𐤏𐤕𐤄 𐤀𐤃𐤍𐤉 𐤉𐤄𐤅𐤄 𐤔𐤋𐤇𐤍𐤉 𐤅𐤓𐤅𐤇𐤅•

𐤉𐤆 𐤊𐤄 𐤀𐤌𐤓 𐤉𐤄𐤅𐤄 𐤂𐤀𐤋𐤊 𐤒𐤃𐤅𐤔 𐤉𐤔𐤓𐤀𐤋 𐤀𐤍𐤉 𐤉𐤄𐤅𐤄 𐤀𐤋𐤄𐤉𐤊
𐤌𐤋𐤌𐤃𐤊 𐤋𐤄𐤅𐤏𐤉𐤋 𐤌𐤃𐤓𐤉𐤊𐤊 𐤁𐤃𐤓𐤊 𐤕𐤋𐤊•

𐤉𐤇 𐤋𐤅𐤀 𐤄𐤒𐤔𐤁𐤕 𐤋𐤌𐤑𐤅𐤕𐤉 𐤅𐤉𐤄𐤉 𐤊𐤍𐤄𐤓 𐤔𐤋𐤅𐤌𐤊 𐤅𐤑𐤃𐤒𐤕𐤊 𐤊𐤂𐤋𐤉
𐤄𐤉𐤌•

𐤉𐤈 𐤅𐤉𐤄𐤉 𐤊𐤇𐤅𐤋 𐤆𐤓𐤏𐤊 𐤅𐤑𐤀𐤑𐤀𐤉 𐤌𐤏𐤉𐤊 𐤊𐤌𐤏𐤕𐤉𐤅 𐤋𐤀 𐤉𐤊𐤓𐤕 𐤅𐤋𐤀
𐤉𐤔𐤌𐤃 𐤔𐤌𐤅 𐤌𐤋𐤐𐤍𐤉•

𐤊 𐤑𐤀𐤅 𐤌𐤁𐤁𐤋 𐤁𐤓𐤇𐤅 𐤌𐤊𐤔𐤃𐤉𐤌 𐤁𐤒𐤅𐤋 𐤓𐤍𐤄 𐤄𐤂𐤉𐤃𐤅 𐤄𐤔𐤌𐤉𐤏𐤅 𐤆𐤀𐤕
𐤄𐤅𐤑𐤉𐤀𐤅𐤄 𐤏𐤃 𐤒𐤑𐤄 𐤄𐤀𐤓𐤑 𐤀𐤌𐤓𐤅 𐤂𐤀𐤋 𐤉𐤄𐤅𐤄 𐤏𐤁𐤃𐤅 𐤉𐤏𐤒𐤁•

𐤊𐤀 𐤅𐤋𐤀 𐤑𐤌𐤀𐤅 𐤁𐤇𐤓𐤁𐤅𐤕 𐤄𐤅𐤋𐤉𐤊𐤌 𐤌𐤉𐤌 𐤌𐤑𐤅𐤓 𐤄𐤆𐤉𐤋 𐤋𐤌𐤅 𐤅𐤉𐤁𐤒𐤏
𐤑𐤅𐤓 𐤅𐤉𐤆𐤁𐤅 𐤌𐤉𐤌•

𐤊𐤁 𐤀𐤉𐤍 𐤔𐤋𐤅𐤌 𐤀𐤌𐤓 𐤉𐤄𐤅𐤄 𐤋𐤓𐤔𐤏𐤉𐤌•

𐤐𐤓𐤒 𐤌𐤈

𐤀 𐤔𐤌𐤏𐤅 𐤀𐤉𐤉𐤌 𐤀𐤋𐤉 𐤅𐤄𐤒𐤔𐤉𐤁𐤅 𐤋𐤀𐤌𐤉𐤌 𐤌𐤓𐤇𐤅𐤒 𐤉𐤄𐤅𐤄 𐤌𐤁𐤈𐤍 𐤒𐤓𐤀𐤍𐤉
𐤌𐤌𐤏𐤉 𐤀𐤌𐤉 𐤄𐤆𐤊𐤉𐤓 𐤔𐤌𐤉•

𐤁 𐤅𐤉𐤔𐤌 𐤐𐤉 𐤊𐤇𐤓𐤁 𐤇𐤃𐤄 𐤁𐤑𐤋 𐤉𐤃𐤅 𐤄𐤇𐤁𐤉𐤀𐤍𐤉 𐤅𐤉𐤔𐤉𐤌𐤍𐤉 𐤋𐤇𐤑 𐤁𐤓𐤅𐤓
𐤁𐤀𐤔𐤐𐤕𐤅 𐤄𐤎𐤕𐤉𐤓𐤍𐤉•

𐤂 𐤅𐤉𐤀𐤌𐤓 𐤋𐤉 𐤏𐤁𐤃𐤉 𐤀𐤕𐤄 𐤉𐤔𐤓𐤀𐤋 𐤀𐤔𐤓 𐤁𐤊 𐤀𐤕𐤐𐤀𐤓•

𐤃 𐤅𐤀𐤍𐤉 𐤀𐤌𐤓𐤕𐤉 𐤋𐤓𐤉𐤒 𐤉𐤂𐤏𐤕𐤉 𐤋𐤕𐤄𐤅 𐤅𐤄𐤁𐤋 𐤊𐤇𐤉 𐤊𐤋𐤉𐤕𐤉 𐤀𐤊𐤍
𐤌𐤔𐤐𐤈𐤉 𐤀𐤕 𐤉𐤄𐤅𐤄 𐤅𐤐𐤏𐤋𐤕𐤉 𐤀𐤕 𐤀𐤋𐤄𐤉•

ה ועתה אמר יהוה יצרי מבטן לעבד לו לשובב יעקב אליו
וישראל לא [לו] יאסף ואכבד בעיני יהוה ואלהי היה עזי׃
ו ויאמר נקל מהיותך לי עבד להקים את שבטי יעקב ונצירי
[ונצורי] ישראל להשיב ונתתיך לאור גוים להיות ישועתי עד
קצה הארץ׃
ז כה אמר יהוה גאל ישראל קדושו לבזה נפש למתעב גוי לעבד
משלים מלכים יראו וקמו שרים וישתחוו למען יהוה אשר
נאמן קדש ישראל ויבחרך׃
ח כה אמר יהוה בעת רצון עניתיך וביום ישועה עזרתיך
ואצרך ואתנך לברית עם להקים ארץ להנחיל נחלות שממות׃
ט לאמר לאסורים צאו לאשר בחשך הגלו על דרכים ירעו ובכל
שפיים מרעיתם׃
י לא ירעבו ולא יצמאו ולא יכם שרב ושמש כי מרחמם ינהגם
ועל מבועי מים ינהלם׃
יא ושמתי כל הרי לדרך ומסלתי ירמון׃
יב הנה אלה מרחוק יבאו והנה אלה מצפון ומים ואלה מארץ
סינים׃
יג רנו שמים וגילי ארץ יפצחו [ופצחו] הרים רנה כי נחם
יהוה עמו ועניו ירחם׃
יד ותאמר ציון עזבני יהוה ואדני שכחני׃
טו התשכח אשה עולה מרחם בן בטנה גם אלה תשכחנה ואנכי
לא אשכחך׃
טז הן על כפים חקתיך חומתיך נגדי תמיד׃
יז מהרו בניך מהרסיך ומחריביך ממך יצאו׃
יח שאי סביב עיניך וראי כלם נקבצו באו לך חי אני נאם
יהוה כי כלם כעדי תלבשי ותקשרים ככלה׃
יט כי חרבתיך ושממתיך וארץ הרסתך כי עתה תצרי מיושב
ורחקו מבלעיך׃
כ עוד יאמרו באזניך בני שכליך צר לי המקום גשה לי
ואשבה׃
כא ואמרת בלבבך מי ילד לי את אלה ואני שכולה וגלמודה
גלה וסורה ואלה מי גדל הן אני נשארתי לבדי אלה איפה
הם׃

𐤊𐤁 𐤊𐤄 𐤀𐤌𐤓 𐤀𐤃𐤍𐤉 𐤉𐤄𐤅𐤄 𐤄𐤍𐤄 𐤀𐤔𐤀 𐤀𐤋 𐤂𐤅𐤉𐤌 𐤉𐤃𐤉 𐤅𐤀𐤋 𐤏𐤌𐤉𐤌
𐤀𐤓𐤉𐤌 𐤍𐤎𐤉 𐤅𐤄𐤁𐤉𐤀𐤅 𐤁𐤍𐤉𐤊 𐤁𐤇𐤑𐤍 𐤅𐤁𐤍𐤕𐤉𐤊 𐤏𐤋 𐤊𐤕𐤐 𐤕𐤍𐤔𐤀𐤍𐤄.
𐤊𐤂 𐤅𐤄𐤉𐤅 𐤌𐤋𐤊𐤉𐤌 𐤀𐤌𐤍𐤉𐤊 𐤅𐤔𐤓𐤅𐤕𐤉𐤄𐤌 𐤌𐤉𐤍𐤉𐤒𐤕𐤉𐤊 𐤀𐤐𐤉𐤌 𐤀𐤓𐤑
𐤉𐤔𐤕𐤇𐤅𐤅 𐤋𐤊 𐤅𐤏𐤐𐤓 𐤓𐤂𐤋𐤉𐤊 𐤉𐤋𐤇𐤊𐤅 𐤅𐤉𐤃𐤏𐤕 𐤊𐤉 𐤀𐤍𐤉 𐤉𐤄𐤅𐤄 𐤀𐤔𐤓 𐤋𐤀
𐤉𐤁𐤔𐤅 𐤒𐤅𐤉.
𐤊𐤃 𐤄𐤉𐤒𐤇 𐤌𐤂𐤁𐤅𐤓 𐤌𐤋𐤒𐤅𐤇 𐤅𐤀𐤌 𐤔𐤁𐤉 𐤑𐤃𐤉𐤒 𐤉𐤌𐤋𐤈.
𐤊𐤄 𐤊𐤉 𐤊𐤄 𐤀𐤌𐤓 𐤉𐤄𐤅𐤄 𐤂𐤌 𐤔𐤁𐤉 𐤂𐤁𐤅𐤓 𐤉𐤒𐤇 𐤅𐤌𐤋𐤒𐤅𐤇 𐤏𐤓𐤉𐤑 𐤉𐤌𐤋𐤈
𐤅𐤀𐤕 𐤉𐤓𐤉𐤁𐤊 𐤀𐤍𐤊𐤉 𐤀𐤓𐤉𐤁 𐤅𐤀𐤕 𐤁𐤍𐤉𐤊 𐤀𐤍𐤊𐤉 𐤀𐤅𐤔𐤉𐤏.
𐤊𐤅 𐤅𐤄𐤀𐤊𐤋𐤕𐤉 𐤀𐤕 𐤌𐤅𐤍𐤉𐤊 𐤀𐤕 𐤁𐤔𐤓𐤌 𐤅𐤊𐤏𐤎𐤉𐤎 𐤃𐤌𐤌 𐤉𐤔𐤊𐤓𐤅𐤍 𐤅𐤉𐤃𐤏𐤅
𐤊𐤋 𐤁𐤔𐤓 𐤊𐤉 𐤀𐤍𐤉 𐤉𐤄𐤅𐤄 𐤌𐤅𐤔𐤉𐤏𐤊 𐤅𐤂𐤀𐤋𐤊 𐤀𐤁𐤉𐤓 𐤉𐤏𐤒𐤁.

𐤐𐤓𐤒 𐤍

𐤀 𐤊𐤄 𐤀𐤌𐤓 𐤉𐤄𐤅𐤄 𐤀𐤉 𐤆𐤄 𐤎𐤐𐤓 𐤊𐤓𐤉𐤕𐤅𐤕 𐤀𐤌𐤊𐤌 𐤀𐤔𐤓 𐤔𐤋𐤇𐤕𐤉𐤄 𐤀𐤅 𐤌𐤉
𐤌𐤍𐤅𐤔𐤉 𐤀𐤔𐤓 𐤌𐤊𐤓𐤕𐤉 𐤀𐤕𐤊𐤌 𐤋𐤅 𐤄𐤍 𐤁𐤏𐤅𐤍𐤕𐤉𐤊𐤌 𐤍𐤌𐤊𐤓𐤕𐤌 𐤅𐤁𐤐𐤔𐤏𐤉𐤊𐤌
𐤔𐤋𐤇𐤄 𐤀𐤌𐤊𐤌.
𐤁 𐤌𐤃𐤅𐤏 𐤁𐤀𐤕𐤉 𐤅𐤀𐤉𐤍 𐤀𐤉𐤔 𐤒𐤓𐤀𐤕𐤉 𐤅𐤀𐤉𐤍 𐤏𐤅𐤍𐤄 𐤄𐤒𐤑𐤅𐤓 𐤒𐤑𐤓𐤄 𐤉𐤃𐤉
𐤌𐤐𐤃𐤅𐤕 𐤅𐤀𐤌 𐤀𐤉𐤍 𐤁𐤉 𐤊𐤇 𐤋𐤄𐤑𐤉𐤋 𐤄𐤍 𐤁𐤂𐤏𐤓𐤕𐤉 𐤀𐤇𐤓𐤉𐤁 𐤉𐤌 𐤀𐤔𐤉𐤌
𐤍𐤄𐤓𐤅𐤕 𐤌𐤃𐤁𐤓 𐤕𐤁𐤀𐤔 𐤃𐤂𐤕𐤌 𐤌𐤀𐤉𐤍 𐤌𐤉𐤌 𐤅𐤕𐤌𐤕 𐤁𐤑𐤌𐤀.
𐤂 𐤀𐤋𐤁𐤉𐤔 𐤔𐤌𐤉𐤌 𐤒𐤃𐤓𐤅𐤕 𐤅𐤔𐤒 𐤀𐤔𐤉𐤌 𐤊𐤎𐤅𐤕𐤌.
𐤃 𐤀𐤃𐤍𐤉 𐤉𐤄𐤅𐤄 𐤍𐤕𐤍 𐤋𐤉 𐤋𐤔𐤅𐤍 𐤋𐤌𐤅𐤃𐤉𐤌 𐤋𐤃𐤏𐤕 𐤋𐤏𐤅𐤕 𐤀𐤕 𐤉𐤏𐤐 𐤃𐤁𐤓
𐤉𐤏𐤉𐤓 𐤁𐤁𐤒𐤓 𐤁𐤁𐤒𐤓 𐤉𐤏𐤉𐤓 𐤋𐤉 𐤀𐤆𐤍 𐤋𐤔𐤌𐤏 𐤊𐤋𐤌𐤅𐤃𐤉𐤌.
𐤄 𐤀𐤃𐤍𐤉 𐤉𐤄𐤅𐤄 𐤐𐤕𐤇 𐤋𐤉 𐤀𐤆𐤍 𐤅𐤀𐤍𐤊𐤉 𐤋𐤀 𐤌𐤓𐤉𐤕𐤉 𐤀𐤇𐤅𐤓 𐤋𐤀 𐤍𐤎𐤅𐤂𐤕𐤉.
𐤅 𐤂𐤅𐤉 𐤍𐤕𐤕𐤉 𐤋𐤌𐤊𐤉𐤌 𐤅𐤋𐤇𐤉𐤉 𐤋𐤌𐤓𐤈𐤉𐤌 𐤐𐤍𐤉 𐤋𐤀 𐤄𐤎𐤕𐤓𐤕𐤉 𐤌𐤊𐤋𐤌𐤅𐤕
𐤅𐤓𐤒.
𐤆 𐤅𐤀𐤃𐤍𐤉 𐤉𐤄𐤅𐤄 𐤉𐤏𐤆𐤓 𐤋𐤉 𐤏𐤋 𐤊𐤍 𐤋𐤀 𐤍𐤊𐤋𐤌𐤕𐤉 𐤏𐤋 𐤊𐤍 𐤔𐤌𐤕𐤉 𐤐𐤍𐤉
𐤊𐤇𐤋𐤌𐤉𐤔 𐤅𐤀𐤃𐤏 𐤊𐤉 𐤋𐤀 𐤀𐤁𐤅𐤔.
𐤇 𐤒𐤓𐤅𐤁 𐤌𐤑𐤃𐤉𐤒𐤉 𐤌𐤉 𐤉𐤓𐤉𐤁 𐤀𐤕𐤉 𐤍𐤏𐤌𐤃𐤄 𐤉𐤇𐤃 𐤌𐤉 𐤁𐤏𐤋 𐤌𐤔𐤐𐤈𐤉 𐤉𐤂𐤔
𐤀𐤋𐤉.
𐤈 𐤄𐤍 𐤀𐤃𐤍𐤉 𐤉𐤄𐤅𐤄 𐤉𐤏𐤆𐤓 𐤋𐤉 𐤌𐤉 𐤄𐤅𐤀 𐤉𐤓𐤔𐤉𐤏𐤍𐤉 𐤄𐤍 𐤊𐤋𐤌 𐤊𐤁𐤂𐤃
𐤉𐤁𐤋𐤅 𐤏𐤔 𐤉𐤀𐤊𐤋𐤌.
𐤉 𐤌𐤉 𐤁𐤊𐤌 𐤉𐤓𐤀 𐤉𐤄𐤅𐤄 𐤔𐤌𐤏 𐤁𐤒𐤅𐤋 𐤏𐤁𐤃𐤅 𐤀𐤔𐤓 𐤄𐤋𐤊 𐤇𐤔𐤊𐤉𐤌 𐤅𐤀𐤉𐤍
𐤍𐤂𐤄 𐤋𐤅 𐤉𐤁𐤈𐤇 𐤁𐤔𐤌 𐤉𐤄𐤅𐤄 𐤅𐤉𐤔𐤏𐤍 𐤁𐤀𐤋𐤄𐤉𐤅.
𐤉𐤀 𐤄𐤍 𐤊𐤋𐤊𐤌 𐤒𐤃𐤇𐤉 𐤀𐤔 𐤌𐤀𐤆𐤓𐤉 𐤆𐤉𐤒𐤅𐤕 𐤋𐤊𐤅 𐤁𐤀𐤅𐤓 𐤀𐤔𐤊𐤌

𐤅𐤁𐤆𐤉𐤒𐤅𐤕 𐤁𐤏𐤓𐤕𐤌 𐤌𐤉𐤃𐤉 𐤄𐤉𐤕𐤄 𐤆𐤀𐤕 𐤋𐤊𐤌 𐤋𐤌𐤏𐤑𐤁𐤄 𐤕𐤔𐤊𐤁𐤅𐤍.

𐤐𐤓𐤒 𐤍𐤀

𐤀 𐤔𐤌𐤏𐤅 𐤀𐤋𐤉 𐤓𐤃𐤐𐤉 𐤑𐤃𐤒 𐤌𐤁𐤒𐤔𐤉 𐤉𐤄𐤅𐤄 𐤄𐤁𐤉𐤈𐤅 𐤀𐤋 𐤑𐤅𐤓 𐤇𐤑𐤁𐤕𐤌 𐤅𐤀𐤋
𐤌𐤒𐤁𐤕 𐤁𐤅𐤓 𐤍𐤒𐤓𐤕𐤌.
𐤁 𐤄𐤁𐤉𐤈𐤅 𐤀𐤋 𐤀𐤁𐤓𐤄𐤌 𐤀𐤁𐤉𐤊𐤌 𐤅𐤀𐤋 𐤔𐤓𐤄 𐤕𐤇𐤅𐤋𐤋𐤊𐤌 𐤊𐤉 𐤀𐤇𐤃 𐤒𐤓𐤀𐤕𐤉𐤅
𐤅𐤀𐤁𐤓𐤊𐤄𐤅 𐤅𐤀𐤓𐤁𐤄𐤅.
𐤂 𐤊𐤉 𐤍𐤇𐤌 𐤉𐤄𐤅𐤄 𐤑𐤉𐤅𐤍 𐤍𐤇𐤌 𐤊𐤋 𐤇𐤓𐤁𐤕𐤉𐤄 𐤅𐤉𐤔𐤌 𐤌𐤃𐤁𐤓𐤄 𐤊𐤏𐤃𐤍
𐤅𐤏𐤓𐤁𐤕𐤄 𐤊𐤂𐤍 𐤉𐤄𐤅𐤄 𐤔𐤔𐤅𐤍 𐤅𐤔𐤌𐤇𐤄 𐤉𐤌𐤑𐤀 𐤁𐤄 𐤕𐤅𐤃𐤄 𐤅𐤒𐤅𐤋 𐤆𐤌𐤓𐤄.
𐤃 𐤄𐤒𐤔𐤉𐤁𐤅 𐤀𐤋𐤉 𐤏𐤌𐤉 𐤅𐤋𐤀𐤅𐤌𐤉 𐤀𐤋𐤉 𐤄𐤀𐤆𐤉𐤍𐤅 𐤊𐤉 𐤕𐤅𐤓𐤄 𐤌𐤀𐤕𐤉
𐤕𐤑𐤀 𐤅𐤌𐤔𐤐𐤈𐤉 𐤋𐤀𐤅𐤓 𐤏𐤌𐤉𐤌 𐤀𐤓𐤂𐤉𐤏.
𐤄 𐤒𐤓𐤅𐤁 𐤑𐤃𐤒𐤉 𐤉𐤑𐤀 𐤉𐤔𐤏𐤉 𐤅𐤆𐤓𐤏𐤉 𐤏𐤌𐤉𐤌 𐤉𐤔𐤐𐤈𐤅 𐤀𐤋𐤉 𐤀𐤉𐤉𐤌 𐤉𐤒𐤅𐤅
𐤅𐤀𐤋 𐤆𐤓𐤏𐤉 𐤉𐤉𐤇𐤋𐤅𐤍.
𐤅 𐤔𐤀𐤅 𐤋𐤔𐤌𐤉𐤌 𐤏𐤉𐤍𐤉𐤊𐤌 𐤅𐤄𐤁𐤉𐤈𐤅 𐤀𐤋 𐤄𐤀𐤓𐤑 𐤌𐤕𐤇𐤕 𐤊𐤉 𐤔𐤌𐤉𐤌
𐤊𐤏𐤔𐤍 𐤍𐤌𐤋𐤇𐤅 𐤅𐤄𐤀𐤓𐤑 𐤊𐤁𐤂𐤃 𐤕𐤁𐤋𐤄 𐤅𐤉𐤅𐤔𐤁𐤉𐤄 𐤊𐤌𐤅 𐤊𐤍 𐤉𐤌𐤅𐤕𐤅𐤍
𐤅𐤉𐤔𐤅𐤏𐤕𐤉 𐤋𐤏𐤅𐤋𐤌 𐤕𐤄𐤉𐤄 𐤅𐤑𐤃𐤒𐤕𐤉 𐤋𐤀 𐤕𐤇𐤕.
𐤆 𐤔𐤌𐤏𐤅 𐤀𐤋𐤉 𐤉𐤃𐤏𐤉 𐤑𐤃𐤒 𐤏𐤌 𐤕𐤅𐤓𐤕𐤉 𐤁𐤋𐤁𐤌 𐤀𐤋 𐤕𐤉𐤓𐤀𐤅 𐤇𐤓𐤐𐤕 𐤀𐤍𐤅𐤔
𐤅𐤌𐤂𐤃𐤐𐤕𐤌 𐤀𐤋 𐤕𐤇𐤕𐤅.
𐤇 𐤊𐤉 𐤊𐤁𐤂𐤃 𐤉𐤀𐤊𐤋𐤌 𐤏𐤔 𐤅𐤊𐤑𐤌𐤓 𐤉𐤀𐤊𐤋𐤌 𐤎𐤎 𐤅𐤑𐤃𐤒𐤕𐤉 𐤋𐤏𐤅𐤋𐤌 𐤕𐤄𐤉𐤄
𐤅𐤉𐤔𐤅𐤏𐤕𐤉 𐤋𐤃𐤅𐤓 𐤃𐤅𐤓𐤉𐤌.
𐤈 𐤏𐤅𐤓𐤉 𐤏𐤅𐤓𐤉 𐤋𐤁𐤔𐤉 𐤏𐤆 𐤆𐤓𐤅𐤏 𐤉𐤄𐤅𐤄 𐤏𐤅𐤓𐤉 𐤊𐤉𐤌𐤉 𐤒𐤃𐤌 𐤃𐤅𐤓𐤅𐤕
𐤏𐤅𐤋𐤌𐤉𐤌 𐤄𐤋𐤅𐤀 𐤀𐤕 𐤄𐤉𐤀 𐤄𐤌𐤇𐤑𐤁𐤕 𐤓𐤄𐤁 𐤌𐤇𐤅𐤋𐤋𐤕 𐤕𐤍𐤉𐤍.
𐤉 𐤄𐤋𐤅𐤀 𐤀𐤕 𐤄𐤉𐤀 𐤄𐤌𐤇𐤓𐤁𐤕 𐤉𐤌 𐤌𐤉 𐤕𐤄𐤅𐤌 𐤓𐤁𐤄 𐤄𐤔𐤌𐤄 𐤌𐤏𐤌𐤒𐤉 𐤉𐤌
𐤃𐤓𐤊 𐤋𐤏𐤁𐤓 𐤂𐤀𐤅𐤋𐤉𐤌.
𐤉𐤀 𐤅𐤐𐤃𐤅𐤉𐤉 𐤉𐤄𐤅𐤄 𐤉𐤔𐤅𐤁𐤅𐤍 𐤅𐤁𐤀𐤅 𐤑𐤉𐤅𐤍 𐤁𐤓𐤍𐤄 𐤅𐤔𐤌𐤇𐤕 𐤏𐤅𐤋𐤌 𐤏𐤋
𐤓𐤀𐤔𐤌 𐤔𐤔𐤅𐤍 𐤅𐤔𐤌𐤇𐤄 𐤉𐤔𐤉𐤂𐤅𐤍 𐤍𐤎𐤅 𐤉𐤂𐤅𐤍 𐤅𐤀𐤍𐤇𐤄.
𐤉𐤁 𐤀𐤍𐤊𐤉 𐤀𐤍𐤊𐤉 𐤄𐤅𐤀 𐤌𐤍𐤇𐤌𐤊𐤌 𐤌𐤉 𐤀𐤕 𐤅𐤕𐤉𐤓𐤀𐤉 𐤌𐤀𐤍𐤅𐤔 𐤉𐤌𐤅𐤕
𐤅𐤌𐤁𐤍 𐤀𐤃𐤌 𐤇𐤑𐤉𐤓 𐤉𐤍𐤕𐤍.
𐤉𐤂 𐤅𐤕𐤔𐤊𐤇 𐤉𐤄𐤅𐤄 𐤏𐤔𐤊 𐤍𐤅𐤈𐤄 𐤔𐤌𐤉𐤌 𐤅𐤉𐤎𐤃 𐤀𐤓𐤑 𐤅𐤕𐤐𐤇𐤃 𐤕𐤌𐤉𐤃 𐤊𐤋
𐤄𐤉𐤅𐤌 𐤌𐤐𐤍𐤉 𐤇𐤌𐤕 𐤄𐤌𐤑𐤉𐤒 𐤊𐤀𐤔𐤓 𐤊𐤅𐤍𐤍 𐤋𐤄𐤔𐤇𐤉𐤕 𐤅𐤀𐤉𐤄 𐤇𐤌𐤕
𐤄𐤌𐤑𐤉𐤒.
𐤉𐤃 𐤌𐤄𐤓 𐤑𐤏𐤄 𐤋𐤄𐤐𐤕𐤇 𐤅𐤋𐤀 𐤉𐤌𐤅𐤕 𐤋𐤔𐤇𐤕 𐤅𐤋𐤀 𐤉𐤇𐤎𐤓 𐤋𐤇𐤌𐤅.
𐤈𐤅 𐤅𐤀𐤍𐤊𐤉 𐤉𐤄𐤅𐤄 𐤀𐤋𐤄𐤉𐤊 𐤓𐤂𐤏 𐤄𐤉𐤌 𐤅𐤉𐤄𐤌𐤅 𐤂𐤋𐤉𐤅 𐤉𐤄𐤅𐤄 𐤑𐤁𐤀𐤅𐤕

שמו•

טז ואשים דברי בפיך ובצל ידי כסיתיך לנטע שמים וליסד

ארץ ולאמר לציון עמי אתה•

יז התעוררי התעוררי קומי ירושלם אשר שתית מיד יהוה את

כוס חמתו את קבעת כוס התרעלה שתית מצית•

יח אין מנהל לה מכל בנים ילדה ואין מחזיק בידה מכל

בנים גדלה•

יט שתים הנה קראתיך מי ינוד לך השד והשבר והרעב והחרב

מי אנחמך•

כ בניך עלפו שכבו בראש כל חוצות כתוא מכמר המלאים חמת

יהוה גערת אלהיך•

כא לכן שמעי נא זאת עניה ושכרת ולא מיין•

כב כה אמר אדניך יהוה ואלהיך יריב עמו הנה לקחתי מידך

את כוס התרעלה את קבעת כוס חמתי לא תוסיפי לשתותה עוד•

כג ושמתיה ביד מוגיך אשר אמרו לנפשך שחי ונעברה

ותשימי כארץ גוך וכחוץ לעברים•

פרק נב

א עורי עורי לבשי עזך ציון לבשי בגדי תפארתך ירושלם עיר

הקדש כי לא יוסיף יבא בך עוד ערל וטמא•

ב התנערי מעפר קומי שבי ירושלם התפתחו [התפתחי] מוסרי

צוארך שביה בת ציון•

ג כי כה אמר יהוה חנם נמכרתם ולא בכסף תגאלו•

ד כי כה אמר אדני יהוה מצרים ירד עמי בראשנה לגור שם

ואשור באפס עשקו•

ה ועתה מי [מה] לי פה נאם יהוה כי לקח עמי חנם משלו

[מושליו] יהילילו נאם יהוה ותמיד כל היום שמי מנאץ•

ו לכן ידע עמי שמי לכן ביום ההוא כי אני הוא המדבר

הנני•

ז מה נאוו על ההרים רגלי מבשר משמיע שלום מבשר טוב

משמיע ישועה אמר לציון מלך אלהיך•

ח קול צפיך נשאו קול יחדו ירננו כי עין בעין יראו בשוב

יהוה ציון•

𐤉𐤔𐤏𐤉𐤄

𐤈 𐤐𐤑𐤇𐤅 𐤓𐤍𐤍𐤅 𐤉𐤇𐤃𐤅 𐤇𐤓𐤁𐤅𐤕 𐤉𐤓𐤅𐤔𐤋𐤌 𐤊𐤉 𐤍𐤇𐤌 𐤉𐤄𐤅𐤄 𐤏𐤌𐤅 𐤂𐤀𐤋
𐤉𐤓𐤅𐤔𐤋𐤌•
𐤉 𐤇𐤔𐤐 𐤉𐤄𐤅𐤄 𐤀𐤕 𐤆𐤓𐤅𐤏 𐤒𐤃𐤔𐤅 𐤋𐤏𐤉𐤍𐤉 𐤊𐤋 𐤄𐤂𐤅𐤉𐤌 𐤅𐤓𐤀𐤅 𐤊𐤋 𐤀𐤐𐤎𐤉
𐤀𐤓𐤑 𐤀𐤕 𐤉𐤔𐤅𐤏𐤕 𐤀𐤋𐤄𐤉𐤍𐤅•
𐤉𐤀 𐤎𐤅𐤓𐤅 𐤎𐤅𐤓𐤅 𐤑𐤀𐤅 𐤌𐤔𐤌 𐤈𐤌𐤀 𐤀𐤋 𐤕𐤂𐤏𐤅 𐤑𐤀𐤅 𐤌𐤕𐤅𐤊𐤄 𐤄𐤁𐤓𐤅 𐤍𐤔𐤀𐤉
𐤊𐤋𐤉 𐤉𐤄𐤅𐤄•
𐤉𐤁 𐤊𐤉 𐤋𐤀 𐤁𐤇𐤐𐤆𐤅𐤍 𐤕𐤑𐤀𐤅 𐤅𐤁𐤌𐤍𐤅𐤎𐤄 𐤋𐤀 𐤕𐤋𐤊𐤅𐤍 𐤊𐤉 𐤄𐤋𐤊 𐤋𐤐𐤍𐤉𐤊𐤌
𐤉𐤄𐤅𐤄 𐤅𐤌𐤀𐤎𐤐𐤊𐤌 𐤀𐤋𐤄𐤉 𐤉𐤔𐤓𐤀𐤋•
𐤉𐤂 𐤄𐤍𐤄 𐤉𐤔𐤊𐤉𐤋 𐤏𐤁𐤃𐤉 𐤉𐤓𐤅𐤌 𐤅𐤍𐤔𐤀 𐤅𐤂𐤁𐤄 𐤌𐤀𐤃•
𐤉𐤃 𐤊𐤀𐤔𐤓 𐤔𐤌𐤌𐤅 𐤏𐤋𐤉𐤊 𐤓𐤁𐤉𐤌 𐤊𐤍 𐤌𐤔𐤇𐤕 𐤌𐤀𐤉𐤔 𐤌𐤓𐤀𐤄𐤅 𐤅𐤕𐤀𐤓𐤅
𐤌𐤁𐤍𐤉 𐤀𐤃𐤌•
𐤈𐤅 𐤊𐤍 𐤉𐤆𐤄 𐤂𐤅𐤉𐤌 𐤓𐤁𐤉𐤌 𐤏𐤋𐤉𐤅 𐤉𐤒𐤐𐤑𐤅 𐤌𐤋𐤊𐤉𐤌 𐤐𐤉𐤄𐤌 𐤊𐤉 𐤀𐤔𐤓 𐤋𐤀
𐤎𐤐𐤓 𐤋𐤄𐤌 𐤓𐤀𐤅 𐤅𐤀𐤔𐤓 𐤋𐤀 𐤔𐤌𐤏𐤅 𐤄𐤕𐤁𐤅𐤍𐤍𐤅•

𐤐𐤓𐤒 𐤍𐤂

𐤀 𐤌𐤉 𐤄𐤀𐤌𐤉𐤍 𐤋𐤔𐤌𐤏𐤕𐤍𐤅 𐤅𐤆𐤓𐤅𐤏 𐤉𐤄𐤅𐤄 𐤏𐤋 𐤌𐤉 𐤍𐤂𐤋𐤕𐤄•
𐤁 𐤅𐤉𐤏𐤋 𐤊𐤉𐤅𐤍𐤒 𐤋𐤐𐤍𐤉𐤅 𐤅𐤊𐤔𐤓𐤔 𐤌𐤀𐤓𐤑 𐤑𐤉𐤄 𐤋𐤀 𐤕𐤀𐤓 𐤋𐤅 𐤅𐤋𐤀 𐤄𐤃𐤓
𐤅𐤍𐤓𐤀𐤄𐤅 𐤅𐤋𐤀 𐤌𐤓𐤀𐤄 𐤅𐤍𐤇𐤌𐤃𐤄𐤅•
𐤂 𐤍𐤁𐤆𐤄 𐤅𐤇𐤃𐤋 𐤀𐤉𐤔𐤉𐤌 𐤀𐤉𐤔 𐤌𐤊𐤀𐤁𐤅𐤕 𐤅𐤉𐤃𐤅𐤏 𐤇𐤋𐤉 𐤅𐤊𐤌𐤎𐤕𐤓 𐤐𐤍𐤉𐤌
𐤌𐤌𐤍𐤅 𐤍𐤁𐤆𐤄 𐤅𐤋𐤀 𐤇𐤔𐤁𐤍𐤄𐤅•
𐤃 𐤀𐤊𐤍 𐤇𐤋𐤉𐤍𐤅 𐤄𐤅𐤀 𐤍𐤔𐤀 𐤅𐤌𐤊𐤀𐤁𐤉𐤍𐤅 𐤎𐤁𐤋𐤌 𐤅𐤀𐤍𐤇𐤍𐤅 𐤇𐤔𐤁𐤍𐤄𐤅 𐤍𐤂𐤅𐤏
𐤌𐤊𐤄 𐤀𐤋𐤄𐤉𐤌 𐤅𐤌𐤏𐤍𐤄•
𐤄 𐤅𐤄𐤅𐤀 𐤌𐤇𐤋𐤋 𐤌𐤐𐤔𐤏𐤍𐤅 𐤌𐤃𐤊𐤀 𐤌𐤏𐤅𐤍𐤕𐤉𐤍𐤅 𐤌𐤅𐤎𐤓 𐤔𐤋𐤅𐤌𐤍𐤅 𐤏𐤋𐤉𐤅
𐤅𐤁𐤇𐤁𐤓𐤕𐤅 𐤍𐤓𐤐𐤀 𐤋𐤍𐤅•
𐤅 𐤊𐤋𐤍𐤅 𐤊𐤑𐤀𐤍 𐤕𐤏𐤉𐤍𐤅 𐤀𐤉𐤔 𐤋𐤃𐤓𐤊𐤅 𐤐𐤍𐤉𐤍𐤅 𐤅𐤉𐤄𐤅𐤄 𐤄𐤐𐤂𐤉𐤏 𐤁𐤅 𐤀𐤕
𐤏𐤅𐤍 𐤊𐤋𐤍𐤅•
𐤆 𐤍𐤂𐤔 𐤅𐤄𐤅𐤀 𐤍𐤏𐤍𐤄 𐤅𐤋𐤀 𐤉𐤐𐤕𐤇 𐤐𐤉𐤅 𐤊𐤔𐤄 𐤋𐤈𐤁𐤇 𐤉𐤅𐤁𐤋 𐤅𐤊𐤓𐤇𐤋 𐤋𐤐𐤍𐤉
𐤂𐤆𐤆𐤉𐤄 𐤍𐤀𐤋𐤌𐤄 𐤅𐤋𐤀 𐤉𐤐𐤕𐤇 𐤐𐤉𐤅•
𐤇 𐤌𐤏𐤑𐤓 𐤅𐤌𐤌𐤔𐤐𐤈 𐤋𐤒𐤇 𐤅𐤀𐤕 𐤃𐤅𐤓𐤅 𐤌𐤉 𐤉𐤔𐤅𐤇𐤇 𐤊𐤉 𐤍𐤂𐤆𐤓 𐤌𐤀𐤓𐤑 𐤇𐤉𐤉𐤌
𐤌𐤐𐤔𐤏 𐤏𐤌𐤉 𐤍𐤂𐤏 𐤋𐤌𐤅•
𐤈 𐤅𐤉𐤕𐤍 𐤀𐤕 𐤓𐤔𐤏𐤉𐤌 𐤒𐤁𐤓𐤅 𐤅𐤀𐤕 𐤏𐤔𐤉𐤓 𐤁𐤌𐤕𐤉𐤅 𐤏𐤋 𐤋𐤀 𐤇𐤌𐤎 𐤏𐤔𐤄 𐤅𐤋𐤀
𐤌𐤓𐤌𐤄 𐤁𐤐𐤉𐤅•
𐤉 𐤅𐤉𐤄𐤅𐤄 𐤇𐤐𐤑 𐤃𐤊𐤀𐤅 𐤄𐤇𐤋𐤉 𐤀𐤌 𐤕𐤔𐤉𐤌 𐤀𐤔𐤌 𐤍𐤐𐤔𐤅 𐤉𐤓𐤀𐤄 𐤆𐤓𐤏

𐤉𐤀𐤓𐤉𐤊 𐤉𐤌𐤉𐤌 𐤅𐤇𐤐𐤑 𐤉𐤄𐤅𐤄 𐤁𐤉𐤃𐤅 𐤉𐤑𐤋𐤇·

𐤉𐤀 𐤌𐤏𐤌𐤋 𐤍𐤐𐤔𐤅 𐤉𐤓𐤀𐤄 𐤉𐤔𐤁𐤏 𐤁𐤃𐤏𐤕𐤅 𐤉𐤑𐤃𐤉𐤒 𐤑𐤃𐤉𐤒 𐤏𐤁𐤃𐤉 𐤋𐤓𐤁𐤉𐤌
𐤅𐤏𐤅𐤍𐤕𐤌 𐤄𐤅𐤀 𐤉𐤎𐤁𐤋·

𐤉𐤁 𐤋𐤊𐤍 𐤀𐤇𐤋𐤒 𐤋𐤅 𐤁𐤓𐤁𐤉𐤌 𐤅𐤀𐤕 𐤏𐤑𐤅𐤌𐤉𐤌 𐤉𐤇𐤋𐤒 𐤔𐤋𐤋 𐤕𐤇𐤕 𐤀𐤔𐤓 𐤄𐤏𐤓𐤄
𐤋𐤌𐤅𐤕 𐤍𐤐𐤔𐤅 𐤅𐤀𐤕 𐤐𐤔𐤏𐤉𐤌 𐤍𐤌𐤍𐤄 𐤅𐤄𐤅𐤀 𐤇𐤈𐤀 𐤓𐤁𐤉𐤌 𐤍𐤔𐤀 𐤅𐤋𐤐𐤔𐤏𐤉𐤌
𐤉𐤐𐤂𐤉𐤏·

𐤐𐤓𐤒 𐤍𐤃

𐤀 𐤓𐤍𐤉 𐤏𐤒𐤓𐤄 𐤋𐤀 𐤉𐤋𐤃𐤄 𐤐𐤑𐤇𐤉 𐤓𐤍𐤄 𐤅𐤑𐤄𐤋𐤉 𐤋𐤀 𐤇𐤋𐤄 𐤊𐤉 𐤓𐤁𐤉𐤌 𐤁𐤍𐤉
𐤔𐤅𐤌𐤌𐤄 𐤌𐤁𐤍𐤉 𐤁𐤏𐤅𐤋𐤄 𐤀𐤌𐤓 𐤉𐤄𐤅𐤄·

𐤁 𐤄𐤓𐤇𐤉𐤁𐤉 𐤌𐤒𐤅𐤌 𐤀𐤄𐤋𐤊 𐤅𐤉𐤓𐤉𐤏𐤅𐤕 𐤌𐤔𐤊𐤍𐤅𐤕𐤉𐤊 𐤉𐤈𐤅 𐤀𐤋 𐤕𐤇𐤔𐤊𐤉
𐤄𐤀𐤓𐤉𐤊𐤉 𐤌𐤉𐤕𐤓𐤉𐤊 𐤅𐤉𐤕𐤃𐤅𐤕𐤉𐤊 𐤇𐤆𐤒𐤉·

𐤂 𐤊𐤉 𐤉𐤌𐤉𐤍 𐤅𐤔𐤌𐤀𐤅𐤋 𐤕𐤐𐤓𐤑𐤉 𐤅𐤆𐤓𐤏𐤊 𐤂𐤅𐤉𐤌 𐤉𐤉𐤓𐤔 𐤅𐤏𐤓𐤉𐤌 𐤍𐤔𐤌𐤅𐤕
𐤉𐤅𐤔𐤉𐤁𐤅·

𐤃 𐤀𐤋 𐤕𐤉𐤓𐤀𐤉 𐤊𐤉 𐤋𐤀 𐤕𐤁𐤅𐤔𐤉 𐤅𐤀𐤋 𐤕𐤊𐤋𐤌𐤉 𐤊𐤉 𐤋𐤀 𐤕𐤇𐤐𐤉𐤓𐤉 𐤊𐤉 𐤁𐤔𐤕
𐤏𐤋𐤅𐤌𐤉𐤊 𐤕𐤔𐤊𐤇𐤉 𐤅𐤇𐤓𐤐𐤕 𐤀𐤋𐤌𐤍𐤅𐤕𐤉𐤊 𐤋𐤀 𐤕𐤆𐤊𐤓𐤉 𐤏𐤅𐤃·

𐤄 𐤊𐤉 𐤁𐤏𐤋𐤉𐤊 𐤏𐤔𐤉𐤊 𐤉𐤄𐤅𐤄 𐤑𐤁𐤀𐤅𐤕 𐤔𐤌𐤅 𐤅𐤂𐤀𐤋𐤊 𐤒𐤃𐤅𐤔 𐤉𐤔𐤓𐤀𐤋
𐤀𐤋𐤄𐤉 𐤊𐤋 𐤄𐤀𐤓𐤑 𐤉𐤒𐤓𐤀·

𐤅 𐤊𐤉 𐤊𐤀𐤔𐤄 𐤏𐤆𐤅𐤁𐤄 𐤅𐤏𐤑𐤅𐤁𐤕 𐤓𐤅𐤇 𐤒𐤓𐤀𐤊 𐤉𐤄𐤅𐤄 𐤅𐤀𐤔𐤕 𐤍𐤏𐤅𐤓𐤉𐤌 𐤊𐤉
𐤕𐤌𐤀𐤎 𐤀𐤌𐤓 𐤀𐤋𐤄𐤉𐤊·

𐤆 𐤁𐤓𐤂𐤏 𐤒𐤈𐤍 𐤏𐤆𐤁𐤕𐤉𐤊 𐤅𐤁𐤓𐤇𐤌𐤉𐤌 𐤂𐤃𐤋𐤉𐤌 𐤀𐤒𐤁𐤑𐤊·

𐤇 𐤁𐤔𐤑𐤐 𐤒𐤑𐤐 𐤄𐤎𐤕𐤓𐤕𐤉 𐤐𐤍𐤉 𐤓𐤂𐤏 𐤌𐤌𐤊 𐤅𐤁𐤇𐤎𐤃 𐤏𐤅𐤋𐤌 𐤓𐤇𐤌𐤕𐤉𐤊 𐤀𐤌𐤓
𐤂𐤀𐤋𐤊 𐤉𐤄𐤅𐤄·

𐤈 𐤊𐤉 𐤌𐤉 𐤍𐤇 𐤆𐤀𐤕 𐤋𐤉 𐤀𐤔𐤓 𐤍𐤔𐤁𐤏𐤕𐤉 𐤌𐤏𐤁𐤓 𐤌𐤉 𐤍𐤇 𐤏𐤅𐤃 𐤏𐤋 𐤄𐤀𐤓𐤑 𐤊𐤍
𐤍𐤔𐤁𐤏𐤕𐤉 𐤌𐤒𐤑𐤐 𐤏𐤋𐤉𐤊 𐤅𐤌𐤂𐤏𐤓 𐤁𐤊·

𐤉 𐤊𐤉 𐤄𐤄𐤓𐤉𐤌 𐤉𐤌𐤅𐤔𐤅 𐤅𐤄𐤂𐤁𐤏𐤅𐤕 𐤕𐤌𐤅𐤈𐤉𐤍𐤄 𐤅𐤇𐤎𐤃𐤉 𐤌𐤀𐤕𐤊 𐤋𐤀 𐤉𐤌𐤅𐤔
𐤅𐤁𐤓𐤉𐤕 𐤔𐤋𐤅𐤌𐤉 𐤋𐤀 𐤕𐤌𐤅𐤈 𐤀𐤌𐤓 𐤌𐤓𐤇𐤌𐤊 𐤉𐤄𐤅𐤄·

𐤉𐤀 𐤏𐤍𐤉𐤄 𐤎𐤏𐤓𐤄 𐤋𐤀 𐤍𐤇𐤌𐤄 𐤄𐤍𐤄 𐤀𐤍𐤊𐤉 𐤌𐤓𐤁𐤉𐤑 𐤁𐤐𐤅𐤊 𐤀𐤁𐤍𐤉𐤊
𐤅𐤉𐤎𐤃𐤕𐤉𐤊 𐤁𐤎𐤐𐤉𐤓𐤉𐤌·

𐤉𐤁 𐤅𐤔𐤌𐤕𐤉 𐤊𐤃𐤊𐤃 𐤔𐤌𐤔𐤕𐤉𐤊 𐤅𐤔𐤏𐤓𐤉𐤊 𐤋𐤀𐤁𐤍𐤉 𐤀𐤒𐤃𐤇 𐤅𐤊𐤋 𐤂𐤁𐤅𐤋𐤊
𐤋𐤀𐤁𐤍𐤉 𐤇𐤐𐤑·

𐤉𐤂 𐤅𐤊𐤋 𐤁𐤍𐤉𐤊 𐤋𐤌𐤅𐤃𐤉 𐤉𐤄𐤅𐤄 𐤅𐤓𐤁 𐤔𐤋𐤅𐤌 𐤁𐤍𐤉𐤊·

𐤉𐤃 𐤁𐤑𐤃𐤒𐤄 𐤕𐤊𐤅𐤍𐤍𐤉 𐤓𐤇𐤒𐤉 𐤌𐤏𐤔𐤒 𐤊𐤉 𐤋𐤀 𐤕𐤉𐤓𐤀𐤉 𐤅𐤌𐤌𐤇𐤕𐤄 𐤊𐤉 𐤋𐤀

𐤕𐤒𐤓𐤁 𐤀𐤋𐤉𐤊•
𐤈𐤅 𐤄𐤍 𐤂𐤅𐤓 𐤉𐤂𐤅𐤓 𐤀𐤐𐤎 𐤌𐤀𐤅𐤕𐤉 𐤌𐤉 𐤂𐤓 𐤀𐤕𐤊 𐤏𐤋𐤉𐤊 𐤉𐤐𐤅𐤋•
𐤈𐤆 𐤄𐤍 [𐤄𐤍𐤄] 𐤀𐤍𐤊𐤉 𐤁𐤓𐤀𐤕𐤉 𐤇𐤓𐤔 𐤍𐤐𐤇 𐤁𐤀𐤔 𐤐𐤇𐤌 𐤅𐤌𐤅𐤑𐤉𐤀 𐤊𐤋𐤉
𐤋𐤌𐤏𐤔𐤄𐤅 𐤅𐤀𐤍𐤊𐤉 𐤁𐤓𐤀𐤕𐤉 𐤌𐤔𐤇𐤉𐤕 𐤋𐤇𐤁𐤋•
𐤉𐤆 𐤊𐤋 𐤊𐤋𐤉 𐤉𐤅𐤑𐤓 𐤏𐤋𐤉𐤊 𐤋𐤀 𐤉𐤑𐤋𐤇 𐤅𐤊𐤋 𐤋𐤔𐤅𐤍 𐤕𐤒𐤅𐤌 𐤀𐤕𐤊 𐤋𐤌𐤔𐤐𐤈
𐤕𐤓𐤔𐤉𐤏𐤉 𐤆𐤀𐤕 𐤍𐤇𐤋𐤕 𐤏𐤁𐤃𐤉 𐤉𐤄𐤅𐤄 𐤅𐤑𐤃𐤒𐤕𐤌 𐤌𐤀𐤕𐤉 𐤍𐤀𐤌 𐤉𐤄𐤅𐤄•

𐤐𐤓𐤒 𐤍𐤄

𐤀 𐤄𐤅𐤉 𐤊𐤋 𐤑𐤌𐤀 𐤋𐤊𐤅 𐤋𐤌𐤉𐤌 𐤅𐤀𐤔𐤓 𐤀𐤉𐤍 𐤋𐤅 𐤊𐤎𐤐 𐤋𐤊𐤅 𐤔𐤁𐤓𐤅 𐤅𐤀𐤊𐤋𐤅
𐤅𐤋𐤊𐤅 𐤔𐤁𐤓𐤅 𐤁𐤋𐤅𐤀 𐤊𐤎𐤐 𐤅𐤁𐤋𐤅𐤀 𐤌𐤇𐤉𐤓 𐤉𐤉𐤍 𐤅𐤇𐤋𐤁•
𐤁 𐤋𐤌𐤄 𐤕𐤔𐤒𐤋𐤅 𐤊𐤎𐤐 𐤁𐤋𐤅𐤀 𐤋𐤇𐤌 𐤅𐤉𐤂𐤉𐤏𐤊𐤌 𐤁𐤋𐤅𐤀 𐤋𐤔𐤁𐤏𐤄 𐤔𐤌𐤏𐤅
𐤔𐤌𐤅𐤏 𐤀𐤋𐤉 𐤅𐤀𐤊𐤋𐤅 𐤈𐤅𐤁 𐤅𐤕𐤕𐤏𐤍𐤂 𐤁𐤃𐤔𐤍 𐤍𐤐𐤔𐤊𐤌•
𐤂 𐤄𐤈𐤅 𐤀𐤆𐤍𐤊𐤌 𐤅𐤋𐤊𐤅 𐤀𐤋𐤉 𐤔𐤌𐤏𐤅 𐤅𐤕𐤇𐤉 𐤍𐤐𐤔𐤊𐤌 𐤅𐤀𐤊𐤓𐤕𐤄 𐤋𐤊𐤌 𐤁𐤓𐤉𐤕
𐤏𐤅𐤋𐤌 𐤇𐤎𐤃𐤉 𐤃𐤅𐤃 𐤄𐤍𐤀𐤌𐤍𐤉𐤌•
𐤃 𐤄𐤍 𐤏𐤃 𐤋𐤀𐤅𐤌𐤉𐤌 𐤍𐤕𐤕𐤉𐤅 𐤍𐤂𐤉𐤃 𐤅𐤌𐤑𐤅𐤄 𐤋𐤀𐤌𐤉𐤌•
𐤄 𐤄𐤍 𐤂𐤅𐤉 𐤋𐤀 𐤕𐤃𐤏 𐤕𐤒𐤓𐤀 𐤅𐤂𐤅𐤉 𐤋𐤀 𐤉𐤃𐤏𐤅𐤊 𐤀𐤋𐤉𐤊 𐤉𐤓𐤅𐤑𐤅 𐤋𐤌𐤏𐤍
𐤉𐤄𐤅𐤄 𐤀𐤋𐤄𐤉𐤊 𐤅𐤋𐤒𐤃𐤅𐤔 𐤉𐤔𐤓𐤀𐤋 𐤊𐤉 𐤐𐤀𐤓𐤊•
𐤅 𐤃𐤓𐤔𐤅 𐤉𐤄𐤅𐤄 𐤁𐤄𐤌𐤑𐤀𐤅 𐤒𐤓𐤀𐤄𐤅 𐤁𐤄𐤉𐤅𐤕𐤅 𐤒𐤓𐤅𐤁•
𐤆 𐤉𐤏𐤆𐤁 𐤓𐤔𐤏 𐤃𐤓𐤊𐤅 𐤅𐤀𐤉𐤔 𐤀𐤅𐤍 𐤌𐤇𐤔𐤁𐤕𐤉𐤅 𐤅𐤉𐤔𐤁 𐤀𐤋 𐤉𐤄𐤅𐤄
𐤅𐤉𐤓𐤇𐤌𐤄𐤅 𐤅𐤀𐤋 𐤀𐤋𐤄𐤉𐤍𐤅 𐤊𐤉 𐤉𐤓𐤁𐤄 𐤋𐤎𐤋𐤅𐤇•
𐤇 𐤊𐤉 𐤋𐤀 𐤌𐤇𐤔𐤁𐤅𐤕𐤉 𐤌𐤇𐤔𐤁𐤅𐤕𐤉𐤊𐤌 𐤅𐤋𐤀 𐤃𐤓𐤊𐤉𐤊𐤌 𐤃𐤓𐤊𐤉 𐤍𐤀𐤌 𐤉𐤄𐤅𐤄•
𐤈 𐤊𐤉 𐤂𐤁𐤄𐤅 𐤔𐤌𐤉𐤌 𐤌𐤀𐤓𐤑 𐤊𐤍 𐤂𐤁𐤄𐤅 𐤃𐤓𐤊𐤉 𐤌𐤃𐤓𐤊𐤉𐤊𐤌 𐤅𐤌𐤇𐤔𐤁𐤕𐤉
𐤌𐤌𐤇𐤔𐤁𐤕𐤉𐤊𐤌•
𐤉 𐤊𐤉 𐤊𐤀𐤔𐤓 𐤉𐤓𐤃 𐤄𐤂𐤔𐤌 𐤅𐤄𐤔𐤋𐤂 𐤌𐤍 𐤄𐤔𐤌𐤉𐤌 𐤅𐤔𐤌𐤄 𐤋𐤀 𐤉𐤔𐤅𐤁 𐤊𐤉
𐤀𐤌 𐤄𐤓𐤅𐤄 𐤀𐤕 𐤄𐤀𐤓𐤑 𐤅𐤄𐤅𐤋𐤉𐤃𐤄 𐤅𐤄𐤑𐤌𐤉𐤇𐤄 𐤅𐤍𐤕𐤍 𐤆𐤓𐤏 𐤋𐤆𐤓𐤏 𐤅𐤋𐤇𐤌
𐤋𐤀𐤊𐤋•
𐤉𐤀 𐤊𐤍 𐤉𐤄𐤉𐤄 𐤃𐤁𐤓𐤉 𐤀𐤔𐤓 𐤉𐤑𐤀 𐤌𐤐𐤉 𐤋𐤀 𐤉𐤔𐤅𐤁 𐤀𐤋𐤉 𐤓𐤉𐤒𐤌 𐤊𐤉 𐤀𐤌
𐤏𐤔𐤄 𐤀𐤕 𐤀𐤔𐤓 𐤇𐤐𐤑𐤕𐤉 𐤅𐤄𐤑𐤋𐤉𐤇 𐤀𐤔𐤓 𐤔𐤋𐤇𐤕𐤉𐤅•
𐤉𐤁 𐤊𐤉 𐤁𐤔𐤌𐤇𐤄 𐤕𐤑𐤀𐤅 𐤅𐤁𐤔𐤋𐤅𐤌 𐤕𐤅𐤁𐤋𐤅𐤍 𐤄𐤄𐤓𐤉𐤌 𐤅𐤄𐤂𐤁𐤏𐤅𐤕 𐤉𐤐𐤑𐤇𐤅
𐤋𐤐𐤍𐤉𐤊𐤌 𐤓𐤍𐤄 𐤅𐤊𐤋 𐤏𐤑𐤉 𐤄𐤔𐤃𐤄 𐤉𐤌𐤇𐤀𐤅 𐤊𐤐•
𐤉𐤂 𐤕𐤇𐤕 𐤄𐤍𐤏𐤑𐤅𐤑 𐤉𐤏𐤋𐤄 𐤁𐤓𐤅𐤔 𐤕𐤇𐤕 [𐤅𐤕𐤇𐤕] 𐤄𐤎𐤓𐤐𐤃 𐤉𐤏𐤋𐤄 𐤄𐤃𐤎 𐤅𐤄𐤉𐤄
𐤋𐤉𐤄𐤅𐤄 𐤋𐤔𐤌 𐤋𐤀𐤅𐤕 𐤏𐤅𐤋𐤌 𐤋𐤀 𐤉𐤊𐤓𐤕•

𐤉𐤔𐤏𐤉𐤄

𐤐𐤓𐤒 𐤍𐤅
𐤀 𐤊𐤄 𐤀𐤌𐤓 𐤉𐤄𐤅𐤄 𐤔𐤌𐤓𐤅 𐤌𐤔𐤐𐤈 𐤅𐤏𐤔𐤅 𐤑𐤃𐤒𐤄 𐤊𐤉 𐤒𐤓𐤅𐤁𐤄 𐤉𐤔𐤅𐤏𐤕𐤉
𐤋𐤁𐤅𐤀 𐤅𐤑𐤃𐤒𐤕𐤉 𐤋𐤄𐤂𐤋𐤅𐤕.
𐤁 𐤀𐤔𐤓𐤉 𐤀𐤍𐤅𐤔 𐤉𐤏𐤔𐤄 𐤆𐤀𐤕 𐤅𐤁𐤍 𐤀𐤃𐤌 𐤉𐤇𐤆𐤉𐤒 𐤁𐤄 𐤔𐤌𐤓 𐤔𐤁𐤕 𐤌𐤇𐤋𐤋𐤅
𐤅𐤔𐤌𐤓 𐤉𐤃𐤅 𐤌𐤏𐤔𐤅𐤕 𐤊𐤋 𐤓𐤏.
𐤂 𐤅𐤋𐤀 𐤉𐤀𐤌𐤓 𐤁𐤍 𐤄𐤍𐤊𐤓 𐤄𐤍𐤋𐤅𐤄 𐤀𐤋 𐤉𐤄𐤅𐤄 𐤋𐤀𐤌𐤓 𐤄𐤁𐤃𐤋 𐤉𐤁𐤃𐤉𐤋𐤍𐤉
𐤉𐤄𐤅𐤄 𐤌𐤏𐤋 𐤏𐤌𐤅 𐤅𐤀𐤋 𐤉𐤀𐤌𐤓 𐤄𐤎𐤓𐤉𐤎 𐤄𐤍 𐤀𐤍𐤉 𐤏𐤑 𐤉𐤁𐤔.
𐤃 𐤊𐤉 𐤊𐤄 𐤀𐤌𐤓 𐤉𐤄𐤅𐤄 𐤋𐤎𐤓𐤉𐤎𐤉𐤌 𐤀𐤔𐤓 𐤉𐤔𐤌𐤓𐤅 𐤀𐤕 𐤔𐤁𐤕𐤅𐤕𐤉 𐤅𐤁𐤇𐤓𐤅
𐤁𐤀𐤔𐤓 𐤇𐤐𐤑𐤕𐤉 𐤅𐤌𐤇𐤆𐤉𐤒𐤉𐤌 𐤁𐤁𐤓𐤉𐤕𐤉.
𐤄 𐤅𐤍𐤕𐤕𐤉 𐤋𐤄𐤌 𐤁𐤁𐤉𐤕𐤉 𐤅𐤁𐤇𐤅𐤌𐤕𐤉 𐤉𐤃 𐤅𐤔𐤌 𐤈𐤅𐤁 𐤌𐤁𐤍𐤉𐤌 𐤅𐤌𐤁𐤍𐤅𐤕 𐤔𐤌
𐤏𐤅𐤋𐤌 𐤀𐤕𐤍 𐤋𐤅 𐤀𐤔𐤓 𐤋𐤀 𐤉𐤊𐤓𐤕.
𐤅 𐤅𐤁𐤍𐤉 𐤄𐤍𐤊𐤓 𐤄𐤍𐤋𐤅𐤉𐤌 𐤏𐤋 𐤉𐤄𐤅𐤄 𐤋𐤔𐤓𐤕𐤅 𐤅𐤋𐤀𐤄𐤁𐤄 𐤀𐤕 𐤔𐤌 𐤉𐤄𐤅𐤄
𐤋𐤄𐤉𐤅𐤕 𐤋𐤅 𐤋𐤏𐤁𐤃𐤉𐤌 𐤊𐤋 𐤔𐤌𐤓 𐤔𐤁𐤕 𐤌𐤇𐤋𐤋𐤅 𐤅𐤌𐤇𐤆𐤉𐤒𐤉𐤌 𐤁𐤁𐤓𐤉𐤕𐤉.
𐤆 𐤅𐤄𐤁𐤉𐤀𐤅𐤕𐤉𐤌 𐤀𐤋 𐤄𐤓 𐤒𐤃𐤔𐤉 𐤅𐤔𐤌𐤇𐤕𐤉𐤌 𐤁𐤁𐤉𐤕 𐤕𐤐𐤋𐤕𐤉 𐤏𐤅𐤋𐤕𐤉𐤄𐤌
𐤅𐤆𐤁𐤇𐤉𐤄𐤌 𐤋𐤓𐤑𐤅𐤍 𐤏𐤋 𐤌𐤆𐤁𐤇𐤉 𐤊𐤉 𐤁𐤉𐤕𐤉 𐤁𐤉𐤕 𐤕𐤐𐤋𐤄 𐤉𐤒𐤓𐤀 𐤋𐤊𐤋
𐤄𐤏𐤌𐤉𐤌.
𐤇 𐤍𐤀𐤌 𐤀𐤃𐤍𐤉 𐤉𐤄𐤅𐤄 𐤌𐤒𐤁𐤑 𐤍𐤃𐤇𐤉 𐤉𐤔𐤓𐤀𐤋 𐤏𐤅𐤃 𐤀𐤒𐤁𐤑 𐤏𐤋𐤉𐤅
𐤋𐤍𐤒𐤁𐤑𐤉𐤅.
𐤈 𐤊𐤋 𐤇𐤉𐤕𐤅 𐤔𐤃𐤉 𐤀𐤕𐤉𐤅 𐤋𐤀𐤊𐤋 𐤊𐤋 𐤇𐤉𐤕𐤅 𐤁𐤉𐤏𐤓.
𐤉 𐤑𐤐𐤅 [𐤑𐤐𐤉𐤅] 𐤏𐤅𐤓𐤉𐤌 𐤊𐤋𐤌 𐤋𐤀 𐤉𐤃𐤏𐤅 𐤊𐤋𐤌 𐤊𐤋𐤁𐤉𐤌 𐤀𐤋𐤌𐤉𐤌 𐤋𐤀
𐤉𐤅𐤊𐤋𐤅 𐤋𐤍𐤁𐤇 𐤄𐤆𐤉𐤌 𐤔𐤊𐤁𐤉𐤌 𐤀𐤄𐤁𐤉 𐤋𐤍𐤅𐤌.
𐤉𐤀 𐤅𐤄𐤊𐤋𐤁𐤉𐤌 𐤏𐤆𐤉 𐤍𐤐𐤔 𐤋𐤀 𐤉𐤃𐤏𐤅 𐤔𐤁𐤏𐤄 𐤅𐤄𐤌𐤄 𐤓𐤏𐤉𐤌 𐤋𐤀 𐤉𐤃𐤏𐤅
𐤄𐤁𐤉𐤍 𐤊𐤋𐤌 𐤋𐤃𐤓𐤊𐤌 𐤐𐤍𐤅 𐤀𐤉𐤔 𐤋𐤁𐤑𐤏𐤅 𐤌𐤒𐤑𐤄𐤅.
𐤉𐤁 𐤀𐤕𐤉𐤅 𐤀𐤒𐤇𐤄 𐤉𐤉𐤍 𐤅𐤍𐤎𐤁𐤀𐤄 𐤔𐤊𐤓 𐤅𐤄𐤉𐤄 𐤊𐤆𐤄 𐤉𐤅𐤌 𐤌𐤇𐤓 𐤂𐤃𐤅𐤋 𐤉𐤕𐤓
𐤌𐤀𐤃.

𐤐𐤓𐤒 𐤍𐤆
𐤀 𐤄𐤑𐤃𐤉𐤒 𐤀𐤁𐤃 𐤅𐤀𐤉𐤍 𐤀𐤉𐤔 𐤔𐤌 𐤏𐤋 𐤋𐤁 𐤅𐤀𐤍𐤔𐤉 𐤇𐤎𐤃 𐤍𐤀𐤎𐤐𐤉𐤌 𐤁𐤀𐤉𐤍
𐤌𐤁𐤉𐤍 𐤊𐤉 𐤌𐤐𐤍𐤉 𐤄𐤓𐤏𐤄 𐤍𐤀𐤎𐤐 𐤄𐤑𐤃𐤉𐤒.
𐤁 𐤉𐤁𐤅𐤀 𐤔𐤋𐤅𐤌 𐤉𐤍𐤅𐤇𐤅 𐤏𐤋 𐤌𐤔𐤊𐤁𐤅𐤕𐤌 𐤄𐤋𐤊 𐤍𐤊𐤇𐤅.
𐤂 𐤅𐤀𐤕𐤌 𐤒𐤓𐤁𐤅 𐤄𐤍𐤄 𐤁𐤍𐤉 𐤏𐤍𐤍𐤄 𐤆𐤓𐤏 𐤌𐤍𐤀𐤐 𐤅𐤕𐤆𐤍𐤄.
𐤃 𐤏𐤋 𐤌𐤉 𐤕𐤕𐤏𐤍𐤂𐤅 𐤏𐤋 𐤌𐤉 𐤕𐤓𐤇𐤉𐤁𐤅 𐤐𐤄 𐤕𐤀𐤓𐤉𐤊𐤅 𐤋𐤔𐤅𐤍 𐤄𐤋𐤅𐤀 𐤀𐤕𐤌
𐤉𐤋𐤃𐤉 𐤐𐤔𐤏 𐤆𐤓𐤏 𐤔𐤒𐤓.

𐤉𐤔𐤏𐤉𐤄

𐤄 𐤄𐤍𐤇𐤌𐤉𐤌 𐤁𐤀𐤋𐤉𐤌 𐤕𐤇𐤕 𐤊𐤋 𐤏𐤑 𐤓𐤏𐤍𐤍 𐤔𐤇𐤈𐤉 𐤄𐤉𐤋𐤃𐤉𐤌 𐤁𐤍𐤇𐤋𐤉𐤌 𐤕𐤇𐤕 𐤎𐤏𐤐𐤉 𐤄𐤎𐤋𐤏𐤉𐤌•

𐤅𐤁𐤇𐤋𐤒𐤉 𐤍𐤇𐤋 𐤇𐤋𐤒𐤊 𐤄𐤌 𐤄𐤌 𐤂𐤅𐤓𐤋𐤊 𐤂𐤌 𐤋𐤄𐤌 𐤔𐤐𐤊𐤕 𐤍𐤎𐤊 𐤄𐤏𐤋𐤉𐤕 𐤌𐤍𐤇𐤄 𐤄𐤏𐤋 𐤀𐤋𐤄 𐤀𐤍𐤇𐤌•

𐤆𐤏𐤋 𐤄𐤓 𐤂𐤁𐤄 𐤅𐤍𐤔𐤀 𐤔𐤌𐤕 𐤌𐤔𐤊𐤁𐤊 𐤂𐤌 𐤔𐤌 𐤏𐤋𐤉𐤕 𐤋𐤆𐤁𐤇 𐤆𐤁𐤇•

𐤇 𐤅𐤀𐤇𐤓 𐤄𐤃𐤋𐤕 𐤅𐤄𐤌𐤆𐤅𐤆𐤄 𐤔𐤌𐤕 𐤆𐤊𐤓𐤅𐤍𐤊 𐤊𐤉 𐤌𐤀𐤕𐤉 𐤂𐤋𐤉𐤕 𐤅𐤕𐤏𐤋𐤉 𐤄𐤓𐤇𐤁𐤕 𐤌𐤔𐤊𐤁𐤊 𐤅𐤕𐤊𐤓𐤕 𐤋𐤊 𐤌𐤄𐤌 𐤀𐤄𐤁𐤕 𐤌𐤔𐤊𐤁𐤌 𐤉𐤃 𐤇𐤆𐤉𐤕•

𐤈𐤅𐤕𐤔𐤓𐤉 𐤋𐤌𐤋𐤊 𐤁𐤔𐤌𐤍 𐤅𐤕𐤓𐤁𐤉 𐤓𐤒𐤇𐤉𐤊 𐤅𐤕𐤔𐤋𐤇𐤉 𐤑𐤉𐤓𐤉𐤊 𐤏𐤃 𐤌𐤓𐤇𐤒 𐤅𐤕𐤔𐤐𐤉𐤋𐤉 𐤏𐤃 𐤔𐤀𐤅𐤋•

𐤉𐤁𐤓𐤁 𐤃𐤓𐤊𐤊 𐤉𐤂𐤏𐤕 𐤋𐤀 𐤀𐤌𐤓𐤕 𐤍𐤅𐤀𐤔 𐤇𐤉𐤕 𐤉𐤃𐤊 𐤌𐤑𐤀𐤕 𐤏𐤋 𐤊𐤍 𐤋𐤀 𐤇𐤋𐤉𐤕•

𐤉𐤀 𐤅𐤀𐤕 𐤌𐤉 𐤃𐤀𐤂𐤕 𐤅𐤕𐤉𐤓𐤀𐤉 𐤊𐤉 𐤕𐤊𐤆𐤁𐤉 𐤅𐤀𐤅𐤕𐤉 𐤋𐤀 𐤆𐤊𐤓𐤕 𐤋𐤀 𐤔𐤌𐤕 𐤏𐤋 𐤋𐤁𐤊 𐤄𐤋𐤀 𐤀𐤍𐤉 𐤌𐤇𐤔𐤄 𐤅𐤌𐤏𐤋𐤌 𐤅𐤀𐤅𐤕𐤉 𐤋𐤀 𐤕𐤉𐤓𐤀𐤉•

𐤉𐤁 𐤀𐤍𐤉 𐤀𐤂𐤉𐤃 𐤑𐤃𐤒𐤕𐤊 𐤅𐤀𐤕 𐤌𐤏𐤔𐤉𐤊 𐤅𐤋𐤀 𐤉𐤅𐤏𐤉𐤋𐤅𐤊•

𐤉𐤂 𐤁𐤆𐤏𐤒𐤊 𐤉𐤑𐤉𐤋𐤊 𐤒𐤁𐤅𐤑𐤉𐤊 𐤅𐤀𐤕 𐤊𐤋𐤌 𐤉𐤔𐤀 𐤓𐤅𐤇 𐤉𐤒𐤇 𐤄𐤁𐤋 𐤅𐤄𐤇𐤅𐤎𐤄 𐤁𐤉 𐤉𐤍𐤇𐤋 𐤀𐤓𐤑 𐤅𐤉𐤉𐤓𐤔 𐤄𐤓 𐤒𐤃𐤔𐤉•

𐤉𐤃 𐤅𐤀𐤌𐤓 𐤎𐤋𐤅 𐤎𐤋𐤅 𐤐𐤍𐤅 𐤃𐤓𐤊 𐤄𐤓𐤉𐤌𐤅 𐤌𐤊𐤔𐤅𐤋 𐤌𐤃𐤓𐤊 𐤏𐤌𐤉•

𐤈𐤅 𐤊𐤉 𐤊𐤄 𐤀𐤌𐤓 𐤓𐤌 𐤅𐤍𐤔𐤀 𐤔𐤊𐤍 𐤏𐤃 𐤅𐤒𐤃𐤅𐤔 𐤔𐤌𐤅 𐤌𐤓𐤅𐤌 𐤅𐤒𐤃𐤅𐤔 𐤀𐤔𐤊𐤅𐤍 𐤅𐤀𐤕 𐤃𐤊𐤀 𐤅𐤔𐤐𐤋 𐤓𐤅𐤇 𐤋𐤄𐤇𐤉𐤅𐤕 𐤓𐤅𐤇 𐤔𐤐𐤋𐤉𐤌 𐤅𐤋𐤄𐤇𐤉𐤅𐤕 𐤋𐤁 𐤍𐤃𐤊𐤀𐤉𐤌•

𐤈𐤆 𐤊𐤉 𐤋𐤀 𐤋𐤏𐤅𐤋𐤌 𐤀𐤓𐤉𐤁 𐤅𐤋𐤀 𐤋𐤍𐤑𐤇 𐤀𐤒𐤑𐤅𐤐 𐤊𐤉 𐤓𐤅𐤇 𐤌𐤋𐤐𐤍𐤉 𐤉𐤏𐤈𐤅𐤐 𐤅𐤍𐤔𐤌𐤅𐤕 𐤀𐤍𐤉 𐤏𐤔𐤉𐤕𐤉•

𐤉𐤆 𐤁𐤏𐤅𐤍 𐤁𐤑𐤏𐤅 𐤒𐤑𐤐𐤕𐤉 𐤅𐤀𐤊𐤄𐤅 𐤄𐤎𐤕𐤓 𐤅𐤀𐤒𐤑𐤐 𐤅𐤉𐤋𐤊 𐤔𐤅𐤁𐤁 𐤁𐤃𐤓𐤊 𐤋𐤁𐤅•

𐤉𐤇 𐤃𐤓𐤊𐤉𐤅 𐤓𐤀𐤉𐤕𐤉 𐤅𐤀𐤓𐤐𐤀𐤄𐤅 𐤅𐤀𐤍𐤇𐤄𐤅 𐤅𐤀𐤔𐤋𐤌 𐤍𐤇𐤌𐤉𐤌 𐤋𐤅 𐤅𐤋𐤀𐤁𐤋𐤉𐤅•

𐤉𐤈 𐤁𐤅𐤓𐤀 𐤍𐤅𐤁 [𐤍𐤉𐤁] 𐤔𐤐𐤕𐤉𐤌 𐤔𐤋𐤅𐤌 𐤔𐤋𐤅𐤌 𐤋𐤓𐤇𐤅𐤒 𐤅𐤋𐤒𐤓𐤅𐤁 𐤀𐤌𐤓 𐤉𐤄𐤅𐤄 𐤅𐤓𐤐𐤀𐤕𐤉𐤅•

𐤊 𐤅𐤄𐤓𐤔𐤏𐤉𐤌 𐤊𐤉𐤌 𐤍𐤂𐤓𐤔 𐤊𐤉 𐤄𐤔𐤒𐤈 𐤋𐤀 𐤉𐤅𐤊𐤋 𐤅𐤉𐤂𐤓𐤔𐤅 𐤌𐤉𐤌𐤉𐤅 𐤓𐤐𐤔 𐤅𐤈𐤉𐤈•

𐤊𐤀 𐤀𐤉𐤍 𐤔𐤋𐤅𐤌 𐤀𐤌𐤓 𐤀𐤋𐤄𐤉 𐤋𐤓𐤔𐤏𐤉𐤌•

𐤐𐤓𐤒 𐤍𐤇

ישעיה

א קרא בגרון אל תחשך כשופר הרם קולך והגד לעמי פשעם ולבית
יעקב חטאתם.
ב ואותי יום יום ידרשון ודעת דרכי יחפצון כגוי אשר צדקה
עשה ומשפט אלהיו לא עזב ישאלוני משפטי צדק קרבת אלהים
יחפצון.
ג למה צמנו ולא ראית ענינו נפשנו ולא תדע הן ביום צמכם
תמצאו חפץ וכל עצביכם תנגשו.
ד הן לריב ומצה תצומו ולהכות באגרף רשע לא תצומו כיום
להשמיע במרום קולכם.
ה הכזה יהיה צום אבחרהו יום ענות אדם נפשו הלכף כאגמן
ראשו ושק ואפר יציע הלזה תקרא צום ויום רצון ליהוה.
ו הלוא זה צום אבחרהו פתח חרצבות רשע התר אגדות מוטה ושלח
רצוצים חפשים וכל מוטה תנתקו.
ז הלוא פרס לרעב לחמך ועניים מרודים תביא בית כי תראה
ערם וכסיתו ומבשרך לא תתעלם.
ח אז יבקע כשחר אורך וארכתך מהרה תצמח והלך לפניך צדקך
כבוד יהוה יאספך.
ט אז תקרא ויהוה יענה תשוע ויאמר הנני אם תסיר מתוכך
מוטה שלח אצבע ודבר און.
י ותפק לרעב נפשך ונפש נענה תשביע וזרח בחשך אורך ואפלתך
כצהרים.
יא ונחך יהוה תמיד והשביע בצחצחות נפשך ועצמתיך יחליץ
והיית כגן רוה וכמוצא מים אשר לא יכזבו מימיו.
יב ובנו ממך חרבות עולם מוסדי דור ודור תקומם וקרא לך גדר
פרץ משובב נתיבות לשבת.
יג אם תשיב משבת רגלך עשות חפציך ביום קדשי וקראת לשבת
ענג לקדוש יהוה מכבד וכבדתו מעשות דרכיך ממצוא חפצך
ודבר דבר.
יד אז תתענג על יהוה והרכבתיך על במותי [במתי] ארץ
והאכלתיך נחלת יעקב אביך כי פי יהוה דבר.

פרק נט

א הן לא קצרה יד יהוה מהושיע ולא כבדה אזנו משמוע.

𐤉𐤔𐤏𐤉𐤄

𐤁 𐤊𐤉 𐤀𐤌 𐤏𐤅𐤍𐤕𐤉𐤊𐤌 𐤄𐤉𐤅 𐤌𐤁𐤃𐤋𐤉𐤌 𐤁𐤉𐤍𐤊𐤌 𐤋𐤁𐤉𐤍 𐤀𐤋𐤄𐤉𐤊𐤌
𐤅𐤇𐤈𐤀𐤅𐤕𐤉𐤊𐤌 𐤄𐤎𐤕𐤉𐤓𐤅 𐤐𐤍𐤉𐤌 𐤌𐤊𐤌 𐤌𐤔𐤌𐤅𐤏•
𐤂 𐤊𐤉 𐤊𐤐𐤉𐤊𐤌 𐤍𐤂𐤀𐤋𐤅 𐤁𐤃𐤌 𐤅𐤀𐤑𐤁𐤏𐤅𐤕𐤉𐤊𐤌 𐤁𐤏𐤅𐤍 𐤔𐤐𐤕𐤅𐤕𐤉𐤊𐤌 𐤃𐤁𐤓𐤅
𐤔𐤒𐤓 𐤋𐤔𐤅𐤍𐤊𐤌 𐤏𐤅𐤋𐤄 𐤕𐤄𐤂𐤄•
𐤃 𐤀𐤉𐤍 𐤒𐤓𐤀 𐤁𐤑𐤃𐤒 𐤅𐤀𐤉𐤍 𐤍𐤔𐤐𐤈 𐤁𐤀𐤌𐤅𐤍𐤄 𐤁𐤈𐤅𐤇 𐤏𐤋 𐤕𐤄𐤅 𐤅𐤃𐤁𐤓 𐤔𐤅𐤀
𐤄𐤓𐤅 𐤏𐤌𐤋 𐤅𐤄𐤅𐤋𐤉𐤃 𐤀𐤅𐤍•
𐤄 𐤁𐤉𐤑𐤉 𐤑𐤐𐤏𐤅𐤍𐤉 𐤁𐤒𐤏𐤅 𐤅𐤒𐤅𐤓𐤉 𐤏𐤊𐤁𐤉𐤔 𐤉𐤀𐤓𐤂𐤅 𐤄𐤀𐤊𐤋 𐤌𐤁𐤉𐤑𐤉𐤄𐤌
𐤉𐤌𐤅𐤕 𐤅𐤄𐤆𐤅𐤓𐤄 𐤕𐤁𐤒𐤏 𐤀𐤐𐤏𐤄•
𐤅 𐤒𐤅𐤓𐤉𐤄𐤌 𐤋𐤀 𐤉𐤄𐤉𐤅 𐤋𐤁𐤂𐤃 𐤅𐤋𐤀 𐤉𐤕𐤊𐤎𐤅 𐤁𐤌𐤏𐤔𐤉𐤄𐤌 𐤌𐤏𐤔𐤉𐤄𐤌
𐤌𐤏𐤔𐤉 𐤀𐤅𐤍 𐤅𐤐𐤏𐤋 𐤇𐤌𐤎 𐤁𐤊𐤐𐤉𐤄𐤌•
𐤆 𐤓𐤂𐤋𐤉𐤄𐤌 𐤋𐤓𐤏 𐤉𐤓𐤑𐤅 𐤅𐤉𐤌𐤄𐤓𐤅 𐤋𐤔𐤐𐤊 𐤃𐤌 𐤍𐤒𐤉 𐤌𐤇𐤔𐤁𐤕𐤉𐤄𐤌 𐤌𐤇𐤔𐤁𐤅𐤕
𐤀𐤅𐤍 𐤔𐤃 𐤅𐤔𐤁𐤓 𐤁𐤌𐤎𐤋𐤅𐤕𐤌•
𐤇 𐤃𐤓𐤊 𐤔𐤋𐤅𐤌 𐤋𐤀 𐤉𐤃𐤏𐤅 𐤅𐤀𐤉𐤍 𐤌𐤔𐤐𐤈 𐤁𐤌𐤏𐤂𐤋𐤕𐤌 𐤍𐤕𐤉𐤁𐤅𐤕𐤉𐤄𐤌 𐤏𐤒𐤔𐤅
𐤋𐤄𐤌 𐤊𐤋 𐤃𐤓𐤊 𐤁𐤄 𐤋𐤀 𐤉𐤃𐤏 𐤔𐤋𐤅𐤌•
𐤈 𐤏𐤋 𐤊𐤍 𐤓𐤇𐤒 𐤌𐤔𐤐𐤈 𐤌𐤌𐤍𐤅 𐤅𐤋𐤀 𐤕𐤔𐤉𐤂𐤍𐤅 𐤑𐤃𐤒𐤄 𐤍𐤒𐤅𐤄 𐤋𐤀𐤅𐤓 𐤅𐤄𐤍𐤄
𐤇𐤔𐤊 𐤋𐤍𐤂𐤄𐤅𐤕 𐤁𐤀𐤐𐤋𐤅𐤕 𐤍𐤄𐤋𐤊•
𐤉 𐤍𐤂𐤔𐤔𐤄 𐤊𐤏𐤅𐤓𐤉𐤌 𐤒𐤉𐤓 𐤅𐤊𐤀𐤉𐤍 𐤏𐤉𐤍𐤉𐤌 𐤍𐤂𐤔𐤔𐤄 𐤊𐤔𐤋𐤍𐤅 𐤁𐤑𐤄𐤓𐤉𐤌
𐤊𐤍𐤔𐤐 𐤁𐤀𐤔𐤌𐤍𐤉𐤌 𐤊𐤌𐤕𐤉𐤌•
𐤉𐤀 𐤍𐤄𐤌𐤄 𐤊𐤃𐤁𐤉𐤌 𐤊𐤋𐤍𐤅 𐤅𐤊𐤉𐤅𐤍𐤉𐤌 𐤄𐤂𐤄 𐤍𐤄𐤂𐤄 𐤍𐤒𐤅𐤄 𐤋𐤌𐤔𐤐𐤈 𐤅𐤀𐤉𐤍
𐤋𐤉𐤔𐤅𐤏𐤄 𐤓𐤇𐤒𐤄 𐤌𐤌𐤍𐤅•
𐤉𐤁 𐤊𐤉 𐤓𐤁𐤅 𐤐𐤔𐤏𐤉𐤍𐤅 𐤍𐤂𐤃𐤊 𐤅𐤇𐤈𐤀𐤅𐤕𐤉𐤍𐤅 𐤏𐤍𐤕𐤄 𐤁𐤍𐤅 𐤊𐤉 𐤐𐤔𐤏𐤉𐤍𐤅
𐤀𐤕𐤍𐤅 𐤅𐤏𐤅𐤍𐤕𐤉𐤍𐤅 𐤉𐤃𐤏𐤍𐤅𐤌•
𐤉𐤂 𐤐𐤔𐤏 𐤅𐤊𐤇𐤔 𐤁𐤉𐤄𐤅𐤄 𐤅𐤍𐤎𐤅𐤂 𐤌𐤀𐤇𐤓 𐤀𐤋𐤄𐤉𐤍𐤅 𐤃𐤁𐤓 𐤏𐤔𐤒 𐤅𐤎𐤓𐤄 𐤄𐤓𐤅
𐤅𐤄𐤂𐤅 𐤌𐤋𐤁 𐤃𐤁𐤓𐤉 𐤔𐤒𐤓•
𐤉𐤃 𐤅𐤄𐤎𐤂 𐤀𐤇𐤅𐤓 𐤌𐤔𐤐𐤈 𐤅𐤑𐤃𐤒𐤄 𐤌𐤓𐤇𐤅𐤒 𐤕𐤏𐤌𐤃 𐤊𐤉 𐤊𐤔𐤋𐤄 𐤁𐤓𐤇𐤅𐤁 𐤀𐤌𐤕
𐤅𐤍𐤊𐤇𐤄 𐤋𐤀 𐤕𐤅𐤊𐤋 𐤋𐤁𐤅𐤀•
𐤈𐤅 𐤅𐤕𐤄𐤉 𐤄𐤀𐤌𐤕 𐤍𐤏𐤃𐤓𐤕 𐤅𐤎𐤓 𐤌𐤓𐤏 𐤌𐤔𐤕𐤅𐤋𐤋 𐤅𐤉𐤓𐤀 𐤉𐤄𐤅𐤄 𐤅𐤉𐤓𐤏
𐤁𐤏𐤉𐤍𐤉𐤅 𐤊𐤉 𐤀𐤉𐤍 𐤌𐤔𐤐𐤈•
𐤈𐤆 𐤅𐤉𐤓𐤀 𐤊𐤉 𐤀𐤉𐤍 𐤀𐤉𐤔 𐤅𐤉𐤔𐤕𐤅𐤌𐤌 𐤊𐤉 𐤀𐤉𐤍 𐤌𐤐𐤂𐤉𐤏 𐤅𐤕𐤅𐤔𐤏 𐤋𐤅
𐤆𐤓𐤏𐤅 𐤅𐤑𐤃𐤒𐤕𐤅 𐤄𐤉𐤀 𐤎𐤌𐤊𐤕𐤄𐤅•
𐤉𐤆 𐤅𐤉𐤋𐤁𐤔 𐤑𐤃𐤒𐤄 𐤊𐤔𐤓𐤉𐤍 𐤅𐤊𐤅𐤁𐤏 𐤉𐤔𐤅𐤏𐤄 𐤁𐤓𐤀𐤔𐤅 𐤅𐤉𐤋𐤁𐤔 𐤁𐤂𐤃𐤉
𐤍𐤒𐤌 𐤕𐤋𐤁𐤔𐤕 𐤅𐤉𐤏𐤈 𐤊𐤌𐤏𐤉𐤋 𐤒𐤍𐤀𐤄•
𐤉𐤇 𐤊𐤏𐤋 𐤂𐤌𐤋𐤅𐤕 𐤊𐤏𐤋 𐤉𐤔𐤋𐤌 𐤇𐤌𐤄 𐤋𐤑𐤓𐤉𐤅 𐤂𐤌𐤅𐤋 𐤋𐤀𐤉𐤁𐤉𐤅 𐤋𐤀𐤉𐤉𐤌

𐤂𐤌𐤅𐤋 𐤉𐤔𐤋𐤌•
𐤉𐤈 𐤅𐤉𐤉𐤓𐤀𐤅 𐤌𐤌𐤏𐤓𐤁 𐤀𐤕 𐤔𐤌 𐤉𐤄𐤅𐤄 𐤅𐤌𐤌𐤆𐤓𐤇 𐤔𐤌𐤔 𐤀𐤕 𐤊𐤁𐤅𐤃𐤅 𐤊𐤉
𐤉𐤁𐤅𐤀 𐤊𐤍𐤄𐤓 𐤑𐤓 𐤓𐤅𐤇 𐤉𐤄𐤅𐤄 𐤍𐤎𐤎𐤄 𐤁𐤅•
𐤊 𐤅𐤁𐤀 𐤋𐤑𐤉𐤅𐤍 𐤂𐤅𐤀𐤋 𐤅𐤋𐤔𐤁𐤉 𐤐𐤔𐤏 𐤁𐤉𐤏𐤒𐤁 𐤍𐤀𐤌 𐤉𐤄𐤅𐤄•
𐤊𐤀 𐤅𐤀𐤍𐤉 𐤆𐤀𐤕 𐤁𐤓𐤉𐤕𐤉 𐤀𐤅𐤕𐤌 𐤀𐤌𐤓 𐤉𐤄𐤅𐤄 𐤓𐤅𐤇𐤉 𐤀𐤔𐤓 𐤏𐤋𐤉𐤊 𐤅𐤃𐤁𐤓𐤉
𐤀𐤔𐤓 𐤔𐤌𐤕𐤉 𐤁𐤐𐤉𐤊 𐤋𐤀 𐤉𐤌𐤅𐤔𐤅 𐤌𐤐𐤉𐤊 𐤅𐤌𐤐𐤉 𐤆𐤓𐤏𐤊 𐤅𐤌𐤐𐤉 𐤆𐤓𐤏 𐤆𐤓𐤏𐤊
𐤀𐤌𐤓 𐤉𐤄𐤅𐤄 𐤌𐤏𐤕𐤄 𐤅𐤏𐤃 𐤏𐤅𐤋𐤌•

𐤐𐤓𐤒 𐤎

𐤀 𐤒𐤅𐤌𐤉 𐤀𐤅𐤓𐤉 𐤊𐤉 𐤁𐤀 𐤀𐤅𐤓𐤊 𐤅𐤊𐤁𐤅𐤃 𐤉𐤄𐤅𐤄 𐤏𐤋𐤉𐤊 𐤆𐤓𐤇•
𐤁 𐤊𐤉 𐤄𐤍𐤄 𐤄𐤇𐤔𐤊 𐤉𐤊𐤎𐤄 𐤀𐤓𐤑 𐤅𐤏𐤓𐤐𐤋 𐤋𐤀𐤌𐤉𐤌 𐤅𐤏𐤋𐤉𐤊 𐤉𐤆𐤓𐤇 𐤉𐤄𐤅𐤄
𐤅𐤊𐤁𐤅𐤃𐤅 𐤏𐤋𐤉𐤊 𐤉𐤓𐤀𐤄•
𐤂 𐤅𐤄𐤋𐤊𐤅 𐤂𐤅𐤉𐤌 𐤋𐤀𐤅𐤓𐤊 𐤅𐤌𐤋𐤊𐤉𐤌 𐤋𐤍𐤂𐤄 𐤆𐤓𐤇𐤊•
𐤃 𐤔𐤀𐤉 𐤎𐤁𐤉𐤁 𐤏𐤉𐤍𐤉𐤊 𐤅𐤓𐤀𐤉 𐤊𐤋𐤌 𐤍𐤒𐤁𐤑𐤅 𐤁𐤀𐤅 𐤋𐤊 𐤁𐤍𐤉𐤊 𐤌𐤓𐤇𐤅𐤒
𐤉𐤁𐤀𐤅 𐤅𐤁𐤍𐤕𐤉𐤊 𐤏𐤋 𐤑𐤃 𐤕𐤀𐤌𐤍𐤄•
𐤄 𐤀𐤆 𐤕𐤓𐤀𐤉 𐤅𐤍𐤄𐤓𐤕 𐤅𐤐𐤇𐤃 𐤅𐤓𐤇𐤁 𐤋𐤁𐤁𐤊 𐤊𐤉 𐤉𐤄𐤐𐤊 𐤏𐤋𐤉𐤊 𐤄𐤌𐤅𐤍 𐤉𐤌
𐤇𐤉𐤋 𐤂𐤅𐤉𐤌 𐤉𐤁𐤀𐤅 𐤋𐤊•
𐤅 𐤔𐤐𐤏𐤕 𐤂𐤌𐤋𐤉𐤌 𐤕𐤊𐤎𐤊 𐤁𐤊𐤓𐤉 𐤌𐤃𐤉𐤍 𐤅𐤏𐤉𐤐𐤄 𐤊𐤋𐤌 𐤌𐤔𐤁𐤀 𐤉𐤁𐤀𐤅 𐤆𐤄𐤁
𐤅𐤋𐤁𐤅𐤍𐤄 𐤉𐤔𐤀𐤅 𐤅𐤕𐤄𐤋𐤅𐤕 𐤉𐤄𐤅𐤄 𐤉𐤁𐤔𐤓𐤅•
𐤆 𐤊𐤋 𐤑𐤀𐤍 𐤒𐤃𐤓 𐤉𐤒𐤁𐤑𐤅 𐤋𐤊 𐤀𐤉𐤋𐤉 𐤍𐤁𐤉𐤅𐤕 𐤉𐤔𐤓𐤕𐤅𐤍𐤊 𐤉𐤏𐤋𐤅 𐤏𐤋 𐤓𐤑𐤅𐤍
𐤌𐤆𐤁𐤇𐤉 𐤅𐤁𐤉𐤕 𐤕𐤐𐤀𐤓𐤕𐤉 𐤀𐤐𐤀𐤓•
𐤇 𐤌𐤉 𐤀𐤋𐤄 𐤊𐤏𐤁 𐤕𐤏𐤅𐤐𐤉𐤍𐤄 𐤅𐤊𐤉𐤅𐤍𐤉𐤌 𐤀𐤋 𐤀𐤓𐤁𐤕𐤉𐤄𐤌•
𐤈 𐤊𐤉 𐤋𐤉 𐤀𐤉𐤉𐤌 𐤉𐤒𐤅𐤅 𐤅𐤀𐤍𐤉𐤅𐤕 𐤕𐤓𐤔𐤉𐤔 𐤁𐤓𐤀𐤔𐤍𐤄 𐤋𐤄𐤁𐤉𐤀 𐤁𐤍𐤉𐤊
𐤌𐤓𐤇𐤅𐤒 𐤊𐤎𐤐𐤌 𐤅𐤆𐤄𐤁𐤌 𐤀𐤕𐤌 𐤋𐤔𐤌 𐤉𐤄𐤅𐤄 𐤀𐤋𐤄𐤉𐤊 𐤅𐤋𐤒𐤃𐤅𐤔 𐤉𐤔𐤓𐤀𐤋 𐤊𐤉
𐤐𐤀𐤓𐤊•
𐤉 𐤅𐤁𐤍𐤅 𐤁𐤍𐤉 𐤍𐤊𐤓 𐤇𐤌𐤕𐤉𐤊 𐤅𐤌𐤋𐤊𐤉𐤄𐤌 𐤉𐤔𐤓𐤕𐤅𐤍𐤊 𐤊𐤉 𐤁𐤒𐤑𐤐𐤉
𐤄𐤊𐤉𐤕𐤉𐤊 𐤅𐤁𐤓𐤑𐤅𐤍𐤉 𐤓𐤇𐤌𐤕𐤉𐤊•
𐤉𐤀 𐤅𐤐𐤕𐤇𐤅 𐤔𐤏𐤓𐤉𐤊 𐤕𐤌𐤉𐤃 𐤉𐤅𐤌𐤌 𐤅𐤋𐤉𐤋𐤄 𐤋𐤀 𐤉𐤎𐤂𐤓𐤅 𐤋𐤄𐤁𐤉𐤀 𐤀𐤋𐤉𐤊
𐤇𐤉𐤋 𐤂𐤅𐤉𐤌 𐤅𐤌𐤋𐤊𐤉𐤄𐤌 𐤍𐤄𐤅𐤂𐤉𐤌•
𐤉𐤁 𐤊𐤉 𐤄𐤂𐤅𐤉 𐤅𐤄𐤌𐤌𐤋𐤊𐤄 𐤀𐤔𐤓 𐤋𐤀 𐤉𐤏𐤁𐤃𐤅𐤊 𐤉𐤀𐤁𐤃𐤅 𐤅𐤄𐤂𐤅𐤉𐤌 𐤇𐤓𐤁
𐤉𐤇𐤓𐤁𐤅•
𐤉𐤂 𐤊𐤁𐤅𐤃 𐤄𐤋𐤁𐤍𐤅𐤍 𐤀𐤋𐤉𐤊 𐤉𐤁𐤅𐤀 𐤁𐤓𐤅𐤔 𐤕𐤃𐤄𐤓 𐤅𐤕𐤀𐤔𐤅𐤓 𐤉𐤇𐤃𐤅 𐤋𐤐𐤀𐤓
𐤌𐤒𐤅𐤌 𐤌𐤒𐤃𐤔𐤉 𐤅𐤌𐤒𐤅𐤌 𐤓𐤂𐤋𐤉 𐤀𐤊𐤁𐤃•

𐤉𐤃 𐤅𐤄𐤋𐤊𐤅 𐤀𐤋𐤉𐤊 𐤔𐤇𐤅𐤇 𐤁𐤍𐤉 𐤌𐤏𐤍𐤉𐤊 𐤅𐤄𐤔𐤕𐤇𐤅𐤅 𐤏𐤋 𐤊𐤐𐤅𐤕 𐤓𐤂𐤋𐤉𐤊 𐤊𐤋
𐤌𐤍𐤀𐤑𐤉𐤊 𐤅𐤒𐤓𐤀𐤅 𐤋𐤊 𐤏𐤉𐤓 𐤉𐤄𐤅𐤄 𐤑𐤉𐤅𐤍 𐤒𐤃𐤅𐤔 𐤉𐤔𐤓𐤀𐤋•
𐤈𐤅 𐤕𐤇𐤕 𐤄𐤉𐤅𐤕𐤊 𐤏𐤆𐤅𐤁𐤄 𐤅𐤔𐤍𐤅𐤀𐤄 𐤅𐤀𐤉𐤍 𐤏𐤅𐤁𐤓 𐤅𐤔𐤌𐤕𐤉𐤊 𐤋𐤂𐤀𐤅𐤍
𐤏𐤅𐤋𐤌 𐤌𐤔𐤅𐤔 𐤃𐤅𐤓 𐤅𐤃𐤅𐤓•
𐤈𐤆 𐤅𐤉𐤍𐤒𐤕 𐤇𐤋𐤁 𐤂𐤅𐤉𐤌 𐤅𐤔𐤃 𐤌𐤋𐤊𐤉𐤌 𐤕𐤉𐤍𐤒𐤉 𐤅𐤉𐤃𐤏𐤕 𐤊𐤉 𐤀𐤍𐤉 𐤉𐤄𐤅𐤄
𐤌𐤅𐤔𐤉𐤏𐤊 𐤅𐤂𐤀𐤋𐤊 𐤀𐤁𐤉𐤓 𐤉𐤏𐤒𐤁•
𐤉𐤆 𐤕𐤇𐤕 𐤄𐤍𐤇𐤔𐤕 𐤀𐤁𐤉𐤀 𐤆𐤄𐤁 𐤅𐤕𐤇𐤕 𐤄𐤁𐤓𐤆𐤋 𐤀𐤁𐤉𐤀 𐤊𐤎𐤐 𐤅𐤕𐤇𐤕 𐤄𐤏𐤑𐤉𐤌
𐤍𐤇𐤔𐤕 𐤅𐤕𐤇𐤕 𐤄𐤀𐤁𐤍𐤉𐤌 𐤁𐤓𐤆𐤋 𐤅𐤔𐤌𐤕𐤉 𐤐𐤒𐤃𐤕𐤊 𐤔𐤋𐤅𐤌 𐤅𐤍𐤂𐤔𐤉𐤊 𐤑𐤃𐤒𐤄•
𐤉𐤇 𐤋𐤀 𐤉𐤔𐤌𐤏 𐤏𐤅𐤃 𐤇𐤌𐤎 𐤁𐤀𐤓𐤑𐤊 𐤔𐤃 𐤅𐤔𐤁𐤓 𐤁𐤂𐤁𐤅𐤋𐤉𐤊 𐤅𐤒𐤓𐤀𐤕 𐤉𐤔𐤅𐤏𐤄
𐤇𐤅𐤌𐤕𐤉𐤊 𐤅𐤔𐤏𐤓𐤉𐤊 𐤕𐤄𐤋𐤄•
𐤉𐤈 𐤋𐤀 𐤉𐤄𐤉𐤄 𐤋𐤊 𐤏𐤅𐤃 𐤄𐤔𐤌𐤔 𐤋𐤀𐤅𐤓 𐤉𐤅𐤌𐤌 𐤅𐤋𐤍𐤂𐤄 𐤄𐤉𐤓𐤇 𐤋𐤀 𐤉𐤀𐤉𐤓
𐤋𐤊 𐤅𐤄𐤉𐤄 𐤋𐤊 𐤉𐤄𐤅𐤄 𐤋𐤀𐤅𐤓 𐤏𐤅𐤋𐤌 𐤅𐤀𐤋𐤄𐤉𐤊 𐤋𐤕𐤐𐤀𐤓𐤕𐤊•
𐤊 𐤋𐤀 𐤉𐤁𐤅𐤀 𐤏𐤅𐤃 𐤔𐤌𐤔𐤊 𐤅𐤉𐤓𐤇𐤊 𐤋𐤀 𐤉𐤀𐤎𐤐 𐤊𐤉 𐤉𐤄𐤅𐤄 𐤉𐤄𐤉𐤄 𐤋𐤊
𐤋𐤀𐤅𐤓 𐤏𐤅𐤋𐤌 𐤅𐤔𐤋𐤌𐤅 𐤉𐤌𐤉 𐤀𐤁𐤋𐤊•
𐤊𐤀 𐤅𐤏𐤌𐤊 𐤊𐤋𐤌 𐤑𐤃𐤉𐤒𐤉𐤌 𐤋𐤏𐤅𐤋𐤌 𐤉𐤉𐤓𐤔𐤅 𐤀𐤓𐤑 𐤍𐤑𐤓 𐤌𐤈𐤏𐤅 [𐤌𐤈𐤏𐤉]
𐤌𐤏𐤔𐤄 𐤉𐤃𐤉 𐤋𐤄𐤕𐤐𐤀𐤓•
𐤊𐤁 𐤄𐤒𐤈𐤍 𐤉𐤄𐤉𐤄 𐤋𐤀𐤋𐤐 𐤅𐤄𐤑𐤏𐤉𐤓 𐤋𐤂𐤅𐤉 𐤏𐤑𐤅𐤌 𐤀𐤍𐤉 𐤉𐤄𐤅𐤄 𐤁𐤏𐤕𐤄
𐤀𐤇𐤉𐤔𐤍𐤄•

𐤐𐤓𐤒 𐤎𐤀

𐤀 𐤓𐤅𐤇 𐤀𐤃𐤍𐤉 𐤉𐤄𐤅𐤄 𐤏𐤋𐤉 𐤉𐤏𐤍 𐤌𐤔𐤇 𐤉𐤄𐤅𐤄 𐤀𐤕𐤉 𐤋𐤁𐤔𐤓 𐤏𐤍𐤅𐤉𐤌 𐤔𐤋𐤇𐤍𐤉
𐤋𐤇𐤁𐤔 𐤋𐤍𐤔𐤁𐤓𐤉 𐤋𐤁 𐤋𐤒𐤓𐤀 𐤋𐤔𐤁𐤅𐤉𐤌 𐤃𐤓𐤅𐤓 𐤅𐤋𐤀𐤎𐤅𐤓𐤉𐤌 𐤐𐤒𐤇 𐤒𐤅𐤇•
𐤁 𐤋𐤒𐤓𐤀 𐤔𐤍𐤕 𐤓𐤑𐤅𐤍 𐤋𐤉𐤄𐤅𐤄 𐤅𐤉𐤅𐤌 𐤍𐤒𐤌 𐤋𐤀𐤋𐤄𐤉𐤍𐤅 𐤋𐤍𐤇𐤌 𐤊𐤋
𐤀𐤁𐤋𐤉𐤌•
𐤂 𐤋𐤔𐤅𐤌 𐤋𐤀𐤁𐤋𐤉 𐤑𐤉𐤅𐤍 𐤋𐤕𐤕 𐤋𐤄𐤌 𐤐𐤀𐤓 𐤕𐤇𐤕 𐤀𐤐𐤓 𐤔𐤌𐤍 𐤔𐤔𐤅𐤍 𐤕𐤇𐤕
𐤀𐤁𐤋 𐤌𐤏𐤈𐤄 𐤕𐤄𐤋𐤄 𐤕𐤇𐤕 𐤓𐤅𐤇 𐤊𐤄𐤄 𐤅𐤒𐤓𐤀 𐤋𐤄𐤌 𐤀𐤉𐤋𐤉 𐤄𐤑𐤃𐤒 𐤌𐤈𐤏 𐤉𐤄𐤅𐤄
𐤋𐤄𐤕𐤐𐤀𐤓•
𐤃 𐤅𐤁𐤍𐤅 𐤇𐤓𐤁𐤅𐤕 𐤏𐤅𐤋𐤌 𐤔𐤌𐤌𐤅𐤕 𐤓𐤀𐤔𐤍𐤉𐤌 𐤉𐤒𐤅𐤌𐤌𐤅 𐤅𐤇𐤃𐤔𐤅 𐤏𐤓𐤉 𐤇𐤓𐤁
𐤔𐤌𐤌𐤅𐤕 𐤃𐤅𐤓 𐤅𐤃𐤅𐤓•
𐤄 𐤅𐤏𐤌𐤃𐤅 𐤆𐤓𐤉𐤌 𐤅𐤓𐤏𐤅 𐤑𐤀𐤍𐤊𐤌 𐤅𐤁𐤍𐤉 𐤍𐤊𐤓 𐤀𐤊𐤓𐤉𐤊𐤌 𐤅𐤊𐤓𐤌𐤉𐤊𐤌•
𐤅 𐤅𐤀𐤕𐤌 𐤊𐤄𐤍𐤉 𐤉𐤄𐤅𐤄 𐤕𐤒𐤓𐤀𐤅 𐤌𐤔𐤓𐤕𐤉 𐤀𐤋𐤄𐤉𐤍𐤅 𐤉𐤀𐤌𐤓 𐤋𐤊𐤌 𐤇𐤉𐤋
𐤂𐤅𐤉𐤌 𐤕𐤀𐤊𐤋𐤅 𐤅𐤁𐤊𐤁𐤅𐤃𐤌 𐤕𐤕𐤉𐤌𐤓𐤅•
𐤆 𐤕𐤇𐤕 𐤁𐤔𐤕𐤊𐤌 𐤌𐤔𐤍𐤄 𐤅𐤊𐤋𐤌𐤄 𐤉𐤓𐤍𐤅 𐤇𐤋𐤒𐤌 𐤋𐤊𐤍 𐤁𐤀𐤓𐤑𐤌 𐤌𐤔𐤍𐤄

𐤉𐤔𐤏𐤉𐤄

𐤉𐤉𐤓𐤔𐤅 𐤔𐤌𐤇𐤕 𐤏𐤅𐤋𐤌 𐤕𐤄𐤉𐤄 𐤋𐤄𐤌•
𐤇𐤊𐤉 𐤀𐤍𐤉 𐤉𐤄𐤅𐤄 𐤀𐤄𐤁 𐤌𐤔𐤐𐤈 𐤔𐤍𐤀 𐤂𐤆𐤋 𐤁𐤏𐤅𐤋𐤄 𐤅𐤍𐤕𐤕𐤉 𐤐𐤏𐤋𐤕𐤌
𐤁𐤀𐤌𐤕 𐤅𐤁𐤓𐤉𐤕 𐤏𐤅𐤋𐤌 𐤀𐤊𐤓𐤅𐤕 𐤋𐤄𐤌•
𐤈𐤅𐤍𐤅𐤃𐤏 𐤁𐤂𐤅𐤉𐤌 𐤆𐤓𐤏𐤌 𐤅𐤑𐤀𐤑𐤀𐤉𐤄𐤌 𐤁𐤕𐤅𐤊 𐤄𐤏𐤌𐤉𐤌 𐤊𐤋 𐤓𐤀𐤉𐤄𐤌
𐤉𐤊𐤉𐤓𐤅𐤌 𐤊𐤉 𐤄𐤌 𐤆𐤓𐤏 𐤁𐤓𐤊 𐤉𐤄𐤅𐤄•
𐤉𐤔𐤅𐤔 𐤀𐤔𐤉𐤔 𐤁𐤉𐤄𐤅𐤄 𐤕𐤂𐤋 𐤍𐤐𐤔𐤉 𐤁𐤀𐤋𐤄𐤉 𐤊𐤉 𐤄𐤋𐤁𐤉𐤔𐤍𐤉 𐤁𐤂𐤃𐤉
𐤉𐤔𐤏 𐤌𐤏𐤉𐤋 𐤑𐤃𐤒𐤄 𐤉𐤏𐤈𐤍𐤉 𐤊𐤇𐤕𐤍 𐤉𐤊𐤄𐤍 𐤐𐤀𐤓 𐤅𐤊𐤊𐤋𐤄 𐤕𐤏𐤃𐤄 𐤊𐤋𐤉𐤄•
𐤉𐤀𐤊𐤉 𐤊𐤀𐤓𐤑 𐤕𐤅𐤑𐤉𐤀 𐤑𐤌𐤇𐤄 𐤅𐤊𐤂𐤍𐤄 𐤆𐤓𐤅𐤏𐤉𐤄 𐤕𐤑𐤌𐤉𐤇 𐤊𐤍 𐤀𐤃𐤍𐤉
𐤉𐤄𐤅𐤄 𐤉𐤑𐤌𐤉𐤇 𐤑𐤃𐤒𐤄 𐤅𐤕𐤄𐤋𐤄 𐤍𐤂𐤃 𐤊𐤋 𐤄𐤂𐤅𐤉𐤌

𐤐𐤓𐤒 𐤎𐤁

𐤀𐤋𐤌𐤏𐤍 𐤑𐤉𐤅𐤍 𐤋𐤀 𐤀𐤇𐤔𐤄 𐤅𐤋𐤌𐤏𐤍 𐤉𐤓𐤅𐤔𐤋𐤌 𐤋𐤀 𐤀𐤔𐤒𐤅𐤈 𐤏𐤃 𐤉𐤑𐤀
𐤊𐤍𐤂𐤄 𐤑𐤃𐤒𐤄 𐤅𐤉𐤔𐤅𐤏𐤕𐤄 𐤊𐤋𐤐𐤉𐤃 𐤉𐤁𐤏𐤓•
𐤁𐤅𐤓𐤀𐤅 𐤂𐤅𐤉𐤌 𐤑𐤃𐤒𐤊 𐤅𐤊𐤋 𐤌𐤋𐤊𐤉𐤌 𐤊𐤁𐤅𐤃𐤊 𐤅𐤒𐤓𐤀 𐤋𐤊 𐤔𐤌 𐤇𐤃𐤔 𐤀𐤔𐤓 𐤐𐤉
𐤉𐤄𐤅𐤄 𐤉𐤒𐤁𐤍𐤅•
𐤂𐤅𐤄𐤉𐤉𐤕 𐤏𐤈𐤓𐤕 𐤕𐤐𐤀𐤓𐤕 𐤁𐤉𐤃 𐤉𐤄𐤅𐤄 𐤅𐤑𐤍𐤅𐤐 [𐤅𐤑𐤍𐤉𐤐] 𐤌𐤋𐤅𐤊𐤄 𐤁𐤊𐤐
𐤀𐤋𐤄𐤉𐤊•
𐤃𐤋𐤀 𐤉𐤀𐤌𐤓 𐤋𐤊 𐤏𐤅𐤃 𐤏𐤆𐤅𐤁𐤄 𐤅𐤋𐤀𐤓𐤑𐤊 𐤋𐤀 𐤉𐤀𐤌𐤓 𐤏𐤅𐤃 𐤔𐤌𐤌𐤄 𐤊𐤉 𐤋𐤊
𐤉𐤒𐤓𐤀 𐤇𐤐𐤑𐤉 𐤁𐤄 𐤅𐤋𐤀𐤓𐤑𐤊 𐤁𐤏𐤅𐤋𐤄 𐤊𐤉 𐤇𐤐𐤑 𐤉𐤄𐤅𐤄 𐤁𐤊 𐤅𐤀𐤓𐤑𐤊 𐤕𐤁𐤏𐤋•
𐤄𐤊𐤉 𐤉𐤁𐤏𐤋 𐤁𐤇𐤅𐤓 𐤁𐤕𐤅𐤋𐤄 𐤉𐤁𐤏𐤋𐤅𐤊 𐤁𐤍𐤉𐤊 𐤅𐤌𐤔𐤅𐤔 𐤇𐤕𐤍 𐤏𐤋 𐤊𐤋𐤄
𐤉𐤔𐤉𐤔 𐤏𐤋𐤉𐤊 𐤀𐤋𐤄𐤉𐤊•
𐤅𐤏𐤋 𐤇𐤅𐤌𐤕𐤉𐤊 𐤉𐤓𐤅𐤔𐤋𐤌 𐤄𐤐𐤒𐤃𐤕𐤉 𐤔𐤌𐤓𐤉𐤌 𐤊𐤋 𐤄𐤉𐤅𐤌 𐤅𐤊𐤋 𐤄𐤋𐤉𐤋𐤄
𐤕𐤌𐤉𐤃 𐤋𐤀 𐤉𐤇𐤔𐤅 𐤄𐤌𐤆𐤊𐤓𐤉𐤌 𐤀𐤕 𐤉𐤄𐤅𐤄 𐤀𐤋 𐤃𐤌𐤉 𐤋𐤊𐤌•
𐤆𐤅𐤀𐤋 𐤕𐤕𐤍𐤅 𐤃𐤌𐤉 𐤋𐤅 𐤏𐤃 𐤉𐤊𐤅𐤍𐤍 𐤅𐤏𐤃 𐤉𐤔𐤉𐤌 𐤀𐤕 𐤉𐤓𐤅𐤔𐤋𐤌 𐤕𐤄𐤋𐤄
𐤁𐤀𐤓𐤑•
𐤇𐤍𐤔𐤁𐤏 𐤉𐤄𐤅𐤄 𐤁𐤉𐤌𐤉𐤍𐤅 𐤅𐤁𐤆𐤓𐤅𐤏 𐤏𐤆𐤅 𐤀𐤌 𐤀𐤕𐤍 𐤀𐤕 𐤃𐤂𐤍𐤊 𐤏𐤅𐤃 𐤌𐤀𐤊𐤋
𐤋𐤀𐤉𐤁𐤉𐤊 𐤅𐤀𐤌 𐤉𐤔𐤕𐤅 𐤁𐤍𐤉 𐤍𐤊𐤓 𐤕𐤉𐤓𐤅𐤔𐤊 𐤀𐤔𐤓 𐤉𐤂𐤏𐤕 𐤁𐤅•
𐤈𐤊𐤉 𐤌𐤀𐤎𐤐𐤉𐤅 𐤉𐤀𐤊𐤋𐤄𐤅 𐤅𐤄𐤋𐤋𐤅 𐤀𐤕 𐤉𐤄𐤅𐤄 𐤅𐤌𐤒𐤁𐤑𐤉𐤅 𐤉𐤔𐤕𐤄𐤅
𐤁𐤇𐤑𐤓𐤅𐤕 𐤒𐤃𐤔𐤉•
𐤉𐤏𐤁𐤓𐤅 𐤏𐤁𐤓𐤅 𐤁𐤔𐤏𐤓𐤉𐤌 𐤐𐤍𐤅 𐤃𐤓𐤊 𐤄𐤏𐤌 𐤎𐤋𐤅 𐤎𐤋𐤅 𐤄𐤌𐤎𐤋𐤄 𐤎𐤒𐤋𐤅 𐤌𐤀𐤁𐤍
𐤄𐤓𐤉𐤌𐤅 𐤍𐤎 𐤏𐤋 𐤄𐤏𐤌𐤉𐤌•
𐤉𐤀𐤄𐤍𐤄 𐤉𐤄𐤅𐤄 𐤄𐤔𐤌𐤉𐤏 𐤀𐤋 𐤒𐤑𐤄 𐤄𐤀𐤓𐤑 𐤀𐤌𐤓𐤅 𐤋𐤁𐤕 𐤑𐤉𐤅𐤍 𐤄𐤍𐤄
𐤉𐤔𐤏𐤊 𐤁𐤀 𐤄𐤍𐤄 𐤔𐤊𐤓𐤅 𐤀𐤕𐤅 𐤅𐤐𐤏𐤋𐤕𐤅 𐤋𐤐𐤍𐤉𐤅•

𐤉𐤁 𐤅𐤒𐤓𐤀𐤅 𐤋𐤄𐤌 𐤏𐤌 𐤄𐤒𐤃𐤔 𐤂𐤀𐤅𐤋𐤉 𐤉𐤄𐤅𐤄 𐤅𐤋𐤊 𐤉𐤒𐤓𐤀 𐤃𐤓𐤅𐤔𐤄 𐤏𐤉𐤓 𐤋𐤀
𐤍𐤏𐤆𐤁𐤄.

𐤐𐤓𐤒 𐤎𐤂

𐤀 𐤌𐤉 𐤆𐤄 𐤁𐤀 𐤌𐤀𐤃𐤅𐤌 𐤇𐤌𐤅𐤑 𐤁𐤂𐤃𐤉𐤌 𐤌𐤁𐤑𐤓𐤄 𐤆𐤄 𐤄𐤃𐤅𐤓 𐤁𐤋𐤁𐤅𐤔𐤅 𐤑𐤏𐤄
𐤁𐤓𐤁 𐤊𐤇𐤅 𐤀𐤍𐤉 𐤌𐤃𐤁𐤓 𐤁𐤑𐤃𐤒𐤄 𐤓𐤁 𐤋𐤄𐤅𐤔𐤉𐤏.
𐤁 𐤌𐤃𐤅𐤏 𐤀𐤃𐤌 𐤋𐤋𐤁𐤅𐤔𐤊 𐤅𐤁𐤂𐤃𐤉𐤊 𐤊𐤃𐤓𐤊 𐤁𐤂𐤕.
𐤂 𐤐𐤅𐤓𐤄 𐤃𐤓𐤊𐤕𐤉 𐤋𐤁𐤃𐤉 𐤅𐤌𐤏𐤌𐤉𐤌 𐤀𐤉𐤍 𐤀𐤉𐤔 𐤀𐤕𐤉 𐤅𐤀𐤃𐤓𐤊𐤌 𐤁𐤀𐤐𐤉
𐤅𐤀𐤓𐤌𐤎𐤌 𐤁𐤇𐤌𐤕𐤉 𐤅𐤉𐤆 𐤍𐤑𐤇𐤌 𐤏𐤋 𐤁𐤂𐤃𐤉 𐤅𐤊𐤋 𐤌𐤋𐤁𐤅𐤔𐤉 𐤀𐤂𐤀𐤋𐤕𐤉.
𐤃 𐤊𐤉 𐤉𐤅𐤌 𐤍𐤒𐤌 𐤁𐤋𐤁𐤉 𐤅𐤔𐤍𐤕 𐤂𐤀𐤅𐤋𐤉 𐤁𐤀𐤄.
𐤄 𐤅𐤀𐤁𐤉𐤈 𐤅𐤀𐤉𐤍 𐤏𐤆𐤓 𐤅𐤀𐤔𐤕𐤅𐤌𐤌 𐤅𐤀𐤉𐤍 𐤎𐤅𐤌𐤊 𐤅𐤕𐤅𐤔𐤏 𐤋𐤉 𐤆𐤓𐤏𐤉
𐤅𐤇𐤌𐤕𐤉 𐤄𐤉𐤀 𐤎𐤌𐤊𐤕𐤍𐤉.
𐤅 𐤅𐤀𐤁𐤅𐤎 𐤏𐤌𐤉𐤌 𐤁𐤀𐤐𐤉 𐤅𐤀𐤔𐤊𐤓𐤌 𐤁𐤇𐤌𐤕𐤉 𐤅𐤀𐤅𐤓𐤉𐤃 𐤋𐤀𐤓𐤑 𐤍𐤑𐤇𐤌.
𐤆 𐤇𐤎𐤃𐤉 𐤉𐤄𐤅𐤄 𐤀𐤆𐤊𐤉𐤓 𐤕𐤄𐤋𐤕 𐤉𐤄𐤅𐤄 𐤊𐤏𐤋 𐤊𐤋 𐤀𐤔𐤓 𐤂𐤌𐤋𐤍𐤅 𐤉𐤄𐤅𐤄
𐤅𐤓𐤁 𐤈𐤅𐤁 𐤋𐤁𐤉𐤕 𐤉𐤔𐤓𐤀𐤋 𐤀𐤔𐤓 𐤂𐤌𐤋𐤌 𐤊𐤓𐤇𐤌𐤉𐤅 𐤅𐤊𐤓𐤁 𐤇𐤎𐤃𐤉𐤅.
𐤇 𐤅𐤉𐤀𐤌𐤓 𐤀𐤊 𐤏𐤌𐤉 𐤄𐤌𐤄 𐤁𐤍𐤉𐤌 𐤋𐤀 𐤉𐤔𐤒𐤓𐤅 𐤅𐤉𐤄𐤉 𐤋𐤄𐤌 𐤋𐤌𐤅𐤔𐤉𐤏.
𐤈 𐤁𐤊𐤋 𐤑𐤓𐤕𐤌 𐤋𐤀 [𐤋𐤅] 𐤑𐤓 𐤅𐤌𐤋𐤀𐤊 𐤐𐤍𐤉𐤅 𐤄𐤅𐤔𐤉𐤏𐤌 𐤁𐤀𐤄𐤁𐤕𐤅 𐤅𐤁𐤇𐤌𐤋𐤕𐤅
𐤄𐤅𐤀 𐤂𐤀𐤋𐤌 𐤅𐤉𐤍𐤈𐤋𐤌 𐤅𐤉𐤍𐤔𐤀𐤌 𐤊𐤋 𐤉𐤌𐤉 𐤏𐤅𐤋𐤌.
𐤉 𐤅𐤄𐤌𐤄 𐤌𐤓𐤅 𐤅𐤏𐤑𐤁𐤅 𐤀𐤕 𐤓𐤅𐤇 𐤒𐤃𐤔𐤅 𐤅𐤉𐤄𐤐𐤊 𐤋𐤄𐤌 𐤋𐤀𐤅𐤉𐤁 𐤄𐤅𐤀 𐤍𐤋𐤇𐤌
𐤁𐤌.
𐤉𐤀 𐤅𐤉𐤆𐤊𐤓 𐤉𐤌𐤉 𐤏𐤅𐤋𐤌 𐤌𐤔𐤄 𐤏𐤌𐤅 𐤀𐤉𐤄 𐤄𐤌𐤏𐤋𐤌 𐤌𐤉𐤌 𐤀𐤕 𐤓𐤏𐤄 𐤑𐤀𐤍𐤅
𐤀𐤉𐤄 𐤄𐤔𐤌 𐤁𐤒𐤓𐤁𐤅 𐤀𐤕 𐤓𐤅𐤇 𐤒𐤃𐤔𐤅.
𐤉𐤁 𐤌𐤅𐤋𐤉𐤊 𐤋𐤉𐤌𐤉𐤍 𐤌𐤔𐤄 𐤆𐤓𐤅𐤏 𐤕𐤐𐤀𐤓𐤕𐤅 𐤁𐤅𐤒𐤏 𐤌𐤉𐤌 𐤌𐤐𐤍𐤉𐤄𐤌 𐤋𐤏𐤔𐤅𐤕
𐤋𐤅 𐤔𐤌 𐤏𐤅𐤋𐤌.
𐤉𐤂 𐤌𐤅𐤋𐤉𐤊𐤌 𐤁𐤕𐤄𐤌𐤅𐤕 𐤊𐤎𐤅𐤎 𐤁𐤌𐤃𐤁𐤓 𐤋𐤀 𐤉𐤊𐤔𐤋𐤅.
𐤉𐤃 𐤊𐤁𐤄𐤌𐤄 𐤁𐤁𐤒𐤏𐤄 𐤕𐤓𐤃 𐤓𐤅𐤇 𐤉𐤄𐤅𐤄 𐤕𐤍𐤉𐤇𐤍𐤅 𐤊𐤍 𐤍𐤄𐤂𐤕 𐤏𐤌𐤊 𐤋𐤏𐤔𐤅𐤕
𐤋𐤊 𐤔𐤌 𐤕𐤐𐤀𐤓𐤕.
𐤈𐤅 𐤄𐤁𐤈 𐤌𐤔𐤌𐤉𐤌 𐤅𐤓𐤀𐤄 𐤌𐤆𐤁𐤋 𐤒𐤃𐤔𐤊 𐤅𐤕𐤐𐤀𐤓𐤕𐤊 𐤀𐤉𐤄 𐤒𐤍𐤀𐤕𐤊
𐤅𐤂𐤁𐤅𐤓𐤕𐤊 𐤄𐤌𐤅𐤍 𐤌𐤏𐤉𐤊 𐤅𐤓𐤇𐤌𐤉𐤊 𐤀𐤋𐤉 𐤄𐤕𐤀𐤐𐤒𐤅.
𐤈𐤆 𐤊𐤉 𐤀𐤕𐤄 𐤀𐤁𐤉𐤍𐤅 𐤊𐤉 𐤀𐤁𐤓𐤄𐤌 𐤋𐤀 𐤉𐤃𐤏𐤍𐤅 𐤅𐤉𐤔𐤓𐤀𐤋 𐤋𐤀 𐤉𐤊𐤉𐤓𐤍𐤅
𐤀𐤕𐤄 𐤉𐤄𐤅𐤄 𐤀𐤁𐤉𐤍𐤅 𐤂𐤀𐤋𐤍𐤅 𐤌𐤏𐤅𐤋𐤌 𐤔𐤌𐤊.
𐤉𐤆 𐤋𐤌𐤄 𐤕𐤕𐤏𐤍𐤅 𐤉𐤄𐤅𐤄 𐤌𐤃𐤓𐤊𐤉𐤊 𐤕𐤒𐤔𐤉𐤇 𐤋𐤁𐤍𐤅 𐤌𐤉𐤓𐤀𐤕𐤊 𐤔𐤅𐤁 𐤋𐤌𐤏𐤍
𐤏𐤁𐤃𐤉𐤊 𐤔𐤁𐤈𐤉 𐤍𐤇𐤋𐤕𐤊.

ישעיה

יח למצער ירשו עם קדשך צרינו בוססו מקדשך.
יט היינו מעולם לא משלת בם לא נקרא שמך עליהם לוא קרעת
שמים ירדת מפניך הרים נזלו.

פרק סד

א כקדח אש המסים מים תבעה אש להודיע שמך לצריך מפניך
גוים ירגזו.
ב בעשותך נוראות לא נקוה ירדת מפניך הרים נזלו.
ג ומעולם לא שמעו לא האזינו עין לא ראתה אלהים זולתך
יעשה למחכה לו.
ד פגעת את שש ועשה צדק בדרכיך יזכרוך הן אתה קצפת ונחטא
בהם עולם ונושע.
ה ונהי כטמא כלנו וכבגד עדים כל צדקתינו ונבל כעלה כלנו
ועוננו כרוח ישאנו.
ו ואין קורא בשמך מתעורר להחזיק בך כי הסתרת פניך ממנו
ותמוגנו ביד עוננו.
ז ועתה יהוה אבינו אתה אנחנו החמר ואתה יצרנו ומעשה
ידך כלנו.
ח אל תקצף יהוה עד מאד ואל לעד תזכר עון הן הבט נא עמך
כלנו.
ט ערי קדשך היו מדבר ציון מדבר היתה ירושלם שממה.
י בית קדשנו ותפארתנו אשר הללוך אבתינו היה לשרפת אש
וכל מחמדינו היה לחרבה.
יא העל אלה תתאפק יהוה תחשה ותעננו עד מאד.

פרק סה

א נדרשתי ללוא שאלו נמצאתי ללא בקשני אמרתי הנני הנני
אל גוי לא קרא בשמי.
ב פרשתי ידי כל היום אל עם סורר ההלכים הדרך לא טוב אחר
מחשבתיהם.
ג העם המכעסים אותי על פני תמיד זבחים בגנות ומקטרים
על הלבנים.
ד הישבים בקברים ובנצורים ילינו האכלים בשר החזיר

𐤅𐤐𐤓𐤒 [𐤅𐤌𐤓𐤒] 𐤐𐤂𐤋𐤉𐤌 𐤊𐤋𐤉𐤄𐤌•
𐤄 𐤄𐤀𐤌𐤓𐤉𐤌 𐤒𐤓𐤁 𐤀𐤋𐤉𐤊 𐤀𐤋 𐤕𐤂𐤔 𐤁𐤉 𐤊𐤉 𐤒𐤃𐤔𐤕𐤉𐤊 𐤀𐤋𐤄 𐤏𐤔𐤍 𐤁𐤀𐤐𐤉
𐤀𐤔 𐤉𐤒𐤃𐤕 𐤊𐤋 𐤄𐤉𐤅𐤌•
𐤅 𐤄𐤍𐤄 𐤊𐤕𐤅𐤁𐤄 𐤋𐤐𐤍𐤉 𐤋𐤀 𐤀𐤇𐤔𐤄 𐤊𐤉 𐤀𐤌 𐤔𐤋𐤌𐤕𐤉 𐤅𐤔𐤋𐤌𐤕𐤉 𐤏𐤋 𐤇𐤉𐤒𐤌•
𐤆 𐤏𐤅𐤍𐤕𐤉𐤊𐤌 𐤅𐤏𐤅𐤍𐤕 𐤀𐤁𐤅𐤕𐤉𐤊𐤌 𐤉𐤇𐤃𐤅 𐤀𐤌𐤓 𐤉𐤄𐤅𐤄 𐤀𐤔𐤓 𐤒𐤈𐤓𐤅 𐤏𐤋
𐤄𐤄𐤓𐤉𐤌 𐤅𐤏𐤋 𐤄𐤂𐤁𐤏𐤅𐤕 𐤇𐤓𐤐𐤅𐤍𐤉 𐤅𐤌𐤃𐤕𐤉 𐤐𐤏𐤋𐤕𐤌 𐤓𐤀𐤔𐤍𐤄 𐤏𐤋 [𐤀𐤋] 𐤇𐤉𐤒𐤌•
𐤇 𐤊𐤄 𐤀𐤌𐤓 𐤉𐤄𐤅𐤄 𐤊𐤀𐤔𐤓 𐤉𐤌𐤑𐤀 𐤄𐤕𐤉𐤓𐤅𐤔 𐤁𐤀𐤔𐤊𐤅𐤋 𐤅𐤀𐤌𐤓 𐤀𐤋
𐤕𐤔𐤇𐤉𐤕𐤄𐤅 𐤊𐤉 𐤁𐤓𐤊𐤄 𐤁𐤅 𐤊𐤍 𐤀𐤏𐤔𐤄 𐤋𐤌𐤏𐤍 𐤏𐤁𐤃𐤉 𐤋𐤁𐤋𐤕𐤉 𐤄𐤔𐤇𐤉𐤕 𐤄𐤊𐤋•
𐤈 𐤅𐤄𐤅𐤑𐤀𐤕𐤉 𐤌𐤉𐤏𐤒𐤁 𐤆𐤓𐤏 𐤅𐤌𐤉𐤄𐤅𐤃𐤄 𐤉𐤅𐤓𐤔 𐤄𐤓𐤉 𐤅𐤉𐤓𐤔𐤅𐤄 𐤁𐤇𐤉𐤓𐤉
𐤅𐤏𐤁𐤃𐤉 𐤉𐤔𐤊𐤍𐤅 𐤔𐤌𐤄•
𐤉 𐤅𐤄𐤉𐤄 𐤄𐤔𐤓𐤅𐤍 𐤋𐤍𐤅𐤄 𐤑𐤀𐤍 𐤅𐤏𐤌𐤒 𐤏𐤊𐤅𐤓 𐤋𐤓𐤁𐤑 𐤁𐤒𐤓 𐤋𐤏𐤌𐤉 𐤀𐤔𐤓
𐤃𐤓𐤔𐤅𐤍𐤉•
𐤉𐤀 𐤅𐤀𐤕𐤌 𐤏𐤆𐤁𐤉 𐤉𐤄𐤅𐤄 𐤄𐤔𐤊𐤇𐤉𐤌 𐤀𐤕 𐤄𐤓 𐤒𐤃𐤔𐤉 𐤄𐤏𐤓𐤊𐤉𐤌 𐤋𐤂𐤃 𐤔𐤋𐤇𐤍
𐤅𐤄𐤌𐤌𐤋𐤀𐤉𐤌 𐤋𐤌𐤍𐤉 𐤌𐤌𐤎𐤊•
𐤉𐤁 𐤅𐤌𐤍𐤉𐤕𐤉 𐤀𐤕𐤊𐤌 𐤋𐤇𐤓𐤁 𐤅𐤊𐤋𐤊𐤌 𐤋𐤈𐤁𐤇 𐤕𐤊𐤓𐤏𐤅 𐤉𐤏𐤍 𐤒𐤓𐤀𐤕𐤉 𐤅𐤋𐤀
𐤏𐤍𐤉𐤕𐤌 𐤃𐤁𐤓𐤕𐤉 𐤅𐤋𐤀 𐤔𐤌𐤏𐤕𐤌 𐤅𐤕𐤏𐤔𐤅 𐤄𐤓𐤏 𐤁𐤏𐤉𐤍𐤉 𐤅𐤁𐤀𐤔𐤓 𐤋𐤀 𐤇𐤐𐤑𐤕𐤉
𐤁𐤇𐤓𐤕𐤌•
𐤉𐤂 𐤋𐤊𐤍 𐤊𐤄 𐤀𐤌𐤓 𐤀𐤃𐤍𐤉 𐤉𐤄𐤅𐤄 𐤄𐤍𐤄 𐤏𐤁𐤃𐤉 𐤉𐤀𐤊𐤋𐤅 𐤅𐤀𐤕𐤌 𐤕𐤓𐤏𐤁𐤅
𐤄𐤍𐤄 𐤏𐤁𐤃𐤉 𐤉𐤔𐤕𐤅 𐤅𐤀𐤕𐤌 𐤕𐤑𐤌𐤀𐤅 𐤄𐤍𐤄 𐤏𐤁𐤃𐤉 𐤉𐤔𐤌𐤇𐤅 𐤅𐤀𐤕𐤌 𐤕𐤁𐤔𐤅•
𐤉𐤃 𐤄𐤍𐤄 𐤏𐤁𐤃𐤉 𐤉𐤓𐤍𐤅 𐤌𐤈𐤅𐤁 𐤋𐤁 𐤅𐤀𐤕𐤌 𐤕𐤑𐤏𐤒𐤅 𐤌𐤊𐤀𐤁 𐤋𐤁 𐤅𐤌𐤔𐤁𐤓 𐤓𐤅𐤇
𐤕𐤉𐤋𐤉𐤋𐤅•
𐤈𐤅 𐤅𐤄𐤍𐤇𐤕𐤌 𐤔𐤌𐤊𐤌 𐤋𐤔𐤁𐤅𐤏𐤄 𐤋𐤁𐤇𐤉𐤓𐤉 𐤅𐤄𐤌𐤉𐤕𐤊 𐤀𐤃𐤍𐤉 𐤉𐤄𐤅𐤄
𐤅𐤋𐤏𐤁𐤃𐤉𐤅 𐤉𐤒𐤓𐤀 𐤔𐤌 𐤀𐤇𐤓•
𐤈𐤆 𐤀𐤔𐤓 𐤄𐤌𐤕𐤁𐤓𐤊 𐤁𐤀𐤓𐤑 𐤉𐤕𐤁𐤓𐤊 𐤁𐤀𐤋𐤄𐤉 𐤀𐤌𐤍 𐤅𐤄𐤍𐤔𐤁𐤏 𐤁𐤀𐤓𐤑 𐤉𐤔𐤁𐤏
𐤁𐤀𐤋𐤄𐤉 𐤀𐤌𐤍 𐤊𐤉 𐤍𐤔𐤊𐤇𐤅 𐤄𐤑𐤓𐤅𐤕 𐤄𐤓𐤀𐤔𐤍𐤅𐤕 𐤅𐤊𐤉 𐤍𐤎𐤕𐤓𐤅 𐤌𐤏𐤉𐤍𐤉•
𐤉𐤆 𐤊𐤉 𐤄𐤍𐤍𐤉 𐤁𐤓𐤀 𐤔𐤌𐤉𐤌 𐤇𐤃𐤔𐤉𐤌 𐤅𐤀𐤓𐤑 𐤇𐤃𐤔𐤄 𐤅𐤋𐤀 𐤕𐤆𐤊𐤓𐤍𐤄
𐤄𐤓𐤀𐤔𐤍𐤅𐤕 𐤅𐤋𐤀 𐤕𐤏𐤋𐤉𐤍𐤄 𐤏𐤋 𐤋𐤁•
𐤉𐤇 𐤊𐤉 𐤀𐤌 𐤔𐤉𐤔𐤅 𐤅𐤂𐤉𐤋𐤅 𐤏𐤃𐤉 𐤏𐤃 𐤀𐤔𐤓 𐤀𐤍𐤉 𐤁𐤅𐤓𐤀 𐤊𐤉 𐤄𐤍𐤍𐤉 𐤁𐤅𐤓𐤀
𐤀𐤕 𐤉𐤓𐤅𐤔𐤋𐤌 𐤂𐤉𐤋𐤄 𐤅𐤏𐤌𐤄 𐤌𐤔𐤅𐤔•
𐤉𐤈 𐤅𐤂𐤋𐤕𐤉 𐤁𐤉𐤓𐤅𐤔𐤋𐤌 𐤅𐤔𐤔𐤕𐤉 𐤁𐤏𐤌𐤉 𐤅𐤋𐤀 𐤉𐤔𐤌𐤏 𐤁𐤄 𐤏𐤅𐤃 𐤒𐤅𐤋 𐤁𐤊𐤉
𐤅𐤒𐤅𐤋 𐤆𐤏𐤒𐤄•
𐤊 𐤋𐤀 𐤉𐤄𐤉𐤄 𐤌𐤔𐤌 𐤏𐤅𐤃 𐤏𐤅𐤋 𐤉𐤌𐤉𐤌 𐤅𐤆𐤒𐤍 𐤀𐤔𐤓 𐤋𐤀 𐤉𐤌𐤋𐤀 𐤀𐤕 𐤉𐤌𐤉𐤅
𐤊𐤉 𐤄𐤍𐤏𐤓 𐤁𐤍 𐤌𐤀𐤄 𐤔𐤍𐤄 𐤉𐤌𐤅𐤕 𐤅𐤄𐤇𐤅𐤈𐤀 𐤁𐤍 𐤌𐤀𐤄 𐤔𐤍𐤄 𐤉𐤒𐤋𐤋•

𐤊𐤀 𐤅𐤁𐤍𐤅 𐤁𐤕𐤉𐤌 𐤅𐤉𐤔𐤁𐤅 𐤅𐤍𐤈𐤏𐤅 𐤊𐤓𐤌𐤉𐤌 𐤅𐤀𐤊𐤋𐤅 𐤐𐤓𐤉𐤌.
𐤊𐤁 𐤋𐤀 𐤉𐤁𐤍𐤅 𐤅𐤀𐤇𐤓 𐤉𐤔𐤁 𐤋𐤀 𐤉𐤈𐤏𐤅 𐤅𐤀𐤇𐤓 𐤉𐤀𐤊𐤋 𐤊𐤉 𐤊𐤉𐤌𐤉 𐤄𐤏𐤑 𐤉𐤌𐤉
𐤏𐤌𐤉 𐤅𐤌𐤏𐤔𐤄 𐤉𐤃𐤉𐤄𐤌 𐤉𐤁𐤋𐤅 𐤁𐤇𐤉𐤓𐤉.
𐤊𐤂 𐤋𐤀 𐤉𐤉𐤂𐤏𐤅 𐤋𐤓𐤉𐤒 𐤅𐤋𐤀 𐤉𐤋𐤃𐤅 𐤋𐤁𐤄𐤋𐤄 𐤊𐤉 𐤆𐤓𐤏 𐤁𐤓𐤅𐤊𐤉 𐤉𐤄𐤅𐤄 𐤄𐤌𐤄
𐤅𐤑𐤀𐤑𐤀𐤉𐤄𐤌 𐤀𐤕𐤌.
𐤊𐤃 𐤅𐤄𐤉𐤄 𐤈𐤓𐤌 𐤉𐤒𐤓𐤀𐤅 𐤅𐤀𐤍𐤉 𐤀𐤏𐤍𐤄 𐤏𐤅𐤃 𐤄𐤌 𐤌𐤃𐤁𐤓𐤉𐤌 𐤅𐤀𐤍𐤉 𐤀𐤔𐤌𐤏.
𐤊𐤄 𐤆𐤀𐤁 𐤅𐤈𐤋𐤄 𐤉𐤓𐤏𐤅 𐤊𐤀𐤇𐤃 𐤅𐤀𐤓𐤉𐤄 𐤊𐤁𐤒𐤓 𐤉𐤀𐤊𐤋 𐤕𐤁𐤍 𐤅𐤍𐤇𐤔 𐤏𐤐𐤓
𐤋𐤇𐤌𐤅 𐤋𐤀 𐤉𐤓𐤏𐤅 𐤅𐤋𐤀 𐤉𐤔𐤇𐤉𐤕𐤅 𐤁𐤊𐤋 𐤄𐤓 𐤒𐤃𐤔𐤉 𐤀𐤌𐤓 𐤉𐤄𐤅𐤄.

𐤐𐤓𐤒 𐤎𐤅

𐤀𐤊𐤄 𐤀𐤌𐤓 𐤉𐤄𐤅𐤄 𐤄𐤔𐤌𐤉𐤌 𐤊𐤎𐤀𐤉 𐤅𐤄𐤀𐤓𐤑 𐤄𐤃𐤌 𐤓𐤂𐤋𐤉 𐤀𐤉 𐤆𐤄 𐤁𐤉𐤕
𐤀𐤔𐤓 𐤕𐤁𐤍𐤅 𐤋𐤉 𐤅𐤀𐤉 𐤆𐤄 𐤌𐤒𐤅𐤌 𐤌𐤍𐤅𐤇𐤕𐤉.
𐤁𐤅𐤀𐤕 𐤊𐤋 𐤀𐤋𐤄 𐤉𐤃𐤉 𐤏𐤔𐤕𐤄 𐤅𐤉𐤄𐤉𐤅 𐤊𐤋 𐤀𐤋𐤄 𐤍𐤀𐤌 𐤉𐤄𐤅𐤄 𐤅𐤀𐤋 𐤆𐤄
𐤀𐤁𐤉𐤈 𐤀𐤋 𐤏𐤍𐤉 𐤅𐤍𐤊𐤄 𐤓𐤅𐤇 𐤅𐤇𐤓𐤃 𐤏𐤋 𐤃𐤁𐤓𐤉.
𐤂 𐤔𐤅𐤇𐤈 𐤄𐤔𐤅𐤓 𐤌𐤊𐤄 𐤀𐤉𐤔 𐤆𐤅𐤁𐤇 𐤄𐤔𐤄 𐤏𐤓𐤐 𐤊𐤋𐤁 𐤌𐤏𐤋𐤄 𐤌𐤍𐤇𐤄 𐤃𐤌
𐤇𐤆𐤉𐤓 𐤌𐤆𐤊𐤉𐤓 𐤋𐤁𐤍𐤄 𐤌𐤁𐤓𐤊 𐤀𐤅𐤍 𐤂𐤌 𐤄𐤌𐤄 𐤁𐤇𐤓𐤅 𐤁𐤃𐤓𐤊𐤉𐤄𐤌
𐤅𐤁𐤔𐤒𐤅𐤑𐤉𐤄𐤌 𐤍𐤐𐤔𐤌 𐤇𐤐𐤑𐤄.
𐤃𐤂𐤌 𐤀𐤍𐤉 𐤀𐤁𐤇𐤓 𐤁𐤕𐤏𐤋𐤋𐤉𐤄𐤌 𐤅𐤌𐤂𐤅𐤓𐤕𐤌 𐤀𐤁𐤉𐤀 𐤋𐤄𐤌 𐤉𐤏𐤍 𐤒𐤓𐤀𐤕𐤉
𐤅𐤀𐤉𐤍 𐤏𐤅𐤍𐤄 𐤃𐤁𐤓𐤕𐤉 𐤅𐤋𐤀 𐤔𐤌𐤏𐤅 𐤅𐤉𐤏𐤔𐤅 𐤄𐤓𐤏 𐤁𐤏𐤉𐤍𐤉 𐤅𐤁𐤀𐤔𐤓 𐤋𐤀
𐤇𐤐𐤑𐤕𐤉 𐤁𐤇𐤓𐤅.
𐤄 𐤔𐤌𐤏𐤅 𐤃𐤁𐤓 𐤉𐤄𐤅𐤄 𐤄𐤇𐤓𐤃𐤉𐤌 𐤀𐤋 𐤃𐤁𐤓𐤅 𐤀𐤌𐤓𐤅 𐤀𐤇𐤉𐤊𐤌 𐤔𐤍𐤀𐤉𐤊𐤌
𐤌𐤍𐤃𐤉𐤊𐤌 𐤋𐤌𐤏𐤍 𐤔𐤌𐤉 𐤉𐤊𐤁𐤃 𐤉𐤄𐤅𐤄 𐤅𐤍𐤓𐤀𐤄 𐤁𐤔𐤌𐤇𐤕𐤊𐤌 𐤅𐤄𐤌 𐤉𐤁𐤔𐤅.
𐤅𐤒𐤅𐤋 𐤔𐤀𐤅𐤍 𐤌𐤏𐤉𐤓 𐤒𐤅𐤋 𐤌𐤄𐤉𐤊𐤋 𐤒𐤅𐤋 𐤉𐤄𐤅𐤄 𐤌𐤔𐤋𐤌 𐤂𐤌𐤅𐤋 𐤋𐤀𐤉𐤁𐤉𐤅.
𐤆𐤁𐤈𐤓𐤌 𐤕𐤇𐤉𐤋 𐤉𐤋𐤃𐤄 𐤁𐤈𐤓𐤌 𐤉𐤁𐤅𐤀 𐤇𐤁𐤋 𐤋𐤄 𐤅𐤄𐤌𐤋𐤉𐤈𐤄 𐤆𐤊𐤓.
𐤇𐤌𐤉 𐤔𐤌𐤏 𐤊𐤆𐤀𐤕 𐤌𐤉 𐤓𐤀𐤄 𐤊𐤀𐤋𐤄 𐤄𐤉𐤅𐤇𐤋 𐤀𐤓𐤑 𐤁𐤉𐤅𐤌 𐤀𐤇𐤃 𐤀𐤌 𐤉𐤅𐤋𐤃
𐤂𐤅𐤉 𐤐𐤏𐤌 𐤀𐤇𐤕 𐤊𐤉 𐤇𐤋𐤄 𐤂𐤌 𐤉𐤋𐤃𐤄 𐤑𐤉𐤅𐤍 𐤀𐤕 𐤁𐤍𐤉𐤄.
𐤈𐤄𐤀𐤍𐤉 𐤀𐤔𐤁𐤉𐤓 𐤅𐤋𐤀 𐤀𐤅𐤋𐤉𐤃 𐤉𐤀𐤌𐤓 𐤉𐤄𐤅𐤄 𐤀𐤌 𐤀𐤍𐤉 𐤄𐤌𐤅𐤋𐤉𐤃
𐤅𐤏𐤑𐤓𐤕𐤉 𐤀𐤌𐤓 𐤀𐤋𐤄𐤉𐤊.
𐤉 𐤔𐤌𐤇𐤅 𐤀𐤕 𐤉𐤓𐤅𐤔𐤋𐤌 𐤅𐤂𐤉𐤋𐤅 𐤁𐤄 𐤊𐤋 𐤀𐤄𐤁𐤉𐤄 𐤔𐤉𐤔𐤅 𐤀𐤕𐤄 𐤌𐤔𐤅𐤔 𐤊𐤋
𐤄𐤌𐤕𐤀𐤁𐤋𐤉𐤌 𐤏𐤋𐤉𐤄.
𐤉𐤀 𐤋𐤌𐤏𐤍 𐤕𐤉𐤍𐤒𐤅 𐤅𐤔𐤁𐤏𐤕𐤌 𐤌𐤔𐤃 𐤕𐤍𐤇𐤌𐤉𐤄 𐤋𐤌𐤏𐤍 𐤕𐤌𐤑𐤅 𐤅𐤄𐤕𐤏𐤍𐤂𐤕𐤌
𐤌𐤆𐤉𐤆 𐤊𐤁𐤅𐤃𐤄.
𐤉𐤁𐤊𐤉 𐤊𐤄 𐤀𐤌𐤓 𐤉𐤄𐤅𐤄 𐤄𐤍𐤍𐤉 𐤍𐤈𐤄 𐤀𐤋𐤉𐤄 𐤊𐤍𐤄𐤓 𐤔𐤋𐤅𐤌 𐤅𐤊𐤍𐤇𐤋

𐤔𐤅𐤈𐤐 𐤊𐤁𐤅𐤃 𐤂𐤅𐤉𐤌 𐤅𐤉𐤍𐤒𐤕𐤌 𐤏𐤋 𐤑𐤃 𐤕𐤍𐤔𐤀𐤅 𐤅𐤏𐤋 𐤁𐤓𐤊𐤉𐤌 𐤕𐤔𐤏𐤔𐤏𐤅•

𐤉𐤂 𐤊𐤀𐤉𐤔 𐤀𐤔𐤓 𐤀𐤌𐤅 𐤕𐤍𐤇𐤌𐤍𐤅 𐤊𐤍 𐤀𐤍𐤊𐤉 𐤀𐤍𐤇𐤌𐤊𐤌 𐤅𐤁𐤉𐤓𐤅𐤔𐤋𐤌 𐤕𐤍𐤇𐤌𐤅•

𐤉𐤃 𐤅𐤓𐤀𐤉𐤕𐤌 𐤅𐤔𐤔 𐤋𐤁𐤊𐤌 𐤅𐤏𐤑𐤌𐤅𐤕𐤉𐤊𐤌 𐤊𐤃𐤔𐤀 𐤕𐤐𐤓𐤇𐤍𐤄 𐤅𐤍𐤅𐤃𐤏𐤄 𐤉𐤃 𐤉𐤄𐤅𐤄 𐤀𐤕 𐤏𐤁𐤃𐤉𐤅 𐤅𐤆𐤏𐤌 𐤀𐤕 𐤀𐤉𐤁𐤉𐤅•

𐤈𐤅 𐤊𐤉 𐤄𐤍𐤄 𐤉𐤄𐤅𐤄 𐤁𐤀𐤔 𐤉𐤁𐤅𐤀 𐤅𐤊𐤎𐤅𐤐𐤄 𐤌𐤓𐤊𐤁𐤕𐤉𐤅 𐤋𐤄𐤔𐤉𐤁 𐤁𐤇𐤌𐤄 𐤀𐤐𐤅 𐤅𐤂𐤏𐤓𐤕𐤅 𐤁𐤋𐤄𐤁𐤉 𐤀𐤔•

𐤈𐤆 𐤊𐤉 𐤁𐤀𐤔 𐤉𐤄𐤅𐤄 𐤍𐤔𐤐𐤈 𐤅𐤁𐤇𐤓𐤁𐤅 𐤀𐤕 𐤊𐤋 𐤁𐤔𐤓 𐤅𐤓𐤁𐤅 𐤇𐤋𐤋𐤉 𐤉𐤄𐤅𐤄•

𐤉𐤆 𐤄𐤌𐤕𐤒𐤃𐤔𐤉𐤌 𐤅𐤄𐤌𐤈𐤄𐤓𐤉𐤌 𐤀𐤋 𐤄𐤂𐤍𐤅𐤕 𐤀𐤇𐤓 𐤀𐤇𐤃 [𐤀𐤇𐤕] 𐤁𐤕𐤅𐤊 𐤀𐤊𐤋𐤉 𐤁𐤔𐤓 𐤄𐤇𐤆𐤉𐤓 𐤅𐤄𐤔𐤒𐤑 𐤅𐤄𐤏𐤊𐤁𐤓 𐤉𐤇𐤃𐤅 𐤉𐤎𐤐𐤅 𐤍𐤀𐤌 𐤉𐤄𐤅𐤄•

𐤉𐤇 𐤅𐤀𐤍𐤊𐤉 𐤌𐤏𐤔𐤉𐤄𐤌 𐤅𐤌𐤇𐤔𐤁𐤕𐤉𐤄𐤌 𐤁𐤀𐤄 𐤋𐤒𐤁𐤑 𐤀𐤕 𐤊𐤋 𐤄𐤂𐤅𐤉𐤌 𐤅𐤄𐤋𐤔𐤍𐤅𐤕 𐤅𐤁𐤀𐤅 𐤅𐤓𐤀𐤅 𐤀𐤕 𐤊𐤁𐤅𐤃𐤉•

𐤉𐤈 𐤅𐤔𐤌𐤕𐤉 𐤁𐤄𐤌 𐤀𐤅𐤕 𐤅𐤔𐤋𐤇𐤕𐤉 𐤌𐤄𐤌 𐤐𐤋𐤉𐤈𐤉𐤌 𐤀𐤋 𐤄𐤂𐤅𐤉𐤌 𐤕𐤓𐤔𐤉𐤔 𐤐𐤅𐤋 𐤅𐤋𐤅𐤃 𐤌𐤔𐤊𐤉 𐤒𐤔𐤕 𐤕𐤁𐤋 𐤅𐤉𐤅𐤍 𐤄𐤀𐤉𐤉𐤌 𐤄𐤓𐤇𐤒𐤉𐤌 𐤀𐤔𐤓 𐤋𐤀 𐤔𐤌𐤏𐤅 𐤀𐤕 𐤔𐤌𐤏𐤉 𐤅𐤋𐤀 𐤓𐤀𐤅 𐤀𐤕 𐤊𐤁𐤅𐤃𐤉 𐤅𐤄𐤂𐤉𐤃𐤅 𐤀𐤕 𐤊𐤁𐤅𐤃𐤉 𐤁𐤂𐤅𐤉𐤌•

𐤊 𐤅𐤄𐤁𐤉𐤀𐤅 𐤀𐤕 𐤊𐤋 𐤀𐤇𐤉𐤊𐤌 𐤌𐤊𐤋 𐤄𐤂𐤅𐤉𐤌 𐤌𐤍𐤇𐤄 𐤋𐤉𐤄𐤅𐤄 𐤁𐤎𐤅𐤎𐤉𐤌 𐤅𐤁𐤓𐤊𐤁 𐤅𐤁𐤑𐤁𐤉𐤌 𐤅𐤁𐤐𐤓𐤃𐤉𐤌 𐤅𐤁𐤊𐤓𐤊𐤓𐤅𐤕 𐤏𐤋 𐤄𐤓 𐤒𐤃𐤔𐤉 𐤉𐤓𐤅𐤔𐤋𐤌 𐤀𐤌𐤓 𐤉𐤄𐤅𐤄 𐤊𐤀𐤔𐤓 𐤉𐤁𐤉𐤀𐤅 𐤁𐤍𐤉 𐤉𐤔𐤓𐤀𐤋 𐤀𐤕 𐤄𐤌𐤍𐤇𐤄 𐤁𐤊𐤋𐤉 𐤈𐤄𐤅𐤓 𐤁𐤉𐤕 𐤉𐤄𐤅𐤄•

𐤊𐤀 𐤅𐤂𐤌 𐤌𐤄𐤌 𐤀𐤒𐤇 𐤋𐤊𐤄𐤍𐤉𐤌 𐤋𐤋𐤅𐤉𐤌 𐤀𐤌𐤓 𐤉𐤄𐤅𐤄•

𐤊𐤁 𐤊𐤉 𐤊𐤀𐤔𐤓 𐤄𐤔𐤌𐤉𐤌 𐤄𐤇𐤃𐤔𐤉𐤌 𐤅𐤄𐤀𐤓𐤑 𐤄𐤇𐤃𐤔𐤄 𐤀𐤔𐤓 𐤀𐤍𐤉 𐤏𐤔𐤄 𐤏𐤌𐤃𐤉𐤌 𐤋𐤐𐤍𐤉 𐤍𐤀𐤌 𐤉𐤄𐤅𐤄 𐤊𐤍 𐤉𐤏𐤌𐤃 𐤆𐤓𐤏𐤊𐤌 𐤅𐤔𐤌𐤊𐤌•

𐤊𐤂 𐤅𐤄𐤉𐤄 𐤌𐤃𐤉 𐤇𐤃𐤔 𐤁𐤇𐤃𐤔𐤅 𐤅𐤌𐤃𐤉 𐤔𐤁𐤕 𐤁𐤔𐤁𐤕𐤅 𐤉𐤁𐤅𐤀 𐤊𐤋 𐤁𐤔𐤓 𐤋𐤄𐤔𐤕𐤇𐤅𐤕 𐤋𐤐𐤍𐤉 𐤀𐤌𐤓 𐤉𐤄𐤅𐤄•

𐤊𐤃 𐤅𐤉𐤑𐤀𐤅 𐤅𐤓𐤀𐤅 𐤁𐤐𐤂𐤓𐤉 𐤄𐤀𐤍𐤔𐤉𐤌 𐤄𐤐𐤔𐤏𐤉𐤌 𐤁𐤉 𐤊𐤉 𐤕𐤅𐤋𐤏𐤕𐤌 𐤋𐤀 𐤕𐤌𐤅𐤕 𐤅𐤀𐤔𐤌 𐤋𐤀 𐤕𐤊𐤁𐤄 𐤅𐤄𐤉𐤅 𐤃𐤓𐤀𐤅𐤍 𐤋𐤊𐤋 𐤁𐤔𐤓•

𐤉𐤓𐤌𐤉𐤄

𐤐𐤓𐤒 𐤀

𐤀 𐤃𐤁𐤓𐤉 𐤉𐤓𐤌𐤉𐤄𐤅 𐤁𐤍 𐤇𐤋𐤒𐤉𐤄𐤅 𐤌𐤍 𐤄𐤊𐤄𐤍𐤉𐤌 𐤀𐤔𐤓 𐤁𐤏𐤍𐤕𐤅𐤕 𐤁𐤀𐤓𐤑
𐤁𐤍𐤉𐤌𐤍.
𐤁 𐤀𐤔𐤓 𐤄𐤉𐤄 𐤃𐤁𐤓 𐤉𐤄𐤅𐤄 𐤀𐤋𐤉𐤅 𐤁𐤉𐤌𐤉 𐤉𐤀𐤔𐤉𐤄𐤅 𐤁𐤍 𐤀𐤌𐤅𐤍 𐤌𐤋𐤊
𐤉𐤄𐤅𐤃𐤄 𐤁𐤔𐤋𐤔 𐤏𐤔𐤓𐤄 𐤔𐤍𐤄 𐤋𐤌𐤋𐤊𐤅.
𐤂 𐤅𐤉𐤄𐤉 𐤁𐤉𐤌𐤉 𐤉𐤄𐤅𐤉𐤒𐤉𐤌 𐤁𐤍 𐤉𐤀𐤔𐤉𐤄𐤅 𐤌𐤋𐤊 𐤉𐤄𐤅𐤃𐤄 𐤏𐤃 𐤕𐤌 𐤏𐤔𐤕𐤉
𐤏𐤔𐤓𐤄 𐤔𐤍𐤄 𐤋𐤑𐤃𐤒𐤉𐤄𐤅 𐤁𐤍 𐤉𐤀𐤔𐤉𐤄𐤅 𐤌𐤋𐤊 𐤉𐤄𐤅𐤃𐤄 𐤏𐤃 𐤂𐤋𐤅𐤕 𐤉𐤓𐤅𐤔𐤋𐤌
𐤁𐤇𐤃𐤔 𐤄𐤇𐤌𐤉𐤔𐤉.
𐤃 𐤅𐤉𐤄𐤉 𐤃𐤁𐤓 𐤉𐤄𐤅𐤄 𐤀𐤋𐤉 𐤋𐤀𐤌𐤓.
𐤄 𐤁𐤈𐤓𐤌 𐤀𐤑𐤅𐤓𐤊 [𐤀𐤑𐤓𐤊] 𐤁𐤁𐤈𐤍 𐤉𐤃𐤏𐤕𐤉𐤊 𐤅𐤁𐤈𐤓𐤌 𐤕𐤑𐤀 𐤌𐤓𐤇𐤌
𐤄𐤒𐤃𐤔𐤕𐤉𐤊 𐤍𐤁𐤉𐤀 𐤋𐤂𐤅𐤉𐤌 𐤍𐤕𐤕𐤉𐤊.
𐤅 𐤅𐤀𐤌𐤓 𐤀𐤄𐤄 𐤀𐤃𐤍𐤉 𐤉𐤄𐤅𐤄 𐤄𐤍𐤄 𐤋𐤀 𐤉𐤃𐤏𐤕𐤉 𐤃𐤁𐤓 𐤊𐤉 𐤍𐤏𐤓 𐤀𐤍𐤊𐤉.
𐤆 𐤅𐤉𐤀𐤌𐤓 𐤉𐤄𐤅𐤄 𐤀𐤋𐤉 𐤀𐤋 𐤕𐤀𐤌𐤓 𐤍𐤏𐤓 𐤀𐤍𐤊𐤉 𐤊𐤉 𐤏𐤋 𐤊𐤋 𐤀𐤔𐤓 𐤀𐤔𐤋𐤇𐤊
𐤕𐤋𐤊 𐤅𐤀𐤕 𐤊𐤋 𐤀𐤔𐤓 𐤀𐤑𐤅𐤊 𐤕𐤃𐤁𐤓.
𐤇 𐤀𐤋 𐤕𐤉𐤓𐤀 𐤌𐤐𐤍𐤉𐤄𐤌 𐤊𐤉 𐤀𐤕𐤊 𐤀𐤍𐤉 𐤋𐤄𐤑𐤋𐤊 𐤍𐤀𐤌 𐤉𐤄𐤅𐤄.
𐤈 𐤅𐤉𐤔𐤋𐤇 𐤉𐤄𐤅𐤄 𐤀𐤕 𐤉𐤃𐤅 𐤅𐤉𐤂𐤏 𐤏𐤋 𐤐𐤉 𐤅𐤉𐤀𐤌𐤓 𐤉𐤄𐤅𐤄 𐤀𐤋𐤉 𐤄𐤍𐤄
𐤍𐤕𐤕𐤉 𐤃𐤁𐤓𐤉 𐤁𐤐𐤉𐤊.
𐤉 𐤓𐤀𐤄 𐤄𐤐𐤒𐤃𐤕𐤉𐤊 𐤄𐤉𐤅𐤌 𐤄𐤆𐤄 𐤏𐤋 𐤄𐤂𐤅𐤉𐤌 𐤅𐤏𐤋 𐤄𐤌𐤌𐤋𐤊𐤅𐤕 𐤋𐤍𐤕𐤅𐤔
𐤅𐤋𐤍𐤕𐤅𐤑 𐤅𐤋𐤄𐤀𐤁𐤉𐤃 𐤅𐤋𐤄𐤓𐤅𐤎 𐤋𐤁𐤍𐤅𐤕 𐤅𐤋𐤍𐤈𐤅𐤏.
𐤉𐤀 𐤅𐤉𐤄𐤉 𐤃𐤁𐤓 𐤉𐤄𐤅𐤄 𐤀𐤋𐤉 𐤋𐤀𐤌𐤓 𐤌𐤄 𐤀𐤕𐤄 𐤓𐤀𐤄 𐤉𐤓𐤌𐤉𐤄𐤅 𐤅𐤀𐤌𐤓
𐤌𐤒𐤋 𐤔𐤒𐤃 𐤀𐤍𐤉 𐤓𐤀𐤄.
𐤉𐤁 𐤅𐤉𐤀𐤌𐤓 𐤉𐤄𐤅𐤄 𐤀𐤋𐤉 𐤄𐤉𐤈𐤁𐤕 𐤋𐤓𐤀𐤅𐤕 𐤊𐤉 𐤔𐤒𐤃 𐤀𐤍𐤉 𐤏𐤋 𐤃𐤁𐤓𐤉
𐤋𐤏𐤔𐤕𐤅.
𐤉𐤂 𐤅𐤉𐤄𐤉 𐤃𐤁𐤓 𐤉𐤄𐤅𐤄 𐤀𐤋𐤉 𐤔𐤍𐤉𐤕 𐤋𐤀𐤌𐤓 𐤌𐤄 𐤀𐤕𐤄 𐤓𐤀𐤄 𐤅𐤀𐤌𐤓 𐤎𐤉𐤓
𐤍𐤐𐤅𐤇 𐤀𐤍𐤉 𐤓𐤀𐤄 𐤅𐤐𐤍𐤉𐤅 𐤌𐤐𐤍𐤉 𐤑𐤐𐤅𐤍𐤄.
𐤉𐤃 𐤅𐤉𐤀𐤌𐤓 𐤉𐤄𐤅𐤄 𐤀𐤋𐤉 𐤌𐤑𐤐𐤅𐤍 𐤕𐤐𐤕𐤇 𐤄𐤓𐤏𐤄 𐤏𐤋 𐤊𐤋 𐤉𐤔𐤁𐤉 𐤄𐤀𐤓𐤑.
𐤈𐤅 𐤊𐤉 𐤄𐤍𐤍𐤉 𐤒𐤓𐤀 𐤋𐤊𐤋 𐤌𐤔𐤐𐤇𐤅𐤕 𐤌𐤌𐤋𐤊𐤅𐤕 𐤑𐤐𐤅𐤍𐤄 𐤍𐤀𐤌 𐤉𐤄𐤅𐤄 𐤅𐤁𐤀𐤅
𐤅𐤍𐤕𐤍𐤅 𐤀𐤉𐤔 𐤊𐤎𐤀𐤅 𐤐𐤕𐤇 𐤔𐤏𐤓𐤉 𐤉𐤓𐤅𐤔𐤋𐤌 𐤅𐤏𐤋 𐤊𐤋 𐤇𐤅𐤌𐤕𐤉𐤄 𐤎𐤁𐤉𐤁 𐤅𐤏𐤋
𐤊𐤋 𐤏𐤓𐤉 𐤉𐤄𐤅𐤃𐤄.
𐤈𐤆 𐤅𐤃𐤁𐤓𐤕𐤉 𐤌𐤔𐤐𐤈𐤉 𐤀𐤅𐤕𐤌 𐤏𐤋 𐤊𐤋 𐤓𐤏𐤕𐤌 𐤀𐤔𐤓 𐤏𐤆𐤁𐤅𐤍𐤉 𐤅𐤉𐤒𐤈𐤓𐤅
𐤋𐤀𐤋𐤄𐤉𐤌 𐤀𐤇𐤓𐤉𐤌 𐤅𐤉𐤔𐤕𐤇𐤅𐤅 𐤋𐤌𐤏𐤔𐤉 𐤉𐤃𐤉𐤄𐤌.
𐤉𐤆 𐤅𐤀𐤕𐤄 𐤕𐤀𐤆𐤓 𐤌𐤕𐤍𐤉𐤊 𐤅𐤒𐤌𐤕 𐤅𐤃𐤁𐤓𐤕 𐤀𐤋𐤉𐤄𐤌 𐤀𐤕 𐤊𐤋 𐤀𐤔𐤓 𐤀𐤍𐤊𐤉
𐤀𐤑𐤅𐤊 𐤀𐤋 𐤕𐤇𐤕 𐤌𐤐𐤍𐤉𐤄𐤌 𐤐𐤍 𐤀𐤇𐤕𐤊 𐤋𐤐𐤍𐤉𐤄𐤌.

יח ואני הנה נתתיך היום לעיר מבצר ולעמוד ברזל ולחמות
נחשת על כל הארץ למלכי יהודה לשריה לכהניה ולעם הארץ.
יט ונלחמו אליך ולא יוכלו לך כי אתך אני נאם יהוה
להצילך.

פרק ב

א ויהי דבר יהוה אלי לאמר.
ב הלך וקראת באזני ירושלם לאמר כה אמר יהוה זכרתי לך
חסד נעוריך אהבת כלולתיך לכתך אחרי במדבר בארץ לא זרועה.
ג קדש ישראל ליהוה ראשית תבואתה כל אכליו יאשמו רעה
תבא אליהם נאם יהוה.
ד שמעו דבר יהוה בית יעקב וכל משפחות בית ישראל.
ה כה אמר יהוה מה מצאו אבותיכם בי עול כי רחקו מעלי
וילכו אחרי ההבל ויהבלו.
ו ולא אמרו איה יהוה המעלה אתנו מארץ מצרים המוליך
אתנו במדבר בארץ ערבה ושוחה בארץ ציה וצלמות בארץ לא עבר
בה איש ולא ישב אדם שם.
ז ואביא אתכם אל ארץ הכרמל לאכל פריה וטובה ותבאו
ותטמאו את ארצי ונחלתי שמתם לתועבה.
ח הכהנים לא אמרו איה יהוה ותפשי התורה לא ידעוני
והרעים פשעו בי והנביאים נבאו בבעל ואחרי לא יועלו הלכו.
ט לכן עד אריב אתכם נאם יהוה ואת בני בניכם אריב.
י כי עברו איי כתיים וראו וקדר שלחו והתבוננו מאד וראו
הן היתה כזאת.
יא ההימיר גוי אלהים והמה לא אלהים ועמי המיר כבודו
בלוא יועיל.
יב שמו שמים על זאת ושערו חרבו מאד נאם יהוה.
יג כי שתים רעות עשה עמי אתי עזבו מקור מים חיים לחצב
להם בארות בארת נשברים אשר לא יכלו המים.
יד העבד ישראל אם יליד בית הוא מדוע היה לבז.
טו עליו ישאגו כפרים נתנו קולם וישיתו ארצו לשמה עריו
נצתה [נצתו] מבלי ישב.
טז גם בני נף ותחפנס [ותחפנחס] ירעוך קדקד.

𐤉𐤓𐤌𐤉𐤄

𐤉𐤆𐤄𐤋𐤅𐤀 𐤆𐤀𐤕 𐤕𐤏𐤔𐤄 𐤋𐤊 𐤏𐤆𐤁𐤊 𐤀𐤕 𐤉𐤄𐤅𐤄 𐤀𐤋𐤄𐤉𐤊 𐤁𐤏𐤕 𐤌𐤅𐤋𐤉𐤊𐤊
𐤁𐤃𐤓𐤊•

𐤉𐤇𐤅𐤏𐤕𐤄 𐤌𐤄 𐤋𐤊 𐤋𐤃𐤓𐤊 𐤌𐤑𐤓𐤉𐤌 𐤋𐤔𐤕𐤅𐤕 𐤌𐤉 𐤔𐤇𐤅𐤓 𐤅𐤌𐤄 𐤋𐤊 𐤋𐤃𐤓𐤊
𐤀𐤔𐤅𐤓 𐤋𐤔𐤕𐤅𐤕 𐤌𐤉 𐤍𐤄𐤓•

𐤉𐤈𐤕𐤉𐤎𐤓𐤊 𐤓𐤏𐤕𐤊 𐤅𐤌𐤔𐤁𐤅𐤕𐤉𐤊 𐤕𐤅𐤊𐤇𐤊 𐤅𐤃𐤏𐤉 𐤅𐤓𐤀𐤉 𐤊𐤉 𐤓𐤏 𐤅𐤌𐤓 𐤏𐤆𐤁𐤊
𐤀𐤕 𐤉𐤄𐤅𐤄 𐤀𐤋𐤄𐤉𐤊 𐤅𐤋𐤀 𐤐𐤇𐤃𐤕𐤉 𐤀𐤋𐤉𐤊 𐤍𐤀𐤌 𐤀𐤃𐤍𐤉 𐤉𐤄𐤅𐤄 𐤑𐤁𐤀𐤅𐤕•

𐤊𐤊𐤉 𐤌𐤏𐤅𐤋𐤌 𐤔𐤁𐤓𐤕𐤉 𐤏𐤋𐤊 𐤍𐤕𐤒𐤕𐤉 𐤌𐤅𐤎𐤓𐤅𐤕𐤉𐤊 𐤅𐤕𐤀𐤌𐤓𐤉 𐤋𐤀 𐤀𐤏𐤁𐤅𐤃
[𐤀𐤏𐤁𐤅𐤓] 𐤊𐤉 𐤏𐤋 𐤊𐤋 𐤂𐤁𐤏𐤄 𐤂𐤁𐤄𐤄 𐤅𐤕𐤇𐤕 𐤊𐤋 𐤏𐤑 𐤓𐤏𐤍𐤍 𐤀𐤕 𐤑𐤏𐤄 𐤆𐤍𐤄•

𐤊𐤀𐤅𐤀𐤍𐤊𐤉 𐤍𐤈𐤏𐤕𐤉𐤊 𐤔𐤅𐤓𐤒 𐤊𐤋𐤄 𐤆𐤓𐤏 𐤀𐤌𐤕 𐤅𐤀𐤉𐤊 𐤍𐤄𐤐𐤊𐤕 𐤋𐤉 𐤎𐤅𐤓𐤉
𐤄𐤂𐤐𐤍 𐤍𐤊𐤓𐤉𐤄•

𐤊𐤁𐤊𐤉 𐤀𐤌 𐤕𐤊𐤁𐤎𐤉 𐤁𐤍𐤕𐤓 𐤅𐤕𐤓𐤁𐤉 𐤋𐤊 𐤁𐤓𐤉𐤕 𐤍𐤊𐤕𐤌 𐤏𐤅𐤍𐤊 𐤋𐤐𐤍𐤉 𐤍𐤀𐤌
𐤀𐤃𐤍𐤉 𐤉𐤄𐤅𐤄•

𐤊𐤂𐤀𐤉𐤊 𐤕𐤀𐤌𐤓𐤉 𐤋𐤀 𐤍𐤈𐤌𐤀𐤕𐤉 𐤀𐤇𐤓𐤉 𐤄𐤁𐤏𐤋𐤉𐤌 𐤋𐤀 𐤄𐤋𐤊𐤕𐤉 𐤓𐤀𐤉 𐤃𐤓𐤊𐤊
𐤁𐤂𐤉𐤀 𐤃𐤏𐤉 𐤌𐤄 𐤏𐤔𐤉𐤕 𐤁𐤊𐤓𐤄 𐤒𐤋𐤄 𐤌𐤔𐤓𐤊𐤕 𐤃𐤓𐤊𐤉𐤄•

𐤊𐤃 𐤐𐤓𐤄 𐤋𐤌𐤃 𐤌𐤃𐤁𐤓 𐤁𐤀𐤅𐤕 𐤍𐤐𐤔𐤅 [𐤍𐤐𐤔𐤄] 𐤔𐤀𐤐𐤄 𐤓𐤅𐤇 𐤕𐤀𐤍𐤕𐤄 𐤌𐤉
𐤉𐤔𐤉𐤁𐤍𐤄 𐤊𐤋 𐤌𐤁𐤒𐤔𐤉𐤄 𐤋𐤀 𐤉𐤉𐤏𐤐𐤅 𐤁𐤇𐤃𐤔𐤄 𐤉𐤌𐤑𐤀𐤅𐤍𐤄•

𐤊𐤄𐤌𐤍𐤏𐤉 𐤓𐤂𐤋𐤊 𐤌𐤉𐤇𐤐 𐤅𐤂𐤅𐤓𐤍𐤊 [𐤅𐤂𐤓𐤅𐤍𐤊] 𐤌𐤑𐤌𐤀𐤄 𐤅𐤕𐤀𐤌𐤓𐤉 𐤍𐤅𐤀𐤔
𐤋𐤅𐤀 𐤊𐤉 𐤀𐤄𐤁𐤕𐤉 𐤆𐤓𐤉𐤌 𐤅𐤀𐤇𐤓𐤉𐤄𐤌 𐤀𐤋𐤊•

𐤊𐤅𐤊𐤁𐤔𐤕 𐤂𐤍𐤁 𐤊𐤉 𐤉𐤌𐤑𐤀 𐤊𐤍 𐤄𐤁𐤉𐤔𐤅 𐤁𐤉𐤕 𐤉𐤔𐤓𐤀𐤋 𐤄𐤌𐤄 𐤌𐤋𐤊𐤉𐤄𐤌
𐤔𐤓𐤉𐤄𐤌 𐤅𐤊𐤄𐤍𐤉𐤄𐤌 𐤅𐤍𐤁𐤉𐤀𐤉𐤄𐤌•

𐤊𐤆𐤀𐤌𐤓𐤉𐤌 𐤋𐤏𐤑 𐤀𐤁𐤉 𐤀𐤕𐤄 𐤅𐤋𐤀𐤁𐤍 𐤀𐤕 𐤉𐤋𐤃𐤕𐤍𐤉 [𐤉𐤋𐤃𐤕𐤍𐤅] 𐤊𐤉 𐤐𐤍𐤅
𐤀𐤋𐤉 𐤏𐤓𐤐 𐤅𐤋𐤀 𐤐𐤍𐤉𐤌 𐤅𐤁𐤏𐤕 𐤓𐤏𐤕𐤌 𐤉𐤀𐤌𐤓𐤅 𐤒𐤅𐤌𐤄 𐤅𐤄𐤅𐤔𐤉𐤏𐤍𐤅•

𐤊𐤇𐤅𐤀𐤉𐤄 𐤀𐤋𐤄𐤉𐤊 𐤀𐤔𐤓 𐤏𐤔𐤉𐤕 𐤋𐤊 𐤉𐤒𐤅𐤌𐤅 𐤀𐤌 𐤉𐤅𐤔𐤉𐤏𐤅𐤊 𐤁𐤏𐤕 𐤓𐤏𐤕𐤊
𐤊𐤉 𐤌𐤎𐤐𐤓 𐤏𐤓𐤉𐤊 𐤄𐤉𐤅 𐤀𐤋𐤄𐤉𐤊 𐤉𐤄𐤅𐤃𐤄•

𐤊𐤈𐤋𐤌𐤄 𐤕𐤓𐤉𐤁𐤅 𐤀𐤋𐤉 𐤊𐤋𐤊𐤌 𐤐𐤔𐤏𐤕𐤌 𐤁𐤉 𐤍𐤀𐤌 𐤉𐤄𐤅𐤄•

𐤋𐤋𐤔𐤅𐤀 𐤄𐤊𐤉𐤕𐤉 𐤀𐤕 𐤁𐤍𐤉𐤊𐤌 𐤌𐤅𐤎𐤓 𐤋𐤀 𐤋𐤒𐤇𐤅 𐤀𐤊𐤋𐤄 𐤇𐤓𐤁𐤊𐤌
𐤍𐤁𐤉𐤀𐤉𐤊𐤌 𐤊𐤀𐤓𐤉𐤄 𐤌𐤔𐤇𐤉𐤕•

𐤋𐤀𐤄𐤃𐤅𐤓 𐤀𐤕𐤌 𐤓𐤀𐤅 𐤃𐤁𐤓 𐤉𐤄𐤅𐤄 𐤄𐤌𐤃𐤁𐤓 𐤄𐤉𐤉𐤕𐤉 𐤋𐤉𐤔𐤓𐤀𐤋 𐤀𐤌 𐤀𐤓𐤑
𐤌𐤀𐤐𐤋𐤉𐤄 𐤌𐤃𐤅𐤏 𐤀𐤌𐤓𐤅 𐤏𐤌𐤉 𐤓𐤃𐤍𐤅 𐤋𐤅𐤀 𐤍𐤁𐤅𐤀 𐤏𐤅𐤃 𐤀𐤋𐤉𐤊•

𐤋𐤁𐤄𐤕𐤔𐤊𐤇 𐤁𐤕𐤅𐤋𐤄 𐤏𐤃𐤉𐤄 𐤊𐤋𐤄 𐤒𐤔𐤓𐤉𐤄 𐤅𐤏𐤌𐤉 𐤔𐤊𐤇𐤅𐤍𐤉 𐤉𐤌𐤉𐤌 𐤀𐤉𐤍
𐤌𐤎𐤐𐤓•

𐤋𐤂 𐤌𐤄 𐤕𐤉𐤈𐤁𐤉 𐤃𐤓𐤊𐤊 𐤋𐤁𐤒𐤔 𐤀𐤄𐤁𐤄 𐤋𐤊𐤍 𐤂𐤌 𐤀𐤕 𐤄𐤓𐤏𐤅𐤕 𐤋𐤌𐤃𐤕𐤉
[𐤋𐤌𐤃𐤕] 𐤀𐤕 𐤃𐤓𐤊𐤉𐤊•

𐤋𐤃𐤂𐤌 𐤁𐤊𐤍𐤐𐤉𐤊 𐤍𐤌𐤑𐤀𐤅 𐤃𐤌 𐤍𐤐𐤔𐤅𐤕 𐤀𐤁𐤉𐤅𐤍𐤉𐤌 𐤍𐤒𐤉𐤉𐤌 𐤋𐤀 𐤁𐤌𐤇𐤕𐤓𐤕
𐤌𐤑𐤀𐤕𐤉𐤌 𐤊𐤉 𐤏𐤋 𐤊𐤋 𐤀𐤋𐤄•
𐤋𐤄 𐤅𐤕𐤀𐤌𐤓𐤉 𐤊𐤉 𐤍𐤒𐤉𐤕𐤉 𐤀𐤊 𐤔𐤁 𐤀𐤐𐤅 𐤌𐤌𐤍𐤉 𐤄𐤍𐤍𐤉 𐤍𐤔𐤐𐤈 𐤀𐤅𐤕𐤊 𐤏𐤋
𐤀𐤌𐤓𐤊 𐤋𐤀 𐤇𐤈𐤀𐤕𐤉•
𐤋𐤅𐤌𐤄 𐤕𐤆𐤋𐤉 𐤌𐤀𐤃 𐤋𐤔𐤍𐤅𐤕 𐤀𐤕 𐤃𐤓𐤊𐤊 𐤂𐤌 𐤌𐤌𐤑𐤓𐤉𐤌 𐤕𐤁𐤔𐤉 𐤊𐤀𐤔𐤓 𐤁𐤔𐤕
𐤌𐤀𐤔𐤅𐤓•
𐤋𐤆𐤂𐤌 𐤌𐤀𐤕 𐤆𐤄 𐤕𐤑𐤀𐤉 𐤅𐤉𐤃𐤉𐤊 𐤏𐤋 𐤓𐤀𐤔𐤊 𐤊𐤉 𐤌𐤀𐤎 𐤉𐤄𐤅𐤄 𐤁𐤌𐤁𐤈𐤇𐤉𐤊
𐤅𐤋𐤀 𐤕𐤑𐤋𐤉𐤇𐤉 𐤋𐤄𐤌•

𐤐𐤓𐤒 𐤂

𐤀𐤋𐤀𐤌𐤓 𐤄𐤍 𐤉𐤔𐤋𐤇 𐤀𐤉𐤔 𐤀𐤕 𐤀𐤔𐤕𐤅 𐤅𐤄𐤋𐤊𐤄 𐤌𐤀𐤕𐤅 𐤅𐤄𐤉𐤕𐤄 𐤋𐤀𐤉𐤔
𐤀𐤇𐤓 𐤄𐤉𐤔𐤅𐤁 𐤀𐤋𐤉𐤄 𐤏𐤅𐤃 𐤄𐤋𐤅𐤀 𐤇𐤍𐤅𐤐 𐤕𐤇𐤍𐤐 𐤄𐤀𐤓𐤑 𐤄𐤄𐤉𐤀 𐤅𐤀𐤕 𐤆𐤍𐤉𐤕
𐤓𐤏𐤉𐤌 𐤓𐤁𐤉𐤌 𐤅𐤔𐤅𐤁 𐤀𐤋𐤉 𐤍𐤀𐤌 𐤉𐤄𐤅𐤄•
𐤁𐤔𐤀𐤉 𐤏𐤉𐤍𐤉𐤊 𐤏𐤋 𐤔𐤐𐤉𐤌 𐤅𐤓𐤀𐤉 𐤀𐤉𐤐𐤄 𐤋𐤀 𐤔𐤂𐤋𐤕 [𐤔𐤊𐤁𐤕] 𐤏𐤋 𐤃𐤓𐤊𐤉𐤌
𐤉𐤔𐤁𐤕 𐤋𐤄𐤌 𐤊𐤏𐤓𐤁𐤉 𐤁𐤌𐤃𐤁𐤓 𐤅𐤕𐤇𐤍𐤉𐤐𐤉 𐤀𐤓𐤑 𐤁𐤆𐤍𐤅𐤕𐤉𐤊 𐤅𐤁𐤓𐤏𐤕𐤊•
𐤂𐤅𐤉𐤌𐤍𐤏𐤅 𐤓𐤁𐤉𐤁𐤉𐤌 𐤅𐤌𐤋𐤒𐤅𐤔 𐤋𐤅𐤀 𐤄𐤉𐤄 𐤅𐤌𐤑𐤇 𐤀𐤔𐤄 𐤆𐤅𐤍𐤄 𐤄𐤉𐤄 𐤋𐤊
𐤌𐤀𐤍𐤕 𐤄𐤊𐤋𐤌•
𐤃𐤄𐤋𐤅𐤀 𐤌𐤏𐤕𐤄 𐤒𐤓𐤀𐤕𐤉 [𐤒𐤓𐤀𐤕] 𐤋𐤉 𐤀𐤁𐤉 𐤀𐤋𐤅𐤐 𐤍𐤏𐤓𐤉 𐤀𐤕𐤄•
𐤄𐤄𐤉𐤍𐤈𐤓 𐤋𐤏𐤅𐤋𐤌 𐤀𐤌 𐤉𐤔𐤌𐤓 𐤋𐤍𐤑𐤇 𐤄𐤍𐤄 𐤃𐤁𐤓𐤕𐤉 [𐤃𐤁𐤓𐤕] 𐤅𐤕𐤏𐤔𐤉
𐤄𐤓𐤏𐤅𐤕 𐤅𐤕𐤅𐤊𐤋•
𐤅𐤅𐤉𐤀𐤌𐤓 𐤉𐤄𐤅𐤄 𐤀𐤋𐤉 𐤁𐤉𐤌𐤉 𐤉𐤀𐤔𐤉𐤄𐤅 𐤄𐤌𐤋𐤊 𐤄𐤓𐤀𐤉𐤕 𐤀𐤔𐤓 𐤏𐤔𐤕𐤄
𐤌𐤔𐤁𐤄 𐤉𐤔𐤓𐤀𐤋 𐤄𐤋𐤊𐤄 𐤄𐤉𐤀 𐤏𐤋 𐤊𐤋 𐤄𐤓 𐤂𐤁𐤄 𐤅𐤀𐤋 𐤕𐤇𐤕 𐤊𐤋 𐤏𐤑 𐤓𐤏𐤍𐤍
𐤅𐤕𐤆𐤍𐤉 𐤔𐤌•
𐤆𐤅𐤀𐤌𐤓 𐤀𐤇𐤓𐤉 𐤏𐤔𐤕𐤄 𐤀𐤕 𐤊𐤋 𐤀𐤋𐤄 𐤀𐤋𐤉 𐤕𐤔𐤅𐤁 𐤅𐤋𐤀 𐤔𐤁𐤄 𐤅𐤕𐤓𐤀𐤄
[𐤅𐤕𐤓𐤀] 𐤁𐤂𐤅𐤃𐤄 𐤀𐤇𐤅𐤕𐤄 𐤉𐤄𐤅𐤃𐤄•
𐤇𐤅𐤀𐤓𐤀 𐤊𐤉 𐤏𐤋 𐤊𐤋 𐤀𐤃𐤅𐤕 𐤀𐤔𐤓 𐤍𐤀𐤐𐤄 𐤌𐤔𐤁𐤄 𐤉𐤔𐤓𐤀𐤋 𐤔𐤋𐤇𐤕𐤉𐤄 𐤅𐤀𐤕𐤍
𐤀𐤕 𐤎𐤐𐤓 𐤊𐤓𐤉𐤕𐤕𐤉𐤄 𐤀𐤋𐤉𐤄 𐤅𐤋𐤀 𐤉𐤓𐤀𐤄 𐤁𐤂𐤃𐤄 𐤉𐤄𐤅𐤃𐤄 𐤀𐤇𐤅𐤕𐤄 𐤅𐤕𐤋𐤊
𐤅𐤕𐤆𐤍 𐤂𐤌 𐤄𐤉𐤀•
𐤈𐤅𐤄𐤉𐤄 𐤌𐤒𐤋 𐤆𐤍𐤅𐤕𐤄 𐤅𐤕𐤇𐤍𐤐 𐤀𐤕 𐤄𐤀𐤓𐤑 𐤅𐤕𐤍𐤀𐤐 𐤀𐤕 𐤄𐤀𐤁𐤍 𐤅𐤀𐤕 𐤄𐤏𐤑•
𐤉𐤅𐤂𐤌 𐤁𐤊𐤋 𐤆𐤀𐤕 𐤋𐤀 𐤔𐤁𐤄 𐤀𐤋𐤉 𐤁𐤂𐤅𐤃𐤄 𐤀𐤇𐤅𐤕𐤄 𐤉𐤄𐤅𐤃𐤄 𐤁𐤊𐤋 𐤋𐤁𐤄 𐤊𐤉
𐤀𐤌 𐤁𐤔𐤒𐤓 𐤍𐤀𐤌 𐤉𐤄𐤅𐤄•
𐤉𐤀𐤅𐤉𐤀𐤌𐤓 𐤉𐤄𐤅𐤄 𐤀𐤋𐤉 𐤑𐤃𐤒𐤄 𐤍𐤐𐤔𐤄 𐤌𐤔𐤁𐤄 𐤉𐤔𐤓𐤀𐤋 𐤌𐤁𐤂𐤃𐤄 𐤉𐤄𐤅𐤃𐤄•
𐤉𐤁𐤄𐤋𐤊 𐤅𐤒𐤓𐤀𐤕 𐤀𐤕 𐤄𐤃𐤁𐤓𐤉𐤌 𐤄𐤀𐤋𐤄 𐤑𐤐𐤅𐤍𐤄 𐤅𐤀𐤌𐤓𐤕 𐤔𐤅𐤁𐤄 𐤌𐤔𐤁𐤄

𐤉𐤓𐤌𐤉𐤄

𐤉𐤔𐤓𐤀𐤋 𐤍𐤀𐤌 𐤉𐤄𐤅𐤄 𐤋𐤅𐤀 𐤀𐤐𐤉𐤋 𐤐𐤍𐤉 𐤁𐤊𐤌 𐤊𐤉 𐤇𐤎𐤉𐤃 𐤀𐤍𐤉 𐤍𐤀𐤌 𐤉𐤄𐤅𐤄
𐤋𐤀 𐤀𐤈𐤅𐤓 𐤋𐤏𐤅𐤋𐤌•
𐤉𐤂 𐤀𐤊 𐤃𐤏𐤉 𐤏𐤅𐤍𐤊 𐤊𐤉 𐤁𐤉𐤄𐤅𐤄 𐤀𐤋𐤄𐤉𐤊 𐤐𐤔𐤏𐤕 𐤅𐤕𐤐𐤆𐤓𐤉 𐤀𐤕 𐤃𐤓𐤊𐤉𐤊
𐤋𐤆𐤓𐤉𐤌 𐤕𐤇𐤕 𐤊𐤋 𐤏𐤑 𐤓𐤏𐤍𐤍 𐤅𐤁𐤒𐤅𐤋𐤉 𐤋𐤀 𐤔𐤌𐤏𐤕𐤌 𐤍𐤀𐤌 𐤉𐤄𐤅𐤄•
𐤉𐤃 𐤔𐤅𐤁𐤅 𐤁𐤍𐤉𐤌 𐤔𐤅𐤁𐤁𐤉𐤌 𐤍𐤀𐤌 𐤉𐤄𐤅𐤄 𐤊𐤉 𐤀𐤍𐤊𐤉 𐤁𐤏𐤋𐤕𐤉 𐤁𐤊𐤌
𐤅𐤋𐤒𐤇𐤕𐤉 𐤀𐤕𐤊𐤌 𐤀𐤇𐤃 𐤌𐤏𐤉𐤓 𐤅𐤔𐤍𐤉𐤌 𐤌𐤌𐤔𐤐𐤇𐤄 𐤅𐤄𐤁𐤀𐤕𐤉 𐤀𐤕𐤊𐤌 𐤑𐤉𐤅𐤍•
𐤈𐤅 𐤅𐤍𐤕𐤕𐤉 𐤋𐤊𐤌 𐤓𐤏𐤉𐤌 𐤊𐤋𐤁𐤉 𐤅𐤓𐤏𐤅 𐤀𐤕𐤊𐤌 𐤃𐤏𐤄 𐤅𐤄𐤔𐤊𐤉𐤋•
𐤈𐤆 𐤅𐤄𐤉𐤄 𐤊𐤉 𐤕𐤓𐤁𐤅 𐤅𐤐𐤓𐤉𐤕𐤌 𐤁𐤀𐤓𐤑 𐤁𐤉𐤌𐤉𐤌 𐤄𐤄𐤌𐤄 𐤍𐤀𐤌 𐤉𐤄𐤅𐤄 𐤋𐤀
𐤉𐤀𐤌𐤓𐤅 𐤏𐤅𐤃 𐤀𐤓𐤅𐤍 𐤁𐤓𐤉𐤕 𐤉𐤄𐤅𐤄 𐤅𐤋𐤀 𐤉𐤏𐤋𐤄 𐤏𐤋 𐤋𐤁 𐤅𐤋𐤀 𐤉𐤆𐤊𐤓𐤅 𐤁𐤅
𐤅𐤋𐤀 𐤉𐤐𐤒𐤃𐤅 𐤅𐤋𐤀 𐤉𐤏𐤔𐤄 𐤏𐤅𐤃•
𐤉𐤆 𐤁𐤏𐤕 𐤄𐤄𐤉𐤀 𐤉𐤒𐤓𐤀𐤅 𐤋𐤉𐤓𐤅𐤔𐤋𐤌 𐤊𐤎𐤀 𐤉𐤄𐤅𐤄 𐤅𐤍𐤒𐤅𐤅 𐤀𐤋𐤉𐤄 𐤊𐤋
𐤄𐤂𐤅𐤉𐤌 𐤋𐤔𐤌 𐤉𐤄𐤅𐤄 𐤋𐤉𐤓𐤅𐤔𐤋𐤌 𐤅𐤋𐤀 𐤉𐤋𐤊𐤅 𐤏𐤅𐤃 𐤀𐤇𐤓𐤉 𐤔𐤓𐤓𐤅𐤕 𐤋𐤁𐤌
𐤄𐤓𐤏•
𐤉𐤇 𐤁𐤉𐤌𐤉𐤌 𐤄𐤄𐤌𐤄 𐤉𐤋𐤊𐤅 𐤁𐤉𐤕 𐤉𐤄𐤅𐤃𐤄 𐤏𐤋 𐤁𐤉𐤕 𐤉𐤔𐤓𐤀𐤋 𐤅𐤉𐤁𐤀𐤅 𐤉𐤇𐤃𐤅
𐤌𐤀𐤓𐤑 𐤑𐤐𐤅𐤍 𐤏𐤋 𐤄𐤀𐤓𐤑 𐤀𐤔𐤓 𐤄𐤍𐤇𐤋𐤕𐤉 𐤀𐤕 𐤀𐤁𐤅𐤕𐤉𐤊𐤌•
𐤉𐤈 𐤅𐤀𐤍𐤊𐤉 𐤀𐤌𐤓𐤕𐤉 𐤀𐤉𐤊 𐤀𐤔𐤉𐤕𐤊 𐤁𐤁𐤍𐤉𐤌 𐤅𐤀𐤕𐤍 𐤋𐤊 𐤀𐤓𐤑 𐤇𐤌𐤃𐤄
𐤍𐤇𐤋𐤕 𐤑𐤁𐤉 𐤑𐤁𐤀𐤅𐤕 𐤂𐤅𐤉𐤌 𐤅𐤀𐤌𐤓 𐤀𐤁𐤉 𐤕𐤒𐤓𐤀𐤅 [𐤕𐤒𐤓𐤀𐤉] 𐤋𐤉 𐤅𐤌𐤀𐤇𐤓𐤉
𐤋𐤀 𐤕𐤔𐤅𐤁𐤅 [𐤕𐤔𐤅𐤁𐤉]•
𐤊 𐤀𐤊𐤍 𐤁𐤂𐤃𐤄 𐤀𐤔𐤄 𐤌𐤓𐤏𐤄 𐤊𐤍 𐤁𐤂𐤃𐤕𐤌 𐤁𐤉 𐤁𐤉𐤕 𐤉𐤔𐤓𐤀𐤋 𐤍𐤀𐤌 𐤉𐤄𐤅𐤄•
𐤊𐤀 𐤒𐤅𐤋 𐤏𐤋 𐤔𐤐𐤉𐤉𐤌 𐤍𐤔𐤌𐤏 𐤁𐤊𐤉 𐤕𐤇𐤍𐤅𐤍𐤉 𐤁𐤍𐤉 𐤉𐤔𐤓𐤀𐤋 𐤊𐤉 𐤄𐤏𐤅𐤅 𐤀𐤕
𐤃𐤓𐤊𐤌 𐤔𐤊𐤇𐤅 𐤀𐤕 𐤉𐤄𐤅𐤄 𐤀𐤋𐤄𐤉𐤄𐤌•
𐤊𐤁 𐤔𐤅𐤁𐤅 𐤁𐤍𐤉𐤌 𐤔𐤅𐤁𐤁𐤉𐤌 𐤀𐤓𐤐𐤄 𐤌𐤔𐤅𐤁𐤕𐤉𐤊𐤌 𐤄𐤍𐤍𐤅 𐤀𐤕𐤍𐤅 𐤋𐤊 𐤊𐤉
𐤀𐤕𐤄 𐤉𐤄𐤅𐤄 𐤀𐤋𐤄𐤉𐤍𐤅•
𐤊𐤂 𐤀𐤊𐤍 𐤋𐤔𐤒𐤓 𐤌𐤂𐤁𐤏𐤅𐤕 𐤄𐤌𐤅𐤍 𐤄𐤓𐤉𐤌 𐤀𐤊𐤍 𐤁𐤉𐤄𐤅𐤄 𐤀𐤋𐤄𐤉𐤍𐤅 𐤕𐤔𐤅𐤏𐤕
𐤉𐤔𐤓𐤀𐤋•
𐤊𐤃 𐤅𐤄𐤁𐤔𐤕 𐤀𐤊𐤋𐤄 𐤀𐤕 𐤉𐤂𐤉𐤏 𐤀𐤁𐤅𐤕𐤉𐤍𐤅 𐤌𐤍𐤏𐤅𐤓𐤉𐤍𐤅 𐤀𐤕 𐤑𐤀𐤍𐤌 𐤅𐤀𐤕
𐤁𐤒𐤓𐤌 𐤀𐤕 𐤁𐤍𐤉𐤄𐤌 𐤅𐤀𐤕 𐤁𐤍𐤅𐤕𐤉𐤄𐤌•
𐤊𐤄 𐤍𐤔𐤊𐤁𐤄 𐤁𐤁𐤔𐤕𐤍𐤅 𐤅𐤕𐤊𐤎𐤍𐤅 𐤊𐤋𐤌𐤕𐤍𐤅 𐤊𐤉 𐤋𐤉𐤄𐤅𐤄 𐤀𐤋𐤄𐤉𐤍𐤅 𐤇𐤈𐤀𐤍𐤅
𐤀𐤍𐤇𐤍𐤅 𐤅𐤀𐤁𐤅𐤕𐤉𐤍𐤅 𐤌𐤍𐤏𐤅𐤓𐤉𐤍𐤅 𐤅𐤏𐤃 𐤄𐤉𐤅𐤌 𐤄𐤆𐤄 𐤅𐤋𐤀 𐤔𐤌𐤏𐤍𐤅 𐤁𐤒𐤅𐤋
𐤉𐤄𐤅𐤄 𐤀𐤋𐤄𐤉𐤍𐤅•

𐤐𐤓𐤒 𐤃

𐤀 𐤀𐤌 𐤕𐤔𐤅𐤁 𐤉𐤔𐤓𐤀𐤋 𐤍𐤀𐤌 𐤉𐤄𐤅𐤄 𐤀𐤋𐤉 𐤕𐤔𐤅𐤁 𐤅𐤀𐤌 𐤕𐤎𐤉𐤓 𐤔𐤒𐤅𐤑𐤉𐤊

𐤉𐤓𐤌𐤉𐤄

𐤌𐤐𐤍𐤉 𐤅𐤋𐤀 𐤕𐤍𐤅𐤃•
𐤁 𐤅𐤍𐤔𐤁𐤏𐤕 𐤇𐤉 𐤉𐤄𐤅𐤄 𐤁𐤀𐤌𐤕 𐤁𐤌𐤔𐤐𐤈 𐤅𐤁𐤑𐤃𐤒𐤄 𐤅𐤄𐤕𐤁𐤓𐤊𐤅 𐤁𐤅 𐤂𐤅𐤉𐤌
𐤅𐤁𐤅 𐤉𐤕𐤄𐤋𐤋𐤅•
𐤂 𐤊𐤉 𐤊𐤄 𐤀𐤌𐤓 𐤉𐤄𐤅𐤄 𐤋𐤀𐤉𐤔 𐤉𐤄𐤅𐤃𐤄 𐤅𐤋𐤉𐤓𐤅𐤔𐤋𐤌 𐤍𐤉𐤓𐤅 𐤋𐤊𐤌 𐤍𐤉𐤓
𐤅𐤀𐤋 𐤕𐤆𐤓𐤏𐤅 𐤀𐤋 𐤒𐤑𐤉𐤌•
𐤃 𐤄𐤌𐤋𐤅 𐤋𐤉𐤄𐤅𐤄 𐤅𐤄𐤎𐤓𐤅 𐤏𐤓𐤋𐤅𐤕 𐤋𐤁𐤁𐤊𐤌 𐤀𐤉𐤔 𐤉𐤄𐤅𐤃𐤄 𐤅𐤉𐤔𐤁𐤉
𐤉𐤓𐤅𐤔𐤋𐤌 𐤐𐤍 𐤕𐤑𐤀 𐤊𐤀𐤔 𐤇𐤌𐤕𐤉 𐤅𐤁𐤏𐤓𐤄 𐤅𐤀𐤉𐤍 𐤌𐤊𐤁𐤄 𐤌𐤐𐤍𐤉 𐤓𐤏
𐤌𐤏𐤋𐤋𐤉𐤊𐤌•
𐤄 𐤄𐤂𐤉𐤃𐤅 𐤁𐤉𐤄𐤅𐤃𐤄 𐤅𐤁𐤉𐤓𐤅𐤔𐤋𐤌 𐤄𐤔𐤌𐤉𐤏𐤅 𐤅𐤀𐤌𐤓𐤅 𐤅𐤕𐤒𐤏𐤅 [𐤕𐤒𐤏𐤅]
𐤔𐤅𐤐𐤓 𐤁𐤀𐤓𐤑 𐤒𐤓𐤀𐤅 𐤌𐤋𐤀𐤅 𐤅𐤀𐤌𐤓𐤅 𐤄𐤀𐤎𐤐𐤅 𐤅𐤍𐤁𐤅𐤀𐤄 𐤀𐤋 𐤏𐤓𐤉 𐤄𐤌𐤁𐤑𐤓•
𐤅 𐤔𐤀𐤅 𐤍𐤎 𐤑𐤉𐤅𐤍𐤄 𐤄𐤏𐤉𐤆𐤅 𐤀𐤋 𐤕𐤏𐤌𐤃𐤅 𐤊𐤉 𐤓𐤏𐤄 𐤀𐤍𐤊𐤉 𐤌𐤁𐤉𐤀 𐤌𐤑𐤐𐤅𐤍
𐤅𐤔𐤁𐤓 𐤂𐤃𐤅𐤋•
𐤆 𐤏𐤋𐤄 𐤀𐤓𐤉𐤄 𐤌𐤎𐤁𐤊𐤅 𐤅𐤌𐤔𐤇𐤉𐤕 𐤂𐤅𐤉𐤌 𐤍𐤎𐤏 𐤉𐤑𐤀 𐤌𐤌𐤒𐤌𐤅 𐤋𐤔𐤅𐤌
𐤀𐤓𐤑𐤊 𐤋𐤔𐤌𐤄 𐤏𐤓𐤉𐤊 𐤕𐤑𐤉𐤍𐤄 𐤌𐤀𐤉𐤍 𐤉𐤅𐤔𐤁•
𐤇 𐤏𐤋 𐤆𐤀𐤕 𐤇𐤂𐤓𐤅 𐤔𐤒𐤉𐤌 𐤎𐤐𐤃𐤅 𐤅𐤄𐤉𐤋𐤉𐤋𐤅 𐤊𐤉 𐤋𐤀 𐤔𐤁 𐤇𐤓𐤅𐤍 𐤀𐤐 𐤉𐤄𐤅𐤄
𐤌𐤌𐤍𐤅•
𐤈 𐤅𐤄𐤉𐤄 𐤁𐤉𐤅𐤌 𐤄𐤄𐤅𐤀 𐤍𐤀𐤌 𐤉𐤄𐤅𐤄 𐤉𐤀𐤁𐤃 𐤋𐤁 𐤄𐤌𐤋𐤊 𐤅𐤋𐤁 𐤄𐤔𐤓𐤉𐤌
𐤅𐤍𐤔𐤌𐤅 𐤄𐤊𐤄𐤍𐤉𐤌 𐤅𐤄𐤍𐤁𐤀𐤉𐤌 𐤉𐤕𐤌𐤄𐤅•
𐤉 𐤅𐤀𐤌𐤓 𐤀𐤄𐤄 𐤀𐤃𐤍𐤉 𐤉𐤄𐤅𐤄 𐤀𐤊𐤍 𐤄𐤔𐤀 𐤄𐤔𐤀𐤕 𐤋𐤏𐤌 𐤄𐤆𐤄 𐤅𐤋𐤉𐤓𐤅𐤔𐤋𐤌
𐤋𐤀𐤌𐤓 𐤔𐤋𐤅𐤌 𐤉𐤄𐤉𐤄 𐤋𐤊𐤌 𐤅𐤍𐤂𐤏𐤄 𐤇𐤓𐤁 𐤏𐤃 𐤄𐤍𐤐𐤔•
𐤉𐤀 𐤁𐤏𐤕 𐤄𐤄𐤉𐤀 𐤉𐤀𐤌𐤓 𐤋𐤏𐤌 𐤄𐤆𐤄 𐤅𐤋𐤉𐤓𐤅𐤔𐤋𐤌 𐤓𐤅𐤇 𐤑𐤇 𐤔𐤐𐤉𐤌 𐤁𐤌𐤃𐤁𐤓
𐤃𐤓𐤊 𐤁𐤕 𐤏𐤌𐤉 𐤋𐤅𐤀 𐤋𐤆𐤓𐤅𐤕 𐤅𐤋𐤅𐤀 𐤋𐤄𐤁𐤓•
𐤉𐤁 𐤓𐤅𐤇 𐤌𐤋𐤀 𐤌𐤀𐤋𐤄 𐤉𐤁𐤅𐤀 𐤋𐤉 𐤏𐤕𐤄 𐤂𐤌 𐤀𐤍𐤉 𐤀𐤃𐤁𐤓 𐤌𐤔𐤐𐤈𐤉𐤌 𐤀𐤅𐤕𐤌•
𐤉𐤂 𐤄𐤍𐤄 𐤊𐤏𐤍𐤍𐤉𐤌 𐤉𐤏𐤋𐤄 𐤅𐤊𐤎𐤅𐤐𐤄 𐤌𐤓𐤊𐤁𐤅𐤕𐤉𐤅 𐤒𐤋𐤅 𐤌𐤍𐤔𐤓𐤉𐤌 𐤎𐤅𐤎𐤉𐤅
𐤀𐤅𐤉 𐤋𐤍𐤅 𐤊𐤉 𐤔𐤃𐤃𐤍𐤅•
𐤉𐤃 𐤊𐤁𐤎𐤉 𐤌𐤓𐤏𐤄 𐤋𐤁𐤊 𐤉𐤓𐤅𐤔𐤋𐤌 𐤋𐤌𐤏𐤍 𐤕𐤅𐤔𐤏𐤉 𐤏𐤃 𐤌𐤕𐤉 𐤕𐤋𐤉𐤍 𐤁𐤒𐤓𐤁𐤊
𐤌𐤇𐤔𐤁𐤅𐤕 𐤀𐤅𐤍𐤊•
𐤈𐤅 𐤊𐤉 𐤒𐤅𐤋 𐤌𐤂𐤉𐤃 𐤌𐤃𐤍 𐤅𐤌𐤔𐤌𐤉𐤏 𐤀𐤅𐤍 𐤌𐤄𐤓 𐤀𐤐𐤓𐤉𐤌•
𐤈𐤆 𐤄𐤆𐤊𐤉𐤓𐤅 𐤋𐤂𐤅𐤉𐤌 𐤄𐤍𐤄 𐤄𐤔𐤌𐤉𐤏𐤅 𐤏𐤋 𐤉𐤓𐤅𐤔𐤋𐤌 𐤍𐤑𐤓𐤉𐤌 𐤁𐤀𐤉𐤌
𐤌𐤀𐤓𐤑 𐤄𐤌𐤓𐤇𐤒 𐤅𐤉𐤕𐤍𐤅 𐤏𐤋 𐤏𐤓𐤉 𐤉𐤄𐤅𐤃𐤄 𐤒𐤅𐤋𐤌•
𐤉𐤆 𐤊𐤔𐤌𐤓𐤉 𐤔𐤃𐤉 𐤄𐤉𐤅 𐤏𐤋𐤉𐤄 𐤌𐤎𐤁𐤉𐤁 𐤊𐤉 𐤀𐤕𐤉 𐤌𐤓𐤕𐤄 𐤍𐤀𐤌 𐤉𐤄𐤅𐤄•
𐤉𐤇 𐤃𐤓𐤊𐤊 𐤅𐤌𐤏𐤋𐤋𐤉𐤊 𐤏𐤔𐤅 𐤀𐤋𐤄 𐤋𐤊 𐤆𐤀𐤕 𐤓𐤏𐤕𐤊 𐤊𐤉 𐤌𐤓 𐤊𐤉 𐤍𐤂𐤏 𐤏𐤃
𐤋𐤁𐤊•

𐤉𐤈 𐤌𐤏𐤉 𐤌𐤏𐤉 𐤀𐤇𐤅𐤋𐤄 [𐤀𐤅𐤇𐤉𐤋𐤄] 𐤒𐤉𐤓𐤅𐤕 𐤋𐤁𐤉 𐤄𐤌𐤄 𐤋𐤉 𐤋𐤁𐤉 𐤋𐤀
𐤀𐤇𐤓𐤉𐤔 𐤊𐤉 𐤒𐤅𐤋 𐤔𐤅𐤐𐤓 𐤔𐤌𐤏𐤕𐤉 [𐤔𐤌𐤏𐤕] 𐤍𐤐𐤔𐤉 𐤕𐤓𐤅𐤏𐤕 𐤌𐤋𐤇𐤌𐤄•
𐤊 𐤔𐤁𐤓 𐤏𐤋 𐤔𐤁𐤓 𐤍𐤒𐤓𐤀 𐤊𐤉 𐤔𐤃𐤃𐤄 𐤊𐤋 𐤄𐤀𐤓𐤑 𐤐𐤕𐤀𐤌 𐤔𐤃𐤃𐤅 𐤀𐤄𐤋𐤉 𐤓𐤂𐤏
𐤉𐤓𐤉𐤏𐤕𐤉•
𐤊𐤀 𐤏𐤃 𐤌𐤕𐤉 𐤀𐤓𐤀𐤄 𐤍𐤎 𐤀𐤔𐤌𐤏𐤄 𐤒𐤅𐤋 𐤔𐤅𐤐𐤓•
𐤊𐤁 𐤊𐤉 𐤀𐤅𐤉𐤋 𐤏𐤌𐤉 𐤀𐤅𐤕𐤉 𐤋𐤀 𐤉𐤃𐤏𐤅 𐤁𐤍𐤉𐤌 𐤎𐤊𐤋𐤉𐤌 𐤄𐤌𐤄 𐤅𐤋𐤀
𐤍𐤁𐤅𐤍𐤉𐤌 𐤄𐤌𐤄 𐤇𐤊𐤌𐤉𐤌 𐤄𐤌𐤄 𐤋𐤄𐤓𐤏 𐤅𐤋𐤄𐤉𐤈𐤉𐤁 𐤋𐤀 𐤉𐤃𐤏𐤅•
𐤊𐤂 𐤓𐤀𐤉𐤕𐤉 𐤀𐤕 𐤄𐤀𐤓𐤑 𐤅𐤄𐤍𐤄 𐤕𐤄𐤅 𐤅𐤁𐤄𐤅 𐤅𐤀𐤋 𐤄𐤔𐤌𐤉𐤌 𐤅𐤀𐤉𐤍 𐤀𐤅𐤓𐤌•
𐤊𐤃 𐤓𐤀𐤉𐤕𐤉 𐤄𐤄𐤓𐤉𐤌 𐤅𐤄𐤍𐤄 𐤓𐤏𐤔𐤉𐤌 𐤅𐤊𐤋 𐤄𐤂𐤁𐤏𐤅𐤕 𐤄𐤕𐤒𐤋𐤒𐤋𐤅•
𐤊𐤄 𐤓𐤀𐤉𐤕𐤉 𐤅𐤄𐤍𐤄 𐤀𐤉𐤍 𐤄𐤀𐤃𐤌 𐤅𐤊𐤋 𐤏𐤅𐤐 𐤄𐤔𐤌𐤉𐤌 𐤍𐤃𐤃𐤅•
𐤊𐤅 𐤓𐤀𐤉𐤕𐤉 𐤅𐤄𐤍𐤄 𐤄𐤊𐤓𐤌𐤋 𐤄𐤌𐤃𐤁𐤓 𐤅𐤊𐤋 𐤏𐤓𐤉𐤅 𐤍𐤕𐤑𐤅 𐤌𐤐𐤍𐤉 𐤉𐤄𐤅𐤄
𐤌𐤐𐤍𐤉 𐤇𐤓𐤅𐤍 𐤀𐤐𐤅•
𐤊𐤆 𐤊𐤉 𐤊𐤄 𐤀𐤌𐤓 𐤉𐤄𐤅𐤄 𐤔𐤌𐤌𐤄 𐤕𐤄𐤉𐤄 𐤊𐤋 𐤄𐤀𐤓𐤑 𐤅𐤊𐤋𐤄 𐤋𐤀 𐤀𐤏𐤔𐤄•
𐤊𐤇 𐤏𐤋 𐤆𐤀𐤕 𐤕𐤀𐤁𐤋 𐤄𐤀𐤓𐤑 𐤅𐤒𐤃𐤓𐤅 𐤄𐤔𐤌𐤉𐤌 𐤌𐤌𐤏𐤋 𐤏𐤋 𐤊𐤉 𐤃𐤁𐤓𐤕𐤉 𐤆𐤌𐤕𐤉
𐤅𐤋𐤀 𐤍𐤇𐤌𐤕𐤉 𐤅𐤋𐤀 𐤀𐤔𐤅𐤁 𐤌𐤌𐤍𐤄•
𐤊𐤈 𐤌𐤒𐤅𐤋 𐤐𐤓𐤔 𐤅𐤓𐤌𐤄 𐤒𐤔𐤕 𐤁𐤓𐤇𐤕 𐤊𐤋 𐤄𐤏𐤉𐤓 𐤁𐤀𐤅 𐤁𐤏𐤁𐤉𐤌 𐤅𐤁𐤊𐤐𐤉𐤌 𐤏𐤋𐤅
𐤊𐤋 𐤄𐤏𐤉𐤓 𐤏𐤆𐤅𐤁𐤄 𐤅𐤀𐤉𐤍 𐤉𐤅𐤔𐤁 𐤁𐤄𐤍 𐤀𐤉𐤔•
𐤋 𐤅𐤀𐤕𐤉 [𐤅𐤀𐤕] 𐤔𐤃𐤅𐤃 𐤌𐤄 𐤕𐤏𐤔𐤉 𐤊𐤉 𐤕𐤋𐤁𐤔𐤉 𐤔𐤍𐤉 𐤊𐤉 𐤕𐤏𐤃𐤉 𐤏𐤃𐤉
𐤆𐤄𐤁 𐤊𐤉 𐤕𐤒𐤓𐤏𐤉 𐤁𐤐𐤅𐤊 𐤏𐤉𐤍𐤉𐤊 𐤋𐤔𐤅𐤀 𐤕𐤕𐤉𐤐𐤉 𐤌𐤀𐤎𐤅 𐤁𐤊 𐤏𐤂𐤁𐤉𐤌 𐤍𐤐𐤔𐤊
𐤉𐤁𐤒𐤔𐤅•
𐤋𐤀 𐤊𐤉 𐤒𐤅𐤋 𐤊𐤇𐤅𐤋𐤄 𐤔𐤌𐤏𐤕𐤉 𐤑𐤓𐤄 𐤊𐤌𐤁𐤊𐤉𐤓𐤄 𐤒𐤅𐤋 𐤁𐤕 𐤑𐤉𐤅𐤍 𐤕𐤕𐤉𐤐𐤇
𐤕𐤐𐤓𐤔 𐤊𐤐𐤉𐤄 𐤀𐤅𐤉 𐤍𐤀 𐤋𐤉 𐤊𐤉 𐤏𐤉𐤐𐤄 𐤍𐤐𐤔𐤉 𐤋𐤄𐤓𐤂𐤉𐤌•

𐤐𐤓𐤒 𐤄

𐤀 𐤔𐤅𐤈𐤈𐤅 𐤁𐤇𐤅𐤑𐤅𐤕 𐤉𐤓𐤅𐤔𐤋𐤌 𐤅𐤓𐤀𐤅 𐤍𐤀 𐤅𐤃𐤏𐤅 𐤅𐤁𐤒𐤔𐤅 𐤁𐤓𐤇𐤅𐤁𐤅𐤕𐤉𐤄 𐤀𐤌
𐤕𐤌𐤑𐤀𐤅 𐤀𐤉𐤔 𐤀𐤌 𐤉𐤔 𐤏𐤔𐤄 𐤌𐤔𐤐𐤈 𐤌𐤁𐤒𐤔 𐤀𐤌𐤅𐤍𐤄 𐤅𐤀𐤎𐤋𐤇 𐤋𐤄•
𐤁 𐤅𐤀𐤌 𐤇𐤉 𐤉𐤄𐤅𐤄 𐤉𐤀𐤌𐤓𐤅 𐤋𐤊𐤍 𐤋𐤔𐤒𐤓 𐤉𐤔𐤁𐤏𐤅•
𐤂 𐤉𐤄𐤅𐤄 𐤏𐤉𐤍𐤉𐤊 𐤄𐤋𐤅𐤀 𐤋𐤀𐤌𐤅𐤍𐤄 𐤄𐤊𐤉𐤕𐤄 𐤀𐤕𐤌 𐤅𐤋𐤀 𐤇𐤋𐤅 𐤊𐤋𐤉𐤕𐤌
𐤌𐤀𐤍𐤅 𐤒𐤇𐤕 𐤌𐤅𐤎𐤓 𐤇𐤆𐤒𐤅 𐤐𐤍𐤉𐤄𐤌 𐤌𐤎𐤋𐤏 𐤌𐤀𐤍𐤅 𐤋𐤔𐤅𐤁•
𐤃 𐤅𐤀𐤍𐤉 𐤀𐤌𐤓𐤕𐤉 𐤀𐤊 𐤃𐤋𐤉𐤌 𐤄𐤌 𐤍𐤅𐤀𐤋𐤅 𐤊𐤉 𐤋𐤀 𐤉𐤃𐤏𐤅 𐤃𐤓𐤊 𐤉𐤄𐤅𐤄
𐤌𐤔𐤐𐤈 𐤀𐤋𐤄𐤉𐤄𐤌•
𐤄 𐤀𐤋𐤊𐤄 𐤋𐤉 𐤀𐤋 𐤄𐤂𐤃𐤋𐤉𐤌 𐤅𐤀𐤃𐤁𐤓𐤄 𐤀𐤅𐤕𐤌 𐤊𐤉 𐤄𐤌𐤄 𐤉𐤃𐤏𐤅 𐤃𐤓𐤊 𐤉𐤄𐤅𐤄
𐤌𐤔𐤐𐤈 𐤀𐤋𐤄𐤉𐤄𐤌 𐤀𐤊 𐤄𐤌𐤄 𐤉𐤇𐤃𐤅 𐤔𐤁𐤓𐤅 𐤏𐤋 𐤍𐤕𐤒𐤅 𐤌𐤅𐤎𐤓𐤅𐤕•

𐤉𐤓𐤌𐤉𐤄

𐤅𐤏𐤋 𐤊𐤍 𐤄𐤊𐤌 𐤀𐤓𐤉𐤄 𐤌𐤉𐤏𐤓 𐤆𐤀𐤁 𐤏𐤓𐤁𐤅𐤕 𐤉𐤔𐤃𐤃𐤌 𐤍𐤌𐤓 𐤔𐤒𐤃 𐤏𐤋 𐤏𐤓𐤉𐤄𐤌
𐤊𐤋 𐤄𐤉𐤅𐤑𐤀 𐤌𐤄𐤍𐤄 𐤉𐤈𐤓𐤐 𐤊𐤉 𐤓𐤁𐤅 𐤐𐤔𐤏𐤉𐤄𐤌 𐤏𐤑𐤌𐤅 𐤌𐤔𐤁𐤅𐤕𐤉𐤄𐤌
[𐤌𐤔𐤅𐤁𐤅𐤕𐤉𐤄𐤌]•
𐤆𐤀𐤉 𐤋𐤆𐤀𐤕 𐤀𐤎𐤋𐤅𐤇 [𐤀𐤎𐤋𐤇] 𐤋𐤊 𐤁𐤍𐤉𐤊 𐤏𐤆𐤁𐤅𐤍𐤉 𐤅𐤉𐤔𐤁𐤏𐤅 𐤁𐤋𐤀
𐤀𐤋𐤄𐤉𐤌 𐤅𐤀𐤔𐤁𐤏 𐤀𐤅𐤕𐤌 𐤅𐤉𐤍𐤀𐤐𐤅 𐤅𐤁𐤉𐤕 𐤆𐤅𐤍𐤄 𐤉𐤕𐤂𐤃𐤃𐤅•
𐤇𐤎𐤅𐤎𐤉𐤌 𐤌𐤅𐤆𐤍𐤉𐤌 [𐤌𐤉𐤆𐤍𐤉𐤌] 𐤌𐤔𐤊𐤉𐤌 𐤄𐤉𐤅 𐤀𐤉𐤔 𐤀𐤋 𐤀𐤔𐤕 𐤓𐤏𐤄𐤅
𐤉𐤑𐤄𐤋𐤅•
𐤈𐤄𐤏𐤋 𐤀𐤋𐤄 𐤋𐤅𐤀 𐤀𐤐𐤒𐤃 𐤍𐤀𐤌 𐤉𐤄𐤅𐤄 𐤅𐤀𐤌 𐤁𐤂𐤅𐤉 𐤀𐤔𐤓 𐤊𐤆𐤄 𐤋𐤀 𐤕𐤕𐤍𐤒𐤌
𐤍𐤐𐤔𐤉•
𐤉𐤏𐤋𐤅 𐤁𐤔𐤓𐤅𐤕𐤉𐤄 𐤅𐤔𐤇𐤕𐤅 𐤅𐤊𐤋𐤄 𐤀𐤋 𐤕𐤏𐤔𐤅 𐤄𐤎𐤉𐤓𐤅 𐤍𐤈𐤉𐤔𐤅𐤕𐤉𐤄 𐤊𐤉
𐤋𐤅𐤀 𐤋𐤉𐤄𐤅𐤄 𐤄𐤌𐤄•
𐤉𐤀𐤊𐤉 𐤁𐤂𐤅𐤃 𐤁𐤂𐤃𐤅 𐤁𐤉 𐤁𐤉𐤕 𐤉𐤔𐤓𐤀𐤋 𐤅𐤁𐤉𐤕 𐤉𐤄𐤅𐤃𐤄 𐤍𐤀𐤌 𐤉𐤄𐤅𐤄•
𐤉𐤁𐤊𐤇𐤔𐤅 𐤁𐤉𐤄𐤅𐤄 𐤅𐤉𐤀𐤌𐤓𐤅 𐤋𐤅𐤀 𐤄𐤅𐤀 𐤅𐤋𐤀 𐤕𐤁𐤅𐤀 𐤏𐤋𐤉𐤍𐤅 𐤓𐤏𐤄 𐤅𐤇𐤓𐤁
𐤅𐤓𐤏𐤁 𐤋𐤅𐤀 𐤍𐤓𐤀𐤄•
𐤉𐤂𐤅𐤄𐤍𐤁𐤉𐤀𐤉𐤌 𐤉𐤄𐤉𐤅 𐤋𐤓𐤅𐤇 𐤅𐤄𐤃𐤁𐤓 𐤀𐤉𐤍 𐤁𐤄𐤌 𐤊𐤄 𐤉𐤏𐤔𐤄 𐤋𐤄𐤌•
𐤉𐤃𐤋𐤊𐤍 𐤊𐤄 𐤀𐤌𐤓 𐤉𐤄𐤅𐤄 𐤀𐤋𐤄𐤉 𐤑𐤁𐤀𐤅𐤕 𐤉𐤏𐤍 𐤃𐤁𐤓𐤊𐤌 𐤀𐤕 𐤄𐤃𐤁𐤓 𐤄𐤆𐤄
𐤄𐤍𐤍𐤉 𐤍𐤕𐤍 𐤃𐤁𐤓𐤉 𐤁𐤐𐤉𐤊 𐤋𐤀𐤔 𐤅𐤄𐤏𐤌 𐤄𐤆𐤄 𐤏𐤑𐤉𐤌 𐤅𐤀𐤊𐤋𐤕𐤌•
𐤈𐤅𐤄𐤍𐤍𐤉 𐤌𐤁𐤉𐤀 𐤏𐤋𐤉𐤊𐤌 𐤂𐤅𐤉 𐤌𐤌𐤓𐤇𐤒 𐤁𐤉𐤕 𐤉𐤔𐤓𐤀𐤋 𐤍𐤀𐤌 𐤉𐤄𐤅𐤄 𐤂𐤅𐤉
𐤀𐤉𐤕𐤍 𐤄𐤅𐤀 𐤂𐤅𐤉 𐤌𐤏𐤅𐤋𐤌 𐤄𐤅𐤀 𐤂𐤅𐤉 𐤋𐤀 𐤕𐤃𐤏 𐤋𐤔𐤍𐤅 𐤅𐤋𐤀 𐤕𐤔𐤌𐤏 𐤌𐤄
𐤉𐤃𐤁𐤓•
𐤈𐤆𐤀𐤔𐤐𐤕𐤅 𐤊𐤒𐤁𐤓 𐤐𐤕𐤅𐤇 𐤊𐤋𐤌 𐤂𐤁𐤅𐤓𐤉𐤌•
𐤉𐤆𐤅𐤀𐤊𐤋 𐤒𐤑𐤉𐤓𐤊 𐤅𐤋𐤇𐤌𐤊 𐤉𐤀𐤊𐤋𐤅 𐤁𐤍𐤉𐤊 𐤅𐤁𐤍𐤅𐤕𐤉𐤊 𐤉𐤀𐤊𐤋 𐤑𐤀𐤍𐤊
𐤅𐤁𐤒𐤓𐤊 𐤉𐤀𐤊𐤋 𐤂𐤐𐤍𐤊 𐤅𐤕𐤀𐤍𐤕𐤊 𐤉𐤓𐤔𐤔 𐤏𐤓𐤉 𐤌𐤁𐤑𐤓𐤉𐤊 𐤀𐤔𐤓 𐤀𐤕𐤄 𐤁𐤅𐤈𐤇
𐤁𐤄𐤍𐤄 𐤁𐤇𐤓𐤁•
𐤉𐤇𐤅𐤂𐤌 𐤁𐤉𐤌𐤉𐤌 𐤄𐤄𐤌𐤄 𐤍𐤀𐤌 𐤉𐤄𐤅𐤄 𐤋𐤀 𐤀𐤏𐤔𐤄 𐤀𐤕𐤊𐤌 𐤊𐤋𐤄•
𐤉𐤈𐤅𐤄𐤉𐤄 𐤊𐤉 𐤕𐤀𐤌𐤓𐤅 𐤕𐤇𐤕 𐤌𐤄 𐤏𐤔𐤄 𐤉𐤄𐤅𐤄 𐤀𐤋𐤄𐤉𐤍𐤅 𐤋𐤍𐤅 𐤀𐤕 𐤊𐤋
𐤀𐤋𐤄 𐤅𐤀𐤌𐤓𐤕 𐤀𐤋𐤉𐤄𐤌 𐤊𐤀𐤔𐤓 𐤏𐤆𐤁𐤕𐤌 𐤀𐤅𐤕𐤉 𐤅𐤕𐤏𐤁𐤃𐤅 𐤀𐤋𐤄𐤉 𐤍𐤊𐤓
𐤁𐤀𐤓𐤑𐤊𐤌 𐤊𐤍 𐤕𐤏𐤁𐤃𐤅 𐤆𐤓𐤉𐤌 𐤁𐤀𐤓𐤑 𐤋𐤀 𐤋𐤊𐤌•
𐤊𐤄𐤂𐤉𐤃𐤅 𐤆𐤀𐤕 𐤁𐤁𐤉𐤕 𐤉𐤏𐤒𐤁 𐤅𐤄𐤔𐤌𐤉𐤏𐤅𐤄 𐤁𐤉𐤄𐤅𐤃𐤄 𐤋𐤀𐤌𐤓•
𐤊𐤀𐤔𐤌𐤏𐤅 𐤍𐤀 𐤆𐤀𐤕 𐤏𐤌 𐤎𐤊𐤋 𐤅𐤀𐤉𐤍 𐤋𐤁 𐤏𐤉𐤍𐤉𐤌 𐤋𐤄𐤌 𐤅𐤋𐤀 𐤉𐤓𐤀𐤅
𐤀𐤆𐤍𐤉𐤌 𐤋𐤄𐤌 𐤅𐤋𐤀 𐤉𐤔𐤌𐤏𐤅•
𐤊𐤁𐤄𐤀𐤅𐤕𐤉 𐤋𐤀 𐤕𐤉𐤓𐤀𐤅 𐤍𐤀𐤌 𐤉𐤄𐤅𐤄 𐤀𐤌 𐤌𐤐𐤍𐤉 𐤋𐤀 𐤕𐤇𐤉𐤋𐤅 𐤀𐤔𐤓 𐤔𐤌𐤕𐤉
𐤇𐤅𐤋 𐤂𐤁𐤅𐤋 𐤋𐤉𐤌 𐤇𐤒 𐤏𐤅𐤋𐤌 𐤅𐤋𐤀 𐤉𐤏𐤁𐤓𐤍𐤄𐤅 𐤅𐤉𐤕𐤂𐤏𐤔𐤅 𐤅𐤋𐤀 𐤉𐤅𐤊𐤋𐤅

𐤅𐤄𐤌𐤅 𐤂𐤋𐤉𐤅 𐤅𐤋𐤀 𐤉𐤏𐤁𐤓𐤍𐤄𐤅.
𐤊𐤂 𐤅𐤋𐤏𐤌 𐤄𐤆𐤄 𐤄𐤉𐤄 𐤋𐤁 𐤎𐤅𐤓𐤓 𐤅𐤌𐤅𐤓𐤄 𐤎𐤓𐤅 𐤅𐤉𐤋𐤊𐤅.
𐤊𐤃 𐤅𐤋𐤀 𐤀𐤌𐤓𐤅 𐤁𐤋𐤁𐤁𐤌 𐤍𐤉𐤓𐤀 𐤍𐤀 𐤀𐤕 𐤉𐤄𐤅𐤄 𐤀𐤋𐤄𐤉𐤍𐤅 𐤄𐤍𐤕𐤍 𐤂𐤔𐤌
𐤅𐤉𐤓𐤄 [𐤉𐤅𐤓𐤄] 𐤅𐤌𐤋𐤒𐤅𐤔 𐤁𐤏𐤕𐤅 𐤔𐤁𐤏𐤕 𐤇𐤒𐤅𐤕 𐤒𐤑𐤉𐤓 𐤉𐤔𐤌𐤓 𐤋𐤍𐤅.
𐤊𐤄 𐤏𐤅𐤍𐤅𐤕𐤉𐤊𐤌 𐤄𐤈𐤅 𐤀𐤋𐤄 𐤅𐤇𐤈𐤀𐤅𐤕𐤉𐤊𐤌 𐤌𐤍𐤏𐤅 𐤄𐤈𐤅𐤁 𐤌𐤊𐤌.
𐤊𐤅 𐤊𐤉 𐤍𐤌𐤑𐤀𐤅 𐤁𐤏𐤌𐤉 𐤓𐤔𐤏𐤉𐤌 𐤉𐤔𐤅𐤓 𐤊𐤔𐤊 𐤉𐤒𐤅𐤔𐤉𐤌 𐤄𐤑𐤉𐤁𐤅 𐤌𐤔𐤇𐤉𐤕
𐤀𐤍𐤔𐤉𐤌 𐤉𐤋𐤊𐤃𐤅.
𐤊𐤆 𐤊𐤊𐤋𐤅𐤁 𐤌𐤋𐤀 𐤏𐤅𐤐 𐤊𐤍 𐤁𐤕𐤉𐤄𐤌 𐤌𐤋𐤀𐤉𐤌 𐤌𐤓𐤌𐤄 𐤏𐤋 𐤊𐤍 𐤂𐤃𐤋𐤅
𐤅𐤉𐤏𐤔𐤉𐤓𐤅.
𐤊𐤇 𐤔𐤌𐤍𐤅 𐤏𐤔𐤕𐤅 𐤂𐤌 𐤏𐤁𐤓𐤅 𐤃𐤁𐤓𐤉 𐤓𐤏 𐤃𐤉𐤍 𐤋𐤀 𐤃𐤍𐤅 𐤃𐤉𐤍 𐤉𐤕𐤅𐤌
𐤅𐤉𐤑𐤋𐤉𐤇𐤅 𐤅𐤌𐤔𐤐𐤈 𐤀𐤁𐤉𐤅𐤍𐤉𐤌 𐤋𐤀 𐤔𐤐𐤈𐤅.
𐤊𐤈 𐤄𐤏𐤋 𐤀𐤋𐤄 𐤋𐤀 𐤀𐤐𐤒𐤃 𐤍𐤀𐤌 𐤉𐤄𐤅𐤄 𐤀𐤌 𐤁𐤂𐤅𐤉 𐤀𐤔𐤓 𐤊𐤆𐤄 𐤋𐤀 𐤕𐤕𐤍𐤒𐤌
𐤍𐤐𐤔𐤉.
𐤋 𐤔𐤌𐤄 𐤅𐤔𐤏𐤓𐤅𐤓𐤄 𐤍𐤄𐤉𐤕𐤄 𐤁𐤀𐤓𐤑.
𐤋𐤀 𐤄𐤍𐤁𐤀𐤉𐤌 𐤍𐤁𐤀𐤅 𐤁𐤔𐤒𐤓 𐤅𐤄𐤊𐤄𐤍𐤉𐤌 𐤉𐤓𐤃𐤅 𐤏𐤋 𐤉𐤃𐤉𐤄𐤌 𐤅𐤏𐤌𐤉
𐤀𐤄𐤁𐤅 𐤊𐤍 𐤅𐤌𐤄 𐤕𐤏𐤔𐤅 𐤋𐤀𐤇𐤓𐤉𐤕𐤄.

𐤐𐤓𐤒 𐤅

𐤀 𐤄𐤏𐤆𐤅 𐤁𐤍𐤉 𐤁𐤍𐤉𐤌𐤍 𐤌𐤒𐤓𐤁 𐤉𐤓𐤅𐤔𐤋𐤌 𐤅𐤁𐤕𐤒𐤅𐤏 𐤕𐤒𐤏𐤅 𐤔𐤅𐤐𐤓 𐤅𐤏𐤋 𐤁𐤉𐤕
𐤄𐤊𐤓𐤌 𐤔𐤀𐤅 𐤌𐤔𐤀𐤕 𐤊𐤉 𐤓𐤏𐤄 𐤍𐤔𐤒𐤐𐤄 𐤌𐤑𐤐𐤅𐤍 𐤅𐤔𐤁𐤓 𐤂𐤃𐤅𐤋.
𐤁 𐤄𐤍𐤅𐤄 𐤅𐤄𐤌𐤏𐤍𐤂𐤄 𐤃𐤌𐤉𐤕𐤉 𐤁𐤕 𐤑𐤉𐤅𐤍.
𐤂 𐤀𐤋𐤉𐤄 𐤉𐤁𐤀𐤅 𐤓𐤏𐤉𐤌 𐤅𐤏𐤃𐤓𐤉𐤄𐤌 𐤕𐤒𐤏𐤅 𐤏𐤋𐤉𐤄 𐤀𐤄𐤋𐤉𐤌 𐤎𐤁𐤉𐤁 𐤓𐤏𐤅
𐤀𐤉𐤔 𐤀𐤕 𐤉𐤃𐤅.
𐤃 𐤒𐤃𐤔𐤅 𐤏𐤋𐤉𐤄 𐤌𐤋𐤇𐤌𐤄 𐤒𐤅𐤌𐤅 𐤅𐤍𐤏𐤋𐤄 𐤁𐤑𐤄𐤓𐤉𐤌 𐤀𐤅𐤉 𐤋𐤍𐤅 𐤊𐤉 𐤐𐤍𐤄
𐤄𐤉𐤅𐤌 𐤊𐤉 𐤉𐤍𐤈𐤅 𐤑𐤋𐤋𐤉 𐤏𐤓𐤁.
𐤄 𐤒𐤅𐤌𐤅 𐤅𐤍𐤏𐤋𐤄 𐤁𐤋𐤉𐤋𐤄 𐤅𐤍𐤔𐤇𐤉𐤕𐤄 𐤀𐤓𐤌𐤍𐤅𐤕𐤉𐤄.
𐤅 𐤊𐤉 𐤊𐤄 𐤀𐤌𐤓 𐤉𐤄𐤅𐤄 𐤑𐤁𐤀𐤅𐤕 𐤊𐤓𐤕𐤅 𐤏𐤑𐤄 𐤅𐤔𐤐𐤊𐤅 𐤏𐤋 𐤉𐤓𐤅𐤔𐤋𐤌 𐤎𐤋𐤋𐤄
𐤄𐤉𐤀 𐤄𐤏𐤉𐤓 𐤄𐤐𐤒𐤃 𐤊𐤋𐤄 𐤏𐤔𐤒 𐤁𐤒𐤓𐤁𐤄.
𐤆 𐤊𐤄𐤒𐤉𐤓 𐤁𐤅𐤓 [𐤁𐤉𐤓] 𐤌𐤉𐤌𐤉𐤄 𐤊𐤍 𐤄𐤒𐤓𐤄 𐤓𐤏𐤕𐤄 𐤇𐤌𐤎 𐤅𐤔𐤃 𐤉𐤔𐤌𐤏 𐤁𐤄
𐤏𐤋 𐤐𐤍𐤉 𐤕𐤌𐤉𐤃 𐤇𐤋𐤉 𐤅𐤌𐤊𐤄.
𐤇 𐤄𐤅𐤎𐤓𐤉 𐤉𐤓𐤅𐤔𐤋𐤌 𐤐𐤍 𐤕𐤒𐤏 𐤍𐤐𐤔𐤉 𐤌𐤌𐤊 𐤐𐤍 𐤀𐤔𐤉𐤌𐤊 𐤔𐤌𐤌𐤄 𐤀𐤓𐤑 𐤋𐤅𐤀
𐤍𐤅𐤔𐤁𐤄.
𐤈 𐤊𐤄 𐤀𐤌𐤓 𐤉𐤄𐤅𐤄 𐤑𐤁𐤀𐤅𐤕 𐤏𐤅𐤋𐤋 𐤉𐤏𐤅𐤋𐤋𐤅 𐤊𐤂𐤐𐤍 𐤔𐤀𐤓𐤉𐤕 𐤉𐤔𐤓𐤀𐤋 𐤄𐤔𐤁

𐤉𐤃𐤊 𐤊𐤁𐤅𐤑𐤓 𐤏𐤋 𐤎𐤋𐤎𐤋𐤅𐤕•
𐤉 𐤏𐤋 𐤌𐤉 𐤀𐤃𐤁𐤓𐤄 𐤅𐤀𐤏𐤉𐤃𐤄 𐤅𐤉𐤔𐤌𐤏𐤅 𐤄𐤍𐤄 𐤏𐤓𐤋𐤄 𐤀𐤆𐤍𐤌 𐤅𐤋𐤀 𐤉𐤅𐤊𐤋𐤅
𐤋𐤄𐤒𐤔𐤉𐤁 𐤄𐤍𐤄 𐤃𐤁𐤓 𐤉𐤄𐤅𐤄 𐤄𐤉𐤄 𐤋𐤄𐤌 𐤋𐤇𐤓𐤐𐤄 𐤋𐤀 𐤉𐤇𐤐𐤑𐤅 𐤁𐤅•
𐤉𐤀 𐤅𐤀𐤕 𐤇𐤌𐤕 𐤉𐤄𐤅𐤄 𐤌𐤋𐤀𐤕𐤉 𐤍𐤋𐤀𐤉𐤕𐤉 𐤄𐤊𐤉𐤋 𐤔𐤐𐤊 𐤏𐤋 𐤏𐤅𐤋𐤋 𐤁𐤇𐤅𐤑
𐤅𐤏𐤋 𐤎𐤅𐤃 𐤁𐤇𐤅𐤓𐤉𐤌 𐤉𐤇𐤃𐤅 𐤊𐤉 𐤂𐤌 𐤀𐤉𐤔 𐤏𐤌 𐤀𐤔𐤄 𐤉𐤋𐤊𐤃𐤅 𐤆𐤒𐤍 𐤏𐤌 𐤌𐤋𐤀
𐤉𐤌𐤉𐤌•
𐤉𐤁 𐤅𐤍𐤎𐤁𐤅 𐤁𐤕𐤉𐤄𐤌 𐤋𐤀𐤇𐤓𐤉𐤌 𐤔𐤃𐤅𐤕 𐤅𐤍𐤔𐤉𐤌 𐤉𐤇𐤃𐤅 𐤊𐤉 𐤀𐤈𐤄 𐤀𐤕 𐤉𐤃𐤉
𐤏𐤋 𐤉𐤔𐤁𐤉 𐤄𐤀𐤓𐤑 𐤍𐤀𐤌 𐤉𐤄𐤅𐤄•
𐤉𐤂 𐤊𐤉 𐤌𐤒𐤈𐤍𐤌 𐤅𐤏𐤃 𐤂𐤃𐤅𐤋𐤌 𐤊𐤋𐤅 𐤁𐤅𐤑𐤏 𐤁𐤑𐤏 𐤅𐤌𐤍𐤁𐤉𐤀 𐤅𐤏𐤃 𐤊𐤄𐤍 𐤊𐤋𐤅
𐤏𐤔𐤄 𐤔𐤒𐤓•
𐤉𐤃 𐤅𐤉𐤓𐤐𐤀𐤅 𐤀𐤕 𐤔𐤁𐤓 𐤏𐤌𐤉 𐤏𐤋 𐤍𐤒𐤋𐤄 𐤋𐤀𐤌𐤓 𐤔𐤋𐤅𐤌 𐤔𐤋𐤅𐤌 𐤅𐤀𐤉𐤍
𐤔𐤋𐤅𐤌•
𐤈𐤅 𐤄𐤁𐤉𐤔𐤅 𐤊𐤉 𐤕𐤅𐤏𐤁𐤄 𐤏𐤔𐤅 𐤂𐤌 𐤁𐤅𐤔 𐤋𐤀 𐤉𐤁𐤔𐤅 𐤂𐤌 𐤄𐤊𐤋𐤉𐤌 𐤋𐤀
𐤉𐤃𐤏𐤅 𐤋𐤊𐤍 𐤉𐤐𐤋𐤅 𐤁𐤍𐤐𐤋𐤉𐤌 𐤁𐤏𐤕 𐤐𐤒𐤃𐤕𐤉𐤌 𐤉𐤊𐤔𐤋𐤅 𐤀𐤌𐤓 𐤉𐤄𐤅𐤄•
𐤈𐤆 𐤊𐤄 𐤀𐤌𐤓 𐤉𐤄𐤅𐤄 𐤏𐤌𐤃𐤅 𐤏𐤋 𐤃𐤓𐤊𐤉𐤌 𐤅𐤓𐤀𐤅 𐤅𐤔𐤀𐤋𐤅 𐤋𐤍𐤕𐤁𐤅𐤕 𐤏𐤅𐤋𐤌
𐤀𐤉 𐤆𐤄 𐤃𐤓𐤊 𐤄𐤈𐤅𐤁 𐤅𐤋𐤊𐤅 𐤁𐤄 𐤅𐤌𐤑𐤀𐤅 𐤌𐤓𐤂𐤅𐤏 𐤋𐤍𐤐𐤔𐤊𐤌 𐤅𐤉𐤀𐤌𐤓𐤅 𐤋𐤀
𐤍𐤋𐤊•
𐤉𐤆 𐤅𐤄𐤒𐤌𐤕𐤉 𐤏𐤋𐤉𐤊𐤌 𐤑𐤐𐤉𐤌 𐤄𐤒𐤔𐤉𐤁𐤅 𐤋𐤒𐤅𐤋 𐤔𐤅𐤐𐤓 𐤅𐤉𐤀𐤌𐤓𐤅 𐤋𐤀
𐤍𐤒𐤔𐤉𐤁•
𐤉𐤇 𐤋𐤊𐤍 𐤔𐤌𐤏𐤅 𐤄𐤂𐤅𐤉𐤌 𐤅𐤃𐤏𐤉 𐤏𐤃𐤄 𐤀𐤕 𐤀𐤔𐤓 𐤁𐤌•
𐤉𐤈 𐤔𐤌𐤏𐤉 𐤄𐤀𐤓𐤑 𐤄𐤍𐤄 𐤀𐤍𐤊𐤉 𐤌𐤁𐤉𐤀 𐤓𐤏𐤄 𐤀𐤋 𐤄𐤏𐤌 𐤄𐤆𐤄 𐤐𐤓𐤉
𐤌𐤇𐤔𐤁𐤅𐤕𐤌 𐤊𐤉 𐤏𐤋 𐤃𐤁𐤓𐤉 𐤋𐤀 𐤄𐤒𐤔𐤉𐤁𐤅 𐤅𐤕𐤅𐤓𐤕𐤉 𐤅𐤉𐤌𐤀𐤎𐤅 𐤁𐤄•
𐤊 𐤋𐤌𐤄 𐤆𐤄 𐤋𐤉 𐤋𐤁𐤅𐤍𐤄 𐤌𐤔𐤁𐤀 𐤕𐤁𐤅𐤀 𐤅𐤒𐤍𐤄 𐤄𐤈𐤅𐤁 𐤌𐤀𐤓𐤑 𐤌𐤓𐤇𐤒
𐤏𐤋𐤅𐤕𐤉𐤊𐤌 𐤋𐤀 𐤋𐤓𐤑𐤅𐤍 𐤅𐤆𐤁𐤇𐤉𐤊𐤌 𐤋𐤀 𐤏𐤓𐤁𐤅 𐤋𐤉•
𐤊𐤀 𐤋𐤊𐤍 𐤊𐤄 𐤀𐤌𐤓 𐤉𐤄𐤅𐤄 𐤄𐤍𐤍𐤉 𐤍𐤕𐤍 𐤀𐤋 𐤄𐤏𐤌 𐤄𐤆𐤄 𐤌𐤊𐤔𐤋𐤉𐤌 𐤅𐤊𐤔𐤋𐤅
𐤁𐤌 𐤀𐤁𐤅𐤕 𐤅𐤁𐤍𐤉𐤌 𐤉𐤇𐤃𐤅 𐤔𐤊𐤍 𐤅𐤓𐤏𐤅 𐤉𐤀𐤁𐤃𐤅 [𐤅𐤀𐤁𐤃𐤅]•
𐤊𐤁 𐤊𐤄 𐤀𐤌𐤓 𐤉𐤄𐤅𐤄 𐤄𐤍𐤄 𐤏𐤌 𐤁𐤀 𐤌𐤀𐤓𐤑 𐤑𐤐𐤅𐤍 𐤅𐤂𐤅𐤉 𐤂𐤃𐤅𐤋 𐤉𐤏𐤅𐤓
𐤌𐤉𐤓𐤊𐤕𐤉 𐤀𐤓𐤑•
𐤊𐤂 𐤒𐤔𐤕 𐤅𐤊𐤉𐤃𐤅𐤍 𐤉𐤇𐤆𐤉𐤒𐤅 𐤀𐤊𐤆𐤓𐤉 𐤄𐤅𐤀 𐤅𐤋𐤀 𐤉𐤓𐤇𐤌𐤅 𐤒𐤅𐤋𐤌 𐤊𐤉𐤌
𐤉𐤄𐤌𐤄 𐤅𐤏𐤋 𐤎𐤅𐤎𐤉𐤌 𐤉𐤓𐤊𐤁𐤅 𐤏𐤓𐤅𐤊 𐤊𐤀𐤉𐤔 𐤋𐤌𐤋𐤇𐤌𐤄 𐤏𐤋𐤉𐤊 𐤁𐤕 𐤑𐤉𐤅𐤍•
𐤊𐤃 𐤔𐤌𐤏𐤍𐤅 𐤀𐤕 𐤔𐤌𐤏𐤅 𐤓𐤐𐤅 𐤉𐤃𐤉𐤍𐤅 𐤑𐤓𐤄 𐤄𐤇𐤆𐤉𐤒𐤕𐤍𐤅 𐤇𐤉𐤋 𐤊𐤉𐤅𐤋𐤃𐤄•
𐤊𐤄 𐤀𐤋 𐤕𐤑𐤀𐤉 [𐤕𐤑𐤀𐤅] 𐤄𐤔𐤃𐤄 𐤅𐤁𐤃𐤓𐤊 𐤀𐤋 𐤕𐤋𐤊𐤉 [𐤕𐤋𐤊𐤅] 𐤊𐤉 𐤇𐤓𐤁 𐤋𐤀𐤉𐤁
𐤌𐤂𐤅𐤓 𐤌𐤎𐤁𐤉𐤁•

𐤊𐤅 𐤁𐤕 𐤏𐤌𐤉 𐤇𐤂𐤓𐤉 𐤔𐤒 𐤅𐤄𐤕𐤐𐤋𐤔𐤉 𐤁𐤀𐤐𐤓 𐤀𐤁𐤋 𐤉𐤇𐤉𐤃 𐤏𐤔𐤉 𐤋𐤊 𐤌𐤎𐤐𐤃
𐤕𐤌𐤓𐤅𐤓𐤉𐤌 𐤊𐤉 𐤐𐤕𐤀𐤌 𐤉𐤁𐤀 𐤄𐤔𐤃𐤃 𐤏𐤋𐤉𐤍𐤅•
𐤊𐤆 𐤁𐤇𐤅𐤍 𐤍𐤕𐤕𐤉𐤊 𐤁𐤏𐤌𐤉 𐤌𐤁𐤑𐤓 𐤅𐤕𐤃𐤏 𐤅𐤁𐤇𐤍𐤕 𐤀𐤕 𐤃𐤓𐤊𐤌•
𐤊𐤇 𐤊𐤋𐤌 𐤎𐤓𐤉 𐤎𐤅𐤓𐤓𐤉𐤌 𐤄𐤋𐤊𐤉 𐤓𐤊𐤉𐤋 𐤍𐤇𐤔𐤕 𐤅𐤁𐤓𐤆𐤋 𐤊𐤋𐤌 𐤌𐤔𐤇𐤉𐤕𐤉𐤌
𐤄𐤌𐤄•
𐤊𐤈 𐤍𐤇𐤓 𐤌𐤐𐤇 𐤌𐤀𐤔𐤕𐤌 [𐤌𐤀𐤔 𐤕𐤌] 𐤏𐤐𐤓𐤕 𐤋𐤔𐤅𐤀 𐤑𐤓𐤐 𐤑𐤓𐤅𐤐 𐤅𐤓𐤏𐤉𐤌 𐤋𐤀
𐤍𐤕𐤒𐤅•
𐤋 𐤊𐤎𐤐 𐤍𐤌𐤀𐤎 𐤒𐤓𐤀𐤅 𐤋𐤄𐤌 𐤊𐤉 𐤌𐤀𐤎 𐤉𐤄𐤅𐤄 𐤁𐤄𐤌•

𐤐𐤓𐤒 𐤆

𐤀 𐤄𐤃𐤁𐤓 𐤀𐤔𐤓 𐤄𐤉𐤄 𐤀𐤋 𐤉𐤓𐤌𐤉𐤄𐤅 𐤌𐤀𐤕 𐤉𐤄𐤅𐤄 𐤋𐤀𐤌𐤓•
𐤁 𐤏𐤌𐤃 𐤁𐤔𐤏𐤓 𐤁𐤉𐤕 𐤉𐤄𐤅𐤄 𐤅𐤒𐤓𐤀𐤕 𐤔𐤌 𐤀𐤕 𐤄𐤃𐤁𐤓 𐤄𐤆𐤄 𐤅𐤀𐤌𐤓𐤕 𐤔𐤌𐤏𐤅
𐤃𐤁𐤓 𐤉𐤄𐤅𐤄 𐤊𐤋 𐤉𐤄𐤅𐤃𐤄 𐤄𐤁𐤀𐤉𐤌 𐤁𐤔𐤏𐤓𐤉𐤌 𐤄𐤀𐤋𐤄 𐤋𐤄𐤔𐤕𐤇𐤅𐤕 𐤋𐤉𐤄𐤅𐤄•
𐤂 𐤊𐤄 𐤀𐤌𐤓 𐤉𐤄𐤅𐤄 𐤑𐤁𐤀𐤅𐤕 𐤀𐤋𐤄𐤉 𐤉𐤔𐤓𐤀𐤋 𐤄𐤉𐤈𐤉𐤁𐤅 𐤃𐤓𐤊𐤉𐤊𐤌
𐤅𐤌𐤏𐤋𐤋𐤉𐤊𐤌 𐤅𐤀𐤔𐤊𐤍𐤄 𐤀𐤕𐤊𐤌 𐤁𐤌𐤒𐤅𐤌 𐤄𐤆𐤄•
𐤃 𐤀𐤋 𐤕𐤁𐤈𐤇𐤅 𐤋𐤊𐤌 𐤀𐤋 𐤃𐤁𐤓𐤉 𐤄𐤔𐤒𐤓 𐤋𐤀𐤌𐤓 𐤄𐤉𐤊𐤋 𐤉𐤄𐤅𐤄 𐤄𐤉𐤊𐤋 𐤉𐤄𐤅𐤄
𐤄𐤉𐤊𐤋 𐤉𐤄𐤅𐤄 𐤄𐤌𐤄•
𐤄 𐤊𐤉 𐤀𐤌 𐤄𐤉𐤈𐤉𐤁 𐤕𐤉𐤈𐤉𐤁𐤅 𐤀𐤕 𐤃𐤓𐤊𐤉𐤊𐤌 𐤅𐤀𐤕 𐤌𐤏𐤋𐤋𐤉𐤊𐤌 𐤀𐤌 𐤏𐤔𐤅
𐤕𐤏𐤔𐤅 𐤌𐤔𐤐𐤈 𐤁𐤉𐤍 𐤀𐤉𐤔 𐤅𐤁𐤉𐤍 𐤓𐤏𐤄𐤅•
𐤅 𐤂𐤓 𐤉𐤕𐤅𐤌 𐤅𐤀𐤋𐤌𐤍𐤄 𐤋𐤀 𐤕𐤏𐤔𐤒𐤅 𐤅𐤃𐤌 𐤍𐤒𐤉 𐤀𐤋 𐤕𐤔𐤐𐤊𐤅 𐤁𐤌𐤒𐤅𐤌 𐤄𐤆𐤄
𐤅𐤀𐤇𐤓𐤉 𐤀𐤋𐤄𐤉𐤌 𐤀𐤇𐤓𐤉𐤌 𐤋𐤀 𐤕𐤋𐤊𐤅 𐤋𐤓𐤏 𐤋𐤊𐤌•
𐤆 𐤅𐤔𐤊𐤍𐤕𐤉 𐤀𐤕𐤊𐤌 𐤁𐤌𐤒𐤅𐤌 𐤄𐤆𐤄 𐤁𐤀𐤓𐤑 𐤀𐤔𐤓 𐤍𐤕𐤕𐤉 𐤋𐤀𐤁𐤅𐤕𐤉𐤊𐤌 𐤋𐤌𐤍
𐤏𐤅𐤋𐤌 𐤅𐤏𐤃 𐤏𐤅𐤋𐤌•
𐤇 𐤄𐤍𐤄 𐤀𐤕𐤌 𐤁𐤈𐤇𐤉𐤌 𐤋𐤊𐤌 𐤏𐤋 𐤃𐤁𐤓𐤉 𐤄𐤔𐤒𐤓 𐤋𐤁𐤋𐤕𐤉 𐤄𐤅𐤏𐤉𐤋•
𐤈 𐤄𐤂𐤍𐤁 𐤓𐤑𐤇 𐤅𐤍𐤀𐤐 𐤅𐤄𐤔𐤁𐤏 𐤋𐤔𐤒𐤓 𐤅𐤒𐤈𐤓 𐤋𐤁𐤏𐤋 𐤅𐤄𐤋𐤊 𐤀𐤇𐤓𐤉 𐤀𐤋𐤄𐤉𐤌
𐤀𐤇𐤓𐤉𐤌 𐤀𐤔𐤓 𐤋𐤀 𐤉𐤃𐤏𐤕𐤌•
𐤉 𐤅𐤁𐤀𐤕𐤌 𐤅𐤏𐤌𐤃𐤕𐤌 𐤋𐤐𐤍𐤉 𐤁𐤁𐤉𐤕 𐤄𐤆𐤄 𐤀𐤔𐤓 𐤍𐤒𐤓𐤀 𐤔𐤌𐤉 𐤏𐤋𐤉𐤅
𐤅𐤀𐤌𐤓𐤕𐤌 𐤍𐤑𐤋𐤍𐤅 𐤋𐤌𐤏𐤍 𐤏𐤔𐤅𐤕 𐤀𐤕 𐤊𐤋 𐤄𐤕𐤅𐤏𐤁𐤅𐤕 𐤄𐤀𐤋𐤄•
𐤉𐤀 𐤄𐤌𐤏𐤓𐤕 𐤐𐤓𐤑𐤉𐤌 𐤄𐤉𐤄 𐤄𐤁𐤉𐤕 𐤄𐤆𐤄 𐤀𐤔𐤓 𐤍𐤒𐤓𐤀 𐤔𐤌𐤉 𐤏𐤋𐤉𐤅
𐤁𐤏𐤉𐤍𐤉𐤊𐤌 𐤂𐤌 𐤀𐤍𐤊𐤉 𐤄𐤍𐤄 𐤓𐤀𐤉𐤕𐤉 𐤍𐤀𐤌 𐤉𐤄𐤅𐤄•
𐤉𐤁 𐤊𐤉 𐤋𐤊𐤅 𐤍𐤀 𐤀𐤋 𐤌𐤒𐤅𐤌𐤉 𐤀𐤔𐤓 𐤁𐤔𐤉𐤋𐤅 𐤀𐤔𐤓 𐤔𐤊𐤍𐤕𐤉 𐤔𐤌𐤉 𐤔𐤌
𐤁𐤓𐤀𐤔𐤅𐤍𐤄 𐤅𐤓𐤀𐤅 𐤀𐤕 𐤀𐤔𐤓 𐤏𐤔𐤉𐤕𐤉 𐤋𐤅 𐤌𐤐𐤍𐤉 𐤓𐤏𐤕 𐤏𐤌𐤉 𐤉𐤔𐤓𐤀𐤋•
𐤉𐤂 𐤅𐤏𐤕𐤄 𐤉𐤏𐤍 𐤏𐤔𐤅𐤕𐤊𐤌 𐤀𐤕 𐤊𐤋 𐤄𐤌𐤏𐤔𐤉𐤌 𐤄𐤀𐤋𐤄 𐤍𐤀𐤌 𐤉𐤄𐤅𐤄 𐤅𐤀𐤃𐤁𐤓

𐤀𐤋𐤉𐤊𐤌 𐤄𐤔𐤊𐤌 𐤅𐤃𐤁𐤓 𐤅𐤋𐤀 𐤔𐤌𐤏𐤕𐤌 𐤅𐤀𐤒𐤓𐤀 𐤀𐤕𐤊𐤌 𐤅𐤋𐤀 𐤏𐤍𐤉𐤕𐤌.
𐤉𐤃 𐤅𐤏𐤔𐤉𐤕𐤉 𐤋𐤁𐤉𐤕 𐤀𐤔𐤓 𐤍𐤒𐤓𐤀 𐤔𐤌𐤉 𐤏𐤋𐤉𐤅 𐤀𐤔𐤓 𐤀𐤕𐤌 𐤁𐤈𐤇𐤉𐤌 𐤁𐤅
𐤅𐤋𐤌𐤒𐤅𐤌 𐤀𐤔𐤓 𐤍𐤕𐤕𐤉 𐤋𐤊𐤌 𐤅𐤋𐤀𐤁𐤅𐤕𐤉𐤊𐤌 𐤊𐤀𐤔𐤓 𐤏𐤔𐤉𐤕𐤉 𐤋𐤔𐤋𐤅.
𐤈𐤅 𐤅𐤄𐤔𐤋𐤊𐤕𐤉 𐤀𐤕𐤊𐤌 𐤌𐤏𐤋 𐤐𐤍𐤉 𐤊𐤀𐤔𐤓 𐤄𐤔𐤋𐤊𐤕𐤉 𐤀𐤕 𐤊𐤋 𐤀𐤇𐤉𐤊𐤌 𐤀𐤕
𐤊𐤋 𐤆𐤓𐤏 𐤀𐤐𐤓𐤉𐤌.
𐤈𐤆 𐤅𐤀𐤕𐤄 𐤀𐤋 𐤕𐤕𐤐𐤋𐤋 𐤁𐤏𐤃 𐤄𐤏𐤌 𐤄𐤆𐤄 𐤅𐤀𐤋 𐤕𐤔𐤀 𐤁𐤏𐤃𐤌 𐤓𐤍𐤄 𐤅𐤕𐤐𐤋𐤄
𐤅𐤀𐤋 𐤕𐤐𐤂𐤏 𐤁𐤉 𐤊𐤉 𐤀𐤉𐤍𐤍𐤉 𐤔𐤌𐤏 𐤀𐤕𐤊.
𐤉𐤆 𐤄𐤀𐤉𐤍𐤊 𐤓𐤀𐤄 𐤌𐤄 𐤄𐤌𐤄 𐤏𐤔𐤉𐤌 𐤁𐤏𐤓𐤉 𐤉𐤄𐤅𐤃𐤄 𐤅𐤁𐤇𐤑𐤅𐤕 𐤉𐤓𐤅𐤔𐤋𐤌.
𐤉𐤇 𐤄𐤁𐤍𐤉𐤌 𐤌𐤋𐤒𐤈𐤉𐤌 𐤏𐤑𐤉𐤌 𐤅𐤄𐤀𐤁𐤅𐤕 𐤌𐤁𐤏𐤓𐤉𐤌 𐤀𐤕 𐤄𐤀𐤔 𐤅𐤄𐤍𐤔𐤉𐤌
𐤋𐤔𐤅𐤕 𐤁𐤑𐤒 𐤋𐤏𐤔𐤅𐤕 𐤊𐤅𐤍𐤉𐤌 𐤋𐤌𐤋𐤊𐤕 𐤄𐤔𐤌𐤉𐤌 𐤅𐤄𐤎𐤊 𐤍𐤎𐤊𐤉𐤌
𐤋𐤀𐤋𐤄𐤉𐤌 𐤀𐤇𐤓𐤉𐤌 𐤋𐤌𐤏𐤍 𐤄𐤊𐤏𐤎𐤍𐤉.
𐤉𐤈 𐤄𐤀𐤕𐤉 𐤄𐤌 𐤌𐤊𐤏𐤎𐤉𐤌 𐤍𐤀𐤌 𐤉𐤄𐤅𐤄 𐤄𐤋𐤅𐤀 𐤀𐤕𐤌 𐤋𐤌𐤏𐤍 𐤁𐤔𐤕 𐤐𐤍𐤉𐤄𐤌.
𐤊 𐤋𐤊𐤍 𐤊𐤄 𐤀𐤌𐤓 𐤀𐤃𐤍𐤉 𐤉𐤄𐤅𐤄 𐤄𐤍𐤄 𐤀𐤐𐤉 𐤅𐤇𐤌𐤕𐤉 𐤍𐤕𐤊𐤕 𐤀𐤋 𐤄𐤌𐤒𐤅𐤌
𐤄𐤆𐤄 𐤏𐤋 𐤄𐤀𐤃𐤌 𐤅𐤏𐤋 𐤄𐤁𐤄𐤌𐤄 𐤅𐤏𐤋 𐤏𐤑 𐤄𐤔𐤃𐤄 𐤅𐤏𐤋 𐤐𐤓𐤉 𐤄𐤀𐤃𐤌𐤄 𐤅𐤁𐤏𐤓𐤄
𐤅𐤋𐤀 𐤕𐤊𐤁𐤄.
𐤊𐤀 𐤊𐤄 𐤀𐤌𐤓 𐤉𐤄𐤅𐤄 𐤑𐤁𐤀𐤅𐤕 𐤀𐤋𐤄𐤉 𐤉𐤔𐤓𐤀𐤋 𐤏𐤋𐤅𐤕𐤉𐤊𐤌 𐤎𐤐𐤅 𐤏𐤋
𐤆𐤁𐤇𐤉𐤊𐤌 𐤅𐤀𐤊𐤋𐤅 𐤁𐤔𐤓.
𐤊𐤁 𐤊𐤉 𐤋𐤀 𐤃𐤁𐤓𐤕𐤉 𐤀𐤕 𐤀𐤁𐤅𐤕𐤉𐤊𐤌 𐤅𐤋𐤀 𐤑𐤅𐤉𐤕𐤉𐤌 𐤁𐤉𐤅𐤌 𐤄𐤅𐤑𐤉𐤀
[𐤄𐤅𐤑𐤉𐤀𐤉] 𐤀𐤅𐤕𐤌 𐤌𐤀𐤓𐤑 𐤌𐤑𐤓𐤉𐤌 𐤏𐤋 𐤃𐤁𐤓𐤉 𐤏𐤅𐤋𐤄 𐤅𐤆𐤁𐤇.
𐤊𐤂 𐤊𐤉 𐤀𐤌 𐤀𐤕 𐤄𐤃𐤁𐤓 𐤄𐤆𐤄 𐤑𐤅𐤉𐤕𐤉 𐤀𐤅𐤕𐤌 𐤋𐤀𐤌𐤓 𐤔𐤌𐤏𐤅 𐤁𐤒𐤅𐤋𐤉
𐤅𐤄𐤉𐤉𐤕𐤉 𐤋𐤊𐤌 𐤋𐤀𐤋𐤄𐤉𐤌 𐤅𐤀𐤕𐤌 𐤕𐤄𐤉𐤅 𐤋𐤉 𐤋𐤏𐤌 𐤅𐤄𐤋𐤊𐤕𐤌 𐤁𐤊𐤋 𐤄𐤃𐤓𐤊
𐤀𐤔𐤓 𐤀𐤑𐤅𐤄 𐤀𐤕𐤊𐤌 𐤋𐤌𐤏𐤍 𐤉𐤉𐤈𐤁 𐤋𐤊𐤌.
𐤊𐤃 𐤅𐤋𐤀 𐤔𐤌𐤏𐤅 𐤅𐤋𐤀 𐤄𐤈𐤅 𐤀𐤕 𐤀𐤆𐤍𐤌 𐤅𐤉𐤋𐤊𐤅 𐤁𐤌𐤏𐤑𐤅𐤕 𐤁𐤔𐤓𐤓𐤅𐤕 𐤋𐤁𐤌
𐤄𐤓𐤏 𐤅𐤉𐤄𐤉𐤅 𐤋𐤀𐤇𐤅𐤓 𐤅𐤋𐤀 𐤋𐤐𐤍𐤉𐤌.
𐤊𐤄 𐤋𐤌𐤍 𐤄𐤉𐤅𐤌 𐤀𐤔𐤓 𐤉𐤑𐤀𐤅 𐤀𐤁𐤅𐤕𐤉𐤊𐤌 𐤌𐤀𐤓𐤑 𐤌𐤑𐤓𐤉𐤌 𐤏𐤃 𐤄𐤉𐤅𐤌 𐤄𐤆𐤄
𐤅𐤀𐤔𐤋𐤇 𐤀𐤋𐤉𐤊𐤌 𐤀𐤕 𐤊𐤋 𐤏𐤁𐤃𐤉 𐤄𐤍𐤁𐤉𐤀𐤉𐤌 𐤉𐤅𐤌 𐤄𐤔𐤊𐤌 𐤅𐤔𐤋𐤇.
𐤊𐤅 𐤅𐤋𐤅𐤀 𐤔𐤌𐤏𐤅 𐤀𐤋𐤉 𐤅𐤋𐤀 𐤄𐤈𐤅 𐤀𐤕 𐤀𐤆𐤍𐤌 𐤅𐤉𐤒𐤔𐤅 𐤀𐤕 𐤏𐤓𐤐𐤌
𐤄𐤓𐤏𐤅 𐤌𐤀𐤁𐤅𐤕𐤌.
𐤊𐤆 𐤅𐤃𐤁𐤓𐤕 𐤀𐤋𐤉𐤄𐤌 𐤀𐤕 𐤊𐤋 𐤄𐤃𐤁𐤓𐤉𐤌 𐤄𐤀𐤋𐤄 𐤅𐤋𐤀 𐤉𐤔𐤌𐤏𐤅 𐤀𐤋𐤉𐤊
𐤅𐤒𐤓𐤀𐤕 𐤀𐤋𐤉𐤄𐤌 𐤅𐤋𐤀 𐤉𐤏𐤍𐤅𐤊𐤄.
𐤊𐤇 𐤅𐤀𐤌𐤓𐤕 𐤀𐤋𐤉𐤄𐤌 𐤆𐤄 𐤄𐤂𐤅𐤉 𐤀𐤔𐤓 𐤋𐤅𐤀 𐤔𐤌𐤏𐤅 𐤁𐤒𐤅𐤋 𐤉𐤄𐤅𐤄 𐤀𐤋𐤄𐤉𐤅
𐤅𐤋𐤀 𐤋𐤒𐤇𐤅 𐤌𐤅𐤎𐤓 𐤀𐤁𐤃𐤄 𐤄𐤀𐤌𐤅𐤍𐤄 𐤅𐤍𐤊𐤓𐤕𐤄 𐤌𐤐𐤉𐤄𐤌.
𐤊𐤈 𐤂𐤆𐤉 𐤍𐤆𐤓𐤊 𐤅𐤄𐤔𐤋𐤉𐤊𐤉 𐤅𐤔𐤀𐤉 𐤏𐤋 𐤔𐤐𐤉𐤌 𐤒𐤉𐤍𐤄 𐤊𐤉 𐤌𐤀𐤎 𐤉𐤄𐤅𐤄

𐤉𐤓𐤌𐤉𐤄

𐤅𐤉𐤈𐤔 𐤀𐤕 𐤃𐤅𐤓 𐤏𐤁𐤓𐤕𐤅.
𐤋 𐤊𐤉 𐤏𐤔𐤅 𐤁𐤍𐤉 𐤉𐤄𐤅𐤃𐤄 𐤄𐤓𐤏 𐤁𐤏𐤉𐤍𐤉 𐤍𐤀𐤌 𐤉𐤄𐤅𐤄 𐤔𐤌𐤅 𐤔𐤒𐤅𐤑𐤉𐤄𐤌
𐤁𐤁𐤉𐤕 𐤀𐤔𐤓 𐤍𐤒𐤓𐤀 𐤔𐤌𐤉 𐤏𐤋𐤉𐤅 𐤋𐤈𐤌𐤀𐤅.
𐤋𐤀 𐤅𐤁𐤍𐤅 𐤁𐤌𐤅𐤕 𐤄𐤕𐤐𐤕 𐤀𐤔𐤓 𐤁𐤂𐤉𐤀 𐤁𐤍 𐤄𐤍𐤌 𐤋𐤔𐤓𐤐 𐤀𐤕 𐤁𐤍𐤉𐤄𐤌 𐤅𐤀𐤕
𐤁𐤍𐤕𐤉𐤄𐤌 𐤁𐤀𐤔 𐤀𐤔𐤓 𐤋𐤀 𐤑𐤅𐤉𐤕𐤉 𐤅𐤋𐤀 𐤏𐤋𐤕𐤄 𐤏𐤋 𐤋𐤁𐤉.
𐤋𐤁 𐤋𐤊𐤍 𐤄𐤍𐤄 𐤉𐤌𐤉𐤌 𐤁𐤀𐤉𐤌 𐤍𐤀𐤌 𐤉𐤄𐤅𐤄 𐤅𐤋𐤀 𐤉𐤀𐤌𐤓 𐤏𐤅𐤃 𐤄𐤕𐤐𐤕 𐤅𐤂𐤉𐤀
𐤁𐤍 𐤄𐤍𐤌 𐤊𐤉 𐤀𐤌 𐤂𐤉𐤀 𐤄𐤄𐤓𐤂𐤄 𐤅𐤒𐤁𐤓𐤅 𐤁𐤕𐤐𐤕 𐤌𐤀𐤉𐤍 𐤌𐤒𐤅𐤌.
𐤋𐤂 𐤅𐤄𐤉𐤕𐤄 𐤍𐤁𐤋𐤕 𐤄𐤏𐤌 𐤄𐤆𐤄 𐤋𐤌𐤀𐤊𐤋 𐤋𐤏𐤅𐤐 𐤄𐤔𐤌𐤉𐤌 𐤅𐤋𐤁𐤄𐤌𐤕 𐤄𐤀𐤓𐤑
𐤅𐤀𐤉𐤍 𐤌𐤇𐤓𐤉𐤃.
𐤋𐤃 𐤅𐤄𐤔𐤁𐤕𐤉 𐤌𐤏𐤓𐤉 𐤉𐤄𐤅𐤃𐤄 𐤅𐤌𐤇𐤑𐤅𐤕 𐤉𐤓𐤅𐤔𐤋𐤌 𐤒𐤅𐤋 𐤔𐤔𐤅𐤍 𐤅𐤒𐤅𐤋
𐤔𐤌𐤇𐤄 𐤒𐤅𐤋 𐤇𐤕𐤍 𐤅𐤒𐤅𐤋 𐤊𐤋𐤄 𐤊𐤉 𐤋𐤇𐤓𐤁𐤄 𐤕𐤄𐤉𐤄 𐤄𐤀𐤓𐤑.

𐤐𐤓𐤒 𐤇

𐤀 𐤁𐤏𐤕 𐤄𐤄𐤉𐤀 𐤍𐤀𐤌 𐤉𐤄𐤅𐤄 𐤅𐤉𐤑𐤉𐤀𐤅 [𐤉𐤅𐤑𐤉𐤀𐤅] 𐤀𐤕 𐤏𐤑𐤌𐤅𐤕 𐤌𐤋𐤊𐤉
𐤉𐤄𐤅𐤃𐤄 𐤅𐤀𐤕 𐤏𐤑𐤌𐤅𐤕 𐤔𐤓𐤉𐤅 𐤅𐤀𐤕 𐤏𐤑𐤌𐤅𐤕 𐤄𐤊𐤄𐤍𐤉𐤌 𐤅𐤀𐤕 𐤏𐤑𐤌𐤅𐤕
𐤄𐤍𐤁𐤉𐤀𐤉𐤌 𐤅𐤀𐤕 𐤏𐤑𐤌𐤅𐤕 𐤉𐤅𐤔𐤁𐤉 𐤉𐤓𐤅𐤔𐤋𐤌 𐤌𐤒𐤁𐤓𐤉𐤄𐤌.
𐤁 𐤅𐤔𐤈𐤇𐤅𐤌 𐤋𐤔𐤌𐤔 𐤅𐤋𐤉𐤓𐤇 𐤅𐤋𐤊𐤋 𐤑𐤁𐤀 𐤄𐤔𐤌𐤉𐤌 𐤀𐤔𐤓 𐤀𐤄𐤁𐤅𐤌 𐤅𐤀𐤔𐤓
𐤏𐤁𐤃𐤅𐤌 𐤅𐤀𐤔𐤓 𐤄𐤋𐤊𐤅 𐤀𐤇𐤓𐤉𐤄𐤌 𐤅𐤀𐤔𐤓 𐤃𐤓𐤔𐤅𐤌 𐤅𐤀𐤔𐤓 𐤄𐤔𐤕𐤇𐤅𐤅 𐤋𐤄𐤌 𐤋𐤀
𐤉𐤀𐤎𐤐𐤅 𐤅𐤋𐤀 𐤉𐤒𐤁𐤓𐤅 𐤋𐤃𐤌𐤍 𐤏𐤋 𐤐𐤍𐤉 𐤄𐤀𐤃𐤌𐤄 𐤉𐤄𐤉𐤅.
𐤂 𐤅𐤍𐤁𐤇𐤓 𐤌𐤅𐤕 𐤌𐤇𐤉𐤉𐤌 𐤋𐤊𐤋 𐤄𐤔𐤀𐤓𐤉𐤕 𐤄𐤍𐤔𐤀𐤓𐤉𐤌 𐤌𐤍 𐤄𐤌𐤔𐤐𐤇𐤄 𐤄𐤓𐤏𐤄
𐤄𐤆𐤀𐤕 𐤁𐤊𐤋 𐤄𐤌𐤒𐤌𐤅𐤕 𐤄𐤍𐤔𐤀𐤓𐤉𐤌 𐤀𐤔𐤓 𐤄𐤃𐤇𐤕𐤉𐤌 𐤔𐤌 𐤍𐤀𐤌 𐤉𐤄𐤅𐤄
𐤑𐤁𐤀𐤅𐤕.
𐤃 𐤅𐤀𐤌𐤓𐤕 𐤀𐤋𐤉𐤄𐤌 𐤊𐤄 𐤀𐤌𐤓 𐤉𐤄𐤅𐤄 𐤄𐤉𐤐𐤋𐤅 𐤅𐤋𐤀 𐤉𐤒𐤅𐤌𐤅 𐤀𐤌 𐤉𐤔𐤅𐤁
𐤅𐤋𐤀 𐤉𐤔𐤅𐤁.
𐤄 𐤌𐤃𐤅𐤏 𐤔𐤅𐤁𐤁𐤄 𐤄𐤏𐤌 𐤄𐤆𐤄 𐤉𐤓𐤅𐤔𐤋𐤌 𐤌𐤔𐤁𐤄 𐤍𐤑𐤇𐤕 𐤄𐤇𐤆𐤉𐤒𐤅 𐤁𐤕𐤓𐤌𐤉𐤕
𐤌𐤀𐤍𐤅 𐤋𐤔𐤅𐤁.
𐤅 𐤄𐤒𐤔𐤁𐤕𐤉 𐤅𐤀𐤔𐤌𐤏 𐤋𐤅𐤀 𐤊𐤍 𐤉𐤃𐤁𐤓𐤅 𐤀𐤉𐤍 𐤀𐤉𐤔 𐤍𐤇𐤌 𐤏𐤋 𐤓𐤏𐤕𐤅 𐤋𐤀𐤌𐤓
𐤌𐤄 𐤏𐤔𐤉𐤕𐤉 𐤊𐤋𐤄 𐤔𐤁 𐤁𐤌𐤓𐤑𐤅𐤕𐤌 [𐤁𐤌𐤓𐤅𐤑𐤕𐤌] 𐤊𐤎𐤅𐤎 𐤔𐤅𐤈𐤐 𐤁𐤌𐤋𐤇𐤌𐤄.
𐤆 𐤂𐤌 𐤇𐤎𐤉𐤃𐤄 𐤁𐤔𐤌𐤉𐤌 𐤉𐤃𐤏𐤄 𐤌𐤅𐤏𐤃𐤉𐤄 𐤅𐤕𐤓 𐤅𐤎𐤅𐤎 [𐤅𐤎𐤉𐤎] 𐤅𐤏𐤂𐤅𐤓
𐤔𐤌𐤓𐤅 𐤀𐤕 𐤏𐤕 𐤁𐤀𐤍𐤄 𐤅𐤏𐤌𐤉 𐤋𐤀 𐤉𐤃𐤏𐤅 𐤀𐤕 𐤌𐤔𐤐𐤈 𐤉𐤄𐤅𐤄.
𐤇 𐤀𐤉𐤊𐤄 𐤕𐤀𐤌𐤓𐤅 𐤇𐤊𐤌𐤉𐤌 𐤀𐤍𐤇𐤍𐤅 𐤅𐤕𐤅𐤓𐤕 𐤉𐤄𐤅𐤄 𐤀𐤕𐤍𐤅 𐤀𐤊𐤍 𐤄𐤍𐤄
𐤋𐤔𐤒𐤓 𐤏𐤔𐤄 𐤏𐤈 𐤔𐤒𐤓 𐤎𐤐𐤓𐤉𐤌.
𐤈 𐤄𐤁𐤉𐤔𐤅 𐤇𐤊𐤌𐤉𐤌 𐤇𐤕𐤅 𐤅𐤉𐤋𐤊𐤃𐤅 𐤄𐤍𐤄 𐤁𐤃𐤁𐤓 𐤉𐤄𐤅𐤄 𐤌𐤀𐤎𐤅 𐤅𐤇𐤊𐤌𐤕 𐤌𐤄

𐤋𐤄𐤌.
𐤉 𐤋𐤊𐤍 𐤀𐤕𐤍 𐤀𐤕 𐤍𐤔𐤉𐤄𐤌 𐤋𐤀𐤇𐤓𐤉𐤌 𐤔𐤃𐤅𐤕𐤉𐤄𐤌 𐤋𐤉𐤅𐤓𐤔𐤉𐤌 𐤊𐤉 𐤌𐤒𐤈𐤍
𐤅𐤏𐤃 𐤂𐤃𐤅𐤋 𐤊𐤋𐤄 𐤁𐤑𐤏 𐤁𐤑𐤏 𐤌𐤍𐤁𐤉𐤀 𐤅𐤏𐤃 𐤊𐤄𐤍 𐤊𐤋𐤄 𐤏𐤔𐤄 𐤔𐤒𐤓.
𐤉𐤀 𐤅𐤉𐤓𐤐𐤅 𐤀𐤕 𐤔𐤁𐤓 𐤁𐤕 𐤏𐤌𐤉 𐤏𐤋 𐤍𐤒𐤋𐤄 𐤋𐤀𐤌𐤓 𐤔𐤋𐤅𐤌 𐤔𐤋𐤅𐤌 𐤅𐤀𐤉𐤍
𐤔𐤋𐤅𐤌.
𐤉𐤁 𐤄𐤁𐤔𐤅 𐤊𐤉 𐤕𐤅𐤏𐤁𐤄 𐤏𐤔𐤅 𐤂𐤌 𐤁𐤅𐤔 𐤋𐤀 𐤉𐤁𐤔𐤅 𐤅𐤄𐤊𐤋𐤌 𐤋𐤀 𐤉𐤃𐤏𐤅 𐤋𐤊𐤍
𐤉𐤐𐤋𐤅 𐤁𐤍𐤐𐤋𐤉𐤌 𐤁𐤏𐤕 𐤐𐤒𐤃𐤕𐤌 𐤉𐤊𐤔𐤋𐤅 𐤀𐤌𐤓 𐤉𐤄𐤅𐤄.
𐤉𐤂 𐤀𐤎𐤐 𐤀𐤎𐤉𐤐𐤌 𐤍𐤀𐤌 𐤉𐤄𐤅𐤄 𐤀𐤉𐤍 𐤏𐤍𐤁𐤉𐤌 𐤁𐤂𐤐𐤍 𐤅𐤀𐤉𐤍 𐤕𐤀𐤍𐤉𐤌
𐤁𐤕𐤀𐤍𐤄 𐤅𐤄𐤏𐤋𐤄 𐤍𐤁𐤋 𐤅𐤀𐤕𐤍 𐤋𐤄𐤌 𐤉𐤏𐤁𐤓𐤅𐤌.
𐤉𐤃 𐤏𐤋 𐤌𐤄 𐤀𐤍𐤇𐤍𐤅 𐤉𐤔𐤁𐤉𐤌 𐤄𐤀𐤎𐤐𐤅 𐤅𐤍𐤁𐤅𐤀 𐤀𐤋 𐤏𐤓𐤉 𐤄𐤌𐤁𐤑𐤓 𐤅𐤍𐤃𐤌𐤄
𐤔𐤌 𐤊𐤉 𐤉𐤄𐤅𐤄 𐤀𐤋𐤄𐤉𐤍𐤅 𐤄𐤃𐤌𐤍𐤅 𐤅𐤉𐤔𐤒𐤍𐤅 𐤌𐤉 𐤓𐤀𐤔 𐤊𐤉 𐤇𐤈𐤀𐤍𐤅
𐤋𐤉𐤄𐤅𐤄.
𐤈𐤅 𐤒𐤅𐤄 𐤋𐤔𐤋𐤅𐤌 𐤅𐤀𐤉𐤍 𐤈𐤅𐤁 𐤋𐤏𐤕 𐤌𐤓𐤐𐤄 𐤅𐤄𐤍𐤄 𐤁𐤏𐤕𐤄.
𐤈𐤆 𐤌𐤃𐤍 𐤍𐤔𐤌𐤏 𐤍𐤇𐤓𐤕 𐤎𐤅𐤎𐤉𐤅 𐤌𐤒𐤅𐤋 𐤌𐤑𐤄𐤋𐤅𐤕 𐤀𐤁𐤉𐤓𐤉𐤅 𐤓𐤏𐤔𐤄 𐤊𐤋
𐤄𐤀𐤓𐤑 𐤅𐤉𐤁𐤅𐤀𐤅 𐤅𐤉𐤀𐤊𐤋𐤅 𐤀𐤓𐤑 𐤅𐤌𐤋𐤅𐤀𐤄 𐤏𐤉𐤓 𐤅𐤉𐤔𐤁𐤉 𐤁𐤄.
𐤉𐤆 𐤊𐤉 𐤄𐤍𐤍𐤉 𐤌𐤔𐤋𐤇 𐤁𐤊𐤌 𐤍𐤇𐤔𐤉𐤌 𐤑𐤐𐤏𐤍𐤉𐤌 𐤀𐤔𐤓 𐤀𐤉𐤍 𐤋𐤄𐤌 𐤋𐤇𐤔
𐤅𐤍𐤔𐤊𐤅 𐤀𐤕𐤊𐤌 𐤍𐤀𐤌 𐤉𐤄𐤅𐤄.
𐤉𐤇 𐤌𐤁𐤋𐤉𐤂𐤉𐤕𐤉 𐤏𐤋𐤉 𐤉𐤂𐤅𐤍 𐤏𐤋𐤉 𐤋𐤁𐤉 𐤃𐤅𐤉.
𐤉𐤈 𐤄𐤍𐤄 𐤒𐤅𐤋 𐤔𐤅𐤏𐤕 𐤁𐤕 𐤏𐤌𐤉 𐤌𐤀𐤓𐤑 𐤌𐤓𐤇𐤒𐤉𐤌 𐤄𐤉𐤄𐤅𐤄 𐤀𐤉𐤍 𐤁𐤑𐤉𐤅𐤍
𐤀𐤌 𐤌𐤋𐤊𐤄 𐤀𐤉𐤍 𐤁𐤄 𐤌𐤃𐤅𐤏 𐤄𐤊𐤏𐤎𐤅𐤍𐤉 𐤁𐤐𐤎𐤋𐤉𐤄𐤌 𐤁𐤄𐤁𐤋𐤉 𐤍𐤊𐤓.
𐤊 𐤏𐤁𐤓 𐤒𐤑𐤉𐤓 𐤊𐤋𐤄 𐤒𐤉𐤑 𐤅𐤀𐤍𐤇𐤍𐤅 𐤋𐤅𐤀 𐤍𐤅𐤔𐤏𐤍𐤅.
𐤊𐤀 𐤏𐤋 𐤔𐤁𐤓 𐤁𐤕 𐤏𐤌𐤉 𐤄𐤔𐤁𐤓𐤕𐤉 𐤒𐤃𐤓𐤕𐤉 𐤔𐤌𐤄 𐤄𐤇𐤆𐤒𐤕𐤍𐤉.
𐤊𐤁 𐤄𐤑𐤓𐤉 𐤀𐤉𐤍 𐤁𐤂𐤋𐤏𐤃 𐤀𐤌 𐤓𐤐𐤀 𐤀𐤉𐤍 𐤔𐤌 𐤊𐤉 𐤌𐤃𐤅𐤏 𐤋𐤀 𐤏𐤋𐤕𐤄 𐤀𐤓𐤊𐤕
𐤁𐤕 𐤏𐤌𐤉.
𐤊𐤂 𐤌𐤉 𐤉𐤕𐤍 𐤓𐤀𐤔𐤉 𐤌𐤉𐤌 𐤅𐤏𐤉𐤍𐤉 𐤌𐤒𐤅𐤓 𐤃𐤌𐤏𐤄 𐤅𐤀𐤁𐤊𐤄 𐤉𐤅𐤌𐤌 𐤅𐤋𐤉𐤋𐤄
𐤀𐤕 𐤇𐤋𐤋𐤉 𐤁𐤕 𐤏𐤌𐤉.

𐤐𐤓𐤒 𐤈

𐤀 𐤌𐤉 𐤉𐤕𐤍𐤍𐤉 𐤁𐤌𐤃𐤁𐤓 𐤌𐤋𐤅𐤍 𐤀𐤓𐤇𐤉𐤌 𐤅𐤀𐤏𐤆𐤁𐤄 𐤀𐤕 𐤏𐤌𐤉 𐤅𐤀𐤋𐤊𐤄 𐤌𐤀𐤕𐤌
𐤊𐤉 𐤊𐤋𐤌 𐤌𐤍𐤀𐤐𐤉𐤌 𐤏𐤑𐤓𐤕 𐤁𐤂𐤃𐤉𐤌.
𐤁 𐤅𐤉𐤃𐤓𐤊𐤅 𐤀𐤕 𐤋𐤔𐤅𐤍𐤌 𐤒𐤔𐤕𐤌 𐤔𐤒𐤓 𐤅𐤋𐤀 𐤋𐤀𐤌𐤅𐤍𐤄 𐤂𐤁𐤓𐤅 𐤁𐤀𐤓𐤑 𐤊𐤉
𐤌𐤓𐤏𐤄 𐤀𐤋 𐤓𐤏𐤄 𐤉𐤑𐤀𐤅 𐤅𐤀𐤕𐤉 𐤋𐤀 𐤉𐤃𐤏𐤅 𐤍𐤀𐤌 𐤉𐤄𐤅𐤄.
𐤂 𐤀𐤉𐤔 𐤌𐤓𐤏𐤄𐤅 𐤄𐤔𐤌𐤓𐤅 𐤅𐤏𐤋 𐤊𐤋 𐤀𐤇 𐤀𐤋 𐤕𐤁𐤈𐤇𐤅 𐤊𐤉 𐤊𐤋 𐤀𐤇 𐤏𐤒𐤅𐤁

𐤉𐤏𐤒𐤁 𐤅𐤊𐤋 𐤓𐤏 𐤓𐤊𐤉𐤋 𐤉𐤄𐤋𐤊•
𐤃 𐤅𐤀𐤉𐤔 𐤁𐤓𐤏𐤄𐤅 𐤉𐤄𐤕𐤋𐤅 𐤅𐤀𐤌𐤕 𐤋𐤀 𐤉𐤃𐤁𐤓𐤅 𐤋𐤌𐤃𐤅 𐤋𐤔𐤅𐤍𐤌 𐤃𐤁𐤓 𐤔𐤒𐤓
𐤄𐤏𐤅𐤄 𐤍𐤋𐤀𐤅•
𐤄 𐤔𐤁𐤕𐤊 𐤁𐤕𐤅𐤊 𐤌𐤓𐤌𐤄 𐤁𐤌𐤓𐤌𐤄 𐤌𐤀𐤍𐤅 𐤃𐤏𐤕 𐤀𐤅𐤕𐤉 𐤍𐤀𐤌 𐤉𐤄𐤅𐤄•
𐤅 𐤋𐤊𐤍 𐤊𐤄 𐤀𐤌𐤓 𐤉𐤄𐤅𐤄 𐤑𐤁𐤀𐤅𐤕 𐤄𐤍𐤍𐤉 𐤑𐤅𐤓𐤐𐤌 𐤅𐤁𐤇𐤍𐤕𐤉𐤌 𐤊𐤉 𐤀𐤉𐤊
𐤀𐤏𐤔𐤄 𐤌𐤐𐤍𐤉 𐤁𐤕 𐤏𐤌𐤉•
𐤆 𐤇𐤑 𐤔𐤅𐤇𐤈 [𐤔𐤇𐤅𐤈] 𐤋𐤔𐤅𐤍𐤌 𐤌𐤓𐤌𐤄 𐤃𐤁𐤓 𐤁𐤐𐤉𐤅 𐤔𐤋𐤅𐤌 𐤀𐤕 𐤓𐤏𐤄𐤅 𐤉𐤃𐤁𐤓
𐤅𐤁𐤒𐤓𐤁𐤅 𐤉𐤔𐤉𐤌 𐤀𐤓𐤁𐤅•
𐤇 𐤄𐤏𐤋 𐤀𐤋𐤄 𐤋𐤀 𐤀𐤐𐤒𐤃 𐤁𐤌 𐤍𐤀𐤌 𐤉𐤄𐤅𐤄 𐤀𐤌 𐤁𐤂𐤅𐤉 𐤀𐤔𐤓 𐤊𐤆𐤄 𐤋𐤀
𐤕𐤕𐤍𐤒𐤌 𐤍𐤐𐤔𐤉•
𐤈 𐤏𐤋 𐤄𐤄𐤓𐤉𐤌 𐤀𐤔𐤀 𐤁𐤊𐤉 𐤅𐤍𐤄𐤉 𐤅𐤏𐤋 𐤍𐤀𐤅𐤕 𐤌𐤃𐤁𐤓 𐤒𐤉𐤍𐤄 𐤊𐤉 𐤍𐤑𐤕𐤅
𐤌𐤁𐤋𐤉 𐤀𐤉𐤔 𐤏𐤁𐤓 𐤅𐤋𐤀 𐤔𐤌𐤏𐤅 𐤒𐤅𐤋 𐤌𐤒𐤍𐤄 𐤌𐤏𐤅𐤐 𐤄𐤔𐤌𐤉𐤌 𐤅𐤏𐤃 𐤁𐤄𐤌𐤄
𐤍𐤃𐤃𐤅 𐤄𐤋𐤊𐤅•
𐤉 𐤅𐤍𐤕𐤕𐤉 𐤀𐤕 𐤉𐤓𐤅𐤔𐤋𐤌 𐤋𐤂𐤋𐤉𐤌 𐤌𐤏𐤅𐤍 𐤕𐤍𐤉𐤌 𐤅𐤀𐤕 𐤏𐤓𐤉 𐤉𐤄𐤅𐤃𐤄 𐤀𐤕𐤍
𐤔𐤌𐤌𐤄 𐤌𐤁𐤋𐤉 𐤉𐤅𐤔𐤁•
𐤉𐤀 𐤌𐤉 𐤄𐤀𐤉𐤔 𐤄𐤇𐤊𐤌 𐤅𐤉𐤁𐤍 𐤀𐤕 𐤆𐤀𐤕 𐤅𐤀𐤔𐤓 𐤃𐤁𐤓 𐤐𐤉 𐤉𐤄𐤅𐤄 𐤀𐤋𐤉𐤅
𐤅𐤉𐤂𐤃𐤄 𐤏𐤋 𐤌𐤄 𐤀𐤁𐤃𐤄 𐤄𐤀𐤓𐤑 𐤍𐤑𐤕𐤄 𐤊𐤌𐤃𐤁𐤓 𐤌𐤁𐤋𐤉 𐤏𐤁𐤓•
𐤉𐤁 𐤅𐤉𐤀𐤌𐤓 𐤉𐤄𐤅𐤄 𐤏𐤋 𐤏𐤆𐤁𐤌 𐤀𐤕 𐤕𐤅𐤓𐤕𐤉 𐤀𐤔𐤓 𐤍𐤕𐤕𐤉 𐤋𐤐𐤍𐤉𐤄𐤌 𐤅𐤋𐤀
𐤔𐤌𐤏𐤅 𐤁𐤒𐤅𐤋𐤉 𐤅𐤋𐤀 𐤄𐤋𐤊𐤅 𐤁𐤄•
𐤉𐤂 𐤅𐤉𐤋𐤊𐤅 𐤀𐤇𐤓𐤉 𐤔𐤓𐤓𐤅𐤕 𐤋𐤁𐤌 𐤅𐤀𐤇𐤓𐤉 𐤄𐤁𐤏𐤋𐤉𐤌 𐤀𐤔𐤓 𐤋𐤌𐤃𐤅𐤌 𐤀𐤁𐤅𐤕𐤌•
𐤉𐤃 𐤋𐤊𐤍 𐤊𐤄 𐤀𐤌𐤓 𐤉𐤄𐤅𐤄 𐤑𐤁𐤀𐤅𐤕 𐤀𐤋𐤄𐤉 𐤉𐤔𐤓𐤀𐤋 𐤄𐤍𐤍𐤉 𐤌𐤀𐤊𐤉𐤋𐤌 𐤀𐤕
𐤄𐤏𐤌 𐤄𐤆𐤄 𐤋𐤏𐤍𐤄 𐤅𐤄𐤔𐤒𐤉𐤕𐤉𐤌 𐤌𐤉 𐤓𐤀𐤔•
𐤈𐤅 𐤅𐤄𐤐𐤑𐤅𐤕𐤉𐤌 𐤁𐤂𐤅𐤉𐤌 𐤀𐤔𐤓 𐤋𐤀 𐤉𐤃𐤏𐤅 𐤄𐤌𐤄 𐤅𐤀𐤁𐤅𐤕𐤌 𐤅𐤔𐤋𐤇𐤕𐤉
𐤀𐤇𐤓𐤉𐤄𐤌 𐤀𐤕 𐤄𐤇𐤓𐤁 𐤏𐤃 𐤊𐤋𐤅𐤕𐤉 𐤀𐤅𐤕𐤌•
𐤈𐤆 𐤊𐤄 𐤀𐤌𐤓 𐤉𐤄𐤅𐤄 𐤑𐤁𐤀𐤅𐤕 𐤄𐤕𐤁𐤅𐤍𐤍𐤅 𐤅𐤒𐤓𐤀𐤅 𐤋𐤌𐤒𐤅𐤍𐤍𐤅𐤕 𐤅𐤕𐤁𐤅𐤀𐤉𐤍𐤄
𐤅𐤀𐤋 𐤄𐤇𐤊𐤌𐤅𐤕 𐤔𐤋𐤇𐤅 𐤅𐤕𐤁𐤅𐤀𐤍𐤄•
𐤉𐤆 𐤅𐤕𐤌𐤄𐤓𐤍𐤄 𐤅𐤕𐤔𐤍𐤄 𐤏𐤋𐤉𐤍𐤅 𐤍𐤄𐤉 𐤅𐤕𐤓𐤃𐤍𐤄 𐤏𐤉𐤍𐤉𐤍𐤅 𐤃𐤌𐤏𐤄
𐤅𐤏𐤐𐤏𐤐𐤉𐤍𐤅 𐤉𐤆𐤋𐤅 𐤌𐤉𐤌•
𐤉𐤇 𐤊𐤉 𐤒𐤅𐤋 𐤍𐤄𐤉 𐤍𐤔𐤌𐤏 𐤌𐤑𐤉𐤅𐤍 𐤀𐤉𐤊 𐤔𐤃𐤃𐤍𐤅 𐤁𐤔𐤍𐤅 𐤌𐤀𐤃 𐤊𐤉 𐤏𐤆𐤁𐤍𐤅
𐤀𐤓𐤑 𐤊𐤉 𐤄𐤔𐤋𐤉𐤊𐤅 𐤌𐤔𐤊𐤍𐤅𐤕𐤉𐤍𐤅•
𐤉𐤈 𐤊𐤉 𐤔𐤌𐤏𐤍𐤄 𐤍𐤔𐤉𐤌 𐤃𐤁𐤓 𐤉𐤄𐤅𐤄 𐤅𐤕𐤒𐤇 𐤀𐤆𐤍𐤊𐤌 𐤃𐤁𐤓 𐤐𐤉𐤅 𐤅𐤋𐤌𐤃𐤍𐤄
𐤁𐤍𐤅𐤕𐤉𐤊𐤌 𐤍𐤄𐤉 𐤅𐤀𐤔𐤄 𐤓𐤏𐤅𐤕𐤄 𐤒𐤉𐤍𐤄•
𐤊 𐤊𐤉 𐤏𐤋𐤄 𐤌𐤅𐤕 𐤁𐤇𐤋𐤅𐤍𐤉𐤍𐤅 𐤁𐤀 𐤁𐤀𐤓𐤌𐤍𐤅𐤕𐤉𐤍𐤅 𐤋𐤄𐤊𐤓𐤉𐤕 𐤏𐤅𐤋𐤋 𐤌𐤇𐤅𐤑

𐤉𐤓𐤌𐤉𐤄

𐤁𐤇𐤅𐤓𐤉𐤌 𐤌𐤓𐤇𐤁𐤅𐤕•
𐤊𐤀 𐤃𐤁𐤓 𐤊𐤄 𐤍𐤀𐤌 𐤉𐤄𐤅𐤄 𐤅𐤍𐤐𐤋𐤄 𐤍𐤁𐤋𐤕 𐤄𐤀𐤃𐤌 𐤊𐤃𐤌𐤍 𐤏𐤋 𐤐𐤍𐤉 𐤄𐤔𐤃𐤄
𐤅𐤊𐤏𐤌𐤉𐤓 𐤌𐤀𐤇𐤓𐤉 𐤄𐤒𐤑𐤓 𐤅𐤀𐤉𐤍 𐤌𐤀𐤎𐤐•
𐤊𐤁 𐤊𐤄 𐤀𐤌𐤓 𐤉𐤄𐤅𐤄 𐤀𐤋 𐤉𐤕𐤄𐤋𐤋 𐤇𐤊𐤌 𐤁𐤇𐤊𐤌𐤕𐤅 𐤅𐤀𐤋 𐤉𐤕𐤄𐤋𐤋 𐤄𐤂𐤁𐤅𐤓
𐤁𐤂𐤁𐤅𐤓𐤕𐤅 𐤀𐤋 𐤉𐤕𐤄𐤋𐤋 𐤏𐤔𐤉𐤓 𐤁𐤏𐤔𐤓𐤅•
𐤊𐤂 𐤊𐤉 𐤀𐤌 𐤁𐤆𐤀𐤕 𐤉𐤕𐤄𐤋𐤋 𐤄𐤌𐤕𐤄𐤋𐤋 𐤄𐤔𐤊𐤋 𐤅𐤉𐤃𐤏 𐤀𐤅𐤕𐤉 𐤊𐤉 𐤀𐤍𐤉
𐤉𐤄𐤅𐤄 𐤏𐤔𐤄 𐤇𐤎𐤃 𐤌𐤔𐤐𐤈 𐤅𐤑𐤃𐤒𐤄 𐤁𐤀𐤓𐤑 𐤊𐤉 𐤁𐤀𐤋𐤄 𐤇𐤐𐤑𐤕𐤉 𐤍𐤀𐤌 𐤉𐤄𐤅𐤄•
𐤊𐤃 𐤄𐤍𐤄 𐤉𐤌𐤉𐤌 𐤁𐤀𐤉𐤌 𐤍𐤀𐤌 𐤉𐤄𐤅𐤄 𐤅𐤐𐤒𐤃𐤕𐤉 𐤏𐤋 𐤊𐤋 𐤌𐤅𐤋 𐤁𐤏𐤓𐤋𐤄•
𐤊𐤄 𐤏𐤋 𐤌𐤑𐤓𐤉𐤌 𐤅𐤏𐤋 𐤉𐤄𐤅𐤃𐤄 𐤅𐤏𐤋 𐤀𐤃𐤅𐤌 𐤅𐤏𐤋 𐤁𐤍𐤉 𐤏𐤌𐤅𐤍 𐤅𐤏𐤋 𐤌𐤅𐤀𐤁
𐤅𐤏𐤋 𐤊𐤋 𐤒𐤑𐤅𐤑𐤉 𐤐𐤀𐤄 𐤄𐤉𐤔𐤁𐤉𐤌 𐤁𐤌𐤃𐤁𐤓 𐤊𐤉 𐤊𐤋 𐤄𐤂𐤅𐤉𐤌 𐤏𐤓𐤋𐤉𐤌 𐤅𐤊𐤋
𐤁𐤉𐤕 𐤉𐤔𐤓𐤀𐤋 𐤏𐤓𐤋𐤉 𐤋𐤁•

𐤐𐤓𐤒 𐤉

𐤀 𐤔𐤌𐤏𐤅 𐤀𐤕 𐤄𐤃𐤁𐤓 𐤀𐤔𐤓 𐤃𐤁𐤓 𐤉𐤄𐤅𐤄 𐤏𐤋𐤉𐤊𐤌 𐤁𐤉𐤕 𐤉𐤔𐤓𐤀𐤋•
𐤁 𐤊𐤄 𐤀𐤌𐤓 𐤉𐤄𐤅𐤄 𐤀𐤋 𐤃𐤓𐤊 𐤄𐤂𐤅𐤉𐤌 𐤀𐤋 𐤕𐤋𐤌𐤃𐤅 𐤅𐤌𐤀𐤕𐤅𐤕 𐤄𐤔𐤌𐤉𐤌 𐤀𐤋
𐤕𐤇𐤕𐤅 𐤊𐤉 𐤉𐤇𐤕𐤅 𐤄𐤂𐤅𐤉𐤌 𐤌𐤄𐤌𐤄•
𐤂 𐤊𐤉 𐤇𐤒𐤅𐤕 𐤄𐤏𐤌𐤉𐤌 𐤄𐤁𐤋 𐤄𐤅𐤀 𐤊𐤉 𐤏𐤑 𐤌𐤉𐤏𐤓 𐤊𐤓𐤕𐤅 𐤌𐤏𐤔𐤄 𐤉𐤃𐤉 𐤇𐤓𐤔
𐤁𐤌𐤏𐤑𐤃•
𐤃 𐤁𐤊𐤎𐤐 𐤅𐤁𐤆𐤄𐤁 𐤉𐤉𐤐𐤄𐤅 𐤁𐤌𐤎𐤌𐤓𐤅𐤕 𐤅𐤁𐤌𐤒𐤁𐤅𐤕 𐤉𐤇𐤆𐤒𐤅𐤌 𐤅𐤋𐤅𐤀 𐤉𐤐𐤉𐤒•
𐤄 𐤊𐤕𐤌𐤓 𐤌𐤒𐤔𐤄 𐤄𐤌𐤄 𐤅𐤋𐤀 𐤉𐤃𐤁𐤓𐤅 𐤍𐤔𐤅𐤀 𐤉𐤍𐤔𐤅𐤀 𐤊𐤉 𐤋𐤀 𐤉𐤑𐤏𐤃𐤅 𐤀𐤋
𐤕𐤉𐤓𐤀𐤅 𐤌𐤄𐤌 𐤊𐤉 𐤋𐤀 𐤉𐤓𐤏𐤅 𐤅𐤂𐤌 𐤄𐤉𐤈𐤉𐤁 𐤀𐤉𐤍 𐤀𐤅𐤕𐤌•
𐤅 𐤌𐤀𐤉𐤍 𐤊𐤌𐤅𐤊 𐤉𐤄𐤅𐤄 𐤂𐤃𐤅𐤋 𐤀𐤕𐤄 𐤅𐤂𐤃𐤅𐤋 𐤔𐤌𐤊 𐤁𐤂𐤁𐤅𐤓𐤄•
𐤆 𐤌𐤉 𐤋𐤀 𐤉𐤓𐤀𐤊 𐤌𐤋𐤊 𐤄𐤂𐤅𐤉𐤌 𐤊𐤉 𐤋𐤊 𐤉𐤀𐤕𐤄 𐤊𐤉 𐤁𐤊𐤋 𐤇𐤊𐤌𐤉 𐤄𐤂𐤅𐤉𐤌
𐤅𐤁𐤊𐤋 𐤌𐤋𐤊𐤅𐤕𐤌 𐤌𐤀𐤉𐤍 𐤊𐤌𐤅𐤊•
𐤇 𐤅𐤁𐤀𐤇𐤕 𐤉𐤁𐤏𐤓𐤅 𐤅𐤉𐤊𐤎𐤋𐤅 𐤌𐤅𐤎𐤓 𐤄𐤁𐤋𐤉𐤌 𐤏𐤑 𐤄𐤅𐤀•
𐤈 𐤊𐤎𐤐 𐤌𐤓𐤒𐤏 𐤌𐤕𐤓𐤔𐤉𐤔 𐤉𐤅𐤁𐤀 𐤅𐤆𐤄𐤁 𐤌𐤀𐤅𐤐𐤆 𐤌𐤏𐤔𐤄 𐤇𐤓𐤔 𐤅𐤉𐤃𐤉 𐤑𐤅𐤓𐤐
𐤕𐤊𐤋𐤕 𐤅𐤀𐤓𐤂𐤌𐤍 𐤋𐤁𐤅𐤔𐤌 𐤌𐤏𐤔𐤄 𐤇𐤊𐤌𐤉𐤌 𐤊𐤋𐤌•
𐤉 𐤅𐤉𐤄𐤅𐤄 𐤀𐤋𐤄𐤉𐤌 𐤀𐤌𐤕 𐤄𐤅𐤀 𐤀𐤋𐤄𐤉𐤌 𐤇𐤉𐤉𐤌 𐤅𐤌𐤋𐤊 𐤏𐤅𐤋𐤌 𐤌𐤒𐤑𐤐𐤅
𐤕𐤓𐤏𐤔 𐤄𐤀𐤓𐤑 𐤅𐤋𐤀 𐤉𐤊𐤋𐤅 𐤂𐤅𐤉𐤌 𐤆𐤏𐤌𐤅•
𐤉𐤀 𐤊𐤃𐤍𐤄 𐤕𐤀𐤌𐤓𐤅𐤍 𐤋𐤄𐤅𐤌 𐤀𐤋𐤄𐤉𐤀 𐤃𐤉 𐤔𐤌𐤉𐤀 𐤅𐤀𐤓𐤒𐤀 𐤋𐤀 𐤏𐤁𐤃𐤅
𐤉𐤀𐤁𐤃𐤅 𐤌𐤀𐤓𐤏𐤀 𐤅𐤌𐤍 𐤕𐤇𐤅𐤕 𐤔𐤌𐤉𐤀 𐤀𐤋𐤄•
𐤉𐤁 𐤏𐤔𐤄 𐤀𐤓𐤑 𐤁𐤊𐤇𐤅 𐤌𐤊𐤉𐤍 𐤕𐤁𐤋 𐤁𐤇𐤊𐤌𐤕𐤅 𐤅𐤁𐤕𐤁𐤅𐤍𐤕𐤅 𐤍𐤈𐤄 𐤔𐤌𐤉𐤌•
𐤉𐤂 𐤋𐤒𐤅𐤋 𐤕𐤕𐤅 𐤄𐤌𐤅𐤍 𐤌𐤉𐤌 𐤁𐤔𐤌𐤉𐤌 𐤅𐤉𐤏𐤋𐤄 𐤍𐤔𐤀𐤉𐤌 𐤌𐤒𐤑𐤄 𐤀𐤓𐤑

[הארץ] ברקים למטר עשה ויוצא רוח מאצרתיו׃
יד נבער כל אדם מדעת הביש כל צורף מפסל כי שקר נסכו ולא
רוח בם׃
טו הבל המה מעשה תעתעים בעת פקדתם יאבדו׃
טז לא כאלה חלק יעקב כי יוצר הכל הוא וישראל שבט נחלתו
יהוה צבאות שמו׃
יז אספי מארץ כנעתך יושבתי [יושבת] במצור׃
יח כי כה אמר יהוה הנני קולע את יושבי הארץ בפעם הזאת
והצרתי להם למען ימצאו׃
יט אוי לי על שברי נחלה מכתי ואני אמרתי אך זה חלי
ואשאנו׃
כ אהלי שדד וכל מיתרי נתקו בני יצאני ואינם אין נטה
עוד אהלי ומקים יריעותי׃
כא כי נבערו הרעים ואת יהוה לא דרשו על כן לא השכילו
וכל מרעיתם נפוצה׃
כב קול שמועה הנה באה ורעש גדול מארץ צפון לשום את ערי
יהודה שממה מעון תנים׃
כג ידעתי יהוה כי לא לאדם דרכו לא לאיש הלך והכין את
צעדו׃
כד יסרני יהוה אך במשפט אל באפך פן תמעטני׃
כה שפך חמתך על הגוים אשר לא ידעוך ועל משפחות אשר בשמך
לא קראו כי אכלו את יעקב ואכלהו ויכלהו ואת נוהו השמו׃

פרק יא

א הדבר אשר היה אל ירמיהו מאת יהוה לאמר׃
ב שמעו את דברי הברית הזאת ודברתם אל איש יהודה ועל
ישבי ירושלם׃
ג ואמרת אליהם כה אמר יהוה אלהי ישראל ארור האיש אשר
לא ישמע את דברי הברית הזאת׃
ד אשר צויתי את אבותיכם ביום הוציאי אותם מארץ מצרים
מכור הברזל לאמר שמעו בקולי ועשיתם אותם ככל אשר צוה
אתכם והייתם לי לעם ואנכי אהיה לכם לאלהים׃
ה למען הקים את השבועה אשר נשבעתי לאבותיכם לתת להם

ארץ זבת חלב ודבש כיום הזה ואען ואמר אמן יהוה•
ו ויאמר יהוה אלי קרא את כל הדברים האלה בערי יהודה
ובחצות ירושלם לאמר שמעו את דברי הברית הזאת ועשיתם
אותם•
ז כי העד העדתי באבותיכם ביום העלותי אותם מארץ מצרים
ועד היום הזה השכם והעד לאמר שמעו בקולי•
ח ולא שמעו ולא הטו את אזנם וילכו איש בשרירות לבם הרע
ואביא עליהם את כל דברי הברית הזאת אשר צויתי לעשות
ולא עשו•
ט ויאמר יהוה אלי נמצא קשר באיש יהודה ובישבי ירושלם•
י שבו על עונת אבותם הראשנים אשר מאנו לשמוע את דברי
והמה הלכו אחרי אלהים אחרים לעבדם הפרו בית ישראל ובית
יהודה את בריתי אשר כרתי את אבותם•
יא לכן כה אמר יהוה הנני מביא אליהם רעה אשר לא יוכלו
לצאת ממנה וזעקו אלי ולא אשמע אליהם•
יב והלכו ערי יהודה וישבי ירושלם וזעקו אל האלהים אשר
הם מקטרים להם והושע לא יושיעו להם בעת רעתם•
יג כי מספר עריך היו אלהיך יהודה ומספר חצות ירושלם
שמתם מזבחות לבשת מזבחות לקטר לבעל•
יד ואתה אל תתפלל בעד העם הזה ואל תשא בעדם רנה ותפלה כי
אינני שמע בעת קראם אלי בעד רעתם•
טו מה לידידי בביתי עשותה המזמתה הרבים ובשר קדש
יעברו מעליך כי רעתכי אז תעלזי•
טז זית רענן יפה פרי תאר קרא יהוה שמך לקול המולה גדלה
הצית אש עליה ורעו דליותיו•
יז ויהוה צבאות הנוטע אותך דבר עליך רעה בגלל רעת בית
ישראל ובית יהודה אשר עשו להם להכעסני לקטר לבעל•
יח ויהוה הודיעני ואדעה אז הראיתני מעלליהם•
יט ואני ככבש אלוף יובל לטבוח ולא ידעתי כי עלי חשבו
מחשבות נשחיתה עץ בלחמו ונכרתנו מארץ חיים ושמו לא
יזכר עוד•
כ ויהוה צבאות שפט צדק בחן כליות ולב אראה נקמתך מהם
כי אליך גליתי את ריבי•

𐤉𐤓𐤌𐤉𐤄

𐤊𐤀 𐤋𐤊𐤍 𐤊𐤄 𐤀𐤌𐤓 𐤉𐤄𐤅𐤄 𐤏𐤋 𐤀𐤍𐤔𐤉 𐤏𐤍𐤕𐤅𐤕 𐤄𐤌𐤁𐤒𐤔𐤉𐤌 𐤀𐤕 𐤍𐤐𐤔𐤊
𐤋𐤀𐤌𐤓 𐤋𐤀 𐤕𐤍𐤁𐤀 𐤁𐤔𐤌 𐤉𐤄𐤅𐤄 𐤅𐤋𐤀 𐤕𐤌𐤅𐤕 𐤁𐤉𐤃𐤍𐤅•
𐤊𐤁 𐤋𐤊𐤍 𐤊𐤄 𐤀𐤌𐤓 𐤉𐤄𐤅𐤄 𐤑𐤁𐤀𐤅𐤕 𐤄𐤍𐤍𐤉 𐤐𐤒𐤃 𐤏𐤋𐤉𐤄𐤌 𐤄𐤁𐤇𐤅𐤓𐤉𐤌 𐤉𐤌𐤕𐤅
𐤁𐤇𐤓𐤁 𐤁𐤍𐤉𐤄𐤌 𐤅𐤁𐤍𐤅𐤕𐤉𐤄𐤌 𐤉𐤌𐤕𐤅 𐤁𐤓𐤏𐤁•
𐤊𐤂 𐤅𐤔𐤀𐤓𐤉𐤕 𐤋𐤀 𐤕𐤄𐤉𐤄 𐤋𐤄𐤌 𐤊𐤉 𐤀𐤁𐤉𐤀 𐤓𐤏𐤄 𐤀𐤋 𐤀𐤍𐤔𐤉 𐤏𐤍𐤕𐤅𐤕 𐤔𐤍𐤕
𐤐𐤒𐤃𐤕𐤌•

𐤐𐤓𐤒 𐤉𐤁

𐤀 𐤑𐤃𐤉𐤒 𐤀𐤕𐤄 𐤉𐤄𐤅𐤄 𐤊𐤉 𐤀𐤓𐤉𐤁 𐤀𐤋𐤉𐤊 𐤀𐤊 𐤌𐤔𐤐𐤈𐤉𐤌 𐤀𐤃𐤁𐤓 𐤀𐤅𐤕𐤊
𐤌𐤃𐤅𐤏 𐤃𐤓𐤊 𐤓𐤔𐤏𐤉𐤌 𐤑𐤋𐤇𐤄 𐤔𐤋𐤅 𐤊𐤋 𐤁𐤂𐤃𐤉 𐤁𐤂𐤃•
𐤁 𐤍𐤈𐤏𐤕𐤌 𐤂𐤌 𐤔𐤓𐤔𐤅 𐤉𐤋𐤊𐤅 𐤂𐤌 𐤏𐤔𐤅 𐤐𐤓𐤉 𐤒𐤓𐤅𐤁 𐤀𐤕𐤄 𐤁𐤐𐤉𐤄𐤌 𐤅𐤓𐤇𐤅𐤒
𐤌𐤊𐤋𐤉𐤅𐤕𐤉𐤄𐤌•
𐤂 𐤅𐤀𐤕𐤄 𐤉𐤄𐤅𐤄 𐤉𐤃𐤏𐤕𐤍𐤉 𐤕𐤓𐤀𐤍𐤉 𐤅𐤁𐤇𐤍𐤕 𐤋𐤁𐤉 𐤀𐤕𐤊 𐤄𐤕𐤒𐤌 𐤊𐤑𐤀𐤍
𐤋𐤈𐤁𐤇𐤄 𐤅𐤄𐤒𐤃𐤔𐤌 𐤋𐤉𐤅𐤌 𐤄𐤓𐤂𐤄•
𐤃 𐤏𐤃 𐤌𐤕𐤉 𐤕𐤀𐤁𐤋 𐤄𐤀𐤓𐤑 𐤅𐤏𐤔𐤁 𐤊𐤋 𐤄𐤔𐤃𐤄 𐤉𐤉𐤁𐤔 𐤌𐤓𐤏𐤕 𐤉𐤔𐤁𐤉 𐤁𐤄
𐤎𐤐𐤕𐤄 𐤁𐤄𐤌𐤅𐤕 𐤅𐤏𐤅𐤐 𐤊𐤉 𐤀𐤌𐤓𐤅 𐤋𐤀 𐤉𐤓𐤀𐤄 𐤀𐤕 𐤀𐤇𐤓𐤉𐤕𐤍𐤅•
𐤄 𐤊𐤉 𐤀𐤕 𐤓𐤂𐤋𐤉𐤌 𐤓𐤑𐤕𐤄 𐤅𐤉𐤋𐤀𐤅𐤊 𐤅𐤀𐤉𐤊 𐤕𐤕𐤇𐤓𐤄 𐤀𐤕 𐤄𐤎𐤅𐤎𐤉𐤌
𐤅𐤁𐤀𐤓𐤑 𐤔𐤋𐤅𐤌 𐤀𐤕𐤄 𐤁𐤅𐤈𐤇 𐤅𐤀𐤉𐤊 𐤕𐤏𐤔𐤄 𐤁𐤂𐤀𐤅𐤍 𐤄𐤉𐤓𐤃𐤍•
𐤅 𐤊𐤉 𐤂𐤌 𐤀𐤇𐤉𐤊 𐤅𐤁𐤉𐤕 𐤀𐤁𐤉𐤊 𐤂𐤌 𐤄𐤌𐤄 𐤁𐤂𐤃𐤅 𐤁𐤊 𐤂𐤌 𐤄𐤌𐤄 𐤒𐤓𐤀𐤅
𐤀𐤇𐤓𐤉𐤊 𐤌𐤋𐤀 𐤀𐤋 𐤕𐤀𐤌𐤍 𐤁𐤌 𐤊𐤉 𐤉𐤃𐤁𐤓𐤅 𐤀𐤋𐤉𐤊 𐤈𐤅𐤁𐤅𐤕•
𐤆 𐤏𐤆𐤁𐤕𐤉 𐤀𐤕 𐤁𐤉𐤕𐤉 𐤍𐤈𐤔𐤕𐤉 𐤀𐤕 𐤍𐤇𐤋𐤕𐤉 𐤍𐤕𐤕𐤉 𐤀𐤕 𐤉𐤃𐤃𐤅𐤕 𐤍𐤐𐤔𐤉
𐤁𐤊𐤐 𐤀𐤉𐤁𐤉𐤄•
𐤇 𐤄𐤉𐤕𐤄 𐤋𐤉 𐤍𐤇𐤋𐤕𐤉 𐤊𐤀𐤓𐤉𐤄 𐤁𐤉𐤏𐤓 𐤍𐤕𐤍𐤄 𐤏𐤋𐤉 𐤁𐤒𐤅𐤋𐤄 𐤏𐤋 𐤊𐤍
𐤔𐤍𐤀𐤕𐤉𐤄•
𐤈 𐤄𐤏𐤉𐤈 𐤑𐤁𐤅𐤏 𐤍𐤇𐤋𐤕𐤉 𐤋𐤉 𐤄𐤏𐤉𐤈 𐤎𐤁𐤉𐤁 𐤏𐤋𐤉𐤄 𐤋𐤊𐤅 𐤀𐤎𐤐𐤅 𐤊𐤋 𐤇𐤉𐤕
𐤄𐤔𐤃𐤄 𐤄𐤕𐤉𐤅 𐤋𐤀𐤊𐤋𐤄•
𐤉 𐤓𐤏𐤉𐤌 𐤓𐤁𐤉𐤌 𐤔𐤇𐤕𐤅 𐤊𐤓𐤌𐤉 𐤁𐤎𐤎𐤅 𐤀𐤕 𐤇𐤋𐤒𐤕𐤉 𐤍𐤕𐤍𐤅 𐤀𐤕 𐤇𐤋𐤒𐤕
𐤇𐤌𐤃𐤕𐤉 𐤋𐤌𐤃𐤁𐤓 𐤔𐤌𐤌𐤄•
𐤉𐤀 𐤔𐤌𐤄 𐤋𐤔𐤌𐤌𐤄 𐤀𐤁𐤋𐤄 𐤏𐤋𐤉 𐤔𐤌𐤌𐤄 𐤍𐤔𐤌𐤄 𐤊𐤋 𐤄𐤀𐤓𐤑 𐤊𐤉 𐤀𐤉𐤍
𐤀𐤉𐤔 𐤔𐤌 𐤏𐤋 𐤋𐤁•
𐤉𐤁 𐤏𐤋 𐤊𐤋 𐤔𐤐𐤉𐤌 𐤁𐤌𐤃𐤁𐤓 𐤁𐤀𐤅 𐤔𐤃𐤃𐤉𐤌 𐤊𐤉 𐤇𐤓𐤁 𐤋𐤉𐤄𐤅𐤄 𐤀𐤊𐤋𐤄 𐤌𐤒𐤑𐤄
𐤀𐤓𐤑 𐤅𐤏𐤃 𐤒𐤑𐤄 𐤄𐤀𐤓𐤑 𐤀𐤉𐤍 𐤔𐤋𐤅𐤌 𐤋𐤊𐤋 𐤁𐤔𐤓•
𐤉𐤂 𐤆𐤓𐤏𐤅 𐤇𐤈𐤉𐤌 𐤅𐤒𐤑𐤉𐤌 𐤒𐤑𐤓𐤅 𐤍𐤇𐤋𐤅 𐤋𐤀 𐤉𐤅𐤏𐤋𐤅 𐤅𐤁𐤔𐤅 𐤌𐤕𐤁𐤅𐤀𐤕𐤉𐤊𐤌

𐤌𐤇𐤓𐤅𐤍 𐤀𐤐 𐤉𐤄𐤅𐤄•
𐤉𐤃 𐤊𐤄 𐤀𐤌𐤓 𐤉𐤄𐤅𐤄 𐤏𐤋 𐤊𐤋 𐤔𐤊𐤍𐤉 𐤄𐤓𐤏𐤉𐤌 𐤄𐤍𐤂𐤏𐤉𐤌 𐤁𐤍𐤇𐤋𐤄 𐤀𐤔𐤓
𐤄𐤍𐤇𐤋𐤕𐤉 𐤀𐤕 𐤏𐤌𐤉 𐤀𐤕 𐤉𐤔𐤓𐤀𐤋 𐤄𐤍𐤍𐤉 𐤍𐤕𐤔𐤌 𐤌𐤏𐤋 𐤀𐤃𐤌𐤕𐤌 𐤅𐤀𐤕 𐤁𐤉𐤕
𐤉𐤄𐤅𐤃𐤄 𐤀𐤕𐤅𐤔 𐤌𐤕𐤅𐤊𐤌•
𐤈𐤅 𐤅𐤄𐤉𐤄 𐤀𐤇𐤓𐤉 𐤍𐤕𐤔𐤉 𐤀𐤅𐤕𐤌 𐤀𐤔𐤅𐤁 𐤅𐤓𐤇𐤌𐤕𐤉𐤌 𐤅𐤄𐤔𐤁𐤕𐤉𐤌 𐤀𐤉𐤔
𐤋𐤍𐤇𐤋𐤕𐤅 𐤅𐤀𐤉𐤔 𐤋𐤀𐤓𐤑𐤅•
𐤈𐤆 𐤅𐤄𐤉𐤄 𐤀𐤌 𐤋𐤌𐤃 𐤉𐤋𐤌𐤃𐤅 𐤀𐤕 𐤃𐤓𐤊𐤉 𐤏𐤌𐤉 𐤋𐤄𐤔𐤁𐤏 𐤁𐤔𐤌𐤉 𐤇𐤉 𐤉𐤄𐤅𐤄
𐤊𐤀𐤔𐤓 𐤋𐤌𐤃𐤅 𐤀𐤕 𐤏𐤌𐤉 𐤋𐤄𐤔𐤁𐤏 𐤁𐤁𐤏𐤋 𐤅𐤍𐤁𐤍𐤅 𐤁𐤕𐤅𐤊 𐤏𐤌𐤉•
𐤉𐤆 𐤅𐤀𐤌 𐤋𐤀 𐤉𐤔𐤌𐤏𐤅 𐤅𐤍𐤕𐤔𐤕𐤉 𐤀𐤕 𐤄𐤂𐤅𐤉 𐤄𐤄𐤅𐤀 𐤍𐤕𐤅𐤔 𐤅𐤀𐤁𐤃 𐤍𐤀𐤌
𐤉𐤄𐤅𐤄•

𐤐𐤓𐤒 𐤉𐤂

𐤀 𐤊𐤄 𐤀𐤌𐤓 𐤉𐤄𐤅𐤄 𐤀𐤋𐤉 𐤄𐤋𐤅𐤊 𐤅𐤒𐤍𐤉𐤕 𐤋𐤊 𐤀𐤆𐤅𐤓 𐤐𐤔𐤕𐤉𐤌 𐤅𐤔𐤌𐤕𐤅 𐤏𐤋
𐤌𐤕𐤍𐤉𐤊 𐤅𐤁𐤌𐤉𐤌 𐤋𐤀 𐤕𐤁𐤀𐤄𐤅•
𐤁 𐤅𐤀𐤒𐤍𐤄 𐤀𐤕 𐤄𐤀𐤆𐤅𐤓 𐤊𐤃𐤁𐤓 𐤉𐤄𐤅𐤄 𐤅𐤀𐤔𐤌 𐤏𐤋 𐤌𐤕𐤍𐤉•
𐤂 𐤅𐤉𐤄𐤉 𐤃𐤁𐤓 𐤉𐤄𐤅𐤄 𐤀𐤋𐤉 𐤔𐤍𐤉𐤕 𐤋𐤀𐤌𐤓•
𐤃 𐤒𐤇 𐤀𐤕 𐤄𐤀𐤆𐤅𐤓 𐤀𐤔𐤓 𐤒𐤍𐤉𐤕 𐤀𐤔𐤓 𐤏𐤋 𐤌𐤕𐤍𐤉𐤊 𐤅𐤒𐤅𐤌 𐤋𐤊 𐤐𐤓𐤕𐤄
𐤅𐤈𐤌𐤍𐤄𐤅 𐤔𐤌 𐤁𐤍𐤒𐤉𐤒 𐤄𐤎𐤋𐤏•
𐤄 𐤅𐤀𐤋𐤊 𐤅𐤀𐤈𐤌𐤍𐤄𐤅 𐤁𐤐𐤓𐤕 𐤊𐤀𐤔𐤓 𐤑𐤅𐤄 𐤉𐤄𐤅𐤄 𐤀𐤅𐤕𐤉•
𐤅 𐤅𐤉𐤄𐤉 𐤌𐤒𐤑 𐤉𐤌𐤉𐤌 𐤓𐤁𐤉𐤌 𐤅𐤉𐤀𐤌𐤓 𐤉𐤄𐤅𐤄 𐤀𐤋𐤉 𐤒𐤅𐤌 𐤋𐤊 𐤐𐤓𐤕𐤄 𐤅𐤒𐤇
𐤌𐤔𐤌 𐤀𐤕 𐤄𐤀𐤆𐤅𐤓 𐤀𐤔𐤓 𐤑𐤅𐤉𐤕𐤉𐤊 𐤋𐤈𐤌𐤍𐤅 𐤔𐤌•
𐤆 𐤅𐤀𐤋𐤊 𐤐𐤓𐤕𐤄 𐤅𐤀𐤇𐤐𐤓 𐤅𐤀𐤒𐤇 𐤀𐤕 𐤄𐤀𐤆𐤅𐤓 𐤌𐤍 𐤄𐤌𐤒𐤅𐤌 𐤀𐤔𐤓 𐤈𐤌𐤍𐤕𐤉𐤅
𐤔𐤌𐤄 𐤅𐤄𐤍𐤄 𐤍𐤔𐤇𐤕 𐤄𐤀𐤆𐤅𐤓 𐤋𐤀 𐤉𐤑𐤋𐤇 𐤋𐤊𐤋•
𐤇 𐤅𐤉𐤄𐤉 𐤃𐤁𐤓 𐤉𐤄𐤅𐤄 𐤀𐤋𐤉 𐤋𐤀𐤌𐤓•
𐤈 𐤊𐤄 𐤀𐤌𐤓 𐤉𐤄𐤅𐤄 𐤊𐤊𐤄 𐤀𐤔𐤇𐤉𐤕 𐤀𐤕 𐤂𐤀𐤅𐤍 𐤉𐤄𐤅𐤃𐤄 𐤅𐤀𐤕 𐤂𐤀𐤅𐤍
𐤉𐤓𐤅𐤔𐤋𐤌 𐤄𐤓𐤁•
𐤉 𐤄𐤏𐤌 𐤄𐤆𐤄 𐤄𐤓𐤏 𐤄𐤌𐤀𐤍𐤉𐤌 𐤋𐤔𐤌𐤅𐤏 𐤀𐤕 𐤃𐤁𐤓𐤉 𐤄𐤄𐤋𐤊𐤉𐤌 𐤁𐤔𐤓𐤓𐤅𐤕
𐤋𐤁𐤌 𐤅𐤉𐤋𐤊𐤅 𐤀𐤇𐤓𐤉 𐤀𐤋𐤄𐤉𐤌 𐤀𐤇𐤓𐤉𐤌 𐤋𐤏𐤁𐤃𐤌 𐤅𐤋𐤄𐤔𐤕𐤇𐤅𐤕 𐤋𐤄𐤌 𐤅𐤉𐤄𐤉
𐤊𐤀𐤆𐤅𐤓 𐤄𐤆𐤄 𐤀𐤔𐤓 𐤋𐤀 𐤉𐤑𐤋𐤇 𐤋𐤊𐤋•
𐤉𐤀 𐤊𐤉 𐤊𐤀𐤔𐤓 𐤉𐤃𐤁𐤒 𐤄𐤀𐤆𐤅𐤓 𐤀𐤋 𐤌𐤕𐤍𐤉 𐤀𐤉𐤔 𐤊𐤍 𐤄𐤃𐤁𐤒𐤕𐤉 𐤀𐤋𐤉 𐤀𐤕
𐤊𐤋 𐤁𐤉𐤕 𐤉𐤔𐤓𐤀𐤋 𐤅𐤀𐤕 𐤊𐤋 𐤁𐤉𐤕 𐤉𐤄𐤅𐤃𐤄 𐤍𐤀𐤌 𐤉𐤄𐤅𐤄 𐤋𐤄𐤉𐤅𐤕 𐤋𐤉 𐤋𐤏𐤌
𐤅𐤋𐤔𐤌 𐤅𐤋𐤕𐤄𐤋𐤄 𐤅𐤋𐤕𐤐𐤀𐤓𐤕 𐤅𐤋𐤀 𐤔𐤌𐤏𐤅•
𐤉𐤁 𐤅𐤀𐤌𐤓𐤕 𐤀𐤋𐤉𐤄𐤌 𐤀𐤕 𐤄𐤃𐤁𐤓 𐤄𐤆𐤄 𐤎 𐤊𐤄 𐤀𐤌𐤓 𐤉𐤄𐤅𐤄 𐤀𐤋𐤄𐤉 𐤉𐤔𐤓𐤀𐤋

𐤊𐤋 𐤍𐤁𐤋 𐤉𐤌𐤋𐤀 𐤉𐤉𐤍 𐤅𐤀𐤌𐤓𐤅 𐤀𐤋𐤉𐤊 𐤄𐤉𐤃𐤏 𐤋𐤀 𐤍𐤃𐤏 𐤊𐤉 𐤊𐤋 𐤍𐤁𐤋 𐤉𐤌𐤋𐤀
𐤉𐤉𐤍·

𐤉𐤂 𐤅𐤀𐤌𐤓𐤕 𐤀𐤋𐤉𐤄𐤌 𐤊𐤄 𐤀𐤌𐤓 𐤉𐤄𐤅𐤄 𐤄𐤍𐤍𐤉 𐤌𐤌𐤋𐤀 𐤀𐤕 𐤊𐤋 𐤉𐤔𐤁𐤉
𐤄𐤀𐤓𐤑 𐤄𐤆𐤀𐤕 𐤅𐤀𐤕 𐤄𐤌𐤋𐤊𐤉𐤌 𐤄𐤉𐤔𐤁𐤉𐤌 𐤋𐤃𐤅𐤃 𐤏𐤋 𐤊𐤎𐤀𐤅 𐤅𐤀𐤕 𐤄𐤊𐤄𐤍𐤉𐤌
𐤅𐤀𐤕 𐤄𐤍𐤁𐤉𐤀𐤉𐤌 𐤅𐤀𐤕 𐤊𐤋 𐤉𐤔𐤁𐤉 𐤉𐤓𐤅𐤔𐤋𐤌 𐤔𐤊𐤓𐤅𐤍·

𐤉𐤃 𐤅𐤍𐤐𐤑𐤕𐤉𐤌 𐤀𐤉𐤔 𐤀𐤋 𐤀𐤇𐤉𐤅 𐤅𐤄𐤀𐤁𐤅𐤕 𐤅𐤄𐤁𐤍𐤉𐤌 𐤉𐤇𐤃𐤅 𐤍𐤀𐤌 𐤉𐤄𐤅𐤄
𐤋𐤀 𐤀𐤇𐤌𐤅𐤋 𐤅𐤋𐤀 𐤀𐤇𐤅𐤎 𐤅𐤋𐤀 𐤀𐤓𐤇𐤌 𐤌𐤄𐤔𐤇𐤉𐤕𐤌·

𐤈𐤅 𐤔𐤌𐤏𐤅 𐤅𐤄𐤀𐤆𐤉𐤍𐤅 𐤀𐤋 𐤕𐤂𐤁𐤄𐤅 𐤊𐤉 𐤉𐤄𐤅𐤄 𐤃𐤁𐤓·

𐤈𐤆 𐤕𐤍𐤅 𐤋𐤉𐤄𐤅𐤄 𐤀𐤋𐤄𐤉𐤊𐤌 𐤊𐤁𐤅𐤃 𐤁𐤈𐤓𐤌 𐤉𐤇𐤔𐤊 𐤅𐤁𐤈𐤓𐤌 𐤉𐤕𐤍𐤂𐤐𐤅
𐤓𐤂𐤋𐤉𐤊𐤌 𐤏𐤋 𐤄𐤓𐤉 𐤍𐤔𐤐 𐤅𐤒𐤅𐤉𐤕𐤌 𐤋𐤀𐤅𐤓 𐤅𐤔𐤌𐤄 𐤋𐤑𐤋𐤌𐤅𐤕 𐤉𐤔𐤉𐤕 [𐤅𐤔𐤉𐤕]
𐤋𐤏𐤓𐤐𐤋·

𐤉𐤆 𐤅𐤀𐤌 𐤋𐤀 𐤕𐤔𐤌𐤏𐤅𐤄 𐤁𐤌𐤎𐤕𐤓𐤉𐤌 𐤕𐤁𐤊𐤄 𐤍𐤐𐤔𐤉 𐤌𐤐𐤍𐤉 𐤂𐤅𐤄 𐤅𐤃𐤌𐤏
𐤕𐤃𐤌𐤏 𐤅𐤕𐤓𐤃 𐤏𐤉𐤍𐤉 𐤃𐤌𐤏𐤄 𐤊𐤉 𐤍𐤔𐤁𐤄 𐤏𐤃𐤓 𐤉𐤄𐤅𐤄·

𐤉𐤇 𐤀𐤌𐤓 𐤋𐤌𐤋𐤊 𐤅𐤋𐤂𐤁𐤉𐤓𐤄 𐤄𐤔𐤐𐤉𐤋𐤅 𐤔𐤁𐤅 𐤊𐤉 𐤉𐤓𐤃 𐤌𐤓𐤀𐤔𐤅𐤕𐤉𐤊𐤌 𐤏𐤈𐤓𐤕
𐤕𐤐𐤀𐤓𐤕𐤊𐤌·

𐤉𐤈 𐤏𐤓𐤉 𐤄𐤍𐤂𐤁 𐤎𐤂𐤓𐤅 𐤅𐤀𐤉𐤍 𐤐𐤕𐤇 𐤄𐤂𐤋𐤕 𐤉𐤄𐤅𐤃𐤄 𐤊𐤋𐤄 𐤄𐤂𐤋𐤕 𐤔𐤋𐤅𐤌𐤉𐤌·

𐤊 𐤔𐤀𐤉 [𐤔𐤀𐤅] 𐤏𐤉𐤍𐤉𐤊𐤌 𐤅𐤓𐤀𐤉 [𐤅𐤓𐤀𐤅] 𐤄𐤁𐤀𐤉𐤌 𐤌𐤑𐤐𐤅𐤍 𐤀𐤉𐤄 𐤄𐤏𐤃𐤓
𐤍𐤕𐤍 𐤋𐤊 𐤑𐤀𐤍 𐤕𐤐𐤀𐤓𐤕𐤊·

𐤊𐤀 𐤌𐤄 𐤕𐤀𐤌𐤓𐤉 𐤊𐤉 𐤉𐤐𐤒𐤃 𐤏𐤋𐤉𐤊 𐤅𐤀𐤕 𐤋𐤌𐤃𐤕 𐤀𐤕𐤌 𐤏𐤋𐤉𐤊 𐤀𐤋𐤐𐤉𐤌
𐤋𐤓𐤀𐤔 𐤄𐤋𐤅𐤀 𐤇𐤁𐤋𐤉𐤌 𐤉𐤀𐤇𐤆𐤅𐤊 𐤊𐤌𐤅 𐤀𐤔𐤕 𐤋𐤃𐤄·

𐤊𐤁 𐤅𐤊𐤉 𐤕𐤀𐤌𐤓𐤉 𐤁𐤋𐤁𐤁𐤊 𐤌𐤃𐤅𐤏 𐤒𐤓𐤀𐤍𐤉 𐤀𐤋𐤄 𐤁𐤓𐤁 𐤏𐤅𐤍𐤊 𐤍𐤂𐤋𐤅 𐤔𐤅𐤋𐤉𐤊
𐤍𐤇𐤌𐤎𐤅 𐤏𐤒𐤁𐤉𐤊·

𐤊𐤂 𐤄𐤉𐤄𐤐𐤊 𐤊𐤅𐤔𐤉 𐤏𐤅𐤓𐤅 𐤅𐤍𐤌𐤓 𐤇𐤁𐤓𐤁𐤓𐤕𐤉𐤅 𐤂𐤌 𐤀𐤕𐤌 𐤕𐤅𐤊𐤋𐤅 𐤋𐤄𐤉𐤈𐤉𐤁
𐤋𐤌𐤃𐤉 𐤄𐤓𐤏·

𐤊𐤃 𐤅𐤀𐤐𐤉𐤑𐤌 𐤊𐤒𐤔 𐤏𐤅𐤁𐤓 𐤋𐤓𐤅𐤇 𐤌𐤃𐤁𐤓·

𐤊𐤄 𐤆𐤄 𐤂𐤅𐤓𐤋𐤊 𐤌𐤍𐤕 𐤌𐤃𐤉𐤊 𐤌𐤀𐤕𐤉 𐤍𐤀𐤌 𐤉𐤄𐤅𐤄 𐤀𐤔𐤓 𐤔𐤊𐤇𐤕 𐤀𐤅𐤕𐤉
𐤅𐤕𐤁𐤈𐤇𐤉 𐤁𐤔𐤒𐤓·

𐤊𐤅 𐤅𐤂𐤌 𐤀𐤍𐤉 𐤇𐤔𐤐𐤕𐤉 𐤔𐤅𐤋𐤉𐤊 𐤏𐤋 𐤐𐤍𐤉𐤊 𐤅𐤍𐤓𐤀𐤄 𐤒𐤋𐤅𐤍𐤊·

𐤊𐤆 𐤍𐤀𐤐𐤉𐤊 𐤅𐤌𐤑𐤄𐤋𐤅𐤕𐤉𐤊 𐤆𐤌𐤕 𐤆𐤍𐤅𐤕𐤊 𐤏𐤋 𐤂𐤁𐤏𐤅𐤕 𐤁𐤔𐤃𐤄 𐤓𐤀𐤉𐤕𐤉
𐤔𐤒𐤅𐤑𐤉𐤊 𐤀𐤅𐤉 𐤋𐤊 𐤉𐤓𐤅𐤔𐤋𐤌 𐤋𐤀 𐤕𐤈𐤄𐤓𐤉 𐤀𐤇𐤓𐤉 𐤌𐤕𐤉 𐤏𐤃·

𐤐𐤓𐤒 𐤉𐤃

𐤀 𐤀𐤔𐤓 𐤄𐤉𐤄 𐤃𐤁𐤓 𐤉𐤄𐤅𐤄 𐤀𐤋 𐤉𐤓𐤌𐤉𐤄𐤅 𐤏𐤋 𐤃𐤁𐤓𐤉 𐤄𐤁𐤑𐤓𐤅𐤕·

𐤁 𐤀𐤁𐤋𐤄 𐤉𐤄𐤅𐤃𐤄 𐤅𐤔𐤏𐤓𐤉𐤄 𐤀𐤌𐤋𐤋𐤅 𐤒𐤃𐤓𐤅 𐤋𐤀𐤓𐤑 𐤅𐤑𐤅𐤇𐤕 𐤉𐤓𐤅𐤔𐤋𐤌
𐤏𐤋𐤕𐤄.
𐤂 𐤅𐤀𐤃𐤓𐤉𐤄𐤌 𐤔𐤋𐤇𐤅 𐤑𐤏𐤅𐤓𐤉𐤄𐤌 [𐤑𐤏𐤉𐤓𐤉𐤄𐤌] 𐤋𐤌𐤉𐤌 𐤁𐤀𐤅 𐤏𐤋 𐤂𐤁𐤉𐤌 𐤋𐤀
𐤌𐤑𐤀𐤅 𐤌𐤉𐤌 𐤔𐤁𐤅 𐤊𐤋𐤉𐤄𐤌 𐤓𐤉𐤒𐤌 𐤁𐤔𐤅 𐤅𐤄𐤊𐤋𐤌𐤅 𐤅𐤇𐤐𐤅 𐤓𐤀𐤔𐤌.
𐤃 𐤁𐤏𐤁𐤅𐤓 𐤄𐤀𐤃𐤌𐤄 𐤇𐤕𐤄 𐤊𐤉 𐤋𐤀 𐤄𐤉𐤄 𐤂𐤔𐤌 𐤁𐤀𐤓𐤑 𐤁𐤔𐤅 𐤀𐤊𐤓𐤉𐤌 𐤇𐤐𐤅
𐤓𐤀𐤔𐤌.
𐤄 𐤊𐤉 𐤂𐤌 𐤀𐤉𐤋𐤕 𐤁𐤔𐤃𐤄 𐤉𐤋𐤃𐤄 𐤅𐤏𐤆𐤅𐤁 𐤊𐤉 𐤋𐤀 𐤄𐤉𐤄 𐤃𐤔𐤀.
𐤅 𐤅𐤐𐤓𐤀𐤉𐤌 𐤏𐤌𐤃𐤅 𐤏𐤋 𐤔𐤐𐤉𐤌 𐤔𐤀𐤐𐤅 𐤓𐤅𐤇 𐤊𐤕𐤍𐤉𐤌 𐤊𐤋𐤅 𐤏𐤉𐤍𐤉𐤄𐤌 𐤊𐤉
𐤀𐤉𐤍 𐤏𐤔𐤁.
𐤆 𐤀𐤌 𐤏𐤅𐤍𐤉𐤍𐤅 𐤏𐤍𐤅 𐤁𐤍𐤅 𐤉𐤄𐤅𐤄 𐤏𐤔𐤄 𐤋𐤌𐤏𐤍 𐤔𐤌𐤊 𐤊𐤉 𐤓𐤁𐤅 𐤌𐤔𐤅𐤁𐤕𐤉𐤍𐤅
𐤋𐤊 𐤇𐤈𐤀𐤍𐤅.
𐤇 𐤌𐤒𐤅𐤄 𐤉𐤔𐤓𐤀𐤋 𐤌𐤅𐤔𐤉𐤏𐤅 𐤁𐤏𐤕 𐤑𐤓𐤄 𐤋𐤌𐤄 𐤕𐤄𐤉𐤄 𐤊𐤂𐤓 𐤁𐤀𐤓𐤑 𐤅𐤊𐤀𐤓𐤇
𐤍𐤈𐤄 𐤋𐤋𐤅𐤍.
𐤈 𐤋𐤌𐤄 𐤕𐤄𐤉𐤄 𐤊𐤀𐤉𐤔 𐤍𐤃𐤄𐤌 𐤊𐤂𐤁𐤅𐤓 𐤋𐤀 𐤉𐤅𐤊𐤋 𐤋𐤄𐤅𐤔𐤉𐤏 𐤅𐤀𐤕𐤄
𐤁𐤒𐤓𐤁𐤍𐤅 𐤉𐤄𐤅𐤄 𐤅𐤔𐤌𐤊 𐤏𐤋𐤉𐤍𐤅 𐤍𐤒𐤓𐤀 𐤀𐤋 𐤕𐤍𐤇𐤍𐤅.
𐤉 𐤊𐤄 𐤀𐤌𐤓 𐤉𐤄𐤅𐤄 𐤋𐤏𐤌 𐤄𐤆𐤄 𐤊𐤍 𐤀𐤄𐤁𐤅 𐤋𐤍𐤅𐤏 𐤓𐤂𐤋𐤉𐤄𐤌 𐤋𐤀 𐤇𐤔𐤊𐤅
𐤅𐤉𐤄𐤅𐤄 𐤋𐤀 𐤓𐤑𐤌 𐤏𐤕𐤄 𐤉𐤆𐤊𐤓 𐤏𐤅𐤍𐤌 𐤅𐤉𐤐𐤒𐤃 𐤇𐤈𐤀𐤕𐤌.
𐤉𐤀 𐤅𐤉𐤀𐤌𐤓 𐤉𐤄𐤅𐤄 𐤀𐤋𐤉 𐤀𐤋 𐤕𐤕𐤐𐤋𐤋 𐤁𐤏𐤃 𐤄𐤏𐤌 𐤄𐤆𐤄 𐤋𐤈𐤅𐤁𐤄.
𐤉𐤁 𐤊𐤉 𐤉𐤑𐤌𐤅 𐤀𐤉𐤍𐤍𐤉 𐤔𐤌𐤏 𐤀𐤋 𐤓𐤍𐤕𐤌 𐤅𐤊𐤉 𐤉𐤏𐤋𐤅 𐤏𐤋𐤄 𐤅𐤌𐤍𐤇𐤄
𐤀𐤉𐤍𐤍𐤉 𐤓𐤑𐤌 𐤊𐤉 𐤁𐤇𐤓𐤁 𐤅𐤁𐤓𐤏𐤁 𐤅𐤁𐤃𐤁𐤓 𐤀𐤍𐤊𐤉 𐤌𐤊𐤋𐤄 𐤀𐤅𐤕𐤌.
𐤉𐤂 𐤅𐤀𐤌𐤓 𐤀𐤄𐤄 𐤀𐤃𐤍𐤉 𐤉𐤄𐤅𐤄 𐤄𐤍𐤄 𐤄𐤍𐤁𐤀𐤉𐤌 𐤀𐤌𐤓𐤉𐤌 𐤋𐤄𐤌 𐤋𐤀 𐤕𐤓𐤀𐤅
𐤇𐤓𐤁 𐤅𐤓𐤏𐤁 𐤋𐤀 𐤉𐤄𐤉𐤄 𐤋𐤊𐤌 𐤊𐤉 𐤔𐤋𐤅𐤌 𐤀𐤌𐤕 𐤀𐤕𐤍 𐤋𐤊𐤌 𐤁𐤌𐤒𐤅𐤌 𐤄𐤆𐤄.
𐤉𐤃 𐤅𐤉𐤀𐤌𐤓 𐤉𐤄𐤅𐤄 𐤀𐤋𐤉 𐤔𐤒𐤓 𐤄𐤍𐤁𐤀𐤉𐤌 𐤍𐤁𐤀𐤉𐤌 𐤁𐤔𐤌𐤉 𐤋𐤀 𐤔𐤋𐤇𐤕𐤉𐤌 𐤅𐤋𐤀 𐤑𐤅𐤉𐤕𐤉𐤌 𐤅𐤋𐤀
𐤃𐤁𐤓𐤕𐤉 𐤀𐤋𐤉𐤄𐤌 𐤇𐤆𐤅𐤍 𐤔𐤒𐤓 𐤅𐤒𐤎𐤌 𐤅𐤀𐤋𐤅𐤋
[𐤅𐤀𐤋𐤉𐤋] 𐤅𐤕𐤓𐤌𐤅𐤕 [𐤅𐤕𐤓𐤌𐤉𐤕] 𐤋𐤁𐤌 𐤄𐤌𐤄 𐤌𐤕𐤍𐤁𐤀𐤉𐤌 𐤋𐤊𐤌.
𐤈𐤅 𐤋𐤊𐤍 𐤊𐤄 𐤀𐤌𐤓 𐤉𐤄𐤅𐤄 𐤏𐤋 𐤄𐤍𐤁𐤀𐤉𐤌 𐤄𐤍𐤁𐤀𐤉𐤌 𐤁𐤔𐤌𐤉 𐤅𐤀𐤍𐤉 𐤋𐤀
𐤔𐤋𐤇𐤕𐤉𐤌 𐤅𐤄𐤌𐤄 𐤀𐤌𐤓𐤉𐤌 𐤇𐤓𐤁 𐤅𐤓𐤏𐤁 𐤋𐤀 𐤉𐤄𐤉𐤄 𐤁𐤀𐤓𐤑 𐤄𐤆𐤀𐤕 𐤁𐤇𐤓𐤁
𐤅𐤁𐤓𐤏𐤁 𐤉𐤕𐤌𐤅 𐤄𐤍𐤁𐤀𐤉𐤌 𐤄𐤄𐤌𐤄.
𐤈𐤆 𐤅𐤄𐤏𐤌 𐤀𐤔𐤓 𐤄𐤌𐤄 𐤍𐤁𐤀𐤉𐤌 𐤋𐤄𐤌 𐤉𐤄𐤉𐤅 𐤌𐤔𐤋𐤊𐤉𐤌 𐤁𐤇𐤑𐤅𐤕 𐤉𐤓𐤅𐤔𐤋𐤌
𐤌𐤐𐤍𐤉 𐤄𐤓𐤏𐤁 𐤅𐤄𐤇𐤓𐤁 𐤅𐤀𐤉𐤍 𐤌𐤒𐤁𐤓 𐤋𐤄𐤌𐤄 𐤄𐤌𐤄 𐤍𐤔𐤉𐤄𐤌 𐤅𐤁𐤍𐤉𐤄𐤌
𐤅𐤁𐤍𐤕𐤉𐤄𐤌 𐤅𐤔𐤐𐤊𐤕𐤉 𐤏𐤋𐤉𐤄𐤌 𐤀𐤕 𐤓𐤏𐤕𐤌.
𐤉𐤆 𐤅𐤀𐤌𐤓𐤕 𐤀𐤋𐤉𐤄𐤌 𐤀𐤕 𐤄𐤃𐤁𐤓 𐤄𐤆𐤄 𐤕𐤓𐤃𐤍𐤄 𐤏𐤉𐤍𐤉 𐤃𐤌𐤏𐤄 𐤋𐤉𐤋𐤄
𐤅𐤉𐤅𐤌𐤌 𐤅𐤀𐤋 𐤕𐤃𐤌𐤉𐤍𐤄 𐤊𐤉 𐤔𐤁𐤓 𐤂𐤃𐤅𐤋 𐤍𐤔𐤁𐤓𐤄 𐤁𐤕𐤅𐤋𐤕 𐤁𐤕 𐤏𐤌𐤉 𐤌𐤊𐤄

ירמיה

נחלה מאד•
יח אם יצאתי השדה והנה חללי חרב ואם באתי העיר והנה
תחלואי רעב כי גם נביא גם כהן סחרו אל ארץ ולא ידעו•
יט המאס מאסת את יהודה אם בציון געלה נפשך מדוע
הכיתנו ואין לנו מרפא קוה לשלום ואין טוב ולעת מרפא
והנה בעתה•
כ ידענו יהוה רשענו עון אבותינו כי חטאנו לך•
כא אל תנאץ למען שמך אל תנבל כסא כבודך זכר אל תפר בריתך
אתנו•
כב היש בהבלי הגוים מגשמים ואם השמים יתנו רבבים הלא
אתה הוא יהוה אלהינו ונקוה לך כי אתה עשית את כל אלה•

פרק טו

א ויאמר יהוה אלי אם יעמד משה ושמואל לפני אין נפשי אל
העם הזה שלח מעל פני ויצאו•
ב והיה כי יאמרו אליך אנה נצא ואמרת אליהם כה אמר
יהוה אשר למות למות ואשר לחרב לחרב ואשר לרעב לרעב ואשר
לשבי לשבי•
ג ופקדתי עליהם ארבע משפחות נאם יהוה את החרב להרג ואת
הכלבים לסחב ואת עוף השמים ואת בהמת הארץ לאכל
ולהשחית•
ד ונתתים לזועה [לזעוה] לכל ממלכות הארץ בגלל מנשה בן
יחזקיהו מלך יהודה על אשר עשה בירושלם•
ה כי מי יחמל עליך ירושלם ומי ינוד לך ומי יסור לשאל
לשלם לך•
ו את נטשת אתי נאם יהוה אחור תלכי ואט את ידי עליך
ואשחיתך נלאיתי הנחם•
ז ואזרם במזרה בשערי הארץ שכלתי אבדתי את עמי מדרכיהם
לוא שבו•
ח עצמו לי אלמנותו מחול ימים הבאתי להם על אם בחור שדד
בצהרים הפלתי עליה פתאם עיר ובהלות•
ט אמללה ילדת השבעה נפחה נפשה באה [בא] שמשה בעד יומם
בושה וחפרה ושאריתם לחרב אתן לפני איביהם נאם יהוה•

𐤉 𐤀𐤅𐤉 𐤋𐤉 𐤀𐤌𐤉 𐤊𐤉 𐤉𐤋𐤃𐤕𐤍𐤉 𐤀𐤉𐤔 𐤓𐤉𐤁 𐤅𐤀𐤉𐤔 𐤌𐤃𐤅𐤍 𐤋𐤊𐤋 𐤄𐤀𐤓𐤑 𐤋𐤀
𐤍𐤔𐤉𐤕𐤉 𐤅𐤋𐤀 𐤍𐤔𐤅 𐤁𐤉 𐤊𐤋𐤄 𐤌𐤒𐤋𐤋𐤅𐤍𐤉·

𐤉𐤀 𐤀𐤌𐤓 𐤉𐤄𐤅𐤄 𐤀𐤌 𐤋𐤀 𐤔𐤓𐤅𐤕𐤊 [𐤔𐤓𐤉𐤕𐤉𐤊] 𐤋𐤈𐤅𐤁 𐤀𐤌 𐤋𐤅𐤀 𐤄𐤐𐤂𐤏𐤕𐤉
𐤁𐤊 𐤁𐤏𐤕 𐤓𐤏𐤄 𐤅𐤁𐤏𐤕 𐤑𐤓𐤄 𐤀𐤕 𐤄𐤀𐤉𐤁·

𐤉𐤁 𐤄𐤉𐤓𐤏 𐤁𐤓𐤆𐤋 𐤁𐤓𐤆𐤋 𐤌𐤑𐤐𐤅𐤍 𐤅𐤍𐤇𐤔𐤕·

𐤉𐤂 𐤇𐤉𐤋𐤊 𐤅𐤀𐤅𐤑𐤓𐤅𐤕𐤉𐤊 𐤋𐤁𐤆 𐤀𐤕𐤍 𐤋𐤀 𐤁𐤌𐤇𐤉𐤓 𐤅𐤁𐤊𐤋 𐤇𐤈𐤀𐤅𐤕𐤉𐤊 𐤅𐤁𐤊𐤋
𐤂𐤁𐤅𐤋𐤉𐤊·

𐤉𐤃 𐤅𐤄𐤏𐤁𐤓𐤕𐤉 𐤀𐤕 𐤀𐤉𐤁𐤉𐤊 𐤁𐤀𐤓𐤑 𐤋𐤀 𐤉𐤃𐤏𐤕 𐤊𐤉 𐤀𐤔 𐤒𐤃𐤇𐤄 𐤁𐤀𐤐𐤉
𐤏𐤋𐤉𐤊𐤌 𐤕𐤅𐤒𐤃·

𐤈𐤅 𐤀𐤕𐤄 𐤉𐤃𐤏𐤕 𐤉𐤄𐤅𐤄 𐤆𐤊𐤓𐤍𐤉 𐤅𐤐𐤒𐤃𐤍𐤉 𐤅𐤄𐤍𐤒𐤌 𐤋𐤉 𐤌𐤓𐤃𐤐𐤉 𐤀𐤋 𐤋𐤀𐤓𐤊
𐤀𐤐𐤊 𐤕𐤒𐤇𐤍𐤉 𐤃𐤏 𐤔𐤀𐤕𐤉 𐤏𐤋𐤉𐤊 𐤇𐤓𐤐𐤄·

𐤈𐤆 𐤍𐤌𐤑𐤀𐤅 𐤃𐤁𐤓𐤉𐤊 𐤅𐤀𐤊𐤋𐤌 𐤅𐤉𐤄𐤉 𐤃𐤁𐤓𐤉𐤊 [𐤃𐤁𐤓𐤊] 𐤋𐤉 𐤋𐤔𐤔𐤅𐤍
𐤅𐤋𐤔𐤌𐤇𐤕 𐤋𐤁𐤁𐤉 𐤊𐤉 𐤍𐤒𐤓𐤀 𐤔𐤌𐤊 𐤏𐤋𐤉 𐤉𐤄𐤅𐤄 𐤀𐤋𐤄𐤉 𐤑𐤁𐤀𐤅𐤕·

𐤉𐤆 𐤋𐤀 𐤉𐤔𐤁𐤕𐤉 𐤁𐤎𐤅𐤃 𐤌𐤔𐤇𐤒𐤉𐤌 𐤅𐤀𐤏𐤋𐤆 𐤌𐤐𐤍𐤉 𐤉𐤃𐤊 𐤁𐤃𐤃 𐤉𐤔𐤁𐤕𐤉 𐤊𐤉
𐤆𐤏𐤌 𐤌𐤋𐤀𐤕𐤍𐤉·

𐤉𐤇 𐤋𐤌𐤄 𐤄𐤉𐤄 𐤊𐤀𐤁𐤉 𐤍𐤑𐤇 𐤅𐤌𐤊𐤕𐤉 𐤀𐤍𐤅𐤔𐤄 𐤌𐤀𐤍𐤄 𐤄𐤓𐤐𐤀 𐤄𐤉𐤅 𐤕𐤄𐤉𐤄
𐤋𐤉 𐤊𐤌𐤅 𐤀𐤊𐤆𐤁 𐤌𐤉𐤌 𐤋𐤀 𐤍𐤀𐤌𐤍𐤅·

𐤉𐤈 𐤋𐤊𐤍 𐤊𐤄 𐤀𐤌𐤓 𐤉𐤄𐤅𐤄 𐤀𐤌 𐤕𐤔𐤅𐤁 𐤅𐤀𐤔𐤉𐤁𐤊 𐤋𐤐𐤍𐤉 𐤕𐤏𐤌𐤃 𐤅𐤀𐤌
𐤕𐤅𐤑𐤉𐤀 𐤉𐤒𐤓 𐤌𐤆𐤅𐤋𐤋 𐤊𐤐𐤉 𐤕𐤄𐤉𐤄 𐤉𐤔𐤁𐤅 𐤄𐤌𐤄 𐤀𐤋𐤉𐤊 𐤅𐤀𐤕𐤄 𐤋𐤀 𐤕𐤔𐤅𐤁
𐤀𐤋𐤉𐤄𐤌·

𐤊 𐤅𐤍𐤕𐤕𐤉𐤊 𐤋𐤏𐤌 𐤄𐤆𐤄 𐤋𐤇𐤅𐤌𐤕 𐤍𐤇𐤔𐤕 𐤁𐤑𐤅𐤓𐤄 𐤅𐤍𐤋𐤇𐤌𐤅 𐤀𐤋𐤉𐤊 𐤅𐤋𐤀
𐤉𐤅𐤊𐤋𐤅 𐤋𐤊 𐤊𐤉 𐤀𐤕𐤊 𐤀𐤍𐤉 𐤋𐤄𐤅𐤔𐤉𐤏𐤊 𐤅𐤋𐤄𐤑𐤉𐤋𐤊 𐤍𐤀𐤌 𐤉𐤄𐤅𐤄·

𐤊𐤀 𐤅𐤄𐤑𐤋𐤕𐤉𐤊 𐤌𐤉𐤃 𐤓𐤏𐤉𐤌 𐤅𐤐𐤃𐤕𐤉𐤊 𐤌𐤊𐤐 𐤏𐤓𐤉𐤑𐤉𐤌·

𐤐𐤓𐤒 𐤈𐤆

𐤀 𐤅𐤉𐤄𐤉 𐤃𐤁𐤓 𐤉𐤄𐤅𐤄 𐤀𐤋𐤉 𐤋𐤀𐤌𐤓·

𐤁 𐤋𐤀 𐤕𐤒𐤇 𐤋𐤊 𐤀𐤔𐤄 𐤅𐤋𐤀 𐤉𐤄𐤉𐤅 𐤋𐤊 𐤁𐤍𐤉𐤌 𐤅𐤁𐤍𐤅𐤕 𐤁𐤌𐤒𐤅𐤌 𐤄𐤆𐤄·

𐤂 𐤊𐤉 𐤊𐤄 𐤀𐤌𐤓 𐤉𐤄𐤅𐤄 𐤏𐤋 𐤄𐤁𐤍𐤉𐤌 𐤅𐤏𐤋 𐤄𐤁𐤍𐤅𐤕 𐤄𐤉𐤋𐤅𐤃𐤉𐤌 𐤁𐤌𐤒𐤅𐤌
𐤄𐤆𐤄 𐤅𐤏𐤋 𐤀𐤌𐤕𐤌 𐤄𐤉𐤋𐤃𐤅𐤕 𐤀𐤅𐤕𐤌 𐤅𐤏𐤋 𐤀𐤁𐤅𐤕𐤌 𐤄𐤌𐤅𐤋𐤃𐤉𐤌 𐤀𐤅𐤕𐤌 𐤁𐤀𐤓𐤑
𐤄𐤆𐤀𐤕·

𐤃 𐤌𐤌𐤅𐤕𐤉 𐤕𐤇𐤋𐤀𐤉𐤌 𐤉𐤌𐤕𐤅 𐤋𐤀 𐤉𐤎𐤐𐤃𐤅 𐤅𐤋𐤀 𐤉𐤒𐤁𐤓𐤅 𐤋𐤃𐤌𐤍 𐤏𐤋 𐤐𐤍𐤉
𐤄𐤀𐤃𐤌𐤄 𐤉𐤄𐤉𐤅 𐤅𐤁𐤇𐤓𐤁 𐤅𐤁𐤓𐤏𐤁 𐤉𐤊𐤋𐤅 𐤅𐤄𐤉𐤕𐤄 𐤍𐤁𐤋𐤕𐤌 𐤋𐤌𐤀𐤊𐤋 𐤋𐤏𐤅𐤐
𐤄𐤔𐤌𐤉𐤌 𐤅𐤋𐤁𐤄𐤌𐤕 𐤄𐤀𐤓𐤑·

𐤄 𐤊𐤉 𐤊𐤄 𐤀𐤌𐤓 𐤉𐤄𐤅𐤄 𐤀𐤋 𐤕𐤁𐤅𐤀 𐤁𐤉𐤕 𐤌𐤓𐤆𐤇 𐤅𐤀𐤋 𐤕𐤋𐤊 𐤋𐤎𐤐𐤅𐤃 𐤅𐤀𐤋
𐤕𐤍𐤃 𐤋𐤄𐤌 𐤊𐤉 𐤀𐤎𐤐𐤕𐤉 𐤀𐤕 𐤔𐤋𐤅𐤌𐤉 𐤌𐤀𐤕 𐤄𐤏𐤌 𐤄𐤆𐤄 𐤍𐤀𐤌 𐤉𐤄𐤅𐤄 𐤀𐤕
𐤄𐤇𐤎𐤃 𐤅𐤀𐤕 𐤄𐤓𐤇𐤌𐤉𐤌.
𐤅 𐤅𐤌𐤕𐤅 𐤂𐤃𐤋𐤉𐤌 𐤅𐤒𐤈𐤍𐤉𐤌 𐤁𐤀𐤓𐤑 𐤄𐤆𐤀𐤕 𐤋𐤀 𐤉𐤒𐤁𐤓𐤅 𐤅𐤋𐤀 𐤉𐤎𐤐𐤃𐤅 𐤋𐤄𐤌
𐤅𐤋𐤀 𐤉𐤕𐤂𐤃𐤃 𐤅𐤋𐤀 𐤉𐤒𐤓𐤇 𐤋𐤄𐤌.
𐤆 𐤅𐤋𐤀 𐤉𐤐𐤓𐤎𐤅 𐤋𐤄𐤌 𐤏𐤋 𐤀𐤁𐤋 𐤋𐤍𐤇𐤌𐤅 𐤏𐤋 𐤌𐤕 𐤅𐤋𐤀 𐤉𐤔𐤒𐤅 𐤀𐤅𐤕𐤌 𐤊𐤅𐤎
𐤕𐤍𐤇𐤅𐤌𐤉𐤌 𐤏𐤋 𐤀𐤁𐤉𐤅 𐤅𐤏𐤋 𐤀𐤌𐤅.
𐤇 𐤅𐤁𐤉𐤕 𐤌𐤔𐤕𐤄 𐤋𐤀 𐤕𐤁𐤅𐤀 𐤋𐤔𐤁𐤕 𐤀𐤅𐤕𐤌 𐤋𐤀𐤊𐤋 𐤅𐤋𐤔𐤕𐤅𐤕.
𐤈 𐤊𐤉 𐤊𐤄 𐤀𐤌𐤓 𐤉𐤄𐤅𐤄 𐤑𐤁𐤀𐤅𐤕 𐤀𐤋𐤄𐤉 𐤉𐤔𐤓𐤀𐤋 𐤄𐤍𐤍𐤉 𐤌𐤔𐤁𐤉𐤕 𐤌𐤍
𐤄𐤌𐤒𐤅𐤌 𐤄𐤆𐤄 𐤋𐤏𐤉𐤍𐤉𐤊𐤌 𐤅𐤁𐤉𐤌𐤉𐤊𐤌 𐤒𐤅𐤋 𐤔𐤔𐤅𐤍 𐤅𐤒𐤅𐤋 𐤔𐤌𐤇𐤄 𐤒𐤅𐤋
𐤇𐤕𐤍 𐤅𐤒𐤅𐤋 𐤊𐤋𐤄.
𐤉 𐤅𐤄𐤉𐤄 𐤊𐤉 𐤕𐤂𐤉𐤃 𐤋𐤏𐤌 𐤄𐤆𐤄 𐤀𐤕 𐤊𐤋 𐤄𐤃𐤁𐤓𐤉𐤌 𐤄𐤀𐤋𐤄 𐤅𐤀𐤌𐤓𐤅 𐤀𐤋𐤉𐤊𐤌
𐤏𐤋 𐤌𐤄 𐤃𐤁𐤓 𐤉𐤄𐤅𐤄 𐤏𐤋𐤉𐤍𐤅 𐤀𐤕 𐤊𐤋 𐤄𐤓𐤏𐤄 𐤄𐤂𐤃𐤅𐤋𐤄 𐤄𐤆𐤀𐤕 𐤅𐤌𐤄 𐤏𐤅𐤍𐤍𐤅
𐤅𐤌𐤄 𐤇𐤈𐤀𐤕𐤍𐤅 𐤀𐤔𐤓 𐤇𐤈𐤀𐤍𐤅 𐤋𐤉𐤄𐤅𐤄 𐤀𐤋𐤄𐤉𐤍𐤅.
𐤉𐤀 𐤅𐤀𐤌𐤓𐤕 𐤀𐤋𐤉𐤄𐤌 𐤏𐤋 𐤀𐤔𐤓 𐤏𐤆𐤁𐤅 𐤀𐤁𐤅𐤕𐤉𐤊𐤌 𐤀𐤅𐤕𐤉 𐤍𐤀𐤌 𐤉𐤄𐤅𐤄
𐤅𐤉𐤋𐤊𐤅 𐤀𐤇𐤓𐤉 𐤀𐤋𐤄𐤉𐤌 𐤀𐤇𐤓𐤉𐤌 𐤅𐤉𐤏𐤁𐤃𐤅𐤌 𐤅𐤉𐤔𐤕𐤇𐤅𐤅 𐤋𐤄𐤌 𐤅𐤀𐤕𐤉 𐤏𐤆𐤁𐤅
𐤅𐤀𐤕 𐤕𐤅𐤓𐤕𐤉 𐤋𐤀 𐤔𐤌𐤓𐤅.
𐤉𐤁 𐤅𐤀𐤕𐤌 𐤄𐤓𐤏𐤕𐤌 𐤋𐤏𐤔𐤅𐤕 𐤌𐤀𐤁𐤅𐤕𐤉𐤊𐤌 𐤅𐤄𐤍𐤊𐤌 𐤄𐤋𐤊𐤉𐤌 𐤀𐤉𐤔 𐤀𐤇𐤓𐤉
𐤔𐤓𐤓𐤅𐤕 𐤋𐤁𐤅 𐤄𐤓𐤏 𐤋𐤁𐤋𐤕𐤉 𐤔𐤌𐤏 𐤀𐤋𐤉.
𐤉𐤂 𐤅𐤄𐤈𐤋𐤕𐤉 𐤀𐤕𐤊𐤌 𐤌𐤏𐤋 𐤄𐤀𐤓𐤑 𐤄𐤆𐤀𐤕 𐤏𐤋 𐤄𐤀𐤓𐤑 𐤀𐤔𐤓 𐤋𐤀 𐤉𐤃𐤏𐤕𐤌
𐤀𐤕𐤌 𐤅𐤀𐤁𐤅𐤕𐤉𐤊𐤌 𐤅𐤏𐤁𐤃𐤕𐤌 𐤔𐤌 𐤀𐤕 𐤀𐤋𐤄𐤉𐤌 𐤀𐤇𐤓𐤉𐤌 𐤉𐤅𐤌𐤌 𐤅𐤋𐤉𐤋𐤄
𐤀𐤔𐤓 𐤋𐤀 𐤀𐤕𐤍 𐤋𐤊𐤌 𐤇𐤍𐤉𐤍𐤄.
𐤉𐤃 𐤋𐤊𐤍 𐤄𐤍𐤄 𐤉𐤌𐤉𐤌 𐤁𐤀𐤉𐤌 𐤍𐤀𐤌 𐤉𐤄𐤅𐤄 𐤅𐤋𐤀 𐤉𐤀𐤌𐤓 𐤏𐤅𐤃 𐤇𐤉 𐤉𐤄𐤅𐤄
𐤀𐤔𐤓 𐤄𐤏𐤋𐤄 𐤀𐤕 𐤁𐤍𐤉 𐤉𐤔𐤓𐤀𐤋 𐤌𐤀𐤓𐤑 𐤌𐤑𐤓𐤉𐤌.
𐤈𐤅 𐤊𐤉 𐤀𐤌 𐤇𐤉 𐤉𐤄𐤅𐤄 𐤀𐤔𐤓 𐤄𐤏𐤋𐤄 𐤀𐤕 𐤁𐤍𐤉 𐤉𐤔𐤓𐤀𐤋 𐤌𐤀𐤓𐤑 𐤑𐤐𐤅𐤍 𐤅𐤌𐤊𐤋
𐤄𐤀𐤓𐤑𐤅𐤕 𐤀𐤔𐤓 𐤄𐤃𐤉𐤇𐤌 𐤔𐤌𐤄 𐤅𐤄𐤔𐤁𐤕𐤉𐤌 𐤏𐤋 𐤀𐤃𐤌𐤕𐤌 𐤀𐤔𐤓 𐤍𐤕𐤕𐤉
𐤋𐤀𐤁𐤅𐤕𐤌.
𐤈𐤆 𐤄𐤍𐤍𐤉 𐤔𐤋𐤇 𐤋𐤃𐤅𐤂𐤉𐤌 [𐤋𐤃𐤉𐤂𐤉𐤌] 𐤓𐤁𐤉𐤌 𐤍𐤀𐤌 𐤉𐤄𐤅𐤄 𐤅𐤃𐤉𐤂𐤅𐤌
𐤅𐤀𐤇𐤓𐤉 𐤊𐤍 𐤀𐤔𐤋𐤇 𐤋𐤓𐤁𐤉𐤌 𐤑𐤉𐤃𐤉𐤌 𐤅𐤑𐤃𐤅𐤌 𐤌𐤏𐤋 𐤊𐤋 𐤄𐤓 𐤅𐤌𐤏𐤋 𐤊𐤋 𐤂𐤁𐤏𐤄
𐤅𐤌𐤍𐤒𐤉𐤒𐤉 𐤄𐤎𐤋𐤏𐤉𐤌.
𐤉𐤆 𐤊𐤉 𐤏𐤉𐤍𐤉 𐤏𐤋 𐤊𐤋 𐤃𐤓𐤊𐤉𐤄𐤌 𐤋𐤀 𐤍𐤎𐤕𐤓𐤅 𐤌𐤋𐤐𐤍𐤉 𐤅𐤋𐤀 𐤍𐤑𐤐𐤍 𐤏𐤅𐤍𐤌
𐤌𐤍𐤂𐤃 𐤏𐤉𐤍𐤉.
𐤉𐤇 𐤅𐤔𐤋𐤌𐤕𐤉 𐤓𐤀𐤔𐤍𐤄 𐤌𐤔𐤍𐤄 𐤏𐤅𐤍𐤌 𐤅𐤇𐤈𐤀𐤕𐤌 𐤏𐤋 𐤇𐤋𐤋𐤌 𐤀𐤕 𐤀𐤓𐤑𐤉

𐤁𐤍𐤁𐤋𐤕 𐤔𐤒𐤅𐤑𐤉𐤄𐤌 𐤅𐤕𐤅𐤏𐤁𐤅𐤕𐤉𐤄𐤌 𐤌𐤋𐤀𐤅 𐤀𐤕 𐤍𐤇𐤋𐤕𐤉•
𐤉𐤈𐤉𐤄𐤅𐤄 𐤏𐤆𐤉 𐤅𐤌𐤏𐤆𐤉 𐤅𐤌𐤍𐤅𐤎𐤉 𐤁𐤉𐤅𐤌 𐤑𐤓𐤄 𐤀𐤋𐤉𐤊 𐤂𐤅𐤉𐤌 𐤉𐤁𐤀𐤅
𐤌𐤀𐤐𐤎𐤉 𐤀𐤓𐤑 𐤅𐤉𐤀𐤌𐤓𐤅 𐤀𐤊 𐤔𐤒𐤓 𐤍𐤇𐤋𐤅 𐤀𐤁𐤅𐤕𐤉𐤍𐤅 𐤄𐤁𐤋 𐤅𐤀𐤉𐤍 𐤁𐤌
𐤌𐤅𐤏𐤉𐤋•
𐤊𐤄𐤉𐤏𐤔𐤄 𐤋𐤅 𐤀𐤃𐤌 𐤀𐤋𐤄𐤉𐤌 𐤅𐤄𐤌𐤄 𐤋𐤀 𐤀𐤋𐤄𐤉𐤌•
𐤊𐤀𐤋𐤊𐤍 𐤄𐤍𐤍𐤉 𐤌𐤅𐤃𐤉𐤏𐤌 𐤁𐤐𐤏𐤌 𐤄𐤆𐤀𐤕 𐤀𐤅𐤃𐤉𐤏𐤌 𐤀𐤕 𐤉𐤃𐤉 𐤅𐤀𐤕
𐤂𐤁𐤅𐤓𐤕𐤉 𐤅𐤉𐤃𐤏𐤅 𐤊𐤉 𐤔𐤌𐤉 𐤉𐤄𐤅𐤄•

𐤐𐤓𐤒 𐤉𐤆

𐤀𐤇𐤈𐤀𐤕 𐤉𐤄𐤅𐤃𐤄 𐤊𐤕𐤅𐤁𐤄 𐤁𐤏𐤈 𐤁𐤓𐤆𐤋 𐤁𐤑𐤐𐤓𐤍 𐤔𐤌𐤉𐤓 𐤇𐤓𐤅𐤔𐤄 𐤏𐤋 𐤋𐤅𐤇 𐤋𐤁𐤌
𐤅𐤋𐤒𐤓𐤍𐤅𐤕 𐤌𐤆𐤁𐤇𐤅𐤕𐤉𐤊𐤌•
𐤁𐤊𐤆𐤊𐤓 𐤁𐤍𐤉𐤄𐤌 𐤌𐤆𐤁𐤇𐤅𐤕𐤌 𐤅𐤀𐤔𐤓𐤉𐤄𐤌 𐤏𐤋 𐤏𐤑 𐤓𐤏𐤍𐤍 𐤏𐤋 𐤂𐤁𐤏𐤅𐤕
𐤄𐤂𐤁𐤄𐤅𐤕•
𐤂 𐤄𐤓𐤓𐤉 𐤁𐤔𐤃𐤄 𐤇𐤉𐤋𐤊 𐤊𐤋 𐤀𐤅𐤑𐤓𐤅𐤕𐤉𐤊 𐤋𐤁𐤆 𐤀𐤕𐤍 𐤁𐤌𐤕𐤉𐤊 𐤁𐤇𐤈𐤀𐤕 𐤁𐤊𐤋
𐤂𐤁𐤅𐤋𐤉𐤊•
𐤃 𐤅𐤔𐤌𐤈𐤕𐤄 𐤅𐤁𐤊 𐤌𐤍𐤇𐤋𐤕𐤊 𐤀𐤔𐤓 𐤍𐤕𐤕𐤉 𐤋𐤊 𐤅𐤄𐤏𐤁𐤃𐤕𐤉𐤊 𐤀𐤕 𐤀𐤉𐤁𐤉𐤊
𐤁𐤀𐤓𐤑 𐤀𐤔𐤓 𐤋𐤀 𐤉𐤃𐤏𐤕 𐤊𐤉 𐤀𐤔 𐤒𐤃𐤇𐤕𐤌 𐤁𐤀𐤐𐤉 𐤏𐤃 𐤏𐤅𐤋𐤌 𐤕𐤅𐤒𐤃•
𐤄𐤊𐤄 𐤀𐤌𐤓 𐤉𐤄𐤅𐤄 𐤀𐤓𐤅𐤓 𐤄𐤂𐤁𐤓 𐤀𐤔𐤓 𐤉𐤁𐤈𐤇 𐤁𐤀𐤃𐤌 𐤅𐤔𐤌 𐤁𐤔𐤓 𐤆𐤓𐤏𐤅 𐤅𐤌𐤍
𐤉𐤄𐤅𐤄 𐤉𐤎𐤅𐤓 𐤋𐤁𐤅•
𐤅𐤅𐤄𐤉𐤄 𐤊𐤏𐤓𐤏𐤓 𐤁𐤏𐤓𐤁𐤄 𐤅𐤋𐤀 𐤉𐤓𐤀𐤄 𐤊𐤉 𐤉𐤁𐤅𐤀 𐤈𐤅𐤁 𐤅𐤔𐤊𐤍 𐤇𐤓𐤓𐤉𐤌
𐤁𐤌𐤃𐤁𐤓 𐤀𐤓𐤑 𐤌𐤋𐤇𐤄 𐤅𐤋𐤀 𐤕𐤔𐤁•
𐤆𐤁𐤓𐤅𐤊 𐤄𐤂𐤁𐤓 𐤀𐤔𐤓 𐤉𐤁𐤈𐤇 𐤁𐤉𐤄𐤅𐤄 𐤅𐤄𐤉𐤄 𐤉𐤄𐤅𐤄 𐤌𐤁𐤈𐤇𐤅•
𐤇𐤅𐤄𐤉𐤄 𐤊𐤏𐤑 𐤔𐤕𐤅𐤋 𐤏𐤋 𐤌𐤉𐤌 𐤅𐤏𐤋 𐤉𐤅𐤁𐤋 𐤉𐤔𐤋𐤇 𐤔𐤓𐤔𐤉𐤅 𐤅𐤋𐤀 𐤉𐤓𐤀
[𐤉𐤓𐤀𐤄] 𐤊𐤉 𐤉𐤁𐤀 𐤇𐤌 𐤅𐤄𐤉𐤄 𐤏𐤋𐤄𐤅 𐤓𐤏𐤍𐤍 𐤅𐤁𐤔𐤍𐤕 𐤁𐤑𐤓𐤕 𐤋𐤀 𐤉𐤃𐤀𐤂 𐤅𐤋𐤀
𐤉𐤌𐤉𐤔 𐤌𐤏𐤔𐤅𐤕 𐤐𐤓𐤉•
𐤈𐤏𐤒𐤁 𐤄𐤋𐤁 𐤌𐤊𐤋 𐤅𐤀𐤍𐤔 𐤄𐤅𐤀 𐤌𐤉 𐤉𐤃𐤏𐤍𐤅•
𐤉𐤀𐤍𐤉 𐤉𐤄𐤅𐤄 𐤇𐤒𐤓 𐤋𐤁 𐤁𐤇𐤍 𐤊𐤋𐤉𐤅𐤕 𐤅𐤋𐤕𐤕 𐤋𐤀𐤉𐤔 𐤊𐤃𐤓𐤊𐤅 [𐤊𐤃𐤓𐤊𐤉𐤅]
𐤊𐤐𐤓𐤉 𐤌𐤏𐤋𐤋𐤉𐤅•
𐤉𐤀 𐤒𐤓𐤀 𐤃𐤂𐤓 𐤅𐤋𐤀 𐤉𐤋𐤃 𐤏𐤔𐤄 𐤏𐤔𐤓 𐤅𐤋𐤀 𐤁𐤌𐤔𐤐𐤈 𐤁𐤇𐤑𐤉 𐤉𐤌𐤅 [𐤉𐤌𐤉𐤅]
𐤉𐤏𐤆𐤁𐤍𐤅 𐤅𐤁𐤀𐤇𐤓𐤉𐤕𐤅 𐤉𐤄𐤉𐤄 𐤍𐤁𐤋•
𐤉𐤁 𐤊𐤎𐤀 𐤊𐤁𐤅𐤃 𐤌𐤓𐤅𐤌 𐤌𐤓𐤀𐤔𐤅𐤍 𐤌𐤒𐤅𐤌 𐤌𐤒𐤃𐤔𐤍𐤅•
𐤉𐤂𐤌𐤒𐤅𐤄 𐤉𐤔𐤓𐤀𐤋 𐤉𐤄𐤅𐤄 𐤊𐤋 𐤏𐤆𐤁𐤉𐤊 𐤉𐤁𐤔𐤅 𐤉𐤎𐤅𐤓𐤉 [𐤅𐤎𐤅𐤓𐤉] 𐤁𐤀𐤓𐤑
𐤉𐤊𐤕𐤁𐤅 𐤊𐤉 𐤏𐤆𐤁𐤅 𐤌𐤒𐤅𐤓 𐤌𐤉𐤌 𐤇𐤉𐤉𐤌 𐤀𐤕 𐤉𐤄𐤅𐤄•

יד רפאני יהוה וארפא הושיעני ואושעה כי תהלתי אתה.
טו הנה המה אמרים אלי איה דבר יהוה יבוא נא.
טז ואני לא אצתי מרעה אחריך ויום אנוש לא התאויתי אתה
ידעת מוצא שפתי נכח פניך היה.
יז אל תהיה לי למחתה מחסי אתה ביום רעה.
יח יבשו רדפי ואל אבשה אני יחתו המה ואל אחתה אני הביא
עליהם יום רעה ומשנה שברון שברם.
יט כה אמר יהוה אלי הלך ועמדת בשער בני עם [העם] אשר
יבאו בו מלכי יהודה ואשר יצאו בו ובכל שערי ירושלם.
כ ואמרת אליהם שמעו דבר יהוה מלכי יהודה וכל יהודה וכל
ישבי ירושלם הבאים בשערים האלה.
כא כה אמר יהוה השמרו בנפשותיכם ואל תשאו משא ביום
השבת והבאתם בשערי ירושלם.
כב ולא תוציאו משא מבתיכם ביום השבת וכל מלאכה לא
תעשו וקדשתם את יום השבת כאשר צויתי את אבותיכם.
כג ולא שמעו ולא הטו את אזנם ויקשו את ערפם לבלתי שמוע
[שומע] ולבלתי קחת מוסר.
כד והיה אם שמע תשמעון אלי נאם יהוה לבלתי הביא משא
בשערי העיר הזאת ביום השבת ולקדש את יום השבת לבלתי
עשות בה [בו] כל מלאכה.
כה ובאו בשערי העיר הזאת מלכים ושרים ישבים על כסא
דוד רכבים ברכב ובסוסים המה ושריהם איש יהודה וישבי
ירושלם וישבה העיר הזאת לעולם.
כו ובאו מערי יהודה ומסביבות ירושלם ומארץ בנימן ומן
השפלה ומן ההר ומן הנגב מביאים עלה וזבח ומנחה ולבונה
ומביאי תודה בית יהוה.
כז ואם לא תשמעו אלי לקדש את יום השבת ולבלתי שאת
משא ובא בשערי ירושלם ביום השבת והצתי אש בשעריה
ואכלה ארמנות ירושלם ולא תכבה.

פרק יח

א הדבר אשר היה אל ירמיהו מאת יהוה לאמר.
ב קום וירדת בית היוצר ושמה אשמיעך את דברי.

𐤉𐤓𐤌𐤉𐤄

𐤂 𐤅𐤀𐤓𐤃 𐤁𐤉𐤕 𐤄𐤉𐤅𐤑𐤓 𐤅𐤄𐤍𐤄𐤅 [𐤅𐤄𐤍𐤄 𐤄𐤅𐤀] 𐤏𐤔𐤄 𐤌𐤋𐤀𐤊𐤄 𐤏𐤋
𐤄𐤀𐤁𐤍𐤉𐤌.
𐤃 𐤅𐤍𐤔𐤇𐤕 𐤄𐤊𐤋𐤉 𐤀𐤔𐤓 𐤄𐤅𐤀 𐤏𐤔𐤄 𐤁𐤇𐤌𐤓 𐤁𐤉𐤃 𐤄𐤉𐤅𐤑𐤓 𐤅𐤔𐤁 𐤅𐤉𐤏𐤔𐤄𐤅
𐤊𐤋𐤉 𐤀𐤇𐤓 𐤊𐤀𐤔𐤓 𐤉𐤔𐤓 𐤁𐤏𐤉𐤍𐤉 𐤄𐤉𐤅𐤑𐤓 𐤋𐤏𐤔𐤅𐤕.
𐤄 𐤅𐤉𐤄𐤉 𐤃𐤁𐤓 𐤉𐤄𐤅𐤄 𐤀𐤋𐤉 𐤋𐤀𐤌𐤅𐤓.
𐤅 𐤄𐤊𐤉𐤅𐤑𐤓 𐤄𐤆𐤄 𐤋𐤀 𐤀𐤅𐤊𐤋 𐤋𐤏𐤔𐤅𐤕 𐤋𐤊𐤌 𐤁𐤉𐤕 𐤉𐤔𐤓𐤀𐤋 𐤍𐤀𐤌 𐤉𐤄𐤅𐤄
𐤄𐤍𐤄 𐤊𐤇𐤌𐤓 𐤁𐤉𐤃 𐤄𐤉𐤅𐤑𐤓 𐤊𐤍 𐤀𐤕𐤌 𐤁𐤉𐤃𐤉 𐤁𐤉𐤕 𐤉𐤔𐤓𐤀𐤋.
𐤆 𐤓𐤂𐤏 𐤀𐤃𐤁𐤓 𐤏𐤋 𐤂𐤅𐤉 𐤅𐤏𐤋 𐤌𐤌𐤋𐤊𐤄 𐤋𐤍𐤕𐤅𐤔 𐤅𐤋𐤍𐤕𐤅𐤑 𐤅𐤋𐤄𐤀𐤁𐤉𐤃.
𐤇 𐤅𐤔𐤁 𐤄𐤂𐤅𐤉 𐤄𐤄𐤅𐤀 𐤌𐤓𐤏𐤕𐤅 𐤀𐤔𐤓 𐤃𐤁𐤓𐤕𐤉 𐤏𐤋𐤉𐤅 𐤅𐤍𐤇𐤌𐤕𐤉 𐤏𐤋 𐤄𐤓𐤏𐤄
𐤀𐤔𐤓 𐤇𐤔𐤁𐤕𐤉 𐤋𐤏𐤔𐤅𐤕 𐤋𐤅.
𐤈 𐤅𐤓𐤂𐤏 𐤀𐤃𐤁𐤓 𐤏𐤋 𐤂𐤅𐤉 𐤅𐤏𐤋 𐤌𐤌𐤋𐤊𐤄 𐤋𐤁𐤍𐤅𐤕 𐤅𐤋𐤍𐤈𐤅𐤏.
𐤉 𐤅𐤏𐤔𐤄 𐤄𐤓𐤏𐤄 [𐤄𐤓𐤏] 𐤁𐤏𐤉𐤍𐤉 𐤋𐤁𐤋𐤕𐤉 𐤔𐤌𐤏 𐤁𐤒𐤅𐤋𐤉 𐤅𐤍𐤇𐤌𐤕𐤉 𐤏𐤋
𐤄𐤈𐤅𐤁𐤄 𐤀𐤔𐤓 𐤀𐤌𐤓𐤕𐤉 𐤋𐤄𐤉𐤈𐤉𐤁 𐤀𐤅𐤕𐤅.
𐤉𐤀 𐤅𐤏𐤕𐤄 𐤀𐤌𐤓 𐤍𐤀 𐤀𐤋 𐤀𐤉𐤔 𐤉𐤄𐤅𐤃𐤄 𐤅𐤏𐤋 𐤉𐤅𐤔𐤁𐤉 𐤉𐤓𐤅𐤔𐤋𐤌 𐤋𐤀𐤌𐤓
𐤊𐤄 𐤀𐤌𐤓 𐤉𐤄𐤅𐤄 𐤄𐤍𐤄 𐤀𐤍𐤊𐤉 𐤉𐤅𐤑𐤓 𐤏𐤋𐤉𐤊𐤌 𐤓𐤏𐤄 𐤅𐤇𐤔𐤁 𐤏𐤋𐤉𐤊𐤌 𐤌𐤇𐤔𐤁𐤄
𐤔𐤅𐤁𐤅 𐤍𐤀 𐤀𐤉𐤔 𐤌𐤃𐤓𐤊𐤅 𐤄𐤓𐤏𐤄 𐤅𐤄𐤉𐤈𐤉𐤁𐤅 𐤃𐤓𐤊𐤉𐤊𐤌 𐤅𐤌𐤏𐤋𐤋𐤉𐤊𐤌.
𐤉𐤁 𐤅𐤀𐤌𐤓𐤅 𐤍𐤅𐤀𐤔 𐤊𐤉 𐤀𐤇𐤓𐤉 𐤌𐤇𐤔𐤁𐤅𐤕𐤉𐤍𐤅 𐤍𐤋𐤊 𐤅𐤀𐤉𐤔 𐤔𐤓𐤓𐤅𐤕 𐤋𐤁𐤅
𐤄𐤓𐤏 𐤍𐤏𐤔𐤄.
𐤉𐤂 𐤋𐤊𐤍 𐤊𐤄 𐤀𐤌𐤓 𐤉𐤄𐤅𐤄 𐤔𐤀𐤋𐤅 𐤍𐤀 𐤁𐤂𐤅𐤉𐤌 𐤌𐤉 𐤔𐤌𐤏 𐤊𐤀𐤋𐤄 𐤔𐤏𐤓𐤓𐤕
𐤏𐤔𐤕𐤄 𐤌𐤀𐤃 𐤁𐤕𐤅𐤋𐤕 𐤉𐤔𐤓𐤀𐤋.
𐤉𐤃 𐤄𐤉𐤏𐤆𐤁 𐤌𐤑𐤅𐤓 𐤔𐤃𐤉 𐤔𐤋𐤂 𐤋𐤁𐤍𐤅𐤍 𐤀𐤌 𐤉𐤍𐤕𐤔𐤅 𐤌𐤉𐤌 𐤆𐤓𐤉𐤌 𐤒𐤓𐤉𐤌
𐤍𐤅𐤆𐤋𐤉𐤌.
𐤈𐤅 𐤊𐤉 𐤔𐤊𐤇𐤍𐤉 𐤏𐤌𐤉 𐤋𐤔𐤅𐤀 𐤉𐤒𐤈𐤓𐤅 𐤅𐤉𐤊𐤔𐤋𐤅𐤌 𐤁𐤃𐤓𐤊𐤉𐤄𐤌 𐤔𐤁𐤅𐤋𐤉
[𐤔𐤁𐤉𐤋𐤉] 𐤏𐤅𐤋𐤌 𐤋𐤋𐤊𐤕 𐤍𐤕𐤉𐤁𐤅𐤕 𐤃𐤓𐤊 𐤋𐤀 𐤎𐤋𐤅𐤋𐤄.
𐤈𐤆 𐤋𐤔𐤅𐤌 𐤀𐤓𐤑𐤌 𐤋𐤔𐤌𐤄 𐤔𐤓𐤅𐤒𐤕 [𐤔𐤓𐤉𐤒𐤅𐤕] 𐤏𐤅𐤋𐤌 𐤊𐤋 𐤏𐤅𐤁𐤓 𐤏𐤋𐤉𐤄
𐤉𐤔𐤌 𐤅𐤉𐤍𐤃 𐤁𐤓𐤀𐤔𐤅.
𐤉𐤆 𐤊𐤓𐤅𐤇 𐤒𐤃𐤉𐤌 𐤀𐤐𐤉𐤑𐤌 𐤋𐤐𐤍𐤉 𐤀𐤅𐤉𐤁 𐤏𐤓𐤐 𐤅𐤋𐤀 𐤐𐤍𐤉𐤌 𐤀𐤓𐤀𐤌 𐤁𐤉𐤅𐤌
𐤀𐤉𐤃𐤌.
𐤉𐤇 𐤅𐤉𐤀𐤌𐤓𐤅 𐤋𐤊𐤅 𐤅𐤍𐤇𐤔𐤁𐤄 𐤏𐤋 𐤉𐤓𐤌𐤉𐤄𐤅 𐤌𐤇𐤔𐤁𐤅𐤕 𐤊𐤉 𐤋𐤀 𐤕𐤀𐤁𐤃 𐤕𐤅𐤓𐤄
𐤌𐤊𐤄𐤍 𐤅𐤏𐤑𐤄 𐤌𐤇𐤊𐤌 𐤅𐤃𐤁𐤓 𐤌𐤍𐤁𐤉𐤀 𐤋𐤊𐤅 𐤅𐤍𐤊𐤄𐤅 𐤁𐤋𐤔𐤅𐤍 𐤅𐤀𐤋 𐤍𐤒𐤔𐤉𐤁𐤄
𐤀𐤋 𐤊𐤋 𐤃𐤁𐤓𐤉𐤅.
𐤉𐤈 𐤄𐤒𐤔𐤉𐤁𐤄 𐤉𐤄𐤅𐤄 𐤀𐤋𐤉 𐤅𐤔𐤌𐤏 𐤋𐤒𐤅𐤋 𐤉𐤓𐤉𐤁𐤉.
𐤊 𐤄𐤉𐤔𐤋𐤌 𐤕𐤇𐤕 𐤈𐤅𐤁𐤄 𐤓𐤏𐤄 𐤊𐤉 𐤊𐤓𐤅 𐤔𐤅𐤇𐤄 𐤋𐤍𐤐𐤔𐤉 𐤆𐤊𐤓 𐤏𐤌𐤃𐤉 𐤋𐤐𐤍𐤉𐤊

𐤉𐤓𐤌𐤉𐤄

𐤋𐤃𐤁𐤓 𐤏𐤋𐤉𐤄𐤌 𐤈𐤅𐤁𐤄 𐤋𐤄𐤔𐤉𐤁 𐤀𐤕 𐤇𐤌𐤕𐤊 𐤌𐤄𐤌.
𐤊𐤀 𐤋𐤊𐤍 𐤕𐤍 𐤀𐤕 𐤁𐤍𐤉𐤄𐤌 𐤋𐤓𐤏𐤁 𐤅𐤄𐤂𐤓𐤌 𐤏𐤋 𐤉𐤃𐤉 𐤇𐤓𐤁 𐤅𐤕𐤄𐤉𐤍𐤄 𐤍𐤔𐤉𐤄𐤌
𐤔𐤊𐤋𐤅𐤕 𐤅𐤀𐤋𐤌𐤍𐤅𐤕 𐤅𐤀𐤍𐤔𐤉𐤄𐤌 𐤉𐤄𐤉𐤅 𐤄𐤓𐤂𐤉 𐤌𐤅𐤕 𐤁𐤇𐤅𐤓𐤉𐤄𐤌 𐤌𐤊𐤉 𐤇𐤓𐤁
𐤁𐤌𐤋𐤇𐤌𐤄.
𐤊𐤁 𐤕𐤔𐤌𐤏 𐤆𐤏𐤒𐤄 𐤌𐤁𐤕𐤉𐤄𐤌 𐤊𐤉 𐤕𐤁𐤉𐤀 𐤏𐤋𐤉𐤄𐤌 𐤂𐤃𐤅𐤃 𐤐𐤕𐤀𐤌 𐤊𐤉 𐤊𐤓𐤅
𐤔𐤉𐤇𐤄 [𐤔𐤅𐤇𐤄] 𐤋𐤋𐤊𐤃𐤍𐤉 𐤅𐤐𐤇𐤉𐤌 𐤈𐤌𐤍𐤅 𐤋𐤓𐤂𐤋𐤉.
𐤊𐤂 𐤅𐤀𐤕𐤄 𐤉𐤄𐤅𐤄 𐤉𐤃𐤏𐤕 𐤀𐤕 𐤊𐤋 𐤏𐤑𐤕𐤌 𐤏𐤋𐤉 𐤋𐤌𐤅𐤕 𐤀𐤋 𐤕𐤊𐤐𐤓 𐤏𐤋 𐤏𐤅𐤍𐤌
𐤅𐤇𐤈𐤀𐤕𐤌 𐤌𐤋𐤐𐤍𐤉𐤊 𐤀𐤋 𐤕𐤌𐤇𐤉 𐤅𐤄𐤉𐤅 [𐤅𐤉𐤄𐤉𐤅] 𐤌𐤊𐤔𐤋𐤉𐤌 𐤋𐤐𐤍𐤉𐤊 𐤁𐤏𐤕
𐤀𐤐𐤊 𐤏𐤔𐤄 𐤁𐤄𐤌.

𐤐𐤓𐤒 𐤉𐤈

𐤀 𐤊𐤄 𐤀𐤌𐤓 𐤉𐤄𐤅𐤄 𐤄𐤋𐤅𐤊 𐤅𐤒𐤍𐤉𐤕 𐤁𐤒𐤁𐤒 𐤉𐤅𐤑𐤓 𐤇𐤓𐤔 𐤅𐤌𐤆𐤒𐤍𐤉 𐤄𐤏𐤌
𐤅𐤌𐤆𐤒𐤍𐤉 𐤄𐤊𐤄𐤍𐤉𐤌.
𐤁 𐤅𐤉𐤑𐤀𐤕 𐤀𐤋 𐤂𐤉𐤀 𐤁𐤍 𐤄𐤍𐤌 𐤀𐤔𐤓 𐤐𐤕𐤇 𐤔𐤏𐤓 𐤄𐤇𐤓𐤎𐤅𐤕 [𐤄𐤇𐤓𐤎𐤉𐤕] 𐤅𐤒𐤓𐤀𐤕
𐤔𐤌 𐤀𐤕 𐤄𐤃𐤁𐤓𐤉𐤌 𐤀𐤔𐤓 𐤀𐤃𐤁𐤓 𐤀𐤋𐤉𐤊.
𐤂 𐤅𐤀𐤌𐤓𐤕 𐤔𐤌𐤏𐤅 𐤃𐤁𐤓 𐤉𐤄𐤅𐤄 𐤌𐤋𐤊𐤉 𐤉𐤄𐤅𐤃𐤄 𐤅𐤉𐤔𐤁𐤉 𐤉𐤓𐤅𐤔𐤋𐤌 𐤊𐤄 𐤀𐤌𐤓
𐤉𐤄𐤅𐤄 𐤑𐤁𐤀𐤅𐤕 𐤀𐤋𐤄𐤉 𐤉𐤔𐤓𐤀𐤋 𐤄𐤍𐤍𐤉 𐤌𐤁𐤉𐤀 𐤓𐤏𐤄 𐤏𐤋 𐤄𐤌𐤒𐤅𐤌 𐤄𐤆𐤄
𐤀𐤔𐤓 𐤊𐤋 𐤔𐤌𐤏𐤄 𐤕𐤑𐤋𐤍𐤄 𐤀𐤆𐤍𐤉𐤅.
𐤃 𐤉𐤏𐤍 𐤀𐤔𐤓 𐤏𐤆𐤁𐤍𐤉 𐤅𐤉𐤍𐤊𐤓𐤅 𐤀𐤕 𐤄𐤌𐤒𐤅𐤌 𐤄𐤆𐤄 𐤅𐤉𐤒𐤈𐤓𐤅 𐤁𐤅 𐤋𐤀𐤋𐤄𐤉𐤌
𐤀𐤇𐤓𐤉𐤌 𐤀𐤔𐤓 𐤋𐤀 𐤉𐤃𐤏𐤅𐤌 𐤄𐤌𐤄 𐤅𐤀𐤁𐤅𐤕𐤉𐤄𐤌 𐤅𐤌𐤋𐤊𐤉 𐤉𐤄𐤅𐤃𐤄 𐤅𐤌𐤋𐤀𐤅
𐤀𐤕 𐤄𐤌𐤒𐤅𐤌 𐤄𐤆𐤄 𐤃𐤌 𐤍𐤒𐤉𐤌.
𐤄 𐤅𐤁𐤍𐤅 𐤀𐤕 𐤁𐤌𐤅𐤕 𐤄𐤁𐤏𐤋 𐤋𐤔𐤓𐤐 𐤀𐤕 𐤁𐤍𐤉𐤄𐤌 𐤁𐤀𐤔 𐤏𐤋𐤅𐤕 𐤋𐤁𐤏𐤋 𐤀𐤔𐤓 𐤋𐤀
𐤑𐤅𐤉𐤕𐤉 𐤅𐤋𐤀 𐤃𐤁𐤓𐤕𐤉 𐤅𐤋𐤀 𐤏𐤋𐤕𐤄 𐤏𐤋 𐤋𐤁𐤉.
𐤅 𐤋𐤊𐤍 𐤄𐤍𐤄 𐤉𐤌𐤉𐤌 𐤁𐤀𐤉𐤌 𐤍𐤀𐤌 𐤉𐤄𐤅𐤄 𐤅𐤋𐤀 𐤉𐤒𐤓𐤀 𐤋𐤌𐤒𐤅𐤌 𐤄𐤆𐤄 𐤏𐤅𐤃
𐤄𐤕𐤐𐤕 𐤅𐤂𐤉𐤀 𐤁𐤍 𐤄𐤍𐤌 𐤊𐤉 𐤀𐤌 𐤂𐤉𐤀 𐤄𐤄𐤓𐤂𐤄.
𐤆 𐤅𐤁𐤒𐤕𐤉 𐤀𐤕 𐤏𐤑𐤕 𐤉𐤄𐤅𐤃𐤄 𐤅𐤉𐤓𐤅𐤔𐤋𐤌 𐤁𐤌𐤒𐤅𐤌 𐤄𐤆𐤄 𐤅𐤄𐤐𐤋𐤕𐤉𐤌 𐤁𐤇𐤓𐤁
𐤋𐤐𐤍𐤉 𐤀𐤉𐤁𐤉𐤄𐤌 𐤅𐤁𐤉𐤃 𐤌𐤁𐤒𐤔𐤉 𐤍𐤐𐤔𐤌 𐤅𐤍𐤕𐤕𐤉 𐤀𐤕 𐤍𐤁𐤋𐤕𐤌 𐤋𐤌𐤀𐤊𐤋
𐤋𐤏𐤅𐤐 𐤄𐤔𐤌𐤉𐤌 𐤅𐤋𐤁𐤄𐤌𐤕 𐤄𐤀𐤓𐤑.
𐤇 𐤅𐤔𐤌𐤕𐤉 𐤀𐤕 𐤄𐤏𐤉𐤓 𐤄𐤆𐤀𐤕 𐤋𐤔𐤌𐤄 𐤅𐤋𐤔𐤓𐤒𐤄 𐤊𐤋 𐤏𐤁𐤓 𐤏𐤋𐤉𐤄 𐤉𐤔𐤌
𐤅𐤉𐤔𐤓𐤒 𐤏𐤋 𐤊𐤋 𐤌𐤊𐤕𐤄.
𐤈 𐤅𐤄𐤀𐤊𐤋𐤕𐤉𐤌 𐤀𐤕 𐤁𐤔𐤓 𐤁𐤍𐤉𐤄𐤌 𐤅𐤀𐤕 𐤁𐤔𐤓 𐤁𐤍𐤕𐤉𐤄𐤌 𐤅𐤀𐤉𐤔 𐤁𐤔𐤓 𐤓𐤏𐤄𐤅
𐤉𐤀𐤊𐤋𐤅 𐤁𐤌𐤑𐤅𐤓 𐤅𐤁𐤌𐤑𐤅𐤒 𐤀𐤔𐤓 𐤉𐤑𐤉𐤒𐤅 𐤋𐤄𐤌 𐤀𐤉𐤁𐤉𐤄𐤌 𐤅𐤌𐤁𐤒𐤔𐤉
𐤍𐤐𐤔𐤌.

𐤉 𐤅𐤔𐤁𐤓𐤕 𐤄𐤁𐤒𐤁𐤒 𐤋𐤏𐤉𐤍𐤉 𐤄𐤀𐤍𐤔𐤉𐤌 𐤄𐤄𐤋𐤊𐤉𐤌 𐤀𐤅𐤕𐤊•
𐤉𐤀 𐤅𐤀𐤌𐤓𐤕 𐤀𐤋𐤉𐤄𐤌 𐤊𐤄 𐤀𐤌𐤓 𐤉𐤄𐤅𐤄 𐤑𐤁𐤀𐤅𐤕 𐤊𐤊𐤄 𐤀𐤔𐤁𐤓 𐤀𐤕 𐤄𐤏𐤌
𐤄𐤆𐤄 𐤅𐤀𐤕 𐤄𐤏𐤉𐤓 𐤄𐤆𐤀𐤕 𐤊𐤀𐤔𐤓 𐤉𐤔𐤁𐤓 𐤀𐤕 𐤊𐤋𐤉 𐤄𐤉𐤅𐤑𐤓 𐤀𐤔𐤓 𐤋𐤀 𐤉𐤅𐤊𐤋
𐤋𐤄𐤓𐤐𐤄 𐤏𐤅𐤃 𐤅𐤁𐤕𐤐𐤕 𐤉𐤒𐤁𐤓𐤅 𐤌𐤀𐤉𐤍 𐤌𐤒𐤅𐤌 𐤋𐤒𐤁𐤅𐤓•
𐤉𐤁 𐤊𐤍 𐤀𐤏𐤔𐤄 𐤋𐤌𐤒𐤅𐤌 𐤄𐤆𐤄 𐤍𐤀𐤌 𐤉𐤄𐤅𐤄 𐤅𐤋𐤉𐤔𐤁𐤉𐤅 𐤅𐤋𐤕𐤕 𐤀𐤕 𐤄𐤏𐤉𐤓
𐤄𐤆𐤀𐤕 𐤊𐤕𐤐𐤕•
𐤉𐤂 𐤅𐤄𐤉𐤅 𐤁𐤕𐤉 𐤉𐤓𐤅𐤔𐤋𐤌 𐤅𐤁𐤕𐤉 𐤌𐤋𐤊𐤉 𐤉𐤄𐤅𐤃𐤄 𐤊𐤌𐤒𐤅𐤌 𐤄𐤕𐤐𐤕
𐤄𐤈𐤌𐤀𐤉𐤌 𐤋𐤊𐤋 𐤄𐤁𐤕𐤉𐤌 𐤀𐤔𐤓 𐤒𐤈𐤓𐤅 𐤏𐤋 𐤂𐤂𐤕𐤉𐤄𐤌 𐤋𐤊𐤋 𐤑𐤁𐤀 𐤄𐤔𐤌𐤉𐤌
𐤅𐤄𐤎𐤊 𐤍𐤎𐤊𐤉𐤌 𐤋𐤀𐤋𐤄𐤉𐤌 𐤀𐤇𐤓𐤉𐤌•
𐤉𐤃 𐤅𐤉𐤁𐤀 𐤉𐤓𐤌𐤉𐤄𐤅 𐤌𐤄𐤕𐤐𐤕 𐤀𐤔𐤓 𐤔𐤋𐤇𐤅 𐤉𐤄𐤅𐤄 𐤔𐤌 𐤋𐤄𐤍𐤁𐤀 𐤅𐤉𐤏𐤌𐤃
𐤁𐤇𐤑𐤓 𐤁𐤉𐤕 𐤉𐤄𐤅𐤄 𐤅𐤉𐤀𐤌𐤓 𐤀𐤋 𐤊𐤋 𐤄𐤏𐤌•
𐤈𐤅 𐤊𐤄 𐤀𐤌𐤓 𐤉𐤄𐤅𐤄 𐤑𐤁𐤀𐤅𐤕 𐤀𐤋𐤄𐤉 𐤉𐤔𐤓𐤀𐤋 𐤄𐤍𐤍𐤉 𐤌𐤁𐤉 [𐤌𐤁𐤉𐤀] 𐤀𐤋
𐤄𐤏𐤉𐤓 𐤄𐤆𐤀𐤕 𐤅𐤏𐤋 𐤊𐤋 𐤏𐤓𐤉𐤄 𐤀𐤕 𐤊𐤋 𐤄𐤓𐤏𐤄 𐤀𐤔𐤓 𐤃𐤁𐤓𐤕𐤉 𐤏𐤋𐤉𐤄 𐤊𐤉
𐤄𐤒𐤔𐤅 𐤀𐤕 𐤏𐤓𐤐𐤌 𐤋𐤁𐤋𐤕𐤉 𐤔𐤌𐤅𐤏 𐤀𐤕 𐤃𐤁𐤓𐤉•

𐤐𐤓𐤒 𐤊

𐤀 𐤅𐤉𐤔𐤌𐤏 𐤐𐤔𐤇𐤅𐤓 𐤁𐤍 𐤀𐤌𐤓 𐤄𐤊𐤄𐤍 𐤅𐤄𐤅𐤀 𐤐𐤒𐤉𐤃 𐤍𐤂𐤉𐤃 𐤁𐤁𐤉𐤕 𐤉𐤄𐤅𐤄 𐤀𐤕
𐤉𐤓𐤌𐤉𐤄𐤅 𐤍𐤁𐤀 𐤀𐤕 𐤄𐤃𐤁𐤓𐤉𐤌 𐤄𐤀𐤋𐤄•
𐤁 𐤅𐤉𐤊𐤄 𐤐𐤔𐤇𐤅𐤓 𐤀𐤕 𐤉𐤓𐤌𐤉𐤄𐤅 𐤄𐤍𐤁𐤉𐤀 𐤅𐤉𐤕𐤍 𐤀𐤕𐤅 𐤏𐤋 𐤄𐤌𐤄𐤐𐤊𐤕 𐤀𐤔𐤓
𐤁𐤔𐤏𐤓 𐤁𐤍𐤉𐤌𐤍 𐤄𐤏𐤋𐤉𐤅𐤍 𐤀𐤔𐤓 𐤁𐤁𐤉𐤕 𐤉𐤄𐤅𐤄•
𐤂 𐤅𐤉𐤄𐤉 𐤌𐤌𐤇𐤓𐤕 𐤅𐤉𐤑𐤀 𐤐𐤔𐤇𐤅𐤓 𐤀𐤕 𐤉𐤓𐤌𐤉𐤄𐤅 𐤌𐤍 𐤄𐤌𐤄𐤐𐤊𐤕 𐤅𐤉𐤀𐤌𐤓
𐤀𐤋𐤉𐤅 𐤉𐤓𐤌𐤉𐤄𐤅 𐤋𐤀 𐤐𐤔𐤇𐤅𐤓 𐤒𐤓𐤀 𐤉𐤄𐤅𐤄 𐤔𐤌𐤊 𐤊𐤉 𐤀𐤌 𐤌𐤂𐤅𐤓 𐤌𐤎𐤁𐤉𐤁•
𐤃 𐤊𐤉 𐤊𐤄 𐤀𐤌𐤓 𐤉𐤄𐤅𐤄 𐤄𐤍𐤍𐤉 𐤍𐤕𐤍𐤊 𐤋𐤌𐤂𐤅𐤓 𐤋𐤊 𐤅𐤋𐤊𐤋 𐤀𐤄𐤁𐤉𐤊 𐤅𐤍𐤐𐤋𐤅
𐤁𐤇𐤓𐤁 𐤀𐤉𐤁𐤉𐤄𐤌 𐤅𐤏𐤉𐤍𐤉𐤊 𐤓𐤀𐤅𐤕 𐤅𐤀𐤕 𐤊𐤋 𐤉𐤄𐤅𐤃𐤄 𐤀𐤕𐤍 𐤁𐤉𐤃 𐤌𐤋𐤊 𐤁𐤁𐤋
𐤅𐤄𐤂𐤋𐤌 𐤁𐤁𐤋𐤄 𐤅𐤄𐤊𐤌 𐤁𐤇𐤓𐤁•
𐤄 𐤅𐤍𐤕𐤕𐤉 𐤀𐤕 𐤊𐤋 𐤇𐤎𐤍 𐤄𐤏𐤉𐤓 𐤄𐤆𐤀𐤕 𐤅𐤀𐤕 𐤊𐤋 𐤉𐤂𐤉𐤏𐤄 𐤅𐤀𐤕 𐤊𐤋 𐤉𐤒𐤓𐤄
𐤅𐤀𐤕 𐤊𐤋 𐤀𐤅𐤑𐤓𐤅𐤕 𐤌𐤋𐤊𐤉 𐤉𐤄𐤅𐤃𐤄 𐤀𐤕𐤍 𐤁𐤉𐤃 𐤀𐤉𐤁𐤉𐤄𐤌 𐤅𐤁𐤆𐤆𐤅𐤌
𐤅𐤋𐤒𐤇𐤅𐤌 𐤅𐤄𐤁𐤉𐤀𐤅𐤌 𐤁𐤁𐤋𐤄•
𐤅 𐤅𐤀𐤕𐤄 𐤐𐤔𐤇𐤅𐤓 𐤅𐤊𐤋 𐤉𐤔𐤁𐤉 𐤁𐤉𐤕𐤊 𐤕𐤋𐤊𐤅 𐤁𐤔𐤁𐤉 𐤅𐤁𐤁𐤋 𐤕𐤁𐤅𐤀 𐤅𐤔𐤌
𐤕𐤌𐤅𐤕 𐤅𐤔𐤌 𐤕𐤒𐤁𐤓 𐤀𐤕𐤄 𐤅𐤊𐤋 𐤀𐤄𐤁𐤉𐤊 𐤀𐤔𐤓 𐤍𐤁𐤀𐤕 𐤋𐤄𐤌 𐤁𐤔𐤒𐤓•
𐤆 𐤐𐤕𐤉𐤕𐤍𐤉 𐤉𐤄𐤅𐤄 𐤅𐤀𐤐𐤕 𐤇𐤆𐤒𐤕𐤍𐤉 𐤅𐤕𐤅𐤊𐤋 𐤄𐤉𐤉𐤕𐤉 𐤋𐤔𐤇𐤅𐤒 𐤊𐤋 𐤄𐤉𐤅𐤌
𐤊𐤋𐤄 𐤋𐤏𐤂 𐤋𐤉•
𐤇 𐤊𐤉 𐤌𐤃𐤉 𐤀𐤃𐤁𐤓 𐤀𐤆𐤏𐤒 𐤇𐤌𐤎 𐤅𐤔𐤃 𐤀𐤒𐤓𐤀 𐤊𐤉 𐤄𐤉𐤄 𐤃𐤁𐤓 𐤉𐤄𐤅𐤄 𐤋𐤉

ירמיה

לחרפה ולקלס כל היום.

ט ואמרתי לא אזכרנו ולא אדבר עוד בשמו והיה בלבי כאש בערת עצר בעצמתי ונלאיתי כלכל ולא אוכל.

י כי שמעתי דבת רבים מגור מסביב הגידו ונגידנו כל אנוש שלומי שמרי צלעי אולי יפתה ונוכלה לו ונקחה נקמתנו ממנו.

יא ויהוה אותי כגבור עריץ על כן רדפי יכשלו ולא יכלו בשו מאד כי לא השכילו כלמת עולם לא תשכח.

יב ויהוה צבאות בחן צדיק ראה כליות ולב אראה נקמתך מהם כי אליך גליתי את ריבי.

יג שירו ליהוה הללו את יהוה כי הציל את נפש אביון מיד מרעים.

יד ארור היום אשר ילדתי בו יום אשר ילדתני אמי אל יהי ברוך.

טו ארור האיש אשר בשר את אבי לאמר ילד לך בן זכר שמח שמחהו.

טז והיה האיש ההוא כערים אשר הפך יהוה ולא נחם ושמע זעקה בבקר ותרועה בעת צהרים.

יז אשר לא מותתני מרחם ותהי לי אמי קברי ורחמה הרת עולם.

יח למה זה מרחם יצאתי לראות עמל ויגון ויכלו בבשת ימי.

פרק כא

א הדבר אשר היה אל ירמיהו מאת יהוה בשלח אליו המלך צדקיהו את פשחור בן מלכיה ואת צפניה בן מעשיה הכהן לאמר.

ב דרש נא בעדנו את יהוה כי נבוכדראצר מלך בבל נלחם עלינו אולי יעשה יהוה אותנו ככל נפלאתיו ויעלה מעלינו.

ג ויאמר ירמיהו אליהם כה תאמרן אל צדקיהו.

ד כה אמר יהוה אלהי ישראל הנני מסב את כלי המלחמה אשר בידכם אשר אתם נלחמים בם את מלך בבל ואת הכשדים הצרים עליכם מחוץ לחומה ואספתי אותם אל תוך העיר הזאת.

ה ונלחמתי אני אתכם ביד נטויה ובזרוע חזקה ובאף ובחמה

ובקצף גדול.
ו והכיתי את יושבי העיר הזאת ואת האדם ואת הבהמה בדבר
גדול ימתו.
ז ואחרי כן נאם יהוה אתן את צדקיהו מלך יהודה ואת
עבדיו ואת העם ואת הנשארים בעיר הזאת מן הדבר מן החרב
ומן הרעב ביד נבוכדראצר מלך בבל וביד איביהם וביד מבקשי
נפשם והכם לפי חרב לא יחוס עליהם ולא יחמל ולא ירחם.
ח ואל העם הזה תאמר כה אמר יהוה הנני נתן לפניכם את דרך
החיים ואת דרך המות.
ט הישב בעיר הזאת ימות בחרב וברעב ובדבר והיוצא ונפל על
הכשדים הצרים עליכם יחיה [וחיה] והיתה לו נפשו לשלל.
י כי שמתי פני בעיר הזאת לרעה ולא לטובה נאם יהוה ביד
מלך בבל תנתן ושרפה באש.
יא ולבית מלך יהודה שמעו דבר יהוה.
יב בית דוד כה אמר יהוה דינו לבקר משפט והצילו גזול מיד
עושק פן תצא כאש חמתי ובערה ואין מכבה מפני רע מעלליהם
[מעלליכם].
יג הנני אליך ישבת העמק צור המישר נאם יהוה האמרים
מי יחת עלינו ומי יבוא במעונותינו.
יד ופקדתי עליכם כפרי מעלליכם נאם יהוה והצתי אש
ביערה ואכלה כל סביביה.

פרק כב
א כה אמר יהוה רד בית מלך יהודה ודברת שם את הדבר הזה.
ב ואמרת שמע דבר יהוה מלך יהודה הישב על כסא דוד אתה
ועבדיך ועמך הבאים בשערים האלה.
ג כה אמר יהוה עשו משפט וצדקה והצילו גזול מיד עשוק
וגר יתום ואלמנה אל תנו אל תחמסו ודם נקי אל תשפכו
במקום הזה.
ד כי אם עשו תעשו את הדבר הזה ובאו בשערי הבית הזה
מלכים ישבים לדוד על כסאו רכבים ברכב ובסוסים הוא ועבדו
[ועבדיו] ועמו.
ה ואם לא תשמעו את הדברים האלה בי נשבעתי נאם יהוה כי

ירמיה

לחרבה יהיה הבית הזה.
ו כי כה אמר יהוה על בית מלך יהודה גלעד אתה לי ראש
הלבנון אם לא אשיתך מדבר ערים לא נושבה [נושבו].
ז וקדשתי עליך משחתים איש וכליו וכרתו מבחר ארזיך
והפילו על האש.
ח ועברו גוים רבים על העיר הזאת ואמרו איש אל רעהו על מה
עשה יהוה ככה לעיר הגדולה הזאת.
ט ואמרו על אשר עזבו את ברית יהוה אלהיהם וישתחוו
לאלהים אחרים ויעבדום.
י אל תבכו למת ואל תנדו לו בכו בכו להלך כי לא ישוב עוד
וראה את ארץ מולדתו.
יא כי כה אמר יהוה אל שלם בן יאשיהו מלך יהודה המלך
תחת יאשיהו אביו אשר יצא מן המקום הזה לא ישוב שם עוד.
יב כי במקום אשר הגלו אתו שם ימות ואת הארץ הזאת לא
יראה עוד.
יג הוי בנה ביתו בלא צדק ועליותיו בלא משפט ברעהו יעבד
חנם ופעלו לא יתן לו.
יד האמר אבנה לי בית מדות ועליות מרוחים וקרע לו חלוני
וספון בארז ומשוח בששר.
טו התמלך כי אתה מתחרה בארז אביך הלוא אכל ושתה ועשה
משפט וצדקה אז טוב לו.
טז דן דין עני ואביון אז טוב הלוא היא הדעת אתי נאם
יהוה.
יז כי אין עיניך ולבך כי אם על בצעך ועל דם הנקי לשפוך
ועל העשק ועל המרוצה לעשות.
יח לכן כה אמר יהוה אל יהויקים בן יאשיהו מלך יהודה
לא יספדו לו הוי אחי והוי אחות לא יספדו לו הוי אדון
והוי הדה.

יט קבורת חמור יקבר סחוב והשלך מהלאה לשערי ירושלם.
כ עלי הלבנון וצעקי ובבשן תני קולך וצעקי מעברים כי
נשברו כל מאהביך.
כא דברתי אליך בשלותיך אמרת לא אשמע זה דרכך מנעוריך
כי לא שמעת בקולי.

כב כל רעיך תרעה רוח ומאהביך בשבי ילכו כי אז תבשי
ונכלמת מכל רעתך•
כג ישבתי [ישבת] בלבנון מקננתי [מקננת] בארזים מה נחנת
בבא לך חבלים חיל כילדה•
כד חי אני נאם יהוה כי אם יהיה כניהו בן יהויקים מלך
יהודה חותם על יד ימיני כי משם אתקנך•
כה ונתתיך ביד מבקשי נפשך וביד אשר אתה יגור מפניהם
וביד נבוכדראצר מלך בבל וביד הכשדים•
כו והטלתי אתך ואת אמך אשר ילדתך על הארץ אחרת אשר לא
ילדתם שם ושם תמותו•
כז ועל הארץ אשר הם מנשאים את נפשם לשוב שם שמה לא
ישובו•
כח העצב נבזה נפוץ האיש הזה כניהו אם כלי אין חפץ בו
מדוע הוטלו הוא וזרעו והשלכו על הארץ אשר לא ידעו•
כט ארץ ארץ ארץ שמעי דבר יהוה•
ל כה אמר יהוה כתבו את האיש הזה ערירי גבר לא יצלח
בימיו כי לא יצלח מזרעו איש ישב על כסא דוד ומשל עוד
ביהודה•

פרק כג

א הוי רעים מאבדים ומפצים את צאן מרעיתי נאם יהוה•
ב לכן כה אמר יהוה אלהי ישראל על הרעים הרעים את עמי
אתם הפצתם את צאני ותדחום ולא פקדתם אתם הנני פקד
עליכם את רע מעלליכם נאם יהוה•
ג ואני אקבץ את שארית צאני מכל הארצות אשר הדחתי אתם
שם והשבתי אתהן על נוהן ופרו ורבו•
ד והקמתי עליהם רעים ורעום ולא ייראו עוד ולא יחתו
ולא יפקדו נאם יהוה•
ה הנה ימים באים נאם יהוה והקמתי לדוד צמח צדיק
ומלך מלך והשכיל ועשה משפט וצדקה בארץ•
ו בימיו תושע יהודה וישראל ישכן לבטח וזה שמו
אשר יקראו יהוה צדקנו•
ז לכן הנה ימים באים נאם יהוה ולא יאמרו עוד חי יהוה

𐤉𐤓𐤌𐤉𐤄

𐤀𐤔𐤓 𐤄𐤏𐤋𐤄 𐤀𐤕 𐤁𐤍𐤉 𐤉𐤔𐤓𐤀𐤋 𐤌𐤀𐤓𐤑 𐤌𐤑𐤓𐤉𐤌•

𐤇𐤊𐤉 𐤀𐤌 𐤇𐤉 𐤉𐤄𐤅𐤄 𐤀𐤔𐤓 𐤄𐤏𐤋𐤄 𐤅𐤀𐤔𐤓 𐤄𐤁𐤉𐤀 𐤀𐤕 𐤆𐤓𐤏 𐤁𐤉𐤕 𐤉𐤔𐤓𐤀𐤋
𐤌𐤀𐤓𐤑 𐤑𐤐𐤅𐤍𐤄 𐤅𐤌𐤊𐤋 𐤄𐤀𐤓𐤑𐤅𐤕 𐤀𐤔𐤓 𐤄𐤃𐤇𐤕𐤉𐤌 𐤔𐤌 𐤅𐤉𐤔𐤁𐤅 𐤏𐤋 𐤀𐤃𐤌𐤕𐤌•

𐤈𐤋𐤍𐤁𐤀𐤉𐤌 𐤍𐤔𐤁𐤓 𐤋𐤁𐤉 𐤁𐤒𐤓𐤁𐤉 𐤓𐤇𐤐𐤅 𐤊𐤋 𐤏𐤑𐤌𐤅𐤕𐤉 𐤄𐤉𐤉𐤕𐤉 𐤊𐤀𐤉𐤔
𐤔𐤊𐤅𐤓 𐤅𐤊𐤂𐤁𐤓 𐤏𐤁𐤓𐤅 𐤉𐤉𐤍 𐤌𐤐𐤍𐤉 𐤉𐤄𐤅𐤄 𐤅𐤌𐤐𐤍𐤉 𐤃𐤁𐤓𐤉 𐤒𐤃𐤔𐤅•

𐤉𐤊𐤉 𐤌𐤍𐤀𐤐𐤉𐤌 𐤌𐤋𐤀𐤄 𐤄𐤀𐤓𐤑 𐤊𐤉 𐤌𐤐𐤍𐤉 𐤀𐤋𐤄 𐤀𐤁𐤋𐤄 𐤄𐤀𐤓𐤑 𐤉𐤁𐤔𐤅
𐤍𐤀𐤅𐤕 𐤌𐤃𐤁𐤓 𐤅𐤕𐤄𐤉 𐤌𐤓𐤅𐤑𐤕𐤌 𐤓𐤏𐤄 𐤅𐤂𐤁𐤅𐤓𐤕𐤌 𐤋𐤀 𐤊𐤍•

𐤉𐤀𐤊𐤉 𐤂𐤌 𐤍𐤁𐤉𐤀 𐤂𐤌 𐤊𐤄𐤍 𐤇𐤍𐤐𐤅 𐤂𐤌 𐤁𐤁𐤉𐤕𐤉 𐤌𐤑𐤀𐤕𐤉 𐤓𐤏𐤕𐤌 𐤍𐤀𐤌
𐤉𐤄𐤅𐤄•

𐤉𐤁 𐤋𐤊𐤍 𐤉𐤄𐤉𐤄 𐤃𐤓𐤊𐤌 𐤋𐤄𐤌 𐤊𐤇𐤋𐤒𐤋𐤒𐤅𐤕 𐤁𐤀𐤐𐤋𐤄 𐤉𐤃𐤇𐤅 𐤅𐤍𐤐𐤋𐤅 𐤁𐤄 𐤊𐤉
𐤀𐤁𐤉𐤀 𐤏𐤋𐤉𐤄𐤌 𐤓𐤏𐤄 𐤔𐤍𐤕 𐤐𐤒𐤃𐤕𐤌 𐤍𐤀𐤌 𐤉𐤄𐤅𐤄•

𐤉𐤂 𐤅𐤁𐤍𐤁𐤉𐤀𐤉 𐤔𐤌𐤓𐤅𐤍 𐤓𐤀𐤉𐤕𐤉 𐤕𐤐𐤋𐤄 𐤄𐤍𐤁𐤀𐤅 𐤁𐤁𐤏𐤋 𐤅𐤉𐤕𐤏𐤅 𐤀𐤕 𐤏𐤌𐤉
𐤀𐤕 𐤉𐤔𐤓𐤀𐤋•

𐤉𐤃 𐤅𐤁𐤍𐤁𐤉𐤀𐤉 𐤉𐤓𐤅𐤔𐤋𐤌 𐤓𐤀𐤉𐤕𐤉 𐤔𐤏𐤓𐤅𐤓𐤄 𐤍𐤀𐤅𐤐 𐤅𐤄𐤋𐤊 𐤁𐤔𐤒𐤓 𐤅𐤇𐤆𐤒𐤅
𐤉𐤃𐤉 𐤌𐤓𐤏𐤉𐤌 𐤋𐤁𐤋𐤕𐤉 𐤔𐤁𐤅 𐤀𐤉𐤔 𐤌𐤓𐤏𐤕𐤅 𐤄𐤉𐤅 𐤋𐤉 𐤊𐤋𐤌 𐤊𐤎𐤃𐤌 𐤅𐤉𐤔𐤁𐤉𐤄
𐤊𐤏𐤌𐤓𐤄•

𐤈𐤅𐤋𐤊𐤍 𐤊𐤄 𐤀𐤌𐤓 𐤉𐤄𐤅𐤄 𐤑𐤁𐤀𐤅𐤕 𐤏𐤋 𐤄𐤍𐤁𐤀𐤉𐤌 𐤄𐤍𐤍𐤉 𐤌𐤀𐤊𐤉𐤋 𐤀𐤅𐤕𐤌
𐤋𐤏𐤍𐤄 𐤅𐤄𐤔𐤒𐤕𐤉𐤌 𐤌𐤉 𐤓𐤀𐤔 𐤊𐤉 𐤌𐤀𐤕 𐤍𐤁𐤉𐤀𐤉 𐤉𐤓𐤅𐤔𐤋𐤌 𐤉𐤑𐤀𐤄 𐤇𐤍𐤐𐤄
𐤋𐤊𐤋 𐤄𐤀𐤓𐤑•

𐤈𐤆 𐤊𐤄 𐤀𐤌𐤓 𐤉𐤄𐤅𐤄 𐤑𐤁𐤀𐤅𐤕 𐤀𐤋 𐤕𐤔𐤌𐤏𐤅 𐤏𐤋 𐤃𐤁𐤓𐤉 𐤄𐤍𐤁𐤀𐤉𐤌 𐤄𐤍𐤁𐤀𐤉𐤌
𐤋𐤊𐤌 𐤌𐤄𐤁𐤋𐤉𐤌 𐤄𐤌𐤄 𐤀𐤕𐤊𐤌 𐤇𐤆𐤅𐤍 𐤋𐤁𐤌 𐤉𐤃𐤁𐤓𐤅 𐤋𐤀 𐤌𐤐𐤉 𐤉𐤄𐤅𐤄•

𐤉𐤆 𐤀𐤌𐤓𐤉𐤌 𐤀𐤌𐤅𐤓 𐤋𐤌𐤍𐤀𐤑𐤉 𐤃𐤁𐤓 𐤉𐤄𐤅𐤄 𐤔𐤋𐤅𐤌 𐤉𐤄𐤉𐤄 𐤋𐤊𐤌 𐤅𐤊𐤋 𐤄𐤋𐤊
𐤁𐤔𐤓𐤓𐤅𐤕 𐤋𐤁𐤅 𐤀𐤌𐤓𐤅 𐤋𐤀 𐤕𐤁𐤅𐤀 𐤏𐤋𐤉𐤊𐤌 𐤓𐤏𐤄•

𐤉𐤇𐤊𐤉 𐤌𐤉 𐤏𐤌𐤃 𐤁𐤎𐤅𐤃 𐤉𐤄𐤅𐤄 𐤅𐤉𐤓𐤀 𐤅𐤉𐤔𐤌𐤏 𐤀𐤕 𐤃𐤁𐤓𐤅 𐤌𐤉 𐤄𐤒𐤔𐤉𐤁
𐤃𐤁𐤓𐤉 [𐤃𐤁𐤓𐤅] 𐤅𐤉𐤔𐤌𐤏•

𐤉𐤈𐤄𐤍𐤄 𐤎𐤏𐤓𐤕 𐤉𐤄𐤅𐤄 𐤇𐤌𐤄 𐤉𐤑𐤀𐤄 𐤅𐤎𐤏𐤓 𐤌𐤕𐤇𐤅𐤋𐤋 𐤏𐤋 𐤓𐤀𐤔 𐤓𐤔𐤏𐤉𐤌
𐤉𐤇𐤅𐤋•

𐤊 𐤋𐤀 𐤉𐤔𐤅𐤁 𐤀𐤐 𐤉𐤄𐤅𐤄 𐤏𐤃 𐤏𐤔𐤕𐤅 𐤅𐤏𐤃 𐤄𐤒𐤉𐤌𐤅 𐤌𐤆𐤌𐤅𐤕 𐤋𐤁𐤅 𐤁𐤀𐤇𐤓𐤉𐤕
𐤄𐤉𐤌𐤉𐤌 𐤕𐤕𐤁𐤅𐤍𐤍𐤅 𐤁𐤄 𐤁𐤉𐤍𐤄•

𐤊𐤀 𐤋𐤀 𐤔𐤋𐤇𐤕𐤉 𐤀𐤕 𐤄𐤍𐤁𐤀𐤉𐤌 𐤅𐤄𐤌 𐤓𐤑𐤅 𐤋𐤀 𐤃𐤁𐤓𐤕𐤉 𐤀𐤋𐤉𐤄𐤌 𐤅𐤄𐤌
𐤍𐤁𐤀𐤅•

𐤊𐤁 𐤅𐤀𐤌 𐤏𐤌𐤃𐤅 𐤁𐤎𐤅𐤃𐤉 𐤅𐤉𐤔𐤌𐤏𐤅 𐤃𐤁𐤓𐤉 𐤀𐤕 𐤏𐤌𐤉 𐤅𐤉𐤔𐤁𐤅𐤌 𐤌𐤃𐤓𐤊𐤌 𐤄𐤓𐤏
𐤅𐤌𐤓𐤏 𐤌𐤏𐤋𐤋𐤉𐤄𐤌•

כג האלהי מקרב אני נאם יהוה ולא אלהי מרחק.
כד אם יסתר איש במסתרים ואני לא אראנו נאם יהוה הלוא
את השמים ואת הארץ אני מלא נאם יהוה.
כה שמעתי את אשר אמרו הנבאים הנבאים בשמי שקר לאמר
חלמתי חלמתי.
כו עד מתי היש בלב הנבאים נבאי השקר ונביאי תרמת לבם.
כז החשבים להשכיח את עמי שמי בחלומתם אשר יספרו איש
לרעהו כאשר שכחו אבותם את שמי בבעל.
כח הנביא אשר אתו חלום יספר חלום ואשר דברי אתו ידבר דברי
אמת מה לתבן את הבר נאם יהוה.
כט הלוא כה דברי כאש נאם יהוה וכפטיש יפצץ סלע.
ל לכן הנני על הנבאים נאם יהוה מגנבי דברי איש מאת
רעהו.
לא הנני על הנביאם נאם יהוה הלקחים לשונם וינאמו נאם.
לב הנני על נבאי חלמות שקר נאם יהוה ויספרום ויתעו את
עמי בשקריהם ובפחזותם ואנכי לא שלחתים ולא צויתים
והועיל לא יועילו לעם הזה נאם יהוה.
לג וכי ישאלך העם הזה או הנביא או כהן לאמר מה משא
יהוה ואמרת אליהם את מה משא ונטשתי אתכם נאם יהוה.
לד והנביא והכהן והעם אשר יאמר משא יהוה ופקדתי על
האיש ההוא ועל ביתו.
לה כה תאמרו איש על רעהו ואיש אל אחיו מה ענה יהוה ומה
דבר יהוה.
לו ומשא יהוה לא תזכרו עוד כי המשא יהיה לאיש דברו
והפכתם את דברי אלהים חיים יהוה צבאות אלהינו.
לז כה תאמר אל הנביא מה ענך יהוה ומה דבר יהוה.
לח ואם משא יהוה תאמרו לכן כה אמר יהוה יען אמרכם את
הדבר הזה משא יהוה ואשלח אליכם לאמר לא תאמרו משא
יהוה.
לט לכן הנני ונשיתי אתכם נשא ונטשתי אתכם ואת העיר
אשר נתתי לכם ולאבותיכם מעל פני.
מ ונתתי עליכם חרפת עולם וכלמות עולם אשר לא תשכח.

ירמיה

פרק כד

א הראני יהוה והנה שני דודאי תאנים מועדים לפני היכל
יהוה אחרי הגלות נבוכדראצר מלך בבל את יכניהו בן
יהויקים מלך יהודה ואת שרי יהודה ואת החרש ואת המסגר
מירושלם ויבאם בבל.
ב הדוד אחד תאנים טבות מאד כתאני הבכרות והדוד אחד
תאנים רעות מאד אשר לא תאכלנה מרע.
ג ויאמר יהוה אלי מה אתה ראה ירמיהו ואמר תאנים
התאנים הטבות טבות מאד והרעות רעות מאד אשר לא תאכלנה
מרע.
ד ויהי דבר יהוה אלי לאמר.
ה כה אמר יהוה אלהי ישראל כתאנים הטבות האלה כן אכיר
את גלות יהודה אשר שלחתי מן המקום הזה ארץ כשדים
לטובה.
ו ושמתי עיני עליהם לטובה והשבתים על הארץ הזאת
ובניתים ולא אהרס ונטעתים ולא אתוש.
ז ונתתי להם לב לדעת אתי כי אני יהוה והיו לי לעם
ואנכי אהיה להם לאלהים כי ישבו אלי בכל לבם.
ח וכתאנים הרעות אשר לא תאכלנה מרע כי כה אמר יהוה כן
אתן את צדקיהו מלך יהודה ואת שריו ואת שארית ירושלם
הנשארים בארץ הזאת והישבים בארץ מצרים.
ט ונתתים לזועה [לזעוה] לרעה לכל ממלכות הארץ לחרפה
ולמשל לשנינה ולקללה בכל המקמות אשר אדיחם שם.
י ושלחתי בם את החרב את הרעב ואת הדבר עד תמם מעל האדמה
אשר נתתי להם ולאבותיהם.

פרק כה

א הדבר אשר היה על ירמיהו על כל עם יהודה בשנה הרביעית
ליהויקים בן יאשיהו מלך יהודה היא השנה הראשנית
לנבוכדראצר מלך בבל.
ב אשר דבר ירמיהו הנביא על כל עם יהודה ואל כל ישבי
ירושלם לאמר.
ג מן שלש עשרה שנה ליאשיהו בן אמון מלך יהודה ועד

𐤉𐤓𐤌𐤉𐤄

𐤄𐤉𐤅𐤌 𐤄𐤆𐤄 𐤆𐤄 𐤔𐤋𐤔 𐤅𐤏𐤔𐤓𐤉𐤌 𐤔𐤍𐤄 𐤄𐤉𐤄 𐤃𐤁𐤓 𐤉𐤄𐤅𐤄 𐤀𐤋𐤉 𐤅𐤀𐤃𐤁𐤓
𐤀𐤋𐤉𐤊𐤌 𐤀𐤔𐤊𐤉𐤌 𐤅𐤃𐤁𐤓 𐤅𐤋𐤀 𐤔𐤌𐤏𐤕𐤌.
𐤃 𐤅𐤔𐤋𐤇 𐤉𐤄𐤅𐤄 𐤀𐤋𐤉𐤊𐤌 𐤀𐤕 𐤊𐤋 𐤏𐤁𐤃𐤉𐤅 𐤄𐤍𐤁𐤀𐤉𐤌 𐤄𐤔𐤊𐤌 𐤅𐤔𐤋𐤇 𐤅𐤋𐤀
𐤔𐤌𐤏𐤕𐤌 𐤅𐤋𐤀 𐤄𐤈𐤉𐤕𐤌 𐤀𐤕 𐤀𐤆𐤍𐤊𐤌 𐤋𐤔𐤌𐤏.
𐤄 𐤋𐤀𐤌𐤓 𐤔𐤅𐤁𐤅 𐤍𐤀 𐤀𐤉𐤔 𐤌𐤃𐤓𐤊𐤅 𐤄𐤓𐤏𐤄 𐤅𐤌𐤓𐤏 𐤌𐤏𐤋𐤋𐤉𐤊𐤌 𐤅𐤔𐤁𐤅 𐤏𐤋
𐤄𐤀𐤃𐤌𐤄 𐤀𐤔𐤓 𐤍𐤕𐤍 𐤉𐤄𐤅𐤄 𐤋𐤊𐤌 𐤅𐤋𐤀𐤁𐤅𐤕𐤉𐤊𐤌 𐤋𐤌𐤍 𐤏𐤅𐤋𐤌 𐤅𐤏𐤃 𐤏𐤅𐤋𐤌.
𐤅 𐤅𐤀𐤋 𐤕𐤋𐤊𐤅 𐤀𐤇𐤓𐤉 𐤀𐤋𐤄𐤉𐤌 𐤀𐤇𐤓𐤉𐤌 𐤋𐤏𐤁𐤃𐤌 𐤅𐤋𐤄𐤔𐤕𐤇𐤅𐤕 𐤋𐤄𐤌 𐤅𐤋𐤀
𐤕𐤊𐤏𐤉𐤎𐤅 𐤀𐤅𐤕𐤉 𐤁𐤌𐤏𐤔𐤄 𐤉𐤃𐤉𐤊𐤌 𐤅𐤋𐤀 𐤀𐤓𐤏 𐤋𐤊𐤌.
𐤆 𐤅𐤋𐤀 𐤔𐤌𐤏𐤕𐤌 𐤀𐤋𐤉 𐤍𐤀𐤌 𐤉𐤄𐤅𐤄 𐤋𐤌𐤏𐤍 𐤄𐤊𐤏𐤎𐤅𐤍𐤉 [𐤄𐤊𐤏𐤎𐤍𐤉]
𐤁𐤌𐤏𐤔𐤄 𐤉𐤃𐤉𐤊𐤌 𐤋𐤓𐤏 𐤋𐤊𐤌.
𐤇 𐤋𐤊𐤍 𐤊𐤄 𐤀𐤌𐤓 𐤉𐤄𐤅𐤄 𐤑𐤁𐤀𐤅𐤕 𐤉𐤏𐤍 𐤀𐤔𐤓 𐤋𐤀 𐤔𐤌𐤏𐤕𐤌 𐤀𐤕 𐤃𐤁𐤓𐤉.
𐤈 𐤄𐤍𐤍𐤉 𐤔𐤋𐤇 𐤅𐤋𐤒𐤇𐤕𐤉 𐤀𐤕 𐤊𐤋 𐤌𐤔𐤐𐤇𐤅𐤕 𐤑𐤐𐤅𐤍 𐤍𐤀𐤌 𐤉𐤄𐤅𐤄 𐤅𐤀𐤋
𐤍𐤁𐤅𐤊𐤃𐤓𐤀𐤑𐤓 𐤌𐤋𐤊 𐤁𐤁𐤋 𐤏𐤁𐤃𐤉 𐤅𐤄𐤁𐤀𐤕𐤉𐤌 𐤏𐤋 𐤄𐤀𐤓𐤑 𐤄𐤆𐤀𐤕 𐤅𐤏𐤋 𐤉𐤔𐤁𐤉𐤄
𐤅𐤏𐤋 𐤊𐤋 𐤄𐤂𐤅𐤉𐤌 𐤄𐤀𐤋𐤄 𐤎𐤁𐤉𐤁 𐤅𐤄𐤇𐤓𐤌𐤕𐤉𐤌 𐤅𐤔𐤌𐤕𐤉𐤌 𐤋𐤔𐤌𐤄 𐤅𐤋𐤔𐤓𐤒𐤄
𐤅𐤋𐤇𐤓𐤁𐤅𐤕 𐤏𐤅𐤋𐤌.
𐤉 𐤅𐤄𐤀𐤁𐤃𐤕𐤉 𐤌𐤄𐤌 𐤒𐤅𐤋 𐤔𐤔𐤅𐤍 𐤅𐤒𐤅𐤋 𐤔𐤌𐤇𐤄 𐤒𐤅𐤋 𐤇𐤕𐤍 𐤅𐤒𐤅𐤋 𐤊𐤋𐤄
𐤒𐤅𐤋 𐤓𐤇𐤉𐤌 𐤅𐤀𐤅𐤓 𐤍𐤓.
𐤉𐤀 𐤅𐤄𐤉𐤕𐤄 𐤊𐤋 𐤄𐤀𐤓𐤑 𐤄𐤆𐤀𐤕 𐤋𐤇𐤓𐤁𐤄 𐤋𐤔𐤌𐤄 𐤅𐤏𐤁𐤃𐤅 𐤄𐤂𐤅𐤉𐤌 𐤄𐤀𐤋𐤄
𐤀𐤕 𐤌𐤋𐤊 𐤁𐤁𐤋 𐤔𐤁𐤏𐤉𐤌 𐤔𐤍𐤄.
𐤉𐤁 𐤅𐤄𐤉𐤄 𐤊𐤌𐤋𐤀𐤅𐤕 𐤔𐤁𐤏𐤉𐤌 𐤔𐤍𐤄 𐤀𐤐𐤒𐤃 𐤏𐤋 𐤌𐤋𐤊 𐤁𐤁𐤋 𐤅𐤏𐤋 𐤄𐤂𐤅𐤉
𐤄𐤄𐤅𐤀 𐤍𐤀𐤌 𐤉𐤄𐤅𐤄 𐤀𐤕 𐤏𐤅𐤍𐤌 𐤅𐤏𐤋 𐤀𐤓𐤑 𐤊𐤔𐤃𐤉𐤌 𐤅𐤔𐤌𐤕𐤉 𐤀𐤕𐤅
𐤋𐤔𐤌𐤌𐤅𐤕 𐤏𐤅𐤋𐤌.
𐤉𐤂 𐤅𐤄𐤁𐤀𐤅𐤕𐤉 [𐤅𐤄𐤁𐤀𐤕𐤉] 𐤏𐤋 𐤄𐤀𐤓𐤑 𐤄𐤄𐤉𐤀 𐤀𐤕 𐤊𐤋 𐤃𐤁𐤓𐤉 𐤀𐤔𐤓 𐤃𐤁𐤓𐤕𐤉
𐤏𐤋𐤉𐤄 𐤀𐤕 𐤊𐤋 𐤄𐤊𐤕𐤅𐤁 𐤁𐤎𐤐𐤓 𐤄𐤆𐤄 𐤀𐤔𐤓 𐤍𐤁𐤀 𐤉𐤓𐤌𐤉𐤄𐤅 𐤏𐤋 𐤊𐤋 𐤄𐤂𐤅𐤉𐤌.
𐤉𐤃 𐤊𐤉 𐤏𐤁𐤃𐤅 𐤁𐤌 𐤂𐤌 𐤄𐤌𐤄 𐤂𐤅𐤉𐤌 𐤓𐤁𐤉𐤌 𐤅𐤌𐤋𐤊𐤉𐤌 𐤂𐤃𐤅𐤋𐤉𐤌
𐤅𐤔𐤋𐤌𐤕𐤉 𐤋𐤄𐤌 𐤊𐤐𐤏𐤋𐤌 𐤅𐤊𐤌𐤏𐤔𐤄 𐤉𐤃𐤉𐤄𐤌.
𐤈𐤅 𐤊𐤉 𐤊𐤄 𐤀𐤌𐤓 𐤉𐤄𐤅𐤄 𐤀𐤋𐤄𐤉 𐤉𐤔𐤓𐤀𐤋 𐤀𐤋𐤉 𐤒𐤇 𐤀𐤕 𐤊𐤅𐤎 𐤄𐤉𐤉𐤍 𐤄𐤇𐤌𐤄
𐤄𐤆𐤀𐤕 𐤌𐤉𐤃𐤉 𐤅𐤄𐤔𐤒𐤉𐤕𐤄 𐤀𐤕𐤅 𐤀𐤕 𐤊𐤋 𐤄𐤂𐤅𐤉𐤌 𐤀𐤔𐤓 𐤀𐤍𐤊𐤉 𐤔𐤋𐤇
𐤀𐤅𐤕𐤊 𐤀𐤋𐤉𐤄𐤌.
𐤈𐤆 𐤅𐤔𐤕𐤅 𐤅𐤄𐤕𐤂𐤏𐤔𐤅 𐤅𐤄𐤕𐤄𐤋𐤋𐤅 𐤌𐤐𐤍𐤉 𐤄𐤇𐤓𐤁 𐤀𐤔𐤓 𐤀𐤍𐤊𐤉 𐤔𐤋𐤇
𐤁𐤉𐤍𐤉𐤄𐤌.
𐤉𐤆 𐤅𐤀𐤒𐤇 𐤀𐤕 𐤄𐤊𐤅𐤎 𐤌𐤉𐤃 𐤉𐤄𐤅𐤄 𐤅𐤀𐤔𐤒𐤄 𐤀𐤕 𐤊𐤋 𐤄𐤂𐤅𐤉𐤌 𐤀𐤔𐤓
𐤔𐤋𐤇𐤍𐤉 𐤉𐤄𐤅𐤄 𐤀𐤋𐤉𐤄𐤌.

יח את ירושלם ואת ערי יהודה ואת מלכיה את שריה לתת אתם
לחרבה לשמה לשרקה ולקללה כיום הזה.
יט את פרעה מלך מצרים ואת עבדיו ואת שריו ואת כל עמו.
כ ואת כל הערב ואת כל מלכי ארץ העוץ ואת כל מלכי ארץ
פלשתים ואת אשקלון ואת עזה ואת עקרון ואת שארית אשדוד.
כא את אדום ואת מואב ואת בני עמון.
כב ואת כל מלכי צר ואת כל מלכי צידון ואת מלכי האי אשר
בעבר הים.
כג ואת דדן ואת תימא ואת בוז ואת כל קצוצי פאה.
כד ואת כל מלכי ערב ואת כל מלכי הערב השכנים במדבר.
כה ואת כל מלכי זמרי ואת כל מלכי עילם ואת כל מלכי
מדי.
כו ואת כל מלכי הצפון הקרבים והרחקים איש אל אחיו ואת
כל הממלכות הארץ אשר על פני האדמה ומלך ששך ישתה
אחריהם.
כז ואמרת אליהם ס כה אמר יהוה צבאות אלהי ישראל שתו
ושכרו וקיו ונפלו ולא תקומו מפני החרב אשר אנכי שלח
ביניכם.
כח והיה כי ימאנו לקחת הכוס מידך לשתות ואמרת אליהם
כה אמר יהוה צבאות שתו תשתו.
כט כי הנה בעיר אשר נקרא שמי עליה אנכי מחל להרע ואתם
הנקה תנקו לא תנקו כי חרב אני קרא על כל ישבי הארץ נאם
יהוה צבאות.
ל ואתה תנבא אליהם את כל הדברים האלה ואמרת אליהם
יהוה ממרום ישאג וממעון קדשו יתן קולו שאג ישאג על
נוהו הידד כדרכים יענה אל כל ישבי הארץ.
לא בא שאון עד קצה הארץ כי ריב ליהוה בגוים נשפט הוא
לכל בשר הרשעים נתנם לחרב נאם יהוה.
לב כה אמר יהוה צבאות הנה רעה יצאת מגוי אל גוי וסער
גדול יעור מירכתי ארץ.
לג והיו חללי יהוה ביום ההוא מקצה הארץ ועד קצה הארץ
לא יספדו ולא יאספו ולא יקברו לדמן על פני האדמה יהיו.
לד הילילו הרעים וזעקו והתפלשו אדירי הצאן כי מלאו

𐤉𐤓𐤌𐤉𐤄

𐤉𐤌𐤉𐤊𐤌 𐤋𐤈𐤁𐤅𐤇 𐤅𐤕𐤐𐤅𐤑𐤅𐤕𐤉𐤊𐤌 𐤅𐤍𐤐𐤋𐤕𐤌 𐤊𐤊𐤋𐤉 𐤇𐤌𐤃𐤄.
𐤋𐤄 𐤅𐤀𐤁𐤃 𐤌𐤍𐤅𐤎 𐤌𐤍 𐤄𐤓𐤏𐤉𐤌 𐤅𐤐𐤋𐤉𐤈𐤄 𐤌𐤀𐤃𐤉𐤓𐤉 𐤄𐤑𐤀𐤍.
𐤋𐤅 𐤒𐤅𐤋 𐤑𐤏𐤒𐤕 𐤄𐤓𐤏𐤉𐤌 𐤅𐤉𐤋𐤋𐤕 𐤀𐤃𐤉𐤓𐤉 𐤄𐤑𐤀𐤍 𐤊𐤉 𐤔𐤃𐤃 𐤉𐤄𐤅𐤄 𐤀𐤕
𐤌𐤓𐤏𐤉𐤕𐤌.
𐤋𐤆 𐤅𐤍𐤃𐤌𐤅 𐤍𐤀𐤅𐤕 𐤄𐤔𐤋𐤅𐤌 𐤌𐤐𐤍𐤉 𐤇𐤓𐤅𐤍 𐤀𐤐 𐤉𐤄𐤅𐤄.
𐤋𐤇 𐤏𐤆𐤁 𐤊𐤊𐤐𐤉𐤓 𐤎𐤊𐤅 𐤊𐤉 𐤄𐤉𐤕𐤄 𐤀𐤓𐤑𐤌 𐤋𐤔𐤌𐤄 𐤌𐤐𐤍𐤉 𐤇𐤓𐤅𐤍 𐤄𐤉𐤅𐤍𐤄
𐤅𐤌𐤐𐤍𐤉 𐤇𐤓𐤅𐤍 𐤀𐤐𐤅.

𐤐𐤓𐤒 𐤊𐤅

𐤀 𐤁𐤓𐤀𐤔𐤉𐤕 𐤌𐤌𐤋𐤊𐤅𐤕 𐤉𐤄𐤅𐤉𐤒𐤉𐤌 𐤁𐤍 𐤉𐤀𐤔𐤉𐤄𐤅 𐤌𐤋𐤊 𐤉𐤄𐤅𐤃𐤄 𐤄𐤉𐤄
𐤄𐤃𐤁𐤓 𐤄𐤆𐤄 𐤌𐤀𐤕 𐤉𐤄𐤅𐤄 𐤋𐤀𐤌𐤓.
𐤁 𐤊𐤄 𐤀𐤌𐤓 𐤉𐤄𐤅𐤄 𐤏𐤌𐤃 𐤁𐤇𐤑𐤓 𐤁𐤉𐤕 𐤉𐤄𐤅𐤄 𐤅𐤃𐤁𐤓𐤕 𐤏𐤋 𐤊𐤋 𐤏𐤓𐤉 𐤉𐤄𐤅𐤃𐤄
𐤄𐤁𐤀𐤉𐤌 𐤋𐤄𐤔𐤕𐤇𐤅𐤕 𐤁𐤉𐤕 𐤉𐤄𐤅𐤄 𐤀𐤕 𐤊𐤋 𐤄𐤃𐤁𐤓𐤉𐤌 𐤀𐤔𐤓 𐤑𐤅𐤉𐤕𐤉𐤊 𐤋𐤃𐤁𐤓
𐤀𐤋𐤉𐤄𐤌 𐤀𐤋 𐤕𐤂𐤓𐤏 𐤃𐤁𐤓.
𐤂 𐤀𐤅𐤋𐤉 𐤉𐤔𐤌𐤏𐤅 𐤅𐤉𐤔𐤁𐤅 𐤀𐤉𐤔 𐤌𐤃𐤓𐤊𐤅 𐤄𐤓𐤏𐤄 𐤅𐤍𐤇𐤌𐤕𐤉 𐤀𐤋 𐤄𐤓𐤏𐤄 𐤀𐤔𐤓
𐤀𐤍𐤊𐤉 𐤇𐤔𐤁 𐤋𐤏𐤔𐤅𐤕 𐤋𐤄𐤌 𐤌𐤐𐤍𐤉 𐤓𐤏 𐤌𐤏𐤋𐤋𐤉𐤄𐤌.
𐤃 𐤅𐤀𐤌𐤓𐤕 𐤀𐤋𐤉𐤄𐤌 𐤊𐤄 𐤀𐤌𐤓 𐤉𐤄𐤅𐤄 𐤀𐤌 𐤋𐤀 𐤕𐤔𐤌𐤏𐤅 𐤀𐤋𐤉 𐤋𐤋𐤊𐤕
𐤁𐤕𐤅𐤓𐤕𐤉 𐤀𐤔𐤓 𐤍𐤕𐤕𐤉 𐤋𐤐𐤍𐤉𐤊𐤌.
𐤄 𐤋𐤔𐤌𐤏 𐤏𐤋 𐤃𐤁𐤓𐤉 𐤏𐤁𐤃𐤉 𐤄𐤍𐤁𐤀𐤉𐤌 𐤀𐤔𐤓 𐤀𐤍𐤊𐤉 𐤔𐤋𐤇 𐤀𐤋𐤉𐤊𐤌 𐤅𐤄𐤔𐤊𐤌
𐤅𐤔𐤋𐤇 𐤅𐤋𐤀 𐤔𐤌𐤏𐤕𐤌.
𐤅 𐤅𐤍𐤕𐤕𐤉 𐤀𐤕 𐤄𐤁𐤉𐤕 𐤄𐤆𐤄 𐤊𐤔𐤋𐤄 𐤅𐤀𐤕 𐤄𐤏𐤉𐤓 𐤄𐤆𐤀𐤕𐤄 [𐤄𐤆𐤀𐤕] 𐤀𐤕𐤍
𐤋𐤒𐤋𐤋𐤄 𐤋𐤊𐤋 𐤂𐤅𐤉𐤉 𐤄𐤀𐤓𐤑.
𐤆 𐤅𐤉𐤔𐤌𐤏𐤅 𐤄𐤊𐤄𐤍𐤉𐤌 𐤅𐤄𐤍𐤁𐤀𐤉𐤌 𐤅𐤊𐤋 𐤄𐤏𐤌 𐤀𐤕 𐤉𐤓𐤌𐤉𐤄𐤅 𐤌𐤃𐤁𐤓 𐤀𐤕
𐤄𐤃𐤁𐤓𐤉𐤌 𐤄𐤀𐤋𐤄 𐤁𐤁𐤉𐤕 𐤉𐤄𐤅𐤄.
𐤇 𐤅𐤉𐤄𐤉 𐤊𐤊𐤋𐤅𐤕 𐤉𐤓𐤌𐤉𐤄𐤅 𐤋𐤃𐤁𐤓 𐤀𐤕 𐤊𐤋 𐤀𐤔𐤓 𐤑𐤅𐤄 𐤉𐤄𐤅𐤄 𐤋𐤃𐤁𐤓 𐤀𐤋
𐤊𐤋 𐤄𐤏𐤌 𐤅𐤉𐤕𐤐𐤔𐤅 𐤀𐤕𐤅 𐤄𐤊𐤄𐤍𐤉𐤌 𐤅𐤄𐤍𐤁𐤀𐤉𐤌 𐤅𐤊𐤋 𐤄𐤏𐤌 𐤋𐤀𐤌𐤓 𐤌𐤅𐤕
𐤕𐤌𐤅𐤕.
𐤈 𐤌𐤃𐤅𐤏 𐤍𐤁𐤀𐤕 𐤁𐤔𐤌 𐤉𐤄𐤅𐤄 𐤋𐤀𐤌𐤓 𐤊𐤔𐤋𐤅 𐤉𐤄𐤉𐤄 𐤄𐤁𐤉𐤕 𐤄𐤆𐤄 𐤅𐤄𐤏𐤉𐤓
𐤄𐤆𐤀𐤕 𐤕𐤇𐤓𐤁 𐤌𐤀𐤉𐤍 𐤉𐤅𐤔𐤁 𐤅𐤉𐤒𐤄𐤋𐤅 𐤊𐤋 𐤄𐤏𐤌 𐤀𐤋 𐤉𐤓𐤌𐤉𐤄𐤅 𐤁𐤁𐤉𐤕
𐤉𐤄𐤅𐤄.
𐤉 𐤅𐤉𐤔𐤌𐤏𐤅 𐤔𐤓𐤉 𐤉𐤄𐤅𐤃𐤄 𐤀𐤕 𐤄𐤃𐤁𐤓𐤉𐤌 𐤄𐤀𐤋𐤄 𐤅𐤉𐤏𐤋𐤅 𐤌𐤁𐤉𐤕 𐤄𐤌𐤋𐤊
𐤁𐤉𐤕 𐤉𐤄𐤅𐤄 𐤅𐤉𐤔𐤁𐤅 𐤁𐤐𐤕𐤇 𐤔𐤏𐤓 𐤉𐤄𐤅𐤄 𐤄𐤇𐤃𐤔.
𐤉𐤀 𐤅𐤉𐤀𐤌𐤓𐤅 𐤄𐤊𐤄𐤍𐤉𐤌 𐤅𐤄𐤍𐤁𐤀𐤉𐤌 𐤀𐤋 𐤄𐤔𐤓𐤉𐤌 𐤅𐤀𐤋 𐤊𐤋 𐤄𐤏𐤌 𐤋𐤀𐤌𐤓

משפט מות לאיש הזה כי נבא אל העיר הזאת כאשר שמעתם
באזניכם.
ויאמר ירמיהו אל כל השרים ואל כל העם לאמר יהוה
שלחני להנבא אל הבית הזה ואל העיר הזאת את כל הדברים
אשר שמעתם.
ועתה היטיבו דרכיכם ומעלליכם ושמעו בקול יהוה
אלהיכם וינחם יהוה אל הרעה אשר דבר עליכם.
ואני הנני בידכם עשו לי כטוב וכישר בעיניכם.
אך ידע תדעו כי אם ממתים אתם אתי כי דם נקי אתם
נתנים עליכם ואל העיר הזאת ואל ישביה כי באמת שלחני
יהוה עליכם לדבר באזניכם את כל הדברים האלה.
ויאמרו השרים וכל העם אל הכהנים ואל הנביאים אין
לאיש הזה משפט מות כי בשם יהוה אלהינו דבר אלינו.
ויקמו אנשים מזקני הארץ ויאמרו אל כל קהל העם
לאמר.
יח מיכיה [מיכה] המורשתי היה נבא בימי חזקיהו מלך
יהודה ויאמר אל כל עם יהודה לאמר כה אמר יהוה צבאות
ציון שדה תחרש וירושלים עיים תהיה והר הבית לבמות יער.
ההמת המיתהו חזקיהו מלך יהודה וכל יהודה הלא ירא את
יהוה ויחל את פני יהוה וינחם יהוה אל הרעה אשר דבר
עליהם ואנחנו עשים רעה גדולה על נפשותינו.
וגם איש היה מתנבא בשם יהוה אוריהו בן שמעיהו מקרית
היערים וינבא על העיר הזאת ועל הארץ הזאת ככל דברי
ירמיהו.
וישמע המלך יהויקים וכל גבוריו וכל השרים את דבריו
ויבקש המלך המיתו וישמע אוריהו וירא ויברח ויבא מצרים.
וישלח המלך יהויקים אנשים מצרים את אלנתן בן עכבור
ואנשים אתו אל מצרים.
ויוציאו את אוריהו ממצרים ויבאהו אל המלך יהויקים
ויכהו בחרב וישלך את נבלתו אל קברי בני העם.
אך יד אחיקם בן שפן היתה את ירמיהו לבלתי תת אתו ביד
העם להמיתו.

𐤉𐤓𐤌𐤉𐤄

𐤐𐤓𐤒 𐤊𐤆

𐤀 𐤁𐤓𐤀𐤔𐤉𐤕 𐤌𐤌𐤋𐤊𐤕 𐤉𐤄𐤅𐤉𐤒𐤌 𐤁𐤍 𐤉𐤀𐤅𐤔𐤉𐤄𐤅 𐤌𐤋𐤊 𐤉𐤄𐤅𐤃𐤄 𐤄𐤉𐤄 𐤄𐤃𐤁𐤓
𐤄𐤆𐤄 𐤀𐤋 𐤉𐤓𐤌𐤉𐤄 𐤌𐤀𐤕 𐤉𐤄𐤅𐤄 𐤋𐤀𐤌𐤓•

𐤁 𐤊𐤄 𐤀𐤌𐤓 𐤉𐤄𐤅𐤄 𐤀𐤋𐤉 𐤏𐤔𐤄 𐤋𐤊 𐤌𐤅𐤎𐤓𐤅𐤕 𐤅𐤌𐤈𐤅𐤕 𐤅𐤍𐤕𐤕𐤌 𐤏𐤋 𐤑𐤅𐤀𐤓𐤊•

𐤂 𐤅𐤔𐤋𐤇𐤕𐤌 𐤀𐤋 𐤌𐤋𐤊 𐤀𐤃𐤅𐤌 𐤅𐤀𐤋 𐤌𐤋𐤊 𐤌𐤅𐤀𐤁 𐤅𐤀𐤋 𐤌𐤋𐤊 𐤁𐤍𐤉 𐤏𐤌𐤅𐤍
𐤅𐤀𐤋 𐤌𐤋𐤊 𐤑𐤓 𐤅𐤀𐤋 𐤌𐤋𐤊 𐤑𐤉𐤃𐤅𐤍 𐤁𐤉𐤃 𐤌𐤋𐤀𐤊𐤉𐤌 𐤄𐤁𐤀𐤉𐤌 𐤉𐤓𐤅𐤔𐤋𐤌 𐤀𐤋
𐤑𐤃𐤒𐤉𐤄𐤅 𐤌𐤋𐤊 𐤉𐤄𐤅𐤃𐤄•

𐤃 𐤅𐤑𐤅𐤉𐤕 𐤀𐤕𐤌 𐤀𐤋 𐤀𐤃𐤍𐤉𐤄𐤌 𐤋𐤀𐤌𐤓 𐤊𐤄 𐤀𐤌𐤓 𐤉𐤄𐤅𐤄 𐤑𐤁𐤀𐤅𐤕 𐤀𐤋𐤄𐤉
𐤉𐤔𐤓𐤀𐤋 𐤊𐤄 𐤕𐤀𐤌𐤓𐤅 𐤀𐤋 𐤀𐤃𐤍𐤉𐤊𐤌•

𐤄 𐤀𐤍𐤊𐤉 𐤏𐤔𐤉𐤕𐤉 𐤀𐤕 𐤄𐤀𐤓𐤑 𐤀𐤕 𐤄𐤀𐤃𐤌 𐤅𐤀𐤕 𐤄𐤁𐤄𐤌𐤄 𐤀𐤔𐤓 𐤏𐤋 𐤐𐤍𐤉
𐤄𐤀𐤓𐤑 𐤁𐤊𐤇𐤉 𐤄𐤂𐤃𐤅𐤋 𐤅𐤁𐤆𐤓𐤅𐤏𐤉 𐤄𐤍𐤈𐤅𐤉𐤄 𐤅𐤍𐤕𐤕𐤉𐤄 𐤋𐤀𐤔𐤓 𐤉𐤔𐤓
𐤁𐤏𐤉𐤍𐤉•

𐤅 𐤅𐤏𐤕𐤄 𐤀𐤍𐤊𐤉 𐤍𐤕𐤕𐤉 𐤀𐤕 𐤊𐤋 𐤄𐤀𐤓𐤑𐤅𐤕 𐤄𐤀𐤋𐤄 𐤁𐤉𐤃 𐤍𐤁𐤅𐤊𐤃𐤍𐤀𐤑𐤓 𐤌𐤋𐤊
𐤁𐤁𐤋 𐤏𐤁𐤃𐤉 𐤅𐤂𐤌 𐤀𐤕 𐤇𐤉𐤕 𐤄𐤔𐤃𐤄 𐤍𐤕𐤕𐤉 𐤋𐤅 𐤋𐤏𐤁𐤃𐤅•

𐤆 𐤅𐤏𐤁𐤃𐤅 𐤀𐤕𐤅 𐤊𐤋 𐤄𐤂𐤅𐤉𐤌 𐤀𐤕 𐤁𐤍𐤅 𐤅𐤀𐤕 𐤁𐤍 𐤁𐤍𐤅 𐤏𐤃 𐤁𐤀 𐤏𐤕 𐤀𐤓𐤑𐤅 𐤂𐤌
𐤄𐤅𐤀 𐤅𐤏𐤁𐤃𐤅 𐤁𐤅 𐤂𐤅𐤉𐤌 𐤓𐤁𐤉𐤌 𐤅𐤌𐤋𐤊𐤉𐤌 𐤂𐤃𐤋𐤉𐤌•

𐤇 𐤅𐤄𐤉𐤄 𐤄𐤂𐤅𐤉 𐤅𐤄𐤌𐤌𐤋𐤊𐤄 𐤀𐤔𐤓 𐤋𐤀 𐤉𐤏𐤁𐤃𐤅 𐤀𐤕 𐤍𐤁𐤅𐤊𐤃𐤍𐤀𐤑𐤓
𐤌𐤋𐤊 𐤁𐤁𐤋 𐤅𐤀𐤕 𐤀𐤔𐤓 𐤋𐤀 𐤉𐤕𐤍 𐤀𐤕 𐤑𐤅𐤀𐤓𐤅 𐤁𐤏𐤋 𐤌𐤋𐤊 𐤁𐤁𐤋 𐤁𐤇𐤓𐤁 𐤅𐤁𐤓𐤏𐤁
𐤅𐤁𐤃𐤁𐤓 𐤀𐤐𐤒𐤃 𐤏𐤋 𐤄𐤂𐤅𐤉 𐤄𐤄𐤅𐤀 𐤍𐤀𐤌 𐤉𐤄𐤅𐤄 𐤏𐤃 𐤕𐤌𐤉 𐤀𐤕𐤌 𐤁𐤉𐤃𐤅•

𐤈 𐤅𐤀𐤕𐤌 𐤀𐤋 𐤕𐤔𐤌𐤏𐤅 𐤀𐤋 𐤍𐤁𐤉𐤀𐤉𐤊𐤌 𐤅𐤀𐤋 𐤒𐤎𐤌𐤉𐤊𐤌 𐤅𐤀𐤋 𐤇𐤋𐤌𐤕𐤉𐤊𐤌
𐤅𐤀𐤋 𐤏𐤍𐤍𐤉𐤊𐤌 𐤅𐤀𐤋 𐤊𐤔𐤐𐤉𐤊𐤌 𐤀𐤔𐤓 𐤄𐤌 𐤀𐤌𐤓𐤉𐤌 𐤀𐤋𐤉𐤊𐤌 𐤋𐤀𐤌𐤓 𐤋𐤀
𐤕𐤏𐤁𐤃𐤅 𐤀𐤕 𐤌𐤋𐤊 𐤁𐤁𐤋•

𐤉 𐤊𐤉 𐤔𐤒𐤓 𐤄𐤌 𐤍𐤁𐤀𐤉𐤌 𐤋𐤊𐤌 𐤋𐤌𐤏𐤍 𐤄𐤓𐤇𐤉𐤒 𐤀𐤕𐤊𐤌 𐤌𐤏𐤋 𐤀𐤃𐤌𐤕𐤊𐤌
𐤅𐤄𐤃𐤇𐤕𐤉 𐤀𐤕𐤊𐤌 𐤅𐤀𐤁𐤃𐤕𐤌•

𐤉𐤀 𐤅𐤄𐤂𐤅𐤉 𐤀𐤔𐤓 𐤉𐤁𐤉𐤀 𐤀𐤕 𐤑𐤅𐤀𐤓𐤅 𐤁𐤏𐤋 𐤌𐤋𐤊 𐤁𐤁𐤋 𐤅𐤏𐤁𐤃𐤅 𐤅𐤄𐤍𐤇𐤕𐤉𐤅
𐤏𐤋 𐤀𐤃𐤌𐤕𐤅 𐤍𐤀𐤌 𐤉𐤄𐤅𐤄 𐤅𐤏𐤁𐤃𐤄 𐤅𐤉𐤔𐤁 𐤁𐤄•

𐤉𐤁 𐤅𐤀𐤋 𐤑𐤃𐤒𐤉𐤄 𐤌𐤋𐤊 𐤉𐤄𐤅𐤃𐤄 𐤃𐤁𐤓𐤕𐤉 𐤊𐤊𐤋 𐤄𐤃𐤁𐤓𐤉𐤌 𐤄𐤀𐤋𐤄 𐤋𐤀𐤌𐤓
𐤄𐤁𐤉𐤀𐤅 𐤀𐤕 𐤑𐤅𐤀𐤓𐤉𐤊𐤌 𐤁𐤏𐤋 𐤌𐤋𐤊 𐤁𐤁𐤋 𐤅𐤏𐤁𐤃𐤅 𐤀𐤕𐤅 𐤅𐤏𐤌𐤅 𐤅𐤇𐤉𐤅•

𐤉𐤂 𐤋𐤌𐤄 𐤕𐤌𐤅𐤕𐤅 𐤀𐤕𐤄 𐤅𐤏𐤌𐤊 𐤁𐤇𐤓𐤁 𐤁𐤓𐤏𐤁 𐤅𐤁𐤃𐤁𐤓 𐤊𐤀𐤔𐤓 𐤃𐤁𐤓 𐤉𐤄𐤅𐤄 𐤀𐤋
𐤄𐤂𐤅𐤉 𐤀𐤔𐤓 𐤋𐤀 𐤉𐤏𐤁𐤃 𐤀𐤕 𐤌𐤋𐤊 𐤁𐤁𐤋•

𐤉𐤃 𐤅𐤀𐤋 𐤕𐤔𐤌𐤏𐤅 𐤀𐤋 𐤃𐤁𐤓𐤉 𐤄𐤍𐤁𐤀𐤉𐤌 𐤄𐤀𐤌𐤓𐤉𐤌 𐤀𐤋𐤉𐤊𐤌 𐤋𐤀𐤌𐤓 𐤋𐤀
𐤕𐤏𐤁𐤃𐤅 𐤀𐤕 𐤌𐤋𐤊 𐤁𐤁𐤋 𐤊𐤉 𐤔𐤒𐤓 𐤄𐤌 𐤍𐤁𐤀𐤉𐤌 𐤋𐤊𐤌•

𐤈𐤅 𐤊𐤉 𐤋𐤀 𐤔𐤋𐤇𐤕𐤉𐤌 𐤍𐤀𐤌 𐤉𐤄𐤅𐤄 𐤅𐤄𐤌 𐤍𐤁𐤀𐤉𐤌 𐤁𐤔𐤌𐤉 𐤋𐤔𐤒𐤓 𐤋𐤌𐤏𐤍

𐤄𐤃𐤉𐤇𐤉 𐤀𐤕𐤊𐤌 𐤅𐤀𐤁𐤃𐤕𐤌 𐤀𐤕𐤌 𐤅𐤄𐤍𐤁𐤀𐤉𐤌 𐤄𐤍𐤁𐤀𐤉𐤌 𐤋𐤊𐤌•
𐤈𐤆 𐤅𐤀𐤋 𐤄𐤊𐤄𐤍𐤉𐤌 𐤅𐤀𐤋 𐤊𐤋 𐤄𐤏𐤌 𐤄𐤆𐤄 𐤃𐤁𐤓𐤕𐤉 𐤋𐤀𐤌𐤓 𐤊𐤄 𐤀𐤌𐤓 𐤉𐤄𐤅𐤄
𐤀𐤋 𐤕𐤔𐤌𐤏𐤅 𐤀𐤋 𐤃𐤁𐤓𐤉 𐤍𐤁𐤉𐤀𐤉𐤊𐤌 𐤄𐤍𐤁𐤀𐤉𐤌 𐤋𐤊𐤌 𐤋𐤀𐤌𐤓 𐤄𐤍𐤄 𐤊𐤋𐤉 𐤁𐤉𐤕
𐤉𐤄𐤅𐤄 𐤌𐤅𐤔𐤁𐤉𐤌 𐤌𐤁𐤁𐤋𐤄 𐤏𐤕𐤄 𐤌𐤄𐤓𐤄 𐤊𐤉 𐤔𐤒𐤓 𐤄𐤌𐤄 𐤍𐤁𐤀𐤉𐤌 𐤋𐤊𐤌•
𐤉𐤆 𐤀𐤋 𐤕𐤔𐤌𐤏𐤅 𐤀𐤋𐤉𐤄𐤌 𐤏𐤁𐤃𐤅 𐤀𐤕 𐤌𐤋𐤊 𐤁𐤁𐤋 𐤅𐤇𐤉𐤅 𐤋𐤌𐤄 𐤕𐤄𐤉𐤄 𐤄𐤏𐤉𐤓
𐤄𐤆𐤀𐤕 𐤇𐤓𐤁𐤄•
𐤉𐤇 𐤅𐤀𐤌 𐤍𐤁𐤀𐤉𐤌 𐤄𐤌 𐤅𐤀𐤌 𐤉𐤔 𐤃𐤁𐤓 𐤉𐤄𐤅𐤄 𐤀𐤕𐤌 𐤉𐤐𐤂𐤏𐤅 𐤍𐤀 𐤁𐤉𐤄𐤅𐤄
𐤑𐤁𐤀𐤅𐤕 𐤋𐤁𐤋𐤕𐤉 𐤁𐤀𐤅 𐤄𐤊𐤋𐤉𐤌 𐤄𐤍𐤅𐤕𐤓𐤉𐤌 𐤁𐤁𐤉𐤕 𐤉𐤄𐤅𐤄 𐤅𐤁𐤉𐤕 𐤌𐤋𐤊
𐤉𐤄𐤅𐤃𐤄 𐤅𐤁𐤉𐤓𐤅𐤔𐤋𐤌 𐤁𐤁𐤋𐤄•
𐤉𐤈 𐤊𐤉 𐤊𐤄 𐤀𐤌𐤓 𐤉𐤄𐤅𐤄 𐤑𐤁𐤀𐤅𐤕 𐤀𐤋 𐤄𐤏𐤌𐤃𐤉𐤌 𐤅𐤏𐤋 𐤄𐤉𐤌 𐤅𐤏𐤋 𐤄𐤌𐤊𐤍𐤅𐤕
𐤅𐤏𐤋 𐤉𐤕𐤓 𐤄𐤊𐤋𐤉𐤌 𐤄𐤍𐤅𐤕𐤓𐤉𐤌 𐤁𐤏𐤉𐤓 𐤄𐤆𐤀𐤕•
𐤊 𐤀𐤔𐤓 𐤋𐤀 𐤋𐤒𐤇𐤌 𐤍𐤁𐤅𐤊𐤃𐤍𐤀𐤑𐤓 𐤌𐤋𐤊 𐤁𐤁𐤋 𐤁𐤂𐤋𐤅𐤕𐤅 𐤀𐤕 𐤉𐤊𐤅𐤍𐤉𐤄
[𐤉𐤊𐤍𐤉𐤄] 𐤁𐤍 𐤉𐤄𐤅𐤉𐤒𐤉𐤌 𐤌𐤋𐤊 𐤉𐤄𐤅𐤃𐤄 𐤌𐤉𐤓𐤅𐤔𐤋𐤌 𐤁𐤁𐤋𐤄 𐤅𐤀𐤕 𐤊𐤋 𐤇𐤓𐤉
𐤉𐤄𐤅𐤃𐤄 𐤅𐤉𐤓𐤅𐤔𐤋𐤌•
𐤊𐤀 𐤊𐤉 𐤊𐤄 𐤀𐤌𐤓 𐤉𐤄𐤅𐤄 𐤑𐤁𐤀𐤅𐤕 𐤀𐤋𐤄𐤉 𐤉𐤔𐤓𐤀𐤋 𐤏𐤋 𐤄𐤊𐤋𐤉𐤌 𐤄𐤍𐤅𐤕𐤓𐤉𐤌
𐤁𐤉𐤕 𐤉𐤄𐤅𐤄 𐤅𐤁𐤉𐤕 𐤌𐤋𐤊 𐤉𐤄𐤅𐤃𐤄 𐤅𐤉𐤓𐤅𐤔𐤋𐤌•
𐤊𐤁 𐤁𐤁𐤋𐤄 𐤉𐤅𐤁𐤀𐤅 𐤅𐤔𐤌𐤄 𐤉𐤄𐤉𐤅 𐤏𐤃 𐤉𐤅𐤌 𐤐𐤒𐤃𐤉 𐤀𐤕𐤌 𐤍𐤀𐤌 𐤉𐤄𐤅𐤄
𐤅𐤄𐤏𐤋𐤉𐤕𐤉𐤌 𐤅𐤄𐤔𐤉𐤁𐤕𐤉𐤌 𐤀𐤋 𐤄𐤌𐤒𐤅𐤌 𐤄𐤆𐤄•

𐤐𐤓𐤒 𐤊𐤇

𐤀 𐤅𐤉𐤄𐤉 𐤁𐤔𐤍𐤄 𐤄𐤄𐤉𐤀 𐤁𐤓𐤀𐤔𐤉𐤕 𐤌𐤌𐤋𐤊𐤕 𐤑𐤃𐤒𐤉𐤄 𐤌𐤋𐤊 𐤉𐤄𐤅𐤃𐤄
𐤁𐤔𐤍𐤕 [𐤁𐤔𐤍𐤄] 𐤄𐤓𐤁𐤏𐤉𐤕 𐤁𐤇𐤃𐤔 𐤄𐤇𐤌𐤉𐤔𐤉 𐤀𐤌𐤓 𐤀𐤋𐤉 𐤇𐤍𐤍𐤉𐤄 𐤁𐤍 𐤏𐤆𐤅𐤓
𐤄𐤍𐤁𐤉𐤀 𐤀𐤔𐤓 𐤌𐤂𐤁𐤏𐤅𐤍 𐤁𐤁𐤉𐤕 𐤉𐤄𐤅𐤄 𐤋𐤏𐤉𐤍𐤉 𐤄𐤊𐤄𐤍𐤉𐤌 𐤅𐤊𐤋 𐤄𐤏𐤌
𐤋𐤀𐤌𐤓•
𐤁 𐤊𐤄 𐤀𐤌𐤓 𐤉𐤄𐤅𐤄 𐤑𐤁𐤀𐤅𐤕 𐤀𐤋𐤄𐤉 𐤉𐤔𐤓𐤀𐤋 𐤋𐤀𐤌𐤓 𐤔𐤁𐤓𐤕𐤉 𐤀𐤕 𐤏𐤋 𐤌𐤋𐤊
𐤁𐤁𐤋•
𐤂 𐤁𐤏𐤅𐤃 𐤔𐤍𐤕𐤉𐤌 𐤉𐤌𐤉𐤌 𐤀𐤍𐤉 𐤌𐤔𐤉𐤁 𐤀𐤋 𐤄𐤌𐤒𐤅𐤌 𐤄𐤆𐤄 𐤀𐤕 𐤊𐤋 𐤊𐤋𐤉
𐤁𐤉𐤕 𐤉𐤄𐤅𐤄 𐤀𐤔𐤓 𐤋𐤒𐤇 𐤍𐤁𐤅𐤊𐤃𐤍𐤀𐤑𐤓 𐤌𐤋𐤊 𐤁𐤁𐤋 𐤌𐤍 𐤄𐤌𐤒𐤅𐤌 𐤄𐤆𐤄
𐤅𐤉𐤁𐤉𐤀𐤌 𐤁𐤁𐤋•
𐤃 𐤅𐤀𐤕 𐤉𐤊𐤍𐤉𐤄 𐤁𐤍 𐤉𐤄𐤅𐤉𐤒𐤉𐤌 𐤌𐤋𐤊 𐤉𐤄𐤅𐤃𐤄 𐤅𐤀𐤕 𐤊𐤋 𐤂𐤋𐤅𐤕 𐤉𐤄𐤅𐤃𐤄
𐤄𐤁𐤀𐤉𐤌 𐤁𐤁𐤋𐤄 𐤀𐤍𐤉 𐤌𐤔𐤉𐤁 𐤀𐤋 𐤄𐤌𐤒𐤅𐤌 𐤄𐤆𐤄 𐤍𐤀𐤌 𐤉𐤄𐤅𐤄 𐤊𐤉 𐤀𐤔𐤁𐤓
𐤀𐤕 𐤏𐤋 𐤌𐤋𐤊 𐤁𐤁𐤋•
𐤄 𐤅𐤉𐤀𐤌𐤓 𐤉𐤓𐤌𐤉𐤄 𐤄𐤍𐤁𐤉𐤀 𐤀𐤋 𐤇𐤍𐤍𐤉𐤄 𐤄𐤍𐤁𐤉𐤀 𐤋𐤏𐤉𐤍𐤉 𐤄𐤊𐤄𐤍𐤉𐤌

𐤉𐤓𐤌𐤉𐤄

𐤅𐤋𐤏𐤉𐤍𐤉 𐤊𐤋 𐤄𐤏𐤌 𐤄𐤏𐤌𐤃𐤉𐤌 𐤁𐤁𐤉𐤕 𐤉𐤄𐤅𐤄.
𐤅 𐤅𐤉𐤀𐤌𐤓 𐤉𐤓𐤌𐤉𐤄 𐤄𐤍𐤁𐤉𐤀 𐤀𐤌𐤍 𐤊𐤍 𐤉𐤏𐤔𐤄 𐤉𐤄𐤅𐤄 𐤉𐤒𐤌 𐤉𐤄𐤅𐤄 𐤀𐤕
𐤃𐤁𐤓𐤉𐤊 𐤀𐤔𐤓 𐤍𐤁𐤀𐤕 𐤋𐤄𐤔𐤉𐤁 𐤊𐤋𐤉 𐤁𐤉𐤕 𐤉𐤄𐤅𐤄 𐤅𐤊𐤋 𐤄𐤂𐤅𐤋𐤄 𐤌𐤁𐤁𐤋 𐤀𐤋
𐤄𐤌𐤒𐤅𐤌 𐤄𐤆𐤄.
𐤆 𐤀𐤊 𐤔𐤌𐤏 𐤍𐤀 𐤄𐤃𐤁𐤓 𐤄𐤆𐤄 𐤀𐤔𐤓 𐤀𐤍𐤊𐤉 𐤃𐤁𐤓 𐤁𐤀𐤆𐤍𐤉𐤊 𐤅𐤁𐤀𐤆𐤍𐤉 𐤊𐤋
𐤄𐤏𐤌.
𐤇 𐤄𐤍𐤁𐤉𐤀𐤉𐤌 𐤀𐤔𐤓 𐤄𐤉𐤅 𐤋𐤐𐤍𐤉 𐤅𐤋𐤐𐤍𐤉𐤊 𐤌𐤍 𐤄𐤏𐤅𐤋𐤌 𐤅𐤉𐤍𐤁𐤀𐤅 𐤀𐤋
𐤀𐤓𐤑𐤅𐤕 𐤓𐤁𐤅𐤕 𐤅𐤏𐤋 𐤌𐤌𐤋𐤊𐤅𐤕 𐤂𐤃𐤋𐤅𐤕 𐤋𐤌𐤋𐤇𐤌𐤄 𐤅𐤋𐤓𐤏𐤄 𐤅𐤋𐤃𐤁𐤓.
𐤈 𐤄𐤍𐤁𐤉𐤀 𐤀𐤔𐤓 𐤉𐤍𐤁𐤀 𐤋𐤔𐤋𐤅𐤌 𐤁𐤁𐤀 𐤃𐤁𐤓 𐤄𐤍𐤁𐤉𐤀 𐤉𐤅𐤃𐤏 𐤄𐤍𐤁𐤉𐤀 𐤀𐤔𐤓
𐤔𐤋𐤇𐤅 𐤉𐤄𐤅𐤄 𐤁𐤀𐤌𐤕.
𐤉 𐤅𐤉𐤒𐤇 𐤇𐤍𐤍𐤉𐤄 𐤄𐤍𐤁𐤉𐤀 𐤀𐤕 𐤄𐤌𐤅𐤈𐤄 𐤌𐤏𐤋 𐤑𐤅𐤀𐤓 𐤉𐤓𐤌𐤉𐤄 𐤄𐤍𐤁𐤉𐤀
𐤅𐤉𐤔𐤁𐤓𐤄𐤅.
𐤉𐤀 𐤅𐤉𐤀𐤌𐤓 𐤇𐤍𐤍𐤉𐤄 𐤋𐤏𐤉𐤍𐤉 𐤊𐤋 𐤄𐤏𐤌 𐤋𐤀𐤌𐤓 𐤊𐤄 𐤀𐤌𐤓 𐤉𐤄𐤅𐤄 𐤊𐤊𐤄
𐤀𐤔𐤁𐤓 𐤀𐤕 𐤏𐤋 𐤍𐤁𐤊𐤃𐤍𐤀𐤑𐤓 𐤌𐤋𐤊 𐤁𐤁𐤋 𐤁𐤏𐤅𐤃 𐤔𐤍𐤕𐤉𐤌 𐤉𐤌𐤉𐤌 𐤌𐤏𐤋 𐤑𐤅𐤀𐤓
𐤊𐤋 𐤄𐤂𐤅𐤉𐤌 𐤅𐤉𐤋𐤊 𐤉𐤓𐤌𐤉𐤄 𐤄𐤍𐤁𐤉𐤀 𐤋𐤃𐤓𐤊𐤅.
𐤉𐤁 𐤅𐤉𐤄𐤉 𐤃𐤁𐤓 𐤉𐤄𐤅𐤄 𐤀𐤋 𐤉𐤓𐤌𐤉𐤄 𐤀𐤇𐤓𐤉 𐤔𐤁𐤅𐤓 𐤇𐤍𐤍𐤉𐤄 𐤄𐤍𐤁𐤉𐤀 𐤀𐤕
𐤄𐤌𐤅𐤈𐤄 𐤌𐤏𐤋 𐤑𐤅𐤀𐤓 𐤉𐤓𐤌𐤉𐤄 𐤄𐤍𐤁𐤉𐤀 𐤋𐤀𐤌𐤓.
𐤉𐤂 𐤄𐤋𐤅𐤊 𐤅𐤀𐤌𐤓𐤕 𐤀𐤋 𐤇𐤍𐤍𐤉𐤄 𐤋𐤀𐤌𐤓 𐤊𐤄 𐤀𐤌𐤓 𐤉𐤄𐤅𐤄 𐤌𐤅𐤈𐤕 𐤏𐤑 𐤔𐤁𐤓𐤕
𐤅𐤏𐤔𐤉𐤕 𐤕𐤇𐤕𐤉𐤄𐤍 𐤌𐤈𐤅𐤕 𐤁𐤓𐤆𐤋.
𐤉𐤃 𐤊𐤉 𐤊𐤄 𐤀𐤌𐤓 𐤉𐤄𐤅𐤄 𐤑𐤁𐤀𐤅𐤕 𐤀𐤋𐤄𐤉 𐤉𐤔𐤓𐤀𐤋 𐤏𐤋 𐤁𐤓𐤆𐤋 𐤍𐤕𐤕𐤉 𐤏𐤋
𐤑𐤅𐤀𐤓 𐤊𐤋 𐤄𐤂𐤅𐤉𐤌 𐤄𐤀𐤋𐤄 𐤋𐤏𐤁𐤃 𐤀𐤕 𐤍𐤁𐤊𐤃𐤍𐤀𐤑𐤓 𐤌𐤋𐤊 𐤁𐤁𐤋 𐤅𐤏𐤁𐤃𐤄𐤅
𐤅𐤂𐤌 𐤀𐤕 𐤇𐤉𐤕 𐤄𐤔𐤃𐤄 𐤍𐤕𐤕𐤉 𐤋𐤅.
𐤈𐤅 𐤅𐤉𐤀𐤌𐤓 𐤉𐤓𐤌𐤉𐤄 𐤄𐤍𐤁𐤉𐤀 𐤀𐤋 𐤇𐤍𐤍𐤉𐤄 𐤄𐤍𐤁𐤉𐤀 𐤔𐤌𐤏 𐤍𐤀 𐤇𐤍𐤍𐤉𐤄 𐤋𐤀
𐤔𐤋𐤇𐤊 𐤉𐤄𐤅𐤄 𐤅𐤀𐤕𐤄 𐤄𐤁𐤈𐤇𐤕 𐤀𐤕 𐤄𐤏𐤌 𐤄𐤆𐤄 𐤏𐤋 𐤔𐤒𐤓.
𐤈𐤆 𐤋𐤊𐤍 𐤊𐤄 𐤀𐤌𐤓 𐤉𐤄𐤅𐤄 𐤄𐤍𐤍𐤉 𐤌𐤔𐤋𐤇𐤊 𐤌𐤏𐤋 𐤐𐤍𐤉 𐤄𐤀𐤃𐤌𐤄 𐤄𐤔𐤍𐤄
𐤀𐤕𐤄 𐤌𐤕 𐤊𐤉 𐤎𐤓𐤄 𐤃𐤁𐤓𐤕 𐤀𐤋 𐤉𐤄𐤅𐤄.
𐤉𐤆 𐤅𐤉𐤌𐤕 𐤇𐤍𐤍𐤉𐤄 𐤄𐤍𐤁𐤉𐤀 𐤁𐤔𐤍𐤄 𐤄𐤄𐤉𐤀 𐤁𐤇𐤃𐤔 𐤄𐤔𐤁𐤉𐤏𐤉.

𐤐𐤓𐤒 𐤊𐤈

𐤀 𐤅𐤀𐤋𐤄 𐤃𐤁𐤓𐤉 𐤄𐤎𐤐𐤓 𐤀𐤔𐤓 𐤔𐤋𐤇 𐤉𐤓𐤌𐤉𐤄 𐤄𐤍𐤁𐤉𐤀 𐤌𐤉𐤓𐤅𐤔𐤋𐤌 𐤀𐤋 𐤉𐤕𐤓
𐤆𐤒𐤍𐤉 𐤄𐤂𐤅𐤋𐤄 𐤅𐤀𐤋 𐤄𐤊𐤄𐤍𐤉𐤌 𐤅𐤀𐤋 𐤄𐤍𐤁𐤉𐤀𐤉𐤌 𐤅𐤀𐤋 𐤊𐤋 𐤄𐤏𐤌 𐤀𐤔𐤓
𐤄𐤂𐤋𐤄 𐤍𐤁𐤅𐤊𐤃𐤍𐤀𐤑𐤓 𐤌𐤉𐤓𐤅𐤔𐤋𐤉𐤌 𐤁𐤁𐤋𐤄.
𐤁 𐤀𐤇𐤓𐤉 𐤑𐤀𐤕 𐤉𐤊𐤍𐤉𐤄 𐤄𐤌𐤋𐤊 𐤅𐤄𐤂𐤁𐤉𐤓𐤄 𐤅𐤄𐤎𐤓𐤉𐤎𐤉𐤌 𐤔𐤓𐤉 𐤉𐤄𐤅𐤃𐤄

וירושלם והחרש והמסגר מירושלם•
ג ביד אלעשה בן שפן וגמריה בן חלקיה אשר שלח צדקיה מלך
יהודה אל נבוכדנאצר מלך בבל בבלה לאמר•
ד כה אמר יהוה צבאות אלהי ישראל לכל הגולה אשר הגליתי
מירושלם בבלה•
ה בנו בתים ושבו ונטעו גנות ואכלו את פרין•
ו קחו נשים והולידו בנים ובנות וקחו לבניכם נשים ואת
בנותיכם תנו לאנשים ותלדנה בנים ובנות ורבו שם ואל
תמעטו•
ז ודרשו את שלום העיר אשר הגליתי אתכם שמה והתפללו
בעדה אל יהוה כי בשלומה יהיה לכם שלום•
ח כי כה אמר יהוה צבאות אלהי ישראל אל ישיאו לכם
נביאיכם אשר בקרבכם וקסמיכם ואל תשמעו אל חלמתיכם אשר
אתם מחלמים•
ט כי בשקר הם נבאים לכם בשמי לא שלחתים נאם יהוה•
י כי כה אמר יהוה כי לפי מלאת לבבל שבעים שנה אפקד
אתכם והקמתי עליכם את דברי הטוב להשיב אתכם אל המקום
הזה•
יא כי אנכי ידעתי את המחשבת אשר אנכי חשב עליכם נאם
יהוה מחשבות שלום ולא לרעה לתת לכם אחרית ותקוה•
יב וקראתם אתי והלכתם והתפללתם אלי ושמעתי אליכם•
יג ובקשתם אתי ומצאתם כי תדרשני בכל לבבכם•
יד ונמצאתי לכם נאם יהוה ושבתי את שביתכם [שבותכם]
וקבצתי אתכם מכל הגוים ומכל המקומות אשר הדחתי אתכם
שם נאם יהוה והשבתי אתכם אל המקום אשר הגליתי אתכם
משם•
טו כי אמרתם הקים לנו יהוה נבאים בבלה•
טז כי כה אמר יהוה אל המלך היושב אל כסא דוד ואל כל
העם היושב בעיר הזאת אחיכם אשר לא יצאו אתכם בגולה•
יז כה אמר יהוה צבאות הנני משלח בם את החרב את הרעב ואת
הדבר ונתתי אותם כתאנים השערים אשר לא תאכלנה מרע•
יח ורדפתי אחריהם בחרב ברעב ובדבר ונתתים לזועה [לזעוה]
לכל ממלכות הארץ לאלה ולשמה ולשרקה ולחרפה בכל הגוים

𐤉𐤓𐤌𐤉𐤄

𐤀𐤔𐤓 𐤄𐤃𐤇𐤕𐤉𐤌 𐤔𐤌•
𐤉𐤈 𐤕𐤇𐤕 𐤀𐤔𐤓 𐤋𐤀 𐤔𐤌𐤏𐤅 𐤀𐤋 𐤃𐤁𐤓𐤉 𐤍𐤀𐤌 𐤉𐤄𐤅𐤄 𐤀𐤔𐤓 𐤔𐤋𐤇𐤕𐤉 𐤀𐤋𐤉𐤄𐤌
𐤀𐤕 𐤏𐤁𐤃𐤉 𐤄𐤍𐤁𐤀𐤉𐤌 𐤄𐤔𐤊𐤌 𐤅𐤔𐤋𐤇 𐤅𐤋𐤀 𐤔𐤌𐤏𐤕𐤌 𐤍𐤀𐤌 𐤉𐤄𐤅𐤄•
𐤊 𐤅𐤀𐤕𐤌 𐤔𐤌𐤏𐤅 𐤃𐤁𐤓 𐤉𐤄𐤅𐤄 𐤊𐤋 𐤄𐤂𐤅𐤋𐤄 𐤀𐤔𐤓 𐤔𐤋𐤇𐤕𐤉 𐤌𐤉𐤓𐤅𐤔𐤋𐤌
𐤁𐤁𐤋𐤄•
𐤊𐤀 𐤊𐤄 𐤀𐤌𐤓 𐤉𐤄𐤅𐤄 𐤑𐤁𐤀𐤅𐤕 𐤀𐤋𐤄𐤉 𐤉𐤔𐤓𐤀𐤋 𐤀𐤋 𐤀𐤇𐤀𐤁 𐤁𐤍 𐤒𐤅𐤋𐤉𐤄 𐤅𐤀𐤋
𐤑𐤃𐤒𐤉𐤄𐤅 𐤁𐤍 𐤌𐤏𐤔𐤉𐤄 𐤄𐤍𐤁𐤀𐤉𐤌 𐤋𐤊𐤌 𐤁𐤔𐤌𐤉 𐤔𐤒𐤓 𐤄𐤍𐤍𐤉 𐤍𐤕𐤍 𐤀𐤕𐤌
𐤁𐤉𐤃 𐤍𐤁𐤅𐤊𐤃𐤓𐤀𐤑𐤓 𐤌𐤋𐤊 𐤁𐤁𐤋 𐤅𐤄𐤊𐤌 𐤋𐤏𐤉𐤍𐤉𐤊𐤌•
𐤊𐤁 𐤅𐤋𐤒𐤇 𐤌𐤄𐤌 𐤒𐤋𐤋𐤄 𐤋𐤊𐤋 𐤂𐤋𐤅𐤕 𐤉𐤄𐤅𐤃𐤄 𐤀𐤔𐤓 𐤁𐤁𐤁𐤋 𐤋𐤀𐤌𐤓 𐤉𐤔𐤌𐤊
𐤉𐤄𐤅𐤄 𐤊𐤑𐤃𐤒𐤉𐤄𐤅 𐤅𐤊𐤀𐤇𐤁 𐤀𐤔𐤓 𐤒𐤋𐤌 𐤌𐤋𐤊 𐤁𐤁𐤋 𐤁𐤀𐤔•
𐤊𐤂 𐤉𐤏𐤍 𐤀𐤔𐤓 𐤏𐤔𐤅 𐤍𐤁𐤋𐤄 𐤁𐤉𐤔𐤓𐤀𐤋 𐤅𐤉𐤍𐤀𐤐𐤅 𐤀𐤕 𐤍𐤔𐤉 𐤓𐤏𐤉𐤄𐤌 𐤅𐤉𐤃𐤁𐤓𐤅
𐤃𐤁𐤓 𐤁𐤔𐤌𐤉 𐤔𐤒𐤓 𐤀𐤔𐤓 𐤋𐤅𐤀 𐤑𐤅𐤉𐤕𐤌 𐤅𐤀𐤍𐤊𐤉 𐤄𐤅𐤉𐤃𐤏 [𐤄𐤉𐤅𐤃𐤏] 𐤅𐤏𐤃 𐤍𐤀𐤌
𐤉𐤄𐤅𐤄•
𐤊𐤃 𐤅𐤀𐤋 𐤔𐤌𐤏𐤉𐤄𐤅 𐤄𐤍𐤇𐤋𐤌𐤉 𐤕𐤀𐤌𐤓 𐤋𐤀𐤌𐤓•
𐤊𐤄 𐤊𐤄 𐤀𐤌𐤓 𐤉𐤄𐤅𐤄 𐤑𐤁𐤀𐤅𐤕 𐤀𐤋𐤄𐤉 𐤉𐤔𐤓𐤀𐤋 𐤋𐤀𐤌𐤓 𐤉𐤏𐤍 𐤀𐤔𐤓 𐤀𐤕𐤄
𐤔𐤋𐤇𐤕 𐤁𐤔𐤌𐤊𐤄 𐤎𐤐𐤓𐤉𐤌 𐤀𐤋 𐤊𐤋 𐤄𐤏𐤌 𐤀𐤔𐤓 𐤁𐤉𐤓𐤅𐤔𐤋𐤌 𐤅𐤀𐤋 𐤑𐤐𐤍𐤉𐤄 𐤁𐤍
𐤌𐤏𐤔𐤉𐤄 𐤄𐤊𐤄𐤍 𐤅𐤀𐤋 𐤊𐤋 𐤄𐤊𐤄𐤍𐤉𐤌 𐤋𐤀𐤌𐤓•
𐤊𐤅 𐤉𐤄𐤅𐤄 𐤍𐤕𐤍𐤊 𐤊𐤄𐤍 𐤕𐤇𐤕 𐤉𐤄𐤅𐤉𐤃𐤏 𐤄𐤊𐤄𐤍 𐤋𐤄𐤉𐤅𐤕 𐤐𐤒𐤃𐤉𐤌 𐤁𐤉𐤕
𐤉𐤄𐤅𐤄 𐤋𐤊𐤋 𐤀𐤉𐤔 𐤌𐤔𐤂𐤏 𐤅𐤌𐤕𐤍𐤁𐤀 𐤅𐤍𐤕𐤕𐤄 𐤀𐤕𐤅 𐤀𐤋 𐤄𐤌𐤄𐤐𐤊𐤕 𐤅𐤀𐤋
𐤄𐤑𐤉𐤍𐤒•
𐤊𐤆 𐤅𐤏𐤕𐤄 𐤋𐤌𐤄 𐤋𐤀 𐤂𐤏𐤓𐤕 𐤁𐤉𐤓𐤌𐤉𐤄𐤅 𐤄𐤏𐤍𐤕𐤕𐤉 𐤄𐤌𐤕𐤍𐤁𐤀 𐤋𐤊𐤌•
𐤊𐤇 𐤊𐤉 𐤏𐤋 𐤊𐤍 𐤔𐤋𐤇 𐤀𐤋𐤉𐤍𐤅 𐤁𐤁𐤋 𐤋𐤀𐤌𐤓 𐤀𐤓𐤊𐤄 𐤄𐤉𐤀 𐤁𐤍𐤅 𐤁𐤕𐤉𐤌 𐤅𐤔𐤁𐤅
𐤅𐤍𐤈𐤏𐤅 𐤂𐤍𐤅𐤕 𐤅𐤀𐤊𐤋𐤅 𐤀𐤕 𐤐𐤓𐤉𐤄𐤍•
𐤊𐤈 𐤅𐤉𐤒𐤓𐤀 𐤑𐤐𐤍𐤉𐤄 𐤄𐤊𐤄𐤍 𐤀𐤕 𐤄𐤎𐤐𐤓 𐤄𐤆𐤄 𐤁𐤀𐤆𐤍𐤉 𐤉𐤓𐤌𐤉𐤄𐤅 𐤄𐤍𐤁𐤉𐤀•
𐤋 𐤅𐤉𐤄𐤉 𐤃𐤁𐤓 𐤉𐤄𐤅𐤄 𐤀𐤋 𐤉𐤓𐤌𐤉𐤄𐤅 𐤋𐤀𐤌𐤓•
𐤋𐤀 𐤔𐤋𐤇 𐤏𐤋 𐤊𐤋 𐤄𐤂𐤅𐤋𐤄 𐤋𐤀𐤌𐤓 𐤊𐤄 𐤀𐤌𐤓 𐤉𐤄𐤅𐤄 𐤀𐤋 𐤔𐤌𐤏𐤉𐤄 𐤄𐤍𐤇𐤋𐤌𐤉
𐤉𐤏𐤍 𐤀𐤔𐤓 𐤍𐤁𐤀 𐤋𐤊𐤌 𐤔𐤌𐤏𐤉𐤄 𐤅𐤀𐤍𐤉 𐤋𐤀 𐤔𐤋𐤇𐤕𐤉𐤅 𐤅𐤉𐤁𐤈𐤇 𐤀𐤕𐤊𐤌 𐤏𐤋
𐤔𐤒𐤓•
𐤋𐤁 𐤋𐤊𐤍 𐤊𐤄 𐤀𐤌𐤓 𐤉𐤄𐤅𐤄 𐤄𐤍𐤍𐤉 𐤐𐤒𐤃 𐤏𐤋 𐤔𐤌𐤏𐤉𐤄 𐤄𐤍𐤇𐤋𐤌𐤉 𐤅𐤏𐤋 𐤆𐤓𐤏𐤅
𐤋𐤀 𐤉𐤄𐤉𐤄 𐤋𐤅 𐤀𐤉𐤔 𐤉𐤅𐤔𐤁 𐤁𐤕𐤅𐤊 𐤄𐤏𐤌 𐤄𐤆𐤄 𐤅𐤋𐤀 𐤉𐤓𐤀𐤄 𐤁𐤈𐤅𐤁 𐤀𐤔𐤓
𐤀𐤍𐤉 𐤏𐤔𐤄 𐤋𐤏𐤌𐤉 𐤍𐤀𐤌 𐤉𐤄𐤅𐤄 𐤊𐤉 𐤎𐤓𐤄 𐤃𐤁𐤓 𐤏𐤋 𐤉𐤄𐤅𐤄•

𐤐𐤒 𐤋

𐤀𐤄𐤃𐤁𐤓 𐤀𐤔𐤓 𐤄𐤉𐤄 𐤀𐤋 𐤉𐤓𐤌𐤉𐤄𐤅 𐤌𐤀𐤕 𐤉𐤄𐤅𐤄 𐤋𐤀𐤌𐤓•
𐤁𐤊𐤄 𐤀𐤌𐤓 𐤉𐤄𐤅𐤄 𐤀𐤋𐤄𐤉 𐤉𐤔𐤓𐤀𐤋 𐤋𐤀𐤌𐤓 𐤊𐤕𐤁 𐤋𐤊 𐤀𐤕 𐤊𐤋 𐤄𐤃𐤁𐤓𐤉𐤌
𐤀𐤔𐤓 𐤃𐤁𐤓𐤕𐤉 𐤀𐤋𐤉𐤊 𐤀𐤋 𐤎𐤐𐤓•
𐤂𐤊𐤉 𐤄𐤍𐤄 𐤉𐤌𐤉𐤌 𐤁𐤀𐤉𐤌 𐤍𐤀𐤌 𐤉𐤄𐤅𐤄 𐤅𐤔𐤁𐤕𐤉 𐤀𐤕 𐤔𐤁𐤅𐤕 𐤏𐤌𐤉 𐤉𐤔𐤓𐤀𐤋
𐤅𐤉𐤄𐤅𐤃𐤄 𐤀𐤌𐤓 𐤉𐤄𐤅𐤄 𐤅𐤄𐤔𐤁𐤕𐤉𐤌 𐤀𐤋 𐤄𐤀𐤓𐤑 𐤀𐤔𐤓 𐤍𐤕𐤕𐤉 𐤋𐤀𐤁𐤅𐤕𐤌
𐤅𐤉𐤓𐤔𐤅𐤄•
𐤃𐤅𐤀𐤋𐤄 𐤄𐤃𐤁𐤓𐤉𐤌 𐤀𐤔𐤓 𐤃𐤁𐤓 𐤉𐤄𐤅𐤄 𐤀𐤋 𐤉𐤔𐤓𐤀𐤋 𐤅𐤀𐤋 𐤉𐤄𐤅𐤃𐤄•
𐤄𐤊𐤉 𐤊𐤄 𐤀𐤌𐤓 𐤉𐤄𐤅𐤄 𐤒𐤅𐤋 𐤇𐤓𐤃𐤄 𐤔𐤌𐤏𐤍𐤅 𐤐𐤇𐤃 𐤅𐤀𐤉𐤍 𐤔𐤋𐤅𐤌•
𐤅𐤔𐤀𐤋𐤅 𐤍𐤀 𐤅𐤓𐤀𐤅 𐤀𐤌 𐤉𐤋𐤃 𐤆𐤊𐤓 𐤌𐤃𐤅𐤏 𐤓𐤀𐤉𐤕𐤉 𐤊𐤋 𐤂𐤁𐤓 𐤉𐤃𐤉𐤅 𐤏𐤋
𐤇𐤋𐤑𐤉𐤅 𐤊𐤉𐤅𐤋𐤃𐤄 𐤅𐤍𐤄𐤐𐤊𐤅 𐤊𐤋 𐤐𐤍𐤉𐤌 𐤋𐤉𐤓𐤒𐤅𐤍•
𐤆𐤄𐤅𐤉 𐤊𐤉 𐤂𐤃𐤅𐤋 𐤄𐤉𐤅𐤌 𐤄𐤄𐤅𐤀 𐤌𐤀𐤉𐤍 𐤊𐤌𐤄𐤅 𐤅𐤏𐤕 𐤑𐤓𐤄 𐤄𐤉𐤀 𐤋𐤉𐤏𐤒𐤁
𐤅𐤌𐤌𐤍𐤄 𐤉𐤅𐤔𐤏•
𐤇𐤅𐤄𐤉𐤄 𐤁𐤉𐤅𐤌 𐤄𐤄𐤅𐤀 𐤍𐤀𐤌 𐤉𐤄𐤅𐤄 𐤑𐤁𐤀𐤅𐤕 𐤀𐤔𐤁𐤓 𐤏𐤋𐤅 𐤌𐤏𐤋 𐤑𐤅𐤀𐤓𐤊
𐤅𐤌𐤅𐤎𐤓𐤅𐤕𐤉𐤊 𐤀𐤍𐤕𐤒 𐤅𐤋𐤀 𐤉𐤏𐤁𐤃𐤅 𐤁𐤅 𐤏𐤅𐤃 𐤆𐤓𐤉𐤌•
𐤈𐤅𐤏𐤁𐤃𐤅 𐤀𐤕 𐤉𐤄𐤅𐤄 𐤀𐤋𐤄𐤉𐤄𐤌 𐤅𐤀𐤕 𐤃𐤅𐤃 𐤌𐤋𐤊𐤌 𐤀𐤔𐤓 𐤀𐤒𐤉𐤌 𐤋𐤄𐤌•
𐤉𐤅𐤀𐤕𐤄 𐤀𐤋 𐤕𐤉𐤓𐤀 𐤏𐤁𐤃𐤉 𐤉𐤏𐤒𐤁 𐤍𐤀𐤌 𐤉𐤄𐤅𐤄 𐤅𐤀𐤋 𐤕𐤇𐤕 𐤉𐤔𐤓𐤀𐤋 𐤊𐤉
𐤄𐤍𐤍𐤉 𐤌𐤅𐤔𐤉𐤏𐤊 𐤌𐤓𐤇𐤅𐤒 𐤅𐤀𐤕 𐤆𐤓𐤏𐤊 𐤌𐤀𐤓𐤑 𐤔𐤁𐤉𐤌 𐤅𐤔𐤁 𐤉𐤏𐤒𐤁 𐤅𐤔𐤒𐤈
𐤅𐤔𐤀𐤍𐤍 𐤅𐤀𐤉𐤍 𐤌𐤇𐤓𐤉𐤃•
𐤉𐤀𐤊𐤉 𐤀𐤕𐤊 𐤀𐤍𐤉 𐤍𐤀𐤌 𐤉𐤄𐤅𐤄 𐤋𐤄𐤅𐤔𐤉𐤏𐤊 𐤊𐤉 𐤀𐤏𐤔𐤄 𐤊𐤋𐤄 𐤁𐤊𐤋
𐤄𐤂𐤅𐤉𐤌 𐤀𐤔𐤓 𐤄𐤐𐤑𐤅𐤕𐤉𐤊 𐤔𐤌 𐤀𐤊 𐤀𐤕𐤊 𐤋𐤀 𐤀𐤏𐤔𐤄 𐤊𐤋𐤄 𐤅𐤉𐤎𐤓𐤕𐤉𐤊
𐤋𐤌𐤔𐤐𐤈 𐤅𐤍𐤒𐤄 𐤋𐤀 𐤀𐤍𐤒𐤊•
𐤉𐤁𐤊𐤉 𐤊𐤄 𐤀𐤌𐤓 𐤉𐤄𐤅𐤄 𐤀𐤍𐤅𐤔 𐤋𐤔𐤁𐤓𐤊 𐤍𐤇𐤋𐤄 𐤌𐤊𐤕𐤊•
𐤉𐤂𐤀𐤉𐤍 𐤃𐤍 𐤃𐤉𐤍𐤊 𐤋𐤌𐤆𐤅𐤓 𐤓𐤐𐤀𐤅𐤕 𐤕𐤏𐤋𐤄 𐤀𐤉𐤍 𐤋𐤊•
𐤉𐤃𐤊𐤋 𐤌𐤀𐤄𐤁𐤉𐤊 𐤔𐤊𐤇𐤅𐤊 𐤀𐤅𐤕𐤊 𐤋𐤀 𐤉𐤃𐤓𐤔𐤅 𐤊𐤉 𐤌𐤊𐤕 𐤀𐤅𐤉𐤁 𐤄𐤊𐤉𐤕𐤉𐤊
𐤌𐤅𐤎𐤓 𐤀𐤊𐤆𐤓𐤉 𐤏𐤋 𐤓𐤁 𐤏𐤅𐤍𐤊 𐤏𐤑𐤌𐤅 𐤇𐤈𐤀𐤕𐤉𐤊•
𐤈𐤅𐤌𐤄 𐤕𐤆𐤏𐤒 𐤏𐤋 𐤔𐤁𐤓𐤊 𐤀𐤍𐤅𐤔 𐤌𐤊𐤀𐤁𐤊 𐤏𐤋 𐤓𐤁 𐤏𐤅𐤍𐤊 𐤏𐤑𐤌𐤅 𐤇𐤈𐤀𐤕𐤉𐤊
𐤏𐤔𐤉𐤕𐤉 𐤀𐤋𐤄 𐤋𐤊•
𐤈𐤆𐤋𐤊𐤍 𐤊𐤋 𐤀𐤊𐤋𐤉𐤊 𐤉𐤀𐤊𐤋𐤅 𐤅𐤊𐤋 𐤑𐤓𐤉𐤊 𐤊𐤋𐤌 𐤁𐤔𐤁𐤉 𐤉𐤋𐤊𐤅 𐤅𐤄𐤉𐤅
𐤔𐤀𐤎𐤉𐤊 𐤋𐤌𐤔𐤎𐤄 𐤅𐤊𐤋 𐤁𐤆𐤆𐤉𐤊 𐤀𐤕𐤍 𐤋𐤁𐤆•
𐤉𐤆𐤊𐤉 𐤀𐤏𐤋𐤄 𐤀𐤓𐤊𐤄 𐤋𐤊 𐤅𐤌𐤌𐤊𐤅𐤕𐤉𐤊 𐤀𐤓𐤐𐤀𐤊 𐤍𐤀𐤌 𐤉𐤄𐤅𐤄 𐤊𐤉 𐤍𐤃𐤇𐤄
𐤒𐤓𐤀𐤅 𐤋𐤊 𐤑𐤉𐤅𐤍 𐤄𐤉𐤀 𐤃𐤓𐤔 𐤀𐤉𐤍 𐤋𐤄•
𐤉𐤇𐤊𐤄 𐤀𐤌𐤓 𐤉𐤄𐤅𐤄 𐤄𐤍𐤍𐤉 𐤔𐤁 𐤔𐤁𐤅𐤕 𐤀𐤄𐤋𐤉 𐤉𐤏𐤒𐤅𐤁 𐤅𐤌𐤔𐤊𐤍𐤕𐤉𐤅
𐤀𐤓𐤇𐤌 𐤅𐤍𐤁𐤍𐤕𐤄 𐤏𐤉𐤓 𐤏𐤋 𐤕𐤋𐤄 𐤅𐤀𐤓𐤌𐤅𐤍 𐤏𐤋 𐤌𐤔𐤐𐤈𐤅 𐤉𐤔𐤁•

𐤉𐤈 𐤅𐤉𐤑𐤀 𐤌𐤄𐤌 𐤕𐤅𐤃𐤄 𐤅𐤒𐤅𐤋 𐤌𐤔𐤇𐤒𐤉𐤌 𐤅𐤄𐤓𐤁𐤕𐤉𐤌 𐤅𐤋𐤀 𐤉𐤌𐤏𐤈𐤅
𐤅𐤄𐤊𐤁𐤃𐤕𐤉𐤌 𐤅𐤋𐤀 𐤉𐤑𐤏𐤓𐤅•
𐤊 𐤅𐤄𐤉𐤅 𐤁𐤍𐤉𐤅 𐤊𐤒𐤃𐤌 𐤅𐤏𐤃𐤕𐤅 𐤋𐤐𐤍𐤉 𐤕𐤊𐤅𐤍 𐤅𐤐𐤒𐤃𐤕𐤉 𐤏𐤋 𐤊𐤋 𐤋𐤇𐤑𐤉𐤅•
𐤊𐤀 𐤅𐤄𐤉𐤄 𐤀𐤃𐤉𐤓𐤅 𐤌𐤌𐤍𐤅 𐤅𐤌𐤔𐤋𐤅 𐤌𐤒𐤓𐤁𐤅 𐤉𐤑𐤀 𐤅𐤄𐤒𐤓𐤁𐤕𐤉𐤅 𐤅𐤍𐤂𐤔
𐤀𐤋𐤉 𐤊𐤉 𐤌𐤉 𐤄𐤅𐤀 𐤆𐤄 𐤏𐤓𐤁 𐤀𐤕 𐤋𐤁𐤅 𐤋𐤂𐤔𐤕 𐤀𐤋𐤉 𐤍𐤀𐤌 𐤉𐤄𐤅𐤄•
𐤊𐤁 𐤅𐤄𐤉𐤉𐤕𐤌 𐤋𐤉 𐤋𐤏𐤌 𐤅𐤀𐤍𐤊𐤉 𐤀𐤄𐤉𐤄 𐤋𐤊𐤌 𐤋𐤀𐤋𐤄𐤉𐤌•
𐤊𐤂 𐤄𐤍𐤄 𐤎𐤏𐤓𐤕 𐤉𐤄𐤅𐤄 𐤇𐤌𐤄 𐤉𐤑𐤀𐤄 𐤎𐤏𐤓 𐤌𐤕𐤂𐤅𐤓𐤓 𐤏𐤋 𐤓𐤀𐤔 𐤓𐤔𐤏𐤉𐤌
𐤉𐤇𐤅𐤋•
𐤊𐤃 𐤋𐤀 𐤉𐤔𐤅𐤁 𐤇𐤓𐤅𐤍 𐤀𐤐 𐤉𐤄𐤅𐤄 𐤏𐤃 𐤏𐤔𐤕𐤅 𐤅𐤏𐤃 𐤄𐤒𐤉𐤌𐤅 𐤌𐤆𐤌𐤅𐤕 𐤋𐤁𐤅
𐤁𐤀𐤇𐤓𐤉𐤕 𐤄𐤉𐤌𐤉𐤌 𐤕𐤕𐤁𐤅𐤍𐤍𐤅 𐤁𐤄•
𐤊𐤄 𐤁𐤏𐤕 𐤄𐤄𐤉𐤀 𐤍𐤀𐤌 𐤉𐤄𐤅𐤄 𐤀𐤄𐤉𐤄 𐤋𐤀𐤋𐤄𐤉𐤌 𐤋𐤊𐤋 𐤌𐤔𐤐𐤇𐤅𐤕 𐤉𐤔𐤓𐤀𐤋
𐤅𐤄𐤌𐤄 𐤉𐤄𐤉𐤅 𐤋𐤉 𐤋𐤏𐤌•

𐤐𐤓𐤒 𐤋𐤀

𐤀 𐤊𐤄 𐤀𐤌𐤓 𐤉𐤄𐤅𐤄 𐤌𐤑𐤀 𐤇𐤍 𐤁𐤌𐤃𐤁𐤓 𐤏𐤌 𐤔𐤓𐤉𐤃𐤉 𐤇𐤓𐤁 𐤄𐤋𐤅𐤊 𐤋𐤄𐤓𐤂𐤉𐤏𐤅
𐤉𐤔𐤓𐤀𐤋•
𐤁 𐤌𐤓𐤇𐤅𐤒 𐤉𐤄𐤅𐤄 𐤍𐤓𐤀𐤄 𐤋𐤉 𐤅𐤀𐤄𐤁𐤕 𐤏𐤅𐤋𐤌 𐤀𐤄𐤁𐤕𐤉𐤊 𐤏𐤋 𐤊𐤍 𐤌𐤔𐤊𐤕𐤉𐤊
𐤇𐤎𐤃•
𐤂 𐤏𐤅𐤃 𐤀𐤁𐤍𐤊 𐤅𐤍𐤁𐤍𐤉𐤕 𐤁𐤕𐤅𐤋𐤕 𐤉𐤔𐤓𐤀𐤋 𐤏𐤅𐤃 𐤕𐤏𐤃𐤉 𐤕𐤐𐤉𐤊 𐤅𐤉𐤑𐤀𐤕
𐤁𐤌𐤇𐤅𐤋 𐤌𐤔𐤇𐤒𐤉𐤌•
𐤃 𐤏𐤅𐤃 𐤕𐤈𐤏𐤉 𐤊𐤓𐤌𐤉𐤌 𐤁𐤄𐤓𐤉 𐤔𐤌𐤓𐤅𐤍 𐤍𐤈𐤏𐤅 𐤍𐤈𐤏𐤉𐤌 𐤅𐤇𐤋𐤋𐤅•
𐤄 𐤊𐤉 𐤉𐤔 𐤉𐤅𐤌 𐤒𐤓𐤀𐤅 𐤍𐤑𐤓𐤉𐤌 𐤁𐤄𐤓 𐤀𐤐𐤓𐤉𐤌 𐤒𐤅𐤌𐤅 𐤅𐤍𐤏𐤋𐤄 𐤑𐤉𐤅𐤍 𐤀𐤋
𐤉𐤄𐤅𐤄 𐤀𐤋𐤄𐤉𐤍𐤅•
𐤅 𐤊𐤉 𐤊𐤄 𐤀𐤌𐤓 𐤉𐤄𐤅𐤄 𐤓𐤍𐤅 𐤋𐤉𐤏𐤒𐤁 𐤔𐤌𐤇𐤄 𐤅𐤑𐤄𐤋𐤅 𐤁𐤓𐤀𐤔 𐤄𐤂𐤅𐤉𐤌
𐤄𐤔𐤌𐤉𐤏𐤅 𐤄𐤋𐤋𐤅 𐤅𐤀𐤌𐤓𐤅 𐤄𐤅𐤔𐤏 𐤉𐤄𐤅𐤄 𐤀𐤕 𐤏𐤌𐤊 𐤀𐤕 𐤔𐤀𐤓𐤉𐤕 𐤉𐤔𐤓𐤀𐤋•
𐤆 𐤄𐤍𐤍𐤉 𐤌𐤁𐤉𐤀 𐤀𐤅𐤕𐤌 𐤌𐤀𐤓𐤑 𐤑𐤐𐤅𐤍 𐤅𐤒𐤁𐤑𐤕𐤉𐤌 𐤌𐤉𐤓𐤊𐤕𐤉 𐤀𐤓𐤑 𐤁𐤌 𐤏𐤅𐤓
𐤅𐤐𐤎𐤇 𐤄𐤓𐤄 𐤅𐤉𐤋𐤃𐤕 𐤉𐤇𐤃𐤅 𐤒𐤄𐤋 𐤂𐤃𐤅𐤋 𐤉𐤔𐤅𐤁𐤅 𐤄𐤍𐤄•
𐤇 𐤁𐤁𐤊𐤉 𐤉𐤁𐤀𐤅 𐤅𐤁𐤕𐤇𐤍𐤅𐤍𐤉𐤌 𐤀𐤅𐤁𐤉𐤋𐤌 𐤀𐤅𐤋𐤉𐤊𐤌 𐤀𐤋 𐤍𐤇𐤋𐤉 𐤌𐤉𐤌 𐤁𐤃𐤓𐤊
𐤉𐤔𐤓 𐤋𐤀 𐤉𐤊𐤔𐤋𐤅 𐤁𐤄 𐤊𐤉 𐤄𐤉𐤉𐤕𐤉 𐤋𐤉𐤔𐤓𐤀𐤋 𐤋𐤀𐤁 𐤅𐤀𐤐𐤓𐤉𐤌 𐤁𐤊𐤓𐤉 𐤄𐤅𐤀•
𐤈 𐤔𐤌𐤏𐤅 𐤃𐤁𐤓 𐤉𐤄𐤅𐤄 𐤂𐤅𐤉𐤌 𐤅𐤄𐤂𐤉𐤃𐤅 𐤁𐤀𐤉𐤉𐤌 𐤌𐤌𐤓𐤇𐤒 𐤅𐤀𐤌𐤓𐤅 𐤌𐤆𐤓𐤄
𐤉𐤔𐤓𐤀𐤋 𐤉𐤒𐤁𐤑𐤍𐤅 𐤅𐤔𐤌𐤓𐤅 𐤊𐤓𐤏𐤄 𐤏𐤃𐤓𐤅•
𐤉 𐤊𐤉 𐤐𐤃𐤄 𐤉𐤄𐤅𐤄 𐤀𐤕 𐤉𐤏𐤒𐤁 𐤅𐤂𐤀𐤋𐤅 𐤌𐤉𐤃 𐤇𐤆𐤒 𐤌𐤌𐤍𐤅•
𐤉𐤀 𐤅𐤁𐤀𐤅 𐤅𐤓𐤍𐤍𐤅 𐤁𐤌𐤓𐤅𐤌 𐤑𐤉𐤅𐤍 𐤅𐤍𐤄𐤓𐤅 𐤀𐤋 𐤈𐤅𐤁 𐤉𐤄𐤅𐤄 𐤏𐤋 𐤃𐤂𐤍 𐤅𐤏𐤋

𐤉𐤓𐤌𐤉𐤄

𐤕𐤉𐤓𐤔 𐤅𐤏𐤋 𐤉𐤑𐤄𐤓 𐤅𐤏𐤋 𐤁𐤍𐤉 𐤑𐤀𐤍 𐤅𐤁𐤒𐤓 𐤅𐤄𐤉𐤕𐤄 𐤍𐤐𐤔𐤌 𐤊𐤂𐤍 𐤓𐤅𐤄 𐤅𐤋𐤀
𐤉𐤅𐤎𐤉𐤐𐤅 𐤋𐤃𐤀𐤁𐤄 𐤏𐤅𐤃•
𐤉𐤁 𐤀𐤆 𐤕𐤔𐤌𐤇 𐤁𐤕𐤅𐤋𐤄 𐤁𐤌𐤇𐤅𐤋 𐤅𐤁𐤇𐤓𐤉𐤌 𐤅𐤆𐤒𐤍𐤉𐤌 𐤉𐤇𐤃𐤅 𐤅𐤄𐤐𐤊𐤕𐤉
𐤀𐤁𐤋𐤌 𐤋𐤔𐤔𐤅𐤍 𐤅𐤍𐤇𐤌𐤕𐤉𐤌 𐤅𐤔𐤌𐤇𐤕𐤉𐤌 𐤌𐤉𐤂𐤅𐤍𐤌•
𐤉𐤂 𐤅𐤓𐤅𐤉𐤕𐤉 𐤍𐤐𐤔 𐤄𐤊𐤄𐤍𐤉𐤌 𐤃𐤔𐤍 𐤅𐤏𐤌𐤉 𐤀𐤕 𐤈𐤅𐤁𐤉 𐤉𐤔𐤁𐤏𐤅 𐤍𐤀𐤌
𐤉𐤄𐤅𐤄•
𐤉𐤃 𐤊𐤄 𐤀𐤌𐤓 𐤉𐤄𐤅𐤄 𐤒𐤅𐤋 𐤁𐤓𐤌𐤄 𐤍𐤔𐤌𐤏 𐤍𐤄𐤉 𐤁𐤊𐤉 𐤕𐤌𐤓𐤅𐤓𐤉𐤌 𐤓𐤇𐤋
𐤌𐤁𐤊𐤄 𐤏𐤋 𐤁𐤍𐤉𐤄 𐤌𐤀𐤍𐤄 𐤋𐤄𐤍𐤇𐤌 𐤏𐤋 𐤁𐤍𐤉𐤄 𐤊𐤉 𐤀𐤉𐤍𐤍𐤅•
𐤈𐤅 𐤊𐤄 𐤀𐤌𐤓 𐤉𐤄𐤅𐤄 𐤌𐤍𐤏𐤉 𐤒𐤅𐤋𐤊 𐤌𐤁𐤊𐤉 𐤅𐤏𐤉𐤍𐤉𐤊 𐤌𐤃𐤌𐤏𐤄 𐤊𐤉 𐤉𐤔
𐤔𐤊𐤓 𐤋𐤐𐤏𐤋𐤕𐤊 𐤍𐤀𐤌 𐤉𐤄𐤅𐤄 𐤅𐤔𐤁𐤅 𐤌𐤀𐤓𐤑 𐤀𐤅𐤉𐤁•
𐤈𐤆 𐤅𐤉𐤔 𐤕𐤒𐤅𐤄 𐤋𐤀𐤇𐤓𐤉𐤕𐤊 𐤍𐤀𐤌 𐤉𐤄𐤅𐤄 𐤅𐤔𐤁𐤅 𐤁𐤍𐤉𐤌 𐤋𐤂𐤁𐤅𐤋𐤌•
𐤉𐤆 𐤔𐤌𐤅𐤏 𐤔𐤌𐤏𐤕𐤉 𐤀𐤐𐤓𐤉𐤌 𐤌𐤕𐤍𐤅𐤃𐤃 𐤉𐤎𐤓𐤕𐤍𐤉 𐤅𐤀𐤅𐤎𐤓 𐤊𐤏𐤂𐤋 𐤋𐤀 𐤋𐤌𐤃
𐤄𐤔𐤉𐤁𐤍𐤉 𐤅𐤀𐤔𐤅𐤁𐤄 𐤊𐤉 𐤀𐤕𐤄 𐤉𐤄𐤅𐤄 𐤀𐤋𐤄𐤉•
𐤉𐤇 𐤊𐤉 𐤀𐤇𐤓𐤉 𐤔𐤅𐤁𐤉 𐤍𐤇𐤌𐤕𐤉 𐤅𐤀𐤇𐤓𐤉 𐤄𐤅𐤃𐤏𐤉 𐤎𐤐𐤒𐤕𐤉 𐤏𐤋 𐤉𐤓𐤊 𐤁𐤔𐤕𐤉
𐤅𐤂𐤌 𐤍𐤊𐤋𐤌𐤕𐤉 𐤊𐤉 𐤍𐤔𐤀𐤕𐤉 𐤇𐤓𐤐𐤕 𐤍𐤏𐤅𐤓𐤉•
𐤉𐤈 𐤄𐤁𐤍 𐤉𐤒𐤉𐤓 𐤋𐤉 𐤀𐤐𐤓𐤉𐤌 𐤀𐤌 𐤉𐤋𐤃 𐤔𐤏𐤔𐤏𐤉𐤌 𐤊𐤉 𐤌𐤃𐤉 𐤃𐤁𐤓𐤉 𐤁𐤅 𐤆𐤊𐤓
𐤀𐤆𐤊𐤓𐤍𐤅 𐤏𐤅𐤃 𐤏𐤋 𐤊𐤍 𐤄𐤌𐤅 𐤌𐤏𐤉 𐤋𐤅 𐤓𐤇𐤌 𐤀𐤓𐤇𐤌𐤍𐤅 𐤍𐤀𐤌 𐤉𐤄𐤅𐤄•
𐤊 𐤄𐤑𐤉𐤁𐤉 𐤋𐤊 𐤑𐤉𐤍𐤉𐤌 𐤔𐤌𐤉 𐤋𐤊 𐤕𐤌𐤓𐤅𐤓𐤉𐤌 𐤔𐤕𐤉 𐤋𐤁𐤊 𐤋𐤌𐤎𐤋𐤄 𐤃𐤓𐤊
𐤄𐤋𐤊𐤕𐤉 [𐤄𐤋𐤊𐤕] 𐤔𐤅𐤁𐤉 𐤁𐤕𐤅𐤋𐤕 𐤉𐤔𐤓𐤀𐤋 𐤔𐤁𐤉 𐤀𐤋 𐤏𐤓𐤉𐤊 𐤀𐤋𐤄•
𐤊𐤀 𐤏𐤃 𐤌𐤕𐤉 𐤕𐤕𐤇𐤌𐤒𐤉𐤍 𐤄𐤁𐤕 𐤄𐤔𐤅𐤁𐤁𐤄 𐤊𐤉 𐤁𐤓𐤀 𐤉𐤄𐤅𐤄 𐤇𐤃𐤔𐤄 𐤁𐤀𐤓𐤑
𐤍𐤒𐤁𐤄 𐤕𐤎𐤅𐤁𐤁 𐤂𐤁𐤓•
𐤊𐤁 𐤊𐤄 𐤀𐤌𐤓 𐤉𐤄𐤅𐤄 𐤑𐤁𐤀𐤅𐤕 𐤀𐤋𐤄𐤉 𐤉𐤔𐤓𐤀𐤋 𐤏𐤅𐤃 𐤉𐤀𐤌𐤓𐤅 𐤀𐤕 𐤄𐤃𐤁𐤓
𐤄𐤆𐤄 𐤁𐤀𐤓𐤑 𐤉𐤄𐤅𐤃𐤄 𐤅𐤁𐤏𐤓𐤉𐤅 𐤁𐤔𐤅𐤁𐤉 𐤀𐤕 𐤔𐤁𐤅𐤕𐤌 𐤉𐤁𐤓𐤊𐤊 𐤉𐤄𐤅𐤄 𐤍𐤅𐤄
𐤑𐤃𐤒 𐤄𐤓 𐤄𐤒𐤃𐤔•
𐤊𐤂 𐤅𐤉𐤔𐤁𐤅 𐤁𐤄 𐤉𐤄𐤅𐤃𐤄 𐤅𐤊𐤋 𐤏𐤓𐤉𐤅 𐤉𐤇𐤃𐤅 𐤀𐤊𐤓𐤉𐤌 𐤅𐤍𐤎𐤏𐤅 𐤁𐤏𐤃𐤓•
𐤊𐤃 𐤊𐤉 𐤄𐤓𐤅𐤉𐤕𐤉 𐤍𐤐𐤔 𐤏𐤉𐤐𐤄 𐤅𐤊𐤋 𐤍𐤐𐤔 𐤃𐤀𐤁𐤄 𐤌𐤋𐤀𐤕𐤉•
𐤊𐤄 𐤏𐤋 𐤆𐤀𐤕 𐤄𐤒𐤉𐤑𐤕𐤉 𐤅𐤀𐤓𐤀𐤄 𐤅𐤔𐤍𐤕𐤉 𐤏𐤓𐤁𐤄 𐤋𐤉•
𐤊𐤅 𐤄𐤍𐤄 𐤉𐤌𐤉𐤌 𐤁𐤀𐤉𐤌 𐤍𐤀𐤌 𐤉𐤄𐤅𐤄 𐤅𐤆𐤓𐤏𐤕𐤉 𐤀𐤕 𐤁𐤉𐤕 𐤉𐤔𐤓𐤀𐤋 𐤅𐤀𐤕
𐤁𐤉𐤕 𐤉𐤄𐤅𐤃𐤄 𐤆𐤓𐤏 𐤀𐤃𐤌 𐤅𐤆𐤓𐤏 𐤁𐤄𐤌𐤄•
𐤊𐤆 𐤅𐤄𐤉𐤄 𐤊𐤀𐤔𐤓 𐤔𐤒𐤃𐤕𐤉 𐤏𐤋𐤉𐤄𐤌 𐤋𐤍𐤕𐤅𐤔 𐤅𐤋𐤍𐤕𐤅𐤑 𐤅𐤋𐤄𐤓𐤎
𐤅𐤋𐤄𐤀𐤁𐤉𐤃 𐤅𐤋𐤄𐤓𐤏 𐤊𐤍 𐤀𐤔𐤒𐤃 𐤏𐤋𐤉𐤄𐤌 𐤋𐤁𐤍𐤅𐤕 𐤅𐤋𐤍𐤈𐤅𐤏 𐤍𐤀𐤌 𐤉𐤄𐤅𐤄•
𐤊𐤇 𐤁𐤉𐤌𐤉𐤌 𐤄𐤄𐤌 𐤋𐤀 𐤉𐤀𐤌𐤓𐤅 𐤏𐤅𐤃 𐤀𐤁𐤅𐤕 𐤀𐤊𐤋𐤅 𐤁𐤎𐤓 𐤅𐤔𐤍𐤉 𐤁𐤍𐤉𐤌
𐤕𐤒𐤄𐤉𐤍𐤄•

𐤉𐤓𐤌𐤉𐤄

𐤊𐤈𐤊𐤉 𐤀𐤌 𐤀𐤉𐤔 𐤁𐤏𐤅𐤍𐤅 𐤉𐤌𐤅𐤕 𐤊𐤋 𐤄𐤀𐤃𐤌 𐤄𐤀𐤊𐤋 𐤄𐤁𐤎𐤓 𐤕𐤒𐤄𐤉𐤍𐤄 𐤔𐤍𐤉𐤅•

𐤋 𐤄𐤍𐤄 𐤉𐤌𐤉𐤌 𐤁𐤀𐤉𐤌 𐤍𐤀𐤌 𐤉𐤄𐤅𐤄 𐤅𐤊𐤓𐤕𐤉 𐤀𐤕 𐤁𐤉𐤕 𐤉𐤔𐤓𐤀𐤋 𐤅𐤀𐤕 𐤁𐤉𐤕 𐤉𐤄𐤅𐤃𐤄 𐤁𐤓𐤉𐤕 𐤇𐤃𐤔𐤄•

𐤋𐤀 𐤋𐤀 𐤊𐤁𐤓𐤉𐤕 𐤀𐤔𐤓 𐤊𐤓𐤕𐤉 𐤀𐤕 𐤀𐤁𐤅𐤕𐤌 𐤁𐤉𐤅𐤌 𐤄𐤇𐤆𐤉𐤒𐤉 𐤁𐤉𐤃𐤌 𐤋𐤄𐤅𐤑𐤉𐤀𐤌 𐤌𐤀𐤓𐤑 𐤌𐤑𐤓𐤉𐤌 𐤀𐤔𐤓 𐤄𐤌𐤄 𐤄𐤐𐤓𐤅 𐤀𐤕 𐤁𐤓𐤉𐤕𐤉 𐤅𐤀𐤍𐤊𐤉 𐤁𐤏𐤋𐤕𐤉 𐤁𐤌 𐤍𐤀𐤌 𐤉𐤄𐤅𐤄•

𐤋𐤁 𐤊𐤉 𐤆𐤀𐤕 𐤄𐤁𐤓𐤉𐤕 𐤀𐤔𐤓 𐤀𐤊𐤓𐤕 𐤀𐤕 𐤁𐤉𐤕 𐤉𐤔𐤓𐤀𐤋 𐤀𐤇𐤓𐤉 𐤄𐤉𐤌𐤉𐤌 𐤄𐤄𐤌 𐤍𐤀𐤌 𐤉𐤄𐤅𐤄 𐤍𐤕𐤕𐤉 𐤀𐤕 𐤕𐤅𐤓𐤕𐤉 𐤁𐤒𐤓𐤁𐤌 𐤅𐤏𐤋 𐤋𐤁𐤌 𐤀𐤊𐤕𐤁𐤍𐤄 𐤅𐤄𐤉𐤉𐤕𐤉 𐤋𐤄𐤌 𐤋𐤀𐤋𐤄𐤉𐤌 𐤅𐤄𐤌𐤄 𐤉𐤄𐤉𐤅 𐤋𐤉 𐤋𐤏𐤌•

𐤋𐤂 𐤅𐤋𐤀 𐤉𐤋𐤌𐤃𐤅 𐤏𐤅𐤃 𐤀𐤉𐤔 𐤀𐤕 𐤓𐤏𐤄𐤅 𐤅𐤀𐤉𐤔 𐤀𐤕 𐤀𐤇𐤉𐤅 𐤋𐤀𐤌𐤓 𐤃𐤏𐤅 𐤀𐤕 𐤉𐤄𐤅𐤄 𐤊𐤉 𐤊𐤅𐤋𐤌 𐤉𐤃𐤏𐤅 𐤀𐤅𐤕𐤉 𐤋𐤌𐤒𐤈𐤍𐤌 𐤅𐤏𐤃 𐤂𐤃𐤅𐤋𐤌 𐤍𐤀𐤌 𐤉𐤄𐤅𐤄 𐤊𐤉 𐤀𐤎𐤋𐤇 𐤋𐤏𐤅𐤍𐤌 𐤅𐤋𐤇𐤈𐤀𐤕𐤌 𐤋𐤀 𐤀𐤆𐤊𐤓 𐤏𐤅𐤃•

𐤋𐤃 𐤊𐤄 𐤀𐤌𐤓 𐤉𐤄𐤅𐤄 𐤍𐤕𐤍 𐤔𐤌𐤔 𐤋𐤀𐤅𐤓 𐤉𐤅𐤌𐤌 𐤇𐤒𐤕 𐤉𐤓𐤇 𐤅𐤊𐤅𐤊𐤁𐤉𐤌 𐤋𐤀𐤅𐤓 𐤋𐤉𐤋𐤄 𐤓𐤂𐤏 𐤄𐤉𐤌 𐤅𐤉𐤄𐤌𐤅 𐤂𐤋𐤉𐤅 𐤉𐤄𐤅𐤄 𐤑𐤁𐤀𐤅𐤕 𐤔𐤌𐤅•

𐤋𐤄 𐤀𐤌 𐤉𐤌𐤔𐤅 𐤄𐤇𐤒𐤉𐤌 𐤄𐤀𐤋𐤄 𐤌𐤋𐤐𐤍𐤉 𐤍𐤀𐤌 𐤉𐤄𐤅𐤄 𐤂𐤌 𐤆𐤓𐤏 𐤉𐤔𐤓𐤀𐤋 𐤉𐤔𐤁𐤕𐤅 𐤌𐤄𐤉𐤅𐤕 𐤂𐤅𐤉 𐤋𐤐𐤍𐤉 𐤊𐤋 𐤄𐤉𐤌𐤉𐤌•

𐤋𐤅 𐤊𐤄 𐤀𐤌𐤓 𐤉𐤄𐤅𐤄 𐤀𐤌 𐤉𐤌𐤃𐤅 𐤔𐤌𐤉𐤌 𐤌𐤋𐤌𐤏𐤋𐤄 𐤅𐤉𐤇𐤒𐤓𐤅 𐤌𐤅𐤎𐤃𐤉 𐤀𐤓𐤑 𐤋𐤌𐤈𐤄 𐤂𐤌 𐤀𐤍𐤉 𐤀𐤌𐤀𐤎 𐤁𐤊𐤋 𐤆𐤓𐤏 𐤉𐤔𐤓𐤀𐤋 𐤏𐤋 𐤊𐤋 𐤀𐤔𐤓 𐤏𐤔𐤅 𐤍𐤀𐤌 𐤉𐤄𐤅𐤄•

𐤋𐤆 𐤄𐤍𐤄 𐤉𐤌𐤉𐤌 [𐤁𐤀𐤉𐤌] 𐤍𐤀𐤌 𐤉𐤄𐤅𐤄 𐤅𐤍𐤁𐤍𐤕𐤄 𐤄𐤏𐤉𐤓 𐤋𐤉𐤄𐤅𐤄 𐤌𐤌𐤂𐤃𐤋 𐤇𐤍𐤍𐤀𐤋 𐤔𐤏𐤓 𐤄𐤐𐤍𐤄•

𐤋𐤇 𐤅𐤉𐤑𐤀 𐤏𐤅𐤃 𐤒𐤅𐤄 [𐤒𐤅] 𐤄𐤌𐤃𐤄 𐤍𐤂𐤃𐤅 𐤏𐤋 𐤂𐤁𐤏𐤕 𐤂𐤓𐤁 𐤅𐤍𐤎𐤁 𐤂𐤏𐤕𐤄•

𐤋𐤈 𐤅𐤊𐤋 𐤄𐤏𐤌𐤒 𐤄𐤐𐤂𐤓𐤉𐤌 𐤅𐤄𐤃𐤔𐤍 𐤅𐤊𐤋 𐤄𐤔𐤓𐤌𐤅𐤕 [𐤄𐤔𐤃𐤌𐤅𐤕] 𐤏𐤃 𐤍𐤇𐤋 𐤒𐤃𐤓𐤅𐤍 𐤏𐤃 𐤐𐤍𐤕 𐤔𐤏𐤓 𐤄𐤎𐤅𐤎𐤉𐤌 𐤌𐤆𐤓𐤇𐤄 𐤒𐤃𐤔 𐤋𐤉𐤄𐤅𐤄 𐤋𐤀 𐤉𐤍𐤕𐤔 𐤅𐤋𐤀 𐤉𐤄𐤓𐤎 𐤏𐤅𐤃 𐤋𐤏𐤅𐤋𐤌•

𐤐𐤓𐤒 𐤋𐤁

𐤀 𐤄𐤃𐤁𐤓 𐤀𐤔𐤓 𐤄𐤉𐤄 𐤀𐤋 𐤉𐤓𐤌𐤉𐤄𐤅 𐤌𐤀𐤕 𐤉𐤄𐤅𐤄 𐤁𐤔𐤍𐤕 [𐤁𐤔𐤍𐤄] 𐤄𐤏𐤔𐤓𐤉𐤕 𐤋𐤑𐤃𐤒𐤉𐤄𐤅 𐤌𐤋𐤊 𐤉𐤄𐤅𐤃𐤄 𐤄𐤉𐤀 𐤄𐤔𐤍𐤄 𐤔𐤌𐤍𐤄 𐤏𐤔𐤓𐤄 𐤔𐤍𐤄 𐤋𐤍𐤁𐤅𐤊𐤃𐤓𐤀𐤑𐤓•

𐤁 𐤅𐤀𐤆 𐤇𐤉𐤋 𐤌𐤋𐤊 𐤁𐤁𐤋 𐤑𐤓𐤉𐤌 𐤏𐤋 𐤉𐤓𐤅𐤔𐤋𐤌 𐤅𐤉𐤓𐤌𐤉𐤄𐤅 𐤄𐤍𐤁𐤉𐤀 𐤄𐤉𐤄 𐤊𐤋𐤅𐤀 𐤁𐤇𐤑𐤓 𐤄𐤌𐤈𐤓𐤄 𐤀𐤔𐤓 𐤁𐤉𐤕 𐤌𐤋𐤊 𐤉𐤄𐤅𐤃𐤄•

ג אשר כלאו צדקיהו מלך יהודה לאמר מדוע אתה נבא לאמר
כה אמר יהוה הנני נתן את העיר הזאת ביד מלך בבל ולכדה׃
ד וצדקיהו מלך יהודה לא ימלט מיד הכשדים כי הנתן ינתן
ביד מלך בבל ודבר פיו עם פיו ועיניו את עינו [עיניו]
תראינה׃
ה ובבל יולך את צדקיהו ושם יהיה עד פקדי אתו נאם יהוה
כי תלחמו את הכשדים לא תצליחו׃
ו ויאמר ירמיהו היה דבר יהוה אלי לאמר׃
ז הנה חנמאל בן שלם דדך בא אליך לאמר קנה לך את שדי אשר
בענתות כי לך משפט הגאלה לקנות׃
ח ויבא אלי חנמאל בן דדי כדבר יהוה אל חצר המטרה ויאמר
אלי קנה נא את שדי אשר בענתות אשר בארץ בנימין כי לך
משפט הירשה ולך הגאלה קנה לך ואדע כי דבר יהוה הוא׃
ט ואקנה את השדה מאת חנמאל בן דדי אשר בענתות ואשקלה
לו את הכסף שבעה שקלים ועשרה הכסף׃
י ואכתב בספר ואחתם ואעד עדים ואשקל הכסף במאזנים׃
יא ואקח את ספר המקנה את החתום המצוה והחקים ואת
הגלוי׃
יב ואתן את הספר המקנה אל ברוך בן נריה בן מחסיה לעיני
חנמאל דדי ולעיני העדים הכתבים בספר המקנה לעיני כל
היהודים הישבים בחצר המטרה׃
יג ואצוה את ברוך לעיניהם לאמר׃
יד כה אמר יהוה צבאות אלהי ישראל לקוח את הספרים האלה
את ספר המקנה הזה ואת החתום ואת ספר הגלוי הזה ונתתם
בכלי חרש למען יעמדו ימים רבים׃
טו כי כה אמר יהוה צבאות אלהי ישראל עוד יקנו בתים
ושדות וכרמים בארץ הזאת׃
טז ואתפלל אל יהוה אחרי תתי את ספר המקנה אל ברוך בן
נריה לאמר׃
יז אהה אדני יהוה הנה אתה עשית את השמים ואת הארץ
בכחך הגדול ובזרעך הנטויה לא יפלא ממך כל דבר׃
יח עשה חסד לאלפים ומשלם עון אבות אל חיק בניהם אחריהם
האל הגדול הגבור יהוה צבאות שמו׃

𐤉𐤓𐤌𐤉𐤄

𐤉𐤈 𐤂𐤃𐤋 𐤄𐤏𐤑𐤄 𐤅𐤓𐤁 𐤄𐤏𐤋𐤉𐤋𐤉𐤄 𐤀𐤔𐤓 𐤏𐤉𐤍𐤉𐤊 𐤐𐤒𐤇𐤅𐤕 𐤏𐤋 𐤊𐤋 𐤃𐤓𐤊𐤉 𐤁𐤍𐤉
𐤀𐤃𐤌 𐤋𐤕𐤕 𐤋𐤀𐤉𐤔 𐤊𐤃𐤓𐤊𐤉𐤅 𐤅𐤊𐤐𐤓𐤉 𐤌𐤏𐤋𐤋𐤉𐤅•

𐤊 𐤀𐤔𐤓 𐤔𐤌𐤕 𐤀𐤕𐤅𐤕 𐤅𐤌𐤐𐤕𐤉𐤌 𐤁𐤀𐤓𐤑 𐤌𐤑𐤓𐤉𐤌 𐤏𐤃 𐤄𐤉𐤅𐤌 𐤄𐤆𐤄
𐤅𐤁𐤉𐤔𐤓𐤀𐤋 𐤅𐤁𐤀𐤃𐤌 𐤅𐤕𐤏𐤔𐤄 𐤋𐤊 𐤔𐤌 𐤊𐤉𐤅𐤌 𐤄𐤆𐤄•

𐤊𐤀 𐤅𐤕𐤑𐤀 𐤀𐤕 𐤏𐤌𐤊 𐤀𐤕 𐤉𐤔𐤓𐤀𐤋 𐤌𐤀𐤓𐤑 𐤌𐤑𐤓𐤉𐤌 𐤁𐤀𐤕𐤅𐤕 𐤅𐤁𐤌𐤅𐤐𐤕𐤉𐤌
𐤅𐤁𐤉𐤃 𐤇𐤆𐤒𐤄 𐤅𐤁𐤀𐤆𐤓𐤅𐤏 𐤍𐤈𐤅𐤉𐤄 𐤅𐤁𐤌𐤅𐤓𐤀 𐤂𐤃𐤅𐤋•

𐤊𐤁 𐤅𐤕𐤕𐤍 𐤋𐤄𐤌 𐤀𐤕 𐤄𐤀𐤓𐤑 𐤄𐤆𐤀𐤕 𐤀𐤔𐤓 𐤍𐤔𐤁𐤏𐤕 𐤋𐤀𐤁𐤅𐤕𐤌 𐤋𐤕𐤕 𐤋𐤄𐤌
𐤀𐤓𐤑 𐤆𐤁𐤕 𐤇𐤋𐤁 𐤅𐤃𐤁𐤔•

𐤊𐤂 𐤅𐤉𐤁𐤀𐤅 𐤅𐤉𐤓𐤔𐤅 𐤀𐤕𐤄 𐤅𐤋𐤀 𐤔𐤌𐤏𐤅 𐤁𐤒𐤅𐤋𐤊 𐤅𐤁𐤕𐤓𐤅𐤕𐤊 [𐤅𐤁𐤕𐤅𐤓𐤕𐤊] 𐤋𐤀
𐤄𐤋𐤊𐤅 𐤀𐤕 𐤊𐤋 𐤀𐤔𐤓 𐤑𐤅𐤉𐤕𐤄 𐤋𐤄𐤌 𐤋𐤏𐤔𐤅𐤕 𐤋𐤀 𐤏𐤔𐤅 𐤅𐤕𐤒𐤓𐤀 𐤀𐤕𐤌 𐤀𐤕 𐤊𐤋
𐤄𐤓𐤏𐤄 𐤄𐤆𐤀𐤕•

𐤊𐤃 𐤄𐤍𐤄 𐤄𐤎𐤋𐤋𐤅𐤕 𐤁𐤀𐤅 𐤄𐤏𐤉𐤓 𐤋𐤋𐤊𐤃𐤄 𐤅𐤄𐤏𐤉𐤓 𐤍𐤕𐤍𐤄 𐤁𐤉𐤃 𐤄𐤊𐤔𐤃𐤉𐤌
𐤄𐤍𐤋𐤇𐤌𐤉𐤌 𐤏𐤋𐤉𐤄 𐤌𐤐𐤍𐤉 𐤄𐤇𐤓𐤁 𐤅𐤄𐤓𐤏𐤁 𐤅𐤄𐤃𐤁𐤓 𐤅𐤀𐤔𐤓 𐤃𐤁𐤓𐤕 𐤄𐤉𐤄 𐤅𐤄𐤍𐤊
𐤓𐤀𐤄•

𐤊𐤄 𐤅𐤀𐤕𐤄 𐤀𐤌𐤓𐤕 𐤀𐤋𐤉 𐤀𐤃𐤍𐤉 𐤉𐤄𐤅𐤄 𐤒𐤍𐤄 𐤋𐤊 𐤄𐤔𐤃𐤄 𐤁𐤊𐤎𐤐 𐤅𐤄𐤏𐤃
𐤏𐤃𐤉𐤌 𐤅𐤄𐤏𐤉𐤓 𐤍𐤕𐤍𐤄 𐤁𐤉𐤃 𐤄𐤊𐤔𐤃𐤉𐤌•

𐤊𐤅 𐤅𐤉𐤄𐤉 𐤃𐤁𐤓 𐤉𐤄𐤅𐤄 𐤀𐤋 𐤉𐤓𐤌𐤉𐤄𐤅 𐤋𐤀𐤌𐤓•

𐤊𐤆 𐤄𐤍𐤄 𐤀𐤍𐤉 𐤉𐤄𐤅𐤄 𐤀𐤋𐤄𐤉 𐤊𐤋 𐤁𐤔𐤓 𐤄𐤌𐤌𐤍𐤉 𐤉𐤐𐤋𐤀 𐤊𐤋 𐤃𐤁𐤓•

𐤊𐤇 𐤋𐤊𐤍 𐤊𐤄 𐤀𐤌𐤓 𐤉𐤄𐤅𐤄 𐤄𐤍𐤍𐤉 𐤍𐤕𐤍 𐤀𐤕 𐤄𐤏𐤉𐤓 𐤄𐤆𐤀𐤕 𐤁𐤉𐤃 𐤄𐤊𐤔𐤃𐤉𐤌
𐤅𐤁𐤉𐤃 𐤍𐤁𐤅𐤊𐤃𐤓𐤀𐤑𐤓 𐤌𐤋𐤊 𐤁𐤁𐤋 𐤅𐤋𐤊𐤃𐤄•

𐤊𐤈 𐤅𐤁𐤀𐤅 𐤄𐤊𐤔𐤃𐤉𐤌 𐤄𐤍𐤋𐤇𐤌𐤉𐤌 𐤏𐤋 𐤄𐤏𐤉𐤓 𐤄𐤆𐤀𐤕 𐤅𐤄𐤑𐤉𐤕𐤅 𐤀𐤕 𐤄𐤏𐤉𐤓
𐤄𐤆𐤀𐤕 𐤁𐤀𐤔 𐤅𐤔𐤓𐤐𐤅𐤄 𐤅𐤀𐤕 𐤄𐤁𐤕𐤉𐤌 𐤀𐤔𐤓 𐤒𐤈𐤓𐤅 𐤏𐤋 𐤂𐤂𐤅𐤕𐤉𐤄𐤌 𐤋𐤁𐤏𐤋
𐤅𐤄𐤎𐤊𐤅 𐤍𐤎𐤊𐤉𐤌 𐤋𐤀𐤋𐤄𐤉𐤌 𐤀𐤇𐤓𐤉𐤌 𐤋𐤌𐤏𐤍 𐤄𐤊𐤏𐤎𐤍𐤉•

𐤋 𐤊𐤉 𐤄𐤉𐤅 𐤁𐤍𐤉 𐤉𐤔𐤓𐤀𐤋 𐤅𐤁𐤍𐤉 𐤉𐤄𐤅𐤃𐤄 𐤀𐤊 𐤏𐤔𐤉𐤌 𐤄𐤓𐤏 𐤁𐤏𐤉𐤍𐤉
𐤌𐤍𐤏𐤓𐤕𐤉𐤄𐤌 𐤊𐤉 𐤁𐤍𐤉 𐤉𐤔𐤓𐤀𐤋 𐤀𐤊 𐤌𐤊𐤏𐤎𐤉𐤌 𐤀𐤕𐤉 𐤁𐤌𐤏𐤔𐤄 𐤉𐤃𐤉𐤄𐤌
𐤍𐤀𐤌 𐤉𐤄𐤅𐤄•

𐤋𐤀 𐤊𐤉 𐤏𐤋 𐤀𐤐𐤉 𐤅𐤏𐤋 𐤇𐤌𐤕𐤉 𐤄𐤉𐤕𐤄 𐤋𐤉 𐤄𐤏𐤉𐤓 𐤄𐤆𐤀𐤕 𐤋𐤌𐤍 𐤄𐤉𐤅𐤌 𐤀𐤔𐤓
𐤁𐤍𐤅 𐤀𐤅𐤕𐤄 𐤅𐤏𐤃 𐤄𐤉𐤅𐤌 𐤄𐤆𐤄 𐤋𐤄𐤎𐤉𐤓𐤄 𐤌𐤏𐤋 𐤐𐤍𐤉•

𐤋𐤁 𐤏𐤋 𐤊𐤋 𐤓𐤏𐤕 𐤁𐤍𐤉 𐤉𐤔𐤓𐤀𐤋 𐤅𐤁𐤍𐤉 𐤉𐤄𐤅𐤃𐤄 𐤀𐤔𐤓 𐤏𐤔𐤅 𐤋𐤄𐤊𐤏𐤎𐤍𐤉 𐤄𐤌𐤄
𐤌𐤋𐤊𐤉𐤄𐤌 𐤔𐤓𐤉𐤄𐤌 𐤊𐤄𐤍𐤉𐤄𐤌 𐤅𐤍𐤁𐤉𐤀𐤉𐤄𐤌 𐤅𐤀𐤉𐤔 𐤉𐤄𐤅𐤃𐤄 𐤅𐤉𐤔𐤁𐤉
𐤉𐤓𐤅𐤔𐤋𐤌•

𐤋𐤂 𐤅𐤉𐤐𐤍𐤅 𐤀𐤋𐤉 𐤏𐤓𐤐 𐤅𐤋𐤀 𐤐𐤍𐤉𐤌 𐤅𐤋𐤌𐤃 𐤀𐤕𐤌 𐤄𐤔𐤊𐤌 𐤅𐤋𐤌𐤃 𐤅𐤀𐤉𐤍𐤌
𐤔𐤌𐤏𐤉𐤌 𐤋𐤒𐤇𐤕 𐤌𐤅𐤎𐤓•

𐤋𐤃 𐤅𐤉𐤔𐤉𐤌𐤅 𐤔𐤒𐤅𐤑𐤉𐤄𐤌 𐤁𐤁𐤉𐤕 𐤀𐤔𐤓 𐤍𐤒𐤓𐤀 𐤔𐤌𐤉 𐤏𐤋𐤉𐤅 𐤋𐤈𐤌𐤀𐤅•
𐤋𐤄 𐤅𐤉𐤁𐤍𐤅 𐤀𐤕 𐤁𐤌𐤅𐤕 𐤄𐤁𐤏𐤋 𐤀𐤔𐤓 𐤁𐤂𐤉𐤀 𐤁𐤍 𐤄𐤍𐤌 𐤋𐤄𐤏𐤁𐤉𐤓 𐤀𐤕
𐤁𐤍𐤉𐤄𐤌 𐤅𐤀𐤕 𐤁𐤍𐤅𐤕𐤉𐤄𐤌 𐤋𐤌𐤋𐤊 𐤀𐤔𐤓 𐤋𐤀 𐤑𐤅𐤉𐤕𐤉𐤌 𐤅𐤋𐤀 𐤏𐤋𐤕𐤄 𐤏𐤋 𐤋𐤁𐤉
𐤋𐤏𐤔𐤅𐤕 𐤄𐤕𐤅𐤏𐤁𐤄 𐤄𐤆𐤀𐤕 𐤋𐤌𐤏𐤍 𐤄𐤇𐤈𐤉 [𐤄𐤇𐤈𐤉𐤀] 𐤀𐤕 𐤉𐤄𐤅𐤃𐤄•
𐤋𐤅 𐤅𐤏𐤕𐤄 𐤋𐤊𐤍 𐤊𐤄 𐤀𐤌𐤓 𐤉𐤄𐤅𐤄 𐤀𐤋𐤄𐤉 𐤉𐤔𐤓𐤀𐤋 𐤀𐤋 𐤄𐤏𐤉𐤓 𐤄𐤆𐤀𐤕 𐤀𐤔𐤓
𐤀𐤕𐤌 𐤀𐤌𐤓𐤉𐤌 𐤍𐤕𐤍𐤄 𐤁𐤉𐤃 𐤌𐤋𐤊 𐤁𐤁𐤋 𐤁𐤇𐤓𐤁 𐤅𐤁𐤓𐤏𐤁 𐤅𐤁𐤃𐤁𐤓•
𐤋𐤆 𐤄𐤍𐤍𐤉 𐤌𐤒𐤁𐤑𐤌 𐤌𐤊𐤋 𐤄𐤀𐤓𐤑𐤅𐤕 𐤀𐤔𐤓 𐤄𐤃𐤇𐤕𐤉𐤌 𐤔𐤌 𐤁𐤀𐤐𐤉 𐤅𐤁𐤇𐤌𐤕𐤉
𐤅𐤁𐤒𐤑𐤐 𐤂𐤃𐤅𐤋 𐤅𐤄𐤔𐤁𐤕𐤉𐤌 𐤀𐤋 𐤄𐤌𐤒𐤅𐤌 𐤄𐤆𐤄 𐤅𐤄𐤔𐤁𐤕𐤉𐤌 𐤋𐤁𐤈𐤇•
𐤋𐤇 𐤅𐤄𐤉𐤅 𐤋𐤉 𐤋𐤏𐤌 𐤅𐤀𐤍𐤉 𐤀𐤄𐤉𐤄 𐤋𐤄𐤌 𐤋𐤀𐤋𐤄𐤉𐤌•
𐤋𐤈 𐤅𐤍𐤕𐤕𐤉 𐤋𐤄𐤌 𐤋𐤁 𐤀𐤇𐤃 𐤅𐤃𐤓𐤊 𐤀𐤇𐤃 𐤋𐤉𐤓𐤀𐤄 𐤀𐤅𐤕𐤉 𐤊𐤋 𐤄𐤉𐤌𐤉𐤌 𐤋𐤈𐤅𐤁
𐤋𐤄𐤌 𐤅𐤋𐤁𐤍𐤉𐤄𐤌 𐤀𐤇𐤓𐤉𐤄𐤌•
𐤌 𐤅𐤊𐤓𐤕𐤉 𐤋𐤄𐤌 𐤁𐤓𐤉𐤕 𐤏𐤅𐤋𐤌 𐤀𐤔𐤓 𐤋𐤀 𐤀𐤔𐤅𐤁 𐤌𐤀𐤇𐤓𐤉𐤄𐤌 𐤋𐤄𐤉𐤈𐤉𐤁𐤉
𐤀𐤅𐤕𐤌 𐤅𐤀𐤕 𐤉𐤓𐤀𐤕𐤉 𐤀𐤕𐤍 𐤁𐤋𐤁𐤁𐤌 𐤋𐤁𐤋𐤕𐤉 𐤎𐤅𐤓 𐤌𐤏𐤋𐤉•
𐤌𐤀 𐤅𐤔𐤔𐤕𐤉 𐤏𐤋𐤉𐤄𐤌 𐤋𐤄𐤈𐤉𐤁 𐤀𐤅𐤕𐤌 𐤅𐤍𐤈𐤏𐤕𐤉𐤌 𐤁𐤀𐤓𐤑 𐤄𐤆𐤀𐤕 𐤁𐤀𐤌𐤕
𐤁𐤊𐤋 𐤋𐤁𐤉 𐤅𐤁𐤊𐤋 𐤍𐤐𐤔𐤉•
𐤌𐤁 𐤊𐤉 𐤊𐤄 𐤀𐤌𐤓 𐤉𐤄𐤅𐤄 𐤊𐤀𐤔𐤓 𐤄𐤁𐤀𐤕𐤉 𐤀𐤋 𐤄𐤏𐤌 𐤄𐤆𐤄 𐤀𐤕 𐤊𐤋 𐤄𐤓𐤏𐤄
𐤄𐤂𐤃𐤅𐤋𐤄 𐤄𐤆𐤀𐤕 𐤊𐤍 𐤀𐤍𐤊𐤉 𐤌𐤁𐤉𐤀 𐤏𐤋𐤉𐤄𐤌 𐤀𐤕 𐤊𐤋 𐤄𐤈𐤅𐤁𐤄 𐤀𐤔𐤓 𐤀𐤍𐤊𐤉
𐤃𐤁𐤓 𐤏𐤋𐤉𐤄𐤌•
𐤌𐤂 𐤅𐤍𐤒𐤍𐤄 𐤄𐤔𐤃𐤄 𐤁𐤀𐤓𐤑 𐤄𐤆𐤀𐤕 𐤀𐤔𐤓 𐤀𐤕𐤌 𐤀𐤌𐤓𐤉𐤌 𐤔𐤌𐤌𐤄 𐤄𐤉𐤀
𐤌𐤀𐤉𐤍 𐤀𐤃𐤌 𐤅𐤁𐤄𐤌𐤄 𐤍𐤕𐤍𐤄 𐤁𐤉𐤃 𐤄𐤊𐤔𐤃𐤉𐤌•
𐤌𐤃 𐤔𐤃𐤅𐤕 𐤁𐤊𐤎𐤐 𐤉𐤒𐤍𐤅 𐤅𐤊𐤕𐤅𐤁 𐤁𐤎𐤐𐤓 𐤅𐤇𐤕𐤅𐤌 𐤅𐤄𐤏𐤃 𐤏𐤃𐤉𐤌 𐤁𐤀𐤓𐤑
𐤁𐤍𐤉𐤌𐤍 𐤅𐤁𐤎𐤁𐤉𐤁𐤉 𐤉𐤓𐤅𐤔𐤋𐤌 𐤅𐤁𐤏𐤓𐤉 𐤉𐤄𐤅𐤃𐤄 𐤅𐤁𐤏𐤓𐤉 𐤄𐤄𐤓 𐤅𐤁𐤏𐤓𐤉
𐤄𐤔𐤐𐤋𐤄 𐤅𐤁𐤏𐤓𐤉 𐤄𐤍𐤂𐤁 𐤊𐤉 𐤀𐤔𐤉𐤁 𐤀𐤕 𐤔𐤁𐤅𐤕𐤌 𐤍𐤀𐤌 𐤉𐤄𐤅𐤄•

𐤐𐤓𐤒 𐤋𐤂

𐤀 𐤅𐤉𐤄𐤉 𐤃𐤁𐤓 𐤉𐤄𐤅𐤄 𐤀𐤋 𐤉𐤓𐤌𐤉𐤄𐤅 𐤔𐤍𐤉𐤕 𐤅𐤄𐤅𐤀 𐤏𐤅𐤃𐤍𐤅 𐤏𐤑𐤅𐤓 𐤁𐤇𐤑𐤓
𐤄𐤌𐤈𐤓𐤄 𐤋𐤀𐤌𐤓•
𐤁 𐤊𐤄 𐤀𐤌𐤓 𐤉𐤄𐤅𐤄 𐤏𐤔𐤄 𐤉𐤄𐤅𐤄 𐤉𐤅𐤑𐤓 𐤀𐤅𐤕𐤄 𐤋𐤄𐤊𐤉𐤍𐤄 𐤉𐤄𐤅𐤄 𐤔𐤌𐤅•
𐤂 𐤒𐤓𐤀 𐤀𐤋𐤉 𐤅𐤀𐤏𐤍𐤊 𐤅𐤀𐤂𐤉𐤃𐤄 𐤋𐤊 𐤂𐤃𐤋𐤅𐤕 𐤅𐤁𐤑𐤓𐤅𐤕 𐤋𐤀 𐤉𐤃𐤏𐤕𐤌•
𐤃 𐤊𐤉 𐤊𐤄 𐤀𐤌𐤓 𐤉𐤄𐤅𐤄 𐤀𐤋𐤄𐤉 𐤉𐤔𐤓𐤀𐤋 𐤏𐤋 𐤁𐤕𐤉 𐤄𐤏𐤉𐤓 𐤄𐤆𐤀𐤕 𐤅𐤏𐤋 𐤁𐤕𐤉
𐤌𐤋𐤊𐤉 𐤉𐤄𐤅𐤃𐤄 𐤄𐤍𐤕𐤑𐤉𐤌 𐤀𐤋 𐤄𐤎𐤋𐤋𐤅𐤕 𐤅𐤀𐤋 𐤄𐤇𐤓𐤁•
𐤄 𐤁𐤀𐤉𐤌 𐤋𐤄𐤋𐤇𐤌 𐤀𐤕 𐤄𐤊𐤔𐤃𐤉𐤌 𐤅𐤋𐤌𐤋𐤀𐤌 𐤀𐤕 𐤐𐤂𐤓𐤉 𐤄𐤀𐤃𐤌 𐤀𐤔𐤓
𐤄𐤊𐤉𐤕𐤉 𐤁𐤀𐤐𐤉 𐤅𐤁𐤇𐤌𐤕𐤉 𐤅𐤀𐤔𐤓 𐤄𐤎𐤕𐤓𐤕𐤉 𐤐𐤍𐤉 𐤌𐤄𐤏𐤉𐤓 𐤄𐤆𐤀𐤕 𐤏𐤋 𐤊𐤋

𐤉𐤓𐤌𐤉𐤄

𐤓𐤏𐤕𐤌•
𐤅 𐤄𐤍𐤍𐤉 𐤌𐤏𐤋𐤄 𐤋𐤄 𐤀𐤓𐤊𐤄 𐤅𐤌𐤓𐤐𐤀 𐤅𐤓𐤐𐤀𐤕𐤉𐤌 𐤅𐤂𐤋𐤉𐤕𐤉 𐤋𐤄𐤌 𐤏𐤕𐤓𐤕
𐤔𐤋𐤅𐤌 𐤅𐤀𐤌𐤕•
𐤆 𐤅𐤄𐤔𐤁𐤕𐤉 𐤀𐤕 𐤔𐤁𐤅𐤕 𐤉𐤄𐤅𐤃𐤄 𐤅𐤀𐤕 𐤔𐤁𐤅𐤕 𐤉𐤔𐤓𐤀𐤋 𐤅𐤁𐤍𐤕𐤉𐤌
𐤊𐤁𐤓𐤀𐤔𐤍𐤄•
𐤇 𐤅𐤈𐤄𐤓𐤕𐤉𐤌 𐤌𐤊𐤋 𐤏𐤅𐤍𐤌 𐤀𐤔𐤓 𐤇𐤈𐤀𐤅 𐤋𐤉 𐤅𐤎𐤋𐤇𐤕𐤉 𐤋𐤊𐤅𐤋 [𐤋𐤊𐤋]
𐤏𐤅𐤍𐤅𐤕𐤉𐤄𐤌 𐤀𐤔𐤓 𐤇𐤈𐤀𐤅 𐤋𐤉 𐤅𐤀𐤔𐤓 𐤐𐤔𐤏𐤅 𐤁𐤉•
𐤈 𐤅𐤄𐤉𐤕𐤄 𐤋𐤉 𐤋𐤔𐤌 𐤔𐤔𐤅𐤍 𐤋𐤕𐤄𐤋𐤄 𐤅𐤋𐤕𐤐𐤀𐤓𐤕 𐤋𐤊𐤋 𐤂𐤅𐤉𐤉 𐤄𐤀𐤓𐤑 𐤀𐤔𐤓
𐤉𐤔𐤌𐤏𐤅 𐤀𐤕 𐤊𐤋 𐤄𐤈𐤅𐤁𐤄 𐤀𐤔𐤓 𐤀𐤍𐤊𐤉 𐤏𐤔𐤄 𐤀𐤕𐤌 𐤅𐤐𐤇𐤃𐤅 𐤅𐤓𐤂𐤆𐤅 𐤏𐤋 𐤊𐤋
𐤄𐤈𐤅𐤁𐤄 𐤅𐤏𐤋 𐤊𐤋 𐤄𐤔𐤋𐤅𐤌 𐤀𐤔𐤓 𐤀𐤍𐤊𐤉 𐤏𐤔𐤄 𐤋𐤄•
𐤉 𐤊𐤄 𐤀𐤌𐤓 𐤉𐤄𐤅𐤄 𐤏𐤅𐤃 𐤉𐤔𐤌𐤏 𐤁𐤌𐤒𐤅𐤌 𐤄𐤆𐤄 𐤀𐤔𐤓 𐤀𐤕𐤌 𐤀𐤌𐤓𐤉𐤌 𐤇𐤓𐤁
𐤄𐤅𐤀 𐤌𐤀𐤉𐤍 𐤀𐤃𐤌 𐤅𐤌𐤀𐤉𐤍 𐤁𐤄𐤌𐤄 𐤁𐤏𐤓𐤉 𐤉𐤄𐤅𐤃𐤄 𐤅𐤁𐤇𐤑𐤅𐤕 𐤉𐤓𐤅𐤔𐤋𐤌
𐤄𐤍𐤔𐤌𐤅𐤕 𐤌𐤀𐤉𐤍 𐤀𐤃𐤌 𐤅𐤌𐤀𐤉𐤍 𐤉𐤅𐤔𐤁 𐤅𐤌𐤀𐤉𐤍 𐤁𐤄𐤌𐤄•
𐤉𐤀 𐤒𐤅𐤋 𐤔𐤔𐤅𐤍 𐤅𐤒𐤅𐤋 𐤔𐤌𐤇𐤄 𐤒𐤅𐤋 𐤇𐤕𐤍 𐤅𐤒𐤅𐤋 𐤊𐤋𐤄 𐤒𐤅𐤋 𐤀𐤌𐤓𐤉𐤌 𐤄𐤅𐤃𐤅
𐤀𐤕 𐤉𐤄𐤅𐤄 𐤑𐤁𐤀𐤅𐤕 𐤊𐤉 𐤈𐤅𐤁 𐤉𐤄𐤅𐤄 𐤊𐤉 𐤋𐤏𐤅𐤋𐤌 𐤇𐤎𐤃𐤅 𐤌𐤁𐤀𐤉𐤌 𐤕𐤅𐤃𐤄
𐤁𐤉𐤕 𐤉𐤄𐤅𐤄 𐤊𐤉 𐤀𐤔𐤉𐤁 𐤀𐤕 𐤔𐤁𐤅𐤕 𐤄𐤀𐤓𐤑 𐤊𐤁𐤓𐤀𐤔𐤍𐤄 𐤀𐤌𐤓 𐤉𐤄𐤅𐤄•
𐤉𐤁 𐤊𐤄 𐤀𐤌𐤓 𐤉𐤄𐤅𐤄 𐤑𐤁𐤀𐤅𐤕 𐤏𐤅𐤃 𐤉𐤄𐤉𐤄 𐤁𐤌𐤒𐤅𐤌 𐤄𐤆𐤄 𐤄𐤇𐤓𐤁 𐤌𐤀𐤉𐤍
𐤀𐤃𐤌 𐤅𐤏𐤃 𐤁𐤄𐤌𐤄 𐤅𐤁𐤊𐤋 𐤏𐤓𐤉𐤅 𐤍𐤅𐤄 𐤓𐤏𐤉𐤌 𐤌𐤓𐤁𐤑𐤉𐤌 𐤑𐤀𐤍•
𐤉𐤂 𐤁𐤏𐤓𐤉 𐤄𐤄𐤓 𐤁𐤏𐤓𐤉 𐤄𐤔𐤐𐤋𐤄 𐤅𐤁𐤏𐤓𐤉 𐤄𐤍𐤂𐤁 𐤅𐤁𐤀𐤓𐤑 𐤁𐤍𐤉𐤌𐤍 𐤅𐤁𐤎𐤁𐤉𐤁𐤉
𐤉𐤓𐤅𐤔𐤋𐤌 𐤅𐤁𐤏𐤓𐤉 𐤉𐤄𐤅𐤃𐤄 𐤏𐤃 𐤕𐤏𐤁𐤓𐤍𐤄 𐤄𐤑𐤀𐤍 𐤏𐤋 𐤉𐤃𐤉 𐤌𐤅𐤍𐤄 𐤀𐤌𐤓
𐤉𐤄𐤅𐤄•
𐤉𐤃 𐤄𐤍𐤄 𐤉𐤌𐤉𐤌 𐤁𐤀𐤉𐤌 𐤍𐤀𐤌 𐤉𐤄𐤅𐤄 𐤅𐤄𐤒𐤌𐤕𐤉 𐤀𐤕 𐤄𐤃𐤁𐤓 𐤄𐤈𐤅𐤁 𐤀𐤔𐤓
𐤃𐤁𐤓𐤕𐤉 𐤀𐤋 𐤁𐤉𐤕 𐤉𐤔𐤓𐤀𐤋 𐤅𐤏𐤋 𐤁𐤉𐤕 𐤉𐤄𐤅𐤃𐤄•
𐤈𐤅 𐤁𐤉𐤌𐤉𐤌 𐤄𐤄𐤌 𐤅𐤁𐤏𐤕 𐤄𐤄𐤉𐤀 𐤀𐤑𐤌𐤉𐤇 𐤋𐤃𐤅𐤃 𐤑𐤌𐤇 𐤑𐤃𐤒𐤄 𐤅𐤏𐤔𐤄
𐤌𐤔𐤐𐤈 𐤅𐤑𐤃𐤒𐤄 𐤁𐤀𐤓𐤑•
𐤈𐤆 𐤁𐤉𐤌𐤉𐤌 𐤄𐤄𐤌 𐤕𐤅𐤔𐤏 𐤉𐤄𐤅𐤃𐤄 𐤅𐤉𐤓𐤅𐤔𐤋𐤌 𐤕𐤔𐤊𐤅𐤍 𐤋𐤁𐤈𐤇 𐤅𐤆𐤄 𐤀𐤔𐤓
𐤉𐤒𐤓𐤀 𐤋𐤄 𐤉𐤄𐤅𐤄 𐤑𐤃𐤒𐤍𐤅•
𐤉𐤆 𐤊𐤉 𐤊𐤄 𐤀𐤌𐤓 𐤉𐤄𐤅𐤄 𐤋𐤀 𐤉𐤊𐤓𐤕 𐤋𐤃𐤅𐤃 𐤀𐤉𐤔 𐤉𐤔𐤁 𐤏𐤋 𐤊𐤎𐤀 𐤁𐤉𐤕
𐤉𐤔𐤓𐤀𐤋•
𐤉𐤇 𐤅𐤋𐤊𐤄𐤍𐤉𐤌 𐤄𐤋𐤅𐤉𐤌 𐤋𐤀 𐤉𐤊𐤓𐤕 𐤀𐤉𐤔 𐤌𐤋𐤐𐤍𐤉 𐤌𐤏𐤋𐤄 𐤏𐤅𐤋𐤄 𐤅𐤌𐤒𐤈𐤉𐤓
𐤌𐤍𐤇𐤄 𐤅𐤏𐤔𐤄 𐤆𐤁𐤇 𐤊𐤋 𐤄𐤉𐤌𐤉𐤌•
𐤉𐤈 𐤅𐤉𐤄𐤉 𐤃𐤁𐤓 𐤉𐤄𐤅𐤄 𐤀𐤋 𐤉𐤓𐤌𐤉𐤄𐤅 𐤋𐤀𐤌𐤓•
𐤊 𐤊𐤄 𐤀𐤌𐤓 𐤉𐤄𐤅𐤄 𐤀𐤌 𐤕𐤐𐤓𐤅 𐤀𐤕 𐤁𐤓𐤉𐤕𐤉 𐤄𐤉𐤅𐤌 𐤅𐤀𐤕 𐤁𐤓𐤉𐤕𐤉 𐤄𐤋𐤉𐤋𐤄

𐤉𐤓𐤌𐤉𐤄

𐤅𐤋𐤁𐤋𐤕𐤉 𐤄𐤉𐤅𐤕 𐤉𐤅𐤌𐤌 𐤅𐤋𐤉𐤋𐤄 𐤁𐤏𐤕𐤌·
𐤊𐤀𐤂𐤌 𐤁𐤓𐤉𐤕𐤉 𐤕𐤐𐤓 𐤀𐤕 𐤃𐤅𐤃 𐤏𐤁𐤃𐤉 𐤌𐤄𐤉𐤅𐤕 𐤋𐤅 𐤁𐤍 𐤌𐤋𐤊 𐤏𐤋 𐤊𐤎𐤀𐤅 𐤅𐤀𐤕
𐤄𐤋𐤅𐤉𐤌 𐤄𐤊𐤄𐤍𐤉𐤌 𐤌𐤔𐤓𐤕𐤉·
𐤊𐤁𐤀𐤔𐤓 𐤋𐤀 𐤉𐤎𐤐𐤓 𐤑𐤁𐤀 𐤄𐤔𐤌𐤉𐤌 𐤅𐤋𐤀 𐤉𐤌𐤃 𐤇𐤅𐤋 𐤄𐤉𐤌 𐤊𐤍 𐤀𐤓𐤁𐤄 𐤀𐤕
𐤆𐤓𐤏 𐤃𐤅𐤃 𐤏𐤁𐤃𐤉 𐤅𐤀𐤕 𐤄𐤋𐤅𐤉𐤌 𐤌𐤔𐤓𐤕𐤉 𐤀𐤕𐤉·
𐤊𐤂𐤅𐤉𐤄𐤉 𐤃𐤁𐤓 𐤉𐤄𐤅𐤄 𐤀𐤋 𐤉𐤓𐤌𐤉𐤄𐤅 𐤋𐤀𐤌𐤓·
𐤊𐤃𐤄𐤋𐤅𐤀 𐤓𐤀𐤉𐤕 𐤌𐤄 𐤄𐤏𐤌 𐤄𐤆𐤄 𐤃𐤁𐤓𐤅 𐤋𐤀𐤌𐤓 𐤔𐤕𐤉 𐤄𐤌𐤔𐤐𐤇𐤅𐤕 𐤀𐤔𐤓 𐤁𐤇𐤓
𐤉𐤄𐤅𐤄 𐤁𐤄𐤌 𐤅𐤉𐤌𐤀𐤎𐤌 𐤅𐤀𐤕 𐤏𐤌𐤉 𐤉𐤍𐤀𐤑𐤅𐤍 𐤌𐤄𐤉𐤅𐤕 𐤏𐤅𐤃 𐤂𐤅𐤉 𐤋𐤐𐤍𐤉𐤄𐤌·
𐤊𐤄𐤊𐤄 𐤀𐤌𐤓 𐤉𐤄𐤅𐤄 𐤀𐤌 𐤋𐤀 𐤁𐤓𐤉𐤕𐤉 𐤉𐤅𐤌𐤌 𐤅𐤋𐤉𐤋𐤄 𐤇𐤒𐤅𐤕 𐤔𐤌𐤉𐤌
𐤅𐤀𐤓𐤑 𐤋𐤀 𐤔𐤌𐤕𐤉·
𐤊𐤅𐤂𐤌 𐤆𐤓𐤏 𐤉𐤏𐤒𐤅𐤁 𐤅𐤃𐤅𐤃 𐤏𐤁𐤃𐤉 𐤀𐤌𐤀𐤎 𐤌𐤒𐤇𐤕 𐤌𐤆𐤓𐤏𐤅 𐤌𐤔𐤋𐤉𐤌 𐤀𐤋
𐤀𐤁𐤓𐤄𐤌 𐤉𐤔𐤇𐤒 𐤅𐤉𐤏𐤒𐤁 𐤊𐤉 𐤀𐤔𐤅𐤁 [𐤀𐤔𐤉𐤁] 𐤀𐤕 𐤔𐤁𐤅𐤕𐤌 𐤅𐤓𐤇𐤌𐤕𐤉𐤌·

𐤐𐤓𐤒 𐤋𐤃

𐤀𐤄𐤃𐤁𐤓 𐤀𐤔𐤓 𐤄𐤉𐤄 𐤀𐤋 𐤉𐤓𐤌𐤉𐤄𐤅 𐤌𐤀𐤕 𐤉𐤄𐤅𐤄 𐤅𐤍𐤁𐤅𐤊𐤃𐤓𐤀𐤑𐤓 𐤌𐤋𐤊 𐤁𐤁𐤋
𐤅𐤊𐤋 𐤇𐤉𐤋𐤅 𐤅𐤊𐤋 𐤌𐤌𐤋𐤊𐤅𐤕 𐤀𐤓𐤑 𐤌𐤌𐤔𐤋𐤕 𐤉𐤃𐤅 𐤅𐤊𐤋 𐤄𐤏𐤌𐤉𐤌 𐤍𐤋𐤇𐤌𐤉𐤌
𐤏𐤋 𐤉𐤓𐤅𐤔𐤋𐤌 𐤅𐤏𐤋 𐤊𐤋 𐤏𐤓𐤉𐤄 𐤋𐤀𐤌𐤓·
𐤁𐤊𐤄 𐤀𐤌𐤓 𐤉𐤄𐤅𐤄 𐤀𐤋𐤄𐤉 𐤉𐤔𐤓𐤀𐤋 𐤄𐤋𐤊 𐤅𐤀𐤌𐤓𐤕 𐤀𐤋 𐤑𐤃𐤒𐤉𐤄𐤅 𐤌𐤋𐤊
𐤉𐤄𐤅𐤃𐤄 𐤅𐤀𐤌𐤓𐤕 𐤀𐤋𐤉𐤅 𐤊𐤄 𐤀𐤌𐤓 𐤉𐤄𐤅𐤄 𐤄𐤍𐤍𐤉 𐤍𐤕𐤍 𐤀𐤕 𐤄𐤏𐤉𐤓 𐤄𐤆𐤀𐤕
𐤁𐤉𐤃 𐤌𐤋𐤊 𐤁𐤁𐤋 𐤅𐤔𐤓𐤐𐤄 𐤁𐤀𐤔·
𐤂𐤅𐤀𐤕𐤄 𐤋𐤀 𐤕𐤌𐤋𐤈 𐤌𐤉𐤃𐤅 𐤊𐤉 𐤕𐤐𐤔 𐤕𐤕𐤐𐤔 𐤅𐤁𐤉𐤃𐤅 𐤕𐤍𐤕𐤍 𐤅𐤏𐤉𐤍𐤉𐤊 𐤀𐤕
𐤏𐤉𐤍𐤉 𐤌𐤋𐤊 𐤁𐤁𐤋 𐤕𐤓𐤀𐤉𐤍𐤄 𐤅𐤐𐤉𐤄𐤅 𐤀𐤕 𐤐𐤉𐤊 𐤉𐤃𐤁𐤓 𐤅𐤁𐤁𐤋 𐤕𐤁𐤅𐤀·
𐤃 𐤀𐤊 𐤔𐤌𐤏 𐤃𐤁𐤓 𐤉𐤄𐤅𐤄 𐤑𐤃𐤒𐤉𐤄𐤅 𐤌𐤋𐤊 𐤉𐤄𐤅𐤃𐤄 𐤊𐤄 𐤀𐤌𐤓 𐤉𐤄𐤅𐤄 𐤏𐤋𐤉𐤊
𐤋𐤀 𐤕𐤌𐤅𐤕 𐤁𐤇𐤓𐤁·
𐤄𐤁𐤔𐤋𐤅𐤌 𐤕𐤌𐤅𐤕 𐤅𐤁𐤌𐤔𐤓𐤐𐤅𐤕 𐤀𐤁𐤅𐤕𐤉𐤊 𐤄𐤌𐤋𐤊𐤉𐤌 𐤄𐤓𐤀𐤔𐤅𐤍𐤉𐤌 𐤀𐤔𐤓
𐤄𐤉𐤅 𐤋𐤐𐤍𐤉𐤊 𐤊𐤍 𐤉𐤔𐤓𐤐𐤅 𐤋𐤊 𐤅𐤄𐤅𐤉 𐤀𐤃𐤅𐤍 𐤉𐤎𐤐𐤃𐤅 𐤋𐤊 𐤊𐤉 𐤃𐤁𐤓 𐤀𐤍𐤉
𐤃𐤁𐤓𐤕𐤉 𐤍𐤀𐤌 𐤉𐤄𐤅𐤄·
𐤅𐤅𐤉𐤃𐤁𐤓 𐤉𐤓𐤌𐤉𐤄𐤅 𐤄𐤍𐤁𐤉𐤀 𐤀𐤋 𐤑𐤃𐤒𐤉𐤄𐤅 𐤌𐤋𐤊 𐤉𐤄𐤅𐤃𐤄 𐤀𐤕 𐤊𐤋
𐤄𐤃𐤁𐤓𐤉𐤌 𐤄𐤀𐤋𐤄 𐤁𐤉𐤓𐤅𐤔𐤋𐤌·
𐤆𐤅𐤇𐤉𐤋 𐤌𐤋𐤊 𐤁𐤁𐤋 𐤍𐤋𐤇𐤌𐤉𐤌 𐤏𐤋 𐤉𐤓𐤅𐤔𐤋𐤌 𐤅𐤏𐤋 𐤊𐤋 𐤏𐤓𐤉 𐤉𐤄𐤅𐤃𐤄
𐤄𐤍𐤅𐤕𐤓𐤅𐤕 𐤀𐤋 𐤋𐤊𐤉𐤔 𐤅𐤀𐤋 𐤏𐤆𐤒𐤄 𐤊𐤉 𐤄𐤍𐤄 𐤍𐤔𐤀𐤓𐤅 𐤁𐤏𐤓𐤉 𐤉𐤄𐤅𐤃𐤄 𐤏𐤓𐤉
𐤌𐤁𐤑𐤓·
𐤇𐤄𐤃𐤁𐤓 𐤀𐤔𐤓 𐤄𐤉𐤄 𐤀𐤋 𐤉𐤓𐤌𐤉𐤄𐤅 𐤌𐤀𐤕 𐤉𐤄𐤅𐤄 𐤀𐤇𐤓𐤉 𐤊𐤓𐤕 𐤄𐤌𐤋𐤊

צדקיהו ברית את כל העם אשר בירושלם לקרא להם דרור׃
ט לשלח איש את עבדו ואיש את שפחתו העברי והעבריה חפשים
לבלתי עבד בם ביהודי אחיהו איש׃
י וישמעו כל השרים וכל העם אשר באו בברית לשלח איש את
עבדו ואיש את שפחתו חפשים לבלתי עבד בם עוד וישמעו
וישלחו׃
יא וישובו אחרי כן וישבו את העבדים ואת השפחות אשר שלחו
חפשים ויכבישום [ויכבשום] לעבדים ולשפחות׃
יב ויהי דבר יהוה אל ירמיהו מאת יהוה לאמר׃
יג כה אמר יהוה אלהי ישראל אנכי כרתי ברית את אבותיכם
ביום הוצאי אותם מארץ מצרים מבית עבדים לאמר׃
יד מקץ שבע שנים תשלחו איש את אחיו העברי אשר ימכר לך
ועבדך שש שנים ושלחתו חפשי מעמך ולא שמעו אבותיכם אלי
ולא הטו את אזנם׃
טו ותשבו אתם היום ותעשו את הישר בעיני לקרא דרור איש
לרעהו וכרתו ברית לפני בבית אשר נקרא שמי עליו׃
טז ותשבו ותחללו את שמי ותשבו איש את עבדו ואיש את
שפחתו אשר שלחתם חפשים לנפשם ותכבשו אתם להיות לכם
לעבדים ולשפחות׃
יז לכן כה אמר יהוה אתם לא שמעתם אלי לקרא דרור איש
לאחיו ואיש לרעהו הנני קרא לכם דרור נאם יהוה אל החרב
אל הדבר ואל הרעב ונתתי אתכם לזועה [לזעוה] לכל ממלכות
הארץ׃
יח ונתתי את האנשים העברים את ברתי אשר לא הקימו את
דברי הברית אשר כרתו לפני העגל אשר כרתו לשנים ויעברו
בין בתריו׃
יט שרי יהודה ושרי ירושלם הסרסים והכהנים וכל עם הארץ
העברים בין בתרי העגל׃
כ ונתתי אותם ביד איביהם וביד מבקשי נפשם והיתה נבלתם
למאכל לעוף השמים ולבהמת הארץ׃
כא ואת צדקיהו מלך יהודה ואת שריו אתן ביד איביהם
וביד מבקשי נפשם וביד חיל מלך בבל העלים מעליכם׃
כב הנני מצוה נאם יהוה והשבתים אל העיר הזאת ונלחמו

𐤏𐤋𐤉𐤄 𐤅𐤋𐤊𐤃𐤅𐤄 𐤅𐤔𐤓𐤐𐤄 𐤁𐤀𐤔 𐤅𐤀𐤕 𐤏𐤓𐤉 𐤉𐤄𐤅𐤃𐤄 𐤀𐤕𐤍 𐤔𐤌𐤌𐤄 𐤌𐤀𐤉𐤍
𐤉𐤔𐤁•

𐤐𐤓𐤒 𐤋𐤄

𐤀 𐤄𐤃𐤁𐤓 𐤀𐤔𐤓 𐤄𐤉𐤄 𐤀𐤋 𐤉𐤓𐤌𐤉𐤄𐤅 𐤌𐤀𐤕 𐤉𐤄𐤅𐤄 𐤁𐤉𐤌𐤉 𐤉𐤄𐤅𐤉𐤒𐤉𐤌 𐤁𐤍
𐤉𐤀𐤔𐤉𐤄𐤅 𐤌𐤋𐤊 𐤉𐤄𐤅𐤃𐤄 𐤋𐤀𐤌𐤓•
𐤁 𐤄𐤋𐤅𐤊 𐤀𐤋 𐤁𐤉𐤕 𐤄𐤓𐤊𐤁𐤉𐤌 𐤅𐤃𐤁𐤓𐤕 𐤀𐤅𐤕𐤌 𐤅𐤄𐤁𐤀𐤅𐤕𐤌 𐤁𐤉𐤕 𐤉𐤄𐤅𐤄 𐤀𐤋
𐤀𐤇𐤕 𐤄𐤋𐤔𐤊𐤅𐤕 𐤅𐤄𐤔𐤒𐤉𐤕 𐤀𐤅𐤕𐤌 𐤉𐤉𐤍•
𐤂 𐤅𐤀𐤒𐤇 𐤀𐤕 𐤉𐤀𐤆𐤍𐤉𐤄 𐤁𐤍 𐤉𐤓𐤌𐤉𐤄𐤅 𐤁𐤍 𐤇𐤁𐤑𐤍𐤉𐤄 𐤅𐤀𐤕 𐤀𐤇𐤉𐤅 𐤅𐤀𐤕 𐤊𐤋
𐤁𐤍𐤉𐤅 𐤅𐤀𐤕 𐤊𐤋 𐤁𐤉𐤕 𐤄𐤓𐤊𐤁𐤉𐤌•
𐤃 𐤅𐤀𐤁𐤀 𐤀𐤕𐤌 𐤁𐤉𐤕 𐤉𐤄𐤅𐤄 𐤀𐤋 𐤋𐤔𐤊𐤕 𐤁𐤍𐤉 𐤇𐤍𐤍 𐤁𐤍 𐤉𐤂𐤃𐤋𐤉𐤄𐤅 𐤀𐤉𐤔
𐤄𐤀𐤋𐤄𐤉𐤌 𐤀𐤔𐤓 𐤀𐤑𐤋 𐤋𐤔𐤊𐤕 𐤄𐤔𐤓𐤉𐤌 𐤀𐤔𐤓 𐤌𐤌𐤏𐤋 𐤋𐤋𐤔𐤊𐤕 𐤌𐤏𐤔𐤉𐤄𐤅 𐤁𐤍
𐤔𐤋𐤌 𐤔𐤌𐤓 𐤄𐤎𐤐•
𐤄 𐤅𐤀𐤕𐤍 𐤋𐤐𐤍𐤉 𐤁𐤍𐤉 𐤁𐤉𐤕 𐤄𐤓𐤊𐤁𐤉𐤌 𐤂𐤁𐤏𐤉𐤌 𐤌𐤋𐤀𐤉𐤌 𐤉𐤉𐤍 𐤅𐤊𐤎𐤅𐤕
𐤅𐤀𐤌𐤓 𐤀𐤋𐤉𐤄𐤌 𐤔𐤕𐤅 𐤉𐤉𐤍•
𐤅 𐤅𐤉𐤀𐤌𐤓𐤅 𐤋𐤀 𐤍𐤔𐤕𐤄 𐤉𐤉𐤍 𐤊𐤉 𐤉𐤅𐤍𐤃𐤁 𐤁𐤍 𐤓𐤊𐤁 𐤀𐤁𐤉𐤍𐤅 𐤑𐤅𐤄 𐤏𐤋𐤉𐤍𐤅
𐤋𐤀𐤌𐤓 𐤋𐤀 𐤕𐤔𐤕𐤅 𐤉𐤉𐤍 𐤀𐤕𐤌 𐤅𐤁𐤍𐤉𐤊𐤌 𐤏𐤃 𐤏𐤅𐤋𐤌•
𐤆 𐤅𐤁𐤉𐤕 𐤋𐤀 𐤕𐤁𐤍𐤅 𐤅𐤆𐤓𐤏 𐤋𐤀 𐤕𐤆𐤓𐤏𐤅 𐤅𐤊𐤓𐤌 𐤋𐤀 𐤕𐤈𐤏𐤅 𐤅𐤋𐤀 𐤉𐤄𐤉𐤄 𐤋𐤊𐤌
𐤊𐤉 𐤁𐤀𐤄𐤋𐤉𐤌 𐤕𐤔𐤁𐤅 𐤊𐤋 𐤉𐤌𐤉𐤊𐤌 𐤋𐤌𐤏𐤍 𐤕𐤇𐤉𐤅 𐤉𐤌𐤉𐤌 𐤓𐤁𐤉𐤌 𐤏𐤋 𐤐𐤍𐤉
𐤄𐤀𐤃𐤌𐤄 𐤀𐤔𐤓 𐤀𐤕𐤌 𐤂𐤓𐤉𐤌 𐤔𐤌•
𐤇 𐤅𐤍𐤔𐤌𐤏 𐤁𐤒𐤅𐤋 𐤉𐤄𐤅𐤍𐤃𐤁 𐤁𐤍 𐤓𐤊𐤁 𐤀𐤁𐤉𐤍𐤅 𐤋𐤊𐤋 𐤀𐤔𐤓 𐤑𐤅𐤍𐤅 𐤋𐤁𐤋𐤕𐤉
𐤔𐤕𐤅𐤕 𐤉𐤉𐤍 𐤊𐤋 𐤉𐤌𐤉𐤍𐤅 𐤀𐤍𐤇𐤍𐤅 𐤍𐤔𐤉𐤍𐤅 𐤁𐤍𐤉𐤍𐤅 𐤅𐤁𐤍𐤕𐤉𐤍𐤅•
𐤈 𐤅𐤋𐤁𐤋𐤕𐤉 𐤁𐤍𐤅𐤕 𐤁𐤕𐤉𐤌 𐤋𐤔𐤁𐤕𐤍𐤅 𐤅𐤊𐤓𐤌 𐤅𐤔𐤃𐤄 𐤅𐤆𐤓𐤏 𐤋𐤀 𐤉𐤄𐤉𐤄 𐤋𐤍𐤅•
𐤉 𐤅𐤍𐤔𐤁 𐤁𐤀𐤄𐤋𐤉𐤌 𐤅𐤍𐤔𐤌𐤏 𐤅𐤍𐤏𐤔 𐤊𐤊𐤋 𐤀𐤔𐤓 𐤑𐤅𐤍𐤅 𐤉𐤅𐤍𐤃𐤁 𐤀𐤁𐤉𐤍𐤅•
𐤉𐤀 𐤅𐤉𐤄𐤉 𐤁𐤏𐤋𐤅𐤕 𐤍𐤁𐤅𐤊𐤃𐤓𐤀𐤑𐤓 𐤌𐤋𐤊 𐤁𐤁𐤋 𐤀𐤋 𐤄𐤀𐤓𐤑 𐤅𐤍𐤀𐤌𐤓 𐤁𐤀𐤅
𐤅𐤍𐤁𐤅𐤀 𐤉𐤓𐤅𐤔𐤋𐤌 𐤌𐤐𐤍𐤉 𐤇𐤉𐤋 𐤄𐤊𐤔𐤃𐤉𐤌 𐤅𐤌𐤐𐤍𐤉 𐤇𐤉𐤋 𐤀𐤓𐤌 𐤅𐤍𐤔𐤁
𐤁𐤉𐤓𐤅𐤔𐤋𐤌•
𐤉𐤁 𐤅𐤉𐤄𐤉 𐤃𐤁𐤓 𐤉𐤄𐤅𐤄 𐤀𐤋 𐤉𐤓𐤌𐤉𐤄𐤅 𐤋𐤀𐤌𐤓•
𐤉𐤂 𐤊𐤄 𐤀𐤌𐤓 𐤉𐤄𐤅𐤄 𐤑𐤁𐤀𐤅𐤕 𐤀𐤋𐤄𐤉 𐤉𐤔𐤓𐤀𐤋 𐤄𐤋𐤊 𐤅𐤀𐤌𐤓𐤕 𐤋𐤀𐤉𐤔
𐤉𐤄𐤅𐤃𐤄 𐤅𐤋𐤉𐤅𐤔𐤁𐤉 𐤉𐤓𐤅𐤔𐤋𐤌 𐤄𐤋𐤅𐤀 𐤕𐤒𐤇𐤅 𐤌𐤅𐤎𐤓 𐤋𐤔𐤌𐤏 𐤀𐤋 𐤃𐤁𐤓𐤉 𐤍𐤀𐤌
𐤉𐤄𐤅𐤄•
𐤉𐤃 𐤄𐤅𐤒𐤌 𐤀𐤕 𐤃𐤁𐤓𐤉 𐤉𐤄𐤅𐤍𐤃𐤁 𐤁𐤍 𐤓𐤊𐤁 𐤀𐤔𐤓 𐤑𐤅𐤄 𐤀𐤕 𐤁𐤍𐤉𐤅 𐤋𐤁𐤋𐤕𐤉
𐤔𐤕𐤅𐤕 𐤉𐤉𐤍 𐤅𐤋𐤀 𐤔𐤕𐤅 𐤏𐤃 𐤄𐤉𐤅𐤌 𐤄𐤆𐤄 𐤊𐤉 𐤔𐤌𐤏𐤅 𐤀𐤕 𐤌𐤑𐤅𐤕 𐤀𐤁𐤉𐤄𐤌

𐤉𐤓𐤌𐤉𐤄

𐤅𐤀𐤍𐤊𐤉 𐤃𐤁𐤓𐤕𐤉 𐤀𐤋𐤉𐤊𐤌 𐤄𐤔𐤊𐤌 𐤅𐤃𐤁𐤓 𐤅𐤋𐤀 𐤔𐤌𐤏𐤕𐤌 𐤀𐤋𐤉•
𐤈𐤅 𐤅𐤀𐤔𐤋𐤇 𐤀𐤋𐤉𐤊𐤌 𐤀𐤕 𐤊𐤋 𐤏𐤁𐤃𐤉 𐤄𐤍𐤁𐤀𐤉𐤌 𐤄𐤔𐤊𐤌 𐤅𐤔𐤋𐤇 𐤋𐤀𐤌𐤓
𐤔𐤁𐤅 𐤍𐤀 𐤀𐤉𐤔 𐤌𐤃𐤓𐤊𐤅 𐤄𐤓𐤏𐤄 𐤅𐤄𐤉𐤈𐤉𐤁𐤅 𐤌𐤏𐤋𐤋𐤉𐤊𐤌 𐤅𐤀𐤋 𐤕𐤋𐤊𐤅 𐤀𐤇𐤓𐤉
𐤀𐤋𐤄𐤉𐤌 𐤀𐤇𐤓𐤉𐤌 𐤋𐤏𐤁𐤃𐤌 𐤅𐤔𐤁𐤅 𐤀𐤋 𐤄𐤀𐤃𐤌𐤄 𐤀𐤔𐤓 𐤍𐤕𐤕𐤉 𐤋𐤊𐤌
𐤅𐤋𐤀𐤁𐤕𐤉𐤊𐤌 𐤅𐤋𐤀 𐤄𐤈𐤉𐤕𐤌 𐤀𐤕 𐤀𐤆𐤍𐤊𐤌 𐤅𐤋𐤀 𐤔𐤌𐤏𐤕𐤌 𐤀𐤋𐤉•
𐤈𐤆 𐤊𐤉 𐤄𐤒𐤉𐤌𐤅 𐤁𐤍𐤉 𐤉𐤄𐤅𐤍𐤃𐤁 𐤁𐤍 𐤓𐤊𐤁 𐤀𐤕 𐤌𐤑𐤅𐤕 𐤀𐤁𐤉𐤄𐤌 𐤀𐤔𐤓 𐤑𐤅𐤌
𐤅𐤄𐤏𐤌 𐤄𐤆𐤄 𐤋𐤀 𐤔𐤌𐤏𐤅 𐤀𐤋𐤉•
𐤉𐤆 𐤋𐤊𐤍 𐤊𐤄 𐤀𐤌𐤓 𐤉𐤄𐤅𐤄 𐤀𐤋𐤄𐤉 𐤑𐤁𐤀𐤅𐤕 𐤀𐤋𐤄𐤉 𐤉𐤔𐤓𐤀𐤋 𐤄𐤍𐤍𐤉 𐤌𐤁𐤉𐤀
𐤀𐤋 𐤉𐤄𐤅𐤃𐤄 𐤅𐤀𐤋 𐤊𐤋 𐤉𐤅𐤔𐤁𐤉 𐤉𐤓𐤅𐤔𐤋𐤌 𐤀𐤕 𐤊𐤋 𐤄𐤓𐤏𐤄 𐤀𐤔𐤓 𐤃𐤁𐤓𐤕𐤉
𐤏𐤋𐤉𐤄𐤌 𐤉𐤏𐤍 𐤃𐤁𐤓𐤕𐤉 𐤀𐤋𐤉𐤄𐤌 𐤅𐤋𐤀 𐤔𐤌𐤏𐤅 𐤅𐤀𐤒𐤓𐤀 𐤋𐤄𐤌 𐤅𐤋𐤀 𐤏𐤍𐤅•
𐤉𐤇 𐤅𐤋𐤁𐤉𐤕 𐤄𐤓𐤊𐤁𐤉𐤌 𐤀𐤌𐤓 𐤉𐤓𐤌𐤉𐤄𐤅 𐤊𐤄 𐤀𐤌𐤓 𐤉𐤄𐤅𐤄 𐤑𐤁𐤀𐤅𐤕 𐤀𐤋𐤄𐤉
𐤉𐤔𐤓𐤀𐤋 𐤉𐤏𐤍 𐤀𐤔𐤓 𐤔𐤌𐤏𐤕𐤌 𐤏𐤋 𐤌𐤑𐤅𐤕 𐤉𐤄𐤅𐤍𐤃𐤁 𐤀𐤁𐤉𐤊𐤌 𐤅𐤕𐤔𐤌𐤓𐤅 𐤀𐤕
𐤊𐤋 𐤌𐤑𐤅𐤕𐤉𐤅 𐤅𐤕𐤏𐤔𐤅 𐤊𐤊𐤋 𐤀𐤔𐤓 𐤑𐤅𐤄 𐤀𐤕𐤊𐤌•
𐤉𐤈 𐤋𐤊𐤍 𐤊𐤄 𐤀𐤌𐤓 𐤉𐤄𐤅𐤄 𐤑𐤁𐤀𐤅𐤕 𐤀𐤋𐤄𐤉 𐤉𐤔𐤓𐤀𐤋 𐤋𐤀 𐤉𐤊𐤓𐤕 𐤀𐤉𐤔
𐤋𐤉𐤅𐤍𐤃𐤁 𐤁𐤍 𐤓𐤊𐤁 𐤏𐤌𐤃 𐤋𐤐𐤍𐤉 𐤊𐤋 𐤄𐤉𐤌𐤉𐤌•

𐤐𐤒 𐤋𐤅

𐤀 𐤅𐤉𐤄𐤉 𐤁𐤔𐤍𐤄 𐤄𐤓𐤁𐤉𐤏𐤕 𐤋𐤉𐤄𐤅𐤉𐤒𐤉𐤌 𐤁𐤍 𐤉𐤀𐤔𐤉𐤄𐤅 𐤌𐤋𐤊 𐤉𐤄𐤅𐤃𐤄
𐤄𐤉𐤄 𐤄𐤃𐤁𐤓 𐤄𐤆𐤄 𐤀𐤋 𐤉𐤓𐤌𐤉𐤄𐤅 𐤌𐤀𐤕 𐤉𐤄𐤅𐤄 𐤋𐤀𐤌𐤓•
𐤁 𐤒𐤇 𐤋𐤊 𐤌𐤂𐤋𐤕 𐤎𐤐𐤓 𐤅𐤊𐤕𐤁𐤕 𐤀𐤋𐤉𐤄 𐤀𐤕 𐤊𐤋 𐤄𐤃𐤁𐤓𐤉𐤌 𐤀𐤔𐤓 𐤃𐤁𐤓𐤕𐤉
𐤀𐤋𐤉𐤊 𐤏𐤋 𐤉𐤔𐤓𐤀𐤋 𐤅𐤏𐤋 𐤉𐤄𐤅𐤃𐤄 𐤅𐤏𐤋 𐤊𐤋 𐤄𐤂𐤅𐤉𐤌 𐤌𐤉𐤅𐤌 𐤃𐤁𐤓𐤕𐤉 𐤀𐤋𐤉𐤊
𐤌𐤉𐤌𐤉 𐤉𐤀𐤔𐤉𐤄𐤅 𐤅𐤏𐤃 𐤄𐤉𐤅𐤌 𐤄𐤆𐤄•
𐤂 𐤀𐤅𐤋𐤉 𐤉𐤔𐤌𐤏𐤅 𐤁𐤉𐤕 𐤉𐤄𐤅𐤃𐤄 𐤀𐤕 𐤊𐤋 𐤄𐤓𐤏𐤄 𐤀𐤔𐤓 𐤀𐤍𐤊𐤉 𐤇𐤔𐤁 𐤋𐤏𐤔𐤅𐤕
𐤋𐤄𐤌 𐤋𐤌𐤏𐤍 𐤉𐤔𐤅𐤁𐤅 𐤀𐤉𐤔 𐤌𐤃𐤓𐤊𐤅 𐤄𐤓𐤏𐤄 𐤅𐤎𐤋𐤇𐤕𐤉 𐤋𐤏𐤅𐤍𐤌 𐤅𐤋𐤇𐤈𐤀𐤕𐤌•
𐤃 𐤅𐤉𐤒𐤓𐤀 𐤉𐤓𐤌𐤉𐤄𐤅 𐤀𐤕 𐤁𐤓𐤅𐤊 𐤁𐤍 𐤍𐤓𐤉𐤄 𐤅𐤉𐤊𐤕𐤁 𐤁𐤓𐤅𐤊 𐤌𐤐𐤉 𐤉𐤓𐤌𐤉𐤄𐤅
𐤀𐤕 𐤊𐤋 𐤃𐤁𐤓𐤉 𐤉𐤄𐤅𐤄 𐤀𐤔𐤓 𐤃𐤁𐤓 𐤀𐤋𐤉𐤅 𐤏𐤋 𐤌𐤂𐤋𐤕 𐤎𐤐𐤓•
𐤄 𐤅𐤉𐤑𐤅𐤄 𐤉𐤓𐤌𐤉𐤄𐤅 𐤀𐤕 𐤁𐤓𐤅𐤊 𐤋𐤀𐤌𐤓 𐤀𐤍𐤉 𐤏𐤑𐤅𐤓 𐤋𐤀 𐤀𐤅𐤊𐤋 𐤋𐤁𐤅𐤀 𐤁𐤉𐤕
𐤉𐤄𐤅𐤄•
𐤅 𐤅𐤁𐤀𐤕 𐤀𐤕𐤄 𐤅𐤒𐤓𐤀𐤕 𐤁𐤌𐤂𐤋𐤄 𐤀𐤔𐤓 𐤊𐤕𐤁𐤕 𐤌𐤐𐤉 𐤀𐤕 𐤃𐤁𐤓𐤉 𐤉𐤄𐤅𐤄
𐤁𐤀𐤆𐤍𐤉 𐤄𐤏𐤌 𐤁𐤉𐤕 𐤉𐤄𐤅𐤄 𐤁𐤉𐤅𐤌 𐤑𐤅𐤌 𐤅𐤂𐤌 𐤁𐤀𐤆𐤍𐤉 𐤊𐤋 𐤉𐤄𐤅𐤃𐤄
𐤄𐤁𐤀𐤉𐤌 𐤌𐤏𐤓𐤉𐤄𐤌 𐤕𐤒𐤓𐤀𐤌•
𐤆 𐤀𐤅𐤋𐤉 𐤕𐤐𐤋 𐤕𐤇𐤍𐤕𐤌 𐤋𐤐𐤍𐤉 𐤉𐤄𐤅𐤄 𐤅𐤉𐤔𐤁𐤅 𐤀𐤉𐤔 𐤌𐤃𐤓𐤊𐤅 𐤄𐤓𐤏𐤄 𐤊𐤉
𐤂𐤃𐤅𐤋 𐤄𐤀𐤐 𐤅𐤄𐤇𐤌𐤄 𐤀𐤔𐤓 𐤃𐤁𐤓 𐤉𐤄𐤅𐤄 𐤀𐤋 𐤄𐤏𐤌 𐤄𐤆𐤄•

𐤉𐤓𐤌𐤉𐤄

𐤇 𐤅𐤉𐤏𐤔 𐤁𐤓𐤅𐤊 𐤁𐤍 𐤍𐤓𐤉𐤄 𐤊𐤊𐤋 𐤀𐤔𐤓 𐤑𐤅𐤄𐤅 𐤉𐤓𐤌𐤉𐤄𐤅 𐤄𐤍𐤁𐤉𐤀 𐤋𐤒𐤓𐤀
𐤁𐤎𐤐𐤓 𐤃𐤁𐤓𐤉 𐤉𐤄𐤅𐤄 𐤁𐤉𐤕 𐤉𐤄𐤅𐤄.
𐤈 𐤅𐤉𐤄𐤉 𐤁𐤔𐤍𐤄 𐤄𐤇𐤌𐤔𐤉𐤕 𐤋𐤉𐤄𐤅𐤉𐤒𐤉𐤌 𐤁𐤍 𐤉𐤀𐤔𐤉𐤄𐤅 𐤌𐤋𐤊 𐤉𐤄𐤅𐤃𐤄
𐤁𐤇𐤃𐤔 𐤄𐤕𐤔𐤏𐤉 𐤒𐤓𐤀𐤅 𐤑𐤅𐤌 𐤋𐤐𐤍𐤉 𐤉𐤄𐤅𐤄 𐤊𐤋 𐤄𐤏𐤌 𐤁𐤉𐤓𐤅𐤔𐤋𐤌 𐤅𐤊𐤋 𐤄𐤏𐤌
𐤄𐤁𐤀𐤉𐤌 𐤌𐤏𐤓𐤉 𐤉𐤄𐤅𐤃𐤄 𐤁𐤉𐤓𐤅𐤔𐤋𐤌.
𐤉 𐤅𐤉𐤒𐤓𐤀 𐤁𐤓𐤅𐤊 𐤁𐤎𐤐𐤓 𐤀𐤕 𐤃𐤁𐤓𐤉 𐤉𐤓𐤌𐤉𐤄𐤅 𐤁𐤉𐤕 𐤉𐤄𐤅𐤄 𐤁𐤋𐤔𐤊𐤕
𐤂𐤌𐤓𐤉𐤄𐤅 𐤁𐤍 𐤔𐤐𐤍 𐤄𐤎𐤐𐤓 𐤁𐤇𐤑𐤓 𐤄𐤏𐤋𐤉𐤅𐤍 𐤐𐤕𐤇 𐤔𐤏𐤓 𐤁𐤉𐤕 𐤉𐤄𐤅𐤄 𐤄𐤇𐤃𐤔
𐤁𐤀𐤆𐤍𐤉 𐤊𐤋 𐤄𐤏𐤌.
𐤉𐤀 𐤅𐤉𐤔𐤌𐤏 𐤌𐤊𐤉𐤄𐤅 𐤁𐤍 𐤂𐤌𐤓𐤉𐤄𐤅 𐤁𐤍 𐤔𐤐𐤍 𐤀𐤕 𐤊𐤋 𐤃𐤁𐤓𐤉 𐤉𐤄𐤅𐤄 𐤌𐤏𐤋
𐤄𐤎𐤐𐤓.
𐤉𐤁 𐤅𐤉𐤓𐤃 𐤁𐤉𐤕 𐤄𐤌𐤋𐤊 𐤏𐤋 𐤋𐤔𐤊𐤕 𐤄𐤎𐤐𐤓 𐤅𐤄𐤍𐤄 𐤔𐤌 𐤊𐤋 𐤄𐤔𐤓𐤉𐤌
𐤉𐤅𐤔𐤁𐤉𐤌 𐤀𐤋𐤉𐤔𐤌𐤏 𐤄𐤎𐤐𐤓 𐤅𐤃𐤋𐤉𐤄𐤅 𐤁𐤍 𐤔𐤌𐤏𐤉𐤄𐤅 𐤅𐤀𐤋𐤍𐤕𐤍 𐤁𐤍 𐤏𐤊𐤁𐤅𐤓
𐤅𐤂𐤌𐤓𐤉𐤄𐤅 𐤁𐤍 𐤔𐤐𐤍 𐤅𐤑𐤃𐤒𐤉𐤄𐤅 𐤁𐤍 𐤇𐤍𐤍𐤉𐤄𐤅 𐤅𐤊𐤋 𐤄𐤔𐤓𐤉𐤌.
𐤉𐤂 𐤅𐤉𐤂𐤃 𐤋𐤄𐤌 𐤌𐤊𐤉𐤄𐤅 𐤀𐤕 𐤊𐤋 𐤄𐤃𐤁𐤓𐤉𐤌 𐤀𐤔𐤓 𐤔𐤌𐤏 𐤁𐤒𐤓𐤀 𐤁𐤓𐤅𐤊 𐤁𐤎𐤐𐤓
𐤁𐤀𐤆𐤍𐤉 𐤄𐤏𐤌.
𐤉𐤃 𐤅𐤉𐤔𐤋𐤇𐤅 𐤊𐤋 𐤄𐤔𐤓𐤉𐤌 𐤀𐤋 𐤁𐤓𐤅𐤊 𐤀𐤕 𐤉𐤄𐤅𐤃𐤉 𐤁𐤍 𐤍𐤕𐤍𐤉𐤄𐤅 𐤁𐤍
𐤔𐤋𐤌𐤉𐤄𐤅 𐤁𐤍 𐤊𐤅𐤔𐤉 𐤋𐤀𐤌𐤓 𐤄𐤌𐤂𐤋𐤄 𐤀𐤔𐤓 𐤒𐤓𐤀𐤕 𐤁𐤄 𐤁𐤀𐤆𐤍𐤉 𐤄𐤏𐤌 𐤒𐤇𐤍𐤄
𐤁𐤉𐤃𐤊 𐤅𐤋𐤊 𐤅𐤉𐤒𐤇 𐤁𐤓𐤅𐤊 𐤁𐤍 𐤍𐤓𐤉𐤄𐤅 𐤀𐤕 𐤄𐤌𐤂𐤋𐤄 𐤁𐤉𐤃𐤅 𐤅𐤉𐤁𐤀 𐤀𐤋𐤉𐤄𐤌.
𐤈𐤅 𐤅𐤉𐤀𐤌𐤓𐤅 𐤀𐤋𐤉𐤅 𐤔𐤁 𐤍𐤀 𐤅𐤒𐤓𐤀𐤍𐤄 𐤁𐤀𐤆𐤍𐤉𐤍𐤅 𐤅𐤉𐤒𐤓𐤀 𐤁𐤓𐤅𐤊
𐤁𐤀𐤆𐤍𐤉𐤄𐤌.
𐤈𐤆 𐤅𐤉𐤄𐤉 𐤊𐤔𐤌𐤏𐤌 𐤀𐤕 𐤊𐤋 𐤄𐤃𐤁𐤓𐤉𐤌 𐤐𐤇𐤃𐤅 𐤀𐤉𐤔 𐤀𐤋 𐤓𐤏𐤄𐤅 𐤅𐤉𐤀𐤌𐤓𐤅 𐤀𐤋
𐤁𐤓𐤅𐤊 𐤄𐤂𐤉𐤃 𐤍𐤂𐤉𐤃 𐤋𐤌𐤋𐤊 𐤀𐤕 𐤊𐤋 𐤄𐤃𐤁𐤓𐤉𐤌 𐤄𐤀𐤋𐤄.
𐤉𐤆 𐤅𐤀𐤕 𐤁𐤓𐤅𐤊 𐤔𐤀𐤋𐤅 𐤋𐤀𐤌𐤓 𐤄𐤂𐤃 𐤍𐤀 𐤋𐤍𐤅 𐤀𐤉𐤊 𐤊𐤕𐤁𐤕 𐤀𐤕 𐤊𐤋
𐤄𐤃𐤁𐤓𐤉𐤌 𐤄𐤀𐤋𐤄 𐤌𐤐𐤉𐤅.
𐤉𐤇 𐤅𐤉𐤀𐤌𐤓 𐤋𐤄𐤌 𐤁𐤓𐤅𐤊 𐤌𐤐𐤉𐤅 𐤉𐤒𐤓𐤀 𐤀𐤋𐤉 𐤀𐤕 𐤊𐤋 𐤄𐤃𐤁𐤓𐤉𐤌 𐤄𐤀𐤋𐤄
𐤅𐤀𐤍𐤉 𐤊𐤕𐤁 𐤏𐤋 𐤄𐤎𐤐𐤓 𐤁𐤃𐤉𐤅.
𐤉𐤈 𐤅𐤉𐤀𐤌𐤓𐤅 𐤄𐤔𐤓𐤉𐤌 𐤀𐤋 𐤁𐤓𐤅𐤊 𐤋𐤊 𐤄𐤎𐤕𐤓 𐤀𐤕𐤄 𐤅𐤉𐤓𐤌𐤉𐤄𐤅 𐤅𐤀𐤉𐤔 𐤀𐤋
𐤉𐤃𐤏 𐤀𐤉𐤐𐤄 𐤀𐤕𐤌.
𐤊 𐤅𐤉𐤁𐤀𐤅 𐤀𐤋 𐤄𐤌𐤋𐤊 𐤇𐤑𐤓𐤄 𐤅𐤀𐤕 𐤄𐤌𐤂𐤋𐤄 𐤄𐤐𐤒𐤃𐤅 𐤁𐤋𐤔𐤊𐤕 𐤀𐤋𐤉𐤔𐤌𐤏
𐤄𐤎𐤐𐤓 𐤅𐤉𐤂𐤉𐤃𐤅 𐤁𐤀𐤆𐤍𐤉 𐤄𐤌𐤋𐤊 𐤀𐤕 𐤊𐤋 𐤄𐤃𐤁𐤓𐤉𐤌.
𐤊𐤀 𐤅𐤉𐤔𐤋𐤇 𐤄𐤌𐤋𐤊 𐤀𐤕 𐤉𐤄𐤅𐤃𐤉 𐤋𐤒𐤇𐤕 𐤀𐤕 𐤄𐤌𐤂𐤋𐤄 𐤅𐤉𐤒𐤇𐤄 𐤌𐤋𐤔𐤊𐤕
𐤀𐤋𐤉𐤔𐤌𐤏 𐤄𐤎𐤐𐤓 𐤅𐤉𐤒𐤓𐤀𐤄 𐤉𐤄𐤅𐤃𐤉 𐤁𐤀𐤆𐤍𐤉 𐤄𐤌𐤋𐤊 𐤅𐤁𐤀𐤆𐤍𐤉 𐤊𐤋
𐤄𐤔𐤓𐤉𐤌 𐤄𐤏𐤌𐤃𐤉𐤌 𐤌𐤏𐤋 𐤄𐤌𐤋𐤊.

𐤉𐤓𐤌𐤉𐤄

𐤊𐤁 𐤅𐤄𐤌𐤋𐤊 𐤉𐤅𐤔𐤁 𐤁𐤉𐤕 𐤄𐤇𐤓𐤐 𐤁𐤇𐤃𐤔 𐤄𐤕𐤔𐤉𐤏𐤉 𐤅𐤀𐤕 𐤄𐤀𐤇 𐤋𐤐𐤍𐤉𐤅
𐤌𐤁𐤏𐤓𐤕•
𐤊𐤂 𐤅𐤉𐤄𐤉 𐤊𐤒𐤓𐤅𐤀 𐤉𐤄𐤅𐤃𐤉 𐤔𐤋𐤔 𐤃𐤋𐤕𐤅𐤕 𐤅𐤀𐤓𐤁𐤏𐤄 𐤉𐤒𐤓𐤏𐤄 𐤁𐤕𐤏𐤓 𐤄𐤎𐤐𐤓
𐤅𐤄𐤔𐤋𐤊 𐤀𐤋 𐤄𐤀𐤔 𐤀𐤔𐤓 𐤀𐤋 𐤄𐤀𐤇 𐤏𐤃 𐤕𐤌 𐤊𐤋 𐤄𐤌𐤂𐤋𐤄 𐤏𐤋 𐤄𐤀𐤔 𐤀𐤔𐤓 𐤏𐤋
𐤄𐤀𐤇•
𐤊𐤃 𐤅𐤋𐤀 𐤐𐤇𐤃𐤅 𐤅𐤋𐤀 𐤒𐤓𐤏𐤅 𐤀𐤕 𐤁𐤂𐤃𐤉𐤄𐤌 𐤄𐤌𐤋𐤊 𐤅𐤊𐤋 𐤏𐤁𐤃𐤉𐤅 𐤄𐤔𐤌𐤏𐤉𐤌
𐤀𐤕 𐤊𐤋 𐤄𐤃𐤁𐤓𐤉𐤌 𐤄𐤀𐤋𐤄•
𐤊𐤄 𐤅𐤂𐤌 𐤀𐤋𐤍𐤕𐤍 𐤅𐤃𐤋𐤉𐤄𐤅 𐤅𐤂𐤌𐤓𐤉𐤄𐤅 𐤄𐤐𐤂𐤏𐤅 𐤁𐤌𐤋𐤊 𐤋𐤁𐤋𐤕𐤉 𐤔𐤓𐤐 𐤀𐤕
𐤄𐤌𐤂𐤋𐤄 𐤅𐤋𐤀 𐤔𐤌𐤏 𐤀𐤋𐤉𐤄𐤌•
𐤊𐤅 𐤅𐤉𐤑𐤅𐤄 𐤄𐤌𐤋𐤊 𐤀𐤕 𐤉𐤓𐤇𐤌𐤀𐤋 𐤁𐤍 𐤄𐤌𐤋𐤊 𐤅𐤀𐤕 𐤔𐤓𐤉𐤄𐤅 𐤁𐤍 𐤏𐤆𐤓𐤉𐤀𐤋
𐤅𐤀𐤕 𐤔𐤋𐤌𐤉𐤄𐤅 𐤁𐤍 𐤏𐤁𐤃𐤀𐤋 𐤋𐤒𐤇𐤕 𐤀𐤕 𐤁𐤓𐤅𐤊 𐤄𐤎𐤐𐤓 𐤅𐤀𐤕 𐤉𐤓𐤌𐤉𐤄𐤅
𐤄𐤍𐤁𐤉𐤀 𐤅𐤉𐤎𐤕𐤓𐤌 𐤉𐤄𐤅𐤄•
𐤊𐤆 𐤅𐤉𐤄𐤉 𐤃𐤁𐤓 𐤉𐤄𐤅𐤄 𐤀𐤋 𐤉𐤓𐤌𐤉𐤄𐤅 𐤀𐤇𐤓𐤉 𐤔𐤓𐤐 𐤄𐤌𐤋𐤊 𐤀𐤕 𐤄𐤌𐤂𐤋𐤄
𐤅𐤀𐤕 𐤄𐤃𐤁𐤓𐤉𐤌 𐤀𐤔𐤓 𐤊𐤕𐤁 𐤁𐤓𐤅𐤊 𐤌𐤐𐤉 𐤉𐤓𐤌𐤉𐤄𐤅 𐤋𐤀𐤌𐤓•
𐤊𐤇 𐤔𐤅𐤁 𐤒𐤇 𐤋𐤊 𐤌𐤂𐤋𐤄 𐤀𐤇𐤓𐤕 𐤅𐤊𐤕𐤁 𐤏𐤋𐤉𐤄 𐤀𐤕 𐤊𐤋 𐤄𐤃𐤁𐤓𐤉𐤌 𐤄𐤓𐤀𐤔𐤍𐤉𐤌
𐤀𐤔𐤓 𐤄𐤉𐤅 𐤏𐤋 𐤄𐤌𐤂𐤋𐤄 𐤄𐤓𐤀𐤔𐤍𐤄 𐤀𐤔𐤓 𐤔𐤓𐤐 𐤉𐤄𐤅𐤉𐤒𐤉𐤌 𐤌𐤋𐤊 𐤉𐤄𐤅𐤃𐤄•
𐤊𐤈 𐤅𐤏𐤋 𐤉𐤄𐤅𐤉𐤒𐤉𐤌 𐤌𐤋𐤊 𐤉𐤄𐤅𐤃𐤄 𐤕𐤀𐤌𐤓 𐤊𐤄 𐤀𐤌𐤓 𐤉𐤄𐤅𐤄 𐤀𐤕𐤄 𐤔𐤓𐤐𐤕
𐤀𐤕 𐤄𐤌𐤂𐤋𐤄 𐤄𐤆𐤀𐤕 𐤋𐤀𐤌𐤓 𐤌𐤃𐤅𐤏 𐤊𐤕𐤁𐤕 𐤏𐤋𐤉𐤄 𐤋𐤀𐤌𐤓 𐤁𐤀 𐤉𐤁𐤅𐤀 𐤌𐤋𐤊
𐤁𐤁𐤋 𐤅𐤄𐤔𐤇𐤉𐤕 𐤀𐤕 𐤄𐤀𐤓𐤑 𐤄𐤆𐤀𐤕 𐤅𐤄𐤔𐤁𐤉𐤕 𐤌𐤌𐤍𐤄 𐤀𐤃𐤌 𐤅𐤁𐤄𐤌𐤄•
𐤋 𐤋𐤊𐤍 𐤊𐤄 𐤀𐤌𐤓 𐤉𐤄𐤅𐤄 𐤏𐤋 𐤉𐤄𐤅𐤉𐤒𐤉𐤌 𐤌𐤋𐤊 𐤉𐤄𐤅𐤃𐤄 𐤋𐤀 𐤉𐤄𐤉𐤄 𐤋𐤅
𐤉𐤅𐤔𐤁 𐤏𐤋 𐤊𐤎𐤀 𐤃𐤅𐤃 𐤅𐤍𐤁𐤋𐤕𐤅 𐤕𐤄𐤉𐤄 𐤌𐤔𐤋𐤊𐤕 𐤋𐤇𐤓𐤁 𐤁𐤉𐤅𐤌 𐤅𐤋𐤒𐤓𐤇
𐤁𐤋𐤉𐤋𐤄•
𐤋𐤀 𐤅𐤐𐤒𐤃𐤕𐤉 𐤏𐤋𐤉𐤅 𐤅𐤏𐤋 𐤆𐤓𐤏𐤅 𐤅𐤏𐤋 𐤏𐤁𐤃𐤉𐤅 𐤀𐤕 𐤏𐤅𐤍𐤌 𐤅𐤄𐤁𐤀𐤕𐤉 𐤏𐤋𐤉𐤄𐤌
𐤅𐤏𐤋 𐤉𐤔𐤁𐤉 𐤉𐤓𐤅𐤔𐤋𐤌 𐤅𐤀𐤋 𐤀𐤉𐤔 𐤉𐤄𐤅𐤃𐤄 𐤀𐤕 𐤊𐤋 𐤄𐤓𐤏𐤄 𐤀𐤔𐤓 𐤃𐤁𐤓𐤕𐤉
𐤀𐤋𐤉𐤄𐤌 𐤅𐤋𐤀 𐤔𐤌𐤏𐤅•
𐤋𐤁 𐤅𐤉𐤓𐤌𐤉𐤄𐤅 𐤋𐤒𐤇 𐤌𐤂𐤋𐤄 𐤀𐤇𐤓𐤕 𐤅𐤉𐤕𐤍𐤄 𐤀𐤋 𐤁𐤓𐤅𐤊 𐤁𐤍 𐤍𐤓𐤉𐤄𐤅 𐤄𐤎𐤐𐤓
𐤅𐤉𐤊𐤕𐤁 𐤏𐤋𐤉𐤄 𐤌𐤐𐤉 𐤉𐤓𐤌𐤉𐤄𐤅 𐤀𐤕 𐤊𐤋 𐤃𐤁𐤓𐤉 𐤄𐤎𐤐𐤓 𐤀𐤔𐤓 𐤔𐤓𐤐 𐤉𐤄𐤅𐤉𐤒𐤉𐤌
𐤌𐤋𐤊 𐤉𐤄𐤅𐤃𐤄 𐤁𐤀𐤔 𐤅𐤏𐤅𐤃 𐤍𐤅𐤎𐤐 𐤏𐤋𐤉𐤄𐤌 𐤃𐤁𐤓𐤉𐤌 𐤓𐤁𐤉𐤌 𐤊𐤄𐤌𐤄•

𐤐𐤓𐤒 𐤋𐤆

𐤀 𐤅𐤉𐤌𐤋𐤊 𐤌𐤋𐤊 𐤑𐤃𐤒𐤉𐤄𐤅 𐤁𐤍 𐤉𐤀𐤔𐤉𐤄𐤅 𐤕𐤇𐤕 𐤊𐤍𐤉𐤄𐤅 𐤁𐤍 𐤉𐤄𐤅𐤉𐤒𐤉𐤌
𐤀𐤔𐤓 𐤄𐤌𐤋𐤉𐤊 𐤍𐤁𐤅𐤊𐤃𐤓𐤀𐤑𐤓 𐤌𐤋𐤊 𐤁𐤁𐤋 𐤁𐤀𐤓𐤑 𐤉𐤄𐤅𐤃𐤄•
𐤁 𐤅𐤋𐤀 𐤔𐤌𐤏 𐤄𐤅𐤀 𐤅𐤏𐤁𐤃𐤉𐤅 𐤅𐤏𐤌 𐤄𐤀𐤓𐤑 𐤀𐤋 𐤃𐤁𐤓𐤉 𐤉𐤄𐤅𐤄 𐤀𐤔𐤓 𐤃𐤁𐤓 𐤁𐤉𐤃

𐤉𐤓𐤌𐤉𐤄

𐤉𐤓𐤌𐤉𐤄𐤅 𐤄𐤍𐤁𐤉𐤀.

𐤂 𐤅𐤉𐤔𐤋𐤇 𐤄𐤌𐤋𐤊 𐤑𐤃𐤒𐤉𐤄𐤅 𐤀𐤕 𐤉𐤄𐤅𐤊𐤋 𐤁𐤍 𐤔𐤋𐤌𐤉𐤄 𐤅𐤀𐤕 𐤑𐤐𐤍𐤉𐤄𐤅 𐤁𐤍 𐤌𐤏𐤔𐤉𐤄 𐤄𐤊𐤄𐤍 𐤀𐤋 𐤉𐤓𐤌𐤉𐤄𐤅 𐤄𐤍𐤁𐤉𐤀 𐤋𐤀𐤌𐤓 𐤄𐤕𐤐𐤋𐤋 𐤍𐤀 𐤁𐤏𐤃𐤍𐤅 𐤀𐤋 𐤉𐤄𐤅𐤄 𐤀𐤋𐤄𐤉𐤍𐤅.

𐤃 𐤅𐤉𐤓𐤌𐤉𐤄𐤅 𐤁𐤀 𐤅𐤉𐤑𐤀 𐤁𐤕𐤅𐤊 𐤄𐤏𐤌 𐤅𐤋𐤀 𐤍𐤕𐤍𐤅 𐤀𐤕𐤅 𐤁𐤉𐤕 𐤄𐤊𐤋𐤉𐤀 [𐤄𐤊𐤋𐤅𐤀].

𐤄 𐤅𐤇𐤉𐤋 𐤐𐤓𐤏𐤄 𐤉𐤑𐤀 𐤌𐤌𐤑𐤓𐤉𐤌 𐤅𐤉𐤔𐤌𐤏𐤅 𐤄𐤊𐤔𐤃𐤉𐤌 𐤄𐤑𐤓𐤉𐤌 𐤏𐤋 𐤉𐤓𐤅𐤔𐤋𐤌 𐤀𐤕 𐤔𐤌𐤏𐤌 𐤅𐤉𐤏𐤋𐤅 𐤌𐤏𐤋 𐤉𐤓𐤅𐤔𐤋𐤌.

𐤅 𐤅𐤉𐤄𐤉 𐤃𐤁𐤓 𐤉𐤄𐤅𐤄 𐤀𐤋 𐤉𐤓𐤌𐤉𐤄𐤅 𐤄𐤍𐤁𐤉𐤀 𐤋𐤀𐤌𐤓.

𐤆 𐤊𐤄 𐤀𐤌𐤓 𐤉𐤄𐤅𐤄 𐤀𐤋𐤄𐤉 𐤉𐤔𐤓𐤀𐤋 𐤊𐤄 𐤕𐤀𐤌𐤓𐤅 𐤀𐤋 𐤌𐤋𐤊 𐤉𐤄𐤅𐤃𐤄 𐤄𐤔𐤋𐤇 𐤀𐤕𐤊𐤌 𐤀𐤋𐤉 𐤋𐤃𐤓𐤔𐤍𐤉 𐤄𐤍𐤄 𐤇𐤉𐤋 𐤐𐤓𐤏𐤄 𐤄𐤉𐤑𐤀 𐤋𐤊𐤌 𐤋𐤏𐤆𐤓𐤄 𐤔𐤁 𐤋𐤀𐤓𐤑𐤅 𐤌𐤑𐤓𐤉𐤌.

𐤇 𐤅𐤔𐤁𐤅 𐤄𐤊𐤔𐤃𐤉𐤌 𐤅𐤍𐤋𐤇𐤌𐤅 𐤏𐤋 𐤄𐤏𐤉𐤓 𐤄𐤆𐤀𐤕 𐤅𐤋𐤊𐤃𐤄 𐤅𐤔𐤓𐤐𐤄 𐤁𐤀𐤔.

𐤈 𐤊𐤄 𐤀𐤌𐤓 𐤉𐤄𐤅𐤄 𐤀𐤋 𐤕𐤔𐤀𐤅 𐤍𐤐𐤔𐤕𐤉𐤊𐤌 𐤋𐤀𐤌𐤓 𐤄𐤋𐤊 𐤉𐤋𐤊𐤅 𐤌𐤏𐤋𐤉𐤍𐤅 𐤄𐤊𐤔𐤃𐤉𐤌 𐤊𐤉 𐤋𐤀 𐤉𐤋𐤊𐤅.

𐤉 𐤊𐤉 𐤀𐤌 𐤄𐤊𐤉𐤕𐤌 𐤊𐤋 𐤇𐤉𐤋 𐤊𐤔𐤃𐤉𐤌 𐤄𐤍𐤋𐤇𐤌𐤉𐤌 𐤀𐤕𐤊𐤌 𐤅𐤍𐤔𐤀𐤓𐤅 𐤁𐤌 𐤀𐤍𐤔𐤉𐤌 𐤌𐤃𐤒𐤓𐤉𐤌 𐤀𐤉𐤔 𐤁𐤀𐤄𐤋𐤅 𐤉𐤒𐤅𐤌𐤅 𐤅𐤔𐤓𐤐𐤅 𐤀𐤕 𐤄𐤏𐤉𐤓 𐤄𐤆𐤀𐤕 𐤁𐤀𐤔.

𐤉𐤀 𐤅𐤄𐤉𐤄 𐤁𐤄𐤏𐤋𐤅𐤕 𐤇𐤉𐤋 𐤄𐤊𐤔𐤃𐤉𐤌 𐤌𐤏𐤋 𐤉𐤓𐤅𐤔𐤋𐤌 𐤌𐤐𐤍𐤉 𐤇𐤉𐤋 𐤐𐤓𐤏𐤄.

𐤉𐤁 𐤅𐤉𐤑𐤀 𐤉𐤓𐤌𐤉𐤄𐤅 𐤌𐤉𐤓𐤅𐤔𐤋𐤌 𐤋𐤋𐤊𐤕 𐤀𐤓𐤑 𐤁𐤍𐤉𐤌𐤍 𐤋𐤇𐤋𐤒 𐤌𐤔𐤌 𐤁𐤕𐤅𐤊 𐤄𐤏𐤌.

𐤉𐤂 𐤅𐤉𐤄𐤉 𐤄𐤅𐤀 𐤁𐤔𐤏𐤓 𐤁𐤍𐤉𐤌𐤍 𐤅𐤔𐤌 𐤁𐤏𐤋 𐤐𐤒𐤃𐤕 𐤅𐤔𐤌𐤅 𐤉𐤓𐤀𐤉𐤉𐤄 𐤁𐤍 𐤔𐤋𐤌𐤉𐤄 𐤁𐤍 𐤇𐤍𐤍𐤉𐤄 𐤅𐤉𐤕𐤐𐤔 𐤀𐤕 𐤉𐤓𐤌𐤉𐤄𐤅 𐤄𐤍𐤁𐤉𐤀 𐤋𐤀𐤌𐤓 𐤀𐤋 𐤄𐤊𐤔𐤃𐤉𐤌 𐤀𐤕𐤄 𐤍𐤐𐤋.

𐤉𐤃 𐤅𐤉𐤀𐤌𐤓 𐤉𐤓𐤌𐤉𐤄𐤅 𐤔𐤒𐤓 𐤀𐤉𐤍𐤍𐤉 𐤍𐤐𐤋 𐤏𐤋 𐤄𐤊𐤔𐤃𐤉𐤌 𐤅𐤋𐤀 𐤔𐤌𐤏 𐤀𐤋𐤉𐤅 𐤅𐤉𐤕𐤐𐤔 𐤉𐤓𐤀𐤉𐤉𐤄 𐤁𐤉𐤓𐤌𐤉𐤄𐤅 𐤅𐤉𐤁𐤀𐤄𐤅 𐤀𐤋 𐤄𐤔𐤓𐤉𐤌.

𐤈𐤅 𐤅𐤉𐤒𐤑𐤐𐤅 𐤄𐤔𐤓𐤉𐤌 𐤏𐤋 𐤉𐤓𐤌𐤉𐤄𐤅 𐤅𐤄𐤊𐤅 𐤀𐤕𐤅 𐤅𐤍𐤕𐤍𐤅 𐤀𐤅𐤕𐤅 𐤁𐤉𐤕 𐤄𐤀𐤎𐤅𐤓 𐤁𐤉𐤕 𐤉𐤄𐤅𐤍𐤕𐤍 𐤄𐤎𐤐𐤓 𐤊𐤉 𐤀𐤕𐤅 𐤏𐤔𐤅 𐤋𐤁𐤉𐤕 𐤄𐤊𐤋𐤀.

𐤈𐤆 𐤊𐤉 𐤁𐤀 𐤉𐤓𐤌𐤉𐤄𐤅 𐤀𐤋 𐤁𐤉𐤕 𐤄𐤁𐤅𐤓 𐤅𐤀𐤋 𐤄𐤇𐤍𐤉𐤅𐤕 𐤅𐤉𐤔𐤁 𐤔𐤌 𐤉𐤓𐤌𐤉𐤄𐤅 𐤉𐤌𐤉𐤌 𐤓𐤁𐤉𐤌.

𐤉𐤆 𐤅𐤉𐤔𐤋𐤇 𐤄𐤌𐤋𐤊 𐤑𐤃𐤒𐤉𐤄𐤅 𐤅𐤉𐤒𐤇𐤄𐤅 𐤅𐤉𐤔𐤀𐤋𐤄𐤅 𐤄𐤌𐤋𐤊 𐤁𐤁𐤉𐤕𐤅 𐤁𐤎𐤕𐤓 𐤅𐤉𐤀𐤌𐤓 𐤄𐤉𐤔 𐤃𐤁𐤓 𐤌𐤀𐤕 𐤉𐤄𐤅𐤄 𐤅𐤉𐤀𐤌𐤓 𐤉𐤓𐤌𐤉𐤄𐤅 𐤉𐤔 𐤅𐤉𐤀𐤌𐤓 𐤁𐤉𐤃 𐤌𐤋𐤊 𐤁𐤁𐤋 𐤕𐤍𐤕𐤍.

𐤉𐤇 𐤅𐤉𐤀𐤌𐤓 𐤉𐤓𐤌𐤉𐤄𐤅 𐤀𐤋 𐤄𐤌𐤋𐤊 𐤑𐤃𐤒𐤉𐤄𐤅 𐤌𐤄 𐤇𐤈𐤀𐤕𐤉 𐤋𐤊 𐤅𐤋𐤏𐤁𐤃𐤉𐤊

𐤉𐤓𐤌𐤉𐤄

𐤅𐤋𐤏𐤌 𐤄𐤆𐤄 𐤊𐤉 𐤍𐤕𐤕𐤌 𐤀𐤅𐤕𐤉 𐤀𐤋 𐤁𐤉𐤕 𐤄𐤊𐤋𐤀•

𐤉𐤈 𐤅𐤀𐤉𐤅 [𐤅𐤀𐤉𐤄] 𐤍𐤁𐤉𐤀𐤉𐤊𐤌 𐤀𐤔𐤓 𐤍𐤁𐤀𐤅 𐤋𐤊𐤌 𐤋𐤀𐤌𐤓 𐤋𐤀 𐤉𐤁𐤀 𐤌𐤋𐤊
𐤁𐤁𐤋 𐤏𐤋𐤉𐤊𐤌 𐤅𐤏𐤋 𐤄𐤀𐤓𐤑 𐤄𐤆𐤀𐤕•

𐤊 𐤅𐤏𐤕𐤄 𐤔𐤌𐤏 𐤍𐤀 𐤀𐤃𐤍𐤉 𐤄𐤌𐤋𐤊 𐤕𐤐𐤋 𐤍𐤀 𐤕𐤇𐤍𐤕𐤉 𐤋𐤐𐤍𐤉𐤊 𐤅𐤋𐤀 𐤕𐤔𐤁𐤍𐤉
𐤁𐤉𐤕 𐤉𐤄𐤅𐤍𐤕𐤍 𐤄𐤎𐤐𐤓 𐤅𐤋𐤀 𐤀𐤌𐤅𐤕 𐤔𐤌•

𐤊𐤀 𐤅𐤉𐤑𐤅𐤄 𐤄𐤌𐤋𐤊 𐤑𐤃𐤒𐤉𐤄𐤅 𐤅𐤉𐤐𐤒𐤃𐤅 𐤀𐤕 𐤉𐤓𐤌𐤉𐤄𐤅 𐤁𐤇𐤑𐤓 𐤄𐤌𐤈𐤓𐤄
𐤅𐤍𐤕𐤍 𐤋𐤅 𐤊𐤊𐤓 𐤋𐤇𐤌 𐤋𐤉𐤅𐤌 𐤌𐤇𐤅𐤑 𐤄𐤀𐤐𐤉𐤌 𐤏𐤃 𐤕𐤌 𐤊𐤋 𐤄𐤋𐤇𐤌 𐤌𐤍 𐤄𐤏𐤉𐤓
𐤅𐤉𐤔𐤁 𐤉𐤓𐤌𐤉𐤄𐤅 𐤁𐤇𐤑𐤓 𐤄𐤌𐤈𐤓𐤄•

𐤐𐤓𐤒 𐤋𐤇

𐤀 𐤅𐤉𐤔𐤌𐤏 𐤔𐤐𐤈𐤉𐤄 𐤁𐤍 𐤌𐤕𐤍 𐤅𐤂𐤃𐤋𐤉𐤄𐤅 𐤁𐤍 𐤐𐤔𐤇𐤅𐤓 𐤅𐤉𐤅𐤊𐤋 𐤁𐤍 𐤔𐤋𐤌𐤉𐤄𐤅
𐤅𐤐𐤔𐤇𐤅𐤓 𐤁𐤍 𐤌𐤋𐤊𐤉𐤄 𐤀𐤕 𐤄𐤃𐤁𐤓𐤉𐤌 𐤀𐤔𐤓 𐤉𐤓𐤌𐤉𐤄𐤅 𐤌𐤃𐤁𐤓 𐤀𐤋 𐤊𐤋 𐤄𐤏𐤌
𐤋𐤀𐤌𐤓•

𐤁 𐤊𐤄 𐤀𐤌𐤓 𐤉𐤄𐤅𐤄 𐤄𐤉𐤔𐤁 𐤁𐤏𐤉𐤓 𐤄𐤆𐤀𐤕 𐤉𐤌𐤅𐤕 𐤁𐤇𐤓𐤁 𐤁𐤓𐤏𐤁 𐤅𐤁𐤃𐤁𐤓
𐤅𐤄𐤉𐤑𐤀 𐤀𐤋 𐤄𐤊𐤔𐤃𐤉𐤌 𐤉𐤇𐤉𐤄 [𐤅𐤇𐤉𐤄] 𐤅𐤄𐤉𐤕𐤄 𐤋𐤅 𐤍𐤐𐤔𐤅 𐤋𐤔𐤋𐤋 𐤅𐤇𐤉•

𐤂 𐤊𐤄 𐤀𐤌𐤓 𐤉𐤄𐤅𐤄 𐤄𐤍𐤕𐤍 𐤕𐤍𐤕𐤍 𐤄𐤏𐤉𐤓 𐤄𐤆𐤀𐤕 𐤁𐤉𐤃 𐤇𐤉𐤋 𐤌𐤋𐤊 𐤁𐤁𐤋
𐤅𐤋𐤊𐤃𐤄•

𐤃 𐤅𐤉𐤀𐤌𐤓𐤅 𐤄𐤔𐤓𐤉𐤌 𐤀𐤋 𐤄𐤌𐤋𐤊 𐤉𐤅𐤌𐤕 𐤍𐤀 𐤀𐤕 𐤄𐤀𐤉𐤔 𐤄𐤆𐤄 𐤊𐤉 𐤏𐤋 𐤊𐤍
𐤄𐤅𐤀 𐤌𐤓𐤐𐤀 𐤀𐤕 𐤉𐤃𐤉 𐤀𐤍𐤔𐤉 𐤄𐤌𐤋𐤇𐤌𐤄 𐤄𐤍𐤔𐤀𐤓𐤉𐤌 𐤁𐤏𐤉𐤓 𐤄𐤆𐤀𐤕 𐤅𐤀𐤕
𐤉𐤃𐤉 𐤊𐤋 𐤄𐤏𐤌 𐤋𐤃𐤁𐤓 𐤀𐤋𐤉𐤄𐤌 𐤊𐤃𐤁𐤓𐤉𐤌 𐤄𐤀𐤋𐤄 𐤊𐤉 𐤄𐤀𐤉𐤔 𐤄𐤆𐤄 𐤀𐤉𐤍𐤍𐤅
𐤃𐤓𐤔 𐤋𐤔𐤋𐤅𐤌 𐤋𐤏𐤌 𐤄𐤆𐤄 𐤊𐤉 𐤀𐤌 𐤋𐤓𐤏𐤄•

𐤄 𐤅𐤉𐤀𐤌𐤓 𐤄𐤌𐤋𐤊 𐤑𐤃𐤒𐤉𐤄𐤅 𐤄𐤍𐤄 𐤄𐤅𐤀 𐤁𐤉𐤃𐤊𐤌 𐤊𐤉 𐤀𐤉𐤍 𐤄𐤌𐤋𐤊 𐤉𐤅𐤊𐤋
𐤀𐤕𐤊𐤌 𐤃𐤁𐤓•

𐤅 𐤅𐤉𐤒𐤇𐤅 𐤀𐤕 𐤉𐤓𐤌𐤉𐤄𐤅 𐤅𐤉𐤔𐤋𐤊𐤅 𐤀𐤕𐤅 𐤀𐤋 𐤄𐤁𐤅𐤓 𐤌𐤋𐤊𐤉𐤄𐤅 𐤁𐤍 𐤄𐤌𐤋𐤊
𐤀𐤔𐤓 𐤁𐤇𐤑𐤓 𐤄𐤌𐤈𐤓𐤄 𐤅𐤉𐤔𐤋𐤇𐤅 𐤀𐤕 𐤉𐤓𐤌𐤉𐤄𐤅 𐤁𐤇𐤁𐤋𐤉𐤌 𐤅𐤁𐤁𐤅𐤓 𐤀𐤉𐤍 𐤌𐤉𐤌
𐤊𐤉 𐤀𐤌 𐤈𐤉𐤈 𐤅𐤉𐤈𐤁𐤏 𐤉𐤓𐤌𐤉𐤄𐤅 𐤁𐤈𐤉𐤈•

𐤆 𐤅𐤉𐤔𐤌𐤏 𐤏𐤁𐤃 𐤌𐤋𐤊 𐤄𐤊𐤅𐤔𐤉 𐤀𐤉𐤔 𐤎𐤓𐤉𐤎 𐤅𐤄𐤅𐤀 𐤁𐤁𐤉𐤕 𐤄𐤌𐤋𐤊 𐤊𐤉
𐤍𐤕𐤍𐤅 𐤀𐤕 𐤉𐤓𐤌𐤉𐤄𐤅 𐤀𐤋 𐤄𐤁𐤅𐤓 𐤅𐤄𐤌𐤋𐤊 𐤉𐤅𐤔𐤁 𐤁𐤔𐤏𐤓 𐤁𐤍𐤉𐤌𐤍•

𐤇 𐤅𐤉𐤑𐤀 𐤏𐤁𐤃 𐤌𐤋𐤊 𐤌𐤁𐤉𐤕 𐤄𐤌𐤋𐤊 𐤅𐤉𐤃𐤁𐤓 𐤀𐤋 𐤄𐤌𐤋𐤊 𐤋𐤀𐤌𐤓•

𐤈 𐤀𐤃𐤍𐤉 𐤄𐤌𐤋𐤊 𐤄𐤓𐤏𐤅 𐤄𐤀𐤍𐤔𐤉𐤌 𐤄𐤀𐤋𐤄 𐤀𐤕 𐤊𐤋 𐤀𐤔𐤓 𐤏𐤔𐤅 𐤋𐤉𐤓𐤌𐤉𐤄𐤅
𐤄𐤍𐤁𐤉𐤀 𐤀𐤕 𐤀𐤔𐤓 𐤄𐤔𐤋𐤉𐤊𐤅 𐤀𐤋 𐤄𐤁𐤅𐤓 𐤅𐤉𐤌𐤕 𐤕𐤇𐤕𐤉𐤅 𐤌𐤐𐤍𐤉 𐤄𐤓𐤏𐤁 𐤊𐤉
𐤀𐤉𐤍 𐤏𐤅𐤃 𐤄𐤋𐤇𐤌 𐤁𐤏𐤉𐤓•

𐤉 𐤅𐤉𐤑𐤅 𐤄𐤌𐤋𐤊 𐤀𐤕 𐤏𐤁𐤃 𐤌𐤋𐤊 𐤄𐤊𐤅𐤔𐤉 𐤋𐤀𐤌𐤓 𐤒𐤇 𐤁𐤉𐤃𐤊 𐤌𐤆𐤄

שלשים אנשים והעלית את ירמיהו הנביא מן הבור בטרם
ימות.
יא ויקח עבד מלך את האנשים בידו ויבא בית המלך אל תחת
האוצר ויקח משם בלוי הסחבות [סחבות] ובלוי מלחים וישלחם
אל ירמיהו אל הבור בחבלים.
יב ויאמר עבד מלך הכושי אל ירמיהו שים נא בלואי הסחבות
והמלחים תחת אצלות ידיך מתחת לחבלים ויעש ירמיהו כן.
יג וימשכו את ירמיהו בחבלים ויעלו אתו מן הבור וישב
ירמיהו בחצר המטרה.
יד וישלח המלך צדקיהו ויקח את ירמיהו הנביא אליו אל
מבוא השלישי אשר בבית יהוה ויאמר המלך אל ירמיהו שאל
אני אתך דבר אל תכחד ממני דבר.
טו ויאמר ירמיהו אל צדקיהו כי אגיד לך הלוא המת
תמיתני וכי איעצך לא תשמע אלי.
טז וישבע המלך צדקיהו אל ירמיהו בסתר לאמר חי יהוה
(כתיב ולא קרי.
) את אשר עשה לנו את הנפש הזאת אם אמיתך ואם אתנך ביד
האנשים האלה אשר מבקשים את נפשך.
יז ויאמר ירמיהו אל צדקיהו כה אמר יהוה אלהי צבאות
אלהי ישראל אם יצא תצא אל שרי מלך בבל וחיתה נפשך
והעיר הזאת לא תשרף באש וחיתה אתה וביתך.
יח ואם לא תצא אל שרי מלך בבל ונתנה העיר הזאת ביד
הכשדים ושרפוה באש ואתה לא תמלט מידם.
יט ויאמר המלך צדקיהו אל ירמיהו אני דאג את היהודים
אשר נפלו אל הכשדים פן יתנו אתי בידם והתעללו בי.
כ ויאמר ירמיהו לא יתנו שמע נא בקול יהוה לאשר אני דבר
אליך וייטב לך ותחי נפשך.
כא ואם מאן אתה לצאת זה הדבר אשר הראני יהוה.
כב והנה כל הנשים אשר נשארו בבית מלך יהודה מוצאות אל
שרי מלך בבל והנה אמרות הסיתוך ויכלו לך אנשי שלמך
הטבעו בבץ רגלך נסגו אחור.
כג ואת כל נשיך ואת בניך מוצאים אל הכשדים ואתה לא
תמלט מידם כי ביד מלך בבל תתפש ואת העיר הזאת תשרף באש.

𐤉𐤓𐤌𐤉𐤄

𐤊𐤃 𐤅𐤉𐤀𐤌𐤓 𐤑𐤃𐤒𐤉𐤄𐤅 𐤀𐤋 𐤉𐤓𐤌𐤉𐤄𐤅 𐤀𐤉𐤔 𐤀𐤋 𐤉𐤃𐤏 𐤁𐤃𐤁𐤓𐤉𐤌 𐤄𐤀𐤋𐤄 𐤅𐤋𐤀
𐤕𐤌𐤅𐤕•
𐤊𐤄 𐤅𐤊𐤉 𐤉𐤔𐤌𐤏𐤅 𐤄𐤔𐤓𐤉𐤌 𐤊𐤉 𐤃𐤁𐤓𐤕𐤉 𐤀𐤕𐤊 𐤅𐤁𐤀𐤅 𐤀𐤋𐤉𐤊 𐤅𐤀𐤌𐤓𐤅 𐤀𐤋𐤉𐤊
𐤄𐤂𐤉𐤃𐤄 𐤍𐤀 𐤋𐤍𐤅 𐤌𐤄 𐤃𐤁𐤓𐤕 𐤀𐤋 𐤄𐤌𐤋𐤊 𐤀𐤋 𐤕𐤊𐤇𐤃 𐤌𐤌𐤍𐤅 𐤅𐤋𐤀 𐤍𐤌𐤉𐤕𐤊
𐤅𐤌𐤄 𐤃𐤁𐤓 𐤀𐤋𐤉𐤊 𐤄𐤌𐤋𐤊•
𐤊𐤅 𐤅𐤀𐤌𐤓𐤕 𐤀𐤋𐤉𐤄𐤌 𐤌𐤐𐤉𐤋 𐤀𐤍𐤉 𐤕𐤇𐤍𐤕𐤉 𐤋𐤐𐤍𐤉 𐤄𐤌𐤋𐤊 𐤋𐤁𐤋𐤕𐤉
𐤄𐤔𐤉𐤁𐤍𐤉 𐤁𐤉𐤕 𐤉𐤄𐤅𐤍𐤕𐤍 𐤋𐤌𐤅𐤕 𐤔𐤌•
𐤊𐤆 𐤅𐤉𐤁𐤀𐤅 𐤊𐤋 𐤄𐤔𐤓𐤉𐤌 𐤀𐤋 𐤉𐤓𐤌𐤉𐤄𐤅 𐤅𐤉𐤔𐤀𐤋𐤅 𐤀𐤕𐤅 𐤅𐤉𐤂𐤃 𐤋𐤄𐤌 𐤊𐤊𐤋
𐤄𐤃𐤁𐤓𐤉𐤌 𐤄𐤀𐤋𐤄 𐤀𐤔𐤓 𐤑𐤅𐤄 𐤄𐤌𐤋𐤊 𐤅𐤉𐤇𐤓𐤔𐤅 𐤌𐤌𐤍𐤅 𐤊𐤉 𐤋𐤀 𐤍𐤔𐤌𐤏 𐤄𐤃𐤁𐤓•
𐤊𐤇 𐤅𐤉𐤔𐤁 𐤉𐤓𐤌𐤉𐤄𐤅 𐤁𐤇𐤑𐤓 𐤄𐤌𐤈𐤓𐤄 𐤏𐤃 𐤉𐤅𐤌 𐤀𐤔𐤓 𐤍𐤋𐤊𐤃𐤄 𐤉𐤓𐤅𐤔𐤋𐤌 𐤎
𐤅𐤄𐤉𐤄 𐤊𐤀𐤔𐤓 𐤍𐤋𐤊𐤃𐤄 𐤉𐤓𐤅𐤔𐤋𐤌•

𐤐𐤓𐤒 𐤋𐤈

𐤀 𐤁𐤔𐤍𐤄 𐤄𐤕𐤔𐤏𐤉𐤕 𐤋𐤑𐤃𐤒𐤉𐤄𐤅 𐤌𐤋𐤊 𐤉𐤄𐤅𐤃𐤄 𐤁𐤇𐤃𐤔 𐤄𐤏𐤔𐤓𐤉 𐤁𐤀
𐤍𐤁𐤅𐤊𐤃𐤓𐤀𐤑𐤓 𐤌𐤋𐤊 𐤁𐤁𐤋 𐤅𐤊𐤋 𐤇𐤉𐤋𐤅 𐤀𐤋 𐤉𐤓𐤅𐤔𐤋𐤌 𐤅𐤉𐤑𐤓𐤅 𐤏𐤋𐤉𐤄•
𐤁 𐤁𐤏𐤔𐤕𐤉 𐤏𐤔𐤓𐤄 𐤔𐤍𐤄 𐤋𐤑𐤃𐤒𐤉𐤄𐤅 𐤁𐤇𐤃𐤔 𐤄𐤓𐤁𐤉𐤏𐤉 𐤁𐤕𐤔𐤏𐤄 𐤋𐤇𐤃𐤔
𐤄𐤁𐤒𐤏𐤄 𐤄𐤏𐤉𐤓•
𐤂 𐤅𐤉𐤁𐤀𐤅 𐤊𐤋 𐤔𐤓𐤉 𐤌𐤋𐤊 𐤁𐤁𐤋 𐤅𐤉𐤔𐤁𐤅 𐤁𐤔𐤏𐤓 𐤄𐤕𐤅𐤊 𐤍𐤓𐤂𐤋 𐤔𐤓𐤀𐤑𐤓 𐤎𐤌𐤂𐤓
𐤍𐤁𐤅 𐤔𐤓𐤎𐤊𐤉𐤌 𐤓𐤁 𐤎𐤓𐤉𐤎 𐤍𐤓𐤂𐤋 𐤔𐤓𐤀𐤑𐤓 𐤓𐤁 𐤌𐤂 𐤅𐤊𐤋 𐤔𐤀𐤓𐤉𐤕 𐤔𐤓𐤉 𐤌𐤋𐤊
𐤁𐤁𐤋•
𐤃 𐤅𐤉𐤄𐤉 𐤊𐤀𐤔𐤓 𐤓𐤀𐤌 𐤑𐤃𐤒𐤉𐤄𐤅 𐤌𐤋𐤊 𐤉𐤄𐤅𐤃𐤄 𐤅𐤊𐤋 𐤀𐤍𐤔𐤉 𐤄𐤌𐤋𐤇𐤌𐤄
𐤅𐤉𐤁𐤓𐤇𐤅 𐤅𐤉𐤑𐤀𐤅 𐤋𐤉𐤋𐤄 𐤌𐤍 𐤄𐤏𐤉𐤓 𐤃𐤓𐤊 𐤂𐤍 𐤄𐤌𐤋𐤊 𐤁𐤔𐤏𐤓 𐤁𐤉𐤍 𐤄𐤇𐤌𐤕𐤉𐤌
𐤅𐤉𐤑𐤀 𐤃𐤓𐤊 𐤄𐤏𐤓𐤁𐤄•
𐤄 𐤅𐤉𐤓𐤃𐤐𐤅 𐤇𐤉𐤋 𐤊𐤔𐤃𐤉𐤌 𐤀𐤇𐤓𐤉𐤄𐤌 𐤅𐤉𐤔𐤂𐤅 𐤀𐤕 𐤑𐤃𐤒𐤉𐤄𐤅 𐤁𐤏𐤓𐤁𐤅𐤕 𐤉𐤓𐤇𐤅
𐤅𐤉𐤒𐤇𐤅 𐤀𐤕𐤅 𐤅𐤉𐤏𐤋𐤄𐤅 𐤀𐤋 𐤍𐤁𐤅𐤊𐤃𐤓𐤀𐤑𐤓 𐤌𐤋𐤊 𐤁𐤁𐤋 𐤓𐤁𐤋𐤕𐤄 𐤁𐤀𐤓𐤑 𐤇𐤌𐤕
𐤅𐤉𐤃𐤁𐤓 𐤀𐤕𐤅 𐤌𐤔𐤐𐤈𐤉𐤌•
𐤅 𐤅𐤉𐤔𐤇𐤈 𐤌𐤋𐤊 𐤁𐤁𐤋 𐤀𐤕 𐤁𐤍𐤉 𐤑𐤃𐤒𐤉𐤄𐤅 𐤁𐤓𐤁𐤋𐤄 𐤋𐤏𐤉𐤍𐤉𐤅 𐤅𐤀𐤕 𐤊𐤋 𐤇𐤓𐤉
𐤉𐤄𐤅𐤃𐤄 𐤔𐤇𐤈 𐤌𐤋𐤊 𐤁𐤁𐤋•
𐤆 𐤅𐤀𐤕 𐤏𐤉𐤍𐤉 𐤑𐤃𐤒𐤉𐤄𐤅 𐤏𐤅𐤓 𐤅𐤉𐤀𐤎𐤓𐤄𐤅 𐤁𐤍𐤇𐤔𐤕𐤉𐤌 𐤋𐤁𐤉𐤀 𐤀𐤕𐤅 𐤁𐤁𐤋𐤄•
𐤇 𐤅𐤀𐤕 𐤁𐤉𐤕 𐤄𐤌𐤋𐤊 𐤅𐤀𐤕 𐤁𐤉𐤕 𐤄𐤏𐤌 𐤔𐤓𐤐𐤅 𐤄𐤊𐤔𐤃𐤉𐤌 𐤁𐤀𐤔 𐤅𐤀𐤕 𐤇𐤌𐤅𐤕
𐤉𐤓𐤅𐤔𐤋𐤌 𐤍𐤕𐤑𐤅•
𐤈 𐤅𐤀𐤕 𐤉𐤕𐤓 𐤄𐤏𐤌 𐤄𐤍𐤔𐤀𐤓𐤉𐤌 𐤁𐤏𐤉𐤓 𐤅𐤀𐤕 𐤄𐤍𐤐𐤋𐤉𐤌 𐤀𐤔𐤓 𐤍𐤐𐤋𐤅 𐤏𐤋𐤉𐤅
𐤅𐤀𐤕 𐤉𐤕𐤓 𐤄𐤏𐤌 𐤄𐤍𐤔𐤀𐤓𐤉𐤌 𐤄𐤂𐤋𐤄 𐤍𐤁𐤅𐤆𐤓𐤀𐤃𐤍 𐤓𐤁 𐤈𐤁𐤇𐤉𐤌 𐤁𐤁𐤋•

𐤉𐤓𐤌𐤉𐤄

𐤉 𐤅𐤌𐤍 𐤄𐤏𐤌 𐤄𐤃𐤋𐤉𐤌 𐤀𐤔𐤓 𐤀𐤉𐤍 𐤋𐤄𐤌 𐤌𐤀𐤅𐤌𐤄 𐤄𐤔𐤀𐤉𐤓 𐤍𐤁𐤅𐤆𐤓𐤀𐤃𐤍 𐤓𐤁
𐤈𐤁𐤇𐤉𐤌 𐤁𐤀𐤓𐤑 𐤉𐤄𐤅𐤃𐤄 𐤅𐤉𐤕𐤍 𐤋𐤄𐤌 𐤊𐤓𐤌𐤉𐤌 𐤅𐤉𐤂𐤁𐤉𐤌 𐤁𐤉𐤅𐤌 𐤄𐤄𐤅𐤀•
𐤉𐤀 𐤅𐤉𐤑𐤅 𐤍𐤁𐤅𐤊𐤃𐤓𐤀𐤑𐤓 𐤌𐤋𐤊 𐤁𐤁𐤋 𐤏𐤋 𐤉𐤓𐤌𐤉𐤄𐤅 𐤁𐤉𐤃 𐤍𐤁𐤅𐤆𐤓𐤀𐤃𐤍 𐤓𐤁
𐤈𐤁𐤇𐤉𐤌 𐤋𐤀𐤌𐤓•
𐤉𐤁 𐤒𐤇𐤍𐤅 𐤅𐤏𐤉𐤍𐤉𐤊 𐤔𐤉𐤌 𐤏𐤋𐤉𐤅 𐤅𐤀𐤋 𐤕𐤏𐤔 𐤋𐤅 𐤌𐤀𐤅𐤌𐤄 𐤓𐤏 𐤊𐤉 (𐤊𐤕𐤉𐤁
𐤅𐤋𐤀 𐤒𐤓𐤉•
) 𐤀𐤌 𐤊𐤀𐤔𐤓 𐤉𐤃𐤁𐤓 𐤀𐤋𐤉𐤊 𐤊𐤍 𐤏𐤔𐤄 𐤏𐤌𐤅•
𐤉𐤂 𐤅𐤉𐤔𐤋𐤇 𐤍𐤁𐤅𐤆𐤓𐤀𐤃𐤍 𐤓𐤁 𐤈𐤁𐤇𐤉𐤌 𐤅𐤍𐤁𐤅𐤔𐤆𐤁𐤍 𐤓𐤁 𐤎𐤓𐤉𐤎 𐤅𐤍𐤓𐤂𐤋
𐤔𐤓𐤀𐤑𐤓 𐤓𐤁 𐤌𐤂 𐤅𐤊𐤋 𐤓𐤁𐤉 𐤌𐤋𐤊 𐤁𐤁𐤋•
𐤉𐤃 𐤅𐤉𐤔𐤋𐤇𐤅 𐤅𐤉𐤒𐤇𐤅 𐤀𐤕 𐤉𐤓𐤌𐤉𐤄𐤅 𐤌𐤇𐤑𐤓 𐤄𐤌𐤈𐤓𐤄 𐤅𐤉𐤕𐤍𐤅 𐤀𐤕𐤅 𐤀𐤋
𐤂𐤃𐤋𐤉𐤄𐤅 𐤁𐤍 𐤀𐤇𐤉𐤒𐤌 𐤁𐤍 𐤔𐤐𐤍 𐤋𐤄𐤅𐤑𐤀𐤄𐤅 𐤀𐤋 𐤄𐤁𐤉𐤕 𐤅𐤉𐤔𐤁 𐤁𐤕𐤅𐤊 𐤄𐤏𐤌•
𐤈𐤅 𐤅𐤀𐤋 𐤉𐤓𐤌𐤉𐤄𐤅 𐤄𐤉𐤄 𐤃𐤁𐤓 𐤉𐤄𐤅𐤄 𐤁𐤄𐤉𐤕𐤅 𐤏𐤑𐤅𐤓 𐤁𐤇𐤑𐤓 𐤄𐤌𐤈𐤓𐤄
𐤋𐤀𐤌𐤓•
𐤈𐤆𐤄𐤋𐤅𐤊 𐤅𐤀𐤌𐤓𐤕 𐤋𐤏𐤁𐤃 𐤌𐤋𐤊 𐤄𐤊𐤅𐤔𐤉 𐤋𐤀𐤌𐤓 𐤊𐤄 𐤀𐤌𐤓 𐤉𐤄𐤅𐤄 𐤑𐤁𐤀𐤅𐤕
𐤀𐤋𐤄𐤉 𐤉𐤔𐤓𐤀𐤋 𐤄𐤍𐤍𐤉 𐤌𐤁𐤉 [𐤌𐤁𐤉𐤀] 𐤀𐤕 𐤃𐤁𐤓𐤉 𐤀𐤋 𐤄𐤏𐤉𐤓 𐤄𐤆𐤀𐤕 𐤋𐤓𐤏𐤄
𐤅𐤋𐤀 𐤋𐤈𐤅𐤁𐤄 𐤅𐤄𐤉𐤅 𐤋𐤐𐤍𐤉𐤊 𐤁𐤉𐤅𐤌 𐤄𐤄𐤅𐤀•
𐤉𐤆 𐤅𐤄𐤑𐤋𐤕𐤉𐤊 𐤁𐤉𐤅𐤌 𐤄𐤄𐤅𐤀 𐤍𐤀𐤌 𐤉𐤄𐤅𐤄 𐤅𐤋𐤀 𐤕𐤍𐤕𐤍 𐤁𐤉𐤃 𐤄𐤀𐤍𐤔𐤉𐤌
𐤀𐤔𐤓 𐤀𐤕𐤄 𐤉𐤂𐤅𐤓 𐤌𐤐𐤍𐤉𐤄𐤌•
𐤉𐤇 𐤊𐤉 𐤌𐤋𐤈 𐤀𐤌𐤋𐤈𐤊 𐤅𐤁𐤇𐤓𐤁 𐤋𐤀 𐤕𐤐𐤋 𐤅𐤄𐤉𐤕𐤄 𐤋𐤊 𐤍𐤐𐤔𐤊 𐤋𐤔𐤋𐤋 𐤊𐤉
𐤁𐤈𐤇𐤕 𐤁𐤉 𐤍𐤀𐤌 𐤉𐤄𐤅𐤄•

𐤐𐤓𐤒 𐤌
𐤀 𐤄𐤃𐤁𐤓 𐤀𐤔𐤓 𐤄𐤉𐤄 𐤀𐤋 𐤉𐤓𐤌𐤉𐤄𐤅 𐤌𐤀𐤕 𐤉𐤄𐤅𐤄 𐤀𐤇𐤓 𐤔𐤋𐤇 𐤀𐤕𐤅
𐤍𐤁𐤅𐤆𐤓𐤀𐤃𐤍 𐤓𐤁 𐤈𐤁𐤇𐤉𐤌 𐤌𐤍 𐤄𐤓𐤌𐤄 𐤁𐤒𐤇𐤕𐤅 𐤀𐤕𐤅 𐤅𐤄𐤅𐤀 𐤀𐤎𐤅𐤓 𐤁𐤀𐤆𐤒𐤉𐤌
𐤁𐤕𐤅𐤊 𐤊𐤋 𐤂𐤋𐤅𐤕 𐤉𐤓𐤅𐤔𐤋𐤌 𐤅𐤉𐤄𐤅𐤃𐤄 𐤄𐤌𐤂𐤋𐤉𐤌 𐤁𐤁𐤋𐤄•
𐤁 𐤅𐤉𐤒𐤇 𐤓𐤁 𐤈𐤁𐤇𐤉𐤌 𐤋𐤉𐤓𐤌𐤉𐤄𐤅 𐤅𐤉𐤀𐤌𐤓 𐤀𐤋𐤉𐤅 𐤉𐤄𐤅𐤄 𐤀𐤋𐤄𐤉𐤊 𐤃𐤁𐤓 𐤀𐤕
𐤄𐤓𐤏𐤄 𐤄𐤆𐤀𐤕 𐤀𐤋 𐤄𐤌𐤒𐤅𐤌 𐤄𐤆𐤄•
𐤂 𐤅𐤉𐤁𐤀 𐤅𐤉𐤏𐤔 𐤉𐤄𐤅𐤄 𐤊𐤀𐤔𐤓 𐤃𐤁𐤓 𐤊𐤉 𐤇𐤈𐤀𐤕𐤌 𐤋𐤉𐤄𐤅𐤄 𐤅𐤋𐤀 𐤔𐤌𐤏𐤕𐤌
𐤁𐤒𐤅𐤋𐤅 𐤅𐤄𐤉𐤄 𐤋𐤊𐤌 𐤃𐤁𐤓 [𐤄𐤃𐤁𐤓] 𐤄𐤆𐤄•
𐤃 𐤅𐤏𐤕𐤄 𐤄𐤍𐤄 𐤐𐤕𐤇𐤕𐤉𐤊 𐤄𐤉𐤅𐤌 𐤌𐤍 𐤄𐤀𐤆𐤒𐤉𐤌 𐤀𐤔𐤓 𐤏𐤋 𐤉𐤃𐤊 𐤀𐤌 𐤈𐤅𐤁
𐤁𐤏𐤉𐤍𐤉𐤊 𐤋𐤁𐤅𐤀 𐤀𐤕𐤉 𐤁𐤁𐤋 𐤁𐤀 𐤅𐤀𐤔𐤉𐤌 𐤀𐤕 𐤏𐤉𐤍𐤉 𐤏𐤋𐤉𐤊 𐤅𐤀𐤌 𐤓𐤏
𐤁𐤏𐤉𐤍𐤉𐤊 𐤋𐤁𐤅𐤀 𐤀𐤕𐤉 𐤁𐤁𐤋 𐤇𐤃𐤋 𐤓𐤀𐤄 𐤊𐤋 𐤄𐤀𐤓𐤑 𐤋𐤐𐤍𐤉𐤊 𐤀𐤋 𐤈𐤅𐤁 𐤅𐤀𐤋
𐤄𐤉𐤔𐤓 𐤁𐤏𐤉𐤍𐤉𐤊 𐤋𐤋𐤊𐤕 𐤔𐤌𐤄 𐤋𐤊•

𐤉𐤓𐤌𐤉𐤄

𐤄 𐤅𐤏𐤅𐤃𐤍𐤅 𐤋𐤀 𐤉𐤔𐤅𐤁 𐤅𐤔𐤁𐤄 𐤀𐤋 𐤂𐤃𐤋𐤉𐤄 𐤁𐤍 𐤀𐤇𐤉𐤒𐤌 𐤁𐤍 𐤔𐤐𐤍 𐤀𐤔𐤓
𐤄𐤐𐤒𐤉𐤃 𐤌𐤋𐤊 𐤁𐤁𐤋 𐤁𐤏𐤓𐤉 𐤉𐤄𐤅𐤃𐤄 𐤅𐤔𐤁 𐤀𐤕𐤅 𐤁𐤕𐤅𐤊 𐤄𐤏𐤌 𐤀𐤅 𐤀𐤋 𐤊𐤋
𐤄𐤉𐤔𐤓 𐤁𐤏𐤉𐤍𐤉𐤊 𐤋𐤋𐤊𐤕 𐤋𐤊 𐤅𐤉𐤕𐤍 𐤋𐤅 𐤓𐤁 𐤈𐤁𐤇𐤉𐤌 𐤀𐤓𐤇𐤄 𐤅𐤌𐤔𐤀𐤕
𐤅𐤉𐤔𐤋𐤇𐤄𐤅.

𐤅 𐤅𐤉𐤁𐤀 𐤉𐤓𐤌𐤉𐤄𐤅 𐤀𐤋 𐤂𐤃𐤋𐤉𐤄 𐤁𐤍 𐤀𐤇𐤉𐤒𐤌 𐤄𐤌𐤑𐤐𐤕𐤄 𐤅𐤉𐤔𐤁 𐤀𐤕𐤅 𐤁𐤕𐤅𐤊
𐤄𐤏𐤌 𐤄𐤍𐤔𐤀𐤓𐤉𐤌 𐤁𐤀𐤓𐤑.

𐤆 𐤅𐤉𐤔𐤌𐤏𐤅 𐤊𐤋 𐤔𐤓𐤉 𐤄𐤇𐤉𐤋𐤉𐤌 𐤀𐤔𐤓 𐤁𐤔𐤃𐤄 𐤄𐤌𐤄 𐤅𐤀𐤍𐤔𐤉𐤄𐤌 𐤊𐤉
𐤄𐤐𐤒𐤉𐤃 𐤌𐤋𐤊 𐤁𐤁𐤋 𐤀𐤕 𐤂𐤃𐤋𐤉𐤄𐤅 𐤁𐤍 𐤀𐤇𐤉𐤒𐤌 𐤁𐤀𐤓𐤑 𐤅𐤊𐤉 𐤄𐤐𐤒𐤉𐤃 𐤀𐤕𐤅
𐤀𐤍𐤔𐤉𐤌 𐤅𐤍𐤔𐤉𐤌 𐤅𐤈𐤐 𐤅𐤌𐤃𐤋𐤕 𐤄𐤀𐤓𐤑 𐤌𐤀𐤔𐤓 𐤋𐤀 𐤄𐤂𐤋𐤅 𐤁𐤁𐤋𐤄.

𐤇 𐤅𐤉𐤁𐤀𐤅 𐤀𐤋 𐤂𐤃𐤋𐤉𐤄 𐤄𐤌𐤑𐤐𐤕𐤄 𐤅𐤉𐤔𐤌𐤏𐤀𐤋 𐤁𐤍 𐤍𐤕𐤍𐤉𐤄𐤅 𐤅𐤉𐤅𐤇𐤍𐤍
𐤅𐤉𐤅𐤍𐤕𐤍 𐤁𐤍𐤉 𐤒𐤓𐤇 𐤅𐤔𐤓𐤉𐤄 𐤁𐤍 𐤕𐤍𐤇𐤌𐤕 𐤅𐤁𐤍𐤉 𐤏𐤅𐤐𐤉 [𐤏𐤉𐤐𐤉] 𐤄𐤍𐤈𐤐𐤕𐤉
𐤅𐤉𐤆𐤍𐤉𐤄𐤅 𐤁𐤍 𐤄𐤌𐤏𐤊𐤕𐤉 𐤄𐤌𐤄 𐤅𐤀𐤍𐤔𐤉𐤄𐤌.

𐤈 𐤅𐤉𐤔𐤁𐤏 𐤋𐤄𐤌 𐤂𐤃𐤋𐤉𐤄𐤅 𐤁𐤍 𐤀𐤇𐤉𐤒𐤌 𐤁𐤍 𐤔𐤐𐤍 𐤅𐤋𐤀𐤍𐤔𐤉𐤄𐤌 𐤋𐤀𐤌𐤓 𐤀𐤋
𐤕𐤉𐤓𐤀𐤅 𐤌𐤏𐤁𐤅𐤃 𐤄𐤊𐤔𐤃𐤉𐤌 𐤔𐤁𐤅 𐤁𐤀𐤓𐤑 𐤅𐤏𐤁𐤃𐤅 𐤀𐤕 𐤌𐤋𐤊 𐤁𐤁𐤋 𐤅𐤉𐤉𐤈𐤁
𐤋𐤊𐤌.

𐤉 𐤅𐤀𐤍𐤉 𐤄𐤍𐤍𐤉 𐤉𐤔𐤁 𐤁𐤌𐤑𐤐𐤄 𐤋𐤏𐤌𐤃 𐤋𐤐𐤍𐤉 𐤄𐤊𐤔𐤃𐤉𐤌 𐤀𐤔𐤓 𐤉𐤁𐤀𐤅
𐤀𐤋𐤉𐤍𐤅 𐤅𐤀𐤕𐤌 𐤀𐤎𐤐𐤅 𐤉𐤉𐤍 𐤅𐤒𐤉𐤑 𐤅𐤔𐤌𐤍 𐤅𐤔𐤌𐤅 𐤁𐤊𐤋𐤉𐤊𐤌 𐤅𐤔𐤁𐤅
𐤁𐤏𐤓𐤉𐤊𐤌 𐤀𐤔𐤓 𐤕𐤐𐤔𐤕𐤌.

𐤉𐤀 𐤅𐤂𐤌 𐤊𐤋 𐤄𐤉𐤄𐤅𐤃𐤉𐤌 𐤀𐤔𐤓 𐤁𐤌𐤅𐤀𐤁 𐤅𐤁𐤁𐤍𐤉 𐤏𐤌𐤅𐤍 𐤅𐤁𐤀𐤃𐤅𐤌 𐤅𐤀𐤔𐤓
𐤁𐤊𐤋 𐤄𐤀𐤓𐤑𐤅𐤕 𐤔𐤌𐤏𐤅 𐤊𐤉 𐤍𐤕𐤍 𐤌𐤋𐤊 𐤁𐤁𐤋 𐤔𐤀𐤓𐤉𐤕 𐤋𐤉𐤄𐤅𐤃𐤄 𐤅𐤊𐤉
𐤄𐤐𐤒𐤉𐤃 𐤏𐤋𐤉𐤄𐤌 𐤀𐤕 𐤂𐤃𐤋𐤉𐤄𐤅 𐤁𐤍 𐤀𐤇𐤉𐤒𐤌 𐤁𐤍 𐤔𐤐𐤍.

𐤉𐤁 𐤅𐤉𐤔𐤁𐤅 𐤊𐤋 𐤄𐤉𐤄𐤅𐤃𐤉𐤌 𐤌𐤊𐤋 𐤄𐤌𐤒𐤌𐤅𐤕 𐤀𐤔𐤓 𐤍𐤃𐤇𐤅 𐤔𐤌 𐤅𐤉𐤁𐤀𐤅
𐤀𐤓𐤑 𐤉𐤄𐤅𐤃𐤄 𐤀𐤋 𐤂𐤃𐤋𐤉𐤄𐤅 𐤄𐤌𐤑𐤐𐤕𐤄 𐤅𐤉𐤀𐤎𐤐𐤅 𐤉𐤉𐤍 𐤅𐤒𐤉𐤑 𐤄𐤓𐤁𐤄 𐤌𐤀𐤃.

𐤉𐤂 𐤅𐤉𐤅𐤇𐤍𐤍 𐤁𐤍 𐤒𐤓𐤇 𐤅𐤊𐤋 𐤔𐤓𐤉 𐤄𐤇𐤉𐤋𐤉𐤌 𐤀𐤔𐤓 𐤁𐤔𐤃𐤄 𐤁𐤀𐤅 𐤀𐤋
𐤂𐤃𐤋𐤉𐤄𐤅 𐤄𐤌𐤑𐤐𐤕𐤄.

𐤉𐤃 𐤅𐤉𐤀𐤌𐤓𐤅 𐤀𐤋𐤉𐤅 𐤄𐤉𐤃𐤏 𐤕𐤃𐤏 𐤊𐤉 𐤁𐤏𐤋𐤉𐤎 𐤌𐤋𐤊 𐤁𐤍𐤉 𐤏𐤌𐤅𐤍 𐤔𐤋𐤇 𐤀𐤕
𐤉𐤔𐤌𐤏𐤀𐤋 𐤁𐤍 𐤍𐤕𐤍𐤉𐤄 𐤋𐤄𐤊𐤕𐤊 𐤍𐤐𐤔 𐤅𐤋𐤀 𐤄𐤀𐤌𐤉𐤍 𐤋𐤄𐤌 𐤂𐤃𐤋𐤉𐤄𐤅 𐤁𐤍
𐤀𐤇𐤉𐤒𐤌.

𐤈𐤅 𐤅𐤉𐤅𐤇𐤍𐤍 𐤁𐤍 𐤒𐤓𐤇 𐤀𐤌𐤓 𐤀𐤋 𐤂𐤃𐤋𐤉𐤄𐤅 𐤁𐤎𐤕𐤓 𐤁𐤌𐤑𐤐𐤄 𐤋𐤀𐤌𐤓 𐤀𐤋𐤊𐤄 𐤍𐤀
𐤅𐤀𐤊𐤄 𐤀𐤕 𐤉𐤔𐤌𐤏𐤀𐤋 𐤁𐤍 𐤍𐤕𐤍𐤉𐤄 𐤅𐤀𐤉𐤔 𐤋𐤀 𐤉𐤃𐤏 𐤋𐤌𐤄 𐤉𐤊𐤊𐤄 𐤍𐤐𐤔
𐤅𐤍𐤐𐤑𐤅 𐤊𐤋 𐤉𐤄𐤅𐤃𐤄 𐤄𐤍𐤒𐤁𐤑𐤉𐤌 𐤀𐤋𐤉𐤊 𐤅𐤀𐤁𐤃𐤄 𐤔𐤀𐤓𐤉𐤕 𐤉𐤄𐤅𐤃𐤄.

𐤈𐤆 𐤅𐤉𐤀𐤌𐤓 𐤂𐤃𐤋𐤉𐤄𐤅 𐤁𐤍 𐤀𐤇𐤉𐤒𐤌 𐤀𐤋 𐤉𐤅𐤇𐤍𐤍 𐤁𐤍 𐤒𐤓𐤇 𐤀𐤋 𐤕𐤏𐤔 [𐤕𐤏𐤔𐤄]
𐤀𐤕 𐤄𐤃𐤁𐤓 𐤄𐤆𐤄 𐤊𐤉 𐤔𐤒𐤓 𐤀𐤕𐤄 𐤃𐤁𐤓 𐤀𐤋 𐤉𐤔𐤌𐤏𐤀𐤋.

ירמיה

פרק מא

א ויהי בחדש השביעי בא ישמעאל בן נתניה בן אלישמע
מזרע המלוכה ורבי המלך ועשרה אנשים אתו אל גדליהו בן
אחיקם המצפתה ויאכלו שם לחם יחדו במצפה.
ב ויקם ישמעאל בן נתניה ועשרת האנשים אשר היו אתו
ויכו את גדליהו בן אחיקם בן שפן בחרב וימת אתו אשר הפקיד
מלך בבל בארץ.
ג ואת כל היהודים אשר היו אתו את גדליהו במצפה ואת
הכשדים אשר נמצאו שם את אנשי המלחמה הכה ישמעאל.
ד ויהי ביום השני להמית את גדליהו ואיש לא ידע.
ה ויבאו אנשים משכם משלו ומשמרון שמנים איש מגלחי
זקן וקרעי בגדים ומתגדדים ומנחה ולבונה בידם להביא בית
יהוה.
ו ויצא ישמעאל בן נתניה לקראתם מן המצפה הלך הלך ובכה
ויהי כפגש אתם ויאמר אליהם באו אל גדליהו בן אחיקם.
ז ויהי כבואם אל תוך העיר וישחטם ישמעאל בן נתניה אל
תוך הבור הוא והאנשים אשר אתו.
ח ועשרה אנשים נמצאו בם ויאמרו אל ישמעאל אל תמיתנו כי
יש לנו מטמנים בשדה חטים ושערים ושמן ודבש ויחדל ולא
המיתם בתוך אחיהם.
ט והבור אשר השליך שם ישמעאל את כל פגרי האנשים אשר
הכה ביד גדליהו הוא אשר עשה המלך אסא מפני בעשא מלך
ישראל אתו מלא ישמעאל בן נתניה חללים.
י וישב ישמעאל את כל שארית העם אשר במצפה את בנות
המלך ואת כל העם הנשארים במצפה אשר הפקיד נבוזראדן רב
טבחים את גדליהו בן אחיקם וישבם ישמעאל בן נתניה וילך
לעבר אל בני עמון.
יא וישמע יוחנן בן קרח וכל שרי החילים אשר אתו את כל
הרעה אשר עשה ישמעאל בן נתניה.
יב ויקחו את כל האנשים וילכו להלחם עם ישמעאל בן
נתניה וימצאו אתו אל מים רבים אשר בגבעון.
יג ויהי כראות כל העם אשר את ישמעאל את יוחנן בן קרח

𐤉𐤓𐤌𐤉𐤄

𐤅𐤀𐤕 𐤊𐤋 𐤔𐤓𐤉 𐤄𐤇𐤉𐤋𐤉𐤌 𐤀𐤔𐤓 𐤀𐤕𐤅 𐤅𐤉𐤔𐤌𐤇𐤅.
𐤉𐤃 𐤅𐤉𐤎𐤁𐤅 𐤊𐤋 𐤄𐤏𐤌 𐤀𐤔𐤓 𐤔𐤁𐤄 𐤉𐤔𐤌𐤏𐤀𐤋 𐤌𐤍 𐤄𐤌𐤑𐤐𐤄 𐤅𐤉𐤔𐤁𐤅 𐤅𐤉𐤋𐤊𐤅
𐤀𐤋 𐤉𐤅𐤇𐤍𐤍 𐤁𐤍 𐤒𐤓𐤇.
𐤈𐤅 𐤅𐤉𐤔𐤌𐤏𐤀𐤋 𐤁𐤍 𐤍𐤕𐤍𐤉𐤄 𐤍𐤌𐤋𐤈 𐤁𐤔𐤌𐤍𐤄 𐤀𐤍𐤔𐤉𐤌 𐤌𐤐𐤍𐤉 𐤉𐤅𐤇𐤍𐤍
𐤅𐤉𐤋𐤊 𐤀𐤋 𐤁𐤍𐤉 𐤏𐤌𐤅𐤍.
𐤈𐤆 𐤅𐤉𐤒𐤇 𐤉𐤅𐤇𐤍𐤍 𐤁𐤍 𐤒𐤓𐤇 𐤅𐤊𐤋 𐤔𐤓𐤉 𐤄𐤇𐤉𐤋𐤉𐤌 𐤀𐤔𐤓 𐤀𐤕𐤅 𐤀𐤕 𐤊𐤋
𐤔𐤀𐤓𐤉𐤕 𐤄𐤏𐤌 𐤀𐤔𐤓 𐤄𐤔𐤉𐤁 𐤌𐤀𐤕 𐤉𐤔𐤌𐤏𐤀𐤋 𐤁𐤍 𐤍𐤕𐤍𐤉𐤄 𐤌𐤍 𐤄𐤌𐤑𐤐𐤄 𐤀𐤇𐤓
𐤄𐤊𐤄 𐤀𐤕 𐤂𐤃𐤋𐤉𐤄 𐤁𐤍 𐤀𐤇𐤉𐤒𐤌 𐤂𐤁𐤓𐤉𐤌 𐤀𐤍𐤔𐤉 𐤄𐤌𐤋𐤇𐤌𐤄 𐤅𐤍𐤔𐤉𐤌 𐤅𐤈𐤐
𐤅𐤎𐤓𐤎𐤉𐤌 𐤀𐤔𐤓 𐤄𐤔𐤉𐤁 𐤌𐤂𐤁𐤏𐤅𐤍.
𐤉𐤆 𐤅𐤉𐤋𐤊𐤅 𐤅𐤉𐤔𐤁𐤅 𐤁𐤂𐤓𐤅𐤕 𐤊𐤌𐤅𐤄𐤌 [𐤊𐤌𐤄𐤌] 𐤀𐤔𐤓 𐤀𐤑𐤋 𐤁𐤉𐤕 𐤋𐤇𐤌
𐤋𐤋𐤊𐤕 𐤋𐤁𐤅𐤀 𐤌𐤑𐤓𐤉𐤌.
𐤉𐤇 𐤌𐤐𐤍𐤉 𐤄𐤊𐤔𐤃𐤉𐤌 𐤊𐤉 𐤉𐤓𐤀𐤅 𐤌𐤐𐤍𐤉𐤄𐤌 𐤊𐤉 𐤄𐤊𐤄 𐤉𐤔𐤌𐤏𐤀𐤋 𐤁𐤍
𐤍𐤕𐤍𐤉𐤄 𐤀𐤕 𐤂𐤃𐤋𐤉𐤄𐤅 𐤁𐤍 𐤀𐤇𐤉𐤒𐤌 𐤀𐤔𐤓 𐤄𐤐𐤒𐤉𐤃 𐤌𐤋𐤊 𐤁𐤁𐤋 𐤁𐤀𐤓𐤑.

𐤐𐤓𐤒 𐤌𐤁

𐤀 𐤅𐤉𐤂𐤔𐤅 𐤊𐤋 𐤔𐤓𐤉 𐤄𐤇𐤉𐤋𐤉𐤌 𐤅𐤉𐤅𐤇𐤍𐤍 𐤁𐤍 𐤒𐤓𐤇 𐤅𐤉𐤆𐤍𐤉𐤄 𐤁𐤍 𐤄𐤅𐤔𐤏𐤉𐤄
𐤅𐤊𐤋 𐤄𐤏𐤌 𐤌𐤒𐤈𐤍 𐤅𐤏𐤃 𐤂𐤃𐤅𐤋.
𐤁 𐤅𐤉𐤀𐤌𐤓𐤅 𐤀𐤋 𐤉𐤓𐤌𐤉𐤄𐤅 𐤄𐤍𐤁𐤉𐤀 𐤕𐤐𐤋 𐤍𐤀 𐤕𐤇𐤍𐤕𐤍𐤅 𐤋𐤐𐤍𐤉𐤊 𐤅𐤄𐤕𐤐𐤋𐤋
𐤁𐤏𐤃𐤍𐤅 𐤀𐤋 𐤉𐤄𐤅𐤄 𐤀𐤋𐤄𐤉𐤊 𐤁𐤏𐤃 𐤊𐤋 𐤄𐤔𐤀𐤓𐤉𐤕 𐤄𐤆𐤀𐤕 𐤊𐤉 𐤍𐤔𐤀𐤓𐤍𐤅 𐤌𐤏𐤈
𐤌𐤄𐤓𐤁𐤄 𐤊𐤀𐤔𐤓 𐤏𐤉𐤍𐤉𐤊 𐤓𐤀𐤅𐤕 𐤀𐤕𐤍𐤅.
𐤂 𐤅𐤉𐤂𐤃 𐤋𐤍𐤅 𐤉𐤄𐤅𐤄 𐤀𐤋𐤄𐤉𐤊 𐤀𐤕 𐤄𐤃𐤓𐤊 𐤀𐤔𐤓 𐤍𐤋𐤊 𐤁𐤄 𐤅𐤀𐤕 𐤄𐤃𐤁𐤓 𐤀𐤔𐤓
𐤍𐤏𐤔𐤄.
𐤃 𐤅𐤉𐤀𐤌𐤓 𐤀𐤋𐤉𐤄𐤌 𐤉𐤓𐤌𐤉𐤄𐤅 𐤄𐤍𐤁𐤉𐤀 𐤔𐤌𐤏𐤕𐤉 𐤄𐤍𐤍𐤉 𐤌𐤕𐤐𐤋𐤋 𐤀𐤋
𐤉𐤄𐤅𐤄 𐤀𐤋𐤄𐤉𐤊𐤌 𐤊𐤃𐤁𐤓𐤉𐤊𐤌 𐤅𐤄𐤉𐤄 𐤊𐤋 𐤄𐤃𐤁𐤓 𐤀𐤔𐤓 𐤉𐤏𐤍𐤄 𐤉𐤄𐤅𐤄 𐤀𐤕𐤊𐤌
𐤀𐤂𐤉𐤃 𐤋𐤊𐤌 𐤋𐤀 𐤀𐤌𐤍𐤏 𐤌𐤊𐤌 𐤃𐤁𐤓.
𐤄 𐤅𐤄𐤌𐤄 𐤀𐤌𐤓𐤅 𐤀𐤋 𐤉𐤓𐤌𐤉𐤄𐤅 𐤉𐤄𐤉 𐤉𐤄𐤅𐤄 𐤁𐤍𐤅 𐤋𐤏𐤃 𐤀𐤌𐤕 𐤅𐤍𐤀𐤌𐤍 𐤀𐤌
𐤋𐤀 𐤊𐤊𐤋 𐤄𐤃𐤁𐤓 𐤀𐤔𐤓 𐤉𐤔𐤋𐤇𐤊 𐤉𐤄𐤅𐤄 𐤀𐤋𐤄𐤉𐤊 𐤀𐤋𐤉𐤍𐤅 𐤊𐤍 𐤍𐤏𐤔𐤄.
𐤅 𐤀𐤌 𐤈𐤅𐤁 𐤅𐤀𐤌 𐤓𐤏 𐤁𐤒𐤅𐤋 𐤉𐤄𐤅𐤄 𐤀𐤋𐤄𐤉𐤍𐤅 𐤀𐤔𐤓 𐤀𐤍𐤅 [𐤀𐤍𐤇𐤍𐤅] 𐤔𐤋𐤇𐤉𐤌
𐤀𐤕𐤊 𐤀𐤋𐤉𐤅 𐤍𐤔𐤌𐤏 𐤋𐤌𐤏𐤍 𐤀𐤔𐤓 𐤉𐤉𐤈𐤁 𐤋𐤍𐤅 𐤊𐤉 𐤍𐤔𐤌𐤏 𐤁𐤒𐤅𐤋 𐤉𐤄𐤅𐤄
𐤀𐤋𐤄𐤉𐤍𐤅.
𐤆 𐤅𐤉𐤄𐤉 𐤌𐤒𐤑 𐤏𐤔𐤓𐤕 𐤉𐤌𐤉𐤌 𐤅𐤉𐤄𐤉 𐤃𐤁𐤓 𐤉𐤄𐤅𐤄 𐤀𐤋 𐤉𐤓𐤌𐤉𐤄𐤅.
𐤇 𐤅𐤉𐤒𐤓𐤀 𐤀𐤋 𐤉𐤅𐤇𐤍𐤍 𐤁𐤍 𐤒𐤓𐤇 𐤅𐤀𐤋 𐤊𐤋 𐤔𐤓𐤉 𐤄𐤇𐤉𐤋𐤉𐤌 𐤀𐤔𐤓 𐤀𐤕𐤅 𐤅𐤋𐤊𐤋
𐤄𐤏𐤌 𐤋𐤌𐤒𐤈𐤍 𐤅𐤏𐤃 𐤂𐤃𐤅𐤋.

𐤉𐤓𐤌𐤉𐤄

𐤈𐤅𐤉𐤀𐤌𐤓 𐤀𐤋𐤉𐤄𐤌 𐤊𐤄 𐤀𐤌𐤓 𐤉𐤄𐤅𐤄 𐤀𐤋𐤄𐤉 𐤉𐤔𐤓𐤀𐤋 𐤀𐤔𐤓 𐤔𐤋𐤇𐤕𐤌 𐤀𐤕𐤉
𐤀𐤋𐤉𐤅 𐤋𐤄𐤐𐤉𐤋 𐤕𐤇𐤍𐤕𐤊𐤌 𐤋𐤐𐤍𐤉𐤅•
𐤉𐤀𐤌 𐤔𐤅𐤁 𐤕𐤔𐤁𐤅 𐤁𐤀𐤓𐤑 𐤄𐤆𐤀𐤕 𐤅𐤁𐤍𐤉𐤕𐤉 𐤀𐤕𐤊𐤌 𐤅𐤋𐤀 𐤀𐤄𐤓𐤎 𐤅𐤍𐤈𐤏𐤕𐤉
𐤀𐤕𐤊𐤌 𐤅𐤋𐤀 𐤀𐤕𐤅𐤔 𐤊𐤉 𐤍𐤇𐤌𐤕𐤉 𐤀𐤋 𐤄𐤓𐤏𐤄 𐤀𐤔𐤓 𐤏𐤔𐤉𐤕𐤉 𐤋𐤊𐤌•
𐤉𐤀 𐤀𐤋 𐤕𐤉𐤓𐤀𐤅 𐤌𐤐𐤍𐤉 𐤌𐤋𐤊 𐤁𐤁𐤋 𐤀𐤔𐤓 𐤀𐤕𐤌 𐤉𐤓𐤀𐤉𐤌 𐤌𐤐𐤍𐤉𐤅 𐤀𐤋
𐤕𐤉𐤓𐤀𐤅 𐤌𐤌𐤍𐤅 𐤍𐤀𐤌 𐤉𐤄𐤅𐤄 𐤊𐤉 𐤀𐤕𐤊𐤌 𐤀𐤍𐤉 𐤋𐤄𐤅𐤔𐤉𐤏 𐤀𐤕𐤊𐤌 𐤅𐤋𐤄𐤑𐤉𐤋
𐤀𐤕𐤊𐤌 𐤌𐤉𐤃𐤅•

𐤉𐤁 𐤅𐤀𐤕𐤍 𐤋𐤊𐤌 𐤓𐤇𐤌𐤉𐤌 𐤅𐤓𐤇𐤌 𐤀𐤕𐤊𐤌 𐤅𐤄𐤔𐤉𐤁 𐤀𐤕𐤊𐤌 𐤀𐤋 𐤀𐤃𐤌𐤕𐤊𐤌•
𐤉𐤂 𐤅𐤀𐤌 𐤀𐤌𐤓𐤉𐤌 𐤀𐤕𐤌 𐤋𐤀 𐤍𐤔𐤁 𐤁𐤀𐤓𐤑 𐤄𐤆𐤀𐤕 𐤋𐤁𐤋𐤕𐤉 𐤔𐤌𐤏 𐤁𐤒𐤅𐤋
𐤉𐤄𐤅𐤄 𐤀𐤋𐤄𐤉𐤊𐤌•
𐤉𐤃𐤋𐤀𐤌𐤓 𐤋𐤀 𐤊𐤉 𐤀𐤓𐤑 𐤌𐤑𐤓𐤉𐤌 𐤍𐤁𐤅𐤀 𐤀𐤔𐤓 𐤋𐤀 𐤍𐤓𐤀𐤄 𐤌𐤋𐤇𐤌𐤄 𐤅𐤒𐤅𐤋
𐤔𐤅𐤐𐤓 𐤋𐤀 𐤍𐤔𐤌𐤏 𐤅𐤋𐤋𐤇𐤌 𐤋𐤀 𐤍𐤓𐤏𐤁 𐤅𐤔𐤌 𐤍𐤔𐤁•
𐤈𐤅 𐤅𐤏𐤕𐤄 𐤋𐤊𐤍 𐤔𐤌𐤏𐤅 𐤃𐤁𐤓 𐤉𐤄𐤅𐤄 𐤔𐤀𐤓𐤉𐤕 𐤉𐤄𐤅𐤃𐤄 𐤊𐤄 𐤀𐤌𐤓 𐤉𐤄𐤅𐤄
𐤑𐤁𐤀𐤅𐤕 𐤀𐤋𐤄𐤉 𐤉𐤔𐤓𐤀𐤋 𐤀𐤌 𐤀𐤕𐤌 𐤔𐤅𐤌 𐤕𐤔𐤌𐤅𐤍 𐤐𐤍𐤉𐤊𐤌 𐤋𐤁𐤀 𐤌𐤑𐤓𐤉𐤌
𐤅𐤁𐤀𐤕𐤌 𐤋𐤂𐤅𐤓 𐤔𐤌•
𐤈𐤆 𐤅𐤄𐤉𐤕𐤄 𐤄𐤇𐤓𐤁 𐤀𐤔𐤓 𐤀𐤕𐤌 𐤉𐤓𐤀𐤉𐤌 𐤌𐤌𐤍𐤄 𐤔𐤌 𐤕𐤔𐤉𐤂 𐤀𐤕𐤊𐤌 𐤁𐤀𐤓𐤑
𐤌𐤑𐤓𐤉𐤌 𐤅𐤄𐤓𐤏𐤁 𐤀𐤔𐤓 𐤀𐤕𐤌 𐤃𐤀𐤂𐤉𐤌 𐤌𐤌𐤍𐤅 𐤔𐤌 𐤉𐤃𐤁𐤒 𐤀𐤇𐤓𐤉𐤊𐤌 𐤌𐤑𐤓𐤉𐤌
𐤅𐤔𐤌 𐤕𐤌𐤕𐤅•
𐤉𐤆𐤅𐤉𐤄𐤉𐤅 𐤊𐤋 𐤄𐤀𐤍𐤔𐤉𐤌 𐤀𐤔𐤓 𐤔𐤌𐤅 𐤀𐤕 𐤐𐤍𐤉𐤄𐤌 𐤋𐤁𐤅𐤀 𐤌𐤑𐤓𐤉𐤌 𐤋𐤂𐤅𐤓
𐤔𐤌 𐤉𐤌𐤅𐤕𐤅 𐤁𐤇𐤓𐤁 𐤁𐤓𐤏𐤁 𐤅𐤁𐤃𐤁𐤓 𐤅𐤋𐤀 𐤉𐤄𐤉𐤄 𐤋𐤄𐤌 𐤔𐤓𐤉𐤃 𐤅𐤐𐤋𐤉𐤈 𐤌𐤐𐤍𐤉
𐤄𐤓𐤏𐤄 𐤀𐤔𐤓 𐤀𐤍𐤉 𐤌𐤁𐤉𐤀 𐤏𐤋𐤉𐤄𐤌•
𐤉𐤇𐤊𐤉 𐤊𐤄 𐤀𐤌𐤓 𐤉𐤄𐤅𐤄 𐤑𐤁𐤀𐤅𐤕 𐤀𐤋𐤄𐤉 𐤉𐤔𐤓𐤀𐤋 𐤊𐤀𐤔𐤓 𐤍𐤕𐤊 𐤀𐤐𐤉
𐤅𐤇𐤌𐤕𐤉 𐤏𐤋 𐤉𐤔𐤁𐤉 𐤉𐤓𐤅𐤔𐤋𐤌 𐤊𐤍 𐤕𐤕𐤊 𐤇𐤌𐤕𐤉 𐤏𐤋𐤉𐤊𐤌 𐤁𐤁𐤀𐤊𐤌 𐤌𐤑𐤓𐤉𐤌
𐤅𐤄𐤉𐤉𐤕𐤌 𐤋𐤀𐤋𐤄 𐤅𐤋𐤔𐤌𐤄 𐤅𐤋𐤒𐤋𐤋𐤄 𐤅𐤋𐤇𐤓𐤐𐤄 𐤅𐤋𐤀 𐤕𐤓𐤀𐤅 𐤏𐤅𐤃 𐤀𐤕
𐤄𐤌𐤒𐤅𐤌 𐤄𐤆𐤄•
𐤉𐤈𐤃𐤁𐤓 𐤉𐤄𐤅𐤄 𐤏𐤋𐤉𐤊𐤌 𐤔𐤀𐤓𐤉𐤕 𐤉𐤄𐤅𐤃𐤄 𐤀𐤋 𐤕𐤁𐤀𐤅 𐤌𐤑𐤓𐤉𐤌 𐤉𐤃𐤏 𐤕𐤃𐤏𐤅
𐤊𐤉 𐤄𐤏𐤉𐤃𐤕𐤉 𐤁𐤊𐤌 𐤄𐤉𐤅𐤌•
𐤊 𐤊𐤉 𐤄𐤕𐤏𐤕𐤉𐤌 [𐤄𐤕𐤏𐤉𐤕𐤌] 𐤁𐤍𐤐𐤔𐤅𐤕𐤉𐤊𐤌 𐤊𐤉 𐤀𐤕𐤌 𐤔𐤋𐤇𐤕𐤌 𐤀𐤕𐤉 𐤀𐤋
𐤉𐤄𐤅𐤄 𐤀𐤋𐤄𐤉𐤊𐤌 𐤋𐤀𐤌𐤓 𐤄𐤕𐤐𐤋𐤋 𐤁𐤏𐤃𐤍𐤅 𐤀𐤋 𐤉𐤄𐤅𐤄 𐤀𐤋𐤄𐤉𐤍𐤅 𐤅𐤊𐤊𐤋 𐤀𐤔𐤓
𐤉𐤀𐤌𐤓 𐤉𐤄𐤅𐤄 𐤀𐤋𐤄𐤉𐤍𐤅 𐤊𐤍 𐤄𐤂𐤃 𐤋𐤍𐤅 𐤅𐤏𐤔𐤉𐤍𐤅•
𐤊𐤀𐤅𐤀𐤂𐤃 𐤋𐤊𐤌 𐤄𐤉𐤅𐤌 𐤅𐤋𐤀 𐤔𐤌𐤏𐤕𐤌 𐤁𐤒𐤅𐤋 𐤉𐤄𐤅𐤄 𐤀𐤋𐤄𐤉𐤊𐤌 𐤅𐤋𐤊𐤋
𐤀𐤔𐤓 𐤔𐤋𐤇𐤍𐤉 𐤀𐤋𐤉𐤊𐤌•
𐤊𐤁 𐤅𐤏𐤕𐤄 𐤉𐤃𐤏 𐤕𐤃𐤏𐤅 𐤊𐤉 𐤁𐤇𐤓𐤁 𐤁𐤓𐤏𐤁 𐤅𐤁𐤃𐤁𐤓 𐤕𐤌𐤅𐤕𐤅 𐤁𐤌𐤒𐤅𐤌 𐤀𐤔𐤓

𐤉𐤓𐤌𐤉𐤄

𐤇𐤐𐤑𐤕𐤌 𐤋𐤁𐤅𐤀 𐤋𐤂𐤅𐤓 𐤔𐤌•

𐤐𐤓𐤒 𐤌𐤂
𐤀 𐤅𐤉𐤄𐤉 𐤊𐤊𐤋𐤅𐤕 𐤉𐤓𐤌𐤉𐤄𐤅 𐤋𐤃𐤁𐤓 𐤀𐤋 𐤊𐤋 𐤄𐤏𐤌 𐤀𐤕 𐤊𐤋 𐤃𐤁𐤓𐤉 𐤉𐤄𐤅𐤄
𐤀𐤋𐤄𐤉𐤄𐤌 𐤀𐤔𐤓 𐤔𐤋𐤇𐤅 𐤉𐤄𐤅𐤄 𐤀𐤋𐤄𐤉𐤄𐤌 𐤀𐤋𐤉𐤄𐤌 𐤀𐤕 𐤊𐤋 𐤄𐤃𐤁𐤓𐤉𐤌
𐤄𐤀𐤋𐤄•
𐤁 𐤅𐤉𐤀𐤌𐤓 𐤏𐤆𐤓𐤉𐤄 𐤁𐤍 𐤄𐤅𐤔𐤏𐤉𐤄 𐤅𐤉𐤅𐤇𐤍𐤍 𐤁𐤍 𐤒𐤓𐤇 𐤅𐤊𐤋 𐤄𐤀𐤍𐤔𐤉𐤌
𐤄𐤆𐤃𐤉𐤌 𐤀𐤌𐤓𐤉𐤌 𐤀𐤋 𐤉𐤓𐤌𐤉𐤄𐤅 𐤔𐤒𐤓 𐤀𐤕𐤄 𐤌𐤃𐤁𐤓 𐤋𐤀 𐤔𐤋𐤇𐤊 𐤉𐤄𐤅𐤄
𐤀𐤋𐤄𐤉𐤍𐤅 𐤋𐤀𐤌𐤓 𐤋𐤀 𐤕𐤁𐤀𐤅 𐤌𐤑𐤓𐤉𐤌 𐤋𐤂𐤅𐤓 𐤔𐤌•
𐤂 𐤊𐤉 𐤁𐤓𐤅𐤊 𐤁𐤍 𐤍𐤓𐤉𐤄 𐤌𐤎𐤉𐤕 𐤀𐤕𐤊 𐤁𐤍𐤅 𐤋𐤌𐤏𐤍 𐤕𐤕 𐤀𐤕𐤍𐤅 𐤁𐤉𐤃
𐤄𐤊𐤔𐤃𐤉𐤌 𐤋𐤄𐤌𐤉𐤕 𐤀𐤕𐤍𐤅 𐤅𐤋𐤄𐤂𐤋𐤅𐤕 𐤀𐤕𐤍𐤅 𐤁𐤁𐤋•
𐤃 𐤅𐤋𐤀 𐤔𐤌𐤏 𐤉𐤅𐤇𐤍𐤍 𐤁𐤍 𐤒𐤓𐤇 𐤅𐤊𐤋 𐤔𐤓𐤉 𐤄𐤇𐤉𐤋𐤉𐤌 𐤅𐤊𐤋 𐤄𐤏𐤌 𐤁𐤒𐤅𐤋
𐤉𐤄𐤅𐤄 𐤋𐤔𐤁𐤕 𐤁𐤀𐤓𐤑 𐤉𐤄𐤅𐤃𐤄•
𐤄 𐤅𐤉𐤒𐤇 𐤉𐤅𐤇𐤍𐤍 𐤁𐤍 𐤒𐤓𐤇 𐤅𐤊𐤋 𐤔𐤓𐤉 𐤄𐤇𐤉𐤋𐤉𐤌 𐤀𐤕 𐤊𐤋 𐤔𐤀𐤓𐤉𐤕 𐤉𐤄𐤅𐤃𐤄
𐤀𐤔𐤓 𐤔𐤁𐤅 𐤌𐤊𐤋 𐤄𐤂𐤅𐤉𐤌 𐤀𐤔𐤓 𐤍𐤃𐤇𐤅 𐤔𐤌 𐤋𐤂𐤅𐤓 𐤁𐤀𐤓𐤑 𐤉𐤄𐤅𐤃𐤄•
𐤅 𐤀𐤕 𐤄𐤂𐤁𐤓𐤉𐤌 𐤅𐤀𐤕 𐤄𐤍𐤔𐤉𐤌 𐤅𐤀𐤕 𐤄𐤈𐤐 𐤅𐤀𐤕 𐤁𐤍𐤅𐤕 𐤄𐤌𐤋𐤊 𐤅𐤀𐤕 𐤊𐤋
𐤄𐤍𐤐𐤔 𐤀𐤔𐤓 𐤄𐤍𐤉𐤇 𐤍𐤁𐤅𐤆𐤓𐤀𐤃𐤍 𐤓𐤁 𐤈𐤁𐤇𐤉𐤌 𐤀𐤕 𐤂𐤃𐤋𐤉𐤄𐤅 𐤁𐤍 𐤀𐤇𐤉𐤒𐤌 𐤁𐤍
𐤔𐤐𐤍 𐤅𐤀𐤕 𐤉𐤓𐤌𐤉𐤄𐤅 𐤄𐤍𐤁𐤉𐤀 𐤅𐤀𐤕 𐤁𐤓𐤅𐤊 𐤁𐤍 𐤍𐤓𐤉𐤄𐤅•
𐤆 𐤅𐤉𐤁𐤀𐤅 𐤀𐤓𐤑 𐤌𐤑𐤓𐤉𐤌 𐤊𐤉 𐤋𐤀 𐤔𐤌𐤏𐤅 𐤁𐤒𐤅𐤋 𐤉𐤄𐤅𐤄 𐤅𐤉𐤁𐤀𐤅 𐤏𐤃
𐤕𐤇𐤐𐤍𐤇𐤎•
𐤇 𐤅𐤉𐤄𐤉 𐤃𐤁𐤓 𐤉𐤄𐤅𐤄 𐤀𐤋 𐤉𐤓𐤌𐤉𐤄𐤅 𐤁𐤕𐤇𐤐𐤍𐤇𐤎 𐤋𐤀𐤌𐤓•
𐤈 𐤒𐤇 𐤁𐤉𐤃𐤊 𐤀𐤁𐤍𐤉𐤌 𐤂𐤃𐤋𐤅𐤕 𐤅𐤈𐤌𐤍𐤕𐤌 𐤁𐤌𐤋𐤈 𐤁𐤌𐤋𐤁𐤍 𐤀𐤔𐤓 𐤁𐤐𐤕𐤇 𐤁𐤉𐤕
𐤐𐤓𐤏𐤄 𐤁𐤕𐤇𐤐𐤍𐤇𐤎 𐤋𐤏𐤉𐤍𐤉 𐤀𐤍𐤔𐤉𐤌 𐤉𐤄𐤅𐤃𐤉𐤌•
𐤉 𐤅𐤀𐤌𐤓𐤕 𐤀𐤋𐤉𐤄𐤌 𐤊𐤄 𐤀𐤌𐤓 𐤉𐤄𐤅𐤄 𐤑𐤁𐤀𐤅𐤕 𐤀𐤋𐤄𐤉 𐤉𐤔𐤓𐤀𐤋 𐤄𐤍𐤍𐤉 𐤔𐤋𐤇
𐤅𐤋𐤒𐤇𐤕𐤉 𐤀𐤕 𐤍𐤁𐤅𐤊𐤃𐤓𐤀𐤑𐤓 𐤌𐤋𐤊 𐤁𐤁𐤋 𐤏𐤁𐤃𐤉 𐤅𐤔𐤌𐤕𐤉 𐤊𐤎𐤀𐤅 𐤌𐤌𐤏𐤋
𐤋𐤀𐤁𐤍𐤉𐤌 𐤄𐤀𐤋𐤄 𐤀𐤔𐤓 𐤈𐤌𐤍𐤕𐤉 𐤅𐤍𐤈𐤄 𐤀𐤕 𐤔𐤐𐤓𐤅𐤓𐤅 [𐤔𐤐𐤓𐤉𐤓𐤅] 𐤏𐤋𐤉𐤄𐤌•
𐤉𐤀 𐤅𐤁𐤀𐤄 [𐤅𐤁𐤀] 𐤅𐤄𐤊𐤄 𐤀𐤕 𐤀𐤓𐤑 𐤌𐤑𐤓𐤉𐤌 𐤀𐤔𐤓 𐤋𐤌𐤅𐤕 𐤋𐤌𐤅𐤕 𐤅𐤀𐤔𐤓
𐤋𐤔𐤁𐤉 𐤋𐤔𐤁𐤉 𐤅𐤀𐤔𐤓 𐤋𐤇𐤓𐤁 𐤋𐤇𐤓𐤁•
𐤉𐤁 𐤅𐤄𐤑𐤕𐤉 𐤀𐤔 𐤁𐤁𐤕𐤉 𐤀𐤋𐤄𐤉 𐤌𐤑𐤓𐤉𐤌 𐤅𐤔𐤓𐤐𐤌 𐤅𐤔𐤁𐤌 𐤅𐤏𐤈𐤄 𐤀𐤕 𐤀𐤓𐤑
𐤌𐤑𐤓𐤉𐤌 𐤊𐤀𐤔𐤓 𐤉𐤏𐤈𐤄 𐤄𐤓𐤏𐤄 𐤀𐤕 𐤁𐤂𐤃𐤅 𐤅𐤉𐤑𐤀 𐤌𐤔𐤌 𐤁𐤔𐤋𐤅𐤌•
𐤉𐤂 𐤅𐤔𐤁𐤓 𐤀𐤕 𐤌𐤑𐤁𐤅𐤕 𐤁𐤉𐤕 𐤔𐤌𐤔 𐤀𐤔𐤓 𐤁𐤀𐤓𐤑 𐤌𐤑𐤓𐤉𐤌 𐤅𐤀𐤕 𐤁𐤕𐤉 𐤀𐤋𐤄𐤉
𐤌𐤑𐤓𐤉𐤌 𐤉𐤔𐤓𐤐 𐤁𐤀𐤔•

𐤉𐤓𐤌𐤉𐤄

𐤐𐤓𐤒 𐤌𐤃

𐤀 𐤄𐤃𐤁𐤓 𐤀𐤔𐤓 𐤄𐤉𐤄 𐤀𐤋 𐤉𐤓𐤌𐤉𐤄𐤅 𐤀𐤋 𐤊𐤋 𐤄𐤉𐤄𐤅𐤃𐤉𐤌 𐤄𐤉𐤔𐤁𐤉𐤌 𐤁𐤀𐤓𐤑
𐤌𐤑𐤓𐤉𐤌 𐤄𐤉𐤔𐤁𐤉𐤌 𐤁𐤌𐤂𐤃𐤋 𐤅𐤁𐤕𐤇𐤐𐤍𐤇𐤎 𐤅𐤁𐤍𐤐 𐤅𐤁𐤀𐤓𐤑 𐤐𐤕𐤓𐤅𐤎 𐤋𐤀𐤌𐤓•
𐤁 𐤊𐤄 𐤀𐤌𐤓 𐤉𐤄𐤅𐤄 𐤑𐤁𐤀𐤅𐤕 𐤀𐤋𐤄𐤉 𐤉𐤔𐤓𐤀𐤋 𐤀𐤕𐤌 𐤓𐤀𐤉𐤕𐤌 𐤀𐤕 𐤊𐤋 𐤄𐤓𐤏𐤄
𐤀𐤔𐤓 𐤄𐤁𐤀𐤕𐤉 𐤏𐤋 𐤉𐤓𐤅𐤔𐤋𐤌 𐤅𐤏𐤋 𐤊𐤋 𐤏𐤓𐤉 𐤉𐤄𐤅𐤃𐤄 𐤅𐤄𐤍𐤌 𐤇𐤓𐤁𐤄 𐤄𐤉𐤅𐤌
𐤄𐤆𐤄 𐤅𐤀𐤉𐤍 𐤁𐤄𐤌 𐤉𐤅𐤔𐤁•
𐤂 𐤌𐤐𐤍𐤉 𐤓𐤏𐤕𐤌 𐤀𐤔𐤓 𐤏𐤔𐤅 𐤋𐤄𐤊𐤏𐤎𐤍𐤉 𐤋𐤋𐤊𐤕 𐤋𐤒𐤈𐤓 𐤋𐤏𐤁𐤃 𐤋𐤀𐤋𐤄𐤉𐤌
𐤀𐤇𐤓𐤉𐤌 𐤀𐤔𐤓 𐤋𐤀 𐤉𐤃𐤏𐤅𐤌 𐤄𐤌𐤄 𐤀𐤕𐤌 𐤅𐤀𐤁𐤕𐤉𐤊𐤌•
𐤃 𐤅𐤀𐤔𐤋𐤇 𐤀𐤋𐤉𐤊𐤌 𐤀𐤕 𐤊𐤋 𐤏𐤁𐤃𐤉 𐤄𐤍𐤁𐤉𐤀𐤉𐤌 𐤄𐤔𐤊𐤉𐤌 𐤅𐤔𐤋𐤇 𐤋𐤀𐤌𐤓 𐤀𐤋
𐤍𐤀 𐤕𐤏𐤔𐤅 𐤀𐤕 𐤃𐤁𐤓 𐤄𐤕𐤏𐤁𐤄 𐤄𐤆𐤀𐤕 𐤀𐤔𐤓 𐤔𐤍𐤀𐤕𐤉•
𐤄 𐤅𐤋𐤀 𐤔𐤌𐤏𐤅 𐤅𐤋𐤀 𐤄𐤈𐤅 𐤀𐤕 𐤀𐤆𐤍𐤌 𐤋𐤔𐤅𐤁 𐤌𐤓𐤏𐤕𐤌 𐤋𐤁𐤋𐤕𐤉 𐤒𐤈𐤓
𐤋𐤀𐤋𐤄𐤉𐤌 𐤀𐤇𐤓𐤉𐤌•
𐤅 𐤅𐤕𐤕𐤊 𐤇𐤌𐤕𐤉 𐤅𐤀𐤐𐤉 𐤅𐤕𐤁𐤏𐤓 𐤁𐤏𐤓𐤉 𐤉𐤄𐤅𐤃𐤄 𐤅𐤁𐤇𐤑𐤅𐤕 𐤉𐤓𐤅𐤔𐤋𐤌
𐤅𐤕𐤄𐤉𐤉𐤍𐤄 𐤋𐤇𐤓𐤁𐤄 𐤋𐤔𐤌𐤌𐤄 𐤊𐤉𐤅𐤌 𐤄𐤆𐤄•
𐤆 𐤅𐤏𐤕𐤄 𐤊𐤄 𐤀𐤌𐤓 𐤉𐤄𐤅𐤄 𐤀𐤋𐤄𐤉 𐤑𐤁𐤀𐤅𐤕 𐤀𐤋𐤄𐤉 𐤉𐤔𐤓𐤀𐤋 𐤋𐤌𐤄 𐤀𐤕𐤌
𐤏𐤔𐤉𐤌 𐤓𐤏𐤄 𐤂𐤃𐤅𐤋𐤄 𐤀𐤋 𐤍𐤐𐤔𐤕𐤊𐤌 𐤋𐤄𐤊𐤓𐤉𐤕 𐤋𐤊𐤌 𐤀𐤉𐤔 𐤅𐤀𐤔𐤄 𐤏𐤅𐤋𐤋
𐤅𐤉𐤅𐤍𐤒 𐤌𐤕𐤅𐤊 𐤉𐤄𐤅𐤃𐤄 𐤋𐤁𐤋𐤕𐤉 𐤄𐤅𐤕𐤉𐤓 𐤋𐤊𐤌 𐤔𐤀𐤓𐤉𐤕•
𐤇 𐤋𐤄𐤊𐤏𐤎𐤍𐤉 𐤁𐤌𐤏𐤔𐤉 𐤉𐤃𐤉𐤊𐤌 𐤋𐤒𐤈𐤓 𐤋𐤀𐤋𐤄𐤉𐤌 𐤀𐤇𐤓𐤉𐤌 𐤁𐤀𐤓𐤑 𐤌𐤑𐤓𐤉𐤌
𐤀𐤔𐤓 𐤀𐤕𐤌 𐤁𐤀𐤉𐤌 𐤋𐤂𐤅𐤓 𐤔𐤌 𐤋𐤌𐤏𐤍 𐤄𐤊𐤓𐤉𐤕 𐤋𐤊𐤌 𐤅𐤋𐤌𐤏𐤍 𐤄𐤉𐤅𐤕𐤊𐤌
𐤋𐤒𐤋𐤋𐤄 𐤅𐤋𐤇𐤓𐤐𐤄 𐤁𐤊𐤋 𐤂𐤅𐤉𐤉 𐤄𐤀𐤓𐤑•
𐤈 𐤄𐤔𐤊𐤇𐤕𐤌 𐤀𐤕 𐤓𐤏𐤅𐤕 𐤀𐤁𐤅𐤕𐤉𐤊𐤌 𐤅𐤀𐤕 𐤓𐤏𐤅𐤕 𐤌𐤋𐤊𐤉 𐤉𐤄𐤅𐤃𐤄 𐤅𐤀𐤕 𐤓𐤏𐤅𐤕
𐤍𐤔𐤉𐤅 𐤅𐤀𐤕 𐤓𐤏𐤕𐤊𐤌 𐤅𐤀𐤕 𐤓𐤏𐤕 𐤍𐤔𐤉𐤊𐤌 𐤀𐤔𐤓 𐤏𐤔𐤅 𐤁𐤀𐤓𐤑 𐤉𐤄𐤅𐤃𐤄
𐤅𐤁𐤇𐤑𐤅𐤕 𐤉𐤓𐤅𐤔𐤋𐤌•
𐤉 𐤋𐤀 𐤃𐤊𐤀𐤅 𐤏𐤃 𐤄𐤉𐤅𐤌 𐤄𐤆𐤄 𐤅𐤋𐤀 𐤉𐤓𐤀𐤅 𐤅𐤋𐤀 𐤄𐤋𐤊𐤅 𐤁𐤕𐤅𐤓𐤕𐤉 𐤅𐤁𐤇𐤒𐤕𐤉
𐤀𐤔𐤓 𐤍𐤕𐤕𐤉 𐤋𐤐𐤍𐤉𐤊𐤌 𐤅𐤋𐤐𐤍𐤉 𐤀𐤁𐤅𐤕𐤉𐤊𐤌•
𐤉𐤀 𐤋𐤊𐤍 𐤊𐤄 𐤀𐤌𐤓 𐤉𐤄𐤅𐤄 𐤑𐤁𐤀𐤅𐤕 𐤀𐤋𐤄𐤉 𐤉𐤔𐤓𐤀𐤋 𐤄𐤍𐤍𐤉 𐤔𐤌 𐤐𐤍𐤉 𐤁𐤊𐤌
𐤋𐤓𐤏𐤄 𐤅𐤋𐤄𐤊𐤓𐤉𐤕 𐤀𐤕 𐤊𐤋 𐤉𐤄𐤅𐤃𐤄•
𐤉𐤁 𐤅𐤋𐤒𐤇𐤕𐤉 𐤀𐤕 𐤔𐤀𐤓𐤉𐤕 𐤉𐤄𐤅𐤃𐤄 𐤀𐤔𐤓 𐤔𐤌𐤅 𐤐𐤍𐤉𐤄𐤌 𐤋𐤁𐤅𐤀 𐤀𐤓𐤑
𐤌𐤑𐤓𐤉𐤌 𐤋𐤂𐤅𐤓 𐤔𐤌 𐤅𐤕𐤌𐤅 𐤊𐤋 𐤁𐤀𐤓𐤑 𐤌𐤑𐤓𐤉𐤌 𐤉𐤐𐤋𐤅 𐤁𐤇𐤓𐤁 𐤁𐤓𐤏𐤁 𐤉𐤕𐤌𐤅
𐤌𐤒𐤈𐤍 𐤅𐤏𐤃 𐤂𐤃𐤅𐤋 𐤁𐤇𐤓𐤁 𐤅𐤁𐤓𐤏𐤁 𐤉𐤌𐤕𐤅 𐤅𐤄𐤉𐤅 𐤋𐤀𐤋𐤄 𐤋𐤔𐤌𐤄 𐤅𐤋𐤒𐤋𐤋𐤄
𐤅𐤋𐤇𐤓𐤐𐤄•
𐤉𐤂 𐤅𐤐𐤒𐤃𐤕𐤉 𐤏𐤋 𐤄𐤉𐤅𐤔𐤁𐤉𐤌 𐤁𐤀𐤓𐤑 𐤌𐤑𐤓𐤉𐤌 𐤊𐤀𐤔𐤓 𐤐𐤒𐤃𐤕𐤉 𐤏𐤋 𐤉𐤓𐤅𐤔𐤋𐤌
𐤁𐤇𐤓𐤁 𐤁𐤓𐤏𐤁 𐤅𐤁𐤃𐤁𐤓•

𐤉𐤓𐤌𐤉𐤄

𐤉𐤃 𐤅𐤋𐤀 𐤉𐤄𐤉𐤄 𐤐𐤋𐤉𐤈 𐤅𐤔𐤓𐤉𐤃 𐤋𐤔𐤀𐤓𐤉𐤕 𐤉𐤄𐤅𐤃𐤄 𐤄𐤁𐤀𐤉𐤌 𐤋𐤂𐤅𐤓 𐤔𐤌
𐤁𐤀𐤓𐤑 𐤌𐤑𐤓𐤉𐤌 𐤅𐤋𐤔𐤅𐤁 𐤀𐤓𐤑 𐤉𐤄𐤅𐤃𐤄 𐤀𐤔𐤓 𐤄𐤌𐤄 𐤌𐤍𐤔𐤀𐤉𐤌 𐤀𐤕 𐤍𐤐𐤔𐤌
𐤋𐤔𐤅𐤁 𐤋𐤔𐤁𐤕 𐤔𐤌 𐤊𐤉 𐤋𐤀 𐤉𐤔𐤅𐤁𐤅 𐤊𐤉 𐤀𐤌 𐤐𐤋𐤈𐤉𐤌•
𐤈𐤅 𐤅𐤉𐤏𐤍𐤅 𐤀𐤕 𐤉𐤓𐤌𐤉𐤄𐤅 𐤊𐤋 𐤄𐤀𐤍𐤔𐤉𐤌 𐤄𐤉𐤃𐤏𐤉𐤌 𐤊𐤉 𐤌𐤒𐤈𐤓𐤅𐤕
𐤍𐤔𐤉𐤄𐤌 𐤋𐤀𐤋𐤄𐤉𐤌 𐤀𐤇𐤓𐤉𐤌 𐤅𐤊𐤋 𐤄𐤍𐤔𐤉𐤌 𐤄𐤏𐤌𐤃𐤅𐤕 𐤒𐤄𐤋 𐤂𐤃𐤅𐤋 𐤅𐤊𐤋
𐤄𐤏𐤌 𐤄𐤉𐤔𐤁𐤉𐤌 𐤁𐤀𐤓𐤑 𐤌𐤑𐤓𐤉𐤌 𐤁𐤐𐤕𐤓𐤅𐤎 𐤋𐤀𐤌𐤓•
𐤈𐤆 𐤄𐤃𐤁𐤓 𐤀𐤔𐤓 𐤃𐤁𐤓𐤕 𐤀𐤋𐤉𐤍𐤅 𐤁𐤔𐤌 𐤉𐤄𐤅𐤄 𐤀𐤉𐤍𐤍𐤅 𐤔𐤌𐤏𐤉𐤌 𐤀𐤋𐤉𐤊•
𐤉𐤆 𐤊𐤉 𐤏𐤔𐤄 𐤍𐤏𐤔𐤄 𐤀𐤕 𐤊𐤋 𐤄𐤃𐤁𐤓 𐤀𐤔𐤓 𐤉𐤑𐤀 𐤌𐤐𐤉𐤍𐤅 𐤋𐤒𐤈𐤓 𐤋𐤌𐤋𐤊𐤕
𐤄𐤔𐤌𐤉𐤌 𐤅𐤄𐤎𐤊 𐤋𐤄 𐤍𐤎𐤊𐤉𐤌 𐤊𐤀𐤔𐤓 𐤏𐤔𐤉𐤍𐤅 𐤀𐤍𐤇𐤍𐤅 𐤅𐤀𐤁𐤕𐤉𐤍𐤅
𐤌𐤋𐤊𐤉𐤍𐤅 𐤅𐤔𐤓𐤉𐤍𐤅 𐤁𐤏𐤓𐤉 𐤉𐤄𐤅𐤃𐤄 𐤅𐤁𐤇𐤑𐤅𐤕 𐤉𐤓𐤅𐤔𐤋𐤌 𐤅𐤍𐤔𐤁𐤏 𐤋𐤇𐤌
𐤅𐤍𐤄𐤉𐤄 𐤈𐤅𐤁𐤉𐤌 𐤅𐤓𐤏𐤄 𐤋𐤀 𐤓𐤀𐤉𐤍𐤅•
𐤉𐤇 𐤅𐤌𐤍 𐤀𐤆 𐤇𐤃𐤋𐤍𐤅 𐤋𐤒𐤈𐤓 𐤋𐤌𐤋𐤊𐤕 𐤄𐤔𐤌𐤉𐤌 𐤅𐤄𐤎𐤊 𐤋𐤄 𐤍𐤎𐤊𐤉𐤌 𐤇𐤎𐤓𐤍𐤅
𐤊𐤋 𐤅𐤁𐤇𐤓𐤁 𐤅𐤁𐤓𐤏𐤁 𐤕𐤌𐤍𐤅•
𐤉𐤈 𐤅𐤊𐤉 𐤀𐤍𐤇𐤍𐤅 𐤌𐤒𐤈𐤓𐤉𐤌 𐤋𐤌𐤋𐤊𐤕 𐤄𐤔𐤌𐤉𐤌 𐤅𐤋𐤄𐤎𐤊 𐤋𐤄 𐤍𐤎𐤊𐤉𐤌
𐤄𐤌𐤁𐤋𐤏𐤃𐤉 𐤀𐤍𐤔𐤉𐤍𐤅 𐤏𐤔𐤉𐤍𐤅 𐤋𐤄 𐤊𐤅𐤍𐤉𐤌 𐤋𐤄𐤏𐤑𐤁𐤄 𐤅𐤄𐤎𐤊 𐤋𐤄 𐤍𐤎𐤊𐤉𐤌•
𐤊 𐤅𐤉𐤀𐤌𐤓 𐤉𐤓𐤌𐤉𐤄𐤅 𐤀𐤋 𐤊𐤋 𐤄𐤏𐤌 𐤏𐤋 𐤄𐤂𐤁𐤓𐤉𐤌 𐤅𐤏𐤋 𐤄𐤍𐤔𐤉𐤌 𐤅𐤏𐤋 𐤊𐤋
𐤄𐤏𐤌 𐤄𐤏𐤍𐤉𐤌 𐤀𐤕𐤅 𐤃𐤁𐤓 𐤋𐤀𐤌𐤓•
𐤊𐤀 𐤄𐤋𐤅𐤀 𐤀𐤕 𐤄𐤒𐤈𐤓 𐤀𐤔𐤓 𐤒𐤈𐤓𐤕𐤌 𐤁𐤏𐤓𐤉 𐤉𐤄𐤅𐤃𐤄 𐤅𐤁𐤇𐤑𐤅𐤕 𐤉𐤓𐤅𐤔𐤋𐤌
𐤀𐤕𐤌 𐤅𐤀𐤁𐤅𐤕𐤉𐤊𐤌 𐤌𐤋𐤊𐤉𐤊𐤌 𐤅𐤔𐤓𐤉𐤊𐤌 𐤅𐤏𐤌 𐤄𐤀𐤓𐤑 𐤀𐤕𐤌 𐤆𐤊𐤓 𐤉𐤄𐤅𐤄
𐤅𐤕𐤏𐤋𐤄 𐤏𐤋 𐤋𐤁𐤅•
𐤊𐤁 𐤅𐤋𐤀 𐤉𐤅𐤊𐤋 𐤉𐤄𐤅𐤄 𐤏𐤅𐤃 𐤋𐤔𐤀𐤕 𐤌𐤐𐤍𐤉 𐤓𐤏 𐤌𐤏𐤋𐤋𐤉𐤊𐤌 𐤌𐤐𐤍𐤉 𐤄𐤕𐤅𐤏𐤁𐤕
𐤀𐤔𐤓 𐤏𐤔𐤉𐤕𐤌 𐤅𐤕𐤄𐤉 𐤀𐤓𐤑𐤊𐤌 𐤋𐤇𐤓𐤁𐤄 𐤅𐤋𐤔𐤌𐤄 𐤅𐤋𐤒𐤋𐤋𐤄 𐤌𐤀𐤉𐤍 𐤉𐤅𐤔𐤁
𐤊𐤄𐤉𐤅𐤌 𐤄𐤆𐤄•
𐤊𐤂 𐤌𐤐𐤍𐤉 𐤀𐤔𐤓 𐤒𐤈𐤓𐤕𐤌 𐤅𐤀𐤔𐤓 𐤇𐤈𐤀𐤕𐤌 𐤋𐤉𐤄𐤅𐤄 𐤅𐤋𐤀 𐤔𐤌𐤏𐤕𐤌 𐤁𐤒𐤅𐤋
𐤉𐤄𐤅𐤄 𐤅𐤁𐤕𐤓𐤕𐤅 𐤅𐤁𐤇𐤒𐤕𐤉𐤅 𐤅𐤁𐤏𐤃𐤅𐤕𐤉𐤅 𐤋𐤀 𐤄𐤋𐤊𐤕𐤌 𐤏𐤋 𐤊𐤍 𐤒𐤓𐤀𐤕 𐤀𐤕𐤊𐤌
𐤄𐤓𐤏𐤄 𐤄𐤆𐤀𐤕 𐤊𐤉𐤅𐤌 𐤄𐤆𐤄•
𐤊𐤃 𐤅𐤉𐤀𐤌𐤓 𐤉𐤓𐤌𐤉𐤄𐤅 𐤀𐤋 𐤊𐤋 𐤄𐤏𐤌 𐤅𐤀𐤋 𐤊𐤋 𐤄𐤍𐤔𐤉𐤌 𐤔𐤌𐤏𐤅 𐤃𐤁𐤓 𐤉𐤄𐤅𐤄
𐤊𐤋 𐤉𐤄𐤅𐤃𐤄 𐤀𐤔𐤓 𐤁𐤀𐤓𐤑 𐤌𐤑𐤓𐤉𐤌•
𐤊𐤄 𐤊𐤄 𐤀𐤌𐤓 𐤉𐤄𐤅𐤄 𐤑𐤁𐤀𐤅𐤕 𐤀𐤋𐤄𐤉 𐤉𐤔𐤓𐤀𐤋 𐤋𐤀𐤌𐤓 𐤀𐤕𐤌 𐤅𐤍𐤔𐤉𐤊𐤌
𐤅𐤕𐤃𐤁𐤓𐤍𐤄 𐤁𐤐𐤉𐤊𐤌 𐤅𐤁𐤉𐤃𐤉𐤊𐤌 𐤌𐤋𐤀𐤕𐤌 𐤋𐤀𐤌𐤓 𐤏𐤔𐤄 𐤍𐤏𐤔𐤄 𐤀𐤕 𐤍𐤃𐤓𐤉𐤍𐤅
𐤀𐤔𐤓 𐤍𐤃𐤓𐤍𐤅 𐤋𐤒𐤈𐤓 𐤋𐤌𐤋𐤊𐤕 𐤄𐤔𐤌𐤉𐤌 𐤅𐤋𐤄𐤎𐤊 𐤋𐤄 𐤍𐤎𐤊𐤉𐤌 𐤄𐤒𐤉𐤌
𐤕𐤒𐤉𐤌𐤍𐤄 𐤀𐤕 𐤍𐤃𐤓𐤉𐤊𐤌 𐤅𐤏𐤔𐤄 𐤕𐤏𐤔𐤉𐤍𐤄 𐤀𐤕 𐤍𐤃𐤓𐤉𐤊𐤌•
𐤊𐤅 𐤋𐤊𐤍 𐤔𐤌𐤏𐤅 𐤃𐤁𐤓 𐤉𐤄𐤅𐤄 𐤊𐤋 𐤉𐤄𐤅𐤃𐤄 𐤄𐤉𐤔𐤁𐤉𐤌 𐤁𐤀𐤓𐤑 𐤌𐤑𐤓𐤉𐤌

𐤉𐤓𐤌𐤉𐤄

𐤄𐤍𐤍𐤉 𐤍𐤔𐤁𐤏𐤕𐤉 𐤁𐤔𐤌𐤉 𐤄𐤂𐤃𐤅𐤋 𐤀𐤌𐤓 𐤉𐤄𐤅𐤄 𐤀𐤌 𐤉𐤄𐤉𐤄 𐤏𐤅𐤃 𐤔𐤌𐤉 𐤍𐤒𐤓𐤀 𐤁𐤐𐤉 𐤊𐤋 𐤀𐤉𐤔 𐤉𐤄𐤅𐤃𐤄 𐤀𐤌𐤓 𐤇𐤉 𐤀𐤃𐤍𐤉 𐤉𐤄𐤅𐤄 𐤁𐤊𐤋 𐤀𐤓𐤑 𐤌𐤑𐤓𐤉𐤌.

𐤊𐤆𐤄𐤍𐤍𐤉 𐤔𐤒𐤃 𐤏𐤋𐤉𐤄𐤌 𐤋𐤓𐤏𐤄 𐤅𐤋𐤀 𐤋𐤈𐤅𐤁𐤄 𐤅𐤕𐤌𐤅 𐤊𐤋 𐤀𐤉𐤔 𐤉𐤄𐤅𐤃𐤄 𐤀𐤔𐤓 𐤁𐤀𐤓𐤑 𐤌𐤑𐤓𐤉𐤌 𐤁𐤇𐤓𐤁 𐤅𐤁𐤓𐤏𐤁 𐤏𐤃 𐤊𐤋𐤅𐤕𐤌.

𐤊𐤇𐤅𐤐𐤋𐤉𐤈𐤉 𐤇𐤓𐤁 𐤉𐤔𐤁𐤅𐤍 𐤌𐤍 𐤀𐤓𐤑 𐤌𐤑𐤓𐤉𐤌 𐤀𐤓𐤑 𐤉𐤄𐤅𐤃𐤄 𐤌𐤕𐤉 𐤌𐤎𐤐𐤓 𐤅𐤉𐤃𐤏𐤅 𐤊𐤋 𐤔𐤀𐤓𐤉𐤕 𐤉𐤄𐤅𐤃𐤄 𐤄𐤁𐤀𐤉𐤌 𐤋𐤀𐤓𐤑 𐤌𐤑𐤓𐤉𐤌 𐤋𐤂𐤅𐤓 𐤔𐤌 𐤃𐤁𐤓 𐤌𐤉 𐤉𐤒𐤅𐤌 𐤌𐤌𐤍𐤉 𐤅𐤌𐤄𐤌.

𐤊𐤈𐤅𐤆𐤀𐤕 𐤋𐤊𐤌 𐤄𐤀𐤅𐤕 𐤍𐤀𐤌 𐤉𐤄𐤅𐤄 𐤊𐤉 𐤐𐤒𐤃 𐤀𐤍𐤉 𐤏𐤋𐤉𐤊𐤌 𐤁𐤌𐤒𐤅𐤌 𐤄𐤆𐤄 𐤋𐤌𐤏𐤍 𐤕𐤃𐤏𐤅 𐤊𐤉 𐤒𐤅𐤌 𐤉𐤒𐤅𐤌𐤅 𐤃𐤁𐤓𐤉 𐤏𐤋𐤉𐤊𐤌 𐤋𐤓𐤏𐤄.

𐤋𐤊𐤄 𐤀𐤌𐤓 𐤉𐤄𐤅𐤄 𐤄𐤍𐤍𐤉 𐤍𐤕𐤍 𐤀𐤕 𐤐𐤓𐤏𐤄 𐤇𐤐𐤓𐤏 𐤌𐤋𐤊 𐤌𐤑𐤓𐤉𐤌 𐤁𐤉𐤃 𐤀𐤉𐤁𐤉𐤅 𐤅𐤁𐤉𐤃 𐤌𐤁𐤒𐤔𐤉 𐤍𐤐𐤔𐤅 𐤊𐤀𐤔𐤓 𐤍𐤕𐤕𐤉 𐤀𐤕 𐤑𐤃𐤒𐤉𐤄𐤅 𐤌𐤋𐤊 𐤉𐤄𐤅𐤃𐤄 𐤁𐤉𐤃 𐤍𐤁𐤅𐤊𐤃𐤓𐤀𐤑𐤓 𐤌𐤋𐤊 𐤁𐤁𐤋 𐤀𐤉𐤁𐤅 𐤅𐤌𐤁𐤒𐤔 𐤍𐤐𐤔𐤅.

𐤐𐤓𐤒 𐤌𐤄

𐤀𐤄𐤃𐤁𐤓 𐤀𐤔𐤓 𐤃𐤁𐤓 𐤉𐤓𐤌𐤉𐤄𐤅 𐤄𐤍𐤁𐤉𐤀 𐤀𐤋 𐤁𐤓𐤅𐤊 𐤁𐤍 𐤍𐤓𐤉𐤄 𐤁𐤊𐤕𐤁𐤅 𐤀𐤕 𐤄𐤃𐤁𐤓𐤉𐤌 𐤄𐤀𐤋𐤄 𐤏𐤋 𐤎𐤐𐤓 𐤌𐤐𐤉 𐤉𐤓𐤌𐤉𐤄𐤅 𐤁𐤔𐤍𐤄 𐤄𐤓𐤁𐤉𐤏𐤉𐤕 𐤋𐤉𐤄𐤅𐤉𐤒𐤉𐤌 𐤁𐤍 𐤉𐤀𐤔𐤉𐤄𐤅 𐤌𐤋𐤊 𐤉𐤄𐤅𐤃𐤄 𐤋𐤀𐤌𐤓.

𐤁𐤊𐤄 𐤀𐤌𐤓 𐤉𐤄𐤅𐤄 𐤀𐤋𐤄𐤉 𐤉𐤔𐤓𐤀𐤋 𐤏𐤋𐤉𐤊 𐤁𐤓𐤅𐤊.

𐤂𐤀𐤌𐤓𐤕 𐤀𐤅𐤉 𐤍𐤀 𐤋𐤉 𐤊𐤉 𐤉𐤎𐤐 𐤉𐤄𐤅𐤄 𐤉𐤂𐤅𐤍 𐤏𐤋 𐤌𐤊𐤀𐤁𐤉 𐤉𐤂𐤏𐤕𐤉 𐤁𐤀𐤍𐤇𐤕𐤉 𐤅𐤌𐤍𐤅𐤇𐤄 𐤋𐤀 𐤌𐤑𐤀𐤕𐤉.

𐤃𐤊𐤄 𐤕𐤀𐤌𐤓 𐤀𐤋𐤉𐤅 𐤊𐤄 𐤀𐤌𐤓 𐤉𐤄𐤅𐤄 𐤄𐤍𐤄 𐤀𐤔𐤓 𐤁𐤍𐤉𐤕𐤉 𐤀𐤍𐤉 𐤄𐤓𐤎 𐤅𐤀𐤕 𐤀𐤔𐤓 𐤍𐤈𐤏𐤕𐤉 𐤀𐤍𐤉 𐤍𐤕𐤔 𐤅𐤀𐤕 𐤊𐤋 𐤄𐤀𐤓𐤑 𐤄𐤉𐤀.

𐤄𐤅𐤀𐤕𐤄 𐤕𐤁𐤒𐤔 𐤋𐤊 𐤂𐤃𐤋𐤅𐤕 𐤀𐤋 𐤕𐤁𐤒𐤔 𐤊𐤉 𐤄𐤍𐤍𐤉 𐤌𐤁𐤉𐤀 𐤓𐤏𐤄 𐤏𐤋 𐤊𐤋 𐤁𐤔𐤓 𐤍𐤀𐤌 𐤉𐤄𐤅𐤄 𐤅𐤍𐤕𐤕𐤉 𐤋𐤊 𐤀𐤕 𐤍𐤐𐤔𐤊 𐤋𐤔𐤋𐤋 𐤏𐤋 𐤊𐤋 𐤄𐤌𐤒𐤌𐤅𐤕 𐤀𐤔𐤓 𐤕𐤋𐤊 𐤔𐤌.

𐤐𐤓𐤒 𐤌𐤅

𐤀𐤀𐤔𐤓 𐤄𐤉𐤄 𐤃𐤁𐤓 𐤉𐤄𐤅𐤄 𐤀𐤋 𐤉𐤓𐤌𐤉𐤄𐤅 𐤄𐤍𐤁𐤉𐤀 𐤏𐤋 𐤄𐤂𐤅𐤉𐤌.

𐤁𐤋𐤌𐤑𐤓𐤉𐤌 𐤏𐤋 𐤇𐤉𐤋 𐤐𐤓𐤏𐤄 𐤍𐤊𐤅 𐤌𐤋𐤊 𐤌𐤑𐤓𐤉𐤌 𐤀𐤔𐤓 𐤄𐤉𐤄 𐤏𐤋 𐤍𐤄𐤓 𐤐𐤓𐤕 𐤁𐤊𐤓𐤊𐤌𐤔 𐤀𐤔𐤓 𐤄𐤊𐤄 𐤍𐤁𐤅𐤊𐤃𐤓𐤀𐤑𐤓 𐤌𐤋𐤊 𐤁𐤁𐤋 𐤁𐤔𐤍𐤕 𐤄𐤓𐤁𐤉𐤏𐤉𐤕 𐤋𐤉𐤄𐤅𐤉𐤒𐤉𐤌 𐤁𐤍 𐤉𐤀𐤔𐤉𐤄𐤅 𐤌𐤋𐤊 𐤉𐤄𐤅𐤃𐤄.

𐤂𐤏𐤓𐤊𐤅 𐤌𐤂𐤍 𐤅𐤑𐤍𐤄 𐤅𐤂𐤔𐤅 𐤋𐤌𐤋𐤇𐤌𐤄.

𐤃 𐤀𐤎𐤓𐤅 𐤄𐤎𐤅𐤎𐤉𐤌 𐤅𐤏𐤋𐤅 𐤄𐤐𐤓𐤔𐤉𐤌 𐤅𐤄𐤕𐤉𐤑𐤁𐤅 𐤁𐤊𐤅𐤁𐤏𐤉𐤌 𐤌𐤓𐤒𐤅 𐤄𐤓𐤌𐤇𐤉𐤌 𐤋𐤁𐤔𐤅 𐤄𐤎𐤓𐤉𐤍𐤕.

𐤄 𐤌𐤃𐤅𐤏 𐤓𐤀𐤉𐤕𐤉 𐤄𐤌𐤄 𐤇𐤕𐤉𐤌 𐤍𐤎𐤂𐤉𐤌 𐤀𐤇𐤅𐤓 𐤅𐤂𐤁𐤅𐤓𐤉𐤄𐤌 𐤉𐤊𐤕𐤅 𐤅𐤌𐤍𐤅𐤎 𐤍𐤎𐤅 𐤅𐤋𐤀 𐤄𐤐𐤍𐤅 𐤌𐤂𐤅𐤓 𐤌𐤎𐤁𐤉𐤁 𐤍𐤀𐤌 𐤉𐤄𐤅𐤄.

𐤅 𐤀𐤋 𐤉𐤍𐤅𐤎 𐤄𐤒𐤋 𐤅𐤀𐤋 𐤉𐤌𐤋𐤈 𐤄𐤂𐤁𐤅𐤓 𐤑𐤐𐤅𐤍𐤄 𐤏𐤋 𐤉𐤃 𐤍𐤄𐤓 𐤐𐤓𐤕 𐤊𐤔𐤋𐤅 𐤅𐤍𐤐𐤋𐤅.

𐤆 𐤌𐤉 𐤆𐤄 𐤊𐤉𐤀𐤓 𐤉𐤏𐤋𐤄 𐤊𐤍𐤄𐤓𐤅𐤕 𐤉𐤕𐤂𐤏𐤔𐤅 𐤌𐤉𐤌𐤉𐤅.

𐤇 𐤌𐤑𐤓𐤉𐤌 𐤊𐤉𐤀𐤓 𐤉𐤏𐤋𐤄 𐤅𐤊𐤍𐤄𐤓𐤅𐤕 𐤉𐤕𐤂𐤏𐤔𐤅 𐤌𐤉𐤌 𐤅𐤉𐤀𐤌𐤓 𐤀𐤏𐤋𐤄 𐤀𐤊𐤎𐤄 𐤀𐤓𐤑 𐤀𐤁𐤉𐤃𐤄 𐤏𐤉𐤓 𐤅𐤉𐤔𐤁𐤉 𐤁𐤄.

𐤈 𐤏𐤋𐤅 𐤄𐤎𐤅𐤎𐤉𐤌 𐤅𐤄𐤕𐤄𐤋𐤋𐤅 𐤄𐤓𐤊𐤁 𐤅𐤉𐤑𐤀𐤅 𐤄𐤂𐤁𐤅𐤓𐤉𐤌 𐤊𐤅𐤔 𐤅𐤐𐤅𐤈 𐤕𐤐𐤔𐤉 𐤌𐤂𐤍 𐤅𐤋𐤅𐤃𐤉𐤌 𐤕𐤐𐤔𐤉 𐤃𐤓𐤊𐤉 𐤒𐤔𐤕.

𐤉 𐤅𐤄𐤉𐤅𐤌 𐤄𐤄𐤅𐤀 𐤋𐤀𐤃𐤍𐤉 𐤉𐤄𐤅𐤄 𐤑𐤁𐤀𐤅𐤕 𐤉𐤅𐤌 𐤍𐤒𐤌𐤄 𐤋𐤄𐤍𐤒𐤌 𐤌𐤑𐤓𐤉𐤅 𐤅𐤀𐤊𐤋𐤄 𐤇𐤓𐤁 𐤅𐤔𐤁𐤏𐤄 𐤅𐤓𐤅𐤕𐤄 𐤌𐤃𐤌𐤌 𐤊𐤉 𐤆𐤁𐤇 𐤋𐤀𐤃𐤍𐤉 𐤉𐤄𐤅𐤄 𐤑𐤁𐤀𐤅𐤕 𐤁𐤀𐤓𐤑 𐤑𐤐𐤅𐤍 𐤀𐤋 𐤍𐤄𐤓 𐤐𐤓𐤕.

𐤉𐤀 𐤏𐤋𐤉 𐤂𐤋𐤏𐤃 𐤅𐤒𐤇𐤉 𐤑𐤓𐤉 𐤁𐤕𐤅𐤋𐤕 𐤁𐤕 𐤌𐤑𐤓𐤉𐤌 𐤋𐤔𐤅𐤀 𐤄𐤓𐤁𐤉𐤕𐤉 [𐤄𐤓𐤁𐤉𐤕] 𐤓𐤐𐤀𐤅𐤕 𐤕𐤏𐤋𐤄 𐤀𐤉𐤍 𐤋𐤊.

𐤉𐤁 𐤔𐤌𐤏𐤅 𐤂𐤅𐤉𐤌 𐤒𐤋𐤅𐤍𐤊 𐤅𐤑𐤅𐤇𐤕𐤊 𐤌𐤋𐤀𐤄 𐤄𐤀𐤓𐤑 𐤊𐤉 𐤂𐤁𐤅𐤓 𐤁𐤂𐤁𐤅𐤓 𐤊𐤔𐤋𐤅 𐤉𐤇𐤃𐤉𐤅 𐤍𐤐𐤋𐤅 𐤔𐤍𐤉𐤄𐤌.

𐤉𐤂 𐤄𐤃𐤁𐤓 𐤀𐤔𐤓 𐤃𐤁𐤓 𐤉𐤄𐤅𐤄 𐤀𐤋 𐤉𐤓𐤌𐤉𐤄𐤅 𐤄𐤍𐤁𐤉𐤀 𐤋𐤁𐤅𐤀 𐤍𐤁𐤅𐤊𐤃𐤓𐤀𐤑𐤓 𐤌𐤋𐤊 𐤁𐤁𐤋 𐤋𐤄𐤊𐤅𐤕 𐤀𐤕 𐤀𐤓𐤑 𐤌𐤑𐤓𐤉𐤌.

𐤉𐤃 𐤄𐤂𐤉𐤃𐤅 𐤁𐤌𐤑𐤓𐤉𐤌 𐤅𐤄𐤔𐤌𐤉𐤏𐤅 𐤁𐤌𐤂𐤃𐤅𐤋 𐤅𐤄𐤔𐤌𐤉𐤏𐤅 𐤁𐤍𐤐 𐤅𐤁𐤕𐤇𐤐𐤍𐤇𐤎 𐤀𐤌𐤓𐤅 𐤄𐤕𐤉𐤑𐤁 𐤅𐤄𐤊𐤍 𐤋𐤊 𐤊𐤉 𐤀𐤊𐤋𐤄 𐤇𐤓𐤁 𐤎𐤁𐤉𐤁𐤉𐤊.

𐤈𐤅 𐤌𐤃𐤅𐤏 𐤍𐤎𐤇𐤐 𐤀𐤁𐤉𐤓𐤉𐤊 𐤋𐤀 𐤏𐤌𐤃 𐤊𐤉 𐤉𐤄𐤅𐤄 𐤄𐤃𐤐𐤅.

𐤈𐤆 𐤄𐤓𐤁𐤄 𐤊𐤅𐤔𐤋 𐤂𐤌 𐤍𐤐𐤋 𐤀𐤉𐤔 𐤀𐤋 𐤓𐤏𐤄𐤅 𐤅𐤉𐤀𐤌𐤓𐤅 𐤒𐤅𐤌𐤄 𐤅𐤍𐤔𐤁𐤄 𐤀𐤋 𐤏𐤌𐤍𐤅 𐤅𐤀𐤋 𐤀𐤓𐤑 𐤌𐤅𐤋𐤃𐤕𐤍𐤅 𐤌𐤐𐤍𐤉 𐤇𐤓𐤁 𐤄𐤉𐤅𐤍𐤄.

𐤉𐤆 𐤒𐤓𐤀𐤅 𐤔𐤌 𐤐𐤓𐤏𐤄 𐤌𐤋𐤊 𐤌𐤑𐤓𐤉𐤌 𐤔𐤀𐤅𐤍 𐤄𐤏𐤁𐤉𐤓 𐤄𐤌𐤅𐤏𐤃.

𐤉𐤇 𐤇𐤉 𐤀𐤍𐤉 𐤍𐤀𐤌 𐤄𐤌𐤋𐤊 𐤉𐤄𐤅𐤄 𐤑𐤁𐤀𐤅𐤕 𐤔𐤌𐤅 𐤊𐤉 𐤊𐤕𐤁𐤅𐤓 𐤁𐤄𐤓𐤉𐤌 𐤅𐤊𐤊𐤓𐤌𐤋 𐤁𐤉𐤌 𐤉𐤁𐤅𐤀.

𐤉𐤈 𐤊𐤋𐤉 𐤂𐤅𐤋𐤄 𐤏𐤔𐤉 𐤋𐤊 𐤉𐤅𐤔𐤁𐤕 𐤁𐤕 𐤌𐤑𐤓𐤉𐤌 𐤊𐤉 𐤍𐤐 𐤋𐤔𐤌𐤄 𐤕𐤄𐤉𐤄 𐤅𐤍𐤑𐤕𐤄 𐤌𐤀𐤉𐤍 𐤉𐤅𐤔𐤁.

𐤊 𐤏𐤂𐤋𐤄 𐤉𐤐𐤄 𐤐𐤉𐤄 𐤌𐤑𐤓𐤉𐤌 𐤒𐤓𐤑 𐤌𐤑𐤐𐤅𐤍 𐤁𐤀 𐤁𐤀.

𐤊𐤀 𐤂𐤌 𐤔𐤊𐤓𐤉𐤄 𐤁𐤒𐤓𐤁𐤄 𐤊𐤏𐤂𐤋𐤉 𐤌𐤓𐤁𐤒 𐤊𐤉 𐤂𐤌 𐤄𐤌𐤄 𐤄𐤐𐤍𐤅 𐤍𐤎𐤅 𐤉𐤇𐤃𐤉𐤅 𐤋𐤀 𐤏𐤌𐤃𐤅 𐤊𐤉 𐤉𐤅𐤌 𐤀𐤉𐤃𐤌 𐤁𐤀 𐤏𐤋𐤉𐤄𐤌 𐤏𐤕 𐤐𐤒𐤃𐤕𐤌.

𐤊𐤁 𐤒𐤅𐤋𐤄 𐤊𐤍𐤇𐤔 𐤉𐤋𐤊 𐤊𐤉 𐤁𐤇𐤉𐤋 𐤉𐤋𐤊𐤅 𐤅𐤁𐤒𐤓𐤃𐤌𐤅𐤕 𐤁𐤀𐤅 𐤋𐤄 𐤊𐤇𐤈𐤁𐤉 𐤏𐤑𐤉𐤌•

𐤊𐤂 𐤊𐤓𐤕𐤅 𐤉𐤏𐤓𐤄 𐤍𐤀𐤌 𐤉𐤄𐤅𐤄 𐤊𐤉 𐤋𐤀 𐤉𐤇𐤒𐤓 𐤊𐤉 𐤓𐤁𐤅 𐤌𐤀𐤓𐤁𐤄 𐤅𐤀𐤉𐤍 𐤋𐤄𐤌 𐤌𐤎𐤐𐤓•

𐤊𐤃 𐤄𐤁𐤉𐤔𐤄 𐤁𐤕 𐤌𐤑𐤓𐤉𐤌 𐤍𐤕𐤍𐤄 𐤁𐤉𐤃 𐤏𐤌 𐤑𐤐𐤅𐤍•

𐤊𐤄 𐤀𐤌𐤓 𐤉𐤄𐤅𐤄 𐤑𐤁𐤀𐤅𐤕 𐤀𐤋𐤄𐤉 𐤉𐤔𐤓𐤀𐤋 𐤄𐤍𐤍𐤉 𐤐𐤅𐤒𐤃 𐤀𐤋 𐤀𐤌𐤅𐤍 𐤌𐤍𐤀 𐤅𐤏𐤋 𐤐𐤓𐤏𐤄 𐤅𐤏𐤋 𐤌𐤑𐤓𐤉𐤌 𐤅𐤏𐤋 𐤀𐤋𐤄𐤉𐤄 𐤅𐤏𐤋 𐤌𐤋𐤊𐤉𐤄 𐤅𐤏𐤋 𐤐𐤓𐤏𐤄 𐤅𐤏𐤋 𐤄𐤁𐤈𐤇𐤉𐤌 𐤁𐤅•

𐤊𐤅 𐤅𐤍𐤕𐤕𐤉𐤌 𐤁𐤉𐤃 𐤌𐤁𐤒𐤔𐤉 𐤍𐤐𐤔𐤌 𐤅𐤁𐤉𐤃 𐤍𐤁𐤅𐤊𐤃𐤓𐤀𐤑𐤓 𐤌𐤋𐤊 𐤁𐤁𐤋 𐤅𐤁𐤉𐤃 𐤏𐤁𐤃𐤉𐤅 𐤅𐤀𐤇𐤓𐤉 𐤊𐤍 𐤕𐤔𐤊𐤍 𐤊𐤉𐤌𐤉 𐤒𐤃𐤌 𐤍𐤀𐤌 𐤉𐤄𐤅𐤄•

𐤊𐤆 𐤅𐤀𐤕𐤄 𐤀𐤋 𐤕𐤉𐤓𐤀 𐤏𐤁𐤃𐤉 𐤉𐤏𐤒𐤁 𐤅𐤀𐤋 𐤕𐤇𐤕 𐤉𐤔𐤓𐤀𐤋 𐤊𐤉 𐤄𐤍𐤍𐤉 𐤌𐤅𐤔𐤏𐤊 𐤌𐤓𐤇𐤅𐤒 𐤅𐤀𐤕 𐤆𐤓𐤏𐤊 𐤌𐤀𐤓𐤑 𐤔𐤁𐤉𐤌 𐤅𐤔𐤁 𐤉𐤏𐤒𐤁 𐤅𐤔𐤒𐤈 𐤅𐤔𐤀𐤍𐤍 𐤅𐤀𐤉𐤍 𐤌𐤇𐤓𐤉𐤃•

𐤊𐤇 𐤀𐤕𐤄 𐤀𐤋 𐤕𐤉𐤓𐤀 𐤏𐤁𐤃𐤉 𐤉𐤏𐤒𐤁 𐤍𐤀𐤌 𐤉𐤄𐤅𐤄 𐤊𐤉 𐤀𐤕𐤊 𐤀𐤍𐤉 𐤊𐤉 𐤀𐤏𐤔𐤄 𐤊𐤋𐤄 𐤁𐤊𐤋 𐤄𐤂𐤅𐤉𐤌 𐤀𐤔𐤓 𐤄𐤃𐤇𐤕𐤉𐤊 𐤔𐤌𐤄 𐤅𐤀𐤕𐤊 𐤋𐤀 𐤀𐤏𐤔𐤄 𐤊𐤋𐤄 𐤅𐤉𐤎𐤓𐤕𐤉𐤊 𐤋𐤌𐤔𐤐𐤈 𐤅𐤍𐤒𐤄 𐤋𐤀 𐤀𐤍𐤒𐤊•

𐤐𐤓𐤒 𐤌𐤆

𐤀 𐤀𐤔𐤓 𐤄𐤉𐤄 𐤃𐤁𐤓 𐤉𐤄𐤅𐤄 𐤀𐤋 𐤉𐤓𐤌𐤉𐤄𐤅 𐤄𐤍𐤁𐤉𐤀 𐤀𐤋 𐤐𐤋𐤔𐤕𐤉𐤌 𐤁𐤈𐤓𐤌 𐤉𐤊𐤄 𐤐𐤓𐤏𐤄 𐤀𐤕 𐤏𐤆𐤄•

𐤁 𐤊𐤄 𐤀𐤌𐤓 𐤉𐤄𐤅𐤄 𐤄𐤍𐤄 𐤌𐤉𐤌 𐤏𐤋𐤉𐤌 𐤌𐤑𐤐𐤅𐤍 𐤅𐤄𐤉𐤅 𐤋𐤍𐤇𐤋 𐤔𐤅𐤈𐤐 𐤅𐤉𐤔𐤈𐤐𐤅 𐤀𐤓𐤑 𐤅𐤌𐤋𐤅𐤀𐤄 𐤏𐤉𐤓 𐤅𐤉𐤔𐤁𐤉 𐤁𐤄 𐤅𐤆𐤏𐤒𐤅 𐤄𐤀𐤃𐤌 𐤅𐤄𐤉𐤋𐤋 𐤊𐤋 𐤉𐤅𐤔𐤁 𐤄𐤀𐤓𐤑•

𐤂 𐤌𐤒𐤅𐤋 𐤔𐤏𐤈𐤕 𐤐𐤓𐤎𐤅𐤕 𐤀𐤁𐤉𐤓𐤉𐤅 𐤌𐤓𐤏𐤔 𐤋𐤓𐤊𐤁𐤅 𐤄𐤌𐤅𐤍 𐤂𐤋𐤂𐤋𐤉𐤅 𐤋𐤀 𐤄𐤐𐤍𐤅 𐤀𐤁𐤅𐤕 𐤀𐤋 𐤁𐤍𐤉𐤌 𐤌𐤓𐤐𐤉𐤅𐤍 𐤉𐤃𐤉𐤌•

𐤃 𐤏𐤋 𐤄𐤉𐤅𐤌 𐤄𐤁𐤀 𐤋𐤔𐤃𐤅𐤃 𐤀𐤕 𐤊𐤋 𐤐𐤋𐤔𐤕𐤉𐤌 𐤋𐤄𐤊𐤓𐤉𐤕 𐤋𐤑𐤓 𐤅𐤋𐤑𐤉𐤃𐤅𐤍 𐤊𐤋 𐤔𐤓𐤉𐤃 𐤏𐤆𐤓 𐤊𐤉 𐤔𐤃𐤃 𐤉𐤄𐤅𐤄 𐤀𐤕 𐤐𐤋𐤔𐤕𐤉𐤌 𐤔𐤀𐤓𐤉𐤕 𐤀𐤉 𐤊𐤐𐤕𐤅𐤓•

𐤄 𐤁𐤀𐤄 𐤒𐤓𐤇𐤄 𐤀𐤋 𐤏𐤆𐤄 𐤍𐤃𐤌𐤕𐤄 𐤀𐤔𐤒𐤋𐤅𐤍 𐤔𐤀𐤓𐤉𐤕 𐤏𐤌𐤒𐤌 𐤏𐤃 𐤌𐤕𐤉 𐤕𐤕𐤂𐤅𐤃𐤃𐤉•

𐤅 𐤄𐤅𐤉 𐤇𐤓𐤁 𐤋𐤉𐤄𐤅𐤄 𐤏𐤃 𐤀𐤍𐤄 𐤋𐤀 𐤕𐤔𐤒𐤈𐤉 𐤄𐤀𐤎𐤐𐤉 𐤀𐤋 𐤕𐤏𐤓𐤊 𐤄𐤓𐤂𐤏𐤉 𐤅𐤃𐤌𐤉•

𐤆 𐤀𐤉𐤊 𐤕𐤔𐤒𐤈𐤉 𐤅𐤉𐤄𐤅𐤄 𐤑𐤅𐤄 𐤋𐤄 𐤀𐤋 𐤀𐤔𐤒𐤋𐤅𐤍 𐤅𐤀𐤋 𐤇𐤅𐤐 𐤄𐤉𐤌 𐤔𐤌 𐤉𐤏𐤃𐤄•

ירמיה

פרק מח

א אלמואב כה אמר יהוה צבאות אלהי ישראל הוי אל נבו כי
שדדה הבישה נלכדה קריתים הבישה המשגב וחתה•
ב אין עוד תהלת מואב בחשבון חשבו עליה רעה לכו ונכריתנה
מגוי גם מדמן תדמי אחריך תלך חרב•
ג קול צעקה מחרונים שד ושבר גדול•
ד נשברה מואב השמיעו זעקה צעוריה [צעיריה]•
ה כי מעלה הלחות [הלחית] בבכי יעלה בכי כי במורד חורנים
צרי צעקת שבר שמעו•
ו נסו מלטו נפשכם ותהיינה כערוער במדבר•
ז כי יען בטחך במעשיך ובאוצרותיך גם את תלכדי ויצא
כמיש [כמוש] בגולה כהניו ושריו יחד [יחדיו]•
ח ויבא שדד אל כל עיר ועיר לא תמלט ואבד העמק ונשמד
המישר אשר אמר יהוה•
ט תנו ציץ למואב כי נצא תצא ועריה לשמה תהיינה מאין
יושב בהן•
י ארור עשה מלאכת יהוה רמיה וארור מנע חרבו מדם•
יא שאנן מואב מנעוריו ושקט הוא אל שמריו ולא הורק מכלי
אל כלי ובגולה לא הלך על כן עמד טעמו בו וריחו לא נמר•
יב לכן הנה ימים באים נאם יהוה ושלחתי לו צעים וצעהו
וכליו יריקו ונבליהם ינפצו•
יג ובש מואב מכמוש כאשר בשו בית ישראל מבית אל מבטחם•
יד איך תאמרו גבורים אנחנו ואנשי חיל למלחמה•
טו שדד מואב ועריה עלה ומבחר בחוריו ירדו לטבח נאם המלך
יהוה צבאות שמו•
טז קרוב איד מואב לבוא ורעתו מהרה מאד•
יז נדו לו כל סביביו וכל ידעי שמו אמרו איכה נשבר מטה
עז מקל תפארה•
יח רדי מכבוד ישבי [ושבי] בצמא ישבת בת דיבון כי שדד
מואב עלה בך שחת מבצריך•
יט אל דרך עמדי וצפי יושבת ערוער שאלי נס ונמלטה אמרי
מה נהיתה•

כ הביש מואב כי חתה הילילי [הילילו] וזעקי [וזעקו]
הגידו בארנון כי שדד מואב.
כא ומשפט בא אל ארץ המישר אל חלון ואל יהצה ועל מופעת
[מיפעת].
כב ועל דיבון ועל נבו ועל בית דבלתים.
כג ועל קריתים ועל בית גמול ועל בית מעון.
כד ועל קריות ועל בצרה ועל כל ערי ארץ מואב הרחקות
והקרבות.
כה נגדעה קרן מואב וזרעו נשברה נאם יהוה.
כו השכירהו כי על יהוה הגדיל וספק מואב בקיאו והיה
לשחק גם הוא.
כז ואם לוא השחק היה לך ישראל אם בגנבים נמצאה [נמצא]
כי מדי דבריך בו תתנודד.
כח עזבו ערים ושכנו בסלע ישבי מואב והיו כיונה תקנן
בעברי פי פחת.
כט שמענו גאון מואב גאה מאד גבהו וגאונו וגאותו ורם לבו.
ל אני ידעתי נאם יהוה עברתו ולא כן בדיו לא כן עשו.
לא על כן על מואב איליל ולמואב כלה אזעק אל אנשי קיר
חרש יהגה.
לב מבכי יעזר אבכה לך הגפן שבמה נטישתיך עברו ים עד ים
יעזר נגעו על קיצך ועל בצירך שדד נפל.
לג ונאספה שמחה וגיל מכרמל ומארץ מואב ויין מיקבים
השבתי לא ידרך הידד הידד לא הידד.
לד מזעקת חשבון עד אלעלה עד יהץ נתנו קולם מצער עד חרנים
עגלת שלשיה כי גם מי נמרים למשמות יהיו.
לה והשבתי למואב נאם יהוה מעלה במה ומקטיר לאלהיו.
לו על כן לבי למואב כחללים יהמה ולבי אל אנשי קיר חרש
כחלילים יהמה על כן יתרת עשה אבדו.
לז כי כל ראש קרחה וכל זקן גרעה על כל ידים גדדת ועל
מתנים שק.
לח על כל גגות מואב וברחבתיה כלה מספד כי שברתי את מואב
ככלי אין חפץ בו נאם יהוה.
לט איך חתה הילילו איך הפנה ערף מואב בוש והיה מואב

𐤋𐤔𐤇𐤒 𐤅𐤋𐤌𐤇𐤕𐤄 𐤋𐤊𐤋 𐤎𐤁𐤉𐤁𐤉𐤅•
𐤌 𐤊𐤉 𐤊𐤄 𐤀𐤌𐤓 𐤉𐤄𐤅𐤄 𐤄𐤍𐤄 𐤊𐤍𐤔𐤓 𐤉𐤃𐤀𐤄 𐤅𐤐𐤓𐤔 𐤊𐤍𐤐𐤉𐤅 𐤀𐤋 𐤌𐤅𐤀𐤁•
𐤌𐤀 𐤍𐤋𐤊𐤃𐤄 𐤄𐤒𐤓𐤉𐤅𐤕 𐤅𐤄𐤌𐤑𐤃𐤅𐤕 𐤍𐤕𐤐𐤔𐤄 𐤅𐤄𐤉𐤄 𐤋𐤁 𐤂𐤁𐤅𐤓𐤉 𐤌𐤅𐤀𐤁
𐤁𐤉𐤅𐤌 𐤄𐤄𐤅𐤀 𐤊𐤋𐤁 𐤀𐤔𐤄 𐤌𐤑𐤓𐤄•
𐤌𐤁 𐤅𐤍𐤔𐤌𐤃 𐤌𐤅𐤀𐤁 𐤌𐤏𐤌 𐤊𐤉 𐤏𐤋 𐤉𐤄𐤅𐤄 𐤄𐤂𐤃𐤉𐤋•
𐤌𐤂 𐤐𐤇𐤃 𐤅𐤐𐤇𐤕 𐤅𐤐𐤇 𐤏𐤋𐤉𐤊 𐤉𐤅𐤔𐤁 𐤌𐤅𐤀𐤁 𐤍𐤀𐤌 𐤉𐤄𐤅𐤄•
𐤌𐤃 𐤄𐤍𐤉𐤎 [𐤄𐤍𐤎] 𐤌𐤐𐤍𐤉 𐤄𐤐𐤇𐤃 𐤉𐤐𐤋 𐤀𐤋 𐤄𐤐𐤇𐤕 𐤅𐤄𐤏𐤋𐤄 𐤌𐤍 𐤄𐤐𐤇𐤕 𐤉𐤋𐤊𐤃
𐤁𐤐𐤇 𐤊𐤉 𐤀𐤁𐤉𐤀 𐤀𐤋𐤉𐤄 𐤀𐤋 𐤌𐤅𐤀𐤁 𐤔𐤍𐤕 𐤐𐤒𐤃𐤕𐤌 𐤍𐤀𐤌 𐤉𐤄𐤅𐤄•
𐤌𐤄 𐤁𐤑𐤋 𐤇𐤔𐤁𐤅𐤍 𐤏𐤌𐤃𐤅 𐤌𐤊𐤇 𐤍𐤎𐤉𐤌 𐤊𐤉 𐤀𐤔 𐤉𐤑𐤀 𐤌𐤇𐤔𐤁𐤅𐤍 𐤅𐤋𐤄𐤁𐤄
𐤌𐤁𐤉𐤍 𐤎𐤉𐤇𐤅𐤍 𐤅𐤕𐤀𐤊𐤋 𐤐𐤀𐤕 𐤌𐤅𐤀𐤁 𐤅𐤒𐤃𐤒𐤃 𐤁𐤍𐤉 𐤔𐤀𐤅𐤍•
𐤌𐤅 𐤀𐤅𐤉 𐤋𐤊 𐤌𐤅𐤀𐤁 𐤀𐤁𐤃 𐤏𐤌 𐤊𐤌𐤅𐤔 𐤊𐤉 𐤋𐤒𐤇𐤅 𐤁𐤍𐤉𐤊 𐤁𐤔𐤁𐤉 𐤅𐤁𐤍𐤕𐤉𐤊
𐤁𐤔𐤁𐤉𐤄•
𐤌𐤆 𐤅𐤔𐤁𐤕𐤉 𐤔𐤁𐤅𐤕 𐤌𐤅𐤀𐤁 𐤁𐤀𐤇𐤓𐤉𐤕 𐤄𐤉𐤌𐤉𐤌 𐤍𐤀𐤌 𐤉𐤄𐤅𐤄 𐤏𐤃 𐤄𐤍𐤄
𐤌𐤔𐤐𐤈 𐤌𐤅𐤀𐤁•

𐤐𐤓𐤒 𐤌𐤈

𐤀 𐤋𐤁𐤍𐤉 𐤏𐤌𐤅𐤍 𐤊𐤄 𐤀𐤌𐤓 𐤉𐤄𐤅𐤄 𐤄𐤁𐤍𐤉𐤌 𐤀𐤉𐤍 𐤋𐤉𐤔𐤓𐤀𐤋 𐤀𐤌 𐤉𐤅𐤓𐤔 𐤀𐤉𐤍
𐤋𐤅 𐤌𐤃𐤅𐤏 𐤉𐤓𐤔 𐤌𐤋𐤊𐤌 𐤀𐤕 𐤂𐤃 𐤅𐤏𐤌𐤅 𐤁𐤏𐤓𐤉𐤅 𐤉𐤔𐤁•
𐤁 𐤋𐤊𐤍 𐤄𐤍𐤄 𐤉𐤌𐤉𐤌 𐤁𐤀𐤉𐤌 𐤍𐤀𐤌 𐤉𐤄𐤅𐤄 𐤅𐤄𐤔𐤌𐤏𐤕𐤉 𐤀𐤋 𐤓𐤁𐤕 𐤁𐤍𐤉 𐤏𐤌𐤅𐤍
𐤕𐤓𐤅𐤏𐤕 𐤌𐤋𐤇𐤌𐤄 𐤅𐤄𐤉𐤕𐤄 𐤋𐤕𐤋 𐤔𐤌𐤌𐤄 𐤅𐤁𐤍𐤕𐤉𐤄 𐤁𐤀𐤔 𐤕𐤑𐤕𐤍𐤄 𐤅𐤉𐤓𐤔
𐤉𐤔𐤓𐤀𐤋 𐤀𐤕 𐤉𐤓𐤔𐤉𐤅 𐤀𐤌𐤓 𐤉𐤄𐤅𐤄•
𐤂 𐤄𐤉𐤋𐤉𐤋𐤉 𐤇𐤔𐤁𐤅𐤍 𐤊𐤉 𐤔𐤃𐤃𐤄 𐤏𐤉 𐤑𐤏𐤒𐤍𐤄 𐤁𐤍𐤅𐤕 𐤓𐤁𐤄 𐤇𐤂𐤓𐤍𐤄 𐤔𐤒𐤉𐤌
𐤎𐤐𐤃𐤍𐤄 𐤅𐤄𐤕𐤔𐤅𐤈𐤈𐤍𐤄 𐤁𐤂𐤃𐤓𐤅𐤕 𐤊𐤉 𐤌𐤋𐤊𐤌 𐤁𐤂𐤅𐤋𐤄 𐤉𐤋𐤊 𐤊𐤄𐤍𐤉𐤅 𐤅𐤔𐤓𐤉𐤅
𐤉𐤇𐤃𐤉𐤅•
𐤃 𐤌𐤄 𐤕𐤕𐤄𐤋𐤋𐤉 𐤁𐤏𐤌𐤒𐤉𐤌 𐤆𐤁 𐤏𐤌𐤒𐤊 𐤄𐤁𐤕 𐤄𐤔𐤅𐤁𐤁𐤄 𐤄𐤁𐤈𐤇𐤄 𐤁𐤀𐤑𐤓𐤕𐤉𐤄
𐤌𐤉 𐤉𐤁𐤅𐤀 𐤀𐤋𐤉•
𐤄 𐤄𐤍𐤍𐤉 𐤌𐤁𐤉𐤀 𐤏𐤋𐤉𐤊 𐤐𐤇𐤃 𐤍𐤀𐤌 𐤀𐤃𐤍𐤉 𐤉𐤄𐤅𐤄 𐤑𐤁𐤀𐤅𐤕 𐤌𐤊𐤋 𐤎𐤁𐤉𐤁𐤉𐤊
𐤅𐤍𐤃𐤇𐤕𐤌 𐤀𐤉𐤔 𐤋𐤐𐤍𐤉𐤅 𐤅𐤀𐤉𐤍 𐤌𐤒𐤁𐤑 𐤋𐤍𐤃𐤃•
𐤅 𐤅𐤀𐤇𐤓𐤉 𐤊𐤍 𐤀𐤔𐤉𐤁 𐤀𐤕 𐤔𐤁𐤅𐤕 𐤁𐤍𐤉 𐤏𐤌𐤅𐤍 𐤍𐤀𐤌 𐤉𐤄𐤅𐤄•
𐤆 𐤋𐤀𐤃𐤅𐤌 𐤊𐤄 𐤀𐤌𐤓 𐤉𐤄𐤅𐤄 𐤑𐤁𐤀𐤅𐤕 𐤄𐤀𐤉𐤍 𐤏𐤅𐤃 𐤇𐤊𐤌𐤄 𐤁𐤕𐤉𐤌𐤍 𐤀𐤁𐤃𐤄
𐤏𐤑𐤄 𐤌𐤁𐤍𐤉𐤌 𐤍𐤎𐤓𐤇𐤄 𐤇𐤊𐤌𐤕𐤌•
𐤇 𐤍𐤎𐤅 𐤄𐤐𐤍𐤅 𐤄𐤏𐤌𐤉𐤒𐤅 𐤋𐤔𐤁𐤕 𐤉𐤔𐤁𐤉 𐤃𐤃𐤍 𐤊𐤉 𐤀𐤉𐤃 𐤏𐤔𐤅 𐤄𐤁𐤀𐤕𐤉 𐤏𐤋𐤉𐤅
𐤏𐤕 𐤐𐤒𐤃𐤕𐤉𐤅•

𐤈 𐤀𐤌 𐤁𐤑𐤓𐤉𐤌 𐤁𐤀𐤅 𐤋𐤊 𐤋𐤀 𐤉𐤔𐤀𐤓𐤅 𐤏𐤅𐤋𐤋𐤅𐤕 𐤀𐤌 𐤂𐤍𐤁𐤉𐤌 𐤁𐤋𐤉𐤋𐤄
𐤄𐤔𐤇𐤉𐤕𐤅 𐤃𐤉𐤌•
𐤉 𐤊𐤉 𐤀𐤍𐤉 𐤇𐤔𐤐𐤕𐤉 𐤀𐤕 𐤏𐤔𐤅 𐤂𐤋𐤉𐤕𐤉 𐤀𐤕 𐤌𐤎𐤕𐤓𐤉𐤅 𐤅𐤍𐤇𐤁𐤄 𐤋𐤀 𐤉𐤅𐤊𐤋
𐤔𐤃𐤃 𐤆𐤓𐤏𐤅 𐤅𐤀𐤇𐤉𐤅 𐤅𐤔𐤊𐤍𐤉𐤅 𐤅𐤀𐤉𐤍𐤍𐤅•
𐤉𐤀 𐤏𐤆𐤁𐤄 𐤉𐤕𐤌𐤉𐤊 𐤀𐤍𐤉 𐤀𐤇𐤉𐤄 𐤅𐤀𐤋𐤌𐤍𐤅𐤕𐤉𐤊 𐤏𐤋𐤉 𐤕𐤁𐤈𐤇𐤅•
𐤉𐤁 𐤊𐤉 𐤊𐤄 𐤀𐤌𐤓 𐤉𐤄𐤅𐤄 𐤄𐤍𐤄 𐤀𐤔𐤓 𐤀𐤉𐤍 𐤌𐤔𐤐𐤈𐤌 𐤋𐤔𐤕𐤅𐤕 𐤄𐤊𐤅𐤎 𐤔𐤕𐤅
𐤉𐤔𐤕𐤅 𐤅𐤀𐤕𐤄 𐤄𐤅𐤀 𐤍𐤒𐤄 𐤕𐤍𐤒𐤄 𐤋𐤀 𐤕𐤍𐤒𐤄 𐤊𐤉 𐤔𐤕𐤄 𐤕𐤔𐤕𐤄•
𐤉𐤂 𐤊𐤉 𐤁𐤉 𐤍𐤔𐤁𐤏𐤕𐤉 𐤍𐤀𐤌 𐤉𐤄𐤅𐤄 𐤊𐤉 𐤋𐤔𐤌𐤄 𐤋𐤇𐤓𐤐𐤄 𐤋𐤇𐤓𐤁 𐤅𐤋𐤒𐤋𐤋𐤄
𐤕𐤄𐤉𐤄 𐤁𐤑𐤓𐤄 𐤅𐤊𐤋 𐤏𐤓𐤉𐤄 𐤕𐤄𐤉𐤉𐤍𐤄 𐤋𐤇𐤓𐤁𐤅𐤕 𐤏𐤅𐤋𐤌•
𐤉𐤃 𐤔𐤌𐤅𐤏𐤄 𐤔𐤌𐤏𐤕𐤉 𐤌𐤀𐤕 𐤉𐤄𐤅𐤄 𐤅𐤑𐤉𐤓 𐤁𐤂𐤅𐤉𐤌 𐤔𐤋𐤅𐤇 𐤄𐤕𐤒𐤁𐤑𐤅 𐤅𐤁𐤀𐤅
𐤏𐤋𐤉𐤄 𐤅𐤒𐤅𐤌𐤅 𐤋𐤌𐤋𐤇𐤌𐤄•
𐤈𐤅 𐤊𐤉 𐤄𐤍𐤄 𐤒𐤈𐤍 𐤍𐤕𐤕𐤉𐤊 𐤁𐤂𐤅𐤉𐤌 𐤁𐤆𐤅𐤉 𐤁𐤀𐤃𐤌•
𐤈𐤆 𐤕𐤐𐤋𐤑𐤕𐤊 𐤄𐤔𐤉𐤀 𐤀𐤕𐤊 𐤆𐤃𐤅𐤍 𐤋𐤁𐤊 𐤔𐤊𐤍𐤉 𐤁𐤇𐤂𐤅𐤉 𐤄𐤎𐤋𐤏 𐤕𐤐𐤔𐤉
𐤌𐤓𐤅𐤌 𐤂𐤁𐤏𐤄 𐤊𐤉 𐤕𐤂𐤁𐤉𐤄 𐤊𐤍𐤔𐤓 𐤒𐤍𐤊 𐤌𐤔𐤌 𐤀𐤅𐤓𐤉𐤃𐤊 𐤍𐤀𐤌 𐤉𐤄𐤅𐤄•
𐤉𐤆 𐤅𐤄𐤉𐤕𐤄 𐤀𐤃𐤅𐤌 𐤋𐤔𐤌𐤄 𐤊𐤋 𐤏𐤁𐤓 𐤏𐤋𐤉𐤄 𐤉𐤔𐤌 𐤅𐤉𐤔𐤓𐤒 𐤏𐤋 𐤊𐤋
𐤌𐤊𐤅𐤕𐤄•
𐤉𐤇 𐤊𐤌𐤄𐤐𐤊𐤕 𐤎𐤃𐤌 𐤅𐤏𐤌𐤓𐤄 𐤅𐤔𐤊𐤍𐤉𐤄 𐤀𐤌𐤓 𐤉𐤄𐤅𐤄 𐤋𐤀 𐤉𐤔𐤁 𐤔𐤌 𐤀𐤉𐤔
𐤅𐤋𐤀 𐤉𐤂𐤅𐤓 𐤁𐤄 𐤁𐤍 𐤀𐤃𐤌•
𐤉𐤈 𐤄𐤍𐤄 𐤊𐤀𐤓𐤉𐤄 𐤉𐤏𐤋𐤄 𐤌𐤂𐤀𐤅𐤍 𐤄𐤉𐤓𐤃𐤍 𐤀𐤋 𐤍𐤅𐤄 𐤀𐤉𐤕𐤍 𐤊𐤉 𐤀𐤓𐤂𐤉𐤏𐤄
𐤀𐤓𐤉𐤑𐤍𐤅 𐤌𐤏𐤋𐤉𐤄 𐤅𐤌𐤉 𐤁𐤇𐤅𐤓 𐤀𐤋𐤉𐤄 𐤀𐤐𐤒𐤃 𐤊𐤉 𐤌𐤉 𐤊𐤌𐤅𐤍𐤉 𐤅𐤌𐤉
𐤉𐤏𐤉𐤃𐤍𐤉 𐤅𐤌𐤉 𐤆𐤄 𐤓𐤏𐤄 𐤀𐤔𐤓 𐤉𐤏𐤌𐤃 𐤋𐤐𐤍𐤉•
𐤊 𐤋𐤊𐤍 𐤔𐤌𐤏𐤅 𐤏𐤑𐤕 𐤉𐤄𐤅𐤄 𐤀𐤔𐤓 𐤉𐤏𐤑 𐤀𐤋 𐤀𐤃𐤅𐤌 𐤅𐤌𐤇𐤔𐤁𐤅𐤕𐤉𐤅 𐤀𐤔𐤓
𐤇𐤔𐤁 𐤀𐤋 𐤉𐤔𐤁𐤉 𐤕𐤉𐤌𐤍 𐤀𐤌 𐤋𐤀 𐤉𐤎𐤇𐤁𐤅𐤌 𐤑𐤏𐤉𐤓𐤉 𐤄𐤑𐤀𐤍 𐤀𐤌 𐤋𐤀
𐤉𐤔𐤉𐤌 𐤏𐤋𐤉𐤄𐤌 𐤍𐤅𐤄𐤌•
𐤊𐤀 𐤌𐤒𐤅𐤋 𐤍𐤐𐤋𐤌 𐤓𐤏𐤔𐤄 𐤄𐤀𐤓𐤑 𐤑𐤏𐤒𐤄 𐤁𐤉𐤌 𐤎𐤅𐤐 𐤍𐤔𐤌𐤏 𐤒𐤅𐤋𐤄•
𐤊𐤁 𐤄𐤍𐤄 𐤊𐤍𐤔𐤓 𐤉𐤏𐤋𐤄 𐤅𐤉𐤃𐤀𐤄 𐤅𐤉𐤐𐤓𐤔 𐤊𐤍𐤐𐤉𐤅 𐤏𐤋 𐤁𐤑𐤓𐤄 𐤅𐤄𐤉𐤄 𐤋𐤁
𐤂𐤁𐤅𐤓𐤉 𐤀𐤃𐤅𐤌 𐤁𐤉𐤅𐤌 𐤄𐤄𐤅𐤀 𐤊𐤋𐤁 𐤀𐤔𐤄 𐤌𐤑𐤓𐤄•
𐤊𐤂 𐤋𐤃𐤌𐤔𐤒 𐤁𐤅𐤔𐤄 𐤇𐤌𐤕 𐤅𐤀𐤓𐤐𐤃 𐤊𐤉 𐤔𐤌𐤏𐤄 𐤓𐤏𐤄 𐤔𐤌𐤏𐤅 𐤍𐤌𐤂𐤅 𐤁𐤉𐤌
𐤃𐤀𐤂𐤄 𐤄𐤔𐤒𐤈 𐤋𐤀 𐤉𐤅𐤊𐤋•
𐤊𐤃 𐤓𐤐𐤕𐤄 𐤃𐤌𐤔𐤒 𐤄𐤐𐤍𐤕𐤄 𐤋𐤍𐤅𐤎 𐤅𐤓𐤈𐤈 𐤄𐤇𐤆𐤉𐤒𐤄 𐤑𐤓𐤄 𐤅𐤇𐤁𐤋𐤉𐤌 𐤀𐤇𐤆𐤕𐤄
𐤊𐤉𐤅𐤋𐤃𐤄•
𐤊𐤄 𐤀𐤉𐤊 𐤋𐤀 𐤏𐤆𐤁𐤄 𐤏𐤉𐤓 𐤕𐤄𐤋𐤄 [𐤕𐤄𐤋𐤕] 𐤒𐤓𐤉𐤕 𐤌𐤔𐤅𐤔𐤉•
𐤊𐤅 𐤋𐤊𐤍 𐤉𐤐𐤋𐤅 𐤁𐤇𐤅𐤓𐤉𐤄 𐤁𐤓𐤇𐤁𐤕𐤉𐤄 𐤅𐤊𐤋 𐤀𐤍𐤔𐤉 𐤄𐤌𐤋𐤇𐤌𐤄 𐤉𐤃𐤌𐤅 𐤁𐤉𐤅𐤌

ההוא נאם יהוה צבאות׃
כז והצתי אש בחומת דמשק ואכלה ארמנות בן הדד׃
כח לקדר ולממלכות חצור אשר הכה נבוכדראצור [נבוכדראצר]
מלך בבל כה אמר יהוה קומו עלו אל קדר ושדדו את בני קדם׃
כט אהליהם וצאנם יקחו יריעותיהם וכל כליהם וגמליהם
ישאו להם וקראו עליהם מגור מסביב׃
ל נסו נדו מאד העמיקו לשבת ישבי חצור נאם יהוה כי יעץ
עליכם נבוכדראצר מלך בבל עצה וחשב עליהם [עליכם] מחשבה׃
לא קומו עלו אל גוי שליו יושב לבטח נאם יהוה לא דלתים
ולא בריח לו בדד ישכנו׃
לב והיו גמליהם לבז והמון מקניהם לשלל וזרתים לכל רוח
קצוצי פאה ומכל עבריו אביא את אידם נאם יהוה׃
לג והיתה חצור למעון תנים שממה עד עולם לא ישב שם איש
ולא יגור בה בן אדם׃
לד אשר היה דבר יהוה אל ירמיהו הנביא אל עילם בראשית
מלכות צדקיה מלך יהודה לאמר׃
לה כה אמר יהוה צבאות הנני שבר את קשת עילם ראשית
גבורתם׃
לו והבאתי אל עילם ארבע רוחות מארבע קצות השמים וזרתים
לכל הרחות האלה ולא יהיה הגוי אשר לא יבוא שם נדחי עולם
[עילם]׃
לז והחתתי את עילם לפני איביהם ולפני מבקשי נפשם
והבאתי עליהם רעה את חרון אפי נאם יהוה ושלחתי אחריהם
את החרב עד כלותי אותם׃
לח ושמתי כסאי בעילם והאבדתי משם מלך ושרים נאם יהוה׃
לט והיה באחרית הימים אשוב [אשיב] את שבית [שבות] עילם
נאם יהוה׃

פרק נ
א הדבר אשר דבר יהוה אל בבל אל ארץ כשדים ביד ירמיהו
הנביא׃
ב הגידו בגוים והשמיעו ושאו נס השמיעו אל תכחדו אמרו
נלכדה בבל הביש בל חת מרדך נחתו עצביה הבישו גלוליה׃

𐤂 𐤊𐤉 𐤏𐤋𐤄 𐤏𐤋𐤉𐤄 𐤂𐤅𐤉 𐤌𐤑𐤐𐤅𐤍 𐤄𐤅𐤀 𐤉𐤔𐤉𐤕 𐤀𐤕 𐤀𐤓𐤑𐤄 𐤋𐤔𐤌𐤄 𐤅𐤋𐤀
𐤉𐤄𐤉𐤄 𐤉𐤅𐤔𐤁 𐤁𐤄 𐤌𐤀𐤃𐤌 𐤅𐤏𐤃 𐤁𐤄𐤌𐤄 𐤍𐤃𐤅 𐤄𐤋𐤊𐤅•

𐤃 𐤁𐤉𐤌𐤉𐤌 𐤄𐤄𐤌𐤄 𐤅𐤁𐤏𐤕 𐤄𐤄𐤉𐤀 𐤍𐤀𐤌 𐤉𐤄𐤅𐤄 𐤉𐤁𐤀𐤅 𐤁𐤍𐤉 𐤉𐤔𐤓𐤀𐤋 𐤄𐤌𐤄
𐤅𐤁𐤍𐤉 𐤉𐤄𐤅𐤃𐤄 𐤉𐤇𐤃𐤅 𐤄𐤋𐤅𐤊 𐤅𐤁𐤊𐤅 𐤉𐤋𐤊𐤅 𐤅𐤀𐤕 𐤉𐤄𐤅𐤄 𐤀𐤋𐤄𐤉𐤄𐤌
𐤉𐤁𐤒𐤔𐤅•

𐤄 𐤑𐤉𐤅𐤍 𐤉𐤔𐤀𐤋𐤅 𐤃𐤓𐤊 𐤄𐤍𐤄 𐤐𐤍𐤉𐤄𐤌 𐤁𐤀𐤅 𐤅𐤍𐤋𐤅𐤅 𐤀𐤋 𐤉𐤄𐤅𐤄 𐤁𐤓𐤉𐤕
𐤏𐤅𐤋𐤌 𐤋𐤀 𐤕𐤔𐤊𐤇•

𐤅 𐤑𐤀𐤍 𐤀𐤁𐤃𐤅𐤕 𐤄𐤉𐤄 [𐤄𐤉𐤅] 𐤏𐤌𐤉 𐤓𐤏𐤉𐤄𐤌 𐤄𐤕𐤏𐤅𐤌 𐤄𐤓𐤉𐤌 𐤔𐤅𐤁𐤁𐤉𐤌
[𐤔𐤅𐤁𐤁𐤅𐤌] 𐤌𐤄𐤓 𐤀𐤋 𐤂𐤁𐤏𐤄 𐤄𐤋𐤊𐤅 𐤔𐤊𐤇𐤅 𐤓𐤁𐤑𐤌•

𐤆 𐤊𐤋 𐤌𐤅𐤑𐤀𐤉𐤄𐤌 𐤀𐤊𐤋𐤅𐤌 𐤅𐤑𐤓𐤉𐤄𐤌 𐤀𐤌𐤓𐤅 𐤋𐤀 𐤍𐤀𐤔𐤌 𐤕𐤇𐤕 𐤀𐤔𐤓 𐤇𐤈𐤀𐤅
𐤋𐤉𐤄𐤅𐤄 𐤍𐤅𐤄 𐤑𐤃𐤒 𐤅𐤌𐤒𐤅𐤄 𐤀𐤁𐤅𐤕𐤉𐤄𐤌 𐤉𐤄𐤅𐤄•

𐤇 𐤍𐤃𐤅 𐤌𐤕𐤅𐤊 𐤁𐤁𐤋 𐤅𐤌𐤀𐤓𐤑 𐤊𐤔𐤃𐤉𐤌 𐤉𐤑𐤀𐤅 [𐤑𐤀𐤅] 𐤅𐤉𐤄𐤉𐤅 𐤊𐤏𐤕𐤅𐤃𐤉𐤌
𐤋𐤐𐤍𐤉 𐤑𐤀𐤍•

𐤈 𐤊𐤉 𐤄𐤍𐤄 𐤀𐤍𐤊𐤉 𐤌𐤏𐤉𐤓 𐤅𐤌𐤏𐤋𐤄 𐤏𐤋 𐤁𐤁𐤋 𐤒𐤄𐤋 𐤂𐤅𐤉𐤌 𐤂𐤃𐤋𐤉𐤌 𐤌𐤀𐤓𐤑
𐤑𐤐𐤅𐤍 𐤅𐤏𐤓𐤊𐤅 𐤋𐤄 𐤌𐤔𐤌 𐤕𐤋𐤊𐤃 𐤇𐤑𐤉𐤅 𐤊𐤂𐤁𐤅𐤓 𐤌𐤔𐤊𐤉𐤋 𐤋𐤀 𐤉𐤔𐤅𐤁 𐤓𐤉𐤒𐤌•

𐤉 𐤅𐤄𐤉𐤕𐤄 𐤊𐤔𐤃𐤉𐤌 𐤋𐤔𐤋𐤋 𐤊𐤋 𐤔𐤋𐤋𐤉𐤄 𐤉𐤔𐤁𐤏𐤅 𐤍𐤀𐤌 𐤉𐤄𐤅𐤄•

𐤉𐤀 𐤊𐤉 𐤕𐤔𐤌𐤇𐤉 [𐤕𐤔𐤌𐤇𐤅] 𐤊𐤉 𐤕𐤏𐤋𐤆𐤉 [𐤕𐤏𐤋𐤆𐤅] 𐤔𐤎𐤉 𐤍𐤇𐤋𐤕𐤉 𐤊𐤉
𐤕𐤐𐤅𐤔𐤉 [𐤕𐤐𐤅𐤔𐤅] 𐤊𐤏𐤂𐤋𐤄 𐤃𐤔𐤄 𐤅𐤕𐤑𐤄𐤋𐤉 [𐤅𐤕𐤑𐤄𐤋𐤅] 𐤊𐤀𐤁𐤓𐤉𐤌•

𐤉𐤁 𐤁𐤅𐤔𐤄 𐤀𐤌𐤊𐤌 𐤌𐤀𐤃 𐤇𐤐𐤓𐤄 𐤉𐤅𐤋𐤃𐤕𐤊𐤌 𐤄𐤍𐤄 𐤀𐤇𐤓𐤉𐤕 𐤂𐤅𐤉𐤌 𐤌𐤃𐤁𐤓
𐤑𐤉𐤄 𐤅𐤏𐤓𐤁𐤄•

𐤉𐤂 𐤌𐤒𐤑𐤐 𐤉𐤄𐤅𐤄 𐤋𐤀 𐤕𐤔𐤁 𐤅𐤄𐤉𐤕𐤄 𐤔𐤌𐤌𐤄 𐤊𐤋𐤄 𐤊𐤋 𐤏𐤁𐤓 𐤏𐤋 𐤁𐤁𐤋 𐤉𐤔𐤌
𐤅𐤉𐤔𐤓𐤒 𐤏𐤋 𐤊𐤋 𐤌𐤊𐤅𐤕𐤉𐤄•

𐤉𐤃 𐤏𐤓𐤊𐤅 𐤏𐤋 𐤁𐤁𐤋 𐤎𐤁𐤉𐤁 𐤊𐤋 𐤃𐤓𐤊𐤉 𐤒𐤔𐤕 𐤉𐤃𐤅 𐤀𐤋𐤉𐤄 𐤀𐤋 𐤕𐤇𐤌𐤋𐤅 𐤀𐤋
𐤇𐤑 𐤊𐤉 𐤋𐤉𐤄𐤅𐤄 𐤇𐤈𐤀𐤄•

𐤈𐤅 𐤄𐤓𐤉𐤏𐤅 𐤏𐤋𐤉𐤄 𐤎𐤁𐤉𐤁 𐤍𐤕𐤍𐤄 𐤉𐤃𐤄 𐤍𐤐𐤋𐤅 𐤀𐤔𐤅𐤉𐤕𐤉𐤄 [𐤀𐤔𐤉𐤅𐤕𐤉𐤄]
𐤍𐤄𐤓𐤎𐤅 𐤇𐤅𐤌𐤅𐤕𐤉𐤄 𐤊𐤉 𐤍𐤒𐤌𐤕 𐤉𐤄𐤅𐤄 𐤄𐤉𐤀 𐤄𐤍𐤒𐤌𐤅 𐤁𐤄 𐤊𐤀𐤔𐤓 𐤏𐤔𐤕𐤄
𐤏𐤔𐤅 𐤋𐤄•

𐤈𐤆 𐤊𐤓𐤕𐤅 𐤆𐤅𐤓𐤏 𐤌𐤁𐤁𐤋 𐤅𐤕𐤐𐤔 𐤌𐤂𐤋 𐤁𐤏𐤕 𐤒𐤑𐤉𐤓 𐤌𐤐𐤍𐤉 𐤇𐤓𐤁 𐤄𐤉𐤅𐤍𐤄 𐤀𐤉𐤔
𐤀𐤋 𐤏𐤌𐤅 𐤉𐤐𐤍𐤅 𐤅𐤀𐤉𐤔 𐤋𐤀𐤓𐤑𐤅 𐤉𐤍𐤎𐤅•

𐤉𐤆 𐤔𐤄 𐤐𐤆𐤅𐤓𐤄 𐤉𐤔𐤓𐤀𐤋 𐤀𐤓𐤉𐤅𐤕 𐤄𐤃𐤉𐤇𐤅 𐤄𐤓𐤀𐤔𐤅𐤍 𐤀𐤊𐤋𐤅 𐤌𐤋𐤊 𐤀𐤔𐤅𐤓
𐤅𐤆𐤄 𐤄𐤀𐤇𐤓𐤅𐤍 𐤏𐤑𐤌𐤅 𐤍𐤁𐤅𐤊𐤃𐤓𐤀𐤑𐤓 𐤌𐤋𐤊 𐤁𐤁𐤋•

𐤉𐤇 𐤋𐤊𐤍 𐤊𐤄 𐤀𐤌𐤓 𐤉𐤄𐤅𐤄 𐤑𐤁𐤀𐤅𐤕 𐤀𐤋𐤄𐤉 𐤉𐤔𐤓𐤀𐤋 𐤄𐤍𐤍𐤉 𐤐𐤒𐤃 𐤀𐤋 𐤌𐤋𐤊
𐤁𐤁𐤋 𐤅𐤀𐤋 𐤀𐤓𐤑𐤅 𐤊𐤀𐤔𐤓 𐤐𐤒𐤃𐤕𐤉 𐤀𐤋 𐤌𐤋𐤊 𐤀𐤔𐤅𐤓•

𐤉𐤓𐤌𐤉𐤄

𐤉𐤈 𐤅𐤔𐤁𐤁𐤕𐤉 𐤀𐤕 𐤉𐤔𐤓𐤀𐤋 𐤀𐤋 𐤍𐤅𐤄𐤅 𐤅𐤓𐤏𐤄 𐤄𐤊𐤓𐤌𐤋 𐤅𐤄𐤁𐤔𐤍 𐤅𐤁𐤄𐤓
𐤀𐤐𐤓𐤉𐤌 𐤅𐤄𐤂𐤋𐤏𐤃 𐤕𐤔𐤁𐤏 𐤍𐤐𐤔𐤅•
𐤊 𐤁𐤉𐤌𐤉𐤌 𐤄𐤄𐤌 𐤅𐤁𐤏𐤕 𐤄𐤄𐤉𐤀 𐤍𐤀𐤌 𐤉𐤄𐤅𐤄 𐤉𐤁𐤒𐤔 𐤀𐤕 𐤏𐤅𐤍 𐤉𐤔𐤓𐤀𐤋
𐤅𐤀𐤉𐤍𐤍𐤅 𐤅𐤀𐤕 𐤇𐤈𐤀𐤕 𐤉𐤄𐤅𐤃𐤄 𐤅𐤋𐤀 𐤕𐤌𐤑𐤀𐤉𐤍𐤄 𐤊𐤉 𐤀𐤎𐤋𐤇 𐤋𐤀𐤔𐤓
𐤀𐤔𐤀𐤉𐤓•
𐤊𐤀 𐤏𐤋 𐤄𐤀𐤓𐤑 𐤌𐤓𐤕𐤉𐤌 𐤏𐤋𐤄 𐤏𐤋𐤉𐤄 𐤅𐤀𐤋 𐤉𐤅𐤔𐤁𐤉 𐤐𐤒𐤅𐤃 𐤇𐤓𐤁 𐤅𐤄𐤇𐤓𐤌
𐤀𐤇𐤓𐤉𐤄𐤌 𐤍𐤀𐤌 𐤉𐤄𐤅𐤄 𐤅𐤏𐤔𐤄 𐤊𐤊𐤋 𐤀𐤔𐤓 𐤑𐤅𐤉𐤕𐤉𐤊•
𐤊𐤁 𐤒𐤅𐤋 𐤌𐤋𐤇𐤌𐤄 𐤁𐤀𐤓𐤑 𐤅𐤔𐤁𐤓 𐤂𐤃𐤅𐤋•
𐤊𐤂 𐤀𐤉𐤊 𐤍𐤂𐤃𐤏 𐤅𐤉𐤔𐤁𐤓 𐤐𐤈𐤉𐤔 𐤊𐤋 𐤄𐤀𐤓𐤑 𐤀𐤉𐤊 𐤄𐤉𐤕𐤄 𐤋𐤔𐤌𐤄 𐤁𐤁𐤋
𐤁𐤂𐤅𐤉𐤌•
𐤊𐤃 𐤉𐤒𐤔𐤕𐤉 𐤋𐤊 𐤅𐤂𐤌 𐤍𐤋𐤊𐤃𐤕 𐤁𐤁𐤋 𐤅𐤀𐤕 𐤋𐤀 𐤉𐤃𐤏𐤕 𐤍𐤌𐤑𐤀𐤕 𐤅𐤂𐤌 𐤍𐤕𐤐𐤔𐤕
𐤊𐤉 𐤁𐤉𐤄𐤅𐤄 𐤄𐤕𐤂𐤓𐤉𐤕•
𐤊𐤄 𐤐𐤕𐤇 𐤉𐤄𐤅𐤄 𐤀𐤕 𐤀𐤅𐤑𐤓𐤅 𐤅𐤉𐤅𐤑𐤀 𐤀𐤕 𐤊𐤋𐤉 𐤆𐤏𐤌𐤅 𐤊𐤉 𐤌𐤋𐤀𐤊𐤄 𐤄𐤉𐤀
𐤋𐤀𐤃𐤍𐤉 𐤉𐤄𐤅𐤄 𐤑𐤁𐤀𐤅𐤕 𐤁𐤀𐤓𐤑 𐤊𐤔𐤃𐤉𐤌•
𐤊𐤅 𐤁𐤀𐤅 𐤋𐤄 𐤌𐤒𐤑 𐤐𐤕𐤇𐤅 𐤌𐤀𐤁𐤎𐤉𐤄 𐤎𐤋𐤅𐤄 𐤊𐤌𐤅 𐤏𐤓𐤌𐤉𐤌 𐤅𐤄𐤇𐤓𐤉𐤌𐤅𐤄 𐤀𐤋
𐤕𐤄𐤉 𐤋𐤄 𐤔𐤀𐤓𐤉𐤕•
𐤊𐤆 𐤇𐤓𐤁𐤅 𐤊𐤋 𐤐𐤓𐤉𐤄 𐤉𐤓𐤃𐤅 𐤋𐤈𐤁𐤇 𐤄𐤅𐤉 𐤏𐤋𐤉𐤄𐤌 𐤊𐤉 𐤁𐤀 𐤉𐤅𐤌𐤌 𐤏𐤕
𐤐𐤒𐤃𐤕𐤌•
𐤊𐤇 𐤒𐤅𐤋 𐤍𐤎𐤉𐤌 𐤅𐤐𐤋𐤈𐤉𐤌 𐤌𐤀𐤓𐤑 𐤁𐤁𐤋 𐤋𐤄𐤂𐤉𐤃 𐤁𐤑𐤉𐤅𐤍 𐤀𐤕 𐤍𐤒𐤌𐤕 𐤉𐤄𐤅𐤄
𐤀𐤋𐤄𐤉𐤍𐤅 𐤍𐤒𐤌𐤕 𐤄𐤉𐤊𐤋𐤅•
𐤊𐤈 𐤄𐤔𐤌𐤉𐤏𐤅 𐤀𐤋 𐤁𐤁𐤋 𐤓𐤁𐤉𐤌 𐤊𐤋 𐤃𐤓𐤊𐤉 𐤒𐤔𐤕 𐤇𐤍𐤅 𐤏𐤋𐤉𐤄 𐤎𐤁𐤉𐤁 𐤀𐤋
𐤉𐤄𐤉 [𐤋𐤄] 𐤐𐤋𐤈𐤄 𐤔𐤋𐤌𐤅 𐤋𐤄 𐤊𐤐𐤏𐤋𐤄 𐤊𐤊𐤋 𐤀𐤔𐤓 𐤏𐤔𐤕𐤄 𐤏𐤔𐤅 𐤋𐤄 𐤊𐤉 𐤀𐤋
𐤉𐤄𐤅𐤄 𐤆𐤃𐤄 𐤀𐤋 𐤒𐤃𐤅𐤔 𐤉𐤔𐤓𐤀𐤋•
𐤋 𐤋𐤊𐤍 𐤉𐤐𐤋𐤅 𐤁𐤇𐤅𐤓𐤉𐤄 𐤁𐤓𐤇𐤁𐤕𐤉𐤄 𐤅𐤊𐤋 𐤀𐤍𐤔𐤉 𐤌𐤋𐤇𐤌𐤕𐤄 𐤉𐤃𐤌𐤅 𐤁𐤉𐤅𐤌
𐤄𐤄𐤅𐤀 𐤍𐤀𐤌 𐤉𐤄𐤅𐤄•
𐤋𐤀 𐤄𐤍𐤍𐤉 𐤀𐤋𐤉𐤊 𐤆𐤃𐤅𐤍 𐤍𐤀𐤌 𐤀𐤃𐤍𐤉 𐤉𐤄𐤅𐤄 𐤑𐤁𐤀𐤅𐤕 𐤊𐤉 𐤁𐤀 𐤉𐤅𐤌𐤊 𐤏𐤕
𐤐𐤒𐤃𐤕𐤉𐤊•
𐤋𐤁 𐤅𐤊𐤔𐤋 𐤆𐤃𐤅𐤍 𐤅𐤍𐤐𐤋 𐤅𐤀𐤉𐤍 𐤋𐤅 𐤌𐤒𐤉𐤌 𐤅𐤄𐤑𐤕𐤉 𐤀𐤔 𐤁𐤏𐤓𐤉𐤅 𐤅𐤀𐤊𐤋𐤄
𐤊𐤋 𐤎𐤁𐤉𐤁𐤕𐤉𐤅•
𐤋𐤂 𐤊𐤄 𐤀𐤌𐤓 𐤉𐤄𐤅𐤄 𐤑𐤁𐤀𐤅𐤕 𐤏𐤔𐤅𐤒𐤉𐤌 𐤁𐤍𐤉 𐤉𐤔𐤓𐤀𐤋 𐤅𐤁𐤍𐤉 𐤉𐤄𐤅𐤃𐤄
𐤉𐤇𐤃𐤅 𐤅𐤊𐤋 𐤔𐤁𐤉𐤄𐤌 𐤄𐤇𐤆𐤉𐤒𐤅 𐤁𐤌 𐤌𐤀𐤍𐤅 𐤔𐤋𐤇𐤌•
𐤋𐤃 𐤂𐤀𐤋𐤌 𐤇𐤆𐤒 𐤉𐤄𐤅𐤄 𐤑𐤁𐤀𐤅𐤕 𐤔𐤌𐤅 𐤓𐤉𐤁 𐤉𐤓𐤉𐤁 𐤀𐤕 𐤓𐤉𐤁𐤌 𐤋𐤌𐤏𐤍
𐤄𐤓𐤂𐤉𐤏 𐤀𐤕 𐤄𐤀𐤓𐤑 𐤅𐤄𐤓𐤂𐤉𐤆 𐤋𐤉𐤔𐤁𐤉 𐤁𐤁𐤋•

𐤉𐤓𐤌𐤉𐤄

𐤋𐤄 𐤇𐤓𐤁 𐤏𐤋 𐤊𐤔𐤃𐤉𐤌 𐤍𐤀𐤌 𐤉𐤄𐤅𐤄 𐤅𐤀𐤋 𐤉𐤔𐤁𐤉 𐤁𐤁𐤋 𐤅𐤀𐤋 𐤔𐤓𐤉𐤄 𐤅𐤀𐤋
𐤇𐤊𐤌𐤉𐤄•

𐤋𐤅 𐤇𐤓𐤁 𐤀𐤋 𐤄𐤁𐤃𐤉𐤌 𐤅𐤍𐤀𐤋𐤅 𐤇𐤓𐤁 𐤀𐤋 𐤂𐤁𐤅𐤓𐤉𐤄 𐤅𐤇𐤕𐤅•

𐤋𐤆 𐤇𐤓𐤁 𐤀𐤋 𐤎𐤅𐤎𐤉𐤅 𐤅𐤀𐤋 𐤓𐤊𐤁𐤅 𐤅𐤀𐤋 𐤊𐤋 𐤄𐤏𐤓𐤁 𐤀𐤔𐤓 𐤁𐤕𐤅𐤊𐤄 𐤅𐤄𐤉𐤅
𐤋𐤍𐤔𐤉𐤌 𐤇𐤓𐤁 𐤀𐤋 𐤀𐤅𐤑𐤓𐤕𐤉𐤄 𐤅𐤁𐤆𐤆𐤅•

𐤋𐤇 𐤇𐤓𐤁 𐤀𐤋 𐤌𐤉𐤌𐤉𐤄 𐤅𐤉𐤁𐤔𐤅 𐤊𐤉 𐤀𐤓𐤑 𐤐𐤎𐤋𐤉𐤌 𐤄𐤉𐤀 𐤅𐤁𐤀𐤉𐤌𐤉𐤌
𐤉𐤕𐤄𐤋𐤋𐤅•

𐤋𐤈 𐤋𐤊𐤍 𐤉𐤔𐤁𐤅 𐤑𐤉𐤉𐤌 𐤀𐤕 𐤀𐤉𐤉𐤌 𐤅𐤉𐤔𐤁𐤅 𐤁𐤄 𐤁𐤍𐤅𐤕 𐤉𐤏𐤍𐤄 𐤅𐤋𐤀 𐤕𐤔𐤁
𐤏𐤅𐤃 𐤋𐤍𐤑𐤇 𐤅𐤋𐤀 𐤕𐤔𐤊𐤅𐤍 𐤏𐤃 𐤃𐤅𐤓 𐤅𐤃𐤅𐤓•

𐤌 𐤊𐤌𐤄𐤐𐤊𐤕 𐤀𐤋𐤄𐤉𐤌 𐤀𐤕 𐤎𐤃𐤌 𐤅𐤀𐤕 𐤏𐤌𐤓𐤄 𐤅𐤀𐤕 𐤔𐤊𐤍𐤉𐤄 𐤍𐤀𐤌 𐤉𐤄𐤅𐤄
𐤋𐤀 𐤉𐤔𐤁 𐤔𐤌 𐤀𐤉𐤔 𐤅𐤋𐤀 𐤉𐤂𐤅𐤓 𐤁𐤄 𐤁𐤍 𐤀𐤃𐤌•

𐤌𐤀 𐤄𐤍𐤄 𐤏𐤌 𐤁𐤀 𐤌𐤑𐤐𐤅𐤍 𐤅𐤂𐤅𐤉 𐤂𐤃𐤅𐤋 𐤅𐤌𐤋𐤊𐤉𐤌 𐤓𐤁𐤉𐤌 𐤉𐤏𐤓𐤅 𐤌𐤉𐤓𐤊𐤕𐤉
𐤀𐤓𐤑•

𐤌𐤁 𐤒𐤔𐤕 𐤅𐤊𐤉𐤃𐤍 𐤉𐤇𐤆𐤉𐤒𐤅 𐤀𐤊𐤆𐤓𐤉 𐤄𐤌𐤄 𐤅𐤋𐤀 𐤉𐤓𐤇𐤌𐤅 𐤒𐤅𐤋𐤌 𐤊𐤉𐤌
𐤉𐤄𐤌𐤄 𐤅𐤏𐤋 𐤎𐤅𐤎𐤉𐤌 𐤉𐤓𐤊𐤁𐤅 𐤏𐤓𐤅𐤊 𐤊𐤀𐤉𐤔 𐤋𐤌𐤋𐤇𐤌𐤄 𐤏𐤋𐤉𐤊 𐤁𐤕 𐤁𐤁𐤋•

𐤌𐤂 𐤔𐤌𐤏 𐤌𐤋𐤊 𐤁𐤁𐤋 𐤀𐤕 𐤔𐤌𐤏𐤌 𐤅𐤓𐤐𐤅 𐤉𐤃𐤉𐤅 𐤑𐤓𐤄 𐤄𐤇𐤆𐤉𐤒𐤕𐤄𐤅 𐤇𐤉𐤋
𐤊𐤉𐤅𐤋𐤃𐤄•

𐤌𐤃 𐤄𐤍𐤄 𐤊𐤀𐤓𐤉𐤄 𐤉𐤏𐤋𐤄 𐤌𐤂𐤀𐤅𐤍 𐤄𐤉𐤓𐤃𐤍 𐤀𐤋 𐤍𐤅𐤄 𐤀𐤉𐤕𐤍 𐤊𐤉 𐤀𐤓𐤂𐤏𐤄
𐤀𐤓𐤅𐤑𐤌 [𐤀𐤓𐤉𐤑𐤌] 𐤌𐤏𐤋𐤉𐤄 𐤅𐤌𐤉 𐤁𐤇𐤅𐤓 𐤀𐤋𐤉𐤄 𐤀𐤐𐤒𐤃 𐤊𐤉 𐤌𐤉 𐤊𐤌𐤅𐤍𐤉 𐤅𐤌𐤉
𐤉𐤅𐤏𐤃𐤍𐤉 𐤅𐤌𐤉 𐤆𐤄 𐤓𐤏𐤄 𐤀𐤔𐤓 𐤉𐤏𐤌𐤃 𐤋𐤐𐤍𐤉•

𐤌𐤄 𐤋𐤊𐤍 𐤔𐤌𐤏𐤅 𐤏𐤑𐤕 𐤉𐤄𐤅𐤄 𐤀𐤔𐤓 𐤉𐤏𐤑 𐤀𐤋 𐤁𐤁𐤋 𐤅𐤌𐤇𐤔𐤁𐤅𐤕𐤉𐤅 𐤀𐤔𐤓
𐤇𐤔𐤁 𐤀𐤋 𐤀𐤓𐤑 𐤊𐤔𐤃𐤉𐤌 𐤀𐤌 𐤋𐤀 𐤉𐤎𐤇𐤁𐤅𐤌 𐤑𐤏𐤉𐤓𐤉 𐤄𐤑𐤀𐤍 𐤀𐤌 𐤋𐤀 𐤉𐤔𐤉𐤌
𐤏𐤋𐤉𐤄𐤌 𐤍𐤅𐤄•

𐤌𐤅 𐤌𐤒𐤅𐤋 𐤍𐤕𐤐𐤔𐤄 𐤁𐤁𐤋 𐤍𐤓𐤏𐤔𐤄 𐤄𐤀𐤓𐤑 𐤅𐤆𐤏𐤒𐤄 𐤁𐤂𐤅𐤉𐤌 𐤍𐤔𐤌𐤏•

𐤐𐤓𐤒 𐤍𐤀

𐤀 𐤊𐤄 𐤀𐤌𐤓 𐤉𐤄𐤅𐤄 𐤄𐤍𐤍𐤉 𐤌𐤏𐤉𐤓 𐤏𐤋 𐤁𐤁𐤋 𐤅𐤀𐤋 𐤉𐤔𐤁𐤉 𐤋𐤁 𐤒𐤌𐤉 𐤓𐤅𐤇
𐤌𐤔𐤇𐤉𐤕•

𐤁 𐤅𐤔𐤋𐤇𐤕𐤉 𐤋𐤁𐤁𐤋 𐤆𐤓𐤉𐤌 𐤅𐤆𐤓𐤅𐤄 𐤅𐤉𐤁𐤒𐤒𐤅 𐤀𐤕 𐤀𐤓𐤑𐤄 𐤊𐤉 𐤄𐤉𐤅 𐤏𐤋𐤉𐤄
𐤌𐤎𐤁𐤉𐤁 𐤁𐤉𐤅𐤌 𐤓𐤏𐤄•

𐤂 𐤀𐤋 𐤉𐤃𐤓𐤊 (𐤊𐤕𐤉𐤁 𐤅𐤋𐤀 𐤒𐤓𐤉•
) 𐤉𐤃𐤓𐤊 𐤄𐤃𐤓𐤊 𐤒𐤔𐤕𐤅 𐤅𐤀𐤋 𐤉𐤕𐤏𐤋 𐤁𐤎𐤓𐤉𐤍𐤅 𐤅𐤀𐤋 𐤕𐤇𐤌𐤋𐤅 𐤀𐤋 𐤁𐤇𐤓𐤉𐤄
𐤄𐤇𐤓𐤉𐤌𐤅 𐤊𐤋 𐤑𐤁𐤀𐤄•

𐤃 𐤅𐤍𐤐𐤋𐤅 𐤇𐤋𐤋𐤉𐤌 𐤁𐤀𐤓𐤑 𐤊𐤔𐤃𐤉𐤌 𐤅𐤌𐤃𐤒𐤓𐤉𐤌 𐤁𐤇𐤅𐤑𐤅𐤕𐤉𐤄•
𐤄 𐤊𐤉 𐤋𐤀 𐤀𐤋𐤌𐤍 𐤉𐤔𐤓𐤀𐤋 𐤅𐤉𐤄𐤅𐤃𐤄 𐤌𐤀𐤋𐤄𐤉𐤅 𐤌𐤉𐤄𐤅𐤄 𐤑𐤁𐤀𐤅𐤕 𐤊𐤉
𐤀𐤓𐤑𐤌 𐤌𐤋𐤀𐤄 𐤀𐤔𐤌 𐤌𐤒𐤃𐤅𐤔 𐤉𐤔𐤓𐤀𐤋•
𐤅 𐤍𐤎𐤅 𐤌𐤕𐤅𐤊 𐤁𐤁𐤋 𐤅𐤌𐤋𐤈𐤅 𐤀𐤉𐤔 𐤍𐤐𐤔𐤅 𐤀𐤋 𐤕𐤃𐤌𐤅 𐤁𐤏𐤅𐤍𐤄 𐤊𐤉 𐤏𐤕
𐤍𐤒𐤌𐤄 𐤄𐤉𐤀 𐤋𐤉𐤄𐤅𐤄 𐤂𐤌𐤅𐤋 𐤄𐤅𐤀 𐤌𐤔𐤋𐤌 𐤋𐤄•
𐤆 𐤊𐤅𐤎 𐤆𐤄𐤁 𐤁𐤁𐤋 𐤁𐤉𐤃 𐤉𐤄𐤅𐤄 𐤌𐤔𐤊𐤓𐤕 𐤊𐤋 𐤄𐤀𐤓𐤑 𐤌𐤉𐤉𐤍𐤄 𐤔𐤕𐤅 𐤂𐤅𐤉𐤌
𐤏𐤋 𐤊𐤍 𐤉𐤕𐤄𐤋𐤋𐤅 𐤂𐤅𐤉𐤌•
𐤇 𐤐𐤕𐤀𐤌 𐤍𐤐𐤋𐤄 𐤁𐤁𐤋 𐤅𐤕𐤔𐤁𐤓 𐤄𐤉𐤋𐤉𐤋𐤅 𐤏𐤋𐤉𐤄 𐤒𐤇𐤅 𐤑𐤓𐤉 𐤋𐤌𐤊𐤀𐤅𐤁𐤄
𐤀𐤅𐤋𐤉 𐤕𐤓𐤐𐤀•
𐤈 𐤓𐤐𐤀𐤍𐤅 𐤀𐤕 𐤁𐤁𐤋 𐤅𐤋𐤀 𐤍𐤓𐤐𐤕𐤄 𐤏𐤆𐤁𐤅𐤄 𐤅𐤍𐤋𐤊 𐤀𐤉𐤔 𐤋𐤀𐤓𐤑𐤅 𐤊𐤉 𐤍𐤂𐤏 𐤀𐤋
𐤄𐤔𐤌𐤉𐤌 𐤌𐤔𐤐𐤈𐤄 𐤅𐤍𐤔𐤀 𐤏𐤃 𐤔𐤇𐤒𐤉𐤌•
𐤉 𐤄𐤅𐤑𐤉𐤀 𐤉𐤄𐤅𐤄 𐤀𐤕 𐤑𐤃𐤒𐤕𐤉𐤍𐤅 𐤁𐤀𐤅 𐤅𐤍𐤎𐤐𐤓𐤄 𐤁𐤑𐤉𐤅𐤍 𐤀𐤕 𐤌𐤏𐤔𐤄
𐤉𐤄𐤅𐤄 𐤀𐤋𐤄𐤉𐤍𐤅•
𐤉𐤀 𐤄𐤁𐤓𐤅 𐤄𐤇𐤑𐤉𐤌 𐤌𐤋𐤀𐤅 𐤄𐤔𐤋𐤈𐤉𐤌 𐤄𐤏𐤉𐤓 𐤉𐤄𐤅𐤄 𐤀𐤕 𐤓𐤅𐤇 𐤌𐤋𐤊𐤉 𐤌𐤃𐤉
𐤊𐤉 𐤏𐤋 𐤁𐤁𐤋 𐤌𐤆𐤌𐤕𐤅 𐤋𐤄𐤔𐤇𐤉𐤕𐤄 𐤊𐤉 𐤍𐤒𐤌𐤕 𐤉𐤄𐤅𐤄 𐤄𐤉𐤀 𐤍𐤒𐤌𐤕
𐤄𐤉𐤊𐤋𐤅•
𐤉𐤁 𐤀𐤋 𐤇𐤅𐤌𐤕 𐤁𐤁𐤋 𐤔𐤀𐤅 𐤍𐤎 𐤄𐤇𐤆𐤉𐤒𐤅 𐤄𐤌𐤔𐤌𐤓 𐤄𐤒𐤉𐤌𐤅 𐤔𐤌𐤓𐤉𐤌
𐤄𐤊𐤉𐤍𐤅 𐤄𐤀𐤓𐤁𐤉𐤌 𐤊𐤉 𐤂𐤌 𐤆𐤌𐤌 𐤉𐤄𐤅𐤄 𐤂𐤌 𐤏𐤔𐤄 𐤀𐤕 𐤀𐤔𐤓 𐤃𐤁𐤓 𐤀𐤋
𐤉𐤔𐤁𐤉 𐤁𐤁𐤋•
𐤉𐤂 𐤔𐤊𐤍𐤕𐤉 [𐤔𐤊𐤍𐤕] 𐤏𐤋 𐤌𐤉𐤌 𐤓𐤁𐤉𐤌 𐤓𐤁𐤕 𐤀𐤅𐤑𐤓𐤕 𐤁𐤀 𐤒𐤑𐤊 𐤀𐤌𐤕
𐤁𐤑𐤏𐤊•
𐤉𐤃 𐤍𐤔𐤁𐤏 𐤉𐤄𐤅𐤄 𐤑𐤁𐤀𐤅𐤕 𐤁𐤍𐤐𐤔𐤅 𐤊𐤉 𐤀𐤌 𐤌𐤋𐤀𐤕𐤉𐤊 𐤀𐤃𐤌 𐤊𐤉𐤋𐤒 𐤅𐤏𐤍𐤅
𐤏𐤋𐤉𐤊 𐤄𐤉𐤃𐤃•
𐤈𐤅 𐤏𐤔𐤄 𐤀𐤓𐤑 𐤁𐤊𐤇𐤅 𐤌𐤊𐤉𐤍 𐤕𐤁𐤋 𐤁𐤇𐤊𐤌𐤕𐤅 𐤅𐤁𐤕𐤁𐤅𐤍𐤕𐤅 𐤍𐤈𐤄 𐤔𐤌𐤉𐤌•
𐤈𐤆 𐤋𐤒𐤅𐤋 𐤕𐤕𐤅 𐤄𐤌𐤅𐤍 𐤌𐤉𐤌 𐤁𐤔𐤌𐤉𐤌 𐤅𐤉𐤏𐤋 𐤍𐤔𐤀𐤉𐤌 𐤌𐤒𐤑𐤄 𐤀𐤓𐤑
𐤁𐤓𐤒𐤉𐤌 𐤋𐤌𐤈𐤓 𐤏𐤔𐤄 𐤅𐤉𐤅𐤑𐤀 𐤓𐤅𐤇 𐤌𐤀𐤑𐤓𐤕𐤉𐤅•
𐤉𐤆 𐤍𐤁𐤏𐤓 𐤊𐤋 𐤀𐤃𐤌 𐤌𐤃𐤏𐤕 𐤄𐤁𐤉𐤔 𐤊𐤋 𐤑𐤅𐤓𐤐 𐤌𐤐𐤎𐤋 𐤊𐤉 𐤔𐤒𐤓 𐤍𐤎𐤊𐤅 𐤅𐤋𐤀
𐤓𐤅𐤇 𐤁𐤌•
𐤉𐤇 𐤄𐤁𐤋 𐤄𐤌𐤄 𐤌𐤏𐤔𐤄 𐤕𐤏𐤕𐤏𐤉𐤌 𐤁𐤏𐤕 𐤐𐤒𐤃𐤕𐤌 𐤉𐤀𐤁𐤃𐤅•
𐤉𐤈 𐤋𐤀 𐤊𐤀𐤋𐤄 𐤇𐤋𐤒 𐤉𐤏𐤒𐤅𐤁 𐤊𐤉 𐤉𐤅𐤑𐤓 𐤄𐤊𐤋 𐤄𐤅𐤀 𐤅𐤔𐤁𐤈 𐤍𐤇𐤋𐤕𐤅 𐤉𐤄𐤅𐤄
𐤑𐤁𐤀𐤅𐤕 𐤔𐤌𐤅•
𐤊 𐤌𐤐𐤑 𐤀𐤕𐤄 𐤋𐤉 𐤊𐤋𐤉 𐤌𐤋𐤇𐤌𐤄 𐤅𐤍𐤐𐤑𐤕𐤉 𐤁𐤊 𐤂𐤅𐤉𐤌 𐤅𐤄𐤔𐤇𐤕𐤉 𐤁𐤊
𐤌𐤌𐤋𐤊𐤅𐤕•

כא ונפצתי בך סוס ורכבו ונפצתי בך רכב ורכבו׃
כב ונפצתי בך איש ואשה ונפצתי בך זקן ונער ונפצתי בך
בחור ובתולה׃
כג ונפצתי בך רעה ועדרו ונפצתי בך אכר וצמדו ונפצתי בך
פחות וסגנים׃
כד ושלמתי לבבל ולכל יושבי כשדים את כל רעתם אשר עשו
בציון לעיניכם נאם יהוה׃
כה הנני אליך הר המשחית נאם יהוה המשחית את כל הארץ
ונטיתי את ידי עליך וגלגלתיך מן הסלעים ונתתיך להר
שרפה׃
כו ולא יקחו ממך אבן לפנה ואבן למוסדות כי שממות עולם
תהיה נאם יהוה׃
כז שאו נס בארץ תקעו שופר בגוים קדשו עליה גוים השמיעו
עליה ממלכות אררט מני ואשכנז פקדו עליה טפסר העלו סוס
כילק סמר׃
כח קדשו עליה גוים את מלכי מדי את פחותיה ואת כל סגניה
ואת כל ארץ ממשלתו׃
כט ותרעש הארץ ותחל כי קמה על בבל מחשבות יהוה לשום את
ארץ בבל לשמה מאין יושב׃
ל חדלו גבורי בבל להלחם ישבו במצדות נשתה גבורתם היו
לנשים הציתו משכנתיה נשברו בריחיה׃
לא רץ לקראת רץ ירוץ ומגיד לקראת מגיד להגיד למלך בבל
כי נלכדה עירו מקצה׃
לב והמעברות נתפשו ואת האגמים שרפו באש ואנשי המלחמה
נבהלו׃
לג כי כה אמר יהוה צבאות אלהי ישראל בת בבל כגרן עת
הדריכה עוד מעט ובאה עת הקציר לה׃
לד אכלנו [אכלני] הממנו [הממני] נבוכדראצר מלך בבל
הציגנו [הציגני] כלי ריק בלענו [בלעני] כתנין מלא כרשו
מעדני הדיחנו [הדיחני]׃
לה חמסי ושארי על בבל תאמר ישבת ציון ודמי אל ישבי
כשדים תאמר ירושלם׃
לו לכן כה אמר יהוה הנני רב את ריבך ונקמתי את נקמתך

𐤉𐤓𐤌𐤉𐤄

𐤅𐤄𐤇𐤓𐤁𐤕𐤉 𐤀𐤕 𐤉𐤌𐤄 𐤅𐤄𐤁𐤔𐤕𐤉 𐤀𐤕 𐤌𐤒𐤅𐤓𐤄·
𐤋𐤆 𐤅𐤄𐤉𐤕𐤄 𐤁𐤁𐤋 𐤋𐤂𐤋𐤉𐤌 𐤌𐤏𐤅𐤍 𐤕𐤍𐤉𐤌 𐤔𐤌𐤄 𐤅𐤔𐤓𐤒𐤄 𐤌𐤀𐤉𐤍 𐤉𐤅𐤔𐤁·
𐤋𐤇 𐤉𐤇𐤃𐤅 𐤊𐤊𐤐𐤓𐤉𐤌 𐤉𐤔𐤀𐤂𐤅 𐤍𐤏𐤓𐤅 𐤊𐤂𐤅𐤓𐤉 𐤀𐤓𐤉𐤅𐤕·
𐤋𐤈 𐤁𐤇𐤌𐤌 𐤀𐤔𐤉𐤕 𐤀𐤕 𐤌𐤔𐤕𐤉𐤄𐤌 𐤅𐤄𐤔𐤊𐤓𐤕𐤉𐤌 𐤋𐤌𐤏𐤍 𐤉𐤏𐤋𐤆𐤅 𐤅𐤉𐤔𐤍𐤅
𐤔𐤍𐤕 𐤏𐤅𐤋𐤌 𐤅𐤋𐤀 𐤉𐤒𐤉𐤑𐤅 𐤍𐤀𐤌 𐤉𐤄𐤅𐤄·
𐤌 𐤀𐤅𐤓𐤉𐤃𐤌 𐤊𐤊𐤓𐤉𐤌 𐤋𐤈𐤁𐤅𐤇 𐤊𐤀𐤉𐤋𐤉𐤌 𐤏𐤌 𐤏𐤕𐤅𐤃𐤉𐤌·
𐤌𐤀 𐤀𐤉𐤊 𐤍𐤋𐤊𐤃𐤄 𐤔𐤔𐤊 𐤅𐤕𐤕𐤐𐤔 𐤕𐤄𐤋𐤕 𐤊𐤋 𐤄𐤀𐤓𐤑 𐤀𐤉𐤊 𐤄𐤉𐤕𐤄 𐤋𐤔𐤌𐤄
𐤁𐤁𐤋 𐤁𐤂𐤅𐤉𐤌·
𐤌𐤁 𐤏𐤋𐤄 𐤏𐤋 𐤁𐤁𐤋 𐤄𐤉𐤌 𐤁𐤄𐤌𐤅𐤍 𐤂𐤋𐤉𐤅 𐤍𐤊𐤎𐤕𐤄·
𐤌𐤂 𐤄𐤉𐤅 𐤏𐤓𐤉𐤄 𐤋𐤔𐤌𐤄 𐤀𐤓𐤑 𐤑𐤉𐤄 𐤅𐤏𐤓𐤁𐤄 𐤀𐤓𐤑 𐤋𐤀 𐤉𐤔𐤁 𐤁𐤄𐤍 𐤊𐤋 𐤀𐤉𐤔
𐤅𐤋𐤀 𐤉𐤏𐤁𐤓 𐤁𐤄𐤍 𐤁𐤍 𐤀𐤃𐤌·
𐤌𐤃 𐤅𐤐𐤒𐤃𐤕𐤉 𐤏𐤋 𐤁𐤋 𐤁𐤁𐤁𐤋 𐤅𐤄𐤑𐤀𐤕𐤉 𐤀𐤕 𐤁𐤋𐤏𐤅 𐤌𐤐𐤉𐤅 𐤅𐤋𐤀 𐤉𐤍𐤄𐤓𐤅
𐤀𐤋𐤉𐤅 𐤏𐤅𐤃 𐤂𐤅𐤉𐤌 𐤂𐤌 𐤇𐤅𐤌𐤕 𐤁𐤁𐤋 𐤍𐤐𐤋𐤄·
𐤌𐤄 𐤑𐤀𐤅 𐤌𐤕𐤅𐤊𐤄 𐤏𐤌𐤉 𐤅𐤌𐤋𐤈𐤅 𐤀𐤉𐤔 𐤀𐤕 𐤍𐤐𐤔𐤅 𐤌𐤇𐤓𐤅𐤍 𐤀𐤐 𐤉𐤄𐤅𐤄·
𐤌𐤅 𐤅𐤐𐤍 𐤉𐤓𐤊 𐤋𐤁𐤁𐤊𐤌 𐤅𐤕𐤉𐤓𐤀𐤅 𐤁𐤔𐤌𐤅𐤏𐤄 𐤄𐤍𐤔𐤌𐤏𐤕 𐤁𐤀𐤓𐤑 𐤅𐤁𐤀 𐤁𐤔𐤍𐤄
𐤄𐤔𐤌𐤅𐤏𐤄 𐤅𐤀𐤇𐤓𐤉𐤅 𐤁𐤔𐤍𐤄 𐤄𐤔𐤌𐤅𐤏𐤄 𐤅𐤇𐤌𐤎 𐤁𐤀𐤓𐤑 𐤅𐤌𐤔𐤋 𐤏𐤋 𐤌𐤔𐤋·
𐤌𐤆 𐤋𐤊𐤍 𐤄𐤍𐤄 𐤉𐤌𐤉𐤌 𐤁𐤀𐤉𐤌 𐤅𐤐𐤒𐤃𐤕𐤉 𐤏𐤋 𐤐𐤎𐤉𐤋𐤉 𐤁𐤁𐤋 𐤅𐤊𐤋 𐤀𐤓𐤑𐤄
𐤕𐤁𐤅𐤔 𐤅𐤊𐤋 𐤇𐤋𐤋𐤉𐤄 𐤉𐤐𐤋𐤅 𐤁𐤕𐤅𐤊𐤄·
𐤌𐤇 𐤅𐤓𐤍𐤍𐤅 𐤏𐤋 𐤁𐤁𐤋 𐤔𐤌𐤉𐤌 𐤅𐤀𐤓𐤑 𐤅𐤊𐤋 𐤀𐤔𐤓 𐤁𐤄𐤌 𐤊𐤉 𐤌𐤑𐤐𐤅𐤍 𐤉𐤁𐤅𐤀 𐤋𐤄
𐤄𐤔𐤅𐤃𐤃𐤉𐤌 𐤍𐤀𐤌 𐤉𐤄𐤅𐤄·
𐤌𐤈 𐤂𐤌 𐤁𐤁𐤋 𐤋𐤍𐤐𐤋 𐤇𐤋𐤋𐤉 𐤉𐤔𐤓𐤀𐤋 𐤂𐤌 𐤋𐤁𐤁𐤋 𐤍𐤐𐤋𐤅 𐤇𐤋𐤋𐤉 𐤊𐤋 𐤄𐤀𐤓𐤑·
𐤍 𐤐𐤋𐤈𐤉𐤌 𐤌𐤇𐤓𐤁 𐤄𐤋𐤊𐤅 𐤀𐤋 𐤕𐤏𐤌𐤃𐤅 𐤆𐤊𐤓𐤅 𐤌𐤓𐤇𐤅𐤒 𐤀𐤕 𐤉𐤄𐤅𐤄 𐤅𐤉𐤓𐤅𐤔𐤋𐤌
𐤕𐤏𐤋𐤄 𐤏𐤋 𐤋𐤁𐤁𐤊𐤌·
𐤍𐤀 𐤁𐤔𐤍𐤅 𐤊𐤉 𐤔𐤌𐤏𐤍𐤅 𐤇𐤓𐤐𐤄 𐤊𐤎𐤕𐤄 𐤊𐤋𐤌𐤄 𐤐𐤍𐤉𐤍𐤅 𐤊𐤉 𐤁𐤀𐤅 𐤆𐤓𐤉𐤌 𐤏𐤋
𐤌𐤒𐤃𐤔𐤉 𐤁𐤉𐤕 𐤉𐤄𐤅𐤄·
𐤍𐤁 𐤋𐤊𐤍 𐤄𐤍𐤄 𐤉𐤌𐤉𐤌 𐤁𐤀𐤉𐤌 𐤍𐤀𐤌 𐤉𐤄𐤅𐤄 𐤅𐤐𐤒𐤃𐤕𐤉 𐤏𐤋 𐤐𐤎𐤉𐤋𐤉𐤄 𐤅𐤁𐤊𐤋
𐤀𐤓𐤑𐤄 𐤉𐤀𐤍𐤒 𐤇𐤋𐤋·
𐤍𐤂 𐤊𐤉 𐤕𐤏𐤋𐤄 𐤁𐤁𐤋 𐤄𐤔𐤌𐤉𐤌 𐤅𐤊𐤉 𐤕𐤁𐤑𐤓 𐤌𐤓𐤅𐤌 𐤏𐤆𐤄 𐤌𐤀𐤕𐤉 𐤉𐤁𐤀𐤅
𐤔𐤃𐤃𐤉𐤌 𐤋𐤄 𐤍𐤀𐤌 𐤉𐤄𐤅𐤄·
𐤍𐤃 𐤒𐤅𐤋 𐤆𐤏𐤒𐤄 𐤌𐤁𐤁𐤋 𐤅𐤔𐤁𐤓 𐤂𐤃𐤅𐤋 𐤌𐤀𐤓𐤑 𐤊𐤔𐤃𐤉𐤌·
𐤍𐤄 𐤊𐤉 𐤔𐤃𐤃 𐤉𐤄𐤅𐤄 𐤀𐤕 𐤁𐤁𐤋 𐤅𐤀𐤁𐤃 𐤌𐤌𐤍𐤄 𐤒𐤅𐤋 𐤂𐤃𐤅𐤋 𐤅𐤄𐤌𐤅 𐤂𐤋𐤉𐤄𐤌
𐤊𐤌𐤉𐤌 𐤓𐤁𐤉𐤌 𐤍𐤕𐤍 𐤔𐤀𐤅𐤍 𐤒𐤅𐤋𐤌·
𐤍𐤅 𐤊𐤉 𐤁𐤀 𐤏𐤋𐤉𐤄 𐤏𐤋 𐤁𐤁𐤋 𐤔𐤅𐤃𐤃 𐤅𐤍𐤋𐤊𐤃𐤅 𐤂𐤁𐤅𐤓𐤉𐤄 𐤇𐤕𐤕𐤄 𐤒𐤔𐤕𐤅𐤕𐤌 𐤊𐤉

ירמיה

אל גמלות יהוה שלם ישלם•
נז והשכרתי שריה וחכמיה פחותיה וסגניה וגבוריה וישנו
שנת עולם ולא יקיצו נאם המלך יהוה צבאות שמו•
נח כה אמר יהוה צבאות חמות בבל הרחבה ערער תתערער ושעריה
הגבהים באש יצתו ויגעו עמים בדי ריק ולאמים בדי אש
ויעפו•
נט הדבר אשר צוה ירמיהו הנביא את שריה בן נריה בן
מחסיה בלכתו את צדקיהו מלך יהודה בבל בשנת הרבעית
למלכו ושריה שר מנוחה•
ס ויכתב ירמיהו את כל הרעה אשר תבוא אל בבל אל ספר אחד
את כל הדברים הכתבים אל בבל•
סא ויאמר ירמיהו אל שריה כבאך בבל וראית וקראת את כל
הדברים האלה•
סב ואמרת יהוה אתה דברת אל המקום הזה להכריתו לבלתי
היות בו יושב למאדם ועד בהמה כי שממות עולם תהיה•
סג והיה ככלתך לקרא את הספר הזה תקשר עליו אבן והשלכתו
אל תוך פרת•
סד ואמרת ככה תשקע בבל ולא תקום מפני הרעה אשר אנכי
מביא עליה ויעפו עד הנה דברי ירמיהו•

פרק נב

א בן עשרים ואחת שנה צדקיהו במלכו ואחת עשרה שנה מלך
בירושלם ושם אמו חמיטל [חמוטל] בת ירמיהו מלבנה•
ב ויעש הרע בעיני יהוה ככל אשר עשה יהויקים•
ג כי על אף יהוה היתה בירושלם ויהודה עד השליכו אותם
מעל פניו וימרד צדקיהו במלך בבל•
ד ויהי בשנה התשעית למלכו בחדש העשירי בעשור לחדש בא
נבוכדראצר מלך בבל הוא וכל חילו על ירושלם ויחנו עליה
ויבנו עליה דיק סביב•
ה ותבא העיר במצור עד עשתי עשרה שנה למלך צדקיהו•
ו בחדש הרביעי בתשעה לחדש ויחזק הרעב בעיר ולא היה לחם
לעם הארץ•
ז ותבקע העיר וכל אנשי המלחמה יברחו ויצאו מהעיר לילה

𐤉𐤓𐤌𐤉𐤄

𐤃𐤓𐤊 𐤔𐤏𐤓 𐤁𐤉𐤍 𐤄𐤇𐤌𐤕𐤉𐤌 𐤀𐤔𐤓 𐤏𐤋 𐤂𐤍 𐤄𐤌𐤋𐤊 𐤅𐤊𐤔𐤃𐤉𐤌 𐤏𐤋 𐤄𐤏𐤉𐤓 𐤎𐤁𐤉𐤁
𐤅𐤉𐤋𐤊𐤅 𐤃𐤓𐤊 𐤄𐤏𐤓𐤁𐤄.

𐤇 𐤅𐤉𐤓𐤃𐤐𐤅 𐤇𐤉𐤋 𐤊𐤔𐤃𐤉𐤌 𐤀𐤇𐤓𐤉 𐤄𐤌𐤋𐤊 𐤅𐤉𐤔𐤉𐤂𐤅 𐤀𐤕 𐤑𐤃𐤒𐤉𐤄𐤅 𐤁𐤏𐤓𐤁𐤕
𐤉𐤓𐤇𐤅 𐤅𐤊𐤋 𐤇𐤉𐤋𐤅 𐤍𐤐𐤑𐤅 𐤌𐤏𐤋𐤉𐤅.

𐤈 𐤅𐤉𐤕𐤐𐤔𐤅 𐤀𐤕 𐤄𐤌𐤋𐤊 𐤅𐤉𐤏𐤋𐤅 𐤀𐤕𐤅 𐤀𐤋 𐤌𐤋𐤊 𐤁𐤁𐤋 𐤓𐤁𐤋𐤕𐤄 𐤁𐤀𐤓𐤑 𐤇𐤌𐤕
𐤅𐤉𐤃𐤁𐤓 𐤀𐤕𐤅 𐤌𐤔𐤐𐤈𐤉𐤌.

𐤉 𐤅𐤉𐤔𐤇𐤈 𐤌𐤋𐤊 𐤁𐤁𐤋 𐤀𐤕 𐤁𐤍𐤉 𐤑𐤃𐤒𐤉𐤄𐤅 𐤋𐤏𐤉𐤍𐤉𐤅 𐤅𐤂𐤌 𐤀𐤕 𐤊𐤋 𐤔𐤓𐤉
𐤉𐤄𐤅𐤃𐤄 𐤔𐤇𐤈 𐤁𐤓𐤁𐤋𐤕𐤄.

𐤉𐤀 𐤅𐤀𐤕 𐤏𐤉𐤍𐤉 𐤑𐤃𐤒𐤉𐤄𐤅 𐤏𐤅𐤓 𐤅𐤉𐤀𐤎𐤓𐤄𐤅 𐤁𐤍𐤇𐤔𐤕𐤉𐤌 𐤅𐤉𐤁𐤀𐤄𐤅 𐤌𐤋𐤊
𐤁𐤁𐤋 𐤁𐤁𐤋𐤄 𐤅𐤉𐤕𐤍𐤄𐤅 𐤁𐤁𐤉𐤕 [𐤁𐤉𐤕] 𐤄𐤐𐤒𐤃𐤕 𐤏𐤃 𐤉𐤅𐤌 𐤌𐤅𐤕𐤅.

𐤉𐤁 𐤅𐤁𐤇𐤃𐤔 𐤄𐤇𐤌𐤉𐤔𐤉 𐤁𐤏𐤔𐤅𐤓 𐤋𐤇𐤃𐤔 𐤄𐤉𐤀 𐤔𐤍𐤕 𐤕𐤔𐤏 𐤏𐤔𐤓𐤄 𐤔𐤍𐤄
𐤋𐤌𐤋𐤊 𐤍𐤁𐤅𐤊𐤃𐤓𐤀𐤑𐤓 𐤌𐤋𐤊 𐤁𐤁𐤋 𐤁𐤀 𐤍𐤁𐤅𐤆𐤓𐤀𐤃𐤍 𐤓𐤁 𐤈𐤁𐤇𐤉𐤌 𐤏𐤌𐤃 𐤋𐤐𐤍𐤉
𐤌𐤋𐤊 𐤁𐤁𐤋 𐤁𐤉𐤓𐤅𐤔𐤋𐤌.

𐤉𐤂 𐤅𐤉𐤔𐤓𐤐 𐤀𐤕 𐤁𐤉𐤕 𐤉𐤄𐤅𐤄 𐤅𐤀𐤕 𐤁𐤉𐤕 𐤄𐤌𐤋𐤊 𐤅𐤀𐤕 𐤊𐤋 𐤁𐤕𐤉 𐤉𐤓𐤅𐤔𐤋𐤌
𐤅𐤀𐤕 𐤊𐤋 𐤁𐤉𐤕 𐤄𐤂𐤃𐤅𐤋 𐤔𐤓𐤐 𐤁𐤀𐤔.

𐤉𐤃 𐤅𐤀𐤕 𐤊𐤋 𐤇𐤌𐤅𐤕 𐤉𐤓𐤅𐤔𐤋𐤌 𐤎𐤁𐤉𐤁 𐤍𐤕𐤑𐤅 𐤊𐤋 𐤇𐤉𐤋 𐤊𐤔𐤃𐤉𐤌 𐤀𐤔𐤓 𐤀𐤕
𐤓𐤁 𐤈𐤁𐤇𐤉𐤌.

𐤈𐤅 𐤅𐤌𐤃𐤋𐤅𐤕 𐤄𐤏𐤌 𐤅𐤀𐤕 𐤉𐤕𐤓 𐤄𐤏𐤌 𐤄𐤍𐤔𐤀𐤓𐤉𐤌 𐤁𐤏𐤉𐤓 𐤅𐤀𐤕 𐤄𐤍𐤐𐤋𐤉𐤌
𐤀𐤔𐤓 𐤍𐤐𐤋𐤅 𐤀𐤋 𐤌𐤋𐤊 𐤁𐤁𐤋 𐤅𐤀𐤕 𐤉𐤕𐤓 𐤄𐤀𐤌𐤅𐤍 𐤄𐤂𐤋𐤄 𐤍𐤁𐤅𐤆𐤓𐤀𐤃𐤍 𐤓𐤁
𐤈𐤁𐤇𐤉𐤌.

𐤈𐤆 𐤅𐤌𐤃𐤋𐤅𐤕 𐤄𐤀𐤓𐤑 𐤄𐤔𐤀𐤉𐤓 𐤍𐤁𐤅𐤆𐤓𐤀𐤃𐤍 𐤓𐤁 𐤈𐤁𐤇𐤉𐤌 𐤋𐤊𐤓𐤌𐤉𐤌
𐤅𐤋𐤉𐤂𐤁𐤉𐤌.

𐤉𐤆 𐤅𐤀𐤕 𐤏𐤌𐤅𐤃𐤉 𐤄𐤍𐤇𐤔𐤕 𐤀𐤔𐤓 𐤋𐤁𐤉𐤕 𐤉𐤄𐤅𐤄 𐤅𐤀𐤕 𐤄𐤌𐤊𐤍𐤅𐤕 𐤅𐤀𐤕 𐤉𐤌
𐤄𐤍𐤇𐤔𐤕 𐤀𐤔𐤓 𐤁𐤁𐤉𐤕 𐤉𐤄𐤅𐤄 𐤔𐤁𐤓𐤅 𐤊𐤔𐤃𐤉𐤌 𐤅𐤉𐤔𐤀𐤅 𐤀𐤕 𐤊𐤋 𐤍𐤇𐤔𐤕𐤌
𐤁𐤁𐤋𐤄.

𐤉𐤇 𐤅𐤀𐤕 𐤄𐤎𐤓𐤅𐤕 𐤅𐤀𐤕 𐤄𐤉𐤏𐤉𐤌 𐤅𐤀𐤕 𐤄𐤌𐤆𐤌𐤓𐤅𐤕 𐤅𐤀𐤕 𐤄𐤌𐤆𐤓𐤒𐤕 𐤅𐤀𐤕
𐤄𐤊𐤐𐤅𐤕 𐤅𐤀𐤕 𐤊𐤋 𐤊𐤋𐤉 𐤄𐤍𐤇𐤔𐤕 𐤀𐤔𐤓 𐤉𐤔𐤓𐤕𐤅 𐤁𐤄𐤌 𐤋𐤒𐤇𐤅.

𐤉𐤈 𐤅𐤀𐤕 𐤄𐤎𐤐𐤉𐤌 𐤅𐤀𐤕 𐤄𐤌𐤇𐤕𐤅𐤕 𐤅𐤀𐤕 𐤄𐤌𐤆𐤓𐤒𐤅𐤕 𐤅𐤀𐤕 𐤄𐤎𐤉𐤓𐤅𐤕 𐤅𐤀𐤕
𐤄𐤌𐤍𐤓𐤅𐤕 𐤅𐤀𐤕 𐤄𐤊𐤐𐤅𐤕 𐤅𐤀𐤕 𐤄𐤌𐤍𐤒𐤉𐤅𐤕 𐤀𐤔𐤓 𐤆𐤄𐤁 𐤆𐤄𐤁 𐤅𐤀𐤔𐤓 𐤊𐤎𐤐 𐤊𐤎𐤐
𐤋𐤒𐤇 𐤓𐤁 𐤈𐤁𐤇𐤉𐤌.

𐤊 𐤄𐤏𐤌𐤅𐤃𐤉𐤌 𐤔𐤍𐤉𐤌 𐤄𐤉𐤌 𐤀𐤇𐤃 𐤅𐤄𐤁𐤒𐤓 𐤔𐤍𐤉𐤌 𐤏𐤔𐤓 𐤍𐤇𐤔𐤕 𐤀𐤔𐤓 𐤕𐤇𐤕
𐤄𐤌𐤊𐤍𐤅𐤕 𐤀𐤔𐤓 𐤏𐤔𐤄 𐤄𐤌𐤋𐤊 𐤔𐤋𐤌𐤄 𐤋𐤁𐤉𐤕 𐤉𐤄𐤅𐤄 𐤋𐤀 𐤄𐤉𐤄 𐤌𐤔𐤒𐤋
𐤋𐤍𐤇𐤔𐤕𐤌 𐤊𐤋 𐤄𐤊𐤋𐤉𐤌 𐤄𐤀𐤋𐤄.

כא והעמודים שמנה עשרה אמה קומה [קומת] העמד האחד וחוט שתים עשרה אמה יסבנו ועביו ארבע אצבעות נבוב.

כב וכתרת עליו נחשת וקומת הכתרת האחת חמש אמות ושבכה ורמונים על הכותרת סביב הכל נחשת וכאלה לעמוד השני ורמונים.

כג ויהיו הרמנים תשעים וששה רוחה כל הרמונים מאה על השבכה סביב.

כד ויקח רב טבחים את שריה כהן הראש ואת צפניה כהן המשנה ואת שלשת שמרי הסף.

כה ומן העיר לקח סריס אחד אשר היה פקיד על אנשי המלחמה ושבעה אנשים מראי פני המלך אשר נמצאו בעיר ואת ספר שר הצבא המצבא את עם הארץ וששים איש מעם הארץ הנמצאים בתוך העיר.

כו ויקח אותם נבוזראדן רב טבחים וילך אותם אל מלך בבל רבלתה.

כז ויכה אותם מלך בבל וימתם ברבלה בארץ חמת ויגל יהודה מעל אדמתו.

כח זה העם אשר הגלה נבוכדראצר בשנת שבע יהודים שלשת אלפים ועשרים ושלשה.

כט בשנת שמונה עשרה לנבוכדראצר מירושלם נפש שמנה מאות שלשים ושנים.

ל בשנת שלש ועשרים לנבוכדראצר הגלה נבוזראדן רב טבחים יהודים נפש שבע מאות ארבעים וחמשה כל נפש ארבעת אלפים ושש מאות.

לא ויהי בשלשים ושבע שנה לגלות יהויכן מלך יהודה בשנים עשר חדש בעשרים וחמשה לחדש נשא אויל מרדך מלך בבל בשנת מלכתו את ראש יהויכין מלך יהודה ויצא אתו מבית הכליא [הכלוא].

לב וידבר אתו טבות ויתן את כסאו ממעל לכסא מלכים [המלכים] אשר אתו בבבל.

לג ושנה את בגדי כלאו ואכל לחם לפניו תמיד כל ימי חיו.

לד וארחתו ארחת תמיד נתנה לו מאת מלך בבל דבר יום ביומו עד יום מותו כל ימי חייו.

𐤀𐤉𐤊𐤄

𐤐𐤓𐤒 𐤀

𐤀 𐤀𐤉𐤊𐤄 𐤉𐤔𐤁𐤄 𐤁𐤃𐤃 𐤄𐤏𐤉𐤓 𐤓𐤁𐤕𐤉 𐤏𐤌 𐤄𐤉𐤕𐤄 𐤊𐤀𐤋𐤌𐤍𐤄 𐤓𐤁𐤕𐤉 𐤁𐤂𐤅𐤉𐤌
𐤔𐤓𐤕𐤉 𐤁𐤌𐤃𐤉𐤍𐤅𐤕 𐤄𐤉𐤕𐤄 𐤋𐤌𐤎.
𐤁 𐤁𐤊𐤅 𐤕𐤁𐤊𐤄 𐤁𐤋𐤉𐤋𐤄 𐤅𐤃𐤌𐤏𐤕𐤄 𐤏𐤋 𐤋𐤇𐤉𐤄 𐤀𐤉𐤍 𐤋𐤄 𐤌𐤍𐤇𐤌 𐤌𐤊𐤋
𐤀𐤄𐤁𐤉𐤄 𐤊𐤋 𐤓𐤏𐤉𐤄 𐤁𐤂𐤃𐤅 𐤁𐤄 𐤄𐤉𐤅 𐤋𐤄 𐤋𐤀𐤉𐤁𐤉𐤌.
𐤂 𐤂𐤋𐤕𐤄 𐤉𐤄𐤅𐤃𐤄 𐤌𐤏𐤍𐤉 𐤅𐤌𐤓𐤁 𐤏𐤁𐤃𐤄 𐤄𐤉𐤀 𐤉𐤔𐤁𐤄 𐤁𐤂𐤅𐤉𐤌 𐤋𐤀 𐤌𐤑𐤀𐤄
𐤌𐤍𐤅𐤇 𐤊𐤋 𐤓𐤃𐤐𐤉𐤄 𐤄𐤔𐤉𐤂𐤅𐤄 𐤁𐤉𐤍 𐤄𐤌𐤑𐤓𐤉𐤌.
𐤃 𐤃𐤓𐤊𐤉 𐤑𐤉𐤅𐤍 𐤀𐤁𐤋𐤅𐤕 𐤌𐤁𐤋𐤉 𐤁𐤀𐤉 𐤌𐤅𐤏𐤃 𐤊𐤋 𐤔𐤏𐤓𐤉𐤄 𐤔𐤅𐤌𐤌𐤉𐤍
𐤊𐤄𐤍𐤉𐤄 𐤍𐤀𐤍𐤇𐤉𐤌 𐤁𐤕𐤅𐤋𐤕𐤉𐤄 𐤍𐤅𐤂𐤅𐤕 𐤅𐤄𐤉𐤀 𐤌𐤓 𐤋𐤄.
𐤄 𐤄𐤉𐤅 𐤑𐤓𐤉𐤄 𐤋𐤓𐤀𐤔 𐤀𐤉𐤁𐤉𐤄 𐤔𐤋𐤅 𐤊𐤉 𐤉𐤄𐤅𐤄 𐤄𐤅𐤂𐤄 𐤏𐤋 𐤓𐤁 𐤐𐤔𐤏𐤉𐤄
𐤏𐤅𐤋𐤋𐤉𐤄 𐤄𐤋𐤊𐤅 𐤔𐤁𐤉 𐤋𐤐𐤍𐤉 𐤑𐤓.
𐤅 𐤅𐤉𐤑𐤀 𐤌𐤍 𐤁𐤕 [𐤌𐤁𐤕] 𐤑𐤉𐤅𐤍 𐤊𐤋 𐤄𐤃𐤓𐤄 𐤄𐤉𐤅 𐤔𐤓𐤉𐤄 𐤊𐤀𐤉𐤋𐤉𐤌 𐤋𐤀
𐤌𐤑𐤀𐤅 𐤌𐤓𐤏𐤄 𐤅𐤉𐤋𐤊𐤅 𐤁𐤋𐤀 𐤊𐤇 𐤋𐤐𐤍𐤉 𐤓𐤅𐤃𐤐.
𐤆 𐤆𐤊𐤓𐤄 𐤉𐤓𐤅𐤔𐤋𐤌 𐤉𐤌𐤉 𐤏𐤍𐤉𐤄 𐤅𐤌𐤓𐤅𐤃𐤉𐤄 𐤊𐤋 𐤌𐤇𐤌𐤃𐤉𐤄 𐤀𐤔𐤓 𐤄𐤉𐤅
𐤌𐤉𐤌𐤉 𐤒𐤃𐤌 𐤁𐤍𐤐𐤋 𐤏𐤌𐤄 𐤁𐤉𐤃 𐤑𐤓 𐤅𐤀𐤉𐤍 𐤏𐤅𐤆𐤓 𐤋𐤄 𐤓𐤀𐤅𐤄 𐤑𐤓𐤉𐤌 𐤔𐤇𐤒𐤅
𐤏𐤋 𐤌𐤔𐤁𐤕𐤄.
𐤇 𐤇𐤈𐤀 𐤇𐤈𐤀𐤄 𐤉𐤓𐤅𐤔𐤋𐤌 𐤏𐤋 𐤊𐤍 𐤋𐤍𐤉𐤃𐤄 𐤄𐤉𐤕𐤄 𐤊𐤋 𐤌𐤊𐤁𐤃𐤉𐤄 𐤄𐤆𐤉𐤋𐤅𐤄
𐤊𐤉 𐤓𐤀𐤅 𐤏𐤓𐤅𐤕𐤄 𐤂𐤌 𐤄𐤉𐤀 𐤍𐤀𐤍𐤇𐤄 𐤅𐤕𐤔𐤁 𐤀𐤇𐤅𐤓.
𐤈 𐤈𐤌𐤀𐤕𐤄 𐤁𐤔𐤅𐤋𐤉𐤄 𐤋𐤀 𐤆𐤊𐤓𐤄 𐤀𐤇𐤓𐤉𐤕𐤄 𐤅𐤕𐤓𐤃 𐤐𐤋𐤀𐤉𐤌 𐤀𐤉𐤍 𐤌𐤍𐤇𐤌
𐤋𐤄 𐤓𐤀𐤄 𐤉𐤄𐤅𐤄 𐤀𐤕 𐤏𐤍𐤉𐤉 𐤊𐤉 𐤄𐤂𐤃𐤉𐤋 𐤀𐤅𐤉𐤁.
𐤉 𐤉𐤃𐤅 𐤐𐤓𐤔 𐤑𐤓 𐤏𐤋 𐤊𐤋 𐤌𐤇𐤌𐤃𐤉𐤄 𐤊𐤉 𐤓𐤀𐤕𐤄 𐤂𐤅𐤉𐤌 𐤁𐤀𐤅 𐤌𐤒𐤃𐤔𐤄 𐤀𐤔𐤓
𐤑𐤅𐤉𐤕𐤄 𐤋𐤀 𐤉𐤁𐤀𐤅 𐤁𐤒𐤄𐤋 𐤋𐤊.
𐤉𐤀 𐤊𐤋 𐤏𐤌𐤄 𐤍𐤀𐤍𐤇𐤉𐤌 𐤌𐤁𐤒𐤔𐤉𐤌 𐤋𐤇𐤌 𐤍𐤕𐤍𐤅 𐤌𐤇𐤌𐤅𐤃𐤉𐤄𐤌 [𐤌𐤇𐤌𐤃𐤉𐤄𐤌]
𐤁𐤀𐤊𐤋 𐤋𐤄𐤔𐤉𐤁 𐤍𐤐𐤔 𐤓𐤀𐤄 𐤉𐤄𐤅𐤄 𐤅𐤄𐤁𐤉𐤈𐤄 𐤊𐤉 𐤄𐤉𐤉𐤕𐤉 𐤆𐤅𐤋𐤋𐤄.
𐤉𐤁 𐤋𐤅𐤀 𐤀𐤋𐤉𐤊𐤌 𐤊𐤋 𐤏𐤁𐤓𐤉 𐤃𐤓𐤊 𐤄𐤁𐤉𐤈𐤅 𐤅𐤓𐤀𐤅 𐤀𐤌 𐤉𐤔 𐤌𐤊𐤀𐤅𐤁
𐤊𐤌𐤊𐤀𐤁𐤉 𐤀𐤔𐤓 𐤏𐤅𐤋𐤋 𐤋𐤉 𐤀𐤔𐤓 𐤄𐤅𐤂𐤄 𐤉𐤄𐤅𐤄 𐤁𐤉𐤅𐤌 𐤇𐤓𐤅𐤍 𐤀𐤐𐤅.
𐤉𐤂 𐤌𐤌𐤓𐤅𐤌 𐤔𐤋𐤇 𐤀𐤔 𐤁𐤏𐤑𐤌𐤕𐤉 𐤅𐤉𐤓𐤃𐤍𐤄 𐤐𐤓𐤔 𐤓𐤔𐤕 𐤋𐤓𐤂𐤋𐤉 𐤄𐤔𐤉𐤁𐤍𐤉
𐤀𐤇𐤅𐤓 𐤍𐤕𐤍𐤍𐤉 𐤔𐤌𐤌𐤄 𐤊𐤋 𐤄𐤉𐤅𐤌 𐤃𐤅𐤄.
𐤉𐤃 𐤍𐤔𐤒𐤃 𐤏𐤋 𐤐𐤔𐤏𐤉 𐤁𐤉𐤃𐤅 𐤉𐤔𐤕𐤓𐤂𐤅 𐤏𐤋𐤅 𐤏𐤋 𐤑𐤅𐤀𐤓𐤉 𐤄𐤊𐤔𐤉𐤋 𐤊𐤇𐤉
𐤍𐤕𐤍𐤍𐤉 𐤀𐤃𐤍𐤉 𐤁𐤉𐤃𐤉 𐤋𐤀 𐤀𐤅𐤊𐤋 𐤒𐤅𐤌.
𐤈𐤅 𐤎𐤋𐤄 𐤊𐤋 𐤀𐤁𐤉𐤓𐤉 𐤀𐤃𐤍𐤉 𐤁𐤒𐤓𐤁𐤉 𐤒𐤓𐤀 𐤏𐤋𐤉 𐤌𐤅𐤏𐤃 𐤋𐤔𐤁𐤓 𐤁𐤇𐤅𐤓𐤉 𐤂𐤕
𐤃𐤓𐤊 𐤀𐤃𐤍𐤉 𐤋𐤁𐤕𐤅𐤋𐤕 𐤁𐤕 𐤉𐤄𐤅𐤃𐤄.
𐤈𐤆 𐤏𐤋 𐤀𐤋𐤄 𐤀𐤍𐤉 𐤁𐤅𐤊𐤉𐤄 𐤏𐤉𐤍𐤉 𐤏𐤉𐤍𐤉 𐤉𐤓𐤃𐤄 𐤌𐤉𐤌 𐤊𐤉 𐤓𐤇𐤒 𐤌𐤌𐤍𐤉

𐤌𐤍𐤇𐤌 𐤌𐤔𐤉𐤁 𐤍𐤐𐤔𐤉 𐤄𐤉𐤅 𐤁𐤍𐤉 𐤔𐤅𐤌𐤌𐤉𐤌 𐤊𐤉 𐤂𐤁𐤓 𐤀𐤅𐤉𐤁•
𐤉𐤆 𐤐𐤓𐤔𐤄 𐤑𐤉𐤅𐤍 𐤁𐤉𐤃𐤉𐤄 𐤀𐤉𐤍 𐤌𐤍𐤇𐤌 𐤋𐤄 𐤑𐤅𐤄 𐤉𐤄𐤅𐤄 𐤋𐤉𐤏𐤒𐤁
𐤎𐤁𐤉𐤁𐤉𐤅 𐤑𐤓𐤉𐤅 𐤄𐤉𐤕𐤄 𐤉𐤓𐤅𐤔𐤋𐤌 𐤋𐤍𐤃𐤄 𐤁𐤉𐤍𐤉𐤄𐤌•
𐤉𐤇 𐤑𐤃𐤉𐤒 𐤄𐤅𐤀 𐤉𐤄𐤅𐤄 𐤊𐤉 𐤐𐤉𐤄𐤅 𐤌𐤓𐤉𐤕𐤉 𐤔𐤌𐤏𐤅 𐤍𐤀 𐤊𐤋 𐤏𐤌𐤉𐤌
[𐤄𐤏𐤌𐤉𐤌] 𐤅𐤓𐤀𐤅 𐤌𐤊𐤀𐤁𐤉 𐤁𐤕𐤅𐤋𐤕𐤉 𐤅𐤁𐤇𐤅𐤓𐤉 𐤄𐤋𐤊𐤅 𐤁𐤔𐤁𐤉•
𐤉𐤈 𐤒𐤓𐤀𐤕𐤉 𐤋𐤌𐤀𐤄𐤁𐤉 𐤄𐤌𐤄 𐤓𐤌𐤅𐤍𐤉 𐤊𐤄𐤍𐤉 𐤅𐤆𐤒𐤍𐤉 𐤁𐤏𐤉𐤓 𐤂𐤅𐤏𐤅 𐤊𐤉
𐤁𐤒𐤔𐤅 𐤀𐤊𐤋 𐤋𐤌𐤅 𐤅𐤉𐤔𐤉𐤁𐤅 𐤀𐤕 𐤍𐤐𐤔𐤌•
𐤊 𐤓𐤀𐤄 𐤉𐤄𐤅𐤄 𐤊𐤉 𐤑𐤓 𐤋𐤉 𐤌𐤏𐤉 𐤇𐤌𐤓𐤌𐤓𐤅 𐤍𐤄𐤐𐤊 𐤋𐤁𐤉 𐤁𐤒𐤓𐤁𐤉 𐤊𐤉 𐤌𐤓𐤅
𐤌𐤓𐤉𐤕𐤉 𐤌𐤇𐤅𐤑 𐤔𐤊𐤋𐤄 𐤇𐤓𐤁 𐤁𐤁𐤉𐤕 𐤊𐤌𐤅𐤕•
𐤊𐤀 𐤔𐤌𐤏𐤅 𐤊𐤉 𐤍𐤀𐤍𐤇𐤄 𐤀𐤍𐤉 𐤀𐤉𐤍 𐤌𐤍𐤇𐤌 𐤋𐤉 𐤊𐤋 𐤀𐤉𐤁𐤉 𐤔𐤌𐤏𐤅 𐤓𐤏𐤕𐤉
𐤔𐤔𐤅 𐤊𐤉 𐤀𐤕𐤄 𐤏𐤔𐤉𐤕 𐤄𐤁𐤀𐤕 𐤉𐤅𐤌 𐤒𐤓𐤀𐤕 𐤅𐤉𐤄𐤉𐤅 𐤊𐤌𐤅𐤍𐤉•
𐤊𐤁 𐤕𐤁𐤀 𐤊𐤋 𐤓𐤏𐤕𐤌 𐤋𐤐𐤍𐤉𐤊 𐤅𐤏𐤅𐤋𐤋 𐤋𐤌𐤅 𐤊𐤀𐤔𐤓 𐤏𐤅𐤋𐤋𐤕 𐤋𐤉 𐤏𐤋 𐤊𐤋
𐤐𐤔𐤏𐤉 𐤊𐤉 𐤓𐤁𐤅𐤕 𐤀𐤍𐤇𐤕𐤉 𐤅𐤋𐤁𐤉 𐤃𐤅𐤉•

𐤐𐤓𐤒 𐤁

𐤀 𐤀𐤉𐤊𐤄 𐤉𐤏𐤉𐤁 𐤁𐤀𐤐𐤅 𐤀𐤃𐤍𐤉 𐤀𐤕 𐤁𐤕 𐤑𐤉𐤅𐤍 𐤄𐤔𐤋𐤉𐤊 𐤌𐤔𐤌𐤉𐤌 𐤀𐤓𐤑
𐤕𐤐𐤀𐤓𐤕 𐤉𐤔𐤓𐤀𐤋 𐤅𐤋𐤀 𐤆𐤊𐤓 𐤄𐤃𐤌 𐤓𐤂𐤋𐤉𐤅 𐤁𐤉𐤅𐤌 𐤀𐤐𐤅•
𐤁 𐤁𐤋𐤏 𐤀𐤃𐤍𐤉 𐤋𐤀 [𐤅𐤋𐤀] 𐤇𐤌𐤋 𐤀𐤕 𐤊𐤋 𐤍𐤀𐤅𐤕 𐤉𐤏𐤒𐤁 𐤄𐤓𐤎 𐤁𐤏𐤁𐤓𐤕𐤅
𐤌𐤁𐤑𐤓𐤉 𐤁𐤕 𐤉𐤄𐤅𐤃𐤄 𐤄𐤂𐤉𐤏 𐤋𐤀𐤓𐤑 𐤇𐤋𐤋 𐤌𐤌𐤋𐤊𐤄 𐤅𐤔𐤓𐤉𐤄•
𐤂 𐤂𐤃𐤏 𐤁𐤇𐤓𐤉 𐤀𐤐 𐤊𐤋 𐤒𐤓𐤍 𐤉𐤔𐤓𐤀𐤋 𐤄𐤔𐤉𐤁 𐤀𐤇𐤅𐤓 𐤉𐤌𐤉𐤍𐤅 𐤌𐤐𐤍𐤉 𐤀𐤅𐤉𐤁
𐤅𐤉𐤁𐤏𐤓 𐤁𐤉𐤏𐤒𐤁 𐤊𐤀𐤔 𐤋𐤄𐤁𐤄 𐤀𐤊𐤋𐤄 𐤎𐤁𐤉𐤁•
𐤃 𐤃𐤓𐤊 𐤒𐤔𐤕𐤅 𐤊𐤀𐤅𐤉𐤁 𐤍𐤑𐤁 𐤉𐤌𐤉𐤍𐤅 𐤊𐤑𐤓 𐤅𐤉𐤄𐤓𐤂 𐤊𐤋 𐤌𐤇𐤌𐤃𐤉 𐤏𐤉𐤍
𐤁𐤀𐤄𐤋 𐤁𐤕 𐤑𐤉𐤅𐤍 𐤔𐤐𐤊 𐤊𐤇𐤌𐤄 𐤇𐤌𐤕𐤅•
𐤄 𐤄𐤉𐤄 𐤀𐤃𐤍𐤉 𐤊𐤀𐤅𐤉𐤁 𐤁𐤋𐤏 𐤉𐤔𐤓𐤀𐤋 𐤁𐤋𐤏 𐤊𐤋 𐤀𐤓𐤌𐤍𐤅𐤕𐤉𐤄 𐤔𐤇𐤕
𐤌𐤁𐤑𐤓𐤉𐤅 𐤅𐤉𐤓𐤁 𐤁𐤁𐤕 𐤉𐤄𐤅𐤃𐤄 𐤕𐤀𐤍𐤉𐤄 𐤅𐤀𐤍𐤉𐤄•
𐤅 𐤅𐤉𐤇𐤌𐤎 𐤊𐤂𐤍 𐤔𐤊𐤅 𐤔𐤇𐤕 𐤌𐤅𐤏𐤃𐤅 𐤔𐤊𐤇 𐤉𐤄𐤅𐤄 𐤁𐤑𐤉𐤅𐤍 𐤌𐤅𐤏𐤃 𐤅𐤔𐤁𐤕
𐤅𐤉𐤍𐤀𐤑 𐤁𐤆𐤏𐤌 𐤀𐤐𐤅 𐤌𐤋𐤊 𐤅𐤊𐤄𐤍•
𐤆 𐤆𐤍𐤇 𐤀𐤃𐤍𐤉 𐤌𐤆𐤁𐤇𐤅 𐤍𐤀𐤓 𐤌𐤒𐤃𐤔𐤅 𐤄𐤎𐤂𐤉𐤓 𐤁𐤉𐤃 𐤀𐤅𐤉𐤁 𐤇𐤅𐤌𐤕
𐤀𐤓𐤌𐤍𐤅𐤕𐤉𐤄 𐤒𐤅𐤋 𐤍𐤕𐤍𐤅 𐤁𐤁𐤉𐤕 𐤉𐤄𐤅𐤄 𐤊𐤉𐤅𐤌 𐤌𐤅𐤏𐤃•
𐤇 𐤇𐤔𐤁 𐤉𐤄𐤅𐤄 𐤋𐤄𐤔𐤇𐤉𐤕 𐤇𐤅𐤌𐤕 𐤁𐤕 𐤑𐤉𐤅𐤍 𐤍𐤈𐤄 𐤒𐤅 𐤋𐤀 𐤄𐤔𐤉𐤁 𐤉𐤃𐤅
𐤌𐤁𐤋𐤏 𐤅𐤉𐤀𐤁𐤋 𐤇𐤋 𐤅𐤇𐤅𐤌𐤄 𐤉𐤇𐤃𐤅 𐤀𐤌𐤋𐤋𐤅•
𐤈 𐤈𐤁𐤏𐤅 𐤁𐤀𐤓𐤑 𐤔𐤏𐤓𐤉𐤄 𐤀𐤁𐤃 𐤅𐤔𐤁𐤓 𐤁𐤓𐤉𐤇𐤉𐤄 𐤌𐤋𐤊𐤄 𐤅𐤔𐤓𐤉𐤄 𐤁𐤂𐤅𐤉𐤌
𐤀𐤉𐤍 𐤕𐤅𐤓𐤄 𐤂𐤌 𐤍𐤁𐤉𐤀𐤉𐤄 𐤋𐤀 𐤌𐤑𐤀𐤅 𐤇𐤆𐤅𐤍 𐤌𐤉𐤄𐤅𐤄•

𐤉 𐤉𐤔𐤁𐤅 𐤋𐤀𐤓𐤑 𐤉𐤃𐤌𐤅 𐤆𐤒𐤍𐤉 𐤁𐤕 𐤑𐤉𐤅𐤍 𐤄𐤏𐤋𐤅 𐤏𐤐𐤓 𐤏𐤋 𐤓𐤀𐤔𐤌 𐤇𐤂𐤓𐤅
𐤔𐤒𐤉𐤌 𐤄𐤅𐤓𐤉𐤃𐤅 𐤋𐤀𐤓𐤑 𐤓𐤀𐤔𐤍 𐤁𐤕𐤅𐤋𐤕 𐤉𐤓𐤅𐤔𐤋𐤌•
𐤉𐤀 𐤊𐤋𐤅 𐤁𐤃𐤌𐤏𐤅𐤕 𐤏𐤉𐤍𐤉 𐤇𐤌𐤓𐤌𐤓𐤅 𐤌𐤏𐤉 𐤍𐤔𐤐𐤊 𐤋𐤀𐤓𐤑 𐤊𐤁𐤃𐤉 𐤏𐤋 𐤔𐤁𐤓 𐤁𐤕
𐤏𐤌𐤉 𐤁𐤏𐤈𐤐 𐤏𐤅𐤋𐤋 𐤅𐤉𐤅𐤍𐤒 𐤁𐤓𐤇𐤁𐤅𐤕 𐤒𐤓𐤉𐤄•
𐤉𐤁 𐤋𐤀𐤌𐤕𐤌 𐤉𐤀𐤌𐤓𐤅 𐤀𐤉𐤄 𐤃𐤂𐤍 𐤅𐤉𐤉𐤍 𐤁𐤄𐤕𐤏𐤈𐤐𐤌 𐤊𐤇𐤋𐤋 𐤁𐤓𐤇𐤁𐤅𐤕 𐤏𐤉𐤓
𐤁𐤄𐤔𐤕𐤐𐤊 𐤍𐤐𐤔𐤌 𐤀𐤋 𐤇𐤉𐤒 𐤀𐤌𐤕𐤌•
𐤉𐤂 𐤌𐤄 𐤀𐤏𐤉𐤃𐤊 𐤌𐤄 𐤀𐤃𐤌𐤄 𐤋𐤊 𐤄𐤁𐤕 𐤉𐤓𐤅𐤔𐤋𐤌 𐤌𐤄 𐤀𐤔𐤅𐤄 𐤋𐤊 𐤅𐤀𐤍𐤇𐤌𐤊
𐤁𐤕𐤅𐤋𐤕 𐤁𐤕 𐤑𐤉𐤅𐤍 𐤊𐤉 𐤂𐤃𐤅𐤋 𐤊𐤉𐤌 𐤔𐤁𐤓𐤊 𐤌𐤉 𐤉𐤓𐤐𐤀 𐤋𐤊•
𐤉𐤃 𐤍𐤁𐤉𐤀𐤉𐤊 𐤇𐤆𐤅 𐤋𐤊 𐤔𐤅𐤀 𐤅𐤕𐤐𐤋 𐤅𐤋𐤀 𐤂𐤋𐤅 𐤏𐤋 𐤏𐤅𐤍𐤊 𐤋𐤄𐤔𐤉𐤁
𐤔𐤁𐤉𐤕𐤊 [𐤔𐤁𐤅𐤕𐤊] 𐤅𐤉𐤇𐤆𐤅 𐤋𐤊 𐤌𐤔𐤀𐤅𐤕 𐤔𐤅𐤀 𐤅𐤌𐤃𐤅𐤇𐤉𐤌•
𐤈𐤅 𐤎𐤐𐤒𐤅 𐤏𐤋𐤉𐤊 𐤊𐤐𐤉𐤌 𐤊𐤋 𐤏𐤁𐤓𐤉 𐤃𐤓𐤊 𐤔𐤓𐤒𐤅 𐤅𐤉𐤍𐤏𐤅 𐤓𐤀𐤔𐤌 𐤏𐤋 𐤁𐤕
𐤉𐤓𐤅𐤔𐤋𐤌 𐤄𐤆𐤀𐤕 𐤄𐤏𐤉𐤓 𐤔𐤉𐤀𐤌𐤓𐤅 𐤊𐤋𐤉𐤋𐤕 𐤉𐤐𐤉 𐤌𐤔𐤅𐤔 𐤋𐤊𐤋 𐤄𐤀𐤓𐤑•
𐤈𐤆 𐤐𐤑𐤅 𐤏𐤋𐤉𐤊 𐤐𐤉𐤄𐤌 𐤊𐤋 𐤀𐤅𐤉𐤁𐤉𐤊 𐤔𐤓𐤒𐤅 𐤅𐤉𐤇𐤓𐤒𐤅 𐤔𐤍 𐤀𐤌𐤓𐤅 𐤁𐤋𐤏𐤍𐤅
𐤀𐤊 𐤆𐤄 𐤄𐤉𐤅𐤌 𐤔𐤒𐤅𐤉𐤍𐤄𐤅 𐤌𐤑𐤀𐤍𐤅 𐤓𐤀𐤉𐤍𐤅•
𐤉𐤆 𐤏𐤔𐤄 𐤉𐤄𐤅𐤄 𐤀𐤔𐤓 𐤆𐤌𐤌 𐤁𐤑𐤏 𐤀𐤌𐤓𐤕𐤅 𐤀𐤔𐤓 𐤑𐤅𐤄 𐤌𐤉𐤌𐤉 𐤒𐤃𐤌 𐤄𐤓𐤎
𐤅𐤋𐤀 𐤇𐤌𐤋 𐤅𐤉𐤔𐤌𐤇 𐤏𐤋𐤉𐤊 𐤀𐤅𐤉𐤁 𐤄𐤓𐤉𐤌 𐤒𐤓𐤍 𐤑𐤓𐤉𐤊•
𐤉𐤇 𐤑𐤏𐤒 𐤋𐤁𐤌 𐤀𐤋 𐤀𐤃𐤍𐤉 𐤇𐤅𐤌𐤕 𐤁𐤕 𐤑𐤉𐤅𐤍 𐤄𐤅𐤓𐤉𐤃𐤉 𐤊𐤍𐤇𐤋 𐤃𐤌𐤏𐤄 𐤉𐤅𐤌𐤌
𐤅𐤋𐤉𐤋𐤄 𐤀𐤋 𐤕𐤕𐤍𐤉 𐤐𐤅𐤂𐤕 𐤋𐤊 𐤀𐤋 𐤕𐤃𐤌 𐤁𐤕 𐤏𐤉𐤍𐤊•
𐤉𐤈 𐤒𐤅𐤌𐤉 𐤓𐤍𐤉 𐤁𐤋𐤉𐤋 [𐤁𐤋𐤉𐤋𐤄] 𐤋𐤓𐤀𐤔 𐤀𐤔𐤌𐤓𐤅𐤕 𐤔𐤐𐤊𐤉 𐤊𐤌𐤉𐤌 𐤋𐤁𐤊
𐤍𐤊𐤇 𐤐𐤍𐤉 𐤀𐤃𐤍𐤉 𐤔𐤀𐤉 𐤀𐤋𐤉𐤅 𐤊𐤐𐤉𐤊 𐤏𐤋 𐤍𐤐𐤔 𐤏𐤅𐤋𐤋𐤉𐤊 𐤄𐤏𐤈𐤅𐤐𐤉𐤌 𐤁𐤓𐤏𐤁
𐤁𐤓𐤀𐤔 𐤊𐤋 𐤇𐤅𐤑𐤅𐤕•
𐤊 𐤓𐤀𐤄 𐤉𐤄𐤅𐤄 𐤅𐤄𐤁𐤉𐤈𐤄 𐤋𐤌𐤉 𐤏𐤅𐤋𐤋𐤕 𐤊𐤄 𐤀𐤌 𐤕𐤀𐤊𐤋𐤍𐤄 𐤍𐤔𐤉𐤌 𐤐𐤓𐤉𐤌
𐤏𐤋𐤋𐤉 𐤈𐤐𐤇𐤉𐤌 𐤀𐤌 𐤉𐤄𐤓𐤂 𐤁𐤌𐤒𐤃𐤔 𐤀𐤃𐤍𐤉 𐤊𐤄𐤍 𐤅𐤍𐤁𐤉𐤀•
𐤊𐤀 𐤔𐤊𐤁𐤅 𐤋𐤀𐤓𐤑 𐤇𐤅𐤑𐤅𐤕 𐤍𐤏𐤓 𐤅𐤆𐤒𐤍 𐤁𐤕𐤅𐤋𐤕𐤉 𐤅𐤁𐤇𐤅𐤓𐤉 𐤍𐤐𐤋𐤅 𐤁𐤇𐤓𐤁
𐤄𐤓𐤂𐤕 𐤁𐤉𐤅𐤌 𐤀𐤐𐤊 𐤈𐤁𐤇𐤕 𐤋𐤀 𐤇𐤌𐤋𐤕•
𐤊𐤁 𐤕𐤒𐤓𐤀 𐤊𐤉𐤅𐤌 𐤌𐤅𐤏𐤃 𐤌𐤂𐤅𐤓𐤉 𐤌𐤎𐤁𐤉𐤁 𐤅𐤋𐤀 𐤄𐤉𐤄 𐤁𐤉𐤅𐤌 𐤀𐤐 𐤉𐤄𐤅𐤄
𐤐𐤋𐤉𐤈 𐤅𐤔𐤓𐤉𐤃 𐤀𐤔𐤓 𐤈𐤐𐤇𐤕𐤉 𐤅𐤓𐤁𐤉𐤕𐤉 𐤀𐤉𐤁𐤉 𐤊𐤋𐤌•

𐤐𐤓𐤒 𐤂

𐤀 𐤀𐤍𐤉 𐤄𐤂𐤁𐤓 𐤓𐤀𐤄 𐤏𐤍𐤉 𐤁𐤔𐤁𐤈 𐤏𐤁𐤓𐤕𐤅•
𐤁 𐤀𐤅𐤕𐤉 𐤍𐤄𐤂 𐤅𐤉𐤋𐤊 𐤇𐤔𐤊 𐤅𐤋𐤀 𐤀𐤅𐤓•
𐤂 𐤀𐤊 𐤁𐤉 𐤉𐤔𐤁 𐤉𐤄𐤐𐤊 𐤉𐤃𐤅 𐤊𐤋 𐤄𐤉𐤅𐤌•
𐤃 𐤁𐤋𐤄 𐤁𐤔𐤓𐤉 𐤅𐤏𐤅𐤓𐤉 𐤔𐤁𐤓 𐤏𐤑𐤌𐤅𐤕𐤉•

𐤀𐤉𐤊𐤄

𐤄 𐤁𐤍𐤄 𐤏𐤋𐤉 𐤅𐤉𐤒𐤐 𐤓𐤀𐤔 𐤅𐤕𐤋𐤀𐤄•
𐤅 𐤁𐤌𐤇𐤔𐤊𐤉𐤌 𐤄𐤅𐤔𐤉𐤁𐤍𐤉 𐤊𐤌𐤕𐤉 𐤏𐤅𐤋𐤌•
𐤆 𐤂𐤃𐤓 𐤁𐤏𐤃𐤉 𐤅𐤋𐤀 𐤀𐤑𐤀 𐤄𐤊𐤁𐤉𐤃 𐤍𐤇𐤔𐤕𐤉•
𐤇 𐤂𐤌 𐤊𐤉 𐤀𐤆𐤏𐤒 𐤅𐤀𐤔𐤅𐤏 𐤔𐤕𐤌 𐤕𐤐𐤋𐤕𐤉•
𐤈 𐤂𐤃𐤓 𐤃𐤓𐤊𐤉 𐤁𐤂𐤆𐤉𐤕 𐤍𐤕𐤉𐤁𐤕𐤉 𐤏𐤅𐤄•
𐤉 𐤃𐤁 𐤀𐤓𐤁 𐤄𐤅𐤀 𐤋𐤉 𐤀𐤓𐤉𐤄 [𐤀𐤓𐤉] 𐤁𐤌𐤎𐤕𐤓𐤉𐤌•
𐤉𐤀 𐤃𐤓𐤊𐤉 𐤎𐤅𐤓𐤓 𐤅𐤉𐤐𐤔𐤇𐤍𐤉 𐤔𐤌𐤍𐤉 𐤔𐤌𐤌•
𐤉𐤁 𐤃𐤓𐤊 𐤒𐤔𐤕𐤅 𐤅𐤉𐤑𐤉𐤁𐤍𐤉 𐤊𐤌𐤈𐤓𐤀 𐤋𐤇𐤑•
𐤉𐤂 𐤄𐤁𐤉𐤀 𐤁𐤊𐤋𐤉𐤅𐤕𐤉 𐤁𐤍𐤉 𐤀𐤔𐤐𐤕𐤅•
𐤉𐤃 𐤄𐤉𐤉𐤕𐤉 𐤔𐤇𐤒 𐤋𐤊𐤋 𐤏𐤌𐤉 𐤍𐤂𐤉𐤍𐤕𐤌 𐤊𐤋 𐤄𐤉𐤅𐤌•
𐤈𐤅 𐤄𐤔𐤁𐤉𐤏𐤍𐤉 𐤁𐤌𐤓𐤅𐤓𐤉𐤌 𐤄𐤓𐤅𐤍𐤉 𐤋𐤏𐤍𐤄•
𐤈𐤆 𐤅𐤉𐤂𐤓𐤎 𐤁𐤇𐤑𐤑 𐤔𐤍𐤉 𐤄𐤊𐤐𐤉𐤔𐤍𐤉 𐤁𐤀𐤐𐤓•
𐤉𐤆 𐤅𐤕𐤆𐤍𐤇 𐤌𐤔𐤋𐤅𐤌 𐤍𐤐𐤔𐤉 𐤍𐤔𐤉𐤕𐤉 𐤈𐤅𐤁𐤄•
𐤉𐤇 𐤅𐤀𐤌𐤓 𐤀𐤁𐤃 𐤍𐤑𐤇𐤉 𐤅𐤕𐤅𐤇𐤋𐤕𐤉 𐤌𐤉𐤄𐤅𐤄•
𐤉𐤈 𐤆𐤊𐤓 𐤏𐤍𐤉𐤉 𐤅𐤌𐤓𐤅𐤃𐤉 𐤋𐤏𐤍𐤄 𐤅𐤓𐤀𐤔•
𐤊 𐤆𐤊𐤅𐤓 𐤕𐤆𐤊𐤅𐤓 𐤅𐤕𐤔𐤉𐤇 [𐤅𐤕𐤔𐤅𐤇] 𐤏𐤋𐤉 𐤍𐤐𐤔𐤉•
𐤊𐤀 𐤆𐤀𐤕 𐤀𐤔𐤉𐤁 𐤀𐤋 𐤋𐤁𐤉 𐤏𐤋 𐤊𐤍 𐤀𐤅𐤇𐤉𐤋•
𐤊𐤁 𐤇𐤎𐤃𐤉 𐤉𐤄𐤅𐤄 𐤊𐤉 𐤋𐤀 𐤕𐤌𐤍𐤅 𐤊𐤉 𐤋𐤀 𐤊𐤋𐤅 𐤓𐤇𐤌𐤉𐤅•
𐤊𐤂 𐤇𐤃𐤔𐤉𐤌 𐤋𐤁𐤒𐤓𐤉𐤌 𐤓𐤁𐤄 𐤀𐤌𐤅𐤍𐤕𐤊•
𐤊𐤃 𐤇𐤋𐤒𐤉 𐤉𐤄𐤅𐤄 𐤀𐤌𐤓𐤄 𐤍𐤐𐤔𐤉 𐤏𐤋 𐤊𐤍 𐤀𐤅𐤇𐤉𐤋 𐤋𐤅•
𐤊𐤄 𐤈𐤅𐤁 𐤉𐤄𐤅𐤄 𐤋𐤒𐤅𐤅 𐤋𐤍𐤐𐤔 𐤕𐤃𐤓𐤔𐤍𐤅•
𐤊𐤅 𐤈𐤅𐤁 𐤅𐤉𐤇𐤉𐤋 𐤅𐤃𐤅𐤌𐤌 𐤋𐤕𐤔𐤅𐤏𐤕 𐤉𐤄𐤅𐤄•
𐤊𐤆 𐤈𐤅𐤁 𐤋𐤂𐤁𐤓 𐤊𐤉 𐤉𐤔𐤀 𐤏𐤋 𐤁𐤍𐤏𐤅𐤓𐤉𐤅•
𐤊𐤇 𐤉𐤔𐤁 𐤁𐤃𐤃 𐤅𐤉𐤃𐤌 𐤊𐤉 𐤍𐤈𐤋 𐤏𐤋𐤉𐤅•
𐤊𐤈 𐤉𐤕𐤍 𐤁𐤏𐤐𐤓 𐤐𐤉𐤄𐤅 𐤀𐤅𐤋𐤉 𐤉𐤔 𐤕𐤒𐤅𐤄•
𐤋 𐤉𐤕𐤍 𐤋𐤌𐤊𐤄𐤅 𐤋𐤇𐤉 𐤉𐤔𐤁𐤏 𐤁𐤇𐤓𐤐𐤄•
𐤋𐤀 𐤊𐤉 𐤋𐤀 𐤉𐤆𐤍𐤇 𐤋𐤏𐤅𐤋𐤌 𐤀𐤃𐤍𐤉•
𐤋𐤁 𐤊𐤉 𐤀𐤌 𐤄𐤅𐤂𐤄 𐤅𐤓𐤇𐤌 𐤊𐤓𐤁 𐤇𐤎𐤃𐤅 [𐤇𐤎𐤃𐤉𐤅]•
𐤋𐤂 𐤊𐤉 𐤋𐤀 𐤏𐤍𐤄 𐤌𐤋𐤁𐤅 𐤅𐤉𐤂𐤄 𐤁𐤍𐤉 𐤀𐤉𐤔•
𐤋𐤃 𐤋𐤃𐤊𐤀 𐤕𐤇𐤕 𐤓𐤂𐤋𐤉𐤅 𐤊𐤋 𐤀𐤎𐤉𐤓𐤉 𐤀𐤓𐤑•
𐤋𐤄 𐤋𐤄𐤈𐤅𐤕 𐤌𐤔𐤐𐤈 𐤂𐤁𐤓 𐤍𐤂𐤃 𐤐𐤍𐤉 𐤏𐤋𐤉𐤅𐤍•
𐤋𐤅 𐤋𐤏𐤅𐤕 𐤀𐤃𐤌 𐤁𐤓𐤉𐤁𐤅 𐤀𐤃𐤍𐤉 𐤋𐤀 𐤓𐤀𐤄•
𐤋𐤆 𐤌𐤉 𐤆𐤄 𐤀𐤌𐤓 𐤅𐤕𐤄𐤉 𐤀𐤃𐤍𐤉 𐤋𐤀 𐤑𐤅𐤄•

𐤁 𐤁𐤍𐤉 𐤑𐤉𐤅𐤍 𐤄𐤉𐤒𐤓𐤉𐤌 𐤄𐤌𐤎𐤋𐤀𐤉𐤌 𐤁𐤐𐤆 𐤀𐤉𐤊𐤄 𐤍𐤇𐤔𐤁𐤅 𐤋𐤍𐤁𐤋𐤉 𐤇𐤓𐤔
𐤌𐤏𐤔𐤄 𐤉𐤃𐤉 𐤉𐤅𐤑𐤓•
𐤂 𐤂𐤌 𐤕𐤍𐤉𐤍 [𐤕𐤍𐤉𐤌] 𐤇𐤋𐤑𐤅 𐤔𐤃 𐤄𐤉𐤍𐤉𐤒𐤅 𐤂𐤅𐤓𐤉𐤄𐤍 𐤁𐤕 𐤏𐤌𐤉 𐤋𐤀𐤊𐤆𐤓
𐤊𐤉 𐤏𐤍𐤉𐤌 [𐤊𐤉𐤏𐤍𐤉𐤌] 𐤁𐤌𐤃𐤁𐤓•
𐤃 𐤃𐤁𐤒 𐤋𐤔𐤅𐤍 𐤉𐤅𐤍𐤒 𐤀𐤋 𐤇𐤊𐤅 𐤁𐤑𐤌𐤀 𐤏𐤅𐤋𐤋𐤉𐤌 𐤔𐤀𐤋𐤅 𐤋𐤇𐤌 𐤐𐤓𐤔 𐤀𐤉𐤍
𐤋𐤄𐤌•
𐤄 𐤄𐤀𐤊𐤋𐤉𐤌 𐤋𐤌𐤏𐤃𐤍𐤉𐤌 𐤍𐤔𐤌𐤅 𐤁𐤇𐤅𐤑𐤅𐤕 𐤄𐤀𐤌𐤍𐤉𐤌 𐤏𐤋𐤉 𐤕𐤅𐤋𐤏 𐤇𐤁𐤒𐤅
𐤀𐤔𐤐𐤕𐤅𐤕•
𐤅 𐤅𐤉𐤂𐤃𐤋 𐤏𐤅𐤍 𐤁𐤕 𐤏𐤌𐤉 𐤌𐤇𐤈𐤀𐤕 𐤎𐤃𐤌 𐤄𐤄𐤐𐤅𐤊𐤄 𐤊𐤌𐤅 𐤓𐤂𐤏 𐤅𐤋𐤀 𐤇𐤋𐤅 𐤁𐤄
𐤉𐤃𐤉𐤌•
𐤆 𐤆𐤊𐤅 𐤍𐤆𐤉𐤓𐤉𐤄 𐤌𐤔𐤋𐤂 𐤑𐤇𐤅 𐤌𐤇𐤋𐤁 𐤀𐤃𐤌𐤅 𐤏𐤑𐤌 𐤌𐤐𐤍𐤉𐤍𐤉𐤌 𐤎𐤐𐤉𐤓
𐤂𐤆𐤓𐤕𐤌•
𐤇 𐤇𐤔𐤊 𐤌𐤔𐤇𐤅𐤓 𐤕𐤀𐤓𐤌 𐤋𐤀 𐤍𐤊𐤓𐤅 𐤁𐤇𐤅𐤑𐤅𐤕 𐤑𐤐𐤃 𐤏𐤅𐤓𐤌 𐤏𐤋 𐤏𐤑𐤌𐤌 𐤉𐤁𐤔
𐤄𐤉𐤄 𐤊𐤏𐤑•
𐤈 𐤈𐤅𐤁𐤉𐤌 𐤄𐤉𐤅 𐤇𐤋𐤋𐤉 𐤇𐤓𐤁 𐤌𐤇𐤋𐤋𐤉 𐤓𐤏𐤁 𐤔𐤄𐤌 𐤉𐤆𐤅𐤁𐤅 𐤌𐤃𐤒𐤓𐤉𐤌
𐤌𐤕𐤍𐤅𐤁𐤕 𐤔𐤃𐤉•
𐤉 𐤉𐤃𐤉 𐤍𐤔𐤉𐤌 𐤓𐤇𐤌𐤍𐤉𐤅𐤕 𐤁𐤔𐤋𐤅 𐤉𐤋𐤃𐤉𐤄𐤍 𐤄𐤉𐤅 𐤋𐤁𐤓𐤅𐤕 𐤋𐤌𐤅 𐤁𐤔𐤁𐤓 𐤁𐤕
𐤏𐤌𐤉•
𐤉𐤀 𐤊𐤋𐤄 𐤉𐤄𐤅𐤄 𐤀𐤕 𐤇𐤌𐤕𐤅 𐤔𐤐𐤊 𐤇𐤓𐤅𐤍 𐤀𐤐𐤅 𐤅𐤉𐤑𐤕 𐤀𐤔 𐤁𐤑𐤉𐤅𐤍 𐤅𐤕𐤀𐤊𐤋
𐤉𐤎𐤅𐤃𐤕𐤉𐤄•
𐤉𐤁 𐤋𐤀 𐤄𐤀𐤌𐤉𐤍𐤅 𐤌𐤋𐤊𐤉 𐤀𐤓𐤑 𐤅𐤊𐤋 [𐤊𐤋] 𐤉𐤔𐤁𐤉 𐤕𐤁𐤋 𐤊𐤉 𐤉𐤁𐤀 𐤑𐤓
𐤅𐤀𐤅𐤉𐤁 𐤁𐤔𐤏𐤓𐤉 𐤉𐤓𐤅𐤔𐤋𐤌•
𐤉𐤂 𐤌𐤇𐤈𐤀𐤕 𐤍𐤁𐤉𐤀𐤉𐤄 𐤏𐤅𐤍𐤅𐤕 𐤊𐤄𐤍𐤉𐤄 𐤄𐤔𐤐𐤊𐤉𐤌 𐤁𐤒𐤓𐤁𐤄 𐤃𐤌
𐤑𐤃𐤉𐤒𐤉𐤌•
𐤉𐤃 𐤍𐤏𐤅 𐤏𐤅𐤓𐤉𐤌 𐤁𐤇𐤅𐤑𐤅𐤕 𐤍𐤂𐤀𐤋𐤅 𐤁𐤃𐤌 𐤁𐤋𐤀 𐤉𐤅𐤊𐤋𐤅 𐤉𐤂𐤏𐤅 𐤁𐤋𐤁𐤔𐤉𐤄𐤌•
𐤈𐤅 𐤎𐤅𐤓𐤅 𐤈𐤌𐤀 𐤒𐤓𐤀𐤅 𐤋𐤌𐤅 𐤎𐤅𐤓𐤅 𐤎𐤅𐤓𐤅 𐤀𐤋 𐤕𐤂𐤏𐤅 𐤊𐤉 𐤍𐤑𐤅 𐤂𐤌 𐤍𐤏𐤅
𐤀𐤌𐤓𐤅 𐤁𐤂𐤅𐤉𐤌 𐤋𐤀 𐤉𐤅𐤎𐤉𐤐𐤅 𐤋𐤂𐤅𐤓•
𐤈𐤆 𐤐𐤍𐤉 𐤉𐤄𐤅𐤄 𐤇𐤋𐤒𐤌 𐤋𐤀 𐤉𐤅𐤎𐤉𐤐 𐤋𐤄𐤁𐤉𐤈𐤌 𐤐𐤍𐤉 𐤊𐤄𐤍𐤉𐤌 𐤋𐤀 𐤍𐤔𐤀𐤅
𐤆𐤒𐤍𐤉𐤌 [𐤅𐤆𐤒𐤍𐤉𐤌] 𐤋𐤀 𐤇𐤍𐤍𐤅•
𐤉𐤆 𐤏𐤅𐤃𐤉𐤍𐤄 [𐤏𐤅𐤃𐤉𐤍𐤅] 𐤕𐤊𐤋𐤉𐤍𐤄 𐤏𐤉𐤍𐤉𐤍𐤅 𐤀𐤋 𐤏𐤆𐤓𐤕𐤍𐤅 𐤄𐤁𐤋
𐤁𐤑𐤐𐤉𐤕𐤍𐤅 𐤑𐤐𐤉𐤍𐤅 𐤀𐤋 𐤂𐤅𐤉 𐤋𐤀 𐤉𐤅𐤔𐤏•
𐤉𐤇 𐤑𐤃𐤅 𐤑𐤏𐤃𐤉𐤍𐤅 𐤌𐤋𐤊𐤕 𐤁𐤓𐤇𐤁𐤕𐤉𐤍𐤅 𐤒𐤓𐤁 𐤒𐤑𐤉𐤍𐤅 𐤌𐤋𐤀𐤅 𐤉𐤌𐤉𐤍𐤅 𐤊𐤉
𐤁𐤀 𐤒𐤑𐤉𐤍𐤅•

𐤉𐤈𐤒𐤋𐤉𐤌 𐤄𐤉𐤅 𐤓𐤃𐤐𐤉𐤍𐤅 𐤌𐤍𐤔𐤓𐤉 𐤔𐤌𐤉𐤌 𐤏𐤋 𐤄𐤄𐤓𐤉𐤌 𐤃𐤋𐤒𐤍𐤅 𐤁𐤌𐤃𐤁𐤓
𐤀𐤓𐤁𐤅 𐤋𐤍𐤅.

𐤊𐤓𐤅𐤇 𐤀𐤐𐤉𐤍𐤅 𐤌𐤔𐤉𐤇 𐤉𐤄𐤅𐤄 𐤍𐤋𐤊𐤃 𐤁𐤔𐤇𐤉𐤕𐤅𐤕𐤌 𐤀𐤔𐤓 𐤀𐤌𐤓𐤍𐤅 𐤁𐤑𐤋𐤅
𐤍𐤇𐤉𐤄 𐤁𐤂𐤅𐤉𐤌.

𐤊𐤀𐤔𐤉𐤔𐤉 𐤅𐤔𐤌𐤇𐤉 𐤁𐤕 𐤀𐤃𐤅𐤌 𐤉𐤅𐤔𐤁𐤕𐤉 [𐤉𐤅𐤔𐤁𐤕] 𐤁𐤀𐤓𐤑 𐤏𐤅𐤑 𐤂𐤌
𐤏𐤋𐤉𐤊 𐤕𐤏𐤁𐤓 𐤊𐤅𐤎 𐤕𐤔𐤊𐤓𐤉 𐤅𐤕𐤕𐤏𐤓𐤉.

𐤊𐤁𐤕𐤌 𐤏𐤅𐤍𐤊 𐤁𐤕 𐤑𐤉𐤅𐤍 𐤋𐤀 𐤉𐤅𐤎𐤉𐤐 𐤋𐤄𐤂𐤋𐤅𐤕𐤊 𐤐𐤒𐤃 𐤏𐤅𐤍𐤊 𐤁𐤕 𐤀𐤃𐤅𐤌
𐤂𐤋𐤄 𐤏𐤋 𐤇𐤈𐤀𐤕𐤉𐤊.

𐤐𐤓𐤒 𐤄

𐤀𐤆𐤊𐤓 𐤉𐤄𐤅𐤄 𐤌𐤄 𐤄𐤉𐤄 𐤋𐤍𐤅 𐤄𐤁𐤉𐤈 [𐤄𐤁𐤉𐤈𐤄] 𐤅𐤓𐤀𐤄 𐤀𐤕 𐤇𐤓𐤐𐤕𐤍𐤅.
𐤁𐤍𐤇𐤋𐤕𐤍𐤅 𐤍𐤄𐤐𐤊𐤄 𐤋𐤆𐤓𐤉𐤌 𐤁𐤕𐤉𐤍𐤅 𐤋𐤍𐤊𐤓𐤉𐤌.
𐤂𐤉𐤕𐤅𐤌𐤉𐤌 𐤄𐤉𐤉𐤍𐤅 𐤀𐤉𐤍 [𐤅𐤀𐤉𐤍] 𐤀𐤁 𐤀𐤌𐤕𐤉𐤍𐤅 𐤊𐤀𐤋𐤌𐤍𐤅𐤕.
𐤃𐤌𐤉𐤌𐤉𐤍𐤅 𐤁𐤊𐤎𐤐 𐤔𐤕𐤉𐤍𐤅 𐤏𐤑𐤉𐤍𐤅 𐤁𐤌𐤇𐤉𐤓 𐤉𐤁𐤀𐤅.
𐤄𐤏𐤋 𐤑𐤅𐤀𐤓𐤍𐤅 𐤍𐤓𐤃𐤐𐤍𐤅 𐤉𐤂𐤏𐤍𐤅 𐤋𐤀 [𐤅𐤋𐤀] 𐤄𐤅𐤍𐤇 𐤋𐤍𐤅.
𐤅𐤌𐤑𐤓𐤉𐤌 𐤍𐤕𐤍𐤅 𐤉𐤃 𐤀𐤔𐤅𐤓 𐤋𐤔𐤁𐤏 𐤋𐤇𐤌.
𐤆𐤀𐤁𐤕𐤉𐤍𐤅 𐤇𐤈𐤀𐤅 𐤀𐤉𐤍𐤌 [𐤅𐤀𐤉𐤍𐤌] 𐤀𐤍𐤇𐤍𐤅 [𐤅𐤀𐤍𐤇𐤍𐤅] 𐤏𐤅𐤍𐤕𐤉𐤄𐤌
𐤎𐤁𐤋𐤍𐤅.
𐤇𐤏𐤁𐤃𐤉𐤌 𐤌𐤔𐤋𐤅 𐤁𐤍𐤅 𐤐𐤓𐤒 𐤀𐤉𐤍 𐤌𐤉𐤃𐤌.
𐤈𐤁𐤍𐤐𐤔𐤍𐤅 𐤍𐤁𐤉𐤀 𐤋𐤇𐤌𐤍𐤅 𐤌𐤐𐤍𐤉 𐤇𐤓𐤁 𐤄𐤌𐤃𐤁𐤓.
𐤉𐤏𐤅𐤓𐤍𐤅 𐤊𐤕𐤍𐤅𐤓 𐤍𐤊𐤌𐤓𐤅 𐤌𐤐𐤍𐤉 𐤆𐤋𐤏𐤐𐤅𐤕 𐤓𐤏𐤁.
𐤉𐤀𐤍𐤔𐤉𐤌 𐤁𐤑𐤉𐤅𐤍 𐤏𐤍𐤅 𐤁𐤕𐤋𐤕 𐤁𐤏𐤓𐤉 𐤉𐤄𐤅𐤃𐤄.
𐤉𐤁𐤔𐤓𐤉𐤌 𐤁𐤉𐤃𐤌 𐤍𐤕𐤋𐤅 𐤐𐤍𐤉 𐤆𐤒𐤍𐤉𐤌 𐤋𐤀 𐤍𐤄𐤃𐤓𐤅.
𐤉𐤂𐤁𐤇𐤅𐤓𐤉𐤌 𐤈𐤇𐤅𐤍 𐤍𐤔𐤀𐤅 𐤅𐤍𐤏𐤓𐤉𐤌 𐤁𐤏𐤑 𐤊𐤔𐤋𐤅.
𐤉𐤃𐤆𐤒𐤍𐤉𐤌 𐤌𐤔𐤏𐤓 𐤔𐤁𐤕𐤅 𐤁𐤇𐤅𐤓𐤉𐤌 𐤌𐤍𐤂𐤉𐤍𐤕𐤌.
𐤈𐤅𐤔𐤁𐤕 𐤌𐤔𐤅𐤔 𐤋𐤁𐤍𐤅 𐤍𐤄𐤐𐤊 𐤋𐤀𐤁𐤋 𐤌𐤇𐤋𐤍𐤅.
𐤈𐤆𐤍𐤐𐤋𐤄 𐤏𐤈𐤓𐤕 𐤓𐤀𐤔𐤍𐤅 𐤀𐤅𐤉 𐤍𐤀 𐤋𐤍𐤅 𐤊𐤉 𐤇𐤈𐤀𐤍𐤅.
𐤉𐤆𐤏𐤋 𐤆𐤄 𐤄𐤉𐤄 𐤃𐤅𐤄 𐤋𐤁𐤍𐤅 𐤏𐤋 𐤀𐤋𐤄 𐤇𐤔𐤊𐤅 𐤏𐤉𐤍𐤉𐤍𐤅.
𐤉𐤇𐤏𐤋 𐤄𐤓 𐤑𐤉𐤅𐤍 𐤔𐤔𐤌𐤌 𐤔𐤅𐤏𐤋𐤉𐤌 𐤄𐤋𐤊𐤅 𐤁𐤅.
𐤉𐤈𐤀𐤕𐤄 𐤉𐤄𐤅𐤄 𐤋𐤏𐤅𐤋𐤌 𐤕𐤔𐤁 𐤊𐤎𐤀𐤊 𐤋𐤃𐤓 𐤅𐤃𐤅𐤓.
𐤊𐤋𐤌𐤄 𐤋𐤍𐤑𐤇 𐤕𐤔𐤊𐤇𐤍𐤅 𐤕𐤏𐤆𐤁𐤍𐤅 𐤋𐤀𐤓𐤊 𐤉𐤌𐤉𐤌.
𐤊𐤀𐤄𐤔𐤉𐤁𐤍𐤅 𐤉𐤄𐤅𐤄 𐤀𐤋𐤉𐤊 𐤅𐤍𐤔𐤅𐤁 [𐤅𐤍𐤔𐤅𐤁𐤄] 𐤇𐤃𐤔 𐤉𐤌𐤉𐤍𐤅 𐤊𐤒𐤃𐤌.
𐤊𐤁𐤊𐤉 𐤀𐤌 𐤌𐤀𐤎 𐤌𐤀𐤎𐤕𐤍𐤅 𐤒𐤑𐤐𐤕 𐤏𐤋𐤉𐤍𐤅 𐤏𐤃 𐤌𐤀𐤃.

𐤉𐤇𐤆𐤒𐤀𐤋

𐤐𐤓𐤒 𐤀

𐤀 𐤅𐤉𐤄𐤉 𐤁𐤔𐤋𐤔𐤉𐤌 𐤔𐤍𐤄 𐤁𐤓𐤁𐤉𐤏𐤉 𐤁𐤇𐤌𐤔𐤄 𐤋𐤇𐤃𐤔 𐤅𐤀𐤍𐤉 𐤁𐤕𐤅𐤊 𐤄𐤂𐤅𐤋𐤄
𐤏𐤋 𐤍𐤄𐤓 𐤊𐤁𐤓 𐤍𐤐𐤕𐤇𐤅 𐤄𐤔𐤌𐤉𐤌 𐤅𐤀𐤓𐤀𐤄 𐤌𐤓𐤀𐤅𐤕 𐤀𐤋𐤄𐤉𐤌·
𐤁 𐤁𐤇𐤌𐤔𐤄 𐤋𐤇𐤃𐤔 𐤄𐤉𐤀 𐤄𐤔𐤍𐤄 𐤄𐤇𐤌𐤉𐤔𐤉𐤕 𐤋𐤂𐤋𐤅𐤕 𐤄𐤌𐤋𐤊 𐤉𐤅𐤉𐤊𐤉𐤍·
𐤂 𐤄𐤉𐤄 𐤄𐤉𐤄 𐤃𐤁𐤓 𐤉𐤄𐤅𐤄 𐤀𐤋 𐤉𐤇𐤆𐤒𐤀𐤋 𐤁𐤍 𐤁𐤅𐤆𐤉 𐤄𐤊𐤄𐤍 𐤁𐤀𐤓𐤑 𐤊𐤔𐤃𐤉𐤌
𐤏𐤋 𐤍𐤄𐤓 𐤊𐤁𐤓 𐤅𐤕𐤄𐤉 𐤏𐤋𐤉𐤅 𐤔𐤌 𐤉𐤃 𐤉𐤄𐤅𐤄·
𐤃 𐤅𐤀𐤓𐤀 𐤅𐤄𐤍𐤄 𐤓𐤅𐤇 𐤎𐤏𐤓𐤄 𐤁𐤀𐤄 𐤌𐤍 𐤄𐤑𐤐𐤅𐤍 𐤏𐤍𐤍 𐤂𐤃𐤅𐤋 𐤅𐤀𐤔 𐤌𐤕𐤋𐤒𐤇𐤕
𐤅𐤍𐤂𐤄 𐤋𐤅 𐤎𐤁𐤉𐤁 𐤅𐤌𐤕𐤅𐤊𐤄 𐤊𐤏𐤉𐤍 𐤄𐤇𐤔𐤌𐤋 𐤌𐤕𐤅𐤊 𐤄𐤀𐤔·
𐤄 𐤅𐤌𐤕𐤅𐤊𐤄 𐤃𐤌𐤅𐤕 𐤀𐤓𐤁𐤏 𐤇𐤉𐤅𐤕 𐤅𐤆𐤄 𐤌𐤓𐤀𐤉𐤄𐤍 𐤃𐤌𐤅𐤕 𐤀𐤃𐤌 𐤋𐤄𐤍𐤄·
𐤅 𐤅𐤀𐤓𐤁𐤏𐤄 𐤐𐤍𐤉𐤌 𐤋𐤀𐤇𐤕 𐤅𐤀𐤓𐤁𐤏 𐤊𐤍𐤐𐤉𐤌 𐤋𐤀𐤇𐤕 𐤋𐤄𐤌·
𐤆 𐤅𐤓𐤂𐤋𐤉𐤄𐤌 𐤓𐤂𐤋 𐤉𐤔𐤓𐤄 𐤅𐤊𐤐 𐤓𐤂𐤋𐤉𐤄𐤌 𐤊𐤊𐤐 𐤓𐤂𐤋 𐤏𐤂𐤋 𐤅𐤍𐤑𐤑𐤉𐤌 𐤊𐤏𐤉𐤍
𐤍𐤇𐤔𐤕 𐤒𐤋𐤋·
𐤇 𐤅𐤉𐤃𐤅 [𐤅𐤉𐤃𐤉] 𐤀𐤃𐤌 𐤌𐤕𐤇𐤕 𐤊𐤍𐤐𐤉𐤄𐤌 𐤏𐤋 𐤀𐤓𐤁𐤏𐤕 𐤓𐤁𐤏𐤉𐤄𐤌 𐤅𐤐𐤍𐤉𐤄𐤌
𐤅𐤊𐤍𐤐𐤉𐤄𐤌 𐤋𐤀𐤓𐤁𐤏𐤕𐤌·
𐤈 𐤇𐤁𐤓𐤕 𐤀𐤔𐤄 𐤀𐤋 𐤀𐤇𐤅𐤕𐤄 𐤊𐤍𐤐𐤉𐤄𐤌 𐤋𐤀 𐤉𐤎𐤁𐤅 𐤁𐤋𐤊𐤕𐤍 𐤀𐤉𐤔 𐤀𐤋 𐤏𐤁𐤓
𐤐𐤍𐤉𐤅 𐤉𐤋𐤊𐤅·
𐤉 𐤅𐤃𐤌𐤅𐤕 𐤐𐤍𐤉𐤄𐤌 𐤐𐤍𐤉 𐤀𐤃𐤌 𐤅𐤐𐤍𐤉 𐤀𐤓𐤉𐤄 𐤀𐤋 𐤄𐤉𐤌𐤉𐤍 𐤋𐤀𐤓𐤁𐤏𐤕𐤌 𐤅𐤐𐤍𐤉
𐤔𐤅𐤓 𐤌𐤄𐤔𐤌𐤀𐤅𐤋 𐤋𐤀𐤓𐤁𐤏𐤕𐤍 𐤅𐤐𐤍𐤉 𐤍𐤔𐤓 𐤋𐤀𐤓𐤁𐤏𐤕𐤍·
𐤉𐤀 𐤅𐤐𐤍𐤉𐤄𐤌 𐤅𐤊𐤍𐤐𐤉𐤄𐤌 𐤐𐤓𐤃𐤅𐤕 𐤌𐤋𐤌𐤏𐤋𐤄 𐤋𐤀𐤉𐤔 𐤔𐤕𐤉𐤌 𐤇𐤁𐤓𐤅𐤕 𐤀𐤉𐤔
𐤅𐤔𐤕𐤉𐤌 𐤌𐤊𐤎𐤅𐤕 𐤀𐤕 𐤂𐤅𐤉𐤕𐤉𐤄𐤍𐤄·
𐤉𐤁 𐤅𐤀𐤉𐤔 𐤀𐤋 𐤏𐤁𐤓 𐤐𐤍𐤉𐤅 𐤉𐤋𐤊𐤅 𐤀𐤋 𐤀𐤔𐤓 𐤉𐤄𐤉𐤄 𐤔𐤌𐤄 𐤄𐤓𐤅𐤇 𐤋𐤋𐤊𐤕
𐤉𐤋𐤊𐤅 𐤋𐤀 𐤉𐤎𐤁𐤅 𐤁𐤋𐤊𐤕𐤍·
𐤉𐤂 𐤅𐤃𐤌𐤅𐤕 𐤄𐤇𐤉𐤅𐤕 𐤌𐤓𐤀𐤉𐤄𐤌 𐤊𐤂𐤇𐤋𐤉 𐤀𐤔 𐤁𐤏𐤓𐤅𐤕 𐤊𐤌𐤓𐤀𐤄 𐤄𐤋𐤐𐤃𐤉𐤌
𐤄𐤉𐤀 𐤌𐤕𐤄𐤋𐤊𐤕 𐤁𐤉𐤍 𐤄𐤇𐤉𐤅𐤕 𐤅𐤍𐤂𐤄 𐤋𐤀𐤔 𐤅𐤌𐤍 𐤄𐤀𐤔 𐤉𐤅𐤑𐤀 𐤁𐤓𐤒·
𐤉𐤃 𐤅𐤄𐤇𐤉𐤅𐤕 𐤓𐤑𐤅𐤀 𐤅𐤔𐤅𐤁 𐤊𐤌𐤓𐤀𐤄 𐤄𐤁𐤆𐤒·
𐤈𐤅 𐤅𐤀𐤓𐤀 𐤄𐤇𐤉𐤅𐤕 𐤅𐤄𐤍𐤄 𐤀𐤅𐤐𐤍 𐤀𐤇𐤃 𐤁𐤀𐤓𐤑 𐤀𐤑𐤋 𐤄𐤇𐤉𐤅𐤕 𐤋𐤀𐤓𐤁𐤏𐤕
𐤐𐤍𐤉𐤅·
𐤈𐤆 𐤌𐤓𐤀𐤄 𐤄𐤀𐤅𐤐𐤍𐤉𐤌 𐤅𐤌𐤏𐤔𐤉𐤄𐤌 𐤊𐤏𐤉𐤍 𐤕𐤓𐤔𐤉𐤔 𐤅𐤃𐤌𐤅𐤕 𐤀𐤇𐤃
𐤋𐤀𐤓𐤁𐤏𐤕𐤍 𐤅𐤌𐤓𐤀𐤉𐤄𐤌 𐤅𐤌𐤏𐤔𐤉𐤄𐤌 𐤊𐤀𐤔𐤓 𐤉𐤄𐤉𐤄 𐤄𐤀𐤅𐤐𐤍 𐤁𐤕𐤅𐤊 𐤄𐤀𐤅𐤐𐤍·
𐤉𐤆 𐤏𐤋 𐤀𐤓𐤁𐤏𐤕 𐤓𐤁𐤏𐤉𐤄𐤍 𐤁𐤋𐤊𐤕𐤌 𐤉𐤋𐤊𐤅 𐤋𐤀 𐤉𐤎𐤁𐤅 𐤁𐤋𐤊𐤕𐤍·
𐤉𐤇 𐤅𐤂𐤁𐤉𐤄𐤍 𐤅𐤂𐤁𐤄 𐤋𐤄𐤌 𐤅𐤉𐤓𐤀𐤄 𐤋𐤄𐤌 𐤅𐤂𐤁𐤕𐤌 𐤌𐤋𐤀𐤕 𐤏𐤉𐤍𐤉𐤌 𐤎𐤁𐤉𐤁
𐤋𐤀𐤓𐤁𐤏𐤕𐤍·
𐤉𐤈 𐤅𐤁𐤋𐤊𐤕 𐤄𐤇𐤉𐤅𐤕 𐤉𐤋𐤊𐤅 𐤄𐤀𐤅𐤐𐤍𐤉𐤌 𐤀𐤑𐤋𐤌 𐤅𐤁𐤄𐤍𐤔𐤀 𐤄𐤇𐤉𐤅𐤕 𐤌𐤏𐤋

יחזקאל

הארץ ינשאו האופנים.
כ על אשר יהיה שם הרוח ללכת ילכו שמה הרוח ללכת
והאופנים ינשאו לעמתם כי רוח החיה באופנים.
כא בלכתם ילכו ובעמדם יעמדו ובהנשאם מעל הארץ ינשאו
האופנים לעמתם כי רוח החיה באופנים.
כב ודמות על ראשי החיה רקיע כעין הקרח הנורא נטוי על
ראשיהם מלמעלה.
כג ותחת הרקיע כנפיהם ישרות אשה אל אחותה לאיש שתים
מכסות להנה ולאיש שתים מכסות להנה את גויתיהם.
כד ואשמע את קול כנפיהם כקול מים רבים כקול שדי בלכתם
קול המלה כקול מחנה בעמדם תרפינה כנפיהן.
כה ויהי קול מעל לרקיע אשר על ראשם בעמדם תרפינה
כנפיהן.
כו וממעל לרקיע אשר על ראשם כמראה אבן ספיר דמות כסא ועל
דמות הכסא דמות כמראה אדם עליו מלמעלה.
כז וארא כעין חשמל כמראה אש בית לה סביב ממראה מתניו
ולמעלה וממראה מתניו ולמטה ראיתי כמראה אש ונגה לו
סביב.
כח כמראה הקשת אשר יהיה בענן ביום הגשם כן מראה הנגה
סביב הוא מראה דמות כבוד יהוה ואראה ואפל על פני ואשמע
קול מדבר.

פרק ב

א ויאמר אלי בן אדם עמד על רגליך ואדבר אתך.
ב ותבא בי רוח כאשר דבר אלי ותעמדני על רגלי ואשמע את
מדבר אלי.
ג ויאמר אלי בן אדם שולח אני אותך אל בני ישראל אל גוים
המורדים אשר מרדו בי המה ואבותם פשעו בי עד עצם היום
הזה.
ד והבנים קשי פנים וחזקי לב אני שולח אותך אליהם ואמרת
אליהם כה אמר אדני יהוה.
ה והמה אם ישמעו ואם יחדלו כי בית מרי המה וידעו כי
נביא היה בתוכם.

ו ואתה בן אדם אל תירא מהם ומדבריהם אל תירא כי סרבים
וסלונים אותך ואל עקרבים אתה יושב מדבריהם אל תירא
ומפניהם אל תחת כי בית מרי המה.
ז ודברת את דברי אליהם אם ישמעו ואם יחדלו כי מרי המה.
ח ואתה בן אדם שמע את אשר אני מדבר אליך אל תהי מרי
כבית המרי פצה פיך ואכל את אשר אני נתן אליך.
ט ואראה והנה יד שלוחה אלי והנה בו מגלת ספר.
י ויפרש אותה לפני והיא כתובה פנים ואחור וכתוב אליה
קנים והגה והי.

פרק ג
א ויאמר אלי בן אדם את אשר תמצא אכול אכול את המגלה
הזאת ולך דבר אל בית ישראל.
ב ואפתח את פי ויאכלני את המגלה הזאת.
ג ויאמר אלי בן אדם בטנך תאכל ומעיך תמלא את המגלה
הזאת אשר אני נתן אליך ואכלה ותהי בפי כדבש למתוק.
ד ויאמר אלי בן אדם לך בא אל בית ישראל ודברת בדברי
אליהם.
ה כי לא אל עם עמקי שפה וכבדי לשון אתה שלוח אל בית
ישראל.
ו לא אל עמים רבים עמקי שפה וכבדי לשון אשר לא תשמע
דבריהם אם לא אליהם שלחתיך המה ישמעו אליך.
ז ובית ישראל לא יאבו לשמע אליך כי אינם אבים לשמע
אלי כי כל בית ישראל חזקי מצח וקשי לב המה.
ח הנה נתתי את פניך חזקים לעמת פניהם ואת מצחך חזק לעמת
מצחם.
ט כשמיר חזק מצר נתתי מצחך לא תירא אותם ולא תחת
מפניהם כי בית מרי המה.
י ויאמר אלי בן אדם את כל דברי אשר אדבר אליך קח בלבבך
ובאזניך שמע.
יא ולך בא אל הגולה אל בני עמך ודברת אליהם ואמרת
אליהם כה אמר אדני יהוה אם ישמעו ואם יחדלו.
יב ותשאני רוח ואשמע אחרי קול רעש גדול ברוך כבוד יהוה

𐤌𐤌𐤒𐤅𐤌𐤅•
𐤉𐤂 𐤅𐤒𐤅𐤋 𐤊𐤍𐤐𐤉 𐤄𐤇𐤉𐤅𐤕 𐤌𐤔𐤉𐤒𐤅𐤕 𐤀𐤔𐤄 𐤀𐤋 𐤀𐤇𐤅𐤕𐤄 𐤅𐤒𐤅𐤋 𐤄𐤀𐤅𐤐𐤍𐤉𐤌
𐤋𐤏𐤌𐤕𐤌 𐤅𐤒𐤅𐤋 𐤓𐤏𐤔 𐤂𐤃𐤅𐤋•
𐤉𐤃 𐤅𐤓𐤅𐤇 𐤍𐤔𐤀𐤕𐤍𐤉 𐤅𐤕𐤒𐤇𐤍𐤉 𐤅𐤀𐤋𐤊 𐤌𐤓 𐤁𐤇𐤌𐤕 𐤓𐤅𐤇𐤉 𐤅𐤉𐤃 𐤉𐤄𐤅𐤄 𐤏𐤋𐤉
𐤇𐤆𐤒𐤄•
𐤈𐤅 𐤅𐤀𐤁𐤅𐤀 𐤀𐤋 𐤄𐤂𐤅𐤋𐤄 𐤕𐤋 𐤀𐤁𐤉𐤁 𐤄𐤉𐤔𐤁𐤉𐤌 𐤀𐤋 𐤍𐤄𐤓 𐤊𐤁𐤓 𐤅𐤀𐤔𐤓
[𐤅𐤀𐤔𐤁] 𐤄𐤌𐤄 𐤉𐤅𐤔𐤁𐤉𐤌 𐤔𐤌 𐤅𐤀𐤔𐤁 𐤔𐤌 𐤔𐤁𐤏𐤕 𐤉𐤌𐤉𐤌 𐤌𐤔𐤌𐤉𐤌 𐤁𐤕𐤅𐤊𐤌•
𐤈𐤆 𐤅𐤉𐤄𐤉 𐤌𐤒𐤑𐤄 𐤔𐤁𐤏𐤕 𐤉𐤌𐤉𐤌 𐤅𐤉𐤄𐤉 𐤃𐤁𐤓 𐤉𐤄𐤅𐤄 𐤀𐤋𐤉 𐤋𐤀𐤌𐤓•
𐤉𐤆 𐤁𐤍 𐤀𐤃𐤌 𐤑𐤐𐤄 𐤍𐤕𐤕𐤉𐤊 𐤋𐤁𐤉𐤕 𐤉𐤔𐤓𐤀𐤋 𐤅𐤔𐤌𐤏𐤕 𐤌𐤐𐤉 𐤃𐤁𐤓 𐤅𐤄𐤆𐤄𐤓𐤕
𐤀𐤅𐤕𐤌 𐤌𐤌𐤍𐤉•
𐤉𐤇 𐤁𐤀𐤌𐤓𐤉 𐤋𐤓𐤔𐤏 𐤌𐤅𐤕 𐤕𐤌𐤅𐤕 𐤅𐤋𐤀 𐤄𐤆𐤄𐤓𐤕𐤅 𐤅𐤋𐤀 𐤃𐤁𐤓𐤕 𐤋𐤄𐤆𐤄𐤉𐤓 𐤓𐤔𐤏
𐤌𐤃𐤓𐤊𐤅 𐤄𐤓𐤔𐤏𐤄 𐤋𐤇𐤉𐤕𐤅 𐤄𐤅𐤀 𐤓𐤔𐤏 𐤁𐤏𐤅𐤍𐤅 𐤉𐤌𐤅𐤕 𐤅𐤃𐤌𐤅 𐤌𐤉𐤃𐤊 𐤀𐤁𐤒𐤔•
𐤉𐤈 𐤅𐤀𐤕𐤄 𐤊𐤉 𐤄𐤆𐤄𐤓𐤕 𐤓𐤔𐤏 𐤅𐤋𐤀 𐤔𐤁 𐤌𐤓𐤔𐤏𐤅 𐤅𐤌𐤃𐤓𐤊𐤅 𐤄𐤓𐤔𐤏𐤄 𐤄𐤅𐤀
𐤁𐤏𐤅𐤍𐤅 𐤉𐤌𐤅𐤕 𐤅𐤀𐤕𐤄 𐤀𐤕 𐤍𐤐𐤔𐤊 𐤄𐤑𐤋𐤕•
𐤊 𐤅𐤁𐤔𐤅𐤁 𐤑𐤃𐤉𐤒 𐤌𐤑𐤃𐤒𐤅 𐤅𐤏𐤔𐤄 𐤏𐤅𐤋 𐤅𐤍𐤕𐤕𐤉 𐤌𐤊𐤔𐤅𐤋 𐤋𐤐𐤍𐤉𐤅 𐤄𐤅𐤀
𐤉𐤌𐤅𐤕 𐤊𐤉 𐤋𐤀 𐤄𐤆𐤄𐤓𐤕𐤅 𐤁𐤇𐤈𐤀𐤕𐤅 𐤉𐤌𐤅𐤕 𐤅𐤋𐤀 𐤕𐤆𐤊𐤓𐤍 𐤑𐤃𐤒𐤕𐤅
[𐤑𐤃𐤒𐤕𐤉𐤅] 𐤀𐤔𐤓 𐤏𐤔𐤄 𐤅𐤃𐤌𐤅 𐤌𐤉𐤃𐤊 𐤀𐤁𐤒𐤔•
𐤊𐤀 𐤅𐤀𐤕𐤄 𐤊𐤉 𐤄𐤆𐤄𐤓𐤕𐤅 𐤑𐤃𐤉𐤒 𐤋𐤁𐤋𐤕𐤉 𐤇𐤈𐤀 𐤑𐤃𐤉𐤒 𐤅𐤄𐤅𐤀 𐤋𐤀 𐤇𐤈𐤀
𐤇𐤉𐤅 𐤉𐤇𐤉𐤄 𐤊𐤉 𐤍𐤆𐤄𐤓 𐤅𐤀𐤕𐤄 𐤀𐤕 𐤍𐤐𐤔𐤊 𐤄𐤑𐤋𐤕•
𐤊𐤁 𐤅𐤕𐤄𐤉 𐤏𐤋𐤉 𐤔𐤌 𐤉𐤃 𐤉𐤄𐤅𐤄 𐤅𐤉𐤀𐤌𐤓 𐤀𐤋𐤉 𐤒𐤅𐤌 𐤑𐤀 𐤀𐤋 𐤄𐤁𐤒𐤏𐤄
𐤅𐤔𐤌 𐤀𐤃𐤁𐤓 𐤀𐤅𐤕𐤊•
𐤊𐤂 𐤅𐤀𐤒𐤅𐤌 𐤅𐤀𐤑𐤀 𐤀𐤋 𐤄𐤁𐤒𐤏𐤄 𐤅𐤄𐤍𐤄 𐤔𐤌 𐤊𐤁𐤅𐤃 𐤉𐤄𐤅𐤄 𐤏𐤌𐤃 𐤊𐤊𐤁𐤅𐤃
𐤀𐤔𐤓 𐤓𐤀𐤉𐤕𐤉 𐤏𐤋 𐤍𐤄𐤓 𐤊𐤁𐤓 𐤅𐤀𐤐𐤋 𐤏𐤋 𐤐𐤍𐤉•
𐤊𐤃 𐤅𐤕𐤁𐤀 𐤁𐤉 𐤓𐤅𐤇 𐤅𐤕𐤏𐤌𐤃𐤍𐤉 𐤏𐤋 𐤓𐤂𐤋𐤉 𐤅𐤉𐤃𐤁𐤓 𐤀𐤕𐤉 𐤅𐤉𐤀𐤌𐤓 𐤀𐤋𐤉 𐤁𐤀
𐤄𐤎𐤂𐤓 𐤁𐤕𐤅𐤊 𐤁𐤉𐤕𐤊•
𐤊𐤄 𐤅𐤀𐤕𐤄 𐤁𐤍 𐤀𐤃𐤌 𐤄𐤍𐤄 𐤍𐤕𐤍𐤅 𐤏𐤋𐤉𐤊 𐤏𐤁𐤅𐤕𐤉𐤌 𐤅𐤀𐤎𐤓𐤅𐤊 𐤁𐤄𐤌 𐤅𐤋𐤀
𐤕𐤑𐤀 𐤁𐤕𐤅𐤊𐤌•
𐤊𐤅 𐤅𐤋𐤔𐤅𐤍𐤊 𐤀𐤃𐤁𐤉𐤒 𐤀𐤋 𐤇𐤊𐤊 𐤅𐤍𐤀𐤋𐤌𐤕 𐤅𐤋𐤀 𐤕𐤄𐤉𐤄 𐤋𐤄𐤌 𐤋𐤀𐤉𐤔
𐤌𐤅𐤊𐤉𐤇 𐤊𐤉 𐤁𐤉𐤕 𐤌𐤓𐤉 𐤄𐤌𐤄•
𐤊𐤆 𐤅𐤁𐤃𐤁𐤓𐤉 𐤀𐤅𐤕𐤊 𐤀𐤐𐤕𐤇 𐤀𐤕 𐤐𐤉𐤊 𐤅𐤀𐤌𐤓𐤕 𐤀𐤋𐤉𐤄𐤌 𐤊𐤄 𐤀𐤌𐤓 𐤀𐤃𐤍𐤉
𐤉𐤄𐤅𐤄 𐤄𐤔𐤌𐤏 𐤉𐤔𐤌𐤏 𐤅𐤄𐤇𐤃𐤋 𐤉𐤇𐤃𐤋 𐤊𐤉 𐤁𐤉𐤕 𐤌𐤓𐤉 𐤄𐤌𐤄•

𐤐𐤓𐤒 𐤃

𐤀 𐤅𐤀𐤕𐤄 𐤁𐤍 𐤀𐤃𐤌 𐤒𐤇 𐤋𐤊 𐤋𐤁𐤍𐤄 𐤅𐤍𐤕𐤕𐤄 𐤀𐤅𐤕𐤄 𐤋𐤐𐤍𐤉𐤊 𐤅𐤇𐤒𐤅𐤕 𐤏𐤋𐤉𐤄 𐤏𐤉𐤓 𐤀𐤕 𐤉𐤓𐤅𐤔𐤋𐤌.

𐤁 𐤅𐤍𐤕𐤕𐤄 𐤏𐤋𐤉𐤄 𐤌𐤑𐤅𐤓 𐤅𐤁𐤍𐤉𐤕 𐤏𐤋𐤉𐤄 𐤃𐤉𐤒 𐤅𐤔𐤐𐤊𐤕 𐤏𐤋𐤉𐤄 𐤎𐤋𐤋𐤄 𐤅𐤍𐤕𐤕𐤄 𐤏𐤋𐤉𐤄 𐤌𐤇𐤍𐤅𐤕 𐤅𐤔𐤉𐤌 𐤏𐤋𐤉𐤄 𐤊𐤓𐤉𐤌 𐤎𐤁𐤉𐤁.

𐤂 𐤅𐤀𐤕𐤄 𐤒𐤇 𐤋𐤊 𐤌𐤇𐤁𐤕 𐤁𐤓𐤆𐤋 𐤅𐤍𐤕𐤕𐤄 𐤀𐤅𐤕𐤄 𐤒𐤉𐤓 𐤁𐤓𐤆𐤋 𐤁𐤉𐤍𐤊 𐤅𐤁𐤉𐤍 𐤄𐤏𐤉𐤓 𐤅𐤄𐤊𐤉𐤍𐤕𐤄 𐤀𐤕 𐤐𐤍𐤉𐤊 𐤀𐤋𐤉𐤄 𐤅𐤄𐤉𐤕𐤄 𐤁𐤌𐤑𐤅𐤓 𐤅𐤑𐤓𐤕 𐤏𐤋𐤉𐤄 𐤀𐤅𐤕 𐤄𐤉𐤀 𐤋𐤁𐤉𐤕 𐤉𐤔𐤓𐤀𐤋.

𐤃 𐤅𐤀𐤕𐤄 𐤔𐤊𐤁 𐤏𐤋 𐤑𐤃𐤊 𐤄𐤔𐤌𐤀𐤋𐤉 𐤅𐤔𐤌𐤕 𐤀𐤕 𐤏𐤅𐤍 𐤁𐤉𐤕 𐤉𐤔𐤓𐤀𐤋 𐤏𐤋𐤉𐤅 𐤌𐤎𐤐𐤓 𐤄𐤉𐤌𐤉𐤌 𐤀𐤔𐤓 𐤕𐤔𐤊𐤁 𐤏𐤋𐤉𐤅 𐤕𐤔𐤀 𐤀𐤕 𐤏𐤅𐤍𐤌.

𐤄 𐤅𐤀𐤍𐤉 𐤍𐤕𐤕𐤉 𐤋𐤊 𐤀𐤕 𐤔𐤍𐤉 𐤏𐤅𐤍𐤌 𐤋𐤌𐤎𐤐𐤓 𐤉𐤌𐤉𐤌 𐤔𐤋𐤔 𐤌𐤀𐤅𐤕 𐤅𐤕𐤔𐤏𐤉𐤌 𐤉𐤅𐤌 𐤅𐤍𐤔𐤀𐤕 𐤏𐤅𐤍 𐤁𐤉𐤕 𐤉𐤔𐤓𐤀𐤋.

𐤅 𐤅𐤊𐤋𐤉𐤕 𐤀𐤕 𐤀𐤋𐤄 𐤅𐤔𐤊𐤁𐤕 𐤏𐤋 𐤑𐤃𐤊 𐤄𐤉𐤌𐤉𐤍𐤉 [𐤄𐤉𐤌𐤍𐤉] 𐤔𐤍𐤉𐤕 𐤅𐤍𐤔𐤀𐤕 𐤀𐤕 𐤏𐤅𐤍 𐤁𐤉𐤕 𐤉𐤄𐤅𐤃𐤄 𐤀𐤓𐤁𐤏𐤉𐤌 𐤉𐤅𐤌 𐤉𐤅𐤌 𐤋𐤔𐤍𐤄 𐤉𐤅𐤌 𐤋𐤔𐤍𐤄 𐤍𐤕𐤕𐤉𐤅 𐤋𐤊.

𐤆 𐤅𐤀𐤋 𐤌𐤑𐤅𐤓 𐤉𐤓𐤅𐤔𐤋𐤌 𐤕𐤊𐤉𐤍 𐤐𐤍𐤉𐤊 𐤅𐤆𐤓𐤏𐤊 𐤇𐤔𐤅𐤐𐤄 𐤅𐤍𐤁𐤀𐤕 𐤏𐤋𐤉𐤄.

𐤇 𐤅𐤄𐤍𐤄 𐤍𐤕𐤕𐤉 𐤏𐤋𐤉𐤊 𐤏𐤁𐤅𐤕𐤉𐤌 𐤅𐤋𐤀 𐤕𐤄𐤐𐤊 𐤌𐤑𐤃𐤊 𐤀𐤋 𐤑𐤃𐤊 𐤏𐤃 𐤊𐤋𐤅𐤕𐤊 𐤉𐤌𐤉 𐤌𐤑𐤅𐤓𐤊.

𐤈 𐤅𐤀𐤕𐤄 𐤒𐤇 𐤋𐤊 𐤇𐤈𐤉𐤍 𐤅𐤔𐤏𐤓𐤉𐤌 𐤅𐤐𐤅𐤋 𐤅𐤏𐤃𐤔𐤉𐤌 𐤅𐤃𐤇𐤍 𐤅𐤊𐤎𐤌𐤉𐤌 𐤅𐤍𐤕𐤕𐤄 𐤀𐤅𐤕𐤌 𐤁𐤊𐤋𐤉 𐤀𐤇𐤃 𐤅𐤏𐤔𐤉𐤕 𐤀𐤅𐤕𐤌 𐤋𐤊 𐤋𐤋𐤇𐤌 𐤌𐤎𐤐𐤓 𐤄𐤉𐤌𐤉𐤌 𐤀𐤔𐤓 𐤀𐤕𐤄 𐤔𐤅𐤊𐤁 𐤏𐤋 𐤑𐤃𐤊 𐤔𐤋𐤔 𐤌𐤀𐤅𐤕 𐤅𐤕𐤔𐤏𐤉𐤌 𐤉𐤅𐤌 𐤕𐤀𐤊𐤋𐤍𐤅.

𐤉 𐤅𐤌𐤀𐤊𐤋𐤊 𐤀𐤔𐤓 𐤕𐤀𐤊𐤋𐤍𐤅 𐤁𐤌𐤔𐤒𐤅𐤋 𐤏𐤔𐤓𐤉𐤌 𐤔𐤒𐤋 𐤋𐤉𐤅𐤌 𐤌𐤏𐤕 𐤏𐤃 𐤏𐤕 𐤕𐤀𐤊𐤋𐤍𐤅.

𐤉𐤀 𐤅𐤌𐤉𐤌 𐤁𐤌𐤔𐤅𐤓𐤄 𐤕𐤔𐤕𐤄 𐤔𐤔𐤉𐤕 𐤄𐤄𐤉𐤍 𐤌𐤏𐤕 𐤏𐤃 𐤏𐤕 𐤕𐤔𐤕𐤄.

𐤉𐤁 𐤅𐤏𐤂𐤕 𐤔𐤏𐤓𐤉𐤌 𐤕𐤀𐤊𐤋𐤍𐤄 𐤅𐤄𐤉𐤀 𐤁𐤂𐤋𐤋𐤉 𐤑𐤀𐤕 𐤄𐤀𐤃𐤌 𐤕𐤏𐤂𐤍𐤄 𐤋𐤏𐤉𐤍𐤉𐤄𐤌.

𐤉𐤂 𐤅𐤉𐤀𐤌𐤓 𐤉𐤄𐤅𐤄 𐤊𐤊𐤄 𐤉𐤀𐤊𐤋𐤅 𐤁𐤍𐤉 𐤉𐤔𐤓𐤀𐤋 𐤀𐤕 𐤋𐤇𐤌𐤌 𐤈𐤌𐤀 𐤁𐤂𐤅𐤉𐤌 𐤀𐤔𐤓 𐤀𐤃𐤉𐤇𐤌 𐤔𐤌.

𐤉𐤃 𐤅𐤀𐤌𐤓 𐤀𐤄𐤄 𐤀𐤃𐤍𐤉 𐤉𐤄𐤅𐤄 𐤄𐤍𐤄 𐤍𐤐𐤔𐤉 𐤋𐤀 𐤌𐤈𐤌𐤀𐤄 𐤅𐤍𐤁𐤋𐤄 𐤅𐤈𐤓𐤐𐤄 𐤋𐤀 𐤀𐤊𐤋𐤕𐤉 𐤌𐤍𐤏𐤅𐤓𐤉 𐤅𐤏𐤃 𐤏𐤕𐤄 𐤅𐤋𐤀 𐤁𐤀 𐤁𐤐𐤉 𐤁𐤔𐤓 𐤐𐤂𐤅𐤋.

𐤈𐤅 𐤅𐤉𐤀𐤌𐤓 𐤀𐤋𐤉𐤅 𐤓𐤀𐤄 𐤍𐤕𐤕𐤉 𐤋𐤊 𐤀𐤕 𐤑𐤐𐤅𐤏𐤉 [𐤑𐤐𐤉𐤏𐤉] 𐤄𐤁𐤒𐤓 𐤕𐤇𐤕 𐤂𐤋𐤋𐤉 𐤄𐤀𐤃𐤌 𐤅𐤏𐤔𐤉𐤕 𐤀𐤕 𐤋𐤇𐤌𐤊 𐤏𐤋𐤉𐤄𐤌.

𐤈𐤆 𐤅𐤉𐤀𐤌𐤓 𐤀𐤋𐤉 𐤁𐤍 𐤀𐤃𐤌 𐤄𐤍𐤍𐤉 𐤔𐤁𐤓 𐤌𐤈𐤄 𐤋𐤇𐤌 𐤁𐤉𐤓𐤅𐤔𐤋𐤌 𐤅𐤀𐤊𐤋𐤅 𐤋𐤇𐤌 𐤁𐤌𐤔𐤒𐤋 𐤅𐤁𐤃𐤀𐤂𐤄 𐤅𐤌𐤉𐤌 𐤁𐤌𐤔𐤅𐤓𐤄 𐤅𐤁𐤔𐤌𐤌𐤅𐤍 𐤉𐤔𐤕𐤅.

𐤉𐤇𐤆𐤒𐤀𐤋

𐤉𐤆 𐤋𐤌𐤏𐤍 𐤉𐤇𐤎𐤓𐤅 𐤋𐤇𐤌 𐤅𐤌𐤉𐤌 𐤅𐤍𐤔𐤌𐤅 𐤀𐤉𐤔 𐤅𐤀𐤇𐤉𐤅 𐤅𐤍𐤌𐤒𐤅 𐤁𐤏𐤅𐤍𐤌•

𐤐𐤓𐤒 𐤄

𐤀 𐤅𐤀𐤕𐤄 𐤁𐤍 𐤀𐤃𐤌 𐤒𐤇 𐤋𐤊 𐤇𐤓𐤁 𐤇𐤃𐤄 𐤕𐤏𐤓 𐤄𐤂𐤋𐤁𐤉𐤌 𐤕𐤒𐤇𐤍𐤄 𐤋𐤊 𐤅𐤄𐤏𐤁𐤓𐤕
𐤏𐤋 𐤓𐤀𐤔𐤊 𐤅𐤏𐤋 𐤆𐤒𐤍𐤊 𐤅𐤋𐤒𐤇𐤕 𐤋𐤊 𐤌𐤀𐤆𐤍𐤉 𐤌𐤔𐤒𐤋 𐤅𐤇𐤋𐤒𐤕𐤌•

𐤁 𐤔𐤋𐤔𐤉𐤕 𐤁𐤀𐤅𐤓 𐤕𐤁𐤏𐤉𐤓 𐤁𐤕𐤅𐤊 𐤄𐤏𐤉𐤓 𐤊𐤌𐤋𐤀𐤕 𐤉𐤌𐤉 𐤄𐤌𐤑𐤅𐤓 𐤅𐤋𐤒𐤇𐤕 𐤀𐤕
𐤄𐤔𐤋𐤔𐤉𐤕 𐤕𐤊𐤄 𐤁𐤇𐤓𐤁 𐤎𐤁𐤉𐤁𐤅𐤕𐤉𐤄 𐤅𐤄𐤔𐤋𐤔𐤉𐤕 𐤕𐤆𐤓𐤄 𐤋𐤓𐤅𐤇 𐤅𐤇𐤓𐤁 𐤀𐤓𐤉𐤒
𐤀𐤇𐤓𐤉𐤄𐤌•

𐤂 𐤅𐤋𐤒𐤇𐤕 𐤌𐤔𐤌 𐤌𐤏𐤈 𐤁𐤌𐤎𐤐𐤓 𐤅𐤑𐤓𐤕 𐤀𐤅𐤕𐤌 𐤁𐤊𐤍𐤐𐤉𐤊•

𐤃 𐤅𐤌𐤄𐤌 𐤏𐤅𐤃 𐤕𐤒𐤇 𐤅𐤄𐤔𐤋𐤊𐤕 𐤀𐤅𐤕𐤌 𐤀𐤋 𐤕𐤅𐤊 𐤄𐤀𐤔 𐤅𐤔𐤓𐤐𐤕 𐤀𐤕𐤌 𐤁𐤀𐤔
𐤌𐤌𐤍𐤅 𐤕𐤑𐤀 𐤀𐤔 𐤀𐤋 𐤊𐤋 𐤁𐤉𐤕 𐤉𐤔𐤓𐤀𐤋•

𐤄 𐤊𐤄 𐤀𐤌𐤓 𐤀𐤃𐤍𐤉 𐤉𐤄𐤅𐤄 𐤆𐤀𐤕 𐤉𐤓𐤅𐤔𐤋𐤌 𐤁𐤕𐤅𐤊 𐤄𐤂𐤅𐤉𐤌 𐤔𐤌𐤕𐤉𐤄
𐤅𐤎𐤁𐤉𐤁𐤅𐤕𐤉𐤄 𐤀𐤓𐤑𐤅𐤕•

𐤅 𐤅𐤕𐤌𐤓 𐤀𐤕 𐤌𐤔𐤐𐤈𐤉 𐤋𐤓𐤔𐤏𐤄 𐤌𐤍 𐤄𐤂𐤅𐤉𐤌 𐤅𐤀𐤕 𐤇𐤒𐤅𐤕𐤉 𐤌𐤍 𐤄𐤀𐤓𐤑𐤅𐤕
𐤀𐤔𐤓 𐤎𐤁𐤉𐤁𐤅𐤕𐤉𐤄 𐤊𐤉 𐤁𐤌𐤔𐤐𐤈𐤉 𐤌𐤀𐤎𐤅 𐤅𐤇𐤒𐤅𐤕𐤉 𐤋𐤀 𐤄𐤋𐤊𐤅 𐤁𐤄𐤌•

𐤆 𐤋𐤊𐤍 𐤊𐤄 𐤀𐤌𐤓 𐤀𐤃𐤍𐤉 𐤉𐤄𐤅𐤄 𐤉𐤏𐤍 𐤄𐤌𐤍𐤊𐤌 𐤌𐤍 𐤄𐤂𐤅𐤉𐤌 𐤀𐤔𐤓
𐤎𐤁𐤉𐤁𐤅𐤕𐤉𐤊𐤌 𐤁𐤇𐤒𐤅𐤕𐤉 𐤋𐤀 𐤄𐤋𐤊𐤕𐤌 𐤅𐤀𐤕 𐤌𐤔𐤐𐤈𐤉 𐤋𐤀 𐤏𐤔𐤉𐤕𐤌
𐤅𐤊𐤌𐤔𐤐𐤈𐤉 𐤄𐤂𐤅𐤉𐤌 𐤀𐤔𐤓 𐤎𐤁𐤉𐤁𐤅𐤕𐤉𐤊𐤌 𐤋𐤀 𐤏𐤔𐤉𐤕𐤌•

𐤇 𐤋𐤊𐤍 𐤊𐤄 𐤀𐤌𐤓 𐤀𐤃𐤍𐤉 𐤉𐤄𐤅𐤄 𐤄𐤍𐤍𐤉 𐤏𐤋𐤉𐤊 𐤂𐤌 𐤀𐤍𐤉 𐤅𐤏𐤔𐤉𐤕𐤉 𐤁𐤕𐤅𐤊𐤊
𐤌𐤔𐤐𐤈𐤉𐤌 𐤋𐤏𐤉𐤍𐤉 𐤄𐤂𐤅𐤉𐤌•

𐤈 𐤅𐤏𐤔𐤉𐤕𐤉 𐤁𐤊 𐤀𐤕 𐤀𐤔𐤓 𐤋𐤀 𐤏𐤔𐤉𐤕𐤉 𐤅𐤀𐤕 𐤀𐤔𐤓 𐤋𐤀 𐤀𐤏𐤔𐤄 𐤊𐤌𐤄𐤅 𐤏𐤅𐤃
𐤉𐤏𐤍 𐤊𐤋 𐤕𐤅𐤏𐤁𐤕𐤉𐤊•

𐤉 𐤋𐤊𐤍 𐤀𐤁𐤅𐤕 𐤉𐤀𐤊𐤋𐤅 𐤁𐤍𐤉𐤌 𐤁𐤕𐤅𐤊𐤊 𐤅𐤁𐤍𐤉𐤌 𐤉𐤀𐤊𐤋𐤅 𐤀𐤁𐤅𐤕𐤌
𐤅𐤏𐤔𐤉𐤕𐤉 𐤁𐤊 𐤔𐤐𐤈𐤉𐤌 𐤅𐤆𐤓𐤉𐤕𐤉 𐤀𐤕 𐤊𐤋 𐤔𐤀𐤓𐤉𐤕𐤊 𐤋𐤊𐤋 𐤓𐤅𐤇•

𐤉𐤀 𐤋𐤊𐤍 𐤇𐤉 𐤀𐤍𐤉 𐤍𐤀𐤌 𐤀𐤃𐤍𐤉 𐤉𐤄𐤅𐤄 𐤀𐤌 𐤋𐤀 𐤉𐤏𐤍 𐤀𐤕 𐤌𐤒𐤃𐤔𐤉 𐤈𐤌𐤀𐤕
𐤁𐤊𐤋 𐤔𐤒𐤅𐤑𐤉𐤊 𐤅𐤁𐤊𐤋 𐤕𐤅𐤏𐤁𐤕𐤉𐤊 𐤅𐤂𐤌 𐤀𐤍𐤉 𐤀𐤂𐤓𐤏 𐤅𐤋𐤀 𐤕𐤇𐤅𐤎 𐤏𐤉𐤍𐤉
𐤅𐤂𐤌 𐤀𐤍𐤉 𐤋𐤀 𐤀𐤇𐤌𐤅𐤋•

𐤉𐤁 𐤔𐤋𐤔𐤉𐤕𐤊 𐤁𐤃𐤁𐤓 𐤉𐤌𐤅𐤕𐤅 𐤅𐤁𐤓𐤏𐤁 𐤉𐤊𐤋𐤅 𐤁𐤕𐤅𐤊𐤊 𐤅𐤄𐤔𐤋𐤔𐤉𐤕 𐤁𐤇𐤓𐤁
𐤉𐤐𐤋𐤅 𐤎𐤁𐤉𐤁𐤅𐤕𐤉𐤊 𐤅𐤄𐤔𐤋𐤉𐤔𐤉𐤕 𐤋𐤊𐤋 𐤓𐤅𐤇 𐤀𐤆𐤓𐤄 𐤅𐤇𐤓𐤁 𐤀𐤓𐤉𐤒 𐤀𐤇𐤓𐤉𐤄𐤌•

𐤉𐤂 𐤅𐤊𐤋𐤄 𐤀𐤐𐤉 𐤅𐤄𐤍𐤇𐤕𐤉 𐤇𐤌𐤕𐤉 𐤁𐤌 𐤅𐤄𐤍𐤇𐤌𐤕𐤉 𐤅𐤉𐤃𐤏𐤅 𐤊𐤉 𐤀𐤍𐤉 𐤉𐤄𐤅𐤄
𐤃𐤁𐤓𐤕𐤉 𐤁𐤒𐤍𐤀𐤕𐤉 𐤁𐤊𐤋𐤅𐤕𐤉 𐤇𐤌𐤕𐤉 𐤁𐤌•

𐤉𐤃 𐤅𐤀𐤕𐤍𐤊 𐤋𐤇𐤓𐤁𐤄 𐤅𐤋𐤇𐤓𐤐𐤄 𐤁𐤂𐤅𐤉𐤌 𐤀𐤔𐤓 𐤎𐤁𐤉𐤁𐤅𐤕𐤉𐤊 𐤋𐤏𐤉𐤍𐤉 𐤊𐤋
𐤏𐤅𐤁𐤓•

יחזקאל

טו והיתה חרפה וגדופה מוסר ומשמה לגוים אשר סביבותיך
בעשותי בך שפטים באף ובחמה ובתכחות חמה אני יהוה דברתי•
טז בשלחי את חצי הרעב הרעים בהם אשר היו למשחית אשר
אשלח אותם לשחתכם ורעב אסף עליכם ושברתי לכם מטה לחם•
יז ושלחתי עליכם רעב וחיה רעה ושכלך ודבר ודם יעבר בך
וחרב אביא עליך אני יהוה דברתי•

פרק ו

א ויהי דבר יהוה אלי לאמר•
ב בן אדם שים פניך אל הרי ישראל והנבא אליהם•
ג ואמרת הרי ישראל שמעו דבר אדני יהוה כה אמר אדני
יהוה להרים ולגבעות לאפיקים ולגאית [ולגאיות] הנני אני
מביא עליכם חרב ואבדתי במותיכם•
ד ונשמו מזבחותיכם ונשברו חמניכם והפלתי חלליכם לפני
גלוליכם•
ה ונתתי את פגרי בני ישראל לפני גלוליהם וזריתי את
עצמותיכם סביבות מזבחותיכם•
ו בכל מושבותיכם הערים תחרבנה והבמות תישמנה למען
יחרבו ויאשמו מזבחותיכם ונשברו ונשבתו גלוליכם ונגדעו
חמניכם ונמחו מעשיכם•
ז ונפל חלל בתוככם וידעתם כי אני יהוה•
ח והותרתי בהיות לכם פליטי חרב בגוים בהזרותיכם בארצות•
ט וזכרו פליטיכם אותי בגוים אשר נשבו שם אשר נשברתי את
לבם הזונה אשר סר מעלי ואת עיניהם הזנות אחרי גלוליהם
ונקטו בפניהם אל הרעות אשר עשו לכל תועבתיהם•
י וידעו כי אני יהוה לא אל חנם דברתי לעשות להם הרעה
הזאת•
יא כה אמר אדני יהוה הכה בכפך ורקע ברגלך ואמר אח אל כל
תועבות רעות בית ישראל אשר בחרב ברעב ובדבר יפלו•
יב הרחוק בדבר ימות והקרוב בחרב יפול והנשאר והנצור ברעב
ימות וכליתי חמתי בם•
יג וידעתם כי אני יהוה בהיות חלליהם בתוך גלוליהם
סביבות מזבחותיהם אל כל גבעה רמה בכל ראשי ההרים ותחת

שמה

כל עץ רענן ותחת כל אלה עבתה מקום אשר נתנו שם ריח ניחח
לכל גלוליהם.
יד ונטיתי את ידי עליהם ונתתי את הארץ שממה ומשמה
ממדבר דבלתה בכל מושבותיהם וידעו כי אני יהוה.

פק ז

א ויהי דבר יהוה אלי לאמר.
ב ואתה בן אדם כה אמר אדני יהוה לאדמת ישראל קץ בא הקץ
על ארבעת [ארבע] כנפות הארץ.
ג עתה הקץ עליך ושלחתי אפי בך ושפטתיך כדרכיך ונתתי
עליך את כל תועבותיך.
ד ולא תחוס עיני עליך ולא אחמול כי דרכיך עליך אתן
ותועבותיך בתוכך תהיין וידעתם כי אני יהוה.
ה כה אמר אדני יהוה רעה אחת רעה הנה באה.
ו קץ בא בא הקץ הקיץ אליך הנה באה.
ז באה הצפירה אליך יושב הארץ בא העת קרוב היום מהומה
ולא הד הרים.
ח עתה מקרוב אשפוך חמתי עליך וכליתי אפי בך ושפטתיך
כדרכיך ונתתי עליך את כל תועבותיך.
ט ולא תחוס עיני ולא אחמול כדרכיך עליך אתן ותועבותיך
בתוכך תהיין וידעתם כי אני יהוה מכה.
י הנה היום הנה באה יצאה הצפרה צץ המטה פרח הזדון.
יא החמס קם למטה רשע לא מהם ולא מהמונם ולא מהמהם
ולא נה בהם.
יב בא העת הגיע היום הקונה אל ישמח והמוכר אל יתאבל כי
חרון אל כל המונה.
יג כי המוכר אל הממכר לא ישוב ועוד בחיים חיתם כי חזון
אל כל המונה לא ישוב ואיש בעונו חיתו לא יתחזקו.
יד תקעו בתקוע והכין הכל ואין הלך למלחמה כי חרוני אל
כל המונה.
טו החרב בחוץ והדבר והרעב מבית אשר בשדה בחרב ימות ואשר
בעיר רעב ודבר יאכלנו.
טז ופלטו פליטיהם והיו אל ההרים כיוני הגאיות כלם

𐤄𐤌𐤅𐤕 𐤀𐤉𐤔 𐤁𐤏𐤅𐤍𐤅.
𐤉𐤆 𐤊𐤋 𐤄𐤉𐤃𐤉𐤌 𐤕𐤓𐤐𐤉𐤍𐤄 𐤅𐤊𐤋 𐤁𐤓𐤊𐤉𐤌 𐤕𐤋𐤊𐤍𐤄 𐤌𐤉𐤌.
𐤉𐤇 𐤅𐤇𐤂𐤓𐤅 𐤔𐤒𐤉𐤌 𐤅𐤊𐤎𐤕𐤄 𐤀𐤅𐤕𐤌 𐤐𐤋𐤑𐤅𐤕 𐤅𐤀𐤋 𐤊𐤋 𐤐𐤍𐤉𐤌 𐤁𐤅𐤔𐤄 𐤅𐤁𐤊𐤋
𐤓𐤀𐤔𐤉𐤄𐤌 𐤒𐤓𐤇𐤄.
𐤉𐤈 𐤊𐤎𐤐𐤌 𐤁𐤇𐤅𐤑𐤅𐤕 𐤉𐤔𐤋𐤉𐤊𐤅 𐤅𐤆𐤄𐤁𐤌 𐤋𐤍𐤃𐤄 𐤉𐤄𐤉𐤄 𐤊𐤎𐤐𐤌 𐤅𐤆𐤄𐤁𐤌 𐤋𐤀
𐤉𐤅𐤊𐤋 𐤋𐤄𐤑𐤉𐤋𐤌 𐤁𐤉𐤅𐤌 𐤏𐤁𐤓𐤕 𐤉𐤄𐤅𐤄 𐤍𐤐𐤔𐤌 𐤋𐤀 𐤉𐤔𐤁𐤏𐤅 𐤅𐤌𐤏𐤉𐤄𐤌 𐤋𐤀
𐤉𐤌𐤋𐤀𐤅 𐤊𐤉 𐤌𐤊𐤔𐤅𐤋 𐤏𐤅𐤍𐤌 𐤄𐤉𐤄.
𐤊 𐤅𐤑𐤁𐤉 𐤏𐤃𐤉𐤅 𐤋𐤂𐤀𐤅𐤍 𐤔𐤌𐤄𐤅 𐤅𐤑𐤋𐤌𐤉 𐤕𐤅𐤏𐤁𐤕𐤌 𐤔𐤒𐤅𐤑𐤉𐤄𐤌 𐤏𐤔𐤅 𐤁𐤅
𐤏𐤋 𐤊𐤍 𐤍𐤕𐤕𐤉𐤅 𐤋𐤄𐤌 𐤋𐤍𐤃𐤄.
𐤊𐤀 𐤅𐤍𐤕𐤕𐤉𐤅 𐤁𐤉𐤃 𐤄𐤆𐤓𐤉𐤌 𐤋𐤁𐤆 𐤅𐤋𐤓𐤔𐤏𐤉 𐤄𐤀𐤓𐤑 𐤋𐤔𐤋𐤋 𐤅𐤇𐤋𐤋𐤅𐤄
[𐤅𐤇𐤋𐤋𐤅𐤄𐤅].
𐤊𐤁 𐤅𐤄𐤎𐤁𐤅𐤕𐤉 𐤐𐤍𐤉 𐤌𐤄𐤌 𐤅𐤇𐤋𐤋𐤅 𐤀𐤕 𐤑𐤐𐤅𐤍𐤉 𐤅𐤁𐤀𐤅 𐤁𐤄 𐤐𐤓𐤉𐤑𐤉𐤌
𐤅𐤇𐤋𐤋𐤅𐤄.
𐤊𐤂 𐤏𐤔𐤄 𐤄𐤓𐤕𐤅𐤒 𐤊𐤉 𐤄𐤀𐤓𐤑 𐤌𐤋𐤀𐤄 𐤌𐤔𐤐𐤈 𐤃𐤌𐤉𐤌 𐤅𐤄𐤏𐤉𐤓 𐤌𐤋𐤀𐤄 𐤇𐤌𐤎.
𐤊𐤃 𐤅𐤄𐤁𐤀𐤕𐤉 𐤓𐤏𐤉 𐤂𐤅𐤉𐤌 𐤅𐤉𐤓𐤔𐤅 𐤀𐤕 𐤁𐤕𐤉𐤄𐤌 𐤅𐤄𐤔𐤁𐤕𐤉 𐤂𐤀𐤅𐤍 𐤏𐤆𐤉𐤌
𐤅𐤍𐤇𐤋𐤅 𐤌𐤒𐤃𐤔𐤉𐤄𐤌.
𐤊𐤄 𐤒𐤐𐤃𐤄 𐤁𐤀 𐤅𐤁𐤒𐤔𐤅 𐤔𐤋𐤅𐤌 𐤅𐤀𐤉𐤍.
𐤊𐤅 𐤄𐤅𐤄 𐤏𐤋 𐤄𐤅𐤄 𐤕𐤁𐤅𐤀 𐤅𐤔𐤌𐤏𐤄 𐤀𐤋 𐤔𐤌𐤅𐤏𐤄 𐤕𐤄𐤉𐤄 𐤅𐤁𐤒𐤔𐤅 𐤇𐤆𐤅𐤍
𐤌𐤍𐤁𐤉𐤀 𐤅𐤕𐤅𐤓𐤄 𐤕𐤀𐤁𐤃 𐤌𐤊𐤄𐤍 𐤅𐤏𐤑𐤄 𐤌𐤆𐤒𐤍𐤉𐤌.
𐤊𐤆 𐤄𐤌𐤋𐤊 𐤉𐤕𐤀𐤁𐤋 𐤅𐤍𐤔𐤉𐤀 𐤉𐤋𐤁𐤔 𐤔𐤌𐤌𐤄 𐤅𐤉𐤃𐤉 𐤏𐤌 𐤄𐤀𐤓𐤑 𐤕𐤁𐤄𐤋𐤍𐤄
𐤌𐤃𐤓𐤊𐤌 𐤀𐤏𐤔𐤄 𐤀𐤅𐤕𐤌 𐤅𐤁𐤌𐤔𐤐𐤈𐤉𐤄𐤌 𐤀𐤔𐤐𐤈𐤌 𐤅𐤉𐤃𐤏𐤅 𐤊𐤉 𐤀𐤍𐤉 𐤉𐤄𐤅𐤄.

𐤐𐤓𐤒 𐤇

𐤀 𐤅𐤉𐤄𐤉 𐤁𐤔𐤍𐤄 𐤄𐤔𐤔𐤉𐤕 𐤁𐤔𐤔𐤉 𐤁𐤇𐤌𐤔𐤄 𐤋𐤇𐤃𐤔 𐤀𐤍𐤉 𐤉𐤅𐤔𐤁 𐤁𐤁𐤉𐤕𐤉
𐤅𐤆𐤒𐤍𐤉 𐤉𐤄𐤅𐤃𐤄 𐤉𐤅𐤔𐤁𐤉𐤌 𐤋𐤐𐤍𐤉 𐤅𐤕𐤐𐤋 𐤏𐤋𐤉 𐤔𐤌 𐤉𐤃 𐤀𐤃𐤍𐤉 𐤉𐤄𐤅𐤄.
𐤁 𐤅𐤀𐤓𐤀𐤄 𐤅𐤄𐤍𐤄 𐤃𐤌𐤅𐤕 𐤊𐤌𐤓𐤀𐤄 𐤀𐤔 𐤌𐤌𐤓𐤀𐤄 𐤌𐤕𐤍𐤉𐤅 𐤅𐤋𐤌𐤈𐤄 𐤀𐤔
𐤅𐤌𐤌𐤕𐤍𐤉𐤅 𐤅𐤋𐤌𐤏𐤋𐤄 𐤊𐤌𐤓𐤀𐤄 𐤆𐤄𐤓 𐤊𐤏𐤉𐤍 𐤄𐤇𐤔𐤌𐤋𐤄.
𐤂 𐤅𐤉𐤔𐤋𐤇 𐤕𐤁𐤍𐤉𐤕 𐤉𐤃 𐤅𐤉𐤒𐤇𐤍𐤉 𐤁𐤑𐤉𐤑𐤕 𐤓𐤀𐤔𐤉 𐤅𐤕𐤔𐤀 𐤀𐤕𐤉 𐤓𐤅𐤇 𐤁𐤉𐤍
𐤄𐤀𐤓𐤑 𐤅𐤁𐤉𐤍 𐤄𐤔𐤌𐤉𐤌 𐤅𐤕𐤁𐤀 𐤀𐤕𐤉 𐤉𐤓𐤅𐤔𐤋𐤌𐤄 𐤁𐤌𐤓𐤀𐤅𐤕 𐤀𐤋𐤄𐤉𐤌 𐤀𐤋
𐤐𐤕𐤇 𐤔𐤏𐤓 𐤄𐤐𐤍𐤉𐤌𐤉𐤕 𐤄𐤐𐤅𐤍𐤄 𐤑𐤐𐤅𐤍𐤄 𐤀𐤔𐤓 𐤔𐤌 𐤌𐤅𐤔𐤁 𐤎𐤌𐤋 𐤄𐤒𐤍𐤀𐤄
𐤄𐤌𐤒𐤍𐤄.
𐤃 𐤅𐤄𐤍𐤄 𐤔𐤌 𐤊𐤁𐤅𐤃 𐤀𐤋𐤄𐤉 𐤉𐤔𐤓𐤀𐤋 𐤊𐤌𐤓𐤀𐤄 𐤀𐤔𐤓 𐤓𐤀𐤉𐤕𐤉 𐤁𐤁𐤒𐤏𐤄.
𐤄 𐤅𐤉𐤀𐤌𐤓 𐤀𐤋𐤉 𐤁𐤍 𐤀𐤃𐤌 𐤔𐤀 𐤍𐤀 𐤏𐤉𐤍𐤉𐤊 𐤃𐤓𐤊 𐤑𐤐𐤅𐤍𐤄 𐤅𐤀𐤔𐤀 𐤏𐤉𐤍𐤉

𐤉𐤇𐤆𐤒𐤀𐤋

𐤃𐤓𐤊 𐤑𐤐𐤅𐤍𐤄 𐤅𐤄𐤍𐤄 𐤌𐤑𐤐𐤅𐤍 𐤋𐤔𐤏𐤓 𐤄𐤌𐤆𐤁𐤇 𐤎𐤌𐤋 𐤄𐤒𐤍𐤀𐤄 𐤄𐤆𐤄 𐤁𐤁𐤀𐤄.

𐤅𐤅𐤉𐤀𐤌𐤓 𐤀𐤋𐤉 𐤁𐤍 𐤀𐤃𐤌 𐤄𐤓𐤀𐤄 𐤀𐤕𐤄 𐤌𐤄𐤌 [𐤌𐤄 𐤄𐤌] 𐤏𐤔𐤉𐤌 𐤕𐤅𐤏𐤁𐤅𐤕 𐤂𐤃𐤋𐤅𐤕 𐤀𐤔𐤓 𐤁𐤉𐤕 𐤉𐤔𐤓𐤀𐤋 𐤏𐤔𐤉𐤌 𐤐𐤄 𐤋𐤓𐤇𐤒𐤄 𐤌𐤏𐤋 𐤌𐤒𐤃𐤔𐤉 𐤅𐤏𐤅𐤃 𐤕𐤔𐤅𐤁 𐤕𐤓𐤀𐤄 𐤕𐤅𐤏𐤁𐤅𐤕 𐤂𐤃𐤋𐤅𐤕.

𐤆𐤅𐤉𐤁𐤀 𐤀𐤕𐤉 𐤀𐤋 𐤐𐤕𐤇 𐤄𐤇𐤑𐤓 𐤅𐤀𐤓𐤀𐤄 𐤅𐤄𐤍𐤄 𐤇𐤓 𐤀𐤇𐤃 𐤁𐤒𐤉𐤓.

𐤇𐤅𐤉𐤀𐤌𐤓 𐤀𐤋𐤉 𐤁𐤍 𐤀𐤃𐤌 𐤇𐤕𐤓 𐤍𐤀 𐤁𐤒𐤉𐤓 𐤅𐤀𐤇𐤕𐤓 𐤁𐤒𐤉𐤓 𐤅𐤄𐤍𐤄 𐤐𐤕𐤇 𐤀𐤇𐤃.

𐤈𐤅𐤉𐤀𐤌𐤓 𐤀𐤋𐤉 𐤁𐤀 𐤅𐤓𐤀𐤄 𐤀𐤕 𐤄𐤕𐤅𐤏𐤁𐤅𐤕 𐤄𐤓𐤏𐤅𐤕 𐤀𐤔𐤓 𐤄𐤌 𐤏𐤔𐤉𐤌 𐤐𐤄.

𐤉𐤅𐤀𐤁𐤅𐤀 𐤅𐤀𐤓𐤀𐤄 𐤅𐤄𐤍𐤄 𐤊𐤋 𐤕𐤁𐤍𐤉𐤕 𐤓𐤌𐤔 𐤅𐤁𐤄𐤌𐤄 𐤔𐤒𐤑 𐤅𐤊𐤋 𐤂𐤋𐤅𐤋𐤉 𐤁𐤉𐤕 𐤉𐤔𐤓𐤀𐤋 𐤌𐤇𐤒𐤄 𐤏𐤋 𐤄𐤒𐤉𐤓 𐤎𐤁𐤉𐤁 𐤎𐤁𐤉𐤁.

𐤉𐤀 𐤅𐤔𐤁𐤏𐤉𐤌 𐤀𐤉𐤔 𐤌𐤆𐤒𐤍𐤉 𐤁𐤉𐤕 𐤉𐤔𐤓𐤀𐤋 𐤅𐤉𐤀𐤆𐤍𐤉𐤄𐤅 𐤁𐤍 𐤔𐤐𐤍 𐤏𐤌𐤃 𐤁𐤕𐤅𐤊𐤌 𐤏𐤌𐤃𐤉𐤌 𐤋𐤐𐤍𐤉𐤄𐤌 𐤅𐤀𐤉𐤔 𐤌𐤒𐤈𐤓𐤕𐤅 𐤁𐤉𐤃𐤅 𐤅𐤏𐤕𐤓 𐤏𐤍𐤍 𐤄𐤒𐤈𐤓𐤕 𐤏𐤋𐤄.

𐤉𐤁 𐤅𐤉𐤀𐤌𐤓 𐤀𐤋𐤉 𐤄𐤓𐤀𐤉𐤕 𐤁𐤍 𐤀𐤃𐤌 𐤀𐤔𐤓 𐤆𐤒𐤍𐤉 𐤁𐤉𐤕 𐤉𐤔𐤓𐤀𐤋 𐤏𐤔𐤉𐤌 𐤁𐤇𐤔𐤊 𐤀𐤉𐤔 𐤁𐤇𐤃𐤓𐤉 𐤌𐤔𐤊𐤉𐤕𐤅 𐤊𐤉 𐤀𐤌𐤓𐤉𐤌 𐤀𐤉𐤍 𐤉𐤄𐤅𐤄 𐤓𐤀𐤄 𐤀𐤕𐤍𐤅 𐤏𐤆𐤁 𐤉𐤄𐤅𐤄 𐤀𐤕 𐤄𐤀𐤓𐤑.

𐤉𐤂 𐤅𐤉𐤀𐤌𐤓 𐤀𐤋𐤉 𐤏𐤅𐤃 𐤕𐤔𐤅𐤁 𐤕𐤓𐤀𐤄 𐤕𐤅𐤏𐤁𐤅𐤕 𐤂𐤃𐤋𐤅𐤕 𐤀𐤔𐤓 𐤄𐤌𐤄 𐤏𐤔𐤉𐤌.

𐤉𐤃 𐤅𐤉𐤁𐤀 𐤀𐤕𐤉 𐤀𐤋 𐤐𐤕𐤇 𐤔𐤏𐤓 𐤁𐤉𐤕 𐤉𐤄𐤅𐤄 𐤀𐤔𐤓 𐤀𐤋 𐤄𐤑𐤐𐤅𐤍𐤄 𐤅𐤄𐤍𐤄 𐤔𐤌 𐤄𐤍𐤔𐤉𐤌 𐤉𐤔𐤁𐤅𐤕 𐤌𐤁𐤊𐤅𐤕 𐤀𐤕 𐤄𐤕𐤌𐤅𐤆.

𐤈𐤅𐤅𐤉𐤀𐤌𐤓 𐤀𐤋𐤉 𐤄𐤓𐤀𐤉𐤕 𐤁𐤍 𐤀𐤃𐤌 𐤏𐤅𐤃 𐤕𐤔𐤅𐤁 𐤕𐤓𐤀𐤄 𐤕𐤅𐤏𐤁𐤅𐤕 𐤂𐤃𐤋𐤅𐤕 𐤌𐤀𐤋𐤄.

𐤈𐤆𐤅𐤉𐤁𐤀 𐤀𐤕𐤉 𐤀𐤋 𐤇𐤑𐤓 𐤁𐤉𐤕 𐤉𐤄𐤅𐤄 𐤄𐤐𐤍𐤉𐤌𐤉𐤕 𐤅𐤄𐤍𐤄 𐤐𐤕𐤇 𐤄𐤉𐤊𐤋 𐤉𐤄𐤅𐤄 𐤁𐤉𐤍 𐤄𐤀𐤅𐤋𐤌 𐤅𐤁𐤉𐤍 𐤄𐤌𐤆𐤁𐤇 𐤊𐤏𐤔𐤓𐤉𐤌 𐤅𐤇𐤌𐤔𐤄 𐤀𐤉𐤔 𐤀𐤇𐤓𐤉𐤄𐤌 𐤀𐤋 𐤄𐤉𐤊𐤋 𐤉𐤄𐤅𐤄 𐤅𐤐𐤍𐤉𐤄𐤌 𐤒𐤃𐤌𐤄 𐤅𐤄𐤌𐤄 𐤌𐤔𐤕𐤇𐤅𐤉𐤕𐤌 𐤒𐤃𐤌𐤄 𐤋𐤔𐤌𐤔.

𐤉𐤆𐤅𐤉𐤀𐤌𐤓 𐤀𐤋𐤉 𐤄𐤓𐤀𐤉𐤕 𐤁𐤍 𐤀𐤃𐤌 𐤄𐤍𐤒𐤋 𐤋𐤁𐤉𐤕 𐤉𐤄𐤅𐤃𐤄 𐤌𐤏𐤔𐤅𐤕 𐤀𐤕 𐤄𐤕𐤅𐤏𐤁𐤅𐤕 𐤀𐤔𐤓 𐤏𐤔𐤅 𐤐𐤄 𐤊𐤉 𐤌𐤋𐤀𐤅 𐤀𐤕 𐤄𐤀𐤓𐤑 𐤇𐤌𐤎 𐤅𐤉𐤔𐤁𐤅 𐤋𐤄𐤊𐤏𐤉𐤎𐤍𐤉 𐤅𐤄𐤍𐤌 𐤔𐤋𐤇𐤉𐤌 𐤀𐤕 𐤄𐤆𐤌𐤅𐤓𐤄 𐤀𐤋 𐤀𐤐𐤌.

𐤉𐤇 𐤅𐤂𐤌 𐤀𐤍𐤉 𐤀𐤏𐤔𐤄 𐤁𐤇𐤌𐤄 𐤋𐤀 𐤕𐤇𐤅𐤎 𐤏𐤉𐤍𐤉 𐤅𐤋𐤀 𐤀𐤇𐤌𐤋 𐤅𐤒𐤓𐤀𐤅 𐤁𐤀𐤆𐤍𐤉 𐤒𐤅𐤋 𐤂𐤃𐤅𐤋 𐤅𐤋𐤀 𐤀𐤔𐤌𐤏 𐤀𐤅𐤕𐤌.

𐤐𐤓𐤒 𐤈

𐤀𐤅𐤉𐤒𐤓𐤀 𐤁𐤀𐤆𐤍𐤉 𐤒𐤅𐤋 𐤂𐤃𐤅𐤋 𐤋𐤀𐤌𐤓 𐤒𐤓𐤁𐤅 𐤐𐤒𐤃𐤅𐤕 𐤄𐤏𐤉𐤓 𐤅𐤀𐤉𐤔 𐤊𐤋𐤉 𐤌𐤔𐤇𐤕𐤅 𐤁𐤉𐤃𐤅.

𐤁𐤅𐤄𐤍𐤄 𐤔𐤔𐤄 𐤀𐤍𐤔𐤉𐤌 𐤁𐤀𐤉𐤌 𐤌𐤃𐤓𐤊 𐤔𐤏𐤓 𐤄𐤏𐤋𐤉𐤅𐤍 𐤀𐤔𐤓 𐤌𐤐𐤍𐤄

𐤑𐤐𐤅𐤍𐤄 𐤅𐤀𐤉𐤔 𐤊𐤋𐤉 𐤌𐤐𐤑𐤅 𐤁𐤉𐤃𐤅 𐤅𐤀𐤉𐤔 𐤀𐤇𐤃 𐤁𐤕𐤅𐤊𐤌 𐤋𐤁𐤔 𐤁𐤃𐤉𐤌
𐤅𐤒𐤎𐤕 𐤄𐤎𐤐𐤓 𐤁𐤌𐤕𐤍𐤉𐤅 𐤅𐤉𐤁𐤀𐤅 𐤅𐤉𐤏𐤌𐤃𐤅 𐤀𐤑𐤋 𐤌𐤆𐤁𐤇 𐤄𐤍𐤇𐤔𐤕.

𐤂 𐤅𐤊𐤁𐤅𐤃 𐤀𐤋𐤄𐤉 𐤉𐤔𐤓𐤀𐤋 𐤍𐤏𐤋𐤄 𐤌𐤏𐤋 𐤄𐤊𐤓𐤅𐤁 𐤀𐤔𐤓 𐤄𐤉𐤄 𐤏𐤋𐤉𐤅 𐤀𐤋
𐤌𐤐𐤕𐤍 𐤄𐤁𐤉𐤕 𐤅𐤉𐤒𐤓𐤀 𐤀𐤋 𐤄𐤀𐤉𐤔 𐤄𐤋𐤁𐤔 𐤄𐤁𐤃𐤉𐤌 𐤀𐤔𐤓 𐤒𐤎𐤕 𐤄𐤎𐤐𐤓
𐤁𐤌𐤕𐤍𐤉𐤅.

𐤃 𐤅𐤉𐤀𐤌𐤓 𐤉𐤄𐤅𐤄 𐤀𐤋𐤅 [𐤀𐤋𐤉𐤅] 𐤏𐤁𐤓 𐤁𐤕𐤅𐤊 𐤄𐤏𐤉𐤓 𐤁𐤕𐤅𐤊 𐤉𐤓𐤅𐤔𐤋𐤌
𐤅𐤄𐤕𐤅𐤉𐤕 𐤕𐤅 𐤏𐤋 𐤌𐤑𐤇𐤅𐤕 𐤄𐤀𐤍𐤔𐤉𐤌 𐤄𐤍𐤀𐤍𐤇𐤉𐤌 𐤅𐤄𐤍𐤀𐤍𐤒𐤉𐤌 𐤏𐤋 𐤊𐤋
𐤄𐤕𐤅𐤏𐤁𐤅𐤕 𐤄𐤍𐤏𐤔𐤅𐤕 𐤁𐤕𐤅𐤊𐤄.

𐤄 𐤅𐤋𐤀𐤋𐤄 𐤀𐤌𐤓 𐤁𐤀𐤆𐤍𐤉 𐤏𐤁𐤓𐤅 𐤁𐤏𐤉𐤓 𐤀𐤇𐤓𐤉𐤅 𐤅𐤄𐤊𐤅 𐤏𐤋 [𐤀𐤋] 𐤕𐤇𐤎
𐤏𐤉𐤍𐤊𐤌 [𐤏𐤉𐤍𐤉𐤊𐤌] 𐤅𐤀𐤋 𐤕𐤇𐤌𐤋𐤅.

𐤅 𐤆𐤒𐤍 𐤁𐤇𐤅𐤓 𐤅𐤁𐤕𐤅𐤋𐤄 𐤅𐤈𐤐 𐤅𐤍𐤔𐤉𐤌 𐤕𐤄𐤓𐤂𐤅 𐤋𐤌𐤔𐤇𐤉𐤕 𐤅𐤏𐤋 𐤊𐤋 𐤀𐤉𐤔
𐤀𐤔𐤓 𐤏𐤋𐤉𐤅 𐤄𐤕𐤅 𐤀𐤋 𐤕𐤂𐤔𐤅 𐤅𐤌𐤌𐤒𐤃𐤔𐤉 𐤕𐤇𐤋𐤅 𐤅𐤉𐤇𐤋𐤅 𐤁𐤀𐤍𐤔𐤉𐤌
𐤄𐤆𐤒𐤍𐤉𐤌 𐤀𐤔𐤓 𐤋𐤐𐤍𐤉 𐤄𐤁𐤉𐤕.

𐤆 𐤅𐤉𐤀𐤌𐤓 𐤀𐤋𐤉𐤄𐤌 𐤈𐤌𐤀𐤅 𐤀𐤕 𐤄𐤁𐤉𐤕 𐤅𐤌𐤋𐤀𐤅 𐤀𐤕 𐤄𐤇𐤑𐤓𐤅𐤕 𐤇𐤋𐤋𐤉𐤌 𐤑𐤀𐤅
𐤅𐤉𐤑𐤀𐤅 𐤅𐤄𐤊𐤅 𐤁𐤏𐤉𐤓.

𐤇 𐤅𐤉𐤄𐤉 𐤊𐤄𐤊𐤅𐤕𐤌 𐤅𐤍𐤀𐤔𐤀𐤓 𐤀𐤍𐤉 𐤅𐤀𐤐𐤋𐤄 𐤏𐤋 𐤐𐤍𐤉 𐤅𐤀𐤆𐤏𐤒 𐤅𐤀𐤌𐤓 𐤀𐤄𐤄
𐤀𐤃𐤍𐤉 𐤉𐤄𐤅𐤄 𐤄𐤌𐤔𐤇𐤉𐤕 𐤀𐤕𐤄 𐤀𐤕 𐤊𐤋 𐤔𐤀𐤓𐤉𐤕 𐤉𐤔𐤓𐤀𐤋 𐤁𐤔𐤐𐤊𐤊 𐤀𐤕
𐤇𐤌𐤕𐤊 𐤏𐤋 𐤉𐤓𐤅𐤔𐤋𐤌.

𐤈 𐤅𐤉𐤀𐤌𐤓 𐤀𐤋𐤉 𐤏𐤅𐤍 𐤁𐤉𐤕 𐤉𐤔𐤓𐤀𐤋 𐤅𐤉𐤄𐤅𐤃𐤄 𐤂𐤃𐤋 𐤁𐤌𐤀𐤃 𐤌𐤀𐤃 𐤅𐤕𐤌𐤋𐤀
𐤄𐤀𐤓𐤑 𐤃𐤌𐤉𐤌 𐤅𐤄𐤏𐤉𐤓 𐤌𐤋𐤀𐤄 𐤌𐤈𐤄 𐤊𐤉 𐤀𐤌𐤓𐤅 𐤏𐤆𐤁 𐤉𐤄𐤅𐤄 𐤀𐤕 𐤄𐤀𐤓𐤑
𐤅𐤉𐤄𐤅𐤄 𐤀𐤉𐤍 𐤓𐤀𐤄.

𐤉 𐤅𐤂𐤌 𐤀𐤍𐤉 𐤋𐤀 𐤕𐤇𐤅𐤎 𐤏𐤉𐤍𐤉 𐤅𐤋𐤀 𐤀𐤇𐤌𐤋 𐤃𐤓𐤊𐤌 𐤁𐤓𐤀𐤔𐤌 𐤍𐤕𐤕𐤉.

𐤉𐤀 𐤅𐤄𐤍𐤄 𐤄𐤀𐤉𐤔 𐤋𐤁𐤔 𐤄𐤁𐤃𐤉𐤌 𐤀𐤔𐤓 𐤄𐤒𐤎𐤕 𐤁𐤌𐤕𐤍𐤉𐤅 𐤌𐤔𐤉𐤁 𐤃𐤁𐤓
𐤋𐤀𐤌𐤓 𐤏𐤔𐤉𐤕𐤉 𐤊𐤀𐤔𐤓 [𐤊𐤊𐤋 𐤀𐤔𐤓] 𐤑𐤅𐤉𐤕𐤍𐤉.

𐤐𐤓𐤒 𐤉

𐤀 𐤅𐤀𐤓𐤀𐤄 𐤅𐤄𐤍𐤄 𐤀𐤋 𐤄𐤓𐤒𐤉𐤏 𐤀𐤔𐤓 𐤏𐤋 𐤓𐤀𐤔 𐤄𐤊𐤓𐤁𐤉𐤌 𐤊𐤀𐤁𐤍 𐤎𐤐𐤉𐤓
𐤊𐤌𐤓𐤀𐤄 𐤃𐤌𐤅𐤕 𐤊𐤎𐤀 𐤍𐤓𐤀𐤄 𐤏𐤋𐤉𐤄𐤌.

𐤁 𐤅𐤉𐤀𐤌𐤓 𐤀𐤋 𐤄𐤀𐤉𐤔 𐤋𐤁𐤔 𐤄𐤁𐤃𐤉𐤌 𐤅𐤉𐤀𐤌𐤓 𐤁𐤀 𐤀𐤋 𐤁𐤉𐤍𐤅𐤕 𐤋𐤂𐤋𐤂𐤋 𐤀𐤋
𐤕𐤇𐤕 𐤋𐤊𐤓𐤅𐤁 𐤅𐤌𐤋𐤀 𐤇𐤐𐤍𐤉𐤊 𐤂𐤇𐤋𐤉 𐤀𐤔 𐤌𐤁𐤉𐤍𐤅𐤕 𐤋𐤊𐤓𐤁𐤉𐤌 𐤅𐤆𐤓𐤒 𐤏𐤋
𐤄𐤏𐤉𐤓 𐤅𐤉𐤁𐤀 𐤋𐤏𐤉𐤍𐤉.

𐤂 𐤅𐤄𐤊𐤓𐤁𐤉𐤌 𐤏𐤌𐤃𐤉𐤌 𐤌𐤉𐤌𐤉𐤍 𐤋𐤁𐤉𐤕 𐤁𐤁𐤀𐤅 𐤄𐤀𐤉𐤔 𐤅𐤄𐤏𐤍𐤍 𐤌𐤋𐤀 𐤀𐤕
𐤄𐤇𐤑𐤓 𐤄𐤐𐤍𐤉𐤌𐤉𐤕.

ד וירם כבוד יהוה מעל הכרוב על מפתן הבית וימלא הבית את
הענן והחצר מלאה את נגה כבוד יהוה.
ה וקול כנפי הכרובים נשמע עד החצר החיצנה כקול אל שדי
בדברו.
ו ויהי בצותו את האיש לבש הבדים לאמר קח אש מבינות
לגלגל מבינות לכרובים ויבא ויעמד אצל האופן.
ז וישלח הכרוב את ידו מבינות לכרובים אל האש אשר בינות
הכרבים וישא ויתן אל חפני לבש הבדים ויקח ויצא.
ח וירא לכרבים תבנית יד אדם תחת כנפיהם.
ט ואראה והנה ארבעה אופנים אצל הכרובים אופן אחד אצל
הכרוב אחד ואופן אחד אצל הכרוב אחד ומראה האופנים כעין
אבן תרשיש.
י ומראיהם דמות אחד לארבעתם כאשר יהיה האופן בתוך
האופן.
יא בלכתם אל ארבעת רבעיהם ילכו לא יסבו בלכתם כי המקום
אשר יפנה הראש אחריו ילכו לא יסבו בלכתם.
יב וכל בשרם וגבהם וידיהם וכנפיהם והאופנים מלאים
עינים סביב לארבעתם אופניהם.
יג לאופנים להם קורא הגלגל באזני.
יד וארבעה פנים לאחד פני האחד פני הכרוב ופני השני פני
אדם והשלישי פני אריה והרביעי פני נשר.
טו וירומו הכרובים היא החיה אשר ראיתי בנהר כבר.
טז ובלכת הכרובים ילכו האופנים אצלם ובשאת הכרובים את
כנפיהם לרום מעל הארץ לא יסבו האופנים גם הם מאצלם.
יז בעמדם יעמדו וברומם ירומו אותם כי רוח החיה בהם.
יח ויצא כבוד יהוה מעל מפתן הבית ויעמד על הכרובים.
יט וישאו הכרובים את כנפיהם וירומו מן הארץ לעיני
בצאתם והאופנים לעמתם ויעמד פתח שער בית יהוה הקדמוני
וכבוד אלהי ישראל עליהם מלמעלה.
כ היא החיה אשר ראיתי תחת אלהי ישראל בנהר כבר ואדע כי
כרובים המה.
כא ארבעה ארבעה פנים לאחד וארבע כנפים לאחד ודמות ידי
אדם תחת כנפיהם.

יחזקאל

כב ודמות פניהם המה הפנים אשר ראיתי על נהר כבר מראיהם
ואותם איש אל עבר פניו ילכו.

פרק יא

א ותשא אתי רוח ותבא אתי אל שער בית יהוה הקדמוני הפונה
קדימה והנה בפתח השער עשרים וחמשה איש ואראה בתוכם את
יאזניה בן עזר ואת פלטיהו בן בניהו שרי העם.

ב ויאמר אלי בן אדם אלה האנשים החשבים און והיעצים
עצת רע בעיר הזאת.

ג האמרים לא בקרוב בנות בתים היא הסיר ואנחנו הבשר.

ד לכן הנבא עליהם הנבא בן אדם.

ה ותפל עלי רוח יהוה ויאמר אלי אמר כה אמר יהוה כן
אמרתם בית ישראל ומעלות רוחכם אני ידעתיה.

ו הרביתם חלליכם בעיר הזאת ומלאתם חוצתיה חלל.

ז לכן כה אמר אדני יהוה חלליכם אשר שמתם בתוכה המה
הבשר והיא הסיר ואתכם הוציא מתוכה.

ח חרב יראתם וחרב אביא עליכם נאם אדני יהוה.

ט והוצאתי אתכם מתוכה ונתתי אתכם ביד זרים ועשיתי בכם
שפטים.

י בחרב תפלו על גבול ישראל אשפוט אתכם וידעתם כי אני
יהוה.

יא היא לא תהיה לכם לסיר ואתם תהיו בתוכה לבשר אל גבול
ישראל אשפט אתכם.

יב וידעתם כי אני יהוה אשר בחקי לא הלכתם ומשפטי לא
עשיתם וכמשפטי הגוים אשר סביבותיכם עשיתם.

יג ויהי כהנבאי ופלטיהו בן בניה מת ואפל על פני ואזעק
קול גדול ואמר אהה אדני יהוה כלה אתה עשה את שארית
ישראל.

יד ויהי דבר יהוה אלי לאמר.

טו בן אדם אחיך אחיך אנשי גאלתך וכל בית ישראל כלה אשר
אמרו להם ישבי ירושלם רחקו מעל יהוה לנו היא נתנה הארץ
למורשה.

טז לכן אמר כה אמר יהוה כי הרחקתים בגוים וכי

𐤄𐤐𐤉𐤑𐤅𐤕𐤉𐤌 𐤁𐤀𐤓𐤑𐤅𐤕 𐤅𐤀𐤄𐤉 𐤋𐤄𐤌 𐤋𐤌𐤒𐤃𐤔 𐤌𐤏𐤈 𐤁𐤀𐤓𐤑𐤅𐤕 𐤀𐤔𐤓 𐤁𐤀𐤅 𐤔𐤌.

𐤉𐤆 𐤋𐤊𐤍 𐤀𐤌𐤓 𐤊𐤄 𐤀𐤌𐤓 𐤀𐤃𐤍𐤉 𐤉𐤄𐤅𐤄 𐤅𐤒𐤁𐤑𐤕𐤉 𐤀𐤕𐤊𐤌 𐤌𐤍 𐤄𐤏𐤌𐤉𐤌 𐤅𐤀𐤎𐤐𐤕𐤉 𐤀𐤕𐤊𐤌 𐤌𐤍 𐤄𐤀𐤓𐤑𐤅𐤕 𐤀𐤔𐤓 𐤍𐤐𐤑𐤅𐤕𐤌 𐤁𐤄𐤌 𐤅𐤍𐤕𐤕𐤉 𐤋𐤊𐤌 𐤀𐤕 𐤀𐤃𐤌𐤕 𐤉𐤔𐤓𐤀𐤋.

𐤉𐤇 𐤅𐤁𐤀𐤅 𐤔𐤌𐤄 𐤅𐤄𐤎𐤉𐤓𐤅 𐤀𐤕 𐤊𐤋 𐤔𐤒𐤅𐤑𐤉𐤄 𐤅𐤀𐤕 𐤊𐤋 𐤕𐤅𐤏𐤁𐤅𐤕𐤉𐤄 𐤌𐤌𐤍𐤄.

𐤉𐤈 𐤅𐤍𐤕𐤕𐤉 𐤋𐤄𐤌 𐤋𐤁 𐤀𐤇𐤃 𐤅𐤓𐤅𐤇 𐤇𐤃𐤔𐤄 𐤀𐤕𐤍 𐤁𐤒𐤓𐤁𐤊𐤌 𐤅𐤄𐤎𐤓𐤕𐤉 𐤋𐤁 𐤄𐤀𐤁𐤍 𐤌𐤁𐤔𐤓𐤌 𐤅𐤍𐤕𐤕𐤉 𐤋𐤄𐤌 𐤋𐤁 𐤁𐤔𐤓.

𐤊 𐤋𐤌𐤏𐤍 𐤁𐤇𐤒𐤕𐤉 𐤉𐤋𐤊𐤅 𐤅𐤀𐤕 𐤌𐤔𐤐𐤈𐤉 𐤉𐤔𐤌𐤓𐤅 𐤅𐤏𐤔𐤅 𐤀𐤕𐤌 𐤅𐤄𐤉𐤅 𐤋𐤉 𐤋𐤏𐤌 𐤅𐤀𐤍𐤉 𐤀𐤄𐤉𐤄 𐤋𐤄𐤌 𐤋𐤀𐤋𐤄𐤉𐤌.

𐤊𐤀 𐤅𐤀𐤋 𐤋𐤁 𐤔𐤒𐤅𐤑𐤉𐤄𐤌 𐤅𐤕𐤅𐤏𐤁𐤅𐤕𐤉𐤄𐤌 𐤋𐤁𐤌 𐤄𐤋𐤊 𐤃𐤓𐤊𐤌 𐤁𐤓𐤀𐤔𐤌 𐤍𐤕𐤕𐤉 𐤍𐤀𐤌 𐤀𐤃𐤍𐤉 𐤉𐤄𐤅𐤄.

𐤊𐤁 𐤅𐤉𐤔𐤀𐤅 𐤄𐤊𐤓𐤅𐤁𐤉𐤌 𐤀𐤕 𐤊𐤍𐤐𐤉𐤄𐤌 𐤅𐤄𐤀𐤅𐤐𐤍𐤉𐤌 𐤋𐤏𐤌𐤕𐤌 𐤅𐤊𐤁𐤅𐤃 𐤀𐤋𐤄𐤉 𐤉𐤔𐤓𐤀𐤋 𐤏𐤋𐤉𐤄𐤌 𐤌𐤋𐤌𐤏𐤋𐤄.

𐤊𐤂 𐤅𐤉𐤏𐤋 𐤊𐤁𐤅𐤃 𐤉𐤄𐤅𐤄 𐤌𐤏𐤋 𐤕𐤅𐤊 𐤄𐤏𐤉𐤓 𐤅𐤉𐤏𐤌𐤃 𐤏𐤋 𐤄𐤄𐤓 𐤀𐤔𐤓 𐤌𐤒𐤃𐤌 𐤋𐤏𐤉𐤓.

𐤊𐤃 𐤅𐤓𐤅𐤇 𐤍𐤔𐤀𐤕𐤍𐤉 𐤅𐤕𐤁𐤉𐤀𐤍𐤉 𐤊𐤔𐤃𐤉𐤌𐤄 𐤀𐤋 𐤄𐤂𐤅𐤋𐤄 𐤁𐤌𐤓𐤀𐤄 𐤁𐤓𐤅𐤇 𐤀𐤋𐤄𐤉𐤌 𐤅𐤉𐤏𐤋 𐤌𐤏𐤋𐤉 𐤄𐤌𐤓𐤀𐤄 𐤀𐤔𐤓 𐤓𐤀𐤉𐤕𐤉.

𐤊𐤄 𐤅𐤀𐤃𐤁𐤓 𐤀𐤋 𐤄𐤂𐤅𐤋𐤄 𐤀𐤕 𐤊𐤋 𐤃𐤁𐤓𐤉 𐤉𐤄𐤅𐤄 𐤀𐤔𐤓 𐤄𐤓𐤀𐤍𐤉.

𐤐𐤓𐤒 𐤉𐤁

𐤀 𐤅𐤉𐤄𐤉 𐤃𐤁𐤓 𐤉𐤄𐤅𐤄 𐤀𐤋𐤉 𐤋𐤀𐤌𐤓.

𐤁 𐤁𐤍 𐤀𐤃𐤌 𐤁𐤕𐤅𐤊 𐤁𐤉𐤕 𐤄𐤌𐤓𐤉 𐤀𐤕𐤄 𐤉𐤔𐤁 𐤀𐤔𐤓 𐤏𐤉𐤍𐤉𐤌 𐤋𐤄𐤌 𐤋𐤓𐤀𐤅𐤕 𐤅𐤋𐤀 𐤓𐤀𐤅 𐤀𐤆𐤍𐤉𐤌 𐤋𐤄𐤌 𐤋𐤔𐤌𐤏 𐤅𐤋𐤀 𐤔𐤌𐤏𐤅 𐤊𐤉 𐤁𐤉𐤕 𐤌𐤓𐤉 𐤄𐤌.

𐤂 𐤅𐤀𐤕𐤄 𐤁𐤍 𐤀𐤃𐤌 𐤏𐤔𐤄 𐤋𐤊 𐤊𐤋𐤉 𐤂𐤅𐤋𐤄 𐤅𐤂𐤋𐤄 𐤉𐤅𐤌𐤌 𐤋𐤏𐤉𐤍𐤉𐤄𐤌 𐤅𐤂𐤋𐤉𐤕 𐤌𐤌𐤒𐤅𐤌𐤊 𐤀𐤋 𐤌𐤒𐤅𐤌 𐤀𐤇𐤓 𐤋𐤏𐤉𐤍𐤉𐤄𐤌 𐤀𐤅𐤋𐤉 𐤉𐤓𐤀𐤅 𐤊𐤉 𐤁𐤉𐤕 𐤌𐤓𐤉 𐤄𐤌𐤄.

𐤃 𐤅𐤄𐤅𐤑𐤀𐤕 𐤊𐤋𐤉𐤊 𐤊𐤊𐤋𐤉 𐤂𐤅𐤋𐤄 𐤉𐤅𐤌𐤌 𐤋𐤏𐤉𐤍𐤉𐤄𐤌 𐤅𐤀𐤕𐤄 𐤕𐤑𐤀 𐤁𐤏𐤓𐤁 𐤋𐤏𐤉𐤍𐤉𐤄𐤌 𐤊𐤌𐤅𐤑𐤀𐤉 𐤂𐤅𐤋𐤄.

𐤄 𐤋𐤏𐤉𐤍𐤉𐤄𐤌 𐤇𐤕𐤓 𐤋𐤊 𐤁𐤒𐤉𐤓 𐤅𐤄𐤅𐤑𐤀𐤕 𐤁𐤅.

𐤅 𐤋𐤏𐤉𐤍𐤉𐤄𐤌 𐤏𐤋 𐤊𐤕𐤐 𐤕𐤔𐤀 𐤁𐤏𐤋𐤈𐤄 𐤕𐤅𐤑𐤉𐤀 𐤐𐤍𐤉𐤊 𐤕𐤊𐤎𐤄 𐤅𐤋𐤀 𐤕𐤓𐤀𐤄 𐤀𐤕 𐤄𐤀𐤓𐤑 𐤊𐤉 𐤌𐤅𐤐𐤕 𐤍𐤕𐤕𐤉𐤊 𐤋𐤁𐤉𐤕 𐤉𐤔𐤓𐤀𐤋.

𐤉𐤇𐤆𐤒𐤀𐤋

𐤆 𐤅𐤀𐤏𐤔 𐤊𐤍 𐤊𐤀𐤔𐤓 𐤑𐤅𐤉𐤕𐤉 𐤊𐤋𐤉 𐤄𐤅𐤑𐤀𐤕𐤉 𐤊𐤊𐤋𐤉 𐤂𐤅𐤋𐤄 𐤉𐤅𐤌𐤌 𐤅𐤁𐤏𐤓𐤁
𐤇𐤕𐤓𐤕𐤉 𐤋𐤉 𐤁𐤒𐤉𐤓 𐤁𐤉𐤃 𐤁𐤏𐤋𐤈𐤄 𐤄𐤅𐤑𐤀𐤕𐤉 𐤏𐤋 𐤊𐤕𐤐 𐤍𐤔𐤀𐤕𐤉 𐤋𐤏𐤉𐤍𐤉𐤄𐤌•
𐤇 𐤅𐤉𐤄𐤉 𐤃𐤁𐤓 𐤉𐤄𐤅𐤄 𐤀𐤋𐤉 𐤁𐤁𐤒𐤓 𐤋𐤀𐤌𐤓•
𐤈 𐤁𐤍 𐤀𐤃𐤌 𐤄𐤋𐤀 𐤀𐤌𐤓𐤅 𐤀𐤋𐤉𐤊 𐤁𐤉𐤕 𐤉𐤔𐤓𐤀𐤋 𐤁𐤉𐤕 𐤄𐤌𐤓𐤉 𐤌𐤄 𐤀𐤕𐤄 𐤏𐤔𐤄•
𐤉 𐤀𐤌𐤓 𐤀𐤋𐤉𐤄𐤌 𐤊𐤄 𐤀𐤌𐤓 𐤀𐤃𐤍𐤉 𐤉𐤄𐤅𐤄 𐤄𐤍𐤔𐤉𐤀 𐤄𐤌𐤔𐤀 𐤄𐤆𐤄
𐤁𐤉𐤓𐤅𐤔𐤋𐤌 𐤅𐤊𐤋 𐤁𐤉𐤕 𐤉𐤔𐤓𐤀𐤋 𐤀𐤔𐤓 𐤄𐤌𐤄 𐤁𐤕𐤅𐤊𐤌•
𐤉𐤀 𐤀𐤌𐤓 𐤀𐤍𐤉 𐤌𐤅𐤐𐤕𐤊𐤌 𐤊𐤀𐤔𐤓 𐤏𐤔𐤉𐤕𐤉 𐤊𐤍 𐤉𐤏𐤔𐤄 𐤋𐤄𐤌 𐤁𐤂𐤅𐤋𐤄 𐤁𐤔𐤁𐤉
𐤉𐤋𐤊𐤅•
𐤉𐤁 𐤅𐤄𐤍𐤔𐤉𐤀 𐤀𐤔𐤓 𐤁𐤕𐤅𐤊𐤌 𐤀𐤋 𐤊𐤕𐤐 𐤉𐤔𐤀 𐤁𐤏𐤋𐤈𐤄 𐤅𐤉𐤑𐤀 𐤁𐤒𐤉𐤓 𐤉𐤇𐤕𐤓𐤅
𐤋𐤄𐤅𐤑𐤉𐤀 𐤁𐤅 𐤐𐤍𐤉𐤅 𐤉𐤊𐤎𐤄 𐤉𐤏𐤍 𐤀𐤔𐤓 𐤋𐤀 𐤉𐤓𐤀𐤄 𐤋𐤏𐤉𐤍 𐤄𐤅𐤀 𐤀𐤕 𐤄𐤀𐤓𐤑•
𐤉𐤂 𐤅𐤐𐤓𐤔𐤕𐤉 𐤀𐤕 𐤓𐤔𐤕𐤉 𐤏𐤋𐤉𐤅 𐤅𐤍𐤕𐤐𐤔 𐤁𐤌𐤑𐤅𐤃𐤕𐤉 𐤅𐤄𐤁𐤀𐤕𐤉 𐤀𐤕𐤅 𐤁𐤁𐤋𐤄
𐤀𐤓𐤑 𐤊𐤔𐤃𐤉𐤌 𐤅𐤀𐤅𐤕𐤄 𐤋𐤀 𐤉𐤓𐤀𐤄 𐤅𐤔𐤌 𐤉𐤌𐤅𐤕•
𐤉𐤃 𐤅𐤊𐤋 𐤀𐤔𐤓 𐤎𐤁𐤉𐤁𐤕𐤉𐤅 𐤏𐤆𐤓𐤄 [𐤏𐤆𐤓𐤅] 𐤅𐤊𐤋 𐤀𐤂𐤐𐤉𐤅 𐤀𐤆𐤓𐤄 𐤋𐤊𐤋 𐤓𐤅𐤇
𐤅𐤇𐤓𐤁 𐤀𐤓𐤉𐤒 𐤀𐤇𐤓𐤉𐤄𐤌•
𐤈𐤅 𐤅𐤉𐤃𐤏𐤅 𐤊𐤉 𐤀𐤍𐤉 𐤉𐤄𐤅𐤄 𐤁𐤄𐤐𐤉𐤑𐤉 𐤀𐤅𐤕𐤌 𐤁𐤂𐤅𐤉𐤌 𐤅𐤆𐤓𐤉𐤕𐤉 𐤀𐤅𐤕𐤌
𐤁𐤀𐤓𐤑𐤅𐤕•
𐤈𐤆 𐤅𐤄𐤅𐤕𐤓𐤕𐤉 𐤌𐤄𐤌 𐤀𐤍𐤔𐤉 𐤌𐤎𐤐𐤓 𐤌𐤇𐤓𐤁 𐤌𐤓𐤏𐤁 𐤅𐤌𐤃𐤁𐤓 𐤋𐤌𐤏𐤍 𐤉𐤎𐤐𐤓𐤅 𐤀𐤕
𐤊𐤋 𐤕𐤅𐤏𐤁𐤅𐤕𐤉𐤄𐤌 𐤁𐤂𐤅𐤉𐤌 𐤀𐤔𐤓 𐤁𐤀𐤅 𐤔𐤌 𐤅𐤉𐤃𐤏𐤅 𐤊𐤉 𐤀𐤍𐤉 𐤉𐤄𐤅𐤄•
𐤉𐤆 𐤅𐤉𐤄𐤉 𐤃𐤁𐤓 𐤉𐤄𐤅𐤄 𐤀𐤋𐤉 𐤋𐤀𐤌𐤓•
𐤉𐤇 𐤁𐤍 𐤀𐤃𐤌 𐤋𐤇𐤌𐤊 𐤁𐤓𐤏𐤔 𐤕𐤀𐤊𐤋 𐤅𐤌𐤉𐤌𐤉𐤊 𐤁𐤓𐤂𐤆𐤄 𐤅𐤁𐤃𐤀𐤂𐤄 𐤕𐤔𐤕𐤄•
𐤉𐤈 𐤅𐤀𐤌𐤓𐤕 𐤀𐤋 𐤏𐤌 𐤄𐤀𐤓𐤑 𐤊𐤄 𐤀𐤌𐤓 𐤀𐤃𐤍𐤉 𐤉𐤄𐤅𐤄 𐤋𐤉𐤅𐤔𐤁𐤉 𐤉𐤓𐤅𐤔𐤋𐤌
𐤀𐤋 𐤀𐤃𐤌𐤕 𐤉𐤔𐤓𐤀𐤋 𐤋𐤇𐤌𐤌 𐤁𐤃𐤀𐤂𐤄 𐤉𐤀𐤊𐤋𐤅 𐤅𐤌𐤉𐤌𐤉𐤄𐤌 𐤁𐤔𐤌𐤌𐤅𐤍 𐤉𐤔𐤕𐤅
𐤋𐤌𐤏𐤍 𐤕𐤔𐤌 𐤀𐤓𐤑𐤄 𐤌𐤌𐤋𐤀𐤄 𐤌𐤇𐤌𐤎 𐤊𐤋 𐤄𐤉𐤔𐤁𐤉𐤌 𐤁𐤄•
𐤊 𐤅𐤄𐤏𐤓𐤉𐤌 𐤄𐤍𐤅𐤔𐤁𐤅𐤕 𐤕𐤇𐤓𐤁𐤍𐤄 𐤅𐤄𐤀𐤓𐤑 𐤔𐤌𐤌𐤄 𐤕𐤄𐤉𐤄 𐤅𐤉𐤃𐤏𐤕𐤌 𐤊𐤉
𐤀𐤍𐤉 𐤉𐤄𐤅𐤄•
𐤊𐤀 𐤅𐤉𐤄𐤉 𐤃𐤁𐤓 𐤉𐤄𐤅𐤄 𐤀𐤋𐤉 𐤋𐤀𐤌𐤓•
𐤊𐤁 𐤁𐤍 𐤀𐤃𐤌 𐤌𐤄 𐤄𐤌𐤔𐤋 𐤄𐤆𐤄 𐤋𐤊𐤌 𐤏𐤋 𐤀𐤃𐤌𐤕 𐤉𐤔𐤓𐤀𐤋 𐤋𐤀𐤌𐤓 𐤉𐤀𐤓𐤊𐤅
𐤄𐤉𐤌𐤉𐤌 𐤅𐤀𐤁𐤃 𐤊𐤋 𐤇𐤆𐤅𐤍•
𐤊𐤂 𐤋𐤊𐤍 𐤀𐤌𐤓 𐤀𐤋𐤉𐤄𐤌 𐤊𐤄 𐤀𐤌𐤓 𐤀𐤃𐤍𐤉 𐤉𐤄𐤅𐤄 𐤄𐤔𐤁𐤕𐤉 𐤀𐤕 𐤄𐤌𐤔𐤋 𐤄𐤆𐤄
𐤅𐤋𐤀 𐤉𐤌𐤔𐤋𐤅 𐤀𐤕𐤅 𐤏𐤅𐤃 𐤁𐤉𐤔𐤓𐤀𐤋 𐤊𐤉 𐤀𐤌 𐤃𐤁𐤓 𐤀𐤋𐤉𐤄𐤌 𐤒𐤓𐤁𐤅 𐤄𐤉𐤌𐤉𐤌
𐤅𐤃𐤁𐤓 𐤊𐤋 𐤇𐤆𐤅𐤍•
𐤊𐤃 𐤊𐤉 𐤋𐤀 𐤉𐤄𐤉𐤄 𐤏𐤅𐤃 𐤊𐤋 𐤇𐤆𐤅𐤍 𐤔𐤅𐤀 𐤅𐤌𐤒𐤎𐤌 𐤇𐤋𐤒 𐤁𐤕𐤅𐤊 𐤁𐤉𐤕
𐤉𐤔𐤓𐤀𐤋•

𐤉𐤇𐤆𐤒𐤀𐤋

𐤊𐤄 𐤊𐤉 𐤀𐤍𐤉 𐤉𐤄𐤅𐤄 𐤀𐤃𐤁𐤓 𐤀𐤕 𐤀𐤔𐤓 𐤀𐤃𐤁𐤓 𐤃𐤁𐤓 𐤅𐤉𐤏𐤔𐤄 𐤋𐤀 𐤕𐤌𐤔𐤊 𐤏𐤅𐤃
𐤊𐤉 𐤁𐤉𐤌𐤉𐤊𐤌 𐤁𐤉𐤕 𐤄𐤌𐤓𐤉 𐤀𐤃𐤁𐤓 𐤃𐤁𐤓 𐤅𐤏𐤔𐤉𐤕𐤉𐤅 𐤍𐤀𐤌 𐤀𐤃𐤍𐤉 𐤉𐤄𐤅𐤄•
𐤊𐤅 𐤅𐤉𐤄𐤉 𐤃𐤁𐤓 𐤉𐤄𐤅𐤄 𐤀𐤋𐤉 𐤋𐤀𐤌𐤓•
𐤊𐤆 𐤁𐤍 𐤀𐤃𐤌 𐤄𐤍𐤄 𐤁𐤉𐤕 𐤉𐤔𐤓𐤀𐤋 𐤀𐤌𐤓𐤉𐤌 𐤄𐤇𐤆𐤅𐤍 𐤀𐤔𐤓 𐤄𐤅𐤀 𐤇𐤆𐤄
𐤋𐤉𐤌𐤉𐤌 𐤓𐤁𐤉𐤌 𐤅𐤋𐤏𐤕𐤉𐤌 𐤓𐤇𐤅𐤒𐤅𐤕 𐤄𐤅𐤀 𐤍𐤁𐤀•
𐤊𐤇 𐤋𐤊𐤍 𐤀𐤌𐤓 𐤀𐤋𐤉𐤄𐤌 𐤊𐤄 𐤀𐤌𐤓 𐤀𐤃𐤍𐤉 𐤉𐤄𐤅𐤄 𐤋𐤀 𐤕𐤌𐤔𐤊 𐤏𐤅𐤃 𐤊𐤋 𐤃𐤁𐤓𐤉
𐤀𐤔𐤓 𐤀𐤃𐤁𐤓 𐤃𐤁𐤓 𐤅𐤉𐤏𐤔𐤄 𐤍𐤀𐤌 𐤀𐤃𐤍𐤉 𐤉𐤄𐤅𐤄•

𐤐𐤓𐤒 𐤉𐤂

𐤀 𐤅𐤉𐤄𐤉 𐤃𐤁𐤓 𐤉𐤄𐤅𐤄 𐤀𐤋𐤉 𐤋𐤀𐤌𐤓•
𐤁 𐤁𐤍 𐤀𐤃𐤌 𐤄𐤍𐤁𐤀 𐤀𐤋 𐤍𐤁𐤉𐤀𐤉 𐤉𐤔𐤓𐤀𐤋 𐤄𐤍𐤁𐤀𐤉𐤌 𐤅𐤀𐤌𐤓𐤕 𐤋𐤍𐤁𐤉𐤀𐤉
𐤌𐤋𐤁𐤌 𐤔𐤌𐤏𐤅 𐤃𐤁𐤓 𐤉𐤄𐤅𐤄•
𐤂 𐤊𐤄 𐤀𐤌𐤓 𐤀𐤃𐤍𐤉 𐤉𐤄𐤅𐤄 𐤄𐤅𐤉 𐤏𐤋 𐤄𐤍𐤁𐤉𐤀𐤉𐤌 𐤄𐤍𐤁𐤋𐤉𐤌 𐤀𐤔𐤓 𐤄𐤋𐤊𐤉𐤌
𐤀𐤇𐤓 𐤓𐤅𐤇𐤌 𐤅𐤋𐤁𐤋𐤕𐤉 𐤓𐤀𐤅•
𐤃 𐤊𐤔𐤏𐤋𐤉𐤌 𐤁𐤇𐤓𐤁𐤅𐤕 𐤍𐤁𐤉𐤀𐤉𐤊 𐤉𐤔𐤓𐤀𐤋 𐤄𐤉𐤅•
𐤄 𐤋𐤀 𐤏𐤋𐤉𐤕𐤌 𐤁𐤐𐤓𐤑𐤅𐤕 𐤅𐤕𐤂𐤃𐤓𐤅 𐤂𐤃𐤓 𐤏𐤋 𐤁𐤉𐤕 𐤉𐤔𐤓𐤀𐤋 𐤋𐤏𐤌𐤃 𐤁𐤌𐤋𐤇𐤌𐤄
𐤁𐤉𐤅𐤌 𐤉𐤄𐤅𐤄•
𐤅 𐤇𐤆𐤅 𐤔𐤅𐤀 𐤅𐤒𐤎𐤌 𐤊𐤆𐤁 𐤄𐤀𐤌𐤓𐤉𐤌 𐤍𐤀𐤌 𐤉𐤄𐤅𐤄 𐤅𐤉𐤄𐤅𐤄 𐤋𐤀 𐤔𐤋𐤇𐤌
𐤅𐤉𐤇𐤋𐤅 𐤋𐤒𐤉𐤌 𐤃𐤁𐤓•
𐤆 𐤄𐤋𐤅𐤀 𐤌𐤇𐤆𐤄 𐤔𐤅𐤀 𐤇𐤆𐤉𐤕𐤌 𐤅𐤌𐤒𐤎𐤌 𐤊𐤆𐤁 𐤀𐤌𐤓𐤕𐤌 𐤅𐤀𐤌𐤓𐤉𐤌 𐤍𐤀𐤌
𐤉𐤄𐤅𐤄 𐤅𐤀𐤍𐤉 𐤋𐤀 𐤃𐤁𐤓𐤕𐤉•
𐤇 𐤋𐤊𐤍 𐤊𐤄 𐤀𐤌𐤓 𐤀𐤃𐤍𐤉 𐤉𐤄𐤅𐤄 𐤉𐤏𐤍 𐤃𐤁𐤓𐤊𐤌 𐤔𐤅𐤀 𐤅𐤇𐤆𐤉𐤕𐤌 𐤊𐤆𐤁 𐤋𐤊𐤍
𐤄𐤍𐤍𐤉 𐤀𐤋𐤉𐤊𐤌 𐤍𐤀𐤌 𐤀𐤃𐤍𐤉 𐤉𐤄𐤅𐤄•
𐤈 𐤅𐤄𐤉𐤕𐤄 𐤉𐤃𐤉 𐤀𐤋 𐤄𐤍𐤁𐤉𐤀𐤉𐤌 𐤄𐤇𐤆𐤉𐤌 𐤔𐤅𐤀 𐤅𐤄𐤒𐤎𐤌𐤉𐤌 𐤊𐤆𐤁 𐤁𐤎𐤅𐤃
𐤏𐤌𐤉 𐤋𐤀 𐤉𐤄𐤉𐤅 𐤅𐤁𐤊𐤕𐤁 𐤁𐤉𐤕 𐤉𐤔𐤓𐤀𐤋 𐤋𐤀 𐤉𐤊𐤕𐤁𐤅 𐤅𐤀𐤋 𐤀𐤃𐤌𐤕 𐤉𐤔𐤓𐤀𐤋
𐤋𐤀 𐤉𐤁𐤀𐤅 𐤅𐤉𐤃𐤏𐤕𐤌 𐤊𐤉 𐤀𐤍𐤉 𐤀𐤃𐤍𐤉 𐤉𐤄𐤅𐤄•
𐤉 𐤉𐤏𐤍 𐤅𐤁𐤉𐤏𐤍 𐤄𐤈𐤏𐤅 𐤀𐤕 𐤏𐤌𐤉 𐤋𐤀𐤌𐤓 𐤔𐤋𐤅𐤌 𐤅𐤀𐤉𐤍 𐤔𐤋𐤅𐤌 𐤅𐤄𐤅𐤀 𐤁𐤍𐤄
𐤇𐤉𐤑 𐤅𐤄𐤍𐤌 𐤈𐤇𐤉𐤌 𐤀𐤕𐤅 𐤕𐤐𐤋•
𐤉𐤀 𐤀𐤌𐤓 𐤀𐤋 𐤈𐤇𐤉 𐤕𐤐𐤋 𐤅𐤉𐤐𐤋 𐤄𐤉𐤄 𐤂𐤔𐤌 𐤔𐤅𐤈𐤐 𐤅𐤀𐤕𐤍𐤄 𐤀𐤁𐤍𐤉
𐤀𐤋𐤂𐤁𐤉𐤔 𐤕𐤐𐤋𐤍𐤄 𐤅𐤓𐤅𐤇 𐤎𐤏𐤓𐤅𐤕 𐤕𐤁𐤒𐤏•
𐤉𐤁 𐤅𐤄𐤍𐤄 𐤍𐤐𐤋 𐤄𐤒𐤉𐤓 𐤄𐤋𐤅𐤀 𐤉𐤀𐤌𐤓 𐤀𐤋𐤉𐤊𐤌 𐤀𐤉𐤄 𐤄𐤈𐤉𐤇 𐤀𐤔𐤓 𐤈𐤇𐤕𐤌•
𐤉𐤂 𐤋𐤊𐤍 𐤊𐤄 𐤀𐤌𐤓 𐤀𐤃𐤍𐤉 𐤉𐤄𐤅𐤄 𐤅𐤁𐤒𐤏𐤕𐤉 𐤓𐤅𐤇 𐤎𐤏𐤓𐤅𐤕 𐤁𐤇𐤌𐤕𐤉 𐤅𐤂𐤔𐤌
𐤔𐤈𐤐 𐤁𐤀𐤐𐤉 𐤉𐤄𐤉𐤄 𐤅𐤀𐤁𐤍𐤉 𐤀𐤋𐤂𐤁𐤉𐤔 𐤁𐤇𐤌𐤄 𐤋𐤊𐤋𐤄•

𐤉𐤇𐤆𐤒𐤀𐤋

𐤉𐤃 𐤅𐤄𐤓𐤎𐤕𐤉 𐤀𐤕 𐤄𐤒𐤉𐤓 𐤀𐤔𐤓 𐤈𐤇𐤕𐤌 𐤕𐤐𐤋 𐤅𐤄𐤂𐤏𐤕𐤉𐤄𐤅 𐤀𐤋 𐤄𐤀𐤓𐤑 𐤅𐤍𐤂𐤋𐤄
𐤉𐤎𐤃𐤅 𐤅𐤍𐤐𐤋𐤄 𐤅𐤊𐤋𐤉𐤕𐤌 𐤁𐤕𐤅𐤊𐤄 𐤅𐤉𐤃𐤏𐤕𐤌 𐤊𐤉 𐤀𐤍𐤉 𐤉𐤄𐤅𐤄•

𐤈𐤅 𐤅𐤊𐤋𐤉𐤕𐤉 𐤀𐤕 𐤇𐤌𐤕𐤉 𐤁𐤒𐤉𐤓 𐤅𐤁𐤈𐤇𐤉𐤌 𐤀𐤕𐤅 𐤕𐤐𐤋 𐤅𐤀𐤌𐤓 𐤋𐤊𐤌 𐤀𐤉𐤍
𐤄𐤒𐤉𐤓 𐤅𐤀𐤉𐤍 𐤄𐤈𐤇𐤉𐤌 𐤀𐤕𐤅•

𐤈𐤆 𐤍𐤁𐤉𐤀𐤉 𐤉𐤔𐤓𐤀𐤋 𐤄𐤍𐤁𐤀𐤉𐤌 𐤀𐤋 𐤉𐤓𐤅𐤔𐤋𐤌 𐤅𐤄𐤇𐤆𐤉𐤌 𐤋𐤄 𐤇𐤆𐤅𐤍 𐤔𐤋𐤌
𐤅𐤀𐤉𐤍 𐤔𐤋𐤌 𐤍𐤀𐤌 𐤀𐤃𐤍𐤉 𐤉𐤄𐤅𐤄•

𐤉𐤆 𐤅𐤀𐤕𐤄 𐤁𐤍 𐤀𐤃𐤌 𐤔𐤉𐤌 𐤐𐤍𐤉𐤊 𐤀𐤋 𐤁𐤍𐤅𐤕 𐤏𐤌𐤊 𐤄𐤌𐤕𐤍𐤁𐤀𐤅𐤕 𐤌𐤋𐤁𐤄𐤍
𐤅𐤄𐤍𐤁𐤀 𐤏𐤋𐤉𐤄𐤍•

𐤉𐤇 𐤅𐤀𐤌𐤓𐤕 𐤊𐤄 𐤀𐤌𐤓 𐤀𐤃𐤍𐤉 𐤉𐤄𐤅𐤄 𐤄𐤅𐤉 𐤋𐤌𐤕𐤐𐤓𐤅𐤕 𐤊𐤎𐤕𐤅𐤕 𐤏𐤋 𐤊𐤋
𐤀𐤑𐤉𐤋𐤉 𐤉𐤃𐤉 𐤅𐤏𐤔𐤅𐤕 𐤄𐤌𐤎𐤐𐤇𐤅𐤕 𐤏𐤋 𐤓𐤀𐤔 𐤊𐤋 𐤒𐤅𐤌𐤄 𐤋𐤑𐤅𐤃𐤃 𐤍𐤐𐤔𐤅𐤕
𐤄𐤍𐤐𐤔𐤅𐤕 𐤕𐤑𐤅𐤃𐤃𐤍𐤄 𐤋𐤏𐤌𐤉 𐤅𐤍𐤐𐤔𐤅𐤕 𐤋𐤊𐤍𐤄 𐤕𐤇𐤉𐤉𐤍𐤄•

𐤉𐤈 𐤅𐤕𐤇𐤋𐤋𐤍𐤄 𐤀𐤕𐤉 𐤀𐤋 𐤏𐤌𐤉 𐤁𐤔𐤏𐤋𐤉 𐤔𐤏𐤓𐤉𐤌 𐤅𐤁𐤐𐤕𐤅𐤕𐤉 𐤋𐤇𐤌 𐤋𐤄𐤌𐤉𐤕
𐤍𐤐𐤔𐤅𐤕 𐤀𐤔𐤓 𐤋𐤀 𐤕𐤌𐤅𐤕𐤍𐤄 𐤅𐤋𐤇𐤉𐤅𐤕 𐤍𐤐𐤔𐤅𐤕 𐤀𐤔𐤓 𐤋𐤀 𐤕𐤇𐤉𐤉𐤍𐤄
𐤁𐤊𐤆𐤁𐤊𐤌 𐤋𐤏𐤌𐤉 𐤔𐤌𐤏𐤉 𐤊𐤆𐤁•

𐤊 𐤋𐤊𐤍 𐤊𐤄 𐤀𐤌𐤓 𐤀𐤃𐤍𐤉 𐤉𐤄𐤅𐤄 𐤄𐤍𐤍𐤉 𐤀𐤋 𐤊𐤎𐤕𐤅𐤕𐤉𐤊𐤍𐤄 𐤀𐤔𐤓 𐤀𐤕𐤍𐤄
𐤌𐤑𐤃𐤃𐤅𐤕 𐤔𐤌 𐤀𐤕 𐤄𐤍𐤐𐤔𐤅𐤕 𐤋𐤐𐤓𐤇𐤅𐤕 𐤅𐤒𐤓𐤏𐤕𐤉 𐤀𐤕𐤌 𐤌𐤏𐤋 𐤆𐤓𐤅𐤏𐤕𐤉𐤊𐤌
𐤅𐤔𐤋𐤇𐤕𐤉 𐤀𐤕 𐤄𐤍𐤐𐤔𐤅𐤕 𐤀𐤔𐤓 𐤀𐤕𐤌 𐤌𐤑𐤃𐤃𐤅𐤕 𐤀𐤕 𐤍𐤐𐤔𐤉𐤌 𐤋𐤐𐤓𐤇𐤕•

𐤊𐤀 𐤅𐤒𐤓𐤏𐤕𐤉 𐤀𐤕 𐤌𐤎𐤐𐤇𐤕𐤉𐤊𐤌 𐤅𐤄𐤑𐤋𐤕𐤉 𐤀𐤕 𐤏𐤌𐤉 𐤌𐤉𐤃𐤊𐤍 𐤅𐤋𐤀 𐤉𐤄𐤉𐤅
𐤏𐤅𐤃 𐤁𐤉𐤃𐤊𐤍 𐤋𐤌𐤑𐤅𐤃𐤄 𐤅𐤉𐤃𐤏𐤕𐤍 𐤊𐤉 𐤀𐤍𐤉 𐤉𐤄𐤅𐤄•

𐤊𐤁 𐤉𐤏𐤍 𐤄𐤊𐤀𐤅𐤕 𐤋𐤁 𐤑𐤃𐤉𐤒 𐤔𐤒𐤓 𐤅𐤀𐤍𐤉 𐤋𐤀 𐤄𐤊𐤀𐤁𐤕𐤉𐤅 𐤅𐤋𐤇𐤆𐤒 𐤉𐤃𐤉
𐤓𐤔𐤏 𐤋𐤁𐤋𐤕𐤉 𐤔𐤅𐤁 𐤌𐤃𐤓𐤊𐤅 𐤄𐤓𐤏 𐤋𐤄𐤇𐤉𐤕𐤅•

𐤊𐤂 𐤋𐤊𐤍 𐤔𐤅𐤀 𐤋𐤀 𐤕𐤇𐤆𐤉𐤍𐤄 𐤅𐤒𐤎𐤌 𐤋𐤀 𐤕𐤒𐤎𐤌𐤍𐤄 𐤏𐤅𐤃 𐤅𐤄𐤑𐤋𐤕𐤉 𐤀𐤕
𐤏𐤌𐤉 𐤌𐤉𐤃𐤊𐤍 𐤅𐤉𐤃𐤏𐤕𐤍 𐤊𐤉 𐤀𐤍𐤉 𐤉𐤄𐤅𐤄•

𐤐𐤓𐤒 𐤉𐤃

𐤀 𐤅𐤉𐤁𐤅𐤀 𐤀𐤋𐤉 𐤀𐤍𐤔𐤉𐤌 𐤌𐤆𐤒𐤍𐤉 𐤉𐤔𐤓𐤀𐤋 𐤅𐤉𐤔𐤁𐤅 𐤋𐤐𐤍𐤉•

𐤁 𐤅𐤉𐤄𐤉 𐤃𐤁𐤓 𐤉𐤄𐤅𐤄 𐤀𐤋𐤉 𐤋𐤀𐤌𐤓•

𐤂 𐤁𐤍 𐤀𐤃𐤌 𐤄𐤀𐤍𐤔𐤉𐤌 𐤄𐤀𐤋𐤄 𐤄𐤏𐤋𐤅 𐤂𐤋𐤅𐤋𐤉𐤄𐤌 𐤏𐤋 𐤋𐤁𐤌 𐤅𐤌𐤊𐤔𐤅𐤋 𐤏𐤅𐤍𐤌
𐤍𐤕𐤍𐤅 𐤍𐤊𐤇 𐤐𐤍𐤉𐤄𐤌 𐤄𐤀𐤃𐤓𐤔 𐤀𐤃𐤓𐤔 𐤋𐤄𐤌•

𐤃 𐤋𐤊𐤍 𐤃𐤁𐤓 𐤀𐤅𐤕𐤌 𐤅𐤀𐤌𐤓𐤕 𐤀𐤋𐤉𐤄𐤌 𐤊𐤄 𐤀𐤌𐤓 𐤀𐤃𐤍𐤉 𐤉𐤄𐤅𐤄 𐤀𐤉𐤔 𐤀𐤉𐤔
𐤌𐤁𐤉𐤕 𐤉𐤔𐤓𐤀𐤋 𐤀𐤔𐤓 𐤉𐤏𐤋𐤄 𐤀𐤕 𐤂𐤋𐤅𐤋𐤉𐤅 𐤀𐤋 𐤋𐤁𐤅 𐤅𐤌𐤊𐤔𐤅𐤋 𐤏𐤅𐤍𐤅
𐤉𐤔𐤉𐤌 𐤍𐤊𐤇 𐤐𐤍𐤉𐤅 𐤅𐤁𐤀 𐤀𐤋 𐤄𐤍𐤁𐤉𐤀 𐤀𐤍𐤉 𐤉𐤄𐤅𐤄 𐤍𐤏𐤍𐤉𐤕𐤉 𐤋𐤅 𐤁𐤄 [𐤁𐤀]
𐤁𐤓𐤁 𐤂𐤋𐤅𐤋𐤉𐤅•

𐤉𐤇𐤆𐤒𐤀𐤋

𐤄𐤋𐤌𐤏𐤍 𐤕𐤐𐤔 𐤀𐤕 𐤁𐤉𐤕 𐤉𐤔𐤓𐤀𐤋 𐤁𐤋𐤁𐤌 𐤀𐤔𐤓 𐤍𐤆𐤓𐤅 𐤌𐤏𐤋𐤉 𐤁𐤂𐤋𐤅𐤋𐤉𐤄𐤌
𐤊𐤋𐤌•
𐤅𐤋𐤊𐤍 𐤀𐤌𐤓 𐤀𐤋 𐤁𐤉𐤕 𐤉𐤔𐤓𐤀𐤋 𐤊𐤄 𐤀𐤌𐤓 𐤀𐤃𐤍𐤉 𐤉𐤄𐤅𐤄 𐤔𐤅𐤁𐤅 𐤅𐤄𐤔𐤉𐤁𐤅
𐤌𐤏𐤋 𐤂𐤋𐤅𐤋𐤉𐤊𐤌 𐤅𐤌𐤏𐤋 𐤊𐤋 𐤕𐤅𐤏𐤁𐤕𐤉𐤊𐤌 𐤄𐤔𐤉𐤁𐤅 𐤐𐤍𐤉𐤊𐤌•
𐤆𐤊𐤉 𐤀𐤉𐤔 𐤀𐤉𐤔 𐤌𐤁𐤉𐤕 𐤉𐤔𐤓𐤀𐤋 𐤅𐤌𐤄𐤂𐤓 𐤀𐤔𐤓 𐤉𐤂𐤅𐤓 𐤁𐤉𐤔𐤓𐤀𐤋 𐤅𐤉𐤍𐤆𐤓
𐤌𐤀𐤇𐤓𐤉 𐤅𐤉𐤏𐤋 𐤂𐤋𐤅𐤋𐤉𐤅 𐤀𐤋 𐤋𐤁𐤅 𐤅𐤌𐤊𐤔𐤅𐤋 𐤏𐤅𐤍𐤅 𐤉𐤔𐤉𐤌 𐤍𐤊𐤇 𐤐𐤍𐤉𐤅 𐤅𐤁𐤀
𐤀𐤋 𐤄𐤍𐤁𐤉𐤀 𐤋𐤃𐤓𐤔 𐤋𐤅 𐤁𐤉 𐤀𐤍𐤉 𐤉𐤄𐤅𐤄 𐤍𐤏𐤍𐤄 𐤋𐤅 𐤁𐤉•
𐤇𐤅𐤍𐤕𐤕𐤉 𐤐𐤍𐤉 𐤁𐤀𐤉𐤔 𐤄𐤄𐤅𐤀 𐤅𐤄𐤔𐤌𐤕𐤉𐤄𐤅 𐤋𐤀𐤅𐤕 𐤅𐤋𐤌𐤔𐤋𐤉𐤌
𐤅𐤄𐤊𐤓𐤕𐤉𐤅 𐤌𐤕𐤅𐤊 𐤏𐤌𐤉 𐤅𐤉𐤃𐤏𐤕𐤌 𐤊𐤉 𐤀𐤍𐤉 𐤉𐤄𐤅𐤄•
𐤈𐤅𐤄𐤍𐤁𐤉𐤀 𐤊𐤉 𐤉𐤐𐤕𐤄 𐤅𐤃𐤁𐤓 𐤃𐤁𐤓 𐤀𐤍𐤉 𐤉𐤄𐤅𐤄 𐤐𐤕𐤉𐤕𐤉 𐤀𐤕 𐤄𐤍𐤁𐤉𐤀
𐤄𐤄𐤅𐤀 𐤅𐤍𐤈𐤉𐤕𐤉 𐤀𐤕 𐤉𐤃𐤉 𐤏𐤋𐤉𐤅 𐤅𐤄𐤔𐤌𐤃𐤕𐤉𐤅 𐤌𐤕𐤅𐤊 𐤏𐤌𐤉 𐤉𐤔𐤓𐤀𐤋•
𐤉𐤅𐤍𐤔𐤀𐤅 𐤏𐤅𐤍𐤌 𐤊𐤏𐤅𐤍 𐤄𐤃𐤓𐤔 𐤊𐤏𐤅𐤍 𐤄𐤍𐤁𐤉𐤀 𐤉𐤄𐤉𐤄•
𐤉𐤀𐤋𐤌𐤏𐤍 𐤋𐤀 𐤉𐤕𐤏𐤅 𐤏𐤅𐤃 𐤁𐤉𐤕 𐤉𐤔𐤓𐤀𐤋 𐤌𐤀𐤇𐤓𐤉 𐤅𐤋𐤀 𐤉𐤈𐤌𐤀𐤅 𐤏𐤅𐤃 𐤁𐤊𐤋
𐤐𐤔𐤏𐤉𐤄𐤌 𐤅𐤄𐤉𐤅 𐤋𐤉 𐤋𐤏𐤌 𐤅𐤀𐤍𐤉 𐤀𐤄𐤉𐤄 𐤋𐤄𐤌 𐤋𐤀𐤋𐤄𐤉𐤌 𐤍𐤀𐤌 𐤀𐤃𐤍𐤉
𐤉𐤄𐤅𐤄•
𐤉𐤁𐤅𐤉𐤄𐤉 𐤃𐤁𐤓 𐤉𐤄𐤅𐤄 𐤀𐤋𐤉 𐤋𐤀𐤌𐤓•
𐤉𐤂𐤁𐤍 𐤀𐤃𐤌 𐤀𐤓𐤑 𐤊𐤉 𐤕𐤇𐤈𐤀 𐤋𐤉 𐤋𐤌𐤏𐤋 𐤌𐤏𐤋 𐤅𐤍𐤈𐤉𐤕𐤉 𐤉𐤃𐤉 𐤏𐤋𐤉𐤄
𐤅𐤔𐤁𐤓𐤕𐤉 𐤋𐤄 𐤌𐤈𐤄 𐤋𐤇𐤌 𐤅𐤄𐤔𐤋𐤇𐤕𐤉 𐤁𐤄 𐤓𐤏𐤁 𐤅𐤄𐤊𐤓𐤕𐤉 𐤌𐤌𐤍𐤄 𐤀𐤃𐤌
𐤅𐤁𐤄𐤌𐤄•
𐤉𐤃 𐤅𐤄𐤉𐤅 𐤔𐤋𐤔𐤕 𐤄𐤀𐤍𐤔𐤉𐤌 𐤄𐤀𐤋𐤄 𐤁𐤕𐤅𐤊𐤄 𐤍𐤇 𐤃𐤍𐤀𐤋 [𐤃𐤍𐤉𐤀𐤋] 𐤅𐤀𐤉𐤅𐤁
𐤄𐤌𐤄 𐤁𐤑𐤃𐤒𐤕𐤌 𐤉𐤍𐤑𐤋𐤅 𐤍𐤐𐤔𐤌 𐤍𐤀𐤌 𐤀𐤃𐤍𐤉 𐤉𐤄𐤅𐤄•
𐤈𐤅𐤋𐤅 𐤇𐤉𐤄 𐤓𐤏𐤄 𐤀𐤏𐤁𐤉𐤓 𐤁𐤀𐤓𐤑 𐤅𐤔𐤊𐤋𐤕𐤄 𐤅𐤄𐤉𐤕𐤄 𐤔𐤌𐤌𐤄 𐤌𐤁𐤋𐤉 𐤏𐤅𐤁𐤓
𐤌𐤐𐤍𐤉 𐤄𐤇𐤉𐤄•
𐤈𐤆𐤔𐤋𐤔𐤕 𐤄𐤀𐤍𐤔𐤉𐤌 𐤄𐤀𐤋𐤄 𐤁𐤕𐤅𐤊𐤄 𐤇𐤉 𐤀𐤍𐤉 𐤍𐤀𐤌 𐤀𐤃𐤍𐤉 𐤉𐤄𐤅𐤄 𐤀𐤌
𐤁𐤍𐤉𐤌 𐤅𐤀𐤌 𐤁𐤍𐤅𐤕 𐤉𐤑𐤉𐤋𐤅 𐤄𐤌𐤄 𐤋𐤁𐤃𐤌 𐤉𐤍𐤑𐤋𐤅 𐤅𐤄𐤀𐤓𐤑 𐤕𐤄𐤉𐤄 𐤔𐤌𐤌𐤄•
𐤉𐤆𐤀𐤅 𐤇𐤓𐤁 𐤀𐤁𐤉𐤀 𐤏𐤋 𐤄𐤀𐤓𐤑 𐤄𐤄𐤉𐤀 𐤅𐤀𐤌𐤓𐤕𐤉 𐤇𐤓𐤁 𐤕𐤏𐤁𐤓 𐤁𐤀𐤓𐤑
𐤅𐤄𐤊𐤓𐤕𐤉 𐤌𐤌𐤍𐤄 𐤀𐤃𐤌 𐤅𐤁𐤄𐤌𐤄•
𐤉𐤇𐤅𐤔𐤋𐤔𐤕 𐤄𐤀𐤍𐤔𐤉𐤌 𐤄𐤀𐤋𐤄 𐤁𐤕𐤅𐤊𐤄 𐤇𐤉 𐤀𐤍𐤉 𐤍𐤀𐤌 𐤀𐤃𐤍𐤉 𐤉𐤄𐤅𐤄 𐤋𐤀
𐤉𐤑𐤉𐤋𐤅 𐤁𐤍𐤉𐤌 𐤅𐤁𐤍𐤅𐤕 𐤊𐤉 𐤄𐤌 𐤋𐤁𐤃𐤌 𐤉𐤍𐤑𐤋𐤅•
𐤉𐤈 𐤀𐤅 𐤃𐤁𐤓 𐤀𐤔𐤋𐤇 𐤀𐤋 𐤄𐤀𐤓𐤑 𐤄𐤄𐤉𐤀 𐤅𐤔𐤐𐤊𐤕𐤉 𐤇𐤌𐤕𐤉 𐤏𐤋𐤉𐤄 𐤁𐤃𐤌
𐤋𐤄𐤊𐤓𐤉𐤕 𐤌𐤌𐤍𐤄 𐤀𐤃𐤌 𐤅𐤁𐤄𐤌𐤄•
𐤊 𐤅𐤍𐤇 𐤃𐤍𐤀𐤋 [𐤃𐤍𐤉𐤀𐤋] 𐤅𐤀𐤉𐤅𐤁 𐤁𐤕𐤅𐤊𐤄 𐤇𐤉 𐤀𐤍𐤉 𐤍𐤀𐤌 𐤀𐤃𐤍𐤉 𐤉𐤄𐤅𐤄
𐤀𐤌 𐤁𐤍 𐤀𐤌 𐤁𐤕 𐤉𐤑𐤉𐤋𐤅 𐤄𐤌𐤄 𐤁𐤑𐤃𐤒𐤕𐤌 𐤉𐤑𐤉𐤋𐤅 𐤍𐤐𐤔𐤌•

𐤉𐤇𐤆𐤒𐤀𐤋

𐤊𐤀 𐤊𐤉 𐤊𐤄 𐤀𐤌𐤓 𐤀𐤃𐤍𐤉 𐤉𐤄𐤅𐤄 𐤀𐤐 𐤊𐤉 𐤀𐤓𐤁𐤏𐤕 𐤔𐤐𐤈𐤉 𐤄𐤓𐤏𐤉𐤌 𐤇𐤓𐤁 𐤅𐤓𐤏𐤁
𐤅𐤇𐤉𐤄 𐤓𐤏𐤄 𐤅𐤃𐤁𐤓 𐤔𐤋𐤇𐤕𐤉 𐤀𐤋 𐤉𐤓𐤅𐤔𐤋𐤌 𐤋𐤄𐤊𐤓𐤉𐤕 𐤌𐤌𐤍𐤄 𐤀𐤃𐤌 𐤅𐤁𐤄𐤌𐤄•
𐤊𐤁 𐤅𐤄𐤍𐤄 𐤍𐤅𐤕𐤓𐤄 𐤁𐤄 𐤐𐤋𐤈𐤄 𐤄𐤌𐤅𐤑𐤀𐤉𐤌 𐤁𐤍𐤉𐤌 𐤅𐤁𐤍𐤅𐤕 𐤄𐤍𐤌 𐤉𐤅𐤑𐤀𐤉𐤌
𐤀𐤋𐤉𐤊𐤌 𐤅𐤓𐤀𐤉𐤕𐤌 𐤀𐤕 𐤃𐤓𐤊𐤌 𐤅𐤀𐤕 𐤏𐤋𐤉𐤋𐤅𐤕𐤌 𐤅𐤍𐤇𐤌𐤕𐤌 𐤏𐤋 𐤄𐤓𐤏𐤄 𐤀𐤔𐤓
𐤄𐤁𐤀𐤕𐤉 𐤏𐤋 𐤉𐤓𐤅𐤔𐤋𐤌 𐤀𐤕 𐤊𐤋 𐤀𐤔𐤓 𐤄𐤁𐤀𐤕𐤉 𐤏𐤋𐤉𐤄•
𐤊𐤂 𐤅𐤍𐤇𐤌𐤅 𐤀𐤕𐤊𐤌 𐤊𐤉 𐤕𐤓𐤀𐤅 𐤀𐤕 𐤃𐤓𐤊𐤌 𐤅𐤀𐤕 𐤏𐤋𐤉𐤋𐤅𐤕𐤌 𐤅𐤉𐤃𐤏𐤕𐤌 𐤊𐤉
𐤋𐤀 𐤇𐤍𐤌 𐤏𐤔𐤉𐤕𐤉 𐤀𐤕 𐤊𐤋 𐤀𐤔𐤓 𐤏𐤔𐤉𐤕𐤉 𐤁𐤄 𐤍𐤀𐤌 𐤀𐤃𐤍𐤉 𐤉𐤄𐤅𐤄•

𐤐𐤓𐤒 𐤈𐤅

𐤀 𐤅𐤉𐤄𐤉 𐤃𐤁𐤓 𐤉𐤄𐤅𐤄 𐤀𐤋𐤉 𐤋𐤀𐤌𐤓•
𐤁 𐤁𐤍 𐤀𐤃𐤌 𐤌𐤄 𐤉𐤄𐤉𐤄 𐤏𐤑 𐤄𐤂𐤐𐤍 𐤌𐤊𐤋 𐤏𐤑 𐤄𐤆𐤌𐤅𐤓𐤄 𐤀𐤔𐤓 𐤄𐤉𐤄 𐤁𐤏𐤑𐤉
𐤄𐤉𐤏𐤓•
𐤂 𐤄𐤉𐤒𐤇 𐤌𐤌𐤍𐤅 𐤏𐤑 𐤋𐤏𐤔𐤅𐤕 𐤋𐤌𐤋𐤀𐤊𐤄 𐤀𐤌 𐤉𐤒𐤇𐤅 𐤌𐤌𐤍𐤅 𐤉𐤕𐤃 𐤋𐤕𐤋𐤅𐤕
𐤏𐤋𐤉𐤅 𐤊𐤋 𐤊𐤋𐤉•
𐤃 𐤄𐤍𐤄 𐤋𐤀𐤔 𐤍𐤕𐤍 𐤋𐤀𐤊𐤋𐤄 𐤀𐤕 𐤔𐤍𐤉 𐤒𐤑𐤅𐤕𐤉𐤅 𐤀𐤊𐤋𐤄 𐤄𐤀𐤔 𐤅𐤕𐤅𐤊𐤅 𐤍𐤇𐤓
𐤄𐤉𐤑𐤋𐤇 𐤋𐤌𐤋𐤀𐤊𐤄•
𐤄 𐤄𐤍𐤄 𐤁𐤄𐤉𐤅𐤕𐤅 𐤕𐤌𐤉𐤌 𐤋𐤀 𐤉𐤏𐤔𐤄 𐤋𐤌𐤋𐤀𐤊𐤄 𐤀𐤐 𐤊𐤉 𐤀𐤔 𐤀𐤊𐤋𐤕𐤄𐤅
𐤅𐤉𐤇𐤓 𐤅𐤍𐤏𐤔𐤄 𐤏𐤅𐤃 𐤋𐤌𐤋𐤀𐤊𐤄•
𐤅 𐤋𐤊𐤍 𐤊𐤄 𐤀𐤌𐤓 𐤀𐤃𐤍𐤉 𐤉𐤄𐤅𐤄 𐤊𐤀𐤔𐤓 𐤏𐤑 𐤄𐤂𐤐𐤍 𐤁𐤏𐤑 𐤄𐤉𐤏𐤓 𐤀𐤔𐤓
𐤍𐤕𐤕𐤉𐤅 𐤋𐤀𐤔 𐤋𐤀𐤊𐤋𐤄 𐤊𐤍 𐤍𐤕𐤕𐤉 𐤀𐤕 𐤉𐤔𐤁𐤉 𐤉𐤓𐤅𐤔𐤋𐤌•
𐤆 𐤅𐤍𐤕𐤕𐤉 𐤀𐤕 𐤐𐤍𐤉 𐤁𐤄𐤌 𐤌𐤄𐤀𐤔 𐤉𐤑𐤀𐤅 𐤅𐤄𐤀𐤔 𐤕𐤀𐤊𐤋𐤌 𐤅𐤉𐤃𐤏𐤕𐤌 𐤊𐤉
𐤀𐤍𐤉 𐤉𐤄𐤅𐤄 𐤁𐤔𐤅𐤌𐤉 𐤀𐤕 𐤐𐤍𐤉 𐤁𐤄𐤌•
𐤇 𐤅𐤍𐤕𐤕𐤉 𐤀𐤕 𐤄𐤀𐤓𐤑 𐤔𐤌𐤌𐤄 𐤉𐤏𐤍 𐤌𐤏𐤋𐤅 𐤌𐤏𐤋 𐤍𐤀𐤌 𐤀𐤃𐤍𐤉 𐤉𐤄𐤅𐤄•

𐤐𐤓𐤒 𐤈𐤆

𐤀 𐤅𐤉𐤄𐤉 𐤃𐤁𐤓 𐤉𐤄𐤅𐤄 𐤀𐤋𐤉 𐤋𐤀𐤌𐤓•
𐤁 𐤁𐤍 𐤀𐤃𐤌 𐤄𐤅𐤃𐤏 𐤀𐤕 𐤉𐤓𐤅𐤔𐤋𐤌 𐤀𐤕 𐤕𐤅𐤏𐤁𐤕𐤉𐤄•
𐤂 𐤅𐤀𐤌𐤓𐤕 𐤊𐤄 𐤀𐤌𐤓 𐤀𐤃𐤍𐤉 𐤉𐤄𐤅𐤄 𐤋𐤉𐤓𐤅𐤔𐤋𐤌 𐤌𐤊𐤓𐤕𐤉𐤊 𐤅𐤌𐤋𐤃𐤕𐤉𐤊
𐤌𐤀𐤓𐤑 𐤄𐤊𐤍𐤏𐤍𐤉 𐤀𐤁𐤉𐤊 𐤄𐤀𐤌𐤓𐤉 𐤅𐤀𐤌𐤊 𐤇𐤕𐤉𐤕•
𐤃 𐤅𐤌𐤅𐤋𐤃𐤅𐤕𐤉𐤊 𐤁𐤉𐤅𐤌 𐤄𐤅𐤋𐤃𐤕 𐤀𐤕𐤊 𐤋𐤀 𐤊𐤓𐤕 𐤔𐤓𐤊 𐤅𐤁𐤌𐤉𐤌 𐤋𐤀 𐤓𐤇𐤑𐤕
𐤋𐤌𐤔𐤏𐤉 𐤅𐤄𐤌𐤋𐤇 𐤋𐤀 𐤄𐤌𐤋𐤇𐤕 𐤅𐤄𐤇𐤕𐤋 𐤋𐤀 𐤇𐤕𐤋𐤕•
𐤄 𐤋𐤀 𐤇𐤎𐤄 𐤏𐤋𐤉𐤊 𐤏𐤉𐤍 𐤋𐤏𐤔𐤅𐤕 𐤋𐤊 𐤀𐤇𐤕 𐤌𐤀𐤋𐤄 𐤋𐤇𐤌𐤋𐤄 𐤏𐤋𐤉𐤊
𐤅𐤕𐤔𐤋𐤊𐤉 𐤀𐤋 𐤐𐤍𐤉 𐤄𐤔𐤃𐤄 𐤁𐤂𐤏𐤋 𐤍𐤐𐤔𐤊 𐤁𐤉𐤅𐤌 𐤄𐤋𐤃𐤕 𐤀𐤕𐤊•

יחזקאל

ו ואעבר עליך ואראך מתבוססת בדמיך ואמר לך בדמיך חיי
ואמר לך בדמיך חיי.
ז רבבה כצמח השדה נתתיך ותרבי ותגדלי ותבאי בעדי עדיים
שדים נכנו ושערך צמח ואת ערם ועריה.
ח ואעבר עליך ואראך והנה עתך עת דדים ואפרש כנפי עליך
ואכסה ערותך ואשבע לך ואבוא בברית אתך נאם אדני יהוה
ותהיי לי.
ט וארחצך במים ואשטף דמיך מעליך ואסכך בשמן.
י ואלבישך רקמה ואנעלך תחש ואחבשך בשש ואכסך משי.
יא ואעדך עדי ואתנה צמידים על ידיך ורביד על גרונך.
יב ואתן נזם על אפך ועגילים על אזניך ועטרת תפארת בראשך.
יג ותעדי זהב וכסף ומלבושך ששי [שש] ומשי ורקמה סלת
ודבש ושמן אכלתי [אכלת] ותיפי במאד מאד ותצלחי למלוכה.
יד ויצא לך שם בגוים ביפיך כי כליל הוא בהדרי אשר
שמתי עליך נאם אדני יהוה.
טו ותבטחי ביפיך ותזני על שמך ותשפכי את תזנותיך על כל
עובר לו יהי.
טז ותקחי מבגדיך ותעשי לך במות טלאות ותזני עליהם לא
באות ולא יהיה.
יז ותקחי כלי תפארתך מזהבי ומכספי אשר נתתי לך ותעשי
לך צלמי זכר ותזני בם.
יח ותקחי את בגדי רקמתך ותכסים ושמני וקטרתי נתתי [נתת]
לפניהם.
יט ולחמי אשר נתתי לך סלת ושמן ודבש האכלתיך ונתתיהו
לפניהם לריח ניחח ויהי נאם אדני יהוה.
כ ותקחי את בניך ואת בנותיך אשר ילדת לי ותזבחים להם
לאכול המעט מתזנותך [מתזנותיך].
כא ותשחטי את בני ותתנים בהעביר אותם להם.
כב ואת כל תועבתיך ותזנתיך לא זכרתי [זכרת] את ימי
נעוריך בהיותך ערם ועריה מתבוססת בדמך היית.
כג ויהי אחרי כל רעתך אוי אוי לך נאם אדני יהוה.
כד ותבני לך גב ותעשי לך רמה בכל רחוב.
כה אל כל ראש דרך בנית רמתך ותתעבי את יפיך ותפשקי את

𐤉𐤇𐤆𐤒𐤀𐤋

𐤓𐤂𐤋𐤉𐤊 𐤋𐤊𐤋 𐤏𐤅𐤁𐤓 𐤅𐤕𐤓𐤁𐤉 𐤀𐤕 𐤕𐤆𐤍𐤕𐤊 [𐤕𐤆𐤍𐤅𐤕𐤉𐤊]•
𐤊𐤅 𐤅𐤕𐤆𐤍𐤉 𐤀𐤋 𐤁𐤍𐤉 𐤌𐤑𐤓𐤉𐤌 𐤔𐤊𐤍𐤉𐤊 𐤂𐤃𐤋𐤉 𐤁𐤔𐤓 𐤅𐤕𐤓𐤁𐤉 𐤀𐤕 𐤕𐤆𐤍𐤕𐤊
𐤋𐤄𐤊𐤏𐤉𐤎𐤍𐤉•
𐤊𐤆 𐤅𐤄𐤍𐤄 𐤍𐤈𐤉𐤕𐤉 𐤉𐤃𐤉 𐤏𐤋𐤉𐤊 𐤅𐤀𐤂𐤓𐤏 𐤇𐤒𐤊 𐤅𐤀𐤕𐤍𐤊 𐤁𐤍𐤐𐤔 𐤔𐤍𐤀𐤅𐤕𐤉𐤊
𐤁𐤍𐤅𐤕 𐤐𐤋𐤔𐤕𐤉𐤌 𐤄𐤍𐤊𐤋𐤌𐤅𐤕 𐤌𐤃𐤓𐤊𐤊 𐤆𐤌𐤄•
𐤊𐤇 𐤅𐤕𐤆𐤍𐤉 𐤀𐤋 𐤁𐤍𐤉 𐤀𐤔𐤅𐤓 𐤌𐤁𐤋𐤕𐤉 𐤔𐤁𐤏𐤕𐤊 𐤅𐤕𐤆𐤍𐤉𐤌 𐤅𐤂𐤌 𐤋𐤀 𐤔𐤁𐤏𐤕•
𐤊𐤈 𐤅𐤕𐤓𐤁𐤉 𐤀𐤕 𐤕𐤆𐤍𐤅𐤕𐤊 𐤀𐤋 𐤀𐤓𐤑 𐤊𐤍𐤏𐤍 𐤊𐤔𐤃𐤉𐤌𐤄 𐤅𐤂𐤌 𐤁𐤆𐤀𐤕 𐤋𐤀
𐤔𐤁𐤏𐤕•
𐤋 𐤌𐤄 𐤀𐤌𐤋𐤄 𐤋𐤁𐤕𐤊 𐤍𐤀𐤌 𐤀𐤃𐤍𐤉 𐤉𐤄𐤅𐤄 𐤁𐤏𐤔𐤅𐤕𐤊 𐤀𐤕 𐤊𐤋 𐤀𐤋𐤄 𐤌𐤏𐤔𐤄
𐤀𐤔𐤄 𐤆𐤅𐤍𐤄 𐤔𐤋𐤈𐤕•
𐤋𐤀 𐤁𐤁𐤍𐤅𐤕𐤉𐤊 𐤂𐤁𐤊 𐤁𐤓𐤀𐤔 𐤊𐤋 𐤃𐤓𐤊 𐤅𐤓𐤌𐤕𐤊 𐤏𐤔𐤉𐤕𐤉 [𐤏𐤔𐤉𐤕] 𐤁𐤊𐤋 𐤓𐤇𐤅𐤁
𐤅𐤋𐤀 𐤄𐤉𐤉𐤕𐤉 [𐤄𐤉𐤉𐤕] 𐤊𐤆𐤅𐤍𐤄 𐤋𐤒𐤋𐤎 𐤀𐤕𐤍𐤍•
𐤋𐤁 𐤄𐤀𐤔𐤄 𐤄𐤌𐤍𐤀𐤐𐤕 𐤕𐤇𐤕 𐤀𐤉𐤔𐤄 𐤕𐤒𐤇 𐤀𐤕 𐤆𐤓𐤉𐤌•
𐤋𐤂 𐤋𐤊𐤋 𐤆𐤍𐤅𐤕 𐤉𐤕𐤍𐤅 𐤍𐤃𐤄 𐤅𐤀𐤕 𐤍𐤕𐤕 𐤀𐤕 𐤍𐤃𐤍𐤉𐤊 𐤋𐤊𐤋 𐤌𐤀𐤄𐤁𐤉𐤊
𐤅𐤕𐤔𐤇𐤃𐤉 𐤀𐤅𐤕𐤌 𐤋𐤁𐤅𐤀 𐤀𐤋𐤉𐤊 𐤌𐤎𐤁𐤉𐤁 𐤁𐤕𐤆𐤍𐤅𐤕𐤉𐤊•
𐤋𐤃 𐤅𐤉𐤄𐤉 𐤁𐤊 𐤄𐤐𐤊 𐤌𐤍 𐤄𐤍𐤔𐤉𐤌 𐤁𐤕𐤆𐤍𐤅𐤕𐤉𐤊 𐤅𐤀𐤇𐤓𐤉𐤊 𐤋𐤀 𐤆𐤅𐤍𐤄
𐤅𐤁𐤕𐤕𐤊 𐤀𐤕𐤍𐤍 𐤅𐤀𐤕𐤍𐤍 𐤋𐤀 𐤍𐤕𐤍 𐤋𐤊 𐤅𐤕𐤄𐤉 𐤋𐤄𐤐𐤊•
𐤋𐤄 𐤋𐤊𐤍 𐤆𐤅𐤍𐤄 𐤔𐤌𐤏𐤉 𐤃𐤁𐤓 𐤉𐤄𐤅𐤄•
𐤋𐤅 𐤊𐤄 𐤀𐤌𐤓 𐤀𐤃𐤍𐤉 𐤉𐤄𐤅𐤄 𐤉𐤏𐤍 𐤄𐤔𐤐𐤊 𐤍𐤇𐤔𐤕𐤊 𐤅𐤕𐤂𐤋𐤄 𐤏𐤓𐤅𐤕𐤊
𐤁𐤕𐤆𐤍𐤅𐤕𐤉𐤊 𐤏𐤋 𐤌𐤀𐤄𐤁𐤉𐤊 𐤅𐤏𐤋 𐤊𐤋 𐤂𐤋𐤅𐤋𐤉 𐤕𐤅𐤏𐤁𐤅𐤕𐤉𐤊 𐤅𐤊𐤃𐤌𐤉 𐤁𐤍𐤉𐤊
𐤀𐤔𐤓 𐤍𐤕𐤕 𐤋𐤄𐤌•
𐤋𐤆 𐤋𐤊𐤍 𐤄𐤍𐤍𐤉 𐤌𐤒𐤁𐤑 𐤀𐤕 𐤊𐤋 𐤌𐤀𐤄𐤁𐤉𐤊 𐤀𐤔𐤓 𐤏𐤓𐤁𐤕 𐤏𐤋𐤉𐤄𐤌 𐤅𐤀𐤕 𐤊𐤋
𐤀𐤔𐤓 𐤀𐤄𐤁𐤕 𐤏𐤋 𐤊𐤋 𐤀𐤔𐤓 𐤔𐤍𐤀𐤕 𐤅𐤒𐤁𐤑𐤕𐤉 𐤀𐤕𐤌 𐤏𐤋𐤉𐤊 𐤌𐤎𐤁𐤉𐤁 𐤅𐤂𐤋𐤉𐤕𐤉
𐤏𐤓𐤅𐤕𐤊 𐤀𐤋𐤄𐤌 𐤅𐤓𐤀𐤅 𐤀𐤕 𐤊𐤋 𐤏𐤓𐤅𐤕𐤊•
𐤋𐤇 𐤅𐤔𐤐𐤈𐤕𐤉𐤊 𐤌𐤔𐤐𐤈𐤉 𐤍𐤀𐤐𐤅𐤕 𐤅𐤔𐤐𐤊𐤕 𐤃𐤌 𐤅𐤍𐤕𐤕𐤉𐤊 𐤃𐤌 𐤇𐤌𐤄 𐤅𐤒𐤍𐤀𐤄•
𐤋𐤈 𐤅𐤍𐤕𐤕𐤉 𐤀𐤅𐤕𐤊 𐤁𐤉𐤃𐤌 𐤅𐤄𐤓𐤎𐤅 𐤂𐤁𐤊 𐤅𐤍𐤕𐤑𐤅 𐤓𐤌𐤕𐤉𐤊 𐤅𐤄𐤐𐤔𐤉𐤈𐤅
𐤀𐤅𐤕𐤊 𐤁𐤂𐤃𐤉𐤊 𐤅𐤋𐤒𐤇𐤅 𐤊𐤋𐤉 𐤕𐤐𐤀𐤓𐤕𐤊 𐤅𐤄𐤍𐤉𐤇𐤅𐤊 𐤏𐤉𐤓𐤌 𐤅𐤏𐤓𐤉𐤄•
𐤌 𐤅𐤄𐤏𐤋𐤅 𐤏𐤋𐤉𐤊 𐤒𐤄𐤋 𐤅𐤓𐤂𐤌𐤅 𐤀𐤅𐤕𐤊 𐤁𐤀𐤁𐤍 𐤅𐤁𐤕𐤒𐤅𐤊 𐤁𐤇𐤓𐤁𐤅𐤕𐤌•
𐤌𐤀 𐤅𐤔𐤓𐤐𐤅 𐤁𐤕𐤉𐤊 𐤁𐤀𐤔 𐤅𐤏𐤔𐤅 𐤁𐤊 𐤔𐤐𐤈𐤉𐤌 𐤋𐤏𐤉𐤍𐤉 𐤍𐤔𐤉𐤌 𐤓𐤁𐤅𐤕
𐤅𐤄𐤔𐤁𐤕𐤉𐤊 𐤌𐤆𐤅𐤍𐤄 𐤅𐤂𐤌 𐤀𐤕𐤍𐤍 𐤋𐤀 𐤕𐤕𐤍𐤉 𐤏𐤅𐤃•
𐤌𐤁 𐤅𐤄𐤍𐤇𐤕𐤉 𐤇𐤌𐤕𐤉 𐤁𐤊 𐤅𐤎𐤓𐤄 𐤒𐤍𐤀𐤕𐤉 𐤌𐤌𐤊 𐤅𐤔𐤒𐤈𐤕𐤉 𐤅𐤋𐤀 𐤀𐤊𐤏𐤎 𐤏𐤅𐤃•
𐤌𐤂 𐤉𐤏𐤍 𐤀𐤔𐤓 𐤋𐤀 𐤆𐤊𐤓𐤕𐤉 [𐤆𐤊𐤓𐤕] 𐤀𐤕 𐤉𐤌𐤉 𐤍𐤏𐤅𐤓𐤉𐤊 𐤅𐤕𐤓𐤂𐤆𐤉 𐤋𐤉 𐤁𐤊𐤋
𐤀𐤋𐤄 𐤅𐤂𐤌 𐤀𐤍𐤉 𐤄𐤀 𐤃𐤓𐤊𐤊 𐤁𐤓𐤀𐤔 𐤍𐤕𐤕𐤉 𐤍𐤀𐤌 𐤀𐤃𐤍𐤉 𐤉𐤄𐤅𐤄 𐤅𐤋𐤀

עשיתי [עשית] את הזמה על כל תועבתיך•
מד הנה כל המשל עליך ימשל לאמר כאמה בתה•
מה בת אמך את געלת אישה ובניה ואחות אחותך את אשר געלו
אנשיהן ובניהן אמכן חתית ואביכן אמרי•
מו ואחותך הגדולה שמרון היא ובנותיה היושבת על שמאולך
ואחותך הקטנה ממך היושבת מימינך סדם ובנותיה•
מז ולא בדרכיהן הלכת וכתועבותיהן עשיתי [עשית] כמעט קט
ותשחתי מהן בכל דרכיך•
מח חי אני נאם אדני יהוה אם עשתה סדם אחותך היא
ובנותיה כאשר עשית את ובנותיך•
מט הנה זה היה עון סדם אחותך גאון שבעת לחם ושלות השקט
היה לה ולבנותיה ויד עני ואביון לא החזיקה•
נ ותגבהינה ותעשינה תועבה לפני ואסיר אתהן כאשר ראיתי•
נא ושמרון כחצי חטאתיך לא חטאה ותרבי את תועבותיך מהנה
ותצדקי את אחותך [אחותיך] בכל תועבותיך אשר עשיתי
[עשית]•
נב גם את שאי כלמתך אשר פללת לאחותך בחטאתיך אשר התעבת
מהן תצדקנה ממך וגם את בושי ושאי כלמתך בצדקתך
אחיותך•
נג ושבתי את שביתהן את שבית [שבות] סדם ובנותיה ואת
שבית [שבות] שמרון ובנותיה ושבית [ושבות] שביתיך
בתוכהנה•
נד למען תשאי כלמתך ונכלמת מכל אשר עשית בנחמך אתן•
נה ואחותיך סדם ובנותיה תשבן לקדמתן ושמרון ובנותיה
תשבן לקדמתן ואת ובנותיך תשבינה לקדמתכן•
נו ולוא היתה סדם אחותך לשמועה בפיך ביום גאוניך•
נז בטרם תגלה רעתך כמו עת חרפת בנות ארם וכל סביבותיה
בנות פלשתים השאטות אותך מסביב•
נח את זמתך ואת תועבותיך את נשאתים נאם יהוה•
נט כי כה אמר אדני יהוה ועשית [ועשיתי] אותך כאשר עשית
אשר בזית אלה להפר ברית•
ס וזכרתי אני את בריתי אותך בימי נעוריך והקמותי לך
ברית עולם•

𐤉𐤇𐤆𐤒𐤀𐤋

𐤎𐤀 𐤅𐤆𐤊𐤓𐤕 𐤀𐤕 𐤃𐤓𐤊𐤉𐤊 𐤅𐤍𐤊𐤋𐤌𐤕 𐤁𐤒𐤇𐤕𐤊 𐤀𐤕 𐤀𐤇𐤅𐤕𐤉𐤊 𐤄𐤂𐤃𐤋𐤅𐤕 𐤌𐤌𐤊
𐤀𐤋 𐤄𐤒𐤈𐤍𐤅𐤕 𐤌𐤌𐤊 𐤅𐤍𐤕𐤕𐤉 𐤀𐤕𐤄𐤍 𐤋𐤊 𐤋𐤁𐤍𐤅𐤕 𐤅𐤋𐤀 𐤌𐤁𐤓𐤉𐤕𐤊•
𐤎𐤁 𐤅𐤄𐤒𐤉𐤌𐤅𐤕𐤉 𐤀𐤍𐤉 𐤀𐤕 𐤁𐤓𐤉𐤕𐤉 𐤀𐤕𐤊 𐤅𐤉𐤃𐤏𐤕 𐤊𐤉 𐤀𐤍𐤉 𐤉𐤄𐤅𐤄•
𐤎𐤂 𐤋𐤌𐤏𐤍 𐤕𐤆𐤊𐤓𐤉 𐤅𐤁𐤔𐤕 𐤅𐤋𐤀 𐤉𐤄𐤉𐤄 𐤋𐤊 𐤏𐤅𐤃 𐤐𐤕𐤇𐤅𐤍 𐤐𐤄 𐤌𐤐𐤍𐤉
𐤊𐤋𐤌𐤕𐤊 𐤁𐤊𐤐𐤓𐤉 𐤋𐤊 𐤋𐤊𐤋 𐤀𐤔𐤓 𐤏𐤔𐤉𐤕 𐤍𐤀𐤌 𐤀𐤃𐤍𐤉 𐤉𐤄𐤅𐤄•

𐤐𐤓𐤒 𐤉𐤆

𐤀 𐤅𐤉𐤄𐤉 𐤃𐤁𐤓 𐤉𐤄𐤅𐤄 𐤀𐤋𐤉 𐤋𐤀𐤌𐤓•
𐤁 𐤁𐤍 𐤀𐤃𐤌 𐤇𐤅𐤃 𐤇𐤉𐤃𐤄 𐤅𐤌𐤔𐤋 𐤌𐤔𐤋 𐤀𐤋 𐤁𐤉𐤕 𐤉𐤔𐤓𐤀𐤋•
𐤂 𐤅𐤀𐤌𐤓𐤕 𐤊𐤄 𐤀𐤌𐤓 𐤀𐤃𐤍𐤉 𐤉𐤄𐤅𐤄 𐤄𐤍𐤔𐤓 𐤄𐤂𐤃𐤅𐤋 𐤂𐤃𐤅𐤋 𐤄𐤊𐤍𐤐𐤉𐤌 𐤀𐤓𐤊
𐤄𐤀𐤁𐤓 𐤌𐤋𐤀 𐤄𐤍𐤅𐤑𐤄 𐤀𐤔𐤓 𐤋𐤅 𐤄𐤓𐤒𐤌𐤄 𐤁𐤀 𐤀𐤋 𐤄𐤋𐤁𐤍𐤅𐤍 𐤅𐤉𐤒𐤇 𐤀𐤕 𐤑𐤌𐤓𐤕
𐤄𐤀𐤓𐤆•
𐤃 𐤀𐤕 𐤓𐤀𐤔 𐤉𐤍𐤉𐤒𐤅𐤕𐤉𐤅 𐤒𐤈𐤐 𐤅𐤉𐤁𐤉𐤀𐤄𐤅 𐤀𐤋 𐤀𐤓𐤑 𐤊𐤍𐤏𐤍 𐤁𐤏𐤉𐤓 𐤓𐤊𐤋𐤉𐤌
𐤔𐤌𐤅•
𐤄 𐤅𐤉𐤒𐤇 𐤌𐤆𐤓𐤏 𐤄𐤀𐤓𐤑 𐤅𐤉𐤕𐤍𐤄𐤅 𐤁𐤔𐤃𐤄 𐤆𐤓𐤏 𐤒𐤇 𐤏𐤋 𐤌𐤉𐤌 𐤓𐤁𐤉𐤌 𐤑𐤐𐤑𐤐𐤄
𐤔𐤌𐤅•
𐤅 𐤅𐤉𐤑𐤌𐤇 𐤅𐤉𐤄𐤉 𐤋𐤂𐤐𐤍 𐤎𐤓𐤇𐤕 𐤔𐤐𐤋𐤕 𐤒𐤅𐤌𐤄 𐤋𐤐𐤍𐤅𐤕 𐤃𐤋𐤉𐤅𐤕𐤉𐤅 𐤀𐤋𐤉𐤅
𐤅𐤔𐤓𐤔𐤉𐤅 𐤕𐤇𐤕𐤉𐤅 𐤉𐤄𐤉𐤅 𐤅𐤕𐤄𐤉 𐤋𐤂𐤐𐤍 𐤅𐤕𐤏𐤔 𐤁𐤃𐤉𐤌 𐤅𐤕𐤔𐤋𐤇 𐤐𐤀𐤓𐤅𐤕•
𐤆 𐤅𐤉𐤄𐤉 𐤍𐤔𐤓 𐤀𐤇𐤃 𐤂𐤃𐤅𐤋 𐤂𐤃𐤅𐤋 𐤊𐤍𐤐𐤉𐤌 𐤅𐤓𐤁 𐤍𐤅𐤑𐤄 𐤅𐤄𐤍𐤄 𐤄𐤂𐤐𐤍 𐤄𐤆𐤀𐤕
𐤊𐤐𐤍𐤄 𐤔𐤓𐤔𐤉𐤄 𐤏𐤋𐤉𐤅 𐤅𐤃𐤋𐤉𐤅𐤕𐤉𐤅 𐤔𐤋𐤇𐤄 𐤋𐤅 𐤋𐤄𐤔𐤒𐤅𐤕 𐤀𐤅𐤕𐤄 𐤌𐤏𐤓𐤂𐤅𐤕
𐤌𐤈𐤏𐤄•
𐤇 𐤀𐤋 𐤔𐤃𐤄 𐤈𐤅𐤁 𐤀𐤋 𐤌𐤉𐤌 𐤓𐤁𐤉𐤌 𐤄𐤉𐤀 𐤔𐤕𐤅𐤋𐤄 𐤋𐤏𐤔𐤅𐤕 𐤏𐤍𐤐 𐤅𐤋𐤔𐤀𐤕
𐤐𐤓𐤉 𐤋𐤄𐤉𐤅𐤕 𐤋𐤂𐤐𐤍 𐤀𐤃𐤓𐤕•
𐤈 𐤀𐤌𐤓 𐤊𐤄 𐤀𐤌𐤓 𐤀𐤃𐤍𐤉 𐤉𐤄𐤅𐤄 𐤕𐤑𐤋𐤇 𐤄𐤋𐤅𐤀 𐤀𐤕 𐤔𐤓𐤔𐤉𐤄 𐤉𐤍𐤕𐤒 𐤅𐤀𐤕
𐤐𐤓𐤉𐤄 𐤉𐤒𐤅𐤎𐤎 𐤅𐤉𐤁𐤔 𐤊𐤋 𐤈𐤓𐤐𐤉 𐤑𐤌𐤇𐤄 𐤕𐤉𐤁𐤔 𐤅𐤋𐤀 𐤁𐤆𐤓𐤅𐤏 𐤂𐤃𐤅𐤋𐤄
𐤅𐤁𐤏𐤌 𐤓𐤁 𐤋𐤌𐤔𐤀𐤅𐤕 𐤀𐤅𐤕𐤄 𐤌𐤔𐤓𐤔𐤉𐤄•
𐤉 𐤅𐤄𐤍𐤄 𐤔𐤕𐤅𐤋𐤄 𐤄𐤕𐤑𐤋𐤇 𐤄𐤋𐤅𐤀 𐤊𐤂𐤏𐤕 𐤁𐤄 𐤓𐤅𐤇 𐤄𐤒𐤃𐤉𐤌 𐤕𐤉𐤁𐤔 𐤉𐤁𐤔
𐤏𐤋 𐤏𐤓𐤂𐤕 𐤑𐤌𐤇𐤄 𐤕𐤉𐤁𐤔•
𐤉𐤀 𐤅𐤉𐤄𐤉 𐤃𐤁𐤓 𐤉𐤄𐤅𐤄 𐤀𐤋𐤉 𐤋𐤀𐤌𐤓•
𐤉𐤁 𐤀𐤌𐤓 𐤍𐤀 𐤋𐤁𐤉𐤕 𐤄𐤌𐤓𐤉 𐤄𐤃𐤏𐤕𐤌 𐤌𐤄 𐤀𐤋𐤄 𐤀𐤌𐤓 𐤄𐤍𐤄 𐤁𐤀 𐤌𐤋𐤊
𐤁𐤁𐤋 𐤉𐤓𐤅𐤔𐤋𐤌 𐤅𐤉𐤒𐤇 𐤀𐤕 𐤌𐤋𐤊𐤄 𐤅𐤀𐤕 𐤔𐤓𐤉𐤄 𐤅𐤉𐤁𐤀 𐤀𐤅𐤕𐤌 𐤀𐤋𐤉𐤅 𐤁𐤁𐤋𐤄•
𐤉𐤂 𐤅𐤉𐤒𐤇 𐤌𐤆𐤓𐤏 𐤄𐤌𐤋𐤅𐤊𐤄 𐤅𐤉𐤊𐤓𐤕 𐤀𐤕𐤅 𐤁𐤓𐤉𐤕 𐤅𐤉𐤁𐤀 𐤀𐤕𐤅 𐤁𐤀𐤋𐤄 𐤅𐤀𐤕
𐤀𐤉𐤋𐤉 𐤄𐤀𐤓𐤑 𐤋𐤒𐤇•

𐤉𐤇𐤆𐤒𐤀𐤋

𐤉𐤃 𐤋𐤄𐤉𐤅𐤕 𐤌𐤌𐤋𐤊𐤄 𐤔𐤐𐤋𐤄 𐤋𐤁𐤋𐤕𐤉 𐤄𐤕𐤍𐤔𐤀 𐤋𐤔𐤌𐤓 𐤀𐤕 𐤁𐤓𐤉𐤕𐤅
𐤋𐤏𐤌𐤃𐤄.
𐤈𐤅𐤅𐤉𐤌𐤓𐤃 𐤁𐤅 𐤋𐤔𐤋𐤇 𐤌𐤋𐤀𐤊𐤉𐤅 𐤌𐤑𐤓𐤉𐤌 𐤋𐤕𐤕 𐤋𐤅 𐤎𐤅𐤎𐤉𐤌 𐤅𐤏𐤌 𐤓𐤁
𐤄𐤉𐤑𐤋𐤇 𐤄𐤉𐤌𐤋𐤈 𐤄𐤏𐤔𐤄 𐤀𐤋𐤄 𐤅𐤄𐤐𐤓 𐤁𐤓𐤉𐤕 𐤅𐤍𐤌𐤋𐤈.
𐤈𐤆 𐤇𐤉 𐤀𐤍𐤉 𐤍𐤀𐤌 𐤀𐤃𐤍𐤉 𐤉𐤄𐤅𐤄 𐤀𐤌 𐤋𐤀 𐤁𐤌𐤒𐤅𐤌 𐤄𐤌𐤋𐤊 𐤄𐤌𐤌𐤋𐤉𐤊 𐤀𐤕𐤅
𐤀𐤔𐤓 𐤁𐤆𐤄 𐤀𐤕 𐤀𐤋𐤕𐤅 𐤅𐤀𐤔𐤓 𐤄𐤐𐤓 𐤀𐤕 𐤁𐤓𐤉𐤕𐤅 𐤀𐤕𐤅 𐤁𐤕𐤅𐤊 𐤁𐤁𐤋 𐤉𐤌𐤅𐤕.
𐤉𐤆 𐤅𐤋𐤀 𐤁𐤇𐤉𐤋 𐤂𐤃𐤅𐤋 𐤅𐤁𐤒𐤄𐤋 𐤓𐤁 𐤉𐤏𐤔𐤄 𐤀𐤅𐤕𐤅 𐤐𐤓𐤏𐤄 𐤁𐤌𐤋𐤇𐤌𐤄 𐤁𐤔𐤐𐤊
𐤎𐤋𐤋𐤄 𐤅𐤁𐤁𐤍𐤅𐤕 𐤃𐤉𐤒 𐤋𐤄𐤊𐤓𐤉𐤕 𐤍𐤐𐤔𐤅𐤕 𐤓𐤁𐤅𐤕.
𐤉𐤇𐤅𐤁𐤆𐤄 𐤀𐤋𐤄 𐤋𐤄𐤐𐤓 𐤁𐤓𐤉𐤕 𐤅𐤄𐤍𐤄 𐤍𐤕𐤍 𐤉𐤃𐤅 𐤅𐤊𐤋 𐤀𐤋𐤄 𐤏𐤔𐤄 𐤋𐤀
𐤉𐤌𐤋𐤈.
𐤉𐤈 𐤋𐤊𐤍 𐤊𐤄 𐤀𐤌𐤓 𐤀𐤃𐤍𐤉 𐤉𐤄𐤅𐤄 𐤇𐤉 𐤀𐤍𐤉 𐤀𐤌 𐤋𐤀 𐤀𐤋𐤕𐤉 𐤀𐤔𐤓 𐤁𐤆𐤄
𐤅𐤁𐤓𐤉𐤕𐤉 𐤀𐤔𐤓 𐤄𐤐𐤉𐤓 𐤅𐤍𐤕𐤕𐤉𐤅 𐤁𐤓𐤀𐤔𐤅.
𐤊 𐤅𐤐𐤓𐤔𐤕𐤉 𐤏𐤋𐤉𐤅 𐤓𐤔𐤕𐤉 𐤅𐤍𐤕𐤐𐤔 𐤁𐤌𐤑𐤅𐤃𐤕𐤉 𐤅𐤄𐤁𐤉𐤀𐤅𐤕𐤉𐤄𐤅 𐤁𐤁𐤋𐤄
𐤅𐤍𐤔𐤐𐤈𐤕𐤉 𐤀𐤕𐤅 𐤔𐤌 𐤌𐤏𐤋𐤅 𐤀𐤔𐤓 𐤌𐤏𐤋 𐤁𐤉.
𐤊𐤀 𐤅𐤀𐤕 𐤊𐤋 𐤌𐤁𐤓𐤇𐤅 [𐤌𐤁𐤓𐤉𐤇𐤉𐤅] 𐤁𐤊𐤋 𐤀𐤂𐤐𐤉𐤅 𐤁𐤇𐤓𐤁 𐤉𐤐𐤋𐤅 𐤅𐤄𐤍𐤔𐤀𐤓𐤉𐤌
𐤋𐤊𐤋 𐤓𐤅𐤇 𐤉𐤐𐤓𐤔𐤅 𐤅𐤉𐤃𐤏𐤕𐤌 𐤊𐤉 𐤀𐤍𐤉 𐤉𐤄𐤅𐤄 𐤃𐤁𐤓𐤕𐤉.
𐤊𐤁 𐤊𐤄 𐤀𐤌𐤓 𐤀𐤃𐤍𐤉 𐤉𐤄𐤅𐤄 𐤅𐤋𐤒𐤇𐤕𐤉 𐤀𐤍𐤉 𐤌𐤑𐤌𐤓𐤕 𐤄𐤀𐤓𐤆 𐤄𐤓𐤌𐤄
𐤅𐤍𐤕𐤕𐤉 𐤌𐤓𐤀𐤔 𐤉𐤍𐤒𐤅𐤕𐤉𐤅 𐤓𐤊 𐤀𐤒𐤈𐤐 𐤅𐤔𐤕𐤋𐤕𐤉 𐤀𐤍𐤉 𐤏𐤋 𐤄𐤓 𐤂𐤁𐤄 𐤅𐤕𐤋𐤅𐤋.
𐤊𐤂 𐤁𐤄𐤓 𐤌𐤓𐤅𐤌 𐤉𐤔𐤓𐤀𐤋 𐤀𐤔𐤕𐤋𐤍𐤅 𐤅𐤍𐤔𐤀 𐤏𐤍𐤐 𐤅𐤏𐤔𐤄 𐤐𐤓𐤉 𐤅𐤄𐤉𐤄
𐤋𐤀𐤓𐤆 𐤀𐤃𐤉𐤓 𐤅𐤔𐤊𐤍𐤅 𐤕𐤇𐤕𐤉𐤅 𐤊𐤋 𐤑𐤐𐤅𐤓 𐤊𐤋 𐤊𐤍𐤐 𐤁𐤑𐤋 𐤃𐤋𐤉𐤅𐤕𐤉𐤅
𐤕𐤔𐤊𐤍𐤄.
𐤊𐤃 𐤅𐤉𐤃𐤏𐤅 𐤊𐤋 𐤏𐤑𐤉 𐤄𐤔𐤃𐤄 𐤊𐤉 𐤀𐤍𐤉 𐤉𐤄𐤅𐤄 𐤄𐤔𐤐𐤋𐤕𐤉 𐤏𐤑 𐤂𐤁𐤄
𐤄𐤂𐤁𐤄𐤕𐤉 𐤏𐤑 𐤔𐤐𐤋 𐤄𐤅𐤁𐤔𐤕𐤉 𐤏𐤑 𐤋𐤇 𐤅𐤄𐤐𐤓𐤇𐤕𐤉 𐤏𐤑 𐤉𐤁𐤔 𐤀𐤍𐤉 𐤉𐤄𐤅𐤄
𐤃𐤁𐤓𐤕𐤉 𐤅𐤏𐤔𐤉𐤕𐤉.

𐤐𐤓𐤒 𐤉𐤇

𐤅𐤉𐤄𐤉 𐤃𐤁𐤓 𐤉𐤄𐤅𐤄 𐤀𐤋𐤉 𐤋𐤀𐤌𐤓.
𐤁 𐤌𐤄 𐤋𐤊𐤌 𐤀𐤕𐤌 𐤌𐤔𐤋𐤉𐤌 𐤀𐤕 𐤄𐤌𐤔𐤋 𐤄𐤆𐤄 𐤏𐤋 𐤀𐤃𐤌𐤕 𐤉𐤔𐤓𐤀𐤋 𐤋𐤀𐤌𐤓
𐤀𐤁𐤅𐤕 𐤉𐤀𐤊𐤋𐤅 𐤁𐤎𐤓 𐤅𐤔𐤍𐤉 𐤄𐤁𐤍𐤉𐤌 𐤕𐤒𐤄𐤉𐤍𐤄.
𐤂 𐤇𐤉 𐤀𐤍𐤉 𐤍𐤀𐤌 𐤀𐤃𐤍𐤉 𐤉𐤄𐤅𐤄 𐤀𐤌 𐤉𐤄𐤉𐤄 𐤋𐤊𐤌 𐤏𐤅𐤃 𐤌𐤔𐤋 𐤄𐤌𐤔𐤋 𐤄𐤆𐤄
𐤁𐤉𐤔𐤓𐤀𐤋.
𐤃 𐤄𐤍 𐤊𐤋 𐤄𐤍𐤐𐤔𐤅𐤕 𐤋𐤉 𐤄𐤍𐤄 𐤊𐤍𐤐𐤔 𐤄𐤀𐤁 𐤅𐤊𐤍𐤐𐤔 𐤄𐤁𐤍 𐤋𐤉 𐤄𐤍𐤄
𐤄𐤍𐤐𐤔 𐤄𐤇𐤈𐤀𐤕 𐤄𐤉𐤀 𐤕𐤌𐤅𐤕.
𐤄𐤅𐤀𐤉𐤔 𐤊𐤉 𐤉𐤄𐤉𐤄 𐤑𐤃𐤉𐤒 𐤅𐤏𐤔𐤄 𐤌𐤔𐤐𐤈 𐤅𐤑𐤃𐤒𐤄.

𐤅𐤀𐤋 𐤄𐤄𐤓𐤉𐤌 𐤋𐤀 𐤀𐤊𐤋 𐤅𐤏𐤉𐤍𐤉𐤅 𐤋𐤀 𐤍𐤔𐤀 𐤀𐤋 𐤂𐤋𐤅𐤋𐤉 𐤁𐤉𐤕 𐤉𐤔𐤓𐤀𐤋 𐤅𐤀𐤕 𐤀𐤔𐤕 𐤓𐤏𐤄𐤅 𐤋𐤀 𐤈𐤌𐤀 𐤅𐤀𐤋 𐤀𐤔𐤄 𐤍𐤃𐤄 𐤋𐤀 𐤉𐤒𐤓𐤁.

𐤆𐤅𐤀𐤉𐤔 𐤋𐤀 𐤉𐤅𐤍𐤄 𐤇𐤁𐤋𐤕𐤅 𐤇𐤅𐤁 𐤉𐤔𐤉𐤁 𐤂𐤆𐤋𐤄 𐤋𐤀 𐤉𐤂𐤆𐤋 𐤋𐤇𐤌𐤅 𐤋𐤓𐤏𐤁 𐤉𐤕𐤍 𐤅𐤏𐤉𐤓𐤌 𐤉𐤊𐤎𐤄 𐤁𐤂𐤃.

𐤇𐤁𐤍𐤔𐤊 𐤋𐤀 𐤉𐤕𐤍 𐤅𐤕𐤓𐤁𐤉𐤕 𐤋𐤀 𐤉𐤒𐤇 𐤌𐤏𐤅𐤋 𐤉𐤔𐤉𐤁 𐤉𐤃𐤅 𐤌𐤔𐤐𐤈 𐤀𐤌𐤕 𐤉𐤏𐤔𐤄 𐤁𐤉𐤍 𐤀𐤉𐤔 𐤋𐤀𐤉𐤔.

𐤈𐤁𐤇𐤒𐤅𐤕𐤉 𐤉𐤄𐤋𐤊 𐤅𐤌𐤔𐤐𐤈𐤉 𐤔𐤌𐤓 𐤋𐤏𐤔𐤅𐤕 𐤀𐤌𐤕 𐤑𐤃𐤉𐤒 𐤄𐤅𐤀 𐤇𐤉𐤄 𐤉𐤇𐤉𐤄 𐤍𐤀𐤌 𐤀𐤃𐤍𐤉 𐤉𐤄𐤅𐤄.

𐤉𐤅𐤄𐤅𐤋𐤉𐤃 𐤁𐤍 𐤐𐤓𐤉𐤑 𐤔𐤐𐤊 𐤃𐤌 𐤅𐤏𐤔𐤄 𐤀𐤇 𐤌𐤀𐤇𐤃 𐤌𐤀𐤋𐤄.

𐤉𐤀𐤅𐤄𐤅𐤀 𐤀𐤕 𐤊𐤋 𐤀𐤋𐤄 𐤋𐤀 𐤏𐤔𐤄 𐤊𐤉 𐤂𐤌 𐤀𐤋 𐤄𐤄𐤓𐤉𐤌 𐤀𐤊𐤋 𐤅𐤀𐤕 𐤀𐤔𐤕 𐤓𐤏𐤄𐤅 𐤈𐤌𐤀.

𐤉𐤁𐤏𐤍𐤉 𐤅𐤀𐤁𐤉𐤅𐤍 𐤄𐤅𐤍𐤄 𐤂𐤆𐤋𐤅𐤕 𐤂𐤆𐤋 𐤇𐤁𐤋 𐤋𐤀 𐤉𐤔𐤉𐤁 𐤅𐤀𐤋 𐤄𐤂𐤋𐤅𐤋𐤉𐤌 𐤍𐤔𐤀 𐤏𐤉𐤍𐤉𐤅 𐤕𐤅𐤏𐤁𐤄 𐤏𐤔𐤄.

𐤉𐤂𐤁𐤍𐤔𐤊 𐤍𐤕𐤍 𐤅𐤕𐤓𐤁𐤉𐤕 𐤋𐤒𐤇 𐤅𐤇𐤉 𐤋𐤀 𐤉𐤇𐤉𐤄 𐤀𐤕 𐤊𐤋 𐤄𐤕𐤅𐤏𐤁𐤅𐤕 𐤄𐤀𐤋𐤄 𐤏𐤔𐤄 𐤌𐤅𐤕 𐤉𐤅𐤌𐤕 𐤃𐤌𐤉𐤅 𐤁𐤅 𐤉𐤄𐤉𐤄.

𐤉𐤃𐤅𐤄𐤍𐤄 𐤄𐤅𐤋𐤉𐤃 𐤁𐤍 𐤅𐤉𐤓𐤀 𐤀𐤕 𐤊𐤋 𐤇𐤈𐤀𐤕 𐤀𐤁𐤉𐤅 𐤀𐤔𐤓 𐤏𐤔𐤄 𐤅𐤉𐤓𐤀 [𐤅𐤉𐤓𐤀𐤄] 𐤅𐤋𐤀 𐤉𐤏𐤔𐤄 𐤊𐤄𐤍.

𐤈𐤅𐤏𐤋 𐤄𐤄𐤓𐤉𐤌 𐤋𐤀 𐤀𐤊𐤋 𐤅𐤏𐤉𐤍𐤉𐤅 𐤋𐤀 𐤍𐤔𐤀 𐤀𐤋 𐤂𐤋𐤅𐤋𐤉 𐤁𐤉𐤕 𐤉𐤔𐤓𐤀𐤋 𐤀𐤕 𐤀𐤔𐤕 𐤓𐤏𐤄𐤅 𐤋𐤀 𐤈𐤌𐤀.

𐤈𐤆𐤅𐤀𐤉𐤔 𐤋𐤀 𐤄𐤅𐤍𐤄 𐤇𐤁𐤋 𐤋𐤀 𐤇𐤁𐤋 𐤅𐤂𐤆𐤋𐤄 𐤋𐤀 𐤂𐤆𐤋 𐤋𐤇𐤌𐤅 𐤋𐤓𐤏𐤁 𐤍𐤕𐤍 𐤅𐤏𐤉𐤓𐤅𐤌 𐤊𐤎𐤄 𐤁𐤂𐤃.

𐤉𐤆𐤌𐤏𐤍𐤉 𐤄𐤔𐤉𐤁 𐤉𐤃𐤅 𐤍𐤔𐤊 𐤅𐤕𐤓𐤁𐤉𐤕 𐤋𐤀 𐤋𐤒𐤇 𐤌𐤔𐤐𐤈𐤉 𐤏𐤔𐤄 𐤁𐤇𐤒𐤅𐤕𐤉 𐤄𐤋𐤊 𐤄𐤅𐤀 𐤋𐤀 𐤉𐤌𐤅𐤕 𐤁𐤏𐤅𐤍 𐤀𐤁𐤉𐤅 𐤇𐤉𐤄 𐤉𐤇𐤉𐤄.

𐤉𐤇𐤀𐤁𐤉𐤅 𐤊𐤉 𐤏𐤔𐤒 𐤏𐤔𐤒 𐤂𐤆𐤋 𐤂𐤆𐤋 𐤀𐤇 𐤅𐤀𐤔𐤓 𐤋𐤀 𐤈𐤅𐤁 𐤏𐤔𐤄 𐤁𐤕𐤅𐤊 𐤏𐤌𐤉𐤅 𐤅𐤄𐤍𐤄 𐤌𐤕 𐤁𐤏𐤅𐤍𐤅.

𐤉𐤈𐤅𐤀𐤌𐤓𐤕𐤌 𐤌𐤃𐤏 𐤋𐤀 𐤍𐤔𐤀 𐤄𐤁𐤍 𐤁𐤏𐤅𐤍 𐤄𐤀𐤁 𐤅𐤄𐤁𐤍 𐤌𐤔𐤐𐤈 𐤅𐤑𐤃𐤒𐤄 𐤏𐤔𐤄 𐤀𐤕 𐤊𐤋 𐤇𐤒𐤅𐤕𐤉 𐤔𐤌𐤓 𐤅𐤉𐤏𐤔𐤄 𐤀𐤕𐤌 𐤇𐤉𐤄 𐤉𐤇𐤉𐤄.

𐤊𐤄𐤍𐤐𐤔 𐤄𐤇𐤈𐤀𐤕 𐤄𐤉𐤀 𐤕𐤌𐤅𐤕 𐤁𐤍 𐤋𐤀 𐤉𐤔𐤀 𐤁𐤏𐤅𐤍 𐤄𐤀𐤁 𐤅𐤀𐤁 𐤋𐤀 𐤉𐤔𐤀 𐤁𐤏𐤅𐤍 𐤄𐤁𐤍 𐤑𐤃𐤒𐤕 𐤄𐤑𐤃𐤉𐤒 𐤏𐤋𐤉𐤅 𐤕𐤄𐤉𐤄 𐤅𐤓𐤔𐤏𐤕 𐤓𐤔𐤏 [𐤄𐤓𐤔𐤏] 𐤏𐤋𐤉𐤅 𐤕𐤄𐤉𐤄.

𐤊𐤀𐤅𐤄𐤓𐤔𐤏 𐤊𐤉 𐤉𐤔𐤅𐤁 𐤌𐤊𐤋 𐤇𐤈𐤀𐤕𐤅 [𐤇𐤈𐤀𐤕𐤉𐤅] 𐤀𐤔𐤓 𐤏𐤔𐤄 𐤅𐤔𐤌𐤓 𐤀𐤕 𐤊𐤋 𐤇𐤒𐤅𐤕𐤉 𐤅𐤏𐤔𐤄 𐤌𐤔𐤐𐤈 𐤅𐤑𐤃𐤒𐤄 𐤇𐤉𐤄 𐤉𐤇𐤉𐤄 𐤋𐤀 𐤉𐤌𐤅𐤕.

𐤊𐤁 𐤊𐤋 𐤐𐤔𐤏𐤉𐤅 𐤀𐤔𐤓 𐤏𐤔𐤄 𐤋𐤀 𐤉𐤆𐤊𐤓𐤅 𐤋𐤅 𐤁𐤑𐤃𐤒𐤕𐤅 𐤀𐤔𐤓 𐤏𐤔𐤄 𐤉𐤇𐤉𐤄.

𐤊𐤂 𐤄𐤇𐤐𐤑 𐤀𐤇𐤐𐤑 𐤌𐤅𐤕 𐤓𐤔𐤏 𐤍𐤀𐤌 𐤀𐤃𐤍𐤉 𐤉𐤄𐤅𐤄 𐤄𐤋𐤅𐤀 𐤁𐤔𐤅𐤁𐤅 𐤌𐤃𐤓𐤊𐤉𐤅
𐤅𐤇𐤉𐤄.
𐤊𐤃 𐤅𐤁𐤔𐤅𐤁 𐤑𐤃𐤉𐤒 𐤌𐤑𐤃𐤒𐤕𐤅 𐤅𐤏𐤔𐤄 𐤏𐤅𐤋 𐤊𐤊𐤋 𐤄𐤕𐤅𐤏𐤁𐤅𐤕 𐤀𐤔𐤓 𐤏𐤔𐤄
𐤄𐤓𐤔𐤏 𐤉𐤏𐤔𐤄 𐤅𐤇𐤉 𐤊𐤋 𐤑𐤃𐤒𐤕𐤅 [𐤑𐤃𐤒𐤕𐤉𐤅] 𐤀𐤔𐤓 𐤏𐤔𐤄 𐤋𐤀 𐤕𐤆𐤊𐤓𐤍𐤄
𐤁𐤌𐤏𐤋𐤅 𐤀𐤔𐤓 𐤌𐤏𐤋 𐤅𐤁𐤇𐤈𐤀𐤕𐤅 𐤀𐤔𐤓 𐤇𐤈𐤀 𐤁𐤌 𐤉𐤌𐤅𐤕.
𐤊𐤄 𐤅𐤀𐤌𐤓𐤕𐤌 𐤋𐤀 𐤉𐤕𐤊𐤍 𐤃𐤓𐤊 𐤀𐤃𐤍𐤉 𐤔𐤌𐤏𐤅 𐤍𐤀 𐤁𐤉𐤕 𐤉𐤔𐤓𐤀𐤋 𐤄𐤃𐤓𐤊𐤉
𐤋𐤀 𐤉𐤕𐤊𐤍 𐤄𐤋𐤀 𐤃𐤓𐤊𐤉𐤊𐤌 𐤋𐤀 𐤉𐤕𐤊𐤍𐤅.
𐤊𐤅 𐤁𐤔𐤅𐤁 𐤑𐤃𐤉𐤒 𐤌𐤑𐤃𐤒𐤕𐤅 𐤅𐤏𐤔𐤄 𐤏𐤅𐤋 𐤅𐤌𐤕 𐤏𐤋𐤉𐤄𐤌 𐤁𐤏𐤅𐤋𐤅 𐤀𐤔𐤓 𐤏𐤔𐤄
𐤉𐤌𐤅𐤕.
𐤊𐤆 𐤅𐤁𐤔𐤅𐤁 𐤓𐤔𐤏 𐤌𐤓𐤔𐤏𐤕𐤅 𐤀𐤔𐤓 𐤏𐤔𐤄 𐤅𐤉𐤏𐤔 𐤌𐤔𐤐𐤈 𐤅𐤑𐤃𐤒𐤄 𐤄𐤅𐤀 𐤀𐤕
𐤍𐤐𐤔𐤅 𐤉𐤇𐤉𐤄.
𐤊𐤇 𐤅𐤉𐤓𐤀𐤄 𐤅𐤉𐤔𐤅𐤁 [𐤅𐤉𐤔𐤁] 𐤌𐤊𐤋 𐤐𐤔𐤏𐤉𐤅 𐤀𐤔𐤓 𐤏𐤔𐤄 𐤇𐤉𐤅 𐤉𐤇𐤉𐤄 𐤋𐤀
𐤉𐤌𐤅𐤕.
𐤊𐤈 𐤅𐤀𐤌𐤓𐤅 𐤁𐤉𐤕 𐤉𐤔𐤓𐤀𐤋 𐤋𐤀 𐤉𐤕𐤊𐤍 𐤃𐤓𐤊 𐤀𐤃𐤍𐤉 𐤄𐤃𐤓𐤊𐤉 𐤋𐤀 𐤉𐤕𐤊𐤍𐤅
𐤁𐤉𐤕 𐤉𐤔𐤓𐤀𐤋 𐤄𐤋𐤀 𐤃𐤓𐤊𐤉𐤊𐤌 𐤋𐤀 𐤉𐤕𐤊𐤍.
𐤋 𐤋𐤊𐤍 𐤀𐤉𐤔 𐤊𐤃𐤓𐤊𐤉𐤅 𐤀𐤔𐤐𐤈 𐤀𐤕𐤊𐤌 𐤁𐤉𐤕 𐤉𐤔𐤓𐤀𐤋 𐤍𐤀𐤌 𐤀𐤃𐤍𐤉 𐤉𐤄𐤅𐤄
𐤔𐤅𐤁𐤅 𐤅𐤄𐤔𐤉𐤁𐤅 𐤌𐤊𐤋 𐤐𐤔𐤏𐤉𐤊𐤌 𐤅𐤋𐤀 𐤉𐤄𐤉𐤄 𐤋𐤊𐤌 𐤋𐤌𐤊𐤔𐤅𐤋 𐤏𐤅𐤍.
𐤋𐤀 𐤄𐤔𐤋𐤉𐤊𐤅 𐤌𐤏𐤋𐤉𐤊𐤌 𐤀𐤕 𐤊𐤋 𐤐𐤔𐤏𐤉𐤊𐤌 𐤀𐤔𐤓 𐤐𐤔𐤏𐤕𐤌 𐤁𐤌 𐤅𐤏𐤔𐤅 𐤋𐤊𐤌
𐤋𐤁 𐤇𐤃𐤔 𐤅𐤓𐤅𐤇 𐤇𐤃𐤔𐤄 𐤅𐤋𐤌𐤄 𐤕𐤌𐤕𐤅 𐤁𐤉𐤕 𐤉𐤔𐤓𐤀𐤋.
𐤋𐤁 𐤊𐤉 𐤋𐤀 𐤀𐤇𐤐𐤑 𐤁𐤌𐤅𐤕 𐤄𐤌𐤕 𐤍𐤀𐤌 𐤀𐤃𐤍𐤉 𐤉𐤄𐤅𐤄 𐤅𐤄𐤔𐤉𐤁𐤅 𐤅𐤇𐤉𐤅.

𐤐𐤓𐤒 𐤉𐤈

𐤀 𐤅𐤀𐤕𐤄 𐤔𐤀 𐤒𐤉𐤍𐤄 𐤀𐤋 𐤍𐤔𐤉𐤀𐤉 𐤉𐤔𐤓𐤀𐤋.
𐤁 𐤅𐤀𐤌𐤓𐤕 𐤌𐤄 𐤀𐤌𐤊 𐤋𐤁𐤉𐤀 𐤁𐤉𐤍 𐤀𐤓𐤉𐤅𐤕 𐤓𐤁𐤑𐤄 𐤁𐤕𐤅𐤊 𐤊𐤐𐤓𐤉𐤌 𐤓𐤁𐤕𐤄
𐤂𐤅𐤓𐤉𐤄.
𐤂 𐤅𐤕𐤏𐤋 𐤀𐤇𐤃 𐤌𐤂𐤓𐤉𐤄 𐤊𐤐𐤉𐤓 𐤄𐤉𐤄 𐤅𐤉𐤋𐤌𐤃 𐤋𐤈𐤓𐤐 𐤈𐤓𐤐 𐤀𐤃𐤌 𐤀𐤊𐤋.
𐤃 𐤅𐤉𐤔𐤌𐤏𐤅 𐤀𐤋𐤉𐤅 𐤂𐤅𐤉𐤌 𐤁𐤔𐤇𐤕𐤌 𐤍𐤕𐤐𐤔 𐤅𐤉𐤁𐤀𐤄𐤅 𐤁𐤇𐤇𐤉𐤌 𐤀𐤋 𐤀𐤓𐤑
𐤌𐤑𐤓𐤉𐤌.
𐤄 𐤅𐤕𐤓𐤀 𐤊𐤉 𐤍𐤅𐤇𐤋𐤄 𐤀𐤁𐤃𐤄 𐤕𐤒𐤅𐤕𐤄 𐤅𐤕𐤒𐤇 𐤀𐤇𐤃 𐤌𐤂𐤓𐤉𐤄 𐤊𐤐𐤉𐤓 𐤔𐤌𐤕𐤄𐤅.
𐤅 𐤅𐤉𐤕𐤄𐤋𐤊 𐤁𐤕𐤅𐤊 𐤀𐤓𐤉𐤅𐤕 𐤊𐤐𐤉𐤓 𐤄𐤉𐤄 𐤅𐤉𐤋𐤌𐤃 𐤋𐤈𐤓𐤐 𐤈𐤓𐤐 𐤀𐤃𐤌 𐤀𐤊𐤋.
𐤆 𐤅𐤉𐤃𐤏 𐤀𐤋𐤌𐤍𐤅𐤕𐤉𐤅 𐤅𐤏𐤓𐤉𐤄𐤌 𐤄𐤇𐤓𐤉𐤁 𐤅𐤕𐤔𐤌 𐤀𐤓𐤑 𐤅𐤌𐤋𐤀𐤄 𐤌𐤒𐤅𐤋
𐤔𐤀𐤂𐤕𐤅.
𐤇 𐤅𐤉𐤕𐤍𐤅 𐤏𐤋𐤉𐤅 𐤂𐤅𐤉𐤌 𐤎𐤁𐤉𐤁 𐤌𐤌𐤃𐤉𐤍𐤅𐤕 𐤅𐤉𐤐𐤓𐤔𐤅 𐤏𐤋𐤉𐤅 𐤓𐤔𐤕𐤌 𐤁𐤔𐤇𐤕𐤌

𐤉𐤇𐤆𐤒𐤀𐤋

𐤍𐤕𐤐𐤔•
𐤈 𐤅𐤉𐤕𐤍𐤄𐤅 𐤁𐤎𐤅𐤂𐤓 𐤁𐤇𐤇𐤉𐤌 𐤅𐤉𐤁𐤀𐤄𐤅 𐤀𐤋 𐤌𐤋𐤊 𐤁𐤁𐤋 𐤉𐤁𐤀𐤄𐤅 𐤁𐤌𐤑𐤃𐤅𐤕
𐤋𐤌𐤏𐤍 𐤋𐤀 𐤉𐤔𐤌𐤏 𐤒𐤅𐤋𐤅 𐤏𐤅𐤃 𐤀𐤋 𐤄𐤓𐤉 𐤉𐤔𐤓𐤀𐤋•
𐤉 𐤀𐤌𐤊 𐤊𐤂𐤐𐤍 𐤁𐤃𐤌𐤊 𐤏𐤋 𐤌𐤉𐤌 𐤔𐤕𐤅𐤋𐤄 𐤐𐤓𐤉𐤄 𐤅𐤏𐤍𐤐𐤄 𐤄𐤉𐤕𐤄 𐤌𐤌𐤉𐤌
𐤓𐤁𐤉𐤌•
𐤉𐤀 𐤅𐤉𐤄𐤉𐤅 𐤋𐤄 𐤌𐤈𐤅𐤕 𐤏𐤆 𐤀𐤋 𐤔𐤁𐤈𐤉 𐤌𐤔𐤋𐤉𐤌 𐤅𐤕𐤂𐤁𐤄 𐤒𐤅𐤌𐤕𐤅 𐤏𐤋 𐤁𐤉𐤍
𐤏𐤁𐤕𐤉𐤌 𐤅𐤉𐤓𐤀 𐤁𐤂𐤁𐤄𐤅 𐤁𐤓𐤁 𐤃𐤋𐤉𐤕𐤉𐤅•
𐤉𐤁 𐤅𐤕𐤕𐤔 𐤁𐤇𐤌𐤄 𐤋𐤀𐤓𐤑 𐤄𐤔𐤋𐤊𐤄 𐤅𐤓𐤅𐤇 𐤄𐤒𐤃𐤉𐤌 𐤄𐤅𐤁𐤉𐤔 𐤐𐤓𐤉𐤄 𐤄𐤕𐤐𐤓𐤒𐤅
𐤅𐤉𐤁𐤔𐤅 𐤌𐤈𐤄 𐤏𐤆𐤄 𐤀𐤔 𐤀𐤊𐤋𐤕𐤄𐤅•
𐤉𐤂 𐤅𐤏𐤕𐤄 𐤔𐤕𐤅𐤋𐤄 𐤁𐤌𐤃𐤁𐤓 𐤁𐤀𐤓𐤑 𐤑𐤉𐤄 𐤅𐤑𐤌𐤀•
𐤉𐤃 𐤅𐤕𐤑𐤀 𐤀𐤔 𐤌𐤌𐤈𐤄 𐤁𐤃𐤉𐤄 𐤐𐤓𐤉𐤄 𐤀𐤊𐤋𐤄 𐤅𐤋𐤀 𐤄𐤉𐤄 𐤁𐤄 𐤌𐤈𐤄 𐤏𐤆 𐤔𐤁𐤈
𐤋𐤌𐤔𐤅𐤋 𐤒𐤉𐤍𐤄 𐤄𐤉𐤀 𐤅𐤕𐤄𐤉 𐤋𐤒𐤉𐤍𐤄•

𐤐𐤓𐤒 𐤊
𐤀 𐤅𐤉𐤄𐤉 𐤁𐤔𐤍𐤄 𐤄𐤔𐤁𐤉𐤏𐤉𐤕 𐤁𐤇𐤌𐤔𐤉 𐤁𐤏𐤔𐤅𐤓 𐤋𐤇𐤃𐤔 𐤁𐤀𐤅 𐤀𐤍𐤔𐤉𐤌
𐤌𐤆𐤒𐤍𐤉 𐤉𐤔𐤓𐤀𐤋 𐤋𐤃𐤓𐤔 𐤀𐤕 𐤉𐤄𐤅𐤄 𐤅𐤉𐤔𐤁𐤅 𐤋𐤐𐤍𐤉•
𐤁 𐤅𐤉𐤄𐤉 𐤃𐤁𐤓 𐤉𐤄𐤅𐤄 𐤀𐤋𐤉 𐤋𐤀𐤌𐤓•
𐤂 𐤁𐤍 𐤀𐤃𐤌 𐤃𐤁𐤓 𐤀𐤕 𐤆𐤒𐤍𐤉 𐤉𐤔𐤓𐤀𐤋 𐤅𐤀𐤌𐤓𐤕 𐤀𐤋𐤄𐤌 𐤊𐤄 𐤀𐤌𐤓 𐤀𐤃𐤍𐤉
𐤉𐤄𐤅𐤄 𐤄𐤋𐤃𐤓𐤔 𐤀𐤕𐤉 𐤀𐤕𐤌 𐤁𐤀𐤉𐤌 𐤇𐤉 𐤀𐤍𐤉 𐤀𐤌 𐤀𐤃𐤓𐤔 𐤋𐤊𐤌 𐤍𐤀𐤌 𐤀𐤃𐤍𐤉
𐤉𐤄𐤅𐤄•
𐤃 𐤄𐤕𐤔𐤐𐤈 𐤀𐤕𐤌 𐤄𐤕𐤔𐤐𐤅𐤈 𐤁𐤍 𐤀𐤃𐤌 𐤀𐤕 𐤕𐤅𐤏𐤁𐤕 𐤀𐤁𐤅𐤕𐤌 𐤄𐤅𐤃𐤉𐤏𐤌•
𐤄 𐤅𐤀𐤌𐤓𐤕 𐤀𐤋𐤉𐤄𐤌 𐤊𐤄 𐤀𐤌𐤓 𐤀𐤃𐤍𐤉 𐤉𐤄𐤅𐤄 𐤁𐤉𐤅𐤌 𐤁𐤇𐤓𐤉 𐤁𐤉𐤔𐤓𐤀𐤋
𐤅𐤀𐤔𐤀 𐤉𐤃𐤉 𐤋𐤆𐤓𐤏 𐤁𐤉𐤕 𐤉𐤏𐤒𐤁 𐤅𐤀𐤅𐤃𐤏 𐤋𐤄𐤌 𐤁𐤀𐤓𐤑 𐤌𐤑𐤓𐤉𐤌 𐤅𐤀𐤔𐤀 𐤉𐤃𐤉
𐤋𐤄𐤌 𐤋𐤀𐤌𐤓 𐤀𐤍𐤉 𐤉𐤄𐤅𐤄 𐤀𐤋𐤄𐤉𐤊𐤌•
𐤅 𐤁𐤉𐤅𐤌 𐤄𐤄𐤅𐤀 𐤍𐤔𐤀𐤕𐤉 𐤉𐤃𐤉 𐤋𐤄𐤌 𐤋𐤄𐤅𐤑𐤉𐤀𐤌 𐤌𐤀𐤓𐤑 𐤌𐤑𐤓𐤉𐤌 𐤀𐤋
𐤀𐤓𐤑 𐤀𐤔𐤓 𐤕𐤓𐤕𐤉 𐤋𐤄𐤌 𐤆𐤁𐤕 𐤇𐤋𐤁 𐤅𐤃𐤁𐤔 𐤑𐤁𐤉 𐤄𐤉𐤀 𐤋𐤊𐤋 𐤄𐤀𐤓𐤑𐤅𐤕•
𐤆 𐤅𐤀𐤌𐤓 𐤀𐤋𐤄𐤌 𐤀𐤉𐤔 𐤔𐤒𐤅𐤑𐤉 𐤏𐤉𐤍𐤉𐤅 𐤄𐤔𐤋𐤉𐤊𐤅 𐤅𐤁𐤂𐤋𐤅𐤋𐤉 𐤌𐤑𐤓𐤉𐤌
𐤀𐤋 𐤕𐤈𐤌𐤀𐤅 𐤀𐤍𐤉 𐤉𐤄𐤅𐤄 𐤀𐤋𐤄𐤉𐤊𐤌•
𐤇 𐤅𐤉𐤌𐤓𐤅 𐤁𐤉 𐤅𐤋𐤀 𐤀𐤁𐤅 𐤋𐤔𐤌𐤏 𐤀𐤋𐤉 𐤀𐤉𐤔 𐤀𐤕 𐤔𐤒𐤅𐤑𐤉 𐤏𐤉𐤍𐤉𐤄𐤌 𐤋𐤀
𐤄𐤔𐤋𐤉𐤊𐤅 𐤅𐤀𐤕 𐤂𐤋𐤅𐤋𐤉 𐤌𐤑𐤓𐤉𐤌 𐤋𐤀 𐤏𐤆𐤁𐤅 𐤅𐤀𐤌𐤓 𐤋𐤔𐤐𐤊 𐤇𐤌𐤕𐤉 𐤏𐤋𐤉𐤄𐤌
𐤋𐤊𐤋𐤅𐤕 𐤀𐤐𐤉 𐤁𐤄𐤌 𐤁𐤕𐤅𐤊 𐤀𐤓𐤑 𐤌𐤑𐤓𐤉𐤌•
𐤈 𐤅𐤀𐤏𐤔 𐤋𐤌𐤏𐤍 𐤔𐤌𐤉 𐤋𐤁𐤋𐤕𐤉 𐤄𐤇𐤋 𐤋𐤏𐤉𐤍𐤉 𐤄𐤂𐤅𐤉𐤌 𐤀𐤔𐤓 𐤄𐤌𐤄 𐤁𐤕𐤅𐤊𐤌
𐤀𐤔𐤓 𐤍𐤅𐤃𐤏𐤕𐤉 𐤀𐤋𐤉𐤄𐤌 𐤋𐤏𐤉𐤍𐤉𐤄𐤌 𐤋𐤄𐤅𐤑𐤉𐤀𐤌 𐤌𐤀𐤓𐤑 𐤌𐤑𐤓𐤉𐤌•

𐤔𐤌𐤄

𐤉𐤇𐤆𐤒𐤀𐤋

𐤉 𐤅𐤀𐤅𐤑𐤉𐤀𐤌 𐤌𐤀𐤓𐤑 𐤌𐤑𐤓𐤉𐤌 𐤅𐤀𐤁𐤀𐤌 𐤀𐤋 𐤄𐤌𐤃𐤁𐤓•

𐤉𐤀 𐤅𐤀𐤕𐤍 𐤋𐤄𐤌 𐤀𐤕 𐤇𐤒𐤅𐤕𐤉 𐤅𐤀𐤕 𐤌𐤔𐤐𐤈𐤉 𐤄𐤅𐤃𐤏𐤕𐤉 𐤀𐤅𐤕𐤌 𐤀𐤔𐤓 𐤉𐤏𐤔𐤄 𐤀𐤅𐤕𐤌 𐤄𐤀𐤃𐤌 𐤅𐤇𐤉 𐤁𐤄𐤌•

𐤉𐤁 𐤅𐤂𐤌 𐤀𐤕 𐤔𐤁𐤕𐤅𐤕𐤉 𐤍𐤕𐤕𐤉 𐤋𐤄𐤌 𐤋𐤄𐤉𐤅𐤕 𐤋𐤀𐤅𐤕 𐤁𐤉𐤍𐤉 𐤅𐤁𐤉𐤍𐤉𐤄𐤌 𐤋𐤃𐤏𐤕 𐤊𐤉 𐤀𐤍𐤉 𐤉𐤄𐤅𐤄 𐤌𐤒𐤃𐤔𐤌•

𐤉𐤂 𐤅𐤉𐤌𐤓𐤅 𐤁𐤉 𐤁𐤉𐤕 𐤉𐤔𐤓𐤀𐤋 𐤁𐤌𐤃𐤁𐤓 𐤁𐤇𐤒𐤅𐤕𐤉 𐤋𐤀 𐤄𐤋𐤊𐤅 𐤅𐤀𐤕 𐤌𐤔𐤐𐤈𐤉 𐤌𐤀𐤎𐤅 𐤀𐤔𐤓 𐤉𐤏𐤔𐤄 𐤀𐤕𐤌 𐤄𐤀𐤃𐤌 𐤅𐤇𐤉 𐤁𐤄𐤌 𐤅𐤀𐤕 𐤔𐤁𐤕𐤕𐤉 𐤇𐤋𐤋𐤅 𐤌𐤀𐤃 𐤅𐤀𐤌𐤓 𐤋𐤔𐤐𐤊 𐤇𐤌𐤕𐤉 𐤏𐤋𐤉𐤄𐤌 𐤁𐤌𐤃𐤁𐤓 𐤋𐤊𐤋𐤅𐤕𐤌•

𐤉𐤃 𐤅𐤀𐤏𐤔𐤄 𐤋𐤌𐤏𐤍 𐤔𐤌𐤉 𐤋𐤁𐤋𐤕𐤉 𐤄𐤇𐤋 𐤋𐤏𐤉𐤍𐤉 𐤄𐤂𐤅𐤉𐤌 𐤀𐤔𐤓 𐤄𐤅𐤑𐤀𐤕𐤉𐤌 𐤋𐤏𐤉𐤍𐤉𐤄𐤌•

𐤈𐤅 𐤅𐤂𐤌 𐤀𐤍𐤉 𐤍𐤔𐤀𐤕𐤉 𐤉𐤃𐤉 𐤋𐤄𐤌 𐤁𐤌𐤃𐤁𐤓 𐤋𐤁𐤋𐤕𐤉 𐤄𐤁𐤉𐤀 𐤀𐤅𐤕𐤌 𐤀𐤋 𐤄𐤀𐤓𐤑 𐤀𐤔𐤓 𐤍𐤕𐤕𐤉 𐤆𐤁𐤕 𐤇𐤋𐤁 𐤅𐤃𐤁𐤔 𐤑𐤁𐤉 𐤄𐤉𐤀 𐤋𐤊𐤋 𐤄𐤀𐤓𐤑𐤅𐤕•

𐤈𐤆 𐤉𐤏𐤍 𐤁𐤌𐤔𐤐𐤈𐤉 𐤌𐤀𐤎𐤅 𐤅𐤀𐤕 𐤇𐤒𐤅𐤕𐤉 𐤋𐤀 𐤄𐤋𐤊𐤅 𐤁𐤄𐤌 𐤅𐤀𐤕 𐤔𐤁𐤕𐤅𐤕𐤉 𐤇𐤋𐤋𐤅 𐤊𐤉 𐤀𐤇𐤓𐤉 𐤂𐤋𐤅𐤋𐤉𐤄𐤌 𐤋𐤁𐤌 𐤄𐤋𐤊•

𐤉𐤆 𐤅𐤕𐤇𐤎 𐤏𐤉𐤍𐤉 𐤏𐤋𐤉𐤄𐤌 𐤌𐤔𐤇𐤕𐤌 𐤅𐤋𐤀 𐤏𐤔𐤉𐤕𐤉 𐤀𐤅𐤕𐤌 𐤊𐤋𐤄 𐤁𐤌𐤃𐤁𐤓•

𐤉𐤇 𐤅𐤀𐤌𐤓 𐤀𐤋 𐤁𐤍𐤉𐤄𐤌 𐤁𐤌𐤃𐤁𐤓 𐤁𐤇𐤅𐤒𐤉 𐤀𐤁𐤅𐤕𐤉𐤊𐤌 𐤀𐤋 𐤕𐤋𐤊𐤅 𐤅𐤀𐤕 𐤌𐤔𐤐𐤈𐤉𐤄𐤌 𐤀𐤋 𐤕𐤔𐤌𐤓𐤅 𐤅𐤁𐤂𐤋𐤅𐤋𐤉𐤄𐤌 𐤀𐤋 𐤕𐤈𐤌𐤀𐤅•

𐤉𐤈 𐤀𐤍𐤉 𐤉𐤄𐤅𐤄 𐤀𐤋𐤄𐤉𐤊𐤌 𐤁𐤇𐤒𐤅𐤕𐤉 𐤋𐤊𐤅 𐤅𐤀𐤕 𐤌𐤔𐤐𐤈𐤉 𐤔𐤌𐤓𐤅 𐤅𐤏𐤔𐤅 𐤀𐤅𐤕𐤌•

𐤊 𐤅𐤀𐤕 𐤔𐤁𐤕𐤅𐤕𐤉 𐤒𐤃𐤔𐤅 𐤅𐤄𐤉𐤅 𐤋𐤀𐤅𐤕 𐤁𐤉𐤍𐤉 𐤅𐤁𐤉𐤍𐤉𐤊𐤌 𐤋𐤃𐤏𐤕 𐤊𐤉 𐤀𐤍𐤉 𐤉𐤄𐤅𐤄 𐤀𐤋𐤄𐤉𐤊𐤌•

𐤊𐤀 𐤅𐤉𐤌𐤓𐤅 𐤁𐤉 𐤄𐤁𐤍𐤉𐤌 𐤁𐤇𐤒𐤅𐤕𐤉 𐤋𐤀 𐤄𐤋𐤊𐤅 𐤅𐤀𐤕 𐤌𐤔𐤐𐤈𐤉 𐤋𐤀 𐤔𐤌𐤓𐤅 𐤋𐤏𐤔𐤅𐤕 𐤀𐤅𐤕𐤌 𐤀𐤔𐤓 𐤉𐤏𐤔𐤄 𐤀𐤅𐤕𐤌 𐤄𐤀𐤃𐤌 𐤅𐤇𐤉 𐤁𐤄𐤌 𐤀𐤕 𐤔𐤁𐤕𐤅𐤕𐤉 𐤇𐤋𐤋𐤅 𐤅𐤀𐤌𐤓 𐤋𐤔𐤐𐤊 𐤇𐤌𐤕𐤉 𐤏𐤋𐤉𐤄𐤌 𐤋𐤊𐤋𐤅𐤕 𐤀𐤐𐤉 𐤁𐤌 𐤁𐤌𐤃𐤁𐤓•

𐤊𐤁 𐤅𐤄𐤔𐤁𐤕𐤉 𐤀𐤕 𐤉𐤃𐤉 𐤅𐤀𐤏𐤔 𐤋𐤌𐤏𐤍 𐤔𐤌𐤉 𐤋𐤁𐤋𐤕𐤉 𐤄𐤇𐤋 𐤋𐤏𐤉𐤍𐤉 𐤄𐤂𐤅𐤉𐤌 𐤀𐤔𐤓 𐤄𐤅𐤑𐤀𐤕𐤉 𐤀𐤅𐤕𐤌 𐤋𐤏𐤉𐤍𐤉𐤄𐤌•

𐤊𐤂 𐤂𐤌 𐤀𐤍𐤉 𐤍𐤔𐤀𐤕𐤉 𐤀𐤕 𐤉𐤃𐤉 𐤋𐤄𐤌 𐤁𐤌𐤃𐤁𐤓 𐤋𐤄𐤐𐤉𐤑 𐤀𐤕𐤌 𐤁𐤂𐤅𐤉𐤌 𐤅𐤋𐤆𐤓𐤅𐤕 𐤀𐤅𐤕𐤌 𐤁𐤀𐤓𐤑𐤅𐤕•

𐤊𐤃 𐤉𐤏𐤍 𐤌𐤔𐤐𐤈𐤉 𐤋𐤀 𐤏𐤔𐤅 𐤅𐤇𐤒𐤅𐤕𐤉 𐤌𐤀𐤎𐤅 𐤅𐤀𐤕 𐤔𐤁𐤕𐤅𐤕𐤉 𐤇𐤋𐤋𐤅 𐤅𐤀𐤇𐤓𐤉 𐤂𐤋𐤅𐤋𐤉 𐤀𐤁𐤅𐤕𐤉𐤄𐤌 𐤄𐤉𐤅 𐤏𐤉𐤍𐤉𐤄𐤌•

𐤊𐤄 𐤅𐤂𐤌 𐤀𐤍𐤉 𐤍𐤕𐤕𐤉 𐤋𐤄𐤌 𐤇𐤒𐤉𐤌 𐤋𐤀 𐤈𐤅𐤁𐤉𐤌 𐤅𐤌𐤔𐤐𐤈𐤉𐤌 𐤋𐤀 𐤉𐤇𐤉𐤅 𐤁𐤄𐤌•

𐤊𐤅 𐤅𐤀𐤈𐤌𐤀 𐤀𐤅𐤕𐤌 𐤁𐤌𐤕𐤍𐤅𐤕𐤌 𐤁𐤄𐤏𐤁𐤉𐤓 𐤊𐤋 𐤐𐤈𐤓 𐤓𐤇𐤌 𐤋𐤌𐤏𐤍 𐤀𐤔𐤌𐤌

𐤔𐤌𐤅

יחזקאל

למען אשר ידעו אשר אני יהוה•
כז לכן דבר אל בית ישראל בן אדם ואמרת אליהם כה אמר
אדני יהוה עוד זאת גדפו אותי אבותיכם במעלם בי מעל•
כח ואביאם אל הארץ אשר נשאתי את ידי לתת אותה להם
ויראו כל גבעה רמה וכל עץ עבות ויזבחו שם את זבחיהם
ויתנו שם כעס קרבנם וישימו שם ריח ניחוחיהם ויסיכו שם
את נסכיהם•
כט ואמר אלהם מה הבמה אשר אתם הבאים שם ויקרא שמה
במה עד היום הזה•
ל לכן אמר אל בית ישראל כה אמר אדני יהוה הבדרך
אבותיכם אתם נטמאים ואחרי שקוציהם אתם זנים•
לא ובשאת מתנתיכם בהעביר בניכם באש אתם נטמאים לכל
גלוליכם עד היום ואני אדרש לכם בית ישראל חי אני נאם
אדני יהוה אם אדרש לכם•
לב והעלה על רוחכם היו לא תהיה אשר אתם אמרים נהיה
כגוים כמשפחות הארצות לשרת עץ ואבן•
לג חי אני נאם אדני יהוה אם לא ביד חזקה ובזרוע נטויה
ובחמה שפוכה אמלוך עליכם•
לד והוצאתי אתכם מן העמים וקבצתי אתכם מן הארצות אשר
נפוצותם בם ביד חזקה ובזרוע נטויה ובחמה שפוכה•
לה והבאתי אתכם אל מדבר העמים ונשפטתי אתכם שם פנים
אל פנים•
לו כאשר נשפטתי את אבותיכם במדבר ארץ מצרים כן אשפט
אתכם נאם אדני יהוה•
לז והעברתי אתכם תחת השבט והבאתי אתכם במסרת הברית•
לח וברותי מכם המרדים והפושעים בי מארץ מגוריהם אוציא
אותם ואל אדמת ישראל לא יבוא וידעתם כי אני יהוה•
לט ואתם בית ישראל כה אמר אדני יהוה איש גלוליו לכו
עבדו ואחר אם אינכם שמעים אלי ואת שם קדשי לא תחללו עוד
במתנותיכם ובגלוליכם•
מ כי בהר קדשי בהר מרום ישראל נאם אדני יהוה שם
יעבדני כל בית ישראל כלה בארץ שם ארצם ושם אדרוש את
תרומתיכם ואת ראשית משאותיכם בכל קדשיכם•

𐤉𐤇𐤆𐤒𐤀𐤋

𐤌𐤀 𐤁𐤓𐤉𐤇 𐤍𐤉𐤇𐤇 𐤀𐤓𐤑𐤄 𐤀𐤕𐤊𐤌 𐤁𐤄𐤅𐤑𐤉𐤀𐤉 𐤀𐤕𐤊𐤌 𐤌𐤍 𐤄𐤏𐤌𐤉𐤌 𐤅𐤒𐤁𐤑𐤕𐤉
𐤀𐤕𐤊𐤌 𐤌𐤍 𐤄𐤀𐤓𐤑𐤅𐤕 𐤀𐤔𐤓 𐤍𐤐𐤑𐤕𐤌 𐤁𐤌 𐤅𐤍𐤒𐤃𐤔𐤕𐤉 𐤁𐤊𐤌 𐤋𐤏𐤉𐤍𐤉 𐤄𐤂𐤅𐤉𐤌•
𐤌𐤁 𐤅𐤉𐤃𐤏𐤕𐤌 𐤊𐤉 𐤀𐤍𐤉 𐤉𐤄𐤅𐤄 𐤁𐤄𐤁𐤉𐤀𐤉 𐤀𐤕𐤊𐤌 𐤀𐤋 𐤀𐤃𐤌𐤕 𐤉𐤔𐤓𐤀𐤋 𐤀𐤋
𐤄𐤀𐤓𐤑 𐤀𐤔𐤓 𐤍𐤔𐤀𐤕𐤉 𐤀𐤕 𐤉𐤃𐤉 𐤋𐤕𐤕 𐤀𐤅𐤕𐤄 𐤋𐤀𐤁𐤅𐤕𐤉𐤊𐤌•
𐤌𐤂 𐤅𐤆𐤊𐤓𐤕𐤌 𐤔𐤌 𐤀𐤕 𐤃𐤓𐤊𐤉𐤊𐤌 𐤅𐤀𐤕 𐤊𐤋 𐤏𐤋𐤉𐤋𐤅𐤕𐤉𐤊𐤌 𐤀𐤔𐤓 𐤍𐤈𐤌𐤀𐤕𐤌
𐤁𐤌 𐤅𐤍𐤒𐤈𐤕𐤌 𐤁𐤐𐤍𐤉𐤊𐤌 𐤁𐤊𐤋 𐤓𐤏𐤅𐤕𐤉𐤊𐤌 𐤀𐤔𐤓 𐤏𐤔𐤉𐤕𐤌•
𐤌𐤃 𐤅𐤉𐤃𐤏𐤕𐤌 𐤊𐤉 𐤀𐤍𐤉 𐤉𐤄𐤅𐤄 𐤁𐤏𐤔𐤅𐤕𐤉 𐤀𐤕𐤊𐤌 𐤋𐤌𐤏𐤍 𐤔𐤌𐤉 𐤋𐤀
𐤊𐤃𐤓𐤊𐤉𐤊𐤌 𐤄𐤓𐤏𐤉𐤌 𐤅𐤊𐤏𐤋𐤉𐤋𐤅𐤕𐤉𐤊𐤌 𐤄𐤍𐤔𐤇𐤕𐤅𐤕 𐤁𐤉𐤕 𐤉𐤔𐤓𐤀𐤋 𐤍𐤀𐤌
𐤀𐤃𐤍𐤉 𐤉𐤄𐤅𐤄•

𐤐𐤓𐤒 𐤊𐤀

𐤀 𐤅𐤉𐤄𐤉 𐤃𐤁𐤓 𐤉𐤄𐤅𐤄 𐤀𐤋𐤉 𐤋𐤀𐤌𐤓•
𐤁 𐤁𐤍 𐤀𐤃𐤌 𐤔𐤉𐤌 𐤐𐤍𐤉𐤊 𐤃𐤓𐤊 𐤕𐤉𐤌𐤍𐤄 𐤅𐤄𐤈𐤐 𐤀𐤋 𐤃𐤓𐤅𐤌 𐤅𐤄𐤍𐤁𐤀 𐤀𐤋 𐤉𐤏𐤓
𐤄𐤔𐤃𐤄 𐤍𐤂𐤁•
𐤂 𐤅𐤀𐤌𐤓𐤕 𐤋𐤉𐤏𐤓 𐤄𐤍𐤂𐤁 𐤔𐤌𐤏 𐤃𐤁𐤓 𐤉𐤄𐤅𐤄 𐤊𐤄 𐤀𐤌𐤓 𐤀𐤃𐤍𐤉 𐤉𐤄𐤅𐤄 𐤄𐤍𐤍𐤉
𐤌𐤑𐤉𐤕 𐤁𐤊 𐤀𐤔 𐤅𐤀𐤊𐤋𐤄 𐤁𐤊 𐤊𐤋 𐤏𐤑 𐤋𐤇 𐤅𐤊𐤋 𐤏𐤑 𐤉𐤁𐤔 𐤋𐤀 𐤕𐤊𐤁𐤄 𐤋𐤄𐤁𐤕
𐤔𐤋𐤄𐤁𐤕 𐤅𐤍𐤑𐤓𐤁𐤅 𐤁𐤄 𐤊𐤋 𐤐𐤍𐤉𐤌 𐤌𐤍𐤂𐤁 𐤑𐤐𐤅𐤍𐤄•
𐤃 𐤅𐤓𐤀𐤅 𐤊𐤋 𐤁𐤔𐤓 𐤊𐤉 𐤀𐤍𐤉 𐤉𐤄𐤅𐤄 𐤁𐤏𐤓𐤕𐤉𐤄 𐤋𐤀 𐤕𐤊𐤁𐤄•
𐤄 𐤅𐤀𐤌𐤓 𐤀𐤄𐤄 𐤀𐤃𐤍𐤉 𐤉𐤄𐤅𐤄 𐤄𐤌𐤄 𐤀𐤌𐤓𐤉𐤌 𐤋𐤉 𐤄𐤋𐤀 𐤌𐤌𐤔𐤋 𐤌𐤔𐤋𐤉𐤌
𐤄𐤅𐤀•
𐤅 𐤅𐤉𐤄𐤉 𐤃𐤁𐤓 𐤉𐤄𐤅𐤄 𐤀𐤋𐤉 𐤋𐤀𐤌𐤓•
𐤆 𐤁𐤍 𐤀𐤃𐤌 𐤔𐤉𐤌 𐤐𐤍𐤉𐤊 𐤀𐤋 𐤉𐤓𐤅𐤔𐤋𐤌 𐤅𐤄𐤈𐤐 𐤀𐤋 𐤌𐤒𐤃𐤔𐤉𐤌 𐤅𐤄𐤍𐤁𐤀 𐤀𐤋
𐤀𐤃𐤌𐤕 𐤉𐤔𐤓𐤀𐤋•
𐤇 𐤅𐤀𐤌𐤓𐤕 𐤋𐤀𐤃𐤌𐤕 𐤉𐤔𐤓𐤀𐤋 𐤊𐤄 𐤀𐤌𐤓 𐤉𐤄𐤅𐤄 𐤄𐤍𐤍𐤉 𐤀𐤋𐤉𐤊 𐤅𐤄𐤅𐤑𐤀𐤕𐤉
𐤇𐤓𐤁𐤉 𐤌𐤕𐤏𐤓𐤄 𐤅𐤄𐤊𐤓𐤕𐤉 𐤌𐤌𐤊 𐤑𐤃𐤉𐤒 𐤅𐤓𐤔𐤏•
𐤈 𐤉𐤏𐤍 𐤀𐤔𐤓 𐤄𐤊𐤓𐤕𐤉 𐤌𐤌𐤊 𐤑𐤃𐤉𐤒 𐤅𐤓𐤔𐤏 𐤋𐤊𐤍 𐤕𐤑𐤀 𐤇𐤓𐤁𐤉 𐤌𐤕𐤏𐤓𐤄 𐤀𐤋
𐤊𐤋 𐤁𐤔𐤓 𐤌𐤍𐤂𐤁 𐤑𐤐𐤅𐤍•
𐤉 𐤅𐤉𐤃𐤏𐤅 𐤊𐤋 𐤁𐤔𐤓 𐤊𐤉 𐤀𐤍𐤉 𐤉𐤄𐤅𐤄 𐤄𐤅𐤑𐤀𐤕𐤉 𐤇𐤓𐤁𐤉 𐤌𐤕𐤏𐤓𐤄 𐤋𐤀 𐤕𐤔𐤅𐤁
𐤏𐤅𐤃•
𐤉𐤀 𐤅𐤀𐤕𐤄 𐤁𐤍 𐤀𐤃𐤌 𐤄𐤀𐤍𐤇 𐤁𐤔𐤁𐤓𐤅𐤍 𐤌𐤕𐤍𐤉𐤌 𐤅𐤁𐤌𐤓𐤉𐤓𐤅𐤕 𐤕𐤀𐤍𐤇
𐤋𐤏𐤉𐤍𐤉𐤄𐤌•
𐤉𐤁 𐤅𐤄𐤉𐤄 𐤊𐤉 𐤉𐤀𐤌𐤓𐤅 𐤀𐤋𐤉𐤊 𐤏𐤋 𐤌𐤄 𐤀𐤕𐤄 𐤍𐤀𐤍𐤇 𐤅𐤀𐤌𐤓𐤕 𐤀𐤋 𐤔𐤌𐤅𐤏𐤄
𐤊𐤉 𐤁𐤀𐤄 𐤅𐤍𐤌𐤎 𐤊𐤋 𐤋𐤁 𐤅𐤓𐤐𐤅 𐤊𐤋 𐤉𐤃𐤉𐤌 𐤅𐤊𐤄𐤕𐤄 𐤊𐤋 𐤓𐤅𐤇 𐤅𐤊𐤋 𐤁𐤓𐤊𐤉𐤌

𐤕𐤋𐤊𐤍𐤄 𐤌𐤉𐤌 𐤄𐤍𐤄 𐤁𐤀𐤄 𐤅𐤍𐤄𐤉𐤕𐤄 𐤍𐤀𐤌 𐤀𐤃𐤍𐤉 𐤉𐤄𐤅𐤄•
𐤉𐤂 𐤅𐤉𐤄𐤉 𐤃𐤁𐤓 𐤉𐤄𐤅𐤄 𐤀𐤋𐤉 𐤋𐤀𐤌𐤓•
𐤉𐤃 𐤁𐤍 𐤀𐤃𐤌 𐤄𐤍𐤁𐤀 𐤅𐤀𐤌𐤓𐤕 𐤊𐤄 𐤀𐤌𐤓 𐤀𐤃𐤍𐤉 𐤀𐤌𐤓 𐤇𐤓𐤁 𐤇𐤓𐤁 𐤄𐤅𐤇𐤃𐤄 𐤅𐤂𐤌
𐤌𐤓𐤅𐤈𐤄•
𐤈𐤅 𐤋𐤌𐤏𐤍 𐤈𐤁𐤇 𐤈𐤁𐤇 𐤄𐤅𐤇𐤃𐤄 𐤋𐤌𐤏𐤍 𐤄𐤉𐤄 𐤋𐤄 𐤁𐤓𐤒 𐤌𐤓𐤈𐤄 𐤀𐤅 𐤍𐤔𐤉𐤔 𐤔𐤁𐤈
𐤁𐤍𐤉 𐤌𐤀𐤎𐤕 𐤊𐤋 𐤏𐤑•
𐤈𐤆 𐤅𐤉𐤕𐤍 𐤀𐤕𐤄 𐤋𐤌𐤓𐤈𐤄 𐤋𐤕𐤐𐤔 𐤁𐤊𐤐 𐤄𐤉𐤀 𐤄𐤅𐤇𐤃𐤄 𐤇𐤓𐤁 𐤅𐤄𐤉𐤀 𐤌𐤓𐤈𐤄
𐤋𐤕𐤕 𐤀𐤅𐤕𐤄 𐤁𐤉𐤃 𐤄𐤅𐤓𐤂•
𐤉𐤆 𐤆𐤏𐤒 𐤅𐤄𐤉𐤋𐤋 𐤁𐤍 𐤀𐤃𐤌 𐤊𐤉 𐤄𐤉𐤀 𐤄𐤉𐤕𐤄 𐤁𐤏𐤌𐤉 𐤄𐤉𐤀 𐤁𐤊𐤋 𐤍𐤔𐤉𐤀𐤉
𐤉𐤔𐤓𐤀𐤋 𐤌𐤂𐤅𐤓𐤉 𐤀𐤋 𐤇𐤓𐤁 𐤄𐤉𐤅 𐤀𐤕 𐤏𐤌𐤉 𐤋𐤊𐤍 𐤎𐤐𐤒 𐤀𐤋 𐤉𐤓𐤊•
𐤉𐤇 𐤊𐤉 𐤁𐤇𐤍 𐤅𐤌𐤄 𐤀𐤌 𐤂𐤌 𐤔𐤁𐤈 𐤌𐤀𐤎𐤕 𐤋𐤀 𐤉𐤄𐤉𐤄 𐤍𐤀𐤌 𐤀𐤃𐤍𐤉 𐤉𐤄𐤅𐤄•
𐤉𐤈 𐤅𐤀𐤕𐤄 𐤁𐤍 𐤀𐤃𐤌 𐤄𐤍𐤁𐤀 𐤅𐤄𐤊 𐤊𐤐 𐤀𐤋 𐤊𐤐 𐤅𐤕𐤊𐤐𐤋 𐤇𐤓𐤁 𐤔𐤋𐤉𐤔𐤕𐤄 𐤇𐤓𐤁
𐤇𐤋𐤋𐤉𐤌 𐤄𐤉𐤀 𐤇𐤓𐤁 𐤇𐤋𐤋 𐤄𐤂𐤃𐤅𐤋 𐤄𐤇𐤃𐤓𐤕 𐤋𐤄𐤌•
𐤊 𐤋𐤌𐤏𐤍 𐤋𐤌𐤅𐤂 𐤋𐤁 𐤅𐤄𐤓𐤁𐤄 𐤄𐤌𐤊𐤔𐤋𐤉𐤌 𐤏𐤋 𐤊𐤋 𐤔𐤏𐤓𐤉𐤄𐤌 𐤍𐤕𐤕𐤉 𐤀𐤁𐤇𐤕
𐤇𐤓𐤁 𐤀𐤇 𐤏𐤔𐤅𐤉𐤄 𐤋𐤁𐤓𐤒 𐤌𐤏𐤈𐤄 𐤋𐤈𐤁𐤇•
𐤊𐤀 𐤄𐤕𐤀𐤇𐤃𐤉 𐤄𐤉𐤌𐤉𐤍𐤉 𐤄𐤔𐤉𐤌𐤉 𐤄𐤔𐤌𐤀𐤋𐤉 𐤀𐤍𐤄 𐤐𐤍𐤉𐤊 𐤌𐤏𐤃𐤅𐤕•
𐤊𐤁 𐤅𐤂𐤌 𐤀𐤍𐤉 𐤀𐤊𐤄 𐤊𐤐𐤉 𐤀𐤋 𐤊𐤐𐤉 𐤅𐤄𐤍𐤇𐤕𐤉 𐤇𐤌𐤕𐤉 𐤀𐤍𐤉 𐤉𐤄𐤅𐤄 𐤃𐤁𐤓𐤕𐤉•
𐤊𐤂 𐤅𐤉𐤄𐤉 𐤃𐤁𐤓 𐤉𐤄𐤅𐤄 𐤀𐤋𐤉 𐤋𐤀𐤌𐤓•
𐤊𐤃 𐤅𐤀𐤕𐤄 𐤁𐤍 𐤀𐤃𐤌 𐤔𐤉𐤌 𐤋𐤊 𐤔𐤍𐤉𐤌 𐤃𐤓𐤊𐤉𐤌 𐤋𐤁𐤅𐤀 𐤇𐤓𐤁 𐤌𐤋𐤊 𐤁𐤁𐤋
𐤌𐤀𐤓𐤑 𐤀𐤇𐤃 𐤉𐤑𐤀𐤅 𐤔𐤍𐤉𐤄𐤌 𐤅𐤉𐤃 𐤁𐤓𐤀 𐤁𐤓𐤀𐤔 𐤃𐤓𐤊 𐤏𐤉𐤓 𐤁𐤓𐤀•
𐤊𐤄 𐤃𐤓𐤊 𐤕𐤔𐤉𐤌 𐤋𐤁𐤅𐤀 𐤇𐤓𐤁 𐤀𐤕 𐤓𐤁𐤕 𐤁𐤍𐤉 𐤏𐤌𐤅𐤍 𐤅𐤀𐤕 𐤉𐤄𐤅𐤃𐤄 𐤁𐤉𐤓𐤅𐤔𐤋𐤌
𐤁𐤑𐤅𐤓𐤄•
𐤊𐤅 𐤊𐤉 𐤏𐤌𐤃 𐤌𐤋𐤊 𐤁𐤁𐤋 𐤀𐤋 𐤀𐤌 𐤄𐤃𐤓𐤊 𐤁𐤓𐤀𐤔 𐤔𐤍𐤉 𐤄𐤃𐤓𐤊𐤉𐤌 𐤋𐤒𐤎𐤌
𐤒𐤎𐤌 𐤒𐤋𐤒𐤋 𐤁𐤇𐤑𐤉𐤌 𐤔𐤀𐤋 𐤁𐤕𐤓𐤐𐤉𐤌 𐤓𐤀𐤄 𐤁𐤊𐤁𐤃•
𐤊𐤆 𐤁𐤉𐤌𐤉𐤍𐤅 𐤄𐤉𐤄 𐤄𐤒𐤎𐤌 𐤉𐤓𐤅𐤔𐤋𐤌 𐤋𐤔𐤅𐤌 𐤊𐤓𐤉𐤌 𐤋𐤐𐤕𐤇 𐤐𐤄 𐤁𐤓𐤑𐤇
𐤋𐤄𐤓𐤉𐤌 𐤒𐤅𐤋 𐤁𐤕𐤓𐤅𐤏𐤄 𐤋𐤔𐤅𐤌 𐤊𐤓𐤉𐤌 𐤏𐤋 𐤔𐤏𐤓𐤉𐤌 𐤋𐤔𐤐𐤊 𐤎𐤋𐤋𐤄 𐤋𐤁𐤍𐤅𐤕
𐤃𐤉𐤒•
𐤊𐤇 𐤅𐤄𐤉𐤄 𐤋𐤄𐤌 𐤊𐤒𐤎𐤅𐤌 [𐤊𐤒𐤎𐤌] 𐤔𐤅𐤀 𐤁𐤏𐤉𐤍𐤉𐤄𐤌 𐤔𐤁𐤏𐤉 𐤔𐤁𐤏𐤅𐤕 𐤋𐤄𐤌
𐤅𐤄𐤅𐤀 𐤌𐤆𐤊𐤉𐤓 𐤏𐤅𐤍 𐤋𐤄𐤕𐤐𐤔•
𐤊𐤈 𐤋𐤊𐤍 𐤊𐤄 𐤀𐤌𐤓 𐤀𐤃𐤍𐤉 𐤉𐤄𐤅𐤄 𐤉𐤏𐤍 𐤄𐤆𐤊𐤓𐤊𐤌 𐤏𐤅𐤍𐤊𐤌 𐤁𐤄𐤂𐤋𐤅𐤕
𐤐𐤔𐤏𐤉𐤊𐤌 𐤋𐤄𐤓𐤀𐤅𐤕 𐤇𐤈𐤀𐤅𐤕𐤉𐤊𐤌 𐤁𐤊𐤋 𐤏𐤋𐤉𐤋𐤅𐤕𐤉𐤊𐤌 𐤉𐤏𐤍 𐤄𐤆𐤊𐤓𐤊𐤌 𐤁𐤊𐤐
𐤕𐤕𐤐𐤔𐤅•
𐤋 𐤅𐤀𐤕𐤄 𐤇𐤋𐤋 𐤓𐤔𐤏 𐤍𐤔𐤉𐤀 𐤉𐤔𐤓𐤀𐤋 𐤀𐤔𐤓 𐤁𐤀 𐤉𐤅𐤌𐤅 𐤁𐤏𐤕 𐤏𐤅𐤍 𐤒𐤑•

𐤋𐤀 𐤊𐤄 𐤀𐤌𐤓 𐤀𐤃𐤍𐤉 𐤉𐤄𐤅𐤄 𐤄𐤎𐤉𐤓 𐤄𐤌𐤑𐤍𐤐𐤕 𐤅𐤄𐤓𐤉𐤌 𐤄𐤏𐤈𐤓𐤄 𐤆𐤀𐤕 𐤋𐤀
𐤆𐤀𐤕 𐤄𐤔𐤐𐤋𐤄 𐤄𐤂𐤁𐤄 𐤅𐤄𐤂𐤁𐤄 𐤄𐤔𐤐𐤉𐤋•
𐤋𐤁 𐤏𐤅𐤄 𐤏𐤅𐤄 𐤏𐤅𐤄 𐤀𐤔𐤉𐤌𐤍𐤄 𐤂𐤌 𐤆𐤀𐤕 𐤋𐤀 𐤄𐤉𐤄 𐤏𐤃 𐤁𐤀 𐤀𐤔𐤓 𐤋𐤅
𐤄𐤌𐤔𐤐𐤈 𐤅𐤍𐤕𐤕𐤉𐤅•
𐤋𐤂 𐤅𐤀𐤕𐤄 𐤁𐤍 𐤀𐤃𐤌 𐤄𐤍𐤁𐤀 𐤅𐤀𐤌𐤓𐤕 𐤊𐤄 𐤀𐤌𐤓 𐤀𐤃𐤍𐤉 𐤉𐤄𐤅𐤄 𐤀𐤋 𐤁𐤍𐤉
𐤏𐤌𐤅𐤍 𐤅𐤀𐤋 𐤇𐤓𐤐𐤕𐤌 𐤅𐤀𐤌𐤓𐤕 𐤇𐤓𐤁 𐤇𐤓𐤁 𐤐𐤕𐤅𐤇𐤄 𐤋𐤈𐤁𐤇 𐤌𐤓𐤅𐤈𐤄 𐤋𐤄𐤊𐤉𐤋 𐤋𐤌𐤏𐤍
𐤁𐤓𐤒•
𐤋𐤃 𐤁𐤇𐤆𐤅𐤕 𐤋𐤊 𐤔𐤅𐤀 𐤁𐤒𐤎𐤌 𐤋𐤊 𐤊𐤆𐤁 𐤋𐤕𐤕 𐤀𐤅𐤕𐤊 𐤀𐤋 𐤑𐤅𐤀𐤓𐤉 𐤇𐤋𐤋𐤉
𐤓𐤔𐤏𐤉𐤌 𐤀𐤔𐤓 𐤁𐤀 𐤉𐤅𐤌𐤌 𐤁𐤏𐤕 𐤏𐤅𐤍 𐤒𐤑•
𐤋𐤄 𐤄𐤔𐤁 𐤀𐤋 𐤕𐤏𐤓𐤄 𐤁𐤌𐤒𐤅𐤌 𐤀𐤔𐤓 𐤍𐤁𐤓𐤀𐤕 𐤁𐤀𐤓𐤑 𐤌𐤊𐤓𐤅𐤕𐤉𐤊 𐤀𐤔𐤐𐤈 𐤀𐤕𐤊•
𐤋𐤅 𐤅𐤔𐤐𐤊𐤕𐤉 𐤏𐤋𐤉𐤊 𐤆𐤏𐤌𐤉 𐤁𐤀𐤔 𐤏𐤁𐤓𐤕𐤉 𐤀𐤐𐤉𐤇 𐤏𐤋𐤉𐤊 𐤅𐤍𐤕𐤕𐤉𐤊 𐤁𐤉𐤃
𐤀𐤍𐤔𐤉𐤌 𐤁𐤏𐤓𐤉𐤌 𐤇𐤓𐤔𐤉 𐤌𐤔𐤇𐤉𐤕•
𐤋𐤆 𐤋𐤀𐤔 𐤕𐤄𐤉𐤄 𐤋𐤀𐤊𐤋𐤄 𐤃𐤌𐤊 𐤉𐤄𐤉𐤄 𐤁𐤕𐤅𐤊 𐤄𐤀𐤓𐤑 𐤋𐤀 𐤕𐤆𐤊𐤓𐤉 𐤊𐤉
𐤀𐤍𐤉 𐤉𐤄𐤅𐤄 𐤃𐤁𐤓𐤕𐤉•

𐤐𐤓𐤒 𐤊𐤁

𐤀 𐤅𐤉𐤄𐤉 𐤃𐤁𐤓 𐤉𐤄𐤅𐤄 𐤀𐤋𐤉 𐤋𐤀𐤌𐤓•
𐤁 𐤅𐤀𐤕𐤄 𐤁𐤍 𐤀𐤃𐤌 𐤄𐤕𐤔𐤐𐤈 𐤄𐤕𐤔𐤐𐤈 𐤀𐤕 𐤏𐤉𐤓 𐤄𐤃𐤌𐤉𐤌 𐤅𐤄𐤅𐤃𐤏𐤕𐤄 𐤀𐤕 𐤊𐤋
𐤕𐤅𐤏𐤁𐤅𐤕𐤉𐤄•
𐤂 𐤅𐤀𐤌𐤓𐤕 𐤊𐤄 𐤀𐤌𐤓 𐤀𐤃𐤍𐤉 𐤉𐤄𐤅𐤄 𐤏𐤉𐤓 𐤔𐤐𐤊𐤕 𐤃𐤌 𐤁𐤕𐤅𐤊𐤄 𐤋𐤁𐤅𐤀 𐤏𐤕𐤄
𐤅𐤏𐤔𐤕𐤄 𐤂𐤋𐤅𐤋𐤉𐤌 𐤏𐤋𐤉𐤄 𐤋𐤈𐤌𐤀𐤄•
𐤃 𐤁𐤃𐤌𐤊 𐤀𐤔𐤓 𐤔𐤐𐤊𐤕 𐤀𐤔𐤌𐤕 𐤅𐤁𐤂𐤋𐤅𐤋𐤉𐤊 𐤀𐤔𐤓 𐤏𐤔𐤉𐤕 𐤈𐤌𐤀𐤕 𐤅𐤕𐤒𐤓𐤉𐤁𐤉
𐤉𐤌𐤉𐤊 𐤅𐤕𐤁𐤅𐤀 𐤏𐤃 𐤔𐤍𐤅𐤕𐤉𐤊 𐤏𐤋 𐤊𐤍 𐤍𐤕𐤕𐤉𐤊 𐤇𐤓𐤐𐤄 𐤋𐤂𐤅𐤉𐤌 𐤅𐤒𐤋𐤎𐤄 𐤋𐤊𐤋
𐤄𐤀𐤓𐤑𐤅𐤕•
𐤄 𐤄𐤒𐤓𐤁𐤅𐤕 𐤅𐤄𐤓𐤇𐤒𐤅𐤕 𐤌𐤌𐤊 𐤉𐤕𐤒𐤋𐤎𐤅 𐤁𐤊 𐤈𐤌𐤀𐤕 𐤄𐤔𐤌 𐤓𐤁𐤕 𐤄𐤌𐤄𐤅𐤌𐤄•
𐤅 𐤄𐤍𐤄 𐤍𐤔𐤉𐤀𐤉 𐤉𐤔𐤓𐤀𐤋 𐤀𐤉𐤔 𐤋𐤆𐤓𐤏𐤅 𐤄𐤉𐤅 𐤁𐤊 𐤋𐤌𐤏𐤍 𐤔𐤐𐤊 𐤃𐤌•
𐤆 𐤀𐤁 𐤅𐤀𐤌 𐤄𐤒𐤋𐤅 𐤁𐤊 𐤂𐤓 𐤏𐤔𐤅 𐤁𐤏𐤔𐤒 𐤁𐤕𐤅𐤊𐤊 𐤉𐤕𐤅𐤌 𐤅𐤀𐤋𐤌𐤍𐤄 𐤄𐤅𐤍𐤅
𐤁𐤊•
𐤇 𐤒𐤃𐤔𐤉 𐤁𐤆𐤉𐤕 𐤅𐤀𐤕 𐤔𐤁𐤕𐤕𐤉 𐤇𐤋𐤋𐤕•
𐤈 𐤀𐤍𐤔𐤉 𐤓𐤊𐤉𐤋 𐤄𐤉𐤅 𐤁𐤊 𐤋𐤌𐤏𐤍 𐤔𐤐𐤊 𐤃𐤌 𐤅𐤀𐤋 𐤄𐤄𐤓𐤉𐤌 𐤀𐤊𐤋𐤅 𐤁𐤊 𐤆𐤌𐤄
𐤏𐤔𐤅 𐤁𐤕𐤅𐤊𐤊•
𐤉 𐤏𐤓𐤅𐤕 𐤀𐤁 𐤂𐤋𐤄 𐤁𐤊 𐤈𐤌𐤀𐤕 𐤄𐤍𐤃𐤄 𐤏𐤍𐤅 𐤁𐤊•
𐤉𐤀 𐤅𐤀𐤉𐤔 𐤀𐤕 𐤀𐤔𐤕 𐤓𐤏𐤄𐤅 𐤏𐤔𐤄 𐤕𐤅𐤏𐤁𐤄 𐤅𐤀𐤉𐤔 𐤀𐤕 𐤊𐤋𐤕𐤅 𐤈𐤌𐤀 𐤁𐤆𐤌𐤄

𐤉𐤇𐤆𐤒𐤀𐤋

𐤅𐤀𐤉𐤔 𐤀𐤕 𐤀𐤇𐤕𐤅 𐤁𐤕 𐤀𐤁𐤉𐤅 𐤏𐤍𐤄 𐤁𐤊•

𐤉𐤁 𐤔𐤇𐤃 𐤋𐤒𐤇𐤅 𐤁𐤊 𐤋𐤌𐤏𐤍 𐤔𐤐𐤊 𐤃𐤌 𐤍𐤔𐤊 𐤅𐤕𐤓𐤁𐤉𐤕 𐤋𐤒𐤇𐤕 𐤅𐤕𐤁𐤑𐤏𐤉 𐤓𐤏𐤉𐤊

𐤁𐤏𐤔𐤒 𐤅𐤀𐤕𐤉 𐤔𐤊𐤇𐤕 𐤍𐤀𐤌 𐤀𐤃𐤍𐤉 𐤉𐤄𐤅𐤄•

𐤉𐤂 𐤅𐤄𐤍𐤄 𐤄𐤊𐤉𐤕𐤉 𐤊𐤐𐤉 𐤀𐤋 𐤁𐤑𐤏𐤊 𐤀𐤔𐤓 𐤏𐤔𐤉𐤕 𐤅𐤏𐤋 𐤃𐤌𐤊 𐤀𐤔𐤓 𐤄𐤉𐤅

𐤁𐤕𐤅𐤊𐤊•

𐤉𐤃 𐤄𐤉𐤏𐤌𐤃 𐤋𐤁𐤊 𐤀𐤌 𐤕𐤇𐤆𐤒𐤍𐤄 𐤉𐤃𐤉𐤊 𐤋𐤉𐤌𐤉𐤌 𐤀𐤔𐤓 𐤀𐤍𐤉 𐤏𐤔𐤄 𐤀𐤅𐤕𐤊

𐤀𐤍𐤉 𐤉𐤄𐤅𐤄 𐤃𐤁𐤓𐤕𐤉 𐤅𐤏𐤔𐤉𐤕𐤉•

𐤈𐤅 𐤅𐤄𐤐𐤉𐤑𐤅𐤕𐤉 𐤀𐤅𐤕𐤊 𐤁𐤂𐤅𐤉𐤌 𐤅𐤆𐤓𐤉𐤕𐤉𐤊 𐤁𐤀𐤓𐤑𐤅𐤕 𐤅𐤄𐤕𐤌𐤕𐤉 𐤈𐤌𐤀𐤕𐤊

𐤌𐤌𐤊•

𐤈𐤆 𐤅𐤍𐤇𐤋𐤕 𐤁𐤊 𐤋𐤏𐤉𐤍𐤉 𐤂𐤅𐤉𐤌 𐤅𐤉𐤃𐤏𐤕 𐤊𐤉 𐤀𐤍𐤉 𐤉𐤄𐤅𐤄•

𐤉𐤆 𐤅𐤉𐤄𐤉 𐤃𐤁𐤓 𐤉𐤄𐤅𐤄 𐤀𐤋𐤉 𐤋𐤀𐤌𐤓•

𐤉𐤇 𐤁𐤍 𐤀𐤃𐤌 𐤄𐤉𐤅 𐤋𐤉 𐤁𐤉𐤕 𐤉𐤔𐤓𐤀𐤋 𐤋𐤎𐤅𐤂 [𐤋𐤎𐤉𐤂] 𐤊𐤋𐤌 𐤍𐤇𐤔𐤕 𐤅𐤁𐤃𐤉𐤋

𐤅𐤁𐤓𐤆𐤋 𐤅𐤏𐤅𐤐𐤓𐤕 𐤁𐤕𐤅𐤊 𐤊𐤅𐤓 𐤎𐤂𐤉𐤌 𐤊𐤎𐤐 𐤄𐤉𐤅•

𐤉𐤈 𐤋𐤊𐤍 𐤊𐤄 𐤀𐤌𐤓 𐤀𐤃𐤍𐤉 𐤉𐤄𐤅𐤄 𐤉𐤏𐤍 𐤄𐤉𐤅𐤕 𐤊𐤋𐤊𐤌 𐤋𐤎𐤂𐤉𐤌 𐤋𐤊𐤍

𐤄𐤍𐤍𐤉 𐤒𐤁𐤑 𐤀𐤕𐤊𐤌 𐤀𐤋 𐤕𐤅𐤊 𐤉𐤓𐤅𐤔𐤋𐤌•

𐤊 𐤒𐤁𐤑𐤕 𐤊𐤎𐤐 𐤅𐤍𐤇𐤔𐤕 𐤅𐤁𐤓𐤆𐤋 𐤅𐤏𐤅𐤐𐤓𐤕 𐤅𐤁𐤃𐤉𐤋 𐤀𐤋 𐤕𐤅𐤊 𐤊𐤅𐤓 𐤋𐤐𐤇𐤕 𐤏𐤋𐤉𐤅

𐤀𐤔 𐤋𐤄𐤍𐤕𐤉𐤊 𐤊𐤍 𐤀𐤒𐤁𐤑 𐤁𐤀𐤐𐤉 𐤅𐤁𐤇𐤌𐤕𐤉 𐤅𐤄𐤍𐤇𐤕𐤉 𐤅𐤄𐤕𐤊𐤕𐤉 𐤀𐤕𐤊𐤌•

𐤊𐤀 𐤅𐤊𐤍𐤎𐤕𐤉 𐤀𐤕𐤊𐤌 𐤅𐤍𐤐𐤇𐤕𐤉 𐤏𐤋𐤉𐤊𐤌 𐤁𐤀𐤔 𐤏𐤁𐤓𐤕𐤉 𐤅𐤍𐤕𐤊𐤕𐤌 𐤁𐤕𐤅𐤊𐤄•

𐤊𐤁 𐤊𐤄𐤕𐤅𐤊 𐤊𐤎𐤐 𐤁𐤕𐤅𐤊 𐤊𐤅𐤓 𐤊𐤍 𐤕𐤕𐤊𐤅 𐤁𐤕𐤅𐤊𐤄 𐤅𐤉𐤃𐤏𐤕𐤌 𐤊𐤉 𐤀𐤍𐤉

𐤉𐤄𐤅𐤄 𐤔𐤐𐤊𐤕𐤉 𐤇𐤌𐤕𐤉 𐤏𐤋𐤉𐤊𐤌•

𐤊𐤂 𐤅𐤉𐤄𐤉 𐤃𐤁𐤓 𐤉𐤄𐤅𐤄 𐤀𐤋𐤉 𐤋𐤀𐤌𐤓•

𐤊𐤃 𐤁𐤍 𐤀𐤃𐤌 𐤀𐤌𐤓 𐤋𐤄 𐤀𐤕 𐤀𐤓𐤑 𐤋𐤀 𐤌𐤈𐤄𐤓𐤄 𐤄𐤉𐤀 𐤋𐤀 𐤂𐤔𐤌𐤄 𐤁𐤉𐤅𐤌

𐤆𐤏𐤌•

𐤊𐤄 𐤒𐤔𐤓 𐤍𐤁𐤉𐤀𐤉𐤄 𐤁𐤕𐤅𐤊𐤄 𐤊𐤀𐤓𐤉 𐤔𐤅𐤀𐤂 𐤈𐤓𐤐 𐤈𐤓𐤐 𐤍𐤐𐤔 𐤀𐤊𐤋𐤅 𐤇𐤎𐤍

𐤅𐤉𐤒𐤓 𐤉𐤒𐤇𐤅 𐤀𐤋𐤌𐤍𐤅𐤕𐤉𐤄 𐤄𐤓𐤁𐤅 𐤁𐤕𐤅𐤊𐤄•

𐤊𐤅 𐤊𐤄𐤍𐤉𐤄 𐤇𐤌𐤎𐤅 𐤕𐤅𐤓𐤕𐤉 𐤅𐤉𐤇𐤋𐤋𐤅 𐤒𐤃𐤔𐤉 𐤁𐤉𐤍 𐤒𐤃𐤔 𐤋𐤇𐤋 𐤋𐤀

𐤄𐤁𐤃𐤉𐤋𐤅 𐤅𐤁𐤉𐤍 𐤄𐤈𐤌𐤀 𐤋𐤈𐤄𐤅𐤓 𐤋𐤀 𐤄𐤅𐤃𐤉𐤏𐤅 𐤅𐤌𐤔𐤁𐤕𐤅𐤕𐤉

𐤄𐤏𐤋𐤉𐤌𐤅 𐤏𐤉𐤍𐤉𐤄𐤌 𐤅𐤀𐤇𐤋 𐤁𐤕𐤅𐤊𐤌•

𐤊𐤆 𐤔𐤓𐤉𐤄 𐤁𐤒𐤓𐤁𐤄 𐤊𐤆𐤀𐤁𐤉𐤌 𐤈𐤓𐤐𐤉 𐤈𐤓𐤐 𐤋𐤔𐤐𐤊 𐤃𐤌 𐤋𐤀𐤁𐤃 𐤍𐤐𐤔𐤅𐤕

𐤋𐤌𐤏𐤍 𐤁𐤑𐤏 𐤁𐤑𐤏•

𐤊𐤇 𐤅𐤍𐤁𐤉𐤀𐤉𐤄 𐤈𐤇𐤅 𐤋𐤄𐤌 𐤕𐤐𐤋 𐤇𐤆𐤉𐤌 𐤔𐤅𐤀 𐤅𐤒𐤎𐤌𐤉𐤌 𐤋𐤄𐤌 𐤊𐤆𐤁

𐤀𐤌𐤓𐤉𐤌 𐤊𐤄 𐤀𐤌𐤓 𐤀𐤃𐤍𐤉 𐤉𐤄𐤅𐤄 𐤅𐤉𐤄𐤅𐤄 𐤋𐤀 𐤃𐤁𐤓•

𐤊𐤈 𐤏𐤌 𐤄𐤀𐤓𐤑 𐤏𐤔𐤒𐤅 𐤏𐤔𐤒 𐤅𐤂𐤆𐤋𐤅 𐤂𐤆𐤋 𐤅𐤏𐤍𐤉 𐤅𐤀𐤁𐤉𐤅𐤍 𐤄𐤅𐤍𐤅

𐤅𐤀𐤕 𐤄𐤂𐤓 𐤏𐤔𐤒𐤅 𐤁𐤋𐤀 𐤌𐤔𐤐𐤈•

𐤋 𐤅𐤀𐤁𐤒𐤔 𐤌𐤄𐤌 𐤀𐤉𐤔 𐤂𐤃𐤓 𐤂𐤃𐤓 𐤅𐤏𐤌𐤃 𐤁𐤐𐤓𐤑 𐤋𐤐𐤍𐤉 𐤁𐤏𐤃 𐤄𐤀𐤓𐤑

𐤋𐤁𐤋𐤕𐤉 𐤔𐤇𐤕𐤄 𐤅𐤋𐤀 𐤌𐤑𐤀𐤕𐤉•

𐤋𐤀 𐤅𐤀𐤔𐤐𐤊 𐤏𐤋𐤉𐤄𐤌 𐤆𐤏𐤌𐤉 𐤁𐤀𐤔 𐤏𐤁𐤓𐤕𐤉 𐤊𐤋𐤉𐤕𐤉𐤌 𐤃𐤓𐤊𐤌 𐤁𐤓𐤀𐤔𐤌

𐤍𐤕𐤕𐤉 𐤍𐤀𐤌 𐤀𐤃𐤍𐤉 𐤉𐤄𐤅𐤄•

𐤉𐤇𐤆𐤒𐤀𐤋

𐤏𐤔𐤒𐤅 𐤁𐤋𐤀 𐤌𐤔𐤐𐤈•
𐤋𐤅𐤀𐤁𐤒𐤔 𐤌𐤄𐤌 𐤀𐤉𐤔 𐤂𐤃𐤓 𐤂𐤃𐤓 𐤅𐤏𐤌𐤃 𐤋𐤐𐤍𐤉 𐤁𐤐𐤓𐤑 𐤁𐤏𐤃 𐤄𐤀𐤓𐤑 𐤋𐤁𐤋𐤕𐤉
𐤔𐤇𐤕𐤄 𐤅𐤋𐤀 𐤌𐤑𐤀𐤕𐤉•
𐤋𐤀𐤅𐤀𐤔𐤐𐤊 𐤏𐤋𐤉𐤄𐤌 𐤆𐤏𐤌𐤉 𐤁𐤀𐤔 𐤏𐤁𐤓𐤕𐤉 𐤊𐤋𐤉𐤕𐤉𐤌 𐤃𐤓𐤊𐤌 𐤁𐤓𐤀𐤔𐤌
𐤍𐤕𐤕𐤉 𐤍𐤀𐤌 𐤀𐤃𐤍𐤉 𐤉𐤄𐤅𐤄•

𐤐𐤓𐤒 𐤊𐤂

𐤀𐤅𐤉𐤄𐤉 𐤃𐤁𐤓 𐤉𐤄𐤅𐤄 𐤀𐤋𐤉 𐤋𐤀𐤌𐤓•
𐤁𐤁𐤍 𐤀𐤃𐤌 𐤔𐤕𐤉𐤌 𐤍𐤔𐤉𐤌 𐤁𐤍𐤅𐤕 𐤀𐤌 𐤀𐤇𐤕 𐤄𐤉𐤅•
𐤂𐤅𐤕𐤆𐤍𐤉𐤍𐤄 𐤁𐤌𐤑𐤓𐤉𐤌 𐤁𐤍𐤏𐤅𐤓𐤉𐤄𐤍 𐤆𐤍𐤅 𐤔𐤌𐤄 𐤌𐤏𐤊𐤅 𐤔𐤃𐤉𐤄𐤍 𐤅𐤔𐤌
𐤏𐤔𐤅 𐤃𐤃𐤉 𐤁𐤕𐤅𐤋𐤉𐤄𐤍•
𐤃𐤅𐤔𐤌𐤅𐤕𐤍 𐤀𐤄𐤋𐤄 𐤄𐤂𐤃𐤅𐤋𐤄 𐤅𐤀𐤄𐤋𐤉𐤁𐤄 𐤀𐤇𐤅𐤕𐤄 𐤅𐤕𐤄𐤉𐤉𐤍𐤄 𐤋𐤉
𐤅𐤕𐤋𐤃𐤍𐤄 𐤁𐤍𐤉𐤌 𐤅𐤁𐤍𐤅𐤕 𐤅𐤔𐤌𐤅𐤕𐤍 𐤔𐤌𐤓𐤅𐤍 𐤀𐤄𐤋𐤄 𐤅𐤉𐤓𐤅𐤔𐤋𐤌 𐤀𐤄𐤋𐤉𐤁𐤄•
𐤄𐤅𐤕𐤆𐤍 𐤀𐤄𐤋𐤄 𐤕𐤇𐤕𐤉 𐤅𐤕𐤏𐤂𐤁 𐤏𐤋 𐤌𐤀𐤄𐤁𐤉𐤄 𐤀𐤋 𐤀𐤔𐤅𐤓 𐤒𐤓𐤅𐤁𐤉𐤌•
𐤅𐤋𐤁𐤔𐤉 𐤕𐤊𐤋𐤕 𐤐𐤇𐤅𐤕 𐤅𐤎𐤂𐤍𐤉𐤌 𐤁𐤇𐤅𐤓𐤉 𐤇𐤌𐤃 𐤊𐤋𐤌 𐤐𐤓𐤔𐤉𐤌 𐤓𐤊𐤁𐤉
𐤎𐤅𐤎𐤉𐤌•
𐤆𐤅𐤕𐤕𐤍 𐤕𐤆𐤍𐤅𐤕𐤉𐤄 𐤏𐤋𐤉𐤄𐤌 𐤌𐤁𐤇𐤓 𐤁𐤍𐤉 𐤀𐤔𐤅𐤓 𐤊𐤋𐤌 𐤅𐤁𐤊𐤋 𐤀𐤔𐤓 𐤏𐤂𐤁𐤄
𐤁𐤊𐤋 𐤂𐤋𐤅𐤋𐤉𐤄𐤌 𐤍𐤈𐤌𐤀𐤄•
𐤇𐤅𐤀𐤕 𐤕𐤆𐤍𐤅𐤕𐤉𐤄 𐤌𐤌𐤑𐤓𐤉𐤌 𐤋𐤀 𐤏𐤆𐤁𐤄 𐤊𐤉 𐤀𐤅𐤕𐤄 𐤔𐤊𐤁𐤅 𐤁𐤍𐤏𐤅𐤓𐤉𐤄
𐤅𐤄𐤌𐤄 𐤏𐤔𐤅 𐤃𐤃𐤉 𐤁𐤕𐤅𐤋𐤉𐤄 𐤅𐤉𐤔𐤐𐤊𐤅 𐤕𐤆𐤍𐤅𐤕𐤌 𐤏𐤋𐤉𐤄•
𐤈𐤋𐤊𐤍 𐤍𐤕𐤕𐤉𐤄 𐤁𐤉𐤃 𐤌𐤀𐤄𐤁𐤉𐤄 𐤁𐤉𐤃 𐤁𐤍𐤉 𐤀𐤔𐤅𐤓 𐤀𐤔𐤓 𐤏𐤂𐤁𐤄 𐤏𐤋𐤉𐤄𐤌•
𐤉𐤄𐤌𐤄 𐤂𐤋𐤅 𐤏𐤓𐤅𐤕𐤄 𐤁𐤍𐤉𐤄 𐤅𐤁𐤍𐤅𐤕𐤉𐤄 𐤋𐤒𐤇𐤅 𐤅𐤀𐤅𐤕𐤄 𐤁𐤇𐤓𐤁 𐤄𐤓𐤂𐤅 𐤅𐤕𐤄𐤉
𐤔𐤌 𐤋𐤍𐤔𐤉𐤌 𐤅𐤔𐤐𐤅𐤈𐤉𐤌 𐤏𐤔𐤅 𐤁𐤄•
𐤉𐤀𐤅𐤕𐤓𐤀 𐤀𐤇𐤅𐤕𐤄 𐤀𐤄𐤋𐤉𐤁𐤄 𐤅𐤕𐤔𐤇𐤕 𐤏𐤂𐤁𐤕𐤄 𐤌𐤌𐤍𐤄 𐤅𐤀𐤕 𐤕𐤆𐤍𐤅𐤕𐤉𐤄
𐤌𐤆𐤍𐤅𐤍𐤉 𐤀𐤇𐤅𐤕𐤄•
𐤉𐤁𐤀𐤋 𐤁𐤍𐤉 𐤀𐤔𐤅𐤓 𐤏𐤂𐤁𐤄 𐤐𐤇𐤅𐤕 𐤅𐤎𐤂𐤍𐤉𐤌 𐤒𐤓𐤁𐤉𐤌 𐤋𐤁𐤔𐤉 𐤌𐤊𐤋𐤅𐤋
𐤐𐤓𐤔𐤉𐤌 𐤓𐤊𐤁𐤉 𐤎𐤅𐤎𐤉𐤌 𐤁𐤇𐤅𐤓𐤉 𐤇𐤌𐤃 𐤊𐤋𐤌•
𐤉𐤂𐤅𐤀𐤓𐤀 𐤊𐤉 𐤍𐤈𐤌𐤀𐤄 𐤃𐤓𐤊 𐤀𐤇𐤃 𐤋𐤔𐤕𐤉𐤄𐤍•
𐤉𐤃𐤅𐤕𐤅𐤎𐤐 𐤀𐤋 𐤕𐤆𐤍𐤅𐤕𐤉𐤄 𐤅𐤕𐤓𐤀 𐤀𐤍𐤔𐤉 𐤌𐤇𐤒𐤄 𐤏𐤋 𐤄𐤒𐤉𐤓 𐤑𐤋𐤌𐤉
𐤊𐤔𐤃𐤉𐤉𐤌 [𐤊𐤔𐤃𐤉𐤌] 𐤇𐤒𐤒𐤉𐤌 𐤁𐤔𐤔𐤓•
𐤈𐤅𐤇𐤂𐤅𐤓𐤉 𐤀𐤆𐤅𐤓 𐤁𐤌𐤕𐤍𐤉𐤄𐤌 𐤎𐤓𐤅𐤇𐤉 𐤈𐤁𐤅𐤋𐤉𐤌 𐤁𐤓𐤀𐤔𐤉𐤄𐤌 𐤌𐤓𐤀𐤄
𐤔𐤋𐤔𐤉𐤌 𐤊𐤋𐤌 𐤃𐤌𐤅𐤕 𐤁𐤍𐤉 𐤁𐤁𐤋 𐤊𐤔𐤃𐤉𐤌 𐤀𐤓𐤑 𐤌𐤅𐤋𐤃𐤕𐤌•
𐤈𐤆 𐤅𐤕𐤏𐤂𐤁 [𐤅𐤕𐤏𐤂𐤁𐤄] 𐤏𐤋𐤉𐤄𐤌 𐤋𐤌𐤓𐤀𐤄 𐤏𐤉𐤍𐤉𐤄 𐤅𐤕𐤔𐤋𐤇 𐤌𐤋𐤀𐤊𐤉𐤌

יחזקאל

אליהם כשדימה.
יז ויבאו אליה בני בבל למשכב דדים ויטמאו אותה
בתזנותם ותטמא בם ותקע נפשה מהם.
יח ותגל תזנותיה ותגל את ערותה ותקע נפשי מעליה כאשר
נקעה נפשי מעל אחותה.
יט ותרבה את תזנותיה לזכר את ימי נעוריה אשר זנתה בארץ
מצרים.
כ ותעגבה על פלגשיהם אשר בשר חמורים בשרם וזרמת סוסים
זרמתם.
כא ותפקדי את זמת נעוריך בעשות ממצרים דדיך למען שדי
נעוריך.
כב לכן אהליבה כה אמר אדני יהוה הנני מעיר את מאהביך
עליך את אשר נקעה נפשך מהם והבאתים עליך מסביב.
כג בני בבל וכל כשדים פקוד ושוע וקוע כל בני אשור אותם
בחורי חמד פחות וסגנים כלם שלשים וקרואים רכבי סוסים
כלם.
כד ובאו עליך הצן רכב וגלגל ובקהל עמים צנה ומגן וקובע
ישימו עליך סביב ונתתי לפניהם משפט ושפטוך במשפטיהם.
כה ונתתי קנאתי בך ועשו אותך בחמה אפך ואזניך יסירו
ואחריתך בחרב תפול המה בניך ובנותיך יקחו ואחריתך תאכל
באש.
כו והפשיטוך את בגדיך ולקחו כלי תפארתך.
כז והשבתי זמתך ממך ואת זנותך מארץ מצרים ולא תשאי
עיניך אליהם ומצרים לא תזכרי עוד.
כח כי כה אמר אדני יהוה הנני נתנך ביד אשר שנאת ביד
אשר נקעה נפשך מהם.
כט ועשו אותך בשנאה ולקחו כל יגיעך ועזבוך עירם ועריה
ונגלה ערות זנוניך וזמתך ותזנותיך.
ל עשה אלה לך בזנותך אחרי גוים על אשר נטמאת בגלוליהם.
לא בדרך אחותך הלכת ונתתי כוסה בידך.
לב כה אמר אדני יהוה כוס אחותך תשתי העמקה והרחבה תהיה
לצחק וללעג מרבה להכיל.
לג שכרון ויגון תמלאי כוס שמה ושממה כוס אחותך שמרון.

𐤉𐤇𐤆𐤒𐤀𐤋

𐤋𐤃 𐤅𐤔𐤕𐤉𐤕 𐤀𐤅𐤕𐤄 𐤅𐤌𐤑𐤉𐤕 𐤅𐤀𐤕 𐤇𐤓𐤔𐤉𐤄 𐤕𐤂𐤓𐤌𐤉 𐤅𐤔𐤃𐤉𐤊 𐤕𐤍𐤕𐤒𐤉 𐤊𐤉
𐤀𐤍𐤉 𐤃𐤁𐤓𐤕𐤉 𐤍𐤀𐤌 𐤀𐤃𐤍𐤉 𐤉𐤄𐤅𐤄•
𐤋𐤄 𐤋𐤊𐤍 𐤊𐤄 𐤀𐤌𐤓 𐤀𐤃𐤍𐤉 𐤉𐤄𐤅𐤄 𐤉𐤏𐤍 𐤔𐤊𐤇𐤕 𐤀𐤅𐤕𐤉 𐤅𐤕𐤔𐤋𐤉𐤊𐤉 𐤀𐤅𐤕𐤉
𐤀𐤇𐤓𐤉 𐤂𐤅𐤊 𐤅𐤂𐤌 𐤀𐤕 𐤔𐤀𐤉 𐤆𐤌𐤕𐤊 𐤅𐤀𐤕 𐤕𐤆𐤍𐤅𐤕𐤉𐤊•
𐤋𐤅 𐤅𐤉𐤀𐤌𐤓 𐤉𐤄𐤅𐤄 𐤀𐤋𐤉 𐤁𐤍 𐤀𐤃𐤌 𐤄𐤕𐤔𐤐𐤅𐤈 𐤀𐤕 𐤀𐤄𐤋𐤄 𐤅𐤀𐤕 𐤀𐤄𐤋𐤉𐤁𐤄
𐤅𐤄𐤂𐤃 𐤋𐤄𐤍 𐤀𐤕 𐤕𐤅𐤏𐤁𐤅𐤕𐤉𐤄𐤍•
𐤋𐤆 𐤊𐤉 𐤍𐤀𐤐𐤅 𐤅𐤃𐤌 𐤁𐤉𐤃𐤉𐤄𐤍 𐤅𐤀𐤕 𐤂𐤋𐤅𐤋𐤉𐤄𐤍 𐤍𐤀𐤐𐤅 𐤅𐤂𐤌 𐤀𐤕 𐤁𐤍𐤉𐤄𐤍
𐤀𐤔𐤓 𐤉𐤋𐤃𐤅 𐤋𐤉 𐤄𐤏𐤁𐤉𐤓𐤅 𐤋𐤄𐤌 𐤋𐤀𐤊𐤋𐤄•
𐤋𐤇 𐤏𐤅𐤃 𐤆𐤀𐤕 𐤏𐤔𐤅 𐤋𐤉 𐤈𐤌𐤀𐤅 𐤀𐤕 𐤌𐤒𐤃𐤔𐤉 𐤁𐤉𐤅𐤌 𐤄𐤄𐤅𐤀 𐤅𐤀𐤕 𐤔𐤁𐤕𐤅𐤕𐤉
𐤇𐤋𐤋𐤅•
𐤋𐤈 𐤅𐤁𐤔𐤇𐤈𐤌 𐤀𐤕 𐤁𐤍𐤉𐤄𐤌 𐤋𐤂𐤋𐤅𐤋𐤉𐤄𐤌 𐤅𐤉𐤁𐤀𐤅 𐤀𐤋 𐤌𐤒𐤃𐤔𐤉 𐤁𐤉𐤅𐤌
𐤄𐤄𐤅𐤀 𐤋𐤇𐤋𐤋𐤅 𐤅𐤄𐤍𐤄 𐤊𐤄 𐤏𐤔𐤅 𐤁𐤕𐤅𐤊 𐤁𐤉𐤕𐤉•
𐤌 𐤅𐤀𐤐 𐤊𐤉 𐤕𐤔𐤋𐤇𐤍𐤄 𐤋𐤀𐤍𐤔𐤉𐤌 𐤁𐤀𐤉𐤌 𐤌𐤌𐤓𐤇𐤒 𐤀𐤔𐤓 𐤌𐤋𐤀𐤊 𐤔𐤋𐤅𐤇
𐤀𐤋𐤉𐤄𐤌 𐤅𐤄𐤍𐤄 𐤁𐤀𐤅 𐤋𐤀𐤔𐤓 𐤓𐤇𐤑𐤕 𐤊𐤇𐤋𐤕 𐤏𐤉𐤍𐤉𐤊 𐤅𐤏𐤃𐤉𐤕 𐤏𐤃𐤉•
𐤌𐤀 𐤅𐤉𐤔𐤁𐤕 𐤏𐤋 𐤌𐤈𐤄 𐤊𐤁𐤅𐤃𐤄 𐤅𐤔𐤋𐤇𐤍 𐤏𐤓𐤅𐤊 𐤋𐤐𐤍𐤉𐤄 𐤅𐤒𐤈𐤓𐤕𐤉 𐤅𐤔𐤌𐤍𐤉
𐤔𐤌𐤕 𐤏𐤋𐤉𐤄•
𐤌𐤁 𐤅𐤒𐤅𐤋 𐤄𐤌𐤅𐤍 𐤔𐤋𐤅 𐤁𐤄 𐤅𐤀𐤋 𐤀𐤍𐤔𐤉𐤌 𐤌𐤓𐤁 𐤀𐤃𐤌 𐤌𐤅𐤁𐤀𐤉𐤌 𐤎𐤅𐤁𐤀𐤉𐤌
[𐤎𐤁𐤀𐤉𐤌] 𐤌𐤌𐤃𐤁𐤓 𐤅𐤉𐤕𐤍𐤅 𐤑𐤌𐤉𐤃𐤉𐤌 𐤀𐤋 𐤉𐤃𐤉𐤄𐤍 𐤅𐤏𐤈𐤓𐤕 𐤕𐤐𐤀𐤓𐤕 𐤏𐤋
𐤓𐤀𐤔𐤉𐤄𐤍•
𐤌𐤂 𐤅𐤀𐤌𐤓 𐤋𐤁𐤋𐤄 𐤍𐤀𐤅𐤐𐤉𐤌 𐤏𐤕 [𐤏𐤕𐤄] 𐤉𐤆𐤍𐤄 [𐤉𐤆𐤍𐤅] 𐤕𐤆𐤍𐤅𐤕𐤄 𐤅𐤄𐤉𐤀•
𐤌𐤃 𐤅𐤉𐤁𐤅𐤀 𐤀𐤋𐤉𐤄 𐤊𐤁𐤅𐤀 𐤀𐤋 𐤀𐤔𐤄 𐤆𐤅𐤍𐤄 𐤊𐤍 𐤁𐤀𐤅 𐤀𐤋 𐤀𐤄𐤋𐤄 𐤅𐤀𐤋
𐤀𐤄𐤋𐤉𐤁𐤄 𐤀𐤔𐤕 𐤄𐤆𐤌𐤄•
𐤌𐤄 𐤅𐤀𐤍𐤔𐤉𐤌 𐤑𐤃𐤉𐤒𐤌 𐤄𐤌𐤄 𐤉𐤔𐤐𐤈𐤅 𐤀𐤅𐤕𐤄𐤌 𐤌𐤔𐤐𐤈 𐤍𐤀𐤐𐤅𐤕 𐤅𐤌𐤔𐤐𐤈
𐤔𐤐𐤊𐤅𐤕 𐤃𐤌 𐤊𐤉 𐤍𐤀𐤐𐤕 𐤄𐤍𐤄 𐤅𐤃𐤌 𐤁𐤉𐤃𐤉𐤄𐤍•
𐤌𐤅 𐤊𐤉 𐤊𐤄 𐤀𐤌𐤓 𐤀𐤃𐤍𐤉 𐤉𐤄𐤅𐤄 𐤄𐤏𐤋𐤄 𐤏𐤋𐤉𐤄𐤌 𐤒𐤄𐤋 𐤅𐤍𐤕𐤍 𐤀𐤕𐤄𐤍
𐤋𐤆𐤏𐤅𐤄 𐤅𐤋𐤁𐤆•
𐤌𐤆 𐤅𐤓𐤂𐤌𐤅 𐤏𐤋𐤉𐤄𐤍 𐤀𐤁𐤍 𐤒𐤄𐤋 𐤅𐤁𐤓𐤀 𐤀𐤅𐤕𐤄𐤍 𐤁𐤇𐤓𐤁𐤅𐤕𐤌 𐤁𐤍𐤉𐤄𐤌
𐤅𐤁𐤍𐤅𐤕𐤉𐤄𐤌 𐤉𐤄𐤓𐤂𐤅 𐤅𐤁𐤕𐤉𐤄𐤍 𐤁𐤀𐤔 𐤉𐤔𐤓𐤐𐤅•
𐤌𐤇 𐤅𐤄𐤔𐤁𐤕𐤉 𐤆𐤌𐤄 𐤌𐤍 𐤄𐤀𐤓𐤑 𐤅𐤍𐤅𐤎𐤓𐤅 𐤊𐤋 𐤄𐤍𐤔𐤉𐤌 𐤅𐤋𐤀 𐤕𐤏𐤔𐤉𐤍𐤄
𐤊𐤆𐤌𐤕𐤊𐤍𐤄•
𐤌𐤈 𐤅𐤍𐤕𐤍𐤅 𐤆𐤌𐤕𐤊𐤍𐤄 𐤏𐤋𐤉𐤊𐤍 𐤅𐤇𐤈𐤀𐤉 𐤂𐤋𐤅𐤋𐤉𐤊𐤍 𐤕𐤔𐤀𐤉𐤍𐤄 𐤅𐤉𐤃𐤏𐤕𐤌
𐤊𐤉 𐤀𐤍𐤉 𐤀𐤃𐤍𐤉 𐤉𐤄𐤅𐤄•

𐤉𐤇𐤆𐤒𐤀𐤋

𐤐𐤓𐤒 𐤊𐤃

𐤀 𐤅𐤉𐤄𐤉 𐤃𐤁𐤓 𐤉𐤄𐤅𐤄 𐤀𐤋𐤉 𐤁𐤔𐤍𐤄 𐤄𐤕𐤔𐤉𐤏𐤉𐤕 𐤁𐤇𐤃𐤔 𐤄𐤏𐤔𐤉𐤓𐤉 𐤁𐤏𐤔𐤅𐤓
𐤋𐤇𐤃𐤔 𐤋𐤀𐤌𐤓•
𐤁 𐤁𐤍 𐤀𐤃𐤌 𐤊𐤕𐤅𐤁 [𐤊𐤕𐤁] 𐤋𐤊 𐤀𐤕 𐤔𐤌 𐤄𐤉𐤅𐤌 𐤀𐤕 𐤏𐤑𐤌 𐤄𐤉𐤅𐤌 𐤄𐤆𐤄 𐤎𐤌𐤊
𐤌𐤋𐤊 𐤁𐤁𐤋 𐤀𐤋 𐤉𐤓𐤅𐤔𐤋𐤌 𐤁𐤏𐤑𐤌 𐤄𐤉𐤅𐤌 𐤄𐤆𐤄•
𐤂 𐤅𐤌𐤔𐤋 𐤀𐤋 𐤁𐤉𐤕 𐤄𐤌𐤓𐤉 𐤌𐤔𐤋 𐤅𐤀𐤌𐤓𐤕 𐤀𐤋𐤉𐤄𐤌 𐤊𐤄 𐤀𐤌𐤓 𐤀𐤃𐤍𐤉 𐤉𐤄𐤅𐤄
𐤔𐤐𐤕 𐤄𐤎𐤉𐤓 𐤔𐤐𐤕 𐤅𐤂𐤌 𐤉𐤑𐤒 𐤁𐤅 𐤌𐤉𐤌•
𐤃 𐤀𐤎𐤐 𐤍𐤕𐤇𐤉𐤄 𐤀𐤋𐤉𐤄 𐤊𐤋 𐤍𐤕𐤇 𐤈𐤅𐤁 𐤉𐤓𐤊 𐤅𐤊𐤕𐤐 𐤌𐤁𐤇𐤓 𐤏𐤑𐤌𐤉𐤌 𐤌𐤋𐤀•
𐤄 𐤌𐤁𐤇𐤓 𐤄𐤑𐤀𐤍 𐤋𐤒𐤅𐤇 𐤅𐤂𐤌 𐤃𐤅𐤓 𐤄𐤏𐤑𐤌𐤉𐤌 𐤕𐤇𐤕𐤉𐤄 𐤓𐤕𐤇 𐤓𐤕𐤇𐤉𐤄 𐤂𐤌
𐤁𐤔𐤋𐤅 𐤏𐤑𐤌𐤉𐤄 𐤁𐤕𐤅𐤊𐤄•
𐤅 𐤋𐤊𐤍 𐤊𐤄 𐤀𐤌𐤓 𐤀𐤃𐤍𐤉 𐤉𐤄𐤅𐤄 𐤀𐤅𐤉 𐤏𐤉𐤓 𐤄𐤃𐤌𐤉𐤌 𐤎𐤉𐤓 𐤀𐤔𐤓 𐤇𐤋𐤀𐤕𐤄
𐤁𐤄 𐤅𐤇𐤋𐤀𐤕𐤄 𐤋𐤀 𐤉𐤑𐤀𐤄 𐤌𐤌𐤍𐤄 𐤋𐤍𐤕𐤇𐤉𐤄 𐤋𐤍𐤕𐤇𐤉𐤄 𐤄𐤅𐤑𐤉𐤀𐤄 𐤋𐤀 𐤍𐤐𐤋
𐤏𐤋𐤉𐤄 𐤂𐤅𐤓𐤋•
𐤆 𐤊𐤉 𐤃𐤌𐤄 𐤁𐤕𐤅𐤊𐤄 𐤄𐤉𐤄 𐤏𐤋 𐤑𐤇𐤉𐤇 𐤎𐤋𐤏 𐤔𐤌𐤕𐤄𐤅 𐤋𐤀 𐤔𐤐𐤊𐤕𐤄𐤅 𐤏𐤋
𐤄𐤀𐤓𐤑 𐤋𐤊𐤎𐤅𐤕 𐤏𐤋𐤉𐤅 𐤏𐤐𐤓•
𐤇 𐤋𐤄𐤏𐤋𐤅𐤕 𐤇𐤌𐤄 𐤋𐤍𐤒𐤌 𐤍𐤒𐤌 𐤍𐤕𐤕𐤉 𐤀𐤕 𐤃𐤌𐤄 𐤏𐤋 𐤑𐤇𐤉𐤇 𐤎𐤋𐤏 𐤋𐤁𐤋𐤕𐤉
𐤄𐤊𐤎𐤅𐤕•
𐤈 𐤋𐤊𐤍 𐤊𐤄 𐤀𐤌𐤓 𐤀𐤃𐤍𐤉 𐤉𐤄𐤅𐤄 𐤀𐤅𐤉 𐤏𐤉𐤓 𐤄𐤃𐤌𐤉𐤌 𐤂𐤌 𐤀𐤍𐤉 𐤀𐤂𐤃𐤉𐤋
𐤄𐤌𐤃𐤅𐤓𐤄•
𐤉 𐤄𐤓𐤁𐤄 𐤄𐤏𐤑𐤉𐤌 𐤄𐤃𐤋𐤒 𐤄𐤀𐤔 𐤄𐤕𐤌 𐤄𐤁𐤔𐤓 𐤅𐤄𐤓𐤒𐤇 𐤄𐤌𐤓𐤒𐤇𐤄 𐤅𐤄𐤏𐤑𐤌𐤅𐤕
𐤉𐤇𐤓𐤅•
𐤉𐤀 𐤅𐤄𐤏𐤌𐤉𐤃𐤄 𐤏𐤋 𐤂𐤇𐤋𐤉𐤄 𐤓𐤒𐤄 𐤋𐤌𐤏𐤍 𐤕𐤇𐤌 𐤅𐤍𐤇𐤓𐤄 𐤍𐤇𐤔𐤕𐤄 𐤅𐤍𐤕𐤊𐤄
𐤁𐤕𐤅𐤊𐤄 𐤈𐤌𐤀𐤕𐤄 𐤕𐤕𐤌 𐤇𐤋𐤀𐤕𐤄•
𐤉𐤁 𐤕𐤀𐤍𐤉𐤌 𐤄𐤋𐤀𐤕 𐤅𐤋𐤀 𐤕𐤑𐤀 𐤌𐤌𐤍𐤄 𐤓𐤁𐤕 𐤇𐤋𐤀𐤕𐤄 𐤁𐤀𐤔 𐤇𐤋𐤀𐤕𐤄•
𐤉𐤂 𐤁𐤈𐤌𐤀𐤕𐤊 𐤆𐤌𐤄 𐤉𐤏𐤍 𐤈𐤄𐤓𐤕𐤉𐤊 𐤅𐤋𐤀 𐤈𐤄𐤓𐤕 𐤌𐤈𐤌𐤀𐤕𐤊 𐤋𐤀 𐤕𐤈𐤄𐤓𐤉
𐤏𐤅𐤃 𐤏𐤃 𐤄𐤍𐤉𐤇𐤉 𐤀𐤕 𐤇𐤌𐤕𐤉 𐤁𐤊•
𐤉𐤃 𐤀𐤍𐤉 𐤉𐤄𐤅𐤄 𐤃𐤁𐤓𐤕𐤉 𐤁𐤀𐤄 𐤅𐤏𐤔𐤉𐤕𐤉 𐤋𐤀 𐤀𐤐𐤓𐤏 𐤅𐤋𐤀 𐤀𐤇𐤅𐤎 𐤅𐤋𐤀
𐤀𐤍𐤇𐤌 𐤊𐤃𐤓𐤊𐤉𐤊 𐤅𐤊𐤏𐤋𐤉𐤋𐤅𐤕𐤉𐤊 𐤔𐤐𐤈𐤅𐤊 𐤍𐤀𐤌 𐤀𐤃𐤍𐤉 𐤉𐤄𐤅𐤄•
𐤈𐤅 𐤅𐤉𐤄𐤉 𐤃𐤁𐤓 𐤉𐤄𐤅𐤄 𐤀𐤋𐤉 𐤋𐤀𐤌𐤓•
𐤈𐤆 𐤁𐤍 𐤀𐤃𐤌 𐤄𐤍𐤍𐤉 𐤋𐤒𐤇 𐤌𐤌𐤊 𐤀𐤕 𐤌𐤇𐤌𐤃 𐤏𐤉𐤍𐤉𐤊 𐤁𐤌𐤂𐤐𐤄 𐤅𐤋𐤀 𐤕𐤎𐤐𐤃
𐤅𐤋𐤀 𐤕𐤁𐤊𐤄 𐤅𐤋𐤀 𐤕𐤁𐤅𐤀 𐤃𐤌𐤏𐤕𐤊•
𐤉𐤆 𐤄𐤀𐤍𐤒 𐤃𐤌 𐤌𐤕𐤉𐤌 𐤀𐤁𐤋 𐤋𐤀 𐤕𐤏𐤔𐤄 𐤐𐤀𐤓𐤊 𐤇𐤁𐤅𐤔 𐤏𐤋𐤉𐤊 𐤅𐤍𐤏𐤋𐤉𐤊
𐤕𐤔𐤉𐤌 𐤁𐤓𐤂𐤋𐤉𐤊 𐤅𐤋𐤀 𐤕𐤏𐤈𐤄 𐤏𐤋 𐤔𐤐𐤌 𐤅𐤋𐤇𐤌 𐤀𐤍𐤔𐤉𐤌 𐤋𐤀 𐤕𐤀𐤊𐤋•

𐤉𐤇𐤆𐤒𐤀𐤋

𐤉𐤇𐤅𐤀𐤃𐤁𐤓 𐤀𐤋 𐤄𐤏𐤌 𐤁𐤁𐤒𐤓 𐤅𐤕𐤌𐤕 𐤀𐤔𐤕𐤉 𐤁𐤏𐤓𐤁 𐤅𐤀𐤏𐤔 𐤁𐤁𐤒𐤓 𐤊𐤀𐤔𐤓
𐤑𐤅𐤉𐤕𐤉•
𐤉𐤈𐤅𐤉𐤀𐤌𐤓𐤅 𐤀𐤋𐤉 𐤄𐤏𐤌 𐤄𐤋𐤀 𐤕𐤂𐤉𐤃 𐤋𐤍𐤅 𐤌𐤄 𐤀𐤋𐤄 𐤋𐤍𐤅 𐤊𐤉 𐤀𐤕𐤄 𐤏𐤔𐤄•
𐤊 𐤅𐤀𐤌𐤓 𐤀𐤋𐤉𐤄𐤌 𐤃𐤁𐤓 𐤉𐤄𐤅𐤄 𐤄𐤉𐤄 𐤀𐤋𐤉 𐤋𐤀𐤌𐤓•
𐤊𐤀 𐤀𐤌𐤓 𐤋𐤁𐤉𐤕 𐤉𐤔𐤓𐤀𐤋 𐤊𐤄 𐤀𐤌𐤓 𐤀𐤃𐤍𐤉 𐤉𐤄𐤅𐤄 𐤄𐤍𐤍𐤉 𐤌𐤇𐤋𐤋 𐤀𐤕
𐤌𐤒𐤃𐤔𐤉 𐤂𐤀𐤅𐤍 𐤏𐤆𐤊𐤌 𐤌𐤇𐤌𐤃 𐤏𐤉𐤍𐤉𐤊𐤌 𐤅𐤌𐤇𐤌𐤋 𐤍𐤐𐤔𐤊𐤌 𐤅𐤁𐤍𐤉𐤊𐤌
𐤅𐤁𐤍𐤅𐤕𐤉𐤊𐤌 𐤀𐤔𐤓 𐤏𐤆𐤁𐤕𐤌 𐤁𐤇𐤓𐤁 𐤉𐤐𐤋𐤅•
𐤊𐤁 𐤅𐤏𐤔𐤉𐤕𐤌 𐤊𐤀𐤔𐤓 𐤏𐤔𐤉𐤕𐤉 𐤏𐤋 𐤔𐤐𐤌 𐤋𐤀 𐤕𐤏𐤈𐤅 𐤅𐤋𐤇𐤌 𐤀𐤍𐤔𐤉𐤌 𐤋𐤀
𐤕𐤀𐤊𐤋𐤅•
𐤊𐤂 𐤅𐤐𐤀𐤓𐤊𐤌 𐤏𐤋 𐤓𐤀𐤔𐤉𐤊𐤌 𐤅𐤍𐤏𐤋𐤉𐤊𐤌 𐤁𐤓𐤂𐤋𐤉𐤊𐤌 𐤋𐤀 𐤕𐤎𐤐𐤃𐤅 𐤅𐤋𐤀 𐤕𐤁𐤊𐤅
𐤅𐤍𐤌𐤒𐤕𐤌 𐤁𐤏𐤅𐤍𐤕𐤉𐤊𐤌 𐤅𐤍𐤄𐤌𐤕𐤌 𐤀𐤉𐤔 𐤀𐤋 𐤀𐤇𐤉𐤅•
𐤊𐤃𐤅𐤄𐤉𐤄 𐤉𐤇𐤆𐤒𐤀𐤋 𐤋𐤊𐤌 𐤋𐤌𐤅𐤐𐤕 𐤊𐤊𐤋 𐤀𐤔𐤓 𐤏𐤔𐤄 𐤕𐤏𐤔𐤅 𐤁𐤁𐤀𐤄
𐤅𐤉𐤃𐤏𐤕𐤌 𐤊𐤉 𐤀𐤍𐤉 𐤀𐤃𐤍𐤉 𐤉𐤄𐤅𐤄•
𐤊𐤄𐤅𐤀𐤕𐤄 𐤁𐤍 𐤀𐤃𐤌 𐤄𐤋𐤅𐤀 𐤁𐤉𐤅𐤌 𐤒𐤇𐤕𐤉 𐤌𐤄𐤌 𐤀𐤕 𐤌𐤏𐤅𐤆𐤌 𐤌𐤔𐤅𐤔
𐤕𐤐𐤀𐤓𐤕𐤌 𐤀𐤕 𐤌𐤇𐤌𐤃 𐤏𐤉𐤍𐤉𐤄𐤌 𐤅𐤀𐤕 𐤌𐤔𐤀 𐤍𐤐𐤔𐤌 𐤁𐤍𐤉𐤄𐤌 𐤅𐤁𐤍𐤅𐤕𐤉𐤄𐤌•
𐤊𐤅𐤁𐤉𐤅𐤌 𐤄𐤄𐤅𐤀 𐤉𐤁𐤅𐤀 𐤄𐤐𐤋𐤉𐤈 𐤀𐤋𐤉𐤊 𐤋𐤄𐤔𐤌𐤏𐤅𐤕 𐤀𐤆𐤍𐤉𐤌•
𐤊𐤆𐤁𐤉𐤅𐤌 𐤄𐤄𐤅𐤀 𐤉𐤐𐤕𐤇 𐤐𐤉𐤊 𐤀𐤕 𐤄𐤐𐤋𐤉𐤈 𐤅𐤕𐤃𐤁𐤓 𐤅𐤋𐤀 𐤕𐤀𐤋𐤌 𐤏𐤅𐤃
𐤅𐤄𐤉𐤉𐤕 𐤋𐤄𐤌 𐤋𐤌𐤅𐤐𐤕 𐤅𐤉𐤃𐤏𐤅 𐤊𐤉 𐤀𐤍𐤉 𐤉𐤄𐤅𐤄•

𐤐𐤓𐤒 𐤊𐤄

𐤀 𐤅𐤉𐤄𐤉 𐤃𐤁𐤓 𐤉𐤄𐤅𐤄 𐤀𐤋𐤉 𐤋𐤀𐤌𐤓•
𐤁 𐤁𐤍 𐤀𐤃𐤌 𐤔𐤉𐤌 𐤐𐤍𐤉𐤊 𐤀𐤋 𐤁𐤍𐤉 𐤏𐤌𐤅𐤍 𐤅𐤄𐤍𐤁𐤀 𐤏𐤋𐤉𐤄𐤌•
𐤂 𐤅𐤀𐤌𐤓𐤕 𐤋𐤁𐤍𐤉 𐤏𐤌𐤅𐤍 𐤔𐤌𐤏𐤅 𐤃𐤁𐤓 𐤀𐤃𐤍𐤉 𐤉𐤄𐤅𐤄 𐤊𐤄 𐤀𐤌𐤓 𐤀𐤃𐤍𐤉 𐤉𐤄𐤅𐤄
𐤉𐤏𐤍 𐤀𐤌𐤓𐤊 𐤄𐤀𐤇 𐤀𐤋 𐤌𐤒𐤃𐤔𐤉 𐤊𐤉 𐤍𐤇𐤋 𐤅𐤀𐤋 𐤀𐤃𐤌𐤕 𐤉𐤔𐤓𐤀𐤋 𐤊𐤉 𐤍𐤔𐤌𐤄
𐤅𐤀𐤋 𐤁𐤉𐤕 𐤉𐤄𐤅𐤃𐤄 𐤊𐤉 𐤄𐤋𐤊𐤅 𐤁𐤂𐤅𐤋𐤄•
𐤃 𐤋𐤊𐤍 𐤄𐤍𐤍𐤉 𐤍𐤕𐤍𐤊 𐤋𐤁𐤍𐤉 𐤒𐤃𐤌 𐤋𐤌𐤅𐤓𐤔𐤄 𐤅𐤉𐤔𐤁𐤅 𐤈𐤉𐤓𐤅𐤕𐤉𐤄𐤌 𐤁𐤊
𐤅𐤍𐤕𐤍𐤅 𐤁𐤊 𐤌𐤔𐤊𐤍𐤉𐤄𐤌 𐤄𐤌𐤄 𐤉𐤀𐤊𐤋𐤅 𐤐𐤓𐤉𐤊 𐤅𐤄𐤌𐤄 𐤉𐤔𐤕𐤅 𐤇𐤋𐤁𐤊•
𐤄𐤅𐤍𐤕𐤕𐤉 𐤀𐤕 𐤓𐤁𐤄 𐤋𐤍𐤅𐤄 𐤂𐤌𐤋𐤉𐤌 𐤅𐤀𐤕 𐤁𐤍𐤉 𐤏𐤌𐤅𐤍 𐤋𐤌𐤓𐤁𐤑 𐤑𐤀𐤍
𐤅𐤉𐤃𐤏𐤕𐤌 𐤊𐤉 𐤀𐤍𐤉 𐤉𐤄𐤅𐤄•
𐤅 𐤊𐤉 𐤊𐤄 𐤀𐤌𐤓 𐤀𐤃𐤍𐤉 𐤉𐤄𐤅𐤄 𐤉𐤏𐤍 𐤌𐤇𐤀𐤊 𐤉𐤃 𐤅𐤓𐤒𐤏𐤊 𐤁𐤓𐤂𐤋 𐤅𐤕𐤔𐤌𐤇 𐤁𐤊𐤋
𐤔𐤀𐤈𐤊 𐤁𐤍𐤐𐤔 𐤀𐤋 𐤀𐤃𐤌𐤕 𐤉𐤔𐤓𐤀𐤋•
𐤆 𐤋𐤊𐤍 𐤄𐤍𐤍𐤉 𐤍𐤈𐤉𐤕𐤉 𐤀𐤕 𐤉𐤃𐤉 𐤏𐤋𐤉𐤊 𐤅𐤍𐤕𐤕𐤉𐤊 𐤋𐤁𐤂 [𐤋𐤁𐤆] 𐤋𐤂𐤅𐤉𐤌
𐤅𐤄𐤊𐤓𐤕𐤉𐤊 𐤌𐤍 𐤄𐤏𐤌𐤉𐤌 𐤅𐤄𐤀𐤁𐤃𐤕𐤉𐤊 𐤌𐤍 𐤄𐤀𐤓𐤑𐤅𐤕 𐤀𐤔𐤌𐤉𐤃𐤊 𐤅𐤉𐤃𐤏𐤕 𐤊𐤉

𐤀𐤍𐤉 𐤉𐤄𐤅𐤄.
𐤇𐤊𐤄 𐤀𐤌𐤓 𐤀𐤃𐤍𐤉 𐤉𐤄𐤅𐤄 𐤉𐤏𐤍 𐤀𐤌𐤓 𐤌𐤅𐤀𐤁 𐤅𐤔𐤏𐤉𐤓 𐤄𐤍𐤄 𐤊𐤊𐤋 𐤄𐤂𐤅𐤉𐤌
𐤁𐤉𐤕 𐤉𐤄𐤅𐤃𐤄.
𐤈𐤋𐤊𐤍 𐤄𐤍𐤍𐤉 𐤐𐤕𐤇 𐤀𐤕 𐤊𐤕𐤐 𐤌𐤅𐤀𐤁 𐤌𐤄𐤏𐤓𐤉𐤌 𐤌𐤏𐤓𐤉𐤅 𐤌𐤒𐤑𐤄𐤅 𐤑𐤁𐤉 𐤀𐤓𐤑
𐤁𐤉𐤕 𐤄𐤉𐤔𐤉𐤌𐤕 𐤁𐤏𐤋 𐤌𐤏𐤅𐤍 𐤅𐤒𐤓𐤉𐤕𐤌𐤄 [𐤅𐤒𐤓𐤉𐤕𐤉𐤌𐤄].
𐤉𐤋𐤁𐤍𐤉 𐤒𐤃𐤌 𐤏𐤋 𐤁𐤍𐤉 𐤏𐤌𐤅𐤍 𐤅𐤍𐤕𐤕𐤉𐤄 𐤋𐤌𐤅𐤓𐤔𐤄 𐤋𐤌𐤏𐤍 𐤋𐤀 𐤕𐤆𐤊𐤓 𐤁𐤍𐤉
𐤏𐤌𐤅𐤍 𐤁𐤂𐤅𐤉𐤌.
𐤉𐤀 𐤅𐤁𐤌𐤅𐤀𐤁 𐤀𐤏𐤔𐤄 𐤔𐤐𐤈𐤉𐤌 𐤅𐤉𐤃𐤏𐤅 𐤊𐤉 𐤀𐤍𐤉 𐤉𐤄𐤅𐤄.
𐤉𐤁 𐤊𐤄 𐤀𐤌𐤓 𐤀𐤃𐤍𐤉 𐤉𐤄𐤅𐤄 𐤉𐤏𐤍 𐤏𐤔𐤅𐤕 𐤀𐤃𐤅𐤌 𐤁𐤍𐤒𐤌 𐤍𐤒𐤌 𐤋𐤁𐤉𐤕
𐤉𐤄𐤅𐤃𐤄 𐤅𐤉𐤀𐤔𐤌𐤅 𐤀𐤔𐤅𐤌 𐤅𐤍𐤒𐤌𐤅 𐤁𐤄𐤌.
𐤉𐤂𐤋𐤊𐤍 𐤊𐤄 𐤀𐤌𐤓 𐤀𐤃𐤍𐤉 𐤉𐤄𐤅𐤄 𐤅𐤍𐤈𐤕𐤉 𐤉𐤃𐤉 𐤏𐤋 𐤀𐤃𐤅𐤌 𐤅𐤄𐤊𐤓𐤕𐤉
𐤌𐤌𐤍𐤄 𐤀𐤃𐤌 𐤅𐤁𐤄𐤌𐤄 𐤅𐤍𐤕𐤕𐤉𐤄 𐤇𐤓𐤁𐤄 𐤌𐤕𐤉𐤌𐤍 𐤅𐤃𐤃𐤍𐤄 𐤁𐤇𐤓𐤁 𐤉𐤐𐤋𐤅.
𐤉𐤃𐤅𐤍𐤕𐤕𐤉 𐤀𐤕 𐤍𐤒𐤌𐤕𐤉 𐤁𐤀𐤃𐤅𐤌 𐤁𐤉𐤃 𐤏𐤌𐤉 𐤉𐤔𐤓𐤀𐤋 𐤅𐤏𐤔𐤅 𐤁𐤀𐤃𐤅𐤌
𐤊𐤀𐤐𐤉 𐤅𐤊𐤇𐤌𐤕𐤉 𐤅𐤉𐤃𐤏𐤅 𐤀𐤕 𐤍𐤒𐤌𐤕𐤉 𐤍𐤀𐤌 𐤀𐤃𐤍𐤉 𐤉𐤄𐤅𐤄.
𐤈𐤅 𐤊𐤄 𐤀𐤌𐤓 𐤀𐤃𐤍𐤉 𐤉𐤄𐤅𐤄 𐤉𐤏𐤍 𐤏𐤔𐤅𐤕 𐤐𐤋𐤔𐤕𐤉𐤌 𐤁𐤍𐤒𐤌𐤄 𐤅𐤉𐤍𐤒𐤌𐤅
𐤍𐤒𐤌 𐤁𐤔𐤀𐤈 𐤁𐤍𐤐𐤔 𐤋𐤌𐤔𐤇𐤉𐤕 𐤀𐤉𐤁𐤕 𐤏𐤅𐤋𐤌.
𐤈𐤆𐤋𐤊𐤍 𐤊𐤄 𐤀𐤌𐤓 𐤀𐤃𐤍𐤉 𐤉𐤄𐤅𐤄 𐤄𐤍𐤍𐤉 𐤍𐤅𐤈𐤄 𐤉𐤃𐤉 𐤏𐤋 𐤐𐤋𐤔𐤕𐤉𐤌
𐤅𐤄𐤊𐤓𐤕𐤉 𐤀𐤕 𐤊𐤓𐤕𐤉𐤌 𐤅𐤄𐤀𐤁𐤃𐤕𐤉 𐤀𐤕 𐤔𐤀𐤓𐤉𐤕 𐤇𐤅𐤐 𐤄𐤉𐤌.
𐤉𐤆𐤅𐤏𐤔𐤉𐤕𐤉 𐤁𐤌 𐤍𐤒𐤌𐤅𐤕 𐤂𐤃𐤋𐤅𐤕 𐤁𐤕𐤅𐤊𐤇𐤅𐤕 𐤇𐤌𐤄 𐤅𐤉𐤃𐤏𐤅 𐤊𐤉 𐤀𐤍𐤉
𐤉𐤄𐤅𐤄 𐤁𐤕𐤕𐤉 𐤀𐤕 𐤍𐤒𐤌𐤕𐤉 𐤁𐤌.

𐤐𐤓𐤒 𐤊𐤅

𐤀𐤅𐤉𐤄𐤉 𐤁𐤏𐤔𐤕𐤉 𐤏𐤔𐤓𐤄 𐤔𐤍𐤄 𐤁𐤀𐤇𐤃 𐤋𐤇𐤃𐤔 𐤄𐤉𐤄 𐤃𐤁𐤓 𐤉𐤄𐤅𐤄 𐤀𐤋𐤉
𐤋𐤀𐤌𐤓.
𐤁𐤁𐤍 𐤀𐤃𐤌 𐤉𐤏𐤍 𐤀𐤔𐤓 𐤀𐤌𐤓𐤄 𐤑𐤓 𐤏𐤋 𐤉𐤓𐤅𐤔𐤋𐤌 𐤄𐤀𐤇 𐤍𐤔𐤁𐤓𐤄 𐤃𐤋𐤕𐤅𐤕
𐤄𐤏𐤌𐤉𐤌 𐤍𐤎𐤁𐤄 𐤀𐤋𐤉 𐤀𐤌𐤋𐤀𐤄 𐤄𐤇𐤓𐤁𐤄.
𐤂𐤋𐤊𐤍 𐤊𐤄 𐤀𐤌𐤓 𐤀𐤃𐤍𐤉 𐤉𐤄𐤅𐤄 𐤄𐤍𐤍𐤉 𐤏𐤋𐤉𐤊 𐤑𐤓 𐤅𐤄𐤏𐤋𐤉𐤕𐤉 𐤏𐤋𐤉𐤊
𐤂𐤅𐤉𐤌 𐤓𐤁𐤉𐤌 𐤊𐤄𐤏𐤋𐤅𐤕 𐤄𐤉𐤌 𐤋𐤂𐤋𐤉𐤅.
𐤃𐤅𐤔𐤇𐤕𐤅 𐤇𐤌𐤅𐤕 𐤑𐤓 𐤅𐤄𐤓𐤎𐤅 𐤌𐤂𐤃𐤋𐤉𐤄 𐤅𐤎𐤇𐤉𐤕𐤉 𐤏𐤐𐤓𐤄 𐤌𐤌𐤍𐤄 𐤅𐤍𐤕𐤕𐤉
𐤀𐤅𐤕𐤄 𐤋𐤑𐤇𐤉𐤇 𐤎𐤋𐤏.
𐤄𐤌𐤔𐤈𐤇 𐤇𐤓𐤌𐤉𐤌 𐤕𐤄𐤉𐤄 𐤁𐤕𐤅𐤊 𐤄𐤉𐤌 𐤊𐤉 𐤀𐤍𐤉 𐤃𐤁𐤓𐤕𐤉 𐤍𐤀𐤌 𐤀𐤃𐤍𐤉
𐤉𐤄𐤅𐤄 𐤅𐤄𐤉𐤕𐤄 𐤋𐤁𐤆 𐤋𐤂𐤅𐤉𐤌.
𐤅𐤅𐤁𐤍𐤅𐤕𐤉𐤄 𐤀𐤔𐤓 𐤁𐤔𐤃𐤄 𐤁𐤇𐤓𐤁 𐤕𐤄𐤓𐤂𐤍𐤄 𐤅𐤉𐤃𐤏𐤅 𐤊𐤉 𐤀𐤍𐤉 𐤉𐤄𐤅𐤄.

𐤆 𐤊𐤉 𐤊𐤄 𐤀𐤌𐤓 𐤀𐤃𐤍𐤉 𐤉𐤄𐤅𐤄 𐤄𐤍𐤍𐤉 𐤌𐤁𐤉𐤀 𐤀𐤋 𐤑𐤓 𐤍𐤁𐤅𐤊𐤃𐤓𐤀𐤑𐤓 𐤌𐤋𐤊
𐤁𐤁𐤋 𐤌𐤑𐤐𐤅𐤍 𐤌𐤋𐤊 𐤌𐤋𐤊𐤉𐤌 𐤁𐤎𐤅𐤎 𐤅𐤁𐤓𐤊𐤁 𐤅𐤁𐤐𐤓𐤔𐤉𐤌 𐤅𐤒𐤄𐤋 𐤅𐤏𐤌 𐤓𐤁.
𐤇 𐤁𐤍𐤅𐤕𐤉𐤊 𐤁𐤔𐤃𐤄 𐤁𐤇𐤓𐤁 𐤉𐤄𐤓𐤂 𐤅𐤍𐤕𐤍 𐤏𐤋𐤉𐤊 𐤃𐤉𐤒 𐤅𐤔𐤐𐤊 𐤏𐤋𐤉𐤊 𐤎𐤋𐤋𐤄
𐤅𐤄𐤒𐤉𐤌 𐤏𐤋𐤉𐤊 𐤑𐤍𐤄.
𐤈 𐤅𐤌𐤇𐤉 𐤒𐤁𐤋𐤅 𐤉𐤕𐤍 𐤁𐤇𐤌𐤅𐤕𐤉𐤊 𐤅𐤌𐤂𐤃𐤋𐤕𐤉𐤊 𐤉𐤕𐤑 𐤁𐤇𐤓𐤁𐤅𐤕𐤉𐤅.
𐤉 𐤌𐤔𐤐𐤏𐤕 𐤎𐤅𐤎𐤉𐤅 𐤉𐤊𐤎𐤊 𐤀𐤁𐤒𐤌 𐤌𐤒𐤅𐤋 𐤐𐤓𐤔 𐤅𐤂𐤋𐤂𐤋 𐤅𐤓𐤊𐤁 𐤕𐤓𐤏𐤔𐤍𐤄
𐤇𐤅𐤌𐤅𐤕𐤉𐤊 𐤁𐤁𐤀𐤅 𐤁𐤔𐤏𐤓𐤉𐤊 𐤊𐤌𐤁𐤅𐤀𐤉 𐤏𐤉𐤓 𐤌𐤁𐤒𐤏𐤄.
𐤉𐤀 𐤁𐤐𐤓𐤎𐤅𐤕 𐤎𐤅𐤎𐤉𐤅 𐤉𐤓𐤌𐤎 𐤀𐤕 𐤊𐤋 𐤇𐤅𐤑𐤅𐤕𐤉𐤊 𐤏𐤌𐤊 𐤁𐤇𐤓𐤁 𐤉𐤄𐤓𐤂
𐤅𐤌𐤑𐤁𐤅𐤕 𐤏𐤆𐤊 𐤋𐤀𐤓𐤑 𐤕𐤓𐤃.
𐤉𐤁 𐤅𐤔𐤋𐤋𐤅 𐤇𐤉𐤋𐤊 𐤅𐤁𐤆𐤆𐤅 𐤓𐤊𐤋𐤕𐤊 𐤅𐤄𐤓𐤎𐤅 𐤇𐤅𐤌𐤅𐤕𐤉𐤊 𐤅𐤁𐤕𐤉 𐤇𐤌𐤃𐤕𐤊
𐤉𐤕𐤑𐤅 𐤅𐤀𐤁𐤍𐤉𐤊 𐤅𐤏𐤑𐤉𐤊 𐤅𐤏𐤐𐤓𐤊 𐤁𐤕𐤅𐤊 𐤌𐤉𐤌 𐤉𐤔𐤉𐤌𐤅.
𐤉𐤂 𐤅𐤄𐤔𐤁𐤕𐤉 𐤄𐤌𐤅𐤍 𐤔𐤉𐤓𐤉𐤊 𐤅𐤒𐤅𐤋 𐤊𐤍𐤅𐤓𐤉𐤊 𐤋𐤀 𐤉𐤔𐤌𐤏 𐤏𐤅𐤃.
𐤉𐤃 𐤅𐤍𐤕𐤕𐤉𐤊 𐤋𐤑𐤇𐤉𐤇 𐤎𐤋𐤏 𐤌𐤔𐤈𐤇 𐤇𐤓𐤌𐤉𐤌 𐤕𐤄𐤉𐤄 𐤋𐤀 𐤕𐤁𐤍𐤄 𐤏𐤅𐤃 𐤊𐤉
𐤀𐤍𐤉 𐤉𐤄𐤅𐤄 𐤃𐤁𐤓𐤕𐤉 𐤍𐤀𐤌 𐤀𐤃𐤍𐤉 𐤉𐤄𐤅𐤄.
𐤈𐤅 𐤊𐤄 𐤀𐤌𐤓 𐤀𐤃𐤍𐤉 𐤉𐤄𐤅𐤄 𐤋𐤑𐤅𐤓 𐤄𐤋𐤀 𐤌𐤒𐤅𐤋 𐤌𐤐𐤋𐤕𐤊 𐤁𐤀𐤍𐤒 𐤇𐤋𐤋 𐤁𐤄𐤓𐤂
𐤄𐤓𐤂 𐤁𐤕𐤅𐤊𐤊 𐤉𐤓𐤏𐤔𐤅 𐤄𐤀𐤉𐤉𐤌.
𐤈𐤆 𐤅𐤉𐤓𐤃𐤅 𐤌𐤏𐤋 𐤊𐤎𐤀𐤅𐤕𐤌 𐤊𐤋 𐤍𐤔𐤉𐤀𐤉 𐤄𐤉𐤌 𐤅𐤄𐤎𐤉𐤓𐤅 𐤀𐤕 𐤌𐤏𐤉𐤋𐤉𐤄𐤌
𐤅𐤀𐤕 𐤁𐤂𐤃𐤉 𐤓𐤒𐤌𐤕𐤌 𐤉𐤐𐤔𐤈𐤅 𐤇𐤓𐤃𐤅𐤕 𐤉𐤋𐤁𐤔𐤅 𐤏𐤋 𐤄𐤀𐤓𐤑 𐤉𐤔𐤁𐤅 𐤅𐤇𐤓𐤃𐤅
𐤋𐤓𐤂𐤏𐤉𐤌 𐤅𐤔𐤌𐤌𐤅 𐤏𐤋𐤉𐤊.
𐤉𐤆 𐤅𐤍𐤔𐤀𐤅 𐤏𐤋𐤉𐤊 𐤒𐤉𐤍𐤄 𐤅𐤀𐤌𐤓𐤅 𐤋𐤊 𐤀𐤉𐤊 𐤀𐤁𐤃𐤕 𐤍𐤅𐤔𐤁𐤕 𐤌𐤉𐤌𐤉𐤌
𐤄𐤏𐤉𐤓 𐤄𐤄𐤋𐤋𐤄 𐤀𐤔𐤓 𐤄𐤉𐤕𐤄 𐤇𐤆𐤒𐤄 𐤁𐤉𐤌 𐤄𐤉𐤀 𐤅𐤉𐤔𐤁𐤉𐤄 𐤀𐤔𐤓 𐤍𐤕𐤍𐤅
𐤇𐤕𐤉𐤕𐤌 𐤋𐤊𐤋 𐤉𐤅𐤔𐤁𐤉𐤄.
𐤉𐤇 𐤏𐤕𐤄 𐤉𐤇𐤓𐤃𐤅 𐤄𐤀𐤉𐤍 𐤉𐤅𐤌 𐤌𐤐𐤋𐤕𐤊 𐤅𐤍𐤁𐤄𐤋𐤅 𐤄𐤀𐤉𐤉𐤌 𐤀𐤔𐤓 𐤁𐤉𐤌
𐤌𐤑𐤀𐤕𐤊.
𐤉𐤈 𐤊𐤉 𐤊𐤄 𐤀𐤌𐤓 𐤀𐤃𐤍𐤉 𐤉𐤄𐤅𐤄 𐤁𐤕𐤕𐤉 𐤀𐤕𐤊 𐤏𐤉𐤓 𐤍𐤇𐤓𐤁𐤕 𐤊𐤏𐤓𐤉𐤌 𐤀𐤔𐤓
𐤋𐤀 𐤍𐤅𐤔𐤁𐤅 𐤁𐤄𐤏𐤋𐤅𐤕 𐤏𐤋𐤉𐤊 𐤀𐤕 𐤕𐤄𐤅𐤌 𐤅𐤊𐤎𐤅𐤊 𐤄𐤌𐤉𐤌 𐤄𐤓𐤁𐤉𐤌.
𐤊 𐤅𐤄𐤅𐤓𐤃𐤕𐤉𐤊 𐤀𐤕 𐤉𐤅𐤓𐤃𐤉 𐤁𐤅𐤓 𐤀𐤋 𐤏𐤌 𐤏𐤅𐤋𐤌 𐤅𐤄𐤅𐤔𐤁𐤕𐤉𐤊 𐤁𐤀𐤓𐤑
𐤕𐤇𐤕𐤉𐤅𐤕 𐤊𐤇𐤓𐤁𐤅𐤕 𐤌𐤏𐤅𐤋𐤌 𐤀𐤕 𐤉𐤅𐤓𐤃𐤉 𐤁𐤅𐤓 𐤋𐤌𐤏𐤍 𐤋𐤀 𐤕𐤔𐤁𐤉 𐤅𐤍𐤕𐤕𐤉
𐤑𐤁𐤉 𐤁𐤀𐤓𐤑 𐤇𐤉𐤉𐤌.
𐤊𐤀 𐤁𐤋𐤄𐤅𐤕 𐤀𐤕𐤍𐤊 𐤅𐤀𐤉𐤍𐤊 𐤅𐤕𐤁𐤒𐤔𐤉 𐤅𐤋𐤀 𐤕𐤌𐤑𐤀𐤉 𐤏𐤅𐤃 𐤋𐤏𐤅𐤋𐤌 𐤍𐤀𐤌
𐤀𐤃𐤍𐤉 𐤉𐤄𐤅𐤄.

𐤐𐤓𐤒 𐤊𐤆

𐤉𐤇𐤆𐤒𐤀𐤋

𐤀 𐤅𐤉𐤄𐤉 𐤃𐤁𐤓 𐤉𐤄𐤅𐤄 𐤀𐤋𐤉 𐤋𐤀𐤌𐤓.
𐤁 𐤅𐤀𐤕𐤄 𐤁𐤍 𐤀𐤃𐤌 𐤔𐤀 𐤏𐤋 𐤑𐤓 𐤒𐤉𐤍𐤄.
𐤂 𐤅𐤀𐤌𐤓𐤕 𐤋𐤑𐤅𐤓 𐤄𐤉𐤔𐤁𐤕𐤉 [𐤄𐤉𐤔𐤁𐤕] 𐤏𐤋 𐤌𐤁𐤅𐤀𐤕 𐤉𐤌 𐤓𐤊𐤋𐤕 𐤄𐤏𐤌𐤉𐤌 𐤀𐤋
𐤀𐤉𐤉𐤌 𐤓𐤁𐤉𐤌 𐤊𐤄 𐤀𐤌𐤓 𐤀𐤃𐤍𐤉 𐤉𐤄𐤅𐤄 𐤑𐤅𐤓 𐤀𐤕 𐤀𐤌𐤓𐤕 𐤀𐤍𐤉 𐤊𐤋𐤉𐤋𐤕 𐤉𐤐𐤉.
𐤃 𐤁𐤋𐤁 𐤉𐤌𐤉𐤌 𐤂𐤁𐤅𐤋𐤉𐤊 𐤁𐤍𐤉𐤊 𐤊𐤋𐤋𐤅 𐤉𐤐𐤉𐤊.
𐤄 𐤁𐤓𐤅𐤔𐤉𐤌 𐤌𐤔𐤍𐤉𐤓 𐤁𐤍𐤅 𐤋𐤊 𐤀𐤕 𐤊𐤋 𐤋𐤇𐤕𐤉𐤌 𐤀𐤓𐤆 𐤌𐤋𐤁𐤍𐤅𐤍 𐤋𐤒𐤇𐤅
𐤋𐤏𐤔𐤅𐤕 𐤕𐤓𐤍 𐤏𐤋𐤉𐤊.
𐤅 𐤀𐤋𐤅𐤍𐤉𐤌 𐤌𐤁𐤔𐤍 𐤏𐤔𐤅 𐤌𐤔𐤅𐤈𐤉𐤊 𐤒𐤓𐤔𐤊 𐤏𐤔𐤅 𐤔𐤍 𐤁𐤕 𐤀𐤔𐤓𐤉𐤌 𐤌𐤀𐤉𐤉
𐤊𐤕𐤉𐤌 [𐤊𐤕𐤉𐤉𐤌].
𐤆 𐤔𐤔 𐤁𐤓𐤒𐤌𐤄 𐤌𐤌𐤑𐤓𐤉𐤌 𐤄𐤉𐤄 𐤌𐤐𐤓𐤔𐤊 𐤋𐤄𐤉𐤅𐤕 𐤋𐤊 𐤋𐤍𐤎 𐤕𐤊𐤋𐤕
𐤅𐤀𐤓𐤂𐤌𐤍 𐤌𐤀𐤉𐤉 𐤀𐤋𐤉𐤔𐤄 𐤄𐤉𐤄 𐤌𐤊𐤎𐤊.
𐤇 𐤉𐤔𐤁𐤉 𐤑𐤉𐤃𐤅𐤍 𐤅𐤀𐤓𐤅𐤃 𐤄𐤉𐤅 𐤔𐤈𐤉𐤌 𐤋𐤊 𐤇𐤊𐤌𐤉𐤊 𐤑𐤅𐤓 𐤄𐤉𐤅 𐤁𐤊 𐤄𐤌𐤄
𐤇𐤁𐤋𐤉𐤊.
𐤈 𐤆𐤒𐤍𐤉 𐤂𐤁𐤋 𐤅𐤇𐤊𐤌𐤉𐤄 𐤄𐤉𐤅 𐤁𐤊 𐤌𐤇𐤆𐤉𐤒𐤉 𐤁𐤃𐤒𐤊 𐤊𐤋 𐤀𐤍𐤉𐤅𐤕 𐤄𐤉𐤌
𐤅𐤌𐤋𐤇𐤉𐤄𐤌 𐤄𐤉𐤅 𐤁𐤊 𐤋𐤏𐤓𐤁 𐤌𐤏𐤓𐤁𐤊.
𐤉 𐤐𐤓𐤎 𐤅𐤋𐤅𐤃 𐤅𐤐𐤅𐤈 𐤄𐤉𐤅 𐤁𐤇𐤉𐤋𐤊 𐤀𐤍𐤔𐤉 𐤌𐤋𐤇𐤌𐤕𐤊 𐤌𐤂𐤍 𐤅𐤊𐤅𐤁𐤏 𐤕𐤋𐤅 𐤁𐤊
𐤄𐤌𐤄 𐤍𐤕𐤍𐤅 𐤄𐤃𐤓𐤊.
𐤉𐤀 𐤁𐤍𐤉 𐤀𐤓𐤅𐤃 𐤅𐤇𐤉𐤋𐤊 𐤏𐤋 𐤇𐤅𐤌𐤅𐤕𐤉𐤊 𐤎𐤁𐤉𐤁 𐤅𐤂𐤌𐤃𐤉𐤌 𐤁𐤌𐤂𐤃𐤋𐤅𐤕𐤉𐤊
𐤄𐤉𐤅 𐤔𐤋𐤈𐤉𐤄𐤌 𐤕𐤋𐤅 𐤏𐤋 𐤇𐤅𐤌𐤅𐤕𐤉𐤊 𐤎𐤁𐤉𐤁 𐤄𐤌𐤄 𐤊𐤋𐤋𐤅 𐤉𐤐𐤉𐤊.
𐤉𐤁 𐤕𐤓𐤔𐤉𐤔 𐤎𐤇𐤓𐤕𐤊 𐤌𐤓𐤁 𐤊𐤋 𐤄𐤅𐤍 𐤁𐤊𐤎𐤐 𐤁𐤓𐤆𐤋 𐤁𐤃𐤉𐤋 𐤅𐤏𐤅𐤐𐤓𐤕 𐤍𐤕𐤍𐤅
𐤏𐤆𐤁𐤅𐤍𐤉𐤊.
𐤉𐤂 𐤉𐤅𐤍 𐤕𐤁𐤋 𐤅𐤌𐤔𐤊 𐤄𐤌𐤄 𐤓𐤊𐤋𐤉𐤊 𐤁𐤍𐤐𐤔 𐤀𐤃𐤌 𐤅𐤊𐤋𐤉 𐤍𐤇𐤔𐤕 𐤍𐤕𐤍𐤅
𐤌𐤏𐤓𐤁𐤊.
𐤉𐤃 𐤌𐤁𐤉𐤕 𐤕𐤅𐤂𐤓𐤌𐤄 𐤎𐤅𐤎𐤉𐤌 𐤅𐤐𐤓𐤔𐤉𐤌 𐤅𐤐𐤓𐤃𐤉𐤌 𐤍𐤕𐤍𐤅 𐤏𐤆𐤁𐤅𐤍𐤉𐤊.
𐤈𐤅 𐤁𐤍𐤉 𐤃𐤃𐤍 𐤓𐤊𐤋𐤉𐤊 𐤀𐤉𐤉𐤌 𐤓𐤁𐤉𐤌 𐤎𐤇𐤓𐤕 𐤉𐤃𐤊 𐤒𐤓𐤍𐤅𐤕 𐤔𐤍 𐤅𐤄𐤅𐤁𐤍𐤉𐤌
[𐤅𐤄𐤁𐤍𐤉𐤌] 𐤄𐤔𐤉𐤁𐤅 𐤀𐤔𐤊𐤓𐤊.
𐤈𐤆 𐤀𐤓𐤌 𐤎𐤇𐤓𐤕𐤊 𐤌𐤓𐤁 𐤌𐤏𐤔𐤉𐤊 𐤁𐤍𐤐𐤊 𐤀𐤓𐤂𐤌𐤍 𐤅𐤓𐤒𐤌𐤄 𐤅𐤁𐤅𐤑 𐤅𐤓𐤀𐤌𐤕
𐤅𐤊𐤃𐤊𐤃 𐤍𐤕𐤍𐤅 𐤁𐤏𐤆𐤁𐤅𐤍𐤉𐤊.
𐤉𐤆 𐤉𐤄𐤅𐤃𐤄 𐤅𐤀𐤓𐤑 𐤉𐤔𐤓𐤀𐤋 𐤄𐤌𐤄 𐤓𐤊𐤋𐤉𐤊 𐤁𐤇𐤈𐤉 𐤌𐤍𐤉𐤕 𐤅𐤐𐤍𐤂 𐤅𐤃𐤁𐤔
𐤅𐤔𐤌𐤍 𐤅𐤑𐤓𐤉 𐤍𐤕𐤍𐤅 𐤌𐤏𐤓𐤁𐤊.
𐤉𐤇 𐤃𐤌𐤔𐤒 𐤎𐤇𐤓𐤕𐤊 𐤁𐤓𐤁 𐤌𐤏𐤔𐤉𐤊 𐤌𐤓𐤁 𐤊𐤋 𐤄𐤅𐤍 𐤁𐤉𐤉𐤍 𐤇𐤋𐤁𐤅𐤍 𐤅𐤑𐤌𐤓 𐤑𐤇𐤓.
𐤉𐤈 𐤅𐤃𐤍 𐤅𐤉𐤅𐤍 𐤌𐤀𐤅𐤆𐤋 𐤁𐤏𐤆𐤁𐤅𐤍𐤉𐤊 𐤍𐤕𐤍𐤅 𐤁𐤓𐤆𐤋 𐤏𐤔𐤅𐤕 𐤒𐤃𐤄 𐤅𐤒𐤍𐤄
𐤁𐤌𐤏𐤓𐤁𐤊 𐤄𐤉𐤄.

𐤊 𐤃𐤃𐤍 𐤓𐤊𐤋𐤕𐤊 𐤁𐤁𐤂𐤃𐤉 𐤇𐤐𐤔 𐤋𐤓𐤊𐤁𐤄•
𐤊𐤀 𐤏𐤓𐤁 𐤅𐤊𐤋 𐤍𐤔𐤉𐤀𐤉 𐤒𐤃𐤓 𐤄𐤌𐤄 𐤎𐤇𐤓𐤉 𐤉𐤃𐤊 𐤁𐤊𐤓𐤉𐤌 𐤅𐤀𐤉𐤋𐤉𐤌
𐤅𐤏𐤕𐤅𐤃𐤉𐤌 𐤁𐤌 𐤎𐤇𐤓𐤉𐤊•
𐤊𐤁 𐤓𐤊𐤋𐤉 𐤔𐤁𐤀 𐤅𐤓𐤏𐤌𐤄 𐤄𐤌𐤄 𐤓𐤊𐤋𐤉𐤊 𐤁𐤓𐤀𐤔 𐤊𐤋 𐤁𐤔𐤌 𐤅𐤁𐤊𐤋 𐤀𐤁𐤍 𐤉𐤒𐤓𐤄
𐤅𐤆𐤄𐤁 𐤍𐤕𐤍𐤅 𐤏𐤆𐤁𐤅𐤍𐤉𐤊•
𐤊𐤂 𐤇𐤓𐤍 𐤅𐤊𐤍𐤄 𐤅𐤏𐤃𐤍 𐤓𐤊𐤋𐤉 𐤔𐤁𐤀 𐤀𐤔𐤅𐤓 𐤊𐤋𐤌𐤃 𐤓𐤊𐤋𐤕𐤊•
𐤊𐤃 𐤄𐤌𐤄 𐤓𐤊𐤋𐤉𐤊 𐤁𐤌𐤊𐤋𐤋𐤉𐤌 𐤁𐤂𐤋𐤅𐤌𐤉 𐤕𐤊𐤋𐤕 𐤅𐤓𐤒𐤌𐤄 𐤅𐤁𐤂𐤍𐤆𐤉 𐤁𐤓𐤌𐤉𐤌
𐤁𐤇𐤁𐤋𐤉𐤌 𐤇𐤁𐤔𐤉𐤌 𐤅𐤀𐤓𐤆𐤉𐤌 𐤁𐤌𐤓𐤊𐤋𐤕𐤊•
𐤊𐤄 𐤀𐤍𐤉𐤅𐤕 𐤕𐤓𐤔𐤉𐤔 𐤔𐤓𐤅𐤕𐤉𐤊 𐤌𐤏𐤓𐤁𐤊 𐤅𐤕𐤌𐤋𐤀𐤉 𐤅𐤕𐤊𐤁𐤃𐤉 𐤌𐤀𐤃 𐤁𐤋𐤁
𐤉𐤌𐤉𐤌•
𐤊𐤅 𐤁𐤌𐤉𐤌 𐤓𐤁𐤉𐤌 𐤄𐤁𐤉𐤀𐤅𐤊 𐤄𐤔𐤈𐤉𐤌 𐤀𐤕𐤊 𐤓𐤅𐤇 𐤄𐤒𐤃𐤉𐤌 𐤔𐤁𐤓𐤊 𐤁𐤋𐤁
𐤉𐤌𐤉𐤌•
𐤊𐤆 𐤄𐤅𐤍𐤊 𐤅𐤏𐤆𐤁𐤅𐤍𐤉𐤊 𐤌𐤏𐤓𐤁𐤊 𐤌𐤋𐤇𐤉𐤊 𐤅𐤇𐤁𐤋𐤉𐤊 𐤌𐤇𐤆𐤉𐤒𐤉 𐤁𐤃𐤒𐤊
𐤅𐤏𐤓𐤁𐤉 𐤌𐤏𐤓𐤁𐤊 𐤅𐤊𐤋 𐤀𐤍𐤔𐤉 𐤌𐤋𐤇𐤌𐤕𐤊 𐤀𐤔𐤓 𐤁𐤊 𐤅𐤁𐤊𐤋 𐤒𐤄𐤋𐤊 𐤀𐤔𐤓
𐤁𐤕𐤅𐤊𐤊 𐤉𐤐𐤋𐤅 𐤁𐤋𐤁 𐤉𐤌𐤉𐤌 𐤁𐤉𐤅𐤌 𐤌𐤐𐤋𐤕𐤊•
𐤊𐤇 𐤋𐤒𐤅𐤋 𐤆𐤏𐤒𐤕 𐤇𐤁𐤋𐤉𐤊 𐤉𐤓𐤏𐤔𐤅 𐤌𐤂𐤓𐤔𐤅𐤕•
𐤊𐤈 𐤅𐤉𐤓𐤃𐤅 𐤌𐤀𐤍𐤉𐤅𐤕𐤉𐤄𐤌 𐤊𐤋 𐤕𐤐𐤔𐤉 𐤌𐤔𐤅𐤈 𐤌𐤋𐤇𐤉𐤌 𐤊𐤋 𐤇𐤁𐤋𐤉 𐤄𐤉𐤌
𐤀𐤋 𐤄𐤀𐤓𐤑 𐤉𐤏𐤌𐤃𐤅•
𐤋 𐤅𐤄𐤔𐤌𐤉𐤏𐤅 𐤏𐤋𐤉𐤊 𐤁𐤒𐤅𐤋𐤌 𐤅𐤉𐤆𐤏𐤒𐤅 𐤌𐤓𐤄 𐤅𐤉𐤏𐤋𐤅 𐤏𐤐𐤓 𐤏𐤋 𐤓𐤀𐤔𐤉𐤄𐤌
𐤁𐤀𐤐𐤓 𐤉𐤕𐤐𐤋𐤔𐤅•
𐤋𐤀 𐤅𐤄𐤒𐤓𐤉𐤇𐤅 𐤀𐤋𐤉𐤊 𐤒𐤓𐤇𐤄 𐤅𐤇𐤂𐤓𐤅 𐤔𐤒𐤉𐤌 𐤅𐤁𐤊𐤅 𐤀𐤋𐤉𐤊 𐤁𐤌𐤓 𐤍𐤐𐤔
𐤌𐤎𐤐𐤃 𐤌𐤓•
𐤋𐤁 𐤅𐤍𐤔𐤀𐤅 𐤀𐤋𐤉𐤊 𐤁𐤍𐤉𐤄𐤌 𐤒𐤉𐤍𐤄 𐤅𐤒𐤅𐤍𐤍𐤅 𐤏𐤋𐤉𐤊 𐤌𐤉 𐤊𐤑𐤅𐤓 𐤊𐤃𐤌𐤄
𐤁𐤕𐤅𐤊 𐤄𐤉𐤌•
𐤋𐤂 𐤁𐤑𐤀𐤕 𐤏𐤆𐤁𐤅𐤍𐤉𐤊 𐤌𐤉𐤌𐤉𐤌 𐤄𐤔𐤁𐤏𐤕 𐤏𐤌𐤉𐤌 𐤓𐤁𐤉𐤌 𐤁𐤓𐤁 𐤄𐤅𐤍𐤉𐤊
𐤅𐤌𐤏𐤓𐤁𐤉𐤊 𐤄𐤏𐤔𐤓𐤕 𐤌𐤋𐤊𐤉 𐤀𐤓𐤑•
𐤋𐤃 𐤏𐤕 𐤍𐤔𐤁𐤓𐤕 𐤌𐤉𐤌𐤉𐤌 𐤁𐤌𐤏𐤌𐤒𐤉 𐤌𐤉𐤌 𐤌𐤏𐤓𐤁𐤊 𐤅𐤊𐤋 𐤒𐤄𐤋𐤊 𐤁𐤕𐤅𐤊𐤊
𐤍𐤐𐤋𐤅•
𐤋𐤄 𐤊𐤋 𐤉𐤔𐤁𐤉 𐤄𐤀𐤉𐤉𐤌 𐤔𐤌𐤌𐤅 𐤏𐤋𐤉𐤊 𐤅𐤌𐤋𐤊𐤉𐤄𐤌 𐤔𐤏𐤓𐤅 𐤔𐤏𐤓 𐤓𐤏𐤌𐤅
𐤐𐤍𐤉𐤌•
𐤋𐤅 𐤎𐤇𐤓𐤉𐤌 𐤁𐤏𐤌𐤉𐤌 𐤔𐤓𐤒𐤅 𐤏𐤋𐤉𐤊 𐤁𐤋𐤄𐤅𐤕 𐤄𐤉𐤉𐤕 𐤅𐤀𐤉𐤍𐤊 𐤏𐤃 𐤏𐤅𐤋𐤌•

𐤐𐤓𐤒 𐤊𐤇

𐤉𐤇𐤆𐤒𐤀𐤋

𐤀 𐤅𐤉𐤄𐤉 𐤃𐤁𐤓 𐤉𐤄𐤅𐤄 𐤀𐤋𐤉 𐤋𐤀𐤌𐤓•
𐤁 𐤁𐤍 𐤀𐤃𐤌 𐤀𐤌𐤓 𐤋𐤍𐤂𐤉𐤃 𐤑𐤓 𐤊𐤄 𐤀𐤌𐤓 𐤀𐤃𐤍𐤉 𐤉𐤄𐤅𐤄 𐤉𐤏𐤍 𐤂𐤁𐤄 𐤋𐤁𐤊
𐤅𐤕𐤀𐤌𐤓 𐤀𐤋 𐤀𐤍𐤉 𐤌𐤅𐤔𐤁 𐤀𐤋𐤄𐤉𐤌 𐤉𐤔𐤁𐤕𐤉 𐤁𐤋𐤁 𐤉𐤌𐤉𐤌 𐤅𐤀𐤕𐤄 𐤀𐤃𐤌 𐤅𐤋𐤀
𐤀𐤋 𐤅𐤕𐤕𐤍 𐤋𐤁𐤊 𐤊𐤋𐤁 𐤀𐤋𐤄𐤉𐤌•
𐤂 𐤄𐤍𐤄 𐤇𐤊𐤌 𐤀𐤕𐤄 𐤌𐤃𐤍𐤀𐤋 [𐤌𐤃𐤍𐤉𐤀𐤋] 𐤊𐤋 𐤎𐤕𐤅𐤌 𐤋𐤀 𐤏𐤌𐤌𐤅𐤊•
𐤃 𐤁𐤇𐤊𐤌𐤕𐤊 𐤅𐤁𐤕𐤁𐤅𐤍𐤕𐤊 𐤏𐤔𐤉𐤕 𐤋𐤊 𐤇𐤉𐤋 𐤅𐤕𐤏𐤔 𐤆𐤄𐤁 𐤅𐤊𐤎𐤐
𐤁𐤀𐤅𐤑𐤓𐤅𐤕𐤉𐤊•
𐤄 𐤁𐤓𐤁 𐤇𐤊𐤌𐤕𐤊 𐤁𐤓𐤊𐤋𐤕𐤊 𐤄𐤓𐤁𐤉𐤕 𐤇𐤉𐤋𐤊 𐤅𐤉𐤂𐤁𐤄 𐤋𐤁𐤁𐤊 𐤁𐤇𐤉𐤋𐤊•
𐤅 𐤋𐤊𐤍 𐤊𐤄 𐤀𐤌𐤓 𐤀𐤃𐤍𐤉 𐤉𐤄𐤅𐤄 𐤉𐤏𐤍 𐤕𐤕𐤊 𐤀𐤕 𐤋𐤁𐤁𐤊 𐤊𐤋𐤁 𐤀𐤋𐤄𐤉𐤌•
𐤆 𐤋𐤊𐤍 𐤄𐤍𐤍𐤉 𐤌𐤁𐤉𐤀 𐤏𐤋𐤉𐤊 𐤆𐤓𐤉𐤌 𐤏𐤓𐤉𐤑𐤉 𐤂𐤅𐤉𐤌 𐤅𐤄𐤓𐤉𐤒𐤅 𐤇𐤓𐤁𐤅𐤕𐤌 𐤏𐤋
𐤉𐤐𐤉 𐤇𐤊𐤌𐤕𐤊 𐤅𐤇𐤋𐤋𐤅 𐤉𐤐𐤏𐤕𐤊•
𐤇 𐤋𐤔𐤇𐤕 𐤉𐤅𐤓𐤃𐤅𐤊 𐤅𐤌𐤕𐤄 𐤌𐤌𐤅𐤕𐤉 𐤇𐤋𐤋 𐤁𐤋𐤁 𐤉𐤌𐤉𐤌•
𐤈 𐤄𐤀𐤌𐤓 𐤕𐤀𐤌𐤓 𐤀𐤋𐤄𐤉𐤌 𐤀𐤍𐤉 𐤋𐤐𐤍𐤉 𐤄𐤓𐤂𐤊 𐤅𐤀𐤕𐤄 𐤀𐤃𐤌 𐤅𐤋𐤀 𐤀𐤋 𐤁𐤉𐤃
𐤌𐤇𐤋𐤋𐤉𐤊•
𐤉 𐤌𐤅𐤕𐤉 𐤏𐤓𐤋𐤉𐤌 𐤕𐤌𐤅𐤕 𐤁𐤉𐤃 𐤆𐤓𐤉𐤌 𐤊𐤉 𐤀𐤍𐤉 𐤃𐤁𐤓𐤕𐤉 𐤍𐤀𐤌 𐤀𐤃𐤍𐤉
𐤉𐤄𐤅𐤄•
𐤉𐤀 𐤅𐤉𐤄𐤉 𐤃𐤁𐤓 𐤉𐤄𐤅𐤄 𐤀𐤋𐤉 𐤋𐤀𐤌𐤓•
𐤉𐤁 𐤁𐤍 𐤀𐤃𐤌 𐤔𐤀 𐤒𐤉𐤍𐤄 𐤏𐤋 𐤌𐤋𐤊 𐤑𐤅𐤓 𐤅𐤀𐤌𐤓𐤕 𐤋𐤅 𐤊𐤄 𐤀𐤌𐤓 𐤀𐤃𐤍𐤉
𐤉𐤄𐤅𐤄 𐤀𐤕𐤄 𐤇𐤅𐤕𐤌 𐤕𐤊𐤍𐤉𐤕 𐤌𐤋𐤀 𐤇𐤊𐤌𐤄 𐤅𐤊𐤋𐤉𐤋 𐤉𐤐𐤉•
𐤉𐤂 𐤁𐤏𐤃𐤍 𐤂𐤍 𐤀𐤋𐤄𐤉𐤌 𐤄𐤉𐤉𐤕 𐤊𐤋 𐤀𐤁𐤍 𐤉𐤒𐤓𐤄 𐤌𐤎𐤊𐤕𐤊 𐤀𐤃𐤌 𐤐𐤈𐤃𐤄
𐤅𐤉𐤄𐤋𐤌 𐤕𐤓𐤔𐤉𐤔 𐤔𐤄𐤌 𐤅𐤉𐤔𐤐𐤄 𐤎𐤐𐤉𐤓 𐤍𐤐𐤊 𐤅𐤁𐤓𐤒𐤕 𐤅𐤆𐤄𐤁 𐤌𐤋𐤀𐤊𐤕 𐤕𐤐𐤉𐤊
𐤅𐤍𐤒𐤁𐤉𐤊 𐤁𐤊 𐤁𐤉𐤅𐤌 𐤄𐤁𐤓𐤀𐤊 𐤊𐤅𐤍𐤍𐤅•
𐤉𐤃 𐤀𐤕 𐤊𐤓𐤅𐤁 𐤌𐤌𐤔𐤇 𐤄𐤎𐤅𐤊𐤊 𐤅𐤍𐤕𐤕𐤉𐤊 𐤁𐤄𐤓 𐤒𐤃𐤔 𐤀𐤋𐤄𐤉𐤌 𐤄𐤉𐤉𐤕 𐤁𐤕𐤅𐤊
𐤀𐤁𐤍𐤉 𐤀𐤔 𐤄𐤕𐤄𐤋𐤊𐤕•
𐤈𐤅 𐤕𐤌𐤉𐤌 𐤀𐤕𐤄 𐤁𐤃𐤓𐤊𐤉𐤊 𐤌𐤉𐤅𐤌 𐤄𐤁𐤓𐤀𐤊 𐤏𐤃 𐤍𐤌𐤑𐤀 𐤏𐤅𐤋𐤕𐤄 𐤁𐤊•
𐤈𐤆 𐤁𐤓𐤁 𐤓𐤊𐤋𐤕𐤊 𐤌𐤋𐤅 𐤕𐤅𐤊𐤊 𐤇𐤌𐤎 𐤅𐤕𐤇𐤈𐤀 𐤅𐤀𐤇𐤋𐤋𐤊 𐤌𐤄𐤓 𐤀𐤋𐤄𐤉𐤌
𐤅𐤀𐤁𐤃𐤊 𐤊𐤓𐤅𐤁 𐤄𐤎𐤅𐤊𐤊 𐤌𐤕𐤅𐤊 𐤀𐤁𐤍𐤉 𐤀𐤔•
𐤉𐤆 𐤂𐤁𐤄 𐤋𐤁𐤊 𐤁𐤉𐤐𐤉𐤊 𐤔𐤇𐤕 𐤇𐤊𐤌𐤕𐤊 𐤏𐤋 𐤉𐤐𐤏𐤕𐤊 𐤏𐤋 𐤀𐤓𐤑 𐤄𐤔𐤋𐤊𐤕𐤉𐤊
𐤋𐤐𐤍𐤉 𐤌𐤋𐤊𐤉𐤌 𐤍𐤕𐤕𐤉𐤊 𐤋𐤓𐤀𐤅𐤄 𐤁𐤊•
𐤉𐤇 𐤌𐤓𐤁 𐤏𐤅𐤍𐤉𐤊 𐤁𐤏𐤅𐤋 𐤓𐤊𐤋𐤕𐤊 𐤇𐤋𐤋𐤕 𐤌𐤒𐤃𐤔𐤉𐤊 𐤅𐤀𐤅𐤑𐤀 𐤀𐤔 𐤌𐤕𐤅𐤊𐤊
𐤄𐤉𐤀 𐤀𐤊𐤋𐤕𐤊 𐤅𐤀𐤕𐤍𐤊 𐤋𐤀𐤐𐤓 𐤏𐤋 𐤄𐤀𐤓𐤑 𐤋𐤏𐤉𐤍𐤉 𐤊𐤋 𐤓𐤀𐤉𐤊•
𐤉𐤈 𐤊𐤋 𐤉𐤅𐤃𐤏𐤉𐤊 𐤁𐤏𐤌𐤉𐤌 𐤔𐤌𐤌𐤅 𐤏𐤋𐤉𐤊 𐤁𐤋𐤄𐤅𐤕 𐤄𐤉𐤉𐤕 𐤅𐤀𐤉𐤍𐤊 𐤏𐤃
𐤏𐤅𐤋𐤌•

כ ויהי דבר יהוה אלי לאמר•
כא בן אדם שים פניך אל צידון והנבא עליה•
כב ואמרת כה אמר אדני יהוה הנני עליך צידון ונכבדתי
בתוכך וידעו כי אני יהוה בעשותי בה שפטים ונקדשתי בה•
כג ושלחתי בה דבר ודם בחוצותיה ונפלל חלל בתוכה בחרב
עליה מסביב וידעו כי אני יהוה•
כד ולא יהיה עוד לבית ישראל סלון ממאיר וקוץ מכאב מכל
סביבתם השאטים אותם וידעו כי אני אדני יהוה•
כה כה אמר אדני יהוה בקבצי את בית ישראל מן העמים אשר
נפוצו בם ונקדשתי בם לעיני הגוים וישבו על אדמתם אשר
נתתי לעבדי ליעקב•
כו וישבו עליה לבטח ובנו בתים ונטעו כרמים וישבו לבטח
בעשותי שפטים בכל השאטים אתם מסביבותם וידעו כי אני
יהוה אלהיהם•

פרק כט
א בשנה העשרית בעשרי בשנים עשר לחדש היה דבר יהוה אלי
לאמר•
ב בן אדם שים פניך על פרעה מלך מצרים והנבא עליו ועל
מצרים כלה•
ג דבר ואמרת כה אמר אדני יהוה הנני עליך פרעה מלך מצרים
התנים הגדול הרבץ בתוך יאריו אשר אמר לי יארי ואני
עשיתני•
ד ונתתי חחיים [חחים] בלחייך והדבקתי דגת יאריך
בקשקשתיך והעליתיך מתוך יאריך ואת כל דגת יאריך
בקשקשתיך תדבק•
ה ונטשתיך המדברה אותך ואת כל דגת יאריך על פני השדה
תפול לא תאסף ולא תקבץ לחית הארץ ולעוף השמים נתתיך
לאכלה•
ו וידעו כל ישבי מצרים כי אני יהוה יען היותם משענת
קנה לבית ישראל•
ז בתפשם בך בכפך [בכף] תרוץ ובקעת להם כל כתף ובהשענם
עליך תשבר והעמדת להם כל מתנים•

ח לכן כה אמר אדני יהוה הנני מביא עליך חרב והכרתי ממך
אדם ובהמה•
ט והיתה ארץ מצרים לשממה וחרבה וידעו כי אני יהוה יען
אמר יאר לי ואני עשיתי•
י לכן הנני אליך ואל יאריך ונתתי את ארץ מצרים לחרבות
חרב שממה ממגדל סונה ועד גבול כוש•
יא לא תעבר בה רגל אדם ורגל בהמה לא תעבר בה ולא תשב
ארבעים שנה•
יב ונתתי את ארץ מצרים שממה בתוך ארצות נשמות ועריה
בתוך ערים מחרבות תהיין שממה ארבעים שנה והפצתי את
מצרים בגוים וזריתים בארצות•
יג כי כה אמר אדני יהוה מקץ ארבעים שנה אקבץ את מצרים
מן העמים אשר נפצו שמה•
יד ושבתי את שבות מצרים והשבתי אתם ארץ פתרוס על ארץ
מכורתם והיו שם ממלכה שפלה•
טו מן הממלכות תהיה שפלה ולא תתנשא עוד על הגוים
והמעטתים לבלתי רדות בגוים•
טז ולא יהיה עוד לבית ישראל למבטח מזכיר עון בפנותם
אחריהם וידעו כי אני אדני יהוה•
יז ויהי בעשרים ושבע שנה בראשון באחד לחדש היה דבר
יהוה אלי לאמר•
יח בן אדם נבוכדראצר מלך בבל העביד את חילו עבדה גדלה אל
צר כל ראש מקרח וכל כתף מרוטה ושכר לא היה לו ולחילו מצר
על העבדה אשר עבד עליה•
יט לכן כה אמר אדני יהוה הנני נתן לנבוכדראצר מלך בבל
את ארץ מצרים ונשא המנה ושלל שללה ובזז בזה והיתה שכר
לחילו•
כ פעלתו אשר עבד בה נתתי לו את ארץ מצרים אשר עשו לי נאם
אדני יהוה•
כא ביום ההוא אצמיח קרן לבית ישראל ולך אתן פתחון פה
בתוכם וידעו כי אני יהוה•

פרק ל

𐤉𐤇𐤆𐤒𐤀𐤋

𐤀𐤅𐤉𐤄𐤉 𐤃𐤁𐤓 𐤉𐤄𐤅𐤄 𐤀𐤋𐤉 𐤋𐤀𐤌𐤓•
𐤁𐤁𐤍 𐤀𐤃𐤌 𐤄𐤍𐤁𐤀 𐤅𐤀𐤌𐤓𐤕 𐤊𐤄 𐤀𐤌𐤓 𐤀𐤃𐤍𐤉 𐤉𐤄𐤅𐤄 𐤄𐤉𐤋𐤉𐤋𐤅 𐤄𐤄 𐤋𐤉𐤅𐤌•
𐤂𐤊𐤉 𐤒𐤓𐤅𐤁 𐤉𐤅𐤌 𐤅𐤒𐤓𐤅𐤁 𐤉𐤅𐤌 𐤋𐤉𐤄𐤅𐤄 𐤉𐤅𐤌 𐤏𐤍𐤍 𐤏𐤕 𐤂𐤅𐤉𐤌 𐤉𐤄𐤉𐤄•
𐤃𐤅𐤁𐤀𐤄 𐤇𐤓𐤁 𐤁𐤌𐤑𐤓𐤉𐤌 𐤅𐤄𐤉𐤕𐤄 𐤇𐤋𐤇𐤋𐤄 𐤁𐤊𐤅𐤔 𐤁𐤍𐤐𐤋 𐤇𐤋𐤋 𐤁𐤌𐤑𐤓𐤉𐤌
𐤅𐤋𐤒𐤇𐤅 𐤄𐤌𐤅𐤍𐤄 𐤅𐤍𐤄𐤓𐤎𐤅 𐤉𐤎𐤅𐤃𐤕𐤉𐤄•
𐤄𐤊𐤅𐤔 𐤅𐤐𐤅𐤈 𐤅𐤋𐤅𐤃 𐤅𐤊𐤋 𐤄𐤏𐤓𐤁 𐤅𐤊𐤅𐤁 𐤅𐤁𐤍𐤉 𐤀𐤓𐤑 𐤄𐤁𐤓𐤉𐤕 𐤀𐤕𐤌 𐤁𐤇𐤓𐤁
𐤉𐤐𐤋𐤅•
𐤅𐤊𐤄 𐤀𐤌𐤓 𐤉𐤄𐤅𐤄 𐤅𐤍𐤐𐤋𐤅 𐤎𐤌𐤊𐤉 𐤌𐤑𐤓𐤉𐤌 𐤅𐤉𐤓𐤃 𐤂𐤀𐤅𐤍 𐤏𐤆𐤄 𐤌𐤌𐤂𐤃𐤋
𐤎𐤅𐤍𐤄 𐤁𐤇𐤓𐤁 𐤉𐤐𐤋𐤅 𐤁𐤄 𐤍𐤀𐤌 𐤀𐤃𐤍𐤉 𐤉𐤄𐤅𐤄•
𐤆𐤅𐤍𐤔𐤌𐤅 𐤁𐤕𐤅𐤊 𐤀𐤓𐤑𐤅𐤕 𐤍𐤔𐤌𐤅𐤕 𐤅𐤏𐤓𐤉𐤅 𐤁𐤕𐤅𐤊 𐤏𐤓𐤉𐤌 𐤍𐤇𐤓𐤁𐤅𐤕
𐤕𐤄𐤉𐤉𐤍𐤄•
𐤇𐤅𐤉𐤃𐤏𐤅 𐤊𐤉 𐤀𐤍𐤉 𐤉𐤄𐤅𐤄 𐤁𐤕𐤕𐤉 𐤀𐤔 𐤁𐤌𐤑𐤓𐤉𐤌 𐤅𐤍𐤔𐤁𐤓𐤅 𐤊𐤋 𐤏𐤆𐤓𐤉𐤄•
𐤈𐤁𐤉𐤅𐤌 𐤄𐤄𐤅𐤀 𐤉𐤑𐤀𐤅 𐤌𐤋𐤀𐤊𐤉𐤌 𐤌𐤋𐤐𐤍𐤉 𐤁𐤑𐤉𐤌 𐤋𐤄𐤇𐤓𐤉𐤃 𐤀𐤕 𐤊𐤅𐤔
𐤁𐤈𐤇 𐤅𐤄𐤉𐤕𐤄 𐤇𐤋𐤇𐤋𐤄 𐤁𐤄𐤌 𐤊𐤉𐤅𐤌 𐤌𐤑𐤓𐤉𐤌 𐤊𐤉 𐤄𐤍𐤄 𐤁𐤀𐤄•
𐤉𐤊𐤄 𐤀𐤌𐤓 𐤀𐤃𐤍𐤉 𐤉𐤄𐤅𐤄 𐤅𐤄𐤔𐤁𐤕𐤉 𐤀𐤕 𐤄𐤌𐤅𐤍 𐤌𐤑𐤓𐤉𐤌 𐤁𐤉𐤃
𐤍𐤁𐤅𐤊𐤃𐤓𐤀𐤑𐤓 𐤌𐤋𐤊 𐤁𐤁𐤋•
𐤉𐤀𐤄𐤅𐤀 𐤅𐤏𐤌𐤅 𐤀𐤕𐤅 𐤏𐤓𐤉𐤑𐤉 𐤂𐤅𐤉𐤌 𐤌𐤅𐤁𐤀𐤉𐤌 𐤋𐤔𐤇𐤕 𐤄𐤀𐤓𐤑 𐤅𐤄𐤓𐤉𐤒𐤅
𐤇𐤓𐤁𐤅𐤕𐤌 𐤏𐤋 𐤌𐤑𐤓𐤉𐤌 𐤅𐤌𐤋𐤀𐤅 𐤀𐤕 𐤄𐤀𐤓𐤑 𐤇𐤋𐤋•
𐤉𐤁𐤅𐤍𐤕𐤕𐤉 𐤉𐤀𐤓𐤉𐤌 𐤇𐤓𐤁𐤄 𐤅𐤌𐤊𐤓𐤕𐤉 𐤀𐤕 𐤄𐤀𐤓𐤑 𐤁𐤉𐤃 𐤓𐤏𐤉𐤌 𐤅𐤄𐤔𐤌𐤕𐤉
𐤀𐤓𐤑 𐤅𐤌𐤋𐤀𐤄 𐤁𐤉𐤃 𐤆𐤓𐤉𐤌 𐤀𐤍𐤉 𐤉𐤄𐤅𐤄 𐤃𐤁𐤓𐤕𐤉•
𐤉𐤂𐤊𐤄 𐤀𐤌𐤓 𐤀𐤃𐤍𐤉 𐤉𐤄𐤅𐤄 𐤅𐤄𐤀𐤁𐤃𐤕𐤉 𐤂𐤋𐤅𐤋𐤉𐤌 𐤅𐤄𐤔𐤁𐤕𐤉 𐤀𐤋𐤉𐤋𐤉𐤌
𐤌𐤍𐤐 𐤅𐤍𐤔𐤉𐤀 𐤌𐤀𐤓𐤑 𐤌𐤑𐤓𐤉𐤌 𐤋𐤀 𐤉𐤄𐤉𐤄 𐤏𐤅𐤃 𐤅𐤍𐤕𐤕𐤉 𐤉𐤓𐤀𐤄 𐤁𐤀𐤓𐤑
𐤌𐤑𐤓𐤉𐤌•
𐤉𐤃𐤅𐤄𐤔𐤌𐤕𐤉 𐤀𐤕 𐤐𐤕𐤓𐤅𐤎 𐤅𐤍𐤕𐤕𐤉 𐤀𐤔 𐤁𐤑𐤏𐤍 𐤅𐤏𐤔𐤉𐤕𐤉 𐤔𐤐𐤈𐤉𐤌 𐤁𐤍𐤀•
𐤈𐤅𐤅𐤔𐤐𐤊𐤕𐤉 𐤇𐤌𐤕𐤉 𐤏𐤋 𐤎𐤉𐤍 𐤌𐤏𐤅𐤆 𐤌𐤑𐤓𐤉𐤌 𐤅𐤄𐤊𐤓𐤕𐤉 𐤀𐤕 𐤄𐤌𐤅𐤍 𐤍𐤀•
𐤈𐤆𐤅𐤍𐤕𐤕𐤉 𐤀𐤔 𐤁𐤌𐤑𐤓𐤉𐤌 𐤇𐤅𐤋 𐤕𐤇𐤉𐤋 [𐤕𐤇𐤅𐤋] 𐤎𐤉𐤍 𐤅𐤍𐤀 𐤕𐤄𐤉𐤄 𐤋𐤄𐤁𐤒𐤏
𐤅𐤍𐤐 𐤑𐤓𐤉 𐤉𐤅𐤌𐤌•
𐤉𐤆𐤁𐤇𐤅𐤓𐤉 𐤀𐤅𐤍 𐤅𐤐𐤉 𐤁𐤎𐤕 𐤁𐤇𐤓𐤁 𐤉𐤐𐤋𐤅 𐤅𐤄𐤍𐤄 𐤁𐤔𐤁𐤉 𐤕𐤋𐤊𐤍𐤄•
𐤉𐤇𐤅𐤁𐤕𐤇𐤐𐤍𐤇𐤎 𐤇𐤔𐤊 𐤄𐤉𐤅𐤌 𐤁𐤔𐤁𐤓𐤉 𐤔𐤌 𐤀𐤕 𐤌𐤈𐤅𐤕 𐤌𐤑𐤓𐤉𐤌 𐤅𐤍𐤔𐤁𐤕 𐤁𐤄
𐤂𐤀𐤅𐤍 𐤏𐤆𐤄 𐤄𐤉𐤀 𐤏𐤍𐤍 𐤉𐤊𐤎𐤍𐤄 𐤅𐤁𐤍𐤅𐤕𐤉𐤄 𐤁𐤔𐤁𐤉 𐤕𐤋𐤊𐤍𐤄•
𐤉𐤈𐤅𐤏𐤔𐤉𐤕𐤉 𐤔𐤐𐤈𐤉𐤌 𐤁𐤌𐤑𐤓𐤉𐤌 𐤅𐤉𐤃𐤏𐤅 𐤊𐤉 𐤀𐤍𐤉 𐤉𐤄𐤅𐤄•
𐤊𐤅𐤉𐤄𐤉 𐤁𐤀𐤇𐤕 𐤏𐤔𐤓𐤄 𐤔𐤍𐤄 𐤁𐤓𐤀𐤔𐤅𐤍 𐤁𐤔𐤁𐤏𐤄 𐤋𐤇𐤃𐤔 𐤄𐤉𐤄 𐤃𐤁𐤓 𐤉𐤄𐤅𐤄
𐤀𐤋𐤉 𐤋𐤀𐤌𐤓•

𐤉𐤇𐤆𐤒𐤀𐤋

𐤊𐤀 𐤁𐤍 𐤀𐤃𐤌 𐤀𐤕 𐤆𐤓𐤅𐤏 𐤐𐤓𐤏𐤄 𐤌𐤋𐤊 𐤌𐤑𐤓𐤉𐤌 𐤔𐤁𐤓𐤕𐤉 𐤅𐤄𐤍𐤄 𐤋𐤀 𐤇𐤁𐤔𐤄
𐤋𐤕𐤕 𐤓𐤐𐤀𐤅𐤕 𐤋𐤔𐤅𐤌 𐤇𐤕𐤅𐤋 𐤋𐤇𐤁𐤔𐤄 𐤋𐤇𐤆𐤒𐤄 𐤋𐤕𐤐𐤔 𐤁𐤇𐤓𐤁•
𐤊𐤁 𐤋𐤊𐤍 𐤊𐤄 𐤀𐤌𐤓 𐤀𐤃𐤍𐤉 𐤉𐤄𐤅𐤄 𐤄𐤍𐤍𐤉 𐤀𐤋 𐤐𐤓𐤏𐤄 𐤌𐤋𐤊 𐤌𐤑𐤓𐤉𐤌
𐤅𐤔𐤁𐤓𐤕𐤉 𐤀𐤕 𐤆𐤓𐤏𐤕𐤉𐤅 𐤀𐤕 𐤄𐤇𐤆𐤒𐤄 𐤅𐤀𐤕 𐤄𐤍𐤔𐤁𐤓𐤕 𐤅𐤄𐤐𐤋𐤕𐤉 𐤀𐤕 𐤄𐤇𐤓𐤁
𐤌𐤉𐤃𐤅•
𐤊𐤂 𐤅𐤄𐤐𐤑𐤅𐤕𐤉 𐤀𐤕 𐤌𐤑𐤓𐤉𐤌 𐤁𐤂𐤅𐤉𐤌 𐤅𐤆𐤓𐤉𐤕𐤌 𐤁𐤀𐤓𐤑𐤅𐤕•
𐤊𐤃 𐤅𐤇𐤆𐤒𐤕𐤉 𐤀𐤕 𐤆𐤓𐤏𐤅𐤕 𐤌𐤋𐤊 𐤁𐤁𐤋 𐤅𐤍𐤕𐤕𐤉 𐤀𐤕 𐤇𐤓𐤁𐤉 𐤁𐤉𐤃𐤅 𐤅𐤔𐤁𐤓𐤕𐤉
𐤀𐤕 𐤆𐤓𐤏𐤅𐤕 𐤐𐤓𐤏𐤄 𐤅𐤍𐤀𐤒 𐤍𐤀𐤒𐤅𐤕 𐤇𐤋𐤋 𐤋𐤐𐤍𐤉𐤅•
𐤊𐤄 𐤅𐤄𐤇𐤆𐤒𐤕𐤉 𐤀𐤕 𐤆𐤓𐤏𐤅𐤕 𐤌𐤋𐤊 𐤁𐤁𐤋 𐤅𐤆𐤓𐤏𐤅𐤕 𐤐𐤓𐤏𐤄 𐤕𐤐𐤋𐤍𐤄 𐤅𐤉𐤃𐤏𐤅 𐤊𐤉
𐤀𐤍𐤉 𐤉𐤄𐤅𐤄 𐤁𐤕𐤕𐤉 𐤇𐤓𐤁𐤉 𐤁𐤉𐤃 𐤌𐤋𐤊 𐤁𐤁𐤋 𐤅𐤍𐤈𐤄 𐤀𐤅𐤕𐤄 𐤀𐤋 𐤀𐤓𐤑
𐤌𐤑𐤓𐤉𐤌•
𐤊𐤅 𐤅𐤄𐤐𐤑𐤅𐤕𐤉 𐤀𐤕 𐤌𐤑𐤓𐤉𐤌 𐤁𐤂𐤅𐤉𐤌 𐤅𐤆𐤓𐤉𐤕𐤉 𐤀𐤅𐤕𐤌 𐤁𐤀𐤓𐤑𐤅𐤕 𐤅𐤉𐤃𐤏𐤅
𐤊𐤉 𐤀𐤍𐤉 𐤉𐤄𐤅𐤄•

𐤐𐤓𐤒 𐤋𐤀
𐤀 𐤅𐤉𐤄𐤉 𐤁𐤀𐤇𐤕 𐤏𐤔𐤓𐤄 𐤔𐤍𐤄 𐤁𐤔𐤋𐤉𐤔𐤉 𐤁𐤀𐤇𐤃 𐤋𐤇𐤃𐤔 𐤄𐤉𐤄 𐤃𐤁𐤓 𐤉𐤄𐤅𐤄
𐤀𐤋𐤉 𐤋𐤀𐤌𐤓•
𐤁 𐤁𐤍 𐤀𐤃𐤌 𐤀𐤌𐤓 𐤀𐤋 𐤐𐤓𐤏𐤄 𐤌𐤋𐤊 𐤌𐤑𐤓𐤉𐤌 𐤅𐤀𐤋 𐤄𐤌𐤅𐤍𐤅 𐤀𐤋 𐤌𐤉 𐤃𐤌𐤉𐤕
𐤁𐤂𐤃𐤋𐤊•
𐤂 𐤄𐤍𐤄 𐤀𐤔𐤅𐤓 𐤀𐤓𐤆 𐤁𐤋𐤁𐤍𐤅𐤍 𐤉𐤐𐤄 𐤏𐤍𐤐 𐤅𐤇𐤓𐤔 𐤌𐤑𐤋 𐤅𐤂𐤁𐤄 𐤒𐤅𐤌𐤄 𐤅𐤁𐤉𐤍
𐤏𐤁𐤕𐤉𐤌 𐤄𐤉𐤕𐤄 𐤑𐤌𐤓𐤕𐤅•
𐤃 𐤌𐤉𐤌 𐤂𐤃𐤋𐤅𐤄𐤅 𐤕𐤄𐤅𐤌 𐤓𐤌𐤌𐤕𐤄𐤅 𐤀𐤕 𐤍𐤄𐤓𐤕𐤉𐤄 𐤄𐤋𐤊 𐤎𐤁𐤉𐤁𐤅𐤕 𐤌𐤈𐤏𐤄
𐤅𐤀𐤕 𐤕𐤏𐤋𐤕𐤉𐤄 𐤔𐤋𐤇𐤄 𐤀𐤋 𐤊𐤋 𐤏𐤑𐤉 𐤄𐤔𐤃𐤄•
𐤄 𐤏𐤋 𐤊𐤍 𐤂𐤁𐤄𐤀 𐤒𐤌𐤕𐤅 𐤌𐤊𐤋 𐤏𐤑𐤉 𐤄𐤔𐤃𐤄 𐤅𐤕𐤓𐤁𐤉𐤍𐤄 𐤎𐤓𐤏𐤐𐤕𐤉𐤅
𐤅𐤕𐤀𐤓𐤊𐤍𐤄 𐤐𐤀𐤓𐤕𐤅 [𐤐𐤀𐤓𐤕𐤉𐤅] 𐤌𐤌𐤉𐤌 𐤓𐤁𐤉𐤌 𐤁𐤔𐤋𐤇𐤅•
𐤅 𐤁𐤎𐤏𐤐𐤕𐤉𐤅 𐤒𐤍𐤍𐤅 𐤊𐤋 𐤏𐤅𐤐 𐤄𐤔𐤌𐤉𐤌 𐤅𐤕𐤇𐤕 𐤐𐤀𐤓𐤕𐤉𐤅 𐤉𐤋𐤃𐤅 𐤊𐤋 𐤇𐤉𐤕
𐤄𐤔𐤃𐤄 𐤅𐤁𐤑𐤋𐤅 𐤉𐤔𐤁𐤅 𐤊𐤋 𐤂𐤅𐤉𐤌 𐤓𐤁𐤉𐤌•
𐤆 𐤅𐤉𐤉𐤐 𐤁𐤂𐤃𐤋𐤅 𐤁𐤀𐤓𐤊 𐤃𐤋𐤉𐤅𐤕𐤉𐤅 𐤊𐤉 𐤄𐤉𐤄 𐤔𐤓𐤔𐤅 𐤀𐤋 𐤌𐤉𐤌 𐤓𐤁𐤉𐤌•
𐤇 𐤀𐤓𐤆𐤉𐤌 𐤋𐤀 𐤏𐤌𐤌𐤄𐤅 𐤁𐤂𐤍 𐤀𐤋𐤄𐤉𐤌 𐤁𐤓𐤅𐤔𐤉𐤌 𐤋𐤀 𐤃𐤌𐤅 𐤀𐤋 𐤎𐤏𐤐𐤕𐤉𐤅
𐤅𐤏𐤓𐤌𐤍𐤉𐤌 𐤋𐤀 𐤄𐤉𐤅 𐤊𐤐𐤀𐤓𐤕𐤉𐤅 𐤊𐤋 𐤏𐤑 𐤁𐤂𐤍 𐤀𐤋𐤄𐤉𐤌 𐤋𐤀 𐤃𐤌𐤄 𐤀𐤋𐤉𐤅
𐤁𐤉𐤐𐤉𐤅•
𐤈 𐤉𐤐𐤄 𐤏𐤔𐤉𐤕𐤉𐤅 𐤁𐤓𐤁 𐤃𐤋𐤉𐤅𐤕𐤉𐤅 𐤅𐤉𐤒𐤍𐤀𐤄𐤅 𐤊𐤋 𐤏𐤑𐤉 𐤏𐤃𐤍 𐤀𐤔𐤓 𐤁𐤂𐤍
𐤄𐤀𐤋𐤄𐤉𐤌•

𐤉 𐤋𐤊𐤍 𐤊𐤄 𐤀𐤌𐤓 𐤀𐤃𐤍𐤉 𐤉𐤄𐤅𐤄 𐤉𐤏𐤍 𐤀𐤔𐤓 𐤂𐤁𐤄𐤕 𐤁𐤒𐤅𐤌𐤄 𐤅𐤉𐤕𐤍 𐤑𐤌𐤓𐤕𐤅
𐤀𐤋 𐤁𐤉𐤍 𐤏𐤁𐤅𐤕𐤉𐤌 𐤅𐤓𐤌 𐤋𐤁𐤁𐤅 𐤁𐤂𐤁𐤄𐤅•
𐤉𐤀 𐤅𐤀𐤕𐤍𐤄𐤅 𐤁𐤉𐤃 𐤀𐤉𐤋 𐤂𐤅𐤉𐤌 𐤏𐤔𐤅 𐤉𐤏𐤔𐤄 𐤋𐤅 𐤊𐤓𐤔𐤏𐤅 𐤂𐤓𐤔𐤕𐤄𐤅•
𐤉𐤁 𐤅𐤉𐤊𐤓𐤕𐤄𐤅 𐤆𐤓𐤉𐤌 𐤏𐤓𐤉𐤑𐤉 𐤂𐤅𐤉𐤌 𐤅𐤉𐤈𐤔𐤄𐤅 𐤀𐤋 𐤄𐤄𐤓𐤉𐤌 𐤅𐤁𐤊𐤋
𐤂𐤀𐤉𐤅𐤕 𐤍𐤐𐤋𐤅 𐤃𐤋𐤉𐤅𐤕𐤉𐤅 𐤅𐤕𐤔𐤁𐤓𐤍𐤄 𐤐𐤓𐤀𐤕𐤉𐤅 𐤁𐤊𐤋 𐤀𐤐𐤉𐤒𐤉 𐤄𐤀𐤓𐤑
𐤅𐤉𐤓𐤃𐤅 𐤌𐤑𐤋𐤅 𐤊𐤋 𐤏𐤌𐤉 𐤄𐤀𐤓𐤑 𐤅𐤉𐤈𐤔𐤄𐤅•
𐤉𐤂 𐤏𐤋 𐤌𐤐𐤋𐤕𐤅 𐤉𐤔𐤊𐤍𐤅 𐤊𐤋 𐤏𐤅𐤐 𐤄𐤔𐤌𐤉𐤌 𐤅𐤀𐤋 𐤐𐤓𐤀𐤕𐤉𐤅 𐤄𐤉𐤅 𐤊𐤋 𐤇𐤉𐤕
𐤄𐤔𐤃𐤄•
𐤉𐤃 𐤋𐤌𐤏𐤍 𐤀𐤔𐤓 𐤋𐤀 𐤉𐤂𐤁𐤄𐤅 𐤁𐤒𐤅𐤌𐤕𐤌 𐤊𐤋 𐤏𐤑𐤉 𐤌𐤉𐤌 𐤅𐤋𐤀 𐤉𐤕𐤍𐤅 𐤀𐤕
𐤑𐤌𐤓𐤕𐤌 𐤀𐤋 𐤁𐤉𐤍 𐤏𐤁𐤕𐤉𐤌 𐤅𐤋𐤀 𐤉𐤏𐤌𐤃𐤅 𐤀𐤋𐤉𐤄𐤌 𐤁𐤂𐤁𐤄𐤌 𐤊𐤋 𐤔𐤕𐤉 𐤌𐤉𐤌
𐤊𐤉 𐤊𐤋𐤌 𐤍𐤕𐤍𐤅 𐤋𐤌𐤅𐤕 𐤀𐤋 𐤀𐤓𐤑 𐤕𐤇𐤕𐤉𐤕 𐤁𐤕𐤅𐤊 𐤁𐤍𐤉 𐤀𐤃𐤌 𐤀𐤋 𐤉𐤅𐤓𐤃𐤉
𐤁𐤅𐤓•
𐤈𐤅 𐤊𐤄 𐤀𐤌𐤓 𐤀𐤃𐤍𐤉 𐤉𐤄𐤅𐤄 𐤁𐤉𐤅𐤌 𐤓𐤃𐤕𐤅 𐤔𐤀𐤅𐤋𐤄 𐤄𐤀𐤁𐤋𐤕𐤉 𐤊𐤎𐤕𐤉 𐤏𐤋𐤉𐤅
𐤀𐤕 𐤕𐤄𐤅𐤌 𐤅𐤀𐤌𐤍𐤏 𐤍𐤄𐤓𐤅𐤕𐤉𐤄 𐤅𐤉𐤊𐤋𐤀𐤅 𐤌𐤉𐤌 𐤓𐤁𐤉𐤌 𐤅𐤕𐤒𐤃𐤓 𐤏𐤋𐤉𐤅
𐤋𐤁𐤍𐤅𐤍 𐤅𐤊𐤋 𐤏𐤑𐤉 𐤄𐤔𐤃𐤄 𐤏𐤋𐤉𐤅 𐤏𐤋𐤐𐤄•
𐤈𐤆 𐤌𐤒𐤅𐤋 𐤌𐤐𐤋𐤕𐤅 𐤄𐤓𐤏𐤔𐤕𐤉 𐤂𐤅𐤉𐤌 𐤁𐤄𐤅𐤓𐤃𐤉 𐤀𐤕𐤅 𐤔𐤀𐤅𐤋𐤄 𐤀𐤕 𐤉𐤅𐤓𐤃𐤉
𐤁𐤅𐤓 𐤅𐤉𐤍𐤇𐤌𐤅 𐤁𐤀𐤓𐤑 𐤕𐤇𐤕𐤉𐤕 𐤊𐤋 𐤏𐤑𐤉 𐤏𐤃𐤍 𐤌𐤁𐤇𐤓 𐤅𐤈𐤅𐤁 𐤋𐤁𐤍𐤅𐤍 𐤊𐤋 𐤔𐤕𐤉
𐤌𐤉𐤌•
𐤉𐤆 𐤂𐤌 𐤄𐤌 𐤀𐤕𐤅 𐤉𐤓𐤃𐤅 𐤔𐤀𐤅𐤋𐤄 𐤀𐤋 𐤇𐤋𐤋𐤉 𐤇𐤓𐤁 𐤅𐤆𐤓𐤏𐤅 𐤉𐤔𐤁𐤅 𐤁𐤑𐤋𐤅
𐤁𐤕𐤅𐤊 𐤂𐤅𐤉𐤌•
𐤉𐤇 𐤀𐤋 𐤌𐤉 𐤃𐤌𐤉𐤕 𐤊𐤊𐤄 𐤁𐤊𐤁𐤅𐤃 𐤅𐤁𐤂𐤃𐤋 𐤁𐤏𐤑𐤉 𐤏𐤃𐤍 𐤅𐤄𐤅𐤓𐤃𐤕 𐤀𐤕 𐤏𐤑𐤉
𐤏𐤃𐤍 𐤀𐤋 𐤀𐤓𐤑 𐤕𐤇𐤕𐤉𐤕 𐤕𐤄𐤉𐤄 𐤁𐤕𐤅𐤊 𐤏𐤓𐤋𐤉𐤌 𐤕𐤔𐤊𐤁 𐤀𐤕 𐤇𐤋𐤋𐤉 𐤇𐤓𐤁 𐤄𐤅𐤀 𐤐𐤓𐤏𐤄
𐤅𐤊𐤋 𐤄𐤌𐤅𐤍𐤄 [𐤄𐤌𐤅𐤍𐤅] 𐤍𐤀𐤌 𐤀𐤃𐤍𐤉 𐤉𐤄𐤅𐤄•

𐤐𐤓𐤒 𐤋𐤁

𐤀 𐤅𐤉𐤄𐤉 𐤁𐤔𐤕𐤉 𐤏𐤔𐤓𐤄 𐤔𐤍𐤄 𐤁𐤔𐤍𐤉 𐤏𐤔𐤓 𐤇𐤃𐤔 𐤁𐤀𐤇𐤃 𐤋𐤇𐤃𐤔 𐤄𐤉𐤄 𐤃𐤁𐤓
𐤉𐤄𐤅𐤄 𐤀𐤋𐤉 𐤋𐤀𐤌𐤓•
𐤁 𐤁𐤍 𐤀𐤃𐤌 𐤔𐤀 𐤒𐤉𐤍𐤄 𐤏𐤋 𐤐𐤓𐤏𐤄 𐤌𐤋𐤊 𐤌𐤑𐤓𐤉𐤌 𐤅𐤀𐤌𐤓𐤕 𐤀𐤋𐤉𐤅 𐤊𐤐𐤉𐤓
𐤂𐤅𐤉𐤌 𐤍𐤃𐤌𐤉𐤕 𐤅𐤀𐤕𐤄 𐤊𐤕𐤍𐤉𐤌 𐤁𐤉𐤌𐤉𐤌 𐤅𐤕𐤂𐤇 𐤁𐤍𐤄𐤓𐤅𐤕𐤉𐤊 𐤅𐤕𐤃𐤋𐤇 𐤌𐤉𐤌
𐤁𐤓𐤂𐤋𐤉𐤊 𐤅𐤕𐤓𐤐𐤎 𐤍𐤄𐤓𐤅𐤕𐤌•
𐤂 𐤊𐤄 𐤀𐤌𐤓 𐤀𐤃𐤍𐤉 𐤉𐤄𐤅𐤄 𐤅𐤐𐤓𐤔𐤕𐤉 𐤏𐤋𐤉𐤊 𐤀𐤕 𐤓𐤔𐤕𐤉 𐤁𐤒𐤄𐤋 𐤏𐤌𐤉𐤌
𐤓𐤁𐤉𐤌 𐤅𐤄𐤏𐤋𐤅𐤊 𐤁𐤇𐤓𐤌𐤉•
𐤃 𐤅𐤍𐤈𐤔𐤕𐤉𐤊 𐤁𐤀𐤓𐤑 𐤏𐤋 𐤐𐤍𐤉 𐤄𐤔𐤃𐤄 𐤀𐤈𐤉𐤋𐤊 𐤅𐤄𐤔𐤊𐤍𐤕𐤉 𐤏𐤋𐤉𐤊 𐤊𐤋 𐤏𐤅𐤐

𐤄𐤔𐤌𐤉𐤌 𐤅𐤄𐤔𐤁𐤏𐤕𐤉 𐤌𐤌𐤊 𐤇𐤉𐤕 𐤊𐤋 𐤄𐤀𐤓𐤑•
𐤄 𐤅𐤍𐤕𐤕𐤉 𐤀𐤕 𐤁𐤔𐤓𐤊 𐤏𐤋 𐤄𐤄𐤓𐤉𐤌 𐤅𐤌𐤋𐤀𐤕𐤉 𐤄𐤂𐤀𐤉𐤅𐤕 𐤓𐤌𐤅𐤕𐤊•
𐤅 𐤅𐤄𐤔𐤒𐤉𐤕𐤉 𐤀𐤓𐤑 𐤑𐤐𐤕𐤊 𐤌𐤃𐤌𐤊 𐤀𐤋 𐤄𐤄𐤓𐤉𐤌 𐤅𐤀𐤐𐤒𐤉𐤌 𐤉𐤌𐤋𐤀𐤅𐤍 𐤌𐤌𐤊•
𐤆 𐤅𐤊𐤎𐤉𐤕𐤉 𐤁𐤊𐤁𐤅𐤕𐤊 𐤔𐤌𐤉𐤌 𐤅𐤄𐤒𐤃𐤓𐤕𐤉 𐤀𐤕 𐤊𐤊𐤁𐤉𐤄𐤌 𐤔𐤌𐤔 𐤁𐤏𐤍𐤍
𐤀𐤊𐤎𐤍𐤅 𐤅𐤉𐤓𐤇 𐤋𐤀 𐤉𐤀𐤉𐤓 𐤀𐤅𐤓𐤅•
𐤇 𐤊𐤋 𐤌𐤀𐤅𐤓𐤉 𐤀𐤅𐤓 𐤁𐤔𐤌𐤉𐤌 𐤀𐤒𐤃𐤉𐤓𐤌 𐤏𐤋𐤉𐤊 𐤅𐤍𐤕𐤕𐤉 𐤇𐤔𐤊 𐤏𐤋 𐤀𐤓𐤑𐤊
𐤍𐤀𐤌 𐤀𐤃𐤍𐤉 𐤉𐤄𐤅𐤄•
𐤈 𐤅𐤄𐤊𐤏𐤎𐤕𐤉 𐤋𐤁 𐤏𐤌𐤉𐤌 𐤓𐤁𐤉𐤌 𐤁𐤄𐤁𐤉𐤀𐤉 𐤔𐤁𐤓𐤊 𐤁𐤂𐤅𐤉𐤌 𐤏𐤋 𐤀𐤓𐤑𐤅𐤕
𐤀𐤔𐤓 𐤋𐤀 𐤉𐤃𐤏𐤕𐤌•
𐤉 𐤅𐤄𐤔𐤌𐤅𐤕𐤉 𐤏𐤋𐤉𐤊 𐤏𐤌𐤉𐤌 𐤓𐤁𐤉𐤌 𐤅𐤌𐤋𐤊𐤉𐤄𐤌 𐤉𐤔𐤏𐤓𐤅 𐤏𐤋𐤉𐤊 𐤔𐤏𐤓
𐤁𐤏𐤅𐤐𐤐𐤉 𐤇𐤓𐤁𐤉 𐤏𐤋 𐤐𐤍𐤉𐤄𐤌 𐤅𐤇𐤓𐤃𐤅 𐤋𐤓𐤂𐤏𐤉𐤌 𐤀𐤉𐤔 𐤋𐤍𐤐𐤔𐤅 𐤁𐤉𐤅𐤌 𐤌𐤐𐤋𐤕𐤊•
𐤉𐤀 𐤊𐤉 𐤊𐤄 𐤀𐤌𐤓 𐤀𐤃𐤍𐤉 𐤉𐤄𐤅𐤄 𐤇𐤓𐤁 𐤌𐤋𐤊 𐤁𐤁𐤋 𐤕𐤁𐤅𐤀𐤊•
𐤉𐤁 𐤁𐤇𐤓𐤁𐤅𐤕 𐤂𐤁𐤅𐤓𐤉𐤌 𐤀𐤐𐤉𐤋 𐤄𐤌𐤅𐤍𐤊 𐤏𐤓𐤉𐤑𐤉 𐤂𐤅𐤉𐤌 𐤊𐤋𐤌 𐤅𐤔𐤃𐤃𐤅 𐤀𐤕
𐤂𐤀𐤅𐤍 𐤌𐤑𐤓𐤉𐤌 𐤅𐤍𐤔𐤌𐤃 𐤊𐤋 𐤄𐤌𐤅𐤍𐤄•
𐤉𐤂 𐤅𐤄𐤀𐤁𐤃𐤕𐤉 𐤀𐤕 𐤊𐤋 𐤁𐤄𐤌𐤕𐤄 𐤌𐤏𐤋 𐤌𐤉𐤌 𐤓𐤁𐤉𐤌 𐤅𐤋𐤀 𐤕𐤃𐤋𐤇𐤌 𐤓𐤂𐤋 𐤀𐤃𐤌
𐤏𐤅𐤃 𐤅𐤐𐤓𐤎𐤅𐤕 𐤁𐤄𐤌𐤄 𐤋𐤀 𐤕𐤃𐤋𐤇𐤌•
𐤉𐤃 𐤀𐤆 𐤀𐤔𐤒𐤉𐤏 𐤌𐤉𐤌𐤉𐤄𐤌 𐤅𐤍𐤄𐤓𐤅𐤕𐤌 𐤊𐤔𐤌𐤍 𐤀𐤅𐤋𐤉𐤊
𐤍𐤀𐤌 𐤀𐤃𐤍𐤉 𐤉𐤄𐤅𐤄•
𐤈𐤅 𐤁𐤕𐤕𐤉 𐤀𐤕 𐤀𐤓𐤑 𐤌𐤑𐤓𐤉𐤌 𐤔𐤌𐤌𐤄 𐤅𐤍𐤔𐤌𐤄 𐤀𐤓𐤑 𐤌𐤌𐤋𐤀𐤄 𐤁𐤄𐤊𐤅𐤕𐤉 𐤀𐤕
𐤊𐤋 𐤉𐤅𐤔𐤁𐤉 𐤁𐤄 𐤅𐤉𐤃𐤏𐤅 𐤊𐤉 𐤀𐤍𐤉 𐤉𐤄𐤅𐤄•
𐤈𐤆 𐤒𐤉𐤍𐤄 𐤄𐤉𐤀 𐤅𐤒𐤅𐤍𐤍𐤅𐤄 𐤁𐤍𐤅𐤕 𐤄𐤂𐤅𐤉𐤌 𐤕𐤒𐤅𐤍𐤍𐤄 𐤀𐤅𐤕𐤄 𐤏𐤋 𐤌𐤑𐤓𐤉𐤌
𐤅𐤏𐤋 𐤊𐤋 𐤄𐤌𐤅𐤍𐤄 𐤕𐤒𐤅𐤍𐤍𐤄 𐤀𐤅𐤕𐤄 𐤍𐤀𐤌 𐤀𐤃𐤍𐤉 𐤉𐤄𐤅𐤄•
𐤉𐤆 𐤅𐤉𐤄𐤉 𐤁𐤔𐤕𐤉 𐤏𐤔𐤓𐤄 𐤔𐤍𐤄 𐤁𐤇𐤌𐤔𐤄 𐤏𐤔𐤓 𐤋𐤇𐤃𐤔 𐤄𐤉𐤄 𐤃𐤁𐤓 𐤉𐤄𐤅𐤄
𐤀𐤋𐤉 𐤋𐤀𐤌𐤓•
𐤉𐤇 𐤁𐤍 𐤀𐤃𐤌 𐤍𐤄𐤄 𐤏𐤋 𐤄𐤌𐤅𐤍 𐤌𐤑𐤓𐤉𐤌 𐤅𐤄𐤅𐤓𐤃𐤄𐤅 𐤀𐤅𐤕𐤄 𐤅𐤁𐤍𐤅𐤕 𐤂𐤅𐤉𐤌
𐤀𐤃𐤓𐤌 𐤀𐤋 𐤀𐤓𐤑 𐤕𐤇𐤕𐤉𐤅𐤕 𐤀𐤕 𐤉𐤅𐤓𐤃𐤉 𐤁𐤅𐤓•
𐤉𐤈 𐤌𐤌𐤉 𐤍𐤏𐤌𐤕 𐤓𐤃𐤄 𐤅𐤄𐤔𐤊𐤁𐤄 𐤀𐤕 𐤏𐤓𐤋𐤉𐤌•
𐤊 𐤁𐤕𐤅𐤊 𐤇𐤋𐤋𐤉 𐤇𐤓𐤁 𐤉𐤐𐤋𐤅 𐤇𐤓𐤁 𐤍𐤕𐤍𐤄 𐤌𐤔𐤊𐤅 𐤀𐤅𐤕𐤄 𐤅𐤊𐤋 𐤄𐤌𐤅𐤍𐤉𐤄•
𐤊𐤀 𐤉𐤃𐤁𐤓𐤅 𐤋𐤅 𐤀𐤋𐤉 𐤂𐤁𐤅𐤓𐤉𐤌 𐤌𐤕𐤅𐤊 𐤔𐤀𐤅𐤋 𐤀𐤕 𐤏𐤆𐤓𐤉𐤅 𐤉𐤓𐤃𐤅 𐤔𐤊𐤁𐤅
𐤄𐤏𐤓𐤋𐤉𐤌 𐤇𐤋𐤋𐤉 𐤇𐤓𐤁•
𐤊𐤁 𐤔𐤌 𐤀𐤔𐤅𐤓 𐤅𐤊𐤋 𐤒𐤄𐤋𐤄 𐤎𐤁𐤉𐤁𐤅𐤕𐤉𐤅 𐤒𐤁𐤓𐤕𐤉𐤅 𐤊𐤋𐤌 𐤇𐤋𐤋𐤉𐤌
𐤄𐤍𐤐𐤋𐤉𐤌 𐤁𐤇𐤓𐤁•
𐤊𐤂 𐤀𐤔𐤓 𐤍𐤕𐤍𐤅 𐤒𐤁𐤓𐤕𐤉𐤄 𐤁𐤉𐤓𐤊𐤕𐤉 𐤁𐤅𐤓 𐤅𐤉𐤄𐤉 𐤒𐤄𐤋𐤄 𐤎𐤁𐤉𐤁𐤅𐤕 𐤒𐤁𐤓𐤕𐤄

𐤊𐤋𐤌 𐤇𐤋𐤋𐤉𐤌 𐤍𐤐𐤋𐤉𐤌 𐤁𐤇𐤓𐤁 𐤀𐤔𐤓 𐤍𐤕𐤍𐤅 𐤇𐤕𐤉𐤕 𐤁𐤀𐤓𐤑 𐤇𐤉𐤉𐤌•
𐤊𐤃𐤔𐤌 𐤏𐤉𐤋𐤌 𐤅𐤊𐤋 𐤄𐤌𐤅𐤍𐤄 𐤎𐤁𐤉𐤁𐤅𐤕 𐤒𐤁𐤓𐤕𐤄 𐤊𐤋𐤌 𐤇𐤋𐤋𐤉𐤌 𐤄𐤍𐤐𐤋𐤉𐤌
𐤁𐤇𐤓𐤁 𐤀𐤔𐤓 𐤉𐤓𐤃𐤅 𐤏𐤓𐤋𐤉𐤌 𐤀𐤋 𐤀𐤓𐤑 𐤕𐤇𐤕𐤉𐤅𐤕 𐤀𐤔𐤓 𐤍𐤕𐤍𐤅 𐤇𐤕𐤉𐤕𐤌 𐤁𐤀𐤓𐤑
𐤇𐤉𐤉𐤌 𐤅𐤉𐤔𐤀𐤅 𐤊𐤋𐤌𐤕𐤌 𐤀𐤕 𐤉𐤅𐤓𐤃𐤉 𐤁𐤅𐤓•
𐤊𐤄𐤁𐤕𐤅𐤊 𐤇𐤋𐤋𐤉𐤌 𐤍𐤕𐤍𐤅 𐤌𐤔𐤊𐤁 𐤋𐤄 𐤁𐤊𐤋 𐤄𐤌𐤅𐤍𐤄 𐤎𐤁𐤉𐤁𐤅𐤕𐤉𐤅 𐤒𐤁𐤓𐤕𐤄
𐤊𐤋𐤌 𐤏𐤓𐤋𐤉𐤌 𐤇𐤋𐤋𐤉 𐤇𐤓𐤁 𐤊𐤉 𐤍𐤕𐤍 𐤇𐤕𐤉𐤕𐤌 𐤁𐤀𐤓𐤑 𐤇𐤉𐤉𐤌 𐤅𐤉𐤔𐤀𐤅 𐤊𐤋𐤌𐤕𐤌
𐤀𐤕 𐤉𐤅𐤓𐤃𐤉 𐤁𐤅𐤓 𐤁𐤕𐤅𐤊 𐤇𐤋𐤋𐤉𐤌 𐤍𐤕𐤍•
𐤊𐤅𐤔𐤌 𐤌𐤔𐤊 𐤕𐤁𐤋 𐤅𐤊𐤋 𐤄𐤌𐤅𐤍𐤄 𐤎𐤁𐤉𐤁𐤅𐤕𐤉𐤅 𐤒𐤁𐤓𐤅𐤕𐤉𐤄 𐤊𐤋𐤌 𐤏𐤓𐤋𐤉𐤌
𐤌𐤇𐤋𐤋𐤉 𐤇𐤓𐤁 𐤊𐤉 𐤍𐤕𐤍𐤅 𐤇𐤕𐤉𐤕𐤌 𐤁𐤀𐤓𐤑 𐤇𐤉𐤉𐤌•
𐤊𐤆𐤅𐤋𐤀 𐤉𐤔𐤊𐤁𐤅 𐤀𐤕 𐤂𐤁𐤅𐤓𐤉𐤌 𐤍𐤐𐤋𐤉𐤌 𐤌𐤏𐤓𐤋𐤉𐤌 𐤀𐤔𐤓 𐤉𐤓𐤃𐤅 𐤔𐤀𐤅𐤋
𐤁𐤊𐤋𐤉 𐤌𐤋𐤇𐤌𐤕𐤌 𐤅𐤉𐤕𐤍𐤅 𐤀𐤕 𐤇𐤓𐤁𐤅𐤕𐤌 𐤕𐤇𐤕 𐤓𐤀𐤔𐤉𐤄𐤌 𐤅𐤕𐤄𐤉 𐤏𐤅𐤍𐤕𐤌 𐤏𐤋
𐤏𐤑𐤌𐤅𐤕𐤌 𐤊𐤉 𐤇𐤕𐤉𐤕 𐤂𐤁𐤅𐤓𐤉𐤌 𐤁𐤀𐤓𐤑 𐤇𐤉𐤉𐤌•
𐤊𐤇𐤅𐤀𐤕𐤄 𐤁𐤕𐤅𐤊 𐤏𐤓𐤋𐤉𐤌 𐤕𐤔𐤁𐤓 𐤅𐤕𐤔𐤊𐤁 𐤀𐤕 𐤇𐤋𐤋𐤉 𐤇𐤓𐤁•
𐤊𐤈𐤔𐤌𐤄 𐤀𐤃𐤅𐤌 𐤌𐤋𐤊𐤉𐤄 𐤅𐤊𐤋 𐤍𐤔𐤉𐤀𐤉𐤄 𐤀𐤔𐤓 𐤍𐤕𐤍𐤅 𐤁𐤂𐤁𐤅𐤓𐤕𐤌 𐤀𐤕
𐤇𐤋𐤋𐤉 𐤇𐤓𐤁 𐤄𐤌𐤄 𐤀𐤕 𐤏𐤓𐤋𐤉𐤌 𐤉𐤔𐤊𐤁𐤅 𐤅𐤀𐤕 𐤉𐤓𐤃𐤉 𐤁𐤅𐤓•
𐤋𐤔𐤌𐤄 𐤍𐤎𐤉𐤊𐤉 𐤑𐤐𐤅𐤍 𐤊𐤋𐤌 𐤅𐤊𐤋 𐤑𐤃𐤍𐤉 𐤀𐤔𐤓 𐤉𐤓𐤃𐤅 𐤀𐤕 𐤇𐤋𐤋𐤉𐤌
𐤁𐤇𐤕𐤉𐤕𐤌 𐤌𐤂𐤁𐤅𐤓𐤕𐤌 𐤁𐤅𐤔𐤉𐤌 𐤅𐤉𐤔𐤊𐤁𐤅 𐤏𐤓𐤋𐤉𐤌 𐤀𐤕 𐤇𐤋𐤋𐤉 𐤇𐤓𐤁 𐤅𐤉𐤔𐤀𐤅
𐤊𐤋𐤌𐤕𐤌 𐤀𐤕 𐤉𐤅𐤓𐤃𐤉 𐤁𐤅𐤓•
𐤋𐤀 𐤀𐤅𐤕𐤌 𐤉𐤓𐤀𐤄 𐤐𐤓𐤏𐤄 𐤅𐤍𐤇𐤌 𐤏𐤋 𐤊𐤋 𐤄𐤌𐤅𐤍𐤄 [𐤄𐤌𐤅𐤍𐤅] 𐤇𐤋𐤋𐤉 𐤇𐤓𐤁 𐤐𐤓𐤏𐤄
𐤅𐤊𐤋 𐤇𐤉𐤋𐤅 𐤍𐤀𐤌 𐤀𐤃𐤍𐤉 𐤉𐤄𐤅𐤄•
𐤋𐤁 𐤊𐤉 𐤍𐤕𐤕𐤉 𐤀𐤕 𐤇𐤕𐤉𐤕𐤅 [𐤇𐤕𐤉𐤕𐤉] 𐤁𐤀𐤓𐤑 𐤇𐤉𐤉𐤌 𐤅𐤄𐤔𐤊𐤁 𐤁𐤕𐤅𐤊
𐤏𐤓𐤋𐤉𐤌 𐤀𐤕 𐤇𐤋𐤋𐤉 𐤇𐤓𐤁 𐤐𐤓𐤏𐤄 𐤅𐤊𐤋 𐤄𐤌𐤅𐤍𐤄 [𐤄𐤌𐤅𐤍𐤅] 𐤍𐤀𐤌 𐤀𐤃𐤍𐤉 𐤉𐤄𐤅𐤄•

𐤐𐤓𐤒 𐤋𐤂

𐤀𐤅𐤉𐤄𐤉 𐤃𐤁𐤓 𐤉𐤄𐤅𐤄 𐤀𐤋𐤉 𐤋𐤀𐤌𐤓•
𐤁𐤁𐤍 𐤀𐤃𐤌 𐤃𐤁𐤓 𐤀𐤋 𐤁𐤍𐤉 𐤏𐤌𐤊 𐤅𐤀𐤌𐤓𐤕 𐤀𐤋𐤉𐤄𐤌 𐤀𐤓𐤑 𐤊𐤉 𐤀𐤁𐤉𐤀 𐤏𐤋𐤉𐤄
𐤇𐤓𐤁 𐤅𐤋𐤒𐤇𐤅 𐤏𐤌 𐤄𐤀𐤓𐤑 𐤀𐤉𐤔 𐤀𐤇𐤃 𐤌𐤒𐤑𐤉𐤄𐤌 𐤅𐤍𐤕𐤍𐤅 𐤀𐤕𐤅 𐤋𐤄𐤌 𐤋𐤑𐤐𐤄•
𐤂 𐤅𐤓𐤀𐤄 𐤀𐤕 𐤄𐤇𐤓𐤁 𐤁𐤀𐤄 𐤏𐤋 𐤄𐤀𐤓𐤑 𐤅𐤕𐤒𐤏 𐤁𐤔𐤅𐤐𐤓 𐤅𐤄𐤆𐤄𐤉𐤓 𐤀𐤕 𐤄𐤏𐤌•
𐤃𐤅𐤔𐤌𐤏 𐤄𐤔𐤌𐤏 𐤀𐤕 𐤒𐤅𐤋 𐤄𐤔𐤅𐤐𐤓 𐤅𐤋𐤀 𐤍𐤆𐤄𐤓 𐤅𐤕𐤁𐤅𐤀 𐤇𐤓𐤁 𐤅𐤕𐤒𐤇𐤄𐤅 𐤃𐤌𐤅
𐤁𐤓𐤀𐤔𐤅 𐤉𐤄𐤉𐤄•
𐤄 𐤀𐤕 𐤒𐤅𐤋 𐤄𐤔𐤅𐤐𐤓 𐤔𐤌𐤏 𐤅𐤋𐤀 𐤍𐤆𐤄𐤓 𐤃𐤌𐤅 𐤁𐤅 𐤉𐤄𐤉𐤄 𐤅𐤄𐤅𐤀 𐤍𐤆𐤄𐤓
𐤍𐤐𐤔𐤅 𐤌𐤋𐤈•
𐤅𐤅𐤄𐤑𐤐𐤄 𐤊𐤉 𐤉𐤓𐤀𐤄 𐤀𐤕 𐤄𐤇𐤓𐤁 𐤁𐤀𐤄 𐤅𐤋𐤀 𐤕𐤒𐤏 𐤁𐤔𐤅𐤐𐤓 𐤅𐤄𐤏𐤌 𐤋𐤀 𐤍𐤆𐤄𐤓

𐤅𐤕𐤁𐤅𐤀 𐤇𐤓𐤁 𐤅𐤕𐤒𐤇 𐤌𐤄𐤌 𐤍𐤐𐤔 𐤄𐤅𐤀 𐤁𐤏𐤅𐤍𐤅 𐤍𐤋𐤒𐤇 𐤅𐤃𐤌𐤅 𐤌𐤉𐤃 𐤄𐤑𐤐𐤄 𐤀𐤃𐤓𐤔.

𐤆 𐤅𐤀𐤕𐤄 𐤁𐤍 𐤀𐤃𐤌 𐤑𐤐𐤄 𐤍𐤕𐤕𐤉𐤊 𐤋𐤁𐤉𐤕 𐤉𐤔𐤓𐤀𐤋 𐤅𐤔𐤌𐤏𐤕 𐤌𐤐𐤉 𐤃𐤁𐤓 𐤅𐤄𐤆𐤄𐤓𐤕 𐤀𐤕𐤌 𐤌𐤌𐤍𐤉.

𐤇 𐤁𐤀𐤌𐤓𐤉 𐤋𐤓𐤔𐤏 𐤓𐤔𐤏 𐤌𐤅𐤕 𐤕𐤌𐤅𐤕 𐤅𐤋𐤀 𐤃𐤁𐤓𐤕 𐤋𐤄𐤆𐤄𐤉𐤓 𐤓𐤔𐤏 𐤌𐤃𐤓𐤊𐤅 𐤄𐤅𐤀 𐤓𐤔𐤏 𐤁𐤏𐤅𐤍𐤅 𐤉𐤌𐤅𐤕 𐤅𐤃𐤌𐤅 𐤌𐤉𐤃𐤊 𐤀𐤁𐤒𐤔.

𐤈 𐤅𐤀𐤕𐤄 𐤊𐤉 𐤄𐤆𐤄𐤓𐤕 𐤓𐤔𐤏 𐤌𐤃𐤓𐤊𐤅 𐤋𐤔𐤅𐤁 𐤌𐤌𐤍𐤄 𐤅𐤋𐤀 𐤔𐤁 𐤌𐤃𐤓𐤊𐤅 𐤄𐤅𐤀 𐤁𐤏𐤅𐤍𐤅 𐤉𐤌𐤅𐤕 𐤅𐤀𐤕𐤄 𐤍𐤐𐤔𐤊 𐤄𐤑𐤋𐤕.

𐤉 𐤅𐤀𐤕𐤄 𐤁𐤍 𐤀𐤃𐤌 𐤀𐤌𐤓 𐤀𐤋 𐤁𐤉𐤕 𐤉𐤔𐤓𐤀𐤋 𐤊𐤍 𐤀𐤌𐤓𐤕𐤌 𐤋𐤀𐤌𐤓 𐤊𐤉 𐤐𐤔𐤏𐤉𐤍𐤅 𐤅𐤇𐤈𐤀𐤕𐤉𐤍𐤅 𐤏𐤋𐤉𐤍𐤅 𐤅𐤁𐤌 𐤀𐤍𐤇𐤍𐤅 𐤍𐤌𐤒𐤉𐤌 𐤅𐤀𐤉𐤊 𐤍𐤇𐤉𐤄.

𐤉𐤀 𐤀𐤌𐤓 𐤀𐤋𐤉𐤄𐤌 𐤇𐤉 𐤀𐤍𐤉 𐤍𐤀𐤌 𐤀𐤃𐤍𐤉 𐤉𐤄𐤅𐤄 𐤀𐤌 𐤀𐤇𐤐𐤑 𐤁𐤌𐤅𐤕 𐤄𐤓𐤔𐤏 𐤊𐤉 𐤀𐤌 𐤁𐤔𐤅𐤁 𐤓𐤔𐤏 𐤌𐤃𐤓𐤊𐤅 𐤅𐤇𐤉𐤄 𐤔𐤅𐤁𐤅 𐤔𐤅𐤁𐤅 𐤌𐤃𐤓𐤊𐤉𐤊𐤌 𐤄𐤓𐤏𐤉𐤌 𐤅𐤋𐤌𐤄 𐤕𐤌𐤅𐤕𐤅 𐤁𐤉𐤕 𐤉𐤔𐤓𐤀𐤋.

𐤉𐤁 𐤅𐤀𐤕𐤄 𐤁𐤍 𐤀𐤃𐤌 𐤀𐤌𐤓 𐤀𐤋 𐤁𐤍𐤉 𐤏𐤌𐤊 𐤑𐤃𐤒𐤕 𐤄𐤑𐤃𐤉𐤒 𐤋𐤀 𐤕𐤑𐤉𐤋𐤍𐤅 𐤁𐤉𐤅𐤌 𐤐𐤔𐤏𐤅 𐤅𐤓𐤔𐤏𐤕 𐤄𐤓𐤔𐤏 𐤋𐤀 𐤉𐤊𐤔𐤋 𐤁𐤄 𐤁𐤉𐤅𐤌 𐤔𐤅𐤁𐤅 𐤌𐤓𐤔𐤏𐤅 𐤅𐤑𐤃𐤉𐤒 𐤋𐤀 𐤉𐤅𐤊𐤋 𐤋𐤇𐤉𐤅𐤕 𐤁𐤄 𐤁𐤉𐤅𐤌 𐤇𐤈𐤀𐤕𐤅.

𐤉𐤂 𐤁𐤀𐤌𐤓𐤉 𐤋𐤑𐤃𐤉𐤒 𐤇𐤉𐤄 𐤉𐤇𐤉𐤄 𐤅𐤄𐤅𐤀 𐤁𐤈𐤇 𐤏𐤋 𐤑𐤃𐤒𐤕𐤅 𐤅𐤏𐤔𐤄 𐤏𐤅𐤋 𐤊𐤋 𐤑𐤃𐤒𐤕𐤅 [𐤑𐤃𐤒𐤕𐤉𐤅] 𐤋𐤀 𐤕𐤆𐤊𐤓𐤍𐤄 𐤅𐤁𐤏𐤅𐤋𐤅 𐤀𐤔𐤓 𐤏𐤔𐤄 𐤁𐤅 𐤉𐤌𐤅𐤕.

𐤉𐤃 𐤅𐤁𐤀𐤌𐤓𐤉 𐤋𐤓𐤔𐤏 𐤌𐤅𐤕 𐤕𐤌𐤅𐤕 𐤅𐤔𐤁 𐤌𐤇𐤈𐤀𐤕𐤅 𐤅𐤏𐤔𐤄 𐤌𐤔𐤐𐤈 𐤅𐤑𐤃𐤒𐤄.

𐤈𐤅 𐤇𐤁𐤋 𐤉𐤔𐤉𐤁 𐤓𐤔𐤏 𐤂𐤆𐤋𐤄 𐤉𐤔𐤋𐤌 𐤁𐤇𐤒𐤅𐤕 𐤄𐤇𐤉𐤉𐤌 𐤄𐤋𐤊 𐤋𐤁𐤋𐤕𐤉 𐤏𐤔𐤅𐤕 𐤏𐤅𐤋 𐤇𐤉𐤅 𐤉𐤇𐤉𐤄 𐤋𐤀 𐤉𐤌𐤅𐤕.

𐤈𐤆 𐤊𐤋 𐤇𐤈𐤀𐤕𐤅 [𐤇𐤈𐤀𐤕𐤉𐤅] 𐤀𐤔𐤓 𐤇𐤈𐤀 𐤋𐤀 𐤕𐤆𐤊𐤓𐤍𐤄 𐤋𐤅 𐤌𐤔𐤐𐤈 𐤅𐤑𐤃𐤒𐤄 𐤏𐤔𐤄 𐤇𐤉𐤅 𐤉𐤇𐤉𐤄.

𐤉𐤆 𐤅𐤀𐤌𐤓𐤅 𐤁𐤍𐤉 𐤏𐤌𐤊 𐤋𐤀 𐤉𐤕𐤊𐤍 𐤃𐤓𐤊 𐤀𐤃𐤍𐤉 𐤅𐤄𐤌𐤄 𐤃𐤓𐤊𐤌 𐤋𐤀 𐤉𐤕𐤊𐤍.

𐤉𐤇 𐤁𐤔𐤅𐤁 𐤑𐤃𐤉𐤒 𐤌𐤑𐤃𐤒𐤕𐤅 𐤅𐤏𐤔𐤄 𐤏𐤅𐤋 𐤅𐤌𐤕 𐤁𐤄𐤌.

𐤉𐤈 𐤅𐤁𐤔𐤅𐤁 𐤓𐤔𐤏 𐤌𐤓𐤔𐤏𐤕𐤅 𐤅𐤏𐤔𐤄 𐤌𐤔𐤐𐤈 𐤅𐤑𐤃𐤒𐤄 𐤏𐤋𐤉𐤄𐤌 𐤄𐤅𐤀 𐤉𐤇𐤉𐤄.

𐤊 𐤅𐤀𐤌𐤓𐤕𐤌 𐤋𐤀 𐤉𐤕𐤊𐤍 𐤃𐤓𐤊 𐤀𐤃𐤍𐤉 𐤀𐤉𐤔 𐤊𐤃𐤓𐤊𐤉𐤅 𐤀𐤔𐤐𐤅𐤈 𐤀𐤕𐤊𐤌 𐤁𐤉𐤕 𐤉𐤔𐤓𐤀𐤋.

𐤊𐤀 𐤅𐤉𐤄𐤉 𐤁𐤔𐤕𐤉 𐤏𐤔𐤓𐤄 𐤔𐤍𐤄 𐤁𐤏𐤔𐤓𐤉 𐤁𐤇𐤌𐤔𐤄 𐤋𐤇𐤃𐤔 𐤋𐤂𐤋𐤅𐤕𐤍𐤅 𐤁𐤀 𐤀𐤋𐤉 𐤄𐤐𐤋𐤉𐤈 𐤌𐤉𐤓𐤅𐤔𐤋𐤌 𐤋𐤀𐤌𐤓 𐤄𐤊𐤕𐤄 𐤄𐤏𐤉𐤓.

𐤊𐤁 𐤅𐤉𐤃 𐤉𐤄𐤅𐤄 𐤄𐤉𐤕𐤄 𐤀𐤋𐤉 𐤁𐤏𐤓𐤁 𐤋𐤐𐤍𐤉 𐤁𐤅𐤀 𐤄𐤐𐤋𐤉𐤈 𐤅𐤉𐤐𐤕𐤇 𐤀𐤕 𐤐𐤉 𐤏𐤃 𐤁𐤅𐤀 𐤀𐤋𐤉 𐤁𐤁𐤒𐤓 𐤅𐤉𐤐𐤕𐤇 𐤐𐤉 𐤅𐤋𐤀 𐤍𐤀𐤋𐤌𐤕𐤉 𐤏𐤅𐤃.

𐤊𐤂 𐤅𐤉𐤄𐤉 𐤃𐤁𐤓 𐤉𐤄𐤅𐤄 𐤀𐤋𐤉 𐤋𐤀𐤌𐤓.

𐤊𐤃 𐤁𐤍 𐤀𐤃𐤌 𐤉𐤔𐤁𐤉 𐤄𐤇𐤓𐤁𐤅𐤕 𐤄𐤀𐤋𐤄 𐤏𐤋 𐤀𐤃𐤌𐤕 𐤉𐤔𐤓𐤀𐤋 𐤀𐤌𐤓𐤉𐤌 𐤋𐤀𐤌𐤓 𐤀𐤇𐤃 𐤄𐤉𐤄 𐤀𐤁𐤓𐤄𐤌 𐤅𐤉𐤉𐤓𐤔 𐤀𐤕 𐤄𐤀𐤓𐤑 𐤅𐤀𐤍𐤇𐤍𐤅 𐤓𐤁𐤉𐤌 𐤋𐤍𐤅 𐤍𐤕𐤍𐤄 𐤄𐤀𐤓𐤑 𐤋𐤌𐤅𐤓𐤔𐤄·

𐤊𐤄 𐤋𐤊𐤍 𐤀𐤌𐤓 𐤀𐤋𐤉𐤄𐤌 𐤊𐤄 𐤀𐤌𐤓 𐤀𐤃𐤍𐤉 𐤉𐤄𐤅𐤄 𐤏𐤋 𐤄𐤃𐤌 𐤕𐤀𐤊𐤋𐤅 𐤅𐤏𐤉𐤍𐤉𐤊𐤌 𐤕𐤔𐤀𐤅 𐤀𐤋 𐤂𐤋𐤅𐤋𐤉𐤊𐤌 𐤅𐤃𐤌 𐤕𐤔𐤐𐤊𐤅 𐤅𐤄𐤀𐤓𐤑 𐤕𐤉𐤓𐤔𐤅·

𐤊𐤅 𐤏𐤌𐤃𐤕𐤌 𐤏𐤋 𐤇𐤓𐤁𐤊𐤌 𐤏𐤔𐤉𐤕𐤍 𐤕𐤅𐤏𐤁𐤄 𐤅𐤀𐤉𐤔 𐤀𐤕 𐤀𐤔𐤕 𐤓𐤏𐤄𐤅 𐤈𐤌𐤀𐤕𐤌 𐤅𐤄𐤀𐤓𐤑 𐤕𐤉𐤓𐤔𐤅·

𐤊𐤆 𐤊𐤄 𐤕𐤀𐤌𐤓 𐤀𐤋𐤄𐤌 𐤊𐤄 𐤀𐤌𐤓 𐤀𐤃𐤍𐤉 𐤉𐤄𐤅𐤄 𐤇𐤉 𐤀𐤍𐤉 𐤀𐤌 𐤋𐤀 𐤀𐤔𐤓 𐤁𐤇𐤓𐤁𐤅𐤕 𐤁𐤇𐤓𐤁 𐤉𐤐𐤋𐤅 𐤅𐤀𐤔𐤓 𐤏𐤋 𐤐𐤍𐤉 𐤄𐤔𐤃𐤄 𐤋𐤇𐤉𐤄 𐤍𐤕𐤕𐤉𐤅 𐤋𐤀𐤊𐤋𐤅 𐤅𐤀𐤔𐤓 𐤁𐤌𐤑𐤃𐤅𐤕 𐤅𐤁𐤌𐤏𐤓𐤅𐤕 𐤁𐤃𐤁𐤓 𐤉𐤌𐤅𐤕𐤅·

𐤊𐤇 𐤅𐤍𐤕𐤕𐤉 𐤀𐤕 𐤄𐤀𐤓𐤑 𐤔𐤌𐤌𐤄 𐤅𐤌𐤔𐤌𐤄 𐤅𐤍𐤔𐤁𐤕 𐤂𐤀𐤅𐤍 𐤏𐤆𐤄 𐤅𐤔𐤌𐤌𐤅 𐤄𐤓𐤉 𐤉𐤔𐤓𐤀𐤋 𐤌𐤀𐤉𐤍 𐤏𐤅𐤁𐤓·

𐤊𐤈 𐤅𐤉𐤃𐤏𐤅 𐤊𐤉 𐤀𐤍𐤉 𐤉𐤄𐤅𐤄 𐤁𐤕𐤕𐤉 𐤀𐤕 𐤄𐤀𐤓𐤑 𐤔𐤌𐤌𐤄 𐤅𐤌𐤔𐤌𐤄 𐤏𐤋 𐤊𐤋 𐤕𐤅𐤏𐤁𐤕𐤌 𐤀𐤔𐤓 𐤏𐤔𐤅·

𐤋 𐤅𐤀𐤕𐤄 𐤁𐤍 𐤀𐤃𐤌 𐤁𐤍𐤉 𐤏𐤌𐤊 𐤄𐤍𐤃𐤁𐤓𐤉𐤌 𐤁𐤊 𐤀𐤑𐤋 𐤄𐤒𐤉𐤓𐤅𐤕 𐤅𐤁𐤐𐤕𐤇𐤉 𐤄𐤁𐤕𐤉𐤌 𐤅𐤃𐤁𐤓 𐤇𐤃 𐤀𐤕 𐤀𐤇𐤃 𐤀𐤉𐤔 𐤀𐤕 𐤀𐤇𐤉𐤅 𐤋𐤀𐤌𐤓 𐤁𐤀𐤅 𐤍𐤀 𐤅𐤔𐤌𐤏𐤅 𐤌𐤄 𐤄𐤃𐤁𐤓 𐤄𐤉𐤅𐤑𐤀 𐤌𐤀𐤕 𐤉𐤄𐤅𐤄·

𐤋𐤀 𐤅𐤉𐤁𐤅𐤀𐤅 𐤀𐤋𐤉𐤊 𐤊𐤌𐤁𐤅𐤀 𐤏𐤌 𐤅𐤉𐤔𐤁𐤅 𐤋𐤐𐤍𐤉𐤊 𐤏𐤌𐤉 𐤅𐤔𐤌𐤏𐤅 𐤀𐤕 𐤃𐤁𐤓𐤉𐤊 𐤅𐤀𐤅𐤕𐤌 𐤋𐤀 𐤉𐤏𐤔𐤅 𐤊𐤉 𐤏𐤂𐤁𐤉𐤌 𐤁𐤐𐤉𐤄𐤌 𐤄𐤌𐤄 𐤏𐤔𐤉𐤌 𐤀𐤇𐤓𐤉 𐤁𐤑𐤏𐤌 𐤋𐤁𐤌 𐤄𐤋𐤊·

𐤋𐤁 𐤅𐤄𐤍𐤊 𐤋𐤄𐤌 𐤊𐤔𐤉𐤓 𐤏𐤂𐤁𐤉𐤌 𐤉𐤐𐤄 𐤒𐤅𐤋 𐤅𐤌𐤈𐤁 𐤍𐤂𐤍 𐤅𐤔𐤌𐤏𐤅 𐤀𐤕 𐤃𐤁𐤓𐤉𐤊 𐤅𐤏𐤔𐤉𐤌 𐤀𐤉𐤍𐤌 𐤀𐤅𐤕𐤌·

𐤋𐤂 𐤅𐤁𐤁𐤀𐤄 𐤄𐤍𐤄 𐤁𐤀𐤄 𐤅𐤉𐤃𐤏𐤅 𐤊𐤉 𐤍𐤁𐤉𐤀 𐤄𐤉𐤄 𐤁𐤕𐤅𐤊𐤌·

𐤐𐤓𐤒 𐤋𐤃

𐤀 𐤅𐤉𐤄𐤉 𐤃𐤁𐤓 𐤉𐤄𐤅𐤄 𐤀𐤋𐤉 𐤋𐤀𐤌𐤓·

𐤁 𐤁𐤍 𐤀𐤃𐤌 𐤄𐤍𐤁𐤀 𐤏𐤋 𐤓𐤅𐤏𐤉 𐤉𐤔𐤓𐤀𐤋 𐤄𐤍𐤁𐤀 𐤅𐤀𐤌𐤓𐤕 𐤀𐤋𐤉𐤄𐤌 𐤋𐤓𐤏𐤉𐤌 𐤊𐤄 𐤀𐤌𐤓 𐤀𐤃𐤍𐤉 𐤉𐤄𐤅𐤄 𐤄𐤅𐤉 𐤓𐤅𐤏𐤉 𐤉𐤔𐤓𐤀𐤋 𐤀𐤔𐤓 𐤄𐤉𐤅 𐤓𐤏𐤉𐤌 𐤀𐤅𐤕𐤌 𐤄𐤋𐤅𐤀 𐤄𐤑𐤀𐤍 𐤉𐤓𐤏𐤅 𐤄𐤓𐤏𐤉𐤌·

𐤂 𐤀𐤕 𐤄𐤇𐤋𐤁 𐤕𐤀𐤊𐤋𐤅 𐤅𐤀𐤕 𐤄𐤑𐤌𐤓 𐤕𐤋𐤁𐤔𐤅 𐤄𐤁𐤓𐤉𐤀𐤄 𐤕𐤆𐤁𐤇𐤅 𐤄𐤑𐤀𐤍 𐤋𐤀 𐤕𐤓𐤏𐤅·

𐤃 𐤀𐤕 𐤄𐤍𐤇𐤋𐤅𐤕 𐤋𐤀 𐤇𐤆𐤒𐤕𐤌 𐤅𐤀𐤕 𐤄𐤇𐤅𐤋𐤄 𐤋𐤀 𐤓𐤐𐤀𐤕𐤌 𐤅𐤋𐤍𐤔𐤁𐤓𐤕 𐤋𐤀 𐤇𐤁𐤔𐤕𐤌 𐤅𐤀𐤕 𐤄𐤍𐤃𐤇𐤕 𐤋𐤀 𐤄𐤔𐤁𐤕𐤌 𐤅𐤀𐤕 𐤄𐤀𐤁𐤃𐤕 𐤋𐤀 𐤁𐤒𐤔𐤕𐤌 𐤅𐤁𐤇𐤆𐤒𐤄

𐤉𐤇𐤆𐤒𐤀𐤋

𐤓𐤃𐤉𐤕𐤌 𐤀𐤕𐤌 𐤅𐤁𐤐𐤓𐤊•
𐤄 𐤅𐤕𐤐𐤅𐤑𐤉𐤍𐤄 𐤌𐤁𐤋𐤉 𐤓𐤏𐤄 𐤅𐤕𐤄𐤉𐤉𐤍𐤄 𐤋𐤀𐤊𐤋𐤄 𐤋𐤊𐤋 𐤇𐤉𐤕 𐤄𐤔𐤃𐤄
𐤅𐤕𐤐𐤅𐤑𐤉𐤍𐤄•
𐤅 𐤉𐤔𐤂𐤅 𐤑𐤀𐤍𐤉 𐤁𐤊𐤋 𐤄𐤄𐤓𐤉𐤌 𐤅𐤏𐤋 𐤊𐤋 𐤂𐤁𐤏𐤄 𐤓𐤌𐤄 𐤅𐤏𐤋 𐤊𐤋 𐤐𐤍𐤉 𐤄𐤀𐤓𐤑
𐤍𐤐𐤑𐤅 𐤑𐤀𐤍𐤉 𐤅𐤀𐤉𐤍 𐤃𐤅𐤓𐤔 𐤅𐤀𐤉𐤍 𐤌𐤁𐤒𐤔•
𐤆 𐤋𐤊𐤍 𐤓𐤏𐤉𐤌 𐤔𐤌𐤏𐤅 𐤀𐤕 𐤃𐤁𐤓 𐤉𐤄𐤅𐤄•
𐤇 𐤇𐤉 𐤀𐤍𐤉 𐤍𐤀𐤌 𐤀𐤃𐤍𐤉 𐤉𐤄𐤅𐤄 𐤀𐤌 𐤋𐤀 𐤉𐤏𐤍 𐤄𐤉𐤅𐤕 𐤑𐤀𐤍𐤉 𐤋𐤁𐤆
𐤅𐤕𐤄𐤉𐤉𐤍𐤄 𐤑𐤀𐤍𐤉 𐤋𐤀𐤊𐤋𐤄 𐤋𐤊𐤋 𐤇𐤉𐤕 𐤄𐤔𐤃𐤄 𐤌𐤀𐤉𐤍 𐤓𐤏𐤄 𐤅𐤋𐤀 𐤃𐤓𐤔𐤅
𐤓𐤏𐤉 𐤀𐤕 𐤑𐤀𐤍𐤉 𐤅𐤉𐤓𐤏𐤅 𐤄𐤓𐤏𐤉𐤌 𐤀𐤅𐤕𐤌 𐤅𐤀𐤕 𐤑𐤀𐤍𐤉 𐤋𐤀 𐤓𐤏𐤅•
𐤈 𐤋𐤊𐤍 𐤄𐤓𐤏𐤉𐤌 𐤔𐤌𐤏𐤅 𐤃𐤁𐤓 𐤉𐤄𐤅𐤄•
𐤉 𐤊𐤄 𐤀𐤌𐤓 𐤀𐤃𐤍𐤉 𐤉𐤄𐤅𐤄 𐤄𐤍𐤍𐤉 𐤀𐤋 𐤄𐤓𐤏𐤉𐤌 𐤅𐤃𐤓𐤔𐤕𐤉 𐤀𐤕 𐤑𐤀𐤍𐤉
𐤌𐤉𐤃𐤌 𐤅𐤄𐤔𐤁𐤕𐤉𐤌 𐤌𐤓𐤏𐤅𐤕 𐤑𐤀𐤍 𐤅𐤋𐤀 𐤉𐤓𐤏𐤅 𐤏𐤅𐤃 𐤄𐤓𐤏𐤉𐤌 𐤀𐤅𐤕𐤌
𐤅𐤄𐤑𐤋𐤕𐤉 𐤑𐤀𐤍𐤉 𐤌𐤐𐤉𐤄𐤌 𐤅𐤋𐤀 𐤕𐤄𐤉𐤉𐤍 𐤋𐤄𐤌 𐤋𐤀𐤊𐤋𐤄•
𐤉𐤀 𐤊𐤉 𐤊𐤄 𐤀𐤌𐤓 𐤀𐤃𐤍𐤉 𐤉𐤄𐤅𐤄 𐤄𐤍𐤍𐤉 𐤀𐤍𐤉 𐤅𐤃𐤓𐤔𐤕𐤉 𐤀𐤕 𐤑𐤀𐤍𐤉
𐤅𐤁𐤒𐤓𐤕𐤉𐤌•
𐤉𐤁 𐤊𐤁𐤒𐤓𐤕 𐤓𐤏𐤄 𐤏𐤃𐤓𐤅 𐤁𐤉𐤅𐤌 𐤄𐤉𐤅𐤕𐤅 𐤁𐤕𐤅𐤊 𐤑𐤀𐤍𐤅 𐤍𐤐𐤓𐤔𐤅𐤕 𐤊𐤍 𐤀𐤁𐤒𐤓
𐤀𐤕 𐤑𐤀𐤍𐤉 𐤅𐤄𐤑𐤋𐤕𐤉 𐤀𐤕𐤄𐤌 𐤌𐤊𐤋 𐤄𐤌𐤒𐤅𐤌𐤕 𐤀𐤔𐤓 𐤍𐤐𐤑𐤅 𐤔𐤌 𐤁𐤉𐤅𐤌 𐤏𐤍𐤍
𐤅𐤏𐤓𐤐𐤋•
𐤉𐤂 𐤅𐤄𐤅𐤑𐤀𐤕𐤉𐤌 𐤌𐤍 𐤄𐤏𐤌𐤉𐤌 𐤅𐤒𐤁𐤑𐤕𐤉𐤌 𐤌𐤍 𐤄𐤀𐤓𐤑𐤅𐤕 𐤅𐤄𐤁𐤉𐤀𐤕𐤉𐤌 𐤀𐤋
𐤀𐤃𐤌𐤕𐤌 𐤅𐤓𐤏𐤉𐤕𐤉𐤌 𐤀𐤋 𐤄𐤓𐤉 𐤉𐤔𐤓𐤀𐤋 𐤁𐤀𐤐𐤉𐤒𐤉𐤌 𐤅𐤁𐤊𐤋 𐤌𐤅𐤔𐤁𐤉 𐤄𐤀𐤓𐤑•
𐤉𐤃 𐤁𐤌𐤓𐤏𐤄 𐤈𐤅𐤁 𐤀𐤓𐤏𐤄 𐤀𐤕𐤌 𐤅𐤁𐤄𐤓𐤉 𐤌𐤓𐤅𐤌 𐤉𐤔𐤓𐤀𐤋 𐤉𐤄𐤉𐤄 𐤍𐤅𐤄𐤌 𐤔𐤌
𐤕𐤓𐤁𐤑𐤍𐤄 𐤁𐤍𐤅𐤄 𐤈𐤅𐤁 𐤅𐤌𐤓𐤏𐤄 𐤔𐤌𐤍 𐤕𐤓𐤏𐤉𐤍𐤄 𐤀𐤋 𐤄𐤓𐤉 𐤉𐤔𐤓𐤀𐤋•
𐤈𐤅 𐤀𐤍𐤉 𐤀𐤓𐤏𐤄 𐤑𐤀𐤍𐤉 𐤅𐤀𐤍𐤉 𐤀𐤓𐤁𐤉𐤑𐤌 𐤍𐤀𐤌 𐤀𐤃𐤍𐤉 𐤉𐤄𐤅𐤄•
𐤈𐤆 𐤀𐤕 𐤄𐤀𐤁𐤃𐤕 𐤀𐤁𐤒𐤔 𐤅𐤀𐤕 𐤄𐤍𐤃𐤇𐤕 𐤀𐤔𐤉𐤁 𐤅𐤋𐤍𐤔𐤁𐤓𐤕 𐤀𐤇𐤁𐤔 𐤅𐤀𐤕
𐤄𐤇𐤅𐤋𐤄 𐤀𐤇𐤆𐤒 𐤅𐤀𐤕 𐤄𐤔𐤌𐤍𐤄 𐤅𐤀𐤕 𐤄𐤇𐤆𐤒𐤄 𐤀𐤔𐤌𐤉𐤃 𐤀𐤓𐤏𐤍𐤄 𐤁𐤌𐤔𐤐𐤈•
𐤉𐤆 𐤅𐤀𐤕𐤍𐤄 𐤑𐤀𐤍𐤉 𐤊𐤄 𐤀𐤌𐤓 𐤀𐤃𐤍𐤉 𐤉𐤄𐤅𐤄 𐤄𐤍𐤍𐤉 𐤔𐤐𐤈 𐤁𐤉𐤍 𐤔𐤄 𐤋𐤔𐤄
𐤋𐤀𐤉𐤋𐤉𐤌 𐤅𐤋𐤏𐤕𐤅𐤃𐤉𐤌•
𐤉𐤇 𐤄𐤌𐤏𐤈 𐤌𐤊𐤌 𐤄𐤌𐤓𐤏𐤄 𐤄𐤈𐤅𐤁 𐤕𐤓𐤏𐤅 𐤅𐤉𐤕𐤓 𐤌𐤓𐤏𐤉𐤊𐤌 𐤕𐤓𐤌𐤎𐤅 𐤁𐤓𐤂𐤋𐤉𐤊𐤌
𐤅𐤌𐤔𐤒𐤏 𐤌𐤉𐤌 𐤕𐤔𐤕𐤅 𐤅𐤀𐤕 𐤄𐤍𐤅𐤕𐤓𐤉𐤌 𐤁𐤓𐤂𐤋𐤉𐤊𐤌 𐤕𐤓𐤐𐤔𐤅𐤍•
𐤉𐤈 𐤅𐤑𐤀𐤍𐤉 𐤌𐤓𐤌𐤎 𐤓𐤂𐤋𐤉𐤊𐤌 𐤕𐤓𐤏𐤉𐤍𐤄 𐤅𐤌𐤓𐤐𐤔 𐤓𐤂𐤋𐤉𐤊𐤌 𐤕𐤔𐤕𐤉𐤍𐤄•
𐤊 𐤋𐤊𐤍 𐤊𐤄 𐤀𐤌𐤓 𐤀𐤃𐤍𐤉 𐤉𐤄𐤅𐤄 𐤀𐤋𐤉𐤄𐤌 𐤄𐤍𐤍𐤉 𐤀𐤍𐤉 𐤅𐤔𐤐𐤈𐤕𐤉 𐤁𐤉𐤍 𐤔𐤄
𐤁𐤓𐤉𐤄 𐤅𐤁𐤉𐤍 𐤔𐤄 𐤓𐤆𐤄•
𐤊𐤀 𐤉𐤏𐤍 𐤁𐤑𐤃 𐤅𐤁𐤊𐤕𐤐 𐤕𐤄𐤃𐤐𐤅 𐤅𐤁𐤒𐤓𐤍𐤉𐤊𐤌 𐤕𐤍𐤂𐤇𐤅 𐤊𐤋 𐤄𐤍𐤇𐤋𐤅𐤕 𐤏𐤃 𐤀𐤔𐤓

𐤄𐤐𐤉𐤑𐤅𐤕𐤌 𐤀𐤅𐤕𐤍𐤄 𐤀𐤋 𐤄𐤇𐤅𐤑𐤄•
𐤊𐤁 𐤅𐤄𐤅𐤔𐤏𐤕𐤉 𐤋𐤑𐤀𐤍𐤉 𐤅𐤋𐤀 𐤕𐤄𐤉𐤉𐤍𐤄 𐤏𐤅𐤃 𐤋𐤁𐤆 𐤅𐤔𐤐𐤈𐤕𐤉 𐤁𐤉𐤍 𐤔𐤄
𐤋𐤔𐤄•
𐤊𐤂 𐤅𐤄𐤒𐤌𐤕𐤉 𐤏𐤋𐤉𐤄𐤌 𐤓𐤏𐤄 𐤀𐤇𐤃 𐤅𐤓𐤏𐤄 𐤀𐤕𐤄𐤍 𐤀𐤕 𐤏𐤁𐤃𐤉 𐤃𐤅𐤉𐤃 𐤄𐤅𐤀
𐤉𐤓𐤏𐤄 𐤀𐤕𐤌 𐤅𐤄𐤅𐤀 𐤉𐤄𐤉𐤄 𐤋𐤄𐤍 𐤋𐤓𐤏𐤄•
𐤊𐤃 𐤅𐤀𐤍𐤉 𐤉𐤄𐤅𐤄 𐤀𐤄𐤉𐤄 𐤋𐤄𐤌 𐤋𐤀𐤋𐤄𐤉𐤌 𐤅𐤏𐤁𐤃𐤉 𐤃𐤅𐤃 𐤍𐤔𐤉𐤀 𐤁𐤕𐤅𐤊𐤌
𐤀𐤍𐤉 𐤉𐤄𐤅𐤄 𐤃𐤁𐤓𐤕𐤉•
𐤊𐤄 𐤅𐤊𐤓𐤕𐤉 𐤋𐤄𐤌 𐤁𐤓𐤉𐤕 𐤔𐤋𐤅𐤌 𐤅𐤄𐤔𐤁𐤕𐤉 𐤇𐤉𐤄 𐤓𐤏𐤄 𐤌𐤍 𐤄𐤀𐤓𐤑 𐤅𐤉𐤔𐤁𐤅
𐤁𐤌𐤃𐤁𐤓 𐤋𐤁𐤈𐤇 𐤅𐤉𐤔𐤍𐤅 𐤁𐤉𐤏𐤓𐤉𐤌•
𐤊𐤅 𐤅𐤍𐤕𐤕𐤉 𐤀𐤅𐤕𐤌 𐤅𐤎𐤁𐤉𐤁𐤅𐤕 𐤂𐤁𐤏𐤕𐤉 𐤁𐤓𐤊𐤄 𐤅𐤄𐤅𐤓𐤃𐤕𐤉 𐤄𐤂𐤔𐤌 𐤁𐤏𐤕𐤅
𐤂𐤔𐤌𐤉 𐤁𐤓𐤊𐤄 𐤉𐤄𐤉𐤅•
𐤊𐤆 𐤅𐤍𐤕𐤍 𐤏𐤑 𐤄𐤔𐤃𐤄 𐤀𐤕 𐤐𐤓𐤉𐤅 𐤅𐤄𐤀𐤓𐤑 𐤕𐤕𐤍 𐤉𐤁𐤅𐤋𐤄 𐤅𐤄𐤉𐤅 𐤏𐤋 𐤀𐤃𐤌𐤕𐤌
𐤋𐤁𐤈𐤇 𐤅𐤉𐤃𐤏𐤅 𐤊𐤉 𐤀𐤍𐤉 𐤉𐤄𐤅𐤄 𐤁𐤔𐤁𐤓𐤉 𐤀𐤕 𐤌𐤈𐤅𐤕 𐤏𐤋𐤌 𐤅𐤄𐤑𐤋𐤕𐤉𐤌 𐤌𐤉𐤃
𐤄𐤏𐤁𐤃𐤉𐤌 𐤁𐤄𐤌•
𐤊𐤇 𐤅𐤋𐤀 𐤉𐤄𐤉𐤅 𐤏𐤅𐤃 𐤁𐤆 𐤋𐤂𐤅𐤉𐤌 𐤅𐤇𐤉𐤕 𐤄𐤀𐤓𐤑 𐤋𐤀 𐤕𐤀𐤊𐤋𐤌 𐤅𐤉𐤔𐤁𐤅
𐤋𐤁𐤈𐤇 𐤅𐤀𐤉𐤍 𐤌𐤇𐤓𐤉𐤃•
𐤊𐤈 𐤅𐤄𐤒𐤌𐤕𐤉 𐤋𐤄𐤌 𐤌𐤈𐤏 𐤋𐤔𐤌 𐤅𐤋𐤀 𐤉𐤄𐤉𐤅 𐤏𐤅𐤃 𐤀𐤎𐤐𐤉 𐤓𐤏𐤁 𐤁𐤀𐤓𐤑 𐤅𐤋𐤀
𐤉𐤔𐤀𐤅 𐤏𐤅𐤃 𐤊𐤋𐤌𐤕 𐤄𐤂𐤅𐤉𐤌•
𐤋 𐤅𐤉𐤃𐤏𐤅 𐤊𐤉 𐤀𐤍𐤉 𐤉𐤄𐤅𐤄 𐤀𐤋𐤄𐤉𐤄𐤌 𐤀𐤕𐤌 𐤅𐤄𐤌𐤄 𐤏𐤌𐤉 𐤁𐤉𐤕 𐤉𐤔𐤓𐤀𐤋
𐤍𐤀𐤌 𐤀𐤃𐤍𐤉 𐤉𐤄𐤅𐤄•
𐤋𐤀 𐤅𐤀𐤕𐤍 𐤑𐤀𐤍𐤉 𐤑𐤀𐤍 𐤌𐤓𐤏𐤉𐤕𐤉 𐤀𐤃𐤌 𐤀𐤕𐤌 𐤀𐤍𐤉 𐤀𐤋𐤄𐤉𐤊𐤌 𐤍𐤀𐤌
𐤀𐤃𐤍𐤉 𐤉𐤄𐤅𐤄•

𐤐𐤓𐤒 𐤋𐤄

𐤀 𐤅𐤉𐤄𐤉 𐤃𐤁𐤓 𐤉𐤄𐤅𐤄 𐤀𐤋𐤉 𐤋𐤀𐤌𐤓•
𐤁 𐤁𐤍 𐤀𐤃𐤌 𐤔𐤉𐤌 𐤐𐤍𐤉𐤊 𐤏𐤋 𐤄𐤓 𐤔𐤏𐤉𐤓 𐤅𐤄𐤍𐤁𐤀 𐤏𐤋𐤉𐤅•
𐤂 𐤅𐤀𐤌𐤓𐤕 𐤋𐤅 𐤊𐤄 𐤀𐤌𐤓 𐤀𐤃𐤍𐤉 𐤉𐤄𐤅𐤄 𐤄𐤍𐤍𐤉 𐤀𐤋𐤉𐤊 𐤄𐤓 𐤔𐤏𐤉𐤓 𐤅𐤍𐤈𐤉𐤕𐤉
𐤉𐤃𐤉 𐤏𐤋𐤉𐤊 𐤅𐤍𐤕𐤕𐤉𐤊 𐤔𐤌𐤌𐤄 𐤅𐤌𐤔𐤌𐤄•
𐤃 𐤏𐤓𐤉𐤊 𐤇𐤓𐤁𐤄 𐤀𐤔𐤉𐤌 𐤅𐤀𐤕𐤄 𐤔𐤌𐤌𐤄 𐤕𐤄𐤉𐤄 𐤅𐤉𐤃𐤏𐤕 𐤊𐤉 𐤀𐤍𐤉 𐤉𐤄𐤅𐤄•
𐤄 𐤉𐤏𐤍 𐤄𐤉𐤅𐤕 𐤋𐤊 𐤀𐤉𐤁𐤕 𐤏𐤅𐤋𐤌 𐤅𐤕𐤂𐤓 𐤀𐤕 𐤁𐤍𐤉 𐤉𐤔𐤓𐤀𐤋 𐤏𐤋 𐤉𐤃𐤉
𐤇𐤓𐤁 𐤁𐤏𐤕 𐤀𐤉𐤃𐤌 𐤁𐤏𐤕 𐤏𐤅𐤍 𐤒𐤑•
𐤅 𐤋𐤊𐤍 𐤇𐤉 𐤀𐤍𐤉 𐤍𐤀𐤌 𐤀𐤃𐤍𐤉 𐤉𐤄𐤅𐤄 𐤊𐤉 𐤋𐤃𐤌 𐤀𐤏𐤔𐤊 𐤅𐤃𐤌 𐤉𐤓𐤃𐤐𐤊 𐤀𐤌
𐤋𐤀 𐤃𐤌 𐤔𐤍𐤀𐤕 𐤅𐤃𐤌 𐤉𐤓𐤃𐤐𐤊•

𐤉𐤇𐤆𐤒𐤀𐤋

𐤆 𐤅𐤍𐤕𐤕𐤉 𐤀𐤕 𐤄𐤓 𐤔𐤏𐤉𐤓 𐤋𐤔𐤌𐤌𐤄 𐤅𐤔𐤌𐤌𐤄 𐤅𐤄𐤊𐤓𐤕𐤉 𐤌𐤌𐤍𐤅 𐤏𐤁𐤓 𐤅𐤔𐤁•

𐤇 𐤅𐤌𐤋𐤀𐤕𐤉 𐤀𐤕 𐤄𐤓𐤉𐤅 𐤇𐤋𐤋𐤉𐤅 𐤂𐤁𐤏𐤅𐤕𐤉𐤊 𐤅𐤂𐤀𐤅𐤕𐤉𐤊 𐤅𐤊𐤋 𐤀𐤐𐤉𐤒𐤉𐤊
𐤇𐤋𐤋𐤉 𐤇𐤓𐤁 𐤉𐤐𐤋𐤅 𐤁𐤄𐤌•

𐤈 𐤔𐤌𐤌𐤅𐤕 𐤏𐤅𐤋𐤌 𐤀𐤕𐤍𐤊 𐤅𐤏𐤓𐤉𐤊 𐤋𐤀 𐤕𐤉𐤔𐤁𐤍𐤄 [𐤕𐤔𐤁𐤍𐤄] 𐤅𐤉𐤃𐤏𐤕𐤌 𐤊𐤉
𐤀𐤍𐤉 𐤉𐤄𐤅𐤄•

𐤉 𐤉𐤏𐤍 𐤀𐤌𐤓𐤊 𐤀𐤕 𐤔𐤍𐤉 𐤄𐤂𐤅𐤉𐤌 𐤅𐤀𐤕 𐤔𐤕𐤉 𐤄𐤀𐤓𐤑𐤅𐤕 𐤋𐤉 𐤕𐤄𐤉𐤉𐤍𐤄
𐤅𐤉𐤓𐤔𐤍𐤅𐤄 𐤅𐤉𐤄𐤅𐤄 𐤔𐤌 𐤄𐤉𐤄•

𐤉𐤀 𐤋𐤊𐤍 𐤇𐤉 𐤀𐤍𐤉 𐤍𐤀𐤌 𐤀𐤃𐤍𐤉 𐤉𐤄𐤅𐤄 𐤅𐤏𐤔𐤉𐤕𐤉 𐤊𐤀𐤐𐤊 𐤅𐤊𐤒𐤍𐤀𐤕𐤊 𐤀𐤔𐤓
𐤏𐤔𐤉𐤕𐤄 𐤌𐤔𐤍𐤀𐤕𐤉𐤊 𐤁𐤌 𐤅𐤍𐤅𐤃𐤏𐤕𐤉 𐤁𐤌 𐤊𐤀𐤔𐤓 𐤀𐤔𐤐𐤈𐤊•

𐤉𐤁 𐤅𐤉𐤃𐤏𐤕 𐤊𐤉 𐤀𐤍𐤉 𐤉𐤄𐤅𐤄 𐤔𐤌𐤏𐤕𐤉 𐤀𐤕 𐤊𐤋 𐤍𐤀𐤑𐤅𐤕𐤉𐤊 𐤀𐤔𐤓 𐤀𐤌𐤓𐤕
𐤏𐤋 𐤄𐤓𐤉 𐤉𐤔𐤓𐤀𐤋 𐤋𐤀𐤌𐤓 𐤔𐤌𐤌𐤄 [𐤔𐤌𐤌𐤅] 𐤋𐤍𐤅 𐤍𐤕𐤍𐤅 𐤋𐤀𐤊𐤋𐤄•

𐤉𐤂 𐤅𐤕𐤂𐤃𐤉𐤋𐤅 𐤏𐤋𐤉 𐤁𐤐𐤉𐤊𐤌 𐤅𐤄𐤏𐤕𐤓𐤕𐤌 𐤏𐤋𐤉 𐤃𐤁𐤓𐤉𐤊𐤌 𐤀𐤍𐤉 𐤔𐤌𐤏𐤕𐤉•

𐤉𐤃 𐤊𐤄 𐤀𐤌𐤓 𐤀𐤃𐤍𐤉 𐤉𐤄𐤅𐤄 𐤊𐤔𐤌𐤇 𐤊𐤋 𐤄𐤀𐤓𐤑 𐤔𐤌𐤌𐤄 𐤀𐤏𐤔𐤄 𐤋𐤊•

𐤈𐤅 𐤊𐤔𐤌𐤇𐤕𐤊 𐤋𐤍𐤇𐤋𐤕 𐤁𐤉𐤕 𐤉𐤔𐤓𐤀𐤋 𐤏𐤋 𐤀𐤔𐤓 𐤔𐤌𐤌𐤄 𐤊𐤍 𐤀𐤏𐤔𐤄 𐤋𐤊
𐤔𐤌𐤌𐤄 𐤕𐤄𐤉𐤄 𐤄𐤓 𐤔𐤏𐤉𐤓 𐤅𐤊𐤋 𐤀𐤃𐤅𐤌 𐤊𐤋𐤄 𐤅𐤉𐤃𐤏𐤅 𐤊𐤉 𐤀𐤍𐤉 𐤉𐤄𐤅𐤄•

𐤐𐤓𐤒 𐤋𐤅

𐤀 𐤅𐤀𐤕𐤄 𐤁𐤍 𐤀𐤃𐤌 𐤄𐤍𐤁𐤀 𐤀𐤋 𐤄𐤓𐤉 𐤉𐤔𐤓𐤀𐤋 𐤅𐤀𐤌𐤓𐤕 𐤄𐤓𐤉 𐤉𐤔𐤓𐤀𐤋 𐤔𐤌𐤏𐤅
𐤃𐤁𐤓 𐤉𐤄𐤅𐤄•

𐤁 𐤊𐤄 𐤀𐤌𐤓 𐤀𐤃𐤍𐤉 𐤉𐤄𐤅𐤄 𐤉𐤏𐤍 𐤀𐤌𐤓 𐤄𐤀𐤅𐤉𐤁 𐤏𐤋𐤉𐤊𐤌 𐤄𐤀𐤇 𐤅𐤁𐤌𐤅𐤕 𐤏𐤅𐤋𐤌
𐤋𐤌𐤅𐤓𐤔𐤄 𐤄𐤉𐤕𐤄 𐤋𐤍𐤅•

𐤂 𐤋𐤊𐤍 𐤄𐤍𐤁𐤀 𐤅𐤀𐤌𐤓𐤕 𐤊𐤄 𐤀𐤌𐤓 𐤀𐤃𐤍𐤉 𐤉𐤄𐤅𐤄 𐤉𐤏𐤍 𐤁𐤉𐤏𐤍 𐤔𐤌𐤅𐤕 𐤅𐤔𐤀𐤐
𐤀𐤕𐤊𐤌 𐤌𐤎𐤁𐤉𐤁 𐤋𐤄𐤉𐤅𐤕𐤊𐤌 𐤌𐤅𐤓𐤔𐤄 𐤋𐤔𐤀𐤓𐤉𐤕 𐤄𐤂𐤅𐤉𐤌 𐤅𐤕𐤏𐤋𐤅 𐤏𐤋 𐤔𐤐𐤕
𐤋𐤔𐤅𐤍 𐤅𐤃𐤁𐤕 𐤏𐤌•

𐤃 𐤋𐤊𐤍 𐤄𐤓𐤉 𐤉𐤔𐤓𐤀𐤋 𐤔𐤌𐤏𐤅 𐤃𐤁𐤓 𐤀𐤃𐤍𐤉 𐤉𐤄𐤅𐤄 𐤊𐤄 𐤀𐤌𐤓 𐤀𐤃𐤍𐤉 𐤉𐤄𐤅𐤄
𐤋𐤄𐤓𐤉𐤌 𐤅𐤋𐤂𐤁𐤏𐤅𐤕 𐤋𐤀𐤐𐤉𐤒𐤉𐤌 𐤅𐤋𐤂𐤀𐤉𐤅𐤕 𐤅𐤋𐤇𐤓𐤁𐤅𐤕 𐤄𐤔𐤌𐤌𐤅𐤕 𐤅𐤋𐤏𐤓𐤉𐤌
𐤄𐤍𐤏𐤆𐤁𐤅𐤕 𐤀𐤔𐤓 𐤄𐤉𐤅 𐤋𐤁𐤆 𐤅𐤋𐤋𐤏𐤂 𐤋𐤔𐤀𐤓𐤉𐤕 𐤄𐤂𐤅𐤉𐤌 𐤀𐤔𐤓 𐤌𐤎𐤁𐤉𐤁•

𐤄 𐤋𐤊𐤍 𐤊𐤄 𐤀𐤌𐤓 𐤀𐤃𐤍𐤉 𐤉𐤄𐤅𐤄 𐤀𐤌 𐤋𐤀 𐤁𐤀𐤔 𐤒𐤍𐤀𐤕𐤉 𐤃𐤁𐤓𐤕𐤉 𐤏𐤋
𐤔𐤀𐤓𐤉𐤕 𐤄𐤂𐤅𐤉𐤌 𐤅𐤏𐤋 𐤀𐤃𐤅𐤌 𐤊𐤋𐤀 𐤀𐤔𐤓 𐤍𐤕𐤍𐤅 𐤀𐤕 𐤀𐤓𐤑𐤉 𐤋𐤄𐤌 𐤋𐤌𐤅𐤓𐤔𐤄
𐤁𐤔𐤌𐤇𐤕 𐤊𐤋 𐤋𐤁𐤁 𐤁𐤔𐤀𐤈 𐤍𐤐𐤔 𐤋𐤌𐤏𐤍 𐤌𐤂𐤓𐤔𐤄 𐤋𐤁𐤆•

𐤅 𐤋𐤊𐤍 𐤄𐤍𐤁𐤀 𐤏𐤋 𐤀𐤃𐤌𐤕 𐤉𐤔𐤓𐤀𐤋 𐤅𐤀𐤌𐤓𐤕 𐤋𐤄𐤓𐤉𐤌 𐤅𐤋𐤂𐤁𐤏𐤅𐤕 𐤋𐤀𐤐𐤉𐤒𐤉𐤌
𐤅𐤋𐤂𐤀𐤉𐤅𐤕 𐤊𐤄 𐤀𐤌𐤓 𐤀𐤃𐤍𐤉 𐤉𐤄𐤅𐤄 𐤄𐤍𐤍𐤉 𐤁𐤒𐤍𐤀𐤕𐤉 𐤅𐤁𐤇𐤌𐤕𐤉 𐤃𐤁𐤓𐤕𐤉
𐤉𐤏𐤍 𐤊𐤋𐤌𐤕 𐤂𐤅𐤉𐤌 𐤍𐤔𐤀𐤕𐤌•

𐤆 𐤋𐤊𐤍 𐤊𐤄 𐤀𐤌𐤓 𐤀𐤃𐤍𐤉 𐤉𐤄𐤅𐤄 𐤀𐤍𐤉 𐤍𐤔𐤀𐤕𐤉 𐤀𐤕 𐤉𐤃𐤉 𐤀𐤌 𐤋𐤀 𐤄𐤂𐤅𐤉𐤌 𐤀𐤔𐤓 𐤋𐤊𐤌 𐤌𐤎𐤁𐤉𐤁 𐤄𐤌𐤄 𐤊𐤋𐤌𐤕𐤌 𐤉𐤔𐤀𐤅•

𐤇 𐤅𐤀𐤕𐤌 𐤄𐤓𐤉 𐤉𐤔𐤓𐤀𐤋 𐤏𐤍𐤐𐤊𐤌 𐤕𐤕𐤍𐤅 𐤅𐤐𐤓𐤉𐤊𐤌 𐤕𐤔𐤀𐤅 𐤋𐤏𐤌𐤉 𐤉𐤔𐤓𐤀𐤋 𐤊𐤉 𐤒𐤓𐤁𐤅 𐤋𐤁𐤅𐤀•

𐤈 𐤊𐤉 𐤄𐤍𐤍𐤉 𐤀𐤋𐤉𐤊𐤌 𐤅𐤐𐤍𐤉𐤕𐤉 𐤀𐤋𐤉𐤊𐤌 𐤅𐤍𐤏𐤁𐤃𐤕𐤌 𐤅𐤍𐤆𐤓𐤏𐤕𐤌•

𐤉 𐤅𐤄𐤓𐤁𐤉𐤕𐤉 𐤏𐤋𐤉𐤊𐤌 𐤀𐤃𐤌 𐤊𐤋 𐤁𐤉𐤕 𐤉𐤔𐤓𐤀𐤋 𐤊𐤋𐤄 𐤅𐤍𐤔𐤁𐤅 𐤄𐤏𐤓𐤉𐤌 𐤅𐤄𐤇𐤓𐤁𐤅𐤕 𐤕𐤁𐤍𐤉𐤍𐤄•

𐤉𐤀 𐤅𐤄𐤓𐤁𐤉𐤕𐤉 𐤏𐤋𐤉𐤊𐤌 𐤀𐤃𐤌 𐤅𐤁𐤄𐤌𐤄 𐤅𐤓𐤁𐤅 𐤅𐤐𐤓𐤅 𐤅𐤄𐤅𐤔𐤁𐤕𐤉 𐤀𐤕𐤊𐤌 𐤊𐤒𐤃𐤌𐤅𐤕𐤉𐤊𐤌 𐤅𐤄𐤈𐤁𐤕𐤉 𐤌𐤓𐤀𐤔𐤕𐤉𐤊𐤌 𐤅𐤉𐤃𐤏𐤕𐤌 𐤊𐤉 𐤀𐤍𐤉 𐤉𐤄𐤅𐤄•

𐤉𐤁 𐤅𐤄𐤅𐤋𐤊𐤕𐤉 𐤏𐤋𐤉𐤊𐤌 𐤀𐤃𐤌 𐤀𐤕 𐤏𐤌𐤉 𐤉𐤔𐤓𐤀𐤋 𐤅𐤉𐤓𐤔𐤅𐤊 𐤅𐤄𐤉𐤉𐤕 𐤋𐤄𐤌 𐤋𐤍𐤇𐤋𐤄 𐤅𐤋𐤀 𐤕𐤅𐤎𐤐 𐤏𐤅𐤃 𐤋𐤔𐤊𐤋𐤌•

𐤉𐤂 𐤊𐤄 𐤀𐤌𐤓 𐤀𐤃𐤍𐤉 𐤉𐤄𐤅𐤄 𐤉𐤏𐤍 𐤀𐤌𐤓𐤉𐤌 𐤋𐤊𐤌 𐤀𐤊𐤋𐤕 𐤀𐤃𐤌 𐤀𐤕𐤉 [𐤀𐤕] 𐤅𐤌𐤔𐤊𐤋𐤕 𐤂𐤅𐤉𐤊 [𐤂𐤅𐤉𐤉𐤊] 𐤄𐤉𐤉𐤕•

𐤉𐤃 𐤋𐤊𐤍 𐤀𐤃𐤌 𐤋𐤀 𐤕𐤀𐤊𐤋𐤉 𐤏𐤅𐤃 𐤅𐤂𐤅𐤉𐤊 [𐤅𐤂𐤅𐤉𐤉𐤊] 𐤋𐤀 𐤕𐤊𐤔𐤋𐤉 [𐤕𐤔𐤊𐤋𐤉] 𐤏𐤅𐤃 𐤍𐤀𐤌 𐤀𐤃𐤍𐤉 𐤉𐤄𐤅𐤄•

𐤈𐤅 𐤅𐤋𐤀 𐤀𐤔𐤌𐤉𐤏 𐤀𐤋𐤉𐤊 𐤏𐤅𐤃 𐤊𐤋𐤌𐤕 𐤄𐤂𐤅𐤉𐤌 𐤅𐤇𐤓𐤐𐤕 𐤏𐤌𐤉𐤌 𐤋𐤀 𐤕𐤔𐤀𐤉 𐤏𐤅𐤃 𐤅𐤂𐤅𐤉𐤊 [𐤅𐤂𐤅𐤉𐤉𐤊] 𐤋𐤀 𐤕𐤊𐤔𐤋𐤉 𐤏𐤅𐤃 𐤍𐤀𐤌 𐤀𐤃𐤍𐤉 𐤉𐤄𐤅𐤄•

𐤈𐤆 𐤅𐤉𐤄𐤉 𐤃𐤁𐤓 𐤉𐤄𐤅𐤄 𐤀𐤋𐤉 𐤋𐤀𐤌𐤓•

𐤉𐤆 𐤁𐤍 𐤀𐤃𐤌 𐤁𐤉𐤕 𐤉𐤔𐤓𐤀𐤋 𐤉𐤔𐤁𐤉𐤌 𐤏𐤋 𐤀𐤃𐤌𐤕𐤌 𐤅𐤉𐤈𐤌𐤀𐤅 𐤀𐤅𐤕𐤄 𐤁𐤃𐤓𐤊𐤌 𐤅𐤁𐤏𐤋𐤉𐤋𐤅𐤕𐤌 𐤊𐤈𐤌𐤀𐤕 𐤄𐤍𐤃𐤄 𐤄𐤉𐤕𐤄 𐤃𐤓𐤊𐤌 𐤋𐤐𐤍𐤉•

𐤉𐤇 𐤅𐤀𐤔𐤐𐤊 𐤇𐤌𐤕𐤉 𐤏𐤋𐤉𐤄𐤌 𐤏𐤋 𐤄𐤃𐤌 𐤀𐤔𐤓 𐤔𐤐𐤊𐤅 𐤏𐤋 𐤄𐤀𐤓𐤑 𐤅𐤁𐤂𐤋𐤅𐤋𐤉𐤄𐤌 𐤈𐤌𐤀𐤅𐤄•

𐤉𐤈 𐤅𐤀𐤐𐤉𐤑 𐤀𐤕𐤌 𐤁𐤂𐤅𐤉𐤌 𐤅𐤉𐤆𐤓𐤅 𐤁𐤀𐤓𐤑𐤅𐤕 𐤊𐤃𐤓𐤊𐤌 𐤅𐤊𐤏𐤋𐤉𐤋𐤅𐤕𐤌 𐤔𐤐𐤈𐤕𐤉𐤌•

𐤊 𐤅𐤉𐤁𐤅𐤀 𐤀𐤋 𐤄𐤂𐤅𐤉𐤌 𐤀𐤔𐤓 𐤁𐤀𐤅 𐤔𐤌 𐤅𐤉𐤇𐤋𐤋𐤅 𐤀𐤕 𐤔𐤌 𐤒𐤃𐤔𐤉 𐤁𐤀𐤌𐤓 𐤋𐤄𐤌 𐤏𐤌 𐤉𐤄𐤅𐤄 𐤀𐤋𐤄 𐤅𐤌𐤀𐤓𐤑𐤅 𐤉𐤑𐤀𐤅•

𐤊𐤀 𐤅𐤀𐤇𐤌𐤋 𐤏𐤋 𐤔𐤌 𐤒𐤃𐤔𐤉 𐤀𐤔𐤓 𐤇𐤋𐤋𐤅𐤄𐤅 𐤁𐤉𐤕 𐤉𐤔𐤓𐤀𐤋 𐤁𐤂𐤅𐤉𐤌 𐤀𐤔𐤓 𐤁𐤀𐤅 𐤔𐤌𐤄•

𐤊𐤁 𐤋𐤊𐤍 𐤀𐤌𐤓 𐤋𐤁𐤉𐤕 𐤉𐤔𐤓𐤀𐤋 𐤊𐤄 𐤀𐤌𐤓 𐤀𐤃𐤍𐤉 𐤉𐤄𐤅𐤄 𐤋𐤀 𐤋𐤌𐤏𐤍𐤊𐤌 𐤀𐤍𐤉 𐤏𐤔𐤄 𐤁𐤉𐤕 𐤉𐤔𐤓𐤀𐤋 𐤊𐤉 𐤀𐤌 𐤋𐤔𐤌 𐤒𐤃𐤔𐤉 𐤀𐤔𐤓 𐤇𐤋𐤋𐤕𐤌 𐤁𐤂𐤅𐤉𐤌 𐤀𐤔𐤓 𐤁𐤀𐤕𐤌 𐤔𐤌•

𐤊𐤂 𐤅𐤒𐤃𐤔𐤕𐤉 𐤀𐤕 𐤔𐤌𐤉 𐤄𐤂𐤃𐤅𐤋 𐤄𐤌𐤇𐤋𐤋 𐤁𐤂𐤅𐤉𐤌 𐤀𐤔𐤓 𐤇𐤋𐤋𐤕𐤌 𐤁𐤕𐤅𐤊𐤌 𐤅𐤉𐤃𐤏𐤅 𐤄𐤂𐤅𐤉𐤌 𐤊𐤉 𐤀𐤍𐤉 𐤉𐤄𐤅𐤄 𐤍𐤀𐤌 𐤀𐤃𐤍𐤉 𐤉𐤄𐤅𐤄 𐤁𐤄𐤒𐤃𐤔𐤉 𐤁𐤊𐤌

𐤋𐤏𐤉𐤍𐤉𐤄𐤌•
𐤊𐤃 𐤅𐤋𐤒𐤇𐤕𐤉 𐤀𐤕𐤊𐤌 𐤌𐤍 𐤄𐤂𐤅𐤉𐤌 𐤅𐤒𐤁𐤑𐤕𐤉 𐤀𐤕𐤊𐤌 𐤌𐤊𐤋 𐤄𐤀𐤓𐤑𐤅𐤕
𐤅𐤄𐤁𐤀𐤕𐤉 𐤀𐤕𐤊𐤌 𐤀𐤋 𐤀𐤃𐤌𐤕𐤊𐤌•
𐤊𐤄 𐤅𐤆𐤓𐤒𐤕𐤉 𐤏𐤋𐤉𐤊𐤌 𐤌𐤉𐤌 𐤈𐤄𐤅𐤓𐤉𐤌 𐤅𐤈𐤄𐤓𐤕𐤌 𐤌𐤊𐤋 𐤈𐤌𐤀𐤅𐤕𐤉𐤊𐤌
𐤅𐤌𐤊𐤋 𐤂𐤋𐤅𐤋𐤉𐤊𐤌 𐤀𐤈𐤄𐤓 𐤀𐤕𐤊𐤌•
𐤊𐤅 𐤅𐤍𐤕𐤕𐤉 𐤋𐤊𐤌 𐤋𐤁 𐤇𐤃𐤔 𐤅𐤓𐤅𐤇 𐤇𐤃𐤔𐤄 𐤀𐤕𐤍 𐤁𐤒𐤓𐤁𐤊𐤌 𐤅𐤄𐤎𐤓𐤕𐤉 𐤀𐤕 𐤋𐤁
𐤄𐤀𐤁𐤍 𐤌𐤁𐤔𐤓𐤊𐤌 𐤅𐤍𐤕𐤕𐤉 𐤋𐤊𐤌 𐤋𐤁 𐤁𐤔𐤓•
𐤊𐤆 𐤅𐤀𐤕 𐤓𐤅𐤇𐤉 𐤀𐤕𐤍 𐤁𐤒𐤓𐤁𐤊𐤌 𐤅𐤏𐤔𐤉𐤕𐤉 𐤀𐤕 𐤀𐤔𐤓 𐤁𐤇𐤒𐤉 𐤕𐤋𐤊𐤅 𐤅𐤌𐤔𐤐𐤈𐤉
𐤕𐤔𐤌𐤓𐤅 𐤅𐤏𐤔𐤉𐤕𐤌•
𐤊𐤇 𐤅𐤉𐤔𐤁𐤕𐤌 𐤁𐤀𐤓𐤑 𐤀𐤔𐤓 𐤍𐤕𐤕𐤉 𐤋𐤀𐤁𐤕𐤉𐤊𐤌 𐤅𐤄𐤉𐤉𐤕𐤌 𐤋𐤉 𐤋𐤏𐤌 𐤅𐤀𐤍𐤊𐤉
𐤀𐤄𐤉𐤄 𐤋𐤊𐤌 𐤋𐤀𐤋𐤄𐤉𐤌•
𐤊𐤈 𐤅𐤄𐤅𐤔𐤏𐤕𐤉 𐤀𐤕𐤊𐤌 𐤌𐤊𐤋 𐤈𐤌𐤀𐤅𐤕𐤉𐤊𐤌 𐤅𐤒𐤓𐤀𐤕𐤉 𐤀𐤋 𐤄𐤃𐤂𐤍 𐤅𐤄𐤓𐤁𐤉𐤕𐤉
𐤀𐤕𐤅 𐤅𐤋𐤀 𐤀𐤕𐤍 𐤏𐤋𐤉𐤊𐤌 𐤓𐤏𐤁•
𐤋 𐤅𐤄𐤓𐤁𐤉𐤕𐤉 𐤀𐤕 𐤐𐤓𐤉 𐤄𐤏𐤑 𐤅𐤕𐤍𐤅𐤁𐤕 𐤄𐤔𐤃𐤄 𐤋𐤌𐤏𐤍 𐤀𐤔𐤓 𐤋𐤀 𐤕𐤒𐤇𐤅 𐤏𐤅𐤃
𐤇𐤓𐤐𐤕 𐤓𐤏𐤁 𐤁𐤂𐤅𐤉𐤌•
𐤋𐤀 𐤅𐤆𐤊𐤓𐤕𐤌 𐤀𐤕 𐤃𐤓𐤊𐤉𐤊𐤌 𐤄𐤓𐤏𐤉𐤌 𐤅𐤌𐤏𐤋𐤋𐤉𐤊𐤌 𐤀𐤔𐤓 𐤋𐤀 𐤈𐤅𐤁𐤉𐤌
𐤅𐤍𐤒𐤈𐤕𐤌 𐤁𐤐𐤍𐤉𐤊𐤌 𐤏𐤋 𐤏𐤅𐤍𐤕𐤉𐤊𐤌 𐤅𐤏𐤋 𐤕𐤅𐤏𐤁𐤅𐤕𐤉𐤊𐤌•
𐤋𐤁 𐤋𐤀 𐤋𐤌𐤏𐤍𐤊𐤌 𐤀𐤍𐤉 𐤏𐤔𐤄 𐤍𐤀𐤌 𐤀𐤃𐤍𐤉 𐤉𐤄𐤅𐤄 𐤉𐤅𐤃𐤏 𐤋𐤊𐤌 𐤁𐤅𐤔𐤅
𐤅𐤄𐤊𐤋𐤌𐤅 𐤌𐤃𐤓𐤊𐤉𐤊𐤌 𐤁𐤉𐤕 𐤉𐤔𐤓𐤀𐤋•
𐤋𐤂 𐤊𐤄 𐤀𐤌𐤓 𐤀𐤃𐤍𐤉 𐤉𐤄𐤅𐤄 𐤁𐤉𐤅𐤌 𐤈𐤄𐤓𐤉 𐤀𐤕𐤊𐤌 𐤌𐤊𐤋 𐤏𐤅𐤍𐤅𐤕𐤉𐤊𐤌
𐤅𐤄𐤅𐤔𐤁𐤕𐤉 𐤀𐤕 𐤄𐤏𐤓𐤉𐤌 𐤅𐤍𐤁𐤍𐤅 𐤄𐤇𐤓𐤁𐤅𐤕•
𐤋𐤃 𐤅𐤄𐤀𐤓𐤑 𐤄𐤍𐤔𐤌𐤄 𐤕𐤏𐤁𐤃 𐤕𐤇𐤕 𐤀𐤔𐤓 𐤄𐤉𐤕𐤄 𐤔𐤌𐤌𐤄 𐤋𐤏𐤉𐤍𐤉 𐤊𐤋 𐤏𐤅𐤁𐤓•
𐤋𐤄 𐤅𐤀𐤌𐤓𐤅 𐤄𐤀𐤓𐤑 𐤄𐤋𐤆𐤅 𐤄𐤍𐤔𐤌𐤄 𐤄𐤉𐤕𐤄 𐤊𐤂𐤍 𐤏𐤃𐤍 𐤅𐤄𐤏𐤓𐤉𐤌 𐤄𐤇𐤓𐤁𐤅𐤕
𐤅𐤄𐤍𐤔𐤌𐤅𐤕 𐤅𐤄𐤍𐤄𐤓𐤎𐤅𐤕 𐤁𐤑𐤅𐤓𐤅𐤕 𐤉𐤔𐤁𐤅•
𐤋𐤅 𐤅𐤉𐤃𐤏𐤅 𐤄𐤂𐤅𐤉𐤌 𐤀𐤔𐤓 𐤉𐤔𐤀𐤓𐤅 𐤎𐤁𐤉𐤁𐤅𐤕𐤉𐤊𐤌 𐤊𐤉 𐤀𐤍𐤉 𐤉𐤄𐤅𐤄
𐤁𐤍𐤉𐤕𐤉 𐤄𐤍𐤄𐤓𐤎𐤅𐤕 𐤍𐤈𐤏𐤕𐤉 𐤄𐤍𐤔𐤌𐤄 𐤀𐤍𐤉 𐤉𐤄𐤅𐤄 𐤃𐤁𐤓𐤕𐤉 𐤅𐤏𐤔𐤉𐤕𐤉•
𐤋𐤆 𐤊𐤄 𐤀𐤌𐤓 𐤀𐤃𐤍𐤉 𐤉𐤄𐤅𐤄 𐤏𐤅𐤃 𐤆𐤀𐤕 𐤀𐤃𐤓𐤔 𐤋𐤁𐤉𐤕 𐤉𐤔𐤓𐤀𐤋 𐤋𐤏𐤔𐤅𐤕
𐤋𐤄𐤌 𐤀𐤓𐤁𐤄 𐤀𐤕𐤌 𐤊𐤑𐤀𐤍 𐤀𐤃𐤌•
𐤋𐤇 𐤊𐤑𐤀𐤍 𐤒𐤃𐤔𐤉𐤌 𐤊𐤑𐤀𐤍 𐤉𐤓𐤅𐤔𐤋𐤌 𐤁𐤌𐤅𐤏𐤃𐤉𐤄 𐤊𐤍 𐤕𐤄𐤉𐤉𐤍𐤄 𐤄𐤏𐤓𐤉𐤌
𐤄𐤇𐤓𐤁𐤅𐤕 𐤌𐤋𐤀𐤅𐤕 𐤑𐤀𐤍 𐤀𐤃𐤌 𐤅𐤉𐤃𐤏𐤅 𐤊𐤉 𐤀𐤍𐤉 𐤉𐤄𐤅𐤄•

𐤐𐤓𐤒 𐤋𐤆
𐤀 𐤄𐤉𐤕𐤄 𐤏𐤋𐤉 𐤉𐤃 𐤉𐤄𐤅𐤄 𐤅𐤉𐤅𐤑𐤀𐤍𐤉 𐤁𐤓𐤅𐤇 𐤉𐤄𐤅𐤄 𐤅𐤉𐤍𐤉𐤇𐤍𐤉 𐤁𐤕𐤅𐤊

𐤄𐤁𐤒𐤏𐤄 𐤅𐤄𐤉𐤀 𐤌𐤋𐤀𐤄 𐤏𐤑𐤌𐤅𐤕•

𐤁 𐤅𐤄𐤏𐤁𐤉𐤓𐤍𐤉 𐤏𐤋𐤉𐤄𐤌 𐤎𐤁𐤉𐤁 𐤎𐤁𐤉𐤁 𐤅𐤄𐤍𐤄 𐤓𐤁𐤅𐤕 𐤌𐤀𐤃 𐤏𐤋 𐤐𐤍𐤉 𐤄𐤁𐤒𐤏𐤄
𐤅𐤄𐤍𐤄 𐤉𐤁𐤔𐤅𐤕 𐤌𐤀𐤃•

𐤂 𐤅𐤉𐤀𐤌𐤓 𐤀𐤋𐤉 𐤁𐤍 𐤀𐤃𐤌 𐤄𐤕𐤇𐤉𐤉𐤍𐤄 𐤄𐤏𐤑𐤌𐤅𐤕 𐤄𐤀𐤋𐤄 𐤅𐤀𐤌𐤓 𐤀𐤃𐤍𐤉
𐤉𐤄𐤅𐤄 𐤀𐤕𐤄 𐤉𐤃𐤏𐤕•

𐤃 𐤅𐤉𐤀𐤌𐤓 𐤀𐤋𐤉 𐤄𐤍𐤁𐤀 𐤏𐤋 𐤄𐤏𐤑𐤌𐤅𐤕 𐤄𐤀𐤋𐤄 𐤅𐤀𐤌𐤓𐤕 𐤀𐤋𐤉𐤄𐤌 𐤄𐤏𐤑𐤌𐤅𐤕
𐤄𐤉𐤁𐤔𐤅𐤕 𐤔𐤌𐤏𐤅 𐤃𐤁𐤓 𐤉𐤄𐤅𐤄•

𐤄 𐤊𐤄 𐤀𐤌𐤓 𐤀𐤃𐤍𐤉 𐤉𐤄𐤅𐤄 𐤋𐤏𐤑𐤌𐤅𐤕 𐤄𐤀𐤋𐤄 𐤄𐤍𐤄 𐤀𐤍𐤉 𐤌𐤁𐤉𐤀 𐤁𐤊𐤌 𐤓𐤅𐤇
𐤅𐤇𐤉𐤉𐤕𐤌•

𐤅 𐤅𐤍𐤕𐤕𐤉 𐤏𐤋𐤉𐤊𐤌 𐤂𐤃𐤉𐤌 𐤅𐤄𐤏𐤋𐤕𐤉 𐤏𐤋𐤉𐤊𐤌 𐤁𐤔𐤓 𐤅𐤒𐤓𐤌𐤕𐤉 𐤏𐤋𐤉𐤊𐤌 𐤏𐤅𐤓
𐤅𐤍𐤕𐤕𐤉 𐤁𐤊𐤌 𐤓𐤅𐤇 𐤅𐤇𐤉𐤉𐤕𐤌 𐤅𐤉𐤃𐤏𐤕𐤌 𐤊𐤉 𐤀𐤍𐤉 𐤉𐤄𐤅𐤄•

𐤆 𐤅𐤍𐤁𐤀𐤕𐤉 𐤊𐤀𐤔𐤓 𐤑𐤅𐤉𐤕𐤉 𐤅𐤉𐤄𐤉 𐤒𐤅𐤋 𐤊𐤄𐤍𐤁𐤀𐤉 𐤅𐤄𐤍𐤄 𐤓𐤏𐤔 𐤅𐤕𐤒𐤓𐤁𐤅
𐤏𐤑𐤌𐤅𐤕 𐤏𐤑𐤌 𐤀𐤋 𐤏𐤑𐤌𐤅•

𐤇 𐤅𐤓𐤀𐤉𐤕𐤉 𐤅𐤄𐤍𐤄 𐤏𐤋𐤉𐤄𐤌 𐤂𐤃𐤉𐤌 𐤅𐤁𐤔𐤓 𐤏𐤋𐤄 𐤅𐤉𐤒𐤓𐤌 𐤏𐤋𐤉𐤄𐤌 𐤏𐤅𐤓
𐤌𐤋𐤌𐤏𐤋𐤄 𐤅𐤓𐤅𐤇 𐤀𐤉𐤍 𐤁𐤄𐤌•

𐤈 𐤅𐤉𐤀𐤌𐤓 𐤀𐤋𐤉 𐤄𐤍𐤁𐤀 𐤀𐤋 𐤄𐤓𐤅𐤇 𐤄𐤍𐤁𐤀 𐤁𐤍 𐤀𐤃𐤌 𐤅𐤀𐤌𐤓𐤕 𐤀𐤋 𐤄𐤓𐤅𐤇 𐤊𐤄
𐤀𐤌𐤓 𐤀𐤃𐤍𐤉 𐤉𐤄𐤅𐤄 𐤌𐤀𐤓𐤁𐤏 𐤓𐤅𐤇𐤅𐤕 𐤁𐤀𐤉 𐤄𐤓𐤅𐤇 𐤅𐤐𐤇𐤉 𐤁𐤄𐤓𐤅𐤂𐤉𐤌 𐤄𐤀𐤋𐤄
𐤅𐤉𐤇𐤉𐤅•

𐤉 𐤅𐤄𐤍𐤁𐤀𐤕𐤉 𐤊𐤀𐤔𐤓 𐤑𐤅𐤍𐤉 𐤅𐤕𐤁𐤅𐤀 𐤁𐤄𐤌 𐤄𐤓𐤅𐤇 𐤅𐤉𐤇𐤉𐤅 𐤅𐤉𐤏𐤌𐤃𐤅 𐤏𐤋
𐤓𐤂𐤋𐤉𐤄𐤌 𐤇𐤉𐤋 𐤂𐤃𐤅𐤋 𐤌𐤀𐤃 𐤌𐤀𐤃•

𐤉𐤀 𐤅𐤉𐤀𐤌𐤓 𐤀𐤋𐤉 𐤁𐤍 𐤀𐤃𐤌 𐤄𐤏𐤑𐤌𐤅𐤕 𐤄𐤀𐤋𐤄 𐤊𐤋 𐤁𐤉𐤕 𐤉𐤔𐤓𐤀𐤋 𐤄𐤌𐤄
𐤄𐤍𐤄 𐤀𐤌𐤓𐤉𐤌 𐤉𐤁𐤔𐤅 𐤏𐤑𐤌𐤅𐤕𐤉𐤍𐤅 𐤅𐤀𐤁𐤃𐤄 𐤕𐤒𐤅𐤕𐤍𐤅 𐤍𐤂𐤆𐤓𐤍𐤅 𐤋𐤍𐤅•

𐤉𐤁 𐤋𐤊𐤍 𐤄𐤍𐤁𐤀 𐤅𐤀𐤌𐤓𐤕 𐤀𐤋𐤉𐤄𐤌 𐤊𐤄 𐤀𐤌𐤓 𐤀𐤃𐤍𐤉 𐤉𐤄𐤅𐤄 𐤄𐤍𐤄 𐤀𐤍𐤉 𐤐𐤕𐤇
𐤀𐤕 𐤒𐤁𐤓𐤅𐤕𐤉𐤊𐤌 𐤅𐤄𐤏𐤋𐤉𐤕𐤉 𐤀𐤕𐤊𐤌 𐤌𐤒𐤁𐤓𐤅𐤕𐤉𐤊𐤌 𐤏𐤌𐤉 𐤅𐤄𐤁𐤀𐤕𐤉 𐤀𐤕𐤊𐤌
𐤀𐤋 𐤀𐤃𐤌𐤕 𐤉𐤔𐤓𐤀𐤋•

𐤉𐤂 𐤅𐤉𐤃𐤏𐤕𐤌 𐤊𐤉 𐤀𐤍𐤉 𐤉𐤄𐤅𐤄 𐤁𐤐𐤕𐤇𐤉 𐤀𐤕 𐤒𐤁𐤓𐤅𐤕𐤉𐤊𐤌 𐤅𐤁𐤄𐤏𐤋𐤅𐤕𐤉
𐤀𐤕𐤊𐤌 𐤌𐤒𐤁𐤓𐤅𐤕𐤉𐤊𐤌 𐤏𐤌𐤉•

𐤉𐤃 𐤅𐤍𐤕𐤕𐤉 𐤓𐤅𐤇𐤉 𐤁𐤊𐤌 𐤅𐤇𐤉𐤉𐤕𐤌 𐤅𐤄𐤍𐤇𐤕𐤉 𐤀𐤕𐤊𐤌 𐤏𐤋 𐤀𐤃𐤌𐤕𐤊𐤌
𐤅𐤉𐤃𐤏𐤕𐤌 𐤊𐤉 𐤀𐤍𐤉 𐤉𐤄𐤅𐤄 𐤃𐤁𐤓𐤕𐤉 𐤅𐤏𐤔𐤉𐤕𐤉 𐤍𐤀𐤌 𐤉𐤄𐤅𐤄•

𐤈𐤅 𐤅𐤉𐤄𐤉 𐤃𐤁𐤓 𐤉𐤄𐤅𐤄 𐤀𐤋𐤉 𐤋𐤀𐤌𐤓•

𐤈𐤆 𐤅𐤀𐤕𐤄 𐤁𐤍 𐤀𐤃𐤌 𐤒𐤇 𐤋𐤊 𐤏𐤑 𐤀𐤇𐤃 𐤅𐤊𐤕𐤁 𐤏𐤋𐤉𐤅 𐤋𐤉𐤄𐤅𐤃𐤄 𐤅𐤋𐤁𐤍𐤉
𐤉𐤔𐤓𐤀𐤋 𐤇𐤁𐤓𐤅 [𐤇𐤁𐤓𐤉𐤅] 𐤅𐤋𐤒𐤇 𐤏𐤑 𐤀𐤇𐤃 𐤅𐤊𐤕𐤅𐤁 𐤏𐤋𐤉𐤅 𐤋𐤉𐤅𐤎𐤐 𐤏𐤑 𐤀𐤐𐤓𐤉𐤌
𐤅𐤊𐤋 𐤁𐤉𐤕 𐤉𐤔𐤓𐤀𐤋 𐤇𐤁𐤓𐤅 [𐤇𐤁𐤓𐤉𐤅]•

𐤉𐤆 𐤅𐤒𐤓𐤁 𐤀𐤕𐤌 𐤀𐤇𐤃 𐤀𐤋 𐤀𐤇𐤃 𐤋𐤊 𐤋𐤏𐤑 𐤀𐤇𐤃 𐤅𐤄𐤉𐤅 𐤋𐤀𐤇𐤃𐤉𐤌 𐤁𐤉𐤃𐤊.

𐤉𐤇 𐤅𐤊𐤀𐤔𐤓 𐤉𐤀𐤌𐤓𐤅 𐤀𐤋𐤉𐤊 𐤁𐤍𐤉 𐤏𐤌𐤊 𐤋𐤀𐤌𐤓 𐤄𐤋𐤅𐤀 𐤕𐤂𐤉𐤃 𐤋𐤍𐤅 𐤌𐤄
𐤀𐤋𐤄 𐤋𐤊.

𐤉𐤈 𐤃𐤁𐤓 𐤀𐤋𐤄𐤌 𐤊𐤄 𐤀𐤌𐤓 𐤀𐤃𐤍𐤉 𐤉𐤄𐤅𐤄 𐤄𐤍𐤄 𐤀𐤍𐤉 𐤋𐤒𐤇 𐤀𐤕 𐤏𐤑 𐤉𐤅𐤎𐤐
𐤀𐤔𐤓 𐤁𐤉𐤃 𐤀𐤐𐤓𐤉𐤌 𐤅𐤔𐤁𐤈𐤉 𐤉𐤔𐤓𐤀𐤋 𐤇𐤁𐤓𐤅 [𐤇𐤁𐤓𐤉𐤅] 𐤅𐤍𐤕𐤕𐤉 𐤀𐤅𐤕𐤌 𐤏𐤋𐤉𐤅
𐤀𐤕 𐤏𐤑 𐤉𐤄𐤅𐤃𐤄 𐤅𐤏𐤔𐤉𐤕𐤌 𐤋𐤏𐤑 𐤀𐤇𐤃 𐤅𐤄𐤉𐤅 𐤀𐤇𐤃 𐤁𐤉𐤃𐤉.

𐤊 𐤅𐤄𐤉𐤅 𐤄𐤏𐤑𐤉𐤌 𐤀𐤔𐤓 𐤕𐤊𐤕𐤁 𐤏𐤋𐤉𐤄𐤌 𐤁𐤉𐤃𐤊 𐤋𐤏𐤉𐤍𐤉𐤄𐤌.

𐤊𐤀 𐤅𐤃𐤁𐤓 𐤀𐤋𐤉𐤄𐤌 𐤊𐤄 𐤀𐤌𐤓 𐤀𐤃𐤍𐤉 𐤉𐤄𐤅𐤄 𐤄𐤍𐤄 𐤀𐤍𐤉 𐤋𐤒𐤇 𐤀𐤕 𐤁𐤍𐤉
𐤉𐤔𐤓𐤀𐤋 𐤌𐤁𐤉𐤍 𐤄𐤂𐤅𐤉𐤌 𐤀𐤔𐤓 𐤄𐤋𐤊𐤅 𐤔𐤌 𐤅𐤒𐤁𐤑𐤕𐤉 𐤀𐤕𐤌 𐤌𐤎𐤁𐤉𐤁
𐤅𐤄𐤁𐤀𐤕𐤉 𐤀𐤅𐤕𐤌 𐤀𐤋 𐤀𐤃𐤌𐤕𐤌.

𐤊𐤁 𐤅𐤏𐤔𐤉𐤕𐤉 𐤀𐤕𐤌 𐤋𐤂𐤅𐤉 𐤀𐤇𐤃 𐤁𐤀𐤓𐤑 𐤁𐤄𐤓𐤉 𐤉𐤔𐤓𐤀𐤋 𐤅𐤌𐤋𐤊 𐤀𐤇𐤃 𐤉𐤄𐤉𐤄
𐤋𐤊𐤋𐤌 𐤋𐤌𐤋𐤊 𐤅𐤋𐤀 𐤉𐤄𐤉𐤄 [𐤉𐤄𐤉𐤅] 𐤏𐤅𐤃 𐤋𐤔𐤍𐤉 𐤂𐤅𐤉𐤌 𐤅𐤋𐤀 𐤉𐤇𐤑𐤅 𐤏𐤅𐤃
𐤋𐤔𐤕𐤉 𐤌𐤌𐤋𐤊𐤅𐤕 𐤏𐤅𐤃.

𐤊𐤂 𐤅𐤋𐤀 𐤉𐤈𐤌𐤀𐤅 𐤏𐤅𐤃 𐤁𐤂𐤋𐤅𐤋𐤉𐤄𐤌 𐤅𐤁𐤔𐤒𐤅𐤑𐤉𐤄𐤌 𐤅𐤁𐤊𐤋 𐤐𐤔𐤏𐤉𐤄𐤌
𐤅𐤄𐤅𐤔𐤏𐤕𐤉 𐤀𐤕𐤌 𐤌𐤊𐤋 𐤌𐤅𐤔𐤁𐤕𐤉𐤄𐤌 𐤀𐤔𐤓 𐤇𐤈𐤀𐤅 𐤁𐤄𐤌 𐤅𐤈𐤄𐤓𐤕𐤉 𐤀𐤅𐤕𐤌
𐤅𐤄𐤉𐤅 𐤋𐤉 𐤋𐤏𐤌 𐤅𐤀𐤍𐤉 𐤀𐤄𐤉𐤄 𐤋𐤄𐤌 𐤋𐤀𐤋𐤄𐤉𐤌.

𐤊𐤃 𐤅𐤏𐤁𐤃𐤉 𐤃𐤅𐤃 𐤌𐤋𐤊 𐤏𐤋𐤉𐤄𐤌 𐤅𐤓𐤅𐤏𐤄 𐤀𐤇𐤃 𐤉𐤄𐤉𐤄 𐤋𐤊𐤋𐤌 𐤅𐤁𐤌𐤔𐤐𐤈𐤉
𐤉𐤋𐤊𐤅 𐤅𐤇𐤒𐤕𐤉 𐤉𐤔𐤌𐤓𐤅 𐤅𐤏𐤔𐤅 𐤀𐤅𐤕𐤌.

𐤊𐤄 𐤅𐤉𐤔𐤁𐤅 𐤏𐤋 𐤄𐤀𐤓𐤑 𐤀𐤔𐤓 𐤍𐤕𐤕𐤉 𐤋𐤏𐤁𐤃𐤉 𐤋𐤉𐤏𐤒𐤁 𐤀𐤔𐤓 𐤉𐤔𐤁𐤅 𐤁𐤄
𐤀𐤁𐤅𐤕𐤉𐤊𐤌 𐤅𐤉𐤔𐤁𐤅 𐤏𐤋𐤉𐤄 𐤄𐤌𐤄 𐤅𐤁𐤍𐤉𐤄𐤌 𐤅𐤁𐤍𐤉 𐤁𐤍𐤉𐤄𐤌 𐤏𐤃 𐤏𐤅𐤋𐤌
𐤅𐤃𐤅𐤃 𐤏𐤁𐤃𐤉 𐤍𐤔𐤉𐤀 𐤋𐤄𐤌 𐤋𐤏𐤅𐤋𐤌.

𐤊𐤅 𐤅𐤊𐤓𐤕𐤉 𐤋𐤄𐤌 𐤁𐤓𐤉𐤕 𐤔𐤋𐤅𐤌 𐤁𐤓𐤉𐤕 𐤏𐤅𐤋𐤌 𐤉𐤄𐤉𐤄 𐤀𐤅𐤕𐤌 𐤅𐤍𐤕𐤕𐤉𐤌
𐤅𐤄𐤓𐤁𐤉𐤕𐤉 𐤀𐤅𐤕𐤌 𐤅𐤍𐤕𐤕𐤉 𐤀𐤕 𐤌𐤒𐤃𐤔𐤉 𐤁𐤕𐤅𐤊𐤌 𐤋𐤏𐤅𐤋𐤌.

𐤊𐤆 𐤅𐤄𐤉𐤄 𐤌𐤔𐤊𐤍𐤉 𐤏𐤋𐤉𐤄𐤌 𐤅𐤄𐤉𐤉𐤕𐤉 𐤋𐤄𐤌 𐤋𐤀𐤋𐤄𐤉𐤌 𐤅𐤄𐤌𐤄 𐤉𐤄𐤉𐤅
𐤋𐤉 𐤋𐤏𐤌.

𐤊𐤇 𐤅𐤉𐤃𐤏𐤅 𐤄𐤂𐤅𐤉𐤌 𐤊𐤉 𐤀𐤍𐤉 𐤉𐤄𐤅𐤄 𐤌𐤒𐤃𐤔 𐤀𐤕 𐤉𐤔𐤓𐤀𐤋 𐤁𐤄𐤉𐤅𐤕
𐤌𐤒𐤃𐤔𐤉 𐤁𐤕𐤅𐤊𐤌 𐤋𐤏𐤅𐤋𐤌.

𐤐𐤓𐤒 𐤋𐤇

𐤀 𐤅𐤉𐤄𐤉 𐤃𐤁𐤓 𐤉𐤄𐤅𐤄 𐤀𐤋𐤉 𐤋𐤀𐤌𐤓.

𐤁 𐤁𐤍 𐤀𐤃𐤌 𐤔𐤉𐤌 𐤐𐤍𐤉𐤊 𐤀𐤋 𐤂𐤅𐤂 𐤀𐤓𐤑 𐤄𐤌𐤂𐤅𐤂 𐤍𐤔𐤉𐤀 𐤓𐤀𐤔 𐤌𐤔𐤊 𐤅𐤕𐤁𐤋
𐤅𐤄𐤍𐤁𐤀 𐤏𐤋𐤉𐤅.

𐤂 𐤅𐤀𐤌𐤓𐤕 𐤊𐤄 𐤀𐤌𐤓 𐤀𐤃𐤍𐤉 𐤉𐤄𐤅𐤄 𐤄𐤍𐤍𐤉 𐤀𐤋𐤉𐤊 𐤂𐤅𐤂 𐤍𐤔𐤉𐤀 𐤓𐤀𐤔 𐤌𐤔𐤊

𐤉𐤇𐤆𐤒𐤀𐤋

𐤅𐤕𐤁𐤋•
𐤃 𐤅𐤔𐤅𐤁𐤁𐤕𐤉𐤊 𐤅𐤍𐤕𐤕𐤉 𐤇𐤇𐤉𐤌 𐤁𐤋𐤇𐤉𐤉𐤊 𐤅𐤄𐤅𐤑𐤀𐤕𐤉 𐤀𐤅𐤕𐤊 𐤅𐤀𐤕 𐤊𐤋
𐤇𐤉𐤋𐤊 𐤎𐤅𐤎𐤉𐤌 𐤅𐤐𐤓𐤔𐤉𐤌 𐤋𐤁𐤔𐤉 𐤌𐤊𐤋𐤅𐤋 𐤊𐤋𐤌 𐤒𐤄𐤋 𐤓𐤁 𐤑𐤍𐤄 𐤅𐤌𐤂𐤍
𐤕𐤐𐤔𐤉 𐤇𐤓𐤁𐤅𐤕 𐤊𐤋𐤌•
𐤄 𐤐𐤓𐤎 𐤊𐤅𐤔 𐤅𐤐𐤅𐤈 𐤀𐤕𐤌 𐤊𐤋𐤌 𐤌𐤂𐤍 𐤅𐤊𐤅𐤁𐤏•
𐤅 𐤂𐤌𐤓 𐤅𐤊𐤋 𐤀𐤂𐤐𐤉𐤄 𐤁𐤉𐤕 𐤕𐤅𐤂𐤓𐤌𐤄 𐤉𐤓𐤊𐤕𐤉 𐤑𐤐𐤅𐤍 𐤅𐤀𐤕 𐤊𐤋 𐤀𐤂𐤐𐤉𐤅
𐤏𐤌𐤉𐤌 𐤓𐤁𐤉𐤌 𐤀𐤕𐤊•
𐤆 𐤄𐤊𐤍 𐤅𐤄𐤊𐤍 𐤋𐤊 𐤀𐤕𐤄 𐤅𐤊𐤋 𐤒𐤄𐤋𐤊 𐤄𐤍𐤒𐤄𐤋𐤉𐤌 𐤏𐤋𐤉𐤊 𐤅𐤄𐤉𐤉𐤕 𐤋𐤄𐤌
𐤋𐤌𐤔𐤌𐤓•
𐤇 𐤌𐤉𐤌𐤉𐤌 𐤓𐤁𐤉𐤌 𐤕𐤐𐤒𐤃 𐤁𐤀𐤇𐤓𐤉𐤕 𐤄𐤔𐤍𐤉𐤌 𐤕𐤁𐤅𐤀 𐤀𐤋 𐤀𐤓𐤑 𐤌𐤔𐤅𐤁𐤁𐤕
𐤌𐤇𐤓𐤁 𐤌𐤒𐤁𐤑𐤕 𐤌𐤏𐤌𐤉𐤌 𐤓𐤁𐤉𐤌 𐤏𐤋 𐤄𐤓𐤉 𐤉𐤔𐤓𐤀𐤋 𐤀𐤔𐤓 𐤄𐤉𐤅 𐤋𐤇𐤓𐤁𐤄 𐤕𐤌𐤉𐤃
𐤅𐤄𐤉𐤀 𐤌𐤏𐤌𐤉𐤌 𐤄𐤅𐤑𐤀𐤄 𐤅𐤉𐤔𐤁𐤅 𐤋𐤁𐤈𐤇 𐤊𐤋𐤌•
𐤈 𐤅𐤏𐤋𐤉𐤕 𐤊𐤔𐤀𐤄 𐤕𐤁𐤅𐤀 𐤊𐤏𐤍𐤍 𐤋𐤊𐤎𐤅𐤕 𐤄𐤀𐤓𐤑 𐤕𐤄𐤉𐤄 𐤀𐤕𐤄 𐤅𐤊𐤋
𐤀𐤂𐤐𐤉𐤊 𐤅𐤏𐤌𐤉𐤌 𐤓𐤁𐤉𐤌 𐤀𐤅𐤕𐤊•
𐤉 𐤊𐤄 𐤀𐤌𐤓 𐤀𐤃𐤍𐤉 𐤉𐤄𐤅𐤄 𐤅𐤄𐤉𐤄 𐤁𐤉𐤅𐤌 𐤄𐤄𐤅𐤀 𐤉𐤏𐤋𐤅 𐤃𐤁𐤓𐤉𐤌 𐤏𐤋 𐤋𐤁𐤁𐤊
𐤅𐤇𐤔𐤁𐤕 𐤌𐤇𐤔𐤁𐤕 𐤓𐤏𐤄•
𐤉𐤀 𐤅𐤀𐤌𐤓𐤕 𐤀𐤏𐤋𐤄 𐤏𐤋 𐤀𐤓𐤑 𐤐𐤓𐤆𐤅𐤕 𐤀𐤁𐤅𐤀 𐤄𐤔𐤒𐤈𐤉𐤌 𐤉𐤔𐤁𐤉 𐤋𐤁𐤈𐤇 𐤊𐤋𐤌
𐤉𐤔𐤁𐤉𐤌 𐤁𐤀𐤉𐤍 𐤇𐤅𐤌𐤄 𐤅𐤁𐤓𐤉𐤇 𐤅𐤃𐤋𐤕𐤉𐤌 𐤀𐤉𐤍 𐤋𐤄𐤌•
𐤉𐤁 𐤋𐤔𐤋𐤋 𐤔𐤋𐤋 𐤅𐤋𐤁𐤆 𐤁𐤆 𐤋𐤄𐤔𐤉𐤁 𐤉𐤃𐤊 𐤏𐤋 𐤇𐤓𐤁𐤅𐤕 𐤍𐤅𐤔𐤁𐤕 𐤅𐤀𐤋 𐤏𐤌
𐤌𐤀𐤎𐤐 𐤌𐤂𐤅𐤉𐤌 𐤏𐤔𐤄 𐤌𐤒𐤍𐤄 𐤅𐤒𐤍𐤉𐤍 𐤉𐤔𐤁𐤉 𐤏𐤋 𐤈𐤁𐤅𐤓 𐤄𐤀𐤓𐤑•
𐤉𐤂 𐤔𐤁𐤀 𐤅𐤃𐤃𐤍 𐤅𐤎𐤇𐤓𐤉 𐤕𐤓𐤔𐤉𐤔 𐤅𐤊𐤋 𐤊𐤐𐤉𐤓𐤉𐤄 𐤉𐤀𐤌𐤓𐤅 𐤋𐤊 𐤄𐤋𐤔𐤋𐤋 𐤔𐤋𐤋
𐤀𐤕𐤄 𐤁𐤀 𐤄𐤋𐤁𐤆 𐤁𐤆 𐤄𐤒𐤄𐤋𐤕 𐤒𐤄𐤋𐤊 𐤋𐤔𐤀𐤕 𐤊𐤎𐤐 𐤅𐤆𐤄𐤁 𐤋𐤒𐤇𐤕 𐤌𐤒𐤍𐤄
𐤅𐤒𐤍𐤉𐤍 𐤋𐤔𐤋𐤋 𐤔𐤋𐤋 𐤂𐤃𐤅𐤋•
𐤉𐤃 𐤋𐤊𐤍 𐤄𐤍𐤁𐤀 𐤁𐤍 𐤀𐤃𐤌 𐤅𐤀𐤌𐤓𐤕 𐤋𐤂𐤅𐤂 𐤊𐤄 𐤀𐤌𐤓 𐤀𐤃𐤍𐤉 𐤉𐤄𐤅𐤄 𐤄𐤋𐤅𐤀
𐤁𐤉𐤅𐤌 𐤄𐤄𐤅𐤀 𐤁𐤔𐤁𐤕 𐤏𐤌𐤉 𐤉𐤔𐤓𐤀𐤋 𐤋𐤁𐤈𐤇 𐤕𐤃𐤏•
𐤈𐤅 𐤅𐤁𐤀𐤕 𐤌𐤌𐤒𐤅𐤌𐤊 𐤌𐤉𐤓𐤊𐤕𐤉 𐤑𐤐𐤅𐤍 𐤀𐤕𐤄 𐤅𐤏𐤌𐤉𐤌 𐤓𐤁𐤉𐤌 𐤀𐤕𐤊 𐤓𐤊𐤁𐤉
𐤎𐤅𐤎𐤉𐤌 𐤊𐤋𐤌 𐤒𐤄𐤋 𐤂𐤃𐤅𐤋 𐤅𐤇𐤉𐤋 𐤓𐤁•
𐤈𐤆 𐤅𐤏𐤋𐤉𐤕 𐤏𐤋 𐤏𐤌𐤉 𐤉𐤔𐤓𐤀𐤋 𐤊𐤏𐤍𐤍 𐤋𐤊𐤎𐤅𐤕 𐤄𐤀𐤓𐤑 𐤁𐤀𐤇𐤓𐤉𐤕 𐤄𐤉𐤌𐤉𐤌
𐤕𐤄𐤉𐤄 𐤅𐤄𐤁𐤀𐤅𐤕𐤉𐤊 𐤏𐤋 𐤀𐤓𐤑𐤉 𐤋𐤌𐤏𐤍 𐤃𐤏𐤕 𐤄𐤂𐤅𐤉𐤌 𐤀𐤕𐤉 𐤁𐤄𐤒𐤃𐤔𐤉 𐤁𐤊
𐤋𐤏𐤉𐤍𐤉𐤄𐤌 𐤂𐤅𐤂•
𐤉𐤆 𐤊𐤄 𐤀𐤌𐤓 𐤀𐤃𐤍𐤉 𐤉𐤄𐤅𐤄 𐤄𐤀𐤕𐤄 𐤄𐤅𐤀 𐤀𐤔𐤓 𐤃𐤁𐤓𐤕𐤉 𐤁𐤉𐤌𐤉𐤌
𐤒𐤃𐤌𐤅𐤍𐤉𐤌 𐤁𐤉𐤃 𐤏𐤁𐤃𐤉 𐤍𐤁𐤉𐤀𐤉 𐤉𐤔𐤓𐤀𐤋 𐤄𐤍𐤁𐤀𐤉𐤌 𐤁𐤉𐤌𐤉𐤌 𐤄𐤄𐤌 𐤔𐤍𐤉𐤌
𐤋𐤄𐤁𐤉𐤀 𐤀𐤕𐤊 𐤏𐤋𐤉𐤄𐤌•

𐤉𐤇𐤆𐤒𐤀𐤋

𐤉𐤇 𐤅𐤄𐤉𐤄 𐤁𐤉𐤅𐤌 𐤄𐤄𐤅𐤀 𐤁𐤉𐤅𐤌 𐤁𐤅𐤀 𐤂𐤅𐤂 𐤏𐤋 𐤀𐤃𐤌𐤕 𐤉𐤔𐤓𐤀𐤋 𐤍𐤀𐤌
𐤀𐤃𐤍𐤉 𐤉𐤄𐤅𐤄 𐤕𐤏𐤋𐤄 𐤇𐤌𐤕𐤉 𐤁𐤀𐤐𐤉.
𐤉𐤈 𐤅𐤁𐤒𐤍𐤀𐤕𐤉 𐤁𐤀𐤔 𐤏𐤁𐤓𐤕𐤉 𐤃𐤁𐤓𐤕𐤉 𐤀𐤌 𐤋𐤀 𐤁𐤉𐤅𐤌 𐤄𐤄𐤅𐤀 𐤉𐤄𐤉𐤄 𐤓𐤏𐤔
𐤂𐤃𐤅𐤋 𐤏𐤋 𐤀𐤃𐤌𐤕 𐤉𐤔𐤓𐤀𐤋.
𐤊 𐤅𐤓𐤏𐤔𐤅 𐤌𐤐𐤍𐤉 𐤃𐤂𐤉 𐤄𐤉𐤌 𐤅𐤏𐤅𐤐 𐤄𐤔𐤌𐤉𐤌 𐤅𐤇𐤉𐤕 𐤄𐤔𐤃𐤄 𐤅𐤊𐤋 𐤄𐤓𐤌𐤔
𐤄𐤓𐤌𐤔 𐤏𐤋 𐤄𐤀𐤃𐤌𐤄 𐤅𐤊𐤋 𐤄𐤀𐤃𐤌 𐤀𐤔𐤓 𐤏𐤋 𐤐𐤍𐤉 𐤄𐤀𐤃𐤌𐤄 𐤅𐤍𐤄𐤓𐤎𐤅 𐤄𐤄𐤓𐤉𐤌
𐤅𐤍𐤐𐤋𐤅 𐤄𐤌𐤃𐤓𐤂𐤅𐤕 𐤅𐤊𐤋 𐤇𐤅𐤌𐤄 𐤋𐤀𐤓𐤑 𐤕𐤐𐤅𐤋.
𐤊𐤀 𐤅𐤒𐤓𐤀𐤕𐤉 𐤏𐤋𐤉𐤅 𐤋𐤊𐤋 𐤄𐤓𐤉 𐤇𐤓𐤁 𐤍𐤀𐤌 𐤀𐤃𐤍𐤉 𐤉𐤄𐤅𐤄 𐤇𐤓𐤁 𐤀𐤉𐤔
𐤁𐤀𐤇𐤉𐤅 𐤕𐤄𐤉𐤄.
𐤊𐤁 𐤅𐤍𐤔𐤐𐤈𐤕𐤉 𐤀𐤕𐤅 𐤁𐤃𐤁𐤓 𐤅𐤁𐤃𐤌 𐤅𐤂𐤔𐤌 𐤔𐤅𐤈𐤐 𐤅𐤀𐤁𐤍𐤉 𐤀𐤋𐤂𐤁𐤉𐤔 𐤀𐤔
𐤅𐤂𐤐𐤓𐤉𐤕 𐤀𐤌𐤈𐤉𐤓 𐤏𐤋𐤉𐤅 𐤅𐤏𐤋 𐤀𐤂𐤐𐤉𐤅 𐤅𐤏𐤋 𐤏𐤌𐤉𐤌 𐤓𐤁𐤉𐤌 𐤀𐤔𐤓 𐤀𐤕𐤅.
𐤊𐤂 𐤅𐤄𐤕𐤂𐤃𐤋𐤕𐤉 𐤅𐤄𐤕𐤒𐤃𐤔𐤕𐤉 𐤅𐤍𐤅𐤃𐤏𐤕𐤉 𐤋𐤏𐤉𐤍𐤉 𐤂𐤅𐤉𐤌 𐤓𐤁𐤉𐤌 𐤅𐤉𐤃𐤏𐤅
𐤊𐤉 𐤀𐤍𐤉 𐤉𐤄𐤅𐤄.

𐤐𐤓𐤒. 𐤋𐤈

𐤀 𐤅𐤀𐤕𐤄 𐤁𐤍 𐤀𐤃𐤌 𐤄𐤍𐤁𐤀 𐤏𐤋 𐤂𐤅𐤂 𐤅𐤀𐤌𐤓𐤕 𐤊𐤄 𐤀𐤌𐤓 𐤀𐤃𐤍𐤉 𐤉𐤄𐤅𐤄 𐤄𐤍𐤍𐤉
𐤀𐤋𐤉𐤊 𐤂𐤅𐤂 𐤍𐤔𐤉𐤀 𐤓𐤀𐤔 𐤌𐤔𐤊 𐤅𐤕𐤁𐤋.
𐤁 𐤅𐤔𐤁𐤁𐤕𐤉𐤊 𐤅𐤔𐤔𐤀𐤕𐤉𐤊 𐤅𐤄𐤏𐤋𐤉𐤕𐤉𐤊 𐤌𐤉𐤓𐤊𐤕𐤉 𐤑𐤐𐤅𐤍 𐤅𐤄𐤁𐤀𐤅𐤕𐤊 𐤏𐤋
𐤄𐤓𐤉 𐤉𐤔𐤓𐤀𐤋.
𐤂 𐤅𐤄𐤊𐤉𐤕𐤉 𐤒𐤔𐤕𐤊 𐤌𐤉𐤃 𐤔𐤌𐤀𐤅𐤋𐤊 𐤅𐤇𐤑𐤉𐤊 𐤌𐤉𐤃 𐤉𐤌𐤉𐤍𐤊 𐤀𐤐𐤉𐤋.
𐤃 𐤏𐤋 𐤄𐤓𐤉 𐤉𐤔𐤓𐤀𐤋 𐤕𐤐𐤅𐤋 𐤀𐤕𐤄 𐤅𐤊𐤋 𐤀𐤂𐤐𐤉𐤊 𐤅𐤏𐤌𐤉𐤌 𐤀𐤔𐤓 𐤀𐤕𐤊 𐤋𐤏𐤉𐤈
𐤑𐤐𐤅𐤓 𐤊𐤋 𐤊𐤍𐤐 𐤅𐤇𐤉𐤕 𐤄𐤔𐤃𐤄 𐤍𐤕𐤕𐤉𐤊 𐤋𐤀𐤊𐤋𐤄.
𐤄 𐤏𐤋 𐤐𐤍𐤉 𐤄𐤔𐤃𐤄 𐤕𐤐𐤅𐤋 𐤊𐤉 𐤀𐤍𐤉 𐤃𐤁𐤓𐤕𐤉 𐤍𐤀𐤌 𐤀𐤃𐤍𐤉 𐤉𐤄𐤅𐤄.
𐤅 𐤅𐤔𐤋𐤇𐤕𐤉 𐤀𐤔 𐤁𐤌𐤂𐤅𐤂 𐤅𐤁𐤉𐤅𐤔𐤁𐤉 𐤄𐤀𐤉𐤉𐤌 𐤋𐤁𐤈𐤇 𐤅𐤉𐤃𐤏𐤅 𐤊𐤉 𐤀𐤍𐤉
𐤉𐤄𐤅𐤄.
𐤆 𐤅𐤀𐤕 𐤔𐤌 𐤒𐤃𐤔𐤉 𐤀𐤅𐤃𐤉𐤏 𐤁𐤕𐤅𐤊 𐤏𐤌𐤉 𐤉𐤔𐤓𐤀𐤋 𐤅𐤋𐤀 𐤀𐤇𐤋 𐤀𐤕 𐤔𐤌
𐤒𐤃𐤔𐤉 𐤏𐤅𐤃 𐤅𐤉𐤃𐤏𐤅 𐤄𐤂𐤅𐤉𐤌 𐤊𐤉 𐤀𐤍𐤉 𐤉𐤄𐤅𐤄 𐤒𐤃𐤅𐤔 𐤁𐤉𐤔𐤓𐤀𐤋.
𐤇 𐤄𐤍𐤄 𐤁𐤀𐤄 𐤅𐤍𐤄𐤉𐤕𐤄 𐤍𐤀𐤌 𐤀𐤃𐤍𐤉 𐤉𐤄𐤅𐤄 𐤄𐤅𐤀 𐤄𐤉𐤅𐤌 𐤀𐤔𐤓 𐤃𐤁𐤓𐤕𐤉.
𐤈 𐤅𐤉𐤑𐤀𐤅 𐤉𐤔𐤁𐤉 𐤏𐤓𐤉 𐤉𐤔𐤓𐤀𐤋 𐤅𐤁𐤏𐤓𐤅 𐤅𐤄𐤔𐤉𐤒𐤅 𐤁𐤍𐤔𐤒 𐤅𐤌𐤂𐤍 𐤅𐤑𐤍𐤄
𐤁𐤒𐤔𐤕 𐤅𐤁𐤇𐤑𐤉𐤌 𐤅𐤁𐤌𐤒𐤋 𐤉𐤃 𐤅𐤁𐤓𐤌𐤇 𐤅𐤁𐤏𐤓𐤅 𐤁𐤄𐤌 𐤀𐤔 𐤔𐤁𐤏 𐤔𐤍𐤉𐤌.
𐤉 𐤅𐤋𐤀 𐤉𐤔𐤀𐤅 𐤏𐤑𐤉𐤌 𐤌𐤍 𐤄𐤔𐤃𐤄 𐤅𐤋𐤀 𐤉𐤇𐤈𐤁𐤅 𐤌𐤍 𐤄𐤉𐤏𐤓𐤉𐤌 𐤊𐤉 𐤁𐤍𐤔𐤒
𐤉𐤁𐤏𐤓𐤅 𐤀𐤔 𐤅𐤔𐤋𐤋𐤅 𐤀𐤕 𐤔𐤋𐤋𐤉𐤄𐤌 𐤅𐤁𐤆𐤆𐤅 𐤀𐤕 𐤁𐤆𐤆𐤉𐤄𐤌 𐤍𐤀𐤌 𐤀𐤃𐤍𐤉
𐤉𐤄𐤅𐤄.

𐤉𐤇𐤆𐤒𐤀𐤋

𐤉𐤀 𐤅𐤄𐤉𐤄 𐤁𐤉𐤅𐤌 𐤄𐤄𐤅𐤀 𐤀𐤕𐤍 𐤋𐤂𐤅𐤂 𐤌𐤒𐤅𐤌 𐤔𐤌 𐤒𐤁𐤓 𐤁𐤉𐤔𐤓𐤀𐤋 𐤂𐤉
𐤄𐤏𐤁𐤓𐤉𐤌 𐤒𐤃𐤌𐤕 𐤄𐤉𐤌 𐤅𐤇𐤎𐤌𐤕 𐤄𐤉𐤀 𐤀𐤕 𐤄𐤏𐤁𐤓𐤉𐤌 𐤅𐤒𐤁𐤓𐤅 𐤔𐤌 𐤀𐤕 𐤂𐤅𐤂
𐤅𐤀𐤕 𐤊𐤋 𐤄𐤌𐤅𐤍𐤄 [𐤄𐤌𐤅𐤍𐤅] 𐤅𐤒𐤓𐤀𐤅 𐤂𐤉𐤀 𐤄𐤌𐤅𐤍 𐤂𐤅𐤂•
𐤉𐤁 𐤅𐤒𐤁𐤓𐤅𐤌 𐤁𐤉𐤕 𐤉𐤔𐤓𐤀𐤋 𐤋𐤌𐤏𐤍 𐤈𐤄𐤓 𐤀𐤕 𐤄𐤀𐤓𐤑 𐤔𐤁𐤏𐤄 𐤇𐤃𐤔𐤉𐤌•
𐤉𐤂 𐤅𐤒𐤁𐤓𐤅 𐤊𐤋 𐤏𐤌 𐤄𐤀𐤓𐤑 𐤅𐤄𐤉𐤄 𐤋𐤄𐤌 𐤋𐤔𐤌 𐤉𐤅𐤌 𐤄𐤊𐤁𐤃𐤉 𐤍𐤀𐤌 𐤀𐤃𐤍𐤉
𐤉𐤄𐤅𐤄•
𐤉𐤃 𐤅𐤀𐤍𐤔𐤉 𐤕𐤌𐤉𐤃 𐤉𐤁𐤃𐤉𐤋𐤅 𐤏𐤁𐤓𐤉𐤌 𐤁𐤀𐤓𐤑 𐤌𐤒𐤁𐤓𐤉𐤌 𐤀𐤕 𐤄𐤏𐤁𐤓𐤉𐤌 𐤀𐤕
𐤄𐤍𐤅𐤕𐤓𐤉𐤌 𐤏𐤋 𐤐𐤍𐤉 𐤄𐤀𐤓𐤑 𐤋𐤈𐤄𐤓𐤄 𐤌𐤒𐤑𐤄 𐤔𐤁𐤏𐤄 𐤇𐤃𐤔𐤉𐤌 𐤉𐤇𐤒𐤓𐤅•
𐤈𐤅 𐤅𐤏𐤁𐤓𐤅 𐤄𐤏𐤁𐤓𐤉𐤌 𐤁𐤀𐤓𐤑 𐤅𐤓𐤀𐤄 𐤏𐤑𐤌 𐤀𐤃𐤌 𐤅𐤁𐤍𐤄 𐤀𐤑𐤋𐤅 𐤑𐤉𐤅𐤍 𐤏𐤃
𐤒𐤁𐤓𐤅 𐤀𐤕𐤅 𐤄𐤌𐤒𐤁𐤓𐤉𐤌 𐤀𐤋 𐤂𐤉𐤀 𐤄𐤌𐤅𐤍 𐤂𐤅𐤂•
𐤈𐤆 𐤅𐤂𐤌 𐤔𐤌 𐤏𐤉𐤓 𐤄𐤌𐤅𐤍𐤄 𐤅𐤈𐤄𐤓𐤅 𐤄𐤀𐤓𐤑•
𐤉𐤆 𐤅𐤀𐤕𐤄 𐤁𐤍 𐤀𐤃𐤌 𐤊𐤄 𐤀𐤌𐤓 𐤀𐤃𐤍𐤉 𐤉𐤄𐤅𐤄 𐤀𐤌𐤓 𐤋𐤑𐤐𐤅𐤓 𐤊𐤋 𐤊𐤍𐤐
𐤅𐤋𐤊𐤋 𐤇𐤉𐤕 𐤄𐤔𐤃𐤄 𐤄𐤒𐤁𐤑𐤅 𐤅𐤁𐤀𐤅 𐤄𐤀𐤎𐤐𐤅 𐤌𐤎𐤁𐤉𐤁 𐤏𐤋 𐤆𐤁𐤇𐤉 𐤀𐤔𐤓 𐤀𐤍𐤉
𐤆𐤁𐤇 𐤋𐤊𐤌 𐤆𐤁𐤇 𐤂𐤃𐤅𐤋 𐤏𐤋 𐤄𐤓𐤉 𐤉𐤔𐤓𐤀𐤋 𐤅𐤀𐤊𐤋𐤕𐤌 𐤁𐤔𐤓 𐤅𐤔𐤕𐤉𐤕𐤌 𐤃𐤌•
𐤉𐤇 𐤁𐤔𐤓 𐤂𐤁𐤅𐤓𐤉𐤌 𐤕𐤀𐤊𐤋𐤅 𐤅𐤃𐤌 𐤍𐤔𐤉𐤀𐤉 𐤄𐤀𐤓𐤑 𐤕𐤔𐤕𐤅 𐤀𐤉𐤋𐤉𐤌 𐤊𐤓𐤉𐤌
𐤅𐤏𐤕𐤅𐤃𐤉𐤌 𐤐𐤓𐤉𐤌 𐤌𐤓𐤉𐤀𐤉 𐤁𐤔𐤍 𐤊𐤋𐤌•
𐤉𐤈 𐤅𐤀𐤊𐤋𐤕𐤌 𐤇𐤋𐤁 𐤋𐤔𐤁𐤏𐤄 𐤅𐤔𐤕𐤉𐤕𐤌 𐤃𐤌 𐤋𐤔𐤊𐤓𐤅𐤍 𐤌𐤆𐤁𐤇𐤉 𐤀𐤔𐤓
𐤆𐤁𐤇𐤕𐤉 𐤋𐤊𐤌•
𐤊 𐤅𐤔𐤁𐤏𐤕𐤌 𐤏𐤋 𐤔𐤋𐤇𐤍𐤉 𐤎𐤅𐤎 𐤅𐤓𐤊𐤁 𐤂𐤁𐤅𐤓 𐤅𐤊𐤋 𐤀𐤉𐤔 𐤌𐤋𐤇𐤌𐤄 𐤍𐤀𐤌
𐤀𐤃𐤍𐤉 𐤉𐤄𐤅𐤄•
𐤊𐤀 𐤅𐤍𐤕𐤕𐤉 𐤀𐤕 𐤊𐤁𐤅𐤃𐤉 𐤁𐤂𐤅𐤉𐤌 𐤅𐤓𐤀𐤅 𐤊𐤋 𐤄𐤂𐤅𐤉𐤌 𐤀𐤕 𐤌𐤔𐤐𐤈𐤉 𐤀𐤔𐤓
𐤏𐤔𐤉𐤕𐤉 𐤅𐤀𐤕 𐤉𐤃𐤉 𐤀𐤔𐤓 𐤔𐤌𐤕𐤉 𐤁𐤄𐤌•
𐤊𐤁 𐤅𐤉𐤃𐤏𐤅 𐤁𐤉𐤕 𐤉𐤔𐤓𐤀𐤋 𐤊𐤉 𐤀𐤍𐤉 𐤉𐤄𐤅𐤄 𐤀𐤋𐤄𐤉𐤄𐤌 𐤌𐤍 𐤄𐤉𐤅𐤌 𐤄𐤄𐤅𐤀
𐤅𐤄𐤋𐤀𐤄•
𐤊𐤂 𐤅𐤉𐤃𐤏𐤅 𐤄𐤂𐤅𐤉𐤌 𐤊𐤉 𐤁𐤏𐤅𐤍𐤌 𐤂𐤋𐤅 𐤁𐤉𐤕 𐤉𐤔𐤓𐤀𐤋 𐤏𐤋 𐤀𐤔𐤓 𐤌𐤏𐤋𐤅 𐤁𐤉
𐤅𐤀𐤎𐤕𐤓 𐤐𐤍𐤉 𐤌𐤄𐤌 𐤅𐤀𐤕𐤍𐤌 𐤁𐤉𐤃 𐤑𐤓𐤉𐤄𐤌 𐤅𐤉𐤐𐤋𐤅 𐤁𐤇𐤓𐤁 𐤊𐤋𐤌•
𐤊𐤃 𐤊𐤈𐤌𐤀𐤕𐤌 𐤅𐤊𐤐𐤔𐤏𐤉𐤄𐤌 𐤏𐤔𐤉𐤕𐤉 𐤀𐤕𐤌 𐤅𐤀𐤎𐤕𐤓 𐤐𐤍𐤉 𐤌𐤄𐤌•
𐤊𐤄 𐤋𐤊𐤍 𐤊𐤄 𐤀𐤌𐤓 𐤀𐤃𐤍𐤉 𐤉𐤄𐤅𐤄 𐤏𐤕𐤄 𐤀𐤔𐤉𐤁 𐤀𐤕 𐤔𐤁𐤉𐤕 [𐤔𐤁𐤅𐤕] 𐤉𐤏𐤒𐤁
𐤅𐤓𐤇𐤌𐤕𐤉 𐤊𐤋 𐤁𐤉𐤕 𐤉𐤔𐤓𐤀𐤋 𐤅𐤒𐤍𐤀𐤕𐤉 𐤋𐤔𐤌 𐤒𐤃𐤔𐤉•
𐤊𐤅 𐤅𐤍𐤔𐤅 𐤀𐤕 𐤊𐤋𐤌𐤕𐤌 𐤅𐤀𐤕 𐤊𐤋 𐤌𐤏𐤋𐤌 𐤀𐤔𐤓 𐤌𐤏𐤋𐤅 𐤁𐤉 𐤁𐤔𐤁𐤕𐤌 𐤏𐤋
𐤀𐤃𐤌𐤕𐤌 𐤋𐤁𐤈𐤇 𐤅𐤀𐤉𐤍 𐤌𐤇𐤓𐤉𐤃•
𐤊𐤆 𐤁𐤔𐤅𐤁𐤁𐤉 𐤀𐤅𐤕𐤌 𐤌𐤍 𐤄𐤏𐤌𐤉𐤌 𐤅𐤒𐤁𐤑𐤕𐤉 𐤀𐤕𐤌 𐤌𐤀𐤓𐤑𐤅𐤕 𐤀𐤉𐤁𐤉𐤄𐤌
𐤅𐤍𐤒𐤃𐤔𐤕𐤉 𐤁𐤌 𐤋𐤏𐤉𐤍𐤉 𐤄𐤂𐤅𐤉𐤌 𐤓𐤁𐤉𐤌•

𐤉𐤇𐤆𐤒𐤀𐤋

𐤊𐤇 𐤅𐤉𐤃𐤏𐤅 𐤊𐤉 𐤀𐤍𐤉 𐤉𐤄𐤅𐤄 𐤀𐤋𐤄𐤉𐤄𐤌 𐤁𐤄𐤂𐤋𐤅𐤕𐤉 𐤀𐤕𐤌 𐤀𐤋 𐤄𐤂𐤅𐤉𐤌
𐤅𐤊𐤍𐤎𐤕𐤉𐤌 𐤏𐤋 𐤀𐤃𐤌𐤕𐤌 𐤅𐤋𐤀 𐤀𐤅𐤕𐤉𐤓 𐤏𐤅𐤃 𐤌𐤄𐤌 𐤔𐤌.
𐤊𐤈 𐤅𐤋𐤀 𐤀𐤎𐤕𐤉𐤓 𐤏𐤅𐤃 𐤐𐤍𐤉 𐤌𐤄𐤌 𐤀𐤔𐤓 𐤔𐤐𐤊𐤕𐤉 𐤀𐤕 𐤓𐤅𐤇𐤉 𐤏𐤋 𐤁𐤉𐤕
𐤉𐤔𐤓𐤀𐤋 𐤍𐤀𐤌 𐤀𐤃𐤍𐤉 𐤉𐤄𐤅𐤄.

𐤐𐤓𐤒 𐤌

𐤀 𐤁𐤏𐤔𐤓𐤉𐤌 𐤅𐤇𐤌𐤔 𐤔𐤍𐤄 𐤋𐤂𐤋𐤅𐤕𐤍𐤅 𐤁𐤓𐤀𐤔 𐤄𐤔𐤍𐤄 𐤁𐤏𐤔𐤅𐤓 𐤋𐤇𐤃𐤔 𐤁𐤀𐤓𐤁𐤏
𐤏𐤔𐤓𐤄 𐤔𐤍𐤄 𐤀𐤇𐤓 𐤀𐤔𐤓 𐤄𐤊𐤕𐤄 𐤄𐤏𐤉𐤓 𐤁𐤏𐤑𐤌 𐤄𐤉𐤅𐤌 𐤄𐤆𐤄 𐤄𐤉𐤕𐤄 𐤏𐤋𐤉 𐤉𐤃
𐤉𐤄𐤅𐤄 𐤅𐤉𐤁𐤀 𐤀𐤕𐤉 𐤔𐤌𐤄.
𐤁 𐤁𐤌𐤓𐤀𐤅𐤕 𐤀𐤋𐤄𐤉𐤌 𐤄𐤁𐤉𐤀𐤍𐤉 𐤀𐤋 𐤀𐤓𐤑 𐤉𐤔𐤓𐤀𐤋 𐤅𐤉𐤍𐤉𐤇𐤍𐤉 𐤀𐤋 𐤄𐤓 𐤂𐤁𐤄
𐤌𐤀𐤃 𐤅𐤏𐤋𐤉𐤅 𐤊𐤌𐤁𐤍𐤄 𐤏𐤉𐤓 𐤌𐤍𐤂𐤁.
𐤂 𐤅𐤉𐤁𐤉𐤀 𐤀𐤅𐤕𐤉 𐤔𐤌𐤄 𐤅𐤄𐤍𐤄 𐤀𐤉𐤔 𐤌𐤓𐤀𐤄𐤅 𐤊𐤌𐤓𐤀𐤄 𐤍𐤇𐤔𐤕 𐤅𐤐𐤕𐤉𐤋
𐤐𐤔𐤕𐤉𐤌 𐤁𐤉𐤃𐤅 𐤅𐤒𐤍𐤄 𐤄𐤌𐤃𐤄 𐤅𐤄𐤅𐤀 𐤏𐤌𐤃 𐤁𐤔𐤏𐤓.
𐤃 𐤅𐤉𐤃𐤁𐤓 𐤀𐤋𐤉 𐤄𐤀𐤉𐤔 𐤁𐤍 𐤀𐤃𐤌 𐤓𐤀𐤄 𐤁𐤏𐤉𐤍𐤉𐤊 𐤅𐤁𐤀𐤆𐤍𐤉𐤊 𐤔𐤌𐤏 𐤅𐤔𐤉𐤌
𐤋𐤁𐤊 𐤋𐤊𐤋 𐤀𐤔𐤓 𐤀𐤍𐤉 𐤌𐤓𐤀𐤄 𐤀𐤅𐤕𐤊 𐤊𐤉 𐤋𐤌𐤏𐤍 𐤄𐤓𐤀𐤅𐤕𐤊𐤄 𐤄𐤁𐤀𐤕𐤄 𐤄𐤍𐤄
𐤄𐤂𐤃 𐤀𐤕 𐤊𐤋 𐤀𐤔𐤓 𐤀𐤕𐤄 𐤓𐤀𐤄 𐤋𐤁𐤉𐤕 𐤉𐤔𐤓𐤀𐤋.
𐤄 𐤅𐤄𐤍𐤄 𐤇𐤅𐤌𐤄 𐤌𐤇𐤅𐤑 𐤋𐤁𐤉𐤕 𐤎𐤁𐤉𐤁 𐤎𐤁𐤉𐤁 𐤅𐤁𐤉𐤃 𐤄𐤀𐤉𐤔 𐤒𐤍𐤄 𐤄𐤌𐤃𐤄
𐤔𐤔 𐤀𐤌𐤅𐤕 𐤁𐤀𐤌𐤄 𐤅𐤈𐤐𐤇 𐤅𐤉𐤌𐤃 𐤀𐤕 𐤓𐤇𐤁 𐤄𐤁𐤍𐤉𐤍 𐤒𐤍𐤄 𐤀𐤇𐤃 𐤅𐤒𐤅𐤌𐤄 𐤒𐤍𐤄
𐤀𐤇𐤃.
𐤅 𐤅𐤉𐤁𐤅𐤀 𐤀𐤋 𐤔𐤏𐤓 𐤀𐤔𐤓 𐤐𐤍𐤉𐤅 𐤃𐤓𐤊 𐤄𐤒𐤃𐤉𐤌𐤄 𐤅𐤉𐤏𐤋 𐤁𐤌𐤏𐤋𐤅𐤕𐤅
[𐤁𐤌𐤏𐤋𐤅𐤕𐤉𐤅] 𐤅𐤉𐤌𐤃 𐤀𐤕 𐤎𐤐 𐤄𐤔𐤏𐤓 𐤒𐤍𐤄 𐤀𐤇𐤃 𐤓𐤇𐤁 𐤅𐤀𐤕 𐤎𐤐 𐤀𐤇𐤃 𐤒𐤍𐤄
𐤀𐤇𐤃 𐤓𐤇𐤁.
𐤆 𐤅𐤄𐤕𐤀 𐤒𐤍𐤄 𐤀𐤇𐤃 𐤀𐤓𐤊 𐤅𐤒𐤍𐤄 𐤀𐤇𐤃 𐤓𐤇𐤁 𐤅𐤁𐤉𐤍 𐤄𐤕𐤀𐤉𐤌 𐤇𐤌𐤔 𐤀𐤌𐤅𐤕
𐤅𐤎𐤐 𐤄𐤔𐤏𐤓 𐤌𐤀𐤑𐤋 𐤀𐤅𐤋𐤌 𐤄𐤔𐤏𐤓 𐤌𐤄𐤁𐤉𐤕 𐤒𐤍𐤄 𐤀𐤇𐤃.
𐤇 𐤅𐤉𐤌𐤃 𐤀𐤕 𐤀𐤋𐤌 𐤄𐤔𐤏𐤓 𐤌𐤄𐤁𐤉𐤕 𐤒𐤍𐤄 𐤀𐤇𐤃.
𐤈 𐤅𐤉𐤌𐤃 𐤀𐤕 𐤀𐤋𐤌 𐤄𐤔𐤏𐤓 𐤔𐤌𐤍𐤄 𐤀𐤌𐤅𐤕 𐤅𐤀𐤉𐤋𐤅 [𐤅𐤀𐤉𐤋𐤉𐤅] 𐤔𐤕𐤉𐤌
𐤀𐤌𐤅𐤕 𐤅𐤀𐤋𐤌 𐤄𐤔𐤏𐤓 𐤌𐤄𐤁𐤉𐤕.
𐤉 𐤅𐤕𐤀𐤉 𐤄𐤔𐤏𐤓 𐤃𐤓𐤊 𐤄𐤒𐤃𐤉𐤌 𐤔𐤋𐤔𐤄 𐤌𐤐𐤄 𐤅𐤔𐤋𐤔𐤄 𐤌𐤐𐤄 𐤌𐤃𐤄 𐤀𐤇𐤕
𐤋𐤔𐤋𐤔𐤕𐤌 𐤅𐤌𐤃𐤄 𐤀𐤇𐤕 𐤋𐤀𐤉𐤋𐤌 𐤌𐤐𐤄 𐤅𐤌𐤐𐤅.
𐤉𐤀 𐤅𐤉𐤌𐤃 𐤀𐤕 𐤓𐤇𐤁 𐤐𐤕𐤇 𐤄𐤔𐤏𐤓 𐤏𐤔𐤓 𐤀𐤌𐤅𐤕 𐤀𐤓𐤊 𐤄𐤔𐤏𐤓 𐤔𐤋𐤅𐤔 𐤏𐤔𐤓𐤄
𐤀𐤌𐤅𐤕.
𐤉𐤁 𐤅𐤂𐤁𐤅𐤋 𐤋𐤐𐤍𐤉 𐤄𐤕𐤀𐤅𐤕 𐤀𐤌𐤄 𐤀𐤇𐤕 𐤅𐤀𐤌𐤄 𐤀𐤇𐤕 𐤂𐤁𐤅𐤋 𐤌𐤐𐤄 𐤅𐤄𐤕𐤀 𐤔𐤔
𐤀𐤌𐤅𐤕 𐤌𐤐𐤅 𐤅𐤔𐤔 𐤀𐤌𐤅𐤕 𐤌𐤐𐤅.

יג וימד את השער מגג התא לגגו רחב עשרים וחמש אמות פתח
נגד פתח׃
יד ויעש את אילים ששים אמה ואל איל החצר השער סביב
סביב׃
טו ועל פני השער היאתון [האיתון] על לפני אלם השער
הפנימי חמשים אמה׃
טז וחלנות אטמות אל התאים ואל אליהמה לפנימה לשער
סביב סביב וכן לאלמות וחלונות סביב סביב לפנימה ואל
איל תמרים׃
יז ויביאני אל החצר החיצונה והנה לשכות ורצפה
עשוי לחצר סביב סביב שלשים לשכות אל הרצפה׃
יח והרצפה אל כתף השערים לעמת ארך השערים הרצפה
התחתונה׃
יט וימד רחב מלפני השער התחתונה לפני החצר הפנימי מחוץ
מאה אמה הקדים והצפון׃
כ והשער אשר פניו דרך הצפון לחצר החיצונה מדד ארכו ורחבו׃
כא ותאו [ותאיו] שלושה מפו ושלשה מפו ואילו [ואיליו]
ואלמו [ואלמיו] היה כמדת השער הראשון חמשים אמה ארכו
ורחב חמש ועשרים באמה׃
כב וחלונו [וחלוניו] ואלמו [ואלמיו] ותמרו [ותמריו] כמדת
השער אשר פניו דרך הקדים ובמעלות שבע יעלו בו ואילמו
[ואילמיו] לפניהם׃
כג ושער לחצר הפנימי נגד השער לצפון ולקדים וימד משער
אל שער מאה אמה׃
כד ויולכני דרך הדרום והנה שער דרך הדרום ומדד אילו
[איליו] ואלמו [ואלמיו] כמדות האלה׃
כה וחלונים לו ולאלמו [ולאלמיו] סביב סביב כהחלנות
האלה חמשים אמה ארך ורחב חמש ועשרים אמה׃
כו ומעלות שבעה עלותו [עלותיו] ואלמו [ואלמיו] לפניהם
ותמרים לו אחד מפו ואחד מפו אל אילו [איליו]׃
כז ושער לחצר הפנימי דרך הדרום וימד משער אל השער דרך
הדרום מאה אמות׃
כח ויביאני אל חצר הפנימי בשער הדרום וימד את השער

𐤄𐤃𐤓𐤅𐤌 𐤊𐤌𐤃𐤅𐤕 𐤄𐤀𐤋𐤄•
𐤊𐤈 𐤅𐤕𐤀𐤅 [𐤅𐤕𐤀𐤉𐤅] 𐤅𐤀𐤉𐤋𐤅 [𐤅𐤀𐤉𐤋𐤉𐤅] 𐤅𐤀𐤋𐤌𐤅 [𐤅𐤀𐤋𐤌𐤉𐤅] 𐤊𐤌𐤃𐤅𐤕
𐤄𐤀𐤋𐤄 𐤅𐤇𐤋𐤅𐤍𐤅𐤕 𐤋𐤅 𐤅𐤋𐤀𐤋𐤌𐤅 [𐤅𐤋𐤀𐤋𐤌𐤉𐤅] 𐤎𐤁𐤉𐤁 𐤎𐤁𐤉𐤁 𐤇𐤌𐤔𐤉𐤌 𐤀𐤌𐤄
𐤀𐤓𐤊 𐤅𐤓𐤇𐤁 𐤏𐤔𐤓𐤉𐤌 𐤅𐤇𐤌𐤔 𐤀𐤌𐤅𐤕•
𐤋 𐤅𐤀𐤋𐤌𐤅𐤕 𐤎𐤁𐤉𐤁 𐤎𐤁𐤉𐤁 𐤀𐤓𐤊 𐤇𐤌𐤔 𐤅𐤏𐤔𐤓𐤉𐤌 𐤀𐤌𐤄 𐤅𐤓𐤇𐤁 𐤇𐤌𐤔 𐤀𐤌𐤅𐤕•
𐤋𐤀 𐤅𐤀𐤋𐤌𐤅 𐤀𐤋 𐤇𐤑𐤓 𐤄𐤇𐤑𐤅𐤍𐤄 𐤅𐤕𐤌𐤓𐤉𐤌 𐤀𐤋 𐤀𐤉𐤋𐤅 [𐤀𐤉𐤋𐤉𐤅] 𐤅𐤌𐤏𐤋𐤅𐤕
𐤔𐤌𐤅𐤍𐤄 𐤌𐤏𐤋𐤅 [𐤌𐤏𐤋𐤉𐤅]•
𐤋𐤁 𐤅𐤉𐤁𐤉𐤀𐤍𐤉 𐤀𐤋 𐤄𐤇𐤑𐤓 𐤄𐤐𐤍𐤉𐤌𐤉 𐤃𐤓𐤊 𐤄𐤒𐤃𐤉𐤌 𐤅𐤉𐤌𐤃 𐤀𐤕 𐤄𐤔𐤏𐤓
𐤊𐤌𐤃𐤅𐤕 𐤄𐤀𐤋𐤄•
𐤋𐤂 𐤅𐤕𐤀𐤅 [𐤅𐤕𐤀𐤉𐤅] 𐤅𐤀𐤋𐤅 [𐤅𐤀𐤋𐤉𐤅] 𐤅𐤀𐤋𐤌𐤅 [𐤅𐤀𐤋𐤌𐤉𐤅] 𐤊𐤌𐤃𐤅𐤕 𐤄𐤀𐤋𐤄
𐤅𐤇𐤋𐤅𐤍𐤅𐤕 𐤋𐤅 𐤅𐤋𐤀𐤋𐤌𐤅 [𐤅𐤋𐤀𐤋𐤌𐤉𐤅] 𐤎𐤁𐤉𐤁 𐤎𐤁𐤉𐤁 𐤀𐤓𐤊 𐤇𐤌𐤔𐤉𐤌 𐤀𐤌𐤄
𐤅𐤓𐤇𐤁 𐤇𐤌𐤔 𐤅𐤏𐤔𐤓𐤉𐤌 𐤀𐤌𐤄•
𐤋𐤃 𐤅𐤀𐤋𐤌𐤅 [𐤅𐤀𐤋𐤌𐤉𐤅] 𐤋𐤇𐤑𐤓 𐤄𐤇𐤉𐤑𐤅𐤍𐤄 𐤅𐤕𐤌𐤓𐤉𐤌 𐤀𐤋 𐤀𐤋𐤅 [𐤀𐤋𐤉𐤅]
𐤌𐤐𐤅 𐤅𐤌𐤐𐤅 𐤅𐤔𐤌𐤍𐤄 𐤌𐤏𐤋𐤅𐤕 𐤌𐤏𐤋𐤅 [𐤌𐤏𐤋𐤉𐤅]•
𐤋𐤄 𐤅𐤉𐤁𐤉𐤀𐤍𐤉 𐤀𐤋 𐤔𐤏𐤓 𐤄𐤑𐤐𐤅𐤍 𐤅𐤌𐤃𐤃 𐤊𐤌𐤃𐤅𐤕 𐤄𐤀𐤋𐤄•
𐤋𐤅 𐤕𐤀𐤅 [𐤕𐤀𐤉𐤅] 𐤀𐤋𐤅 [𐤀𐤋𐤉𐤅] 𐤅𐤀𐤋𐤌𐤅 [𐤅𐤀𐤋𐤌𐤉𐤅] 𐤅𐤇𐤋𐤅𐤍𐤅𐤕 𐤋𐤅 𐤎𐤁𐤉𐤁
𐤎𐤁𐤉𐤁 𐤀𐤓𐤊 𐤇𐤌𐤔𐤉𐤌 𐤀𐤌𐤄 𐤅𐤓𐤇𐤁 𐤇𐤌𐤔 𐤅𐤏𐤔𐤓𐤉𐤌 𐤀𐤌𐤄•
𐤋𐤆 𐤅𐤀𐤉𐤋𐤅 [𐤅𐤀𐤉𐤋𐤉𐤅] 𐤋𐤇𐤑𐤓 𐤄𐤇𐤉𐤑𐤅𐤍𐤄 𐤅𐤕𐤌𐤓𐤉𐤌 𐤀𐤋 𐤀𐤉𐤋𐤅
[𐤀𐤉𐤋𐤉𐤅] 𐤌𐤐𐤅 𐤅𐤌𐤐𐤅 𐤅𐤔𐤌𐤍𐤄 𐤌𐤏𐤋𐤅𐤕 𐤌𐤏𐤋𐤅 [𐤌𐤏𐤋𐤉𐤅]•
𐤋𐤇 𐤅𐤋𐤔𐤊𐤄 𐤅𐤐𐤕𐤇𐤄 𐤁𐤀𐤉𐤋𐤉𐤌 𐤄𐤔𐤏𐤓𐤉𐤌 𐤔𐤌 𐤉𐤃𐤉𐤇𐤅 𐤀𐤕 𐤄𐤏𐤋𐤄•
𐤋𐤈 𐤅𐤁𐤀𐤋𐤌 𐤄𐤔𐤏𐤓 𐤔𐤍𐤉𐤌 𐤔𐤋𐤇𐤍𐤅𐤕 𐤌𐤐𐤅 𐤅𐤔𐤍𐤉𐤌 𐤔𐤋𐤇𐤍𐤅𐤕 𐤌𐤐𐤄 𐤋𐤔𐤇𐤅𐤈
𐤀𐤋𐤉𐤄𐤌 𐤄𐤏𐤅𐤋𐤄 𐤅𐤄𐤇𐤈𐤀𐤕 𐤅𐤄𐤀𐤔𐤌•
𐤌 𐤅𐤀𐤋 𐤄𐤊𐤕𐤐 𐤌𐤇𐤅𐤑𐤄 𐤋𐤏𐤅𐤋𐤄 𐤋𐤐𐤕𐤇 𐤄𐤔𐤏𐤓 𐤄𐤑𐤐𐤅𐤍𐤄 𐤔𐤍𐤉𐤌 𐤔𐤋𐤇𐤍𐤅𐤕
𐤅𐤀𐤋 𐤄𐤊𐤕𐤐 𐤄𐤀𐤇𐤓𐤕 𐤀𐤔𐤓 𐤋𐤀𐤋𐤌 𐤄𐤔𐤏𐤓 𐤔𐤍𐤉𐤌 𐤔𐤋𐤇𐤍𐤅𐤕•
𐤌𐤀 𐤀𐤓𐤁𐤏𐤄 𐤔𐤋𐤇𐤍𐤅𐤕 𐤌𐤐𐤄 𐤅𐤀𐤓𐤁𐤏𐤄 𐤔𐤋𐤇𐤍𐤅𐤕 𐤌𐤐𐤄 𐤋𐤊𐤕𐤐 𐤄𐤔𐤏𐤓 𐤔𐤌𐤅𐤍𐤄
𐤔𐤋𐤇𐤍𐤅𐤕 𐤏𐤋𐤉𐤄𐤌 𐤉𐤔𐤇𐤈𐤅•
𐤌𐤁 𐤅𐤀𐤓𐤁𐤏𐤄 𐤔𐤋𐤇𐤍𐤅𐤕 𐤋𐤏𐤅𐤋𐤄 𐤀𐤁𐤍𐤉 𐤂𐤆𐤉𐤕 𐤀𐤓𐤊 𐤀𐤌𐤄 𐤀𐤇𐤕 𐤅𐤇𐤑𐤉
𐤅𐤓𐤇𐤁 𐤀𐤌𐤄 𐤀𐤇𐤕 𐤅𐤇𐤑𐤉 𐤅𐤂𐤁𐤄 𐤀𐤌𐤄 𐤀𐤇𐤕 𐤀𐤋𐤉𐤄𐤌 𐤅𐤉𐤍𐤉𐤇𐤅 𐤀𐤕 𐤄𐤊𐤋𐤉𐤌
𐤀𐤔𐤓 𐤉𐤔𐤇𐤈𐤅 𐤀𐤕 𐤄𐤏𐤅𐤋𐤄 𐤁𐤌 𐤅𐤄𐤆𐤁𐤇•
𐤌𐤂 𐤅𐤄𐤔𐤐𐤕𐤉𐤌 𐤈𐤐𐤇 𐤀𐤇𐤃 𐤌𐤅𐤊𐤍𐤉𐤌 𐤁𐤁𐤉𐤕 𐤎𐤁𐤉𐤁 𐤎𐤁𐤉𐤁 𐤅𐤀𐤋 𐤄𐤔𐤋𐤇𐤍𐤅𐤕
𐤁𐤔𐤓 𐤄𐤒𐤓𐤁𐤍•
𐤌𐤃 𐤅𐤌𐤇𐤅𐤑𐤄 𐤋𐤔𐤏𐤓 𐤄𐤐𐤍𐤉𐤌𐤉 𐤋𐤔𐤊𐤅𐤕 𐤔𐤓𐤉𐤌 𐤁𐤇𐤑𐤓 𐤄𐤐𐤍𐤉𐤌𐤉 𐤀𐤔𐤓 𐤀𐤋
𐤊𐤕𐤐 𐤔𐤏𐤓 𐤄𐤑𐤐𐤅𐤍 𐤅𐤐𐤍𐤉𐤄𐤌 𐤃𐤓𐤊 𐤄𐤃𐤓𐤅𐤌 𐤀𐤇𐤃 𐤀𐤋 𐤊𐤕𐤐 𐤔𐤏𐤓 𐤄𐤒𐤃𐤉𐤌 𐤐𐤍𐤉

𐤃𐤓𐤊 𐤄𐤑𐤐𐤍•
𐤌𐤄 𐤅𐤉𐤃𐤁𐤓 𐤀𐤋𐤉 𐤆𐤄 𐤄𐤋𐤔𐤊𐤄 𐤀𐤔𐤓 𐤐𐤍𐤉𐤄 𐤃𐤓𐤊 𐤄𐤃𐤓𐤅𐤌 𐤋𐤊𐤄𐤍𐤉𐤌
𐤔𐤌𐤓𐤉 𐤌𐤔𐤌𐤓𐤕 𐤄𐤁𐤉𐤕•
𐤌𐤅 𐤅𐤄𐤋𐤔𐤊𐤄 𐤀𐤔𐤓 𐤐𐤍𐤉𐤄 𐤃𐤓𐤊 𐤄𐤑𐤐𐤅𐤍 𐤋𐤊𐤄𐤍𐤉𐤌 𐤔𐤌𐤓𐤉 𐤌𐤔𐤌𐤓𐤕
𐤄𐤌𐤆𐤁𐤇 𐤄𐤌𐤄 𐤁𐤍𐤉 𐤑𐤃𐤅𐤒 𐤄𐤒𐤓𐤁𐤉𐤌 𐤌𐤁𐤍𐤉 𐤋𐤅𐤉 𐤀𐤋 𐤉𐤄𐤅𐤄 𐤋𐤔𐤓𐤕𐤅•
𐤌𐤆 𐤅𐤉𐤌𐤃 𐤀𐤕 𐤄𐤇𐤑𐤓 𐤀𐤓𐤊 𐤌𐤀𐤄 𐤀𐤌𐤄 𐤅𐤓𐤇𐤁 𐤌𐤀𐤄 𐤀𐤌𐤄 𐤌𐤓𐤁𐤏𐤕
𐤅𐤄𐤌𐤆𐤁𐤇 𐤋𐤐𐤍𐤉 𐤄𐤁𐤉𐤕•
𐤌𐤇 𐤅𐤉𐤁𐤀𐤍𐤉 𐤀𐤋 𐤀𐤋𐤌 𐤄𐤁𐤉𐤕 𐤅𐤉𐤌𐤃 𐤀𐤋 𐤀𐤋𐤌 𐤇𐤌𐤔 𐤀𐤌𐤅𐤕 𐤌𐤐𐤄 𐤅𐤇𐤌𐤔
𐤀𐤌𐤅𐤕 𐤌𐤐𐤄 𐤅𐤓𐤇𐤁 𐤄𐤔𐤏𐤓 𐤔𐤋𐤔 𐤀𐤌𐤅𐤕 𐤌𐤐𐤅 𐤅𐤔𐤋𐤔 𐤀𐤌𐤅𐤕 𐤌𐤐𐤅•
𐤌𐤈 𐤀𐤓𐤊 𐤄𐤀𐤋𐤌 𐤏𐤔𐤓𐤉𐤌 𐤀𐤌𐤄 𐤅𐤓𐤇𐤁 𐤏𐤔𐤕𐤉 𐤏𐤔𐤓𐤄 𐤀𐤌𐤄 𐤅𐤁𐤌𐤏𐤋𐤅𐤕 𐤀𐤔𐤓
𐤉𐤏𐤋𐤅 𐤀𐤋𐤉𐤅 𐤅𐤏𐤌𐤃𐤉𐤌 𐤀𐤋 𐤄𐤀𐤉𐤋𐤉𐤌 𐤀𐤇𐤃 𐤌𐤐𐤄 𐤅𐤀𐤇𐤃 𐤌𐤐𐤄•

𐤐𐤓𐤒 𐤌𐤀

𐤀 𐤅𐤉𐤁𐤉𐤀𐤍𐤉 𐤀𐤋 𐤄𐤄𐤉𐤊𐤋 𐤅𐤉𐤌𐤃 𐤀𐤕 𐤄𐤀𐤉𐤋𐤉𐤌 𐤔𐤔 𐤀𐤌𐤅𐤕 𐤓𐤇𐤁 𐤌𐤐𐤅
𐤅𐤔𐤔 𐤀𐤌𐤅𐤕 𐤓𐤇𐤁 𐤌𐤐𐤅 𐤓𐤇𐤁 𐤄𐤀𐤄𐤋•
𐤁 𐤅𐤓𐤇𐤁 𐤄𐤐𐤕𐤇 𐤏𐤔𐤓 𐤀𐤌𐤅𐤕 𐤅𐤊𐤕𐤐𐤅𐤕 𐤄𐤐𐤕𐤇 𐤇𐤌𐤔 𐤀𐤌𐤅𐤕 𐤌𐤐𐤅 𐤅𐤇𐤌𐤔 𐤀𐤌𐤅𐤕
𐤌𐤐𐤅 𐤅𐤉𐤌𐤃 𐤀𐤓𐤊𐤅 𐤀𐤓𐤁𐤏𐤉𐤌 𐤀𐤌𐤄 𐤅𐤓𐤇𐤁 𐤏𐤔𐤓𐤉𐤌 𐤀𐤌𐤄•
𐤂 𐤅𐤁𐤀 𐤋𐤐𐤍𐤉𐤌𐤄 𐤅𐤉𐤌𐤃 𐤀𐤉𐤋 𐤄𐤐𐤕𐤇 𐤔𐤕𐤉𐤌 𐤀𐤌𐤅𐤕 𐤅𐤄𐤐𐤕𐤇 𐤔𐤔 𐤀𐤌𐤅𐤕
𐤅𐤓𐤇𐤁 𐤄𐤐𐤕𐤇 𐤔𐤁𐤏 𐤀𐤌𐤅𐤕•
𐤃 𐤅𐤉𐤌𐤃 𐤀𐤕 𐤀𐤓𐤊𐤅 𐤏𐤔𐤓𐤉𐤌 𐤀𐤌𐤄 𐤅𐤓𐤇𐤁 𐤏𐤔𐤓𐤉𐤌 𐤀𐤌𐤄 𐤀𐤋 𐤐𐤍𐤉 𐤄𐤄𐤉𐤊𐤋
𐤅𐤉𐤀𐤌𐤓 𐤀𐤋𐤉 𐤆𐤄 𐤒𐤃𐤔 𐤄𐤒𐤃𐤔𐤉𐤌•
𐤄 𐤅𐤉𐤌𐤃 𐤒𐤉𐤓 𐤄𐤁𐤉𐤕 𐤔𐤔 𐤀𐤌𐤅𐤕 𐤅𐤓𐤇𐤁 𐤄𐤑𐤋𐤏 𐤀𐤓𐤁𐤏 𐤀𐤌𐤅𐤕 𐤎𐤁𐤉𐤁 𐤎𐤁𐤉𐤁
𐤋𐤁𐤉𐤕 𐤎𐤁𐤉𐤁•
𐤅 𐤅𐤄𐤑𐤋𐤏𐤅𐤕 𐤑𐤋𐤏 𐤀𐤋 𐤑𐤋𐤏 𐤔𐤋𐤅𐤔 𐤅𐤔𐤋𐤔𐤉𐤌 𐤐𐤏𐤌𐤉𐤌 𐤅𐤁𐤀𐤅𐤕 𐤁𐤒𐤉𐤓
𐤀𐤔𐤓 𐤋𐤁𐤉𐤕 𐤋𐤑𐤋𐤏𐤅𐤕 𐤎𐤁𐤉𐤁 𐤎𐤁𐤉𐤁 𐤋𐤄𐤉𐤅𐤕 𐤀𐤇𐤅𐤆𐤉𐤌 𐤅𐤋𐤀 𐤉𐤄𐤉𐤅
𐤀𐤇𐤅𐤆𐤉𐤌 𐤁𐤒𐤉𐤓 𐤄𐤁𐤉𐤕•
𐤆 𐤅𐤓𐤇𐤁𐤄 𐤅𐤍𐤎𐤁𐤄 𐤋𐤌𐤏𐤋𐤄 𐤋𐤌𐤏𐤋𐤄 𐤋𐤑𐤋𐤏𐤅𐤕 𐤊𐤉 𐤌𐤅𐤎𐤁 𐤄𐤁𐤉𐤕 𐤋𐤌𐤏𐤋𐤄
𐤋𐤌𐤏𐤋𐤄 𐤎𐤁𐤉𐤁 𐤎𐤁𐤉𐤁 𐤋𐤁𐤉𐤕 𐤏𐤋 𐤊𐤍 𐤓𐤇𐤁 𐤋𐤁𐤉𐤕 𐤋𐤌𐤏𐤋𐤄 𐤅𐤊𐤍 𐤄𐤕𐤇𐤕𐤅𐤍𐤄
𐤉𐤏𐤋𐤄 𐤏𐤋 𐤄𐤏𐤋𐤉𐤅𐤍𐤄 𐤋𐤕𐤉𐤊𐤅𐤍𐤄•
𐤇 𐤅𐤓𐤀𐤉𐤕𐤉 𐤋𐤁𐤉𐤕 𐤂𐤁𐤄 𐤎𐤁𐤉𐤁 𐤎𐤁𐤉𐤁 𐤌𐤉𐤎𐤃𐤅𐤕 [𐤌𐤅𐤎𐤃𐤅𐤕] 𐤄𐤑𐤋𐤏𐤅𐤕
𐤌𐤋𐤅 𐤄𐤒𐤍𐤄 𐤔𐤔 𐤀𐤌𐤅𐤕 𐤀𐤑𐤉𐤋𐤄•
𐤈 𐤓𐤇𐤁 𐤄𐤒𐤉𐤓 𐤀𐤔𐤓 𐤋𐤑𐤋𐤏 𐤀𐤋 𐤄𐤇𐤅𐤑 𐤇𐤌𐤔 𐤀𐤌𐤅𐤕 𐤅𐤀𐤔𐤓 𐤌𐤍𐤇 𐤁𐤉𐤕
𐤑𐤋𐤏𐤅𐤕 𐤀𐤔𐤓 𐤋𐤁𐤉𐤕•

𐤉 𐤅𐤁𐤉𐤍 𐤄𐤋𐤔𐤊𐤅𐤕 𐤓𐤇𐤁 𐤏𐤔𐤓𐤉𐤌 𐤀𐤌𐤄 𐤎𐤁𐤉𐤁 𐤋𐤁𐤉𐤕 𐤎𐤁𐤉𐤁 𐤎𐤁𐤉𐤁.
𐤉𐤀 𐤅𐤐𐤕𐤇 𐤄𐤑𐤋𐤏 𐤋𐤌𐤍𐤇 𐤐𐤕𐤇 𐤀𐤇𐤃 𐤃𐤓𐤊 𐤄𐤑𐤐𐤅𐤍 𐤅𐤐𐤕𐤇 𐤀𐤇𐤃 𐤋𐤃𐤓𐤅𐤌 𐤅𐤓𐤇𐤁
𐤌𐤒𐤅𐤌 𐤄𐤌𐤍𐤇 𐤇𐤌𐤔 𐤀𐤌𐤅𐤕 𐤎𐤁𐤉𐤁 𐤎𐤁𐤉𐤁.
𐤉𐤁 𐤅𐤄𐤁𐤍𐤉𐤍 𐤀𐤔𐤓 𐤀𐤋 𐤐𐤍𐤉 𐤄𐤂𐤆𐤓𐤄 𐤐𐤀𐤕 𐤃𐤓𐤊 𐤄𐤉𐤌 𐤓𐤇𐤁 𐤔𐤁𐤏𐤉𐤌 𐤀𐤌𐤄
𐤅𐤒𐤉𐤓 𐤄𐤁𐤍𐤉𐤍 𐤇𐤌𐤔 𐤀𐤌𐤅𐤕 𐤓𐤇𐤁 𐤎𐤁𐤉𐤁 𐤎𐤁𐤉𐤁 𐤅𐤀𐤓𐤊𐤅 𐤕𐤔𐤏𐤉𐤌 𐤀𐤌𐤄.
𐤉𐤂 𐤅𐤌𐤃𐤃 𐤀𐤕 𐤄𐤁𐤉𐤕 𐤀𐤓𐤊 𐤌𐤀𐤄 𐤀𐤌𐤄 𐤅𐤄𐤂𐤆𐤓𐤄 𐤅𐤄𐤁𐤍𐤉𐤄 𐤅𐤒𐤉𐤓𐤅𐤕𐤉𐤄
𐤀𐤓𐤊 𐤌𐤀𐤄 𐤀𐤌𐤄.
𐤉𐤃 𐤅𐤓𐤇𐤁 𐤐𐤍𐤉 𐤄𐤁𐤉𐤕 𐤅𐤄𐤂𐤆𐤓𐤄 𐤋𐤒𐤃𐤉𐤌 𐤌𐤀𐤄 𐤀𐤌𐤄.
𐤈𐤅 𐤅𐤌𐤃𐤃 𐤀𐤓𐤊 𐤄𐤁𐤍𐤉𐤍 𐤀𐤋 𐤐𐤍𐤉 𐤄𐤂𐤆𐤓𐤄 𐤀𐤔𐤓 𐤏𐤋 𐤀𐤇𐤓𐤉𐤄 𐤅𐤀𐤕𐤅𐤒𐤉𐤄𐤀
[𐤅𐤀𐤕𐤉𐤒𐤉𐤄𐤀] 𐤌𐤐𐤅 𐤅𐤌𐤐𐤅 𐤌𐤀𐤄 𐤀𐤌𐤄 𐤅𐤄𐤄𐤉𐤊𐤋 𐤄𐤐𐤍𐤉𐤌𐤉 𐤅𐤀𐤋𐤌𐤉
𐤄𐤇𐤑𐤓.
𐤈𐤆 𐤄𐤎𐤐𐤉𐤌 𐤅𐤄𐤇𐤋𐤅𐤍𐤉𐤌 𐤄𐤀𐤈𐤌𐤅𐤕 𐤅𐤄𐤀𐤕𐤉𐤒𐤉𐤌 𐤎𐤁𐤉𐤁 𐤋𐤔𐤋𐤔𐤕𐤌 𐤍𐤂𐤃
𐤄𐤎𐤐 𐤔𐤇𐤉𐤐 𐤏𐤑 𐤎𐤁𐤉𐤁 𐤎𐤁𐤉𐤁 𐤅𐤄𐤀𐤓𐤑 𐤏𐤃 𐤄𐤇𐤋𐤍𐤅𐤕 𐤅𐤄𐤇𐤋𐤍𐤅𐤕 𐤌𐤊𐤎𐤅𐤕.
𐤉𐤆 𐤏𐤋 𐤌𐤏𐤋 𐤄𐤐𐤕𐤇 𐤅𐤏𐤃 𐤄𐤁𐤉𐤕 𐤄𐤐𐤍𐤉𐤌𐤉 𐤅𐤋𐤇𐤅𐤑 𐤅𐤀𐤋 𐤊𐤋 𐤄𐤒𐤉𐤓 𐤎𐤁𐤉𐤁
𐤎𐤁𐤉𐤁 𐤁𐤐𐤍𐤉𐤌𐤉 𐤅𐤁𐤇𐤉𐤑𐤅𐤍 𐤌𐤃𐤅𐤕.
𐤉𐤇 𐤅𐤏𐤔𐤅𐤉 𐤊𐤓𐤅𐤁𐤉𐤌 𐤅𐤕𐤌𐤓𐤉𐤌 𐤅𐤕𐤌𐤓𐤄 𐤁𐤉𐤍 𐤊𐤓𐤅𐤁 𐤋𐤊𐤓𐤅𐤁 𐤅𐤔𐤍𐤉𐤌
𐤐𐤍𐤉𐤌 𐤋𐤊𐤓𐤅𐤁.
𐤉𐤈 𐤅𐤐𐤍𐤉 𐤀𐤃𐤌 𐤀𐤋 𐤄𐤕𐤌𐤓𐤄 𐤌𐤐𐤅 𐤅𐤐𐤍𐤉 𐤊𐤐𐤉𐤓 𐤀𐤋 𐤄𐤕𐤌𐤓𐤄 𐤌𐤐𐤅 𐤏𐤔𐤅𐤉
𐤀𐤋 𐤊𐤋 𐤄𐤁𐤉𐤕 𐤎𐤁𐤉𐤁 𐤎𐤁𐤉𐤁.
𐤊 𐤌𐤄𐤀𐤓𐤑 𐤏𐤃 𐤌𐤏𐤋 𐤄𐤐𐤕𐤇 𐤄𐤊𐤓𐤅𐤁𐤉𐤌 𐤅𐤄𐤕𐤌𐤓𐤉𐤌 𐤏𐤔𐤅𐤉𐤌 𐤅𐤒𐤉𐤓
𐤄𐤄𐤉𐤊𐤋.
𐤊𐤀 𐤄𐤄𐤉𐤊𐤋 𐤌𐤆𐤅𐤆𐤕 𐤓𐤁𐤏𐤄 𐤅𐤐𐤍𐤉 𐤄𐤒𐤃𐤔 𐤄𐤌𐤓𐤀𐤄 𐤊𐤌𐤓𐤀𐤄.
𐤊𐤁 𐤄𐤌𐤆𐤁𐤇 𐤏𐤑 𐤔𐤋𐤅𐤔 𐤀𐤌𐤅𐤕 𐤂𐤁𐤄 𐤅𐤀𐤓𐤊𐤅 𐤔𐤕𐤉𐤌 𐤀𐤌𐤅𐤕 𐤅𐤌𐤒𐤑𐤏𐤅𐤕𐤉𐤅
𐤋𐤅 𐤅𐤀𐤓𐤊𐤅 𐤅𐤒𐤉𐤓𐤕𐤉𐤅 𐤏𐤑 𐤅𐤉𐤃𐤁𐤓 𐤀𐤋𐤉 𐤆𐤄 𐤄𐤔𐤋𐤇𐤍 𐤀𐤔𐤓 𐤋𐤐𐤍𐤉 𐤉𐤄𐤅𐤄.
𐤊𐤂 𐤅𐤔𐤕𐤉𐤌 𐤃𐤋𐤕𐤅𐤕 𐤋𐤄𐤉𐤊𐤋 𐤅𐤋𐤒𐤃𐤔.
𐤊𐤃 𐤅𐤔𐤕𐤉𐤌 𐤃𐤋𐤕𐤅𐤕 𐤋𐤃𐤋𐤕𐤅𐤕 𐤔𐤕𐤉𐤌 𐤌𐤅𐤎𐤁𐤅𐤕 𐤃𐤋𐤕𐤅𐤕 𐤔𐤕𐤉𐤌 𐤋𐤃𐤋𐤕
𐤀𐤇𐤕 𐤅𐤔𐤕𐤉 𐤃𐤋𐤕𐤅𐤕 𐤋𐤀𐤇𐤓𐤕.
𐤊𐤄 𐤅𐤏𐤔𐤅𐤉𐤄 𐤀𐤋𐤉𐤄𐤍 𐤀𐤋 𐤃𐤋𐤕𐤅𐤕 𐤄𐤄𐤉𐤊𐤋 𐤊𐤓𐤅𐤁𐤉𐤌 𐤅𐤕𐤌𐤓𐤉𐤌 𐤊𐤀𐤔𐤓
𐤏𐤔𐤅𐤉𐤌 𐤋𐤒𐤉𐤓𐤅𐤕 𐤅𐤏𐤁 𐤏𐤑 𐤀𐤋 𐤐𐤍𐤉 𐤄𐤀𐤅𐤋𐤌 𐤌𐤄𐤇𐤅𐤑.
𐤊𐤅 𐤅𐤇𐤋𐤅𐤍𐤉𐤌 𐤀𐤈𐤌𐤅𐤕 𐤅𐤕𐤌𐤓𐤉𐤌 𐤌𐤐𐤅 𐤅𐤌𐤐𐤅 𐤀𐤋 𐤊𐤕𐤐𐤅𐤕 𐤄𐤀𐤅𐤋𐤌
𐤅𐤑𐤋𐤏𐤅𐤕 𐤄𐤁𐤉𐤕 𐤅𐤄𐤏𐤁𐤉𐤌.

𐤐𐤓𐤒 𐤌𐤁

𐤉𐤇𐤆𐤒𐤀𐤋

𐤀 𐤅𐤉𐤅𐤑𐤀𐤍𐤉 𐤀𐤋 𐤄𐤇𐤑𐤓 𐤄𐤇𐤉𐤑𐤅𐤍𐤄 𐤄𐤃𐤓𐤊 𐤃𐤓𐤊 𐤄𐤑𐤐𐤅𐤍 𐤅𐤉𐤁𐤀𐤍𐤉 𐤀𐤋
𐤄𐤋𐤔𐤊𐤄 𐤀𐤔𐤓 𐤍𐤂𐤃 𐤄𐤂𐤆𐤓𐤄 𐤅𐤀𐤔𐤓 𐤍𐤂𐤃 𐤄𐤁𐤍𐤉𐤍 𐤀𐤋 𐤄𐤑𐤐𐤅𐤍•
𐤁 𐤀𐤋 𐤐𐤍𐤉 𐤀𐤓𐤊 𐤀𐤌𐤅𐤕 𐤄𐤌𐤀𐤄 𐤐𐤕𐤇 𐤄𐤑𐤐𐤅𐤍 𐤅𐤄𐤓𐤇𐤁 𐤇𐤌𐤔𐤉𐤌 𐤀𐤌𐤅𐤕•
𐤂 𐤍𐤂𐤃 𐤄𐤏𐤔𐤓𐤉𐤌 𐤀𐤔𐤓 𐤋𐤇𐤑𐤓 𐤄𐤐𐤍𐤉𐤌𐤉 𐤅𐤍𐤂𐤃 𐤓𐤑𐤐𐤄 𐤀𐤔𐤓 𐤋𐤇𐤑𐤓
𐤄𐤇𐤉𐤑𐤅𐤍𐤄 𐤀𐤕𐤉𐤒 𐤀𐤋 𐤐𐤍𐤉 𐤀𐤕𐤉𐤒 𐤁𐤔𐤋𐤔𐤉𐤌•
𐤃 𐤅𐤋𐤐𐤍𐤉 𐤄𐤋𐤔𐤊𐤅𐤕 𐤌𐤄𐤋𐤊 𐤏𐤔𐤓 𐤀𐤌𐤅𐤕 𐤓𐤇𐤁 𐤀𐤋 𐤄𐤐𐤍𐤉𐤌𐤉𐤕 𐤃𐤓𐤊 𐤀𐤌𐤄
𐤀𐤇𐤕 𐤅𐤐𐤕𐤇𐤉𐤄𐤌 𐤋𐤑𐤐𐤅𐤍•
𐤄 𐤅𐤄𐤋𐤔𐤊𐤅𐤕 𐤄𐤏𐤋𐤉𐤅𐤍𐤕 𐤒𐤑𐤓𐤅𐤕 𐤊𐤉 𐤉𐤅𐤊𐤋𐤅 𐤀𐤕𐤉𐤒𐤉𐤌 𐤌𐤄𐤍𐤄
𐤌𐤄𐤕𐤇𐤕𐤍𐤅𐤕 𐤅𐤌𐤄𐤕𐤊𐤍𐤅𐤕 𐤁𐤍𐤉𐤍•
𐤅 𐤊𐤉 𐤌𐤔𐤋𐤔𐤅𐤕 𐤄𐤍𐤄 𐤅𐤀𐤉𐤍𐤍 𐤋𐤄𐤍 𐤏𐤌𐤅𐤃𐤉𐤌 𐤊𐤏𐤌𐤅𐤃𐤉 𐤄𐤇𐤑𐤓𐤅𐤕 𐤏𐤋 𐤊𐤍
𐤍𐤀𐤑𐤋 𐤌𐤄𐤕𐤇𐤕𐤍𐤅𐤕 𐤅𐤌𐤄𐤕𐤉𐤊𐤍𐤅𐤕 𐤌𐤄𐤀𐤓𐤑•
𐤆 𐤅𐤂𐤃𐤓 𐤀𐤔𐤓 𐤋𐤇𐤅𐤑 𐤋𐤏𐤌𐤕 𐤄𐤋𐤔𐤊𐤅𐤕 𐤃𐤓𐤊 𐤄𐤇𐤑𐤓 𐤄𐤇𐤑𐤅𐤍𐤄 𐤀𐤋 𐤐𐤍𐤉
𐤄𐤋𐤔𐤊𐤅𐤕 𐤀𐤓𐤊𐤅 𐤇𐤌𐤔𐤉𐤌 𐤀𐤌𐤄•
𐤇 𐤊𐤉 𐤀𐤓𐤊 𐤄𐤋𐤔𐤊𐤅𐤕 𐤀𐤔𐤓 𐤋𐤇𐤑𐤓 𐤄𐤇𐤑𐤅𐤍𐤄 𐤇𐤌𐤔𐤉𐤌 𐤀𐤌𐤄 𐤅𐤄𐤍𐤄 𐤏𐤋
𐤐𐤍𐤉 𐤄𐤄𐤉𐤊𐤋 𐤌𐤀𐤄 𐤀𐤌𐤄•
𐤈 𐤅𐤌𐤕𐤇𐤕𐤄𐤋𐤔𐤊𐤅𐤕 [𐤅𐤌𐤕𐤇𐤕 𐤄𐤋𐤔𐤊𐤅𐤕] 𐤄𐤀𐤋𐤄 𐤄𐤌𐤁𐤅𐤀 [𐤄𐤌𐤁𐤉𐤀]
𐤌𐤄𐤒𐤃𐤉𐤌 𐤁𐤁𐤀𐤅 𐤋𐤄𐤍𐤄 𐤌𐤄𐤇𐤑𐤓 𐤄𐤇𐤑𐤍𐤄•
𐤉 𐤁𐤓𐤇𐤁 𐤂𐤃𐤓 𐤄𐤇𐤑𐤓 𐤃𐤓𐤊 𐤄𐤒𐤃𐤉𐤌 𐤀𐤋 𐤐𐤍𐤉 𐤄𐤂𐤆𐤓𐤄 𐤅𐤀𐤋 𐤐𐤍𐤉 𐤄𐤁𐤍𐤉𐤍
𐤋𐤔𐤊𐤅𐤕•
𐤉𐤀 𐤅𐤃𐤓𐤊 𐤋𐤐𐤍𐤉𐤄𐤌 𐤊𐤌𐤓𐤀𐤄 𐤄𐤋𐤔𐤊𐤅𐤕 𐤀𐤔𐤓 𐤃𐤓𐤊 𐤄𐤑𐤐𐤅𐤍 𐤊𐤀𐤓𐤊𐤍 𐤊𐤍
𐤓𐤇𐤁𐤍 𐤅𐤊𐤋 𐤌𐤅𐤑𐤀𐤉𐤄𐤍 𐤅𐤊𐤌𐤔𐤐𐤈𐤉𐤄𐤍 𐤅𐤊𐤐𐤕𐤇𐤉𐤄𐤍•
𐤉𐤁 𐤅𐤊𐤐𐤕𐤇𐤉 𐤄𐤋𐤔𐤊𐤅𐤕 𐤀𐤔𐤓 𐤃𐤓𐤊 𐤄𐤃𐤓𐤅𐤌 𐤐𐤕𐤇 𐤁𐤓𐤀𐤔 𐤃𐤓𐤊 𐤃𐤓𐤊 𐤁𐤐𐤍𐤉
𐤄𐤂𐤃𐤓𐤕 𐤄𐤂𐤉𐤍𐤄 𐤃𐤓𐤊 𐤄𐤒𐤃𐤉𐤌 𐤁𐤁𐤅𐤀𐤍•
𐤉𐤂 𐤅𐤉𐤀𐤌𐤓 𐤀𐤋𐤉 𐤋𐤔𐤊𐤅𐤕 𐤄𐤑𐤐𐤅𐤍 𐤋𐤔𐤊𐤅𐤕 𐤄𐤃𐤓𐤅𐤌 𐤀𐤔𐤓 𐤀𐤋 𐤐𐤍𐤉
𐤄𐤂𐤆𐤓𐤄 𐤄𐤍𐤄 𐤋𐤔𐤊𐤅𐤕 𐤄𐤒𐤃𐤔 𐤀𐤔𐤓 𐤉𐤀𐤊𐤋𐤅 𐤔𐤌 𐤄𐤊𐤄𐤍𐤉𐤌 𐤀𐤔𐤓
𐤒𐤓𐤅𐤁𐤉𐤌 𐤋𐤉𐤄𐤅𐤄 𐤒𐤃𐤔𐤉 𐤄𐤒𐤃𐤔𐤉𐤌 𐤔𐤌 𐤉𐤍𐤉𐤇𐤅 𐤒𐤃𐤔𐤉 𐤄𐤒𐤃𐤔𐤉𐤌
𐤅𐤄𐤌𐤍𐤇𐤄 𐤅𐤄𐤇𐤈𐤀𐤕 𐤅𐤄𐤀𐤔𐤌 𐤊𐤉 𐤄𐤌𐤒𐤅𐤌 𐤒𐤃𐤔•
𐤉𐤃 𐤁𐤁𐤀𐤌 𐤄𐤊𐤄𐤍𐤉𐤌 𐤅𐤋𐤀 𐤉𐤑𐤀𐤅 𐤌𐤄𐤒𐤃𐤔 𐤀𐤋 𐤄𐤇𐤑𐤓 𐤄𐤇𐤉𐤑𐤅𐤍𐤄 𐤅𐤔𐤌
𐤉𐤍𐤉𐤇𐤅 𐤁𐤂𐤃𐤉𐤄𐤌 𐤀𐤔𐤓 𐤉𐤔𐤓𐤕𐤅 𐤁𐤄𐤍 𐤊𐤉 𐤒𐤃𐤔 𐤄𐤍𐤄 𐤉𐤋𐤁𐤔𐤅 [𐤅𐤋𐤁𐤔𐤅]
𐤁𐤂𐤃𐤉𐤌 𐤀𐤇𐤓𐤉𐤌 𐤅𐤒𐤓𐤁𐤅 𐤀𐤋 𐤀𐤔𐤓 𐤋𐤏𐤌•
𐤈𐤅 𐤅𐤊𐤋𐤄 𐤀𐤕 𐤌𐤃𐤅𐤕 𐤄𐤁𐤉𐤕 𐤄𐤐𐤍𐤉𐤌𐤉 𐤅𐤄𐤅𐤑𐤉𐤀𐤍𐤉 𐤃𐤓𐤊 𐤄𐤔𐤏𐤓 𐤀𐤔𐤓
𐤐𐤍𐤉𐤅 𐤃𐤓𐤊 𐤄𐤒𐤃𐤉𐤌 𐤅𐤌𐤃𐤃𐤅 𐤎𐤁𐤉𐤁 𐤎𐤁𐤉𐤁•
𐤈𐤆 𐤌𐤃𐤃 𐤓𐤅𐤇 𐤄𐤒𐤃𐤉𐤌 𐤁𐤒𐤍𐤄 𐤄𐤌𐤃𐤄 𐤇𐤌𐤔 𐤀𐤌𐤅𐤕 [𐤌𐤀𐤅𐤕] 𐤒𐤍𐤉𐤌 𐤁𐤒𐤍𐤄

𐤉𐤇𐤆𐤒𐤀𐤋

𐤄𐤌𐤃𐤄 𐤎𐤁𐤉𐤁.
𐤉𐤆 𐤌𐤃𐤃 𐤓𐤅𐤇 𐤄𐤑𐤐𐤅𐤍 𐤇𐤌𐤔 𐤌𐤀𐤅𐤕 𐤒𐤍𐤉𐤌 𐤁𐤒𐤍𐤄 𐤄𐤌𐤃𐤄 𐤎𐤁𐤉𐤁.
𐤉𐤇 𐤀𐤕 𐤓𐤅𐤇 𐤄𐤃𐤓𐤅𐤌 𐤌𐤃𐤃 𐤇𐤌𐤔 𐤌𐤀𐤅𐤕 𐤒𐤍𐤉𐤌 𐤁𐤒𐤍𐤄 𐤄𐤌𐤃𐤄.
𐤉𐤈 𐤎𐤁𐤁 𐤀𐤋 𐤓𐤅𐤇 𐤄𐤉𐤌 𐤌𐤃𐤃 𐤇𐤌𐤔 𐤌𐤀𐤅𐤕 𐤒𐤍𐤉𐤌 𐤁𐤒𐤍𐤄 𐤄𐤌𐤃𐤄.
𐤊 𐤋𐤀𐤓𐤁𐤏 𐤓𐤅𐤇𐤅𐤕 𐤌𐤃𐤃𐤅 𐤇𐤅𐤌𐤄 𐤋𐤅 𐤎𐤁𐤉𐤁 𐤎𐤁𐤉𐤁 𐤀𐤓𐤊 𐤇𐤌𐤔 𐤌𐤀𐤅𐤕 𐤅𐤓𐤇𐤁
𐤇𐤌𐤔 𐤌𐤀𐤅𐤕 𐤋𐤄𐤁𐤃𐤉𐤋 𐤁𐤉𐤍 𐤄𐤒𐤃𐤔 𐤋𐤇𐤋.

𐤐𐤓𐤒 𐤌𐤂

𐤀 𐤅𐤉𐤅𐤋𐤊𐤍𐤉 𐤀𐤋 𐤄𐤔𐤏𐤓 𐤔𐤏𐤓 𐤀𐤔𐤓 𐤐𐤍𐤄 𐤃𐤓𐤊 𐤄𐤒𐤃𐤉𐤌.
𐤁 𐤅𐤄𐤍𐤄 𐤊𐤁𐤅𐤃 𐤀𐤋𐤄𐤉 𐤉𐤔𐤓𐤀𐤋 𐤁𐤀 𐤌𐤃𐤓𐤊 𐤄𐤒𐤃𐤉𐤌 𐤅𐤒𐤅𐤋𐤅 𐤊𐤒𐤅𐤋 𐤌𐤉𐤌
𐤓𐤁𐤉𐤌 𐤅𐤄𐤀𐤓𐤑 𐤄𐤀𐤉𐤓𐤄 𐤌𐤊𐤁𐤃𐤅.
𐤂 𐤅𐤊𐤌𐤓𐤀𐤄 𐤄𐤌𐤓𐤀𐤄 𐤀𐤔𐤓 𐤓𐤀𐤉𐤕𐤉 𐤊𐤌𐤓𐤀𐤄 𐤀𐤔𐤓 𐤓𐤀𐤉𐤕𐤉 𐤁𐤁𐤀𐤉 𐤋𐤔𐤇𐤕
𐤀𐤕 𐤄𐤏𐤉𐤓 𐤅𐤌𐤓𐤀𐤅𐤕 𐤊𐤌𐤓𐤀𐤄 𐤀𐤔𐤓 𐤓𐤀𐤉𐤕𐤉 𐤀𐤋 𐤍𐤄𐤓 𐤊𐤁𐤓 𐤅𐤀𐤐𐤋 𐤀𐤋 𐤐𐤍𐤉.
𐤃 𐤅𐤊𐤁𐤅𐤃 𐤉𐤄𐤅𐤄 𐤁𐤀 𐤀𐤋 𐤄𐤁𐤉𐤕 𐤃𐤓𐤊 𐤔𐤏𐤓 𐤀𐤔𐤓 𐤐𐤍𐤉𐤅 𐤃𐤓𐤊 𐤄𐤒𐤃𐤉𐤌.
𐤄 𐤅𐤕𐤔𐤀𐤍𐤉 𐤓𐤅𐤇 𐤅𐤕𐤁𐤉𐤀𐤍𐤉 𐤀𐤋 𐤄𐤇𐤑𐤓 𐤄𐤐𐤍𐤉𐤌𐤉 𐤅𐤄𐤍𐤄 𐤌𐤋𐤀 𐤊𐤁𐤅𐤃
𐤉𐤄𐤅𐤄 𐤄𐤁𐤉𐤕.
𐤅 𐤅𐤀𐤔𐤌𐤏 𐤌𐤃𐤁𐤓 𐤀𐤋𐤉 𐤌𐤄𐤁𐤉𐤕 𐤅𐤀𐤉𐤔 𐤄𐤉𐤄 𐤏𐤌𐤃 𐤀𐤑𐤋𐤉.
𐤆 𐤅𐤉𐤀𐤌𐤓 𐤀𐤋𐤉 𐤁𐤍 𐤀𐤃𐤌 𐤀𐤕 𐤌𐤒𐤅𐤌 𐤊𐤎𐤀𐤉 𐤅𐤀𐤕 𐤌𐤒𐤅𐤌 𐤊𐤐𐤅𐤕 𐤓𐤂𐤋𐤉
𐤀𐤔𐤓 𐤀𐤔𐤊𐤍 𐤔𐤌 𐤁𐤕𐤅𐤊 𐤁𐤍𐤉 𐤉𐤔𐤓𐤀𐤋 𐤋𐤏𐤅𐤋𐤌 𐤅𐤋𐤀 𐤉𐤈𐤌𐤀𐤅 𐤏𐤅𐤃 𐤁𐤉𐤕
𐤉𐤔𐤓𐤀𐤋 𐤔𐤌 𐤒𐤃𐤔𐤉 𐤄𐤌𐤄 𐤅𐤌𐤋𐤊𐤉𐤄𐤌 𐤁𐤆𐤍𐤅𐤕𐤌 𐤅𐤁𐤐𐤂𐤓𐤉 𐤌𐤋𐤊𐤉𐤄𐤌
𐤁𐤌𐤅𐤕𐤌.
𐤇 𐤁𐤕𐤕𐤌 𐤎𐤐𐤌 𐤀𐤕 𐤎𐤐𐤉 𐤅𐤌𐤆𐤅𐤆𐤕𐤌 𐤀𐤑𐤋 𐤌𐤆𐤅𐤆𐤕𐤉 𐤅𐤄𐤒𐤉𐤓 𐤁𐤉𐤍𐤉
𐤅𐤁𐤉𐤍𐤉𐤄𐤌 𐤅𐤈𐤌𐤀𐤅 𐤀𐤕 𐤔𐤌 𐤒𐤃𐤔𐤉 𐤁𐤕𐤅𐤏𐤁𐤅𐤕𐤌 𐤀𐤔𐤓 𐤏𐤔𐤅 𐤅𐤀𐤊𐤋𐤌 𐤀𐤕𐤌
𐤁𐤀𐤐𐤉.
𐤈 𐤏𐤕𐤄 𐤉𐤓𐤇𐤒𐤅 𐤀𐤕 𐤆𐤍𐤅𐤕𐤌 𐤅𐤐𐤂𐤓𐤉 𐤌𐤋𐤊𐤉𐤄𐤌 𐤌𐤌𐤍𐤉 𐤅𐤔𐤊𐤍𐤕𐤉 𐤁𐤕𐤅𐤊𐤌
𐤋𐤏𐤅𐤋𐤌.
𐤉 𐤀𐤕𐤄 𐤁𐤍 𐤀𐤃𐤌 𐤄𐤂𐤃 𐤀𐤕 𐤁𐤉𐤕 𐤉𐤔𐤓𐤀𐤋 𐤀𐤕 𐤄𐤁𐤉𐤕 𐤅𐤉𐤊𐤋𐤌𐤅
𐤌𐤏𐤅𐤍𐤅𐤕𐤉𐤄𐤌 𐤅𐤌𐤃𐤃𐤅 𐤀𐤕 𐤕𐤊𐤍𐤉𐤕.
𐤉𐤀 𐤅𐤀𐤌 𐤍𐤊𐤋𐤌𐤅 𐤌𐤊𐤋 𐤀𐤔𐤓 𐤏𐤔𐤅 𐤑𐤅𐤓𐤕 𐤄𐤁𐤉𐤕 𐤅𐤕𐤊𐤅𐤍𐤕𐤅 𐤅𐤌𐤅𐤑𐤀𐤉𐤅
𐤅𐤌𐤅𐤁𐤀𐤉𐤅 𐤅𐤊𐤋 𐤑𐤅𐤓𐤕𐤅 𐤅𐤀𐤕 𐤊𐤋 𐤇𐤒𐤕𐤉𐤅 𐤅𐤊𐤋 𐤑𐤅𐤓𐤕𐤅 [𐤑𐤅𐤓𐤕𐤉𐤅] 𐤅𐤊𐤋
𐤕𐤅𐤓𐤕𐤅 [𐤕𐤅𐤓𐤕𐤉𐤅] 𐤄𐤅𐤃𐤏 𐤀𐤅𐤕𐤌 𐤅𐤊𐤕𐤁 𐤋𐤏𐤉𐤍𐤉𐤄𐤌 𐤅𐤉𐤔𐤌𐤓𐤅 𐤀𐤕 𐤊𐤋
𐤑𐤅𐤓𐤕𐤅 𐤅𐤀𐤕 𐤊𐤋 𐤇𐤒𐤕𐤉𐤅 𐤅𐤏𐤔𐤅 𐤀𐤅𐤕𐤌.
𐤉𐤁 𐤆𐤀𐤕 𐤕𐤅𐤓𐤕 𐤄𐤁𐤉𐤕 𐤏𐤋 𐤓𐤀𐤔 𐤄𐤄𐤓 𐤊𐤋 𐤂𐤁𐤋𐤅 𐤎𐤁𐤉𐤁 𐤎𐤁𐤉𐤁 𐤒𐤃𐤔

𐤉𐤇𐤆𐤒𐤀𐤋

𐤒𐤃𐤔𐤉𐤌 𐤄𐤍𐤄 𐤆𐤀𐤕 𐤕𐤅𐤓𐤕 𐤄𐤁𐤉𐤕•
𐤉𐤂 𐤅𐤀𐤋𐤄 𐤌𐤃𐤅𐤕 𐤄𐤌𐤆𐤁𐤇 𐤁𐤀𐤌𐤅𐤕 𐤀𐤌𐤄 𐤀𐤌𐤄 𐤅𐤈𐤐𐤇 𐤅𐤇𐤉𐤒 𐤄𐤀𐤌𐤄 𐤅𐤀𐤌𐤄
𐤓𐤇𐤁 𐤅𐤂𐤁𐤅𐤋𐤄 𐤀𐤋 𐤔𐤐𐤕𐤄 𐤎𐤁𐤉𐤁 𐤆𐤓𐤕 𐤄𐤀𐤇𐤃 𐤅𐤆𐤄 𐤂𐤁 𐤄𐤌𐤆𐤁𐤇•
𐤉𐤃 𐤅𐤌𐤇𐤉𐤒 𐤄𐤀𐤓𐤑 𐤏𐤃 𐤄𐤏𐤆𐤓𐤄 𐤄𐤕𐤇𐤕𐤅𐤍𐤄 𐤔𐤕𐤉𐤌 𐤀𐤌𐤅𐤕 𐤅𐤓𐤇𐤁 𐤀𐤌𐤄 𐤀𐤇𐤕
𐤅𐤌𐤄𐤏𐤆𐤓𐤄 𐤄𐤒𐤈𐤍𐤄 𐤏𐤃 𐤄𐤏𐤆𐤓𐤄 𐤄𐤂𐤃𐤅𐤋𐤄 𐤀𐤓𐤁𐤏 𐤀𐤌𐤅𐤕 𐤅𐤓𐤇𐤁 𐤄𐤀𐤌𐤄•
𐤈𐤅 𐤅𐤄𐤄𐤓𐤀𐤋 𐤀𐤓𐤁𐤏 𐤀𐤌𐤅𐤕 𐤅𐤌𐤄𐤀𐤓𐤀𐤉𐤋 [𐤅𐤌𐤄𐤀𐤓𐤉𐤀𐤋] 𐤅𐤋𐤌𐤏𐤋𐤄
𐤄𐤒𐤓𐤍𐤅𐤕 𐤀𐤓𐤁𐤏•
𐤈𐤆 𐤅𐤄𐤀𐤓𐤀𐤉𐤋 [𐤅𐤄𐤀𐤓𐤉𐤀𐤋] 𐤔𐤕𐤉𐤌 𐤏𐤔𐤓𐤄 𐤀𐤓𐤊 𐤁𐤔𐤕𐤉𐤌 𐤏𐤔𐤓𐤄 𐤓𐤇𐤁
𐤓𐤁𐤅𐤏 𐤀𐤋 𐤀𐤓𐤁𐤏𐤕 𐤓𐤁𐤏𐤉𐤅•
𐤉𐤆 𐤅𐤄𐤏𐤆𐤓𐤄 𐤀𐤓𐤁𐤏 𐤏𐤔𐤓𐤄 𐤀𐤓𐤊 𐤁𐤀𐤓𐤁𐤏 𐤏𐤔𐤓𐤄 𐤓𐤇𐤁 𐤀𐤋 𐤀𐤓𐤁𐤏𐤕 𐤓𐤁𐤏𐤉𐤄
𐤅𐤄𐤂𐤁𐤅𐤋 𐤎𐤁𐤉𐤁 𐤀𐤅𐤕𐤄 𐤇𐤑𐤉 𐤄𐤀𐤌𐤄 𐤅𐤄𐤇𐤉𐤒 𐤋𐤄 𐤀𐤌𐤄 𐤎𐤁𐤉𐤁 𐤅𐤌𐤏𐤋𐤕𐤄𐤅
𐤐𐤍𐤅𐤕 𐤒𐤃𐤉𐤌•
𐤉𐤇 𐤅𐤉𐤀𐤌𐤓 𐤀𐤋𐤉 𐤁𐤍 𐤀𐤃𐤌 𐤊𐤄 𐤀𐤌𐤓 𐤀𐤃𐤍𐤉 𐤉𐤄𐤅𐤄 𐤀𐤋𐤄 𐤇𐤒𐤅𐤕 𐤄𐤌𐤆𐤁𐤇
𐤁𐤉𐤅𐤌 𐤄𐤏𐤔𐤅𐤕𐤅 𐤋𐤄𐤏𐤋𐤅𐤕 𐤏𐤋𐤉𐤅 𐤏𐤅𐤋𐤄 𐤅𐤋𐤆𐤓𐤒 𐤏𐤋𐤉𐤅 𐤃𐤌•
𐤉𐤈 𐤅𐤍𐤕𐤕𐤄 𐤀𐤋 𐤄𐤊𐤄𐤍𐤉𐤌 𐤄𐤋𐤅𐤉𐤌 𐤀𐤔𐤓 𐤄𐤌 𐤌𐤆𐤓𐤏 𐤑𐤃𐤅𐤒 𐤄𐤒𐤓𐤁𐤉𐤌
𐤀𐤋𐤉 𐤍𐤀𐤌 𐤀𐤃𐤍𐤉 𐤉𐤄𐤅𐤄 𐤋𐤔𐤓𐤕𐤍𐤉 𐤐𐤓 𐤁𐤍 𐤁𐤒𐤓 𐤋𐤇𐤈𐤀𐤕•
𐤊 𐤅𐤋𐤒𐤇𐤕 𐤌𐤃𐤌𐤅 𐤅𐤍𐤕𐤕𐤄 𐤏𐤋 𐤀𐤓𐤁𐤏 𐤒𐤓𐤍𐤕𐤉𐤅 𐤅𐤀𐤋 𐤀𐤓𐤁𐤏 𐤐𐤍𐤅𐤕 𐤄𐤏𐤆𐤓𐤄
𐤅𐤀𐤋 𐤄𐤂𐤁𐤅𐤋 𐤎𐤁𐤉𐤁 𐤅𐤇𐤈𐤀𐤕 𐤀𐤅𐤕𐤅 𐤅𐤊𐤐𐤓𐤕𐤄𐤅•
𐤊𐤀 𐤅𐤋𐤒𐤇𐤕 𐤀𐤕 𐤄𐤐𐤓 𐤄𐤇𐤈𐤀𐤕 𐤅𐤔𐤓𐤐𐤅 𐤁𐤌𐤐𐤒𐤃 𐤄𐤁𐤉𐤕 𐤌𐤇𐤅𐤑 𐤋𐤌𐤒𐤃𐤔•
𐤊𐤁 𐤅𐤁𐤉𐤅𐤌 𐤄𐤔𐤍𐤉 𐤕𐤒𐤓𐤉𐤁 𐤔𐤏𐤉𐤓 𐤏𐤆𐤉𐤌 𐤕𐤌𐤉𐤌 𐤋𐤇𐤈𐤀𐤕 𐤅𐤇𐤈𐤀𐤅 𐤀𐤕
𐤄𐤌𐤆𐤁𐤇 𐤊𐤀𐤔𐤓 𐤇𐤈𐤀𐤅 𐤁𐤐𐤓•
𐤊𐤂 𐤁𐤊𐤋𐤅𐤕𐤊 𐤌𐤇𐤈𐤀 𐤕𐤒𐤓𐤉𐤁 𐤐𐤓 𐤁𐤍 𐤁𐤒𐤓 𐤕𐤌𐤉𐤌 𐤅𐤀𐤉𐤋 𐤌𐤍 𐤄𐤑𐤀𐤍
𐤕𐤌𐤉𐤌•
𐤊𐤃 𐤅𐤄𐤒𐤓𐤁𐤕𐤌 𐤋𐤐𐤍𐤉 𐤉𐤄𐤅𐤄 𐤅𐤄𐤔𐤋𐤉𐤊𐤅 𐤄𐤊𐤄𐤍𐤉𐤌 𐤏𐤋𐤉𐤄𐤌 𐤌𐤋𐤇 𐤅𐤄𐤏𐤋𐤅
𐤀𐤅𐤕𐤌 𐤏𐤋𐤄 𐤋𐤉𐤄𐤅𐤄•
𐤊𐤄 𐤔𐤁𐤏𐤕 𐤉𐤌𐤉𐤌 𐤕𐤏𐤔𐤄 𐤔𐤏𐤉𐤓 𐤇𐤈𐤀𐤕 𐤋𐤉𐤅𐤌 𐤅𐤐𐤓 𐤁𐤍 𐤁𐤒𐤓 𐤅𐤀𐤉𐤋 𐤌𐤍
𐤄𐤑𐤀𐤍 𐤕𐤌𐤉𐤌𐤉𐤌 𐤉𐤏𐤔𐤅•
𐤊𐤅 𐤔𐤁𐤏𐤕 𐤉𐤌𐤉𐤌 𐤉𐤊𐤐𐤓𐤅 𐤀𐤕 𐤄𐤌𐤆𐤁𐤇 𐤅𐤈𐤄𐤓𐤅 𐤀𐤕𐤅 𐤅𐤌𐤋𐤀𐤅 𐤉𐤃𐤅
[𐤉𐤃𐤉𐤅]•
𐤊𐤆 𐤅𐤉𐤊𐤋𐤅 𐤀𐤕 𐤄𐤉𐤌𐤉𐤌 𐤅𐤄𐤉𐤄 𐤁𐤉𐤅𐤌 𐤄𐤔𐤌𐤉𐤍𐤉 𐤅𐤄𐤋𐤀𐤄 𐤉𐤏𐤔𐤅
𐤄𐤊𐤄𐤍𐤉𐤌 𐤏𐤋 𐤄𐤌𐤆𐤁𐤇 𐤀𐤕 𐤏𐤅𐤋𐤅𐤕𐤉𐤊𐤌 𐤅𐤀𐤕 𐤔𐤋𐤌𐤉𐤊𐤌 𐤅𐤓𐤑𐤀𐤕𐤉 𐤀𐤕𐤊𐤌
𐤍𐤀𐤌 𐤀𐤃𐤍𐤉 𐤉𐤄𐤅𐤄•

יחזקאל

בתעות בני ישראל מעלי המה יקרבו אלי לשרתני ועמדו לפני
להקריב לי חלב ודם נאם אדני יהוה.
טז המה יבאו אל מקדשי והמה יקרבו אל שלחני לשרתני
ושמרו את משמרתי.
יז והיה בבואם אל שערי החצר הפנימית בגדי פשתים ילבשו
ולא יעלה עליהם צמר בשרתם בשערי החצר הפנימית וביתה.
יח פארי פשתים יהיו על ראשם ומכנסי פשתים יהיו על
מתניהם לא יחגרו ביזע.
יט ובצאתם אל החצר החיצונה אל החצר החיצונה אל העם
יפשטו את בגדיהם אשר המה משרתם בם והניחו אותם בלשכת
הקדש ולבשו בגדים אחרים ולא יקדשו את העם בבגדיהם.
כ וראשם לא יגלחו ופרע לא ישלחו כסום יכסמו את ראשיהם.
כא ויין לא ישתו כל כהן בבואם אל החצר הפנימית.
כב ואלמנה וגרושה לא יקחו להם לנשים כי אם בתולת מזרע
בית ישראל והאלמנה אשר תהיה אלמנה מכהן יקחו.
כג ואת עמי יורו בין קדש לחל ובין טמא לטהור יודעם.
כד ועל ריב המה יעמדו לשפט [למשפט] במשפטי ושפטהו
[ישפטהו] ואת תורתי ואת חקתי בכל מועדי ישמרו ואת שבתותי
יקדשו.
כה ואל מת אדם לא יבוא לטמאה כי אם לאב ולאם ולבן ולבת
לאח ולאחות אשר לא היתה לאיש יטמאו.
כו ואחרי טהרתו שבעת ימים יספרו לו.
כז וביום באו אל הקדש אל החצר הפנימית לשרת בקדש יקריב
חטאתו נאם אדני יהוה.
כח והיתה להם לנחלה אני נחלתם ואחזה לא תתנו להם
בישראל אני אחזתם.
כט המנחה והחטאת והאשם המה יאכלום וכל חרם בישראל להם
יהיה.
ל וראשית כל בכורי כל וכל תרומת כל מכל תרומותיכם
לכהנים יהיה וראשית עריסותיכם תתנו לכהן להניח ברכה אל
ביתך.
לא כל נבלה וטרפה מן העוף ומן הבהמה לא יאכלו הכהנים.

𐤉𐤇𐤆𐤒𐤀𐤋

𐤐𐤓𐤒 𐤌𐤄

𐤀 𐤅𐤁𐤄𐤐𐤉𐤋𐤊𐤌 𐤀𐤕 𐤄𐤀𐤓𐤑 𐤁𐤍𐤇𐤋𐤄 𐤕𐤓𐤉𐤌𐤅 𐤕𐤓𐤅𐤌𐤄 𐤋𐤉𐤄𐤅𐤄 𐤒𐤃𐤔 𐤌𐤍
𐤄𐤀𐤓𐤑 𐤀𐤓𐤊 𐤇𐤌𐤔𐤄 𐤅𐤏𐤔𐤓𐤉𐤌 𐤀𐤋𐤐 𐤀𐤓𐤊 𐤅𐤓𐤇𐤁 𐤏𐤔𐤓𐤄 𐤀𐤋𐤐 𐤒𐤃𐤔 𐤄𐤅𐤀 𐤁𐤊𐤋
𐤂𐤁𐤅𐤋𐤄 𐤎𐤁𐤉𐤁•
𐤁 𐤉𐤄𐤉𐤄 𐤌𐤆𐤄 𐤀𐤋 𐤄𐤒𐤃𐤔 𐤇𐤌𐤔 𐤌𐤀𐤅𐤕 𐤁𐤇𐤌𐤔 𐤌𐤀𐤅𐤕 𐤌𐤓𐤁𐤏 𐤎𐤁𐤉𐤁
𐤅𐤇𐤌𐤔𐤉𐤌 𐤀𐤌𐤄 𐤌𐤂𐤓𐤔 𐤋𐤅 𐤎𐤁𐤉𐤁•
𐤂 𐤅𐤌𐤍 𐤄𐤌𐤃𐤄 𐤄𐤆𐤀𐤕 𐤕𐤌𐤅𐤃 𐤀𐤓𐤊 𐤇𐤌𐤔 [𐤇𐤌𐤔𐤄] 𐤅𐤏𐤔𐤓𐤉𐤌 𐤀𐤋𐤐 𐤅𐤓𐤇𐤁
𐤏𐤔𐤓𐤕 𐤀𐤋𐤐𐤉𐤌 𐤅𐤁𐤅 𐤉𐤄𐤉𐤄 𐤄𐤌𐤒𐤃𐤔 𐤒𐤃𐤔 𐤒𐤃𐤔𐤉𐤌•
𐤃 𐤒𐤃𐤔 𐤌𐤍 𐤄𐤀𐤓𐤑 𐤄𐤅𐤀 𐤋𐤊𐤄𐤍𐤉𐤌 𐤌𐤔𐤓𐤕𐤉 𐤄𐤌𐤒𐤃𐤔 𐤉𐤄𐤉𐤄 𐤄𐤒𐤓𐤁𐤉𐤌
𐤋𐤔𐤓𐤕 𐤀𐤕 𐤉𐤄𐤅𐤄 𐤅𐤄𐤉𐤄 𐤋𐤄𐤌 𐤌𐤒𐤅𐤌 𐤋𐤁𐤕𐤉𐤌 𐤅𐤌𐤒𐤃𐤔 𐤋𐤌𐤒𐤃𐤔•
𐤄 𐤅𐤇𐤌𐤔𐤄 𐤅𐤏𐤔𐤓𐤉𐤌 𐤀𐤋𐤐 𐤀𐤓𐤊 𐤅𐤏𐤔𐤓𐤕 𐤀𐤋𐤐𐤉𐤌 𐤓𐤇𐤁 𐤉𐤄𐤉𐤄 [𐤅𐤄𐤉𐤄]
𐤋𐤋𐤅𐤉𐤌 𐤌𐤔𐤓𐤕𐤉 𐤄𐤁𐤉𐤕 𐤋𐤄𐤌 𐤋𐤀𐤇𐤆𐤄 𐤏𐤔𐤓𐤉𐤌 𐤋𐤔𐤊𐤕•
𐤅 𐤅𐤀𐤇𐤆𐤕 𐤄𐤏𐤉𐤓 𐤕𐤕𐤍𐤅 𐤇𐤌𐤔 𐤀𐤋𐤐𐤉𐤌 𐤓𐤇𐤁 𐤅𐤀𐤓𐤊 𐤇𐤌𐤔𐤄 𐤅𐤏𐤔𐤓𐤉𐤌 𐤀𐤋𐤐
𐤋𐤏𐤌𐤕 𐤕𐤓𐤅𐤌𐤕 𐤄𐤒𐤃𐤔 𐤋𐤊𐤋 𐤁𐤉𐤕 𐤉𐤔𐤓𐤀𐤋 𐤉𐤄𐤉𐤄•
𐤆 𐤅𐤋𐤍𐤔𐤉𐤀 𐤌𐤆𐤄 𐤅𐤌𐤆𐤄 𐤋𐤕𐤓𐤅𐤌𐤕 𐤄𐤒𐤃𐤔 𐤅𐤋𐤀𐤇𐤆𐤕 𐤄𐤏𐤉𐤓 𐤀𐤋 𐤐𐤍𐤉
𐤕𐤓𐤅𐤌𐤕 𐤄𐤒𐤃𐤔 𐤅𐤀𐤋 𐤐𐤍𐤉 𐤀𐤇𐤆𐤕 𐤄𐤏𐤉𐤓 𐤌𐤐𐤀𐤕 𐤉𐤌 𐤉𐤌𐤄 𐤅𐤌𐤐𐤀𐤕 𐤒𐤃𐤌𐤄
𐤒𐤃𐤉𐤌𐤄 𐤅𐤀𐤓𐤊 𐤋𐤏𐤌𐤅𐤕 𐤀𐤇𐤃 𐤄𐤇𐤋𐤒𐤉𐤌 𐤌𐤂𐤁𐤅𐤋 𐤉𐤌 𐤀𐤋 𐤂𐤁𐤅𐤋 𐤒𐤃𐤉𐤌𐤄•
𐤇 𐤋𐤀𐤓𐤑 𐤉𐤄𐤉𐤄 𐤋𐤅 𐤋𐤀𐤇𐤆𐤄 𐤁𐤉𐤔𐤓𐤀𐤋 𐤅𐤋𐤀 𐤉𐤅𐤍𐤅 𐤏𐤅𐤃 𐤍𐤔𐤉𐤀𐤉 𐤀𐤕
𐤏𐤌𐤉 𐤅𐤄𐤀𐤓𐤑 𐤉𐤕𐤍𐤅 𐤋𐤁𐤉𐤕 𐤉𐤔𐤓𐤀𐤋 𐤋𐤔𐤁𐤈𐤉𐤄𐤌•
𐤈 𐤊𐤄 𐤀𐤌𐤓 𐤀𐤃𐤍𐤉 𐤉𐤄𐤅𐤄 𐤓𐤁 𐤋𐤊𐤌 𐤍𐤔𐤉𐤀𐤉 𐤉𐤔𐤓𐤀𐤋 𐤇𐤌𐤎 𐤅𐤔𐤃 𐤄𐤎𐤉𐤓𐤅
𐤅𐤌𐤔𐤐𐤈 𐤅𐤑𐤃𐤒𐤄 𐤏𐤔𐤅 𐤄𐤓𐤉𐤌𐤅 𐤂𐤓𐤔𐤕𐤉𐤊𐤌 𐤌𐤏𐤋 𐤏𐤌𐤉 𐤍𐤀𐤌 𐤀𐤃𐤍𐤉 𐤉𐤄𐤅𐤄•
𐤉 𐤌𐤀𐤆𐤍𐤉 𐤑𐤃𐤒 𐤅𐤀𐤉𐤐𐤕 𐤑𐤃𐤒 𐤅𐤁𐤕 𐤑𐤃𐤒 𐤉𐤄𐤉 𐤋𐤊𐤌•
𐤉𐤀 𐤄𐤀𐤉𐤐𐤄 𐤅𐤄𐤁𐤕 𐤕𐤊𐤍 𐤀𐤇𐤃 𐤉𐤄𐤉𐤄 𐤋𐤔𐤀𐤕 𐤌𐤏𐤔𐤓 𐤄𐤇𐤌𐤓 𐤄𐤁𐤕 𐤅𐤏𐤔𐤉𐤓𐤕
𐤄𐤇𐤌𐤓 𐤄𐤀𐤉𐤐𐤄 𐤀𐤋 𐤄𐤇𐤌𐤓 𐤉𐤄𐤉𐤄 𐤌𐤕𐤊𐤍𐤕𐤅•
𐤉𐤁 𐤅𐤄𐤔𐤒𐤋 𐤏𐤔𐤓𐤉𐤌 𐤂𐤓𐤄 𐤏𐤔𐤓𐤉𐤌 𐤔𐤒𐤋𐤉𐤌 𐤇𐤌𐤔𐤄 𐤅𐤏𐤔𐤓𐤉𐤌 𐤔𐤒𐤋𐤉𐤌
𐤏𐤔𐤓𐤄 𐤅𐤇𐤌𐤔𐤄 𐤔𐤒𐤋 𐤄𐤌𐤍𐤄 𐤉𐤄𐤉𐤄 𐤋𐤊𐤌•
𐤉𐤂 𐤆𐤀𐤕 𐤄𐤕𐤓𐤅𐤌𐤄 𐤀𐤔𐤓 𐤕𐤓𐤉𐤌𐤅 𐤔𐤔𐤉𐤕 𐤄𐤀𐤉𐤐𐤄 𐤌𐤇𐤌𐤓 𐤄𐤇𐤈𐤉𐤌
𐤅𐤔𐤔𐤉𐤕𐤌 𐤄𐤀𐤉𐤐𐤄 𐤌𐤇𐤌𐤓 𐤄𐤔𐤏𐤓𐤉𐤌•
𐤉𐤃 𐤅𐤇𐤒 𐤄𐤔𐤌𐤍 𐤄𐤁𐤕 𐤄𐤔𐤌𐤍 𐤌𐤏𐤔𐤓 𐤄𐤁𐤕 𐤌𐤍 𐤄𐤊𐤓 𐤏𐤔𐤓𐤕 𐤄𐤁𐤕𐤉𐤌 𐤇𐤌𐤓
𐤊𐤉 𐤏𐤔𐤓𐤕 𐤄𐤁𐤕𐤉𐤌 𐤇𐤌𐤓•
𐤈𐤅 𐤅𐤔𐤄 𐤀𐤇𐤕 𐤌𐤍 𐤄𐤑𐤀𐤍 𐤌𐤍 𐤄𐤌𐤀𐤕𐤉𐤌 𐤌𐤌𐤔𐤒𐤄 𐤉𐤔𐤓𐤀𐤋 𐤋𐤌𐤍𐤇𐤄
𐤅𐤋𐤏𐤅𐤋𐤄 𐤅𐤋𐤔𐤋𐤌𐤉𐤌 𐤋𐤊𐤐𐤓 𐤏𐤋𐤉𐤄𐤌 𐤍𐤀𐤌 𐤀𐤃𐤍𐤉 𐤉𐤄𐤅𐤄•
𐤈𐤆 𐤊𐤋 𐤄𐤏𐤌 𐤄𐤀𐤓𐤑 𐤉𐤄𐤉𐤅 𐤀𐤋 𐤄𐤕𐤓𐤅𐤌𐤄 𐤄𐤆𐤀𐤕 𐤋𐤍𐤔𐤉𐤀 𐤁𐤉𐤔𐤓𐤀𐤋•

𐤉𐤇𐤆𐤒𐤀𐤋

𐤉𐤆 𐤅𐤏𐤋 𐤄𐤍𐤔𐤉𐤀 𐤉𐤄𐤉𐤄 𐤄𐤏𐤅𐤋𐤅𐤕 𐤅𐤄𐤌𐤍𐤇𐤄 𐤅𐤄𐤍𐤎𐤊 𐤁𐤇𐤂𐤉𐤌 𐤅𐤁𐤇𐤃𐤔𐤉𐤌
𐤅𐤁𐤔𐤁𐤕𐤅𐤕 𐤁𐤊𐤋 𐤌𐤅𐤏𐤃𐤉 𐤁𐤉𐤕 𐤉𐤔𐤓𐤀𐤋 𐤄𐤅𐤀 𐤉𐤏𐤔𐤄 𐤀𐤕 𐤄𐤇𐤈𐤀𐤕 𐤅𐤀𐤕
𐤄𐤌𐤍𐤇𐤄 𐤅𐤀𐤕 𐤄𐤏𐤅𐤋𐤄 𐤅𐤀𐤕 𐤄𐤔𐤋𐤌𐤉𐤌 𐤋𐤊𐤐𐤓 𐤁𐤏𐤃 𐤁𐤉𐤕 𐤉𐤔𐤓𐤀𐤋•
𐤉𐤇 𐤊𐤄 𐤀𐤌𐤓 𐤀𐤃𐤍𐤉 𐤉𐤄𐤅𐤄 𐤁𐤓𐤀𐤔𐤅𐤍 𐤁𐤀𐤇𐤃 𐤋𐤇𐤃𐤔 𐤕𐤒𐤇 𐤐𐤓 𐤁𐤍 𐤁𐤒𐤓
𐤕𐤌𐤉𐤌 𐤅𐤇𐤈𐤀𐤕 𐤀𐤕 𐤄𐤌𐤒𐤃𐤔•
𐤉𐤈 𐤅𐤋𐤒𐤇 𐤄𐤊𐤄𐤍 𐤌𐤃𐤌 𐤄𐤇𐤈𐤀𐤕 𐤅𐤍𐤕𐤍 𐤀𐤋 𐤌𐤆𐤅𐤆𐤕 𐤄𐤁𐤉𐤕 𐤅𐤀𐤋 𐤀𐤓𐤁𐤏
𐤐𐤍𐤅𐤕 𐤄𐤏𐤆𐤓𐤄 𐤋𐤌𐤆𐤁𐤇 𐤅𐤏𐤋 𐤌𐤆𐤅𐤆𐤕 𐤔𐤏𐤓 𐤄𐤇𐤑𐤓 𐤄𐤐𐤍𐤉𐤌𐤉𐤕•
𐤊 𐤅𐤊𐤍 𐤕𐤏𐤔𐤄 𐤁𐤔𐤁𐤏𐤄 𐤁𐤇𐤃𐤔 𐤌𐤀𐤉𐤔 𐤔𐤂𐤄 𐤅𐤌𐤐𐤕𐤉 𐤅𐤊𐤐𐤓𐤕𐤌 𐤀𐤕 𐤄𐤁𐤉𐤕•
𐤊𐤀 𐤁𐤓𐤀𐤔𐤅𐤍 𐤁𐤀𐤓𐤁𐤏𐤄 𐤏𐤔𐤓 𐤉𐤅𐤌 𐤋𐤇𐤃𐤔 𐤉𐤄𐤉𐤄 𐤋𐤊𐤌 𐤄𐤐𐤎𐤇 𐤇𐤂 𐤔𐤁𐤏𐤅𐤕 𐤉𐤌𐤉𐤌 𐤌𐤑𐤅𐤕
𐤉𐤀𐤊𐤋•
𐤊𐤁 𐤅𐤏𐤔𐤄 𐤄𐤍𐤔𐤉𐤀 𐤁𐤉𐤅𐤌 𐤄𐤄𐤅𐤀 𐤁𐤏𐤃𐤅 𐤅𐤁𐤏𐤃 𐤊𐤋 𐤏𐤌 𐤄𐤀𐤓𐤑 𐤐𐤓 𐤇𐤈𐤀𐤕•
𐤊𐤂 𐤅𐤔𐤁𐤏𐤕 𐤉𐤌𐤉 𐤄𐤇𐤂 𐤉𐤏𐤔𐤄 𐤏𐤅𐤋𐤄 𐤋𐤉𐤄𐤅𐤄 𐤔𐤁𐤏𐤕 𐤐𐤓𐤉𐤌 𐤅𐤔𐤁𐤏𐤕
𐤀𐤉𐤋𐤉𐤌 𐤕𐤌𐤉𐤌𐤌 𐤋𐤉𐤅𐤌 𐤔𐤁𐤏𐤕 𐤄𐤉𐤌𐤉𐤌 𐤅𐤇𐤈𐤀𐤕 𐤔𐤏𐤉𐤓 𐤏𐤆𐤉𐤌 𐤋𐤉𐤅𐤌•
𐤊𐤃 𐤅𐤌𐤍𐤇𐤄 𐤀𐤉𐤐𐤄 𐤋𐤐𐤓 𐤅𐤀𐤉𐤐𐤄 𐤋𐤀𐤉𐤋 𐤉𐤏𐤔𐤄 𐤅𐤔𐤌𐤍 𐤄𐤉𐤍 𐤋𐤀𐤉𐤐𐤄•
𐤊𐤄 𐤁𐤔𐤁𐤉𐤏𐤉 𐤁𐤇𐤌𐤔𐤄 𐤏𐤔𐤓 𐤉𐤅𐤌 𐤋𐤇𐤃𐤔 𐤁𐤇𐤂 𐤉𐤏𐤔𐤄 𐤊𐤀𐤋𐤄 𐤔𐤁𐤏𐤕
𐤄𐤉𐤌𐤉𐤌 𐤊𐤇𐤈𐤀𐤕 𐤊𐤏𐤋𐤄 𐤅𐤊𐤌𐤍𐤇𐤄 𐤅𐤊𐤔𐤌𐤍•

𐤐𐤓𐤒 𐤌𐤅

𐤀 𐤊𐤄 𐤀𐤌𐤓 𐤀𐤃𐤍𐤉 𐤉𐤄𐤅𐤄 𐤔𐤏𐤓 𐤄𐤇𐤑𐤓 𐤄𐤐𐤍𐤉𐤌𐤉𐤕 𐤄𐤐𐤍𐤄 𐤒𐤃𐤉𐤌 𐤉𐤄𐤉𐤄
𐤎𐤂𐤅𐤓 𐤔𐤔𐤕 𐤉𐤌𐤉 𐤄𐤌𐤏𐤔𐤄 𐤅𐤁𐤉𐤅𐤌 𐤄𐤔𐤁𐤕 𐤉𐤐𐤕𐤇 𐤅𐤁𐤉𐤅𐤌 𐤄𐤇𐤃𐤔 𐤉𐤐𐤕𐤇•
𐤁 𐤅𐤁𐤀 𐤄𐤍𐤔𐤉𐤀 𐤃𐤓𐤊 𐤀𐤅𐤋𐤌 𐤄𐤔𐤏𐤓 𐤌𐤇𐤅𐤑 𐤅𐤏𐤌𐤃 𐤏𐤋 𐤌𐤆𐤅𐤆𐤕 𐤄𐤔𐤏𐤓
𐤅𐤏𐤔𐤅 𐤄𐤊𐤄𐤍𐤉𐤌 𐤀𐤕 𐤏𐤅𐤋𐤕𐤅 𐤅𐤀𐤕 𐤔𐤋𐤌𐤉𐤅 𐤅𐤄𐤔𐤕𐤇𐤅𐤄 𐤏𐤋 𐤌𐤐𐤕𐤍 𐤄𐤔𐤏𐤓
𐤅𐤉𐤑𐤀 𐤅𐤄𐤔𐤏𐤓 𐤋𐤀 𐤉𐤎𐤂𐤓 𐤏𐤃 𐤄𐤏𐤓𐤁•
𐤂 𐤅𐤄𐤔𐤕𐤇𐤅𐤅 𐤏𐤌 𐤄𐤀𐤓𐤑 𐤐𐤕𐤇 𐤄𐤔𐤏𐤓 𐤄𐤄𐤅𐤀 𐤁𐤔𐤁𐤕𐤅𐤕 𐤅𐤁𐤇𐤃𐤔𐤉𐤌 𐤋𐤐𐤍𐤉
𐤉𐤄𐤅𐤄•
𐤃 𐤅𐤄𐤏𐤋𐤄 𐤀𐤔𐤓 𐤉𐤒𐤓𐤁 𐤄𐤍𐤔𐤉𐤀 𐤋𐤉𐤄𐤅𐤄 𐤁𐤉𐤅𐤌 𐤄𐤔𐤁𐤕 𐤔𐤔𐤄 𐤊𐤁𐤔𐤉𐤌
𐤕𐤌𐤉𐤌𐤌 𐤅𐤀𐤉𐤋 𐤕𐤌𐤉𐤌•
𐤄 𐤅𐤌𐤍𐤇𐤄 𐤀𐤉𐤐𐤄 𐤋𐤀𐤉𐤋 𐤅𐤋𐤊𐤁𐤔𐤉𐤌 𐤌𐤍𐤇𐤄 𐤌𐤕𐤕 𐤉𐤃𐤅 𐤅𐤔𐤌𐤍 𐤄𐤉𐤍
𐤋𐤀𐤉𐤐𐤄•
𐤅 𐤅𐤁𐤉𐤅𐤌 𐤄𐤇𐤃𐤔 𐤐𐤓 𐤁𐤍 𐤁𐤒𐤓 𐤕𐤌𐤉𐤌𐤌 𐤅𐤔𐤔𐤕 𐤊𐤁𐤔𐤉𐤌 𐤅𐤀𐤉𐤋 𐤕𐤌𐤉𐤌𐤌
𐤉𐤄𐤉𐤅•
𐤆 𐤅𐤀𐤉𐤐𐤄 𐤋𐤐𐤓 𐤅𐤀𐤉𐤐𐤄 𐤋𐤀𐤉𐤋 𐤉𐤏𐤔𐤄 𐤌𐤍𐤇𐤄 𐤅𐤋𐤊𐤁𐤔𐤉𐤌 𐤊𐤀𐤔𐤓 𐤕𐤔𐤉𐤂
𐤉𐤃𐤅 𐤅𐤔𐤌𐤍 𐤄𐤉𐤍 𐤋𐤀𐤉𐤐𐤄•

𐤉𐤇𐤆𐤒𐤀𐤋

𐤇𐤅𐤁𐤁𐤅𐤀 𐤄𐤍𐤔𐤉𐤀 𐤃𐤓𐤊 𐤀𐤅𐤋𐤌 𐤄𐤔𐤏𐤓 𐤉𐤁𐤅𐤀 𐤅𐤁𐤃𐤓𐤊𐤅 𐤉𐤑𐤀•
𐤈𐤅𐤁𐤁𐤅𐤀 𐤏𐤌 𐤄𐤀𐤓𐤑 𐤋𐤐𐤍𐤉 𐤉𐤄𐤅𐤄 𐤁𐤌𐤅𐤏𐤃𐤉𐤌 𐤄𐤁𐤀 𐤃𐤓𐤊 𐤔𐤏𐤓 𐤑𐤐𐤅𐤍
𐤋𐤄𐤔𐤕𐤇𐤅𐤕 𐤉𐤑𐤀 𐤃𐤓𐤊 𐤔𐤏𐤓 𐤍𐤂𐤁 𐤅𐤄𐤁𐤀 𐤃𐤓𐤊 𐤔𐤏𐤓 𐤍𐤂𐤁 𐤉𐤑𐤀 𐤃𐤓𐤊 𐤔𐤏𐤓
𐤑𐤐𐤅𐤍𐤄 𐤋𐤀 𐤉𐤔𐤅𐤁 𐤃𐤓𐤊 𐤄𐤔𐤏𐤓 𐤀𐤔𐤓 𐤁𐤀 𐤁𐤅 𐤊𐤉 𐤍𐤊𐤇𐤅 𐤉𐤑𐤀𐤅 [𐤉𐤑𐤀]•
𐤉𐤅𐤄𐤍𐤔𐤉𐤀 𐤁𐤕𐤅𐤊𐤌 𐤁𐤁𐤅𐤀𐤌 𐤉𐤁𐤅𐤀 𐤅𐤁𐤑𐤀𐤕𐤌 𐤉𐤑𐤀𐤅•
𐤉𐤀 𐤅𐤁𐤇𐤂𐤉𐤌 𐤅𐤁𐤌𐤅𐤏𐤃𐤉𐤌 𐤕𐤄𐤉𐤄 𐤄𐤌𐤍𐤇𐤄 𐤀𐤉𐤐𐤄 𐤋𐤐𐤓 𐤅𐤀𐤉𐤐𐤄 𐤋𐤀𐤉𐤋
𐤅𐤋𐤊𐤁𐤔𐤉𐤌 𐤌𐤕𐤕 𐤉𐤃𐤅 𐤅𐤔𐤌𐤍 𐤄𐤉𐤍 𐤋𐤀𐤉𐤐𐤄•
𐤉𐤁 𐤅𐤊𐤉 𐤉𐤏𐤔𐤄 𐤄𐤍𐤔𐤉𐤀 𐤍𐤃𐤁𐤄 𐤏𐤅𐤋𐤄 𐤀𐤅 𐤔𐤋𐤌𐤉𐤌 𐤍𐤃𐤁𐤄 𐤋𐤉𐤄𐤅𐤄
𐤅𐤐𐤕𐤇 𐤋𐤅 𐤀𐤕 𐤄𐤔𐤏𐤓 𐤄𐤐𐤍𐤄 𐤒𐤃𐤉𐤌 𐤅𐤏𐤔𐤄 𐤀𐤕 𐤏𐤋𐤕𐤅 𐤅𐤀𐤕 𐤔𐤋𐤌𐤉𐤅 𐤊𐤀𐤔𐤓
𐤉𐤏𐤔𐤄 𐤁𐤉𐤅𐤌 𐤄𐤔𐤁𐤕 𐤅𐤉𐤑𐤀 𐤅𐤎𐤂𐤓 𐤀𐤕 𐤄𐤔𐤏𐤓 𐤀𐤇𐤓𐤉 𐤑𐤀𐤕𐤅•
𐤉𐤂 𐤅𐤊𐤁𐤔 𐤁𐤍 𐤔𐤍𐤕𐤅 𐤕𐤌𐤉𐤌 𐤕𐤏𐤔𐤄 𐤏𐤅𐤋𐤄 𐤋𐤉𐤅𐤌 𐤋𐤉𐤄𐤅𐤄 𐤁𐤁𐤒𐤓 𐤁𐤁𐤒𐤓
𐤕𐤏𐤔𐤄 𐤀𐤕𐤅•
𐤉𐤃 𐤅𐤌𐤍𐤇𐤄 𐤕𐤏𐤔𐤄 𐤏𐤋𐤉𐤅 𐤁𐤁𐤒𐤓 𐤁𐤁𐤒𐤓 𐤔𐤔𐤉𐤕 𐤄𐤀𐤉𐤐𐤄 𐤅𐤔𐤌𐤍 𐤔𐤋𐤉𐤔𐤉𐤕
𐤄𐤄𐤉𐤍 𐤋𐤓𐤎 𐤀𐤕 𐤄𐤎𐤋𐤕 𐤌𐤍𐤇𐤄 𐤋𐤉𐤄𐤅𐤄 𐤇𐤒𐤅𐤕 𐤏𐤅𐤋𐤌 𐤕𐤌𐤉𐤃•
𐤈𐤅 𐤅𐤏𐤔𐤅 [𐤉𐤏𐤔𐤅] 𐤀𐤕 𐤄𐤊𐤁𐤔 𐤅𐤀𐤕 𐤄𐤌𐤍𐤇𐤄 𐤅𐤀𐤕 𐤄𐤔𐤌𐤍 𐤁𐤁𐤒𐤓 𐤁𐤁𐤒𐤓
𐤏𐤅𐤋𐤕 𐤕𐤌𐤉𐤃•
𐤈𐤆 𐤊𐤄 𐤀𐤌𐤓 𐤀𐤃𐤍𐤉 𐤉𐤄𐤅𐤄 𐤊𐤉 𐤉𐤕𐤍 𐤄𐤍𐤔𐤉𐤀 𐤌𐤕𐤍𐤄 𐤋𐤀𐤉𐤔 𐤌𐤁𐤍𐤉𐤅
𐤍𐤇𐤋𐤕𐤅 𐤄𐤉𐤀 𐤋𐤁𐤍𐤉𐤅 𐤕𐤄𐤉𐤄 𐤀𐤇𐤆𐤕𐤌 𐤄𐤉𐤀 𐤁𐤍𐤇𐤋𐤄•
𐤉𐤆 𐤅𐤊𐤉 𐤉𐤕𐤍 𐤌𐤕𐤍𐤄 𐤌𐤍𐤇𐤋𐤕𐤅 𐤋𐤀𐤇𐤃 𐤌𐤏𐤁𐤃𐤉𐤅 𐤅𐤄𐤉𐤕𐤄 𐤋𐤅 𐤏𐤃 𐤔𐤍𐤕
𐤄𐤃𐤓𐤅𐤓 𐤅𐤔𐤁𐤕 𐤋𐤍𐤔𐤉𐤀 𐤀𐤊 𐤍𐤇𐤋𐤕𐤅 𐤁𐤍𐤉𐤅 𐤋𐤄𐤌 𐤕𐤄𐤉𐤄•
𐤉𐤇 𐤅𐤋𐤀 𐤉𐤒𐤇 𐤄𐤍𐤔𐤉𐤀 𐤌𐤍𐤇𐤋𐤕 𐤄𐤏𐤌 𐤋𐤄𐤅𐤍𐤕𐤌 𐤌𐤀𐤇𐤆𐤕𐤌 𐤌𐤀𐤇𐤆𐤕𐤅
𐤉𐤍𐤇𐤋 𐤀𐤕 𐤁𐤍𐤉𐤅 𐤋𐤌𐤏𐤍 𐤀𐤔𐤓 𐤋𐤀 𐤉𐤐𐤑𐤅 𐤏𐤌𐤉 𐤀𐤉𐤔 𐤌𐤀𐤇𐤆𐤕𐤅•
𐤉𐤈 𐤅𐤉𐤁𐤉𐤀𐤍𐤉 𐤁𐤌𐤁𐤅𐤀 𐤀𐤔𐤓 𐤏𐤋 𐤊𐤕𐤐 𐤄𐤔𐤏𐤓 𐤀𐤋 𐤄𐤋𐤔𐤊𐤅𐤕 𐤄𐤒𐤃𐤔 𐤀𐤋
𐤄𐤊𐤄𐤍𐤉𐤌 𐤄𐤐𐤍𐤅𐤕 𐤑𐤐𐤅𐤍𐤄 𐤅𐤄𐤍𐤄 𐤔𐤌 𐤌𐤒𐤅𐤌 𐤁𐤉𐤓𐤊𐤕𐤌 [𐤁𐤉𐤓𐤊𐤕𐤉𐤌]
𐤉𐤌𐤄•
𐤊 𐤅𐤉𐤀𐤌𐤓 𐤀𐤋𐤉 𐤆𐤄 𐤄𐤌𐤒𐤅𐤌 𐤀𐤔𐤓 𐤉𐤁𐤔𐤋𐤅 𐤔𐤌 𐤄𐤊𐤄𐤍𐤉𐤌 𐤀𐤕 𐤄𐤀𐤔𐤌
𐤅𐤀𐤕 𐤄𐤇𐤈𐤀𐤕 𐤀𐤔𐤓 𐤉𐤀𐤐𐤅 𐤀𐤕 𐤄𐤌𐤍𐤇𐤄 𐤋𐤁𐤋𐤕𐤉 𐤄𐤅𐤑𐤉𐤀 𐤀𐤋 𐤄𐤇𐤑𐤓
𐤄𐤇𐤉𐤑𐤅𐤍𐤄 𐤋𐤒𐤃𐤔 𐤀𐤕 𐤄𐤏𐤌•
𐤊𐤀 𐤅𐤉𐤅𐤑𐤉𐤀𐤍𐤉 𐤀𐤋 𐤄𐤇𐤑𐤓 𐤄𐤇𐤉𐤑𐤍𐤄 𐤅𐤉𐤏𐤁𐤉𐤓𐤍𐤉 𐤀𐤋 𐤀𐤓𐤁𐤏𐤕 𐤌𐤒𐤑𐤅𐤏𐤉
𐤄𐤇𐤑𐤓 𐤅𐤄𐤍𐤄 𐤇𐤑𐤓 𐤁𐤌𐤒𐤑𐤏 𐤄𐤇𐤑𐤓 𐤇𐤑𐤓 𐤁𐤌𐤒𐤑𐤏 𐤄𐤇𐤑𐤓•
𐤊𐤁 𐤁𐤀𐤓𐤁𐤏𐤕 𐤌𐤒𐤑𐤏𐤅𐤕 𐤄𐤇𐤑𐤓 𐤇𐤑𐤓𐤅𐤕 𐤒𐤈𐤓𐤅𐤕 𐤀𐤓𐤁𐤏𐤉𐤌 𐤀𐤓𐤊 𐤅𐤔𐤋𐤔𐤉𐤌
𐤓𐤇𐤁 𐤌𐤃𐤄 𐤀𐤇𐤕 𐤋𐤀𐤓𐤁𐤏𐤕𐤌 𐤌𐤄𐤒𐤑𐤏𐤅𐤕•
𐤊𐤂 𐤅𐤈𐤅𐤓 𐤎𐤁𐤉𐤁 𐤁𐤄𐤌 𐤎𐤁𐤉𐤁 𐤋𐤀𐤓𐤁𐤏𐤕𐤌 𐤅𐤌𐤁𐤔𐤋𐤅𐤕 𐤏𐤔𐤅𐤉 𐤌𐤕𐤇𐤕

יחזקאל

הטירות סביב.
כד ויאמר אלי אלה בית המבשלים אשר יבשלו שם משרתי
הבית את זבח העם.

פרק מז
א וישבני אל פתח הבית והנה מים יצאים מתחת מפתן הבית
קדימה כי פני הבית קדים והמים ירדים מתחת מכתף הבית
הימנית מנגב למזבח.
ב ויוצאני דרך שער צפונה ויסבני דרך חוץ אל שער החוץ דרך
הפונה קדים והנה מים מפכים מן הכתף הימנית.
ג בצאת האיש קדים וקו בידו וימד אלף באמה ויעברני במים
מי אפסים.
ד וימד אלף ויעברני במים מים ברכים וימד אלף ויעברני מי
מתנים.
ה וימד אלף נחל אשר לא אוכל לעבר כי גאו המים מי שחו נחל
אשר לא יעבר.
ו ויאמר אלי הראית בן אדם ויולכני וישבני על שפת הנחל.
ז בשובני והנה אל שפת הנחל עץ רב מאד מזה ומזה.
ח ויאמר אלי המים האלה יוצאים אל הגלילה הקדמונה
וירדו על הערבה ובאו הימה אל הימה המוצאים ונרפאו
[ונרפו] המים.
ט והיה כל נפש חיה אשר ישרץ אל כל אשר יבוא שם נחלים
יחיה והיה הדגה רבה מאד כי באו שמה המים האלה וירפאו
וחי כל אשר יבוא שמה הנחל.
י והיה יעמדו [עמדו] עליו דוגים מעין גדי ועד עין עגלים
משטוח לחרמים יהיו למינה תהיה דגתם כדגת הים הגדול רבה
מאד.
יא בצאתו [בצאתיו] וגבאיו ולא ירפאו למלח נתנו.
יב ועל הנחל יעלה על שפתו מזה ומזה כל עץ מאכל לא יבול
עלהו ולא יתם פריו לחדשיו יבכר כי מימיו מן המקדש המה
יוצאים והיה [והיו] פריו למאכל ועלהו לתרופה.
יג כה אמר אדני יהוה גה גבול אשר תתנחלו את הארץ לשני
עשר שבטי ישראל יוסף חבלים.

𐤉𐤃 𐤅𐤍𐤇𐤋𐤕𐤌 𐤀𐤅𐤕𐤄 𐤀𐤉𐤔 𐤊𐤀𐤇𐤉𐤅 𐤀𐤔𐤓 𐤍𐤔𐤀𐤕𐤉 𐤀𐤕 𐤉𐤃𐤉 𐤋𐤕𐤕𐤄
𐤋𐤀𐤁𐤕𐤉𐤊𐤌 𐤅𐤍𐤐𐤋𐤄 𐤄𐤀𐤓𐤑 𐤄𐤆𐤀𐤕 𐤋𐤊𐤌 𐤁𐤍𐤇𐤋𐤄•
𐤈𐤅 𐤅𐤆𐤄 𐤂𐤁𐤅𐤋 𐤄𐤀𐤓𐤑 𐤋𐤐𐤀𐤕 𐤑𐤐𐤅𐤍𐤄 𐤌𐤍 𐤄𐤉𐤌 𐤄𐤂𐤃𐤅𐤋 𐤄𐤃𐤓𐤊 𐤇𐤕𐤋𐤍
𐤋𐤁𐤅𐤀 𐤑𐤃𐤃𐤄•
𐤈𐤆 𐤇𐤌𐤕 𐤁𐤓𐤅𐤕𐤄 𐤎𐤁𐤓𐤉𐤌 𐤀𐤔𐤓 𐤁𐤉𐤍 𐤂𐤁𐤅𐤋 𐤃𐤌𐤔𐤒 𐤅𐤁𐤉𐤍 𐤂𐤁𐤅𐤋 𐤇𐤌𐤕 𐤇𐤑𐤓
𐤄𐤕𐤉𐤊𐤅𐤍 𐤀𐤔𐤓 𐤀𐤋 𐤂𐤁𐤅𐤋 𐤇𐤅𐤓𐤍•
𐤉𐤆 𐤅𐤄𐤉𐤄 𐤂𐤁𐤅𐤋 𐤌𐤍 𐤄𐤉𐤌 𐤇𐤑𐤓 𐤏𐤉𐤍𐤅𐤍 𐤂𐤁𐤅𐤋 𐤃𐤌𐤔𐤒 𐤅𐤑𐤐𐤅𐤍 𐤑𐤐𐤅𐤍𐤄
𐤅𐤂𐤁𐤅𐤋 𐤇𐤌𐤕 𐤅𐤀𐤕 𐤐𐤀𐤕 𐤑𐤐𐤅𐤍•
𐤉𐤇 𐤅𐤐𐤀𐤕 𐤒𐤃𐤉𐤌 𐤌𐤁𐤉𐤍 𐤇𐤅𐤓𐤍 𐤅𐤌𐤁𐤉𐤍 𐤃𐤌𐤔𐤒 𐤅𐤌𐤁𐤉𐤍 𐤄𐤂𐤋𐤏𐤃 𐤅𐤌𐤁𐤉𐤍
𐤀𐤓𐤑 𐤉𐤔𐤓𐤀𐤋 𐤄𐤉𐤓𐤃𐤍 𐤌𐤂𐤁𐤅𐤋 𐤏𐤋 𐤄𐤉𐤌 𐤄𐤒𐤃𐤌𐤅𐤍𐤉 𐤕𐤌𐤃𐤅 𐤅𐤀𐤕 𐤐𐤀𐤕
𐤒𐤃𐤉𐤌𐤄•
𐤉𐤈 𐤅𐤐𐤀𐤕 𐤍𐤂𐤁 𐤕𐤉𐤌𐤍𐤄 𐤌𐤕𐤌𐤓 𐤏𐤃 𐤌𐤉 𐤌𐤓𐤉𐤁𐤅𐤕 𐤒𐤃𐤔 𐤍𐤇𐤋𐤄 𐤀𐤋 𐤄𐤉𐤌
𐤄𐤂𐤃𐤅𐤋 𐤅𐤀𐤕 𐤐𐤀𐤕 𐤕𐤉𐤌𐤍𐤄 𐤍𐤂𐤁𐤄•
𐤊 𐤅𐤐𐤀𐤕 𐤉𐤌 𐤄𐤉𐤌 𐤄𐤂𐤃𐤅𐤋 𐤌𐤂𐤁𐤅𐤋 𐤏𐤃 𐤍𐤊𐤇 𐤋𐤁𐤅𐤀 𐤇𐤌𐤕 𐤆𐤀𐤕 𐤐𐤀𐤕 𐤉𐤌•
𐤊𐤀 𐤅𐤇𐤋𐤒𐤕𐤌 𐤀𐤕 𐤄𐤀𐤓𐤑 𐤄𐤆𐤀𐤕 𐤋𐤊𐤌 𐤋𐤔𐤁𐤈𐤉 𐤉𐤔𐤓𐤀𐤋•
𐤊𐤁 𐤅𐤄𐤉𐤄 𐤕𐤐𐤋𐤅 𐤀𐤅𐤕𐤄 𐤁𐤍𐤇𐤋𐤄 𐤋𐤊𐤌 𐤅𐤋𐤄𐤂𐤓𐤉𐤌 𐤄𐤂𐤓𐤉𐤌 𐤁𐤕𐤅𐤊𐤊𐤌 𐤀𐤔𐤓
𐤄𐤅𐤋𐤃𐤅 𐤁𐤍𐤉𐤌 𐤁𐤕𐤅𐤊𐤊𐤌 𐤅𐤄𐤉𐤅 𐤋𐤊𐤌 𐤊𐤀𐤆𐤓𐤇 𐤁𐤁𐤍𐤉 𐤉𐤔𐤓𐤀𐤋 𐤀𐤕𐤊𐤌
𐤉𐤐𐤋𐤅 𐤁𐤍𐤇𐤋𐤄 𐤁𐤕𐤅𐤊 𐤔𐤁𐤈𐤉 𐤉𐤔𐤓𐤀𐤋•
𐤊𐤂 𐤅𐤄𐤉𐤄 𐤁𐤔𐤁𐤈 𐤀𐤔𐤓 𐤂𐤓 𐤄𐤂𐤓 𐤀𐤕𐤅 𐤔𐤌 𐤕𐤕𐤍𐤅 𐤍𐤇𐤋𐤕𐤅 𐤍𐤀𐤌 𐤀𐤃𐤍𐤉
𐤉𐤄𐤅𐤄•

𐤐𐤓𐤒 𐤌𐤇

𐤀 𐤅𐤀𐤋𐤄 𐤔𐤌𐤅𐤕 𐤄𐤔𐤁𐤈𐤉𐤌 𐤌𐤒𐤑𐤄 𐤑𐤐𐤅𐤍𐤄 𐤀𐤋 𐤉𐤃 𐤃𐤓𐤊 𐤇𐤕𐤋𐤍 𐤋𐤁𐤅𐤀
𐤇𐤌𐤕 𐤇𐤑𐤓 𐤏𐤉𐤍𐤍 𐤂𐤁𐤅𐤋 𐤃𐤌𐤔𐤒 𐤑𐤐𐤅𐤍𐤄 𐤀𐤋 𐤉𐤃 𐤇𐤌𐤕 𐤅𐤄𐤉𐤅 𐤋𐤅 𐤐𐤀𐤕 𐤒𐤃𐤉𐤌
𐤄𐤉𐤌 𐤃𐤍 𐤀𐤇𐤃•
𐤁 𐤅𐤏𐤋 𐤂𐤁𐤅𐤋 𐤃𐤍 𐤌𐤐𐤀𐤕 𐤒𐤃𐤉𐤌 𐤏𐤃 𐤐𐤀𐤕 𐤉𐤌𐤄 𐤀𐤔𐤓 𐤀𐤇𐤃•
𐤂 𐤅𐤏𐤋 𐤂𐤁𐤅𐤋 𐤀𐤔𐤓 𐤌𐤐𐤀𐤕 𐤒𐤃𐤉𐤌𐤄 𐤅𐤏𐤃 𐤐𐤀𐤕 𐤉𐤌𐤄 𐤍𐤐𐤕𐤋𐤉 𐤀𐤇𐤃•
𐤃 𐤅𐤏𐤋 𐤂𐤁𐤅𐤋 𐤍𐤐𐤕𐤋𐤉 𐤌𐤐𐤀𐤕 𐤒𐤃𐤌𐤄 𐤏𐤃 𐤐𐤀𐤕 𐤉𐤌𐤄 𐤌𐤍𐤔𐤄 𐤀𐤇𐤃•
𐤄 𐤅𐤏𐤋 𐤂𐤁𐤅𐤋 𐤌𐤍𐤔𐤄 𐤌𐤐𐤀𐤕 𐤒𐤃𐤌𐤄 𐤏𐤃 𐤐𐤀𐤕 𐤉𐤌𐤄 𐤀𐤐𐤓𐤉𐤌 𐤀𐤇𐤃•
𐤅 𐤅𐤏𐤋 𐤂𐤁𐤅𐤋 𐤀𐤐𐤓𐤉𐤌 𐤌𐤐𐤀𐤕 𐤒𐤃𐤉𐤌 𐤅𐤏𐤃 𐤐𐤀𐤕 𐤉𐤌𐤄 𐤓𐤀𐤅𐤁𐤍 𐤀𐤇𐤃•
𐤆 𐤅𐤏𐤋 𐤂𐤁𐤅𐤋 𐤓𐤀𐤅𐤁𐤍 𐤌𐤐𐤀𐤕 𐤒𐤃𐤉𐤌 𐤏𐤃 𐤐𐤀𐤕 𐤉𐤌𐤄 𐤉𐤄𐤅𐤃𐤄 𐤀𐤇𐤃•
𐤇 𐤅𐤏𐤋 𐤂𐤁𐤅𐤋 𐤉𐤄𐤅𐤃𐤄 𐤌𐤐𐤀𐤕 𐤒𐤃𐤉𐤌 𐤏𐤃 𐤐𐤀𐤕 𐤉𐤌𐤄 𐤕𐤄𐤉𐤄 𐤄𐤕𐤓𐤅𐤌𐤄 𐤀𐤔𐤓
𐤕𐤓𐤉𐤌𐤅 𐤇𐤌𐤔𐤄 𐤅𐤏𐤔𐤓𐤉𐤌 𐤀𐤋𐤐 𐤓𐤇𐤁 𐤅𐤀𐤓𐤊 𐤊𐤀𐤇𐤃 𐤄𐤇𐤋𐤒𐤉𐤌 𐤌𐤐𐤀𐤕 𐤒𐤃𐤉𐤌𐤄

𐤉𐤇𐤆𐤒𐤀𐤋

𐤏𐤃 𐤐𐤀𐤕 𐤉𐤌𐤄 𐤅𐤄𐤉𐤄 𐤄𐤌𐤒𐤃𐤔 𐤁𐤕𐤅𐤊𐤅.
𐤈 𐤄𐤕𐤓𐤅𐤌𐤄 𐤀𐤔𐤓 𐤕𐤓𐤉𐤌𐤅 𐤋𐤉𐤄𐤅𐤄 𐤀𐤓𐤊 𐤇𐤌𐤔𐤄 𐤅𐤏𐤔𐤓𐤉𐤌 𐤀𐤋𐤐 𐤅𐤓𐤇𐤁
𐤏𐤔𐤓𐤕 𐤀𐤋𐤐𐤉𐤌.
𐤉 𐤅𐤋𐤀𐤋𐤄 𐤕𐤄𐤉𐤄 𐤕𐤓𐤅𐤌𐤕 𐤄𐤒𐤃𐤔 𐤋𐤊𐤄𐤍𐤉𐤌 𐤑𐤐𐤅𐤍𐤄 𐤇𐤌𐤔𐤄 𐤅𐤏𐤔𐤓𐤉𐤌
𐤀𐤋𐤐 𐤅𐤉𐤌𐤄 𐤓𐤇𐤁 𐤏𐤔𐤓𐤕 𐤀𐤋𐤐𐤉𐤌 𐤅𐤒𐤃𐤉𐤌𐤄 𐤓𐤇𐤁 𐤏𐤔𐤓𐤕 𐤀𐤋𐤐𐤉𐤌 𐤅𐤍𐤂𐤁𐤄
𐤀𐤓𐤊 𐤇𐤌𐤔𐤄 𐤅𐤏𐤔𐤓𐤉𐤌 𐤀𐤋𐤐 𐤅𐤄𐤉𐤄 𐤌𐤒𐤃𐤔 𐤉𐤄𐤅𐤄 𐤁𐤕𐤅𐤊𐤅.
𐤉𐤀 𐤋𐤊𐤄𐤍𐤉𐤌 𐤄𐤌𐤒𐤃𐤔 𐤌𐤁𐤍𐤉 𐤑𐤃𐤅𐤒 𐤀𐤔𐤓 𐤔𐤌𐤓𐤅 𐤌𐤔𐤌𐤓𐤕𐤉 𐤀𐤔𐤓 𐤋𐤀
𐤕𐤏𐤅 𐤁𐤕𐤏𐤅𐤕 𐤁𐤍𐤉 𐤉𐤔𐤓𐤀𐤋 𐤊𐤀𐤔𐤓 𐤕𐤏𐤅 𐤄𐤋𐤅𐤉𐤌.
𐤉𐤁 𐤅𐤄𐤉𐤕𐤄 𐤋𐤄𐤌 𐤕𐤓𐤅𐤌𐤉𐤄 𐤌𐤕𐤓𐤅𐤌𐤕 𐤄𐤀𐤓𐤑 𐤒𐤃𐤔 𐤒𐤃𐤔𐤉𐤌 𐤀𐤋
𐤂𐤁𐤅𐤋 𐤄𐤋𐤅𐤉𐤌.
𐤉𐤂 𐤅𐤄𐤋𐤅𐤉𐤌 𐤋𐤏𐤌𐤕 𐤂𐤁𐤅𐤋 𐤄𐤊𐤄𐤍𐤉𐤌 𐤇𐤌𐤔𐤄 𐤅𐤏𐤔𐤓𐤉𐤌 𐤀𐤋𐤐 𐤀𐤓𐤊 𐤅𐤓𐤇𐤁
𐤏𐤔𐤓𐤕 𐤀𐤋𐤐𐤉𐤌 𐤊𐤋 𐤀𐤓𐤊 𐤇𐤌𐤔𐤄 𐤅𐤏𐤔𐤓𐤉𐤌 𐤀𐤋𐤐 𐤅𐤓𐤇𐤁 𐤏𐤔𐤓𐤕 𐤀𐤋𐤐𐤉𐤌.
𐤉𐤃 𐤅𐤋𐤀 𐤉𐤌𐤊𐤓𐤅 𐤌𐤌𐤍𐤅 𐤅𐤋𐤀 𐤉𐤌𐤓 𐤅𐤋𐤀 𐤉𐤏𐤁𐤅𐤓 [𐤉𐤏𐤁𐤉𐤓] 𐤓𐤀𐤔𐤉𐤕 𐤄𐤀𐤓𐤑
𐤊𐤉 𐤒𐤃𐤔 𐤋𐤉𐤄𐤅𐤄.
𐤈𐤅 𐤅𐤇𐤌𐤔𐤕 𐤀𐤋𐤐𐤉𐤌 𐤄𐤍𐤅𐤕𐤓 𐤁𐤓𐤇𐤁 𐤏𐤋 𐤐𐤍𐤉 𐤇𐤌𐤔𐤄 𐤅𐤏𐤔𐤓𐤉𐤌 𐤀𐤋𐤐 𐤇𐤋
𐤄𐤅𐤀 𐤋𐤏𐤉𐤓 𐤋𐤌𐤅𐤔𐤁 𐤅𐤋𐤌𐤂𐤓𐤔 𐤅𐤄𐤉𐤕𐤄 𐤄𐤏𐤉𐤓 𐤁𐤕𐤅𐤊𐤄 [𐤁𐤕𐤅𐤊𐤅].
𐤈𐤆 𐤅𐤀𐤋𐤄 𐤌𐤃𐤅𐤕𐤉𐤄 𐤐𐤀𐤕 𐤑𐤐𐤅𐤍 𐤇𐤌𐤔 𐤌𐤀𐤅𐤕 𐤅𐤀𐤓𐤁𐤏𐤕 𐤀𐤋𐤐𐤉𐤌 𐤅𐤐𐤀𐤕
𐤍𐤂𐤁 𐤇𐤌𐤔 (𐤊𐤕𐤉𐤁 𐤅𐤋𐤀 𐤒𐤓𐤉.
) 𐤇𐤌𐤔 𐤌𐤀𐤅𐤕 𐤅𐤀𐤓𐤁𐤏𐤕 𐤀𐤋𐤐𐤉𐤌 𐤅𐤌𐤐𐤀𐤕 𐤒𐤃𐤉𐤌 𐤇𐤌𐤔 𐤌𐤀𐤅𐤕 𐤅𐤀𐤓𐤁𐤏𐤕
𐤀𐤋𐤐𐤉𐤌 𐤅𐤐𐤀𐤕 𐤉𐤌𐤄 𐤇𐤌𐤔 𐤌𐤀𐤅𐤕 𐤅𐤀𐤓𐤁𐤏𐤕 𐤀𐤋𐤐𐤉𐤌.
𐤉𐤆 𐤅𐤄𐤉𐤄 𐤌𐤂𐤓𐤔 𐤋𐤏𐤉𐤓 𐤑𐤐𐤅𐤍𐤄 𐤇𐤌𐤔𐤉𐤌 𐤅𐤌𐤀𐤕𐤉𐤌 𐤅𐤍𐤂𐤁𐤄 𐤇𐤌𐤔𐤉𐤌
𐤅𐤌𐤀𐤕𐤉𐤌 𐤅𐤒𐤃𐤉𐤌𐤄 𐤇𐤌𐤔𐤉𐤌 𐤅𐤌𐤀𐤕𐤉𐤌 𐤅𐤉𐤌𐤄 𐤇𐤌𐤔𐤉𐤌 𐤅𐤌𐤀𐤕𐤉𐤌.
𐤉𐤇 𐤅𐤄𐤍𐤅𐤕𐤓 𐤁𐤀𐤓𐤊 𐤋𐤏𐤌𐤕 𐤕𐤓𐤅𐤌𐤕 𐤄𐤒𐤃𐤔 𐤏𐤔𐤓𐤕 𐤀𐤋𐤐𐤉𐤌 𐤒𐤃𐤉𐤌𐤄
𐤅𐤏𐤔𐤓𐤕 𐤀𐤋𐤐𐤉𐤌 𐤉𐤌𐤄 𐤅𐤄𐤉𐤄 𐤋𐤏𐤌𐤕 𐤕𐤓𐤅𐤌𐤕 𐤄𐤒𐤃𐤔 𐤅𐤄𐤉𐤕𐤄 𐤕𐤁𐤅𐤀𐤕𐤄
[𐤕𐤁𐤅𐤀𐤕𐤅] 𐤋𐤋𐤇𐤌 𐤋𐤏𐤁𐤃𐤉 𐤄𐤏𐤉𐤓.
𐤉𐤈 𐤅𐤄𐤏𐤁𐤃 𐤄𐤏𐤉𐤓 𐤉𐤏𐤁𐤃𐤅𐤄𐤅 𐤌𐤊𐤋 𐤔𐤁𐤈𐤉 𐤉𐤔𐤓𐤀𐤋.
𐤊 𐤊𐤋 𐤄𐤕𐤓𐤅𐤌𐤄 𐤇𐤌𐤔𐤄 𐤅𐤏𐤔𐤓𐤉𐤌 𐤀𐤋𐤐 𐤁𐤇𐤌𐤔𐤄 𐤅𐤏𐤔𐤓𐤉𐤌 𐤀𐤋𐤐 𐤓𐤁𐤉𐤏𐤉𐤕
𐤕𐤓𐤉𐤌𐤅 𐤀𐤕 𐤕𐤓𐤅𐤌𐤕 𐤄𐤒𐤃𐤔 𐤀𐤋 𐤀𐤇𐤆𐤕 𐤄𐤏𐤉𐤓.
𐤊𐤀 𐤅𐤄𐤍𐤅𐤕𐤓 𐤋𐤍𐤔𐤉𐤀 𐤌𐤆𐤄 𐤅𐤌𐤆𐤄 𐤋𐤕𐤓𐤅𐤌𐤕 𐤄𐤒𐤃𐤔 𐤅𐤋𐤀𐤇𐤆𐤕 𐤄𐤏𐤉𐤓
𐤀𐤋 𐤐𐤍𐤉 𐤇𐤌𐤔𐤄 𐤅𐤏𐤔𐤓𐤉𐤌 𐤀𐤋𐤐 𐤕𐤓𐤅𐤌𐤄 𐤏𐤃 𐤂𐤁𐤅𐤋 𐤒𐤃𐤉𐤌𐤄 𐤅𐤉𐤌𐤄 𐤏𐤋
𐤐𐤍𐤉 𐤇𐤌𐤔𐤄 𐤅𐤏𐤔𐤓𐤉𐤌 𐤀𐤋𐤐 𐤏𐤋 𐤂𐤁𐤅𐤋 𐤉𐤌𐤄 𐤋𐤏𐤌𐤕 𐤇𐤋𐤒𐤉𐤌 𐤋𐤍𐤔𐤉𐤀
𐤅𐤄𐤉𐤕𐤄 𐤕𐤓𐤅𐤌𐤕 𐤄𐤒𐤃𐤔 𐤅𐤌𐤒𐤃𐤔 𐤄𐤁𐤉𐤕 𐤁𐤕𐤅𐤊𐤄 [𐤁𐤕𐤅𐤊𐤅].
𐤊𐤁 𐤅𐤌𐤀𐤇𐤆𐤕 𐤄𐤋𐤅𐤉𐤌 𐤅𐤌𐤀𐤇𐤆𐤕 𐤄𐤏𐤉𐤓 𐤁𐤕𐤅𐤊 𐤀𐤔𐤓 𐤋𐤍𐤔𐤉𐤀 𐤉𐤄𐤉𐤄 𐤁𐤉𐤍

𐤉𐤇𐤆𐤒𐤀𐤋

𐤂𐤁𐤅𐤋 𐤉𐤄𐤅𐤃𐤄 𐤅𐤁𐤉𐤍 𐤂𐤁𐤅𐤋 𐤁𐤍𐤉𐤌𐤍 𐤋𐤍𐤔𐤉𐤀 𐤉𐤄𐤉𐤄•
𐤊𐤂 𐤅𐤉𐤕𐤓 𐤄𐤔𐤁𐤈𐤉𐤌 𐤌𐤐𐤀𐤕 𐤒𐤃𐤉𐤌𐤄 𐤏𐤃 𐤐𐤀𐤕 𐤉𐤌𐤄 𐤁𐤍𐤉𐤌𐤍 𐤀𐤇𐤃•
𐤊𐤃 𐤅𐤏𐤋 𐤂𐤁𐤅𐤋 𐤁𐤍𐤉𐤌𐤍 𐤌𐤐𐤀𐤕 𐤒𐤃𐤉𐤌𐤄 𐤏𐤃 𐤐𐤀𐤕 𐤉𐤌𐤄 𐤔𐤌𐤏𐤅𐤍 𐤀𐤇𐤃•
𐤊𐤄 𐤅𐤏𐤋 𐤂𐤁𐤅𐤋 𐤔𐤌𐤏𐤅𐤍 𐤌𐤐𐤀𐤕 𐤒𐤃𐤉𐤌𐤄 𐤏𐤃 𐤐𐤀𐤕 𐤉𐤌𐤄 𐤉𐤔𐤔𐤊𐤓 𐤀𐤇𐤃•
𐤊𐤅 𐤅𐤏𐤋 𐤂𐤁𐤅𐤋 𐤉𐤔𐤔𐤊𐤓 𐤌𐤐𐤀𐤕 𐤒𐤃𐤉𐤌𐤄 𐤏𐤃 𐤐𐤀𐤕 𐤉𐤌𐤄 𐤆𐤁𐤅𐤋𐤍 𐤀𐤇𐤃•
𐤊𐤆 𐤅𐤏𐤋 𐤂𐤁𐤅𐤋 𐤆𐤁𐤅𐤋𐤍 𐤌𐤐𐤀𐤕 𐤒𐤃𐤌𐤄 𐤏𐤃 𐤐𐤀𐤕 𐤉𐤌𐤄 𐤂𐤃 𐤀𐤇𐤃•
𐤊𐤇 𐤅𐤏𐤋 𐤂𐤁𐤅𐤋 𐤂𐤃 𐤀𐤋 𐤐𐤀𐤕 𐤍𐤂𐤁 𐤕𐤉𐤌𐤍𐤄 𐤅𐤄𐤉𐤄 𐤂𐤁𐤅𐤋 𐤌𐤕𐤌𐤓 𐤌𐤉
𐤌𐤓𐤉𐤁𐤕 𐤒𐤃𐤔 𐤍𐤇𐤋𐤄 𐤏𐤋 𐤄𐤉𐤌 𐤄𐤂𐤃𐤅𐤋•
𐤊𐤈𐤆𐤀𐤕 𐤄𐤀𐤓𐤑 𐤀𐤔𐤓 𐤕𐤐𐤉𐤋𐤅 𐤌𐤍𐤇𐤋𐤄 𐤋𐤔𐤁𐤈𐤉 𐤉𐤔𐤓𐤀𐤋 𐤅𐤀𐤋𐤄
𐤌𐤇𐤋𐤒𐤅𐤕𐤌 𐤍𐤀𐤌 𐤀𐤃𐤍𐤉 𐤉𐤄𐤅𐤄•
𐤋 𐤅𐤀𐤋𐤄 𐤕𐤅𐤑𐤀𐤕 𐤄𐤏𐤉𐤓 𐤌𐤐𐤀𐤕 𐤑𐤐𐤅𐤍 𐤇𐤌𐤔 𐤌𐤀𐤅𐤕 𐤅𐤀𐤓𐤁𐤏𐤕 𐤀𐤋𐤐𐤉𐤌
𐤌𐤃𐤄•
𐤋𐤀𐤅𐤔𐤏𐤓𐤉 𐤄𐤏𐤉𐤓 𐤏𐤋 𐤔𐤌𐤅𐤕 𐤔𐤁𐤈𐤉 𐤉𐤔𐤓𐤀𐤋 𐤔𐤏𐤓𐤉𐤌 𐤔𐤋𐤅𐤔𐤄 𐤑𐤐𐤅𐤍𐤄
𐤔𐤏𐤓 𐤓𐤀𐤅𐤁𐤍 𐤀𐤇𐤃 𐤔𐤏𐤓 𐤉𐤄𐤅𐤃𐤄 𐤀𐤇𐤃 𐤔𐤏𐤓 𐤋𐤅𐤉 𐤀𐤇𐤃•
𐤋𐤁𐤅𐤀𐤋 𐤐𐤀𐤕 𐤒𐤃𐤉𐤌𐤄 𐤇𐤌𐤔 𐤌𐤀𐤅𐤕 𐤅𐤀𐤓𐤁𐤏𐤕 𐤀𐤋𐤐𐤉𐤌 𐤅𐤔𐤏𐤓𐤉𐤌 𐤔𐤋𐤔𐤄
𐤅𐤔𐤏𐤓 𐤉𐤅𐤎𐤐 𐤀𐤇𐤃 𐤔𐤏𐤓 𐤁𐤍𐤉𐤌𐤍 𐤀𐤇𐤃 𐤔𐤏𐤓 𐤃𐤍 𐤀𐤇𐤃•
𐤋𐤂𐤅𐤐𐤀𐤕 𐤍𐤂𐤁𐤄 𐤇𐤌𐤔 𐤌𐤀𐤅𐤕 𐤅𐤀𐤓𐤁𐤏𐤕 𐤀𐤋𐤐𐤉𐤌 𐤌𐤃𐤄 𐤅𐤔𐤏𐤓𐤉𐤌 𐤔𐤋𐤔𐤄
𐤔𐤏𐤓 𐤔𐤌𐤏𐤅𐤍 𐤀𐤇𐤃 𐤔𐤏𐤓 𐤉𐤔𐤔𐤊𐤓 𐤀𐤇𐤃 𐤔𐤏𐤓 𐤆𐤁𐤅𐤋𐤍 𐤀𐤇𐤃•
𐤋𐤃𐤐𐤀𐤕 𐤉𐤌𐤄 𐤇𐤌𐤔 𐤌𐤀𐤅𐤕 𐤅𐤀𐤓𐤁𐤏𐤕 𐤀𐤋𐤐𐤉𐤌 𐤔𐤏𐤓𐤉𐤄𐤌 𐤔𐤋𐤔𐤄 𐤔𐤏𐤓 𐤂𐤃
𐤀𐤇𐤃 𐤔𐤏𐤓 𐤀𐤔𐤓 𐤀𐤇𐤃 𐤔𐤏𐤓 𐤍𐤐𐤕𐤋𐤉 𐤀𐤇𐤃•
𐤋𐤄 𐤎𐤁𐤉𐤁 𐤔𐤌𐤍𐤄 𐤏𐤔𐤓 𐤀𐤋𐤐 𐤅𐤔𐤌 𐤄𐤏𐤉𐤓 𐤌𐤉𐤅𐤌 𐤉𐤄𐤅𐤄 𐤔𐤌𐤄•

𐤃𐤍𐤉𐤀𐤋

𐤐𐤓𐤒 𐤀

𐤀𐤁𐤔𐤍𐤕 𐤔𐤋𐤅𐤔 𐤋𐤌𐤋𐤊𐤅𐤕 𐤉𐤄𐤅𐤉𐤒𐤉𐤌 𐤌𐤋𐤊 𐤉𐤄𐤅𐤃𐤄 𐤁𐤀 𐤍𐤁𐤅𐤊𐤃𐤍𐤀𐤑𐤓
𐤌𐤋𐤊 𐤁𐤁𐤋 𐤉𐤓𐤅𐤔𐤋𐤌 𐤅𐤉𐤑𐤓 𐤏𐤋𐤉𐤄•
𐤁𐤅𐤉𐤕𐤍 𐤀𐤃𐤍𐤉 𐤁𐤉𐤃𐤅 𐤀𐤕 𐤉𐤄𐤅𐤉𐤒𐤉𐤌 𐤌𐤋𐤊 𐤉𐤄𐤅𐤃𐤄 𐤅𐤌𐤒𐤑𐤕 𐤊𐤋𐤉 𐤁𐤉𐤕
𐤄𐤀𐤋𐤄𐤉𐤌 𐤅𐤉𐤁𐤉𐤀𐤌 𐤀𐤓𐤑 𐤔𐤍𐤏𐤓 𐤁𐤉𐤕 𐤀𐤋𐤄𐤉𐤅 𐤅𐤀𐤕 𐤄𐤊𐤋𐤉𐤌 𐤄𐤁𐤉𐤀 𐤁𐤉𐤕
𐤀𐤅𐤑𐤓 𐤀𐤋𐤄𐤉𐤅•
𐤂𐤅𐤉𐤀𐤌𐤓 𐤄𐤌𐤋𐤊 𐤋𐤀𐤔𐤐𐤍𐤆 𐤓𐤁 𐤎𐤓𐤉𐤎𐤉𐤅 𐤋𐤄𐤁𐤉𐤀 𐤌𐤁𐤍𐤉 𐤉𐤔𐤓𐤀𐤋 𐤅𐤌𐤆𐤓𐤏
𐤄𐤌𐤋𐤅𐤊𐤄 𐤅𐤌𐤍 𐤄𐤐𐤓𐤕𐤌𐤉𐤌•
𐤃 𐤉𐤋𐤃𐤉𐤌 𐤀𐤔𐤓 𐤀𐤉𐤍 𐤁𐤄𐤌 𐤊𐤋 𐤌𐤀𐤅𐤌 [𐤌𐤅𐤌] 𐤅𐤈𐤅𐤁𐤉 𐤌𐤓𐤀𐤄
𐤅𐤌𐤔𐤊𐤉𐤋𐤉𐤌 𐤁𐤊𐤋 𐤇𐤊𐤌𐤄 𐤅𐤉𐤃𐤏𐤉 𐤃𐤏𐤕 𐤅𐤌𐤁𐤉𐤍𐤉 𐤌𐤃𐤏 𐤅𐤀𐤔𐤓 𐤊𐤇 𐤁𐤄𐤌
𐤋𐤏𐤌𐤃 𐤁𐤄𐤉𐤊𐤋 𐤄𐤌𐤋𐤊 𐤅𐤋𐤋𐤌𐤃𐤌 𐤎𐤐𐤓 𐤅𐤋𐤔𐤅𐤍 𐤊𐤔𐤃𐤉𐤌•
𐤄𐤅𐤉𐤌𐤍 𐤋𐤄𐤌 𐤄𐤌𐤋𐤊 𐤃𐤁𐤓 𐤉𐤅𐤌 𐤁𐤉𐤅𐤌𐤅 𐤌𐤐𐤕 𐤁𐤂 𐤄𐤌𐤋𐤊 𐤅𐤌𐤉𐤉𐤍
𐤌𐤔𐤕𐤉𐤅 𐤅𐤋𐤂𐤃𐤋𐤌 𐤔𐤍𐤉𐤌 𐤔𐤋𐤅𐤔 𐤅𐤌𐤒𐤑𐤕𐤌 𐤉𐤏𐤌𐤃𐤅 𐤋𐤐𐤍𐤉 𐤄𐤌𐤋𐤊•
𐤅𐤅𐤉𐤄𐤉 𐤁𐤄𐤌 𐤌𐤁𐤍𐤉 𐤉𐤄𐤅𐤃𐤄 𐤃𐤍𐤉𐤀𐤋 𐤇𐤍𐤍𐤉𐤄 𐤌𐤉𐤔𐤀𐤋 𐤅𐤏𐤆𐤓𐤉𐤄•
𐤆𐤅𐤉𐤔𐤌 𐤋𐤄𐤌 𐤔𐤓 𐤄𐤎𐤓𐤉𐤎𐤉𐤌 𐤔𐤌𐤅𐤕 𐤅𐤉𐤔𐤌 𐤋𐤃𐤍𐤉𐤀𐤋 𐤁𐤋𐤈𐤔𐤀𐤑𐤓
𐤅𐤋𐤇𐤍𐤍𐤉𐤄 𐤔𐤃𐤓𐤊 𐤅𐤋𐤌𐤉𐤔𐤀𐤋 𐤌𐤉𐤔𐤊 𐤅𐤋𐤏𐤆𐤓𐤉𐤄 𐤏𐤁𐤃 𐤍𐤂𐤅•
𐤇𐤅𐤉𐤔𐤌 𐤃𐤍𐤉𐤀𐤋 𐤏𐤋 𐤋𐤁𐤅 𐤀𐤔𐤓 𐤋𐤀 𐤉𐤕𐤂𐤀𐤋 𐤁𐤐𐤕 𐤁𐤂 𐤄𐤌𐤋𐤊 𐤅𐤁𐤉𐤉𐤍
𐤌𐤔𐤕𐤉𐤅 𐤅𐤉𐤁𐤒𐤔 𐤌𐤔𐤓 𐤄𐤎𐤓𐤉𐤎𐤉𐤌 𐤀𐤔𐤓 𐤋𐤀 𐤉𐤕𐤂𐤀𐤋•
𐤈𐤅𐤉𐤕𐤍 𐤄𐤀𐤋𐤄𐤉𐤌 𐤀𐤕 𐤃𐤍𐤉𐤀𐤋 𐤋𐤇𐤎𐤃 𐤅𐤋𐤓𐤇𐤌𐤉𐤌 𐤋𐤐𐤍𐤉 𐤔𐤓 𐤄𐤎𐤓𐤉𐤎𐤉𐤌•
𐤉𐤅𐤉𐤀𐤌𐤓 𐤔𐤓 𐤄𐤎𐤓𐤉𐤎𐤉𐤌 𐤋𐤃𐤍𐤉𐤀𐤋 𐤉𐤓𐤀 𐤀𐤍𐤉 𐤀𐤕 𐤀𐤃𐤍𐤉 𐤄𐤌𐤋𐤊 𐤀𐤔𐤓
𐤌𐤍𐤄 𐤀𐤕 𐤌𐤀𐤊𐤋𐤊𐤌 𐤅𐤀𐤕 𐤌𐤔𐤕𐤉𐤊𐤌 𐤀𐤔𐤓 𐤋𐤌𐤄 𐤉𐤓𐤀𐤄 𐤀𐤕 𐤐𐤍𐤉𐤊𐤌
𐤆𐤏𐤐𐤉𐤌 𐤌𐤍 𐤄𐤉𐤋𐤃𐤉𐤌 𐤀𐤔𐤓 𐤊𐤂𐤉𐤋𐤊𐤌 𐤅𐤇𐤉𐤁𐤕𐤌 𐤀𐤕 𐤓𐤀𐤔𐤉 𐤋𐤌𐤋𐤊•
𐤉𐤀𐤅𐤉𐤀𐤌𐤓 𐤃𐤍𐤉𐤀𐤋 𐤀𐤋 𐤄𐤌𐤋𐤑𐤓 𐤀𐤔𐤓 𐤌𐤍𐤄 𐤔𐤓 𐤄𐤎𐤓𐤉𐤎𐤉𐤌 𐤏𐤋 𐤃𐤍𐤉𐤀𐤋
𐤇𐤍𐤍𐤉𐤄 𐤌𐤉𐤔𐤀𐤋 𐤅𐤏𐤆𐤓𐤉𐤄•
𐤉𐤁 𐤍𐤎 𐤍𐤀 𐤀𐤕 𐤏𐤁𐤃𐤉𐤊 𐤉𐤌𐤉𐤌 𐤏𐤔𐤓𐤄 𐤅𐤉𐤕𐤍𐤅 𐤋𐤍𐤅 𐤌𐤍 𐤄𐤆𐤓𐤏𐤉𐤌
𐤅𐤍𐤀𐤊𐤋𐤄 𐤅𐤌𐤉𐤌 𐤅𐤍𐤔𐤕𐤄•
𐤉𐤂𐤅𐤉𐤓𐤀𐤅 𐤋𐤐𐤍𐤉𐤊 𐤌𐤓𐤀𐤉𐤍𐤅 𐤅𐤌𐤓𐤀𐤄 𐤄𐤉𐤋𐤃𐤉𐤌 𐤄𐤀𐤊𐤋𐤉𐤌 𐤀𐤕 𐤐𐤕 𐤁𐤂
𐤄𐤌𐤋𐤊 𐤅𐤊𐤀𐤔𐤓 𐤕𐤓𐤀𐤄 𐤏𐤔𐤄 𐤏𐤌 𐤏𐤁𐤃𐤉𐤊•
𐤉𐤃𐤅𐤉𐤔𐤌𐤏 𐤋𐤄𐤌 𐤋𐤃𐤁𐤓 𐤄𐤆𐤄 𐤅𐤉𐤍𐤎𐤌 𐤉𐤌𐤉𐤌 𐤏𐤔𐤓𐤄•
𐤈𐤅𐤅𐤌𐤒𐤑𐤕 𐤉𐤌𐤉𐤌 𐤏𐤔𐤓𐤄 𐤍𐤓𐤀𐤄 𐤌𐤓𐤀𐤉𐤄𐤌 𐤈𐤅𐤁 𐤅𐤁𐤓𐤉𐤀𐤉 𐤁𐤔𐤓 𐤌𐤍 𐤊𐤋
𐤄𐤉𐤋𐤃𐤉𐤌 𐤄𐤀𐤊𐤋𐤉𐤌 𐤀𐤕 𐤐𐤕 𐤁𐤂 𐤄𐤌𐤋𐤊•
𐤈𐤆𐤅𐤉𐤄𐤉 𐤄𐤌𐤋𐤑𐤓 𐤍𐤔𐤀 𐤀𐤕 𐤐𐤕 𐤁𐤂𐤌 𐤅𐤉𐤉𐤍 𐤌𐤔𐤕𐤉𐤄𐤌 𐤅𐤍𐤕𐤍 𐤋𐤄𐤌
𐤆𐤓𐤏𐤍𐤉𐤌•

דניאל

יזוהילדים האלה ארבעתם נתן להם האלהים מדע והשכל
בכל ספר וחכמה ודניאל הבין בכל חזון וחלמות.
יחולמקצת הימים אשר אמר המלך להביאם ויביאם שר
הסריסים לפני נבכדנצר.
יטוידבר אתם המלך ולא נמצא מכלם כדניאל חנניה מישאל
ועזריה ויעמדו לפני המלך.
כוכל דבר חכמת בינה אשר בקש מהם המלך וימצאם עשר ידות
על כל החרטמים האשפים אשר בכל מלכותו.
כאויהי דניאל עד שנת אחת לכורש המלך.

פרק ב

אובשנת שתים למלכות נבכדנצר חלם נבכדנצר חלמות ותתפעם
רוחו ושנתו נהיתה עליו.
בויאמר המלך לקרא לחרטמים ולאשפים ולמכשפים ולכשדים
להגיד למלך חלמתיו ויבאו ויעמדו לפני המלך.
גויאמר להם המלך חלום חלמתי ותפעם רוחי לדעת את החלום.
דוידברו הכשדים למלך ארמית מלכא לעלמין חיי אמר חלמא
לעבדיך [לעבדך] ופשרא נחוא.
הענה מלכא ואמר לכשדיא [לכשדאי] מלתה מני אזדא הן לא
תהודעונני חלמא ופשרה הדמין תתעבדון ובתיכון נולי
יתשמון.
ווהן חלמא ופשרה תהחון מתנן ונבזבה ויקר שגיא תקבלון
מן קדמי להן חלמא ופשרה החוני.
זענו תנינות ואמרין מלכא חלמא יאמר לעבדוהי ופשרה
נהחוה.
חענה מלכא ואמר מן יציב ידע אנה די עדנא אנתון זבנין
כל קבל די חזיתון די אזדא מני מלתא.
טדי הן חלמא לא תהודענני חדה היא דתכון ומלה כדבה
ושחיתה הזמנתון [הזדמנתון] למאמר קדמי עד די עדנא
ישתנא להן חלמא אמרו לי ואנדע די פשרה תהחונני.
יענו כשדיא [כשדאי] קדם מלכא ואמרין לא איתי אנש על
יבשתא די מלת מלכא יוכל להחויה כל קבל די כל מלך רב
ושליט מלה כדנה לא שאל לכל חרטם ואשף וכשדי.

שצט

𐤃𐤍𐤉𐤀𐤋

𐤉𐤀 𐤅𐤌𐤋𐤕𐤀 𐤃𐤉 𐤌𐤋𐤊𐤄 𐤔𐤀𐤋 𐤉𐤒𐤉𐤓𐤄 𐤅𐤀𐤇𐤓𐤍 𐤋𐤀 𐤀𐤉𐤕𐤉 𐤃𐤉 𐤉𐤇𐤅𐤍𐤄
𐤒𐤃𐤌 𐤌𐤋𐤊𐤀 𐤋𐤄𐤍 𐤀𐤋𐤄𐤉𐤍 𐤃𐤉 𐤌𐤃𐤓𐤄𐤅𐤍 𐤏𐤌 𐤁𐤔𐤓𐤀 𐤋𐤀 𐤀𐤉𐤕𐤅𐤄𐤉•
𐤉𐤁 𐤊𐤋 𐤒𐤁𐤋 𐤃𐤍𐤄 𐤌𐤋𐤊𐤀 𐤁𐤍𐤎 𐤅𐤒𐤑𐤐 𐤔𐤂𐤉𐤀 𐤅𐤀𐤌𐤓 𐤋𐤄𐤅𐤁𐤃𐤄 𐤋𐤊𐤋
𐤇𐤊𐤉𐤌𐤉 𐤁𐤁𐤋•
𐤉𐤂 𐤅𐤃𐤕𐤀 𐤍𐤐𐤒𐤕 𐤅𐤇𐤊𐤉𐤌𐤉𐤀 𐤌𐤕𐤒𐤈𐤋𐤉𐤍 𐤅𐤁𐤏𐤅 𐤃𐤍𐤉𐤀𐤋 𐤅𐤇𐤁𐤓𐤅𐤄𐤉
𐤋𐤄𐤕𐤒𐤈𐤋𐤄•
𐤉𐤃 𐤁𐤀𐤃𐤉𐤍 𐤃𐤍𐤉𐤀𐤋 𐤄𐤕𐤉𐤁 𐤏𐤈𐤀 𐤅𐤈𐤏𐤌 𐤋𐤀𐤓𐤉𐤅𐤊 𐤓𐤁 𐤈𐤁𐤇𐤉𐤀 𐤃𐤉 𐤌𐤋𐤊𐤀
𐤃𐤉 𐤍𐤐𐤒 𐤋𐤒𐤈𐤋𐤄 𐤋𐤇𐤊𐤉𐤌𐤉 𐤁𐤁𐤋•
𐤈𐤅 𐤏𐤍𐤄 𐤅𐤀𐤌𐤓 𐤋𐤀𐤓𐤉𐤅𐤊 𐤔𐤋𐤉𐤈𐤀 𐤃𐤉 𐤌𐤋𐤊𐤀 𐤏𐤋 𐤌𐤄 𐤃𐤕𐤀 𐤌𐤄𐤇𐤑𐤐𐤄 𐤌𐤍
𐤒𐤃𐤌 𐤌𐤋𐤊𐤀 𐤀𐤃𐤉𐤍 𐤌𐤋𐤕𐤀 𐤄𐤅𐤃𐤏 𐤀𐤓𐤉𐤅𐤊 𐤋𐤃𐤍𐤉𐤀𐤋•
𐤈𐤆 𐤅𐤃𐤍𐤉𐤀𐤋 𐤏𐤋 𐤅𐤁𐤏𐤀 𐤌𐤍 𐤌𐤋𐤊𐤀 𐤃𐤉 𐤆𐤌𐤍 𐤉𐤍𐤕𐤍 𐤋𐤄 𐤅𐤐𐤔𐤓𐤀 𐤋𐤄𐤇𐤅𐤉𐤄
𐤋𐤌𐤋𐤊𐤀•
𐤉𐤆 𐤀𐤃𐤉𐤍 𐤃𐤍𐤉𐤀𐤋 𐤋𐤁𐤉𐤕𐤄 𐤀𐤆𐤋 𐤅𐤋𐤇𐤍𐤍𐤉𐤄 𐤌𐤉𐤔𐤀𐤋 𐤅𐤏𐤆𐤓𐤉𐤄 𐤇𐤁𐤓𐤅𐤄𐤉
𐤌𐤋𐤕𐤀 𐤄𐤅𐤃𐤏•
𐤉𐤇 𐤅𐤓𐤇𐤌𐤉𐤍 𐤋𐤌𐤁𐤏𐤀 𐤌𐤍 𐤒𐤃𐤌 𐤀𐤋𐤄 𐤔𐤌𐤉𐤀 𐤏𐤋 𐤓𐤆𐤀 𐤃𐤍𐤄 𐤃𐤉 𐤋𐤀
𐤉𐤄𐤁𐤃𐤅𐤍 𐤃𐤍𐤉𐤀𐤋 𐤅𐤇𐤁𐤓𐤅𐤄𐤉 𐤏𐤌 𐤔𐤀𐤓 𐤇𐤊𐤉𐤌𐤉 𐤁𐤁𐤋•
𐤉𐤈 𐤀𐤃𐤉𐤍 𐤋𐤃𐤍𐤉𐤀𐤋 𐤁𐤇𐤆𐤅𐤀 𐤃𐤉 𐤋𐤉𐤋𐤉𐤀 𐤓𐤆𐤀 𐤂𐤋𐤉 𐤀𐤃𐤉𐤍 𐤃𐤍𐤉𐤀𐤋 𐤁𐤓𐤊
𐤋𐤀𐤋𐤄 𐤔𐤌𐤉𐤀•
𐤊 𐤏𐤍𐤄 𐤃𐤍𐤉𐤀𐤋 𐤅𐤀𐤌𐤓 𐤋𐤄𐤅𐤀 𐤔𐤌𐤄 𐤃𐤉 𐤀𐤋𐤄𐤀 𐤌𐤁𐤓𐤊 𐤌𐤍 𐤏𐤋𐤌𐤀 𐤅𐤏𐤃
𐤏𐤋𐤌𐤀 𐤃𐤉 𐤇𐤊𐤌𐤕𐤀 𐤅𐤂𐤁𐤅𐤓𐤕𐤀 𐤃𐤉 𐤋𐤄 𐤄𐤉𐤀•
𐤊𐤀 𐤅𐤄𐤅𐤀 𐤌𐤄𐤔𐤍𐤀 𐤏𐤃𐤍𐤉𐤀 𐤅𐤆𐤌𐤍𐤉𐤀 𐤌𐤄𐤏𐤃𐤄 𐤌𐤋𐤊𐤉𐤍 𐤅𐤌𐤄𐤒𐤉𐤌
𐤌𐤋𐤊𐤉𐤍 𐤉𐤄𐤁 𐤇𐤊𐤌𐤕𐤀 𐤋𐤇𐤊𐤉𐤌𐤉𐤍 𐤅𐤌𐤍𐤃𐤏𐤀 𐤋𐤉𐤃𐤏𐤉 𐤁𐤉𐤍𐤄•
𐤊𐤁 𐤄𐤅𐤀 𐤂𐤋𐤀 𐤏𐤌𐤉𐤒𐤕𐤀 𐤅𐤌𐤎𐤕𐤓𐤕𐤀 𐤉𐤃𐤏 𐤌𐤄 𐤁𐤇𐤔𐤅𐤊𐤀 𐤅𐤍𐤄𐤉𐤓𐤀
[𐤅𐤍𐤄𐤅𐤓𐤀] 𐤏𐤌𐤄 𐤔𐤓𐤀•
𐤊𐤂 𐤋𐤊 𐤀𐤋𐤄 𐤀𐤁𐤄𐤕𐤉 𐤌𐤄𐤅𐤃𐤀 𐤅𐤌𐤔𐤁𐤇 𐤀𐤍𐤄 𐤃𐤉 𐤇𐤊𐤌𐤕𐤀 𐤅𐤂𐤁𐤅𐤓𐤕𐤀
𐤉𐤄𐤁𐤕 𐤋𐤉 𐤅𐤊𐤏𐤍 𐤄𐤅𐤃𐤏𐤕𐤍𐤉 𐤃𐤉 𐤁𐤏𐤉𐤍𐤀 𐤌𐤍𐤊 𐤃𐤉 𐤌𐤋𐤕 𐤌𐤋𐤊𐤀
𐤄𐤅𐤃𐤏𐤕𐤍𐤀•
𐤊𐤃 𐤊𐤋 𐤒𐤁𐤋 𐤃𐤍𐤄 𐤃𐤍𐤉𐤀𐤋 𐤏𐤋 𐤏𐤋 𐤀𐤓𐤉𐤅𐤊 𐤃𐤉 𐤌𐤍𐤉 𐤌𐤋𐤊𐤀 𐤋𐤄𐤅𐤁𐤃𐤄
𐤋𐤇𐤊𐤉𐤌𐤉 𐤁𐤁𐤋 𐤀𐤆𐤋 𐤅𐤊𐤍 𐤀𐤌𐤓 𐤋𐤄 𐤋𐤇𐤊𐤉𐤌𐤉 𐤁𐤁𐤋 𐤀𐤋 𐤕𐤄𐤅𐤁𐤃 𐤄𐤏𐤋𐤍𐤉
𐤒𐤃𐤌 𐤌𐤋𐤊𐤀 𐤅𐤐𐤔𐤓𐤀 𐤋𐤌𐤋𐤊𐤀 𐤀𐤇𐤅𐤀•
𐤊𐤄 𐤀𐤃𐤉𐤍 𐤀𐤓𐤉𐤅𐤊 𐤁𐤄𐤕𐤁𐤄𐤋𐤄 𐤄𐤍𐤏𐤋 𐤋𐤃𐤍𐤉𐤀𐤋 𐤒𐤃𐤌 𐤌𐤋𐤊𐤀 𐤅𐤊𐤍 𐤀𐤌𐤓
𐤋𐤄 𐤃𐤉 𐤄𐤔𐤊𐤇𐤕 𐤂𐤁𐤓 𐤌𐤍 𐤁𐤍𐤉 𐤂𐤋𐤅𐤕𐤀 𐤃𐤉 𐤉𐤄𐤅𐤃 𐤃𐤉 𐤐𐤔𐤓𐤀 𐤋𐤌𐤋𐤊𐤀
𐤉𐤄𐤅𐤃𐤏•

𐤊𐤅 𐤏𐤍𐤄 𐤌𐤋𐤊𐤀 𐤅𐤀𐤌𐤓 𐤋𐤃𐤍𐤉𐤀𐤋 𐤃𐤉 𐤔𐤌𐤄 𐤁𐤋𐤈𐤔𐤀𐤑𐤓 𐤄𐤀𐤉𐤕𐤉𐤊 [𐤄𐤀𐤉𐤕𐤊] 𐤊𐤄𐤋 𐤋𐤄𐤅𐤃𐤏𐤕𐤍𐤉 𐤇𐤋𐤌𐤀 𐤃𐤉 𐤇𐤆𐤉𐤕 𐤅𐤐𐤔𐤓𐤄•

𐤊𐤆 𐤏𐤍𐤄 𐤃𐤍𐤉𐤀𐤋 𐤒𐤃𐤌 𐤌𐤋𐤊𐤀 𐤅𐤀𐤌𐤓 𐤓𐤆𐤀 𐤃𐤉 𐤌𐤋𐤊𐤀 𐤔𐤀𐤋 𐤋𐤀 𐤇𐤊𐤉𐤌𐤉𐤍 𐤀𐤔𐤐𐤉𐤍 𐤇𐤓𐤈𐤌𐤉𐤍 𐤂𐤆𐤓𐤉𐤍 𐤉𐤊𐤋𐤉𐤍 𐤋𐤄𐤇𐤅𐤉𐤄 𐤋𐤌𐤋𐤊𐤀•

𐤊𐤇 𐤁𐤓𐤌 𐤀𐤉𐤕𐤉 𐤀𐤋𐤄 𐤁𐤔𐤌𐤉𐤀 𐤂𐤋𐤀 𐤓𐤆𐤉𐤍 𐤅𐤄𐤅𐤃𐤏 𐤋𐤌𐤋𐤊𐤀 𐤍𐤁𐤅𐤊𐤃𐤍𐤑𐤓 𐤌𐤄 𐤃𐤉 𐤋𐤄𐤅𐤀 𐤁𐤀𐤇𐤓𐤉𐤕 𐤉𐤅𐤌𐤉𐤀 𐤇𐤋𐤌𐤊 𐤅𐤇𐤆𐤅𐤉 𐤓𐤀𐤔𐤊 𐤏𐤋 𐤌𐤔𐤊𐤁𐤊 𐤃𐤍𐤄 𐤄𐤅𐤀•

𐤊𐤈 𐤀𐤍𐤕𐤄 [𐤀𐤍𐤕] 𐤌𐤋𐤊𐤀 𐤓𐤏𐤉𐤅𐤍𐤊 𐤏𐤋 𐤌𐤔𐤊𐤁𐤊 𐤎𐤋𐤒𐤅 𐤌𐤄 𐤃𐤉 𐤋𐤄𐤅𐤀 𐤀𐤇𐤓𐤉 𐤃𐤍𐤄 𐤅𐤂𐤋𐤀 𐤓𐤆𐤉𐤀 𐤄𐤅𐤃𐤏𐤊 𐤌𐤄 𐤃𐤉 𐤋𐤄𐤅𐤀•

𐤋 𐤅𐤀𐤍𐤄 𐤋𐤀 𐤁𐤇𐤊𐤌𐤄 𐤃𐤉 𐤀𐤉𐤕𐤉 𐤁𐤉 𐤌𐤍 𐤊𐤋 𐤇𐤉𐤉𐤀 𐤓𐤆𐤀 𐤃𐤍𐤄 𐤂𐤋𐤉 𐤋𐤉 𐤋𐤄𐤍 𐤏𐤋 𐤃𐤁𐤓𐤕 𐤃𐤉 𐤐𐤔𐤓𐤀 𐤋𐤌𐤋𐤊𐤀 𐤉𐤄𐤅𐤃𐤏𐤅𐤍 𐤅𐤋𐤓𐤏𐤉𐤅𐤍𐤉 𐤋𐤁𐤁𐤊 𐤕𐤍𐤃𐤏•

𐤋𐤀 𐤀𐤍𐤕𐤄 [𐤀𐤍𐤕] 𐤌𐤋𐤊𐤀 𐤇𐤆𐤄 𐤄𐤅𐤉𐤕 𐤅𐤀𐤋𐤅 𐤑𐤋𐤌 𐤇𐤃 𐤔𐤂𐤉𐤀 𐤑𐤋𐤌𐤀 𐤃𐤊𐤍 𐤓𐤁 𐤅𐤆𐤉𐤅𐤄 𐤉𐤕𐤉𐤓 𐤒𐤀𐤌 𐤋𐤒𐤁𐤋𐤊 𐤅𐤓𐤅𐤄 𐤃𐤇𐤉𐤋•

𐤋𐤁 𐤄𐤅𐤀 𐤑𐤋𐤌𐤀 𐤓𐤀𐤔𐤄 𐤃𐤉 𐤃𐤄𐤁 𐤈𐤁 𐤇𐤃𐤅𐤄𐤉 𐤅𐤃𐤓𐤏𐤅𐤄𐤉 𐤃𐤉 𐤊𐤎𐤐 𐤌𐤏𐤅𐤄𐤉 𐤅𐤉𐤓𐤊𐤕𐤄 𐤃𐤉 𐤍𐤇𐤔•

𐤋𐤂 𐤔𐤒𐤅𐤄𐤉 𐤃𐤉 𐤐𐤓𐤆𐤋 𐤓𐤂𐤋𐤅𐤄𐤉 𐤌𐤍𐤄𐤅𐤍 [𐤌𐤍𐤄𐤉𐤍] 𐤃𐤉 𐤐𐤓𐤆𐤋 𐤅𐤌𐤍𐤄𐤅𐤍 [𐤅𐤌𐤍𐤄𐤉𐤍] 𐤃𐤉 𐤇𐤎𐤐•

𐤋𐤃 𐤇𐤆𐤄 𐤄𐤅𐤉𐤕 𐤏𐤃 𐤃𐤉 𐤄𐤕𐤂𐤆𐤓𐤕 𐤀𐤁𐤍 𐤃𐤉 𐤋𐤀 𐤁𐤉𐤃𐤉𐤍 𐤅𐤌𐤇𐤕 𐤋𐤑𐤋𐤌𐤀 𐤏𐤋 𐤓𐤂𐤋𐤅𐤄𐤉 𐤃𐤉 𐤐𐤓𐤆𐤋𐤀 𐤅𐤇𐤎𐤐𐤀 𐤅𐤄𐤃𐤒𐤕 𐤄𐤌𐤅𐤍•

𐤋𐤄 𐤁𐤀𐤃𐤉𐤍 𐤃𐤒𐤅 𐤊𐤇𐤃𐤄 𐤐𐤓𐤆𐤋𐤀 𐤇𐤎𐤐𐤀 𐤍𐤇𐤔𐤀 𐤊𐤎𐤐𐤀 𐤅𐤃𐤄𐤁𐤀 𐤅𐤄𐤅𐤅 𐤊𐤏𐤅𐤓 𐤌𐤍 𐤀𐤃𐤓𐤉 𐤒𐤉𐤈 𐤅𐤍𐤔𐤀 𐤄𐤌𐤅𐤍 𐤓𐤅𐤇𐤀 𐤅𐤊𐤋 𐤀𐤕𐤓 𐤋𐤀 𐤄𐤔𐤕𐤊𐤇 𐤋𐤄𐤅𐤍 𐤅𐤀𐤁𐤍𐤀 𐤃𐤉 𐤌𐤇𐤕 𐤋𐤑𐤋𐤌𐤀 𐤄𐤅𐤕 𐤋𐤈𐤅𐤓 𐤓𐤁 𐤅𐤌𐤋𐤕 𐤊𐤋 𐤀𐤓𐤏𐤀•

𐤋𐤅 𐤃𐤍𐤄 𐤇𐤋𐤌𐤀 𐤅𐤐𐤔𐤓𐤄 𐤍𐤀𐤌𐤓 𐤒𐤃𐤌 𐤌𐤋𐤊𐤀•

𐤋𐤆 𐤀𐤍𐤕𐤄 [𐤀𐤍𐤕] 𐤌𐤋𐤊𐤀 𐤌𐤋𐤊 𐤌𐤋𐤊𐤉𐤀 𐤃𐤉 𐤀𐤋𐤄 𐤔𐤌𐤉𐤀 𐤌𐤋𐤊𐤅𐤕𐤀 𐤇𐤎𐤍𐤀 𐤅𐤕𐤒𐤐𐤀 𐤅𐤉𐤒𐤓𐤀 𐤉𐤄𐤁 𐤋𐤊•

𐤋𐤇 𐤅𐤁𐤊𐤋 𐤃𐤉 𐤃𐤀𐤓𐤉𐤍 [𐤃𐤉𐤓𐤉𐤍] 𐤁𐤍𐤉 𐤀𐤍𐤔𐤀 𐤇𐤉𐤅𐤕 𐤁𐤓𐤀 𐤅𐤏𐤅𐤐 𐤔𐤌𐤉𐤀 𐤉𐤄𐤁 𐤁𐤉𐤃𐤊 𐤅𐤄𐤔𐤋𐤈𐤊 𐤁𐤊𐤋𐤄𐤅𐤍 𐤀𐤍𐤕𐤄 [𐤀𐤍𐤕] 𐤄𐤅𐤀 𐤓𐤀𐤔𐤄 𐤃𐤉 𐤃𐤄𐤁𐤀•

𐤋𐤈 𐤅𐤁𐤕𐤓𐤊 𐤕𐤒𐤅𐤌 𐤌𐤋𐤊𐤅 𐤀𐤇𐤓𐤉 𐤀𐤓𐤏𐤀 [𐤀𐤓𐤏] 𐤌𐤍𐤊 𐤅𐤌𐤋𐤊𐤅 𐤕𐤋𐤉𐤕𐤉𐤀 [𐤕𐤋𐤉𐤕𐤀𐤄] 𐤀𐤇𐤓𐤉 𐤃𐤉 𐤍𐤇𐤔𐤀 𐤃𐤉 𐤕𐤔𐤋𐤈 𐤁𐤊𐤋 𐤀𐤓𐤏𐤀•

𐤌 𐤅𐤌𐤋𐤊𐤅 𐤓𐤁𐤉𐤏𐤉𐤄 [𐤓𐤁𐤉𐤏𐤀𐤄] 𐤕𐤄𐤅𐤀 𐤕𐤒𐤉𐤐𐤄 𐤊𐤐𐤓𐤆𐤋𐤀 𐤊𐤋 𐤒𐤁𐤋 𐤃𐤉 𐤐𐤓𐤆𐤋𐤀 𐤌𐤄𐤃𐤒 𐤅𐤇𐤔𐤋 𐤊𐤋𐤀 𐤅𐤊𐤐𐤓𐤆𐤋𐤀 𐤃𐤉 𐤌𐤓𐤏𐤏 𐤊𐤋 𐤀𐤋𐤉𐤍 𐤕𐤃𐤒 𐤅𐤕𐤓𐤏•

𐤌𐤀 𐤅𐤃𐤉 𐤇𐤆𐤉𐤕𐤄 𐤓𐤂𐤋𐤉𐤀 𐤅𐤀𐤑𐤁𐤏𐤕𐤀 𐤌𐤍𐤄𐤅𐤍 [𐤌𐤍𐤄𐤍] 𐤇𐤎𐤐 𐤃𐤉 𐤐𐤇𐤓 𐤅𐤌𐤍𐤄𐤅𐤍 [𐤅𐤌𐤍𐤄𐤉𐤍] 𐤐𐤓𐤆𐤋 𐤌𐤋𐤊𐤅 𐤐𐤋𐤉𐤂𐤄 𐤕𐤄𐤅𐤄 𐤅𐤌𐤍 𐤍𐤑𐤁𐤕𐤀 𐤃𐤉

𐤃𐤍𐤉𐤀𐤋

𐤐𐤓𐤆𐤋𐤀 𐤋𐤄𐤅𐤀 𐤁𐤄 𐤊𐤋 𐤒𐤁𐤋 𐤃𐤉 𐤇𐤆𐤉𐤕𐤄 𐤐𐤓𐤆𐤋𐤀 𐤌𐤏𐤓𐤁 𐤁𐤇𐤎𐤐 𐤈𐤉𐤍𐤀•
𐤌𐤁 𐤅𐤀𐤑𐤁𐤏𐤕 𐤓𐤂𐤋𐤉𐤀 𐤌𐤍𐤄𐤅𐤍 [𐤌𐤍𐤄𐤉𐤍] 𐤐𐤓𐤆𐤋 𐤅𐤌𐤍𐤄𐤅𐤍 [𐤅𐤌𐤍𐤄𐤉𐤍] 𐤇𐤎𐤐
𐤌𐤍 𐤒𐤑𐤕 𐤌𐤋𐤊𐤅𐤕𐤀 𐤕𐤄𐤅𐤄 𐤕𐤒𐤉𐤐𐤄 𐤅𐤌𐤍𐤄 𐤕𐤄𐤅𐤄 𐤕𐤁𐤉𐤓𐤄•
𐤌𐤂 𐤃𐤉 [𐤅𐤃𐤉] 𐤇𐤆𐤉𐤕 𐤐𐤓𐤆𐤋𐤀 𐤌𐤏𐤓𐤁 𐤁𐤇𐤎𐤐 𐤈𐤉𐤍𐤀 𐤌𐤕𐤏𐤓𐤁𐤉𐤍 𐤋𐤄𐤅𐤍 𐤁𐤆𐤓𐤏
𐤀𐤍𐤔𐤀 𐤅𐤋𐤀 𐤋𐤄𐤅𐤍 𐤃𐤁𐤒𐤉𐤍 𐤃𐤍𐤄 𐤏𐤌 𐤃𐤍𐤄 𐤄𐤀 𐤊𐤃𐤉 𐤐𐤓𐤆𐤋𐤀 𐤋𐤀 𐤌𐤕𐤏𐤓𐤁
𐤏𐤌 𐤇𐤎𐤐𐤀•
𐤌𐤃 𐤅𐤁𐤉𐤅𐤌𐤉𐤄𐤅𐤍 𐤃𐤉 𐤌𐤋𐤊𐤉𐤀 𐤀𐤍𐤅𐤍 𐤉𐤒𐤉𐤌 𐤀𐤋𐤄 𐤔𐤌𐤉𐤀 𐤌𐤋𐤊𐤅 𐤃𐤉
𐤋𐤏𐤋𐤌𐤉𐤍 𐤋𐤀 𐤕𐤕𐤇𐤁𐤋 𐤅𐤌𐤋𐤊𐤅𐤕𐤄 𐤋𐤏𐤌 𐤀𐤇𐤓𐤍 𐤋𐤀 𐤕𐤔𐤕𐤁𐤒 𐤕𐤃𐤒 𐤅𐤕𐤎𐤉𐤐
𐤊𐤋 𐤀𐤋𐤉𐤍 𐤌𐤋𐤊𐤅𐤕𐤀 𐤅𐤄𐤉𐤀 𐤕𐤒𐤅𐤌 𐤋𐤏𐤋𐤌𐤉𐤀•
𐤌𐤄 𐤊𐤋 𐤒𐤁𐤋 𐤃𐤉 𐤇𐤆𐤉𐤕 𐤃𐤉 𐤌𐤈𐤅𐤓𐤀 𐤀𐤕𐤂𐤆𐤓𐤕 𐤀𐤁𐤍 𐤃𐤉 𐤋𐤀 𐤁𐤉𐤃𐤉𐤍
𐤅𐤄𐤃𐤒𐤕 𐤐𐤓𐤆𐤋𐤀 𐤍𐤇𐤔𐤀 𐤇𐤎𐤐𐤀 𐤊𐤎𐤐𐤀 𐤅𐤃𐤄𐤁𐤀 𐤀𐤋𐤄 𐤓𐤁 𐤄𐤅𐤃𐤏 𐤋𐤌𐤋𐤊𐤀 𐤌𐤄
𐤃𐤉 𐤋𐤄𐤅𐤀 𐤀𐤇𐤓𐤉 𐤃𐤍𐤄 𐤅𐤉𐤑𐤉𐤁 𐤇𐤋𐤌𐤀 𐤅𐤌𐤄𐤉𐤌𐤍 𐤐𐤔𐤓𐤄•
𐤌𐤅 𐤁𐤀𐤃𐤉𐤍 𐤌𐤋𐤊𐤀 𐤍𐤁𐤅𐤊𐤃𐤍𐤑𐤓 𐤍𐤐𐤋 𐤏𐤋 𐤀𐤍𐤐𐤅𐤄𐤉 𐤅𐤋𐤃𐤍𐤉𐤀𐤋 𐤎𐤂𐤃
𐤅𐤌𐤍𐤇𐤄 𐤅𐤍𐤉𐤇𐤇𐤉𐤍 𐤀𐤌𐤓 𐤋𐤍𐤎𐤊𐤄 𐤋𐤄•
𐤌𐤆 𐤏𐤍𐤄 𐤌𐤋𐤊𐤀 𐤋𐤃𐤍𐤉𐤀𐤋 𐤅𐤀𐤌𐤓 𐤌𐤍 𐤒𐤔𐤈 𐤃𐤉 𐤀𐤋𐤄𐤊𐤅𐤍 𐤄𐤅𐤀 𐤀𐤋𐤄
𐤀𐤋𐤄𐤉𐤍 𐤅𐤌𐤓𐤀 𐤌𐤋𐤊𐤉𐤍 𐤅𐤂𐤋𐤄 𐤓𐤆𐤉𐤍 𐤃𐤉 𐤉𐤊𐤋𐤕 𐤋𐤌𐤂𐤋𐤀 𐤓𐤆𐤀 𐤃𐤍𐤄•
𐤌𐤇 𐤀𐤃𐤉𐤍 𐤌𐤋𐤊𐤀 𐤋𐤃𐤍𐤉𐤀𐤋 𐤓𐤁𐤉 𐤅𐤌𐤕𐤍𐤍 𐤓𐤁𐤓𐤁𐤍 𐤔𐤂𐤉𐤀𐤍 𐤉𐤄𐤁 𐤋𐤄
𐤅𐤄𐤔𐤋𐤈𐤄 𐤏𐤋 𐤊𐤋 𐤌𐤃𐤉𐤍𐤕 𐤁𐤁𐤋 𐤅𐤓𐤁 𐤎𐤂𐤍𐤉𐤍 𐤏𐤋 𐤊𐤋 𐤇𐤊𐤉𐤌𐤉 𐤁𐤁𐤋•
𐤌𐤈 𐤅𐤃𐤍𐤉𐤀𐤋 𐤁𐤏𐤀 𐤌𐤍 𐤌𐤋𐤊𐤀 𐤅𐤌𐤍𐤉 𐤏𐤋 𐤏𐤁𐤉𐤃𐤕𐤀 𐤃𐤉 𐤌𐤃𐤉𐤍𐤕 𐤁𐤁𐤋
𐤋𐤔𐤃𐤓𐤊 𐤌𐤉𐤔𐤊 𐤅𐤏𐤁𐤃 𐤍𐤂𐤅 𐤅𐤃𐤍𐤉𐤀𐤋 𐤁𐤕𐤓𐤏 𐤌𐤋𐤊𐤀•

𐤐𐤓𐤒 𐤂

𐤀 𐤍𐤁𐤅𐤊𐤃𐤍𐤑𐤓 𐤌𐤋𐤊𐤀 𐤏𐤁𐤃 𐤑𐤋𐤌 𐤃𐤉 𐤃𐤄𐤁 𐤓𐤅𐤌𐤄 𐤀𐤌𐤉𐤍 𐤔𐤕𐤉𐤍 𐤐𐤕𐤉𐤄
𐤀𐤌𐤉𐤍 𐤔𐤕 𐤀𐤒𐤉𐤌𐤄 𐤁𐤁𐤒𐤏𐤕 𐤃𐤅𐤓𐤀 𐤁𐤌𐤃𐤉𐤍𐤕 𐤁𐤁𐤋•
𐤁 𐤅𐤍𐤁𐤅𐤊𐤃𐤍𐤑𐤓 𐤌𐤋𐤊𐤀 𐤔𐤋𐤇 𐤋𐤌𐤊𐤍𐤔 𐤋𐤀𐤇𐤔𐤃𐤓𐤐𐤍𐤉𐤀 𐤎𐤂𐤍𐤉𐤀 𐤅𐤐𐤇𐤅𐤕𐤀
𐤀𐤃𐤓𐤂𐤆𐤓𐤉𐤀 𐤂𐤃𐤁𐤓𐤉𐤀 𐤃𐤕𐤁𐤓𐤉𐤀 𐤕𐤐𐤕𐤉𐤀 𐤅𐤊𐤋 𐤔𐤋𐤈𐤍𐤉 𐤌𐤃𐤉𐤍𐤕𐤀 𐤋𐤌𐤕𐤀
𐤋𐤇𐤍𐤊𐤕 𐤑𐤋𐤌𐤀 𐤃𐤉 𐤄𐤒𐤉𐤌 𐤍𐤁𐤅𐤊𐤃𐤍𐤑𐤓 𐤌𐤋𐤊𐤀•
𐤂 𐤁𐤀𐤃𐤉𐤍 𐤌𐤕𐤊𐤍𐤔𐤉𐤍 𐤀𐤇𐤔𐤃𐤓𐤐𐤍𐤉𐤀 𐤎𐤂𐤍𐤉𐤀 𐤅𐤐𐤇𐤅𐤕𐤀 𐤀𐤃𐤓𐤂𐤆𐤓𐤉𐤀
𐤂𐤃𐤁𐤓𐤉𐤀 𐤃𐤕𐤁𐤓𐤉𐤀 𐤕𐤐𐤕𐤉𐤀 𐤅𐤊𐤋 𐤔𐤋𐤈𐤍𐤉 𐤌𐤃𐤉𐤍𐤕𐤀 𐤋𐤇𐤍𐤊𐤕 𐤑𐤋𐤌𐤀 𐤃𐤉
𐤄𐤒𐤉𐤌 𐤍𐤁𐤅𐤊𐤃𐤍𐤑𐤓 𐤌𐤋𐤊𐤀 𐤅𐤒𐤀𐤌𐤉𐤍 [𐤅𐤒𐤉𐤌𐤉𐤍] 𐤋𐤒𐤁𐤋 𐤑𐤋𐤌𐤀 𐤃𐤉
𐤄𐤒𐤉𐤌 𐤍𐤁𐤅𐤊𐤃𐤍𐤑𐤓•
𐤃 𐤅𐤊𐤓𐤅𐤆𐤀 𐤒𐤓𐤀 𐤁𐤇𐤉𐤋 𐤋𐤊𐤅𐤍 𐤀𐤌𐤓𐤉𐤍 𐤏𐤌𐤌𐤉𐤀 𐤀𐤌𐤉𐤀 𐤅𐤋𐤔𐤍𐤉𐤀•
𐤄 𐤁𐤏𐤃𐤍𐤀 𐤃𐤉 𐤕𐤔𐤌𐤏𐤅𐤍 𐤒𐤋 𐤒𐤓𐤍𐤀 𐤌𐤔𐤓𐤅𐤒𐤉𐤕𐤀 𐤒𐤉𐤕𐤓𐤅𐤎 [𐤒𐤕𐤓𐤅𐤎]

𐤃𐤍𐤉𐤀𐤋

𐤎𐤁𐤊𐤀 𐤐𐤎𐤍𐤕𐤓𐤉𐤍 𐤎𐤅𐤌𐤐𐤍𐤉𐤄 𐤅𐤊𐤋 𐤆𐤍𐤉 𐤆𐤌𐤓𐤀 𐤕𐤐𐤋𐤅𐤍 𐤅𐤕𐤎𐤂𐤃𐤅𐤍 𐤋𐤑𐤋𐤌
𐤃𐤄𐤁𐤀 𐤃𐤉 𐤄𐤒𐤉𐤌 𐤍𐤁𐤅𐤊𐤃𐤍𐤑𐤓 𐤌𐤋𐤊𐤀•

𐤅 𐤅𐤌𐤍 𐤃𐤉 𐤋𐤀 𐤉𐤐𐤋 𐤅𐤉𐤎𐤂𐤃 𐤁𐤄 𐤔𐤏𐤕𐤀 𐤉𐤕𐤓𐤌𐤀 𐤋𐤂𐤅𐤀 𐤀𐤕𐤅𐤍 𐤍𐤅𐤓𐤀
𐤉𐤒𐤃𐤕𐤀•

𐤆 𐤊𐤋 𐤒𐤁𐤋 𐤃𐤍𐤄 𐤁𐤄 𐤆𐤌𐤍𐤀 𐤊𐤃𐤉 𐤔𐤌𐤏𐤉𐤍 𐤊𐤋 𐤏𐤌𐤌𐤉𐤀 𐤒𐤋 𐤒𐤓𐤍𐤀
𐤌𐤔𐤓𐤅𐤒𐤉𐤕𐤀 𐤒𐤉𐤕𐤓𐤎 [𐤒𐤕𐤓𐤅𐤎] 𐤔𐤁𐤊𐤀 𐤐𐤎𐤍𐤈𐤓𐤉𐤍 𐤅𐤊𐤋 𐤆𐤍𐤉 𐤆𐤌𐤓𐤀
𐤍𐤐𐤋𐤉𐤍 𐤊𐤋 𐤏𐤌𐤌𐤉𐤀 𐤀𐤌𐤉𐤀 𐤅𐤋𐤔𐤍𐤉𐤀 𐤎𐤂𐤃𐤉𐤍 𐤋𐤑𐤋𐤌 𐤃𐤄𐤁𐤀 𐤃𐤉 𐤄𐤒𐤉𐤌
𐤍𐤁𐤅𐤊𐤃𐤍𐤑𐤓 𐤌𐤋𐤊𐤀•

𐤇 𐤊𐤋 𐤒𐤁𐤋 𐤃𐤍𐤄 𐤁𐤄 𐤆𐤌𐤍𐤀 𐤒𐤓𐤁𐤅 𐤂𐤁𐤓𐤉𐤍 𐤊𐤔𐤃𐤀𐤉𐤍 𐤅𐤀𐤊𐤋𐤅 𐤒𐤓𐤑𐤉𐤄𐤅𐤍
𐤃𐤉 𐤉𐤄𐤅𐤃𐤉𐤀•

𐤈 𐤏𐤍𐤅 𐤅𐤀𐤌𐤓𐤉𐤍 𐤋𐤍𐤁𐤅𐤊𐤃𐤍𐤑𐤓 𐤌𐤋𐤊𐤀 𐤌𐤋𐤊𐤀 𐤋𐤏𐤋𐤌𐤉𐤍 𐤇𐤉𐤉•

𐤉 𐤀𐤍𐤕𐤄 [𐤀𐤍𐤕] 𐤌𐤋𐤊𐤀 𐤔𐤌𐤕 𐤈𐤏𐤌 𐤃𐤉 𐤊𐤋 𐤀𐤍𐤔 𐤃𐤉 𐤉𐤔𐤌𐤏 𐤒𐤋 𐤒𐤓𐤍𐤀
𐤌𐤔𐤓𐤒𐤉𐤕𐤀 𐤒𐤉𐤕𐤓𐤎 [𐤒𐤕𐤓𐤅𐤎] 𐤔𐤁𐤊𐤀 𐤐𐤎𐤍𐤕𐤓𐤉𐤍 𐤅𐤎𐤉𐤐𐤍𐤉𐤄 [𐤅𐤎𐤅𐤐𐤍𐤉𐤄]
𐤅𐤊𐤋 𐤆𐤍𐤉 𐤆𐤌𐤓𐤀 𐤉𐤐𐤋 𐤅𐤉𐤎𐤂𐤃 𐤋𐤑𐤋𐤌 𐤃𐤄𐤁𐤀•

𐤉𐤀 𐤅𐤌𐤍 𐤃𐤉 𐤋𐤀 𐤉𐤐𐤋 𐤅𐤉𐤎𐤂𐤃 𐤉𐤕𐤓𐤌𐤀 𐤋𐤂𐤅𐤀 𐤀𐤕𐤅𐤍 𐤍𐤅𐤓𐤀 𐤉𐤒𐤃𐤕𐤀•

𐤉𐤁 𐤀𐤉𐤕𐤉 𐤂𐤁𐤓𐤉𐤍 𐤉𐤄𐤅𐤃𐤀𐤉𐤍 𐤃𐤉 𐤌𐤍𐤉𐤕 𐤉𐤕𐤄𐤅𐤍 𐤏𐤋 𐤏𐤁𐤉𐤃𐤕 𐤌𐤃𐤉𐤍𐤕
𐤁𐤁𐤋 𐤔𐤃𐤓𐤊 𐤌𐤉𐤔𐤊 𐤅𐤏𐤁𐤃 𐤍𐤂𐤅 𐤂𐤁𐤓𐤉𐤀 𐤀𐤋𐤊 𐤋𐤀 𐤔𐤌𐤅 𐤏𐤋𐤉𐤊 [𐤏𐤋𐤊] 𐤌𐤋𐤊𐤀
𐤈𐤏𐤌 𐤋𐤀𐤋𐤄𐤉𐤊 [𐤋𐤀𐤋𐤄𐤊] 𐤋𐤀 𐤐𐤋𐤇𐤉𐤍 𐤅𐤋𐤑𐤋𐤌 𐤃𐤄𐤁𐤀 𐤃𐤉 𐤄𐤒𐤉𐤌𐤕 𐤋𐤀
𐤎𐤂𐤃𐤉𐤍•

𐤉𐤂 𐤁𐤀𐤃𐤉𐤍 𐤍𐤁𐤅𐤊𐤃𐤍𐤑𐤓 𐤁𐤓𐤂𐤆 𐤅𐤇𐤌𐤄 𐤀𐤌𐤓 𐤋𐤄𐤉𐤕𐤉𐤄 𐤋𐤔𐤃𐤓𐤊 𐤌𐤉𐤔𐤊
𐤅𐤏𐤁𐤃 𐤍𐤂𐤅 𐤁𐤀𐤃𐤉𐤍 𐤂𐤁𐤓𐤉𐤀 𐤀𐤋𐤊 𐤄𐤉𐤕𐤉𐤅 𐤒𐤃𐤌 𐤌𐤋𐤊𐤀•

𐤉𐤃 𐤏𐤍𐤄 𐤍𐤁𐤊𐤃𐤍𐤑𐤓 𐤅𐤀𐤌𐤓 𐤋𐤄𐤅𐤍 𐤄𐤑𐤃𐤀 𐤔𐤃𐤓𐤊 𐤌𐤉𐤔𐤊 𐤅𐤏𐤁𐤃 𐤍𐤂𐤅
𐤋𐤀𐤋𐤄𐤉 𐤋𐤀 𐤀𐤉𐤕𐤉𐤊𐤅𐤍 𐤐𐤋𐤇𐤉𐤍 𐤅𐤋𐤑𐤋𐤌 𐤃𐤄𐤁𐤀 𐤃𐤉 𐤄𐤒𐤉𐤌𐤕 𐤋𐤀 𐤎𐤂𐤃𐤉𐤍•

𐤈𐤅 𐤊𐤏𐤍 𐤄𐤍 𐤀𐤉𐤕𐤉𐤊𐤅𐤍 𐤏𐤕𐤉𐤃𐤉𐤍 𐤃𐤉 𐤁𐤏𐤃𐤍𐤀 𐤃𐤉 𐤕𐤔𐤌𐤏𐤅𐤍 𐤒𐤋 𐤒𐤓𐤍𐤀
𐤌𐤔𐤓𐤅𐤒𐤉𐤕𐤀 𐤒𐤉𐤕𐤓𐤎 [𐤒𐤕𐤓𐤎] 𐤔𐤁𐤊𐤀 𐤐𐤎𐤍𐤕𐤓𐤉𐤍 𐤅𐤎𐤅𐤌𐤐𐤍𐤉𐤄 𐤅𐤊𐤋 𐤆𐤍𐤉
𐤆𐤌𐤓𐤀 𐤕𐤐𐤋𐤅𐤍 𐤅𐤕𐤎𐤂𐤃𐤅𐤍 𐤋𐤑𐤋𐤌𐤀 𐤃𐤉 𐤏𐤁𐤃𐤕 𐤅𐤄𐤍 𐤋𐤀 𐤕𐤎𐤂𐤃𐤅𐤍 𐤁𐤄 𐤔𐤏𐤕𐤄
𐤕𐤕𐤓𐤌𐤅𐤍 𐤋𐤂𐤅𐤀 𐤀𐤕𐤅𐤍 𐤍𐤅𐤓𐤀 𐤉𐤒𐤃𐤕𐤀 𐤅𐤌𐤍 𐤄𐤅𐤀 𐤀𐤋𐤄 𐤃𐤉 𐤉𐤔𐤉𐤆𐤁𐤍𐤊𐤅𐤍
𐤌𐤍 𐤉𐤃𐤉•

𐤈𐤆 𐤏𐤍𐤅 𐤔𐤃𐤓𐤊 𐤌𐤉𐤔𐤊 𐤅𐤏𐤁𐤃 𐤍𐤂𐤅 𐤅𐤀𐤌𐤓𐤉𐤍 𐤋𐤌𐤋𐤊𐤀 𐤍𐤁𐤅𐤊𐤃𐤍𐤑𐤓 𐤋𐤀
𐤇𐤔𐤇𐤉𐤍 𐤀𐤍𐤇𐤍𐤀 𐤏𐤋 𐤃𐤍𐤄 𐤐𐤕𐤂𐤌 𐤋𐤄𐤕𐤁𐤅𐤕𐤊•

𐤉𐤆 𐤄𐤍 𐤀𐤉𐤕𐤉 𐤀𐤋𐤄𐤍𐤀 𐤃𐤉 𐤀𐤍𐤇𐤍𐤀 𐤐𐤋𐤇𐤉𐤍 𐤉𐤊𐤋 𐤋𐤔𐤉𐤆𐤁𐤅𐤕𐤍𐤀 𐤌𐤍
𐤀𐤕𐤅𐤍 𐤍𐤅𐤓𐤀 𐤉𐤒𐤃𐤕𐤀 𐤅𐤌𐤍 𐤉𐤃𐤊 𐤌𐤋𐤊𐤀 𐤉𐤔𐤉𐤆𐤁•

𐤉𐤇 𐤅𐤄𐤍 𐤋𐤀 𐤉𐤃𐤉𐤏 𐤋𐤄𐤅𐤀 𐤋𐤊 𐤌𐤋𐤊𐤀 𐤃𐤉 𐤋𐤀𐤋𐤄𐤉𐤊 [𐤋𐤀𐤋𐤄𐤊] 𐤋𐤀

𐤀𐤉𐤕𐤉𐤍𐤀 [𐤀𐤉𐤕𐤍𐤀] 𐤐𐤋𐤇𐤉𐤍 𐤅𐤋𐤑𐤋𐤌 𐤃𐤄𐤁𐤀 𐤃𐤉 𐤄𐤒𐤉𐤌𐤕 𐤋𐤀 𐤍𐤎𐤂𐤃•
𐤉𐤈 𐤁𐤀𐤃𐤉𐤍 𐤍𐤁𐤅𐤊𐤃𐤍𐤑𐤓 𐤄𐤕𐤌𐤋𐤉 𐤇𐤌𐤀 𐤅𐤑𐤋𐤌 𐤀𐤍𐤐𐤅𐤄𐤉 𐤀𐤔𐤕𐤍𐤅
[𐤀𐤔𐤕𐤍𐤉] 𐤏𐤋 𐤔𐤃𐤓𐤊 𐤌𐤉𐤔𐤊 𐤅𐤏𐤁𐤃 𐤍𐤂𐤅 𐤏𐤍𐤄 𐤅𐤀𐤌𐤓 𐤋𐤌𐤆𐤀 𐤋𐤀𐤕𐤅𐤍𐤀 𐤇𐤃
𐤔𐤁𐤏𐤄 𐤏𐤋 𐤃𐤉 𐤇𐤆𐤄 𐤋𐤌𐤆𐤉𐤄•
𐤊 𐤅𐤋𐤂𐤁𐤓𐤉𐤍 𐤂𐤁𐤓𐤉 𐤇𐤉𐤋 𐤃𐤉 𐤁𐤇𐤉𐤋𐤄 𐤀𐤌𐤓 𐤋𐤊𐤐𐤕𐤄 𐤋𐤔𐤃𐤓𐤊 𐤌𐤉𐤔𐤊 𐤅𐤏𐤁𐤃
𐤍𐤂𐤅 𐤋𐤌𐤓𐤌𐤀 𐤋𐤀𐤕𐤅𐤍 𐤍𐤅𐤓𐤀 𐤉𐤒𐤃𐤕𐤀•
𐤊𐤀 𐤁𐤀𐤃𐤉𐤍 𐤂𐤁𐤓𐤉𐤀 𐤀𐤋𐤊 𐤊𐤐𐤕𐤅 𐤁𐤎𐤓𐤁𐤋𐤉𐤄𐤅𐤍 𐤐𐤈𐤉𐤔𐤉𐤄𐤅𐤍 [𐤐𐤈𐤔𐤉𐤄𐤅𐤍]
𐤅𐤊𐤓𐤁𐤋𐤕𐤄𐤅𐤍 𐤅𐤋𐤁𐤅𐤔𐤉𐤄𐤅𐤍 𐤅𐤓𐤌𐤉𐤅 𐤋𐤂𐤅𐤀 𐤀𐤕𐤅𐤍 𐤍𐤅𐤓𐤀 𐤉𐤒𐤃𐤕𐤀•
𐤊𐤁 𐤊𐤋 𐤒𐤁𐤋 𐤃𐤍𐤄 𐤌𐤍 𐤃𐤉 𐤌𐤋𐤕 𐤌𐤋𐤊𐤀 𐤌𐤇𐤑𐤐𐤄 𐤅𐤀𐤕𐤅𐤍𐤀 𐤀𐤆𐤄 𐤉𐤕𐤉𐤓𐤀
𐤂𐤁𐤓𐤉𐤀 𐤀𐤋𐤊 𐤃𐤉 𐤄𐤎𐤒𐤅 𐤋𐤔𐤃𐤓𐤊 𐤌𐤉𐤔𐤊 𐤅𐤏𐤁𐤃 𐤍𐤂𐤅 𐤒𐤈𐤋 𐤄𐤌𐤅𐤍 𐤔𐤁𐤉𐤁𐤀
𐤃𐤉 𐤍𐤅𐤓𐤀•
𐤊𐤂 𐤅𐤂𐤁𐤓𐤉𐤀 𐤀𐤋𐤊 𐤕𐤋𐤕𐤄𐤅𐤍 𐤔𐤃𐤓𐤊 𐤌𐤉𐤔𐤊 𐤅𐤏𐤁𐤃 𐤍𐤂𐤅 𐤍𐤐𐤋𐤅 𐤋𐤂𐤅𐤀 𐤀𐤕𐤅𐤍
𐤍𐤅𐤓𐤀 𐤉𐤒𐤃𐤕𐤀 𐤌𐤊𐤐𐤕𐤉𐤍•
𐤊𐤃 𐤀𐤃𐤉𐤍 𐤍𐤁𐤅𐤊𐤃𐤍𐤑𐤓 𐤌𐤋𐤊𐤀 𐤕𐤅𐤄 𐤅𐤒𐤌 𐤁𐤄𐤕𐤁𐤄𐤋𐤄 𐤏𐤍𐤄 𐤅𐤀𐤌𐤓
𐤋𐤄𐤃𐤁𐤓𐤅𐤄𐤉 𐤄𐤋𐤀 𐤂𐤁𐤓𐤉𐤍 𐤕𐤋𐤕𐤄 𐤓𐤌𐤉𐤍𐤀 𐤋𐤂𐤅𐤀 𐤍𐤅𐤓𐤀 𐤌𐤊𐤐𐤕𐤉𐤍 𐤏𐤍𐤉𐤍
𐤅𐤀𐤌𐤓𐤉𐤍 𐤋𐤌𐤋𐤊𐤀 𐤉𐤑𐤉𐤁𐤀 𐤌𐤋𐤊𐤀•
𐤊𐤄 𐤏𐤍𐤄 𐤅𐤀𐤌𐤓 𐤄𐤀 𐤀𐤍𐤄 𐤇𐤆𐤄 𐤂𐤁𐤓𐤉𐤍 𐤀𐤓𐤁𐤏𐤄 𐤔𐤓𐤉𐤍 𐤌𐤄𐤋𐤊𐤉𐤍 𐤁𐤂𐤅𐤀
𐤍𐤅𐤓𐤀 𐤅𐤇𐤁𐤋 𐤋𐤀 𐤀𐤉𐤕𐤉 𐤁𐤄𐤅𐤍 𐤅𐤓𐤅𐤄 𐤃𐤉 𐤓𐤁𐤉𐤏𐤉𐤀 [𐤓𐤁𐤉𐤏𐤀𐤄] 𐤃𐤌𐤄 𐤋𐤁𐤓
𐤀𐤋𐤄𐤉𐤍•
𐤊𐤅 𐤁𐤀𐤃𐤉𐤍 𐤒𐤓𐤁 𐤍𐤁𐤅𐤊𐤃𐤍𐤑𐤓 𐤋𐤕𐤓𐤏 𐤀𐤕𐤅𐤍 𐤍𐤅𐤓𐤀 𐤉𐤒𐤃𐤕𐤀 𐤏𐤍𐤄 𐤅𐤀𐤌𐤓
𐤔𐤃𐤓𐤊 𐤌𐤉𐤔𐤊 𐤅𐤏𐤁𐤃 𐤍𐤂𐤅 𐤏𐤁𐤃𐤅𐤄𐤉 𐤃𐤉 𐤀𐤋𐤄𐤀 𐤏𐤋𐤉𐤀 [𐤏𐤋𐤀𐤄] 𐤐𐤒𐤅 𐤅𐤀𐤕𐤅
𐤁𐤀𐤃𐤉𐤍 𐤍𐤐𐤒𐤉𐤍 𐤔𐤃𐤓𐤊 𐤌𐤉𐤔𐤊 𐤅𐤏𐤁𐤃 𐤍𐤂𐤅 𐤌𐤍 𐤂𐤅𐤀 𐤍𐤅𐤓𐤀•
𐤊𐤆 𐤅𐤌𐤕𐤊𐤍𐤔𐤉𐤍 𐤀𐤇𐤔𐤃𐤓𐤐𐤍𐤉𐤀 𐤎𐤂𐤍𐤉𐤀 𐤅𐤐𐤇𐤅𐤕𐤀 𐤅𐤄𐤃𐤁𐤓𐤉 𐤌𐤋𐤊𐤀 𐤇𐤆𐤉𐤍
𐤋𐤂𐤁𐤓𐤉𐤀 𐤀𐤋𐤊 𐤃𐤉 𐤋𐤀 𐤔𐤋𐤈 𐤍𐤅𐤓𐤀 𐤁𐤂𐤔𐤌𐤄𐤅𐤍 𐤅𐤔𐤏𐤓 𐤓𐤀𐤔𐤄𐤅𐤍 𐤋𐤀
𐤄𐤕𐤇𐤓𐤊 𐤅𐤎𐤓𐤁𐤋𐤉𐤄𐤅𐤍 𐤋𐤀 𐤔𐤍𐤅 𐤅𐤓𐤉𐤇 𐤍𐤅𐤓 𐤋𐤀 𐤏𐤃𐤕 𐤁𐤄𐤅𐤍•
𐤊𐤇 𐤏𐤍𐤄 𐤍𐤁𐤅𐤊𐤃𐤍𐤑𐤓 𐤅𐤀𐤌𐤓 𐤁𐤓𐤉𐤊 𐤀𐤋𐤄𐤄𐤅𐤍 𐤃𐤉 𐤔𐤃𐤓𐤊 𐤌𐤉𐤔𐤊 𐤅𐤏𐤁𐤃 𐤍𐤂𐤅
𐤃𐤉 𐤔𐤋𐤇 𐤌𐤋𐤀𐤊𐤄 𐤅𐤔𐤉𐤆𐤁 𐤋𐤏𐤁𐤃𐤅𐤄𐤉 𐤃𐤉 𐤄𐤕𐤓𐤇𐤑𐤅 𐤏𐤋𐤅𐤄𐤉 𐤅𐤌𐤋𐤕 𐤌𐤋𐤊𐤀
𐤔𐤍𐤉𐤅 𐤅𐤉𐤄𐤁𐤅 𐤂𐤔𐤌𐤉𐤄𐤅𐤍 [𐤂𐤔𐤌𐤄𐤅𐤍] 𐤃𐤉 𐤋𐤀 𐤉𐤐𐤋𐤇𐤅𐤍 𐤅𐤋𐤀 𐤉𐤎𐤂𐤃𐤅𐤍
𐤋𐤊𐤋 𐤀𐤋𐤄 𐤋𐤄𐤍 𐤋𐤀𐤋𐤄𐤄𐤅𐤍•
𐤊𐤈 𐤅𐤌𐤍𐤉 𐤔𐤉𐤌 𐤈𐤏𐤌 𐤃𐤉 𐤊𐤋 𐤏𐤌 𐤀𐤌𐤄 𐤅𐤋𐤔𐤍 𐤃𐤉 𐤉𐤀𐤌𐤓 𐤔𐤋𐤄 [𐤔𐤋𐤅] 𐤏𐤋
𐤀𐤋𐤄𐤄𐤅𐤍 𐤃𐤉 𐤔𐤃𐤓𐤊 𐤌𐤉𐤔𐤊 𐤅𐤏𐤁𐤃 𐤍𐤂𐤅𐤀 𐤄𐤃𐤌𐤉𐤍 𐤉𐤕𐤏𐤁𐤃 𐤅𐤁𐤉𐤕𐤄 𐤍𐤅𐤋𐤉
𐤉𐤔𐤕𐤅𐤄 𐤊𐤋 𐤒𐤁𐤋 𐤃𐤉 𐤋𐤀 𐤀𐤉𐤕𐤉 𐤀𐤋𐤄 𐤀𐤇𐤓𐤍 𐤃𐤉 𐤉𐤊𐤋 𐤋𐤄𐤑𐤋𐤄 𐤊𐤃𐤍𐤄•
𐤋 𐤁𐤀𐤃𐤉𐤍 𐤌𐤋𐤊𐤀 𐤄𐤑𐤋𐤇 𐤋𐤔𐤃𐤓𐤊 𐤌𐤉𐤔𐤊 𐤅𐤏𐤁𐤃 𐤍𐤂𐤅 𐤁𐤌𐤃𐤉𐤍𐤕 𐤁𐤁𐤋•

𐤋𐤀 𐤍𐤁𐤅𐤊𐤃𐤍𐤑𐤓 𐤌𐤋𐤊𐤀 𐤋𐤊𐤋 𐤏𐤌𐤌𐤉𐤀 𐤀𐤌𐤉𐤀 𐤅𐤋𐤔𐤍𐤉𐤀 𐤃𐤉 𐤃𐤀𐤓𐤉𐤍
[𐤃𐤉𐤓𐤉𐤍] 𐤁𐤊𐤋 𐤀𐤓𐤏𐤀 𐤔𐤋𐤌𐤊𐤅𐤍 𐤉𐤔𐤂𐤀•
𐤋𐤁 𐤀𐤕𐤉𐤀 𐤅𐤕𐤌𐤄𐤉𐤀 𐤃𐤉 𐤏𐤁𐤃 𐤏𐤌𐤉 𐤀𐤋𐤄𐤀 𐤏𐤋𐤉𐤀 [𐤏𐤋𐤀𐤄] 𐤔𐤐𐤓 𐤒𐤃𐤌𐤉
𐤋𐤄𐤇𐤅𐤉𐤄•
𐤋𐤂 𐤀𐤕𐤅𐤄𐤉 𐤊𐤌𐤄 𐤓𐤁𐤓𐤁𐤉𐤍 𐤅𐤕𐤌𐤄𐤅𐤄𐤉 𐤊𐤌𐤄 𐤕𐤒𐤉𐤐𐤉𐤍 𐤌𐤋𐤊𐤅𐤕𐤄 𐤌𐤋𐤊𐤅𐤕
𐤏𐤋𐤌 𐤅𐤔𐤋𐤈𐤍𐤄 𐤏𐤌 𐤃𐤓 𐤅𐤃𐤓•

𐤐𐤓𐤒 𐤃

𐤀 𐤀𐤍𐤄 𐤍𐤁𐤅𐤊𐤃𐤍𐤑𐤓 𐤔𐤋𐤄 𐤄𐤅𐤉𐤕 𐤁𐤁𐤉𐤕𐤉 𐤅𐤓𐤏𐤍𐤍 𐤁𐤄𐤉𐤊𐤋𐤉•
𐤁 𐤇𐤋𐤌 𐤇𐤆𐤉𐤕 𐤅𐤉𐤃𐤇𐤋𐤍𐤍𐤉 𐤅𐤄𐤓𐤄𐤓𐤉𐤍 𐤏𐤋 𐤌𐤔𐤊𐤁𐤉 𐤅𐤇𐤆𐤅𐤉 𐤓𐤀𐤔𐤉
𐤉𐤁𐤄𐤋𐤍𐤍𐤉•
𐤂 𐤅𐤌𐤍𐤉 𐤔𐤉𐤌 𐤈𐤏𐤌 𐤋𐤄𐤍𐤏𐤋𐤄 𐤒𐤃𐤌𐤉 𐤋𐤊𐤋 𐤇𐤊𐤉𐤌𐤉 𐤁𐤁𐤋 𐤃𐤉 𐤐𐤔𐤓 𐤇𐤋𐤌𐤀
𐤉𐤄𐤅𐤃𐤏𐤍𐤍𐤉•
𐤃 𐤁𐤀𐤃𐤉𐤍 𐤏𐤋𐤋𐤉𐤍 [𐤏𐤋𐤉𐤍] 𐤇𐤓𐤈𐤌𐤉𐤀 𐤀𐤔𐤐𐤉𐤀 𐤊𐤔𐤃𐤉𐤀 [𐤊𐤔𐤃𐤀𐤉]
𐤅𐤂𐤆𐤓𐤉𐤀 𐤅𐤇𐤋𐤌𐤀 𐤀𐤌𐤓 𐤀𐤍𐤄 𐤒𐤃𐤌𐤉𐤄𐤅𐤍 𐤅𐤐𐤔𐤓𐤄 𐤋𐤀 𐤌𐤄𐤅𐤃𐤏𐤉𐤍 𐤋𐤉•
𐤄 𐤅𐤏𐤃 𐤀𐤇𐤓𐤉𐤍 𐤏𐤋 𐤒𐤃𐤌𐤉 𐤃𐤍𐤉𐤀𐤋 𐤃𐤉 𐤔𐤌𐤄 𐤁𐤋𐤈𐤔𐤀𐤑𐤓 𐤊𐤔𐤌 𐤀𐤋𐤄𐤉
𐤅𐤃𐤉 𐤓𐤅𐤇 𐤀𐤋𐤄𐤉𐤍 𐤒𐤃𐤉𐤔𐤉𐤍 𐤁𐤄 𐤅𐤇𐤋𐤌𐤀 𐤒𐤃𐤌𐤅𐤄𐤉 𐤀𐤌𐤓𐤕•
𐤅 𐤁𐤋𐤈𐤔𐤀𐤑𐤓 𐤓𐤁 𐤇𐤓𐤈𐤌𐤉𐤀 𐤃𐤉 𐤀𐤍𐤄 𐤉𐤃𐤏𐤕 𐤃𐤉 𐤓𐤅𐤇 𐤀𐤋𐤄𐤉𐤍 𐤒𐤃𐤉𐤔𐤉𐤍
𐤁𐤊 𐤅𐤊𐤋 𐤓𐤆 𐤋𐤀 𐤀𐤍𐤎 𐤋𐤊 𐤇𐤆𐤅𐤉 𐤇𐤋𐤌𐤉 𐤃𐤉 𐤇𐤆𐤉𐤕 𐤅𐤐𐤔𐤓𐤄 𐤀𐤌𐤓•
𐤆 𐤅𐤇𐤆𐤅𐤉 𐤓𐤀𐤔𐤉 𐤏𐤋 𐤌𐤔𐤊𐤁𐤉 𐤇𐤆𐤄 𐤄𐤅𐤉𐤕 𐤅𐤀𐤋𐤅 𐤀𐤉𐤋𐤍 𐤁𐤂𐤅𐤀 𐤀𐤓𐤏𐤀
𐤅𐤓𐤅𐤌𐤄 𐤔𐤂𐤉𐤀•
𐤇 𐤓𐤁𐤄 𐤀𐤉𐤋𐤍𐤀 𐤅𐤕𐤒𐤐 𐤅𐤓𐤅𐤌𐤄 𐤉𐤌𐤈𐤀 𐤋𐤔𐤌𐤉𐤀 𐤅𐤇𐤆𐤅𐤕𐤄 𐤋𐤎𐤅𐤐 𐤊𐤋
𐤀𐤓𐤏𐤀•
𐤈 𐤏𐤐𐤉𐤄 𐤔𐤐𐤉𐤓 𐤅𐤀𐤍𐤁𐤄 𐤔𐤂𐤉𐤀 𐤅𐤌𐤆𐤅𐤍 𐤋𐤊𐤋𐤀 𐤁𐤄 𐤕𐤇𐤕𐤅𐤄𐤉 𐤕𐤈𐤋𐤋
𐤇𐤉𐤅𐤕 𐤁𐤓𐤀 𐤅𐤁𐤏𐤍𐤐𐤅𐤄𐤉 𐤉𐤃𐤓𐤅𐤍 [𐤉𐤃𐤓𐤍] 𐤑𐤐𐤓𐤉 𐤔𐤌𐤉𐤀 𐤅𐤌𐤍𐤄 𐤉𐤕𐤆𐤉𐤍 𐤊𐤋
𐤁𐤔𐤓𐤀•
𐤉 𐤇𐤆𐤄 𐤄𐤅𐤉𐤕 𐤁𐤇𐤆𐤅𐤉 𐤓𐤀𐤔𐤉 𐤏𐤋 𐤌𐤔𐤊𐤁𐤉 𐤅𐤀𐤋𐤅 𐤏𐤉𐤓 𐤅𐤒𐤃𐤉𐤔 𐤌𐤍
𐤔𐤌𐤉𐤀 𐤍𐤇𐤕•
𐤉𐤀 𐤒𐤓𐤀 𐤁𐤇𐤉𐤋 𐤅𐤊𐤍 𐤀𐤌𐤓 𐤂𐤃𐤅 𐤀𐤉𐤋𐤍𐤀 𐤅𐤒𐤑𐤑𐤅 𐤏𐤍𐤐𐤅𐤄𐤉 𐤀𐤕𐤓𐤅 𐤏𐤐𐤉𐤄
𐤅𐤁𐤃𐤓𐤅 𐤀𐤍𐤁𐤄 𐤕𐤍𐤃 𐤇𐤉𐤅𐤕𐤀 𐤌𐤍 𐤕𐤇𐤕𐤅𐤄𐤉 𐤅𐤑𐤐𐤓𐤉𐤀 𐤌𐤍 𐤏𐤍𐤐𐤅𐤄𐤉•
𐤉𐤁 𐤁𐤓𐤌 𐤏𐤒𐤓 𐤔𐤓𐤔𐤅𐤄𐤉 𐤁𐤀𐤓𐤏𐤀 𐤔𐤁𐤒𐤅 𐤅𐤁𐤀𐤎𐤅𐤓 𐤃𐤉 𐤐𐤓𐤆𐤋 𐤅𐤍𐤇𐤔 𐤁𐤃𐤕𐤀𐤀
𐤃𐤉 𐤁𐤓𐤀 𐤅𐤁𐤈𐤋 𐤔𐤌𐤉𐤀 𐤉𐤑𐤈𐤁𐤏 𐤅𐤏𐤌 𐤇𐤉𐤅𐤕𐤀 𐤇𐤋𐤒𐤄 𐤁𐤏𐤔𐤁 𐤀𐤓𐤏𐤀•
𐤉𐤂 𐤋𐤁𐤁𐤄 𐤌𐤍 𐤀𐤍𐤅𐤔𐤀 [𐤀𐤍𐤔𐤀] 𐤉𐤔𐤍𐤅𐤍 𐤅𐤋𐤁𐤁 𐤇𐤉𐤅𐤀 𐤉𐤕𐤉𐤄𐤁 𐤋𐤄

𐤃𐤍𐤉𐤀𐤋

𐤅𐤔𐤁𐤏𐤄 𐤏𐤃𐤍𐤉𐤍 𐤉𐤇𐤋𐤐𐤅𐤍 𐤏𐤋𐤅𐤄𐤉•
𐤉𐤃𐤁𐤂𐤆𐤓𐤕 𐤏𐤉𐤓𐤉𐤍 𐤐𐤕𐤂𐤌𐤀 𐤅𐤌𐤀𐤌𐤓 𐤒𐤃𐤉𐤔𐤉𐤍 𐤔𐤀𐤋𐤕𐤀 𐤏𐤃 𐤃𐤁𐤓𐤕 𐤃𐤉
𐤉𐤍𐤃𐤏𐤅𐤍 𐤇𐤉𐤉𐤀 𐤃𐤉 𐤔𐤋𐤉𐤈 𐤏𐤋𐤉𐤀 [𐤏𐤋𐤀𐤄] 𐤁𐤌𐤋𐤊𐤅𐤕 𐤀𐤍𐤅𐤔𐤀 [𐤀𐤍𐤔𐤀]
𐤅𐤋𐤌𐤍 𐤃𐤉 𐤉𐤑𐤁𐤀 𐤉𐤕𐤍𐤍𐤄 𐤅𐤔𐤐𐤋 𐤀𐤍𐤔𐤉𐤌 𐤉𐤒𐤉𐤌 𐤏𐤋𐤉𐤄 [𐤏𐤋𐤄]•
𐤈𐤅𐤃𐤍𐤄 𐤇𐤋𐤌𐤀 𐤇𐤆𐤉𐤕 𐤀𐤍𐤄 𐤌𐤋𐤊𐤀 𐤍𐤁𐤅𐤊𐤃𐤍𐤑𐤓 𐤅𐤀𐤍𐤕𐤄 [𐤅𐤀𐤍𐤕]
𐤁𐤋𐤈𐤔𐤀𐤑𐤓 𐤐𐤔𐤓𐤀 𐤀𐤌𐤓 𐤊𐤋 𐤒𐤁𐤋 𐤃𐤉 𐤊𐤋 𐤇𐤊𐤉𐤌𐤉 𐤌𐤋𐤊𐤅𐤕𐤉 𐤋𐤀 𐤉𐤊𐤋𐤉𐤍
𐤐𐤔𐤓𐤀 𐤋𐤄𐤅𐤃𐤏𐤕𐤍𐤉 𐤅𐤀𐤍𐤕𐤄 [𐤅𐤀𐤍𐤕] 𐤊𐤄𐤋 𐤃𐤉 𐤓𐤅𐤇 𐤀𐤋𐤄𐤉𐤍 𐤒𐤃𐤉𐤔𐤉𐤍 𐤁𐤊•
𐤈𐤆𐤀𐤃𐤉𐤍 𐤃𐤍𐤉𐤀𐤋 𐤃𐤉 𐤔𐤌𐤄 𐤁𐤋𐤈𐤔𐤀𐤑𐤓 𐤀𐤔𐤕𐤅𐤌𐤌 𐤊𐤔𐤏𐤄 𐤇𐤃𐤄
𐤅𐤓𐤏𐤉𐤍𐤄𐤉 𐤉𐤁𐤄𐤋𐤍𐤄 𐤏𐤍𐤄 𐤌𐤋𐤊𐤀 𐤅𐤀𐤌𐤓 𐤁𐤋𐤈𐤔𐤀𐤑𐤓 𐤇𐤋𐤌𐤀 𐤅𐤐𐤔𐤓𐤀 𐤀𐤋
𐤉𐤁𐤄𐤋𐤊 𐤏𐤍𐤄 𐤁𐤋𐤈𐤔𐤀𐤑𐤓 𐤅𐤀𐤌𐤓 𐤌𐤓𐤀𐤉 [𐤌𐤓𐤉] 𐤇𐤋𐤌𐤀 𐤋𐤔𐤍𐤀𐤉𐤊 [𐤋𐤔𐤍𐤀𐤊]
𐤅𐤐𐤔𐤓𐤄 𐤋𐤏𐤓𐤉𐤊 [𐤋𐤏𐤓𐤊]•
𐤉𐤆𐤀𐤉𐤋𐤍𐤀 𐤃𐤉 𐤇𐤆𐤉𐤕 𐤃𐤉 𐤓𐤁𐤄 𐤅𐤕𐤒𐤐 𐤅𐤓𐤅𐤌𐤄 𐤉𐤌𐤈𐤀 𐤋𐤔𐤌𐤉𐤀 𐤅𐤇𐤆𐤅𐤕𐤄
𐤋𐤊𐤋 𐤀𐤓𐤏𐤀•
𐤉𐤇𐤅𐤏𐤐𐤉𐤄 𐤔𐤐𐤉𐤓 𐤅𐤀𐤍𐤁𐤄 𐤔𐤂𐤉𐤀 𐤅𐤌𐤆𐤅𐤍 𐤋𐤊𐤋𐤀 𐤁𐤄 𐤕𐤇𐤕𐤅𐤄𐤉 𐤕𐤃𐤅𐤓
𐤇𐤉𐤅𐤕 𐤁𐤓𐤀 𐤅𐤁𐤏𐤍𐤐𐤅𐤄𐤉 𐤉𐤔𐤊𐤍𐤍 𐤑𐤐𐤓𐤉 𐤔𐤌𐤉𐤀•
𐤉𐤈 𐤀𐤍𐤕𐤄 [𐤀𐤍𐤕] 𐤄𐤅𐤀 𐤌𐤋𐤊𐤀 𐤃𐤉 𐤓𐤁𐤉𐤕 [𐤓𐤁𐤕] 𐤅𐤕𐤒𐤐𐤕 𐤅𐤓𐤁𐤅𐤕𐤊 𐤓𐤁𐤕
𐤅𐤌𐤈𐤕 𐤋𐤔𐤌𐤉𐤀 𐤅𐤔𐤋𐤈𐤍𐤊 𐤋𐤎𐤅𐤐 𐤀𐤓𐤏𐤀•
𐤊 𐤅𐤃𐤉 𐤇𐤆𐤄 𐤌𐤋𐤊𐤀 𐤏𐤉𐤓 𐤅𐤒𐤃𐤉𐤔 𐤍𐤇𐤕 𐤌𐤍 𐤔𐤌𐤉𐤀 𐤅𐤀𐤌𐤓 𐤂𐤃𐤅 𐤀𐤉𐤋𐤍𐤀
𐤅𐤇𐤁𐤋𐤅𐤄𐤉 𐤁𐤓𐤌 𐤏𐤒𐤓 𐤔𐤓𐤔𐤅𐤄𐤉 𐤁𐤀𐤓𐤏𐤀 𐤔𐤁𐤒𐤅 𐤅𐤁𐤀𐤎𐤅𐤓 𐤃𐤉 𐤐𐤓𐤆𐤋 𐤅𐤍𐤇𐤔
𐤁𐤃𐤕𐤀𐤀 𐤃𐤉 𐤁𐤓𐤀 𐤅𐤁𐤈𐤋 𐤔𐤌𐤉𐤀 𐤉𐤑𐤈𐤁𐤏 𐤅𐤏𐤌 𐤇𐤉𐤅𐤕 𐤁𐤓𐤀 𐤇𐤋𐤒𐤄 𐤏𐤃 𐤃𐤉
𐤔𐤁𐤏𐤄 𐤏𐤃𐤍𐤉𐤍 𐤉𐤇𐤋𐤐𐤅𐤍 𐤏𐤋𐤅𐤄𐤉•
𐤊𐤀𐤃𐤍𐤄 𐤐𐤔𐤓𐤀 𐤌𐤋𐤊𐤀 𐤅𐤂𐤆𐤓𐤕 𐤏𐤋𐤉𐤀 [𐤏𐤋𐤀𐤄] 𐤄𐤉𐤀 𐤃𐤉 𐤌𐤈𐤕 𐤏𐤋 𐤌𐤓𐤀𐤉
[𐤌𐤓𐤉] 𐤌𐤋𐤊𐤀•
𐤊𐤁𐤅𐤋𐤊 𐤈𐤓𐤃𐤉𐤍 𐤌𐤍 𐤀𐤍𐤔𐤀 𐤅𐤏𐤌 𐤇𐤉𐤅𐤕 𐤁𐤓𐤀 𐤋𐤄𐤅𐤄 𐤌𐤃𐤓𐤊 𐤅𐤏𐤔𐤁𐤀
𐤊𐤕𐤅𐤓𐤉𐤍 𐤋𐤊 𐤉𐤈𐤏𐤌𐤅𐤍 𐤅𐤌𐤈𐤋 𐤔𐤌𐤉𐤀 𐤋𐤊 𐤌𐤑𐤁𐤏𐤉𐤍 𐤅𐤔𐤁𐤏𐤄 𐤏𐤃𐤍𐤉𐤍
𐤉𐤇𐤋𐤐𐤅𐤍 𐤏𐤋𐤉𐤊 𐤏𐤃 𐤃𐤉 𐤕𐤍𐤃𐤏 𐤃𐤉 𐤔𐤋𐤉𐤈 𐤏𐤋𐤉𐤀 [𐤏𐤋𐤀𐤄] 𐤁𐤌𐤋𐤊𐤅𐤕 𐤀𐤍𐤔𐤀
𐤅𐤋𐤌𐤍 𐤃𐤉 𐤉𐤑𐤁𐤀 𐤉𐤕𐤍𐤍𐤄•
𐤊𐤂 𐤅𐤃𐤉 𐤀𐤌𐤓𐤅 𐤋𐤌𐤔𐤁𐤒 𐤏𐤒𐤓 𐤔𐤓𐤔𐤅𐤄𐤉 𐤃𐤉 𐤀𐤉𐤋𐤍𐤀 𐤌𐤋𐤊𐤅𐤕𐤊 𐤋𐤊
𐤒𐤉𐤌𐤄 𐤌𐤍 𐤃𐤉 𐤕𐤍𐤃𐤏 𐤃𐤉 𐤔𐤋𐤈𐤍 𐤔𐤌𐤉𐤀•
𐤊𐤃 𐤋𐤄𐤍 𐤌𐤋𐤊𐤀 𐤌𐤋𐤊𐤉 𐤉𐤔𐤐𐤓 𐤏𐤋𐤉𐤊 𐤅𐤇𐤈𐤉𐤊 [𐤅𐤇𐤈𐤀𐤊] 𐤁𐤑𐤃𐤒𐤄 𐤐𐤓𐤒
𐤅𐤏𐤅𐤉𐤕𐤊 𐤁𐤌𐤇𐤍 𐤏𐤍𐤉𐤍 𐤄𐤍 𐤕𐤄𐤅𐤄 𐤀𐤓𐤊𐤄 𐤋𐤔𐤋𐤅𐤕𐤊•
𐤊𐤄 𐤊𐤋𐤀 𐤌𐤈𐤀 𐤏𐤋 𐤍𐤁𐤅𐤊𐤃𐤍𐤑𐤓 𐤌𐤋𐤊𐤀•
𐤊𐤅𐤋𐤒𐤑𐤕 𐤉𐤓𐤇𐤉𐤍 𐤕𐤓𐤉 𐤏𐤔𐤓 𐤏𐤋 𐤄𐤉𐤊𐤋 𐤌𐤋𐤊𐤅𐤕𐤀 𐤃𐤉 𐤁𐤁𐤋 𐤌𐤄𐤋𐤊 𐤄𐤅𐤄•

𐤃𐤍𐤉𐤀𐤋

𐤊𐤆𐤏𐤍𐤄 𐤌𐤋𐤊𐤀 𐤅𐤀𐤌𐤓 𐤄𐤋𐤀 𐤃𐤀 𐤄𐤉𐤀 𐤁𐤁𐤋 𐤓𐤁𐤕𐤀 𐤃𐤉 𐤀𐤍𐤄 𐤁𐤍𐤉𐤕𐤄
𐤋𐤁𐤉𐤕 𐤌𐤋𐤊𐤅 𐤁𐤕𐤒𐤐 𐤇𐤎𐤍𐤉 𐤅𐤋𐤉𐤒𐤓 𐤄𐤃𐤓𐤉•

𐤊𐤇𐤏𐤅𐤃 𐤌𐤋𐤕𐤀 𐤁𐤐𐤌 𐤌𐤋𐤊𐤀 𐤒𐤋 𐤌𐤍 𐤔𐤌𐤉𐤀 𐤍𐤐𐤋 𐤋𐤊 𐤀𐤌𐤓𐤉𐤍 𐤍𐤁𐤅𐤊𐤃𐤍𐤑𐤓
𐤌𐤋𐤊𐤀 𐤌𐤋𐤊𐤅𐤕𐤀 𐤏𐤃𐤕 𐤌𐤍𐤊•

𐤊𐤈𐤅𐤌𐤍 𐤀𐤍𐤔𐤀 𐤋𐤊 𐤈𐤓𐤃𐤉𐤍 𐤅𐤏𐤌 𐤇𐤉𐤅𐤕 𐤁𐤓𐤀 𐤌𐤃𐤓𐤊 𐤏𐤔𐤁𐤀 𐤊𐤕𐤅𐤓𐤉𐤍 𐤋𐤊
𐤉𐤈𐤏𐤌𐤅𐤍 𐤅𐤔𐤁𐤏𐤄 𐤏𐤃𐤍𐤉𐤍 𐤉𐤇𐤋𐤐𐤅𐤍 𐤏𐤋𐤉𐤊 𐤏𐤃 𐤃𐤉 𐤕𐤍𐤃𐤏 𐤃𐤉 𐤔𐤋𐤉𐤈 𐤏𐤋𐤉𐤀
[𐤏𐤋𐤀𐤄] 𐤁𐤌𐤋𐤊𐤅𐤕 𐤀𐤍𐤔𐤀 𐤅𐤋𐤌𐤍 𐤃𐤉 𐤉𐤑𐤁𐤀 𐤉𐤕𐤍𐤍𐤄•

𐤋𐤁𐤄 𐤔𐤏𐤕𐤀 𐤌𐤋𐤕𐤀 𐤎𐤐𐤕 𐤏𐤋 𐤍𐤁𐤅𐤊𐤃𐤍𐤑𐤓 𐤅𐤌𐤍 𐤀𐤍𐤔𐤀 𐤈𐤓𐤉𐤃 𐤅𐤏𐤔𐤁𐤀
𐤊𐤕𐤅𐤓𐤉𐤍 𐤉𐤀𐤊𐤋 𐤅𐤌𐤈𐤋 𐤔𐤌𐤉𐤀 𐤂𐤔𐤌𐤄 𐤉𐤑𐤈𐤁𐤏 𐤏𐤃 𐤃𐤉 𐤔𐤏𐤓𐤄 𐤊𐤍𐤔𐤓𐤉𐤍
𐤓𐤁𐤄 𐤅𐤈𐤐𐤓𐤅𐤄𐤉 𐤊𐤑𐤐𐤓𐤉𐤍•

𐤋𐤀𐤅𐤋𐤒𐤑𐤕 𐤉𐤅𐤌𐤉𐤄 𐤀𐤍𐤄 𐤍𐤁𐤅𐤊𐤃𐤍𐤑𐤓 𐤏𐤉𐤍𐤉 𐤋𐤔𐤌𐤉𐤀 𐤍𐤈𐤋𐤕 𐤅𐤌𐤍𐤃𐤏𐤉
𐤏𐤋𐤉 𐤉𐤕𐤅𐤁 𐤅𐤋𐤏𐤋𐤉𐤀 [𐤅𐤋𐤏𐤋𐤀𐤄] 𐤁𐤓𐤊𐤕 𐤅𐤋𐤇𐤉 𐤏𐤋𐤌𐤀 𐤔𐤁𐤇𐤕 𐤅𐤄𐤃𐤓𐤕 𐤃𐤉
𐤔𐤋𐤈𐤍𐤄 𐤔𐤋𐤈𐤍 𐤏𐤋𐤌 𐤅𐤌𐤋𐤊𐤅𐤕𐤄 𐤏𐤌 𐤃𐤓 𐤅𐤃𐤓•

𐤋𐤁𐤅𐤊𐤋 𐤃𐤀𐤓𐤉 [𐤃𐤉𐤓𐤉] 𐤀𐤓𐤏𐤀 𐤊𐤋𐤄 𐤇𐤔𐤉𐤁𐤉𐤍 𐤅𐤊𐤌𐤑𐤁𐤉𐤄 𐤏𐤁𐤃 𐤁𐤇𐤉𐤋
𐤔𐤌𐤉𐤀 𐤅𐤃𐤀𐤓𐤉 [𐤅𐤃𐤉𐤓𐤉] 𐤀𐤓𐤏𐤀 𐤅𐤋𐤀 𐤀𐤉𐤕𐤉 𐤃𐤉 𐤉𐤌𐤇𐤀 𐤁𐤉𐤃𐤄 𐤅𐤉𐤀𐤌𐤓
𐤋𐤄 𐤌𐤄 𐤏𐤁𐤃𐤕•

𐤋𐤂𐤁𐤄 𐤆𐤌𐤍𐤀 𐤌𐤍𐤃𐤏𐤉 𐤉𐤕𐤅𐤁 𐤏𐤋𐤉 𐤅𐤋𐤉𐤒𐤓 𐤌𐤋𐤊𐤅𐤕𐤉 𐤄𐤃𐤓𐤉 𐤅𐤆𐤉𐤅𐤉
𐤉𐤕𐤅𐤁 𐤏𐤋𐤉 𐤅𐤋𐤉 𐤄𐤃𐤁𐤓𐤉 𐤅𐤓𐤁𐤓𐤁𐤍𐤉 𐤉𐤁𐤏𐤅𐤍 𐤅𐤏𐤋 𐤌𐤋𐤊𐤅𐤕𐤉 𐤄𐤕𐤒𐤍𐤕 𐤅𐤓𐤁𐤅
𐤉𐤕𐤉𐤓𐤄 𐤄𐤅𐤎𐤐𐤕 𐤋𐤉•

𐤋𐤃𐤊𐤏𐤍 𐤀𐤍𐤄 𐤍𐤁𐤅𐤊𐤃𐤍𐤑𐤓 𐤌𐤔𐤁𐤇 𐤅𐤌𐤓𐤅𐤌𐤌 𐤅𐤌𐤄𐤃𐤓 𐤋𐤌𐤋𐤊 𐤔𐤌𐤉𐤀 𐤃𐤉
𐤊𐤋 𐤌𐤏𐤁𐤃𐤅𐤄𐤉 𐤒𐤔𐤅𐤈 𐤅𐤀𐤓𐤇𐤕𐤄 𐤃𐤉𐤍 𐤅𐤃𐤉 𐤌𐤄𐤋𐤊𐤉𐤍 𐤁𐤂𐤅𐤄 𐤉𐤊𐤋
𐤋𐤄𐤔𐤐𐤋𐤄•

𐤐𐤓𐤒 𐤄

𐤀𐤁𐤋𐤔𐤀𐤑𐤓 𐤌𐤋𐤊𐤀 𐤏𐤁𐤃 𐤋𐤇𐤌 𐤓𐤁 𐤋𐤓𐤁𐤓𐤁𐤍𐤅𐤄𐤉 𐤀𐤋𐤐 𐤅𐤋𐤒𐤁𐤋 𐤀𐤋𐤐𐤀 𐤇𐤌𐤓𐤀
𐤔𐤕𐤄•

𐤁𐤁𐤋𐤔𐤀𐤑𐤓 𐤀𐤌𐤓 𐤁𐤈𐤏𐤌 𐤇𐤌𐤓𐤀 𐤋𐤄𐤉𐤕𐤉𐤄 𐤋𐤌𐤀𐤍𐤉 𐤃𐤄𐤁𐤀 𐤅𐤊𐤎𐤐𐤀 𐤃𐤉
𐤄𐤍𐤐𐤒 𐤍𐤁𐤅𐤊𐤃𐤍𐤑𐤓 𐤀𐤁𐤅𐤄𐤉 𐤌𐤍 𐤄𐤉𐤊𐤋𐤀 𐤃𐤉 𐤁𐤉𐤓𐤅𐤔𐤋𐤌 𐤅𐤉𐤔𐤕𐤅𐤍 𐤁𐤄𐤅𐤍
𐤌𐤋𐤊𐤀 𐤅𐤓𐤁𐤓𐤁𐤍𐤅𐤄𐤉 𐤔𐤂𐤋𐤕𐤄 𐤅𐤋𐤇𐤍𐤕𐤄•

𐤂𐤁𐤀𐤃𐤉𐤍 𐤄𐤉𐤕𐤉𐤅 𐤌𐤀𐤍𐤉 𐤃𐤄𐤁𐤀 𐤃𐤉 𐤄𐤍𐤐𐤒𐤅 𐤌𐤍 𐤄𐤉𐤊𐤋𐤀 𐤃𐤉 𐤁𐤉𐤕
𐤀𐤋𐤄𐤀 𐤃𐤉 𐤁𐤉𐤓𐤅𐤔𐤋𐤌 𐤅𐤔𐤕𐤉𐤅 𐤁𐤄𐤅𐤍 𐤌𐤋𐤊𐤀 𐤅𐤓𐤁𐤓𐤁𐤍𐤅𐤄𐤉 𐤔𐤂𐤋𐤕𐤄
𐤅𐤋𐤇𐤍𐤕𐤄•

𐤃𐤀𐤔𐤕𐤉𐤅 𐤇𐤌𐤓𐤀 𐤅𐤔𐤁𐤇𐤅 𐤋𐤀𐤋𐤄𐤉 𐤃𐤄𐤁𐤀 𐤅𐤊𐤎𐤐𐤀 𐤍𐤇𐤔𐤀 𐤐𐤓𐤆𐤋𐤀 𐤀𐤏𐤀

ואבנא•
ה בה שעתה נפקו [נפקה] אצבען די יד אנש וכתבן לקבל
נברשתא על גירא די כתל היכלא די מלכא ומלכא חזה פס ידא
די כתבה•
ו אדין מלכא זיוהי שנוהי ורעינהי יבהלונה וקטרי חרצה
משתרין וארכבתה דא לדא נקשן•
ז קרא מלכא בחיל להעלה לאשפיא כשדיא [כשדאי] וגזריא
ענה מלכא ואמר לחכימי בבל די כל אנש די יקרה כתבה דנה
ופשרה יחונני ארגונא ילבש והמונכא [והמניכא] די דהבא על
צוארה ותלתי במלכותא ישלט•
ח אדין עללין [עלין] כל חכימי מלכא ולא כהלין כתבא
למקרא ופשרא [ופשרה] להודעה למלכא•
ט אדין מלכא בלשאצר שגיא מתבהל וזיוהי שנין עלוהי
ורברבנוהי משתבשין•
י מלכתא לקבל מלי מלכא ורברבנוהי לבית משתיא עללת [עלת]
ענת מלכתא ואמרת מלכא לעלמין חיי אל יבהלוך רעיונך
וזיויך [וזיוך] אל ישתנו•
יא איתי גבר במלכותך די רוח אלהין קדישין בה וביומי
אבוך נהירו ושכלתנו וחכמה כחכמת אלהין השתכחת בה
ומלכא נבכדנצר אבוך רב חרטמין אשפין כשדאין גזרין
הקימה אבוך מלכא•
יב כל קבל די רוח יתירה ומנדע ושכלתנו מפשר חלמין
ואחוית אחידן ומשרא קטרין השתכחת בה בדניאל די מלכא שם
שמה בלטשאצר כען דניאל יתקרי ופשרה יהחוה•
יג באדין דניאל העל קדם מלכא ענה מלכא ואמר לדניאל
אנתה [אנת] הוא דניאל די מן בני גלותא די יהוד די היתי
מלכא אבי מן יהוד•
יד ושמעת עליך [עלך] די רוח אלהין בך ונהירו ושכלתנו
וחכמה יתירה השתכחת בך•
טו וכען העלו קדמי חכימיא אשפיא די כתבה דנה יקרון
ופשרה להודעתני ולא כהלין פשר מלתא להחויה•
טז ואנה שמעת עליך [עלך] די תוכל [תיכול] פשרין למפשר
וקטרין למשרא כען הן תוכל [תכול] כתבא למקרא ופשרה

𐤋𐤄𐤅𐤃𐤏𐤕𐤍𐤉 𐤀𐤓𐤂𐤅𐤍𐤀 𐤕𐤋𐤁𐤔 𐤅𐤄𐤌𐤅𐤍𐤊𐤀 [𐤅𐤄𐤌𐤍𐤉𐤊𐤀] 𐤃𐤉 𐤃𐤄𐤁𐤀 𐤏𐤋 𐤑𐤅𐤀𐤓𐤊 𐤅𐤕𐤋𐤕𐤀 𐤁𐤌𐤋𐤊𐤅𐤕𐤀 𐤕𐤔𐤋𐤈•

𐤉𐤆 𐤁𐤀𐤃𐤉𐤍 𐤏𐤍𐤄 𐤃𐤍𐤉𐤀𐤋 𐤅𐤀𐤌𐤓 𐤒𐤃𐤌 𐤌𐤋𐤊𐤀 𐤌𐤕𐤍𐤕𐤊 𐤋𐤊 𐤋𐤄𐤅𐤉𐤍 𐤅𐤍𐤁𐤆𐤁𐤉𐤕𐤊 𐤋𐤀𐤇𐤓𐤍 𐤄𐤁 𐤁𐤓𐤌 𐤊𐤕𐤁𐤀 𐤀𐤒𐤓𐤀 𐤋𐤌𐤋𐤊𐤀 𐤅𐤐𐤔𐤓𐤀 𐤀𐤄𐤅𐤃𐤏𐤍𐤄•

𐤉𐤇 𐤀𐤍𐤕𐤄 [𐤀𐤍𐤕] 𐤌𐤋𐤊𐤀 𐤀𐤋𐤄𐤀 𐤏𐤋𐤉𐤀 [𐤏𐤋𐤀𐤄] 𐤌𐤋𐤊𐤅𐤕𐤀 𐤅𐤓𐤁𐤅𐤕𐤀 𐤅𐤉𐤒𐤓𐤀 𐤅𐤄𐤃𐤓𐤀 𐤉𐤄𐤁 𐤋𐤍𐤁𐤊𐤃𐤍𐤑𐤓 𐤀𐤁𐤅𐤊•

𐤉𐤈 𐤅𐤌𐤍 𐤓𐤁𐤅𐤕𐤀 𐤃𐤉 𐤉𐤄𐤁 𐤋𐤄 𐤊𐤋 𐤏𐤌𐤌𐤉𐤀 𐤀𐤌𐤉𐤀 𐤅𐤋𐤔𐤍𐤉𐤀 𐤄𐤅𐤅 𐤆𐤀𐤏𐤉𐤍 [𐤆𐤉𐤏𐤉𐤍] 𐤅𐤃𐤇𐤋𐤉𐤍 𐤌𐤍 𐤒𐤃𐤌𐤅𐤄𐤉 𐤃𐤉 𐤄𐤅𐤀 𐤑𐤁𐤀 𐤄𐤅𐤄 𐤒𐤈𐤋 𐤅𐤃𐤉 𐤄𐤅𐤄 𐤑𐤁𐤀 𐤄𐤅𐤄 𐤌𐤇𐤀 𐤅𐤃𐤉 𐤄𐤅𐤄 𐤑𐤁𐤀 𐤄𐤅𐤄 𐤌𐤓𐤉𐤌 𐤅𐤃𐤉 𐤄𐤅𐤀 𐤑𐤁𐤀 𐤄𐤅𐤀 𐤌𐤔𐤐𐤉𐤋•

𐤊 𐤅𐤊𐤃𐤉 𐤓𐤌 𐤋𐤁𐤁𐤄 𐤅𐤓𐤅𐤇𐤄 𐤕𐤒𐤐𐤕 𐤋𐤄𐤆𐤃𐤄 𐤄𐤍𐤇𐤕 𐤌𐤍 𐤊𐤓𐤎𐤀 𐤌𐤋𐤊𐤅𐤕𐤄 𐤅𐤉𐤒𐤓𐤄 𐤄𐤏𐤃𐤉𐤅 𐤌𐤍𐤄•

𐤊𐤀 𐤅𐤌𐤍 𐤁𐤍𐤉 𐤀𐤍𐤔𐤀 𐤈𐤓𐤉𐤃 𐤅𐤋𐤁𐤁𐤄 𐤏𐤌 𐤇𐤉𐤅𐤕𐤀 𐤔𐤅𐤉 [𐤔𐤅𐤉𐤅] 𐤅𐤏𐤌 𐤏𐤓𐤃𐤉𐤀 𐤌𐤃𐤅𐤓𐤄 𐤏𐤔𐤁𐤀 𐤊𐤕𐤅𐤓𐤉𐤍 𐤉𐤈𐤏𐤌𐤍𐤄 𐤅𐤌𐤈𐤋 𐤔𐤌𐤉𐤀 𐤂𐤔𐤌𐤄 𐤉𐤑𐤈𐤁𐤏 𐤏𐤃 𐤃𐤉 𐤉𐤃𐤏 𐤃𐤉 𐤔𐤋𐤉𐤈 𐤀𐤋𐤄𐤀 𐤏𐤋𐤉𐤀 [𐤏𐤋𐤀𐤄] 𐤁𐤌𐤋𐤊𐤅𐤕 𐤀𐤍𐤔𐤀 𐤅𐤋𐤌𐤍 𐤃𐤉 𐤉𐤑𐤁𐤄 𐤉𐤄𐤒𐤉𐤌 𐤏𐤋𐤉𐤄 [𐤏𐤋𐤄]•

𐤊𐤁 𐤅𐤀𐤍𐤕𐤄 [𐤅𐤀𐤍𐤕] 𐤁𐤓𐤄 𐤁𐤋𐤔𐤀𐤑𐤓 𐤋𐤀 𐤄𐤔𐤐𐤋𐤕 𐤋𐤁𐤁𐤊 𐤊𐤋 𐤒𐤁𐤋 𐤃𐤉 𐤊𐤋 𐤃𐤍𐤄 𐤉𐤃𐤏𐤕•

𐤊𐤂 𐤅𐤏𐤋 𐤌𐤓𐤀 𐤔𐤌𐤉𐤀 𐤄𐤕𐤓𐤅𐤌𐤌𐤕 𐤅𐤌𐤀𐤍𐤉𐤀 𐤃𐤉 𐤁𐤉𐤕𐤄 𐤄𐤉𐤕𐤉𐤅 𐤒𐤃𐤌𐤉𐤊 𐤅𐤀𐤍𐤕𐤄 [𐤅𐤀𐤍𐤕] 𐤅𐤓𐤁𐤓𐤁𐤍𐤉𐤊 𐤔𐤂𐤋𐤕𐤊 𐤅𐤋𐤇𐤍𐤕𐤊 𐤇𐤌𐤓𐤀 𐤔𐤕𐤉𐤍 𐤁𐤄𐤅𐤍 𐤅𐤋𐤀𐤋𐤄𐤉 𐤊𐤎𐤐𐤀 𐤅𐤃𐤄𐤁𐤀 𐤍𐤇𐤔𐤀 𐤐𐤓𐤆𐤋𐤀 𐤀𐤏𐤀 𐤅𐤀𐤁𐤍𐤀 𐤃𐤉 𐤋𐤀 𐤇𐤆𐤉𐤍 𐤅𐤋𐤀 𐤔𐤌𐤏𐤉𐤍 𐤅𐤋𐤀 𐤉𐤃𐤏𐤉𐤍 𐤔𐤁𐤇𐤕 𐤅𐤋𐤀𐤋𐤄𐤀 𐤃𐤉 𐤍𐤔𐤌𐤕𐤊 𐤁𐤉𐤃𐤄 𐤅𐤊𐤋 𐤀𐤓𐤇𐤕𐤊 𐤋𐤄 𐤋𐤀 𐤄𐤃𐤓𐤕•

𐤊𐤃 𐤁𐤀𐤃𐤉𐤍 𐤌𐤍 𐤒𐤃𐤌𐤅𐤄𐤉 𐤔𐤋𐤉𐤇 𐤐𐤎𐤀 𐤃𐤉 𐤉𐤃𐤀 𐤅𐤊𐤕𐤁𐤀 𐤃𐤍𐤄 𐤓𐤔𐤉𐤌•

𐤊𐤄 𐤅𐤃𐤍𐤄 𐤊𐤕𐤁𐤀 𐤃𐤉 𐤓𐤔𐤉𐤌 𐤌𐤍𐤀 𐤌𐤍𐤀 𐤕𐤒𐤋 𐤅𐤐𐤓𐤎𐤉𐤍•

𐤊𐤅 𐤃𐤍𐤄 𐤐𐤔𐤓 𐤌𐤋𐤕𐤀 𐤌𐤍𐤀 𐤌𐤍𐤄 𐤀𐤋𐤄𐤀 𐤌𐤋𐤊𐤅𐤕𐤊 𐤅𐤄𐤔𐤋𐤌𐤄•

𐤊𐤆 𐤕𐤒𐤋 𐤕𐤒𐤉𐤋𐤕𐤄 𐤁𐤌𐤀𐤆𐤍𐤉𐤀 𐤅𐤄𐤔𐤕𐤊𐤇𐤕 𐤇𐤎𐤉𐤓•

𐤊𐤇 𐤐𐤓𐤎 𐤐𐤓𐤉𐤎𐤕 𐤌𐤋𐤊𐤅𐤕𐤊 𐤅𐤉𐤄𐤉𐤁𐤕 𐤋𐤌𐤃𐤉 𐤅𐤐𐤓𐤎•

𐤊𐤈 𐤁𐤀𐤃𐤉𐤍 𐤀𐤌𐤓 𐤁𐤋𐤔𐤀𐤑𐤓 𐤅𐤄𐤋𐤁𐤉𐤔𐤅 𐤋𐤃𐤍𐤉𐤀𐤋 𐤀𐤓𐤂𐤅𐤍𐤀 𐤅𐤄𐤌𐤅𐤍𐤊𐤀 [𐤅𐤄𐤌𐤍𐤉𐤊𐤀] 𐤃𐤉 𐤃𐤄𐤁𐤀 𐤏𐤋 𐤑𐤅𐤀𐤓𐤄 𐤅𐤄𐤊𐤓𐤆𐤅 𐤏𐤋𐤅𐤄𐤉 𐤃𐤉 𐤋𐤄𐤅𐤀 𐤔𐤋𐤉𐤈 𐤕𐤋𐤕𐤀 𐤁𐤌𐤋𐤊𐤅𐤕𐤀•

𐤋 𐤁𐤄 𐤁𐤋𐤉𐤋𐤉𐤀 𐤒𐤈𐤉𐤋 𐤁𐤋𐤀𐤔𐤑𐤓 𐤌𐤋𐤊𐤀 𐤊𐤔𐤃𐤉𐤀 [𐤊𐤔𐤃𐤀𐤄]•

𐤃𐤍𐤉𐤀𐤋

𐤐𐤓𐤒 𐤅

𐤀 𐤅𐤃𐤓𐤉𐤅𐤔 𐤌𐤃𐤉𐤀 [𐤌𐤃𐤀𐤄] 𐤒𐤁𐤋 𐤌𐤋𐤊𐤅𐤕𐤀 𐤊𐤁𐤓 𐤔𐤍𐤉𐤍 𐤔𐤕𐤉𐤍 𐤅𐤕𐤓𐤕𐤉𐤍•
𐤁 𐤔𐤐𐤓 𐤒𐤃𐤌 𐤃𐤓𐤉𐤅𐤔 𐤅𐤄𐤒𐤉𐤌 𐤏𐤋 𐤌𐤋𐤊𐤅𐤕𐤀 𐤋𐤀𐤇𐤔𐤃𐤓𐤐𐤍𐤉𐤀 𐤌𐤀𐤄
𐤅𐤏𐤔𐤓𐤉𐤍 𐤃𐤉 𐤋𐤄𐤅𐤍 𐤁𐤊𐤋 𐤌𐤋𐤊𐤅𐤕𐤀•
𐤂 𐤅𐤏𐤋𐤀 𐤌𐤍𐤄𐤅𐤍 𐤎𐤓𐤊𐤉𐤍 𐤕𐤋𐤕𐤄 𐤃𐤉 𐤃𐤍𐤉𐤀𐤋 𐤇𐤃 𐤌𐤍𐤄𐤅𐤍 𐤃𐤉 𐤋𐤄𐤅𐤍
𐤀𐤇𐤔𐤃𐤓𐤐𐤍𐤉𐤀 𐤀𐤋𐤉𐤍 𐤉𐤄𐤁𐤉𐤍 𐤋𐤄𐤅𐤍 𐤈𐤏𐤌𐤀 𐤅𐤌𐤋𐤊𐤀 𐤋𐤀 𐤋𐤄𐤅𐤀 𐤍𐤆𐤒•
𐤃 𐤀𐤃𐤉𐤍 𐤃𐤍𐤄 𐤃𐤍𐤉𐤀𐤋 𐤄𐤅𐤀 𐤌𐤕𐤍𐤑𐤇 𐤏𐤋 𐤎𐤓𐤊𐤉𐤀 𐤅𐤀𐤇𐤔𐤃𐤓𐤐𐤍𐤉𐤀 𐤊𐤋 𐤒𐤁𐤋
𐤃𐤉 𐤓𐤅𐤇 𐤉𐤕𐤉𐤓𐤀 𐤁𐤄 𐤅𐤌𐤋𐤊𐤀 𐤏𐤔𐤉𐤕 𐤋𐤄𐤒𐤌𐤅𐤕𐤄 𐤏𐤋 𐤊𐤋 𐤌𐤋𐤊𐤅𐤕𐤀•
𐤄 𐤀𐤃𐤉𐤍 𐤎𐤓𐤊𐤉𐤀 𐤅𐤀𐤇𐤔𐤃𐤓𐤐𐤍𐤉𐤀 𐤄𐤅𐤅 𐤁𐤏𐤉𐤍 𐤏𐤋𐤄 𐤋𐤄𐤔𐤊𐤇𐤄 𐤋𐤃𐤍𐤉𐤀𐤋
𐤌𐤑𐤃 𐤌𐤋𐤊𐤅𐤕𐤀 𐤅𐤊𐤋 𐤏𐤋𐤄 𐤅𐤔𐤇𐤉𐤕𐤄 𐤋𐤀 𐤉𐤊𐤋𐤉𐤍 𐤋𐤄𐤔𐤊𐤇𐤄 𐤊𐤋 𐤒𐤁𐤋 𐤃𐤉
𐤌𐤄𐤉𐤌𐤍 𐤄𐤅𐤀 𐤅𐤊𐤋 𐤔𐤋𐤅 𐤅𐤔𐤇𐤉𐤕𐤄 𐤋𐤀 𐤄𐤔𐤕𐤊𐤇𐤕 𐤏𐤋𐤅𐤄𐤉•
𐤅 𐤀𐤃𐤉𐤍 𐤂𐤁𐤓𐤉𐤀 𐤀𐤋𐤊 𐤀𐤌𐤓𐤉𐤍 𐤃𐤉 𐤋𐤀 𐤍𐤄𐤔𐤊𐤇 𐤋𐤃𐤍𐤉𐤀𐤋 𐤃𐤍𐤄 𐤊𐤋 𐤏𐤋𐤀
𐤋𐤄𐤍 𐤄𐤔𐤊𐤇𐤍𐤀 𐤏𐤋𐤅𐤄𐤉 𐤁𐤃𐤕 𐤀𐤋𐤄𐤄•
𐤆 𐤀𐤃𐤉𐤍 𐤎𐤓𐤊𐤉𐤀 𐤅𐤀𐤇𐤔𐤃𐤓𐤐𐤍𐤉𐤀 𐤀𐤋𐤍 𐤄𐤓𐤂𐤔𐤅 𐤏𐤋 𐤌𐤋𐤊𐤀 𐤅𐤊𐤍 𐤀𐤌𐤓𐤉𐤍
𐤋𐤄 𐤃𐤓𐤉𐤅𐤔 𐤌𐤋𐤊𐤀 𐤋𐤏𐤋𐤌𐤉𐤍 𐤇𐤉𐤉•
𐤇 𐤀𐤕𐤉𐤏𐤈𐤅 𐤊𐤋 𐤎𐤓𐤊𐤉 𐤌𐤋𐤊𐤅𐤕𐤀 𐤎𐤂𐤍𐤉𐤀 𐤅𐤀𐤇𐤔𐤃𐤓𐤐𐤍𐤉𐤀 𐤄𐤃𐤁𐤓𐤉𐤀
𐤅𐤐𐤇𐤅𐤕𐤀 𐤋𐤒𐤉𐤌𐤄 𐤒𐤉𐤌 𐤌𐤋𐤊𐤀 𐤅𐤋𐤕𐤒𐤐𐤄 𐤀𐤎𐤓 𐤃𐤉 𐤊𐤋 𐤃𐤉 𐤉𐤁𐤏𐤄 𐤁𐤏𐤅 𐤌𐤍
𐤊𐤋 𐤀𐤋𐤄 𐤅𐤀𐤍𐤔 𐤏𐤃 𐤉𐤅𐤌𐤉𐤍 𐤕𐤋𐤕𐤉𐤍 𐤋𐤄𐤍 𐤌𐤍𐤊 𐤌𐤋𐤊𐤀 𐤉𐤕𐤓𐤌𐤀 𐤋𐤂𐤁
𐤀𐤓𐤉𐤅𐤕𐤀•
𐤈 𐤊𐤏𐤍 𐤌𐤋𐤊𐤀 𐤕𐤒𐤉𐤌 𐤀𐤎𐤓𐤀 𐤅𐤕𐤓𐤔𐤌 𐤊𐤕𐤁𐤀 𐤃𐤉 𐤋𐤀 𐤋𐤄𐤔𐤍𐤉𐤄 𐤊𐤃𐤕 𐤌𐤃𐤉
𐤅𐤐𐤓𐤎 𐤃𐤉 𐤋𐤀 𐤕𐤏𐤃𐤀•
𐤉 𐤊𐤋 𐤒𐤁𐤋 𐤃𐤍𐤄 𐤌𐤋𐤊𐤀 𐤃𐤓𐤉𐤅𐤔 𐤓𐤔𐤌 𐤊𐤕𐤁𐤀 𐤅𐤀𐤎𐤓𐤀•
𐤉𐤀 𐤅𐤃𐤍𐤉𐤀𐤋 𐤊𐤃𐤉 𐤉𐤃𐤏 𐤃𐤉 𐤓𐤔𐤉𐤌 𐤊𐤕𐤁𐤀 𐤏𐤋 𐤋𐤁𐤉𐤕𐤄 𐤅𐤊𐤅𐤉𐤍 𐤐𐤕𐤉𐤇𐤍
𐤋𐤄 𐤁𐤏𐤋𐤉𐤕𐤄 𐤍𐤂𐤃 𐤉𐤓𐤅𐤔𐤋𐤌 𐤅𐤆𐤌𐤍𐤉𐤍 𐤕𐤋𐤕𐤄 𐤁𐤉𐤅𐤌𐤀 𐤄𐤅𐤀 𐤁𐤓𐤊 𐤏𐤋
𐤁𐤓𐤊𐤅𐤄𐤉 𐤅𐤌𐤑𐤋𐤀 𐤅𐤌𐤅𐤃𐤀 𐤒𐤃𐤌 𐤀𐤋𐤄𐤄 𐤊𐤋 𐤒𐤁𐤋 𐤃𐤉 𐤄𐤅𐤀 𐤏𐤁𐤃 𐤌𐤍 𐤒𐤃𐤌𐤕
𐤃𐤍𐤄•
𐤉𐤁 𐤀𐤃𐤉𐤍 𐤂𐤁𐤓𐤉𐤀 𐤀𐤋𐤊 𐤄𐤓𐤂𐤔𐤅 𐤅𐤄𐤔𐤊𐤇𐤅 𐤋𐤃𐤍𐤉𐤀𐤋 𐤁𐤏𐤄 𐤅𐤌𐤕𐤇𐤍𐤍 𐤒𐤃𐤌
𐤀𐤋𐤄𐤄•
𐤉𐤂 𐤁𐤀𐤃𐤉𐤍 𐤒𐤓𐤉𐤁𐤅 𐤅𐤀𐤌𐤓𐤉𐤍 𐤒𐤃𐤌 𐤌𐤋𐤊𐤀 𐤏𐤋 𐤀𐤎𐤓 𐤌𐤋𐤊𐤀 𐤄𐤋𐤀 𐤀𐤎𐤓
𐤓𐤔𐤌𐤕 𐤃𐤉 𐤊𐤋 𐤀𐤍𐤔 𐤃𐤉 𐤉𐤁𐤏𐤀 𐤌𐤍 𐤊𐤋 𐤀𐤋𐤄 𐤅𐤀𐤍𐤔 𐤏𐤃 𐤉𐤅𐤌𐤉𐤍 𐤕𐤋𐤕𐤉𐤍
𐤋𐤄𐤍 𐤌𐤍𐤊 𐤌𐤋𐤊𐤀 𐤉𐤕𐤓𐤌𐤀 𐤋𐤂𐤅𐤁 𐤀𐤓𐤉𐤅𐤕𐤀 𐤏𐤍𐤄 𐤌𐤋𐤊𐤀 𐤅𐤀𐤌𐤓 𐤉𐤑𐤉𐤁𐤀
𐤌𐤋𐤕𐤀 𐤊𐤃𐤕 𐤌𐤃𐤉 𐤅𐤐𐤓𐤎 𐤃𐤉 𐤋𐤀 𐤕𐤏𐤃𐤀•
𐤉𐤃 𐤁𐤀𐤃𐤉𐤍 𐤏𐤍𐤅 𐤅𐤀𐤌𐤓𐤉𐤍 𐤒𐤃𐤌 𐤌𐤋𐤊𐤀 𐤃𐤉 𐤃𐤍𐤉𐤀𐤋 𐤃𐤉 𐤌𐤍 𐤁𐤍𐤉 𐤂𐤋𐤅𐤕𐤀

𐤃𐤉 𐤉𐤄𐤅𐤃 𐤋𐤀 𐤔𐤌 𐤏𐤋𐤉𐤊 𐤌𐤋𐤊𐤀 𐤈𐤏𐤌 𐤅𐤏𐤋 𐤀𐤎𐤓𐤀 𐤃𐤉 𐤓𐤔𐤌𐤕 𐤅𐤆𐤌𐤍𐤉𐤍
𐤕𐤋𐤕𐤄 𐤁𐤉𐤅𐤌𐤀 𐤁𐤏𐤀 𐤁𐤏𐤅𐤕𐤄•

𐤈𐤅𐤀𐤃𐤉𐤍 𐤌𐤋𐤊𐤀 𐤊𐤃𐤉 𐤌𐤋𐤕𐤀 𐤔𐤌𐤏 𐤔𐤂𐤉𐤀 𐤁𐤀𐤔 𐤏𐤋𐤅𐤄𐤉 𐤅𐤏𐤋 𐤃𐤍𐤉𐤀𐤋
𐤔𐤌 𐤁𐤋 𐤋𐤔𐤉𐤆𐤁𐤅𐤕𐤄 𐤅𐤏𐤃 𐤌𐤏𐤋𐤉 𐤔𐤌𐤔𐤀 𐤄𐤅𐤄 𐤌𐤔𐤕𐤃𐤓 𐤋𐤄𐤑𐤋𐤅𐤕𐤄•

𐤈𐤆𐤁𐤀𐤃𐤉𐤍 𐤂𐤁𐤓𐤉𐤀 𐤀𐤋𐤊 𐤄𐤓𐤂𐤔𐤅 𐤏𐤋 𐤌𐤋𐤊𐤀 𐤅𐤀𐤌𐤓𐤉𐤍 𐤋𐤌𐤋𐤊𐤀 𐤃𐤏
𐤌𐤋𐤊𐤀 𐤃𐤉 𐤃𐤕 𐤋𐤌𐤃𐤉 𐤅𐤐𐤓𐤎 𐤃𐤉 𐤊𐤋 𐤀𐤎𐤓 𐤅𐤒𐤉𐤌 𐤃𐤉 𐤌𐤋𐤊𐤀 𐤉𐤄𐤒𐤉𐤌 𐤋𐤀
𐤋𐤄𐤔𐤍𐤉𐤄•

𐤉𐤆𐤁𐤀𐤃𐤉𐤍 𐤌𐤋𐤊𐤀 𐤀𐤌𐤓 𐤅𐤄𐤉𐤕𐤉𐤅 𐤋𐤃𐤍𐤉𐤀𐤋 𐤅𐤓𐤌𐤅 𐤋𐤂𐤁𐤀 𐤃𐤉 𐤀𐤓𐤉𐤅𐤕𐤀
𐤏𐤍𐤄 𐤌𐤋𐤊𐤀 𐤅𐤀𐤌𐤓 𐤋𐤃𐤍𐤉𐤀𐤋 𐤀𐤋𐤄𐤊 𐤃𐤉 𐤀𐤍𐤕𐤄 𐤐𐤋𐤇 𐤋𐤄 𐤁𐤕𐤃𐤉𐤓𐤀 𐤄𐤅𐤀
𐤉𐤔𐤉𐤆𐤁𐤍𐤊•

𐤉𐤇𐤅𐤄𐤉𐤕𐤉𐤕 𐤀𐤁𐤍 𐤇𐤃𐤄 𐤅𐤔𐤌𐤕 𐤏𐤋 𐤐𐤌 𐤂𐤁𐤀 𐤅𐤇𐤕𐤌𐤄 𐤌𐤋𐤊𐤀 𐤁𐤏𐤆𐤒𐤕𐤄
𐤅𐤁𐤏𐤆𐤒𐤕 𐤓𐤁𐤓𐤁𐤍𐤅𐤄𐤉 𐤃𐤉 𐤋𐤀 𐤕𐤔𐤍𐤀 𐤑𐤁𐤅 𐤁𐤃𐤍𐤉𐤀𐤋•

𐤉𐤈𐤀𐤃𐤉𐤍 𐤀𐤆𐤋 𐤌𐤋𐤊𐤀 𐤋𐤄𐤉𐤊𐤋𐤄 𐤅𐤁𐤕 𐤈𐤅𐤕 𐤅𐤃𐤇𐤅𐤍 𐤋𐤀 𐤄𐤍𐤏𐤋 𐤒𐤃𐤌𐤅𐤄𐤉
𐤅𐤔𐤍𐤕𐤄 𐤍𐤃𐤕 𐤏𐤋𐤅𐤄𐤉•

𐤊𐤁𐤀𐤃𐤉𐤍 𐤌𐤋𐤊𐤀 𐤁𐤔𐤐𐤓𐤐𐤓𐤀 𐤉𐤒𐤅𐤌 𐤁𐤍𐤂𐤄𐤀 𐤅𐤁𐤄𐤕𐤁𐤄𐤋𐤄 𐤋𐤂𐤁𐤀 𐤃𐤉
𐤀𐤓𐤉𐤅𐤕𐤀 𐤀𐤆𐤋•

𐤊𐤀𐤅𐤊𐤌𐤒𐤓𐤁𐤄 𐤋𐤂𐤁𐤀 𐤋𐤃𐤍𐤉𐤀𐤋 𐤁𐤒𐤋 𐤏𐤑𐤉𐤁 𐤆𐤏𐤒 𐤏𐤍𐤄 𐤌𐤋𐤊𐤀 𐤅𐤀𐤌𐤓
𐤋𐤃𐤍𐤉𐤀𐤋 𐤃𐤍𐤉𐤀𐤋 𐤏𐤁𐤃 𐤀𐤋𐤄𐤀 𐤇𐤉𐤀 𐤀𐤋𐤄𐤊 𐤃𐤉 𐤀𐤍𐤕𐤄 𐤐𐤋𐤇 𐤋𐤄 𐤁𐤕𐤃𐤉𐤓𐤀
𐤄𐤉𐤊𐤋 𐤋𐤔𐤉𐤆𐤁𐤅𐤕𐤊 𐤌𐤍 𐤀𐤓𐤉𐤅𐤕𐤀•

𐤊𐤁𐤀𐤃𐤉𐤍 𐤃𐤍𐤉𐤀𐤋 𐤏𐤌 𐤌𐤋𐤊𐤀 𐤌𐤋𐤋 𐤌𐤋𐤊𐤀 𐤋𐤏𐤋𐤌𐤉𐤍 𐤇𐤉𐤉•

𐤊𐤂𐤀𐤋𐤄𐤉 𐤔𐤋𐤇 𐤌𐤋𐤀𐤊𐤄 𐤅𐤎𐤂𐤓 𐤐𐤌 𐤀𐤓𐤉𐤅𐤕𐤀 𐤅𐤋𐤀 𐤇𐤁𐤋𐤅𐤍𐤉 𐤊𐤋 𐤒𐤁𐤋 𐤃𐤉
𐤒𐤃𐤌𐤅𐤄𐤉 𐤆𐤊𐤅 𐤄𐤔𐤕𐤊𐤇𐤕 𐤋𐤉 𐤅𐤀𐤐 𐤒𐤃𐤌𐤉𐤊 𐤌𐤋𐤊𐤀 𐤇𐤁𐤅𐤋𐤄 𐤋𐤀 𐤏𐤁𐤃𐤕•

𐤊𐤃𐤁𐤀𐤃𐤉𐤍 𐤌𐤋𐤊𐤀 𐤔𐤂𐤉𐤀 𐤈𐤀𐤁 𐤏𐤋𐤅𐤄𐤉 𐤅𐤋𐤃𐤍𐤉𐤀𐤋 𐤀𐤌𐤓 𐤋𐤄𐤍𐤎𐤒𐤄 𐤌𐤍
𐤂𐤁𐤀 𐤅𐤄𐤎𐤒 𐤃𐤍𐤉𐤀𐤋 𐤌𐤍 𐤂𐤁𐤀 𐤅𐤊𐤋 𐤇𐤁𐤋 𐤋𐤀 𐤄𐤔𐤕𐤊𐤇 𐤁𐤄 𐤃𐤉 𐤄𐤉𐤌𐤍
𐤁𐤀𐤋𐤄𐤄•

𐤊𐤄𐤅𐤀𐤌𐤓 𐤌𐤋𐤊𐤀 𐤅𐤄𐤉𐤕𐤉𐤅 𐤂𐤁𐤓𐤉𐤀 𐤀𐤋𐤊 𐤃𐤉 𐤀𐤊𐤋𐤅 𐤒𐤓𐤑𐤅𐤄𐤉 𐤃𐤉
𐤃𐤍𐤉𐤀𐤋 𐤅𐤋𐤂𐤁 𐤀𐤓𐤉𐤅𐤕𐤀 𐤓𐤌𐤅 𐤀𐤍𐤅𐤍 𐤁𐤍𐤉𐤄𐤅𐤍 𐤅𐤍𐤔𐤉𐤄𐤅𐤍 𐤅𐤋𐤀 𐤌𐤈𐤅
𐤋𐤀𐤓𐤏𐤉𐤕 𐤂𐤁𐤀 𐤏𐤃 𐤃𐤉 𐤔𐤋𐤈𐤅 𐤁𐤄𐤅𐤍 𐤀𐤓𐤉𐤅𐤕𐤀 𐤅𐤊𐤋 𐤂𐤓𐤌𐤉𐤄𐤅𐤍 𐤄𐤃𐤒𐤅•

𐤊𐤅𐤁𐤀𐤃𐤉𐤍 𐤃𐤓𐤉𐤅𐤔 𐤌𐤋𐤊𐤀 𐤊𐤕𐤁 𐤋𐤊𐤋 𐤏𐤌𐤌𐤉𐤀 𐤀𐤌𐤉𐤀 𐤅𐤋𐤔𐤍𐤉𐤀 𐤃𐤉
𐤃𐤀𐤓𐤉𐤍 [𐤃𐤉𐤓𐤉𐤍] 𐤁𐤊𐤋 𐤀𐤓𐤏𐤀 𐤔𐤋𐤌𐤊𐤅𐤍 𐤉𐤔𐤂𐤀•

𐤊𐤆𐤌𐤍 𐤒𐤃𐤌𐤉 𐤔𐤉𐤌 𐤈𐤏𐤌 𐤃𐤉 𐤁𐤊𐤋 𐤔𐤋𐤈𐤍 𐤌𐤋𐤊𐤅𐤕𐤉 𐤋𐤄𐤅𐤍 𐤆𐤀𐤏𐤉𐤍
[𐤆𐤉𐤏𐤉𐤍] 𐤅𐤃𐤇𐤋𐤉𐤍 𐤌𐤍 𐤒𐤃𐤌 𐤀𐤋𐤄𐤄 𐤃𐤉 𐤃𐤍𐤉𐤀𐤋 𐤃𐤉 𐤄𐤅𐤀 𐤀𐤋𐤄𐤀 𐤇𐤉𐤀
𐤅𐤒𐤉𐤌 𐤋𐤏𐤋𐤌𐤉𐤍 𐤅𐤌𐤋𐤊𐤅𐤕𐤄 𐤃𐤉 𐤋𐤀 𐤕𐤕𐤇𐤁𐤋 𐤅𐤔𐤋𐤈𐤍𐤄 𐤏𐤃 𐤎𐤅𐤐𐤀•

𐤃𐤍𐤉𐤀𐤋

𐤊𐤇𐤌𐤔𐤉𐤆𐤉𐤁 𐤅𐤌𐤑𐤋 𐤅𐤏𐤁𐤃 𐤀𐤕𐤉𐤍 𐤅𐤕𐤌𐤄𐤉𐤍 𐤁𐤔𐤌𐤉𐤀 𐤅𐤁𐤀𐤓𐤏𐤀 𐤃𐤉
𐤔𐤉𐤆𐤉𐤁 𐤋𐤃𐤍𐤉𐤀𐤋 𐤌𐤍 𐤉𐤃 𐤀𐤓𐤉𐤅𐤕𐤀•
𐤊𐤈𐤅𐤃𐤍𐤉𐤀𐤋 𐤃𐤍𐤄 𐤄𐤑𐤋𐤇 𐤁𐤌𐤋𐤊𐤅𐤕 𐤃𐤓𐤉𐤅𐤔 𐤅𐤁𐤌𐤋𐤊𐤅𐤕 𐤊𐤅𐤓𐤔 𐤐𐤓𐤎𐤉𐤀
[𐤐𐤓𐤎𐤀𐤄]•

𐤐𐤓𐤒 𐤆

𐤀𐤁𐤔𐤍𐤕 𐤇𐤃𐤄 𐤋𐤁𐤋𐤀𐤔𐤑𐤓 𐤌𐤋𐤊 𐤁𐤁𐤋 𐤃𐤍𐤉𐤀𐤋 𐤇𐤋𐤌 𐤇𐤆𐤄 𐤅𐤇𐤆𐤅𐤉 𐤓𐤀𐤔𐤄
𐤏𐤋 𐤌𐤔𐤊𐤁𐤄 𐤁𐤀𐤃𐤉𐤍 𐤇𐤋𐤌𐤀 𐤊𐤕𐤁 𐤓𐤀𐤔 𐤌𐤋𐤉𐤍 𐤀𐤌𐤓•
𐤁𐤏𐤍𐤄 𐤃𐤍𐤉𐤀𐤋 𐤅𐤀𐤌𐤓 𐤇𐤆𐤄 𐤄𐤅𐤉𐤕 𐤁𐤇𐤆𐤅𐤉 𐤏𐤌 𐤋𐤉𐤋𐤉𐤀 𐤅𐤀𐤓𐤅 𐤀𐤓𐤁𐤏
𐤓𐤅𐤇𐤉 𐤔𐤌𐤉𐤀 𐤌𐤂𐤉𐤇𐤍 𐤋𐤉𐤌𐤀 𐤓𐤁𐤀•
𐤂𐤅𐤀𐤓𐤁𐤏 𐤇𐤉𐤅𐤍 𐤓𐤁𐤓𐤁𐤍 𐤎𐤋𐤒𐤍 𐤌𐤍 𐤉𐤌𐤀 𐤔𐤍𐤉𐤍 𐤃𐤀 𐤌𐤍 𐤃𐤀•
𐤃𐤒𐤃𐤌𐤉𐤕𐤀 𐤊𐤀𐤓𐤉𐤄 𐤅𐤂𐤐𐤉𐤍 𐤃𐤉 𐤍𐤔𐤓 𐤋𐤄 𐤇𐤆𐤄 𐤄𐤅𐤉𐤕 𐤏𐤃 𐤃𐤉 𐤌𐤓𐤉𐤈𐤅
𐤂𐤐𐤉𐤄 [𐤂𐤐𐤄] 𐤅𐤍𐤈𐤉𐤋𐤕 𐤌𐤍 𐤀𐤓𐤏𐤀 𐤅𐤏𐤋 𐤓𐤂𐤋𐤉𐤍 𐤊𐤀𐤍𐤔 𐤄𐤒𐤉𐤌𐤕 𐤅𐤋𐤁𐤁
𐤀𐤍𐤔 𐤉𐤄𐤉𐤁 𐤋𐤄•
𐤄𐤅𐤀𐤓𐤅 𐤇𐤉𐤅𐤄 𐤀𐤇𐤓𐤉 𐤕𐤍𐤉𐤍𐤄 𐤃𐤌𐤉𐤄 𐤋𐤃𐤁 𐤅𐤋𐤔𐤈𐤓 𐤇𐤃 𐤄𐤒𐤌𐤕 𐤅𐤕𐤋𐤕
𐤏𐤋𐤏𐤉𐤍 𐤁𐤐𐤌𐤄 𐤁𐤉𐤍 𐤔𐤍𐤉𐤄 [𐤔𐤍𐤄] 𐤅𐤊𐤍 𐤀𐤌𐤓𐤉𐤍 𐤋𐤄 𐤒𐤅𐤌𐤉 𐤀𐤊𐤋𐤉 𐤁𐤔𐤓
𐤔𐤂𐤉𐤀•
𐤅𐤁𐤀𐤕𐤓 𐤃𐤍𐤄 𐤇𐤆𐤄 𐤄𐤅𐤉𐤕 𐤅𐤀𐤓𐤅 𐤀𐤇𐤓𐤉 𐤊𐤍𐤌𐤓 𐤅𐤋𐤄 𐤂𐤐𐤉𐤍 𐤀𐤓𐤁𐤏 𐤃𐤉 𐤏𐤅𐤐
𐤏𐤋 𐤂𐤁𐤉𐤄 [𐤂𐤁𐤄] 𐤅𐤀𐤓𐤁𐤏𐤄 𐤓𐤀𐤔𐤉𐤍 𐤋𐤇𐤉𐤅𐤕𐤀 𐤅𐤔𐤋𐤈𐤍 𐤉𐤄𐤉𐤁 𐤋𐤄•
𐤆𐤁𐤀𐤕𐤓 𐤃𐤍𐤄 𐤇𐤆𐤄 𐤄𐤅𐤉𐤕 𐤁𐤇𐤆𐤅𐤉 𐤋𐤉𐤋𐤉𐤀 𐤅𐤀𐤓𐤅 𐤇𐤉𐤅𐤄 𐤓𐤁𐤉𐤏𐤉𐤀
[𐤓𐤁𐤉𐤏𐤀𐤄] 𐤃𐤇𐤉𐤋𐤄 𐤅𐤀𐤉𐤌𐤕𐤍𐤉 𐤅𐤕𐤒𐤉𐤐𐤀 𐤉𐤕𐤉𐤓𐤄 𐤅𐤔𐤍𐤉𐤍 𐤃𐤉 𐤐𐤓𐤆𐤋 𐤋𐤄
𐤓𐤁𐤓𐤁𐤍 𐤀𐤊𐤋𐤄 𐤅𐤌𐤃𐤒𐤄 𐤅𐤔𐤀𐤓𐤀 𐤁𐤓𐤂𐤋𐤉𐤄 [𐤁𐤓𐤂𐤋𐤄] 𐤓𐤐𐤎𐤄 𐤅𐤄𐤉𐤀 𐤌𐤔𐤍𐤉𐤄
𐤌𐤍 𐤊𐤋 𐤇𐤉𐤅𐤕𐤀 𐤃𐤉 𐤒𐤃𐤌𐤉𐤄 [𐤒𐤃𐤌𐤄] 𐤅𐤒𐤓𐤍𐤉𐤍 𐤏𐤔𐤓 𐤋𐤄•
𐤇𐤌𐤎𐤕𐤊𐤋 𐤄𐤅𐤉𐤕 𐤁𐤒𐤓𐤍𐤉𐤀 𐤅𐤀𐤓𐤅 𐤒𐤓𐤍 𐤀𐤇𐤓𐤉 𐤆𐤏𐤉𐤓𐤄 𐤎𐤋𐤒𐤕 𐤁𐤉𐤍𐤉𐤄𐤅𐤍
[𐤁𐤉𐤍𐤉𐤄𐤍] 𐤅𐤕𐤋𐤕 𐤌𐤍 𐤒𐤓𐤍𐤉𐤀 𐤒𐤃𐤌𐤉𐤕𐤀 𐤀𐤕𐤏𐤒𐤓𐤅 [𐤀𐤕𐤏𐤒𐤓𐤄] 𐤌𐤍
𐤒𐤃𐤌𐤉𐤄 [𐤒𐤃𐤌𐤄] 𐤅𐤀𐤋𐤅 𐤏𐤉𐤍𐤉𐤍 𐤊𐤏𐤉𐤍𐤉 𐤀𐤍𐤔𐤀 𐤁𐤒𐤓𐤍𐤀 𐤃𐤀 𐤅𐤐𐤌 𐤌𐤌𐤋𐤋
𐤓𐤁𐤓𐤁𐤍•
𐤈𐤇𐤆𐤄 𐤄𐤅𐤉𐤕 𐤏𐤃 𐤃𐤉 𐤊𐤓𐤎𐤅𐤍 𐤓𐤌𐤉𐤅 𐤅𐤏𐤕𐤉𐤒 𐤉𐤅𐤌𐤉𐤍 𐤉𐤕𐤁 𐤋𐤁𐤅𐤔𐤄
𐤊𐤕𐤋𐤂 𐤇𐤅𐤓 𐤅𐤔𐤏𐤓 𐤓𐤀𐤔𐤄 𐤊𐤏𐤌𐤓 𐤍𐤒𐤀 𐤊𐤓𐤎𐤉𐤄 𐤔𐤁𐤉𐤁𐤉𐤍 𐤃𐤉 𐤍𐤅𐤓
𐤂𐤋𐤂𐤋𐤅𐤄𐤉 𐤍𐤅𐤓 𐤃𐤋𐤒•
𐤉𐤍𐤄𐤓 𐤃𐤉 𐤍𐤅𐤓 𐤍𐤂𐤃 𐤅𐤍𐤐𐤒 𐤌𐤍 𐤒𐤃𐤌𐤅𐤄𐤉 𐤀𐤋𐤐 𐤀𐤋𐤐𐤉𐤌 [𐤀𐤋𐤐𐤉𐤍]
𐤉𐤔𐤌𐤔𐤅𐤍𐤄 𐤅𐤓𐤁𐤅 𐤓𐤁𐤅𐤍 [𐤓𐤁𐤁𐤍] 𐤒𐤃𐤌𐤅𐤄𐤉 𐤉𐤒𐤅𐤌𐤅𐤍 𐤃𐤉𐤍𐤀 𐤉𐤕𐤁 𐤅𐤎𐤐𐤓𐤉𐤍
𐤐𐤕𐤉𐤇𐤅•

𐤃𐤍𐤉𐤀𐤋

𐤉𐤀𐤇𐤆𐤄 𐤄𐤅𐤉𐤕 𐤁𐤀𐤃𐤉𐤍 𐤌𐤍 𐤒𐤋 𐤌𐤋𐤉𐤀 𐤓𐤁𐤓𐤁𐤕𐤀 𐤃𐤉 𐤒𐤓𐤍𐤀 𐤌𐤌𐤋𐤋𐤀 𐤇𐤆𐤄 𐤄𐤅𐤉𐤕 𐤏𐤃 𐤃𐤉 𐤒𐤈𐤉𐤋𐤕 𐤇𐤉𐤅𐤕𐤀 𐤅𐤄𐤅𐤁𐤃 𐤂𐤔𐤌𐤄 𐤅𐤉𐤄𐤉𐤁𐤕 𐤋𐤉𐤒𐤃𐤕 𐤀𐤔𐤀.

𐤉𐤁 𐤅𐤔𐤀𐤓 𐤇𐤉𐤅𐤕𐤀 𐤄𐤏𐤃𐤉𐤅 𐤔𐤋𐤈𐤍𐤄𐤅𐤍 𐤅𐤀𐤓𐤊𐤄 𐤁𐤇𐤉𐤉𐤍 𐤉𐤄𐤉𐤁𐤕 𐤋𐤄𐤅𐤍 𐤏𐤃 𐤆𐤌𐤍 𐤅𐤏𐤃𐤍.

𐤉𐤂𐤇𐤆𐤄 𐤄𐤅𐤉𐤕 𐤁𐤇𐤆𐤅𐤉 𐤋𐤉𐤋𐤉𐤀 𐤅𐤀𐤓𐤅 𐤏𐤌 𐤏𐤍𐤍𐤉 𐤔𐤌𐤉𐤀 𐤊𐤁𐤓 𐤀𐤍𐤔 𐤀𐤕𐤄 𐤄𐤅𐤀 𐤅𐤏𐤃 𐤏𐤕𐤉𐤒 𐤉𐤅𐤌𐤉𐤀 𐤌𐤈𐤄 𐤅𐤒𐤃𐤌𐤅𐤄𐤉 𐤄𐤒𐤓𐤁𐤅𐤄𐤉.

𐤉𐤃𐤅𐤋𐤄 𐤉𐤄𐤉𐤁 𐤔𐤋𐤈𐤍 𐤅𐤉𐤒𐤓 𐤅𐤌𐤋𐤊𐤅 𐤅𐤊𐤋 𐤏𐤌𐤌𐤉𐤀 𐤀𐤌𐤉𐤀 𐤅𐤋𐤔𐤍𐤉𐤀 𐤋𐤄 𐤉𐤐𐤋𐤇𐤅𐤍 𐤔𐤋𐤈𐤍𐤄 𐤔𐤋𐤈𐤍 𐤏𐤋𐤌 𐤃𐤉 𐤋𐤀 𐤉𐤏𐤃𐤄 𐤅𐤌𐤋𐤊𐤅𐤕𐤄 𐤃𐤉 𐤋𐤀 𐤕𐤕𐤇𐤁𐤋.

𐤈𐤅𐤀𐤕𐤊𐤓𐤉𐤕 𐤓𐤅𐤇𐤉 𐤀𐤍𐤄 𐤃𐤍𐤉𐤀𐤋 𐤁𐤂𐤅𐤀 𐤍𐤃𐤍𐤄 𐤅𐤇𐤆𐤅𐤉 𐤓𐤀𐤔𐤉 𐤉𐤁𐤄𐤋𐤍𐤍𐤉.

𐤈𐤆 𐤒𐤓𐤁𐤕 𐤏𐤋 𐤇𐤃 𐤌𐤍 𐤒𐤀𐤌𐤉𐤀 𐤅𐤉𐤑𐤉𐤁𐤀 𐤀𐤁𐤏𐤀 𐤌𐤍𐤄 𐤏𐤋 𐤊𐤋 𐤃𐤍𐤄 𐤅𐤀𐤌𐤓 𐤋𐤉 𐤅𐤐𐤔𐤓 𐤌𐤋𐤉𐤀 𐤉𐤄𐤅𐤃𐤏𐤍𐤍𐤉.

𐤉𐤆𐤀𐤋𐤉𐤍 𐤇𐤉𐤅𐤕𐤀 𐤓𐤁𐤓𐤁𐤕𐤀 𐤃𐤉 𐤀𐤍𐤉𐤍 𐤀𐤓𐤁𐤏 𐤀𐤓𐤁𐤏𐤄 𐤌𐤋𐤊𐤉𐤍 𐤉𐤒𐤅𐤌𐤅𐤍 𐤌𐤍 𐤀𐤓𐤏𐤀.

𐤉𐤇𐤅𐤉𐤒𐤁𐤋𐤅𐤍 𐤌𐤋𐤊𐤅𐤕𐤀 𐤒𐤃𐤉𐤔𐤉 𐤏𐤋𐤉𐤅𐤍𐤉𐤍 𐤅𐤉𐤇𐤎𐤍𐤅𐤍 𐤌𐤋𐤊𐤅𐤕𐤀 𐤏𐤃 𐤏𐤋𐤌𐤀 𐤅𐤏𐤃 𐤏𐤋𐤌 𐤏𐤋𐤌𐤉𐤀.

𐤉𐤈𐤀𐤃𐤉𐤍 𐤑𐤁𐤉𐤕 𐤋𐤉𐤑𐤁𐤀 𐤏𐤋 𐤇𐤉𐤅𐤕𐤀 𐤓𐤁𐤉𐤏𐤉𐤕𐤀 𐤃𐤉 𐤄𐤅𐤕 𐤔𐤍𐤉𐤄 𐤌𐤍 (𐤉𐤕𐤉𐤓 𐤅)𐤊𐤋𐤄𐤅𐤍 𐤃𐤇𐤉𐤋𐤄 𐤉𐤕𐤉𐤓𐤄 𐤔𐤍𐤉𐤄 [𐤔𐤍𐤄] 𐤃𐤉 𐤐𐤓𐤆𐤋 𐤅𐤈𐤐𐤓𐤉𐤄 [𐤅𐤈𐤐𐤓𐤄] 𐤃𐤉 𐤍𐤇𐤔 𐤀𐤊𐤋𐤄 𐤌𐤃𐤒𐤄 𐤅𐤔𐤀𐤓𐤀 𐤁𐤓𐤂𐤋𐤉𐤄 [𐤁𐤓𐤂𐤋𐤄] 𐤓𐤐𐤎𐤄.

𐤊 𐤅𐤏𐤋 𐤒𐤓𐤍𐤉𐤀 𐤏𐤔𐤓 𐤃𐤉 𐤁𐤓𐤀𐤔𐤄 𐤅𐤀𐤇𐤓𐤉 𐤃𐤉 𐤎𐤋𐤒𐤕 𐤅𐤍𐤐𐤋𐤅 [𐤅𐤍𐤐𐤋𐤄] 𐤌𐤍 𐤒𐤃𐤌𐤉𐤄 [𐤒𐤃𐤌𐤄] 𐤕𐤋𐤕 𐤅𐤒𐤓𐤍𐤀 𐤃𐤊𐤍 𐤅𐤏𐤉𐤍𐤉𐤍 𐤋𐤄 𐤅𐤐𐤌 𐤌𐤌𐤋𐤋 𐤓𐤁𐤓𐤁𐤍 𐤅𐤇𐤆𐤅𐤄 𐤓𐤁 𐤌𐤍 𐤇𐤁𐤓𐤕𐤄.

𐤊𐤀𐤇𐤆𐤄 𐤄𐤅𐤉𐤕 𐤅𐤒𐤓𐤍𐤀 𐤃𐤊𐤍 𐤏𐤁𐤃𐤀 𐤒𐤓𐤁 𐤏𐤌 𐤒𐤃𐤉𐤔𐤉𐤍 𐤅𐤉𐤊𐤋𐤄 𐤋𐤄𐤅𐤍.

𐤊𐤁𐤏𐤃 𐤃𐤉 𐤀𐤕𐤄 𐤏𐤕𐤉𐤒 𐤉𐤅𐤌𐤉𐤀 𐤅𐤃𐤉𐤍𐤀 𐤉𐤄𐤁 𐤋𐤒𐤃𐤉𐤔𐤉 𐤏𐤋𐤉𐤅𐤍𐤉𐤍 𐤅𐤆𐤌𐤍𐤀 𐤌𐤈𐤄 𐤅𐤌𐤋𐤊𐤅𐤕𐤀 𐤄𐤇𐤎𐤍𐤅 𐤒𐤃𐤉𐤔𐤉𐤍.

𐤊𐤂 𐤊𐤍 𐤀𐤌𐤓 𐤇𐤉𐤅𐤕𐤀 𐤓𐤁𐤉𐤏𐤉𐤕𐤀 𐤌𐤋𐤊𐤅 𐤓𐤁𐤉𐤏𐤉𐤄 [𐤓𐤁𐤉𐤏𐤀𐤄] 𐤕𐤄𐤅𐤀 𐤁𐤀𐤓𐤏𐤀 𐤃𐤉 𐤕𐤔𐤍𐤀 𐤌𐤍 𐤊𐤋 𐤌𐤋𐤊𐤅𐤕𐤀 𐤅𐤕𐤀𐤊𐤋 𐤊𐤋 𐤀𐤓𐤏𐤀 𐤅𐤕𐤃𐤅𐤔𐤍𐤄 𐤅𐤕𐤃𐤒𐤍𐤄.

𐤊𐤃𐤅𐤒𐤓𐤍𐤉𐤀 𐤏𐤔𐤓 𐤌𐤍𐤄 𐤌𐤋𐤊𐤅𐤕𐤀 𐤏𐤔𐤓𐤄 𐤌𐤋𐤊𐤉𐤍 𐤉𐤒𐤌𐤅𐤍 𐤅𐤀𐤇𐤓𐤍 𐤉𐤒𐤅𐤌 𐤀𐤇𐤓𐤉𐤄𐤍 𐤅𐤄𐤅𐤀 𐤉𐤔𐤍𐤀 𐤌𐤍 𐤒𐤃𐤌𐤉𐤀 𐤅𐤕𐤋𐤕𐤄 𐤌𐤋𐤊𐤉𐤍 𐤉𐤄𐤔𐤐𐤋.

𐤊𐤄𐤅𐤌𐤋𐤉𐤍 𐤋𐤑𐤃 𐤏𐤋𐤉𐤀 [𐤏𐤋𐤀𐤄] 𐤉𐤌𐤋𐤋 𐤅𐤋𐤒𐤃𐤉𐤔𐤉 𐤏𐤋𐤉𐤅𐤍𐤉𐤍 𐤉𐤁𐤋𐤀

𐤃𐤍𐤉𐤀𐤋

𐤅𐤉𐤎𐤁𐤓 𐤋𐤄𐤔𐤍𐤉𐤄 𐤆𐤌𐤍𐤉𐤍 𐤅𐤃𐤕 𐤅𐤉𐤕𐤉𐤄𐤁𐤅𐤍 𐤁𐤉𐤃𐤄 𐤏𐤃 𐤏𐤃𐤍 𐤅𐤏𐤃𐤍𐤉𐤍 𐤅𐤐𐤋𐤂 𐤏𐤃𐤍.

𐤊𐤅 𐤅𐤃𐤉𐤍𐤀 𐤉𐤕𐤁 𐤅𐤔𐤋𐤈𐤍𐤄 𐤉𐤄𐤏𐤃𐤅𐤍 𐤋𐤄𐤔𐤌𐤃𐤄 𐤅𐤋𐤄𐤅𐤁𐤃𐤄 𐤏𐤃 𐤎𐤅𐤐𐤀.

𐤊𐤆 𐤅𐤌𐤋𐤊𐤅𐤕𐤀 𐤅𐤔𐤋𐤈𐤍𐤀 𐤅𐤓𐤁𐤅𐤕𐤀 𐤃𐤉 𐤌𐤋𐤊𐤅𐤕 𐤕𐤇𐤅𐤕 𐤊𐤋 𐤔𐤌𐤉𐤀 𐤉𐤄𐤉𐤁𐤕 𐤋𐤏𐤌 𐤒𐤃𐤉𐤔𐤉 𐤏𐤋𐤉𐤅𐤍𐤉𐤍 𐤌𐤋𐤊𐤅𐤕𐤄 𐤌𐤋𐤊𐤅𐤕 𐤏𐤋𐤌 𐤅𐤊𐤋 𐤔𐤋𐤈𐤍𐤉𐤀 𐤋𐤄 𐤉𐤐𐤋𐤇𐤅𐤍 𐤅𐤉𐤔𐤕𐤌𐤏𐤅𐤍.

𐤊𐤇 𐤏𐤃 𐤊𐤄 𐤎𐤅𐤐𐤀 𐤃𐤉 𐤌𐤋𐤕𐤀 𐤀𐤍𐤄 𐤃𐤍𐤉𐤀𐤋 𐤔𐤂𐤉𐤀 𐤓𐤏𐤉𐤅𐤍𐤉 𐤉𐤁𐤄𐤋𐤍𐤍𐤉 𐤅𐤆𐤉𐤅𐤉 𐤉𐤔𐤕𐤍𐤅𐤍 𐤏𐤋𐤉 𐤅𐤌𐤋𐤕𐤀 𐤁𐤋𐤁𐤉 𐤍𐤈𐤓𐤕.

𐤐𐤓𐤒 𐤇

𐤀 𐤁𐤔𐤍𐤕 𐤔𐤋𐤅𐤔 𐤋𐤌𐤋𐤊𐤅𐤕 𐤁𐤋𐤀𐤔𐤑𐤓 𐤄𐤌𐤋𐤊 𐤇𐤆𐤅𐤍 𐤍𐤓𐤀𐤄 𐤀𐤋𐤉 𐤀𐤍𐤉 𐤃𐤍𐤉𐤀𐤋 𐤀𐤇𐤓𐤉 𐤄𐤍𐤓𐤀𐤄 𐤀𐤋𐤉 𐤁𐤕𐤇𐤋𐤄.

𐤁 𐤅𐤀𐤓𐤀𐤄 𐤁𐤇𐤆𐤅𐤍 𐤅𐤉𐤄𐤉 𐤁𐤓𐤀𐤕𐤉 𐤅𐤀𐤍𐤉 𐤁𐤔𐤅𐤔𐤍 𐤄𐤁𐤉𐤓𐤄 𐤀𐤔𐤓 𐤁𐤏𐤉𐤋𐤌 𐤄𐤌𐤃𐤉𐤍𐤄 𐤅𐤀𐤓𐤀𐤄 𐤁𐤇𐤆𐤅𐤍 𐤅𐤀𐤍𐤉 𐤄𐤉𐤉𐤕𐤉 𐤏𐤋 𐤀𐤅𐤁𐤋 𐤀𐤅𐤋𐤉.

𐤂 𐤅𐤀𐤔𐤀 𐤏𐤉𐤍𐤉 𐤅𐤀𐤓𐤀𐤄 𐤅𐤄𐤍𐤄 𐤀𐤉𐤋 𐤀𐤇𐤃 𐤏𐤌𐤃 𐤋𐤐𐤍𐤉 𐤄𐤀𐤁𐤋 𐤅𐤋𐤅 𐤒𐤓𐤍𐤉𐤌 𐤅𐤄𐤒𐤓𐤍𐤉𐤌 𐤂𐤁𐤄𐤅𐤕 𐤅𐤄𐤀𐤇𐤕 𐤂𐤁𐤄𐤄 𐤌𐤍 𐤄𐤔𐤍𐤉𐤕 𐤅𐤄𐤂𐤁𐤄𐤄 𐤏𐤋𐤄 𐤁𐤀𐤇𐤓𐤍𐤄.

𐤃 𐤓𐤀𐤉𐤕𐤉 𐤀𐤕 𐤄𐤀𐤉𐤋 𐤌𐤍𐤂𐤇 𐤉𐤌𐤄 𐤅𐤑𐤐𐤅𐤍𐤄 𐤅𐤍𐤂𐤁𐤄 𐤅𐤊𐤋 𐤇𐤉𐤅𐤕 𐤋𐤀 𐤉𐤏𐤌𐤃𐤅 𐤋𐤐𐤍𐤉𐤅 𐤅𐤀𐤉𐤍 𐤌𐤑𐤉𐤋 𐤌𐤉𐤃𐤅 𐤅𐤏𐤔𐤄 𐤊𐤓𐤑𐤍𐤅 𐤅𐤄𐤂𐤃𐤉𐤋.

𐤄 𐤅𐤀𐤍𐤉 𐤄𐤉𐤉𐤕𐤉 𐤌𐤁𐤉𐤍 𐤅𐤄𐤍𐤄 𐤑𐤐𐤉𐤓 𐤄𐤏𐤆𐤉𐤌 𐤁𐤀 𐤌𐤍 𐤄𐤌𐤏𐤓𐤁 𐤏𐤋 𐤐𐤍𐤉 𐤊𐤋 𐤄𐤀𐤓𐤑 𐤅𐤀𐤉𐤍 𐤍𐤅𐤂𐤏 𐤁𐤀𐤓𐤑 𐤅𐤄𐤑𐤐𐤉𐤓 𐤒𐤓𐤍 𐤇𐤆𐤅𐤕 𐤁𐤉𐤍 𐤏𐤉𐤍𐤉𐤅.

𐤅 𐤅𐤉𐤁𐤀 𐤏𐤃 𐤄𐤀𐤉𐤋 𐤁𐤏𐤋 𐤄𐤒𐤓𐤍𐤉𐤌 𐤀𐤔𐤓 𐤓𐤀𐤉𐤕𐤉 𐤏𐤌𐤃 𐤋𐤐𐤍𐤉 𐤄𐤀𐤁𐤋 𐤅𐤉𐤓𐤑 𐤀𐤋𐤉𐤅 𐤁𐤇𐤌𐤕 𐤊𐤇𐤅.

𐤆 𐤅𐤓𐤀𐤉𐤕𐤉𐤅 𐤌𐤂𐤉𐤏 𐤀𐤑𐤋 𐤄𐤀𐤉𐤋 𐤅𐤉𐤕𐤌𐤓𐤌𐤓 𐤀𐤋𐤉𐤅 𐤅𐤉𐤊 𐤀𐤕 𐤄𐤀𐤉𐤋 𐤅𐤉𐤔𐤁𐤓 𐤀𐤕 𐤔𐤕𐤉 𐤒𐤓𐤍𐤉𐤅 𐤅𐤋𐤀 𐤄𐤉𐤄 𐤊𐤇 𐤁𐤀𐤉𐤋 𐤋𐤏𐤌𐤃 𐤋𐤐𐤍𐤉𐤅 𐤅𐤉𐤔𐤋𐤉𐤊𐤄𐤅 𐤀𐤓𐤑𐤄 𐤅𐤉𐤓𐤌𐤎𐤄𐤅 𐤅𐤋𐤀 𐤄𐤉𐤄 𐤌𐤑𐤉𐤋 𐤋𐤀𐤉𐤋 𐤌𐤉𐤃𐤅.

𐤇 𐤅𐤑𐤐𐤉𐤓 𐤄𐤏𐤆𐤉𐤌 𐤄𐤂𐤃𐤉𐤋 𐤏𐤃 𐤌𐤀𐤃 𐤅𐤊𐤏𐤑𐤌𐤅 𐤍𐤔𐤁𐤓𐤄 𐤄𐤒𐤓𐤍 𐤄𐤂𐤃𐤅𐤋𐤄 𐤅𐤕𐤏𐤋𐤍𐤄 𐤇𐤆𐤅𐤕 𐤀𐤓𐤁𐤏 𐤕𐤇𐤕𐤉𐤄 𐤋𐤀𐤓𐤁𐤏 𐤓𐤅𐤇𐤅𐤕 𐤄𐤔𐤌𐤉𐤌.

𐤈 𐤅𐤌𐤍 𐤄𐤀𐤇𐤕 𐤌𐤄𐤌 𐤉𐤑𐤀 𐤒𐤓𐤍 𐤀𐤇𐤕 𐤌𐤑𐤏𐤉𐤓𐤄 𐤅𐤕𐤂𐤃𐤋 𐤉𐤕𐤓 𐤀𐤋 𐤄𐤍𐤂𐤁 𐤅𐤀𐤋 𐤄𐤌𐤆𐤓𐤇 𐤅𐤀𐤋 𐤄𐤑𐤁𐤉.

𐤉 𐤅𐤕𐤂𐤃𐤋 𐤏𐤃 𐤑𐤁𐤀 𐤄𐤔𐤌𐤉𐤌 𐤅𐤕𐤐𐤋 𐤀𐤓𐤑𐤄 𐤌𐤍 𐤄𐤑𐤁𐤀 𐤅𐤌𐤍 𐤄𐤊𐤅𐤊𐤁𐤉𐤌 𐤅𐤕𐤓𐤌𐤎𐤌.

𐤉𐤀 𐤅𐤏𐤃 𐤔𐤓 𐤄𐤑𐤁𐤀 𐤄𐤂𐤃𐤉𐤋 𐤅𐤌𐤌𐤍𐤅 𐤄𐤓𐤉𐤌 [𐤄𐤓𐤌] 𐤄𐤕𐤌𐤉𐤃 𐤅𐤄𐤔𐤋𐤊

𐤌𐤊𐤅𐤍 𐤌𐤒𐤃𐤔𐤅•
𐤉𐤁 𐤅𐤑𐤁𐤀 𐤕𐤍𐤕𐤍 𐤏𐤋 𐤄𐤕𐤌𐤉𐤃 𐤁𐤐𐤔𐤏 𐤅𐤕𐤔𐤋𐤊 𐤀𐤌𐤕 𐤀𐤓𐤑𐤄 𐤅𐤏𐤔𐤕𐤄
𐤅𐤄𐤑𐤋𐤉𐤇𐤄•
𐤉𐤂 𐤅𐤀𐤔𐤌𐤏𐤄 𐤀𐤇𐤃 𐤒𐤃𐤅𐤔 𐤌𐤃𐤁𐤓 𐤅𐤉𐤀𐤌𐤓 𐤀𐤇𐤃 𐤒𐤃𐤅𐤔 𐤋𐤐𐤋𐤌𐤅𐤍𐤉 𐤄𐤌𐤃𐤁𐤓
𐤏𐤃 𐤌𐤕𐤉 𐤄𐤇𐤆𐤅𐤍 𐤄𐤕𐤌𐤉𐤃 𐤅𐤄𐤐𐤔𐤏 𐤔𐤌𐤌 𐤕𐤕 𐤅𐤒𐤃𐤔 𐤅𐤑𐤁𐤀 𐤌𐤓𐤌𐤎•
𐤉𐤃 𐤅𐤉𐤀𐤌𐤓 𐤀𐤋𐤉 𐤏𐤃 𐤏𐤓𐤁 𐤁𐤒𐤓 𐤀𐤋𐤐𐤉𐤌 𐤅𐤔𐤋𐤔 𐤌𐤀𐤅𐤕 𐤅𐤍𐤑𐤃𐤒 𐤒𐤃𐤔•
𐤈𐤅 𐤅𐤉𐤄𐤉 𐤁𐤓𐤀𐤕𐤉 𐤀𐤍𐤉 𐤃𐤍𐤉𐤀𐤋 𐤀𐤕 𐤄𐤇𐤆𐤅𐤍 𐤅𐤀𐤁𐤒𐤔𐤄 𐤁𐤉𐤍𐤄 𐤅𐤄𐤍𐤄
𐤏𐤌𐤃 𐤋𐤍𐤂𐤃𐤉 𐤊𐤌𐤓𐤀𐤄 𐤂𐤁𐤓•
𐤈𐤆 𐤅𐤀𐤔𐤌𐤏 𐤒𐤅𐤋 𐤀𐤃𐤌 𐤁𐤉𐤍 𐤀𐤅𐤋𐤉 𐤅𐤉𐤒𐤓𐤀 𐤅𐤉𐤀𐤌𐤓 𐤂𐤁𐤓𐤉𐤀𐤋 𐤄𐤁𐤍
𐤋𐤄𐤋𐤆 𐤀𐤕 𐤄𐤌𐤓𐤀𐤄•
𐤉𐤆 𐤅𐤉𐤁𐤀 𐤀𐤑𐤋 𐤏𐤌𐤃𐤉 𐤅𐤁𐤁𐤀𐤅 𐤍𐤁𐤏𐤕𐤉 𐤅𐤀𐤐𐤋𐤄 𐤏𐤋 𐤐𐤍𐤉 𐤅𐤉𐤀𐤌𐤓 𐤀𐤋𐤉
𐤄𐤁𐤍 𐤁𐤍 𐤀𐤃𐤌 𐤊𐤉 𐤋𐤏𐤕 𐤒𐤑 𐤄𐤇𐤆𐤅𐤍•
𐤉𐤇 𐤅𐤁𐤃𐤁𐤓𐤅 𐤏𐤌𐤉 𐤍𐤓𐤃𐤌𐤕𐤉 𐤏𐤋 𐤐𐤍𐤉 𐤀𐤓𐤑𐤄 𐤅𐤉𐤂𐤏 𐤁𐤉 𐤅𐤉𐤏𐤌𐤉𐤃𐤍𐤉 𐤏𐤋
𐤏𐤌𐤃𐤉•
𐤉𐤈 𐤅𐤉𐤀𐤌𐤓 𐤄𐤍𐤍𐤉 𐤌𐤅𐤃𐤉𐤏𐤊 𐤀𐤕 𐤀𐤔𐤓 𐤉𐤄𐤉𐤄 𐤁𐤀𐤇𐤓𐤉𐤕 𐤄𐤆𐤏𐤌 𐤊𐤉
𐤋𐤌𐤅𐤏𐤃 𐤒𐤑•
𐤊 𐤄𐤀𐤉𐤋 𐤀𐤔𐤓 𐤓𐤀𐤉𐤕 𐤁𐤏𐤋 𐤄𐤒𐤓𐤍𐤉𐤌 𐤌𐤋𐤊𐤉 𐤌𐤃𐤉 𐤅𐤐𐤓𐤎•
𐤊𐤀 𐤅𐤄𐤑𐤐𐤉𐤓 𐤄𐤔𐤏𐤉𐤓 𐤌𐤋𐤊 𐤉𐤅𐤍 𐤅𐤄𐤒𐤓𐤍 𐤄𐤂𐤃𐤅𐤋𐤄 𐤀𐤔𐤓 𐤁𐤉𐤍 𐤏𐤉𐤍𐤉𐤅
𐤄𐤅𐤀 𐤄𐤌𐤋𐤊 𐤄𐤓𐤀𐤔𐤅𐤍•
𐤊𐤁 𐤅𐤄𐤍𐤔𐤁𐤓𐤕 𐤅𐤕𐤏𐤌𐤃𐤍𐤄 𐤀𐤓𐤁𐤏 𐤕𐤇𐤕𐤉𐤄 𐤀𐤓𐤁𐤏 𐤌𐤋𐤊𐤉𐤅𐤕 𐤌𐤂𐤅𐤉
𐤉𐤏𐤌𐤃𐤍𐤄 𐤅𐤋𐤀 𐤁𐤊𐤇𐤅•
𐤊𐤂 𐤅𐤁𐤀𐤇𐤓𐤉𐤕 𐤌𐤋𐤊𐤅𐤕𐤌 𐤊𐤄𐤕𐤌 𐤄𐤐𐤔𐤏𐤉𐤌 𐤉𐤏𐤌𐤃 𐤌𐤋𐤊 𐤏𐤆 𐤐𐤍𐤉𐤌 𐤅𐤌𐤁𐤉𐤍
𐤇𐤉𐤃𐤅𐤕•
𐤊𐤃 𐤅𐤏𐤑𐤌 𐤊𐤇𐤅 𐤅𐤋𐤀 𐤁𐤊𐤇𐤅 𐤅𐤍𐤐𐤋𐤀𐤅𐤕 𐤉𐤔𐤇𐤉𐤕 𐤅𐤄𐤑𐤋𐤉𐤇 𐤅𐤏𐤔𐤄
𐤅𐤄𐤔𐤇𐤉𐤕 𐤏𐤑𐤅𐤌𐤉𐤌 𐤅𐤏𐤌 𐤒𐤃𐤔𐤉𐤌•
𐤊𐤄 𐤅𐤏𐤋 𐤔𐤊𐤋𐤅 𐤅𐤄𐤑𐤋𐤉𐤇 𐤌𐤓𐤌𐤄 𐤁𐤉𐤃𐤅 𐤅𐤁𐤋𐤁𐤁𐤅 𐤉𐤂𐤃𐤉𐤋 𐤅𐤁𐤔𐤋𐤅𐤄
𐤉𐤔𐤇𐤉𐤕 𐤓𐤁𐤉𐤌 𐤅𐤏𐤋 𐤔𐤓 𐤔𐤓𐤉𐤌 𐤉𐤏𐤌𐤃 𐤅𐤁𐤀𐤐𐤎 𐤉𐤃 𐤉𐤔𐤁𐤓•
𐤊𐤅 𐤅𐤌𐤓𐤀𐤄 𐤄𐤏𐤓𐤁 𐤅𐤄𐤁𐤒𐤓 𐤀𐤔𐤓 𐤍𐤀𐤌𐤓 𐤀𐤌𐤕 𐤄𐤅𐤀 𐤅𐤀𐤕𐤄 𐤎𐤕𐤌 𐤄𐤇𐤆𐤅𐤍
𐤊𐤉 𐤋𐤉𐤌𐤉𐤌 𐤓𐤁𐤉𐤌•
𐤊𐤆 𐤅𐤀𐤍𐤉 𐤃𐤍𐤉𐤀𐤋 𐤍𐤄𐤉𐤉𐤕𐤉 𐤅𐤍𐤇𐤋𐤉𐤕𐤉 𐤉𐤌𐤉𐤌 𐤅𐤀𐤒𐤅𐤌 𐤅𐤀𐤏𐤔𐤄 𐤀𐤕
𐤌𐤋𐤀𐤊𐤕 𐤄𐤌𐤋𐤊 𐤅𐤀𐤔𐤕𐤅𐤌𐤌 𐤏𐤋 𐤄𐤌𐤓𐤀𐤄 𐤅𐤀𐤉𐤍 𐤌𐤁𐤉𐤍•

𐤐𐤓𐤒 𐤈

דניאל

א בשנת אחת לדריוש בן אחשורוש מזרע מדי אשר המלך על
מלכות כשדים•
ב בשנת אחת למלכו אני דניאל בינתי בספרים מספר השנים
אשר היה דבר יהוה אל ירמיה הנביא למלאות לחרבות ירושלם
שבעים שנה•
ג ואתנה את פני אל אדני יהוה לבקש תפלה ותחנונים
בצום ושק ואפר•
ד ואתפללה ליהוה אלהי ואתודה ואמרה אנא אדני האל
הגדול והנורא שמר הברית והחסד לאהביו ולשמרי מצותיו•
ה חטאנו ועוינו והרשענו [הרשענו] ומרדנו וסור ממצותך
וממשפטיך•
ו ולא שמענו אל עבדיך הנביאים אשר דברו בשמך אל מלכינו
שרינו ואבתינו ואל כל עם הארץ•
ז לך אדני הצדקה ולנו בשת הפנים כיום הזה לאיש יהודה
ולישבי ירושלם ולכל ישראל הקרבים והרחקים בכל הארצות
אשר הדחתם שם במעלם אשר מעלו בך•
ח יהוה לנו בשת הפנים למלכינו לשרינו ולאבתינו אשר
חטאנו לך•
ט לאדני אלהינו הרחמים והסלחות כי מרדנו בו•
י ולא שמענו בקול יהוה אלהינו ללכת בתורתיו אשר נתן
לפנינו ביד עבדיו הנביאים•
יא וכל ישראל עברו את תורתך וסור לבלתי שמוע בקלך ותתך
עלינו האלה והשבעה אשר כתובה בתורת משה עבד האלהים כי
חטאנו לו•
יב ויקם את דבריו [דברו] אשר דבר עלינו ועל שפטינו אשר
שפטונו להביא עלינו רעה גדלה אשר לא נעשתה תחת כל
השמים כאשר נעשתה בירושלם•
יג כאשר כתוב בתורת משה את כל הרעה הזאת באה עלינו ולא
חלינו את פני יהוה אלהינו לשוב מעוננו ולהשכיל באמתך•
יד וישקד יהוה על הרעה ויביאה עלינו כי צדיק יהוה אלהינו
על כל מעשיו אשר עשה ולא שמענו בקלו•
טו ועתה אדני אלהינו אשר הוצאת את עמך מארץ מצרים ביד
חזקה ותעש לך שם כיום הזה חטאנו רשענו•

𐤈𐤆 𐤀𐤃𐤍𐤉 𐤊𐤊𐤋 𐤑𐤃𐤒𐤕𐤊 𐤉𐤔𐤁 𐤍𐤀 𐤀𐤐𐤊 𐤅𐤇𐤌𐤕𐤊 𐤌𐤏𐤉𐤓𐤊 𐤉𐤓𐤅𐤔𐤋𐤌 𐤄𐤓
𐤒𐤃𐤔𐤊 𐤊𐤉 𐤁𐤇𐤈𐤀𐤉𐤍𐤅 𐤅𐤁𐤏𐤅𐤍𐤅𐤕 𐤀𐤁𐤕𐤉𐤍𐤅 𐤉𐤓𐤅𐤔𐤋𐤌 𐤅𐤏𐤌𐤊 𐤋𐤇𐤓𐤐𐤄 𐤋𐤊𐤋
𐤎𐤁𐤉𐤁𐤕𐤉𐤍𐤅.

𐤉𐤆 𐤅𐤏𐤕𐤄 𐤔𐤌𐤏 𐤀𐤋𐤄𐤉𐤍𐤅 𐤀𐤋 𐤕𐤐𐤋𐤕 𐤏𐤁𐤃𐤊 𐤅𐤀𐤋 𐤕𐤇𐤍𐤅𐤍𐤉𐤅 𐤅𐤄𐤀𐤓 𐤐𐤍𐤉𐤊
𐤏𐤋 𐤌𐤒𐤃𐤔𐤊 𐤄𐤔𐤌𐤌 𐤋𐤌𐤏𐤍 𐤀𐤃𐤍𐤉.

𐤉𐤇 𐤄𐤈𐤄 𐤀𐤋𐤄𐤉 𐤀𐤆𐤍𐤊 𐤅𐤔𐤌𐤏 𐤐𐤒𐤇𐤄 [𐤐𐤒𐤇] 𐤏𐤉𐤍𐤉𐤊 𐤅𐤓𐤀𐤄 𐤔𐤌𐤌𐤕𐤉𐤍𐤅
𐤅𐤄𐤏𐤉𐤓 𐤀𐤔𐤓 𐤍𐤒𐤓𐤀 𐤔𐤌𐤊 𐤏𐤋𐤉𐤄 𐤊𐤉 𐤋𐤀 𐤏𐤋 𐤑𐤃𐤒𐤕𐤉𐤍𐤅 𐤀𐤍𐤇𐤍𐤅
𐤌𐤐𐤉𐤋𐤉𐤌 𐤕𐤇𐤍𐤅𐤍𐤉𐤍𐤅 𐤋𐤐𐤍𐤉𐤊 𐤊𐤉 𐤏𐤋 𐤓𐤇𐤌𐤉𐤊 𐤄𐤓𐤁𐤉𐤌.

𐤉𐤈 𐤀𐤃𐤍𐤉 𐤔𐤌𐤏𐤄 𐤀𐤃𐤍𐤉 𐤎𐤋𐤇𐤄 𐤀𐤃𐤍𐤉 𐤄𐤒𐤔𐤉𐤁𐤄 𐤅𐤏𐤔𐤄 𐤀𐤋 𐤕𐤀𐤇𐤓
𐤋𐤌𐤏𐤍𐤊 𐤀𐤋𐤄𐤉 𐤊𐤉 𐤔𐤌𐤊 𐤍𐤒𐤓𐤀 𐤏𐤋 𐤏𐤉𐤓𐤊 𐤅𐤏𐤋 𐤏𐤌𐤊.

𐤊 𐤅𐤏𐤅𐤃 𐤀𐤍𐤉 𐤌𐤃𐤁𐤓 𐤅𐤌𐤕𐤐𐤋𐤋 𐤅𐤌𐤕𐤅𐤃𐤄 𐤇𐤈𐤀𐤕𐤉 𐤅𐤇𐤈𐤀𐤕 𐤏𐤌𐤉 𐤉𐤔𐤓𐤀𐤋
𐤅𐤌𐤐𐤉𐤋 𐤕𐤇𐤍𐤕𐤉 𐤋𐤐𐤍𐤉 𐤉𐤄𐤅𐤄 𐤀𐤋𐤄𐤉 𐤏𐤋 𐤄𐤓 𐤒𐤃𐤔 𐤀𐤋𐤄𐤉.

𐤊𐤀 𐤅𐤏𐤅𐤃 𐤀𐤍𐤉 𐤌𐤃𐤁𐤓 𐤁𐤕𐤐𐤋𐤄 𐤅𐤄𐤀𐤉𐤔 𐤂𐤁𐤓𐤉𐤀𐤋 𐤀𐤔𐤓 𐤓𐤀𐤉𐤕𐤉 𐤁𐤇𐤆𐤅𐤍
𐤁𐤕𐤇𐤋𐤄 𐤌𐤏𐤐 𐤁𐤉𐤏𐤐 𐤍𐤂𐤏 𐤀𐤋𐤉 𐤊𐤏𐤕 𐤌𐤍𐤇𐤕 𐤏𐤓𐤁.

𐤊𐤁 𐤅𐤉𐤁𐤍 𐤅𐤉𐤃𐤁𐤓 𐤏𐤌𐤉 𐤅𐤉𐤀𐤌𐤓 𐤃𐤍𐤉𐤀𐤋 𐤏𐤕𐤄 𐤉𐤑𐤀𐤕𐤉 𐤋𐤄𐤔𐤊𐤉𐤋𐤊
𐤁𐤉𐤍𐤄.

𐤊𐤂 𐤁𐤕𐤇𐤋𐤕 𐤕𐤇𐤍𐤅𐤍𐤉𐤊 𐤉𐤑𐤀 𐤃𐤁𐤓 𐤅𐤀𐤍𐤉 𐤁𐤀𐤕𐤉 𐤋𐤄𐤂𐤉𐤃 𐤊𐤉 𐤇𐤌𐤅𐤃𐤅𐤕
𐤀𐤕𐤄 𐤅𐤁𐤉𐤍 𐤁𐤃𐤁𐤓 𐤅𐤄𐤁𐤍 𐤁𐤌𐤓𐤀𐤄.

𐤊𐤃 𐤔𐤁𐤏𐤉𐤌 𐤔𐤁𐤏𐤉𐤌 𐤍𐤇𐤕𐤊 𐤏𐤋 𐤏𐤌𐤊 𐤅𐤏𐤋 𐤏𐤉𐤓 𐤒𐤃𐤔𐤊 𐤋𐤊𐤋𐤀 𐤄𐤐𐤔𐤏
𐤅𐤋𐤇𐤕𐤌 [𐤅𐤋𐤄𐤕𐤌] 𐤇𐤈𐤀𐤅𐤕 [𐤇𐤈𐤀𐤕] 𐤅𐤋𐤊𐤐𐤓 𐤏𐤅𐤍 𐤅𐤋𐤄𐤁𐤉𐤀 𐤑𐤃𐤒 𐤏𐤋𐤌𐤉𐤌
𐤅𐤋𐤇𐤕𐤌 𐤇𐤆𐤅𐤍 𐤅𐤍𐤁𐤉𐤀 𐤅𐤋𐤌𐤔𐤇 𐤒𐤃𐤔 𐤒𐤃𐤔𐤉𐤌.

𐤊𐤄 𐤅𐤕𐤃𐤏 𐤅𐤕𐤔𐤊𐤋 𐤌𐤍 𐤌𐤑𐤀 𐤃𐤁𐤓 𐤋𐤄𐤔𐤉𐤁 𐤅𐤋𐤁𐤍𐤅𐤕 𐤉𐤓𐤅𐤔𐤋𐤌 𐤏𐤃 𐤌𐤔𐤉𐤇
𐤍𐤂𐤉𐤃 𐤔𐤁𐤏𐤉𐤌 𐤔𐤁𐤏𐤄 𐤅𐤔𐤁𐤏𐤉𐤌 𐤔𐤔𐤉𐤌 𐤅𐤔𐤍𐤉𐤌 𐤕𐤔𐤅𐤁 𐤅𐤍𐤁𐤍𐤕𐤄 𐤓𐤇𐤅𐤁
𐤅𐤇𐤓𐤅𐤑 𐤅𐤁𐤑𐤅𐤒 𐤄𐤏𐤕𐤉𐤌.

𐤊𐤅 𐤅𐤀𐤇𐤓𐤉 𐤄𐤔𐤁𐤏𐤉𐤌 𐤔𐤔𐤉𐤌 𐤅𐤔𐤍𐤉𐤌 𐤉𐤊𐤓𐤕 𐤌𐤔𐤉𐤇 𐤅𐤀𐤉𐤍 𐤋𐤅 𐤅𐤄𐤏𐤉𐤓
𐤅𐤄𐤒𐤃𐤔 𐤉𐤔𐤇𐤉𐤕 𐤏𐤌 𐤍𐤂𐤉𐤃 𐤄𐤁𐤀 𐤅𐤒𐤑𐤅 𐤁𐤔𐤈𐤐 𐤅𐤏𐤃 𐤒𐤑 𐤌𐤋𐤇𐤌𐤄 𐤍𐤇𐤓𐤑𐤕
𐤔𐤌𐤌𐤅𐤕.

𐤊𐤆 𐤅𐤄𐤂𐤁𐤉𐤓 𐤁𐤓𐤉𐤕 𐤋𐤓𐤁𐤉𐤌 𐤔𐤁𐤅𐤏 𐤀𐤇𐤃 𐤅𐤇𐤑𐤉 𐤄𐤔𐤁𐤅𐤏 𐤉𐤔𐤁𐤉𐤕 𐤆𐤁𐤇
𐤅𐤌𐤍𐤇𐤄 𐤅𐤏𐤋 𐤊𐤍𐤐 𐤔𐤒𐤅𐤑𐤉𐤌 𐤌𐤔𐤌𐤌 𐤅𐤏𐤃 𐤊𐤋𐤄 𐤅𐤍𐤇𐤓𐤑𐤄 𐤕𐤕𐤊 𐤏𐤋 𐤔𐤌𐤌.

𐤐𐤓𐤒 𐤉

𐤀 𐤁𐤔𐤍𐤕 𐤔𐤋𐤅𐤔 𐤋𐤊𐤅𐤓𐤔 𐤌𐤋𐤊 𐤐𐤓𐤎 𐤃𐤁𐤓 𐤍𐤂𐤋𐤄 𐤋𐤃𐤍𐤉𐤀𐤋 𐤀𐤔𐤓 𐤍𐤒𐤓𐤀
𐤔𐤌𐤅 𐤁𐤋𐤈𐤔𐤀𐤑𐤓 𐤅𐤀𐤌𐤕 𐤄𐤃𐤁𐤓 𐤅𐤑𐤁𐤀 𐤂𐤃𐤅𐤋 𐤅𐤁𐤉𐤍 𐤀𐤕 𐤄𐤃𐤁𐤓 𐤅𐤁𐤉𐤍𐤄 𐤋𐤅

𐤃𐤍𐤉𐤀𐤋

𐤁𐤌𐤓𐤀𐤄.
𐤁 𐤁𐤉𐤌𐤉𐤌 𐤄𐤄𐤌 𐤀𐤍𐤉 𐤃𐤍𐤉𐤀𐤋 𐤄𐤉𐤉𐤕𐤉 𐤌𐤕𐤀𐤁𐤋 𐤔𐤋𐤔𐤄 𐤔𐤁𐤏𐤉𐤌
𐤉𐤌𐤉𐤌.
𐤂 𐤋𐤇𐤌 𐤇𐤌𐤃𐤅𐤕 𐤋𐤀 𐤀𐤊𐤋𐤕𐤉 𐤅𐤁𐤔𐤓 𐤅𐤉𐤉𐤍 𐤋𐤀 𐤁𐤀 𐤀𐤋 𐤐𐤉 𐤅𐤎𐤅𐤊 𐤋𐤀
𐤎𐤊𐤕𐤉 𐤏𐤃 𐤌𐤋𐤀𐤕 𐤔𐤋𐤔𐤕 𐤔𐤁𐤏𐤉𐤌 𐤉𐤌𐤉𐤌.
𐤃 𐤅𐤁𐤉𐤅𐤌 𐤏𐤔𐤓𐤉𐤌 𐤅𐤀𐤓𐤁𐤏𐤄 𐤋𐤇𐤃𐤔 𐤄𐤓𐤀𐤔𐤅𐤍 𐤅𐤀𐤍𐤉 𐤄𐤉𐤉𐤕𐤉 𐤏𐤋 𐤉𐤃
𐤄𐤍𐤄𐤓 𐤄𐤂𐤃𐤅𐤋 𐤄𐤅𐤀 𐤇𐤃𐤒𐤋.
𐤄 𐤅𐤀𐤔𐤀 𐤀𐤕 𐤏𐤉𐤍𐤉 𐤅𐤀𐤓𐤀 𐤅𐤄𐤍𐤄 𐤀𐤉𐤔 𐤀𐤇𐤃 𐤋𐤁𐤅𐤔 𐤁𐤃𐤉𐤌 𐤅𐤌𐤕𐤍𐤉𐤅
𐤇𐤂𐤓𐤉𐤌 𐤁𐤊𐤕𐤌 𐤀𐤅𐤐𐤆.
𐤅 𐤅𐤂𐤅𐤉𐤕𐤅 𐤊𐤕𐤓𐤔𐤉𐤔 𐤅𐤐𐤍𐤉𐤅 𐤊𐤌𐤓𐤀𐤄 𐤁𐤓𐤒 𐤅𐤏𐤉𐤍𐤉𐤅 𐤊𐤋𐤐𐤉𐤃𐤉 𐤀𐤔
𐤅𐤆𐤓𐤏𐤕𐤉𐤅 𐤅𐤌𐤓𐤂𐤋𐤕𐤉𐤅 𐤊𐤏𐤉𐤍 𐤍𐤇𐤔𐤕 𐤒𐤋𐤋 𐤅𐤒𐤅𐤋 𐤃𐤁𐤓𐤉𐤅 𐤊𐤒𐤅𐤋 𐤄𐤌𐤅𐤍.
𐤆 𐤅𐤓𐤀𐤉𐤕𐤉 𐤀𐤍𐤉 𐤃𐤍𐤉𐤀𐤋 𐤋𐤁𐤃𐤉 𐤀𐤕 𐤄𐤌𐤓𐤀𐤄 𐤅𐤄𐤀𐤍𐤔𐤉𐤌 𐤀𐤔𐤓 𐤄𐤉𐤅
𐤏𐤌𐤉 𐤋𐤀 𐤓𐤀𐤅 𐤀𐤕 𐤄𐤌𐤓𐤀𐤄 𐤀𐤁𐤋 𐤇𐤓𐤃𐤄 𐤂𐤃𐤋𐤄 𐤍𐤐𐤋𐤄 𐤏𐤋𐤉𐤄𐤌 𐤅𐤉𐤁𐤓𐤇𐤅
𐤁𐤄𐤇𐤁𐤀.
𐤇 𐤅𐤀𐤍𐤉 𐤍𐤔𐤀𐤓𐤕𐤉 𐤋𐤁𐤃𐤉 𐤅𐤀𐤓𐤀𐤄 𐤀𐤕 𐤄𐤌𐤓𐤀𐤄 𐤄𐤂𐤃𐤋𐤄 𐤄𐤆𐤀𐤕 𐤅𐤋𐤀
𐤍𐤔𐤀𐤓 𐤁𐤉 𐤊𐤇 𐤅𐤄𐤅𐤃𐤉 𐤍𐤄𐤐𐤊 𐤏𐤋𐤉 𐤋𐤌𐤔𐤇𐤉𐤕 𐤅𐤋𐤀 𐤏𐤑𐤓𐤕𐤉 𐤊𐤇.
𐤈 𐤅𐤀𐤔𐤌𐤏 𐤀𐤕 𐤒𐤅𐤋 𐤃𐤁𐤓𐤉𐤅 𐤅𐤊𐤔𐤌𐤏𐤉 𐤀𐤕 𐤒𐤅𐤋 𐤃𐤁𐤓𐤉𐤅 𐤅𐤀𐤍𐤉 𐤄𐤉𐤉𐤕𐤉
𐤍𐤓𐤃𐤌 𐤏𐤋 𐤐𐤍𐤉 𐤅𐤐𐤍𐤉 𐤀𐤓𐤑𐤄.
𐤉 𐤅𐤄𐤍𐤄 𐤉𐤃 𐤍𐤂𐤏𐤄 𐤁𐤉 𐤅𐤕𐤍𐤉𐤏𐤍𐤉 𐤏𐤋 𐤁𐤓𐤊𐤉 𐤅𐤊𐤐𐤅𐤕 𐤉𐤃𐤉.
𐤉𐤀 𐤅𐤉𐤀𐤌𐤓 𐤀𐤋𐤉 𐤃𐤍𐤉𐤀𐤋 𐤀𐤉𐤔 𐤇𐤌𐤃𐤅𐤕 𐤄𐤁𐤍 𐤁𐤃𐤁𐤓𐤉𐤌 𐤀𐤔𐤓 𐤀𐤍𐤊𐤉
𐤃𐤁𐤓 𐤀𐤋𐤉𐤊 𐤅𐤏𐤌𐤃 𐤏𐤋 𐤏𐤌𐤃𐤊 𐤊𐤉 𐤏𐤕𐤄 𐤔𐤋𐤇𐤕𐤉 𐤀𐤋𐤉𐤊 𐤅𐤁𐤃𐤁𐤓𐤅
𐤏𐤌𐤉 𐤀𐤕 𐤄𐤃𐤁𐤓 𐤄𐤆𐤄 𐤏𐤌𐤃𐤕𐤉 𐤌𐤓𐤏𐤉𐤃.
𐤉𐤁 𐤅𐤉𐤀𐤌𐤓 𐤀𐤋𐤉 𐤀𐤋 𐤕𐤉𐤓𐤀 𐤃𐤍𐤉𐤀𐤋 𐤊𐤉 𐤌𐤍 𐤄𐤉𐤅𐤌 𐤄𐤓𐤀𐤔𐤅𐤍 𐤀𐤔𐤓
𐤍𐤕𐤕 𐤀𐤕 𐤋𐤁𐤊 𐤋𐤄𐤁𐤉𐤍 𐤅𐤋𐤄𐤕𐤏𐤍𐤅𐤕 𐤋𐤐𐤍𐤉 𐤀𐤋𐤄𐤉𐤊 𐤍𐤔𐤌𐤏𐤅 𐤃𐤁𐤓𐤉𐤊
𐤅𐤀𐤍𐤉 𐤁𐤀𐤕𐤉 𐤁𐤃𐤁𐤓𐤉𐤊.
𐤉𐤂 𐤅𐤔𐤓 𐤌𐤋𐤊𐤅𐤕 𐤐𐤓𐤎 𐤏𐤌𐤃 𐤋𐤍𐤂𐤃𐤉 𐤏𐤔𐤓𐤉𐤌 𐤅𐤀𐤇𐤃 𐤉𐤅𐤌 𐤅𐤄𐤍𐤄 𐤌𐤉𐤊𐤀𐤋
𐤀𐤇𐤃 𐤄𐤔𐤓𐤉𐤌 𐤄𐤓𐤀𐤔𐤍𐤉𐤌 𐤁𐤀 𐤋𐤏𐤆𐤓𐤍𐤉 𐤅𐤀𐤍𐤉 𐤍𐤅𐤕𐤓𐤕𐤉 𐤔𐤌 𐤀𐤑𐤋 𐤌𐤋𐤊𐤉
𐤐𐤓𐤎.
𐤉𐤃 𐤅𐤁𐤀𐤕𐤉 𐤋𐤄𐤁𐤉𐤍𐤊 𐤀𐤕 𐤀𐤔𐤓 𐤉𐤒𐤓𐤄 𐤋𐤏𐤌𐤊 𐤁𐤀𐤇𐤓𐤉𐤕 𐤄𐤉𐤌𐤉𐤌 𐤊𐤉 𐤏𐤅𐤃
𐤇𐤆𐤅𐤍 𐤋𐤉𐤌𐤉𐤌.
𐤈𐤅 𐤅𐤁𐤃𐤁𐤓𐤅 𐤏𐤌𐤉 𐤊𐤃𐤁𐤓𐤉𐤌 𐤄𐤀𐤋𐤄 𐤍𐤕𐤕𐤉 𐤐𐤍𐤉 𐤀𐤓𐤑𐤄 𐤅𐤍𐤀𐤋𐤌𐤕𐤉.
𐤈𐤆 𐤅𐤄𐤍𐤄 𐤊𐤃𐤌𐤅𐤕 𐤁𐤍𐤉 𐤀𐤃𐤌 𐤍𐤂𐤏 𐤏𐤋 𐤔𐤐𐤕𐤉 𐤅𐤀𐤐𐤕𐤇 𐤐𐤉 𐤅𐤀𐤃𐤁𐤓𐤄
𐤅𐤀𐤌𐤓𐤄 𐤀𐤋 𐤄𐤏𐤌𐤃 𐤋𐤍𐤂𐤃𐤉 𐤀𐤃𐤍𐤉 𐤁𐤌𐤓𐤀𐤄 𐤍𐤄𐤐𐤊𐤅 𐤑𐤉𐤓𐤉 𐤏𐤋𐤉 𐤅𐤋𐤀

𐤃𐤍𐤉𐤀𐤋

𐤏𐤑𐤓𐤕𐤉 𐤊𐤇•
𐤉𐤆 𐤅𐤄𐤉𐤊 𐤉𐤅𐤊𐤋 𐤏𐤁𐤃 𐤀𐤃𐤍𐤉 𐤆𐤄 𐤋𐤃𐤁𐤓 𐤏𐤌 𐤀𐤃𐤍𐤉 𐤆𐤄 𐤅𐤀𐤍𐤉 𐤌𐤏𐤕𐤄 𐤋𐤀
𐤉𐤏𐤌𐤃 𐤁𐤉 𐤊𐤇 𐤅𐤍𐤔𐤌𐤄 𐤋𐤀 𐤍𐤔𐤀𐤓𐤄 𐤁𐤉•
𐤉𐤇 𐤅𐤉𐤎𐤐 𐤅𐤉𐤂𐤏 𐤁𐤉 𐤊𐤌𐤓𐤀𐤄 𐤀𐤃𐤌 𐤅𐤉𐤇𐤆𐤒𐤍𐤉•
𐤉𐤈 𐤅𐤉𐤀𐤌𐤓 𐤀𐤋 𐤕𐤉𐤓𐤀 𐤀𐤉𐤔 𐤇𐤌𐤃𐤅𐤕 𐤔𐤋𐤅𐤌 𐤋𐤊 𐤇𐤆𐤒 𐤅𐤇𐤆𐤒 𐤅𐤊𐤃𐤁𐤓𐤅
𐤏𐤌𐤉 𐤄𐤕𐤇𐤆𐤒𐤕𐤉 𐤅𐤀𐤌𐤓𐤄 𐤉𐤃𐤁𐤓 𐤀𐤃𐤍𐤉 𐤊𐤉 𐤇𐤆𐤒𐤕𐤍𐤉•
𐤊 𐤅𐤉𐤀𐤌𐤓 𐤄𐤉𐤃𐤏𐤕 𐤋𐤌𐤄 𐤁𐤀𐤕𐤉 𐤀𐤋𐤉𐤊 𐤅𐤏𐤕𐤄 𐤀𐤔𐤅𐤁 𐤋𐤄𐤋𐤇𐤌 𐤏𐤌 𐤔𐤓 𐤐𐤓𐤎
𐤅𐤀𐤍𐤉 𐤉𐤅𐤑𐤀 𐤅𐤄𐤍𐤄 𐤔𐤓 𐤉𐤅𐤍 𐤁𐤀•
𐤊𐤀 𐤀𐤁𐤋 𐤀𐤂𐤉𐤃 𐤋𐤊 𐤀𐤕 𐤄𐤓𐤔𐤅𐤌 𐤁𐤊𐤕𐤁 𐤀𐤌𐤕 𐤅𐤀𐤉𐤍 𐤀𐤇𐤃 𐤌𐤕𐤇𐤆𐤒 𐤏𐤌𐤉
𐤏𐤋 𐤀𐤋𐤄 𐤊𐤉 𐤀𐤌 𐤌𐤉𐤊𐤀𐤋 𐤔𐤓𐤊𐤌•

𐤐𐤓𐤒 𐤉𐤀

𐤀 𐤅𐤀𐤍𐤉 𐤁𐤔𐤍𐤕 𐤀𐤇𐤕 𐤋𐤃𐤓𐤉𐤅𐤔 𐤄𐤌𐤃𐤉 𐤏𐤌𐤃𐤉 𐤋𐤌𐤇𐤆𐤉𐤒 𐤅𐤋𐤌𐤏𐤅𐤆 𐤋𐤅•
𐤁 𐤅𐤏𐤕𐤄 𐤀𐤌𐤕 𐤀𐤂𐤉𐤃 𐤋𐤊 𐤄𐤍𐤄 𐤏𐤅𐤃 𐤔𐤋𐤔𐤄 𐤌𐤋𐤊𐤉𐤌 𐤏𐤌𐤃𐤉𐤌 𐤋𐤐𐤓𐤎
𐤅𐤄𐤓𐤁𐤉𐤏𐤉 𐤉𐤏𐤔𐤉𐤓 𐤏𐤔𐤓 𐤂𐤃𐤅𐤋 𐤌𐤊𐤋 𐤅𐤊𐤇𐤆𐤒𐤕𐤅 𐤁𐤏𐤔𐤓𐤅 𐤉𐤏𐤉𐤓 𐤄𐤊𐤋 𐤀𐤕
𐤌𐤋𐤊𐤅𐤕 𐤉𐤅𐤍•
𐤂 𐤅𐤏𐤌𐤃 𐤌𐤋𐤊 𐤂𐤁𐤅𐤓 𐤅𐤌𐤔𐤋 𐤌𐤌𐤔𐤋 𐤓𐤁 𐤅𐤏𐤔𐤄 𐤊𐤓𐤑𐤅𐤍𐤅•
𐤃 𐤅𐤊𐤏𐤌𐤃𐤅 𐤕𐤔𐤁𐤓 𐤌𐤋𐤊𐤅𐤕𐤅 𐤅𐤕𐤇𐤑 𐤋𐤀𐤓𐤁𐤏 𐤓𐤅𐤇𐤅𐤕 𐤄𐤔𐤌𐤉𐤌 𐤅𐤋𐤀
𐤋𐤀𐤇𐤓𐤉𐤕𐤅 𐤅𐤋𐤀 𐤊𐤌𐤔𐤋𐤅 𐤀𐤔𐤓 𐤌𐤔𐤋 𐤊𐤉 𐤕𐤍𐤕𐤔 𐤌𐤋𐤊𐤅𐤕𐤅 𐤅𐤋𐤀𐤇𐤓𐤉𐤌
𐤌𐤋𐤁𐤃 𐤀𐤋𐤄•
𐤄 𐤅𐤉𐤇𐤆𐤒 𐤌𐤋𐤊 𐤄𐤍𐤂𐤁 𐤅𐤌𐤍 𐤔𐤓𐤉𐤅 𐤅𐤉𐤇𐤆𐤒 𐤏𐤋𐤉𐤅 𐤅𐤌𐤔𐤋 𐤌𐤌𐤔𐤋 𐤓𐤁
𐤌𐤌𐤔𐤋𐤕𐤅•
𐤅 𐤅𐤋𐤒𐤑 𐤔𐤍𐤉𐤌 𐤉𐤕𐤇𐤁𐤓𐤅 𐤅𐤁𐤕 𐤌𐤋𐤊 𐤄𐤍𐤂𐤁 𐤕𐤁𐤅𐤀 𐤀𐤋 𐤌𐤋𐤊 𐤄𐤑𐤐𐤅𐤍
𐤋𐤏𐤔𐤅𐤕 𐤌𐤉𐤔𐤓𐤉𐤌 𐤅𐤋𐤀 𐤕𐤏𐤑𐤓 𐤊𐤅𐤇 𐤄𐤆𐤓𐤅𐤏 𐤅𐤋𐤀 𐤉𐤏𐤌𐤃 𐤅𐤆𐤓𐤏𐤅 𐤅𐤕𐤍𐤕𐤍
𐤄𐤉𐤀 𐤅𐤌𐤁𐤉𐤀𐤉𐤄 𐤅𐤄𐤉𐤋𐤃𐤄 𐤅𐤌𐤇𐤆𐤒𐤄 𐤁𐤏𐤕𐤉𐤌•
𐤆 𐤅𐤏𐤌𐤃 𐤌𐤍𐤑𐤓 𐤔𐤓𐤔𐤉𐤄 𐤊𐤍𐤅 𐤅𐤉𐤁𐤀 𐤀𐤋 𐤄𐤇𐤉𐤋 𐤅𐤉𐤁𐤀 𐤁𐤌𐤏𐤅𐤆 𐤌𐤋𐤊
𐤄𐤑𐤐𐤅𐤍 𐤅𐤏𐤔𐤄 𐤁𐤄𐤌 𐤅𐤄𐤇𐤆𐤉𐤒•
𐤇 𐤅𐤂𐤌 𐤀𐤋𐤄𐤉𐤄𐤌 𐤏𐤌 𐤍𐤎𐤊𐤉𐤄𐤌 𐤏𐤌 𐤊𐤋𐤉 𐤇𐤌𐤃𐤕𐤌 𐤊𐤎𐤐 𐤅𐤆𐤄𐤁 𐤁𐤔𐤁𐤉
𐤉𐤁𐤀 𐤌𐤑𐤓𐤉𐤌 𐤅𐤄𐤅𐤀 𐤔𐤍𐤉𐤌 𐤉𐤏𐤌𐤃 𐤌𐤌𐤋𐤊 𐤄𐤑𐤐𐤅𐤍•
𐤈 𐤅𐤁𐤀 𐤁𐤌𐤋𐤊𐤅𐤕 𐤌𐤋𐤊 𐤄𐤍𐤂𐤁 𐤅𐤔𐤁 𐤀𐤋 𐤀𐤃𐤌𐤕𐤅•
𐤉 𐤅𐤁𐤍𐤅 [𐤅𐤁𐤍𐤉𐤅] 𐤉𐤕𐤂𐤓𐤅 𐤅𐤀𐤎𐤐𐤅 𐤄𐤌𐤅𐤍 𐤇𐤉𐤋𐤉𐤌 𐤓𐤁𐤉𐤌 𐤅𐤁𐤀 𐤁𐤅𐤀
𐤅𐤔𐤈𐤐 𐤅𐤏𐤁𐤓 𐤅𐤉𐤔𐤁 𐤅𐤉𐤕𐤂𐤓𐤅 [𐤅𐤉𐤕𐤂𐤓𐤄] 𐤏𐤃 𐤌𐤏𐤆𐤄 [𐤌𐤏𐤆𐤅]•
𐤉𐤀 𐤅𐤉𐤕𐤌𐤓𐤌𐤓 𐤌𐤋𐤊 𐤄𐤍𐤂𐤁 𐤅𐤉𐤑𐤀 𐤅𐤍𐤋𐤇𐤌 𐤏𐤌𐤅 𐤏𐤌 𐤌𐤋𐤊 𐤄𐤑𐤐𐤅𐤍

𐤃𐤍𐤉𐤀𐤋

𐤅𐤄𐤏𐤌𐤉𐤃 𐤄𐤌𐤅𐤍 𐤓𐤁 𐤅𐤍𐤕𐤍 𐤄𐤄𐤌𐤅𐤍 𐤁𐤉𐤃𐤅•
𐤉𐤁 𐤅𐤍𐤔𐤀 𐤄𐤄𐤌𐤅𐤍 𐤉𐤓𐤅𐤌 [𐤅𐤓𐤌] 𐤋𐤁𐤁𐤅 𐤅𐤄𐤐𐤉𐤋 𐤓𐤁𐤀𐤅𐤕 𐤅𐤋𐤀 𐤉𐤏𐤅𐤆•
𐤉𐤂 𐤅𐤔𐤁 𐤌𐤋𐤊 𐤄𐤑𐤐𐤅𐤍 𐤅𐤄𐤏𐤌𐤉𐤃 𐤄𐤌𐤅𐤍 𐤓𐤁 𐤌𐤍 𐤄𐤓𐤀𐤔𐤅𐤍 𐤅𐤋𐤒𐤑 𐤄𐤏𐤕𐤉𐤌
𐤔𐤍𐤉𐤌 𐤉𐤁𐤅𐤀 𐤁𐤅𐤀 𐤁𐤇𐤉𐤋 𐤂𐤃𐤅𐤋 𐤅𐤁𐤓𐤊𐤅𐤔 𐤓𐤁•
𐤉𐤃 𐤅𐤁𐤏𐤕𐤉𐤌 𐤄𐤄𐤌 𐤓𐤁𐤉𐤌 𐤉𐤏𐤌𐤃𐤅 𐤏𐤋 𐤌𐤋𐤊 𐤄𐤍𐤂𐤁 𐤅𐤁𐤍𐤉 𐤐𐤓𐤉𐤑𐤉 𐤏𐤌𐤊
𐤉𐤍𐤔𐤀𐤅 𐤋𐤄𐤏𐤌𐤉𐤃 𐤇𐤆𐤅𐤍 𐤅𐤍𐤊𐤔𐤋𐤅•
𐤈𐤅 𐤅𐤉𐤁𐤀 𐤌𐤋𐤊 𐤄𐤑𐤐𐤅𐤍 𐤅𐤉𐤔𐤐𐤊 𐤎𐤅𐤋𐤋𐤄 𐤅𐤋𐤊𐤃 𐤏𐤉𐤓 𐤌𐤁𐤑𐤓𐤅𐤕 𐤅𐤆𐤓𐤏𐤅𐤕
𐤄𐤍𐤂𐤁 𐤋𐤀 𐤉𐤏𐤌𐤃𐤅 𐤅𐤏𐤌 𐤌𐤁𐤇𐤓𐤉𐤅 𐤅𐤀𐤉𐤍 𐤊𐤇 𐤋𐤏𐤌𐤃•
𐤈𐤆 𐤅𐤉𐤏𐤔 𐤄𐤁𐤀 𐤀𐤋𐤉𐤅 𐤊𐤓𐤑𐤅𐤍𐤅 𐤅𐤀𐤉𐤍 𐤏𐤅𐤌𐤃 𐤋𐤐𐤍𐤉𐤅 𐤅𐤉𐤏𐤌𐤃 𐤁𐤀𐤓𐤑
𐤄𐤑𐤁𐤉 𐤅𐤊𐤋𐤄 𐤁𐤉𐤃𐤅•
𐤉𐤆 𐤅𐤉𐤔𐤌 𐤐𐤍𐤉𐤅 𐤋𐤁𐤅𐤀 𐤁𐤕𐤒𐤐 𐤊𐤋 𐤌𐤋𐤊𐤅𐤕𐤅 𐤅𐤉𐤔𐤓𐤉𐤌 𐤏𐤌𐤅 𐤅𐤏𐤔𐤄 𐤅𐤁𐤕
𐤄𐤍𐤔𐤉𐤌 𐤉𐤕𐤍 𐤋𐤅 𐤋𐤄𐤔𐤇𐤉𐤕𐤄 𐤅𐤋𐤀 𐤕𐤏𐤌𐤃 𐤅𐤋𐤀 𐤋𐤅 𐤕𐤄𐤉𐤄•
𐤉𐤇 𐤅𐤉𐤔𐤁 [𐤅𐤉𐤔𐤌] 𐤐𐤍𐤉𐤅 𐤋𐤀𐤉𐤉𐤌 𐤅𐤋𐤊𐤃 𐤓𐤁𐤉𐤌 𐤅𐤄𐤔𐤁𐤉𐤕 𐤒𐤑𐤉𐤍
𐤇𐤓𐤐𐤕𐤅 𐤋𐤅 𐤁𐤋𐤕𐤉 𐤇𐤓𐤐𐤕𐤅 𐤉𐤔𐤉𐤁 𐤋𐤅•
𐤉𐤈 𐤅𐤉𐤔𐤁 𐤐𐤍𐤉𐤅 𐤋𐤌𐤏𐤅𐤆𐤉 𐤀𐤓𐤑𐤅 𐤅𐤍𐤊𐤔𐤋 𐤅𐤍𐤐𐤋 𐤅𐤋𐤀 𐤉𐤌𐤑𐤀•
𐤊 𐤅𐤏𐤌𐤃 𐤏𐤋 𐤊𐤍𐤅 𐤌𐤏𐤁𐤉𐤓 𐤍𐤅𐤂𐤔 𐤄𐤃𐤓 𐤌𐤋𐤊𐤅𐤕 𐤅𐤁𐤉𐤌𐤉𐤌 𐤀𐤇𐤃𐤉𐤌 𐤉𐤔𐤁𐤓
𐤅𐤋𐤀 𐤁𐤀𐤐𐤉𐤌 𐤅𐤋𐤀 𐤁𐤌𐤋𐤇𐤌𐤄•
𐤊𐤀 𐤅𐤏𐤌𐤃 𐤏𐤋 𐤊𐤍𐤅 𐤍𐤁𐤆𐤄 𐤅𐤋𐤀 𐤍𐤕𐤍𐤅 𐤏𐤋𐤉𐤅 𐤄𐤅𐤃 𐤌𐤋𐤊𐤅𐤕 𐤅𐤁𐤀 𐤁𐤔𐤋𐤅𐤄
𐤅𐤄𐤇𐤆𐤉𐤒 𐤌𐤋𐤊𐤅𐤕 𐤁𐤇𐤋𐤒𐤋𐤒𐤅𐤕•
𐤊𐤁 𐤅𐤆𐤓𐤏𐤅𐤕 𐤄𐤔𐤈𐤐 𐤉𐤔𐤈𐤐𐤅 𐤌𐤋𐤐𐤍𐤉𐤅 𐤅𐤉𐤔𐤁𐤓𐤅 𐤅𐤂𐤌 𐤍𐤂𐤉𐤃 𐤁𐤓𐤉𐤕•
𐤊𐤂 𐤅𐤌𐤍 𐤄𐤕𐤇𐤁𐤓𐤅𐤕 𐤀𐤋𐤉𐤅 𐤉𐤏𐤔𐤄 𐤌𐤓𐤌𐤄 𐤅𐤏𐤋𐤄 𐤅𐤏𐤑𐤌 𐤁𐤌𐤏𐤈 𐤂𐤅𐤉•
𐤊𐤃 𐤁𐤔𐤋𐤅𐤄 𐤅𐤁𐤌𐤔𐤌𐤍𐤉 𐤌𐤃𐤉𐤍𐤄 𐤉𐤁𐤅𐤀 𐤅𐤏𐤔𐤄 𐤀𐤔𐤓 𐤋𐤀 𐤏𐤔𐤅 𐤀𐤁𐤕𐤉𐤅
𐤅𐤀𐤁𐤅𐤕 𐤀𐤁𐤕𐤉𐤅 𐤁𐤆𐤄 𐤅𐤔𐤋𐤋 𐤅𐤓𐤊𐤅𐤔 𐤋𐤄𐤌 𐤉𐤁𐤆𐤅𐤓 𐤅𐤏𐤋 𐤌𐤁𐤑𐤓𐤉𐤌 𐤉𐤇𐤔𐤁
𐤌𐤇𐤔𐤁𐤕𐤉𐤅 𐤅𐤏𐤃 𐤏𐤕•
𐤊𐤄 𐤅𐤉𐤏𐤓 𐤊𐤇𐤅 𐤅𐤋𐤁𐤁𐤅 𐤏𐤋 𐤌𐤋𐤊 𐤄𐤍𐤂𐤁 𐤁𐤇𐤉𐤋 𐤂𐤃𐤅𐤋 𐤅𐤌𐤋𐤊 𐤄𐤍𐤂𐤁 𐤉𐤕𐤂𐤓𐤄
𐤋𐤌𐤋𐤇𐤌𐤄 𐤁𐤇𐤉𐤋 𐤂𐤃𐤅𐤋 𐤅𐤏𐤑𐤅𐤌 𐤏𐤃 𐤌𐤀𐤃 𐤅𐤋𐤀 𐤉𐤏𐤌𐤃 𐤊𐤉 𐤉𐤇𐤔𐤁𐤅 𐤏𐤋𐤉𐤅
𐤌𐤇𐤔𐤁𐤅𐤕•
𐤊𐤅 𐤅𐤀𐤊𐤋𐤉 𐤐𐤕 𐤁𐤂𐤅 𐤉𐤔𐤁𐤓𐤅𐤄𐤅 𐤅𐤇𐤉𐤋𐤅 𐤉𐤔𐤈𐤅𐤐 𐤅𐤍𐤐𐤋𐤅 𐤇𐤋𐤋𐤉𐤌 𐤓𐤁𐤉𐤌•
𐤊𐤆 𐤅𐤔𐤍𐤉𐤄𐤌 𐤄𐤌𐤋𐤊𐤉𐤌 𐤋𐤁𐤁𐤌 𐤋𐤌𐤓𐤏 𐤅𐤏𐤋 𐤔𐤋𐤇𐤍 𐤀𐤇𐤃 𐤊𐤆𐤁 𐤉𐤃𐤁𐤓𐤅 𐤅𐤋𐤀
𐤕𐤑𐤋𐤇 𐤊𐤉 𐤏𐤅𐤃 𐤒𐤑 𐤋𐤌𐤅𐤏𐤃•
𐤊𐤇 𐤅𐤉𐤔𐤁 𐤀𐤓𐤑𐤅 𐤁𐤓𐤊𐤅𐤔 𐤂𐤃𐤅𐤋 𐤅𐤋𐤁𐤁𐤅 𐤏𐤋 𐤁𐤓𐤉𐤕 𐤒𐤃𐤔 𐤅𐤏𐤔𐤄 𐤅𐤔𐤁
𐤋𐤀𐤓𐤑𐤅•
𐤊𐤈 𐤋𐤌𐤅𐤏𐤃 𐤉𐤔𐤅𐤁 𐤅𐤁𐤀 𐤁𐤍𐤂𐤁 𐤅𐤋𐤀 𐤕𐤄𐤉𐤄 𐤊𐤓𐤀𐤔𐤍𐤄 𐤅𐤊𐤀𐤇𐤓𐤍𐤄•

𐤃𐤍𐤉𐤀𐤋

𐤋 𐤅𐤁𐤀𐤅 𐤁𐤅 𐤑𐤉𐤉𐤌 𐤊𐤕𐤉𐤌 𐤅𐤍𐤊𐤀𐤄 𐤅𐤔𐤁 𐤅𐤆𐤏𐤌 𐤏𐤋 𐤁𐤓𐤉𐤕 𐤒𐤅𐤃𐤔 𐤅𐤏𐤔𐤄
𐤅𐤔𐤁 𐤅𐤉𐤁𐤍 𐤏𐤋 𐤏𐤆𐤁𐤉 𐤁𐤓𐤉𐤕 𐤒𐤃𐤔•
𐤋𐤀 𐤅𐤆𐤓𐤏𐤉𐤌 𐤌𐤌𐤍𐤅 𐤉𐤏𐤌𐤃𐤅 𐤅𐤇𐤋𐤋𐤅 𐤄𐤌𐤒𐤃𐤔 𐤄𐤌𐤏𐤅𐤆 𐤅𐤄𐤎𐤉𐤓𐤅 𐤄𐤕𐤌𐤉𐤃
𐤅𐤍𐤕𐤍𐤅 𐤄𐤔𐤒𐤅𐤑 𐤌𐤔𐤌𐤌•
𐤋𐤁 𐤅𐤌𐤓𐤔𐤉𐤏𐤉 𐤁𐤓𐤉𐤕 𐤉𐤇𐤍𐤉𐤐 𐤁𐤇𐤋𐤒𐤅𐤕 𐤅𐤏𐤌 𐤉𐤃𐤏𐤉 𐤀𐤋𐤄𐤉𐤅 𐤉𐤇𐤆𐤒𐤅
𐤅𐤏𐤔𐤅•
𐤋𐤂 𐤅𐤌𐤔𐤊𐤉𐤋𐤉 𐤏𐤌 𐤉𐤁𐤉𐤍𐤅 𐤋𐤓𐤁𐤉𐤌 𐤅𐤍𐤊𐤔𐤋𐤅 𐤁𐤇𐤓𐤁 𐤅𐤁𐤋𐤄𐤁𐤄 𐤁𐤔𐤁𐤉
𐤅𐤁𐤁𐤆𐤄 𐤉𐤌𐤉𐤌•
𐤋𐤃 𐤅𐤁𐤄𐤊𐤔𐤋𐤌 𐤉𐤏𐤆𐤓𐤅 𐤏𐤆𐤓 𐤌𐤏𐤈 𐤅𐤍𐤋𐤅𐤅 𐤏𐤋𐤉𐤄𐤌 𐤓𐤁𐤉𐤌 𐤁𐤇𐤋𐤒𐤋𐤒𐤅𐤕•
𐤋𐤄 𐤅𐤌𐤍 𐤄𐤌𐤔𐤊𐤉𐤋𐤉𐤌 𐤉𐤊𐤔𐤋𐤅 𐤋𐤑𐤓𐤅𐤐 𐤁𐤄𐤌 𐤅𐤋𐤁𐤓𐤓 𐤅𐤋𐤋𐤁𐤍 𐤏𐤃 𐤏𐤕 𐤒𐤑
𐤊𐤉 𐤏𐤅𐤃 𐤋𐤌𐤅𐤏𐤃•
𐤋𐤅 𐤅𐤏𐤔𐤄 𐤊𐤓𐤑𐤅𐤍𐤅 𐤄𐤌𐤋𐤊 𐤅𐤉𐤕𐤓𐤅𐤌𐤌 𐤅𐤉𐤕𐤂𐤃𐤋 𐤏𐤋 𐤊𐤋 𐤀𐤋 𐤅𐤏𐤋 𐤀𐤋
𐤀𐤋𐤉𐤌 𐤉𐤃𐤁𐤓 𐤍𐤐𐤋𐤀𐤅𐤕 𐤅𐤄𐤑𐤋𐤉𐤇 𐤏𐤃 𐤊𐤋𐤄 𐤆𐤏𐤌 𐤊𐤉 𐤍𐤇𐤓𐤑𐤄 𐤍𐤏𐤔𐤕𐤄•
𐤋𐤆 𐤅𐤏𐤋 𐤀𐤋𐤄𐤉 𐤀𐤁𐤕𐤉𐤅 𐤋𐤀 𐤉𐤁𐤉𐤍 𐤅𐤏𐤋 𐤇𐤌𐤃𐤕 𐤍𐤔𐤉𐤌 𐤅𐤏𐤋 𐤊𐤋 𐤀𐤋𐤅𐤄
𐤋𐤀 𐤉𐤁𐤉𐤍 𐤊𐤉 𐤏𐤋 𐤊𐤋 𐤉𐤕𐤂𐤃𐤋•
𐤋𐤇 𐤅𐤋𐤀𐤋𐤄 𐤌𐤏𐤆𐤉𐤌 𐤏𐤋 𐤊𐤍𐤅 𐤉𐤊𐤁𐤃 𐤅𐤋𐤀𐤋𐤅𐤄 𐤀𐤔𐤓 𐤋𐤀 𐤉𐤃𐤏𐤄𐤅 𐤀𐤁𐤕𐤉𐤅
𐤉𐤊𐤁𐤃 𐤁𐤆𐤄𐤁 𐤅𐤁𐤊𐤎𐤐 𐤅𐤁𐤀𐤁𐤍 𐤉𐤒𐤓𐤄 𐤅𐤁𐤇𐤌𐤃𐤅𐤕•
𐤋𐤈 𐤅𐤏𐤔𐤄 𐤋𐤌𐤁𐤑𐤓𐤉 𐤌𐤏𐤆𐤉𐤌 𐤏𐤌 𐤀𐤋𐤅𐤄 𐤍𐤊𐤓 𐤀𐤔𐤓 𐤄𐤊𐤉𐤓 [𐤉𐤊𐤉𐤓] 𐤉𐤓𐤁𐤄
𐤊𐤁𐤅𐤃 𐤅𐤄𐤌𐤔𐤉𐤋𐤌 𐤁𐤓𐤁𐤉𐤌 𐤅𐤀𐤃𐤌𐤄 𐤉𐤇𐤋𐤒 𐤁𐤌𐤇𐤉𐤓•
𐤌 𐤅𐤁𐤏𐤕 𐤒𐤑 𐤉𐤕𐤍𐤂𐤇 𐤏𐤌𐤅 𐤌𐤋𐤊 𐤄𐤍𐤂𐤁 𐤅𐤉𐤔𐤕𐤏𐤓 𐤏𐤋𐤉𐤅 𐤌𐤋𐤊 𐤄𐤑𐤐𐤅𐤍
𐤁𐤓𐤊𐤁 𐤅𐤁𐤐𐤓𐤔𐤉𐤌 𐤅𐤁𐤀𐤍𐤉𐤅𐤕 𐤓𐤁𐤅𐤕 𐤅𐤁𐤀 𐤁𐤀𐤓𐤑𐤅𐤕 𐤅𐤔𐤈𐤐 𐤅𐤏𐤁𐤓•
𐤌𐤀 𐤅𐤁𐤀 𐤁𐤀𐤓𐤑 𐤄𐤑𐤁𐤉 𐤅𐤓𐤁𐤅𐤕 𐤉𐤊𐤔𐤋𐤅 𐤅𐤀𐤋𐤄 𐤉𐤌𐤋𐤈𐤅 𐤌𐤉𐤃𐤅 𐤀𐤃𐤅𐤌
𐤅𐤌𐤅𐤀𐤁 𐤅𐤓𐤀𐤔𐤉𐤕 𐤁𐤍𐤉 𐤏𐤌𐤅𐤍•
𐤌𐤁 𐤅𐤉𐤔𐤋𐤇 𐤉𐤃𐤅 𐤁𐤀𐤓𐤑𐤅𐤕 𐤅𐤀𐤓𐤑 𐤌𐤑𐤓𐤉𐤌 𐤋𐤀 𐤕𐤄𐤉𐤄 𐤋𐤐𐤋𐤉𐤈𐤄•
𐤌𐤂 𐤅𐤌𐤔𐤋 𐤁𐤌𐤊𐤌𐤍𐤉 𐤄𐤆𐤄𐤁 𐤅𐤄𐤊𐤎𐤐 𐤅𐤁𐤊𐤋 𐤇𐤌𐤃𐤅𐤕 𐤌𐤑𐤓𐤉𐤌 𐤅𐤋𐤁𐤉𐤌
𐤅𐤊𐤔𐤉𐤌 𐤁𐤌𐤑𐤏𐤃𐤉𐤅•
𐤌𐤃 𐤅𐤔𐤌𐤏𐤅𐤕 𐤉𐤁𐤄𐤋𐤄𐤅 𐤌𐤌𐤆𐤓𐤇 𐤅𐤌𐤑𐤐𐤅𐤍 𐤅𐤉𐤑𐤀 𐤁𐤇𐤌𐤀 𐤂𐤃𐤋𐤄 𐤋𐤄𐤔𐤌𐤉𐤃
𐤅𐤋𐤄𐤇𐤓𐤉𐤌 𐤓𐤁𐤉𐤌•
𐤌𐤄 𐤅𐤉𐤈𐤏 𐤀𐤄𐤋𐤉 𐤀𐤐𐤃𐤍𐤅 𐤁𐤉𐤍 𐤉𐤌𐤉𐤌 𐤋𐤄𐤓 𐤑𐤁𐤉 𐤒𐤃𐤔 𐤅𐤁𐤀 𐤏𐤃 𐤒𐤑𐤅
𐤅𐤀𐤉𐤍 𐤏𐤅𐤆𐤓 𐤋𐤅•

𐤐𐤓𐤒 𐤉𐤁

𐤀 𐤅𐤁𐤏𐤕 𐤄𐤄𐤉𐤀 𐤉𐤏𐤌𐤃 𐤌𐤉𐤊𐤀𐤋 𐤄𐤔𐤓 𐤄𐤂𐤃𐤅𐤋 𐤄𐤏𐤌𐤃 𐤏𐤋 𐤁𐤍𐤉 𐤏𐤌𐤊

והיתה עת צרה אשר לא נהיתה מהיות גוי עד העת ההיא ובעת
ההיא ימלט עמך כל הנמצא כתוב בספר׃
ב ורבים מישני אדמת עפר יקיצו אלה לחיי עולם ואלה
לחרפות לדראון עולם׃
ג והמשכלים יזהרו כזהר הרקיע ומצדיקי הרבים ככוכבים
לעולם ועד׃
ד ואתה דניאל סתם הדברים וחתם הספר עד עת קץ ישטטו רבים
ותרבה הדעת׃
ה וראיתי אני דניאל והנה שנים אחרים עמדים אחד הנה
לשפת היאר ואחד הנה לשפת היאר׃
ו ויאמר לאיש לבוש הבדים אשר ממעל למימי היאר עד מתי
קץ הפלאות׃
ז ואשמע את האיש לבוש הבדים אשר ממעל למימי היאר
וירם ימינו ושמאלו אל השמים וישבע בחי העולם כי למועד
מועדים וחצי וככלות נפץ יד עם קדש תכלינה כל אלה׃
ח ואני שמעתי ולא אבין ואמרה אדני מה אחרית אלה׃
ט ויאמר לך דניאל כי סתמים וחתמים הדברים עד עת קץ׃
י יתבררו ויתלבנו ויצרפו רבים והרשיעו רשעים ולא יבינו
כל רשעים והמשכלים יבינו׃
יא ומעת הוסר התמיד ולתת שקוץ שמם ימים אלף מאתים
ותשעים׃
יב אשרי המחכה ויגיע לימים אלף שלש מאות שלשים
וחמשה׃
יג ואתה לך לקץ ותנוח ותעמד לגרלך לקץ הימין׃

𐤐𐤓𐤒 𐤀
𐤀 𐤃𐤁𐤓 𐤉𐤄𐤅𐤄 𐤀𐤔𐤓 𐤄𐤉𐤄 𐤀𐤋 𐤄𐤅𐤔𐤏 𐤁𐤍 𐤁𐤀𐤓𐤉 𐤁𐤉𐤌𐤉 𐤏𐤆𐤉𐤄 𐤉𐤅𐤕𐤌
𐤀𐤇𐤆 𐤉𐤇𐤆𐤒𐤉𐤄 𐤌𐤋𐤊𐤉 𐤉𐤄𐤅𐤃𐤄 𐤅𐤁𐤉𐤌𐤉 𐤉𐤓𐤁𐤏𐤌 𐤁𐤍 𐤉𐤅𐤀𐤔 𐤌𐤋𐤊
𐤉𐤔𐤓𐤀𐤋.
𐤁 𐤕𐤇𐤋𐤕 𐤃𐤁𐤓 𐤉𐤄𐤅𐤄 𐤁𐤄𐤅𐤔𐤏 𐤅𐤉𐤀𐤌𐤓 𐤉𐤄𐤅𐤄 𐤀𐤋 𐤄𐤅𐤔𐤏 𐤋𐤊 𐤒𐤇 𐤋𐤊 𐤀𐤔𐤕
𐤆𐤍𐤅𐤍𐤉𐤌 𐤅𐤉𐤋𐤃𐤉 𐤆𐤍𐤅𐤍𐤉𐤌 𐤊𐤉 𐤆𐤍𐤄 𐤕𐤆𐤍𐤄 𐤄𐤀𐤓𐤑 𐤌𐤀𐤇𐤓𐤉 𐤉𐤄𐤅𐤄.
𐤂 𐤅𐤉𐤋𐤊 𐤅𐤉𐤒𐤇 𐤀𐤕 𐤂𐤌𐤓 𐤁𐤕 𐤃𐤁𐤋𐤉𐤌 𐤅𐤕𐤄𐤓 𐤅𐤕𐤋𐤃 𐤋𐤅 𐤁𐤍.
𐤃 𐤅𐤉𐤀𐤌𐤓 𐤉𐤄𐤅𐤄 𐤀𐤋𐤉𐤅 𐤒𐤓𐤀 𐤔𐤌𐤅 𐤉𐤆𐤓𐤏𐤀𐤋 𐤊𐤉 𐤏𐤅𐤃 𐤌𐤏𐤈 𐤅𐤐𐤒𐤃𐤕𐤉 𐤀𐤕
𐤃𐤌𐤉 𐤉𐤆𐤓𐤏𐤀𐤋 𐤏𐤋 𐤁𐤉𐤕 𐤉𐤄𐤅𐤀 𐤅𐤄𐤔𐤁𐤕𐤉 𐤌𐤌𐤋𐤊𐤅𐤕 𐤁𐤉𐤕 𐤉𐤔𐤓𐤀𐤋.
𐤄 𐤅𐤄𐤉𐤄 𐤁𐤉𐤅𐤌 𐤄𐤄𐤅𐤀 𐤅𐤔𐤁𐤓𐤕𐤉 𐤀𐤕 𐤒𐤔𐤕 𐤉𐤔𐤓𐤀𐤋 𐤁𐤏𐤌𐤒 𐤉𐤆𐤓𐤏𐤀𐤋.
𐤅 𐤅𐤕𐤄𐤓 𐤏𐤅𐤃 𐤅𐤕𐤋𐤃 𐤁𐤕 𐤅𐤉𐤀𐤌𐤓 𐤋𐤅 𐤒𐤓𐤀 𐤔𐤌𐤄 𐤋𐤀 𐤓𐤇𐤌𐤄 𐤊𐤉 𐤋𐤀 𐤀𐤅𐤎𐤉𐤐
𐤏𐤅𐤃 𐤀𐤓𐤇𐤌 𐤀𐤕 𐤁𐤉𐤕 𐤉𐤔𐤓𐤀𐤋 𐤊𐤉 𐤍𐤔𐤀 𐤀𐤔𐤀 𐤋𐤄𐤌.
𐤆 𐤅𐤀𐤕 𐤁𐤉𐤕 𐤉𐤄𐤅𐤃𐤄 𐤀𐤓𐤇𐤌 𐤅𐤄𐤅𐤔𐤏𐤕𐤉𐤌 𐤁𐤉𐤄𐤅𐤄 𐤀𐤋𐤄𐤉𐤄𐤌 𐤅𐤋𐤀
𐤀𐤅𐤔𐤉𐤏𐤌 𐤁𐤒𐤔𐤕 𐤅𐤁𐤇𐤓𐤁 𐤅𐤁𐤌𐤋𐤇𐤌𐤄 𐤁𐤎𐤅𐤎𐤉𐤌 𐤅𐤁𐤐𐤓𐤔𐤉𐤌.
𐤇 𐤅𐤕𐤂𐤌𐤋 𐤀𐤕 𐤋𐤀 𐤓𐤇𐤌𐤄 𐤅𐤕𐤄𐤓 𐤅𐤕𐤋𐤃 𐤁𐤍.
𐤈 𐤅𐤉𐤀𐤌𐤓 𐤒𐤓𐤀 𐤔𐤌𐤅 𐤋𐤀 𐤏𐤌𐤉 𐤊𐤉 𐤀𐤕𐤌 𐤋𐤀 𐤏𐤌𐤉 𐤅𐤀𐤍𐤊𐤉 𐤋𐤀 𐤀𐤄𐤉𐤄
𐤋𐤊𐤌.

𐤐𐤓𐤒 𐤁
𐤀 𐤅𐤄𐤉𐤄 𐤌𐤎𐤐𐤓 𐤁𐤍𐤉 𐤉𐤔𐤓𐤀𐤋 𐤊𐤇𐤅𐤋 𐤄𐤉𐤌 𐤀𐤔𐤓 𐤋𐤀 𐤉𐤌𐤃 𐤅𐤋𐤀 𐤉𐤎𐤐𐤓
𐤅𐤄𐤉𐤄 𐤁𐤌𐤒𐤅𐤌 𐤀𐤔𐤓 𐤉𐤀𐤌𐤓 𐤋𐤄𐤌 𐤋𐤀 𐤏𐤌𐤉 𐤀𐤕𐤌 𐤉𐤀𐤌𐤓 𐤋𐤄𐤌 𐤁𐤍𐤉 𐤀𐤋
𐤇𐤉.
𐤁 𐤅𐤍𐤒𐤁𐤑𐤅 𐤁𐤍𐤉 𐤉𐤄𐤅𐤃𐤄 𐤅𐤁𐤍𐤉 𐤉𐤔𐤓𐤀𐤋 𐤉𐤇𐤃𐤅 𐤅𐤔𐤌𐤅 𐤋𐤄𐤌 𐤓𐤀𐤔 𐤀𐤇𐤃
𐤅𐤏𐤋𐤅 𐤌𐤍 𐤄𐤀𐤓𐤑 𐤊𐤉 𐤂𐤃𐤅𐤋 𐤉𐤅𐤌 𐤉𐤆𐤓𐤏𐤀𐤋.
𐤂 𐤀𐤌𐤓𐤅 𐤋𐤀𐤇𐤉𐤊𐤌 𐤏𐤌𐤉 𐤅𐤋𐤀𐤇𐤅𐤕𐤉𐤊𐤌 𐤓𐤇𐤌𐤄.
𐤃 𐤓𐤉𐤁𐤅 𐤁𐤀𐤌𐤊𐤌 𐤓𐤉𐤁𐤅 𐤊𐤉 𐤄𐤉𐤀 𐤋𐤀 𐤀𐤔𐤕𐤉 𐤅𐤀𐤍𐤊𐤉 𐤋𐤀 𐤀𐤉𐤔𐤄 𐤅𐤕𐤎𐤓
𐤆𐤍𐤅𐤍𐤉𐤄 𐤌𐤐𐤍𐤉𐤄 𐤅𐤍𐤀𐤐𐤅𐤐𐤉𐤄 𐤌𐤁𐤉𐤍 𐤔𐤃𐤉𐤄.
𐤄 𐤐𐤍 𐤀𐤐𐤔𐤉𐤈𐤍𐤄 𐤏𐤓𐤌𐤄 𐤅𐤄𐤑𐤂𐤕𐤉𐤄 𐤊𐤉𐤅𐤌 𐤄𐤅𐤋𐤃𐤄 𐤅𐤔𐤌𐤕𐤉𐤄 𐤊𐤌𐤃𐤁𐤓
𐤅𐤔𐤕𐤄 𐤊𐤀𐤓𐤑 𐤑𐤉𐤄 𐤅𐤄𐤌𐤕𐤉𐤄 𐤁𐤑𐤌𐤀.
𐤅 𐤅𐤀𐤕 𐤁𐤍𐤉𐤄 𐤋𐤀 𐤀𐤓𐤇𐤌 𐤊𐤉 𐤁𐤍𐤉 𐤆𐤍𐤅𐤍𐤉𐤌 𐤄𐤌𐤄.
𐤆 𐤊𐤉 𐤆𐤍𐤕𐤄 𐤀𐤌𐤌 𐤄𐤁𐤉𐤔𐤄 𐤄𐤅𐤓𐤕𐤌 𐤊𐤉 𐤀𐤌𐤓𐤄 𐤀𐤋𐤊𐤄 𐤀𐤇𐤓𐤉 𐤌𐤀𐤄𐤁𐤉
𐤍𐤕𐤍𐤉 𐤋𐤇𐤌𐤉 𐤅𐤌𐤉𐤌𐤉 𐤑𐤌𐤓𐤉 𐤅𐤐𐤔𐤕𐤉 𐤔𐤌𐤍𐤉 𐤅𐤔𐤒𐤅𐤉𐤉.
𐤇 𐤋𐤊𐤍 𐤄𐤍𐤍𐤉 𐤔𐤊 𐤀𐤕 𐤃𐤓𐤊𐤊 𐤁𐤎𐤉𐤓𐤉𐤌 𐤅𐤂𐤃𐤓𐤕𐤉 𐤀𐤕 𐤂𐤃𐤓𐤄 𐤅𐤍𐤕𐤉𐤁𐤅𐤕𐤉𐤄
𐤋𐤀 𐤕𐤌𐤑𐤀.

𐤈 𐤅𐤓𐤃𐤐𐤄 𐤀𐤕 𐤌𐤀𐤄𐤁𐤉𐤄 𐤅𐤋𐤀 𐤕𐤔𐤉𐤂 𐤀𐤕𐤌 𐤅𐤁𐤒𐤔𐤕𐤌 𐤅𐤋𐤀 𐤕𐤌𐤑𐤀
𐤅𐤀𐤌𐤓𐤄 𐤀𐤋𐤊𐤄 𐤅𐤀𐤔𐤅𐤁𐤄 𐤀𐤋 𐤀𐤉𐤔𐤉 𐤄𐤓𐤀𐤔𐤅𐤍 𐤊𐤉 𐤈𐤅𐤁 𐤋𐤉 𐤀𐤆 𐤌𐤏𐤕𐤄•
𐤉 𐤅𐤄𐤉𐤀 𐤋𐤀 𐤉𐤃𐤏𐤄 𐤊𐤉 𐤀𐤍𐤊𐤉 𐤍𐤕𐤕𐤉 𐤋𐤄 𐤄𐤃𐤂𐤍 𐤅𐤄𐤕𐤉𐤓𐤅𐤔 𐤅𐤄𐤉𐤑𐤄𐤓
𐤅𐤊𐤎𐤐 𐤄𐤓𐤁𐤉𐤕𐤉 𐤋𐤄 𐤅𐤆𐤄𐤁 𐤏𐤔𐤅 𐤋𐤁𐤏𐤋•
𐤉𐤀 𐤋𐤊𐤍 𐤀𐤔𐤅𐤁 𐤅𐤋𐤒𐤇𐤕𐤉 𐤃𐤂𐤍𐤉 𐤁𐤏𐤕𐤅 𐤅𐤕𐤉𐤓𐤅𐤔𐤉 𐤁𐤌𐤅𐤏𐤃𐤅 𐤅𐤄𐤑𐤋𐤕𐤉
𐤑𐤌𐤓𐤉 𐤅𐤐𐤔𐤕𐤉 𐤋𐤊𐤎𐤅𐤕 𐤀𐤕 𐤏𐤓𐤅𐤕𐤄•
𐤉𐤁 𐤅𐤏𐤕𐤄 𐤀𐤂𐤋𐤄 𐤀𐤕 𐤍𐤁𐤋𐤕𐤄 𐤋𐤏𐤉𐤍𐤉 𐤌𐤀𐤄𐤁𐤉𐤄 𐤅𐤀𐤉𐤔 𐤋𐤀 𐤉𐤑𐤉𐤋𐤍𐤄
𐤌𐤉𐤃𐤉•
𐤉𐤂 𐤅𐤄𐤔𐤁𐤕𐤉 𐤊𐤋 𐤌𐤔𐤅𐤔𐤄 𐤇𐤂𐤄 𐤇𐤃𐤔𐤄 𐤅𐤔𐤁𐤕𐤄 𐤅𐤊𐤋 𐤌𐤅𐤏𐤃𐤄•
𐤉𐤃 𐤅𐤄𐤔𐤌𐤕𐤉 𐤂𐤐𐤍𐤄 𐤅𐤕𐤀𐤍𐤕𐤄 𐤀𐤔𐤓 𐤀𐤌𐤓𐤄 𐤀𐤕𐤍𐤄 𐤄𐤌𐤄 𐤋𐤉 𐤀𐤔𐤓 𐤍𐤕𐤍𐤅
𐤋𐤉 𐤌𐤀𐤄𐤁𐤉 𐤅𐤔𐤌𐤕𐤉𐤌 𐤋𐤉𐤏𐤓 𐤅𐤀𐤊𐤋𐤕𐤌 𐤇𐤉𐤕 𐤄𐤔𐤃𐤄•
𐤈𐤅 𐤅𐤐𐤒𐤃𐤕𐤉 𐤏𐤋𐤉𐤄 𐤀𐤕 𐤉𐤌𐤉 𐤄𐤁𐤏𐤋𐤉𐤌 𐤀𐤔𐤓 𐤕𐤒𐤈𐤉𐤓 𐤋𐤄𐤌 𐤅𐤕𐤏𐤃 𐤍𐤆𐤌𐤄
𐤅𐤇𐤋𐤉𐤕𐤄 𐤅𐤕𐤋𐤊 𐤀𐤇𐤓𐤉 𐤌𐤀𐤄𐤁𐤉𐤄 𐤅𐤀𐤕𐤉 𐤔𐤊𐤇𐤄 𐤍𐤀𐤌 𐤉𐤄𐤅𐤄•
𐤈𐤆 𐤋𐤊𐤍 𐤄𐤍𐤄 𐤀𐤍𐤊𐤉 𐤌𐤐𐤕𐤉𐤄 𐤅𐤄𐤋𐤊𐤕𐤉𐤄 𐤄𐤌𐤃𐤁𐤓 𐤅𐤃𐤁𐤓𐤕𐤉 𐤏𐤋 𐤋𐤁𐤄•
𐤉𐤆 𐤅𐤍𐤕𐤕𐤉 𐤋𐤄 𐤀𐤕 𐤊𐤓𐤌𐤉𐤄 𐤌𐤔𐤌 𐤅𐤀𐤕 𐤏𐤌𐤒 𐤏𐤊𐤅𐤓 𐤋𐤐𐤕𐤇 𐤕𐤒𐤅𐤄 𐤅𐤏𐤍𐤕𐤄
𐤔𐤌𐤄 𐤊𐤉𐤌𐤉 𐤍𐤏𐤅𐤓𐤉𐤄 𐤅𐤊𐤉𐤅𐤌 𐤏𐤋𐤅𐤕𐤄 𐤌𐤀𐤓𐤑 𐤌𐤑𐤓𐤉𐤌•
𐤉𐤇 𐤅𐤄𐤉𐤄 𐤁𐤉𐤅𐤌 𐤄𐤄𐤅𐤀 𐤍𐤀𐤌 𐤉𐤄𐤅𐤄 𐤕𐤒𐤓𐤀𐤉 𐤀𐤉𐤔𐤉 𐤅𐤋𐤀 𐤕𐤒𐤓𐤀𐤉 𐤋𐤉
𐤏𐤅𐤃 𐤁𐤏𐤋𐤉•
𐤉𐤈 𐤅𐤄𐤎𐤓𐤕𐤉 𐤀𐤕 𐤔𐤌𐤅𐤕 𐤄𐤁𐤏𐤋𐤉𐤌 𐤌𐤐𐤉𐤄 𐤅𐤋𐤀 𐤉𐤆𐤊𐤓𐤅 𐤏𐤅𐤃 𐤁𐤔𐤌𐤌•
𐤊 𐤅𐤊𐤓𐤕𐤉 𐤋𐤄𐤌 𐤁𐤓𐤉𐤕 𐤁𐤉𐤅𐤌 𐤄𐤄𐤅𐤀 𐤏𐤌 𐤇𐤉𐤕 𐤄𐤔𐤃𐤄 𐤅𐤏𐤌 𐤏𐤅𐤐 𐤄𐤔𐤌𐤉𐤌
𐤅𐤓𐤌𐤔 𐤄𐤀𐤃𐤌𐤄 𐤅𐤒𐤔𐤕 𐤅𐤇𐤓𐤁 𐤅𐤌𐤋𐤇𐤌𐤄 𐤀𐤔𐤁𐤅𐤓 𐤌𐤍 𐤄𐤀𐤓𐤑 𐤅𐤄𐤔𐤊𐤁𐤕𐤉𐤌
𐤋𐤁𐤈𐤇•
𐤊𐤀 𐤅𐤀𐤓𐤔𐤕𐤉𐤊 𐤋𐤉 𐤋𐤏𐤅𐤋𐤌 𐤅𐤀𐤓𐤔𐤕𐤉𐤊 𐤋𐤉 𐤁𐤑𐤃𐤒 𐤅𐤁𐤌𐤔𐤐𐤈 𐤅𐤁𐤇𐤎𐤃
𐤅𐤁𐤓𐤇𐤌𐤉𐤌•
𐤊𐤁 𐤅𐤀𐤓𐤔𐤕𐤉𐤊 𐤋𐤉 𐤁𐤀𐤌𐤅𐤍𐤄 𐤅𐤉𐤃𐤏𐤕 𐤀𐤕 𐤉𐤄𐤅𐤄•
𐤊𐤂 𐤅𐤄𐤉𐤄 𐤁𐤉𐤅𐤌 𐤄𐤄𐤅𐤀 𐤀𐤏𐤍𐤄 𐤍𐤀𐤌 𐤉𐤄𐤅𐤄 𐤀𐤏𐤍𐤄 𐤀𐤕 𐤄𐤔𐤌𐤉𐤌 𐤅𐤄𐤌
𐤉𐤏𐤍𐤅 𐤀𐤕 𐤄𐤀𐤓𐤑•
𐤊𐤃 𐤅𐤄𐤀𐤓𐤑 𐤕𐤏𐤍𐤄 𐤀𐤕 𐤄𐤃𐤂𐤍 𐤅𐤀𐤕 𐤄𐤕𐤉𐤓𐤅𐤔 𐤅𐤀𐤕 𐤄𐤉𐤑𐤄𐤓 𐤅𐤄𐤌 𐤉𐤏𐤍𐤅
𐤀𐤕 𐤉𐤆𐤓𐤏𐤀𐤋•
𐤊𐤄 𐤅𐤆𐤓𐤏𐤕𐤉𐤄 𐤋𐤉 𐤁𐤀𐤓𐤑 𐤅𐤓𐤇𐤌𐤕𐤉 𐤀𐤕 𐤋𐤀 𐤓𐤇𐤌𐤄 𐤅𐤀𐤌𐤓𐤕𐤉 𐤋𐤋𐤀 𐤏𐤌𐤉
𐤏𐤌𐤉 𐤀𐤕𐤄 𐤅𐤄𐤅𐤀 𐤉𐤀𐤌𐤓 𐤀𐤋𐤄𐤉•

הושע

פרק ג

א ויאמר יהוה אלי עוד לך אהב אשה אהבת רע ומנאפת כאהבת
יהוה את בני ישראל והם פנים אל אלהים אחרים ואהבי
אשישי ענבים.
ב ואכרה לי בחמשה עשר כסף וחמר שערים ולתך שערים.
ג ויאמר אליה ימים רבים תשבי לי לא תזני ולא תהיי לאיש
וגם אני אליך.
ד כי ימים רבים ישבו בני ישראל אין מלך ואין שר ואין
זבח ואין מצבה ואין אפוד ותרפים.
ה אחר ישבו בני ישראל ובקשו את יהוה אלהיהם ואת דוד
מלכם ופחדו אל יהוה ואל טובו באחרית הימים.

פרק ד

א שמעו דבר יהוה בני ישראל כי ריב ליהוה עם יושבי הארץ
כי אין אמת ואין חסד ואין דעת אלהים בארץ.
ב אלה וכחש ורצח וגנב ונאף פרצו ודמים בדמים נגעו.
ג על כן תאבל הארץ ואמלל כל יושב בה בחית השדה ובעוף
השמים וגם דגי הים יאספו.
ד אך איש אל ירב ואל יוכח איש ועמך כמריבי כהן.
ה וכשלת היום וכשל גם נביא עמך לילה ודמיתי אמך.
ו נדמו עמי מבלי הדעת כי אתה הדעת מאסת ואמאסאך
[ואמאסך] מכהן לי ותשכח תורת אלהיך אשכח בניך גם אני.
ז כרבם כן חטאו לי כבודם בקלון אמיר.
ח חטאת עמי יאכלו ואל עונם ישאו נפשו.
ט והיה כעם ככהן ופקדתי עליו דרכיו ומעלליו אשיב לו.
י ואכלו ולא ישבעו הזנו ולא יפרצו כי את יהוה עזבו
לשמר.
יא זנות ויין ותירוש יקח לב.
יב עמי בעצו ישאל ומקלו יגיד לו כי רוח זנונים התעה
ויזנו מתחת אלהיהם.
יג על ראשי ההרים יזבחו ועל הגבעות יקטרו תחת אלון ולבנה
ואלה כי טוב צלה על כן תזנינה בנותיכם וכלותיכם

𐤕𐤍𐤀𐤐𐤍𐤄•
𐤉𐤃 𐤋𐤀 𐤀𐤐𐤒𐤅𐤃 𐤏𐤋 𐤁𐤍𐤅𐤕𐤉𐤊𐤌 𐤊𐤉 𐤕𐤆𐤍𐤉𐤍𐤄 𐤅𐤏𐤋 𐤊𐤋𐤅𐤕𐤉𐤊𐤌 𐤊𐤉
𐤕𐤍𐤀𐤐𐤍𐤄 𐤊𐤉 𐤄𐤌 𐤏𐤌 𐤄𐤆𐤍𐤅𐤕 𐤉𐤐𐤓𐤃𐤅 𐤅𐤏𐤌 𐤄𐤒𐤃𐤔𐤅𐤕 𐤉𐤆𐤁𐤇𐤅 𐤅𐤏𐤌 𐤋𐤀
𐤉𐤁𐤉𐤍 𐤉𐤋𐤁𐤈•
𐤈𐤅 𐤀𐤌 𐤆𐤍𐤄 𐤀𐤕𐤄 𐤉𐤔𐤓𐤀𐤋 𐤀𐤋 𐤉𐤀𐤔𐤌 𐤉𐤄𐤅𐤃𐤄 𐤅𐤀𐤋 𐤕𐤁𐤀𐤅 𐤄𐤂𐤋𐤂𐤋 𐤅𐤀𐤋
𐤕𐤏𐤋𐤅 𐤁𐤉𐤕 𐤀𐤅𐤍 𐤅𐤀𐤋 𐤕𐤔𐤁𐤏𐤅 𐤇𐤉 𐤉𐤄𐤅𐤄•
𐤈𐤆 𐤊𐤉 𐤊𐤐𐤓𐤄 𐤎𐤓𐤓𐤄 𐤎𐤓𐤓 𐤉𐤔𐤓𐤀𐤋 𐤏𐤕𐤄 𐤉𐤓𐤏𐤌 𐤉𐤄𐤅𐤄 𐤊𐤊𐤁𐤔 𐤁𐤌𐤓𐤇𐤁•
𐤉𐤆 𐤇𐤁𐤅𐤓 𐤏𐤑𐤁𐤉𐤌 𐤀𐤐𐤓𐤉𐤌 𐤄𐤍𐤇 𐤋𐤅•
𐤉𐤇 𐤎𐤓 𐤎𐤁𐤀𐤌 𐤄𐤆𐤍𐤄 𐤄𐤆𐤍𐤅 𐤀𐤄𐤁𐤅 𐤄𐤁𐤅 𐤒𐤋𐤅𐤍 𐤌𐤂𐤍𐤉𐤄•
𐤉𐤈 𐤑𐤓𐤓 𐤓𐤅𐤇 𐤀𐤅𐤕𐤄 𐤁𐤊𐤍𐤐𐤉𐤄 𐤅𐤉𐤁𐤔𐤅 𐤌𐤆𐤁𐤇𐤅𐤕𐤌•

𐤐𐤓𐤒 𐤄

𐤀 𐤔𐤌𐤏𐤅 𐤆𐤀𐤕 𐤄𐤊𐤄𐤍𐤉𐤌 𐤅𐤄𐤒𐤔𐤉𐤁𐤅 𐤁𐤉𐤕 𐤉𐤔𐤓𐤀𐤋 𐤅𐤁𐤉𐤕 𐤄𐤌𐤋𐤊
𐤄𐤀𐤆𐤉𐤍𐤅 𐤊𐤉 𐤋𐤊𐤌 𐤄𐤌𐤔𐤐𐤈 𐤊𐤉 𐤐𐤇 𐤄𐤉𐤉𐤕𐤌 𐤋𐤌𐤑𐤐𐤄 𐤅𐤓𐤔𐤕 𐤐𐤓𐤅𐤔𐤄 𐤏𐤋
𐤕𐤁𐤅𐤓•
𐤁 𐤅𐤔𐤇𐤈𐤄 𐤔𐤈𐤉𐤌 𐤄𐤏𐤌𐤉𐤒𐤅 𐤅𐤀𐤍𐤉 𐤌𐤅𐤎𐤓 𐤋𐤊𐤋𐤌•
𐤂 𐤀𐤍𐤉 𐤉𐤃𐤏𐤕𐤉 𐤀𐤐𐤓𐤉𐤌 𐤅𐤉𐤔𐤓𐤀𐤋 𐤋𐤀 𐤍𐤊𐤇𐤃 𐤌𐤌𐤍𐤉 𐤊𐤉 𐤏𐤕𐤄 𐤄𐤆𐤍𐤉𐤕
𐤀𐤐𐤓𐤉𐤌 𐤍𐤈𐤌𐤀 𐤉𐤔𐤓𐤀𐤋•
𐤃 𐤋𐤀 𐤉𐤕𐤍𐤅 𐤌𐤏𐤋𐤋𐤉𐤄𐤌 𐤋𐤔𐤅𐤁 𐤀𐤋 𐤀𐤋𐤄𐤉𐤄𐤌 𐤊𐤉 𐤓𐤅𐤇 𐤆𐤍𐤅𐤍𐤉𐤌 𐤁𐤒𐤓𐤁𐤌
𐤅𐤀𐤕 𐤉𐤄𐤅𐤄 𐤋𐤀 𐤉𐤃𐤏𐤅•
𐤄 𐤅𐤏𐤍𐤄 𐤂𐤀𐤅𐤍 𐤉𐤔𐤓𐤀𐤋 𐤁𐤐𐤍𐤉𐤅 𐤅𐤉𐤔𐤓𐤀𐤋 𐤅𐤀𐤐𐤓𐤉𐤌 𐤉𐤊𐤔𐤋𐤅 𐤁𐤏𐤅𐤍𐤌
𐤊𐤔𐤋 𐤂𐤌 𐤉𐤄𐤅𐤃𐤄 𐤏𐤌𐤌•
𐤅 𐤁𐤑𐤀𐤍𐤌 𐤅𐤁𐤁𐤒𐤓𐤌 𐤉𐤋𐤊𐤅 𐤋𐤁𐤒𐤔 𐤀𐤕 𐤉𐤄𐤅𐤄 𐤅𐤋𐤀 𐤉𐤌𐤑𐤀𐤅 𐤇𐤋𐤑 𐤌𐤄𐤌•
𐤆 𐤁𐤉𐤄𐤅𐤄 𐤁𐤂𐤃𐤅 𐤊𐤉 𐤁𐤍𐤉𐤌 𐤆𐤓𐤉𐤌 𐤉𐤋𐤃𐤅 𐤏𐤕𐤄 𐤉𐤀𐤊𐤋𐤌 𐤇𐤃𐤔 𐤀𐤕
𐤇𐤋𐤒𐤉𐤄𐤌•
𐤇 𐤕𐤒𐤏𐤅 𐤔𐤅𐤐𐤓 𐤁𐤂𐤁𐤏𐤄 𐤇𐤑𐤑𐤓𐤄 𐤁𐤓𐤌𐤄 𐤄𐤓𐤉𐤏𐤅 𐤁𐤉𐤕 𐤀𐤅𐤍 𐤀𐤇𐤓𐤉𐤊
𐤁𐤍𐤉𐤌𐤍•
𐤈 𐤀𐤐𐤓𐤉𐤌 𐤋𐤔𐤌𐤄 𐤕𐤄𐤉𐤄 𐤁𐤉𐤅𐤌 𐤕𐤅𐤊𐤇𐤄 𐤁𐤔𐤁𐤈𐤉 𐤉𐤔𐤓𐤀𐤋 𐤄𐤅𐤃𐤏𐤕𐤉
𐤍𐤀𐤌𐤍𐤄•
𐤉 𐤄𐤉𐤅 𐤔𐤓𐤉 𐤉𐤄𐤅𐤃𐤄 𐤊𐤌𐤎𐤉𐤂𐤉 𐤂𐤁𐤅𐤋 𐤏𐤋𐤉𐤄𐤌 𐤀𐤔𐤐𐤅𐤊 𐤊𐤌𐤉𐤌 𐤏𐤁𐤓𐤕𐤉•
𐤉𐤀 𐤏𐤔𐤅𐤒 𐤀𐤐𐤓𐤉𐤌 𐤓𐤑𐤅𐤑 𐤌𐤔𐤐𐤈 𐤊𐤉 𐤄𐤅𐤀𐤉𐤋 𐤄𐤋𐤊 𐤀𐤇𐤓𐤉 𐤑𐤅•
𐤉𐤁 𐤅𐤀𐤍𐤉 𐤊𐤏𐤔 𐤋𐤀𐤐𐤓𐤉𐤌 𐤅𐤊𐤓𐤒𐤁 𐤋𐤁𐤉𐤕 𐤉𐤄𐤅𐤃𐤄•
𐤉𐤂 𐤅𐤉𐤓𐤀 𐤀𐤐𐤓𐤉𐤌 𐤀𐤕 𐤇𐤋𐤉𐤅 𐤅𐤉𐤄𐤅𐤃𐤄 𐤀𐤕 𐤌𐤆𐤓𐤅 𐤅𐤉𐤋𐤊 𐤀𐤐𐤓𐤉𐤌 𐤀𐤋

הושע

אשור וישלח אל מלך ירב והוא לא יוכל לרפא לכם ולא יגהה
מכם מזור•
יד כי אנכי כשחל לאפרים וככפיר לבית יהודה אני אני
אטרף ואלך אשא ואין מציל•
טו אלך אשובה אל מקומי עד אשר יאשמו ובקשו פני בצר להם
ישחרנני•

פרק ו
א לכו ונשובה אל יהוה כי הוא טרף וירפאנו יך ויחבשנו•
ב יחינו מימים ביום השלישי יקמנו ונחיה לפניו•
ג ונדעה נרדפה לדעת את יהוה כשחר נכון מצאו ויבוא כגשם
לנו כמלקוש יורה ארץ•
ד מה אעשה לך אפרים מה אעשה לך יהודה וחסדכם כענן בקר
וכטל משכים הלך•
ה על כן חצבתי בנביאים הרגתים באמרי פי ומשפטיך אור
יצא•
ו כי חסד חפצתי ולא זבח ודעת אלהים מעלות•
ז והמה כאדם עברו ברית שם בגדו בי•
ח גלעד קרית פעלי און עקבה מדם•
ט וכחכי איש גדודים חבר כהנים דרך ירצחו שכמה כי זמה
עשו•
י בבית ישראל ראיתי שעריריה [שערוריה] שם זנות לאפרים
נטמא ישראל•
יא גם יהודה שת קציר לך בשובי שבות עמי•

פרק ז
א כרפאי לישראל ונגלה עון אפרים ורעות שמרון כי פעלו שקר
וגנב יבוא פשט גדוד בחוץ•
ב ובל יאמרו ללבבם כל רעתם זכרתי עתה סבבום מעלליהם נגד
פני היו•
ג ברעתם ישמחו מלך ובכחשיהם שרים•
ד כלם מנאפים כמו תנור בערה מאפה ישבות מעיר מלוש בצק
עד חמצתו•
ה יום מלכנו החלו שרים חמת מיין משך ידו את לצצים•

𐤅𐤊𐤉 𐤒𐤓𐤁𐤅 𐤊𐤕𐤍𐤅𐤓 𐤋𐤁𐤌 𐤁𐤀𐤓𐤁𐤌 𐤊𐤋 𐤄𐤋𐤉𐤋𐤄 𐤉𐤔𐤍 𐤀𐤐𐤄𐤌 𐤁𐤒𐤓 𐤄𐤅𐤀
𐤁𐤏𐤓 𐤊𐤀𐤔 𐤋𐤄𐤁𐤄•
𐤆𐤊𐤋𐤌 𐤉𐤇𐤌𐤅 𐤊𐤕𐤍𐤅𐤓 𐤅𐤀𐤊𐤋𐤅 𐤀𐤕 𐤔𐤐𐤈𐤉𐤄𐤌 𐤊𐤋 𐤌𐤋𐤊𐤉𐤄𐤌 𐤍𐤐𐤋𐤅 𐤀𐤉𐤍
𐤒𐤓𐤀 𐤁𐤄𐤌 𐤀𐤋𐤉•
𐤇𐤀𐤐𐤓𐤉𐤌 𐤁𐤏𐤌𐤉𐤌 𐤄𐤅𐤀 𐤉𐤕𐤁𐤅𐤋𐤋 𐤀𐤐𐤓𐤉𐤌 𐤄𐤉𐤄 𐤏𐤂𐤄 𐤁𐤋𐤉 𐤄𐤐𐤅𐤊𐤄•
𐤈𐤀𐤊𐤋𐤅 𐤆𐤓𐤉𐤌 𐤊𐤇𐤅 𐤅𐤄𐤅𐤀 𐤋𐤀 𐤉𐤃𐤏 𐤂𐤌 𐤔𐤉𐤁𐤄 𐤆𐤓𐤒𐤄 𐤁𐤅 𐤅𐤄𐤅𐤀 𐤋𐤀
𐤉𐤃𐤏•
𐤉𐤅𐤏𐤍𐤄 𐤂𐤀𐤅𐤍 𐤉𐤔𐤓𐤀𐤋 𐤁𐤐𐤍𐤉𐤅 𐤅𐤋𐤀 𐤔𐤁𐤅 𐤀𐤋 𐤉𐤄𐤅𐤄 𐤀𐤋𐤄𐤉𐤄𐤌 𐤅𐤋𐤀
𐤁𐤒𐤔𐤄𐤅 𐤁𐤊𐤋 𐤆𐤀𐤕•
𐤉𐤀 𐤅𐤉𐤄𐤉 𐤀𐤐𐤓𐤉𐤌 𐤊𐤉𐤅𐤍𐤄 𐤐𐤅𐤕𐤄 𐤀𐤉𐤍 𐤋𐤁 𐤌𐤑𐤓𐤉𐤌 𐤒𐤓𐤀𐤅 𐤀𐤔𐤅𐤓
𐤄𐤋𐤊𐤅•
𐤉𐤁 𐤊𐤀𐤔𐤓 𐤉𐤋𐤊𐤅 𐤀𐤐𐤓𐤅𐤔 𐤏𐤋𐤉𐤄𐤌 𐤓𐤔𐤕𐤉 𐤊𐤏𐤅𐤐 𐤄𐤔𐤌𐤉𐤌 𐤀𐤅𐤓𐤉𐤃𐤌
𐤀𐤉𐤎𐤓𐤌 𐤊𐤔𐤌𐤏 𐤋𐤏𐤃𐤕𐤌•
𐤉𐤂 𐤀𐤅𐤉 𐤋𐤄𐤌 𐤊𐤉 𐤍𐤃𐤃𐤅 𐤌𐤌𐤍𐤉 𐤔𐤃 𐤋𐤄𐤌 𐤊𐤉 𐤐𐤔𐤏𐤅 𐤁𐤉 𐤅𐤀𐤍𐤊𐤉 𐤀𐤐𐤃𐤌
𐤅𐤄𐤌𐤄 𐤃𐤁𐤓𐤅 𐤏𐤋𐤉 𐤊𐤆𐤁𐤉𐤌•
𐤉𐤃 𐤅𐤋𐤀 𐤆𐤏𐤒𐤅 𐤀𐤋𐤉 𐤁𐤋𐤁𐤌 𐤊𐤉 𐤉𐤉𐤋𐤉𐤋𐤅 𐤏𐤋 𐤌𐤔𐤊𐤁𐤅𐤕𐤌 𐤏𐤋 𐤃𐤂𐤍
𐤅𐤕𐤉𐤓𐤅𐤔 𐤉𐤕𐤂𐤅𐤓𐤓𐤅 𐤉𐤎𐤅𐤓𐤅 𐤁𐤉•
𐤈𐤅 𐤅𐤀𐤍𐤉 𐤉𐤎𐤓𐤕𐤉 𐤇𐤆𐤒𐤕𐤉 𐤆𐤓𐤅𐤏𐤕𐤌 𐤅𐤀𐤋𐤉 𐤉𐤇𐤔𐤁𐤅 𐤓𐤏•
𐤈𐤆 𐤉𐤔𐤅𐤁𐤅 𐤋𐤀 𐤏𐤋 𐤄𐤉𐤅 𐤊𐤒𐤔𐤕 𐤓𐤌𐤉𐤄 𐤉𐤐𐤋𐤅 𐤁𐤇𐤓𐤁 𐤔𐤓𐤉𐤄𐤌 𐤌𐤆𐤏𐤌
𐤋𐤔𐤅𐤍𐤌 𐤆𐤅 𐤋𐤏𐤂𐤌 𐤁𐤀𐤓𐤑 𐤌𐤑𐤓𐤉𐤌•

𐤐𐤓𐤒 𐤇

𐤀𐤀𐤋 𐤇𐤊𐤊 𐤔𐤐𐤓 𐤊𐤍𐤔𐤓 𐤏𐤋 𐤁𐤉𐤕 𐤉𐤄𐤅𐤄 𐤉𐤏𐤍 𐤏𐤁𐤓𐤅 𐤁𐤓𐤉𐤕𐤉 𐤅𐤏𐤋 𐤕𐤅𐤓𐤕𐤉
𐤐𐤔𐤏𐤅•
𐤁𐤋𐤉 𐤉𐤆𐤏𐤒𐤅 𐤀𐤋𐤄𐤉 𐤉𐤃𐤏𐤍𐤅𐤊 𐤉𐤔𐤓𐤀𐤋•
𐤂𐤆𐤍𐤇 𐤉𐤔𐤓𐤀𐤋 𐤈𐤅𐤁 𐤀𐤅𐤉𐤁 𐤉𐤓𐤃𐤐𐤅•
𐤃𐤄𐤌 𐤄𐤌𐤋𐤉𐤊𐤅 𐤅𐤋𐤀 𐤌𐤌𐤍𐤉 𐤄𐤔𐤉𐤓𐤅 𐤅𐤋𐤀 𐤉𐤃𐤏𐤕𐤉 𐤊𐤎𐤐𐤌 𐤅𐤆𐤄𐤁𐤌 𐤏𐤔𐤅
𐤋𐤄𐤌 𐤏𐤑𐤁𐤉𐤌 𐤋𐤌𐤏𐤍 𐤉𐤊𐤓𐤕•
𐤄𐤆𐤍𐤇 𐤏𐤂𐤋𐤊 𐤔𐤌𐤓𐤅𐤍 𐤇𐤓𐤄 𐤀𐤐𐤉 𐤁𐤌 𐤏𐤃 𐤌𐤕𐤉 𐤋𐤀 𐤉𐤅𐤊𐤋𐤅 𐤍𐤒𐤉𐤍•
𐤅𐤊𐤉 𐤌𐤉𐤔𐤓𐤀𐤋 𐤅𐤄𐤅𐤀 𐤇𐤓𐤔 𐤏𐤔𐤄𐤅 𐤅𐤋𐤀 𐤀𐤋𐤄𐤉𐤌 𐤄𐤅𐤀 𐤊𐤉 𐤔𐤁𐤁𐤉𐤌
𐤉𐤄𐤉𐤄 𐤏𐤂𐤋 𐤔𐤌𐤓𐤅𐤍•
𐤆𐤊𐤉 𐤓𐤅𐤇 𐤉𐤆𐤓𐤏𐤅 𐤅𐤎𐤅𐤐𐤕𐤄 𐤉𐤒𐤑𐤓𐤅 𐤒𐤌𐤄 𐤀𐤉𐤍 𐤋𐤅 𐤑𐤌𐤇 𐤁𐤋𐤉 𐤉𐤏𐤔𐤄
𐤒𐤌𐤇 𐤀𐤅𐤋𐤉 𐤉𐤏𐤔𐤄 𐤆𐤓𐤉𐤌 𐤉𐤁𐤋𐤏𐤄𐤅•

הושע

ח נבלע ישראל עתה היו בגוים ככלי אין חפץ בו•
ט כי המה עלו אשור פרא בודד לו אפרים התנו אהבים•
י גם כי יתנו בגוים עתה אקבצם ויחלו מעט ממשא מלך
שרים•
יא כי הרבה אפרים מזבחות לחטא היו לו מזבחות לחטא•
יב אכתוב [אכתב] לו רבו [רבי] תורתי כמו זר נחשבו•
יג זבחי הבהבי יזבחו בשר ויאכלו יהוה לא רצם עתה יזכר
עונם ויפקד חטאתם המה מצרים ישובו•
יד וישכח ישראל את עשהו ויבן היכלות ויהודה הרבה ערים
בצרות ושלחתי אש בעריו ואכלה ארמנתיה•

פרק ט

א אל תשמח ישראל אל גיל כעמים כי זנית מעל אלהיך אהבת
אתנן על כל גרנות דגן•
ב גרן ויקב לא ירעם ותירש יכחש בה•
ג לא ישבו בארץ יהוה ושב אפרים מצרים ובאשור טמא
יאכלו•
ד לא יסכו ליהוה יין ולא יערבו לו זבחיהם כלחם אונים
להם כל אכליו יטמאו כי לחמם לנפשם לא יבוא בית יהוה•
ה מה תעשו ליום מועד וליום חג יהוה•
ו כי הנה הלכו משד מצרים תקבצם מף תקברם מחמד לכספם
קמוש יירשם חוח באהליהם•
ז באו ימי הפקדה באו ימי השלם ידעו ישראל אויל הנביא
משגע איש הרוח על רב עונך ורבה משטמה•
ח צפה אפרים עם אלהי נביא פח יקוש על כל דרכיו משטמה
בבית אלהיו•
ט העמיקו שחתו כימי הגבעה יזכור עונם יפקוד חטאתם•
י כענבים במדבר מצאתי ישראל כבכורה בתאנה בראשיתה
ראיתי אבותיכם המה באו בעל פעור וינזרו לבשת ויהיו
שקוצים כאהבם•
יא אפרים כעוף יתעופף כבודם מלדה ומבטן ומהריון•
יב כי אם יגדלו את בניהם ושכלתים מאדם כי גם אוי להם
בשורי מהם•

𐤉𐤂 𐤀𐤐𐤓𐤉𐤌 𐤊𐤀𐤔𐤓 𐤓𐤀𐤉𐤕𐤉 𐤋𐤑𐤅𐤓 𐤔𐤕𐤅𐤋𐤄 𐤁𐤍𐤅𐤄 𐤅𐤀𐤐𐤓𐤉𐤌 𐤋𐤄𐤅𐤑𐤉𐤀 𐤀𐤋
𐤄𐤓𐤂 𐤁𐤍𐤉𐤅•
𐤉𐤃 𐤕𐤍 𐤋𐤄𐤌 𐤉𐤄𐤅𐤄 𐤌𐤄 𐤕𐤕𐤍 𐤕𐤍 𐤋𐤄𐤌 𐤓𐤇𐤌 𐤌𐤔𐤊𐤉𐤋 𐤅𐤔𐤃𐤉𐤌 𐤑𐤌𐤒𐤉𐤌•
𐤈𐤅 𐤊𐤋 𐤓𐤏𐤕𐤌 𐤁𐤂𐤋𐤂𐤋 𐤊𐤉 𐤔𐤌 𐤔𐤍𐤀𐤕𐤉𐤌 𐤏𐤋 𐤓𐤏 𐤌𐤏𐤋𐤋𐤉𐤄𐤌 𐤌𐤁𐤉𐤕𐤉
𐤀𐤂𐤓𐤔𐤌 𐤋𐤀 𐤀𐤅𐤎𐤐 𐤀𐤄𐤁𐤕𐤌 𐤊𐤋 𐤔𐤓𐤉𐤄𐤌 𐤎𐤅𐤓𐤓𐤉𐤌•
𐤈𐤆 𐤄𐤊𐤄 𐤀𐤐𐤓𐤉𐤌 𐤔𐤓𐤔𐤌 𐤉𐤁𐤔 𐤐𐤓𐤉 𐤁𐤋𐤉 [𐤁𐤋] 𐤉𐤏𐤔𐤅𐤍 𐤂𐤌 𐤊𐤉 𐤉𐤋𐤃𐤅𐤍
𐤅𐤄𐤌𐤕𐤉 𐤌𐤇𐤌𐤃𐤉 𐤁𐤈𐤍𐤌•
𐤉𐤆 𐤉𐤌𐤀𐤎𐤌 𐤀𐤋𐤄𐤉 𐤊𐤉 𐤋𐤀 𐤔𐤌𐤏𐤅 𐤋𐤅 𐤅𐤉𐤄𐤉𐤅 𐤍𐤃𐤃𐤉𐤌 𐤁𐤂𐤅𐤉𐤌•

𐤐𐤓𐤒 𐤉

𐤀 𐤂𐤐𐤍 𐤁𐤅𐤒𐤒 𐤉𐤔𐤓𐤀𐤋 𐤐𐤓𐤉 𐤉𐤔𐤅𐤄 𐤋𐤅 𐤊𐤓𐤁 𐤋𐤐𐤓𐤉𐤅 𐤄𐤓𐤁𐤄 𐤋𐤌𐤆𐤁𐤇𐤅𐤕
𐤊𐤈𐤅𐤁 𐤋𐤀𐤓𐤑𐤅 𐤄𐤉𐤈𐤉𐤁𐤅 𐤌𐤑𐤁𐤅𐤕•
𐤁 𐤇𐤋𐤒 𐤋𐤁𐤌 𐤏𐤕𐤄 𐤉𐤀𐤔𐤌𐤅 𐤄𐤅𐤀 𐤉𐤏𐤓𐤐 𐤌𐤆𐤁𐤇𐤅𐤕𐤌 𐤉𐤔𐤃𐤃 𐤌𐤑𐤁𐤅𐤕𐤌•
𐤂 𐤊𐤉 𐤏𐤕𐤄 𐤉𐤀𐤌𐤓𐤅 𐤀𐤉𐤍 𐤌𐤋𐤊 𐤋𐤍𐤅 𐤊𐤉 𐤋𐤀 𐤉𐤓𐤀𐤍𐤅 𐤀𐤕 𐤉𐤄𐤅𐤄 𐤅𐤄𐤌𐤋𐤊
𐤌𐤄 𐤉𐤏𐤔𐤄 𐤋𐤍𐤅•
𐤃 𐤃𐤁𐤓𐤅 𐤃𐤁𐤓𐤉𐤌 𐤀𐤋𐤅𐤕 𐤔𐤅𐤀 𐤊𐤓𐤕 𐤁𐤓𐤉𐤕 𐤅𐤐𐤓𐤇 𐤊𐤓𐤀𐤔 𐤌𐤔𐤐𐤈 𐤏𐤋 𐤕𐤋𐤌𐤉
𐤔𐤃𐤉•
𐤄 𐤋𐤏𐤂𐤋𐤅𐤕 𐤁𐤉𐤕 𐤀𐤅𐤍 𐤉𐤂𐤅𐤓𐤅 𐤔𐤊𐤍 𐤔𐤌𐤓𐤅𐤍 𐤊𐤉 𐤀𐤁𐤋 𐤏𐤋𐤉𐤅 𐤏𐤌𐤅
𐤅𐤊𐤌𐤓𐤉𐤅 𐤏𐤋𐤉𐤅 𐤉𐤂𐤉𐤋𐤅 𐤏𐤋 𐤊𐤁𐤅𐤃𐤅 𐤊𐤉 𐤂𐤋𐤄 𐤌𐤌𐤍𐤅•
𐤅 𐤂𐤌 𐤀𐤅𐤕𐤅 𐤋𐤀𐤔𐤅𐤓 𐤉𐤅𐤁𐤋 𐤌𐤍𐤇𐤄 𐤋𐤌𐤋𐤊 𐤉𐤓𐤁 𐤁𐤔𐤍𐤄 𐤀𐤐𐤓𐤉𐤌 𐤉𐤒𐤇
𐤅𐤉𐤁𐤅𐤔 𐤉𐤔𐤓𐤀𐤋 𐤌𐤏𐤑𐤕𐤅•
𐤆 𐤍𐤃𐤌𐤄 𐤔𐤌𐤓𐤅𐤍 𐤌𐤋𐤊𐤄 𐤊𐤒𐤑𐤐 𐤏𐤋 𐤐𐤍𐤉 𐤌𐤉𐤌•
𐤇 𐤅𐤍𐤔𐤌𐤃𐤅 𐤁𐤌𐤅𐤕 𐤀𐤅𐤍 𐤇𐤈𐤀𐤕 𐤉𐤔𐤓𐤀𐤋 𐤒𐤅𐤑 𐤅𐤃𐤓𐤃𐤓 𐤉𐤏𐤋𐤄 𐤏𐤋 𐤌𐤆𐤁𐤇𐤅𐤕𐤌
𐤅𐤀𐤌𐤓𐤅 𐤋𐤄𐤓𐤉𐤌 𐤊𐤎𐤅𐤍𐤅 𐤅𐤋𐤂𐤁𐤏𐤅𐤕 𐤍𐤐𐤋𐤅 𐤏𐤋𐤉𐤍𐤅•
𐤈 𐤌𐤉𐤌𐤉 𐤄𐤂𐤁𐤏𐤄 𐤇𐤈𐤀𐤕 𐤉𐤔𐤓𐤀𐤋 𐤔𐤌 𐤏𐤌𐤃𐤅 𐤋𐤀 𐤕𐤔𐤉𐤂𐤌 𐤁𐤂𐤁𐤏𐤄
𐤁𐤌𐤋𐤇𐤌𐤄 𐤏𐤋 𐤁𐤍𐤉 𐤏𐤅𐤋𐤄•
𐤉 𐤁𐤀𐤅𐤕𐤉 𐤅𐤀𐤎𐤓𐤌 𐤅𐤀𐤎𐤐𐤅 𐤏𐤋𐤉𐤄𐤌 𐤏𐤌𐤉𐤌 𐤁𐤀𐤎𐤓𐤌 𐤋𐤔𐤕𐤉 𐤏𐤉𐤍𐤕𐤌
[𐤏𐤅𐤍𐤕𐤌]•
𐤉𐤀 𐤅𐤀𐤐𐤓𐤉𐤌 𐤏𐤂𐤋𐤄 𐤌𐤋𐤌𐤃𐤄 𐤀𐤄𐤁𐤕𐤉 𐤋𐤃𐤅𐤔 𐤅𐤀𐤍𐤉 𐤏𐤁𐤓𐤕𐤉 𐤏𐤋 𐤈𐤅𐤁
𐤑𐤅𐤀𐤓𐤄 𐤀𐤓𐤊𐤉𐤁 𐤀𐤐𐤓𐤉𐤌 𐤉𐤇𐤓𐤅𐤔 𐤉𐤄𐤅𐤃𐤄 𐤉𐤔𐤃𐤃 𐤋𐤅 𐤉𐤏𐤒𐤁•
𐤉𐤁 𐤆𐤓𐤏𐤅 𐤋𐤊𐤌 𐤋𐤑𐤃𐤒𐤄 𐤒𐤑𐤓𐤅 𐤋𐤐𐤉 𐤇𐤎𐤃 𐤍𐤉𐤓𐤅 𐤋𐤊𐤌 𐤍𐤉𐤓 𐤅𐤏𐤕 𐤋𐤃𐤓𐤅𐤔
𐤀𐤕 𐤉𐤄𐤅𐤄 𐤏𐤃 𐤉𐤁𐤅𐤀 𐤅𐤉𐤓𐤄 𐤑𐤃𐤒 𐤋𐤊𐤌•
𐤉𐤂 𐤇𐤓𐤔𐤕𐤌 𐤓𐤔𐤏 𐤏𐤅𐤋𐤕𐤄 𐤒𐤑𐤓𐤕𐤌 𐤀𐤊𐤋𐤕𐤌 𐤐𐤓𐤉 𐤊𐤇𐤔 𐤊𐤉 𐤁𐤈𐤇𐤕 𐤁𐤃𐤓𐤊𐤊

𐤄𐤅𐤔𐤏

𐤁𐤓𐤁 𐤂𐤁𐤅𐤓𐤉𐤊•
𐤉𐤃 𐤅𐤒𐤀𐤌 𐤔𐤀𐤅𐤍 𐤁𐤏𐤌𐤊 𐤅𐤊𐤋 𐤌𐤁𐤑𐤓𐤉𐤊 𐤉𐤅𐤔𐤃 𐤊𐤔𐤃 𐤔𐤋𐤌𐤍 𐤁𐤉𐤕 𐤀𐤓𐤁𐤀𐤋
𐤁𐤉𐤅𐤌 𐤌𐤋𐤇𐤌𐤄 𐤀𐤌 𐤏𐤋 𐤁𐤍𐤉𐤌 𐤓𐤈𐤔𐤄•
𐤈𐤅 𐤊𐤊𐤄 𐤏𐤔𐤄 𐤋𐤊𐤌 𐤁𐤉𐤕 𐤀𐤋 𐤌𐤐𐤍𐤉 𐤓𐤏𐤕 𐤓𐤏𐤕𐤊𐤌 𐤁𐤔𐤇𐤓 𐤍𐤃𐤌𐤄 𐤍𐤃𐤌𐤄
𐤌𐤋𐤊 𐤉𐤔𐤓𐤀𐤋•

𐤐𐤓𐤒 𐤉𐤀

𐤀 𐤊𐤉 𐤍𐤏𐤓 𐤉𐤔𐤓𐤀𐤋 𐤅𐤀𐤄𐤁𐤄𐤅 𐤅𐤌𐤌𐤑𐤓𐤉𐤌 𐤒𐤓𐤀𐤕𐤉 𐤋𐤁𐤍𐤉•
𐤁 𐤒𐤓𐤀𐤅 𐤋𐤄𐤌 𐤊𐤍 𐤄𐤋𐤊𐤅 𐤌𐤐𐤍𐤉𐤄𐤌 𐤋𐤁𐤏𐤋𐤉𐤌 𐤉𐤆𐤁𐤇𐤅 𐤅𐤋𐤐𐤎𐤋𐤉𐤌
𐤉𐤒𐤈𐤓𐤅𐤍•
𐤂 𐤅𐤀𐤍𐤊𐤉 𐤕𐤓𐤂𐤋𐤕𐤉 𐤋𐤀𐤐𐤓𐤉𐤌 𐤒𐤇𐤌 𐤏𐤋 𐤆𐤓𐤅𐤏𐤕𐤉𐤅 𐤅𐤋𐤀 𐤉𐤃𐤏𐤅 𐤊𐤉
𐤓𐤐𐤀𐤕𐤉𐤌•
𐤃 𐤁𐤇𐤁𐤋𐤉 𐤀𐤃𐤌 𐤀𐤌𐤔𐤊𐤌 𐤁𐤏𐤁𐤕𐤅𐤕 𐤀𐤄𐤁𐤄 𐤅𐤀𐤄𐤉𐤄 𐤋𐤄𐤌 𐤊𐤌𐤓𐤉𐤌𐤉 𐤏𐤋 𐤏𐤋
𐤋𐤇𐤉𐤄𐤌 𐤅𐤀𐤈 𐤀𐤋𐤉𐤅 𐤀𐤅𐤊𐤉𐤋•
𐤄 𐤋𐤀 𐤉𐤔𐤅𐤁 𐤀𐤋 𐤀𐤓𐤑 𐤌𐤑𐤓𐤉𐤌 𐤅𐤀𐤔𐤅𐤓 𐤄𐤅𐤀 𐤌𐤋𐤊𐤅 𐤊𐤉 𐤌𐤀𐤍𐤅 𐤋𐤔𐤅𐤁•
𐤅 𐤅𐤇𐤋𐤄 𐤇𐤓𐤁 𐤁𐤏𐤓𐤉𐤅 𐤅𐤊𐤋𐤕𐤄 𐤁𐤃𐤉𐤅 𐤅𐤀𐤊𐤋𐤄 𐤌𐤌𐤏𐤑𐤅𐤕𐤉𐤄𐤌•
𐤆 𐤅𐤏𐤌𐤉 𐤕𐤋𐤅𐤀𐤉𐤌 𐤋𐤌𐤔𐤅𐤁𐤕𐤉 𐤅𐤀𐤋 𐤏𐤋 𐤉𐤒𐤓𐤀𐤄𐤅 𐤉𐤇𐤃 𐤋𐤀 𐤉𐤓𐤅𐤌𐤌•
𐤇 𐤀𐤉𐤊 𐤀𐤕𐤍𐤊 𐤀𐤐𐤓𐤉𐤌 𐤀𐤌𐤂𐤍𐤊 𐤉𐤔𐤓𐤀𐤋 𐤀𐤉𐤊 𐤀𐤕𐤍𐤊 𐤊𐤀𐤃𐤌𐤄 𐤀𐤔𐤉𐤌𐤊
𐤊𐤑𐤁𐤀𐤉𐤌 𐤍𐤄𐤐𐤊 𐤏𐤋𐤉 𐤋𐤁𐤉 𐤉𐤇𐤃 𐤍𐤊𐤌𐤓𐤅 𐤍𐤇𐤅𐤌𐤉•
𐤈 𐤋𐤀 𐤀𐤏𐤔𐤄 𐤇𐤓𐤅𐤍 𐤀𐤐𐤉 𐤋𐤀 𐤀𐤔𐤅𐤁 𐤋𐤔𐤇𐤕 𐤀𐤐𐤓𐤉𐤌 𐤊𐤉 𐤀𐤋 𐤀𐤍𐤊𐤉 𐤅𐤋𐤀
𐤀𐤉𐤔 𐤁𐤒𐤓𐤁𐤊 𐤒𐤃𐤅𐤔 𐤅𐤋𐤀 𐤀𐤁𐤅𐤀 𐤁𐤏𐤉𐤓•
𐤉 𐤀𐤇𐤓𐤉 𐤉𐤄𐤅𐤄 𐤉𐤋𐤊𐤅 𐤊𐤀𐤓𐤉𐤄 𐤉𐤔𐤀𐤂 𐤊𐤉 𐤄𐤅𐤀 𐤉𐤔𐤀𐤂 𐤅𐤉𐤇𐤓𐤃𐤅 𐤁𐤍𐤉𐤌
𐤌𐤉𐤌•
𐤉𐤀 𐤉𐤇𐤓𐤃𐤅 𐤊𐤑𐤐𐤅𐤓 𐤌𐤌𐤑𐤓𐤉𐤌 𐤅𐤊𐤉𐤅𐤍𐤄 𐤌𐤀𐤓𐤑 𐤀𐤔𐤅𐤓 𐤅𐤄𐤅𐤔𐤁𐤕𐤉𐤌 𐤏𐤋
𐤁𐤕𐤉𐤄𐤌 𐤍𐤀𐤌 𐤉𐤄𐤅𐤄•

𐤐𐤓𐤒 𐤉𐤁

𐤀 𐤎𐤁𐤁𐤍𐤉 𐤁𐤊𐤇𐤔 𐤀𐤐𐤓𐤉𐤌 𐤅𐤁𐤌𐤓𐤌𐤄 𐤁𐤉𐤕 𐤉𐤔𐤓𐤀𐤋 𐤅𐤉𐤄𐤅𐤃𐤄 𐤏𐤃 𐤓𐤃 𐤏𐤌 𐤀𐤋
𐤅𐤏𐤌 𐤒𐤃𐤅𐤔𐤉𐤌 𐤍𐤀𐤌𐤍•
𐤁 𐤀𐤐𐤓𐤉𐤌 𐤓𐤏𐤄 𐤓𐤅𐤇 𐤅𐤓𐤃𐤐 𐤒𐤃𐤉𐤌 𐤊𐤋 𐤄𐤉𐤅𐤌 𐤊𐤆𐤁 𐤅𐤔𐤃 𐤉𐤓𐤁𐤄 𐤅𐤁𐤓𐤉𐤕 𐤏𐤌
𐤀𐤔𐤅𐤓 𐤉𐤊𐤓𐤕𐤅 𐤅𐤔𐤌𐤍 𐤋𐤌𐤑𐤓𐤉𐤌 𐤉𐤅𐤁𐤋•
𐤂 𐤅𐤓𐤉𐤁 𐤋𐤉𐤄𐤅𐤄 𐤏𐤌 𐤉𐤄𐤅𐤃𐤄 𐤅𐤋𐤐𐤒𐤃 𐤏𐤋 𐤉𐤏𐤒𐤁 𐤊𐤃𐤓𐤊𐤉𐤅 𐤊𐤌𐤏𐤋𐤋𐤉𐤅
𐤉𐤔𐤉𐤁 𐤋𐤅•

𐤃 𐤁𐤁𐤈𐤍 𐤏𐤒𐤁 𐤀𐤕 𐤀𐤇𐤉𐤅 𐤅𐤁𐤀𐤅𐤍𐤅 𐤔𐤓𐤄 𐤀𐤕 𐤀𐤋𐤄𐤉𐤌.
𐤄 𐤅𐤉𐤔𐤓 𐤀𐤋 𐤌𐤋𐤀𐤊 𐤅𐤉𐤊𐤋 𐤁𐤊𐤄 𐤅𐤉𐤕𐤇𐤍𐤍 𐤋𐤅 𐤁𐤉𐤕 𐤀𐤋 𐤉𐤌𐤑𐤀𐤍𐤅 𐤅𐤔𐤌
𐤉𐤃𐤁𐤓 𐤏𐤌𐤍𐤅.
𐤅 𐤅𐤉𐤄𐤅𐤄 𐤀𐤋𐤄𐤉 𐤄𐤑𐤁𐤀𐤅𐤕 𐤉𐤄𐤅𐤄 𐤆𐤊𐤓𐤅.
𐤆 𐤅𐤀𐤕𐤄 𐤁𐤀𐤋𐤄𐤉𐤊 𐤕𐤔𐤅𐤁 𐤇𐤎𐤃 𐤅𐤌𐤔𐤐𐤈 𐤔𐤌𐤓 𐤅𐤒𐤅𐤄 𐤀𐤋 𐤀𐤋𐤄𐤉𐤊 𐤕𐤌𐤉𐤃.
𐤇 𐤊𐤍𐤏𐤍 𐤁𐤉𐤃𐤅 𐤌𐤀𐤆𐤍𐤉 𐤌𐤓𐤌𐤄 𐤋𐤏𐤔𐤒 𐤀𐤄𐤁.
𐤈 𐤅𐤉𐤀𐤌𐤓 𐤀𐤐𐤓𐤉𐤌 𐤀𐤊 𐤏𐤔𐤓𐤕𐤉 𐤌𐤑𐤀𐤕𐤉 𐤀𐤅𐤍 𐤋𐤉 𐤊𐤋 𐤉𐤂𐤉𐤏𐤉 𐤋𐤀
𐤉𐤌𐤑𐤀𐤅 𐤋𐤉 𐤏𐤅𐤍 𐤀𐤔𐤓 𐤇𐤈𐤀.
𐤉 𐤅𐤀𐤍𐤊𐤉 𐤉𐤄𐤅𐤄 𐤀𐤋𐤄𐤉𐤊 𐤌𐤀𐤓𐤑 𐤌𐤑𐤓𐤉𐤌 𐤏𐤃 𐤀𐤅𐤔𐤉𐤁𐤊 𐤁𐤀𐤄𐤋𐤉𐤌
𐤊𐤉𐤌𐤉 𐤌𐤅𐤏𐤃.
𐤉𐤀 𐤅𐤃𐤁𐤓𐤕𐤉 𐤏𐤋 𐤄𐤍𐤁𐤉𐤀𐤉𐤌 𐤅𐤀𐤍𐤊𐤉 𐤇𐤆𐤅𐤍 𐤄𐤓𐤁𐤉𐤕𐤉 𐤅𐤁𐤉𐤃 𐤄𐤍𐤁𐤉𐤀𐤉𐤌
𐤀𐤃𐤌𐤄.
𐤉𐤁 𐤀𐤌 𐤂𐤋𐤏𐤃 𐤀𐤅𐤍 𐤀𐤊 𐤔𐤅𐤀 𐤄𐤉𐤅 𐤁𐤂𐤋𐤂𐤋 𐤔𐤅𐤓𐤉𐤌 𐤆𐤁𐤇𐤅 𐤂𐤌 𐤌𐤆𐤁𐤇𐤅𐤕𐤌
𐤊𐤂𐤋𐤉𐤌 𐤏𐤋 𐤕𐤋𐤌𐤉 𐤔𐤃𐤉.
𐤉𐤂 𐤅𐤉𐤁𐤓𐤇 𐤉𐤏𐤒𐤁 𐤔𐤃𐤄 𐤀𐤓𐤌 𐤅𐤉𐤏𐤁𐤃 𐤉𐤔𐤓𐤀𐤋 𐤁𐤀𐤔𐤄 𐤅𐤁𐤀𐤔𐤄 𐤔𐤌𐤓.
𐤉𐤃 𐤅𐤁𐤍𐤁𐤉𐤀 𐤄𐤏𐤋𐤄 𐤉𐤄𐤅𐤄 𐤀𐤕 𐤉𐤔𐤓𐤀𐤋 𐤌𐤌𐤑𐤓𐤉𐤌 𐤅𐤁𐤍𐤁𐤉𐤀 𐤍𐤔𐤌𐤓.
𐤈𐤅 𐤄𐤊𐤏𐤉𐤎 𐤀𐤐𐤓𐤉𐤌 𐤕𐤌𐤓𐤅𐤓𐤉𐤌 𐤅𐤃𐤌𐤉𐤅 𐤏𐤋𐤉𐤅 𐤉𐤈𐤅𐤔 𐤅𐤇𐤓𐤐𐤕𐤅 𐤉𐤔𐤉𐤁 𐤋𐤅
𐤀𐤃𐤍𐤉𐤅.

𐤐𐤓𐤒 𐤉𐤂

𐤀 𐤊𐤃𐤁𐤓 𐤀𐤐𐤓𐤉𐤌 𐤓𐤕𐤕 𐤍𐤔𐤀 𐤄𐤅𐤀 𐤁𐤉𐤔𐤓𐤀𐤋 𐤅𐤉𐤀𐤔𐤌 𐤁𐤁𐤏𐤋 𐤅𐤉𐤌𐤕.
𐤁 𐤅𐤏𐤕𐤄 𐤉𐤅𐤎𐤐𐤅 𐤋𐤇𐤈𐤀 𐤅𐤉𐤏𐤔𐤅 𐤋𐤄𐤌 𐤌𐤎𐤊𐤄 𐤌𐤊𐤎𐤐𐤌 𐤊𐤕𐤁𐤅𐤍𐤌 𐤏𐤑𐤁𐤉𐤌
𐤌𐤏𐤔𐤄 𐤇𐤓𐤔𐤉𐤌 𐤊𐤋𐤄 𐤋𐤄𐤌 𐤄𐤌 𐤀𐤌𐤓𐤉𐤌 𐤆𐤁𐤇𐤉 𐤀𐤃𐤌 𐤏𐤂𐤋𐤉𐤌 𐤉𐤔𐤒𐤅𐤍.
𐤂 𐤋𐤊𐤍 𐤉𐤄𐤉𐤅 𐤊𐤏𐤍𐤍 𐤁𐤒𐤓 𐤅𐤊𐤈𐤋 𐤌𐤔𐤊𐤉𐤌 𐤄𐤋𐤊 𐤊𐤌𐤑 𐤉𐤎𐤏𐤓 𐤌𐤂𐤓𐤍
𐤅𐤊𐤏𐤔𐤍 𐤌𐤀𐤓𐤁𐤄.
𐤃 𐤅𐤀𐤍𐤊𐤉 𐤉𐤄𐤅𐤄 𐤀𐤋𐤄𐤉𐤊 𐤌𐤀𐤓𐤑 𐤌𐤑𐤓𐤉𐤌 𐤅𐤀𐤋𐤄𐤉𐤌 𐤆𐤅𐤋𐤕𐤉 𐤋𐤀 𐤕𐤃𐤏
𐤅𐤌𐤅𐤔𐤉𐤏 𐤀𐤉𐤍 𐤁𐤋𐤕𐤉.
𐤄 𐤀𐤍𐤉 𐤉𐤃𐤏𐤕𐤉𐤊 𐤁𐤌𐤃𐤁𐤓 𐤁𐤀𐤓𐤑 𐤕𐤋𐤀𐤁𐤅𐤕.
𐤅 𐤊𐤌𐤓𐤏𐤉𐤕𐤌 𐤅𐤉𐤔𐤁𐤏𐤅 𐤔𐤁𐤏𐤅 𐤅𐤉𐤓𐤌 𐤋𐤁𐤌 𐤏𐤋 𐤊𐤍 𐤔𐤊𐤇𐤅𐤍𐤉.
𐤆 𐤅𐤀𐤄𐤉 𐤋𐤄𐤌 𐤊𐤌𐤅 𐤔𐤇𐤋 𐤊𐤍𐤌𐤓 𐤏𐤋 𐤃𐤓𐤊 𐤀𐤔𐤅𐤓.
𐤇 𐤀𐤐𐤂𐤔𐤌 𐤊𐤃𐤁 𐤔𐤊𐤅𐤋 𐤅𐤀𐤒𐤓𐤏 𐤎𐤂𐤅𐤓 𐤋𐤁𐤌 𐤅𐤀𐤊𐤋𐤌 𐤔𐤌 𐤊𐤋𐤁𐤉𐤀 𐤇𐤉𐤕
𐤄𐤔𐤃𐤄 𐤕𐤁𐤒𐤏𐤌.
𐤈 𐤔𐤇𐤕𐤊 𐤉𐤔𐤓𐤀𐤋 𐤊𐤉 𐤁𐤉 𐤁𐤏𐤆𐤓𐤊.

𐤉 𐤀𐤄𐤉 𐤌𐤋𐤊𐤊 𐤀𐤐𐤅𐤀 𐤅𐤉𐤅𐤔𐤉𐤏𐤊 𐤁𐤊𐤋 𐤏𐤓𐤉𐤊 𐤅𐤔𐤐𐤈𐤉𐤊 𐤀𐤔𐤓 𐤀𐤌𐤓𐤕 𐤕𐤍𐤄
𐤋𐤉 𐤌𐤋𐤊 𐤅𐤔𐤓𐤉𐤌•

𐤉𐤀 𐤀𐤕𐤍 𐤋𐤊 𐤌𐤋𐤊 𐤁𐤀𐤐𐤉 𐤅𐤀𐤒𐤇 𐤁𐤏𐤁𐤓𐤕𐤉•

𐤉𐤁 𐤑𐤓𐤅𐤓 𐤏𐤅𐤍 𐤀𐤐𐤓𐤉𐤌 𐤑𐤐𐤅𐤍𐤄 𐤇𐤈𐤀𐤕𐤅•

𐤉𐤂 𐤇𐤁𐤋𐤉 𐤉𐤅𐤋𐤃𐤄 𐤉𐤁𐤀𐤅 𐤋𐤅 𐤄𐤅𐤀 𐤁𐤍 𐤋𐤀 𐤇𐤊𐤌 𐤊𐤉 𐤏𐤕 𐤋𐤀 𐤉𐤏𐤌𐤃
𐤁𐤌𐤔𐤁𐤓 𐤁𐤍𐤉𐤌•

𐤉𐤃 𐤌𐤉𐤃 𐤔𐤀𐤅𐤋 𐤀𐤐𐤃𐤌 𐤌𐤌𐤅𐤕 𐤀𐤂𐤀𐤋𐤌 𐤀𐤄𐤉 𐤃𐤁𐤓𐤉𐤊 𐤌𐤅𐤕 𐤀𐤄𐤉 𐤒𐤈𐤁𐤊
𐤔𐤀𐤅𐤋 𐤍𐤇𐤌 𐤉𐤎𐤕𐤓 𐤌𐤏𐤉𐤍𐤉•

𐤈𐤅 𐤊𐤉 𐤄𐤅𐤀 𐤁𐤉𐤍 𐤀𐤇𐤉𐤌 𐤉𐤐𐤓𐤉𐤀 𐤉𐤁𐤅𐤀 𐤒𐤃𐤉𐤌 𐤓𐤅𐤇 𐤉𐤄𐤅𐤄 𐤌𐤌𐤃𐤁𐤓 𐤏𐤋𐤄
𐤅𐤉𐤁𐤅𐤔 𐤌𐤒𐤅𐤓𐤅 𐤅𐤉𐤇𐤓𐤁 𐤌𐤏𐤉𐤍𐤅 𐤄𐤅𐤀 𐤉𐤔𐤎𐤄 𐤀𐤅𐤑𐤓 𐤊𐤋 𐤊𐤋𐤉 𐤇𐤌𐤃𐤄•

𐤐𐤓𐤒 𐤉𐤃

𐤀 𐤕𐤀𐤔𐤌 𐤔𐤌𐤓𐤅𐤍 𐤊𐤉 𐤌𐤓𐤕𐤄 𐤁𐤀𐤋𐤄𐤉𐤄 𐤁𐤇𐤓𐤁 𐤉𐤐𐤋𐤅 𐤏𐤋𐤋𐤉𐤄𐤌 𐤉𐤓𐤈𐤔𐤅
𐤅𐤄𐤓𐤉𐤅𐤕𐤉𐤅 𐤉𐤁𐤒𐤏𐤅•

𐤁 𐤔𐤅𐤁𐤄 𐤉𐤔𐤓𐤀𐤋 𐤏𐤃 𐤉𐤄𐤅𐤄 𐤀𐤋𐤄𐤉𐤊 𐤊𐤉 𐤊𐤔𐤋𐤕 𐤁𐤏𐤅𐤍𐤊•

𐤂 𐤒𐤇𐤅 𐤏𐤌𐤊𐤌 𐤃𐤁𐤓𐤉𐤌 𐤅𐤔𐤅𐤁𐤅 𐤀𐤋 𐤉𐤄𐤅𐤄 𐤀𐤌𐤓𐤅 𐤀𐤋𐤉𐤅 𐤊𐤋 𐤕𐤔𐤀 𐤏𐤅𐤍
𐤅𐤒𐤇 𐤈𐤅𐤁 𐤅𐤍𐤔𐤋𐤌𐤄 𐤐𐤓𐤉𐤌 𐤔𐤐𐤕𐤉𐤍𐤅•

𐤃 𐤀𐤔𐤅𐤓 𐤋𐤀 𐤉𐤅𐤔𐤉𐤏𐤍𐤅 𐤏𐤋 𐤎𐤅𐤎 𐤋𐤀 𐤍𐤓𐤊𐤁 𐤅𐤋𐤀 𐤍𐤀𐤌𐤓 𐤏𐤅𐤃 𐤀𐤋𐤄𐤉𐤍𐤅
𐤋𐤌𐤏𐤔𐤄 𐤉𐤃𐤉𐤍𐤅 𐤀𐤔𐤓 𐤁𐤊 𐤉𐤓𐤇𐤌 𐤉𐤕𐤅𐤌•

𐤄 𐤀𐤓𐤐𐤀 𐤌𐤔𐤅𐤁𐤕𐤌 𐤀𐤄𐤁𐤌 𐤍𐤃𐤁𐤄 𐤊𐤉 𐤔𐤁 𐤀𐤐𐤉 𐤌𐤌𐤍𐤅•

𐤅 𐤀𐤄𐤉𐤄 𐤊𐤈𐤋 𐤋𐤉𐤔𐤓𐤀𐤋 𐤉𐤐𐤓𐤇 𐤊𐤔𐤅𐤔𐤍𐤄 𐤅𐤉𐤊 𐤔𐤓𐤔𐤉𐤅 𐤊𐤋𐤁𐤍𐤅𐤍•

𐤆 𐤉𐤋𐤊𐤅 𐤉𐤍𐤒𐤅𐤕𐤉𐤅 𐤅𐤉𐤄𐤉 𐤊𐤆𐤉𐤕 𐤄𐤅𐤃𐤅 𐤅𐤓𐤉𐤇 𐤋𐤅 𐤊𐤋𐤁𐤍𐤅𐤍•

𐤇 𐤉𐤔𐤁𐤅 𐤉𐤔𐤁𐤉 𐤁𐤑𐤋𐤅 𐤉𐤇𐤉𐤅 𐤃𐤂𐤍 𐤅𐤉𐤐𐤓𐤇𐤅 𐤊𐤂𐤐𐤍 𐤆𐤊𐤓𐤅 𐤊𐤉𐤉𐤍 𐤋𐤁𐤍𐤅𐤍•

𐤈 𐤀𐤐𐤓𐤉𐤌 𐤌𐤄 𐤋𐤉 𐤏𐤅𐤃 𐤋𐤏𐤑𐤁𐤉𐤌 𐤀𐤍𐤉 𐤏𐤍𐤉𐤕𐤉 𐤅𐤀𐤔𐤅𐤓𐤍𐤅 𐤀𐤍𐤉 𐤊𐤁𐤓𐤅𐤔
𐤓𐤏𐤍𐤍 𐤌𐤌𐤍𐤉 𐤐𐤓𐤉𐤊 𐤍𐤌𐤑𐤀•

𐤉 𐤌𐤉 𐤇𐤊𐤌 𐤅𐤉𐤁𐤍 𐤀𐤋𐤄 𐤍𐤁𐤅𐤍 𐤅𐤉𐤃𐤏𐤌 𐤊𐤉 𐤉𐤔𐤓𐤉𐤌 𐤃𐤓𐤊𐤉 𐤉𐤄𐤅𐤄
𐤅𐤑𐤃𐤒𐤉𐤌 𐤉𐤋𐤊𐤅 𐤁𐤌 𐤅𐤐𐤔𐤏𐤉𐤌 𐤉𐤊𐤔𐤋𐤅 𐤁𐤌•

יואל

פרק א

א דבר יהוה אשר היה אל יואל בן פתואל׃
ב שמעו זאת הזקנים והאזינו כל יושבי הארץ ההיתה זאת
בימיכם ואם בימי אבתיכם׃
ג עליה לבניכם ספרו ובניכם לבניהם ובניהם לדור אחר׃
ד יתר הגזם אכל הארבה ויתר הארבה אכל הילק ויתר הילק
אכל החסיל׃
ה הקיצו שכורים ובכו והילילו כל שתי יין על עסיס כי
נכרת מפיכם׃
ו כי גוי עלה על ארצי עצום ואין מספר שניו שני אריה
ומתלעות לביא לו׃
ז שם גפני לשמה ותאנתי לקצפה חשף חשפה והשליך הלבינו
שריגיה׃
ח אלי כבתולה חגרת שק על בעל נעוריה׃
ט הכרת מנחה ונסך מבית יהוה אבלו הכהנים משרתי יהוה׃
י שדד שדה אבלה אדמה כי שדד דגן הוביש תירוש אמלל
יצהר׃
יא הבישו אכרים הילילו כרמים על חטה ועל שערה כי אבד
קציר שדה׃
יב הגפן הובישה והתאנה אמללה רמון גם תמר ותפוח כל עצי
השדה יבשו כי הביש ששון מן בני אדם׃
יג חגרו וספדו הכהנים הילילו משרתי מזבח באו לינו
בשקים משרתי אלהי כי נמנע מבית אלהיכם מנחה ונסך׃
יד קדשו צום קראו עצרה אספו זקנים כל ישבי הארץ בית
יהוה אלהיכם וזעקו אל יהוה׃
טו אהה ליום כי קרוב יום יהוה וכשד משדי יבוא׃
טז הלוא נגד עינינו אכל נכרת מבית אלהינו שמחה וגיל׃
יז עבשו פרדות תחת מגרפתיהם נשמו אצרות נהרסו ממגרות כי
הביש דגן׃
יח מה נאנחה בהמה נבכו עדרי בקר כי אין מרעה להם גם
עדרי הצאן נאשמו׃
יט אליך יהוה אקרא כי אש אכלה נאות מדבר ולהבה להטה
כל עצי השדה׃

𐤊 𐤂𐤌 𐤁𐤄𐤌𐤅𐤕 𐤔𐤃𐤄 𐤕𐤏𐤓𐤅𐤂 𐤀𐤋𐤉𐤊 𐤊𐤉 𐤉𐤁𐤔𐤅 𐤀𐤐𐤉𐤒𐤉 𐤌𐤉𐤌 𐤅𐤀𐤔 𐤀𐤊𐤋𐤄
𐤍𐤀𐤅𐤕 𐤄𐤌𐤃𐤁𐤓.

𐤐𐤓𐤒 𐤁

𐤀 𐤕𐤒𐤏𐤅 𐤔𐤅𐤐𐤓 𐤁𐤑𐤉𐤅𐤍 𐤅𐤄𐤓𐤉𐤏𐤅 𐤁𐤄𐤓 𐤒𐤃𐤔𐤉 𐤉𐤓𐤂𐤆𐤅 𐤊𐤋 𐤉𐤔𐤁𐤉 𐤄𐤀𐤓𐤑
𐤊𐤉 𐤁𐤀 𐤉𐤅𐤌 𐤉𐤄𐤅𐤄 𐤊𐤉 𐤒𐤓𐤅𐤁.
𐤁 𐤉𐤅𐤌 𐤇𐤔𐤊 𐤅𐤀𐤐𐤋𐤄 𐤉𐤅𐤌 𐤏𐤍𐤍 𐤅𐤏𐤓𐤐𐤋 𐤊𐤔𐤇𐤓 𐤐𐤓𐤔 𐤏𐤋 𐤄𐤄𐤓𐤉𐤌 𐤏𐤌 𐤓𐤁
𐤅𐤏𐤑𐤅𐤌 𐤊𐤌𐤄𐤅 𐤋𐤀 𐤍𐤄𐤉𐤄 𐤌𐤍 𐤄𐤏𐤅𐤋𐤌 𐤅𐤀𐤇𐤓𐤉𐤅 𐤋𐤀 𐤉𐤅𐤎𐤐 𐤏𐤃 𐤔𐤍𐤉 𐤃𐤅𐤓
𐤅𐤃𐤅𐤓.
𐤂 𐤋𐤐𐤍𐤉𐤅 𐤀𐤊𐤋𐤄 𐤀𐤔 𐤅𐤀𐤇𐤓𐤉𐤅 𐤕𐤋𐤄𐤈 𐤋𐤄𐤁𐤄 𐤊𐤀𐤓𐤑 𐤂𐤍 𐤏𐤃𐤍 𐤄𐤀𐤓𐤑 𐤋𐤐𐤍𐤉𐤅
𐤅𐤀𐤇𐤓𐤉𐤅 𐤌𐤃𐤁𐤓 𐤔𐤌𐤌𐤄 𐤅𐤂𐤌 𐤐𐤋𐤉𐤈𐤄 𐤋𐤀 𐤄𐤉𐤕𐤄 𐤋𐤅.
𐤃 𐤊𐤌𐤓𐤀𐤄 𐤎𐤅𐤎𐤉𐤌 𐤌𐤓𐤀𐤄𐤅 𐤅𐤊𐤐𐤓𐤔𐤉𐤌 𐤊𐤍 𐤉𐤓𐤅𐤑𐤅𐤍.
𐤄 𐤊𐤒𐤅𐤋 𐤌𐤓𐤊𐤁𐤅𐤕 𐤏𐤋 𐤓𐤀𐤔𐤉 𐤄𐤄𐤓𐤉𐤌 𐤉𐤓𐤒𐤃𐤅𐤍 𐤊𐤒𐤅𐤋 𐤋𐤄𐤁 𐤀𐤔 𐤀𐤊𐤋𐤄
𐤒𐤔 𐤊𐤏𐤌 𐤏𐤑𐤅𐤌 𐤏𐤓𐤅𐤊 𐤌𐤋𐤇𐤌𐤄.
𐤅 𐤌𐤐𐤍𐤉𐤅 𐤉𐤇𐤉𐤋𐤅 𐤏𐤌𐤉𐤌 𐤊𐤋 𐤐𐤍𐤉𐤌 𐤒𐤁𐤑𐤅 𐤐𐤀𐤓𐤅𐤓.
𐤆 𐤊𐤂𐤁𐤅𐤓𐤉𐤌 𐤉𐤓𐤑𐤅𐤍 𐤊𐤀𐤍𐤔𐤉 𐤌𐤋𐤇𐤌𐤄 𐤉𐤏𐤋𐤅 𐤇𐤅𐤌𐤄 𐤅𐤀𐤉𐤔 𐤁𐤃𐤓𐤊𐤉𐤅 𐤉𐤋𐤊𐤅𐤍
𐤅𐤋𐤀 𐤉𐤏𐤁𐤈𐤅𐤍 𐤀𐤓𐤇𐤅𐤕𐤌.
𐤇 𐤅𐤀𐤉𐤔 𐤀𐤇𐤉𐤅 𐤋𐤀 𐤉𐤃𐤇𐤒𐤅𐤍 𐤂𐤁𐤓 𐤁𐤌𐤎𐤋𐤕𐤅 𐤉𐤋𐤊𐤅𐤍 𐤅𐤁𐤏𐤃 𐤄𐤔𐤋𐤇 𐤉𐤐𐤋𐤅
𐤋𐤀 𐤉𐤁𐤑𐤏𐤅.
𐤈 𐤁𐤏𐤉𐤓 𐤉𐤔𐤒𐤅 𐤁𐤇𐤅𐤌𐤄 𐤉𐤓𐤑𐤅𐤍 𐤁𐤁𐤕𐤉𐤌 𐤉𐤏𐤋𐤅 𐤁𐤏𐤃 𐤄𐤇𐤋𐤅𐤍𐤉𐤌 𐤉𐤁𐤀𐤅
𐤊𐤂𐤍𐤁.
𐤉 𐤋𐤐𐤍𐤉𐤅 𐤓𐤂𐤆𐤄 𐤀𐤓𐤑 𐤓𐤏𐤔𐤅 𐤔𐤌𐤉𐤌 𐤔𐤌𐤔 𐤅𐤉𐤓𐤇 𐤒𐤃𐤓𐤅 𐤅𐤊𐤅𐤊𐤁𐤉𐤌 𐤀𐤎𐤐𐤅
𐤍𐤂𐤄𐤌.
𐤉𐤀 𐤅𐤉𐤄𐤅𐤄 𐤍𐤕𐤍 𐤒𐤅𐤋𐤅 𐤋𐤐𐤍𐤉 𐤇𐤉𐤋𐤅 𐤊𐤉 𐤓𐤁 𐤌𐤀𐤃 𐤌𐤇𐤍𐤄𐤅 𐤊𐤉 𐤏𐤑𐤅𐤌
𐤏𐤔𐤄 𐤃𐤁𐤓𐤅 𐤊𐤉 𐤂𐤃𐤅𐤋 𐤉𐤅𐤌 𐤉𐤄𐤅𐤄 𐤅𐤍𐤅𐤓𐤀 𐤌𐤀𐤃 𐤅𐤌𐤉 𐤉𐤊𐤉𐤋𐤍𐤅.
𐤉𐤁 𐤅𐤂𐤌 𐤏𐤕𐤄 𐤍𐤀𐤌 𐤉𐤄𐤅𐤄 𐤔𐤁𐤅 𐤏𐤃𐤉 𐤁𐤊𐤋 𐤋𐤁𐤁𐤊𐤌 𐤅𐤁𐤑𐤅𐤌 𐤅𐤁𐤁𐤊𐤉
𐤅𐤁𐤌𐤎𐤐𐤃.
𐤉𐤂 𐤅𐤒𐤓𐤏𐤅 𐤋𐤁𐤁𐤊𐤌 𐤅𐤀𐤋 𐤁𐤂𐤃𐤉𐤊𐤌 𐤅𐤔𐤅𐤁𐤅 𐤀𐤋 𐤉𐤄𐤅𐤄 𐤀𐤋𐤄𐤉𐤊𐤌 𐤊𐤉
𐤇𐤍𐤅𐤍 𐤅𐤓𐤇𐤅𐤌 𐤄𐤅𐤀 𐤀𐤓𐤊 𐤀𐤐𐤉𐤌 𐤅𐤓𐤁 𐤇𐤎𐤃 𐤅𐤍𐤇𐤌 𐤏𐤋 𐤄𐤓𐤏𐤄.
𐤉𐤃 𐤌𐤉 𐤉𐤅𐤃𐤏 𐤉𐤔𐤅𐤁 𐤅𐤍𐤇𐤌 𐤅𐤄𐤔𐤀𐤉𐤓 𐤀𐤇𐤓𐤉𐤅 𐤁𐤓𐤊𐤄 𐤌𐤍𐤇𐤄 𐤅𐤍𐤎𐤊
𐤋𐤉𐤄𐤅𐤄 𐤀𐤋𐤄𐤉𐤊𐤌.
𐤈𐤅 𐤕𐤒𐤏𐤅 𐤔𐤅𐤐𐤓 𐤁𐤑𐤉𐤅𐤍 𐤒𐤃𐤔𐤅 𐤑𐤅𐤌 𐤒𐤓𐤀𐤅 𐤏𐤑𐤓𐤄.
𐤈𐤆 𐤀𐤎𐤐𐤅 𐤏𐤌 𐤒𐤃𐤔𐤅 𐤒𐤄𐤋 𐤒𐤁𐤑𐤅 𐤆𐤒𐤍𐤉𐤌 𐤀𐤎𐤐𐤅 𐤏𐤅𐤋𐤋𐤉𐤌 𐤅𐤉𐤅𐤍𐤒𐤉

𐤔𐤃𐤉𐤌 𐤉𐤑𐤀 𐤇𐤕𐤍 𐤌𐤇𐤃𐤓𐤅 𐤅𐤊𐤋𐤄 𐤌𐤇𐤐𐤕𐤄•
𐤉𐤆𐤁𐤉𐤍 𐤄𐤀𐤅𐤋𐤌 𐤅𐤋𐤌𐤆𐤁𐤇 𐤉𐤁𐤊𐤅 𐤄𐤊𐤄𐤍𐤉𐤌 𐤌𐤔𐤓𐤕𐤉 𐤉𐤄𐤅𐤄 𐤅𐤉𐤀𐤌𐤓𐤅
𐤇𐤅𐤎𐤄 𐤉𐤄𐤅𐤄 𐤏𐤋 𐤏𐤌𐤊 𐤅𐤀𐤋 𐤕𐤕𐤍 𐤍𐤇𐤋𐤕𐤊 𐤋𐤇𐤓𐤐𐤄 𐤋𐤌𐤔𐤋 𐤁𐤌 𐤂𐤅𐤉𐤌 𐤋𐤌𐤄
𐤉𐤀𐤌𐤓𐤅 𐤁𐤏𐤌𐤉𐤌 𐤀𐤉𐤄 𐤀𐤋𐤄𐤉𐤄𐤌•
𐤉𐤇𐤅𐤉𐤒𐤍𐤀 𐤉𐤄𐤅𐤄 𐤋𐤀𐤓𐤑𐤅 𐤅𐤉𐤇𐤌𐤋 𐤏𐤋 𐤏𐤌𐤅•
𐤉𐤈𐤅𐤉𐤏𐤍 𐤉𐤄𐤅𐤄 𐤅𐤉𐤀𐤌𐤓 𐤋𐤏𐤌𐤅 𐤄𐤍𐤍𐤉 𐤔𐤋𐤇 𐤋𐤊𐤌 𐤀𐤕 𐤄𐤃𐤂𐤍 𐤅𐤄𐤕𐤉𐤓𐤅𐤔
𐤅𐤄𐤉𐤑𐤄𐤓 𐤅𐤔𐤁𐤏𐤕𐤌 𐤀𐤕𐤅 𐤅𐤋𐤀 𐤀𐤕𐤍 𐤀𐤕𐤊𐤌 𐤏𐤅𐤃 𐤇𐤓𐤐𐤄 𐤁𐤂𐤅𐤉𐤌•
𐤊𐤅𐤀𐤕 𐤄𐤑𐤐𐤅𐤍𐤉 𐤀𐤓𐤇𐤉𐤒 𐤌𐤏𐤋𐤉𐤊𐤌 𐤅𐤄𐤃𐤇𐤕𐤉𐤅 𐤀𐤋 𐤀𐤓𐤑 𐤑𐤉𐤄 𐤅𐤔𐤌𐤌𐤄
𐤀𐤕 𐤐𐤍𐤉𐤅 𐤀𐤋 𐤄𐤉𐤌 𐤄𐤒𐤃𐤌𐤍𐤉 𐤅𐤎𐤐𐤅 𐤀𐤋 𐤄𐤉𐤌 𐤄𐤀𐤇𐤓𐤅𐤍 𐤅𐤏𐤋𐤄 𐤁𐤀𐤔𐤅
𐤅𐤕𐤏𐤋 𐤑𐤇𐤍𐤕𐤅 𐤊𐤉 𐤄𐤂𐤃𐤉𐤋 𐤋𐤏𐤔𐤅𐤕•
𐤊𐤀 𐤀𐤋 𐤕𐤉𐤓𐤀𐤉 𐤀𐤃𐤌𐤄 𐤂𐤉𐤋𐤉 𐤅𐤔𐤌𐤇𐤉 𐤊𐤉 𐤄𐤂𐤃𐤉𐤋 𐤉𐤄𐤅𐤄 𐤋𐤏𐤔𐤅𐤕•
𐤊𐤁 𐤀𐤋 𐤕𐤉𐤓𐤀𐤅 𐤁𐤄𐤌𐤅𐤕 𐤔𐤃𐤉 𐤊𐤉 𐤃𐤔𐤀𐤅 𐤍𐤀𐤅𐤕 𐤌𐤃𐤁𐤓 𐤊𐤉 𐤏𐤑 𐤍𐤔𐤀
𐤐𐤓𐤉𐤅 𐤕𐤀𐤍𐤄 𐤅𐤂𐤐𐤍 𐤍𐤕𐤍𐤅 𐤇𐤉𐤋𐤌•
𐤊𐤂𐤅𐤁𐤍𐤉 𐤑𐤉𐤅𐤍 𐤂𐤉𐤋𐤅 𐤅𐤔𐤌𐤇𐤅 𐤁𐤉𐤄𐤅𐤄 𐤀𐤋𐤄𐤉𐤊𐤌 𐤊𐤉 𐤍𐤕𐤍 𐤋𐤊𐤌 𐤀𐤕
𐤄𐤌𐤅𐤓𐤄 𐤋𐤑𐤃𐤒𐤄 𐤅𐤉𐤅𐤓𐤃 𐤋𐤊𐤌 𐤂𐤔𐤌 𐤌𐤅𐤓𐤄 𐤅𐤌𐤋𐤒𐤅𐤔 𐤁𐤓𐤀𐤔𐤅𐤍•
𐤊𐤃𐤅𐤌𐤋𐤀𐤅 𐤄𐤂𐤓𐤍𐤅𐤕 𐤁𐤓 𐤅𐤄𐤔𐤉𐤒𐤅 𐤄𐤉𐤒𐤁𐤉𐤌 𐤕𐤉𐤓𐤅𐤔 𐤅𐤉𐤑𐤄𐤓•
𐤊𐤄𐤅𐤔𐤋𐤌𐤕𐤉 𐤋𐤊𐤌 𐤀𐤕 𐤄𐤔𐤍𐤉𐤌 𐤀𐤔𐤓 𐤀𐤊𐤋 𐤄𐤀𐤓𐤁𐤄 𐤄𐤉𐤋𐤒 𐤅𐤄𐤇𐤎𐤉𐤋
𐤅𐤄𐤂𐤆𐤌 𐤇𐤉𐤋𐤉 𐤄𐤂𐤃𐤅𐤋 𐤀𐤔𐤓 𐤔𐤋𐤇𐤕𐤉 𐤁𐤊𐤌•
𐤊𐤅𐤅𐤀𐤊𐤋𐤕𐤌 𐤀𐤊𐤅𐤋 𐤅𐤔𐤁𐤅𐤏 𐤅𐤄𐤋𐤋𐤕𐤌 𐤀𐤕 𐤔𐤌 𐤉𐤄𐤅𐤄 𐤀𐤋𐤄𐤉𐤊𐤌 𐤀𐤔𐤓
𐤏𐤔𐤄 𐤏𐤌𐤊𐤌 𐤋𐤄𐤐𐤋𐤉𐤀 𐤅𐤋𐤀 𐤉𐤁𐤔𐤅 𐤏𐤌𐤉 𐤋𐤏𐤅𐤋𐤌•
𐤊𐤆𐤅𐤉𐤃𐤏𐤕𐤌 𐤊𐤉 𐤁𐤒𐤓𐤁 𐤉𐤔𐤓𐤀𐤋 𐤀𐤍𐤉 𐤅𐤀𐤍𐤉 𐤉𐤄𐤅𐤄 𐤀𐤋𐤄𐤉𐤊𐤌 𐤅𐤀𐤉𐤍
𐤏𐤅𐤃 𐤅𐤋𐤀 𐤉𐤁𐤔𐤅 𐤏𐤌𐤉 𐤋𐤏𐤅𐤋𐤌•

𐤐𐤓𐤒 𐤂
𐤀𐤅𐤄𐤉𐤄 𐤀𐤇𐤓𐤉 𐤊𐤍 𐤀𐤔𐤐𐤅𐤊 𐤀𐤕 𐤓𐤅𐤇𐤉 𐤏𐤋 𐤊𐤋 𐤁𐤔𐤓 𐤅𐤍𐤁𐤀𐤅 𐤁𐤍𐤉𐤊𐤌
𐤅𐤁𐤍𐤅𐤕𐤉𐤊𐤌 𐤆𐤒𐤍𐤉𐤊𐤌 𐤇𐤋𐤌𐤅𐤕 𐤉𐤇𐤋𐤌𐤅𐤍 𐤁𐤇𐤅𐤓𐤉𐤊𐤌 𐤇𐤆𐤉𐤍𐤅𐤕 𐤉𐤓𐤀𐤅•
𐤁𐤅𐤂𐤌 𐤏𐤋 𐤄𐤏𐤁𐤃𐤉𐤌 𐤅𐤏𐤋 𐤄𐤔𐤐𐤇𐤅𐤕 𐤁𐤉𐤌𐤉𐤌 𐤄𐤄𐤌𐤄 𐤀𐤔𐤐𐤅𐤊 𐤀𐤕 𐤓𐤅𐤇𐤉•
𐤂𐤅𐤍𐤕𐤕𐤉 𐤌𐤅𐤐𐤕𐤉𐤌 𐤁𐤔𐤌𐤉𐤌 𐤅𐤁𐤀𐤓𐤑 𐤃𐤌 𐤅𐤀𐤔 𐤅𐤕𐤉𐤌𐤓𐤅𐤕 𐤏𐤔𐤍•
𐤃𐤄𐤔𐤌𐤔 𐤉𐤄𐤐𐤊 𐤋𐤇𐤔𐤊 𐤅𐤄𐤉𐤓𐤇 𐤋𐤃𐤌 𐤋𐤐𐤍𐤉 𐤁𐤅𐤀 𐤉𐤅𐤌 𐤉𐤄𐤅𐤄 𐤄𐤂𐤃𐤅𐤋
𐤅𐤄𐤍𐤅𐤓𐤀•
𐤄𐤅𐤄𐤉𐤄 𐤊𐤋 𐤀𐤔𐤓 𐤉𐤒𐤓𐤀 𐤁𐤔𐤌 𐤉𐤄𐤅𐤄 𐤉𐤌𐤋𐤈 𐤊𐤉 𐤁𐤄𐤓 𐤑𐤉𐤅𐤍
𐤅𐤁𐤉𐤓𐤅𐤔𐤋𐤌 𐤕𐤄𐤉𐤄 𐤐𐤋𐤉𐤈𐤄 𐤊𐤀𐤔𐤓 𐤀𐤌𐤓 𐤉𐤄𐤅𐤄 𐤅𐤁𐤔𐤓𐤉𐤃𐤉𐤌 𐤀𐤔𐤓 𐤉𐤄𐤅𐤄
𐤒𐤓𐤀•

יואל

פרק ד

א כי הנה בימים ההמה ובעת ההיא אשר אשוב [אשיב] את
שבות יהודה וירושלם׃
ב וקבצתי את כל הגוים והורדתים אל עמק יהושפט ונשפטתי
עמם שם על עמי ונחלתי ישראל אשר פזרו בגוים ואת ארצי
חלקו׃
ג ואל עמי ידו גורל ויתנו הילד בזונה והילדה מכרו ביין
וישתו׃
ד וגם מה אתם לי צר וצידון וכל גלילות פלשת הגמול אתם
משלמים עלי ואם גמלים אתם עלי קל מהרה אשיב גמלכם
בראשכם׃
ה אשר כספי וזהבי לקחתם ומחמדי הטבים הבאתם
להיכליכם׃
ו ובני יהודה ובני ירושלם מכרתם לבני היונים למען
הרחיקם מעל גבולם׃
ז הנני מעירם מן המקום אשר מכרתם אתם שמה והשבתי
גמלכם בראשכם׃
ח ומכרתי את בניכם ואת בנותיכם ביד בני יהודה ומכרום
לשבאים אל גוי רחוק כי יהוה דבר׃
ט קראו זאת בגוים קדשו מלחמה העירו הגבורים יגשו יעלו
כל אנשי המלחמה׃
י כתו אתיכם לחרבות ומזמרתיכם לרמחים החלש יאמר גבור
אני׃
יא עושו ובאו כל הגוים מסביב ונקבצו שמה הנחת יהוה
גבוריך׃
יב יעורו ויעלו הגוים אל עמק יהושפט כי שם אשב לשפט את
כל הגוים מסביב׃
יג שלחו מגל כי בשל קציר באו רדו כי מלאה גת השיקו
היקבים כי רבה רעתם׃
יד המונים המונים בעמק החרוץ כי קרוב יום יהוה בעמק
החרוץ׃
טו שמש וירח קדרו וכוכבים אספו נגהם׃

𐤈𐤆 𐤅𐤉𐤄𐤅𐤄 𐤌𐤑𐤉𐤅𐤍 𐤉𐤔𐤀𐤂 𐤅𐤌𐤉𐤓𐤅𐤔𐤋𐤌 𐤉𐤕𐤍 𐤒𐤅𐤋𐤅 𐤅𐤓𐤏𐤔𐤅 𐤔𐤌𐤉𐤌
𐤅𐤀𐤓𐤑 𐤅𐤉𐤄𐤅𐤄 𐤌𐤇𐤎𐤄 𐤋𐤏𐤌𐤅 𐤅𐤌𐤏𐤅𐤆 𐤋𐤁𐤍𐤉 𐤉𐤔𐤓𐤀𐤋•
𐤉𐤆 𐤅𐤉𐤃𐤏𐤕𐤌 𐤊𐤉 𐤀𐤍𐤉 𐤉𐤄𐤅𐤄 𐤀𐤋𐤄𐤉𐤊𐤌 𐤔𐤊𐤍 𐤁𐤑𐤉𐤅𐤍 𐤄𐤓 𐤒𐤃𐤔𐤉
𐤅𐤄𐤉𐤕𐤄 𐤉𐤓𐤅𐤔𐤋𐤌 𐤒𐤃𐤔 𐤅𐤆𐤓𐤉𐤌 𐤋𐤀 𐤉𐤏𐤁𐤓𐤅 𐤁𐤄 𐤏𐤅𐤃•
𐤉𐤇 𐤅𐤄𐤉𐤄 𐤁𐤉𐤅𐤌 𐤄𐤄𐤅𐤀 𐤉𐤈𐤐𐤅 𐤄𐤄𐤓𐤉𐤌 𐤏𐤎𐤉𐤎 𐤅𐤄𐤂𐤁𐤏𐤅𐤕 𐤕𐤋𐤊𐤍𐤄 𐤇𐤋𐤁
𐤅𐤊𐤋 𐤀𐤐𐤉𐤒𐤉 𐤉𐤄𐤅𐤃𐤄 𐤉𐤋𐤊𐤅 𐤌𐤉𐤌 𐤅𐤌𐤏𐤉𐤍 𐤌𐤁𐤉𐤕 𐤉𐤄𐤅𐤄 𐤉𐤑𐤀 𐤅𐤄𐤔𐤒𐤄
𐤀𐤕 𐤍𐤇𐤋 𐤄𐤔𐤈𐤉𐤌•
𐤉𐤈 𐤌𐤑𐤓𐤉𐤌 𐤋𐤔𐤌𐤌𐤄 𐤕𐤄𐤉𐤄 𐤅𐤀𐤃𐤅𐤌 𐤋𐤌𐤃𐤁𐤓 𐤔𐤌𐤌𐤄 𐤕𐤄𐤉𐤄 𐤌𐤇𐤌𐤎 𐤁𐤍𐤉
𐤉𐤄𐤅𐤃𐤄 𐤀𐤔𐤓 𐤔𐤐𐤊𐤅 𐤃𐤌 𐤍𐤒𐤉𐤀 𐤁𐤀𐤓𐤑𐤌•
𐤊 𐤅𐤉𐤄𐤅𐤃𐤄 𐤋𐤏𐤅𐤋𐤌 𐤕𐤔𐤁 𐤅𐤉𐤓𐤅𐤔𐤋𐤌 𐤋𐤃𐤅𐤓 𐤅𐤃𐤅𐤓•
𐤊𐤀 𐤅𐤍𐤒𐤉𐤕𐤉 𐤃𐤌𐤌 𐤋𐤀 𐤍𐤒𐤉𐤕𐤉 𐤅𐤉𐤄𐤅𐤄 𐤔𐤊𐤍 𐤁𐤑𐤉𐤅𐤍•

עמוס

פרק א

דברי עמוס אשר היה בנקדים מתקוע אשר חזה על ישראל
בימי עזיה מלך יהודה ובימי ירבעם בן יואש מלך ישראל
שנתים לפני הרעש.
ויאמר יהוה מציון ישאג ומירושלם יתן קולו ואבלו
נאות הרעים ויבש ראש הכרמל.
כה אמר יהוה על שלשה פשעי דמשק ועל ארבעה לא אשיבנו
על דושם בחרצות הברזל את הגלעד.
ושלחתי אש בבית חזאל ואכלה ארמנות בן הדד.
ושברתי בריח דמשק והכרתי יושב מבקעת און ותומך שבט
מבית עדן וגלו עם ארם קירה אמר יהוה.
כה אמר יהוה על שלשה פשעי עזה ועל ארבעה לא אשיבנו על
הגלותם גלות שלמה להסגיר לאדום.
ושלחתי אש בחומת עזה ואכלה ארמנתיה.
והכרתי יושב מאשדוד ותומך שבט מאשקלון והשיבותי
ידי על עקרון ואבדו שארית פלשתים אמר אדני יהוה.
כה אמר יהוה על שלשה פשעי צר ועל ארבעה לא אשיבנו על
הסגירם גלות שלמה לאדום ולא זכרו ברית אחים.
ושלחתי אש בחומת צר ואכלה ארמנתיה.
כה אמר יהוה על שלשה פשעי אדום ועל ארבעה לא אשיבנו
על רדפו בחרב אחיו ושחת רחמיו ויטרף לעד אפו ועברתו שמרה
נצח.
ושלחתי אש בתימן ואכלה ארמנות בצרה.
כה אמר יהוה על שלשה פשעי בני עמון ועל ארבעה לא
אשיבנו על בקעם הרות הגלעד למען הרחיב את גבולם.
והצתי אש בחומת רבה ואכלה ארמנותיה בתרועה ביום
מלחמה בסער ביום סופה.
והלך מלכם בגולה הוא ושריו יחדו אמר יהוה.

פרק ב

כה אמר יהוה על שלשה פשעי מואב ועל ארבעה לא אשיבנו על
שרפו עצמות מלך אדום לשיד.
ושלחתי אש במואב ואכלה ארמנות הקריות ומת בשאון מואב

𐤁𐤕𐤓𐤅𐤏𐤄 𐤁𐤒𐤅𐤋 𐤔𐤅𐤐𐤓.

𐤂 𐤅𐤄𐤊𐤓𐤕𐤉 𐤔𐤅𐤐𐤈 𐤌𐤒𐤓𐤁𐤄 𐤅𐤊𐤋 𐤔𐤓𐤉𐤄 𐤀𐤄𐤓𐤅𐤂 𐤏𐤌𐤅 𐤀𐤌𐤓 𐤉𐤄𐤅𐤄.

𐤃 𐤊𐤄 𐤀𐤌𐤓 𐤉𐤄𐤅𐤄 𐤏𐤋 𐤔𐤋𐤔𐤄 𐤐𐤔𐤏𐤉 𐤉𐤄𐤅𐤃𐤄 𐤅𐤏𐤋 𐤀𐤓𐤁𐤏𐤄 𐤋𐤀 𐤀𐤔𐤉𐤁𐤍𐤅 𐤏𐤋 𐤌𐤀𐤎𐤌 𐤀𐤕 𐤕𐤅𐤓𐤕 𐤉𐤄𐤅𐤄 𐤅𐤇𐤒𐤉𐤅 𐤋𐤀 𐤔𐤌𐤓𐤅 𐤅𐤉𐤕𐤏𐤅𐤌 𐤊𐤆𐤁𐤉𐤄𐤌 𐤀𐤔𐤓 𐤄𐤋𐤊𐤅 𐤀𐤁𐤅𐤕𐤌 𐤀𐤇𐤓𐤉𐤄𐤌.

𐤄 𐤅𐤔𐤋𐤇𐤕𐤉 𐤀𐤔 𐤁𐤉𐤄𐤅𐤃𐤄 𐤅𐤀𐤊𐤋𐤄 𐤀𐤓𐤌𐤍𐤅𐤕 𐤉𐤓𐤅𐤔𐤋𐤌.

𐤅 𐤊𐤄 𐤀𐤌𐤓 𐤉𐤄𐤅𐤄 𐤏𐤋 𐤔𐤋𐤔𐤄 𐤐𐤔𐤏𐤉 𐤉𐤔𐤓𐤀𐤋 𐤅𐤏𐤋 𐤀𐤓𐤁𐤏𐤄 𐤋𐤀 𐤀𐤔𐤉𐤁𐤍𐤅 𐤏𐤋 𐤌𐤊𐤓𐤌 𐤁𐤊𐤎𐤐 𐤑𐤃𐤉𐤒 𐤅𐤀𐤁𐤉𐤅𐤍 𐤁𐤏𐤁𐤅𐤓 𐤍𐤏𐤋𐤉𐤌.

𐤆 𐤄𐤔𐤀𐤐𐤉𐤌 𐤏𐤋 𐤏𐤐𐤓 𐤀𐤓𐤑 𐤁𐤓𐤀𐤔 𐤃𐤋𐤉𐤌 𐤅𐤃𐤓𐤊 𐤏𐤍𐤅𐤉𐤌 𐤉𐤈𐤅 𐤅𐤀𐤉𐤔 𐤅𐤀𐤁𐤉𐤅 𐤉𐤋𐤊𐤅 𐤀𐤋 𐤄𐤍𐤏𐤓𐤄 𐤋𐤌𐤏𐤍 𐤇𐤋𐤋 𐤀𐤕 𐤔𐤌 𐤒𐤃𐤔𐤉.

𐤇 𐤅𐤏𐤋 𐤁𐤂𐤃𐤉𐤌 𐤇𐤁𐤋𐤉𐤌 𐤉𐤈𐤅 𐤀𐤑𐤋 𐤊𐤋 𐤌𐤆𐤁𐤇 𐤅𐤉𐤉𐤍 𐤏𐤍𐤅𐤔𐤉𐤌 𐤉𐤔𐤕𐤅 𐤁𐤉𐤕 𐤀𐤋𐤄𐤉𐤄𐤌.

𐤈 𐤅𐤀𐤍𐤊𐤉 𐤄𐤔𐤌𐤃𐤕𐤉 𐤀𐤕 𐤄𐤀𐤌𐤓𐤉 𐤌𐤐𐤍𐤉𐤄𐤌 𐤀𐤔𐤓 𐤊𐤂𐤁𐤄 𐤀𐤓𐤆𐤉𐤌 𐤂𐤁𐤄𐤅 𐤅𐤇𐤎𐤍 𐤄𐤅𐤀 𐤊𐤀𐤋𐤅𐤍𐤉𐤌 𐤅𐤀𐤔𐤌𐤉𐤃 𐤐𐤓𐤉𐤅 𐤌𐤌𐤏𐤋 𐤅𐤔𐤓𐤔𐤉𐤅 𐤌𐤕𐤇𐤕.

𐤉 𐤅𐤀𐤍𐤊𐤉 𐤄𐤏𐤋𐤉𐤕𐤉 𐤀𐤕𐤊𐤌 𐤌𐤀𐤓𐤑 𐤌𐤑𐤓𐤉𐤌 𐤅𐤀𐤅𐤋𐤊 𐤀𐤕𐤊𐤌 𐤁𐤌𐤃𐤁𐤓 𐤀𐤓𐤁𐤏𐤉𐤌 𐤔𐤍𐤄 𐤋𐤓𐤔𐤕 𐤀𐤕 𐤀𐤓𐤑 𐤄𐤀𐤌𐤓𐤉.

𐤉𐤀 𐤅𐤀𐤒𐤉𐤌 𐤌𐤁𐤍𐤉𐤊𐤌 𐤋𐤍𐤁𐤉𐤀𐤉𐤌 𐤅𐤌𐤁𐤇𐤅𐤓𐤉𐤊𐤌 𐤋𐤍𐤆𐤓𐤉𐤌 𐤄𐤀𐤐 𐤀𐤉𐤍 𐤆𐤀𐤕 𐤁𐤍𐤉 𐤉𐤔𐤓𐤀𐤋 𐤍𐤀𐤌 𐤉𐤄𐤅𐤄.

𐤉𐤁 𐤅𐤕𐤔𐤒𐤅 𐤀𐤕 𐤄𐤍𐤆𐤓𐤉𐤌 𐤉𐤉𐤍 𐤅𐤏𐤋 𐤄𐤍𐤁𐤉𐤀𐤉𐤌 𐤑𐤅𐤉𐤕𐤌 𐤋𐤀𐤌𐤓 𐤋𐤀 𐤕𐤍𐤁𐤀𐤅.

𐤉𐤂 𐤄𐤍𐤄 𐤀𐤍𐤊𐤉 𐤌𐤏𐤉𐤒 𐤕𐤇𐤕𐤉𐤊𐤌 𐤊𐤀𐤔𐤓 𐤕𐤏𐤉𐤒 𐤄𐤏𐤂𐤋𐤄 𐤄𐤌𐤋𐤀𐤄 𐤋𐤄 𐤏𐤌𐤉𐤓.

𐤉𐤃 𐤅𐤀𐤁𐤃 𐤌𐤍𐤅𐤎 𐤌𐤒𐤋 𐤅𐤇𐤆𐤒 𐤋𐤀 𐤉𐤀𐤌𐤑 𐤊𐤇𐤅 𐤅𐤂𐤁𐤅𐤓 𐤋𐤀 𐤉𐤌𐤋𐤈 𐤍𐤐𐤔𐤅.

𐤈𐤅 𐤅𐤕𐤐𐤔 𐤄𐤒𐤔𐤕 𐤋𐤀 𐤉𐤏𐤌𐤃 𐤅𐤒𐤋 𐤁𐤓𐤂𐤋𐤉𐤅 𐤋𐤀 𐤉𐤌𐤋𐤈 𐤅𐤓𐤊𐤁 𐤄𐤎𐤅𐤎 𐤋𐤀 𐤉𐤌𐤋𐤈 𐤍𐤐𐤔𐤅.

𐤈𐤆 𐤅𐤀𐤌𐤉𐤑 𐤋𐤁𐤅 𐤁𐤂𐤁𐤅𐤓𐤉𐤌 𐤏𐤓𐤅𐤌 𐤉𐤍𐤅𐤎 𐤁𐤉𐤅𐤌 𐤄𐤄𐤅𐤀 𐤍𐤀𐤌 𐤉𐤄𐤅𐤄.

𐤐𐤓𐤒 𐤂

𐤀 𐤔𐤌𐤏𐤅 𐤀𐤕 𐤄𐤃𐤁𐤓 𐤄𐤆𐤄 𐤀𐤔𐤓 𐤃𐤁𐤓 𐤉𐤄𐤅𐤄 𐤏𐤋𐤉𐤊𐤌 𐤁𐤍𐤉 𐤉𐤔𐤓𐤀𐤋 𐤏𐤋 𐤊𐤋 𐤄𐤌𐤔𐤐𐤇𐤄 𐤀𐤔𐤓 𐤄𐤏𐤋𐤉𐤕𐤉 𐤌𐤀𐤓𐤑 𐤌𐤑𐤓𐤉𐤌 𐤋𐤀𐤌𐤓.

𐤁 𐤓𐤒 𐤀𐤕𐤊𐤌 𐤉𐤃𐤏𐤕𐤉 𐤌𐤊𐤋 𐤌𐤔𐤐𐤇𐤅𐤕 𐤄𐤀𐤃𐤌𐤄 𐤏𐤋 𐤊𐤍 𐤀𐤐𐤒𐤃 𐤏𐤋𐤉𐤊𐤌 𐤀𐤕 𐤊𐤋 𐤏𐤅𐤍𐤕𐤉𐤊𐤌.

𐤂 𐤄𐤉𐤋𐤊𐤅 𐤔𐤍𐤉𐤌 𐤉𐤇𐤃𐤅 𐤁𐤋𐤕𐤉 𐤀𐤌 𐤍𐤅𐤏𐤃𐤅.

𐤃 𐤄𐤉𐤔𐤀𐤂 𐤀𐤓𐤉𐤄 𐤁𐤉𐤏𐤓 𐤅𐤈𐤓𐤐 𐤀𐤉𐤍 𐤋𐤅 𐤄𐤉𐤕𐤍 𐤊𐤐𐤉𐤓 𐤒𐤅𐤋𐤅 𐤌𐤌𐤏𐤍𐤕𐤅 𐤁𐤋𐤕𐤉 𐤀𐤌 𐤋𐤊𐤃•

𐤄 𐤄𐤕𐤐𐤋 𐤑𐤐𐤅𐤓 𐤏𐤋 𐤐𐤇 𐤄𐤀𐤓𐤑 𐤅𐤌𐤅𐤒𐤔 𐤀𐤉𐤍 𐤋𐤄 𐤄𐤉𐤏𐤋𐤄 𐤐𐤇 𐤌𐤍 𐤄𐤀𐤃𐤌𐤄 𐤅𐤋𐤊𐤅𐤃 𐤋𐤀 𐤉𐤋𐤊𐤅𐤃•

𐤅 𐤀𐤌 𐤉𐤕𐤒𐤏 𐤔𐤅𐤐𐤓 𐤁𐤏𐤉𐤓 𐤅𐤏𐤌 𐤋𐤀 𐤉𐤇𐤓𐤃𐤅 𐤀𐤌 𐤕𐤄𐤉𐤄 𐤓𐤏𐤄 𐤁𐤏𐤉𐤓 𐤅𐤉𐤄𐤅𐤄 𐤋𐤀 𐤏𐤔𐤄•

𐤆 𐤊𐤉 𐤋𐤀 𐤉𐤏𐤔𐤄 𐤀𐤃𐤍𐤉 𐤉𐤄𐤅𐤄 𐤃𐤁𐤓 𐤊𐤉 𐤀𐤌 𐤂𐤋𐤄 𐤎𐤅𐤃𐤅 𐤀𐤋 𐤏𐤁𐤃𐤉𐤅 𐤄𐤍𐤁𐤉𐤀𐤉𐤌•

𐤇 𐤀𐤓𐤉𐤄 𐤔𐤀𐤂 𐤌𐤉 𐤋𐤀 𐤉𐤉𐤓𐤀 𐤀𐤃𐤍𐤉 𐤉𐤄𐤅𐤄 𐤃𐤁𐤓 𐤌𐤉 𐤋𐤀 𐤉𐤍𐤁𐤀•

𐤈 𐤄𐤔𐤌𐤉𐤏𐤅 𐤏𐤋 𐤀𐤓𐤌𐤍𐤅𐤕 𐤁𐤀𐤔𐤃𐤅𐤃 𐤅𐤏𐤋 𐤀𐤓𐤌𐤍𐤅𐤕 𐤁𐤀𐤓𐤑 𐤌𐤑𐤓𐤉𐤌 𐤅𐤀𐤌𐤓𐤅 𐤄𐤀𐤎𐤐𐤅 𐤏𐤋 𐤄𐤓𐤉 𐤔𐤌𐤓𐤅𐤍 𐤅𐤓𐤀𐤅 𐤌𐤄𐤅𐤌𐤕 𐤓𐤁𐤅𐤕 𐤁𐤕𐤅𐤊𐤄 𐤅𐤏𐤔𐤅𐤒𐤉𐤌 𐤁𐤒𐤓𐤁𐤄•

𐤉 𐤅𐤋𐤀 𐤉𐤃𐤏𐤅 𐤏𐤔𐤅𐤕 𐤍𐤊𐤇𐤄 𐤍𐤀𐤌 𐤉𐤄𐤅𐤄 𐤄𐤀𐤅𐤑𐤓𐤉𐤌 𐤇𐤌𐤎 𐤅𐤔𐤃 𐤁𐤀𐤓𐤌𐤍𐤅𐤕𐤉𐤄𐤌•

𐤉𐤀 𐤋𐤊𐤍 𐤊𐤄 𐤀𐤌𐤓 𐤀𐤃𐤍𐤉 𐤉𐤄𐤅𐤄 𐤑𐤓 𐤅𐤎𐤁𐤉𐤁 𐤄𐤀𐤓𐤑 𐤅𐤄𐤅𐤓𐤃 𐤌𐤌𐤊 𐤏𐤆𐤊 𐤅𐤍𐤁𐤆𐤅 𐤀𐤓𐤌𐤍𐤅𐤕𐤉𐤊•

𐤉𐤁 𐤊𐤄 𐤀𐤌𐤓 𐤉𐤄𐤅𐤄 𐤊𐤀𐤔𐤓 𐤉𐤑𐤉𐤋 𐤄𐤓𐤏𐤄 𐤌𐤐𐤉 𐤄𐤀𐤓𐤉 𐤔𐤕𐤉 𐤊𐤓𐤏𐤉𐤌 𐤀𐤅 𐤁𐤃𐤋 𐤀𐤆𐤍 𐤊𐤍 𐤉𐤍𐤑𐤋𐤅 𐤁𐤍𐤉 𐤉𐤔𐤓𐤀𐤋 𐤄𐤉𐤔𐤁𐤉𐤌 𐤁𐤔𐤌𐤓𐤅𐤍 𐤁𐤐𐤀𐤕 𐤌𐤈𐤄 𐤅𐤁𐤃𐤌𐤔𐤒 𐤏𐤓𐤔•

𐤉𐤂 𐤔𐤌𐤏𐤅 𐤅𐤄𐤏𐤉𐤃𐤅 𐤁𐤁𐤉𐤕 𐤉𐤏𐤒𐤁 𐤍𐤀𐤌 𐤀𐤃𐤍𐤉 𐤉𐤄𐤅𐤄 𐤀𐤋𐤄𐤉 𐤄𐤑𐤁𐤀𐤅𐤕•

𐤉𐤃 𐤊𐤉 𐤁𐤉𐤅𐤌 𐤐𐤒𐤃𐤉 𐤐𐤔𐤏𐤉 𐤉𐤔𐤓𐤀𐤋 𐤏𐤋𐤉𐤅 𐤅𐤐𐤒𐤃𐤕𐤉 𐤏𐤋 𐤌𐤆𐤁𐤇𐤅𐤕 𐤁𐤉𐤕 𐤀𐤋 𐤅𐤍𐤂𐤃𐤏𐤅 𐤒𐤓𐤍𐤅𐤕 𐤄𐤌𐤆𐤁𐤇 𐤅𐤍𐤐𐤋𐤅 𐤋𐤀𐤓𐤑•

𐤈𐤅 𐤅𐤄𐤊𐤉𐤕𐤉 𐤁𐤉𐤕 𐤄𐤇𐤓𐤐 𐤏𐤋 𐤁𐤉𐤕 𐤄𐤒𐤉𐤑 𐤅𐤀𐤁𐤃𐤅 𐤁𐤕𐤉 𐤄𐤔𐤍 𐤅𐤎𐤐𐤅 𐤁𐤕𐤉𐤌 𐤓𐤁𐤉𐤌 𐤍𐤀𐤌 𐤉𐤄𐤅𐤄•

𐤐𐤓𐤒 𐤃

𐤀 𐤔𐤌𐤏𐤅 𐤄𐤃𐤁𐤓 𐤄𐤆𐤄 𐤐𐤓𐤅𐤕 𐤄𐤁𐤔𐤍 𐤀𐤔𐤓 𐤁𐤄𐤓 𐤔𐤌𐤓𐤅𐤍 𐤄𐤏𐤔𐤒𐤅𐤕 𐤃𐤋𐤉𐤌 𐤄𐤓𐤑𐤑𐤅𐤕 𐤀𐤁𐤉𐤅𐤍𐤉𐤌 𐤄𐤀𐤌𐤓𐤕 𐤋𐤀𐤃𐤍𐤉𐤄𐤌 𐤄𐤁𐤉𐤀𐤄 𐤅𐤍𐤔𐤕𐤄•

𐤁 𐤍𐤔𐤁𐤏 𐤀𐤃𐤍𐤉 𐤉𐤄𐤅𐤄 𐤁𐤒𐤃𐤔𐤅 𐤊𐤉 𐤄𐤍𐤄 𐤉𐤌𐤉𐤌 𐤁𐤀𐤉𐤌 𐤏𐤋𐤉𐤊𐤌 𐤅𐤍𐤔𐤀 𐤀𐤕𐤊𐤌 𐤁𐤑𐤍𐤅𐤕 𐤅𐤀𐤇𐤓𐤉𐤕𐤊𐤍 𐤁𐤎𐤉𐤓𐤅𐤕 𐤃𐤅𐤂𐤄•

𐤂 𐤅𐤐𐤓𐤑𐤉𐤌 𐤕𐤑𐤀𐤍𐤄 𐤀𐤔𐤄 𐤍𐤂𐤃𐤄 𐤅𐤄𐤔𐤋𐤊𐤕𐤍𐤄 𐤄𐤄𐤓𐤌𐤅𐤍𐤄 𐤍𐤀𐤌 𐤉𐤄𐤅𐤄•

𐤃 𐤁𐤀𐤅 𐤁𐤉𐤕 𐤀𐤋 𐤅𐤐𐤔𐤏𐤅 𐤄𐤂𐤋𐤂𐤋 𐤄𐤓𐤁𐤅 𐤋𐤐𐤔𐤏 𐤅𐤄𐤁𐤉𐤀𐤅 𐤋𐤁𐤒𐤓 𐤆𐤁𐤇𐤉𐤊𐤌 𐤋𐤔𐤋𐤔𐤕 𐤉𐤌𐤉𐤌 𐤌𐤏𐤔𐤓𐤕𐤉𐤊𐤌•

𐤕𐤌𐤀

𐤄 𐤅𐤒𐤈𐤓 𐤌𐤇𐤌𐤑 𐤕𐤅𐤃𐤄 𐤅𐤒𐤓𐤀𐤅 𐤍𐤃𐤁𐤅𐤕 𐤄𐤔𐤌𐤉𐤏𐤅 𐤊𐤉 𐤊𐤍 𐤀𐤄𐤁𐤕𐤌 𐤁𐤍𐤉
𐤉𐤔𐤓𐤀𐤋 𐤍𐤀𐤌 𐤀𐤃𐤍𐤉 𐤉𐤄𐤅𐤄•

𐤅 𐤅𐤂𐤌 𐤀𐤍𐤉 𐤍𐤕𐤕𐤉 𐤋𐤊𐤌 𐤍𐤒𐤉𐤅𐤍 𐤔𐤍𐤉𐤌 𐤁𐤊𐤋 𐤏𐤓𐤉𐤊𐤌 𐤅𐤇𐤎𐤓 𐤋𐤇𐤌 𐤁𐤊𐤋
𐤌𐤒𐤅𐤌𐤕𐤉𐤊𐤌 𐤅𐤋𐤀 𐤔𐤁𐤕𐤌 𐤏𐤃𐤉 𐤍𐤀𐤌 𐤉𐤄𐤅𐤄•

𐤆 𐤅𐤂𐤌 𐤀𐤍𐤊𐤉 𐤌𐤍𐤏𐤕𐤉 𐤌𐤊𐤌 𐤀𐤕 𐤄𐤂𐤔𐤌 𐤁𐤏𐤅𐤃 𐤔𐤋𐤔𐤄 𐤇𐤃𐤔𐤉𐤌 𐤋𐤒𐤑𐤉𐤓
𐤅𐤄𐤌𐤈𐤓𐤕𐤉 𐤏𐤋 𐤏𐤉𐤓 𐤀𐤇𐤕 𐤅𐤏𐤋 𐤏𐤉𐤓 𐤀𐤇𐤕 𐤋𐤀 𐤀𐤌𐤈𐤉𐤓 𐤇𐤋𐤒𐤄 𐤀𐤇𐤕 𐤕𐤌𐤈𐤓
𐤅𐤇𐤋𐤒𐤄 𐤀𐤔𐤓 𐤋𐤀 𐤕𐤌𐤈𐤉𐤓 𐤏𐤋𐤉𐤄 𐤕𐤉𐤁𐤔•

𐤇 𐤅𐤍𐤏𐤅 𐤔𐤕𐤉𐤌 𐤔𐤋𐤔 𐤏𐤓𐤉𐤌 𐤀𐤋 𐤏𐤉𐤓 𐤀𐤇𐤕 𐤋𐤔𐤕𐤅𐤕 𐤌𐤉𐤌 𐤅𐤋𐤀 𐤉𐤔𐤁𐤏𐤅
𐤅𐤋𐤀 𐤔𐤁𐤕𐤌 𐤏𐤃𐤉 𐤍𐤀𐤌 𐤉𐤄𐤅𐤄•

𐤈 𐤄𐤊𐤉𐤕𐤉 𐤀𐤕𐤊𐤌 𐤁𐤔𐤃𐤐𐤅𐤍 𐤅𐤁𐤉𐤓𐤒𐤅𐤍 𐤄𐤓𐤁𐤅𐤕 𐤂𐤍𐤅𐤕𐤉𐤊𐤌 𐤅𐤊𐤓𐤌𐤉𐤊𐤌
𐤅𐤕𐤀𐤍𐤉𐤊𐤌 𐤅𐤆𐤉𐤕𐤉𐤊𐤌 𐤉𐤀𐤊𐤋 𐤄𐤂𐤆𐤌 𐤅𐤋𐤀 𐤔𐤁𐤕𐤌 𐤏𐤃𐤉 𐤍𐤀𐤌 𐤉𐤄𐤅𐤄•

𐤉 𐤔𐤋𐤇𐤕𐤉 𐤁𐤊𐤌 𐤃𐤁𐤓 𐤁𐤃𐤓𐤊 𐤌𐤑𐤓𐤉𐤌 𐤄𐤓𐤂𐤕𐤉 𐤁𐤇𐤓𐤁 𐤁𐤇𐤅𐤓𐤉𐤊𐤌 𐤏𐤌 𐤔𐤁𐤉
𐤎𐤅𐤎𐤉𐤊𐤌 𐤅𐤀𐤏𐤋𐤄 𐤁𐤀𐤔 𐤌𐤇𐤍𐤉𐤊𐤌 𐤅𐤁𐤀𐤐𐤊𐤌 𐤅𐤋𐤀 𐤔𐤁𐤕𐤌 𐤏𐤃𐤉 𐤍𐤀𐤌
𐤉𐤄𐤅𐤄•

𐤉𐤀 𐤄𐤐𐤊𐤕𐤉 𐤁𐤊𐤌 𐤊𐤌𐤄𐤐𐤊𐤕 𐤀𐤋𐤄𐤉𐤌 𐤀𐤕 𐤎𐤃𐤌 𐤅𐤀𐤕 𐤏𐤌𐤓𐤄 𐤅𐤕𐤄𐤉𐤅 𐤊𐤀𐤅𐤃
𐤌𐤑𐤋 𐤌𐤔𐤓𐤐𐤄 𐤅𐤋𐤀 𐤔𐤁𐤕𐤌 𐤏𐤃𐤉 𐤍𐤀𐤌 𐤉𐤄𐤅𐤄•

𐤉𐤁 𐤋𐤊𐤍 𐤊𐤄 𐤀𐤏𐤔𐤄 𐤋𐤊 𐤉𐤔𐤓𐤀𐤋 𐤏𐤒𐤁 𐤊𐤉 𐤆𐤀𐤕 𐤀𐤏𐤔𐤄 𐤋𐤊 𐤄𐤊𐤅𐤍
𐤋𐤒𐤓𐤀𐤕 𐤀𐤋𐤄𐤉𐤊 𐤉𐤔𐤓𐤀𐤋•

𐤉𐤂 𐤊𐤉 𐤄𐤍𐤄 𐤉𐤅𐤑𐤓 𐤄𐤓𐤉𐤌 𐤅𐤁𐤓𐤀 𐤓𐤅𐤇 𐤅𐤌𐤂𐤉𐤃 𐤋𐤀𐤃𐤌 𐤌𐤄 𐤔𐤇𐤅 𐤏𐤔𐤄 𐤔𐤇𐤓
𐤏𐤉𐤐𐤄 𐤅𐤃𐤓𐤊 𐤏𐤋 𐤁𐤌𐤕𐤉 𐤀𐤓𐤑 𐤉𐤄𐤅𐤄 𐤀𐤋𐤄𐤉 𐤑𐤁𐤀𐤅𐤕 𐤔𐤌𐤅•

𐤐𐤓𐤒 𐤄

𐤀 𐤔𐤌𐤏𐤅 𐤀𐤕 𐤄𐤃𐤁𐤓 𐤄𐤆𐤄 𐤀𐤔𐤓 𐤀𐤍𐤊𐤉 𐤍𐤔𐤀 𐤏𐤋𐤉𐤊𐤌 𐤒𐤉𐤍𐤄 𐤁𐤉𐤕
𐤉𐤔𐤓𐤀𐤋•

𐤁 𐤍𐤐𐤋𐤄 𐤋𐤀 𐤕𐤅𐤎𐤉𐤐 𐤒𐤅𐤌 𐤁𐤕𐤅𐤋𐤕 𐤉𐤔𐤓𐤀𐤋 𐤍𐤈𐤔𐤄 𐤏𐤋 𐤀𐤃𐤌𐤕𐤄 𐤀𐤉𐤍
𐤌𐤒𐤉𐤌𐤄•

𐤂 𐤊𐤉 𐤊𐤄 𐤀𐤌𐤓 𐤀𐤃𐤍𐤉 𐤉𐤄𐤅𐤄 𐤄𐤏𐤉𐤓 𐤄𐤉𐤑𐤀𐤕 𐤀𐤋𐤐 𐤕𐤔𐤀𐤉𐤓 𐤌𐤀𐤄
𐤅𐤄𐤉𐤅𐤑𐤀𐤕 𐤌𐤀𐤄 𐤕𐤔𐤀𐤉𐤓 𐤏𐤔𐤓𐤄 𐤋𐤁𐤉𐤕 𐤉𐤔𐤓𐤀𐤋•

𐤃 𐤊𐤉 𐤊𐤄 𐤀𐤌𐤓 𐤉𐤄𐤅𐤄 𐤋𐤁𐤉𐤕 𐤉𐤔𐤓𐤀𐤋 𐤃𐤓𐤔𐤅𐤍𐤉 𐤅𐤇𐤉𐤅•

𐤄 𐤅𐤀𐤋 𐤕𐤃𐤓𐤔𐤅 𐤁𐤉𐤕 𐤀𐤋 𐤅𐤄𐤂𐤋𐤂𐤋 𐤋𐤀 𐤕𐤁𐤀𐤅 𐤅𐤁𐤀𐤓 𐤔𐤁𐤏 𐤋𐤀 𐤕𐤏𐤁𐤓𐤅 𐤊𐤉
𐤄𐤂𐤋𐤂𐤋 𐤂𐤋𐤄 𐤉𐤂𐤋𐤄 𐤅𐤁𐤉𐤕 𐤀𐤋 𐤉𐤄𐤉𐤄 𐤋𐤀𐤅𐤍•

𐤅 𐤃𐤓𐤔𐤅 𐤀𐤕 𐤉𐤄𐤅𐤄 𐤅𐤇𐤉𐤅 𐤐𐤍 𐤉𐤑𐤋𐤇 𐤊𐤀𐤔 𐤁𐤉𐤕 𐤉𐤅𐤎𐤐 𐤅𐤀𐤊𐤋𐤄 𐤅𐤀𐤉𐤍
𐤌𐤊𐤁𐤄 𐤋𐤁𐤉𐤕 𐤀𐤋•

𐤆 𐤄𐤄𐤐𐤊𐤉𐤌 𐤋𐤋𐤏𐤍𐤄 𐤌𐤔𐤐𐤈 𐤅𐤑𐤃𐤒𐤄 𐤋𐤀𐤓𐤑 𐤄𐤍𐤉𐤇𐤅•

𐤏𐤌𐤅𐤎

𐤇 𐤏𐤔𐤄 𐤊𐤉𐤌𐤄 𐤅𐤊𐤎𐤉𐤋 𐤅𐤄𐤐𐤊 𐤋𐤁𐤒𐤓 𐤑𐤋𐤌𐤅𐤕 𐤅𐤉𐤅𐤌 𐤋𐤉𐤋𐤄 𐤄𐤇𐤔𐤉𐤊
𐤄𐤒𐤅𐤓𐤀 𐤋𐤌𐤉 𐤄𐤉𐤌 𐤅𐤉𐤔𐤐𐤊𐤌 𐤏𐤋 𐤐𐤍𐤉 𐤄𐤀𐤓𐤑 𐤉𐤄𐤅𐤄 𐤔𐤌𐤅.
𐤈 𐤄𐤌𐤁𐤋𐤉𐤂 𐤔𐤃 𐤏𐤋 𐤏𐤆 𐤅𐤔𐤃 𐤏𐤋 𐤌𐤁𐤑𐤓 𐤉𐤁𐤅𐤀.
𐤉 𐤔𐤍𐤀𐤅 𐤁𐤔𐤏𐤓 𐤌𐤅𐤊𐤉𐤇 𐤅𐤃𐤁𐤓 𐤕𐤌𐤉𐤌 𐤉𐤕𐤏𐤁𐤅.
𐤉𐤀 𐤋𐤊𐤍 𐤉𐤏𐤍 𐤁𐤅𐤔𐤎𐤊𐤌 𐤏𐤋 𐤃𐤋 𐤅𐤌𐤔𐤀𐤕 𐤁𐤓 𐤕𐤒𐤇𐤅 𐤌𐤌𐤍𐤅 𐤁𐤕𐤉 𐤂𐤆𐤉𐤕
𐤁𐤍𐤉𐤕𐤌 𐤅𐤋𐤀 𐤕𐤔𐤁𐤅 𐤁𐤌 𐤊𐤓𐤌𐤉 𐤇𐤌𐤃 𐤍𐤈𐤏𐤕𐤌 𐤅𐤋𐤀 𐤕𐤔𐤕𐤅 𐤀𐤕 𐤉𐤉𐤍𐤌.
𐤉𐤁 𐤊𐤉 𐤉𐤃𐤏𐤕𐤉 𐤓𐤁𐤉𐤌 𐤐𐤔𐤏𐤉𐤊𐤌 𐤅𐤏𐤑𐤌𐤉𐤌 𐤇𐤈𐤀𐤕𐤉𐤊𐤌 𐤑𐤓𐤓𐤉 𐤑𐤃𐤉𐤒
𐤋𐤒𐤇𐤉 𐤊𐤐𐤓 𐤅𐤀𐤁𐤉𐤅𐤍𐤉𐤌 𐤁𐤔𐤏𐤓 𐤄𐤈𐤅.
𐤉𐤂 𐤋𐤊𐤍 𐤄𐤌𐤔𐤊𐤉𐤋 𐤁𐤏𐤕 𐤄𐤄𐤉𐤀 𐤉𐤃𐤌 𐤊𐤉 𐤏𐤕 𐤓𐤏𐤄 𐤄𐤉𐤀.
𐤉𐤃 𐤃𐤓𐤔𐤅 𐤈𐤅𐤁 𐤅𐤀𐤋 𐤓𐤏 𐤋𐤌𐤏𐤍 𐤕𐤇𐤉𐤅 𐤅𐤉𐤄𐤉 𐤊𐤍 𐤉𐤄𐤅𐤄 𐤀𐤋𐤄𐤉 𐤑𐤁𐤀𐤅𐤕
𐤀𐤕𐤊𐤌 𐤊𐤀𐤔𐤓 𐤀𐤌𐤓𐤕𐤌.
𐤈𐤅 𐤔𐤍𐤀𐤅 𐤓𐤏 𐤅𐤀𐤄𐤁𐤅 𐤈𐤅𐤁 𐤅𐤄𐤑𐤉𐤂𐤅 𐤁𐤔𐤏𐤓 𐤌𐤔𐤐𐤈 𐤀𐤅𐤋𐤉 𐤉𐤇𐤍𐤍 𐤉𐤄𐤅𐤄
𐤀𐤋𐤄𐤉 𐤑𐤁𐤀𐤅𐤕 𐤔𐤀𐤓𐤉𐤕 𐤉𐤅𐤎𐤐.
𐤈𐤆 𐤋𐤊𐤍 𐤊𐤄 𐤀𐤌𐤓 𐤉𐤄𐤅𐤄 𐤀𐤋𐤄𐤉 𐤑𐤁𐤀𐤅𐤕 𐤀𐤃𐤍𐤉 𐤁𐤊𐤋 𐤓𐤇𐤁𐤅𐤕 𐤌𐤎𐤐𐤃
𐤅𐤁𐤊𐤋 𐤇𐤅𐤑𐤅𐤕 𐤉𐤀𐤌𐤓𐤅 𐤄𐤅 𐤄𐤅 𐤅𐤒𐤓𐤀𐤅 𐤀𐤊𐤓 𐤀𐤋 𐤀𐤁𐤋 𐤅𐤌𐤎𐤐𐤃 𐤀𐤋 𐤉𐤅𐤃𐤏𐤉
𐤍𐤄𐤉.
𐤉𐤆 𐤅𐤁𐤊𐤋 𐤊𐤓𐤌𐤉𐤌 𐤌𐤎𐤐𐤃 𐤊𐤉 𐤀𐤏𐤁𐤓 𐤁𐤒𐤓𐤁𐤊 𐤀𐤌𐤓 𐤉𐤄𐤅𐤄.
𐤉𐤇 𐤄𐤅𐤉 𐤄𐤌𐤕𐤀𐤅𐤉𐤌 𐤀𐤕 𐤉𐤅𐤌 𐤉𐤄𐤅𐤄 𐤋𐤌𐤄 𐤆𐤄 𐤋𐤊𐤌 𐤉𐤅𐤌 𐤉𐤄𐤅𐤄 𐤄𐤅𐤀
𐤇𐤔𐤊 𐤅𐤋𐤀 𐤀𐤅𐤓.
𐤉𐤈 𐤊𐤀𐤔𐤓 𐤉𐤍𐤅𐤎 𐤀𐤉𐤔 𐤌𐤐𐤍𐤉 𐤄𐤀𐤓𐤉 𐤅𐤐𐤂𐤏𐤅 𐤄𐤃𐤁 𐤅𐤁𐤀 𐤄𐤁𐤉𐤕 𐤅𐤎𐤌𐤊
𐤉𐤃𐤅 𐤏𐤋 𐤄𐤒𐤉𐤓 𐤅𐤍𐤔𐤊𐤅 𐤄𐤍𐤇𐤔.
𐤊 𐤄𐤋𐤀 𐤇𐤔𐤊 𐤉𐤅𐤌 𐤉𐤄𐤅𐤄 𐤅𐤋𐤀 𐤀𐤅𐤓 𐤅𐤀𐤐𐤋 𐤅𐤋𐤀 𐤍𐤂𐤄 𐤋𐤅.
𐤊𐤀 𐤔𐤍𐤀𐤕𐤉 𐤌𐤀𐤎𐤕𐤉 𐤇𐤂𐤉𐤊𐤌 𐤅𐤋𐤀 𐤀𐤓𐤉𐤇 𐤁𐤏𐤑𐤓𐤕𐤉𐤊𐤌.
𐤊𐤁 𐤊𐤉 𐤀𐤌 𐤕𐤏𐤋𐤅 𐤋𐤉 𐤏𐤋𐤅𐤕 𐤅𐤌𐤍𐤇𐤕𐤉𐤊𐤌 𐤋𐤀 𐤀𐤓𐤑𐤄 𐤅𐤔𐤋𐤌 𐤌𐤓𐤉𐤀𐤉𐤊𐤌
𐤋𐤀 𐤀𐤁𐤉𐤈.
𐤊𐤂 𐤄𐤎𐤓 𐤌𐤏𐤋𐤉 𐤄𐤌𐤅𐤍 𐤔𐤓𐤉𐤊 𐤅𐤆𐤌𐤓𐤕 𐤍𐤁𐤋𐤉𐤊 𐤋𐤀 𐤀𐤔𐤌𐤏.
𐤊𐤃 𐤅𐤉𐤂𐤋 𐤊𐤌𐤉𐤌 𐤌𐤔𐤐𐤈 𐤅𐤑𐤃𐤒𐤄 𐤊𐤍𐤇𐤋 𐤀𐤉𐤕𐤍.
𐤊𐤄 𐤄𐤆𐤁𐤇𐤉𐤌 𐤅𐤌𐤍𐤇𐤄 𐤄𐤂𐤔𐤕𐤌 𐤋𐤉 𐤁𐤌𐤃𐤁𐤓 𐤀𐤓𐤁𐤏𐤉𐤌 𐤔𐤍𐤄 𐤁𐤉𐤕 𐤉𐤔𐤓𐤀𐤋.
𐤊𐤅 𐤅𐤍𐤔𐤀𐤕𐤌 𐤀𐤕 𐤎𐤊𐤅𐤕 𐤌𐤋𐤊𐤊𐤌 𐤅𐤀𐤕 𐤊𐤉𐤅𐤍 𐤑𐤋𐤌𐤉𐤊𐤌 𐤊𐤅𐤊𐤁
𐤀𐤋𐤄𐤉𐤊𐤌 𐤀𐤔𐤓 𐤏𐤔𐤉𐤕𐤌 𐤋𐤊𐤌.
𐤊𐤆 𐤅𐤄𐤂𐤋𐤉𐤕𐤉 𐤀𐤕𐤊𐤌 𐤌𐤄𐤋𐤀𐤄 𐤋𐤃𐤌𐤔𐤒 𐤀𐤌𐤓 𐤉𐤄𐤅𐤄 𐤀𐤋𐤄𐤉 𐤑𐤁𐤀𐤅𐤕
𐤔𐤌𐤅.

𐤏𐤌𐤅𐤎

𐤐𐤓𐤒 𐤅

𐤀 𐤄𐤅𐤉 𐤄𐤔𐤀𐤍𐤍𐤉𐤌 𐤁𐤑𐤉𐤅𐤍 𐤅𐤄𐤁𐤈𐤇𐤉𐤌 𐤁𐤄𐤓 𐤔𐤌𐤓𐤅𐤍 𐤍𐤒𐤁𐤉 𐤓𐤀𐤔𐤉𐤕
𐤄𐤂𐤅𐤉𐤌 𐤅𐤁𐤀𐤅 𐤋𐤄𐤌 𐤁𐤉𐤕 𐤉𐤔𐤓𐤀𐤋•
𐤁 𐤏𐤁𐤓𐤅 𐤊𐤋𐤍𐤄 𐤅𐤓𐤀𐤅 𐤅𐤋𐤊𐤅 𐤌𐤔𐤌 𐤇𐤌𐤕 𐤓𐤁𐤄 𐤅𐤓𐤃𐤅 𐤂𐤕 𐤐𐤋𐤔𐤕𐤉𐤌
𐤄𐤈𐤅𐤁𐤉𐤌 𐤌𐤍 𐤄𐤌𐤌𐤋𐤊𐤅𐤕 𐤄𐤀𐤋𐤄 𐤀𐤌 𐤓𐤁 𐤂𐤁𐤅𐤋𐤌 𐤌𐤂𐤁𐤋𐤊𐤌•
𐤂 𐤄𐤌𐤍𐤃𐤉𐤌 𐤋𐤉𐤅𐤌 𐤓𐤏 𐤅𐤕𐤂𐤉𐤔𐤅𐤍 𐤔𐤁𐤕 𐤇𐤌𐤎•
𐤃 𐤄𐤔𐤊𐤁𐤉𐤌 𐤏𐤋 𐤌𐤈𐤅𐤕 𐤔𐤍 𐤅𐤎𐤓𐤇𐤉𐤌 𐤏𐤋 𐤏𐤓𐤔𐤅𐤕𐤌 𐤅𐤀𐤊𐤋𐤉𐤌 𐤊𐤓𐤉𐤌
𐤌𐤑𐤀𐤍 𐤅𐤏𐤂𐤋𐤉𐤌 𐤌𐤕𐤅𐤊 𐤌𐤓𐤁𐤒•
𐤄 𐤄𐤐𐤓𐤈𐤉𐤌 𐤏𐤋 𐤐𐤉 𐤄𐤍𐤁𐤋 𐤊𐤃𐤅𐤉𐤃 𐤇𐤔𐤁𐤅 𐤋𐤄𐤌 𐤊𐤋𐤉 𐤔𐤉𐤓•
𐤅 𐤄𐤔𐤕𐤉𐤌 𐤁𐤌𐤆𐤓𐤒𐤉 𐤉𐤉𐤍 𐤅𐤓𐤀𐤔𐤉𐤕 𐤔𐤌𐤍𐤉𐤌 𐤉𐤌𐤔𐤇𐤅 𐤅𐤋𐤀 𐤍𐤇𐤋𐤅 𐤏𐤋
𐤔𐤁𐤓 𐤉𐤅𐤎𐤐•
𐤆 𐤋𐤊𐤍 𐤏𐤕𐤄 𐤉𐤂𐤋𐤅 𐤁𐤓𐤀𐤔 𐤂𐤋𐤉𐤌 𐤅𐤎𐤓 𐤌𐤓𐤆𐤇 𐤎𐤓𐤅𐤇𐤉𐤌•
𐤇 𐤍𐤔𐤁𐤏 𐤀𐤃𐤍𐤉 𐤉𐤄𐤅𐤄 𐤁𐤍𐤐𐤔𐤅 𐤍𐤀𐤌 𐤉𐤄𐤅𐤄 𐤀𐤋𐤄𐤉 𐤑𐤁𐤀𐤅𐤕 𐤌𐤕𐤀𐤁
𐤀𐤍𐤊𐤉 𐤀𐤕 𐤂𐤀𐤅𐤍 𐤉𐤏𐤒𐤁 𐤅𐤀𐤓𐤌𐤍𐤕𐤉𐤅 𐤔𐤍𐤀𐤕𐤉 𐤅𐤄𐤎𐤂𐤓𐤕𐤉 𐤏𐤉𐤓 𐤅𐤌𐤋𐤀𐤄•
𐤈 𐤅𐤄𐤉𐤄 𐤀𐤌 𐤉𐤅𐤕𐤓𐤅 𐤏𐤔𐤓𐤄 𐤀𐤍𐤔𐤉𐤌 𐤁𐤁𐤉𐤕 𐤀𐤇𐤃 𐤅𐤌𐤕𐤅•
𐤉 𐤅𐤍𐤔𐤀𐤅 𐤃𐤅𐤃𐤅 𐤅𐤌𐤎𐤓𐤐𐤅 𐤋𐤄𐤅𐤑𐤉𐤀 𐤏𐤑𐤌𐤉𐤌 𐤌𐤍 𐤄𐤁𐤉𐤕 𐤅𐤀𐤌𐤓 𐤋𐤀𐤔𐤓
𐤁𐤉𐤓𐤊𐤕𐤉 𐤄𐤁𐤉𐤕 𐤄𐤏𐤅𐤃 𐤏𐤌𐤊 𐤅𐤀𐤌𐤓 𐤀𐤐𐤎 𐤅𐤀𐤌𐤓 𐤄𐤎 𐤊𐤉 𐤋𐤀 𐤋𐤄𐤆𐤊𐤉𐤓
𐤁𐤔𐤌 𐤉𐤄𐤅𐤄•
𐤉𐤀 𐤊𐤉 𐤄𐤍𐤄 𐤉𐤄𐤅𐤄 𐤌𐤑𐤅𐤄 𐤅𐤄𐤊𐤄 𐤄𐤁𐤉𐤕 𐤄𐤂𐤃𐤅𐤋 𐤓𐤎𐤉𐤎𐤉𐤌 𐤅𐤄𐤁𐤉𐤕
𐤄𐤒𐤈𐤍 𐤁𐤒𐤏𐤉𐤌•
𐤉𐤁 𐤄𐤉𐤓𐤑𐤅𐤍 𐤁𐤎𐤋𐤏 𐤎𐤅𐤎𐤉𐤌 𐤀𐤌 𐤉𐤇𐤓𐤅𐤔 𐤁𐤁𐤒𐤓𐤉𐤌 𐤊𐤉 𐤄𐤐𐤊𐤕𐤌 𐤋𐤓𐤀𐤔
𐤌𐤔𐤐𐤈 𐤅𐤐𐤓𐤉 𐤑𐤃𐤒𐤄 𐤋𐤋𐤏𐤍𐤄•
𐤉𐤂 𐤄𐤔𐤌𐤇𐤉𐤌 𐤋𐤋𐤀 𐤃𐤁𐤓 𐤄𐤀𐤌𐤓𐤉𐤌 𐤄𐤋𐤅𐤀 𐤁𐤇𐤆𐤒𐤍𐤅 𐤋𐤒𐤇𐤍𐤅 𐤋𐤍𐤅
𐤒𐤓𐤍𐤉𐤌•
𐤉𐤃 𐤊𐤉 𐤄𐤍𐤍𐤉 𐤌𐤒𐤉𐤌 𐤏𐤋𐤉𐤊𐤌 𐤁𐤉𐤕 𐤉𐤔𐤓𐤀𐤋 𐤍𐤀𐤌 𐤉𐤄𐤅𐤄 𐤀𐤋𐤄𐤉
𐤄𐤑𐤁𐤀𐤅𐤕 𐤂𐤅𐤉 𐤅𐤋𐤇𐤑𐤅 𐤀𐤕𐤊𐤌 𐤌𐤋𐤁𐤅𐤀 𐤇𐤌𐤕 𐤏𐤃 𐤍𐤇𐤋 𐤄𐤏𐤓𐤁𐤄•

𐤐𐤓𐤒 𐤆

𐤀 𐤊𐤄 𐤄𐤓𐤀𐤍𐤉 𐤀𐤃𐤍𐤉 𐤉𐤄𐤅𐤄 𐤅𐤄𐤍𐤄 𐤉𐤅𐤑𐤓 𐤂𐤁𐤉 𐤁𐤕𐤇𐤋𐤕 𐤏𐤋𐤅𐤕 𐤄𐤋𐤒𐤔
𐤅𐤄𐤍𐤄 𐤋𐤒𐤔 𐤀𐤇𐤓 𐤂𐤆𐤉 𐤄𐤌𐤋𐤊•
𐤁 𐤅𐤄𐤉𐤄 𐤀𐤌 𐤊𐤋𐤄 𐤋𐤀𐤊𐤅𐤋 𐤀𐤕 𐤏𐤔𐤁 𐤄𐤀𐤓𐤑 𐤅𐤀𐤌𐤓 𐤀𐤃𐤍𐤉 𐤉𐤄𐤅𐤄 𐤎𐤋𐤇
𐤍𐤀 𐤌𐤉 𐤉𐤒𐤅𐤌 𐤉𐤏𐤒𐤁 𐤊𐤉 𐤒𐤈𐤍 𐤄𐤅𐤀•
𐤂 𐤍𐤇𐤌 𐤉𐤄𐤅𐤄 𐤏𐤋 𐤆𐤀𐤕 𐤋𐤀 𐤕𐤄𐤉𐤄 𐤀𐤌𐤓 𐤉𐤄𐤅𐤄•
𐤃 𐤊𐤄 𐤄𐤓𐤀𐤍𐤉 𐤀𐤃𐤍𐤉 𐤉𐤄𐤅𐤄 𐤅𐤄𐤍𐤄 𐤒𐤓𐤀 𐤋𐤓𐤁 𐤁𐤀𐤔 𐤀𐤃𐤍𐤉 𐤉𐤄𐤅𐤄

𐤏𐤌𐤅𐤎

𐤅𐤕𐤀𐤊𐤋 𐤀𐤕 𐤕𐤄𐤅𐤌 𐤓𐤁𐤄 𐤅𐤀𐤊𐤋𐤄 𐤀𐤕 𐤄𐤇𐤋𐤒.
𐤄 𐤅𐤀𐤌𐤓 𐤀𐤃𐤍𐤉 𐤉𐤄𐤅𐤄 𐤇𐤃𐤋 𐤍𐤀 𐤌𐤉 𐤉𐤒𐤅𐤌 𐤉𐤏𐤒𐤁 𐤊𐤉 𐤒𐤈𐤍 𐤄𐤅𐤀.
𐤅 𐤍𐤇𐤌 𐤉𐤄𐤅𐤄 𐤏𐤋 𐤆𐤀𐤕 𐤂𐤌 𐤄𐤉𐤀 𐤋𐤀 𐤕𐤄𐤉𐤄 𐤀𐤌𐤓 𐤀𐤃𐤍𐤉 𐤉𐤄𐤅𐤄.
𐤆 𐤊𐤄 𐤄𐤓𐤀𐤍𐤉 𐤅𐤄𐤍𐤄 𐤀𐤃𐤍𐤉 𐤍𐤑𐤁 𐤏𐤋 𐤇𐤅𐤌𐤕 𐤀𐤍𐤊 𐤅𐤁𐤉𐤃𐤅 𐤀𐤍𐤊.
𐤇 𐤅𐤉𐤀𐤌𐤓 𐤉𐤄𐤅𐤄 𐤀𐤋𐤉 𐤌𐤄 𐤀𐤕𐤄 𐤓𐤀𐤄 𐤏𐤌𐤅𐤎 𐤅𐤀𐤌𐤓 𐤀𐤍𐤊 𐤅𐤉𐤀𐤌𐤓 𐤀𐤃𐤍𐤉
𐤄𐤍𐤍𐤉 𐤔𐤌 𐤀𐤍𐤊 𐤁𐤒𐤓𐤁 𐤏𐤌𐤉 𐤉𐤔𐤓𐤀𐤋 𐤋𐤀 𐤀𐤅𐤎𐤉𐤐 𐤏𐤅𐤃 𐤏𐤁𐤅𐤓 𐤋𐤅.
𐤈 𐤅𐤍𐤔𐤌𐤅 𐤁𐤌𐤅𐤕 𐤉𐤔𐤇𐤒 𐤅𐤌𐤒𐤃𐤔𐤉 𐤉𐤔𐤓𐤀𐤋 𐤉𐤇𐤓𐤁𐤅 𐤅𐤒𐤌𐤕𐤉 𐤏𐤋 𐤁𐤉𐤕
𐤉𐤓𐤁𐤏𐤌 𐤁𐤇𐤓𐤁.
𐤉 𐤅𐤉𐤔𐤋𐤇 𐤀𐤌𐤑𐤉𐤄 𐤊𐤄𐤍 𐤁𐤉𐤕 𐤀𐤋 𐤀𐤋 𐤉𐤓𐤁𐤏𐤌 𐤌𐤋𐤊 𐤉𐤔𐤓𐤀𐤋 𐤋𐤀𐤌𐤓
𐤒𐤔𐤓 𐤏𐤋𐤉𐤊 𐤏𐤌𐤅𐤎 𐤁𐤒𐤓𐤁 𐤁𐤉𐤕 𐤉𐤔𐤓𐤀𐤋 𐤋𐤀 𐤕𐤅𐤊𐤋 𐤄𐤀𐤓𐤑 𐤋𐤄𐤊𐤉𐤋 𐤀𐤕 𐤊𐤋
𐤃𐤁𐤓𐤉𐤅.
𐤉𐤀 𐤊𐤉 𐤊𐤄 𐤀𐤌𐤓 𐤏𐤌𐤅𐤎 𐤁𐤇𐤓𐤁 𐤉𐤌𐤅𐤕 𐤉𐤓𐤁𐤏𐤌 𐤅𐤉𐤔𐤓𐤀𐤋 𐤂𐤋𐤄 𐤉𐤂𐤋𐤄 𐤌𐤏𐤋
𐤀𐤃𐤌𐤕𐤅.
𐤉𐤁 𐤅𐤉𐤀𐤌𐤓 𐤀𐤌𐤑𐤉𐤄 𐤀𐤋 𐤏𐤌𐤅𐤎 𐤇𐤆𐤄 𐤋𐤊 𐤁𐤓𐤇 𐤋𐤊 𐤀𐤋 𐤀𐤓𐤑 𐤉𐤄𐤅𐤃𐤄
𐤅𐤀𐤊𐤋 𐤔𐤌 𐤋𐤇𐤌 𐤅𐤔𐤌 𐤕𐤍𐤁𐤀.
𐤉𐤂 𐤅𐤁𐤉𐤕 𐤀𐤋 𐤋𐤀 𐤕𐤅𐤎𐤉𐤐 𐤏𐤅𐤃 𐤋𐤄𐤍𐤁𐤀 𐤊𐤉 𐤌𐤒𐤃𐤔 𐤌𐤋𐤊 𐤄𐤅𐤀 𐤅𐤁𐤉𐤕
𐤌𐤌𐤋𐤊𐤄 𐤄𐤅𐤀.
𐤉𐤃 𐤅𐤉𐤏𐤍 𐤏𐤌𐤅𐤎 𐤅𐤉𐤀𐤌𐤓 𐤀𐤋 𐤀𐤌𐤑𐤉𐤄 𐤋𐤀 𐤍𐤁𐤉𐤀 𐤀𐤍𐤊𐤉 𐤅𐤋𐤀 𐤁𐤍 𐤍𐤁𐤉𐤀
𐤀𐤍𐤊𐤉 𐤊𐤉 𐤁𐤅𐤒𐤓 𐤀𐤍𐤊𐤉 𐤅𐤁𐤅𐤋𐤎 𐤔𐤒𐤌𐤉𐤌.
𐤈𐤅 𐤅𐤉𐤒𐤇𐤍𐤉 𐤉𐤄𐤅𐤄 𐤌𐤀𐤇𐤓𐤉 𐤄𐤑𐤀𐤍 𐤅𐤉𐤀𐤌𐤓 𐤀𐤋𐤉 𐤉𐤄𐤅𐤄 𐤋𐤊 𐤄𐤍𐤁𐤀 𐤀𐤋
𐤏𐤌𐤉 𐤉𐤔𐤓𐤀𐤋.
𐤈𐤆 𐤅𐤏𐤕𐤄 𐤔𐤌𐤏 𐤃𐤁𐤓 𐤉𐤄𐤅𐤄 𐤀𐤕𐤄 𐤀𐤌𐤓 𐤋𐤀 𐤕𐤍𐤁𐤀 𐤏𐤋 𐤉𐤔𐤓𐤀𐤋 𐤅𐤋𐤀
𐤕𐤈𐤉𐤐 𐤏𐤋 𐤁𐤉𐤕 𐤉𐤔𐤇𐤒.
𐤉𐤆 𐤋𐤊𐤍 𐤊𐤄 𐤀𐤌𐤓 𐤉𐤄𐤅𐤄 𐤀𐤔𐤕𐤊 𐤁𐤏𐤉𐤓 𐤕𐤆𐤍𐤄 𐤅𐤁𐤍𐤉𐤊 𐤅𐤁𐤍𐤕𐤉𐤊 𐤁𐤇𐤓𐤁
𐤉𐤐𐤋𐤅 𐤅𐤀𐤃𐤌𐤕𐤊 𐤁𐤇𐤁𐤋 𐤕𐤇𐤋𐤒 𐤅𐤀𐤕𐤄 𐤏𐤋 𐤀𐤃𐤌𐤄 𐤈𐤌𐤀𐤄 𐤕𐤌𐤅𐤕 𐤅𐤉𐤔𐤓𐤀𐤋
𐤂𐤋𐤄 𐤉𐤂𐤋𐤄 𐤌𐤏𐤋 𐤀𐤃𐤌𐤕𐤅.

𐤐𐤓𐤒 𐤇

𐤀 𐤊𐤄 𐤄𐤓𐤀𐤍𐤉 𐤀𐤃𐤍𐤉 𐤉𐤄𐤅𐤄 𐤅𐤄𐤍𐤄 𐤊𐤋𐤅𐤁 𐤒𐤉𐤑.
𐤁 𐤅𐤉𐤀𐤌𐤓 𐤌𐤄 𐤀𐤕𐤄 𐤓𐤀𐤄 𐤏𐤌𐤅𐤎 𐤅𐤀𐤌𐤓 𐤊𐤋𐤅𐤁 𐤒𐤉𐤑 𐤅𐤉𐤀𐤌𐤓 𐤉𐤄𐤅𐤄 𐤀𐤋𐤉
𐤁𐤀 𐤄𐤒𐤑 𐤀𐤋 𐤏𐤌𐤉 𐤉𐤔𐤓𐤀𐤋 𐤋𐤀 𐤀𐤅𐤎𐤉𐤐 𐤏𐤅𐤃 𐤏𐤁𐤅𐤓 𐤋𐤅.
𐤂 𐤅𐤄𐤋𐤉𐤋𐤅 𐤔𐤉𐤓𐤅𐤕 𐤄𐤉𐤊𐤋 𐤁𐤉𐤅𐤌 𐤄𐤄𐤅𐤀 𐤍𐤀𐤌 𐤀𐤃𐤍𐤉 𐤉𐤄𐤅𐤄 𐤓𐤁 𐤄𐤐𐤂𐤓
𐤁𐤊𐤋 𐤌𐤒𐤅𐤌 𐤄𐤔𐤋𐤉𐤊 𐤄𐤎.
𐤃 𐤔𐤌𐤏𐤅 𐤆𐤀𐤕 𐤄𐤔𐤀𐤐𐤉𐤌 𐤀𐤁𐤉𐤅𐤍 𐤅𐤋𐤔𐤁𐤉𐤕 𐤏𐤍𐤅𐤉 [𐤏𐤍𐤉𐤉] 𐤀𐤓𐤑.

𐤕𐤌𐤄

𐤄 𐤋𐤀𐤌𐤓 𐤌𐤕𐤉 𐤉𐤏𐤁𐤓 𐤄𐤇𐤃𐤔 𐤅𐤍𐤔𐤁𐤉𐤓𐤄 𐤔𐤁𐤓 𐤅𐤄𐤔𐤁𐤕 𐤅𐤍𐤐𐤕𐤇𐤄 𐤁𐤓
𐤋𐤄𐤒𐤈𐤉𐤍 𐤀𐤉𐤐𐤄 𐤅𐤋𐤄𐤂𐤃𐤉𐤋 𐤔𐤒𐤋 𐤅𐤋𐤏𐤅𐤕 𐤌𐤀𐤆𐤍𐤉 𐤌𐤓𐤌𐤄•
𐤅 𐤋𐤒𐤍𐤅𐤕 𐤁𐤊𐤎𐤐 𐤃𐤋𐤉𐤌 𐤅𐤀𐤁𐤉𐤅𐤍 𐤁𐤏𐤁𐤅𐤓 𐤍𐤏𐤋𐤉𐤌 𐤅𐤌𐤐𐤋 𐤁𐤓 𐤍𐤔𐤁𐤉𐤓•
𐤆 𐤍𐤔𐤁𐤏 𐤉𐤄𐤅𐤄 𐤁𐤂𐤀𐤅𐤍 𐤉𐤏𐤒𐤁 𐤀𐤌 𐤀𐤔𐤊𐤇 𐤋𐤍𐤑𐤇 𐤊𐤋 𐤌𐤏𐤔𐤉𐤄𐤌•
𐤇 𐤄𐤏𐤋 𐤆𐤀𐤕 𐤋𐤀 𐤕𐤓𐤂𐤆 𐤄𐤀𐤓𐤑 𐤅𐤀𐤁𐤋 𐤊𐤋 𐤉𐤅𐤔𐤁 𐤁𐤄 𐤅𐤏𐤋𐤕𐤄 𐤊𐤀𐤓 𐤊𐤋𐤄
𐤅𐤍𐤂𐤓𐤔𐤄 𐤅𐤍𐤔𐤒𐤄 [𐤅𐤍𐤔𐤒𐤏𐤄] 𐤊𐤉𐤀𐤅𐤓 𐤌𐤑𐤓𐤉𐤌•
𐤈 𐤅𐤄𐤉𐤄 𐤁𐤉𐤅𐤌 𐤄𐤄𐤅𐤀 𐤍𐤀𐤌 𐤀𐤃𐤍𐤉 𐤉𐤄𐤅𐤄 𐤅𐤄𐤁𐤀𐤕𐤉 𐤄𐤔𐤌𐤔 𐤁𐤑𐤄𐤓𐤉𐤌
𐤅𐤄𐤇𐤔𐤊𐤕𐤉 𐤋𐤀𐤓𐤑 𐤁𐤉𐤅𐤌 𐤀𐤅𐤓•
𐤉 𐤅𐤄𐤐𐤊𐤕𐤉 𐤇𐤂𐤉𐤊𐤌 𐤋𐤀𐤁𐤋 𐤅𐤊𐤋 𐤔𐤉𐤓𐤉𐤊𐤌 𐤋𐤒𐤉𐤍𐤄 𐤅𐤄𐤏𐤋𐤉𐤕𐤉 𐤏𐤋 𐤊𐤋
𐤌𐤕𐤍𐤉𐤌 𐤔𐤒 𐤅𐤏𐤋 𐤊𐤋 𐤓𐤀𐤔 𐤒𐤓𐤇𐤄 𐤅𐤔𐤌𐤕𐤉𐤄 𐤊𐤀𐤁𐤋 𐤉𐤇𐤉𐤃 𐤅𐤀𐤇𐤓𐤉𐤕𐤄
𐤊𐤉𐤅𐤌 𐤌𐤓•
𐤉𐤀 𐤄𐤍𐤄 𐤉𐤌𐤉𐤌 𐤁𐤀𐤉𐤌 𐤍𐤀𐤌 𐤀𐤃𐤍𐤉 𐤉𐤄𐤅𐤄 𐤅𐤄𐤔𐤋𐤇𐤕𐤉 𐤓𐤏𐤁 𐤁𐤀𐤓𐤑 𐤋𐤀
𐤓𐤏𐤁 𐤋𐤋𐤇𐤌 𐤅𐤋𐤀 𐤑𐤌𐤀 𐤋𐤌𐤉𐤌 𐤊𐤉 𐤀𐤌 𐤋𐤔𐤌𐤏 𐤀𐤕 𐤃𐤁𐤓𐤉 𐤉𐤄𐤅𐤄•
𐤉𐤁 𐤅𐤍𐤏𐤅 𐤌𐤉𐤌 𐤏𐤃 𐤉𐤌 𐤅𐤌𐤑𐤐𐤅𐤍 𐤅𐤏𐤃 𐤌𐤆𐤓𐤇 𐤉𐤔𐤅𐤈𐤈𐤅 𐤋𐤁𐤒𐤔 𐤀𐤕
𐤃𐤁𐤓 𐤉𐤄𐤅𐤄 𐤅𐤋𐤀 𐤉𐤌𐤑𐤀𐤅•
𐤉𐤂 𐤁𐤉𐤅𐤌 𐤄𐤄𐤅𐤀 𐤕𐤕𐤏𐤋𐤐𐤍𐤄 𐤄𐤁𐤕𐤅𐤋𐤕 𐤄𐤉𐤐𐤅𐤕 𐤅𐤄𐤁𐤇𐤅𐤓𐤉𐤌 𐤁𐤑𐤌𐤀•
𐤉𐤃 𐤄𐤍𐤔𐤁𐤏𐤉𐤌 𐤁𐤀𐤔𐤌𐤕 𐤔𐤌𐤓𐤅𐤍 𐤅𐤀𐤌𐤓𐤅 𐤇𐤉 𐤀𐤋𐤄𐤉𐤊 𐤃𐤍 𐤅𐤇𐤉 𐤃𐤓𐤊 𐤁𐤀𐤓
𐤔𐤁𐤏 𐤅𐤍𐤐𐤋𐤅 𐤅𐤋𐤀 𐤉𐤒𐤅𐤌𐤅 𐤏𐤅𐤃•

𐤐𐤓𐤒 𐤈

𐤀 𐤓𐤀𐤉𐤕𐤉 𐤀𐤕 𐤀𐤃𐤍𐤉 𐤍𐤑𐤁 𐤏𐤋 𐤄𐤌𐤆𐤁𐤇 𐤅𐤉𐤀𐤌𐤓 𐤄𐤊 𐤄𐤊𐤐𐤕𐤅𐤓 𐤅𐤉𐤓𐤏𐤔𐤅
𐤄𐤎𐤐𐤉𐤌 𐤅𐤁𐤑𐤏𐤌 𐤁𐤓𐤀𐤔 𐤊𐤋𐤌 𐤅𐤀𐤇𐤓𐤉𐤕𐤌 𐤁𐤇𐤓𐤁 𐤀𐤄𐤓𐤂 𐤋𐤀 𐤉𐤍𐤅𐤎 𐤋𐤄𐤌 𐤍𐤎
𐤅𐤋𐤀 𐤉𐤌𐤋𐤈 𐤋𐤄𐤌 𐤐𐤋𐤉𐤈•
𐤁 𐤀𐤌 𐤉𐤇𐤕𐤓𐤅 𐤁𐤔𐤀𐤅𐤋 𐤌𐤔𐤌 𐤉𐤃𐤉 𐤕𐤒𐤇𐤌 𐤅𐤀𐤌 𐤉𐤏𐤋𐤅 𐤄𐤔𐤌𐤉𐤌 𐤌𐤔𐤌
𐤀𐤅𐤓𐤉𐤃𐤌•
𐤂 𐤅𐤀𐤌 𐤉𐤇𐤁𐤀𐤅 𐤁𐤓𐤀𐤔 𐤄𐤊𐤓𐤌𐤋 𐤌𐤔𐤌 𐤀𐤇𐤐𐤔 𐤅𐤋𐤒𐤇𐤕𐤉𐤌 𐤅𐤀𐤌 𐤉𐤎𐤕𐤓𐤅
𐤌𐤍𐤂𐤃 𐤏𐤉𐤍𐤉 𐤁𐤒𐤓𐤒𐤏 𐤄𐤉𐤌 𐤌𐤔𐤌 𐤀𐤑𐤅𐤄 𐤀𐤕 𐤄𐤍𐤇𐤔 𐤅𐤍𐤔𐤊𐤌•
𐤃 𐤅𐤀𐤌 𐤉𐤋𐤊𐤅 𐤁𐤔𐤁𐤉 𐤋𐤐𐤍𐤉 𐤀𐤉𐤁𐤉𐤄𐤌 𐤌𐤔𐤌 𐤀𐤑𐤅𐤄 𐤀𐤕 𐤄𐤇𐤓𐤁 𐤅𐤄𐤓𐤂𐤕𐤌
𐤅𐤔𐤌𐤕𐤉 𐤏𐤉𐤍𐤉 𐤏𐤋𐤉𐤄𐤌 𐤋𐤓𐤏𐤄 𐤅𐤋𐤀 𐤋𐤈𐤅𐤁𐤄•
𐤄 𐤅𐤀𐤃𐤍𐤉 𐤉𐤄𐤅𐤄 𐤄𐤑𐤁𐤀𐤅𐤕 𐤄𐤍𐤅𐤂𐤏 𐤁𐤀𐤓𐤑 𐤅𐤕𐤌𐤅𐤂 𐤅𐤀𐤁𐤋𐤅 𐤊𐤋 𐤉𐤅𐤔𐤁𐤉
𐤁𐤄 𐤅𐤏𐤋𐤕𐤄 𐤊𐤉𐤀𐤓 𐤊𐤋𐤄 𐤅𐤔𐤒𐤏𐤄 𐤊𐤉𐤀𐤓 𐤌𐤑𐤓𐤉𐤌•
𐤅 𐤄𐤁𐤅𐤍𐤄 𐤁𐤔𐤌𐤉𐤌 𐤌𐤏𐤋𐤅𐤕𐤅 [𐤌𐤏𐤋𐤅𐤕𐤉𐤅] 𐤅𐤀𐤂𐤃𐤕𐤅 𐤏𐤋 𐤀𐤓𐤑 𐤉𐤎𐤃𐤄
𐤄𐤒𐤓𐤀 𐤋𐤌𐤉 𐤄𐤉𐤌 𐤅𐤉𐤔𐤐𐤊𐤌 𐤏𐤋 𐤐𐤍𐤉 𐤄𐤀𐤓𐤑 𐤉𐤄𐤅𐤄 𐤔𐤌𐤅•

ז הלוא כבני כשיים אתם לי בני ישראל נאם יהוה הלוא את
ישראל העליתי מארץ מצרים ופלשתיים מכפתור וארם מקיר•
ח הנה עיני אדני יהוה בממלכה החטאה והשמדתי אתה מעל
פני האדמה אפס כי לא השמיד אשמיד את בית יעקב נאם
יהוה•
ט כי הנה אנכי מצוה והנעותי בכל הגוים את בית ישראל
כאשר ינוע בכברה ולא יפול צרור ארץ•
י בחרב ימותו כל חטאי עמי האמרים לא תגיש ותקדים
בעדינו הרעה•
יא ביום ההוא אקים את סכת דויד הנפלת וגדרתי את פרציהן
והריסתיו אקים ובניתיה כימי עולם•
יב למען יירשו את שארית אדום וכל הגוים אשר נקרא שמי
עליהם נאם יהוה עשה זאת•
יג הנה ימים באים נאם יהוה ונגש חורש בקצר ודרך ענבים
במשך הזרע והטיפו ההרים עסיס וכל הגבעות תתמוגגנה•
יד ושבתי את שבות עמי ישראל ובנו ערים נשמות וישבו
ונטעו כרמים ושתו את יינם ועשו גנות ואכלו את פריהם•
טו ונטעתים על אדמתם ולא ינתשו עוד מעל אדמתם אשר נתתי
להם אמר יהוה אלהיך•

𐤏𐤅𐤁𐤃𐤉𐤄

𐤐𐤓𐤒 𐤀

𐤀 𐤇𐤆𐤅𐤍 𐤏𐤁𐤃𐤉𐤄 𐤊𐤄 𐤀𐤌𐤓 𐤀𐤃𐤍𐤉 𐤉𐤄𐤅𐤄 𐤋𐤀𐤃𐤅𐤌 𐤔𐤌𐤅𐤏𐤄 𐤔𐤌𐤏𐤍𐤅 𐤌𐤀𐤕
𐤉𐤄𐤅𐤄 𐤅𐤑𐤉𐤓 𐤁𐤂𐤅𐤉𐤌 𐤔𐤋𐤇 𐤒𐤅𐤌𐤅 𐤅𐤍𐤒𐤅𐤌𐤄 𐤏𐤋𐤉𐤄 𐤋𐤌𐤋𐤇𐤌𐤄•
𐤁 𐤄𐤍𐤄 𐤒𐤈𐤍 𐤍𐤕𐤕𐤉𐤊 𐤁𐤂𐤅𐤉𐤌 𐤁𐤆𐤅𐤉 𐤀𐤕𐤄 𐤌𐤀𐤃•
𐤂 𐤆𐤃𐤅𐤍 𐤋𐤁𐤊 𐤄𐤔𐤉𐤀𐤊 𐤔𐤊𐤍𐤉 𐤁𐤇𐤂𐤅𐤉 𐤎𐤋𐤏 𐤌𐤓𐤅𐤌 𐤔𐤁𐤕𐤅 𐤀𐤌𐤓 𐤁𐤋𐤁𐤅 𐤌𐤉
𐤉𐤅𐤓𐤃𐤍𐤉 𐤀𐤓𐤑•
𐤃 𐤀𐤌 𐤕𐤂𐤁𐤉𐤄 𐤊𐤍𐤔𐤓 𐤅𐤀𐤌 𐤁𐤉𐤍 𐤊𐤅𐤊𐤁𐤉𐤌 𐤔𐤉𐤌 𐤒𐤍𐤊 𐤌𐤔𐤌 𐤀𐤅𐤓𐤉𐤃𐤊
𐤍𐤀𐤌 𐤉𐤄𐤅𐤄•
𐤄 𐤀𐤌 𐤂𐤍𐤁𐤉𐤌 𐤁𐤀𐤅 𐤋𐤊 𐤀𐤌 𐤔𐤅𐤃𐤃𐤉 𐤋𐤉𐤋𐤄 𐤀𐤉𐤊 𐤍𐤃𐤌𐤉𐤕𐤄 𐤄𐤋𐤅𐤀
𐤉𐤂𐤍𐤁𐤅 𐤃𐤉𐤌 𐤀𐤌 𐤁𐤑𐤓𐤉𐤌 𐤁𐤀𐤅 𐤋𐤊 𐤄𐤋𐤅𐤀 𐤉𐤔𐤀𐤉𐤓𐤅 𐤏𐤋𐤋𐤅𐤕•
𐤅 𐤀𐤉𐤊 𐤍𐤇𐤐𐤔𐤅 𐤏𐤔𐤅 𐤍𐤁𐤏𐤅 𐤌𐤑𐤐𐤍𐤉𐤅•
𐤆 𐤏𐤃 𐤄𐤂𐤁𐤅𐤋 𐤔𐤋𐤇𐤅𐤊 𐤊𐤋 𐤀𐤍𐤔𐤉 𐤁𐤓𐤉𐤕𐤊 𐤄𐤔𐤉𐤀𐤅𐤊 𐤉𐤊𐤋𐤅 𐤋𐤊 𐤀𐤍𐤔𐤉
𐤔𐤋𐤌𐤊 𐤋𐤇𐤌𐤊 𐤉𐤔𐤉𐤌𐤅 𐤌𐤆𐤅𐤓 𐤕𐤇𐤕𐤉𐤊 𐤀𐤉𐤍 𐤕𐤁𐤅𐤍𐤄 𐤁𐤅•
𐤇 𐤄𐤋𐤅𐤀 𐤁𐤉𐤅𐤌 𐤄𐤄𐤅𐤀 𐤍𐤀𐤌 𐤉𐤄𐤅𐤄 𐤅𐤄𐤀𐤁𐤃𐤕𐤉 𐤇𐤊𐤌𐤉𐤌 𐤌𐤀𐤃𐤅𐤌
𐤅𐤕𐤁𐤅𐤍𐤄 𐤌𐤄𐤓 𐤏𐤔𐤅•
𐤈 𐤅𐤇𐤕𐤅 𐤂𐤁𐤅𐤓𐤉𐤊 𐤕𐤉𐤌𐤍 𐤋𐤌𐤏𐤍 𐤉𐤊𐤓𐤕 𐤀𐤉𐤔 𐤌𐤄𐤓 𐤏𐤔𐤅 𐤌𐤒𐤈𐤋•
𐤉 𐤌𐤇𐤌𐤎 𐤀𐤇𐤉𐤊 𐤉𐤏𐤒𐤁 𐤕𐤊𐤎𐤊 𐤁𐤅𐤔𐤄 𐤅𐤍𐤊𐤓𐤕 𐤋𐤏𐤅𐤋𐤌•
𐤉𐤀 𐤁𐤉𐤅𐤌 𐤏𐤌𐤃𐤊 𐤌𐤍𐤂𐤃 𐤁𐤉𐤅𐤌 𐤔𐤁𐤅𐤕 𐤆𐤓𐤉𐤌 𐤇𐤉𐤋𐤅 𐤅𐤍𐤊𐤓𐤉𐤌 𐤁𐤀𐤅 𐤔𐤏𐤓𐤅
[𐤔𐤏𐤓𐤉𐤅] 𐤅𐤏𐤋 𐤉𐤓𐤅𐤔𐤋𐤌 𐤉𐤃𐤅 𐤂𐤅𐤓𐤋 𐤂𐤌 𐤀𐤕𐤄 𐤊𐤀𐤇𐤃 𐤌𐤄𐤌•
𐤉𐤁 𐤅𐤀𐤋 𐤕𐤓𐤀 𐤁𐤉𐤅𐤌 𐤀𐤇𐤉𐤊 𐤁𐤉𐤅𐤌 𐤍𐤊𐤓𐤅 𐤅𐤀𐤋 𐤕𐤔𐤌𐤇 𐤋𐤁𐤍𐤉 𐤉𐤄𐤅𐤃𐤄
𐤁𐤉𐤅𐤌 𐤀𐤁𐤃𐤌 𐤅𐤀𐤋 𐤕𐤂𐤃𐤋 𐤐𐤉𐤊 𐤁𐤉𐤅𐤌 𐤑𐤓𐤄•
𐤉𐤂 𐤀𐤋 𐤕𐤁𐤅𐤀 𐤁𐤔𐤏𐤓 𐤏𐤌𐤉 𐤁𐤉𐤅𐤌 𐤀𐤉𐤃𐤌 𐤀𐤋 𐤕𐤓𐤀 𐤂𐤌 𐤀𐤕𐤄 𐤁𐤓𐤏𐤕𐤅 𐤁𐤉𐤅𐤌
𐤀𐤉𐤃𐤅 𐤅𐤀𐤋 𐤕𐤔𐤋𐤇𐤍𐤄 𐤁𐤇𐤉𐤋𐤅 𐤁𐤉𐤅𐤌 𐤀𐤉𐤃𐤅•
𐤉𐤃 𐤅𐤀𐤋 𐤕𐤏𐤌𐤃 𐤏𐤋 𐤄𐤐𐤓𐤒 𐤋𐤄𐤊𐤓𐤉𐤕 𐤀𐤕 𐤐𐤋𐤉𐤈𐤉𐤅 𐤅𐤀𐤋 𐤕𐤎𐤂𐤓
𐤔𐤓𐤉𐤃𐤉𐤅 𐤁𐤉𐤅𐤌 𐤑𐤓𐤄•
𐤈𐤅 𐤊𐤉 𐤒𐤓𐤅𐤁 𐤉𐤅𐤌 𐤉𐤄𐤅𐤄 𐤏𐤋 𐤊𐤋 𐤄𐤂𐤅𐤉𐤌 𐤊𐤀𐤔𐤓 𐤏𐤔𐤉𐤕 𐤉𐤏𐤔𐤄 𐤋𐤊
𐤂𐤌𐤋𐤊 𐤉𐤔𐤅𐤁 𐤁𐤓𐤀𐤔𐤊•
𐤈𐤆 𐤊𐤉 𐤊𐤀𐤔𐤓 𐤔𐤕𐤉𐤕𐤌 𐤏𐤋 𐤄𐤓 𐤒𐤃𐤔𐤉 𐤉𐤔𐤕𐤅 𐤊𐤋 𐤄𐤂𐤅𐤉𐤌 𐤕𐤌𐤉𐤃 𐤅𐤔𐤕𐤅
𐤅𐤋𐤏𐤅 𐤅𐤄𐤉𐤅 𐤊𐤋𐤅𐤀 𐤄𐤉𐤅•
𐤉𐤆 𐤅𐤁𐤄𐤓 𐤑𐤉𐤅𐤍 𐤕𐤄𐤉𐤄 𐤐𐤋𐤉𐤈𐤄 𐤅𐤄𐤉𐤄 𐤒𐤃𐤔 𐤅𐤉𐤓𐤔𐤅 𐤁𐤉𐤕 𐤉𐤏𐤒𐤁 𐤀𐤕
𐤌𐤅𐤓𐤔𐤉𐤄𐤌•
𐤉𐤇 𐤅𐤄𐤉𐤄 𐤁𐤉𐤕 𐤉𐤏𐤒𐤁 𐤀𐤔 𐤅𐤁𐤉𐤕 𐤉𐤅𐤎𐤐 𐤋𐤄𐤁𐤄 𐤅𐤁𐤉𐤕 𐤏𐤔𐤅 𐤋𐤒𐤔 𐤅𐤃𐤋𐤒𐤅
𐤁𐤄𐤌 𐤅𐤀𐤊𐤋𐤅𐤌 𐤅𐤋𐤀 𐤉𐤄𐤉𐤄 𐤔𐤓𐤉𐤃 𐤋𐤁𐤉𐤕 𐤏𐤔𐤅 𐤊𐤉 𐤉𐤄𐤅𐤄 𐤃𐤁𐤓•

עובדיה

יט וירשו הנגב את הר עשו והשפלה את פלשתים וירשו את
שדה אפרים ואת שדה שמרון ובנימן את הגלעד.
כ וגלת החל הזה לבני ישראל אשר כנענים עד צרפת וגלת
ירושלם אשר בספרד ירשו את ערי הנגב.
כא ועלו מושעים בהר ציון לשפט את הר עשו והיתה ליהוה
המלוכה.

𐤉𐤅𐤍𐤄

𐤐𐤓𐤒 𐤀

𐤀 𐤅𐤉𐤄𐤉 𐤃𐤁𐤓 𐤉𐤄𐤅𐤄 𐤀𐤋 𐤉𐤅𐤍𐤄 𐤁𐤍 𐤀𐤌𐤕𐤉 𐤋𐤀𐤌𐤓•
𐤁 𐤒𐤅𐤌 𐤋𐤊 𐤀𐤋 𐤍𐤉𐤍𐤅𐤄 𐤄𐤏𐤉𐤓 𐤄𐤂𐤃𐤅𐤋𐤄 𐤅𐤒𐤓𐤀 𐤏𐤋𐤉𐤄 𐤊𐤉 𐤏𐤋𐤕𐤄 𐤓𐤏𐤕𐤌
𐤋𐤐𐤍𐤉•
𐤂 𐤅𐤉𐤒𐤌 𐤉𐤅𐤍𐤄 𐤋𐤁𐤓𐤇 𐤕𐤓𐤔𐤉𐤔𐤄 𐤌𐤋𐤐𐤍𐤉 𐤉𐤄𐤅𐤄 𐤅𐤉𐤓𐤃 𐤉𐤐𐤅 𐤅𐤉𐤌𐤑𐤀
𐤀𐤍𐤉𐤄 𐤁𐤀𐤄 𐤕𐤓𐤔𐤉𐤔 𐤅𐤉𐤕𐤍 𐤔𐤊𐤓𐤄 𐤅𐤉𐤓𐤃 𐤁𐤄 𐤋𐤁𐤅𐤀 𐤏𐤌𐤄𐤌 𐤕𐤓𐤔𐤉𐤔𐤄
𐤌𐤋𐤐𐤍𐤉 𐤉𐤄𐤅𐤄•
𐤃 𐤅𐤉𐤄𐤅𐤄 𐤄𐤈𐤉𐤋 𐤓𐤅𐤇 𐤂𐤃𐤅𐤋𐤄 𐤀𐤋 𐤄𐤉𐤌 𐤅𐤉𐤄𐤉 𐤎𐤏𐤓 𐤂𐤃𐤅𐤋 𐤁𐤉𐤌
𐤅𐤄𐤀𐤍𐤉𐤄 𐤇𐤔𐤁𐤄 𐤋𐤄𐤔𐤁𐤓•
𐤄 𐤅𐤉𐤉𐤓𐤀𐤅 𐤄𐤌𐤋𐤇𐤉𐤌 𐤅𐤉𐤆𐤏𐤒𐤅 𐤀𐤉𐤔 𐤀𐤋 𐤀𐤋𐤄𐤉𐤅 𐤅𐤉𐤈𐤋𐤅 𐤀𐤕 𐤄𐤊𐤋𐤉𐤌
𐤀𐤔𐤓 𐤁𐤀𐤍𐤉𐤄 𐤀𐤋 𐤄𐤉𐤌 𐤋𐤄𐤒𐤋 𐤌𐤏𐤋𐤉𐤄𐤌 𐤅𐤉𐤅𐤍𐤄 𐤉𐤓𐤃 𐤀𐤋 𐤉𐤓𐤊𐤕𐤉
𐤄𐤎𐤐𐤉𐤍𐤄 𐤅𐤉𐤔𐤊𐤁 𐤅𐤉𐤓𐤃𐤌•
𐤅 𐤅𐤉𐤒𐤓𐤁 𐤀𐤋𐤉𐤅 𐤓𐤁 𐤄𐤇𐤁𐤋 𐤅𐤉𐤀𐤌𐤓 𐤋𐤅 𐤌𐤄 𐤋𐤊 𐤍𐤓𐤃𐤌 𐤒𐤅𐤌 𐤒𐤓𐤀 𐤀𐤋
𐤀𐤋𐤄𐤉𐤊 𐤀𐤅𐤋𐤉 𐤉𐤕𐤏𐤔𐤕 𐤄𐤀𐤋𐤄𐤉𐤌 𐤋𐤍𐤅 𐤅𐤋𐤀 𐤍𐤀𐤁𐤃•
𐤆 𐤅𐤉𐤀𐤌𐤓𐤅 𐤀𐤉𐤔 𐤀𐤋 𐤓𐤏𐤄𐤅 𐤋𐤊𐤅 𐤅𐤍𐤐𐤉𐤋𐤄 𐤂𐤅𐤓𐤋𐤅𐤕 𐤅𐤍𐤃𐤏𐤄 𐤁𐤔𐤋𐤌𐤉
𐤄𐤓𐤏𐤄 𐤄𐤆𐤀𐤕 𐤋𐤍𐤅 𐤅𐤉𐤐𐤋𐤅 𐤂𐤅𐤓𐤋𐤅𐤕 𐤅𐤉𐤐𐤋 𐤄𐤂𐤅𐤓𐤋 𐤏𐤋 𐤉𐤅𐤍𐤄•
𐤇 𐤅𐤉𐤀𐤌𐤓𐤅 𐤀𐤋𐤉𐤅 𐤄𐤂𐤉𐤃𐤄 𐤍𐤀 𐤋𐤍𐤅 𐤁𐤀𐤔𐤓 𐤋𐤌𐤉 𐤄𐤓𐤏𐤄 𐤄𐤆𐤀𐤕 𐤋𐤍𐤅 𐤌𐤄
𐤌𐤋𐤀𐤊𐤕𐤊 𐤅𐤌𐤀𐤉𐤍 𐤕𐤁𐤅𐤀 𐤌𐤄 𐤀𐤓𐤑𐤊 𐤅𐤀𐤉 𐤌𐤆𐤄 𐤏𐤌 𐤀𐤕𐤄•
𐤈 𐤅𐤉𐤀𐤌𐤓 𐤀𐤋𐤉𐤄𐤌 𐤏𐤁𐤓𐤉 𐤀𐤍𐤊𐤉 𐤅𐤀𐤕 𐤉𐤄𐤅𐤄 𐤀𐤋𐤄𐤉 𐤄𐤔𐤌𐤉𐤌 𐤀𐤍𐤉
𐤉𐤓𐤀 𐤀𐤔𐤓 𐤏𐤔𐤄 𐤀𐤕 𐤄𐤉𐤌 𐤅𐤀𐤕 𐤄𐤉𐤁𐤔𐤄•
𐤉 𐤅𐤉𐤉𐤓𐤀𐤅 𐤄𐤀𐤍𐤔𐤉𐤌 𐤉𐤓𐤀𐤄 𐤂𐤃𐤅𐤋𐤄 𐤅𐤉𐤀𐤌𐤓𐤅 𐤀𐤋𐤉𐤅 𐤌𐤄 𐤆𐤀𐤕 𐤏𐤔𐤉𐤕
𐤊𐤉 𐤉𐤃𐤏𐤅 𐤄𐤀𐤍𐤔𐤉𐤌 𐤊𐤉 𐤌𐤋𐤐𐤍𐤉 𐤉𐤄𐤅𐤄 𐤄𐤅𐤀 𐤁𐤓𐤇 𐤊𐤉 𐤄𐤂𐤉𐤃 𐤋𐤄𐤌•
𐤉𐤀 𐤅𐤉𐤀𐤌𐤓𐤅 𐤀𐤋𐤉𐤅 𐤌𐤄 𐤍𐤏𐤔𐤄 𐤋𐤊 𐤅𐤉𐤔𐤕𐤒 𐤄𐤉𐤌 𐤌𐤏𐤋𐤉𐤍𐤅 𐤊𐤉 𐤄𐤉𐤌
𐤄𐤅𐤋𐤊 𐤅𐤎𐤏𐤓•
𐤉𐤁 𐤅𐤉𐤀𐤌𐤓 𐤀𐤋𐤉𐤄𐤌 𐤔𐤀𐤅𐤍𐤉 𐤅𐤄𐤈𐤉𐤋𐤍𐤉 𐤀𐤋 𐤄𐤉𐤌 𐤅𐤉𐤔𐤕𐤒 𐤄𐤉𐤌
𐤌𐤏𐤋𐤉𐤊𐤌 𐤊𐤉 𐤉𐤅𐤃𐤏 𐤀𐤍𐤉 𐤊𐤉 𐤁𐤔𐤋𐤉 𐤄𐤎𐤏𐤓 𐤄𐤂𐤃𐤅𐤋 𐤄𐤆𐤄 𐤏𐤋𐤉𐤊𐤌•
𐤉𐤂 𐤅𐤉𐤇𐤕𐤓𐤅 𐤄𐤀𐤍𐤔𐤉𐤌 𐤋𐤄𐤔𐤉𐤁 𐤀𐤋 𐤄𐤉𐤁𐤔𐤄 𐤅𐤋𐤀 𐤉𐤊𐤋𐤅 𐤊𐤉 𐤄𐤉𐤌
𐤄𐤅𐤋𐤊 𐤅𐤎𐤏𐤓 𐤏𐤋𐤉𐤄𐤌•
𐤉𐤃 𐤅𐤉𐤒𐤓𐤀𐤅 𐤀𐤋 𐤉𐤄𐤅𐤄 𐤅𐤉𐤀𐤌𐤓𐤅 𐤀𐤍𐤄 𐤉𐤄𐤅𐤄 𐤀𐤋 𐤍𐤀 𐤍𐤀𐤁𐤃𐤄 𐤁𐤍𐤐𐤔
𐤄𐤀𐤉𐤔 𐤄𐤆𐤄 𐤅𐤀𐤋 𐤕𐤕𐤍 𐤏𐤋𐤉𐤍𐤅 𐤃𐤌 𐤍𐤒𐤉𐤀 𐤊𐤉 𐤀𐤕𐤄 𐤉𐤄𐤅𐤄 𐤊𐤀𐤔𐤓 𐤇𐤐𐤑𐤕
𐤏𐤔𐤉𐤕•
𐤈𐤅 𐤅𐤉𐤔𐤀𐤅 𐤀𐤕 𐤉𐤅𐤍𐤄 𐤅𐤉𐤈𐤋𐤄𐤅 𐤀𐤋 𐤄𐤉𐤌 𐤅𐤉𐤏𐤌𐤃 𐤄𐤉𐤌 𐤌𐤆𐤏𐤐𐤅•
𐤈𐤆 𐤅𐤉𐤉𐤓𐤀𐤅 𐤄𐤀𐤍𐤔𐤉𐤌 𐤉𐤓𐤀𐤄 𐤂𐤃𐤅𐤋𐤄 𐤀𐤕 𐤉𐤄𐤅𐤄 𐤅𐤉𐤆𐤁𐤇𐤅 𐤆𐤁𐤇

𐤋𐤉𐤄𐤅𐤄 𐤅𐤉𐤃𐤓𐤅 𐤍𐤃𐤓𐤉𐤌•

𐤐𐤓𐤒 𐤁

𐤀𐤅𐤉𐤌𐤍 𐤉𐤄𐤅𐤄 𐤃𐤂 𐤂𐤃𐤅𐤋 𐤋𐤁𐤋𐤏 𐤀𐤕 𐤉𐤅𐤍𐤄 𐤅𐤉𐤄𐤉 𐤉𐤅𐤍𐤄 𐤁𐤌𐤏𐤉 𐤄𐤃𐤂
𐤔𐤋𐤔𐤄 𐤉𐤌𐤉𐤌 𐤅𐤔𐤋𐤔𐤄 𐤋𐤉𐤋𐤅𐤕•
𐤁𐤅𐤉𐤕𐤐𐤋𐤋 𐤉𐤅𐤍𐤄 𐤀𐤋 𐤉𐤄𐤅𐤄 𐤀𐤋𐤄𐤉𐤅 𐤌𐤌𐤏𐤉 𐤄𐤃𐤂𐤄•
𐤂𐤅𐤉𐤀𐤌𐤓 𐤒𐤓𐤀𐤕𐤉 𐤌𐤑𐤓𐤄 𐤋𐤉 𐤀𐤋 𐤉𐤄𐤅𐤄 𐤅𐤉𐤏𐤍𐤍𐤉 𐤌𐤁𐤈𐤍 𐤔𐤀𐤅𐤋 𐤔𐤅𐤏𐤕𐤉
𐤔𐤌𐤏𐤕 𐤒𐤅𐤋𐤉•
𐤃𐤅𐤕𐤔𐤋𐤉𐤊𐤍𐤉 𐤌𐤑𐤅𐤋𐤄 𐤁𐤋𐤁𐤁 𐤉𐤌𐤉𐤌 𐤅𐤍𐤄𐤓 𐤉𐤎𐤁𐤁𐤍𐤉 𐤊𐤋 𐤌𐤔𐤁𐤓𐤉𐤊
𐤅𐤂𐤋𐤉𐤊 𐤏𐤋𐤉 𐤏𐤁𐤓𐤅•
𐤄𐤅𐤀𐤍𐤉 𐤀𐤌𐤓𐤕𐤉 𐤍𐤂𐤓𐤔𐤕𐤉 𐤌𐤍𐤂𐤃 𐤏𐤉𐤍𐤉𐤊 𐤀𐤊 𐤀𐤅𐤎𐤉𐤐 𐤋𐤄𐤁𐤉𐤈 𐤀𐤋
𐤄𐤉𐤊𐤋 𐤒𐤃𐤔𐤊•
𐤅𐤀𐤐𐤐𐤅𐤍𐤉 𐤌𐤉𐤌 𐤏𐤃 𐤍𐤐𐤔 𐤕𐤄𐤅𐤌 𐤉𐤎𐤁𐤁𐤍𐤉 𐤎𐤅𐤐 𐤇𐤁𐤅𐤔 𐤋𐤓𐤀𐤔𐤉•
𐤆𐤋𐤒𐤑𐤁𐤉 𐤄𐤓𐤉𐤌 𐤉𐤓𐤃𐤕𐤉 𐤄𐤀𐤓𐤑 𐤁𐤓𐤉𐤇𐤉𐤄 𐤁𐤏𐤃𐤉 𐤋𐤏𐤅𐤋𐤌 𐤅𐤕𐤏𐤋 𐤌𐤔𐤇𐤕
𐤇𐤉𐤉 𐤉𐤄𐤅𐤄 𐤀𐤋𐤄𐤉•
𐤇𐤁𐤄𐤕𐤏𐤈𐤐 𐤏𐤋𐤉 𐤍𐤐𐤔𐤉 𐤀𐤕 𐤉𐤄𐤅𐤄 𐤆𐤊𐤓𐤕𐤉 𐤅𐤕𐤁𐤅𐤀 𐤀𐤋𐤉𐤊 𐤕𐤐𐤋𐤕𐤉 𐤀𐤋
𐤄𐤉𐤊𐤋 𐤒𐤃𐤔𐤊•
𐤈𐤌𐤔𐤌𐤓𐤉𐤌 𐤄𐤁𐤋𐤉 𐤔𐤅𐤀 𐤇𐤎𐤃𐤌 𐤉𐤏𐤆𐤁𐤅•
𐤉𐤅𐤀𐤍𐤉 𐤁𐤒𐤅𐤋 𐤕𐤅𐤃𐤄 𐤀𐤆𐤁𐤇𐤄 𐤋𐤊 𐤀𐤔𐤓 𐤍𐤃𐤓𐤕𐤉 𐤀𐤔𐤋𐤌𐤄 𐤉𐤔𐤅𐤏𐤕𐤄
𐤋𐤉𐤄𐤅𐤄•
𐤉𐤀𐤅𐤉𐤀𐤌𐤓 𐤉𐤄𐤅𐤄 𐤋𐤃𐤂 𐤅𐤉𐤒𐤀 𐤀𐤕 𐤉𐤅𐤍𐤄 𐤀𐤋 𐤄𐤉𐤁𐤔𐤄•

𐤐𐤓𐤒 𐤂

𐤀𐤅𐤉𐤄𐤉 𐤃𐤁𐤓 𐤉𐤄𐤅𐤄 𐤀𐤋 𐤉𐤅𐤍𐤄 𐤔𐤍𐤉𐤕 𐤋𐤀𐤌𐤓•
𐤁𐤒𐤅𐤌 𐤋𐤊 𐤀𐤋 𐤍𐤉𐤍𐤅𐤄 𐤄𐤏𐤉𐤓 𐤄𐤂𐤃𐤅𐤋𐤄 𐤅𐤒𐤓𐤀 𐤀𐤋𐤉𐤄 𐤀𐤕 𐤄𐤒𐤓𐤉𐤀𐤄
𐤀𐤔𐤓 𐤀𐤍𐤊𐤉 𐤃𐤁𐤓 𐤀𐤋𐤉𐤊•
𐤂𐤅𐤉𐤒𐤌 𐤉𐤅𐤍𐤄 𐤅𐤉𐤋𐤊 𐤀𐤋 𐤍𐤉𐤍𐤅𐤄 𐤊𐤃𐤁𐤓 𐤉𐤄𐤅𐤄 𐤅𐤍𐤉𐤍𐤅𐤄 𐤄𐤉𐤕𐤄 𐤏𐤉𐤓
𐤂𐤃𐤅𐤋𐤄 𐤋𐤀𐤋𐤄𐤉𐤌 𐤌𐤄𐤋𐤊 𐤔𐤋𐤔𐤕 𐤉𐤌𐤉𐤌•
𐤃𐤅𐤉𐤇𐤋 𐤉𐤅𐤍𐤄 𐤋𐤁𐤅𐤀 𐤁𐤏𐤉𐤓 𐤌𐤄𐤋𐤊 𐤉𐤅𐤌 𐤀𐤇𐤃 𐤅𐤉𐤒𐤓𐤀 𐤅𐤉𐤀𐤌𐤓 𐤏𐤅𐤃
𐤀𐤓𐤁𐤏𐤉𐤌 𐤉𐤅𐤌 𐤅𐤍𐤉𐤍𐤅𐤄 𐤍𐤄𐤐𐤊𐤕•
𐤄𐤅𐤉𐤀𐤌𐤉𐤍𐤅 𐤀𐤍𐤔𐤉 𐤍𐤉𐤍𐤅𐤄 𐤁𐤀𐤋𐤄𐤉𐤌 𐤅𐤉𐤒𐤓𐤀𐤅 𐤑𐤅𐤌 𐤅𐤉𐤋𐤁𐤔𐤅
𐤔𐤒𐤉𐤌 𐤌𐤂𐤃𐤅𐤋𐤌 𐤅𐤏𐤃 𐤒𐤈𐤍𐤌•
𐤅𐤅𐤉𐤂𐤏 𐤄𐤃𐤁𐤓 𐤀𐤋 𐤌𐤋𐤊 𐤍𐤉𐤍𐤅𐤄 𐤅𐤉𐤒𐤌 𐤌𐤊𐤎𐤀𐤅 𐤅𐤉𐤏𐤁𐤓 𐤀𐤃𐤓𐤕𐤅 𐤌𐤏𐤋𐤉𐤅
𐤅𐤉𐤊𐤎 𐤔𐤒 𐤅𐤉𐤔𐤁 𐤏𐤋 𐤄𐤀𐤐𐤓•
𐤆𐤅𐤉𐤆𐤏𐤒 𐤅𐤉𐤀𐤌𐤓 𐤁𐤍𐤉𐤍𐤅𐤄 𐤌𐤈𐤏𐤌 𐤄𐤌𐤋𐤊 𐤅𐤂𐤃𐤋𐤉𐤅 𐤋𐤀𐤌𐤓 𐤄𐤀𐤃𐤌

𐤅𐤄𐤁𐤄𐤌𐤄 𐤄𐤁𐤒𐤓 𐤅𐤄𐤑𐤀𐤍 𐤀𐤋 𐤉𐤈𐤏𐤌𐤅 𐤌𐤀𐤅𐤌𐤄 𐤀𐤋 𐤉𐤓𐤏𐤅 𐤅𐤌𐤉𐤌 𐤀𐤋
𐤉𐤔𐤕𐤅•
𐤇 𐤅𐤉𐤕𐤊𐤎𐤅 𐤔𐤒𐤉𐤌 𐤄𐤀𐤃𐤌 𐤅𐤄𐤁𐤄𐤌𐤄 𐤅𐤉𐤒𐤓𐤀𐤅 𐤀𐤋 𐤀𐤋𐤄𐤉𐤌 𐤁𐤇𐤆𐤒𐤄
𐤅𐤉𐤔𐤁𐤅 𐤀𐤉𐤔 𐤌𐤃𐤓𐤊𐤅 𐤄𐤓𐤏𐤄 𐤅𐤌𐤍 𐤄𐤇𐤌𐤎 𐤀𐤔𐤓 𐤁𐤊𐤐𐤉𐤄𐤌•
𐤈 𐤌𐤉 𐤉𐤅𐤃𐤏 𐤉𐤔𐤅𐤁 𐤅𐤍𐤇𐤌 𐤄𐤀𐤋𐤄𐤉𐤌 𐤅𐤔𐤁 𐤌𐤇𐤓𐤅𐤍 𐤀𐤐𐤅 𐤅𐤋𐤀 𐤍𐤀𐤁𐤃•
𐤉 𐤅𐤉𐤓𐤀 𐤄𐤀𐤋𐤄𐤉𐤌 𐤀𐤕 𐤌𐤏𐤔𐤉𐤄𐤌 𐤊𐤉 𐤔𐤁𐤅 𐤌𐤃𐤓𐤊𐤌 𐤄𐤓𐤏𐤄 𐤅𐤉𐤍𐤇𐤌
𐤄𐤀𐤋𐤄𐤉𐤌 𐤏𐤋 𐤄𐤓𐤏𐤄 𐤀𐤔𐤓 𐤃𐤁𐤓 𐤋𐤏𐤔𐤅𐤕 𐤋𐤄𐤌 𐤅𐤋𐤀 𐤏𐤔𐤄•

𐤐𐤓𐤒 𐤃

𐤀 𐤅𐤉𐤓𐤏 𐤀𐤋 𐤉𐤅𐤍𐤄 𐤓𐤏𐤄 𐤂𐤃𐤅𐤋𐤄 𐤅𐤉𐤇𐤓 𐤋𐤅•
𐤁 𐤅𐤉𐤕𐤐𐤋𐤋 𐤀𐤋 𐤉𐤄𐤅𐤄 𐤅𐤉𐤀𐤌𐤓 𐤀𐤍𐤄 𐤉𐤄𐤅𐤄 𐤄𐤋𐤅𐤀 𐤆𐤄 𐤃𐤁𐤓𐤉 𐤏𐤃
𐤄𐤉𐤅𐤕𐤉 𐤏𐤋 𐤀𐤃𐤌𐤕𐤉 𐤏𐤋 𐤊𐤍 𐤒𐤃𐤌𐤕𐤉 𐤋𐤁𐤓𐤇 𐤕𐤓𐤔𐤉𐤔𐤄 𐤊𐤉 𐤉𐤃𐤏𐤕𐤉 𐤊𐤉
𐤀𐤕𐤄 𐤀𐤋 𐤇𐤍𐤅𐤍 𐤅𐤓𐤇𐤅𐤌 𐤀𐤓𐤊 𐤀𐤐𐤉𐤌 𐤅𐤓𐤁 𐤇𐤎𐤃 𐤅𐤍𐤇𐤌 𐤏𐤋 𐤄𐤓𐤏𐤄•
𐤂 𐤅𐤏𐤕𐤄 𐤉𐤄𐤅𐤄 𐤒𐤇 𐤍𐤀 𐤀𐤕 𐤍𐤐𐤔𐤉 𐤌𐤌𐤍𐤉 𐤊𐤉 𐤈𐤅𐤁 𐤌𐤅𐤕𐤉 𐤌𐤇𐤉𐤉•
𐤃 𐤅𐤉𐤀𐤌𐤓 𐤉𐤄𐤅𐤄 𐤄𐤄𐤉𐤈𐤁 𐤇𐤓𐤄 𐤋𐤊•
𐤄 𐤅𐤉𐤑𐤀 𐤉𐤅𐤍𐤄 𐤌𐤍 𐤄𐤏𐤉𐤓 𐤅𐤉𐤔𐤁 𐤌𐤒𐤃𐤌 𐤋𐤏𐤉𐤓 𐤅𐤉𐤏𐤔 𐤋𐤅 𐤔𐤌 𐤎𐤊𐤄
𐤅𐤉𐤔𐤁 𐤕𐤇𐤕𐤉𐤄 𐤁𐤑𐤋 𐤏𐤃 𐤀𐤔𐤓 𐤉𐤓𐤀𐤄 𐤌𐤄 𐤉𐤄𐤉𐤄 𐤁𐤏𐤉𐤓•
𐤅 𐤅𐤉𐤌𐤍 𐤉𐤄𐤅𐤄 𐤀𐤋𐤄𐤉𐤌 𐤒𐤉𐤒𐤉𐤅𐤍 𐤅𐤉𐤏𐤋 𐤌𐤏𐤋 𐤋𐤉𐤅𐤍𐤄 𐤋𐤄𐤉𐤅𐤕 𐤑𐤋 𐤏𐤋
𐤓𐤀𐤔𐤅 𐤋𐤄𐤑𐤉𐤋 𐤋𐤅 𐤌𐤓𐤏𐤕𐤅 𐤅𐤉𐤔𐤌𐤇 𐤉𐤅𐤍𐤄 𐤏𐤋 𐤄𐤒𐤉𐤒𐤉𐤅𐤍 𐤔𐤌𐤇𐤄
𐤂𐤃𐤅𐤋𐤄•
𐤆 𐤅𐤉𐤌𐤍 𐤄𐤀𐤋𐤄𐤉𐤌 𐤕𐤅𐤋𐤏𐤕 𐤁𐤏𐤋𐤅𐤕 𐤄𐤔𐤇𐤓 𐤋𐤌𐤇𐤓𐤕 𐤅𐤕𐤊 𐤀𐤕 𐤄𐤒𐤉𐤒𐤉𐤅𐤍
𐤅𐤉𐤉𐤁𐤔•
𐤇 𐤅𐤉𐤄𐤉 𐤊𐤆𐤓𐤇 𐤄𐤔𐤌𐤔 𐤅𐤉𐤌𐤍 𐤀𐤋𐤄𐤉𐤌 𐤓𐤅𐤇 𐤒𐤃𐤉𐤌 𐤇𐤓𐤉𐤔𐤉𐤕 𐤅𐤕𐤊
𐤄𐤔𐤌𐤔 𐤏𐤋 𐤓𐤀𐤔 𐤉𐤅𐤍𐤄 𐤅𐤉𐤕𐤏𐤋𐤐 𐤅𐤉𐤔𐤀𐤋 𐤀𐤕 𐤍𐤐𐤔𐤅 𐤋𐤌𐤅𐤕 𐤅𐤉𐤀𐤌𐤓 𐤈𐤅𐤁
𐤌𐤅𐤕𐤉 𐤌𐤇𐤉𐤉•
𐤈 𐤅𐤉𐤀𐤌𐤓 𐤀𐤋𐤄𐤉𐤌 𐤀𐤋 𐤉𐤅𐤍𐤄 𐤄𐤄𐤉𐤈𐤁 𐤇𐤓𐤄 𐤋𐤊 𐤏𐤋 𐤄𐤒𐤉𐤒𐤉𐤅𐤍 𐤅𐤉𐤀𐤌𐤓
𐤄𐤉𐤈𐤁 𐤇𐤓𐤄 𐤋𐤉 𐤏𐤃 𐤌𐤅𐤕•
𐤉 𐤅𐤉𐤀𐤌𐤓 𐤉𐤄𐤅𐤄 𐤀𐤕𐤄 𐤇𐤎𐤕 𐤏𐤋 𐤄𐤒𐤉𐤒𐤉𐤅𐤍 𐤀𐤔𐤓 𐤋𐤀 𐤏𐤌𐤋𐤕 𐤁𐤅 𐤅𐤋𐤀
𐤂𐤃𐤋𐤕𐤅 𐤔𐤁𐤍 𐤋𐤉𐤋𐤄 𐤄𐤉𐤄 𐤅𐤁𐤍 𐤋𐤉𐤋𐤄 𐤀𐤁𐤃•
𐤉𐤀 𐤅𐤀𐤍𐤉 𐤋𐤀 𐤀𐤇𐤅𐤎 𐤏𐤋 𐤍𐤉𐤍𐤅𐤄 𐤄𐤏𐤉𐤓 𐤄𐤂𐤃𐤅𐤋𐤄 𐤀𐤔𐤓 𐤉𐤔 𐤁𐤄 𐤄𐤓𐤁𐤄
𐤌𐤔𐤕𐤉𐤌 𐤏𐤔𐤓𐤄 𐤓𐤁𐤅 𐤀𐤃𐤌 𐤀𐤔𐤓 𐤋𐤀 𐤉𐤃𐤏 𐤁𐤉𐤍 𐤉𐤌𐤉𐤍𐤅 𐤋𐤔𐤌𐤀𐤋𐤅 𐤅𐤁𐤄𐤌𐤄
𐤓𐤁𐤄•

𐤌𐤉𐤊𐤄

𐤐𐤓𐤒 𐤀

𐤀 𐤃𐤁𐤓 𐤉𐤄𐤅𐤄 𐤀𐤔𐤓 𐤄𐤉𐤄 𐤀𐤋 𐤌𐤉𐤊𐤄 𐤄𐤌𐤓𐤔𐤕𐤉 𐤁𐤉𐤌𐤉 𐤉𐤅𐤕𐤌 𐤀𐤇𐤆 𐤉𐤇𐤆𐤒𐤉𐤄 𐤌𐤋𐤊𐤉 𐤉𐤄𐤅𐤃𐤄 𐤀𐤔𐤓 𐤇𐤆𐤄 𐤏𐤋 𐤔𐤌𐤓𐤅𐤍 𐤅𐤉𐤓𐤅𐤔𐤋𐤌•

𐤁 𐤔𐤌𐤏𐤅 𐤏𐤌𐤉𐤌 𐤊𐤋𐤌 𐤄𐤒𐤔𐤉𐤁𐤉 𐤀𐤓𐤑 𐤅𐤌𐤋𐤀𐤄 𐤅𐤉𐤄𐤉 𐤀𐤃𐤍𐤉 𐤉𐤄𐤅𐤄 𐤁𐤊𐤌 𐤋𐤏𐤃 𐤀𐤃𐤍𐤉 𐤌𐤄𐤉𐤊𐤋 𐤒𐤃𐤔𐤅•

𐤂 𐤊𐤉 𐤄𐤍𐤄 𐤉𐤄𐤅𐤄 𐤉𐤑𐤀 𐤌𐤌𐤒𐤅𐤌𐤅 𐤅𐤉𐤓𐤃 𐤅𐤃𐤓𐤊 𐤏𐤋 𐤁𐤌𐤅𐤕𐤉 [𐤁𐤌𐤕𐤉] 𐤀𐤓𐤑•

𐤃 𐤅𐤍𐤌𐤎𐤅 𐤄𐤄𐤓𐤉𐤌 𐤕𐤇𐤕𐤉𐤅 𐤅𐤄𐤏𐤌𐤒𐤉𐤌 𐤉𐤕𐤁𐤒𐤏𐤅 𐤊𐤃𐤅𐤍𐤂 𐤌𐤐𐤍𐤉 𐤄𐤀𐤔 𐤊𐤌𐤉𐤌 𐤌𐤂𐤓𐤉𐤌 𐤁𐤌𐤅𐤓𐤃•

𐤄 𐤁𐤐𐤔𐤏 𐤉𐤏𐤒𐤁 𐤊𐤋 𐤆𐤀𐤕 𐤅𐤁𐤇𐤈𐤀𐤅𐤕 𐤁𐤉𐤕 𐤉𐤔𐤓𐤀𐤋 𐤌𐤉 𐤐𐤔𐤏 𐤉𐤏𐤒𐤁 𐤄𐤋𐤅𐤀 𐤔𐤌𐤓𐤅𐤍 𐤅𐤌𐤉 𐤁𐤌𐤅𐤕 𐤉𐤄𐤅𐤃𐤄 𐤄𐤋𐤅𐤀 𐤉𐤓𐤅𐤔𐤋𐤌•

𐤅 𐤅𐤔𐤌𐤕𐤉 𐤔𐤌𐤓𐤅𐤍 𐤋𐤏𐤉 𐤄𐤔𐤃𐤄 𐤋𐤌𐤈𐤏𐤉 𐤊𐤓𐤌 𐤅𐤄𐤂𐤓𐤕𐤉 𐤋𐤂𐤉 𐤀𐤁𐤍𐤉𐤄 𐤅𐤉𐤎𐤃𐤉𐤄 𐤀𐤂𐤋𐤄•

𐤆 𐤅𐤊𐤋 𐤐𐤎𐤉𐤋𐤉𐤄 𐤉𐤊𐤕𐤅 𐤅𐤊𐤋 𐤀𐤕𐤍𐤍𐤉𐤄 𐤉𐤔𐤓𐤐𐤅 𐤁𐤀𐤔 𐤅𐤊𐤋 𐤏𐤑𐤁𐤉𐤄 𐤀𐤔𐤉𐤌 𐤔𐤌𐤌𐤄 𐤊𐤉 𐤌𐤀𐤕𐤍𐤍 𐤆𐤅𐤍𐤄 𐤒𐤁𐤑𐤄 𐤅𐤏𐤃 𐤀𐤕𐤍𐤍 𐤆𐤅𐤍𐤄 𐤉𐤔𐤅𐤁𐤅•

𐤇 𐤏𐤋 𐤆𐤀𐤕 𐤀𐤎𐤐𐤃𐤄 𐤅𐤀𐤉𐤋𐤉𐤋𐤄 𐤀𐤉𐤋𐤊𐤄 𐤔𐤉𐤋𐤋 [𐤔𐤅𐤋𐤋] 𐤅𐤏𐤓𐤅𐤌 𐤀𐤏𐤔𐤄 𐤌𐤎𐤐𐤃 𐤊𐤕𐤍𐤉𐤌 𐤅𐤀𐤁𐤋 𐤊𐤁𐤍𐤅𐤕 𐤉𐤏𐤍𐤄•

𐤈 𐤊𐤉 𐤀𐤍𐤅𐤔𐤄 𐤌𐤊𐤅𐤕𐤉𐤄 𐤊𐤉 𐤁𐤀𐤄 𐤏𐤃 𐤉𐤄𐤅𐤃𐤄 𐤍𐤂𐤏 𐤏𐤃 𐤔𐤏𐤓 𐤏𐤌𐤉 𐤏𐤃 𐤉𐤓𐤅𐤔𐤋𐤌•

𐤉 𐤁𐤂𐤕 𐤀𐤋 𐤕𐤂𐤉𐤃𐤅 𐤁𐤊𐤅 𐤀𐤋 𐤕𐤁𐤊𐤅 𐤁𐤁𐤉𐤕 𐤋𐤏𐤐𐤓𐤄 𐤏𐤐𐤓 𐤄𐤕𐤐𐤋𐤔𐤕𐤉 [𐤄𐤕𐤐𐤋𐤔𐤉]•

𐤉𐤀 𐤏𐤁𐤓𐤉 𐤋𐤊𐤌 𐤉𐤅𐤔𐤁𐤕 𐤔𐤐𐤉𐤓 𐤏𐤓𐤉𐤄 𐤁𐤔𐤕 𐤋𐤀 𐤉𐤑𐤀𐤄 𐤉𐤅𐤔𐤁𐤕 𐤑𐤀𐤍𐤍 𐤌𐤎𐤐𐤃 𐤁𐤉𐤕 𐤄𐤀𐤑𐤋 𐤉𐤒𐤇 𐤌𐤊𐤌 𐤏𐤌𐤃𐤕𐤅•

𐤉𐤁 𐤊𐤉 𐤇𐤋𐤄 𐤋𐤈𐤅𐤁 𐤉𐤅𐤔𐤁𐤕 𐤌𐤓𐤅𐤕 𐤊𐤉 𐤉𐤓𐤃 𐤓𐤏 𐤌𐤀𐤕 𐤉𐤄𐤅𐤄 𐤋𐤔𐤏𐤓 𐤉𐤓𐤅𐤔𐤋𐤌•

𐤉𐤂 𐤓𐤕𐤌 𐤄𐤌𐤓𐤊𐤁𐤄 𐤋𐤓𐤊𐤔 𐤉𐤅𐤔𐤁𐤕 𐤋𐤊𐤉𐤔 𐤓𐤀𐤔𐤉𐤕 𐤇𐤈𐤀𐤕 𐤄𐤉𐤀 𐤋𐤁𐤕 𐤑𐤉𐤅𐤍 𐤊𐤉 𐤁𐤊 𐤍𐤌𐤑𐤀𐤅 𐤐𐤔𐤏𐤉 𐤉𐤔𐤓𐤀𐤋•

𐤉𐤃 𐤋𐤊𐤍 𐤕𐤕𐤍𐤉 𐤔𐤋𐤅𐤇𐤉𐤌 𐤏𐤋 𐤌𐤅𐤓𐤔𐤕 𐤂𐤕 𐤁𐤕𐤉 𐤀𐤊𐤆𐤉𐤁 𐤋𐤀𐤊𐤆𐤁 𐤋𐤌𐤋𐤊𐤉 𐤉𐤔𐤓𐤀𐤋•

𐤈𐤅 𐤏𐤃 𐤄𐤉𐤓𐤔 𐤀𐤁𐤉 [𐤀𐤁𐤉𐤀] 𐤋𐤊 𐤉𐤅𐤔𐤁𐤕 𐤌𐤓𐤔𐤄 𐤏𐤃 𐤏𐤃𐤋𐤌 𐤉𐤁𐤅𐤀 𐤊𐤁𐤅𐤃 𐤉𐤔𐤓𐤀𐤋•

𐤈𐤆 𐤒𐤓𐤇𐤉 𐤅𐤂𐤆𐤉 𐤏𐤋 𐤁𐤍𐤉 𐤕𐤏𐤍𐤅𐤂𐤉𐤊 𐤄𐤓𐤇𐤁𐤉 𐤒𐤓𐤇𐤕𐤊 𐤊𐤍𐤔𐤓 𐤊𐤉 𐤂𐤋𐤅 𐤌𐤌𐤊•

𐤐𐤓𐤒 𐤁
𐤀 𐤄𐤅𐤉 𐤇𐤔𐤁𐤉 𐤀𐤅𐤍 𐤅𐤐𐤏𐤋𐤉 𐤓𐤏 𐤏𐤋 𐤌𐤔𐤊𐤁𐤅𐤕𐤌 𐤁𐤀𐤅𐤓 𐤄𐤁𐤒𐤓 𐤉𐤏𐤔𐤅𐤄 𐤊𐤉
𐤉𐤔 𐤋𐤀𐤋 𐤉𐤃𐤌•
𐤁 𐤅𐤇𐤌𐤃𐤅 𐤔𐤃𐤅𐤕 𐤅𐤂𐤆𐤋𐤅 𐤅𐤁𐤕𐤉𐤌 𐤅𐤍𐤔𐤀𐤅 𐤅𐤏𐤔𐤒𐤅 𐤂𐤁𐤓 𐤅𐤁𐤉𐤕𐤅 𐤅𐤀𐤉𐤔
𐤅𐤍𐤇𐤋𐤕𐤅•
𐤂 𐤋𐤊𐤍 𐤊𐤄 𐤀𐤌𐤓 𐤉𐤄𐤅𐤄 𐤄𐤍𐤍𐤉 𐤇𐤔𐤁 𐤏𐤋 𐤄𐤌𐤔𐤐𐤇𐤄 𐤄𐤆𐤀𐤕 𐤓𐤏𐤄 𐤀𐤔𐤓 𐤋𐤀
𐤕𐤌𐤉𐤔𐤅 𐤌𐤔𐤌 𐤑𐤅𐤀𐤓𐤕𐤉𐤊𐤌 𐤅𐤋𐤀 𐤕𐤋𐤊𐤅 𐤓𐤅𐤌𐤄 𐤊𐤉 𐤏𐤕 𐤓𐤏𐤄 𐤄𐤉𐤀•
𐤃 𐤁𐤉𐤅𐤌 𐤄𐤄𐤅𐤀 𐤉𐤔𐤀 𐤏𐤋𐤉𐤊𐤌 𐤌𐤔𐤋 𐤅𐤍𐤄𐤄 𐤍𐤄𐤉 𐤍𐤄𐤉𐤄 𐤀𐤌𐤓 𐤔𐤃𐤅𐤃
𐤍𐤔𐤃𐤍𐤅 𐤇𐤋𐤒 𐤏𐤌𐤉 𐤉𐤌𐤉𐤓 𐤀𐤉𐤊 𐤉𐤌𐤉𐤔 𐤋𐤉 𐤋𐤔𐤅𐤁𐤁 𐤔𐤃𐤉𐤍𐤅 𐤉𐤇𐤋𐤒•
𐤄 𐤋𐤊𐤍 𐤋𐤀 𐤉𐤄𐤉𐤄 𐤋𐤊 𐤌𐤔𐤋𐤉𐤊 𐤇𐤁𐤋 𐤁𐤂𐤅𐤓𐤋 𐤁𐤒𐤄𐤋 𐤉𐤄𐤅𐤄•
𐤅 𐤀𐤋 𐤕𐤈𐤐𐤅 𐤉𐤈𐤉𐤐𐤅𐤍 𐤋𐤀 𐤉𐤈𐤐𐤅 𐤋𐤀𐤋𐤄 𐤋𐤀 𐤉𐤎𐤂 𐤊𐤋𐤌𐤅𐤕•
𐤆 𐤄𐤀𐤌𐤅𐤓 𐤁𐤉𐤕 𐤉𐤏𐤒𐤁 𐤄𐤒𐤑𐤓 𐤓𐤅𐤇 𐤉𐤄𐤅𐤄 𐤀𐤌 𐤀𐤋𐤄 𐤌𐤏𐤋𐤋𐤉𐤅 𐤄𐤋𐤅𐤀
𐤃𐤁𐤓𐤉 𐤉𐤉𐤈𐤉𐤁𐤅 𐤏𐤌 𐤄𐤉𐤔𐤓 𐤄𐤅𐤋𐤊•
𐤇 𐤅𐤀𐤕𐤌𐤅𐤋 𐤏𐤌𐤉 𐤋𐤀𐤅𐤉𐤁 𐤉𐤒𐤅𐤌𐤌 𐤌𐤌𐤅𐤋 𐤔𐤋𐤌𐤄 𐤀𐤃𐤓 𐤕𐤐𐤔𐤈𐤅𐤍 𐤌𐤏𐤁𐤓𐤉𐤌
𐤁𐤈𐤇 𐤔𐤅𐤁𐤉 𐤌𐤋𐤇𐤌𐤄•
𐤈 𐤍𐤔𐤉 𐤏𐤌𐤉 𐤕𐤂𐤓𐤔𐤅𐤍 𐤌𐤁𐤉𐤕 𐤕𐤏𐤍𐤂𐤉𐤄 𐤌𐤏𐤋 𐤏𐤋𐤋𐤉𐤄 𐤕𐤒𐤇𐤅 𐤄𐤃𐤓𐤉
𐤋𐤏𐤅𐤋𐤌•
𐤉 𐤒𐤅𐤌𐤅 𐤅𐤋𐤊𐤅 𐤊𐤉 𐤋𐤀 𐤆𐤀𐤕 𐤄𐤌𐤍𐤅𐤇𐤄 𐤁𐤏𐤁𐤅𐤓 𐤈𐤌𐤀𐤄 𐤕𐤇𐤁𐤋 𐤅𐤇𐤁𐤋
𐤍𐤌𐤓𐤑•
𐤉𐤀 𐤋𐤅 𐤀𐤉𐤔 𐤄𐤋𐤊 𐤓𐤅𐤇 𐤅𐤔𐤒𐤓 𐤊𐤆𐤁 𐤀𐤈𐤐 𐤋𐤊 𐤋𐤉𐤉𐤍 𐤅𐤋𐤔𐤊𐤓 𐤅𐤄𐤉𐤄
𐤌𐤈𐤉𐤐 𐤄𐤏𐤌 𐤄𐤆𐤄•
𐤉𐤁 𐤀𐤎𐤐 𐤀𐤀𐤎𐤐 𐤉𐤏𐤒𐤁 𐤊𐤋𐤊 𐤒𐤁𐤑 𐤀𐤒𐤁𐤑 𐤔𐤀𐤓𐤉𐤕 𐤉𐤔𐤓𐤀𐤋 𐤉𐤇𐤃 𐤀𐤔𐤉𐤌𐤍𐤅
𐤊𐤑𐤀𐤍 𐤁𐤑𐤓𐤄 𐤊𐤏𐤃𐤓 𐤁𐤕𐤅𐤊 𐤄𐤃𐤁𐤓𐤅 𐤕𐤄𐤉𐤌𐤍𐤄 𐤌𐤀𐤃𐤌•
𐤉𐤂 𐤏𐤋𐤄 𐤄𐤐𐤓𐤑 𐤋𐤐𐤍𐤉𐤄𐤌 𐤐𐤓𐤑𐤅 𐤅𐤉𐤏𐤁𐤓𐤅 𐤔𐤏𐤓 𐤅𐤉𐤑𐤀𐤅 𐤁𐤅 𐤅𐤉𐤏𐤁𐤓 𐤌𐤋𐤊𐤌
𐤋𐤐𐤍𐤉𐤄𐤌 𐤅𐤉𐤄𐤅𐤄 𐤁𐤓𐤀𐤔𐤌•

𐤐𐤓𐤒 𐤂
𐤀 𐤅𐤀𐤌𐤓 𐤔𐤌𐤏𐤅 𐤍𐤀 𐤓𐤀𐤔𐤉 𐤉𐤏𐤒𐤁 𐤅𐤒𐤑𐤉𐤍𐤉 𐤁𐤉𐤕 𐤉𐤔𐤓𐤀𐤋 𐤄𐤋𐤅𐤀 𐤋𐤊𐤌
𐤋𐤃𐤏𐤕 𐤀𐤕 𐤄𐤌𐤔𐤐𐤈•
𐤁 𐤔𐤍𐤀𐤉 𐤈𐤅𐤁 𐤅𐤀𐤄𐤁𐤉 𐤓𐤏𐤄 [𐤓𐤏] 𐤂𐤆𐤋𐤉 𐤏𐤅𐤓𐤌 𐤌𐤏𐤋𐤉𐤄𐤌 𐤅𐤔𐤀𐤓𐤌 𐤌𐤏𐤋
𐤏𐤑𐤌𐤅𐤕𐤌•
𐤂 𐤅𐤀𐤔𐤓 𐤀𐤊𐤋𐤅 𐤔𐤀𐤓 𐤏𐤌𐤉 𐤅𐤏𐤅𐤓𐤌 𐤌𐤏𐤋𐤉𐤄𐤌 𐤄𐤐𐤔𐤉𐤈𐤅 𐤅𐤀𐤕 𐤏𐤑𐤌𐤕𐤉𐤄𐤌
𐤐𐤑𐤇𐤅 𐤅𐤐𐤓𐤔𐤅 𐤊𐤀𐤔𐤓 𐤁𐤎𐤉𐤓 𐤅𐤊𐤁𐤔𐤓 𐤁𐤕𐤅𐤊 𐤒𐤋𐤇𐤕•

𐤃 𐤀𐤆 𐤉𐤆𐤏𐤒𐤅 𐤀𐤋 𐤉𐤄𐤅𐤄 𐤅𐤋𐤀 𐤉𐤏𐤍𐤄 𐤀𐤅𐤕𐤌 𐤅𐤉𐤎𐤕𐤓 𐤐𐤍𐤉𐤅 𐤌𐤄𐤌 𐤁𐤏𐤕 𐤄𐤄𐤉𐤀 𐤊𐤀𐤔𐤓 𐤄𐤓𐤏𐤅 𐤌𐤏𐤋𐤋𐤉𐤄𐤌.

𐤄𐤊𐤄 𐤀𐤌𐤓 𐤉𐤄𐤅𐤄 𐤏𐤋 𐤄𐤍𐤁𐤉𐤀𐤉𐤌 𐤄𐤌𐤕𐤏𐤉𐤌 𐤀𐤕 𐤏𐤌𐤉 𐤄𐤍𐤔𐤊𐤉𐤌 𐤁𐤔𐤍𐤉𐤄𐤌 𐤅𐤒𐤓𐤀𐤅 𐤔𐤋𐤅𐤌 𐤅𐤀𐤔𐤓 𐤋𐤀 𐤉𐤕𐤍 𐤏𐤋 𐤐𐤉𐤄𐤌 𐤅𐤒𐤃𐤔𐤅 𐤏𐤋𐤉𐤅 𐤌𐤋𐤇𐤌𐤄.

𐤅𐤋𐤊𐤍 𐤋𐤉𐤋𐤄 𐤋𐤊𐤌 𐤌𐤇𐤆𐤅𐤍 𐤅𐤇𐤔𐤊𐤄 𐤋𐤊𐤌 𐤌𐤒𐤎𐤌 𐤅𐤁𐤀𐤄 𐤄𐤔𐤌𐤔 𐤏𐤋 𐤄𐤍𐤁𐤉𐤀𐤉𐤌 𐤅𐤒𐤃𐤓 𐤏𐤋𐤉𐤄𐤌 𐤄𐤉𐤅𐤌.

𐤆𐤅𐤁𐤔𐤅 𐤄𐤇𐤆𐤉𐤌 𐤅𐤇𐤐𐤓𐤅 𐤄𐤒𐤎𐤌𐤉𐤌 𐤅𐤏𐤈𐤅 𐤏𐤋 𐤔𐤐𐤌 𐤊𐤋𐤌 𐤊𐤉 𐤀𐤉𐤍 𐤌𐤏𐤍𐤄 𐤀𐤋𐤄𐤉𐤌.

𐤇𐤅𐤀𐤅𐤋𐤌 𐤀𐤍𐤊𐤉 𐤌𐤋𐤀𐤕𐤉 𐤊𐤇 𐤀𐤕 𐤓𐤅𐤇 𐤉𐤄𐤅𐤄 𐤅𐤌𐤔𐤐𐤈 𐤅𐤂𐤁𐤅𐤓𐤄 𐤋𐤄𐤂𐤉𐤃 𐤋𐤉𐤏𐤒𐤁 𐤐𐤔𐤏𐤅 𐤅𐤋𐤉𐤔𐤓𐤀𐤋 𐤇𐤈𐤀𐤕𐤅.

𐤈𐤔𐤌𐤏𐤅 𐤍𐤀 𐤆𐤀𐤕 𐤓𐤀𐤔𐤉 𐤁𐤉𐤕 𐤉𐤏𐤒𐤁 𐤅𐤒𐤑𐤉𐤍𐤉 𐤁𐤉𐤕 𐤉𐤔𐤓𐤀𐤋 𐤄𐤌𐤕𐤏𐤁𐤉𐤌 𐤌𐤔𐤐𐤈 𐤅𐤀𐤕 𐤊𐤋 𐤄𐤉𐤔𐤓𐤄 𐤉𐤏𐤒𐤔𐤅.

𐤉𐤁𐤍𐤄 𐤑𐤉𐤅𐤍 𐤁𐤃𐤌𐤉𐤌 𐤅𐤉𐤓𐤅𐤔𐤋𐤌 𐤁𐤏𐤅𐤋𐤄.

𐤉𐤀𐤓𐤀𐤔𐤉𐤄 𐤁𐤔𐤇𐤃 𐤉𐤔𐤐𐤈𐤅 𐤅𐤊𐤄𐤍𐤉𐤄 𐤁𐤌𐤇𐤉𐤓 𐤉𐤅𐤓𐤅 𐤅𐤍𐤁𐤉𐤀𐤉𐤄 𐤁𐤊𐤎𐤐 𐤉𐤒𐤎𐤌𐤅 𐤅𐤏𐤋 𐤉𐤄𐤅𐤄 𐤉𐤔𐤏𐤍𐤅 𐤋𐤀𐤌𐤓 𐤄𐤋𐤅𐤀 𐤉𐤄𐤅𐤄 𐤁𐤒𐤓𐤁𐤍𐤅 𐤋𐤀 𐤕𐤁𐤅𐤀 𐤏𐤋𐤉𐤍𐤅 𐤓𐤏𐤄.

𐤉𐤁 𐤋𐤊𐤍 𐤁𐤂𐤋𐤋𐤊𐤌 𐤑𐤉𐤅𐤍 𐤔𐤃𐤄 𐤕𐤇𐤓𐤔 𐤅𐤉𐤓𐤅𐤔𐤋𐤌 𐤏𐤉𐤉𐤍 𐤕𐤄𐤉𐤄 𐤅𐤄𐤓 𐤄𐤁𐤉𐤕 𐤋𐤁𐤌𐤅𐤕 𐤉𐤏𐤓.

𐤐𐤓𐤒 𐤃

𐤀𐤅𐤄𐤉𐤄 𐤁𐤀𐤇𐤓𐤉𐤕 𐤄𐤉𐤌𐤉𐤌 𐤉𐤄𐤉𐤄 𐤄𐤓 𐤁𐤉𐤕 𐤉𐤄𐤅𐤄 𐤍𐤊𐤅𐤍 𐤁𐤓𐤀𐤔 𐤄𐤄𐤓𐤉𐤌 𐤅𐤍𐤔𐤀 𐤄𐤅𐤀 𐤌𐤂𐤁𐤏𐤅𐤕 𐤅𐤍𐤄𐤓𐤅 𐤏𐤋𐤉𐤅 𐤏𐤌𐤉𐤌.

𐤁𐤅𐤄𐤋𐤊𐤅 𐤂𐤅𐤉𐤌 𐤓𐤁𐤉𐤌 𐤅𐤀𐤌𐤓𐤅 𐤋𐤊𐤅 𐤅𐤍𐤏𐤋𐤄 𐤀𐤋 𐤄𐤓 𐤉𐤄𐤅𐤄 𐤅𐤀𐤋 𐤁𐤉𐤕 𐤀𐤋𐤄𐤉 𐤉𐤏𐤒𐤁 𐤅𐤉𐤅𐤓𐤍𐤅 𐤌𐤃𐤓𐤊𐤉𐤅 𐤅𐤍𐤋𐤊𐤄 𐤁𐤀𐤓𐤇𐤕𐤉𐤅 𐤊𐤉 𐤌𐤑𐤉𐤅𐤍 𐤕𐤑𐤀 𐤕𐤅𐤓𐤄 𐤅𐤃𐤁𐤓 𐤉𐤄𐤅𐤄 𐤌𐤉𐤓𐤅𐤔𐤋𐤌.

𐤂𐤅𐤔𐤐𐤈 𐤁𐤉𐤍 𐤏𐤌𐤉𐤌 𐤓𐤁𐤉𐤌 𐤅𐤄𐤅𐤊𐤉𐤇 𐤋𐤂𐤅𐤉𐤌 𐤏𐤑𐤌𐤉𐤌 𐤏𐤃 𐤓𐤇𐤅𐤒 𐤅𐤊𐤕𐤕𐤅 𐤇𐤓𐤁𐤕𐤉𐤄𐤌 𐤋𐤀𐤕𐤉𐤌 𐤅𐤇𐤍𐤉𐤕𐤕𐤉𐤄𐤌 𐤋𐤌𐤆𐤌𐤓𐤅𐤕 𐤋𐤀 𐤉𐤔𐤀𐤅 𐤂𐤅𐤉 𐤀𐤋 𐤂𐤅𐤉 𐤇𐤓𐤁 𐤅𐤋𐤀 𐤉𐤋𐤌𐤃𐤅𐤍 𐤏𐤅𐤃 𐤌𐤋𐤇𐤌𐤄.

𐤃𐤅𐤉𐤔𐤁𐤅 𐤀𐤉𐤔 𐤕𐤇𐤕 𐤂𐤐𐤍𐤅 𐤅𐤕𐤇𐤕 𐤕𐤀𐤍𐤕𐤅 𐤅𐤀𐤉𐤍 𐤌𐤇𐤓𐤉𐤃 𐤊𐤉 𐤐𐤉 𐤉𐤄𐤅𐤄 𐤑𐤁𐤀𐤅𐤕 𐤃𐤁𐤓.

𐤄𐤊𐤉 𐤊𐤋 𐤄𐤏𐤌𐤉𐤌 𐤉𐤋𐤊𐤅 𐤀𐤉𐤔 𐤁𐤔𐤌 𐤀𐤋𐤄𐤉𐤅 𐤅𐤀𐤍𐤇𐤍𐤅 𐤍𐤋𐤊 𐤁𐤔𐤌 𐤉𐤄𐤅𐤄 𐤀𐤋𐤄𐤉𐤍𐤅 𐤋𐤏𐤅𐤋𐤌 𐤅𐤏𐤃.

𐤅 𐤁𐤉𐤅𐤌 𐤄𐤄𐤅𐤀 𐤍𐤀𐤌 𐤉𐤄𐤅𐤄 𐤀𐤎𐤐𐤄 𐤄𐤑𐤋𐤏𐤄 𐤅𐤄𐤍𐤃𐤇𐤄 𐤀𐤒𐤁𐤑𐤄 𐤅𐤀𐤔𐤓
𐤄𐤓𐤏𐤕𐤉•

𐤆 𐤅𐤔𐤌𐤕𐤉 𐤀𐤕 𐤄𐤑𐤋𐤏𐤄 𐤋𐤔𐤀𐤓𐤉𐤕 𐤅𐤄𐤍𐤄𐤋𐤀𐤄 𐤋𐤂𐤅𐤉 𐤏𐤑𐤅𐤌 𐤅𐤌𐤋𐤊
𐤉𐤄𐤅𐤄 𐤏𐤋𐤉𐤄𐤌 𐤁𐤄𐤓 𐤑𐤉𐤅𐤍 𐤌𐤏𐤕𐤄 𐤅𐤏𐤃 𐤏𐤅𐤋𐤌•

𐤇 𐤅𐤀𐤕𐤄 𐤌𐤂𐤃𐤋 𐤏𐤃𐤓 𐤏𐤐𐤋 𐤁𐤕 𐤑𐤉𐤅𐤍 𐤏𐤃𐤉𐤊 𐤕𐤀𐤕𐤄 𐤅𐤁𐤀𐤄 𐤄𐤌𐤌𐤔𐤋𐤄
𐤄𐤓𐤀𐤔𐤍𐤄 𐤌𐤌𐤋𐤊𐤕 𐤋𐤁𐤕 𐤉𐤓𐤅𐤔𐤋𐤌•

𐤈 𐤏𐤕𐤄 𐤋𐤌𐤄 𐤕𐤓𐤉𐤏𐤉 𐤓𐤏 𐤄𐤌𐤋𐤊 𐤀𐤉𐤍 𐤁𐤊 𐤀𐤌 𐤉𐤅𐤏𐤑𐤊 𐤀𐤁𐤃 𐤊𐤉 𐤄𐤇𐤆𐤉𐤒𐤊
𐤇𐤉𐤋 𐤊𐤉𐤅𐤋𐤃𐤄•

𐤉 𐤇𐤅𐤋𐤉 𐤅𐤂𐤇𐤉 𐤁𐤕 𐤑𐤉𐤅𐤍 𐤊𐤉𐤅𐤋𐤃𐤄 𐤊𐤉 𐤏𐤕𐤄 𐤕𐤑𐤀𐤉 𐤌𐤒𐤓𐤉𐤄 𐤅𐤔𐤊𐤍𐤕
𐤁𐤔𐤃𐤄 𐤅𐤁𐤀𐤕 𐤏𐤃 𐤁𐤁𐤋 𐤔𐤌 𐤕𐤍𐤑𐤋𐤉 𐤔𐤌 𐤉𐤂𐤀𐤋𐤊 𐤉𐤄𐤅𐤄 𐤌𐤊𐤐 𐤀𐤉𐤁𐤉𐤊•

𐤉𐤀 𐤅𐤏𐤕𐤄 𐤍𐤀𐤎𐤐𐤅 𐤏𐤋𐤉𐤊 𐤂𐤅𐤉𐤌 𐤓𐤁𐤉𐤌 𐤄𐤀𐤌𐤓𐤉𐤌 𐤕𐤇𐤍𐤐 𐤅𐤕𐤇𐤆 𐤁𐤑𐤉𐤅𐤍
𐤏𐤉𐤍𐤉𐤍𐤅•

𐤉𐤁 𐤅𐤄𐤌𐤄 𐤋𐤀 𐤉𐤃𐤏𐤅 𐤌𐤇𐤔𐤁𐤅𐤕 𐤉𐤄𐤅𐤄 𐤅𐤋𐤀 𐤄𐤁𐤉𐤍𐤅 𐤏𐤑𐤕𐤅 𐤊𐤉 𐤒𐤁𐤑𐤌
𐤊𐤏𐤌𐤉𐤓 𐤂𐤓𐤍𐤄•

𐤉𐤂 𐤒𐤅𐤌𐤉 𐤅𐤃𐤅𐤔𐤉 𐤁𐤕 𐤑𐤉𐤅𐤍 𐤊𐤉 𐤒𐤓𐤍𐤊 𐤀𐤔𐤉𐤌 𐤁𐤓𐤆𐤋 𐤅𐤐𐤓𐤎𐤕𐤉𐤊
𐤀𐤔𐤉𐤌 𐤍𐤇𐤅𐤔𐤄 𐤅𐤄𐤃𐤒𐤅𐤕 𐤏𐤌𐤉𐤌 𐤓𐤁𐤉𐤌 𐤅𐤄𐤇𐤓𐤌𐤕𐤉 𐤋𐤉𐤄𐤅𐤄 𐤁𐤑𐤏𐤌
𐤅𐤇𐤉𐤋𐤌 𐤋𐤀𐤃𐤅𐤍 𐤊𐤋 𐤄𐤀𐤓𐤑•

𐤉𐤃 𐤏𐤕𐤄 𐤕𐤕𐤂𐤃𐤃𐤉 𐤁𐤕 𐤂𐤃𐤅𐤃 𐤌𐤑𐤅𐤓 𐤔𐤌 𐤏𐤋𐤉𐤍𐤅 𐤁𐤔𐤁𐤈 𐤉𐤊𐤅 𐤏𐤋 𐤄𐤋𐤇𐤉
𐤀𐤕 𐤔𐤐𐤈 𐤉𐤔𐤓𐤀𐤋•

𐤐𐤓𐤒 𐤄

𐤀 𐤅𐤀𐤕𐤄 𐤁𐤉𐤕 𐤋𐤇𐤌 𐤀𐤐𐤓𐤕𐤄 𐤑𐤏𐤉𐤓 𐤋𐤄𐤉𐤅𐤕 𐤁𐤀𐤋𐤐𐤉 𐤉𐤄𐤅𐤃𐤄 𐤌𐤌𐤊 𐤋𐤉
𐤉𐤑𐤀 𐤋𐤄𐤉𐤅𐤕 𐤌𐤅𐤔𐤋 𐤁𐤉𐤔𐤓𐤀𐤋 𐤅𐤌𐤅𐤑𐤀𐤕𐤉𐤅 𐤌𐤒𐤃𐤌 𐤌𐤉𐤌𐤉 𐤏𐤅𐤋𐤌•

𐤁 𐤋𐤊𐤍 𐤉𐤕𐤍𐤌 𐤏𐤃 𐤏𐤕 𐤉𐤅𐤋𐤃𐤄 𐤉𐤋𐤃𐤄 𐤅𐤉𐤕𐤓 𐤀𐤇𐤉𐤅 𐤉𐤔𐤅𐤁𐤅𐤍 𐤏𐤋 𐤁𐤍𐤉
𐤉𐤔𐤓𐤀𐤋•

𐤂 𐤅𐤏𐤌𐤃 𐤅𐤓𐤏𐤄 𐤁𐤏𐤆 𐤉𐤄𐤅𐤄 𐤁𐤂𐤀𐤅𐤍 𐤔𐤌 𐤉𐤄𐤅𐤄 𐤀𐤋𐤄𐤉𐤅 𐤅𐤉𐤔𐤁𐤅 𐤊𐤉 𐤏𐤕𐤄
𐤉𐤂𐤃𐤋 𐤏𐤃 𐤀𐤐𐤎𐤉 𐤀𐤓𐤑•

𐤃 𐤅𐤄𐤉𐤄 𐤆𐤄 𐤔𐤋𐤅𐤌 𐤀𐤔𐤅𐤓 𐤊𐤉 𐤉𐤁𐤅𐤀 𐤁𐤀𐤓𐤑𐤍𐤅 𐤅𐤊𐤉 𐤉𐤃𐤓𐤊
𐤁𐤀𐤓𐤌𐤍𐤅𐤕𐤉𐤍𐤅 𐤅𐤄𐤒𐤌𐤍𐤅 𐤏𐤋𐤉𐤅 𐤔𐤁𐤏𐤄 𐤓𐤏𐤉𐤌 𐤅𐤔𐤌𐤍𐤄 𐤍𐤎𐤉𐤊𐤉 𐤀𐤃𐤌•

𐤄 𐤅𐤓𐤏𐤅 𐤀𐤕 𐤀𐤓𐤑 𐤀𐤔𐤅𐤓 𐤁𐤇𐤓𐤁 𐤅𐤀𐤕 𐤀𐤓𐤑 𐤍𐤌𐤓𐤃 𐤁𐤐𐤕𐤇𐤉𐤄 𐤅𐤄𐤑𐤉𐤋
𐤌𐤀𐤔𐤅𐤓 𐤊𐤉 𐤉𐤁𐤅𐤀 𐤁𐤀𐤓𐤑𐤍𐤅 𐤅𐤊𐤉 𐤉𐤃𐤓𐤊 𐤁𐤂𐤁𐤅𐤋𐤍𐤅•

𐤅 𐤅𐤄𐤉𐤄 𐤔𐤀𐤓𐤉𐤕 𐤉𐤏𐤒𐤁 𐤁𐤒𐤓𐤁 𐤏𐤌𐤉𐤌 𐤓𐤁𐤉𐤌 𐤊𐤈𐤋 𐤌𐤀𐤕 𐤉𐤄𐤅𐤄
𐤊𐤓𐤁𐤉𐤁𐤉𐤌 𐤏𐤋𐤉 𐤏𐤔𐤁 𐤀𐤔𐤓 𐤋𐤀 𐤉𐤒𐤅𐤄 𐤋𐤀𐤉𐤔 𐤅𐤋𐤀 𐤉𐤉𐤇𐤋 𐤋𐤁𐤍𐤉 𐤀𐤃𐤌•

𐤆 𐤅𐤄𐤉𐤄 𐤔𐤀𐤓𐤉𐤕 𐤉𐤏𐤒𐤁 𐤁𐤂𐤅𐤉𐤌 𐤁𐤒𐤓𐤁 𐤏𐤌𐤉𐤌 𐤓𐤁𐤉𐤌 𐤊𐤀𐤓𐤉𐤄 𐤁𐤁𐤄𐤌𐤅𐤕
𐤉𐤏𐤓 𐤊𐤊𐤐𐤉𐤓 𐤁𐤏𐤃𐤓𐤉 𐤑𐤀𐤍 𐤀𐤔𐤓 𐤀𐤌 𐤏𐤁𐤓 𐤅𐤓𐤌𐤎 𐤅𐤈𐤓𐤐 𐤅𐤀𐤉𐤍 𐤌𐤑𐤉𐤋•
𐤇𐤕𐤓𐤌 𐤉𐤃𐤊 𐤏𐤋 𐤑𐤓𐤉𐤊 𐤅𐤊𐤋 𐤀𐤉𐤁𐤉𐤊 𐤉𐤊𐤓𐤕𐤅•
𐤈𐤅𐤄𐤉𐤄 𐤁𐤉𐤅𐤌 𐤄𐤄𐤅𐤀 𐤍𐤀𐤌 𐤉𐤄𐤅𐤄 𐤅𐤄𐤊𐤓𐤕𐤉 𐤎𐤅𐤎𐤉𐤊 𐤌𐤒𐤓𐤁𐤊
𐤅𐤄𐤀𐤁𐤃𐤕𐤉 𐤌𐤓𐤊𐤁𐤕𐤉𐤊•
𐤉 𐤅𐤄𐤊𐤓𐤕𐤉 𐤏𐤓𐤉 𐤀𐤓𐤑𐤊 𐤅𐤄𐤓𐤎𐤕𐤉 𐤊𐤋 𐤌𐤁𐤑𐤓𐤉𐤊•
𐤉𐤀 𐤅𐤄𐤊𐤓𐤕𐤉 𐤊𐤔𐤐𐤉𐤌 𐤌𐤉𐤃𐤊 𐤅𐤌𐤏𐤅𐤍𐤍𐤉𐤌 𐤋𐤀 𐤉𐤄𐤉𐤅 𐤋𐤊•
𐤉𐤁 𐤅𐤄𐤊𐤓𐤕𐤉 𐤐𐤎𐤉𐤋𐤉𐤊 𐤅𐤌𐤑𐤁𐤅𐤕𐤉𐤊 𐤌𐤒𐤓𐤁𐤊 𐤅𐤋𐤀 𐤕𐤔𐤕𐤇𐤅𐤄 𐤏𐤅𐤃
𐤋𐤌𐤏𐤔𐤄 𐤉𐤃𐤉𐤊•
𐤉𐤂 𐤅𐤍𐤕𐤔𐤕𐤉 𐤀𐤔𐤉𐤓𐤉𐤊 𐤌𐤒𐤓𐤁𐤊 𐤅𐤄𐤔𐤌𐤃𐤕𐤉 𐤏𐤓𐤉𐤊•
𐤉𐤃 𐤅𐤏𐤔𐤉𐤕𐤉 𐤁𐤀𐤐 𐤅𐤁𐤇𐤌𐤄 𐤍𐤒𐤌 𐤀𐤕 𐤄𐤂𐤅𐤉𐤌 𐤀𐤔𐤓 𐤋𐤀 𐤔𐤌𐤏𐤅•

𐤐𐤓𐤒 𐤅

𐤀 𐤔𐤌𐤏𐤅 𐤍𐤀 𐤀𐤕 𐤀𐤔𐤓 𐤉𐤄𐤅𐤄 𐤀𐤌𐤓 𐤒𐤅𐤌 𐤓𐤉𐤁 𐤀𐤕 𐤄𐤄𐤓𐤉𐤌 𐤅𐤕𐤔𐤌𐤏𐤍𐤄
𐤄𐤂𐤁𐤏𐤅𐤕 𐤒𐤅𐤋𐤊•
𐤁 𐤔𐤌𐤏𐤅 𐤄𐤓𐤉𐤌 𐤀𐤕 𐤓𐤉𐤁 𐤉𐤄𐤅𐤄 𐤅𐤄𐤀𐤕𐤍𐤉𐤌 𐤌𐤎𐤃𐤉 𐤀𐤓𐤑 𐤊𐤉 𐤓𐤉𐤁
𐤋𐤉𐤄𐤅𐤄 𐤏𐤌 𐤏𐤌𐤅 𐤅𐤏𐤌 𐤉𐤔𐤓𐤀𐤋 𐤉𐤕𐤅𐤊𐤇•
𐤂𐤏𐤌𐤉 𐤌𐤄 𐤏𐤔𐤉𐤕𐤉 𐤋𐤊 𐤅𐤌𐤄 𐤄𐤋𐤀𐤕𐤉𐤊 𐤏𐤍𐤄 𐤁𐤉•
𐤃 𐤊𐤉 𐤄𐤏𐤋𐤕𐤉𐤊 𐤌𐤀𐤓𐤑 𐤌𐤑𐤓𐤉𐤌 𐤅𐤌𐤁𐤉𐤕 𐤏𐤁𐤃𐤉𐤌 𐤐𐤃𐤉𐤕𐤉𐤊 𐤅𐤀𐤔𐤋𐤇
𐤋𐤐𐤍𐤉𐤊 𐤀𐤕 𐤌𐤔𐤄 𐤀𐤄𐤓𐤍 𐤅𐤌𐤓𐤉𐤌•
𐤄 𐤏𐤌𐤉 𐤆𐤊𐤓 𐤍𐤀 𐤌𐤄 𐤉𐤏𐤑 𐤁𐤋𐤒 𐤌𐤋𐤊 𐤌𐤅𐤀𐤁 𐤅𐤌𐤄 𐤏𐤍𐤄 𐤀𐤕𐤅 𐤁𐤋𐤏𐤌 𐤁𐤍
𐤁𐤏𐤅𐤓 𐤌𐤍 𐤄𐤔𐤈𐤉𐤌 𐤏𐤃 𐤄𐤂𐤋𐤂𐤋 𐤋𐤌𐤏𐤍 𐤃𐤏𐤕 𐤑𐤃𐤒𐤅𐤕 𐤉𐤄𐤅𐤄•
𐤅𐤁𐤌𐤄 𐤀𐤒𐤃𐤌 𐤉𐤄𐤅𐤄 𐤀𐤊𐤐 𐤋𐤀𐤋𐤄𐤉 𐤌𐤓𐤅𐤌 𐤄𐤀𐤒𐤃𐤌𐤍𐤅 𐤁𐤏𐤅𐤋𐤅𐤕 𐤁𐤏𐤂𐤋𐤉𐤌
𐤁𐤍𐤉 𐤔𐤍𐤄•
𐤆 𐤄𐤉𐤓𐤑𐤄 𐤉𐤄𐤅𐤄 𐤁𐤀𐤋𐤐𐤉 𐤀𐤉𐤋𐤉𐤌 𐤁𐤓𐤁𐤁𐤅𐤕 𐤍𐤇𐤋𐤉 𐤔𐤌𐤍 𐤄𐤀𐤕𐤍 𐤁𐤊𐤅𐤓𐤉
𐤐𐤔𐤏𐤉 𐤐𐤓𐤉 𐤁𐤈𐤍𐤉 𐤇𐤈𐤀𐤕 𐤍𐤐𐤔𐤉•
𐤇𐤄𐤂𐤉𐤃 𐤋𐤊 𐤀𐤃𐤌 𐤌𐤄 𐤈𐤅𐤁 𐤅𐤌𐤄 𐤉𐤄𐤅𐤄 𐤃𐤅𐤓𐤔 𐤌𐤌𐤊 𐤊𐤉 𐤀𐤌 𐤏𐤔𐤅𐤕
𐤌𐤔𐤐𐤈 𐤅𐤀𐤄𐤁𐤕 𐤇𐤎𐤃 𐤅𐤄𐤑𐤍𐤏 𐤋𐤊𐤕 𐤏𐤌 𐤀𐤋𐤄𐤉𐤊•
𐤈 𐤒𐤅𐤋 𐤉𐤄𐤅𐤄 𐤋𐤏𐤉𐤓 𐤉𐤒𐤓𐤀 𐤅𐤕𐤅𐤔𐤉𐤄 𐤉𐤓𐤀𐤄 𐤔𐤌𐤊 𐤔𐤌𐤏𐤅 𐤌𐤈𐤄 𐤅𐤌𐤉
𐤉𐤏𐤃𐤄•
𐤉 𐤏𐤅𐤃 𐤄𐤀𐤔 𐤁𐤉𐤕 𐤓𐤔𐤏 𐤀𐤑𐤓𐤅𐤕 𐤓𐤔𐤏 𐤅𐤀𐤉𐤐𐤕 𐤓𐤆𐤅𐤍 𐤆𐤏𐤅𐤌𐤄•
𐤉𐤀 𐤄𐤀𐤆𐤊𐤄 𐤁𐤌𐤀𐤆𐤍𐤉 𐤓𐤔𐤏 𐤅𐤁𐤊𐤉𐤎 𐤀𐤁𐤍𐤉 𐤌𐤓𐤌𐤄•
𐤉𐤁 𐤀𐤔𐤓 𐤏𐤔𐤉𐤓𐤉𐤄 𐤌𐤋𐤀𐤅 𐤇𐤌𐤎 𐤅𐤉𐤔𐤁𐤉𐤄 𐤃𐤁𐤓𐤅 𐤔𐤒𐤓 𐤅𐤋𐤔𐤅𐤍𐤌 𐤓𐤌𐤉𐤄
𐤁𐤐𐤉𐤄𐤌•

𐤌𐤉𐤊𐤄

𐤉𐤂 𐤅𐤂𐤌 𐤀𐤍𐤉 𐤄𐤇𐤋𐤉𐤕𐤉 𐤄𐤊𐤅𐤕𐤊 𐤄𐤔𐤌𐤌 𐤏𐤋 𐤇𐤈𐤀𐤕𐤊•
𐤉𐤃 𐤀𐤕𐤄 𐤕𐤀𐤊𐤋 𐤅𐤋𐤀 𐤕𐤔𐤁𐤏 𐤅𐤉𐤔𐤇𐤊 𐤁𐤒𐤓𐤁𐤊 𐤅𐤕𐤎𐤂 𐤅𐤋𐤀 𐤕𐤐𐤋𐤉𐤈 𐤅𐤀𐤔𐤓
𐤕𐤐𐤋𐤈 𐤋𐤇𐤓𐤁 𐤀𐤕𐤍•
𐤈𐤅 𐤀𐤕𐤄 𐤕𐤆𐤓𐤏 𐤅𐤋𐤀 𐤕𐤒𐤑𐤅𐤓 𐤀𐤕𐤄 𐤕𐤃𐤓𐤊 𐤆𐤉𐤕 𐤅𐤋𐤀 𐤕𐤎𐤅𐤊 𐤔𐤌𐤍
𐤅𐤕𐤉𐤓𐤅𐤔 𐤅𐤋𐤀 𐤕𐤔𐤕𐤄 𐤉𐤉𐤍•
𐤈𐤆 𐤅𐤉𐤔𐤕𐤌𐤓 𐤇𐤒𐤅𐤕 𐤏𐤌𐤓𐤉 𐤅𐤊𐤋 𐤌𐤏𐤔𐤄 𐤁𐤉𐤕 𐤀𐤇𐤀𐤁 𐤅𐤕𐤋𐤊𐤅 𐤁𐤌𐤏𐤑𐤅𐤕𐤌
𐤋𐤌𐤏𐤍 𐤕𐤕𐤉 𐤀𐤕𐤊 𐤋𐤔𐤌𐤄 𐤅𐤉𐤔𐤁𐤉𐤄 𐤋𐤔𐤓𐤒𐤄 𐤅𐤇𐤓𐤐𐤕 𐤏𐤌𐤉 𐤕𐤔𐤀𐤅•

𐤐𐤓𐤒 𐤆

𐤀 𐤀𐤋𐤋𐤉 𐤋𐤉 𐤊𐤉 𐤄𐤉𐤉𐤕𐤉 𐤊𐤀𐤎𐤐𐤉 𐤒𐤉𐤑 𐤊𐤏𐤋𐤋𐤕 𐤁𐤑𐤉𐤓 𐤀𐤉𐤍 𐤀𐤔𐤊𐤅𐤋
𐤋𐤀𐤊𐤅𐤋 𐤁𐤊𐤅𐤓𐤄 𐤀𐤅𐤕𐤄 𐤍𐤐𐤔𐤉•
𐤁 𐤀𐤁𐤃 𐤇𐤎𐤉𐤃 𐤌𐤍 𐤄𐤀𐤓𐤑 𐤅𐤉𐤔𐤓 𐤁𐤀𐤃𐤌 𐤀𐤉𐤍 𐤊𐤋𐤌 𐤋𐤃𐤌𐤉𐤌 𐤉𐤀𐤓𐤁𐤅 𐤀𐤉𐤔
𐤀𐤕 𐤀𐤇𐤉𐤄𐤅 𐤉𐤑𐤅𐤃𐤅 𐤇𐤓𐤌•
𐤂 𐤏𐤋 𐤄𐤓𐤏 𐤊𐤐𐤉𐤌 𐤋𐤄𐤉𐤈𐤉𐤁 𐤄𐤔𐤓 𐤔𐤀𐤋 𐤅𐤄𐤔𐤐𐤈 𐤁𐤔𐤋𐤅𐤌 𐤅𐤄𐤂𐤃𐤅𐤋 𐤃𐤁𐤓
𐤄𐤅𐤕 𐤍𐤐𐤔𐤅 𐤄𐤅𐤀 𐤅𐤉𐤏𐤁𐤕𐤅𐤄•
𐤃 𐤈𐤅𐤁𐤌 𐤊𐤇𐤃𐤒 𐤉𐤔𐤓 𐤌𐤌𐤎𐤅𐤊𐤄 𐤉𐤅𐤌 𐤌𐤑𐤐𐤉𐤊 𐤐𐤒𐤃𐤕𐤊 𐤁𐤀𐤄 𐤏𐤕𐤄 𐤕𐤄𐤉𐤄
𐤌𐤁𐤅𐤊𐤕𐤌•
𐤄 𐤀𐤋 𐤕𐤀𐤌𐤉𐤍𐤅 𐤁𐤓𐤏 𐤀𐤋 𐤕𐤁𐤈𐤇𐤅 𐤁𐤀𐤋𐤅𐤐 𐤌𐤔𐤊𐤁𐤕 𐤇𐤉𐤒𐤊 𐤔𐤌𐤓 𐤐𐤕𐤇𐤉
𐤐𐤉𐤊•
𐤅 𐤊𐤉 𐤁𐤍 𐤌𐤍𐤁𐤋 𐤀𐤁 𐤁𐤕 𐤒𐤌𐤄 𐤁𐤀𐤌𐤄 𐤊𐤋𐤄 𐤁𐤇𐤌𐤕𐤄 𐤀𐤉𐤁𐤉 𐤀𐤉𐤔 𐤀𐤍𐤔𐤉
𐤁𐤉𐤕𐤅•
𐤆 𐤅𐤀𐤍𐤉 𐤁𐤉𐤄𐤅𐤄 𐤀𐤑𐤐𐤄 𐤀𐤅𐤇𐤉𐤋𐤄 𐤋𐤀𐤋𐤄𐤉 𐤉𐤔𐤏𐤉 𐤉𐤔𐤌𐤏𐤍𐤉 𐤀𐤋𐤄𐤉•
𐤇 𐤀𐤋 𐤕𐤔𐤌𐤇𐤉 𐤀𐤉𐤁𐤕𐤉 𐤋𐤉 𐤊𐤉 𐤍𐤐𐤋𐤕𐤉 𐤒𐤌𐤕𐤉 𐤊𐤉 𐤀𐤔𐤁 𐤁𐤇𐤔𐤊 𐤉𐤄𐤅𐤄
𐤀𐤅𐤓 𐤋𐤉•
𐤈 𐤆𐤏𐤐 𐤉𐤄𐤅𐤄 𐤀𐤔𐤀 𐤊𐤉 𐤇𐤈𐤀𐤕𐤉 𐤋𐤅 𐤏𐤃 𐤀𐤔𐤓 𐤉𐤓𐤉𐤁 𐤓𐤉𐤁𐤉 𐤅𐤏𐤔𐤄
𐤌𐤔𐤐𐤈𐤉 𐤉𐤅𐤑𐤉𐤀𐤍𐤉 𐤋𐤀𐤅𐤓 𐤀𐤓𐤀𐤄 𐤁𐤑𐤃𐤒𐤕𐤅•
𐤉 𐤅𐤕𐤓𐤀 𐤀𐤉𐤁𐤕𐤉 𐤅𐤕𐤊𐤎𐤄 𐤁𐤅𐤔𐤄 𐤄𐤀𐤌𐤓𐤄 𐤀𐤋𐤉 𐤀𐤉𐤅 𐤉𐤄𐤅𐤄 𐤀𐤋𐤄𐤉𐤊
𐤏𐤉𐤍𐤉 𐤕𐤓𐤀𐤉𐤍𐤄 𐤁𐤄 𐤏𐤕𐤄 𐤕𐤄𐤉𐤄 𐤋𐤌𐤓𐤌𐤎 𐤊𐤈𐤉𐤈 𐤇𐤅𐤑𐤅𐤕•
𐤉𐤀 𐤉𐤅𐤌 𐤋𐤁𐤍𐤅𐤕 𐤂𐤃𐤓𐤉𐤊 𐤉𐤅𐤌 𐤄𐤄𐤅𐤀 𐤉𐤓𐤇𐤒 𐤇𐤒•
𐤉𐤁 𐤉𐤅𐤌 𐤄𐤅𐤀 𐤅𐤏𐤃𐤉𐤊 𐤉𐤁𐤅𐤀 𐤋𐤌𐤍𐤉 𐤀𐤔𐤅𐤓 𐤅𐤏𐤃𐤉 𐤌𐤑𐤅𐤓 𐤅𐤋𐤌𐤍𐤉 𐤌𐤑𐤅𐤓
𐤅𐤏𐤃 𐤍𐤄𐤓 𐤅𐤉𐤌 𐤌𐤉𐤌 𐤅𐤄𐤓 𐤄𐤄𐤓•
𐤉𐤂 𐤅𐤄𐤉𐤕𐤄 𐤄𐤀𐤓𐤑 𐤋𐤔𐤌𐤌𐤄 𐤏𐤋 𐤉𐤔𐤁𐤉𐤄 𐤌𐤐𐤓𐤉 𐤌𐤏𐤋𐤋𐤉𐤄𐤌•
𐤉𐤃 𐤓𐤏𐤄 𐤏𐤌𐤊 𐤁𐤔𐤁𐤈𐤊 𐤑𐤀𐤍 𐤍𐤇𐤋𐤕𐤊 𐤔𐤊𐤍𐤉 𐤋𐤁𐤃𐤃 𐤉𐤏𐤓 𐤁𐤕𐤅𐤊 𐤊𐤓𐤌𐤋

𐤕𐤍𐤇

𐤌𐤉𐤊𐤄

𐤉𐤓𐤏𐤅 𐤁𐤔𐤍 𐤅𐤂𐤋𐤏𐤃 𐤊𐤉𐤌𐤉 𐤏𐤅𐤋𐤌•
𐤈𐤅 𐤊𐤉𐤌𐤉 𐤑𐤀𐤕𐤊 𐤌𐤀𐤓𐤑 𐤌𐤑𐤓𐤉𐤌 𐤀𐤓𐤀𐤍𐤅 𐤍𐤐𐤋𐤀𐤅𐤕•
𐤈𐤆 𐤉𐤓𐤀𐤅 𐤂𐤅𐤉𐤌 𐤅𐤉𐤁𐤔𐤅 𐤌𐤊𐤋 𐤂𐤁𐤅𐤓𐤕𐤌 𐤉𐤔𐤉𐤌𐤅 𐤉𐤃 𐤏𐤋 𐤐𐤄 𐤀𐤆𐤍𐤉𐤄𐤌
𐤕𐤇𐤓𐤔𐤍𐤄•
𐤉𐤆 𐤉𐤋𐤇𐤊𐤅 𐤏𐤐𐤓 𐤊𐤍𐤇𐤔 𐤊𐤆𐤇𐤋𐤉 𐤀𐤓𐤑 𐤉𐤓𐤂𐤆𐤅 𐤌𐤌𐤎𐤂𐤓𐤕𐤉𐤄𐤌 𐤀𐤋 𐤉𐤄𐤅𐤄
𐤀𐤋𐤄𐤉𐤍𐤅 𐤉𐤐𐤇𐤃𐤅 𐤅𐤉𐤓𐤀𐤅 𐤌𐤌𐤊•
𐤉𐤇 𐤌𐤉 𐤀𐤋 𐤊𐤌𐤅𐤊 𐤍𐤔𐤀 𐤏𐤅𐤍 𐤅𐤏𐤁𐤓 𐤏𐤋 𐤐𐤔𐤏 𐤋𐤔𐤀𐤓𐤉𐤕 𐤍𐤇𐤋𐤕𐤅 𐤋𐤀
𐤄𐤇𐤆𐤉𐤒 𐤋𐤏𐤃 𐤀𐤐𐤅 𐤊𐤉 𐤇𐤐𐤑 𐤇𐤎𐤃 𐤄𐤅𐤀•
𐤉𐤈 𐤉𐤔𐤅𐤁 𐤉𐤓𐤇𐤌𐤍𐤅 𐤉𐤊𐤁𐤔 𐤏𐤅𐤍𐤕𐤉𐤍𐤅 𐤅𐤕𐤔𐤋𐤉𐤊 𐤁𐤌𐤑𐤋𐤅𐤕 𐤉𐤌 𐤊𐤋
𐤇𐤈𐤀𐤕𐤌•
𐤊 𐤕𐤕𐤍 𐤀𐤌𐤕 𐤋𐤉𐤏𐤒𐤁 𐤇𐤎𐤃 𐤋𐤀𐤁𐤓𐤄𐤌 𐤀𐤔𐤓 𐤍𐤔𐤁𐤏𐤕 𐤋𐤀𐤁𐤕𐤉𐤍𐤅 𐤌𐤉𐤌𐤉
𐤒𐤃𐤌•

𐤍𐤇𐤅𐤌

𐤐𐤓𐤒 𐤀

𐤀𐤌𐤔𐤀 𐤍𐤉𐤍𐤅𐤄 𐤎𐤐𐤓 𐤇𐤆𐤅𐤍 𐤍𐤇𐤅𐤌 𐤄𐤀𐤋𐤒𐤔𐤉•
𐤁𐤀𐤋 𐤒𐤍𐤅𐤀 𐤅𐤍𐤒𐤌 𐤉𐤄𐤅𐤄 𐤍𐤒𐤌 𐤉𐤄𐤅𐤄 𐤅𐤁𐤏𐤋 𐤇𐤌𐤄 𐤍𐤒𐤌 𐤉𐤄𐤅𐤄 𐤋𐤑𐤓𐤉𐤅
𐤅𐤍𐤅𐤈𐤓 𐤄𐤅𐤀 𐤋𐤀𐤉𐤁𐤉𐤅•
𐤂 𐤉𐤄𐤅𐤄 𐤀𐤓𐤊 𐤀𐤐𐤉𐤌 𐤅𐤂𐤃𐤅𐤋 [𐤅𐤂𐤃𐤋] 𐤊𐤇 𐤅𐤍𐤒𐤄 𐤋𐤀 𐤉𐤍𐤒𐤄 𐤉𐤄𐤅𐤄
𐤁𐤎𐤅𐤐𐤄 𐤅𐤁𐤔𐤏𐤓𐤄 𐤃𐤓𐤊𐤅 𐤅𐤏𐤍𐤍 𐤀𐤁𐤒 𐤓𐤂𐤋𐤉𐤅•
𐤃𐤂𐤅𐤏𐤓 𐤁𐤉𐤌 𐤅𐤉𐤁𐤔𐤄𐤅 𐤅𐤊𐤋 𐤄𐤍𐤄𐤓𐤅𐤕 𐤄𐤇𐤓𐤉𐤁 𐤀𐤌𐤋𐤋 𐤁𐤔𐤍 𐤅𐤊𐤓𐤌𐤋 𐤅𐤐𐤓𐤇
𐤋𐤁𐤍𐤅𐤍 𐤀𐤌𐤋𐤋•
𐤄𐤄𐤓𐤉𐤌 𐤓𐤏𐤔𐤅 𐤌𐤌𐤍𐤅 𐤅𐤄𐤂𐤁𐤏𐤅𐤕 𐤄𐤕𐤌𐤂𐤂𐤅 𐤅𐤕𐤔𐤀 𐤄𐤀𐤓𐤑 𐤌𐤐𐤍𐤉𐤅 𐤅𐤕𐤁𐤋
𐤅𐤊𐤋 𐤉𐤅𐤔𐤁𐤉 𐤁𐤄•
𐤅𐤋𐤐𐤍𐤉 𐤆𐤏𐤌𐤅 𐤌𐤉 𐤉𐤏𐤌𐤅𐤃 𐤅𐤌𐤉 𐤉𐤒𐤅𐤌 𐤁𐤇𐤓𐤅𐤍 𐤀𐤐𐤅 𐤇𐤌𐤕𐤅 𐤍𐤕𐤊𐤄 𐤊𐤀𐤔
𐤅𐤄𐤑𐤓𐤉𐤌 𐤍𐤕𐤑𐤅 𐤌𐤌𐤍𐤅•
𐤆𐤈𐤅𐤁 𐤉𐤄𐤅𐤄 𐤋𐤌𐤏𐤅𐤆 𐤁𐤉𐤅𐤌 𐤑𐤓𐤄 𐤅𐤉𐤃𐤏 𐤇𐤎𐤉 𐤁𐤅•
𐤇𐤅𐤁𐤔𐤈𐤐 𐤏𐤁𐤓 𐤊𐤋𐤄 𐤉𐤏𐤔𐤄 𐤌𐤒𐤅𐤌𐤄 𐤅𐤀𐤉𐤁𐤉𐤅 𐤉𐤓𐤃𐤐 𐤇𐤔𐤊•
𐤈𐤌𐤄 𐤕𐤇𐤔𐤁𐤅𐤍 𐤀𐤋 𐤉𐤄𐤅𐤄 𐤊𐤋𐤄 𐤄𐤅𐤀 𐤏𐤔𐤄 𐤋𐤀 𐤕𐤒𐤅𐤌 𐤐𐤏𐤌𐤉𐤌 𐤑𐤓𐤄•
𐤉𐤊𐤉 𐤏𐤃 𐤎𐤉𐤓𐤉𐤌 𐤎𐤁𐤊𐤉𐤌 𐤅𐤊𐤎𐤁𐤀𐤌 𐤎𐤁𐤅𐤀𐤉𐤌 𐤀𐤊𐤋𐤅 𐤊𐤒𐤔 𐤉𐤁𐤔 𐤌𐤋𐤀•
𐤉𐤀 𐤌𐤌𐤊 𐤉𐤑𐤀 𐤇𐤔𐤁 𐤏𐤋 𐤉𐤄𐤅𐤄 𐤓𐤏𐤄 𐤉𐤏𐤑 𐤁𐤋𐤉𐤏𐤋•
𐤉𐤁 𐤊𐤄 𐤀𐤌𐤓 𐤉𐤄𐤅𐤄 𐤀𐤌 𐤔𐤋𐤌𐤉𐤌 𐤅𐤊𐤍 𐤓𐤁𐤉𐤌 𐤅𐤊𐤍 𐤍𐤂𐤅𐤆𐤅 𐤅𐤏𐤁𐤓 𐤅𐤏𐤍𐤕𐤊
𐤋𐤀 𐤀𐤏𐤍𐤊 𐤏𐤅𐤃•
𐤉𐤂 𐤅𐤏𐤕𐤄 𐤀𐤔𐤁𐤓 𐤌𐤈𐤄𐤅 𐤌𐤏𐤋𐤉𐤊 𐤅𐤌𐤅𐤎𐤓𐤕𐤉𐤊 𐤀𐤍𐤕𐤒•
𐤉𐤃𐤅𐤑𐤅𐤄 𐤏𐤋𐤉𐤊 𐤉𐤄𐤅𐤄 𐤋𐤀 𐤉𐤆𐤓𐤏 𐤌𐤔𐤌𐤊 𐤏𐤅𐤃 𐤌𐤁𐤉𐤕 𐤀𐤋𐤄𐤉𐤊 𐤀𐤊𐤓𐤉𐤕
𐤐𐤎𐤋 𐤅𐤌𐤎𐤊𐤄 𐤀𐤔𐤉𐤌 𐤒𐤁𐤓𐤊 𐤊𐤉 𐤒𐤋𐤅𐤕•

𐤐𐤓𐤒 𐤁

𐤀𐤄𐤍𐤄 𐤏𐤋 𐤄𐤄𐤓𐤉𐤌 𐤓𐤂𐤋𐤉 𐤌𐤁𐤔𐤓 𐤌𐤔𐤌𐤉𐤏 𐤔𐤋𐤅𐤌 𐤇𐤂𐤉 𐤉𐤄𐤅𐤃𐤄 𐤇𐤂𐤉𐤊
𐤔𐤋𐤌𐤉 𐤍𐤃𐤓𐤉𐤊 𐤊𐤉 𐤋𐤀 𐤉𐤅𐤎𐤉𐤐 𐤏𐤅𐤃 𐤋𐤏𐤁𐤅𐤓 [𐤋𐤏𐤁𐤓] 𐤁𐤊 𐤁𐤋𐤉𐤏𐤋 𐤊𐤋𐤄
𐤍𐤊𐤓𐤕•
𐤁𐤏𐤋𐤄 𐤌𐤐𐤉𐤑 𐤏𐤋 𐤐𐤍𐤉𐤊 𐤍𐤑𐤅𐤓 𐤌𐤑𐤅𐤓𐤄 𐤑𐤐𐤄 𐤃𐤓𐤊 𐤇𐤆𐤒 𐤌𐤕𐤍𐤉𐤌 𐤀𐤌𐤑 𐤊𐤇
𐤌𐤀𐤃•
𐤂𐤊𐤉 𐤔𐤁 𐤉𐤄𐤅𐤄 𐤀𐤕 𐤂𐤀𐤅𐤍 𐤉𐤏𐤒𐤁 𐤊𐤂𐤀𐤅𐤍 𐤉𐤔𐤓𐤀𐤋 𐤊𐤉 𐤁𐤒𐤒𐤅𐤌 𐤁𐤒𐤒𐤉𐤌
𐤅𐤆𐤌𐤓𐤉𐤄𐤌 𐤔𐤇𐤕𐤅•
𐤃𐤌𐤂𐤍 𐤂𐤁𐤓𐤉𐤄𐤅 𐤌𐤀𐤃𐤌 𐤀𐤍𐤔𐤉 𐤇𐤉𐤋 𐤌𐤕𐤋𐤏𐤉𐤌 𐤁𐤀𐤔 𐤐𐤋𐤃𐤕 𐤄𐤓𐤊𐤁 𐤁𐤉𐤅𐤌
𐤄𐤊𐤉𐤍𐤅 𐤅𐤄𐤁𐤓𐤅𐤔𐤉𐤌 𐤄𐤓𐤏𐤋𐤅•
𐤄𐤁𐤇𐤅𐤑𐤅𐤕 𐤉𐤕𐤄𐤅𐤋𐤋𐤅 𐤄𐤓𐤊𐤁 𐤉𐤔𐤕𐤒𐤔𐤒𐤅𐤍 𐤁𐤓𐤇𐤁𐤅𐤕 𐤌𐤓𐤀𐤉𐤄𐤍 𐤊𐤋𐤐𐤉𐤃𐤌

𐤍𐤇𐤅𐤌

𐤊𐤁𐤓𐤒𐤉𐤌 𐤉𐤓𐤅𐤑𐤑𐤅•
𐤅 𐤉𐤆𐤊𐤓 𐤀𐤃𐤉𐤓𐤉𐤅 𐤉𐤊𐤔𐤋𐤅 𐤁𐤄𐤋𐤊𐤅𐤕𐤌 [𐤁𐤄𐤋𐤉𐤊𐤕𐤌] 𐤉𐤌𐤄𐤓𐤅 𐤇𐤅𐤌𐤕𐤄
𐤅𐤄𐤊𐤍 𐤄𐤎𐤊𐤊•
𐤆 𐤔𐤏𐤓𐤉 𐤄𐤍𐤄𐤓𐤅𐤕 𐤍𐤐𐤕𐤇𐤅 𐤅𐤄𐤄𐤉𐤊𐤋 𐤍𐤌𐤅𐤂•
𐤇 𐤅𐤄𐤑𐤁 𐤂𐤋𐤕𐤄 𐤄𐤏𐤋𐤕𐤄 𐤅𐤀𐤌𐤄𐤕𐤉𐤄 𐤌𐤍𐤄𐤂𐤅𐤕 𐤊𐤒𐤅𐤋 𐤉𐤅𐤍𐤉𐤌 𐤌𐤕𐤐𐤐𐤕 𐤏𐤋
𐤋𐤁𐤁𐤄𐤍•
𐤈 𐤅𐤍𐤉𐤍𐤅𐤄 𐤊𐤁𐤓𐤊𐤕 𐤌𐤉𐤌 𐤌𐤉𐤌𐤉 𐤄𐤉𐤀 𐤅𐤄𐤌𐤄 𐤍𐤎𐤉𐤌 𐤏𐤌𐤃𐤅 𐤏𐤌𐤃𐤅
𐤅𐤀𐤉𐤍 𐤌𐤐𐤍𐤄•
𐤉 𐤁𐤆𐤅 𐤊𐤎𐤐 𐤁𐤆𐤅 𐤆𐤄𐤁 𐤅𐤀𐤉𐤍 𐤒𐤑𐤄 𐤋𐤕𐤊𐤅𐤍𐤄 𐤊𐤁𐤃 𐤌𐤊𐤋 𐤊𐤋𐤉 𐤇𐤌𐤃𐤄•
𐤉𐤀 𐤁𐤅𐤒𐤄 𐤅𐤌𐤁𐤅𐤒𐤄 𐤅𐤌𐤁𐤋𐤒𐤄 𐤅𐤋𐤁 𐤍𐤌𐤎 𐤅𐤐𐤒 𐤁𐤓𐤊𐤉𐤌 𐤅𐤇𐤋𐤇𐤋𐤄 𐤁𐤊𐤋
𐤌𐤕𐤍𐤉𐤌 𐤅𐤐𐤍𐤉 𐤊𐤋𐤌 𐤒𐤁𐤑𐤅 𐤐𐤀𐤓𐤅𐤓•
𐤉𐤁 𐤀𐤉𐤄 𐤌𐤏𐤅𐤍 𐤀𐤓𐤉𐤅𐤕 𐤅𐤌𐤓𐤏𐤄 𐤄𐤅𐤀 𐤋𐤊𐤐𐤓𐤉𐤌 𐤀𐤔𐤓 𐤄𐤋𐤊 𐤀𐤓𐤉𐤄 𐤋𐤁𐤉𐤀
𐤔𐤌 𐤂𐤅𐤓 𐤀𐤓𐤉𐤄 𐤅𐤀𐤉𐤍 𐤌𐤇𐤓𐤉𐤃•
𐤉𐤂 𐤀𐤓𐤉𐤄 𐤈𐤓𐤐 𐤁𐤃𐤉 𐤂𐤓𐤅𐤕𐤉𐤅 𐤅𐤌𐤇𐤍𐤒 𐤋𐤋𐤁𐤀𐤕𐤉𐤅 𐤅𐤉𐤌𐤋𐤀 𐤈𐤓𐤐 𐤇𐤓𐤉𐤅
𐤅𐤌𐤏𐤍𐤕𐤉𐤅 𐤈𐤓𐤐𐤄•
𐤉𐤃 𐤄𐤍𐤍𐤉 𐤀𐤋𐤉𐤊 𐤍𐤀𐤌 𐤉𐤄𐤅𐤄 𐤑𐤁𐤀𐤅𐤕 𐤅𐤄𐤁𐤏𐤓𐤕𐤉 𐤁𐤏𐤔𐤍 𐤓𐤊𐤁𐤄
𐤅𐤊𐤐𐤉𐤓𐤉𐤊 𐤕𐤀𐤊𐤋 𐤇𐤓𐤁 𐤅𐤄𐤊𐤓𐤕𐤉 𐤌𐤀𐤓𐤑 𐤈𐤓𐤐𐤊 𐤅𐤋𐤀 𐤉𐤔𐤌𐤏 𐤏𐤅𐤃 𐤒𐤅𐤋
𐤌𐤋𐤀𐤊𐤊𐤄•

𐤐𐤓𐤒 𐤂

𐤀 𐤄𐤅𐤉 𐤏𐤉𐤓 𐤃𐤌𐤉𐤌 𐤊𐤋𐤄 𐤊𐤇𐤔 𐤐𐤓𐤒 𐤌𐤋𐤀𐤄 𐤋𐤀 𐤉𐤌𐤉𐤔 𐤈𐤓𐤐•
𐤁 𐤒𐤅𐤋 𐤔𐤅𐤈 𐤅𐤒𐤅𐤋 𐤓𐤏𐤔 𐤀𐤅𐤐𐤍 𐤅𐤎𐤅𐤎 𐤃𐤄𐤓 𐤅𐤌𐤓𐤊𐤁𐤄 𐤌𐤓𐤒𐤃𐤄•
𐤂 𐤐𐤓𐤔 𐤌𐤏𐤋𐤄 𐤅𐤋𐤄𐤁 𐤇𐤓𐤁 𐤅𐤁𐤓𐤒 𐤇𐤍𐤉𐤕 𐤅𐤓𐤁 𐤇𐤋𐤋 𐤅𐤊𐤁𐤃 𐤐𐤂𐤓 𐤅𐤀𐤉𐤍 𐤒𐤑𐤄
𐤋𐤂𐤅𐤉𐤄 𐤉𐤊𐤔𐤋𐤅 [𐤅𐤊𐤔𐤋𐤅] 𐤁𐤂𐤅𐤉𐤕𐤌•
𐤃 𐤌𐤓𐤁 𐤆𐤍𐤅𐤍𐤉 𐤆𐤅𐤍𐤄 𐤈𐤅𐤁𐤕 𐤇𐤍 𐤁𐤏𐤋𐤕 𐤊𐤔𐤐𐤉𐤌 𐤄𐤌𐤊𐤓𐤕 𐤂𐤅𐤉𐤌
𐤁𐤆𐤍𐤅𐤍𐤉𐤄 𐤅𐤌𐤔𐤐𐤇𐤅𐤕 𐤁𐤊𐤔𐤐𐤉𐤄•
𐤄 𐤄𐤍𐤍𐤉 𐤀𐤋𐤉𐤊 𐤍𐤀𐤌 𐤉𐤄𐤅𐤄 𐤑𐤁𐤀𐤅𐤕 𐤅𐤂𐤋𐤉𐤕𐤉 𐤔𐤅𐤋𐤉𐤊 𐤏𐤋 𐤐𐤍𐤉𐤊
𐤅𐤄𐤓𐤀𐤉𐤕𐤉 𐤂𐤅𐤉𐤌 𐤌𐤏𐤓𐤊 𐤅𐤌𐤌𐤋𐤊𐤅𐤕 𐤒𐤋𐤅𐤍𐤊•
𐤅 𐤅𐤄𐤔𐤋𐤊𐤕𐤉 𐤏𐤋𐤉𐤊 𐤔𐤒𐤑𐤉𐤌 𐤅𐤍𐤁𐤋𐤕𐤉𐤊 𐤅𐤔𐤌𐤕𐤉𐤊 𐤊𐤓𐤀𐤉•
𐤆 𐤅𐤄𐤉𐤄 𐤊𐤋 𐤓𐤀𐤉𐤊 𐤉𐤃𐤅𐤃 𐤌𐤌𐤊 𐤅𐤀𐤌𐤓 𐤔𐤃𐤃𐤄 𐤍𐤉𐤍𐤅𐤄 𐤌𐤉 𐤉𐤍𐤅𐤃 𐤋𐤄
𐤌𐤀𐤉𐤍 𐤀𐤁𐤒𐤔 𐤌𐤍𐤇𐤌𐤉𐤌 𐤋𐤊•
𐤇 𐤄𐤕𐤉𐤈𐤁𐤉 𐤌𐤍𐤀 𐤀𐤌𐤅𐤍 𐤄𐤉𐤔𐤁𐤄 𐤁𐤉𐤀𐤓𐤉𐤌 𐤌𐤉𐤌 𐤎𐤁𐤉𐤁 𐤋𐤄 𐤀𐤔𐤓 𐤇𐤉𐤋
𐤉𐤌 𐤌𐤉𐤌 𐤇𐤅𐤌𐤕𐤄•
𐤈 𐤊𐤅𐤔 𐤏𐤑𐤌𐤄 𐤅𐤌𐤑𐤓𐤉𐤌 𐤅𐤀𐤉𐤍 𐤒𐤑𐤄 𐤐𐤅𐤈 𐤅𐤋𐤅𐤁𐤉𐤌 𐤄𐤉𐤅 𐤁𐤏𐤆𐤓𐤕𐤊•

𐤉 𐤂𐤌 𐤄𐤉𐤀 𐤋𐤂𐤋𐤄 𐤄𐤋𐤊𐤄 𐤁𐤔𐤁𐤉 𐤂𐤌 𐤏𐤋𐤋𐤉𐤄 𐤉𐤓𐤈𐤔𐤅 𐤁𐤓𐤀𐤔 𐤊𐤋 𐤇𐤅𐤑𐤅𐤕
𐤅𐤏𐤋 𐤍𐤊𐤁𐤃𐤉𐤄 𐤉𐤃𐤅 𐤂𐤅𐤓𐤋 𐤅𐤊𐤋 𐤂𐤃𐤅𐤋𐤉𐤄 𐤓𐤕𐤒𐤅 𐤁𐤆𐤒𐤉𐤌•
𐤉𐤀 𐤂𐤌 𐤀𐤕 𐤕𐤔𐤊𐤓𐤉 𐤕𐤄𐤉 𐤍𐤏𐤋𐤌𐤄 𐤂𐤌 𐤀𐤕 𐤕𐤁𐤒𐤔𐤉 𐤌𐤏𐤅𐤆 𐤌𐤀𐤅𐤉𐤁•
𐤉𐤁 𐤊𐤋 𐤌𐤁𐤑𐤓𐤉𐤊 𐤕𐤀𐤍𐤉𐤌 𐤏𐤌 𐤁𐤊𐤅𐤓𐤉𐤌 𐤀𐤌 𐤉𐤍𐤅𐤏𐤅 𐤅𐤍𐤐𐤋𐤅 𐤏𐤋 𐤐𐤉
𐤀𐤅𐤊𐤋•
𐤉𐤂 𐤄𐤍𐤄 𐤏𐤌𐤊 𐤍𐤔𐤉𐤌 𐤁𐤒𐤓𐤁𐤊 𐤋𐤀𐤉𐤁𐤉𐤊 𐤐𐤕𐤅𐤇 𐤍𐤐𐤕𐤇𐤅 𐤔𐤏𐤓𐤉 𐤀𐤓𐤑𐤊
𐤀𐤊𐤋𐤄 𐤀𐤔 𐤁𐤓𐤉𐤇𐤉𐤊•
𐤉𐤃 𐤌𐤉 𐤌𐤑𐤅𐤓 𐤔𐤀𐤁𐤉 𐤋𐤊 𐤇𐤆𐤒𐤉 𐤌𐤁𐤑𐤓𐤉𐤊 𐤁𐤀𐤉 𐤁𐤈𐤉𐤈 𐤅𐤓𐤌𐤎𐤉 𐤁𐤇𐤌𐤓
𐤄𐤇𐤆𐤉𐤒𐤉 𐤌𐤋𐤁𐤍•
𐤈𐤅 𐤔𐤌 𐤕𐤀𐤊𐤋𐤊 𐤀𐤔 𐤕𐤊𐤓𐤉𐤕𐤊 𐤇𐤓𐤁 𐤕𐤀𐤊𐤋𐤊 𐤊𐤉𐤋𐤒 𐤄𐤕𐤊𐤁𐤃 𐤊𐤉𐤋𐤒
𐤄𐤕𐤊𐤁𐤃𐤉 𐤊𐤀𐤓𐤁𐤄•
𐤈𐤆 𐤄𐤓𐤁𐤉𐤕 𐤓𐤊𐤋𐤉𐤊 𐤌𐤊𐤅𐤊𐤁𐤉 𐤄𐤔𐤌𐤉𐤌 𐤉𐤋𐤒 𐤐𐤔𐤈 𐤅𐤉𐤏𐤐•
𐤉𐤆 𐤌𐤍𐤆𐤓𐤉𐤊 𐤊𐤀𐤓𐤁𐤄 𐤅𐤈𐤐𐤎𐤓𐤉𐤊 𐤊𐤂𐤅𐤁 𐤂𐤅𐤁𐤉 𐤄𐤇𐤅𐤍𐤉𐤌 𐤁𐤂𐤃𐤓𐤅𐤕 𐤁𐤉𐤅𐤌
𐤒𐤓𐤄 𐤔𐤌𐤔 𐤆𐤓𐤇𐤄 𐤅𐤍𐤅𐤃𐤃 𐤅𐤋𐤀 𐤍𐤅𐤃𐤏 𐤌𐤒𐤅𐤌𐤅 𐤀𐤉𐤌•
𐤉𐤇 𐤍𐤌𐤅 𐤓𐤏𐤉𐤊 𐤌𐤋𐤊 𐤀𐤔𐤅𐤓 𐤉𐤔𐤊𐤍𐤅 𐤀𐤃𐤉𐤓𐤉𐤊 𐤍𐤐𐤔𐤅 𐤏𐤌𐤊 𐤏𐤋 𐤄𐤄𐤓𐤉𐤌
𐤅𐤀𐤉𐤍 𐤌𐤒𐤁𐤑•
𐤉𐤈 𐤀𐤉𐤍 𐤊𐤄𐤄 𐤋𐤔𐤁𐤓𐤊 𐤍𐤇𐤋𐤄 𐤌𐤊𐤕𐤊 𐤊𐤋 𐤔𐤌𐤏𐤉 𐤔𐤌𐤏𐤊 𐤕𐤒𐤏𐤅 𐤊𐤐 𐤏𐤋𐤉𐤊
𐤊𐤉 𐤏𐤋 𐤌𐤉 𐤋𐤀 𐤏𐤁𐤓𐤄 𐤓𐤏𐤕𐤊 𐤕𐤌𐤉𐤃•

𐤇𐤁𐤒𐤅𐤒

𐤐𐤓𐤒 𐤀

𐤀 𐤄𐤌𐤔𐤀 𐤀𐤔𐤓 𐤇𐤆𐤄 𐤇𐤁𐤒𐤅𐤒 𐤄𐤍𐤁𐤉𐤀•
𐤁 𐤏𐤃 𐤀𐤍𐤄 𐤉𐤄𐤅𐤄 𐤔𐤅𐤏𐤕𐤉 𐤅𐤋𐤀 𐤕𐤔𐤌𐤏 𐤀𐤆𐤏𐤒 𐤀𐤋𐤉𐤊 𐤇𐤌𐤎 𐤅𐤋𐤀 𐤕𐤅𐤔𐤉𐤏•
𐤂 𐤋𐤌𐤄 𐤕𐤓𐤀𐤍𐤉 𐤀𐤅𐤍 𐤅𐤏𐤌𐤋 𐤕𐤁𐤉𐤈 𐤅𐤔𐤃 𐤅𐤇𐤌𐤎 𐤋𐤍𐤂𐤃𐤉 𐤅𐤉𐤄𐤉 𐤓𐤉𐤁
𐤅𐤌𐤃𐤅𐤍 𐤉𐤔𐤀•
𐤃 𐤏𐤋 𐤊𐤍 𐤕𐤐𐤅𐤂 𐤕𐤅𐤓𐤄 𐤅𐤋𐤀 𐤉𐤑𐤀 𐤋𐤍𐤑𐤇 𐤌𐤔𐤐𐤈 𐤊𐤉 𐤓𐤔𐤏 𐤌𐤊𐤕𐤉𐤓 𐤀𐤕
𐤄𐤑𐤃𐤉𐤒 𐤏𐤋 𐤊𐤍 𐤉𐤑𐤀 𐤌𐤔𐤐𐤈 𐤌𐤏𐤒𐤋•
𐤄 𐤓𐤀𐤅 𐤁𐤂𐤅𐤉𐤌 𐤅𐤄𐤁𐤉𐤈𐤅 𐤅𐤄𐤕𐤌𐤄𐤅 𐤕𐤌𐤄𐤅 𐤊𐤉 𐤐𐤏𐤋 𐤐𐤏𐤋 𐤁𐤉𐤌𐤉𐤊𐤌 𐤋𐤀
𐤕𐤀𐤌𐤉𐤍𐤅 𐤊𐤉 𐤉𐤎𐤐𐤓•
𐤅 𐤊𐤉 𐤄𐤍𐤍𐤉 𐤌𐤒𐤉𐤌 𐤀𐤕 𐤄𐤊𐤔𐤃𐤉𐤌 𐤄𐤂𐤅𐤉 𐤄𐤌𐤓 𐤅𐤄𐤍𐤌𐤄𐤓 𐤄𐤄𐤅𐤋𐤊
𐤋𐤌𐤓𐤇𐤁𐤉 𐤀𐤓𐤑 𐤋𐤓𐤔𐤕 𐤌𐤔𐤊𐤍𐤅𐤕 𐤋𐤀 𐤋𐤅•
𐤆 𐤀𐤉𐤌 𐤅𐤍𐤅𐤓𐤀 𐤄𐤅𐤀 𐤌𐤌𐤍𐤅 𐤌𐤔𐤐𐤈𐤅 𐤅𐤔𐤀𐤕𐤅 𐤉𐤑𐤀•
𐤇 𐤅𐤒𐤋𐤅 𐤌𐤍𐤌𐤓𐤉𐤌 𐤎𐤅𐤎𐤉𐤅 𐤅𐤇𐤃𐤅 𐤌𐤆𐤀𐤁𐤉 𐤏𐤓𐤁 𐤅𐤐𐤔𐤅 𐤐𐤓𐤔𐤉𐤅 𐤅𐤐𐤓𐤔𐤉𐤅
𐤌𐤓𐤇𐤅𐤒 𐤉𐤁𐤀𐤅 𐤉𐤏𐤐𐤅 𐤊𐤍𐤔𐤓 𐤇𐤔 𐤋𐤀𐤊𐤅𐤋•
𐤈 𐤊𐤋𐤄 𐤋𐤇𐤌𐤎 𐤉𐤁𐤅𐤀 𐤌𐤂𐤌𐤕 𐤐𐤍𐤉𐤄𐤌 𐤒𐤃𐤉𐤌𐤄 𐤅𐤉𐤀𐤎𐤐 𐤊𐤇𐤅𐤋 𐤔𐤁𐤉•
𐤉 𐤅𐤄𐤅𐤀 𐤁𐤌𐤋𐤊𐤉𐤌 𐤉𐤕𐤒𐤋𐤎 𐤅𐤓𐤆𐤍𐤉𐤌 𐤌𐤔𐤇𐤒 𐤋𐤅 𐤄𐤅𐤀 𐤋𐤊𐤋 𐤌𐤁𐤑𐤓
𐤉𐤔𐤇𐤒 𐤅𐤉𐤑𐤁𐤓 𐤏𐤐𐤓 𐤅𐤉𐤋𐤊𐤃𐤄•
𐤉𐤀 𐤀𐤆 𐤇𐤋𐤐 𐤓𐤅𐤇 𐤅𐤉𐤏𐤁𐤓 𐤅𐤀𐤔𐤌 𐤆𐤅 𐤊𐤇𐤅 𐤋𐤀𐤋𐤄𐤅•
𐤉𐤁 𐤄𐤋𐤅𐤀 𐤀𐤕𐤄 𐤌𐤒𐤃𐤌 𐤉𐤄𐤅𐤄 𐤀𐤋𐤄𐤉 𐤒𐤃𐤔𐤉 𐤋𐤀 𐤍𐤌𐤅𐤕 𐤉𐤄𐤅𐤄 𐤋𐤌𐤔𐤐𐤈
𐤔𐤌𐤕𐤅 𐤅𐤑𐤅𐤓 𐤋𐤄𐤅𐤊𐤉𐤇 𐤉𐤎𐤃𐤕𐤅•
𐤉𐤂 𐤈𐤄𐤅𐤓 𐤏𐤉𐤍𐤉𐤌 𐤌𐤓𐤀𐤅𐤕 𐤓𐤏 𐤅𐤄𐤁𐤉𐤈 𐤀𐤋 𐤏𐤌𐤋 𐤋𐤀 𐤕𐤅𐤊𐤋 𐤋𐤌𐤄 𐤕𐤁𐤉𐤈
𐤁𐤅𐤂𐤃𐤉𐤌 𐤕𐤇𐤓𐤉𐤔 𐤁𐤁𐤋𐤏 𐤓𐤔𐤏 𐤑𐤃𐤉𐤒 𐤌𐤌𐤍𐤅•
𐤉𐤃 𐤅𐤕𐤏𐤔𐤄 𐤀𐤃𐤌 𐤊𐤃𐤂𐤉 𐤄𐤉𐤌 𐤊𐤓𐤌𐤔 𐤋𐤀 𐤌𐤔𐤋 𐤁𐤅•
𐤈𐤅 𐤊𐤋𐤄 𐤁𐤇𐤊𐤄 𐤄𐤏𐤋𐤄 𐤉𐤂𐤓𐤄𐤅 𐤁𐤇𐤓𐤌𐤅 𐤅𐤉𐤀𐤎𐤐𐤄𐤅 𐤁𐤌𐤊𐤌𐤓𐤕𐤅 𐤏𐤋 𐤊𐤍
𐤉𐤔𐤌𐤇 𐤅𐤉𐤂𐤉𐤋•
𐤈𐤆 𐤏𐤋 𐤊𐤍 𐤉𐤆𐤁𐤇 𐤋𐤇𐤓𐤌𐤅 𐤅𐤉𐤒𐤈𐤓 𐤋𐤌𐤊𐤌𐤓𐤕𐤅 𐤊𐤉 𐤁𐤄𐤌𐤄 𐤔𐤌𐤍 𐤇𐤋𐤒𐤅
𐤅𐤌𐤀𐤊𐤋𐤅 𐤁𐤓𐤀𐤄•
𐤉𐤆 𐤄𐤏𐤋 𐤊𐤍 𐤉𐤓𐤉𐤒 𐤇𐤓𐤌𐤅 𐤅𐤕𐤌𐤉𐤃 𐤋𐤄𐤓𐤂 𐤂𐤅𐤉𐤌 𐤋𐤀 𐤉𐤇𐤌𐤅𐤋•

𐤐𐤓𐤒 𐤁

𐤀 𐤏𐤋 𐤌𐤔𐤌𐤓𐤕𐤉 𐤀𐤏𐤌𐤃𐤄 𐤅𐤀𐤕𐤉𐤑𐤁𐤄 𐤏𐤋 𐤌𐤑𐤅𐤓 𐤅𐤀𐤑𐤐𐤄 𐤋𐤓𐤀𐤅𐤕 𐤌𐤄 𐤉𐤃𐤁𐤓
𐤁𐤉 𐤅𐤌𐤄 𐤀𐤔𐤉𐤁 𐤏𐤋 𐤕𐤅𐤊𐤇𐤕𐤉•
𐤁 𐤅𐤉𐤏𐤍𐤍𐤉 𐤉𐤄𐤅𐤄 𐤅𐤉𐤀𐤌𐤓 𐤊𐤕𐤅𐤁 𐤇𐤆𐤅𐤍 𐤅𐤁𐤀𐤓 𐤏𐤋 𐤄𐤋𐤇𐤅𐤕 𐤋𐤌𐤏𐤍 𐤉𐤓𐤅𐤑
𐤒𐤅𐤓𐤀 𐤁𐤅•

𐤇𐤁𐤒𐤅𐤒

𐤂𐤊𐤉 𐤏𐤅𐤃 𐤇𐤆𐤅𐤍 𐤋𐤌𐤅𐤏𐤃 𐤅𐤉𐤐𐤇 𐤋𐤒𐤑 𐤅𐤋𐤀 𐤉𐤊𐤆𐤁 𐤀𐤌 𐤉𐤕𐤌𐤄𐤌𐤄 𐤇𐤊𐤄 𐤋𐤅
𐤊𐤉 𐤁𐤀 𐤉𐤁𐤀 𐤋𐤀 𐤉𐤀𐤇𐤓.
𐤃𐤄𐤍𐤄 𐤏𐤐𐤋𐤄 𐤋𐤀 𐤉𐤔𐤓𐤄 𐤍𐤐𐤔𐤅 𐤁𐤅 𐤅𐤑𐤃𐤉𐤒 𐤁𐤀𐤌𐤅𐤍𐤕𐤅 𐤉𐤇𐤉𐤄.
𐤄𐤅𐤀𐤐 𐤊𐤉 𐤄𐤉𐤉𐤍 𐤁𐤂𐤃 𐤂𐤁𐤓 𐤉𐤄𐤉𐤓 𐤅𐤋𐤀 𐤉𐤍𐤅𐤄 𐤀𐤔𐤓 𐤄𐤓𐤇𐤉𐤁 𐤊𐤔𐤀𐤅𐤋
𐤍𐤐𐤔𐤅 𐤅𐤄𐤅𐤀 𐤊𐤌𐤅𐤕 𐤅𐤋𐤀 𐤉𐤔𐤁𐤏 𐤅𐤉𐤀𐤎𐤐 𐤀𐤋𐤉𐤅 𐤊𐤋 𐤄𐤂𐤅𐤉𐤌 𐤅𐤉𐤒𐤁𐤑
𐤀𐤋𐤉𐤅 𐤊𐤋 𐤄𐤏𐤌𐤉𐤌.
𐤅𐤄𐤋𐤅𐤀 𐤀𐤋𐤄 𐤊𐤋𐤌 𐤏𐤋𐤉𐤅 𐤌𐤔𐤋 𐤉𐤔𐤀𐤅 𐤅𐤌𐤋𐤉𐤑𐤄 𐤇𐤉𐤃𐤅𐤕 𐤋𐤅 𐤅𐤉𐤀𐤌𐤓
𐤄𐤅𐤉 𐤄𐤌𐤓𐤁𐤄 𐤋𐤀 𐤋𐤅 𐤏𐤃 𐤌𐤕𐤉 𐤅𐤌𐤊𐤁𐤉𐤃 𐤏𐤋𐤉𐤅 𐤏𐤁𐤈𐤉𐤈.
𐤆𐤄𐤋𐤅𐤀 𐤐𐤕𐤏 𐤉𐤒𐤅𐤌𐤅 𐤍𐤔𐤊𐤉𐤊 𐤅𐤉𐤒𐤑𐤅 𐤌𐤆𐤏𐤆𐤏𐤉𐤊 𐤅𐤄𐤉𐤉𐤕 𐤋𐤌𐤔𐤎𐤅𐤕
𐤋𐤌𐤅.
𐤇𐤊𐤉 𐤀𐤕𐤄 𐤔𐤋𐤅𐤕 𐤂𐤅𐤉𐤌 𐤓𐤁𐤉𐤌 𐤉𐤔𐤋𐤅𐤊 𐤊𐤋 𐤉𐤕𐤓 𐤏𐤌𐤉𐤌 𐤌𐤃𐤌𐤉 𐤀𐤃𐤌
𐤅𐤇𐤌𐤎 𐤀𐤓𐤑 𐤒𐤓𐤉𐤄 𐤅𐤊𐤋 𐤉𐤔𐤁𐤉 𐤁𐤄.
𐤈𐤄𐤅𐤉 𐤁𐤑𐤏 𐤁𐤑𐤏 𐤓𐤏 𐤋𐤁𐤉𐤕𐤅 𐤋𐤔𐤅𐤌 𐤁𐤌𐤓𐤅𐤌 𐤒𐤍𐤅 𐤋𐤄𐤍𐤑𐤋 𐤌𐤊𐤐 𐤓𐤏.
𐤉𐤉𐤏𐤑𐤕 𐤁𐤔𐤕 𐤋𐤁𐤉𐤕𐤊 𐤒𐤑𐤅𐤕 𐤏𐤌𐤉𐤌 𐤓𐤁𐤉𐤌 𐤅𐤇𐤅𐤈𐤀 𐤍𐤐𐤔𐤊.
𐤉𐤀𐤊𐤉 𐤀𐤁𐤍 𐤌𐤒𐤉𐤓 𐤕𐤆𐤏𐤒 𐤅𐤊𐤐𐤉𐤎 𐤌𐤏𐤑 𐤉𐤏𐤍𐤍𐤄.
𐤉𐤁𐤄𐤅𐤉 𐤁𐤍𐤄 𐤏𐤉𐤓 𐤁𐤃𐤌𐤉𐤌 𐤅𐤊𐤅𐤍𐤍 𐤒𐤓𐤉𐤄 𐤁𐤏𐤅𐤋𐤄.
𐤉𐤂𐤄𐤋𐤅𐤀 𐤄𐤍𐤄 𐤌𐤀𐤕 𐤉𐤄𐤅𐤄 𐤑𐤁𐤀𐤅𐤕 𐤅𐤉𐤂𐤏𐤅 𐤏𐤌𐤉𐤌 𐤁𐤃𐤉 𐤀𐤔
𐤅𐤋𐤀𐤌𐤉𐤌 𐤁𐤃𐤉 𐤓𐤉𐤒 𐤉𐤏𐤐𐤅.
𐤉𐤃𐤊𐤉 𐤕𐤌𐤋𐤀 𐤄𐤀𐤓𐤑 𐤋𐤃𐤏𐤕 𐤀𐤕 𐤊𐤁𐤅𐤃 𐤉𐤄𐤅𐤄 𐤊𐤌𐤉𐤌 𐤉𐤊𐤎𐤅 𐤏𐤋 𐤉𐤌.
𐤈𐤅𐤄𐤅𐤉 𐤌𐤔𐤒𐤄 𐤓𐤏𐤄𐤅 𐤌𐤎𐤐𐤇 𐤇𐤌𐤕𐤊 𐤅𐤀𐤐 𐤔𐤊𐤓 𐤋𐤌𐤏𐤍 𐤄𐤁𐤉𐤈 𐤏𐤋
𐤌𐤏𐤅𐤓𐤉𐤄𐤌.
𐤈𐤆𐤔𐤁𐤏𐤕 𐤒𐤋𐤅𐤍 𐤌𐤊𐤁𐤅𐤃 𐤔𐤕𐤄 𐤂𐤌 𐤀𐤕𐤄 𐤅𐤄𐤏𐤓𐤋 𐤕𐤎𐤅𐤁 𐤏𐤋𐤉𐤊 𐤊𐤅𐤎
𐤉𐤌𐤉𐤍 𐤉𐤄𐤅𐤄 𐤅𐤒𐤉𐤒𐤋𐤅𐤍 𐤏𐤋 𐤊𐤁𐤅𐤃𐤊.
𐤉𐤆𐤊𐤉 𐤇𐤌𐤎 𐤋𐤁𐤍𐤅𐤍 𐤉𐤊𐤎𐤊 𐤅𐤔𐤃 𐤁𐤄𐤌𐤅𐤕 𐤉𐤇𐤉𐤕𐤍 𐤌𐤃𐤌𐤉 𐤀𐤃𐤌 𐤅𐤇𐤌𐤎
𐤀𐤓𐤑 𐤒𐤓𐤉𐤄 𐤅𐤊𐤋 𐤉𐤔𐤁𐤉 𐤁𐤄.
𐤉𐤇𐤌𐤄 𐤄𐤅𐤏𐤉𐤋 𐤐𐤎𐤋 𐤊𐤉 𐤐𐤎𐤋𐤅 𐤉𐤑𐤓𐤅 𐤌𐤎𐤊𐤄 𐤅𐤌𐤅𐤓𐤄 𐤔𐤒𐤓 𐤊𐤉 𐤁𐤈𐤇
𐤉𐤑𐤓 𐤉𐤑𐤓𐤅 𐤏𐤋𐤉𐤅 𐤋𐤏𐤔𐤅𐤕 𐤀𐤋𐤉𐤋𐤉𐤌 𐤀𐤋𐤌𐤉𐤌.
𐤉𐤈𐤄𐤅𐤉 𐤀𐤌𐤓 𐤋𐤏𐤑 𐤄𐤒𐤉𐤑𐤄 𐤏𐤅𐤓𐤉 𐤋𐤀𐤁𐤍 𐤃𐤅𐤌𐤌 𐤄𐤅𐤀 𐤉𐤅𐤓𐤄 𐤄𐤍𐤄 𐤄𐤅𐤀
𐤕𐤐𐤅𐤔 𐤆𐤄𐤁 𐤅𐤊𐤎𐤐 𐤅𐤊𐤋 𐤓𐤅𐤇 𐤀𐤉𐤍 𐤁𐤒𐤓𐤁𐤅.
𐤊 𐤅𐤉𐤄𐤅𐤄 𐤁𐤄𐤉𐤊𐤋 𐤒𐤃𐤔𐤅 𐤄𐤎 𐤌𐤐𐤍𐤉𐤅 𐤊𐤋 𐤄𐤀𐤓𐤑.

𐤐𐤓𐤒 𐤂

𐤇𐤁𐤒𐤅𐤒

𐤀 𐤕𐤐𐤋𐤄 𐤋𐤇𐤁𐤒𐤅𐤒 𐤄𐤍𐤁𐤉𐤀 𐤏𐤋 𐤔𐤂𐤉𐤍𐤅𐤕.

𐤁 𐤉𐤄𐤅𐤄 𐤔𐤌𐤏𐤕𐤉 𐤔𐤌𐤏𐤊 𐤉𐤓𐤀𐤕𐤉 𐤉𐤄𐤅𐤄 𐤐𐤏𐤋𐤊 𐤁𐤒𐤓𐤁 𐤔𐤍𐤉𐤌 𐤇𐤉𐤉𐤄𐤅
𐤁𐤒𐤓𐤁 𐤔𐤍𐤉𐤌 𐤕𐤅𐤃𐤉𐤏 𐤁𐤓𐤂𐤆 𐤓𐤇𐤌 𐤕𐤆𐤊𐤅𐤓.

𐤂 𐤀𐤋𐤅𐤄 𐤌𐤕𐤉𐤌𐤍 𐤉𐤁𐤅𐤀 𐤅𐤒𐤃𐤅𐤔 𐤌𐤄𐤓 𐤐𐤀𐤓𐤍 𐤎𐤋𐤄 𐤊𐤎𐤄 𐤔𐤌𐤉𐤌 𐤄𐤅𐤃𐤅
𐤅𐤕𐤄𐤋𐤕𐤅 𐤌𐤋𐤀𐤄 𐤄𐤀𐤓𐤑.

𐤃 𐤅𐤍𐤂𐤄 𐤊𐤀𐤅𐤓 𐤕𐤄𐤉𐤄 𐤒𐤓𐤍𐤉𐤌 𐤌𐤉𐤃𐤅 𐤋𐤅 𐤅𐤔𐤌 𐤇𐤁𐤉𐤅𐤍 𐤏𐤆𐤄.
[𐤏𐤆𐤅]

𐤄 𐤋𐤐𐤍𐤉𐤅 𐤉𐤋𐤊 𐤃𐤁𐤓 𐤅𐤉𐤑𐤀 𐤓𐤔𐤐 𐤋𐤓𐤂𐤋𐤉𐤅.

𐤅 𐤏𐤌𐤃 𐤅𐤉𐤌𐤃𐤃 𐤀𐤓𐤑 𐤓𐤀𐤄 𐤅𐤉𐤕𐤓 𐤂𐤅𐤉𐤌 𐤅𐤉𐤕𐤐𐤑𐤑𐤅 𐤄𐤓𐤓𐤉 𐤏𐤃 𐤔𐤇𐤅
𐤂𐤁𐤏𐤅𐤕 𐤏𐤅𐤋𐤌 𐤄𐤋𐤉𐤊𐤅𐤕 𐤏𐤅𐤋𐤌 𐤋𐤅.

𐤆 𐤕𐤇𐤕 𐤀𐤅𐤍 𐤓𐤀𐤉𐤕𐤉 𐤀𐤄𐤋𐤉 𐤊𐤅𐤔𐤍 𐤉𐤓𐤂𐤆𐤅𐤍 𐤉𐤓𐤉𐤏𐤅𐤕 𐤀𐤓𐤑 𐤌𐤃𐤉𐤍.

𐤇 𐤄𐤁𐤍𐤄𐤓𐤉𐤌 𐤇𐤓𐤄 𐤉𐤄𐤅𐤄 𐤀𐤌 𐤁𐤍𐤄𐤓𐤉𐤌 𐤀𐤐𐤊 𐤀𐤌 𐤁𐤉𐤌 𐤏𐤁𐤓𐤕𐤊 𐤊𐤉 𐤕𐤓𐤊𐤁
𐤏𐤋 𐤎𐤅𐤎𐤉𐤊 𐤌𐤓𐤊𐤁𐤕𐤉𐤊 𐤉𐤔𐤅𐤏𐤄.

𐤈 𐤏𐤓𐤉𐤄 𐤕𐤏𐤅𐤓 𐤒𐤔𐤕𐤊 𐤔𐤁𐤏𐤅𐤕 𐤌𐤈𐤅𐤕 𐤀𐤌𐤓 𐤎𐤋𐤄 𐤍𐤄𐤓𐤅𐤕 𐤕𐤁𐤒𐤏 𐤀𐤓𐤑.

𐤉 𐤓𐤀𐤅𐤊 𐤉𐤇𐤉𐤋𐤅 𐤄𐤓𐤉𐤌 𐤆𐤓𐤌 𐤌𐤉𐤌 𐤏𐤁𐤓 𐤍𐤕𐤍 𐤕𐤄𐤅𐤌 𐤒𐤅𐤋𐤅 𐤓𐤅𐤌 𐤉𐤃𐤉𐤄𐤅
𐤍𐤔𐤀.

𐤉𐤀 𐤔𐤌𐤔 𐤉𐤓𐤇 𐤏𐤌𐤃 𐤆𐤁𐤋𐤄 𐤋𐤀𐤅𐤓 𐤇𐤑𐤉𐤊 𐤉𐤄𐤋𐤊𐤅 𐤋𐤍𐤂𐤄 𐤁𐤓𐤒 𐤇𐤍𐤉𐤕𐤊.

𐤉𐤁 𐤁𐤆𐤏𐤌 𐤕𐤑𐤏𐤃 𐤀𐤓𐤑 𐤁𐤀𐤐 𐤕𐤃𐤅𐤔 𐤂𐤅𐤉𐤌.

𐤉𐤂 𐤉𐤑𐤀𐤕 𐤋𐤉𐤔𐤏 𐤏𐤌𐤊 𐤋𐤉𐤔𐤏 𐤀𐤕 𐤌𐤔𐤉𐤇𐤊 𐤌𐤇𐤑𐤕 𐤓𐤀𐤔 𐤌𐤁𐤉𐤕 𐤓𐤔𐤏
𐤏𐤓𐤅𐤕 𐤉𐤎𐤅𐤃 𐤏𐤃 𐤑𐤅𐤀𐤓 𐤎𐤋𐤄.

𐤉𐤃 𐤍𐤒𐤁𐤕 𐤁𐤌𐤈𐤉𐤅 𐤓𐤀𐤔 𐤐𐤓𐤆𐤅 [𐤐𐤓𐤆𐤉𐤅] 𐤉𐤎𐤏𐤓𐤅 𐤋𐤄𐤐𐤉𐤑𐤍𐤉 𐤏𐤋𐤉𐤑𐤕𐤌
𐤊𐤌𐤅 𐤋𐤀𐤊𐤋 𐤏𐤍𐤉 𐤁𐤌𐤎𐤕𐤓.

𐤈𐤅 𐤃𐤓𐤊𐤕 𐤁𐤉𐤌 𐤎𐤅𐤎𐤉𐤊 𐤇𐤌𐤓 𐤌𐤉𐤌 𐤓𐤁𐤉𐤌.

𐤈𐤆 𐤔𐤌𐤏𐤕𐤉 𐤅𐤕𐤓𐤂𐤆 𐤁𐤈𐤍𐤉 𐤋𐤒𐤅𐤋 𐤑𐤋𐤋𐤅 𐤔𐤐𐤕𐤉 𐤉𐤁𐤅𐤀 𐤓𐤒𐤁 𐤁𐤏𐤑𐤌𐤉
𐤅𐤕𐤇𐤕𐤉 𐤀𐤓𐤂𐤆 𐤀𐤔𐤓 𐤀𐤍𐤅𐤇 𐤋𐤉𐤅𐤌 𐤑𐤓𐤄 𐤋𐤏𐤋𐤅𐤕 𐤋𐤏𐤌 𐤉𐤂𐤅𐤃𐤍𐤅.

𐤉𐤆 𐤊𐤉 𐤕𐤀𐤍𐤄 𐤋𐤀 𐤕𐤐𐤓𐤇 𐤅𐤀𐤉𐤍 𐤉𐤁𐤅𐤋 𐤁𐤂𐤐𐤍𐤉𐤌 𐤊𐤇𐤔 𐤌𐤏𐤔𐤄 𐤆𐤉𐤕
𐤅𐤔𐤃𐤌𐤅𐤕 𐤋𐤀 𐤏𐤔𐤄 𐤀𐤊𐤋 𐤂𐤆𐤓 𐤌𐤌𐤊𐤋𐤄 𐤑𐤀𐤍 𐤅𐤀𐤉𐤍 𐤁𐤒𐤓 𐤁𐤓𐤐𐤕𐤉𐤌.

𐤉𐤇 𐤅𐤀𐤍𐤉 𐤁𐤉𐤄𐤅𐤄 𐤀𐤏𐤋𐤅𐤆𐤄 𐤀𐤂𐤉𐤋𐤄 𐤁𐤀𐤋𐤄𐤉 𐤉𐤔𐤏𐤉.

𐤉𐤈 𐤉𐤄𐤅𐤄 𐤀𐤃𐤍𐤉 𐤇𐤉𐤋𐤉 𐤅𐤉𐤔𐤌 𐤓𐤂𐤋𐤉 𐤊𐤀𐤉𐤋𐤅𐤕 𐤅𐤏𐤋 𐤁𐤌𐤅𐤕𐤉 𐤉𐤃𐤓𐤊𐤍𐤉
𐤋𐤌𐤍𐤑𐤇 𐤁𐤍𐤂𐤉𐤍𐤅𐤕𐤉.

צפניה

פרק א

א דבר יהוה אשר היה אל צפניה בן כושי בן גדליה בן אמריה
בן חזקיה בימי יאשיהו בן אמון מלך יהודה.
ב אסף אסף כל מעל פני האדמה נאם יהוה.
ג אסף אדם ובהמה אסף עוף השמים ודגי הים והמכשלות את
הרשעים והכרתי את האדם מעל פני האדמה נאם יהוה.
ד ונטיתי ידי על יהודה ועל כל יושבי ירושלם והכרתי מן
המקום הזה את שאר הבעל את שם הכמרים עם הכהנים.
ה ואת המשתחוים על הגגות לצבא השמים ואת המשתחוים
הנשבעים ליהוה והנשבעים במלכם.
ו ואת הנסוגים מאחרי יהוה ואשר לא בקשו את יהוה ולא
דרשהו.
ז הס מפני אדני יהוה כי קרוב יום יהוה כי הכין יהוה
זבח הקדיש קראיו.
ח והיה ביום זבח יהוה ופקדתי על השרים ועל בני המלך ועל
כל הלבשים מלבוש נכרי.
ט ופקדתי על כל הדולג על המפתן ביום ההוא המלאים בית
אדניהם חמס ומרמה.
י והיה ביום ההוא נאם יהוה קול צעקה משער הדגים
ויללה מן המשנה ושבר גדול מהגבעות.
יא הילילו ישבי המכתש כי נדמה כל עם כנען נכרתו כל
נטילי כסף.
יב והיה בעת ההיא אחפש את ירושלם בנרות ופקדתי על
האנשים הקפאים על שמריהם האמרים בלבבם לא ייטיב יהוה
ולא ירע.
יג והיה חילם למשסה ובתיהם לשממה ובנו בתים ולא ישבו
ונטעו כרמים ולא ישתו את יינם.
יד קרוב יום יהוה הגדול קרוב ומהר מאד קול יום יהוה מר
צרח שם גבור.
טו יום עברה היום ההוא יום צרה ומצוקה יום שאה ומשואה
יום חשך ואפלה יום ענן וערפל.
טז יום שופר ותרועה על הערים הבצרות ועל הפנות הגבהות.
יז והצרתי לאדם והלכו כעורים כי ליהוה חטאו ושפך דמם

תסו

𐤊𐤏𐤐𐤓 𐤅𐤋𐤇𐤌𐤌 𐤊𐤂𐤋𐤋𐤉𐤌•
𐤉𐤇 𐤂𐤌 𐤊𐤎𐤐𐤌 𐤂𐤌 𐤆𐤄𐤁𐤌 𐤋𐤀 𐤉𐤅𐤊𐤋 𐤋𐤄𐤑𐤉𐤋𐤌 𐤁𐤉𐤅𐤌 𐤏𐤁𐤓𐤕 𐤉𐤄𐤅𐤄
𐤅𐤁𐤀𐤔 𐤒𐤍𐤀𐤕𐤅 𐤕𐤀𐤊𐤋 𐤊𐤋 𐤄𐤀𐤓𐤑 𐤊𐤉 𐤊𐤋𐤄 𐤀𐤊 𐤍𐤁𐤄𐤋𐤄 𐤉𐤏𐤔𐤄 𐤀𐤕 𐤊𐤋
𐤉𐤔𐤁𐤉 𐤄𐤀𐤓𐤑•

𐤐𐤓𐤒 𐤁

𐤀 𐤄𐤕𐤒𐤅𐤔𐤔𐤅 𐤅𐤒𐤅𐤔𐤅 𐤄𐤂𐤅𐤉 𐤋𐤀 𐤍𐤊𐤎𐤐•
𐤁 𐤁𐤈𐤓𐤌 𐤋𐤃𐤕 𐤇𐤒 𐤊𐤌𐤑 𐤏𐤁𐤓 𐤉𐤅𐤌 𐤁𐤈𐤓𐤌 𐤋𐤀 𐤉𐤁𐤅𐤀 𐤏𐤋𐤉𐤊𐤌 𐤇𐤓𐤅𐤍 𐤀𐤐
𐤉𐤄𐤅𐤄 𐤁𐤈𐤓𐤌 𐤋𐤀 𐤉𐤁𐤅𐤀 𐤏𐤋𐤉𐤊𐤌 𐤉𐤅𐤌 𐤀𐤐 𐤉𐤄𐤅𐤄•
𐤂 𐤁𐤒𐤔𐤅 𐤀𐤕 𐤉𐤄𐤅𐤄 𐤊𐤋 𐤏𐤍𐤅𐤉 𐤄𐤀𐤓𐤑 𐤀𐤔𐤓 𐤌𐤔𐤐𐤈𐤅 𐤐𐤏𐤋𐤅 𐤁𐤒𐤔𐤅 𐤑𐤃𐤒
𐤁𐤒𐤔𐤅 𐤏𐤍𐤅𐤄 𐤀𐤅𐤋𐤉 𐤕𐤎𐤕𐤓𐤅 𐤁𐤉𐤅𐤌 𐤀𐤐 𐤉𐤄𐤅𐤄•
𐤃 𐤊𐤉 𐤏𐤆𐤄 𐤏𐤆𐤅𐤁𐤄 𐤕𐤄𐤉𐤄 𐤅𐤀𐤔𐤒𐤋𐤅𐤍 𐤋𐤔𐤌𐤌𐤄 𐤀𐤔𐤃𐤅𐤃 𐤁𐤑𐤄𐤓𐤉𐤌
𐤉𐤂𐤓𐤔𐤅𐤄 𐤅𐤏𐤒𐤓𐤅𐤍 𐤕𐤏𐤒𐤓•
𐤄 𐤄𐤅𐤉 𐤉𐤔𐤁𐤉 𐤇𐤁𐤋 𐤄𐤉𐤌 𐤂𐤅𐤉 𐤊𐤓𐤕𐤉𐤌 𐤃𐤁𐤓 𐤉𐤄𐤅𐤄 𐤏𐤋𐤉𐤊𐤌 𐤊𐤍𐤏𐤍 𐤀𐤓𐤑
𐤐𐤋𐤔𐤕𐤉𐤌 𐤅𐤄𐤀𐤁𐤃𐤕𐤉𐤊 𐤌𐤀𐤉𐤍 𐤉𐤅𐤔𐤁•
𐤅 𐤅𐤄𐤉𐤕𐤄 𐤇𐤁𐤋 𐤄𐤉𐤌 𐤍𐤅𐤕 𐤊𐤓𐤕 𐤓𐤏𐤉𐤌 𐤅𐤂𐤃𐤓𐤅𐤕 𐤑𐤀𐤍•
𐤆 𐤅𐤄𐤉𐤄 𐤇𐤁𐤋 𐤋𐤔𐤀𐤓𐤉𐤕 𐤁𐤉𐤕 𐤉𐤄𐤅𐤃𐤄 𐤏𐤋𐤉𐤄𐤌 𐤉𐤓𐤏𐤅𐤍 𐤁𐤁𐤕𐤉 𐤀𐤔𐤒𐤋𐤅𐤍
𐤁𐤏𐤓𐤁 𐤉𐤓𐤁𐤑𐤅𐤍 𐤊𐤉 𐤉𐤐𐤒𐤃𐤌 𐤉𐤄𐤅𐤄 𐤀𐤋𐤄𐤉𐤄𐤌 𐤅𐤔𐤁 𐤔𐤁𐤅𐤕𐤌 [𐤔𐤁𐤉𐤕𐤌]•
𐤇 𐤔𐤌𐤏𐤕𐤉 𐤇𐤓𐤐𐤕 𐤌𐤅𐤀𐤁 𐤅𐤂𐤃𐤅𐤐𐤉 𐤁𐤍𐤉 𐤏𐤌𐤅𐤍 𐤀𐤔𐤓 𐤇𐤓𐤐𐤅 𐤀𐤕 𐤏𐤌𐤉
𐤅𐤉𐤂𐤃𐤉𐤋𐤅 𐤏𐤋 𐤂𐤁𐤅𐤋𐤌•
𐤈 𐤋𐤊𐤍 𐤇𐤉 𐤀𐤍𐤉 𐤍𐤀𐤌 𐤉𐤄𐤅𐤄 𐤑𐤁𐤀𐤅𐤕 𐤀𐤋𐤄𐤉 𐤉𐤔𐤓𐤀𐤋 𐤊𐤉 𐤌𐤅𐤀𐤁 𐤊𐤎𐤃𐤌
𐤕𐤄𐤉𐤄 𐤅𐤁𐤍𐤉 𐤏𐤌𐤅𐤍 𐤊𐤏𐤌𐤓𐤄 𐤌𐤌𐤔𐤒 𐤇𐤓𐤅𐤋 𐤅𐤌𐤊𐤓𐤄 𐤌𐤋𐤇 𐤅𐤔𐤌𐤌𐤄 𐤏𐤃
𐤏𐤅𐤋𐤌 𐤔𐤀𐤓𐤉𐤕 𐤏𐤌𐤉 𐤉𐤁𐤆𐤅𐤌 𐤅𐤉𐤕𐤓 𐤂𐤅𐤉 𐤉𐤍𐤇𐤋𐤅𐤌•
𐤉 𐤆𐤀𐤕 𐤋𐤄𐤌 𐤕𐤇𐤕 𐤂𐤀𐤅𐤍𐤌 𐤊𐤉 𐤇𐤓𐤐𐤅 𐤅𐤉𐤂𐤃𐤉𐤋𐤅 𐤏𐤋 𐤏𐤌 𐤉𐤄𐤅𐤄 𐤑𐤁𐤀𐤅𐤕•
𐤉𐤀 𐤍𐤅𐤓𐤀 𐤉𐤄𐤅𐤄 𐤏𐤋𐤉𐤄𐤌 𐤊𐤉 𐤓𐤆𐤄 𐤀𐤕 𐤊𐤋 𐤀𐤋𐤄𐤉 𐤄𐤀𐤓𐤑 𐤅𐤉𐤔𐤕𐤇𐤅𐤅 𐤋𐤅
𐤀𐤉𐤔 𐤌𐤌𐤒𐤅𐤌𐤅 𐤊𐤋 𐤀𐤉𐤉 𐤄𐤂𐤅𐤉𐤌•
𐤉𐤁 𐤂𐤌 𐤀𐤕𐤌 𐤊𐤅𐤔𐤉𐤌 𐤇𐤋𐤋𐤉 𐤇𐤓𐤁𐤉 𐤄𐤌𐤄•
𐤉𐤂 𐤅𐤉𐤈 𐤉𐤃𐤅 𐤏𐤋 𐤑𐤐𐤅𐤍 𐤅𐤉𐤀𐤁𐤃 𐤀𐤕 𐤀𐤔𐤅𐤓 𐤅𐤉𐤔𐤌 𐤀𐤕 𐤍𐤉𐤍𐤅𐤄 𐤋𐤔𐤌𐤌𐤄
𐤑𐤉𐤄 𐤊𐤌𐤃𐤁𐤓•
𐤉𐤃 𐤅𐤓𐤁𐤑𐤅 𐤁𐤕𐤅𐤊𐤄 𐤏𐤃𐤓𐤉𐤌 𐤊𐤋 𐤇𐤉𐤕𐤅 𐤂𐤅𐤉 𐤂𐤌 𐤒𐤀𐤕 𐤂𐤌 𐤒𐤐𐤃 𐤁𐤊𐤐𐤕𐤓𐤉𐤄
𐤉𐤋𐤉𐤍𐤅 𐤒𐤅𐤋 𐤉𐤔𐤅𐤓𐤓 𐤁𐤇𐤋𐤅𐤍 𐤇𐤓𐤁 𐤁𐤎𐤐 𐤊𐤉 𐤀𐤓𐤆𐤄 𐤏𐤓𐤄•
𐤈𐤅 𐤆𐤀𐤕 𐤄𐤏𐤉𐤓 𐤄𐤏𐤋𐤉𐤆𐤄 𐤄𐤉𐤅𐤔𐤁𐤕 𐤋𐤁𐤈𐤇 𐤄𐤀𐤌𐤓𐤄 𐤁𐤋𐤁𐤁𐤄 𐤀𐤍𐤉
𐤅𐤀𐤐𐤎𐤉 𐤏𐤅𐤃 𐤀𐤉𐤊 𐤄𐤉𐤕𐤄 𐤋𐤔𐤌𐤄 𐤌𐤓𐤁𐤑 𐤋𐤇𐤉𐤄 𐤊𐤋 𐤏𐤅𐤁𐤓 𐤏𐤋𐤉𐤄 𐤉𐤔𐤓𐤒
𐤉𐤍𐤉𐤏 𐤉𐤃𐤅•

𐤑𐤐𐤍𐤉𐤄

𐤐𐤓𐤒 𐤂
𐤀 𐤄𐤅𐤉 𐤌𐤓𐤀𐤄 𐤅𐤍𐤂𐤀𐤋𐤄 𐤄𐤏𐤉𐤓 𐤄𐤉𐤅𐤍𐤄·
𐤁 𐤋𐤀 𐤔𐤌𐤏𐤄 𐤁𐤒𐤅𐤋 𐤋𐤀 𐤋𐤒𐤇𐤄 𐤌𐤅𐤎𐤓 𐤁𐤉𐤄𐤅𐤄 𐤋𐤀 𐤁𐤈𐤇𐤄 𐤀𐤋 𐤀𐤋𐤄𐤉𐤄 𐤋𐤀
𐤒𐤓𐤁𐤄·
𐤂 𐤔𐤓𐤉𐤄 𐤁𐤒𐤓𐤁𐤄 𐤀𐤓𐤉𐤅𐤕 𐤔𐤀𐤂𐤉𐤌 𐤔𐤐𐤈𐤉𐤄 𐤆𐤀𐤁𐤉 𐤏𐤓𐤁 𐤋𐤀 𐤂𐤓𐤌𐤅 𐤋𐤁𐤒𐤓·
𐤃 𐤍𐤁𐤉𐤀𐤉𐤄 𐤐𐤇𐤆𐤉𐤌 𐤀𐤍𐤔𐤉 𐤁𐤂𐤃𐤅𐤕 𐤊𐤄𐤍𐤉𐤄 𐤇𐤋𐤋𐤅 𐤒𐤃𐤔 𐤇𐤌𐤎𐤅 𐤕𐤅𐤓𐤄·
𐤄 𐤉𐤄𐤅𐤄 𐤑𐤃𐤉𐤒 𐤁𐤒𐤓𐤁𐤄 𐤋𐤀 𐤉𐤏𐤔𐤄 𐤏𐤅𐤋𐤄 𐤁𐤁𐤒𐤓 𐤁𐤁𐤒𐤓 𐤌𐤔𐤐𐤈𐤅 𐤉𐤕𐤍
𐤋𐤀𐤅𐤓 𐤋𐤀 𐤍𐤏𐤃𐤓 𐤅𐤋𐤀 𐤉𐤅𐤃𐤏 𐤏𐤅𐤋 𐤁𐤔𐤕·
𐤅 𐤄𐤊𐤓𐤕𐤉 𐤂𐤅𐤉𐤌 𐤍𐤔𐤌𐤅 𐤐𐤍𐤅𐤕𐤌 𐤄𐤇𐤓𐤁𐤕𐤉 𐤇𐤅𐤑𐤅𐤕𐤌 𐤌𐤁𐤋𐤉 𐤏𐤅𐤁𐤓 𐤍𐤑𐤃𐤅
𐤏𐤓𐤉𐤄𐤌 𐤌𐤁𐤋𐤉 𐤀𐤉𐤔 𐤌𐤀𐤉𐤍 𐤉𐤅𐤔𐤁·
𐤆 𐤀𐤌𐤓𐤕𐤉 𐤀𐤊 𐤕𐤉𐤓𐤀𐤉 𐤀𐤅𐤕𐤉 𐤕𐤒𐤇𐤉 𐤌𐤅𐤎𐤓 𐤅𐤋𐤀 𐤉𐤊𐤓𐤕 𐤌𐤏𐤅𐤍𐤄 𐤊𐤋 𐤀𐤔𐤓
𐤐𐤒𐤃𐤕𐤉 𐤏𐤋𐤉𐤄 𐤀𐤊𐤍 𐤄𐤔𐤊𐤉𐤌𐤅 𐤄𐤔𐤇𐤉𐤕𐤅 𐤊𐤋 𐤏𐤋𐤉𐤋𐤅𐤕𐤌·
𐤇 𐤋𐤊𐤍 𐤇𐤊𐤅 𐤋𐤉 𐤍𐤀𐤌 𐤉𐤄𐤅𐤄 𐤋𐤉𐤅𐤌 𐤒𐤅𐤌𐤉 𐤋𐤏𐤃 𐤊𐤉 𐤌𐤔𐤐𐤈𐤉 𐤋𐤀𐤎𐤐
𐤂𐤅𐤉𐤌 𐤋𐤒𐤁𐤑𐤉 𐤌𐤌𐤋𐤊𐤅𐤕 𐤋𐤔𐤐𐤊 𐤏𐤋𐤉𐤄𐤌 𐤆𐤏𐤌𐤉 𐤊𐤋 𐤇𐤓𐤅𐤍 𐤀𐤐𐤉 𐤊𐤉 𐤁𐤀𐤔
𐤕𐤀𐤊𐤋 𐤊𐤋 𐤄𐤀𐤓𐤑·
𐤈 𐤊𐤉 𐤀𐤆 𐤀𐤄𐤐𐤊 𐤀𐤋 𐤏𐤌𐤉𐤌 𐤔𐤐𐤄 𐤁𐤓𐤅𐤓𐤄 𐤋𐤒𐤓𐤀 𐤊𐤋𐤌 𐤁𐤔𐤌 𐤉𐤄𐤅𐤄
𐤋𐤏𐤁𐤃𐤅 𐤔𐤊𐤌 𐤀𐤇𐤃·
𐤉 𐤌𐤏𐤁𐤓 𐤋𐤍𐤄𐤓𐤉 𐤊𐤅𐤔 𐤏𐤕𐤓𐤉 𐤁𐤕 𐤐𐤅𐤑𐤉 𐤉𐤅𐤁𐤋𐤅𐤍 𐤌𐤍𐤇𐤕𐤉·
𐤉𐤀 𐤁𐤉𐤅𐤌 𐤄𐤄𐤅𐤀 𐤋𐤀 𐤕𐤁𐤅𐤔𐤉 𐤌𐤊𐤋 𐤏𐤋𐤉𐤋𐤕𐤉𐤊 𐤀𐤔𐤓 𐤐𐤔𐤏𐤕 𐤁𐤉 𐤊𐤉 𐤀𐤆
𐤀𐤎𐤉𐤓 𐤌𐤒𐤓𐤁𐤊 𐤏𐤋𐤉𐤆𐤉 𐤂𐤀𐤅𐤕𐤊 𐤅𐤋𐤀 𐤕𐤅𐤎𐤐𐤉 𐤋𐤂𐤁𐤄𐤄 𐤏𐤅𐤃 𐤁𐤄𐤓 𐤒𐤃𐤔𐤉·
𐤉𐤁 𐤅𐤄𐤔𐤀𐤓𐤕𐤉 𐤁𐤒𐤓𐤁𐤊 𐤏𐤌 𐤏𐤍𐤉 𐤅𐤃𐤋 𐤅𐤇𐤎𐤅 𐤁𐤔𐤌 𐤉𐤄𐤅𐤄·
𐤉𐤂 𐤔𐤀𐤓𐤉𐤕 𐤉𐤔𐤓𐤀𐤋 𐤋𐤀 𐤉𐤏𐤔𐤅 𐤏𐤅𐤋𐤄 𐤅𐤋𐤀 𐤉𐤃𐤁𐤓𐤅 𐤊𐤆𐤁 𐤅𐤋𐤀 𐤉𐤌𐤑𐤀
𐤁𐤐𐤉𐤄𐤌 𐤋𐤔𐤅𐤍 𐤕𐤓𐤌𐤉𐤕 𐤊𐤉 𐤄𐤌𐤄 𐤉𐤓𐤏𐤅 𐤅𐤓𐤁𐤑𐤅 𐤅𐤀𐤉𐤍 𐤌𐤇𐤓𐤉𐤃·
𐤉𐤃 𐤓𐤍𐤉 𐤁𐤕 𐤑𐤉𐤅𐤍 𐤄𐤓𐤉𐤏𐤅 𐤉𐤔𐤓𐤀𐤋 𐤔𐤌𐤇𐤉 𐤅𐤏𐤋𐤆𐤉 𐤁𐤊𐤋 𐤋𐤁 𐤁𐤕
𐤉𐤓𐤅𐤔𐤋𐤌·
𐤈𐤅 𐤄𐤎𐤉𐤓 𐤉𐤄𐤅𐤄 𐤌𐤔𐤐𐤈𐤉𐤊 𐤐𐤍𐤄 𐤀𐤉𐤁𐤊 𐤌𐤋𐤊 𐤉𐤔𐤓𐤀𐤋 𐤉𐤄𐤅𐤄 𐤁𐤒𐤓𐤁𐤊
𐤋𐤀 𐤕𐤉𐤓𐤀𐤉 𐤓𐤏 𐤏𐤅𐤃·
𐤈𐤆 𐤁𐤉𐤅𐤌 𐤄𐤄𐤅𐤀 𐤉𐤀𐤌𐤓 𐤋𐤉𐤓𐤅𐤔𐤋𐤌 𐤀𐤋 𐤕𐤉𐤓𐤀𐤉 𐤑𐤉𐤅𐤍 𐤀𐤋 𐤉𐤓𐤐𐤅
𐤉𐤃𐤉𐤊·
𐤉𐤆 𐤉𐤄𐤅𐤄 𐤀𐤋𐤄𐤉𐤊 𐤁𐤒𐤓𐤁𐤊 𐤂𐤁𐤅𐤓 𐤉𐤅𐤔𐤉𐤏 𐤉𐤔𐤉𐤔 𐤏𐤋𐤉𐤊 𐤁𐤔𐤌𐤇𐤄
𐤉𐤇𐤓𐤉𐤔 𐤁𐤀𐤄𐤁𐤕𐤅 𐤉𐤂𐤉𐤋 𐤏𐤋𐤉𐤊 𐤁𐤓𐤍𐤄·
𐤉𐤇 𐤍𐤅𐤂𐤉 𐤌𐤌𐤅𐤏𐤃 𐤀𐤎𐤐𐤕𐤉 𐤌𐤌𐤊 𐤄𐤉𐤅 𐤌𐤔𐤀𐤕 𐤏𐤋𐤉𐤄 𐤇𐤓𐤐𐤄·

𐤕𐤎𐤇

𐤉𐤈 𐤄𐤍𐤍𐤉 𐤏𐤔𐤄 𐤀𐤕 𐤊𐤋 𐤌𐤏𐤍𐤉𐤊 𐤁𐤏𐤕 𐤄𐤄𐤉𐤀 𐤅𐤄𐤅𐤔𐤏𐤕𐤉 𐤀𐤕 𐤄𐤑𐤋𐤏𐤄
𐤅𐤄𐤍𐤃𐤇𐤄 𐤀𐤒𐤁𐤑 𐤅𐤔𐤌𐤕𐤉𐤌 𐤋𐤕𐤄𐤋𐤄 𐤅𐤋𐤔𐤌 𐤁𐤊𐤋 𐤄𐤀𐤓𐤑 𐤁𐤔𐤕𐤌.
𐤊 𐤁𐤏𐤕 𐤄𐤄𐤉𐤀 𐤀𐤁𐤉𐤀 𐤀𐤕𐤊𐤌 𐤅𐤁𐤏𐤕 𐤒𐤁𐤑𐤉 𐤀𐤕𐤊𐤌 𐤊𐤉 𐤀𐤕𐤍 𐤀𐤕𐤊𐤌 𐤋𐤔𐤌
𐤅𐤋𐤕𐤄𐤋𐤄 𐤁𐤊𐤋 𐤏𐤌𐤉 𐤄𐤀𐤓𐤑 𐤁𐤔𐤅𐤁𐤉 𐤀𐤕 𐤔𐤁𐤅𐤕𐤉𐤊𐤌 𐤋𐤏𐤉𐤍𐤉𐤊𐤌 𐤀𐤌𐤓
𐤉𐤄𐤅𐤄.

𐤇𐤂𐤉

𐤐𐤓𐤒 𐤀

𐤀 𐤁𐤔𐤍𐤕 𐤔𐤕𐤉𐤌 𐤋𐤃𐤓𐤉𐤅𐤔 𐤄𐤌𐤋𐤊 𐤁𐤇𐤃𐤔 𐤄𐤔𐤔𐤉 𐤁𐤉𐤅𐤌 𐤀𐤇𐤃 𐤋𐤇𐤃𐤔 𐤄𐤉𐤄
𐤃𐤁𐤓 𐤉𐤄𐤅𐤄 𐤁𐤉𐤃 𐤇𐤂𐤉 𐤄𐤍𐤁𐤉𐤀 𐤀𐤋 𐤆𐤓𐤁𐤁𐤋 𐤁𐤍 𐤔𐤀𐤋𐤕𐤉𐤀𐤋 𐤐𐤇𐤕 𐤉𐤄𐤅𐤃𐤄
𐤅𐤀𐤋 𐤉𐤄𐤅𐤔𐤏 𐤁𐤍 𐤉𐤄𐤅𐤑𐤃𐤒 𐤄𐤊𐤄𐤍 𐤄𐤂𐤃𐤅𐤋 𐤋𐤀𐤌𐤓.
𐤁 𐤊𐤄 𐤀𐤌𐤓 𐤉𐤄𐤅𐤄 𐤑𐤁𐤀𐤅𐤕 𐤋𐤀𐤌𐤓 𐤄𐤏𐤌 𐤄𐤆𐤄 𐤀𐤌𐤓𐤅 𐤋𐤀 𐤏𐤕 𐤁𐤀 𐤏𐤕 𐤁𐤉𐤕
𐤉𐤄𐤅𐤄 𐤋𐤄𐤁𐤍𐤅𐤕.
𐤂 𐤅𐤉𐤄𐤉 𐤃𐤁𐤓 𐤉𐤄𐤅𐤄 𐤁𐤉𐤃 𐤇𐤂𐤉 𐤄𐤍𐤁𐤉𐤀 𐤋𐤀𐤌𐤓.
𐤃 𐤄𐤏𐤕 𐤋𐤊𐤌 𐤀𐤕𐤌 𐤋𐤔𐤁𐤕 𐤁𐤁𐤕𐤉𐤊𐤌 𐤎𐤐𐤅𐤍𐤉𐤌 𐤅𐤄𐤁𐤉𐤕 𐤄𐤆𐤄 𐤇𐤓𐤁.
𐤄 𐤅𐤏𐤕𐤄 𐤊𐤄 𐤀𐤌𐤓 𐤉𐤄𐤅𐤄 𐤑𐤁𐤀𐤅𐤕 𐤔𐤉𐤌𐤅 𐤋𐤁𐤁𐤊𐤌 𐤏𐤋 𐤃𐤓𐤊𐤉𐤊𐤌.
𐤅 𐤆𐤓𐤏𐤕𐤌 𐤄𐤓𐤁𐤄 𐤅𐤄𐤁𐤀 𐤌𐤏𐤈 𐤀𐤊𐤅𐤋 𐤅𐤀𐤉𐤍 𐤋𐤔𐤁𐤏𐤄 𐤔𐤕𐤅 𐤅𐤀𐤉𐤍 𐤋𐤔𐤊𐤓𐤄
𐤋𐤁𐤅𐤔 𐤅𐤀𐤉𐤍 𐤋𐤇𐤌 𐤋𐤅 𐤅𐤄𐤌𐤔𐤕𐤊𐤓 𐤌𐤔𐤕𐤊𐤓 𐤀𐤋 𐤑𐤓𐤅𐤓 𐤍𐤒𐤅𐤁.
𐤆 𐤊𐤄 𐤀𐤌𐤓 𐤉𐤄𐤅𐤄 𐤑𐤁𐤀𐤅𐤕 𐤔𐤉𐤌𐤅 𐤋𐤁𐤁𐤊𐤌 𐤏𐤋 𐤃𐤓𐤊𐤉𐤊𐤌.
𐤇 𐤏𐤋𐤅 𐤄𐤄𐤓 𐤅𐤄𐤁𐤀𐤕𐤌 𐤏𐤑 𐤅𐤁𐤍𐤅 𐤄𐤁𐤉𐤕 𐤅𐤀𐤓𐤑𐤄 𐤁𐤅 𐤅𐤀𐤊𐤁𐤃 [𐤅𐤀𐤊𐤁𐤃𐤄]
𐤀𐤌𐤓 𐤉𐤄𐤅𐤄.
𐤈 𐤐𐤍𐤄 𐤀𐤋 𐤄𐤓𐤁𐤄 𐤅𐤄𐤍𐤄 𐤋𐤌𐤏𐤈 𐤅𐤄𐤁𐤀𐤕𐤌 𐤄𐤁𐤉𐤕 𐤅𐤍𐤐𐤇𐤕𐤉 𐤁𐤅 𐤉𐤏𐤍 𐤌𐤄
𐤍𐤀𐤌 𐤉𐤄𐤅𐤄 𐤑𐤁𐤀𐤅𐤕 𐤉𐤏𐤍 𐤁𐤉𐤕𐤉 𐤀𐤔𐤓 𐤄𐤅𐤀 𐤇𐤓𐤁 𐤅𐤀𐤕𐤌 𐤓𐤑𐤉𐤌 𐤀𐤉𐤔
𐤋𐤁𐤉𐤕𐤅.
𐤉 𐤏𐤋 𐤊𐤍 𐤏𐤋𐤉𐤊𐤌 𐤊𐤋𐤀𐤅 𐤔𐤌𐤉𐤌 𐤌𐤈𐤋 𐤅𐤄𐤀𐤓𐤑 𐤊𐤋𐤀𐤄 𐤉𐤁𐤅𐤋𐤄.
𐤉𐤀 𐤅𐤀𐤒𐤓𐤀 𐤇𐤓𐤁 𐤏𐤋 𐤄𐤀𐤓𐤑 𐤅𐤏𐤋 𐤄𐤄𐤓𐤉𐤌 𐤅𐤏𐤋 𐤄𐤃𐤂𐤍 𐤅𐤏𐤋 𐤄𐤕𐤉𐤓𐤅𐤔 𐤅𐤏𐤋
𐤄𐤉𐤑𐤄𐤓 𐤅𐤏𐤋 𐤀𐤔𐤓 𐤕𐤅𐤑𐤉𐤀 𐤄𐤀𐤃𐤌𐤄 𐤅𐤏𐤋 𐤄𐤀𐤃𐤌 𐤅𐤏𐤋 𐤄𐤁𐤄𐤌𐤄 𐤅𐤏𐤋 𐤊𐤋
𐤉𐤂𐤉𐤏 𐤊𐤐𐤉𐤌.
𐤉𐤁 𐤅𐤉𐤔𐤌𐤏 𐤆𐤓𐤁𐤁𐤋 𐤁𐤍 𐤔𐤋𐤕𐤉𐤀𐤋 𐤅𐤉𐤄𐤅𐤔𐤏 𐤁𐤍 𐤉𐤄𐤅𐤑𐤃𐤒 𐤄𐤊𐤄𐤍
𐤄𐤂𐤃𐤅𐤋 𐤅𐤊𐤋 𐤔𐤀𐤓𐤉𐤕 𐤄𐤏𐤌 𐤁𐤒𐤅𐤋 𐤉𐤄𐤅𐤄 𐤀𐤋𐤄𐤉𐤄𐤌 𐤅𐤏𐤋 𐤃𐤁𐤓𐤉 𐤇𐤂𐤉
𐤄𐤍𐤁𐤉𐤀 𐤊𐤀𐤔𐤓 𐤔𐤋𐤇𐤅 𐤉𐤄𐤅𐤄 𐤀𐤋𐤄𐤉𐤄𐤌 𐤅𐤉𐤉𐤓𐤀𐤅 𐤄𐤏𐤌 𐤌𐤐𐤍𐤉 𐤉𐤄𐤅𐤄.
𐤉𐤂 𐤅𐤉𐤀𐤌𐤓 𐤇𐤂𐤉 𐤌𐤋𐤀𐤊 𐤉𐤄𐤅𐤄 𐤁𐤌𐤋𐤀𐤊𐤅𐤕 𐤉𐤄𐤅𐤄 𐤋𐤏𐤌 𐤋𐤀𐤌𐤓 𐤀𐤍𐤉
𐤀𐤕𐤊𐤌 𐤍𐤀𐤌 𐤉𐤄𐤅𐤄.
𐤉𐤃 𐤅𐤉𐤏𐤓 𐤉𐤄𐤅𐤄 𐤀𐤕 𐤓𐤅𐤇 𐤆𐤓𐤁𐤁𐤋 𐤁𐤍 𐤔𐤋𐤕𐤉𐤀𐤋 𐤐𐤇𐤕 𐤉𐤄𐤅𐤃𐤄 𐤅𐤀𐤕 𐤓𐤅𐤇
𐤉𐤄𐤅𐤔𐤏 𐤁𐤍 𐤉𐤄𐤅𐤑𐤃𐤒 𐤄𐤊𐤄𐤍 𐤄𐤂𐤃𐤅𐤋 𐤅𐤀𐤕 𐤓𐤅𐤇 𐤊𐤋 𐤔𐤀𐤓𐤉𐤕 𐤄𐤏𐤌 𐤅𐤉𐤁𐤀𐤅
𐤅𐤉𐤏𐤔𐤅 𐤌𐤋𐤀𐤊𐤄 𐤁𐤁𐤉𐤕 𐤉𐤄𐤅𐤄 𐤑𐤁𐤀𐤅𐤕 𐤀𐤋𐤄𐤉𐤄𐤌.
𐤈𐤅 𐤁𐤉𐤅𐤌 𐤏𐤔𐤓𐤉𐤌 𐤅𐤀𐤓𐤁𐤏𐤄 𐤋𐤇𐤃𐤔 𐤁𐤔𐤔𐤉 𐤁𐤔𐤍𐤕 𐤔𐤕𐤉𐤌 𐤋𐤃𐤓𐤉𐤅𐤔
𐤄𐤌𐤋𐤊.

𐤐𐤓𐤒 𐤁

𐤀𐤁𐤔𐤁𐤉𐤏𐤉 𐤁𐤏𐤔𐤓𐤉𐤌 𐤅𐤀𐤇𐤃 𐤋𐤇𐤃𐤔 𐤄𐤉𐤄 𐤃𐤁𐤓 𐤉𐤄𐤅𐤄 𐤁𐤉𐤃 𐤇𐤂𐤉 𐤄𐤍𐤁𐤉𐤀
𐤋𐤀𐤌𐤓·

𐤁 𐤀𐤌𐤓 𐤍𐤀 𐤀𐤋 𐤆𐤓𐤁𐤁𐤋 𐤁𐤍 𐤔𐤀𐤋𐤕𐤉𐤀𐤋 𐤐𐤇𐤕 𐤉𐤄𐤅𐤃𐤄 𐤅𐤀𐤋 𐤉𐤄𐤅𐤔𐤏 𐤁𐤍
𐤉𐤄𐤅𐤑𐤃𐤒 𐤄𐤊𐤄𐤍 𐤄𐤂𐤃𐤅𐤋 𐤅𐤀𐤋 𐤔𐤀𐤓𐤉𐤕 𐤄𐤏𐤌 𐤋𐤀𐤌𐤓·

𐤂 𐤌𐤉 𐤁𐤊𐤌 𐤄𐤍𐤔𐤀𐤓 𐤀𐤔𐤓 𐤓𐤀𐤄 𐤀𐤕 𐤄𐤁𐤉𐤕 𐤄𐤆𐤄 𐤁𐤊𐤁𐤅𐤃𐤅 𐤄𐤓𐤀𐤔𐤅𐤍 𐤅𐤌𐤄
𐤀𐤕𐤌 𐤓𐤀𐤉𐤌 𐤀𐤕𐤅 𐤏𐤕𐤄 𐤄𐤋𐤅𐤀 𐤊𐤌𐤄𐤅 𐤊𐤀𐤉𐤍 𐤁𐤏𐤉𐤍𐤉𐤊𐤌·

𐤃 𐤅𐤏𐤕𐤄 𐤇𐤆𐤒 𐤆𐤓𐤁𐤁𐤋 𐤍𐤀𐤌 𐤉𐤄𐤅𐤄 𐤅𐤇𐤆𐤒 𐤉𐤄𐤅𐤔𐤏 𐤁𐤍 𐤉𐤄𐤅𐤑𐤃𐤒 𐤄𐤊𐤄𐤍
𐤄𐤂𐤃𐤅𐤋 𐤅𐤇𐤆𐤒 𐤊𐤋 𐤏𐤌 𐤄𐤀𐤓𐤑 𐤍𐤀𐤌 𐤉𐤄𐤅𐤄 𐤅𐤏𐤔𐤅 𐤊𐤉 𐤀𐤍𐤉 𐤀𐤕𐤊𐤌 𐤍𐤀𐤌
𐤉𐤄𐤅𐤄 𐤑𐤁𐤀𐤅𐤕·

𐤄 𐤀𐤕 𐤄𐤃𐤁𐤓 𐤀𐤔𐤓 𐤊𐤓𐤕𐤉 𐤀𐤕𐤊𐤌 𐤁𐤑𐤀𐤕𐤊𐤌 𐤌𐤌𐤑𐤓𐤉𐤌 𐤅𐤓𐤅𐤇𐤉 𐤏𐤌𐤃𐤕
𐤁𐤕𐤅𐤊𐤊𐤌 𐤀𐤋 𐤕𐤉𐤓𐤀𐤅·

𐤅 𐤊𐤉 𐤊𐤄 𐤀𐤌𐤓 𐤉𐤄𐤅𐤄 𐤑𐤁𐤀𐤅𐤕 𐤏𐤅𐤃 𐤀𐤇𐤕 𐤌𐤏𐤈 𐤄𐤉𐤀 𐤅𐤀𐤍𐤉 𐤌𐤓𐤏𐤉𐤔 𐤀𐤕
𐤄𐤔𐤌𐤉𐤌 𐤅𐤀𐤕 𐤄𐤀𐤓𐤑 𐤅𐤀𐤕 𐤄𐤉𐤌 𐤅𐤀𐤕 𐤄𐤇𐤓𐤁𐤄·

𐤆 𐤅𐤄𐤓𐤏𐤔𐤕𐤉 𐤀𐤕 𐤊𐤋 𐤄𐤂𐤅𐤉𐤌 𐤅𐤁𐤀𐤅 𐤇𐤌𐤃𐤕 𐤊𐤋 𐤄𐤂𐤅𐤉𐤌 𐤅𐤌𐤋𐤀𐤕𐤉 𐤀𐤕
𐤄𐤁𐤉𐤕 𐤄𐤆𐤄 𐤊𐤁𐤅𐤃 𐤀𐤌𐤓 𐤉𐤄𐤅𐤄 𐤑𐤁𐤀𐤅𐤕·

𐤇 𐤋𐤉 𐤄𐤊𐤎𐤐 𐤅𐤋𐤉 𐤄𐤆𐤄𐤁 𐤍𐤀𐤌 𐤉𐤄𐤅𐤄 𐤑𐤁𐤀𐤅𐤕·

𐤈 𐤂𐤃𐤅𐤋 𐤉𐤄𐤉𐤄 𐤊𐤁𐤅𐤃 𐤄𐤁𐤉𐤕 𐤄𐤆𐤄 𐤄𐤀𐤇𐤓𐤅𐤍 𐤌𐤍 𐤄𐤓𐤀𐤔𐤅𐤍 𐤀𐤌𐤓 𐤉𐤄𐤅𐤄
𐤑𐤁𐤀𐤅𐤕 𐤅𐤁𐤌𐤒𐤅𐤌 𐤄𐤆𐤄 𐤀𐤕𐤍 𐤔𐤋𐤅𐤌 𐤍𐤀𐤌 𐤉𐤄𐤅𐤄 𐤑𐤁𐤀𐤅𐤕·

𐤉𐤁𐤏𐤔𐤓𐤉𐤌 𐤅𐤀𐤓𐤁𐤏𐤄 𐤋𐤕𐤔𐤉𐤏𐤉 𐤁𐤔𐤍𐤕 𐤔𐤕𐤉𐤌 𐤋𐤃𐤓𐤉𐤅𐤔 𐤄𐤉𐤄 𐤃𐤁𐤓
𐤉𐤄𐤅𐤄 𐤀𐤋 𐤇𐤂𐤉 𐤄𐤍𐤁𐤉𐤀 𐤋𐤀𐤌𐤓·

𐤉𐤀 𐤊𐤄 𐤀𐤌𐤓 𐤉𐤄𐤅𐤄 𐤑𐤁𐤀𐤅𐤕 𐤔𐤀𐤋 𐤍𐤀 𐤀𐤕 𐤄𐤊𐤄𐤍𐤉𐤌 𐤕𐤅𐤓𐤄 𐤋𐤀𐤌𐤓·

𐤉𐤁 𐤄𐤍 𐤉𐤔𐤀 𐤀𐤉𐤔 𐤁𐤔𐤓 𐤒𐤃𐤔 𐤁𐤊𐤍𐤐 𐤁𐤂𐤃𐤅 𐤅𐤍𐤂𐤏 𐤁𐤊𐤍𐤐𐤅 𐤀𐤋 𐤄𐤋𐤇𐤌
𐤅𐤀𐤋 𐤄𐤍𐤆𐤉𐤃 𐤅𐤀𐤋 𐤄𐤉𐤉𐤍 𐤅𐤀𐤋 𐤔𐤌𐤍 𐤅𐤀𐤋 𐤊𐤋 𐤌𐤀𐤊𐤋 𐤄𐤉𐤒𐤃𐤔 𐤅𐤉𐤏𐤍𐤅
𐤄𐤊𐤄𐤍𐤉𐤌 𐤅𐤉𐤀𐤌𐤓𐤅 𐤋𐤀·

𐤉𐤂 𐤅𐤉𐤀𐤌𐤓 𐤇𐤂𐤉 𐤀𐤌 𐤉𐤂𐤏 𐤈𐤌𐤀 𐤍𐤐𐤔 𐤁𐤊𐤋 𐤀𐤋𐤄 𐤄𐤉𐤈𐤌𐤀 𐤅𐤉𐤏𐤍𐤅
𐤄𐤊𐤄𐤍𐤉𐤌 𐤅𐤉𐤀𐤌𐤓𐤅 𐤉𐤈𐤌𐤀·

𐤉𐤃𐤅𐤉𐤏𐤍 𐤇𐤂𐤉 𐤅𐤉𐤀𐤌𐤓 𐤊𐤍 𐤄𐤏𐤌 𐤄𐤆𐤄 𐤅𐤊𐤍 𐤄𐤂𐤅𐤉 𐤄𐤆𐤄 𐤋𐤐𐤍𐤉 𐤍𐤀𐤌
𐤉𐤄𐤅𐤄 𐤅𐤊𐤍 𐤊𐤋 𐤌𐤏𐤔𐤄 𐤉𐤃𐤉𐤄𐤌 𐤅𐤀𐤔𐤓 𐤉𐤒𐤓𐤉𐤁𐤅 𐤔𐤌 𐤈𐤌𐤀 𐤄𐤅𐤀·

𐤈𐤅𐤅𐤏𐤕𐤄 𐤔𐤉𐤌𐤅 𐤍𐤀 𐤋𐤁𐤁𐤊𐤌 𐤌𐤍 𐤄𐤉𐤅𐤌 𐤄𐤆𐤄 𐤅𐤌𐤏𐤋𐤄 𐤌𐤈𐤓𐤌 𐤔𐤅𐤌 𐤀𐤁𐤍
𐤀𐤋 𐤀𐤁𐤍 𐤁𐤄𐤉𐤊𐤋 𐤉𐤄𐤅𐤄·

𐤈𐤆𐤌𐤄𐤉𐤅𐤕𐤌 𐤁𐤀 𐤀𐤋 𐤏𐤓𐤌𐤕 𐤏𐤔𐤓𐤉𐤌 𐤅𐤄𐤉𐤕𐤄 𐤏𐤔𐤓𐤄 𐤁𐤀 𐤀𐤋 𐤄𐤉𐤒𐤁

חגי

לחשף חמשים פורה והיתה עשרים•
יז הכיתי אתכם בשדפון ובירקון ובברד את כל מעשה ידיכם
ואין אתכם אלי נאם יהוה•
יח שימו נא לבבכם מן היום הזה ומעלה מיום עשרים
וארבעה לתשיעי למן היום אשר יסד היכל יהוה שימו
לבבכם•
יט העוד הזרע במגורה ועד הגפן והתאנה והרמון ועץ הזית לא
נשא מן היום הזה אברך•
כ ויהי דבר יהוה שנית אל חגי בעשרים וארבעה לחדש לאמר•
כא אמר אל זרבבל פחת יהודה לאמר אני מרעיש את השמים
ואת הארץ•
כב והפכתי כסא ממלכות והשמדתי חזק ממלכות הגוים
והפכתי מרכבה ורכביה וירדו סוסים ורכביהם איש בחרב
אחיו•
כג ביום ההוא נאם יהוה צבאות אקחך זרבבל בן שאלתיאל
עבדי נאם יהוה ושמתיך כחותם כי בך בחרתי נאם יהוה
צבאות•

𐤆𐤊𐤓𐤉𐤄

𐤐𐤓𐤒 𐤀

𐤀 𐤁𐤇𐤃𐤔 𐤄𐤔𐤌𐤉𐤍𐤉 𐤁𐤔𐤍𐤕 𐤔𐤕𐤉𐤌 𐤋𐤃𐤓𐤉𐤅𐤔 𐤄𐤉𐤄 𐤃𐤁𐤓 𐤉𐤄𐤅𐤄 𐤀𐤋
𐤆𐤊𐤓𐤉𐤄 𐤁𐤍 𐤁𐤓𐤊𐤉𐤄 𐤁𐤍 𐤏𐤃𐤅 𐤄𐤍𐤁𐤉𐤀 𐤋𐤀𐤌𐤓.

𐤁 𐤒𐤑𐤐 𐤉𐤄𐤅𐤄 𐤏𐤋 𐤀𐤁𐤅𐤕𐤉𐤊𐤌 𐤒𐤑𐤐.

𐤂 𐤅𐤀𐤌𐤓𐤕 𐤀𐤋𐤄𐤌 𐤊𐤄 𐤀𐤌𐤓 𐤉𐤄𐤅𐤄 𐤑𐤁𐤀𐤅𐤕 𐤔𐤅𐤁𐤅 𐤀𐤋𐤉 𐤍𐤀𐤌 𐤉𐤄𐤅𐤄
𐤑𐤁𐤀𐤅𐤕 𐤅𐤀𐤔𐤅𐤁 𐤀𐤋𐤉𐤊𐤌 𐤀𐤌𐤓 𐤉𐤄𐤅𐤄 𐤑𐤁𐤀𐤅𐤕.

𐤃 𐤀𐤋 𐤕𐤄𐤉𐤅 𐤊𐤀𐤁𐤕𐤉𐤊𐤌 𐤀𐤔𐤓 𐤒𐤓𐤀𐤅 𐤀𐤋𐤉𐤄𐤌 𐤄𐤍𐤁𐤉𐤀𐤉𐤌 𐤄𐤓𐤀𐤔𐤍𐤉𐤌
𐤋𐤀𐤌𐤓 𐤊𐤄 𐤀𐤌𐤓 𐤉𐤄𐤅𐤄 𐤑𐤁𐤀𐤅𐤕 𐤔𐤅𐤁𐤅 𐤍𐤀 𐤌𐤃𐤓𐤊𐤉𐤊𐤌 𐤄𐤓𐤏𐤉𐤌
𐤅𐤌𐤏𐤋𐤉𐤋𐤉𐤊𐤌 [𐤅𐤌𐤏𐤋𐤋𐤉𐤊𐤌] 𐤄𐤓𐤏𐤉𐤌 𐤅𐤋𐤀 𐤔𐤌𐤏𐤅 𐤅𐤋𐤀 𐤄𐤒𐤔𐤉𐤁𐤅 𐤀𐤋𐤉
𐤍𐤀𐤌 𐤉𐤄𐤅𐤄.

𐤄 𐤀𐤁𐤅𐤕𐤉𐤊𐤌 𐤀𐤉𐤄 𐤄𐤌 𐤅𐤄𐤍𐤁𐤀𐤉𐤌 𐤄𐤋𐤏𐤅𐤋𐤌 𐤉𐤇𐤉𐤅.

𐤅 𐤀𐤊 𐤃𐤁𐤓𐤉 𐤅𐤇𐤒𐤉 𐤀𐤔𐤓 𐤑𐤅𐤉𐤕𐤉 𐤀𐤕 𐤏𐤁𐤃𐤉 𐤄𐤍𐤁𐤉𐤀𐤉𐤌 𐤄𐤋𐤅𐤀 𐤄𐤔𐤉𐤂𐤅
𐤀𐤁𐤕𐤉𐤊𐤌 𐤅𐤉𐤔𐤅𐤁𐤅 𐤅𐤉𐤀𐤌𐤓𐤅 𐤊𐤀𐤔𐤓 𐤆𐤌𐤌 𐤉𐤄𐤅𐤄 𐤑𐤁𐤀𐤅𐤕 𐤋𐤏𐤔𐤅𐤕 𐤋𐤍𐤅
𐤊𐤃𐤓𐤊𐤉𐤍𐤅 𐤅𐤊𐤌𐤏𐤋𐤋𐤉𐤍𐤅 𐤊𐤍 𐤏𐤔𐤄 𐤀𐤕𐤍𐤅.

𐤆 𐤁𐤉𐤅𐤌 𐤏𐤔𐤓𐤉𐤌 𐤅𐤀𐤓𐤁𐤏𐤄 𐤋𐤏𐤔𐤕𐤉 𐤏𐤔𐤓 𐤇𐤃𐤔 𐤄𐤅𐤀 𐤇𐤃𐤔 𐤔𐤁𐤈 𐤁𐤔𐤍𐤕
𐤔𐤕𐤉𐤌 𐤋𐤃𐤓𐤉𐤅𐤔 𐤄𐤉𐤄 𐤃𐤁𐤓 𐤉𐤄𐤅𐤄 𐤀𐤋 𐤆𐤊𐤓𐤉𐤄 𐤁𐤍 𐤁𐤓𐤊𐤉𐤄𐤅 𐤁𐤍 𐤏𐤃𐤅𐤀
𐤄𐤍𐤁𐤉𐤀 𐤋𐤀𐤌𐤓.

𐤇 𐤓𐤀𐤉𐤕𐤉 𐤄𐤋𐤉𐤋𐤄 𐤅𐤄𐤍𐤄 𐤀𐤉𐤔 𐤓𐤊𐤁 𐤏𐤋 𐤎𐤅𐤎 𐤀𐤃𐤌 𐤅𐤄𐤅𐤀 𐤏𐤌𐤃 𐤁𐤉𐤍
𐤄𐤄𐤃𐤎𐤉𐤌 𐤀𐤔𐤓 𐤁𐤌𐤑𐤋𐤄 𐤅𐤀𐤇𐤓𐤉𐤅 𐤎𐤅𐤎𐤉𐤌 𐤀𐤃𐤌𐤉𐤌 𐤔𐤓𐤒𐤉𐤌 𐤅𐤋𐤁𐤍𐤉𐤌.

𐤈 𐤅𐤀𐤌𐤓 𐤌𐤄 𐤀𐤋𐤄 𐤀𐤃𐤍𐤉 𐤅𐤉𐤀𐤌𐤓 𐤀𐤋𐤉 𐤄𐤌𐤋𐤀𐤊 𐤄𐤃𐤁𐤓 𐤁𐤉 𐤀𐤍𐤉 𐤀𐤓𐤀𐤊
𐤌𐤄 𐤄𐤌𐤄 𐤀𐤋𐤄.

𐤉 𐤅𐤉𐤏𐤍 𐤄𐤀𐤉𐤔 𐤄𐤏𐤌𐤃 𐤁𐤉𐤍 𐤄𐤄𐤃𐤎𐤉𐤌 𐤅𐤉𐤀𐤌𐤓 𐤀𐤋𐤄 𐤀𐤔𐤓 𐤔𐤋𐤇 𐤉𐤄𐤅𐤄
𐤋𐤄𐤕𐤄𐤋𐤊 𐤁𐤀𐤓𐤑.

𐤉𐤀 𐤅𐤉𐤏𐤍𐤅 𐤀𐤕 𐤌𐤋𐤀𐤊 𐤉𐤄𐤅𐤄 𐤄𐤏𐤌𐤃 𐤁𐤉𐤍 𐤄𐤄𐤃𐤎𐤉𐤌 𐤅𐤉𐤀𐤌𐤓𐤅
𐤄𐤕𐤄𐤋𐤊𐤍𐤅 𐤁𐤀𐤓𐤑 𐤅𐤄𐤍𐤄 𐤊𐤋 𐤄𐤀𐤓𐤑 𐤉𐤔𐤁𐤕 𐤅𐤔𐤒𐤈𐤕.

𐤉𐤁 𐤅𐤉𐤏𐤍 𐤌𐤋𐤀𐤊 𐤉𐤄𐤅𐤄 𐤅𐤉𐤀𐤌𐤓 𐤉𐤄𐤅𐤄 𐤑𐤁𐤀𐤅𐤕 𐤏𐤃 𐤌𐤕𐤉 𐤀𐤕𐤄 𐤋𐤀
𐤕𐤓𐤇𐤌 𐤀𐤕 𐤉𐤓𐤅𐤔𐤋𐤌 𐤅𐤀𐤕 𐤏𐤓𐤉 𐤉𐤄𐤅𐤃𐤄 𐤀𐤔𐤓 𐤆𐤏𐤌𐤕𐤄 𐤆𐤄 𐤔𐤁𐤏𐤉𐤌 𐤔𐤍𐤄.

𐤉𐤂 𐤅𐤉𐤏𐤍 𐤉𐤄𐤅𐤄 𐤀𐤕 𐤄𐤌𐤋𐤀𐤊 𐤄𐤃𐤁𐤓 𐤁𐤉 𐤃𐤁𐤓𐤉𐤌 𐤈𐤅𐤁𐤉𐤌 𐤃𐤁𐤓𐤉𐤌
𐤍𐤇𐤌𐤉𐤌.

𐤉𐤃 𐤅𐤉𐤀𐤌𐤓 𐤀𐤋𐤉 𐤄𐤌𐤋𐤀𐤊 𐤄𐤃𐤁𐤓 𐤁𐤉 𐤒𐤓𐤀 𐤋𐤀𐤌𐤓 𐤊𐤄 𐤀𐤌𐤓 𐤉𐤄𐤅𐤄
𐤑𐤁𐤀𐤅𐤕 𐤒𐤍𐤀𐤕𐤉 𐤋𐤉𐤓𐤅𐤔𐤋𐤌 𐤅𐤋𐤑𐤉𐤅𐤍 𐤒𐤍𐤀𐤄 𐤂𐤃𐤅𐤋𐤄.

𐤈𐤅 𐤅𐤒𐤑𐤐 𐤂𐤃𐤅𐤋 𐤀𐤍𐤉 𐤒𐤑𐤐 𐤏𐤋 𐤄𐤂𐤅𐤉𐤌 𐤄𐤔𐤀𐤍𐤍𐤉𐤌 𐤀𐤔𐤓 𐤒𐤑𐤐𐤕𐤉
𐤌𐤏𐤈 𐤅𐤄𐤌𐤄 𐤏𐤆𐤓𐤅 𐤋𐤓𐤏𐤄.

זכריה

טז לכן כה אמר יהוה שבתי לירושלם ברחמים ביתי יבנה בה
נאם יהוה צבאות וקוה [וקו] ינטה על ירושלם׃
יז עוד קרא לאמר כה אמר יהוה צבאות עוד תפוצינה ערי
מטוב ונחם יהוה עוד את ציון ובחר עוד בירושלם׃

פרק ב
א ואשא את עיני וארא והנה ארבע קרנות׃
ב ואמר אל המלאך הדבר בי מה אלה ויאמר אלי אלה הקרנות
אשר זרו את יהודה את ישראל וירושלם׃
ג ויראני יהוה ארבעה חרשים׃
ד ואמר מה אלה באים לעשות ויאמר לאמר אלה הקרנות אשר
זרו את יהודה כפי איש לא נשא ראשו ויבאו אלה להחריד
אתם לידות את קרנות הגוים הנשאים קרן אל ארץ יהודה
לזרותה׃
ה ואשא עיני וארא והנה איש ובידו חבל מדה׃
ו ואמר אנה אתה הלך ויאמר אלי למד את ירושלם לראות כמה
רחבה וכמה ארכה׃
ז והנה המלאך הדבר בי יצא ומלאך אחר יצא לקראתו׃
ח ויאמר אלו [אליו] רץ דבר אל הנער הלז לאמר פרזות תשב
ירושלם מרב אדם ובהמה בתוכה׃
ט ואני אהיה לה נאם יהוה חומת אש סביב ולכבוד אהיה
בתוכה׃
י הוי הוי ונסו מארץ צפון נאם יהוה כי כארבע רוחות
השמים פרשתי אתכם נאם יהוה׃
יא הוי ציון המלטי יושבת בת בבל׃
יב כי כה אמר יהוה צבאות אחר כבוד שלחני אל הגוים
השללים אתכם כי הנגע בכם נגע בבבת עינו׃
יג כי הנני מניף את ידי עליהם והיו שלל לעבדיהם
וידעתם כי יהוה צבאות שלחני׃
יד רני ושמחי בת ציון כי הנני בא ושכנתי בתוכך נאם
יהוה׃
טו ונלוו גוים רבים אל יהוה ביום ההוא והיו לי לעם
ושכנתי בתוכך וידעת כי יהוה צבאות שלחני אליך׃

זכריה

טז ונחל יהוה את יהודה חלקו על אדמת הקדש ובחר עוד
בירושלם.

יז הס כל בשר מפני יהוה כי נעור ממעון קדשו.

פרק ג

א ויראני את יהושע הכהן הגדול עמד לפני מלאך יהוה
והשטן עמד על ימינו לשטנו.
ב ויאמר יהוה אל השטן יגער יהוה בך השטן ויגער יהוה בך
הבחר בירושלם הלוא זה אוד מצל מאש.
ג ויהושע היה לבש בגדים צואים ועמד לפני המלאך.
ד ויען ויאמר אל העמדים לפניו לאמר הסירו הבגדים הצאים
מעליו ויאמר אליו ראה העברתי מעליך עונך והלבש אתך
מחלצות.
ה ואמר ישימו צניף טהור על ראשו וישימו הצניף הטהור על
ראשו וילבשהו בגדים ומלאך יהוה עמד.
ו ויעד מלאך יהוה ביהושע לאמר.
ז כה אמר יהוה צבאות אם בדרכי תלך ואם את משמרתי תשמר
וגם אתה תדין את ביתי וגם תשמר את חצרי ונתתי לך
מהלכים בין העמדים האלה.
ח שמע נא יהושע הכהן הגדול אתה ורעיך הישבים לפניך כי
אנשי מופת המה כי הנני מביא את עבדי צמח.
ט כי הנה האבן אשר נתתי לפני יהושע על אבן אחת שבעה
עינים הנני מפתח פתחה נאם יהוה צבאות ומשתי את עון
הארץ ההיא ביום אחד.
י ביום ההוא נאם יהוה צבאות תקראו איש לרעהו אל תחת גפן
ואל תחת תאנה.

פרק ד

א וישב המלאך הדבר בי ויעירני כאיש אשר יעור משנתו.
ב ויאמר אלי מה אתה ראה ויאמר [ואמר] ראיתי והנה מנורת
זהב כלה וגלה על ראשה ושבעה נרתיה עליה שבעה ושבעה
מוצקות לנרות אשר על ראשה.
ג ושנים זיתים עליה אחד מימין הגלה ואחד על שמאלה.

𐤆𐤊𐤓𐤉𐤄

𐤃 𐤅𐤀𐤏𐤍 𐤅𐤀𐤌𐤓 𐤀𐤋 𐤄𐤌𐤋𐤀𐤊 𐤄𐤃𐤁𐤓 𐤁𐤉 𐤋𐤀𐤌𐤓 𐤌𐤄 𐤀𐤋𐤄 𐤀𐤃𐤍𐤉.

𐤄 𐤅𐤉𐤏𐤍 𐤄𐤌𐤋𐤀𐤊 𐤄𐤃𐤁𐤓 𐤁𐤉 𐤅𐤉𐤀𐤌𐤓 𐤀𐤋𐤉 𐤄𐤋𐤅𐤀 𐤉𐤃𐤏𐤕 𐤌𐤄 𐤄𐤌𐤄 𐤀𐤋𐤄 𐤅𐤀𐤌𐤓 𐤋𐤀 𐤀𐤃𐤍𐤉.

𐤅 𐤅𐤉𐤏𐤍 𐤅𐤉𐤀𐤌𐤓 𐤀𐤋𐤉 𐤋𐤀𐤌𐤓 𐤆𐤄 𐤃𐤁𐤓 𐤉𐤄𐤅𐤄 𐤀𐤋 𐤆𐤓𐤁𐤁𐤋 𐤋𐤀𐤌𐤓 𐤋𐤀 𐤁𐤇𐤉𐤋 𐤅𐤋𐤀 𐤁𐤊𐤇 𐤊𐤉 𐤀𐤌 𐤁𐤓𐤅𐤇𐤉 𐤀𐤌𐤓 𐤉𐤄𐤅𐤄 𐤑𐤁𐤀𐤅𐤕.

𐤆 𐤌𐤉 𐤀𐤕𐤄 𐤄𐤓 𐤄𐤂𐤃𐤅𐤋 𐤋𐤐𐤍𐤉 𐤆𐤓𐤁𐤁𐤋 𐤋𐤌𐤉𐤔𐤓 𐤅𐤄𐤅𐤑𐤉𐤀 𐤀𐤕 𐤄𐤀𐤁𐤍 𐤄𐤓𐤀𐤔𐤄 𐤕𐤔𐤀𐤅𐤕 𐤇𐤍 𐤇𐤍 𐤋𐤄.

𐤇 𐤅𐤉𐤄𐤉 𐤃𐤁𐤓 𐤉𐤄𐤅𐤄 𐤀𐤋𐤉 𐤋𐤀𐤌𐤓.

𐤈 𐤉𐤃𐤉 𐤆𐤓𐤁𐤁𐤋 𐤉𐤎𐤃𐤅 𐤄𐤁𐤉𐤕 𐤄𐤆𐤄 𐤅𐤉𐤃𐤉𐤅 𐤕𐤁𐤑𐤏𐤍𐤄 𐤅𐤉𐤃𐤏𐤕 𐤊𐤉 𐤉𐤄𐤅𐤄 𐤑𐤁𐤀𐤅𐤕 𐤔𐤋𐤇𐤍𐤉 𐤀𐤋𐤉𐤊𐤌.

𐤉 𐤊𐤉 𐤌𐤉 𐤁𐤆 𐤋𐤉𐤅𐤌 𐤒𐤈𐤍𐤅𐤕 𐤅𐤔𐤌𐤇𐤅 𐤅𐤓𐤀𐤅 𐤀𐤕 𐤄𐤀𐤁𐤍 𐤄𐤁𐤃𐤉𐤋 𐤁𐤉𐤃 𐤆𐤓𐤁𐤁𐤋 𐤔𐤁𐤏𐤄 𐤀𐤋𐤄 𐤏𐤉𐤍𐤉 𐤉𐤄𐤅𐤄 𐤄𐤌𐤄 𐤌𐤔𐤅𐤈𐤈𐤉𐤌 𐤁𐤊𐤋 𐤄𐤀𐤓𐤑.

𐤉𐤀 𐤅𐤀𐤏𐤍 𐤅𐤀𐤌𐤓 𐤀𐤋𐤉𐤅 𐤌𐤄 𐤔𐤍𐤉 𐤄𐤆𐤉𐤕𐤉𐤌 𐤄𐤀𐤋𐤄 𐤏𐤋 𐤉𐤌𐤉𐤍 𐤄𐤌𐤍𐤅𐤓𐤄 𐤅𐤏𐤋 𐤔𐤌𐤀𐤅𐤋𐤄.

𐤉𐤁 𐤅𐤀𐤏𐤍 𐤔𐤍𐤉𐤕 𐤅𐤀𐤌𐤓 𐤀𐤋𐤉𐤅 𐤌𐤄 𐤔𐤕𐤉 𐤔𐤁𐤋𐤉 𐤄𐤆𐤉𐤕𐤉𐤌 𐤀𐤔𐤓 𐤁𐤉𐤃 𐤔𐤍𐤉 𐤑𐤍𐤕𐤓𐤅𐤕 𐤄𐤆𐤄𐤁 𐤄𐤌𐤓𐤉𐤒𐤉𐤌 𐤌𐤏𐤋𐤉𐤄𐤌 𐤄𐤆𐤄𐤁.

𐤉𐤂 𐤅𐤉𐤀𐤌𐤓 𐤀𐤋𐤉 𐤋𐤀𐤌𐤓 𐤄𐤋𐤅𐤀 𐤉𐤃𐤏𐤕 𐤌𐤄 𐤀𐤋𐤄 𐤅𐤀𐤌𐤓 𐤋𐤀 𐤀𐤃𐤍𐤉.

𐤉𐤃 𐤅𐤉𐤀𐤌𐤓 𐤀𐤋𐤄 𐤔𐤍𐤉 𐤁𐤍𐤉 𐤄𐤉𐤑𐤄𐤓 𐤄𐤏𐤌𐤃𐤉𐤌 𐤏𐤋 𐤀𐤃𐤅𐤍 𐤊𐤋 𐤄𐤀𐤓𐤑.

𐤐𐤓𐤒 𐤄

𐤀 𐤅𐤀𐤔𐤅𐤁 𐤅𐤀𐤔𐤀 𐤏𐤉𐤍𐤉 𐤅𐤀𐤓𐤀𐤄 𐤅𐤄𐤍𐤄 𐤌𐤂𐤋𐤄 𐤏𐤐𐤄.

𐤁 𐤅𐤉𐤀𐤌𐤓 𐤀𐤋𐤉 𐤌𐤄 𐤀𐤕𐤄 𐤓𐤀𐤄 𐤅𐤀𐤌𐤓 𐤀𐤍𐤉 𐤓𐤀𐤄 𐤌𐤂𐤋𐤄 𐤏𐤐𐤄 𐤀𐤓𐤊𐤄 𐤏𐤔𐤓𐤉𐤌 𐤁𐤀𐤌𐤄 𐤅𐤓𐤇𐤁𐤄 𐤏𐤔𐤓 𐤁𐤀𐤌𐤄.

𐤂 𐤅𐤉𐤀𐤌𐤓 𐤀𐤋𐤉 𐤆𐤀𐤕 𐤄𐤀𐤋𐤄 𐤄𐤉𐤅𐤑𐤀𐤕 𐤏𐤋 𐤐𐤍𐤉 𐤊𐤋 𐤄𐤀𐤓𐤑 𐤊𐤉 𐤊𐤋 𐤄𐤂𐤍𐤁 𐤌𐤆𐤄 𐤊𐤌𐤅𐤄 𐤍𐤒𐤄 𐤅𐤊𐤋 𐤄𐤍𐤔𐤁𐤏 𐤌𐤆𐤄 𐤊𐤌𐤅𐤄 𐤍𐤒𐤄.

𐤃 𐤄𐤅𐤑𐤀𐤕𐤉𐤄 𐤍𐤀𐤌 𐤉𐤄𐤅𐤄 𐤑𐤁𐤀𐤅𐤕 𐤅𐤁𐤀𐤄 𐤀𐤋 𐤁𐤉𐤕 𐤄𐤂𐤍𐤁 𐤅𐤀𐤋 𐤁𐤉𐤕 𐤄𐤍𐤔𐤁𐤏 𐤁𐤔𐤌𐤉 𐤋𐤔𐤒𐤓 𐤅𐤋𐤍𐤄 𐤁𐤕𐤅𐤊 𐤁𐤉𐤕𐤅 𐤅𐤊𐤋𐤕𐤅 𐤅𐤀𐤕 𐤏𐤑𐤉𐤅 𐤅𐤀𐤕 𐤀𐤁𐤍𐤉𐤅.

𐤄 𐤅𐤉𐤑𐤀 𐤄𐤌𐤋𐤀𐤊 𐤄𐤃𐤁𐤓 𐤁𐤉 𐤅𐤉𐤀𐤌𐤓 𐤀𐤋𐤉 𐤔𐤀 𐤍𐤀 𐤏𐤉𐤍𐤉𐤊 𐤅𐤓𐤀𐤄 𐤌𐤄 𐤄𐤉𐤅𐤑𐤀𐤕 𐤄𐤆𐤀𐤕.

𐤅 𐤅𐤀𐤌𐤓 𐤌𐤄 𐤄𐤉𐤀 𐤅𐤉𐤀𐤌𐤓 𐤆𐤀𐤕 𐤄𐤀𐤉𐤐𐤄 𐤄𐤉𐤅𐤑𐤀𐤕 𐤅𐤉𐤀𐤌𐤓 𐤆𐤀𐤕 𐤏𐤉𐤍𐤌 𐤁𐤊𐤋 𐤄𐤀𐤓𐤑.

𐤆 𐤅𐤄𐤍𐤄 𐤊𐤊𐤓 𐤏𐤐𐤓𐤕 𐤍𐤔𐤀𐤕 𐤅𐤆𐤀𐤕 𐤀𐤔𐤄 𐤀𐤇𐤕 𐤉𐤅𐤔𐤁𐤕 𐤁𐤕𐤅𐤊 𐤄𐤀𐤉𐤐𐤄.

𐤆𐤊𐤓𐤉𐤄

𐤇𐤅𐤉𐤀𐤌𐤓 𐤆𐤀𐤕 𐤄𐤓𐤔𐤏𐤄 𐤅𐤉𐤔𐤋𐤊 𐤀𐤕𐤄 𐤀𐤋 𐤕𐤅𐤊 𐤄𐤀𐤉𐤐𐤄 𐤅𐤉𐤔𐤋𐤊 𐤀𐤕 𐤀𐤁𐤍 𐤄𐤏𐤅𐤐𐤓𐤕 𐤀𐤋 𐤐𐤉𐤄.

𐤈𐤅𐤀𐤔𐤀 𐤏𐤉𐤍𐤉 𐤅𐤀𐤓𐤀 𐤅𐤄𐤍𐤄 𐤔𐤕𐤉𐤌 𐤍𐤔𐤉𐤌 𐤉𐤅𐤑𐤀𐤅𐤕 𐤅𐤓𐤅𐤇 𐤁𐤊𐤍𐤐𐤉𐤄𐤌 𐤅𐤋𐤄𐤍𐤄 𐤊𐤍𐤐𐤉𐤌 𐤊𐤊𐤍𐤐𐤉 𐤄𐤇𐤎𐤉𐤃𐤄 𐤅𐤕𐤔𐤍𐤄 [𐤅𐤕𐤔𐤀𐤍𐤄] 𐤀𐤕 𐤄𐤀𐤉𐤐𐤄 𐤁𐤉𐤍 𐤄𐤀𐤓𐤑 𐤅𐤁𐤉𐤍 𐤄𐤔𐤌𐤉𐤌.

𐤉𐤅𐤀𐤌𐤓 𐤀𐤋 𐤄𐤌𐤋𐤀𐤊 𐤄𐤃𐤁𐤓 𐤁𐤉 𐤀𐤍𐤄 𐤄𐤌𐤄 𐤌𐤅𐤋𐤊𐤅𐤕 𐤀𐤕 𐤄𐤀𐤉𐤐𐤄.

𐤉𐤀𐤅𐤉𐤀𐤌𐤓 𐤀𐤋𐤉 𐤋𐤁𐤍𐤅𐤕 𐤋𐤄 𐤁𐤉𐤕 𐤁𐤀𐤓𐤑 𐤔𐤍𐤏𐤓 𐤅𐤄𐤅𐤊𐤍 𐤅𐤄𐤍𐤉𐤇𐤄 𐤔𐤌 𐤏𐤋 𐤌𐤊𐤍𐤕𐤄.

𐤐𐤓𐤒 𐤅

𐤀𐤅𐤀𐤔𐤁 𐤅𐤀𐤔𐤀 𐤏𐤉𐤍𐤉 𐤅𐤀𐤓𐤀𐤄 𐤅𐤄𐤍𐤄 𐤀𐤓𐤁𐤏 𐤌𐤓𐤊𐤁𐤅𐤕 𐤉𐤑𐤀𐤅𐤕 𐤌𐤁𐤉𐤍 𐤔𐤍𐤉 𐤄𐤄𐤓𐤉𐤌 𐤅𐤄𐤄𐤓𐤉𐤌 𐤄𐤓𐤉 𐤍𐤇𐤔𐤕.

𐤁𐤁𐤌𐤓𐤊𐤁𐤄 𐤄𐤓𐤀𐤔𐤍𐤄 𐤎𐤅𐤎𐤉𐤌 𐤀𐤃𐤌𐤉𐤌 𐤅𐤁𐤌𐤓𐤊𐤁𐤄 𐤄𐤔𐤍𐤉𐤕 𐤎𐤅𐤎𐤉𐤌 𐤔𐤇𐤓𐤉𐤌.

𐤂𐤅𐤁𐤌𐤓𐤊𐤁𐤄 𐤄𐤔𐤋𐤔𐤉𐤕 𐤎𐤅𐤎𐤉𐤌 𐤋𐤁𐤍𐤉𐤌 𐤅𐤁𐤌𐤓𐤊𐤁𐤄 𐤄𐤓𐤁𐤏𐤉𐤕 𐤎𐤅𐤎𐤉𐤌 𐤁𐤓𐤃𐤉𐤌 𐤀𐤌𐤑𐤉𐤌.

𐤃𐤅𐤀𐤏𐤍 𐤅𐤀𐤌𐤓 𐤀𐤋 𐤄𐤌𐤋𐤀𐤊 𐤄𐤃𐤁𐤓 𐤁𐤉 𐤌𐤄 𐤀𐤋𐤄 𐤀𐤃𐤍𐤉.

𐤄𐤅𐤉𐤏𐤍 𐤄𐤌𐤋𐤀𐤊 𐤅𐤉𐤀𐤌𐤓 𐤀𐤋𐤉 𐤀𐤋𐤄 𐤀𐤓𐤁𐤏 𐤓𐤇𐤅𐤕 𐤄𐤔𐤌𐤉𐤌 𐤉𐤅𐤑𐤀𐤅𐤕 𐤌𐤄𐤕𐤉𐤑𐤁 𐤏𐤋 𐤀𐤃𐤅𐤍 𐤊𐤋 𐤄𐤀𐤓𐤑.

𐤅𐤀𐤔𐤓 𐤁𐤄 𐤄𐤎𐤅𐤎𐤉𐤌 𐤄𐤔𐤇𐤓𐤉𐤌 𐤉𐤑𐤀𐤉𐤌 𐤀𐤋 𐤀𐤓𐤑 𐤑𐤐𐤅𐤍 𐤅𐤄𐤋𐤁𐤍𐤉𐤌 𐤉𐤑𐤀𐤅 𐤀𐤋 𐤀𐤇𐤓𐤉𐤄𐤌 𐤅𐤄𐤁𐤓𐤃𐤉𐤌 𐤉𐤑𐤀𐤅 𐤀𐤋 𐤀𐤓𐤑 𐤄𐤕𐤉𐤌𐤍.

𐤆𐤅𐤄𐤀𐤌𐤑𐤉𐤌 𐤉𐤑𐤀𐤅 𐤅𐤉𐤁𐤒𐤔𐤅 𐤋𐤋𐤊𐤕 𐤋𐤄𐤕𐤄𐤋𐤊 𐤁𐤀𐤓𐤑 𐤅𐤉𐤀𐤌𐤓 𐤋𐤊𐤅 𐤄𐤕𐤄𐤋𐤊𐤅 𐤁𐤀𐤓𐤑 𐤅𐤕𐤕𐤄𐤋𐤊𐤍𐤄 𐤁𐤀𐤓𐤑.

𐤇𐤅𐤉𐤆𐤏𐤒 𐤀𐤕𐤉 𐤅𐤉𐤃𐤁𐤓 𐤀𐤋𐤉 𐤋𐤀𐤌𐤓 𐤓𐤀𐤄 𐤄𐤉𐤅𐤑𐤀𐤉𐤌 𐤀𐤋 𐤀𐤓𐤑 𐤑𐤐𐤅𐤍 𐤄𐤍𐤉𐤇𐤅 𐤀𐤕 𐤓𐤅𐤇𐤉 𐤁𐤀𐤓𐤑 𐤑𐤐𐤅𐤍.

𐤈𐤅𐤉𐤄𐤉 𐤃𐤁𐤓 𐤉𐤄𐤅𐤄 𐤀𐤋𐤉 𐤋𐤀𐤌𐤓.

𐤉𐤋𐤒𐤅𐤇 𐤌𐤀𐤕 𐤄𐤂𐤅𐤋𐤄 𐤌𐤇𐤋𐤃𐤉 𐤅𐤌𐤀𐤕 𐤈𐤅𐤁𐤉𐤄 𐤅𐤌𐤀𐤕 𐤉𐤃𐤏𐤉𐤄 𐤅𐤁𐤀𐤕 𐤀𐤕𐤄 𐤁𐤉𐤅𐤌 𐤄𐤄𐤅𐤀 𐤅𐤁𐤀𐤕 𐤁𐤉𐤕 𐤉𐤀𐤔𐤉𐤄 𐤁𐤍 𐤑𐤐𐤍𐤉𐤄 𐤀𐤔𐤓 𐤁𐤀𐤅 𐤌𐤁𐤁𐤋.

𐤉𐤀𐤅𐤋𐤒𐤇𐤕 𐤊𐤎𐤐 𐤅𐤆𐤄𐤁 𐤅𐤏𐤔𐤉𐤕 𐤏𐤈𐤓𐤅𐤕 𐤅𐤔𐤌𐤕 𐤁𐤓𐤀𐤔 𐤉𐤄𐤅𐤔𐤏 𐤁𐤍 𐤉𐤄𐤅𐤑𐤃𐤒 𐤄𐤊𐤄𐤍 𐤄𐤂𐤃𐤅𐤋.

𐤉𐤁 𐤅𐤀𐤌𐤓𐤕 𐤀𐤋𐤉𐤅 𐤋𐤀𐤌𐤓 𐤊𐤄 𐤀𐤌𐤓 𐤉𐤄𐤅𐤄 𐤑𐤁𐤀𐤅𐤕 𐤋𐤀𐤌𐤓 𐤄𐤍𐤄 𐤀𐤉𐤔 𐤑𐤌𐤇 𐤔𐤌𐤅 𐤅𐤌𐤕𐤇𐤕𐤉𐤅 𐤉𐤑𐤌𐤇 𐤅𐤁𐤍𐤄 𐤀𐤕 𐤄𐤉𐤊𐤋 𐤉𐤄𐤅𐤄.

𐤉𐤂 𐤅𐤄𐤅𐤀 𐤉𐤁𐤍𐤄 𐤀𐤕 𐤄𐤉𐤊𐤋 𐤉𐤄𐤅𐤄 𐤅𐤄𐤅𐤀 𐤉𐤔𐤀 𐤄𐤅𐤃 𐤅𐤉𐤔𐤁 𐤅𐤌𐤔𐤋 𐤏𐤋

𐤊𐤎𐤀𐤅 𐤅𐤄𐤉𐤄 𐤊𐤄𐤍 𐤏𐤋 𐤊𐤎𐤀𐤅 𐤅𐤏𐤑𐤕 𐤔𐤋𐤅𐤌 𐤕𐤄𐤉𐤄 𐤁𐤉𐤍 𐤔𐤍𐤉𐤄𐤌•

𐤉𐤃 𐤅𐤄𐤏𐤈𐤓𐤕 𐤕𐤄𐤉𐤄 𐤋𐤇𐤋𐤌 𐤅𐤋𐤈𐤅𐤁𐤉𐤄 𐤅𐤋𐤉𐤃𐤏𐤉𐤄 𐤅𐤋𐤇𐤍 𐤁𐤍 𐤑𐤐𐤍𐤉𐤄 𐤋𐤆𐤊𐤓𐤅𐤍 𐤁𐤄𐤉𐤊𐤋 𐤉𐤄𐤅𐤄•

𐤈𐤅 𐤅𐤓𐤇𐤅𐤒𐤉𐤌 𐤉𐤁𐤀𐤅 𐤅𐤁𐤍𐤅 𐤁𐤄𐤉𐤊𐤋 𐤉𐤄𐤅𐤄 𐤅𐤉𐤃𐤏𐤕𐤌 𐤊𐤉 𐤉𐤄𐤅𐤄 𐤑𐤁𐤀𐤅𐤕 𐤔𐤋𐤇𐤍𐤉 𐤀𐤋𐤉𐤊𐤌 𐤅𐤄𐤉𐤄 𐤀𐤌 𐤔𐤌𐤅𐤏 𐤕𐤔𐤌𐤏𐤅𐤍 𐤁𐤒𐤅𐤋 𐤉𐤄𐤅𐤄 𐤀𐤋𐤄𐤉𐤊𐤌•

𐤐𐤓𐤒 𐤆

𐤀 𐤅𐤉𐤄𐤉 𐤁𐤔𐤍𐤕 𐤀𐤓𐤁𐤏 𐤋𐤃𐤓𐤉𐤅𐤔 𐤄𐤌𐤋𐤊 𐤄𐤉𐤄 𐤃𐤁𐤓 𐤉𐤄𐤅𐤄 𐤀𐤋 𐤆𐤊𐤓𐤉𐤄 𐤁𐤀𐤓𐤁𐤏𐤄 𐤋𐤇𐤃𐤔 𐤄𐤕𐤔𐤏𐤉 𐤁𐤊𐤎𐤋𐤅•

𐤁 𐤅𐤉𐤔𐤋𐤇 𐤁𐤉𐤕 𐤀𐤋 𐤔𐤓 𐤀𐤑𐤓 𐤅𐤓𐤂𐤌 𐤌𐤋𐤊 𐤅𐤀𐤍𐤔𐤉𐤅 𐤋𐤇𐤋𐤅𐤕 𐤀𐤕 𐤐𐤍𐤉 𐤉𐤄𐤅𐤄•

𐤂 𐤋𐤀𐤌𐤓 𐤀𐤋 𐤄𐤊𐤄𐤍𐤉𐤌 𐤀𐤔𐤓 𐤋𐤁𐤉𐤕 𐤉𐤄𐤅𐤄 𐤑𐤁𐤀𐤅𐤕 𐤅𐤀𐤋 𐤄𐤍𐤁𐤉𐤀𐤉𐤌 𐤋𐤀𐤌𐤓 𐤄𐤀𐤁𐤊𐤄 𐤁𐤇𐤃𐤔 𐤄𐤇𐤌𐤔𐤉 𐤄𐤍𐤆𐤓 𐤊𐤀𐤔𐤓 𐤏𐤔𐤉𐤕𐤉 𐤆𐤄 𐤊𐤌𐤄 𐤔𐤍𐤉𐤌•

𐤃 𐤅𐤉𐤄𐤉 𐤃𐤁𐤓 𐤉𐤄𐤅𐤄 𐤑𐤁𐤀𐤅𐤕 𐤀𐤋𐤉 𐤋𐤀𐤌𐤓•

𐤄 𐤀𐤌𐤓 𐤀𐤋 𐤊𐤋 𐤏𐤌 𐤄𐤀𐤓𐤑 𐤅𐤀𐤋 𐤄𐤊𐤄𐤍𐤉𐤌 𐤋𐤀𐤌𐤓 𐤊𐤉 𐤑𐤌𐤕𐤌 𐤅𐤎𐤐𐤅𐤃 𐤁𐤇𐤌𐤉𐤔𐤉 𐤅𐤁𐤔𐤁𐤉𐤏𐤉 𐤅𐤆𐤄 𐤔𐤁𐤏𐤉𐤌 𐤔𐤍𐤄 𐤄𐤑𐤅𐤌 𐤑𐤌𐤕𐤍𐤉 𐤀𐤍𐤉•

𐤅 𐤅𐤊𐤉 𐤕𐤀𐤊𐤋𐤅 𐤅𐤊𐤉 𐤕𐤔𐤕𐤅 𐤄𐤋𐤅𐤀 𐤀𐤕𐤌 𐤄𐤀𐤊𐤋𐤉𐤌 𐤅𐤀𐤕𐤌 𐤄𐤔𐤕𐤉𐤌•

𐤆 𐤄𐤋𐤅𐤀 𐤀𐤕 𐤄𐤃𐤁𐤓𐤉𐤌 𐤀𐤔𐤓 𐤒𐤓𐤀 𐤉𐤄𐤅𐤄 𐤁𐤉𐤃 𐤄𐤍𐤁𐤉𐤀𐤉𐤌 𐤄𐤓𐤀𐤔𐤍𐤉𐤌 𐤁𐤄𐤉𐤅𐤕 𐤉𐤓𐤅𐤔𐤋𐤌 𐤉𐤔𐤁𐤕 𐤅𐤔𐤋𐤅𐤄 𐤅𐤏𐤓𐤉𐤄 𐤎𐤁𐤉𐤁𐤕𐤉𐤄 𐤅𐤄𐤍𐤂𐤁 𐤅𐤄𐤔𐤐𐤋𐤄 𐤉𐤔𐤁•

𐤇 𐤅𐤉𐤄𐤉 𐤃𐤁𐤓 𐤉𐤄𐤅𐤄 𐤀𐤋 𐤆𐤊𐤓𐤉𐤄 𐤋𐤀𐤌𐤓•

𐤈 𐤊𐤄 𐤀𐤌𐤓 𐤉𐤄𐤅𐤄 𐤑𐤁𐤀𐤅𐤕 𐤋𐤀𐤌𐤓 𐤌𐤔𐤐𐤈 𐤀𐤌𐤕 𐤔𐤐𐤈𐤅 𐤅𐤇𐤎𐤃 𐤅𐤓𐤇𐤌𐤉𐤌 𐤏𐤔𐤅 𐤀𐤉𐤔 𐤀𐤕 𐤀𐤇𐤉𐤅•

𐤉 𐤅𐤀𐤋𐤌𐤍𐤄 𐤅𐤉𐤕𐤅𐤌 𐤂𐤓 𐤅𐤏𐤍𐤉 𐤀𐤋 𐤕𐤏𐤔𐤒𐤅 𐤅𐤓𐤏𐤕 𐤀𐤉𐤔 𐤀𐤇𐤉𐤅 𐤀𐤋 𐤕𐤇𐤔𐤁𐤅 𐤁𐤋𐤁𐤁𐤊𐤌•

𐤉𐤀 𐤅𐤉𐤌𐤀𐤍𐤅 𐤋𐤄𐤒𐤔𐤉𐤁 𐤅𐤉𐤕𐤍𐤅 𐤊𐤕𐤐 𐤎𐤓𐤓𐤕 𐤅𐤀𐤆𐤍𐤉𐤄𐤌 𐤄𐤊𐤁𐤉𐤃𐤅 𐤌𐤔𐤌𐤅𐤏•

𐤉𐤁 𐤅𐤋𐤁𐤌 𐤔𐤌𐤅 𐤔𐤌𐤉𐤓 𐤌𐤔𐤌𐤅𐤏 𐤀𐤕 𐤄𐤕𐤅𐤓𐤄 𐤅𐤀𐤕 𐤄𐤃𐤁𐤓𐤉𐤌 𐤀𐤔𐤓 𐤔𐤋𐤇 𐤉𐤄𐤅𐤄 𐤑𐤁𐤀𐤅𐤕 𐤁𐤓𐤅𐤇𐤅 𐤁𐤉𐤃 𐤄𐤍𐤁𐤉𐤀𐤉𐤌 𐤄𐤓𐤀𐤔𐤍𐤉𐤌 𐤅𐤉𐤄𐤉 𐤒𐤑𐤐 𐤂𐤃𐤅𐤋 𐤌𐤀𐤕 𐤉𐤄𐤅𐤄 𐤑𐤁𐤀𐤅𐤕•

𐤉𐤂 𐤅𐤉𐤄𐤉 𐤊𐤀𐤔𐤓 𐤒𐤓𐤀 𐤅𐤋𐤀 𐤔𐤌𐤏𐤅 𐤊𐤍 𐤉𐤒𐤓𐤀𐤅 𐤅𐤋𐤀 𐤀𐤔𐤌𐤏 𐤀𐤌𐤓 𐤉𐤄𐤅𐤄 𐤑𐤁𐤀𐤅𐤕•

𐤆𐤊𐤓𐤉𐤄

𐤉𐤃𐤅𐤀𐤎𐤏𐤓𐤌 𐤏𐤋 𐤊𐤋 𐤄𐤂𐤅𐤉𐤌 𐤀𐤔𐤓 𐤋𐤀 𐤉𐤃𐤏𐤅𐤌 𐤅𐤄𐤀𐤓𐤑 𐤍𐤔𐤌𐤄 𐤀𐤇𐤓𐤉𐤄𐤌
𐤌𐤏𐤁𐤓 𐤅𐤌𐤔𐤁 𐤅𐤉𐤔𐤉𐤌𐤅 𐤀𐤓𐤑 𐤇𐤌𐤃𐤄 𐤋𐤔𐤌𐤄•

𐤐𐤓𐤒 𐤇

𐤀𐤅𐤉𐤄𐤉 𐤃𐤁𐤓 𐤉𐤄𐤅𐤄 𐤑𐤁𐤀𐤅𐤕 𐤋𐤀𐤌𐤓•
𐤁𐤊𐤄 𐤀𐤌𐤓 𐤉𐤄𐤅𐤄 𐤑𐤁𐤀𐤅𐤕 𐤒𐤍𐤀𐤕𐤉 𐤋𐤑𐤉𐤅𐤍 𐤒𐤍𐤀𐤄 𐤂𐤃𐤅𐤋𐤄 𐤅𐤇𐤌𐤄
𐤂𐤃𐤅𐤋𐤄 𐤒𐤍𐤀𐤕𐤉 𐤋𐤄•
𐤂𐤊𐤄 𐤀𐤌𐤓 𐤉𐤄𐤅𐤄 𐤔𐤁𐤕𐤉 𐤀𐤋 𐤑𐤉𐤅𐤍 𐤅𐤔𐤊𐤍𐤕𐤉 𐤁𐤕𐤅𐤊 𐤉𐤓𐤅𐤔𐤋𐤌
𐤅𐤍𐤒𐤓𐤀𐤄 𐤉𐤓𐤅𐤔𐤋𐤌 𐤏𐤉𐤓 𐤄𐤀𐤌𐤕 𐤅𐤄𐤓 𐤉𐤄𐤅𐤄 𐤑𐤁𐤀𐤅𐤕 𐤄𐤓 𐤄𐤒𐤃𐤔• 𐤃𐤊𐤄
𐤀𐤌𐤓 𐤉𐤄𐤅𐤄 𐤑𐤁𐤀𐤅𐤕 𐤏𐤃 𐤉𐤔𐤁𐤅 𐤆𐤒𐤍𐤉𐤌 𐤅𐤆𐤒𐤍𐤅𐤕 𐤁𐤓𐤇𐤁𐤅𐤕 𐤉𐤓𐤅𐤔𐤋𐤌
𐤅𐤀𐤉𐤔 𐤌𐤔𐤏𐤍𐤕𐤅 𐤁𐤉𐤃𐤅 𐤌𐤓𐤁 𐤉𐤌𐤉𐤌•
𐤄𐤅𐤓𐤇𐤁𐤅𐤕 𐤄𐤏𐤉𐤓 𐤉𐤌𐤋𐤀𐤅 𐤉𐤋𐤃𐤉𐤌 𐤅𐤉𐤋𐤃𐤅𐤕 𐤌𐤔𐤇𐤒𐤉𐤌 𐤁𐤓𐤇𐤁𐤕𐤉𐤄•
𐤅𐤊𐤄 𐤀𐤌𐤓 𐤉𐤄𐤅𐤄 𐤑𐤁𐤀𐤅𐤕 𐤊𐤉 𐤉𐤐𐤋𐤀 𐤁𐤏𐤉𐤍𐤉 𐤔𐤀𐤓𐤉𐤕 𐤄𐤏𐤌 𐤄𐤆𐤄
𐤁𐤉𐤌𐤉𐤌 𐤄𐤄𐤌 𐤂𐤌 𐤁𐤏𐤉𐤍𐤉 𐤉𐤐𐤋𐤀 𐤍𐤀𐤌 𐤉𐤄𐤅𐤄 𐤑𐤁𐤀𐤅𐤕•
𐤆𐤊𐤄 𐤀𐤌𐤓 𐤉𐤄𐤅𐤄 𐤑𐤁𐤀𐤅𐤕 𐤄𐤍𐤍𐤉 𐤌𐤅𐤔𐤉𐤏 𐤀𐤕 𐤏𐤌𐤉 𐤌𐤀𐤓𐤑 𐤌𐤆𐤓𐤇
𐤅𐤌𐤀𐤓𐤑 𐤌𐤁𐤅𐤀 𐤄𐤔𐤌𐤔•
𐤇𐤅𐤄𐤁𐤀𐤕𐤉 𐤀𐤕𐤌 𐤅𐤔𐤊𐤍𐤅 𐤁𐤕𐤅𐤊 𐤉𐤓𐤅𐤔𐤋𐤌 𐤅𐤄𐤉𐤅 𐤋𐤉 𐤋𐤏𐤌 𐤅𐤀𐤍𐤉 𐤀𐤄𐤉𐤄
𐤋𐤄𐤌 𐤋𐤀𐤋𐤄𐤉𐤌 𐤁𐤀𐤌𐤕 𐤅𐤁𐤑𐤃𐤒𐤄•
𐤈𐤊𐤄 𐤀𐤌𐤓 𐤉𐤄𐤅𐤄 𐤑𐤁𐤀𐤅𐤕 𐤕𐤇𐤆𐤒𐤍𐤄 𐤉𐤃𐤉𐤊𐤌 𐤄𐤔𐤌𐤏𐤉𐤌 𐤁𐤉𐤌𐤉𐤌 𐤄𐤀𐤋𐤄
𐤀𐤕 𐤄𐤃𐤁𐤓𐤉𐤌 𐤄𐤀𐤋𐤄 𐤌𐤐𐤉 𐤄𐤍𐤁𐤉𐤀𐤉𐤌 𐤀𐤔𐤓 𐤁𐤉𐤅𐤌 𐤉𐤎𐤃 𐤁𐤉𐤕 𐤉𐤄𐤅𐤄
𐤑𐤁𐤀𐤅𐤕 𐤄𐤄𐤉𐤊𐤋 𐤋𐤄𐤁𐤍𐤅𐤕•
𐤉𐤊𐤉 𐤋𐤐𐤍𐤉 𐤄𐤉𐤌𐤉𐤌 𐤄𐤄𐤌 𐤔𐤊𐤓 𐤄𐤀𐤃𐤌 𐤋𐤀 𐤍𐤄𐤉𐤄 𐤅𐤔𐤊𐤓 𐤄𐤁𐤄𐤌𐤄
𐤀𐤉𐤍𐤍𐤄 𐤅𐤋𐤉𐤅𐤑𐤀 𐤅𐤋𐤁𐤀 𐤀𐤉𐤍 𐤔𐤋𐤅𐤌 𐤌𐤍 𐤄𐤑𐤓 𐤅𐤀𐤔𐤋𐤇 𐤀𐤕 𐤊𐤋 𐤄𐤀𐤃𐤌
𐤀𐤉𐤔 𐤁𐤓𐤏𐤄𐤅•
𐤉𐤀𐤅𐤏𐤕𐤄 𐤋𐤀 𐤊𐤓𐤀𐤔𐤍𐤉𐤌 𐤀𐤍𐤉 𐤋𐤔𐤀𐤓𐤉𐤕 𐤄𐤏𐤌 𐤄𐤆𐤄 𐤍𐤀𐤌
𐤉𐤄𐤅𐤄 𐤑𐤁𐤀𐤅𐤕•
𐤉𐤁𐤊𐤉 𐤆𐤓𐤏 𐤄𐤔𐤋𐤅𐤌 𐤄𐤂𐤐𐤍 𐤕𐤕𐤍 𐤐𐤓𐤉𐤄 𐤅𐤄𐤀𐤓𐤑 𐤕𐤕𐤍 𐤀𐤕 𐤉𐤁𐤅𐤋𐤄
𐤅𐤄𐤔𐤌𐤉𐤌 𐤉𐤕𐤍𐤅 𐤈𐤋𐤌 𐤅𐤄𐤍𐤇𐤋𐤕𐤉 𐤀𐤕 𐤔𐤀𐤓𐤉𐤕 𐤄𐤏𐤌 𐤄𐤆𐤄 𐤀𐤕 𐤊𐤋 𐤀𐤋𐤄•
𐤉𐤂𐤅𐤄𐤉𐤄 𐤊𐤀𐤔𐤓 𐤄𐤉𐤉𐤕𐤌 𐤒𐤋𐤋𐤄 𐤁𐤂𐤅𐤉𐤌 𐤁𐤉𐤕 𐤉𐤄𐤅𐤃𐤄 𐤅𐤁𐤉𐤕 𐤉𐤔𐤓𐤀𐤋
𐤊𐤍 𐤀𐤅𐤔𐤉𐤏 𐤀𐤕𐤊𐤌 𐤅𐤄𐤉𐤉𐤕𐤌 𐤁𐤓𐤊𐤄 𐤀𐤋 𐤕𐤉𐤓𐤀𐤅 𐤕𐤇𐤆𐤒𐤍𐤄 𐤉𐤃𐤉𐤊𐤌•
𐤉𐤃𐤊𐤉 𐤊𐤄 𐤀𐤌𐤓 𐤉𐤄𐤅𐤄 𐤑𐤁𐤀𐤅𐤕 𐤊𐤀𐤔𐤓 𐤆𐤌𐤌𐤕𐤉 𐤋𐤄𐤓𐤏 𐤋𐤊𐤌 𐤁𐤄𐤒𐤑𐤉𐤐
𐤀𐤁𐤕𐤉𐤊𐤌 𐤀𐤕𐤉 𐤀𐤌𐤓 𐤉𐤄𐤅𐤄 𐤑𐤁𐤀𐤅𐤕 𐤅𐤋𐤀 𐤍𐤇𐤌𐤕𐤉•
𐤈𐤅𐤊𐤍 𐤔𐤁𐤕𐤉 𐤆𐤌𐤌𐤕𐤉 𐤁𐤉𐤌𐤉𐤌 𐤄𐤀𐤋𐤄 𐤋𐤄𐤉𐤈𐤉𐤁 𐤀𐤕 𐤉𐤓𐤅𐤔𐤋𐤌 𐤅𐤀𐤕

𐤆𐤊𐤓𐤉𐤄

𐤁𐤉𐤕 𐤉𐤄𐤅𐤃𐤄 𐤀𐤋 𐤕𐤉𐤓𐤀𐤅•
𐤈𐤆 𐤀𐤋𐤄 𐤄𐤃𐤁𐤓𐤉𐤌 𐤀𐤔𐤓 𐤕𐤏𐤔𐤅 𐤃𐤁𐤓𐤅 𐤀𐤌𐤕 𐤀𐤉𐤔 𐤀𐤕 𐤓𐤏𐤄𐤅 𐤀𐤌𐤕 𐤅𐤌𐤔𐤐𐤈
𐤔𐤋𐤅𐤌 𐤔𐤐𐤈𐤅 𐤁𐤔𐤏𐤓𐤉𐤊𐤌•
𐤉𐤆 𐤅𐤀𐤉𐤔 𐤀𐤕 𐤓𐤏𐤕 𐤓𐤏𐤄𐤅 𐤀𐤋 𐤕𐤇𐤔𐤁𐤅 𐤁𐤋𐤁𐤁𐤊𐤌 𐤅𐤔𐤁𐤏𐤕 𐤔𐤒𐤓 𐤀𐤋
𐤕𐤀𐤄𐤁𐤅 𐤊𐤉 𐤀𐤕 𐤊𐤋 𐤀𐤋𐤄 𐤀𐤔𐤓 𐤔𐤍𐤀𐤕𐤉 𐤍𐤀𐤌 𐤉𐤄𐤅𐤄•
𐤉𐤇 𐤅𐤉𐤄𐤉 𐤃𐤁𐤓 𐤉𐤄𐤅𐤄 𐤑𐤁𐤀𐤅𐤕 𐤀𐤋𐤉 𐤋𐤀𐤌𐤓•
𐤉𐤈 𐤊𐤄 𐤀𐤌𐤓 𐤉𐤄𐤅𐤄 𐤑𐤁𐤀𐤅𐤕 𐤑𐤅𐤌 𐤄𐤓𐤁𐤉𐤏𐤉 𐤅𐤑𐤅𐤌 𐤄𐤇𐤌𐤉𐤔𐤉 𐤅𐤑𐤅𐤌
𐤄𐤔𐤁𐤉𐤏𐤉 𐤅𐤑𐤅𐤌 𐤄𐤏𐤔𐤉𐤓𐤉 𐤉𐤄𐤉𐤄 𐤋𐤁𐤉𐤕 𐤉𐤄𐤅𐤃𐤄 𐤋𐤔𐤔𐤅𐤍 𐤅𐤋𐤔𐤌𐤇𐤄
𐤅𐤋𐤌𐤏𐤃𐤉𐤌 𐤈𐤅𐤁𐤉𐤌 𐤅𐤄𐤀𐤌𐤕 𐤅𐤄𐤔𐤋𐤅𐤌 𐤀𐤄𐤁𐤅•
𐤊 𐤊𐤄 𐤀𐤌𐤓 𐤉𐤄𐤅𐤄 𐤑𐤁𐤀𐤅𐤕 𐤏𐤃 𐤀𐤔𐤓 𐤉𐤁𐤀𐤅 𐤏𐤌𐤉𐤌 𐤅𐤉𐤔𐤁𐤉 𐤏𐤓𐤉𐤌 𐤓𐤁𐤅𐤕•
𐤊𐤀 𐤅𐤄𐤋𐤊𐤅 𐤉𐤔𐤁𐤉 𐤀𐤇𐤕 𐤀𐤋 𐤀𐤇𐤕 𐤋𐤀𐤌𐤓 𐤍𐤋𐤊𐤄 𐤄𐤋𐤅𐤊 𐤋𐤇𐤋𐤅𐤕 𐤀𐤕 𐤐𐤍𐤉
𐤉𐤄𐤅𐤄 𐤅𐤋𐤁𐤒𐤔 𐤀𐤕 𐤉𐤄𐤅𐤄 𐤑𐤁𐤀𐤅𐤕 𐤀𐤋𐤊𐤄 𐤂𐤌 𐤀𐤍𐤉•
𐤊𐤁 𐤅𐤁𐤀𐤅 𐤏𐤌𐤉𐤌 𐤓𐤁𐤉𐤌 𐤅𐤂𐤅𐤉𐤌 𐤏𐤑𐤅𐤌𐤉𐤌 𐤋𐤁𐤒𐤔 𐤀𐤕 𐤉𐤄𐤅𐤄 𐤑𐤁𐤀𐤅𐤕
𐤁𐤉𐤓𐤅𐤔𐤋𐤌 𐤅𐤋𐤇𐤋𐤅𐤕 𐤀𐤕 𐤐𐤍𐤉 𐤉𐤄𐤅𐤄•
𐤊𐤂 𐤊𐤄 𐤀𐤌𐤓 𐤉𐤄𐤅𐤄 𐤑𐤁𐤀𐤅𐤕 𐤁𐤉𐤌𐤉𐤌 𐤄𐤄𐤌𐤄 𐤀𐤔𐤓 𐤉𐤇𐤆𐤉𐤒𐤅 𐤏𐤔𐤓𐤄
𐤀𐤍𐤔𐤉𐤌 𐤌𐤊𐤋 𐤋𐤔𐤍𐤅𐤕 𐤄𐤂𐤅𐤉𐤌 𐤅𐤄𐤇𐤆𐤉𐤒𐤅 𐤁𐤊𐤍𐤐 𐤀𐤉𐤔 𐤉𐤄𐤅𐤃𐤉 𐤋𐤀𐤌𐤓
𐤍𐤋𐤊𐤄 𐤏𐤌𐤊𐤌 𐤊𐤉 𐤔𐤌𐤏𐤍𐤅 𐤀𐤋𐤄𐤉𐤌 𐤏𐤌𐤊𐤌•

𐤐𐤓𐤒 𐤈

𐤀 𐤌𐤔𐤀 𐤃𐤁𐤓 𐤉𐤄𐤅𐤄 𐤁𐤀𐤓𐤑 𐤇𐤃𐤓𐤊 𐤅𐤃𐤌𐤔𐤒 𐤌𐤍𐤇𐤕𐤅 𐤊𐤉 𐤋𐤉𐤄𐤅𐤄 𐤏𐤉𐤍 𐤀𐤃𐤌
𐤅𐤊𐤋 𐤔𐤁𐤈𐤉 𐤉𐤔𐤓𐤀𐤋•
𐤁 𐤅𐤂𐤌 𐤇𐤌𐤕 𐤕𐤂𐤁𐤋 𐤁𐤄 𐤑𐤉𐤃𐤅𐤍 𐤅𐤑𐤓 𐤊𐤉 𐤇𐤊𐤌𐤄 𐤌𐤀𐤃•
𐤂 𐤅𐤕𐤁𐤍 𐤑𐤓 𐤌𐤑𐤅𐤓 𐤋𐤄 𐤅𐤕𐤑𐤁𐤓 𐤊𐤎𐤐 𐤊𐤏𐤐𐤓 𐤅𐤇𐤓𐤅𐤑 𐤊𐤈𐤉𐤈 𐤇𐤅𐤑𐤅𐤕•
𐤃 𐤄𐤍𐤄 𐤀𐤃𐤍𐤉 𐤉𐤅𐤓𐤔𐤍𐤄 𐤅𐤄𐤊𐤄 𐤁𐤉𐤌 𐤇𐤉𐤋𐤄 𐤅𐤄𐤉𐤀 𐤁𐤀𐤔 𐤕𐤀𐤊𐤋•
𐤄 𐤕𐤓𐤀 𐤀𐤔𐤒𐤋𐤅𐤍 𐤅𐤕𐤉𐤓𐤀 𐤅𐤏𐤆𐤄 𐤅𐤕𐤇𐤉𐤋 𐤌𐤀𐤃 𐤅𐤏𐤒𐤓𐤅𐤍 𐤊𐤉 𐤄𐤅𐤁𐤉𐤔
𐤌𐤁𐤈𐤄 𐤅𐤀𐤁𐤃 𐤌𐤋𐤊 𐤌𐤏𐤆𐤄 𐤅𐤀𐤔𐤒𐤋𐤅𐤍 𐤋𐤀 𐤕𐤔𐤁•
𐤅 𐤅𐤉𐤔𐤁 𐤌𐤌𐤆𐤓 𐤁𐤀𐤔𐤃𐤅𐤃 𐤅𐤄𐤊𐤓𐤕𐤉 𐤂𐤀𐤅𐤍 𐤐𐤋𐤔𐤕𐤉𐤌•
𐤆 𐤅𐤄𐤎𐤓𐤕𐤉 𐤃𐤌𐤉𐤅 𐤌𐤐𐤉𐤅 𐤅𐤔𐤒𐤑𐤉𐤅 𐤌𐤁𐤉𐤍 𐤔𐤍𐤉𐤅 𐤅𐤍𐤔𐤀𐤓 𐤂𐤌 𐤄𐤅𐤀
𐤋𐤀𐤋𐤄𐤉𐤍𐤅 𐤅𐤄𐤉𐤄 𐤊𐤀𐤋𐤐 𐤁𐤉𐤄𐤅𐤃𐤄 𐤅𐤏𐤒𐤓𐤅𐤍 𐤊𐤉𐤁𐤅𐤎𐤉•
𐤇 𐤅𐤇𐤍𐤉𐤕𐤉 𐤋𐤁𐤉𐤕𐤉 𐤌𐤑𐤁𐤄 𐤌𐤏𐤁𐤓 𐤅𐤌𐤔𐤁 𐤅𐤋𐤀 𐤉𐤏𐤁𐤓 𐤏𐤋𐤉𐤄𐤌 𐤏𐤅𐤃 𐤍𐤂𐤔
𐤊𐤉 𐤏𐤕𐤄 𐤓𐤀𐤉𐤕𐤉 𐤁𐤏𐤉𐤍𐤉•
𐤈 𐤂𐤉𐤋𐤉 𐤌𐤀𐤃 𐤁𐤕 𐤑𐤉𐤅𐤍 𐤄𐤓𐤉𐤏𐤉 𐤁𐤕 𐤉𐤓𐤅𐤔𐤋𐤌 𐤄𐤍𐤄 𐤌𐤋𐤊𐤊 𐤉𐤁𐤅𐤀 𐤋𐤊
𐤑𐤃𐤉𐤒 𐤅𐤍𐤅𐤔𐤏 𐤄𐤅𐤀 𐤏𐤍𐤉 𐤅𐤓𐤊𐤁 𐤏𐤋 𐤇𐤌𐤅𐤓 𐤅𐤏𐤋 𐤏𐤉𐤓 𐤁𐤍 𐤀𐤕𐤍𐤅𐤕•

𐤆𐤊𐤓𐤉𐤄

𐤉𐤃 𐤅𐤀𐤂𐤃𐤏 𐤀𐤕 𐤌𐤒𐤋𐤉 𐤄𐤔𐤍𐤉 𐤀𐤕 𐤄𐤇𐤁𐤋𐤉𐤌 𐤋𐤄𐤐𐤓 𐤀𐤕 𐤄𐤀𐤇𐤅𐤄 𐤁𐤉𐤍
𐤉𐤄𐤅𐤃𐤄 𐤅𐤁𐤉𐤍 𐤉𐤔𐤓𐤀𐤋•

𐤈𐤅 𐤅𐤉𐤀𐤌𐤓 𐤉𐤄𐤅𐤄 𐤀𐤋𐤉 𐤏𐤅𐤃 𐤒𐤇 𐤋𐤊 𐤊𐤋𐤉 𐤓𐤏𐤄 𐤀𐤅𐤋𐤉•

𐤈𐤆 𐤊𐤉 𐤄𐤍𐤄 𐤀𐤍𐤊𐤉 𐤌𐤒𐤉𐤌 𐤓𐤏𐤄 𐤁𐤀𐤓𐤑 𐤄𐤍𐤊𐤇𐤃𐤅𐤕 𐤋𐤀 𐤉𐤐𐤒𐤃 𐤄𐤍𐤏𐤓 𐤋𐤀
𐤉𐤁𐤒𐤔 𐤅𐤄𐤍𐤔𐤁𐤓𐤕 𐤋𐤀 𐤉𐤓𐤐𐤀 𐤄𐤍𐤑𐤁𐤄 𐤋𐤀 𐤉𐤊𐤋𐤊𐤋 𐤅𐤁𐤔𐤓 𐤄𐤁𐤓𐤉𐤀𐤄
𐤉𐤀𐤊𐤋 𐤅𐤐𐤓𐤎𐤉𐤄𐤍 𐤉𐤐𐤓𐤒•

𐤉𐤆 𐤄𐤅𐤉 𐤓𐤏𐤉 𐤄𐤀𐤋𐤉𐤋 𐤏𐤆𐤁𐤉 𐤄𐤑𐤀𐤍 𐤇𐤓𐤁 𐤏𐤋 𐤆𐤓𐤅𐤏𐤅 𐤅𐤏𐤋 𐤏𐤉𐤍 𐤉𐤌𐤉𐤍𐤅
𐤆𐤓𐤏𐤅 𐤉𐤁𐤅𐤔 𐤕𐤉𐤁𐤔 𐤅𐤏𐤉𐤍 𐤉𐤌𐤉𐤍𐤅 𐤊𐤄𐤄 𐤕𐤊𐤄𐤄•

𐤐𐤓𐤒 𐤉𐤁

𐤀 𐤌𐤔𐤀 𐤃𐤁𐤓 𐤉𐤄𐤅𐤄 𐤏𐤋 𐤉𐤔𐤓𐤀𐤋 𐤍𐤀𐤌 𐤉𐤄𐤅𐤄 𐤍𐤈𐤄 𐤔𐤌𐤉𐤌 𐤅𐤉𐤎𐤃 𐤀𐤓𐤑
𐤅𐤉𐤑𐤓 𐤓𐤅𐤇 𐤀𐤃𐤌 𐤁𐤒𐤓𐤁𐤅•

𐤁 𐤄𐤍𐤄 𐤀𐤍𐤊𐤉 𐤔𐤌 𐤀𐤕 𐤉𐤓𐤅𐤔𐤋𐤌 𐤎𐤐 𐤓𐤏𐤋 𐤋𐤊𐤋 𐤄𐤏𐤌𐤉𐤌 𐤎𐤁𐤉𐤁 𐤅𐤂𐤌 𐤏𐤋
𐤉𐤄𐤅𐤃𐤄 𐤉𐤄𐤉𐤄 𐤁𐤌𐤑𐤅𐤓 𐤏𐤋 𐤉𐤓𐤅𐤔𐤋𐤌•

𐤂 𐤅𐤄𐤉𐤄 𐤁𐤉𐤅𐤌 𐤄𐤄𐤅𐤀 𐤀𐤔𐤉𐤌 𐤀𐤕 𐤉𐤓𐤅𐤔𐤋𐤌 𐤀𐤁𐤍 𐤌𐤏𐤌𐤎𐤄 𐤋𐤊𐤋
𐤄𐤏𐤌𐤉𐤌 𐤊𐤋 𐤏𐤌𐤎𐤉𐤄 𐤔𐤓𐤅𐤈 𐤉𐤔𐤓𐤈𐤅 𐤅𐤍𐤀𐤎𐤐𐤅 𐤏𐤋𐤉𐤄 𐤊𐤋 𐤂𐤅𐤉𐤉 𐤄𐤀𐤓𐤑•

𐤃 𐤁𐤉𐤅𐤌 𐤄𐤄𐤅𐤀 𐤍𐤀𐤌 𐤉𐤄𐤅𐤄 𐤀𐤊𐤄 𐤊𐤋 𐤎𐤅𐤎 𐤁𐤕𐤌𐤄𐤅𐤍 𐤅𐤓𐤊𐤁𐤅 𐤁𐤔𐤂𐤏𐤅𐤍
𐤅𐤏𐤋 𐤁𐤉𐤕 𐤉𐤄𐤅𐤃𐤄 𐤀𐤐𐤒𐤇 𐤀𐤕 𐤏𐤉𐤍𐤉 𐤅𐤊𐤋 𐤎𐤅𐤎 𐤄𐤏𐤌𐤉𐤌 𐤀𐤊𐤄 𐤁𐤏𐤅𐤓𐤅𐤍•

𐤄 𐤅𐤀𐤌𐤓𐤅 𐤀𐤋𐤐𐤉 𐤉𐤄𐤅𐤃𐤄 𐤁𐤋𐤁𐤌 𐤀𐤌𐤑𐤄 𐤋𐤉 𐤉𐤔𐤁𐤉 𐤉𐤓𐤅𐤔𐤋𐤌 𐤁𐤉𐤄𐤅𐤄
𐤑𐤁𐤀𐤅𐤕 𐤀𐤋𐤄𐤉𐤄𐤌•

𐤅 𐤁𐤉𐤅𐤌 𐤄𐤄𐤅𐤀 𐤀𐤔𐤉𐤌 𐤀𐤕 𐤀𐤋𐤐𐤉 𐤉𐤄𐤅𐤃𐤄 𐤊𐤊𐤉𐤅𐤓 𐤀𐤔 𐤁𐤏𐤑𐤉𐤌
𐤅𐤊𐤋𐤐𐤉𐤃 𐤀𐤔 𐤁𐤏𐤌𐤉𐤓 𐤅𐤀𐤊𐤋𐤅 𐤏𐤋 𐤉𐤌𐤉𐤍 𐤅𐤏𐤋 𐤔𐤌𐤀𐤅𐤋 𐤀𐤕 𐤊𐤋 𐤄𐤏𐤌𐤉𐤌
𐤎𐤁𐤉𐤁 𐤅𐤉𐤔𐤁𐤄 𐤉𐤓𐤅𐤔𐤋𐤌 𐤏𐤅𐤃 𐤕𐤇𐤕𐤉𐤄 𐤁𐤉𐤓𐤅𐤔𐤋𐤌•

𐤆 𐤅𐤄𐤅𐤔𐤉𐤏 𐤉𐤄𐤅𐤄 𐤀𐤕 𐤀𐤄𐤋𐤉 𐤉𐤄𐤅𐤃𐤄 𐤁𐤓𐤀𐤔𐤍𐤄 𐤋𐤌𐤏𐤍 𐤋𐤀 𐤕𐤂𐤃𐤋
𐤕𐤐𐤀𐤓𐤕 𐤁𐤉𐤕 𐤃𐤅𐤉𐤃 𐤅𐤕𐤐𐤀𐤓𐤕 𐤉𐤔𐤁 𐤉𐤓𐤅𐤔𐤋𐤌 𐤏𐤋 𐤉𐤄𐤅𐤃𐤄•

𐤇 𐤁𐤉𐤅𐤌 𐤄𐤄𐤅𐤀 𐤉𐤂𐤍 𐤉𐤄𐤅𐤄 𐤁𐤏𐤃 𐤉𐤅𐤔𐤁 𐤉𐤓𐤅𐤔𐤋𐤌 𐤅𐤄𐤉𐤄 𐤄𐤍𐤊𐤔𐤋 𐤁𐤄𐤌
𐤁𐤉𐤅𐤌 𐤄𐤄𐤅𐤀 𐤊𐤃𐤅𐤉𐤃 𐤅𐤁𐤉𐤕 𐤃𐤅𐤉𐤃 𐤊𐤀𐤋𐤄𐤉𐤌 𐤊𐤌𐤋𐤀𐤊 𐤉𐤄𐤅𐤄 𐤋𐤐𐤍𐤉𐤄𐤌•

𐤈 𐤅𐤄𐤉𐤄 𐤁𐤉𐤅𐤌 𐤄𐤄𐤅𐤀 𐤀𐤁𐤒𐤔 𐤋𐤄𐤔𐤌𐤉𐤃 𐤀𐤕 𐤊𐤋 𐤄𐤂𐤅𐤉𐤌 𐤄𐤁𐤀𐤉𐤌 𐤏𐤋
𐤉𐤓𐤅𐤔𐤋𐤌•

𐤉 𐤅𐤔𐤐𐤊𐤕𐤉 𐤏𐤋 𐤁𐤉𐤕 𐤃𐤅𐤉𐤃 𐤅𐤏𐤋 𐤉𐤅𐤔𐤁 𐤉𐤓𐤅𐤔𐤋𐤌 𐤓𐤅𐤇 𐤇𐤍 𐤅𐤕𐤇𐤍𐤅𐤍𐤉𐤌
𐤅𐤄𐤁𐤉𐤈𐤅 𐤀𐤋𐤉 𐤀𐤕 𐤀𐤔𐤓 𐤃𐤒𐤓𐤅 𐤅𐤎𐤐𐤃𐤅 𐤏𐤋𐤉𐤅 𐤊𐤌𐤎𐤐𐤃 𐤏𐤋 𐤄𐤉𐤇𐤉𐤃 𐤅𐤄𐤌𐤓
𐤏𐤋𐤉𐤅 𐤊𐤄𐤌𐤓 𐤏𐤋 𐤄𐤁𐤊𐤅𐤓•

𐤉𐤀 𐤁𐤉𐤅𐤌 𐤄𐤄𐤅𐤀 𐤉𐤂𐤃𐤋 𐤄𐤌𐤎𐤐𐤃 𐤁𐤉𐤓𐤅𐤔𐤋𐤌 𐤊𐤌𐤎𐤐𐤃 𐤄𐤃𐤃𐤓𐤌𐤅𐤍 𐤁𐤁𐤒𐤏𐤕

זכריה

מגדון׃
יב וספדה הארץ משפחות משפחות לבד משפחת בית דויד לבד
ונשיהם לבד משפחת בית נתן לבד ונשיהם לבד׃
יג משפחת בית לוי לבד ונשיהם לבד משפחת השמעי לבד
ונשיהם לבד׃
יד כל המשפחות הנשארות משפחת משפחת לבד ונשיהם לבד׃

פרק יג
אביום ההוא יהיה מקור נפתח לבית דויד וליושבי ירושלם
לחטאת ולנדה׃
בוהיה ביום ההוא נאם יהוה צבאות אכרית את שמות
העצבים מן הארץ ולא יזכרו עוד וגם את הנביאים ואת רוח
הטמאה אעביר מן הארץ׃
גוהיה כי ינבא איש עוד ואמרו אליו אביו ואמו ילדיו לא
תחיה כי שקר דברת בשם יהוה ודקרהו אביו ואמו ילדיו
בהנבאו׃
דוהיה ביום ההוא יבשו הנביאים איש מחזינו בהנבאתו
ולא ילבשו אדרת שער למען כחש׃
הואמר לא נביא אנכי איש עבד אדמה אנכי כי אדם הקנני
מנעורי׃
וואמר אליו מה המכות האלה בין ידיך ואמר אשר הכיתי
בית מאהבי׃
זחרב עורי על רעי ועל גבר עמיתי נאם יהוה צבאות הך את
הרעה ותפוצין הצאן והשבתי ידי על הצערים׃
חוהיה בכל הארץ נאם יהוה פי שנים בה יכרתו יגועו
והשלשית יותר בה׃
טוהבאתי את השלשית באש וצרפתים כצרף את הכסף ובחנתים
כבחן את הזהב הוא יקרא בשמי ואני אענה אתו אמרתי עמי
הוא והוא יאמר יהוה אלהי׃

פרק יד
אהנה יום בא ליהוה וחלק שללך בקרבך׃
בואספתי את כל הגוים אל ירושלם למלחמה ונלכדה העיר

𐤅𐤍𐤔𐤎𐤅 𐤄𐤁𐤕𐤉𐤌 𐤅𐤄𐤍𐤔𐤉𐤌 𐤕𐤔𐤂𐤋𐤍𐤄 [𐤕𐤔𐤊𐤁𐤍𐤄] 𐤅𐤉𐤑𐤀 𐤇𐤑𐤉 𐤄𐤏𐤉𐤓
𐤁𐤂𐤅𐤋𐤄 𐤅𐤉𐤕𐤓 𐤄𐤏𐤌 𐤋𐤀 𐤉𐤊𐤓𐤕 𐤌𐤍 𐤄𐤏𐤉𐤓•
𐤂 𐤅𐤉𐤑𐤀 𐤉𐤄𐤅𐤄 𐤅𐤍𐤋𐤇𐤌 𐤁𐤂𐤅𐤉𐤌 𐤄𐤄𐤌 𐤊𐤉𐤅𐤌 𐤄𐤋𐤇𐤌𐤅 𐤁𐤉𐤅𐤌 𐤒𐤓𐤁•
𐤃 𐤅𐤏𐤌𐤃𐤅 𐤓𐤂𐤋𐤉𐤅 𐤁𐤉𐤅𐤌 𐤄𐤄𐤅𐤀 𐤏𐤋 𐤄𐤓 𐤄𐤆𐤉𐤕𐤉𐤌 𐤀𐤔𐤓 𐤏𐤋 𐤐𐤍𐤉 𐤉𐤓𐤅𐤔𐤋𐤌
𐤌𐤒𐤃𐤌 𐤅𐤍𐤁𐤒𐤏 𐤄𐤓 𐤄𐤆𐤉𐤕𐤉𐤌 𐤌𐤇𐤑𐤉𐤅 𐤌𐤆𐤓𐤇𐤄 𐤅𐤉𐤌𐤄 𐤂𐤉𐤀 𐤂𐤃𐤅𐤋𐤄 𐤌𐤀𐤃
𐤅𐤌𐤔 𐤇𐤑𐤉 𐤄𐤄𐤓 𐤑𐤐𐤅𐤍𐤄 𐤅𐤇𐤑𐤉𐤅 𐤍𐤂𐤁𐤄•
𐤄 𐤅𐤍𐤎𐤕𐤌 𐤂𐤉𐤀 𐤄𐤓𐤉 𐤊𐤉 𐤉𐤂𐤉𐤏 𐤂𐤉 𐤄𐤓𐤉𐤌 𐤀𐤋 𐤀𐤑𐤋 𐤅𐤍𐤎𐤕𐤌 𐤊𐤀𐤔𐤓
𐤍𐤎𐤕𐤌 𐤌𐤐𐤍𐤉 𐤄𐤓𐤏𐤔 𐤁𐤉𐤌𐤉 𐤏𐤆𐤉𐤄 𐤌𐤋𐤊 𐤉𐤄𐤅𐤃𐤄 𐤅𐤁𐤀 𐤉𐤄𐤅𐤄 𐤀𐤋𐤄𐤉 𐤊𐤋
𐤒𐤃𐤔𐤉𐤌 𐤏𐤌𐤊•
𐤅 𐤅𐤄𐤉𐤄 𐤁𐤉𐤅𐤌 𐤄𐤄𐤅𐤀 𐤋𐤀 𐤉𐤄𐤉𐤄 𐤀𐤅𐤓 𐤉𐤒𐤓𐤅𐤕 𐤉𐤒𐤐𐤀𐤅𐤍 [𐤅𐤒𐤐𐤀𐤅𐤍]•
𐤆 𐤅𐤄𐤉𐤄 𐤉𐤅𐤌 𐤀𐤇𐤃 𐤄𐤅𐤀 𐤉𐤅𐤃𐤏 𐤋𐤉𐤄𐤅𐤄 𐤋𐤀 𐤉𐤅𐤌 𐤅𐤋𐤀 𐤋𐤉𐤋𐤄 𐤅𐤄𐤉𐤄
𐤋𐤏𐤕 𐤏𐤓𐤁 𐤉𐤄𐤉𐤄 𐤀𐤅𐤓•
𐤇 𐤅𐤄𐤉𐤄 𐤁𐤉𐤅𐤌 𐤄𐤄𐤅𐤀 𐤉𐤑𐤀𐤅 𐤌𐤉𐤌 𐤇𐤉𐤉𐤌 𐤌𐤉𐤓𐤅𐤔𐤋𐤌 𐤇𐤑𐤉𐤌 𐤀𐤋 𐤄𐤉𐤌
𐤄𐤒𐤃𐤌𐤅𐤍𐤉 𐤅𐤇𐤑𐤉𐤌 𐤀𐤋 𐤄𐤉𐤌 𐤄𐤀𐤇𐤓𐤅𐤍 𐤁𐤒𐤉𐤑 𐤅𐤁𐤇𐤓𐤐 𐤉𐤄𐤉𐤄•
𐤈 𐤅𐤄𐤉𐤄 𐤉𐤄𐤅𐤄 𐤋𐤌𐤋𐤊 𐤏𐤋 𐤊𐤋 𐤄𐤀𐤓𐤑 𐤁𐤉𐤅𐤌 𐤄𐤄𐤅𐤀 𐤉𐤄𐤉𐤄 𐤉𐤄𐤅𐤄 𐤀𐤇𐤃
𐤅𐤔𐤌𐤅 𐤀𐤇𐤃•
𐤉 𐤉𐤎𐤅𐤁 𐤊𐤋 𐤄𐤀𐤓𐤑 𐤊𐤏𐤓𐤁𐤄 𐤌𐤂𐤁𐤏 𐤋𐤓𐤌𐤅𐤍 𐤍𐤂𐤁 𐤉𐤓𐤅𐤔𐤋𐤌 𐤅𐤓𐤀𐤌𐤄
𐤅𐤉𐤔𐤁𐤄 𐤕𐤇𐤕𐤉𐤄 𐤋𐤌𐤔𐤏𐤓 𐤁𐤍𐤉𐤌𐤍 𐤏𐤃 𐤌𐤒𐤅𐤌 𐤔𐤏𐤓 𐤄𐤓𐤀𐤔𐤅𐤍 𐤏𐤃 𐤔𐤏𐤓
𐤄𐤐𐤍𐤉𐤌 𐤅𐤌𐤂𐤃𐤋 𐤇𐤍𐤍𐤀𐤋 𐤏𐤃 𐤉𐤒𐤁𐤉 𐤄𐤌𐤋𐤊•
𐤉𐤀 𐤅𐤉𐤔𐤁𐤅 𐤁𐤄 𐤅𐤇𐤓𐤌 𐤋𐤀 𐤉𐤄𐤉𐤄 𐤏𐤅𐤃 𐤅𐤉𐤔𐤁𐤄 𐤉𐤓𐤅𐤔𐤋𐤌 𐤋𐤁𐤈𐤇•
𐤉𐤁 𐤅𐤆𐤀𐤕 𐤕𐤄𐤉𐤄 𐤄𐤌𐤂𐤐𐤄 𐤀𐤔𐤓 𐤉𐤂𐤐 𐤉𐤄𐤅𐤄 𐤀𐤕 𐤊𐤋 𐤄𐤏𐤌𐤉𐤌 𐤀𐤔𐤓
𐤑𐤁𐤀𐤅 𐤏𐤋 𐤉𐤓𐤅𐤔𐤋𐤌 𐤄𐤌𐤒 𐤁𐤔𐤓𐤅 𐤅𐤄𐤅𐤀 𐤏𐤌𐤃 𐤏𐤋 𐤓𐤂𐤋𐤉𐤅 𐤅𐤏𐤉𐤍𐤉𐤅
𐤕𐤌𐤒𐤍𐤄 𐤁𐤇𐤓𐤉𐤄𐤍 𐤅𐤋𐤔𐤅𐤍𐤅 𐤕𐤌𐤒 𐤁𐤐𐤉𐤄𐤌•
𐤉𐤂 𐤅𐤄𐤉𐤄 𐤁𐤉𐤅𐤌 𐤄𐤄𐤅𐤀 𐤕𐤄𐤉𐤄 𐤌𐤄𐤅𐤌𐤕 𐤉𐤄𐤅𐤄 𐤓𐤁𐤄 𐤁𐤄𐤌 𐤅𐤄𐤇𐤆𐤉𐤒𐤅
𐤀𐤉𐤔 𐤉𐤃 𐤓𐤏𐤄𐤅 𐤅𐤏𐤋𐤕𐤄 𐤉𐤃𐤅 𐤏𐤋 𐤉𐤃 𐤓𐤏𐤄𐤅•
𐤉𐤃 𐤅𐤂𐤌 𐤉𐤄𐤅𐤃𐤄 𐤕𐤋𐤇𐤌 𐤁𐤉𐤓𐤅𐤔𐤋𐤌 𐤅𐤍𐤀𐤎𐤐 𐤇𐤉𐤋 𐤊𐤋 𐤄𐤂𐤅𐤉𐤌 𐤎𐤁𐤉𐤁 𐤆𐤄𐤁
𐤅𐤊𐤎𐤐 𐤅𐤁𐤂𐤃𐤉𐤌 𐤋𐤓𐤁 𐤌𐤀𐤃•
𐤈𐤅 𐤅𐤊𐤍 𐤕𐤄𐤉𐤄 𐤌𐤂𐤐𐤕 𐤄𐤎𐤅𐤎 𐤄𐤐𐤓𐤃 𐤄𐤂𐤌𐤋 𐤅𐤄𐤇𐤌𐤅𐤓 𐤅𐤊𐤋 𐤄𐤁𐤄𐤌𐤄 𐤀𐤔𐤓
𐤉𐤄𐤉𐤄 𐤁𐤌𐤇𐤍𐤅𐤕 𐤄𐤄𐤌𐤄 𐤊𐤌𐤂𐤐𐤄 𐤄𐤆𐤀𐤕•
𐤈𐤆 𐤅𐤄𐤉𐤄 𐤊𐤋 𐤄𐤍𐤅𐤕𐤓 𐤌𐤊𐤋 𐤄𐤂𐤅𐤉𐤌 𐤄𐤁𐤀𐤉𐤌 𐤏𐤋 𐤉𐤓𐤅𐤔𐤋𐤌 𐤅𐤏𐤋𐤅 𐤌𐤃𐤉
𐤔𐤍𐤄 𐤁𐤔𐤍𐤄 𐤋𐤄𐤔𐤕𐤇𐤅𐤕 𐤋𐤌𐤋𐤊 𐤉𐤄𐤅𐤄 𐤑𐤁𐤀𐤅𐤕 𐤅𐤋𐤇𐤂 𐤀𐤕 𐤇𐤂 𐤄𐤎𐤊𐤅𐤕•
𐤉𐤆 𐤅𐤄𐤉𐤄 𐤀𐤔𐤓 𐤋𐤀 𐤉𐤏𐤋𐤄 𐤌𐤀𐤕 𐤌𐤔𐤐𐤇𐤅𐤕 𐤄𐤀𐤓𐤑 𐤀𐤋 𐤉𐤓𐤅𐤔𐤋𐤌
𐤋𐤄𐤔𐤕𐤇𐤅𐤕 𐤋𐤌𐤋𐤊 𐤉𐤄𐤅𐤄 𐤑𐤁𐤀𐤅𐤕 𐤅𐤋𐤀 𐤏𐤋𐤉𐤄𐤌 𐤉𐤄𐤉𐤄 𐤄𐤂𐤔𐤌•

𐤆𐤊𐤓𐤉𐤄

𐤉𐤇 𐤅𐤀𐤌 𐤌𐤔𐤐𐤇𐤕 𐤌𐤑𐤓𐤉𐤌 𐤋𐤀 𐤕𐤏𐤋𐤄 𐤅𐤋𐤀 𐤁𐤀𐤄 𐤅𐤋𐤀 𐤏𐤋𐤉𐤄𐤌 𐤕𐤄𐤉𐤄
𐤄𐤌𐤂𐤐𐤄 𐤀𐤔𐤓 𐤉𐤂𐤐 𐤉𐤄𐤅𐤄 𐤀𐤕 𐤄𐤂𐤅𐤉𐤌 𐤀𐤔𐤓 𐤋𐤀 𐤉𐤏𐤋𐤅 𐤋𐤇𐤂 𐤀𐤕 𐤇𐤂
𐤄𐤎𐤊𐤅𐤕•
𐤉𐤈 𐤆𐤀𐤕 𐤕𐤄𐤉𐤄 𐤇𐤈𐤀𐤕 𐤌𐤑𐤓𐤉𐤌 𐤅𐤇𐤈𐤀𐤕 𐤊𐤋 𐤄𐤂𐤅𐤉𐤌 𐤀𐤔𐤓 𐤋𐤀 𐤉𐤏𐤋𐤅
𐤋𐤇𐤂 𐤀𐤕 𐤇𐤂 𐤄𐤎𐤊𐤅𐤕•
𐤊 𐤁𐤉𐤅𐤌 𐤄𐤄𐤅𐤀 𐤉𐤄𐤉𐤄 𐤏𐤋 𐤌𐤑𐤋𐤅𐤕 𐤄𐤎𐤅𐤎 𐤒𐤃𐤔 𐤋𐤉𐤄𐤅𐤄 𐤅𐤄𐤉𐤄
𐤄𐤎𐤉𐤓𐤅𐤕 𐤁𐤁𐤉𐤕 𐤉𐤄𐤅𐤄 𐤊𐤌𐤆𐤓𐤒𐤉𐤌 𐤋𐤐𐤍𐤉 𐤄𐤌𐤆𐤁𐤇•
𐤊𐤀 𐤅𐤄𐤉𐤄 𐤊𐤋 𐤎𐤉𐤓 𐤁𐤉𐤓𐤅𐤔𐤋𐤌 𐤅𐤁𐤉𐤄𐤅𐤃𐤄 𐤒𐤃𐤔 𐤋𐤉𐤄𐤅𐤄 𐤑𐤁𐤀𐤅𐤕 𐤅𐤁𐤀𐤅
𐤊𐤋 𐤄𐤆𐤁𐤇𐤉𐤌 𐤅𐤋𐤒𐤇𐤅 𐤌𐤄𐤌 𐤅𐤁𐤔𐤋𐤅 𐤁𐤄𐤌 𐤅𐤋𐤀 𐤉𐤄𐤉𐤄 𐤊𐤍𐤏𐤍𐤉 𐤏𐤅𐤃 𐤁𐤁𐤉𐤕
𐤉𐤄𐤅𐤄 𐤑𐤁𐤀𐤅𐤕 𐤁𐤉𐤅𐤌 𐤄𐤄𐤅𐤀•

𐤌𐤋𐤀𐤊𐤉

𐤐𐤓𐤒 𐤀

𐤌𐤔𐤀 𐤃𐤁𐤓 𐤉𐤄𐤅𐤄 𐤀𐤋 𐤉𐤔𐤓𐤀𐤋 𐤁𐤉𐤃 𐤌𐤋𐤀𐤊𐤉.

𐤀𐤄𐤁𐤕𐤉 𐤀𐤕𐤊𐤌 𐤀𐤌𐤓 𐤉𐤄𐤅𐤄 𐤅𐤀𐤌𐤓𐤕𐤌 𐤁𐤌𐤄 𐤀𐤄𐤁𐤕𐤍𐤅 𐤄𐤋𐤅𐤀 𐤀𐤇 𐤏𐤔𐤅 𐤋𐤉𐤏𐤒𐤁 𐤍𐤀𐤌 𐤉𐤄𐤅𐤄 𐤅𐤀𐤄𐤁 𐤀𐤕 𐤉𐤏𐤒𐤁.

𐤅𐤀𐤕 𐤏𐤔𐤅 𐤔𐤍𐤀𐤕𐤉 𐤅𐤀𐤔𐤉𐤌 𐤀𐤕 𐤄𐤓𐤉𐤅 𐤔𐤌𐤌𐤄 𐤅𐤀𐤕 𐤍𐤇𐤋𐤕𐤅 𐤋𐤕𐤍𐤅𐤕 𐤌𐤃𐤁𐤓.

𐤊𐤉 𐤕𐤀𐤌𐤓 𐤀𐤃𐤅𐤌 𐤓𐤔𐤔𐤍𐤅 𐤅𐤍𐤔𐤅𐤁 𐤅𐤍𐤁𐤍𐤄 𐤇𐤓𐤁𐤅𐤕 𐤊𐤄 𐤀𐤌𐤓 𐤉𐤄𐤅𐤄 𐤑𐤁𐤀𐤅𐤕 𐤄𐤌𐤄 𐤉𐤁𐤍𐤅 𐤅𐤀𐤍𐤉 𐤀𐤄𐤓𐤅𐤎 𐤅𐤒𐤓𐤀𐤅 𐤋𐤄𐤌 𐤂𐤁𐤅𐤋 𐤓𐤔𐤏𐤄 𐤅𐤄𐤏𐤌 𐤀𐤔𐤓 𐤆𐤏𐤌 𐤉𐤄𐤅𐤄 𐤏𐤃 𐤏𐤅𐤋𐤌.

𐤅𐤏𐤉𐤍𐤉𐤊𐤌 𐤕𐤓𐤀𐤉𐤍𐤄 𐤅𐤀𐤕𐤌 𐤕𐤀𐤌𐤓𐤅 𐤉𐤂𐤃𐤋 𐤉𐤄𐤅𐤄 𐤌𐤏𐤋 𐤋𐤂𐤁𐤅𐤋 𐤉𐤔𐤓𐤀𐤋.

𐤁𐤍 𐤉𐤊𐤁𐤃 𐤀𐤁 𐤅𐤏𐤁𐤃 𐤀𐤃𐤍𐤉𐤅 𐤅𐤀𐤌 𐤀𐤁 𐤀𐤍𐤉 𐤀𐤉𐤄 𐤊𐤁𐤅𐤃𐤉 𐤅𐤀𐤌 𐤀𐤃𐤅𐤍𐤉𐤌 𐤀𐤍𐤉 𐤀𐤉𐤄 𐤌𐤅𐤓𐤀𐤉 𐤀𐤌𐤓 𐤉𐤄𐤅𐤄 𐤑𐤁𐤀𐤅𐤕 𐤋𐤊𐤌 𐤄𐤊𐤄𐤍𐤉𐤌 𐤁𐤅𐤆𐤉 𐤔𐤌𐤉 𐤅𐤀𐤌𐤓𐤕𐤌 𐤁𐤌𐤄 𐤁𐤆𐤉𐤍𐤅 𐤀𐤕 𐤔𐤌𐤊.

𐤌𐤂𐤉𐤔𐤉𐤌 𐤏𐤋 𐤌𐤆𐤁𐤇𐤉 𐤋𐤇𐤌 𐤌𐤂𐤀𐤋 𐤅𐤀𐤌𐤓𐤕𐤌 𐤁𐤌𐤄 𐤂𐤀𐤋𐤍𐤅𐤊 𐤁𐤀𐤌𐤓𐤊𐤌 𐤔𐤋𐤇𐤍 𐤉𐤄𐤅𐤄 𐤍𐤁𐤆𐤄 𐤄𐤅𐤀.

𐤅𐤊𐤉 𐤕𐤂𐤔𐤅𐤍 𐤏𐤅𐤓 𐤋𐤆𐤁𐤇 𐤀𐤉𐤍 𐤓𐤏 𐤅𐤊𐤉 𐤕𐤂𐤉𐤔𐤅 𐤐𐤎𐤇 𐤅𐤇𐤋𐤄 𐤀𐤉𐤍 𐤓𐤏 𐤄𐤒𐤓𐤉𐤁𐤄𐤅 𐤍𐤀 𐤋𐤐𐤇𐤕𐤊 𐤄𐤉𐤓𐤑𐤊 𐤀𐤅 𐤄𐤉𐤔𐤀 𐤐𐤍𐤉𐤊 𐤀𐤌𐤓 𐤉𐤄𐤅𐤄 𐤑𐤁𐤀𐤅𐤕.

𐤅𐤏𐤕𐤄 𐤇𐤋𐤅 𐤍𐤀 𐤐𐤍𐤉 𐤀𐤋 𐤅𐤉𐤇𐤍𐤍𐤅 𐤌𐤉𐤃𐤊𐤌 𐤄𐤉𐤕𐤄 𐤆𐤀𐤕 𐤄𐤉𐤔𐤀 𐤌𐤊𐤌 𐤐𐤍𐤉𐤌 𐤀𐤌𐤓 𐤉𐤄𐤅𐤄 𐤑𐤁𐤀𐤅𐤕.

𐤌𐤉 𐤂𐤌 𐤁𐤊𐤌 𐤅𐤉𐤎𐤂𐤓 𐤃𐤋𐤕𐤉𐤌 𐤅𐤋𐤀 𐤕𐤀𐤉𐤓𐤅 𐤌𐤆𐤁𐤇𐤉 𐤇𐤍𐤌 𐤀𐤉𐤍 𐤋𐤉 𐤇𐤐𐤑 𐤁𐤊𐤌 𐤀𐤌𐤓 𐤉𐤄𐤅𐤄 𐤑𐤁𐤀𐤅𐤕 𐤅𐤌𐤍𐤇𐤄 𐤋𐤀 𐤀𐤓𐤑𐤄 𐤌𐤉𐤃𐤊𐤌.

𐤊𐤉 𐤌𐤌𐤆𐤓𐤇 𐤔𐤌𐤔 𐤅𐤏𐤃 𐤌𐤁𐤅𐤀𐤅 𐤂𐤃𐤅𐤋 𐤔𐤌𐤉 𐤁𐤂𐤅𐤉𐤌 𐤅𐤁𐤊𐤋 𐤌𐤒𐤅𐤌 𐤌𐤒𐤈𐤓 𐤌𐤂𐤔 𐤋𐤔𐤌𐤉 𐤅𐤌𐤍𐤇𐤄 𐤈𐤄𐤅𐤓𐤄 𐤊𐤉 𐤂𐤃𐤅𐤋 𐤔𐤌𐤉 𐤁𐤂𐤅𐤉𐤌 𐤀𐤌𐤓 𐤉𐤄𐤅𐤄 𐤑𐤁𐤀𐤅𐤕.

𐤅𐤀𐤕𐤌 𐤌𐤇𐤋𐤋𐤉𐤌 𐤀𐤅𐤕𐤅 𐤁𐤀𐤌𐤓𐤊𐤌 𐤔𐤋𐤇𐤍 𐤀𐤃𐤍𐤉 𐤌𐤂𐤀𐤋 𐤄𐤅𐤀 𐤅𐤍𐤉𐤁𐤅 𐤍𐤁𐤆𐤄 𐤀𐤊𐤋𐤅.

𐤅𐤀𐤌𐤓𐤕𐤌 𐤄𐤍𐤄 𐤌𐤕𐤋𐤀𐤄 𐤅𐤄𐤐𐤇𐤕𐤌 𐤀𐤅𐤕𐤅 𐤀𐤌𐤓 𐤉𐤄𐤅𐤄 𐤑𐤁𐤀𐤅𐤕 𐤅𐤄𐤁𐤀𐤕𐤌 𐤂𐤆𐤅𐤋 𐤅𐤀𐤕 𐤄𐤐𐤎𐤇 𐤅𐤀𐤕 𐤄𐤇𐤅𐤋𐤄 𐤅𐤄𐤁𐤀𐤕𐤌 𐤀𐤕 𐤄𐤌𐤍𐤇𐤄 𐤄𐤀𐤓𐤑𐤄 𐤀𐤅𐤕𐤄 𐤌𐤉𐤃𐤊𐤌 𐤀𐤌𐤓 𐤉𐤄𐤅𐤄.

𐤅𐤀𐤓𐤅𐤓 𐤍𐤅𐤊𐤋 𐤅𐤉𐤔 𐤁𐤏𐤃𐤓𐤅 𐤆𐤊𐤓 𐤅𐤍𐤃𐤓 𐤅𐤆𐤁𐤇 𐤌𐤔𐤇𐤕 𐤋𐤀𐤃𐤍𐤉 𐤊𐤉 𐤌𐤋𐤊 𐤂𐤃𐤅𐤋 𐤀𐤍𐤉 𐤀𐤌𐤓 𐤉𐤄𐤅𐤄 𐤑𐤁𐤀𐤅𐤕 𐤅𐤔𐤌𐤉 𐤍𐤅𐤓𐤀 𐤁𐤂𐤅𐤉𐤌.

𐤌𐤋𐤀𐤊𐤉

𐤐𐤓𐤒 𐤁

𐤀 𐤅𐤏𐤕𐤄 𐤀𐤋𐤉𐤊𐤌 𐤄𐤌𐤑𐤅𐤄 𐤄𐤆𐤀𐤕 𐤄𐤊𐤄𐤍𐤉𐤌•
𐤁 𐤀𐤌 𐤋𐤀 𐤕𐤔𐤌𐤏𐤅 𐤅𐤀𐤌 𐤋𐤀 𐤕𐤔𐤉𐤌𐤅 𐤏𐤋 𐤋𐤁 𐤋𐤕𐤕 𐤊𐤁𐤅𐤃 𐤋𐤔𐤌𐤉 𐤀𐤌𐤓
𐤉𐤄𐤅𐤄 𐤑𐤁𐤀𐤅𐤕 𐤅𐤔𐤋𐤇𐤕𐤉 𐤁𐤊𐤌 𐤀𐤕 𐤄𐤌𐤀𐤓𐤄 𐤅𐤀𐤓𐤅𐤕𐤉 𐤀𐤕 𐤁𐤓𐤊𐤅𐤕𐤉𐤊𐤌
𐤅𐤂𐤌 𐤀𐤓𐤅𐤕𐤉𐤄 𐤊𐤉 𐤀𐤉𐤍𐤊𐤌 𐤔𐤌𐤉𐤌 𐤏𐤋 𐤋𐤁•
𐤂 𐤄𐤍𐤍𐤉 𐤂𐤏𐤓 𐤋𐤊𐤌 𐤀𐤕 𐤄𐤆𐤓𐤏 𐤅𐤆𐤓𐤉𐤕𐤉 𐤐𐤓𐤔 𐤏𐤋 𐤐𐤍𐤉𐤊𐤌 𐤐𐤓𐤔 𐤇𐤂𐤉𐤊𐤌
𐤅𐤍𐤔𐤀 𐤀𐤕𐤊𐤌 𐤀𐤋𐤉𐤅•
𐤃 𐤅𐤉𐤃𐤏𐤕𐤌 𐤊𐤉 𐤔𐤋𐤇𐤕𐤉 𐤀𐤋𐤉𐤊𐤌 𐤀𐤕 𐤄𐤌𐤑𐤅𐤄 𐤄𐤆𐤀𐤕 𐤋𐤄𐤉𐤅𐤕 𐤁𐤓𐤉𐤕𐤉
𐤀𐤕 𐤋𐤅𐤉 𐤀𐤌𐤓 𐤉𐤄𐤅𐤄 𐤑𐤁𐤀𐤅𐤕•
𐤄 𐤁𐤓𐤉𐤕𐤉 𐤄𐤉𐤕𐤄 𐤀𐤕𐤅 𐤄𐤇𐤉𐤉𐤌 𐤅𐤄𐤔𐤋𐤅𐤌 𐤅𐤀𐤕𐤍𐤌 𐤋𐤅 𐤌𐤅𐤓𐤀
𐤅𐤉𐤉𐤓𐤀𐤍𐤉 𐤅𐤌𐤐𐤍𐤉 𐤔𐤌𐤉 𐤍𐤇𐤕 𐤄𐤅𐤀•
𐤅 𐤕𐤅𐤓𐤕 𐤀𐤌𐤕 𐤄𐤉𐤕𐤄 𐤁𐤐𐤉𐤄𐤅 𐤅𐤏𐤅𐤋𐤄 𐤋𐤀 𐤍𐤌𐤑𐤀 𐤁𐤔𐤐𐤕𐤉𐤅 𐤁𐤔𐤋𐤅𐤌
𐤅𐤁𐤌𐤉𐤔𐤅𐤓 𐤄𐤋𐤊 𐤀𐤕𐤉 𐤅𐤓𐤁𐤉𐤌 𐤄𐤔𐤉𐤁 𐤌𐤏𐤅𐤍•
𐤆 𐤊𐤉 𐤔𐤐𐤕𐤉 𐤊𐤄𐤍 𐤉𐤔𐤌𐤓𐤅 𐤃𐤏𐤕 𐤅𐤕𐤅𐤓𐤄 𐤉𐤁𐤒𐤔𐤅 𐤌𐤐𐤉𐤄𐤅 𐤊𐤉 𐤌𐤋𐤀𐤊
𐤉𐤄𐤅𐤄 𐤑𐤁𐤀𐤅𐤕 𐤄𐤅𐤀•
𐤇 𐤅𐤀𐤕𐤌 𐤎𐤓𐤕𐤌 𐤌𐤍 𐤄𐤃𐤓𐤊 𐤄𐤊𐤔𐤋𐤕𐤌 𐤓𐤁𐤉𐤌 𐤁𐤕𐤅𐤓𐤄 𐤔𐤇𐤕𐤌 𐤁𐤓𐤉𐤕 𐤄𐤋𐤅𐤉
𐤀𐤌𐤓 𐤉𐤄𐤅𐤄 𐤑𐤁𐤀𐤅𐤕•
𐤈 𐤅𐤂𐤌 𐤀𐤍𐤉 𐤍𐤕𐤕𐤉 𐤀𐤕𐤊𐤌 𐤍𐤁𐤆𐤉𐤌 𐤅𐤔𐤐𐤋𐤉𐤌 𐤋𐤊𐤋 𐤄𐤏𐤌 𐤊𐤐𐤉 𐤀𐤔𐤓
𐤀𐤉𐤍𐤊𐤌 𐤔𐤌𐤓𐤉𐤌 𐤀𐤕 𐤃𐤓𐤊𐤉 𐤅𐤍𐤔𐤀𐤉𐤌 𐤐𐤍𐤉𐤌 𐤁𐤕𐤅𐤓𐤄•
𐤉 𐤄𐤋𐤅𐤀 𐤀𐤁 𐤀𐤇𐤃 𐤋𐤊𐤋𐤍𐤅 𐤄𐤋𐤅𐤀 𐤀𐤋 𐤀𐤇𐤃 𐤁𐤓𐤀𐤍𐤅 𐤌𐤃𐤅𐤏 𐤍𐤁𐤂𐤃 𐤀𐤉𐤔
𐤁𐤀𐤇𐤉𐤅 𐤋𐤇𐤋𐤋 𐤁𐤓𐤉𐤕 𐤀𐤁𐤕𐤉𐤍𐤅•
𐤉𐤀 𐤁𐤂𐤃𐤄 𐤉𐤄𐤅𐤃𐤄 𐤅𐤕𐤅𐤏𐤁𐤄 𐤍𐤏𐤔𐤕𐤄 𐤁𐤉𐤔𐤓𐤀𐤋 𐤅𐤁𐤉𐤓𐤅𐤔𐤋𐤌 𐤊𐤉 𐤇𐤋𐤋
𐤉𐤄𐤅𐤃𐤄 𐤒𐤃𐤔 𐤉𐤄𐤅𐤄 𐤀𐤔𐤓 𐤀𐤄𐤁 𐤅𐤁𐤏𐤋 𐤁𐤕 𐤀𐤋 𐤍𐤊𐤓•
𐤉𐤁 𐤉𐤊𐤓𐤕 𐤉𐤄𐤅𐤄 𐤋𐤀𐤉𐤔 𐤀𐤔𐤓 𐤉𐤏𐤔𐤍𐤄 𐤏𐤓 𐤅𐤏𐤍𐤄 𐤌𐤀𐤄𐤋𐤉 𐤉𐤏𐤒𐤁
𐤅𐤌𐤂𐤉𐤔 𐤌𐤍𐤇𐤄 𐤋𐤉𐤄𐤅𐤄 𐤑𐤁𐤀𐤅𐤕•
𐤉𐤂 𐤅𐤆𐤀𐤕 𐤔𐤍𐤉𐤕 𐤕𐤏𐤔𐤅 𐤊𐤎𐤅𐤕 𐤃𐤌𐤏𐤄 𐤀𐤕 𐤌𐤆𐤁𐤇 𐤉𐤄𐤅𐤄 𐤁𐤊𐤉 𐤅𐤀𐤍𐤒𐤄
𐤌𐤀𐤉𐤍 𐤏𐤅𐤃 𐤐𐤍𐤅𐤕 𐤀𐤋 𐤄𐤌𐤍𐤇𐤄 𐤅𐤋𐤒𐤇𐤕 𐤓𐤑𐤅𐤍 𐤌𐤉𐤃𐤊𐤌•
𐤉𐤃 𐤅𐤀𐤌𐤓𐤕𐤌 𐤏𐤋 𐤌𐤄 𐤏𐤋 𐤊𐤉 𐤉𐤄𐤅𐤄 𐤄𐤏𐤉𐤃 𐤁𐤉𐤍𐤊 𐤅𐤁𐤉𐤍 𐤀𐤔𐤕 𐤍𐤏𐤅𐤓𐤉𐤊
𐤀𐤔𐤓 𐤀𐤕𐤄 𐤁𐤂𐤃𐤕𐤄 𐤁𐤄 𐤅𐤄𐤉𐤀 𐤇𐤁𐤓𐤕𐤊 𐤅𐤀𐤔𐤕 𐤁𐤓𐤉𐤕𐤊•
𐤈𐤅 𐤅𐤋𐤀 𐤀𐤇𐤃 𐤏𐤔𐤄 𐤅𐤔𐤀𐤓 𐤓𐤅𐤇 𐤋𐤅 𐤅𐤌𐤄 𐤄𐤀𐤇𐤃 𐤌𐤁𐤒𐤔 𐤆𐤓𐤏 𐤀𐤋𐤄𐤉𐤌
𐤅𐤍𐤔𐤌𐤓𐤕𐤌 𐤁𐤓𐤅𐤇𐤊𐤌 𐤅𐤁𐤀𐤔𐤕 𐤍𐤏𐤅𐤓𐤉𐤊 𐤀𐤋 𐤉𐤁𐤂𐤃•
𐤈𐤆 𐤊𐤉 𐤔𐤍𐤀 𐤔𐤋𐤇 𐤀𐤌𐤓 𐤉𐤄𐤅𐤄 𐤀𐤋𐤄𐤉 𐤉𐤔𐤓𐤀𐤋 𐤅𐤊𐤎𐤄 𐤇𐤌𐤎 𐤏𐤋 𐤋𐤁𐤅𐤔𐤅

מלאכי

אמר יהוה צבאות ונשמרתם ברוחכם ולא תבגדו·
יז הוגעתם יהוה בדבריכם ואמרתם במה הוגענו באמרכם כל
עשה רע טוב בעיני יהוה ובהם הוא חפץ או איה אלהי המשפט·

פרק ג

א הנני שלח מלאכי ופנה דרך לפני ופתאם יבוא אל היכלו
האדון אשר אתם מבקשים ומלאך הברית אשר אתם חפצים הנה
בא אמר יהוה צבאות·
ב ומי מכלכל את יום בואו ומי העמד בהראותו כי הוא כאש
מצרף וכברית מכבסים·
ג וישב מצרף ומטהר כסף וטהר את בני לוי וזקק אתם כזהב
וככסף והיו ליהוה מגישי מנחה בצדקה·
ד וערבה ליהוה מנחת יהודה וירושלם כימי עולם וכשנים
קדמניות·
ה וקרבתי אליכם למשפט והייתי עד ממהר במכשפים
ובמנאפים ובנשבעים לשקר ובעשקי שכר שכיר אלמנה ויתום
ומטי גר ולא יראוני אמר יהוה צבאות·
ו כי אני יהוה לא שניתי ואתם בני יעקב לא כליתם·
ז למימי אבתיכם סרתם מחקי ולא שמרתם שובו אלי ואשובה
אליכם אמר יהוה צבאות ואמרתם במה נשוב·
ח היקבע אדם אלהים כי אתם קבעים אתי ואמרתם במה קבענוך
המעשר והתרומה·
ט במארה אתם נארים ואתי אתם קבעים הגוי כלו·
י הביאו את כל המעשר אל בית האוצר ויהי טרף בביתי
ובחנוני נא בזאת אמר יהוה צבאות אם לא אפתח לכם את ארבות
השמים והריקתי לכם ברכה עד בלי די·
יא וגערתי לכם באכל ולא ישחת לכם את פרי האדמה ולא
תשכל לכם הגפן בשדה אמר יהוה צבאות·
יב ואשרו אתכם כל הגוים כי תהיו אתם ארץ חפץ אמר יהוה
צבאות·
יג חזקו עלי דבריכם אמר יהוה ואמרתם מה נדברנו עליך·
יד אמרתם שוא עבד אלהים ומה בצע כי שמרנו משמרתו וכי
הלכנו קדרנית מפני יהוה צבאות·

מלאכי

טו ועתה אנחנו מאשרים זדים גם נבנו עשי רשעה גם בחנו
אלהים וימלטו׃
טז אז נדברו יראי יהוה איש אל רעהו ויקשב יהוה וישמע
ויכתב ספר זכרון לפניו ליראי יהוה ולחשבי שמו׃
יז והיו לי אמר יהוה צבאות ליום אשר אני עשה סגלה
וחמלתי עליהם כאשר יחמל איש על בנו העבד אתו׃
יח ושבתם וראיתם בין צדיק לרשע בין עבד אלהים לאשר לא
עבדו׃
יט כי הנה היום בא בער כתנור והיו כל זדים וכל עשה רשעה
קש ולהט אתם היום הבא אמר יהוה צבאות אשר לא יעזב להם
שרש וענף׃
כ וזרחה לכם יראי שמי שמש צדקה ומרפא בכנפיה ויצאתם
ופשתם כעגלי מרבק׃
כא ועסותם רשעים כי יהיו אפר תחת כפות רגליכם ביום אשר
אני עשה אמר יהוה צבאות׃
כב זכרו תורת משה עבדי אשר צויתי אותו בחרב על כל ישראל
חקים ומשפטים׃
כג הנה אנכי שלח לכם את אליה הנביא לפני בוא יום יהוה
הגדול והנורא׃
כד והשיב לב אבות על בנים ולב בנים על אבותם פן אבוא
והכיתי את הארץ חרם׃